RÈGLES
DE LA PROFESSION
D'AVOCAT

DALLOZ ACTION

RÈGLES DE LA PROFESSION D'AVOCAT

TREIZIÈME ÉDITION
novembre 2010

HENRI ADER
Ancien bâtonnier
Ancien président
de la Commission des règles et usages
du Conseil national des barreaux

ANDRÉ DAMIEN
Conseiller d'État honoraire
Membre de l'Institut

Avec la collaboration de
SÉBASTIEN BIGOT DE LA TOUANNE
Docteur en droit

ouvrage couronné par
L'ACADÉMIE DES SCIENCES MORALES ET POLITIQUES
PRIX J.-B. CHEVALLIER

DALLOZ

ISBN 978-2-247-08641-2

31-35, rue Froidevaux
75685 PARIS CEDEX 14

SERVICE CLIENTÈLE
tél. 0 820 800 017
fax 33(0)1 41 48 47 92

www.editions-DALLOZ.fr

Préface de la septième édition

Ce n'est pas la Règle qui nous garde,
Notre règle n'est pas un refuge,
Ce n'est pas la Règle qui nous garde,
C'est nous qui gardons la Règle.

Georges BERNANOS, *Dialogue des Carmélites*

Les traités de déontologie consacrés aux avocats sont nombreux, diserts et d'inspiration diverse. Les premiers sont essentiellement des traités de spiritualité qui, dans une société de chrétienté, aident les avocats qui en font partie, à méditer sur leur vocation et à dégager les règles quotidiennes de leur pratique professionnelle.

C'est l'esprit qui anime les chapitres consacrés aux avocats, du Bon confesseur de Saint-Jean Eudes, paru sous le règne de Louis XIV, ou des Exercices de la vie chrétienne, ou encore du Dictionnaire économique de l'abbé Chaumel, curé de Saint-Vincent de Lyon, publié en 1718.

Plus laïc mais aussi peu juridique est le Dialogue des Avocats de Loisel publié sous le nom de Dialogues de Pasquier en 1602. Au milieu du XVIIIe siècle, Biarnay de Merville puis Boucher d'Argis et Camus publient de véritables traités de déontologie se référant à des usages et à une morale plus qu'à des textes juridiques encore vagues à l'époque, encore moins à une jurisprudence peu nombreuse puisque le parlement de Paris se refuse à s'immiscer dans le fonctionnement de l'Ordre des avocats, laissant au bâtonnier et à l'assemblée générale le soin de définir les usages de la profession.

Ce n'est qu'à partir de la Révolution que les travaux de Dupin aîné, puis la bible des déontologues Mollot, suivi de près par Cresson et par Liouville, vont intégrer dans leurs traités les textes législatifs et les premières décisions de jurisprudence concernant la vie des avocats.

L'époque suivante sera marquée par de véritables traités de déontologie systématiques mais qui font souvent appel, à côté des règles de droit, aux usages; significatif à cet égard, le titre que donnera à son traité le bâtonnier Payen, Les règles de la profession d'avocat et les usages du barreau de Paris. À la même époque, paraissent un certain nombre d'études déontologiques : Massonie sur la juridiction du barreau en 1912, Gaston Duvau sur le titre d'avocat en 1913, des thèses de doctorat notamment celles de Buteau sur l'ordre des avocats (1895), de Labouret sur les honoraires (1906), de Leemans sur la responsabilité civile des avocats (1909), de Randoux sur l'accès au barreau et les pouvoirs du conseil de discipline (1910). La province se joint à cet effort, recueillant les usages de plusieurs barreaux; c'est le traité de Brazier, intitulé La tradition de Bordeaux ou celui de Johanet intitulé Histoire du barreau d'Orléans, qui sont essentiellement des recueils d'usages de la communauté à laquelle appartiennent leurs auteurs.

À cette époque, les lois sont discrètes, la jurisprudence respectueuse des habitudes de l'Ordre n'a que rarement à intervenir, les avocats se faisant un point d'honneur de ne point faire dirimer leurs querelles devant les tribunaux et les clients, grâce au retrait des avocats de tous les actes pouvant entraîner leur responsabilité, sont impuissants à saisir les juridictions de droit commun.

Les premiers traités de déontologie considérée comme une science du droit, analysant les textes, en tirant les conséquences et les éclairant par une jurisprudence qui commence à naître, sont essentiellement ceux d'Appleton et de Crémieu, tous deux avocats mais également professeurs de droit. Ils apportent à la déontologie les méthodes d'interprétation des textes juridiques qui leur sont coutumières et en font une science du droit; encore faut-il noter que celui d'Appleton, soucieux de promouvoir une image nouvelle de l'avocat et une éthique nouvelle de la profession adaptée à son temps et inspirée d'ailleurs par les travaux de la jeune Association nationale des avocats, parut à certains de ses contemporains comme un ouvrage de combat autant qu'un traité juridique.

Tel ne fut pas le cas du traité de Crémieu qui, malheureusement, n'ayant jamais reçu de mise à jour, et notamment ayant ignoré la réforme de 1954, ne peut plus, dès cette époque, qu'être considéré comme un ouvrage d'histoire et de référence.

Le bâtonnier Lemaire, dans son Traité de la profession d'avocat, inspiré de Payen, apporta à la fois une analyse juridique précise des précédents que constituent les usages du barreau, mais étudia l'apport d'une jurisprudence devenue très importante sinon envahissante. Cet ouvrage fut l'instrument précieux de tous les étudiants et avocats, soucieux de mieux déterminer leurs droits et leurs devoirs, mais les réformes s'ajoutant aux réformes, le traité du bâtonnier Lemaire subit le sort de celui du bâtonnier Crémieu.

Jacques Hamelin, dans son traité constamment mis à jour par nos soins et intitulé modestement, dans sa première édition Abrégé des règles de la profession d'avocat constitua vite ce que le bâtonnier Baudelot devait définir comme l'Évangile des avocats; « en effet, ajoutait-il, en codifiant les règles et les usages de sa profession, Jacques Hamelin devint l'un des évangélistes de l'ordre et l'Évangile selon saint Jacques est l'un des ouvrages que les avocats connaissent bien et que les bâtonniers consultent souvent ».

La réforme de 1991 qui opère un bouleversement nouveau dans l'Ordre des avocats en créant une profession judiciaire et juridique unique, a nécessité une refonte de ce traité; de même le décret du 17 octobre 1995, modifiant profondément celui du 27 novembre 1991, a transformé également la profession d'avocat. Enfin, une jurisprudence plus audacieuse, plus active, plus novatrice, a modifié également des aspects entiers de la déontologie des avocats notamment en matière de secret professionnel, d'honoraires, de discipline et de protection de la profession d'avocat. C'est la raison de la 9e édition de ce traité mais elle tient à rester fidèle à l'esprit, à la philosophie dirait-on qui animait Jacques Hamelin dont le nom continuera à figurer sur la couverture de cet ouvrage, car il en demeure l'auteur originaire et ce volume continue à s'inspirer de sa conception de la profession.

D'aucuns prétendaient voir en Jacques Hamelin un esprit conservateur, voire passéiste; il n'en était rien. Il avait une conception ouverte et dynami-

que de la profession d'avocat qui doit s'insérer dans la société au service de laquelle elle se trouve et qui, dès lors, évolue sans cesse, mais il pressentait les dangers réels pour la profession dans son essence et dans son image aux yeux du public qu'amenaient certaines évolutions.

Il avait rappelé ce point essentiel d'une vraie déontologie, que les privilèges que les textes législatifs et la jurisprudence accordent aux avocats ne sont pas des fins en soi, des survivances d'un passé révolu, voire des coquetteries ou des usages de notables, mais des moyens de permettre à l'avocat de participer à sa place à l'exercice du pouvoir judiciaire.

Ce sont des techniques destinées à assurer un but qui est l'exercice de la justice qui ne peut être assumé, dans la conception occidentale qui est la nôtre, qu'avec un barreau libre et indépendant.

Il pressentait également qu'avec les réformes qui existaient déjà pour certaines à l'époque où il rédigeait la dernière édition de son ouvrage parue de son vivant et qui se profilaient dans les réformes envisagées, la déontologie de l'avocat n'était plus unique mais devait répondre des diverses activités qui lui étaient reconnues : plaidoirie, consultation et aujourd'hui rédaction d'actes juridiques, qui chacune comporte leurs particularités et leurs conditions d'exercice.

En même temps, il notait les ambiguïtés de ces modifications du statut des avocats, et il craignait qu'engendrant des équivoques elles ne créent des malentendus. Il redoutait que laissant survivre les apparences et les mots derrière lesquels prospèrent les conceptions nouvelles, on aboutisse à des agissements déroutants dont le justiciable risque d'être dupe. Il craignait que, de même que les grands ensembles immobiliers remplacent les maisons individuelles, l'avocat ne change de visage et, par voie de conséquence, change d'âme. En tout cas, il pensait que ces transformations professionnelles doivent faire repenser l'organisation des ordres pour s'adapter aux situations nouvelles.

La justice a changé, l'avocat libéral, grand seigneur tout-puissant de la fin du XIXe *siècle est en voie de disparition; il était un gêneur il deviendra un intermédiaire sans pouvoir car il ne dispose pas de la moindre parcelle de cette puissance que la justice a conférée à ses nouveaux auxiliaires, au nombre desquels figurent notamment les éducateurs et les experts. L'avocat ne peut agir officiellement ni auprès de la gendarmerie, ni auprès de la police; il ne peut renseigner une famille sur le sort d'un suspect gardé à vue, téléphoner à un commissariat pour connaître l'évolution d'une enquête; il est devenu un homme privé, souvent en marge du système étatique judiciaire et sa présence alibi à la garde à vue ne modifie nullement son caractère officieux et inefficace dans cette première phase de la procédure. Le rôle de l'avocat américain est bien différent, il a davantage de pouvoirs que l'avocat européen et il exerce sa profession au sein de structures puissantes qui peuvent, à la limite, devenir un contre-pouvoir.*

L'avocat moderne fait du juridique, aide à la gestion des entreprises, il est un spécialiste du droit des affaires; pour autant il ne peut abandonner sa vocation de défenseur de ceux qui sont persécutés ou poursuivis notamment au pénal car la société a besoin que cette fonction soit remplie par une profession qui doit conserver son indépendance, malgré le rassemblement d'avocats dans des structures tirées du droit des sociétés, où il est souvent un employé plus qu'un patron.

Juriste généraliste, Jacques Hamelin demeure la conscience de notre barreau dans ce XXIe *siècle si difficile pour la justice. Ancien membre du Conseil de l'ordre de Paris, il sut assumer avec lucidité, courage et prudence cette fonction de déontologue; il avait d'ailleurs su témoigner pendant la Deuxième Guerre mondiale de ses qualités de courage qui s'alliaient à des qualités humaines déjà bien connues de ses confrères : calme, maîtrise de soi, sens des responsabilités que ses fusiliers-voltigeurs du 29e régiment d'infanterie qu'il commandait pendant la guerre surent apprécier dans des moments tragiques.*

Inquiet de l'évolution de la profession qu'il pressentait, il puisait dans une analyse, cependant pessimiste, des motifs d'espérance. Voyant se créer un monde judiciaire nouveau, il craignait que l'avocat ne s'en éloigne et qu'exerçant au sein de cabinets juridiques à forme collective il ne perde son individualité nécessaire à l'esprit de défense et il persistait à penser qu'entre le magistrat et le justiciable doivent subsister des hommes ayant un esprit d'idéal et animés du souci et de la volonté de servir la justice, qui puissent être les remparts des libertés en même temps que les serviteurs du droit.

Fidèles à la méthode de Jacques Hamelin, nous avons essayé de composer un ouvrage destiné à la fois aux étudiants qui préparent le Capa et aux praticiens.

Pour aider les premiers à mieux discerner le vrai visage d'une profession qui évolue rapidement, nous avons fait, toutes les fois où cela paraissait utile, un bref rappel de l'histoire de l'Ordre.

Pour aider les seconds nous avons voulu, au risque de rendre l'ouvrage moins didactique, multiplier les réponses à des cas d'espèces traités par la jurisprudence. En effet, les nombreuses consultations demandées par des barreaux nous ont appris que la réalité est plus complexe que l'on ne saurait l'imaginer et que les cas réels qui retiennent l'attention des bâtonniers nécessitent de leur apporter une jurisprudence abondante pour les aider à les résoudre.

Pour rendre la consultation de cet ouvrage plus aisée pour les praticiens qui cherchent la solution d'un problème précis et urgent, nous avons voulu que chaque thème abordé comporte l'essentiel de la jurisprudence publiée, fût-ce au prix de nombreuses redites dont le lecteur de l'ensemble de l'ouvrage voudra bien nous excuser.

Versailles, septembre 1992

André DAMIEN

Avocat honoraire du barreau de Versailles
Ancien bâtonnier de l'Ordre
Président d'honneur
de la Conférence des bâtonniers de France

Sommaire

Avant-propos de la douzième édition

En juillet 2006, il y a donc deux ans, dans l'avant-propos de la onzième édition de cet ouvrage, je disais que notre profession changeait de visage. Depuis, ce changement s'est accentué.

Je rappelais alors que tant qu'elle conservera sa déontologie et qu'elle la respectera, son âme, son enthousiasme et son dévouement raisonné à la chose publique ne changeraient pas.

Je pense, en écrivant ces lignes, que malgré les modifications importantes survenues pendant ces derniers vingt-quatre mois, cela est toujours vrai. La nouvelle édition de notre livre en est la preuve.

Nous nous en félicitons, le bâtonnier André Damien et moi, et remercions les éditions Dalloz.

Mais que de nuages noirs à l'horizon !

Après avoir absorbé, en trente-sept ans, les avoués de première instance, les agréés près les tribunaux de commerce, les conseils juridiques, certains commissaires aux comptes et administrateurs judiciaires [mais en cloisonnant ces deux derniers (*voir articles P. 41.8 et P. 41.9 du règlement intérieur du barreau de Paris*)] et bientôt les avoués à la cour, nous allons ouvrir nos rangs aux conseils en propriété industrielle.

L'activisme salutaire du gouvernement (*réforme de la carte judiciaire etc.*) s'est allié avec les espoirs qui se manifestent dans le barreau.

Nous connaîtrons avant la fin de la présente année la *class-action* à la française. Et si depuis deux ans on ne parle que *sotto-voce* des juristes d'entreprise, nous constatons que deux textes qui nous régissent sont singulièrement antinomiques dès qu'il s'agit de nous doter de nouveaux champs d'activité.

1) L'article 6-1 premier alinéa du règlement intérieur national publié au *Journal officiel de la République française : « Auxiliaire de justice et acteur essentiel de la pratique universelle du droit, l'avocat a vocation à intervenir à titre professionnel dans tous les domaines de la vie civile, écono-*

mique et sociale, et ce dans le respect des principes essentiels régissant la profession. »

2) Les articles du décret 91-1197 du 27 novembre 1991, organisant la profession d'avocat : article 111 alinéa 1er : « La profession d'avocat est incompatible avec toutes les activités de caractère commercial, qu'elles soient exercées directement ou par personne interposée »; article 115 alinéa 1er (modifié par un décret du 4 mai 2004) : « *La profession d'avocat est incompatible avec l'exercice de toute autre profession sous réserve de dispositions législatives ou particulières.* »

***
*

Enfin, que deviendra notre déontologie dans la grande profession du droit que certains appellent de leurs vœux ?

Que deviendront les quatre piliers de cette déontologie :

- l'indépendance,
- le libre choix de l'avocat par le client,
- le secret professionnel,
- les règles très strictes qui régissent les conflits d'intérêt ?

***
*

Dans le numéro de juin-juillet-août de *Conseil national des barreaux et droit*, revue nationale du CNB, Madame Rachida Dati, garde des Sceaux, ministre de la Justice, en aubade de la Convention nationale des avocats qui réunira le barreau français à Lille les 16, 17 et 18 octobre 2008, nous confirme que les représentants de notre profession sont parties prenantes « *au Conseil national du droit créé le 29 avril dernier et chargé de faire des propositions sur l'enseignement du droit à l'Université ainsi que sur la formation et l'emploi des juristes...* »

Madame Rachida Dati conclut : « *Les avocats sont une profession du droit réglementée obéissant à un statut et une éthique exigeants et cela restera toujours un signe distinctif de confiance.* »

Acceptons en l'augure et mettons cette phrase bienvenue en épigraphe à la présente douzième édition.

Henri ADER

Paris, juillet 2008

Avant-propos de la onzième édition

Les auteurs de la dixième édition de cet ouvrage avaient, comme je l'explique dans l'avant-propos de cette édition, décidé de modifier complètement le plan du livre en adoptant celui que le Conseil national des barreaux a retenu pour les articles du règlement intérieur harmonisé (RIH) et conservé tel quel dans le règlement intérieur unifié (RIU), puis dans le règlement intérieur national (RIN).

Depuis la précédente édition, en deux ans, l'activité législative et réglementaire a été intense, celle de la jurisprudence tout autant. Notre profession change de visage et de nouveaux bouleversements sont annoncés.

Tant qu'elle conservera sa déontologie et que celle-ci sera respectée, elle ne changera pas d'âme et conservera son enthousiasme.

Il y a deux ans, la loi n° 2004-130 du 11 février 2004 réformant le statut de certaines professions judiciaires ou juridiques, venait d'être votée. Nous attendions ses décrets d'application. L'annonce de la disparition du stage était acquise. Plus aucun des stagiaires que nous connaissions depuis l'arrêt de règlement du Parlement de Paris de 1344 sous le nom alors « d'audientes » et auxquels depuis le XVIIIe siècle la conférence du stage avait donné un lustre dépassant le monde judiciaire et s'étendant entre autres aux mondes politique, littéraire, même outre frontière.

Ces stagiaires disparaissent du panorama de l'avocat français. Au fil des mois ensuite, sous l'impulsion du pouvoir (pouvoir réglementaire et législatif) qui se substitue de plus en plus aux avocats pour la réglementation de leurs règles et usages où ils avaient modestement, lentement et sagement excellé pendant sept siècles, nous enregistrons le décret du 24 mai 2005 sur la discipline des avocats, et celui du 13 juillet 2005 simplement et justement qualifié de « relatif aux règles de déontologie de la profession d'avocat » et non de « code de déontologie ».

Viennent ensuite la loi de sauvegarde des entreprises du 26 juillet 2005 et le décret du 28 décembre 2005 : l'avocat peut être désormais déclaré en état de liquidation judiciaire par le tribunal de grande instance[1]. Encore le décret du 4 novembre 2005 permettant aux juristes salariés de cabinets d'avocats de devenir, sous certaines conditions, avocats sans obligation de certificat d'aptitude à la profession d'avocat, enfin, le décret de procédure du 2 décembre 2005 et les nombreux effets directs qu'il a sur nos obligations déontologiques[2].

Toutes ces nouvelles règles devront être sues, assimilées et pratiquées sans délai ou presque. Certaines posent déjà des questions aux conseils de l'Ordre. L'avocat, pendant la période de conciliation réglementée par la loi du 26 juillet 2005, et le décret d'application du 28 décembre 2005, doit être maintenu sur le tableau, il reste à la tête de ses affaires. Il en est de même pour l'avocat pendant la période de sauvegarde ainsi que pour celui qui est déclaré en état de règlement judiciaire. Lui aussi reste à la tête de ses affaires et peut exercer la profession.

Il n'en est pas de même pour celui dont la liquidation judiciaire est prononcée. Il doit être omis du tableau car il se trouve dans un cas d'exclusion prévu par le décret du 27 novembre 1991. S'il trouve du travail comme avocat salarié, le Conseil de l'Ordre se prononcera sur sa demande de rapport de l'omission. À l'issue de la procédure de liquidation judiciaire le conseil de discipline pourra être saisi de l'appréciation des fautes déontologiques qui peuvent l'avoir amené à la liquidation judiciaire et à ses conséquences à l'égard des tiers.

Pour conclure, j'appelle l'attention de tous nos confrères sur deux innovations que l'exécutif, le législateur ou le pouvoir réglementaire nous annonce.

La *class action* à la française : elle a fait l'objet d'un rapport au Conseil national des barreaux le 28 janvier 2006 par le bâtonnier Jean-Guy Lévy qui a présenté les travaux du groupe interministériel dirigés par Messieurs Marc Guillaume, directeur des affaires civiles et du sceaux, et Guillaume Cerutti, directeur général de la concurrence, de la consommation et de la répression des fraudes.

Le bâtonnier Jean-Guy Lévy souligne les troubles que cette procédure créerait dans nos règles et usages. Il n'est pas favorable à l'introduction dans le droit français de la procédure dite de *discovery,* peu compatible avec le secret professionnel. Il redoute aussi l'introduction dans notre droit des dommages et intérêts punitifs. Enfin, il s'interroge sur la suppression de l'interdiction du pacte de *quota litis* en matière d'action collective.

Enfin et à propos de la seconde innovation qui est suggérée, nous nous interrogeons autant, sinon davantage.

Elle est clairement expliquée dans la réponse faite par le ministre de la Justice – garde des Sceaux lors de la séance du Sénat du 4 mai 2006 au sénateur André Vantomme[3].

1. Habauzit-Dutilleux et Michaud, *Gaz. Pal.* 27 janv. 2006, article, p. 2 à 13.
2. Bertrand Lissarague, *Gaz. Pal.* 29 janv. 2006, art. p. 2 à 8; Didier Sardin, *Gaz. Pal.* 29 janv. 2006, art. p. 9 et 10.
3. *Gaz. Pal.* 3 juill. 2006, réponse relative à l'avenir de la profession d'avocat, p. 45; ÉGAL[T] : *Gaz. Pal.* 26 mars 2006, p. 6 à 8, Chaine « Avocat, titre ou profession »; *Gaz. Pal.* 23 avr. 2006, Delas « Secret professionnel et avocat en entreprise ».

Celui-ci l'avait questionné (*JO Sénat* 30 mars 2006, p. 902) sur un rapport commandé à un groupe de travail institué par le ministre à la fin de 2004, à lui remis en janvier 2006 et visant à opérer un rapprochement entre la profession d'avocat et celle de juriste d'entreprise. Le ministre répond au sénateur (*JO Sénat* 4 mai 2006, p. 1285). Sa réponse contient les passages suivants :

> « *Les avocats pourraient à l'avenir choisir d'exercer leur profession en qualité de salarié d'une entreprise tout en conservant leur titre, leur statut et leur déontologie* ».

Plus loin :

> « *Le contrat de travail de l'avocat exerçant en entreprise serait régi par le Code du travail sauf dérogations expresses prévues par la loi ou le règlement, justifiées par le respect de l'indépendance technique (c'est nous qui soulignons) et de la déontologie professionnelle* ».

Et encore plus loin :

> « *...une telle réforme s'accompagnerait de l'intégration de certains juristes d'entreprise à la profession d'avocat...* »

Et enfin :

> « *En définitive, seul un nombre restreint de candidatures pourrait être accepté...* ».

Heureusement, le ministre conclut sa réponse au parlementaire ainsi :

> « *...un tel rapprochement ne se décrète pas mais nécessite l'adhésion des deux professions concernées* ».

Une telle évolution : disparition de l'indépendance, atteinte au principe fondamental et démocratique du libre choix de l'avocat par le client, numerus clausus et inégalités entre avocats, secousses probablement mortelles dans l'édifice construit patiemment depuis sept cents ans du secret professionnel.

(Le ministre écrit :

> « *C'est ainsi notamment qu'il (l'avocat en entreprise) serait comme ses confrères (les avocats non en entreprise) soumis aux règles du secret professionnel et de la confidentialité des correspondances* ».

Est-ce à dire que le juge d'instruction ne pourra plus faire de perquisition dans une entreprise employant un « avocat en entreprise », sauf à respecter les impératifs de l'article 56-1 du Code de procédure pénale ?

Une telle évolution ne serait envisageable que si dans chaque barreau elle était approuvée par la majorité de tous les avocats réunis en assemblée générale ou dans leurs colonnes, se prononçant au vote secret, et ensuite ratifiée et approuvée par la Conférence des bâtonniers et le Conseil national des barreaux.

Henri ADER

Paris, juillet 2006

Avant-propos de la dixième édition

Après la parution de la neuvième édition du présent ouvrage, André Damien m'a fait l'honneur et le plaisir de me demander de coopérer avec lui pour l'édition suivante prenant aux côtés de lui la place qu'il avait jadis tenue auprès du regretté et docte Jacques Hamelin. Je l'en remercie ainsi que les Éditions Dalloz, éditeur de ce traité depuis l'origine. La neuvième et dernière édition à ce jour date de l'an deux mille.

Que d'événements, de lois, de décisions de jurisprudence concernant nos règles et usages en France comme en Europe depuis cette date ! Le Conseil national des barreaux (CNB) de France créé par la loi du 31 décembre 1990 avait été chargé par le législateur de veiller à l'harmonisation de nos règles et usages. Il l'a fait pendant ses trois premières mandatures et le règlement intérieur harmonisé (RIH) fruit de ses travaux, en un premier temps et pour ses premiers articles le 13 septembre 1997 et pour le reste les 26 et 27 mars 1999, est devenu la règle nationale pour les avocats inscrits à des barreaux dont le Conseil de l'ordre avait inséré par décision motivée le RIH dans son propre règlement intérieur, c'est-à-dire la très grande majorité des 35 000 avocats composant le barreau français. Une nombreuse jurisprudence a suivi l'application de ces textes, jurisprudence close à ce jour par le jugement du tribunal des conflits du 18 juin 2001, l'arrêt du Conseil d'État le 27 juillet 2001, un premier arrêt de la Cour de cassation du 13 mars 2001 et les deux arrêts de la même première chambre civile de la Cour suprême du 26 novembre 2002 et 21 janvier 2003. En exécution de la loi du 11 février 2004, le Conseil national des barreaux au cours de sa présente mandature a repris le RIH, a modifié et mis à jour ses articles en tenant compte bien entendu de la jurisprudence et par sa décision à caractère normatif n° 2004-001 a institué le règlement intérieur unifié (RIU) qui énonce les règles et usages de notre profession applicables à tous les avocats stagiaires, inscrits et honoraires du barreau de France. L'article 16 du RIU fait l'objet d'un recours, le critiquant, le Conseil d'État en référé, le 22 juin 2004, a suspendu cet article 16 jusqu'à sa décision au fond.

Avec la collaboration de notre confrère Isabelle Maigret, collaboration efficace, et considérable dont nous la remercions, nous avons décidé en un premier temps de modifier le plan de ce livre. RIH et RIU ayant adopté exactement le même plan c'est celui que nous avons choisi pour notre ouvrage. Cette similitude facilitera sa consultation par les praticiens, magistrats et avocats et par les étudiants, élèves avocats et stagiaires (tant que survivra cette catégorie, deux ou trois ans au maximum).

Nous avons aussi en mettant à jour la jurisprudence qui décide de l'application de nos règles et usages, réservé certains points dans l'attente des décrets d'application des lois votées en 2004. Cela est particulièrement important pour l'exposé des nouvelles règles régissant la discipline des avocats.

La chancellerie enfin a fait savoir au Conseil national des barreaux à la conférence des bâtonniers et au barreau de Paris qu'est en chantier un code de déontologie des avocats, qui sera promulgué par décret en Conseil d'État, à l'instar des codes déjà existants, ceux des médecins ou des architectes par exemple. Elle travaille en étroite coopération avec ses trois interlocuteurs (CNB, barreau de Paris, Conférence des bâtonniers) pour la réalisation de ce qui sera le premier code, étatique de nos règles et usages depuis l'ordonnance du 23 octobre 1274 du roi Philippe III le Hardi.

Les règles et usages sont l'épine dorsale de notre profession. Elles l'étaient depuis l'origine bien avant que Jérémy Bentham crée le néologisme « déontologie ». Sous ce dernier nom elles le restent plus que jamais. L'histoire de l'avocat en France en est marquée. 1274, acte de naissance de la profession moderne d'avocat : Philippe le Hardi parle dans son ordonnance de serment et des honoraires. Le décret de l'Assemblée constituante des 2-11 septembre 1790 qui supprime notre profession ne mentionne que le costume. La période qui suit 1790 montre *a contrario* et par l'absurde ce que devient et reste une défense sans obligations déontologiques. Enfin le décret du 14 décembre 1810 qui après la loi de ventôse XII et sous l'impulsion de Napoléon rétablit la profession d'avocat contient règlement sur l'exercice de la profession d'avocat et la discipline des barreaux.

Notre dixième édition paraît à un moment où sur le plan européen nos règles et usages sont remis en cause. Il n'est que de lire le questionnaire envoyé en juin 2004 par la Commission européenne de concurrence, Bruxelles au Conseil national des barreaux français et que nous devons à l'obligeance de notre confrère Jean-Michel Braunschweig actuel président de la commission des règles et usages du CNB. Il n'est que de lire aussi dans la publication de la Conférence des bâtonniers du 3 juillet 2004, l'éditorial du numéro *Déonto Infos* n° 3.

Nous souhaitons que notre ouvrage en sa dixième édition apporte la connaissance de nos règles et usages, tels qu'ils sont en 2004 et la conviction qu'ils sont indispensables à la survie de la profession d'avocat.

Henri ADER

Paris, juillet 2004

Ancien bâtonnier de Paris

Ancien président de la Commission des règles et usages du Conseil national des barreaux et de la Commission de déontologie du barreau de Paris

Vice-président de la commission d'éthique de la Fédération des barreaux d'Europe

Table des matières

TITRE PRÉLIMINAIRE

0. Les sources

SECTION 0

ORIENTEUR

0.00 **Plan du titre.**

CHAPITRE

01. Textes applicables

SECTION 0

Orienteur

01.00 Plan du chapitre.

SECTION 1

Textes codifiés

01.11 Code de procédure pénale. Il a fait l'objet de modifications successives substantielles[1]. Les principales sont rappelées ci-dessous.

La loi n° 2004-204 du 9 mars 2004, portant adaptation de la justice aux évolutions de la criminalité, a apporté des changements importants en :

- ajoutant au sein du livre IV un titre XXV intitulé « De la procédure applicable à la délinquance et à la criminalité organisée » aux art. 706-73 s.;

- modifiant les modalités de la garde à vue concernant la présence de l'avocat (v. s^s n°s 40.24 s.);

- créant la procédure de la comparution sur reconnaissance préalable de culpabilité (v. s^s n° 40.41).

La loi n° 2005-1549 du 12 décembre 2005, relative au traitement de la récidive des infractions pénales[2] a :

- encadré plus étroitement les perquisitions dans les cabinets d'avocats et à leur domicile[3] (v. s^s n°s 36.71 à 36.78);

- interdit la transcription des correspondances téléphoniques entre un avocat et son client, sous peine de nullité[4] (v. s^s n°s 37.41 s);

- modifié les conditions du délit de divulgation d'information[5] (v. s^s n°s 36.41 s.);

- élargi la catégorie des « délits assimilés » qui définissent le cadre de la récidive légale et a introduit dans le Code pénal un article 132-16-7 qui définit la réitération;

- inséré dans le Code de procédure pénale un article 465-1 qui prévoit que le tribunal doit décerner un mandat de dépôt ou d'arrêt à l'audience, quel que soit le quantum de la peine prononcée, à l'encontre d'un auteur en état de récidive légale pour des délits d'agression sexuelle ou de violences;

- élargi les possibilités de placer des personnes sous surveillance électronique mobile à titre de mesure de sûreté, dans le cadre d'un suivi socio-judiciaire[6] et en cas de libération conditionnelle[7].

La loi n° 2006-64 du 23 janvier 2006, relative à la lutte contre le terrorisme et portant dispositions diverses relatives à la sécurité et aux contrôles frontaliers[8] a notamment porté de 4 à 6 jours la durée maximale de la garde à vue pour les actes de terrorisme[9] et a centralisé auprès des juridictions de

1. L. n° 93-2, 4 janv. 1993; L. n° 2000-516, 15 juin 2000; L. n° 2004-204, 9 mars 2004; L. n° 2005-1549, 12 déc. 2005; L. n° 2006-64, 23 janv. 2006; L. n° 2007-293, 5 mars 2007.

2. *JO* 13 déc.
3. C. pr. pén., art. 56-1.
4. C. pr. pén., art. 100-5.
5. C. pén., art. L. 434-7-2.
6. C. pén., art. 131-36-9.
7. C. pén., art. 731-1.
8. *JO* 24 janv.
9. L. n° 2006-64, 23 janv. 2006, *JO* 24 janv., p. 1129, art. 17.

l'application des peines de Paris le suivi des personnes condamnées pour acte de terrorisme[1].

Sept lois datées du 5 mars 2007 ont modifié de manière substantielle le droit pénal et la procédure pénale. Quelques-unes méritent d'être citées.

La loi n° 2007-291 du 5 mars 2007 tendant à renforcer l'équilibre de la procédure pénale : conséquence directe de l'affaire dite Outreau, elle modifie plus de soixante articles du Code de procédure pénale. Elle retouche essentiellement la phase de l'instruction en créant des pôles de l'instruction et en étendant les hypothèses de co-saisine de juges d'instruction (certaines dispositions n'entreront en vigueur qu'en 2010). Elle institue une procédure d'expertise plus contradictoire, en prévoyant l'enregistrement audiovisuel des interrogatoires du mis en examen dans les affaires criminelles, en réformant les modalités de clôture de l'instruction et d'audience devant la chambre de l'instruction et en revoyant les modalités de placement en détention provisoire.

La loi n° 2007-297 du 5 mars 2007 relative à la prévention de la délinquance : attribuant la « veille à la prévention des infractions à la loi pénale » au procureur de la République; tendant à limiter les atteintes aux biens (questions relatives à la sécurité des immeubles : attroupement dans les halls, aux chiens dangereux, aux gens du voyage et modifications du Code de la route); étendant le suivi socio-judiciaire aux infractions de violences, de nouvelles mesures concernant les infractions commises sur mineur; modifiant les mesures d'injonctions thérapeutiques pour les usagers de stupéfiants; créant une nouvelle circonstance aggravante, l'ivresse; modifiant la procédure de présentation immédiate des mineurs et les nouvelles sanctions qu'ils encourent; créant la sanction-réparation et modifiant le TIG et les écoutes des communications téléphoniques des détenus...

La loi n° 2007-293 du 5 mars 2007 réformant la protection de l'enfance; la loi n° 2007-308 portant réforme de la protection juridique des majeurs : des dispositions concernant la poursuite, l'instruction et le jugement des infractions commises par des majeurs protégés sont ajoutées aux articles 706-112 à 706-118 du Code de procédure pénale.

01.12 **Code de procédure civile.** La loi n° 2007-1787 du 20 décembre 2007 relative à la simplification du droit a changé la dénomination du Nouveau Code de procédure civile (NCPC) en Code de procédure civile (C. pr. civ.). Il contient notamment les règles de représentation des parties devant les différentes juridictions de l'Ordre judiciaire, mais également les règles gouvernant le principe du contradictoire.

01.13 **Code monétaire et financier (C. mon. fin.), articles L. 561-1 à L. 564-3 et L. 574-1 et L. 574-2** (modifiés par la transposition des directives sur le blanchiment; v. s[s] n° 01.62).

SECTION 2
TEXTES NON CODIFIÉS

§ 1
Textes fondamentaux

01.21 **Loi n° 71-1130 du 31 décembre 1971** portant réforme de certaines professions judiciaires et juridiques[2].

Loi n° 2007-210 du 19 février 2007, portant réforme de l'assurance de protection juridique[3].

01.22 **Décret n° 91-1197 du 27 novembre 1991** organisant la profession d'avocat[4].

Décret n° 2005-790 du 12 juillet 2005 relatif aux règles de déontologie de la profession d'avocat, mod. par décr. n° 2007-932, 15 mai 2007.

01.23 **Décret n° 72-6785 du 25 août 1972** relatif au démarchage et à la publicité en matière de consultation et de rédaction d'actes juridiques[5].

01.24 **Décret n° 2005-790 du 12 juillet 2005 relatif aux règles de déontologie de la profession d'avocat.** Ce texte situe les règles de déontologie dans le domaine de compétence du gouvernement.

§ 2
Textes relatifs à l'exercice en groupe

01.31 **Loi n° 66-879 du 29 novembre 1966 relative aux sociétés civiles professionnelles.**

1. L. n° 2006-64, 23 janv. 2006, art. 11.

2. Mod. par L. n° 90-1259, 31 déc. 1990; L. n° 92-1336, 16 déc. 1992; par L. n° 97-308, 7 avr. 1997; ord. n° 2000-916, 19 sept. 2000; L. n° 2004-130, 11 févr. 2004; ord. n° 2005-459, 13 mai 2005; L. n° 2005-882, 2 août 2005.
3. *JO* 21 févr.
4. Mod. par décr. n° 95-1110, 17 oct. 1995; décr. n° 96-210, 19 mars 1996; décr. n° 96-610, 5 juill. 1996; décr. n° 97-1190, 24 déc. 1997; décr. n° 2001-373, 27 avr. 2001; décr. n° 2004-397, 4 mai 2004; décr. n° 2004-577, 15 juin 2004; décr. n° 2004-1123, 14 oct. 2004; décr. n° 2004-1386, 21 déc. 2004; décr. n° 2005-1381, 4 nov. 2005; décr. n° 2005-535, 18 mai 2005; décr. n° 2005-531, 24 mai 2005; décr. n° 2005-626, 30 mai 2005; décr. n° 2005-790, 12 juill. 2005; décr. n° 2005-1611, 20 déc. 2005; décr. n° 2007-932, 15 mai 2007.
5. Mod. par décr. n° 2005-790, 12 juill. 2005.

01.32 **Décret n° 92-680 du 20 juillet 1992** (pris pour l'application à la profession d'avocat de la loi n° 66-879 du 29 novembre 1966 relative aux sociétés civiles professionnelles et aux sociétés de participations financières et de professions libérales).

01.33 **Loi n° 90-1258 du 30 décembre 1990** relative à l'exercice sous forme de sociétés des professions libérales soumises à un statut législatif ou réglementaire ou dont le titre est protégé.

01.34 **Décret n° 93-492 du 25 mars 1993** pris pour l'application à la profession d'avocat de la loi n° 90-1258 du 30 décembre 1990 relative à l'exercice sous forme de sociétés des professions libérale soumises à un statut législatif ou réglementaire ou dont le titre est protégé.

01.35 **Décret n° 2007-932 du 15 mai 2007** portant diverses dispositions relatives à la profession d'avocat[1] : il autorise la constitution des associations d'avocats à responsabilité limitée individuelle et prévoit la fusion et scission des sociétés civiles professionnelles; il institue la publication des décisions normatives du CNB et modifie certains délais de procédure disciplinaire; il modifie l'article 5 du décret du 12 juillet 2005 relatif au secret professionnel.

§ 3
Textes relatifs à l'aide juridique

01.41 **Textes législatifs et ordonnances.**

Loi n° 91-647 du 10 juillet 1991 relative à l'aide juridique[2].

Ordonnance n° 2005-1526 du 8 décembre 2005 modifiant la loi du 10 juillet 1991.

Loi n° 2007-210 du 19 février 2007 portant réforme de l'assurance de protection juridique.

Loi n° 98-1163 du 18 décembre 1998 relative à l'accès au droit et à la résolution amiable des conflits.

01.42 **Textes réglementaires.**

Décret n° 91-1266 du 19 décembre 1991 portant application de la loi n° 91-647 du 10 juillet 1991 relative à l'aide juridique[3].

01.43 **Décret n° 2007-1738 du 11 décembre 2007** modifiant le décret n° 91-1266 du 19 décembre 1991 portant application de la loi n° 91-647 du 10 juillet 1991 relative à l'aide juridique.

1. Décr. n° 2007-932, 15 mai 2007 portant diverses dispositions relatives à la profession d'avocat, *JO* 16 mai.
2. Mod. dernièrement par L. n° 2005-750, 4 juill. 2005.
3. Mod. not. par décr. n° 2001-512, 14 juin 2001, et dernièrement. par décr. n° 2005-1470, 29 nov. 2005 et décr. n° 2005-1708, 29 déc. 2005.

01.44 **Décret n° 2007-1151 du 30 juillet 2007** portant diverses dispositions en matière d'aide juridique.

01.45 **Décret n° 2007-1142 du 26 juillet 2007** relatif à la modification des voies de recours en matière d'aide juridictionnelle et à la rétribution de l'avocat assistant une personne détenue faisant l'objet d'une mesure d'isolement.

01.46 **Arrêté du 28 décembre 2006** fixant la majoration des unités de valeur pour les missions d'aide juridictionnelle totale.

01.47 **Décret du 30 avril 2008** relatif à la majoration de la rétribution de l'avocat intervenant au titre de l'aide juridictionnelle dans le cadre des pôles de l'instruction.

01.48 **Directive 2002/8/CE du Conseil du 27 janvier 2003** visant à améliorer l'accès à la justice dans les affaires transfrontalières par l'établissement de règles minimales communes relatives à l'aide judiciaire accordée dans le cadre de telles affaires.

§ 4
Texte relatif aux spécialisations

01.51 **Arrêté du 8 juin 1993.** Il comporte la liste des spécialisations pour lesquels l'avocat peut obtenir un certificat (v. s^s^ n°s 42.11 s.).

§ 5
Textes relatifs au maniement de fonds

01.61 **Arrêté du 5 juillet 1996.**

01.62 **Directives dites anti-blanchiment :**

– « Première » directive 91/308/CEE du Conseil, du 10 juin 1991, relative à la prévention de l'utilisation du système fins du blanchiment de capitaux.

– « Deuxième » directive 2001/97/CE du Parlement européen et du Conseil du 4 décembre 2001, modifiant la Directive du 10 juin 1991, relative à la prévention de l'utilisation du système fins du blanchiment de capitaux.

Transposition de la deuxième directive du 4 décembre 2001 : par la loi n° 2004-130 du 11 février 2004 et le décret n° 2006-736 du 26 juin 2006 relatif à la lutte contre le blanchiment de capitaux[4].

– « Troisième » directive 2005/60/CE du Parlement européen et du Conseil du 26 octobre 2005 relative à la prévention de l'utilisation du système

4. *JO* 27 juin 2006, p. 9625.

financier aux fins du blanchiment de capitaux et du financement du terrorisme.

Transposée par l'ordonnance n° 2009-104 du 30 janvier 2009 aux articles L. 561 et suivants du Code monétaire et financier. Deux décrets ont été publiés pour l'application de cette ordonnance : le décret n° 2009-874 du 16 juillet 2009 et le décret n° 2009-1087 du 2 septembre 2009.

– Code monétaire et financier, articles L. 561-1 à L. 564-3 et L. 574-1 et L. 574-2.

§ 6
Convention européenne des droits de l'homme (conv. EDH)

01.71 La Convention européenne des droits de l'homme. Il est fait référence à ce texte notamment en ce qui concerne la procédure disciplinaire.

§ 7
Textes relatifs à l'accès à la profession

01.81 Arrêté du 25 novembre 1998 fixant la liste des titres ou diplômes reconnus comme équivalents à la maîtrise en droit pour l'exercice de la profession d'avocat.

Arrêté du 11 septembre 2003 fixant le programme et les modalités de l'examen d'accès au centre régional de formation professionnelle d'avocats.

Arrêté du 6 décembre 2004 fixant le siège et le ressort des centres régionaux de formation professionnelle d'avocats.

Arrêté du 12 septembre 2005 modifiant le plafond du montant des droits d'inscription pouvant être exigés des personnes ayant subi avec succès l'examen d'accès aux centres régionaux de formation professionnelle d'avocats.

Arrêté du 7 décembre 2005 fixant le programme et les modalités de l'examen d'aptitude à la profession d'avocat.

Arrêté du 21 mars 2007, modifiant l'arrêté du 25 novembre 1998 fixant la liste des titres ou diplômes reconnus comme équivalents à la maîtrise en droit pour l'exercice de la profession d'avocat.

Arrêté du 10 avril 2007, modifiant les arrêtés du 7 janvier 1993 portant application des articles 99 et 100 du décret du 27 novembre 1991 relatifs aux épreuves subies par les avocats étrangers pour l'accès permanent à la profession[1].

Décr. 18 févr. 2009 modifiant la réglementation de la profession d'avocat et portant, pour cette profession, transposition de directives communautaires modifiant le décret du 27 novembre 1991 afin de l'adapter aux nouvelles prescriptions communautaires de reconnaissance des qualifications.

1. *JO* 21 avr.

SECTION 3
DÉCISION À CARACTÈRE NORMATIF DU CNB

01.91 Adoption du Règlement intérieur national (RIN). Par une décision à caractère normatif n° 2005-003 du CNB a été adopté le Règlement intérieur national (RIN) de la profession d'avocat. Le RIN se substitue au Règlement intérieur unifié (RIU) qui avait été adopté par une décision n° 2004-001 du 24 avril 2004. Le RIU avait lui-même annulé et remplacé le Règlement intérieur harmonisé (RIH) adopté par le CNB en 1999.

Le RIN a été adopté conformément aux dispositions de l'article 21-1 de la loi n° 71-1130 du 31 décembre 1971 (modifiée par la loi n° 2004-130 du 11 février 2004) par l'Assemblée générale du CNB, réunie les 9 juillet, 10 septembre et 4 novembre 2005. Le RIN est directement applicable à tous les avocats sans transposition dans les règlements intérieurs des barreaux.

Décision du 12 juillet 2007 portant adoption du règlement intérieur national (RIN) de la profession d'avocat[2].

01.92 Autres textes à caractère normatif. Décision à caractère normatif n° 2005-001 portant délibération sur les modalités d'application de la formation continue des avocats[3]. Le RIN est consolidée des cinq décisions à caractère normatif n° 2007-001, n° 2008-002, n° 2009-001, n° 2010-001 et n° 2010-002 adoptées par les Assemblées générales du CNB (v. s[s] n° 01.91).

Décision à caractère normatif n° 2007-002 portant adoption d'un règlement relatif aux procédures internes destinées à mettre en œuvre les obligations de lutte contre le blanchiment des capitaux et le financement du terrorisme, et un dispositif de contrôle interne destiné à assurer le respect des procédures.

Décision du 12 juillet 2007 portant adoption d'un règlement relatif aux procédures internes destinées à mettre en œuvre les obligations de lutte contre le blanchiment des capitaux et le financement du terrorisme et dispositif de contrôle interne destiné à assurer le respect des procédures.

Décis. n° 2007-001 (AN 28 avr. 2007[4]) : modifiant la décision n° 2005-003 portant adoption du RIN.

2. L. 31 déc. 1971, mod., art. 21-1.
3. Mod. par décis. n° 2005-002 du 15 avril 2005.
4. *JO* 11 août 2007.

Décis. n° 2008-001 relative à la formation continue des avocats.

Décis. n° 2008-002 (AN 12 déc. 2008[1]) : réforme l'art. 12 en matière de ventes judiciaires.

Décis. n° 2009-001 (AN 4 avr. 2009[2]) : insère un nouvel art. 6.2.1 encadrant la nouvelle activité de fiduciaire de l'avocat.

Décis. n° 2009-002 (AN 16 mai 2009[3]) : correspondant Informatique et Libertés.

Décis. n° 2010-001 (AN 10 avr. 2010[4]) : portant réforme des dispositions de l'article 14.4 du RIN.

Décis. n° 2010-002 (AN 8 mai 2010[5]) : portant réforme des dispositions de l'article 10 du RIN.

SECTION 4
RÈGLEMENTS INTÉRIEURS (RI) DES BARREAUX

01.101 Règlements intérieurs des barreaux. Le Conseil de l'ordre en vertu de l'article 17 alinéa 1er de la loi du 31 décembre 1971 a le pouvoir d'arrêter et s'il y a lieu de modifier les dispositions du règlement intérieur.

SECTION 5
RÉFORMES ENVISAGÉES

01.111 Rapprochement avocats – juristes d'entreprises. Un Rapport intitulé « rapprochement entre les professions d'avocats et de juristes d'entreprises » a été remis le 27 janvier 2006 au garde des Sceaux. Ce rapport devait déboucher sur un projet de loi. La réforme proposée devait permettre aux avocats d'exercer leur profession en qualité de salarié d'une entreprise tout en conservant leur titre, leur statut et leur déontologie. Parallèlement, les juristes d'entreprise répondant à certains critères précis, pourraient devenir avocats, tout en conservant leur emploi et leur fonction au sein de l'entreprise (v. ss nos 11.121 s.).

01.112 Fusion des professions d'avocat et d'avoué. La fusion des professions avocats et avoués à la Cour avait été annoncée par le gouvernement dans un communiqué du 10 juin 2008. Il a été décidé de ne plus rendre obligatoire le recours à un avoué pour défendre les dossiers en appel et d'unifier les professions d'avoué et d'avocat.

La réforme a pour objectif de simplifier la procédure d'appel pour les justiciables qui ont aujourd'hui le choix de recourir aux services d'un avocat ou d'un avoué. En outre, cela aurait l'avantage de placer notre procédure en conformité avec la directive européenne du 12 décembre 2006 sur les services qui impose le respect de la libre concurrence, y compris dans les règles d'accès à certaines professions judiciaires.

Quant au CNB et à la Conférence des bâtonniers, ils sont favorables à cette réforme. Ils constatent que les conclusions du rapport Attali comportaient notamment cette mesure avec l'objectif de la création d'une grande profession du droit. Selon eux, il s'agirait d'une première étape dans cette direction.

Selon le CNB, rien ne s'oppose à cette intégration qui concerne « une profession à la déontologie comparable à celle des avocats ». En outre les activités des avoués sont déjà exercées par les avocats devant les tribunaux de grande instance. Cette réforme suppose néanmoins « que soient prises en considération les conséquences économiques qu'elle comportera pour les avoués et pour les personnels de leurs études ».

Le projet de loi[6] portant fusion des professions d'avocat et d'avoué près les cours d'appel a été adopté par l'Assemblée nationale le 6 octobre 2009, en première lecture. Ce projet porte désormais le titre de « réforme de la représentation devant les cours d'appel ». Il supprime l'obligation de recourir à un avoué pour faire appel d'un jugement, dans le but de simplifier l'accès à la justice et d'en réduire le coût. Il prévoit ainsi que les avoués deviendront automatiquement avocats à compter du 1er janvier 2011. Il organise dans le même temps l'indemnisation des avoués pour la perte de valeur de leur office ainsi que les conditions de reclassement de leurs salariés. Les avoués seront indemnisés à hauteur de 100 % de la valeur de l'office. Pour les avoués qui ont acquis récemment leur office, l'indemnité sera portée à un montant égal à la somme de l'apport personnel et du capital restant dû au titre de l'emprunt contracté pour l'acquisition. Dans tous les offices, les indemnités de licenciement versées aux salariées seront remboursées.

Des passerelles vers les autres professions judiciaires et juridiques sont également prévues. Pour les collaborateurs juristes des avoués, les conditions pour devenir avocat seront assouplies. L'accès aux métiers d'officiers publics ministériels sera facilité

1. *JO* 12 mai 2009.
2. *JO* 12 mai 2009.
3. *JO* 11 juin 2009.
4. *JO* 11 juin 2010.
5. *JO* 11 juin 2010.
6. Projet de la loi n° 1709, enregistré le 3 juin 2009; adopté avec modifications par l'Assemblée nationale, en deuxième lecture, portant réforme de la représentation devant les cours d'appel, enregistré au Sénat sous le n° 43 le 14 octobre 2010.

pour les avoués et collaborateurs d'avoués. L'ensemble de ces passerelles sera mis en œuvre dès 2010.

Le projet prévoit une période transitoire afin de préparer la reconversion des avoués et répondre aux conséquences sociales des fermetures d'offices. Dès le 1er janvier 2010, les avoués, dont le statut et la mission resteront temporairement inchangés, pourront simultanément exercer leur profession et celle d'avocat, ce qui leur permettra de développer leur activité de conseil pour se constituer une clientèle.

Le CNB a rendu un rapport sur cette réforme. L'assemblée générale s'est notamment prononcée en faveur du maintien de la postulation devant la Cour d'appel exercée par tous les avocats des barreaux du ressort. Il aimerait également profiter de cette réforme pour que la représentation par avocat soit étendue à d'autres contentieux, notamment devant les chambres sociales des cours d'appel. S'agissant de la rémunération, sachant que la suppression des avoués est justifiée notamment par une diminution des coûts de procédure, une renégociation sur ce point est inévitable. Le CNB défend le principe d'une rémunération spécifique à cette postulation [1].

01.113 Unification entre les professions d'avocat et de conseil en propriété industrielle. Lors de l'assemblée générale du CNB qui s'est tenue les 14 et 15 mars 2008, le Conseil a voté à une très large majorité les principes et lignes directrices de l'unification entre les professions d'avocat et de conseil en propriété industrielle. Cette unification constituera le premier pas depuis 1991 vers la constitution d'une « grande profession du droit » réclamée par le CNB.

De son côté, l'assemblée générale de la Compagnie nationale des conseils en propriété industrielle (Cncpi), réunie le 13 mai 2008, a également adopté les principes et lignes directrices de ce rapport tout en subordonnant son accord à cette unification au respect d'un certain nombre de conditions.

01.114 Une action de groupe à la française ou une *class-action* européenne ? La question de l'introduction en droit français d'une procédure d'action collective, notamment en droit de la consommation, finira-t-il par aboutir ? Le 4 janvier 2005, le président de la République, Jacques Chirac, s'était prononcé, lors de ses vœux aux « forces vives », pour une réforme législative, qui permettrait à des groupes de consommateurs et à leurs associations d'intenter des actions collectives contre les pratiques abusives observées sur certains marchés. Suite à cette annonce, le gouvernement avait alors créé un groupe de travail qui a remis un rapport le 16 décembre 2005.

Ce rapport envisageait deux types d'actions : une première action inspirée de la *class-action* américaine, qui peut être envisagée par toute personne physique ou morale, avocat ou association intéressée; une seconde action intitulée « action en déclaration de responsabilité pour préjudice de masse », destinée aux consommateurs victimes.

Après la remise de ce rapport, le ministre de l'Économie s'était engagé à présenter un projet de loi au printemps 2006, ce projet avait été repoussé.

Cette réforme devait être examinée en janvier 2007 par le parlement, mais avait été retirée de l'ordre du jour au dernier moment. En juillet 2007, ce projet qui ne voulait décidément pas rester enterré, était de nouveau défendu par le président de la République, Nicolas Sarkozy, qui s'était d'ailleurs prononcé en sa faveur pendant la campagne présidentielle. Le rapport rendu début 2008 par la commission Attali y était également favorable, estimant qu'elle serait en mesure de restaurer la confiance des consommateurs dans l'économie.

C'est ainsi que quatre amendements se proposaient d'introduire l'action de groupe dans la loi de modernisation de l'économie, avant d'être retirés à la demande du gouvernement. L'un de ces amendements prévoyait « la réparation forfaitaire des préjudices matériels subis par des consommateurs, soit du fait de la violation par un professionnel de ses obligations contractuelles ou légales relatives à la vente d'un produit ou à la fourniture d'un service, soit du fait de l'exercice d'une pratique anticoncurrentielle ».

L'idée d'une *class-action* à la française (aussi appelée action de groupe), qui est fortement soutenue par les associations de consommateurs, ne fait pas l'unanimité ni du côté du patronat (le Medef y est notamment fermement opposé et son conseil exécutif s'est prononcé unanimement contre, le 10 juillet 2008) ni du côté d'une partie des avocats, bien que le CNB se soit prononcé en sa faveur dès 2006 [2] et y soit toujours favorable [3].

L'introduction de l'action de groupe, n'est cependant pas une priorité pour le gouvernement. Interrogé sur ce point en 2010, le Secrétaire d'État chargé du commerce a apporté une réponse plutôt prudence sur le sujet [4]. Il a d'abord précisé que « plusieurs préalables doivent être levés avant d'envi-

1. CNB, Rapport réforme de la postulation AG du 13 février 2009.

2. CNB, rapport AG, 28 janv. 2006.
3. Le CNB, afin de soutenir ce projet, a organisé le 28 mai 2010 un colloque sur « l'action de groupe et l'avocat » à la Maison de la Chimie à Paris : Sacaze, « Action de groupe : concrétisation légale ou classement sans suite ? », *Avocats et droit*, n° 32, p. 36.
4. Rép. min. n° 66004, *JO* 13 avr. 2010.

sager l'introduction dans notre droit d'une procédure d'action de groupe ». Tout d'abord, le mouvement consumériste doit être mieux structuré pour éviter les abus craints d'une action de groupe. L'action de groupe trouvera d'autant plus vite sa place qu'elle concernera des litiges prioritaires et résiduels. Le gouvernement préfère donc développer les modes de résolution extrajudiciaires pour mettre un terme aux conflits consuméristes qui ne nécessitent pas l'intervention du juge. À cet égard, il entend renforcer la médiation pour le règlement des litiges de consommation, notamment en transposant la directive européenne du 21 mai 2008 sur certains aspects de la médiation en matière civile et commerciale. Mais surtout, le dispositif national d'action de groupe devra être compatible avec les projets européens. La Suède, le Danemark, le Portugal, l'Italie et l'Espagne sont en effet déjà dotés de dispositif juridique d'actions de groupe. Le gouvernement préfère donc attendre une initiative européenne sur ce sujet.

01.115 Projet de loi de modernisation des professions judiciaires et juridiques. Ce projet de loi adopté en Conseil des ministres le 17 mars 2010[1] met en œuvre un certain nombre des recommandations et propositions du rapport Darrois remis en avril 2009 au gouvernement[2], en vue de « moderniser et renforcer les professions du droit et de les inciter à travailler ensemble, pour mieux répondre aux besoins des Français et relever les défis de la concurrence internationale dans le domaine du droit ». Ce texte comporte des dispositions nombreuses et diverses concernant la profession d'avocat[3]. Les plus importantes sont les suivantes :

01.116 Création de l'acte d'avocat ou acte sous signature juridique (ASSJ). C'est sans doute la mesure la plus emblématique de ce texte, qui vise à créer une catégorie intermédiaire entre l'acte authentique et l'acte sous seing privé, qui serait dotée d'une force probante renforcée qui donnerait foi à la convention passée entre les parties et donnerait date certaine à l'égard des tiers. L'acte serait conservé et consigné dans un registre spécial conservé par le cabinet d'avocat. Il fera en outre l'objet d'un dépôt près de l'Office national de conservation que créera le CNB. Le dépôt de l'acte se fera contre remise d'un certificat de dépôt. L'intervention d'un ou plusieurs avocats qui contre signeraient l'acte permettrait de renforcer sa valeur. Cela ne concernerait que des opérations importantes, qui n'exigent pas l'établissement d'un acte authentique. Cet acte serait réservé aux seuls avocats. L'argument principal en faveur de cette réforme est la déontologie stricte à laquelle les avocats sont soumis, ainsi que leur solide formation initiale et continue, qui permettrait d'offrir une meilleure protection aux usagers[4]. En particulier, rappelons que l'article 7.2 du RIN prévoit déjà que « l'avocat seul rédacteur d'un acte veille à l'équilibre des intérêts des parties ». Saisie par les experts-comptables, l'Autorité de la concurrence vient de rendre un avis relatif à l'introduction du contreseing d'avocat des actes sous seing privé. Selon elle, « le contreseing d'avocat introduit dans le projet de loi de modernisation des professions judiciaires et juridiques réglementées n'est pas de nature à porter atteinte à la concurrence sur le marché des prestations de consultation et de rédaction des actes juridiques rendues aux entreprises »[5] (v. s^s n° 56.12).

01.117 Se constituer partie civile. Possibilité pour les organes chargés de la représentation des professions judiciaires et juridiques, et notamment le CNB, de se constituer partie civile.

01.118 Réforme des structures d'exercice des professions libérales soumises à un statut législatif ou réglementaire ou dont le titre est protégé[6]. Le projet de loi vise à moderniser et renforcer les structures d'exercice de l'ensemble des professions libérales réglementées afin de faciliter leur développement économique. Il devrait rendre plus simple la transmission d'une société d'exercice et permettre à celle-ci de conserver le même nom malgré le changement des associés.

01.119 Dispositions propres aux sociétés de participations financières de professions libérales (SPFPL). La réforme devrait permettre aux avocats, notaires, huissiers de justice et commissaires-priseurs judiciaires de créer une même société de

1. Projet n° 2383, déposé à l'Assemblée nationale le 17 mars 2010.
2. SUR le rapport Darrois not. : Arnaud-Grossi, « Les obligations de l'avocat à la croisée des chemins », *RLDC* 2009/58. 3355; Le Prado, Communication de l'Ordre des avocats aux Conseils, « Président de l'Ordre des avocats au Conseil d'État et à la Cour de cassation », *D.* 2009. 958 et *JCP* 2009, Libres propos, p. 184; Jamin, « Une rénovation profonde de la profession d'avocat », *D.* 2009.932; Rome, « Le rapport de l'angoisse », *D.* 2009. 929; Darrois, *JCP* 2009. I, entretien p. 15.
3. Par une résolution du 18 juin 2010, l'assemblée générale du CNB, s'est déclaré satisfaite « de l'adoption des dispositions créant l'acte contresigné par avocat, conforme aux vœux de la profession d'avocat et reconnu dans ses spécificités par l'avis de l'Autorité de la concurrence du 27 mai 2010 ».
4. Dossier « Le point sur l'acte d'avocat », *Avocats et droit,* n° 32, p. 26 et s.; Chaîne, *Avocat et droit,* n° 13, p. 8.
5. Avis n° 10-A-10, 27 mai 2010.
6. L. n° 66-879, 29 nov. 1966; L. n° 90-1258, 31 déc. 1990.

participations financières détenant des parts dans des sociétés d'exercice de deux ou plusieurs de ces professions.

01.120 Procédure participative de négociation assistée par un avocat. La proposition de loi sur l'exécution des décisions de justice et l'exercice de certaines professions réglementées, dite proposition de loi Béteille, introduit en droit français la procédure participative de négociation assistée par un avocat[1]. Par cette convention, existant aux États-Unis et au Canada essentiellement sous le nom de *collaborative law*, les parties à un différend, qui n'a pas encore donné lieu à la saisine d'un juge ou d'un arbitre, s'engagent à œuvrer conjointement et de bonne foi à la résolution amiable de leur différend. Cette définition serait inscrite dans l'article 2062 nouveau du Code civil. Ce même article prévoit que cette convention est conclue pour une durée déterminée. Elle devra être écrite, à peine de nullité et précisera, outre son terme, l'objet du différend et les pièces et informations nécessaires à la résolution du différend et les modalités de leur échange.

Cette procédure serait soumise au monopole des avocats. Elle pourra être utilisée en matière de divorce et de séparation de corps, mais sera exclue en matière de droit du travail. Elle sera ouverte aux personnes physiques et morales, mais les mineurs et les majeurs protégés en seront exclus.

1. Art. 31 de la proposition.

CHAPITRE

02. Juridictions et jurisprudence

SECTION 0
ORIENTEUR

02.00 **Plan du chapitre.**

SECTION 1
JURISPRUDENCE NATIONALE

02.11 **Jurisprudence de la Cour de cassation.** En application de l'article R. 121-5 du Code de l'organisation judiciaire, les attributions de chaque chambre civile sont fixées par ordonnance du premier président après avis du procureur général.

Ainsi, la *première chambre civile* connaît de la discipline et de la responsabilité des avocats, des ordres professionnels quant à leur organisation, leur fonctionnement et leur gestion, à l'exception des honoraires d'avocats. Elle est également compétente en matière de sociétés civiles professionnelles. La première chambre civile rend par conséquent le plus grand nombre de décisions intéressant les règles professionnelles de l'avocat.

La *deuxième chambre civile* traite des affaires relatives aux honoraires des avocats.

La *chambre commerciale* traite des entreprises en difficulté (prévention et règlement amiable, redressement et liquidation judiciaires et autres procédures collectives) et des sociétés civiles (à l'exclusion des sociétés civiles immobilières, des sociétés civiles professionnelles et des coopératives agricoles).

La *chambre criminelle* peut être aussi amenée à rendre des arrêts en cette matière dès lors qu'il s'agit par exemple de perquisitions au sein du cabinet de l'avocat, de violations du secret professionnel ou d'autres causes de responsabilité pénale (abus de confiance, remise illégale d'objet à un détenu, outrage à magistrat, diffamation, prise illégale d'intérêts, corruption...).

02.12 **Jurisprudence des juridictions du fond.** La cour d'appel connaît des appels formés à l'encontre des décisions du bâtonnier, du Conseil de l'ordre et des conseils de discipline.

• **En matière d'honoraire,** le bâtonnier, compétent en cette matière, doit rendre une décision dans un délai de trois mois. Une fois ce délai passé, le réclamant peut pendant un mois saisir directement le *premier président de la cour d'appel.* À défaut de recours devant le premier président, la décision du bâtonnier peut recevoir force exécutoire par ordonnance du *président du tribunal de grande instance,* saisi par l'avocat ou la partie.

• **Contrat de travail.** Par dérogation à la compétence du conseil des prud'hommes et de la chambre sociale de la Cour de cassation, les litiges nés à l'occasion d'un contrat de travail sont soumis à l'arbitrage du bâtonnier (celui de l'avocat salarié) et l'appel doit être porté devant la cour d'appel siégeant en chambre du conseil.

• **Responsabilité.** Les actions en responsabilité engagée à l'encontre d'avocats sont portées devant les juridictions civiles.

SECTION 2
JURISPRUDENCE DE LA COUR EUROPÉENNE DE SAUVEGARDE DES DROITS DE L'HOMME ET DES LIBERTÉS FONDAMENTALES

02.21 **Jurisprudence de la Cour européenne des droits de l'homme.** Celle-ci a rendu des décisions intéressant la matière, notamment concernant la publicité des débats devant l'instance disciplinaire (v. s^s^ n° 83.55) et les droits de la défense, en particulier les écoutes téléphoniques et les perquisitions (v. s^s^ n°s 36.11 s.).

SECTION 3
JURISPRUDENCE DES CONSEILS DE DISCIPLINE

02.31 Jurisprudence des Conseils de discipline. La loi du 11 février 2004 a créé un conseil de discipline dans le ressort de chaque cour d'appel. Le Conseil de l'ordre de Paris reste, par exception, compétent pour les avocats inscrits à ce barreau (v. s[s] n°s 27.01 s.).

CHAPITRE

03. Bibliographie générale

SECTION 0

ORIENTEUR

03.00 Plan du chapitre.

SECTION 1

ŒUVRES CITÉES PAR LE NOM DE L'AUTEUR OU UNE ABRÉVIATION DU TITRE

03.11 Œuvres citées par le nom de l'auteur.

APPLETON — Appleton J., *Traité de la profession d'avocat*, Paris, 2e éd., 1929.

AVRIL — Avril Y., *Responsabilité des avocats*, Dalloz, 2e éd., 2008.

BEIGNIER, BLANCHARD, VILLACÈQUE — Beignier B., Blanchard B., Villacèque J., *Droit et déontologie de la profession d'avocat*, LGDJ, 2008.

BLANC — Blanc E., *La nouvelle profession d'avocat*, Paris, 1972.

CRÉMIEU — Crémieu L., *Traité de la profession d'avocat*, 2e éd., 1954.

CRESSON — Cresson G.-E., *Usages et règles de la profession d'avocat*, Paris, 3e éd., 1907.

HAMELIN — Hamelin J., *Traité de déontologie*, 6e éd.

LEMAIRE — Lemaire J., *Règles de la profession d'avocat*, Paris, 1966.

MARTIN — Martin R., *Déontologie de l'avocat*, 10e éd., Litec, 2008.

MOLLOT — Mollot M., *Règles de la profession d'avocat*, Paris, 1842, 2e éd. Durand aug. 1866.

MONÉGER ET DEMEESTER — Monéger J., Demeester M.-L., *Profession : avocat*, Dalloz, 2001.

PAYEN — Payen F. et Deveau G., *Règles de la profession d'avocat et les usages du barreau de Paris*, Paris, 1936.

WOOG — Woog J.-Cl., *Pratique professionnelle de l'avocat*, 4e éd., Litec, 2001.

03.12 Œuvres citées par une abréviation du titre.

DALLOZ ACTION FONDS COM. — Reygrobellet A., *Fonds de commerce*, 1re éd., « Dalloz action », 2005.

DALLOZ ACTION INSTR. PRÉP. — Chambon P., Guéry Ch., *Droit et pratique de l'instruction préparatoire*, 7e éd., « Dalloz action », 2010.

DALLOZ ACTION PR. CIV. — Guinchard S. (dir.), *Droit et pratique de la procédure civile*, 6e éd., « Dalloz action », 2009.

DALLOZ ACTION PR. COLL. — Le Corre P.-M., *Droit et pratique des procédures collectives*, 5e éd., « Dalloz action », 2009.

DALLOZ ACTION RESP. ET CONTRATS — le Tourneau P. (dir.), *Droit de la responsabilité et des contrats*, 8e éd., « Dalloz action », 2010.

DALLOZ ACTION VOIES D'EX. — Guinchard S., Moussa T. (dir.), *Droit et pratique des voies d'exécution*, 6e éd., « Dalloz action », 2009.

SECTION 2

ENCYCLOPÉDIES

03.21 Encyclopédies.

J.-CL. PR. CIV., notamment, R. Martin, « Avocats », fasc. 83.

RÉP. CIV., Encyclopédie Dalloz, Répertoire de droit civil.

RÉP. PÉN., Encyclopédie Dalloz, Répertoire de droit pénal, notamment, A. Damien, « Les droits de la défense », V° *Défense*.

SECTION 3
ŒUVRES CITÉES PONCTUELLEMENT

03.31 Œuvres récentes citées ponctuellement.

Badinter, *Un antisémitisme ordinaire, Vichy, les avocats juifs 1946*, Fayard, 1997.

Bœdels, *Les habits du pouvoir, la justice*, Paris, 1992.

Damien, *La revue administrative*, mai-juin 1996, p. 251 s. et *in Archives de Philosophie du droit* 1997, « Pouvoir judiciaire et vertu, les trois tensions du magistrat ».

Damien, *Les grands arrêts de la profession d'avocat*, Litec, 1991.

de Poulpiquet, *Responsabilité des notaires*, 2e éd., « Dalloz Référence », 2009.

Frison-Roche (dir.), *Secrets professionnels*, Autrement, 1999.

Jensen, *Cabinet d'avocat*, 1re éd., « Dalloz Référence », 2011/2012.

Karpic, *Les avocats*, NRF, 1995.

Perrot, *Institutions judiciaires*, 12e éd., Montchrestien, « Domat droit privé », 2006.

Soulez-Larivière, *L'avocature*, 1982, 2e éd., 1995.

Soulez-Larivière, *Lettre à un jeune avocat*, Balland, 1999.

Sur, *Histoire des avocats de France des origines à nos jours*, Dalloz, 1998, préf. A. Damien, avant-propos M.-A. Frison-Roche.

Taisne, *La déontologie de l'avocat*, « Connaissance du droit », Dalloz, 1997.

Travier, *Procédures orales*, « Dalloz Service », 2002.

03.32 Œuvres citées ponctuellement.

Benoît, *La démocratie libérale*, Puf, 1978

Berge-Suet, *L'avocat et le monde judiciaire*, Paris, 1983.

Boccara, *L'honoraire de l'avocat*, Paris, 1981.

Brunois, *La liberté judiciaire, honneur des hommes*, Versailles, 1978.

Cézar-Bru, Hébraud, Seignolle, *La juridiction du président du tribunal des référés*, 1978.

Collectif, *Au nom du Peuple français*, Paris, 1974.

Damien, *Être avocat aujourd'hui*, Versailles, 1977, 2e éd. 1981.

Damien, *La vie spirituelle de l'avocat au XVIIe siècle*, Versailles, 1975.

Damien, *Le barreau quotidien*, Versailles, 1971.

Damien, *Le secret nécessaire*, Desclée de Brouwer, 1989.

Damien, *Les avocats du temps passé*, Versailles, 1973.

Damien, *Memento du secrétaire de l'Ordre*, April, 1975.

Floriot et Combaldieu, *Le secret professionnel*, Flammarion, 1973.

Laguette, *L'avocat dans les neuf États de la Communauté européenne*, Versailles, 1978.

Lambert, *Le secret professionnel*, Nemesis, 1985.

Mimin, *Le style des jugements*, Librairies techniques, 1978.

Royer, *La société judiciaire depuis le XIXe siècle*, Paris, 1979; *Les gens de lois vus au XIXe siècle*, Errancé, 1983.

03.33 Œuvres classiques.

Biarnay de Merville, *Règles pour former un avocat, écrites vers 1740*, publiées par Boucher d'Argis, *Règles pour former un avocat*, Paris, 1778.

Boucher d'Argis, *Règles pour former un avocat*, Paris, 1778.

Buteau, *L'avocat-Roi*, 1922.

Camus, *Lettres sur la profession d'avocat*, Paris, 1787.

Charpentier, *Au service de la Liberté*, Paris, 1949.

Chaumel (abbé), *Dictionnaire économique*, 1718.

de la Gorce, *Le barreau sous le Second Empire*, 1933.

Delachenal, *Histoire des avocats au parlement de Paris*, 1300-1600, Plon, 1855.

des Cressonnières, *Entretien sur la profession d'avocat*, Paris, 1925.

Dupin (aîné), *La profession d'avocat*, Paris, 1832.

Eudes, *Manuel du bon confesseur*, 1666.

Faustin-Hélie, *Traité de l'instruction criminelle*.

Gazzaniga, *L'histoire des avocats de Bigorre et des Hautes-Pyrénées*.

Hamelin, *Paradoxe sur l'avocat*, Paris, 1949.

Hurstel, *Retour à l'éthique*.

Lemaire, *Usages du barreau de Paris*.

Liouville et Mollot, *Abrégé des règles de la profession d'avocat*, Paris, 1883.

Liouville, *La profession d'avocat*, 1883.

Loisel, *Dialogue des avocats*, 1602.

Morel, *Traité élémentaire de procédure civile*, 2e éd., Sirey, 1949.

Rousselet, *Les magistrats sous la monarchie de Juillet*, Paris, 1937.

Sauvel, *Les immunités judiciaires*, Paris, 1956.

Simon de Versailles, *Traité de l'assistance judiciaire*, Paris, 1900.

Thibaudet, *La République des professeurs au lendemain de la victoire du Cartel des Gauches*, 1924.

Tourneux, *Bibliographie de l'histoire de Paris pendant la Révolution*, t. III.

CHAPITRE

04. Un rôle à la croisée des chemins

SECTION 0
ORIENTEUR

04.00 **Plan du chapitre.**

SECTION 1
PLACE DOMINANTE DES AVOCATS DANS LA SOCIÉTÉ FRANÇAISE DEPUIS LA RENAISSANCE DU BARREAU SOUS NAPOLÉON 1er

04.11 **« L'avocat roi ».** En 1922, paraissait l'ouvrage d'un avocat parisien, Max Buteau, intitulé de manière significative *L'avocat-Roi*. Deux ans plus tard, Albert Thibaudet publiait *La République des professeurs* au lendemain de la victoire du Cartel des Gauches.

Cette royauté de l'avocat que Buteau proclamait, lui paraissait incontestable et solidement implantée. Il démontrait, en effet, que depuis cent ans, et grâce à la renaissance du barreau sous Napoléon 1er qui lui avait accordé, pour la première fois de son histoire, l'accès à la plaidoirie pénale et politique, grâce également aux révolutions de 1830 et de 1848, les avocats s'étaient taillé une place dominante dans la société française.

Les avocats s'étaient emparés du pouvoir politique, en fournissant les orateurs de l'opposition sous le Second Empire; ils avaient rempli le Parlement sous la IIIe République, fourni les ministres et les présidents du Conseil et même la plupart des présidents de la République.

Les avocats avaient également influé sur la justice. Sortant du rôle discret qui leur était dévolu sous l'Ancien Régime, ils régentaient désormais le palais. C'est vers eux que se tournaient l'intérêt de la presse, l'affection du public et les frémissements de la foule. Ils faisaient voter des lois qui augmentaient leur puissance. Ainsi ce sont eux qui firent adopter la loi du 8 décembre 1897, relative à l'instruction criminelle, qui légalisait leur présence devant le juge d'instruction et rendait ainsi la justice pénale contradictoire, pour l'essentiel. C'est encore eux, en 2010, qui ont été à l'initiative de la réforme de la garde à vue.

Les avocats avaient, enfin, conquis la société. De Berryer, devant qui les grandes dames du Faubourg-Saint-Germain se levaient quand il entrait dans un salon, jusqu'à Henri Robert, ils avaient vraiment été les rois de cette société du XIXe siècle finissant et du début du XXe. Henri Robert décrivait avec une satisfaction presque naïve cette place qui le surprenait, lui qui s'était fait un nom de deux prénoms : « Pas de dîner, disait-il, où une maîtresse de maison ne s'efforce de faire asseoir à sa table un avocat entre un académicien ou un chirurgien. Pas de première sans une demi-douzaine d'avocats. Pas de chasse sans quelques fusils d'avocats. Pas de série de conférences sans un nom d'avocat. Il est donc universel ? Où ne le trouve-t-on pas ? Souriant ici, plus grave là, toujours adapté à la compagnie qui l'entoure, lui donnant le ton et la dominant avec désinvolture. »

Il y eut même un couronnement : le 10 décembre 1910, dans la salle des pas perdus du Palais de justice de Paris, ce banquet du centenaire de la restauration du barreau, qui avait déroulé ses fastes dans l'enceinte même du Palais, sous l'égide du président de la République, un avocat : « Autour de lui, ajoute Buteau non sans emphase, s'assirent des hommes qui, en politique, en littérature, dans les arts, exerçaient une action puissante sur la destinée du pays et sur la pensée universelle. Tous étaient avocats... La plupart des barreaux étrangers avaient envoyé des délégations... comme si ces étrangers reconnaissaient cette royauté nouvelle et venaient, comme il est d'usage, s'incliner devant sa pourpre neuve. »

Un autre couronnement eut lieu le 24 juin 2010, lors de la célébration du bicentenaire du rétablissement du barreau de Paris, ouverte au Palais de justice par le président de la République, un avocat, neuvième président avocat.

04.12 **Mais, en fait, cette royauté a-t-elle existé ?** Ne s'agit-il pas d'un de ces mirages auxquels les hommes se laissent parfois tromper ? Il semble bien que l'avocat ait incarné à cette époque, sinon cette royauté du moins une prééminence sociale certaine.

En politique c'est incontestable. Sur le plan de la pensée juridique et de la défense des citoyens c'est une évidence. Le pouvoir favorise le barreau et lui ouvre tout grand le Palais. Il appelle sa présence et il la tolère, même lorsqu'elle lui paraît la plus gênante.

La magistrature le considère comme la pièce essentielle d'une véritable justice et l'on critique les pays étrangers dont le système judiciaire ne comporte pas le ministère de l'avocat libre (l'Allemagne, par exemple, qui ne connaît à l'époque que des fonctionnaires de défense).

L'avocat, lui aussi, a conscience de sa grandeur et de son rôle. Il sait qu'il n'exerce pas un métier mais qu'il accomplit une mission. On n'entre pas au barreau pour y gagner sa vie même si, fréquemment, on la gagne somptueusement, mais pour assumer une fonction sociale, semblable à celle du prêtre, de l'enseignant ou de l'officier.

L'honoraire est conçu comme le don spontané de la reconnaissance du client, « conçu » et non « vécu », car on peut douter que ces principes aient jamais été adoptés couramment par le barreau. Néanmoins, l'avocat accepte des causes gratuites car c'est une tradition qui est reconnue comme telle par les avocats : on vit de la barre comme le prêtre vit de l'autel; on défend les pauvres sans rémunération. Et un avocat s'accuse même devant un confesseur imaginaire d'avoir pris à ses clients plus qu'il ne lui en fallait pour vivre.

Ceci n'empêche nullement les honoraires excessifs ni les revenus étonnants quand on constate que l'avocat moyen du XIXe siècle dont on a retrouvé les carnets de comptes gagnait 40 000 francs par an, c'est-à-dire le traitement, à la même époque, de l'Archevêque de Paris ou d'un Maréchal de France, le double du traitement d'un conseiller d'État ou d'un conseiller à la Cour des comptes, le triple d'un conseiller à la Cour de cassation. Un ancien bâtonnier qui fut membre de l'Institut percevait, sous le Second Empire, 175 000 francs par an, ceci sans impôt sur le revenu et sans coût de cabinet puisqu'on ignorait les dactylographes et les téléphonistes. Encore que toute évaluation contemporaine de ces sommes soit, dans une certaine mesure, illusoire, on peut néanmoins admettre que ces honoraires doivent être multipliés par 200 pour donner une idée approximative de leur valeur actuelle.

Mais ce bruit d'argent autour de la barre n'affecte nullement la confiance du public dans le désintéressement de l'avocat. Celui-ci, tout comme les clients, sait enfin qu'il n'est contrôlé que par sa conscience. Le bâtonnier Liouville nous apprend qu'un avocat ne doit jamais prévoir le sort d'un procès. « Ceci n'est pas compatible avec la dignité de la profession. » On s'engage corps et âme aux côtés du client dans une aventure, on s'y donne tout entier, l'échec n'est qu'une péripétie qui échappe à l'avocat...

Donc, la tâche de l'avocat est une obligation de moyens et jamais une obligation de résultat.

Enfin, mûri par ce métier et par l'expérience qu'il confère, l'avocat tout naturellement devient apôtre et, s'il ne conteste pas encore les structures de la société au sein de laquelle il vit, il devient le héraut de la liberté et des idées généreuses.

SECTION 2
QU'EN EST-IL DE NOS JOURS DU RÔLE DE L'AVOCAT DANS LA SOCIÉTÉ ?

04.21 **Diminution du rôle de l'avocat.** On doit constater que cette souveraineté s'est effritée. Son rôle a diminué, s'est transformé, nous sommes placés actuellement à une croisée de chemins.

Son rôle d'antan, cette conception d'hier n'est plus admise. Ni par les magistrats avec lesquels il participe à l'œuvre de justice, ni par l'opinion et les justiciables au service desquels il est placé, ni par les jeunes qui, entrant avec foi dans cette profession, ne dissimulent pas leur étonnement et leur désarroi à entendre parler de mission, d'honoraires libres, gages de la liberté de la défense, de conception orgueilleuse de leur fonction... Seuls, entend-on dire, des professionnels, englués dans la vie quotidienne qui interdit souvent la réflexion prospective, ne s'aperçoivent pas que le monde a évolué et qu'il faut repenser leur mission en termes contemporains.

04.22 **Avocats et magistrats.** Le magistrat n'accepte plus cette image d'antan de l'avocat et ceci pour deux ordres de raisons différents. Celui que l'on peut désigner sous le nom de magistrat classique, par opposition ou du moins distinction avec le *jeune syndicaliste* de la magistrature, aux idées ardentes, généreuses et parfois utopiques, le magistrat classique n'accepte plus l'avocat verbaliste d'hier, l'homme de l'improvisation, parfois brillante. Il veut désormais appréhender lui-même le procès et le conduire à son terme. Il en a reçu les pouvoirs du législateur et ne se contente plus de voir charger devant lui, passif et olympien, les plateaux de la balance.

Il provoque les conclusions, suscite les incidents de procédure et les résout, ordonne les communications des pièces et de documents, convoque les parties, avec ou sans leurs conseils, il peut être saisi directement par les plaideurs dans nombre de cas.

Maurice Garçon confiait un jour son indignation à l'idée d'avoir la charge de la procédure. Près de trente ans après la mise en train de la réforme, les avocats qui, à l'instar de Maurice Garçon, refusaient de postuler, ont vu leur rôle disparaître car les magistrats exigent désormais des auxiliaires de justice, plus de présence, plus d'écritures, plus de précision et de ponctualité que de plaidoiries éloquentes et démonstratives. La procédure écrite gagne du terrain tous les jours. Le rôle de l'avocat peut paraître désormais plus modeste, moins éclatant et signifier, par là même, une diminution de sa tâche, mais au profit, parfois, d'une efficacité accrue.

04.23 Position du Syndicat de la magistrature. Bien différentes sont les critiques des jeunes magistrats[1] qui, pour certains, composent le Syndicat de la magistrature. Ils proclament le déclin du barreau, absent des grandes luttes politiques et sociales, attaché par un conservatisme dépassé à des défenses de connivence et non de rupture, traduisons des défenses de pure forme; ils déplorent le sort de ces justiciables isolés, ignorant les règles du droit, rejetés de l'environnement social et ne trouvant aucune aide dans un barreau dont les membres sont débordés, trop affairés pour être utiles, trop coûteux pour être accessibles[2], ils déplorent enfin l'absence du barreau de la scène judiciaire[3].

Ces regrets ont donné naissance à des projets dont le livre consacré aux questions de la justice, intitulé *Au nom du Peuple français,* nous dit qu'ils furent proposés, moitié plaisantant, moitié sérieux *(sic)* : la création d'un magistrat de défense, en face des magistrats accusateurs et des magistrats jugeurs. La proposition était nouvelle et aboutissait à suggérer une institution également nouvelle pour combler le vide créé par la prétendue absence de l'avocat des grandes luttes judiciaires et sociales. Certes, le même ouvrage nous précise que la volonté de supprimer le barreau émane surtout des « négativistes anarchisants » dont le syndicat n'approuve point les positions. Dans son congrès du 28 novembre 1975 le Syndicat de la magistrature rappellait qu'il n'avait jamais été favorable à la disparition du barreau et que, si des propos avaient permis aux avocats de le penser, il s'agissait d'un malentendu... Il n'en demeure pas moins que l'idée est exprimée et lancée. D'ailleurs, elle connaîtra un embryon de mise en place avec l'institution du magistrat d'accueil. En effet, sous l'impulsion de la Chancellerie, il avait été décidé de créer dans les tribunaux des magistrats d'accueil, au rôle peu défini mais certainement distinct de celui d'hôtesse d'accueil, et destinés, de toute évidence, à fournir des renseignements juridiques aux justiciables.

Ces juges d'accueil se sont parfois heurtés à des situations cocasses, tel ce substitut lyonnais qui, accueillant un usager prévenu d'émission de chèque sans provision, le rassure et lui déconseille le choix d'un défenseur dont le coût serait disproportionné avec une affaire aussi minime. L'usager se présente donc seul, sans crainte, quelques jours plus tard devant le tribunal correctionnel, le représentant du ministère public se lève alors pour réclamer des peines exemplaires, surprise ! Le délinquant reconnaît en lui le magistrat d'accueil d'hier qui, évidemment, ne se souvenait plus de l'entretien, au cours duquel le prévenu avait d'ailleurs, peut-être, minimisé sa confession.

Car, c'est là où l'ambiguïté est complète. Le magistrat ne peut provoquer la confidence de celui qu'il aura, éventuellement, à juger. Celui qui incite l'usager à un cœur à cœur ne peut plus exercer la justice vindicative ou sociale. Il y aurait tromperie à cumuler les deux rôles. Le juge ne peut être le conseil, le confident et l'ami de celui qu'il a la fonction sociale de juger. Pratiquer ce système serait instituer le règne de l'hypocrisie et du mensonge.

04.24 Avocats et professions parajudiciaires. Une catégorie, proche du juge mais parajudiciaire cependant se méfie également de l'avocat : les psychologues, les éducateurs, les délégués à la probation ou à la liberté surveillée, qui aident le juge des enfants ou le juge de l'application des peines à prendre ses décisions. Ils ne voient dans l'avocat qu'un auxiliaire douteux, parce que stipendié et peu compétent dans les matières délicates où il se débat. Il leur apparaît ignorant, coupé des sciences humaines et, parfois même, gêneur. Dans les années 50, l'avocat des mineurs était le principal auxiliaire du juge des enfants qui travaillait seul et sans aide : serait-il devenu un intrus. En 1971, Philippe Robert soutenait dans une chronique que le rôle de l'avocat devant le tribunal pour enfants était excessif en France et qu'il y aurait lieu de l'écarter d'une juridic-

1. *Au nom du Peuple français*, Paris, 1974.
2. *Au nom du Peuple français*, p. 159.
3. *Au nom du Peuple français*, p. 159.

tion où son incompétence en matière psychologique et familiale ne lui donnait pas une efficacité suffisante[1].

04.25 **Avocats et justiciables.** Le justiciable, enfin n'a guère une opinion plus flatteuse du barreau. Il a, certes, toujours existé une contestation moqueuse du métier d'avocat, de Pathelin à Courteline, en passant par Racine, La Fontaine et Regnard. L'avocat a toujours été le sujet de railleries, suspect d'appétits excessifs et d'inefficacité. Mais le fait de blâmer le vice est un hommage à la vertu. Aujourd'hui ce que le client conteste, ce n'est plus son seul fonctionnement, c'est l'Institution elle-même. La confiance a disparu. La preuve en est dans la progression constante et accablante des plaintes et mises en cause des avocats par les plaideurs. Jadis, la récrimination contre l'avocat était rarissime de même que contre le médecin et contre le chirurgien. Aujourd'hui, la marche des procédures est escortée de plaintes multiples, adressées à toutes les autorités du pays, si haut qu'elles soient placées dans la hiérarchie. Et force est de reconnaître que la proportion des plaintes fondées n'avait guère augmenté dans les années 80, tandis que le nombre de celles déposées avait décuplé.

Mais ces plaintes du public s'expliquent aisément : le justiciable choisit de moins en moins son conseil et n'a plus en lui la confiance que justifiait ce choix. Hier, le client était guidé par la renommée locale de son avocat, il le choisissait personnellement. La généralisation des procédures gratuites d'accès à la justice avait fini par transformer ce choix fondamental en une désignation quasi automatique du défenseur par un organisme administratif, l'Ordre des avocats. En même temps, en matière de clientèle de groupe, l'avocat est également imposé par le syndicat, l'association de défense, la compagnie d'assurance.

Il fallait espérer que grâce au système de l'aide juridictionnelle, ce choix de l'avocat, libéré des contingences matérielles, allait renaître d'une manière véritable.

04.26 **Honoraires des avocats.** Le justiciable est également rebuté par les honoraires. Le don, plus ou moins spontané d'hier, s'est transformé en exigence impérieuse qu'expliquent les charges sociales, fiscales et administratives d'un cabinet. Mais ces exigences sont indéterminées et si la plupart des avocats perçoivent des honoraires modérés, certains se distinguent par des escalades que rien ne justifie, ni l'âge, ni la réputation, ni le talent, sauf la volonté de créer de soi une image flatteuse grâce à des exigences insoutenables. Mais l'honoraire modéré ou excessif inquiète plus par son imprécision que par son importance. Le jeu des provisions effraie le client. L'absence fréquente de pacte écrit le laisse dans l'incertitude. Seul, de toutes les professions nécessaires au public, le barreau refuse de faire connaître le coût de ses prestations, au nom d'un principe qui veut lier l'indépendance de la profession à la liberté de sa rémunération. Des contentieux précis ont, certes, été prévus par le législateur pour arbitrer les conflits de cet ordre, mais, contentieux, cela signifie procès et voilà qui ne rassure pas l'usager.

SECTION 3
L'AVOCAT RESSENT-IL CETTE SITUATION NOUVELLE ET CES DIFFICULTÉS PARTICULIÈRES ?

04.31 **Prise de conscience de l'avocat.** L'avocat est conscient de cette situation nouvelle, certes, mais sans toujours comprendre ces difficultés particulières. Il prend conscience d'une mutation de l'opinion à son égard qui le transforme en malaimé. Il découvre une coupure qui le sépare de la société nouvelle, il comprend qu'il ne sera plus, demain, le défenseur librement choisi et privilégié du citoyen et que, désormais, beaucoup doutent de son efficacité, de son désintéressement et de sa volonté de servir. Il a le sentiment alors d'être brimé, injustement opprimé et sa réaction est une réaction de faible, de minorité menacée, il sent son combat désespéré. Il est isolé, désuni et n'a pas su trouver d'organes de réflexion.

Car tel est le sens qu'il faut, à mon avis, donner à la grève des avocats français du 17 janvier 1976. Son prétexte était parfaitement légitime (une modification de texte à l'occasion d'une codification, sans concertation préalable avec les professions intéressées et sans que le garde des Sceaux en ait été informé), mais l'ampleur du mouvement, son caractère spontané et populaire, le fait que les associations syndicales d'avocats aient été, pour la plupart, débordées, manifestent la réaction angoissée d'une profession devant une mutation de société qu'elle comprend mal et dont elle redoute les conséquences. Chacun se prenait à craindre la fonctionnarisation, le tiers payant, la Sécurité sociale judiciaire et nul ne discerne les remèdes. L'incapacité des avocats à s'unir dans une représentation nationale, le refus d'accepter unanimement une représentation par les Ordres, manifestent le désarroi de tous. Et M. Philippe Boucher, analysait bien le phénomène, déclarant que cette grève d'avocats rejoignait leur « paupérisation, à la fois financière et intellectuelle »[2].

1. Robert, *JCP* 1972, 2, 16555.

2. Boucher, *Le Monde* 20 janv. 1976.

Sur le plan des réformes nécessaires on devait donc déplorer, de la part du barreau, l'absence tragique de pensée et de volonté de renouveau des structures de la profession. Elle évoluait, certes, mais combien lentement et sans objectif précis.

Et l'angoisse demeure qui pousse de nombreux avocats soit à solliciter leur intégration dans la magistrature, soit à se détourner du judiciaire pour ne vouloir exercer que dans le juridique qui paraît réaliste, qui incarne la vie des affaires, la vraie vie, à côté de ces querelles désuètes qui constituent l'essentiel du domaine du judiciaire. Le pénal apparaît également comme un monde artificiel, l'État n'ayant pas de politique pénale déterminée, le débat judiciaire lui-même n'est qu'un leurre dans lequel l'avocat se demande parfois s'il ne devient pas un « bouffon » destiné à remplir un rite, à distraire avec plus ou moins de talent le tribunal qui prononcera une peine sans en connaître ni la portée, ni l'utilité, ni la place dans un système philosophique cohérent.

04.32 Attrait du juridique. Alors les avocats ont pris peur et, abandonnant le palais, le procès, la plaidoirie, au profit des contrats, des créations de sociétés, ils tendent à devenir le « copilote » de l'entreprise. N'ayant plus confiance dans ce palais qui les décevait tant, faute pour la justice d'avoir su déterminer son rôle à l'intérieur de l'État, faute pour l'État d'avoir pensé à la mission de la justice dans le fonctionnement de la nation, certains ont voulu quitter le palais, c'est-à-dire le judiciaire et ses affaires dérisoires même si elles sont parfois fructueuses, pour être en pleine pâte humaine – du moins le croyaient-ils – dans le juridique, tel que l'exercent les notaires ou l'exerçaient hier encore les conseils juridiques.

D'aucuns ont regretté cette tendance qui s'est manifestée chez les jeunes avocats et qui atteint même un point de paroxysme lorsque certains étudiants des centres de formation professionnelle, décidèrent de ne plus apprendre à plaider, voulant ainsi marquer, par cette volonté de non-formation et cette mutilation volontaire qu'ils voulaient devenir les hommes du juridique pour ne plus être les hommes du néolithique et du paléolithique, c'est-à-dire les hommes du judiciaire, symbolisés pour eux par la plaidoirie.

04.33 Réforme de 1990. Le gouvernement, inquiet de cette tendance, a décidé de les prendre en considération et a proposé au Parlement, à la fin de l'année 1990, la grande réforme, celle qu'en 1971 le garde des Sceaux de l'époque, M. Pleven, n'avait pas par prudence présentée devant le Parlement, certain qu'elle aboutirait à l'échec; il s'était contenté avec réalisme de la petite réforme, fusion de tous les auxiliaires de justice exerçant des métiers voisins et notamment dans les prétoires : avocats, avoués, agréés.

Telle n'était pas la pensée des réformateurs de 1990. L'esprit qui animait leur réforme était de permettre à l'institution de défense juridique et judiciaire que constitue le barreau français d'aborder sans trop de timidité ou d'infériorité les modifications qu'entraîna le Marché commun et d'affronter les cabinets étrangers, autres que ceux gérés par des institutions des douze pays de la Communauté et qui s'étaient déjà multipliés en France, du moins à Paris.

Cette grande profession, dont l'instauration avait échoué en 1971, 1990 devait la réaliser et, comme l'indiquait M. Allouche : « La sagesse et la clairvoyance avaient guidé M. Pleven puisqu'il préféra le succès d'une mini-réforme à l'échec d'une réforme complète et surtout imposée. Il était pourtant convaincu de la justesse et de la nécessité des mesures qu'il proposait car, selon lui, elles finiraient par être inévitables à terme, mais les esprits n'étaient pas mûrs... Le salariat, les capitaux extérieurs, l'exercice du droit et sa réglementation, l'interprofessionnalité étaient déjà, voilà vingt ans, les points qui posèrent problèmes et qui déchaînèrent les passions. »[1]

« Nécessité fait loi, 1993 c'est demain ! Il est toujours étonnant de constater que ce que les pouvoirs publics n'osent pas tenter, ce que les corporatismes interdisent d'oser, la compétition internationale finit par l'imposer de gré ou de force. Il faut désormais se convaincre d'une chose, le grand Marché unique européen établit non seulement une concurrence de produits ou de services, mais également une concurrence de l'ensemble des systèmes politique, économique, social, culturel, juridique et judiciaire. »

« Comme tant d'autres les professions juridiques et judiciaires doivent évoluer en s'adaptant à la société qui bouge et à l'Europe qui se construit ».

La réforme promulguée est finalement assez loin de ces rêves, le débat ne s'est pas posé entre la toge vertueuse et les *golden-boys* du barreau, on n'a pas eu à choisir entre des valeurs juridiques et des valeurs boursières mais plutôt à concilier plus modestement les exigences du droit et celles de l'économie. Elle s'est déroulée dans l'apathie des avocats qui, contrairement à ce qu'ils avaient manifesté en 1971, ont laissé leurs organisations syndicales et ordinales surveiller l'élaboration d'une loi qui n'a suscité que peu de remous dans le barreau profond[2].

1. Allouche, débats Sénat, *JO Sénat CR*, p. 3185.
2. Moore, « Esquisse sur l'avocat de demain après le vote de l'Assemblée nationale », *Gaz. Pal.* 10 janv. 1991, 8.

Les premières réactions à l'encontre de cette réforme doivent être d'abord de prudence; elle ne change rien de fondamental, offrant aux avocats ce qu'ils avaient déjà, la possibilité de faire du juridique mais adaptant quelques structures pour répondre plus aisément à cette fonction traditionnelle, elle ne constitue pas pour le barreau une mutation; la fusion avec les conseils juridiques, la concurrence accrue à terme se terminera comme celle avec les avoués et les agréés par une unification du barreau et laissera prospérer une catégorie nouvelle pressentie par la loi, les personnes pouvant donner des consultations juridiques ou rédiger des actes sous seing privé pour autrui de manière habituelle, créées ou maintenues par l'article 54 de la loi du 31 décembre 1971[1].

Ainsi donc une nouvelle profession de conseil juridique renaîtra timidement d'abord mais qui n'obtiendra pas, n'étant assujettie à aucune règle particulière, l'aura qu'eut naguère la profession de conseil juridique et qui nécessitera « dans vingt ans » des mesures nouvelles et des fusions supplémentaires[2].

N'ajoutant rien aux capacités du barreau, la grande fusion ne leur donnera pas pour autant l'esprit de faire du juridique s'ils ne l'ont pas et poussera certains à demeurer des hommes du judiciaire par résignation ou nécessité, un peu à l'image de ces étudiants qui font du latin et du grec parce qu'ils sont incapables de faire des mathématiques. L'ignorance des avocats en matière juridique est stupéfiante et leur volonté de ne pas recourir à des spécialistes pour les aider dans cette tâche, est dérisoire.

Pour autant ne risque-t-on pas que nombre d'avocats abandonnent le judiciaire comme un bateau qui coule, ce qui constituerait non seulement une défaite pour le barreau mais pour l'esprit de défense, laissant subsister un vide tragique à l'intérieur de la société judiciaire ? Ce système judiciaire est imparfait mais il a le mérite d'exister et, à partir du moment où un des protagonistes se défausse de son rôle, le système devient incohérent et nous aborderons des réformes qui seront des sauvetages sans grandeur et sans plan.

04.34 Alors, que faire ? Existe-t-il une solution miracle à cette situation ? Oui, c'est de devenir, sinon à l'intérieur de la même personne, du moins par une solidarité entre les cabinets d'avocats, des hommes et des femmes du juridique et du judiciaire, des hommes et des femmes qui savent que le judiciaire existe et subsiste, qui savent que le juridique doit être l'apanage du barreau et qui sauront, soit parce qu'ils en auront réappris les règles, soit parce qu'ils sauront composer leurs cabinets avec des spécialistes, soit parce qu'ils auront des synergies avec des cabinets plus poussés vers le juridique ou vers le judiciaire selon leur orientation propre, réaliser des cabinets complets qui demeureront fidèles à la vocation profonde de la profession qui est d'être le conseil unique, en matière juridique et judiciaire, de tous les citoyens.

Pour autant, le barreau sera-t-il sûr de lui, assuré de son avenir ? Non, car le paradoxe du barreau est que, de tout temps, il a constitué une institution dangereuse et impopulaire parce qu'il a pour tâche de s'opposer tantôt à l'opinion qui exige des victimes expiatoires, tantôt au pouvoir qui, au nom de la raison d'État, réclame l'élimination de ceux qui le gênent.

Le défenseur isolé ne peut résister à ces pressions diverses et toute l'habileté des avocats, au cours des âges, fut de découvrir et d'utiliser, à chaque époque, la structure juridique ou sociologique susceptible de leur donner cette force, qu'individuellement ils ne possédaient pas. De bons auteurs ont comparé l'avocat ou la profession d'avocat au bernard-l'ermite. La comparaison est excellente dans la mesure où cet animal muni de nombreuses défenses vers l'avant a un corps mou qui en fait la proie de tous les prédateurs, il l'enfouit donc dans une coquille abandonnée par son propriétaire et il en change au fur et à mesure qu'il grandit. Il en est de même pour les avocats qui évoluent de structure en structure pour rester fidèles à leur temps, mais la période difficile est celle où le bernard-l'ermite changeant de coquille se trouve sans défense et proie de tous les prédateurs : c'est la situation du barreau lors des mutations professionnelles.

Prosper Mérimée, dans « une lettre à une inconnue » parue dans la *Revue des Deux mondes*[3], écrit à sa correspondante : « *Connaissez-vous une bête qu'on nomme bernard-l'ermite, c'est un très petit homard, gros comme une sauterelle, qui a une queue sans écaille, il prend la coquille qui convient à sa queue, s'y fourre et se promène ainsi au bord de la mer; quand il change de coquillage, après avoir médité une demi-minute, il met une de ses pinces dans la coquille pour s'assurer qu'elle est bien vide puis la saisit avec ses deux pattes de devant et fait en l'air une culbute de façon que la coquille reçût sa queue et y entre aussitôt.* »

1. Réd. issue de L. n° 90-1259, 31 déc. 1990.
2. Ferrari, *Vie jud.* n° 23, févr. 1992.
3. Prosper Mérimée, *Revue des Deux mondes* 1er déc. 1873, p. 164.

SECTION 4
DES ORIGINES À NOS JOURS

04.41 Origines. Aux origines ce fut l'importance personnelle du *patronus*. Le *patronus*, riche propriétaire de la villa gallo-romaine, institua l'avocat ou homme libre travaillant à son service puis, avec la fragmentation féodale et la dureté des mœurs, ce fut vers l'Église que les avocats se tournèrent pour assurer leur protection. À une époque où tout devenait religieux et où l'Église faisait respecter, grâce à ses armes spirituelles redoutables, ceux qu'elle reconnaissait comme siens, le barreau devint une confrérie religieuse, rassemblée sous la bannière de saint Nicolas et, par là même, il devint respecté. Il en subsiste des traces actuelles, le titre de bâtonnier conféré au prieur de la confrérie qui portait jadis les insignes de sa charge, le bâton ou bourdon prioral, le costume que les avocats portent encore, celui des clercs avec la traîne et l'aumusse d'hermine.

Mais à l'aube du pouvoir absolu, ces privilèges antiques n'étaient plus que des survivances. Les corporations sont régies par l'État, les confréries pieuses surveillées, la persécution contre les Jansénistes proche. Le barreau se réfugie alors à l'intérieur de ce corps puissant qui émerge lentement des légistes d'antan, le Parlement. Il devient un corps autonome, à l'intérieur du Parlement, une sorte de tiers-ordre et les magistrats garantissent au barreau, contre les grands et les puissants, les libertés nécessaires et une autonomie quasi totale.

04.42 La Révolution. Elle balaie cette institution, les défenseurs sont sans liberté et ils sont parfois sans courage. L'Empereur ressuscite le barreau mais presque asservi. Il lui confère, mais sans en mesurer la portée, ce qui fera demain sa puissance, la plaidoirie pénale, mais il veut pouvoir, aux dires de Dupin, couper la langue aux avocats s'ils s'en servent contre lui. Le barreau, toujours à la recherche de la protection pour assurer sa liberté, s'intègre dans cette bourgeoisie bientôt toute-puissante, et qui s'épanouit au cours du XIXe siècle. En même temps que les médecins ou les architectes, il crée cette structure peu caractérisée juridiquement mais fortement typée sociologiquement : la profession libérale.

Elle se reconnaît à l'indépendance matérielle et intellectuelle, au goût du travail accompli, à un certain désintéressement qui n'exclut ni le désir de gagner sa vie, ni l'esprit d'économie, à une certaine condescendance bienveillante envers les plus défavorisés du sort, à la faveur du public qui la considère comme un des fleurons de la société, à un sens aigu du devoir, une autonomie enfin, due à des relations puissantes, car c'est là que réside le secret de cette catégorie sociale, elle appartient à la classe du pouvoir.

04.43 Déclin de la profession libérale. Aujourd'hui nous devons reconnaître que la profession libérale, dans sa conception traditionnelle, est morte ou du moins qu'elle agonise. En effet, dans une société qui comprend en son sein plus de 80 % de salariés, non seulement les professions libérales ne représentent plus grand-chose mais la société, dans ses structures mêmes, ne peut plus les absorber, les préserver, les maintenir; rien n'est plus fait pour cette infime fraction d'un peuple désormais à majorité quasi exclusive de salariés; ils en sont exclus.

Les paroles roboratives concernant les professions libérales et émanant des dirigeants politiques de tous poils, ne sont qu'alibis et faux-semblants puisque, simultanément, ils ne font rien pour tenir compte de cette classe subsistante. Ils la célèbrent toutefois car son maintien, fut-ce à l'état de trace, est indispensable pour un certain équilibre du discours politique et la présentation de la société française. De même que les Américains conservent quelques Indiens dans des réserves où ils subsistent abrutis par l'alcool et la condition dans laquelle ils se trouvent réduits pour manifester au monde libre le libéralisme américain et le respect des minorités, de même les professions libérales ne subsistent en France que comme alibi d'une politique qui les ignore plus encore qu'elle leur est contraire. Et, de la même manière où l'on vient rencontrer le vieux chef indien pour le voir danser pour demander la pluie, de même on tolère encore l'avocat et sa parole libre dans le prétoire, à la fois par calcul et pour conserver les apparences et aussi par respect magique pour des interventions qui sont peut-être mystérieusement liées au libéralisme dont se réclame encore la société.

Mais en même temps on soustrait à la sentence obtenue apparemment grâce aux efforts de l'avocat, toute réalité puisqu'on lui substitue le système de la peine indéterminée avec le système actuel de l'exécution des peines.

SECTION 5
UN VÉRITABLE DÉFI EST LANCÉ AUX PROFESSIONS LIBÉRALES

04.51 Les professions libérales sauront-elles, pourront-elles survivre ? Rien n'est moins sûr. Encore faudrait-il qu'elles soient lucides et démasquent le double langage qu'on leur tient ? En tout cas ce qui résulte de cette évolution de la profession libérale qui s'accomplit rapidement sous nos yeux c'est qu'un cadre qui permit au barreau de retrouver son indépendance s'effondre. Il faut donc, fidèles aux enseignements du passé, retisser patiemment la protection qui défendait notre difficile fonction.

Le 10 janvier 1977, je m'interrogeais devant l'Académie des Sciences morales et politiques, à l'occasion d'une communication consacrée à l'avenir de la profession d'avocat sur les voies qui lui permettraient de se renouveler dans ses structures juridiques, de façon à trouver le cadre protecteur dont elle a besoin pour permettre à ses membres d'assumer leurs fonctions sociales et j'envisageais trois directions : l'institution, le salariat, la fonctionnarisation.

À peu de choses près, cette intuition théorique s'est révélée, vingt-cinq ans après, réaliste. En effet, sans renvoyer aux détails d'analyse de ces différentes fonctions mieux connues désormais et dont on trouvera le dernier état de description dans les pages qui y sont consacrées au *Traité de déontologie* de Hamelin [1], on peut dire que le salariat est né officiellement par l'article 7 de la loi du 31 décembre 1971 dans sa rédaction issue de la loi n° 90-1259 du 31 décembre 1990.

04.52 **L'avocat salarié a maintenant un statut.** L'avocat salarié, qui avait existé en fait depuis des années malgré des dissimulations plus ou moins hypocrites, a depuis la réforme un statut qui permet d'être en harmonie avec la réalité. On peut espérer que cette période d'exercice de la profession en tant que salarié sera brève et liée à la jeunesse de l'avocat; mais on doit craindre également que certains ne passent la plus grande partie de leur vie professionnelle dans cette condition. On peut même craindre que certains salariés ne soient pas seulement des salariés individuels de patrons multiples mais des quasi-fonctionnaires dans la mesure où ils seront dans une certaine mesure des salariés de leur ordre.

Cette possibilité existe désormais par l'article 29, paragraphe 4 de la loi sur l'aide juridique [2] qui permet au règlement intérieur du barreau de prévoir que les avocats prêtent à temps partiel leur concours à l'aide juridictionnelle selon des modalités de collaboration fixées par convention avec l'Ordre.

Collaborateur stable d'une institution qui ne l'est pas moins et qui participe à une fonction que doit assumer, la justice, ces salariés seront de véritables fonctionnaires. Pour autant ne crions pas que le barreau est mort, l'institution de la fonctionnarisation de certains avocats ne touche en rien l'indépendance du barreau alors que la fonctionnarisation est le refuge, dans de nombreux endroits, de la liberté absente chez les fonctionnaires d'autorité mais également absente chez les libéraux dont les préoccupations économiques remplacent, pour leur créer des sujétions, les préoccupations de carrière que l'on prête à d'autres fonctionnaires.

L'Administration a su créer des corps de fonctionnaires indépendants dont les membres jouissent d'une autonomie quasi totale, aussi protectrice que l'était de l'indépendance de certains fonctionnaires, hier, l'inamovibilité du magistrat ou la propriété de son grade par l'officier.

Je songe au statut des universitaires dont on peut s'inspirer pour permettre de maintenir l'existence d'un barreau dont un secteur important sera fonctionnarisé et néanmoins libre.

04.53 **Avocats patrons.** S'il y a des avocats salariés et des avocats non salariés, collaborateurs dont la situation sera assez proche des premiers, il faudra donc qu'il y ait des avocats patrons, ceux qui, salariant les autres et les libérant des contingences matérielles quant à l'organisation de la firme et à sa prospérité, prendront en charge leurs rémunérations et l'assumeront de manière sérieuse et régulière. Ces *seniors-partners*, ces *managers*, ces patrons, constituent une véritable classe à l'intérieur du barreau de demain que j'ai baptisé l'*industrialisation*, dont on voit déjà les exemples typiques dans le barreau américain; barreau américain qui était peu connu de nos contemporains même avocats, mais l'invasion de nos télévisions par les « séries » américaines - pas toujours les meilleures - a permis au moins à ceux-ci, sans se déplacer outre-Atlantique, d'avoir une conception du rôle de l'avocat aux États-Unis et surtout de ces firmes qui existent et qui, demain, grâce à l'entrée de conseils juridiques et de sociétés fiduciaires, qui ayant réussi à passer au barreau avec armes et bagages grâce à la réforme du 31 décembre 1990, constitueront en France des cabinets à l'américaine.

S'il était normal que la France reçoive les avocats membres de la Communauté européenne, la générosité du gouvernement nous a fait recevoir en outre les cabinets américains dont les intérêts paraissaient si légitimes en raison de leur importance économique que, grâce à certaines formules, ils bénéficient également d'une intégration massive.

Soyons donc rassurés, l'industrialisation est là, la firme d'avocats-conseils juridiques est arrivée sur notre territoire et y prospérera avec son efficacité, ses coûts, ses difficultés de communication humaine; elle sera obligée de se consacrer à un certain type de clientèle et d'« écrémer » pour parvenir à assortir des objectifs de compétence et de talent avec des objectifs de rentabilité qui en sont le corollaire.

1. HAMELIN, 6e éd., p. 692 s.
2. L. n° 91-647, 10 juill. 1991, art. 29; mod. par L. n° 98-1163, 18 déc. 1998, art. 12.

Mais pour autant, pas plus qu'il n'a disparu en Amérique, l'avocat individuel ou quasi individuel subsistera en cabinet artisanal mais il ne le fera que dans la mesure où il sera lié par des accords avec d'autres pour assumer, aussi bien les tâches matérielles qu'intellectuelles du travail quotidien de l'avocat.

04.54 La justice française s'est organisée en dehors de l'avocat. Elle a, en une sorte de coquetterie, transformé sa collaboration – Alain Peyrefitte disait « son partenariat de justice » – en une course d'obstacles. Notre système d'évocation des causes est archaïque, inefficace et donne l'image du labyrinthe où un Minotaure judiciaire finit par absorber le plaideur. Les appels de causes, conférences ne permettent pas à l'avocat français de travailler en dehors des heures normales de bureau... il attend, il attend le juge qui attend l'avocat...

Recevant le client aux heures les plus mal commodes, il est condamné à devenir un travailleur de la nuit comme les imprimeurs de journaux et certains journalistes. C'est là chose anormale car les clients en souffrent et la justice tout entière en pâtit. Pire encore les juges formés loin des palais d'antan se sont séparés des avocats et de la défense d'une manière qui paraît irréversible, hier partenaires, ils sont devenus adversaires, tandis que le journaliste apparaît et anime les médias selon son sentiment que l'avocat est incapable de combattre.

04.55 Il faut donc que notre justice soit plus institutionnalisée. À l'échelon du barreau d'abord, en créant des synergies entre cabinets qui permettront à l'un d'assumer les fonctions de plusieurs lorsqu'il s'agit de fonctions subalternes et parcellaires. À l'un d'apporter sa spécificité et ses spécialités à plusieurs même sans lien organique, de la manière dont des médecins spécialistes apportent leur spécificité à des généralistes.

Les cabinets de groupe existeront donc qui sauveront le cabinet individuel, qu'il s'agisse de cabinets groupés organiquement dans une des formes juridiques prévues par le législateur, ou bien des cabinets groupés inorganiquement et créant des synergies entre leurs membres.

Ainsi les tâches purement matérielles, que doit assumer l'avocat dans les prétoires, pourront être simplifiées, lui permettant ainsi de se consacrer à la tâche noble qui est, je ne dirais pas de plaider certains me reprocheraient ce mot à connotation antique, mais d'exposer le droit et le fait à propos de chacune des affaires qui nécessitent un débat oral.

Réorganiser le barreau dans sa fonction matérielle, les services communs en profitant d'ordres plus étoffés et plus riches, est une bonne chose mais ce qu'il faut d'abord réorganiser c'est le fonctionnement de la justice qui fonctionne uniquement sur un mode oral, à l'image de ce qu'elle était au Moyen Âge et qui n'a jamais pu s'adapter au monde moderne. Il faut arriver à repenser le Code de procédure qui a déjà été tellement rajeuni, à juste raison, il y a quelques années, notamment sous l'impulsion des professeurs Solus et Perrot; il faudrait maintenant que les magistrats tirent les conséquences de ce qui leur a été enseigné; pourquoi pas le contrat d'audience que nos amis belges ont tenté de mettre en place ? Je préfère un juge unique consacré à une affaire que trois juges inattentifs dont la collégialité formelle ne constitue pas un tribunal impartial au sens de la Convention européenne de sauvegarde des droits de l'homme et des libertés fondamentales dont beaucoup violent allégrement les dispositions en rétablissant par la détention provisoire indéfinie la « question » d'auteur.

Quand découvrira-t-on que la morosité de nos justiciables tient plus à l'absence d'organisation du travail dans la justice en général et dans le barreau en particulier qu'au contenu des décisions de justice qu'ils sont incapables d'apprécier n'ayant pas la possibilité de les comparer à d'autres puisque chaque client comparaît généralement une seule fois dans sa vie devant un tribunal.

04.56 Renouveau de l'avocat. Il faut aux avocats trois choses essentielles pour réussir leur *aggiornamento* dont l'une leur échappe totalement. Tout d'abord une réforme profonde et vraie de la justice, et de l'esprit dans lequel elle fonctionne, au-delà des querelles entre juge de *gauche* et juge de *droite*, il faudra arriver à avoir des juges qui sachent qu'ils ne sont pas là pour recevoir l'encens du respect des avocats et des justiciables à la manière de l'âne chargé de reliques, mais qu'ils sont là pour rendre la justice avec humilité et bonne volonté, au service de tous, que leur indépendance est celle du cœur et de l'esprit et non pas seulement celle d'un statut.

N'oublions pas que l'indépendance des juges les transformant en pouvoir dans l'État a tué l'État à la fin du XVIIIe siècle et que les Français ont viscéralement, car ils ont de la mémoire, la hantise du pouvoir judiciaire et de l'arbitraire qu'il peut comporter. Donc, à la base de toute réforme du barreau, une réforme fondamentale de la justice dans son esprit; mais cette réforme est insuffisante pour redonner au barreau son rôle s'il ne réussit son propre *aggiornamento* autrement que par la réforme des institutions qui ne sont en elles-mêmes que chose morte tant que l'esprit ne les habite point. Il n'y aura de réforme en profondeur que si l'on consent à apporter à la nouvelle réforme l'imagination audacieuse qui fait découvrir les solutions nouvelles et nécessaires et la générosité du cœur liée à la certitude que l'avocat exerce une mission plus qu'un métier. Cet espoir est nécessaire aussi bien chez les avocats spécialisés dans le judiciaire que chez ceux qui se spécialisent dans le juridique, chez les collaborateurs, les salariés, les *seniors-partners* ou les cabinets de groupe, fussent-ils des fiduciaires importantes.

04.57 Conditions du renouveau de l'Ordre. C'est à une véritable conversion de tous, du salarié au président-directeur général de la fiduciaire et de chacun, qu'est le prix du renouveau de l'Ordre. Les avocats de ce temps sauront-ils, comme leurs devanciers, s'adapter au monde moderne sans perdre leur âme, il faut le souhaiter, non seulement pour eux-mêmes mais également pour la société du XXIe siècle qui, si elle n'avait plus de barreau comme sous la Révolution ou n'avait qu'un barreau à la Ceausescu, se sentirait privée d'une richesse importante même si elle est méconnue.

CHAPITRE

05. Historique du barreau [1]

SECTION 0 ORIENTEUR

05.00 Plan du chapitre.

SECTION 1 LES ORIGINES

05.11 Fin d'une légende. Il faut tout d'abord mettre fin à une légende qui rattache l'histoire du barreau aux Grecs, aux Romains, aux Mérovingiens. Il n'existe, comme le dit justement Mollot[2] aucun monument ni aucune tradition qui permette de rattacher le barreau classique au barreau antique ou au barreau français des VIe, VIIe et VIIIe siècles; la première mention qu'on puisse trouver des avocats figure dans un capitulaire de Charlemagne de 802.

Les Grecs, s'ils connaissaient l'art de la plaidoirie, exercée d'ailleurs par des logographes, c'est-à-dire des rédacteurs de discours que les clients lisaient à l'audience, et non par des avocats spécialistes, ignoraient l'existence de l'avocat en tant que tel et encore plus celle d'une corporation rassemblant des avocats.

Chez les Romains, la fonction d'avocat existait sous la forme d'une institution libérale mais sans statut particulier; ce n'est qu'au Bas Empire qu'on fit des avocats un collège, l'empereur Justin Ier lui décerna le nom « d'ordre des avocats ». Les praticiens devaient justifier avoir étudié le droit pendant 5 ans, être de bonne moralité et prononcer un serment dans chaque cause qu'ils étaient amenés à plaider. Le nom de tous les avocats reçus était porté sur un tableau avec l'indication du jour de leur réception. Leur nombre était limité pour chaque tribunal.

Si, dans la loi Gombette, la loi des Burgondes empreinte de droit romain, on retrouve la trace de particuliers dont l'occupation est de défendre en justice les intérêts de leurs maîtres et qui sont des esclaves la plupart du temps, si un capitulaire de Charlemagne fait référence à des avocats, en réalité le barreau ne débute qu'à partir du moment où le Parlement devient fixe en 1302 et c'est en 1327 que l'ordonnance de Philippe de Valois crée le tableau ou matricule des avocats.

05.12 Catégories d'avocats. Les avocats sont divisés en trois groupes :

- les *consilarii* qui conseillent parfois la cour;
- les *advocati* qui plaident;
- les *audientes* ou *novi* qui écoutent, s'abstiennent de plaider et se forment à la profession qu'ils désirent embrasser.

Le barreau prend alors le nom d'*Ordo*, c'est-à-dire d'ensemble statutaire ordonnant un certain mode de vie reconnu par l'Église, semblable à l'*Ordo clericorum* ou aux ordres de chevalerie. L'avocat est chevalier *es-lois*, il est assimilé aux chevaliers militaires car il combat lui aussi pour défendre les pauvres et les humiliés, figures de Jésus-Christ.

1. En plus de la bibliographie qui figure dans l'*Avocat du Temps passé*, p. 551 s., on consultera la *Revue de la société int. d'histoire de la profession d'avocat*. Un des derniers ouvrages publiés sur l'histoire des avocats, est celui de Me Bernard Sur [ancien membre du Conseil de l'ordre], *Histoire des avocats de France des origines à nos jours*, Dalloz, 1998, préf. Damien, avant-propos Frison-Roche – ÉGALT : Badinter, *Un antisémitisme ordinaire, Vichy, les avocats juifs 1946*, Fayard, 1997.
2. MOLLOT, p. 139.

Le barreau, ordre clérical comme les chapitres de chanoines ou les ordres religieux, se gouverne par son doyen, le plus ancien de l'Ordre qui présente le tableau comportant la liste de tous les avocats exerçant devant la juridiction près de laquelle l'ordre est établi; le bâtonnier se substituera peu à peu à lui en tant que chef de l'Ordre et deviendra le chef incontesté de la confrérie des avocats, à partir du XVIIe siècle. Il existait en effet au Palais de Paris et dans certaines autres cours, une confrérie religieuse qui rassemblait à la fois les procureurs, c'est-à-dire ceux qui sont chargés de représenter les parties et de faire les écritures en leur nom, et les avocats, confrérie à caractère religieux dont le but était d'honorer le patron des juristes, saint Nicolas, son chef, porteur du bâton prioral est désigné sous le vocable de « bâtonnier »[1]. L'avocat se recrute en général parmi les ecclésiastiques, seuls versés dans la connaissance des lois et notamment dans le droit romain renaissant depuis la découverte des Pandectes au XIIe siècle, qu'Irnérius à Bologne commence à gloser tandis que Placentin les commente à Montpellier.

05.13 Coexistence des ecclésiastiques et des laïcs. À côté de ces ecclésiastiques figurent néanmoins quelques laïcs. Le Collège des avocats est en effet un collège laïc même si tous les membres de l'Ordre portent le costume des clercs, la soutane talaire c'est-à-dire descendant jusqu'aux talons, avec les larges manches en usage à l'époque et que les avocats ont conservé, tandis que les clercs le remplacèrent par les manches étroites de la soutane; ils portent en outre sur cette robe, un manteau, la simarre qui est d'écarlate rouge pour les avocats consultants, d'écarlate violette pour les avocats plaidants et d'écarlate blanche pour les novices. Ils ont droit enfin à un bonnet carré semblable à la barrette des ecclésiastiques auquel succédera, à partir du XIVe siècle, le chaperon à queue orné d'hermine réservé aux clercs titulaires de hautes dignités. Les procureurs dont l'office est inférieur n'ont pas droit à ce chaperon[2].

Les Établissements de Saint-Louis posent les premières règles déontologiques des avocats en précisant qu'ils ne doivent pas présenter à la justice une cause déloyale mais lutter courtoisement envers la partie adverse, qu'ils doivent accepter gratuitement les causes des indigents, des veuves et des orphelins et s'abstenir de tout marché avec celui pour qui ils plaident et ce, pendant la durée du procès. C'est la première prohibition du pacte de *quota litis*.

05.14 Prestation de serment. Les avocats doivent prêter serment lors de leur entrée dans l'Ordre. Le premier serment leur fut imposé le 12 octobre 1274, l'avocat y jure sur les Saints Évangiles qu'il ne se chargera que de causes justes, qu'il défendra diligemment et fidèlement et qu'il les abandonnera lorsqu'il les saura injustes; en outre il s'engage à limiter ses honoraires à trente livres et à ne rien prendre au-delà.

Ce serment fut précisé le 11 mars 1344; l'avocat s'y engage à exercer son office avec diligence et fidélité, à ne point alléguer ni soutenir des coutumes qu'il ne les crût vraies, à expédier les causes le plus tôt possible et à ne point chercher malicieusement à y apporter aucun délai ni subterfuge. En outre, il devait s'engager à venir de bon matin à l'audience et à y convoquer ses parties pour la même heure, à ne pas empêcher de plaider ceux à qui audience avait été donnée, à accomplir sa fonction debout et derrière le premier banc et que, lorsqu'il y avait plusieurs avocats dans une cause, un seul porterait la parole au nom de tous.

C'est ce serment qui sera en usage dans la profession jusqu'en 1810.

05.15 Titre de « Maître ». L'avocat a également droit au titre de « Maître », à l'instar des ecclésiastiques qui ont fait des études de théologie ou de droit canon. Par esprit de modération issu de ces mœurs cléricales, les honoraires sont tarifés par un maximum qui, en 1274, est de trente livres.

Les avocats sont très nombreux au Moyen Âge, soit à Paris (400 en 1562 ce qui, compte tenu de leur proportion par rapport à la population, représenterait aujourd'hui un barreau d'au moins 10 000 membres) mais également en province par exemple : 38 à Perpignan, 40 à Vitry-le-François, 106 à Cahors.

Les mœurs de l'avocat médiéval devaient être celles des clercs mais leur grand nombre rend tout contrôle impossible et cette liberté dont ils jouissent est cause d'un laxisme que les littérateurs de l'époque critiquent avec vigueur.

On lui reproche aussi bien son habitude de plaider le bien et le mal sans discernement, que de faire durer les procès plus longtemps que nécessaire. Montaigne leur reproche d'être une conscience de louage : « Vous récitez simplement une cause à l'avocat, il vous répond chancelant et douteux, vous sentez qu'il lui est indifférent de soutenir l'une ou l'autre partie; l'avez-vous bien payé pour y mordre et s'en formaliser, il commence à s'intéresser, il échauffe sa volonté, sa raison et sa science s'échauf-

1. Saint Nicolas était le patron primitif des avocats car sa légende lui attribuait d'avoir sauvé des innocents condamnés au supplice en inspirant un songe à l'Empereur mais, à partir du XIVe siècle, saint Yves devint le symbole de l'avocat irréprochable; il se substitue donc à saint Nicolas comme patron effectif des avocats. La découverte des actes de son procès en 1884 nous permet de bien connaître sa vie : Damien, « Saint Yves, patron des avocats », *Gaz. Pal.* 1978, 1, doctr. 216.
2. Boedels, *Les habits du pouvoir, la justice*, Paris, 1992.

fent aussi, tant que voilà une apparente et indubitable lumière qui se présente à son entendement; il y découvre une toute nouvelle lumière, le croit à bon escient et s'en persuade ainsi. »

La *Farce de Maître Pathelin* créée en 1470 sous le règne du roi Louis XI stigmatise l'avocat sans cause, prêt à toutes les compromissions, on le nomme d'ailleurs l'avocat « dessous l'orme » car il passe toute sa journée sans emploi sous un arbre de cette essence situé à proximité de sa demeure.

Nicolas de Troyes raconte l'histoire d'un avocat qui, au retour d'un pèlerinage à Saint-Jacques de Compostelle, se confesse et accuse : « *J'ai fait tant de tromperies en procès et de plaidoiries à beaucoup de pauvres gens, j'ai fait tant de bons procès mauvais, j'en ai tant renversés qui étaient quasi gagnés, j'ai tant pillé de pauvres gens, j'ai pris plus d'argent la moitié qu'il ne m'en fallait, j'ai fait tant de vilenies qu'il n'est pas possible de les dénombrer.* »

05.16 **Pouvoir du Parlement.** Le Parlement, à partir de 1344, s'attribue le droit de régenter le barreau et de décider des règles déontologiques qui lui sont applicables[1]. Ce texte distingue pour la première fois le titre d'avocat et le droit de plaider; cette distinction restera classique en France jusqu'en 1920. Nul n'aura le titre d'avocat s'il n'a été reçu en cour après serment mais la qualité d'avocat ne donne le droit de plaider qu'autant que l'avocat sera inscrit au tableau d'un ordre.

SECTION 2
LE BARREAU CLASSIQUE

05.21 **Statut unique de l'avocat.** L'avocat est soumis à un statut identique. Que l'avocat exerce auprès d'un parlement ou d'une cour souveraine, ou auprès des innombrables juridictions inférieures de l'Ancien Régime : bailli, prévôt, sénéchaussée, présidiaux, il est soumis à un statut identique.

Il doit, tout d'abord, être possesseur d'une licence en droit mais l'organisation assez fantaisiste des études sous l'Ancien Régime permettait un laxisme certain; certaines universités, notamment celle d'Orange, avaient une réputation déplorable et les titres de licenciés y étaient obtenus sans études et sans assiduité et contre rémunération des examinateurs (on les nommait les licenciés « à la fleur d'orange »).

Il doit ensuite prêter serment et s'inscrire au tableau d'un ordre d'avocats établi auprès d'une juridiction; l'avocat général Seguier, requérant en mars 1789 contre les avocats bretons donne une définition de l'avocat sous l'Ancien Régime :

« Qu'est-ce qu'un avocat ? C'est un particulier gradué dans une Université du Royaume, qui s'est livré à un examen approfondi des lois et ordonnances, à la science générale du droit public et du droit privé, à l'étude réfléchie des usages et des coutumes particulières et qui se consacre librement au service de ses concitoyens; il se dévoue tout entier à la défense de ceux qui viennent puiser dans son savoir les lumières dont ils ont besoin pour soutenir leurs intérêts, maintenir leur propriété, montrer leur innocence, conserver leur honneur et assurer leur liberté. Tantôt c'est un conseil qui éclaire les parties, tantôt c'est un orateur qui déploie son éloquence, tantôt c'est un conciliateur qui rapproche les esprits et devient le premier juge de ses clients qui le consultent et s'en rapportent à son expérience; souvent c'est un arbitre, partout c'est un homme public mais dont le ministère ne peut agir que lorsqu'il est mis en action par un tiers qui le charge de sa défense et de ses doléances. »

Les barreaux sont indépendants à telle enseigne que lorsqu'un avocat, ayant prêté serment devant une cour, veut exercer dans le ressort d'une autre, il doit le renouveler. La discipline est assurée par le parlement jusqu'au XVIIIe siècle. À partir de cette époque, le barreau forme librement son tableau en acceptant ou en refusant de nouveaux membres, en éliminant ceux qui sont devenus indignes et en restreignant le plus possible le poids disciplinaire du parlement.

C'est à cette époque que l'avocat se mit à porter sur la tête un bonnet rond, curieusement nommé d'ailleurs « bonnet carré », identique à celui des ecclésiastiques et qu'il a le privilège, pour marquer son indépendance, de porter pendant qu'il parle en justice; il peut en effet plaider couvert. Le chaperon dont il couvrait jadis sa tête est placé alors sur l'épaule comme une aumusse de chanoine; aux grandes audiences et dans les cérémonies publiques les avocats portaient le chaperon fourré d'hermine, aux petites audiences ils le portaient simple et sans fourrure.

C'est la tradition qu'a conservée le barreau de Paris.

05.22 **Grève des avocats.** Les avocats se montraient parfois turbulents. C'est ainsi qu'en 1602 ils firent grève. Le Parlement, dans sa mercuriale du 9 mai 1602, avait décidé en effet de faire observer par les avocats l'article 161 de l'ordonnance de Blois, selon laquelle ils devaient mentionner et parapher de leur main le montant de ce qu'ils avaient reçu pour salaire et ce, sous peine de concussion. Le barreau n'ayant pu obtenir du parlement qu'il rapporte son arrêt, le 19 mai les 307 avocats du barreau de Paris

1. Ord. 11 mars 1344.

se rendirent au greffe, deux par deux, bâtonnier en tête et donnèrent leur démission du barreau. Le roi intervint le 25 mai pour faire cesser la grève et le 4 juin les audiences pouvaient reprendre à l'accoutumée. Tout en maintenant l'article 161 de l'ordonnance de Blois, le roi Henri IV autorisait les avocats à venir lui exposer leurs objections en raison des faits de leurs charges. Ce n'est qu'après les avoir écoutés que le roi statuerait comme il appartiendrait. En fait il ne statua jamais et les avocats continuèrent à ne pas mentionner le montant des honoraires par eux perçus.

Si cette grève avait pour cause le prétexte invoqué, la raison profonde se trouve dans les difficultés que rencontrait le barreau à l'époque, du fait de l'augmentation importante du nombre des avocats, du relâchement de l'esprit de confrérie et de l'irritation qu'il ressentait devant l'augmentation de dignité des magistrats désormais propriétaires de leur office et qui occupaient le haut du pavé[1].

SECTION 3
LA RÉVOLUTION

05.31 Réorganisation des tribunaux. L'Assemblée nationale constituante dut faire face à la réorganisation des tribunaux sur lesquels une campagne habilement menée par des philosophes et notamment par des avocats et des magistrats, avait jeté un discrédit général. La discussion se poursuivit de mars à août 1790. Désormais le foisonnement des juridictions de l'Ancien Régime est supprimé, il existe 545 tribunaux, sans compter les tribunaux parisiens au nombre de 6.

Les magistrats sont élus parmi les hommes de loi ayant exercé pendant 5 ans auprès des tribunaux; les cours et parlements sont supprimés et l'appel est porté devant une juridiction voisine d'un même degré, c'est ce qu'on nomme « l'appel circulaire ». Le décret du 2 septembre 1790 qui vise le costume des juges, supprime la robe et institue l'habit noir et le chapeau à plumes et le dernier texte de l'article précise : « Les hommes de loi ci-devant appelés avocats, ne devant former ni ordre ni corporation, n'auront aucun costume particulier de leur fonction. »

Sous cette apparence d'étiquette et de costume c'est en réalité la suppression de l'Ordre des avocats que consacre cette disposition de la loi. On ne trouvera de disposition formelle promulguant la disparition du barreau que dans le décret sur la législation des colonies[2]. La défense sera donc désormais assurée par les avoués nouvellement créés et qui sont les successeurs des procureurs de l'Ancien Régime, et des défenseurs officieux dont le nom indique bien que la fonction n'est pas publique.

05.32 Suppression de l'Ordre des avocats. Comment l'Assemblée constituante qui comportait en son sein 213 avocats supprima-t-elle aussi facilement l'Ordre des avocats ? Cette mesure est en fait le corollaire de la suppression des associations de toute nature considérées comme contraires à la liberté de l'individu par la loi Le Chapelier entraînant la suppression des corporations commencée par le décret du 17 mars 1791.

Beaucoup d'avocats notamment du barreau de Paris étaient hostiles au maintien de l'ordre; en fait preuve un cahier de doléances écrit par certains avocats, intitulé « Projet de création de charges d'avocats ou plutôt de destruction de l'ordre inquisitorial et despotique des avocats au parlement de Paris par une société d'avocats au parlement *non tablotans* », fictivement imprimé à Berlin en 1789. Il s'agit d'un violent pamphlet dédié aux états généraux dans lequel ces avocats exposent de nombreux arguments pour « réformer les abus d'une compagnie tout à la fois aristocratique et despotique absolument insoutenable dans un État monarchique »[3].

05.33 Principe directeur : la liberté. L'optique révolutionnaire, tout autant que libérale qui fleurit en ce début de la Révolution française, est toute de liberté. Le libéralisme économique est de règle, aussi la loi des 2 et 17 mai 1791 dite « décret d'Allarde »[4], proclame la liberté du commerce et de l'industrie et celle d'exercer telle profession, art ou métier qu'on jugera bon. C'est donc d'un seul trait de plume des siècles de protectionnisme qui s'effondrent aux applaudissements de la grande majorité des Français épris de liberté et d'égalité en ce début d'une ère nouvelle construite sur les décombres de la société monarchique et traditionnelle.

Mais en fait, et malgré ces mesures législatives, les corporations se maintiennent et servent surtout de cadre aux compagnons et aux ouvriers pour s'opposer même violemment à cette suppression. Pour assurer la liberté d'exercer toute profession et donner toute son efficacité à cette conquête de l'idéologie révolutionnaire sur la puissance politico-administrative mais aussi sur les opposants aux émeutiers, il devenait vital de briser les résistances qui subsistaient du côté des patrons comme du côté

1. Damien, « La grève des avocats en 1602 », *Gaz. Pal.* 1978, 2, 547.

2. Décr. 15 juin 1791, art. 25, § 4.
3. Tourneux, *Bibliographie de l'histoire de Paris pendant la Révolution*, t. III, n° 13902 – Damien, « La suppression de l'Ordre des avocats par l'Assemblée constituante », *RT barr. Versailles* déc. 1988, p. 7.
4. L. 17 mai 1791, dite décret d'Allarde.

des ouvriers. La seule solution possible était la suppression de tout *corps intermédiaire*. C'est dans ces conditions que va être votée la fameuse loi Le Chapelier des 14 et 17 juin 1791 [1] : « L'anéantissement de toutes les espèces de corporations de citoyens de même état et profession étant une des bases fondamentales de la Constitution française, il est défendu de les rétablir de fait sous quelque prétexte et quelque forme que ce soit. »

Le préambule de la Constitution du 3 septembre 1791, votée à la même époque affirmera en effet de son côté « qu'il n'y a plus ni jurandes, ni corporations de professions, arts et métiers ».

On conçoit donc aisément que dès lors que toute l'économie et le travail, y compris celui concernant la justice, appartenaient de droit et par principe aux individus, la suppression des ordres d'avocats était nécessaire dans cette optique et les avocats les plus attachés à leur ordre se devaient de voter sa suppression dans la fièvre idéologique qui régnait alors dans une France en effervescence permanente [2].

Cette volonté de destruction de tout groupement rassemblant *obligatoirement* des individus est donc la vraie cause de la suppression des barreaux qui disparurent de la même manière que les académies qui avaient été cependant le refuge du libéralisme et de l'esprit des Lumières. Contrairement à ce qui a été affirmé par certains auteurs, Robespierre, jeune avocat en vogue, s'associa à cette suppression des ordres d'avocats, tout en faisant leur éloge [3].

La barre fut donc accessible à tous, et tandis que la postulation était confiée à des avoués recrutés parmi les anciens magistrats, procureurs ou avocats astreints aux serments civique et professionnel, la plaidoirie était ouverte à tous et notamment à ceux qui se réunissaient sous la dénomination de « défenseurs officieux ».

05.34 Réputation des avocats. Les historiens du barreau leur ont donné une mauvaise réputation; elle est en fait très exagérée. Si l'on peut trouver certains d'entre eux qui étaient de francs coquins ou qui manifestaient une incompétence notoire, beaucoup furent de bons défenseurs même parmi ceux qui n'avaient pas reçu de formation juridique avant d'exercer cette fonction; plusieurs d'entre eux devinrent magistrats ou avocats voire bâtonnier de leur ordre, à la reconstitution de celui-ci sous l'Empire [4].

Une des conséquences permanentes de l'organisation judiciaire révolutionnaire fut l'obligation faite aux défenseurs officieux de plaider devant plusieurs juridictions simultanément et le même jour, ce qui n'était pas l'usage sous l'Ancien Régime. Lorsque le barreau fut restauré, l'habitude demeura et c'est ainsi qu'aujourd'hui encore les avocats plaident sans limitation territoriale; ce phénomène fut désigné sous le nom « d'ambulance » et Fournel, l'historien du barreau de Paris, déplore qu'après que l'Ordre eut été réformé en 1810, « reste un arrière-goût d'ambulance chez ses membres qui n'est pas aujourd'hui tout à fait dissipé et l'on voit quelques avocats de réputation, cédant aux instances de leurs clients quitter leurs affaires pour aller à 20, 30 lieues et au-delà, faire preuve de leur talent... Il faut espérer, conclut l'auteur, qu'on les verra bientôt renoncer à cette habitude quand l'ancien régime de l'Ordre aura été réintégré dans toute sa perfection ».

SECTION 4
La restauration du barreau

05.41 Rétablissement des avocats. Le premier Consul restaura la magistrature en s'inspirant du système du chancelier Maupeou, dont le fidèle secrétaire n'était autre que Lebrun, troisième Consul; la réforme des auxiliaires de justice institua des avoués, officiers ministériels, en nombre limité et exerçant devant chaque juridiction; astreints à la résidence ils pouvaient postuler et plaider seulement devant le siège où ils étaient inscrits; ils étaient enfin soumis au contrôle du procureur, tarifés dans leurs honoraires qui étaient en outre remboursés au gagnant par la partie perdante.

Ainsi le système consulaire créait l'auxiliaire de justice unique et réglait en même temps la question de la répétibilité de sa rémunération.

Toutefois, dès 1802, on voit apparaître des gens de loi qui portent l'ancien costume des avocats et la loi du 22 ventôse an XII (13 mars 1804) indique dans son article 29 qu'il sera formé un tableau des avocats exerçants près des tribunaux.

Les avocats sont donc rétablis; ils ne postulent pas, ne représentent pas les parties mais plaident librement aux côtés d'un avoué, doté également de la capacité de plaider mais qui fait appel à un spécialiste dans les affaires délicates.

05.42 Rétablissement de l'Ordre des avocats. Le décret du 14 décembre 1810 rétablit le tableau des avocats et par là même l'Ordre en le considérant comme « l'un des moyens les plus propres à maintenir chez ses membres, la probité, la délicatesse, le désintéressement, le désir de la conciliation, l'amour de la vérité et de la justice, un zèle éclairé pour les faibles et les opprimés, base essentielle de leur état ». Mais l'Ordre ne fut rétabli qu'en tutelle ainsi que nous le verrons lorsque nous étudierons la

1. L. 14-17 juin 1791, dite loi Le Chapelier.
2. Benoît, *La démocratie libérale*, 1978, p. 40.
3. SUR Robespierre avocat : Damien, *Gaz. Pal.* 1981, 2, 372.
4. Damien, *Les avocats du temps passé*, p. 197 s.

composition du Conseil de l'ordre et l'élection du bâtonnier (v. s[s] n°s 23.01 s. et 24.01 s.).

Dupin atteste que lorsque l'Empereur vit ce décret il écrivit à Cambacérès : « Ce décret est absurde, il ne laisse aucune prise, aucune action contre eux, ce sont des factieux, des artisans de crimes et de trahisons tant que j'aurai l'épée au côté jamais je ne signerai un pareil décret, je veux qu'on puisse couper la langue à un avocat s'il s'en sert contre le gouvernement. » Dupin affirme avoir vu et copié la lettre.

05.43 Composition de l'Ordre des avocats. L'Ordre des avocats ainsi recréé se composait des anciens avocats qui avaient survécu à la Révolution et dont une partie s'était regroupée dans une communauté d'intérêts connue sous la dénomination « d'avocats du Marais » du nom du quartier où ils demeuraient dans Paris, s'ajoutèrent à ces anciens avocats des défenseurs officieux en grand nombre, d'anciens magistrats ou avoués et des jeunes étudiants frais émoulus des écoles de droit réorganisées par la loi du 27 ventôse an XII. Peu de barreaux toutefois se reconstituèrent en France si ce n'est dans les grands centres. Les avoués assuraient le service quotidien de la défense des justiciables, les avocats n'intervenaient que dans des procès exceptionnels; ils avaient retrouvé leur titre et leur costume plus que leurs règles et leurs traditions.

Le costume, abandonné depuis 1789, est en effet restauré par le décret du 30 mars 1808, assez semblable à celui de l'Ancien Régime, légèrement différent de celui des autres auxiliaires de justice; le décret du 2 juillet 1812 y ajoutera l'épitoge à un ou deux rangs d'hermine selon le grade universitaire de l'avocat mais ceux-ci, par un souci d'égalité, affirment-ils, renoncèrent au privilège des docteurs pour ne porter uniformément qu'un seul rang d'hermine, plus exactement pour se référer aux traditions de l'ancien parlement.

SECTION 5
LE BARREAU AU XIXe SIÈCLE

05.51 Vers le monopole de la plaidoirie. L'ordonnance royale du 27 février 1822 supprima la possibilité pour les avoués de plaider les causes dans lesquelles ils occupaient. Ainsi, seuls les avocats avaient désormais cette possibilité, une sorte de monopole de la plaidoirie était donc constitué, à moins que le nombre d'avocats inscrits sur un tableau ne soit jugé insuffisant pour la plaidoirie et l'expédition des affaires.

Ce texte, bien qu'à l'origine des célèbres démêlés de l'Ordre des avocats de Versailles et de la compagnie des avoués[1], marque la naissance du barreau moderne. C'est lui qui a rempli tous les barreaux de France de candidats nombreux puisque l'augmentation du nombre d'avocats apportait au barreau le monopole de plaidoirie, source de profit pour les avocats locaux; en même temps il assouplissait l'autonomie de l'administration de l'Ordre notamment en matière d'élection du bâtonnier et des membres du conseil. Cette autonomie fut accrue par l'ordonnance du 27 août 1830, fruit de la révolution de juillet.

Désormais le statut des avocats, et surtout celui de leur administration ordinale, va suivre les vicissitudes des régimes politiques français. Étroitement contrôlé par le décret du 22 mars 1852, le barreau reprend sa liberté après la proclamation de la république en 1870 mais pour être républicain dans sa grande majorité, le barreau n'en demeure pas moins confortablement bourgeois. En effet les mœurs, la tenue de l'avocat, la dignité professionnelle dont il doit faire preuve, son mode d'activité, sont fortement marqués par son appartenance à la bourgeoisie française[2].

Les avocats font partie et sont d'ailleurs un des plus beaux ornements de ce monde particulier né au cours du XIXe siècle qu'on rassemble sous la dénomination de « profession libérale ».

Les caractéristiques de cette catégorie professionnelle, qui a succédé aux ordres et corporations de l'Ancien Régime, consistent essentiellement en ce que la profession libérale n'est pas un métier mais une mission; l'avocat, pas plus que le médecin, l'architecte, l'officier ou le prêtre au XIXe siècle, n'exercent un métier comme le commerce ou l'artisanat mais ils assument une mission de service public; par cette fonction qui comporte nombre de servitudes non rémunérées, l'avocat est néanmoins sûr d'assurer sa subsistance, l'avocat vit de la barre. Au XIXe siècle, sous le régime du concordat, le prêtre est rémunéré par l'État.

05.52 Indépendance de l'avocat. C'est dans cet esprit que certains ont conçu que l'honoraire devait être le « don spontané de la reconnaissance du client ». D'autre part, le choix du client est libre, nul n'est contraint de s'adresser à tel ou tel avocat ou à tel médecin mais de même, et réciproquement, le libéral accepte librement sa clientèle et n'est jamais contraint d'accepter un dossier ou une défense. Enfin le libéral est irresponsable, il est tenu d'une obligation de moyens, jamais d'une obligation de résultat; sa conscience n'est mise en doute par personne et, en aucune manière, il ne peut être inquiété ni recherché pour les suites de sa prestation.

1. Damien, *Le barreau quotidien*, p. 77 s.
2. Damien, *Les avocats du temps passé*, chap. IV.

Désormais le barreau est puissant, allié à la force neuve qui domine au XIXe siècle, la bourgeoisie libérale, il prend alors des dimensions inconnues de ses devanciers. Hier encore, les avocats n'étaient que des robins enfouis dans leurs grimoires et leurs ordonnances, désormais ils deviennent la « Défense ».

05.53 **L'avocat au XIXe siècle.** Grand bourgeois fréquemment fastueux malgré des origines souvent modestes [1], l'avocat au XIXe siècle devient le témoin de la justice de son temps. À partir du règne de Louis-Philippe il est la caution de cette institution à laquelle tous font appel avec une égale confiance, arbitre des mœurs, censeur politique, l'avocat touche le cœur de l'opinion par son accès à la justice pénale dont il était écarté sous l'Ancien Régime. L'avocat d'assises devient à la fois un ténor choyé par les foules mais en même temps le héraut d'une notion de défense individuelle du citoyen qui dépasse sa notoriété. Plus sûrement que les orateurs politiques l'avocat sait fustiger les mœurs de son temps, plaider à contre-courant s'il le faut, émouvoir les cœurs, renverser les régimes. Berryer incarne ce type achevé de l'avocat-roi.

Mais ces grands types d'avocats dominant la société de leur temps ne peuvent pas masquer une certaine prolétarisation du barreau au XIXe siècle par l'entrée massive de trop nombreux confrères [2].

05.54 **Apparition de l'avocat d'affaires.** L'avocat d'affaires naît également à la même époque, à côté du pénaliste, de l'avocat d'assises et de l'avocat civil, dont l'importance est plus grande qu'à notre époque en raison des fortunes immenses qui s'affrontent et des intérêts gigantesques des litiges qui se créent. Parfait technicien de la réalité économique de son temps et qui ne plaide plus que rarement et sans avoir jamais recours aux grands effets des civilistes ou des pénalistes.

Pierre de la Gorce note finement qu'on peut observer, dans la manière de plaider des avocats du Second empire, un changement « la langue des affaires se simplifie autant que la langue pénale s'imprègne de réalisme et presque de grossièreté. On se montre économe de développements autant que jadis on en a été prodigue et on s'applique à ménager la passion des juges comme si le temps eut acquis tout à coup une valeur qu'il n'avait pas eue jusque-là. De cette école nouvelle qui commence à poindre, on peut déjà, à condition d'y regarder de très près, distinguer les traits principaux, une plus prompte entrée en matière, le dédain de toute solennité, sans ces magnificences littéraires ou philosophiques auxquelles jadis on s'est complu, mais d'autres qualités tout en raccourcis qui s'appliquent à la précision et qui se jugent d'autant plus rapprochées de la perfection que pour y dire plus de choses on a employé moins de mots. »

L'activité incessante et harassante à laquelle l'avocat est contraint à cette époque amène vite chez lui une usure, un épuisement qui n'échappent pas aux analystes du temps. Balzac, dans *La fille aux yeux d'or* donne une description cruelle des avocats arrivés : « Ils réagissent sur leurs chevaux, ils les crèvent, les surmènent, leur vieillissent à eux aussi les jambes avant le temps; le temps est leur tyran, il leur manque, leur échappe, ils ne peuvent ni l'étendre ni le resserrer; obligés de parler sans cesse ils remplacent l'idée par la parole, le sentiment par la phrase et leur âme devient un larynx. Quand ils rentrent chez eux ils sont requis d'aller au bal, à l'opéra, dans les fêtes où ils vont faire des clients, des connaissances, des protecteurs; tous mangent démesurément, veillent, et leurs figures s'arrondissent, s'aplatissent, se rougissent; ils savent leur métier mais ignorent tout ce qui n'en est pas, alors pour sauver leur amour-propre ils mettent tout en question, critiquent à tort et à travers, paraissent douteurs et sont gobe-mouches en réalité, noient leur esprit dans leurs interminables discussions. Partis de bonne heure pour être des hommes remarquables, ils deviennent médiocres et rampent sur les sommités du monde. » [3]

SECTION 6
LE BARREAU MODERNE

05.61 **Mutation du barreau.** Au lendemain de la guerre 1914-1918 une mutation se marque au barreau. Une mutation qui n'est d'ailleurs pas terminée. Elle est due à plusieurs facteurs; d'une part l'hécatombe humaine effroyable qui entraîne des désordres moraux et économiques sans précédent dans la société française; d'autre part les bouleversements techniques des deux guerres : une civilisation de modération s'effondre brusquement et laisse apercevoir l'industrialisation et le machinisme galopant; la civilisation de l'automobile, du téléphone, de la rapidité apparente, du télégramme,

1. Damien, « Un avocat fastueux au XIXe siècle, Chaix d'Est Ange », *Gaz. Pal.* 1976, doctr. 632 – ÉGALT : « Le défi de la profession libérale », *Travaux du 45e Congrès de l'Association nationale des avocats de France*, Dalloz, 1974, rapp. Damien, p. 102 s.
2. Damien, *Les avocats du temps passé*, p. 345 s.
3. ÉGALT : Les gens de loi vus au XIXe siècle, Paris, éd. Errancé, 1983. Ce livre est un extrait de chapitres des « Français peints par eux-mêmes (1840-1842) », *Encyclopédie morale du XIXe siècle*, éditée par Curmer en 9 volumes; ces chapitres concernent les hommes de loi et notamment l'huissier, l'avoué, le défenseur officieux en justice de paix et… l'avocat.

commence à faire ses ravages et, en même temps, la stabilité des fortunes s'effondre dans des crises économiques et monétaires.

Le professionnel libéral exerce désormais un métier, la dureté de la vie rend inexorable l'aspect financier de son ministère et la décadence des fortunes entraîne des exigences économiques nouvelles. Le cabinet devient une entreprise qui doit assumer l'augmentation des procédures gratuites jusque-là peu nombreuses (assistance judiciaire, commission d'office) et qui doit réaliser une véritable structuration du cabinet (le phénomène de l'« ambulance » s'étant généralisé, l'avocat ne peut plus assumer sa tâche qui l'amène à plaider partout au même instant; il lui faut désormais des auxiliaires nombreux qui l'assistent, le substituent ou le remplacent), simultanément l'augmentation des textes législatifs le contraint à disposer d'une escouade de secrétaires, de collaborateurs ou d'associés qui lui rassemblent les éléments constitutifs de cette matière mouvante désormais qu'est devenu le droit positif. Ainsi donc l'avocat solitaire, artisan un peu bohème, fait place à un chef d'entreprise[1].

05.62 Développement de l'honoraire. L'honoraire, marqué hier fondamentalement par sa liberté complète, devient désormais inexorable. On doit y faire entrer des coûts nouveaux : les coûts de cabinet, les frais généraux, bientôt les charges sociales, les impôts (l'impôt sur le revenu apparu à la veille de la guerre de 1914) vont marquer un bouleversement dans l'existence de l'avocat.

• Le coût économique d'un dossier correspond à la part qu'il représente dans les frais généraux d'un cabinet et qui s'ajoutent à une rémunération de l'activité intellectuelle de l'avocat, fonction de ses connaissances juridiques, de son expérience professionnelle, du temps passé à son dossier et de la responsabilité qu'il encourt[2].

La clientèle est de plus en plus drainée par des compagnies d'assurances, des fiduciaires, des contentieux, des cabinets d'affaires, des agences de recouvrement ou bien elle est imposée à l'avocat par l'aide judiciaire et les commissions d'office, de toute façon elle devient une clientèle « dominante » par son importance économique ou son caractère obligatoire lié à une désignation extérieure, souvent par l'autorité publique[3].

• Cette transformation va se marquer sur le plan des institutions tout d'abord par le décret du 20 juin 1920 qui refond la législation professionnelle antérieure et supprime la catégorie des avocats non inscrits à un barreau et qui portaient simplement le titre d'avocat ayant prêté serment devant une cour d'appel sans jamais s'inscrire au tableau d'un ordre. Amateurs désœuvrés ou conseils juridiques occultes, ils constituaient désormais un anachronisme. L'article 5 réserve désormais le titre d'avocat aux licenciés en droit régulièrement inscrits au tableau ou au stage du barreau d'une cour d'appel ou d'un tribunal.

• L'avocat non inscrit disparaissant par voie d'extinction grâce au décret de 1920, la profession d'avocat devient donc un métier sérieux, la puissance de l'Ordre grandit et les amateurs et les poètes ne coexistent plus avec des professionnels qualifiés et compétents[4]. La loi du 28 juin 1941[5] renforcera encore cet aspect, tandis qu'est institué un barrage supplémentaire à l'entrée au barreau, destiné à décourager les vocations tardives : le Certificat d'aptitude à la profession d'avocat (Capa).

• Le décret du 10 avril 1954 marque une révolution puisque, pour la première fois, il autorise les avocats à manier des fonds, c'est-à-dire procéder aux règlements pécuniaires directement liés à des procédures dont ils ont la charge[6] ainsi qu'à s'associer pour exercer leur profession[7].

• Bientôt la loi du 31 décembre 1957 autorisera les avocats à recouvrer judiciairement leurs honoraires ce qui leur avait été contesté sur le plan déontologique pendant tout le XIXe siècle.

05.63 Vers une grande profession du droit ? La loi du 31 décembre 1971[8] et le décret du 9 juin 1972[9] marquent cette réforme amorcée depuis 1914, par la fusion des professions judiciaires d'avocats, d'avoués et d'agréés et l'élaboration d'une déontologie nouvelle.

Cette réforme fut approuvée par beaucoup et violemment critiquée par certains. Mais elle n'était que partielle, d'aucuns voulaient réaliser la « grande Profession » unissant tous les professionnels du droit.

• **La loi du 31 décembre 1990[10] a fusionné les avocats avec les conseils juridiques.** Demeurent néanmoins à l'écart de cette profession nouvelle, les notaires, les huissiers et les commissaires-priseurs, les administrateurs judiciaires et les experts-comptables et, selon certains, les juristes d'entreprises. La loi a donc fait un pas dans le sens initié en 1971, sans pour autant achever le trajet vers une profession

1. Perrod, « L'investissement de la matière grise », *Gaz. Pal.* 1983, 1, doctr. 106.
2. CA Rouen, ord. 1er prés., 13 mars, 1984, *Gaz. Pal.* 1984, 1, 181.
3. V. Rapp. Me Chambonnaud, congrès CSA Bastia, *Gaz. Pal.* 28 juill. 1983, 10.
4. Le Beguec (études réunies par), *Avocats et Barreaux en France*, PU Nancy, 1994.
5. L. 28 juin 1941.
6. Décr. 10 avr. 1954, art. 48.
7. Décr. 10 avr. 1954, art. 49.
8. L. n° 71-1130, 31 déc. 1971.
9. Décr. n° 72-468, 9 juin 1972.
10. L. n° 90-1259, 31 déc. 1990.

unique. L'avenir dira si ce pas était utile et nécessaire et s'il était suffisant pour affronter l'ouverture de la France à l'Europe.

• **La loi du 11 février 2004**[1] **a poursuivi la réforme de la profession d'avocat.** Elle a également introduit des innovations essentielles : réorganisation de la formation initiale de l'élève avocat, suppression du stage, formation continue obligatoire, réforme de l'instance disciplinaire, libre prestation et libre établissement des avocats communautaire, pouvoir normatif accordé au CNB.

• **Les décrets d'application de la loi du 11 février 2004.** Le décret du 24 mai 2005[2] réorganise l'administration de la discipline du barreau et le fonctionnement de la juridiction disciplinaire.

Il respecte le principe selon lequel le barreau est maître de son tableau. Il laisse en effet les avocats juger leurs pairs en première instance. Eux seuls peuvent radier un des leurs du tableau.

Ce décret d'ailleurs ne procède que par addition ou soustraction du grand décret d'application de la loi fondamentale du 31 décembre 1971, le décret du 27 novembre 1991.

En revanche, le **décret du 12 juillet 2005**[3] vient s'ajouter aux décrets précédents. Sa légalité est contestée par le barreau de Paris, devant le Conseil d'État.

Ce décret marque un pas en avant dans l'effort que font le législateur et le pouvoir réglementaire depuis 1920 pour soustraire aux avocats l'élaboration de leurs règles et usages. Quelles en seront les conséquences ? Comment la jurisprudence appliquera-t-elle l'article 5 de ce décret qui dispose que : « l'avocat doit justifier d'un mandat écrit sauf dans les cas où la loi ou le règlement en présume l'existence » ?

Le pouvoir réglementaire a renoncé à baptiser ce décret du 12 juillet 2005 « Code de déontologie » devant les protestations répétées des avocats. Il n'en reste pas moins qu'il porte atteinte en son principe à l'indépendance de l'avocat.

Par le décret du 4 novembre 2005[4] modifiant l'article 98 du décret du 27 novembre 1991, le pouvoir réglementaire ouvre la profession d'avocat au juriste salarié qui ayant le diplôme prévu par la loi pour être avocat, aura, après l'obtention de ce diplôme, travaillé pendant huit ans au moins dans un cabinet d'avocats. À la différence de son confrère, il est dispensé du certificat d'aptitude à la profession d'avocat et partant de la formation enseignée dans les centres de formation professionnelle et des examens qui en sanctionnent l'entrée et la sortie. La profession s'interroge sur son avenir.

Cette réforme s'est poursuivie avec le **décret du 15 mai 2007**[5] qui autorise la constitution des associations d'avocats à responsabilité individuelle, sur le modèle de la LLP anglosaxone (en application de la loi du 30 décembre 2006[6]). Ce décret instaure également de nouvelles règles permettant de réaliser la fusion et la scission des sociétés civiles professionnelles d'avocats.

Par ailleurs, il modifie le décret de 1991 organisant la profession d'avocat sur plusieurs points importants : quant aux litiges liés au contrat de travail, quant aux modalités de la procédure disciplinaire (phase d'instruction et exercice des voies de recours, secret de l'enquête et de l'instruction...). Il met aussi en place une nouvelle procédure de notification des décisions à caractère normatif du CNB.

Enfin, la **loi du 19 février 2007**[7] est venue réformer l'assurance de protection juridique de manière substantielle.

05.64 Réforme de la carte judiciaire. La réforme de la carte judiciaire a été mise en place par deux décrets du 15 février 2008, fixant le siège et le ressort des tribunaux d'instance, juridictions de proximité, tribunaux de grande instance et tribunaux de commerce. Cette réforme, qui s'étale sur trois ans, vise à réorganiser les 1 200 tribunaux répartis sur 800 sites. Le premier décret modifie le siège et le ressort des tribunaux d'instance, des juridictions de proximité et des tribunaux de grande instance. Ainsi, au 1er janvier 2010, 178 tribunaux d'instance et 23 tribunaux de grande instance ont été supprimés. Vingt-sept tribunaux d'instance et juridictions de proximité et 13 greffes détachés avaient déjà fermé par anticipation au cours de l'année 2009. Parallèlement, 7 tribunaux d'instance et 7 juridictions de proximité ont été créés.

Le second décret prévoit, à compter du 1er janvier 2009, la suppression de 55 tribunaux de commerce et la création de 6 nouveaux tribunaux.

En janvier 2011, est prévue la fermeture de 23 tribunaux de grande instance. Deux, Belley (Ain) et Millau (Aveyron) ont déjà fermé par anticipation le 1er octobre 2009.

À la suite de cette réforme, est paru un décret du 29 juillet 2008[8] instituant une aide à l'adaptation de l'exercice professionnel des avocats aux conditions nouvelles résultant de la suppression de certains tri-

1. L. n° 2004-130, 11 févr. 2004.
2. Décr. n° 2005-531, 24 mai 2005.
3. Décr. n° 2005-790, 12 juill. 2005.
4. Décr. n° 2005-1831, 4 nov. 2005.
5. Décr. n° 2007-932, 15 mai 2007.
6. L. n° 2006-1771, 30 déc. 2006.
7. L. n° 2007-210, 19 févr. 2007.
8. Décr. n° 2008-741, 29 juill. 2008.

bunaux de grande instance. Un arrêté du même jour a fixé les modalités de cette aide [1]. Ces textes précisent les procédures selon lesquelles les avocats inscrits aux barreaux rattachés à un tribunal de grande instance supprimé dans le cadre de la réforme de la carte judiciaire pouvaient obtenir une aide à l'adaptation de leur exercice professionnel. Cette demande devait être déposée entre le 1er janvier 2009 et le 31 décembre 2010.

Cette aide, composée de deux fractions, a bénéficié aux avocats qui, à la date du 17 février 2008, étaient inscrits au barreau d'un TGI supprimé. La première fraction est égale, dans la limite de 10 000 euros, à 25 % du montant des recettes professionnelles réalisées au titre de l'exercice 2006 ou 2007. La date limite de dépôt des demandes d'attribution de la première fraction était fixée au 6 septembre 2008. L'autre fraction était attribuée aux avocats qui ont présenté un projet d'adaptation de leur exercice professionnel.

05.65 Avocat fiduciaire (v. ss nos 13.211 s.) et avocat CIL (v. ss nos 13.191 s.). L'élargissement du cadre du champ d'activité de l'avocat s'est poursuivi dans deux directions. En premier lieu, une ordonnance du 30 janvier 2009 [2], entrée en vigueur au 1er février 2009, a étendu aux avocats la possibilité d'être fiduciaire [3] en leur permettant de constituer une fiducie à titre de garantie ou à des fins de gestion. Cette nouvelle activité a été encadrée par un nouvel article 6.2.1. du Règlement intérieur national (RIN), par une décision n° 2009-001 du CNB [4]. En second lieu, l'exercice de la fonction de Correspondant informatique et liberté (avocat CIL), a été ouvert aux avocats grâce à la nouvelle modification du RIN par l'Assemblée générale du CNB du 16 mai 2009 [5].

1. Arr. 29 juill. 2008.

2. Ord. n° 2009-112, 30 janv. 2009 portant diverses mesures relatives à la fiducie, *JO* 31 janv., p. 1854.
3. C. civ., art. 2015 nouv.
4. Décis. CNB n° 2009-001.
5. RIN, art. 6.2.2.

CHAPITRE

06. Évolution de la déontologie de l'avocat

SECTION 0
ORIENTEUR

06.00 Plan du chapitre.

Renvois. Sur la déontologie, plus spécifiquement : le titre 3, « Les principes essentiels de l'exercice de la profession d'avocat » (v. n°s 31.00 s.); le titre 4, « Les activités professionnelles de l'avocat et leurs rémunérations » (v. n°s 40.00 s.); le titre 8 « La discipline des avocats » (v. n°s 81.00 s.); le titre 9 « La responsabilité civile de l'avocat » (v. n°s 91.00 s.).

06.03 Bibliographie indicative. Beigner et autres, *Droit et déontologie de la profession d'avocat,* Gazette du Palais/Lgdj – Martin, *Déontologie de l'avocat,* 10e éd., « Litec professionnels », 2008 – Moret-Bailly, Truchet, *Déontologie des juristes*, « Licence droit », Puf, 2010 – Taisne, *La déontologie de l'avocat,* 6e éd., Dalloz « Connaissance du droit », 2009.

SECTION 1
APPARITION DE LA DÉONTOLOGIE

06.11 Définition. La déontologie est le nom barbare que l'on donne à la science dont l'objet est l'étude des règles morales et juridiques qui doivent régir une profession. Que signifie cette expression dont on fait usage depuis quelques décennies ? L'étymologie de ce mot éclaire son sens : en grec ancien, *deon* signifie « ce qu'on a le devoir de faire » et *logos* se traduit par « discours » sur cette matière. Jadis, le mot était inconnu et on ne parlait que des règles et usages du barreau pour définir l'objet de la science des déontologues du passé. Le mot est, en effet, récent si la chose est ancienne. Jeremy Bentham, philosophe anglais fondant la morale sur l'intérêt, crée le mot « déontologie » au début du XIXe siècle. Littré le note pour la première fois en 1874 comme néologisme non encore accepté par l'Académie française et le définit comme « la science des devoirs ».

06.12 Science nouvelle. Janet, le premier, lui confère ses lettres de noblesse, dans un article de *la Revue des Deux Mondes* du 1er novembre 1874 où il écrit notamment « si la morale doit continuer à être déontologique, comme nous le pensons, n'est-il pas évident qu'il faut connaître nos devoirs avant de les pratiquer ».

Le mot nouveau recouvrait donc, dans une certaine mesure, une science nouvelle. Les usages et règles anciennes constatées comme tels, possédaient de ce seul fait une vertu normative, la morale courante suffisant au surplus à déterminer l'esprit de chaque profession et à enseigner leurs devoirs à ses membres.

06.13 Science des devoirs professionnels. Au XIXe siècle, on dépasse cette notion pour aboutir à celle d'une science des devoirs professionnels. Une science exigeant des membres de chaque profession une attention plus particulière aux difficultés qui s'y posent du point de vue de la morale. L'usage ancien ne suffit plus à régir la profession, du seul fait de son antiquité, il lui faut encore être considéré comme nécessaire et salutaire par la profession. C'est le passage de la notion d'usage à celle de déontologie.

La déontologie primitive, peu différenciée, peu imaginative, est extraite excellemment des traditions orales et non d'un règlement écrit inexistant ou peu précis. Loisel, sous Henri IV, dans son *Dialogue des avocats* en pose les premières assises (1602), Biarnay de Merville écrit, vers 1740 ses *Règles pour former un avocat* publiées en 1778 par Boucher d'Argis et sous son nom. Camus, à la fin de l'ancien régime, résume son expérience dans ses *Lettres sur la profession d'avocat* (1787) et Dupin, lors de la restauration du barreau, rassemble ces textes qu'il considère comme sacrés, pour donner aux futurs avocats le fondement de leur déontologie. Son ouvrage comporte la réédition de Loisel, de Boucher d'Argis et de Camus, diverses lettres édifiantes empruntées à Carré, Dupin jeune, Dupin aîné, Bonnet et Verville, deux mercuriales de d'Aguesseau et un discours prononcé par lui-même en 1824 lors de l'inauguration de la conférence du stage, les textes régissant la profession, quelques arrêts et leur commentaire, telle est la déontologie que nous a léguée l'Ancien Régime et que Dupin apporte à la profession restaurée comme un gage de vertu.

06.14 Publication des premiers ouvrages. Dix ans après la publication de ces textes, Mollot publie pour la première fois ses *Règles de la profession d'avocat*. Ils comportent un classement méthodique des principaux arrêtés du Conseil de l'ordre de Paris et de certains arrêts relatifs à la profession. Il faut attendre la fin du siècle pour connaître la première synthèse d'une déontologie professionnelle avec Cresson en 1888 et le début du XXe siècle pour voir paraître les ouvrages de Payen, mis à jour puis refondus par Jean Lemaire à partir de 1966, d'Appleton et de Crémieu et enfin en 1968 celui de Jacques Hamelin.

En fait, pendant toute cette longue période qui s'étend du début du XVIIe siècle à la fin du XIXe siècle, les avocats se sont passés de déontologie, au sens ou nous entendons ce terme aujourd'hui. Des méditations méthodiques sur leurs devoirs, la considération des usages anciens et la pratique de la morale chrétienne, suffisent alors à régir leur vie professionnelle.

La question de la déontologie au prétoire comme hors du prétoire n'a donc, à cette époque, aucun sens. L'avocat, comme d'ailleurs les chanoines auxquels tant de traits, à l'époque, l'apparentent, exerce un ministère, une mission et non un métier. Toute sa vie est centrée sur son idéal, il n'y a nulle césure entre sa vie publique, sa vie professionnelle et ce que j'oserais appeler d'un terme qu'il n'aurait certainement pas renié, sa vie profane.

Cette conception est celle de La Bruyère et de Camus : « J'ose dire que l'avocat est, dans son genre, ce qu'étaient dans le leur les premiers hommes apostoliques. »[1] Il le décrit comme un homme « accueillant à tous, dont la maison est ouverte aux plaideurs et à ceux qui viennent l'accabler de leurs questions et de leurs doutes. »

« L'homme de robe ne saurait guère danser au bal, paraître au théâtre, renoncer aux habits simples et modestes sans consentir à son propre avilissement. »[2]

« L'exercice de la profession d'avocat doit mener à l'honneur et non à la fortune, il méprise les professions lucratives, la plupart moins pénibles et moins laborieuses, pour se dévouer à des fonctions qui ne promettent que de l'honneur à ceux qui les exercent avec plus de succès. »[3] Et d'Aguesseau souligne la mort au monde et à ses honneurs que constitue l'entrée au barreau. « L'avocat, en entrant dans ce corps illustre, quitte le rang qu'il avait dans le monde », comme la religieuse perd son rang et son nom en entrant dans un cloître. Et, désormais « il est au-dessus des atteintes du sort puisque ni l'éclat de sa naissance, ni la richesse, ni aucun des biens du monde ne peuvent plus être atteints par les coups du sort. »[4]

L'avocat mondain, Furetière (*Le roman bourgeois*) dit « amphibie », qui le matin, est avocat et porte la robe quand il plaide et le soir « courtisan portant des grands canons et des galands d'or pour aller cajoler les dames », est condamné avec sévérité.

La Bruyère le stigmatise également avec vigueur[5].

SECTION 2
MORALE COMMUNE

06.21 Quel besoin dès lors d'une déontologie ? La spiritualité chrétienne appliquée à l'avocat suffit à tous les auteurs pieux pour définir une morale du barreau, tels Saint Jean Eudes dans son *Manuel du bon confesseur* (1666) ou l'abbé Chaumel, curé de Saint-Vincent de Lyon dans son *Dictionnaire économique* (1718) qui décrivent la vie quotidienne de l'avocat de leur temps. Leurs traités ne s'embarrassent point de dissertations sur la profession et sur ses devoirs généraux; on est d'emblée dans la pratique car le fondement de la morale est supposé connu.

« Les avocats ne doivent pas prendre de mauvaises causes par appât du gain et, s'ils en acceptent, ils ne doivent pas les poursuivre, ils ne doivent pas plus favoriser par leurs écritures la passion injuste des parties, ils ne peuvent non plus consulter pour les deux parties dans la même cause, ni plaider trop longuement pour se faire mieux honorer, ou ne pas se faire communiquer les pièces adverses avant de plaider; ils ne doivent point travailler les fêtes et les

1. La Bruyère, *De la Chaire*.
2. La Bruyère, *De quelques usages*.
3. Camus, *Lettres sur la profession d'avocat*, 1787.
4. Mercuriale de 1693.
5. La Bruyère, *De la ville*.

dimanches par esprit d'avarice et sans prendre le temps de s'acquitter de ce qu'ils doivent à Dieu : ils ne doivent point être de ceux qui, en se raillant, disent qu'ils ont gagné tant de mauvaises causes et tant perdu de bonnes qu'ils ne sauraient plus discerner celles qui sont bonnes ou mauvaises dans l'esprit des juges, ils ne doivent accepter qu'un nombre limité de procès pour pouvoir les traiter avec diligence, ne doivent pas user de fraude pour gagner un procès injuste ni suborner des témoins, ni alléguer faussement des lois, ni citer des docteurs contre leur intention, ni produire quelque fausse pièce, ni prendre l'accessoire pour le principal; ils ne doivent pas perdre les écritures des clients, les brûler ou les déchirer mais ils ne doivent pas plus laisser perdre un procès par négligence ou faute d'étudier le droit; ils ne peuvent mander les clients et les faire venir de loin avant le temps ou leur imposer plusieurs voyages et perdre leur temps par négligence et sans avoir préparé la cause; ils ne doivent pas conseiller une transaction au bénéfice de leur partie si elle n'y a pas droit. »[1]

Ainsi, la vie de l'avocat est régie par la morale chrétienne et par des règles et usages traditionnels de la profession qui explicitent ce que la morale aurait pu avoir d'insuffisant.

06.22 Les commentateurs de cette déontologie sont d'abord des moralistes. La vie privée de l'avocat est celle du clerc et cela est tellement admis qu'il n'est nul besoin de le préciser. La pratique professionnelle ne fait qu'appliquer à des cas particuliers les principes d'une morale générale admise par tous. Au prétoire, comme hors du prétoire, l'avocat est un clerc puisant dans sa vocation son éthique professionnelle. Il connaît le but à atteindre, la technique est alors aisée à appliquer.

06.23 Connaît-on à cette époque ce que nous nommons aujourd'hui le droit des affaires ? Certes, car les avocats de l'Ancien Régime qui n'ont guère la possibilité d'accéder à la justice pénale se spécialisent davantage dans le juridique que de nos jours. Les auteurs du temps soulignent la nécessité d'une formation de l'avocat qui requiert l'art de la plaidoirie, considérée comme un art destiné non seulement au judiciaire mais également au juridique car, selon la définition de Camus, c'est l'art de persuader, qu'on parle en public *ou en particulier*; c'est ensuite la formation technique et juridique, la connaissance du droit romain, du droit français, du droit canonique, de la pratique procédurale étudiée chez un procureur; c'est également la connaissance du monde des affaires : « Il n'est pas question, dit Camus, de s'instruire personnellement du prix du change sur les différentes places, de la rareté ou de l'abondance actuelle de telle ou telle marchandise, si ces détails sont nécessaires on les apprendra de la bouche du négociant.

Mais quelle idée ce négociant concevra-t-il de l'avocat auquel il viendra s'adresser si celui-ci ne sait pas ce qu'est une lettre de change, un ordre, un aval, un escompte, s'il ne met aucune différence entre le commerce à l'intérieur du royaume et le commerce avec l'étranger, entre le commerce de mer et le commerce de terre, s'il ignore ce qu'est un contrat à la grosse, comment on fait assurer un chargement, ce qu'on entend par une charte-partie, un connaissement, il pensera qu'un homme novice sur tous ces points n'a même pas lu l'ordonnance du commerce et il confiera ses intérêts à quelqu'un de plus instruit. Il convient que l'avocat soit en état d'entendre le client qui vient lui exposer le sujet de ses demandes. »

Les connaissances qu'exige Camus, ne font pas partie, à l'époque, du bagage juridique mais bien de l'art de l'homme d'affaires auquel l'avocat est contraint de s'initier. Cette formation terminée, l'avocat consulte autant qu'il plaide et, lorsqu'il a vingt ans d'exercice de la profession et que l'âge et l'expérience le rendent le plus propre à cet emploi, il s'inscrit comme avocat consultant, dès lors il ne plaide plus mais se borne à conseiller les parties et, là encore, une déontologie s'élabore, souple et évidente, issue de la morale.

- « L'avocat consultant, dit Camus, est une sorte de juge des affaires qu'on lui présente et c'est sur la foi de son avis que l'on se détermine à la suivre ou à l'abandonner. Ces avocats, comblés d'honneurs, siègent seuls parmi les avocats sur les lys, personne n'a le droit de prendre leur place, c'est devant eux que sont renvoyées les contestations les plus délicates, leur morale est austère. »

« Vous demande-t-on quelle route on suivra pour une opération quelconque, n'indiquez que la voie la plus sûre, celle qui est littéralement conforme à la loi, dit Camus, avertissez de toutes les précautions qui sont à prendre, leur multiplicité ne doit pas effrayer lorsqu'il est question d'agir; on ne saurait acheter à trop grand prix l'avantage de ne pouvoir être inquiété sur ce que l'on aura fait. Si l'on vous consulte non plus pour agir mais pour défendre la validité d'opération dans laquelle on n'aperçoit aucun vice essentiel, vous craindrez néanmoins qu'on ne relève quelque léger défaut de forme, quelques omissions peu considérables; ce sera alors que vous userez de votre génie et de vos lumières pour défendre ce que l'on a fait avec justice et avec raison mais avec trop peu de précautions. »

06.24 Respect inspiré par l'avocat. D'ailleurs ces avocats consultants que nous appellerions dans le

1. Damien, *La vie spirituelle de l'avocat au XVIIe siècle*, p. 28; « L'avocat et la vérité », *Gaz. Pal.* 1984, 2, 543.

jargon moderne, les avocats d'affaires, sont l'objet du respect universel. Molière lui-même s'incline devant leur rigueur dans la célèbre scène du *Malade imaginaire*[1] : « *Ce n'est point à des avocats qu'il faut aller, car ils sont d'ordinaire sévères là-dessus et imaginent que c'est un grand crime que de disposer en fraude de la loi. Ce sont des gens de difficulté qui sont ignorants des détours de la conscience. Il y a d'autres personnes à consulter qui sont bien plus accommodantes, qui ont des expédients pour passer doucement par-dessus les lois et rendre juste ce qui n'est pas permis, qui savent aplanir les difficultés d'une affaire et trouver les moyens d'éluder la coutume par quelques avantages indirects.* »

06.25 L'avocat arbitre. En même temps qu'il consulte, l'avocat peut également être arbitre. C'est une tâche fréquente, largement rémunérée et fort honorable : là encore une déontologie s'instaure.

« Une fois nommé arbitre, dit Boucher d'Argis, vous ne devez plus connaître que l'affaire seule, sans distinguer ni client ni adversaire, quoique vous ayez été choisi par l'une des deux parties, regardez-vous comme également nommé par l'une et l'autre, condamnez sans hésiter celui qui vous a choisi si, dans l'examen que vous ferez avec votre confrère, vous découvrez que le bon droit n'est pas en faveur de la personne qui vous a nommé. »

Ainsi, à l'âge classique, le barreau a réussi la synthèse du savoir et de l'exercice large de la profession, ouvert au judiciaire comme au juridique, le tout inspiré par une morale admise par tous, sauf quelques rares libertins rejetés par leur ordre. La déontologie du prétoire, comme celle régissant la vie de l'avocat hors du prétoire, est harmonieuse et vivante; elle n'est ni réglementaire ni tatillonne puisque chacun connaît les principes qui l'inspirent.

SECTION 3
DÉONTOLOGIE DE RESTRICTION

06.31 Rupture du XIXe siècle. Le XIXe siècle, s'il fut le siècle d'or du barreau français, va marquer une rupture profonde dans cet édifice harmonieux. L'explosion antireligieuse de la Révolution, éclatant pour des causes sociologiques demeurées relativement mystérieuses - il semble en effet s'agir plus de réactions politiques que de réactions philosophiques - va marquer profondément le XIXe siècle en rejetant le climat de chrétienté qui régnait jusque-là en France.

Il n'y aura donc plus désormais de morale commune, de référence unique, de condition de clercs acceptée ou supportée par tous, il y a rupture; seule subsiste une bienséance mondaine, une politesse affichée, une honorabilité nécessaire pour exercer la rude fonction des avocats, corps intermédiaire, non reconnu par l'État en cette qualité, contre-pouvoir toléré plus qu'admis, fragile Antigone devant un Créon Léviathan devenu tout-puissant. Les principes fondamentaux mais non écrits sur lesquels reposait l'Ancien Régime, ont désormais disparu dans la faillite même de la société qui les portait.

06.32 Évolution de la déontologie. La déontologie devient donc fonctionnelle, laïcisée et sans référence à une morale admise par tous. Au prétoire elle est une déontologie de restriction, nul ne doit pouvoir soupçonner la femme de César, l'avocat s'abstiendra donc de tous les actes que la loi et les usages lui autorisaient mais qui seraient de nature à entraîner une aliénation de sa liberté, vis-à-vis de la magistrature considérée plus comme un adversaire que comme un partenaire.

Le juge pourrait contrôler les honoraires, ils deviennent aussitôt le don spontané de la reconnaissance du client et on s'interdit définitivement de les réclamer en justice.

Le juge pourrait discuter la rémunération des causes des pauvres pour lesquelles des avocats ont été désignés, la commission deviendra gratuite, pour le riche comme pour le pauvre, la seule demande d'avocat d'office laissant présumer irréfragablement l'indigence.

Le juge pourrait vérifier l'étendue du mandat *ad litem*, les avocats s'interdisent d'accepter le moindre mandat de représenter en justice leurs clients et prohibent les maniements de fonds.

Le juge pourrait contrôler la qualité de la prestation, le diagnostic de l'affaire, l'avocat devient irresponsable et s'interdit de former le moindre pronostic (comme les meilleurs procès sont incertains et qu'en cas de chance contraire l'avocat s'expose à des reproches mérités, il doit ne jamais communiquer son opinion sur l'issue du procès, ni à un client, ni à un avoué[2]).

Le juge pourrait être tenté d'interroger l'avocat sur ce qu'il a reçu en confidence, le secret professionnel le plus rigoureux s'attache désormais aux confidences du client.

L'avocat est seul juge dans sa conscience du point de savoir s'il doit, et dans quelle mesure, il doit déposer[3].

Ce secret il ne le partagera avec personne, même pas avec la secrétaire qui devra se contenter de taper la jurisprudence, l'avocat rédigeant à la main les cotes de plaidoirie[4].

1. Molière, *Le Malade imaginaire*, acte I, scène IX.

2. MOLLOT, I, n° 78.
3. Cons. ordre Paris, 8 mars 1887 – Civ., 24 mai 1862, *DP* 1862, 1, 545.
4. Bâtonnier Albert Salle.

Le juge pourrait intervenir entre l'avocat et son client au sujet de la restitution de pièces que le client lui aurait confiées, il n'en délivrera désormais plus de reçu et n'en sera comptable vis-à-vis de personne; l'action judiciaire en répétition du titre d'une créance que l'on soutenait avoir égaré dans son cabinet, action qui avait tant tourmenté Gerbier sous l'Ancien Régime, a servi de leçon aux avocats du XIXe siècle.

De même l'avocat communiquera ses pièces et sa communication devra être prudente mais si, imprudemment, il a communiqué une pièce qui n'aurait pas dû l'être, le Conseil de l'ordre rappelle que la connaissance d'une pièce acquise uniquement par voie de communication imprudente devra être réputée non avenue (affaire Schembry[1]). Bien entendu, l'avocat n'a pas mission d'exécuter une décision de justice, il ne peut fréquenter les justices de paix, laissant cette charge inférieure aux défenseurs officieux il ne peut exercer la moindre publicité fonctionnelle mais doit attendre pour prêter au client l'appui de son zèle et de ses talents, qu'il soit venu spontanément réclamer son ministère; il devra éviter scrupuleusement tout ce qui peut compromettre sa dignité et sa délicatesse, notamment le faisant sortir des bornes de sa profession pour devenir un « proxénète » ou agent d'affaires[2].

06.33 Rupture avec la magistrature. La cause de ce retrait de l'avocat de toute responsabilité, de tout engagement, la source de cette déontologie sourcilleuse et tatillonne, résident dans la rupture avec la magistrature. Tant que ce corps constituait un pouvoir dans l'État, issu de la propriété des charges dont les magistrats du parlement étaient titulaires, l'accord était parfait, le corps judiciaire abritait dans son sein, comme un tiers ordre, le corps des avocats. Mais, dès lors que les magistrats ne sont plus qu'une autorité judiciaire subordonnée au pouvoir politique, et que le lien familial est rompu entre le magistrat et l'avocat, celui-ci se replie dans sa coquille.

À l'abri de son statut libéral et de son irresponsabilité absolue, l'avocat sécrète des interdictions nombreuses dont il s'entoure comme d'un filet protecteur et qu'il faudra près d'un siècle pour dénouer. Car, chose étrange, tout ce à quoi les avocats ont renoncé spontanément a dû être l'objet de luttes vives pour qu'ils recouvrent le droit de l'exercer, alors que primitivement nul ne le leur avait contesté; c'est notamment le cas en matière de mandats, de maniements de fonds et de recouvrements d'honoraires en justice.

1. Damien, *Les avocats du Temps passé*, p. 340.
2. Cons. ordre Paris, 27 mai 1828.

06.34 Ces limitations parurent nécessaires aux avocats du XIXe siècle. Des limitations nécessaires pour pouvoir avancer libres dans l'arène judiciaire où se déroulent, à l'époque, tous les combats pour les libertés politiques, religieuses, littéraires et pour la liberté de l'enseignement. Comme des gladiateurs antiques ils voulurent être allégés et libres pour aborder librement la barre. On peut se demander si le lourd paquetage, digne du poilu de 14, que les avocats portent aujourd'hui, si ces *impedimenta* encombrants que sont le mandat *ad litem*, la procédure de mise en état, le recouvrement des honoraires ne les ont pas alourdis quelque peu dans leur tâche de défenseur des libertés.

06.35 Contrôle de la vie privée de l'avocat. Dès lors que l'avocat veut être libre pour exercer sa mission dans la société, il doit l'être également dans sa vie privée. Elle est donc contrôlée sévèrement, non du point de vue de la morale dont les Conseils de l'ordre ne se préoccupent guère mais uniquement sur le fondement d'un critère fonctionnel; la réputation de l'avocat liée à sa crédibilité en justice. Peu de sociétés, en effet, ont été aussi amorales et scandaleuses que celles de la monarchie de Juillet et du Second Empire. Balzac, Alexandre Dumas ou un mémorialiste acide et attentif comme Xavier-Marmier, nous ont évoqué le spectacle d'une société en pleine décomposition morale : l'adultère, la concussion, la vénalité ne choquent plus, ils sont courants. Mais les avocats d'antan pensaient que ce serait une atteinte à leur liberté et à leur crédibilité devant les tribunaux s'ils se rendaient coupables de pareils débordements, et ils furent vertueux par système, faute de l'être par choix moral. Le conseil de discipline est rigoureux en cette matière.

• Le 31 mars 1837, le Conseil de l'ordre de Paris sanctionne de la peine la plus grave, c'est-à-dire de la radiation, un avocat qui a pris un passeport pour l'étranger pour y faire un séjour avec la veuve T... désignée comme sa femme. Certes, depuis, il l'a épousée et il a été relaxé des poursuites intentées par le parquet mais il n'en demeure pas moins que l'immoralité du fait qui avait appelé les poursuites entraîne l'obligation d'une sanction sans faiblesse.

• De même est radié un avocat qui, avec deux amis, un marchand de vins et un ouvrier peintre, avait pris un fiacre de quatre heures et demie à huit heures du soir pour se promener dans plusieurs quartiers de Paris; durant ces courses, des devantures de cafés ont été inopinément brisées par des balles de plomb lancées du fiacre. L'avocat proteste qu'il a tout ignoré du jet de ces balles, qu'il a payé la valeur des carreaux cassés, il n'en demeure pas moins qu'il a fréquenté un cabaret et qu'on l'a vu pousser l'oubli des convenances jusqu'à terminer une de ces courses avec deux individus rencontrés au hasard de ses sorties, en outre il a voulu que prît part à ces agapes, le cocher du fiacre qui le conduisait; il est radié.

• En 1852, un avocat qui dirige un cabinet de lecture dans un local par lui ouvert, rue Saint-Jacques, est radié.

• Un avocat qui avait pris à son service une femme à la conduite scandaleuse, sur la moralité de laquelle le conseil se déclare pleinement édifié, est radié à Bordeaux le 28 juillet 1881.

• Si l'avocat a épousé une femme marchande publique, il n'a choix qu'entre la séparation de corps ou la démission car un tel état de choses, dit un arrêté du Conseil de l'ordre de Paris du 20 novembre 1822, est incompatible avec la tranquillité d'esprit et l'indépendance si nécessaires à l'exercice de la profession.

• Un avocat qui, depuis plusieurs années, se livre à des achats et reventes de propriétés foncières, est radié le 25 juin 1833 car ces spéculations constituent par leur nature et leur multiplicité, un commerce.

• Un avocat stagiaire qui s'est livré à des opérations de jeu de bourse, par l'intermédiaire d'un courtier, échappe à la radiation compte tenu de sa jeunesse, de ses regrets et du fait qu'il s'est constamment trouvé en perte dans ses opérations.

• Un avocat ne peut plus se battre en duel.

• Un avocat qui se rend, sur la demande de clients, dans une « réunion tumultueuse d'ouvriers » qui se proposent de délibérer en commun sur leurs intérêts et sur leurs rapports avec leurs maîtres, est sanctionné le 17 décembre 1841.

06.36 Méfiance de l'avocat envers le monde des affaires. Si la vie privée de l'avocat est surveillée avec rigueur, son entrée dans le monde des affaires n'est guère plus prisée. On est loin de l'avocat conseil ou copilote de l'entreprise. Le XIXe siècle n'accepte guère que les avocats soient membres de conseils d'administration ou agents d'affaires ou employés d'agents d'affaires; il ne tolère pas plus qu'ils fassent des avances de frais de procès, des démarches chez des notaires, des avoués ou dans des bureaux d'administrations publiques ou particulières[1]. Pas plus ne sont tolérés les avocats qui donnent leurs soins à la rédaction d'actes de sociétés, qui en dressent des extraits et qui requièrent les insertions légales[2], ni les avocats *dominus litis*, c'est-à-dire choisissant et dirigeant les avoués, les agréés, les huissiers, se rendant responsables du paiement de leurs frais et recevant, pour cette destination, des fonds dont ils deviennent comptables[3], ou faisant assigner directement un prévenu et citer des témoins et se chargeant d'acquitter directement les frais exposés à cette occasion sur les honoraires qu'ils avaient perçus[4].

Ne pensons pas toutefois que le XIXe siècle ait été moins lucide que le nôtre en matière de droit des affaires. Ne croyons pas avoir inventé l'avocat d'affaires, le XIXe siècle a pressenti la difficulté, il n'avait d'ailleurs pas oublié le modèle de ce type d'avocat qui existait chez les confrères de l'Ancien Régime et dont beaucoup avaient été parmi les fondateurs du barreau de l'Empire.

1. Liouville, *Abrégé des règles de la profession d'avocat*, Paris, 1883.
2. Arr. de radiation, 6 et 13 mars 1849.
3. Arr. 13 mai 1833.
4. Arr. 2 mars 1858.

06.37 Place de l'avocat. Dans ce monde du XIXe siècle où l'industrie débute et où l'agriculture scientifique apparaît, les avocats ont leur place. Mollot condamne la conception selon laquelle l'avocat serait lié à son client par un louage d'ouvrages, de la même manière que le « proxénète » (l'agent d'affaires) ; il estime qu'on ne peut assimiler, ni de près ni de loin, l'avocat au *proxénète* car celui-ci est un courtier ou un entrepreneur, alors qu'il admet qu'un avocat stagiaire puisse prendre la qualité de délégué d'une compagnie industrielle et être chargé, à ce titre, sans procuration spéciale, de défendre ses intérêts auprès des administrations publiques.

Et le Conseil de l'ordre, à cette occasion, se demande si les principes d'autrefois sont encore admissibles : « L'industrie et le commerce ont pris un essor immense, aujourd'hui l'industrie commerciale s'applique à tout, aux capitaux, aux marchandises, aux fruits de la terre, à la terre elle-même, aux entreprises de tous genres, aux canaux, aux chemins de fer [...]. Resterons-nous en arrière de ce mouvement universel ? Comment refuser à l'avocat, à celui surtout qui s'est créé une spécialité nouvelle par l'étude de l'économie politique, le droit de prêter à l'industrie et au commerce, ses conseils, son patronage, son appui ? Et parce qu'il ne plaiderait pas au Palais ou ne signerait pas dans son cabinet des consultations pour remplir la mission qu'il a reçue, on prétendrait qu'il sort de la profession d'avocat, qu'il fait office de proxénète ou d'agent d'affaires ? Est-il prudent de rejeter de l'Ordre l'homme habile qui aura su se frayer une voie utile en restant fidèle aux maximes de l'honneur et de la probité ? »[5]

Le bâtonnier Pouillet, le 23 novembre 1895, à l'ouverture de la conférence, prononce un discours fort significatif : « L'industrie, fille de la science, a pris dans la préoccupation des hommes une place prépondérance, elle a transfiguré le monde. Messieurs, songez-y bien, c'est un commencement, c'est une aurore, le jour se lève lentement sur un horizon qui sera fait d'éblouissements sans fin, ce sera l'éternel honneur du XIXe siècle d'avoir préparé et commencé cette transfiguration de l'univers. L'avocat ne peut rester indifférent à un mouvement qui entraîne tous les peuples; il est assuré de trouver là un aliment de plus en plus considérable pour son activité. Vous serez prêts à y figurer. »

• D'ailleurs, les avocats de Balzac, s'entendent fort bien aux affaires. Dupin aîné est la preuve vivante du réalisme des personnages de fiction. C'est lui, en effet,

5. Mollot, 1842, n° 32.

qui a reconstitué l'immense fortune des Orléans, chassé les locataires du Palais-Royal pour en trouver de plus accommodants, augmenté colossalement le montant des loyers commerciaux de ceux qui voulaient rester et reconstitué les domaines perdus grâce au milliard des émigrés. Dupin parvint à faire inscrire le duc d'Orléans, ancien général de la Convention, pour 17 millions de dommages-intérêts et n'aboutit à ce résultat que grâce à ses démarches et à une activité incessante. Il est non seulement avocat mais un gestionnaire privilégié de la fortune des Orléans qu'il arrondit considérablement.

Il y a donc une contradiction apparente entre les principes libéraux qui animent le barreau dans la découverte du droit des affaires et les arrêtés des Conseils de l'ordre qui définissent une déontologie restrictive en cette matière. Dans une matière voisine, la liberté de l'avocat hors du cadre étroit du prétoire, s'épanouit avec vigueur, l'avocat politique naît et le XIXe siècle a été son siècle favori. Dans l'opposition sous le Second Empire, ils se retranchèrent dans l'enceinte du palais de justice comme dans une forteresse d'où, sans grand péril, ils lancèrent contre le pouvoir des traits fort aiguisés quoique non mortels[1].

Mais pour avoir combattu pendant soixante ans pour la liberté, pour la sienne et pour celle du pays, l'avocat qui a conquis ses franchises et jeté à bas le régime contre lequel il menait l'assaut, apparut comme vainqueur du dernier combat et fut aussitôt appelé à remplacer les anciens maîtres pour relever l'édifice national[2]. « Le pays a choisi les avocats, poursuit Buteau, pour diriger ses destinées, il faut croire qu'il les aime bien, il a donné et donne encore à la République des centaines de parlementaires, presque tous nos hommes d'État ont quitté la robe pour entrer au Conseil des ministres et le barreau est tout à fait adapté à ce rôle, l'avocat, en effet, a la liberté de son travail tel qu'il est organisé à l'époque. Par son habitude des travaux législatifs, par son aptitude à la parole, par son désintéressement, il est le seul qui n'ait aucune attache avec quiconque, aucun maître et, par là même, qui soit totalement indépendant. »

SECTION 4
DE LA DÉONTOLOGIE DU JUDICIAIRE À LA DÉONTOLOGIE DU JURIDIQUE

06.41 Déclin de l'avocat politique. Notre époque voit le déclin de l'avocat politique, le déclin du judiciaire remplacé par un socio-éducatif ou une administration judiciaire médico-sociale dans laquelle l'avocat a de moins en moins de place. Il ne remplit plus qu'une fonction d'intermédiaire en services, dont le rôle est considéré comme diminué et par les magistrats et par les clients, ses revenus décroissent, certains justiciables ne veulent plus le payer, exigeant la gratuité totale de la justice ou, au mieux, le ticket modérateur comme en matière médicale.

06.42 Apparition d'un droit nouveau. L'avocat judiciaire voit sa paupérisation matérielle et intellectuelle s'affirmer chaque jour. Expulsé de son rôle traditionnel d'homme de la parole, par la fusion des professions judiciaires de 1971, ahuri par les procédés tracassiers d'une mise en état que nul ne maîtrise, soupçonné par les juges, vilipendé parfois par eux (telle l'ordonnance du juge d'instruction de Grenoble, subordonnant le maintien en liberté d'un client à l'interdiction pour lui de prendre contact avec son avocat), il est le mal-aimé de la justice sans être pour autant le bien-aimé des usagers.

Un auteur a pu écrire, songeant à cet aspect de l'évolution de la profession, que le barreau était mort. Mais la déontologie, elle, se porte à merveille. Les règlements tatillons, inachevés, touffus, confus et contradictoires qui réglementent la profession d'avocat depuis 1971, ont fait proliférer les arrêtés des Conseils de l'ordre, les consultations diverses et les arrêts de cours, la Cour suprême a dû même intervenir pour fixer nombre de points douteux.

Un droit nouveau est né, réglementaire certes mais complexe, sans principes généraux, cahotant et incertain; la doctrine s'efforce d'y mettre un certain ordre logique et parfois elle a le bonheur d'être suivie par la jurisprudence qui veut bien s'inspirer de ses commentaires.

Pour certains la déontologie n'est pas un droit mais seulement une règle du jeu déterminée et interprétée souverainement par les ordres d'avocats et les bâtonniers, à la manière de la règle du bridge ou de la manille. Une telle conception est erronée, le droit professionnel n'est pas une règle du jeu abandonnée aux ordres, c'est une des branches du droit positif; ses sources sont la loi et le décret; la tradition, l'interprétation ordinale et la doctrine ne sont que des sources secondaires de ce droit; elles aident à son interprétation par la jurisprudence, mais pas plus que dans les autres branches du droit, la coutume n'a de force légale; elle peut aider à l'interprétation du droit positif, elle ne peut, à la différence de ce qui existe en droit canon, le créer. Si la coutume ne peut prescrire contre la loi, elle peut toutefois aider à son évolution, davantage que dans d'autres branches du droit; le poids de l'histoire de l'Ordre des avocats et la tradition doivent éclairer le droit régissant une profession aussi ancienne et particulière que celle d'avocat[3].

1. De la Gorce, *Le barreau sous le second Empire*.
2. Buteau, *L'avocat-Roi*, p. 44 s.
3. Damien, « Éléments de civilité puérile et honnête à l'usage des avocats », *Gaz. Pal.* 1985, I, doctr. 222 et 271.

06.43 Multiplication du contentieux déontologique. De nos jours, la déontologie du judiciaire c'est-à-dire celle qui régit le prétoire, est en euphorie. Les décisions se multiplient, l'imagination des avocats précède celle du législateur... cette augmentation du contentieux déontologique manifeste les difficultés nouvelles que l'avocat rencontre dans sa vie professionnelle. Mais, hors du prétoire, subsiste-t-il une déontologie ?

Celle régissant sa présence dans la vie politique, jadis réglementée par les décrets sur la profession et caractérisée par des incompatibilités nombreuses, était suivie avec attention par les arrêtés des Conseils de l'ordre possédant un homme politique au sein de leur barreau. Ils craignaient en effet son influence excessive dans la vie professionnelle mais cette réglementation n'a plus guère d'objet avec la quasi-disparition des avocats de la vie publique.

Quant à la déontologie de la vie privée, elle n'intéresse plus personne, un mur épais s'est désormais installé entre le cabinet de l'avocat et son domicile, le laxisme moral actuel fait le reste. La question d'argent, le bon usage des fonds Carpa, l'apurement des dettes de l'avocat, tout ceci relève désormais de la déontologie du prétoire, je veux dire du judiciaire.

Et, au moment où s'est ouvert un champ d'action nouveau hors du prétoire, le juridique, quelle serait la déontologie adaptée à cet usage de l'exercice professionnel ?

06.44 Apparition d'une déontologie du juridique aux contours incertains. Une déontologie du juridique existe mais elle est délicate à cerner. En effet, elle ne peut être la nomenclature des prérogatives de l'avocat en matière juridique, pas plus que d'enseignement des formalités qu'ils doivent accomplir. Elle est une morale. Elle sera demain un véritable droit.

Jusqu'à présent la déontologie du juridique a été sommaire, les avocats, ont déserté le juridique durant un demi-siècle, du moins pour nombre d'entre eux, même si de grands civilistes ont toujours maintenu les traditions.

Le besoin de répondre aux questions juridiques et fiscales qui se posent à l'homme moderne, a suscité la naissance des conseils juridiques dont la compétence s'est accrue au cours des années, répondant à un besoin certain que le barreau classique n'assurait plus complètement. La fusion des avocats et des conseils juridiques en une profession unique devait donner un essor nouveau à la déontologie du juridique.

Actuellement, elle est peu développée à part la déontologie notariale[1], fort sommaire d'ailleurs en cette matière, qui souligne la nécessité pour les notaires d'enregistrer avec conscience et exactitude les actes dont ils sont chargés après avoir recueilli le consentement libre et éclairé des parties.

Demain, la déontologie du juridique se développera, elle rappellera aux avocats des règles classiques qui remontent aux origines de la profession et qu'aura enrichies l'apport de l'expérience des conseils juridiques; l'avocat devra sortir de la mentalité de l'opposition client adversaire par une logique nouvelle. En effet, l'avocat, en matière juridique, reçoit des parties qui viennent auprès de lui, soit pour avoir des conseils, soit pour réaliser des contrats avec des partenaires qui ne sont pas des adversaires mais qui pourraient cependant le devenir.

Cette déontologie ne peut, sous peine de tomber dans la réglementation tatillonne, apporter de recette adaptée à chaque cas que pose l'intervention de l'avocat. Il faut donc cerner et définir les difficultés qui se posent à l'avocat par rapport à la déontologie du juridique.

Si la troisième édition de ce traité ne consacrait encore aucune place au juridique, la quatrième édition lui consacrait trois pages et les suivantes de plus longs développements, de même dans *La tradition du barreau français* dont le projet a été établi par la Conférence des bâtonniers, une large part a été réservée à cet aspect des choses. La jurisprudence elle-même commence à dégager des pensées directrices qui, si timides soient-elles, sont des pierres d'attente pour une réflexion plus sérieuse[2].

SECTION 5
ÉMERGENCE DE LA DÉONTOLOGIE DU JURIDIQUE

06.51 Le juridique existe et il a conquis droit de cité dans notre profession. Naguère « s'adonner

1. de Roulpiquet, *Responsabilité des notaires,* 2e éd., « Dalloz référence », 2009, nos 42.62, 62.255, 62.274, 62.282.
2. Damien, « La déontologie hors du prétoire », *dans Mélanges en l'honneur de Pierre Hébraud*, p. 253 s. – Hamelin et Damien, « La tradition du Barreau français », *Les règles de la nouvelle profession d'avocat*, 4e éd., 1981, annexe, p. 395 à 476. Ce travail de la Conférence des bâtonniers dirigée par son président de l'époque, le bâtonnier Damien, avait pour objet de résumer l'essentiel des règlements intérieurs des barreaux et d'en souligner la profonde unité dans le fond quelles que soient les divergences de détail. Ce travail aurait permis à tous les ordres d'avocats, par une délibération conjointe conformément à l'article 18 de la loi du 31 décembre 1971, d'adopter un règlement intérieur national comportant toutefois les adaptations nécessaires à des situations locales. Cette œuvre n'a jamais pu voir le jour, le CNB, institué par la loi du 31 décembre 1990 s'est vu confier par l'article 21-1 paragraphe 1er la mission de veiller à l'harmonisation des règles d'usages de la profession (CNB) (v. ss nos 22.01 s.).

au juridique » signifiait rompre avec l'honnêteté et la loyauté. Pinard, historien du barreau, entonnant en 1864 un chant funèbre pour la mort du barreau s'exclame : « Il pourra arriver que les avocats du temps présent soient les derniers avocats et que nous soyons destinés à voir après eux ce qu'on voit un peu partout, c'est-à-dire une réunion d'hommes sans traditions et sans discipline liés seulement par la communauté des travaux, cherchant ce que cherche tout le monde, gagner de l'argent. »

Cette vision des choses est profondément inexacte. Les règles de déontologie peuvent être inadaptées à notre temps dans leur mode de réalisation mais les principes dont elles découlent et qu'elles prétendent mettre en application, ne sont pas périmés et on devrait y trouver la source des règles nouvelles qui régiront une déontologie nouvelle. Ces règles d'hier n'étaient que des techniques liées à des époques différentes, au service d'une finalité supérieure et inchangée qui est la profession d'avocat au service des autres, c'est-à-dire de ceux qui sont opprimés, dont les droits sont bafoués ou méconnus. Pour revêtir aujourd'hui une signification nouvelle elles n'en sont pas moins valables et si le barreau se ressource à la tradition de sa morale, il a la possibilité de sécréter une déontologie en harmonie avec son temps.

L'avocat du temps passé était celui qui permettait à l'homme de résister à la pression d'autres hommes plus puissants, plus habiles, plus fortunés. Aujourd'hui, le danger qui menace l'homme est surtout constitué par de puissantes sociétés et par des administrations, beaucoup plus que par des individus isolés. L'esprit même de la déontologie demeure immuable, il est un esprit de service et de liberté comme hier.

Cette déontologie nouvelle nécessite néanmoins une refonte de la pensée des avocats, de leur doctrine et une mutation de leurs habitudes. Hier la déontologie de l'avocat était simple et tenait plus d'un traité du duel judiciaire que d'une véritable étude de la mission globale de l'avocat; celui-ci est considéré comme le défenseur d'une partie, il a donc des devoirs envers elle, il lui doit la solidité de ses conseils, la qualité de son travail, la fidélité la plus rigoureuse et sans aucun pacte avec l'adversaire. Il n'a de devoirs qu'envers son client, les autres comptent peu; on doit certes au magistrat, loyauté, courtoisie, modération, mais ce n'est qu'une application dans un domaine spécial, des règles essentielles du respect dû aux autorités publiques. Quant à l'adversaire on ne lui doit rien d'autre que la contrepartie de ce qu'on exige de lui : communication des pièces préalable à l'audience, bienséance dans les débats judiciaires, c'est à peu près tout. Ces contacts sont limités et c'est dans leur esprit que s'inscrivent aussi bien les dispositions de l'article 41 de la loi du 29 juillet 1881 sur les immunités de la parole que la nécessité de la communication des pièces et moyens, préalablement à l'audience.

Cette déontologie qui est rapportée encore dans tous les traités modernes de la profession d'avocat, devient insuffisante dès lors que les avocats voient leurs tâches traditionnelles se modifier largement. Tant qu'ils faisaient du judiciaire, ces règles de duellistes du prétoire étaient suffisantes dans leur simplicité pour assurer le bon ordre de la profession, mais si l'avocat se consacre au juridique, s'il assume la conclusion de contrats, la création de sociétés, s'il tente d'établir des ententes entre des groupes représentant des intérêts économiques différents, s'il s'occupe du droit de la consommation et entre en relation avec les puissantes firmes dont il veut obtenir la modification de leurs produits ou de leur présentation, les règles qui régissent actuellement la profession d'avocat paraissent inadaptées et dérisoires. Il ne s'agit plus en effet de défendre un client contre un adversaire, mais de créer un acte juridique ou un compromis juridique qui résulte de la volonté concordante de deux consultants qui s'adressent à un même spécialiste et qui ont des intérêts convergents dans une certaine mesure et divergents dans une autre.

06.52 Adaptation des règles de prudence. Que deviennent, dans cet exercice de la profession, les règles de prudence et notamment celles régissant le secret professionnel ? Elles doivent être totalement repensées. Certes, les idées de base subsistent, ces règles morales élémentaires qui sont le fondement d'une déontologie vivante ne sont pas dépassées : ne pas trahir les intérêts confiés aux avocats, éclairer ceux qui les consultent, conserver vis-à-vis des tiers et des administrations le secret des opérations; mais comment dégager des notions plus délicates, telles que celles de client dominant et de client dominé qui se multiplient non seulement dans le droit des affaires mais même dans les divorces par consentement mutuel ? Il suffit de recevoir des clients de ce type pour sentir bien vite que les consentements qui sont apportés sont souvent de qualité différente. A-t-on le droit de conseiller ou de réaliser des actes qui, directement ou indirectement, ont pour effet d'éluder des dispositions fiscales ?

C'est un esprit nouveau qui doit être instauré et pour lequel la déontologie classique a besoin d'être rafraîchie. Pour cela il faut s'inspirer, pour éclairer notre religion, de la déontologie de professions voisines, celles de notaire, de conseil juridique et particulièrement celle de commissaire-priseur. La déontologie de cette profession est une des plus intéressantes et une des plus curieuses à étudier car, organisée telle que l'a voulue le législateur, elle a pour fonction essentielle de constituer le commissaire-priseur, officier ministériel, mandataire unique de deux parties ayant des intérêts rigoureusement opposés : le vendeur qui veut réaliser de gros bénéfices et l'acheteur qui veut acquérir au plus bas prix, d'où l'élaboration savante, par la tradition professionnelle consacrée par une jurisprudence riche d'analyses, de mesures de sécurité pour garantir le commissaire-priseur contre toute tentation de privilégier l'un de ses deux mandataires aux intérêts opposés. C'est le cas des descriptions d'objets dans les catalogues et des garanties qui s'y attachent; c'est le cas des prix de réserve ou des atteintes à la liberté des enchères [1].

Il faut donc faire un effort d'imagination en s'inspirant de ces déontologies voisines, pour élaborer en union avec les professionnels voisins, une déontologie du juridique.

06.53 La jurisprudence apporte d'ailleurs une aide efficace en cette matière. La cour d'appel de Grenoble, a eu le 3 juillet 1979 à se prononcer sur la compatibilité de la profession d'avocat avec celle de président d'une société de Crédit mutuel [2]. La cour constate que l'activité du président d'une telle société ne présente pas un caractère commercial susceptible de la rendre incompatible avec la profession d'avocat, que d'autre part, ces sociétés n'agissent pas dans un but spéculatif et pour la recherche de bénéfices; que dès lors, la présidence d'une société de Crédit mutuel ne peut être assimilée à la gérance d'une société civile, figurant naguère dans l'énumération des incompatibilités avec la profession d'avocat. L'annotateur de l'arrêt souligne qu'il faut approuver une telle décision qui consacre à la fois la compétence des avocats qui doit être utilisée dans toutes les institutions qui réclament leur concours et leur caractère désintéressé et bénévole qui fait obstacle à ce qu'on leur oppose l'interdiction d'assumer personnellement ou par personne interposée des fonctions commerciales. Lorsque le bénévolat et le dévouement se combinent avec la compétence pour apporter un champ d'influence à l'avocat, il faut s'en réjouir sur le plan de la publicité fonctionnelle et de l'image de marque de la profession. Il est bon en effet, de voir l'avocat rester fidèle à sa tradition, tout en s'adaptant au monde moderne et sortir de sa tour d'ivoire dans un esprit de dévouement bien conforme à sa vocation.

Cet arrêt a été malheureusement cassé le 16 décembre 1980, la Cour de cassation estime que l'exercice de la présidence d'une caisse de crédit mutuel, considérée comme une banque aux termes de l'article 5 de l'ordonnance du 16 octobre 1958, constitue une activité commerciale incompatible avec la profession d'avocat (v. s[s] n° 13.171). Cet arrêt dénote et une méconnaissance de l'activité réelle de ces caisses et une ignorance grave de l'évolution de la profession depuis la dernière guerre [3].

06.54 Le même esprit anime la rédaction d'une *Tradition du barreau français* élaboré par la Conférence des bâtonniers. L'avocat, rédacteur d'un acte juridique, accomplit, y est-il dit, une obligation de conseil; il ne peut donc s'écarter des règles de dignité, de délicatesse, exigées de tout avocat notamment l'avocat rédacteur d'un acte ne pourra, en principe, plaider sur la validité ou l'interprétation dudit acte.

Il ne pourra être l'avocat de deux parties contractantes qu'à la condition de rester indépendant vis-à-vis de chacune d'elles; il ne pourra rédiger un acte juridique entre deux parties dont l'une est son client, s'il n'a avisé l'autre de la possibilité de se faire assister par un de ses confrères ou s'il ne lui a précisé qu'il a déjà occupé ou plaidé pour l'autre partie.

En tout état de cause, il devra assurer la plus stricte objectivité dans ses relations avec les parties contractantes, il s'efforcera notamment de vérifier que le consentement qu'elles donnent à l'acte est bien libre et émis en toute connaissance de cause, il devra aviser chacune des parties de l'étendue de ses droits et les mettre en garde contre les conséquences des actes auxquels ils concourent, il devra vérifier la licéité des mobiles qui animent les parties et refuser de constater toute convention ayant une cause immorale ou illicite; il devra contrôler la valeur des droits cédés par les actes transférant la propriété, de façon à éviter que l'acte ne soit rescindable pour cause de lésion, s'assurer de la capacité des parties à contracter et s'il peut rédiger des contre-lettres par actes sous seing privé, dans la mesure où ces actes sont autorisés par les articles 1321, 1396 et 1397 du Code civil, il devra rappeler aux parties qu'elles n'ont d'effet qu'entre elles et non à l'égard des tiers et refuser son concours si la contre-lettre est destinée à tromper le fisc ou un tiers; il refusera de même d'en être le dépositaire dans le but de contribuer à renforcer le caractère occulte des dispositions contractuelles qui y sont mentionnées.

Si l'avocat aperçoit la moindre réserve chez l'une des parties, sur un des points de la convention envisagée, il exigera que le cocontractant réticent se fasse assister par son propre avocat dont la présence garantira le libre consentement; il en sera de même dans les cas où l'avocat constaterait que les parties

1. RÉP. PR., Damien et Schmitz, *V° Commissaire-priseur – ÉGAL[T]* : *D.* 1993, chron. LXIII, p. 239 – Hurstel, Retour à l'éthique.
2. CA Grenoble, 3 juill. 1979, *Gaz. Pal.* 1979, 2, 451.
3. Civ. 1re, 16 déc. 1980, n° 79-14.544, *Bull. civ.* I, n° 330; *JCP* 1981, IV, 84.

ont des intérêts divergents que l'accord projeté ne saurait concilier.

Suivent un certain nombre de considérations sur la rédaction matérielle des actes et des conseils de prudence aux avocats. Ainsi peut-on dire qu'une déontologie du juridique se dégage peu à peu; à vrai dire la majeure partie de ces dispositions, contenues dans le projet de « Tradition du barreau français », sont issues du remarquable travail de Me Boquet, avocat à la cour de Paris qui, dans le cadre d'une étude destinée à l'école de formation professionnelle de Paris (Efb), a écrit un bref mais substantiel et remarquable ouvrage consacré à la question de la déontologie juridique.

Cette déontologie sera-t-elle uniquement celle de l'argent ? Sera-t-elle celle des avocats intendants de fortunes privées ou employés qualifiés de multinationales ? Rien n'est moins sûr. Elle peut être celle d'un homme nouveau, cultivant, pour être libre et efficace, les vertus antiques.

L'avocat américain, Ralph Nader, avait dans sa jeunesse posé comme fondement essentiel de son efficacité redoutable et de sa lutte, non pour les individus isolés mais pour les collectivités au service de l'intérêt public, l'esprit même qui fut celui de l'ancien barreau français : indépendance farouche, dignité de vie, désintéressement, j'allais presque dire esprit de pauvreté, permettant de le rendre inattaquable aux nombreux ennemis que ses campagnes déchaînent.

La déontologie du juridique peut être l'occasion d'un ressourcement de la profession d'avocat. Grâce à cet avocat nouveau qui naît et dont il faudra élaborer, au fur et à mesure, les textes protecteurs de sa liberté, on pourra découvrir que la profession de demain ne sera pas écartelée entre les choix déchirants de la fonctionnarisation ou du salariat; il y a place pour l'avocat libéral, dévoué, indépendant, défendant avec pugnacité les individus et les collectivités contre les organismes tentaculaires qu'a sécrétés la société moderne et qui essaient de leur faire perdre leurs dernières libertés.

Et cet avocat de demain sera semblable, en son esprit, à l'avocat d'hier, à celui dont le souvenir suffit à réconforter les avocats et les usagers.

Entre Berryer qui répondait à un homme du monde, s'étonnant qu'il n'ait pas fait fortune au cours de sa longue et glorieuse carrière, « il vous eût suffi de vous baisser pour ramasser cet argent qui vous eût mis à l'abri non seulement du besoin mais même de la médiocrité » et auquel le célèbre défenseur réplique : « Vous l'avez dit, il aurait fallu se baisser »; entre cet avocat qui défendit tous les opprimés de son temps, aussi bien Louis-Napoléon sous Louis-Philippe que le duc d'Orléans sous Napoléon III, que les ouvriers typographes poursuivis pour reconstitution de groupements illicites, et l'avocat spécialisé dans le juridique et dans le droit de la consommation, il y a, semble-t-il, des intersignes évidents et, malgré la différence d'époque et de civilisation, il semble que l'avocat, spécialisé dans le juridique tout comme l'était l'avocat, consultant de l'Ancien Régime, est de la même race que l'avocat du XIXe siècle et que l'un est le continuateur des vertus de l'autre.

06.55 **Il importe donc d'aborder avec courage et lucidité ces voies nouvelles qui s'ouvrent à la profession d'avocat.** À côté du judiciaire, indispensable champ clos où l'avocat défend au pénal et au civil l'honneur et la liberté des hommes, doivent exister ces multiples enceintes où, par l'élaboration des contrats, par la défense des « petits » contre les oppresseurs, des consommateurs contre les multinationales, par la défense du droit français contre le droit anglo-saxon qui s'insère chaque jour plus pernicieux dans le droit contractuel français contemporain, l'avocat aura sa place privilégiée et demeurera digne de la vocation de ses ancêtres même s'il ne vient plus au Palais et n'y plaide plus.

Il faut cesser de voir le monde du barreau lié obligatoirement à l'enceinte du palais de justice; la vocation de l'avocat est trop haute, trop grande, pour se laisser enfermer dans ce lieu, même si elle s'y est exercée avec éclat et si elle s'y exerce encore avec efficacité[1].

06.56 **La déontologie doit s'adapter pour assumer cette fonction nouvelle de l'avocat.** Une fonction indispensable pour rester fidèle à sa vocation, héritier du passé mais présent au monde moderne. Cette déontologie sera plus simple que la déontologie réglementaire du judiciaire, elle demande le bon sens de la morale traditionnelle qui est inscrite dans le cœur de chacun, c'est-à-dire la vision de la mission de l'avocat à l'intérieur de la société et la défense de ceux qui ont besoin d'un savant et d'un clerc pour exprimer leur misère et leur désarroi et obtenir réparation.

L'avocat n'oubliera pas, qu'homme du judiciaire ou du juridique, il incarne un contre-pouvoir dans la société civilisée et libérale à laquelle il appartient. Investi, à l'intérieur de cette société, d'un prophétisme propre qui lui a été confié par la tradition et l'histoire, il lui appartient de dénoncer les mauvais fonctionnements de la justice et de la société. C'est là l'origine de son rôle judiciaire, c'est là l'origine de son rôle politique, il devra rester libéral, libre et indépendant, même si cette liberté est le fruit d'une ascèse, c'est-à-dire d'un renoncement volontaire à

1. Brunois, *La liberté judiciaire, honneur des hommes*, 1978 – Karpik, « Avocat une nouvelle profession », *Rev. française de sociologie*, XXVI-4, oct.-déc. 1985 – Karpik, *Les avocats*, NRF, 1995.

un certain laxisme que d'autres franges de la société acceptent facilement; c'est cet état d'esprit que l'on peut qualifier du nom de « déontologie ».

On peut s'interroger sur le prestige dont jouit la déontologie chez les jeunes confrères et parfois les moins jeunes et se demander si cet art ou cette science joue encore le rôle qui est le sien dans les relations entre avocats, entre avocat et magistrat et entre avocat et client.

Jadis la déontologie était l'expression d'une morale et même d'une spiritualité religieuse commune à tous les membres du corps des avocats aux magistrats et aux clients. Cette conception du monde dans lequel s'exerçait l'art de l'avocat voyait dans le client, en une certaine manière pauvre et opprimé, comme dans le magistrat glorieux et puissant, la figure de Jésus-Christ et créait un lien spirituel particulier entre les partenaires de justice.

Au XIXe siècle, après la laïcisation de la société et la disparition de la foi, sinon du cœur des avocats, du moins de l'Ordre en tant que tel, la source de la déontologie devint les usages, la tradition, la référence aux anciens (notion particulièrement nette à la lecture des traités de déontologie de Mollot, Cresson, Payen et même de celui de Lemaire). Ce recours à la tradition repose sur une finalité de la profession atteinte par un certain ordre de moyens techniques définis par le barreau et constituant la déontologie.

L'Ordre se veut à la fois collectivement et par l'intermédiaire de chacun de ses membres, gardien de la liberté à l'intérieur de la société de son temps et garant de l'égalité entre les plaideurs et les parties. Sa tâche consiste à rappeler les valeurs de liberté et à sauvegarder l'égalité entre les plaideurs.

Le pauvre, celui qui est sans avoir, sans savoir et sans pouvoir doit être à la barre l'égal du riche et du puissant. Cette égalité est assurée dès lors que chacun est assisté, quelles que soient ses ressources, d'un conseil spécialiste du droit, épris de justice et jouissant d'une notoriété inspirant le respect de tous (v. aides juridictionnelle et juridique ss nos 48.00 s. et no 46.105, commission d'office ss no 40.28).

D'où, pour assumer cette finalité, le recours à une technique (la déontologie) qui, au siècle d'or de la profession libérale, fut souvent une volonté de retrait de tout contrôle extérieur et de toute compromission avec les clients (prohibition du mandat accepté par les avocats, prohibition d'un diagnostic ou pronostic de l'affaire confiée à l'avocat, prohibition des reçus de pièces et des récépissés de communication entre confrères, prohibition des recouvrements d'honoraires en justice, respect d'un certain mode « honorable » de vie privée interdisant une censure de la société ou des autorités judiciaires).

De nos jours l'avocat doute du fondement profond de sa vocation et de son rôle dans la société et une déontologie qui serait autre chose qu'une réglementation parcellaire et tatillonne ne peut découler que d'un ressourcement authentique de la vocation de l'avocat. Il faut que l'avocat ait le sens de sa mission pour que sa déontologie conserve ou reprenne un sens. Et l'idéal du défenseur de la liberté et de l'égalité, s'il n'a pas la richesse de l'idéal chrétien des siècles de foi, peut constituer l'idéal minimum en aidant à définir le rôle social de l'avocat.

Toutefois, s'il est nécessaire pour tout avocat qui se veut fidèle à sa mission, d'accrocher sa charrue à une étoile, il serait malsain que cheminant les yeux au ciel, il néglige les servitudes matérielles inhérentes à l'exercice de son métier. En revanche, les servitudes du métier ne doivent pas étouffer la mission de l'avocat; or ce danger est grand à l'heure actuelle. La vie de l'avocat, jadis noble et sereine, se transforme sous nos yeux en un métier obscur, difficile, tatillon, parcellaire et monotone en tout cas agité sans profit pour quiconque.

06.57 Modification de la nature du client. Cette modification de la nature de la profession résulte d'abord de la modification de la nature du client. Hier solliciteur modeste et confiant en ses conseils, il tend à devenir un consommateur inquiet, angoissé même, harcelant sans cesse son avocat, vérifiant les conseils qu'il lui donne, discutant sa tactique et contestant les honoraires réclamés... Les modifications procédurales intervenues depuis deux décennies qui tendent à donner au magistrat la maîtrise de cette affaire purement privée qu'est un procès, ont altéré la relation avocat-magistrat et rendu la vie des conseils des parties plus difficile, voire impossible à supporter. La procédure devient ici ou là une série d'escarmouches émaillées par l'envoi de bulletins aux numéros et aux couleurs divers et d'injonctions de faire ceci ou cela. Mais pour autant la prise en considération de l'agenda de l'avocat, de la nécessité de se trouver au même moment en divers lieux, n'a pas été effectuée. Le rôle normal du greffier, personnage en montée permanente dans son rôle judiciaire, n'a pas simplifié la relation juridiction-plaideur; enfin le législateur, à son tour, a compliqué la tâche des avocats en substituant à la loi codifiée une réglementation mouvante et parcellaire.

06.58 Relations entre avocats. Les confrères eux-mêmes ont-ils tout fait pour simplifier leurs tâches respectives ? Combien négligent de répondre aux lettres, aux conclusions, respectant peu l'exactitude des rendez-vous acceptés, communiquant leurs pièces tardivement, restituant plus tardivement encore les pièces adverses quand ils ne les rendent point à leur contradicteur battu « à l'instar d'un jeu de cartes » ?

La vie quotidienne de l'avocat s'est modifiée; il était un homme surchargé de tâches multiples, La

Bruyère le notait déjà en assimilant sa vie à celle des apôtres, il est devenu un homme mangé, dispersé, atomisé, n'ayant plus le temps de recevoir ses clients, de les renseigner sur l'évolution et le sort de leurs affaires, de préparer leurs dossiers en droit et en fait, de plaider normalement... Cette évolution de la vie quotidienne de l'avocat a une influence directe sur son rôle et sa fonction mais altère également sa conception de la déontologie.

Il lui faut donc pour assumer l'idéal qui sous-tend sa mission d'avocat, veiller à ce que l'évolution légale et sociologique de son métier d'avocat n'étouffe point cet idéal.

Mieux, il faut que les avocats veillent à modifier leur vie quotidienne pour préserver l'âme profonde de leur profession. Sinon il n'y aura plus d'avocats mais des tâcherons du prétoire, sans grandeur, sans idéal ni noblesse, incapables de défendre les pauvres et les humiliés et de préserver les libertés... Le monde alors sentira, si cette éventualité se réalise, combien le barreau libéral était utile à son équilibre profond.

TITRE

1. L'accès à la profession d'avocat et sa fin

SECTION 0

Orienteur

1.00 Plan du titre.

CHAPITRE

11. Formation initiale

SECTION 0
ORIENTEUR

11.00 Plan du chapitre.

11.01 Textes applicables.

>

L. n° 71-1130, 31 déc. 1971, art. 11 à 14-2; mod. not. par L. n° 2004-130, 11 févr. 2004, *JO* 12 févr.

Décr. n° 91-1197, 27 nov. 1991, art. 42 à 71 (not. art. 51 à 55 et 68 à 70); mod. not. par décr. n° 2004-1386, 21 déc. 2004, *JO* 23 déc. [entrée en vigueur 1er janv. 2005]

Arr. 25 nov. 1998, mod. par arr. 21 mars 2007

>

L. 31 déc. 1971, art. 11 [Conditions d'accès]

[mod. par L. n° 93-1420, 31 déc. 1993, art. 6, *JO* 1er janv. 1994]

Nul ne peut accéder à la profession d'avocat s'il ne remplit les conditions suivantes :

1° Être français, ressortissant d'un État membre des Communautés européennes ou partie à l'accord sur l'Espace économique européen, ou ressortissant d'un État ou d'une unité territoriale n'appartenant pas à ces Communautés ou à cet Espace économique qui accorde aux Français la faculté d'exercer sous les mêmes conditions l'activité professionnelle que l'intéressé se propose lui-même d'exercer en France, sous réserve des décisions du conseil des Communautés européennes relatives à l'association des pays et territoires d'outre-mer à la Communauté économique européenne ou avoir la qualité de réfugié ou d'apatride reconnue par l'Office français de protection des réfugiés et apatrides;

2° Être titulaire, sous réserve des dispositions réglementaires prises pour l'application de la directive CEE n° 89-48 du Conseil des Communautés européennes du 21 décembre 1988, et de celles concernant les personnes ayant exercé certaines fonctions ou activités en France, d'au moins une maîtrise en droit ou de titres ou diplômes reconnus comme équivalents pour l'exercice de la profession par arrêté conjoint du garde des Sceaux, ministre de la Justice, et du ministre chargé des Universités;

3° Être titulaire du certificat d'aptitude à la profession d'avocat, sous réserve des dispositions réglementaires mentionnées au 2°, ou, dans le cadre de la réciprocité, de l'examen prévu au dernier alinéa du présent article;

4° N'avoir pas été l'auteur de faits ayant donné lieu à condamnation pénale pour agissements contraires à l'honneur, à la probité ou aux bonnes mœurs;

5° N'avoir pas été l'auteur de faits de même nature ayant donné lieu à une sanction disciplinaire ou administrative de destitution, radiation, révocation, de retrait d'agrément ou d'autorisation;

6° N'avoir pas été frappé de faillite personnelle ou d'autre sanction en application du titre VI de la loi n° 85-98 du 25 janvier 1985 relative au redressement et à la liquidation judiciaires des entreprises ou, dans le régime antérieur à cette loi, en application du titre II de la loi n° 67-563 du 13 juillet 1967 sur le règlement judiciaire, la liquidation des biens, la faillite personnelle et les banqueroutes.

Les titulaires de la licence en droit qui ont obtenu ce diplôme sous le régime antérieur à celui fixé par le décret n° 54-343 du 27 mars 1954 relatif au nouveau régime des études et des examens en vue de la licence en droit sont considérés, pour l'application de la présente loi, comme titulaires d'une maîtrise en droit. Il en est de même pour les licenciés en droit ayant obtenu ce titre lorsque la licence a été organisée sur quatre années.

L'avocat ressortissant d'un État ou d'une unité territoriale n'appartenant pas aux Communautés européennes ou à l'Espace économique européen, s'il n'est pas titulaire du certificat d'aptitude à la profession d'avocat, doit subir, pour pouvoir s'inscrire à un barreau français, les épreuves d'un examen de contrôle des connaissances en droit français selon des modalités fixées par décret en Conseil d'État. Il en est de même d'un ressortissant d'un État membre des Communautés européennes ou partie à l'accord sur l'Espace économique européen qui aurait acquis la qualité d'avocat dans un État ou une unité territoriale n'appartenant pas à ces Communautés ou à cet Espace économique.

L. 31 déc. 1971, art. 12 [Formation]

[mod. par L. 11 févr. 2004, art. 15]

Sous réserve du dernier alinéa de l'article 11, des dispositions réglementaires prises pour l'application de la directive 89/48/CEE du Conseil des Communautés européennes du 21 décembre 1988 précitée et de celles concernant les personnes justifiant de certains titres ou ayant exercé certaines activités, la formation professionnelle exigée pour l'exercice de la profession d'avocat est subordonnée à la réussite à un examen d'accès à un centre régional de formation professionnelle et comprend une formation théorique et pratique d'une durée d'au moins dix-huit mois, sanctionnée par le certificat d'aptitude à la profession d'avocat.

Cette formation peut être délivrée dans le cadre du contrat d'apprentissage prévu par le titre II du livre II de la partie VI du Code du travail.

L. 31 déc. 1971, art. 12-1 [Régime de formation des docteurs en droit]

[mod. par L. 11 févr. 2004, art. 16]

Sous réserve des dérogations prévues par voie réglementaire pour l'application de la directive CEE n° 89-48 du 21 décembre 1988 précitée et de celles concernant les personnes justifiant de certains titres ou diplômes ou ayant exercé certaines activités, la spécialisation est acquise par une pratique professionnelle continue d'une durée, fixée par décret en Conseil d'État, qui ne peut être inférieure à deux ans, sanctionnée par un contrôle de connaissances, et attestée par un certificat délivré par un centre régional de formation professionnelle.

Les docteurs en droit ont accès directement à la formation théorique et pratique prévue à l'article 12, sans avoir à subir l'examen d'accès au centre régional de formation professionnelle des avocats.

L. 31 déc. 1971, art. 12-2 [Secret professionnel]

[créé par L. 11 févr. 2004, art. 17]

La personne admise à la formation est astreinte au secret professionnel pour tous les faits et actes qu'elle a à connaître au cours de sa formation et des stages qu'elle accomplit auprès des professionnels, des juridictions et des organismes divers.

Lorsque au cours de sa formation dans le centre, elle accomplit un stage en juridiction, elle peut assister aux délibérés.

Dès son admission à la formation, elle doit, sur présentation du président du conseil d'administration du centre régional de formation professionnelle, prêter serment devant la cour d'appel dans le ressort de laquelle le centre a son siège, en ces termes : « Je jure de conserver le secret de tous les faits et actes dont j'aurai eu connaissance en cours de formation ou de stage. »

L. 31 déc. 1971, art. 13 [Centres régionaux de formation professionnelle]

[mod. par L. 11 févr. 2004, art. 18]

La formation est assurée par des centres régionaux de formation professionnelle.

Le centre régional de formation professionnelle est un établissement d'utilité publique doté de la personnalité morale. Son fonctionnement est assuré par la profession d'avocat, avec le concours de magistrats et des universités et, le cas échéant, de toute autre personne ou organisme qualifiés.

Le conseil d'administration du centre régional de formation professionnelle est chargé de l'administration et de la gestion du centre. Il adopte le budget ainsi que le bilan et le compte de résultat des opérations de l'année précédente.

Le centre régional de formation professionnelle est chargé, dans le respect des missions et prérogatives du Conseil national des barreaux :

1° D'organiser la préparation au certificat d'aptitude à la profession d'avocat;

2° De statuer sur les demandes de dispense d'une partie de la formation professionnelle en fonction des diplômes universitaires obtenus par les intéressés, sous réserve des dispositions réglementaires prises pour l'application de la directive 89/48/CEE du Conseil des Communautés européennes du 21 décembre 1988 précitée;

3° D'assurer la formation générale de base des avocats et, le cas échéant, en liaison avec les universités, les organismes d'enseignement ou de formation professionnelle publics ou privés ou les juridictions, leur formation complémentaire;

4° De passer les conventions mentionnées aux articles L. 6232-1, L. 6232-2, L. 6232-7, L. 6232-3, R. 6232-2, R. 6232-13, R. 6232-1 et R. 6232-4[1] du Code du travail;

1. C. trav., art. L. 116-2, anc^{t}.

5° De contrôler les conditions de déroulement des stages effectués par les personnes admises à la formation;

6° D'assurer la formation continue des avocats;

7° D'organiser le contrôle des connaissances prévu au premier alinéa de l'article 12-1 et de délivrer les certificats de spécialisation.

L. 31 déc. 1971, art. 13-1 [Fonctionnement des CRFP]

[créé par L. 11 févr. 2004, art. 19]

Le garde des Sceaux, ministre de la Justice, arrête, sur proposition du Conseil national des barreaux, le siège et le ressort de chaque centre régional de formation professionnelle.

(V. s^s n° 11.98, arr. 6 déc. 2004, *JO* 15 déc.) fixant le siège et le ressort des centres régionaux de formation professionnelle d'avocats.

Il peut être procédé à des regroupements dans les mêmes formes, après consultation des centres concernés par le Conseil national des barreaux. Les biens mobiliers et immobiliers des centres régionaux de formation professionnelle appelés à se regrouper sont transférés au centre issu du regroupement. Dans ce cas, les dispositions de l'article 1039 du Code général des impôts s'appliquent, sous réserve de la publication d'un décret en Conseil d'État autorisant le transfert de ces biens.

Le centre régional peut, après avis conforme du Conseil national des barreaux, créer une section locale dans les villes pourvues d'unités de formation et de recherche juridique.

L. 31 déc. 1971, art. 14 [Recours]

[mod. par L. 11 févr. 2004, art. 20]

Les recours à l'encontre des décisions concernant la formation professionnelle sont soumis à la cour d'appel compétente.

L. 31 déc. 1971, art. 14-1 [Financement des CRFP]

[créé par L. fin. n° 2001-1275, 28 déc. 2001, art. 1531, *JO* 29]

Le financement des centres régionaux de formation professionnelle est notamment assuré par :

1° Une contribution de la profession d'avocat.

Le Conseil national des barreaux fixe annuellement cette contribution pour l'exercice à venir, en fonction des besoins de financement des centres pour l'exercice en cours et de l'évolution prévisible du nombre des bénéficiaires de la formation. Cette contribution, qui ne peut excéder 11 millions d'euros pour 2002, ne peut chaque année augmenter de plus de 10 % par rapport à l'année précédente.

La participation de chaque ordre, financée en tout ou partie par des produits financiers des fonds, effets ou valeurs mentionnés au 9° de l'article 53, est déterminée par le Conseil national des barreaux, en proportion du nombre d'avocats inscrits au tableau. Les dépenses supportées par l'Ordre au profit du centre régional de formation viennent en déduction de cette participation.

À défaut de paiement de cette participation dans un délai d'un mois à compter d'une mise en demeure de payer, le Conseil national des barreaux délivre, à l'encontre de l'Ordre redevable, un titre exécutoire constituant une décision à laquelle sont attachés les effets d'un jugement au sens du 6° de l'article 3 de la loi n° 91-650 du 9 juillet 1991 portant réforme des procédures civiles d'exécution;

2° Une contribution de l'État, conformément aux dispositions de la loi n° 71-575 du 16 juillet 1971 précitée;

3° Le cas échéant, des droits d'inscription.

Le Conseil national de barreaux perçoit ces contributions et les répartit entre les centres régionaux de formation professionnelle.

Les conditions d'application du présent article, et notamment celles relatives aux droits d'inscription et à la déductibilité des dépenses mentionnées au quatrième alinéa, sont déterminées par décret.

Décr. 27 nov. 1991, art. 42 [Organisation des centres régionaux de formation professionnelle d'avocats (CRFPA)]

[mod. par décr. 21 déc. 2004, art. 7]

Chaque centre régional de formation professionnelle est doté d'un conseil d'administration composé d'avocats, de magistrats et d'un universitaire désignés dans les conditions fixées aux articles suivants.

Chaque fois qu'il délibère sur une question concernant la formation professionnelle des futurs avocats ou le certificat d'aptitude à la profession d'avocat, le conseil d'administration s'adjoint avec voix délibérative deux représentants des élèves du centre.

Ces représentants sont élus pour un an par les élèves du centre, au cours du premier trimestre de l'année civile, au scrutin secret uninominal majoritaire à un tour.

Les bâtonniers en exercice du ressort du centre et un représentant désigné par le Conseil national des barreaux sont convoqués aux réunions du conseil d'administration. Ils peuvent participer à ces réunions sans voix délibérative.

Les personnes désignées à l'alinéa précédent ne peuvent assister au vote des délibérations portant sur le budget du centre.

Le représentant du Conseil national des barreaux ne peut assister au vote des délibérations portant sur le regroupement des centres dans les conditions de l'article 13-1 de la loi du 31 décembre 1971 susvisée.

Décr. 27 nov. 1991, art. 43 [Composition des CRFPA]

[mod. par décr. 21 déc. 2004, art. 8]

Chaque Conseil de l'ordre des barreaux du ressort du centre régional de formation professionnelle désigne un avocat titulaire au conseil d'administration.

Ce titulaire dispose d'un nombre de voix variant en fonction de l'effectif du barreau qu'il représente.

Les représentants des barreaux comprenant moins de 100 avocats disposent d'une voix.

Les représentants des barreaux comprenant 100 avocats ou plus disposent d'une voix supplémentaire par fraction de 100.

Par dérogation aux dispositions qui précèdent, le Conseil de l'ordre du barreau de Paris désigne 12 représentants titulaires disposant chacun de 15 voix.

Décr. 27 nov. 1991, art. 51 [Conditions d'accès au CRFP]

Pour être inscrits dans un centre régional de formation professionnelle, les candidats doivent avoir subi avec succès l'examen d'accès au centre, dont le programme et les modalités sont fixés par arrêté conjoint du garde des

Sceaux, ministre de la Justice, et du ministre chargé des Universités, après avis du Conseil national des barreaux.

Cet examen, qui comporte des épreuves écrites d'admissibilité et des épreuves orales d'admission, est organisé par les universités qui sont désignées à cet effet par le recteur d'académie, après avis du garde des Sceaux, ministre de la Justice.

Les sujets des épreuves écrites d'admissibilité sont choisis par le jury prévu à l'article 53.

Décr. 27 nov. 1991, art. 52 [Conditions de diplômes]

Pour être admis à se présenter à l'examen d'accès au centre régional de formation professionnelle, les candidats doivent être titulaires d'un des titres ou diplômes prévus à l'article 11 de la loi du 31 décembre 1971 précitée.

Nul ne peut se présenter plus de trois fois à cet examen.

Décr. 27 nov. 1991, art. 53 [Jury]

[mod. par décr. n° 2001-951, 19 oct. 2001, art. 1, *JO* 20 et par décr. 21 déc. 2004, art. 14]

Le jury de l'examen est composé ainsi qu'il suit :

1° Deux professeurs ou maîtres de conférences ou maîtres-assistants d'université, chargés d'un enseignement juridique, dont le président du jury, désignés par le président de l'université établie au siège ou dans le ressort de l'académie dans lequel se trouve situé le centre de formation professionnelle; au cas où plusieurs universités comprenant des enseignants des disciplines juridiques sont établies dans la même académie, les présidents de ces universités procèdent en commun à cette désignation;

2° Un magistrat de l'Ordre judiciaire désigné par le premier président de la cour d'appel et un membre du corps des tribunaux administratifs et des cours administratives d'appel désigné dans les conditions prévues au quatrième alinéa de l'article 44;

3° Trois avocats désignés en commun par les bâtonniers des ordres d'avocats concernés;

4° Des enseignants en langues étrangères désignés dans les conditions prévues au 1°, qui ne siègent que pour les candidats qu'ils ont examinés.

Un nombre égal de suppléants est désigné dans les mêmes conditions.

Les membres du jury, à l'exception de ceux qui sont mentionnés au 4°, ne peuvent siéger plus de cinq années consécutives.

Au cas où le nombre des candidats le justifie, plusieurs jurys peuvent être constitués.

Les épreuves d'admission, à l'exception des épreuves de langue et de l'épreuve portant sur la protection des libertés et des droits fondamentaux, sont subies devant un examinateur désigné par le président du jury dans l'une des catégories mentionnées aux 1°, 2° et 3°.

L'épreuve portant sur la protection des libertés et des droits fondamentaux est subie devant trois examinateurs désignés par le président du jury dans chacune des catégories mentionnées aux 1°, 2° et 3°.

Les épreuves de langues sont subies devant un examinateur désigné par le président du jury dans la catégorie mentionnée au 4°.

Le jury peut s'adjoindre des examinateurs spécialisés avec voix consultative.

Décr. 27 nov. 1991, art. 54 [Dispenses]

[mod. par décr. n° 2001-951, 19 oct. 2001, art. 2, *JO* 20]

La liste des diplômes universitaires permettant d'être dispensé de tout ou partie de l'examen d'accès au centre régional de formation professionnelle est fixée par arrêté conjoint du garde des Sceaux, ministre de la Justice, et du ministre chargé des Universités, après avis du Conseil national des barreaux.

Décr. 27 nov. 1991, art. 55 [Docteurs en droit]

[mod. par décr. 21 déc. 2004, art. 15]

Des étudiants étrangers peuvent être admis dans un centre régional de formation professionnelle en qualité d'auditeur libre, selon des modalités définies par arrêté du garde des Sceaux, ministre de la Justice.

[...]

Décr. 27 nov. 1991, art. 56 [Organisation de la formation]

[mod. par décr. 21 déc. 2004, art. 16]

Les centres régionaux de formation professionnelle assurent la formation des élèves avocats. Le Conseil national des barreaux en définit les principes d'organisation. [...]

Décr. 27 nov. 1991, art. 57 [Formation commune de base]

[mod. par décr. 21 déc. 2004, art. 17]

Les élèves des centres régionaux de formation professionnelle reçoivent, en vue de la pratique du conseil et du contentieux, une formation commune de base, d'une durée de six mois, portant notamment sur le statut et la déontologie professionnels, la rédaction des actes juridiques, la plaidoirie et le débat oral, les procédures, la gestion des cabinets d'avocats ainsi que sur une langue vivante étrangère. Une formation commune de base porte notamment sur le statut et la déontologie professionnels, la rédaction des actes juridiques, la plaidoirie, les procédures, la gestion des cabinets d'avocats ainsi que sur un enseignement de langue vivante étrangère. Le centre régional de formation professionnelle choisit la ou les langues enseignées parmi celles prévues par arrêté du garde des Sceaux, ministre de la Justice.

Le programme et les modalités des enseignements et formation sont fixés par le conseil d'administration du centre régional de formation professionnelle en conformité avec les dispositions arrêtées par le Conseil national des barreaux.

Selon des principes définis par le Conseil national des barreaux, les élèves peuvent être dispensés par le centre de tout ou partie des enseignements autres que ceux relatifs à la formation commune de base.

Décr. 27 nov. 1991, art. 58 [PPI et stage auprès d'un avocat]

[mod. par décr. 21 déc. 2004, art. 18]

Une deuxième période de formation, d'une durée de six mois, pouvant à titre exceptionnel être portée à huit mois, est consacrée à la réalisation du projet pédagogique individuel de l'élève avocat, selon des principes définis par le Conseil national des barreaux. Ce projet pédagogique, proposé par l'élève avocat et élaboré avec le concours du centre régional de formation professionnelle, est agréé par ce dernier.

Une troisième période de formation, d'une durée de six mois, est consacrée à un stage auprès d'un avocat.

Décr. 27 nov. 1991, art. 58-1 [Exercice en continu ou en alternance]

[mod. par décr. 21 déc. 2004, art. 19]

Les trois périodes de formation définies aux articles 57 et 58 doivent être effectuées en continu. Le conseil d'administration du centre régional de formation professionnelle fixe l'ordre dans lequel elles se déroulent successivement.

À titre exceptionnel, le Conseil national des barreaux peut autoriser un centre régional de formation professionnelle à organiser ces trois périodes en alternance.

Décr. 27 nov. 1991, art. 59 [Les avocats maîtres de stage]

[mod. par décr. 21 déc. 2004, art. 20]

Tous les avocats inscrits au tableau ayant prêté serment depuis plus de quatre ans au 1er janvier de l'année en cours peuvent être maîtres de stage.

Le conseil d'administration de chaque centre régional de formation professionnelle ou son président par délégation, dresse annuellement, après avis des conseils de l'ordre des barreaux concernés, la liste des avocats maîtres de stage.

L'avocat ne peut, sans motif légitime, refuser d'être inscrit sur cette liste.

La décision d'affectation est prise par le président du centre régional de formation professionnelle, qui peut, en cours de stage, décider un changement d'affectation.

Décr. 27 nov. 1991, art. 60 [Activités de l'élève durant le stage]

[mod. par décr. 21 déc. 2004, art. 21]

L'élève s'initie à l'activité professionnelle de l'avocat maître de stage, sans pouvoir se substituer à celui-ci dans aucun acte de sa fonction.

Il doit notamment, aux côtés du maître de stage :

1° Assister à la réception de clients;

2° Assister à des audiences ou séances de différentes juridictions ou commissions ou aux actes d'instruction préparatoire;

3° Avec l'autorisation du président, formuler des observations orales à l'audience;

4° Collaborer à la consultation et à la rédaction d'actes en matière juridique.

Le centre régional de formation professionnelle peut faire participer les élèves à des consultations juridiques organisées par les ordres d'avocats.

Décr. 27 nov. 1991, art. 68 [Certificat d'aptitude à la profession d'avocat (Capa)]

[mod. par décr. 21 déc. 2004, art. 27]

Les épreuves du certificat d'aptitude à la profession d'avocat sont subies à l'issue de la formation organisée par le centre régional de formation professionnelle.

L'examen du certificat d'aptitude à la profession d'avocat est organisé par le centre.

L'élève ne peut se présenter qu'à l'examen organisé par le centre dont il a suivi l'enseignement en dernier lieu.

Le programme et les modalités du certificat d'aptitude à la profession d'avocat sont fixés par arrêté du garde des Sceaux, ministre de la Justice, après avis du Conseil national des barreaux.

Décr. 27 nov. 1991, art. 69 [Jury]

[mod. par décr. 19 oct. 2001, art. 3, *JO* 20 et par décr. 21 déc. 2004, art. 28]

Le jury d'examen comprend :

1° Deux professeurs ou maîtres de conférences ou maîtres assistants d'université, chargés d'un enseignement juridique, dont le président du jury, désignés par le président de l'université établie au siège ou dans le ressort de l'académie dans lequel se trouve situé le centre de formation professionnelle; au cas où plusieurs universités comprenant des enseignants des disciplines juridiques sont établies dans la même académie, les présidents de ces universités procèdent en commun à cette désignation;

2° Un magistrat de l'Ordre judiciaire désigné par le premier président de la cour d'appel et un membre du corps des tribunaux administratifs et des cours administratives d'appel désigné dans les conditions prévues au troisième alinéa de l'article 44;

3° Trois avocats désignés en commun par les bâtonniers des ordres d'avocats concernés;

4° Des enseignants en langues étrangères désignés dans les conditions prévues au 1°, qui ne siègent que pour les candidats qu'ils ont examinés.

Lorsque plusieurs centres régionaux de formation professionnelle décident d'organiser en commun les épreuves du certificat d'aptitude à la profession d'avocat, le jury est désigné de la façon suivante :

1° Le magistrat de l'Ordre judiciaire conjointement par les premiers présidents des cours d'appel concernées;

2° Le membre du corps des tribunaux administratifs et des cours administratives d'appel conjointement par les présidents des cours administratives d'appel et des tribunaux administratifs concernés;

3° Les deux professeurs ou maîtres de conférence ou maîtres-assistants, dont le président du jury ainsi que les enseignants en langues étrangères, par décision conjointe des présidents des universités concernées;

4° Les trois avocats par les bâtonniers des ordres d'avocats concernés.

Un nombre égal de suppléants est désigné dans les mêmes conditions.

Les membres du jury, à l'exception de ceux qui sont mentionnés au premier 4°, ne peuvent siéger plus de cinq années consécutives.

Les épreuves orales sont subies devant trois examinateurs désignés par le président du jury dans chacune des catégories mentionnées aux 1°, 2° et 3°. Toutefois, les épreuves de langues sont subies devant un examinateur désigné par le président du jury dans la catégorie mentionnée au 4°.

Le jury peut s'adjoindre des examinateurs spécialisés avec voix consultative.

Décr. 27 nov. 1991, art. 70 [Organisation de l'examen]
[mod. par décr. 21 déc. 2004, art. 29]
Une session d'examen a lieu, à l'issue des trois périodes de formation définies aux articles 57 et 58, à une date fixée par le président du conseil d'administration du centre régional de formation professionnelle, et au plus tard dans les deux mois à compter de l'expiration de ce cycle de formation.

Une session de rattrapage est organisée selon des modalités fixées par arrêté du garde des Sceaux, ministre de la Justice, après avis du Conseil national des barreaux (arr. 7 déc. 2005, art. 9, *JO* 15).

Décr. 27 nov. 1991, art. 71 [Échec à l'examen]
[mod. par décr. 21 déc. 2004, art. 30]
En cas de premier échec à l'examen, l'élève peut accomplir à nouveau les trois périodes de formation définies aux articles 57 et 58 du présent décret.

Après un deuxième échec, le candidat ne peut plus se représenter au certificat d'aptitude à la profession d'avocat. Toutefois, à titre exceptionnel et par délibération dûment motivée, le conseil d'administration du centre régional de formation professionnelle peut autoriser le candidat à accomplir un troisième cycle de formation.

Arr. 25 nov. 1998 [liste des titres ou diplômes reconnus comme équivalents à la maîtrise en droit pour l'exercice de la profession d'avocat]
[mod. par arr. 21 mars 2007]
Art. 1er. Sont reconnus comme équivalents à la maîtrise en droit pour l'exercice de la profession d'avocat :

1. Les doctorats en droit;

2. Le diplôme national de master en droit, les diplômes d'études approfondies (DEA) et les diplômes d'études supérieures spécialisées (DESS) des disciplines juridiques;

3. Les maîtrises de sciences et techniques des disciplines juridiques;

4. Le diplôme de la faculté libre autonome et cogérée d'économie et de droit de Paris;

5. Le titre d'ancien élève de l'École nationale des impôts ayant suivi avec succès le cycle d'enseignement professionnel des inspecteurs-élèves des impôts;

6. Le titre d'ancien élève stagiaire du centre de formation des inspecteurs du travail et de la main-d'œuvre ou d'ancien élève de l'Institut national du travail, de l'emploi et de la formation professionnelle ayant suivi avec succès le cycle de formation d'inspecteur stagiaire ou d'inspecteur-élève du travail;

7. Le titre d'ancien greffier en chef stagiaire des services judiciaires ayant suivi avec succès le cycle de formationinitiale dispensé par l'École nationale des greffes;

8. Tout titre ou diplôme universitaire ou technique étranger exigé pour accéder à une profession juridique réglementée dans l'État où ce titre a été délivré.

9. Les mentions « carrières judiciaires et juridiques » et « droit économique » du diplôme de l'Institut d'études politiques de Paris.

Art. 2. L'arrêté du 7 août 1995 fixant la liste des titres ou diplômes reconnus comme équivalents à la maîtrise en droit pour l'exercice de la profession d'avocat est abrogé.

Art. 3. Le directeur des affaires civiles et du sceau au ministère de la justice et le directeur de l'enseignement supérieur au ministère de l'éducation nationale, de la recherche et de la technologie sont chargés, chacun en ce qui le concerne, de l'exécution du présent arrêté, qui sera publié au Journal officiel de la République française.

11.02 Jurisprudence de référence.

> Conditions de dispense de Capa pour les juristes ayant huit ans de pratique professionnelle

> Exclusivité de l'activité juridique

• Civ. 1re, 14 nov. 1995, nº 93-20.804, *Bull. civ.* I, nº 410; *JCP* 1996, IV, 11.
* V. ss nº 11.125.

« Mais attendu que l'article 98.3 du décret du 27 novembre 1991, qui dispense de la formation théorique et pratique et du certificat d'aptitude à la profession d'avocat "les juristes d'entreprise justifiant de 8 ans au moins d'une pratique professionnelle au sein du service juridique d'une ou plusieurs entreprises" implique que cette activité ait été exercée à titre exclusif; que, par une appréciation souveraine des éléments de preuve produits et sans se prononcer par un motif dubitatif, la cour d'appel a retenu qu'il n'était pas établi que M. X... ait eu, au sein du Y..., une activité exclusive de juriste d'entreprise; qu'elle a ainsi légalement justifié sa décision. »

> Pratique de l'activité juridique au sein d'un service spécialisé

• Civ. 1re, 28 nov. 1995, nº 93-18.606, *Bull. civ.* I, nº 432; *JCP* 1996, IV, 134.
* V. ss nº 11.125.

« Vu l'article 98.3º du décret nº 91-1197 du 27 novembre 1991, [...]

Attendu, qu'en se déterminant ainsi, alors que le service juridique au sein duquel le juriste d'entreprise exerce ses fonctions doit être un service spécialisé chargé, dans l'entreprise, de l'étude des problèmes juridiques posés par l'activité de celle-ci, la cour d'appel a violé, par fausse application, le texte susvisé. »

11.03 Bibliographie indicative.

Contributions. Lequai (dir.), Rapport relatif à la formation des avocats.

Ouvrages. Guinchard, *Comment devenir avocat,* 7e éd., Lextenso, 2010.

Articles. Arnaud-Grossi, « Les obligations de l'avocat à la croisée des chemins », *RLDC* 03/2009. 69 – Bénabent, « La réglementation de l'exercice du droit », *JCP* 1991, I, 3490 F – Bertrand, « CRFA : l'examen n'est plus de mise », *Vie jud.* 6 mars 1994, p. 2 – Chavrier et Boyer « Requiem pour un examen inadapté, pour une réforme immédiate de l'examen d'accès au CRFPA » *Gaz. Pal.* 10 juin 1995, p. 5 s. – Daigre, « Observations critiques sur le nouveau Capa », *Gaz. Pal.* 24 juill. 1993, p. 28; « Arrêtez le massacre », *Gaz. Pal.* 23 déc. 1997, trib. libre p. 29 – Danet, « Libres opinions sur la relation entre l'enseignement du droit et la profession d'avocat », *Mélanges S. Guinchard*, Dalloz 2010, p. 1073 – Escaich, *Vie jud.* 26 août 1974, p. 5 – Guinchard et Mousseron, « La formation des avocats », *JCP* 1992, I, 3571 – Martin, « Le devenir de la profession d'avocat », *JCP* 2005. I. 178 – Meunier, « La toilette du statut de l'avocat inscrit au stage », *Gaz. Pal.* 1983, 2, doctr. 288 – Paclot « De la sélection des futurs avocats », *Gaz. Pal.* 14 mai 1998, p. 7.

11.05 Évolution. La formation des avocats pendant des siècles a été purement empirique; après les études en faculté, un stage chez le procureur puis chez son successeur, l'avoué; puis au cabinet d'un confrère, constituait la seule préparation permettant à un jeune avocat de se lancer dans la vie professionnelle. Cette formation était suffisante car elle constituait un véritable apprentissage effectué dans le sens que l'on donnait à ce terme dans les maîtrises et les jurandes du Moyen Âge et de la fin de l'Ancien Régime. Camus, dans ses *Lettres sur la profession d'avocat*[1] prévoit deux années de travail chez le procureur, puis trois années chez un avocat et il prescrit un minimum de 12 à 13 heures de travail par jour. Cette formation artisanale et familiale a disparu car les cabinets d'avocats se sont plus ou moins spécialisés; un avocat ne peut plus, chez un seul confrère, apprendre la totalité du savoir dont il a besoin, d'autre part les avoués ont disparu du fait de la fusion et ne peuvent plus dispenser la formation si efficace qu'ils prodiguaient jusqu'alors. Enfin le stagiaire, dès son arrivée chez son patron, est utile non pas en étudiant des dossiers ou en s'instruisant par l'étude de questions de droit, mais simplement en faisant le commis voyageur ou le coursier et en courant d'un appel des causes à une mise en état ou à des expertises, ce qui peut compromettre le véritable caractère de formation de sa collaboration en qualité de stagiaire.

La formation professionnelle qui a toujours existé a été particulièrement rude sous l'Ancien Régime où les avocats s'inscrivaient plus jeunes que de nos jours : 18 ans, 16 ans, parfois 14 ans. Camus, l'éducateur des stagiaires de l'époque, rappelle la nécessité de connaissances juridiques mais également de la pratique judiciaire; il insiste sur l'obligation pour tout futur avocat de travailler comme clerc de procureur pendant plusieurs années; il insiste sur la nécessité d'apprendre les domaines particuliers que l'avocat aura à traiter : droit romain, droit canon, droit féodal, puis à acquérir des connaissances dans le domaine juridique notamment en s'imprégnant du livre de Savary, *Le parfait négociant*, et du *Dictionnaire du commerce* du même auteur et, en même temps, en parcourant la France et les provinces étrangères pour mieux connaître la réalité quotidienne de la vie; il insiste également sur la participation aux conférences du stage où, dans un débat simulé, deux adversaires vont s'exercer à l'éloquence tandis que les critiques familiales et réciproques indiquent à chacun sa partie faible. « Mais, dit-il, cela ne peut exister qu'à la condition qu'on soit peu nombreux. »

11.06 Évolution de l'effectif des CRFPA. Entre 2000 à 2007, l'effectif des centres de formation des avocats (CRFPA) connaît des évolutions contrastées. En huit ans, sur les 11 centres, trois connaissent une évolution négative : Strasbourg, Villeurbanne et Montpellier. L'effectif de l'Efb de Paris est presque stable (+ 1,5 %) tandis que le centre de Toulouse, dont l'effectif progresse le plus, se situe à (+ 115 %), avec les centres de Bordeaux et de Lille qui se classent juste derrière à + 30 %. L'effectif de l'Efb enregistre un léger recul mais représente toujours, en 2007, 42,5 % de l'effectif total. Le centre de Versailles, avec 360 étudiants en 2007, concentre 13 % de l'effectif national. Ces centres, situés tous deux en Île-de-France, concentrent sur la période plus d'un étudiant sur deux (55,6 %). Viennent ensuite deux centres situés au sud : Marseille (211 étudiants) et Montpellier (161). Deux centres, Bordeaux et Poitiers, passent en 2007 sous le seuil des cent élèves.

Évolution de l'effectif des centres de formation des avocats entre 2000 à 2007

	2000	2001	*01/00*	2002	*02/01*	2003	*03/02*	2004	*04/03*	2005	*05/04*	05/00	2006	*06/05*	2007	*07/06*	*07/00*
• Élèves avocats	2 095	1 980	*– 5 %*	1 977	*0 %*	2 615	*32 %*	2 844	*9 %*	3 047	*7 %*	45 %					
• Docteurs en droit	149	145	*– 3 %*	151	*4 %*	138	*– 9 %*	182	*32 %*	279	*53 %*	87 %					
• Total selon les données	2 244	2 125	*– 5 %*	2 128	*0 %*	2 753	*29 %*	3 026	*10 %*	3 326	*10 %*	48 %					
• Total selon la source	2 547	2 528	*– 1 %*	2 534	*0 %*	2 753	*9 %*	3 026	*10 %*	3 326	*10 %*	31 %	2 819	*– 15 %*	2 751	*– 2 %*	*8 %*

Source : d'après CNB commission formation – Conseil national des barreaux, Observatoire, Sept. 2007, p. 29 et 30.

11.07 Régime postérieur à la réforme de 2004. La loi du 11 février 2004[2] et le décret d'application du 21 décembre 2004[3] ont modifié en profondeur le régime de formation des avocats, d'une part en réaménageant la formation initiale des futurs avocats, d'autre part en mettant en place une formation

1. Camus, *Lettres sur la profession d'avocat,* Paris, 1787; s'imprégnant de Savary, *Le parfait négociant,* et du dictionnaire du commerce du même auteur.
2. L. nº 2004-130, 11 févr. 2004.
3. Décr. nº 2004-1386, 21 déc. 2004.

professionnelle continue obligatoire de 20 heures par an.

Désormais, une fois admis dans centre régional de formation professionnelle d'avocats, l'élève suivra une formation théorique et pratique de 18 mois, divisée en trois périodes de 6 mois (acquisition des fondamentaux, projet pédagogique individuel et stage en cabinet), sanctionnée par le Capa. Dès l'obtention du Capa, l'avocat est inscrit au tableau. L'ancien stage obligatoire de deux ans après l'obtention du Capa disparaît. Il est désormais intégré dans la nouvelle formation de 18 mois.

L'accès au Capa suppose, en fait, deux examens. Tout d'abord un examen d'entrée au Centre de formation professionnelle des avocats, dit aussi « pré-Capa »; ensuite et après les dix-huit mois de travail accomplis par le postulant à ce centre[1] l'examen préalable à la délivrance du Certificat d'aptitude à la profession d'avocat.

Mais la formation des avocats ne s'arrête plus désormais au Capa. Depuis le 1er janvier 2005, les avocats sont tenus à une obligation de formation continue de 20 heures annuelles (ou 40 heures biennales). Cette formation leur permettra de mettre à jour et de perfectionner les connaissances nécessaires à la profession d'avocat.

Cette modification est la bienvenue. Sous la réserve du nouvel article 98 du décret du 27 novembre 1991 modifié par le décret du 4 novembre 2005, la formation du futur avocat sera assurée par ces dix-huit mois de travail au centre.

11.08 Création du Capa. Le Capa ou certificat d'aptitude à la profession d'avocat fut institué par la loi du 26 juin 1941; il avait pour objet de préparer les futurs avocats, avant leur prestation de serment, à acquérir une meilleure connaissance des règles de droit judiciaire privé, de droit pénal et de déontologie, nécessaires à l'exercice de la profession, de façon à leur permettre de profiter au maximum du stage obligatoire institué à l'entrée de la profession.

Certains ont prétendu qu'à l'origine il avait surtout pour objet de décourager les licenciés en droit qui s'inscrivaient tardivement au barreau après avoir consacré leur activité, pendant toute une vie, à une autre profession. L'obligation de consacrer une année de cours en faculté sanctionnée par un examen pouvait paraître rebutante à certains et éloigner ainsi du barreau des personnes jugées indésirables en raison de leur amateurisme apparent. La loi du 26 juin 1941 s'inscrit alors en droite ligne du décret du 20 juin 1920 qui avait très précisément le même objet : rendre le barreau plus professionnel.

1. L. 31 déc. 1971, art. 12.

11.09 Modifications successives du Capa. Repris tel quel par la loi du 26 avril 1945 qui avait constaté la nullité de la loi du 26 juin 1941, son organisation avait été renvoyée à un règlement d'administration publique devant régler l'organisation et le fonctionnement de l'enseignement et des examens. Ce furent les décrets des 13 octobre 1954, 21 mai 1957 et 22 mars 1958 qui apportèrent cette réglementation. Ils furent abrogés par l'article 13 du décret du 31 juillet 1972[2] et ainsi disparut la péremption du Capa par cinq années de non-usage en vue de l'inscription au stage d'un barreau. Le Capa fut en outre modifié par le décret du 31 juillet 1972 modifié lui-même par le décret du 10 décembre 1974, son nouveau statut fut régi par le décret du 2 avril 1980[3] lui-même modifié par le décret du 28 septembre 1981.

Le système élaboré ensuite par la loi du 31 décembre 1990, qui exige pour l'inscription que le postulant soit titulaire du Capa[4], précise que ce certificat d'aptitude sanctionne la formation théorique et pratique d'une année accomplie par le postulant dans un centre régional de formation professionnelle.

SECTION 1
FINANCEMENT DES CENTRES RÉGIONAUX DE FORMATION PROFESSIONNELLE

§ 1
Financement et droits d'inscription

11.11 Création des centres de formation. La formation des avocats est assurée par les centres régionaux de formation professionnelle (CRFP), institués par l'article 12 de la loi du 31 décembre 1971 et regroupés en quinze centres depuis un arrêté du 6 décembre 2004 (v. ss n° 11.98).

Le centre régional de formation professionnel organe est un établissement d'utilité publique doté de la personnalité morale. Son fonctionnement est assuré par la profession d'avocat, avec le concours des magistrats et des universités principalement. Il est administré par un conseil d'administration qui établit le budget du centre et dresse chaque année un bilan qu'il envoie au conseil national des barreaux pour être communiqué au garde des Sceaux.

11.12 Financement. Il est organisé par l'article 14-1 de la loi du 31 décembre 1971 créé par la loi de finances pour 2002[5]. Il est notamment assuré par :

2. Décr. n° 72-745, 31 juill. 1972.
3. Décr. n° 80-234, 2 avr. 1980.
4. L. 31 déc. 1971, art. 11, 3°.
5. L. n° 2001-1275, 28 déc. 2001 de finances pour 2002, *JO* 29 déc., p. 21074.

1° Une contribution de la profession d'avocat.

Le CNB fixe annuellement cette contribution pour l'exercice à venir, en fonction des besoins de financement des centres pour l'exercice en cours et de l'évolution prévisible du nombre des bénéficiaires de la formation. Cette contribution, qui ne peut excéder 11 millions d'euros pour 2002, ne peut chaque année augmenter de plus de 10 % par rapport à l'année précédente.

La participation de chaque ordre, financée en tout ou partie par des produits financiers des fonds, effets ou valeurs mentionnés au 9° de l'article 53, est déterminée par le CNB, en proportion du nombre d'avocats inscrits au tableau. Les dépenses supportées par l'Ordre au profit du centre régional de formation viennent en déduction de cette participation.

2° Une contribution de l'État, conformément aux dispositions de la loi du 16 juillet 1971[1] précitée;

3° Le cas échéant, des droits d'inscription.

Le Conseil national de barreaux perçoit ces contributions et les répartit entre les centres régionaux de formation professionnelle.

§ 2
Droits d'inscription

11.21 **Droits d'inscription.** Cette liste n'est pas limitative dans son énumération mais elle paraît très limitée dans son importance. En effet, l'État renâcle à assurer une participation majoritaire pour animer des organismes relativement loin de ses préoccupations, les dons et legs paraissent discrets, les autres aides de l'État sont évanescents, le produit des Carpa a fondu en raison de l'abaissement des taux d'intérêts consentis par les organismes bancaires aux caisses de règlements pécuniaires; ne subsistent donc que les cotisations des avocats nécessaires également pour faire fonctionner l'Ordre des avocats, véritable administration en raison de l'augmentation des tâches obligatoires qui lui ont été dévolues et pour participer à la formation de plus en plus coûteuse des futurs avocats à condition qu'on veuille lui conserver son sérieux. Embarrassés par cette situation dramatique, un certain nombre de centres de formation professionnelle ont pensé à solliciter les élèves en leur imposant un droit d'inscription destiné à aider au financement de leur scolarité.

11.22 **Pratique des droits d'inscription.** Le principe n'a rien, en lui-même, de choquant puisque cette participation des étudiants et des auditeurs, sous forme d'un droit d'inscription est prévue par exemple pour les établissements publics à caractère scientifique, culturel et professionnel, par l'article 41 de la loi du 26 janvier 1984[2] et si la juridiction administrative a écarté la notion de droit d'inscription perçu à l'occasion d'un examen, elle a reconnu aux mêmes établissements le droit de percevoir un droit d'inscription perçu sur les étudiants et les auditeurs à des fins de scolarité[3].

Cette perception d'un droit d'inscription a donc été retenue comme mode de financement des centres de formation par le conseil d'administration de l'École de formation du barreau de Paris, dans un article 21-3 de ses statuts qui n'avait été soumis à aucun recours par le procureur général auquel ces statuts avaient été régulièrement notifiés, comme le veut la loi. Un certain nombre d'associations d'avocats avaient formé un recours devant la 1re chambre de la cour d'appel de Paris contre ce principe de la perception d'un droit d'inscription, relativement élevé [puisque fixé à l'époque à 15 000 francs par an].

• Mais il est nécessaire de savoir que la situation financière du centre de formation du barreau de Paris était grave à cette époque, les sommes à rassembler pour le faire fonctionner étaient importantes, 25 millions de francs alors que l'État ne contribuait qu'à hauteur de 3,2 millions de francs sur lesquels d'ailleurs 1,4 million de francs étaient prélevés pour les bourses et que les « subventions » du barreau ne laissaient espérer qu'un complément de 2,5 millions de francs insuffisants pour combler l'impasse[4].

11.23 **Contestation des droits d'inscription.** Un arrêt de la 1re chambre de la cour d'appel de Paris du 5 janvier 1998[5] a annulé la décision du conseil d'administration du centre de formation professionnelle des avocats. Cette décision a suscité une émotion considérable dont le président de la conférence des bâtonniers s'est fait l'écho dans son discours inaugural du 31 janvier 1998. Le garde des Sceaux a promis et a d'ailleurs tenu promesse, qu'une validation par voie législative interviendrait pour préserver les droits perçus par les centres depuis 1992 et qu'ils étaient dans l'incapacité radicale de rembourser. Cet arrêt a été *critiqué d'une part sur le* plan de la compétence, la cour d'appel est compétente sur la formation professionnelle, c'est-à-dire les programmes et les modalités d'enseignement et non sur les autres conditions de fonctionnement des centres de formation et particulièrement sur la percep-

1. L. n° 71-575, 16 juill. 1971.

2. CODIFIÉ : Code de l'éducation, art. L. 719-4; issu de L. n° 84-52, 26 janv. 1984, art. 41; abrogé par ord. n° 2000-549, 15 juin 2000 relative à la partie législative du Code de l'éducation, *JO*, 22 juin, p. 9346.
3. TA Paris, 3e sect., 2e ch., 21 juin 1996, *Gaz. Pal.* 30 nov. 1996, 30.
4. *Bull.* barreau Paris n° 1, 1998, p. 1.
5. CA Paris, 1re ch., 5 janv. 1998, *Gaz. Pal.* 18 avr. 1998, 12 s., note Damien.

tion d'un droit d'inscription. La compétence aurait donc été celle du tribunal de grande instance et non par la compétence spéciale des cours d'appel en matière de surveillance de la formation professionnelle donnée par les centres de formation professionnelle des avocats. D'autre part, le principe du droit à la gratuité d'enseignement n'a pas été écarté par la cour, alors qu'il ne résiste pas à l'examen, le préambule de la constitution n'ayant pas de valeur juridique contraignante et le principe de gratuité n'ayant jamais été considéré comme étant de valeur constitutionnelle[1].

En fait, il semble que le contentieux des centres de formation professionnelle, établissements publics dotés de la personnalité morale, relève non pas de la juridiction judiciaire mais de la juridiction administrative, comme c'est le cas pour tous les organes qui assument un service public[2]. En réalité ce qui est indispensable c'est que l'État remplisse ses obligations dans le financement de la formation car la profession d'avocat est nécessaire à l'équilibre de la société, il est donc normal que la société prenne en charge la formation des avocats, alors au surplus qu'ils n'ont aucun autre moyen de financer cette coûteuse formation. L'arrêt de la cour d'appel de Paris du 5 janvier 1998 a été cassé par un arrêt de la 1re chambre civile de la Cour de cassation du 2 mars 1999[3].

§ 3
Statut de l'élève du centre régional de formation professionnelle (CRFP)

11.31 Dépendance juridique du centre de formation. L'élève dépend juridiquement du centre de formation professionnelle auprès duquel il est inscrit. Il en va de même pendant la durée des stages qu'il accomplit. Lorsqu'ils ont la qualité de stagiaires de la formation professionnelle, les élèves des centres bénéficient de l'aide de l'État en ce qui concerne leur rémunération dans les conditions fixées au titre IV du livre III de la partie VI[4] du Code du travail; des conventions conclues par l'État avec les centres régionaux de formation professionnelle déterminent les conditions dans lesquelles ces centres servent, sur leurs ressources propres, des bourses attribuées en fonction des critères sociaux[5], c'est-à-dire essentiellement les critères dégagés par les articles L. 6341-1 et suivants, et L. 6342-1 et suivants du Code du travail. Ces articles prévoient que l'État, les employeurs et les organismes chargés du service d'allocation d'assurance aux travailleurs sans emploi concourent au financement de la rémunération des stagiaires de la formation professionnelle; l'État prend en charge la rémunération du travailleur salarié dans certains cas et dans certaines proportions, aux termes des articles L. 6341-2 et L. 6341-3 du Code du travail.

11.32 Rémunération. L'État rembourse une fraction de la rémunération maintenue par les employeurs aux travailleurs qui suivent des stages aux termes de l'article R. 6341-44 du Code du travail; lorsqu'elles suivent des stages agréés par l'État, les personnes inscrites comme demandeurs d'emplois perçoivent une rémunération calculée à partir du montant de leur salaire antérieur[6] et les non-salariés bénéficient en revanche d'une rémunération calculée en fonction du salaire minimum de croissance[7].

11.33 Attribution de bourses. La sélection des bénéficiaires de bourses est placée sous la seule responsabilité du ministre de la Justice ainsi que l'indique une circulaire du 29 juin 1981[8] émanant du ministre du Travail. Le ministre de la Justice, en concertation avec les organisations professionnelles d'avocats, détermine les critères de sélection, les demandes individuelles sont transmises au centre de formation professionnelle d'avocats et au siège de l'association française des centres de formation professionnelle; elles sont examinées par une commission comprenant des avocats et des représentants du ministère de la Justice et, après consultation de cette commission, le ministre de la Justice établit la liste nominative des candidats ainsi que leur adresse et transmet les dossiers retenus au ministre du Travail, ordonnateur principal, qui les adresse aux directeurs départementaux du travail, ordonnateurs secondaires. Ceux-ci déterminent le montant de la rémunération et notifient leur décision aux élèves ainsi qu'aux responsables des centres[9]. La sélection est libre et le pouvoir du ministre discrétionnaire, aucune catégorie de demandeurs, pas même les demandeurs d'emplois, ne bénéficient de l'attribution automatique d'une bourse[10].

1. CE ass., 28 janv. 1972, n° 79200, Conseil transitoire de la Faculté des lettres et sciences humaines de Paris, *Lebon*, 109.
2. CE, sect., 22 nov. 1974, n° 89828, *Lebon* 1975, 45 – T. confl. 7 juill. 1980, n° 2.158, Peschaud c/Groupement de football professionnel, *Lebon*; *JCP* 1982, II, 19784 Concernant une fédération sportive.
3. Civ. 1re, 2 mars 1999, n° 98-10.537, *Bull. civ.* I, n° 70; *Gaz. Pal.* 16 mars 1999, 18.
4. C. trav, anc. titre VI du livre IX.
5. Décr. 27 nov. 1991, art. 62.
6. C. trav., art. L. 6341-7.
7. C. trav., art. L. 6341-8.
8. Circ. n° 45, 29 juin 1981.
9. C. trav., art. R. 6341-36.
10. CE 29 janv. 1986, n° 48893, Descarpentrie, NP.

11.34 **Assurance sociale de l'élève.** L'élève bénéficie également du régime d'assurance sociale des étudiants mais il cesse de bénéficier de ces dispositions s'il n'a pas obtenu à la fin de la période correspondant à la durée normale de formation le titre en vue de l'obtention duquel il est inscrit au centre, sauf autorisation de prolongation de formation.

11.35 **Règlement des litiges.** Aux termes des dispositions de l'article L. 6341-11 du Code du travail, tous les litiges auxquels peuvent donner lieu la liquidation, le versement, le remboursement des rémunérations et indemnités prévues au présent titre (ce sont les aides financières accordées aux stagiaires de formation professionnelle qui sont visées) relèvent de la seule compétence des tribunaux de l'Ordre judiciaire.

La rémunération sur le fondement de la formation permanente varie selon les critères de 25 à 100 % du Smic ou de la rémunération antérieure de l'étudiant au cas où il était salarié dans l'année précédant son entrée au Centre de formation.

11.36 **Sanctions disciplinaires.** L'élève qui méconnaît les obligations résultant de ces textes, du règlement intérieur du centre ou qui commet des faits contraires à l'honneur et à la probité, peut faire l'objet de sanctions disciplinaires : 1° l'avertissement; 2° le blâme; 3° l'exclusion temporaire du centre pour une durée de six mois ou plus[1].

• **Obligations de l'élève.** Ces obligations consistent à satisfaire à l'intégralité des obligations mises à la charge de l'élève sans qu'on puisse compenser le non-accomplissement de certaines d'entre elles par des succès remportés en d'autres matières[2] (v. s[s] n° 11.149).

11.37 **Procédure disciplinaire.** Les sanctions disciplinaires sont prononcées par le conseil de discipline du centre régional de formation professionnelle. Le conseil de discipline est saisi par le président du conseil d'administration du centre. Le président du conseil d'administration ne peut pas être membre du conseil de discipline[3].

Le conseil de discipline comprend :

a) Un avocat appartenant au conseil d'administration du centre, président;

b) Un magistrat et l'universitaire appartenant au conseil d'administration du centre;

c) Deux avocats chargés d'enseignement au centre de formation professionnelle;

d) Deux représentants des élèves élus par ceux-ci au scrutin secret uninominal à un tour au cours du premier trimestre de chaque année civile.

Les membres du conseil de discipline sont désignés pour un an au cours du premier trimestre de l'année civile par le conseil d'administration du centre. Lorsqu'il est mis fin à ce mandat avant le terme prévu, il est procédé au remplacement de l'intéressé, selon les mêmes modalités, pour la durée du mandat restant à courir.

11.38 **Décision du conseil de discipline et recours.** Aucune peine ne peut être prononcée sans que l'intéressé ait été entendu ou appelé avec un délai d'au moins huit jours et qu'il ait eu au préalable accès à son dossier. Il peut se faire assister par un avocat et, s'il le souhaite, par un délégué des élèves. En cas de partage égal des voix des membres du conseil de discipline, la solution la plus favorable à l'élève est adoptée[4].

La décision du conseil est notifiée par lettre recommandée avec demande d'avis de réception à l'intéressé; elle peut être déférée à la cour d'appel par la voie de l'appel dans les conditions et formes prévues par l'article 16 du décret du 27 novembre 1991; ce recours est formé soit par déclaration au secrétariat de la Cour, soit par lettre recommandée avec demande d'avis de réception adressée au greffier en chef. Le délai d'appel est d'un mois à compter de la notification de la décision; il est instruit et jugé selon la procédure sans représentation obligatoire de l'article 16[5].

11.39 **Inscription dans un autre centre.** Lorsqu'un élève entreprend un nouveau cycle de formation comprenant les trois périodes définies aux articles 57 et 58, il peut demander son inscription dans un autre centre régional de formation professionnelle[6].

SECTION 2
EXAMEN D'ACCÈS AU CENTRE RÉGIONAL DE FORMATION PROFESSIONNELLE (CRFP) : LE « PRÉ-CAPA »

§ 1
Modalités

11.41 **Présentation.** Le décret du 27 novembre 1991 en précise les modalités : pour être inscrits dans un centre régional de formation professionnelle, les candidats doivent avoir subi avec succès

1. Décr. 27 nov. 1991, art. 63; mod. par décr. n° 2004-1386, 21 déc. 2004.
2. Civ. 1re, 18 nov. 1980, n° 79-14.491, *Bull. civ.* I, n° 294; *Gaz. Pal.* 1981, 2, pan. 91 – CA Toulouse, 11 juill. 1983, *Gaz. Pal.* 1983, 2, 634.
3. Décr. 27 nov. 1991, art. 64; mod. par décr. n° 2004-1386, 21 déc. 2004.
4. Décr. 27 nov. 1991, art. 64.
5. Décr. 27 nov. 1991, art. 66.
6. Décr. 27 nov. 1991, art. 67; mod. par décr. n° 2004-1386, 21 déc. 2004.

l'examen d'accès au centre, dont le programme et les modalités sont fixés par arrêté conjoint du garde des Sceaux, ministre de la Justice, et du ministre chargé des Universités, après avis du CNB. Il s'agit de l'arrêté du 11 septembre 2003 fixant le programme et les modalités de l'examen d'accès au centre régional de formation professionnelle d'avocats [1].

Cet examen, qui comporte des épreuves écrites d'admissibilité et des épreuves orales d'admission, est organisé par les universités qui sont désignées à cet effet par le ministre chargé des Universités, après avis du garde des Sceaux, ministre de la Justice [2].

11.42 Conditions de diplômes. Pour être admis à se présenter à cet examen les candidats doivent être titulaires d'un des titres ou diplômes prévus à l'article 11, 2° de la loi du 31 décembre 1971 [3], à savoir au moins une maîtrise en droit ou un master 1 en droit (depuis la réforme licence-master-doctorat) ou de titres ou diplômes reconnus comme équivalents pour l'exercice de la profession par arrêté conjoint du garde des sceaux, ministre de la Justice, et du ministre chargé des Universités. Un arrêté du 25 novembre 1998 [4] fixe la liste des titres ou diplômes reconnus comme équivalents à la maîtrise en droit pour l'exercice de la profession d'avocat. Il a été modifié par l'arrêté du 21 mars 2007 [5].

Il faut être titulaire du diplôme exigé au plus tard à la session de juin précédant la session d'examen d'entrée au CRFPA.

Le décret du 27 novembre 1991 précise que nul ne peut se présenter plus de trois fois à l'examen [6]. La composition des jurys est fixée par l'article 53 du décret du 27 novembre 1991 [7].

Depuis la réforme du 11 février 2004, les docteurs en droit ont accès directement à la formation théorique et pratique prévue à l'article 12, sans avoir à subir l'examen d'accès au centre régional de formation professionnelle des avocats [8]. Mais ils doivent obligatoirement suivre la formation de 18 mois, car ils ne sont plus, comme auparavant, admis en qualité d'auditeurs libres.

L'arrêté du 21 mars 2007 a modifié l'arrêté du 25 novembre 1998 sur deux points : il a ajouté à la liste des diplômes le diplôme national de master en droit et les diplômes de l'Institut d'études politiques de Paris. Cette dernière modification a eu pour but de faire reconnaître comme équivalentes à la maîtrise en droit deux mentions du diplôme délivré par l'Institut d'études politiques de Paris : la mention « carrières judiciaires et juridiques » et la mention « droit économique ». Elle a été fortement contestée par les universitaires. Cependant, les recours déposés par le Syndicat autonome du personnel enseignant [...] et la Société des professeurs des facultés de droit ont été rejetés par le conseil d'État du 23 juillet 2008 [9].

Un large mouvement initié par les membres des facultés de droit, relayées par certaines de leurs instances représentatives, ainsi que par de nombreux avocats et étudiants, s'était élevé contre la reconnaissance de cette équivalence. Un « Appel des membres des Facultés de droit contre la remise en cause de l'utilité des études juridiques dans la formation des avocats par l'arrêté du 21 mars 2007 » avait ainsi été lancé. Cette pétition a reçu la signature de plus de 450 enseignants chercheurs.

11.43 Titres ou diplômes reconnus comme équivalents à la maîtrise en droit pour l'exercice de la profession d'avocat [10]. Sont reconnus comme équivalents à la maîtrise en droit pour l'exercice de la profession d'avocat :

1° Les doctorats en droit;

2° Le diplôme national de master en droit, les diplômes d'études approfondies (DEA) et les diplômes d'études supérieures spécialisées (DESS) des disciplines juridiques;

3° Les maîtrises de sciences et techniques des disciplines juridiques;

4° Le diplôme de la faculté libre autonome et cogérée d'économie et de droit de Paris;

5° Le titre d'ancien élève de l'École nationale des impôts ayant suivi avec succès le cycle d'enseignement professionnel des inspecteurs-élèves des impôts;

6° Le titre d'ancien élève stagiaire du centre de formation des inspecteurs du travail et de la main-d'œuvre ou d'ancien élève de l'Institut national du travail, de l'emploi et de la formation professionnelle ayant suivi avec succès le cycle de formation d'inspecteur stagiaire ou d'inspecteur élève du travail;

1. Arr. 11 sept. 2003 fixant le programme et les modalités de l'examen d'accès au centre régional de formation professionnelle d'avocats, *JO* 17 sept.
2. Décr. 27 nov. 1991, art. 5.
3. Décr. 27 nov. 1991, art. 5.
4. Arr. 25 nov. 1998 fixant la liste des titres ou diplômes reconnus comme équivalents à la maîtrise en droit pour l'exercice de la profession d'avocat, *JO* 9 déc., p. 18515.
5. Arr. 21 mars 2007 modifiant l'arrêté du 25 novembre 1998 fixant la liste des titres ou diplômes reconnus comme équivalents à la maîtrise en droit pour l'exercice de la profession d'avocat, *JO* 8 avr., p. 6609.
6. Décr. 27 nov. 1991, art. 52.
7. Mod. par décr. n° 93-1070, 2 sept. 1993 et par décr. n° 2004-1386, 21 déc. 2004.
8. L. 31 déc. 1971, art. 12-1.
9. CE 23 juill. 2008, n°s 306321, 306366.
10. Arr. 25 nov. 1998; mod. par arr. 21 mars 2007.

7° Le titre d'ancien greffier en chef stagiaire des services judiciaires ayant suivi avec succès le cycle de formation initiale dispensé par l'École nationale des greffes;

8° Tout titre ou diplôme universitaire ou technique étranger exigé pour accéder à une profession juridique réglementée dans l'État ou ce titre a été délivré;

9° Les mentions « carrières judiciaires et juridiques » et « droit économique » du diplôme de l'Institut d'études politiques de Paris.

11.44 **Modalités.** Le programme et les modalités de l'examen d'accès au centre régional de formation professionnelle d'avocats ont été fixés par un arrêté du 11 septembre 2003[1].

L'arrêté du 11 septembre 2003 précise que l'examen d'accès a lieu une fois par an, à partir du 15 septembre[2]. Les dates et lieux des épreuves sont fixés conjointement par les présidents des universités du ressort de chaque cour d'appel, qui en informent aussitôt le centre régional de formation professionnelle d'avocats et en assurent une publicité suffisante, trois mois avant la date de la première épreuve, notamment par un affichage dans les locaux de leur université.

L'inscription à l'examen d'entrée à un centre de formation professionnelle d'avocats est prise avant le 31 décembre de l'année précédant l'examen, sous réserve de l'obtention au cours de l'année universitaire, s'il n'a été obtenu antérieurement, de l'un des titres ou diplômes exigés[3]. Cette inscription est prise auprès de l'université choisie par le candidat comme centre d'examen. Nul ne peut être inscrit auprès de plusieurs universités.

11.45 **Dossier.** La demande d'inscription, qui comporte l'indication des matières choisies pour les épreuves est accompagnée d'un dossier qui comprend : les documents justifiant l'identité, la nationalité et le domicile du candidat; les documents justifiant l'obtention de la maîtrise en droit ou d'un diplôme intermédiaire de maîtrise d'un master en droit ou en sciences juridiques, ou d'un titre ou diplôme reconnu comme équivalent pour l'accès à la profession d'avocat[4].

11.46 **Demande de dispense.** Lorsque le dossier d'inscription comporte une demande de dispense, celle-ci, accompagnée des pièces justificatives, est transmise, avec son avis, par le président de l'université au centre régional de formation professionnelle d'avocats. La décision sur la demande de dispense est notifiée au candidat par lettre recommandée avec accusé de réception, à la diligence du président du centre. Au vu des décisions du centre régional de formation professionnelle d'avocats, sur les demandes de dispense, le président de l'université arrête, huit jours avant la date de la première épreuve de chaque session, la liste des candidats admis à subir les épreuves de l'examen[5].

§ 2
Admissibilité – Admission – Dispenses

11.51 **Épreuves d'admissibilité et d'amission.** L'examen, dont le programme est annexé au présent arrêté, comporte des épreuves écrites d'admissibilité et des épreuves orales d'admission[6]. Nul ne peut se présenter aux épreuves orales d'admission s'il n'a été déclaré admissible par le jury.

11.52 **Épreuves d'admissibilité.** Elles comprennent :

1° Une note de synthèse, rédigée en cinq heures, à partir de documents relatifs aux aspects juridiques des problèmes sociaux, politiques, économiques ou culturels du monde actuel et affectée d'un coefficient 2[7];

2° Une épreuve d'une durée de cinq heures permettant d'apprécier l'aptitude du candidat au raisonnement juridique comprenant deux compositions : la première portant sur le droit des obligations; la seconde portant, au choix du candidat exprimé lors du dépôt de son dossier d'inscription, sur une des trois matières suivantes : procédure civile, procédure pénale ou procédure administrative contentieuse.

Par addition des deux notes sur 10 obtenues à chacune des compositions, l'épreuve est notée sur 20. Cette note est affectée d'un coefficient 2[8].

3° Une épreuve écrite de caractère pratique, d'une durée de trois heures, portant, au choix du candidat exprimé lors du dépôt de son dossier d'inscription, sur l'une des matières suivantes : droit des personnes et de la famille; droit patrimonial; droit pénal général et spécial; droit commercial et des affaires; procédures collectives et sûretés; droit administratif; droit public des activités économiques; droit du travail; droit international privé; droit communautaire et européen; droit fiscal des affaires. Cette note est affectée d'un coefficient 2[9].

1. Entré en vigueur depuis le 1er sept. 2005; abrogeant arr. 29 janv. 1998 et arr. 22 juin 1998.
2. Arr. 11 sept. 2003, art. 1.
3. Arr. 11 sept. 2003, art. 2.
4. Arr. 11 sept. 2003, art. 2.
5. Arr. 11 sept. 2003, art. 3 et 4.
6. Arr. 11 sept. 2003, art. 5.
7. Arr. 11 sept. 2003, art. 6, 1°.
8. Arr. 11 sept. 2003, art. 6, 2°.
9. Arr. 11 sept. 2003, art. 6, 1°.

• **Anonymat.** Les épreuves écrites sont organisées de manière à préserver l'anonymat de chaque candidat[1].

Par l'utilisation de copies de couleur pouvant être identifiées par le correcteur malgré l'anonymat des copies, le tribunal administratif de Montpellier a pu retenir une atteinte au principe d'égalité des candidats à l'examen[2].

Chaque composition, anonyme, est examinée par deux correcteurs et reçoit une note de 0 à 20. L'admissibilité est prononcée par le jury au vu de la moyenne des notes obtenues par le candidat si celle-ci est égale ou supérieure à 10 sur 20. Le jury arrête, par ordre alphabétique, la liste des candidats déclarés admissibles. Celle-ci est affichée dans les locaux de l'université organisatrice. L'admissibilité n'est valable que pour la session au cours de laquelle elle a été acquise[3].

11.53 Épreuves d'admission. Elles comprennent[4] :

1° Un exposé de quinze minutes après une préparation d'une heure, suivi d'une discussion de quinze minutes avec le jury, sur un sujet relatif à la protection des libertés et des droits fondamentaux permettant d'apprécier l'aptitude à l'argumentation et à l'expression orale du candidat; la note est affectée d'un coefficient 3.

2° Une épreuve orale de quinze minutes, après une préparation de quinze minutes, portant, au choix du candidat exprimé lors du dépôt de son dossier d'inscription, sur l'une des matières non choisies par le candidat à l'épreuve mentionnée au 3° de l'article 6; la note est affectée d'un coefficient 2.

3° Une épreuve orale de quinze minutes, après une préparation de quinze minutes, portant, au choix du candidat exprimé lors du dépôt de son dossier d'inscription, sur les procédures civiles d'exécution ou la procédure communautaire et européenne; la note est affectée d'un coefficient 1.

4° Une épreuve orale de quinze minutes, après une préparation de quinze minutes, portant, au choix du candidat exprimé lors du dépôt de son dossier d'inscription, sur la comptabilité privée ou les finances publiques; la note est affectée d'un coefficient 1.

5° Une interrogation orale portant sur une langue vivante étrangère choisie par le candidat, lors du dépôt de son dossier d'inscription, sur la liste annexée au présent arrêté; la note est affectée d'un coefficient 1.

1. Arr. 11 sept. 2003, art. 7.
2. TA Montpellier, 26 nov. 1993, Fernandez et autres c/ Université de Montpellier I, *Gaz. Pal.* 26 févr. 1994, 40, qui annule le résultat de cet examen – ÉGAL^{T} : CA Paris, 1re ch. A, 27 avr. 1994, Loea c/CRFP, inédit.
3. Arr. 11 sept. 2003, art. 7.
4. Arr. 11 sept. 2003, art. 8.

11.54 Dispense de certaines épreuves orales. Sont dispensés, sur leur demande, des épreuves orales d'admission mentionnées aux 3° et 4° de l'article 8 ou de l'une d'elles, les candidats titulaires d'un diplôme national sanctionnant un deuxième cycle d'études en sciences juridiques, d'un diplôme intermédiaire de maîtrise d'un master en droit ou en sciences juridiques, d'un diplôme d'études approfondies (DEA) en sciences juridiques, d'un diplôme d'études supérieures spécialisées (DESS) en sciences juridiques ou d'un master en droit ou en sciences juridiques et qui justifient avoir suivi, en vue de son obtention, les enseignements correspondant aux matières de ces épreuves orales ou de l'une d'elles et obtenu une note au moins égale à 10 sur 20 à chacune d'elles[5].

• **Modalités.** Les épreuves orales se déroulent en séance publique. Elles sont notées de 0 à 20; chaque note est affectée du coefficient prévu pour l'épreuve correspondante. Lors des épreuves, les candidats peuvent utiliser les codes et recueils de lois et décrets annotés, à l'exclusion des codes commentés. Ils peuvent également se servir de codes ou recueils de lois et décrets ne contenant aucune indication de doctrine ou de jurisprudence sans autres notes que des références à des textes législatifs ou réglementaires.

• **Admission – Attestation de réussite.** Pour être admis, les candidats doivent avoir obtenu pour l'ensemble des épreuves écrites et orales une moyenne au moins égale à 10. Le jury arrête la liste des candidats déclarés admis. Celle-ci est affichée dans les locaux de l'université organisatrice et du centre régional de formation professionnelle. Le président de l'université organisatrice délivre l'attestation de réussite à l'examen.

11.55 Programme. L'arrêté du 11 septembre 2003 comporte en annexe le programme de l'examen en droit des obligations, procédure civile, procédure pénale, procédure administrative contentieuse, droit des personnes et de la famille, droit patrimonial, droit pénal général et spécial, droit commercial et des affaires, procédures collectives et sûretés, droit administratif, droit public des activités économiques, droit du travail, droit international privé, droit communautaire et européen, droit fiscal des affaires, protection des libertés et des droits fondamentaux, procédures civiles d'exécution, procédures communautaire et européenne, comptabilité privée, finances publiques, langues vivantes.

§ 3
Recours

11.61 Interdiction des procédures de préinscription. Certains auteurs se sont élevés contre

5. Arr. 11 sept. 2003, art. 9.

l'exigence de certains centres régionaux de formation professionnelle des avocats, devant l'afflux de candidats provenant de différents IEJ de leur ressort, qui se trouvent en surnombre par rapport à leur capacité d'accueil, d'avoir demandé à ces candidats d'adresser une demande de préinscription suivie d'une convocation pour entretien. À la suite de cet entretien au centre de formation, le candidat est reçu en qualité de surnuméraire à l'examen d'accès au centre de formation professionnelle où sa candidature n'avait pu être retenue faute de place. Les candidats évincés (reçus-collés) ont formé une demande devant le juge des référés pour être admis au centre par ordonnance de ce magistrat (procédure discutable d'ailleurs puisqu'il semble que les recours à l'encontre des décisions concernant la formation professionnelle relèvent de la seule cour d'appel[1]. Ce magistrat n'a pas eu d'ailleurs à se prononcer sur la demande dont il était saisi, le refus d'accès ayant été levé à la suite d'un accord intervenu entre les bâtonniers des barreaux dont relevaient ces centres de formation professionnelle[2].

11.62 Tribunal compétent en cas de recours contre une décision du jury. Le Tribunal des conflits a donné pouvoir à la juridiction administrative pour régler les recours formés contre les délibérations des jurys de l'examen d'accès au centre régional de formation professionnelle des avocats[3]. La raison de cette compétence est que cet examen, qui comporte des épreuves écrites d'admissibilité et des épreuves orales d'admission, est organisé par les universités qui sont désignées à cet effet par le recteur d'académie, après avis du garde des Sceaux, ministre de la Justice.

Antérieurement, ces recours relevaient de la compétence judiciaire. La Cour de cassation avait en effet admis le recours devant une cour d'appel d'une décision implicite du jury du Capa en application du dernier alinéa de l'article 14 de la loi du 31 décembre 1971[4]. Ensuite, par un arrêt du 23 mars 1998, le Conseil d'État avait également décidé, afin d'unifier les règles de compétence, que ce contentieux était de la compétence de la cour d'appel[5]. La Cour de cassation s'était ralliée à cette jurisprudence[6].

1. L. 31 déc. 1971, art. 14.
2. Bertrand, « CRFP : l'examen n'est plus de mise », *Vie jud.* 6 mars 1994, p. 2.
3. T. confl. 18 déc. 2006, n° C3507 (v. s^{s} n° 35.07).
4. Civ. 1re, 21 janv. 1997, n° 95-11.525, *Bull. civ.* I, n° 29; *JCP* 1997, I, 40-41, note Martin, n° 14.
5. CE 23 mars 1998, n° 159617, *Lebon*; *Gaz. Pal.* 1999, jur. p. 576.
6. Civ. 1re, 14 juin 2005, n° 03-16.149, *Bull. civ.* I, n° 242; *JCP* 2006, I, 105, n° 3, obs. Martin.

SECTION 3
FORMATION COMMUNE DE BASE DONNÉE PAR LE CENTRE RÉGIONAL DE FORMATION PROFESSIONNELLE[7] (CRFP) : PREMIÈRE PÉRIODE DE FORMATION

11.71 Objectifs de la réforme. La formation initiale des avocats a été substantiellement modifiée par la loi du 11 février 2004[8] qui a modifié la loi du 31 décembre 1971 et le décret du 27 novembre 1991. Cette réforme, qui est en entrée en vigueur le 1er septembre 2005, a pour ambition de réorienter la formation vers la pratique professionnelle et de sensibiliser les futurs avocats aux besoins des usagers du droit.

11.72 Contenu de la formation. La nouvelle formation initiale se déroule sur une période de 18 mois. Cette durée intégrant les vacances étudiantes et les périodes d'examen, la scolarité correspondra en réalité à deux années civiles. La formation de 18 mois comprend trois périodes de six mois chacune :

- 6 mois au sein de l'école pour l'acquisition des « Fondamentaux »;
- 6 à 8 mois de formation dans le cadre d'un projet pédagogique individuel (PPI) agréé par le centre de formation;
- 6 mois de stage en cabinet d'avocat.

11.73 Répartition des trois périodes de six mois. Les trois périodes de formation doivent, en principe, être effectuées en continu. C'est le conseil d'administration du centre régional de formation professionnelle qui fixe l'ordre dans lequel elles se déroulent.

11.74 Stage en alternance. Il est toutefois prévu, qu'à titre exceptionnel, le CNB peut autoriser un centre régional de formation professionnelle à organiser ces trois périodes en alternance.

• Nul doute que certains centres solliciteront cette autorisation et s'organiseront de manière à permettre à leurs élèves avocats de suivre l'enseignement de la période d'acquisition des fondamentaux tout en effectuant un stage en cabinet ou en entreprise. C'est d'ailleurs l'esprit de la réforme, qui vise à renforcer l'aspect pratique des enseignements et renforcer les relations des élèves avec le monde professionnel. Ainsi, l'EFB, qui a obtenu cette autorisation, dispense ses enseignements par blocs d'une semaine, au rythme d'environ une semaine de formation pour quatre semaines de stage.

• **Régime antérieur.** Avant l'adoption de la loi du 11 février 2004, cette formation durait un an et était suivie d'un stage de deux ans.

7. Guinchard et Mousseron, « La formation des avocats », *JCP* 1992, I, 3571.
8. L. n° 2004-130, 11 févr. 2004.

11.75 **Acquisition des fondamentaux.** Les élèves des centres régionaux de formation professionnelle reçoivent, en vue de la pratique du conseil et du contentieux, une formation commune de base, d'une durée de six mois.

Cet enseignement, doit porter notamment sur le statut et la déontologie professionnels, la rédaction des actes juridiques, la plaidoirie et le débat oral, les procédures, la gestion des cabinets d'avocats ainsi que sur une langue vivante étrangère [1].

Le centre régional de formation professionnelle choisit la ou les langues enseignées parmi celles prévues par arrêté du garde des sceaux, ministre de la justice.

Le programme et les modalités des enseignements et formation sont fixés par le conseil d'administration du centre régional de formation professionnelle en conformité avec les dispositions arrêtées par le Conseil national des barreaux. Le CNB a en effet des compétences accrues en matière de formation. C'est lui qui définit les principes d'organisation et de formation et qui harmonise les programmes. Il coordonne les actions de formation des CRFPA et il contrôle ces actions de formation.

11.76 **Dispense.** Selon des principes définis par le Conseil national des barreaux, les élèves peuvent être dispensés par le centre de tout ou partie des enseignements autres que ceux relatifs à la formation commune de base.

11.77 **Secret professionnel et serment.** Toute personne admise à la formation est astreinte au secret professionnel, aux termes de l'article 12-2 de la loi du 31 décembre 1971, « pour tous les faits et actes qu'elle a à connaître au cours de sa formation et des stages qu'elle accomplit auprès des professionnels, des juridictions et des organismes divers ». C'est pourquoi, dès son admission à la formation, elle doit, sur présentation du président du conseil d'administration du centre régional de formation professionnelle, prêter serment devant la cour d'appel dans le ressort de laquelle le centre a son siège, en ces termes : « *Je jure de conserver le secret de tous les faits et actes dont j'aurai eu connaissance en cours de formation ou de stage.* »

SECTION 4
PROJET PÉDAGOGIQUE INDIVIDUEL (PPI) : DEUXIÈME PÉRIODE DE FORMATION

11.81 **Projet pédagogique individuel (PPI).** La deuxième période de formation, d'une durée de six mois, pouvant à titre exceptionnel être portée à huit mois, est consacrée à la réalisation du projet pédagogique individuel de l'élève avocat (PPI), selon des principes définis par le CNB [2].

Ce projet pédagogique individuel est une innovation dans la formation initiale du futur avocat et représente un aspect essentiel de la réforme. Dès son entrée dans un centre de formation, l'élève doit se préoccuper de la définition de son projet professionnel de façon à pouvoir le concrétiser, dans la deuxième partie de son cursus, par la réalisation d'un projet professionnel individuel. La définition de ce PPI doit être facilitée par l'organisation de rencontres entre les élèves avocats et des professionnels.

La mise en place de ce PPI repose sur l'idée que ce cycle de formation de l'avocat doit être vécu comme un cycle d'insertion professionnelle. Il ne fonctionnera réellement qu'avec l'implication des professionnels. C'est pourquoi les cabinets sont encouragés à prendre contact avec leurs futurs collaborateurs dès leur entrée dans l'école.

Le PPI constitue le point de départ du projet professionnel du futur avocat. Il suppose que l'élève avocat ait réfléchi à l'orientation qu'il désire donner à sa carrière et qu'il recherche le stage ou l'enseignement qui l'intéresse. L'élève qui souhaite exercer une activité judiciaire aura ainsi tout intérêt à consacrer son PPI à un ou plusieurs stages en juridiction. Celui qui s'intéresse au droit de la consommation devra chercher à effectuer un stage auprès d'une association de consommateur. Celui qui désire se spécialiser en droit des nouvelles technologies ou en droit médical peut s'inscrire dans un master professionnel...

11.82 **Contenu du PPI.** Le PPI peut consister en :

- un ou plusieurs stages, en France ou à l'étranger, de caractère juridique. Ce stage peut avoir lieu au sein d'une juridiction, dans une entreprise, chez un auxiliaire de justice (sauf un avocat, sauf cabinet étranger ou pré-spécialisation), auprès de collectivités territoriales, d'associations, de syndicats, auprès des institutions communautaires, des ministères, d'un organe de presse... Cette liste de suggestion n'est pas exhaustive, mais pour être validés les stages doivent répondre à un certain nombre de critères qui seront précisés par chacun des centres de formation;

- l'accomplissement d'une deuxième année de master (M2). L'élève doit s'assurer de la cohérence du programme avec le PPI et des compatibilités des calendriers;

- une pré-spécialisation, comprenant un minimum de 250 heures, exclusivement dispensée par

1. Décr. 27 nov. 1991, art. 57.

2. Décr. 27 nov. 1991, art. 58.

les universités françaises ou étrangères, un CRFPA ou un organisme agréé par l'école;

– l'élève exerçant déjà une activité de juriste salarié doit pouvoir demander à poursuivre son activité et la faire valider au titre du PPI;

– un panachage des différentes suggestions indiquées ci-dessus est possible, par exemple un stage de trois mois et 125 heures de pré-spécialisation. Il faut prendre contact avec le centre de formation de son secteur géographique et faire valider son projet. La plupart des centres offrent un certain nombre de stages.

11.83 Validation du PPI. Ce projet pédagogique doit être proposé par l'élève avocat lui-même, mais il est élaboré avec le concours du centre régional de formation professionnelle. Le PPI doit obligatoirement être agréé par le centre de formation.

11.84 Stage en juridiction. Le projet pédagogique individuel est un aspect essentiel de la formation, dans la mesure où il est une phase d'insertion professionnelle. Il peut consister, notamment, en un stage en juridiction [1]. Se pose alors la question du statut de l'élève avocat durant ce stage. Un arrêt de la chambre criminelle du 7 mai 2008 est venu apporter une précision importante sur ce point [2].

Il s'agissait, en l'espèce, de savoir si l'élève avocat assistant au délibéré de la juridiction, une chambre de l'instruction, peut avoir une voix consultative. Le texte pouvant éclairer cette question est l'article 12-2 de la loi du 31 décembre 1971 [3], qui prévoit que la personne admise à la formation d'avocat est astreinte au secret professionnel pour tous les faits et actes qu'elle a à connaître au cours de cette formation et des stages accomplis auprès des professionnels, des juridictions ou des organismes divers.

Le même article 12-2 dispose également que, dès son admission à la formation, l'élève avocat prête serment devant la cour d'appel. Il précise enfin que « lorsque l'élève avocat accomplit un stage en juridiction, il peut assister aux délibérés », cette possibilité étant sans doute liée à son obligation au secret professionnel. Peut-il pour autant participer à ce délibéré avec voix consultative ? La Cour de cassation répond clairement à cette question par la négative en précisant qu'« assister » n'est pas « participer » : si, aux termes de l'article précité, les élèves des CRFPA effectuant un stage dans une juridiction peuvent « assister » aux délibérés, cette disposition exclut toute participation desdits élèves aux décisions prises par la juridiction. Cette solution s'applique à la chambre de l'instruction comme à toute autre juridiction.

Une décision similaire avait été rendue sous l'empire de la législation antérieure (c'est-à-dire avant la création de ce stage en juridiction dans le cadre d'un PPI). Une chambre de l'accusation avait alors encouru la cassation pour avoir laissé des « avocats pré-stagiaires » prendre part au délibéré avec voix consultative [4].

SECTION 5
STAGE : TROISIÈME PÉRIODE DE FORMATION

11.91 Stage en cabinet. La troisième période de formation, d'une durée de six mois, est consacrée à un stage auprès d'un avocat [5]. Ce stage remplace l'ancien stage obligatoire de deux ans faisant suite à l'obtention du Capa. Ce stage de six mois est inséré dans la nouvelle formation de dix-huit mois. Le stagiaire doit être à plein temps et en immersion totale dans un cabinet d'avocat, à l'exception de quelques journées d'évaluation ou d'enseignements pédagogiques au centre. Ce nouveau stage doit permettre au futur avocat d'acquérir les compétences professionnelles nécessaires au plein exercice du métier d'avocat. À cet effet, un véritable transfert de compétence doit avoir lieu.

Aucun cours n'est prévu pendant cette période entièrement consacrée à l'acquisition d'une véritable compétence professionnelle. En effet, à l'issue de ce stage, l'élève devient avocat, dès l'obtention de son Capa. Ce stage doit obligatoirement faire l'objet d'un partenariat tripartite entre le centre de formation et le maître de stage.

11.92 Obligations du stagiaire. Pendant le stage, les obligations de l'élève stagiaire sont précisément définies à l'article 60 du décret du 27 novembre 1991 [6]. L'élève s'initie à l'activité professionnelle de l'avocat maître de stage, sans pouvoir se substituer à celui-ci dans aucun acte de sa fonction.

Il doit notamment, aux côtés du maître de stage :

1° Assister à la réception de clients;

2° Assister à des audiences ou séances de différentes juridictions ou commissions ou aux actes d'instruction préparatoire;

3° Avec l'autorisation du président, formuler des observations orales à l'audience;

4° Collaborer à la consultation et à la rédaction d'actes en matière juridique.

1. Décr. 27 nov. 1991, art. 58; mod. par décr. 21 déc. 2004.
2. Crim. 7 mai 2008, n° 08-81.318, P.
3. L. 31 déc. 1971, art. 12-2; mod. par L. n° 2004-130, 11 févr. 2004.
4. Crim. 20 oct. 1998, n° 98-84.212, *Bull. crim.*, n° 265; *D.* 1999, IR 10.
5. Décr. 27 nov. 1991, art. 58, al. 2.
6. Décr. 27 nov. 1991, art. 60.

Le centre régional de formation professionnelle peut également faire participer les élèves à des consultations juridiques organisées par les ordres d'avocats.

Pendant la durée du stage l'élève doit effectuer le travail qui lui est confié par son maître de stage, informer l'école de toute difficulté et préparer son rapport de stage.

11.93 **Obligations du maître de stage.** Le maître de stage doit encadrer l'élève et assurer sa formation professionnelle. Il doit l'encourager, le conseiller et lui apporter la compétence nécessaire à la pratique de la profession d'avocat. Il doit également apprécier et évaluer son travail et transmettre cette évaluation au centre dans les délais requis.

11.94 **Qui peut être maître de stage ?** Tous les avocats inscrits au tableau ayant prêté serment depuis plus de quatre ans au 1er janvier de l'année en cours peuvent être maîtres de stage. Le conseil d'administration de chaque centre régional de formation professionnelle ou son président par délégation, dresse annuellement, après avis des conseils de l'ordre des barreaux concernés, la liste des avocats maîtres de stage. L'avocat ne peut, sans motif légitime, refuser d'être inscrit sur cette liste. La décision d'affectation est prise par le président du centre régional de formation professionnelle, qui peut, en cours de stage, décider un changement d'affectation.

11.95 **Rémunération du stagiaire : mise en place d'un accord national relatif aux stagiaires des cabinets d'avocats.** Un arrêté du 10 octobre 2007[1] a étendu l'accord professionnel national conclu dans le secteur des cabinets d'avocats. Cet accord professionnel national a pour objet, dans le cadre, notamment, des dispositions de l'article 9 de la loi du 31 mars 2006[2] de fixer les conditions de gratification des stagiaires des cabinets d'avocats.

Contenu de l'accord. Il est rappelé en préambule que :

• les stagiaires doivent disposer durant leurs stages de moyens financiers leur permettant de se consacrer pleinement à leur formation dans le cadre du stage;

• les maîtres de stages sont tenus d'une obligation de formation à l'égard de leurs stagiaires et qu'il appartient aux maîtres de stages d'en assurer l'effectivité;

• les élèves avocats stagiaires sont soumis à l'ensemble des règles déontologiques de la profession d'avocat (v. ss n° 11.91);

• aucune convention de stage ne peut être conclue pour remplacer un salarié en cas d'absence, de suspension de son contrat de travail ou de licenciement, pour exécuter une tâche régulière correspondant à un poste de travail permanent ou pour faire face à un accroissement temporaire de l'activité du cabinet d'avocat;

• aucune convention de stage ne peut être conclue entre un cabinet d'avocat et une personne titulaire du Certificat d'aptitude à la profession d'avocat (Capa).

11.96 **Champ d'application.** Cet accord s'applique sur le territoire métropolitain et dans les départements d'outre-mer.

Il fixe les conditions minimales devant être contenue dans les conventions particulières, celles-ci ne pouvant en aucun cas contenir des conditions moins avantageuses que celles du présent accord.

Il s'applique aussi aux stagiaires des organisations ordinales et professionnelles des avocats et à ceux des organisations issues des conventions collectives relatives à la profession d'avocat qui ne relèveraient pas d'une autre convention collective.

11.97 **Gratification des élèves avocats stagiaires (stages d'une durée supérieure à trois mois).** Le montant minimum mensuel de la gratification versée aux élèves avocats stagiaires en cours de scolarisation dans les CRFPA, à l'occasion des stages d'une durée supérieure à trois mois, est fixé, pour un temps de présence mensuel du stagiaire égal à un temps plein au cours du mois considéré, comme suit :

• Employeurs employant de 0 à 2 salariés non avocats lors de la signature de la convention de stage (hors personnel d'entretien et de service) : 60 % du Smic au 1er janvier de l'année en cours.

• Employeurs employant de 3 à 5 salariés non avocats lors de la signature de la convention de stage (hors personnel d'entretien et de service) : 70 % du Smic au 1er janvier de l'année en cours.

• Employeurs employant 6 salariés et plus non avocats lors de la signature de la convention de stage (hors personnel d'entretien et de service) : 85 % du Smic au 1er janvier de l'année en cours.

• **Gratification des élèves avocats stagiaires (stages d'une durée inférieure ou égale à trois mois).** Le montant minimum mensuel de la gratification versée aux élèves avocats stagiaires en cours de scolarisation dans les CRFPA à l'occasion des stages d'une durée inférieure ou égale à trois mois est fixé, pour un temps de présence mensuel du stagiaire égal à un temps plein au cours du mois considéré, comme suit :

• Employeurs employant de 0 à 2 salariés non avocats lors de la signature de la convention de

1. Arr. 10 oct. 2007, *JO* 17 oct.
2. L. n° 2006-396, 31 mars 2006 pour l'égalité des chances, *JO* 2 avr., p. 4950.

stage (hors personnel d'entretien et de service) : 60 % du Smic au 1er janvier de l'année en cours;

• Employeurs employant de 3 à 5 salariés non avocats lors de la signature de la convention de stage (hors personnel d'entretien et de service) : 70 % du Smic au 1er janvier de l'année en cours;

• Employeurs employant 6 salariés et plus non avocats lors de la signature de la convention de stage (hors personnel d'entretien et de service) : 85 % du Smic au 1er janvier de l'année en cours.

• **Gratification des autres stagiaires.** Le montant minimum mensuel de la gratification versée aux stagiaires à l'occasion des stages d'une durée supérieure à trois mois, est fixé en fonction du niveau d'étude en cours ou atteint :

- licence 40 % du Smic;
- master 1 et master 50 % du Smic;
- doctorat 60 % du Smic.

• **Nature juridique des gratifications.** Les gratifications visées aux articles 2, 3 et 4 du présent accord n'ont pas le caractère d'un salaire au sens de l'article L. 3221-1 et suivants du Code du travail.

11.98 Rôle des écoles d'avocats (EDA) précédemment centres régionaux de formation professionnelle (CRFP). La formation théorique et pratique des futurs avocats se déroule au sein des centres régionaux de formation professionnelle, dans les conditions définies par les articles 56 et suivants du décret du 27 novembre 1991. La loi du 31 décembre 1971 prévoyait un centre de formation professionnel par ressort de cour d'appel. Mais a finalement été jugé préférable de procéder à des regroupements afin de faire des économies d'échelle et d'harmoniser plus encore la formation. Le regroupement des centres, fixé par un arrêté du 6 décembre 2004[1], pris en application de l'article 13-1 de la loi du 31 décembre 1971, sur proposition du CNB, est actuellement en cours.

La profession s'est donc dotée de quinze écoles régionales (contre trente-trois auparavant), dont trois outre-mer, qui mettront en œuvre la formation des avocats, en étroite collaboration avec les bâtonniers et le CNB. Tous ces centres se nomment écoles d'avocats (EDA), antérieurement appelés « Centre régional de formation professionnel » ou « CRFPA » suivi du nom de la ville dans lequel est situé (ex. « CRFPA-Versailles »), à l'exception du centre de Paris qui se nomme « École de formation professionnelle des barreaux de la cour d'appel de Paris » ou « EFB. »

1. Arr. 6 déc. 2004 fixant le siège et le ressort des centres régionaux de formation professionnelle d'avocats, *JO* 15 déc., p. 21261.

LES QUINZE CENTRES DE FORMATION PROFESSIONNELLE DES AVOCATS.
(ARR. 6 DÉC. 2004, FIXANT LE SIÈGE ET LE RESSORT DES CRFPA CI-APRÈS)

Ressort des cours d'appel	Siège du CRFPA	Arrêté du 6 déc. 2004 article
• Paris	Paris	1
• Versailles	Versailles	2
• Amiens, Douai et Rouen	Lille	3
• Besançon, Colmar, Dijon, Nancy, Metz et Reims	Strasbourg	4
• Chambéry, Grenoble, Lyon et le ressort du TGI de Privas	Villeurbanne	5
• Aix-en-Provence	Marseille	6
Montpellier, Riom, Nîmes *à l'exception du ressort du TGI de Privas*	Montpellier	7
Agen, Toulouse et les ressorts des TGI de Pau et Tarbes	Toulouse	8
Limoges, Bordeaux *et les ressorts des TGI de Bayonne, Dax et Mont-de-Marsan*	Bordeaux	9
Angers, Bourges, Orléans et Poitiers	Poitiers	10
Caen, Rennes	Rennes	11
Bastia	Bastia	12
Basse-Terre	Pointe-à-Pitre	13
Saint-Denis-de-la-Réunion	Sainte-Clotilde	14
Fort-de-France	Fort-de-France	15

SECTION 6
EXAMEN DU CERTIFICAT D'APTITUDE À LA PROFESSION D'AVOCAT (CAPA)

11.101 Organisation du Capa par le CRFP. Les épreuves du Capa sont subies à l'issue de la formation organisée par le centre régional de formation professionnelle. L'examen du certificat d'aptitude à la profession d'avocat est organisé par le centre. L'élève ne peut se présenter qu'à l'examen organisé par le centre dont il a suivi l'enseignement en dernier lieu[2].

11.102 Programme et modalités de l'examen du Capa. Ils sont fixés par l'arrêté du garde des Sceaux du 7 décembre 2005. Les dates et lieux, d'épreuves d'examen sont fixés par le président du

2. Décr. 27 nov. 1991, art. 68; mod. par décr. nº 2004-1386, 21 déc. 2004.

conseil d'administration du centre de formation qui en assure une publicité suffisante trois mois au moins avant la date de la première épreuve, notamment par un affichage dans ses locaux[1].

11.103 Convocation. Le conseil d'administration du centre régional de formation professionnelle arrête, trois semaines avant la date de la première épreuve de chaque session, la liste de ses élèves admis à subir les épreuves de l'examen. Cette liste est publiée par voie d'affichage dans les locaux, par insertion sur le site internet du centre ou par tout autre moyen. Cette publication vaut convocation[2].

11.104 Épreuves. L'examen comporte les épreuves suivantes :

1° La rédaction en cinq heures d'une consultation, suivie d'un acte de procédure ou d'un acte juridique (coefficient 2) ;

2° Un exercice oral, d'une durée de quinze minutes environ, après une préparation de trois heures, portant sur un dossier de droit civil, commercial, social, pénal, administratif ou communautaire, au choix du candidat (coefficient 2) ;

3° Une interrogation orale à finalité pratique, d'une durée de vingt minutes environ, après une préparation d'une heure, sur un sujet portant sur le statut et la déontologie des avocats (coefficient 3) ;

4° Une interrogation orale, d'une durée de vingt minutes environ, après une préparation de vingt minutes, portant, au choix du candidat, sur l'une des langues vivantes étrangères enseignées dans le centre (coefficient 1) ;

5° Un exposé discussion de vingt minutes environ avec le jury, à partir d'un rapport élaboré par le candidat, portant sur son PPI (coefficient 1) ;

6° Une discussion de vingt minutes environ avec le jury, à partir du rapport de stage rédigé par le candidat (coefficient 2). Le jury dispose des observations du maître de stage sur la qualité du travail de chaque candidat. À cette fin, le maître de stage renseigne une grille détaillée établie par le conseil d'administration du centre de formation[3].

11.105 Contrôle continu. Les matières enseignées pendant la formation commune de base, d'une durée de six mois (v. s^s n° 11.75) font l'objet d'un contrôle continu donnant lieu à une note attribuée par le jury, à partir des notes et appréciations délivrées par les enseignants sur l'assiduité du candidat et la qualité de son travail (coefficient 2).

• **Remise des rapports de stage et de PPI.** Le rapport portant sur le PPI est remis par le candidat au centre, un mois au plus tard avant la date fixée pour cette épreuve, afin d'être transmis au jury. Ce rapport comprend, en annexe, les notes et appréciations éventuellement obtenues par le candidat dans le cadre de l'accomplissement de son projet pédagogique individuel.

Les candidats ayant suivi, au titre du projet pédagogique, les enseignements de la deuxième année d'un cycle universitaire de master en droit sont dispensés de l'exposé discussion sur ce rapport. La note globale obtenue à l'examen sanctionnant cet enseignement, affectée du coefficient prévu pour cette épreuve, leur est attribuée en remplacement.

Le rapport de stage est également remis par le candidat au centre, un mois au plus tard avant la date fixée pour cette épreuve, afin d'être transmise au jury[4].

11.106 Résultats. Chacune des notes attribuées conformément aux articles 3 et 4 s'échelonnent de 0 à 20. Chaque note est multipliée par le coefficient affecté à l'épreuve correspondante. Le jury détermine le total des points obtenus par le candidat. Pour être admis à l'examen du certificat d'aptitude à la profession d'avocat, le candidat doit avoir obtenu un total égal ou supérieur à 130.

Le jury arrête la liste des candidats déclarés admis. Cette liste est affichée dans les locaux du siège du centre et, le cas échéant, de ses sections locales. Le certificat d'aptitude à la profession d'avocat est délivré par le président du conseil d'administration du centre régional de formation professionnelle.

11.107 Session de rattrapage. Une session de rattrapage est organisée selon des modalités fixées l'arrêté du 7 décembre 2005[5]. Tout candidat ayant obtenu un total inférieur à 130 est convoqué à la session de rattrapage. Les épreuves de rattrapage portent sur les épreuves visées à l'article 3 (v. s^s n° 11.104) pour lesquelles une note inférieure à 10 a été obtenue. Une convocation individuelle précisant le jour, l'heure, le lieu et la nature des épreuves à subir est adressée au candidat, par lettre recommandée avec demande d'avis de réception, au moins quinze jours à l'avance. Les notes ainsi obtenues ainsi que celles des épreuves pour lesquelles le candidat n'a pas choisi de subir un nouvel examen sont totalisées par le jury. Pour être admis à l'examen du certificat d'aptitude à la profession d'avocat, le candidat doit avoir obtenu un total égal ou supérieur à 130.

1. Arr. 7 déc. 2005, art. 1.
2. Arr. 7 déc. 2005, art. 2.
3. Arr. 7 déc. 2005, art. 3.
4. Arr. 7 déc. 2005, art. 5.
5. Décr. 27 nov. 1991, art. 70 ; mod. par décr. n° 2004-1386, 21 déc. 2004.

• **Échec à l'examen.** En cas de premier échec à l'examen, l'élève peut accomplir à nouveau les trois périodes de formation [1].

Après un deuxième échec, le candidat ne peut plus se représenter au certificat d'aptitude à la profession d'avocat. Toutefois, à titre exceptionnel et par délibération dûment motivée, le conseil d'administration du centre régional de formation professionnelle peut autoriser le candidat à accomplir un troisième cycle de formation.

• **Doctrine.** Certains auteurs regrettent l'unité de cet examen du Capa en contradiction avec la réforme de la formation voulue par le législateur qui imposait une distinction fondamentale, par l'article 57 du décret du 27 novembre 1991, entre la formation de base, obligatoire pour tous (déontologie, rédaction d'actes juridiques, plaidoiries, procédure, gestion des cabinets, langues vivantes étrangères) et une formation complémentaire « à la carte » dont le contenu est laissé à la libre appréciation des centres de formation. Les élèves qui auront voulu suivre une formation complémentaire spécialisée devront subir le même type d'épreuves et les mêmes sujets portant sur les mêmes programmes que les autres candidats. Ainsi, il est difficile pour les élèves de donner une préorientation à leur formation; il aurait fallu, selon ces auteurs, permettre aux élèves avocats de passer un examen qui tienne compte, pour partie, de leur choix préalable de formation.

• Enfin la matière du droit fiscal, prévu dans le programme d'examen d'entrée au centre de formation, ne figure plus dans le programme du Capa [2].

11.108 Composition du jury d'examen. Il comprend :

1° Deux professeurs ou maîtres de conférences ou maîtres assistants d'université, chargés d'un enseignement juridique, dont le président du jury, désignés par le président de l'université établie au siège ou dans le ressort de l'académie dans lequel se trouve situé le centre de formation professionnelle; au cas où plusieurs universités comprenant des enseignants des disciplines juridiques sont établies dans la même académie, les présidents de ces universités procèdent en commun à cette désignation;

2° Un magistrat de l'ordre judiciaire désigné par le premier président de la cour d'appel et un membre du corps des tribunaux administratifs et des cours administratives d'appel;

3° Trois avocats désignés en commun par les bâtonniers des ordres d'avocats concernés;

4° Des enseignants en langues étrangères désignés dans les conditions prévues au 1°, qui ne siègent que pour les candidats qu'ils ont examinés [3].

Lorsque plusieurs centres régionaux de formation professionnelle décident d'organiser en commun les épreuves du certificat d'aptitude à la profession d'avocat, le jury est désigné de la façon suivante :

1° Le magistrat de l'ordre judiciaire conjointement par les premiers présidents des cours d'appel concernées;

2° Le membre du corps des tribunaux administratifs et des cours administratives d'appel conjointement par les présidents des cours administratives d'appel et des tribunaux administratifs concernés;

3° Les deux professeurs ou maîtres de conférence ou maîtres-assistants, dont le président du jury ainsi que les enseignants en langues étrangères, par décision conjointe des présidents des universités concernées;

4° Les trois avocats par les bâtonniers des ordres d'avocats concernés.

Un nombre égal de suppléants est désigné dans les mêmes conditions. Les membres du jury, à l'exception de ceux qui sont mentionnés au premier 4°, ne peuvent siéger plus de cinq années consécutives.

Les épreuves orales sont subies devant trois examinateurs désignés par le président du jury dans chacune des catégories mentionnées aux 1°, 2° et 3°. Toutefois, les épreuves de langues sont subies devant un examinateur désigné par le président du jury dans la catégorie mentionnée au 4°.

Le jury peut s'adjoindre des examinateurs spécialisés avec voix consultative.

• **Recours contre une décision du jury** (v. s[s] n° 11.62).

11.109 Défaut de formation au niveau national. L'organisation de ces Centres régionaux de formation professionnelle, si elle manifeste un progrès par rapport au système précédent, ne réalise pas l'instauration d'un centre national d'enseignement professionnel dont beaucoup souhaitaient la constitution.

SECTION 7
PASSERELLES VERS LA PROFESSION D'AVOCAT

§ 1
Dispenses diverses

11.111 Dispenses du Capa et de formation. Depuis le décret du 27 novembre 1991, il existe un certain nombre de passerelles qui permettent à des

1. Décr. 27 nov. 1991, art. 71; mod.
2. Daigre, « Observations critiques sur le nouveau Capa », *Gaz. Pal.* 24 juill. 1993, 28.
3. Décr. 27 nov. 1991, art. 69, mod.

professionnels, notamment des juristes d'entreprise, des fonctionnaires et anciens fonctionnaires de catégorie A, de devenir avocats et d'être inscrits directement au tableau sans passer l'examen d'entrée (pré-Capa), sans suivre la formation initiale de 18 mois et sans passer le Capa. Ces passerelles, qui ont été prévues par les articles 97 et 98 du décret de 1991, posent un certain nombre de difficultés de définition (notamment, qu'est-ce qu'un juriste d'entreprise ?) qui ont été progressivement résolus par la jurisprudence. La Cour de cassation a évolué dans la définition du juriste d'entreprise et des activités de l'employeur auquel le juriste d'entreprise doit justifier avoir participé.

11.112 Dispense de diplôme, de Capa et de formation théorique et pratique. Sont dispensées des conditions de diplôme, de Capa et de formation théorique et pratique, les sept premières catégories mentionnées par l'article 97 du décret du 27 novembre 1991 :

1° les membres et anciens membres du Conseil d'État et les magistrats et anciens magistrats des cours administratives d'appel et des tribunaux administratifs;

2° les magistrats et anciens magistrats de la Cour des comptes, des chambres régionales des comptes et des chambres territoriales des comptes de la Polynésie française et de la Nouvelle-Calédonie;

3° les magistrats et anciens magistrats de l'Ordre judiciaire régis par l'ordonnance n° 58-1270 du 22 décembre 1958[1];

4° les professeurs d'université chargés d'un enseignement juridique;

5° les avocats au Conseil d'État et à la Cour de cassation;

6° les avoués près les cours d'appel;

7° les anciens avocats inscrits à un barreau français et les anciens conseils juridiques.

En outre sont dispensés du Capa :

8° les ressortissants de la CEE visés à l'article 99 du décret du 27 novembre 1991 (v. s^s n°s 13.31 s.).

11.113 Dispense de Capa et de formation théorique et pratique. Les catégories suivantes sont dispensées seulement du Capa et de formation théorique et pratique et non de diplômes.

Les notaires, les huissiers de justice, les administrateurs judiciaires et mandataires judiciaires à la liquidation des entreprises, les anciens syndics et administrateurs judiciaires, les conseils en propriété industrielle et les anciens conseils en brevet d'invention ayant exercé leurs fonctions pendant cinq ans au moins[2].

11.114 Champ d'application. Le mot notaire visé par ce texte désigne exclusivement les titulaires de charges et non les personnes ayant obtenu le diplôme d'accès à la profession de notaire[3].

11.115 Les maîtres de conférences, les maîtres-assistants et les chargés de cours s'ils sont titulaires du diplôme de docteur en droit, en sciences économiques ou en gestion, justifiant de cinq ans d'enseignement juridique en cette qualité dans les unités de formation et de recherche[4](sur le recours pour cette catégorie voir l'article 98, 4°).

• **Champ d'application.** La cour d'appel de Nancy avait inclus dans les chargés de cours les maîtres de conférence. Cet arrêt a été cassé par la Cour de cassation[5].

11.116 Les fonctionnaires et anciens fonctionnaires de catégorie A ou les personnes assimilées aux fonctionnaires de cette catégorie, ayant exercé en cette qualité des activités juridiques pendant huit ans au moins, dans une administration ou un service public ou une organisation internationale[6]. Une question se pose à propos de cette catégorie qui est de déterminer si une activité d'enseignant peut satisfaire la nécessité d'une activité juridique exigée par ce texte ?

Le bâtonnier de la Servette, dans une consultation à laquelle nous adhérons, a émis des réserves quant à une réponse affirmative, en effet, écrit-il :

« Le décret ne précise, ne définit, ni ne limite, l'activité requise, sinon par sa nature juridique. L'enseignement du droit peut être considéré comme une activité juridique, et l'université est indiscutablement un service public. L'activité d'enseignant rentre donc, à première vue, dans le cadre de l'article 98. L'examen de ce texte oblige cependant à des réserves. L'article 98 prévoit une dérogation. Il est donc d'interprétation stricte. Il permet l'accès au barreau, avec dispense de la cinquième année et du Capa, au profit de cinq catégories de personnes, regroupant en fait trois situations :

1. des membres de profession judiciaire ou de conseil justifiant d'une ancienneté de cinq ans : c'est l'alinéa 1 :

2. des enseignants en droit, d'un certain niveau (maître de conférence, maître-assistant et chargé de

1. Ord. n° 58-1270, 22 déc. 1958 portant loi organique relative au statut de la magistrature, *JO* 23 déc., p. 11551.

2. Décr. 27 nov. 1991, art. 98, 1°.
3. Rép. min., garde des Sceaux à Raymond Couderc, *JOAN* 12 juill. 1993.
4. Décr. 27 nov. 1991, art. 98, 2°.
5. CA Nancy, 3 juill. 1987, *Gaz. Pal.* 1987, 2, 556, note A. D.; *D.* 1988, somm. 233, note Brunois; cassé par Civ. 1re, 28 févr. 1989, n° 87-17.569, *Bull. civ.* I, n° 94; *D.* 1989, IR 94; *JCP* 1990, II, 21406, note Woog.
6. Décr. 2 nov. 1991, art. 98, 4°.

cours), justifiant d'une ancienneté de cinq ans au moins : c'est l'alinéa 2;

3. des juristes ayant exercé une activité juridique pendant huit ans au moins au sein :

- du service juridique d'une entreprise[1];
- d'une administration ou d'un service public[2];
- d'une organisation syndicale[3].

L'enseignement juridique fait donc l'objet d'une disposition qui lui est particulière[4] et l'on peut en déduire qu'il ne rentre pas dans le cadre de la disposition plus générale de l'alinéa 4.

Par ailleurs, la place de l'alinéa 4, situé entre les juristes d'entreprise et les juristes syndicaux, incite à penser qu'il entend viser les praticiens du droit exerçant dans le service public une activité juridique de même ordre que celle exigée des juristes d'entreprise exerçant dans le privé.

Cette interprétation se conforte en constatant que l'article 98 est la reprise de l'article 44-1 du décret ancien du 9 juin 1972, où la même dérogation a été prévue au profit des juristes d'entreprise ayant exercé dans une entreprise publique ou privée.

Le nouveau texte a découpé l'ancienne disposition en deux alinéas visant respectivement le privé et le public, et ajoutant les juristes syndicaux que la jurisprudence avait refusé d'assimiler.

Si l'activité juridique des fonctionnaires doit correspondre à la définition de l'activité juridique du juriste d'entreprise (privée ou publique) forgée par la jurisprudence sous l'ancien texte, l'on est contraint de conclure que la fonction d'enseignement en est exclue. »

11.117 Les juristes attachés pendant huit ans au moins à l'activité juridique d'une organisation syndicale[5] – Conditions posées par la Cour de cassation. La Cour de cassation exige que l'activité syndicale soit exclusive; ne peuvent par suite bénéficier d'exemption que les permanents syndicaux, cette solution résulte d'un revirement de jurisprudence[6] car la jurisprudence antérieure de la Cour de cassation n'exigeait pas l'exclusivité[7].

Les personnes susmentionnées (v. s^s n°s 11.115 s.) peuvent avoir exercé leurs activités dans plusieurs des fonctions visées dans ces dispositions dès lors que la durée totale de ces activités est au moins égale à huit ans.

1. Al. 3.
2. Al. 4.
3. Al. 5.
4. Al. 2.
5. Décr. 2 nov. 1991, art. 98, 5°.
6. Civ. 1re, 9 mai 1996, n° 94-12.661, NPT, *JCP* 1997, I, 3993, n° 6.
7. Civ. 1re, 21 mars 1995, n° 93-10.729, *Bull. civ.* I, n° 135; *JCP* 1997, I, 3993, n° 6.

Les personnes exerçant les professions mentionnées à l'article 98 du décret du 27 novembre 1991 sont, selon le texte actuel, après leur prestation de serment, inscrites sur la liste du stage et soumises pendant un an aux obligations qui en résultent, à l'exception de la participation aux travaux de la conférence du stage et du travail effectué pendant un an en qualité de collaborateur dans un cabinet d'avocat ou dans un cabinet d'avocat aux conseils ou au sein d'une étude d'avoué à la Cour. Ils sont ensuite inscrits au tableau. Le décret attendu pour l'application de la loi du 11 février 2004 maintiendra-t-il cette obligation ?

11.118 Les juristes salariés d'un avocat, d'une association ou d'une société d'avocats, d'un office d'avoué ou d'avocat au Conseil d'État et à la Cour de cassation, justifiant de huit ans au moins de pratique professionnelle en cette qualité postérieurement à l'obtention du titre ou diplôme mentionné au 2° de l'article 11 de la loi du 31 décembre 1971[8]. Le décret du 4 nov. 2005 permet aux juristes travaillant dans des cabinets d'avocat d'accéder à la profession d'avocat sans passer l'examen d'entrée (pré-Capa), sans effectuer la formation de 18 mois et sans passer le Capa. Cette possibilité avait été accordée à un certain nombre de juristes d'entreprise depuis 1991, mais les juristes exerçant en cabinet d'avocat en avaient été exclus. En effet, la jurisprudence considère que le juriste d'entreprise est celui qui se charge des « problèmes juridiques » internes de son entreprise et non celui qui fournit des prestations à la clientèle de l'entreprise (aux clients d'un cabinet, par exemple). En outre, cette exclusion était justifiée par la volonté de conserver une certaine unité à la formation et à la filière d'accès à la profession.

Mais de nombreux arguments étaient également en faveur de la reconnaissance de cette passerelle : les juristes en cabinet d'avocats ayant huit ans d'expérience en cabinet n'étaient-ils pas tout aussi aptes à entrer dans cette profession que des juristes en entreprise ? À la suite d'une procédure de consultation, une réforme a été décidée, qui a abouti au décret du 4 novembre 2005. Toutefois, quelques points obscurs devront être éclaircis. En particulier, il faudra sans doute préciser ce qu'est un « juriste salarié », nombreux étant les titres sous lesquels des juristes exercent leurs fonctions dans des cabinets : juristes consultants, collaborateurs juridiques, assistants, consultants... sans compter les titres anglo-saxons. Par ailleurs, on peut se demander pourquoi, contrairement aux autres passerelles, des conditions de diplôme sont imposées.

8. Décr. 2 nov. 1991, art. 98, 6; mod. par décr. n° 2005-1381, 4 nov. 2005, *JO* 6 nov.

Le Conseil d'État, saisi pour annuler cette disposition sur le fondement de l'excès de pouvoir, au motif que ce texte exigerait des salariés des cabinets d'avocats des conditions plus strictes que les autres catégories de juristes, a écarté ce moyen [1], décidant qu'en exigeant des juristes salariés des cabinets d'avocats qu'ils aient obtenu le titre ou le diplôme prévu par la loi du 31 décembre 1971 avant le début de l'exercice de leur pratique professionnelle, alors qu'une telle condition d'antériorité n'est prévue ni dans le cas des juristes d'entreprise ni dans celui des juristes attachés à une organisation syndicale, le pouvoir réglementaire a tenu compte des caractéristiques propres aux expériences professionnelles des uns et des autres, sans édicter de mesure manifestement disproportionnée au regard des différences qui existent tant entre ces expériences qu'entre les possibilités offertes d'une part aux juristes salariés d'un cabinet d'avocat par la voie de la promotion professionnelle, d'autre part aux juristes d'entreprise ou attachés à des organisations syndicales par un changement du cadre d'exercice de leur profession. Il conclut que le pouvoir réglementaire n'a, dès lors, pas méconnu le principe d'égalité.

11.119 L'avocat ressortissant d'un État ou d'une unité territoriale n'appartenant pas à l'Union européenne. Il peut s'inscrire sans être titulaire du Capa mais il doit subir alors, pour pouvoir s'inscrire à un barreau français, les épreuves d'un examen de contrôle des connaissances en droit français. Il en est de même d'un ressortissant d'un État membre des Communautés européennes qui aurait acquis la qualité d'avocat dans un État ou une unité territoriale n'appartenant pas à ces Communautés [2].

Les modalités et le programme de l'examen de contrôle des connaissances prévu au dernier alinéa de l'article 11 de la loi du 31 décembre 1971 précité, pour l'inscription, au tableau d'un barreau français, des personnes ayant acquis la qualité d'avocat dans un État ou une unité territoriale n'appartenant pas à la Communauté économique européenne, sont fixés par arrêté du garde des Sceaux, ministre de la Justice et ne sont pas confiés au centre régional de formation professionnelle [3].

Le jury peut, au vu des travaux universitaires ou scientifiques du candidat, dispenser celui-ci de certaines épreuves.

Nul ne peut se présenter plus de trois fois à l'examen de contrôle des connaissances [4].

1. CE 6e ss-sect., 25 juill. 2007, n° 288720, *JCP* 2007, I, 206.
2. Décr. 27 nov. 1991, art. 11, al. dern. et 100.
3. L. 31 déc. 1971, art. 14.

§ 2
Dispenses relatives au juriste d'entreprise

11.121 Les juristes d'entreprise justifiant de huit ans au moins de pratique professionnelle au sein du service juridique d'une ou plusieurs entreprises [5].

• **Condition de diplôme.** Un juriste d'entreprise ayant exercé pendant plus de huit ans ne peut être intégré à la profession d'avocat en application de l'article 98-3 du décret du 27 novembre 1991 que s'il est titulaire de la maîtrise en droit ou d'un diplôme déclaré équivalent par arrêté ministériel et ce conformément à l'article 11-2° de la loi du 31 décembre 1971 [6]. L'exigence du diplôme n'est requise qu'au moment de l'inscription au barreau [7].

Le mot juriste d'entreprise n'est pas autrement défini par la loi du 31 décembre 1990 ni par le décret du 27 novembre 1991 et cette absence de définition a donné lieu à une abondante jurisprudence qu'il suffira de rappeler.

La seule différence entre le texte de l'article 98-3 du décret du 27 novembre 1991 et l'ancien article 44-1 du décret du 9 juin 1972 dans sa rédaction issue du décret du 13 novembre 1978 est la suppression de la nécessité que l'entreprise publique ou privée à laquelle est attaché le juriste qui demande son inscription au barreau en vertu des dispositions de cet article emploie au moins trois juristes.

On peut donc appliquer à la définition de cette catégorie de personnes la jurisprudence intervenue sous l'empire des textes antérieurs [8].

11.122 Durée incomplète. L'inscription directe au barreau a été refusée à un juriste d'entreprise qui excipait de huit années d'exercice professionnel, mais qui avait exercé pendant cette durée un mandat électoral qui l'avait occupé pendant 180 jours. La Cour de cassation refuse de prendre en compte cette dernière durée. Elle rappelle que la dispense partielle de formation accordée aux juristes d'entreprise remplissant la condition de pratique professionnelle ne constitue pas un droit attaché à l'ancienneté mais un mode d'accès à une profession à caractère dérogatoire et, partant, d'interprétation stricte, subordonné à une condition d'aptitude tenant à une expérience pratique réelle et

4. Décr. 27 nov. 1991, art. 106.
5. Décr. 27 nov. 1991, art. 98, 3°.
6. Civ. 1re, 4 févr. 1997, n° 95-11.318, *Bull. civ.* I, n° 40; *JCP* 1997, I, 40-41, Martin, n° 13; *Gaz. Pal.* 11 oct. 1997, pan. 15 – POUR un secrétaire général de mairie : CA Bordeaux, 16 déc. 1997, *Gaz. Pal.* 18 avr. 1998, 21, note Damien – CONTRA : CA Nancy 21 janv. 1998, *Gaz. Pal.* 18 avr. 1998, p. 22.
7. Civ. 1re, 31 mars 1998, n° 95-18.398, *Bull. civ.* I, n° 132; *JCP* 1998, IV, 2193.
8. Hamelin et Damien, 6e éd., n° 76.

effective pour la durée requise. En l'espèce, la cour d'appel avait tenu compte de l'article L. 2123-7 du Code général des collectivités territoriales, lequel prévoit que le temps d'absence consacré à l'exercice d'un mandat électif est assimilé à une durée de travail effective pour la détermination de tous les droits découlant de l'ancienneté. Elle n'aurait pas dû compter dans le temps de travail effectif le temps consacré à l'exercice du mandat électif[1].

11.123 Juriste unique. En vertu de la jurisprudence rendue sous l'empire des anciens textes, les personnes qui voulaient bénéficier de cette qualification de juriste d'entreprise devaient pour entrer dans la définition légale être exclusivement attachées au service juridique ou fiscal d'une entreprise publique ou privée qui devait employer au minimum trois juristes « exclusivement attachés à ce service »[2]. Cette obligation a disparu dans la réforme de 1991 et actuellement un seul juriste suffit pour permettre la qualification de juriste d'entreprise[3].

11.124 Défaut de qualité de juriste d'entreprise. La jurisprudence a précisé que l'exercice de cette fonction à l'étranger ne permettait pas de satisfaire à la définition du juriste d'entreprise telle que prévue par l'article 50 de la loi du 31 décembre 1971[4], qu'un clerc de notaire[5], qu'un chef de service ou qu'un directeur[6], qu'un secrétaire d'avocat[7], qu'un collaborateur d'avocat[8], qu'un magistrat étranger[9], qu'un collaborateur se bornant à assurer les relations avec les subordonnés, les salariés ou les succursales[10], qu'un secrétaire général de juridiction consulaire[11], qu'une personne attachée au service juridique d'un syndicat[12], qu'un fonctionnaire attaché au service juridique d'une collectivité locale[13] ne sont pas des juristes d'entreprise. De même, la personne qui n'exerce pas ses fonctions exclusivement dans un service juridique, c'est-à-dire un service spécialisé chargé au sein de la société des « problèmes juridiques » engendrés par son activité, ne peut bénéficier de l'article 98-3 du décret du 27 novembre 1991[14].

11.125 Définition du juriste d'entreprise. En revanche, en rassemblant les points positifs au travers des définitions négatives données par la jurisprudence, on peut décrire le juriste d'entreprise comme étant « celui qui exerce ses fonctions dans un département, chargé, au sein d'une entreprise publique ou privée considérée comme étant la réunion de moyens matériels et humains coordonnés et organisés en vue de réaliser un objectif économique déterminé, de connaître les questions juridiques ou fiscales se posant à celle-ci, d'y assurer une fonction de responsabilité dans l'organisation et le fonctionnement de la vie publique de l'entreprise qui ne peut être confondue avec le simple exercice professionnel du droit assimilable à une activité d'administration pure et simple couramment pratiqué dans cette entreprise »[15]. Il peut s'agir d'un responsable investi d'une responsabilité dans une entreprise, avec pouvoir de décision de l'organisation et de fonctionnement de la vie commerciale, juridique et fiscale de la société[16].

La cour de Douai a tenté de donner une définition du juriste d'entreprise dans un arrêt du 10 février 1997[17] : est juriste d'entreprise celui qui exerce ses fonctions dans un département chargé au sein d'une

1. Civ. 1re, 8 nov. 2007, n° 05-18.761, *Bull. civ.* I, n° 344.
2. Civ. 1re, 12 juill. 1989, n° 87-14.953, *Bull. civ.* I, n° 285.
3. Décr. 27 nov. 1991, art. 98.
4. Civ. 1re, 21 juin 1983, n° 82-15.219, *Bull. civ.* I, n° 177; *Gaz. Pal.* 1983, 2, 525.
5. CA Paris, 28 mai 1986, *D.* 1987, somm. 65, obs. Brunois – Civ. 1re, 17 nov. 1987, n° 86-16.457, *Bull. civ.* I, n° 296; *D.* 1988, IR 243; *Gaz. Pal.* 1988, IR 20.
6. Civ. 1re, 14 janv. 1976, n° 73-11.841, *Bull. civ.* I, n° 14; *Gaz. Pal.* 1976, 1, pan. 68.
7. CA Lyon, 8 juill. 1987, *Gaz. Pal.* 6 oct. 1987, 7, note A. D.
8. CA Versailles, 23 mai 1990, *Gaz. Pal.* 20 déc. 1990, 33.
9. CA Paris, 26 nov. 1986, *Gaz. Pal.* 1987, 1, 123; *D.* 1987, IR 27.
10. CA Douai, 15 janv. 1987, *Gaz. Pal.* 1987, 2, 460; *D.* 1988, somm. 233 – CA Montpellier, 7 mai 1987, *Gaz. Pal.* 12 janv. 1988, p. 15.
11. CA Rouen, 13 oct. 1987, *Gaz. Pal.* 12 janv. 1988, 16.
12. Civ. 1re, 12 juill. 1989, n° 87-15.781, *Bull. civ.* I, n° 286; *JCP* 1989, IV, 435; *D.* 1989, IR 241.
13. Civ. 1re, 30 mars 1994, n° 92-18.764, *Bull. civ.* I, n° 121; *D.* 1994, IR 99; *Gaz. Pal.* 1er oct. 1994, 180; *D.* 1994, 500, note Alexandre.
14. Cass., Ch. mixte, 6 févr. 2004, n° 00-19.107, *Bull. Ch. mixte,* n° 1; *JCP* 18 févr. 2004, p. 324, qui souligne que cette activité doit être exercée à titre exclusif dans le service juridique de l'entreprise – ANTÉRIEUREMENT : Civ. 1re, 14 nov. 1995, n° 93-20.804, *Bull. civ.* I, n° 410.
15. CA Basse-Terre, 19 déc. 1990, *Gaz. Pal.* 6 avr. 1991, p. 20 – POURVOI REJETÉ PAR Civ. 1re, 3 mars 1993, n° 91-12.674, *Bull. civ.* I, n° 92; *Gaz. Pal.* 10 août 1993, p. 119; *D.* 1993, IR 73; *JCP* 1993, IV, 131, qui admet un rédacteur au contentieux de la Caisse générale de Sécurité sociale, mandataire d'audience, comme juriste d'entreprise – et un employé au service juridique d'une compagnie d'assurance, Civ. 1re, 16 mars 1994, n° 92-13.108, *Bull. civ.* I, n° 98; *D.* 1994, IR 83 – CA Besançon, 11 mars 1992, *D.* 1994, IR 132 – un collaborateur de service juridique d'une société d'expertise comptable, CA Paris, 7 nov. 1991, *Gaz. Pal.* 16 sept. 93, p. 19 – un fonctionnaire des douanes, CA Paris, 27 avr. 1994, Prats c/Barreau de Paris, inédit – un employé exerçant des fonctions de responsabilité au sein du service juridique d'une caisse d'allocations familiales, Civ. 1re, 26 mai 1994, n° 93-10.858, *Bull. civ.* I, n° 184; *JCP* 1994, IV, 1869.
16. Civ. 1re, 14 nov. 1995, n° 94-10.002, *Bull. civ.* I, n° 409; *JCP* 1996, IV, 11.
17. CA Douai, 10 févr. 1997, *Bull. conf. bâtonniers*, 30 avr. 1997, n° 12, p. 1.

entreprise de connaître les « problèmes juridiques et fiscaux » se posant à celle-ci, d'y assurer une fonction de responsabilité, d'organisation et de fonctionnement de la vie publique de l'entreprise qui ne peut être confondue avec le simple exercice professionnel en droit, assimilable à une activité d'administration pure et simple couramment pratiquée dans cette entreprise.

La Cour de cassation s'est montrée assez stricte sur l'application de ce texte, exigeant que l'activité juridique ait été exercée dans une entreprise (tel n'étant pas le cas d'un clerc de notaire[1]), que cette activité au sein de l'entreprise ait été exclusive[2] et que cette activité se soit exercée au sein d'un service spécialisé de l'entreprise (tel n'étant pas le cas de juristes employés par une société d'assurances mutuelles, dans un service juridique qui n'est pas un service spécialisé chargé dans l'entreprise de l'étude des « problèmes juridiques » posés par l'activité de celle-ci[3]); ce qui suppose par ailleurs une grande entreprise[4]. Pas plus ne peuvent accéder au barreau en cette qualité : le dirigeant d'entreprise, même si dans l'exercice de son pouvoir de direction, il s'est trouvé dans l'obligation d'envisager les conséquences juridiques des opérations dans lesquelles s'engageait la société[5]; les fonctionnaires affectés ou chargés d'un service juridique par une collectivité locale, n'étant pas elle-même une entité à finalité économique, quelles que soient les fonctions par eux exercées (juriste dans les services juridiques du département et de la région)[6].

Toutefois l'activité (d'inspecteur) au sein du contentieux de l'Urssaf a été admise bien que celle-ci ne concerne que le droit de la sécurité sociale, ce qui suppose une spécialisation du futur avocat[7]. A été également admise l'activité d'un mandataire d'audience, ayant reçu un mandat général pour représenter et défendre les intérêts de la caisse générale de Sécurité sociale devant les juridictions de l'ordre judiciaire et de l'ordre administratif, ayant aussi été appelé à collaborer, avec le responsable du service contentieux[8]. Il en est de même en ce qui concerne les juristes attachés à l'activité juridique syndicale prévue par l'article 5 de l'article 98 (v. s^{s} n° 11.116)[9].

Or, en l'espèce, le candidat embauché sous la qualification d'agent de maîtrise devenu cadre par la suite, appartenait au service juridique nouvellement créé au sein d'une société qui a évolué très progressivement et qui constituait une entité réduite placée sous l'autorité d'autres responsables d'entreprise. En conséquence, la cour en a déduit que le candidat n'a pas eu à exercer une réelle fonction de responsabilité dans l'exercice du droit et elle ajoute que la participation du candidat au conseil d'administration de l'entreprise, la rédaction de procès-verbaux, l'établissement de dossiers d'inscriptions de marques et les contacts avec les avocats de la société, ne sauraient caractériser l'activité juridique distincte des activités de simple administration pratiquées au sein de l'entreprise.

11.126 Rapprochement entre les professions d'avocats et de juristes d'entreprises. Actuellement, un rapprochement entre les avocats et les juristes d'entreprises s'opère, dès lors que les avocats s'interrogent sur leur intégration au sein de services juridiques d'entreprises. Mais se posent alors les questions de la confidentialité des correspondances et du secret professionnel qui gouvernent, en l'état actuel des textes, la seule profession d'avocat[10].

Un rapport intitulé « rapprochement entre les professions d'avocat et de juriste d'entreprise » a été remis le 27 janvier 2006 au garde des Sceaux. En effet, en décembre 2004, le ministre de la Justice avait annoncé devant l'assemblée générale de l'association française des juristes d'entreprise (AFJE), la création d'un groupe de travail paritaire, composé de représentants des institutions représentatives et des organisations syndicales des deux professions. Ce groupe de travail, mis en place en 2005, avait pour objectif d'identifier les difficultés que peuvent poser l'entrée de l'avocat en entreprise et de voir de quelle manière elles pourraient être résolues. Pour ce faire, l'exemple étranger a été largement sollicité, car l'avocat exerçant sa profession comme salarié d'une entreprise existe dans la plupart des États membres de l'Union européenne (Allemagne, Danemark, Espagne, Grèce, Irlande, Islande, Pays-Bas, Royaume-Uni notamment).

La réforme proposée en 2006 par le rapport vise à permettre aux avocats d'exercer leur profession en qualité de salarié d'une entreprise tout en conservant leur titre, leur statut et leur déontologie. Dans le même temps, des juristes d'entreprise répondant à certains critères précis, pourraient devenir avo-

1. Civ. 1re, 17 nov. 1987, n° 86-16.457, *Bull. civ.* I, n° 296.
2. Civ. 1re, 14 nov. 1995, n° 94-10.002, *Bull. civ.* I, n° 409; *JCP* 1996, IV, 11.
3. Civ. 1re, 28 nov. 1995, n° 93-18.606, *Bull. civ.* I, n° 432; *JCP* 1996, IV, 134.
4. Civ. 1re, 28 nov. 1995, n° 93-18.606, *Bull. civ.* I, n° 432; *JCP* 1996, IV, 134.
5. Civ. 1re, 14 nov. 1995, n° 94-10.002, *Bull. civ.* I, n° 409; *D.* 1995, IR 263.
6. Civ. 1re, 30 mars 1994, n° 92-18.764, *Bull. civ.* I, n° 121; *D.* 1994, IR 99; *D.* 1994, 500, note Alexandre.
7. Civ. 1re, 13 mars 1996, n° 94-13.856, *Bull. civ.* I, n° 131; *D.* 1996, IR 113; *JCP* 1996, IV, 1034.
8. Civ. 1re, 3 mars 1993, n° 91-12.674, *Bull. civ.* I, n° 92.
9. Martin, *JCP* 1996, I, 3948, n° 8 et rectificatif *JCP* 1997, I, 3993, n° 6.
10. *Les Échos* 15, 21 et 23 juin 2004.

cats, tout en conservant leur emploi et leur fonction au sein de l'entreprise. Les conclusions du rapport présentent une ébauche du statut d'un avocat exerçant en entreprise qui serait très proche des exemples anglais, allemand ou espagnol.

11.127 **S'agissant du champ d'activité professionnelle** de l'avocat exerçant en entreprise, le groupe de travail est parvenu aux conclusions suivantes :

L'avocat exerçant en entreprise exercerait les fonctions actuelles de juriste en entreprise (conseil et rédaction d'actes). En revanche, il ne pourrait ni plaider ni postuler pour son employeur lorsque l'assistance n'est pas libre et la représentation obligatoire (principalement devant le TGI). C'est ici l'exemple allemand qui a été choisi. Ainsi, l'avocat en entreprise ne concurrencera pas ses confrères (notamment ceux ayant une clientèle institutionnelle) sur ce terrain, ce qui était une de leurs craintes. Les entreprises ayant embauché des avocats salariés devraient donc continuer à avoir recours à des avocats extérieurs en cas de contentieux.

Par ailleurs, il est proposé que dans le respect de la déontologie (secret professionnel et indépendance notamment), l'avocat en entreprise puisse exercer un mandat social au sein de la société qui l'emploie ou bien dans une société du même groupe. Il pourrait également recevoir un mandat électif compatible avec sa profession. Mais au sein de son entreprise, il ne pourrait cumuler la fonction juridique avec une autre fonction.

Quant au contrat de travail de l'avocat salarié d'une entreprise serait soumis au Code du travail, sauf dérogations expresses justifiées par le respect de l'indépendance et de la déontologie. Il serait soumis au contrôle du Conseil de l'ordre.

L'avocat aurait la liberté de cumuler ce contrat de travail avec un des modes d'exercice habituel des avocats (à titre individuel, au sein d'une association, d'une société...). Il pourrait donc être salarié à temps partiel et exercer parallèlement sa profession dans un cabinet à titre individuel, ou comme associé, comme collaborateur ou salarié[1].

11.128 **S'agissant de la déontologie**, qui est une des difficultés essentielle du rapprochement des professions, l'avocat salarié d'une entreprise serait soumis aux mêmes principes déontologiques que ses confrères. Seules seraient écartées les règles intimement liées à l'activité judiciaire et manifestement inadaptées à l'exercice en entreprise[2].

La question du respect du secret professionnel et des règles de déontologie, qui sont l'expression même de l'indépendance de l'avocat, reste en l'état actuel un obstacle fondamental à l'inscription au tableau d'un avocat exerçant sa profession comme salarié d'une entreprise[3].

Le Conseil de l'ordre des avocats de Paris avait adopté, lors de sa séance du 8 juin 2004, une résolution favorable à l'exercice en entreprise des avocats inscrits au barreau : « Il appelle à une vaste concertation des partenaires intéressés pour adapter la législation en ce sens : une nouvelle étape vers une grande profession du droit.

Le barreau de Paris souhaite inscrire cette résolution dans le cadre suivant :

- les avocats inscrits au Barreau de Paris ont tous vocation à exercer en entreprise;
- l'avocat exerçant en entreprise est maintenu avocat au sein de son Barreau et reste soumis aux règles de déontologie et de discipline qui y sont applicables;
- le secret professionnel et la confidentialité notamment, restent indissociables de cette forme d'exercice;
- conformément au statut de l'avocat salarié, l'avocat en entreprise ne peut avoir de clientèle personnelle, de quelque nature que ce soit;
- l'exercice en entreprise est exclusif de toute représentation et assistance en justice, eu égard à la prohibition des conflits d'intérêts et à la nécessaire indépendance de l'avocat.

Cette résolution marque une étape importante pour toutes les parties prenantes :

- pour les entreprises qui pourraient intégrer les compétences de l'avocat dans leurs activités concurrentielles de plus en plus marquées par le droit;
- pour les avocats qui affirment ainsi avec force qu'ils ne sont pas uniquement des acteurs du judiciaire mais aussi du juridique, en bonne entente avec les juristes d'entreprise;
- pour l'Ordre des avocats de Paris et son bâtonnier Jean-Marie Burguburu qui a obtenu une avancée significative sur une question débattue dans la profession depuis plusieurs années. »[4]

Depuis cette résolution du Conseil de l'ordre du barreau de Paris est intervenu le décret du 4 novembre 2005. Il ajoute un nouvel alinéa 6 à l'article 98 du décret du 27 novembre 1991.

Les juristes salariés des cabinets d'avocats sont ajoutés à la liste des candidats à l'inscription au tableau des avocats à la condition nouvelle par rapport à la jurisprudence antérieure que leur diplôme[5]

1. Rapport relatif au rapprochement entre les professions d'avocat et de juriste d'entreprise, remis au garde des Sceaux le 27 janv. 2006, p. 16.
2. Rapport relatif au rapprochement entre les professions d'avocat et de juriste d'entreprise, remis au garde des Sceaux le 27 janv. 2006, p. 35.
3. Delas, « Secret professionnel et avocat en entreprise », *Gaz. Pal.* 25 avr. 2006.
4. Mentionné à l'al. 2 de l'art. 11 de la loi du 31 déc. 1971.
5. http://www.avocatparis.org

soit acquis antérieurement au début de leur emploi comme juriste salarié dans le cabinet d'avocats. Cette précaution est sage. Elle n'exclut pas que les cabinets importants et structurés recrutent dès leur sortie de la faculté de droit, des diplômés qu'un salariat de huit ans dans le cabinet recruteur dispensera de toute formation et permettra l'inscription au tableau à l'issu de ces huit ans.

SECTION 8 RÉGIME ANTÉRIEUR À LA RÉFORME ET TRANSITOIRE : LE STAGE

§ 1 Réforme

11.131 **Disparition de l'ancien « stage ».** La loi du 11 février 2004 a supprimé le stage de deux ans et toutes les dispositions du décret du 27 novembre 1991 concernant le stage[1] ont été abrogées à compter du 1er septembre 2005. Depuis la suppression de ce stage, l'avocat peut exercer pleinement sa profession, dès l'obtention du Capa (v. ss nos 11.91 s.).

Néanmoins, le nouveau régime de formation, entré en application au 1er septembre 2005, a prévu que les personnes en cours de formation professionnelle à la date d'entrée en vigueur du titre II relatif à la formation devaient poursuivre leur formation dans les conditions antérieures à cette réforme. Les élèves et candidats libres qui avaient passé le Capa en 2004 et 2005 dans le cadre de l'ancien régime devaient effectuer leurs deux années de stage dans les conditions de l'ancien système. Ils ne pouvaient s'inscrire au tableau qu'après obtention de leur certificat de fin de stage (soit en 2007 pour le Capa de 2005). S'ils n'avaient pas effectué leur stage, ils auraient pu tout de même s'inscrire au tableau à compter du 1er septembre 2007.

La formation professionnelle des avocats, définie par l'article 12 de la loi du 31 décembre 1971 (dans son ancienne rédaction issue de L. n° 90-1259, 31 déc. 1990) comprenait :

- un examen d'accès à un centre régional de formation professionnelle;

- une formation théorique et pratique d'une année dans un centre, sanctionnée par le certificat d'aptitude à la profession d'avocat (Capa);

- un stage de deux années sanctionné par un certificat de fin de stage.

• Tout jeune avocat qui s'inscrivait à un barreau devait, en plus de la fréquentation des audiences et de la participation aux travaux du Centre de formation professionnelle, assurer, aux termes de la loi, un travail effectif en qualité de collaborateur, d'associé ou de salarié, d'un avocat, ou chez un avocat aux conseils, un avoué à la cour et ce pendant une durée minimum d'une année[2]. En outre il pouvait, pendant le reste de la durée de son stage, travailler suivant les modalités fixées par les règlements du centre de formation des avocats, chez un notaire, au parquet d'un tribunal ou d'une cour, un expert comptable ou un commissaire aux comptes, auprès d'un avocat inscrit à un barreau étranger, auprès d'une administration publique ou dans les services juridiques ou fiscaux d'une entreprise.

• On avait voulu pallier la disparition des modes de formation artisanaux (v. ss n° 11.05) par l'institution d'un centre de formation professionnelle et par un stage en qualité de collaborateur chez un ancien. En effet, si le règlement intérieur du centre de formation professionnelle ou le règlement intérieur du barreau le prévoit, cet ancien peut être un véritable maître de stage, délégué de l'Ordre et du centre de formation pour apporter au stagiaire la pratique qui lui fait défaut; même si l'avocat patron n'est pas délégué de l'Ordre ou du centre de formation et responsable devant lui de ses efforts, de ses maladresses et de ses insuffisances dans la formation des stagiaires, il peut être désigné par le conseil d'administration du centre régional de formation professionnelle après avis du Conseil de l'ordre du barreau concerné et ne peut, sans motif, légitime, refuser d'être inscrit sur cette liste[3]; il peut également appartenir à un autre barreau que celui où s'inscrit le stagiaire, dès lors que ce barreau est situé dans le ressort de la même cour d'appel[4]; il doit en tout état de cause former et éclairer le stagiaire selon des méthodes dont le choix lui est propre et dans le cadre d'une assiduité dont il détermine les modalités et dans le cadre des règles morales et déontologiques même non écrites qui découlent des usages séculaires du barreau et de ses traditions[5].

• C'est ainsi que le patron sera en droit d'exiger de son collaborateur une présence assidue à son cabinet, mais le collaborateur, en revanche, a droit d'accepter une clientèle personnelle, dans des conditions à déterminer dans le contrat de collaboration[6]. En effet, l'article 77 du décret du 27 novembre 1991 n'interdit pas à l'avocat stagiaire l'institution d'une clientèle tout en collaborant[7].

On ne peut exiger d'un candidat au barreau la production du contrat de collaboration avant son inscription au stage et sa prestation de serment mais le Conseil

1. Décr. n° 91-1197, 27 nov. 1991, art. 72 à 83.

2. Décr. 27 nov. 1991, art. 80.
3. Décr. 27 nov. 1991, art. 60 – CE 30 sept. 1983, n° 24575, Ordre des avocats au barreau de Marseille, *Lebon*; *Gaz. Pal.* 1984, 1, 39, concl. Dandelot.
4. CA Amiens, 4 juill. 1983, *Gaz. Pal.* 1983, 2, 612, note A. D. – Civ. 1re, 21 mars 1995, *D.* 1995, IR 101.
5. CA Rennes, 2 avr. 1976, *Gaz. Pal.* 1976, 1, 442.
6. L. 31 déc. 1971, art. 7.
7. Décr. 27 nov. 1991, art. 78.

de l'ordre dispose d'un pouvoir de contrôle sur les contrats de collaboration et leur exécution [1].

11.132 Finalité du stage. La formation professionnelle apportée par le centre régional de formation aux futurs avocats ne constitue qu'une initiation à la profession. La véritable formation est constituée par le stage maintenu par la réforme issue de la loi du 31 décembre 1990 [2].

La formation des avocats a été modifiée en fonction de la fusion entre les professions d'avocat et celle de conseil juridique dont les modes de formation étaient différents. Le gouvernement avait pensé tout d'abord prévoir deux années de formation théorique et pratique au sein d'un centre de formation auquel on aurait accédé par un examen, années sanctionnées par le Capa et auxquelles s'ajoutait un an de stage. Au cours des débats parlementaires est apparue une solution de conciliation, la formation théorique et pratique est limitée à une année; en revanche, le stage est de deux années [3].

11.133 Critiques du stage et proposition de réforme. Le CNB a approuvé le 15 novembre 1997 un rapport rédigé par Maître D. Lequai relatif à la formation des avocats. Ce rapport constate tout d'abord que cette étape de la formation est qualifiée d'échec, l'idée centrale de la réforme proposée est la suppression du stage puisque ce stage est mal reçu et ne servirait, paraît-il, à rien. En effet, le stagiaire est encore considéré comme un élève alors qu'il exerce déjà des fonctions d'avocat, il manque de maîtres de stage et beaucoup de maîtres de stage sont mal préparés à leur rôle. En compensation de la suppression du stage, la durée de la formation initiale avant Capa serait portée à 18 mois effectifs au lieu de 12, ce qui avec les temps des examens et des vacances correspond à un cycle de 24 mois. Cette phase de formation serait divisée en trois périodes de six mois chacune :

- formation au sein de l'école du centre où serait dispensée la formation continue de base; la durée de cette formation serait réduite de moitié;

- une période consacrée à des formations complémentaires à option dispensées par les centres de formation s'ils en ont la capacité ou par l'université ou par tout autre organisme extérieur agréé;

- les six derniers mois, une véritable période d'intégration professionnelle, l'élève avocat étant intégré dans un cabinet.

On retrouvait donc un stage de six mois au lieu de deux ans qui ne serait pas effectué par un avocat en titre mais par un élève avocat, ce qui permettrait de se passer de contrat de collaboration et de rémunération. À l'issue de la formation l'élève avocat affronterait le Capa qui pourrait être allégé par un contrôle continu et l'élève en sortirait comme avocat à part entière, inscrit immédiatement au tableau. Dans le cadre actuel de la formation, le centre régional de formation professionnelle qui a la charge de la formation théorique et pratique des futurs avocats, a également celle de contrôler les conditions de déroulement du stage des étudiants devenus désormais avocats [4].

11.134 Inscription au CRFP. La personne admise au stage par décision du Conseil de l'ordre, au vu des pièces établissant sa nationalité, ses diplômes et la possession du Capa et après que le Conseil de l'ordre a recueilli tout renseignement sur sa moralité, est inscrite au centre régional de formation professionnelle de la cour d'appel de laquelle elle dépend [5].

• **Liste du stage.** L'inscription sur la liste du stage est prononcée par le Conseil de l'ordre dans les deux mois de la réception de la demande [6]. Le refus d'admission ne peut être prononcé sans que l'intéressé ait été entendu ou appelé avec un délai de huit jours au moins [7].

11.135 Droits de l'avocat. L'avocat inscrit sur la liste du stage porte le titre d'avocat et peut accomplir tous les actes de la profession [8]; en effet, la mention dans le titre du mot « stagiaire » a disparu depuis le décret du 17 mars 1983 [9]. Il suit un enseignement du centre régional dont relève le barreau où il est inscrit.

§ 2
Durée du stage – Suspension – Congé

11.141 Compétence du CRFP. Le stage, jadis placé sous le seul contrôle de l'Ordre, relève désormais du centre de formation professionnelle.

11.142 Durée du stage. Il était de deux années [10]. La durée du stage pouvait, à la demande de l'avocat stagiaire, être prolongée jusqu'à cinq années, mais cette disposition a été abrogée le 31 décembre 1990.

• À l'issue du stage, le conseil d'administration du centre régional de formation professionnelle délivre un certificat de fin de stage à l'avocat qui a satisfait à toutes les obligations mentionnées à l'article 77 [11].

1. Civ. 1re, 10 oct. 1979, n° 78-13.726, *Bull. civ.* I, n° 242; *Gaz. Pal.* 1980, 1, somm. 10; *D.* 1980, IR 455 – CA Poitiers, 23 mars 1978, *Gaz. Pal.* Tables 1977-1979, *V° Avocats*, n° 7 – CA Saint-Denis-de-la-Réunion, 23 févr. 1977, *JCP* 1978, II, 18982 et 19000 – CA Pau, 9 juill. 1981, *Gaz. Pal.* 1981, 2, 720.
2. L. 31 déc. 1971, art. 12.
3. L. 31 déc. 1991, art. 12.
4. L. 31 déc. 1971, art. 14-4.
5. Décr. 27 nov. 1991, art. 73.
6. Décr. 27 nov. 1991, art. 73.
7. Décr. 27 nov. 1991, art. 73, § 3.
8. Décr. n° 91-1197, 27 nov. 1991, art. 78.
9. Décr. n° 83-210, 17 mars 1983.
10. L. 31 déc. 1971, anc. art. 12, 3°.
11. Décr. 27 nov. 1991, art. 79.

• La décision du conseil d'administration qui refuse le certificat de fin de stage ne peut être prise sans que l'intéressé ait été entendu; elle est motivée. Elle est notifiée par le président, par lettre recommandée avec demande d'avis de réception, à l'intéressé qui peut la déférer à la cour d'appel. Il en est donné avis au bâtonnier du barreau auquel appartient l'intéressé.

11.143 **Recours.** La décision est susceptible de recours dans les conditions prévues aux premier, deuxième et sixième alinéas de l'article 16. L'intéressé avise sans délai de sa réclamation le procureur général, le président du conseil d'administration du centre et le bâtonnier de son barreau, par lettre recommandée avec demande d'avis de réception.

La décision de la cour d'appel est notifiée par le secrétariat-greffe par lettre recommandée avec demande d'avis de réception à l'intéressé et au président du conseil d'administration. Copie de la décision est adressée au bâtonnier par le secrétariat-greffe [1].

• Le stage ne peut être suspendu plus de trois mois, sauf dérogation accordée par le conseil d'administration du centre régional de formation professionnelle. Pour l'accomplissement du service national, la dérogation est de droit [2].

• Les secrétaires de la conférence du stage des avocats sont désignés par le Conseil de l'ordre, parmi les avocats inscrits sur la liste du stage à la suite d'un concours auquel ne peuvent prendre part ceux qui ont été frappés d'une peine disciplinaire [3].

• Le Conseil de l'ordre peut, dans les conditions fixées par son règlement intérieur et en liaison avec le centre régional de formation professionnelle, dispenser aux avocats inscrits sur la liste du stage un complément de formation déontologique compte tenu des usages propres au barreau [4].

• Les avocats inscrits à un barreau étranger peuvent effectuer un stage d'une durée d'un an, renouvelable deux fois, auprès d'un avocat inscrit au tableau. Ces stagiaires conservent leur qualité d'avocat étranger.

Sans être inscrits sur la liste du stage, ils participent, dans les conditions prévues à l'article 60, à l'activité professionnelle de l'avocat maître de stage, sans pouvoir se substituer à celui-ci dans aucun acte de sa fonction. L'exercice d'autres activités professionnelles entraîne le retrait de l'agrément.

Le maître de stage informe le bâtonnier de l'accueil du stagiaire et de la période prévue pour l'accomplissement du stage au moins un mois avant le début de celui-ci.

Le bâtonnier saisit le Conseil de l'ordre qui, dans ce délai, accorde ou refuse son agrément. Les dispositions de l'article 74 sont applicables à la décision du Conseil de l'ordre et aux voies de recours dont elle peut faire l'objet [5].

11.144 **Accomplissement du stage.** Les dispositions antérieures, selon lesquelles le stage accompli devant un ou plusieurs tribunaux de grande instance ne pouvait servir pour compléter le stage devant une cour, ni pour obtenir l'inscription au tableau des avocats d'une cour d'appel, n'ont plus de portée aujourd'hui puisqu'il n'existe plus de distinction entre les barreaux qui sont tous désormais des barreaux institués auprès des tribunaux de grande instance et donc égaux entre eux. Le stage n'est plus assuré par les barreaux eux-mêmes mais par le centre régional de formation professionnelle.

11.145 **Modalités d'accomplissement du stage.** La tâche du centre de formation professionnelle consiste à :

- assurer la participation aux travaux organisés par le centre qui comportent notamment un enseignement des règles et usages de la profession ainsi que la pratique de celle-ci;
- assurer la fréquentation des audiences;
- assurer un travail effectif à finalité pédagogique à chaque stagiaire qui doit avoir lieu, à concurrence d'une année au moins, en qualité de collaborateur, de salarié ou d'associé d'un avocat ou dans le cabinet d'un avocat au Conseil d'État et à la Cour de cassation ou dans l'étude d'un avoué près de la cour d'appel.

Pendant le reste de sa durée le stage peut aussi être accompli suivant les modalités fixées par le règlement intérieur du centre :

- dans l'étude d'un notaire;
- au parquet de la cour d'appel ou d'un tribunal de grande instance;
- dans un cabinet d'expert-comptable ou de commissaire aux comptes;
- auprès d'un avocat inscrit à un barreau étranger;
- auprès d'une administration publique ou dans les services juridiques ou fiscaux d'une entreprise employant au moins trois juristes, ou d'une organisation internationale [6].

11.146 **Accomplissement à mi-temps du stage.** Le stage peut être accompli à mi-temps, aux termes de l'article 77 du décret du 27 novembre 1991 tel

1. Décr. 27 nov. 1991, art. 80.
2. Décr. 27 nov. 1991, art. 81.
3. Décr. 27 nov. 1991, art. 82.
4. Décr. 27 nov. 1991, art. 83.
5. Décr. 27 nov. 1991, art. 84.
6. Décr. 27 nov. 1991, art. 77.

que modifié par le décret du 17 octobre 1995[1], la période ainsi effectuée ne compte que pour la moitié de sa durée, toutefois l'ensemble des travaux organisés par le centre ou par les organismes de formation agréés par le conseil national des barreaux, doit avoir été accompli au cours des deux années suivant la date de prestation de serment de l'avocat.

• **Parrainage.** Le Conseil de l'ordre de Paris, devant les difficultés pour certains jeunes diplômés de l'école de formation du barreau pour trouver des stages, a admis qu'un titulaire du Capa puisse, à titre exceptionnel, prêter serment sans avoir préalablement conclu un contrat de collaboration, sous réserve d'accepter le parrainage d'un maître de stage délégué[2].

11.147 Choix du stage. Il ressort des textes que ce n'est pas au stagiaire qu'il appartient de rechercher cette formation ou association éventuelle, mais au centre de formation professionnelle qu'incombe la tâche de permettre au stagiaire d'assurer le régime du stage tel que défini à l'article 77 du décret du 27 novembre 1991. Le stagiaire est libre de déterminer personnellement son option notamment en s'associant avec un avocat inscrit ou stagiaire, ce « patron » peut d'ailleurs appartenir au même barreau que le stagiaire ou à un autre barreau situé dans le ressort de la même cour d'appel[3], mais pour les stagiaires qui n'ont pas trouvé cette collaboration, c'est au barreau et au conseil d'administration du centre qu'il appartient d'y pourvoir. Le centre de formation assume la charge des stagiaires et toutes les obligations qui en découlent. Le conseil d'administration, après avis du Conseil de l'ordre, fixe la liste des maîtres de stage et peut imposer à un avocat d'être maître de stage[4].

Cette nécessité qui pèse sur le centre de formation et qu'il met en œuvre grâce au concours des barreaux qui le composent, de procurer à chaque avocat s'inscrivant au barreau les modalités de travail prévues par l'article 77, ne va pas jusqu'à autoriser, comme cela s'est vu, un barreau à regrouper les « isolés » dans un local de l'Ordre et à leur fournir un « box » de travail et une clientèle assistée. Cette solution qui consiste à instituer une sorte de centre hospitalier judiciaire n'est pas conforme à la conception libérale de l'exercice de la profession d'avocat telle qu'elle résulte de la tradition et des textes qui la régissent.

• **Condamnation du refus d'inscription.** En revanche on ne peut refuser d'inscrire un postulant au stage au motif qu'il n'aurait pas trouvé de « patron ». Il ressort en effet de l'arrêt de la Cour de cassation du 10 octobre 1979[5] que le contrat de collaboration ne pouvant être souscrit que par un avocat déjà inscrit sur la liste du stage, on ne peut subordonner l'admission au serment d'un avocat à la conclusion par le postulant d'un contrat de collaboration conforme aux règles professionnelles et antérieur à sa demande d'admission au serment et au stage[6].

De même le Conseil de l'ordre ne peut exiger que le candidat à l'inscription au tableau ou à la liste du stage d'un ordre, ait cessé toute activité de salarié dès avant cette inscription. Ce faisant, il aggrave les conditions posées par l'article 62 du décret du 9 juin 1972[7].

Un barreau ne peut subordonner la prestation de serment à la justification d'une promesse de stage; la cour d'Aix-en-Provence rappelle que le règlement intérieur d'un barreau ne peut ajouter aux dispositions légales portant statut de l'avocat, que la prestation de serment constituant un acte préalable et différent de l'inscription au stage car un candidat après avoir prêté serment, peut demander son inscription sur la liste du stage d'un barreau, autre que celui qui l'a présenté pour recevoir son serment, dès lors, aucune justification de stage ne doit être fournie à ce moment de l'inscription[8].

11.148 L'avocat stagiaire, dès sa prestation de serment et son inscription au stage peut accomplir à titre personnel tous les actes de la profession. Dans la rédaction du décret du 9 juin 1972 antérieure au décret du 17 mars 1983, il ne pouvait accomplir ces actes qu'à la condition de respecter les obligations de l'article 37 et, *a contrario*, s'il ne respectait pas les obligations de l'article 37, en plus de la sanction qui pourrait être prononcée contre lui sous la forme d'une prolongation de stage, il encourait une sorte d'omission spéciale puisqu'il ne pouvait accomplir aucun acte de la profession[9]. Cette *capitis diminutio* d'autant plus rigoureuse qu'elle annulait rétroactivement les actes de procédure lancés par l'avocat stagiaire[10] a disparu depuis le décret du 17 mars 1983 comme ont disparu peu à peu les interdits qui, dans la législation antérieure, frappaient le stagiaire, c'est ainsi qu'on lui interdisait dans certains règlements intérieurs de plaider la première année. Le décret du 10 avril 1954[11] lui faisait défense de plaider ou de consulter tant qu'il était inscrit comme clerc sur le registre du stage tenu par la chambre des notaires, des avoués

1. Décr. n° 95-1110, 17 oct. 1995.
2. *Bull. bâtonnier Paris* 4 juill. 1995, n° 25, p. 205.
3. CA Amiens, 4 juill. 1983, *Gaz. Pal.* 1983, 2, 612, 13.
4. Décr. 27 nov. 1991, art. 59 – CE 30 avr. 1983, n° 24575, *Lebon*, 311.
5. Civ. 1re, 10 oct. 1979, n° 78-13.726, *Bull. civ.* I, n° 242; *Gaz. Pal.* 1980, 1, somm. 10.
6. RAPPR. : CA Pau, 9 juill. 1981, *Gaz. Pal.* 1981, 2, 720.
7. Devenu décr. 27 nov. 1991, art. 111 s. – Civ. 1re, 16 mars 1994, n° 92-13.108, *Bull. civ.* I, n° 98; *D.* 1994, IR 84.
8. Civ. 1re, 4 févr. 1997, n° 95-11.318, *Bull. civ.* I, n° 40; *JCP* 1997, I, 4041, Martin, n° 12.
9. Décr. 9 juin 1972, art. 38.
10. Rép. min. QE n° 18/175, *JOAN Q* 22 févr. 1975, p. 660; *JCP* 1975, IV, 223.
11. Décr. 10 avr. 1954, art. 26.

ou des agréés. L'article 38 du décret du 9 juin 1972 et l'article 78 du décret du 27 novembre 1991 ont mis fin à ces mesures et ont conféré au stagiaire une plénitude de capacité.

Si l'article 77 a repris la formulation du décret du 17 mars 1983 faisant obligation à l'avocat stagiaire d'assurer un travail effectif qui peut avoir lieu notamment en qualité de collaborateur ou d'associé d'un avocat, personne physique ou morale, il ne s'ensuit pas nécessairement que ce travail doit être exclusif. Il conserve donc sa pleine et entière liberté d'exercice professionnel et peut donc, à la fois s'exercer dans l'étude d'un confrère, et à la tête d'un cabinet particulier.

• **Développement de la clientèle personnelle.** Les stagiaires peuvent donc constituer une clientèle dans le même temps qu'ils parachèvent leur formation professionnelle et en prévision du jour où ils accéderont au grand tableau [1].

11.149 Délivrance du certificat de fin de stage. La délivrance du certificat de fin de stage est à bon droit refusée à un avocat stagiaire « dès lors que, si ce dernier a rempli avec la ponctualité, la diligence, la compétence nécessaire ses fonctions d'avocat stagiaire, il a omis d'assister dans une proportion de 50 % aux exercices du centre de formation sans justification valable et de façon progressivement systématique ».

En effet, l'obligation pour l'avocat stagiaire de participer aux travaux du centre s'impose à lui sans se confondre avec ses autres obligations et constitue une condition nécessaire de la conclusion du stage [2].

§ 3
Réduction et dispense de stage

11.151 Durée du stage. La durée du stage avait été fixée à deux années par la loi du 31 décembre 1971 (dans sa rédaction issue de la loi du 31 décembre 1990 [3]). Cette réduction est due à la création d'une année d'étude supplémentaire sanctionnée par la délivrance du Capa. Jusque-là, la durée du stage était de trois années.

• **Évolution.** L'exigence d'un stage d'une durée de trois ans avait toujours paru fondamentale pour l'accès au barreau. On admettait au XIXe siècle qu'il ne pouvait être abrégé par le Conseil de l'ordre, le texte de la loi étant tellement exprès que la solution ne semblait pas pouvoir souffrir de difficultés [4].

Il était admis de la même manière que l'ancien magistrat était obligé de faire un stage pour obtenir son admission au tableau, et qu'il semblait impossible d'y déroger, même d'une manière indirecte [5].

Les avoués eux-mêmes étaient tenus d'accomplir ce stage de trois années avant d'accéder à l'inscription au tableau des avocats et un arrêté du Conseil de l'ordre de Paris du 18 juin 1850 ne dispense un avocat de stage qu'en constatant qu'il l'avait déjà effectué avant d'être avoué. Mollot d'ailleurs condamne ce laxisme [6].

Les stages accomplis par des avocats devant des barreaux de tribunaux n'étaient pas considérés comme équivalents à ceux accomplis devant des cours et ne pouvaient suffire à les remplacer.

Le Conseil de l'ordre de Paris avait, par voie prétorienne et en utilisant le principe de la maîtrise du tableau, admis toutefois des réductions de stage dans certaines circonstances exceptionnelles. C'est ainsi que les avocats chassés d'Alsace-Lorraine parce qu'ils avaient voulu conserver la qualité de Français bénéficièrent de réductions de stage; de même pour des magistrats de première instance; on admit même en 1855 que les magistrats de cour d'appel pouvaient être dispensés de stage, ainsi qu'un avocat aux conseils [7].

Mais il a fallu attendre le décret du 20 juin 1920 pour y trouver la première dispense de stage au profit des magistrats honoraires et anciens magistrats ayant au moins trois ans de fonction [8] auxquels l'article 3 de la loi du 26 juin 1941 ajoutera les membres honoraires et anciens membres du Conseil d'État, les anciens bâtonniers et les avocats ayant plus de dix ans d'inscription au tableau d'un ou de plusieurs barreaux de tribunaux.

Le décret du 10 avril 1954 reprit ces dispositions et a prévu même des possibilités de réduction de stage au profit des avoués, licenciés en droit qui, après avoir donné leur démission, se présentaient pour être admis dans l'Ordre des avocats et à la condition qu'ils aient exercé leur profession pendant 5 ans [9]. L'article 44 du décret du 9 juin 1972 fixe la liste des dispenses qui sont reprises pour l'essentiel par les articles 97 et suivants du décret du 27 novembre 1991 (v. s^s n°s 11.111 s.).

11.152 Dispense du stage. L'article 97 du décret du 27 novembre 1991 énumère les personnes dispensées de la condition de diplôme prévue à l'article 11 (2°) de la loi du 31 décembre 1971, de la formation théorique et pratique, du certificat d'aptitude à la profession d'avocat et du stage (v. s^s n° 11.111).

Sont également dispensées les personnes visées par l'article 99 du décret du 27 novembre 1991 (v. s^s n°s 13.24 s.).

11.153 Réduction du stage. L'article 98 du décret du 27 novembre 1991, réduit le stage à une

1. CA Saint-Denis-de-la-Réunion, 23 févr. 1977, *JCP* 1978, 2, 18, 982.
2. Civ. 1re, 18 nov. 1980, n° 79-14.491, *Bull. civ.* I, n° 294; *D.* 1981, IR 206; *JCP* 1981, IV, 48 – CA Toulouse, 11 juill. 1983, *Gaz. Pal.* 1983, 2, 634; D. IR 104.
3. Réd. issue de L. n° 90-1259, 31 déc. 1990, art. 12-3°.
4. MOLLOT, t. I, 440.
5. MOLLOT, t. I, 441.
6. MOLLOT, t. II, 106.
7. Cons. ordre Paris, 8 juin 1866.
8. Décr. 20 juin 1920 relatif à l'exercice de la profession et à la discipline du barreau.
9. Décr. n° 54-406, 10 avr. 1954, art. 28.

année pour un certain nombre de personnes (v. s[s] n° 11.116).

• **En ce qui concerne les notaires,** une difficulté d'interprétation provient de l'emploi par l'article 98 du décret du 27 novembre 1991, de la formule « les notaires » alors que le texte précédent remplacé par l'article 98 c'est-à-dire l'article 44-1 du décret du 13 novembre 1978[1] disposait : sont dispensés [...] du stage, les anciens notaires ayant exercé leur fonction pendant cinq ans au moins. Il ne semble pas, malgré la différence de formule utilisée entre le décret de 1978 et le décret de 1991, qu'il y ait eu de la part du pouvoir réglementaire une volonté de modification de la législation en la matière. En effet, l'article 98 précise, après l'énumération des personnes susceptibles de se réclamer du paragraphe 1er, « ayant exercé » leur fonction pendant cinq ans au moins. Si le législateur avait désiré que seuls les notaires, huissiers, *etc.* en exercice puissent postuler pour entrer au barreau, il n'aurait pas manqué de dire « exerçant leur fonction » depuis cinq ans au moins. Il semble donc qu'un ancien notaire titulaire de charge, ayant été régulièrement nommé puis ayant cessé d'exercer cette fonction, peut bénéficier des dispositions de l'article 98 du décret précité, dès lors qu'il a exercé ses fonctions pendant cinq ans au mois.

Une réponse du garde des Sceaux à M. Couderc[2] n'éclaire nullement la question puisqu'elle se borne à dire que seul un notaire ayant été nommé à la tête d'une charge peut bénéficier des dispositions de l'article 98-1 et non une personne qui se bornerait à être titulaire du diplôme d'accès à la profession de notaire. Il en est de même des autres professionnels mentionnés dans l'article 98. Mais une réponse du garde des Sceaux à M. Borloo[3] exclut formellement les anciens notaires du bénéfice des dispositions de l'article 98.

• Des décisions de jurisprudence, malheureusement inédites, ont confirmé cette interprétation restrictive.

11.154 Enseignement de la déontologie. Sous l'empire de l'ancienne législation, les stagiaires n'avaient d'autres réunions obligatoires que celles de la conférence du stage, là où elle était instituée. Le barreau de Paris réunissait traditionnellement ses stagiaires en colonnes où on leur enseignait les usages et les règles de la profession et les droits et devoirs des avocats.

Cet enseignement était dispensé par les membres du Conseil de l'ordre. Cette organisation traditionnelle n'a plus d'objet puisque désormais c'est le centre régional de formation professionnelle qui assume la totalité de l'enseignement de la déontologie et des usages du barreau[4] sous la seule réserve de l'enseignement complémentaire prévu à l'article 83 du décret du 27 novembre 1991.

1. Décr. n° 78-1080, 13 nov. 1978.
2. Rép. min. QE [garde des Sceaux à Couderc] n° 1969, *JOAN Q* 12 juill. 1993, p. 2028.
3. Rép. min. QE [garde des Sceaux à Borloo] n° 15999, *JOAN Q* 22 juin 1998.

11.155 Réunion des avocats stagiaires. Une réunion des avocats stagiaires[5] était destinée à les consulter sur les questions spécifiques à leur statut et dont la composition et les conditions de fonctionnement sont fixées par le règlement intérieur du barreau (v. s[s] n°s 25.11 s).

La réunion des avocats inscrits sur la liste du stage ne peut examiner que les questions qui lui sont soumises soit par le Conseil de l'ordre soit par un de leurs membres, à condition qu'il en informe le Conseil de l'ordre quinze jours à l'avance. Le Conseil de l'ordre délibère dans le délai de trois mois sur les avis et les vœux exprimés par la réunion des avocats inscrits sur la liste du stage[6].

SECTION 9
CONFÉRENCE DU STAGE

11.161 Évolution. La conférence du stage, prévue par l'article 82 du décret du 27 novembre 1991 est la continuation d'une institution fort ancienne. Il semble qu'elle ait été instituée au milieu du XVIIe siècle et réservée aux anciens qui, sous la présidence du bâtonnier, traitaient les questions de discipline, ainsi que ceux concernant l'établissement des règlements intérieurs et celui du tableau.

À partir de 1710 la conférence se scinde en deux institutions, d'une part les conférences entre les anciens sur des questions importantes non décidées auxquelles les jeunes pouvaient assister à condition d'y demeurer muets, et d'autre part, la conférence des jeunes ayant pour objet l'interprétation du droit et à laquelle quelques anciens assistaient pour aider leurs jeunes confrères. Ces conférences avaient lieu alternativement le mercredi et le samedi de quinzaine en quinzaine et le président, à la fin de chaque conférence, arrêtait les deux questions de la conférence suivante pour permettre au bâtonnier de désigner des rapporteurs.

• Disparues sous la Révolution, elles réapparaissent en 1810 composées des seuls avocats inscrits au tableau avec comme mission de pourvoir à la défense des plus démunis; ainsi d'ailleurs était tournée la prohibition des assemblées du barreau qui renaissaient sous prétexte de charité.

Sous la Restauration, la conférence d'études se poursuivit avec comme occupation essentielle la distribution des consultations à donner aux démunis; les pauvres qui demandaient le secours du barreau soumettaient leur cas au bâtonnier qui, entouré de quelques avocats, étudiait chaque question posée afin d'y donner une solution et d'accorder ou de refuser l'aide d'un avocat.

4. Décr. 27 nov. 1991, art. 77.
5. Décr. 27 nov. 1991, art. 17.
6. Décr. 27 nov. 1991, art. 18.

C'est de cette époque que date à Paris l'habitude pour la conférence d'adopter l'affirmative ou la négative ce qui ne constitue pas une note sur la qualité de la prestation de chaque orateur, mais bien au contraire l'admission d'un indigent au bénéfice du secours du barreau ou son refus, sa cause n'étant pas juridiquement défendable.

À partir de 1830, et sous l'influence révolutionnaire, le bâtonnier Mauguin renonce à son droit de nommer les secrétaires en faveur du principe de leur élection par les stagiaires. Le nombre des secrétaires fut alors fixé à dix.

Bientôt la conférence prit un aspect différent et, en plus de son aspect de charité, eut pour objet d'exercer les stagiaires et les jeunes avocats à l'art de la parole et à la discussion des questions de droit.

C'est l'article 5 du décret du 22 mars 1852 qui consacra l'existence de la conférence en termes exprès, confiant au Conseil de l'ordre le droit exclusif de désigner les secrétaires jusque-là élus par les avocats qui assistaient aux travaux de la conférence.

11.162 Portée de la conférence du stage. En province des conférences identiques furent organisées dans les grands barreaux. Sous l'Ancien Régime on distribuait même à Rouen des jetons de présence en argent invitant les jeunes confrères à suivre en grand nombre le travail de cette institution. Ayant acquis un éclat exceptionnel à Paris où la conférence devint une sorte de « conservatoire » elle se maintint dans les grands barreaux et fut instituée dans nombre de moyens barreaux.

Le décret du 9 juin 1972 la maintient lorsqu'elle existe et pousse à sa constitution dans les autres barreaux en rappelant que le Conseil de l'ordre désigne les secrétaires de la conférence et prévoit que leur désignation a lieu à la suite d'un concours auquel ne peuvent pas participer les avocats frappés d'une peine disciplinaire et l'article 85 du décret du 27 novembre 1991 reprend le terme de l'article 42 du décret précédent.

11.163 Organisation. Le décret du 27 novembre 1991 en revanche est muet pour prévoir l'organisation pratique de la conférence et renvoie implicitement aux usages et traditions de chaque barreau. Il appartient donc au règlement intérieur de fixer les règles de cette conférence et notamment de déterminer si la fréquentation en sera obligatoire pour les stagiaires, le programme des épreuves qui lui sont proposées ainsi que le nombre des secrétaires destinés à animer la conférence[1].

Il faut souhaiter que cette institution se poursuive sous le même nom en dépit de la suppression du stage par la loi du 11 février 2004. L'assemblée générale de l'Association des secrétaires et anciens secrétaires de la conférence du stage du barreau de Paris qui s'est tenue le 2 juin 2004 a manifesté son souhait de conserver ce concours sous le même nom de « conférence du stage ». Ce souhait a été confirmé aux assemblées générales annuelles de 2005 et 2006.

1. Damien, *Le barreau quotidien*, 1971, p. 155 s.; *Les avocats du temps passé*, 1973, p. 306 s.

CHAPITRE

12. Formation continue

SECTION 0
ORIENTEUR

12.00 **Plan du chapitre.**

12.01 **Textes applicables.**

L. 31 déc. 1971, art. 14-2 [Formation continue]

[créé par L. n° 2004-130, 11 févr. 2004, art. 21, *JO* 12]

La formation continue est obligatoire pour les avocats inscrits au tableau de l'Ordre.

Un décret en Conseil d'État détermine la nature et la durée des activités susceptibles d'être validées au titre de l'obligation de formation continue. Le Conseil national des barreaux détermine les modalités selon lesquelles elle s'accomplit.

12.03 **Bibliographie indicative.**

Article. Lesueur, « La formation continue des avocats : entre plaisir et contrainte », *JCP* 2009. 398.

SECTION 1
RÉFORME DE LA FORMATION PROFESSIONNELLE CONTINUE OBLIGATOIRE

12.11 **Caractère obligatoire de la formation continue.** La loi du 11 février 2004 a créé un article 14-2 au sein de la loi du 11 décembre 1971 disposant que la formation continue est obligatoire pour les avocats inscrits au tableau de l'Ordre. L'article 85 modifié du décret du 27 novembre 1991[1], entré en vigueur au 1er janvier 2005, est venu préciser les modalités de cette formation continue. Quelle que soit la formation, qu'elle soit dispensée par un CRFPA, par une université, par la participation à un colloque ou par un cabinet, elle doit « assurer la mise à jour et le perfectionnement des connaissances nécessaires à l'exercice de sa profession pour l'avocat inscrit au tableau de l'ordre ». Pour que sa formation soit comptabilisée au titre de la formation continue, l'avocat doit donc choisir une formation qui soit en rapport avec son activité professionnelle.

12.12 **Durée de la formation.** La durée de la formation continue est, pour tout avocat inscrit et quelle que soit sa date d'inscription au tableau de l'ordre, de vingt heures au cours d'une année civile ou de quarante heures au cours de deux années consécutives. L'avocat peut donc bénéficier par exemple de dix heures de formation sur une année et de trente l'année suivante.

Les heures de formation non effectuées au cours d'une année civile sont reportées l'année suivante. Ainsi, l'avocat inscrit en 2005 qui ne remplit pas son quota d'heures au titre de l'année 2005 devra accomplir quarante heures en 2006.

1. Mod. par décr. n° 2004-1386, 21 déc. 2004.

12.13 Contenu de la formation. L'obligation de formation continue peut être satisfaite de plusieurs manières (v. s^{s} n° 12.16)[1] :

1° Par la participation à des actions de formation, à caractère juridique ou professionnel, dispensées par les centres régionaux de formation professionnelle ou les établissements universitaires;

2° Par la participation à des formations dispensées par des avocats ou d'autres établissements d'enseignement;

3° Par l'assistance à des colloques ou à des conférences à caractère juridique ayant un lien avec l'activité professionnelle des avocats;

4° Par la dispense d'enseignements à caractère juridique ayant un lien avec l'activité professionnelle des avocats, dans un cadre universitaire ou professionnel;

5° Par la publication de travaux à caractère juridique.

12.14 Deux premières années. Le décret du 27 novembre 1991 précise qu'au cours des deux premières années d'exercice professionnel, cette formation inclut dix heures au moins portant sur la déontologie. Toutefois, au cours de cette même période, les personnes qui ont été dispensées de la formation théorique et pratique et du Capa (mentionnées à l'article 98 de ce décret) doivent consacrer la totalité de leur obligation de formation à des enseignements portant sur la déontologie et le statut professionnel.

Ainsi, au barreau de Paris, il est prévu que les colonnes de déontologie, qui étaient obligatoires pendant les deux années de stage pour les avocats stagiaires (à qui l'inscription était refusée s'ils n'y avaient pas été assidus) se poursuivront pour les jeunes avocats pendant deux ans après leur prestation de serment dans le cadre de la formation continue.

• **Après cinq années.** À l'issue d'une période de cinq ans d'exercice professionnel, les titulaires d'une ou plusieurs mentions de spécialisation[2] doivent avoir consacré le quart de la durée de leur formation continue à ce ou ces domaines de spécialisation.

12.15 Justification auprès du Conseil de l'ordre. Il appartient au Conseil de l'ordre de veiller à ce que les avocats aient satisfait à l'obligation de formation continue[3]. Pour que ce contrôle soit effectif, le décret prévoit que les avocats devront déclarer, au plus tard le 31 janvier de chaque année civile écoulée, auprès du Conseil de l'ordre dont ils relèvent, les conditions dans lesquelles ils ont satisfait à leur obligation de formation continue au cours de l'année écoulée. Les justificatifs utiles à la vérification du respect de cette obligation sont joints à cette déclaration.

12.16 Modalités de mise en œuvre. Les modalités de mise en œuvre de ces dispositions ont été déterminées par le Conseil national des barreaux (CNB) au moyen de la décision adoptée le 11 février 2005[4] « portant délibération sur les modalités d'application de la formation continue des avocats »[5].

Le CNB veille à mettre en place les conditions d'une formation continue de qualité. Mais cet objectif n'est réalisable qu'avec la participation de toute la profession et notamment des cabinets qui doivent s'organiser pour intégrer cette formation continue dans leur fonctionnement. Les centres régionaux de formation des avocats, qui occupent une place essentielle dans ce dispositif ont d'ailleurs été réorganisés et restructurés dans ce sens. Le coût de la formation est un élément à prendre en compte. C'est pourquoi la plupart des centres proposent des formations diversifiées et spécialisées et organisent des colloques qui sont le plus souvent gratuits ou peu onéreux. Certains d'entre eux ont en outre signé des partenariats avec les universités afin d'élaborer des programmes adaptés aux besoins professionnels des avocats. Un certain nombre de cabinets d'avocats organisent également des formations gratuites en interne qui doivent être ouvertes à leurs confrères pour être validées.

Par ailleurs, afin d'obtenir cette qualité de formation, le CNB a imposé de nombreuses obligations aux organisateurs de formations et d'enseignements. Ceux-ci doivent en effet répondre à des critères précis, en matière de contenu, de qualité d'enseignement, de suivi, d'évaluation, de nombre d'heures, d'homologation... critères qui sont détaillés dans les développements qui suivent. Cette exigence de qualité s'accompagne d'une grande diversité à la fois des contenus et des modes de formation qui peuvent être pris en compte au titre de la formation continue.

SECTION 2
FORMATION DISPENSÉE PAR UN CABINET D'AVOCAT

§ 1
Modalités

12.21 Conditions de la formation. La formation continue peut être dispensée par un cabinet d'avocat[6]. La décision du CNB n° 2005-001[7], modifiée par la

1. Décr. n° 91-1197, 27 nov. 1991, art. 85.
2. Décr. 27 nov. 1991, art. 86.
3. L. 31 déc. 1971, art. 17, 11°.
4. Décis. CNB n° 2005-001, 11 févr. 2005.
5. Mod. par décis. CNB n° 2005-002, 15 avr. 2005.
6. Décr. 27 nov. 1991, art. 85, 2°.
7. Décis. CNB n° 2005-001, 11 févr. 2005.

décision n° 2008-001[1], précise dans quelles conditions cette formation peut être organisée.

12.22 Numéro de déclaration d'organisme dispensateur de formation. L'avocat ou la société d'avocats pourra disposer d'un numéro de déclaration d'organisme dispensateur de formation professionnelle, au sens des articles L. 6351-1, L. 6351-2 et L. 6352-1 du Code du travail.

12.23 Avocat « correspondant formation ». La société d'avocats doit désigner auprès du bâtonnier un avocat associé appelé « correspondant formation ».

12.24 Durée et effectifs minimums. Les formations sont dispensées par session continue d'une durée d'au moins deux heures; à chaque session assistent, outre le ou les avocats formateurs, au moins huit avocats.

12.25 Accord préalable du CRFPA. L'avocat ou la société d'avocats dispensant la formation soumet au CRFPA territorialement compétent au regard du siège du cabinet formateur, pour accord préalable annuellement, chaque semestre ou chaque bimestre, le programme détaillé des actions de formation dispensée respectivement pendant la période considérée. À titre exceptionnel, il peut soumettre à tout moment au CRFPA territorialement compétent pour accord préalable une action de formation.

En cas de difficulté sur la délivrance de l'accord préalable, le CRFPA pourra demander l'avis du CNB.

12.26 Programme détaillé. Le programme détaillé doit notamment mentionner les éléments suivants : les dates des formations; la durée de chaque séance de formation; les thèmes traités; les programmes détaillés; les noms et références professionnelles des formateurs; les effectifs minimum et maximum de chaque séance de formation; la description des supports écrits diffusés; le mode d'évaluation des formations; les modalités selon lesquelles des formations identiques, sans contrepartie financière, peuvent être proposées aux avocats ne faisant pas partie du cabinet formateur, ou dupliquées auprès d'un CRFPA; la désignation de l'avocat « correspondant formation » de la société d'avocats dispensant la formation. S'il existe, le numéro de déclaration de l'organisme de formation pourra également être indiqué.

§ 2
Déroulement de la formation

12.31 Support pédagogique. Chaque session de formation donne lieu à la remise à chaque participant d'un support pédagogique de formation.

12.32 Feuille de présence. Chaque session donne lieu à la signature d'une feuille de présence mentionnant l'identité du cabinet d'avocats, son adresse, éventuellement son numéro de déclaration d'organisme dispensateur de formation professionnelle, au sens des articles L. 6351-1, L. 6351-2 et L. 6352-1 du Code du travail, le thème traité, la désignation de l'avocat formateur. Cette feuille de présence doit être émargée par les participants à la formation, et co-signée par le formateur ainsi que par l'avocat associé « correspondant formation. »

12.33 Fiche anonyme d'évaluation. À l'issue de chaque session de formation, chaque avocat participant remplit une fiche anonyme d'évaluation portant notamment sur la qualité des conditions matérielles, la qualité d'animation du formateur, l'intérêt de la formation reçue, l'intérêt du support pédagogique diffusé.

12.34 Attestation de présence. À l'issue de chaque formation, il est remis à chaque participant par le cabinet formateur une attestation de présence indiquant que la formation s'est déroulée conformément aux modalités prévues. Cette attestation est signée par l'avocat associé « correspondant formation ». L'avocat doit conserver toutes ses attestations de présence, puisqu'il devra les transmettre chaque année au Conseil de l'ordre (v. s^s n° 12.122).

12.35 L'avocat « correspondant formation ». Il conserve l'intégralité des feuilles de présence, des supports écrits et des fiches d'évaluation et les adresse au bâtonnier de l'Ordre sur la demande de celui-ci ou de son délégataire.

SECTION 3
FORMATION DISPENSÉE PAR UN ÉTABLISSEMENT D'ENSEIGNEMENT

§ 1
Modalités

12.41 Conditions de la formation. La formation continue peut également être dispensée par un établissement d'enseignement[2], dans les conditions précisées par la décision n° 2005-001[3] du CNB. Cette formation doit permettre d'assurer la mise à jour et le perfectionnement des connaissances nécessaires à l'exercice professionnel de l'avocat.

12.42 Durée et effectifs minimums. Les formations doivent être dispensées par session continue d'une durée d'au moins deux heures. En outre,

1. Décis. CNB n° 2008-001, 16 mai 2008.

2. Décr. 27 nov. 1991, art. 85, 2°.
3. Décis. CNB n° 2005-001, 11 févr. 2005, art. 1.

outre les formateurs, au moins huit avocats doivent assister à chaque session.

12.43 Numéro de déclaration d'organisme dispensateur de formation professionnelle. L'établissement d'enseignement doit disposer d'un numéro de déclaration d'organisme dispensateur de formation professionnelle au sens de l'article L. 6351-1 du Code du travail.

12.44 Communication du programme au CNB. L'établissement d'enseignement dispensant la formation doit communiquer au CNB annuellement, chaque semestre ou chaque bimestre, le programme détaillé des actions de formation dispensées respectivement pendant la période considérée. Le programme détaillé mentionne notamment les éléments suivants : le numéro de déclaration de l'organisme de formation; les dates des formations; la durée de chaque séance de formation; les thèmes traités; les programmes détaillés, les noms et références professionnelles des formateurs; les effectifs minimum et maximum de chaque séance de formation; la description des supports écrits diffusés; les modalités de diffusion du programme et conditions d'inscription, le mode d'évaluation des formations.

§ 2
Déroulement des colloques et conférences

12.51 Support pédagogique. Chaque session de formation donne lieu à la remise à chaque participant d'un support pédagogique de formation.

12.52 Fiche anonyme d'évaluation. À l'issue de chaque session de formation, chaque avocat participant remplit une fiche anonyme d'évaluation portant notamment sur la qualité des conditions matérielles, la qualité d'animation du formateur, l'intérêt de la formation reçue, l'intérêt du support pédagogique diffusé.

12.53 Attestation de présence. À l'issue de chaque formation, il est remis à chaque participant par l'établissement formateur une attestation de présence, indiquant que la formation s'est déroulée conformément aux modalités prévues. Cette attestation doit être signée par le représentant légal de l'établissement, ou son délégataire. L'avocat devra transmettre chaque année ses attestations de présence au Conseil de l'ordre (v. s^s n° 12.122).

12.54 Établissements étrangers. En lieu et place du numéro de déclaration les établissements étrangers doivent disposer d'une autorisation ou d'une habilitation équivalente. Dans ce cas, ils sont dispensés de l'obligation de communiquer le programme.

SECTION 4
COLLOQUES OU CONFÉRENCES À CARACTÈRE JURIDIQUE

§ 1
Modalités

12.61 Lien avec l'activité professionnelle. La participation à des colloques ou conférences à caractère juridique peut être prise en compte au titre de la formation continue. Ces colloques et conférences doivent toutefois avoir un lien avec l'activité professionnelle des avocats[1].

La décision n° 2005-001 du CNB[2], précise les conditions dans lesquelles ces colloques ou conférences doivent se dérouler.

12.62 Numéro de déclaration d'organisme dispensateur de formation professionnelle. Selon l'article 2 a de la décision n° 2005-001 du CNB[3], l'organisateur du colloque ou de la conférence dispose d'un numéro de déclaration d'organisme dispensateur de formation professionnelle, au sens de l'article L. 6351-1 du Code du travail. Cette exigence ne s'applique pas aux colloques et conférences organisées par les institutions judiciaires, l'Ordre des avocats au Conseil d'État et à la Cour de cassation, les établissements universitaires et les CRFPA, ni aux colloques ou conférences organisées par les Barreaux, la Conférence des bâtonniers, ainsi que par les Carpa et l'Unca dans leur champ de compétence, et sur demande de dérogation accordée à l'organisateur par le CNB aux colloques et conférences homologués au sens de l'article 5 de la présente décision[4].

12.63 Durée et effectifs minimums. Les colloques ou conférences doivent avoir une durée continue d'au moins deux heures et compter au moins vingt participants à chaque session, outre les intervenants.

12.64 Communication du programme au CNB. L'organisateur du colloque ou de la conférence communique au CNB annuellement, chaque semestre ou bimestre le programme détaillé des manifestations envisagées respectivement pendant la période considérée. Le programme détaillé mentionne notamment les éléments suivants : le numéro de déclaration de l'organisme de formation, à l'exclusion des Ordres et des Carpa; les dates des colloques et des

1. Décr. 27 nov. 1991, art. 85, 3°.
2. Décis. CNB n° 2005-001, 11 févr. 2005, art. 2.
3. Décis. CNB n° 2005-001, 11 févr. 2005, art. 2; mod. par décis. CNB n° 2008-001, 16 mai 2008.
4. Décis. CNB n° 2005-001, 11 févr. 2005, art. 2 g et h; réd. décis. n° 2008-001, 16 mai 2008.

conférences; la durée de chaque colloque et conférence; les thèmes traités; les programmes détaillés; les noms et références professionnelles des intervenants; les effectifs minimum et maximum de chaque colloque et conférence; la description des supports pédagogiques diffusés. Cette obligation de communication ne s'applique pas aux colloques et conférences organisées par les institutions judiciaires, l'Ordre des avocats au Conseil d'État et à la Cour de cassation, les établissements universitaires et les CRFPA [1].

12.65 Dérogations. L'obligation de communiquer le programme et disposer d'un numéro de déclaration ne s'applique pas aux colloques et conférences organisées par les institutions judiciaires, les universités et les CRFPA.

L'obligation de disposer d'un numéro de déclaration ne s'applique pas aux colloques ou conférences organisées par les ordres et les Carpa, ainsi que, sur demande de dérogation par le CNB, aux colloques et conférences homologués (sur l'homologation v. s^s^ n°s 12.101 s).

§ 2
Déroulement des colloques et conférences

12.71 Documentation écrite. Chaque colloque ou conférence donne lieu à la remise à chaque participant d'une documentation écrite.

12.72 Attestation de présence. À l'issue de chaque colloque ou conférence, il est remis à chaque participant par l'organisme organisateur une attestation de présence indiquant que le colloque ou la conférence s'est déroulé conformément aux modalités prévues. L'attestation doit être signée par le représentant légal de l'organisateur, ou son délégataire. L'avocat doit conserver toutes ses attestations de présence, puisqu'il devra les transmettre chaque année au Conseil de l'ordre (v. s^s^ n° 12.122).

12.73 Associations internationales. En lieu et place du numéro de déclaration, les associations internationales doivent disposer, sauf dérogation accordée par le CNB, d'une autorisation ou d'une habilitation équivalente. Dans ce cas, ils sont dispensés de l'obligation de communiquer le programme.

SECTION 5
DISPENSE D'ENSEIGNEMENTS À CARACTÈRE JURIDIQUE

12.81 Enseignements universitaires et professionnels. La dispense d'enseignements peut être prise en compte au titre de la formation continue, sous certaines conditions [2]. Il faut tout d'abord distinguer entre les enseignements dispensés dans un cadre universitaire ou dans un cadre professionnel.

12.82 Les enseignements dispensés dans un cadre universitaire ne sont pris en compte que lorsqu'elles ont un lien avec l'activité professionnelle des avocats. Cela signifie que cet enseignement ne sera pris en compte que s'il peut être comptabilisé au titre de la formation initiale ou continue pour les avocats qui ont bénéficié de cette formation [3].

Un enseignement en master 2 pourra être pris en compte s'il peut être agréé par les CRFPA pour les élèves avocats dans le cadre de leur deuxième période de formation. En revanche, un enseignement en capacité en droit a peu de chance d'être pris en compte pour les avocats y participant, car il est sans lien avec l'activité professionnelle des avocats.

Les enseignements dispensés dans un cadre professionnel ainsi que les formations universitaires seront pris en compte s'il s'agit de formations dispensées au sein des CRFPA dans le cadre de la formation initiale et continue des avocats ou encore s'ils peuvent être comptabilisés comme formation professionnelle continue au sens des points 1°, 2° et 3° de l'article 85 du décret du 27 novembre 1991 [4] (v. s^s^ n° 12.13).

12.83 Intervention à un colloque. Une intervention à un colloque ou à une conférence à caractère juridique pourra donc être prise en compte, à condition que ce colloque ou cette conférence se déroule selon les modalités décrites à l'article 2 de la décision n° 2005-001 du CNB [5] (v. s^s^ n°s 12.61 s.). De même, les sessions de formation dispensées dans un cabinet d'avocats pourront être prises en compte au titre de la formation continue si la formation dispensée a reçu l'accord préalable du CRFPA territorialement compétent et qu'elle se déroule selon les modalités prévues par le CNB (communication du programme détaillé, fiche anonyme d'évaluation...; v. s^s^ n°s 12.41 s.).

12.84 Les enseignements à caractère juridique ou professionnel dispensés par des avocats sont validés dans les conditions suivantes :

a) Une heure dispensée équivaut à quatre heures de formation reçue.

b) Si l'enseignement est dupliqué dans d'autres lieux de formation ou devant des auditoires diffé-

1. Décis. CNB n° 2005-001, 11 févr. 2005, art. 2 h; réd. décis. n° 2008-001.

2. Décr. 27 nov. 1991, art. 85, 4°.
3. Décis. CNB n° 2005-001, 11 févr. 2005, art. 3; mod. par décis. n° 2008-001.
4. Décis. CNB n° 2005-001, 11 févr. 2005; mod. par décis. n° 2008-001.
5. Décis. CNB n° 2005-001, 11 févr. 2005, art. 2.

rents durant l'année considérée, chaque cours, ou séance de formation, n'est comptabilisé que pour un montant maximal équivalent à douze heures de formation reçue.

c) Les formations dispensées font l'objet d'une attestation délivrée à l'avocat formateur, selon les cas, par le CRFPA, l'université, l'avocat « correspondant formation » de la société d'avocats, le représentant légal de l'établissement d'enseignement ou son délégataire dans les conditions fixées par le CNB [1].

12.85 Attestation. Les formations dispensées font l'objet d'une attestation délivrée à l'avocat formateur, selon les cas, par le CRFPA, l'Université, l'avocat « correspondant formation » de la société d'avocats, le représentant légal de l'établissement ou son délégataire.

SECTION 6
PUBLICATION DE TRAVAUX

12.91 Travaux pris en compte au titre de la formation continue. La publication de travaux peut également être prise en compte au titre de la formation continue [2], selon des critères précisés par la décision du CNB n° 2005-001 [3].

12.92 Publications sur support électronique. La décision du CNB n° 2008-001 est venue préciser que ces publications sur support papier ou sur support électronique édité sur un site Internet sont prises en compte l'année de leur dépôt légal.

12.93 Conditions à remplir. Tout d'abord, ces publications sont prises en compte l'année de leur dépôt légal (ce qui correspond à l'année de publication, le dépôt légal devant être fait au plus tard le jour de la mise en circulation du document).

Pour les essais, les ouvrages et publications d'articles, deux critères cumulatifs sont retenus : Quant au contenu, les travaux publiés devront traiter de sujets relatifs à des matières juridiques, à la déontologie ou à la réglementation professionnelle. Quant à la forme, l'ensemble des publications considérées doit contenir au minimum dix mille signes, hors titre, chapeaux, abstracts et intertitres. L'équivalence est fixée à trois heures de formation pour dix mille signes ainsi définis. Une mise à jour correspond au tiers de cette équivalence.

L'avocat doit conserver au moins un exemplaire original de l'ouvrage ou de la revue ayant accueilli sa publication ou du support écrit du site internet, afin de pouvoir le produire, en cas de demande, au bâtonnier ou à son délégataire. L'avocat doit en outre, chaque année, joindre copie de ses publications au Conseil de l'ordre (v. s[s] n° 12.122).

SECTION 7
HOMOLOGATION DES FORMATIONS OU DES ÉTABLISSEMENTS DE FORMATION

12.101 Établissements concernés. Une procédure d'homologation des actions de formation ou des établissements de formation a été mise en place par le CNB [4]. Cette homologation ne concerne que les établissements de formation ou les actions de formation dispensées aux avocats autres que celles organisées par les établissements universitaires et les cabinets d'avocats.

12.102 Finalité. Cette procédure d'homologation a pour but, d'une part, d'identifier les actions de formation conformes aux modalités de mise en œuvre arrêtées par le CNB et, d'autre part, de garantir leur qualité. Toutes les formations homologuées sont, sous réserve des conditions d'effectifs fixées par le CNB (v. s[s] n°s 12.24, 12.42, 12.63), éligibles au titre de l'obligation continue. Il suffit donc à l'avocat qui désire suivre une formation homologuée de vérifier le nombre de participants pour savoir si cette formation pourra être comptabilisée au titre de sa formation continue obligatoire. Mais les avocats ne sont pas obligés de choisir des formations homologuées. Il suffit que la formation respecte les différents critères imposés par le CNB et décrits ci-dessus pour chaque type de formation (au CRFPA, université, en cabinet, en conférences...).

12.103 Formations dispensées par les CRFPA. Les actions de formation à caractère juridique ou professionnel dispensées par les CRFPA sont homologuées de droit [5].

12.104 Procédure. L'homologation est délivrée par le CNB, sur proposition de la commission de la formation professionnelle, pour une durée déterminée, après avis d'un comité scientifique, dont la composition est fixée par la commission formation du CNB. Il comprend des magistrats, des universitaires, et, pour plus de la moitié de ses membres, des avocats. Il est chargé notamment de s'assurer de la qualité et de l'intérêt des intervenants et des formations.

Toute personne physique ou morale sollicitant cette homologation du CNB doit disposer d'un

1. Décis. CNB n° 2008-001, 16 mai 2008.
2. Décr. 27 nov. 1991, art. 85, 5°.
3. Décis. CNB n° 2005-001, 11 févr. 2005, art. 4.
4. Décis. CNB n° 2005-001, 11 févr. 2005; mod. par décis. CNB n° 2008-001, 16 mai 2008, art. 5.
5. Décis. CNB n° 2005-001, 11 févr. 2005; mod. par décis. CNB n° 2008-001.

numéro de déclaration d'organisme dispensateur de formation professionnelle au sens de l'article L. 6351-1 du Code du travail. En outre, il doit fournir les bilans, comptes de résultats et annexes des deux dernières années d'exercice.

Sur demande motivée, le CNB peut dispenser un organisme de la production du numéro de déclaration d'organisme dispensateur de formation professionnelle au sens de l'article L. 6351-1 du Code du travail.

Les dossiers doivent être transmis au CNB et comprendre les éléments suivants : numéro de déclaration de l'organisme de formation, dates des formations, durée de chaque séance de formation, thèmes traités, programmes détaillés, noms et références professionnelles des formateurs, effectifs minimum et maximum de chaque séance de formation, description des supports écrits diffusés, mode d'évaluation des formations.

12.105 Délai. L'homologation prend effet au plus tôt trois mois après la date de dépôt du dossier complet de demande d'homologation au CNB. Il pourra être fait mention de cette homologation sur le programme et les supports de communications des actions de formation homologuées.

12.106 Référencement. Le CNB s'oblige à référencer annuellement l'ensemble des formations ou établissements de formation homologués.

SECTION 8
RECONNAISSANCE MUTUELLE DES HEURES DE FORMATION CONTINUE AVEC D'AUTRES ÉTATS

12.111 Un article 4-1 a été inséré par la décision du CNB n° 2008-001[1], permettant de valider les formations effectuées à l'étranger. Les heures ou crédits de formation continue suivis ou dispensés par les avocats français à l'étranger peuvent être pris en compte au titre de l'accomplissement de leurs obligations de formation continue conformément aux règles fixées par la présente décision.

La Commission de la formation professionnelle du CNB est compétente pour régler les difficultés d'application de l'alinéa précédent qui lui seront transmises par les ordres ou les avocats.

SECTION 9
OBLIGATIONS DÉCLARATIVES ET CONTRÔLE

12.121 Avocat responsable de sa formation. L'avocat est responsable du suivi de sa formation continue[2]. Il doit conserver l'attestation de présence remise par l'organisme formateur après chaque session de formation suivie afin de pouvoir justifier du respect de l'obligation de formation.

12.122 Déclaration obligatoire. Il déclare au plus tard le 31 janvier de chaque année, auprès du conseil de l'Ordre dont il relève, les conditions dans lesquelles il a satisfait à son obligation de formation continue au cours de l'année écoulée. Il joint à sa déclaration copie de l'intégralité des attestations de présence qui justifient des formations auxquelles il a participé, ou qu'il a dispensées. Il joint copie des éventuelles publications.

12.123 Contrôle. Le Conseil de l'ordre contrôle l'accomplissement effectif de l'obligation déontologique de formation continue des avocats en vérifiant les critères des formations suivies ainsi que leur lien nécessaire avec l'activité de l'avocat.

12.124 Dispense partielle. Les avocats inscrits au tableau de l'Ordre en cours d'année, ou n'ayant pas exercé temporairement pour cause de congé maladie ou congé maternité, ou pour omission, sont soumis à un nombre d'heures de formation continue réduit s'appréciant au *prorata temporis* de la durée d'exercice professionnelle sur l'année civile considérée[3].

12.125 Compte rendu d'activité par les CRFPA. Les CRFPA dressent annuellement un rapport d'activité, en précisant notamment le nombre d'avocats ayant participé aux actions de formation, la nature et l'intitulé des formations dispensées dans leur ressort, ainsi que le volume global d'heures de formation dispensées. Les rapports annuels d'activité des CRFPA sont adressés au CNB avant le 31 mars de chaque année.

1. Décis. CNB n° 2008-001, 16 mai 2008, art. 4-1.
2. Décis. CNB n° 2005-001, 11 févr. 2005, art. 6.
3. Décis. CNB n° 2005-001, 11 févr. 2005; mod. par décis. CNB n° 2008-001.

CHAPITRE

13. Admission à la prestation de serment et incompatibilités

SECTION 0

ORIENTEUR

13.00 Plan du chapitre.

13.01 Textes applicables.

> Conditions d'admission

L. n° 71-1130, 31 déc. 1971, art. 11

Décr. n° 91-1197, 27 nov. 1991, art. 97 à 100

> Prestation de serment

L. n° 71-1130, 31 déc. 1971, art. 3

> Incompatibilités et limitation d'activité

L. n° 71-1130, 31 déc. 1971, art. 6

Décr. n° 91-1197, 27 nov. 1991, art. 111 à 123 [mod. par décr. n° 2004-397, 4 mai 2004, *JO* 7]

> Conditions d'admission

L. 31 déc. 1971, art. 11 [Conditions d'accès à la profession d'avocat]

[mod. par Ord. n° 2008-507, 30 mai 2008, art. 19]

Nul ne peut accéder à la profession d'avocat s'il ne remplit les conditions suivantes :

1° Être français, ressortissant d'un État membre des Communautés européennes ou partie à l'accord sur l'Espace économique européen, ou ressortissant d'un État ou d'une unité territoriale n'appartenant pas à ces Communautés ou à cet Espace économique qui accorde aux Français la faculté d'exercer sous les mêmes conditions l'activité professionnelle que l'intéressé se propose lui-même d'exercer en France, sous réserve des décisions du conseil des Communautés européennes relatives à l'association des pays et territoires d'outre-mer à la Communauté économique européenne ou avoir la qualité de réfugié ou d'apatride reconnue par l'Office français de protection des réfugiés et apatrides;

2° Être titulaire, sous réserve des dispositions réglementaires prises pour l'application de la directive 2005/36/CE du Parlement européen et du Conseil du 7 septembre 2005, et de celles concernant les personnes ayant exercé certaines fonctions ou activités en France, d'au moins une maîtrise en droit ou de titres ou diplômes reconnus comme équivalents pour l'exercice de la profession par arrêté conjoint du garde des Sceaux, ministre de la Justice, et du ministre chargé des Universités;

3° Être titulaire du certificat d'aptitude à la profession d'avocat, sous réserve des dispositions réglementaires mentionnées au 2°, ou, dans le cadre de la réciprocité, de l'examen prévu au dernier alinéa du présent article;

4° N'avoir pas été l'auteur de faits ayant donné lieu à condamnation pénale pour agissements contraires à l'honneur, à la probité ou aux bonnes mœurs;

5° N'avoir pas été l'auteur de faits de même nature ayant donné lieu à une sanction disciplinaire ou administrative de destitution, radiation, révocation, de retrait d'agrément ou d'autorisation;

6° N'avoir pas été frappé de faillite personnelle ou d'autre sanction en application du titre VI de la loi n° 85-98 du 25 janvier 1985 relative au redressement et à la liquidation judiciaires des entreprises ou, dans le régime antérieur à cette loi, en application du titre II de la loi n° 67-563 du 13 juillet 1967 sur le règlement judiciaire, la liquidation des biens, la faillite personnelle et les banqueroutes.

Les titulaires de la licence en droit qui ont obtenu ce diplôme sous le régime antérieur à celui fixé par le décret n° 54-343 du 27 mars 1954 relatif au nouveau régime des études et des examens en vue de la licence en droit sont considérés, pour l'application de la présente loi, comme titulaires d'une maîtrise en droit. Il en est de même pour les licenciés en droit ayant obtenu ce titre lorsque la licence a été organisée sur quatre années.

L'avocat ressortissant d'un État ou d'une unité territoriale n'appartenant pas aux Communautés européennes ou à l'Espace économique européen, s'il n'est pas titulaire du certificat d'aptitude à la profession d'avocat, doit subir, pour pouvoir s'inscrire à un barreau français, les épreuves d'un examen de contrôle des connaissances en droit français selon des modalités fixées par décret en Conseil d'État. Il en est de même d'un ressortissant d'un État membre des Communautés européennes ou partie à l'accord sur l'Espace économique européen qui aurait acquis la qualité d'avocat dans un État ou une unité territoriale n'appartenant pas à ces Communautés ou à cet Espace économique.

Décr. 27 nov. 1991, art. 97 [Conditions d'inscription particulières en fonction des activités précédemment exercées]

[mod. par décr. n° 95-1110, 17 oct. 1995, art. 9, *JO* 19]

Sont dispensés de la condition de diplôme prévue à l'article 11 (2°) de la loi du 31 décembre 1971 précitée, de la formation théorique et pratique, du certificat d'aptitude à la profession d'avocat et du stage :

1° Les membres et anciens membres du Conseil d'État et les membres et anciens membres du corps des tribunaux administratifs et des cours administratives d'appel;

2° Les magistrats et anciens magistrats de la Cour des comptes, des chambres régionales des comptes et des chambres territoriales des comptes de la Polynésie française et de la Nouvelle-Calédonie;

3° Les magistrats et anciens magistrats de l'Ordre judiciaire régis par l'ordonnance n° 58-1270 du 22 décembre 1958;

4° Les professeurs d'université chargés d'un enseignement juridique;

5° Les avocats au Conseil d'État et à la Cour de cassation;

6° Les avoués près les cours d'appel;

7° Les anciens avocats inscrits à un barreau français et les anciens conseils juridiques.

Décr. 27 nov. 1991, art. 98 [Conditions d'inscription particulières en fonction des activités précédemment exercées]

[mod. par décr. n° 2005-1381, 4 nov. 2005, art. 1, *JO* 6]

Sont dispensés de la formation théorique et pratique et du certificat d'aptitude à la profession d'avocat :

1° Les notaires, les huissiers de justice, les greffiers des tribunaux de commerce, les administrateurs judiciaires et mandataires judiciaires à la liquidation des entreprises, les anciens syndics et administrateurs judiciaires, les conseils en propriété industrielle et les anciens conseils en brevet d'invention ayant exercé leurs fonctions pendant cinq ans au moins;

2° Les maîtres de conférences, les maîtres assistants et les chargés de cours, s'ils sont titulaires du diplôme de docteur en droit, en sciences économiques ou en gestion, justifiant de cinq ans d'enseignement juridique en cette qualité dans les unités de formation et de recherche;

3° Les juristes d'entreprise justifiant de huit ans au moins de pratique professionnelle au sein du service juridique d'une ou plusieurs entreprises;

4° Les fonctionnaires et anciens fonctionnaires de catégorie A, ou les personnes assimilées aux fonctionnaires de cette catégorie, ayant exercé en cette qualité des activités juridiques pendant huit ans au moins, dans une administration ou un service public ou une organisation internationale;

5° Les juristes attachés pendant huit ans au moins à l'activité juridique d'une organisation syndicale.

Les personnes mentionnées aux 3°, 4° et 5° peuvent avoir exercé leurs activités dans plusieurs des fonctions visées dans ces dispositions dès lors que la durée totale de ces activités est au moins égale à huit ans;

6° Les juristes salariés d'un avocat, d'une association ou d'une société d'avocats, d'un office d'avoué ou d'avocat au Conseil d'État et à la Cour de cassation, justifiant de huit ans au moins de pratique professionnelle en cette qualité postérieurement à l'obtention du titre ou diplôme mentionné au 2° de l'article 11 de la loi du 31 décembre 1971 susvisée;

7° Les personnes agréées par le président du tribunal supérieur d'appel dans la collectivité départementale de Mayotte justifiant de huit ans au moins de pratique professionnelle.

Décr. 27 nov. 1991, art. 99 [Conditions particulières d'inscription au barreau des ressortissants de la Communauté européenne ou d'un autre État partie à l'accord sur l'Espace économique européen]

[mod. par décr. n° 2009-199, 18 févr. 2009]

Peuvent être inscrites au tableau d'un barreau sans remplir les conditions de diplômes, de formation théorique et pratique ou d'examens professionnels prévues aux articles 11 et 12 de la loi du 31 décembre 1971 précitée les personnes qui, d'une part, ont suivi avec succès un cycle d'études postsecondaires d'une durée d'au moins un an ou d'une durée équivalente à temps partiel, dont l'une des conditions d'accès est l'accomplissement du cycle d'études secondaires exigé pour accéder à l'enseignement universitaire ou supérieur ou l'accomplissement d'une formation de niveau secondaire équivalente, ainsi que la formation professionnelle éventuellement requise en plus de ce cycle d'études postsecondaires et qui, d'autre part, justifient :

1. De diplômes, certificats, autres titres ou formations assimilées permettant l'exercice de la profession dans un État membre de la Communauté européenne ou dans un autre État partie à l'accord sur l'Espace économique européen délivrés :

a) Soit par l'autorité compétente de cet État et sanctionnant une formation acquise de façon prépondérante dans l'Espace économique européen;

b) Soit par un pays tiers, à condition que soit fournie une attestation émanant de l'autorité compétente de l'État membre ou partie qui a reconnu les diplômes, certificats, autres titres ou formations assimilées, certifiant que leur titulaire a une expérience professionnelle de trois ans au moins dans cet État;

2. Ou de l'exercice à plein temps de la profession pendant deux ans au moins au cours des dix années précédentes dans un État membre ou partie qui ne réglemente pas l'accès ou l'exercice de cette profession, à condition que cet exercice soit attesté par l'autorité compétente de cet État. Toutefois, la condition d'une expérience professionnelle de deux ans n'est pas exigée lorsque le ou les titres de formation détenus par le demandeur sanctionnent une formation réglementée directement orientée vers l'exercice de la profession.

Sauf si les connaissances qu'il a acquises au cours de son expérience professionnelle sont de nature à rendre cette vérification inutile, l'intéressé doit subir devant le jury prévu à l'article 69 un examen d'aptitude dont le programme et les modalités sont fixés par arrêté du garde des sceaux, ministre de la justice, après avis du Conseil national des barreaux :

1° Lorsque sa formation porte sur des matières substantiellement différentes de celles qui figurent aux programmes de l'examen d'accès à un centre régional de formation professionnelle et du certificat d'aptitude à la profession d'avocat;

2° Lorsqu'une ou plusieurs des activités professionnelles dont l'exercice est subordonné à la possession de ces diplômes et examens ne sont pas réglementées dans l'État membre d'origine ou de provenance ou sont réglementées de manière différente et que cette différence est caractérisée par une formation spécifique requise en France portant sur des matières substantiellement différentes de celles couvertes par le diplôme dont le demandeur fait état;

3° Ou lorsque la durée de la formation dont il se prévaut est inférieure d'au moins un an à celle prévue par l'article 11 de la loi du 31 décembre 1971.

Le Conseil national des barreaux accuse réception du dossier du demandeur dans un délai d'un mois et, le cas échéant, informe le requérant de tout document manquant. Il se prononce par décision motivée au plus tard dans un délai de trois mois à compter de la présentation du dossier complet de l'intéressé. À défaut de notification d'une décision dans ce délai, la demande est réputée rejetée et l'intéressé peut se pourvoir devant la cour d'appel de Paris.

La décision du Conseil national des barreaux par laquelle est arrêtée la liste des candidats admis à se présenter à l'examen d'aptitude précise, le cas échéant, les matières sur lesquelles les candidats doivent être interrogés compte tenu de leur formation initiale et de leur expérience professionnelle.

Nul ne peut se présenter plus de trois fois à l'examen d'aptitude.

Le Conseil national des barreaux établit tous les deux ans un rapport comportant un relevé statistique des décisions prises en application du présent article et un bilan de son application. Ce rapport est adressé au garde des sceaux, ministre de la justice.

Décr. 27 nov. 1991, art. 99-1 [*abrogé*]

Décr. 27 nov. 1991, art. 100 **[Conditions particulières d'inscription au barreau des personnes ayant acquis la qualité d'avocat dans un État ou une unité territoriale n'appartenant pas à la Communauté européenne]**

[mod. par décr. n° 2009-199, 18 févr. 2009]

Les modalités et le programme de l'examen de contrôle des connaissances prévu au dernier alinéa de l'article 11 de la loi du 31 décembre 1971 précitée pour l'inscription au tableau d'un barreau français des personnes ayant acquis la qualité d'avocat dans un État ou une unité territoriale n'appartenant ni à la Communauté européenne, ni à l'Espace économique européen, ni à la Confédération suisse sont fixés par arrêté du garde des Sceaux, ministre de la Justice, après avis du Conseil national des barreaux.

L'examen est subi devant le jury prévu à l'article 69. Le Conseil national des barreaux peut, au vu des travaux universitaires ou scientifiques du candidat, dispenser celui-ci de certaines épreuves. Il le peut également lorsque la coopération développée avec ses homologues étrangers lui a permis de s'assurer que sa formation ou son expérience professionnelle rendait cette vérification inutile.

Nul ne peut se présenter plus de trois fois à l'examen de contrôle des connaissances.

> Prestation de serment

L. 31 déc. 1971, art. 3 [Serment]

[mod. par L. n° 90-1259, 31 déc. 1990, art. 2, art. 67, *JO* 5 janv. 1991; en vigueur depuis le 1er janv. 1992]

[...]

Ils prêtent serment en ces termes : « Je jure, comme avocat, d'exercer mes fonctions avec dignité, conscience, indépendance, probité et humanité. »

[...]

> Incompatibilités et limitation d'activité

L. 31 déc. 1971, art. 6 **[Membre du conseil de surveillance d'une société commerciale ou d'administrateur de société]**

[mod. par L. n° 90-1259, 31 déc. 1990, art. 4, art. 67, *JO* 5 janv. 1991; en vigueur depuis le 1er janv. 1992]

[...]

Ils peuvent, s'ils justifient de sept années d'exercice d'une profession juridique réglementée, remplir les fonctions de membre du conseil de surveillance d'une société commerciale ou d'administrateur de société. Le Conseil de l'ordre peut accorder une dispense d'une partie de cette durée.

L. 31 déc. 1971, art. 27 [avocat fiduciaire – assurance responsabilité]

[mod. par L. n° 2008-776, 4 août 2008, art. 18-II, en vigueur le 1er janv. 2009]

[...]

Les responsabilités inhérentes à l'activité de fiduciaire [...] sont supportées exclusivement par les avocats qui les exercent; elles doivent faire l'objet d'assurances spéciales qui sont contractées à titre individuel ou collectif, dans les conditions fixées par la loi du 13 juillet 1930 relative au contrat d'assurance *[Code des assurances]*.

L. 31 déc. 1971, art. 66-5 [avocat fiduciaire – secret professionnel]

[mod. par Ord. n° 2009-112, 30 janv. 2009, art. 9, en vigueur le 1er févr. 2009]

[...]

Ces dispositions *[relatives au secret professionnel de l'avocat]* ne font pas obstacle, à compter de la conclusion d'un contrat de fiducie, à l'application à l'avocat qui a la qualité de fiduciaire, de la réglementation spécifique à cette activité, sauf pour les correspondances, dépourvues de la mention « officielle », adressées à cet avocat par un confrère non avisé qu'il agit en cette qualité.

Décr. 27 nov. 1991, art. 111 [Nomenclature des incompatibilités]

La profession d'avocat est incompatible :

a) Avec toutes les activités de caractère commercial, qu'elles soient exercées directement ou par personne interposée;

b) Avec les fonctions d'associé dans une société en nom collectif, d'associé commandité dans les sociétés en commandite simple et par actions, de gérant dans une société à responsabilité limitée, de président du conseil d'administration, membre du directoire ou directeur général d'une société anonyme, de gérant d'une société civile à moins que celles-ci n'aient, sous le contrôle du Conseil de l'ordre qui peut demander tous renseignements nécessaires, pour objet la gestion d'intérêts familiaux ou professionnels.

Décr. 27 nov. 1991, art. 112 [Dispense]

L'avocat justifiant de moins de sept années d'exercice d'une profession juridique réglementée doit, pour pouvoir être élu aux fonctions de membre du conseil de surveillance d'une société commerciale ou d'administrateur de société, solliciter préalablement une dispense auprès du Conseil de l'ordre de son barreau.

La demande de dispense est adressée par lettre recommandée avec demande d'avis de réception ou remise contre récépissé au Conseil de l'ordre et comporte en annexe un exemplaire des statuts sociaux et, lorsque la société a au moins une année d'activité, une copie du dernier bilan.

Le Conseil de l'ordre peut demander à l'avocat de lui fournir toute explication et tous documents utiles.

À défaut de réponse du Conseil de l'ordre dans le délai de deux mois à compter de la réception de la demande, la dispense est réputée refusée.

Décr. 27 nov. 1991, art. 113 [Membre du conseil de surveillance ou administrateur]

L'avocat qui est élu aux fonctions de membre du conseil de surveillance d'une société commerciale ou d'administrateur d'une société commerciale doit en informer par écrit le Conseil de l'ordre dont il relève dans un délai de quinze jours à compter de la date de son élection.

Il joint à sa déclaration un exemplaire des statuts et, lorsque la société a au moins une année d'activité, une copie du dernier bilan. Il est délivré à l'avocat un récépissé de sa déclaration.

Le Conseil de l'ordre demande à l'avocat de fournir toutes explications sur les conditions dans lesquelles il exerce ses fonctions de membre du conseil de surveillance ou d'administrateur de société commerciale et de fournir, le cas échéant, tous documents utiles.

Si le Conseil de l'ordre estime que l'exercice de ces fonctions est ou devient incompatible avec la dignité et la délicatesse imposées aux avocats par les règles du barreau, il peut, à tout moment, inviter l'intéressé à se démettre de ses fonctions immédiatement. La décision du Conseil de l'ordre est notifiée à l'avocat par lettre recommandée avec demande d'avis de réception.

Décr. 27 nov. 1991, art. 114 [Recours]

Les décisions du Conseil de l'ordre prises en application des articles 112 et 113 peuvent être déférées par l'avocat intéressé à la cour d'appel dans les conditions prévues à l'article 16. L'avocat avise sans délai de sa réclamation le bâtonnier.

Décr. 27 nov. 1991, art. 115 [Principe d'incompatibilité]

[mod. par décr. n° 2004-397, 4 mai 2004, art. 1er, *JO* 7]

La profession d'avocat est incompatible avec l'exercice de toute autre profession, sous réserve de dispositions législatives ou réglementaires particulières.

La profession d'avocat est compatible avec les fonctions d'enseignement, les fonctions de collaborateur de député ou d'assistant de sénateur, les fonctions de suppléant de juge d'instance, de membre assesseur des tribunaux pour enfants ou des tribunaux paritaires de baux ruraux, de conseiller prud'homme, de membre des tribunaux des affaires de sécurité sociale, ainsi qu'avec celles d'arbitre, de médiateur, de conciliateur ou de séquestre.

Décr. 27 nov. 1991, art. 116 [Missions de justice]

Les avocats peuvent être chargés par l'État de missions temporaires même rétribuées mais à la condition de ne faire pendant la durée de leur mission aucun acte de leur profession, ni directement ni indirectement, sauf autorisation du Conseil de l'ordre.

L'avocat chargé de mission en avise le bâtonnier. Celui-ci saisit le Conseil de l'ordre, qui décide si cette mission est compatible avec la poursuite de l'exercice professionnel. Dans l'affirmative, l'avocat intéressé est maintenu au tableau.

Décr. 27 nov. 1991, art. 117 [Député, sénateur]

L'avocat investi d'un mandat de député, de sénateur ou de membre de l'Assemblée des communautés européennes est soumis aux incompatibilités édictées par les articles LO 149 et LO 297 du Code électoral.

Décr. 27 nov. 1991, art. 118 [Conseiller régional ou de membre de l'assemblée de Corse]

L'avocat investi d'un mandat de conseiller régional ou de membre de l'assemblée de Corse ne peut, pendant la durée de son mandat, accomplir aucun acte de sa profession, directement ou indirectement, contre la région ou la collectivité territoriale, les départements et communes qui en font partie ainsi que les établissements publics de ces collectivités territoriales.

Décr. 27 nov. 1991, art. 119 [Conseiller général]

L'avocat investi d'un mandat de conseiller général ne peut, pendant la durée de ce mandat, accomplir aucun acte de sa profession, directement ou indirectement, ni contre le département dans lequel il est élu, ni contre les communes qui en font partie, ni contre les établissements publics de ce département ou de ces communes.

Décr. 27 nov. 1991, art. 120 [Conseiller municipal]

L'avocat investi d'un mandat de conseiller municipal ne peut accomplir aucun acte de la profession, directement ou indirectement, contre la commune et les établissements publics communaux en relevant.

Décr. 27 nov. 1991, art. 121 [Fonctions de maire, adjoint au maire, conseiller municipal ou conseiller d'arrondissement de Paris, Lyon ou Marseille]

Les avocats qui remplissent les fonctions de maire, adjoint au maire, conseiller municipal ou conseiller d'arrondissement de Paris, Lyon ou Marseille ne peuvent accomplir aucun acte de leur profession, directement ou indirectement, dans les affaires intéressant la ville et les établissements publics en relevant.

Décr. 27 nov. 1991, art. 122 [Anciens fonctionnaires de l'État]

Il est interdit aux avocats anciens fonctionnaires de l'État de conclure et de plaider contre les administrations ressortissant au département ministériel auquel ils ont appartenu, pendant un délai de cinq ans à dater de la cessation de leurs fonctions. Il en est de même pour les avocats anciens fonctionnaires territoriaux à l'égard des collectivités territoriales dont ils ont relevé.

Décr. 27 nov. 1991, art. 122-1 [Fonctions de collaborateur de député ou d'assistant de sénateur]

[créé par décr. n° 2004-397, 4 mai 2004, art. 2, *JO* 7]

L'avocat exerçant les fonctions de collaborateur de député ou d'assistant de sénateur ne peut accomplir aucun acte de sa profession, directement ou indirectement, ni contre un membre du Parlement, ni contre un ancien parlementaire pour le compte duquel il a exercé lesdites fonctions, ni contre une association ayant pour objet la gestion des collaborateurs de parlementaires ou de groupes politiques, ni dans l'une des instances mentionnées à l'article 8 de l'ordonnance n° 58-1100 du 17 novembre 1958 relative au fonctionnement des assemblées parlementaires, ni contre l'État, les collectivités territoriales ou toute autre personne publique.

Cette interdiction prend fin après un délai de cinq ans à compter de la cessation de ses fonctions de collaborateur de député ou d'assistant de sénateur.

Décr. 27 nov. 1991, art. 123 [avocat fiduciaire – déclaration préalable au conseil de l'ordre]

[modifié par décr. n° 2009-1627, 23 déc. 2009, art. 2]

L'avocat qui souhaite exercer en qualité de fiduciaire en informe par écrit, avant d'accomplir tout acte relatif à cette activité, le conseil de l'ordre dont il relève.

Il joint à sa déclaration une attestation de souscription des assurances spéciales prévues par le quatrième alinéa de l'article 27 de la loi du 31 décembre 1971 susvisée.

Chaque attestation spécifie le montant de la couverture accordée et sa période de validité. Elle est transmise, par l'avocat, au constituant et, le cas échéant, au bénéficiaire.

Pendant la durée de l'activité fiduciaire, les attestations sont adressées chaque année par l'avocat au conseil de l'ordre.

Elles sont adressées au constituant et, le cas échéant, au bénéficiaire dans le délai d'un mois à compter du renouvellement ou de toute modification des contrats d'assurance.

En cas de cessation de la garantie pour quelque cause que ce soit, l'assureur doit immédiatement en informer par lettre recommandée avec demande d'avis de réception le constituant, le bénéficiaire s'il y a lieu, ainsi que le bâtonnier.

Décr. 27 nov. 1991, art. 205 [avocat fiduciaire – assurance spéciale responsabilité civile professionnelle]

[mod. par décr. n° 2009-1627, 23 déc. 2009, art. 3, 1°]

[...]

Tout avocat exerçant en qualité de fiduciaire doit être couvert contre les conséquences pécuniaires de sa responsabilité civile professionnelle, en raison des négligences et fautes commises dans l'exercice de ces fonctions, par la souscription, à titre personnel, d'une assurance propre à cette activité.

Les contrats d'assurance ne doivent pas comporter une limite de garantie inférieure à 1 500 000 euros par année pour un même assuré. Ils ne doivent pas prévoir de franchise à la charge de l'assuré supérieure à 10 p. 100 des indemnités dues, dans la limite de 3 050 euros. La franchise n'est pas opposable aux victimes.

Décr. 27 nov. 1991, art. 209-1 [avocat fiduciaire – assurance spéciale de restitution des biens, droits ou sûretés]

[mod. par décr. n° 2009-1627, 23 déc. 2009, art. 4]

Tout avocat exerçant en qualité de fiduciaire doit avoir souscrit une assurance au profit de qui il appartiendra, propre à son activité, et garantissant la restitution des biens, droits ou sûretés concernés.

Les contrats d'assurance ne doivent pas comporter une limite de garantie inférieure à 5 % de la valeur des biens immeubles et à 20 % de la valeur des autres biens, droits ou sûretés. Ces seuils ne préjudicient pas à la souscription volontaire, par l'avocat fiduciaire, d'une garantie financière supplémentaire.

Décr. 27 nov. 1991, art. 231 [avocat fiduciaire – obligations comptables]

[mod. par décr. n° 2009-1627, 23 déc. 2009, art. 5]

Les opérations de chaque avocat sont retracées dans des documents comptables destinés, notamment, à constater les versements de fonds et remises d'effets ou valeurs qui lui sont faits au titre de ses opérations professionnelles ainsi que les opérations portant sur ces versements ou remises.

Lorsqu'il exerce en qualité de fiduciaire, l'avocat tient une comptabilité distincte, propre à cette activité. Il ouvre un compte spécialement affecté à chacune des fiducies exercées.

La comptabilité de l'avocat est tenue dans les conditions prévues par la présente sous-section.

Décr. 27 nov. 1991, art. 233 [avocat fiduciaire – maniement des fonds]

[mod. par décr. nº 2009-1627, 23 déc. 2009, art. 7]

Tous les versements de fonds ou remises d'effets et valeurs à un avocat, sauf lorsqu'il agit en qualité de fiduciaire, donnent lieu à la délivrance ou à l'envoi d'un accusé de réception s'il n'en a pas été donné quittance.

Décr. 27 nov. 1991, art. 235-3 [avocat fiduciaire – information de l'assureur]

[mod. par décr. nº 2009-1627, 23 déc. 2009, art. 8]

L'assureur auprès duquel est souscrite l'assurance prévue à l'article 209-1 a communication, sur simple demande, par l'avocat fiduciaire, de la comptabilité et, le cas échéant, du rapport du commissaire aux comptes afférent aux opérations de la fiducie. Il en est de même de la liste et des adresses des dépositaires.

C. civ., art. 2011 [avocat fiduciaire – définition de la fiducie]

[L. nº 2007-211, 19 févr. 2007, art. 1er]

La fiducie est l'opération par laquelle un ou plusieurs constituants transfèrent des biens, des droits ou des sûretés, ou un ensemble de biens, de droits ou de sûretés, présents ou futurs, à un ou plusieurs fiduciaires qui, les tenant séparés de leur patrimoine propre, agissent dans un but déterminé au profit d'un ou plusieurs bénéficiaires.

C. civ., art. 2015 [avocat fiduciaire – ouverture de la fiducie aux avocats]

[L. nº 2008-776, 4 août 2008, art. 18-I, 2º, en vigueur le 1er janv. 2009]

[...]

Les membres de la profession d'avocat peuvent [...] avoir la qualité de fiduciaire.

C. civ., art. 2029 [avocat fiduciaire – cessation du contrat de fiducie]

[L. nº 2008-776, 4 août 2008, art. 18-I, 7º, en vigueur le 1er janv. 2009]

Le contrat de fiducie prend fin [...] lorsque le fiduciaire [...] est avocat, en cas d'interdiction temporaire, de radiation ou d'omission du tableau.

L. nº 2007-211, 19 févr. 2007, art. 12 [avocat fiduciaire – comptabilité distincte]

Les éléments d'actif et de passif transférés dans le cadre de l'opération mentionnée à l'article 2011 du Code civil forment un patrimoine d'affectation. Les opérations affectant ce dernier font l'objet d'une comptabilité autonome chez le fiduciaire.

[...]

RIN, art. 6.2.1 [activité de fiduciaire]

[Décis. à caractère normatif nº 2009-001, 4 avr. 2009, *JO* 12 mai]

[...]

Missions

[...]

6.2.1 L'activité de fiduciaire

Dans l'accomplissement de ces missions, il demeure soumis aux principes essentiels et doit s'assurer tout particulièrement de son indépendance.

Principes

6.2.1.1 L'avocat fiduciaire demeure, dans l'exercice de cette activité, soumis aux devoirs de son serment et aux principes essentiels de sa profession ainsi que, plus généralement, à l'ensemble des dispositions du présent règlement intérieur national.

Dans le cadre de sa mission fiduciaire, l'avocat ne peut exercer une activité incompatible avec sa profession au sens des articles 111 et suivants du décret du 27 novembre 1991.

Déclarations à l'Ordre

6.2.1.2 L'avocat qui entend exercer l'activité de fiduciaire doit souscrire à titre individuel une assurance spéciale pour garantir tant sa responsabilité civile professionnelle que la restitution des fonds, effets, titres et valeurs concernés. Il en fait alors la déclaration à l'Ordre par lettre adressée au bâtonnier en justifiant de la souscription de l'assurance spéciale.

Le bâtonnier accuse réception de cette déclaration sans délai.

L'avocat justifie chaque année au bâtonnier du maintien des garanties d'assurance.

Correspondances

6.2.1.3 Dans toute correspondance, quel qu'en soit le support, qu'il établit dans le strict cadre de sa mission de fiducie, l'avocat doit indiquer l'attention du destinataire sur le caractère non-confidentiel, à l'égard des organes de contrôle de la fiducie, expressément sa qualité de fiduciaire. Il doit par ailleurs attirer des correspondances échangées avec lui au titre de cette mission.

Une correspondance dépourvue de la mention « officielle », adressée à l'avocat fiduciaire par un confrère non avisé de cette qualité, demeure confidentielle au sens de l'art. 3 du présent règlement et couverte par le secret professionnel au sens de l'art. 66-5 de la loi du 31 décembre 1971.

Protection du secret professionnel

6.2.1.4 L'avocat exerçant une activité de fiducie reste soumis à son secret professionnel, mais doit prendre toutes dispositions permettant aux autorités judiciaires, administratives et ordinales d'effectuer les contrôles et vérifications prévus par la loi et les règlements en ce domaine sans qu'il soit porté atteinte au secret professionnel et à la confidentialité des correspondances attachés aux autres activités de son cabinet et à ceux qui y exercent.

Il doit notamment utiliser un papier à lettres distinct et veiller à une identification claire et spécifique des dossiers de fiducie, lesquels doivent faire l'objet d'un rangement et d'un archivage séparés des autres dossiers. De même, tous les supports informatiques utilisés dans l'exercice de l'activité de fiducie doivent être consacrés exclusivement à cette activité et identifiés distinctement.

6.2.1.5 Obligations particulières de l'avocat fiduciaire

Identification des parties

L'avocat vérifie l'identité des parties contractantes et des bénéficiaires effectifs de l'opération. Il les informe des dispositions des articles 6.2.1.1 et suivants du RIN.

Les conflits d'intérêts s'apprécient par rapport au constituant et au(x) bénéficiaire(s). L'avocat désigné par le constituant en qualité de tiers, au sens de l'art. 2017 du Code civil, ne peut appartenir à la même structure d'exercice que celle à laquelle appartient l'avocat fiduciaire.

Rémunération

Dans le contrat de fiducie, la rémunération de l'avocat doit être distinguée de celle des autres intervenants.

Comptabilité

Les activités de l'avocat fiduciaire doivent faire l'objet d'une comptabilité distincte de ses comptes professionnels et personnels et de son sous-compte Carpa. L'activité fiduciaire peut faire l'objet d'un contrôle de comptabilité conformément à l'art. 17.9° de la loi du 31 décembre 1971.

Chaque fiducie fait l'objet d'un compte identifié et clairement séparé dans la comptabilité tenue par l'avocat.

Obligation de compétence

L'avocat s'oblige à suivre une formation spécifique dans les matières liées à l'exécution de ses missions fiduciaires.

[...]

RIN, art. 6.2.2 [Correspondant à la protection des données personnelles (avocat CIL)]

6.2.2.1 Principes. Dans son activité de correspondant à la protection des données personnelles, l'avocat reste tenu de respecter les principes essentiels et les règles du conflit d'intérêt.

6.2.2.2 Devoirs. L'avocat correspondant à la protection des données personnelles doit mettre un terme à sa mission s'il estime ne pas pouvoir l'exercer, après avoir préalablement informé et effectué les démarches nécessaires auprès de la personne responsable des traitements; en aucun cas il ne peut dénoncer son client.

Règlement intérieur du barreau de Paris

Article P. 6.2.0.4 [mandataire en transactions immobilières]

L'avocat peut exercer l'activité de mandataire en transactions immobilières dans les limites autorisées par la loi.

L'avocat doit en faire la déclaration à l'Ordre par lettre adressée au bâtonnier.

Cette activité doit être pratiquée en vue de la rédaction d'un contrat ou avant-contrat et constitue pour l'avocat une activité accessoire. L'avocat doit ouvrir un sous-compte spécial à la Carpa pour accomplir sa mission de « mandataire en transactions immobilières » soumis au contrôle de l'Ordre.

Dans son activité de mandataire en transactions immobilières, l'avocat reste tenu de respecter les principes essentiels de sa profession et les règles du conflit d'intérêts; il ne pourra intervenir que pour l'une des parties et ne percevra des honoraires que de celle-ci.

L'avocat se conformera à l'annexe XIV du règlement intérieur concernant les règles relatives à la négociation.

Règlement intérieur du barreau de Paris – Annexe XIV « Règles relatives à la négociation de biens immobiliers à vendre ou à louer »

Préambule

Pour l'application de son arrêté en date du 21 avril 2009 ayant inséré dans le règlement intérieur du barreau de Paris l'article P. 6.2.0.4, le Conseil de l'ordre des avocats du barreau de Paris a établi les règles de déontologie suivantes s'imposant aux avocats en matière de négociation de biens à vendre ou à louer.

Ces règles sont applicables à tous les avocats.

Article 1er

Le mandat en transaction de biens immobiliers à vendre ou à louer constitue une des activités accessoires de L'avocat.

Elle s'exerce conformément à la règlementation en vigueur et notamment aux dispositions de l'article P. 6.2.0.4 du règlement intérieur du barreau de Paris.

Article 2

Le mandat écrit obligatoire doit indiquer le mode de calcul des honoraires. Aucune rémunération autre que celle due au titre de la rédaction des actes (projets, avant-contrat, contrat) ne pour rait être perçue dans l'hypothèse où l'opération ne serait pas effectivement conclue.

Une copie du mandat devra être remise au mandant.

En vertu de son devoir de conseil, l'avocat ne doit accepter de mandat que limité à une durée raisonnable tenant compte notamment des pratiques habituelles et usages locaux en matière de négociation et des particularités du bien à négocier.

Article 3

Dans l'exercice de ses activités de négociation, l'avocat doit faire preuve d'indépendance, de loyauté, d'im partialité et d'objectivité. Il doit s'abstenir de tout démarchage, directement ou par personne interposée, pour recueillir un mandat.

L'activité de négociation s'exerce, comme les autres activités de l'avocat, au sein et dans les locaux de son cabinet. Cette règle ne fait pas obstacle aux déplacements nécessaires en vue de la visite des biens à vendre ou à louer.

Article 4

1) Les avocats ont la faculté de se regrouper pour mettre en commun divers moyens dans le but d'assurer à la clientèle le meilleur service en matière de négociation.

Ils peuvent notamment centraliser dans un fichier commun, destiné à leur information et à celle de leurs clients, les offres de vente ou de location pour lesquels ils ont reçu mandat de rechercher un acquéreur ou un locataire.

2) Ces groupements doivent être constitués de telle sorte que tout avocat s'engageant à respecter les conventions qui les régissent y soient automatiquement admis.

Toute création de groupement devra être portée à la connaissance du ou des ordres des avocats concernés. Les statuts ou règlements devront y être déposés.

Le groupement, qu'il ait ou non la personnalité morale, ne peut être en relation directe avec la clientèle. Il ne doit avoir, en aucun cas, une activité propre de négociation. Aucun mandat ne peut être établi au nom du groupement.

Article 5

Seuls les organismes professionnels, statutaires ou non, sur le plan national ou local, peuvent faire, par tout moyen à leur convenance, une publicité informative générale sur la profession d'avocat, les services qu'ils peuvent offrir et les moyens dont ils disposent pour répondre aux besoins de la clientèle.

La publicité sur les biens à vendre ou à louer peut être faite, dans le respect du règlement intérieur du barreau de Paris, soit pour un seul bien par un ou plusieurs avocats, soit pour plusieurs biens par un même avocat, soit pour plusieurs biens par plusieurs avocats, sur la même annonce à la condition que chaque offre puisse être attribuée à l'avocat détenteur du mandat.

L'affichage raisonnable des biens immobiliers pour lesquels l'avocat a un mandat est autorisé à l'extérieur et à l'intérieur de son cabinet. L'affichage dans une vitrine formant devanture de bou tique est interdit.

Article 6

L'Ordre des avocats contrôlera les conditions d'exercice de l'activité de négociation et le respect des règles déontologiques applicables en la matière.

Arr. 7 janv. 1993, art. 1er [Modalités de l'examen d'aptitude prévu à l'article 99]

[mod. par arr. 18 sept. 2009]

Toute personne qui entend bénéficier des dispositions de l'article 99 du décret nº 91-1197 du 27 novembre 1991 organisant la profession d'avocat saisit, par lettre recommandée avec demande d'avis de réception ou par tout autre moyen équivalent, le président du Conseil national des barreaux d'un dossier qui comprend :

1º Une requête dans laquelle le requérant précise, pour le cas où il serait soumis à l'examen d'aptitude, s'il entend subir celui-ci devant le centre régional de formation professionnelle dont le siège est fixé à Paris ou celui dont le siège est fixé à Versailles;

2º La copie des documents justifiant de son identité, de sa nationalité et de son domicile;

3º Les copies certifiées conformes des titres de formation ou des titres de formation assimilée obtenus ou des documents justifiant de droits acquis lui donnant accès à la profession d'avocat;

4º Si ni l'accès à la profession d'avocat ou son exercice, ni la formation y conduisant ne sont réglementés dans son État d'origine, une attestation de l'autorité compétente justifiant qu'il a exercé à temps plein la profession d'avocat, au cours des dix dernières années, et précisant les dates de cet exercice;

5º Pour les titulaires d'un diplôme, certificat ou titre délivré par un pays tiers et reconnu par un État membre de la Communauté européenne ou partie à l'accord sur l'Espace économique européen, une attestation émanant de l'autorité compétente de cet État membre ou partie certifiant de la durée de l'exercice professionnel sur son territoire et les dates correspondantes;

6º Tout document, en original ou en copie, permettant d'apprécier si le requérant remplit les conditions prévues par l'article 99 du décret du 27 novembre 1991 précité, ainsi que le contenu détaillé du cycle d'études postsecondaires suivi avec succès et de la formation professionnelle initiale et continue reçue.

Le cas échéant, les pièces justificatives, sauf celles relatives à l'identité et à la nationalité de l'auteur de la requête, doivent être accompagnées de leur traduction en langue française.A l'exception des documents mentionnés au 2º et au 6º, cette traduction est faite par un traducteur inscrit sur la liste nationale des experts judiciaires ou sur l'une des listes d'experts judiciaires dressées par les cours d'appel ou par un traducteur habilité à intervenir auprès des autorités judiciaires ou administratives d'un autre État membre de la Communauté européenne ou d'un État partie à l'accord sur l'Espace économique européen.

Arr. 7 janv. 1993, art. 3 [Détermination des matières par le Conseil national des barreaux]

[mod. par arr. 18 sept. 2009]

Lorsqu'elle prescrit au requérant de subir l'examen d'aptitude, la décision du Conseil national des barreaux précise la ou les matières sur lesquelles il doit être interrogé, dans la limite de quatre matières. Cette ou ces matières seront déterminées parmi celles figurant au programme de l'examen du certificat d'aptitude à la profession d'avocat, qui ne sont pas couvertes ou insuffisamment couvertes par la formation du candidat. Dans ce cas, le Conseil national des barreaux communique sa décision dans le délai de quinze jours, par lettre recommandée avec demande d'avis de réception, au centre régional de formation professionnelle mentionné dans la requête du candidat; le dossier de candidature est joint à cette communication [...].

Le centre régional de formation professionnelle organise l'examen au moins une fois par an.

Les dates et lieux des épreuves sont fixés par le président du conseil d'administration du centre qui adresse, par lettre recommandée avec demande d'avis de réception ou par tout autre moyen équivalent, une convocation individuelle au candidat au moins un mois avant la date de la première épreuve.

Arr. 7 janvier 1993, art. 1er [Modalités de l'examen de contrôle des connaissances prévu à l'article 100]

[mod. par arr. 10 avril 2007]

Les candidatures à l'examen de contrôle des connaissances prévu à l'article 100 du décret nº 91-1197 du 27 novembre 1991 organisant la profession d'avocat sont adressées, par lettre recommandée avec demande d'avis de réception, au président du Conseil national des barreaux.

Le dossier du candidat comprend :

1º Une requête dans laquelle le requérant précise s'il entend subir l'examen auprès du centre régional de formation professionnelle dont le siège est fixé à Paris ou celui dont le siège est fixé à Versailles;

2º Lorsqu'il n'est pas ressortissant d'un État ou d'une unité territoriale appartenant à la Communauté européenne, à l'Espace économique européen, ou à la Confédération suisse, il doit produire tous documents justificatifs permettant d'apprécier si l'État ou l'unité territoriale dont il est ressortissant accorde aux Français la faculté d'exercer sous les mêmes conditions la profession d'avocat;

3° Tous documents justificatifs permettant d'apprécier si le candidat remplit les conditions prévues à l'article 100 du décret précité, notamment les diplômes juridiques dont il est titulaire, ses travaux universitaires ou scientifiques et la justification de sa qualité d'avocat dans un État où une unité territoriale n'appartenant pas à la Communauté européenne, à l'Espace économique européen ou à la Confédération suisse à la date de présentation de sa candidature [...].

Arr. 7 janvier 1993, art. 2 [Décision du CNB et dispenses]

[mod. par arr. 10 avril 2007]

Le Conseil national des barreaux se prononce par décision motivée dans un délai de deux mois à compter de la délivrance du récépissé et notifie sa décision au candidat par lettre recommandée avec demande d'avis de réception.

Cette décision précise, le cas échéant, les épreuves dont le candidat est dispensé.

Arr. 7 janvier 1993, art. 3 [Communication de la décision et organisation des épreuves]

[mod. par arr. 10 avril 2007]

La décision du Conseil national des barreaux autorisant le candidat à subir les épreuves de l'examen de contrôle des connaissances, accompagnée du dossier de candidature, est communiquée, par lettre recommandée avec demande d'avis de réception, dans les quinze jours de sa date, au centre régional de formation professionnelle choisi par le candidat.

L'organisation matérielle de l'examen, qui doit avoir lieu au moins une fois par an, est confiée au centre régional de formation professionnelle.

Les dates et lieux des épreuves sont fixés par le président du conseil d'administration du centre, qui adresse par lettre recommandée avec demande d'avis de réception une convocation individuelle au candidat au moins un mois avant la date de la première épreuve.

La convocation précise, le cas échéant, les épreuves dont le candidat a été dispensé.

13.02 Jurisprudence de référence.

> Pouvoir du Conseil de l'ordre de refuser l'inscription d'un postulant ayant contrevenu aux principes de probité et de désintéressement

• **Civ. 1re, 15 oct. 1975, n° 73-12.628,** *Bull. civ.* I, n° 273; *Gaz. Pal.* 1976, 1, 66, note Damien.

* V. s^s n° 13.65.

« Si l'article 11 de la loi du 31 décembre 1971 énumère les conditions à défaut desquelles nul ne peut accéder à la profession d'avocat, il ne s'ensuit pas nécessairement que tout candidat qui satisfait à ces conditions doive être admis au barreau.

C'est dès lors à bon droit qu'une cour d'appel admet que l'article 17, 3° de la loi précitée, d'une portée générale, qui donne au Conseil de l'ordre la mission de maintenir les principes de probité et de désintéressement sur lesquels repose la profession d'avocat, lui reconnaît par là même le pouvoir de refuser l'inscription d'un postulant ayant contrevenu à ces principes. »

13.03 Bibliographie indicative.

Ouvrage. Avril, 2008.

Articles. Bertrand, « CRFPA : l'examen n'est plus de mise », *Vie jud.* 6 mars 1994, p. 2 – Brunois « Le barreau et la jurisprudence », « Le barreau et l'Europe », « Avocats étrangers », *D.* 1987, somm. 61 s. – Chavrier et Boyer « Requiem pour un examen inadapté, pour une réforme immédiate de l'examen d'accès au CRFPA » *Gaz. Pal.* 10 juin 1995, p. 5 s. – Collin, « La prestation de service des avocats communautaires », *Gaz. Pal.* 5 mai 1992, p. 32 – Daigre, « Arrêtez le massacre », *Gaz. Pal.* 23 déc. 1997, trib. libre p. 29; « Observations critiques sur le nouveau Capa », *Gaz. Pal.* 24 juill. 1993, p. 28 – Damien, « Le pavé », *Gaz. Pal.* 1982, 1, doctr. 196; « La liberté de la défense et le délit d'audience », *Gaz. Pal.* 1982, 1, doctr. 192; « La condition de nationalité pour l'inscription au barreau », *Gaz. Pal.* 1975, doctr. p. 69 – Flécheux et Guinchard, « Commentaire des arrêtés du 16 janvier 1993 fixant le programme et les modalités d'examen d'accès à la profession d'avocat prévus pour les ressortissants de la CEE et les personnes ayant acquis leur qualité d'avocat dans un État n'appartenant pas à la CEE », *Gaz. Pal.* 2 mars 1993, p. 2 s. – Gailhbaud, « L'avocat et l'activité d'agent sportif », *Gaz. Pal.* 2009. Doctr. 239 – Guinchard et Mousseron, « La formation des avocats », *JCP* 1992, I, 3571 – Knafo, « Les conditions particulières d'inscription au barreau des ressortissants de la CEE » – Le Prado, « Communication de l'Ordre des avocats aux Conseils, Président de l'Ordre des avocats au Conseil d'État et à la Cour de cassation », *D.* 2009. 958 et *JCP* 2009, « Libres propos », p. 184 – Marenco, « La notion de restriction aux libertés d'établissement et de prestations de services dans la jurisprudence de la Cour de Luxembourg », *Gaz. Pal.* 5 mai 1992, p. 4 – Martin, « L'avocat de la communauté européenne devant le Parlement français », *JCP* 1993, I, 3669; « L'avocat de la Communauté européenne devant les tribunaux français », *JCP* 1993, I, 3669 – Olivier, « La nouvelle profession d'avocat et la législation judiciaire », *Gaz. Pal.* 20 févr. 1992, p. 8 s. – Paclot « De la sélection des futurs avocats », *Gaz. Pal.* 14 mai 1998, p. 7 – Peiffer, chron. *Gaz. Pal.* 6 oct. 1988, p. 2 – Plouvin, « L'enseignement public et la profession d'avocat », *Gaz. Pal.* 1977, 1, doctr. p. 44 – Rome, « Le rapport de l'angoisse », *D.* 2009. 929; Darrois, *JCP* 2009. I, entretien p. 15.

> Nouvelles activités de l'avocat

Grossi, « Les obligations de l'avocat à la croisée des chemins », *RLDC* 2009/58. 3355 – Croze, « Une transformation importante du métier d'avocat », *Procédures* 2009. Repère 7 – Ekollo, « *Quid* des missions d'expertise du nouvel avocat », *Vie jud.* 18 oct. 1992, p. 4 – Jamin, Une rénovation profonde de la profession d'avocat, *D.* 2009. 932.

> Avocat mandataire judiciaire

Fresnel, « L'avocat mandataire judiciaire à la protection des majeurs », *Gaz. Pal.* 14-16 févr. 2010, p. 14.

> Avocat et fiduciaire

de Belval et Joly, « Quelques observations sur l'avocat et la fiducie », *RLDA* mars 2010. 90 – Berger, « La Fiducie :

Décret du 23 décembre 2009 », *Avocat&droit*, n° 32, p. 39 – Bortoluzzi, « Fiducie et ventes judiciaires : le règlement intérieur national des avocats modifié », *JCP* 2009. 33 – Chambaz, « L'avocat et la fiducie », *RLDC* 01/2009. 27 – Commission Règles et usages, « Avant-projet de décision à caractère normatif relatif aux règles spécifiques à l'activité de l'avocat fiduciaire », adopté par l'assemblée générale du Conseil national des barreaux les 13 et 14 mars 2009, cnb.avocat.fr – Dargent, « Exercice par les avocats de la fiducie », *Dalloz actualité* 7 janv. 2010 – Pillet, « Modalités d'exercice par les avocats de l'activité fiduciaire », *JCP* 2010. 270 – Sand, « Dernières précisions concernant les conditions d'exercice de la qualité fiduciaire par les avocats/À propos du décret du 23 déc. 2009 », *JCP* 2010. 76 – Tandeau de Marsac, « L'avocat et la fiducie », *Gaz. Pal.* 2009. Doctr. 2405 – Uettwiller, « Avocat et fiducie », *Dr. et patr.* mars 2009, p. 26.

> Avocat mandataire en transactions immobilières

Barjon, « Maniement de fonds dans le cadre de l'activité d'avocat mandataire en transactions immobilières », *Gaz. Pal.* 7-8 mai 2010, p. 30 – Feugère, « L'avocat mandataire en transactions immobilières face au blanchiment », *Gaz. Pal.* 7-8 mai 2010, p. 33 – Forestier, « Le maniement de fonds par l'avocat mandataire en transactions immobilières », *Gaz. Pal.* 2009. Doctr. 2888 – Meiniger Bothorel, « Responsabilité de l'avocat mandataire en transactions immobilières », *Gaz. Pal.* 7-8 mai 2010, p. 21 – Vauthier, « Problèmes pratiques de l'avocat mandataire en transactions immobilières », *Gaz. Pal.* 7-8 mai 2010, p. 14 – Vitry, « L'avocat mandataire en transactions immobilières », *Gaz. Pal.* 7-8 mai 2010, p. 11.

> Avocat agent sportif

Marmayou, « L'avocat peut-il être agent sportif ? », *D.* 2007. Chron. 746; « Contrat d'agent sportif : retour sur l'exigence d'écrit et perspectives sur la désignation légale du débiteur », *Cah. dr. sport* 2006/3. 91, spéc. p. 97.

SECTION 1
CONDITIONS DE L'ADMISSION

13.11 Nomenclature des conditions. Toute personne qui sollicite son admission à la prestation de serment d'avocat doit, aux termes de la loi, remplir un certain nombre de conditions[1], notamment de nationalité, de compétence et de moralité. Il n'y a plus de condition de sexe, la loi du 1er octobre 1900[2] ayant permis aux femmes de prêter serment d'avocat et d'exercer cette profession. Il n'existe pas de condition d'âge pour s'inscrire, un mineur peut être inscrit au barreau mais avec l'allongement de la durée des études de droit, cette hypothèse devient purement théorique.

1. L. 31 déc. 1971, art. 11.
2. L. 1er oct. 1900, *DP* 1900, 4, 81.

§ 1
Conditions de nationalité

13.21 Principe. Nul ne peut accéder à la profession d'avocat s'il ne remplit les conditions suivantes : 1° être Français sous réserve des conventions internationales[3].

• **Évolution.** Sous l'Ancien Régime, la seule condition pour accéder au barreau était la possession d'un diplôme de licencié, aucune exigence de nationalité n'était requise; ce n'est qu'au milieu du XIXe siècle que, bien que cette condition ne figurât dans aucun texte, l'étranger fut peu à peu écarté du barreau par la déontologie ordinale qui ne pouvait tolérer qu'un étranger qui n'était admis à résidence que par autorisation du souverain puisse exercer la profession d'avocat « cette autorisation étant toujours révocable et un pareil état qui n'avait ni certitude ni dignité paraissant incompatible avec le ministère de l'avocat »[4].

La loi du 31 décembre 1971, dans sa rédaction primitive, posait donc une exigence de nationalité, soit de naissance, soit par naturalisation; l'exigence de cinq années de naturalisation avant l'inscription au barreau a été supprimée par la loi du 9 janvier 1973. Un certain nombre de conventions internationales admettait certains étrangers au barreau français[5].

Une jurisprudence abondante était venue préciser la portée de ces conventions internationales[6].

• L'article 52 du traité de Rome prévoyant la liberté d'établissement et de prestation des ressortissants amena la jurisprudence française à admettre des étrangers membres de la Communauté au sein du barreau, nonobstant la condition de nationalité[7]. De même la liberté d'éta-

3. L. 31 déc. 1971, art. 11.
4. MOLLOT, t. I, p. 460.
5. HAMELIN, 6e éd., p. 106 s.
6. NOT. : CA Paris, 24 janv. 1990, CA Versailles, 7 févr. 1990, *Gaz. Pal.* 1990, 2, 452, note Damien – ÉGALT : Civ. 1re, 29 oct. 1979, n° 78-13.176, *Bull. civ.* I, n° 263 – ÉGALT les arrêts commentés par Brunois [bâtonnier] « Le barreau et la jurisprudence », « Le barreau et l'Europe », « Avocats étrangers », *D.* 1987, somm. 61 s. – CA Colmar, 9 juin 1981, *Gaz. Pal.* 1982, 1, 47 – Civ. 1re, 22 janv. 1991, n° 88-14.559, *Bull. civ.* I, n° 25; *JCP* 1991, IV, 105 – Civ. 1re, 28 janv. 1992, n° 90-11.803, *Bull. civ.* I, n° 27; *JCP* 1992, II, 907 – Civ. 1re, 25 févr. 1992, n° 90-17.348, *Bull. civ.* I, n° 64; *Gaz. Pal.* 8 sept. 1992, 210 – Civ. 1re, 20 oct. 1992, n° 90-13.012, NP, *Gaz. Pal.* 8 oct. 1993, 6.
7. CJCE 21 juin 1974, n° 2/74, Reyners, *Rec. CJCE*, p. 631, point 21; *Gaz. Pal.* 1974, 2, 607, note Petitti – Damien, « La condition de nationalité pour l'inscription au barreau », *Gaz. Pal.* 1975, doctr. p. 69 – CJCE 28 avr. 1977, n° 71/76, Thieffry, *Rec. CJCE*, p. 765, point 12; 1977, 1, 26, note Petitti – CJCE 3 déc. 1974, n° 33-74, *Van Bisbergen*, *Rec. CJCE*, p. 1299 – CJCE 12 juill. 1984, n° 107/83, Ordre des avocats au barreau de Paris c/Onno *Klopp*; *Rec. CJCE*, p. 2971, point 19; *Gaz. Pal.* 1984, 2, 617; *D.* 1985, IR 103, note Brunois – Civ. 1re, 15 janv. 1985, n° 82-12.908, *Bull. civ.* I, n° 17; *D.* 1985, 316, note Brunois; *JCP* 1986, I, 3260.

blissement avait posé des problèmes délicats notamment relatifs au contrôle qu'un État peut exercer sur l'exercice, par un étranger, de sa profession en France, dans le cadre de la prestation de service mais au titre de la liberté d'établissement[1].

13.22 L'exigence de la nationalité française a été entièrement repensée par la loi du 31 décembre 1990. Le principe de l'exigence de nationalité française est donc maintenu mais toutefois des dispositions législatives sont prises en faveur des ressortissants des États membres de l'Union européenne et des États non membres de cette Union qui rendent désormais sans intérêt les jurisprudences antérieures. Le principe posé par l'article 11 de la loi du 31 décembre 1971 est clair : pour accéder à la profession il faut être :

- Français ou ressortissant de la CEE [l'Union européenne];

- ou ressortissant d'un État ou d'une unité territoriale n'appartenant pas aux Communautés européennes [l'Union européenne] ou partie à l'accord sur l'espace économique européen ou ressortissant d'un État ou d'une unité territoriale n'appartenant pas à cette Communauté ou à cet espace économique qui accorde aux Français la faculté d'exercer dans les mêmes conditions l'activité professionnelle que l'intéressé se propose lui-même d'exercer en France[2];

- ou avoir la qualité de réfugié ou d'apatride reconnue par l'Office français de protection des réfugiés et apatrides (Ofpra).

• La jurisprudence semble admettre que si la qualité de réfugié confère un traitement qui, pour l'exercice des professions libérales, doit être aussi favorable que possible et, en tout cas, non moins favorable que celui accordé dans les mêmes circonstances aux étrangers en général, les dispositions des articles 7 et 19 de la convention de Genève du 28 juillet 1951 ne conduisent pas cependant à leur accorder les avantages particuliers dont bénéficient les ressortissants des États liés à la France par un accord de coopération judiciaire[3]. Toutefois une décision de la commission de recours des réfugiés a accordé le statut de réfugié, à une Algérienne compte tenu de la « passivité » des autorités locales face aux agissements dont la requérante a été victime[4].

La situation des avocats étrangers posait en effet des problèmes en France. L'implantation de nombreux cabinets étrangers fait de Paris une des plus importantes places internationales du droit et a permis aux *big five* [*four*], c'est-à-dire aux plus importants cabinets d'audit, de s'implanter sur le territoire national afin d'exercer dans une structure commune pour des prestations ressortant tant du « chiffre » que du « droit », ce qui leur est totalement prohibé dans leurs pays d'origine[5].

13.23 Libre prestation des avocats des États membres de l'Union européenne. Ils peuvent exercer leurs activités sur tout le territoire de l'Union, en vertu du traité de Rome. C'est ce qu'on appelle la libre prestation de service (v. s^s n°s 74.01 s.) qu'il faut distinguer de la liberté d'établissement. Cette dernière permet à un citoyen d'un État membre de s'établir comme avocat dans un autre État membre, sans condition de nationalité, par exemple à un Allemand de s'inscrire à un barreau français, mais alors cet Allemand aura le statut d'avocat français et ne profitera pas du régime de faveur organisé pour la postulation devant les tribunaux de grande instance et les cours d'appels, réservé aux avocats des autres États membres qui viennent accomplir en France une activité professionnelle occasionnelle[6].

13.24 Régimes dérogatoires des articles 99 et 100 du décret du 27 novembre 1991. Des conditions particulières d'inscription au barreau sont prévues pour les ressortissants des État membre de l'Union européenne ou d'un autre État partie à l'accord sur l'Espace économique européen et pour les ressortissants de la Confédération suisse, par les dispositions du décret du 27 novembre 1991, dans son titre II, section I, sous-sections 3 et 4[7] (v. s^s n°s 13.31 s.), ainsi que pour les personnes ayant acquis la qualité d'avocat dans un État ou unité territoriale n'appartenant pas à la CEE [Union européenne] ni à l'Espace économique européen ni à la Confédération suisse[8] (v. s^s n°s 13.41 s.).

Les conditions de cette inscription notamment le programme et les modalités des examens d'accès à la profession d'avocat sont prévus pour ces ressortissants, par les arrêtés du 7 janvier 1993 et du 29 juillet 1996[9].

1. CJCE 7 févr. 1979, n° 115/78, *Knoors*, *Rec. CJCE*, p. 399 – CJCE 19 janv. 1988, n° 292/86, *Gullung*, *Rec. CJCE*, p. 111; *JCP* 1988, II, 20963, concl. Darmon – SUR la notion de restriction aux libertés d'établissement et de prestations de services dans la jurisprudence de la CJCE par Marenco, *Gaz. Pal.* 5 mai 1992, p. 4 – Collin, « La prestation de service des avocats communautaires », *Gaz. Pal.* 5 mai 1992, 32.
2. L. 31 déc. 1971, art. 11; réd. L. n° 93-1420, 31 déc. 1993.
3. Civ. 1re, 3 févr. 1993, n° 91-14.046, *Bull. civ.* I, n° 54; *Gaz. Pal.* 17 juin 1993, 114.
4. Comm. recours réfugiés, sect. réunies, n° 237.939, 22 juill. 1994, *Nadic Eltrelin*.
5. DICT. PERM. DR. AFF. n° 292, 6 janv. 1991, n° 47.
6. Décr. 27 nov. 1991, art. 200 – Martin, « L'avocat de la Communauté européenne devant les tribunaux français », *JCP* 1993, I, 3669.
7. Décr. 27 nov. 1991, art. 99; mod. par décr. n° 2005-626, 30 mai 2005.
8. Décr. 27 nov. 1991, art. 100; mod. par décr. n° 2005-626, 30 mai 2005.
9. Arr. 7 janv. 1993, *JO* 29 janv.

• **Directive du 21 décembre 1988.** Ces dispositions des articles 99 et 100 du décret ont été rendues nécessaires par la directive européenne du 21 décembre 1988, n° 89-48 CEE, relative à un système général de reconnaissance des diplômes d'enseignement supérieur qui sanctionnent les formations professionnelles d'une durée minimale de trois ans et dont l'ambition est de régler les questions de reconnaissance de qualification professionnelle.

§ 2
Inscription au barreau des ressortissants de l'Union européenne ou d'un autre État partie à l'accord sur l'Espace économique européen [1]

13.31 Élargissement. Un décret du 18 février 2009 [2] a modifié le décret du 27 novembre 1991 afin de l'adapter aux nouvelles prescriptions communautaires de reconnaissance des qualifications. Il a ainsi étendu aux États parties à l'accord sur l'Espace économique européen (EEE : Islande Liechtenstein Norvège) ainsi qu'aux nouveaux membres de l'Union européenne le bénéfice de l'article 99.

Ce décret transpose la directive 2005/36/CE du 7 septembre 2005 relative à la reconnaissance des qualifications professionnelles, la directive 2006/100/CE du 20 novembre 2006 portant adaptation de certaines directives dans le domaine de la libre circulation des personnes en raison de l'adhésion de la Bulgarie et de la Roumanie.

• **Conditions.** Peuvent être inscrites au tableau d'un barreau sans remplir les conditions de diplômes, de stage ou d'examen professionnel prévus aux articles 11 et 12 de la loi du 31 décembre 1971 les personnes qui ont suivi avec succès un cycle d'études d'une durée minimale de trois ans ou d'une durée équivalente à temps partiel dans une université ou un établissement d'enseignement supérieur ou dans un autre établissement d'un niveau équivalent de formation et, le cas échéant, la formation professionnelle requise en plus de ce cycle d'études et qui justifient :

• de diplômes, certificats ou autres titres permettant l'exercice de la profession dans un État membre de la Communauté européenne ou dans un autre État partie à l'accord sur l'Espace économique européen délivrés :

– soit par l'autorité compétente de cet État et sanctionnant une formation acquise de façon prépondérante dans l'Espace économique européen;

– soit par un pays tiers à condition que soit fournie l'attestation émanant de l'autorité compétente de l'État membre ou partie qui a reconnu les diplômes, certificats ou autres titres, certifiant que leur titulaire a une expérience professionnelle de trois ans au moins dans cet État [3];

• ou de l'exercice à plein temps de la profession pendant deux ans au moins au cours des dix années précédentes dans un État membre qui ne réglemente pas l'accès ou l'exercice de la profession, à condition que cet exercice soit attesté par l'autorité compétente de cet État. Toutefois, la condition d'une expérience professionnelle de deux ans n'est pas exigée lorsque le ou les titres de formation détenus par le demandeur sanctionnent une formation réglementée directement orientée vers l'exercice de la profession [4].

• **Possession d'un diplôme : condition suffisante.** On notera que l'exercice effectif de la profession à l'étranger ou en France n'est pas requis, seule la possession d'un diplôme, certificat ou titre permettant l'exercice de la profession dans sa plénitude [5] est exigée par l'article 99, 1; l'article 99, 1, b) réserve la possibilité aux ressortissants des pays non communautaires d'intégrer le barreau, à condition que la qualification délivrée par le pays tiers ait fait l'objet d'une reconnaissance préalable dans un État membre et que le titulaire puisse justifier d'une expérience professionnelle de trois ans.

L'article 99 exige donc que le ressortissant justifie d'une formation professionnelle de trois ans et d'un diplôme, titre ou certificat délivré par l'autorité compétente d'un État membre. Mais l'article 99, 2 ouvre une alternative : ou bien être titulaire d'un diplôme, titre ou certificat, ou bien avoir exercé cette activité à plein temps pendant deux ans dans un autre État membre où celle-ci n'est pas réglementée [6].

13.32 Examen d'aptitude. L'intéressé doit subir un examen d'aptitude devant le jury prévu à l'article 69 du décret du 27 novembre 1991. Le programme et les modalités de cet examen sont fixés par l'arrêté du garde des Sceaux du 7 janvier 1993 modifié [7], après avis du Conseil national des barreaux (CNB) :

– lorsque sa formation porte sur des matières substantiellement différentes de celles qui figurent au programme de l'examen d'accès à un centre

1. Décr. 27 nov., 1991, art. 99.
2. Décr. n° 2009-199, 18 févr. 2009, modifiant la réglementation de la profession d'avocat et portant, pour cette profession, transposition de directives communautaires.
3. Décr. 27 nov. 1991, art. 99, 1°; mod. par décr. n° 2005-626, 30 mai 2005.
4. Décr. 27 nov. 1991, art. 99, 2; mod. par décr. n° 2005-626, 30 mai 2005.
5. CA Paris, 1re ch. A, 25 mai 1994, Samba, *Gaz. Pal.* 25 juin 1994, p. 24, Rev. jur. *Île-de-France* juill.-sept. 1994, n° 93-94.
6. Knafo, « Les conditions particulières d'inscription au barreau des ressortissants de la CEE » – RAPPR. : CA Colmar, 25 oct. 1993, *Gaz. Pal.* 30 nov. 1993, p. 15.
7. Mod. par arr. 10 avr. 2007; puis par arr. 18 déc. 2009, *JO* sept. 2009.

régional de formation professionnelle et du certificat d'aptitude à la profession d'avocat;

- ou lorsqu'une ou plusieurs des activités professionnelles dont l'exercice est subordonné à la possession de ces diplômes et examens ne sont pas réglementés dans l'État membre d'origine ou de provenance, ou sont réglementés de manière différente et que cette différence est caractérisée par une formation spécifique requise en France portant sur des matières substantiellement différentes de celles couvertes par le diplôme dont le demandeur fait état.

À la réception du dossier complet de l'intéressé (v. s^s n° 13.34), le CNB lui délivre un récépissé; il se prononce par décision motivée dans un délai de quatre mois à compter de la date de délivrance du récépissé. La décision du CNB par laquelle est arrêtée la liste des candidats admis à se présenter à l'examen d'aptitude précise, le cas échéant, les matières sur lesquelles les candidats doivent être interrogés, compte tenu de leur formation initiale.

Nul ne peut se présenter plus de trois fois à l'examen d'aptitude.

13.33 Assujettis à l'examen. En principe, tous les ressortissants de l'Union européenne devraient passer l'examen d'aptitude[1] pour exercer la profession d'avocat en France.

En réalité, il existe de nombreuses dispenses :

- un étranger communautaire peut suivre la filière française : maîtrise en droit, Capa, stage, inscription au barreau;

- seront dispensés d'examen d'aptitude ceux qui auront été jugés par décision du CNB comme ayant une formation non substantiellement différente de celle exigée pour l'examen d'entrée dans un centre de formation et pour le Capa.

Le candidat à la profession d'avocat qui remplit ces conditions subit l'examen d'aptitude devant le jury du Capa, soit parce que sa formation porte sur des *matières substantiellement différentes* de celles qui figurent au programme de l'examen d'accès au centre régional de formation ou du Capa, soit parce qu'une ou plusieurs des activités professionnelles dont l'exercice est subordonné à l'obtention de ces diplômes et examens ne sont pas réglementées dans l'État d'origine ou de provenance, ou sont réglementées de manière différente et que cette différence est caractérisée par une formation spécifique requise dans l'État membre d'accueil, portant sur des matières substantiellement différentes de celles couvertes par le diplôme dont le demandeur fait état. *A contrario*, cet examen n'a pas à être subi si la formation reçue à l'étranger correspond à celle exigée pour être avocat en France.

1. Décr. n° 91-1997, 27 nov. 1991, *JO* 28 nov.

C'est le CNB qui arrête la liste des candidats et précise les matières sur lesquelles ils seront interrogés compte tenu de leur formation initiale.

Comme le soulignent le bâtonnier Flécheux et le professeur Guinchard auxquels sont ici empruntés de larges extraits de leur pénétrante étude[2], on peut d'ores et déjà prévoir une belle controverse sur la notion de « matières substantiellement différentes »[3].

13.34 Procédure devant le CNB. Pour parvenir à s'inscrire dans un barreau français, l'étranger devra donc déposer un dossier devant le CNB, attendre une décision favorable qui précisera en même temps les matières sur lesquelles devra porter l'examen d'aptitude, qui lui sera notifiée dans les conditions prévues à l'article 99, sous la forme de publication d'une liste de candidats.

Le contenu du dossier est précisé par l'arrêté du 7 janvier 1993, modifié par l'arrêté du 18 septembre 2009. Il fixe notamment la liste des pièces justificatives à joindre au dossier et précise les modalités selon lesquelles ces pièces devront être traduites en français par un traducteur agréé.

Le CNB doit accuser réception du dossier du demandeur dans un délai d'un mois et, le cas échéant, informe le requérant de tout document manquant. Il se prononce par décision motivée au plus tard dans un délai de trois mois (contre quatre avant le décret du 18 févr. 2009) à compter de la présentation du dossier complet de l'intéressé.

Le décret du 18 février 2009 a également précisé qu'à défaut de notification d'une décision dans ce délai, la demande est réputée rejetée et l'intéressé peut se pourvoir devant la cour d'appel de Paris.

Muni de la décision du CNB et de la liste des matières sur lesquelles il sera interrogé, il comparaîtra devant le jury de l'article 69, c'est-à-dire le jury du Capa qu'il faudra sans doute réunir exceptionnellement au moment de la publication, par le CNB, de la liste des candidats admis à se présenter à l'examen de contrôle, en session exceptionnelle organisée par le centre de formation, dans les trois mois de sa saisine par le CNB, à une date et un lieu fixés par le président du centre.

Le candidat sera convoqué par lettre recommandée avec demande d'avis de réception ou par tout autre moyen équivalent au moins un mois avant la date de la première épreuve[4].

2. Flécheux et Guinchard, « comm. des arrêtés 7 janv. 1993 », *Gaz. Pal.* 2 mars 1993, p. 2.
3. CA Paris, 1re ch. A, 29 juin 1991, n° 1993/14963, inédit, frappé de pourvoi.
4. Arr. 7 janv. 1993, art. 3; mod. par arr. 10 avr. 2007 et par arr. 18 sept. 2009.

Le nombre des matières est fixé par le CNB pour chaque candidat dans la limite de quatre[1]. À chaque matière correspond une épreuve orale de 20 minutes environ après une préparation d'une demi-heure et si le chiffre de quatre matières est atteint l'une d'entre elles est écrite en quatre heures.

C'est le jury qui arrêtera les sujets des épreuves; les conditions seront les mêmes, notamment pour l'anonymat, que celles prévues pour l'examen du Capa.

Les conditions d'examen seront les mêmes que pour le Capa; le programme de chaque matière est déterminé par référence au programme du Capa[2].

Le succès de l'examen est acquis par l'obtention de la moyenne à l'ensemble des épreuves, sans note éliminatoire, et permet au candidat de s'inscrire au barreau de son choix.

L'attestation de réussite délivrée par le président du centre[3] vaut Capa et permet donc à l'étranger de s'inscrire dans n'importe quel barreau de France[4].

13.35 Procédure d'inscription au barreau. Lorsqu'un avocat ressortissant d'un État membre de la Communauté européenne ou de la Confédération suisse ayant acquis son titre dans l'un de ces États membres autres que la France ou dans la Confédération suisse souhaite obtenir son inscription en France sur la liste spéciale du tableau d'un barreau, il joint à sa demande une attestation d'inscription, datée de moins de trois mois, délivrée par l'autorité compétente du pays dans lequel il a acquis le titre sous lequel il entend exercer (sur l'inscription au tableau v. s^s n°s 14.11 à 14.66).

§ 3
Inscription au barreau des personnes ayant acquis la qualité d'avocat dans un État ou une unité territoriale n'appartenant ni à l'Union européenne, ni à l'Espace économique européen, ni à la Confédération suisse[5]

13.41 Fondement : principe de la réciprocité de fait. La matière est régie par les articles 11 § 6 de la loi du 31 décembre 1971 et 100 du décret du 27 novembre 1991[6]. Le principe qui sert de fondement à leur accès au barreau est celui de la « réciprocité de fait » que le Parlement a substitué lors des débats à la réciprocité juridique prévue dans le projet du gouvernement[7]. En effet, la réciprocité juridique découle de conventions internationales, d'application difficile avec les États fédéraux; la réciprocité de fait ouvre l'accès en France aux avocats étrangers non communautaires, pourvu que l'État souverain dont ils dépendent ou l'unité territoriale (les cinquante États des États-Unis par exemple) accorde aux Français le droit d'exercer sous les mêmes conditions l'activité qu'ils se proposent d'exercer en France[8].

Comme l'écrivent le bâtonnier Flécheux et le professeur Guinchard, il est à craindre des divergences selon les barreaux quant à l'appréciation de cette réciprocité de fait. En outre, l'étranger devra satisfaire aux autres conditions d'accès à la profession d'avocat : diplômes, Capa, mais s'il était avocat à l'étranger, l'accès à un barreau français lui sera facilité par une dispense de Capa à condition de passer l'examen spécifique prévu par l'article 100 du décret que l'arrêté du 7 janvier 1993 modifié[9] réglemente dans son programme et dans ses modalités.

13.42 Assujettis. Les avocats ayant acquis cette qualité dans un État ou une unité territoriale n'appartenant ni à l'Union européenne, ni à l'Espace économique européen, ni à la Confédération suisse, bénéficient d'un régime spécial pour être inscrits directement au tableau d'un ordre d'avocats; il leur suffit de passer un examen de contrôle des connaissances, donc différent de l'examen d'aptitude nécessaire aux ressortissants de la CEE [Union européenne], dont le programme et les modalités sont fixés par l'arrêté du 7 janvier 1993 modifié[10].

L'examen spécial de l'article 100 du décret du 27 novembre 1991 est ouvert aux avocats inscrits à un barreau étranger, non communautaire, même s'ils sont de nationalité française.

13.43 Procédure de l'examen de contrôle de connaissances. Elle se divise en deux étapes, l'une devant le CNB, l'autre devant le centre de formation des avocats.

13.44 Procédure devant le Conseil national des barreaux. Tout intéressé adresse au président du CNB, par lettre recommandée avec demande d'avis de réception, un dossier comprenant une requête précisant le centre de formation choisi comme centre d'examen et deux catégories de documents, ceux qui permettent d'identifier le candidat : identité,

1. Arr. 7 janv. 1993, art. 3.
2. Arr. 7 janv. 1993, art. 3.
3. Arr. 7 janv. 1993, art. 5, al. 2.
4. Décr. 27 nov. 1991, art. 93.
5. Décr. 27 nov. 1991, art. 100.
6. Mod. par décr. N° 2009-199, 18 févr. 2009, *JO* 20 févr.
7. CA Paris, 1re ch. A, 29 juin 1994, n° 1992/23749, Nicolos Mabeka Nitru, inédit.
8. CA Paris, 1re ch. A, 28 juin 1994, n° 1994/3272, Druns Belengues, inédit – CA Casablanca (Maroc), 11 oct. 1996, *Gaz. Pal.* 15 nov. 1997, note Flécheux.
9. Mod. par arr. 10 avr. 2007.
10. Mod. par arr. 10 avr. 2007.

nationalité, domicile et ceux qui permettent de vérifier qu'il remplit les conditions prévues à l'article 100 du décret du 27 novembre 1991 : qualité d'avocat inscrit au tableau à la date de présentation de sa demande[1], travaux universitaires et scientifiques.

Il doit en outre produire tout document justificatif permettant d'apprécier si l'État ou l'unité territoriale dont il est ressortissant accorde aux Français la faculté d'exercer, dans les mêmes conditions, la profession d'avocat[2].

Ainsi donc, la réciprocité de fait sera appréciée soit par le CNB s'il s'agit d'un avocat remplissant les conditions de l'article 100, soit par le Conseil de l'ordre du barreau auquel il s'inscrit, s'il s'agit d'un avocat étranger muni des diplômes français nécessaires : maîtrise en droit, Capa. En tout cas, est-ce l'Ordre des avocats qui appréciera la condition de réciprocité ?

• **Position jurisprudentielle.** La cour de Montpellier a jugé le contraire ordonnant un sursis à statuer jusqu'à l'appréciation du CNB[3], solution par ailleurs conforme à la pratique actuelle de cette dernière institution.

La décision du CNB devra être prise dans les deux mois[4] de la délivrance du récépissé; la décision est notifiée à l'intéressé par lettre recommandée avec demande d'avis de réception[5]; si le CNB autorise le candidat à subir les épreuves de l'examen de contrôle de connaissances, il doit en avertir le centre organisateur dans les quinze jours de la décision par lettre recommandée avec demande d'avis de réception. Le dossier de candidature accompagne cette notification afin d'être transmis au jury d'examen[6].

La Cour de cassation a décidé que le défaut de délivrance du récépissé vaut décision implicite de rejet. Il faudra instruire les dossiers dans les délais impartis. En l'espèce, un avocat au barreau de Tunis, avait sollicité auprès du CNB son inscription sur la liste des candidats admis à subir l'examen prévu à l'article 11 de la loi du 31 décembre 1971. L'intéressé a été informé par lettre que l'instruction de sa demande était en cours et avisé que si son dossier se révélait être complet, il recevrait un récépissé faisant courir le délai de quatre mois dans lequel le CNB doit statuer ou, dans le cas contraire, une nouvelle lettre énumérant les pièces manquantes à produire. Par la suite, l'avocat n'ayant reçu aucune nouvelle, il a considéré que sa demande avait fait l'objet d'une décision implicite de rejet et il a exercé un recours devant la cour d'appel de Paris qui a procédé à son inscription sur la liste des candidats. Le CNB s'est alors pourvu contre l'arrêt de la cour d'appel, considérant qu'aucun texte ne prévoyait l'hypothèse d'une telle décision implicite. Mais la Cour de cassation approuve les juges d'avoir retenu que le défaut, prolongé et injustifié, de délivrance du récépissé valait décision implicite de rejet de la demande[7].

13.45 Examen devant le centre de formation. Son organisation matérielle est confiée au centre de formation choisi par le candidat; le président de ce centre fixe la date et le lieu des épreuves (auprès du CRFPA dont celui de Paris ou de Versailles); l'examen doit avoir lieu au plus tard dans les trois mois de la réception de la décision du CNB. Le candidat est convoqué par lettre recommandée avec demande d'avis de réception au moins un mois avant la date de la première épreuve. Cette convocation précise les épreuves dont le candidat était dispensé par le CNB au vu de ses travaux universitaires ou scientifiques, ou ses diplômes juridiques[8]. Le jury est le même que celui du Capa et la procédure d'examen se déroule dans les mêmes conditions que précédemment.

L'écrit comporte deux épreuves de trois heures chacune : rédaction de conclusions en matière civile, rédaction d'une consultation juridique portant, au choix du candidat, sur le droit administratif, le droit commercial, le droit du travail ou le droit pénal.

• **Critiques.** Le bâtonnier Flécheux et le professeur Guinchard s'étonnent que l'évaluation des connaissances des avocats étrangers à la CEE [l'Union européenne] soit soumise à un programme allégé par rapport à celui imposé aux ressortissants de la CEE [l'Union européenne] lesquels ne devraient cependant subir qu'un examen d'aptitude et non de contrôle de connaissances.

L'oral comprend deux épreuves :

– un exposé de 20 minutes environ après préparation d'une heure, sur un sujet tiré au sort par le candidat portant sur la procédure civile, pénale ou administrative ou l'organisation judiciaire française;

– un entretien de 15 minutes environ avec le jury portant notamment sur la réglementation et la déontologie de la profession.

Le succès à l'examen est acquis par l'obtention de la moyenne à l'ensemble des épreuves avec compensation des notes et sans note éliminatoire. L'attestation délivrée par le président du centre permet à l'intéressé de s'inscrire au barreau de son choix[9]. Il

1. CA Paris, 1re ch. A, 25 mai 1994, *Samba*, *Gaz. Pal.* 25 juin 1994, p. 24, Rev. jur. *Île-de-France* juill.-sept. 1994, n° 93-94.
2. L. 31 déc. 1971, art. 11.
3. CA Montpellier, 28 mars 1994, *Gaz. Pal.* 25 juin 1994, 24.
4. Mod. par arr. du 10 avril 2007.
5. Arr. 7 janv. 1993, art. 2.
6. Arr. 7 janv. 1993, art. 3.
7. Civ. 1re, 22 nov. 2007, n° 05-19.128, *Bull. civ.* I, n° 362; *JCP* 2007, I, 123, obs. Martin.
8. Arr. 7 janv. 1993, art. 1er-3.
9. Décr. 27 nov. 1991, art. 93.

était, dans le régime antérieur à la réforme du 11 février 2004, dispensé de stage.

• **Causes de nullité.** Le non-respect du règlement concernant les examens établis par l'université et notamment le placement des candidats, l'attribution de copies vierges associées à de lointaines remises des copies en fin d'épreuve, constituent des irrégularités substantielles ayant pu entraîner des atteintes au principe d'égalité des candidats à l'examen et pouvant entraîner l'annulation des délibérations du jury[1].

• **Dispense d'examen.** Certains candidats peuvent être dispensés des épreuves de l'examen de contrôle des connaissances en droit français par le CNB. Celui-ci peut, au vu des travaux universitaires ou scientifiques du candidat, dispenser celui-ci de certaines épreuves.

Le décret du 18 février 2009 a ajouté une autre exception qui permet au CNB de dispenser les candidats inscrits à un barreau non communautaire « lorsque la coopération développée avec ses homologues étrangers lui a permis de s'assurer que sa formation ou son expérience professionnelle rendait cette vérification inutile. »

13.46 Avocats algériens. L'étude du statut des avocats étrangers en France appelle une allusion aux arrêts rendus par la 1re chambre de la cour d'appel de Paris concernant les avocats algériens qui sont nombreux à solliciter leur inscription à un barreau français.

• **Position de ces avocats.** Ils invoquent, à leur profit, l'article 15 alinéa 3 du protocole judiciaire du 28 août 1962 qui prévoit « qu'à titre de réciprocité, les citoyens de chacun des deux pays pourront demander leur inscription à un barreau de l'autre pays, *sous réserve de satisfaire aux conditions légales requises pour ladite inscription dans le pays où l'inscription est demandée* ». À l'époque, cette disposition présentait un intérêt considérable pour les ressortissants des deux pays puisqu'en France, notamment, nul ne pouvait alors devenir avocat inscrit au tableau d'un ordre français s'il n'était Français. On aurait pu penser que ce protocole, toujours en vigueur, avait perdu beaucoup de son intérêt depuis que les articles 11 de la loi et 100 du décret du 27 novembre 1991 ont ouvert l'accès de la profession aux avocats des autres pays étrangers sous réserve que ces pays accordent aux Français la faculté d'exercer, *sous les mêmes conditions*, l'activité professionnelle que ces avocats étrangers se proposent eux-mêmes d'exercer en France.

Tout avocat étranger, dont le pays n'est pas lié à la France par un accord judiciaire, peut donc, aujourd'hui, être admis à s'inscrire au tableau d'un barreau français s'il existe entre les deux pays *cette réciprocité de fait* dans les conditions d'admission et d'exercice des avocats[2]. Le CNB soutenait avec vraisemblance que l'article 15-3 du protocole est limité à la décision des deux pays contractants de supprimer toute référence à la nationalité, mais qu'il maintient toutes les autres « *conditions légales requises dans le pays où l'inscription est demandée* ». Or, en France, parmi ces conditions légales, figure la nécessité de se livrer à cette recherche sur l'existence d'une *réciprocité de fait* qui ne semble pas exister avec la loi algérienne qui prévoit des conditions discriminatoires d'âge ou de comportement pendant la Révolution. Toutefois, par deux arrêts en date du 26 octobre 1994, *Ceddah* et *Guerroumi*, la 1re chambre A de la cour d'appel de Paris a jugé que « le protocole judiciaire signé le 28 août 1962 répond par sa nature, son objet et ses termes, à la condition de réciprocité prévue par le texte susvisé[3]... et qu'en conséquence, la décision déférée énonce à tort que les conditions de réciprocité entre les pays signataires de la convention précitée ont disparu »[4].

13.47 Difficultés d'application. Sur le plan pratique, des questions délicates sont posées par l'application de l'article 11 de la loi du 31 décembre 1971[5]. C'est ainsi que si un étranger qui a été avocat dans son pays d'origine, veut s'inscrire en France, il relève des dispositions de l'article 11 de la loi et doit donc être soumis à un contrôle de connaissances organisé par l'article 100 du décret du 27 novembre 1991 et dont la mise en œuvre relève du CNB[6]. Si, au contraire, cet étranger n'a jamais été avocat dans son pays d'origine, il relève des dispositions de l'article 11 paragraphe 1er de la loi du 31 décembre 1971 qui autorise des Non-français n'appartenant pas à l'Union européenne, à s'inscrire dans un barreau français, dès lors que la législation de leur État d'origine accorde aux Français la faculté d'exercer sous les mêmes conditions à l'activité professionnelle que l'intéressé se propose lui-même d'exercer en France et, dans ce cas, il n'est pas nécessaire de recourir au CNB. La question délicate est celle de la réciprocité.

• **Appréciation de la réciprocité.** La jurisprudence parfois ancienne qui a eu à se pencher sur ce problème, s'est parfois efforcée d'étudier *in concreto* la réciprocité de fait et de ne pas s'en tenir à la seule réciprocité de droit résultant d'un accord international; mais la cour de Paris et la Cour de cassation sont restées fermes, estimant qu'en vertu de l'article 55 de la Constitution, les traités sont supérieurs à la loi nationale et que, dès lors, il n'appartient pas aux tribunaux de rechercher leur modalité d'application[7]. Dès lors, si le texte d'un traité est formel, il n'y a pas lieu d'avoir recours à un examen *in concreto* de la situation et le licencié en droit, ressortissant d'un état là à la France par un accord de réciprocité judiciaire, peut bénéficier dès lors des dispositions de l'article 11. L'impétrant peut être inscrit au Capa au titre

1. TA Montpellier, 26 nov. 1993, *Gaz. Pal.* 26 févr. 1994, 40.
2. CA Paris, 1re ch. A, 29 juin 1994, *Nicolos Mabeka Nitru*, préc. – CA Paris, 1re ch. A, 28 juin 1994, *Druns Belengues*, no 94.3272, inédit.
3. L. 31 déc. 1971 mod., art. 11.
4. CA Paris, 1re ch. A, 26 oct. 1994, *Ceddah et Guerroumi*, 2 arrêts, *Gaz. Pal.* 10 nov. 1994, 10.
5. Réd. issue L. 31 déc. 1990.
6. L. 21 déc. 1971, art. 21-1, § 3.
7. CA Paris, 1re ch. A, 29 juin 1994, no 1992/23743, *Nicolos Mabeka Nitru*, préc. – CA Paris, 1re ch., 29 juin 1992, no 1994/50-51, Bouziane Brahim.

d'auditeur libre étranger[1] et devra passer l'examen comme un licencié en droit, pour s'inscrire au barreau. Mais si l'étranger a, en même temps, la nationalité française, la situation doit être appréciée au regard de la seule loi française et il ne peut se prévaloir d'une autre nationalité pour bénéficier de conditions spécialement instaurées, au profit de certains ressortissants étrangers pour l'accès à une profession réglementée[2] et dans le cadre de l'équivalence des connaissances, il est nécessaire de procéder à une enquête *in concreto*[3]. Il appartient au CNB estimant qu'il y a un déficit de formation de l'impétrant dans plusieurs matières qui figurent au programme d'accès au Centre de formation professionnelle des avocats, de le soumettre aux épreuves d'aptitude prévues par le texte en droit civil, en droit commercial, en droit pénal, en droit administratif[4].

La cour d'appel de Poitiers, qui avait reconnu l'existence de la réciprocité avec le Burkina Faso et avait permis à un ressortissant de cet État de s'inscrire au barreau, a été censurée par la Cour de cassation, pour deux raisons : d'une part, l'impétrant, titulaire du Capa n'était pas avocat, d'autre part, la condition de réciprocité n'existait pas entre les deux pays, la loi burkinabè réservant l'exercice de la profession d'avocats à ses seuls ressortissants. Est donc censurée la cour d'appel qui retient que la loi burkinabè ne révèle aucune disposition contraire à ce principe de réciprocité et qu'au contraire l'engagement du Burkina Faso, par la ratification de l'accord général sur le commerce des services (AGCS), à accorder aux ressortissants des pays signataires dudit accord, déjà fournisseurs de services, la faculté d'accéder aux professions par eux exercées dans leur pays d'origine reflète une volonté d'ouverture et une disposition à l'échange international, alors que, ayant relevé qu'il n'était pas prouvé que le candidat, de nationalité burkinabè, à l'inscription à un barreau français fut inscrit au barreau du Burkina Faso et qu'en conséquence il ne pouvait invoquer à son profit l'accord général sur le commerce des services, ce dont il résultait que cet accord était inapplicable et ne pouvait donc fonder la condition de réciprocité, de sorte que, la loi burkinabè réservant l'exercice de la profession d'avocat aux seuls nationaux et en l'absence de convention particulière, la condition de réciprocité posée par la loi française n'était pas respectée[5].

§ 4
Conditions de compétence

13.51 **Diplôme de droit.** Aux termes de l'article 11-2 de la loi du 31 décembre 1971, il faut être titulaire de la maîtrise en droit ou de titres ou de diplômes reconnus comme équivalents pour l'exercice de la profession d'avocat, par arrêté conjoint du garde des Sceaux et du ministre chargé des Universités.

Cet arrêté est intervenu le 7 août 1995[6] et fixe la liste des équivalences; il assimile à la maîtrise en droit pour l'exercice de la profession d'avocat, les doctorats en droit, les diplômes d'études approfondies (Dea) et les diplômes d'études supérieures spécialisées (Dess); des disciplines juridiques, des maîtrises de science et technique des disciplines juridiques, le diplôme de la Faculté libre autonome et cogérée d'économie et droits de Paris, le titre d'ancien élève de l'École nationale des impôts ayant suivi avec succès le cycle d'enseignement professionnel des inspecteurs élèves des impôts, le titre d'ancien élève stagiaire du centre de formation des inspecteurs du travail et de la main d'œuvre ou d'ancien élève de l'Institut national du travail, de l'emploi et de la formation professionnelle ayant suivi avec succès le cycle de formation d'inspecteur stagiaire ou d'inspecteur élève du travail, tout titre ou diplôme universitaire ou technique étranger exigé pour accéder à une profession juridique réglementée dans l'État où ce titre a été délivré.

Cet arrêté a été abrogé par celui du 25 novembre 1998 qui a repris les sept catégories visées par l'arrêté du 7 août 1995 y ajoutant un 8e visant le titre d'ancien greffier en chef stagiaire des services judiciaires ayant suivi avec succès le cycle de formation initiale dispensé par l'École nationale des greffes.

On remarquera la large place faite aux diplômés des écoles de commerce et facultés de gestion qui pourront ainsi se présenter à l'examen d'entrée au centre de formation professionnelle des avocats[7].

• **Évolution.** À partir de l'organisation impériale il fallut, pour être avocat, justifier d'une licence en droit délivrée par les écoles de droit et qui sanctionnait des études dont le programme était établi de manière rigoureuse, études qui n'étaient ouvertes qu'aux bacheliers de l'enseignement secondaire ou aux titulaires de la capacité en droit obtenue dans certaines conditions particulièrement brillantes.

La déontologie de l'époque semble d'ailleurs sans illusions sur la valeur des titres universitaires : « Le diplôme sans attester du mérite suffit au moins à prouver l'absence d'incapacité qui justifierait un refus persévérant (d'admission au barreau ou dans la magistrature)[8] ».

Toutefois, sous la Restauration, furent accordées des dispenses de présentation de lettres de licence[9]. Mais cette pratique disparut dès la fin de ce régime.

1. Décr. 27 nov. 1991, art. 55, § 2.
2. Civ. 1re, 16 févr. 1994, no 92-13.148, NPT, *Gaz. Pal.* 2 juin 1994, pan. 10.
3. CA Montpellier, 28 mars 1994, *Gaz. Pal.* 25 juin 1994, 24 – CA Paris, 29 juin 1994, *Gaz. Pal.* 1er sept. 1994, 7.
4. CA Paris, 29 juin 1994 – Civ. 1re, 21 janv. 1997, no 94-18.626, NPT, *Dr. et patr.* sept. 1997, 89.
5. Civ. 1re, 16 janv. 2007, no 06-12.122, *Bull. civ.* I, no 16; *JCP* 2007, II, 151, obs. Jamin.
6. Arr. garde des Sceaux et min. Universités, 7 août 1995, *JO* 15 août.
7. Arr. 26 déc. 1991.
8. Cité par Rousselet, *Les magistrats sous la monarchie de Juillet*, Paris, 1937, p. 179, note 4.
9. Cons. ordre Paris, 3 août 1814, dans MOLLOT, t. II, p. 105.

13.52 Dispenses. L'article 11 paragraphe 2 de la loi du 31 décembre 1971 et l'article 97 du décret du 27 novembre 1991 prévoient toutefois des dispenses aux exigences de diplômes qu'il pose :

- des dispenses pour équivalence de diplôme;
- des dispenses au profit de certaines professions.

13.53 Licenciés en droit. Sont considérés comme titulaires d'une maîtrise en droit, les titulaires de la licence en droit qui ont obtenu ce diplôme sous le régime antérieur à celui fixé par le décret du 27 mars 1954[1]. Il en est de même pour les licenciés en droit ayant obtenu ce titre avant que la licence n'ait été organisée sur quatre années[2].

13.54 Conseils juridiques. Les personnes qui, au 1er janvier 1992, auront accompli l'intégralité de la durée du stage nécessaire pour l'inscription sur une liste de conseils juridiques sont dispensées du certificat d'aptitude à la profession d'avocat et du stage[3].

13.55 Anciens avoués et anciens agréés, clercs d'avoués près le tribunal de grande instance, clercs ou secrétaires d'agréés, les secrétaires d'avocats. Les dispositions transitoires, prévues aux articles 50-I à 50-IV de la loi du 31 décembre 1970, qui permettait aux anciens avoués et anciens agréés, clercs d'avoués près le tribunal de grande instance, clercs ou secrétaires d'agréés, secrétaires d'avocats de s'inscrire au barreau sans avoir à justifier pour leur inscription du diplôme de licencié en droit ont été supprimés par la loi du 11 février 2004[4].

13.56 Personnes dispensées en vertu de l'article 97 du décret du 2 novembre 1991. De même sont dispensés des conditions de diplôme ainsi que de la formation théorique et pratique[5] :

1° les membres et anciens membres du Conseil d'État et les membres et anciens membres du corps des tribunaux administratifs et des cours administratives d'appel;

2° les magistrats et anciens magistrats de la Cour des comptes, des chambres régionales des comptes et des chambres territoriales des comptes de la Polynésie française et de la Nouvelle-Calédonie[6];

3° les magistrats et anciens magistrats de l'Ordre judiciaire régis par l'ordonnance n° 58-1270 du 22 décembre 1958[7];

• **Ces fonctions doivent avoir été accomplies à titre français.** C'est ainsi qu'un magistrat algérien, même si son statut était régi par l'ancienne législation française reprise par l'État algérien après l'indépendance, ne saurait bénéficier de cette équivalence[8];

4° les professeurs d'université chargés d'un enseignement juridique[9];

5° les avocats au Conseil d'État et à la Cour de cassation[10];

6° les avoués près les cours d'appel[11];

7° les anciens avocats et les anciens conseils juridiques[12];

• **Mesures transitoires.** Les mesures transitoires pour l'application de la réforme, prévues par l'article 247 du décret du 27 novembre 1991, permettent d'inscrire au tableau de l'Ordre des avocats un conseil juridique ayant exercé ses fonctions depuis 1971 et qui avait déposé le 30 décembre 1991 une demande d'inscription sur la liste des conseils juridiques fondée sur les dispositions de l'article 61 de la loi du 30 décembre 1971. En effet, les demandes d'inscription sur la liste des conseils juridiques antérieures au 1er janvier 1992, transmises au Conseil de l'ordre compétent, devaient être examinées au regard des textes applicables à la date du 31 décembre 1991 et l'inscription ainsi admise devenait effective avec effet rétroactif au 31 décembre 1991. Le postulant pouvait donc bénéficier des dispositions de l'article 1er de la loi du 31 décembre 1971 modifiée par la loi du 30 décembre 1990[13].

13.57 Ressortissants de la Communauté économique européenne (CEE) et de la Confédération suisse[14] (v. ss nos 13.31 s.).

13.58 Personnes ayant acquis la qualité d'avocat dans un État ou une unité territoriale n'appartenant pas à la Communauté économique européenne (CEE) ou à la confédération suisse[15] (v. ss nos 13.41 s.).

§ 5
Conditions de moralité

13.61 Nomenclature des conditions. « Nul ne peut accéder à la profession d'avocat s'il ne remplit les conditions suivantes : [...] »[16] :

« 4° n'avoir pas été l'auteur de faits ayant donné lieu à des condamnations pénales pour agissements contre l'honneur, la probité ou les bonnes mœurs;

1. Décr. n° 54-343, 27 mars 1954.
2. L. 31 déc. 1971, art. 11, al. 8.
3. L. 31 déc. 1971, art. 50; mod. par L. 11 févr. 2004.
4. L. n° 2004-130, 11 févr. 2004, art. 77.
5. Décr. 27 nov. 1991, art. 97.
6. Décr. 27 nov. 1991, art. 97.
7. Décr. 27 nov. 1991, art. 97.
8. CA Paris, 26 nov. 1986, *Gaz. Pal.* 1987, 1, 123; *D.* 1987, IR 27; *D.* 1988, somm. 232, note Brunois.
9. Décr. 27 nov. 1991, art. 97.
10. Décr. 27 nov. 1991, art. 97.
11. Décr. 27 nov. 1991, art. 97.
12. Décr. 27 nov. 1991, art. 97.
13. Civ. 1re, 7 mars 1995, n° 93-10.728, NPT, *JCP* 1995, IV, 135.
14. Décr. 27 nov. 1991, art. 99.
15. Décr. 27 nov. 1991, art. 100.
16. L. 31 déc. 1971, art. 11.

5° n'avoir pas été l'auteur de faits de même nature ayant donné lieu à une sanction disciplinaire ou administrative de destitution, radiation ou révocation, de retrait d'agrément ou d'autorisation;

6° n'avoir pas été frappé de faillite personnelle ou d'une autre sanction en application du titre VI de la loi n° 85-98 du 25 janvier 1985[1] relative au redressement et à la liquidation judiciaire des entreprises ou, dans le régime antérieur à cette loi, en application du titre II de la loi n° 67-563 du 13 juillet 1967 sur le règlement judiciaire, la liquidation des biens, la faillite personnelle et les banqueroutes. »

13.62 Preuve de l'absence de condamnation pénale, de sanction disciplinaire ou de faillite. L'impétrant n'a plus à justifier de l'absence de condamnation ou de faillite par la production d'un casier judiciaire puisque le bâtonnier peut obtenir, par l'intermédiaire du procureur général, la communication du casier judiciaire n° 2.

En fait, l'expression n'avoir pas été l'auteur de faits ayant donné lieu à des condamnations pénales entraîne l'impossibilité d'inscrire au barreau des personnes condamnées même si ces condamnations ne figurent plus à leur casier judiciaire par l'effet de la prescription ou de l'amnistie.

• **Fondement.** Cette interprétation de la chancellerie est fondée sur le principe consacré par une jurisprudence ancienne et constante que l'amnistie n'enlève au fait son caractère délictueux qu'au regard de l'action publique mais le laisse subsister en soi avec les autres conséquences telle l'action disciplinaire ou l'incidence sur l'admission dans une profession réglementée[2] (v. s^s^ n° 84.52).

• **Réhabilitation.** À l'inverse, la réhabilitation de l'intéressé permet son inscription au barreau. La seule difficulté qui pourrait se poser est celle de la preuve à rapporter d'une condamnation due à des faits contraires à l'honneur, en l'absence de condamnation figurant au casier judiciaire et au cas où l'impétrant affirmerait qu'aucune condamnation ne figure à son casier[3]. Mais alors, il reconnaîtrait implicitement, par cette formule ambiguë, avoir été l'auteur de faits ayant donné lieu à des condamnations amnistiées; ou bien il nierait avoir été l'auteur de tels faits mais alors l'enquête de moralité permettrait d'établir qu'il a été mis en cause pour des faits contraires à l'honneur, à la probité ou aux bonnes mœurs et sa demande serait refusée en raison de cette dissimulation (v. s^s^ n° 82.15).

• **Position jurisprudentielle.** La Cour de cassation l'a proclamé à nouveau, dans une affaire particulièrement grave, en admettant qu'une personne précédemment condamnée pour meurtre, vol et incendie volontaire, à 20 ans de réclusion criminelle et qui avait obtenu lors de son incarcération des titres universitaires et notamment une licence en droit et qui a été réhabilitée, peut s'inscrire au barreau bien que la réhabilitation n'ait pas effacé les faits commis par le requérant, dès lors que la cour a pu considérer qu'au moment de sa demande, l'intéressé avait réussi sa réinsertion sociale et donnait des gages sérieux et suffisants de son aptitude à respecter les principes essentiels de la profession d'avocat[4].

Cette inscription a en revanche été refusée à une personne condamnée à 5 ans d'emprisonnement avec sursis par la Cour d'assises. La cour d'appel, qui avait considéré que le demandeur « avait donné des gages de réinsertion sociale plus que suffisants et qu'il remplissait les conditions d'honneur et de probité exigés » a été sanctionnée pour n'avoir pas recherché si les faits en questions n'étaient pas contraires à l'honneur ou la probité[5].

Le Conseil de l'ordre peut toutefois refuser l'inscription d'un candidat en se fondant non seulement sur l'existence de condamnations mais également sur des infractions aux règles déontologiques dès lors qu'on doit en déduire que le requérant ne présentait pas les garanties de dignité, d'honorabilité ou de probité nécessaires pour exercer la profession d'avocat[6].

• Si un commerçant frappé des sanctions et incapacités attachées à la faillite personnelle par la loi du 13 juillet 1967 a été réhabilité, faute par l'article 11 de la loi du 31 décembre 1971 d'avoir expressément écarté les effets de cette réhabilitation en ce qui concerne l'accès à la profession d'avocat, le failli réhabilité étant déchargé de toutes les déchéances qu'il avait encourues, peut s'inscrire à un barreau; c'est donc à tort qu'un Conseil de l'ordre retient contre lui une incapacité péremptoire découlant de l'existence du jugement prononçant son règlement judiciaire[7]. Toutefois, il appartient au Conseil de l'ordre de relever d'office la circonstance que l'impétrant ne remplirait pas les conditions fixées à l'article 11[8].

Il a été précisé par ailleurs que tout candidat qui satisfait aux conditions prévues par l'article 11 de la loi du 31 décembre 1971 pour être avocat, n'est pas nécessairement admis au barreau dès lors qu'il justifie remplir ces conditions[9].

1. CODIFIÉE : C. com., art. L. 620-1 s.
2. CE 20 févr. 1925, S. 1926, 3, 55 – Cass. Req. 5 juill. 1932, S. 1932, 1, 280 – Civ. 1re, 2 avr. 1997, n° 95-13.599, *Bull. civ.* I, n° 115; *Gaz. Pal.* 14 oct. 1999, somm. 53.
3. Civ. 1re, 21 mars 2006, n° 04-18.973, *Bull. civ.* I, n° 164; *Gaz. Pal.* 28 mars 2006; *JCP* 2007, I, 174, obs. Martin : sur honneur et probité.
4. Civ. 1re, 9 déc. 1997, n° 95-17.186, *Bull. civ.* I, n° 357; *Gaz. Pal.* 1998, pan. 50.
5. Civ. 1re, 21 mars 2006, n° 04-18.973, *Bull. civ.* I, n° 164; *D.* 2006, IR 944; *Gaz. Pal.* 2006, jur. 1123; 2006, somm. 1949.
6. Civ. 1re, 2 juin 1981, n° 80-10.681, *Bull. civ.* I, n° 184; *JCP* 1981, IV, 294; *D.* 1981, jur. 436.
7. CA Aix-en-Provence, 23 juin 1975, *D.* 1975, 690, note Derrida – Civ. 1re, 11 janv. 1977, n° 75-14.213, *Bull. civ.* I, n° 20; *Gaz. Pal.* 1977, 1, 306.
8. Damien, note s^s^ CA Saint-Denis, 16 déc. 1991, *Gaz. Pal.* 11 août 1992, 6.
9. Civ. 1re, 11 janv. 1977, n° 75-14.213, *Bull. civ.* I, n° 20; *Gaz. Pal.* 1977, 1, 306.

13.63 Contrôle du Conseil de l'ordre. Le Conseil doit donc vérifier la moralité des candidats, notamment en recueillant tous renseignements à cet effet. Pratiquement, il délègue un de ses membres pour diligenter cette enquête.

En outre le Conseil[1] vérifie que le candidat satisfait aux dispositions de l'article 27 de la loi du 31 décembre 1971, eu égard aux conditions dans lesquelles il exercera sa profession pendant le stage. Il s'agit manifestement, dans ce dernier cas, d'une maladresse de rédaction. L'article 27 auquel il est fait référence exige la justification d'une assurance de responsabilité civile des avocats, en raison des négligences ou fautes qu'ils pourraient commettre dans l'exercice de leurs fonctions, ainsi que d'une assurance ou d'une garantie pour la responsabilité qu'ils encourent du fait des maniements de fonds qu'ils pratiquent dans l'intérêt de leurs clients. Ces assurances doivent être contractées soit par le barreau, soit par l'avocat personnellement à défaut d'assurance collective.

• S'il est évident qu'il faut exiger de l'avocat l'accomplissement de ces formalités dès son inscription, il ne paraît pas normal de lui demander ces justifications avant cette inscription. À suivre le texte, on ne devrait admettre le candidat que s'il justifie d'un contrat d'assurance réalisé sous condition suspensive de son inscription. Ce serait absurde et il y a lieu de penser que cette formalité ne doit être exigée qu'après l'inscription au stage[2].

• De même, les condamnations politiques n'empêchent pas l'admission au barreau, sauf si elles ont un caractère infamant. De même, une condamnation pour insoumission, compte tenu du caractère propre de la profession d'avocat, n'est pas un obstacle absolu à l'inscription.

• **Démence.** Un avocat *inculpé* de faits contraires à l'honneur, bien que bénéficiant d'un non-lieu fondé sur l'article 64 de l'ancien Code pénal (devenu 122-1, irresponsabilité) ne peut prétendre à être inscrit à nouveau à un barreau après avoir donné sa démission. En effet, si l'état de démence fait disparaître le caractère pénal de certains agissements, il n'efface pas les faits eux-mêmes. C'est donc à bon droit que le Conseil de l'ordre a rejeté la demande d'inscription formée par un impétrant qui, dans l'exercice de sa profession d'avoué, avait commis des détournements considérables dont seul l'état de démence avait fait disparaître le caractère pénal[3]. La Cour de cassation a rejeté le pourvoi formé contre cet arrêt au motif que ses agissements que la décision de non-lieu n'avait pas fait disparaître, ne permettaient pas de l'admettre à la profession d'avocat qui comporte le maniement de sommes importantes appartenant à autrui[4].

• **Faits amnistiés.** De même l'amnistie qui efface la peine ne fait pas disparaître les faits. Ces derniers peuvent donc être retenus par le Conseil de l'ordre pour faire obstacle à l'admission au barreau d'un candidat, si les faits effacés par l'amnistie sont de nature infamante. Un Conseil de l'ordre peut justifier une condamnation disciplinaire, même portant sur des faits amnistiés, en retenant non les faits eux-mêmes couverts par l'amnistie mais le fait d'avoir, postérieurement à la loi d'amnistie, dissimulé ces faits au bâtonnier[5] (v. s^s^ n°s 84.52, 82.23 à 82.25).

A fortiori le fait pour un condamné d'être relevé après radiation de l'Ordre de certaines incapacités qui pesaient sur lui, ne supprime ni la condamnation prononcée ni ne modifie le caractère des faits qui l'avaient motivée[6].

13.64 Finalité de l'enquête. L'enquête du membre du Conseil de l'ordre, chargé du rapport, a pour objet de rechercher si, par ses activités passées, ses attaches, son mode d'existence, son éducation, *etc.*, le postulant présente les garanties suffisantes pour exercer dignement la profession d'avocat et en respecter les règles d'exercice.

À diverses reprises la jurisprudence a rappelé ces principes. Les Conseils de l'ordre ont, en effet sous le contrôle de l'autorité judiciaire, la mission de surveiller le recrutement de leur barreau et de n'y admettre que les postulants qui soient des guides sûrs et compétents, qui assurent le bon fonctionnement du service public auquel ils sont appelés à collaborer[7]. Il appartient aux Conseils de l'ordre d'apprécier, sous le contrôle de l'autorité judiciaire, si celui qui postule son admission à un barreau présente pour l'avenir les garanties morales nécessaires au point de vue de l'exacte compréhension des devoirs de sa profession[8].

• **Dissimulation de poursuites pénales.** Un postulant au barreau qui a omis d'informer le Conseil de l'ordre de poursuites pénales dont il a été l'objet, a manqué à son obligation « d'entière loyauté » à l'égard du barreau qui se disposait à l'accueillir; dès lors c'est à bon droit qu'une cour d'appel estime que le requérant ne présente pas la qualité de dignité, d'honorabilité, de probité nécessaires pour son inscription au barreau[9].

1. Décr. 27 nov. 1991, art. 101.
2. Cass. Req. 10 oct. 1979, *Gaz. Pal.* 1980, 1, somm. 10.
3. CA Aix-en-Provence, 8 déc. 1980, *Gaz. Pal.* 1981, 2, 738, note Damien – ÉGAL^T^ : CA Limoges, 16 déc. 1993, inédit.
4. Civ. 1re, 13 janv. 1982, n° 81-11.063, *Bull. civ.* I, n° 18; *Gaz. Pal.* 2 juill. 1982, pan. 186.
5. Civ. 1re, 15 juin 1977, n° 77-11.049, *Bull. civ.* I, n° 280 – AVRIL, n°s 61.51 s. – ÉGAL^T^ : Civ., 10 juin 1942, S. 1943, 1, 26 – Civ., 5 mai 1959, *D.* 1959, 335 – Civ. 1re, 24 janv. 1995, n° 92-22.056, *Bull. civ.* I, n° 48; *JCP* 1995, IV, 729.
6. Civ. 1re, 15 mai 1984, n° 83-14.322, *Bull. civ.* I, n° 159; *JCP*, 1984, IV, 234; *Gaz. Pal.* 1984, pan. 274 – Civ. 1re, 1er juill. 1986, n° 85-12.974, *Bull. civ.* I, n° 188; *Gaz. Pal.* 23 oct. 1986, pan. 10.
7. Cass. Req. 2 juin 1937; *DH* 1937, 345.
8. Civ., 12 juin 1942, DA 1943, 2 – Civ., 24 juill. 1947, *D.* 1947, 438.
9. Civ. 1re, 19 janv. 1994, n° 92-10.260, NPT, *D.* 1995, somm. 161.

Il s'agit là d'examen de cas d'espèces à l'égard desquels la vigilance doit s'allier à l'objectivité. Les Conseils de l'ordre ont grande latitude pour estimer si le postulant réunit ou non les conditions de moralité pour l'inscription au stage, mais la Cour de cassation a précisé qu'il ne leur appartient pas de fermer l'accès de la profession en dehors des cas d'incompatibilité ou d'exclusion déterminés par la loi [1].

• C'est ainsi qu'il a été jugé qu'on ne peut tenir compte des défauts de caractère d'un candidat qu'à la condition que ceux-ci soient incompatibles avec la moralité et l'honorabilité exigées pour la profession d'avocat. Le fait d'avoir fait montre d'exaltation et de manque de contrôle laissant penser que ce candidat aurait des incidents avec ses confrères, les justiciables et dans le prétoire, à la suite de pulsions personnelles incompatibles avec l'état d'auxiliaire de justice ne saurait être retenu comme motif suffisant de refus [2]; notamment l'avocat insolent et désagréable à l'égard du bâtonnier de son ordre [3]; ou le magistrat honoraire sanctionné naguère en tant que magistrat pour violation du secret de l'instruction [4]. De même, le postulant, sur la moralité duquel aucune critique n'a été faite et qui, au moment où il a sollicité son inscription au stage, n'exploitait plus un cabinet d'affaires se livrant à la recherche de la clientèle par le moyen de la publicité ou parfois de démarches ou de sollicitation, ne peut voir rejeter sa demande, sous le seul prétexte de son activité passée [5].

En sens contraire, a été jugé un avocat ayant entretenu des relations discourtoises avec certains de ses confrères et fait montre d'indiscipline mais dont la probité n'était pas contestée ni le comportement envers ses clients [6].

13.65 Respect des principes essentiels. Si l'article 11 de la loi du 31 décembre 1971 énumère les conditions à défaut desquelles nul ne peut accéder à la profession d'avocat, il ne s'ensuit pas nécessairement que tout candidat qui satisfait à ces conditions doit être admis au barreau.

• C'est à bon droit qu'une cour d'appel a admis que si l'article 17, 3° de la loi du 31 décembre 1971, a une portée générale et donne au Conseil de l'ordre la mission de maintien des principes de probité et de désintéressement sur lesquels repose la profession, il lui reconnaît par là même le pouvoir de refuser l'inscription d'un postulant ayant contrevenu à ces principes [7]. Il convient de se référer au cas d'un ancien avocat, ancien magistrat et ancien agent immobilier qui convoque, au moment de son inscription au barreau les agents immobiliers de la région par une lettre circulaire faisant état de son ancienne activité, sans allusion à sa future activité d'avocat (admission au barreau) [8]; au cas d'un avocat ancien intermédiaire en affaires, connu pour consentir des prêts hypothécaires sur son patrimoine personnel (admission dès lors qu'il a cessé toute activité de ce genre) [9].

Dès lors que rien dans la conduite et les antécédents du postulant n'est de nature à faire suspecter son honorabilité, sa demande doit être acceptée [10]. En revanche les Conseils de l'ordre n'accomplissent pleinement leur mission que si, à la lumière de l'enquête approfondie prévue par la loi, ils écartent par des décisions judicieusement motivées, les postulants qui n'offrent pas les garanties morales que réclame la profession d'avocat.

En outre la jurisprudence confère au barreau le droit de vérifier si l'avocat remplit bien l'obligation de délicatesse que l'article 183 du décret du 27 novembre 1991 (aujourd'hui abrogé et remplacé par l'article 3 du décret du 12 juillet 2005). lui impose [11] (v. s^s^ n° 31.61). C'est là une notion à la fois vague mais suffisamment claire pour être comprise par les avocats; elle a été utilisée pour la première fois par la cour de Colmar dans un arrêt du 8 juillet 1974 [12], la cour de Nîmes, dans un arrêt du 25 septembre 1978 [13] l'a utilisé pour la seconde fois. Elle considère en effet dans cet arrêt que des manquements graves commis par un avocat, à ses obligations et charges à l'égard de la caisse des barreaux français et de la caisse d'assurance maladie maternité des travailleurs non salariés des professions non agricoles et de l'Urssaf démontrent une négligence de ses obligations professionnelles et une méconnaissance totale des charges obligatoires qui lui incombent qui

1. Civ. 1re, 12 janv. 1960, *Bull. civ.* I, n° 21; *D.* 1960, somm. 47.
2. Civ. 1re, 20 juin 1972, n° 71-11.776, *Bull. civ.* I, n° 159; *D.* 1973, 221, note Brunois; *JCP* 1973, II, 17388, note Blanc – RAPPR. : CA Grenoble, 28 juin 1985, *Gaz. Pal.* 1985, 2, 546, note A. D.; *D.* 1987, somm. 63, note Brunois.
3. Civ. 1re, 7 juill. 1987, n° 86-10.729, *Bull. civ.* I, n° 218; *JCP* 1987, IV, 320; *Gaz. Pal.* 1987, 2, pan. 228.
4. CA Douai, 28 avr. 1988, *Gaz. Pal.* 1988, 2, 493.
5. Civ. 1re, 12 janv. 1960, *Bull. civ.* I, n° 21; *D.* 1960, somm. 47.
6. CA Paris, 29 juin 1988, *Gaz. Pal.* 1988, 2, 702.
7. Civ. 1re, 15 oct. 1975, n° 73-12.628, *Bull. civ.* I, n° 273; *Gaz. Pal.* 1976, 1, 66, note Damien – Civ. 1re, 3 oct. 1995, n° 94-16.931, *Bull. civ.* I, n° 337; *Gaz. Pal.* 6 juin 1996, pan. 19.
8. Civ., 23 mai 1978, *Gaz. Pal.* 1978, 2, somm. 332.
9. Civ. 1re, 24 févr. 1981, *Gaz. Pal.* 1981, pan. 218 – RAPPR. : Civ. 1re, 18 mai 1989, *Gaz. Pal.* 1989, 2, pan. 131 – Civ. 1re, 27 nov. 1990, n° 89-14.290, *Bull. civ.* I, n° 265; *JCP* 1991, IV, 31; *Gaz. Pal.* 1991, pan. 51 – CA Dijon, 9 févr. 1993, *Gaz. Pal.* 8 mars 1994, 16 – CA Nîmes, 15 déc. 1992, *Gaz. Pal.* 18 févr. 1993, 5; *JCP* 1992, IV, 65 – CA Toulouse, 8 nov. 1992, *Gaz. Pal.* 29 mars 1994, 8 – CA Rouen, 7 juill. 1993, *Gaz. Pal.* 16 sept. 1993, 9.
10. CA Douai, 13 août 1866, *S.* 1867, 2, 117 – CA Douai, 29 oct. 1899, *DP* 1899, 2, 223 – CA Rennes, 26 févr. 1923, *Gaz. Pal.* 1923, 1, 620.
11. SUR cette notion en matière d'activité juridique de l'avocat : CA Versailles, 25 mars 1981, *Gaz. Pal.* 1981, 1, 369.
12. CA Colmar, 8 juill. 1974, *Gaz. Pal.* 1975, 2, 530, note Damien.
13. CA Nîmes, 25 sept. 1978, *Gaz. Pal.* 1979, 1, 19.

constituent une atteinte à la délicatesse. La cour d'appel de Bordeaux a adopté une position contraire en limitant le contrôle du Conseil de l'ordre aux deux seuls cas de l'article 11 de la loi du 31 décembre 1971, § 4 et 5, c'est-à-dire condamnation ou sanction disciplinaire [1].

• C'est à bon droit qu'un Conseil de l'ordre refuse d'inscrire à son tableau un avocat provenant d'un barreau extérieur muni d'un exeat régulier mais sanctionné déjà précédemment pour ces faits [2]. De même, un avocat qui ne tient aucune comptabilité et dont les comptes sont à découvert et qui confond provisions, avances sur frais et honoraires peut être écarté du barreau [3].

En revanche, un avocat démissionnaire qui demande sa réinscription peut y prétendre malgré l'opposition de ses ex-associés dès lors que cette demande ne constitue pas un manquement à la probité [4].

§ 6
Condition de domicile professionnel

13.71 **Principe.** La condition de domicile professionnel est posée implicitement par l'article 5 paragraphe 2 de la loi; elle découle de l'esprit du texte, des traditions de l'Ordre et des dispositions des articles 165 et suivants du décret du 27 novembre 1991. Les règlements intérieurs de chaque barreau imposent généralement au postulant des conditions de domicile qui garantissent l'exercice régulier, direct, correct et indépendant de la profession. Le domicile professionnel peut ne pas se confondre avec le domicile légal. L'installation professionnelle doit, en principe, comporter une pièce de réception et un bureau de travail. La prohibition absolue d'un divan dans un cabinet de travail d'avocat est une légende folklorique qui ne repose sur aucun texte ni tradition. Pour autant, ce meuble n'a rien d'indispensable dans un cabinet de travail d'avocat [5].

Le postulant doit être un occupant régulier des lieux. Il doit être installé dans un appartement loué à son nom ou à celui d'un proche parent, et garni de meubles lui appartenant ou appartenant à sa famille. Le membre du Conseil de l'ordre enquêteur et rapporteur peut, à cet égard, se faire communiquer les pièces et autorisations justificatives. Dans le cas de cabinets groupés avec partage de locaux, assortis du paiement régulier d'une partie des loyers par les avocats associés, le titre d'occupation de chaque avocat doit s'analyser en une sous-location régulière [6].

13.72 **Garanties d'indépendance.** Le domicile professionnel de l'avocat doit offrir des garanties d'indépendance, notamment à l'égard d'activités professionnelles d'autres membres de la famille ou même d'activités professionnelles antérieures. L'avocat dont le mari est expert judiciaire ou arbitre commercial doit avoir un domicile professionnel distinct de celui de son mari. Un ancien huissier ne peut pas fixer son cabinet d'avocat à l'adresse de son ancienne étude. Ces solutions déjà anciennes sont-elles encore en vigueur à l'époque des sociétés de moyens et des sociétés interprofessionnelles ? On peut s'interroger à ce sujet (v. s[s] n°s 51.21 s.).

• La cour de Limoges semble penser qu'il s'agit là d'usages surannés dans la mesure où elle admet, dans un cas un peu différent certes puisqu'il n'a pas identité de local professionnel, qu'il n'y avait pas incompatibilité entre l'exercice par deux conjoints des fonctions d'avocat et d'huissier de justice dans le ressort du même tribunal [7].

Un avocat peut installer un bureau secondaire dans les locaux d'une société d'expertise comptable. La décision du Conseil de l'ordre qui s'y oppose au nom de l'indépendance nécessaire pour l'avocat, est réformée par la cour d'appel d'Aix-en-Provence, tandis que la Cour de cassation rejette le pourvoi; il était relevé dans le cas d'espèce que l'avocat aurait disposé d'un bureau à lui réservé et d'une secrétaire particulière [8].

En fait la seule vraie question qui puisse se poser à propos du domicile professionnel de l'avocat et des risques résultant de la proximité de personnes exerçant une activité identique ou voisine, est le danger d'une collusion pouvant exister entre l'avocat, un officier ministériel ou un conseil juridique qui dirigerait abusivement la clientèle chez cet avocat en raison de la proximité et porterait ainsi atteinte à la liberté de choix du client et à la dignité de la profession d'avocat. Le local commun ou proche peut être un des éléments de cette collusion mais en soi il n'est pas suffisant pour être constitutif d'une faute professionnelle ni pour interdire de façon absolue le droit pour un avocat d'établir son cabinet à proximité d'un local occupé par un autre

1. CONTRA : CA Bordeaux, 12 juill. 1984, p. 10.
2. Civ. 1re, 20 juin 1972, n° 71-11.776, *Bull. civ.* I, n° 159; *D.* 1973, 221.
3. Civ. 1re, 7 févr. 1989, n° 86-17.163, *Bull. civ.* I, n° 61; *D.* 1989, IR 62 – SUR le rejet d'une demande d'inscription pour incapacité fondamentale à gérer : CA Bordeaux, 1re ch., 1er déc. 1998, *Annonces Seine* n° 18, janv. 1999.
4. Civ. 1re, 12 nov. 1985, n° 84-15.925, *Bull. civ.* I, n° 294; *D.* 1987, somm. 64, note Brunois – Civ. 1re, 7 juill. 1987, n° 86-10.729, *Bull. civ.* I, n° 218; *D.* 1988, somm. 233, note Brunois, sur l'attitude injurieuse d'un avocat envers le bâtonnier.
5. Damien, *Les avocats du temps passé*, p. 287 s.
6. CA Paris, 6e ch., 16 déc. 1994, *Gaz. Pal.* 13 mai 1995, 32.
7. CA Limoges, 24 sept. 1987, *Gaz. Pal.* 1987, 2, 791.
8. Civ. 1re, 27 févr. 1996, n° 94-10.821, NPT, *JCP* 1997, I, 3993, n° 7, chron. Martin.

professionnel du droit, voire dans un local ayant été occupé par le même professionnel.

• La même solution *mutatis mutandis* peut être appliquée à un avocat qui installerait son cabinet sans autorisation préalable à la même adresse que celle où un avocat exerce déjà; mais il s'agit essentiellement d'une question de fait, cette installation est-elle une nécessité technique ou, au contraire, un procédé pour attirer une clientèle supplémentaire au détriment de l'avocat déjà installé dans l'immeuble ? [1] Cet arrêt a été cassé par un arrêt de la 1re chambre civile de la Cour de cassation du 8 décembre 1987 au nom de la liberté fondamentale que possède tout citoyen et *a fortiori* un avocat, d'aller et venir et de s'installer là où il le désire dès lors qu'il n'y a pas de fraude [2].

13.73 Exercice individuel ou en groupe de la profession. Le fait par un postulant, lors de son entrée au barreau, de justifier d'un domicile chez un confrère, à condition que ce domicile soit réel, peut être considéré comme suffisant puisque, aux termes de la loi et compte tenu de l'obligation de collaboration imposée à un avocat stagiaire, celui-ci pourra, dès son inscription, être domicilié chez un confrère et y exercer normalement la profession [3]. Le principe et la durée de cette autorisation sont laissés à l'appréciation du Conseil qui statue sur la demande d'admission au stage. Ces prescriptions ne visent, bien entendu, que l'exercice individuel de la profession.

Dans le cas d'exercice en groupe (v. s^s^ n°s 52.01 s.), le domicile professionnel est fixé, soit au siège de l'association, soit à celui de la société civile professionnelle, soit au domicile professionnel des membres de la société.

Lorsque le mari et la femme sont l'un et l'autre avocats, ils doivent avoir, en principe, même au domicile conjugal, des cabinets distincts, sauf au cas d'association ou de constitution d'une société civile professionnelle.

13.74 Déclaration préalable des changements de domicile. Les changements de domicile professionnel doivent faire l'objet d'une déclaration préalable au bâtonnier qui fait procéder aux vérifications utiles et le Conseil de l'ordre statue au vu de ce rapport pour admettre l'exercice de l'avocat en un lieu différent de celui qu'il avait présenté lors de son inscription au barreau.

13.75 Lieu du domicile professionnel. L'avocat est tenu de fixer son domicile professionnel dans le ressort du tribunal de grande instance auprès duquel il est établi [4].

• **Régime antérieur.** Les dispositions anciennes exigeant l'installation de l'avocat au siège de la juridiction dont dépend son barreau ou tendant, au contraire, à admettre son installation dans un ressort plus vaste que celui du tribunal, notamment celui de la Cour, n'ont désormais plus de sens, devant les dispositions claires et formelles de la loi [5].

De même l'obligation pour l'avocat d'établir sa résidence professionnelle dans le ressort du tribunal de grande instance auprès duquel il exerce l'activité de postulant, n'implique pas qu'il ait également sa résidence effective dans ce ressort [6].

Exceptionnellement, en raison de la réorganisation judiciaire de la région parisienne, les avocats des barreaux de Paris, Nanterre, Bobigny et Créteil peuvent avoir leur installation dans l'un quelconque des ressorts de ces tribunaux [7] (v. s^s^ n° 40.145), s'ils l'avaient avant la création de ces tribunaux.

13.76 Postulation et résidence professionnelle. Cette question de domicile a désormais une importance accrue car si l'avocat plaide sans limitation territoriale devant toutes les juridictions et organes juridictionnels, il exerce exclusivement la postulation c'est-à-dire les activités antérieurement dévolues au ministère obligatoire de l'avoué, devant le seul tribunal où il a sa résidence professionnelle (sous réserve des dispositions de L. 31 déc. 1971, art. 1, III et art. 5 - v. s^s^ n°s 40.141 à 40.149). La jurisprudence des Conseils de l'ordre devra donc être plus rigoureuse encore qu'auparavant, en cette matière.

13.77 Principe de l'unité du cabinet d'avocat. Le principe est proclamé par l'article 165 du décret du 27 novembre 1991; en d'autres termes un avocat ne peut avoir deux installations professionnelles en France (sous réserve de l'existence de cabinets secondaires). Il s'agit là non d'une simple règle procédurale mais d'une règle de fond nécessitée par l'organisation judiciaire française et la déontologie propre à la profession d'avocat de ce pays.

• **Fondement.** Cette règle remonte à la période à laquelle l'activité de postulation était dévolue aux avoués auxquels les avocats ont succédé en vertu de la fusion des professions judiciaires et elle répond à des nécessités de fond. Elle a pour but notamment de satisfaire à la nécessité pour la juridiction de disposer, dans son ressort

1. EN SENS CONTRAIRE : CA Amiens, 16 sept. 1985, *Gaz. Pal.* 1985, 2, 720, note Damien; *D.* 1987, IR 107, note Brunois.
2. Civ. 1re, 8 déc. 1987, n° 85-18.721, *Bull. civ.* I, n° 330; *Gaz. Pal.* 24 mars 1988, 11, note A. D.; *D.* 1988, somm. 2; *D.* 1988, somm. 234, note Brunois; *Gaz. Pal.* 1988, pan. 35; *JCP* 1988, IV, 63.
3. Décr. n° 91-1197, 27 nov. 1991, art. 77.
4. Décr. 27 nov. 1991, art. 165.
5. CA Aix-en-Provence, 19 avr. 1948, *D.* 1948, 425, note Crémieu.
6. Civ. 1re, 22 janv. 1985, n° 83-15.927, *Bull. civ.* I, n° 30 – ANTÉRIEUREMENT : Civ. 1re, 8 juin 1979, n° 77-15.958, *Bull. civ.* I, n° 171.
7. L. 31 déc. 1971, art. 1, III.

territorial, d'auxiliaires de justice proches, connus des juges et à même de diligenter les procédures en liaison étroite avec eux, principalement depuis la création et l'institution de la mise en état. Toutefois, cette règle interne au droit français ne fait pas obstacle à ce qu'un avocat d'un des pays membres du Marché commun, tout en conservant son établissement d'avocat dans un pays d'origine, possède un autre cabinet dans d'autres pays du Marché commun, les moyens actuels de transports et de communication permettent en effet d'assurer de manière appropriée ces contacts nécessaires entre les avocats, les autorités judiciaires et leurs clients. Ces principes du libre établissement des avocats dans l'un des pays membres du Marché commun ne font toutefois pas obstacle à l'application sur le territoire national du principe de l'unicité du cabinet proclamé par l'article 165 du décret du 27 novembre 1991[1].

• Le domicile de l'avocat doit être un domicile réel et non une résidence apparente, l'avocat exerçant réellement sa profession dans une autre ville[2].

• **Exception.** La consultation peut être exercée par un avocat en dehors de son domicile professionnel, soit sur désignation du bâtonnier dans le cadre de consultations organisées par l'Ordre, soit pour des consultations instaurées à la diligence de l'avocat[3] (v. s^s^ n° 41.13).

§ 7 Conditions d'aptitude à l'exercice réel de la profession

13.81 Infirmités physiques. Certaines infirmités physiques peuvent être un obstacle insurmontable à l'exercice réel de la profession. On concevrait difficilement qu'un muet ou même, dans certains cas, un bègue puisse être admis au barreau. Il y eut cependant des avocats célèbres qui étaient bègues, c'est le cas notamment du fameux avocat lyonnais, Aulois. En revanche, d'autres infirmités mêmes très graves (cécité, surdité, paralysie partielle...) peuvent ne pas empêcher l'exercice réel de la profession mais la rendre seulement plus difficile et, par suite, plus méritoire. Il s'agit là de cas d'espèces résolus généralement avec libéralisme par les Conseils de l'ordre.

• **Régime antérieur à la réforme du 11 février 2004.** L'exercice réel de la profession n'est bien entendu pas exigé du simple candidat à l'inscription au stage d'un barreau mais cet exercice réel est nécessaire pour le maintien au tableau. Il apparaît donc que l'aptitude à cet exercice réel doit être examinée dès la demande d'admission au stage. On conçoit mal, en effet, une telle admission si le postulant était voué à se voir refuser son inscription au tableau parce qu'il ne serait pas en mesure d'exercer réellement sa profession.

13.82 Maladies mentales. Les maladies mentales doivent en revanche empêcher l'accès au barreau (faiblesse d'esprit, aliénation). Celui qui est nanti d'un conseil judiciaire n'est peut-être pas, en principe, inapte à exercer la profession d'avocat mais les raisons et les formes de sa prodigalité peuvent constituer des motifs de rejet de sa demande[4].

13.83 Incompatibilités avec certaines occupations ou professions. Même légalement compatibles avec la moralité requise des avocats, celles-ci peuvent se révéler en fait incompatibles avec l'exercice réel de la profession en raison du lien de subordination qu'elles créent, du danger qu'elles suscitent ou des exigences qu'elles requièrent. C'est le cas par exemple des professions telles que celle de médecin ou architecte, de toutes les professions salariées créant un lien de subordination et de certains mandats politiques (v. s^s^ n°s 13.121 s.).

La question se pose de déterminer si le postulant à l'inscription au stage ou au tableau d'un barreau doit avoir effectivement cessé tout lien avec la profession incompatible au moment de sa demande ou s'il doit au contraire s'engager à mettre un terme à cette activité, à partir de l'acceptation de sa demande.

La jurisprudence a posé en principe que la situation de l'impétrant doit être appréciée à la date de la demande, notamment au regard des conditions requises pour l'exercice de la profession et en particulier de l'inexistence des incompatibilités légales.

• C'est ainsi qu'un clerc de notaire ou d'avoué qui veut s'inscrire au barreau devra démissionner de l'emploi qu'il occupait avant de prêter serment; libre à lui par la suite, une fois admis au stage et soumis aux règles du Centre de formation professionnelle de reprendre pour une année une activité effective chez son ancien employeur mais il est indispensable qu'entre ces deux époques l'activité salariée précédant sa prestation de serment et l'activité effective succédant à son inscription au stage, il y ait une césure manifestée par une démission de l'emploi salarié qu'il occupait précédemment[5].

SECTION 2 PROCÉDURE D'ADMISSION

§ 1 Instruction de la demande

13.91 Demande d'admission. La demande d'admission à la prestation de serment doit être déposée au secrétariat de l'Ordre des avocats du barreau auquel le postulant souhaite appartenir. Elle

1. CJCE 12 juill. 1984, n° 107/83, *Klopp*, *Rec. CJCE*, p. 2971, point 19, *Gaz. Pal.* 1984, 2, 617.
2. Cass. Req. 9 nov. 1925, *DP* 1926, 1, 41.
3. Civ. 1re, 29 avr. 1980, n° 79-11.988, *Bull. civ.* I, n° 131; *Gaz. Pal.* 1980, 2, 567.
4. TOUTEFOIS : Civ., 20 juin 1972, *D.* 1973, 231 – CA Aix-en-Provence, 8 déc. 1980, *Gaz. Pal.* 1981, 2, 738.
5. CA Pau, 3 févr. 1982, *Gaz. Pal.* 1982, 1, 194, note A. D. – CA Basse-Terre, 7 juin 1982, *Gaz. Pal.* 1982, 2, 494.

doit être assortie des pièces exigées par l'article 72 du décret du 27 novembre 1991 :

- les pièces établissant sa nationalité et, si le pétitionnaire n'est pas français, la justification de la dérogation qu'il invoque;

- sous réserve des dérogations légales et réglementaires [1] justification d'un des titres ou diplômes prévus à l'article 11;

- sous réserve des dérogations, production du certificat d'aptitude à la profession d'avocat.

13.92 Désignation d'un rapporteur. Le Conseil de l'ordre désigne alors un rapporteur choisi parmi ses membres pour instruire la demande. Le postulant est informé de cette désignation et doit faire une visite à son rapporteur. Celui-ci doit se rendre au domicile du postulant et vérifier les conditions de son installation professionnelle (v. s^{s} n°s 13.71 s.). Il doit procéder également à l'enquête de moralité prévue pour assurer le respect de l'article 11, paragraphes 4, 5 et 6, de la loi du 31 décembre 1971 et de l'article 72 du décret (v. s^{s} n°s 13.61 s.). En outre, il vérifiera que le candidat satisfait aux conditions de l'article 27 de la loi du 31 décembre 1971 relatif à l'assurance (v. s^{s} n°s 94.01 s.).

13.93 Objet de l'instruction de la demande. L'instruction de la demande doit être aussi complète que possible. Le rapporteur doit réclamer les justifications qui lui paraissent utiles et procéder aux vérifications qui s'avèrent nécessaires.

Si le postulant a antérieurement exercé une profession, il y a lieu de vérifier les conditions dans lesquelles il y a mis fin et si les comptes qu'il a pu être amené à tenir ont été apurés. S'il est ancien magistrat, ancien avoué, ancien agréé (sauf pour ces derniers dans le cas de l'article 1-I de la loi du 31 décembre 1971 qui prévoit une inscription d'office), ancien huissier, ancien fonctionnaire, les renseignements peuvent et doivent être demandés aux personnes ou organismes professionnels sous l'autorité desquels le candidat s'est trouvé placé.

§ 2
Décision du Conseil de l'ordre

13.101 Délai. L'admission est prononcée par le Conseil, dans les deux mois de la réception de la demande [2]. Ce délai lorsqu'il vient à expiration un samedi, un dimanche ou un jour férié ou chômé, se trouve prorogé jusqu'au premier jour ouvrable suivant. C'est au candidat de justifier de la date du dépôt de sa demande.

Ce délai n'est d'ailleurs pas prescrit à peine de déchéance, le dernier alinéa de l'article 74 paragraphe 2 portant seulement mention « qu'à défaut de notification d'une décision dans le mois qui suit l'expiration du délai imparti au Conseil de l'ordre pour statuer, l'intéressé peut considérer sa demande comme rejetée et se pourvoir devant la cour d'appel dans le délai fixé à l'article 16 du décret du 27 novembre 1991 (un mois) ». Même si l'Ordre se prononce après l'expiration du délai d'un mois, sa décision reste valable et, même si sa décision était tenue pour nulle et de nul effet, la demande formée par l'avocat devrait être considérée comme rejetée [3].

13.102 Formation du Conseil de l'ordre. Toutefois lorsqu'un barreau comprend au moins 500 avocats disposant du droit de vote, mentionnés au 2e alinéa de l'article 15 de la loi du 31 décembre 1971, le Conseil de l'ordre peut siéger en vue de statuer sur l'inscription en une ou plusieurs formations de neuf membres présidés par le bâtonnier ou un ancien bâtonnier. Le président et les membres de la ou les formations et deux membres suppléants sont désignés au début de chaque année par délibération du Conseil de l'ordre. La formation restreinte peut renvoyer l'examen de l'affaire à la formation plénière [4].

13.103 Procédure. L'admission peut intervenir à n'importe quelle époque de l'année judiciaire.

• **Régime antérieur.** L'admission au stage comporte l'inscription au centre de formation professionnelle de la cour d'appel.

Le refus d'admission ne peut être prononcé sans que l'intéressé ait été entendu ou appelé avec un délai de huit jours au moins [5]. Il ne suffit pas que l'impétrant ait été convoqué et entendu par le rapporteur désigné par le Conseil de l'ordre pour les besoins de l'enquête; il doit avoir été appelé devant le Conseil de l'ordre avant que celui-ci ne prononce la décision refusant l'admission [6].

Lors de sa comparution devant le conseil, l'intéressé peut être assisté d'un défenseur. Les intérêts qui sont les siens sont suffisamment importants pour lui permettre de bénéficier de cette mesure.

La délibération a lieu à huis clos s'agissant d'une délibération administrative mais le postulant peut exciper des dispositions de l'article 6 § 1 de la Convention européenne des droits de l'homme et

1. L. 31 déc. 1971, art. 11 – Décr. 27 nov. 1991, art. 97, 98 et 99.
2. Décr. 27 nov. 1991, art. 73.
3. CA Versailles, 24 oct. 1983, *Gaz. Pal.* 1983, 2, 668.
4. L. 31 déc. 1971, art. 17-1°; réd. L. n° 93-1415, 28 déc. 1993, art. 2.
5. Décr. 27 nov. 1991, art. 73 – CA Pau, 3 févr. 1982, *Gaz. Pal.* 1982, 1, 194 – CA Aix-en-Provence, 23 févr. 1982, *Gaz. Pal.* 1982, 2, somm. 9 – CA Amiens, 4 juill. 1983, *Gaz. Pal.* 1983, 2, 612.
6. CA Amiens, 4 juill. 1983, *Gaz. Pal.* 1983, 2, 612; *D.* 1984, IR 115.

demander à être entendu en séance publique. Le Conseil de l'ordre s'il n'est pas tenu, à la différence de la cour d'appel, de faire droit à cette demande de publicité, peut néanmoins y accéder.

Il ne semble plus que le Conseil de l'ordre ait la possibilité, comme il l'avait naguère, d'ajourner une demande d'admission en décidant un complément d'enquête ou en réclamant la production de pièces complémentaires. Tout au moins, ces compléments ou production doivent-ils être obtenus dans le délai de deux mois prévu par l'article 74 du décret du 27 novembre 1991.

Il semble que la décision de sursis à statuer soit susceptible d'appel[1]. Il en serait sans doute différemment dans les cas où l'enquête complémentaire constituerait une mesure d'instruction.

13.104 Motivation de la décision de refus. En cas de refus d'admission, le Conseil de l'ordre n'était pas contraint sous l'empire de la loi du 26 juin 1941[2] de motiver sa décision. Cette disposition n'avait pas été reprise par le décret du 10 avril 1954 et on interprétait le silence de ce texte comme le retour au droit commun, c'est-à-dire à l'obligation de motiver la décision pour permettre à la juridiction d'appel d'exercer son contrôle éventuel. Le même silence étant conservé par l'article 73 du décret du 27 novembre 1991, la même solution doit être admise, sauf bien entendu au cas de rejet implicite par silence gardé pendant plus de trois mois (deux mois pour statuer plus un mois).

13.105 Motifs de refus. Le Conseil de l'ordre peut refuser l'admission pour des faits qui, à eux seuls, ne seraient pas suffisants pour entraîner la radiation d'un avocat. Il n'exerce pas alors son pouvoir disciplinaire; il ne fait qu'user du droit et du devoir qu'a tout barreau de contrôler la moralité et l'honorabilité d'un postulant à l'admission au stage[3]. Si on ne peut subordonner l'admission à un barreau à la souscription par le postulant d'un contrat de collaboration conforme aux règles professionnelles en revanche, le Conseil de l'ordre dispose à tout moment du pouvoir de contrôler les conditions d'exercice de la profession par les avocats et notamment les contrats de collaboration dont ils sont éventuellement titulaires[4]. Si un avocat appelé au Service national ne peut être empêché d'exercer sa profession[5] le Conseil de l'ordre peut refuser son inscription et sa prestation de serment durant cette période[6].

La décision du Conseil de l'ordre refusant l'inscription au stage est-elle de nature juridictionnelle ou administrative ? La question a été posée devant la cour de Bordeaux et celle de Colmar[7]. Elle n'a pas été tranchée[8]; en fait cela n'a que peu d'importance dès lors que le contentieux résultant du refus d'inscription au stage ou au tableau est organisé avec minutie par le législateur notamment par les articles 74 et suivants du décret du 27 novembre 1991 qui renvoient à l'article 16 du même décret, lequel précise que le bâtonnier en cette matière est invité à présenter ses observations. Ce recours s'apparente donc au recours administratif prévu par l'article 15 du même décret, ce qui le différencie du recours disciplinaire prévu par les articles 187 et suivants du décret du 27 novembre 1991[9].

La Cour de cassation a jugé toutefois qu'il résulte des dispositions de l'article 16 alinéa 1er du décret du 27 novembre 1971 auquel renvoie l'article 41 du même décret, que le recours exercé devant la cour d'appel en matière d'inscription à un barreau, est jugé selon les règles applicables en matière contentieuse à la procédure sans représentation obligatoire et que les débats sont donc oraux. Dès lors qu'un arrêt a constaté que le représentant du ministère public a conclu oralement au rejet du recours et que l'intéressé a été appelé à faire valoir ses observations sur ce moyen, le principe de la contradiction a été respecté[10].

13.106 Défaut d'acquiescement exprès ou tacite. Aucun acquiescement exprès ou tacite ne peut être donné à une décision d'admission ou de refus qui met en cause les règles relatives à l'exercice de la profession d'avocat et la discipline du barreau. Ces règles sont d'ordre public[11].

Si, en principe, une décision administrative individuelle (décision d'admission d'un avocat au tableau), créatrice de droits, ne peut pas être rapportée par l'autorité qui l'a prise après l'expiration du délai de recours contentieux, il en va autrement lorsqu'elle a été obtenue, en violation d'une condi-

1. CA Pau, 4 mai 1875, *DP* 1875, 2, 215 – CA Dijon, 24 juill. 1872, S. 1872, 2, 199.
2. L. 26 juin 1941, art. 17.
3. CA Dijon, 6 févr. 1934, *DP* 1934, 2, 17, note Appleton – Civ. 1re, 20 oct. 1992, n° 91-12.879 à n° 91-12.884, NP, *D.* 1994, somm. 131.
4. Civ. 1re, 10 oct. 1979, n° 78-13.726, *Bull. civ.* I, n° 242; *D.* 1980, IR 445; *Gaz. Pal.* 1981, somm. 10.
5. L. n° 72-662, 13 juill. 1972, art. 103.
6. Civ. 1re, 3 févr. 1993, n° 91-15.359, *Bull. civ.* I, n° 59; *Gaz. Pal.* 1993, pan. 115.
7. CA Bordeaux, 2 juill. 1982, *Gaz. Pal.* 1982, 2, 491 – CA Colmar, 8 mars 1982 et CA Colmar, 17 mai 1982, *Gaz. Pal.* 1982, 2, 495 – Civ. 1re, 22 mars 1983, n° 82-11.758, *Bull. civ.* I, n° 103; *Gaz. Pal.* 1984, 1, 175.
8. TOUTEFOIS : CA Aix-en-Provence, 25 juin 1935, S. 1936, 2, 177, qui lui reconnaît un caractère administratif.
9. Civ. 1re, 26 janv. 1988, n° 86-13.456, *Bull. civ.* I, n° 22; *Gaz. Pal.* 1988, note Damien; 1988, jur. 287, note Chabanol; 1988, pan. 83.
10. Civ. 1re, 22 oct. 1996, n° 94-18.965, *Bull. civ.* I, n° 361; *Gaz. Pal.* 6 mars 1997, 30; *JCP* 1997, I, 3993, n° 5.
11. Civ., 13 nov. 1946, *D.* 1947, 49.

tion légale, à la suite de procédés frauduleux, un acte obtenu par fraude n'ayant pu créer un droit au profit de l'auteur de cette fraude. En conséquence, est recevable la procédure engagée par le Conseil de l'ordre tendant au retrait de la décision d'admission[1].

13.107 Recours devant la cour d'appel. La décision portant inscription ou refus d'inscription sur la liste du stage est notifiée par lettre recommandée avec demande d'avis de réception dans les quinze jours de sa date à l'intéressé et au procureur général qui peuvent la déférer à la cour d'appel dans les conditions prévues à l'article 16 du décret du 27 novembre 1991.

À défaut de notification d'une décision dans le mois qui suit l'expiration du délai imparti au Conseil de l'ordre pour statuer, la demande est considérée comme rejetée et l'intéressé peut porter sa réclamation devant la cour d'appel dans les conditions fixées au premier alinéa.

Dans tous les cas, l'intéressé avise sans délai de sa réclamation, par lettre recommandée avec demande d'avis de réception, le procureur général et le bâtonnier[2].

La notification de la décision doit comporter les mentions substantielles prévues par l'article 680 du Code de procédure civile, c'est-à-dire mentionner de manière apparente le délai d'opposition ou d'appel ou de pourvoi en cassation dans le cas où l'une de ces voies de recours est ouverte, ainsi que les modalités selon lesquelles le recours peut être exercé. À défaut de se référer aux modalités de l'article 680, la notification ne fait pas courir le délai d'appel et l'appel hors délai demeure recevable[3].

Toutefois, la Cour de cassation a jugé que si l'absence de mention du délai d'appel et des modalités de celui-ci n'avait causé aucun grief à l'intéressé, il était irrecevable à soulever ce moyen et que son appel tardif devait être déclaré tel[4].

La cour statue en assemblée générale et en chambre du conseil, après avoir invité le bâtonnier à présenter ses observations. La procédure est suivie comme il est dit à l'article 16 du décret du 27 novembre 1991, c'est-à-dire comme en matière disciplinaire.

13.108 Pourvoi. L'arrêt de la Cour peut être l'objet d'un pourvoi en cassation formé soit par le postulant, soit par le procureur général, soit par le bâtonnier de l'Ordre des avocats intéressé. Le délai de pourvoi est celui de droit commun. La solution n'est pas explicitement mentionnée dans la loi ou les décrets mais ressort des principes généraux et des solutions antérieurement admises.

13.109 Personnes pouvant exercer les voies de recours. Le recours contre une décision d'inscription n'est pas ouvert aux tiers même avocats du barreau où s'inscrit le postulant[5]. C'est l'application, malgré les hésitations de la jurisprudence[6], des dispositions de l'article 20 de la loi du 31 décembre 1971.

Toutefois, on peut s'interroger sur la possibilité pour certains avocats de mettre en cause l'inscription d'un avocat, non sur le fondement de l'article 20 qui les exclut de ce contentieux, mais sur celui de l'article 19 au prétexte que l'inscription d'un avocat au tableau, et notamment le rang qui lui sera affecté, serait de nature à léser les intérêts professionnels d'autres avocats[7].

SECTION 3
PRESTATION DE SERMENT

13.111 Présentation par le bâtonnier. Les candidats doivent, avant d'être inscrits, et sur la présentation du bâtonnier de l'Ordre, prêter serment devant la cour d'appel dans les termes prévus au deuxième alinéa de l'article 3 de la loi du 31 décembre 1971 précitée. Il en était de même avant l'inscription sur la liste du stage.

Le postulant avocat ayant été admis par le Conseil de l'ordre à la prestation de serment est présenté à la cour d'appel par le bâtonnier du barreau qui l'a admis ou un membre du Conseil de l'ordre[8].

• **En pratique.** Par délégation confraternelle, c'est en général le bâtonnier du barreau près de la Cour où a lieu la prestation de serment qui fait la présentation.

1. Civ. 1re, 22 mars 1983, n° 82-11.758, *Bull. civ.* I, n° 103; *JCP* 1983, IV, 179; *D.* 1985, IR 107; *Gaz. Pal.* 1984, 1, 175, note Avril – Civ. 1re, 15 mai 1984, n° 83-14.322, *Bull. civ.* I, n° 159; *JCP* 1984, IV, 234.
2. Décr. 27 nov. 1991, art. 74.
3. CA Rennes, 24 mai 1977, *Gaz. Pal.* 1977, 2, 437, note Damien – CA Lyon, 8 juill. 1987, *Gaz. Pal.* 1987, 2, 590 – CA Colmar, 8 mars 1982, *Gaz. Pal.* 1982, 2, 495.
4. Civ., 24 janv. 1982, *JCP* 1983, IV, 130.
5. Cass. Ass. plén., 18 nov. 1988, n° 87-11.605, *Bull. Ass. plén.*, n° 8; *Gaz. Pal.* 1989, 1, 187, note Damien; *D.* 1988, IR 290 – POSTÉRIEUREMENT : Civ. 1re, 18 mai 1989, n° 87-17.874, *Bull. civ.* I, n° 196; *JCP* 1989, IV, 264 – Civ. 1re, 5 juill. 1989, *Gaz. Pal.* 1989, 2, pan. 159.
6. Civ. 1re, 25 juin 1985, n° 84-13.478, *Bull. civ.* I, n° 202; *D.* 1985, 517, note Agostini; *JCP* 1985, IV, 307 – JURISPRUDENCE RENVERSÉE, dans la même affaire par : Cass. Ass. plén., 18 nov. 1988, n° 87-11.605, *Bull. Ass. plén.*, n° 8; *Gaz. Pal.* 1989, 1, 187 – Civ. 1re, 5 juill. 1989, n° 87-17.713, NPT, *Gaz. Pal.* 1989, 2, pan. 159 – SURTOUT CA Lyon 8 juill. 1987, *Gaz. Pal.* 1987, 2, 590, note Damien.
7. CA Lyon, 8 juill. 1987, *Gaz. Pal.* 1987, 2, 590, note Damien – CA Saint-Denis-de-la-Réunion, 16 déc. 1991, *Gaz. Pal.* 11 avr. 1992, 6, note crit. Damien.
8. Note ss CA Pau, 9 juill. 81, *Gaz. Pal.* 1981, 2, 720.

• **Engagements du postulant.** Le postulant, comme le note la cour de Pau, prête donc serment avant d'être admis au stage et prend divers engagements, notamment celui de respecter les règles de l'Ordre avant même d'y appartenir[1]. La question du défaut d'assistance du bâtonnier ou de son représentant à la présentation au serment a été soulevée[2].

Le procureur général doit avoir préalablement vu les pièces du dossier, prévues par la loi, qu'on appelle « les lettres » par référence aux lettres de licence qu'il visait sous l'Ancien Régime. Le serment est prêté dans le costume traditionnel devant la 1re chambre de la cour d'appel dans le ressort de laquelle se trouve le barreau auquel le postulant va appartenir[3].

13.112 Serment. Le serment de l'avocat constitue traditionnellement un acte préalable mais nécessaire à son inscription au barreau. Nul ne peut être inscrit dans un barreau s'il n'a prêté serment.

• **Évolution.** Il fut, aux origines, d'ordre religieux; l'empereur Napoléon Ier lui substitua un serment politique par lequel l'avocat jurait obéissance aux constitutions de l'Empire et fidélité à l'Empereur, il jurait en outre de ne rien dire ou publier de contraire aux lois, aux règlements, aux bonnes mœurs, à la sûreté de l'État et à la paix publique et de ne jamais s'écarter du respect dû aux tribunaux et aux autorités publiques, de ne jamais conseiller et défendre une cause qu'il ne trouverait pas juste en son âme et conscience. C'est bien là un serment politique et Mollot le confirme ainsi que toute la tradition du barreau[4] (v. ss no 86.11).

Le serment traditionnel contenu en dernier lieu dans le décret du 6 avril 1954[5] supprimait les notions de fidélité au chef de l'État mais conservait les autres engagements.

Le décret du 9 juin 1972[6] fit précéder la deuxième partie de la formule reprise du décret du 6 avril 1954 et des textes antérieurs d'une première phrase qui, au lieu de se cantonner à des interdictions, marquait d'un caractère positif la formule du serment en se référant à la conception traditionnelle de la profession d'avocat : dignité, confiance, indépendance, humanité : « *Je jure, comme avocat, d'exercer la défense et le Conseil avec dignité, conscience, indépendance et humanité, dans le respect des tribunaux, des autorités publiques et des règles de mon ordre, ainsi que de ne rien dire ni publier qui soit contraire aux lois, aux règlements, aux bonnes mœurs, à la sûreté de l'État et à la paix publique.* »

À ce serment, la loi du 15 juin 1982 a substitué cette formule brève, dépourvue de toute connotation politique : « *Je jure, comme avocat, d'exercer la défense et le conseil avec dignité, conscience, indépendance et humanité* »[7].

La loi du 31 décembre 1990 modifiant la loi du 31 décembre 1971 a introduit un texte de serment qui comporte la mention d'une vertu supplémentaire à laquelle l'avocat doit être fidèle : « *Je jure, comme avocat, d'exercer mes fonctions avec dignité, conscience, indépendance, probité et humanité.* »

Le serment d'avocat est un des derniers grands serments régissant une profession libérale dont l'existence est indispensable pour la survie d'une société civilisée. Il peut être rapproché de l'autre serment célèbre, qui régit la profession médicale et qui est le serment d'Hippocrate[8].

Le greffier lit la formule de serment, le postulant prête serment et la cour, par la voix de son président, lui donne acte du serment prêté.

Le serment qui était traditionnellement du domaine réglementaire[9] est dorénavant du domaine législatif et ne peut donc plus être modifié que par une loi votée par le Parlement (v. ss nos 86.11 s.).

Les avocats qui ont prêté serment avant l'entrée en vigueur de la loi du 15 juin 1982 sont réputés l'avoir prononcé selon la forme de l'alinéa 2 de l'article 3 modifié de la loi du 31 décembre 1971[10].

13.113 La cour d'appel pourrait s'opposer à recevoir une prestation de serment. Elle a le droit et le devoir, notamment à la requête du procureur général, de vérifier si l'impétrant réunit les conditions légales pour être admis à la prestation de serment[11], mais elle n'a pas à ce stade de la vie professionnelle, qualité pour vérifier la moralité du postulant. Cette tâche incombe au seul Conseil de l'ordre[12].

En revanche le procureur, dans le mois de la notification de l'admission ou du refus de l'admission au stage qui lui a été notifié par le bâtonnier de l'Ordre intéressé, peut saisir la cour d'appel d'un recours qui donnera à cette juridiction la possibilité d'examiner la candidature du postulant non seulement sur le fondement formel des critères de l'article 11 de la loi du 31 décembre 1971, mais également, comme le rappelle la Cour de cassation, sur

1. CA Pau, 3 févr. 1982, *Gaz. Pal.* 1982, 1, 194, note A. D.
2. Cass. Req. 13 déc. 1933, *DP* 1934, I, 81.
3. L. 31 déc. 1971, art. 3.
4. Mollot, t. I, 277.
5. Décr. 6 avr. 1954, art. 23.
6. Décr. 9 juin 1972, art. 23.
7. L. 15 juin 1982, art. 1; mod. L. 31 déc. 1971, art. 3 – égalt : Damien, « La liberté de la défense et le délit d'audience », *Gaz. Pal.* 1982, 1, doctr. 192 – Damien, « Le pavé », *Gaz. Pal.* 1982, 1, doctr. 196.
8. V. ce texte dans la revue *Esprit et vie* 8 juin 1995 sur la page de couverture, en français et dans le numéro du 29 septembre 1985 de cette même revue, p. 267; le texte est publié en grec avec l'étude sur l'évolution des formules, quelques exemples de serments identiques en vigueur et les modifications du Code de déontologie médicale.
9. Décr. 9 juin 1972, art. 23.
10. L. 31 déc. 1971, art. 68.
11. CA Paris, 30 nov. 1897; *DP* 982, 185.
12. Civ., 2 mai 1840, S. 1840, 1, 193 – Civ. 1re, 15 oct. 1975, no 73-12.628, *Bull. civ.* I, no 273; *Gaz. Pal.* 1976, 1, 66, note Damien.

les qualités de probité et de désintéressement prescrites par l'article 17 paragraphe 3 de la loi du 31 décembre 1971. Le recours du procureur général n'est pas suspensif et s'exerce indépendamment de la prestation de serment par l'avocat admis par le barreau [1].

En fait, la présentation faite par le bâtonnier en présence du procureur général doit donner à la Cour, tous apaisements sur la régularité de cette demande d'admission.

13.114 Inscription à un autre barreau. L'avocat qui a prêté serment et qui va ultérieurement s'inscrire à un autre barreau n'est, en principe, pas tenu de renouveler son serment [2]. Une décision va cependant en sens contraire [3]. Le serment est indélébile, mais l'enquête légale prévue avant toute admission au stage n'est pas, de ce fait, supprimée. Elle s'impose même plus que jamais. Le Conseil de l'ordre doit nommer un rapporteur et celui-ci doit notamment, auprès du bâtonnier du barreau antérieur, solliciter les renseignements que celui-ci voudra bien lui fournir [4].

13.115 Renouvellement du serment. Tous les ans, à l'audience solennelle de la rentrée judiciaire, le bâtonnier et les membres du Conseil de l'ordre en exercice renouvelaient le serment professionnel au nom de tous les membres du barreau. Cet usage traditionnel, rappelé dans le décret du 6 juillet 1810 [5], avait été maintenu principalement dans les barreaux de cour d'appel; il a été expressément abrogé par l'article 20 du décret du 7 décembre 1979 [6]. La formalité du renouvellement du serment des avocats présents à l'audience solennelle de rentrée des cours n'a donc plus aucune base légale.

13.116 Carte professionnelle. L'avocat doit obtenir de son Ordre une carte professionnelle qui lui permette de justifier de sa qualité et sans laquelle il ne peut pénétrer dans les établissements pénitentiaires.

En fait les barreaux utilisent deux modèles de cartes différents; les unes sont des cartes purement internes à la profession, signées par le bâtonnier sous sa seule responsabilité et que les établissements pénitentiaires acceptent en pratique comme présentant les caractéristiques nécessaires d'une carte d'identité professionnelle.

Dans d'autres barreaux, la carte d'identité se rapproche d'une véritable pièce officielle puisqu'elle est signée par le préfet du département, elle doit donc être revêtue d'un timbre fiscal, comme les pièces d'identité officielles.

Le secrétaire de l'Ordre est chargé de délivrer la carte d'identité professionnelle, il doit obligatoirement tenir un registre sur lequel il inscrit l'identité de celui auquel il délivre cette carte et le numéro de la carte qui ne peut être attribué qu'à un seul avocat. En cas de perte, il doit faire une déclaration au Parquet général et indiquer qu'il a délivré à l'avocat un duplicata [7]. Une carte d'identité d'avocat européenne est enfin délivrée par les barreaux, elle permet à leurs membres exerçant occasionnellement à l'étranger de justifier de leur qualité. Le barreau de Paris a inventé une innovation remarquable en prévoyant l'attribution à chaque avocat d'une carte d'identité professionnelle mais qui n'est plus une carte d'identité au petit pied mais une pièce d'identité professionnelle comportant au recto le logo de l'Ordre, le prénom, le nom, le titre et la photo numérisée du porteur et, au verso, les informations complémentaires concernant son titulaire ainsi que sa signature, même un porte-monnaie électronique qui permet d'effectuer sans coût supplémentaire pour les avocats leurs démarches quotidiennes au Palais.

SECTION 4
INCOMPATIBILITÉS ET LIMITATION D'ACTIVITÉ

13.121 Vers une révision du régime des incompatibilités d'exercice ? Le rapport Darrois, favorable à la création d'une « grande profession du droit », a initié une réflexion sur l'extension des champs d'activités de l'avocat en prônant une réforme des incompatibilités commerciales [8]. Dans le prolongement de ce rapport, le CNB a engagé à son tour une réflexion sur ce sujet. Une révision du régime actuel des incompatibilités d'exercice, définies aux articles 111 et suivants du décret du 27 novembre 1991 devient de plus en plus envisageable. L'objectif de cette réforme serait de développer la présence et l'activité de la profession et d'améliorer la compétitivité des avocats français.

1. Civ. 1re, 15 oct. 1975, n° 73-12.628, *Bull. civ.* I, n° 273; *Gaz. Pal.* 1976, 1, 66.
2. CA Colmar, 12 juill. 1856, *DP* 1956, 2, 201.
3. CA Grenoble, 28 juin 1985, *Gaz. Pal.* 1985, 2, 546, note A. D.
4. CA Aix-en-Provence, 25 juin 1935, S. 1936, 2, 177, nos 77 et 142.
5. Décr. 6 juill. 1810, art. 35.
6. Décr. n° 79-941, 7 déc. 1979.
7. Damien, *Mémento du secrétaire de l'Ordre*, p. 49.
8. SUR le rapport Darrois : Arnaud-Grossi, « Les obligations de l'avocat à la croisée des chemins », *RLDC* 2009/58. 3355; Le Prado, « Communication de l'Ordre des avocats aux Conseils, président de l'Ordre des avocats au Conseil d'État et à la Cour de cassation », *D.* 2009. 958 et *JCP* 2009, Libres propos, p. 184 – Jamin, « Une rénovation profonde de la profession d'avocat », *D.* 2009. 932 – Rome, « Le rapport de l'angoisse », *D.* 2009. 929; Darrois, *JCP* 2009. I, entretien p. 15.

Une résolution allant dans ce sens a été adoptée par l'Assemblée générale du CNB le 10 juillet 2010.

Au cours de ses travaux, la Commission des Règles et Usages du CNB avait constaté que l'extension des champs d'activités de l'avocat était freinée, pour certaines activités, au régime des incompatibilités d'exercice, en particulier à la prohibition des activités commerciales. Les avocats risquent de se trouver exclus d'activités ayant récemment fait l'objet de réglementation, telles que l'activité de mandataire en transactions immobilières, celle d'agent sportif ou encore l'activité de lobbying[1], ou pour parler français, « l'influençage » comme le font les Québécois francophones.

Une évolution récente a déjà eu lieu, puisque l'avocat est autorisé depuis 2009 à être fidiciaire[2], ou à se livrer à l'activité de correspondant informatique et liberté (CIL)[3]. L'avocat parisen a de plus la possibilité d'être mandataire en transaction immobilières[4]. Il est probable que le domaine d'activité des avocats évoluera dans le sens d'un élargissement, ainsi que le laisse prévoir le projet de modernisation des professions judiciaires et juridiques[5].

Dans sa résolution du 10 juillet 2010, l'Assemblée générale du CNB rappelle que si le régime des incompatibilités d'exercice était à l'origine justifié par des considérations de noblesse personnelle, ses fondements se trouvent aujourd'hui dans les notions d'indépendance et de désintéressement. Dans ce contexte, la déontologie des avocats – et plus précisément cette valeur de désintéressement qui distingue l'avocat, professionnel libéral du commerçant – pourrait présenter un avantage au lieu de constituer un obstacle, dans la mesure où le désintéressement doit obliger l'avocat à faire primer les intérêts de son client sur les siens.

Le CNB considère que les textes relatifs aux incompatibilités d'exercice doivent être réexaminés à la lumière de ces principes déontologiques. Nous estimons aussi que le pouvoir réglementaire doit réécrire les articles du décret relatifs à ces incompatibilités. À cette fin, le CNB propose de supprimer la « liste énumérative » de professions compatibles ou incompatibles et « de décliner les valeurs fondamentales du statut de l'avocat au premier rang desquelles figure le principe d'indépendance, et par conséquent le strict respect des règles de conflit d'intérêt ».

Dans ces conditions il serait possible d'envisager qu'un avocat puisse se livrer à l'exercice cumulatif d'une autre profession libérale et indépendante sous réserve de cloisonner les deux activités dans un souci légitime de transparence.

13.122 Préservation du principe d'indépendance. En attendant une éventuelle évolution, dont il est difficile de prévoir les effets qu'elle pourrait avoir sur la déontologie de la profession d'avocat, l'incompatibilité avec d'autres professions reste la règle. En raison même de sa nature qui réclame indépendance, dignité, désintéressement et le dévouement aux causes qui lui sont confiées (v. s[s] n°s 31.51 s.), la profession d'avocat est incompatible avec toutes les fonctions ou professions qui exigent le sacrifice même seulement partiel ou seulement moral de cette indépendance, ainsi qu'avec toutes professions dont le lucre est le but ou le mobile principal dont l'activité ne permettrait pas à l'avocat de se consacrer aux missions qui sont les siennes.

L'indépendance postule en effet que l'avocat n'exerce aucune autre activité le plaçant en état de subordination juridique mais également ne s'adonne pas à l'exercice simultané d'une profession comportant des règles différentes, des obligations et des devoirs spéciaux qui feraient obstacle au plein et libre accomplissement des diverses charges et services de la profession d'avocat[6] (en ce qui concerne les professions de syndic, administrateur judiciaire ou liquidateur v. s[s] n° 13.153).

Les incompatibilités doivent s'apprécier au jour de la demande d'inscription.

• C'est donc à la date de cette demande que doit être appréciée la situation du candidat précédemment engagé dans les liens d'un louage de services[7].

Mais le Conseil de l'ordre ne peut exiger que le candidat à l'inscription au tableau ait cessé toute activité salariée dès avant cette inscription. Ce faisant il aggrave les conditions posées par l'article 62[8] du décret du 9 juin 1972[9].

13.123 Nomenclature des incompatibilités. Le décret du 27 novembre 1991 a prévu un certain nombre d'incompatibilités par ses articles 111 et suivants.

13.124 Évolution : la reconnaissance du principe d'incompatibilité. En fait, il y a deux époques

1. L. n° 2010-626 du 9 juin 2010 encadrant la profession d'agent sportif, *JO* 10 juin – Marmayou, « L'avocat peut-il être agent sportif ? », *D.* 2007. Chron. 746. – Marmayou, « Contrat d'agent sportif : retour sur l'exigence d'écrit et perspectives sur la désignation légale du débiteur », *Cah. dr. sport* 2006/3. 91, spéc. p. 97.
2. Ord. n° 2009-112, 30 janv. 2009.
3. Décr. n° 2009-002, 28 mai 2009.
4. RI barreau de Paris, art. P. 6.2.0.4 (sur ces nouvelles activités v. s[s] 13.191).
5. Projet de loi n° 602, adopté par l'Assemblée nationale, n° 602, déposé le 30 juin 2010 au sénat.
6. CA Versailles, 24 oct. 1983, *Gaz. Pal.* 1983, 2, 668.
7. CA Basse-Terre, 7 juin 1982, *Gaz. Pal.* 1982, 2, 494.
8. Mod. par décr. du 27 nov. 1991, art. 111 s.
9. Civ. 1re, 16 mars 1994, n° 92-13.108, *Bull. civ.* I, n° 98; *D.* 1994, IR 84.

à considérer quant à l'exercice d'une profession étrangère et notamment de la profession médicale par un membre du barreau.

Tout d'abord, la période où les incompatibilités étaient placées sur le fondement de l'article 57 du décret du 9 juin 1972 pris pour l'application de la loi du 31 décembre 1971. Cet article 57 rappelait que la profession d'avocat était incompatible avec toutes les activités de caractère commercial, avec les fonctions d'associé dans une société en nom collectif avec des charges d'officier public ou ministériel[1] avec le louage de service et tous les emplois de la fonction publique, sauf des fonctions d'enseignement ou de juge suppléant des tribunaux d'instance ou d'assesseur près des tribunaux pour enfants ou de membre des commissions de première instance de la mutualité agricole, auxquels le décret du 28 novembre 1979 avait ajouté la compatibilité avec les fonctions de conseiller prud'homme. Ainsi donc, dans la rédaction du titre III du décret du 9 juin 1972, aucune incompatibilité de principe n'était édictée; le texte procédait cas par cas et il résultait de sa lecture exégétique que l'exercice de la profession d'avocat était tout à fait compatible avec celui d'une profession libérale honorable, à condition que celle-ci n'absorbe pas toute l'activité de l'avocat et lui interdise d'exercer en fait le métier qu'il voulait exercer en droit.

Une réforme est intervenue par le décret du 27 novembre 1991 dont l'article 115 proclame désormais un principe général, totalement différent du principe proclamé par l'ancien article 57, aux termes duquel la profession d'avocat est désormais incompatible avec l'exercice de toute autre profession.

13.125 Maintien d'exceptions à ce principe. Cette déclaration de principe ne va pas sans accepter des exceptions maintenues par le texte, exceptions au profit des enseignants (classe si importante dans la société française qu'elle méritait bien entendu une exception générale) ainsi que pour les fonctions d'assesseur de diverses juridictions, d'arbitre, de médiateur, de conciliateur ou de séquestre[2]. Deux exceptions récentes sont à mentionner. D'une part, l'ordonnance du 30 janvier 2009[3] a en outre étendu aux avocats la possibilité d'être fiduciaire[4] en leur permettant de constituer une fiducie à titre de garantie ou à des fins de gestion (v. s^s^ n° 05.65). D'autre part, le RIN a été complété d'un article 6.2.2 qui autorise les avocats à se livrer à l'activité de correspondant informatique et liberté (CIL) ou, selon le texte « correspondant à la protection des données personnelles » (v. s^s^ n°s 13.191 s.).

• Les dispositions de l'ancien article 123, qui interdisaient à l'avocat d'exercer ses fonctions pendant l'accomplissement du Service national ont été abrogées et remplacées par les dispositions relatives à l'avocat.

Ainsi donc le statut des avocats est désormais plus précis et la jurisprudence ne peut que l'appliquer. Les dispositions antérieures du titre III chapitre Ier intitulé « des incompatibilités » du décret du 9 juin 1972 ayant disparu, l'incompatibilité est désormais la règle. La jurisprudence a accepté d'enthousiasme cette modification et notamment en s'efforçant de réduire à néant quelques-unes des exceptions, notamment celle de l'article 123 (Service national actif).

• La cour d'appel de Paris, dans un arrêt du 25 février 1998[5] a confirmé l'application de ce principe d'incompatibilité pour l'exercice par un postulant au barreau de la fonction de chirurgien-dentiste. Le postulant, mécontent du refus du barreau et ayant formé un recours devant la cour d'appel, avait invoqué un moyen nouveau et intéressant sous la forme d'une question préjudicielle portant sur l'appréciation de la légalité d'un acte réglementaire et en l'espèce, de l'article 115 du décret du 27 novembre 1991 qui serait en contradiction avec l'article 53 de la loi du 31 décembre 1971 qui indique que, dans le respect de l'indépendance de l'avocat, de l'autonomie des Conseils de l'ordre et du caractère libéral de la profession, des décrets en conseil d'État fixent les conditions d'application du présent texte et précisent notamment les incompatibilités. La cour a jugé, conformément à la jurisprudence du Conseil d'État, que le législateur peut déléguer les modalités de mise en œuvre de la loi au pouvoir réglementaire et que des innovations peuvent même être tolérées, dès lors qu'elles paraissent le complément indispensable de la loi[6]. La cour de Paris a donc confirmé l'omission du tableau de l'Ordre des avocats du requérant en raison de l'exercice simultané de deux professions incompatibles désormais.

Une question peut continuer à se poser c'est celle de l'inscription des prêtres au barreau (v. s^s^ n° 13.183); elle avait été admise ces dernières années par le Conseil de l'ordre de Paris le 5 décembre 1967 puis par le Conseil de l'ordre de Lyon et celui de Versailles. Que penser de l'application à ces prêtres des dispositions de l'article 115 ? Il semble encore là que le texte ne soit pas très contraignant car l'ordination sacerdotale ne fait pas entrer dans une profession mais dans un état et l'exercice par un prêtre de la profession d'avocat après autorisation de l'évêque dans le ressort duquel il est incardiné, est tolérable dès lors qu'il n'y a pas exercice simultané de deux fonctions incompatibles en fait[7].

1. Décr. n° 72-468, 9 juin 1972, art. 61.
2. Décr. 27 nov. 1991, art. 115.
3. Ord. n° 2009-112, 30 janv. 2009.
4. Décr. 27 nov. 1991, art. 123; RIN, art. 6.2.1.5 et s.
5. CA Paris, 25 févr. 1998, *Gaz. Pal.* 13 juin 1998, 16, note Damien.
6. CE 27 janv. 1961, *Lebon*, 57.
7. CA Paris, 25 févr. 1998, *Gaz. Pal.* 13 juin 1998, note Damien.

§ 1
Activités commerciales

13.131 Champ d'application. Toutes les activités commerciales, qu'elles soient exercées directement ou par personnes interposées[1]. L'incompatibilité n'est donc pas limitée à la profession de commerçant. L'association avouée ou occulte avec un commerçant est incompatible avec la profession d'avocat, dès lors qu'elle implique une immixtion dans les affaires commerciales et ne se borne pas à un simple versement de fonds.

13.132 Cas du conjoint commerçant. Le conjoint de l'avocat peut être commerçant mais une prudence particulière s'impose à l'époux avocat, pour ne pas laisser se créer même seulement l'apparence d'une immixtion dans l'activité commerciale de son conjoint.

De même il n'y a pas d'incompatibilité entre l'exercice par deux conjoints des fonctions d'avocat pour l'un et d'huissier de justice pour l'autre dans le ressort d'un même tribunal, dès lors qu'on ne peut invoquer aucune disposition légale prévoyant une telle incompatibilité[2].

Il en va de même, pour un avocat conjoint d'un magistrat en fonction dans le même ressort[3].

• Un ancien négociant peut devenir avocat s'il justifie de l'accomplissement de toutes ses obligations commerciales et du règlement de toutes les dettes contractées, au cours de son activité passée.

Mais, ce serait ajouter aux textes, que d'exiger d'un commerçant pour l'inscrire au barreau, qu'il ait cessé d'exercer ses fonctions depuis 5 ans au minimum. La disposition d'un règlement intérieur prévoyant ce délai est nulle, comme contraire à la loi et à l'ordre public[4].

§ 2
Fonctions au sein de sociétés

13.141 Champ d'application. L'article 111 du décret du 27 novembre 1991 dispose que la profession d'avocat est incompatible avec les fonctions :

– d'associés dans une société en nom collectif;

– d'associés commandités dans les sociétés en commandite simple ou par actions;

– de gérant d'une SARL;

– de président de conseil d'administration, membre du directoire ou directeur général d'une société anonyme;

– de gérant d'une société civile à moins que celle-ci n'ait pour objet la gestion d'intérêts familiaux ou professionnels[5].

• **Exception concernant les sociétés familiales.** En effet, la jurisprudence de la plupart des barreaux et notamment du barreau de Paris, à une époque où l'interdiction pour un avocat d'être administrateur de société était absolue, acceptait néanmoins qu'un avocat soit administrateur d'une société de famille. La tolérance devrait donc rester la même dès lors que la loi du 31 décembre 1971 admet la possibilité pour les avocats, sous certaines conditions et avec certaines autorisations, d'être administrateurs de sociétés[6].

13.142 Membres du conseil de surveillance ou administrateurs. Les avocats peuvent, s'ils justifient de sept années d'exercice d'une profession juridique réglementée, remplir les fonctions de membres du conseil de surveillance d'une société commerciale ou d'administrateurs de sociétés[7].

13.143 Dispense. L'avocat qui ne peut justifier de sept ans d'exercice d'une profession juridique réglementée peut bénéficier d'une dispense d'une partie de cette durée par le Conseil de l'ordre[8].

L'article 112 du décret du 27 novembre 1991 précise : « La demande de dispense est adressée par lettre recommandée avec demande d'avis de réception ou remise contre récépissé au Conseil de l'ordre et comporte en annexe un exemplaire des statuts sociaux et lorsque la société a au moins une année d'activité, une copie du dernier “bilan”. Le Conseil de l'ordre peut demander à l'avocat de lui fournir toute explication et tous documents utiles; à défaut de réponse du Conseil de l'ordre dans le délai de deux mois à compter de la réception de la demande, la dispense est réputée refusée. »

13.144 Information du Conseil de l'ordre. L'avocat qui est élu aux fonctions de membre du conseil de surveillance d'une société commerciale ou d'administrateur d'une société commerciale doit en informer par écrit le Conseil de l'ordre dont il relève, dans un délai de 15 jours à compter de son élection.

Il joint à sa déclaration un exemplaire des statuts et, lorsque la société a au moins une année d'activité, une copie du dernier bilan. Il est délivré à l'avocat un récépissé de sa déclaration.

1. Décr. 27 nov. 1991, art. 116.
2. CA Limoges, 24 sept. 1987, *Gaz. Pal.* 1987, 2, 791.
3. CA Toulouse 10 oct. 1994, *D.* 1996, somm. 312, note Dupeux.
4. Civ. 1re, 9 oct. 1973, no 71-10.624, *Bull. civ.* I, no 266; *Gaz. Pal.* 1973, 2, somm. 257; *D.* 1974, 309, note Brunois.
5. Décr. 27 nov. 1991, art. 116 b.
6. L. 31 déc. 1971, art. 6, § 2.
7. L. 31 déc. 1971, art. 6, § 2; réd. L. no 90-1259, 31 déc. 1990, art. 5.
8. L. 31 déc. 1971, art. 6, § 2.

Le Conseil de l'ordre demande à l'avocat de fournir toutes explications sur les conditions dans lesquelles il exerce ses fonctions de membre du conseil de surveillance ou d'administration de société commerciale et de fournir, le cas échéant, tous documents utiles.

Si le Conseil de l'ordre estime que l'exercice de ces fonctions est ou devient incompatible avec la dignité et la délicatesse imposées aux avocats par les règles du barreau, il peut, à tout moment, inviter l'intéressé à se démettre de ses fonctions immédiatement. La décision du Conseil de l'ordre est notifiée à l'avocat par lettre recommandée avec demande d'avis de réception [1].

13.145 **Recours.** Les décisions du Conseil de l'ordre prises en application des articles 112 et 113 peuvent être déférées par l'avocat intéressé à la cour d'appel dans les conditions prévues à l'article 16. L'avocat avise sans délai de sa réclamation le bâtonnier [2].

13.146 **Responsabilités.** Les responsabilités inhérentes à ces fonctions sont supportées exclusivement par les avocats qui les exercent, elles doivent faire l'objet d'assurances spéciales qui sont contractées à titre individuel ou collectif dans les conditions fixées par le Code des assurances [3] (v. s^{s} n° 94.24).

• **Publicité.** Toutefois si la profession d'avocat est incompatible avec toutes les activités de caractère commercial, qu'elles soient exercées directement ou par personne interposée, l'Ordre peut organiser une publicité fonctionnelle auprès de la clientèle (v. s^{s} n°s 45.41 à 45.43), sans pour autant être considéré comme exerçant une publicité à caractère commercial [4].

§ 3
Incompatibilité avec toute autre profession sous réserve des dispositions législatives ou réglementaires particulières

13.151 **Champ d'application.** La profession d'avocat est incompatible avec l'exercice de toute autre profession sous réserve des dispositions législatives ou réglementaires particulières [5].

Cette énumération comprend notamment les charges d'officiers publics et ministériels, l'inscription sur la liste des commissaires aux comptes, l'inscription sur une liste d'experts judiciaires ou sur le tableau des experts-comptables, des comptables et comptables agréés, le louage de services, les fonctions de clercs de notaires, les emplois et fonctions publics, l'état de fonctionnaire même placé en non-activité [6] ou en congé spécial s'il continue de percevoir un traitement ou une solde et si le lien avec son administration n'est pas rompu. L'incompatibilité ne joue pas s'il est en disponibilité et ne reçoit plus de traitement de l'État.

• Mais selon la cour d'appel d'Agen, un magistrat en attente de sa mise en disponibilité est irrecevable à présenter une demande d'inscription au barreau [7] (cassé par la première chambre civile qui précise que seul l'exercice de la profession d'avocat est incompatible avec l'exercice d'autres professions [8]).

La cour d'appel de Toulouse a rejeté la demande formée par un fonctionnaire des impôts retraité mais donnant des consultations [9]. La Cour de cassation, par un arrêt de la 1re chambre civile du 14 novembre 1995 [10] a cassé l'arrêt de Toulouse en précisant qu'en refusant l'inscription de cet ancien fonctionnaire des impôts, la cour d'appel avait préjugé l'absence d'indépendance de l'impétrant à l'égard de l'administration au sein de laquelle il avait exercé ses précédentes activités et créé ainsi une incompatibilité non prévue par la loi, violant de ce fait les dispositions légales [11].

En revanche, un magistrat ayant demandé une mise en disponibilité sans solde ne peut être inscrit au barreau tant qu'il ne justifie pas avoir obtenu cette mise en disponibilité [12].

Mais la tradition du barreau admet que les fonctionnaires particuliers tels que le président de la République, le président et les membres du Conseil constitutionnel, le Premier ministre, les ministres ou secrétaires d'État, les ambassadeurs en mission extraordinaire, les membres du Conseil supérieur de la magistrature peuvent néanmoins demeurer inscrits au barreau, à condition de n'y exercer aucun acte de la profession d'avocat pendant la durée de leur mandat.

13.152 **Missions de justice.** L'interdiction des missions de justice prévue à l'article 62 du décret du 9 juin 1972 n'a pas été maintenue; l'article 6 *bis* de la loi du 31 décembre 1971 dans sa rédaction issue de la loi du 31 décembre 1990 [13] indique que

1. Décr. 27 nov. 1991, art. 113.
2. Décr. 27 nov. 1991, art. 114.
3. L. 31 déc. 1990, art. 27, § 4.
4. T. corr. Lyon, 9 mai 1980, *Gaz. Pal.* 1980, 2, 526.
5. Décr. 27 nov. 1991, art. 115.
6. CA Rabat, 24 oct. 1950, *D.* 1951, 104.
7. CA Agen, 10 févr. 1993, NP.
8. Civ. 1re, 20 juill. 1994, n° 93-11.930, *Bull. civ.* I, n° 257; *D.* 1994, IR 219.
9. CA Toulouse, 8 nov. 1993, *Gaz. Pal.* 29 mars 1994, 8.
10. Civ. 1re, 14 nov. 1995, n° 94-10.286, *Bull. civ.* I, n° 411; *Gaz. Pal.* 6 févr. 1996, 8, note Damien.
11. L. 31 déc. 1971, art. 11 et 17-3, mod. – Décr. 29 nov. 27 nov. 1991, art. 98-4 – CA Toulouse, 8 nov. 1993, *Gaz. Pal.* 29 mars 1994, 8 s., note Damien [CRITIQUE]; CASSÉ par : Civ. 1re, 14 nov. 1995, n° 94-10.286, *Bull. civ.* I, n° 411; *Gaz. Pal.* 6 févr. 1996, 8, note Damien.
12. Civ. 1re, 20 juill. 1994, n° 93-11.930, *Bull. civ.* I, n° 257; *D.* 1994, IR 119.
13. Réd. de L. 31 déc. 1990, art. 5 et 67.

les avocats peuvent recevoir des missions confiées par la justice et notamment des missions d'information donnant lieu à l'établissement d'un rapport[1].

Les avocats peuvent être chargés par l'État de missions temporaires même rétribuées mais à la condition de ne faire pendant la durée de leur mission aucun acte de leur profession, ni directement ni indirectement, sauf autorisation du Conseil de l'ordre.

L'avocat chargé de mission en avise le bâtonnier. Celui-ci saisit le Conseil de l'ordre qui décide si cette mission est compatible avec la poursuite de l'exercice professionnel. Dans l'affirmative, l'avocat intéressé est maintenu au tableau[2].

13.153 Fonctions d'administrateur judiciaire, mandataire, liquidateur ou expert en diagnostic d'entreprise. De même, un avocat peut exercer la fonction d'administrateur judiciaire, mandataire, liquidateur ou expert en diagnostic d'entreprise[3].

Toutefois, la même personne ne peut exercer simultanément ou successivement pour une même entreprise les fonctions d'avocat et d'administrateur judiciaire. Cette interdiction s'applique également aux associés, aux collaborateurs et aux salariés. En cas de cumul de la profession d'administrateur judiciaire et celle d'avocat, les modalités d'accès à ces professions et leur exercice demeurent soumis aux règles qui les régissent respectivement. La qualité d'administrateur judiciaire inscrit sur la liste ne fait pas obstacle à l'exercice d'une activité de consultation dans les matières relevant de la qualification de l'intéressé ni à l'accomplissement des mandats de conciliateur prévus par l'article 35 de la loi du 1er mars 1984[4] et par l'article 25 de la loi du 30 décembre 1988[5], de commissaire à l'exécution du plan, d'administrateur ou de liquidateur amiable, d'expert judiciaire ou de séquestre amiable judiciaire[6].

13.154 Syndic de copropriété. La profession d'avocat est compatible avec l'activité de syndic professionnel de copropriété. L'article 2 de la loi du 9 janvier 1970 précise en effet que cette loi n'est pas applicable aux membres des professions dont la liste sera fixée par décret en considération du contrôle dont leurs activités professionnelles font l'objet ainsi que des garanties financières qu'ils offrent pour l'exercice de cette activité. L'article 95 du décret du 20 juillet 1972[7] énonce que les conditions réglementant les conditions d'exercice d'activités relatives à certaines opérations portant sur les immeubles et les fonds de commerce, ne sont pas applicables aux notaires, avoués, avocats, huissiers, géomètres, experts...

De même, un avocat peut accepter des fonctions d'exécuteur testamentaire et recevoir le « diamant » comme rémunération de ses soins, même s'il ne peut pas faire taxer les honoraires qui peuvent être dus de ce chef en suivant la procédure prévue par les articles 76 et suivants du décret.

Il semble donc résulter de ce décret que l'exercice de l'activité de syndic est compatible avec celle d'avocat puisque la loi du 9 janvier 1970 prévoit que certaines professions, compte tenu du contrôle auquel elles sont soumises, n'auront pas l'obligation de se conformer aux dispositions de cette même loi, et que, d'autre part, l'article 95 du décret précité prévoit expressément le cas des avocats exerçant certaines opérations portant sur les immeubles et les fonds de commerce. Enfin, cette opinion est confortée par les dispositions de l'article 50 du décret du 25 août 1972, faisant écho aux dispositions des textes précédemment cités, qui prévoient que les termes de la loi du 2 janvier 1970 réglementant les conditions de l'exercice de l'activité relative à certaines opérations portant sur les immeubles et les fonds de commerce ne sont pas applicables aux avocats[8].

13.155 Professions compatibles avec celle d'avocat en application de l'article 115 du décret du 27 novembre 1991[9]. La profession d'avocat est compatible avec les fonctions d'enseignement, les fonctions de suppléant de juge d'instance de membre assesseur des tribunaux pour enfants ou des tribunaux paritaires de baux ruraux, de conseiller prud'homal et de membre des tribunaux des affaires de Sécurité sociale, ainsi qu'avec celles d'arbitre, de médiateur, de conciliateur ou de séquestre.

Ce texte pose plusieurs difficultés d'interprétation.

13.156 Enseignants. L'article 45 de la loi du 26 juin 1941 admettait au barreau les professeurs et chargés de cours des facultés ou écoles; ce qui

1. SUR l'interprétation de cette disposition : Olivier, « La nouvelle profession d'avocat et la législation judiciaire », *Gaz. Pal.* 20 févr. 1992, p. 8 s. – Ekollo, « *Quid* des missions d'expertise du nouvel avocat », *Vie jud.* 18 oct. 1992, p. 4.
2. Décr. 27 nov. 1991, art. 116.
3. L. 31 déc. 1990, art. 50.
4. L. nº 84-148, 1er mars 1984 relative à la prévention et au règlement amiable des difficultés des entreprises, *JO* 2 mars, p. 751, mod.
5. L. nº 88-1202, 30 déc. 1988 relative à l'adaptation de l'exploitation agricole à son environnement économique et social, *JO* 31 déc., p. 16741, mod.
6. L. 31 déc. 1990, art. 50, § 1, 2 et 3.
7. Décr. nº 72-618, 20 juill. 1972.
8. CA Riom, 8 sept. 1986, *D.* 1988, somm. 235, note Brunois; *Gaz. Pal.* 1987, 2, 587 – ÉGALT : chron. Me Peiffer, *Gaz. Pal.* 6 oct. 1988, 2 – ÉGALT : Civ. 1re, 11 juill. 1988, nº 86-18.642, *Bull. civ.* I, nº 235; REJETANT le pourvoi contre : CA Riom, préc., *D.* 1988, IR 229; *Gaz. Pal.* 1989, 1, somm. 158.
9. Décr. nº 91-1197, 27 nov. 1991.

semblait étendre le bénéfice de cette compatibilité exceptionnelle entre l'état de fonctionnaire et celui d'avocat, non seulement aux enseignants des facultés et écoles de droit, mais à tous les professeurs qui, même dans les lycées techniques ou les CES, enseignaient le droit. Le décret du 9 juin 1972[1] était encore plus large puisqu'il admettait au barreau tout enseignant de quelque discipline qu'il relève, dès lors qu'il présente les qualités personnelles nécessaires pour entrer au barreau[2]. Le texte actuel de l'article 120, paragraphe 2 du décret du 27 novembre 1991 reprend exactement la formule précédente.

• **Position de l'Administration.** Mais, en fait, il y a lieu de noter que si la déontologie des avocats reconnaît que cet état est compatible avec les fonctions d'enseignement sans aucune restriction, la réciproque n'est pas vraie et l'Administration, en se fondant sur les dispositions de l'article 3 alinéa 3 du décret du 29 octobre 1936, peut toujours arguer que la profession d'avocat ne peut pas être regardée comme découlant de la nature des fonctions d'enseignement[3]. Si l'article 120 du décret dispose que la profession d'avocat est compatible avec les fonctions d'enseignement, cette disposition n'a pas abrogé les dispositions de l'article 3 du décret du 29 octobre 1936 qui n'autorise les enseignants à exercer les professions libérales qu'à la condition qu'elles découlent de la nature de leurs fonctions. Or, la profession d'avocat ne peut être considérée comme découlant de la nature des fonctions exercées, dans le cas de professeur de lycée agrégé de sciences sociales.

En outre, un professeur même exerçant régulièrement la profession d'avocat ne peut, en raison de ses fonctions, ni consulter, ni plaider contre l'État.

De même dans la mesure où un professeur serait intégré dans une société civile professionnelle d'avocats, cette société serait elle-même soumise à l'interdiction de plaider contre l'État.

• **En matière de fraude fiscale.** Le Conseil d'État a rappelé, par un arrêt du 6 octobre 1976[4] que si tout procès pénal ne peut être regardé comme étant au nombre des litiges intéressant une administration de l'État, les poursuites engagées pour fraude fiscale entrent dans cette catégorie de litiges, en raison de la nature même de l'infraction qui porte directement atteinte au patrimoine ou à l'autorité de la puissance publique. Dès lors, les avocats, professeurs de droit, ne sont pas fondés à soutenir qu'en leur déniant le droit d'assurer devant le tribunal correctionnel la défense d'une personne prévenue de fraude fiscale, le ministre de l'Éducation nationale a excédé ses pouvoirs.

Toutefois une ordonnance de référé du président du tribunal de grande instance de Paris du 5 mars 1986[5] précise que l'interdiction qui figure dans l'alinéa 3 de l'article 3 du décret modifié le 29 septembre 1936, relatif au cumul de retraites et de rémunérations et de fonctions et qui appartient au droit statutaire des fonctionnaires de l'État, ne prévoit pas la nullité des actes faits en violation de ces prescriptions et si elle comporte une interdiction à l'égard du fonctionnaire, cette interdiction ne le frappe pas d'une incapacité d'accomplir valablement les actes de la profession qu'il exerce par ailleurs.

13.157 Limitation de l'activité de consultation en matière juridique des fonctionnaires et anciens fonctionnaires. Cette activité en en effet limitée par leur statut. En effet, l'article 72 de la loi du 11 janvier 1984 portant dispositions statutaires relatives à la fonction publique de l'État[6] prévoit qu'un décret en Conseil d'État définit les activités privées qu'en raison de leur nature un fonctionnaire ne peut exercer. Le décret du 17 janvier 1991[7] a défini cette interdiction par son article 1er et interdit à tout fonctionnaire ayant cessé ses fonctions d'exercer une activité privée au profit d'entreprises privées dont il a été chargé au cours des cinq dernières années précédant la cessation des fonctions, de la surveillance ou du contrôle[8].

La circulaire du 28 janvier 1991[9] prévoit dans le paragraphe b du I « que l'interdiction prévue à l'article 72 s'applique aux activités lucratives, salariées ou non, dans un organisme ou une entreprise privée ou une activité libérale, lorsque par leur nature ou leurs conditions d'exercice et au regard des fonctions précédemment exercées par l'intéressé, ces activités compromettraient le fonctionnement du service auquel appartenait l'intéressé, mettraient en cause l'indépendance ou la neutralité de ce service, porteraient atteinte à la dignité des anciennes fonctions exercées par le fonctionnaire. »

Le texte de l'article 72 de la loi du 11 janvier 1984, compte tenu de sa rédaction, s'applique également aux fonctionnaires en fonction.

1. Décr. 9 juin 1972, art. 62.
2. CONTRA : TA Lyon, 22 oct. 1971, note Brunois, *D.* 1976, 110.
3. Plouvin, « L'enseignement public et la profession d'avocat », *Gaz. Pal.* 1977, 1, doctr. 44 – CE 13 déc. 1957, *Lebon*, 678 – CE 24 nov. 1982, n° 27937, Burki, *Lebon*, 391; *Gaz. Pal.* 1983, somm. 231 – CE 3 déc. 1986, n° 62925, Vinck, *Lebon* : pour l'accès à la profession d'expert-comptable – CE 13 févr. 1987, n° 69497, min. Éducation nationale c/Sztulman, *Lebon*, sur la pratique libérale de la psychanalyse; *D.* 1987, 260, note Terneyre.
4. CE 6 oct. 1976, n° 93718, Badinter et Bredin, *Gaz. Pal.* 1977, 1, 59, concl. Massot, commissaire du gouvernement; *Lebon*, 394 – ANTÉRIEUREMENT : CE 9 nov. 1954, Bertrand, *Lebon*, 583.
5. TGI Paris, 5 mars 1986, *Gaz. Pal.* 1er sept. 1988, 2, somm. n° 10.
6. L. n° 84-16, 11 janv. 1984.
7. Décr. n° 91-109, 17 janv. 1991 pris pour l'application de l'article 72 de la loi n° 84-16 du 11 janvier 1984 portant dispositions statutaires relatives à la fonction publique de l'État, *JO* 29 janv., p. 1502, mod.
8. Décr. 17 janv. 1991, art. 1er, § 1er.
9. Circ. 28 janv. 1991, prise pour l'application du décret du 17 juin 1991, *JO* 29 janv., p. 1487.

• **Champ d'application.** Ses dispositions ont donc une incidence sur l'exercice par un fonctionnaire de la profession d'avocat, notamment sur l'exercice de la consultation qui fait partie intégrante des attributions de l'avocat[1].

13.158 Compatibilités avec les fonctions prud'homales. Le décret du 28 novembre 1979[2], pris en application de la loi du 18 janvier 1979[3], prévoit que les fonctions de conseiller prud'homal sont compatibles avec l'inscription au tableau d'un barreau.

Mais l'avocat élu au conseil des prud'hommes ne peut accepter de connaître en tant que juge des affaires qu'il aurait eu à connaître en qualité d'avocat. Cette incompatibilité évidente doit être maintenue lorsque l'avocat est associé ou membre d'une SCP; il paraît difficile d'admettre qu'un avocat puisse faire partie de la formation de jugement devant laquelle plaident ses associés ou ses collaborateurs.

• **En revanche**, il ne semble pas qu'on puisse restreindre la liberté de choix de clientèle des associés devant les autres formations de jugement. La même prudence semble devoir être conseillée lorsque le conseiller prud'homme est un salarié du cabinet d'avocats qui assume la défense d'une des parties; le lien particulier qui unit le personnel du cabinet à la personne de l'avocat constaté par l'article 11 de la convention collective du 22 décembre 1959, postule la même prudence que celle réclamée aux associés de l'avocat conseiller prud'homme[4].

13.159 Compatibilité avec la fonction de juge. – Juge d'instance non rétribué. De même la fonction de juge d'instance non rétribué étant compatible avec la fonction d'avocat par une tradition constante, on doit en déduire que l'avocat peut également être conciliateur judiciaire puisque les juges de paix suppléants avaient, avant la réforme de 1958, la possibilité de remplir les fonctions de conciliation exercées par ce magistrat et même de juger les affaires comme le juge de paix lui-même. Rien n'interdit donc que les avocats remplissent les fonctions de conciliation sous les réserves de décence rappelées ci-dessus.

• **Règlement intérieur du barreau de Bourges.** Le règlement intérieur du barreau de Bourges a fort bien résumé cette précaution que le caractère particulier de la profession d'avocat postule lorsqu'un de ses membres assume les fonctions de juge ou de conciliateur : « De manière à éviter toute suspicion de partialité, fût-elle imméritée, et à assurer pleinement les principes de probité, de désintéressement, de modération et de confraternité, base même de son état, l'avocat ne pourra, soit par lui-même, soit par l'un de ses associés, soit par un collaborateur, soit par un confrère qui le substituerait, plaider ou consulter fut-ce verbalement, dans des affaires venant devant une juridiction ou commission dont il fait partie. La même interdiction est faite aux collaborateurs de se présenter devant une juridiction ou "commission" dont ferait partie son patron ou maître de stage même s'il se présentait dans une affaire qui lui serait personnelle. »[5]

• **Juge de proximité.** Un avocat peut être juge de proximité, mais uniquement hors du ressort du tribunal de grande instance où il a son domicile professionnel et à condition de n'effectuer aucun acte de sa profession dans le ressort de la juridiction de proximité à laquelle il est affecté.

En effet, l'article 41-17[6] de l'ordonnance du 22 décembre 1958[7] prévoit que « peuvent être nommés juges de proximité [...] les personnes, âgées de trente-cinq ans au moins, que leur compétence et leur expérience qualifient pour exercer ces fonctions. Ces personnes doivent soit remplir les conditions fixées au 1° de l'article 16, soit être *membres ou anciens membres des professions libérales juridiques et judiciaires soumises à un statut législatif ou réglementaire ou dont le titre est protégé*. Elles doivent, en outre, justifier de quatre années au moins d'exercice professionnel dans le domaine juridique [...]. »

L'article 41-22 précise également les juges de proximité « peuvent exercer une activité professionnelle concomitamment à leurs fonctions judiciaires, sous réserve que cette activité ne soit pas de nature à porter atteinte à la dignité de la fonction et à son indépendance ». Mais il pose une limite territoriale : « Les membres des professions libérales juridiques et judiciaires soumises à un statut législatif ou réglementaire ou dont le titre est protégé et leurs salariés ne peuvent exercer des fonctions de juge de proximité dans le ressort du tribunal de grande instance où ils ont leur domicile professionnel; ils ne peuvent effectuer aucun acte de leur profession dans le ressort de la juridiction de proximité à laquelle ils sont affectés. »

§ 4
Mandats électoraux et autres fonctions politiques

13.161 Mandats parlementaires, de sénateur ou de parlementaires européens. La profession d'avocat est compatible avec les mandats parlementaires, de sénateur ou de parlementaires européens[8] sous

1. CA Toulouse, 8 nov. 1993, *Gaz. Pal.* 29 mars 1994, 8.
2. Décr. n° 79-1014, 28 nov. 1979.
3. L. n° 79-44, 18 janv. 1979.
4. RAPPR. : CA Poitiers, 13 mai 1980, *Gaz. Pal.* 1980, 2, 465 – Rép. min. [garde des Sceaux à Tibéri], 22 févr. 1982, *JOAN*, 10012; *Gaz. Pal.* 18 juin 1982, 9.
5. RI Bourges, art. 41 *bis*.
6. Créé par L. O. n° 2003-153, 26 févr. 2003 relative aux juges de proximité, *JO* 27 févr., p. 3479.
7. Ord. n° 58-1270, 22 déc. 1958 portant loi organique relative au statut de la magistrature, *JO* 23 déc., p. 11551, mod.
8. Décr. 27 nov. 1991, art. 117.

la seule réserve des incapacités édictées par le Code électoral[1] qui interdit à tout avocat parlementaire d'accepter directement ou indirectement d'effectuer aucun acte de sa profession dans les affaires à l'occasion desquelles des poursuites pénales sont engagées pour crimes et délits contre la chose publique en matière de presse ou d'atteinte au crédit ou à l'épargne.

De même l'avocat investi d'un mandat parlementaire ne peut plaider ni consulter pour des sociétés, entreprises ou établissements jouissant, sous forme de garantie d'intérêts, de subventions ou sous une forme équivalente d'avantages assurés par l'État ou une collectivité publique ou ayant exclusivement un objet financier, ou faisant principalement appel à l'épargne ou au crédit, ou dont l'activité consiste principalement dans l'exécution de travaux, la prestation de fournitures ou de services pour le compte ou sous le contrôle de l'État, d'une collectivité ou d'un établissement public ou d'une entreprise nationale dont plus de la moitié du capital social est constitué par des participations de sociétés ou d'entreprises ayant ces mêmes activités; à moins toutefois que le parlementaire avocat n'ait été le conseil habituel de ces sociétés avant son élection.

Il ne peut non plus plaider ou consulter contre l'État, les sociétés nationales, les collectivités ou établissements publics, à l'exception des affaires de circulation dont la connaissance appartient aux tribunaux judiciaires, ou si l'action est dirigée contre une personne morale de droit public[2].

13.162 Mandat de conseiller régional ou de membre de l'assemblée de Corse. L'avocat investi d'un mandat de conseiller régional ou de membre de l'assemblée de Corse ne peut, pendant la durée de son mandat, accomplir aucun acte de sa profession directement ou indirectement, contre la région ou la collectivité territoriale, les départements et communes qui en font partie ainsi que les établissements publics de ces collectivités territoriales[3].

13.163 Mandat de conseiller général. L'avocat investi d'un mandat de conseiller général ne peut, pendant la durée de ce mandat, accomplir aucun acte de sa profession, directement ou indirectement, ni contre le département dans lequel il est élu, ni contre les communes qui en font partie, ni contre les établissements publics de ce département ou de ces communes[4].

13.164 Mandat de conseiller municipal. L'avocat investi d'un mandat de conseiller municipal ne peut accomplir aucun acte de sa profession, directement ou indirectement, contre la commune et les établissements publics communaux en relevant[5].

13.165 Fonctions de maire, adjoint au maire, conseiller municipal ou conseiller d'arrondissement de Paris, Lyon, Marseille. Les avocats qui remplissent les fonctions de maire, adjoint au maire, conseiller municipal ou conseiller d'arrondissement de Paris, Lyon, Marseille, ne peuvent accomplir aucun acte de leur profession, directement ou indirectement, dans les affaires intéressant la ville et les établissements publics en relevant[6].

13.166 Conseiller d'État en service extraordinaire et membre du Conseil constitutionnel. La profession d'avocat est compatible avec la fonction de conseiller d'État en service extraordinaire. Les titulaires de cette mission ne participent en effet qu'aux activités de conseil de la Haute Assemblée et non à ses attributions juridictionnelles; de même, elle est compatible avec les fonctions de membre du Conseil constitutionnel.

13.167 Attaché parlementaire ou collaborateur de membre du Parlement. La profession d'avocat est compatible avec la fonction d'attaché parlementaire ou de collaborateur de membre du Parlement (en ce sens arrêtés des barreaux de Paris et de Versailles). Le décret du 4 mai 2004[7] reconnaît la compatibilité de ces fonctions avec la profession d'avocat. L'article 122-1 du décret du 27 novembre 1991 dispose néanmoins que l'avocat exerçant les fonctions de collaborateur de député ou d'assistant de sénateur ne peut accomplir aucun acte de sa profession, directement ou indirectement, ni contre un parlementaire, ni contre un ancien parlementaire pour lequel il a exercé ces fonctions, ni contre une association portant sur la gestion des collaborateurs de parlementaires ou de groupes politiques, ni dans l'un des instances visées à l'article 8 de l'ordonnance du 17 novembre 1958[8], ni contre l'État, les collectivités territoriales ou toute autre personne publique. Cette interdiction cesse à l'issue d'un délai de cinq ans courant à partir de la cessation desdites fonctions.

Il est également interdit aux avocats anciens fonctionnaires de l'État de conclure et de plaider contre les administrations ressortissant au département ministériel auquel ils ont appartenu, pendant un délai de cinq ans à dater de la cessation de leurs

1. C. élect., art. L. 149, L. 297.
2. SUR L'ORIGINE DE CETTE interdiction liée au scandale Stavisky : Perrot, *Institutions judiciaires*, n° 422, note 16.
3. Décr. 27 nov. 1991, art. 118.
4. Décr. 27 nov. 1991, art. 119.
5. Décr. 27 nov. 1991, art. 120.
6. Décr. 27 nov. 1991, art. 121.
7. Décr. n° 2004-397, 4 mai 2004.
8. Ord. n° 58-1100, 17 nov. 1958 relative au fonctionnement des assemblées.

fonctions. Il en est de même pour les avocats anciens fonctionnaires territoriaux à l'égard des collectivités territoriales dont ils ont relevé [1].

• **Champ d'application.** L'emploi des termes « conclure et plaider » utilisés par l'article 122 du décret du 27 novembre 1991, différents de ceux utilisés par l'article 68 du décret du 9 juin 1972 (d'accomplir aucun acte de la profession), semble limiter l'incompatibilité à la représentation (conclure) et à la plaidoirie devant toutes les juridictions et organismes d'arbitrage, sinon le décret aurait utilisé les termes « postuler et plaider » s'il avait voulu limiter l'interdiction au seul tribunal de grande instance. Cette incompatibilité s'étend également aux associés et collaborateurs de l'avocat sur lequel elle pèse [2] (sur l'activité de consultation v. s[s] n°s 41.11 s.).

§ 5 Présidence

13.171 **Fonction de présidence.** Dans un premier temps, la profession d'avocat a été considérée comme compatible avec les fonctions de président d'une caisse de Crédit mutuel [3]. Cet arrêt a été malheureusement cassé le 16 décembre 1980. La première chambre civile de la Cour de cassation a estimé qu'il résultait de l'article 57-a du décret du 9 juin 1972 que la profession d'avocat est incompatible avec toutes les activités de caractère commercial. L'exercice d'une présidence d'une caisse de Crédit mutuel, considérée comme une banque, aux termes de l'article 5 de l'ordonnance du 16 octobre 1958, constitue dès lors une activité de caractère commercial incompatible avec la profession d'avocat [4].

La profession d'avocat est compatible avec la fonction de président d'une caisse d'épargne, président du conseil de surveillance d'une société anonyme et en général de tous organismes qui, malgré leur caractère semi-commercial ou semi-public, ne constituent pas une activité principale et ne comportent pas de rémunération au profit de celui qui l'exerce.

§ 6 Caractère non limitatif des interdictions et incompatibilités

13.181 **Préservation de l'indépendance et de la dignité de l'avocat.** Les interdictions ou incompatibilités prévues aux articles 111 à 123 du décret ne sont d'ailleurs pas limitatives et on doit estimer que l'exercice de la profession doit demeurer incompatible avec toute occupation de nature à porter atteinte à l'indépendance ou à la dignité de l'avocat.

La jurisprudence des barreaux et des tribunaux a donc été amenée à préciser certains termes de la loi et à les élargir sur d'autres points.

13.182 **Agent d'affaires.** C'est ainsi que malgré le silence des textes actuels, doit être considérée comme maintenue l'incompatibilité de la profession d'avocat avec celle d'agent d'affaires exercée directement ou par personne interposée.

• **Appréciation souveraine des juges du fond.** Les juges du fond décident souverainement de la question de savoir si une personne exerce ou non la profession d'agent d'affaires. En revanche la qualité d'ancien agent d'affaires ne fait pas en soi obstacle à l'inscription au barreau [5].

Si certains Conseils de l'ordre estimaient qu'il était prudent de ne pas permettre l'accès à la profession à ceux qui, dans l'exercice de la profession d'agent d'affaires, avaient pris de mauvaises habitudes, la Cour de cassation a précisé qu'il n'appartenait pas aux Conseils de l'ordre de fermer l'accès à la profession en dehors des cas déterminés par la loi [6].

13.183 **Ministre du culte.** Les prêtres admis en grand nombre sous l'Ancien Régime, furent exclus à la reconstitution de l'Ordre au XIXe siècle [7].

• **Évolution.** On se fondait sur le fait qu'un prêtre, à l'époque, était considéré un peu comme un fonctionnaire de l'État; cette prohibition n'existe plus et plusieurs barreaux ont admis des prêtres dans leurs rangs; généralement on leur fait prendre un engagement avalisé par l'autorité hiérarchique dont ils dépendent, reconnaissant leur totale indépendance en ce qui concerne l'exercice de leur fonction d'avocat. Cet engagement de l'autorité ecclésiastique dont dépend le prêtre-avocat paraît d'autant plus nécessaire pour assurer son indépendance absolue que, dans une affaire récente qui a défrayé la chronique judiciaire, la presse a fait état (à tort ou à raison) d'un conseil de l'évêque local demandant à un prêtre-avocat d'abandonner la défense d'un accusé dont l'affaire avait suscité une émotion susceptible de rejaillir sur le défenseur.

13.184 **Citoyens français consuls ou vice-consuls représentant d'une nation étrangère.** Ils peuvent être admis au barreau à condition que leur titre

1. Décr. 27 nov. 1991, art. 122.
2. Rép. min. QE, n° 54454, *JOAN Q*; n° 19841, *JO Sénat Q*; *Gaz. Pal.* 14 juill. 1992, p. 12 et 13.
3. CA Grenoble, 3 juill. 1979, *Gaz. Pal.* 1979, 2, 451.
4. Civ. 1re, 16 déc. 1980, n° 79-14.544, *Bull. civ.* I, n° 330; *JCP* 1981, IV, 84.
5. CA Rennes, 26 févr. 1923, *DP* 1923, 2, 79 – Cass. Req. 11 nov. 1895, *DP* 1896, 1, 65, note Glasson.
6. Civ. 1re, 12 janv. 1960, n° 58-10.903, *D.* 1960, somm. 47 – RAPPR. : Civ. 1re, 24 févr. 1981, n° 79-15.923, *Gaz. Pal.* 1981, 2, pan. 218.
7. Cons. ordre Paris, 15 mars 1831, Lacordaire, D. jur. gén., *V° Avocat*, n° 168 – Cons. ordre Angers, 20 mars 1901, *DP* 1901, 2, 414 – EN SENS CONTRAIRE : Cons. ordre Paris, 5 déc. 1967.

consulaire n'entraîne aucune rémunération et soit purement honorifique.

13.185 Journaliste professionnel. Il ne peut pas, en principe, être avocat en raison des liens qui l'attachent à l'organe de presse où il écrit, à plus forte raison un directeur de journal ou un secrétaire de rédaction, mais un membre du barreau peut collaborer à un journal ou à une revue périodique s'il exerce cette activité sans aliéner son indépendance et sans devenir un salarié exerçant un emploi régulier à gages. Il a même été admis qu'il pouvait assumer une direction journalistique purement politique, scientifique ou littéraire s'il n'y avait pas ingérence dans l'activité commerciale du journal.

13.186 Médecin. La profession de médecin, jadis considérée comme compatible avec celle d'avocat[1] semble être regardée par le barreau de Paris comme incompatible à partir de 1915 puisqu'il exige en général, pour inscrire un médecin au tableau de l'Ordre des avocats, un engagement écrit de renoncer à exercer la médecine.

Cette exigence a été rappelée dans une décision du 9 juin 1925; la cour de Paris a jugé qu'en principe la profession médicale était compatible avec l'exercice de celle d'avocat mais a jugé également valable un engagement souscrit ultérieurement par un avocat de ne pas exercer la médecine dans un certain rayon. Il semble que la compatibilité de droit qui existe entre la profession médicale et la profession d'avocat cède devant une incompatibilité de fait tirée de l'impossibilité d'exercer normalement à notre époque deux professions aussi différentes[2].

Ce dernier arrêt élargissant la liste des incompatibilités a été cassé par la chambre civile qui rappelle que les limitations sont de droit étroit et que l'exercice de la profession d'avocat et de la profession de médecin à titre libéral, ne porte atteinte ni à l'indépendance de l'avocat ni au caractère libéral de la profession.

En somme un médecin pouvait être avocat sans qu'aucun contrôle *a priori* ne tente de vérifier la manière dont il harmonisait l'exercice de ces deux fonctions; en revanche un contrôle *a posteriori* pouvait établir que même s'il avait la volonté d'exercer la profession d'avocat il n'en avait pas le loisir selon la formule de la tradition du barreau de Bordeaux[3] et lui appliquer dans ce cas une mesure d'omission[4].

Le décret du 4 mai 2004 (v. s[s] n° 13.01) interdit désormais à un médecin d'exercer la profession d'avocat puisque celle-ci est « incompatible avec l'exercice de toute autre profession, sous réserve de dispositions législatives ou réglementaires particulières ».

13.187 Interprétation restrictive des incompatibilités. En résumé, les incompatibilités interdisant l'accès au barreau sont de droit étroit et doivent être interprétées, non seulement avec bon sens, cela va de soi, mais de manière restrictive. C'est pourquoi la jurisprudence infirme les décisions de Conseils de l'ordre qui tenteraient de créer des incompatibilités sans texte. Dès lors qu'un candidat remplit les conditions légales d'accès au barreau, il ne peut être écarté que s'il est établi à son encontre les circonstances ou des faits contraires aux principes fondamentaux qui régissent la profession.

• Quelque fondamental que soit le principe de l'indépendance de l'avocat, son respect ne saurait justifier qu'il soit ajouté à la loi et qu'on interdise par exemple à un avocat d'exercer sa profession dans le ressort du tribunal où son conjoint est magistrat ou qu'on lui impose de s'abstenir de plaider devant un tribunal de grande instance en matière correctionnelle et devant le tribunal de commerce en matière de procédure collective, au prétexte que cet avocat serait le conjoint du substitut du procureur de la république près de ce tribunal; mais il incombe au Conseil de l'ordre de veiller à ce que cet avocat ne commette aucune indélicatesse ou manquement à l'indépendance dans l'exercice de ses fonctions, directement ou indirectement, aucune infraction aux règles déontologiques qui régissent la profession[5].

SECTION 5
NOUVELLES ACTIVITÉS DE L'AVOCAT

§ 1
Avocat CIL

13.191 Avocat CIL ou « correspondant à la protection des données personnelles ». Le correspondant informatique et liberté, communément dénommé par ses initiales CIL, mais également appelé par la loi « correspondant à la protection des données personnelles », a été créé par la loi du 6 janvier 1978[6], telle que modifiée par la loi du 6 août 2004[7].

1. Cons. ordre Paris, 17 avr. 1855.
2. SUR CE POINT : CA Paris, 28 avr. 1982, *Gaz. Pal.* 1982, 2, 401, note A. D. – CA Versailles, 24 oct. 1983, *Gaz. Pal.* 1983, 2, 668.
3. Brazier, n° 219 *bis*.
4. Civ. 1re, 27 févr. 1985, n° 83-17.025, *Bull. civ.* I, n° 75; *Gaz. Pal.* 1985, 2, 577, note Damien, Guinchard, Moussa; *JCP* 1985, IV, 167; *D.* 1987, somm. 65, note Brunois.
5. CA Toulouse, 10 oct. 1994, *D.* 1996, somm. 312, note Dupeux.
6. L. n° 78-17, 6 janv. 1978 relative à l'informatique, aux fichiers et aux libertés, *JO* 7 févr., art. 22.
7. L. n° 2004-801, 6 août 2004.

L'exercice de la fonction de Correspondant informatique et liberté, a été ouvert aux avocats depuis modification du RIN par l'Assemblée générale du CNB du 16 mai 2009. L'ouverture de cette activité aux avocats nécessitait auparavant de s'assurer qu'elle n'était pas incompatible avec leur déontologie.

13.192 Activité de CIL. La fonction de correspondant informatique et libertés est d'être un interlocuteur spécialisé en matière de protection de données à caractère personnel, tant pour le responsable des traitements, que dans les rapports de ce dernier avec la Commission nationale de l'informatique et des libertés (Cnil). Dans les entreprises de moins de 50 salariés, il est prévu une exception à l'obligation générale de déclaration à la Cnil des traitements automatisés de données à caractère personnel, à la condition que le responsable des traitements ait désigné un CIL chargé d'assurer d'une manière indépendante le respect des obligations de la loi. L'article 22 III de la loi du 6 janvier 1978 prévoit en effet que : « Les traitements pour lesquels le responsable a désigné un correspondant à la protection des données à caractère personnel chargé d'assurer, d'une manière indépendante, le respect des obligations prévues dans la présente loi sont dispensés des formalités prévues aux articles 23 et 24, sauf lorsqu'un transfert de données à caractère personnel à destination d'un État non membre de la Communauté européenne est envisagé. »

Le CIL tient une liste des traitements effectués, qui doit être accessible à toute personne en faisant la demande. Il ne peut faire l'objet d'aucune sanction de la part de l'employeur du fait de l'accomplissement de ses missions. En cas de difficultés dans l'exercice de ses missions, il a le droit de saisir la Cnil. De son côté, cette dernière contrôle son activité et peut le décharger de ses fonctions.

13.193 Compatibilité avec les principes essentiels. Ouvrir l'activité correspondant informatique et libertés aux avocats supposait de s'assurer d'une part qu'ils avaient la compétence pour assurer cette mission et d'autre part que cette tâche n'était pas incompatible avec les principes essentiels qui régissent la profession d'avocat.

Quant au premier point, il est apparu que l'avocat, par ses compétences juridiques et organisationnelles et par sa garantie d'indépendance, présente les qualifications requises. Il a en outre été précisé que le rôle des avocats est de défendre les libertés et que le CIL a précisément pour but de défendre la liberté publique qu'est la vie privée[1]. Dans cette fonction, les avocats se trouveraient donc en quelque sorte sur leur terrain naturel.

Quant à la compatibilité avec la déontologie, quelques mises au point étaient nécessaires s'agissant de la question du secret professionnel et de celle des conflits d'intérêts. Dans le cadre de sa mission, l'avocat CIL peut se trouver dans une situation délicate, lorsqu'il est amené à constater les infractions ou les insuffisances de l'entreprise ou du responsable des traitements des données informatique de cette entreprise. Comment, dans ces conditions, peut-il concilier son obligation au secret professionnel et surtout les règles relatives au conflit d'intérêt : conflit entre l'intérêt de l'entreprise dans laquelle il exerce sa mission et son obligation de dénonciation. Ainsi, nous pensons fermement que l'avocat dit « avocat en entreprise » ne pourrait ni être tenu au secret professionnel ni invoquer celui-ci. Il ne devrait donc figurer au tableau que dans une rubrique spéciale, « avocat en entreprise ne pouvant invoquer le secret professionnel ni y être tenu ».

Le CNB rappelle qu'il a été confirmé à la profession, par la Cnil, que l'avocat qui serait CIL, n'a aucune obligation de dénonciation directe des insuffisances de l'entreprise ou du responsable des traitements. En pratique, l'avocat se trouverait plutôt « dans la position d'un auditeur ou d'un expert qui rend compte de sa mission à son client »[2]. Des conflits peuvent toutefois surgir entre l'avocat et l'entreprise, par exemple dans des cas où l'entreprise n'accepterait pas les conclusions et recommandations de l'avocat CIL. Dans ces conditions, le RIN prévoit que l'avocat devrait mettre un terme à sa mission.

On devine que la situation de l'avocat CIL ne sera pas toujours évidente au regard de sa déontologie. Au passage, on remarquera que cette problématique n'est pas sans rappeler celle qui pourrait se poser, de manière encore plus équivoque à l'avocat en entreprise.

Quoi qu'il en soit, des précautions étaient nécessaires afin de prévenir les risques. C'est pourquoi le RIN a été modifié afin d'assurer la compatibilité de sa fonction avec la déontologie des avocats et plus précisément de rappeler avec force à l'avocat CIL le respect des règles du conflit d'intérêt :

« Dans son activité de correspondant à la protection des données personnelles, l'avocat reste tenu de respecter les principes essentiels et les règles du conflit d'intérêt »[3].

1. Propos de Me Lucas, président de la commission formation du CNB, cités par Aurélie Taschon, « Les avocats : des correspondants informatiques et libertés potentiels », *JCP* 2010. 304.
2. Actu. CNB, 11 juin 2009, « Profession d'avocat et fonction de Correspondant Informatique et Libertés (CIL) : une mission à concilier avec les principes essentiels ».
3. RIN art. 6.2.2.1.

« L'avocat correspondant à la protection des données personnelles doit mettre un terme à sa mission s'il estime ne pas pouvoir l'exercer, après avoir préalablement informé et effectué les démarches nécessaires auprès de la personne responsable des traitements; en aucun cas il ne peut dénoncer son client »[1].

§ 2
Avocat mandataire en transaction immobilière

13.201 L'avocat mandataire en transaction immobilière. Le Conseil de l'Ordre de Paris, lors d'une séance du 31 mars 2009, avait retenu le principe selon lequel l'avocat peut avoir une mission de mandataire en transaction immobilière.[2]

Le cadre général de ce mandat était fixé par l'article 6.3 du RIN, qui prévoit que l'avocat peut recevoir mandat spécifique de son client lui permettant « de négocier, d'agir et de signer au nom et pour le compte de son client ». Le conseil de l'ordre de Paris estime avoir tiré les conséquences de cet article qui autorise selon lui l'avocat à participer à une transaction immobilière et à porter le mandat d'un client pour acheter ou vendre un immeuble. Cette mesure ne concerne pour l'instant que les avocats parisiens. Mais l'initiative du Conseil de Paris pourrait bien inciter le CNB à réagir et à étendre ce bénéfice à l'ensemble des avocats français. La Commission des Règles et Usages du CNB travaille sur le sujet afin de modifier le RIN[3].

La loi du 2 janvier 1970, dite loi Hoguet, avait préparé le terrain, en ouvrant aux avocats la possibilité de participer à une négociation immobilière. Le Conseil de l'Ordre de Paris a donc modifié son règlement intérieur pour permettre aux avocats parisiens de développer leurs activités dans ce domaine.

Le 21 avril 2009, le Conseil de l'ordre à Paris a ainsi adopté un nouvel article P. 6.2.0.4 de son règlement intérieur, autorisant l'avocat à être mandataire en transactions immobilières. Cet article prévoit que l'avocat peut exercer l'activité de mandataire en transactions immobilières dans les limites autorisées par la loi. Il doit en faire la déclaration à l'Ordre par lettre adressée au bâtonnier. Nous pensons que l'attention de l'avocat doit être spécialement attirée lorsqu'il est ainsi appelé à agir dans une transaction immobilière, dans les conditions sus-rappelées sur les risques qu'il court en agissant ainsi, d'autant plus que le texte ne lui impose pas de souscrire une assurance particulière pour le couvrir dans cette activité.

Point essentiel, il est précisé que cette activité doit être pratiquée *en vue de la rédaction d'un contrat ou avant-contrat* et doit constituer pour l'avocat une activité accessoire. L'avocat doit ouvrir un sous-compte spécial à la Carpa pour accomplir sa mission. Toutes les sommes liés à cette activité devront donc transiter par la Carpa.

Du point de vue déontologique, il est expressément prévu que dans son activité de mandataire en transactions immobilières, l'avocat reste tenu de respecter les principes essentiels de sa profession et les règles du conflit d'intérêts. Il ne pourra intervenir que pour l'une des parties et ne percevra des honoraires que de celle-ci.

Par ailleurs, une annexe XIV du règlement intérieur, adoptée le même jour (v. s^s n°s 13.01 s.), et largement inspiré des règles retenues par les notaires, fixe les règles déontologiques que devront respecter les avocats en matière de négociation de biens à vendre ou à louer[4].

13.202 Mandat. Cette annexe précise notamment que l'avocat devra obligatoirement recevoir un mandat écrit, qui indique le mode de calcul des honoraires. Une copie du mandat devra être remise au mandant.

Le mandat devra être limité « à une durée raisonnable tenant compte notamment des pratiques habituelles et usages locaux en matière de négociation et des particularités du bien à négocier ».

13.203 Rémunération. Dans l'hypothèse où l'opération ne serait pas effectivement conclue, aucune rémunération autre que celle due au titre de la rédaction des actes ne pourra être perçue. Qu'importe que l'avocat ait passé du temps à négocier ou à recherche un acquéreur.

13.204 Principes essentiels. Dans l'exercice de ses activités de négociation, l'avocat devra respecter les principes essentiels de sa profession : indépendance, loyauté, impartialité et d'objectivité.

13.205 Démarchage. L'avocat doit s'abstenir de tout démarchage, directement ou par personne interposée.

13.206 Regroupement. L'article 4 de l'annexe prévoit que les avocats peuvent se regrouper pour mettre en commun des moyens et notamment pour gérer un fichier commun, destiné à leur information et à celle de leurs clients, les offres de vente ou de location pour lesquels ils ont reçu mandat de rechercher un acquéreur ou un locataire.

1. RIN art. 6.2.2.2.
2. *Bull. Barreau de Paris*, n° 12.
3. Babonneau, *Actuel-avocat.fr* 11 juin 2009.
4. *Bull. Barreau de Paris* n° 14, 24 avr. 2009, p. 165.

Ce regroupement devra être portée à la connaissance du ou des ordres des avocats concernés.

13.207 Publicité. L'annexe rappelle enfin que la publicité est très limitée. Seul un affichage raisonnable des biens immobiliers pour lesquels l'avocat a un mandat est autorisé à l'extérieur et à l'intérieur de son cabinet. Mais l'affichage dans une vitrine formant devanture de boutique est interdit.

§ 3
Fiducie

13.211 Avocat et fiducie. Introduite dans le Code civil par la loi du 19 février 2007[1], la fiducie est « *l'opération par laquelle un ou plusieurs constituants transfèrent des biens, des droits ou des sûretés, ou un ensemble de biens, de droits ou de sûretés, présents ou futurs, à un ou plusieurs fiduciaires qui, les tenant séparés de leur patrimoine propre, agissent dans un but déterminé au profit d'un ou plusieurs bénéficiaires* »[2].

L'opération fiduciaire constitue une véritable opportunité d'extension du champ d'activité de la profession[3], pour laquelle les applications concrètes sont multiples, allant de la gestion de patrimoine de majeurs protégés ou de jeunes majeurs à mise en place de garanties réelles mobilières ou immobilières, en passant par l'exécution d'engagements pris dans des pactes d'actionnaires... La liste n'étant évidemment qu'indicative.

Qu'elle soit constituée à titre de garantie ou à fin de gestion, la fiducie intéresse l'avocat à un triple point de vue, tant il est apparu que son expertise juridique, notamment en droit des obligations, devait lui permettre d'élaborer des contrats de fiducie innovants, gage de croissance de ce mécanisme juridique, sa déontologie représentant par ailleurs une importante garantie pour les constituants et bénéficiaires[4].

• L'expertise juridique de l'avocat le conduit tout naturellement à intervenir en tant que **conseil des parties**, afin notamment d'apprécier la pertinence du recours au dispositif même de la fiducie, de garantir la validité du contrat de fiducie et d'adapter son contenu aux mieux des attentes du constituant. La rédaction du contrat de fiducie est essentielle. Elle détermine notamment la mission et les pouvoirs du fiduciaire[5], et partant les limites de sa responsabilité[6], ainsi que les modalités dans lesquelles ce dernier doit rendre compte de sa mission au constituant, au bénéficiaire et aux tiers[7].

• Il peut également être appelé par le constituant à intervenir en qualité de **tiers « protecteur »**[8], dont la fonction est de s'assurer de la préservation de ses intérêts dans le cadre de l'exécution du contrat[9]. Il peut alors disposer des pouvoirs que la loi accorde au constituant lui-même.

• Enfin, et surtout, alors que la **qualité de fiduciaire** avait été initialement réservée aux seuls établissements bancaires, financiers et autres entreprises d'investissement et d'assurance, l'article 18-I, 2° de la loi du 4 août 2008[10], dite LME, est venue ajouter un alinéa 2 à l'article 2015 du Code civil afin d'ouvrir cette faculté à l'avocat[11], seul professionnel du droit à pouvoir, en l'état actuel des textes, revendiquer une telle fonction.

13.212 Avocat fiduciaire. C'est en tant qu'avocat, que l'avocat fiduciaire est appelé à exercer son activité[12]. Il demeure ainsi soumis aux devoirs de

1. L. n° 2007-211, 19 févr. 2007.
2. C. civ., art. 2011 – POUR UNE SYNTHÈSE DU RÉGIME de la fiducie : Jadaud, « Le régime juridique de la fiducie », *LPA* 10 juin 2009, n° 115, p. 4.
3. « Ouverture de la qualité de fiduciaire aux avocats : une opportunité pour la profession, une activité à encadrer », CNB, Actu. 20 févr. 2009, *cnb.avocat.fr* – La nouveauté de la possibilité pour un avocat d'exercer en qualité de fiduciaire ou de trustee doit cependant être relativisée (NOT. : Chambaz, « L'avocat et la fiducie », *RLDC* 01/2009. 27 – Uettwiller, *Dr. et patr.* mars 2009, p. 27). L'article 3.26 du règlement intérieur des avocats du barreau de Paris de 1992 prévoyait déjà en vertu d'un autre droit que le droit français – COMP. l'art. 6.2 (non modifié) du règlement intérieur qui permettait alors seulement à l'avocat d'accomplir des missions pour le compte de personnes désignées; SUR les conséquences sur le terrain de la formation de l'avocat v. s[s] n° 13.216.
4. NOT. : Rapport au président de la République relatif à l'ord. n° 2009-112, 30 janv. 2009 portant diverses mesures relatives à la fiducie, *JO* 31 janv., p. 44.
5. C. civ., art. 2018, 6°.
6. SUR la responsabilité de l'avocat fiduciaire v. s[s] n° 13.219.
7. C. civ., art. 2022.
8. C. civ., art. 2017. Le CNB le décrit comme un « véritable commissaire à l'exécution de la fiducie par le fiduciaire » (« Ouverture de la qualité de fiduciaire aux avocats : une opportunité pour la profession, une activité à encadrer », CNB, Actu. 20 févr. 2009, *cnb.avocat.fr).*
9. SUR l'interdiction faite à l'avocat ainsi désigné par le constituant en qualité de tiers, afin de prévenir d'évidents conflits d'intérêts, d'appartenir à la même structure d'exercice que celle à laquelle appartient l'avocat fiduciaire v. s[s] n° 13.218.
10. L. n° 2008-776, 4 août 2008 de modernisation de l'économie, *JO* 5 août.
11. RIN, art. 6.2.
12. NOT. : Commission Règles et usages, Avant-projet de décision à caractère normatif relatif aux règles spécifiques à l'activité de l'avocat fiduciaire, adopté par l'assemblée générale du CNB les 13 et 14 mars 2009, cnb.avocat.fr – NOT. : Berger, « La fiducie – Décret du 23 décembre 2009 », *Avocats & Droit,* p. 39. On relèvera en ce sens, outre les obligations déclaratives préalables à l'ordre, et *a contrario* de l'article 2029 du Code civil qui dispose que le contrat de fiducie prend fin si l'avocat fiduciaire fait l'objet d'une interdiction temporaire, d'une radiation ou d'une omission de tableau, ▶

son serment et aux **principes essentiels de sa profession** ainsi que, plus généralement, à l'ensemble des dispositions du règlement intérieur national[1].

Reste que, afin de tenir compte de la spécificité de l'opération fiduciaire et notamment des risques nouveaux qu'engendrent objectivement la situation de fiduciaire, certaines règles déontologiques ont dû être explicitées ou renforcées[2]. Le parti a été pris de créer un corps de règles spécifiques à l'activité fiduciaire à l'article 6.2.1 du RIN, tout comme cela a été fait pour la rédaction d'actes, plutôt que d'introduire dans l'énoncé de chacun des principes essentiels, les spécificités de l'activité fiduciaire. Ce parti pris devrait permettre de mieux comprendre la cohérence déontologique de l'activité et gardera au RIN une meilleure lisibilité.

13.213 Indépendance. Ainsi l'avocat doit-il s'assurer tout particulièrement de son **indépendance**[3]. À ce titre, il ne peut en aucun cas être soupçonné d'être intéressé à servir d'autres intérêts que ceux du constituant lui-même et des éventuels bénéficiaires. L'exigence, inhérente à la nature de la mission fiduciaire, appelle en conséquence une totale transparence tant des modalités de calcul et de détermination de sa rémunération que de sa facturation[4]. Ainsi est-il expressément prescrit que, dans le contrat de fiducie, la rémunération de l'avocat doit être distinguée de celle des autres intervenants[5].

13.214 Incompatibilité. De même est-il rappelé que l'avocat fiduciaire ne peut exercer une activité incompatible avec sa profession au sens des articles 111 et suivants du décret du 27 novembre 1991[6]. Ainsi, ne pourrait-il pas, par exemple, devenir exploitant direct d'un fonds de commerce dont la propriété lui aurait été transférée ou accepter un mandat social dans une société dont il serrait devenu associé par suite de la transmission des parts ou actions à son profit. L'avocat sera alors tenu de désigner dans les formes légales les exploitants ou mandataires.

13.215 Obligations déclaratives. C'est également parce qu'il est avocat, que l'avocat qui souhaite exercer en qualité de fiduciaire doit en informer par écrit, avant d'accomplir tout acte relatif à cette activité, le conseil de l'ordre dont il relève[7].

En pratique, cette déclaration, à laquelle il joint une attestation de souscription des assurances spéciales exigées en la matière[8], devra être adressée au bâtonnier qui en accusera réception sans délai.

Il ressort par ailleurs des termes du rapport de l'Assemblée générale du CNB des 13 et 14 avril 2009[9] que l'avocat, à réception de la déclaration par l'ordre, serait inscrit sur un registre des avocats fiduciaires tenu par l'Ordre dont il relève.

13.216 Obligation de compétence. La fiducie est une activité nouvelle et si elle s'inscrit dans le droit fil de la mission de conseil de l'avocat, avec la garantie déontologique de son indépendance[10], la technicité juridique d'une telle opération, qui peut se révéler assez complexe[11], est réelle et les modes de gestion qu'elle suppose peuvent être très variés, selon les biens concernés et le rôle confié au fiduciaire.

C'est pourquoi, prolongeant l'exigence de compétence de l'avocat[12] sur le terrain de ses missions fiduciaires, une obligation de formation spécifique s'impose à lui dans les matières liées à l'exécution de telles missions[13]. Au-delà de l'aspect strictement déontologique, le CNB diffusera les bonnes prati-

► que si la perte, même temporaire, de la qualité d'avocat met fin à la fiducie, c'est bien que la fiducie est une qualité attachée à celle d'avocat et non pas une mission compatible : Uettwiller, *Dr. et patr.* mars 2009, p. 27 – CONTRA : Chambaz, « L'avocat et la fiducie », *RLDC* 01/2009. 27.

1. RIN, art. 6.2.1.1.
2. Commission Règles et usages, Avant-projet de décision à caractère normatif relatif aux règles spécifiques à l'activité de l'avocat fiduciaire, adopté par l'assemblée générale du CNB les 13 et 14 mars 2009, cnb.avocat.fr
3. SUR l'exigence d'indépendance v. s^s n° 30.24 – SUR l'importance de l'indépendance du fiduciaire not. v. s^s n° 13.216.
4. Commission Règles et usages, Avant-projet de décision à caractère normatif relatif aux règles spécifiques à l'activité de l'avocat fiduciaire, adopté par l'assemblée générale du CNB les 13 et 14 mars 2009, cnb.avocat.fr
5. RIN, art. 6.2.1.5, al. 2. Il convient de bien comprendre au-delà, que la rédaction du contrat est essentielle, dès lors que c'est le contrat qui détermine si le fiduciaire doit être rémunéré pour l'exercice de sa mission, le montant de sa rémunération comme les modalités du paiement (acquittement par le constituant, prélèvement sur le patrimoine fiduciaire ou sur les éventuels revenus de ce patrimoine).
6. RIN, art. 6.2.1.1.
7. Décr. 27 nov. 1991, art. 123, al. 1er.
8. SUR l'obligation de souscription d'une assurance spéciale v. s^s n° 13.215.
9. Rapport disponible sur : cnb.avocat.fr
10. V. s^s n° 13.213.
11. Notamment en cas de réalisation d'une fiducie-sûreté, dans le cadre d'une procédure collective.
12. SUR l'obligation générale de formation continue de l'avocat : L. 31 déc. 1971, art. 14-2.
13. RIN, art. 6.2.1.5. Au-delà de l'aspect strictement déontologique, le CNB diffusera les bonnes pratiques professionnelles en pilotant des actions de formation appropriées qui seront tout autant des actions de prévention que des modèles propres à sécuriser ces opérations. Un guide de bonnes pratiques de l'avocat fiduciaire devrait également être rédigé. Ces documents sont en cours d'élaboration et seront prochainement mis à disposition de la profession : « Ouverture de la qualité de fiduciaire aux avocats : une opportunité pour la profession, une activité à encadrer », CNB, Actu. 20 févr. 2009, *cnb.avocat.fr*.

ques professionnelles en pilotant des actions de formation appropriées qui seront tout autant des actions de prévention que des modèles propres à sécuriser ces opérations. Un guide de bonnes pratiques de l'avocat fiduciaire devrait également être rédigé. Ces documents sont en cours d'élaboration et seront prochainement mis à disposition de la profession [1].

Par ailleurs, la création d'une mention de spécialisation supplémentaire consacrée au droit fiduciaire est actuellement à l'étude [2].

13.217 Protection du secret professionnel. Alors que le secret professionnel de l'avocat couvre toutes les matières dans lesquelles il exerce [3], le fiduciaire est soumis, afin de prévenir tout risque d'évasion fiscale et de lutte contre le blanchiment de capitaux, à des obligations déclaratives et à des contrôles sur pièces et même sur place.

Pour résoudre cette contradiction, il a été fait le choix de faire primer en la matière la réglementation spécifique à l'activité fiduciaire à compter de la conclusion du contrat de fiducie. Il s'est ainsi agi de maintenir le même niveau de contrôle que pour les autres fiduciaires, mais aussi de garantir l'avocat contre toute sanction disciplinaire à raison de l'accomplissement des obligations déclaratives liées à l'exercice de cette activité particulière [4].

Concrètement, l'avocat exerçant une activité de fiducie reste soumis à son secret professionnel, mais doit prendre toutes dispositions permettant aux autorités judiciaires, administratives et ordinales d'effectuer les contrôles et vérifications prévus par la loi et les règlements en ce domaine [5]. L'objectif est qu'il ne soit porté atteinte au secret professionnel et à la confidentialité des correspondances attachés aux autres activités de son cabinet et à ceux qui y exercent.

Ainsi est-il exigé que dans toute correspondance, quel qu'en soit le support, qu'il établit dans le strict cadre de sa mission de fiducie, l'avocat doit indiquer expressément sa qualité de fiduciaire. Il doit par ailleurs attirer l'attention du destinataire sur le caractère non-confidentiel, à l'égard des organes de contrôle de la fiducie, des correspondances échangées avec lui au titre de cette mission. Une correspondance dépourvue de la mention « officielle », adressée à l'avocat fiduciaire par un confrère non avisé de cette qualité, demeure confidentielle [6].

Il doit, par ailleurs, utiliser un papier à lettres distinct et veiller à une identification claire et spécifique des dossiers de fiducie, lesquels doivent faire l'objet d'un rangement et d'un archivage séparés des autres dossiers. De même, tous les supports informatiques utilisés dans l'exercice de l'activité de fiducie doivent être consacrés exclusivement à cette activité et identifiés distinctement [7].

Participent également de cette organisation prudentielle, l'obligation de vérifier l'identité des parties contractantes et des bénéficiaires effectifs de l'opération [8], comme celle d'une comptabilité distincte [9].

13.218 Identification des parties et conflits d'intérêt. L'avocat vérifie l'identité des parties contractantes et des bénéficiaires effectifs de l'opération. Il les informe des dispositions des articles 6.2.1.1 et suivants du RIN. Les conflits d'intérêts s'apprécient par rapport au constituant et au(x) bénéficiaire(s).

L'avocat désigné par le constituant en qualité de tiers, au sens de l'article 2017 du Code civil, ne peut appartenir à la même structure d'exercice que celle à laquelle appartient l'avocat fiduciaire.

13.219 Responsabilité et assurances. Comme tout fiduciaire, l'avocat fiduciaire est responsable, sur son propre patrimoine, des fautes qu'il commet dans l'exercice de sa mission, tant à l'égard du constituant lui-même, qu'à l'égard du bénéficiaire de la fiducie. Si l'avocat ne peut les garantir de la conservation de la valeur du patrimoine affecté, sa responsabilité peut être engagée en cas de faute de gestion, cette dernière devant alors être prouvée dans les conditions de droit commun [10]. En toute occurrence, l'appréciation de la responsabilité de l'avocat sera fonction de l'étendue, contractuellement définie, de sa mission.

La responsabilité inhérente à l'activité de fiduciaire est supportée exclusivement par les avocats qui les exercent [11]. Pour répondre ainsi des conséquences pécuniaires de sa responsabilité civile professionnelle à raison des négligences et fautes commises dans l'exercice de sa mission fiduciaire [12], comme de la restitution des fonds, effets, titres et

1. « Ouverture de la qualité de fiduciaire aux avocats : une opportunité pour la profession, une activité à encadrer », CNB, Actu. 20 févr. 2009, *cnb.avocat.fr/*
2. SUR les mentions de spécialisation v. s^s n°s 34.41 s.
3. L. 31 déc. 1971, art. 66-5.
4. L. 31 déc. 1971, art. 66-5 – Rapport au président de la République relatif à l'ordonnance n° 2009-112 du 30 janvier 2009 portant diverses mesures relatives à la fiducie, *JO* 31 janv., p. 44.
5. RIN, art. 6.2.1.4.
6. L. 31 déc. 1971, art. 66-5 – RIN, art. 6.2.1.3.
7. RIN, art. 6.2.1.4.
8. RIN, art. 6.2.1.5.
9. SUR l'obligation d'une comptabilité distincte v. s^s n° 13.220.
10. SUR la responsabilité de l'avocat v. s^s n°s 91.00 s.
11. L. 31 déc. 1971, art. 27, dernier al.
12. C. civ., art. 2026.

valeurs concernés, l'avocat doit souscrire des assurances propres à cette activité[1].

Spéciale, l'assurance responsabilité civile professionnelle de l'avocat fiduciaire[2] s'ajoute[3] donc à celle dont dispose l'avocat pour l'exercice de son activité de conseil[4], sans pour autant relever d'un régime particulier. Ainsi, dans un cas comme dans l'autre, les contrats d'assurance ne doivent pas comporter une limite de garantie inférieure à 1 500 000 euros par année pour un même assuré. Ils ne doivent pas prévoir de franchise à la charge de l'assuré supérieure à 10 p. 100 des indemnités dues, dans la limite de 3 050 euros. La franchise n'est pas opposable aux victimes.

L'assurance garantissant la restitution des fonds, effets, titres et valeurs concernés[5] n'est pas une assurance garantissant les maniements de fonds[6], compte tenu du transfert réalisé au profit du fiduciaire[7]. Les contrats d'assurance ne doivent pas, quant à eux, comporter une limite de garantie inférieure à 5 % de la valeur des biens immeubles et à 20 % de la valeur des autres biens, droits ou sûretés[8]. Ces seuils ne préjudicient pas à la souscription volontaire, par l'avocat fiduciaire, d'une garantie financière supplémentaire.

L'avocat devra justifier de la constitution de ces garanties assurancielles dans le cadre de la déclaration préalable de son activité fiduciaire au conseil de l'ordre[9], et devra également transmettre l'attestation au constituant, et le cas échéant au bénéficiaire s'il s'agit d'une personne distincte du bénéficiaire[10]. Il devra par ailleurs, justifier de leur maintien tout au long de l'activité fiduciaire au Conseil de l'ordre[11]. Elles sont adressées au constituant et, le cas échéant, au bénéficiaire dans le délai d'un mois à compter du renouvellement ou de toute modification des contrats d'assurance[12].

Enfin, en cas de cessation de la garantie pour quelque cause que ce soit, l'assureur doit immédiatement en informer par lettre recommandée avec demande d'avis de réception le constituant, le bénéficiaire s'il y a lieu, ainsi que le bâtonnier.

Pour permettre aux compagnies d'assurance d'apprécier l'évolution de leur risque, il est prévu que l'assureur auprès duquel est souscrite l'assurance doit recevoir communication, sur simple demande, par l'avocat fiduciaire, de la comptabilité[13] et, le cas échéant, du rapport du commissaire aux comptes afférent aux opérations de la fiducie. Il en est de même de la liste et des adresses des dépositaires[14].

On l'aura compris, l'accès effectif des avocats à la fonction fiduciaire dépend de la couverture par les assureurs des risques inhérents à cette activité[15]. Les négociations avec les compagnies d'assurances, auxquelles est associé le CNB, sont actuellement en cours; les contrats correspondants devraient être proposés prochainement[16].

13.220 Comptabilité distincte. Lorsqu'il exerce en qualité de fiduciaire, l'avocat tient une comptabilité distincte, propre à cette activité[17]. La règle

1. L. 31 déc. 1971, art. 27, dernier al. – Décr. 27 nov. 1991, art. 205 et 209-1 – RIN, art. 6.2.1.2 – Alors que l'article 205 du décret du 27 novembre 1991 relatif à l'assurance de responsabilité civile professionnelles évoque une souscription « à titre personnel », l'article 209 du même décret relatif à l'assurance garantissant la restitution des fonds, effets, titres et valeurs concernés ne donne aucune précision. L'article 6.2.1.2 du RIN évoque, quant à lui, une souscription à titre individuel dans les deux hypothèses. L'idée est de bien marquer que la couverture d'assurance ne doit peser financièrement, ni directement, ni indirectement sur les avocats n'ayant aucune activité en ce domaine (COMP. NOT. les modalités de souscription de l'assurance responsabilité civile professionnelle destinée à couvrir les activités des avocats autres que fiduciaires, décr. du 27 nov. 1991, art. 205, al. 1er). Selon Berger, il semble cependant aujourd'hui acquis que si l'activité est exercée au sein d'une structure d'exercice, c'est bien cette dernière qui doit contracter l'assurance en cause – Berger, « La fiducie – Décret du 23 décembre 2009 », *Avocats & Droit*, n° 32, p. 40.
2. Décr. 27 nov. 1991, art. 205.
3. Il convient de comprendre que l'objet de cette assurance propre à l'activité fiduciaire n'est pas de couvrir les négligences et fautes commises par l'avocat lorsqu'il intervient en qualité de conseil des parties au contrat de fiducie ou de tiers protecteur de la fiducie. De telles activités recouvrent l'exercice normal de ses fonctions et, comme telles, sont déjà couvertes par l'assurance de responsabilité civile professionnelle souscrite au titre de son activité de conseil.
4. SUR l'exigence de l'assurance responsabilité civile professionnelle de l'avocat : décr. 27 nov. 1991, art. 205, al. 1er.
5. Décr. 27 nov. 1991, art. 209-1.
6. *Quid* dès lors d'une assurance spécifique en la matière ?
7. SUR la question de la propriété fiduciaire : Mallet-Bricout, « Fiducie et propriété », *Mélanges Larroumet*, Economica 2010, p. 297.
8. Il a été considéré que les risques de détournement devaient s'apprécier, en matière immobilière au regard des revenus des biens alors qu'en matière mobilière, le risque est plus important – Berger, « La fiducie – Décret du 23 décembre 2009 », *Avocats & Droit*, n° 32, p. 41.
9. SUR cette obligation déclarative v. s^s^ n° 13.215.
10. Décr. 27 nov. 1991, art. 123.
11. Décr. 27 nov. 1991, art. 123.
12. Décr. 27 nov. 1991, art. 123.
13. SUR les obligations comptables spécifiques de l'avocat fiduciaire v. s^s^ n° 13.217.
14. Décr. 27 nov. 1991, art. 235-3.
15. NOT. : Pillet, *JCP* 2010. 270.
16. Berger, « La fiducie – Décret du 23 décembre 2009 », *Avocats & Droit*, n° 32, p. 41.
17. Décr. 27 nov. 1991, art. 231 – SUR l'autonomie de la comptabilité chez le fiduciaire : L. n° 2007-211, 19 févr. 2007, art. 12 – ÉGAL^T^ : l'avis du Conseil national de la comptabilité n° 2008-03, 7 févr. 2008, *D.* 2008. 533, obs. Delpech.

vaut tant à l'égard des comptes professionnels et personnels que de son sous-compte Carpa sur lequel l'avocat doit en principe déposer les fonds valeurs ou effets qu'il reçoit pour le compte de son client[1]. La solution se justifie à raison, tout au moins sur le plan comptable[2], du transfert de propriété que réalise l'opération fiduciaire au profit de l'avocat fiduciaire alors propriétaire des fonds, effets ou valeurs fiduciaires. Transfert qui a paru inconciliable avec les règles de fonctionnement de la Carpa fondée sur la notion de mandat, la situation n'étant pas celle d'un maniement de fonds appartenant à un tiers[3].

Chaque fiducie fait l'objet d'un compte identifié et clairement séparé dans la comptabilité tenue par l'avocat. Certains praticiens considèrent que « cette obligation de comptabilité séparée peut s'avérer très contraignante et, en pratique, difficile à mettre en œuvre dans la mesure où les actifs fiduciaires ne peuvent transiter par la Carpa ». Il propose que soit mise en place un système équivalent à la Carpa afin de faciliter la tâche de l'avocat[4].

L'activité fiduciaire peut faire l'objet d'un contrôle de comptabilité conformément à l'article 17, 9° de la loi du 31 décembre 1971[5].

Les versements de fonds ou remises d'effets et valeurs à un avocat agissant en qualité de fiduciaire ne nécessitent pas la délivrance ou l'envoi d'un accusé de réception s'il n'en a pas été donné quittance[6].

1. L. 31 déc. 1971, art. 53; réd. issue de l'ord. n° 2009-112, 30 janv. 2009 – RIN, art. 6.2.1.5.
2. Alors que du point de vue fiscal, les biens transférés aux fiduciaires sont considérés comme demeurant la propriété du constituant – SUR le débat sous l'angle de la théorie juridique, relatif à la « propriété fiduciaire » NOT. : Mallet-Bricout, « Fiducie et propriété », *Mélanges Larroumet*, Economica, 2010, p. 297.
3. Rapport au président de la République relatif à l'ord. n° 2009-112, 30 janv. 2009 portant diverses mesures relatives à la fiducie, *JO* 31 janv., p. 44 – Bortoluzzi, « Fiducie et ventes judiciaires : le règlement intérieur national des avocats modifié », *JCP* 2009. 33.
4. Sand, « Dernières précisions concernant les conditions d'exercice de la qualité fiduciaire par les avocats – À propos du décret du 23 déc. 2009 », *JCP* 2010. 76.
5. SUR le contrôle de la comptabilité de l'avocat v. s[s] n° 57.15 – CNB, AG 13-14 mars 2009.
6. Décr. 27 nov. 1991, art. 233.

CHAPITRE

14. Inscription au tableau

SECTION 0 ORIENTEUR

14.00 Plan du chapitre.

14.01 Textes applicables.

>

L. n° 71-1130, 31 déc. 1971, art. 1-I, 20

Décr. n° 91-1197, 27 nov. 1991, art. 93 à 103

>

L. 31 déc. 1971, art. 1-I [Caractéristiques de la nouvelle profession d'avocat]

I. – Une nouvelle profession dont les membres portent le titre d'avocat est substituée aux professions d'avocat et de conseil juridique. Les membres de ces professions font d'office partie, s'ils n'y renoncent, de la nouvelle profession. Les conseils juridiques, inscrits sur la liste dressée par le procureur de la République à la date d'entrée en vigueur du titre Ier de la loi n° 90-1259 du 31 décembre 1990 portant réforme de certaines professions judiciaires et juridiques, sont inscrits au tableau du barreau établi près le tribunal de grande instance auprès duquel ils sont inscrits comme conseil juridique avec effet à la date de leur entrée dans la profession, s'ils l'exerçaient avant le 16 septembre 1972, ou de leur inscription sur la liste.

Les membres de la nouvelle profession exercent l'ensemble des fonctions antérieurement dévolues aux professions d'avocat et de conseil juridique, dans les conditions prévues par le titre Ier de la présente loi.

La profession d'avocat est une profession libérale et indépendante.

Le titre d'avocat peut être suivi, le cas échéant, de la mention des titres universitaires, des distinctions professionnelles, de la profession juridique réglementée précédemment exercée, d'un titre dont le port est réglementé à l'étranger et permet l'exercice en France des fonctions d'avocat ainsi que de celle d'une ou plusieurs spécialisations.

Les avocats inscrits à un barreau et les conseils juridiques, en exercice depuis plus de quinze ans à la date d'entrée en vigueur du titre Ier de la loi n° 90-1259 du 31 décembre 1990 portant réforme de certaines professions judiciaires et juridiques et qui renoncent à faire partie de la nouvelle profession sont autorisés à solliciter l'honorariat de leur activité professionnelle. Il en va de même pour ceux qui entrent dans la nouvelle profession, lors de la cessation de leur activité si elle intervient après vingt ans au moins d'exercice de leur profession antérieure et de la nouvelle profession.

L. 31 déc. 1971, art. 20 [Recours]

[mod. par L. n° 2004-130, 11 févr. 2004, art. 24, *JO* 12]

Les décisions du Conseil de l'ordre relatives à l'inscription au tableau, à l'omission ou au refus d'omission du tableau, et à l'autorisation d'ouverture de bureaux secondaires ou à la fermeture de tels bureaux, peuvent être déférées à la cour d'appel par le procureur général ou par l'intéressé.

Décr. 27 nov. 1991, art. 93 [Personnes concernées]

Peuvent être inscrits au tableau d'un barreau :

1° Les avocats possédant le certificat de fin de stage;

2° Les personnes bénéficiant d'une des dispenses prévues aux articles 97, 98 et 99;

3° Les personnes ayant acquis la qualité d'avocat dans un État ou une unité territoriale n'appartenant pas à la Communauté économique européenne et qui ont subi avec succès le certificat d'aptitude à la profession d'avocat ou l'examen de contrôle des connaissances prévu au dernier alinéa de l'article 11 de la loi du 31 décembre 1971 précitée;

4° Les sociétés civiles professionnelles, les sociétés d'exercice libéral d'avocats;

5° Les groupements d'avocats prévus à l'article 50-XIII de la loi du 31 décembre 1971 précitée.

Les personnes mentionnées aux 2° et 3° sont tenues de prêter le serment prévu au deuxième alinéa de l'article 3 de la loi du 31 décembre 1971 précitée.

Décr. 27 nov. 1991, art. 94 [Mention des spécialisations]

Le tableau du barreau comporte, s'il y a lieu, la mention de la ou des spécialisations de l'avocat inscrit.

Décr. 27 nov. 1991, art. 95 [Modalités]

Le Conseil de l'ordre arrête le tableau qui comprend la section des personnes physiques et la section des personnes morales. L'ouverture d'un bureau secondaire dans le ressort du barreau auprès duquel l'avocat est inscrit est portée sur le tableau après le nom de l'avocat.

La liste des avocats qui ont été autorisés à ouvrir un bureau secondaire dans le ressort du barreau alors qu'ils ne sont pas inscrits au tableau de ce barreau est annexée à ce tableau.

Le tableau est publié au moins une fois par an, au 1er janvier de chaque année, et déposé aux secrétariats-greffes de la cour et du tribunal de grande instance.

Décr. 27 nov. 1991, art. 95-1 [Défaut de mention d'avocat salarié]

[créé par décr. nº 95-1110, 17 oct. 1995, art. 8, *JO* 19]

Le tableau ne peut comporter la mention « avocat salarié » ou « avocat collaborateur ».

Décr. 27 nov. 1991, art. 96 [Rang d'ancienneté]

Les avocats personnes physiques sont inscrits d'après leur rang d'ancienneté, sous réserve des dispositions du premier alinéa de l'article 1er-I de la loi du 31 décembre 1971 précitée. Le rang d'ancienneté est fonction de la première inscription au tableau, même si celle-ci a été interrompue.

Le rang d'inscription des avocats associés est déterminé d'après leur ancienneté personnelle.

Le rang d'inscription des personnes morales est déterminé par leur date d'inscription.

Pour l'application du deuxième alinéa de l'article 95, la liste des avocats qui ont ouvert un bureau secondaire est établie en fonction de la date de la décision autorisant l'ouverture du bureau.

Décr. 27 nov. 1991, art. 101 [Demande d'inscription]

La demande d'inscription est adressée par lettre recommandée avec demande d'avis de réception ou remise contre récépissé au bâtonnier. Elle est accompagnée de toutes justifications utiles en ce qui concerne tant les conditions mentionnées à l'article 11 de la loi du 31 décembre 1971 précitée que les obligations définies à l'article 27 de la même loi.

Décr. 27 nov. 1991, art. 102 [Procédure]

Le Conseil de l'ordre statue sur la demande d'inscription dans les deux mois à compter de la réception de la demande.

La décision du Conseil de l'ordre portant inscription au tableau est notifiée par lettre recommandée avec demande d'avis de réception dans les quinze jours de sa date au procureur général, qui peut la déférer à la cour d'appel.

La décision portant refus d'inscription est notifiée par lettre recommandée avec demande d'avis de réception dans les quinze jours de sa date à l'intéressé et au procureur général, qui peuvent la déférer à la cour d'appel.

À défaut de notification d'une décision dans le mois qui suit l'expiration du délai imparti au Conseil de l'ordre pour statuer, l'intéressé peut considérer sa demande comme rejetée et se pourvoir devant la cour d'appel.

L'article 16 est applicable aux recours formés en application des deuxième, troisième et quatrième alinéas. L'intéressé avise de sa réclamation sans délai, par lettre recommandée avec demande d'avis de réception, le procureur général et le bâtonnier.

Lorsque le procureur général défère une décision à la cour d'appel, il en avise le bâtonnier.

Décr. 27 nov. 1991, art. 103 [Présence de l'intéressé]

Aucun refus d'inscription ou de réinscription ne peut être prononcé par le Conseil de l'ordre sans que l'intéressé ait été entendu ou appelé dans un délai d'au moins huit jours par lettre recommandée avec demande d'avis de réception.

14.02 Jurisprudence de référence.

> L'appel de la décision du conseil peut être formé non seulement pour refus d'inscription mais également en raison du rang fixé pour cette inscription

• Civ., 28 juin 1961, *D.* 1961, 643, note Crémieu.

* V. ss nº 14.22.

« Vu les articles 2 et 16 du décret du 10 avril 1954;

Attendu qu'il résulte de ces textes que le Conseil de l'ordre, qui statue sur les inscriptions au tableau des avocats, doit procéder à ces inscriptions d'après le rang d'ancienneté;

Qu'à raison des effets que la loi attache dans divers domaines à la date de l'inscription, celle-ci a un caractère d'ordre public;

Que ce caractère implique que l'inscription au tableau rétroagit au jour de l'admission au stage lorsque ce stage a été normalement accompli;

Attendu que l'arrêt attaque se fonde pour décider que le tableau est dressé en prenant en considération la date même de l'inscription, sur ce que rien, dans les textes légaux, "ne permet de faire rétrograder", cette date à la date de l'admission au stage;

Qu'il a ainsi violé les textes susvisés. »

SECTION 1
CONDITIONS D'INSCRIPTION

§ 1
Composition du tableau

14.11 Définition. Le tableau est la liste dressée par rang d'ancienneté de tous les avocats (non stagiaires avant la réforme du 11 février 2004) constituant un barreau auprès d'une juridiction déterminée et que l'on appelle professionnellement les avocats inscrits. Institué par l'article 29 de la loi du 22 ventôse an XII, il est prévu par l'article 1-I et par l'article 20 de la loi du 31 décembre 1971.

Jadis réglementé par les articles 43 et suivants du décret du 9 juin 1972, il l'est désormais par les articles 93 et suivants du décret du 27 novembre 1991.

14.12 Peuvent être inscrits au tableau d'un barreau :

- les avocats possédant le certificat de fin de stage;

- les personnes bénéficiant d'une des dispenses prévues aux articles 97, 98 et 99 du décret du 27 novembre 1991 (v. s^s n°s 11.111 s., 13.31, 12.56);

- les personnes ayant acquis la qualité d'avocat dans un État ou une unité territoriale n'appartenant pas à la Communauté économique européenne et qui ont subi avec succès le certificat d'aptitude à la profession d'avocat ou l'examen de contrôle des connaissances prévu au dernier alinéa de l'article 11 de la loi du 31 décembre 1971 précitée;

Les personnes mentionnées aux 2° et 3° sont tenues de prêter le serment prévu au deuxième alinéa de l'article 3 de la loi du 31 décembre 1971 précitée[1].

- les sociétés civiles professionnelles, les sociétés d'exercice libéral d'avocats;

- les groupements d'avocats prévus à l'article 50-XIII de la loi du 31 décembre 1971 précitée.

14.13 Mention des spécialisations. Le tableau du barreau comporte, s'il y a lieu, la mention de la ou des spécialisations de l'avocat inscrit[2] (v. s^s n°s 42.01 s.).

14.14 Composition du tableau. Le Conseil de l'ordre arrête le tableau qui comprend la section des personnes physiques et la section des personnes morales. L'ouverture d'un bureau secondaire dans le ressort du barreau auprès duquel l'avocat est inscrit est portée sur le tableau après le nom de l'avocat.

La liste des avocats qui ont été autorisés à ouvrir un bureau secondaire dans le ressort du barreau alors qu'ils ne sont pas inscrits au tableau de ce barreau est annexée à ce tableau (v. s^s n°s 54.01 s.).

14.15 Mentions obligatoires. Le tableau doit obligatoirement porter :

- la mention de la ou les spécialités de l'avocat[3] (v. s^s n°s 42.01 s.);

- la liste des avocats qui ont été autorisés à ouvrir un bureau secondaire alors qu'ils ne sont pas inscrits au tableau de ce barreau, liste qui doit être annexée au tableau[4] (v. s^s n°s 54.01 s.);

Le tableau ne peut comporter la mention avocat salarié ou avocat collaborateur. La jurisprudence avait admis la possibilité d'indiquer sur le tableau la qualité d'avocat collaborateur ou d'avocat salarié[5] sur le fondement de l'article 162 du décret du 20 septembre 1991; mais le décret du 17 octobre 1995[6] modifiant le décret du 27 novembre 1991 a, dans son article 8, inséré après l'article 95 du décret précité, un article 95-1 qui précise que le tableau ne peut comporter la mention « avocat salarié » ou « avocat collaborateur ».

• **Mentions supprimées.** Les mentions prévues par l'article 55 du décret du 9 juin 1972, comme devant figurer sur le tableau, notamment la mention de renonciation à exercer les activités de postulation ou de plaidoirie, en vertu de la faculté accordée par l'article 1er-II alinéas 1 et 2 de la loi du 31 décembre 1971, la mention de l'appartenance à une société civile professionnelle, ne sont pas reprises par le texte actuel. De même, la mention obligatoire de la qualité d'associé en face du nom de chacun des associés, requise par l'article 109 du décret du 10 avril 1954, n'est plus en vigueur comme n'ayant pas été reprise par l'article 55 du décret du 9 juin 1972 ni par l'article 94 du décret du 27 novembre 1991.

14.16 Mentions facultatives. On peut indiquer la qualité de membre d'un groupement ou d'avocat associé d'une société en participation; on peut, au titre des distinctions professionnelles, mentionner la qualité d'ancien bâtonnier, ancien membre du Conseil de l'ordre, secrétaire de la conférence du stage ou d'ancien secrétaire; on peut également faire mention de la profession juridique réglementée précédemment exercée et de l'adresse courriel[7].

Peuvent être mentionnés à titre facultatif les titres universitaires, les décorations françaises que l'usage admet de mentionner, l'adresse professionnelle, la distinction professionnelle ou la profession juridique réglementée précédemment exercée, le numéro de téléphone ou de télex de chaque avocat.

Il est également d'usage de faire figurer sur le tableau la liste des avocats stagiaires comportant les mêmes mentions que celles requises ou admises en ce qui concerne les avocats inscrits, ainsi que la liste des avocats honoraires qui peut comprendre d'ailleurs, depuis la fusion des professions judiciaires, les membres honoraires des professions d'avoués ou d'agréés et de conseils juridiques, fusionnés en une profession unique par la réforme.

Cet usage paraît d'autant plus nécessaire que la Cour de cassation a décidé que la fusion des professions judiciaires, réalisée par la loi du 31 décembre 1971, ne portait pas seulement sur les membres

1. Décr. 27 nov. 1991, art. 93.
2. Décr. 27 nov. 1991, art. 94.
3. Décr. 27 nov. 1991, art. 94.
4. Décr. 27 nov. 1991, art. 95, § 2.
5. Civ. 1re, 10 janv. 1995, n° 92-18.762, *Bull. civ.* I, n° 23; *D.* 1995, IR 41.
6. Décr. n° 95-1110, 17 oct. 1995.
7. L. 31 déc. 1971, art. 1er, I, 4.

actifs des professions fusionnées mais également sur les membres honoraires des trois anciens ordres ou compagnies supprimés, ce qui leur confère un droit de vote même s'ils n'ont jamais appartenu à l'Ordre des avocats [1].

Ces dispositions s'appliquent aux conseils juridiques qui, en vertu de l'article 1er, I, paragraphe 5 de la loi du 31 décembre 1971 dans sa rédaction issue de la loi du 31 décembre 1990, auront sollicité l'honorariat de leur activité professionnelle, à laquelle la disposition précitée leur confère un droit, au moment où ils choisissent d'abandonner leur ancienne profession sans entrer dans la nouvelle instituée par la loi du 31 décembre 1990.

En revanche, les anciens conseils juridiques qui entrent dans la nouvelle profession ne semblent pas pouvoir bénéficier, en l'état actuel des textes, de la qualité de conseil juridique « honoraire » puisque le titre II de la loi du 31 décembre 1971 ne leur conférait pas la possibilité d'acquérir un honorariat [2].

Les membres honoraires des professions figurant au tableau de l'Ordre des avocats y sont classés dans l'ordre de leur prestation de serment et non dans l'ordre de leur admission à l'honorariat.

§ 2
Pouvoir du Conseil de l'ordre

14.21 L'établissement du tableau entre dans les attributions du Conseil de l'ordre [3] (v. ss no 23.91). Il est établi chaque année, publié au moins une fois par an au 1er janvier de chaque année et déposé au secrétariat du greffe de la cour ainsi qu'à celui du tribunal de grande instance auprès duquel le barreau est institué [4].

14.22 Nature de la décision du Conseil de l'ordre. La décision qui institue le tableau est une décision juridictionnelle du Conseil de l'ordre qui peut être déférée à la censure de la Cour aussi bien en ce qui concerne l'inscription elle-même qu'en ce qui concerne la détermination du rang de l'inscription de l'avocat sur ce tableau. La décision du Conseil de l'ordre peut être qualifiée, par déduction des termes de l'article 3 du décret du 17 octobre 1995 [5] modifiant l'article 13 du décret du 27 novembre 1991 de « décision à caractère individuel ». Elle peut être prise dans la formation restreinte prévue par l'article 2 de la loi du 28 décembre 1995 [6] modifiant l'alinéa 1 de l'article 17 de la loi du 31 décembre 1971. Cette décision peut être déférée à la censure de la cour d'appel aussi bien sur l'inscription elle-même que sur le rang de l'avocat au tableau de l'Ordre.

• **Évolution de la jurisprudence.** La jurisprudence ancienne admettait que le barreau demeurait maître de l'établissement de son tableau et que les recours portant sur le rang d'inscription étaient irrecevables [7] (v. ss no 23.91).

Toutefois, la jurisprudence contemporaine a admis, au contraire, que les problèmes de l'inscription au tableau et du rang de l'avocat au tableau sont d'ordre public et que, par là même, ils sont soumis à la censure de la Cour [8].

La décision d'admission au tableau de l'Ordre des avocats constitue un acte qui, en principe, ne peut être rapporté par l'autorité qui l'a posé après expiration du délai de recours contentieux mais il en va autrement lorsque cette décision a été obtenue en violation d'une condition légale et à la suite de procédés frauduleux, un acte obtenu par la fraude ne pouvant créer de droits au profit de l'auteur de cette fraude [9].

§ 3
Inscription au tableau de l'avocat d'un autre barreau

14.31 Pouvoir de contrôle de l'Ordre. Les avocats provenant de barreaux extérieurs et munis d'un *exeat* de leur barreau, peuvent se réinscrire dans un autre barreau. Toutefois, il est à noter que le fait d'avoir obtenu l'*exeat* d'un barreau étranger ne confère pas pour autant à son titulaire un droit absolu à l'inscription dans un autre barreau.

• **Appréciation du Conseil de l'ordre.** L'Ordre demeure, dans une certaine mesure, maître de son tableau et a le

1. Civ. 1re, 22 avr. 1981, no 80-12.208, *Bull. civ.* I, no 120; *Gaz. Pal.* 1981, 2, 674; *JCP* 1981, II, 1966.
2. TOUTEFOIS L. 31 déc. 1971, art. 1, réd. L. 31 déc. 1990.
3. L. 31 déc. 1971, art. 20 – Décr. 27 nov. 91, art. 95.
4. Décr. 27 nov. 1991, art. 95.
5. Décr. no 95-1110, 17 oct. 1995 modifiant le décret no 91-1197 du 27 novembre 1991 organisant la profession d'avocat, *JO* 19 oct., p. 15232, mod.
6. L. no 93-1415, 28 déc. 1993 modifiant les articles 17, 22 et 50 de la loi du 31 décembre 1971 portant réforme de certaines professions judiciaires et juridiques et les articles 12 et 18 de la loi du 31 décembre 1990 relative à l'exercice sous forme de sociétés des professions libérales soumises à un statut législatif ou réglementaire ou dont le titre est protégé, *JO* 1er janv., p. 10, mod.
7. CA Rouen, 21 févr. 1877, D. jur. gén., supplément, *Vo Avocats*, no 65 – CA Rennes, 18 juill. 1895, *DP* 1896, 2, 247 – Civ., 10 mai 1960, *D.* 1960, 569, note Crémieu – CA Aix-en-Provence, 27 avr. 1959, *D.* 1959, 318.
8. Civ. 1re, 28 juin 1961, no 59-11.977, *D.* 1961, 643, note Crémieu – CA Aix-en-Provence, 28 avr. 1975, *Gaz. Pal.* 1975, 2, 849, note Damien – CA Aix-en-Provence, 17 mai 1976, *Gaz. Pal.* 1976, 2, 524 – CA Rennes, 24 mai 1977, *Gaz. Pal.* 1977, 2, 477, note Damien – Civ. 1re, 24 févr. 1981, no 79-16.898, *Bull. civ.* I, no 62; *D.* 1981, 317, note Brunois – Civ. 1re, 7 févr. 1990, no 88-17.658, *Bull. civ.* I, no 34; *D.* 1990, IR 49 – TOUTEFOIS : Cass., Ass. plén., 18 nov. 1988, no 87-11.605, *Bull. Ass. plén.*, no 8; *Gaz. Pal.* 1988, 1, 187, note Damien.
9. Civ. 1re, 22 mars 1983, no 82-11.758, *Bull. civ.* I, no 103; *D.* 1985, IR 107, obs. Brunois.

devoir de vérifier si d'éventuels manquements à la probité, à l'honneur ou à la délicatesse commis par l'avocat dans son barreau d'origine ne font pas obstacle à sa réinscription[1]. L'avocat associé qui cède ses parts en démissionnant du barreau, peut s'y réinscrire dès lors que les opérations ainsi définies ne constituent pas une fraude[2]. De même l'attitude regrettable d'un avocat qui a négligé de rendre la visite d'usage au bâtonnier d'un Ordre auprès du tribunal où il venait plaider et qui s'est montré par la suite insolent et désagréable envers lui, peut ne pas présenter un caractère de gravité suffisante pour justifier un refus du conseil de cet Ordre de l'inscrire à son tableau[3]. Un magistrat honoraire naguère sanctionné pour violation du secret de l'instruction peut être admis au tableau d'un Ordre[4]. Enfin, l'avocat honoraire peut toujours se réinscrire dans son ancien barreau ou dans un autre, avec un *exeat* régulier, ainsi que les anciens avocats qui n'ont pas exercé de fonction les rendant incapables de devenir avocat (v. s^s n° 17.25).

L'arrêt de la cour d'appel de Nîmes précité se réfère également à l'article 106 [devenu 183] du décret du 9 juin 1972 qui prévoit que toute contravention aux lois et règlements, toute infraction aux règles professionnelles, tout manquement à la probité, à l'honneur ou à la délicatesse, même se rapportant à des faits extra-professionnels, expose l'avocat aux sanctions disciplinaires de l'article 107 [devenu 183] et le rend, par là même, inapte à être inscrit dans un barreau extérieur. En l'occurrence c'est le premier arrêt qui rappelle avec autant de netteté que le fait, par un avocat, de négliger le règlement de ses cotisations à l'Ordre, à la CNBF, à la caisse d'assurance maladie ou à l'Urssaf constitue un manquement grave, démontrant chez celui qui l'a commis des négligences professionnelles et une méconnaissance totale des charges obligatoires qui lui incombent et, par là même, le rendent insuffisamment honorable pour être inscrit à nouveau dans un barreau[5].

§ 4
Rang au tableau

14.41 Détermination du rang. Le rang est fixé par l'article 96 du décret qui précise :

- les avocats personnes physiques sont inscrits d'après leur rang d'ancienneté sous réserve des dispositions de l'article Ier-I alinéa 1 de la loi du 31 décembre 1971 précitée (sur les dispositions transitoires);

• **Prise en compte de la première inscription au tableau.** Le rang au tableau est fonction de la première inscription même si celle-ci a été interrompue[6]. La pratique traditionnelle faisait remonter les effets de l'inscription au tableau à la date de l'inscription au stage dès lors que celui-ci avait été correctement accompli[7]. Ce système semble abandonné au profit de celui de la première inscription au tableau;

- le rang d'inscription des avocats associés est déterminé d'après leur ancienneté personnelle (v. s^s n° 14.44);
- le rang d'inscription des personnes morales est déterminé par leur date de constitution (v. s^s n° 14.45);
- la liste des personnes qui ont ouvert un bureau secondaire est établie en fonction de la date de la décision autorisant l'ouverture du bureau ou de la déclaration d'ouverture de ce bureau.

14.42 Réinscription. L'article 17 (1°) de la loi du 31 décembre 1971 précise également que le Conseil de l'ordre doit statuer sur le rang des avocats qui ayant déjà été inscrits au tableau et ayant abandonné l'exercice de la profession, se présentent de nouveau pour la reprendre.

Ce texte, sans clarifier totalement la question du rang au tableau, semble se référer à la dernière jurisprudence de la Cour de cassation. En effet, la question du rang des avocats au tableau, et notamment du rang des avocats qui s'inscrivent à nouveau au tableau après avoir abandonné l'exercice de la profession et qui se présentent de nouveau pour le reprendre, pose des difficultés constantes depuis plus de vingt ans[8].

• **Position de la Cour de cassation.** Un arrêt de la Cour de cassation du 13 novembre 1990[9] semblait avoir tranché cette question à nouveau et d'une manière qu'on pouvait espérer définitive et mis fin ainsi aux savants méandres d'une jurisprudence hésitante.

L'article 96 du décret du 27 novembre 1991 a précisé que le rang d'ancienneté est fonction de la première inscription au tableau même si celle-ci a été interrompue. Il est certain donc qu'on ne peut plus tenir compte de la date de prestation de serment, que l'inscription ne rétroagit plus à la date de prestation de serment et qu'on n'a plus à se référer à la

1. CA Nîmes, 25 sept. 1978, *Gaz. Pal.* 1979, 1, 19 – RAPPR. : CA Grenoble, 28 juin 1985, *Gaz. Pal.* 1985, 2, 546, note A. D. – SUR le défaut de paiement des cotisations à la CNBF : CA Paris, 25 sept. 1996, *Gaz. Pal.* 22 janv. 1998, 22, note Bedel de Buzareingues.
2. Civ. 1re, 12 nov. 1985, n° 84-15.925, *Bull. civ.* I, n° 294; *JCP* 1986, IV, 37.
3. Civ. 1re, 7 juill. 1987, n° 86-10.729, *Bull. civ.* I, n° 218; *JCP* 1987, IV, 320; *Gaz. Pal.* 1987, 2, pan. 228; *Gaz. Pal.* 27 oct. 1987, 8; *D.* 1987, somm. 63, note Brunois.
4. CA Douai, 28 avr. 1988, *Gaz. Pal.* 1988, 2, 493 – CA Paris, 29 juin 1988, *Gaz. Pal.* 1988, 2, 702, note A. D.
5. Civ. 1re, 7 févr. 1989, n° 86-17.163, *Bull. civ.* I, n° 61; *D.* 1989, IR 62.
6. Décr. 27 nov. 1991, art. 96.
7. Civ. 1re, 28 juin 1961, n° 59-11.977, *Bull. civ.* I; *D.* 1961, 643.
8. SUR L'HISTORIQUE DE CETTE QUESTION : HAMELIN, 6e éd., n° 143, p. 221 s.
9. Civ. 1re, 13 nov. 1990, n° 89-13.464, *Bull. civ.* I, n° 240; *Gaz. Pal.* 9 juill. 1991, 10, note Damien.

manière dont le stage a été accompli ni aux causes et à la durée de l'interruption de carrière d'un avocat. Le système est donc désormais purement objectif et ne comporte plus aucune nuance de subjectivité quelles que soient les vicissitudes de la carrière d'un avocat, son passage par plusieurs barreaux et les interruptions nombreuses de sa carrière. Le système de la Cour de cassation[1] qui avait cassé l'arrêt de Douai du 1er février 1989[2] est donc abandonné par le législateur.

14.43 **Prise en compte de l'âge.** Au cas de concours entre deux avocats de même ancienneté, on tiendra compte de l'âge. Le plus âgé sera inscrit avant le plus jeune[3]. On peut tenir compte également, si le règlement intérieur du barreau le prévoit, des conditions d'accomplissement du stage. Les barreaux admettaient naguère que les fils de maître, c'est-à-dire les fils d'avocats ou d'avocats honoraires, en cas de concours avec des avocats de la même ancienneté, les primaient au tableau.

L'avocat le plus ancien dans l'ordre du tableau a le titre de doyen de l'Ordre et, selon les usages, bénéficie en diverses circonstances de prérogatives protocolaires qui sont un hommage aux anciens, symbole des traditions dont l'Ordre est dépositaire. C'est également le souvenir de l'époque où le barreau était administré uniquement par son doyen, la fonction de bâtonnier n'ayant été créée qu'à partir du XVIe siècle. Le rang détermine l'éligibilité au Conseil de l'ordre et au bâtonnat, l'ordre de remplacement des magistrats empêchés de siéger à une audience, les relations de courtoisie entre confrères (préséances, rendez-vous au cabinet d'un avocat...), jadis la faculté de signer les consultations en vue d'une requête civile.

14.44 **Rang des avocats personnes physiques.** Les avocats personnes physiques prennent rang au tableau suivant leur ancienneté, les avocats associés d'après l'ancienneté personnelle de chacun des associés. Cette solution doit être étendue aux membres des sociétés civiles professionnelles du moins pour ceux qui sont inscrits au barreau du tribunal de grande instance en cause.

14.45 **Rang des sociétés.** Le rang des sociétés civiles professionnelles qui figurent dans une deuxième partie du tableau est déterminé par la date de leur constitution, sans références à l'ancienneté personnelle des membres inscrits ou non au même barreau que la société.

SECTION 2
PROCÉDURE D'INSCRIPTION

14.51 **Conditions d'inscription.** La demande d'inscription doit être adressée au bâtonnier. Elle est accompagnée de toutes justifications utiles en ce qui concerne les conditions que doit présenter le candidat[4].

Ces conditions sont de deux sortes :

1° Six conditions sont exigées par l'article 11 de la loi du 31 décembre 1971 (v. ss nos 13.11 s.) :

- nationalité, sous réserve des dispositions de droit communautaire;
- diplôme de droit, sous réserve d'équivalence et dispenses accordées par la loi;
- Capa, sous réserve des dispenses accordées par la loi;
- absence de condamnation;
- moralité;
- absence de faillite ou de règlement judiciaire.

2° Les conditions fixées par l'article 27 de la loi du 31 décembre 1971, c'est-à-dire l'assurance garantissant la responsabilité civile professionnelle de chaque avocat membre du barreau, en raison des négligences et fautes commises dans l'exercice de ses fonctions (v. ss nos 94.01 s.), ainsi que l'assurance au profit de qui il appartiendra, contractée par le barreau ou une garantie affectée au remboursement des fonds, effets ou valeurs reçues[5] (v. ss nos 63.11, 63.21).

14.52 **Décision du Conseil de l'ordre.** Le Conseil de l'ordre saisi d'une demande d'inscription qui est adressée par lettre recommandée avec demande d'avis de réception ou remise contre récépissé au bâtonnier, et qui est accompagnée des justifications utiles en ce qui concerne tant les conditions éventuelles à l'article 11 de la loi du 31 décembre 1971 que les obligations définies à l'article 27, statue sur la demande dans le délai de deux mois à compter de sa réception[6].

Lorsqu'un barreau comprend au moins 500 avocats disposant du droit de vote mentionné à l'alinéa 2 de l'article 15 de la loi du 31 décembre 1971, le Conseil de l'ordre peut siéger en vue de statuer soit sur l'inscription au tableau, ou sur la liste du stage, sur l'omission du tableau ou la liste du stage [...] en une ou plusieurs formations de neuf membres présidées par le bâtonnier ou un ancien bâtonnier. Le président et les membres de la ou les formations et deux membres suppléants sont désignés au début de chaque année par délibération du

1. Civ. 1re, 13 nov. 1990, no 89-13.464, *Bull. civ.* I, no 240; *Gaz. Pal.* 9 juill. 1991, 10, note Damien.
2. CA Douai, 1er févr. 1989, *Gaz. Pal.* 1989, 1, 305.
3. CA Rabat, 1er févr. 1950, *D.* 1951, 105.
4. Décr. 27 nov. 1991, art. 101.
5. Décr. 27 nov. 1991, art. 205 s.
6. Décr. 27 nov. 1991, art. 101.

Conseil de l'ordre; la formation restreinte peut renvoyer l'examen de l'affaire à la formation plénière [1].

La délibération du Conseil de l'ordre fixant la composition des formations restreintes doit être notifiée au procureur général. La formation restreinte ne peut siéger que si les deux tiers des membres sont présents. Le renvoi à la formation plénière ne peut être décidé qu'après audition du requérant [2].

SECTION 3
VOIES DE RECOURS

14.61 Recours en cas d'inscription. La décision du Conseil de l'ordre portant inscription au tableau est notifiée par lettre recommandée avec demande d'avis de réception, dans les huit jours de sa date au procureur général; dans le délai d'un mois à partir de cette notification, le procureur général peut la déférer à la cour d'appel [3].

14.62 Recours en cas de refus d'inscription. La décision portant refus d'inscription est notifiée par lettre recommandée avec demande d'avis de réception dans les huit jours de sa date à l'intéressé et au procureur général qui peuvent, dans le délai de deux mois à compter de la notification, la déférer devant la cour d'appel [4].

À défaut de notification d'une décision dans le mois qui suit l'expiration du délai imparti au Conseil de l'ordre pour statuer, l'intéressé peut considérer sa demande comme rejetée et se pourvoir devant la cour d'appel dans le délai fixé à l'article 16 du décret du 27 novembre 1991 [5].

14.63 Procédure. Le recours est formé, instruit et jugé comme il est dit à l'article 16. L'intéressé avise de sa réclamation sans délai, par lettre recommandée avec demande d'avis de réception, le procureur général et le bâtonnier [6].

Conformément aux dispositions de l'article 15 du décret du 27 novembre 1991 [7], lorsqu'un avocat s'estime lésé dans ses intérêts professionnels par une délibération ou une décision du Conseil de l'ordre et entend la déférer à la cour d'appel, il doit, conformément à l'alinéa 2 de l'article 19 de la loi du 31 décembre 1971, saisir préalablement de sa réclamation le bâtonnier par lettre recommandée avec demande d'avis de réception, dans le délai de deux mois à compter de la notification ou de la publication de la délibération ou de la décision.

La décision du Conseil de l'ordre sur la réclamation formée devant lui doit être notifiée à l'avocat par lettre recommandée avec demande d'avis de réception dans le délai d'un mois à compter de la réception de la lettre recommandée constituant le recours préalable de l'avocat. En cas de décision de rejet, l'avocat peut la déférer devant la cour d'appel dans les conditions prévues à l'article 16, c'est-à-dire dans le mois de la réception de la décision et, en cas de silence gardé par le Conseil de l'ordre pendant un mois, la réclamation est considérée comme rejetée et l'avocat peut déférer la décision de rejet dans le délai d'un mois prévu à l'article 16 du décret du 27 novembre 1991 [8].

L'intéressé forme sa réclamation : soit par déclaration au greffe de la cour d'appel, soit par lettre recommandée avec demande d'avis de réception adressée au secrétaire-greffier en chef. Il avise sans délai, par lettre recommandée avec demande d'avis de réception, le procureur général et le bâtonnier.

La cour statue, en matière d'appel de refus d'inscription au tableau selon la procédure prévue par l'article 16 du décret du 27 novembre 1991. Lorsque le procureur général défère une décision à la cour d'appel, il en avise le bâtonnier [9]. Aucun refus d'inscription ou de réinscription ne peut être prononcé par le Conseil de l'ordre sans que l'intéressé ait été entendu ou appelé dans un délai d'au moins huit jours par lettre recommandée avec demande d'avis de réception [10].

• Il doit résulter du dossier que le demandeur a été appelé à s'expliquer sur les faits invoqués par le procureur général et doit connaître les raisons qui, selon lui, s'opposent à sa demande d'inscription de façon à pouvoir récuser les motivations principales et secondaires [11].

14.64 Procédure devant la Cour. La Cour statue, en matière d'appel de refus d'inscription au tableau, en assemblée générale et en chambre du conseil, selon la procédure prévue par l'article 7 du décret du 27 novembre 1991 et dans les conditions prévues à l'article R. 215-5 du Code de l'organisation judiciaire et en chambre du conseil après avoir invité le bâtonnier à présenter ses observations; à la demande de l'intéressé, les débats peuvent se dérouler en audience publique.

• **Caractère inopérant de l'ordre des auditions.** Vainement un demandeur ferait-il grief à l'arrêt attaqué d'avoir confirmé la décision du Conseil de l'ordre qui

1. L. 31 déc. 1971, art. 17; réd. L. n° 93-1415, 28 déc. 1993.
2. Décr. 27 nov. 1991, art. 41; ajouté par décr. n° 91-1110, 17 oct. 1995.
3. Décr. 27 nov. 1991, art. 102, § 2.
4. Décr. 27 nov. 1991, art. 102-3.
5. Décr. 27 nov. 1991, art. 102-4.
6. Décr. 27 nov. 1991, art. 102.
7. Mod. décr. n° 95-1110, 17 oct. 1995, art. 4.
8. SUR les voies de recours en matière d'inscription : décr. 27 nov. 1991, art. 101 et 103.
9. Décr. 27 nov. 1991, art. 102.
10. Décr. 27 nov. 1991, art. 103.
11. CA Pau, 7 nov. 1991, *Gaz. Pal.* 17 sept. 1993, 18.

avait rejeté sa demande d'inscription au tableau après avoir entendu le ministère public avant le représentant du bâtonnier. En effet, cet ordre des auditions ne pouvait avoir nui aux intérêts de la défense de l'intéressé et par application de l'article 114 du [NOUVEAU] Code de procédure civile, le moyen ne pouvait pas être accueilli [1].

14.65 Appel quant au rang d'inscription. L'appel de la décision du conseil peut être formé non seulement pour refus d'inscription mais également en raison du rang fixé pour cette inscription, la jurisprudence ayant admis que le rang d'inscription était d'ordre public et, par là même, soumis à la sanction de la Cour [2].

Les voies de recours à l'encontre d'une décision relative à l'inscription sont les mêmes que celles relatives à l'admission à la prestation de serment. Les tiers ne sont pas recevables à agir pour poursuivre l'annulation de la décision du Conseil de l'ordre admettant un avocat au tableau; au nombre des tiers il faut admettre les membres du barreau.

14.66 Assemblée générale. Les avocats inscrits au tableau forment l'assemblée générale des avocats [3] (sur les attributions et les pouvoirs de cette assemblée générale v. s[s] n°s 25.01 s.).

1. Civ. 1re, 16 juin 1981, n° 80-12.764, *Bull. civ.* I, n° 214; *JCP* 1981, IV, 314; *Gaz. Pal.* 1982, 1, pan. 26 – Civ., 26 janv. 1988, *Gaz. Pal.* note Damien.
2. Civ. 1re, 28 juin 1961, n° 59-11.977, *D.* 1961, 643, note Crémieu – CA Aix-en-Provence, 28 avr. 1975, *Gaz. Pal.* 1975, 2, 849, note Damien – CA Aix-en-Provence, 17 mai 1976, *Gaz. Pal.* 1976, 2, 524, note Damien – CA Rennes, 24 mai 1977, *Gaz. Pal.* 1977, 2, 437, note Damien – CA Rennes, 24 févr. 1981, *D.* 1981, 317, note Brunois.
3. Décr. 27 nov. 1991, art. 17 et 18.

CHAPITRE

15. Omission du tableau

SECTION 0 ORIENTEUR

15.00 **Plan du chapitre.**

15.01 **Textes applicables.**

>

Décr. n° 91-1197, 27 nov. 1991, art. 104 à 108

>

Décr. 27 nov. 1991, art. 104 [Causes d'omission obligatoire]

Doit être omis du tableau ou de la liste du stage l'avocat qui se trouve dans un des cas d'exclusion ou d'incompatibilité prévus par la loi ou qui ne satisfait pas aux obligations de garantie et d'assurance prévues par l'article 27 de la loi du 31 décembre 1971 précitée.

Décr. 27 nov. 1991, art. 105 [Causes d'omission facultative]

[mod. par décr. n° 95-1110, 17 oct. 1995, art. 11, *JO* 19]

Peut être omis du tableau ou de la liste du stage :

1° L'avocat qui, soit par l'effet de maladie ou infirmité graves ou permanentes, soit par acceptation d'activités étrangères au barreau, est empêché d'exercer réellement sa profession;

2° L'avocat qui, sans motifs valables, n'acquitte pas dans les délais prescrits sa contribution aux charges de l'Ordre ou sa cotisation à la Caisse nationale des barreaux français ou au Conseil national des barreaux;

3° L'avocat qui, sans motifs légitimes, n'exerce pas effectivement sa profession.

Décr. 27 nov. 1991, art. 106 [Procédure]

L'omission du tableau ou de la liste du stage est prononcée par le Conseil de l'ordre soit d'office, soit à la demande du procureur général ou de l'intéressé. L'omission ne peut être prononcée sans que l'intéressé ait été entendu ou appelé selon les modalités prévues à l'article 103.

Décr. 27 nov. 1991, art. 107 [Réinscription]

La réinscription au tableau ou sur la liste du stage est prononcée par le Conseil de l'ordre. Avant d'accueillir la demande de réinscription, le Conseil de l'ordre vérifie que l'intéressé remplit les conditions requises pour figurer au tableau.

Décr. 27 nov. 1991, art. 108 [Formes des décisions et recours]

Les décisions en matière d'omission et de réinscription sont prises dans les mêmes formes et donnent lieu aux mêmes recours qu'en matière d'inscription.

15.02 **Jurisprudence de référence.**

> Appréciation de la disparition des causes de l'omission lors de la demande de réinscription

• **Civ. 1re, 2 déc. 2003, n° 01-03.297,** NP.

* V. ss n° 15.23.

« Attendu qu'après avoir constaté qu'il ressortait des documents médicaux produits que M. X..., qui n'avait pas rechuté depuis 10 ans, suivait un traitement médical constituant une arme très efficace contre l'état dépressif dont il souffrait et qu'il avait exercé pendant cette période des activités professionnelles dans des conditions parfaitement normales établissant qu'il disposait de toutes ses facultés physiques, psychologiques et intellectuelles, la cour d'appel a pu en déduire, sans avoir à procéder à de plus amples recherches, que M. X... n'était plus empêché, par l'effet de la maladie, d'exercer la profession d'avocat. »

SECTION 1 CAUSES D'OMISSION

15.11 **Définition de l'omission.** L'omission consiste en la suppression, par décision motivée par le Conseil de l'ordre, du nom de l'avocat de la liste des avocats stagiaires (avant la réforme du 11 février 2004) ou du tableau des avocats inscrits.

15.12 Nomenclature des causes d'omission. Il y a des causes d'omissions obligatoires[1] et des causes d'omissions facultatives[2].

15.13 Omission obligatoire. Doit être omis du tableau ou de la liste du stage l'avocat qui se trouve dans un des cas d'exclusion ou d'incompatibilité prévus par la loi ou qui ne satisfait pas aux obligations de garantie et d'assurance prévues par l'article 27 de la loi du 31 décembre 1971 précitée[3].

15.14 Omission facultative. L'omission du tableau est facultative dans trois cas légalement énumérés[4]. Elle frappe :

1° L'avocat qui, du fait de son éloignement de la juridiction près de laquelle il est inscrit, soit par l'effet de maladie ou infirmité graves ou permanentes, soit par acceptation d'activités étrangères au barreau, est empêché d'exercer réellement sa profession; La notion d'éloignement est une notion matérielle; il appartient au Conseil de l'ordre et à la Cour d'apprécier si la maladie de l'avocat ou son éloignement l'empêche d'exercer réellement sa profession.

• **Appréciation de la cause de l'omission.** En ordonnant le maintien d'un avocat au tableau, au motif qu'il n'était pas établi que le maintien de l'inscription de cet avocat portât atteinte à la dignité et aux intérêts de la profession, s'agissant d'un avocat d'une ancienneté certaine et auquel l'omission causerait un préjudice moral incontestable par le discrédit qu'elle risque d'apporter sur sa personnalité, la cour a violé le texte de l'article 49-1 du décret du 9 juin 1972[5].

2° L'avocat qui, sans motif valable, n'acquitte pas dans les délais prescrits la contribution aux charges de l'Ordre ou sa cotisation à la Caisse nationale des barreaux ou au CNB[6], les sommes dues au titre des droits de plaidoirie ou appelées par la caisse au titre de la contribution équivalente.

3° L'avocat qui, sans motif légitime, n'exerce pas effectivement sa profession. Cette notion d'exercice réel ou effectif de la profession est en fait difficile à cerner, car cet exercice est lié à l'existence d'une clientèle qu'il ne dépend pas de la seule volonté de l'avocat de posséder. Toutefois, peuvent certainement être écartés, en application de ce texte, ceux qui sont absorbés par une autre activité qui, manifestement, les éloigne de leur barreau ou ceux que leur état physique ou mental met dans l'impossibilité d'exercer leur profession. À cet égard, les Conseils de l'ordre doivent manifester une vigilance commandée par les intérêts moraux et matériels de leur ordre. La difficulté du contrôle n'en exclut ni l'intérêt ni la nécessité.

SECTION 2
NATURE JURIDIQUE ET EFFETS DE L'OMISSION

15.21 Nature juridique controversée. On discute en doctrine et en jurisprudence sur la nature juridique de l'omission. Certains la considèrent comme une mesure disciplinaire, d'autres comme une mesure administrative.

Après avoir exprimé la première opinion[7], la Cour de cassation a modifié et nuancé son point de vue[8]. Elle lui a reconnu un caractère mixte dépendant de la nature des faits qui la déterminent.

Ni la loi du 31 décembre 1971, ni le décret du 9 juin 1972, ni le décret du 27 novembre 1991 n'ont tranché cette querelle. Ces textes demeurent muets sur la nature juridique de la mesure qu'ils instituent et réglementent. En lui donnant un caractère disciplinaire, on en déduisait que sa durée pouvait atteindre mais ne pouvait pas excéder la durée maxima de l'interdiction temporaire d'exercer la profession, c'est-à-dire trois années. En lui donnant un caractère administratif et en la rattachant aux faits qui l'occasionnent on peut lui donner une durée plus longue, voire indéterminée. La conséquence serait la même si on l'assimilait à une démission d'office. En ce cas, on pourrait considérer qu'elle rompt tout lien avec le barreau qui la prononce.

15.22 Décision à caractère administratif. Il apparaît d'après la place et l'analyse des textes qui prévoient l'omission[9] que cette mesure est purement administrative et liée à la confection et à la mise à jour du tableau.

• La cour d'appel de Bordeaux estime que l'omission est une mesure purement administrative et le même arrêt précise que l'avocat déféré aux fins d'omission devant le conseil, ne peut ni récuser le conseil ni aucun de ses membres puisqu'il s'agit pour le conseil de statuer en matière administrative contrairement à ce qui est admis en matière disciplinaire[10].

1. Décr. 27 nov. 1991, art. 104.
2. Décr. 27 nov. 1991, art. 105.
3. Décr. 27 nov. 1991, art. 104.
4. Décr. 27 nov. 1991, art. 105 – Décr. n° 95-1110, 17 oct. 1995.
5. DEVENU : décr. 27 nov. 1991, art. 105-1 – Civ. 1re, 7 févr. 1990, n° 88-10.249, n° 88-17.658, 2 esp., *Bull. civ.* I, n° 34; *JCP* 1990, IV, 129; *Gaz. Pal.* 1990, pan. 98.
6. Décr. 27 nov. 1991, art. 105-2 – CA Paris, 24 févr. 1988, *Gaz. Pal.* 23 avr. 1988, 11, note Damien – CA Paris, 26 févr. 1992, *D.* 1994, somm. 133.
7. Civ., 5 mai 1936, *D.* 1937, 1, 59.
8. Civ., 22 févr. 1938, *DP* 1938, 1, 70.
9. Décr. 27 nov. 1991, art. 104 s., section 3 du chapitre II du titre I, la discipline est étudiée au titre IV du décret.
10. CA Bordeaux, 5 mars 1987, *Gaz. Pal.* 1987, 2, 406.

15.23 **Durée indéterminée.** Sous l'empire des anciens textes, l'omission n'avait d'effet que pendant la durée de validité du tableau, c'est-à-dire un an au maximum [1] quitte, si la situation de l'avocat ne s'était pas modifiée, à renouveler chaque année cette mesure lors de la confection du nouveau tableau.

Le texte de l'article 107 du décret du 27 novembre 1991 laisse penser qu'il s'agit désormais d'une mesure indéterminée dans sa durée. Pour y mettre fin il faut, en effet, une demande de réinscription sur laquelle le Conseil statue après avoir vérifié que désormais l'intéressé remplit les conditions requises pour figurer au tableau.

• La Cour de cassation [2] approuve une cour d'appel d'avoir jugé que l'avocat, initialement omis pour raison médicale, devait être réinscrit au barreau dès lors qu'il ressort de son dossier médical qu'il a suivi un traitement et qu'il a exercé durant son omission des activités professionnelles normales démontrant la pleine possession de ses capacités physiques, psychologiques et intellectuelles.

15.24 **Modalités de l'omission.** Les décisions du Conseil en matière d'omission ou de réinscription après omission sont prises dans les mêmes formes qu'en matière d'inscription, donnent lieu aux mêmes recours ouverts aux mêmes parties, c'est-à-dire, le procureur général et l'intéressé [3] (v. s^{s} n° 14.61).

Les dispositions de l'article 17-1 de la loi du 31 décembre 1971 [4] et de l'article 4-1 du décret du 27 novembre 1991 [5] sont applicables en cas d'omission.

15.25 **Effets de l'omission.** Non assimilée à une démission d'office, l'omission ne rompt pas tout lien avec le barreau où l'avocat a été inscrit. Elle n'autorise donc pas une réinscription à un autre barreau laquelle ne peut intervenir qu'après une démission.

L'avocat omis demeure justiciable de son Conseil de l'ordre, soit pour les fautes commises avant son omission, soit pour les fautes commises au cours de cette omission. Il doit comparaître en robe devant le Conseil [6]. Sans avoir un caractère déshonorant, l'omission a cependant quelque analogie avec la radiation. L'avocat omis n'a plus le droit de plaider ni de faire état de son titre d'avocat. Si au cours de son omission il fait usage de ce titre, il commet une faute susceptible des sanctions disciplinaires et même des peines prévues par l'article 433-17 du Code pénal (v. s^{s} n°s 34.51 s.).

Il peut être exceptionnellement et sur sa demande motivée autorisé par le Conseil de l'Ordre à continuer à utiliser le titre d'avocat (Conseil de l'Ordre du barreau de Paris : avocate qui demandait son omission pour une durée d'un an pendant lequel elle suivait son mari en Afrique où il allait titre de la coopération).

SECTION 3
PROCÉDURE D'OMISSION

15.31 **Qui peut demander l'omission ?** L'omission peut être prononcée d'office par le Conseil ou à la demande du procureur général ou à la demande de l'intéressé [7].

15.32 **Procédure identique à la procédure d'inscription.** La procédure de l'omission ou celle de la réinscription au tableau ou sur la liste du stage après omission est identique à la procédure d'inscription et donne lieu aux mêmes recours [8].

Lorsqu'un barreau comprend au moins cinq cents avocats disposant du droit de vote mentionné au 2e alinéa de l'article 15 de la loi du 31 décembre 1971, le Conseil de l'ordre peut siéger en vue de statuer sur l'omission du tableau ou de la liste du stage du barreau en une ou plusieurs formations de neuf membres présidées par le bâtonnier ou un ancien bâtonnier; le président et les membres de la ou des formations et deux membres suppléants sont désignés au début de chaque année par délibération du Conseil de l'ordre; la formation restreinte peut renvoyer l'examen de l'affaire à la formation plénière [9].

1. CA Montpellier, 2 juill. 1948, *D.* 1948, 544.
2. Civ. 1re, 2 déc. 2003, n° 01-03.297, NP.
3. L. 31 déc. 1971, art. 20 – et décr. 27 nov. 1991, 108.
4. Réd. issue de L. n° 93-1415, 28 déc. 1993.
5. Mod. par décr. 17 oct. 1995 relatif aux formations réduites du Conseil de l'ordre.
6. CA Nancy, 6 janv. 1875, *DP* 1876, 3, 60 – CA Bruxelles, 25 mai 1887, *DP* 1888, 2, 102.
7. Décr. 27 nov. 1991, art. 106 – CA Bordeaux, 20 déc. 1985, *Gaz. Pal.* 1986, jur. p. 174, note Damien.
8. Décr. 27 nov. 1991, art. 107 et 108 – SUR la procédure d'inscription : décr. 27 nov. 1991, art. 93 s. (v. s^{s} n° 14.51) – Décr. 27 nov. 1991, art. 4-1; mod. par décr. 17 oct. 1995.
9. L. 31 déc. 1971, art. 17; réd. L. n° 93-1415, 28 déc. 1993.

CHAPITRE

16. Démission

SECTION 0
ORIENTEUR

16.00 Plan du chapitre.

Sect. 1 Modalités de la démission

Sect. 2 Effets de la démission

16.01 Textes applicables.

Décr. 27 nov. 1991, art. 109 [Démission]

Sous réserve des dispositions du cinquième alinéa de l'article 1er-I de la loi du 31 décembre 1971 précitée, le titre d'avocat honoraire peut être conféré par le Conseil de l'ordre aux avocats qui ont exercé la profession pendant vingt ans au moins et qui ont donné leur démission.

16.02 Jurisprudence de référence.

> La démission ne saurait permettre à l'avocat auteur de fautes d'échapper à sa responsabilité professionnelle

• **Civ. 1re, 24 avr. 1974, no 72-13.400,** *Bull. civ.* I, no 111; *D.* 1974, somm. 93.

* V. ss no 16.13.

« Sur le troisième moyen : attendu qu'il est fait grief à l'arrêt attaqué d'avoir infligé à M... la peine disciplinaire de la radiation postérieurement a l'acceptation par le Conseil de l'ordre de la démission de cet avocat, alors, selon le moyen, que la cour d'appel ne peut se prononcer disciplinairement qu'à l'égard des avocats inscrits au tableau ou sur la liste du stage et qu'a compter de l'acceptation de la démission par le Conseil de l'ordre, ni celui-ci ni la cour d'appel n'auraient compétence pour statuer et infliger une peine disciplinaire;

Mais attendu que la cour d'appel, après avoir rappelé que l'article 31 du décret du 10 avril 1954, applicable en la cause, permet de poursuivre et réprimer les infractions et les fautes commises par les avocats inscrits au tableau ou sur la liste du stage, énoncé justement que ce texte détermine ainsi la compétence de la juridiction disciplinaire d'après la qualité de l'auteur de l'infraction au moment ou l'acte a été commis et non d'après sa qualité au moment ou la juridiction est saisie ou est appelée à statuer;

Que les juges d'appel ajoutent à bon droit que si l'article 39 du même décret emploie le terme avocat en cause, cette rédaction n'implique nullement que le législateur ait voulu exclure de la répression et laisser sans aucune sanction les actes commis par un membre du barreau antérieurement à sa démission, et que rien ne permet d'admettre qu'un avocat puisse faire échec à l'action disciplinaire engagée contre lui en cessant d'appartenir a son ordre ».

SECTION 1
MODALITÉS DE LA DÉMISSION

16.11 Procédure. La démission est l'abandon volontaire de la profession. Elle est donnée par lettre adressée au bâtonnier et soumise au Conseil de l'ordre. Si la démission est acceptée, il en est donné acte par une mention au procès-verbal de la séance du conseil. À partir de la date de son acceptation l'intéressé n'appartient plus à l'Ordre, sauf dans le cas où la démission est accompagnée d'une demande – acceptée par le Conseil de l'ordre – d'honorariat (v. ss nos 17.11 s.). Il est donc interdit au démissionnaire de porter le titre d'avocat et de faire aucun acte impliquant cette qualité.

• **Démission éclairée.** Une cour d'appel qui relève que le certificat médical présenté avec sa démission par un avocat stagiaire énonçait que le malade se trouvait temporairement incapable de la concentration de pensée qui serait nécessaire pour prendre des décisions et des responsabilités, et qui en a déduit que l'intéressé ne pouvait mesurer toutes les conséquences de sa décision, ni envisager l'éventualité d'une mesure provisoire mieux en rapport avec le caractère temporaire de sa déficience mentale, a pu décider souverainement que la décision présentée n'émanant pas d'une volonté éclairée ou réfléchie, était nulle ainsi que, par voie de conséquence, l'arrêté du Conseil de l'ordre qui l'avait entérinée[1].

1. Civ. 1re, 24 mars 1981, no 79-17.189, *Gaz. Pal.* 1981, 2, pan. 290.

16.12 **Prise d'effet de la démission.** Quelle que soit la date de son acceptation par le Conseil de l'ordre, la démission d'un avocat prend effet à compter du jour où il a notifié au bâtonnier sa volonté de ne plus appartenir au barreau, sans pouvoir rétroagir à une date antérieure[1].

Le Conseil de l'ordre ne saurait donc anticiper la prise d'effet d'une démission pour des raisons fiscales par exemple ou relative à l'obtention de droits à la retraite, pas plus qu'il ne saurait maintenir un avocat au tableau contre sa volonté au motif qu'il est redevable de cotisations et a fait l'objet de poursuites disciplinaires.

16.13 **Motifs de refus de la démission.** En revanche la démission peut être refusée si, lorsqu'elle est offerte, l'avocat est l'objet de poursuites disciplinaires ou s'il est en cours d'exécution d'une peine disciplinaire ou s'il est l'objet de poursuites criminelles ou correctionnelles.

• **La démission ne saurait permettre à son auteur d'échapper à sa responsabilité professionnelle.** Il ne convient pas, en effet, qu'à la faveur d'une démission un avocat fautif ou susceptible d'être déclaré tel puisse échapper à une sanction professionnelle et se réserver ainsi le droit de s'inscrire à un autre barreau[2]. Cette dernière décision a été rendue sous l'empire de l'article 31 du décret du 10 avril 1954[3], mais l'article 180 du décret du 27 novembre 1991 qui se substitue aux dispositions anciennes ne laisse plus aucun doute sur la question, puisqu'il vise les infractions et les fautes commises par un avocat ou un ancien avocat inscrit à l'époque où les faits ont été commis au tableau ou sur la liste des avocats honoraires d'un barreau.

La démission acceptée en cours de peine disciplinaire peut être assimilée à une remise de la peine qui restait à accomplir.

Si le procureur général avait interjeté appel *a minima* de cette sanction disciplinaire, le Conseil de l'ordre ne saurait dès lors accepter la démission qui lui est offerte, la cour devant conserver son droit de contrôle sur sa décision[4].

Lorsque l'avocat est l'objet d'une instruction correctionnelle ou criminelle en cours, sa démission peut être refusée car le conseil peut se réserver le droit de prononcer une sanction disciplinaire à la lumière des faits en cause dans l'instruction pénale, mais le barreau peut avoir intérêt à ce que l'intéressé n'appartienne plus à son Ordre et par suite à accepter sa démission s'il n'y a pas quant à présent matière à poursuites disciplinaires. La démission peut alors être acceptée sous réserves expresses de l'instruction de droit commun en cours ce qui sauvegarde la possibilité de sanctions professionnelles ultérieures.

1. CA Paris, 12 juill. 1978, *D.* 1979, 191, note Brunois.
2. CA Nancy, 6 janv. 1975, *DP* 1975, 5, 51 – CA Paris, 22 janv. 1947, *JCP* 1947, II, 3571 – Civ. 1re, 24 avr. 1974, nº 72-13.400, *Bull. civ.* I, nº 111; *D.* 1974, somm. 93.
3. Décr. nº 54-406, 10 avr. 1954 portant règlement d'administration publique sur l'exercice de la profession d'avocat et la discipline du barreau, *JO* 11 avr., p. 3494.
4. Civ., 29 juill. 1884, S. 1887, 1, 11 – CA Paris, 29 janv. 1947, S. 1947, 2, 122; *JCP* 1948, II, 4566 – CA Colmar, 27 juill. 1945, *D.* 1946, somm. 6.

SECTION 2
EFFETS DE LA DÉMISSION

16.21 **Honorariat.** Un certificat de démission peut être sollicité et obtenu. La démission peut être assortie d'une demande d'honorariat si les conditions nécessaires pour l'obtenir se trouvent remplies (v. ss nos 17.11 s.)

16.22 **Organisation d'une suppléance.** L'avocat qui décède (cas auquel il faut assimiler la démission), doit être remplacé dans les actes de procédure par un ou plusieurs suppléants qui seront, en cas de décès, désignés par le bâtonnier.

Il semble qu'au cas de démission, l'avocat puisse choisir personnellement son suppléant. Ces suppléants ne peuvent être choisis qu'au sein du barreau auquel appartient l'avocat démissionnaire ou décédé.

En cas de décès ou lorsque l'avocat empêché se trouve dans l'impossibilité d'exercer son choix, ou ne l'exerce pas, le ou les suppléants sont désignés par le bâtonnier; il en est de même lorsqu'un empêchement résulte d'une sanction disciplinaire ou d'une suspension provisoire.

Au cas de suppléance, le cabinet de l'avocat suppléé ne disparaît pas. Il continue à survivre. Le suppléant a la possibilité, non seulement de traiter les affaires passées, mais d'en recevoir de nouvelles, même au cas de suspension de l'avocat suppléé.

L'avocat suppléant peut renvoyer le dossier au client, à charge de faire désigner un autre suppléant, lorsque la représentation en justice est obligatoire[5].

Les suppléants désignés par le bâtonnier, qui remplacent provisoirement l'avocat empêché, pour les actes de procédure, ont une mission d'ordre public. Ils ne peuvent donc avoir la qualité de tiers saisis à l'égard de leur confrère empêché, au sens de l'article 577 du Code de procédure civile. Ils ne sont en effet, ni leur mandataire, ni dépositaires, mais s'identifient à lui, à seule fin de diligenter les actes de procédure, à ses lieu et place, pour ne pas nuire

5. CA Bordeaux, 25 févr. 1980, *Gaz. Pal.* 1980, 1, 330, note A. D.

aux intérêts légitimes des justiciables. Ils ne sont pas chargés de l'administration générale du cabinet, mais doivent disposer cependant des fonds nécessaires à la mise en œuvre de leur mission [1].

• **Pouvoir du bâtonnier.** C'est le bâtonnier qui désigne le suppléant chargé d'administrer le cabinet de l'avocat démissionnaire mais il doit, pour ce faire, prendre en considération le choix de celui-ci [2] (v. s^s^ n° 24.112).

16.23 Fin de la mission du suppléant. Il est mis fin à la suppléance, soit d'office, soit à la requête du suppléé, du suppléant ou du procureur général.

16.24 Rémunération du suppléant. Au cas de suppléance, il y a lieu de rémunérer le suppléant [3]. Les traditions du barreau étaient muettes sur ce point et généralement l'avocat suppléant abandonnait au confrère ou à sa famille la totalité des honoraires qu'il avait pu percevoir pendant sa suppléance. Les règles des autres professions fusionnées dans le nouvel Ordre des avocats étant différentes sur ce point, notamment en raison des frais exposés par le suppléant et du coût des actes qu'il accomplissait, il y a lieu de modifier la tradition de l'ancien barreau sur ce point. Certains règlements intérieurs de barreaux ont prévu dans ce cas le partage par moitié entre le suppléant et le suppléé ou sa succession du bénéfice net réalisé pendant la suppléance. Le règlement intérieur ou une décision du bâtonnier ou un accord intervenu entre les confrères, fixera le mode de rémunération du suppléant et du suppléé [4].

• **Recouvrement des honoraires.** L'avocat démissionnaire reste soumis, quant au contentieux du recouvrement de ses honoraires, aux dispositions des articles 174 et suivants du décret du 27 novembre 1991. Un client ne saurait s'y soustraire au motif que son conseil a démissionné [5].

1. T. Paris, ord. prés., 13 juin 1977, *Gaz. Pal.* 1977, 2, 655.
2. CA Paris, 16 déc. 1987, *D.* 1988, somm. 235, note Brunois.
3. CA Reims 19 janv. 1978, *Gaz. Pal.* 1978, I, 42 – Civ. 1re, 17 juill. 1996, n° 92-19.017, *Bull. civ.* I, n° 323; *Gaz. Pal.* 8 mai 1997, pan. 13.
4. CA Reims, 19 janv. 1978, *Gaz. Pal.* 1978, 1, 42 – Civ. 1re, 8 mai 1979, n° 78-11.026, *Bull. civ.* I, n° 132; *Gaz. Pal.* 1979, somm. 390, qui décide qu'aucun texte n'interdit au suppléant d'accepter des affaires nouvelles pour le compte de l'avocat suspendu.
5. CA Versailles, 30 juin 1981, *Gaz. Pal.* 1983, somm. 15.

CHAPITRE

17. Statut de l'avocat honoraire

SECTION 0 ORIENTEUR

17.00 Plan du chapitre.

Sect. 1 Obtention du titre

Sect. 2 Droits et devoirs de l'avocat honoraire

17.01 Textes applicables.

>

L. n° 71-1130, 31 déc. 1971, art. 1I, al. 5

Décr. n° 2005-790, 12 juill. 2005, art. 21

D n° 91-1197, 27 nov. 1991, art. 109 et 110

RIN, art. 13

>

L. 31 déc. 1971, art. 1I, al. 5 [Conditions d'ancienneté]

[...]

Les avocats inscrits à un barreau et les conseils juridiques, en exercice depuis plus de quinze ans à la date d'entrée en vigueur du titre Ier de la loi n° 90-1259 du 31 décembre 1990 portant réforme de certaines professions judiciaires et juridiques et qui renoncent à faire partie de la nouvelle profession sont autorisés à solliciter l'honorariat de leur activité professionnelle. Il en va de même pour ceux qui entrent dans la nouvelle profession, lors de la cessation de leur activité si elle intervient après vingt ans au moins d'exercice de leur profession antérieure et de la nouvelle profession.

Décr. 27 nov. 1991, art. 109 [Statut]

Sous réserve des dispositions du cinquième alinéa de l'article 1er-I de la loi du 31 décembre 1971 précitée, le titre d'avocat honoraire peut être conféré par le Conseil de l'ordre aux avocats qui ont exercé la profession pendant vingt ans au moins et qui ont donné leur démission.

Les droits et les devoirs des avocats honoraires sont déterminés par le règlement intérieur.

Décr. 27 nov. 1991, art. 110 [Prérogatives]

Lorsque la participation d'un avocat à une commission administrative ou à un jury de concours ou d'examen est prévue par une disposition législative ou réglementaire, l'autorité chargée de la désignation peut porter son choix sur un avocat honoraire acceptant cette mission.

Décr. 12 juill. 2005, art. 21 [Obligations]

[modifié par décr. n° 2009-1544, 11 déc 2009]

L'avocat honoraire demeure soumis aux obligations résultant du serment d'avocat.

Il ne peut exercer aucun acte de la profession hormis la consultation ou la rédaction d'actes, sur autorisation du bâtonnier.

L'avocat honoraire peut accepter une mission de justice, d'arbitrage, d'expertise ou de médiation. Il peut également participer à une commission administrative ou à un jury d'examen ou de concours.

Avant de pouvoir, en application de l'article L. 723-11-6 du Code de la sécurité sociale, reprendre l'exercice de la profession d'avocat, l'avocat honoraire est inscrit à sa demande au tableau d'un barreau mais est dispensé de prêter le serment d'avocat. Pendant la durée de cet exercice, il n'est pas autorisé à se prévaloir de son honorariat.

À compter de la cessation de cette activité, il peut à nouveau se prévaloir de sa qualité d'avocat honoraire, à moins que celle-ci ne lui ait été retirée en application de l'article 184 du décret n° 91-1197 du 27 novembre 1991 organisant la profession d'avocat.

RIN, art. 13 [Statut de l'avocat honoraire]

> L'avocat honoraire demeure soumis aux obligations résultant du serment d'avocat

Obtention du titre

13.1 Le titre d'avocat honoraire peut, à la demande de l'intéressé, être conféré par le Conseil de l'ordre, à l'avocat ayant été inscrit dans la section des personnes physiques du tableau et ayant exercé pendant vingt ans la profession d'avocat, d'avoué près le tribunal de grande instance ou de conseil juridique.

En aucun cas, l'honorariat ne peut être accordé ou maintenu à celui qui porte ou aurait porté atteinte aux principes essentiels de la profession.

L'honorariat ne peut être refusé ou retiré sans que l'avocat ayant demandé l'honorariat ou étant déjà honoraire ait été régulièrement convoqué devant le Conseil de l'ordre.

Si le motif de retrait disparaît, l'intéressé peut présenter une nouvelle demande au Conseil de l'ordre.

Prérogatives

13.2 Les avocats honoraires, membres de l'Ordre, sont inscrits sur la liste spéciale des avocats honoraires du barreau.

Ils ont droit au port de la robe, à l'occasion des élections, cérémonies et manifestations officielles.

Ils participent aux assemblées générales avec voix délibérative.

Ils bénéficient du droit de vote à l'élection du bâtonnier et des membres du Conseil de l'ordre et des membres du Conseil national des barreaux.

Les avocats honoraires ont accès à la bibliothèque et aux services de l'Ordre.

Ils peuvent se faire délivrer une carte d'avocat honoraire par l'Ordre.

Activités et missions

13.3 Ils peuvent être investis par le bâtonnier ou le Conseil de l'ordre de toute mission ou activité utile à l'administration de l'Ordre, à l'intérêt de ses membres ou à l'intérêt général de la profession.

L'avocat honoraire peut :

– accepter une mission de justice, d'arbitrage, d'expertise ou de médiation;

– participer à une commission administrative ou à un jury de concours ou d'examen.

Toutefois, la consultation ou la rédaction d'actes est subordonnée à une autorisation du bâtonnier.

Il ne peut exercer aucun acte de la profession hormis la consultation ou la rédaction d'actes, sur autorisation du bâtonnier.

L'avocat honoraire peut accepter une mission de justice, d'arbitrage, d'expertise ou de médiation. Il peut également participer à une commission administrative ou à un jury d'examen ou de concours.

17.02 **Jurisprudence de référence.**

> **L'honorariat peut être retiré pour manquement à la probité**

• **CA Paris, 1re ch., 24 nov. 1999,** *Gaz. Pal.* 30 juill.-1er août 2000, p. 20.

* V. ss no 17.12.

> **L'avocat honoraire doit être entendu par le Conseil de l'ordre**

• **Civ. 1re, 26 nov. 1996, no 94-20.846,** *Bull. civ.* I, no 417; *JCP* 1997, IV, 125.

* V. ss no 17.14.

> **La qualité d'avocat honoraire conférant certaines prérogatives, est recevable le recours contre la décision du Conseil de l'ordre refusant ce titre**

• **Civ. 1re, 7 avr. 1987, no 85-17.768,** *Bull. civ.* I, no 122; *Gaz. Pal.* 1987, 2, somm. 457, pan. jur. p. 164; *Gaz. Pal.* 8 août 1987, p. 8, note Damien; *JCP* 1987, IV, 210; *D.* 1987, 483, note Beignier.

« Vu l'article 19, alinéa 2, de la loi du 31 décembre 1971 portant réforme de certaines professions judiciaires et juridiques;

Attendu que M. V..., avocat, dont la démission avait été acceptée, a demandé que lui soit conféré l'honorariat; que le Conseil de l'ordre a rejeté sa demande;

Attendu que pour déclarer irrecevable l'appel formé par M. V... contre cette décision, la cour d'appel énonce que l'attribution ou le refus de l'honorariat entre dans les attributions exclusives du Conseil de l'ordre, que sa décision en la matière est une décision interne qui ne présente aucun caractère juridictionnel ou contentieux et n'est soumise à aucun recours et que M. V... ne peut prétendre que ce refus lèse ses intérêts professionnels puisque la démission, une fois acceptée, met fin définitivement à l'exercice de la profession d'avocat;

Attendu qu'en se prononçant ainsi, alors, d'une part, que la qualité d'avocat honoraire confère à ceux qui en sont titulaires certaines prérogatives et certains droits, comme celui de participer aux élections professionnelles et ne les soustrait pas à la juridiction disciplinaire du Conseil de l'ordre, ce qui implique qu'ils demeurent attachés à leur Ordre, et, d'autre part, que les intérêts professionnels protégés par l'article 19, alinéa 2, de la loi du 31 décembre 1971, qui ouvre le recours devant la cour d'appel des décisions du Conseil de l'ordre, comprennent les intérêts moraux de ceux qui ont exercé la profession d'avocat, la cour d'appel a violé le texte susvisé ».

17.09 **Évolution.** L'avocat qui cessait d'exercer ses fonctions, ce à quoi il n'était nullement tenu même s'il ne pouvait plus fréquenter le palais, ne recevait aucune distinction particulière du fait d'un exercice plus ou moins long de la profession. La tradition du barreau estimait qu'un avocat qui n'exerçait plus sa profession perdait tout lien avec l'Ordre des avocats et devenait étranger à la discipline du barreau et, par conséquent, aux avocats : « Seul l'avocat qui plaide et consulte demeure avocat. »

Un arrêté des 7 et 21 janvier 1851 du barreau de Paris avait en effet décidé qu'il n'y avait pas lieu de statuer sur la demande d'anciens avocats démissionnaires qui tendait à obtenir la formation d'un tableau supplémentaire où ils seraient inscrits sous le titre d'avocats honoraires. Ces arrêtés furent rendus sur le rapport du bâtonnier Marie et la même décision fut reprise le 29 novembre 1859 [1]. Ce n'est que par le décret du 20 juin 1920 que les avocats ayant exercé pendant trente années eurent la possibilité de se voir conférer le titre d'avocats honoraires [2].

SECTION 1
OBTENTION DU TITRE

17.11 **Conditions tenant à l'ancienneté.** Le décret du 9 juin 1972 [3] a réduit ce délai à 20 ans. L'arti-

1. Mollot, t. II, 169 et 170.
2. Décr. 20 juin 1920 relatif à l'execice de la profession et à la discipline du barreau.
3. Décr. no 72-468, 9 juin 1972 organisant la profession d'avocat, pris pour l'application de la loi no 71-1130 du 31 décembre 1971, *JO* 11 juin, p. 5884, mod.

cle 109 du décret du 27 novembre 1991[1] précise que le titre d'avocat honoraire peut être délivré par le Conseil de l'ordre aux avocats ayant exercé la profession pendant vingt ans au moins et ayant donné leur démission. L'article 1 de la loi du 31 décembre 1971 réduit ce délai à 15 années dans certaines conditions seulement.

17.12 Conditions tenant à l'honorabilité. L'article 13.1 du RIN dispose qu'en aucun cas, l'honorariat ne peut être accordé ou maintenu à celui qui porte ou aurait porté atteinte aux principes essentiels de la profession (v. s^s^ n°s 31.11 s.).

• L'honorariat peut être retiré pour manquement à la probité[2].

17.13 L'avocat dispose d'un recours devant la cour d'appel. La loi est muette sur la procédure et les recours auxquels sont soumis la demande d'honorariat et surtout le refus de conférer cette dignité. Il semble toutefois que s'agissant d'un titre qui consacre l'honorabilité d'un avocat au moment de son départ de la profession et qui est destiné à manifester qu'il la quitte pour des raisons honorables, tout en demeurant attaché à l'Ordre auquel il appartenait, il n'est pas possible d'accorder un pouvoir discrétionnaire au Conseil de l'ordre. On doit donc admettre, nonobstant le silence de la loi, que l'avocat peut présenter un recours devant la cour d'appel en cas de refus d'admission à l'honorariat.

17.14 Convocation de l'avocat devant le Conseil de l'ordre. L'article 13.1 du RIN prévoit que l'honorariat ne peut être refusé ou retiré sans que l'avocat demandant l'honorariat ou étant honoraire ait été régulièrement convoqué devant le Conseil de l'ordre. La jurisprudence a eu ainsi l'occasion de rappeler qu'au préalable, l'avocat doit être convoqué devant le Conseil de l'ordre pour présenter ses observations[3].

17.15 Procédure. Ce recours sera fondé sur les articles 15 du décret du 27 novembre 1991 et 19 paragraphe 2 de la loi du 31 décembre 1971, qui prévoient que tout avocat s'estimant lésé dans ses intérêts professionnels par une délibération ou une décision du Conseil de l'ordre peut la déférer devant la Cour, selon la procédure prévue par l'article 16 du décret du 27 novembre 1991. Il semble que ce même recours soit ouvert au procureur général, aux termes des dispositions de l'article 19 de la loi du 31 décembre 1971. Ce recours éventuel du procureur général ne serait alors assorti d'aucun délai.

• **Illustration par analogie de fait.** Aucune jurisprudence, à notre connaissance, ne s'est prononcée sur des motifs de refus d'honorariat d'avocat. En revanche, on pourra s'inspirer comme précédent d'un refus d'honorariat de magistrat[4].

SECTION 2
DROITS ET DEVOIRS DE L'AVOCAT HONORAIRE

17.21 Activités et missions. Les droits et devoirs de l'avocat honoraire sont déterminés par le règlement intérieur du barreau, aux termes de l'article 109 du décret du 27 novembre 1991. Le décret du 12 juillet 2005[5] et le RIN[6], modifiés par le décret du 11 décembre 2009[7], précisent que l'avocat honoraire demeure soumis aux obligations résultant du serment d'avocat.

Lorsque la participation d'un avocat à une commission administrative ou à un jury de concours ou d'examen est prévue par une disposition législative ou réglementaire, l'article 110 du décret du 27 novembre 1991 précise que l'autorité chargée de la désignation peut valablement porter son choix sur un avocat honoraire acceptant cette mission.

Les avocats honoraires peuvent être chargés par le Conseil de l'ordre ou par le bâtonnier de toute mission ou activité utile à l'administration de l'Ordre, à l'intérêt de ses membres ou à l'intérêt général de la profession aux termes de l'article 13.3 du RIN.

17.22 Consultation et rédaction d'actes. La consultation et la rédaction d'actes sont soumis au cas par cas à l'autorisation du bâtonnier, en application de l'article 13.3 du RIN. Depuis le décret du 11 décembre 2009[8], le RIN précise que l'avocat honoraire ne peut exercer aucun acte de la profession hormis la consultation ou la rédaction d'actes, sans autorisation préalable du bâtonnier.

En revanche, il peut accepter une mission de justice, d'arbitrage, d'expertise ou de médiation. Il peut également participer à une commission administrative ou à un jury d'examen ou de concours.

Par ailleurs, tous les actes entrant dans le monopole de la profession d'avocat lui sont interdits. Pour les autres actes, il est bien entendu libre de les accomplir comme tout citoyen. Il doit s'engager à

1. Décr. n° 91-1197, 27 nov. 1991 organisant la profession d'avocat, *JO* 28 nov., p. 15502, mod.
2. CA Paris, 1re ch., 24 nov. 1999, *Gaz. Pal.* 30 juill.-1er août 2000, 20.
3. CA Paris, 22 sept. 1993, *Gaz. Pal.* 1993, 2, somm. 422 – Civ. 1re, 26 mars 1996, *Gaz. Pal.* 9 sept. 1997, pan. 7; *JCP* 1997, IV, 125 – Civ. 1re, 26 nov. 1996, *JCP* 1997, IV, 125.
4. CE 22 nov. 1989, n° 95405, Giresse, *Lebon*; *JCP* 1990, II, 21411.
5. Décr. 12 juill. 2005, art. 21.
6. RIN, art. 13.
7. Décr. n° 2009-1544, 11 déc. 2009 relatif à la composition du CNB et à l'arbitrage du bâtonnier *JO* 13 déc., p. 21545.
8. Décr. n° 2009-1544, 11 déc. 2009, préc.

ne rien faire toutefois qui puisse porter atteinte à son honorabilité personnelle et à la dignité de la profession qu'il a exercée. Il peut accepter des arbitrages ou des expertises, un siège dans un conseil d'administration ou de surveillance, une rémunération fixe. Il peut être fonctionnaire, magistrat, commerçant, industriel ou officier ministériel. En revanche il ne peut exercer la profession d'agent d'affaires.

• **La liquidation du cabinet de l'avocat honoraire.** Pendant la période de liquidation de son cabinet, il peut collaborer avec les liquidateurs qui administrent provisoirement son cabinet pour les aider dans leur tâche et traiter les questions qu'ils lui confient, à l'exclusion de la plaidoirie et de la postulation. Un liquidateur en effet doit être désigné dans tous les cas, même au cas de cession amiable de la clientèle, le partage des honoraires entre les avocats, celui quittant le barreau et le liquidateur, sont déterminés par la convention, l'arbitrage du bâtonnier ou par le règlement intérieur du barreau.

17.23 Prérogatives. L'avocat honoraire peut être astreint au paiement d'une cotisation. Il est inscrit sur une liste spéciale du barreau. Il porte le titre d'avocat honoraire (v. s^{s} n° 17.01). Il conserve le droit de revêtir le costume d'avocat (v. s^{s} n°s 35.01 s.) et a le droit d'accès à la bibliothèque de l'Ordre, il peut prendre part aux réunions et aux cérémonies de l'Ordre et notamment aux assemblées générales électives puisque la loi lui confère la possibilité de voter aux élections du bâtonnier, des membres du Conseil de l'ordre et ceux du CNB (v. s^{s} n°s 23.31 à 23.37, 22.21 à 22.29). Il peut obtenir une carte d'avocat honoraire [1].

17.24 Contrôle du Conseil de l'ordre. Il doit, chaque fois qu'il prend une situation nouvelle, en faire la déclaration au bâtonnier. Si celui-ci estime que la situation envisagée ou acceptée est contraire à l'honorabilité du postulant ou à la dignité de sa profession, il en fait l'observation à l'intéressé. Si celui-ci passe outre, le bâtonnier peut saisir le conseil de discipline d'une proposition de retrait de l'honorariat. L'avocat honoraire reste, en effet, soumis à la juridiction disciplinaire du Conseil de l'ordre. Les peines qui peuvent lui être appliquées doivent être adaptées à sa situation particulière, pratiquement seul le retrait de l'honorariat peut être prononcé contre lui. Il ouvrirait alors les mêmes recours que ceux ouverts à l'avocat inscrit frappé de cette peine.

17.25 La suspension de l'honorariat pendant la durée de reprise d'une activité professionnelle. L'article 21 du décret du 12 juillet 2005 a été modifié par le décret du 11 décembre 2009 [2] afin de permettre aux avocats honoraires de reprendre leur activité professionnelle en la cumulant avec leur pension de retraite, ainsi que le prévoit l'article 88 de la loi du 17 décembre 2008 [3]. L'avocat honoraire est inscrit à un barreau, mais il est dispensé de prêter le serment d'avocat. Pendant la durée de cet exercice, il n'est pas autorisé à se prévaloir de son honorariat.

• Dans ce cas également, il serait sage que l'avocat honoraire fasse couvrir sa responsabilité professionnelle par une assurance complémentaire.

À compter de la cessation de cette activité, il peut à nouveau se prévaloir de sa qualité d'avocat honoraire, à moins que celle-ci ne lui ait été retirée en application de l'article 184 du décret du 27 novembre 1991.

17.26 Réinscription. L'avocat honoraire peut demander sa réinscription soit au barreau qui lui a conféré l'honorariat, soit dans un autre barreau que celui qui lui a conféré cette qualité. Les délais d'ancienneté nécessaires pour obtenir l'honorariat ne sont pas nécessairement consécutifs; ils peuvent avoir été interrompus par l'exercice d'autres fonctions. Les annuités nécessaires pour l'honorariat n'ont pas non plus besoin d'avoir été accomplies dans le même barreau. Le barreau qui accorde ou refuse l'honorariat est celui auquel l'avocat a été inscrit en dernier lieu.

• **La reprise du titre d'honoraire.** L'avocat honoraire qui se réinscrit dans le même barreau que celui dont il est avocat honoraire ou dans un autre barreau peut, à la cessation de ses fonctions, reprendre son titre d'avocat honoraire dès lors que sa démission a été acceptée et qu'il n'a pas été l'objet d'une sanction disciplinaire entraînant la cessation de ses fonctions.

1. RIN, art. 13.2.

2. Décr. n° 2009-1544, 11 déc. 2009, préc.
3. L. n° 2008-1330, 17 déc. 2008 de financement de la sécurité sociale pour 2009, *JO* 18 déc., p. 19291.

TITRE

2. L'organisation et l'administration de la profession

SECTION 0 ORIENTEUR

2.00 Plan du titre.

2.11 Structure générale de la profession : barreaux, ordres, bâtonniers, CNB, conseils de discipline. La profession d'avocat est structurée principalement par les barreaux, qui constituent la cellule active de l'Ordre des avocats. Un ordre d'avocat est composé de tous les avocats inscrits au tableau, des avocats honoraires, et autrefois des avocats stagiaires. Le barreau est composé des avocats inscrits au tableau. Ces barreaux sont établis auprès de chaque tribunal de grande instance et sont administrés par un conseil de l'ordre, lui-même présidé par un bâtonnier. Un organe central, le Conseil national des barreaux (CNB) a été créé en 1990, pour assurer l'unité de la profession, en harmonisant les règles et usages et représenter celle-ci auprès des pouvoirs publics. La représentation de la profession est également assurée par des associations et des syndicats professionnels d'avocats. Enfin, la loi du 11 février 2004 a créé les conseils de disciplines qui exercent le pouvoir disciplinaire dans le ressort de chaque cour d'appel, à l'exception du barreau de Paris.

CHAPITRE

21. Barreau

SECTION 0
ORIENTEUR

21.00 Plan du chapitre.

21.01 Textes applicables.

>

L. n° 71-1130, 31 déc. 1971, art. 15, 21, al. 1er

Décr. n° 91-1197, 27 nov. 1991, art. 1 et 2

>

L. 31 déc. 1971, art. 15 [Administration des barreaux]

[mod. par L. n° 2004-130, 11 févr. 2004, art. 22, *JO* 12]

Les avocats font partie de barreaux qui sont établis auprès des tribunaux de grande instance, suivant les règles fixées par les décrets prévus à l'article 53. Ces décrets donnent aux barreaux la faculté de se regrouper.

Chaque barreau est administré par un Conseil de l'ordre élu pour trois ans, au scrutin secret, par tous les avocats inscrits au tableau de ce barreau et par les avocats honoraires dudit barreau. Le Conseil de l'ordre est renouvelable par tiers chaque année. Il est présidé par un bâtonnier élu pour deux dans les mêmes conditions.

Les élections peuvent être déférées à la cour d'appel par tous les membres du barreau disposant du droit de vote et par le procureur général.

L. 31 déc. 1971, art. 21, al. 1 [Personnalité civile]

Chaque barreau est doté de la personnalité civile.

Le bâtonnier représente le barreau dans tous les actes de la vie civile. Il prévient ou concilie les différends d'ordre professionnel entre les membres du barreau et instruit toute réclamation formulée par les tiers.

Décr. 27 nov. 1991, art. 1 [Composition du barreau]

Les avocats établis près de chaque tribunal de grande instance forment un barreau. Le barreau comprend les avocats inscrits au tableau et les avocats inscrits sur la liste du stage.

Décr. 27 nov. 1991, art. 2 [Regroupement de barreaux]

Les avocats établis auprès de plusieurs tribunaux de grande instance situés dans le ressort d'une même cour d'appel peuvent, par décision votée à la majorité des voix des avocats de chaque barreau, se grouper pour former un seul barreau.

21.02 Jurisprudence de référence.

> Le contrôle de la légalité des décisions du barreau relève de la compétence des tribunaux judiciaires

• CE 12 oct. 1988, n° 97778

* V. ss n° 21.22.

« Considérant qu'il n'appartient pas à la juridiction administrative de connaître d'un recours contre une décision du bâtonnier d'un ordre des avocats au barreau refusant de donner suite à une plainte, pour faute professionnelle, déposée par un client contre un avocat. »

21.03 Bibliographie indicative.

Articles. Karpik, « Démocratie et pouvoir au barreau de Paris », *RF sc. pol.* août 1986, n° 4, vol. 36 – Martin, « Ordre et barreau », *Gaz. Pal.* 2002, 2, doctr. 1242.

SECTION 1
DÉFINITION ET COMPOSITION

21.11 Définition. Le barreau constitue la cellule de base de l'organisation de la profession d'avocat. Il comprend les avocats inscrits au Tableau (v. ss nos 14.11 s.) et sur la liste du stage (liste en voie de disparition depuis la suppression du stage par la loi du 11 févr. 2004). Doté de la personnalité morale, chaque barreau est administré par un Conseil de l'ordre (v. ss nos 23.11 s.) et présidé par un bâtonnier (v. ss nos 24.11 s.).

21.12 Les avocats sont groupés en barreau auprès de chaque tribunal de grande instance[1]**.**

1. Décr. 27 nov. 1991, art. 1.

Les avocats établis auprès de plusieurs tribunaux de grande instance situés dans le ressort d'une même cour d'appel peuvent, par décision votée à la majorité des voix de chaque barreau, se grouper pour former un seul barreau[1].

21.13 Distinction entre barreau et Ordre. Souvent pris l'un pour l'autre, les deux termes doivent être distingués, car le barreau et l'Ordre ne regroupent pas les mêmes personnes.

Le barreau regroupe l'ensemble des avocats exerçant de façon effective, c'est-à-dire les avocats inscrits sur la liste du stage et les avocats inscrits au tableau[2], alors que l'Ordre regroupe en plus des avocats exerçant effectivement la profession, les avocats honoraires[3].

21.14 Protection légale du terme « Ordre ». Toute personne qui, dans la dénomination d'un groupement professionnel constitué sous quelle que forme que ce soit, utilise, en dehors des cas prévus par la loi, le mot « Ordre » est passible d'une amende de 4 500 euros et, en cas de récidive, d'une amende de 9 000 euros et d'un emprisonnement de six mois ou de l'une de ces peines seulement[4].

SECTION 2
NATURE JURIDIQUE

21.21 Établissement d'utilité publique. Possédant certaines des prérogatives de la puissance publique qui leur ont été dévolues par le législateur et bien que participant au fonctionnement d'un service public, les barreaux constitueraient des *établissements d'intérêt public,* classe plus vaste à l'intérieur de laquelle figurent les établissements d'utilité publique définis pour la première fois par la jurisprudence en 1856[5].

Un jugement a reconnu au barreau le caractère d'un organisme à but non lucratif, à défaut de lui reconnaître le caractère d'établissement public ou d'établissement d'utilité publique[6]. Le doyen Vedel considère que pour être fidèle au droit positif, il faut ranger les ordres professionnels parmi les personnes morales de droit privé investies d'une mission de service public[7].

En l'état actuel des textes, il faut en réalité reconnaître aux barreaux la qualité d'établissement d'utilité publique en raison de l'article 21-1 de la loi du 31 décembre 1971 qui reconnaît au CNB cette nature juridique.

21.22 Le contrôle de légalité des décisions du barreau est de la compétence des juridictions judiciaires. En matière d'ordre d'avocats la juridiction administrative étant radicalement incompétente pour connaître de la marche du service public judiciaire et des conditions dans lesquelles la fonction judiciaire est exercée, le contrôle de la légalité des décisions des barreaux est exclusivement exercé par les tribunaux de l'Ordre judiciaire sans que cela tire à conséquence sur le plan de leur nature juridique[8].

Dans un arrêt du 12 octobre 1988 le Conseil d'État a décidé qu'il n'appartient pas à la juridiction administrative de connaître d'un recours contre une décision du bâtonnier de l'Ordre des avocats refusant de donner suite à une plainte contre un avocat, déposée par un client sur le fondement d'une faute professionnelle qu'aurait commise ce dernier[9].

21.23 Ordre professionnel. De même, il semble qu'on puisse considérer que les ordres d'avocats sont des établissements d'utilité publique puisqu'il y a adhésion obligatoire des membres de la profession à ces ordres, investis d'un pouvoir réglementaire nécessaire pour arrêter les règlements intérieurs prévus par la loi, ainsi que du pouvoir de lever les cotisations réglementaires dont le non-paiement est sanctionné.

Depuis la loi du 11 février 2004, les ordres d'avocats qui avaient précédemment le pouvoir disciplinaire exercé au nom de l'État, n'ont conservé que le pouvoir de statuer sur la mesure de sûreté qu'est la suspension provisoire de l'avocat qui fait l'objet d'une poursuite pénale ou disciplinaire[10] (v. s[s] n°s 84.21 à 84.26).

21.24 Affiliation obligatoire à l'Ordre des avocats et liberté d'association. L'obligation pour exercer la profession d'avocat, de s'affilier à l'Ordre d'avocats du lieu d'exercice ne constitue pas une entrave à la liberté d'association reconnue par la Déclaration des droits de l'homme.

L'Ordre professionnel, poursuivant un but d'intérêt général, en l'espèce la protection de la défense libre du citoyen, cette seule considération suffit à

1. Décr. 27 nov. 1991, art. 2.
2. Décr. 27 nov. 1991, art. 1er.
3. Rép. min. n° 63643, *JOAN Q* 21 déc. 1992.
4. L. 31 déc. 1971, art. 73.
5. Civ., 5 mars 1856, Caisse d'épargne de Caen, *DP* 1856, I, 121.
6. CA Lyon, 9 mai 1980, *Gaz. Pal.* 1980, 2, 526.
7. RAPPR. : Vedel, Delvolvé, *Droit administratif*, p. 1050.
8. CE 13 juill. 1961, *Lebon*, 489; *D.* 1962, 475, note Debbasch – CE 30 mars 1927, *Lebon*, 415 – CE 17 mai 1933, *Lebon*, 536 – CE 5 juill. 1933, *Lebon*, 738 – CE 26 avr. 1939, *Lebon*, 263 – Odent, *Le contentieux administratif*, p. 660 – Civ. 1re, 5 oct. 1999, n° 96-19.536, NP, *Annonces de la Seine* n° 69, p. 6.
9. CE 12 oct. 1988, n° 97778, Pincet, *Lebon T*; *Gaz. Pal.* 1990, 2, 411.
10. L. 31 déc. 1971, art. 24, mod.

justifier à son profit, des prérogatives exorbitantes du droit commun consistant en un certain contrôle public de l'exercice de la profession, utilisant à cette fin des procédures de la puissance publique, dès lors que sa création par l'État n'empêche pas les praticiens de fonder entre eux des associations professionnelles et d'y adhérer (v. s[s] n°s 28.11 s.)[1].

SECTION 3
FONCTION DE PROTECTION DES DROITS DES AVOCATS

21.31 Les barreaux qui rassemblent les avocats exerçant individuellement ou en groupes la profession ont une mission qui dépasse celle qui incombe à chacun de leurs membres à titre individuel. Elle consiste à assumer la représentation de la défense, dans un territoire donné, à y faire respecter les droits et liberté des défenseurs et ceux des justiciables.

Il permet ainsi à chacun de ses membres d'assurer librement et dignement son activité judiciaire et juridique. Car par ses membres, les avocats, le barreau à la charge des justiciables qu'il assume en permettant à ceux-ci de trouver les avocats dont ils ont besoin pour les éclairer par des consultations écrites ou orales, et assumer la protection de leurs intérêts. Il facilite leur accès à la justice pour défendre leurs affaires, et rédiger les contrats qui leur sont nécessaires ou répondre aux demandes de consultations pour la protection de leur personne et de leurs biens.

Le barreau intervient également par les consultations juridiques gratuites, le service de l'aide judiciaire, les commissions d'office et le concours à l'aide juridictionnelle notamment par la désignation d'avocat, à défaut de choix par les bénéficiaires en cette matière.

La jurisprudence ne semble pas avoir pris nettement conscience du rôle particulier que l'Ordre des avocats joue désormais en tant que personne morale chargée d'assurer la défense à titre collectif et non pas simplement par la juxtaposition individuelle de ses membres.

21.32 Le monopole de la défense. Le concours des avocats est acquis à tous ceux qui ont besoin de se faire entendre de la justice et du pouvoir.

L'avocat membre du barreau est chargé dans la société d'assurer la défense et la protection de tous les citoyens et de résister au nom du respect de l'individu et de la dignité de la personne, à la société et au pouvoir s'ils l'oppriment. Il possède à cet effet le monopole de la défense et celui de la consultation, sous certaines réserves (v. s[s] n°s 40.11 s. et 41.11 s.).

SECTION 4
AUTONOMIE ET INDÉPENDANCE

21.41 Chaque barreau est autonome. En ce sens, il a le droit de s'administrer lui-même, d'avoir son patrimoine propre, d'élaborer son règlement intérieur et de maintenir ses traditions. Ses membres sont avant tout soumis à sa discipline et à ses règles. La loi du 31 décembre 1971[2] et le décret du 27 novembre 1991[3] posent des règles obligatoires pour l'organisation et l'administration des ordres.

21.42 Les barreaux ont la personnalité civile[4]. Ils peuvent avoir un patrimoine. Ils agissent par leur organe de représentation qui est le bâtonnier assisté de son Conseil. Ils ont qualité pour défendre les intérêts de la profession.

Le barreau administre ses membres, prévoit leur formation dans le cadre des centres régionaux de formation professionnelle et leur mode d'action, assure le fonctionnement du service public (aide juridique, commissions d'office, service des audiences et instruction), assure la perception d'une cotisation destinée à permettre le bon fonctionnement de l'Ordre et la discipline de ses membres.

21.43 Les locaux de l'Ordre font partie de ceux affectés par l'État au service public de la justice. Les locaux utilisés par l'Ordre des avocats d'un tribunal de grande instance ou d'une cour d'appel, dans l'enceinte du palais de justice d'une ville et comportant bureaux, bibliothèque, salle de réunions, vestiaires, font partie des locaux affectés par l'État au service public de la justice.

L'autorité judiciaire en conserve l'administration et en attribue la jouissance à l'Ordre, à titre gracieux, toutefois, des cas d'espèces contraires sont notés dans certains Palais de Justice.

En fait, l'Ordre des avocats a le droit d'avoir des locaux qui permettent à chacun de ses membres d'exercer les fonctions qui lui incombent et notamment un vestiaire, une bibliothèque, un bureau pour le bâtonnier, le secrétaire de l'Ordre et pour le secrétariat, ainsi que pour les services communs et enfin une salle de réception pour le public destinée à permettre l'accueil des consultations gratuites et des justiciables.

1. CEDH 23 juin 1981, n° 6878/75, n° 7238/75, aff. Le Compte, van Leuven et de Meyere c/Belgique – Note Delamarre, *Gaz. Pal.* 1981, 2, 775 – Damien, note s[s] CA Aix-en-Provence, 5 févr. 1982, *Gaz. Pal.* 1982, 1, 305.

2. L. 31 déc. 1971, art. 15 s.
3. Décr. 27 nov. 1991, art. 1 s.
4. L. 31 déc. 1971, art. 21.

On doit considérer que toutes ces pièces, même si elles sont affectées privativement, par exemple, à l'usage du bâtonnier ou du secrétaire de l'Ordre, servent en réalité uniquement au service du public que l'Ordre des avocats a pour mission de servir et que le fait que le public ne puisse pas entrer librement dans le bureau du bâtonnier ne change pas la destination de cette pièce qui demeure, en fait, affectée à l'Ordre des avocats dans l'intérêt de leur mission et donc du public et qui, par là même, doit être exempté de contribution mobilière de la même manière que les bureaux des fonctionnaires publics.

L'avocat, d'ailleurs, bien que non-fonctionnaire, participe à un service public, il est un auxiliaire de justice, cette qualité lui est désormais reconnue par l'article 3 de la loi du 31 décembre 1971. Il est donc anormal de constater que dans certains barreaux de faible importance numérique, les magistrats chargés de l'administration du palais de justice aient cru pouvoir retirer la pièce dont disposaient jusqu'alors, depuis la création du tribunal, les avocats pour y installer par exemple un *emploi jeune*.

SECTION 5
REGROUPEMENT DE BARREAUX

21.51 Deux types de regroupements. Il est permis de réaliser des regroupements :

- entre barreaux pour constituer un barreau unique;
- entre barreaux indépendants et conservant leur autonomie pour créer des services communs.

21.52 Regroupement en un seul barreau[1]. Les avocats établis auprès de plusieurs tribunaux de grande instance situés dans le ressort d'une même cour d'appel peuvent, par décision votée à la majorité des voix des avocats de chaque barreau, se grouper pour former un seul barreau.

Dans l'ancienne législation le regroupement était prévu au maximum à l'échelle départementale. Actuellement, il est prévu à l'échelle de la cour. Il suffit pour regrouper un ou plusieurs barreaux de provoquer autant d'assemblées générales qu'il y a de barreaux intéressés, et que le projet de regroupement obtienne la majorité dans chaque assemblée générale de barreaux. Les barreaux groupés ne sont pas forcément limitrophes.

21.53 Reconstitution en barreaux autonomes. Il semble qu'ils puissent, par une délibération identique à celle qui les a constitués en barreaux uniques, se reconstituer en barreaux autonomes.

La loi et les décrets sont muets sur ce point. Par référence à la jurisprudence antérieure, il semble qu'un barreau ait toujours la faculté de se retirer du groupe de barreaux auquel il a adhéré[2].

21.54 Effets du regroupement. Non seulement les barreaux réunis ne forment plus qu'un seul barreau doté d'une personnalité civile unique, administré par un seul Conseil de l'ordre et dirigé par un seul bâtonnier, mais les avocats postulants qui composent ce barreau unique peuvent désormais exercer les prérogatives attachées au monopole des anciens avoués devant chacun des tribunaux du ressort du nouveau barreau regroupé[3]. C'est d'ailleurs cette disposition qui crée l'obstacle le plus important au regroupement des barreaux.

D'ailleurs, même sans regroupement de barreaux si le nombre des avocats inscrits au tableau et résidant dans le ressort d'un tribunal de grande instance est jugé par la cour insuffisant pour expédier les affaires, les avocats d'autres barreaux de la même cour peuvent se voir autoriser à diligenter des actes de procédure dans ce ressort[4]. Cette autorisation est donnée par la cour d'appel.

21.55 Services communs entre barreaux. Les Ordres d'avocats mettent en œuvre par délibération conjointe, dans le cadre des dispositions législatives et réglementaires, les moyens appropriés pour régler les problèmes d'intérêt commun tels : l'informatique, la formation professionnelle, la représentation de la profession, le régime de la garantie[5]. Ainsi sont donc admis des regroupements d'un ou de plusieurs barreaux limitrophes ou non, appartenant ou non au même ressort de Cour et traitant en commun des différentes questions qui viennent d'être mentionnés. En matière de formation professionnelle, il est à noter que tout ce qui concerne les élèves préparant le Capa, les avocats stagiaires ou les avocats inscrits (formation professionnelle continue) est déjà confié à un organisme réglementé établi obligatoirement à l'échelon de chaque cour[6].

21.56 Regroupement des centres de formation professionnelle. La loi du 11 février 2004[7] modifiant ou abrogeant certains articles de la loi du 31 décembre 1971 organise la formation qui est assurée par les centres régionaux de formation professionnelle; comme auparavant.

1. L. 31 déc. 1971, art. 15 – Décr. 27 nov. 1991, art. 2.
2. Cass. Req. 15 févr. 1937, *DH* 1937, 161.
3. L. 31 déc. 1971, art. 5, § 2.
4. L. 31 déc. 1971, art. 5, § 3.
5. L. 31 déc. 1971, art. 18.
6. L. 31 déc. 1971, art. 14 s. – Décr. 27 nov. 1991, art. 42.
7. L. n° 2004-130, 11 févr. 2004 réformant le statut de certaines professions judiciaires ou juridiques, des experts judiciaires, des conseils en propriété industrielle et des experts en ventes aux enchères publiques, *JO* 12 févr., p. 2847, mod.

Le centre régional de formation professionnelle reste un établissement d'utilité publique doté de la personnalité morale dont le fonctionnement est assuré par la profession d'avocat avec le concours de magistrats et des universités et le cas échéant de toute autre personne ou organisme qualifié.

Le article 13-1 [nouveau] de la loi du 31 décembre 1971 [1] dit que « le garde des Sceaux, ministre de la Justice arrête sur proposition du CNB le siège et le ressort de chaque centre régional de formation professionnelle. Il peut être procédé à des regroupements dans les mêmes formes, après consultation des centres concernés par le CNB... ».

Le même article 13-1 [nouveau] prévoit que « le Centre régional peut après avis conforme du Conseil nationl des barreaux créer une section locale dans les villes pourvues d'unités de formation et de recherche juridique ».

1. L. 31 déc. 1971, art. 13-1 ; réd. L. n° 2004-130, 11 févr. 2004, art. 19.

CHAPITRE

22. Conseil national des barreaux (CNB)

SECTION 0

ORIENTEUR

22.00 **Plan du chapitre.**

22.01 **Textes applicables.**

>

L. n° 71-113, 31 déc. 1971, art. 14-1 et 14-2 ; art. 21-1 et 21-2
[mod. par L. n° 90-1259, 31 déc. 1990 ; L. n° 95-1349, 30 déc. 1995 ; L. n° 2004-130, 11 févr. 2004]

Décr. n° 91-1197, 27 nov. 1991, art. 19 à 40
[mod. par décr. n° 2005-531, 24 mai 2005 et par décr. n° 2005-1381, 4 nov. 2005]

>

L. 31 déc. 1971, art. 21-1 [Fonctions]
[mod. par L. n° 2004-130, 11 févr. 2004 ; mod. par ord. n° 2009-104, 30 janv. 2009]

Le Conseil national des barreaux, établissement d'utilité publique doté de la personnalité morale, est chargé de représenter la profession d'avocat notamment auprès des pouvoirs publics. Dans le respect des dispositions législatives et réglementaires en vigueur, le Conseil national des barreaux unifie par voie de dispositions générales les règles et usages de la profession d'avocat.

Le Conseil national des barreaux est, en outre, chargé de définir les principes d'organisation de la formation et d'en harmoniser les programmes. Il coordonne et contrôle les actions de formation des centres régionaux de formation professionnelle et exerce en matière de financement de la formation professionnelle les attributions qui lui sont dévolues à l'article 14-1. Il détermine les conditions générales d'obtention des mentions de spécialisation.

Il est en outre chargé d'arrêter la liste des personnes susceptibles de bénéficier de la directive CEE n° 89-48 du Conseil des Communautés européennes du 21 décembre 1988 précitée et celle des candidats admis à subir les épreuves de l'examen de contrôle des connaissances prévu au dernier alinéa de l'article 11.

Lorsque le Conseil national des barreaux siège en matière de formation professionnelle, des magistrats et des membres de l'enseignement supérieur lui sont adjoints.

Le Conseil national des barreaux peut, dans les conditions prévues par décret en Conseil d'État, assister le conseil de l'ordre dans l'exercice de sa mission définie au 13° de l'article 17.

L. 31 déc. 1971, art. 21-2 [Composition]
[créé par L. n° 95-1349, 30 déc. 1995 ; mod. par L. n° 2009-526, 12 mai 2009, *JO* 13]

Le Conseil national des barreaux est composé d'avocats élus au suffrage direct par deux collèges :

– le collège ordinal, composé des bâtonniers et des membres des Conseils de l'ordre ;

– le collège général, composé de l'ensemble des avocats disposant du droit de vote mentionné au deuxième alinéa de l'article 15.

Chaque collège élit la moitié des membres du Conseil national des barreaux.

L'élection dans chaque collège a lieu sur la base d'une ou plusieurs circonscriptions.

En cas de pluralité de circonscriptions, la répartition des sièges à pourvoir entre les circonscriptions est proportionnelle au nombre des avocats inscrits dans chacune d'elles.

Le président de la conférence des bâtonniers et le bâtonnier de l'ordre des avocats au barreau de Paris en exercice sont membres de droit du Conseil national des barreaux.

Décr. 27 nov. 1991, art. 19 [Rééligibilité]
[mod. par décr. n° 2009-1544, 11 déc. 2009, *JO* 13]

Le Conseil national des barreaux est composé de quatre-vingts membres élus pour trois ans ainsi que du président de la conférence des bâtonniers et du bâtonnier de l'ordre des avocats au barreau de Paris. Les membres élus du Conseil national des barreaux sont immédiatement rééligibles à l'expiration du premier mandat. À l'expiration du deuxième de deux mandats successifs, les membres sortants ne sont rééligibles qu'après un délai de trois ans.

Décr. 27 nov. 1991, art. 20 [Collèges]

Le collège ordinal et le collège général sont divisés en deux circonscriptions, l'une nationale, à l'exception du barreau de Paris, l'autre correspondant à ce barreau.

Décr. 27 nov. 1991, art. 21 [Répartition des sièges]

Le président du Conseil national des barreaux porte, avant le 1er juillet de l'année de l'élection, à la connaissance de chaque bâtonnier et des présidents des organisations professionnelles d'avocats ayant obtenu des sièges lors de la précédente élection au Conseil national des barreaux, le nombre des sièges devant être pourvus dans chaque circonscription pour le collège ordinal et le collège général. La répartition, établie selon la règle de proportionnalité prévue par la loi du 30 décembre 1995 susvisée, est la même dans chaque collège. Lorsque l'application de cette règle n'aboutit pas à un nombre entier de sièges, le siège restant est attribué à celle des circonscriptions qui obtient le résultat le plus élevé ou, en cas d'égalité, à la circonscription autre que celle de Paris.

Décr. 27 nov. 1991, art. 22 [Composition du collège ordinal]

Le collège ordinal est composé, dans chacune des circonscriptions, du ou des bâtonniers et des membres du ou des Conseils de l'ordre exerçant leurs fonctions dans la circonscription concernée.

Sont éligibles par ce collège, au scrutin uninominal majoritaire à un tour, les bâtonniers, anciens bâtonniers et membres et anciens membres des Conseils de l'ordre exerçant la profession d'avocat, ainsi que les présidents et membres des anciennes commissions nationale et régionales des conseils juridiques exerçant la profession d'avocat.

Décr. 27 nov. 1991, art. 23 [Composition du collège général]

Le collège général est composé, dans chacune des circonscriptions, des avocats disposant du droit de vote défini à l'article 15 de la loi du 31 décembre 1971 précitée.

Sont éligibles par ce collège, au scrutin de liste proportionnel avec attribution du reste à la plus forte moyenne, les avocats inscrits au tableau au 1er janvier de l'année du scrutin.

Chaque liste doit comporter un nombre de candidats correspondant au nombre de sièges à pourvoir.

Décr. 27 nov. 1991, art. 24 [Rôle du bâtonnier]

Dans chaque barreau, le bâtonnier est chargé de l'organisation des opérations électorales et du dépouillement des votes.

Décr. 27 nov. 1991, art. 25 [Communication du nombre d'électeurs]

Le bâtonnier communique au président du Conseil national des barreaux, avant le 1er mars de l'année de l'élection, le nombre des membres de son barreau ayant, au 1er janvier de l'année du scrutin, la qualité d'électeur dans le collège général, telle que définie à l'article 15, alinéa 2, de la loi du 31 décembre 1971 précitée.

Avant la même date, chaque bâtonnier de la circonscription nationale détermine et communique au président, pour le collège ordinal de son barreau, le nombre de voix dont dispose chaque électeur en divisant le nombre d'avocats disposant du droit de vote au 1er janvier de l'année du scrutin par le nombre d'électeurs, le quotient étant arrondi au nombre entier inférieur. Chaque électeur dispose d'un bulletin de vote portant le nombre de voix dont il dispose.

Dans la circonscription de Paris, chaque électeur du collège ordinal dispose d'une voix.

Décr. 27 nov. 1991, art. 26 [Élections]

Les opérations de vote se déroulent dans chaque barreau, chaque électeur votant dans son barreau.

Les déclarations de candidature, individuelles pour le collège ordinal et par listes pour le collège général, doivent être remises contre récépissé au président du Conseil national des barreaux, au plus tard la dernière semaine du mois de septembre.

Dans le collège général, chaque liste comporte mention de son titre, qui peut être le nom ou les initiales d'une organisation professionnelle ou syndicale, à condition qu'il soit justifié, lors de la déclaration de candidature, de l'accord exprès de cette organisation ou de ce syndicat. Cet accord peut être annexé dans un document séparé. La liste comporte les nom et prénoms de chaque candidat, le barreau auquel il appartient, la date d'inscription au tableau, le mode d'exercice de la profession et la signature de l'intéressé. Nul ne peut être candidat sur plus d'une liste ou dans deux collèges.

Décr. 27 nov. 1991, art. 27 [Date du scrutin]

Dans la semaine suivant la date de clôture du dépôt des listes, le président du Conseil national des barreaux fixe la date du scrutin, qui a lieu le même jour pour les deux collèges et dans les deux mois précédant l'expiration du mandat des membres en exercice.

Décr. 27 nov. 1991, art. 28 [Modalités]

Le vote a lieu au scrutin secret et, pour ce qui concerne le collège général, sans panachage ni vote préférentiel.

Les électeurs peuvent voter par procuration. Chaque mandataire ne peut disposer de plus d'une procuration.

Les électeurs peuvent également voter à distance par voie électronique, lorsque l'Ordre dont ils relèvent a adopté les dispositions techniques nécessaires. Dans ce cas, quinze jours au moins avant la date du scrutin, l'Ordre porte à la connaissance de chacun de ses membres disposant du droit de vote les modalités pratiques du scrutin et lui adresse un code personnel et confidentiel.

Le dépouillement a lieu à la clôture du scrutin dans chaque barreau. Les résultats sont consignés dans des procès-verbaux établis en double exemplaire et signés par le bâtonnier et les scrutateurs.

Le premier exemplaire est transmis sans délai par lettre recommandée avec demande d'avis de réception au président du Conseil national des barreaux. Le deuxième exemplaire est conservé avec les bulletins de vote préalablement placés dans une enveloppe scellée par le bâtonnier.

Le recensement général des votes est effectué par le bureau du Conseil national des barreaux. Il en est dressé procès-verbal.

Décr. 27 nov. 1991, art. 29 [Résultats]

I. – Sont élus dans le collège ordinal les candidats ayant obtenu le plus grand nombre de suffrages, dans la limite des postes à pourvoir dans chaque circonscription.

II. – Dans le collège général, seules les listes ayant obtenu au moins 4 p. 100 des suffrages exprimés dans l'une des circonscriptions sont attributaires des sièges dans cette circonscription.

Il est attribué à chaque liste autant d'élus que le nombre de suffrages obtenus dans les bureaux de vote ci-dessus déterminés contient de fois le quotient électoral.

Le quotient électoral est égal au nombre total des suffrages obtenus par les différentes listes ayant atteint 4 p. 100 divisé par le nombre de sièges à pourvoir.

Les sièges non pourvus par application du quotient sont attribués suivant la règle de la plus forte moyenne.

À cet effet, le nombre de voix restantes obtenues par chaque liste est divisé par le nombre, augmenté d'une unité, des sièges déjà attribués à la liste.

Le premier siège non pourvu est attribué à la liste ayant le plus fort résultat.

Il est procédé successivement à la même opération pour chacun des sièges non pourvus.

Décr. 27 nov. 1991, art. 30 [Égalité des voix]

Dans l'un ou l'autre collège, en cas d'égalité de voix, le candidat proclamé élu est celui dont la date d'inscription à un tableau est la plus ancienne et, à égalité d'ancienneté, le candidat le plus âgé.

Décr. 27 nov. 1991, art. 31 [Procès-verbal des opérations de vote]

Un procès-verbal des opérations de vote est établi et communiqué à chaque bâtonnier ainsi qu'aux présidents des organisations professionnelles visées à l'article 21.

Décr. 27 nov. 1991, art. 32 [Remplacement de membres]

Si un membre du Conseil national des barreaux vient à cesser ses fonctions avant l'expiration de leur durée normale, il est pourvu à son remplacement :

– dans le collège ordinal, par le candidat non élu ayant obtenu le plus grand nombre de voix dans la même circonscription que celui qui a cessé ses fonctions;

– dans le collège général, par le premier candidat non élu de la liste.

Si, à défaut de remplaçants, l'effectif du conseil national est réduit d'au moins un quart, il est procédé à une élection destinée à pourvoir les sièges vacants dans les conditions prévues aux articles 22 à 27. Toutefois, il n'y a pas lieu à élection partielle dans les six mois précédant le renouvellement du conseil national.

Décr. 27 nov. 1991, art. 33 [Recours]

Tout avocat peut déférer l'élection des membres du Conseil national des barreaux à la cour d'appel de Paris dans le délai de huit jours à compter de la proclamation des résultats.

Le procureur général peut déférer les élections à la cour d'appel de Paris dans le délai de quinze jours de la proclamation des résultats.

Le recours est formé, instruit et jugé comme il est dit à l'article 16. Le greffier en chef de la cour d'appel avise immédiatement du recours le procureur général et le président du Conseil national des barreaux.

Décr. 27 nov. 1991, art. 34 [Élection du bureau]

[mod. par décr. n° 2009-1544, 11 déc. 2009, *JO* 13]

Le bureau du Conseil national des barreaux est composé d'un président, de deux vice-présidents, d'un secrétaire, d'un trésorier et de quatre autres membres, élus au scrutin secret uninominal majoritaire à deux tours. Il comprend, en outre, le président de la conférence des bâtonniers et le bâtonnier de l'ordre des avocats au barreau de Paris en exercice qui sont vice-présidents de droit à l'exclusion de toute autre fonction.

À l'exception du président, dont le mandat est d'un an renouvelable deux fois, les membres élus du bureau le sont pour une durée de trois ans. Leur mandat est renouvelable une fois. Si un membre élu du bureau vient à cesser ses fonctions avant l'expiration de la durée normale de son mandat, il est pourvu à son remplacement dans le délai de trois mois. En ce cas, les fonctions du nouveau membre expirent à l'époque où auraient cessé celles du membre qu'il a remplacé.

L'élection des membres du bureau peut être contestée par tout membre du Conseil national des barreaux et par le procureur général devant la cour d'appel de Paris, dans les conditions prévues à l'article 33.

Décr. 27 nov. 1991, art. 35 [Gratuité des fonctions]

[mod. par décr. n° 2007-932, 15 mai 2007 et par décr. n° 2009-1544, 11 déc. 2009, *JO* 13]

Les fonctions de membre élu du Conseil national des barreaux sont gratuites et ne peuvent donner lieu qu'au remboursement de frais de voyage et de séjour, dans les conditions fixées par le Conseil national des barreaux.

Le président, les membres du bureau, le président de la commission de la formation professionnelle instituée à l'article 39 et les présidents des commissions permanentes instituées, le cas échéant, par le règlement intérieur peuvent recevoir, pour frais de représentation, une indemnité dont le montant est fixé par le Conseil national des barreaux.

Décr. 27 nov. 1991, art. 36 [Fonctionnement]

Le Conseil national des barreaux se réunit sur la convocation de son président, soit à l'initiative de celui-ci, soit à la demande du tiers au moins de ses membres.

Il ne délibère valablement que si la moitié de ses membres sont présents. À défaut, le Conseil national des barreaux est convoqué de nouveau et délibère sans condition de *quorum*. Il se prononce à la majorité des voix. En cas de partage égal des voix, celle du président est prépondérante.

Décr. 27 nov. 1991, art. 37 [Financement]

Le Conseil national des barreaux établit son budget de fonctionnement. Ses ressources sont constituées notamment par une cotisation annuelle à la charge des avocats inscrits à un tableau ou sur la liste du stage.

Le Conseil national des barreaux fixe chaque année le montant des cotisations et leurs modalités de paiement.

Décr. 27 nov. 1991, art. 38 [Règlement intérieur]

Les modalités de fonctionnement du Conseil national des barreaux sont fixées par un règlement intérieur arrêté en assemblée générale et communiqué au garde des Sceaux, ministre de la Justice.

Décr. 27 nov. 1991, art. 38-1 [Notification et publication]

[créé par décr. n° 2007-932, 15 mai 2007]

Les décisions unifiant par voie de dispositions générales les règles et usages de la profession d'avocat prises par le Conseil national des barreaux en application du premier alinéa de l'article 21-1 de la loi du 31 décembre 1971 susvisée sont, dans le délai de trente jours de leur date, notifiées par lettre recommandée avec demande d'avis de réception au garde des sceaux, ministre de la justice, et au conseil de l'ordre de chacun des barreaux. Elles sont publiées au Journal officiel de la République française.

Décr., 27 nov. 1991, art. 39 [Commission de la formation professionnelle]

Le Conseil national des barreaux comprend une commission de la formation professionnelle présidée par le président du conseil national ou par un membre du conseil qu'il délègue et composée ainsi qu'il suit :

1° Six avocats élus par le conseil national en son sein;

2° Deux magistrats désignés par arrêté du garde des Sceaux, ministre de la Justice;

3° Deux membres de l'enseignement supérieur, désignés dans les mêmes formes, sur proposition du ministre chargé des Universités. Des suppléants, en nombre égal, sont désignés dans les mêmes conditions.

La durée des fonctions des magistrats et des membres de l'enseignement supérieur est de trois ans, renouvelable une fois.

La commission ne peut valablement statuer que si huit au moins de ses membres sont présents.

En cas de partage égal des voix, celle du président est prépondérante.

La commission peut s'adjoindre, avec voix consultative, des personnalités qualifiées en matière de formation.

Sur les questions mentionnées au deuxième alinéa de l'article 21-1 de la loi du 31 décembre 1971 précitée, le conseil national délibère au vu des propositions de la commission. Participent aux délibérations les magistrats et membres de l'enseignement supérieur appartenant à la commission.

La commission statue sur les mesures individuelles mentionnées au troisième alinéa de l'article 21-1 de la loi du 31 décembre 1971 précitée.

Décr. 27 nov. 1991, art. 40 [Répartition de l'aide de l'État à la formation]

Le Conseil national des barreaux perçoit et répartit entre les centres régionaux de formation professionnelle d'avocats la participation de l'État au financement de la formation professionnelle, prévue par l'article 13 de la loi du 31 décembre 1971 précitée. Il répartit également la cotisation des avocats affectée à cette formation.

La participation de l'État donne lieu chaque année à l'inscription d'un crédit au budget du ministère de la Justice, dans les conditions prévues au titre IV du livre IX du Code du travail.

Le financement de la formation professionnelle est soumis au contrôle d'un contrôleur financier désigné par arrêté du ministre chargé du budget; les modalités du contrôle sont également fixées par arrêté du ministre chargé du budget.

Décr. 27 nov. 1991, art. 53 [Jury de l'examen]

[mod. par décr. n° 2006-374, 28 mars 2006]

Le jury de l'examen est composé ainsi qu'il suit :

1° Deux professeurs des universités ou maîtres de conférences, chargés d'un enseignement juridique, dont le président du jury, désignés par le président de l'université qui organise l'examen;

2° Un magistrat de l'ordre judiciaire désigné conjointement par le premier président de la cour d'appel dans le ressort de laquelle se trouve située l'université qui organise l'examen et par le procureur général près ladite cour ainsi qu'un membre du corps des tribunaux administratifs et des cours administratives d'appel désigné par le président de la cour administrative d'appel dans le ressort de laquelle se trouve située l'université qui organise l'examen, le cas échéant sur proposition du président du tribunal administratif si le président de la cour administrative d'appel entend désigner un membre du tribunal administratif;

3° Trois avocats désignés en commun par les bâtonniers des ordres d'avocats concernés;

4° Des enseignants en langues étrangères désignés dans les conditions prévues au 1°, qui ne siègent que pour les candidats qu'ils ont examinés.

Un nombre égal de suppléants est désigné dans les mêmes conditions.

Les membres du jury, à l'exception de ceux qui sont mentionnés au 4°, ne peuvent siéger plus de cinq années consécutives.

Au cas où le nombre des candidats le justifie, plusieurs jurys peuvent être constitués.

Les épreuves d'admission, à l'exception des épreuves de langue et de l'épreuve portant sur la protection des libertés et des droits fondamentaux, sont subies devant un examinateur désigné par le président du jury dans l'une des catégories mentionnées aux 1°, 2° et 3°.

L'épreuve portant sur la protection des libertés et des droits fondamentaux est subie devant trois examinateurs désignés par le président du jury dans chacune des catégories mentionnées aux 1°, 2° et 3°.

Les épreuves de langues sont subies devant un examinateur désigné par le président du jury dans la catégorie mentionnée au 4°.

Le jury peut s'adjoindre des examinateurs spécialisés avec voix consultative.

Décr. 27 nov. 1991, art. 56 [Formation professionnelle]

[mod. par décr. n° 2007-932, 15 mai 2007]

Les centres régionaux de formation professionnelle assurent la formation des élèves avocats. Le Conseil national des barreaux en définit les principes d'organisation.

Les décisions prises par le Conseil national des barreaux en application de l'alinéa qui précède sont, dans le délai de trente jours de leur date, notifiées par lettre recommandée avec demande d'avis de réception au garde des sceaux, ministre de la justice, et aux centres régionaux de formation professionnelle. Elles sont publiées au Journal officiel de la République française.

Décr. 27 nov. 1991, art. 85, al. 12

[...] Les décisions déterminant les modalités selon lesquelles s'accomplit l'obligation de formation continue, prises par le Conseil national des barreaux en application du second alinéa de l'article 14-2 de la loi du 31 décembre 1971 susvisée sont, dans le délai de trente jours de leur date, notifiées par lettre recommandée avec demande d'avis de réception au garde des sceaux, ministre de la justice, et au conseil de l'ordre de chacun des barreaux. Elles sont publiées au Journal officiel de la République française.

Décr. 27 nov. 1991, art. 155

[créé par décr. n° 2010-9, 6 janv. 2010, art. 5]

Pour les vérifications effectuées en application du 13° de l'article 17 de la loi du 31 décembre 1971 précitée, les avocats communiquent au bâtonnier, sur simple demande, les documents dont la conservation est prévue par l'article L. 561-12 du Code monétaire et financier.

Décr. 27 nov. 1991, art. 156

[créé par décr. n° 2010-9, 6 janv. 2010, art. 5]

Le Conseil national des barreaux peut désigner soit l'un de ses membres, soit toute personne qualifiée, pour assister, à sa demande, le conseil de l'ordre dans ces opérations de vérifications.

Décr. 27 nov. 1991, art. 157

[créé par décr. n° 2010-9, 6 janv. 2010, art. 5]

Le bâtonnier informe le procureur général et le président du Conseil national des barreaux, au moins une fois par an, du résultat de ces vérifications.

22.02 Jurisprudence de référence.

> Jurisprudence relative au pouvoir normatif du CNB

• **CE 15 nov. 2006, n° 283475, n° 284964, n° 285065,** *JCP*, 2007, II, 10001, note Martin.

* V. s^s n° 22.54.

[...] En ce qui concerne l'article 19 :

Considérant que l'article 19 fixe les règles applicables à l'avocat qui succède à un confrère;

Considérant que s'il résulte de cet article, combiné avec l'article 14, que les contestations portant sur la restitution de pièces sont réglées suivant la procédure prévue en matière de montant et de recouvrement d'honoraires, le moyen tiré de ce que cette procédure serait illégale n'est pas assorti des précisions permettant d'en apprécier le bien-fondé;

Considérant qu'ainsi qu'il a été dit, il appartient au Premier ministre de fixer les règles de déontologie de la profession d'avocat, dès lors que ne sont méconnus ni le respect de l'indépendance de l'avocat ni le caractère libéral de sa profession; que le premier alinéa de l'article 19, selon lequel « sauf accord préalable du bâtonnier, l'avocat qui accepte de succéder à un confrère ne peut défendre les intérêts du client contre son prédécesseur », ne méconnaît pas ces principes; qu'ainsi, le moyen tiré de ce que ces dispositions seraient entachées d'excès de pouvoir ne peut qu'être écarté; qu'elles ne portent aucunement atteinte à l'exercice des droits de la défense ou à la liberté d'entreprendre, dès lors que le client qui entend défendre ses intérêts peut recourir à un autre avocat; que le pouvoir réglementaire a pu légalement investir le bâtonnier d'une telle mission sans méconnaître aucune disposition législative;

Considérant qu'aux termes du deuxième alinéa de l'article 19 : « Le nouvel avocat s'efforce d'obtenir de son client qu'il règle les sommes restant éventuellement dues à un confrère précédemment saisi du dossier. S'il reçoit du client un paiement alors que des sommes restent dues à son prédécesseur, il en informe le bâtonnier »; que ces dispositions ne méconnaissent ni les principes de confraternité et de délicatesse, ni le secret professionnel;

Considérant, enfin, que les dispositions du troisième alinéa ne méconnaissent aucune règle ou principe s'imposant au pouvoir réglementaire;

En ce qui concerne l'article 21 :

Considérant que le Premier ministre, compétent pour fixer les règles de déontologie de la profession, l'est nécessairement pour prévoir des dispositions spécifiques aux avocats honoraires, qui continuent d'appartenir à l'Ordre; qu'aucune disposition législative ne faisait obstacle à ce qu'il attribuât au bâtonnier la faculté d'autoriser l'avocat honoraire à consulter ou à rédiger des actes; que la circonstance que le décret ne précise pas les conditions dans lesquelles le bâtonnier est amené à exercer cette prérogative est sans incidence sur sa légalité; [...].

• **CE 14 nov. 2004, n° 268075, n° 268501,** *JCP* 2004, II, 10188, concl. Aguila.

* V. s^s n° 22.54.

[...] Considérant qu'il résulte de l'ensemble de ces dispositions que le Conseil national des barreaux dispose d'un pouvoir réglementaire; que ce pouvoir s'exerce, en vue d'unifier les règles et usages des barreaux, dans le cadre des lois et règlements qui régissent la profession; que, toutefois, il trouve sa limite dans les droits et libertés qui appartiennent aux avocats et dans les règles essentielles de l'exercice de la profession; que, dès lors, si le Conseil national des barreaux peut, le cas échéant, imposer à l'ensemble des barreaux une règle qui n'est appliquée que par certains d'entre eux, voire, dans les mêmes matières, élaborer une règle différente, il ne peut légalement fixer des prescriptions qui mettent en cause la liberté d'exercice de la profession d'avocat ou les règles essentielles qui la régissent et qui n'auraient aucun fondement dans les règles législatives ou dans celles fixées par les décrets en Conseil d'État prévus par l'article 53 de la loi du 31 décembre 1971, ou ne seraient pas une conséquence nécessaire d'une règle figurant au nombre des traditions de la profession; que c'est dans ce cadre que doit être appréciée la légalité des dispositions contestées; [...].

> Jurisprudence antérieure à la loi du 11 février 2004 relative au pouvoir normatif du CNB

• **Civ. 1re, 13 mars 2001, n° 99-12.946,** *Bull. civ.* I, n° 69; *JCP* 2001, II, 10538, note Martin; *Gaz. Pal.*, 22 mai 2001, p. 16, note Damien.

* V. s^s n° 22.51.

« Mais attendu, d'une part, que c'est par une exacte interprétation de l'article 21-1, alinéa 1er, de la loi précitée, que la cour d'appel, après avoir constaté que ce texte chargeait expressément le Conseil national des barreaux de veiller à l'harmonisation des règles et usages de la profession d'avocat, en a déduit que cette mission impliquait nécessairement la prise de décisions de nature à mettre en accord, en les unifiant, les dispositions essentielles des règlements intérieurs des différents Ordres afin d'éviter des disparités préjudiciables. »

> Jurisprudence antérieure à la loi du 11 février 2004 relative à la compétence de la juridiction administrative pour déterminer les pouvoirs du CNB

• **T. confl. 18 juin 2001, n° 3250,** *D.* 2001, IR 2358; *JCP* 2001, II, 10586, note Martin.

* V. s^s n° 22.51.

« Considérant que le Conseil national des barreaux (CNB), établissement d'utilité publique doté de la personnalité morale institué par la loi du 31 décembre 1990 modifiant la loi du 31 décembre 1971 portant réforme de certaines professions judiciaires et juridiques, a pris, le 13 septembre 1997, trois décisions qui définissent les principes essentiels de la profession d'avocat (n° 97.001), les règles applicables au secret professionnel de l'avocat (n° 97.002), et les règles applicables à la confidentialité et aux correspondances entre avocats (n° 97.0033); qu'il a notifié ces décisions au bâtonnier de l'Ordre des avocats de chaque barreau, lui demandant, en se fondant sur les dispositions de l'article 17, alinéa 1.10°, de la loi du 31 décembre 1971 qui charge le Conseil de l'Ordre d'assurer dans son ressort l'exécution des décisions du CNB, de prendre les dispositions nécessaires pour qu'elles soient insérées dans le règlement intérieur de son barreau, que le Conseil de l'ordre des avocats au barreau de Tours, qui a refusé d'insérer les décisions dans son règlement intérieur, en poursuit l'annulation pour excès de pouvoir; que le Conseil d'État a par décision du 27 octobre 2000, renvoyé au Tribunal des conflits le soin de dire quel est l'Ordre de juridiction compétent pour se prononcer sur cette question;

Considérant que le litige ainsi soulevé par la requête de l'Ordre des avocats au barreau de Tours est relatif, non à l'exercice de la fonction juridictionnelle mais à l'organisation même d'une profession réglementée; qu'il tend, en effet, à déterminer si la loi a entendu attribuer au CNB, qu'elle a chargé de représenter la profession d'avocat auprès des pouvoirs publics et de veiller à l'harmonisation des règles et usages de la profession d'avocat, le pouvoir de prendre des décisions de portée générale dont chaque barreau doit assurer l'exécution dans son ressort en les transposant dans son règlement intérieur; que, dès lors, la juridiction administrative est seule compétente pour en connaître. »

> Jurisprudence antérieure à la loi du 11 février 2004 relative au pouvoir normatif du CNB

• **CE 27 juill. 2001, n° 191706,** *D.* 2002, 365, note Blanchard; *JCP* 2001, II, 10596, note Martin.

* V. s^s n° 22.51.

« Sur la légalité des décisions attaquées :

Considérant qu'il résulte de l'ensemble de ces dispositions, éclairées par les débats parlementaires qui ont précédé l'adoption de la loi du 31 décembre 1990, que la fixation de règles de déontologie revêtant un caractère impératif pour l'ensemble de la profession d'avocat relève de la compétence du gouvernement agissant par voie de décret en Conseil d'État dans le respect des principes posés par l'article 53 de la loi du 31 décembre 1971 modifiée et notamment de "l'autonomie des Conseils de l'ordre"; que, dans le cadre ainsi défini, il revient au CNB, agissant par voie de recommandations, de promouvoir l'harmonisation des règles et usages de la profession d'avocat, sans pour autant disposer à cette fin d'un pouvoir réglementaire;

Considérant qu'il suit de là que le CNB ne pouvait légalement prévoir que les décisions susanalysées n° 97-001, n° 97-002 et n° 97-003 du 13 septembre 1997 seraient notifiées aux Conseils de l'ordre afin que chacun d'eux prenne les mesures nécessaires pour les insérer dans le règlement intérieur de chaque ordre; que, par suite, L'Ordre des avocats du barreau de Tours est fondé à soutenir que les décisions attaquées, en tant qu'elles prévoient leur insertion obligatoire dans le règlement intérieur de chaque ordre, sont entachées d'illégalité et doivent, pour ce motif, être annulées. »

> Jurisprudence antérieure à la loi du 11 février 2004 relative au pouvoir normatif du CNB

• **Civ. 1re, 18 févr. 2003, n° 01-13.163,** *Bull. civ.* I, n° 47; *D.* 2003, IR 805.

* V. s^s n° 54.31.

« Attendu que l'édiction de règles générales et obligatoires applicables aux avocats relève du pouvoir législatif ou réglementaire et ne saurait faire l'objet d'injonction ni du CNB, ni de l'autorité judiciaire;

Attendu que par décision du 7 septembre 2000, le Conseil de l'ordre des avocats au barreau des Hauts-de-Seine a refusé d'inclure dans son règlement intérieur les articles 16-1 à 16-5 du règlement intérieur harmonisé (RIH) établi par le CNB; que la légalité de cette décision contestée par l'Union des jeunes avocats et un certain nombre d'avocats, a fait l'objet d'un recours qui a été rejeté par délibération du Conseil de l'ordre le 23 novembre 2000;

Attendu que pour enjoindre au Conseil de l'ordre d'inclure dans son règlement intérieur l'intégralité de l'article 16 du RIH, l'arrêt attaqué qui a annulé cette délibération, retient que l'article 21-1, alinéa 1er, de la loi du 31 décembre 1971, modifiée, a confié au CNB la charge de veiller à l'harmonisation des règles et usages de la profession d'avocat, cette charge comportant en soi un pouvoir décisionnel;

Attendu qu'en statuant ainsi, la cour d'appel a violé les textes susvisés. »

22.03 Bibliographie indicative.

Articles. Farthouat, « Le Conseil national des barreaux », *D.* 2001, chron. 709 – Flécheux, « Le CNB et l'avocat français en Europe », *Gaz. Pal.* 17 oct. 2001, n° 290, p. 2-4 – Martin, « Du règlement intérieur des ordres d'avocats », *JCP* 1999, I, 172 – Philibert, « Les enjeux de la déclaration du Conseil national des barreaux du 27 mars 1999 », *Gaz. Pal.* 10 avr. 1999, n° 100, p. 26-27.

SECTION 1
DÉFINITION ET COMPOSITION

22.11 Définition. Institué par la loi du 31 décembre 1990, le Conseil national des barreaux (CNB) est un établissement public doté de la personnalité morale ayant pour objet d'assurer l'unité de la profession d'en harmoniser les règles et usages et de la représenter auprès des pouvoirs publics français et étranger (communautaire ou non). Depuis la loi du 11 février 2004, il a un pouvoir normatif pour l'établissement du Règlement intérieur national (RIN). Il lui appartient enfin de veiller à la formation professionnelle et à la formation continue des avocats.

22.12 Quatre-vingts membres élus. Le CNB est composé de quatre-vingts membres, avocats inscrits au tableau d'un des barreaux français. Ils sont élus pour trois ans à compter du 1er janvier. Ils sont à l'issue de leur premier mandat rééligibles immédiatement. À l'issu de deux mandats successifs, ils ne sont rééligibles qu'après un délai de trois ans.

SECTION 2
ÉLECTIONS

22.21 Double collège d'électeurs de quarante membres chacun.

• Quarante de ces quatre-vingts membres sont élus par un collège dit « général ».

Y sont éligibles tous les avocats inscrits au tableau d'un barreau français au 1er janvier de l'année du scrutin [1].

Y sont électeurs les avocats disposant du droit de vote, c'est-à-dire les avocats inscrits au tableau, les avocats stagiaires (quelle que soit la date de leur inscription sur la liste du stage) et les avocats honoraires.

• Les quarante autres membres sont élus par un collège dit « ordinal », composé du bâtonnier et des membres du Conseil de l'ordre de chaque barreau.

• La France est divisée en deux circonscriptions, l'une comprenant Paris, l'autre tous les autres barreaux français.

• Dans le collège ordinal sont éligibles les bâtonniers, anciens bâtonniers, membres et anciens membres du Conseil de l'ordre.

Ils sont élus au scrutin majoritaire uninominal à un tour. Avant le 1er mars de l'année de l'élection le bâtonnier communique au président du CNB d'une part le nombre des membres de son barreau ayant la qualité d'électeur dans le collège général et pour le collège ordinal le nombre de voix dont dispose chaque électeur. Il est calculé en divisant le nombre d'avocats disposant du droit de vote au 1er janvier de l'année du scrutin par le nombre d'électeurs. Le quotient est arrondi au chiffre entier inférieur. Chaque électeur dispose d'un bulletin de vote portant le nombre de voix dont il dispose.

Chaque électeur vote dans son barreau.

22.22 Nombre de voix. Un recours a été formé contre le décret du 19 mars 1996 au motif que l'article 25 [*nouveau*] du décret du 27 novembre 1991 (tel que mod. par le décret de 1996) qui n'attribuait pas le même nombre de voix à tous les électeurs du collège ordinal de la circonscription nationale, serait contraire à l'article 3 alinéa 3 de la Constitution de la République. Cette requête a été rejetée et, à l'occasion de ce rejet, le Conseil d'État a précisé dans son arrêt que le CNB était un organisme strictement professionnel et non une juridiction [2].

22.23 Division des collèges en circonscriptions. Le collège ordinal et le collège général sont divisés en deux circonscriptions, l'une nationale hormis Paris, l'autre correspondant au ressort du barreau de Paris. Chaque collège élit la moitié des membres du CNB, l'élection dans chaque collège a lieu sur la base d'une ou plusieurs circonscriptions et en cas de pluralité de circonscriptions la répartition des sièges à pourvoir dans les circonscriptions est proportionnelle au nombre des avocats inscrits dans chacune d'elle.

22.24 Répartition proportionnelle des sièges à pourvoir. Le président du CNB porte avant le 1er janvier de l'année de l'élection, à la connaissance de chaque bâtonnier et des présidents des organisations professionnelles d'avocats ayant obtenu des sièges dans la précédente élection au CNB, le nombre de sièges devant être pourvus dans chaque circonscription, pour le collège ordinal et pour le collège général. La répartition établie selon la règle de proportionnalité prévue par la loi, est la même dans

1. Décr. 27 nov. 1991, art. 23; mod par décr. n° 96-210, 19 mars 1996, *JO* 20 mars.

2. CE 18 déc. 1996, n° 178957, Toucas, *Lebon*; *Gaz. Pal.* 31 mai 1997, 13, concl. Lamy.

chaque collège. Lorsque l'application de cette règle n'aboutit pas à fournir un nombre entier de sièges, le siège restant est attribué à celle des circonscriptions qui a le résultat le plus élevé ou, en cas d'égalité, à la circonscription autre que celle de Paris.

22.25 Membres éligibles par le collège ordinal. Le collège ordinal est composé dans chacune des circonscriptions du ou des bâtonniers et des membres du ou des Conseils de l'ordre exerçant leurs fonctions dans la circonscription concernée. Sont éligibles par ce collège au scrutin uninominal, majoritaire à un tour, les bâtonniers, anciens bâtonniers, membres et anciens membres des Conseils de l'ordre exerçant la profession d'avocat ou ayant exercé dans l'une des professions fusionnées le 31 décembre 1971.

22.26 Membres éligibles par le collège général. Le collège général est composé dans chacune des circonscriptions des avocats disposant du droit de vote pour les élections ordinales : sont donc éligibles, les électeurs du collège général, sauf les avocats honoraires; ils sont éligibles par ce collège au scrutin proportionnel, avec attribution des restes à la plus forte moyenne [1].

22.27 Chaque bâtonnier est chargé des opérations électorales. Dans chaque barreau le bâtonnier est chargé des opérations électorales et du dépouillement des votes, dont les modalités sont définies par les articles 25 et suivants du décret du 19 mars 1996.

22.28 Recours contre les élections. Tout avocat peut déférer l'élection des membres du CNB à la cour d'appel de Paris, dans le délai de huit jours à compter de la proclamation des résultats. Le procureur général peut déférer les élections à la cour de Paris dans le délai de quinze jours de cette proclamation; le recours est instruit et jugé comme en matière d'élection de membres du Conseil de l'ordre d'avocats.

• Les élections au CNB avaient été attaquées en 1992 et à cette occasion le 1re chambre de la cour d'appel de Paris, par un arrêt du 10 juillet 1992 [2] avait été amenée à annuler ces élections, estimant que la procédure suivie ne respectait pas les principes généraux du droit électoral. L'élection au collège général, circonscription de Paris du conseil national des barreaux, qui a eu lieu le 17 juin 1996, a été déférée à la cour d'appel de Paris et annulée partiellement par un arrêt du 17 septembre 1996 fondé sur une mauvaise application de la règle de la plus forte moyenne.

1. Hamelin et Damien, 8e éd., p. 226.
2. CA Paris, 10 juill. 1992, *Gaz. Pal.* 10 nov. 1992, 5, note Damien.

22.29 Élection du bureau. Les membres du CNB élisent dans leur sein et au scrutin secret uninominal et au scrutin majoritaire à deux tours, un bureau composé d'un président, de deux vice-présidents, d'un secrétaire, d'un trésorier et de quatre membres. Les membres du bureau sont élus pour trois ans, leur mandat est renouvelable une seule fois. Le président est élu pour un an, renouvelable deux fois. Le CNB qui ne délibère que si la moitié de ses membres sont présents, établit son budget de fonctionnement constitué par les cotisations annuelles à la charge des avocats inscrits au tableau ou au stage de l'ensemble du barreau français; il établit également son règlement intérieur. Il est doté d'un contrôleur financier qui l'assiste, qui possède une voix consultative pour assister à toutes les séances relatives à la formation professionnelle ainsi qu'à la commission de formation professionnelle.

22.30 Vices-présidents de droit. La loi du 12 mai 2009 [3] a modifié l'article 21-2 de la loi du 31 décembre 1971 afin de préciser que le président de la conférence des bâtonniers et le bâtonnier de l'ordre des avocats au barreau de Paris en exercice sont membres de droit du CNB. Le décret du 11 décembre 2009 [4] pris en application de cette loi leur confère la qualité de vice-présidents de droit pour la durée de leur mandat [5].

Le bureau du CNB se compose donc de 11 membres, dont les 9 membres élus par l'assemblée générale auxquels s'ajoutent les deux vice-présidents de droit.

Dans la pratique, depuis la modification législative opérée par la loi du 12 mai 2009, le président en exercice de la Conférence des bâtonniers et le bâtonnier en exercice du barreau de Paris sont vice-présidents du CNB, pendant qu'ils sont en exercice comme président de la Conférence des bâtonniers ou comme bâtonnier de l'Ordre des avocats au barreau de Paris.

SECTION 3
FONCTION DE REPRÉSENTATION

22.41 Le CNB est chargé de représenter la profession auprès des pouvoirs publics. Le CNB représente la profession d'avocat auprès des pouvoirs publics [6]. Ajoutant l'adverbe « notamment » au texte

3. L. n° 2009-526, 12 mai 2009 de simplification et de clarification du droit et d'allégement des procédures, *JO* 13 mai, p. 7920, art. 73.
4. Décr. n° 2009-1544, 11 déc. 2009 relatif à la composition du CNB et à l'arbitrage du bâtonnier, *JO* 13 déc., 21545.
5. Décr. 27 nov. 1991, art. 19, 34 et 35, mod.
6. L. 31 déc. 1971, art. 21-1, al. 1er; mod. par L. 31 déc. 1990.

voté en décembre 1990, la loi du 11 février 2004 a modifié dans son article 25 l'article 21.1 qui se lit désormais ainsi : « Le Conseil national des barreaux, établissement d'utilité publique doté de la personnalité morale est chargé de représenter la profession d'avocat notamment auprès des pouvoirs publics. »

Dans la pratique et avant même cette adjonction le CNB a représenté et représente tous les avocats inscrits à un barreau français tant sur le plan national qu'européen et international. Cette représentation est exclusive de toute autre. Elle n'empêche pas que les organismes internationaux ou les organisations nationales des barreaux étrangers invitent ou consultent les barreaux français de leur choix.

SECTION 4
FONCTION DE RÉGLEMENTATION

22.51 Fonction reconnue par le législateur. Mettant fin à des années de discussion[1] et de décisions de justice en sens contraire, couronnées par un arrêt du Conseil d'État du 27 juillet 2001[2] qui a jugé « qu'il revient au CNB, agissant par voie de recommandation de promouvoir l'harmonisation des règles et usages de la profession d'avocat sans pour autant disposer à cette fin d'un pouvoir réglementaire », la loi du 11 février 2004 (précitée) en son article 35 a ainsi rédigé la seconde phrase du 1er § de l'article 21.1 (de la loi du 31 décembre 1971) : « Dans le respect des dispositions législatives et réglementaires en vigueur, le CNB unifie par voie de dispositions générales les règles et usages de la profession d'avocat. »

22.52 Adoption du RIH. Aussi le CNB avait dans un premier temps et sur proposition de sa commission d'harmonisation des règles et usages, présidé par le bâtonnier Henri Ader, voté le 13 septembre 1997 et les 26 et 27 mars 1999 un règlement intérieur harmonisé (RIH).

Celui-ci comportait 19 articles rappelant les principes de la profession, la réglementation de l'exercice de celle-ci, ses structures, et les difficultés nées des rapports entre avocats appartenant à des barreaux différents et comprenant le Code de déontologie des avocats de l'Union européenne.

22.53 Adoption du RIU. Conformément à la loi du 11 février 2004, le conseil des barreaux, par sa décision à caractère normatif[3], a institué le Règlement intérieur unifié (RIU) des barreaux de France.

1. NOT. : T. confl., 18 juin 2001, n° 3250, *D.* 2001, IR 2358; *JCP* 2001, II, 10586, note Martin.
2. CE 27 juill. 2001, n° 191706 – ÉGALT : Civ. 1re, 13 mars 2001, n° 99-12.949, *Bull. civ.* I, n° 69; *JCP* 2001, II, 10538, note Martin, *Gaz. Pal.*, 22 mai 2001, p. 16, note Damien.
3. Décis. CNB n° 2004-001.

En vingt articles désormais et non plus dix-neuf, il reprend le texte du RIH en l'amendant au vu des décisions jurisprudentielles rendues depuis 1999, en le complétant et en lui ajoutant un titre quatrième consacré à la collaboration interprofessionnelle (v. ss nos 56.01 s.).

22.54 Recours contre le RIU. Le CNB a inséré dans le RIU l'article 16 consacré aux réseaux et autres conventions pluridisciplinaires.

Le texte était modifié par rapport à l'article 16 du RIH, compte tenu des arrêts prononcés entre l'adoption du RIH par le CNB et la promulgation par celui-ci du RIU à propos de l'article 16.

Un cabinet d'avocats s'estimant lésé par cette nouvelle rédaction, a saisi le Conseil d'État en référé et au fond. Celui-ci par sa décision en référé du 22 juin 2004, a suspendu l'article 16 du RIU relatif aux réseaux interprofessionnels[4], avant de l'annuler par un arrêt du 17 novembre 2004[5].

Par cet arrêt du 17 novembre 2004, le Conseil d'État rappelait également la répartition existant entre la loi, le décret et le pouvoir normatif du CNB. En effet, le décret du 12 juillet 2005 relatif aux règles de déontologie[6] avait été contesté par une partie de la profession[7], certains craignant que le partage des compétences, notamment entre le gouvernement et le CNB ne soit difficile à réaliser en pratique, d'autres dénonçant une atteinte à l'indépendance des avocats et à l'autonomie des Conseil de l'ordre.

Après avoir confirmé que le CNB dispose d'un pouvoir réglementaire, le Conseil d'État a ensuite précisé que ce pouvoir s'exerce, dans le cadre des lois et règlements qui régissent la profession, en vue d'unifier les règles et usages des barreaux et qu'il trouve sa limite dans les droits et libertés qui appartiennent aux avocats et dans les règles essentielles de l'exercice de la profession.

Il en résulte que si le CNB peut, le cas échéant, imposer à l'ensemble des barreaux une règle qui

4. CE, ord. réf., 22 juin 2004, n° 268076, Sté Landwell, NP, *D.* 2004, 2740, note Blanchard; *JCP* 2004, II, 10137, note Bandrac et act. 439 par Martin.
5. CE, 17 nov. 2004, n° 268075, n° 268501, Sté Landwell et sté d'avocats EY Law, *Lebon*; *D.* 2005, IR 11; Martin, « Heurs et malheurs du règlement intérieur unifié », *JCP* 2005, act. 501; *D.* 2006, pan. 268, obs. Blanchard; Pontier, « Les limites du pouvoir réglementaire du Conseil national des barreaux », *AJDA* 2005, 319; concl. commissaire du gouvernement Aguila, *JCP E* 2005, II, 528.
6. Décr. n° 2005-790, 12 juill. 2005.
7. NOT. : Martin, « À propos du décret du 12 juillet 2005 sur la déontologie de l'avocat », *JCP* 2005, actu. 502; de Belval, « L'indépendance de l'avocat après le décret du 12 juillet 2005 », *Gaz. Pal.*, 2-3 déc. 2005, 2; Vatier et Paquet, « Une innovation de l'été : un règlement intérieur par décret pour les avocats », *Gaz. Pal.* 14-15 sept. 2005, 2.

n'est appliquée que par certains d'entre eux, voire, dans les mêmes matières, élaborer une règle différente, il ne peut légalement fixer des prescriptions nouvelles qui mettent en cause la liberté d'exercice de la profession d'avocat ou les règles essentielles qui la régissent et qui n'auraient aucun fondement dans les règles législatives ou dans celles fixées par les décrets en Conseil d'État prévus par l'article 53 de la loi du 31 décembre 1971, ou ne seraient pas une conséquence nécessaire d'une règle figurant au nombre des traditions de la profession.

Par un autre arrêt du 15 novembre 2006, le Conseil d'État est venu réaffirmer la compétence du pouvoir réglementaire en matière de déontologie, en décidant qu'il « appartient au Premier ministre de fixer les règles de déontologie de la profession d'avocat, dès lors que ne sont méconnus ni le respect de l'indépendance de l'avocat ni le caractère libéral de sa profession »[1]. Il précise que cette compétence s'exerce, en vertu de l'article 53 de la loi du 31 décembre 1971, par décret en Conseil d'État et que le respect du principe d'autonomie des conseils de l'ordre et du caractère libéral de la profession, n'implique aucunement qu'une partie des règles de déontologie soit soustraite à sa compétence pour être réservée à celle des instances ordinales.

Cette décision du Conseil d'État met un point final à une évolution qui a vu les avocats privés peu à peu du pouvoir d'établir leurs règles et usages. Ce pouvoir de fait, avait subsisté pendant tout le XIXe siècle et une bonne partie du XXe siècle, malgré l'intervention du pouvoir impérial en 1810.

Il conclut en confirmant ce qu'il avait affirmé dans sa décision précédente, à savoir que l'article 21-1 de la loi du 31 décembre 1971, qui a reconnu au CNB un pouvoir réglementaire, n'a pas eu davantage pour objet ou pour effet de réduire la compétence du Premier ministre.

Par ailleurs, il rappelle que le Premier ministre peut légalement réunir dans un même texte les principales règles relatives à la déontologie des avocats, y compris en reproduisant celles d'entre elles qui sont fixées par une norme de niveau supérieur.

22.55 Adoption du RIN. Par une décision n° 2005-03[2] le CNB élabora alors un troisième règlement, le RIN qui modifia le RIU sur les points litigieux tout en intégrant certaines dispositions du décret du 12 juillet 2005 relatif aux règles de la profession d'avocat. Le RIN est directement applicable à tous les avocats, sans qu'il soit nécessaire que les barreaux locaux modifient leur règlement intérieur.

1. CE 15 nov. 2006, n° 283475, n° 284964, n° 285065; *JCP* 2007, II, 10001, note Martin.
2. Décis. CNB n° 2005-03.

22.56 Procédure de notification des décisions. Une nouvelle procédure de notification des décisions a été mise en place par le décret du 15 mai 2007[3]. Ce décret a modifié plusieurs articles du décret du 27 novembre 1991. Il impose une notification et une publication au *Journal officiel* pour un certain nombre de décisions du CNB.

Un article 38-1 est ainsi ajouté au décret du 27 novembre 1991, qui prévoit que les décisions unifiant par voie de dispositions générales les règles et usages de la profession d'avocat prises par le CNB doivent, dans le délai de trente jours de leur date, être notifiées par lettre recommandée avec demande d'avis de réception au garde des Sceaux, ministre de la Justice, et au Conseil de l'ordre de chacun des barreaux. Ces décisions doivent en outre être publiées au *Journal officiel de la République.*

Cette réforme renforce le pouvoir normatif du CNB, qui avait été un temps contesté (v. ss n° 22.54) et permettra, sur le plan pratique, de donner une date certaine à ces décisions, ce qui aura pour effet d'unifier l'ouverture des délais de recours à la date de publication de la décision.

Cette nouvelle procédure (notification et publication au *Journal officiel*) est également imposée :

– par l'article 56 pour les décisions concernant la formation professionnelle;

– et par l'article 85 pour les décisions déterminant les modalités selon lesquelles s'accomplit l'obligation de formation continue.

Elle a été mise en œuvre à l'occasion des dernières décisions à caractère normatif du CNB :

– Décision n° 2007-001 du 12 juillet 2007[4] portant adoption du RIN de la profession d'avocat[5];

– Décision n° 2007-002 du 12 juillet 2007[6] portant adoption d'un règlement relatif aux procédures internes destinées à mettre en œuvre les obligations de lutte contre le blanchiment des capitaux et le financement du terrorisme et dispositif de contrôle interne destiné à assurer le respect des procédures;

– Décision n° 2008-001 des 16 et 17 mai 2008[7] relative à la formation continue des avocats.

SECTION 5
FONCTION DE FORMATION

22.61 Pouvoirs du CNB. En ce domaine également la loi du 11 février 2004 apporte des modifi-

3. Décr. n° 2007-932, 15 mai 2007.
4. Décis. CNB n° 2007-001, 12 juill. 2007.
5. L. 31 déc. 1971, art. 21-1.
6. Décis. CNB n° 2007-002, 12 juill. 2007.
7. Décis. CNB n° 2008-001, 16 et 17 mai 2008.

cations profondes à la loi du 31 décembre 1971 déjà modifiée par la loi du 31 décembre 1990.

Sous le titre « Dispositions relatives à la formation professionnelle des avocats et aux attributions des Conseils de l'ordre et du Conseil national des barreaux », la loi organise désormais la formation professionnelle et la formation continue de l'avocat (dont elle fait une obligation pour l'avocat) en reprenant l'article 13 ancien qui dit que l'enseignement professionnel est assuré par des centres régionaux de formation professionnelle dont le fonctionnement est assuré par la collaboration de la profession, des magistrats et de l'université (v. s^s^ n° 11.11).

Le garde des Sceaux ministre de la Justice arrête sur proposition du CNB le siège et le ressort de chaque centre régional de formation professionnelle. Il peut être procédé à des regroupements dans les mêmes formes après consultation des centres concernés par le CNB.

Enfin le centre régional peut après avis conforme du CNB créer une section locale dans les villes pourvues d'unités de formation et de recherche juridique[1].

La formation continue est obligatoire pour les avocats inscrits au tableau de l'Ordre[2] (v. s^s^ n° 12.11).

Le législateur laisse au pouvoir réglementaire de déterminer par un décret en Conseil d'État, la nature et la durée des activités susceptibles d'être validées au titre de l'obligation de formation continue.

Il donne au CNB le pouvoir de déterminer les modalités selon lesquelles la formation continue s'accomplit.

22.62 Le CNB veille à la formation professionnelle des employés et secrétaires d'avocats[3]. Il y a lieu également de veiller sur le plan national à la formation professionnelle des employés et secrétaires d'avocats, prévu par la convention collective du personnel des cabinets d'avocats (v. s^s^ n° 57.51), et qui n'est pas organisée dans le cadre du centre de formation professionnelle.

L'Enadep assume cette fonction.

22.63 Les questions de convention collective avec le personnel ont été confiés aux organisations professionnelles. Les barreaux n'ont pas qualité, même regroupés dans le cadre de l'article 18 de la loi du 31 décembre 1971, pour traiter des questions de convention collective avec leur personnel. L'Assemblée nationale leur avait confié ce soin lors de la discussion de la loi du 31 décembre 1971. Le Sénat leur a retiré cette tâche et l'a confiée aux organisations professionnelles représentatives de la profession d'avocat qui sont uniquement les associations syndicales (v. s^s^ n°s 28.31 s.).

22.64 Commission de la formation professionnelle. Six avocats, deux magistrats et deux membres de l'enseignement supérieur siègent dans la commission chargée de la formation professionnelle[4].

Les avocats sont élus par le CNB en son sein; les deux magistrats et les deux membres de l'enseignement supérieur sont désignés par le garde des Sceaux sur proposition du ministre chargé des Universités en ce qui concerne les membres de l'enseignement supérieur. Des suppléants sont désignés dans les mêmes conditions. Cette commission est présidée par le président du CNB ou son délégué; elle ne peut valablement statuer que si huit au moins de ses membres sont présents[5]. La voix du président étant prépondérante en cas de partage et les modalités de fonctionnement du CNB étant fixées par un règlement intérieur. La durée du mandat est, pour les magistrats et les membres de l'enseignement supérieur, de 3 ans renouvelable une fois.

22.65 Perception et répartition du financement de la formation professionnelle. Le CNB percevra la participation de l'État au financement de la formation professionnelle prévue par l'article 13 de la loi du 31 décembre 1971 ainsi que la cotisation des avocats affectée à cette formation. C'est le CNB qui répartira ensuite les sommes entre les centres régionaux de formation[6].

22.66 Décisions du CNB en matière de formation. Les décisions individuelles du CNB en matière de formation ou de financement sont notifiées au procureur général près la cour d'appel de Paris, ainsi qu'aux intéressés et, le cas échéant, au centre régional de formation professionnelle dans les quinze jours de leur date.

Les destinataires peuvent déférer ces décisions à la cour d'appel de Paris dans le délai d'un mois à compter de leur notification et le greffe de la cour d'appel avise du recours, par lettre recommandée avec demande d'avis de réception, le président du CNB. La cour est saisie et statue dans les formes de l'article 16 après avoir avisé le président du CNB d'avoir à présenter ses observations. La décision de la cour est notifiée par le secrétariat-greffe, par lettre recommandée avec demande d'avis de réception, au procureur général, au président du CNB et, selon le cas, à l'intéressé ou au centre régional de formation professionnelle.

1. L. 31 déc. 1971, art. 13-1 nouv.
2. L. n° 2004-130, 11 févr. 2004, art. 14.2.
3. L. 31 déc. 1971, art. 21.
4. Décr. 27 nov. 1991, art. 39.
5. Décr. 27 nov. 1991, art. 39.
6. Décr. 27 nov. 1991, art. 40.

La nouvelle procédure de notification et publication s'applique aux les décisions concernant la formation professionnelle [1] et aux décisions déterminant les modalités selon lesquelles s'accomplit l'obligation de formation continue [2].

À la suite de la publication du décret du 21 décembre 2004 [3] le CNB a adopté trois décisions à caractère normatif : décis. CNB n° 2005-001 [4], portant délibération sur les modalités d'application de la formation continue des avocats; décis. CNB n° 2005-2 du 15 avr. 2005 [5], apportant quelques modifications à la décision n° 2005-001; décis. CNB n° 2008-001 des 16 et 17 mai 2008 [6], relative à la formation continue des avocats.

SECTION 6

FONCTION D'ÉTABLISSEMENT DE LA LISTE DES PERSONNES SUSCEPTIBLES DE BÉNÉFICIER DE LA DIRECTIVE CEE DU 21 DÉCEMBRE 1988

22.71 **Fonctions du CNB.** Le CNB est chargé d'arrêter la liste des personnes susceptibles de bénéficier de la directive CEE du 21 décembre 1988 [7] et celle des candidats admis à subir les épreuves de l'examen de contrôle des connaissances prévues au dernier alinéa de l'article 11 de la loi du 31 décembre 1971, c'est-à-dire les avocats ressortissants d'un État ou d'une unité territoriale n'appartenant pas à l'Union européenne, non titulaires du Capa, ou les ressortissants d'un État membre de l'Union européenne qui auraient acquis la qualité d'avocat dans un État ou une unité territoriale n'appartenant pas à ces Communautés [8] (v. s^s n°s 13.31 à 13.34, 13.41 à 13.47).

SECTION 7

FINANCEMENT

22.81 **Cotisations annuelles.** Les ressources du CNB sont notamment constituées par une cotisation annuelle à la charge des avocats inscrits au tableau. Elle était aussi payée par les avocats stagiaires avant la suppression de ceux-ci.

C'est au CNB qu'il revient de fixer chaque année le montant de la cotisation et ses modalités de paiement [9].

22.82 **Compétence juridictionnelle.** Si le CNB est en droit de fixer chaque année le montant des cotisations dont il estime avoir besoin pour son fonctionnement ainsi que leurs modalités de paiement et si le non-paiement de ces cotisations peut entraîner l'omission du tableau [10] il n'avait été prévu aucun recours contre les décisions créant des cotisations qui ne seraient pas en rapport avec l'activité réelle du CNB.

Le droit commun admet que les actes pris par les autorités d'un ordre professionnel, dans l'exercice de leur mission de service public, relèvent du contrôle du juge administratif [11]. En l'espèce, l'article 37 du décret du 27 novembre 1991 relatif aux ressources du CNB ne détermine aucune voie de recours alors que, dans les articles 33 et 41, il renvoie le contentieux des élections et des décisions individuelles en matière de formation professionnelle ou de financement des centres régionaux de formation professionnelle à la cour d'appel de Paris. On peut donc en déduire que le contentieux concernant les cotisations destinées à assurer le budget du CNB relève de la compétence de la juridiction administrative.

1. Décr. 27 nov. 1991, art. 56.
2. Décr. 27 nov. 1991, art. 85.
3. Décr. n° 2004-1386, 21 déc. 2004 relatif à la formation professionnelle des avocats, *JO* 23 déc., p. 21823.
4. Décis. CNB n° 2005-001, 11 févr. 2005.
5. Décis. CNB, n° 2005-002, 15 avr. 2005.
6. Décis. CNB, n° 2008-001, 16 et 17 mai 2008.
7. Dir. CEE du 21 déc. 1988.
8. Décr. 27 nov. 1991, art. 100 – Arr. 7 juill. 1993.
9. Décr. 27 nov. 1991, art. 37.
10. Décr. 27 nov. 1991, art. 105, al. 2.
11. CE 11 juill. 1988, *Lebon*, 291.

CHAPITRE

23. Conseil de l'ordre

SECTION 0 ORIENTEUR

23.00 **Plan du chapitre.**

23.01 **Textes applicables.**

>

L. n° 71-1130, 31 déc. 1971, art. 16 à 20

Décr. n° 91-1197, 27 nov. 1991, art. 3 à 18

>

L. 31 déc. 1971, art. 16 [Barreaux composés de moins de huit avocats]

Dans les barreaux où le nombre des avocats inscrits au tableau est inférieur à huit et qui n'auraient pas usé de la faculté de se regrouper prévue à l'article 15, les fonctions du Conseil de l'ordre sont remplies par le tribunal de grande instance.

L. 31 déc. 1971, art. 17 [Attributions]

[mod. par L. n° 2004-130, 11 févr. 2004, par Ord. n° 2008-507, 30 mai 2008, par ord. n° 2009-104, 30 janv. 2009]

Le Conseil de l'ordre a pour attribution de traiter toutes questions intéressant l'exercice de la profession et de veiller à l'observation des devoirs des avocats ainsi qu'à la protection de leurs droits. Sans préjudice des dispositions de l'article 21-1, il a pour tâches, notamment :

1° D'arrêter et, s'il y a lieu, de modifier les dispositions du règlement intérieur, de statuer sur l'inscription au tableau des avocats, sur l'omission de ce tableau décidée d'office ou à la demande du procureur général, sur l'inscription et sur le rang des avocats qui, ayant déjà été inscrits au tableau et ayant abandonné l'exercice de la profession, se présentent de nouveau pour la reprendre ainsi que sur l'autorisation d'ouverture de bureaux secondaires ou le retrait de cette autorisation.

Lorsqu'un barreau comprend au moins cinq cents avocats disposant du droit de vote mentionné au deuxième alinéa de l'article 15, le Conseil de l'ordre peut siéger, en vue de statuer, soit sur l'inscription au tableau du barreau ou sur l'omission du tableau, soit sur l'autorisation d'ouverture de bureaux secondaires ou le retrait de cette autorisation, en une ou plusieurs formations de cinq membres, présidées par le bâtonnier ou un ancien bâtonnier. Les membres qui composent ces formations peuvent être des membres du Conseil de l'ordre ou des anciens membres du Conseil de l'ordre ayant quitté leurs fonctions depuis moins de huit ans. Ces membres sont choisis sur une liste arrêtée chaque année par le Conseil de l'ordre.

La formation restreinte peut renvoyer l'examen de l'affaire à la formation plénière;

2° De concourir à la discipline dans les conditions prévues par les articles 22 à 25 de la présente loi et par les décrets visés à l'article 53;

3° De maintenir les principes de probité, de désintéressement, de modération et de confraternité sur lesquels repose la profession et d'exercer la surveillance que l'honneur et l'intérêt de ses membres rendent nécessaire;

4° De veiller à ce que les avocats soient exacts aux audiences et se comportent en loyaux auxiliaires de la justice;

5° De traiter toute question intéressant l'exercice de la profession, la défense des droits des avocats et la stricte observation de leurs devoirs;

6° De gérer les biens de l'Ordre, de préparer le budget, de fixer le montant des cotisations des avocats relevant de ce Conseil de l'ordre ainsi que de celles des avocats qui, appartenant à un autre barreau, ont été autorisés à ouvrir un ou plusieurs bureaux secondaires dans son ressort, d'administrer et d'utiliser ses ressources pour assurer les secours, allocations ou avantages quelconques attribués à ses membres ou anciens membres, à leurs conjoints survivants ou à leurs enfants dans le cadre de la législation existante, de répartir les charges entre ses membres et d'en poursuivre le recouvrement;

7° D'autoriser le bâtonnier à ester en justice, à accepter tous dons et legs faits à l'Ordre, à transiger ou à compromettre, à consentir toutes aliénations ou hypothèques et à contracter tous emprunts;

8° D'organiser les services généraux de recherche et de documentation nécessaires à l'exercice de la profession;

9° De vérifier la tenue de la comptabilité des avocats, personnes physiques ou morales, et la constitution des garanties imposées par l'article 27 et par les décrets visés à l'article 53;

10° D'assurer dans son ressort l'exécution des décisions prises par le Conseil national des barreaux;

11° De veiller à ce que les avocats aient satisfait à l'obligation de formation continue prévue par l'article 14-2.

Les contrats de collaboration ou de travail conclus par les avocats sont communiqués au Conseil de l'ordre qui peut, dans des conditions fixées par décret en Conseil d'État, mettre en demeure les avocats de modifier les contrats dont les stipulations seraient contraires aux dispositions de l'article 7.

12° De collaborer avec les autorités compétentes des États membres de la Communauté européenne ou des autres États parties à l'accord sur l'Espace économique européen pour faciliter l'application de la directive 2005/36/CE du Parlement européen et du Conseil du 7 septembre 2005 relative à la reconnaissance des qualifications professionnelles;

13° De vérifier le respect par les avocats de leurs obligations prévues par le chapitre Ier du titre VI du livre V du Code monétaire et financier en matière de lutte contre le blanchiment des capitaux et le financement du terrorisme et de se faire communiquer, dans des conditions fixées par décret en Conseil d'État, les documents relatifs au respect de ces obligations.

L. 31 déc. 1971, art. 18 [Mise en œuvre de moyens]

Les ordres des avocats mettent en œuvre, par délibération conjointe et dans le cadre des dispositions législatives et réglementaires, les moyens appropriés pour régler les problèmes d'intérêt commun, tels : l'informatique, la formation professionnelle, la représentation de la profession, le régime de la garantie.

L. 31 déc. 1971, art. 19 [Recours]

Toute délibération ou décision du Conseil de l'ordre étrangère aux attributions de ce conseil ou contraire aux dispositions législatives ou réglementaires est annulée par la cour d'appel, sur les réquisitions du procureur général.

Peuvent également être déférées à la cour d'appel, à la requête de l'intéressé, les délibérations ou décisions du Conseil de l'ordre de nature à léser les intérêts professionnels d'un avocat.

L. 31 déc. 1971, art. 20 [Recours]

[mod par L. n° 2004-130, 11 févr. 2004, art. 24, *JO* 12]

Les décisions du Conseil de l'ordre relatives à l'inscription au tableau, à l'omission ou au refus d'omission du tableau, et à l'autorisation d'ouverture de bureaux secondaires ou à la fermeture de tels bureaux, peuvent être déférées à la cour d'appel par le procureur général ou par l'intéressé.

Décr. 27 nov. 1991, art. 3 [Assemblée générale]

L'assemblée générale de l'Ordre des avocats est composée des avocats disposant du droit de vote mentionné au deuxième alinéa de l'article 15 de la loi n° 71-1130 du 31 décembre 1971 susvisée.

Décr. 27 nov. 1991, art. 4 [Composition du Conseil de l'ordre]

[mod. par D. n° 2009-1233, 14 oct. 2009]

Sous réserve des dispositions de l'article 16 de la loi du 31 décembre 1971 précitée, chaque barreau est administré par un Conseil de l'ordre des avocats, dont la composition est déterminée ainsi qu'il suit :

– trois membres dans les barreaux où le nombre des avocats disposant du droit de vote est de huit à quinze;

– six membres dans les barreaux où le nombre des avocats disposant du droit de vote est de seize à trente;

– neuf membres dans les barreaux où le nombre des avocats disposant du droit de vote est de trente et un à cinquante;

– douze membres dans les barreaux où le nombre des avocats disposant du droit de vote est de cinquante et un à cent;

– dix-huit membres dans les barreaux où le nombre des avocats disposant du droit de vote est de cent un à deux cents;

– vingt et un membres dans les barreaux où le nombre des avocats disposant du droit de vote est de deux cent un à mille;

– vingt-quatre membres dans les barreaux où le nombre des avocats disposant du droit de vote est supérieur à mille;

– quarante-deux membres à Paris.

Dans les barreaux où est élu un vice-bâtonnier en application de l'article 6, celui-ci fait partie des membres mentionnés aux alinéas ci-dessus.

Le Conseil de l'ordre ne siège valablement que si plus de la moitié de ses membres sont présents. Il statue à la majorité des voix.

Décr. 27 nov. 1991, art. 4-1 [Formation restreinte]

La délibération du Conseil de l'ordre, qui fixe la composition des formations prévues au deuxième alinéa du 1° de l'article 17 de la loi du 31 décembre 1971 précitée, est notifiée au procureur général par lettre recommandée avec demande d'avis de réception.

Par dérogation au dernier alinéa de l'article 4, la formation restreinte ne peut siéger valablement que si plus des deux tiers de ses membres sont présents.

La formation restreinte ne peut renvoyer l'examen de l'affaire à la formation plénière qu'après audition du candidat à l'inscription au barreau ou de l'avocat concerné.

Lorsqu'il existe plusieurs formations restreintes au sein d'un même Conseil de l'ordre, la répartition des affaires est effectuée selon les modalités fixées par le règlement intérieur.

Décr. 27 nov. 1991, art. 5 [Élections]

Les membres du Conseil de l'ordre sont élus pour trois ans au scrutin secret uninominal majoritaire à deux tours par l'assemblée générale de l'Ordre.

Le Conseil de l'ordre est renouvelable par tiers chaque année. Le règlement intérieur fixe les modalités de l'élection.

Les membres du Conseil de l'ordre sont immédiatement rééligibles à l'expiration d'un premier mandat.

À l'expiration du deuxième de deux mandats successifs, les membres sortants, à l'exception des anciens bâtonniers, ne sont rééligibles qu'après un délai de deux ans. Ce délai est réduit à un an dans les barreaux de moins de seize avocats disposant du droit de vote.

En cas d'égalité des voix, l'avocat le plus âgé est proclamé élu.

Décr. 27 nov. 1991, art. 6 [Bâtonnier]

Le Conseil de l'ordre est présidé par un bâtonnier élu pour deux ans au scrutin secret majoritaire à deux tours par l'assemblée générale de l'Ordre suivant les modalités fixées par le règlement intérieur. Si aucun des candidats n'a obtenu au premier tour la majorité des suffrages exprimés, seuls peuvent se présenter au deuxième tour les deux candidats qui ont obtenu le plus grand nombre de ces suffrages. En cas d'égalité des voix, le candidat le plus âgé est proclamé élu.

L'élection du bâtonnier précède l'élection des membres du Conseil de l'ordre.

Le bâtonnier n'est pas immédiatement rééligible en qualité de bâtonnier. Toutefois, dans les barreaux où le nombre des avocats disposant du droit de vote n'est pas supérieur à trente, le bâtonnier peut exercer deux mandats successifs.

Sauf dans les barreaux où le nombre des avocats disposant du droit de vote n'est pas supérieur à trente, il est procédé, à une date fixée par le règlement intérieur, à l'élection d'un avocat destiné à succéder au bâtonnier sous réserve de confirmation par l'assemblée générale de l'Ordre, dans les conditions prévues au premier alinéa, à l'expiration du mandat du bâtonnier en fonctions. L'élection de cet avocat a lieu dans les mêmes formes. L'avocat ainsi désigné, s'il n'est pas membre du Conseil de l'ordre, siège au sein de celui-ci avec voix consultative jusqu'à la fin du mandat du bâtonnier.

Décr. 27 nov. 1991, art. 7 [Délégation]

Le bâtonnier peut déléguer à un ou plusieurs membres du Conseil de l'ordre une partie de ses pouvoirs pour un temps limité. En cas d'absence ou d'empêchement temporaire il peut, pour la durée de cette absence ou de cet empêchement, déléguer la totalité de ses pouvoirs à un ou plusieurs membres de ce conseil.

Décr. 27 nov. 1991, art. 8 [Conditions d'éligibilité]

Ne peut être élu aux fonctions de bâtonnier ou de membre du Conseil de l'ordre qu'un avocat inscrit au tableau. Une société ou groupement d'avocats ne peut être élu à ces fonctions.

Décr. 27 nov. 1991, art. 9 [Exceptions]

Dans les barreaux qui comprennent plus de seize avocats disposant du droit de vote, ne peuvent être élus aux fonctions de bâtonnier ou de membre du Conseil de l'ordre, sous réserve des dispositions de l'article 8, que les avocats disposant du droit de vote et qui ont prêté serment depuis plus de quatre ans au 1er janvier de l'année au cours de laquelle a lieu l'élection.

Décr. 27 nov. 1991, art. 10 [Modalités]

Les élections générales ont lieu dans les trois mois qui précèdent la fin de l'année civile, à la date fixée par le Conseil de l'ordre. Les élections partielles ont lieu dans les trois mois de l'événement qui les rend nécessaires.

Quelle que soit la date de l'élection, les mandats du bâtonnier et des membres du Conseil de l'ordre commencent au début de l'année civile suivante pour se terminer à la fin d'une année civile.

Lorsque, pour quelque cause que ce soit, le bâtonnier ou un membre du Conseil de l'ordre cesse ses fonctions avant le terme normal de son mandat, il est procédé à l'élection d'un remplaçant pour la période restant à courir jusqu'à ce terme. Quand cette période est inférieure à un an, la réélection est immédiatement possible en la même qualité; les réélections suivantes sont soumises aux dispositions des articles 5 et 6.

Décr. 27 nov. 1991, art. 11 [Élections en cas d'avocats supérieurs à huit]

Lorsque le nombre des avocats inscrits à un barreau devient au moins égal à huit, le bâtonnier et les membres du Conseil de l'ordre sont élus dans le délai d'un mois à partir de la dernière inscription. Le bâtonnier et les membres du Conseil de l'ordre entrent en fonction dès la proclamation des résultats.

Si l'élection intervient au cours du premier semestre de l'année, le premier renouvellement partiel a lieu, la même année, à la période prévue au premier alinéa de l'article 10. Si l'élection intervient au cours du deuxième semestre de l'année, le premier renouvellement partiel a lieu l'année suivante, à la période prévue au premier alinéa de l'article 10. En vue des deux premiers renouvellements partiels du Conseil de l'ordre, les membres sortants sont désignés par voie de tirage au sort.

Quelle que soit la date de son élection, le mandat du bâtonnier se termine à la fin de la seconde année qui suit celle de son élection.

Décr. 27 nov. 1991, art. 12 [Recours]

Les avocats disposant du droit de vote peuvent déférer les élections à la cour d'appel dans le délai de huit jours qui suivent ces élections.

La réclamation est formée par lettre recommandée avec demande d'avis de réception adressée au secrétariat-greffe de la cour d'appel ou remise contre récépissé au greffier en chef. Dans tous les cas, l'intéressé avise sans délai de sa réclamation le procureur général et le bâtonnier par lettre recommandée avec demande d'avis de réception.

Le procureur général peut déférer les élections à la cour d'appel dans le délai de quinze jours à partir de la notification qui lui a été faite par le bâtonnier du procès-verbal des élections. Il informe dans le même délai le bâtonnier de son recours, par lettre recommandée avec demande d'avis de réception.

Décr. 27 nov. 1991, art. 13 [Notification de décisions]

Sous réserve des dispositions particulières contenues dans le présent décret, les décisions relatives à l'inscription, au refus d'inscription au stage ou au tableau, à l'omission du stage ou du tableau, à l'inscription d'une mention de spécialisation ou au refus d'une telle inscription et au contrat de collaboration ou de travail ainsi que les décisions prises en matière disciplinaire sont notifiées, dans les quinze jours de leur date, au procureur général et à l'avocat concerné, par lettre recommandée avec demande d'avis de réception.

Sous réserve des dispositions particulières contenues dans le présent décret, toute délibération de caractère réglementaire est notifiée au procureur général, par lettre recommandée avec demande d'avis de réception, et portée à la connaissance des avocats inscrits au tableau ou sur la liste du stage, dans les quinze jours de sa date.

Les délibérations relatives à l'établissement ou à la modification du règlement intérieur sont, en outre, communiquées au premier président de la cour d'appel, au président du tribunal de grande instance et portées à la connaissance des avocats inscrits au tableau ou sur la liste du stage. Une copie du règlement intérieur et des modifications intervenues est également déposée au greffe de chaque juridiction près laquelle est établi un barreau et tenue à la disposition de tout intéressé.

Décr. 27 nov. 1991, art. 14 [Appel du procureur général]

Le procureur général peut déférer à la cour d'appel, conformément au premier alinéa de l'article 19 de la loi du 31 décembre 1971 précitée et dans les conditions prévues à l'article 16, une délibération ou une décision du Conseil de l'ordre. Il en avise le bâtonnier par lettre recommandée avec demande d'avis de réception.

Décr. 27 nov. 1991, art. 15 [Appel d'un avocat]

Lorsqu'un avocat s'estimant lésé dans ses intérêts professionnels par une délibération ou une décision du Conseil de l'ordre entend la déférer à la cour d'appel, conformément au deuxième alinéa de l'article 19 de la loi du 31 décembre 1971 précitée, il saisit préalablement de sa réclamation le bâtonnier par lettre recommandée avec demande d'avis de réception dans le délai de deux mois à compter de la date de notification ou de publication de la délibération ou de la décision.

La décision du Conseil de l'ordre sur la réclamation doit être notifiée à l'avocat intéressé, par lettre recommandée avec demande d'avis de réception, dans le délai d'un mois à compter de la réception de la lettre recommandée prévue au premier alinéa.

En cas de décision de rejet de la réclamation, l'avocat peut la déférer à la cour d'appel dans les conditions prévues à l'article 16. Si, dans le délai d'un mois prévu au deuxième alinéa du présent article, aucune décision n'a été notifiée, la réclamation est considérée comme rejetée et l'avocat peut déférer dans les mêmes conditions à la cour d'appel le rejet de sa réclamation.

Décr. 27 nov. 1991, art. 16 [Procédure]

Le recours devant la cour d'appel est formé par lettre recommandée avec demande d'avis de réception adressée au secrétariat-greffe de la cour d'appel ou remis contre récépissé au greffier en chef. Il est instruit et jugé selon les règles applicables en matière contentieuse à la procédure sans représentation obligatoire.

Le délai du recours est d'un mois.

Sauf en matière disciplinaire, le Conseil de l'ordre est partie à l'instance.

La cour d'appel statue en audience solennelle dans les conditions prévues à l'article R. 212-5 du Code de l'organisation judiciaire et en la chambre du conseil, après avoir invité le bâtonnier à présenter ses observations. Toutefois, à la demande de l'intéressé, les débats se déroulent en audience publique; mention en est faite dans la décision.

La décision de la cour d'appel est notifiée par le secrétariat-greffe par lettre recommandée avec demande d'avis de réception au procureur général, au bâtonnier et à l'intéressé.

Le délai d'appel suspend l'exécution de la décision du Conseil de l'ordre. L'appel exercé dans ce délai est également suspensif.

Décr. 27 nov. 1991, art. 17 [Délibérations]

Les délibérations du barreau ont lieu en assemblée générale, selon des modalités fixées par le règlement intérieur.

Le règlement intérieur fixe également les conditions dans lesquelles les avocats inscrits sur la liste du stage sont consultés sur les problèmes spécifiques à leur statut.

Décr. 27 nov. 1991, art. 18 [Modalités]

L'assemblée générale ne peut examiner que les questions qui lui sont respectivement soumises soit par le Conseil de l'ordre, soit par un de ses membres, à la condition qu'il en informe le Conseil de l'ordre quinze jours à l'avance. Il en est de même de la réunion des avocats inscrits sur la liste du stage.

Le Conseil de l'ordre délibère dans le délai de trois mois sur les avis et les vœux exprimés soit par l'assemblée générale, soit par la réunion des avocats inscrits sur la liste du stage.

En cas de rejet, le conseil motive sa décision. Les décisions du conseil sont portées à la connaissance de la plus prochaine réunion de l'assemblée générale ou des avocats inscrits sur la liste du stage. Elles sont consignées sur un registre spécial tenu à la disposition de tous les avocats.

Décr. 27 nov. 1991, art. 155
[créé par décr. n° 2010-9, 6 janv. 2010, art. 5]

Pour les vérifications effectuées en application du 13° de l'article 17 de la loi du 31 décembre 1971 précitée, les avocats communiquent au bâtonnier, sur simple demande, les documents dont la conservation est prévue par l'article L. 561-12 du Code monétaire et financier.

Décr. 27 nov. 1991, art. 156
[créé par décr. n° 2010-9, 6 janv. 2010, art. 5]

Le Conseil national des barreaux peut désigner soit l'un de ses membres, soit toute personne qualifiée, pour assister, à sa demande, le conseil de l'ordre dans ces opérations de vérifications.

Décr. 27 nov. 1991, art. 157

[créé par décr. n° 2010-9, 6 janv. 2010, art. 5]

Le bâtonnier informe le procureur général et le président du Conseil national des barreaux, au moins une fois par an, du résultat de ces vérifications.

23.02 Jurisprudence de référence.

> Le Conseil de l'ordre dispose d'un pouvoir réglementaire subsidiaire

• **Civ. 1re 21 oct. 2003, n° 01-11.169,** *Bull. civ.* I, n° 205.

* V. s^s n° 23.51.

« Mais attendu que l'article 17 de la loi du 31 décembre 1971 donne mission au Conseil de l'ordre de traiter toutes questions intéressant l'exercice de la profession et de veiller à l'observation des devoirs des avocats ainsi qu'à la protection de leurs droits, de maintenir les principes de probité, de désintéressement, de modération et de confraternité sur lesquels repose la profession et d'exercer la surveillance que l'honneur et l'intérêt de ses membres rendent nécessaire; que l'article 53 du même texte renvoie à des décrets en Conseil d'État la précision des modalités de contrôle des conditions dans lesquelles les avocats reçoivent des fonds, effets ou valeurs pour le compte de leurs clients, les déposent dans une caisse créée obligatoirement et en effectuent le règlement; que l'article 229 du décret d'application édicte que l'avocat procède aux règlements pécuniaires liés à son activité professionnelle en observant les règles fixées par ce texte et par le règlement intérieur du barreau; que les articles 241 et 241-1 du même texte, relatifs, le premier aux opérations de retrait, le second aux dépôts et maniements de ces fonds, effets ou valeurs, renvoient à un arrêté ministériel, lequel prescrit que la caisse des règlements pécuniaires des avocats doit être en mesure de contrôler, notamment lors des opérations de retrait de fonds, la provenance de ceux-ci et la justification du lien entre les règlements pécuniaires des avocats et les actes juridiques ou judiciaires accomplis par ceux-ci dans le cadre de leur exercice professionnel; que, dès lors, la cour d'appel, qui n'avait pas à surseoir à statuer sur l'exception d'illégalité de l'article 8 de l'arrêté ministériel du 5 juillet 1996, dépourvue de tout caractère sérieux au regard des textes donnant compétence au Conseil de l'ordre pour fixer les règles applicables aux règlements pécuniaires liés à l'activité professionnelle des avocats, a exactement jugé que le Conseil de l'ordre du barreau de Nice, ainsi investi, par ces dispositions législatives et réglementaires, du pouvoir d'apporter au secret professionnel les dérogations strictement nécessaires à l'organisation du contrôle relatif aussi bien aux dépôts qu'aux retraits opérés sur les comptes ouverts par les avocats auprès de la caisse des règlements pécuniaires, pouvait, sans excéder les limites de son pouvoir réglementaire, obliger les membres de ce barreau à produire un justificatif de la cause et de l'objet de toute opération en débit ou crédit sur le compte "maniements de fonds" ouvert auprès de la caisse des règlements pécuniaires des avocats; qu'ainsi, le moyen ne peut être accueilli. »

> Toute décision ou délibération faisant grief à un avocat peut être frappée d'appel

• **Civ. 1re, 19 janv. 1994, n° 91-21.821,** *Bull. civ.* I, n° 26.

* V. s^s n° 23.61.

« Vu l'article 19, alinéa 2, de la loi n° 71-1130 du 31 décembre 1971;

Attendu que, selon ce texte, peuvent être déférées à la cour d'appel, à la requête de l'intéressé, les délibérations ou décisions du Conseil de l'ordre de nature à léser les intérêts professionnels d'un avocat;

Attendu que, pour se déclarer "incompétente" pour statuer sur le recours formé par M. X... contre les décisions prises par le Conseil de l'ordre les 8 et 15 avril 1991, la cour d'appel a énoncé que ces délibérations, qui ne faisaient que fixer la période d'interdiction de cet avocat, dont le principe et l'exécution ne pouvaient être remis en cause, avaient un caractère administratif et non juridictionnel, ne relevant pas du contentieux de la discipline;

Attendu qu'en statuant ainsi, alors que le recours ouvert par le texte susvisé n'est pas limité aux délibérations ou décisions de caractère juridictionnel, la cour d'appel a violé ces dispositions. »

23.03 Bibliographie indicative.

Articles. Danet et Ceccaldi, « Rôle et limite du pouvoir ordinal », *RJB* 2000, n° 59-60, p. 191 – Martin, « Du règlement intérieur des ordres d'avocats », *JCP* 1999, I, 172.

23.07 Évolution – Les « députés par le banc ». Le Conseil de l'ordre est l'organe délibérant, législatif et disciplinaire de chaque barreau. Il tire son origine de l'assemblée des anciens « députés par les bancs ».

En effet les avocats, depuis le Moyen Âge, se groupaient par bancs, jugeant qu'en raison de leur nombre c'était l'unique moyen de se retrouver facilement pour conférer des affaires du Palais ou de leurs affaires propres; ces bancs, à Paris, étaient placés auprès des piliers de la grande salle devenue aujourd'hui salle des pas perdus, et c'est auprès de ces bancs que les avocats rencontraient leurs clients, non loin se tenaient les libraires et les marchands; chacun de ces bancs avait un nom traditionnel : le 1er banc : pilier des consultations; le 2e : la prudence; le 3e : le L couronné; le 4e : l'épée herminée; le 5e : le Saint-Esprit et le Soleil d'Or... Le nombre de bancs était fixé, à Paris, à 11; il fut porté à 12 en 1711. Chaque banc avait une composition propre; c'est ainsi que le premier banc se composait uniquement d'anciens et tous les autres bancs étaient présidés par un ancien et comportaient à la fois des avocats inscrits et des plus jeunes; ils avaient une composition numérique irrégulière, cependant chaque banc députait deux délégués pour deux années et l'assemblée des députés, assistés des anciens bâtonniers et du bâtonnier en exercice formait le Conseil de l'ordre. Les députés étaient choisis par le bâtonnier au sein de chacun des bancs.

23.08 Évolution – Création des colonnes. À partir de 1781, l'Ordre fut divisé en colonnes, au nombre de 10, composées d'un nombre égal d'avocats : 50 à 60 selon les années, qui élisaient des députés renouvelés annuellement et rééligibles et les bancs ne subsistèrent plus, à partir de cette époque, que comme un lieu de réunion. L'assemblée des délégués de colonnes, unis au bâtonnier et aux anciens bâtonniers, formait la *Chambre des députations* qui avait des attributions voisines de celles de l'actuel Conseil de l'ordre ; elle procédait à la rédaction du tableau et formait la juridiction de droit commun en matière disciplinaire.

23.09 **Évolution – Apparition des conseils.** Le décret du 14 décembre 1810 institua un conseil dans chaque barreau de plus de 20 membres (décr. 14 déc. 1810, art. 2). L'assemblée générale de l'Ordre élisait, parmi les avocats inscrits au tableau et présents, un nombre double de candidats pour le conseil de discipline choisis pour les deux tiers parmi les plus anciens dans l'ordre du tableau. Cette liste de candidats était transmise au procureur général qui nommait les membres du conseil de discipline, à proportion de 5 si le barreau comportait de 20 à 30 membres, de 7 entre 30 et 50, de 9 entre 50 et 100 et de 15 au-dessus de 100.

NOMBRE DES MEMBRES DU CONSEIL DE DISCIPLINE SUIVANT LE NOMBRE DES AVOCATS DISPOSANT DU DROIT DE VOTE (EN 1810)

Membres du barreau	Membres du conseil de discipline
20 à 30	5
30 à 50	7
50 à 100	9
100 et plus	15

L'ordonnance du 20 novembre 1822 composait le conseil de discipline de tous les anciens bâtonniers, des deux plus anciens de chaque colonne suivant l'ordre du tableau et d'un secrétaire élu parmi tous les avocats âgés de 30 ans accomplis et ayant au moins 10 ans d'exercice. Cette élection pour une année avait lieu à la majorité absolue des suffrages ; ainsi, lors de l'élection annuelle par l'Assemblée générale des avocats, un seul membre du conseil était-il élu, le secrétaire [1].

À partir de juillet 1830 le Conseil de l'ordre, de même que le bâtonnier, fut élu librement et au suffrage universel, par tous les avocats inscrits au tableau ; aucune candidature n'était imposée par la loi et si d'anciens bâtonniers figurent dans les Conseils de l'ordre, c'est en vertu d'une tradition et non plus en vertu d'une obligation légale. Le nombre d'avocats nécessaire à l'époque pour qu'un barreau puisse procéder à l'élection d'un Conseil de l'ordre était réduit à 6 membres [2] au lieu de 20 précédemment. L'élection avait lieu au scrutin de liste et à la majorité relative des membres présents. Le décret du 22 mars 1852 substitua à la majorité relative la majorité absolue ; dès lors l'élection qui, dans le système de 1830, avait lieu par un seul scrutin dura désormais à Paris, 2, 3 jours ou plus (en 1865 : 5 jours).

Le Second Empire fut marqué par une crainte de la démocratie au barreau, c'est ainsi que le conseil de discipline se vit impartir, par l'article 2 du décret du 22 mars 1852, le droit d'élire le bâtonnier à la majorité absolue alors que, sous le régime de l'ordonnance du 27 août 1830, il était élu par l'assemblée générale mais, dès la fin de l'Empire, on revint au système de l'ordonnance de 1830 qui n'a été que peu modifiée depuis.

1. Ord. 20 nov. 1822, art. 7.
2. Ord. 27 août 1830, art. 2.

SECTION 1
DÉFINITION ET COMPOSITION

23.11 **Définition.** Le Conseil de l'ordre est l'organe délibérant, administratif et réglementaire qui administre le barreau. Il est chargé de défendre la profession, de veiller à l'observation des devoirs des avocats et à la protection de leurs droits. Il est présidé par le bâtonnier, qui n'en est pas membre.

23.12 **Le Conseil de l'ordre comprend un nombre de membres qui varie suivant le nombre des avocats disposant du droit de vote.** Les avocats disposant du droit de vote sont ceux inscrits au tableau et les avocats honoraires [3].

Il est de 3 membres dans les barreaux où le nombre des avocats disposant du droit de vote est de 8 à 15.

Il est de 6 membres dans les barreaux où le nombre des avocats disposant du droit de vote est de 16 à 30.

Il est de 9 membres dans les barreaux où le nombre des avocats disposant du droit de vote est de 31 à 50.

Il est de 12 membres dans les barreaux où le nombre des avocats disposant du droit de vote est de 51 à 100.

Il est de 18 membres dans les barreaux où le nombre des avocats disposant du droit de vote est de 101 à 200.

Il est de 21 membres dans les barreaux où le nombre des avocats disposant du droit de vote est de 200 à 1 000 [4].

Il est de 24 membres dans les barreaux où le nombre des avocats disposant du droit de vote est supérieur à 1 000 [5].

Le nombre des membres du Conseil de l'ordre du barreau de Paris est de 42 [6].

3. Décr. 27 nov. 1991, art. 4.
4. Décr. n° 2004-577, 15 juin 2004, *JO* 22 juin.
5. Décr. 15 juin 2004.
6. Décr. 15 juin 2004.

NOMBRE DES MEMBRES DU CONSEIL DE L'ORDRE SUIVANT LE NOMBRE DES AVOCATS DISPOSANT DU DROIT DE VOTE

Membres	Avocats disposant du droit de vote
3	• 8 à 15
6	• 16 à 30
9	• 31 à 50
12	• 51 à 100
18	• 101 à 200
21	• 200 à 1 000
24	• Supérieur à 1 000
42	• À Paris

• **Le bâtonnier en exercice n'est pas compris dans le chiffre fixé pour la composition du conseil**[1]. Le bâtonnier ne fait pas partie du Conseil de l'ordre, même s'il le préside et s'il est soumis aux mêmes règles d'éligibilité que les membres du conseil. Cette doctrine découle des dispositions relatives à l'élection du Conseil de l'ordre et à celle du bâtonnier, selon lesquelles l'élection du bâtonnier se fait séparément et précède celle des membres du conseil, mais le bâtonnier préside de droit le Conseil de l'ordre[2].

• **Contradiction entre les textes...** Les dispositions du décret du 27 novembre 1991, si elles sont conformes à l'article 15 de la loi du 31 décembre 1971 qui détermine la nouvelle composition de l'assemblée générale à laquelle participent désormais les avocats inscrits, les avocats stagiaires et les avocats honoraires, sont en contradiction avec l'article 16 de la même loi qui exige un minimum de 8 avocats *inscrits au tableau*, donc ni stagiaires ni honoraires, pour pouvoir procéder à l'élection d'un Conseil de l'ordre.

23.13 Barreaux comprenant moins de huit avocats. Dans les barreaux où le nombre des avocats est inférieur à 8, les fonctions du Conseil de l'ordre, et seulement celles-ci, sont remplies par l'assemblée générale du tribunal de grande instance[3].

Lorsque le nombre des avocats d'un barreau devient au moins égal à 8, le bâtonnier et les membres du Conseil de l'ordre sont élus dans le délai d'un mois après la dernière inscription. Le bâtonnier et les membres du Conseil de l'ordre entrent en fonction dès la proclamation des résultats[4].

Si cette élection intervient au cours du premier semestre de l'année le premier renouvellement partiel a lieu, la même année, à la période prévue par l'article 11 paragraphe 2. Si l'élection intervient au cours du deuxième semestre de l'année, le premier renouvellement partiel a lieu l'année suivante, à la période prévue à l'article 11 paragraphe 3. En vue des deux premiers renouvellements partiels du Conseil de l'ordre, les membres sortants sont désignés par voie de tirage au sort. Quelle que soit la date de son élection, dans le cas de constitution d'un barreau, le mandat du bâtonnier se termine à la fin de la seconde année qui suit celle de son élection.

1. Civ., 23 juin 1938, *DP* 1938, 1, 105, note Appleton.
2. L. 31 déc. 1971, art. 15 – Décr. 27 nov. 1991, art. 6.
3. L. 31 déc. 1971, art. 16.
4. Décr. 27 nov. 1991, art. 11.

SECTION 2
FONCTIONNEMENT

23.21 Séances du Conseil de l'ordre. Les séances du Conseil de l'ordre ne sont pas publiques. Toutefois à la majorité de ses membres, le Conseil peut voter exceptionnellement la publicité d'une séance.

Le Conseil de l'ordre ne siège valablement que si plus de la moitié de ses membres sont présents. Il statue à la majorité des voix[5].

23.22 Ordre du jour. Il n'y a pas d'ordre du jour obligatoire en matière de réunion du Conseil de l'ordre.

Le conseil et le bâtonnier peuvent donc délibérer sur toutes les questions de leur compétence même non portées à l'ordre du jour[6].

23.23 Les délibérations ne sont soumises à aucun formalisme particulier. On peut user d'un simple vote émis à l'occasion d'une discussion d'ordre général, voire même d'une décision implicite entraînant *ipso facto* et par voie de conséquence une modification du règlement intérieur ou une disposition d'ordre financier[7].

• **L'Ordre n'a pas de registre !** Cette formule classique a été employée par le doyen Delacroix-Frainville, avocat sous l'Ancien Régime, doyen de l'Ordre en 1829, lorsque, assistant à la lecture d'un arrêt de la cour de Paris qui infirmait une délibération du Conseil de l'ordre et qui ordonnait qu'elle serait transcrite sur ses registres, s'écria vivement : « L'Ordre n'a pas de registre ! »

Effectivement, les délibérations du conseil font simplement l'objet d'un procès-verbal qui n'est pas obligatoirement l'objet d'un enregistrement sur un registre de délibérations à la manière d'un conseil d'administration normal[8].

Ainsi, il suffit que le conseil soit régulièrement composé et réuni et que les délibérations soient

5. Décr. 27 nov. 1991, art. 4.
6. CA Lyon, 26 juill. 1993, *Gaz. Pal.* 16 sept. 1993, 11, note Damien.
7. CA Caen, 15 oct. 1982, *Gaz. Pal.* 1982, 2, 664, note A. D.; *D.* 1984, IR 115.
8. TGI Bordeaux, 20 juill. 1987, *D.* 1988, somm. 235, note Brunois.

approuvées à la majorité des membres présents, le procès-verbal établi par le secrétaire du conseil suffit à prouver la régularité de la délibération qu'aucun des membres n'a contestée même s'il ne donne aucune précision sur le nombre de voix par lesquelles elle a été acquise[1].

Il est prudent de faire approuver le procès-verbal à la séance qui suit celle à laquelle il a été établi et de rassembler sur un registre les différents procès-verbaux dans l'ordre chronologique en les faisant approuver par le bâtonnier et par le secrétaire de l'Ordre.

23.24 Publicité des délibérations. Le Conseil de l'ordre décide de la diffusion et de la publicité qui peuvent être données à certaines de ses délibérations ou décisions. Les décisions assorties de publicité[2] et celles portées sur le registre spécial prévu par l'article 18 du même décret, sont par nature assorties d'une publicité obligatoire.

• **Délivrance d'un procès-verbal de délibération d'un Conseil de l'ordre.** Un particulier ayant requis la délivrance d'un procès-verbal de délibération d'un Conseil de l'ordre, invoquant les dispositions de la loi du 17 juillet 1978 sur la communication des actes administratifs[3], le Conseil de l'ordre du barreau de Pontoise a refusé, par délibération du 25 octobre 1982[4], de satisfaire à cette demande en indiquant que le barreau n'était pas une autorité administrative et qu'une délibération du Conseil de l'ordre n'étant pas un document administratif, les dispositions de la loi du 17 juillet 1978 étaient inapplicables en l'espèce.

La Commission de recours contre le refus de communication des actes et documents administratifs a émis un avis opposé, compte tenu du fait que les ordres professionnels sont des organisations chargées d'une mission de service public et, à ce titre, soumises aux dispositions de l'article 2 de la loi du 17 juillet 1978.

Le tribunal administratif de Versailles, par une décision du 15 décembre 1983[5] a ordonné la communication sollicitée aux motifs que les ordres d'avocats concourent au service public de la justice par délégation du législateur et que les tribunaux administratifs sont compétents pour ordonner la communication administrative dès lors que le demandeur ne disposait d'aucune voie de droit devant l'autorité judiciaire lui permettant de l'obtenir. Le Conseil d'État, dans une affaire similaire, a refusé la communication sollicitée[6].

L'arrêt du 15 décembre 1983 a été infirmée par un arrêt du Conseil d'État du 6 juin 1986[7] qui confirme la compétence de la juridiction administrative pour statuer sur la demande de communication d'un document administratif à un Ordre d'avocats mais qui indique que la délibération du Conseil de l'ordre relative à un litige opposant le barreau de Pontoise à un conseil juridique n'était pas, par sa nature et son objet, au nombre des documents qui, par application des articles 1 et 6 *bis* de la loi du 17 juillet 1978, doivent être communiqués sur leur demande aux personnes qu'ils concernent.

Il a été jugé que pour décider dans la forme administrative, la suite à donner à une réclamation contre une décision d'ordre administratif par lui prise, aucun principe ni aucun texte n'impose au Conseil de l'ordre de communiquer les documents sur la base desquels a été prise la décision critiquée. En revanche, dans le cas du recours formé contre cette décision qui est de nature contentieuse la communication de pièces doit avoir lieu et, par là même, les documents financiers et comptables examinés par le conseil d'administration de la Carpa, le budget prévisionnel de l'Ordre pour 1994, les lettres et engagements de banques, les lettres et engagements signés du Conseil de l'ordre envers tous organismes bancaires, la Chambre de commerce et d'industrie, de toute autre personne engagée dans le cadre d'une acquisition d'une Maison de l'avocat décidée[8].

Les arrêtés personnels, notamment les décisions disciplinaires ne peuvent jamais faire l'objet de communication de la part du bâtonnier ou du Conseil de l'ordre.

Toutefois, les décisions prises en matière disciplinaire sont communiquées désormais au plaignant[9] et d'autre part, le Conseil de l'ordre peut, à titre de sanction accessoire aux peines disciplinaires prévues par l'article 184 du décret du 27 novembre 1991, ordonner la publicité de toute peine disciplinaire (v. s^s^ n° 84.13).

23.25 Le Conseil de l'ordre peut désigner en son sein un ou plusieurs membres chargés de fonctions particulières et précises. Il peut s'agir notamment d'un trésorier, d'un secrétaire, d'un bibliothécaire. Ces fonctions ne sont pas prévues par la loi qui fait seulement allusion à l'existence d'un secrétariat de l'Ordre sans référence à un secrétaire de l'Ordre. La tradition des barreaux a cependant créé ces fonctions administratives.

Le secrétaire est généralement le plus jeune membre du conseil dans l'ordre du tableau. Il certifie conforme les délibérations du conseil qu'il notifie au procureur général ou aux intéressés, il tient le compte rendu des réunions du conseil, diffuse les

1. CA Caen, 15 oct. 1982, *Gaz. Pal.* 1982, 2, 664 – RAPPR. : CA Pau, 3 févr. 1982, *Gaz. Pal.* 1982, 1, 194 – CA Lyon, 26 juill. 1992, *Gaz. Pal.* 26 sept. 1992, 11, note A. D.
2. Décr. 27 nov. 1991, art. 184.
3. L. n° 78-753, 17 juill 1978.
4. Cons. ordre Pontoise, 25 oct. 1982.
5. TA Versailles, 15 déc. 1983, *Gaz. Pal.* 1984, 2, 480, note Gaudemet; *D.* 1984, IR 105, note Brunois.
6. CE 27 sept. 1985, n° 56543, Ordre des avocats du barreau de Lyon c/Bertin; *Gaz. Pal.* 1986, 2, 394; *Lebon*, 267; *RFDA* 1986, 183 s., concl. Denoix de Saint-Marc; *D.* 1986, 504, note Amiel – ÉGAL^T^ : CE 9 mars 1983, n° 43501, Assoc. « SOS Défense », *Lebon T.*; *AJDA* 1983, 431.
7. CE 6 juin 1986, n° 57285, Ordre des avocats au barreau de Pontoise c/Jaugey, *Lebon*; *Gaz. Pal.* 7 oct. 1986, 8; *D.* 1986, 504, note Amiel.
8. CA Lyon, 26 juill. 1993, *Gaz. Pal.* 16 sept. 1993, 11.
9. Décr. 27 nov. 1991, art. 189.

circulaires du bâtonnier. Dans certains barreaux on lui donne également le titre de questeur de l'Ordre pour marquer son rôle dans l'organisation matérielle de la vie de l'Ordre. Lorsque le conseil se réunit en formation disciplinaire, il assume les fonctions que le greffier remplit dans les juridictions. Le trésorier établit la comptabilité de l'Ordre et en rend compte au bâtonnier et au conseil; il a généralement la signature sur les comptes bancaires et postaux de l'Ordre. Aucun de ces membres du conseil n'a de pouvoirs propres, ils sont uniquement les délégués du bâtonnier ou du conseil.

23.26 Formations restreintes. Lorsque le barreau comprend au moins 500 avocats disposant du droit de vote, le Conseil de l'ordre peut siéger en vue de statuer sur l'inscription au tableau ou sur la liste du stage, ou sur l'omission du tableau, ou de la liste du stage, ou sur l'autorisation d'ouverture de bureaux secondaires, et, ou de retrait de cette autorisation en une ou plusieurs formations de neuf membres présidées par le bâtonnier ou un ancien bâtonnier.

Le président et les membres de la, ou des formations restreintes, et deux membres suppléants, sont désignés au début de chaque année par délibération du Conseil de l'ordre, notifiés au procureur général. La formation restreinte ne peut délibérer valablement que si plus des deux tiers de ses membres sont présents. Elle peut renvoyer l'affaire à la formation plénière, mais ce renvoi ne peut être décidé qu'après audition de l'avocat qui comparaît. Lorsqu'il existe plusieurs formations restreintes au sein d'un même Conseil de l'ordre, la répartition des affaires est effectuée selon les modalités fixées par le règlement intérieur[1].

La formation restreinte peut, désormais, valablement délibérer si neuf ou sept ou cinq membres de la formation restreinte sont présents. Le nombre des présents doit toujours être impair.

SECTION 3
ÉLECTIONS

23.31 Conditions d'éligibilité. Seul un avocat inscrit au tableau peut être élu membre du Conseil de l'ordre (MCO).

Il faut aussi, dans les barreaux comprenant plus de 16 avocats, avoir prêté serment depuis un certain temps : quatre années au 1er janvier de l'année de l'élection[2].

1. L. 31 déc. 1971, art. 17-1; réd. L. n° 93-1415, 22 déc. 1993 – Décr. 27 nov. 1991, art. 4-1 et 182.
2. Décr. 27 nov. 1991, art. 9.

• **MCO et associés d'une SCP ou d'une SEL.** L'article 47 paragraphe 3 du décret du 20 juillet 1992[3] édicte que le Conseil de l'ordre ne peut comprendre en même temps, dans une proportion supérieure à deux cinquièmes les avocats associés d'une même SCP. La prohibition est identique pour les avocats associés d'une société d'exercice libéral[4]. Le législateur a eu en effet conscience du danger que ferait courir à l'indépendance du Conseil de l'ordre une mainmise d'avocats qui, en raison de leur communauté d'intérêts et des liens affectifs que le travail en groupe crée, n'auraient plus une liberté d'appréciation totale et fausseraient ainsi les votes. En pratique, si un avocat élu fait dépasser, du fait de son élection, le quota précité, le bâtonnier ne le proclame pas élu et procède à un nouveau tour. Si deux membres d'une même SCP ou d'une même SEL étaient élus ensemble à l'issue d'un même tour, le plus âgé dans l'ordre du tableau, serait seul proclamé élu. En revanche, le législateur n'ayant pas étendu expressément cette prohibition aux avocats liés par un contrat d'association ou par un contrat de collaboration, elle doit être réservée aux seuls membres des SCP et des SEL.

Pour la détermination du nombre des membres composant le Conseil de l'ordre, chaque associé d'une SCP compte pour une unité. Les SCP elles-mêmes ne sont pas comptées comme électeurs, si ce n'est par leurs membres.

23.32 Modalités des élections des MCO. Les élections ont lieu dans les trois mois qui précèdent la fin de l'année civile et à la date fixée par le Conseil de l'ordre[5]. Les membres du Conseil de l'ordre sont élus pour trois ans au scrutin secret, uninominal majoritaire à deux tours par l'assemblée générale de l'Ordre, c'est-à-dire tous les avocats inscrits au tableau, tous les avocats stagiaires et par les avocats honoraires[6]. Le Conseil de l'ordre est renouvelable par tiers chaque année. Le règlement intérieur fixe les modalités de l'élection.

En cas d'égalité des voix, l'avocat le plus âgé est proclamé élu[7].

Tous les avocats stagiaires sont électeurs.

23.33 Application des principes généraux du droit électoral. Selon un arrêt de la cour d'Aix-en-Provence du 25 février 2000[8], les règles du droit électoral (secret du vote, pointage et signature d'une liste d'émargement, non-prise en compte des bulletins blancs...) sont applicables aux élections professionnelles placées sous la responsabilité du bâtonnier et de l'Ordre.

23.34 Déroulement des élections : renvoi. Le mode de déroulement des élections, la computation

3. Décr. n° 92-680, 20 juill. 1992, *JO* 22 juill.
4. Décr. n° 93-492, 25 mars 1993.
5. Décr. 27 nov. 1991, art. 9.
6. L. 31 déc. 1971, art. 15.
7. Décr. 27 nov. 1991, art. 5.
8. CA Aix-en-Provence, 25 févr. 2000, *JCP* 2000, II, 10324, note Martin.

des suffrages, la date des élections et le mode de convocation sont les mêmes que ceux indiqués pour l'élection du bâtonnier[1]. C'est pourquoi nous n'étudierons ci-dessous que les règles propres à l'élection des membres du Conseil de l'ordre, renvoyant pour le surplus à ce qui est dit sur les élections en général au chapitre consacré au bâtonnier (v. s^s n°s 24.11 à 24.33).

23.35 Recours : renvoi. Les élections au Conseil de l'ordre notifiées au procureur général sont susceptibles des mêmes recours que l'élection du bâtonnier (v. s^s n°s 24.11 à 24.33).

23.36 Réélection. Les membres du Conseil de l'ordre sont immédiatement rééligibles à l'expiration d'un premier mandat.

À l'expiration du deuxième de deux mandats successifs, les membres sortants, à l'exception des anciens bâtonniers, ne sont rééligibles qu'après un délai de deux ans. Ce délai est réduit à un an dans les barreaux de moins de seize avocats disposant du droit de vote.

L'interdiction de se représenter après un second mandat est un moyen de contraindre les avocats à renouveler leur conseil en évitant le maintien perpétuel de certains membres à cette fonction.

Mais les anciens bâtonniers ne sont pas soumis à cette incapacité de réélection et peuvent donc être réélus au Conseil de l'ordre sans discontinuité[2]. L'assimilation des anciens présidents des ordres fusionnés aux anciens bâtonniers et notamment des anciens présidents de la commission nationale des conseils juridiques et des anciens présidents des commissions régionales de conseils juridiques a été expressément maintenue par l'article 280 du décret du 27 novembre 1991.

23.37 Élections partielles. Lorsque, par suite d'un décès ou d'une démission du barreau, d'une démission de membres du conseil, ou lorsque par suite d'une augmentation du nombre des avocats inscrits, l'élection de membres supplémentaires au Conseil de l'ordre est nécessaire et suscite des élections partielles, elles sont arrêtées par le Conseil de l'ordre dans les mêmes conditions que les élections annuelles; elles ont lieu dans les trois mois de l'événement qui les rend nécessaires (inscription d'un nouvel avocat, démission, décès, incapacité d'exercer les fonctions de bâtonnier ou de membre du conseil).

• **Quelques difficultés de calcul dans les élections partielles...** Les élections partielles posent d'ailleurs de délicates questions. Si le remplacement d'un membre démissionnaire ou décédé demeure simple, que faire en cas d'élections complémentaires à la suite de l'inscription de nouveaux avocats ?

• Un barreau, par exemple, passe de 99 à 101 membres, il avait 12 membres dans son Conseil de l'ordre et va désormais en compter 18, soit 6 membres supplémentaires qui doivent être élus dans les trois mois de l'événement, c'est-à-dire à partir de l'inscription du 101e avocat.

L'élection est en principe simple à réaliser, mais deux questions se posent : comment effectuer le renouvellement triennal ? Doit-on additionner les anciens et les nouveaux membres et tirer au sort parmi eux ? ou doit-on former deux collèges, l'ancien de 12 membres et le nouveau de 6 membres supplémentaires avec tirage au sort des sortants dans ce second collège seulement ?

Le reste, c'est-à-dire le second collège dans l'exemple choisi plus haut correspond à 12 membres - 4 sortants (renouvellement triennal) = 8. Si nous ajoutons les 6 nouveaux élus et que nous tirions au sort le tiers du conseil ainsi composé, nous découvrons que le reste de ce conseil n'est plus divisible par trois.

• **Que faire d'autre part – et c'est la seconde difficulté – si dans les années à venir le nombre des avocats retombe à un niveau inférieur à 101 avocats par suite de décès ou démissions ?** Doit-on laisser terminer le mandat de trois ans aux élus complémentaires ou tirer au sort les sortants, ou considérer que les sortants, par le jeu normal de l'expiration de leur mandat, ne seront pas remplacés.

• Toutes ces difficultés n'ont pas été tranchées par les textes qui régissent la profession.

Il paraît cependant normal et prudent de procéder comme si deux collèges existaient et de tirer au sort parmi les anciens membres 12 - 4 = 8 donc tirage au sort de 4 membres pour les 2 années à venir, puis de tirer au sort dans le complément 6 - 2 = 4. Ainsi proposera-t-on à l'assemblée générale de remplacer 4 membres d'abord puis 2 membres ensuite.

En cas de diminution du nombre des avocats inscrits après que les élections partielles aient eu lieu, les membres élus devront terminer leur mandat de trois années avant qu'il ne soit procédé à la suppression des postes ainsi créés à l'expiration de leur mandat, si d'ici cette date le nombre des avocats n'a pas franchi à nouveau le seuil prévu par la loi autorisant l'élection complémentaire de membres du Conseil de l'ordre[3].

Les questions de rattrapage d'erreurs qui ont pu être commises dans la détermination des avocats sortants combinés avec l'élection de membres supplémentaires en cas d'augmentation du barreau peuvent aboutir à des situations juridiquement insolubles.

La cour de Bordeaux dans son arrêt du 26 février 1988[4] préconise une solution empirique qui paraît

1. Décr. 27 nov. 1991, art. 5.
2. Décr. 27 nov. 1991, art. 5.
3. Damien, *Mémento du secrétaire de l'Ordre*, p. 55.
4. CA Bordeaux, 26 févr. 1988, *Gaz. Pal.* 23 avr. 1988, 13, note Damien.

excellente et qui permet de faire cesser les irrégularités constatées dans les plus brefs délais (dans le cas d'espèce il s'agissait d'une élection complémentaire de deux membres) en obtenant le retrait de deux membres actuellement en fonction. C'est donc au civisme des avocats de déterminer la solution pratique par démission spontanée ou par tirage au sort[1].

De même, a pu poser des difficultés, la situation d'un avocat réélu membre de Conseil de l'ordre pour une seconde fois, à la suite de la démission des membres élus lors du renouvellement du conseil par tiers et dont l'élection a été annulée. L'avocat ainsi réélu a-t-il exercé ou non deux mandats successifs ? ou au contraire doit-on constater qu'il y a eu interruption de son mandat après l'expiration de son terme et nouveau mandat à compter de nouvelles élections à la suite de l'annulation des précédentes. Il semble qu'on doive considérer que la première élection ayant été considérée comme nulle, la période pendant laquelle l'avocat nouvellement élu n'a plus fait partie du Conseil de l'ordre, ne saurait constituer l'intervalle exigé par l'article 5, § 4 du décret du 27 novembre 1991.

SECTION 4
ATTRIBUTIONS – CADRE GÉNÉRAL

23.41 Le Conseil de l'ordre traite toutes les questions intéressant l'exercice de la profession et veille à l'observation des devoirs des avocats ainsi qu'à la protection de leurs droits. C'est en s'inspirant de cette mission que les Conseils de l'ordre formulent des observations, des suggestions, des réclamations ou des critiques au moment de la préparation, de la discussion et de la promulgation des textes législatifs ou réglementaires concernant les droits ou les devoirs des avocats, le fonctionnement de la justice, les réformes législatives ou judiciaires et, de manière plus générale, la défense des libertés des citoyens.

• **Protestations du Conseil de l'ordre.** C'est ainsi, par exemple, que le Conseil de l'ordre de Paris a voté un certain nombre de protestations durant l'occupation allemande pour s'élever contre des mesures prises à l'égard de certains avocats, et a protesté contre des perquisitions irrégulières, contre des procédés techniques nouveaux tels que le détecteur de mensonges au cours d'une instruction pénale...

La cour d'Aix, par un arrêt du 24 juin 1988[2], a été amenée à annuler une délibération d'un Conseil de l'ordre qui critiquait un refus de remise d'audience demandée par les deux avocats et qui leur enjoignait de déposer leurs dossiers sans plaider. La cour reconnaît toutefois que le Conseil de l'ordre avait qualité pour protester, la Conférence des bâtonniers pour intervenir à l'instance et que les motifs de cette délibération qui pouvaient laisser s'accréditer auprès des parties et leurs avocats un droit à renvoi qui n'existe pas et qui était contraire aux dispositions législatives et réglementaires devaient être annulés en ce qu'ils avaient de contraire aux règles et principes en vigueur.

• **Rôle de l'assemblée générale de l'Ordre : renvoi.** En revanche l'assemblée générale peut librement adopter cette protestation sous le mode de vœu sans risque d'annulation puisque ce mode de recours n'est pas prévu contre les vœux de l'assemblée générale (v. s^s n° 25.24).

Toutefois, des décisions ont été prononcées en sens contraire, mais dans une hypothèse différente puisque l'assemblée générale avait pris une délibération en l'espèce et non un vœu...[3].

23.42 Défense de la profession – Intervention dans une instance. L'article 17-5° de la loi du 31 décembre 1971 disposant que le Conseil de l'ordre a pour tâche de traiter toute question intéressant l'exercice de la profession, la défense des droits des avocats et la stricte observation de leurs devoirs, il s'ensuit que le Conseil de l'ordre est recevable à intervenir dans le cadre d'une instance où les principes intéressant la totalité de la profession sont en cause : compatibilité de la profession d'avocat avec un contrat de louage de services[4], action tirée de l'alinéa 1er de l'article 4 de la loi du 31 décembre 1971 édictant le monopole des avocats à la barre...

L'Ordre est en droit, conjointement avec le ministère public, de faire respecter par toute juridiction les principes d'ordre public régissant la profession et donc d'intervenir et d'agir à l'effet de prétendre à la stricte application par toute juridiction des dispositions légales[5].

23.43 Défense de la profession – Intervention personnelle d'un avocat, membre de l'Ordre. Un avocat en tant que membre de l'Ordre et à titre individuel peut intervenir en justice en ce qui concerne le fonctionnement de son ordre et le fonctionnement de la justice par rapport à ses prérogatives.

• Il peut intervenir en tant que représentant de l'Ordre chaque fois que, devant une juridiction et sans avoir eu la possibilité de prévenir son bâtonnier, il entend exciper de principes d'ordre public et

1. ÉGAL^T : CA Fort-de-France, 21 avr. 1993, *Gaz. Pal.* 30 oct. 1993, 8.
2. CA Aix-en-Provence, 24 juin 1988, *Gaz. Pal.* 19 oct. 1988, 703, note Damien – POURVOI REJETÉ PAR : Cass. Ass. plén., 24 nov. 1989, n° 88-18.188, *Bull. Ass. plén.*, n° 3; *D.* 1990, 25; *Gaz. Pal.* 1989, 2, 971, note J. G. M.; *JCP* 1990, II, 21407.
3. Cass. Req. 19 mars 1930, *Gaz. Pal.* 1930, 1, 770 – SUR le droit à la remise et ses difficultés : note Damien s^s CA Aix-en-Provence, 24 juin 1988, *Gaz. Pal.* 1988, jur. 703, préc. (v. s^s prés^t n°) – CE 13 mai 1987, *RT barr. Versailles* n° 7, oct.-nov.-déc. 1987, p. 201, concl. Stirn, note Damien.
4. CA Paris, 23 févr. 1977, *D.* 1977, 193, note Jestaz; *RTD civ.* 1977, 609, obs., Normand.
5. RAPPR. : Civ. 1re, 16 déc. 1980, n° 79-14.544, *Bull. civ.* I, n° 330; *Gaz. Pal.* 1981, 1, pan. 138; *JCP* 1981, IV, 84.

notamment du respect du monopole des avocats. Tout avocat membre de l'Ordre a en effet qualité pour faire cette intervention immédiate par conclusions orales devant la juridiction [1].

• Il peut intervenir personnellement à l'encontre de tous les textes réglementaires qui modifient ou aménagent le fonctionnement de la profession à laquelle il appartient, dès lors qu'il a un intérêt suffisant et légitime [2].

La jurisprudence admet la recevabilité des avocats ou de leurs organisations professionnelles à former des recours contre des actes qui influent sur l'exercice de leur activité.

• Ainsi en a-t-il été pour un recours formé par l'Ordre des avocats de Paris contre des mesures susceptibles de porter atteinte aux principes généraux de la procédure [3] ou pour le recours formé par le Syndicat des avocats de France contre la réglementation relative à la détention des étrangers en voie d'expulsion, dès lors qu'elle affecte les droits de la défense de ces étrangers [4].

• Il peut personnellement déférer à la censure de la cour d'appel, les dispositions du règlement intérieur qui organisent la vie du barreau et lui appliquent concrètement les principes définis par la loi et les décrets qui régissent la profession d'avocat.

Dès lors que l'avocat estime que le règlement intérieur crée à sa charge des obligations contraires à la loi ou à l'Ordre public qui ne favorisent pas le bon déroulement des procédures ou ne sont pas inspirées par le respect des principes essentiels de la déontologie [5], il est non seulement recevable mais bien fondé à les déférer à la cour (v. s^s^ n° 23.61).

• En matière d'élections, tous les avocats disposant du droit de vote, c'est-à-dire les avocats inscrits, les honoraires et les stagiaires, peuvent déférer les élections à la censure de la Cour dans les huit jours suivant leur proclamation [6].

23.44 Procédures collectives. La loi de sauvegarde des entreprises du 26 juillet 2005 a rendu applicable aux avocats le nouveau droit des procédures collectives. Elle prévoit une participation active du Conseil de l'ordre. Dans le cadre de cette procédure, le décret du 28 décembre 2005 [7] prévoit notamment que l'ordre doit faire connaître au greffe du tribunal et aux organes de la procédure la personne habilitée à le représenter; en l'absence d'une telle déclaration, son représentant légal, c'est-à-dire le bâtonnier, exerce cette fonction (v. s^s^ n° 59.11).

L'ordre des avocats est également associé aux négociations en vue de l'accord. Il doit recevoir communication de la décision du Président du tribunal ouvrant la procédure de conciliation et doit l'être par le tribunal lorsque celui-ci statue, le cas échéant sur l'homologation. Il doit pouvoir prendre connaissance de l'accord de conciliation au greffe du tribunal (v. s^s^ n° 59.32). De même, le tribunal ne peut statuer sur l'opportunité d'ouvrir ou non une procédure de sauvegarde, de redressement ou de liquidation judiciaire qu'après avoir entendu ou appelé le représentant du Conseil de l'ordre.

S'il décide d'ouvrir une procédure, le tribunal devra immédiatement désigner un représentant de l'ordre dont relève le débiteur aux fins d'exercer les actes de la profession et de veiller au respect du secret professionnel [8].

Le représentant de l'ordre est désigné au rôle de contrôleur par le tribunal [9]. Il doit assister le mandataire judiciaire dans ses fonctions et le juge-commissaire dans sa mission de surveillance (v. s^s^ n°s 59.33 s.). En cas de liquidation, un certain nombre de mesures sont prévues afin de préserver le secret professionnel. L'ordre a notamment la possibilité de solliciter le remplacement du liquidateur. De même, la destination des archives du cabinet liquidé est déterminée par le liquidateur, mais en accord avec l'ordre (v. s^s^ n° 59.42).

23.45 Répartition des pouvoirs entre le Conseil de l'ordre et le bâtonnier. Le Conseil de l'ordre n'est donc pas une simple assemblée délibérante qui donne sa confiance au bâtonnier, vote les décisions qui lui sont soumises et qui sont nécessaires à la bonne marche de l'Ordre. Il possède des pouvoirs propres et partage avec le bâtonnier la charge de diriger l'Ordre.

Le bâtonnier possède principalement les pouvoirs qui lui permettent de veiller à la marche quotidienne de l'Ordre (v. s^s^ n°s 24.01 s.), alors que le conseil possède en principe des pouvoirs à caractère plus réglementaire. Mais il faut bien reconnaître que la répartition des pouvoirs entre ces deux organes n'a jamais été parfaitement tranchée ni dans l'ancienne législation, ni dans la législation actuelle.

Sur le plan du droit constitutionnel, le fonctionnement des autorités du barreau est assez étrange [10]. Les deux organes de direction sont élus par le même collège électoral et n'ont aucun moyen de pression l'un sur l'autre; ni vote de défiance, ni dissolution;

1. CA Grenoble, 27 oct. 1981, *Gaz. Pal.* 1982, 1, 50.
2. TOUTEFOIS : CE 30 sept. 1983, *Lebon*, 391.
3. CE 4 juill. 1969, n° 69293, n° 69298, n° 69322, Ordre des avocats près la cour d'appel de Paris, *Lebon*, 358.
4. CE 7 juill. 1978, n° 10830, n° 10569, Syndicat des avocats de France et Sieur Essaka, *Lebon*, 297.
5. CA Paris, 24 févr. 1982, *Gaz. Pal.* 1982, 1, 155.
6. Civ. 1re, 29 avr. 1980, n° 78-11.611, NPT, *D.* 1981, 525, note Brunois.
7. Décr. n° 2005-1677, 28 déc. 2005.
8. Décr. 28 déc. 2005, art. 347.
9. C. com., art. L. 621-10, al. 2.
10. Karpik, « Démocratie et pouvoir au barreau de Paris », *RF sc. pol.* vol. 36, n° 4, août 1986.

en cas de conflit entre ces deux autorités aucun mode de solution n'a été prévu par les textes; en réalité la « constitution » du barreau échappe aux règles fondamentales du droit constitutionnel, elle repose principalement sur des traditions séculaires et sur un esprit de famille dans lequel l'Ordre est dirigé par les deux organes prévus par la loi.

Néanmoins, avec les textes législatifs et réglementaires qui régissent la profession, la répartition des pouvoirs entre le bâtonnier et le Conseil de l'ordre est plus obscure qu'elle ne l'a jamais été, on a parfois l'impression que les auteurs des décrets ont confié les pouvoirs tantôt au bâtonnier tantôt au Conseil de l'ordre sans discerner toujours l'idée directrice qui a présidé à leur attribution [1].

23.46 Qualités pour agir du Conseil de l'ordre. Le Conseil de l'ordre agit tantôt en qualité de juridiction tantôt en qualité d'autorité administrative [2]. De toute façon le contentieux relatif à ces deux types de décisions aboutit nécessairement devant la cour d'appel mais en matière administrative le Conseil de l'ordre ne peut, par exemple, saisir la Cour de justice des Communautés européennes d'un recours en interprétation réservé aux seules juridictions [3].

SECTION 5
FONCTIONS RÉGLEMENTAIRES

§ 1
Cadre général

23.51 Le conseil élabore le règlement intérieur. Depuis la loi du 11 février 2004 le pouvoir réglementaire du Conseil de l'ordre demeure et est même consacré par cette loi et par la jurisprudence [4].

Le Conseil de l'ordre en vertu de l'article 17 alinéa 1er de la loi du 31 décembre 1971 a le pouvoir d'arrêter et s'il y a lieu de modifier les dispositions du règlement intérieur. Mais l'article 23 de la loi du 11 février 2004 a modifié cet article 17 alinéa 1er devenu : « Sans préjudice des dispositions de l'article 21.1 il a le pouvoir d'arrêter... ».

Le pouvoir réglementaire du Conseil de l'ordre est subsidiaire par rapport à celui du Conseil national des barreaux (CNB) puisque le 10e alinéa de ce même article 17 lui impose la tâche « d'assurer dans son ressort l'exécution des décisions prises par le CNB ».

Le pouvoir réglementaire du CNB est subsidiaire lui-même de celui qui s'exprime par décret [5], conformément à l'article 53 de la loi du 31 décembre 1971.

23.52 Contenu du règlement intérieur. Le règlement intérieur contient tous les éléments que le Conseil juge indispensables à définir pour permettre la vie quotidienne du barreau.

Aux termes de la loi du 31 décembre 1971 modifiée et du décret du 27 novembre 1991, le règlement intérieur est invité à traiter un certain nombre de questions : les modalités d'élection des membres du Conseil de l'ordre et du bâtonnier [6], la date de l'élection du dauphin [7], les modalités selon lesquelles sont prises les délibérations de l'assemblée générale [8], les conditions dans lesquelles les avocats inscrits sur la liste du stage sont consultés sur les difficultés spécifiques à leur statut [9], le régime de la deuxième année de stage qui peut être accomplie suivant les modalités fixées par le règlement intérieur [10], le complément de formation déontologique pour les avocats stagiaires en liaison avec le centre régional de formation [11], la durée de la collaboration, les périodes d'activité ou de congés, les modalités de la rétrocession d'honoraires et celles dans lesquelles l'avocat collaborateur peut satisfaire à sa clientèle personnelle, les modalités de la cessation de la collaboration ainsi que les dispositions relatives à la rétrocession minimale d'honoraires [12], la publicité personnelle de l'avocat [13], les conditions dans lesquelles l'avocat procède aux règlements pécuniaires [14].

23.53 Absence de conditions de forme. Les délibérations arrêtant ou modifiant le règlement intérieur ne sont soumises à aucun formalisme particulier; une modification peut résulter d'un simple vote à l'occasion d'une discussion d'ordre général, voire même être implicite et résulter d'une décision entraînant *ipso facto* et par voie de conséquence la modification du règlement.

Il n'est nul besoin de mentionner au procès-verbal le nombre et le nom des votants, dès lors qu'il

1. Damien, *Le barreau quotidien*, p. 149 s.
2. CJCE 24 nov. 1977, n° 65-77, *Rec.* 1977, p. 02229, *Gaz. Pal.* 1978, 1, 195.
3. Civ. 1re, 27 mars 2001, n° 98-15.922, *Bull. civ.* I, n° 84; *JCP* 2001, IV, 1969.
4. Civ. 1re, 21 oct. 2003, n° 01-11.169, *Bull. civ.* I, n° 205.
5. CE 27 juill. 2001, n° 191706, Ordre des avocats du barreau de Tours, *Lebon*; *D.* 2002, jur. 365, note Blanchard; *JCP* 2001, II, 10596, note Martin.
6. Décr. 27 nov. 1991, art. 5 et 6.
7. Décr. 27 nov. 1991, art. 6, al. 4.
8. Décr. 27 nov. 1991, art. 17, al. 1.
9. Décr. 27 nov. 1991, art. 17, al. 2.
10. Décr. 27 nov. 1991, art. 77.
11. Décr. 27 nov. 1991, art. 83.
12. Décr. 27 nov. 1991, art. 129.
13. Décr. 27 nov. 1991, art. 161 [abrogé par Décr. n° 2005-790, 12 juill. 2005] et 162.
14. Décr. 27 nov. 1991, art. 229.

résulte du corps du procès-verbal qu'une majorité suffisante s'est dégagée [1].

23.54 Publicité du règlement intérieur. Le règlement intérieur doit être notifié au procureur général et communiqué au premier président, au président du tribunal de grande instance devant lequel est établi le barreau, aux avocats inscrits, et déposé au greffe [2]. La notification au procureur général s'effectue par lettre recommandée avec demande d'avis de réception dans les quinze jours de sa date [3]. Une copie du règlement intérieur et des modifications intervenues est déposée au greffe de chaque juridiction près laquelle est établi le barreau concerné. Il y est tenu à la disposition de tout intéressé.

• **Sanctions du défaut de publicité.** Si le règlement intérieur n'a pas été notifié au chef de cour ni au président du tribunal comme prévu à l'article 13 du décret du 27 novembre 1991, ce défaut de notification n'entraîne nullement la nullité, ni l'inopposabilité dudit règlement, la communication ayant seulement pour but de permettre à l'autorité judiciaire d'exercer son contrôle sur la régularité du règlement et de veiller à son application : les dispositions du règlement entrent donc en vigueur indépendamment d'une telle communication [4].

23.55 Modification d'une disposition du règlement intérieur national (RIN). Le Conseil de l'ordre qui décide de modifier dans son règlement intérieur une disposition qui relève du règlement intérieur unifié (RIN) doit en informer le CNB et en saisir celui-ci. Le CNB se prononce conformément à son règlement intérieur sur la modification, addition ou suppression proposée. La décision du CNB est communiquée à tous les barreaux, y compris bien entendu le barreau qui l'a saisi.

§ 2
Voie de recours

23.61 Recours devant la cour d'appel [5]. Le règlement intérieur ainsi que toute délibération ou décision [6], ou toute décision dont un avocat estime qu'elle peut lui faire grief et le léser, peut être déféré à la censure de la cour d'appel, soit par l'avocat lésé, soit par le procureur général, sans délai de forclusion pour ce dernier, à charge par lui d'en informer le bâtonnier par lettre recommandée avec demande d'avis de réception [7].

L'avocat ne peut déférer que les décisions de nature à léser ses intérêts professionnels propres et notamment les décisions rendues en matière électorale [8]. En revanche, seul le procureur général peut déférer devant la cour, aux fins d'annulation, les décisions du Conseil de l'ordre étrangères ou contraires aux dispositions législatives ou réglementaires [9].

23.62 Interdit de recours : l'avocat radié. Un avocat radié ne peut exercer de voie de recours contre une décision du Conseil de l'ordre du barreau auquel il appartenait [10].

23.63 Les avocats extérieurs au barreau considéré peuvent agir. Nonobstant l'indépendance des barreaux entre eux, certaines décisions du Conseil de l'ordre peuvent léser les intérêts professionnels d'un avocat n'appartenant pas au barreau en cause et notamment au cas de société inter barreaux et de cotisations perçues sur les différents membres de ces sociétés. Le recours formé par un avocat employeur, agissant pour le compte d'un avocat salarié extérieur, est recevable [11].

• **Recevabilité du recours d'une UJA.** Les syndicats professionnels ayant capacité pour agir en justice, le recours exercé par une union de jeunes avocats dont la représentativité n'est pas discutée, doit être déclaré recevable [12].

23.64 Irrecevabilité de l'intervention de la Conférence des bâtonniers. Chaque bâtonnier pouvant ester en justice après autorisation du Conseil de l'ordre et chaque Conseil de l'ordre arrêtant librement son règlement intérieur, l'association de la Conférence des bâtonniers n'est pas recevable à intervenir volontairement au pourvoi formé par un Ordre contre un arrêt ayant annulé son règlement intérieur (v. s^s n° 28.31) [13].

23.65 Saisine préalable du bâtonnier. L'avocat qui s'estime lésé doit, avant de déférer le règlement intérieur ou toute autre mesure réglementaire à la

1. CA Caen, 15 oct. 1982, *Gaz. Pal.* 1982, 2, 664, note A. D.; *D.* 1984, IR 115 – CA Lyon 26 juill. 1993, *Gaz. Pal.* 16 sept. 1993, 11, note A. D.
2. Décr. 27 nov. 1991, art. 13, al. 2 et 3.
3. Décr. 27 nov. 1991, art. 13, al. 2; mod. par décr. 17 oct. 1995.
4. CA Paris, 30 juin 1976, *Gaz. Pal.* 1976, 2, 746, note Damien.
5. L. 31 déc. 1971, art. 19.
6. Civ. 1re, 19 janv. 1994, n° 91-21.821, *Bull. civ.* I, n° 26; *Gaz. Pal.* 1994, pan. 99; *D.* 1994, IR 45; *D.* 1995, somm. 167, obs. Brunois.
7. Décr. 27 nov. 1991, art. 15.
8. CA Rennes, 5 déc. 1978, *Gaz. Pal.* 1979, 1, 53, note Damien.
9. CA Bourges, 21 mars 1979, *Gaz. Pal.* 1979, 2, 448, note Damien – CA Montpellier, 25 juin 1979, *D.* 1980, note Verdier.
10. Civ. 1re, 9 juill. 1996, n° 95-18.507, *Bull. civ.* I, n° 300; *Gaz. Pal.* 1997, pan. 115; *D.* 1996, IR 209.
11. CA Marseille, 3 févr. 1993, *Gaz. Pal.* 18 févr. 1993, 23.
12. CA Versailles, 16 févr. 1994, *Gaz. Pal.* 12 mai 1994, note Damien.
13. Civ. 1re, 25 mai 1992, n° 89-10.096, *Bull. civ.* I, n° 153; *D.* 1994, somm. 138, note Brunois; *Gaz. Pal.* 1992, pan. 291; *JCP* 1993, II, 22156, note Woog.

cour d'appel, saisir préalablement de sa réclamation le bâtonnier par une lettre recommandée avec demande d'avis de réception. La décision du Conseil de l'ordre statuant sur cette réclamation est notifiée à l'avocat intéressé par lettre recommandée avec demande d'avis de réception dans le délai d'un mois à compter de la réception de la lettre recommandée.

En cas de décision de rejet de la réclamation, l'avocat peut, dans le mois de la notification de cette décision, la déférer à la cour d'appel dans les formes prévues dans l'article 15 alinéa 2 du décret du 27 novembre 1991 modifié par le décret du 17 octobre 1995. Si dans le délai d'un mois prévu, aucune décision n'a été notifiée, la réclamation est considérée comme rejetée, et l'avocat peut, dans le mois suivant, déférer dans les mêmes formes à la cour d'appel le rejet de sa réclamation [1].

• **Forme indifférente de la saisine préalable.** La cour de Saint-Denis-de-la-Réunion [2] a admis toutefois que la seule protestation de l'avocat intéressé, membre du Conseil de l'ordre, à la séance du Conseil de l'ordre où fut arrêtée la décision litigieuse, déférée ultérieurement devant la cour, suffit à constituer le recours préalable dès lors que le conseil ayant été saisi par un de ses membres d'une protestation contre sa décision, a décidé de la maintenir. Ainsi donc, la seule protestation de l'avocat intéressé équivaut à une lettre recommandée avec accusé de réception. La doctrine estime toutefois que cette manière de procéder fait bon marché des dispositions expresses du décret qui ne semble pas s'accommoder dans sa lettre des procédures de substitution admises par la cour de Saint-Denis.

Moins étonnante, une décision de la cour d'appel de Bourges du 23 avril 2002 [3] a déclaré recevable la réclamation qualifiée de « recours gracieux ».

23.66 Nature juridique de la délibération. La décision d'un Conseil de l'ordre suspendant provisoirement de ses fonctions un avocat [4] est de caractère administratif. Il en est de même pour la décision interdisant aux membres du barreau de prêter leur concours à un avocat étranger dont la moralité est sujette à caution.

Cependant, l'avocat qui fait l'objet d'une mesure de suspension provisoire peut saisir la Cour conformément à l'article 196 du décret du 27 novembre 1991.

1. Décr. 27 nov. 1991, art. 15.
2. CA Saint-Denis-de-la-Réunion, 23 févr. 1977, *JCP* 1978, 2, 18982.
3. CA Bourges, 23 avr. 2002, *D.* 2002, IR 1881.
4. L. 31 déc. 1971, art. 24; mod. par L. 11 févr. 2004, art. 32.

De toutes les autres décisions administratives prises par le Conseil de l'ordre l'avocat qui s'estime lésé par une de ces décisions doit avant de pouvoir saisir la cour, saisir le bâtonnier par lettre recommandée avec demande d'avis de réception et ce dans le délai de deux mois à compter du jour où la décision ou délibération qui lui fait grief a été notifiée ou publiée.

Dans le délai d'un mois à compter de la réception de cette lettre recommandée, le Conseil de l'ordre doit statuer sur cette réclamation [5].

Si le Conseil de l'ordre n'a pas statué dans le mois, la réclamation est présumée rejetée par le conseil et l'avocat réclamant dans le délai d'un mois peut saisir la Cour. Si le Conseil de l'ordre a rejeté la réclamation, l'avocat réclamant peut saisir la Cour dans le délai d'un mois [6].

Le délai d'appel suspend l'exécution de la décision du Conseil et l'appel interjeté dans le délai susdit suspend également l'exécution de la décision du Conseil de l'ordre.

23.67 Appel par voie d'action ou d'exception. L'appel des dispositions du règlement intérieur est toujours possible par voie d'exception, s'il ne l'est plus par voie d'action, quelle que soit la date à laquelle le règlement intérieur a été notifié aux avocats et chaque fois que les dispositions dudit règlement sont invoquées à l'encontre d'un avocat [7]. En revanche, l'appel d'une disposition du règlement intérieur ne mettant pas à la charge des avocats des obligations professionnelles nouvelles, n'est pas de nature à léser leurs intérêts et par là même n'est pas susceptible de recours.

• Tel est bien le cas de l'interdiction d'afficher à l'extérieur de l'immeuble où exerce l'avocat, des placards de ventes immobilières sans rapport avec celles qui le concernent, c'est-à-dire celles où il est admis à enchérir [8].

23.68 Procédure de l'appel. L'appel est formé par déclaration au greffe de la Cour ou par lettre recommandée avec demande d'avis de réception adressée au secrétariat-greffe de la Cour (ou remis contre récépissé au greffier) [9].

Un recours formé directement entre les mains du premier président est irrecevable [10].

5. Décr. 27 nov. 1997, art. 15 – L. 31 déc. 1971, art. 19, al. 2.
6. Décr. 27 nov. 1991, art. 16.
7. CA Aix-en-Provence, 17 déc. 1973, *Gaz. Pal.* 1974, 1, 271 – CA Rennes, 18 déc. 1979, *Gaz. Pal.* 1980, 1, 271, note Damien.
8. CA Paris, 24 févr. 82, *Gaz. Pal.* 1982, jur. 155, note Damien.
9. Décr. 27 nov. 1991, art. 16.
10. CA Paris, 3 févr. 1982, *Gaz. Pal.* 1982, 1, 194.

23.69 Intervention du Conseil de l'ordre dans la procédure. Au cas d'appel d'une délibération du conseil dans une matière autre que disciplinaire, le Conseil de l'ordre a la possibilité d'intervenir dans la procédure formée par un avocat contre cette décision non juridictionnelle[1].

§ 3
Contrôle de la légalité

23.71 Contrôle de légalité. Une cour d'appel, si elle est compétente pour statuer en appel sur les décisions des Conseils de l'ordre en matière administrative, a qualité uniquement pour en contrôler la légalité et non l'opportunité[2].

La jurisprudence avait hésité un instant sur la nature de ce contrôle[3] mais depuis l'arrêt de la cour de Paris du 24 février 1982[4] la jurisprudence s'est fixée pour ne se référer en la matière qu'à l'excès de pouvoir à l'exclusion de tout contrôle de l'opportunité des prescriptions ou des décisions édictées par le Conseil de l'ordre. La cour d'appel est d'ailleurs sans pouvoir pour modifier les décisions du conseil, elle peut les infirmer ou les confirmer et non les amender[5]. « Le recours que peuvent former des avocats ainsi que le procureur général contre le règlement intérieur du barreau, est de nature procédurale particulière. Il ne peut être assimilé au recours contre les arrêtés disciplinaires qui est en effet l'exercice d'une voie de recours, au sens traditionnel du terme et qui investit la cour d'appel du pouvoir de réformation.

Le recours contre le règlement intérieur, ainsi que celui dirigé contre les décisions du Conseil de l'ordre statuant en matière administrative et prenant une délibération de portée réglementaire, est de nature juridique différente. Dans cette hypothèse la cour d'appel joue un rôle quelque peu analogue à celui du juge de l'excès de pouvoir, dans la mesure où précisément le recours exercé a pour seul objet l'annulation de la délibération attaquée et non point sa réformation. Il en résulte que la cour d'appel n'a pas le pouvoir de modifier la délibération du conseil qui lui est déférée pour y substituer sa propre décision, comme pourrait le faire une autorité de tutelle exerçant un contrôle hiérarchique; elle maintient ou elle annule la décision entreprise mais elle ne la réforme pas. À plus forte raison la cour n'a-t-elle pas le pouvoir de suppléer une carence éventuelle du conseil en prenant à sa place une délibération que celui-ci n'a pas cru devoir prendre. »[6]

• **Contrôle de la légalité du Règlement intérieur harmonisé.** La cour d'appel est compétente pour apprécier la légalité des dispositions du règlement intérieur d'un barreau, peu important que ce texte résulte d'une délibération du CNB[7].

23.72 Contrariété de la mesure déférée à la loi ou à l'ordre public : exemples variés. C'est ainsi que l'exigence pour inscrire un avocat, de ne plus être commerçant depuis cinq années doit être annulée par la cour d'appel[8], ou encore la délibération d'un Conseil de l'ordre enjoignant au tribunal de commerce de choisir ses syndics à l'intérieur du barreau[9], de même est nulle la disposition d'un règlement intérieur d'un barreau prescrivant qu'en aucun cas le nombre d'avocats associés ne peut dépasser cinq[10]. C'est ainsi que des modifications apportées par le règlement intérieur au système des quittances et reçus prévu par le Code civil, excèdent les pouvoirs du Conseil de l'ordre; de même l'instauration de délits déontologiques contraventionnels constitués automatiquement par l'omission d'un acte ou d'une formalité, ne saurait être admise en raison de la personnalisation des fautes nécessaire pour permettre une poursuite disciplinaire[11]; ou encore le choix par le Conseil de l'ordre de décider de la fermeture de cabinets d'avocats à certaines époques et de l'incidence de cette disposition sur les délais de procédure[12]. De même toute disposition du règlement intérieur contraire à l'Ordre public et au respect des autorités et en particulier à la magistrature, doit être déférée à la cour d'appel par le procureur général et annulée par cette juridiction (une grève des avocats[13]). Un Conseil de l'ordre ne peut par les dispositions du règlement intérieur instaurer des usages qui constitueraient des commodi-

1. Décr. 27 nov. 1991, art. 16, al. 3.
2. Civ. 1re, 15 janv. 2002, nº 00-10.811, *Bull. civ.* I, nº 11; *D.* 2002, IR 540.
3. CA Besançon, 10 juill. 1975, *D.* 1976, 652, note Brunois.
4. CA Paris, 24 févr. 1982, *Gaz. Pal.* 1982, 2, 155.
5. CA Paris, 30 janv. 1974, *JCP* 1974, II, 17705, note Perrot – CA Paris, 26 juin 1985, *Gaz. Pal.* 1985, 2, 737; *D.* 1987, somm. 110, note Brunois – CA Bordeaux, 19 déc. 1986, *Gaz. Pal.* 1987, 1, 26 – CA Lyon, 26 juill. 1993, *Gaz. Pal.* 16 sept. 1993, 11 – CA Paris, 29 janv. 1998, *Gaz. Pal.* 1996, 22, note Damien.
6. Perrot, note ss CA Paris, 30 janv. 1974, *JCP* 1974, II, 17705.
7. Civ. 1re, 21 janv. 2003, nº 00-22.553, *Bull. civ.* I, nº 16.
8. Civ. 1re, 9 oct. 1973, nº 71-10.624, *Bull.*civ. I, nº 266; *Gaz. Pal.* 1973, 2, somm. 257; *JCP* 1976, II, 17727 *bis* et 18499 *bis*, note Derrida.
9. CA Rouen, 8 mai 1973, *D.* 1973, somm. 98.
10. CA Dijon, 9 mai 1974, *Gaz. Pal.* 1974, 2, 659.
11. CA Paris, 24 févr. 1982, *Gaz. Pal.* 1982, 1, 155, note Damien – Civ. 1re, 15 févr. 1983, nº 82-11.888, *Bull. civ.* I, nº 59; *JCP* 1983, IV, 176.
12. CA Paris, 28 juin 1989, *Gaz. Pal.* 1989, 2, 616.
13. CA Dijon, 3 mars 1880, *D.* 1881, 2, 29.

tés de procédure (placement des constitutions en défense) dès lors qu'ils sont contraires à la loi; ils ne peuvent constituer que des pratiques internes du barreau susceptibles de créer entre ses membres des obligations morales et déontologiques[1].

§ 4
Fonctions réglementaires variées

23.81 Budget des Ordres. Le Conseil de l'ordre peut, par des dispositions du règlement intérieur, organiser le mode de financement des dépenses de l'Ordre en instituant notamment un droit sur les placets[2]. Il peut de même, en vertu des dispositions de l'article 17 de la loi du 31 décembre 1971 qui donnent au conseil l'attribution de gérer les biens de l'Ordre et d'autoriser le bâtonnier à consentir toutes aliénations et hypothèques, autoriser l'acquisition d'un immeuble pour y installer ses services et remplir la mission de service public dont l'Ordre est investi.

Le bâtonnier et le Conseil de l'ordre n'ont aucune obligation de consulter l'assemblée générale de l'Ordre avant de décider l'acquisition critiquée. Le Conseil de l'ordre peut s'associer sous une forme ou sous une autre, avec la Carpa pour procéder à une telle acquisition, dès lors que celle-ci, quoique placée sous la responsabilité du barreau, dispose d'une personnalité juridique distincte et d'un budget propre.

• C'est donc sans excéder ses pouvoirs qu'un Conseil de l'ordre décide d'acquérir un hôtel pour y créer une maison des avocats[3].

23.82 Critère de validité des délibérations du Conseil de l'ordre et des dispositions du règlement intérieur. On peut donc estimer au vu de l'évolution de la jurisprudence et de la doctrine que le règlement intérieur a la possibilité de prévoir des mesures même extralégales, toutes les fois où elles sont de nature, vu les circonstances locales, à aider au bon fonctionnement de l'Ordre des avocats ou à faire respecter les qualités de probité, de désintéressement et de loyauté qui sont fondamentales pour l'exercice de cette profession. Toutefois il faut, pour être admises par la Cour, que ces prescriptions soient utiles pour la bonne marche de la profession et des tribunaux, ne soient pas de nature à nuire au bon déroulement des procédures et ne soient pas directement contraires à des dispositions légales impératives[4].

23.83 Refus de financer les Centres de formation professionnelle. Ainsi est nulle la délibération du Conseil de l'ordre refusant de participer aux obligations de contribution au Centre de formation professionnelle au motif que la participation financière de l'État est défaillante[5].

23.84 Limitation de la liberté de choix du client. Le règlement intérieur ne peut limiter la liberté de choix du client. Si le règlement intérieur rappelle à bon droit qu'un avocat ne peut succéder à un confrère avant désintéressement de celui-ci et que, de même, des avocats ne peuvent plaider librement contre des confrères, il n'apparaît pas possible de soumettre à l'accord du bâtonnier l'exercice d'un droit aussi essentiel, mais seulement de lui reconnaître un pouvoir de conciliation, à telle enseigne qu'obligatoirement avisé avant toute action en justice, il puisse entendre les intéressés et leur départir tous conseils utiles. Le règlement intérieur qui soumet à une autorisation discrétionnaire du bâtonnier le droit pour un avocat de plaider contre une partie et par là même d'accepter un client, est nul et doit être annulé sur ce point[6].

23.85 Information préalable du bâtonnier avant de recourir contre un confrère, un magistrat ou un officier ministériel, *etc.* Le règlement intérieur peut prévoir que sont soumises au bâtonnier, avant dépôt au greffe :

- les réquisitions afin d'ouverture d'ordre,
- les notes de mise à prix,
- les cahiers des charges et les dires en matière d'adjudication, lors des ventes immobilières (v. s[s] n°s 47.21 s.).

Il peut également décider que doivent être préalablement à leur délivrance, communiqués au bâtonnier tous actes judiciaires, extra-judiciaires ou actes en tenant lieu dirigés contre un avocat, tout membre du corps judiciaire, un magistrat, un membre du gouvernement, un officier ministériel, un auxiliaire de justice ou les mettant en cause[7].

Il peut encore décider[8] que doivent être soumises au visa du bâtonnier :

- les requêtes et dispositifs de partage, d'homologation et de liquidation,

1. CA Aix-en-Provence, 5 mai 1987, *JCP* 1988, II, 21004, note Leborgne.
2. CA Paris, 28 janv. 1981, *Gaz. Pal.* 1981, 1, 304, note Damien.
3. CA Lyon, 26 juill. 1993, *Gaz. Pal.* 16 sept. 1993, 11, note Damien.
4. CA Montpellier, 16 avr. 1985, *Gaz. Pal.* 1985, 2, 452, note A. D.
5. CA Dijon, 26 nov. 1974, *D.* 1975, 292, note Brunois.
6. CA Rennes, 18 déc. 1979, *Gaz. Pal.* 1980, 1, 271, note Damien – Civ. 1re, 21 févr. 1984, n° 82-16.580, *Bull. civ.* I, n° 67; *D.* 1985, IR 108, note Brunois; *Gaz. Pal.* 1984, pan. 226 – CA Paris, 1re ch., 29 mars 1995, *Gaz. Pal.* 10 juin 1995, 11, note Damien.
7. CA Paris, 27 oct. 1999, *Gaz. Pal.* 17-19 déc. 1999, 53, note Flécheux.
8. RI du barreau de Paris, art. 31.2.

- les requêtes afin d'adoption,

- les requêtes en légitimation post-nuptiale et une certification d'état civil,

- les requêtes en changement de régime matrimonial,

- les requêtes afin de nomination d'un curateur à succession vacante,

- les requêtes afin de changement de prénom,

- les requêtes relatives aux locations-gérances et plus généralement les requêtes en chambre du conseil.

23.86 Compatibilité des dispositions du règlement intérieur avec la mission de surveillance de l'Ordre. Un arrêt de la cour d'appel de Paris du 24 mars 1982[1] rejette un recours formé par des avocats contre le règlement intérieur de leur Ordre qui spécifiait que l'adhésion par l'avocat à une association agréée comportait de plein droit l'autorisation pour cette association de fournir au bâtonnier toutes les informations nécessaires à l'exercice de son contrôle. Les avocats auteurs du recours soutenaient que la comptabilité professionnelle était couverte par le secret professionnel et que le bâtonnier, ne partageant pas avec les confrères le secret, n'avait pas qualité pour contrôler discrétionnairement et non contradictoirement la comptabilité de ses confrères. Le Conseil de l'ordre rappelait l'article 17 de la loi du 31 décembre 1971 et la nécessité pour lui de pouvoir vérifier, dans le but de sauvegarder l'intérêt matériel et moral de la profession, la tenue correcte de la comptabilité des avocats[2].

La cour de Paris rappelle que la surveillance du Conseil de l'ordre et du bâtonnier ne se limite pas au maniement de fonds qu'effectuent les avocats; elle tend à assurer le strict respect de toutes les prescriptions légales et réglementaires relatives à leur comptabilité professionnelle. L'avocat chargé par le conseil d'exercer ces contrôles est donc associé au secret professionnel auquel sont astreints ses confrères. Le règlement intérieur n'apporte pas une dérogation supplémentaire inadmissible au principe du respect du secret professionnel tel qu'aménagé par les dispositions de l'article 17 de la loi du 31 décembre 1971 en ce qui concerne les inspections de comptabilité.

Pesant sur les seuls membres des associations agréées, ce contrôle ne fait que leur appliquer les principes généraux régissant une surveillance que le Conseil de l'ordre est tenu d'exercer à l'égard de tous les membres de l'Ordre. La vérification est contradictoire dans la mesure où les irrégularités qu'elle peut relever entraînent obligatoirement des demandes d'explications (sur les mêmes pouvoirs dévolus au bâtonnier conjointement avec le Conseil de l'ordre v. s^{s} n° 24.111).

23.87 En cas d'infirmation par la cour d'appel d'une décision d'un Conseil de l'ordre rejetant la demande d'un avocat, la responsabilité pécuniaire de l'Ordre peut-elle être mise en cause de ce fait ? La question, à notre connaissance, n'a jamais été tranchée en jurisprudence. Elle poserait d'ailleurs une question de compétence délicate; la compétence est-elle judiciaire ou administrative ?

Certes, le juge naturel du Conseil de l'ordre est la cour d'appel mais pour autant le fonctionnement de l'Ordre des avocats, générateur d'une action en responsabilité relève-t-il de la juridiction judiciaire ou administrative ? La jurisprudence relative à l'Ordre des médecins semble exclure ce type de responsabilité[3] et paraît pouvoir être transférée au Conseil de l'ordre des avocats : « *La décision prise par la section disciplinaire du Conseil national de l'ordre des médecins dans l'exercice de ses fonctions juridictionnelles, n'est pas de nature à donner ouverture à une action en responsabilité.* » Mais en serait-il de même pour les décisions purement administratives rendues par un Conseil de l'ordre notamment en matière d'inscription ou de rang au tableau et qui, sans rapport avec son activité juridictionnelle, sont dissociables de cette dernière ?[4] Le Conseil d'État a jugé que la juridiction administrative était incompétente pour connaître de la demande formée par des justiciables tendant à la condamnation du bâtonnier de l'Ordre à réparer le préjudice subi à la suite du silence gardé par ce dernier sur la plainte déposée par eux contre un avocat[5].

SECTION 6
FONCTIONS D'ADMINISTRATION DU BARREAU

23.91 L'Ordre est maître de son tableau :

- il statue sur l'inscription au tableau des avocats[6] (v. s^{s} n°s 14.11 s.);

- sur l'omission de ce tableau, décidée d'office ou à la demande du procureur général[7] (v. s^{s} n°s 15.11 s.);

1. CA Paris, 24 mars 1982, *Gaz. Pal.* 1982, 2, 457.
2. EN CE SENS : CA Lyon, 16 févr. 1977, *Gaz. Pal.* 1979, 2, 220 – Civ. 1re, 3 oct. 1978, n° 77-11.772, *Bull. civ.* I, n° 283; *Gaz. Pal.* 1979, 1, 120, note A. D. – Civ. 1re, 20 oct. 1981, n° 80-15.572, *Bull. civ.* I, n° 297; *Gaz. Pal.* 1982, 1, 104.
3. CE 4 janv. 1952, *D.* 1952, 304 – CE 15 févr. 1963, *Lebon*, 93; *AJDA* 1963, 125, note Gentot et Fourré.
4. Cass. Ass. plén., 18 nov. 1988, n° 87-11.605, *Bull. Ass. plén.*, n° 8; *Gaz. Pal.* 1989, 1, 187.
5. CE 7 mars 1986, n° 73440, Belgacem, *D.* 1987, somm. 66, note Brunois – Note Damien s^{s} Civ. 1er, 26 janv. 1988, n° 86-13.456, *Bull. civ.* I, n° 22; *Gaz. Pal.* 31 avr. 1988, p. 9 – CE 12 oct. 1988, n° 97778, Pincet, *Gaz. Pal.* 1990, 2, 411.
6. L. 31 déc. 1971, art. 17 – Décr. 27 nov. 1991, art. 102.
7. L. 31 déc. 1971, art. 17 – Décr. 27 nov. 1991, art. 104.

– sur les mentions de spécialisation autorisées; le Conseil de l'ordre statue sur la demande tendant à faire usage, par un avocat, d'une mention de spécialisation, soit concomitamment à la demande d'inscription, soit postérieurement à cette inscription[1] (v. s[s] n°s 42.11 s.);

– l'inscription au tableau des avocats stagiaires après l'accomplissement de leur stage[2];

– le rang des avocats qui, ayant déjà été inscrits au tableau et ayant abandonné l'exercice, se présentent à nouveau pour le reprendre[3] (v. s[s] n°s 14.11 s.);

– l'autorisation d'ouverture du bureau secondaire ou le retrait de cette autorisation[4] (v. s[s] n°s 54.11 s.).

• **Recours de l'article 20 de la loi du 31 décembre 1971.** Les décisions du Conseil de l'ordre relatives à l'inscription au tableau ou sur la liste du stage, à l'omission ou au refus d'omission du tableau ou de la liste du stage, et à l'autorisation d'ouverture de bureaux secondaires ou à la fermeture de tels bureaux, peuvent être déférées à la cour d'appel par le procureur général ou l'intéressé.

23.92 Avis et autorisations.

– Le Conseil de l'ordre autorise les avocats à exercer les fonctions de membre de conseil de surveillance ou d'administrateur d'une société commerciale[5] (v. s[s] n°s 13.141 à 13.146); appel peut être formé de la décision du conseil dans le mois de sa notification et dans les formes habituelles prévues aux articles 114 et 16 du décret du 27 novembre 1991.

– Il autorise la constitution des sociétés civiles professionnelles[6] (v. s[s] n°s 52.31 s.); appel peut être formé de ces décisions dans les formes ordinaires dans le délai de deux mois de la notification; la Cour statue comme en matière disciplinaire[7] (v. s[s] n° 52.34).

– Il donne son avis sur les contrats d'association[8] (v. s[s] n°s 52.11 s.), de collaboration[9] (v. s[s] n° 50.12), de salariat[10] (v. s[s] n° 50.22), de cabinets groupés (v. s[s] n°s 51.11 s.). Toutes les décisions prises en ces matières par le Conseil de l'ordre peuvent faire l'objet de recours, selon les modalités prévues à l'article 16 du décret du 27 novembre 1991.

– Il autorise le bâtonnier à ester en justice, à accepter tous dons et legs faits à l'Ordre, à transiger ou à compromettre, à consentir toutes les aliénations, hypothèques, à contracter tous emprunts[11].

• **Défaut d'autorisation du bâtonnier d'ester en justice.** En ce qui concerne l'autorisation d'ester en justice, à défaut de cette autorisation, le bâtonnier qui intervient en justice au nom de son Ordre, est sans qualité pour le faire et son action est affectée d'une irrégularité de fond qui peut être soulevée en tout état de cause[12].

• **Pourvoi en cassation formé par le bâtonnier.** Au sens de l'article 17-7° de la loi du 31 décembre 1971, l'autorisation d'ester en justice s'entend de l'autorisation d'exercer les actions ou voies de recours appartenant au barreau et au Conseil de l'ordre; la délibération d'un Conseil de l'ordre ayant autorisé le pourvoi en cassation et le bâtonnier représentant le Conseil de l'ordre, sauf contrariété d'intérêts, dans les instances auxquelles il est partie, était seul habilité à former pour lui cette voie de recours[13].

– Il a qualité conjointement avec le ministère public[14], pour faire respecter par toute juridiction les principes d'ordre public établis par l'article 4 de la loi du 31 décembre 1971 relatif au monopole des avocats.

Il peut, à cet effet, intervenir en justice et agir à l'effet de prétendre à la stricte application de la loi par toutes les juridictions[15].

– Il désigne les représentants du barreau au bureau d'aide juridictionnelle de son ressort[16] ainsi qu'à tous les conseils, comités ou organismes dans lesquels la présence d'avocat serait requise.

– Il organise les services généraux de recherches et de documentation nécessaires à l'exercice de la profession[17].

– Il met en œuvre, en accord avec d'autres barreaux, les moyens appropriés pour régler les questions d'intérêts communs, tels : l'informatique, la formation professionnelle, la représentation de la profession et le régime de la garantie[18].

23.93 Formation professionnelle des employés. Il semble que le conseil, qui a fort peu de pouvoirs en ce qui concerne la formation professionnelle des avocats et des stagiaires, relevant du centre régional de formation professionnelle prévue par la loi du 31 décembre 1971[19] et les décrets du 27 novembre 1991[20] et du 2 avril 1980, ait qualité au contraire pour organiser la formation professionnelle des employés prévue par la loi du 16 juillet 1971 et à laquelle les employeurs occupant au moins dix salariés doivent consacrer 0,8 % des salaires payés.

1. Décr. 27 nov. 1991, art. 86 s.
2. Décr. 27 nov. 1991, art. 93.
3. Décr. 27 nov. 1991, art. 96.
4. Décr. 27 nov. 1991, art. 95.
5. Décr. 27 nov. 1991, art. 112.
6. Décr. 20 juill. 1992, art. 5 et 6.
7. Décr. 20 juill. 1992, art. 8.
8. Décr. 27 nov. 1991, art. 126.
9. Décr. 27 nov. 1991, art. 133.
10. Décr. 27 nov. 1991, art. 139.
11. L. 31 déc. 1971, art. 17-7°.
12. CA Lyon, 11 oct. 1983, *Gaz. Pal.* 1984, 1, pan. 14.
13. Civ. 1re, 27 mars 2001, n° 98-15.922, *Bull. civ.* I, n° 84; *JCP* 2001, IV, 1969.
14. L. 31 déc. 1971, art. 17-5°.
15. CA Grenoble, 27 oct. 1981, *Gaz. Pal.* 1982, 1, 50.
16. L. 10 juill. 1991, art. 16.
17. L. 31 déc. 1971, art. 17-8°.
18. L. 31 déc. 1971, art. 18.
19. L. 31 déc. 1971, art. 13 et 14.
20. Décr. 27 nov. 1991, art. 55.

Or, cette formation professionnelle des salariés n'est mentionnée nulle part dans les textes susvisés concernant le centre régional de formation professionnelle, il semble donc que, créée par une loi, elle échappe à ces organismes et doit être constituée par un organisme spécial fondé dans chaque barreau ou à un échelon plus vaste dans le cadre des dispositions de l'article 18 précité par regroupement de barreaux.

Cette formation professionnelle est obligatoire aux termes de la convention collective qui régit le statut des personnels d'avocat[1] (étendue par la loi du 31 décembre 1971 au personnel d'avocat[2]).

Il appartient donc aux Conseils de l'ordre individuellement ou regroupés de créer les organismes nécessaires pour cette formation permanente du personnel, ils peuvent d'ailleurs se regrouper à l'échelon national pour le faire puisque l'article 18 qui prévoit la mise en œuvre d'un certain nombre de solutions en ce domaine, par délibérations conjointes des Ordres d'avocats, ne limite pas territorialement ce mode de travail et rien n'empêcherait les Conseils de l'ordre de France d'utiliser les services d'une École nationale de procédure semblable à celle qui existait naguère et qui existe toujours au profit du personnel des études des anciens avoués.

SECTION 7
FONCTIONS FINANCIÈRES

23.101 Attributions financières du Conseil de l'ordre. Il lui appartient de gérer les finances de l'Ordre, de préparer le budget, de fixer le montant des cotisations et autres modes de ressources prévues par le règlement intérieur, d'administrer et d'utiliser ces ressources pour assurer la gestion de l'Ordre, les secours, allocations ou avantages quelconques attribués aux membres du barreau ou aux anciens membres, aux conjoints survivants ou à leurs enfants[3].

En pratique le Conseil de l'ordre aura donc la charge de fixer le budget, c'est-à-dire la prévision de toutes les dépenses nécessaires pour l'année, prévision estimée chapitre par chapitre. En fonction de cette prévision de dépenses, le Conseil de l'ordre déterminera les ressources nécessaires et fixera les cotisations et autres modes de ressources.

23.102 Publication du budget. Le barreau peut publier son budget, c'est ainsi que le barreau de Paris publie chaque année un bulletin spécial comportant le budget de l'année à venir[4]. La réponse du garde des Sceaux du 16 juin 1986[5] a rappelé que si les règles applicables aux Ordres ne font pas expressément obligation à leurs dirigeants de publier leur budget et leurs comptes, le droit pour les membres d'obtenir communication des documents résulte du fait même de leur participation à la communauté des professionnels, chacun étant appelé à sanctionner la gestion financière de l'Ordre; ils peuvent obtenir qu'en vue d'exercer ce contrôle copies des documents soient mises à leur disposition en temps utile. Les membres du Conseil de l'ordre sont tenus au secret de leurs travaux et délibérations; ce secret nécessaire n'empêche pas néanmoins le Conseil de l'ordre, par l'intermédiaire de son bâtonnier, de donner à intervalles réguliers ou exceptionnellement, des comptes rendus de sa gestion sur un certain nombre de questions par circulaires ou communications lors d'assemblées générales ou réunions de colonnes. C'est ainsi que le Conseil de l'ordre et le bâtonnier pourront s'appliquer à créer et à maintenir un lien utile et indispensable entre tous les membres de l'Ordre. La publication du budget, qui n'a rien d'un document secret, est de nature à renseigner la légitime curiosité des avocats sur le sort de leurs contributions aux charges de l'Ordre.

• **Le bâtonnier est le seul ordonnateur du barreau.** Le Conseil de l'ordre n'a qu'un contrôle sur sa gestion financière et veillera notamment à ce que le bâtonnier demeure dans le cadre du budget voté par le conseil, au début de chaque année judiciaire.

• **Acquisition d'un immeuble.** Le Conseil de l'ordre qui, aux termes de l'article 17 de la loi du 31 décembre 1971, a pour attribution de gérer les biens de l'Ordre et d'autoriser le bâtonnier à consentir toute aliénation ou hypothèque, a donc celui d'autoriser l'acquisition d'un immeuble pour y installer ses services et d'y remplir la mission de service public dont l'Ordre est investi[6]. Cet arrêt statue également sur les conditions de forme de délibération du Conseil de l'ordre et notamment sur les convocations, l'ordre du jour, le *quorum* nécessaire pour délibérer, l'indication non nécessaire de l'identité des votants.

23.103 Fixation du montant de la cotisation ordinale : respect du principe d'égalité entre avocats. La cotisation est due par tous les membres de l'Ordre et ne peut en aucun cas constituer une atteinte aux convictions personnelles ou à la liberté de pensée et de conscience de la profession libérale au sens de la Convention européenne des droits de l'homme et des libertés fondamentales du 4 novembre 1950 et du Pacte international du 19 décembre 1966 relatif aux droits civils et politiques. La solu-

1. Conv. coll., 22 sept. 1959.
2. L. 31 déc. 1971, art. 46 – Conv. coll. 22 sept. 1959, art. 35.
3. L. 31 déc. 1971, art. 17.
4. *Bull. bâtonnier* Paris, mai 1997.
5. Rép. min. 16 juin 1986.
6. CA Lyon 26 janv. 1993, *Gaz. Pal.* 16 sept. 1993, 11, note Damien.

tion a été admise pour les médecins[1] et également pour les avocats[2].

Selon la jurisprudence, le Conseil de l'ordre est libre de fixer le montant des cotisations dues par les avocats inscrits au barreau et par les avocats titulaires d'un bureau secondaire dans son ressort sous réserve de respecter le principe d'égalité entre avocats[3]. En d'autres termes, le Conseil de l'ordre doit éviter toute disparité de traitement et n'instituer aucun privilège. Les modes de calcul des cotisations peuvent être variables : en fonction des revenus ou forfaitaire, voire modulée en fonction de la date d'inscription au tableau.

• **Ancienneté d'inscription au tableau.** Le Conseil de l'ordre peut valablement décider de moduler le montant de la cotisation en fonction de l'ancienneté d'inscription au tableau de l'ordre[4].

• **Prise en compte de l'âge de l'avocat stagiaire.** N'étant pas contesté qu'un avocat était âgé de plus de 45 ans lors de son admission au stage, c'est à bon droit qu'on lui applique la cotisation la plus élevée; cette décision est parfaitement justifiée par le fait que le stagiaire âgé de plus de 45 ans a nécessairement derrière lui un passé professionnel qui interdit d'assimiler sa situation à celle d'un stagiaire récemment issu de l'université[5].

• **Cotisation proportionnelle.** Le Conseil d'État a admis, en ce qui concerne les ordres d'architectes, que le conseil national de cet ordre peut, pour asseoir les cotisations de ses membres, retenir un mode de calcul inspiré de l'impôt sur le revenu. Il ne s'agit pas en effet d'une imposition réservée au législateur par l'article 34 de la Constitution, mais d'une cotisation que l'Ordre a le pouvoir de lever en vertu des pouvoirs que la loi lui confère. Une cotisation proportionnelle à l'impôt sur le revenu ne porte pas atteinte au principe de l'égalité entre les membres de la profession, le même barème s'appliquant à tous les membres de la profession. Enfin, si le Conseil de l'ordre ne peut obtenir des services fiscaux le contrôle des déclarations des revenus professionnels qu'il reçoit de ses membres, rien ne s'oppose à ce qu'il demande à ceux-ci de lui déclarer eux-mêmes leurs revenus professionnels. En revanche la fixation du taux de majoration de retard dans le règlement des cotisations allant jusqu'au 50e du montant de la cotisation après 6 mois de retard, excède manifestement le taux nécessaire pour atteindre le but recherché, c'est-à-dire procurer à l'Ordre les ressources nécessaires à son fonctionnement et à l'accomplissement de ses missions légales, mais constitue une pénalité, dès lors cette constatation suffit à annuler la délibération litigieuse[6].

• **Prise en compte des revenus professionnels.** Le Conseil de l'ordre de Paris, ayant organisé une cotisation prévoyant la proportionnalité entre celle-ci et les revenus professionnels des avocats, un des membres du barreau a adressé au bâtonnier une réclamation visant cette décision et cette réclamation ayant été rejetée, a déféré à la cour la délibération du Conseil de l'ordre. La cour de Paris a tout d'abord déclaré recevable la réclamation de l'avocat par application de l'article 19 paragraphe 2 de la loi du 31 décembre 1971, tout avocat possédant en cette qualité le droit de poursuivre une décision du Conseil de l'ordre relative au montant des cotisations pouvant, par là même, léser ses intérêts professionnels. Mais elle a rappelé que la question de la fixation des cotisations et de leur recouvrement appartient au seul Conseil de l'ordre, en vertu de l'article 17-6° de la loi du 31 décembre 1971 et que la cour d'appel n'a, à cet égard, aucun contrôle sur l'opportunité et le bien-fondé du mode de cotisation; elle a simplement le devoir de vérifier si la décision fixant, de manière nouvelle, le mode de cotisation dans un ordre porte atteinte aux principes généraux du droit et particulièrement en l'espèce au principe général de l'égalité entre avocats. Et la Cour considère, à la suite du Conseil d'État et des décisions précitées, que ni la règle de proportionnalité des cotisations, ni le barème convenu – bien que celui-ci ait pour conséquence le paiement de sommes variant pour partie seulement selon les revenus professionnels des assujettis – ne méconnaissent le principe de l'égalité *dès lors qu'ils s'appliquent indistinctement à tous les membres de l'Ordre sans instituer à l'avance pour quiconque un privilège*[7].

Si la cotisation proportionnelle aux revenus est peut-être organisée par un barreau, encore faut-il qu'elle le soit dans le respect des règles de l'équité. Faut-il tout d'abord que la décision qui instituait cette proportionnalité soit claire et puisse être immédiatement appliquée par un simple calcul que doit faire chaque avocat. Il ne s'agit pas pour le Conseil de l'ordre d'émettre un principe ou un vœu de mise en œuvre d'une cotisation proportionnelle aux revenus, sinon la décision purement formelle ne serait pas susceptible de recours; en effet, seule une décision ayant une portée pratique immédiate est susceptible d'entraîner une action contraignante à l'encontre d'un avocat et une décision pouvant légitimer un recours de ce dernier. Cette décision du Conseil de l'ordre doit donc être également publiée par circulaire et notifiée au procureur général et communiquée au premier président et au président du tribunal. Certes une modification du règlement intérieur peut être implicite mais encore faut-il qu'elle constitue une décision faisant grief par ses conséquences concrètes et immédiates pour chaque avocat. Sur le fond il faudra que la décision dis-

1. Cass. Ass. plén., 7 nov. 1986, n° 85-15.962, *Bull. Ass. plén.*, n° 12; *JCP* 1987, II, 20750, concl. av. gén. Gautier, note Pensseau.
2. CA Paris, 24 févr. 1988, *Gaz. Pal.* 23 avr. 1988, 11, note Damien.
3. Civ. 1re, 9 mai 2001, n° 99-16.393, *Bull. civ.* I, n° 120; *D.* 2002, somm. 849, obs. Blanchard; *JCP* 2001, I, 348, n° 8, obs. Martin – Civ. 1re, 22 mai 2001, n° 98-18.345, *Bull. civ.* I, n° 143; *D.* 2001, IR 1994; *D.* 2002, somm. 849, obs. Blanchard; *JCP* 2001, I, 348, n° 10, obs. Martin.
4. Civ. 1re, 22 janv. 2002, n° 99-14.180, *Bull. civ.* I, n° 21; *D.* 2002, IR 618; *JCP* 2002, I, 136, n° 11, obs. Martin.
5. CA Paris, 2 juin 1980, *Gaz. Pal.* 1981, 1, somm. 78 – ÉGALT : CA Bordeaux, 20 déc. 1985, *Gaz. Pal.* 1986, 1, 171; *D.* 1987, somm. 10, note Brunois.
6. CE, sect., 23 oct. 1981, n° 16903, *Lebon*, 386.
7. CA Paris, 26 juin 1985, *Gaz. Pal.* 1985, 2, 737.

tingue entre les revenus. S'il s'agit des revenus professionnels la proportionnalité est tout à fait légitime; en revanche, s'il s'agit des revenus au sens large du mot, une cour d'appel pourrait désapprouver une proportionnalité qui constituerait une mesure discriminatoire dans la mesure où les revenus personnels d'un avocat seraient pris en considération de la même manière que ceux tirés de sa profession.

23.104 Cotisations dues par les titulaires d'un bureau secondaire. La cotisation est également due par les avocats extérieurs qui ouvrent un bureau secondaire dans le ressort d'un barreau autre que celui où ils sont inscrits[1] (v. s^s n° 54.16)[2].

En ce domaine, le principe d'égalité autorise de fixer à des montants différents les cotisations dues par les avocats du barreau et les avocats extérieurs à celui-ci, sous réserve de la constatation par les juges d'un abus de droit. Des décisions ont été proposées à ce propos[3].

• **Droits perçus sur les actes de procédure par les avocats extérieurs au barreau.** Les Ordres peuvent validement prévoir un droit perçu sur les actes de procédure faits par les avocats même extérieurs à leur barreau et ce pour rémunérer les coûts des services généraux de l'Ordre[4] (sur la nature des cotisations et les contrôles par les avocats des comptes du barreau v. s^s n° 23.102).

23.105 Retraite et prévoyance. Le Conseil de l'ordre peut organiser des secours et retraites complémentaires comme c'est notamment le cas au barreau de Paris[5]. La plupart des barreaux possèdent une caisse de prévoyance destinée à venir en aide aux confrères dans le malheur ou à leur famille.

23.106 L'Ordre débiteur... ou créancier. Si l'Ordre des avocats peut bénéficier d'un certain nombre de subsides et gérer un budget, il peut être également condamné à payer des dommages-intérêts à diverses personnes ou à rembourser des sommes.

• **Grève.** Ainsi dans un cas de grève de la désignation pour assister les personnes en garde à vue, un ordre d'avocats a été condamné par le tribunal de grande instance de Beauvais en 1997[6].

• **Absence de surveillance de la Carpa.** Le barreau de Rodez a vu sa responsabilité retenue en raison d'une absence de surveillance suffisante dans la Carpa de ce barreau et condamné à payer à la victime, c'est-à-dire au client, des dommages-intérêts d'une importance certaine. La cour a relevé, après que la banque ait signalé au bâtonnier des débits très importants et lui ait envoyé copie d'une lettre de mise en garde adressée à l'avocat, qu'aucune mesure n'avait été prise et qu'aucune réponse n'avait été apportée par le bâtonnier aux demandes d'information sur la vérification des comptabilités qui lui avaient été adressées par le procureur général près la cour d'appel de Montpellier : que par ces constatations la cour d'appel a caractérisé la faute de l'Ordre qui, en maintenant l'avocat inscrit à son tableau en lui laissant la possibilité d'utiliser son compte Carpa, garantissait sa probité aux yeux des tiers et de façon continue a gravement failli à sa mission de contrôle, lui permettant par sa défaillance de continuer à se prévaloir de sa qualité d'avocat et d'utiliser son compte Carpa, ce dont est résulté le préjudice dont se plaint le client[7].

• **Erreur matérielle dans l'annuaire téléphonique.** Un ordre d'avocat peut obtenir des dommages-intérêts en réparation d'erreurs qui affectent l'annuaire téléphonique de France Télécom pour le Val-de-Marne concernant les cabinets d'avocats qui ne sont pas domiciliés dans les villes où ils apparaissent dans l'annuaire et qui comporte des publicités illicites ou des noms d'avocats qui ne sont pas membres du barreau du département. L'Ordre est en droit de faire interdiction à France Télécom de diffuser l'annuaire tant que les mentions litigieuses n'auront pas été rectifiées, sous astreinte[8].

SECTION 8
FONCTIONS DISCIPLINAIRES

23.111 Fonctions réduites. La loi du 11 février 2004 a modifié considérablement la fonction disciplinaire du Conseil de l'ordre. Jusqu'alors l'article 17 § 2 de la loi du 31 décembre 1971 disait que le Conseil de l'ordre a pour tâche notamment « d'exercer la discipline dans les conditions prévues par les articles 22 à 25 de la présente loi[9] et par les décrets visés à l'article 53 ».

L'article 23 de la loi du 11 février 2004 remplace le verbe « exercer » par le verbe « concourir à ».

Désormais, sauf à Paris, le Conseil de l'ordre n'exerce plus les fonctions de juge disciplinaire des avocats. Ce sont les conseils de discipline[10] (v. s^s n° 27.01). Un Conseil de discipline institué dans le ressort de chaque cour d'appel connaît des infractions et fautes commises par les avocats inscrits aux barreaux sis dans le ressort de la cour d'appel.

1. L. 31 déc. 1971, art. 17-6°.
2. Civ. 1re, 16 mars 1994, n° 91-20.698, NPT, *D.* 1995, somm. 169, note Brunois; *Gaz. Pal.* 23 avr. 1994, 23.
3. CA Paris, 29 oct. 1997, *Gaz. Pal.* 1997, somm. 24.
4. CA Paris, 28 janv. 1981, *Gaz. Pal.* 1981, 1, 304, note Damien – Rép. min. QE, garde des Sceaux, *JOAN Q* 16 juin 1986.
5. L. 31 déc. 1971, art. 17-6°.
6. TGI Beauvais, 5 mai 1997, aff. 97 sur 94, 1re ch., Madmoune Radouane et Synd. des avocats de France c/ Ordre des avocats de Compiègne, inédit.
7. *RCA* janv. 1998, p. 14.
8. TGI Créteil, réf., 16 mars 1995, *Gaz. Pal.* 25 mai 1995, 17, note J.-G. M.
9. L. 31 déc. 1971.
10. L. 11 févr. 2004, art. 23 et 24.

Le Conseil de l'ordre de Paris comme par le passé connaît des fautes et infractions commises par les avocats inscrits au barreau de Paris.

• **Maintien de la compétence en matière de suspension provisoire.** Néanmoins les autres Conseils de l'ordre concourent à l'exercice de la discipline car ils peuvent à la demande du procureur général ou des bâtonniers suspendre provisoirement de ses fonctions un avocat de leur barreau (v. s[s] n°s 84.21 à 84.25).

En conclusion le Conseil de l'ordre reste compétent pour prononcer la mesure de sûreté que constitue la suspension provisoire d'un avocat de ses fonctions. Il ne l'est plus pour prononcer les peines disciplinaires que sont l'avertissement, le blâme, l'interdiction et la radiation et les peines accessoires que sont la publicité de la peine et l'inéligibilité au Conseil de l'ordre, sauf à Paris. Le législateur a considéré pour la cour de Paris, qu'il y avait deux conseils de discipline, l'un compétent pour les avocats des barreaux de Seine-Saint-Denis, du Val-de-Marne, de l'Essonne, de Meaux, de Melun, de Fontainebleau, d'Auxerre et Sens, l'autre pour les avocats du barreau de Paris, et qui est le Conseil de l'ordre de ce barreau.

SECTION 9
FONCTIONS D'ENSEIGNEMENT

23.121 **Le conseil peut, en liaison avec le centre régional de formation professionnelle, dispenser un complément de formation déontologique, compte tenu des usages propres au barreau.** Il serait opportun, dans le cadre de cette fonction de formation, d'enseigner aux avocats stagiaires les usages de courtoisie du Palais, le respect du principe contradictoire, la communication des pièces, l'exactitude dans les procédures, la tenue de la comptabilité, la constitution des garanties imposées par la loi[1].

Ainsi, à Paris, pendant les deux années de stage jusqu'au 31 décembre 2005, les avocats stagiaires assistent aux colonnes de stagiaires consacrées à la déontologie.

SECTION 10
FONCTIONS DE CONTRÔLE

23.131 **Vérifications de comptabilité** (v. s[s] n° 57.15).

23.132 **Vérifications de l'assurance responsabilité.** Le Conseil de l'ordre a également pour mission de vérifier que chaque avocat ou le barreau tout entier bénéficie d'une assurance garantissant la responsabilité de chaque membre du barreau en raison des négligences ou des fautes éventuelles qu'il pourrait commettre dans l'exercice de ses fonctions. Le Conseil de l'ordre est libre de recourir au système qui lui paraît le plus opportun pour assurer le bon fonctionnement du barreau mais faut-il encore que ce système soit établi, vérifier son existence et son mode de fonctionnement[2] (v. s[s] n°s 94.01 s.).

1. Décr. 27 nov. 1991, art. 83.
2. L. 31 déc. 1971, art. 27 – Décr. 27 nov. 1991, art. 207 s.

CHAPITRE

24. Bâtonnier et vice-bâtonnier

SECTION 0 ORIENTEUR

24.00 **Plan du chapitre.**

24.01 **Textes applicables.**

>

L. n° 71-1130, 31 déc. 1971, art. 21, al. 2

>

L. 31 déc. 1971, art. 21 [al. 2] **[Le barreau est doté de la personnalité civile et représenté par le bâtonnier]**

Chaque barreau est doté de la personnalité civile.

Le bâtonnier représente le barreau dans tous les actes de la vie civile. Il prévient ou concilie les différends d'ordre professionnel entre les membres du barreau et instruit toute réclamation formulée par les tiers.

Décr. 27 nov. 1991, art. 6 [Élection du bâtonnier]

[mod. par D. n° 2009-1233, 14 oct. 2009]

Le conseil de l'ordre est présidé par un bâtonnier élu pour deux ans au scrutin secret majoritaire à deux tours par l'assemblée générale de l'ordre suivant les modalités fixées par le règlement intérieur. Si aucun des candidats n'a obtenu au premier tour la majorité des suffrages exprimés, seuls peuvent se présenter au deuxième tour les deux candidats qui ont obtenu le plus grand nombre de ces suffrages. En cas d'égalité des voix, le candidat le plus âgé est proclamé élu.

Tout candidat à l'élection aux fonctions de bâtonnier peut présenter la candidature d'un avocat appelé à exercer les fonctions de vice-bâtonnier. L'avocat ainsi désigné, dans les conditions prévues au premier alinéa, siège en qualité de membre du conseil de l'ordre. Il exerce les fonctions de vice-bâtonnier pendant la durée du mandat du nouveau bâtonnier.

L'élection du bâtonnier et, le cas échéant, de l'avocat appelé à exercer les fonctions de vice-bâtonnier précède l'élection des autres membres du conseil de l'ordre.

Le bâtonnier n'est pas immédiatement rééligible en qualité de bâtonnier. Toutefois, dans les barreaux où le nombre des avocats disposant du droit de vote n'est pas supérieur à trente, le bâtonnier peut exercer deux mandats successifs.

À l'expiration de son mandat de membre du conseil de l'ordre, un ancien vice-bâtonnier n'est rééligible à cette fonction qu'après un délai de deux ans s'il était déjà membre du conseil de l'ordre lorsqu'il a été désigné en vue d'exercer les fonctions de vice-bâtonnier.

Sauf dans les barreaux où le nombre des avocats disposant du droit de vote n'est pas supérieur à trente, il est procédé, à une date fixée par le règlement intérieur, à l'élection d'un avocat destiné à succéder au bâtonnier sous réserve de confirmation par l'assemblée générale de l'ordre, dans les conditions prévues au premier alinéa, à l'expiration du mandat du bâtonnier en fonctions. L'élection de cet avocat a lieu dans les mêmes formes. L'avocat ainsi désigné, s'il n'est pas membre du conseil de l'ordre, siège au sein de celui-ci avec voix consultative jusqu'à la fin du mandat du bâtonnier.

Tout candidat à l'élection mentionnée à l'alinéa précédent peut présenter la candidature d'un avocat appelé à exercer les fonctions de vice-bâtonnier, sous réserve de confirmation par l'assemblée générale de l'ordre dans les conditions prévues au précédent alinéa. L'avocat ainsi désigné siège en qualité de membre du conseil de l'ordre.

Décr. 27 nov. 1991, art. 7 [Délégation]

Le bâtonnier peut déléguer une partie de ses pouvoirs au vice-bâtonnier, s'il en existe, ainsi que, pour un temps limité, à un ou plusieurs autres membres du conseil de l'ordre. En cas d'absence ou d'empêchement temporaire, il peut, pour la durée de cette absence ou de cet empêchement, déléguer la totalité de ses pouvoirs au vice-bâtonnier ou, à défaut, à un ou plusieurs autres membres du conseil de l'ordre.

Décr. 27 nov. 1991, art. 14 [Délibération conseil de l'Ordre]

Le procureur général peut déférer à la cour d'appel, conformément au premier alinéa de l'article 19 de la loi du 31 décembre 1971 précitée et dans les conditions prévues à l'article 16, une délibération ou une décision du conseil de l'ordre. Il en avise le bâtonnier par lettre recommandée avec demande d'avis de réception.

Décr. 27 nov. 1991, art. 174 [Contestations en matière d'honoraires et débours]

Les contestations concernant le montant et le recouvrement des honoraires des avocats ne peuvent être réglées qu'en recourant à la procédure prévue aux articles suivants.

Décr. 27 nov. 1991, art. 175

Les réclamations sont soumises au bâtonnier par toutes parties par lettre recommandée avec demande d'avis de réception ou remise contre récépissé. Le bâtonnier accuse réception de la réclamation et informe l'intéressé que, faute de décision dans le délai de quatre mois, il lui appartiendra de saisir le premier président de la cour d'appel dans le délai d'un mois.

L'avocat peut de même saisir le bâtonnier de toute difficulté.

Le bâtonnier, ou le rapporteur qu'il désigne, recueille préalablement les observations de l'avocat et de la partie. Il prend sa décision dans les quatre mois. Cette décision est notifiée, dans les quinze jours de sa date, à l'avocat et à la partie, par le secrétaire de l'ordre, par lettre recommandée avec demande d'avis de réception. La lettre de notification mentionne, à peine de nullité, le délai et les modalités du recours.

Le délai de quatre mois prévu au troisième alinéa peut être prorogé dans la limite de quatre mois par décision motivée du bâtonnier. Cette décision est notifiée aux parties, par lettre recommandée avec demande d'avis de réception, dans les conditions prévues au premier alinéa.

Décr. 27 nov. 1991, art. 179-1 [Règlement des différends entre avocats à l'occasion de leur exercice professionnel]

[créé par D. nº 2009-1544, 11 déc. 2009]

En cas de différend entre avocats à l'occasion de leur exercice professionnel et à défaut de conciliation, le bâtonnier du barreau auprès duquel les avocats intéressés sont inscrits est saisi par l'une ou l'autre des parties.

Décr. 27 nov. 1991, art. 179-2 [différends interbarreaux]

[créé par D. nº 2009-1544, 11 déc. 2009]

Lorsque le différend oppose des avocats de barreaux différents, le bâtonnier saisi par un membre de son barreau transmet sans délai l'acte de saisine au bâtonnier du barreau auquel appartient l'avocat défendeur. Les bâtonniers disposent d'un délai de quinze jours pour s'entendre sur la désignation du bâtonnier d'un barreau tiers.

À défaut de s'être entendus dans ce délai sur cette désignation, le bâtonnier du demandeur saisit le président du Conseil national des barreaux qui désigne le bâtonnier d'un barreau tiers. En cas de pluralité de défendeurs appartenant à des barreaux différents, le bâtonnier initialement saisi demande au président du Conseil national des barreaux de désigner le bâtonnier d'un barreau tiers.

Décr. 27 nov. 1991, art. 179-3 [différends interbarreaux, remplacement]

[créé par D. nº 2009-1544, 11 déc. 2009]

Pour les différends mentionnés au premier alinéa de l'article 179-2, le remplaçant du bâtonnier tiers saisi est désigné par le président du Conseil national des barreaux.

Décr. 27 nov. 1991, art. 179-4

[créé par D. nº 2009-1544, 11 déc. 2009]

Les règles prévues aux articles 142 à 148 et 150 à 152 sont applicables aux différends régis par la présente section.

Décr. 27 nov. 1991, art. 179-5 [délais]

[créé par D. nº 2009-1544, 11 déc. 2009]

Le bâtonnier rend sa décision dans le délai de quatre mois à compter de sa saisine. Si la nature ou la complexité du différend le justifie, ce délai peut être porté à quatre mois par décision motivée, notifiée aux parties par lettre recommandée avec demande d'avis de réception.

Lorsque le bâtonnier n'a pas pris de décision dans le délai prévu à l'alinéa précédent, chacune des parties peut saisir la cour d'appel dans le mois qui suit l'expiration de ces délais.

Décr. 27 nov. 1991, art. 179-6 [contestations]

[créé par D. nº 2009-1544, 11 déc. 2009]

La décision du bâtonnier est notifiée et peut être contestée par les parties dans les conditions prévues à l'article 152. Elle est également notifiée, s'il y a lieu, aux bâtonniers des barreaux auxquels celles-ci sont inscrites.

Décr. 27 nov. 1991, art. 179-7

[créé par décr. nº 2009-1544, 11 déc. 2009, art. 6]

Lorsqu'elles ne sont pas déférées à la cour d'appel, les décisions du bâtonnier peuvent être rendues exécutoires par le président du tribunal de grande instance auprès duquel est établi son barreau.

24.02 Jurisprudence de référence.

> Le bâtonnier ne peut être membre du CRFPA

• **Civ. 1re, 28 mai 2009, nº 08-16.326, nº 08-16.327,** *D.* 2009. 1618.

* V. s^s^ nº 24.71.

« Il résulte de la combinaison des articles 42 et 43 du décret nº 91-1197 du 27 novembre 1991 que le bâtonnier en exercice d'un barreau du ressort du centre régional de formation professionnelle (CRFPA), qui ne peut participer aux réunions du conseil d'administration avec voix délibérative ni même assister au vote des délibérations portant sur le budget du centre, ne peut être désigné comme membre du conseil d'administration en tant qu'avocat titulaire ».

> Le règlement intérieur ne peut poser de conditions complémentaires pour l'éligibilité du bâtonnier

• **Civ. 1re, 4 avr. 1995, nº 93-10.818,** *Bull. civ.* I, nº 156; *Gaz. Pal.* 7 sept. 1995, pan. jur. p. 11.

* V. s^s^ nº 24.21.

« Attendu que, par délibération du 7 juillet 1992, le Conseil de l'ordre des avocats au barreau de Toulouse a adopté son nouveau règlement intérieur dont l'article 2, alinéa 9, prévoyait que "les candidats au bâtonnat devront obligatoirement appartenir ou avoir appartenu au Conseil de l'ordre des avocats ou à la commission régionale des conseils juridiques" et l'article 65, dans ses alinéas 2 et 3, énonçait : "le bénéficiaire de l'aide juridictionnelle conserve le droit de substituer ou d'associer un autre avocat non désigné ou non commis d'office à sa défense; dans ces deux cas, il renonce au bénéfice de l'aide juridictionnelle avec effet rétroactif au jour de la désignation ou de la commission de l'avocat" ; que le procureur général a formé un recours en annulation de ces articles;

Sur le premier moyen :

Attendu que l'Ordre des avocats fait grief à l'arrêt attaqué (Toulouse, 30 nov. 1992) d'avoir annulé l'article 2, alinéa 9, de son règlement intérieur, alors, selon le moyen, que le Conseil de l'ordre a pour attribution de traiter toutes questions intéressant l'exercice de la profession et d'arrêter, pour ce faire, son règlement intérieur; que seules les délibérations étrangères aux attributions du Conseil de l'ordre ou contraires aux dispositions législatives ou réglementaires peuvent être annulées par la cour d'appel; qu'aucune disposition légale ou réglementaire ne s'oppose à ce que le Conseil de l'ordre réglemente les conditions et modalités de l'élection du bâtonnier, au besoin, en restreignant les conditions d'accès à cette responsabilité aux membres ou anciens membres du Conseil de l'ordre ou de la commission régionale des conseils juridiques; qu'en annulant néanmoins l'article 2, alinéa 9, précité, qui n'était pas contraire aux dispositions légales mais seulement plus restrictif, la cour d'appel a violé les articles 17 et 19 de la loi n° 71-1130 du 31 décembre 1971 modifiée par la loi n° 90-1259 du 31 décembre 1990;

Mais attendu que, si l'article 6 du décret n° 91-1197 du 27 novembre 1991 dispose que le Conseil de l'ordre est présidé par un bâtonnier élu pour 2 ans au scrutin secret majoritaire à deux tours par l'assemblée générale de l'Ordre "suivant des modalités fixées par le règlement intérieur", aucune disposition légale ou réglementaire ne l'habilite à fixer les conditions d'éligibilité du bâtonnier; que, dès lors, c'est à juste titre que la cour d'appel a décidé que le Conseil de l'ordre avait excédé ses attributions en posant une condition supplémentaire, restreignant les conditions d'éligibilité prévues par l'article 15 de la loi du 31 décembre 1971 et par les articles 8 et 9 du décret précité du 27 novembre 1991; que le moyen n'est dès lors pas fondé. »

24.03 **Bibliographie indicative.**

Contributions. Damien, « L'arbitrage du bâtonnier », dans *Mélanges Perrot,* Dalloz, 1996, p. 63 – Merle, « Le bâtonnier de l'Ordre des avocats, une forme de présidence originale », dans *Mélanges Hébraud,* Toulouse, 1981, p. 556 s.

Articles. Balsan, « La juridiction prud'homale du bâtonnier », *Gaz. Pal.* 1998, doctr. 143 – Flécheux, *Rev. arb.* 1990, p. 101 – Moreau, « L'arbitrage du bâtonnier », *Rev. arb.* 1993, p. 361 – Rolland, « Le contentieux de l'élection du bâtonnier », *Gaz. Pal.* 3 et 4 déc. 2008, Doctr., p. 2 - Villacèque, « La juridiction du bâtonnier, une charge publique à parachever », *D.* 1997, chron. p. 305.

24.06 **Évolution – Primitivement le chef de l'Ordre des avocats était le doyen c'est-à-dire le plus ancien des avocats dans l'ordre du tableau.** Le bâtonnier n'apparaît pour la première fois qu'au XIVe siècle; il était le prieur élu de la Confrérie de saint Nicolas qui rassemblait dans une organisation religieuse les avocats et les procureurs, portant le bâton priorial[1] ou bourdon, il avait comme la plupart des prieurs de confréries, droit au titre de bâtonnier. Ses attributions étaient vagues, comme d'ailleurs celles du doyen; au XVIIe siècle, ils représentent tous deux l'Ordre des avocats avec une primauté d'honneur pour le doyen et même au XVIIIe siècle, à l'époque où le bâtonnier devient le chef réel de l'Ordre, les anciens bâtonniers laissent la préséance au doyen.

Il était élu pour un an par une assemblée composée du bâtonnier sortant, des anciens de l'Ordre et des procureurs (avoués) réunis dans la grande chambre du Parlement; il avait pour tâche d'établir le tableau de l'Ordre, tâche fort importante puisqu'elle comportait, par le biais de l'omission de certains noms, le pouvoir disciplinaire; il avait également pour mission de régler les difficultés survenues à l'intérieur de l'Ordre et avec les juridictions devant lesquelles l'Ordre assumait la fonction de défense.

• **Le bâton du bâtonnier insigne de sa charge, en tant que chef de la confrérie des avocats,** fut porté par les bâtonniers jusqu'à la Révolution, il était même placé dans la salle des pas perdus et le bâtonnier s'inclinait en passant devant ce bâton qui symbolisait sa charge. Ce bâton a totalement disparu dans les usages modernes mais réapparaît, sous forme de coutume, dans un certain nombre de barreaux où le Conseil de l'ordre ou la conférence du stage remettent au début de sa charge au bâtonnier, soit le bâton que l'Ordre a adopté ou un bâton qui est confié au bâtonnier à titre définitif comme symbole de la charge qu'il accomplit. Le bâtonnier Danet, à Paris, a renoué avec la tradition oubliée qui se perpétue depuis et le barreau de Paris remet au bâtonnier sortant un bâton symbolique. Il s'agit bien entendu d'une pure tradition interne à l'Ordre et non pas d'une règle déontologique[2].

24.07 **Évolution – Lors de la reconstitution de l'Ordre sous l'Empire, le bâtonnier fut à nouveau institué** mais nommé par le procureur général sur une liste choisie pour les deux tiers parmi les plus anciens dans l'ordre du tableau et présentés en nombre double par l'assemblée des avocats[3]. L'article 7 de l'ordonnance du 20 novembre 1822 donna le droit d'élection du bâtonnier aux membres du conseil de discipline et à la majorité absolue des suffrages[4] mais ce conseil n'était composé

1. *Gaz. Pal.* 14 mars 1988, 7.
2. *Gaz. Pal.* 14 mars 1988, 7.
3. Décr. 14 déc. 1810, art. 19 et 21.
4. Ord. 20 nov. 1822, art. 8.

que des avocats les plus anciens (2 par colonne) et des anciens bâtonniers, en fait seul le secrétaire était élu chaque année. À partir de 1830 le bâtonnier fut élu par l'assemblée générale et à la majorité absolue des suffrages mais la jurisprudence de l'Ordre de Paris établit qu'à partir du 3e tour la majorité simple suffisait à son élection [1].

Le bâtonnier est donc devenu le chef de l'Ordre mais le doyen conserve encore une certaine primauté d'honneur; il occupe la première place après le bâtonnier et durant tout le XIXe siècle on admit que le doyen puisse présider le conseil en l'absence du bâtonnier s'il en était membre, ce qui était l'usage quasi constant.

24.08 **Évolution – Le décret du 22 mars 1852 modifiera ce système libéral en faisant à nouveau élire le bâtonnier** par le conseil de discipline et non plus par l'Assemblée générale, mais dès la chute du Second Empire on reviendra au système antérieur qui n'a plus été modifié que sur des détails.

• **Impact de l'histoire : le rôle du bâtonnier est singulier et constitue une forme de présidence originale** [2]; il s'apparente plus à un père abbé qu'à un président ordinaire. Certes, « le bâtonnier préside comme le font démocratiquement les organes représentatifs des associations, des syndicats ou des entreprises et cette partie de ses tâches n'est pas négligeable mais les usages lui attribuent une sorte de charge de pasteur infiniment plus vaste et plus imprécise [...] en filigrane des pouvoirs qui lui sont conférés par les textes, se profile encore de nos jours l'ombre de l'ancien chef de confrérie symboliquement pourvu de la mitre et de la crosse. Il a en quelque sorte charge d'âmes. Tous les avocats placés sous sa juridiction acceptent généralement son obédience, recherchent sa protection et se soumettent à ses décisions; en marge de ses obligations administratives, il doit surveiller, conseiller ses confrères, redresser leurs erreurs et faire régner la paix autour de lui; cette fonction quasiment pastorale échappe en grande partie à l'analyse juridique car elle consiste pour l'essentiel en dialogues, colloques singuliers et réflexions personnelles sur l'éthique de la profession d'avocat; dans les grands barreaux elle accapare la totalité du temps du bâtonnier, elle obsède ses pensées et nourrit son inquiétude.

• **Le bâtonnier est, en effet, à sa manière évêque au sens étymologique du terme : *episcopos,* celui qui surveille**. Il doit faire de son cabinet du Palais de Justice un *panopticum* depuis lequel il observe le fonctionnement de son barreau; cette mission de vigilance, imprécise mais certaine est postulée par les textes généraux ou locaux qui obligent les avocats à informer le bâtonnier de toutes les péripéties de leur carrière. De sa propre initiative il doit procéder à divers contrôles, il est en droit d'exiger de ses confrères les renseignements ou explications qui lui semblent nécessaires. Gardien et interprète de la règle il enseigne et rappelle la doctrine professionnelle, il est amené à trancher les questions de déontologie, à fixer la doctrine de l'Ordre sur les points douteux ou mal éclaircis, il est le théologien de l'Ordre et inspire la politique générale de son bâtonnat. Maître des novices il dirige la conférence du stage, choisit les avocats commis d'office, désigne au titre de l'aide judiciaire et dispense à longueur d'année son enseignement aux débutants. Actuellement, dans la plupart des barreaux, le bâtonnier s'adresse périodiquement à ses confrères par l'entremise d'un bulletin, sorte de lettre pastorale, qui ne contient pas seulement des renseignements pratiques mais rappelle des obligations ou des interdictions, commente des points controversés et tire, le cas échéant, la leçon des incidents survenus récemment.

• **La crosse est près de la mitre.** Dans tout dirigeant de communauté humaine vouée au service d'un idéal il y a un juge paternel, doté du pouvoir d'apprécier avec une prudente circonspection les incartades à la règle et de prononcer ou de déclencher les sanctions opportunes; en matière de déontologie il cumule les fonctions d'information, de poursuites et de jugement.

Président, gestionnaire, chef de corporation, juge paternel, conciliateur et confesseur, le bâtonnier de l'Ordre des avocats est un singulier personnage qui survit chargé d'histoire, dans un milieu où les traditions ont encore leur poids mais ses fonctions si originales et tellement humaines seraient impossibles à exercer si le bâtonnier se prenait pour un monarque absolu et ne faisait provision d'humilité. »

Mais en même temps qu'il possède ces pouvoirs que décrit si finement le bâtonnier Merle, les avocats qui désirent cette tutelle la craignent et s'ingénient à la refuser. Pour l'Ordre des avocats, dernier bastion de la société libérale qui fait passer le culte de la liberté avant celui de l'ordre et de l'efficacité, toute ingérence extérieure, fût-ce celle du bâtonnier, paraît une inadmissible immixtion dans l'autonomie de son cabinet; la surveillance des contrats de collaboration, le contrôle des contrats d'assurance, l'adhésion à la Carpa sont autant d'incidents et d'escarmouches où le bâtonnier s'use sans gloire dans des tâches dérisoires; l'organisation des services communs de l'Ordre, essai de concertation avec les confrères pour assurer un service complet, est sujet à critique, à contestation, à incident; le choix même du bâtonnier est une preuve de la faiblesse des Ordres; on aimerait bien choisir le plus représentatif, le plus énergique, le plus travailleur mais quelle crainte des pouvoirs qu'on lui confère et du prestige qu'il pourrait en retirer. Sitôt élu, le bâtonnier est souvent entouré de membres du conseil choisis dans la tendance opposée à celle qu'il représente; ce n'est plus un Conseil de l'ordre mais un conseil de surveillance qu'on place à ses côtés, destiné à le limiter, le surveiller, le censurer et à rendre ainsi son action dérisoire.

Désireux d'avoir un chef les avocats aimeraient qu'il soit redoutable à l'extérieur mais insignifiant à l'intérieur; ils craignent en bons disciples d'Alain le pouvoir qui rend fou, le pouvoir qui dégénère en tyrannie, le pouvoir dont l'abus est le fruit naturel; ils craignent le prestige de celui-là même qu'ils ont élu et aimeraient bien qu'à l'instar des

1. Ord. 17 août 1830.
2. Merle, « Le bâtonnier de l'Ordre des avocats, une forme de présidence originale », dans *Mélanges Hébraud*, Toulouse, 1981, p. 556 s.

dénonciateurs de Venise il porte un masque pour éviter un accroissement de son renom personnel portant ombrage aux confrères; ils veulent une démocratie mais craignent son impuissance, redoutent une monarchie qui tournerait à la dictature et se contentent mal d'une aristocratie pleine d'aléas; ils se méfient enfin des hommes providentiels, reprenant à leur compte le mot de Billaud-Varennes, si révélateur du tempérament français : « Tout peuple jaloux de sa liberté doit se tenir en garde contre les vertus mêmes des hommes qui occupent les postes éminents. » [1]

Cet exposé d'André Damien doit, en 2004, être complété. Sous l'influence de la Cour européenne des droits de l'homme qui siège à Strasbourg et de sa jurisprudence née de l'application de l'article 6 de la Convention européenne des droits de l'homme signée le 4 novembre 1950 et après la loi du 11 février 2004 qui a tiré les conséquences de cette jurisprudence, le bâtonnier ne cumule plus en matière disciplinaire les fonctions d'information de poursuite et de jugement.

Bien au contraire dans cette matière délicate son rôle est désormais limité à l'information, et éventuellement dans les barreaux où, vu le nombre des avocats qui y sont inscrits, il existe plusieurs formations restreintes de cinq membres, – à la présidence de celle de ces formations qui statue sur l'inscription au tableau ou sur l'omission du tableau ou encore l'ouverture de barreaux secondaires ou sur le retrait de cette autorisation.

Depuis la loi du 11 février 2004 et le décret n° 2005-531 du 24 mai 2005 organisant la profession d'avocat et relatif à la discipline, le bâtonnier, qui préside le conseil sans en être membre, ne peut plus intervenir comme autorité de poursuite et siéger ensuite au sein de la formation de jugement en matière disciplinaire.

L'article 30 de la loi du 11 février 2004 le précise pour le bâtonnier de Paris, l'article 29 pour les conseils de discipline[2].

24.09 Définition. Le bâtonnier est à la fois le chef et le représentant du Conseil de l'ordre. Il préside le Conseil de l'ordre et représente le barreau dans tous les actes de la vie civile en exprimant publiquement les valeurs de la profession. Il prévient, concilie ou arbitre les différends entre les membres du barreau ou entre les avocats et les tiers.

SECTION 1
ÉLECTION

§ 1
Conditions

24.11 Date des élections. L'élection du bâtonnier précède l'élection des membres du Conseil de l'ordre. Cette élection a lieu dans les trois mois qui précèdent la fin de l'année civile, à la date fixée par le Conseil de l'ordre[3] et les élections partielles ont lieu dans les trois mois de l'événement qui les rend nécessaires.

Quelle que soit la date des élections, le mandat des membres du Conseil de l'ordre, en ce qui concerne sa computation seulement, n'est pris en compte qu'à partir du début de l'année civile suivante pour se terminer à la fin d'une autre année civile[4]. Lorsque, pour quelque cause que ce soit, le bâtonnier ou un membre du Conseil de l'ordre cesse ses fonctions avant le terme normal de son mandat, il est procédé à l'élection d'un remplaçant pour la période restant à courir jusqu'à ce terme. Quand cette période est inférieure à un an, la réélection est immédiatement possible en la même qualité, les réélections suivantes sont soumises aux dispositions des articles 5, 6 et 10 du décret du 27 novembre 1991. L'élection par anticipation d'un bâtonnier, c'est-à-dire avant la période du dernier trimestre précédent la fin de l'année judiciaire, est nulle[5].

L'élection se tient à la date et à l'heure fixées par la convocation du bâtonnier. Elle se tient dans le local précisé par la circulaire de convocation.

24.12 Élection d'un bâtonnier par barreau. Un bâtonnier par barreau doit être élu, même dans ceux où les fonctions du Conseil de l'ordre sont exercées par le tribunal, le nombre des avocats inscrits au tableau étant inférieur à huit (sur la discussion pour savoir s'il faut huit avocats inscrits au tableau ou huit avocats disposant du droit de vote pour permettre l'élection d'un Conseil de l'ordre v. s^s^ n° 23.13). Ce principe traditionnel de l'ancien barreau doit être maintenu.

L'article 16 de la loi du 31 décembre 1971 n'y déroge pas. Toutefois, lorsque le nombre des avocats inscrits à un barreau devient au moins égal à huit, le bâtonnier et les membres du conseil sont élus dans le délai d'un mois et entrent en fonctions dès la proclamation des résultats, aux termes de l'article 11 du décret du 27 novembre 1991. Ce texte signifie que le bâtonnier antérieurement élu par ses pairs en nombre inférieur à huit et dont l'existence est obligatoire dans tous les barreaux, même en l'absence de Conseil de l'ordre, dès lors qu'une majorité peut se former à l'assemblée générale[6], voit cesser son mandat et qu'en vertu de la

1. Billaud-Varennes, *Rapp. à la Convention du 1er floréal*, an II.
2. L. 31 déc. 1971, art. 23.
3. Décr. 27 nov. 1991, art. 10.
4. Décr. 27 nov. 1991, art. 10.
5. CA Basse-Terre, 16 mai 1990, *Gaz. Pal.* 1990, 2, 624; TOUTEFOIS v. : décr. 27 nov. 1991, art. 6.
6. Décr. 27 nov. 1991, art. 188 – CA Poitiers, 8 mars 1875, *S.* 1875, 2, 80 – CA Nîmes, 18 déc. 1905, *S.* 1905, 06, 219.

disposition de l'article 11 dès lors que le nombre des avocats atteint le chiffre de huit il y a lieu d'élire à nouveau un bâtonnier et d'élire pour la première fois un Conseil de l'ordre.

Dans tous les cas, et quel que soit le nombre des avocats inscrits et dès qu'une majorité peut se former et même si le Conseil de l'ordre n'est pas institué en raison du trop petit nombre d'avocats, le barreau est administré par un bâtonnier élu qui le représente dans tous les actes de la vie civile et qui préside le Conseil de l'ordre lorsque celui-ci existe [1].

24.13 Conditions d'éligibilité. Seules les personnes physiques peuvent être élues à la fonction de bâtonnier et au Conseil de l'ordre à l'exclusion de sociétés civiles professionnelles, membres d'un barreau en qualité d'avocat [2]. En outre, cet article précise que seul un avocat en exercice, donc ni stagiaire ni honoraire, peut être élu aux fonctions de bâtonnier.

L'article 15 de la loi du 31 décembre 1971 qui ne prévoyait le droit de vote que pour les avocats inscrits, a été modifié par la loi du 3 janvier 1977 ainsi conçue : « Chaque barreau est administré par un Conseil de l'ordre élu pour 3 ans au scrutin secret par *tous* les avocats inscrits au tableau de ce barreau, par *tous* les avocats stagiaires du même barreau ayant prêté serment avant le 1er janvier de l'année au cours de laquelle a lieu l'élection et par les avocats honoraires dudit barreau. Le Conseil de l'ordre est renouvelable par tiers chaque année, il est présidé par un bâtonnier élu pour deux ans dans les mêmes conditions, les élections peuvent être déférées à la cour d'appel par tous les membres du barreau disposant du droit de vote et par le procureur général. »

Les conditions d'éligibilité du bâtonnier sont identiques à celles des membres du Conseil de l'ordre [3] et, dans ces conditions, si le candidat ayant réalisé la majorité absolue des suffrages est frappé d'une peine disciplinaire ou d'une interdiction de faire partie du Conseil de l'ordre, il ne peut être élu bâtonnier, encore que dans la rigueur des termes le bâtonnier ne fasse pas partie du Conseil de l'ordre.

De toute façon une annulation de suffrages ne peut avoir d'influence sur les élections qu'à condition qu'elle suffise à modifier les résultats du vote [4].

24.14 Ancienneté pour être bâtonnier. L'article 9 du décret du 27 novembre 1991 précise que dans les barreaux qui comprennent plus de 16 avocats disposant du droit de vote, c'est-à-dire inscrits, stagiaires et honoraires, ne peuvent être élus aux fonctions de bâtonnier que les avocats *disposant du droit de vote* (sous réserve de ce qui vient d'être dit par l'article 8 réduisant l'éligibilité aux seuls avocats en exercice) ayant prêté serment depuis plus de quatre ans au 1er janvier de l'année au cours de laquelle a lieu l'élection [5].

Il n'est pas indispensable que le bâtonnier ait précédemment été élu au Conseil de l'ordre, aucune disposition légale ne le précise même si la tradition l'admet [6]. Dans les barreaux de moins de 16 membres, il n'y a aucune condition d'ancienneté pour être éligible au Conseil de l'ordre et *a fortiori* au bâtonnat [7].

24.15 Avocats inéligibles. Le fait pour un avocat inéligible de s'être présenté aux élections et d'avoir obtenu des suffrages ne saurait invalider les bulletins portant son nom. De même la jurisprudence a estimé que les bulletins blancs ou portant des noms imaginaires sont nuls en ce qui concerne ces noms, mais cette nullité n'affecte pas le bulletin pour le surplus des noms qui y seraient exprimés [8].

Si un avocat sanctionné disciplinairement et privé du droit de faire partie du Conseil de l'ordre estime pouvoir bénéficier de l'amnistie, il n'appartient pas au bâtonnier, qui n'a pas le pouvoir d'apprécier si les faits ayant donné lieu aux sanctions disciplinaires prononcées constituent ou non des manquements à la probité, aux bonnes mœurs ou à l'honneur, de lui reconnaître de sa propre autorité le bénéfice de l'amnistie (v. ss nos 82.24 s.). L'avocat en question aurait donc dû former un recours devant la cour d'appel pour voir dire que la sanction disciplinaire prononcée contre lui était amnistiée et, en attendant que la cour se soit prononcée, la sanction aurait dû être considérée comme suspendue jusqu'à ce qu'il ait été statué sur cette demande et l'avocat en cause aurait donc pu bénéficier du suffrage de ses confrères, sous condition suspensive de l'amnistie [9]. La cour reconnaît implicitement par la même décision que le bâtonnier est maître des élections et de la procédure qui s'y déroule et qu'il ne partage ce pouvoir ni avec l'assemblée générale, ni avec le Conseil de l'ordre.

1. Décr. 27 nov. 1991, art. 188.
2. Décr. 27 nov. 1991, art. 8.
3. Décr. 27 nov. 1991, art. 9.
4. CA Lyon, 14 févr. 1980, *Gaz. Pal.* 1980, 1, 339; *JCP* 1980, II, 1993 – CA Aix-en-Provence, 16 sept. 1981, *Gaz. Pal.* 1981, 2, 790 – CA Rouen, 9 févr. 1982, *Gaz. Pal.* 1982, 1, 260.
5. Décr. 27 nov. 1991, art. 9 – POUR les anciens conseils juridiques entrés dans le nouvel ordre : décr. 27 nov. 1991, art. 257.
6. CA Aix-en-Provence, 16 sept. 1981, *Gaz. Pal.* 1981, 2, 790.
7. Décr. 27 nov. 1991, art. 9, préc. *a contrario*.
8. CA Rouen, 9 févr. 1982, *Gaz. Pal.* 1982, 1, 260 – CA Lyon, 14 févr. 1980, *Gaz. Pal.* 1980, 1, 339; *JCP* 1980, II, 1993.
9. CA Nancy, 16 nov. 1989, *Gaz. Pal.* 1990, 1, 245.

En outre, dans le cas d'espèce, le bâtonnier avait publié et affiché une liste des avocats inéligibles. La solution ne paraît pas critiquable mais une autre solution est préconisée par la doctrine selon laquelle les avocats frappés d'une peine disciplinaire, ou d'une interdiction de faire partie du conseil, peuvent voir compter leurs suffrages et ainsi préserver le secret des sentences qui en principe, sauf circonstances particulières, ne font pas l'objet de publication. Ce n'est qu'au cas où ils obtiendraient un nombre suffisant de suffrages pour être élus qu'il appartiendrait au bâtonnier de les déclarer inéligibles en raison de la peine encourue et de procéder à une autre élection.

24.16 Un acte de candidature est-il nécessaire ? Si le règlement intérieur prévoit des déclarations de candidature, le bâtonnier doit les organiser mais pour autant les suffrages se portant sur un avocat n'ayant pas fait acte de candidature ne sont pas nuls[1].

24.17 Électorat. Le bâtonnier est élu par l'assemblée générale élective dont la composition est fixée par l'article 15 de la loi du 31 décembre 1971 dans sa rédaction issue de la loi du 3 janvier 1977[2]. Ainsi le droit de vote est conféré aux avocats stagiaires et aux avocats honoraires[3].

Dans les grands barreaux, il est utile d'établir un règlement des élections pour le bâtonnier et les membres du Conseil de l'ordre. C'est ainsi que le barreau de Paris, par exemple, dans un *bulletin du bâtonnier* de novembre 1993, convoque les membres électeurs et rappelle le règlement intérieur dont il donne des extraits et promulgue un règlement des élections qui auront lieu les 6 et 7 décembre 1993; il donne un modèle de bulletin de vote pour le bâtonnier, pour l'assemblée générale des avocats et indique, dans cette circulaire imprimée[4], le nom des avocats qui se sont inscrits sur le registre des candidatures[5].

En ce qui concerne les avocats honoraires (v. s^s n°s 17.01 s.), la jurisprudence avait pensé tout d'abord restreindre cette catégorie aux seuls avocats honoraires ayant appartenu précédemment à l'Ordre des avocats et non pas aux anciens avoués ou anciens agréés n'ayant jamais exercé antérieurement à la fusion, la profession d'avocat et qui figuraient parfois sur la liste des avocats honoraires par une tradition dont nous nous sommes fait écho mais qui n'a pas de valeur légale.

C'est ainsi que la jurisprudence a tout d'abord exclu les avoués et agréés honoraires, même s'ils figuraient sur le tableau du nouvel Ordre des avocats, de la possibilité de voter aux élections de l'Ordre des avocats[6]. Cependant, la cour d'appel de Lyon les considérait comme électeurs au Conseil de l'ordre[7]. Mais la question est désormais tranchée par l'arrêt de la Cour de cassation du 22 avril 1981[8]. La Cour de cassation précise qu'à côté des avocats honoraires, les avoués et agréés honoraires, même ayant obtenu cet honorariat antérieurement à l'entrée en application de la loi du 31 décembre 1971, sont admis à voter dans les élections de l'Ordre. La fusion des professions judiciaires a en effet porté non seulement sur les membres actifs des trois professions fusionnées mais également sur les membres honoraires de ces professions. Ces dispositions devraient être étendues aux conseils juridiques honoraires mais il ne semble pas que l'honorariat de leur fonction ait été prévu par le titre II de la loi du 31 décembre 1971 qui leur était consacré.

En revanche, l'article 1er de la loi du 31 décembre 1971 dans sa rédaction issue de la loi du 31 décembre 1990 prévoit expressément que les conseils juridiques qui cesseront d'appartenir à la profession ancienne, sans entrer pour autant dans la nouvelle, pourront bénéficier de l'honorariat; il y aura donc de toute façon une catégorie de conseils juridiques honoraires qui, avec les avoués, les agréés, seront électeurs à toutes les élections professionnelles dès lors qu'ils avaient obtenu régulièrement cette qualité au moment de la fusion ou à l'occasion de celle-ci, la fusion des professions ayant pour effet d'intégrer dans la nouvelle profession, non seulement les membres des professions groupées en activité, mais ceux qui bénéficient déjà de l'honorariat dans leur ancienne profession.

• **Position du garde des Sceaux.** Le garde des Sceaux a précisé à l'Assemblée nationale que les avocats honoraires doivent être pris en compte et comme membres de l'assemblée générale élective, et pour déterminer le nombre de membres du Conseil de l'ordre qui doivent être élus[9].

24.18 Élection d'un dauphin. Malgré la création de la fonction de vice-bâtonnier par le décret du 14 octobre 2009[10], l'élection d'un dauphin est toujours possible. Sauf dans les barreaux où le nombre des avocats disposant du droit de vote n'est pas supérieur à trente, il est procédé, à une date fixée

1. CA Lyon, 1er févr. 1980, *D.* 1981, 525, note Brunois.
2. L. n° 77-3, 3 janv. 1977.
3. L. 31 déc. 1971, art. 15, § 2.
4. *Bull. bâtonnier Paris* nov. 1993, p. 8.
5. *Bull. bâtonnier Paris* nov. 1993.
6. CA Versailles, 26 févr. 1979, *Gaz. Pal.* 1979, 1, 159, note Damien – CA Riom, 26 avr. 1979, *Gaz. Pal.* 1980, 2, 557 – Civ. 1re, 29 avr. 1980, n° 78-11.611, NPT, *Gaz. Pal.* 1980, 2, 589; *D.* 1981, 525, note Brunois – CA Aix-en-Provence, 16 sept. 1981, *Gaz. Pal.* 1981, 2, 790.
7. CA Lyon, 14 févr. 1980, *Gaz. Pal.* 1980, 1, 339; *JCP* 1980, II, 19393, note Guérin.
8. Civ. 1re, 22 avr. 1981, n° 80-12.208, *Bull. civ.* I, n° 120; *Gaz. Pal.* 1981, 2, 674, note Damien; *JCP* 1981, II, 19666, note Guérin.
9. Rép. min. QE n° 63643 *JCP* 1993, inf. p. 25.
10. Décr. n° 2009-1233, 14 oct. 2009, *JO* 16 oct.

par le règlement intérieur, à l'élection d'un avocat destiné à succéder au bâtonnier sous réserve de confirmation par l'assemblée générale de l'Ordre, dans les conditions prévues au premier alinéa, à l'expiration du mandat du bâtonnier en fonctions. L'élection de cet avocat a lieu dans les mêmes formes[1]. Le dauphinat ne devrait pas être remplacé par le vice-bâtonnat, les deux institutions étant appelées à coexister.

• Une décision de 2007 montrait toutefois que l'élection du dauphin n'était pas assurée, car elle ne reposait sur aucun texte[2]. En l'espèce, le dauphin avait fait l'objet d'une campagne de dénigrement telle que le bâtonnier en exercice s'était vu contraint de faire une mise au point auprès de ses confrères. Le dauphin n'ayant pas été élu, il a attaqué l'élection du bâtonnier en nullité. La cour d'appel qui avait considéré que le dénigrement ne justifiait que des dommages et intérêts, est sanctionnée, mais uniquement au nom de « la sincérité du scrutin ».

• Concernant l'impact de la création du vice-bâtonnier sur le dauphinat, il convient de souligner que le décret du 14 octobre 2009 prévoit que le bâtonnier et le dauphin ont la possibilité, et non l'obligation, de présenter respectivement la candidature d'un vice-bâtonnier et d'un vice-dauphin. Ces deux fonctions ne sont donc assurées que de manière facultative.

24.19 **Fonction de vice-bâtonnier.** La fonction de vice-bâtonnier a été consacrée par un décret du 14 octobre 2009[3] qui a modifié le décret du 27 novembre 1991. Prévue dans les barreaux de plus de mille avocats uniquement, la fonction a finalement été étendue à l'ensemble des barreaux. Il est apparu que quelle que soit la taille du barreau, la conciliation du mandat de bâtonnier avec la poursuite de l'activité d'avocat était difficile. Il était déjà possible de déléguer certaines attributions à un membre du conseil de l'Ordre, mais cette solution s'est avérée insuffisante. La création de la fonction de vice-bâtonnier, élu en même temps que le bâtonnier, permettra de seconder le chef du barreau, qui pourra lui déléguer une partie de ses pouvoirs, voire la totalité en cas d'absence ou d'empêchement temporaire.

Le candidat au dauphinat et le candidat au poste de vice-dauphin étaient élus en se présentant sur une seule et même liste. Le scrutin comportait deux tours : premier tour à la majorité absolue, second et dernier tour à la majorité relative. Il en est de même pour les élections du bâtonnier et du vice-bâtonnier. Une difficulté peut surgir dans les conditions suivantes : le candidat vice-bâtonnier est élu au premier tour à la majorité absolue, le candidat bâtonnier ne l'est pas. Qu'arrivera-t-il s'il n'est pas élu au second tour ? Le vice-bâtonnier élu siègera-t-il pendant quatre ans comme membre du conseil de l'Ordre, ou bien puisqu'il a perdu en cours de route son colistier, devra-t-il démissionner du conseil de l'Ordre sitôt élu ?

Il ne s'agit pas d'une hypothèse d'école. Le barreau de Paris a failli devoir se poser la question en 2010; heureusement le candidat au bâtonnat a été élu au second tour, au terme duquel le bâtonnier et le vice-bâtonnier se sont retrouvés élus.

L'article 6 du décret du 27 novembre 1991 dans sa nouvelle version prévoit que tout candidat à l'élection aux fonctions de bâtonnier « peut » présenter la candidature d'un avocat appelé à exercer les fonctions de vice-bâtonnier. L'élection du vice-bâtonnier n'est donc pas obligatoire; elle dépendra de la volonté du bâtonnier.

Le vice-bâtonnier siège en qualité de membre du conseil de l'ordre. Il exerce les fonctions de vice-bâtonnier pendant la durée du mandat du nouveau bâtonnier. Il est précisé que l'élection de l'avocat appelé à exercer les fonctions de vice-bâtonnier précède, tout comme celle du bâtonnier, l'élection des autres membres du conseil de l'ordre.

À l'expiration de son mandat de membre du conseil de l'ordre, un ancien vice-bâtonnier n'est rééligible à cette fonction qu'après un délai de deux ans s'il était déjà membre du conseil de l'ordre lorsqu'il a été désigné en vue d'exercer les fonctions de vice-bâtonnier.

Dans les barreaux où le nombre des avocats disposant du droit de vote est supérieur à trente, l'élection du bâtonnier et du vice-bâtonnier feront l'objet d'une confirmation par l'assemblée générale de l'ordre.

§ 2
Procédure

24.21 **Le règlement intérieur et les usages règlent la procédure de l'élection.** La loi et le décret se limitent à des dispositions vagues et générales, c'est le règlement intérieur et les usages qui déterminent en principe la procédure à suivre.

Le règlement intérieur ne peut que préciser des points dans le cadre de la latitude qui lui laisse la loi mais il ne peut poser des conditions supplémentaires pour l'électorat ou l'éligibilité.

• C'est ainsi qu'est annulée une délibération d'un Conseil de l'ordre qui avait posé, pour l'éligibilité au bâtonnat, la condition d'appartenir ou d'avoir appartenu au Conseil de l'ordre ou à la commission régionale des conseils juridiques. Restreignant les conditions d'éligibilité prévues par l'article 15 de la loi du 31 décembre

1. Décr. n° 95-1110, 17 oct. 1995, art. 2.
2. Civ. 1re, 28 juin 2007, n° 06-60.143, *Bull. civ.* I, n° 244; *D.* 2007, AJ 2040, obs. Pokora; *D.* 2008, 944, obs. Blanchard; *JCP* 2007, I, 206.
3. Décr. 14 oct. 2009, mod. décr. 27 nov. 1991, art. 4, 6 et 7.

1971 et par les articles 8 et 9 du décret du 27 novembre 1991, cette délibération encourt l'annulation[1].

La cour d'appel de Paris, dans un arrêt du 10 juillet 1992[2], rendu certes à l'occasion de l'élection du président et des membres du bureau du conseil national des barreaux, mais dont les principes mis en œuvre peuvent être étendus aux autres élections professionnelles des avocats, a déduit un certain nombre de règles de droit électoral qui devraient s'appliquer à toutes les élections dans un barreau et notamment l'obligation de respecter les principes généraux du droit électoral dont l'objet est d'assurer la sincérité des opérations de vote et de permettre le contrôle par le juge. Cet arrêt qui rappelle les principes généraux en la matière se prononce sur le vote par procuration (v. s^s^ n° 24.25), sur les nullités de bulletins de vote comportant pour certains d'entre eux des signes distinctifs et qui doivent être annexés au procès-verbal des élections. Cet usage de l'annexion des bulletins annulés, constant en matière d'élections politiques, ne l'était pas dans nombre de barreaux où les bulletins étaient incinérés aussitôt après l'élection (en sens contraire : C. élect., art. L. 66). Les bulletins blancs ou jugés nuls ne sont pas décomptés dans les suffrages exprimés et la majorité absolue s'entend par rapport aux suffrages exprimés et non par rapport au nombre réel de votants.

24.22 Convocation. Les avocats électeurs sont tous convoqués pour la date d'élection arrêtée par le Conseil de l'ordre, la convocation est signée du bâtonnier, elle indique l'objet de l'élection, le lieu et l'heure où elle se déroulera ainsi que toutes les autres indications qui auraient pu être prévues par le règlement intérieur (candidats, liste des éligibles...)[3].

En ce qui concerne les avocats honoraires qui sont parfois éloignés du barreau, il conviendra de les convoquer individuellement par lettre adressée par voie postale, alors que pour les avocats en exercice, la pratique se contente d'une lettre déposée à leur case au Palais de justice.

Les avocats frappés d'une peine de suspension par une décision devenue définitive ne peuvent participer aux élections pendant l'accomplissement de leur peine.

En revanche, si un avocat est inscrit par la cour à une époque contemporaine des élections, il doit être convoqué à l'assemblée générale, faute de convocation, cette assemblée et l'élection seraient nulles[4], sous réserve que son absence soit de nature à modifier les résultats du scrutin[5].

24.23 Une liste d'émargement doit être établie. L'arrêt précité du 10 juillet 1992 le précise (v. s^s^ n° 24.21), elle existe dans le Code électoral[6].

Il semble que la cour de Paris, s'inspirant de la jurisprudence administrative, estime qu'aucun contrôle de la régularité d'opérations électorales n'est possible sans établissement d'une liste d'émargement. En 2000, un arrêt de la cour d'appel d'Aix-en-Provence a confirmé la nécessité de la liste d'émargement[7].

• **Régime antérieur.** La tradition de la liste d'émargement n'existait pas au barreau. Elle n'était utilisée que dans les grands barreaux où le nombre des électeurs rend difficile toute identification par les scrutateurs et contraint à son instauration ou à celle d'un document similaire. Dans les petits et moyens barreaux, son usage n'était pas connu.

24.24 Le secret du vote doit être assuré[8]. On peut procéder à l'appel des présents qui sont invités à venir déposer un bulletin dans l'urne, le bulletin doit être soit placé sous enveloppe, soit plié, pour garantir le secret du scrutin.

À cet égard, la Cour de cassation a précisé dans deux décisions que les électeurs doivent s'isoler pour voter et que ce principe est incontournable. Toutefois, l'isolement peut être mis en œuvre librement, y compris en l'absence d'isoloirs.

Il faut néanmoins que soit mis à disposition des électeurs un dispositif de nature à garantir la confidentialité du vote[9]. Ils peuvent par exemple disposer d'une pièce attenante pour aller préparer leur bulletin[10]. Ce principe de l'isolement doit d'ailleurs s'appliquer même en matière de vote électronique (v. 24.25).

Rappelons que le règlement intérieur des Barreaux peut contenir toutes mesures sur les modalités des élections (membres du conseil de l'ordre, bâtonnier, *etc.*).

En outre, la Cour de cassation affirme, contrairement à ce qu'avait retenu la cour d'appel, que toute campagne de dénigrement faite à l'encontre du

1. Civ. 1re, 4 avr. 1995, n° 93-10.818, *Bull. civ.* I, n° 156; *Gaz. Pal.* 7 sept. 1995, pan. 11; 1995, somm. 365.
2. CA Paris, 10 juill. 1992, *Gaz. Pal.* 10 nov. 1992, 5, note Damien.
3. SUR CE POINT : *Bull. bâtonnier Paris* nov. 1993, qui prévoit très explicitement le règlement de chaque élection.
4. Civ. 1re, 1er juill. 1952, *D.* 1952, 723.
5. CA Lyon, 14 févr. 1980, *Gaz. Pal.* 1980, 1, 339; *JCP* 1980, II, 19393 – CA Aix-en-Provence, 16 sept. 1981, *Gaz. Pal.* 1981, 2, 790 – CA Rouen, 9 févr. 1982, *Gaz. Pal.* 1982, 1, 260.
6. C. élect., art. L. 62-1; réd. L. n° 88-1962, 30 sept. 1988 – C. élect., art. R. 61.
7. CA Aix-en-Provence, 25 févr. 2000, *JCP* 2000, II, 10324, note Martin.
8. CA Aix-en-Provence, 19 sept. 1981, *Gaz. Pal.* 81, 2, 790 – CA Aix-en-Provence, 25 févr. 2000, *JCP* 2000, II, 10324, note Martin.
9. Civ. 1re, 28 juin 2007, n° 06-60.143, *Bull. civ.* I, n° 244; *D.* 2007, AJ 2040, obs. Pokora; *D.* 2008, 944, obs. Blanchard; *JCP* 2007, I, 206 – Civ. 1re, 27 févr. 2007, n° 05-18.899, *Bull. civ.* I, n° 180; *D.* 2008, 944, obs. Blanchard.
10. Civ. 1re, 6 déc. 2007, n° 07-60.179, NP.

« dauphin » pendant la campagne pour le bâtonnat peut justifier l'annulation du scrutin dès lors que cette campagne est de nature à fausser les résultats des élections et ainsi à remettre en cause la sincérité du scrutin. En l'espèce, le « dauphin » avait fait l'objet d'une campagne de dénigrement telle que le bâtonnier en exercice s'était vu contraint de faire une « mise au point ». La cour d'appel avait, quant à elle, considéré que le dénigrement justifiait uniquement une indemnisation dans le cadre d'une action en responsabilité pour diffamation. Cet arrêt est à rapprocher de celui rendu par la cour d'appel d'Aix-en-Provence le 25 février 2000[1] qui, de manière surprenante, n'avait pas retenu l'existence de tricheries et de pressions exercées à l'encontre des électeurs, alors que trois votants avaient demandé à l'une des candidates, chargée de remettre les bulletins vierges aux électeurs, de les remplir pour eux. La cour avait considéré que cette dernière, qui était arrivée en tête, ne l'avait fait qu'à leur demande expresse et qu'en conséquence, elle n'avait exercé aucune pression sur ces votants.

• Le secret n'est pas assuré lorsqu'un procès-verbal relatant les opérations électorales indique que le bâtonnier sortant a été élu à l'unanimité sauf sa propre voix, cette dernière mention suffisant à constituer une indication violant le secret entraîne la nullité du scrutin[2].

24.25 Vote par procuration. Le vote par procuration peut être admis aux élections professionnelles, soit qu'il résulte du règlement intérieur du barreau, soit qu'il soit admis par l'usage de longue date, pratiqué dans un barreau par le consentement mutuel de ses membres, au point d'avoir acquis par une pratique constamment suivie, valeur de règlement intérieur (tradition du barreau, art. 277)[3], encore faut-il que l'on puisse déterminer les cas où un tel vote est admis.

La tradition, dont le témoignage des anciens de l'Ordre et notamment des anciens bâtonniers, certifie l'existence, détermine les hypothèses où peut intervenir le vote par procuration[4]. Mais ce vote ne doit pas constituer un abus de majorité[5]. Le pouvoir doit, pour être utilisé valablement par le mandataire, être précédé des instructions nécessaires. C'est ainsi que le mandataire ne peut voter lorsqu'un membre du Conseil de l'ordre a donné sa démission au cours de l'assemblée générale élective, le mandant ignorant cette vacance n'ayant pu lui donner, dès lors, des instructions pour voter[6].

Les règlements intérieurs déterminent avec précision les modalités des votes par procuration. À titre d'exemple, l'article 7.1 de l'annexe 1 du règlement intérieur du barreau de Paris limite le nombre de mandat à deux par mandataire, exige l'enregistrement préalable à l'Ordre, détermine la forme de la procuration (papier à en-tête du cabinet, précision de l'identité du mandant, mention manuscrite « Bon pour pouvoir, au profit de... » suivi du nom du mandataire et de la signature du mandant)...

• **Vote par correspondance sur support électronique.** Le vote par ordinateur est organisé par certains barreaux. Ainsi l'article 7.2 de l'annexe 1 du règlement intérieur du barreau de Paris réglemente cette nouvelle manière de voter. Au moins 15 jours avant le scrutin, le secrétariat de l'Ordre adresse à chaque avocat électeur les modalités de vote, dont son code confidentiel et personnel. Le jour du scrutin, l'avocat s'identifie en accédant au site de vote et remplit un bulletin de vote, confirme son choix.

Le vote électronique n'est toutefois pas sans poser des difficultés quant au secret et à l'indépendance du vote. C'est ainsi que les élections, au moyen du vote électronique, du Conseil de l'ordre des avocats de Paris et du bâtonnat des 23/24 novembre 2004 ont été contestées puis annulées.

Un système de vote électronique à distance conforme aux recommandations ci-dessus avait pourtant été mis en place par le barreau de Paris, parallèlement au vote classique dans l'enceinte du Palais de justice. Le président de la Commission nationale de l'informatique et des libertés (Cnil) avait, auparavant demandé des précisions au bâtonnier « quant à la confidentialité du scrutin au regard, notamment, des modalités adoptées dans l'utilisation d'identifiants personnels ». Après cassation de l'arrêt de la cour d'appel de Paris pour n'avoir pas tenu compte de l'avis de la Cnil[7], l'affaire avait été renvoyée devant la cour d'appel de Lyon, qui a rejeté le recours, ce qu'approuve la Cour de cassation qui s'est de nouveau prononcée sur cette affaire le 27 septembre 2006[8]. Elle considère alors que le dispositif de vote à distance adopté présentait et avait effectivement procuré, au regard des principes généraux du droit électoral, les mêmes garanties que le vote traditionnel. La cour d'appel, « qui a constaté que l'irrégularité invoquée, relative à la saisine de la commission nationale de l'informatique et des libertés, avait été sans incidence sur les conditions et les résultats du vote, a légalement justifié sa décision de valider les opérations électorales organisées par le barreau de Paris au moyen d'un système de vote électronique par le réseau internet ».

1. CA Aix-en-Provence, 25 févr. 2000, *JCP* 2000, II, 10324, note Martin.
2. CA Aix-en-Provence, 16 sept. 1981, *Gaz. Pal.* 1981, 2, 790.
3. RAPPR. : CA Rouen, 9 févr. 1982, *Gaz. Pal.* 1982, 1, 260.
4. Civ. 1re, 14 mars 1984, no 83-62.993, *Bull. civ.* I, no 95; *Gaz. Pal.* 1984, 1, 383; *Gaz. Pal.* 1984, 1, pan. 212; *D.* 1985, IR 109, note Damien; *D.* 1985, 165, note Estoup.
5. CA Versailles, 26 févr. 1979, *Gaz. Pal.* 1979, 1, 159, note Damien.
6. CA Aix-en-Provence, 16 sept. 1981, *Gaz. Pal.* 1981, 2, 790.
7. Civ. 1re, 7 juin 2005, no 05-60.044, *Bull. civ.* I, no 241.
8. Civ. 1re, 27 sept. 2006, no 05-20.156, *Bull. civ.* I, no 241; *D.* 2007, 481, note Huet.

Ces quatre arrêts successifs confirment la validité du vote électronique si toutes les précautions édictées par ces arrêts ont été prises. Cette solution doit être vivement approuvée car à l'avenir et non seulement dans les grands barreaux comme Paris ou Lyon, le vote électronique sera très utile, par exemple, dans un barreau où les avocats ont leur domicile professionnel éloigné du Palais de Justice.

24.26 Le bâtonnier en exercice préside les opérations électorales. Il est généralement assisté du doyen de l'Ordre et du plus jeune avocat électeur, encore qu'à proprement parler il n'existe pas au barreau de bureau électoral, d'assesseurs ou de scrutateurs, ni de représentants des candidats ou des groupes divers destinés à surveiller le scrutin; l'élection ordinale est familiale et ne s'apparente pas aux élections politiques.

Le bâtonnier qui préside les opérations électorales a seul qualité pour fixer la liste des électeurs et des éligibles, déterminer le nombre des membres du conseil à élire, le mode de scrutin, déterminer l'heure d'ouverture du scrutin, celle de sa clôture le mode de dépouillement, l'établissement des résultats et leur proclamation.

Cette prérogative n'est partagée ni avec l'assemblée générale, ni avec le Conseil de l'ordre; notamment en l'absence de tout contentieux préalable aux candidatures et à l'éligibilité, il a pour charge de déclarer *a priori* inéligible et *a posteriori* non élus, les avocats qui effectivement ne lui paraissent pas éligibles, à charge par la cour de vérifier le bien fondé de sa décision, de contrôler la réalité de l'inéligibilité alléguée et d'annuler le cas échéant les élections, si la cour n'admet pas la décision prise par le bâtonnier présidant l'assemblée générale élective [1].

• **Le bâtonnier, maître des élections ?** Dans l'arrêt de Nancy précité du 22 juin 1977, la cour rappelle que le bâtonnier est maître des élections et de la procédure qui s'y déroule, qu'il déclare les avocats éligibles ou inéligibles, qu'il proclame les résultats après les avoir fait dépouiller sous son contrôle.

Certes, ce pouvoir a une limitation qui est précisément le contrôle de la cour d'appel, mais il n'appartient pas à l'assemblée générale de voter sur la vérification de l'éligibilité ou de l'inéligibilité, ni de contrôler le mode de scrutin employé par le bâtonnier; c'est à lui seul qu'appartiennent ces pouvoirs puisqu'il préside traditionnellement l'assemblée sous réserve des recours légitimes [2].

1. CA Aix-en-Provence, 17 mai 1976, *Gaz. Pal.* 1976, 2, 524 – CA Nancy, 22 juin 1977, *Gaz. Pal.* 1979, 1, somm. 50, note A. D. – Civ. 1re, 29 avr. 1980, no 78-11.611, NPT, *Gaz. Pal.* 1980, 2, 589; *D.* 1981, 525, note Brunois – Note A. D. ss CA Rouen 9 févr. 1982, *Gaz. Pal.* 1982, 1, 261 – CA Colmar, 19 avr. 1999, *Gaz. Pal.* 7 sept. 1999, 24, note Damien.
2. Note Brunois ss Civ. 1re, 29 avr. 1980, no 78-11.611, NPT, *D.* 1981, 525; *Gaz. Pal.* 1980, 2, 589.

24.27 Dépouillement des bulletins. Résultats de l'élection. Les bulletins sont dépouillés par le bâtonnier qui préside l'assemblée générale ou son délégué. Il peut également s'adjoindre deux ou plusieurs scrutateurs.

Les bulletins blancs ou jugés nuls, selon les termes habituels du droit électoral, ne sont pas décomptés dans les suffrages exprimés; les bulletins portant plus de noms que de postes à pourvoir ne sont pas nuls pour autant mais seuls les premiers sont retenus comme suffrages exprimés. Une doctrine s'est exprimée en sens contraire [3]. La jurisprudence s'est prononcée sur la compétence du Conseil de l'ordre en cas de difficulté au cours du dépouillement des bulletins [4].

Si aucun des candidats n'a obtenu au premier tour la majorité des suffrages exprimés, seuls peuvent se présenter au deuxième tour les deux candidats qui ont obtenu le plus grand nombre de ces suffrages. En cas d'égalité des voix, le candidat le plus âgé est proclamé élu [5].

Le bâtonnier est élu à la majorité absolue des suffrages. Elle correspond au nombre entier immédiatement supérieur à celui de la moitié des suffrages exprimés. C'est ainsi qu'obtient la majorité absolue le candidat qui obtient plus de voix que la moitié des suffrages [6].

24.28 Un procès-verbal détaillé des opérations électorales doit être tenu. Il comporte notamment la mention des différents incidents qui ont pu émailler l'élection ainsi que les irrégularités dont peuvent être entachés certains bulletins dont il y a lieu d'assurer la conservation, après crémation des autres pour être soumis éventuellement au contrôle de la Cour.

Le procès-verbal de l'élection est censé être connu des avocats dès l'élection terminée. Il n'a pas à être notifié à chacun des avocats inscrits au tableau. En revanche, il doit être notifié au procureur général, aucun délai ou forme spéciale n'est prescrit pour cette notification.

24.29 Recours et sanctions. Tout avocat disposant du droit de vote dispose d'un délai de huit jours à compter des élections pour former un recours devant la cour d'appel [7].

L'auteur du recours n'est pas tenu de faire consigner au procès-verbal de l'assemblée générale élec-

3. CONTRA : Lemaire, *Usages du barreau de Paris*, p. 47.
4. CA Colmar, 19 avr. 1999, *Gaz. Pal.* 7 sept. 1999, p. 24, note Damien.
5. Décr. 27 nov. 1991, art. 6.
6. CA Aix-en-Provence, 16 sept. 1981, *Gaz. Pal.* 1981, 2, 790.
7. Décr. 27 nov. 1991, art. 12.

tive une protestation contre les modalités de l'élection qu'il attaque[1].

Le procureur général dispose d'un délai de 15 jours à compter de la notification du procès-verbal de l'élection pour former ce même recours. L'appel se fait soit par déclaration au secrétariat de la cour d'appel, soit par lettre recommandée avec demande d'avis de réception adressée au greffier en chef.

L'avocat appelant avise sans délai le procureur général et le bâtonnier par lettre recommandée avec demande d'avis de réception. Le procureur général, s'il est appelant, a la même obligation envers le bâtonnier. La cour, saisie de cet appel, statue en assemblée générale et en chambre du conseil après avoir invité le bâtonnier à présenter ses observations[2].

• **Observations écrites du bâtonnier.** Le bâtonnier n'est pas, du fait de ses observations, une « partie »[3] et, par là même, ne peut pas supporter les dépens qui doivent être laissés à la charge du Trésor public. Il est le représentant d'une personne morale de droit public dont l'intervention est prévue par la loi elle-même[4].

• **Recours des associations et syndicats d'avocats contre les élections de l'Ordre** (v. s^s^ n°s 28.01 s.).

Les règles qui président aux élections doivent être appliquées avec bon sens, et non dans un esprit de chicane ou de procédure formaliste.

Si le règlement prévoit qu'on doit afficher à la porte de la salle de vote la liste des avocats éligibles, il est tout aussi loisible de mentionner celle des inéligibles. Les avocats qui viennent pour voter pourront, par soustraction, déterminer le nom des éligibles. Si le dépouillement des bulletins doit être fait avec clarté, il ne s'ensuit pas nécessairement qu'il doive être fait à haute voix. Le président de séance peut se contenter de proclamer les résultats. Enfin des rectifications d'erreurs matérielles n'entachent pas la validité du vote[5].

Ce que réclame la jurisprudence c'est la sincérité du scrutin, toute manœuvre ayant pour but de truquer la consultation doit entraîner son annulation.

En cas de non-respect des règles relatives à la procédure du vote, la cour sanctionne le vote et en prononce la nullité[6]. De même toute irrégularité commise au cours des opérations électorales, même si elle ne constitue pas des atteintes aux dispositions du règlement intérieur mais simplement des infractions aux principes généraux du droit électoral, peut entraîner la censure de la cour d'appel saisie d'un recours contre les élections.

Le fait de convoquer à l'assemblée générale des avocats par lettre individuelle ne comportant pas de bulletin de vote, alors que le règlement intérieur le prévoit, peut toutefois entraîner l'annulation des élections[7].

Les mêmes principes doivent régir le cas des bulletins comportant plus de noms que de sièges à pourvoir (encore que la cour de Lyon estime qu'il soit critiquable de compter de tels bulletins dans les suffrages exprimés).

Les déclarations faites par le bâtonnier et le candidat au bâtonnat contre un candidat à l'élection au Conseil de l'ordre et évoquant la situation particulière (en l'espèce il était vice-président d'un conseil de prud'hommes) relèvent de l'information des électeurs et n'entachent pas la sincérité du scrutin, dès lors qu'il n'est pas établi qu'elles aient été de nature à nuire au candidat et à priver les électeurs de la liberté de choix[8].

§ 3
Début et fin de mandat

24.31 Entrée en fonctions du bâtonnier élu. Le recours contre l'élection du bâtonnier n'étant pas suspensif, l'avocat proclamé élu prendra ses fonctions à l'expiration de celles de son prédécesseur et, au cas d'annulation, il cessera de les exercer et le bâtonnier précédent assurera provisoirement la direction de l'Ordre et l'organisation des nouvelles élections.

24.32 Le bâtonnier n'est pas immédiatement rééligible en cette qualité à l'expiration de son mandat[9]. Toutefois, dans les barreaux où le nombre des avocats disposant du droit de vote n'est pas supérieur à 30, le bâtonnier peut exercer deux mandats successifs[10]. Le bâtonnier peut, en revanche, être immédiatement réélu au Conseil de l'ordre, de même qu'il peut être réélu en qualité de bâtonnier même s'il ne s'est pas écoulé, entre la fin de son mandat et sa réélection, un laps de temps correspondant à la durée normale d'un mandat (deux années).

1. CA Aix-en-Provence, 16 sept. 1981, *Gaz. Pal.* 1981, 2, 790.
2. Décr. 27 nov. 1991, art. 12 et 16.
3. Civ. 1re, 17 juill. 1996, n° 94-11.450, *Bull. civ.* I, n° 324; *JCP* 1996, IV, 2144; *Gaz. Pal.* 1997, pan. 100.
4. Civ. 1re, 2 mai 1974, n° 72-14.747, *Bull. civ.* I, n° 122; *D.* 1974, 643.
5. RAPPR. : CA Paris, 30 juin 1976, *Gaz. Pal.* 1976, 2, 746.
6. CA Paris, 30 juin 1976, *Gaz. Pal.* 1976, 2, 746, note A. D. – CONTRA : CA Lyon, 1er févr. 1980, *D.* 1981, 525, note Brunois.
7. CA Paris, 30 juin 1976, *Gaz. Pal.* 1976, 2, 746.
8. CA Aix-en-Provence, 16 sept. 1981, *Gaz. Pal.* 1981, 2, 790.
9. Décr. 27 nov. 1991, art. 6, al. 3.
10. Décr. 27 nov. 1991, art. 6, al. 4.

24.33 Démission ou décès du bâtonnier. En cas de décès ou de démission du bâtonnier en cours d'année judiciaire, les élections pour le remplacer doivent avoir lieu dans les trois mois qui suivent l'événement qui les rend nécessaires. Cette démission, à défaut de précisions légales, semble devoir être adressée au doyen des membres du Conseil de l'ordre. Après enregistrement de la démission il est procédé aux élections du nouveau bâtonnier sous la direction du bâtonnier démissionnaire s'il a conservé ses pouvoirs jusqu'à l'élection de son successeur ou de celui des membres du conseil auquel il a délégué ses pouvoirs avant de démissionner ou, à défaut de désignation, par le doyen du conseil.

Lorsque le bâtonnier cesse ses fonctions avant le terme normal de son mandat, il est procédé à l'élection d'un remplaçant mais pour la période restant à courir jusqu'à ce terme. Quand cette période est inférieure à un an, la réélection est immédiatement possible dans la même qualité.

SECTION 2 ATTRIBUTIONS – CADRE GÉNÉRAL

24.41 Fonctions principales du bâtonnier. Il s'agit des fonctions :

- de représentation;
- d'administration;
- d'enseignement;
- de conciliation;
- de défense permanente de l'Ordre;
- juridictionnelles en matière de contrat de travail concernant des avocats salariés en ce qui concerne leurs rapports avec les avocats employeurs.

24.42 Les fonctions du bâtonnier sont distinctes de celles du conseil. La meilleure preuve en est que si, dans une situation exceptionnelle et en vertu de textes exceptionnels, un Conseil de l'ordre des avocats a pu être dissous, cette dissolution ne met pas fin aux fonctions du bâtonnier auquel nul ne saurait se substituer et particulièrement pas le président du tribunal de grande instance[1].

24.43 Délégations de pouvoirs. Le bâtonnier peut, après avis du Conseil de l'ordre, déléguer à un ou plusieurs membres du Conseil de l'ordre ses pouvoirs pour un temps limité[2].

Généralement, au début de chaque année judiciaire et pour la durée de l'année, le bâtonnier prend une ordonnance déléguant certains de ses pouvoirs à des membres du conseil notamment en ce qui concerne les taxes d'états de frais, les inspections de comptabilité. En cas d'absence ou d'empêchement temporaire, le bâtonnier peut, pour la durée de cette absence ou de cet empêchement, déléguer[3] la totalité de ses pouvoirs à un ou plusieurs membres du Conseil de l'ordre[4]. Ce cas prévoit l'absence d'une certaine durée (voyage, hospitalisation).

En outre, certains règlements intérieurs conformes aux traditions des Ordres décident qu'en cas d'absence momentanée du bâtonnier, il peut être remplacé par le membre du Conseil de l'ordre le plus ancien dans l'ordre du tableau présent au Palais[5]. C'est le cas, par exemple, d'intervention nécessaire du bâtonnier lors d'un incident d'audience dont la solution réclame sa présence immédiate ou celle de son représentant[6] (v. s[s] n° 86.103).

24.44 Obligations dans le respect des règles de son Ordre. Si l'avocat est tenu par son serment à une obligation de dignité, de conscience, d'indépendance et d'humanité, dans le respect des règles de son Ordre, en dehors de ses fonctions d'avocat, il peut exercer librement des activités de son choix et notamment des activités politiques et particulièrement un bâtonnier, sans manquer à l'obligation de réserve et de neutralité qui pèserait sur lui, peut paraître à la tribune d'une réunion publique et y faire un discours sur la défense des libertés individuelles[7].

C'est ainsi qu'un Conseil de l'ordre a décidé qu'un avocat pouvait faire figurer sa qualité, élément de sa personnalité, dans tous ses écrits, sous réserve de l'intervention éventuelle de l'autorité ordinale, dans le cas où cet usage s'avérerait contraire à ses principes[8]. Si juridiquement on doit concéder cette liberté au bâtonnier, on ne saurait trop lui conseiller une prudence particulière et une grande neutralité politique et religieuse durant ses fonctions. Il est élu pour gouverner l'Ordre suivant son programme, il doit rassembler tous les avocats autour de lui, plus il échappe à des contradictions politiques ou partisanes, plus il est tout à tous, mieux il peut assumer cette fonction de rassemblement.

1. CE 23 juin 1967, n° 54984, *Laquière*, bâtonnier du barreau d'Alger, *Lebon*, 273.
2. Décr. 27 nov. 1991, art. 7.
3. SUR la validité de ces délégations : Bénabent, « Avocat, premières vues sur la "nouvelle profession" », *JCP* 1991, I, 3499, n° 75.
4. Décr. 27 nov. 1991, art. 7.
5. Décr. 27 nov. 1991, art. 181.
6. L. 31 déc. 1971, art. 25.
7. Rép. min. QE [à Valenet], n° 24.848, *JOAN Q* 12 déc. 1975.
8. Civ. 1re, 28 avr. 1993, n° 90-20.949, *Bull. civ.* I, n° 151; *D.* 1994, somm. 137, obs. Brunois; *Gaz. Pal.* 1993, pan. 179; *JCP* 1993, II, 22114, note Martin.

SECTION 3
FONCTIONS DE REPRÉSENTATION

24.51 Le bâtonnier représente l'Ordre auprès des autorités judiciaires, administratives et des pouvoirs publics. Chef de l'Ordre, il le représente dans tous les actes de la vie civile, prévient et concilie les différends d'ordre professionnel entre les membres du barreau, instruit toutes les réclamations formées par des tiers; il a la charge de l'administration de l'Ordre, préside le Conseil de l'ordre; il a seul qualité pour représenter l'Ordre auprès des autorités judiciaires, administratives et des pouvoirs publics et pour traiter toutes les questions relatives aux intérêts de l'Ordre[1].

24.52 Le bâtonnier représente l'Ordre auprès des autorités judiciaires. Le bâtonnier est le représentant de l'Ordre en tant que personne morale ayant la personnalité civile, il le représente sur le plan judiciaire lorsque l'Ordre des avocats se trouve en cause ou intervient. Mais il doit justifier de l'autorisation d'ester en justice qui lui est conférée par le Conseil de l'ordre conformément aux dispositions de l'article 17.VII de la loi du 31 décembre 1971. À défaut son intervention est affectée d'une irrégularité de fond qui peut être proposée en tout état de cause[2]. À cet égard il doit être avisé de tous les recours contre les décisions du Conseil de l'ordre conformément aux articles 14 et 15 du décret du 27 novembre 1991.

Il peut présenter des observations devant la Cour dans toutes les instances formées contre les décisions du Conseil de l'ordre[3].

Lorsque le conseil a statué en matière administrative, il est partie dans la procédure devant la Cour[4] et celle-ci statue en audience solennelle et en chambre du conseil après avoir invité le bâtonnier à présenter ses observations. Le bâtonnier peut se faire représenter par un confrère qu'il désigne à cet effet[5].

En matière disciplinaire, l'Ordre n'est pas partie dans la procédure; le droit pour le bâtonnier de présenter des observations, limité naguère par les dispositions du décret du 25 juin 1974 modifiant l'article 123 du décret du 9 juin 1972 qui donnait à la Cour une simple faculté d'entendre le bâtonnier[6], est remplacé par les dispositions nouvelles de l'article 196 du décret du 27 novembre 1991 qui reprend la rédaction primitive de l'ancien article 123 du décret du 9 juin 1972 et se borne donc à renvoyer à l'article 16-4 alinéa 4 du même décret.

Le bâtonnier peut présenter dans tous les cas des observations. Le bâtonnier qui n'est pas partie à la procédure ne peut être condamné aux dépens[7]. Au cas où l'arrêt ne mentionne pas l'invitation qui a été faite au bâtonnier de présenter ses observations, la formalité étant d'ordre public, il y a lieu à cassation de l'arrêt[8]; ce dernier arrêt rappelle que le bâtonnier est entendu en ses observations et assiste aux débats sans qu'on puisse l'en évincer au moment des plaidoiries, au motif que les débats se dérouleraient à huis clos ou en chambre du conseil. De même la cour peut inférer du fait que le bâtonnier n'ait pas été entendu en tant que tel, mais comme conseil d'un avocat poursuivi à l'audience pour outrage, que ce dernier n'a pas été poursuivi disciplinairement mais pénalement. Le jugement n'ayant pas statué sur l'action publique mais uniquement sur l'action disciplinaire doit être considéré comme nul (arrêt *Choucq*[9]) (v. s[s] n° 86.51).

Le fait que le bâtonnier ait été entendu après le ministère public dans le cadre du jugement d'un recours contre une décision du Conseil de l'ordre rejetant une demande d'inscription au tableau, ne saurait affecter la régularité de l'arrêt intervenu. En effet, l'ordre d'audition du bâtonnier n'est pas prévu à peine de nullité et il n'est pas justifié que l'ordre qui a été suivi ait pu nuire aux droits de la défense[10].

24.53 Le bâtonnier représente l'Ordre dans les cérémonies. Le bâtonnier représente l'Ordre dans les cérémonies au sein de l'Ordre ou en dehors ainsi que dans les rapports avec les autres barreaux en France et dans le monde.

En sa qualité de chef de l'Ordre, le bâtonnier est chargé d'organiser la représentation de l'Ordre aux cérémonies *publiques auxquelles il* peut être convié et d'organiser ces cérémonies à l'intérieur de l'Ordre.

24.54 Cérémonies de l'Ordre. Le bâtonnier organise et préside toutes les cérémonies qui peuvent se

1. L. 31 déc. 1971, art. 21.
2. CA Lyon, 11 oct. 1983, *JCP* 1985, IV, 91; *D.* 1985, IR 108.
3. Décr. 27 nov. 1991, art. 16-4, al. 4.
4. Décr. 27 nov. 1991, art. 16, § 3.
5. Civ. 1re, 28 janv. 1992, n° 90-11.803, *Bull. civ.* I, n° 27; *Gaz. Pal.* 1992, pan. 132; *JCP* 1992, IV, 907.
6. Civ. 1re, 18 juill. 1977, n° 77-11.915, *Bull. civ.* I, n° 336; *Gaz. Pal.* 1977, 2, somm. 358.
7. CA Aix-en-Provence, 17 mai 1976, *Gaz. Pal.* 1976, 2, 524.
8. Civ. 1[re], 16 juin 1976, n° 75-10.926, *Bull. civ.* I, n° 219; *Gaz. Pal.* 1976, 2, somm. 186 – Civ. 1[re], 16 mars 1976, n° 74-12.723, *Bull. civ.* I, n° 100; *Gaz. Pal.* 1976, somm. 123 – Civ. 1re, 2 oct. 1975, n° 73-13.764, *Bull. civ.* I, n° 250; *Gaz. Pal.* 1975, 2, somm. 260 – Civ. 1re, 15 oct. 1975, n° 73-12.628, *Bull. civ.* I, n° 273; *Gaz. Pal.* 1976, 1, 166 – CA Montpellier, 25 juin 1979, *Gaz. Pal.* 1979, 2, 472 – ÉGAL[T] : CA Rennes, 18 déc. 1979, *Gaz. Pal.* 1980, 1, 129.
9. CA Rennes, 14 mai 1980, *Choucq*, *Gaz. Pal.* 1980, 1, 345, note A. D.
10. Civ. 1re, 16 juin 1981, n° 80-12.764, *Bull. civ.* I, n° 214; *Gaz. Pal.* 1982, 1, pan. 26; *JCP* 1981, IV, 314.

dérouler à l'intérieur de l'Ordre et qui consistent, selon les usages établis par chaque barreau, à célébrer des événements heureux ou malheureux, glorieux ou sympathiques advenant à un des membres du barreau : élection du bâtonnier ou du Conseil de l'ordre, succès à la conférence du stage, rentrée solennelle de cette dernière, jubilé d'avocat, remise des médailles du travail au personnel des cabinets d'avocats, à la suite des formalités nécessaires accomplies par le bâtonnier chef de l'Ordre, enfin cérémonies funèbres pour les membres du barreau.

Il revient au bâtonnier d'organiser le déroulement de ces cérémonies qui, pour être familiales, ne doivent pas moins conserver un caractère approprié à l'événement que l'on célèbre.

Il revient toutefois au règlement intérieur de préciser tel ou tel aspect de ces cérémonies notamment en matière de cérémonie funèbre.

24.55 Cérémonies funèbres. On s'aperçoit en effet que de nombreuses familles sont parfois choquées ou peinées de ce qu'elles risquent de considérer comme un manque d'égards vis-à-vis de leur défunt, membre du barreau. En général l'usage veut que si un avocat stagiaire, inscrit ou honoraire, meurt dans la ville chef-lieu, l'Ordre soit représenté à ses obsèques par une délégation. Cette délégation peut, si le défunt en a exprimé le désir ou si la famille le souhaite, assister en robe à la cérémonie, au cas où le cortège est constitué, elle suit aussitôt derrière la famille et devant toutes les autorités de quelque nature qu'elles soient.

Il n'est pas d'usage que le barreau assiste en robe à d'autres funérailles que celles des avocats et notamment à celles de magistrats ou de personnages publics quelle que soit leur importance, s'ils n'ont pas appartenu à l'Ordre jusqu'au moment de leur décès ou ne bénéficient de la qualité d'avocat honoraire, la qualité d'avocat primant alors la qualité postérieure qui avait pu leur advenir[1].

Dans certains cas, déterminés par les usages, un éloge funèbre peut être prononcé à l'église, autre lieu de culte ou au cimetière. Si le défunt décède en dehors du siège du chef-lieu du tribunal ou dans un autre département, l'usage est de n'envoyer qu'un représentant de l'Ordre qui symbolise la présence du corps tout entier. Si c'est le bâtonnier en exercice qui décède, il est d'usage que l'Ordre tout entier assiste à la cérémonie des funérailles.

24.56 Cérémonies judiciaires. Le bâtonnier convoque ses confrères et veille à ce que, à la rentrée solennelle de la cour, du tribunal ou aux installations de magistrats, l'Ordre soit représenté d'une manière suffisante pour manifester sa déférence vis-à-vis des autorités judiciaires.

Il n'est point d'usage que le bâtonnier prenne la parole dans ces circonstances; des places spéciales doivent être réservées aux avocats à cette occasion et le bâtonnier du barreau local concerné par l'événement, et en cas de rentrée judiciaire de la cour ou d'installation d'un magistrat de la cour, le bâtonnier du barreau du chef-lieu de la cour, a le pas sur tous les autres avocats et sur tous les autres bâtonniers des barreaux du ressort quelle que soit l'importance de leur barreau ou leur ancienneté.

24.57 Cérémonies publiques. L'Ordre des avocats, dès sa reconstitution sous l'Empire, avait toujours été convié aux grandes cérémonies publiques dans la personne de son bâtonnier et de quelques membres du conseil que le bâtonnier désignait. Ainsi figurait-il traditionnellement parmi les personnes reçues à la cour et assistait-il aux offices religieux et aux cérémonies publiques à l'occasion des victoires, des naissances de membres de la famille impériale ou royale, au même titre que les autres corps constitués. À partir du second Empire, le Conseil de l'ordre de Paris décida qu'il n'y avait pas lieu pour l'Ordre d'assister aux cérémonies publiques, le barreau n'ayant pas de caractère politique et ce, soit que l'invitation vienne du gouvernement, soit qu'elle vienne de la cour. De même l'Ordre décida de ne pas assister à un *Te Deum* en l'honneur d'une victoire, « les avocats n'étant pas un corps constitué et n'ayant pas de rang dans les cérémonies publiques ». Ce principe a subsisté et l'Ordre s'abstient pour bien marquer son indépendance absolue de participer, en tant que tel, à des cérémonies publiques quelles qu'elles soient, dès lors qu'elles peuvent revêtir un caractère politique[2].

Jusqu'au décret du 13 septembre 1989[3] relatif aux cérémonies publiques, préséance, honneurs civils et militaires, les avocats, les ordres d'avocats et les autorités qui les dirigent ne possédaient aucune place dans les cérémonies officielles; seuls les avoués y figuraient. Le décret sur les préséances connaît les ordres d'avocats et fixe leur rang dans les cérémonies publiques, c'est-à-dire dans les cérémonies organisées sur ordre du gouvernement ou à l'initiative d'une autorité publique. À Paris, le président du Conseil de l'ordre des avocats au Conseil d'État et à la Cour de cassation à la 51e place, le bâtonnier de l'Ordre des avocats et le président de la conférence des bâtonniers figurent à la 52e [aupa-

1. SUR CES POINTS : Damien, « Éléments de civilité puérile et honnête à l'usage des avocats », *Gaz. Pal.* 1985, I, doctr. 222 et 231.

2. MOLLOT, t. II, 44 s.
3. Décr. n° 89-655, 13 sept. 1989, relatif aux cérémonies publiques, préséances, honneurs civils et militaires, mod. not. par décr. n° 2010-687, 24 juin 2010.

ravant la 55e] place avant les autres ordres professionnels[1]; en province le bâtonnier se voit assigner la 32e [auparavant la 34e] place[2]. Ces dispositions sont relatives aux cérémonies publiques mais peuvent éclairer le protocole en général et la place que doivent recevoir les bâtonniers et le président de la conférence des bâtonniers dans les réceptions.

Les rangs dont bénéficient les chefs d'un corps ou le corps ne se délèguent pas. En cas d'absence du bâtonnier ou du président de la conférence des bâtonniers, nul autre avocat ne peut les représenter[3].

24.58 Visites et réceptions. Il était d'usage jadis que le bâtonnier reçoive ses confrères à l'occasion des vœux du 1er janvier; cette cérémonie semble être tombée en désuétude.

En revanche, les avocats qui s'inscrivent au barreau font visite au bâtonnier et aux membres du Conseil de l'ordre avant d'être présentés au serment. Les magistrats nouvellement installés rendent également visite au bâtonnier qui, si ces magistrats possèdent un bureau au Palais de justice, leur rend leur visite dans un délai convenable. Enfin le bâtonnier est invité, en tant que chef de l'Ordre, aux réceptions habituelles des pouvoirs constitués : préfecture, conseil général, mairie, rentrée académique... Il est d'usage qu'il y assiste, ces réceptions n'ayant pas, *a priori*, un caractère politique, mais des circonstances particulières pourraient faire émettre des doutes sur l'opportunité de la présence du bâtonnier à de telles réceptions[4]. Le Conseil d'État s'est prononcé sur la portée de ces dispositions d'ordre protocolaire[5].

24.59 Privilèges de bâtonnier. Le bâtonnier a le pas sur tous ses confrères, les rendez-vous de quelque nature que ce soit, se tiennent chez lui. Lorsqu'il se présente devant une juridiction, l'usage traditionnel veut que son affaire soit appelée aussitôt, de même s'il sollicite une remise du fait des fonctions de sa charge, la coutume veut que les avocats adverses ne s'y opposent pas; ces usages sont consacrés par l'adage : *Le bâtonnier plaide quand il peut.*

Il faut toutefois nuancer cette affirmation car le bâtonnier ne peut prétendre avoir un droit absolu à obtenir une remise à laquelle le tribunal s'opposerait[6].

1. Décr. 13 sept. 1989, art. 2, mod. par décr. 24 juin 2010, art. 37.
2. Décr. 13 sept. 1989, art. 3, mod. par décr. 4 févr. 2010, art. 2 et 7.
3. Décr. 13 sept. 1989, art. 13.
4. SUR CES DIFFÉRENTS POINTS : Damien, « Éléments de civilité puérile et honnête à l'usage des avocats », *Gaz. Pal.* 1985, I, doctr. 222 et 271.
5. CE 20 mars 1992, n° 111437, n° 111507, n° 111514, n° 111515, *Lebon*; *Gaz. Pal.* 28 avr. 1992, p. 35, note Turcey.

• **Cocarde.** L'utilisation des cocardes et insignes particuliers aux couleurs nationales sur les véhicules automobiles est interdite, à l'exception de huit catégories de fonctionnaires ou personnalités parmi lesquels ne figurent pas les représentants des avocats.

En revanche, rien n'interdit de marquer leur véhicule d'une cocarde ou d'un sigle ou d'un logo, à condition que celui-ci ne s'inspire pas des couleurs nationales.

• **Titre de bâtonnier et d'ancien bâtonnier.** Si le bâtonnier en exercice jouit d'égards particuliers dus à ses fonctions, figure en tête de toutes les cérémonies, reçoit à son cabinet les rendez-vous avec des confrères quelle que soit leur ancienneté, et doit être appelé par son titre, les anciens bâtonniers qui ont exercé cette juridiction conservent, par l'effet de la tradition, le droit à des égards particuliers dans l'Ordre.

Leur fonction passée leur confère des prérogatives : à la différence des autres avocats ils sont indéfiniment rééligibles au Conseil de l'ordre sans aucune interruption[7]. Leur qualité d'anciens bâtonniers constitue une distinction professionnelle au sens de l'article 91 du même décret et ils ont droit au titre d'ancien bâtonnier et à l'appellation qui en découle. Ce titre a valeur légale[8].

SECTION 4
FONCTIONS ADMINISTRATIVES

24.61 Le bâtonnier est le chef de l'Ordre. Il le représente et l'administre, il n'a nul besoin pour exercer son mandat de vote de confiance ou d'habilitation du Conseil de l'ordre ou de l'assemblée générale, il ne peut accepter de mandat impératif.

Il est assisté toutefois par le Conseil de l'ordre qui a pour mission de l'inspirer, de travailler en collaboration avec lui et qui possède également des fonctions et des pouvoirs propres déterminés par la loi. Actuellement, le bâtonnier est à la tête d'une véritable administration en plus de ses fonctions traditionnelles. Il prépare en vue du Conseil de l'ordre les dossiers tendant à une inscription à l'Ordre, l'acceptation des démissions, l'organisation de la vie des avocats, l'autorisation de création de cabinets secondaires.

6. CA Aix-en-Provence, 24 juin 1988, *Gaz. Pal.* 1988, 2, 703, note Damien; POURVOI REJETÉ par : Cass. Ass. plén., 24 nov. 1989, n° 88-18.188, *Bull. Ass. plén.*, n° 3; *Gaz. Pal.* 1989, 2, 970, note Moore.
7. Décr. 9 juin 1972, art. 5.
8. CA Paris, 30 janv. 1974, *Gaz. Pal.* 1974, 2, 497; *D.* 1974, somm. 1981; *JCP* 1974, II, 17705, note Perrot.

24.62 Le bâtonnier a la direction du personnel de l'Ordre et la responsabilité de la bonne marche du bureau commun des services. Les tâches du bureau commun des services sont nombreuses et variées : désignation et notification des commissions d'office en matière pénale et dans le cadre de l'aide judiciaire, signification des actes du palais, placement des assignations, prélèvement des droits d'ordre, encaissement des cotisations, établissement des formules de procédure à l'usage des confrères, organisation de consultations gratuites[1] (v. s[s] n° 41.13).

24.63 Le bâtonnier doit assurer les contacts avec les tribunaux de son ressort. Les contacts avec le tribunal ou les tribunaux de son ressort ont le but de faire régner dans les services judiciaires l'harmonie nécessaire à une bonne justice dont l'Ordre des avocats est la caution indispensable : démarches pour faire fixer les dates et les heures des audiences, des plaidoiries, des conférences et des audiences de mise en état, action incessante auprès des greffes et du Parquet pour organiser plus efficacement le travail en liaison avec eux, contacts à conserver avec la présidence des tribunaux et le Parquet pour assurer la concertation nécessaire à la bonne marche d'une juridiction.

Le bâtonnier s'efforce, en liaison avec les magistrats, d'organiser les audiences et leurs horaires et vérifie que l'organisation du tribunal, telle que prévue par le président de cette juridiction, n'empiète pas sur les droits et prérogatives du barreau et ne rend pas impossible ou difficile l'exercice de leurs fonctions par les avocats, notamment il se concerte avec les magistrats pour l'organisation du service allégé pendant les vacances.

24.64 Périodes d'allégement. Les vacances judiciaires ont en effet disparu depuis 1974 et sont remplacées par des périodes d'allégement.

Le garde des Sceaux, dans les deux circulaires, l'une destinée aux procureurs généraux, l'autre à la presse, a précisé que si les audiences devaient être tenues à la disposition des justiciables, elles ne devaient être tenues que dans la mesure où il serait de leur intérêt que leur affaire soit évoquée pendant la période d'allégement et où les parties seraient, toutes les deux, d'accord pour le faire. C'est à cette condition seulement que leur demande de plaider pendant les vacances pourra être accueillie. Il est précisé également que le barreau et le président du tribunal se concerteront pour déterminer entre eux la manière dont, pratiquement, ces audiences pourront être organisées. Dans plusieurs barreaux des arrêtés ont été pris par le Conseil de l'ordre et notifiés au président de la juridiction et au procureur, pour organiser en concertation avec lui le service de la défense pendant les périodes de vacances et d'allégement.

Pratiquement, le bâtonnier enverra une circulaire à ses confrères pour leur indiquer que les affaires qui paraissent urgentes devront lui être signalées avant le début de la période d'allégement. Il pourra examiner chacune de ces affaires, entendra éventuellement l'avocat adverse dont l'avis doit avoir été recueilli s'il est déjà constitué et prendra une décision sous forme de visa du placet. Si le bâtonnier estime que l'affaire ne présente pas un caractère d'urgence et qu'il est contraire à l'intérêt des parties de la faire venir pendant la période d'allégement, ou s'il estime que pour des raisons non valables un avocat essaie de faire venir abusivement une affaire en période d'allégement, il refusera son visa et l'affaire, sauf avis contraire du président de la juridiction, ne sera pas inscrite au rôle des vacations.

En outre, le bâtonnier devra désigner une permanence pendant cette période, de façon à assurer son propre remplacement, par un membre du Conseil de l'ordre désigné dans les conditions prévues par l'article 7 du décret du 27 novembre 1991.

Par ailleurs, il devra instituer une permanence pour l'assistance des prévenus éventuels aux instructions, audiences et consultations, et établir une liste des avocats de service pendant les vacances[2].

24.65 Le bâtonnier est à la tête d'un budget important dont la gestion n'est pas sans difficultés. Il anime les consultations gratuites, payantes ou remboursables, assure dans son ressort l'accueil des justiciables au palais, organise la permanence des confrères aux audiences d'allégement, détermine les suppléances, reçoit les contrats de collaboration, d'associations, de sociétés civiles professionnelles et les contrôle; il a la charge de faire, auprès de la compagnie d'assurances de l'Ordre, les déclarations des sinistres survenus aux avocats, mandataires légaux des parties.

24.66 Le bâtonnier examine les plaintes dont est saisi le barreau. Il procède à leur classement si elles ne méritent pas d'être instruites.

Dans le cas contraire il peut procéder à une enquête sur le comportement de l'avocat mis en cause[3] et faire procéder à cette enquête par un rapporteur de son choix. Au vu des résultats de cette enquête, il peut engager une poursuite disciplinaire. L'instruction contradictoire est alors confiée aux

1. CA Paris, 28 janv. 1981, *Gaz. Pal.* 1981, 1, 304, note Damien.

2. Damien, « À propos des vacances judiciaires », *Gaz. Pal.* 1974, 2, doctr. 650.
3. Décr. 27 nov. 1991, art. 189.

membres du Conseil de l'ordre chargés des poursuites. L'instruction doit nécessairement précéder l'éventuel renvoi devant l'instance disciplinaire[1]. L'attention du lecteur est attirée sur cette disposition nouvelle de la loi qui annule nécessairement la deuxième phrase de l'article 191 du décret du 27 novembre 1991 qui prévoyait que dans les affaires ne nécessitant pas une mesure d'instruction, le Conseil de l'ordre, alors juridiction disciplinaire, pouvait sur citation directe de l'avocat mis en cause procéder à l'instruction lui-même de l'affaire à l'audience.

Le bâtonnier depuis la loi du 11 février 2004 peut saisir le Conseil de discipline dans le ressort duquel se trouve son barreau dès lors que l'avocat mis en cause est membre de son barreau.

Le procureur général a le même pouvoir. Mais alors que le Conseil de l'ordre quand il était l'instance disciplinaire, pouvait se saisir lui-même, désormais le Conseil de discipline ne peut être saisi que par le bâtonnier ou le procureur général (v. s[s] n° 83.11).

• **Recours contre la décision du bâtonnier.** Il n'appartient pas à la juridiction administrative de connaître d'un recours contre une décision du bâtonnier d'un ordre des avocats au barreau refusant de donner suite à une plainte pour faute professionnelle déposée par un client contre un avocat[2].

24.67 Le bâtonnier est devenu l'animateur essentiel de l'instrument de défense placé par la loi à la disposition des usagers, que constitue l'Ordre des avocats. Il doit lui donner l'impulsion nécessaire pour occuper la place qui est la sienne dans les institutions judiciaires, le représenter et assurer la publicité fonctionnelle dont il a besoin. Il a la possibilité de déléguer tout ou partie de ses fonctions à un certain nombre de ses confrères pour l'aider dans cette tâche écrasante.

24.68 Interception des correspondances sur une ligne téléphonique du cabinet ou du domicile de l'avocat. Par application de l'article 100-7 du Code de procédure pénale le juge d'instruction qui veut ordonner l'interception de correspondances sur une ligne téléphonique dépendant d'un cabinet d'avocat ou de son domicile doit en informer le bâtonnier du barreau où est inscrit cet avocat (v. s[s] n°s 37.41 à 37.48).

Cet article qui s'inspire des règles concernant les perquisitions dans un cabinet d'avocat[3] résulte d'un amendement parlementaire (v. s[s] n°s 37.61 s.).

Le bâtonnier ainsi informé décide s'il prévient le cabinet mis sur écoute pour protéger le secret professionnel que doivent respecter les autres avocats membres de ce cabinet.

24.69 Confirmation du filtre du bâtonnier. Dans un arrêt du 10 avril 2008, le Conseil d'État a censuré une disposition du décret du 26 juin 2006 relatif à la lutte contre le blanchiment de capitaux, qui prévoyait que Tracfin pouvait directement demander à l'avocat de lui communiquer des informations sans mettre en œuvre le filtre du bâtonnier de l'ordre auprès duquel l'avocat est inscrit[4]. Le Conseil d'État a ainsi conforté le rôle du bâtonnier en cette matière, ce qui devrait être pris en compte lors de la transposition de la troisième directive anti-blanchiment (v. s[s] n°s 36.102 s.). Cet arrêt du Conseil d'État, qui s'inscrit dans la suite des arrêts ci-dessus mentionnées de la Cour de justice des communautés européennes et de la Cour constitutionnelle de Belgique, en terme très nets et précis, manifeste l'inquiétude que les magistrats de ces différentes Cours ont devant ces directives compte tenu du secret professionnel de l'avocat qu'ils rappellent avec force.

SECTION 5
FONCTIONS D'ENSEIGNEMENT

24.71 Le bâtonnier a des fonctions d'enseignement. Ses fonctions sont considérablement réduites par l'institution du centre régional de formation professionnelle, mais elles subsistent néanmoins.

En outre, il conserve dans une certaine mesure la charge de l'enseignement des stagiaires. Il préside en effet la conférence du stage (v. s[s] n° 11.161) qui constitue un mode privilégié d'enseignement des jeunes avocats par l'organisation des exercices de plaidoirie et des discours traditionnellement réservés à cet organisme et dont les secrétaires sont désignés par le Conseil de l'ordre, parmi les avocats inscrits au stage et à la suite d'un concours auquel ne peuvent prendre part ceux qui ont été frappés de peines disciplinaires[5].

En outre, le bâtonnier peut, bien que le texte ne l'exige pas, représenter son barreau au conseil d'administration du centre régional de formation professionnelle[6] : sous réserve des développements ci-dessous. Il pouvait, d'autre part, demander au Conseil de l'ordre et en liaison avec le centre régional de formation professionnelle de dispenser aux avocats stagiaires un complément de formation

1. L. 11 févr. 2004, art. 31 ; mod. L. 31 déc. 1971, art. 23.
2. CE 12 oct. 1988, n° 97778, Pincet, *Lebon T.*; *Gaz. Pal.* 1990, 2, 411.
3. C. pr. pén. art 56.1.
4. C. mon. fin., art. R. 562-2-2.
5. Décr. 27 nov. 1991, art. 82.
6. Décr. 27 nov. 1991, art. 43.

déontologique compte tenu des usages propres du barreau[1].

En revanche, le bâtonnier ne peut être membre du CRFPA[2]. Il a en effet été jugé qu'il résulte de la combinaison des articles 42 et 43 du décret du 27 novembre 1991[3] que le bâtonnier en exercice d'un barreau du ressort du CRFPA, qui ne peut participer aux réunions du conseil d'administration avec voix délibérative ni même assister au vote des délibérations portant sur le budget du centre, ne peut être désigné comme membre du conseil d'administration en tant qu'avocat titulaire.

Le bâtonnier veille à la formation professionnelle continue des avocats en liaison avec le centre régional de formation professionnelle, ainsi qu'à la formation des employés et secrétaires d'avocat.

SECTION 6
FONCTIONS DE CONCILIATION

24.81 Le bâtonnier prévient et concilie les différends professionnels entre les membres du barreau[4]. Le bâtonnier a pour rôle d'apaiser les conflits qui peuvent surgir entre des avocats ou entre ceux-ci et les magistrats ou entre les avocats et leurs clients. Ce rôle difficile ne doit pas l'inciter à la faiblesse, ni le pousser à des bienveillances injustifiées destinées à apaiser des affaires qui mettent en cause les principes fondamentaux de la profession d'avocat.

24.82 Arbitrage du bâtonnier. En cas de litige entre avocats, les règlements intérieurs des barreaux prévoyaient que le litige est nécessairement soumis au bâtonnier ou à son délégué. Cette procédure est aujourd'hui organisée par le décret du 27 novembre 1991.

En effet, le décret du 11 décembre 2009[5] a élargi les compétences du bâtonnier en matière d'arbitrage en l'étendant aux différends entre avocats à l'occasion de leur exercice professionnel[6]. Ce décret prévoit qu'à défaut de conciliation, les parties doivent saisir le bâtonnier du barreau auprès duquel elles sont inscrites (v. s^s n° 24.105).

1. Décr. 27 nov. 1991, art. 83 [abrogé par Décr. 21 déc. 2004, art. 32].
2. Civ. 1re, 28 mai 2009, n° 08-16.326, n° 08-16.327, *Bull. civ.* I, n° 107, *D.* 2009. 1618.
3. Décr. 27 nov. 1991, art. 42 et 43.
4. L. 31 déc. 1971, art. 21.
5. Décr. n° 2009-1544, 11 déc. 2009 relatif à la composition du CNB et à l'arbitrage du bâtonnier, *JO* 13 déc., p. 21545.
6. Décr. 27 nov. 1991, art. 179-1; créé par décr. n° 2009-1544, 11 déc. 2009, art. 6.

SECTION 7
FONCTION DOCTRINALE

24.91 Enseignement et rappel de la doctrine professionnelle par le bâtonnier. Amené à trancher des questions de déontologie délicates, le bâtonnier est chargé de fixer la doctrine et les traditions de l'Ordre sur des points douteux ou mal éclaircis et notamment de donner son sentiment sur les difficultés que pose l'évolution de la profession d'avocat et de son statut.

Le bâtonnier de Paris, en raison du prestige de l'Ordre aux destinées duquel il préside et qui est à la fois le plus important, le plus ancien Ordre français, et celui qui conserve un lien avec les traditions du barreau de l'Ancien Régime, possède un rôle éminent en cette matière principalement lié à la jurisprudence qui reconnaît à l'Ordre des avocats sans excéder les limites de son pouvoir réglementaire, de traiter toute question intéressant l'exercice de la profession, la défense des droits des avocats et la stricte observation de leurs devoirs et notamment de fixer les règles à observer en matière de déclarations relatives aux questions spécifiques à l'Ordre des avocats et aux juridictions du ressort[7].

SECTION 8
FONCTION JURIDICTIONNELLE

24.101 Fonctions étendues et renforcées. La réforme du 11 février 2004 n'avait pas modifié les acquis des réformes précédentes en ce qui concerne la fonction juridictionnelle du bâtonnier. Celle-ci a été étendue et renforcée par le décret du 11 décembre 2009 relatif à la composition du CNB et à l'arbitrage du bâtonnier, pris en application de la loi du 12 mai 2009[8]. Le décret du 11 décembre 2009 a élargi les compétences du bâtonnier en matière d'arbitrage à l'ensemble des contrats de collaboration, qu'il s'agisse du statut libéral ou salarié. Sa compétence d'arbitrage, qui relève plutôt d'une compétence juridictionnelle a en outre été étendue aux différends entre avocats à l'occasion de leur exercice professionnel.

24.102 Compétence unique du bâtonnier pour la fixation des honoraires. En 1970 il fut envisagé que les litiges entre les avocats et leurs clients au sujet des honoraires soient soumis comme en Amé-

7. Civ. 1re, 28 avr. 1993, n° 90-20.949, *Bull. civ.* I, n° 151; *D.* 1994, somm. 137, note Brunois; *JCP* 1993, IV, 184; II, 22114, note Martin; *Gaz. Pal.* 1993, pan. 180.
8. L. n° 2009-526, 12 mai 2009 de simplification et de clarification du droit et d'allégement des procédures, *JO* 13 mai, p. 7920, art. 71, 72 et 73.

rique du Nord et dans de nombreux États européens à la juridiction de droit commun. Le souci du respect du secret professionnel amena le pouvoir réglementaire[1] à donner au bâtonnier compétence pour fixer les honoraires (v. s^s n°s 46.11 et 46.61 s.). Lui ou son délégué est saisi par lettre recommandée avec accusé de réception, par toutes parties, avocat ou client de l'avocat. Le bâtonnier au terme d'une procédure contradictoire doit statuer dans les trois mois de la saisine. Il peut prolonger ce délai de trois autres mois par décision motivée. S'il n'a pas statué dans le délai la partie demandeuse peut saisir le premier président de la cour d'appel. La décision du bâtonnier est notifiée aux parties par lettre recommandée AR, dans le délai de quinze jours.

L'appel peut-être porté devant le premier président de la cour dans le délai d'un mois partant de la date de la notification.

Le premier président, juridiction d'appel peut, après procédures contradictoires statuer par ordonnance ou renvoyer l'affaire à la cour.

L'ordonnance (ou l'arrêt si l'affaire est jugée par la cour) est notifiée par le greffier en chef de la cour, aux parties par lettre recommandée avec AR. Ordonnance comme arrêt peuvent être déférés à la Cour de cassation.

24.103 Rôle du président du tribunal de grande instance. Lorsque la décision du bâtonnier est définitive, faute d'appel dans le délai, la partie qui veut en obtenir l'exécution forcée saisit sur requête le président du tribunal de grande instance qui rend une ordonnance rendant la décision exécutoire.

Le président du tribunal juge, aux lieu et place du bâtonnier, selon la procédure sus décrite lorsque la contestation est relative aux honoraires du bâtonnier.

24.104 Litiges relatifs au contrat de travail et aux contrats de collaboration libérale. Le bâtonnier a également un pouvoir juridictionnel pour tout litige né à l'occasion d'un contrat de travail liant un avocat employeur et un avocat collaborateur salarié (v. s^s n°s 50.41 à 50.49) ou à l'occasion d'un contrat de collaboration libérale (v. s^s n° 50.18) Ce pourvoir a été renforcé par la loi du 12 mai 2009 et par le décret du 11 décembre 2009.

Cette règle a été adoptée pour les mêmes raisons de respect du secret professionnel. Le bâtonnier à l'instar de la juridiction prud'homale statue après une procédure contradictoire. Il a le pouvoir de trancher l'incident de vérification d'écriture ou de faux. Il doit statuer dans le délai de six mois, à peine de dessaisissement au profit de la cour d'appel.

L'appel est porté devant la Cour.

La décision du bâtonnier est, de droit exécutoire lorsqu'elle ordonne le paiement de sommes au titre des rémunérations dans la limite de neuf mois de salaires calculés sur la moyenne des trois derniers mois.

Les autres décisions du bâtonnier peuvent être rendues exécutoires par le président du tribunal de grande instance.

24.105 Règlement des différends entre avocats à l'occasion de leur exercice professionnel. Le décret du 11 décembre 2009 relatif à la composition du CNB et à l'arbitrage du bâtonnier, a étendu les compétences du bâtonnier en matière d'arbitrage.

Cette extension de la procédure d'arbitrage du bâtonnier pour les différends entre avocats à l'occasion de leur exercice professionnel avait été prévue par la loi du 12 mai 2009[2]. Le décret du 11 décembre 2009, pris en application de cette loi a créé une section VI nouvelle après la section V du chapitre III et titre III, intitulée « Règlement des différends entre avocats à l'occasion de leur exercice professionnel ».

Cette procédure relève plus d'une procédure juridictionnelle (elle est à charge d'appel) que de l'arbitrage. Elle prévoit qu'en cas de différend entre avocats à l'occasion de leur exercice professionnel et à défaut de conciliation, c'est le bâtonnier du barreau auprès duquel les avocats intéressés sont inscrits qui est compétent.

Lorsque le différend oppose des avocats de barreaux différents, le bâtonnier saisi transmet l'acte de saisine au bâtonnier du barreau auquel appartient l'avocat défendeur. Les bâtonniers disposent alors d'un délai de quinze jours pour s'entendre sur la désignation du bâtonnier d'un barreau tiers. Faute d'entente possible, c'est le président du CNB qui désignera le bâtonnier tiers.

Toutefois, le bâtonnier du barreau où est inscrit l'avocat plaignant et celui du barreau où est inscrit l'avocat objet de la plainte, tâchent généralement de résoudre à l'amiable le différend entre leurs deux confrères. S'ils n'y parviennent pas dans le délai de quinze jours susmentionné, ils aboutissent dans ce délai à un accord sur le nom du bâtonnier tiers.

Le bâtonnier organise librement la procédure d'arbitrage et l'instruction du dossier. Il doit toutefois rendre sa décision dans un délai de quatre mois à compter de sa saisine. Ce délai peut être prolongé de quatre mois supplémentaires si la nature ou la complexité du différend le justifie. En cas de prolongation, la décision devra être notifiée aux parties par lettre recommandée avec demande d'avis de réception.

1. Décr. 27 nov. 1991, art. 174 à 179.

2. L. 12 mai 2009, art. 71 et 72.

La décision du bâtonnier sera notifiée aux parties et aux bâtonniers des barreaux concernés. Les parties pourront la contester devant la cour d'appel dans les conditions prévues à l'article 152.

Lorsqu'elles ne sont pas déférées à la cour d'appel, les décisions du bâtonnier peuvent être rendues exécutoires par le président du tribunal de grande instance auprès duquel est établi son barreau.

SECTION 9
AUTRES FONCTIONS

24.111 Le bâtonnier inspecte les comptabilités de ses confrères et en rend compte au Conseil de l'ordre. La mission de surveillance qui lui est confiée s'étend non seulement à ces inspections formelles de comptabilité mais au comportement général des avocats dans l'exercice de leur activité professionnelle ainsi qu'à tout manquement de nature à porter une atteinte directe ou indirecte aux principes d'honneur et de probité qu'exige la profession.

Dès lors la vérification de comptabilité que les Conseils de l'ordre, par l'intermédiaire du bâtonnier, exercent à l'encontre des avocats en exécution des dispositions de l'article 17 de la loi du 31 décembre 1971, est plus générale et globale qu'une simple vérification formelle, elle s'étend à tous les aspects de l'activité professionnelle de l'avocat que révèle l'examen de comptabilité et ne peut avoir d'autre limite.

Tout avocat est tenu de présenter sa comptabilité à première demande du bâtonnier[1]. Le bâtonnier inspecte cette comptabilité soit par lui-même soit par ses délégués choisis au sein du Conseil de l'ordre ou parmi les avocats du barreau, soit parmi les inspecteurs qu'il choisit en dehors du barreau parmi les personnes qualifiées pour ce type d'inspection et sans qu'on puisse leur opposer le secret professionnel.

Il rend compte au Conseil de l'ordre de ses diligences en cette matière et au moins une fois par an au procureur général des résultats de cette inspection[2].

• **Le règlement intérieur fixe les mesures propres à assurer la vérification des documents comptables**[3]. Le Conseil de l'ordre n'excède pas ses pouvoirs réglementaires en imposant, conformément aux articles 231 et 232 du décret du 27 novembre 1991, la tenue des documents destinés à lui permettre d'effectuer cette vérification[4].

• **Vérification de comptabilité et secret professionnel.** Une disposition du règlement intérieur d'un Ordre, spécifiant que l'adhésion par un avocat à une association agréée comporte de plein droit l'autorisation pour cette association de fournir au bâtonnier toutes les informations nécessaires à l'exercice de son contrôle, ne saurait être remise en cause du fait que cette comptabilité est couverte par le secret professionnel et que l'examen de comptabilité n'est pas contradictoire. La surveillance du Conseil de l'ordre et du bâtonnier ne se limite pas aux maniements de fonds qu'effectuent les avocats; elle tend à assurer le strict respect de toutes les prescriptions légales et réglementaires relatives à leur comptabilité professionnelle. L'avocat chargé par le conseil d'exercer ces contrôles est donc associé au secret professionnel auquel sont astreints ses confrères; les dispositions prévues en cette matière par le Conseil de l'ordre concerné sont donc conformes à l'article 17-9° de la loi du 31 décembre 1971.

• **Adhésion à une association de gestion agréée.** Selon certains règlements intérieurs (par ex. RI du barreau de Paris, art. 32.5), l'adhésion d'un avocat à une association de gestion agréée emporte de plein droit autorisation pour l'association ou pour tout autre organisme chargé de traiter la comptabilité de l'avocat, de fournir au bâtonnier toutes les informations nécessaires à la vérification comptable. Pesant sur les seuls membres des associations agréées, ce contrôle n'est pas une mesure discriminatoire puisqu'il ne fait que leur appliquer les principes généraux régissant une surveillance que le Conseil de l'ordre est tenu d'exercer à l'égard de tous les membres de l'Ordre[5].

• **Défaut de communication des documents comptables et des comptes professionnel ou personnel.** La cour de Lyon, dans un arrêt du 7 février 1977[6] retient comme faute disciplinaire pour un avocat le fait de n'avoir pas communiqué au contrôleur désigné par le Conseil de l'ordre, non seulement son livre-journal et ses livres de comptes professionnels, mais également ses comptes personnels. La Cour de cassation, par un arrêt du 3 octobre 1978[7], sans trancher explicitement la question a rejeté néanmoins le pourvoi en constatant que le moyen était invoqué pour la première fois devant sa juridiction[8]. La Cour de cassation, par un arrêt du 20 octobre 1981 a bien précisé ce rôle de surveillance de ses confrères confié au bâtonnier et au Conseil de l'ordre : « Cette mission s'étend non seulement au comportement des avocats dans l'exercice de leur activité professionnelle mais à tous les manquements de nature à porter une atteinte directe ou indirecte aux principes d'honneur et de probité qu'exige la profession. La vérification de la comptabilité ne pouvant avoir d'autre limite, le Conseil de l'ordre peut, sans excéder ses pouvoirs réglementaires, imposer conformément aux termes de l'article 48 du décret du 25 août 1972, la tenue des

1. Décr. 27 nov. 1991, art. 232; mod. par décr. 23 déc. 2009, art. 6.
2. Décr. 27 nov. 1991, art. 235; mod. par décr. n° 95-1110, 17 oct. 1995, art. 18.
3. Décr. 27 nov. 1991, art. 235.
4. Civ. 1re, 20 oct. 1981, n° 80-15.572, *Bull. civ.* I, n° 297; *Gaz. Pal.* 1982, 1, 104, pan. 99.
5. CA Paris, 24 mars 1982, *Gaz. Pal.* 1982, 2, 457.
6. CA Lyon, 7 févr. 1977, *Gaz. Pal.* 1979, 2, 120.
7. Civ. 1re, 3 oct. 1978, n° 77-11.772, *Bull. civ.* I, n° 283; *Gaz. Pal.* 1979, 1, 120, note A. D.
8. ÉGALT : CA Paris, 24 mars 1982, *Gaz. Pal.* 1982, 2, 457.

documents destinés à lui permettre d'effectuer cette vérification. »[1]

24.112 Information du bâtonnier. Le bâtonnier est informé de toute mise en cause de la responsabilité d'un avocat. Il doit informer le procureur général des assurances de garantie contractées ou constituées pour garantir la responsabilité civile et le remboursement des fonds, d'effets ou valeurs reçus par un avocat dans le cadre de sa profession[2] (v. s^s n° 94.01).

Il est informé également de toute demande en paiement dont un garant de la responsabilité d'un avocat peut être saisi dans le cadre de la garantie financière[3]. En cas de cessation de garantie, il est fait application des dispositions définies à l'article 225 du décret du 27 novembre 1991[4].

En cas de constitution de société civile professionnelle, la demande d'inscription au barreau est transmise au bâtonnier qui saisit le Conseil de l'ordre[5] (v. s^s n° 52.33).

En cas de suspension, de radiation, d'interdiction temporaire des associés ou de la société civile professionnelle, le bâtonnier désigne le ou les suppléants qui veilleront à la bonne marche de la société[6].

En cas de liquidation de cette société, il est chargé de désigner le liquidateur[7] et en cas de désaccord entre les associés c'est lui qui fixe les prix de cession dans les conditions prévues par l'article 27 du même décret.

Dans le cas de constitution de société civile professionnelle relevant de barreaux différents, il doit être avisé et recevoir les statuts de la société qu'il soumet au Conseil de l'ordre pour donner son avis sur la conformité de ces statuts avec les dispositions législatives et réglementaires[8] (v. s^s n°s 53.01 s.).

En cas de décès ou lorsqu'un avocat empêché se trouve dans l'impossibilité d'exercer ses fonctions et de désigner un suppléant, le bâtonnier désigne ce dernier. Il en est de même lorsque l'empêchement résulte d'une sanction disciplinaire ou d'une suspension provisoire.

Il met fin à la suppléance soit d'office, soit à la requête du suppléé, du suppléant ou du procureur général[9].

Il reçoit les déclarations de soupçon régularisées par les avocats en application des dispositions des articles L. 562-1 et suivants du Code monétaire et financier (v. s^s n° 36.83).

24.113 Le bâtonnier met en œuvre des services de l'Ordre au profit des justiciables. Consultations gratuites (renvoi). Le bâtonnier pourvoit à la mission de défense de l'Ordre. Il lui appartient à cet effet de faire face aux besoins des justiciables au service desquels l'Ordre est institué avec son caractère propre et son monopole. Le bâtonnier doit faire connaître aux usagers du droit les possibilités que l'Ordre des avocats leur offre pour assurer leur information juridique et leur défense en justice notamment en organisant des consultations gratuites, payantes ou remboursables par l'Ordre et qui peuvent se tenir soit dans les locaux de l'Ordre, soit dans les mairies, soit au siège des tribunaux d'instance; l'Ordre accomplit également sa mission en accueillant les justiciables jusque dans le prétoire et en les informant des possibilités de recours dont ils peuvent disposer (sur les consultations gratuites v. s^s n° 41.13).

24.114 Accueil des justiciables. De même que les consultations gratuites, l'accueil des justiciables est réservé au barreau. L'institution du juge d'accueil, pour ne pas se muer en celle d'un magistrat défenseur qui conseillerait les plaideurs et supprimerait le rôle des avocats prévu par la loi, doit se limiter à un accueil purement administratif ou géographique à l'intérieur du palais. En aucun cas, un magistrat ne peut recevoir la confidence du plaideur, diagnostiquer la gravité de la cause, déterminer l'utilité du choix d'un défenseur, le conseiller dans ce choix ou lui préparer sa demande – les services d'accueil du barreau, l'aide juridique et la commission d'office sont institués à cette fin. Le magistrat, en effet, n'est pas tenu au secret professionnel comme les avocats le sont mais simplement au secret des délibérés. D'autre part, le fait par un même magistrat d'accueillir un justiciable et de risquer d'avoir à le juger ou à requérir contre lui, rend impossible toute immixtion des juges dans la fonction de conseil qui appartient au seul barreau dès lors qu'il y a nécessité de confidence de la part de l'usager.

Le bâtonnier devra donc veiller à ce que l'institution d'un juge d'accueil pas plus que celle d'hôtesse d'accueil ou de service de renseignement des justiciables ne puisse empiéter sur les droits et prérogatives du barreau, tels qu'ils résultent de la loi du 31 décembre 1971.

En cas de nécessité, telles qu'expropriations massives, sinistre important touchant une partie de la population ou conflit collectif du travail, le bâtonnier a le devoir de conseiller collectivement ou indi-

1. Civ. 1re, 20 oct. 1981, n° 80-15.572, *Bull. civ.* I, n° 297; *Gaz. Pal.* 1982, 1, 204.
2. L. 31 déc. 1971, art. 27, § 3.
3. Décr. 27 nov. 1991, art. 220.
4. Décr. 27 nov. 1991, art. 221.
5. Décr. 13 juill. 1972, art. 5.
6. Décr. 13 juill. 1972, art. 56.
7. Décr. 13 juill. 1972, art. 71.
8. Décr. 20 juill. 1992, art. 5 – Décr. n° 92-680, 20 juill. 1992, *JO* 22 juill.
9. Décr. 27 nov. 1991, art. 172.

viduellement les usagers dont les droits sont ainsi mis en cause, il peut commettre pour le suppléer dans cette tâche des avocats de son barreau.

De même le bâtonnier peut-il, dans le cadre de cet accueil du justiciable, organiser des consultations juridiques sur les ondes de radios locales ou à la télévision. Il peut les confier à des avocats de son choix, soit qu'ils gardent l'anonymat, soit qu'ils interviennent sous leur nom. Des avocats peuvent d'ailleurs être conviés à de semblables émissions sans avoir à demander, pour y paraître, une autorisation préalable du bâtonnier; ils devront seulement veiller à respecter la dignité de leur profession (v. s[s] n°s 31.41 à 31.44).

24.115 Publicité fonctionnelle. Le bâtonnier est tenu à un devoir d'information vis-à-vis du public et il dispose pour remplir ce devoir d'un moyen, la publicité fonctionnelle (v. s[s] n°s 45.41 à 45.43).

• En 1980, le tribunal correctionnel de Lyon a rappelé que le barreau a le droit, non seulement d'organiser des consultations gratuites mais d'assurer la publicité fonctionnelle de l'Ordre, permettant aux usagers de connaître l'existence, la nature des prestations de service que fournit l'avocat dans l'exercice de sa profession, et l'Ordre des avocats en général. Cette publicité, fruit du monopole de défense reconnu par la loi aux avocats, exclut toute situation de concurrence avec des tiers et ne saurait en aucune manière tomber sous le coup de la loi du 27 décembre 1973, dite loi de l'orientation du commerce et de l'industrie, réprimant les publicités mensongères[1]. En 1981, la cour d'appel de Lyon statuant sur l'appel de cette décision[2] a déclaré la partie civile, en l'espèce l'Ordre des avocats, irrecevable en sa constitution par défaut d'intérêt personnel en la cause.

24.116 Aide juridique. L'organisation des consultations juridiques gratuites ou payantes par le barreau ni l'institution d'un juge d'accueil ne font obstacle à l'aide à la consultation prévue par la loi du 10 juillet 1991[3] et notamment par les dispositions de son article 56 qui prévoit que le conseil départemental de l'aide juridique peut conclure des conventions avec des organismes publics ou privés en vue d'obtenir leur concours pour l'attribution de l'aide; ce concours peut consister en des accords avec des professionnels chargés de recevoir les bénéficiaires, la délivrance de bons de consultations permettant au bénéficiaire de s'adresser au professionnel de son choix; il peut également favoriser la création et le fonctionnement de centres d'accueil, d'information et d'orientation du public (v. s[s] n° 48.41).

1. T. corr. Lyon, 9 mai 1980, *Gaz. Pal.* 1980, 2, 526.
2. CA Lyon, 19 févr. 1981, inédit.
3. L. n° 91-647, 10 juill. 1991 relative à l'aide juridique; mod. NOT. par L. n° 2010-769, 9 juill. 2010.

24.117 Désignation des défenseurs. Le bâtonnier assure la mise en œuvre du service de défense au profit des justiciables en assurant également la désignation de défenseurs dans les cas urgents (sur les droits de la défense v. s[s] n°s 40.21 s.).

En effet, l'exercice du droit de tout individu à se défendre suppose nécessairement la possibilité pour lui d'avoir également un défenseur et de ne pas se voir opposer à cette demande d'obstacles d'ordre financier ou simplement l'ignorance des défenseurs éventuellement susceptibles de se charger de sa défense. Cette exigence qui se manifeste par la désignation d'un défenseur par le bâtonnier, à toute personne qui en fait la demande, se manifeste également en cas de garde à vue, de comparution immédiate ou de première comparution devant le juge d'instruction.

24.118 Garde à vue – Permanence organisée par le barreau. Aux termes de l'article 63-4 du Code de procédure pénale, dès le début de la garde à vue, la personne placée sous ce régime peut demander à s'entretenir avec un avocat, dans les conditions prévues par ce texte. Si la personne gardée à vue n'est pas en mesure de désigner un avocat ou si l'avocat choisi ne peut être contacté, elle peut demander qu'il lui en soit commis un d'office par le bâtonnier et l'avocat commis ne peut refuser d'assumer cette fonction notamment en se prévalant de la Convention européenne des droits de l'homme qui assimilerait cette commission d'office à un travail forcé obligatoire[4].

Le barreau a donc le devoir d'organiser une permanence destinée à la mise en œuvre de la loi et cette organisation d'une permanence est le corollaire du devoir de désignation dévolu au bâtonnier par les dispositions combinées de l'article 63-4 du Code de procédure pénale et de l'article 9 de la loi du 31 décembre 1991. Certes, il va de soi que tout justiciable peut, soit faire appel à un conseil nommément désigné par lui, soit faire appel à un conseil désigné par le bâtonnier sur sa demande pour l'assister dans le cadre d'une procédure de comparution immédiate mais il convient de rappeler quelques principes, les droits de la défense proprement dits étant étudiés plus loin (v. s[s] n°s 40.24 à 40.28). Certains auteurs avaient émis l'avis que l'avocat en question pourrait être désigné par le procureur et qu'il ne pourrait ni communiquer avec le prévenu, ni consulter le dossier, ni poser de questions[5].

4. CA Douai, 20 sept. 1993, *Gaz. Pal.* 25 juin 1994, 21, note Damien – CA Versailles, 23 nov. 1994, *Gaz. Pal.* 14 janv. 1995, 11, note Damien – Civ. 1re, 24 juin 1997, n° 95-13.100, NPT, *JCP* 1998, II, 10035, note Martin.
5. T. corr. Le Puy, 5 févr. 1980, *Gaz. Pal.* 1980, 1, 346, note Damien, INFIRMÉE par : CA Riom, 5 juin 1980, *Gaz. Pal.* 1980, 2, 631.

• Un tribunal correctionnel a pu estimer pouvoir indiquer qu'aux termes de l'article 71 du Code de procédure pénale, l'avocat désigné pour assister un prévenu dans le cadre de la procédure de flagrant délit, n'avait la possibilité ni de poser librement des questions à son client, ni d'avoir accès au dossier, dès lors que le magistrat du parquet de service s'y opposait. *A fortiori,* l'avocat ainsi commis n'avait pas la possibilité d'exiger d'être laissé seul avec son client et ne pouvait que surveiller la régularité formelle de la procédure suivie. Cette décision surprenante a été infirmée par un arrêt de la cour de Riom.

Il y a lieu de rappeler que le prévenu peut se faire assister d'un conseil et que ces deux mots signifient que l'avocat doit prendre connaissance du dossier, avoir un entretien préalable avec son client et poser les questions qui lui paraîtront nécessaires, dont acte devra être donné au procès-verbal de comparution.

D'autre part, l'avocat est désigné par le seul bâtonnier et de préférence de manière individuelle pour chaque prévenu en ayant fait la demande. Il faut en effet mettre en garde dès à présent les barreaux, de ne pas céder trop rapidement à la tentation de « l'avocat de service »; ce mode de désignation, peu conforme aux traditions de l'Ordre qui exigent un contact personnel entre la personne mise en examen et son avocat, est peu apprécié par la Chancellerie qui a exprimé, il y a quelques années, son point de vue dans ce domaine par une réponse à question écrite de M. Étienne Dailly, sénateur, et qui insistait sur la nécessité de la désignation nominale d'un avocat par le bâtonnier de l'Ordre dans le ressort duquel siège la juridiction saisie et sur la nécessité d'assurer personnellement la défense des intérêts de son client dans le cadre des règles régissant l'exercice de la profession. Aucun texte, ajoutait le garde des Sceaux, ne l'autorise à se faire remplacer par un confrère d'audience.

En outre, les barreaux devront refuser d'assister les gardés à vue, les prévenus et les mis en examen dans le cadre des procédures de première comparution devant le juge d'instruction ou de comparution immédiate devant le tribunal, tant que les moyens nécessaires n'auront pas été mis à leur disposition, c'est-à-dire un local décent, respectant tout à la fois la sécurité et le secret professionnel. Agir autrement serait permettre qu'en présence des gendarmes tenant encore enchaîné le mis en examen et devant le cabinet du juge d'instruction, l'avocat n'assure qu'un simulacre de défense, sans garantie aucune du secret, et que la défense qu'il assume ne soit pas une défense réelle et sérieuse mais un alibi [1].

24.119 **Procédures collectives.** La loi de sauvegarde des entreprises du 26 juillet 2005 a rendu applicable aux avocats le nouveau droit des procédures collectives. Dans le cadre de cette procédure, le décret du 28 décembre 2005 [2] prévoit que l'ordre doit faire connaître au greffe du tribunal et aux organes de la procédure la personne habilitée à le représenter; en l'absence d'une telle déclaration, son représentant légal, c'est-à-dire le bâtonnier, exerce cette fonction (v. s^s n° 59.11).

1. SUR l'assistance d'un avocat dans les flagrants délits : chron. Damien, *Gaz. Pal.* 1976, doctr. 338.
2. Décr. n° 2005-1677, 28 déc. 2005.

CHAPITRE

25. Assemblée générale du barreau

SECTION 0

ORIENTEUR

25.00 Plan du chapitre.

Sect. 1 Composition

Sect. 2 Fonctionnement

Sect. 3 Archaïsme

25.01 Textes applicables.

>

Décr. n° 91-1197, 27 nov. 1991, art. 17, 18, § 3

>

Décr. 27 nov. 1991, art. 17 [Délibérations du barreau]

[mod. par décr. n° 2004-1386, 21 déc. 2004, *JO* 23]

Les délibérations du barreau ont lieu en assemblée générale, selon des modalités fixées par le règlement intérieur.

Décr. 27 nov. 1991, art. 18 [Rôle de l'assemblée générale]

[mod. par décr. n° 2004-1386, 21 déc. 2004, *JO* 23]

L'assemblée générale ne peut examiner que les questions qui lui sont respectivement soumises soit par le Conseil de l'ordre, soit par un de ses membres, à la condition qu'il en informe le Conseil de l'ordre quinze jours à l'avance.

Le Conseil de l'ordre délibère dans le délai de trois mois sur les avis et les vœux exprimés par l'assemblée générale.

En cas de rejet, le conseil motive sa décision. Les décisions du conseil sont portées à la connaissance de la plus prochaine réunion de l'assemblée générale. Elles sont consignées sur un registre spécial tenu à la disposition de tous les avocats.

25.07 Évolution – L'assemblée générale avait un rôle important sous l'Ancien Régime. Bien que ne se réunissant que très rarement et sur convocation du bâtonnier, elle était la juridiction d'appel en matière disciplinaire; le bâtonnier était tenu de la convoquer à la demande des confrères sanctionnés; elle pouvait également se réunir pour traiter de tous les objets concernant la défense du barreau. À partir du décret du 14 décembre 1810, l'assemblée générale ne put se réunir que pour l'élection des candidats au conseil de discipline ou pour l'élection du bâtonnier, aucun autre objet ne pouvait être mis en délibération et les contrevenants pouvaient être poursuivis et punis. L'ordonnance du 20 novembre 1822 a supprimé cette prohibition mais la question de la liberté de réunion des avocats est demeurée très controversée en jurisprudence. Et si la Cour de cassation admettait la liberté de réunion des assemblées générales[1] la cour de Bordeaux en revanche[2] adoptait la position contraire. Le décret du 20 juin 1920 et les textes subséquents ont autorisé la réunion d'assemblées générales et l'ont même prescrite avec une périodicité imposée.

Toutefois, ainsi qu'il sera vu ci-dessous, l'assemblée générale est soumise à des restrictions importantes concernant la liberté de discussion en son sein. Elle demeure marquée par la méfiance de la législation napoléonienne qui bannit des traditions de l'Ordre des avocats tout ce qui présentait un caractère démocratique trop marqué et aurait pu permettre des manifestations de masse désagréables pour le pouvoir.

25.08 Évolution – Les avocats stagiaires n'étaient pas réunis statutairement. Jusqu'à la réforme des professions judiciaires en 1990, les avocats stagiaires n'étaient pas réunis statutairement. Il existait certes à Paris des réunions de colonnes réservées aux stagiaires, mais elles avaient exclusivement pour objet d'enseigner les règles, usages et techniques professionnelles du barreau à l'occasion de cas d'espèces choisis notamment parmi les affaires d'assistance judiciaire dont les stagiaires étaient chargés. Le programme de ces réunions était établi par le bâtonnier et la présence des stagiaires y était obligatoire.

Cette institution n'a pas pour autant disparu même si sa fonction est transférée au centre régional de formation professionnelle. Elle subsiste de façon à permettre l'enseignement complémentaire de formation déontologique.

25.09 Distinction entre assemblée du barreau et assemblée de l'Ordre. L'assemblée générale du barreau

1. Civ., 5 avr. 1841, *S.* 1841, 1, 289.
2. CA Bordeaux, 4 août 1848, *S.* 1849, 2, 369.

constitue le troisième organe du barreau à côté du bâtonnier et du Conseil de l'ordre. Il faut la distinguer de l'assemblée générale élective (ou assemblée générale de l'Ordre) composée aux termes de l'article 3 du décret de tous les avocats disposant du droit de vote, telle que définie par l'article 15, alinéa 2 de la loi du 31 décembre 1971.

Cette assemblée générale qui ne se réunit qu'à l'occasion des élections est juridiquement distincte de l'assemblée générale prévue par les articles 17 et 18 du décret puisqu'elle n'a pour objet que l'élection et ne peut délibérer sur aucun autre point.

SECTION 1
COMPOSITION

25.11 L'assemblée générale de l'Ordre se compose des avocats inscrits au tableau. L'assemblée générale de l'Ordre qui se compose de tous les avocats inscrits au tableau du barreau délibère en une formation unique rassemblant tous les avocats inscrits [1].

Elle ne se compose que des seuls avocats inscrits, la réunion des avocats inscrits sur la liste du stage prévue par l'article 18 ne peut siéger avec l'assemblée générale des avocats inscrits.

25.12 Disparition de l'assemblée générale des stagiaires. L'assemblée générale des stagiaires, prévue depuis la réforme des professions judiciaires en 1990 sous le nom de « réunion des avocats inscrits sur la liste du stage » a été supprimée par le décret du 21 décembre 2004 [2] [3].

25.13 Aucun *quorum* n'est exigé pour la validité des réunions des avocats inscrits. Néanmoins, il est correct pour un avocat de faire excuser son absence en la motivant. En fait, force est de constater que, dans la plupart des grands barreaux, ces réunions ne groupent malheureusement qu'un nombre assez faible d'avocats.

On peut se demander si le fait pour un avocat inscrit de négliger plusieurs années de suite sans excuse la fréquentation de la colonne à laquelle il est inscrit ne constitue pas un manquement à ses devoirs professionnels, il est certain qu'une telle conduite pourrait justifier une enquête pour déterminer si l'activité de cet avocat est réelle ou simplement fictive et si, dans ces conditions, il ne relève pas d'un des cas d'omission prévus par la loi.

1. Décr. 27 nov. 1991, art. 17; mod par décr. 21 déc. 2004, art. 4.
2. Décr. n° 2004-1386, 21 déc. 2004.
3. Décr. 27 nov. 1991, art. 17.

SECTION 2
FONCTIONNEMENT

25.21 Les réunions ont lieu conformément au règlement intérieur [4]. La tradition voulait qu'elles aient lieu deux fois par an, au mois de décembre et au mois de mai. Le règlement intérieur fixe généralement le mode de convocation et le délai de convocation qui doit, de toute façon, être supérieur à quinze jours. Tous les avocats, à l'exception de ceux frappés d'une peine en cours ou frappés d'interdiction temporaire doivent être convoqués [5].

25.22 La présidence de l'assemblée générale est fixée par le règlement intérieur [6]. Elle revient en principe au bâtonnier ou au membre du Conseil de l'ordre qu'il désigne.

Le président de l'assemblée générale peut se faire assister par un secrétaire, généralement le plus jeune avocat dans l'ordre du tableau présent, mais il ne s'agit nullement d'une obligation.

25.23 Les délibérations sont restreintes aux questions soumises par le Conseil ou un des membres. L'assemblée générale et la réunion des avocats inscrits sur la liste du stage ne peuvent examiner que les questions qui leur sont respectivement soumises soit par le Conseil, soit par un de leurs membres, à la condition d'en informer le Conseil de l'ordre 15 jours à l'avance [7]. De cette disposition découlent deux conséquences :

– la première c'est que le délai de convocation ne peut être inférieur à 15 jours pour permettre à un avocat de poser une question s'il le désire;

– la seconde c'est que l'assemblée générale ne peut délibérer que sur les questions qui lui sont soumises par le conseil, qu'elles émanent du Conseil lui-même ou d'un avocat. En effet, la question ne peut être posée que par l'intermédiaire du Conseil et dans ces conditions, l'assemblée générale ne peut pas délibérer sur une question qui serait soulevée en cours de séance.

L'assemblée générale de l'Ordre n'a pas à être consultée obligatoirement sur les difficultés de gestion de l'Ordre ou le règlement intérieur, par le Conseil de l'ordre ou le bâtonnier.

• Aucun principe ne fait obligation, par exemple, au bâtonnier ou au Conseil de l'ordre, de consulter l'assemblée générale avant l'acquisition d'une Maison de l'avocat [8].

4. L. 31 déc. 1971, art. 17.
5. Civ., 1er juill. 1952, *D.* 1952, 723.
6. L. 31 déc. 1971, art. 18.
7. L. 31 déc. 1971, art. 18.
8. CA Lyon, 26 juill. 1993, *Gaz. Pal.* 16 sept. 1993, 11, note Damien.

L'assemblée générale travaille donc suivant un Ordre du jour qui a été arrêté par le Conseil et qui comporte des questions posées par le Conseil et les questions posées par d'autres avocats, et mises en discussion par le Conseil, l'ordre du jour du Conseil est considéré généralement comme prioritaire et doit être examiné en premier lieu.

Le Conseil n'a aucun délai pour fixer son ordre du jour, toutes les questions peuvent être inscrites jusqu'au moment de la réunion de l'assemblée générale. L'assemblée générale délibère sur les questions qui lui sont posées par l'ordre du jour, toute question étrangère doit être écartée des discussions.

25.24 L'assemblée n'émet que vœux et avis. L'assemblée ne peut adopter ni résolution ni décision, elle ne peut émettre que des vœux et des avis adoptés par la majorité de l'assemblée.

Le Conseil de l'ordre doit délibérer dans un délai de trois mois sur les avis et les vœux exprimés par l'assemblée générale des avocats inscrits. En cas de rejet de ces vœux le conseil motive sa décision et la porte à la connaissance des avocats à la plus prochaine réunion de l'assemblée générale. Ces décisions du conseil à la suite des vœux émis sont consignées sur un registre spécial tenu à la disposition de tous les avocats [1].

SECTION 3
ARCHAÏSME

25.31 Disparition progressive. Avant même la réforme de février 2004, certains auteurs constataient la disparition progressive de l'assemblée générale.

E. Blanc [2] dans La nouvelle profession d'avocat écrit :

« À la fois archaïque et impuissante, travaillant en votant dans des conditions qui défient le bon sens et surtout hélas totalement inutile, l'assemblée générale, ses colonnes ou sections n'est qu'un passe-temps heureusement rare. »

La pratique dans presque tous les barreaux a confirmé cette opinion.

25.32 Faut-il la revitaliser ? La transformation très rapide des moyens de communication depuis quelques années : courrier électronique, télécopies, *etc.* rend une tentative de revitalisation de l'assemblée générale assez vaine.

25.33 Bulletin du barreau. À Paris, depuis 1976 le bâtonnier et le conseil communiquent régulièrement avec les membres du barreau par un bulletin hebdomadaire d'abord appelé *Bulletin du bâtonnier* et depuis l'an deux mille le *Bulletin du barreau de Paris*. De nombreux autres barreaux français ont maintenant un bulletin dont la périodicité varie selon le barreau mais qui assure la communication indispensable entre tous les membres du barreau.

25.34 Suppression de l'assemblée générale des stagiaires. La loi du 11 février 2004 a, entre autres innovations, supprimé le stage et le décret du 21 décembre 2004 [3] a supprimé l'assemblée générale des stagiaires.

1. Décr. 27 nov. 1991, art. 18, § 3.

2. Blanc, p. 168.
3. Décr. n° 2004-1386, 21 déc. 2004.

CHAPITRE

26. Organismes techniques de la profession

SECTION 0 ORIENTEUR

26.00 **Plan du chapitre.**

26.01 **Textes applicables.**

> Union nationale des Carpa (Unca)
Arr. 5 juill. 1996

> Caisse nationale des barreaux français (CNBF)
Article 42 de la loi 71-1130 du 31 décembre 1971

Les membres de la nouvelle profession d'avocat, à l'exception des avocats salariés qui, avant la date d'entrée en vigueur du titre Ier de la loi n° 90-1259 du 31 décembre 1990 portant réforme de certaines professions judiciaires et juridiques, exerçaient en tant que salariés la profession de conseil juridique, et des mandataires sociaux qui relevaient du régime des salariés, sont affiliés d'office à la Caisse Nationale des Barreaux Français prévue à l'article L. 723-1 du Code de la sécurité sociale.

Un décret en Conseil d'État prévoit les conditions dans lesquelles, après consultation des caisses de retraite complémentaire, pourront être compensées entre elles les conséquences financières contractuelles des dispositions de l'alinéa précédent.

Code de la sécurité sociale, art. L. 723-1

[mod. par L. n° 2005-882, 2 août 2005, art. 15, *JO* 3]

Sont affiliés de plein droit à une caisse privée, dite caisse nationale des barreaux français, dotée de la personnalité civile, les avocats au Conseil d'État et à la Cour de cassation et tous les avocats et avocats stagiaires en activité dans les barreaux de la métropole et des départements mentionnés à l'article L. 751-1.

Sont également affiliés le conjoint associé et le conjoint collaborateur mentionnés à l'article L. 121-4 du Code de commerce.

Les statuts de cette caisse ne peuvent entrer en vigueur qu'après avoir été approuvés par arrêté interministériel.

[NB – L. n° 90-1259, 31 déc. 1990, art. 38 : non-applicable aux avocats salariés ou aux mandataires sociaux].

Code de la sécurité sociale, art. L. 723-3

[L. n° 94-637, 25 juill. 1994, art. 43]

Dans la métropole et dans les départements mentionnés à l'article L. 751-1, les droits alloués aux avocats pour la plaidoirie et perçus par eux, au titre de leur activité propre comme de celle des avocats salariés qu'ils emploient, sont affectés au financement du régime d'assurance vieillesse de base de la Caisse nationale des barreaux français. Ils sont recouvrés auprès de chaque avocat non salarié ou société d'avocats par l'Ordre des avocats au Conseil d'État et à la Cour de cassation et par chaque barreau et sont versés à la Caisse nationale des barreaux français, sans préjudice de la faculté, pour chaque avocat ou société d'avocats, de les verser directement à ladite caisse.

Lorsque leur activité principale n'est pas la plaidoirie, les avocats non salariés et les sociétés d'avocats dont au moins un associé ou un salarié est affilié à la Caisse nationale des barreaux français versent une contribution équivalente aux droits de plaidoirie.

Parmi ces derniers, sont réputés ne pas avoir pour activité principale la plaidoirie ceux dont l'activité, déterminée en fonction de leurs revenus professionnels d'avocats complétés des rémunérations nettes versées aux avocats salariés affiliés à la Caisse nationale des barreaux français, donne lieu à un nombre de droits de plaidoirie inférieur à un minimum fixé par ladite caisse. Les revenus professionnels non salariés et les rémunérations pris en compte pour le calcul de la contribution équivalente sont appréciés dans la limite d'un plafond fixé dans les conditions prévues au dernier alinéa du présent article.

Les sommes recouvrées par application du présent article et des dispositions de l'article L. 723-4 couvrent le tiers des charges du régime d'assurance vieillesse de base de l'année courante.

Un décret en Conseil d'État fixe les modalités d'application du présent article.

Code de la sécurité sociale, art. L. 723-4
Lorsque l'avocat est désigné au titre de l'aide judiciaire ou commis d'office, les droits de plaidoirie sont à la charge de l'État.
Code de la sécurité sociale, art. L. 723-4
[mod. par L. n° 2005-882, 2 août 2005, art. 15, *JO* 3]
La caisse instituée par l'article L. 723-1 perçoit, outre le montant des droits de plaidoirie mentionnés à l'article L. 723-3, une cotisation annuelle obligatoire pour tous les avocats, à l'exception de ceux qui en sont exonérés. Elle peut être graduée suivant l'âge lors de la prestation de serment et l'ancienneté d'exercice depuis la prestation de serment.

La caisse perçoit également une cotisation assise sur les revenus professionnels de l'avant-dernière année tels qu'ils sont définis aux deuxième et troisième alinéas de l'article L. 131-6 dans la limite d'un plafond fixé par décret; le taux de cette cotisation est également fixé par décret.

La caisse reçoit une contribution du fonds institué par l'article L. 135-1 dans les conditions fixées par l'article L. 135-2.

Les cotisations d'assurance vieillesse de base du conjoint collaborateur de l'avocat non salarié comportent une part fixée à une fraction de la cotisation visée au premier alinéa et une part calculée sur une fraction équivalente à la précédente du revenu visé au deuxième alinéa.

Le conjoint collaborateur mentionné à l'article L. 121-4 du Code de commerce peut demander la prise en compte, par l'organisation autonome d'assurance vieillesse mentionnée à l'article L. 723-1 du présent code, de périodes d'activité sous réserve de justifier par tous moyens avoir participé directement et effectivement à l'activité de l'entreprise et d'acquitter des cotisations dans des conditions garantissant la neutralité actuarielle. Les périodes susceptibles d'être rachetées sont limitées à six années. Le rachat est autorisé jusqu'au 31 décembre 2020.

Un décret en Conseil d'État détermine les conditions d'application du présent article, notamment :

– les conditions dans lesquelles les demandes doivent être présentées;

– le mode de calcul des cotisations et les coefficients de revalorisation qui leur sont applicables;

– les modalités de liquidation des droits à l'assurance vieillesse des demandeurs.

SECTION 1
UNION NATIONALE DES CARPA (UNCA)

26.11 **Fonctions.** Après la constitution progressive de barreau en barreau des Carpa (v. s[s] n°s 62.11 s.) le besoin s'est vite fait sentir d'une action coordonnée des Carpa. À l'initiative de Claude Lussan[1], ancien bâtonnier de Paris, fondateur de la Carpa de ce barreau, a été créée l'Union nationale des caisses d'avocat devenue Union nationale des Carpa (Unca)[2]. Cette association qui réunit aujourd'hui toutes les Carpa de France et d'outre-mer (180 barreaux) fournit à chacune les avis et conseils nécessaires à leur fonctionnement. C'est ainsi qu'elle a mis au point un type de logiciel adopté par presque toutes les Carpa.

C'est l'Unca qui établit le modèle de compte de résultat que chaque Carpa doit établir et présenter par année civile[3].

Un commissaire aux comptes contrôle les comptes de chacune des Carpa.

En outre une commission de contrôle nationale contrôle chaque Carpa : elle est composée du président du CNB, du bâtonnier de Paris, du président de la conférence des bâtonniers et du président de l'union nationale des Carpa (v. s[s] n°s 62.01 s.).

SECTION 2
CAISSE NATIONALE DES BARREAUX FRANÇAIS (CNBF)

26.21 **Fonctions.** La Caisse nationale des barreaux français est l'organisme de gestion des pensions de retraite des avocats. Elle a été créée par la loi du 12 janvier 1948 (v. s[s] n°s 57.21 à 57.22).

26.22 • **Affiliation obligatoire à la caisse.** L'article 723-1 du Code de la sécurité sociale dispose que sont affiliés de plein droit à la CNBF les avocats au Conseil d'État et à la Cour de cassation et tous les avocats et avocats stagiaires en activité dans les barreaux de la métropole et de la Guyane, de la Martinique de la Guadeloupe et de la Réunion.

Les avocats inscrits à un barreau français, sont donc, sauf exception, obligatoirement affiliés à la CNBF[4].

Seuls les avocats salariés, qui avant le 1er janvier 1992 exerçaient en tant que salariés la profession de conseil juridique, font exception et continuent de dépendre du régime général de la Sécurité Sociale; ils seront affiliés d'office à la CNBF dès lors qu'ils débuteront une activité libérale.

Exceptions : deux situations peuvent entraîner la suspension de l'affiliation de l'avocat. Il s'agit de l'avocat relevant d'un régime de sécurité sociale obligatoire de l'un des pays membres de l'Union européenne s'il produit un formulaire E 101 et de l'avocat qui exerce dans un pays hors UE ayant conclu avec la France une convention de sécurité sociale visant précisément sa situation.

1. Claude Lussan, 1910-2008, bâtonnier de Paris en 1967, réélu en 1968.
2. www.unca.fr.
3. Arr. 5. juill. 1996, art. 10.
4. CSS, art. L. 723-1.

Selon la Cour de cassation, les restrictions qu'apporte à la liberté d'association, consacrée par l'article 11 Conv. EDH, l'obligation pour un avocat de cotiser à la Caisse nationale des barreaux français, sont justifiées par la protection des droits et libertés d'autrui, dont relève la contribution à la prévention des risques sociaux pouvant atteindre les membres de la profession [1].

Les avocats exerçant leur profession dans un territoire français d'outre mer, ainsi que les avocats français exerçant dans un territoire antérieurement placé sous la souveraineté, le protectorat ou la tutelle de la France, peuvent cotiser volontairement à la Caisse nationale des barreaux français.

Tout avocat affilié doit payer ses cotisations, même s'il exerce par ailleurs une autre profession.

Il doit se déclarer à la CNBF et remplir un formulaire d'affiliation en joignant une attestation de son bâtonnier précisant la date de sa prestation de serment, de son inscription au barreau ou de sa réinscription et précisant son numéro de sécurité sociale. Le bâtonnier de chaque barreau est d'ailleurs chargé de communiquer à la CNBF, tous les ans, la liste des avocats inscrits au tableau ou admis au stage, et de lui indiquer sans délai tout changement intervenant en cours d'année. Par conséquent, si l'avocat ne demande pas spontanément son affiliation, la CNBF y procède elle-même à partir de ces informations.

Les avocats doivent informer la Caisse de tout événement modifiant leur exercice professionnel, notamment leur changement d'adresse, leur changement de barreau et leur changement de statut, c'est-à-dire le passage d'une activité salariée à une activité libérale ou d'une activité libérale à une activité salariée.

26.23 Ressources. Les ressources de la caisse sont les cotisations payées par ses membres et les « droits de plaidoirie » [2]. Il a été jugé que le droit de plaidoirie ne revêt pas le caractère d'une cotisation de sécurité sociale [3]. Ce sont les droits alloués aux avocats pour la plaidoirie et perçus par eux au titre de leur activité propre comme de celle des avocats salariés qu'ils emploient. En revanche, lorsque l'avocat est désigné au titre de l'aide judiciaire ou commis d'office, les droits de plaidoirie sont à la charge de l'État [4].

Les cotisations obligatoires sont déductibles. Les taux sont fixés par l'assemblée générale de la CNBF et approuvés par les pouvoirs publics.

Ces cotisations sont acquittées personnellement par les avocats libéraux, par l'employeur pour les avocats salariés et par le professionnel pour son conjoint collaborateur. Les avocats salariés étant, sauf exception, affiliés de plein droit à la CNBF depuis le 1er janvier 1992, leurs employeurs sont responsables du versement de la totalité des cotisations vieillesse CNBF. Ils bénéficient par conséquent des mêmes droits que leurs confrères libéraux.

Elles sont portables et exigibles à compter du 1er jour du trimestre qui suit l'inscription ou la réinscription au tableau. En cas de démission, d'omission ou de radiation, elles restent dues pour l'intégralité du trimestre commencé.

Les alinéas 2 et 3 de l'article 723-3 du Code de la sécurité sociale donnent le mode de calcul de ces droits pour les avocats dont l'activité principale n'est pas la plaidoirie.

26.24 Composition. La CNBF se compose d'une assemblée générale des délégués, d'un conseil d'administration, d'un bureau, d'un président.

L'assemblée générale de la caisse est composée de délégués, élus par tous les avocats inscrits avant le 31 décembre de l'année précédant la réunion de l'assemblée générale. Elle se compose [5] de 145 délégués élus ou désignés pour six ans. Elle fixe le montant des cotisations et prestations pour l'année à venir. Elle établit ou modifie les statuts de la Caisse et le règlement intérieur du régime complémentaire. Elle propose sous forme de résolutions toutes modifications de nature législative ou réglementaire qui permettront de créer de nouvelles ressources ou prestations ou bien encore viendront modifier l'existant.

Le conseil d'administration est composé de 38 administrateurs titulaires et 38 administrateurs suppléants élus ou désignés pour six ans. Il propose les nouveaux taux des cotisations et des prestations à l'assemblée générale. Par ailleurs, il est chargé principalement de voter les budgets, d'approuver les comptes de l'exercice.

C'est également le conseil d'administration qui choisit le directeur et l'agent comptable de la caisse et qui a le pouvoir de les révoquer. Il peut gérer des institutions à caractère social.

Le bureau est composé d'un président, de huit vice-présidents et d'un secrétaire général. Ses membres sont élus au sein du conseil d'administration. Ils préparent les conseils d'administration et statuent en commission de recours gracieux pour le règlement de certains dossiers. Ils sont élus pour un an et rééligibles.

1. Civ. 1re, 19 juin 2001, no 99-19.450, *Bull. civ.* I, no 176.
2. CSS, art. L. 723-3.
3. Civ. 2e, 20 sept. 2005, no 03-12.444, *Bull. civ.* II, no 222, *JCP* S 2005. 1424, note Prétot.
4. L. 723-4.
5. CSS, art. R. 723-2; mod. par décr. no 2010-734, 30 juin 2010.

SECTION 3
ASSOCIATION NATIONALE D'ASSISTANCE ADMINISTRATIVE ET FISCALE DES AVOCATS (ANAAFA)

26.31 **Fonctions.** L'Association nationale d'assistance administrative et fiscale des avocats est une association agréée par l'administration fiscale (v. s[s] n° 57.71). L'avocat qui y adhère et dont la comptabilité est contrôlée par l'Anaafa bénéficie des avantages fiscaux accordés aux avocats adhérents d'une association agréée.

CHAPITRE

27. Conseils de discipline

SECTION 0 ORIENTEUR

27.00 Plan du chapitre.

Sect. 1 Création

Sect. 2 Composition

27.01 Textes applicables.

>

L. n° 71-1130, 31 déc. 1971, art. 22, 22-1

Décr. n° 2005-531, 24 mai 2005

Décr. n° 91-1197, 27 nov. 1991, art. 180 à 182; art. 187 à 199

[mod. par décr. n° 2005-531, 24 mai 2005]

>

L. 31 déc. 1971, art. 22 [Création]

[mod. par L. n° 2004-130, 11 févr. 2004, art. 28, *JO 12*]

Un conseil de discipline institué dans le ressort de chaque cour d'appel connaît des infractions et fautes commises par les avocats relevant des barreaux qui s'y trouvent établis.

Toutefois, le Conseil de l'ordre du barreau de Paris siégeant comme conseil de discipline connaît des infractions et fautes commises par les avocats qui y sont inscrits.

L'instance disciplinaire compétente en application des alinéas qui précèdent connaît également des infractions et fautes commises par un ancien avocat, dès lors qu'à l'époque des faits il était inscrit au tableau ou sur la liste des avocats honoraires de l'un des barreaux établis dans le ressort de l'instance disciplinaire.

L. 31 déc. 1971, art. 22-1 [Composition]

[créé par L. n° 2004-130, 11 févr. 2004, art. 29, *JO* 12]

Le conseil de discipline mentionné au premier alinéa de l'article 22 est composé de représentants des Conseils de l'ordre du ressort de la cour d'appel. Aucun Conseil de l'ordre ne peut désigner plus de la moitié des membres du conseil de discipline et chaque Conseil de l'ordre désigne au moins un représentant. Des membres suppléants sont nommés dans les mêmes conditions.

Peuvent être désignés les anciens bâtonniers, les membres des Conseils de l'ordre autres que le bâtonnier en exercice et les anciens membres des Conseils de l'ordre ayant quitté leur fonction depuis moins de huit ans.

Le conseil de discipline élit son président.

Les délibérations des Conseils de l'ordre prises en application du premier alinéa et l'élection du président du conseil de discipline peuvent être déférées à la cour d'appel.

Le conseil de discipline siège en formation d'au moins cinq membres délibérant en nombre impair. Il peut constituer plusieurs formations, lorsque le nombre des avocats dans le ressort de la cour d'appel excède cinq cents.

La formation restreinte peut renvoyer l'examen de l'affaire à la formation plénière.

Décr. n° 2005-531, 24 mai 2005, est venu préciser la composition de ces conseils de discipline ainsi que les modalités de la procédure disciplinaire (sur ce dernier point v. Chap. 83 Procédure disciplinaire).

Décr. n° 91-1197, 27 nov. 1991, art. 180 [Composition]

[mod. par décr. n° 2005-531, 24 mai 2005, art. 1, 1°, *JO* 26]

Sauf à Paris, le conseil de discipline est constitué dans les conditions fixées ci-après.

Après chaque renouvellement prévu à l'article 5, le Conseil de l'ordre désigne pour siéger au conseil de discipline :

Un membre titulaire et un membre suppléant dans les barreaux où le nombre des avocats disposant du droit de vote est de huit à quarante-neuf;

Deux membres titulaires et deux membres suppléants dans les barreaux où le nombre des avocats disposant du droit de vote est de cinquante à quatre-vingt-dix-neuf;

Trois membres titulaires et trois membres suppléants dans les barreaux où le nombre des avocats disposant du droit de vote est de cent à deux cents.

Toutefois, lorsqu'il existe seulement deux barreaux dans le ressort de la cour d'appel, chaque Conseil de l'ordre désigne au moins trois membres titulaires et trois membres suppléants du conseil de discipline.

Dans les barreaux où le nombre d'avocats est inférieur à huit, l'assemblée générale désigne un membre titulaire et un membre suppléant. La désignation a lieu au cours du dernier trimestre de l'année civile.

Chaque barreau réunissant plus de deux cents avocats disposant du droit de vote désigne un représentant supplémentaire et son suppléant par tranche de deux cents, sous réserve que les membres de ce barreau ne composent pas plus de la moitié du conseil de discipline de la cour d'appel.

Les avocats disposant du droit de vote sont ceux qui sont inscrits au barreau au 1er septembre précédant le renouvellement du Conseil de l'ordre.

Les désignations ont lieu avant le 1er janvier qui suit le renouvellement annuel du Conseil de l'ordre.

Décr. n° 91-1197, 27 nov. 1991, art. 181 [Composition]

[mod. par décr. n° 2005-531, 24 mai 2005, art. 1, 1°, *JO* 26]

Lorsque, dans le ressort de la cour d'appel, le nombre des avocats disposant du droit de vote excède cinq cents, le conseil de discipline peut constituer une formation supplémentaire par tranche de cinq cents avocats.

Le président du conseil de discipline, et, à Paris, le doyen des présidents des formations disciplinaires du Conseil de l'ordre, répartit les affaires entre les formations.

Décr. n° 91-1197, 27 nov. 1991, art. 182 [Composition]

[mod. par décr. n° 2005-531, 24 mai 2005, art. 1, 1°, *JO* 26]

Le conseil de discipline établit le règlement intérieur, fixe le nombre et la composition des formations et en élit le président. Il en informe le procureur général dans un délai de huit jours.

SECTION 1
CRÉATION

27.11 Finalité. Créés par la loi du 11 février 2004, ces conseils exercent désormais le pouvoir disciplinaire.

Conscient des difficultés pour nombre de barreaux dont les effectifs sont faibles d'appliquer dans leur ressort les règles soulignées à plusieurs reprises par la Cour européenne des droits de l'homme qui siège à Strasbourg, le législateur français qui a voulu conserver aux ordres d'avocats l'exercice de la discipline, c'est-à-dire la maîtrise de leurs tableaux, a concentré ce pouvoir juridictionnel.

27.12 Création. Il institue dans le ressort de chaque cour d'appel, un conseil disciplinaire qui désormais au lieu et place des Conseils de l'ordre connaît des infractions et fautes commises par les avocats relevant des barreaux établis, dans le ressort de la cour. Donc autant de cours d'appel autant de conseils de discipline en France à l'exception de la cour d'appel de Paris qui comprendra deux conseils de discipline (v. ss nos 81.01 s.).

27.13 Cas particulier du barreau de Paris. Dans le ressort de celle-ci en effet les avocats inscrits au barreau de Paris relèveront du Conseil de l'Ordre de ce barreau[1]. Les avocats inscrits aux barreaux de Meaux, Melun, Fontainebleau, Auxerre, Sens, Évry, Bobigny et Créteil, qui sont dans le ressort de la cour de Paris relèveront du Conseil de discipline régional de Paris.

SECTION 2
COMPOSITION

27.21 Équilibre dans la composition. La loi du 31 décembre 1971[2] modifiée par la loi du 11 février 2004 prévoit que le conseil de discipline est composé de représentants des Conseils de l'ordre du ressort de la cour d'appel et précise qu'aucun Conseil de l'ordre ne peut désigner plus de la moitié des membres du conseil de discipline et que chaque Conseil de l'ordre désigne au moins un représentant. Des membres suppléants sont nommés dans les mêmes conditions.

27.22 Composition du conseil de discipline (à l'exclusion des avocats membres du barreau de Paris qui ont selon la loi, leur Conseil de l'ordre comme conseil de discipline). La loi du 31 décembre 1971 prévoit que les conseils de discipline siègent en formation d'au moins cinq membres délibérant en nombre impair. Le décret du 24 mai 2005[3] est venu préciser les règles de constitution de ces conseils.

1) Conformément à l'article 5 du décret du 27 novembre 1991 chaque Conseil de l'ordre est renouvelable chaque année par tiers.

Après chaque renouvellement le Conseil de l'ordre avant le 1er janvier qui suit ce renouvellement désigne les membres du conseil de discipline :

– si le barreau a 49 ou moins d'avocats disposant du droit de vote le conseil élit 1 membre titulaire et 1 membre suppléant;

– si le barreau comprend de 50 à 99 avocats disposant du droit de vote : 2 membres titulaires et 2 membres suppléants;

– si le barreau a de 100 à 200 avocats disposant du droit de vote : 3 membres titulaires, 3 membres suppléants.

2) Toutefois, lorsque dans le ressort d'une cour d'appel il n'y a que deux barreaux, chacun de leur Conseil de l'ordre désignera au moins trois membres titulaires et trois membres suppléants.

Et dans les barreaux s'il en existe encore, où le nombre d'avocats serait inférieur à huit c'est l'assemblée générale du barreau qui désigne, au

1. L. 31 déc. 1971, art. 22 nouveau.
2. L. n° 71-1130, 31 déc. 1971; mod. par L. 11 févr. 2004.
3. Décr. n° 2005-531, 24 mai 2005.

cours du dernier trimestre de l'année civile un membre titulaire et un membre suppléant.

3) Le barreau qui réunit plus de 200 avocats disposant du droit de vote désigne un représentant supplémentaire et son suppléant par tranche de deux cents.

4) Mais le pouvoir réglementaire a fixé un plafond des membres d'un barreau. Quel que soit le nombre des avocats de ce barreau ne doivent pas composer plus de la moitié du conseil de discipline.

Dans chaque cour d'appel ce n'est qu'une fois connu le nombre des membres titulaires et suppléants élus par les barreaux du ressort de la cour que le barreau le plus nombreux saura le nombre de membres titulaires et suppléants que son Conseil de l'ordre désignera pour compléter le conseil de discipline.

5) Enfin comme précédemment lorsque dans le ressort de la cour le nombre des avocats disposant du droit de vote dépasse cinq cents, le conseil de discipline peut constituer une formation de jugement supplémentaire par tranche de cinq cents avocats.

6) Le président du conseil de discipline et à Paris le doyen des présidents des formations disciplinaires du Conseil de l'ordre répartit les affaires entre les formations disciplinaires.

7) Enfin l'article 182 nouveau du décret du 27 novembre 1991[1] précise que le conseil de discipline établit son règlement intérieur fixe le nombre et la composition des formations et élit son président.

L'article 180 nouveau avant-dernier alinéa du décret du 27 novembre 1991 précise que par avocats disposant du droit de vote dans chaque barreau on entend ceux qui y sont inscrits avant le 1er septembre précédant le renouvellement du Conseil de l'ordre.

Le texte du décret du 24 mai 2005 ne précise pas comment chaque Conseil de l'ordre désigne les membres titulaires et suppléants du conseil de discipline de la cour d'appel, par vote secret et par bulletin ou par vote à main levée. Le règlement intérieur de chaque barreau précisera ce point qui n'est pas traité dans le règlement intérieur national. Il en sera vraisemblablement pour la manifestation des candidats au poste de membre titulaire ou suppléant du conseil de discipline.

8) L'article 22.1 de la loi du 31 décembre 1971 modifiée par la loi du 11 février 2004 précise que les anciens bâtonniers, les membres du Conseil de l'ordre autres que le bâtonnier en exercice et les anciens membres des Conseil de l'ordre ayant quitté leur fonction depuis moins de huit ans peuvent être désignés comme membres titulaires ou suppléants du conseil de discipline.

9) Il précise également que le conseil de discipline élit son président.

10) Les délibérations du Conseil de l'ordre pour désigner les membres titulaires ou suppléants du conseil de discipline comme l'élection du président peuvent être déférées à la cour d'appel.

11) Enfin et comme précédemment le conseil de discipline et les formations disciplinaires doivent siéger en formation d'au moins cinq membres et délibérer en nombre impair, à peine de nullité.

TABLEAU RÉCAPITULATIF

Nombre d'avocats disposant du droit de vote	Nombre de titulaires	Nombre de suppléants
• < 8	1	1
• 8 à 49	1	1
• 50 à 99	2	2
• 100 à 200	3	3
• 200 à 400	4	4

27.23 Souci d'impartialité. Pour respecter les dispositions et l'esprit de l'article 6 de la Convention européenne de sauvegarde des droits de l'homme et des libertés fondamentales la loi édicte que peuvent être désignés pour siéger au conseil de discipline, les anciens bâtonniers, les membres du Conseil de l'ordre autre que le bâtonnier en exercice et les anciens membres des Conseils de l'ordre ayant quitté leur fonction depuis moins de huit ans. En revanche, afin de respecter la séparation des autorités de poursuite, d'instruction et de jugement, le bâtonnier qui a pris l'initiative de la poursuite ne peut faire partie du conseil de discipline.

27.24 Président. Chaque Conseil de discipline élit son président. Bien que la loi ne le précise pas le président doit être élu dans le sein du Conseil de discipline, c'est-à-dire en faire partie.

Les élections des membres du Conseil de discipline et l'élection de leur président peuvent être déférées à la cour d'appel.

Le législateur indique clairement que les litiges à ce sujet seront de la compétence des juridictions de l'ordre judiciaire et non celles de l'ordre administratif.

Le président du conseil de discipline, et, à Paris, le doyen des présidents des formations disciplinaires du Conseil de l'ordre, répartit les affaires entre les formations.

27.25 Procédure disciplinaire. La procédure disciplinaire mise en œuvre devant les conseils de discipline a également été précisée par le décret du 24 mai 2005[2]. Elle est décrite au chapitre 83 de ce livre. Les sanctions disciplinaires applicables sont quant à elles décrites au chapitre 84.

1. Décr. 24 mai 2005, art. 1.

2. Décr. n° 2005-531, 24 mai 2005.

CHAPITRE

28. Associations et syndicats d'avocats

SECTION 0 ORIENTEUR

28.00 Plan du chapitre.

Sect. 1 Syndicats professionnels
Sect. 2 Syndicats de défense de la profession
Sect. 3 Associations
Sect. 4 Dans l'Union européenne et à l'international

28.01 Textes applicables.

Code du travail, art. L. 2131-2 et L. 2132-3 [1]

Code du travail, art. L. 2131-2

Les syndicats ou associations professionnels de personnes exerçant la même profession, des métiers similaires ou des métiers connexes, concourant à l'établissement de produits déterminés ou la même profession libérale peuvent se constituer librement.

Par dérogation aux dispositions de l'alinéa précédent, les personnes employant sans but lucratif des salariés peuvent se grouper en syndicat pour la défense des intérêts qu'elles ont en commun en tant qu'employeur de ces salariés.

Code du travail, art. L. 2132-3

Les syndicats professionnels ont le droit d'agir en justice. Ils peuvent, devant toutes les juridictions, exercer tous les droits réservés à la partie civile concernant les faits portant un préjudice direct ou indirect à l'intérêt collectif de la profession qu'ils représentent.

28.02 Jurisprudence de référence.

> L'adhésion des avocats aux syndicats est individuelle

• **CA Montpellier, 25 juin 1979,** *D.* 1980, 179, note Verdier.

* V. s^s n° 28.12.

> Un syndicat d'avocats a donc le droit d'ester en justice toutes les fois que l'intérêt collectif de la profession subit un préjudice direct ou indirect

• **CA Versailles, 16 févr. 1994,** *Gaz. Pal.* 19 févr. 1994, p. 23.

* V. s^s n° 28.14.

1. C. trav., L. 411-2 et L. 411-11 anc^t.

28.05 Représentation traditionnelle des avocats par les barreaux. Les avocats constitués en ordre sont d'origine ancienne, nombreux, chargés essentiellement de la défense de l'honneur des citoyens, de leur liberté, de leurs biens et chargés également de leur donner des conseils dans les matières juridiques dont ils sont spécialistes et qui traduisent les relations entre les hommes. L'Ordre des avocats est ancien et a une puissance particulière qui lui a permis, à des nombreux moments, de rester la conscience de la nation et particulièrement celle de la justice. C'est l'*avocat-roi* que décrit Max Buteau, à la fin du XIXe siècle. Aujourd'hui encore où les libertés sont de plus en plus contestées et diminuées, les ordres d'avocats, indépendamment de l'action personnelle de leurs membres, ont une responsabilité particulière et un rôle à jouer dans la nation, dès lors qu'ils sont unis.

28.06 Rôle spécifique du barreau de Paris. Traditionnellement le barreau de Paris, par son importance, son ancienneté, le rôle qu'il avait joué à la fin du XVIIIe siècle et dans la résurrection du barreau sous l'Empire, a toujours eu un rôle spécifique de représentation de la profession d'avocat pour la France tout entière, mais peu à peu, des barreaux qui avaient une tradition presque aussi ancienne et une importance certaine, sont apparus pour faire valoir des points de vue novateurs, parfois différents ou bien rejoignant et appuyant les positions prises par le barreau de Paris. Les grands barreaux sont, à l'époque, ceux de Lyon, de Bordeaux, de Toulouse. Ces barreaux d'une importance secondaire par rapport à celui de Paris, désirèrent se réunir dans un organisme auquel on donna le nom prudent de « Conférence ». Au début du siècle, se réunit donc sans beaucoup de moyens matériels, une assemblée élue par la plupart des bâtonniers de France, à côté du prestigieux barreau de Paris.

28.07 Apparition des associations et syndicats. Les avocats se réunissent en associations ou syndicats professionnels (v. s^{s} n°s 28.21 s.).

28.08 Perspectives. La chancellerie consulte fréquemment la Conférence des bâtonniers de France, le barreau de Paris et les associations et syndicats d'avocats au sujet des réformes préparées pour la profession. De même elle se fait représenter à leurs colloques et congrès.

Certains proposent l'institution d'un Ordre national. Une telle institution constituerait peut-être une source de force accrue pour la profession d'avocat mais également une occasion de contestations nouvelles. Cet ordre risquerait fort d'être dominé par un ou plusieurs grands barreaux au détriment des ordres moyens qui assurent dans les trois quarts du territoire français la mission de défense des justiciables et dont les problèmes risquent fort de n'être pas assumés ni compris par cet ordre national. La seule conception de l'Ordre national qui aurait pu aider efficacement la profession aurait été le rassemblement obligatoire de tous les bâtonniers de France - en exercice - dans un organe institutionnel unique, chargé de représenter la profession auprès des pouvoirs publics et d'élaborer la déontologie collective des ordres, à l'instar de ce qui existe dans le barreau belge.

28.09 Conseil national des barreaux (CNB). Le CNB est devenu depuis sa création l'interlocuteur de la Chancellerie qui s'entoure néanmoins des avis de la Conférence des bâtonniers, du barreau de Paris et des associations et syndicats d'avocats (v. s^{s} n°s 22.01 s.).

SECTION 1
SYNDICATS PROFESSIONNELS

28.11 Droit syndical et profession libérale. Le droit syndical est désormais reconnu sans conteste aux membres des professions libérales même si elles présentent un certain caractère de monopole et sont régies par une réglementation qui constitue la contrepartie de leurs privilèges, dès lors que les déclarants se réfèrent à l'article L. 2131-1 du livre Ier de la partie II[1] du Code du travail et que l'association a pour objet l'étude et la défense des intérêts économiques, industriels, commerciaux et agricoles, et que les membres du syndicat exercent la même profession[2].

28.12 Liberté syndicale – Adhésion individuelle et collective. L'adhésion des avocats aux syndicats est individuelle[3]. Ce principe annoncé par un arrêt du 25 juin 1979 souligne la possibilité pour les avocats groupés obligatoirement en ordres établis auprès des juridictions de jouir du droit de ne pas se syndiquer s'ils le désirent, seconde face de la liberté syndicale. Le caractère facultatif du syndicat constitue une des bases du système syndical français aussi importante que la faculté d'adhérer; la Constitution de 1946, dans son préambule auquel renvoie la Constitution de 1958, reconnaît en effet à chacun le droit d'adhérer au syndicat de son choix ce qui implique le droit de ne pas choisir et de s'abstenir, nul ne pouvant être contraint d'adhérer à un syndicat même à son insu[4].

Les barreaux n'ont donc pas la possibilité d'adhérer collectivement pour leurs membres à des organisations syndicales. Toutefois rien ne s'oppose à ce qu'une organisation puisse recueillir, sous une forme collective, des adhésions à un syndicat dès lors que les conditions d'admission individuelle sont remplies. De même un ordre d'avocats peut allouer des subventions à une organisation syndicale voire à plusieurs organisations syndicales, dont le rôle est d'aider l'élaboration par la profession tout entière, d'une doctrine destinée à inspirer son action, tant auprès des pouvoirs publics que des justiciables.

28.13 Rapports entre les barreaux et les syndicats. Il n'est pas nécessaire que le président d'une section syndicale, à l'intérieur d'un barreau, notifie au bâtonnier qui lui en fait la demande, le nom de ses adhérents.

En revanche, si la section syndicale a toute liberté pour agir à l'intérieur du barreau pour diffuser ses informations, convoquer ses adhérents ou tenter d'en recruter d'autres, elle ne saurait, sans l'autorisation expresse du Conseil de l'ordre, avoir des activités parallèles à celles de l'Ordre dans les matières où celui-ci dispose d'un monopole; jadis on estimait qu'elle ne pouvait pas, notamment, organiser des consultations gratuites destinées aux usagers, la solution n'est plus évidente depuis une jurisprudence récente.

28.14 Les syndicats professionnels sont recevables, sous certaines conditions, à ester en justice. Si les textes qui régissent la profession d'avocat réservent à certaines catégories seulement le droit d'action contre les décisions du Conseil de l'ordre (procureur général, avocat concerné directement...) ils ne font cependant pas obstacle à l'application des dispositions générales du Code du travail.

Un syndicat d'avocats a donc le droit d'ester en justice toutes les fois que l'intérêt collectif de la

1. C. trav., art. L. 411-1, anc^{t}.
2. C. trav., art. L. 2131-2; anc^{t} L. 411-2.
3. CA Montpellier, 25 juin 1979, *D.* 1980, 179, note Verdier.
4. C. trav., art. L. 2141-1; anc^{t} L. 411-5.

profession subit un préjudice direct ou indirect[1]. Certes la distinction entre l'intérêt collectif et le préjudice individuel est parfois délicate à cerner, mais l'action syndicale et l'action individuelle, quoiqu'elles puissent procéder du même fait dommageable, n'ont ni la même cause juridique ni le même objet; l'action syndicale vise l'atteinte portée aux intérêts collectifs de la profession, tandis que l'action individuelle ne poursuit dans le fait illicite que l'atteinte aux droits d'une partie individuelle. La jurisprudence précise que ces actions ne peuvent ni s'exclure ni se confondre[2]. Enfin il y aura lieu de distinguer l'intérêt collectif de la profession et la sauvegarde de l'Ordre social qui relève de l'action du ministère public (sur la participation d'un syndicat d'avocats à des manifestations sur la voie publique ou des attroupements[3]).

• **Défense de l'intérêt collectif.** Il y aura donc intérêt collectif chaque fois que le préjudice sera distinct du préjudice individuel subi par chacun des membres du syndicat[4]. Un syndicat d'avocats qui estime que la profession envisagée dans son ensemble a subi un préjudice du fait de propos tenus par un magistrat au cours d'une interview reproduite par un journal n'est pas recevable à se prévaloir des dispositions de la loi du 29 juillet 1881 dès lors que ces propos ne désignent aucune personne déterminée susceptible de se sentir concernée individuellement et ne constituent pas une diffamation, mais en revanche ce syndicat est recevable à former une action en dommages-intérêts fondée sur l'article 1382 du Code civil[5].

• **Recours contre les décisions du Conseil de l'ordre.** On peut s'interroger pour savoir si un syndicat d'avocats peut intervenir en toute matière devant la cour d'appel statuant sur les décisions du Conseil de l'ordre. Un Conseil de l'ordre refuse par hypothèse à un avocat le droit d'ouvrir un cabinet secondaire; le syndicat peut-il intervenir devant la cour ? On pourrait songer à distinguer entre les décisions juridictionnelles du Conseil de l'ordre permettant le recours des syndicats et les décisions administratives ne l'autorisant pas, mais le silence actuel de la jurisprudence ne permet pas de fixer ces points avec netteté[6]. La 1re chambre civile, dans un arrêt du 18 mai 1989[7] précise qu'un syndicat professionnel, quels que soient les intérêts par lui défendus, n'est pas recevable à agir contre une décision d'un ordre d'avocats admettant un postulant au stage mais il est vrai que ce litige se situe dans le cadre de l'article 20 de la loi du 31 décembre 1971 qui limite le recours au seul procureur général ou à l'avocat en cause.

• **En revanche,** la cour de Poitiers, par un arrêt du 14 juin 1990[8] déclare recevable l'intervention pour la première fois en appel de la Fédération nationale des unions de jeunes avocats, à l'occasion d'un litige relatif à l'ouverture d'un bureau secondaire sollicitée par un avocat auprès de son Conseil de l'ordre; la Fédération en cause, organisation syndicale reconnue, représentative de la profession d'avocat, étant intéressée à la défense des droits et intérêts des avocats et à l'interprétation des textes qui, réglementant la profession, posent des questions d'éthique professionnelle, est dès lors recevable, à l'occasion d'une instance mettant en cause l'organisation du barreau, à faire entendre le point de vue de ses membres.

• **Recours contre les élections professionnelles.** C'est ainsi que si l'article 15 de la loi du 31 décembre 1971 et l'article 12 du décret du 27 mai 1991 réservent le droit de déférer les élections aux seuls avocats inscrits au tableau de l'Ordre intéressé par lesdites élections et au procureur général, ils ne peuvent faire obstacle aux dispositions d'ordre public de l'article L. 2132-3 du Code du travail[9].

28.15 Toutefois un syndicat d'avocats, même portant le titre de syndicat peut n'être qu'une association. C'est le cas dès lors qu'il est régi par les dispositions de la loi du 1er juillet 1901 et ne se réclame pas des dispositions du Code du travail; il ne pourra pas dès lors bénéficier des dispositions de l'article L. 2132-3 du Code du travail[10]. Dans la jurisprudence, il est tantôt dit que l'association intervenante est un syndicat, tantôt qu'elle est une association; il n'y a en fait pas de contradiction entre ces arrêts mais l'association en cause étant une fédération d'unions locales, certaines ont pris le statut syndical conformément à l'article L. 2131-1[11] et suivants du Code du travail tandis que d'autres ont conservé le statut de la loi de 1901. C'est pourquoi, selon les espèces, les cours sont amenées à considérer qu'il s'agit d'associations 1901 ou de syndicats et à en tirer les conséquences juridiques[12].

SECTION 2
SYNDICATS DE DÉFENSE DE LA PROFESSION

28.21 Apparition des syndicats de défense de la profession. À côté des barreaux organismes, une deuxième représentation apparut, celle des avocats

1. C. trav., art. L. 2132-3; anct L. 411-11 – CA Versailles, 16 févr. 1994, *Gaz. Pal.* 19 févr. 1994, 23.
2. Civ., 28 nov. 1916, *S.* 1920, 1, 49.
3. CA Basse-Terre, 12 déc. 1983, *Gaz. Pal.* 1984, 1, 76, note Damien – Civ. 1re, 19 juin 1985, no 84-10.104, *Bull. civ.* I, no 194; *Gaz. Pal.* 1985, 2, 623; *JCP* 1985, IV, 299; *D.* 1987, IR 107.
4. CA Orléans, 18 juill. 1946, *JCP* 29 janv. 1947 – CA Rouen, 14 mai 1985, *Gaz. Pal.* 1985, 2, 615.
5. CA Paris, 23 sept. 1987, *D.* 1988, somm. 237, note Brunois.
6. CA Douai, 15 oct. 1982, *Gaz. Pal.* 1982, 2, 621.
7. Civ. 1re, 18 mai 1989, no 87-17.874, *Bull. civ.* I, no 196, Union des jeunes avocats c/Ordre des avocats de Lyon; *D.* 1989, IR 180; *Gaz. Pal.* 1989, pan. 128.
8. CA Poitiers, 14 juin 1990, *Gaz. Pal.* 1991, 1, 73.
9. C. trav., anct. L. 411-11 – CA Rennes, 2 mai 1978, préc.
10. C. trav., anct. L. 411-11.
11. C. trav., anct. L. 411-1.
12. NOT. : CA Rennes, préc. et CA Bourges, 21 mars 1979; cassé par Civ. 1re, 29 avr. 1980, no 79-11.988, *Bull. civ.* I, no 131; *Gaz. Pal.* 1980, 2, 567.

en tant que tels, individus mais fédérés dans des associations.

28.22 Confédération nationale des avocats (CNA). Après la Première Guerre mondiale, un certain nombre d'avocats se regroupent dans l'association nationale des avocats (ANA). Transformée au cours du siècle passé, elle est devenue un syndicat, successivement dénommé, Confédération syndicale des avocats (CSA), Confédération nationale des avocats (CNA). C'est la gloire d'Appleton et de son équipe d'avoir créé, en 1921, l'Association nationale des avocats, premier organe représentatif des barreaux.

Son succès fut grand, ses congrès glorieux et destinés à frapper l'opinion pour montrer l'importance du barreau dans la vie nationale. Le président de la République y assistait parfois, le garde des Sceaux toujours, l'ANA a joué un rôle fondamental dans l'histoire de la prise de conscience du barreau français et nul, sous peine d'injustice, ne pourra désormais l'oublier, même si elle a changé de nom pour devenir la Confédération syndicale des avocats.

28.23 L'Union des jeunes avocats (UJA). Des jeunes avocats s'étaient regroupés peu après la guerre de 1914 au sein de l'Union des jeunes avocats, organe généreux et vivant. En janvier 1923, à l'initiative de Joseph Pithon, avocat au barreau de Paris, est créée l'Union des jeunes avocats (UJA). Depuis sa fondation par Joseph Pithon [1], l'Union des jeunes avocats parisiens verra se créer dans de très nombreux barreaux français des UJA. Elles formeront la Fédération nationale des unions des jeunes avocats (FNUJA).

28.24 Union nationale des avocats (UNA). D'autres associations virent le jour surtout après la réforme de 1971, issue des circonstances et représentant des tendances différentes.

L'Union nationale des avocats regroupe des avocats opposés à la fusion des professions judiciaires mais qui ont su dépasser depuis les regrets stériles d'une situation irréversible.

28.25 Rassemblement national des avocats de France (Rnaf). Après la fusion des professions judiciaires (août 1972) un syndicat rassemblant des avocats anciens avoués et des avocats antérieurs à la fusion, le Rassemblement national des avocats de France (Rnaf) contribua au succès de cette fusion entre avocats, avoués de première instance et agréer par les tribunaux de commerce. Rassemblant d'abord d'anciens avoués, le Rassemblement national des avocats de France a vite accueilli d'avocats de talent qui a donné à ses débuts l'image excellente d'une association qui apportait aux avocats ce qui leur manque trop souvent l'information et la technicité. Il a fusionné avec la confédération syndicale des avocats.

28.26 Syndicat des avocats de France (SAF). Après mai 1968, d'autres se regroupèrent dans le Syndicat des avocats de France (SAF) dont les opinions politiques expliquent ses choix tant sur le plan professionnel que sur le plan politique proprement dit. Le Syndicat des avocats dont les membres ont des opinions politiques souvent plus avancées que celles des autres organismes mais les projets qu'ils abordent sont loin d'être chimériques, ils découvrent un aspect nouveau de la profession et constituent une imagination créatrice nécessaire. Ces associations représentant des groupes d'avocats ayant une doctrine propre, sont notamment la Confédération syndicale des avocats, ou la Fédération nationale des unions de jeunes avocats.

28.27 Association française des avocats conseils d'entreprises (ACE). L'association française des avocats conseils d'entreprises est née après la réforme du 1er janvier 1992 de la fusion du principal syndicat de conseils juridiques préexistant à la réforme et d'une association d'avocats, Association de cabinets à vocation internationale (Acavi), qui s'était créée au moment de la réforme. Ayant statut de syndicat professionnel, L'ACE représente le barreau d'affaires, à travers quelque deux mille adhérents élisant un conseil régional dans le ressort de chaque cour d'appel. Accueillant, en qualité de correspondants, les juristes d'entreprise, l'ACE est présente dans les instances de la profession : CNB, Ordres et organismes techniques. Elle dispose d'une section internationale et d'une section des jeunes (ACE-JA), dispense des formations et publie une revue trimestrielle, *La revue de l'avocat conseil d'entreprise*, ainsi qu'un flash mensuel. L'ACE a un rôle important dans la réflexion sur ses perspectives d'avenir de la profession d'avocat : sa formation, son éventuelle absorption de la profession de juristes d'entreprises et son développement au XXIe siècle. Elle est venu prendre une place importante auprès de la CSA (qui avait absorbé le Rnaf) Fnuja et SAF, dans la défense de la profession, de son affermissement, ses perspectives d'avenir, de sa déontologie et du respect de son indépendance.

SECTION 3
ASSOCIATIONS

28.31 Conférence des bâtonniers de France. Les barreaux sont regroupés dans le cadre d'une asso-

1. Joseph Pithon, alors membre du Conseil de l'ordre du barreau de Paris, mourut le 27 janvier 1944 d'épuisement, après son arrestation par la Gestapo le 4 juin 1943 et son emprisonnement à Fresnes, pour avoir refusé de trahir le secret professionnel.

ciation de la loi de 1901 qui est la Conférence des bâtonniers à laquelle adhèrent les barreaux français sauf celui de Paris.

La Conférence des bâtonniers de France, n'est ni un syndicat professionnel ni une fédération de barreaux, elle est une association régie par la loi du 1er juillet 1901; elle ne saurait d'ailleurs être un syndicat dans la mesure où l'article L. 2131-2 [1] du Code du travail n'ouvre le droit de se syndiquer qu'aux personnes physiques et morales exerçant une activité professionnelle commune. Or, à l'évidence, les ordres d'avocats n'exercent ni la profession d'avocat ni un métier connexe ou similaire; ils ne peuvent donc prétendre s'affilier à titre personnel à un syndicat professionnel d'avocats.

La Conférence des bâtonniers de France, association de la loi de 1901, regroupant des ordres représentés par leurs bâtonniers en exercice, assistés des anciens bâtonniers, reçoit mandat de défendre les prérogatives des bâtonniers des barreaux locaux ainsi que les intérêts des ordres.

Elle a, dès lors, un intérêt légitime évident pour ester en justice de manière à assurer le respect des règles de la profession et cet intérêt s'étend notamment à la défense des dispositions prises par la Conférence des bâtonniers du ressort d'une cour d'appel pour fixer les règles professionnelles en matière de ventes judiciaires [2]. Dans le même sens, un arrêt d'Aix-en-Provence du 24 juin 1988 [3] reconnaît la recevabilité de la Conférence des bâtonniers à intervenir dans une instance en annulation d'une délibération d'un Conseil de l'ordre critiquant le tribunal.

En revanche, la Conférence des bâtonniers n'est pas recevable en son intervention devant la Cour de cassation à l'occasion d'un pourvoi formé par un ordre d'avocats contre un arrêt ayant annulé certaines dispositions de son règlement intérieur [4].

28.32 Capacité d'ester en justice. Les associations qui regroupent les avocats et qui se réclament de la loi du 1er juillet 1901, ont capacité pour se défendre contre les actions dirigées contre elles mais également pour intervenir en justice toutes les fois que l'action se rapporte à l'intérêt collectif moral et pécuniaire que l'association représente et non aux seuls intérêts individuels des membres qui la composent. L'association n'intervient que lorsqu'un de ses membres est en cause et lorsqu'il s'agit de protéger ses intérêts personnels. Dans les autres cas elle n'a pas qualité pour ester en justice [5].

• **Intérêt direct et personnel.** La cour de Rennes par un arrêt du 5 décembre 1978 [6] ayant à statuer sur la recevabilité de l'intervention d'une association d'avocats (la Fnuja) régulièrement déclarée sous le régime de la loi de 1901, considère que dotée de la petite personnalité et n'ayant reçu aucune habilitation légale particulière, elle ne peut agir en justice et donc intervenir que pour défendre un intérêt direct et personnel et non pour assurer la sauvegarde des intérêts de la catégorie sociale ou professionnelle parmi laquelle ses membres sont recrutés. L'action de l'association en cause ne serait donc recevable que si elle tendait à la protection des intérêts personnels de tout ou partie de ses membres. C'est ainsi que si un avocat conteste des élections, une association ne peut intervenir aux débats que si l'avocat, auteur du recours, appartient à cette association; à défaut elle devient sans qualité pour demander l'annulation de la décision en cause [7].

28.33 Comité de liaison des institutions ordinales (Clio) [8]. Le Comité de liaison des institutions ordinales (Clio), créé en 1981, a fonctionné d'une façon informelle avant de prendre la forme d'une association loi 1901 début janvier 2009. Il regroupe les instances représentatives nationales de dix professions réglementées classées en trois groupes :

- les professions de santé (médecins, dentistes, vétérinaires, auxiliaires de santé);
- les professions du droit (avocats, notaires, huissiers);
- les professions techniques (experts-comptables, architectes, géomètres-experts).

28.34 Union des avocats européens [9]. L'Union des avocats européens est une association dont les membres sont des avocats établis dans l'Union européenne. Son siège est au Luxembourg où elle a été créée en 1986. L'adhésion est ouverte à tout avocat membre d'un ou de plusieurs barreaux, d'une ou de plusieurs *law society*, au sein de l'Union européenne. Elle organise un congrès annuel et des conférences, dont les travaux sont souvent publiés. Son assemblée générale annuelle a lieu à Luxembourg ou dans une ville abritant une institution européenne.

1. C. trav., art. L. 411-2, ancᵗ.
2. CA Aix-en-Provence, 5 févr. 1982, *Gaz. Pal.* 1982, 1, 305, note Damien.
3. CA Aix-en-Provence, 24 juin 1988, *Gaz. Pal.* 1988, 2, 703, note Damien.
4. Civ. 1re, 25 mai 1992, no 89-10.096, *Bull. civ.* I, no 153; *D.* 1994, somm. 138, note Brunois; *Gaz. Pal.* 1992, pan. 291; *JCP* 1993, II, 22156, note Woog; *JCP* 1992, IV, 231.
5. CA Bourges, 21 mars 1979, *Gaz. Pal.* 1979, 2, 448 – Civ. 1re, 29 avr. 1980, *Gaz. Pal.* 1980, 2, 567; *D.* 1981, 525, note Brunois – CA Montpellier, 25 juin 1979, *D.* 1980, 1, 79, note Verdier – Civ. 1re, 16 déc. 1980, no 79-11.988, *Bull. civ.* I, no 131; *JCP* 1981, IV, 84 – CA Bordeaux, 12 juill. 1984, *Gaz. Pal.* 1984, 2, 662 – ÉGALᵀ : CA Rouen, 14 mai 1985, *Gaz. Pal.* 1985, 2, 615.
6. CA Rennes, 5 déc. 1978, *Gaz. Pal.* 1979, 1, 53.
7. CA Rennes, 5 déc. 1978, *Gaz. Pal.* 1979, 1, 53.
8. Clio, Ordre des avocats aux Conseils, 5 quai de l'Horloge, TSA 29205, 75055 PARIS RP.
9. www.uae.lu/

SECTION 4
DANS L'UNION EUROPÉENNE ET À L'INTERNATIONAL

28.41 Barreau français et débats internationaux. Les enjeux de l'évolution de la profession d'avocat se dessinent de plus en plus au niveau mondial et européen. C'est le cas des interrogations posées notamment par la Commission européenne sur l'ouverture des structures d'exercice d'avocats aux capitaux extérieurs ou des directives sur l'exercice de la profession au sein de l'Union européenne, la reconnaissance mutuelle des diplômes, la liberté des services, l'anti-blanchiment de capitaux, ou des négociations internationales sur l'OMC, la création des juridictions pénales internationales, ou le secret professionnel.

Afin d'anticiper les débats futurs dans les instances internationales, de contribuer à l'élaboration de l'avenir de la profession et la mettre en situation de concurrence égale aux autres intervenants sur le plan international, le Conseil national des barreaux et le barreau de Paris intensifient leur participation aux activités du Conseil des barreaux européens (CCBE) [1], interlocuteur naturel de la Commission européenne, de l'Union internationale des avocats (UIA) [2], de l'International Bar Association (IBA) [3], de la Fédération des barreaux d'Europe (FBE) [4], de la Conférence internationale des barreaux (CIB) [5] de tradition juridique commune, ainsi que des barreaux notamment américain, anglais, allemand et italien.

Le CCBE tente de susciter une position commune des avocats notamment entre les Continentaux et les Anglo-saxons, tel le compromis trouvé à la session plénière du CCBE à Dresde le 17 novembre 1995, qui a permis d'adopter la directive 98/5 de février 1998 [6] sur le droit d'établissement des avocats. D'ailleurs, « l'Europe des avocats est affaiblie » [7] chaque fois que le CCBE échoue à trouver les bons compromis.

28.42 Délégation des barreaux de France [8]**.** En 1983, un bureau de liaison du barreau de Paris auprès des Communautés européennes a été ouvert à Bruxelles, à l'initiative du bâtonnier Bernard du Granrut [9]. En 1993, la Conférence des bâtonniers rejoint le barreau de Paris pour donner naissance à la Délégation des barreaux de France. En 2003, le CNB à son tour en devient membre. En 2007, l'Ordre des avocats au Conseil d'État et à la Cour de cassation [10] en devient membre observateur. Ainsi, la Délégation des barreaux de France représente les avocats des barreaux français auprès des institutions communautaires : le Parlement européen, la Commission européenne, le Conseil de l'Union européenne, la Cour de justice de l'Union européenne et de la Représentation permanente de la France auprès de l'Union européenne [11]. La délégation publie une revue trimestrielle d'informations et d'analyses juridiques en droit communautaire, *L'Observateur de Bruxelles*.

1. http://www.ccbe.eu/; fondé en 1960, il est l'organe représentatif d'environ un million d'avocats européens, appartenant aux barreaux qui en font partie, dans 31 pays membres effectifs et 11 pays associés et observateurs.
2. http://www.uianet.org/; créée en 1927.
3. http://www.ibanet.org/; créée en 1947.
4. http://www.fbe.org/; elle est l'héritière de la Conférence des grands barreaux d'Europe, créée le 27 juin 1986.
5. http://www.cib-avocats.org/; le 29 novembre 1985, les représentants de 24 barreaux de pays de tradition juridique commune ayant le français en partage, réunis dans la salle du Conseil de l'ordre des avocats à la cour de Paris, ont décidé de se grouper au sein d'une Conférence permanente, dite CIB.
6. Dir. 98/5/CE du Parlement européen et du Conseil du 16 février 1998 visant à faciliter l'exercice permanent de la profession d'avocat dans un État membre autre que celui où la qualification a été acquise, *JOCE L* 77 du 14.3.1998 [entrée en vigueur le 14 mars 1998; délai de transposition 14 mars 2000].
7. Buchman, « L'urgence d'un nouveau paradigme pour la profession d'avocat », *Gaz. Pal.* « Libre propos » 25, 26 janv. 2008, p. 5.
8. www.dbfbruxelles.eu/
9. Bernard de Bigault du Granrut (1920-2009), bâtonnier de l'Ordre des avocats au barreau de Paris de 1982 à 1983, et, de 1985 à 1987, président de l'Union nationale des caisses des règlements pécuniaires des avocats (Unca).
10. www.ordre-avocats-cassation.fr/
11. www.rpfrance.eu/

TITRE

3. Les principes essentiels de l'exercice de la profession d'avocat

SECTION 0

ORIENTEUR

3.00 **Plan du titre.**

CHAPITRE

30. Inventaire des seize principes essentiels

SECTION 0

ORIENTEUR

30.00 Plan du chapitre.

30.01 Textes applicables.

>

L. n° 71-1130, 31 déc. 1971, art. 3, al. 2 ; art. 17, 3°

Décr. 12 juill. 2005, art. 1 à 5

Décr. n° 91-1197, 27 nov. 1991, art. 183

RIN, art. 1er (1.1 à 1.4)

>

L. 31 déc. 1971, art. 3, al. 2 [Serment]

Les avocats sont des auxiliaires de justice.

Ils prêtent serment en ces termes : « Je jure, comme avocat, d'exercer mes fonctions avec dignité, conscience, indépendance, probité et humanité. »

Ils revêtent dans l'exercice de leurs fonctions judiciaires, le costume de leur profession.

Décr. 12 juill. 2005, art. 1 [Principes essentiels de la profession d'avocat]

Les principes essentiels de la profession guident le comportement de l'avocat en toutes circonstances.

Décr. 12 juill. 2005, art. 2 [Principes essentiels de la profession d'avocat]

La profession d'avocat est une profession libérale et indépendante quel que soit son mode d'exercice.

Décr. 12 juill. 2005, art. 3 [Liste des seize principes]

L'avocat exerce ses fonctions avec dignité, conscience, indépendance, probité et humanité, dans le respect des termes de son serment.

Il respecte en outre, dans cet exercice, les principes d'honneur, de loyauté, de désintéressement, de confraternité, de délicatesse, de modération et de courtoisie.

Il fait preuve, à l'égard de ses clients, de compétence, de dévouement, de diligence et de prudence.

Décr. 12 juill. 2005, art. 4 [Secret professionnel]

Sous réserve des strictes exigences de sa propre défense devant toute juridiction et des cas de déclaration ou de révélation prévues ou autorisées par la loi, l'avocat ne commet, en toute matière, aucune divulgation contrevenant au secret professionnel.

Décr. 12 juill. 2005, art. 5 [Secret de l'enquête et de l'instruction]

L'avocat respecte le secret de l'enquête et de l'instruction en matière pénale, en s'abstenant de communiquer, sauf à son client pour les besoins de la défense, des renseignements extraits du dossier, ou de publier des documents, pièces ou lettres intéressant une enquête ou une information en cours.

Il ne peut transmettre de copies de pièces ou actes du dossier de la procédure à son client ou à des tiers que dans les conditions prévues à l'article 114 du Code de procédure pénale.

Décr. 12 juill. 2005, art. 7 [Conflit d'intérêts]

[reprend les termes de décr., 27 nov. 1991, art. 155, abrogé]

L'avocat ne peut être ni le conseil ni le représentant ou le défenseur de plus d'un client dans une même affaire s'il y a conflit entre les intérêts de ses clients ou, sauf accord des parties, s'il existe un risque sérieux d'un tel conflit.

Sauf accord écrit des parties, il s'abstient de s'occuper des affaires de tous les clients concernés lorsque surgit un conflit d'intérêt, lorsque le secret professionnel risque d'être violé ou lorsque son indépendance risque de ne plus être entière.

Il ne peut accepter l'affaire d'un nouveau client si le secret des informations données par un ancien client risque d'être violé ou lorsque la connaissance par l'avocat des affaires de l'ancien client favoriserait le nouveau client.

Lorsque des avocats sont membres d'un groupement d'exercice, les dispositions des alinéas qui précèdent sont applicables à ce groupement dans son ensemble et à tous ses membres. Elles s'appliquent également aux avocats qui exercent leur profession en mettant en commun des moyens, dès lors qu'il existe un risque de violation du secret professionnel.

Décr. 27 nov. 1991, art. 183 [Sanctions disciplinaires]

[mod. par décr. n° 2005-531, 25 mai 2005, art. 1, 2°]

Toute contravention aux lois et règlements, toute infraction aux règles professionnelles, tout manquement à la *probité, à l'honneur ou à la délicatesse*, même se rapportant à des faits extraprofessionnels, expose l'avocat qui en est l'auteur aux sanctions disciplinaires énumérées à l'article 184.

RIN, art. 1 [Principes essentiels de la profession d'avocat]

Profession libérale et indépendante.

1.1 La profession d'avocat est une profession libérale et indépendante quel que soit son mode d'exercice.

1.2 L'avocat fait partie d'un barreau administré par un conseil de l'Ordre.

Respect et interprétation des règles.

1.3 Les principes essentiels de la profession guident le comportement de l'avocat en toutes circonstances. L'avocat exerce ses fonctions avec dignité, conscience, indépendance, probité et humanité, dans le respect des termes de son serment.

Il respecte en outre, dans cet exercice, les principes d'honneur, de loyauté, de désintéressement, de confraternité, de délicatesse, de modération et de courtoisie.

Il fait preuve, à l'égard de ses clients, de compétence, de dévouement, de diligence et de prudence.

Discipline.

1.4 La méconnaissance d'un seul de ces principes, règles et devoirs, constitue en application de l'article 183 du décret du 27 novembre 1991 une faute pouvant entraîner une sanction disciplinaire.

L. 31 déc. 1971, art. 17 [3] [Missions du Conseil de l'ordre]

Le Conseil de l'ordre a pour attribution de traiter toutes questions intéressant l'exercice de la profession et de veiller à l'observation des devoirs des avocats ainsi qu'à la protection de leurs droits. Sans préjudice des dispositions de l'article 21-1, il a pour tâches, notamment :

1° D'arrêter et, s'il y a lieu, de modifier les dispositions du règlement intérieur, de statuer sur l'inscription au tableau des avocats, sur l'omission de ce tableau décidée d'office ou à la demande du procureur général, sur l'inscription et sur le rang des avocats qui, ayant déjà été inscrits au tableau et ayant abandonné l'exercice de la profession, se présentent de nouveau pour la reprendre ainsi que sur l'autorisation d'ouverture de bureaux secondaires ou le retrait de cette autorisation.

Lorsqu'un barreau comprend au moins cinq cents avocats disposant du droit de vote mentionné au deuxième alinéa de l'article 15, le Conseil de l'ordre peut siéger, en vue de statuer soit sur l'inscription au tableau du barreau ou sur l'omission du tableau, soit sur l'autorisation d'ouverture de bureaux secondaires ou le retrait de cette autorisation, en une ou plusieurs formations de cinq membres, présidées par le bâtonnier ou un ancien bâtonnier. Les membres qui composent ces formations peuvent être des membres du Conseil de l'ordre ou des anciens membres du Conseil de l'ordre ayant quitté leurs fonctions depuis moins de huit ans. Ces membres sont choisis sur une liste arrêtée chaque année par le Conseil de l'ordre.

La formation restreinte peut renvoyer l'examen de l'affaire à la formation plénière ;

2° De concourir à la discipline dans les conditions prévues par les articles 22 à 25 de la présente loi et par les décrets visés à l'article 53 ;

3° De maintenir les principes de probité, de désintéressement, de modération et de confraternité sur lesquels repose la profession et d'exercer la surveillance que l'honneur et l'intérêt de ses membres rendent nécessaire ;

4° De veiller à ce que les avocats soient exacts aux audiences et se comportent en loyaux auxiliaires de la justice ;

5° De traiter toute question intéressant l'exercice de la profession, la défense des droits des avocats et la stricte observation de leurs devoirs ;

6° De gérer les biens de l'Ordre, de préparer le budget, de fixer le montant des cotisations des avocats relevant de ce Conseil de l'ordre ainsi que de celles des avocats qui, appartenant à un autre barreau, ont été autorisés à ouvrir un ou plusieurs bureaux secondaires dans son ressort, d'administrer et d'utiliser ses ressources pour assurer les secours, allocations ou avantages quelconques attribués à ses membres ou anciens membres, à leurs conjoints survivants ou à leurs enfants dans le cadre de la législation existante, de répartir les charges entre ses membres et d'en poursuivre le recouvrement ;

7° D'autoriser le bâtonnier à ester en justice, à accepter tous dons et legs faits à l'Ordre, à transiger ou à compromettre, à consentir toutes aliénations ou hypothèques et à contracter tous emprunts ;

8° D'organiser les services généraux de recherche et de documentation nécessaires à l'exercice de la profession ;

9° De vérifier la tenue de la comptabilité des avocats, personnes physiques ou morales, et la constitution des garanties imposées par l'article 27 et par les décrets visés à l'article 53 ;

10° D'assurer dans son ressort l'exécution des décisions prises par le CNB ;

11° De veiller à ce que les avocats aient satisfait à l'obligation de formation continue prévue par l'article 14-2.

Les contrats de collaboration ou de travail conclus par les avocats sont communiqués au Conseil de l'ordre qui peut, dans des conditions fixées par décret en Conseil d'État, mettre en demeure les avocats de modifier les contrats dont les stipulations seraient contraires aux dispositions de l'article 7.

30.03 Bibliographie indicative.

Ouvrages. Loisel, *Dialogue des avocats*, 1602 – Mollot, 1866 – Cresson, 1907 – Damien, *Le barreau quotidien*, 1971 ; *Les avocats du temps passé*, 1973 ; *Être avocat aujourd'hui*, 1981 – Royer, *La société judiciaire depuis le XIXe siècle*, Paris, 1979 – Sauvel, *Les immunités judiciaires*, Paris, 1956.

SECTION 1
QUE SONT CES PRINCIPES ESSENTIELS ?

30.11 Source des devoirs des avocats. L'avocat prête serment en ces termes : « Je jure, comme avocat, d'exercer mes fonctions avec dignité, conscience, indépendance, probité et humanité[1] ». Du fait qu'il appartient à un Ordre, l'avocat est soumis à une discipline et à des devoirs qui sont la justification de cet Ordre organisé lui-même dans l'intérêt de la justice et des justiciables. L'Ordre veille au respect de leur devoir par les avocats et veille au respect des droits des avocats.

C'est pourquoi la loi du 31 décembre 1971[2] précise que l'Ordre repose sur des principes de probité, de désintéressement, de modération et de confraternité.

Les « principes essentiels » dont il est ici question sont la source des devoirs des avocats. Ce sont des valeurs, qui comprennent des principes, des devoirs et des obligations. Ces valeurs doivent guider les avocats en toutes circonstances, non seulement dans la vie professionnelle, mais également dans la vie privée.

Si ces valeurs semblent revêtir une dimension plus morale que juridique, il faut néanmoins rappeler que tout manquement à ces principes constitue une faute déontologique et peut par conséquent justifier une poursuite disciplinaire[3]. En outre, il est admis en jurisprudence que le juge civil peut utiliser une règle déontologique pour qualifier une faute civile, tant contractuelle que délictuelle[4].

Il est légitimement possible de se demander si ces principes déontologiques peuvent faire l'objet d'une énumération exhaustive. Peut-on résumer les valeurs d'une profession dans 16 principes ? Ce sujet pourrait sans doute être discuté sans fin et l'on trouverait toujours des modifications à apporter à cette liste qui n'est pas immuable. Mais il faut également observer que cette énumération est le fruit d'une longue évolution et d'une réflexion qui puise ses racines dans les origines de la profession (depuis le premier serment au XIIIe siècle, jusqu'au décret du 12 juillet 2005) et qu'elle donc pas le fruit du hasard.

30.12 Textes. Ces principes, qui ont longtemps été coutumiers et informels, sont désormais inscrits dans le décret du 12 juillet 2005[5], lequel s'est inspiré du RIU[6]. Le texte du décret a été repris, au mot près, dans le Règlement intérieur national[7] à l'article 1-3. Celui-ci n'énonce pas moins de seize principes qui doivent guider l'avocat dans l'exercice de son métier :

« L'avocat exerce ses fonctions avec dignité, conscience, indépendance, probité et humanité, dans le respect des termes de son serment.

Il respecte en outre, dans cet exercice, les principes d'honneur, de loyauté, de désintéressement, de confraternité, de délicatesse, de modération et de courtoisie.

Il fait preuve, à l'égard de ses clients, de compétence, de dévouement, de diligence et de prudence. »

Au travers de ces seize principes, c'est l'ensemble de la déontologie qui peut être décrite, car toute la déontologie des avocats prend racine, d'une manière ou d'une autre, dans l'une ou plusieurs de ces valeurs essentielles.

Le décret, puis le RIN qui en a repris les termes, ont marqué une différence, voire un retrait, par rapport au RIU, en supprimant les notions de devoir et d'obligation à l'égard du client. Le RIU imposait en effet à l'avocat « un devoir » de compétence ainsi que « des obligations » de dévouement, de diligence et de prudence. Dans la nouvelle rédaction, l'avocat « fait preuve », à l'égard de ses clients, de compétence, de dévouement, de diligence et de prudence, ce qui peut être très différent, en particulier quand la responsabilité civile de l'avocat est mise en cause. De même que le RIH, le RIU distinguait les **valeurs :** dignité, conscience, indépendance, probité et humanité, les **principes :** honneur, loyauté, désintéressement, confraternité, délicatesse, modération et courtoisie, le **devoir et obligation**, compétence et dévouement, diligence et prudence.

SECTION 2
INVENTAIRE DES SEIZE PRINCIPES ESSENTIELS

30.21 Annonce. Le décret du 12 juillet 2005 et le Règlement intérieur national (RIN) énoncent seize principes qui méritent chacun quelques explications.

30.22 Dignité. La dignité se rapporte à la fois au respect de soi-même et au respect que l'on mérite, c'est-à-dire au respect que l'avocat doit inspirer aux autres par sa noblesse, sa retenue et sa réserve. La dignité qualifie l'attitude que doivent observer cer-

1. L. 31 déc. 1971, art. 3, al. 2.
2. L. 31 déc. 1971, art. 17, 3°.
3. Décr. 27 nov. 1991, art. 183.
4. Civ. 1re, 23 nov. 2004, n° 03-14.763, NP, *D.* 2005. 41, note Moret-Bailly – POUR la profession médicale, mais cette solution est sans aucun doute transposable aux avocats : Civ. 1re, 18 mars 1997, n° 95-12.576, *Bull. civ.* I, n° 99; *D.* 1997. 315, obs. Penneau; *JCP* 1997, n° 17, p. 195, rapport Sargos.
5. Décr. n° 2005-790, 12 juill. 2005, art. 3.
6. RIU, art. 1-3.
7. RIN, adopté par une décision normative n° 2005-003 du CNB.

taines personnes, dont les avocats, en raison des fonctions qu'elles occupent.

• Le principe de dignité interdit à l'avocat de se livrer à un quelconque démarchage de clientèle (sur le principe v. s^s n° 31.42). Si une certaine forme de publicité est autorisée, elle est toutefois très encadrée, même si elle tend à se libéraliser depuis le décret du 12 juillet 2005 (sur la publicité et le démarchage v. s^s n°s 45.01 s.).

Nul n'ignore que mentir est contraire à la dignité. Aussi, quelques questions peuvent se poser : l'avocat doit-il la vérité au magistrat ? (v. s^s n° 33.41). Peut-il mentir dans l'intérêt de son client ? (v. s^s n° 31.41).

Le principe de dignité peut conduire à limiter la liberté de déplacement de l'avocat (v. s^s n° 41.12). De même, les consultations doivent se tenir dans un lieu qui respecte cette dignité : le cabinet (v. s^s n°s 31.42; 41.12; v. aussi contrôle du cabinet par le Conseil de l'ordre s^s n° 12.71). Le local assigné à l'exercice de la profession doit correspondre à certaines exigences afin de respecter la dignité et les exigences du secret professionnel (v. s^s n°s 36.11 s.).

L'avocat ne doit pas exercer une activité publique ou privée ou avoir un comportement de nature à porter atteinte à sa dignité ou à ternir l'image de sa profession (par ex., poser nu sur une affiche, jouer de l'accordéon dans la rue en sollicitant les dons du public... v. s^s n° 31.44).

La robe est une marque de dignité professionnelle de l'avocat et une marque de respect envers la justice (v. s^s n°s 33.52; 35.01 s.).

La dignité implique le respect. Le respect dû aux magistrats n'est plus inclus dans le serment depuis la loi du 15 juin 1982, mais cette modification est sans incidence sur le respect dû aux tribunaux et aux autorités publiques (v. s^s n° 33.11).

30.23 Conscience. La conscience c'est la rigueur morale et professionnelle, la reconnaissance de l'importance de la cause ou des intérêts que l'on défend, la volonté de faire bien son travail.

L'avocat doit faire preuve de conscience morale; il doit être un homme ou une femme de conscience. Cela veut dire qu'il doit agir et parler selon sa propre conscience, ce qui suppose parfois de faire preuve de courage et de probité.

• **Exemples :** La clause de conscience : tout contrat de collaboration ou contrat de travail doit comprendre une clause permettant à l'avocat d'être déchargé d'une mission qu'il estime contraire à sa conscience (v. s^s n°s 50.12, 50.23). Cas de la commission d'office (v. s^s n°s 40.28 s.).

Un avocat doit savoir refuser un dossier en conscience.

La liberté de conscience de l'avocat a aussi rapport avec l'indépendance intellectuelle ou philosophique.

• **Cas de conscience :** conflit entre le secret professionnel et la dénonciation d'un crime : si certaines situations existent (violences contre un mineur ou une personne qui n'est pas en mesure de se protéger...), dans lesquelles la dénonciation n'entraîne pas une condamnation pour violation du secret professionnel, c'est en conscience que l'avocat doit décider. La question se pose pour l'avocat qui est averti de la commission prochaine d'un crime : que doit-il faire pour empêcher le crime ? Doit-il faire prévaloir le secret sur la dénonciation ou l'inverse ? (v. s^s n°s 36.81 s.).

L'avocat dépositaire d'un secret professionnel est dispensé de témoigner en justice. Il doit s'abstenir de dire ce que sa conscience lui interdit (v. s^s n° 36.33).

30.24 Indépendance. De même que le barreau est indépendant de toute autorité, l'avocat doit être indépendant et doit faire preuve d'une grande liberté dans l'exercice de ses fonctions.

Cette indépendance doit être matérielle, morale et intellectuelle et à l'égard de tous (associés, patron, magistrats, société...) et notamment à l'égard de son client.

• L'avocat bénéficie d'une large indépendance dans l'exécution de sa plaidoirie. Il reste maître de son argumentation et n'a pas à s'en justifier auprès de son client (v. s^s n°s 31.52; 91.83). Cette liberté peut lui permet de choisir entre défense de connivence et défense de rupture (v. s^s n° 31.52).

L'avocat doit également manifester son indépendance vis-à-vis des magistrats et des autres auxiliaires de justice, lors de l'instruction et lors de la plaidoirie (v. s^s n° 33.41).

L'indépendance renvoie à la question de la défense de connivence et défense de rupture (v. s^s n° 31.52 – contre le parquet, la loi...).

Les contrats de collaboration ou de travail ne peuvent pas porter atteinte à l'indépendance de l'avocat (v. s^s n°s 31.53; 50.11 s.). C'est pourquoi le contenu des contrats est encadré et soumis au contrôle du Conseil de l'ordre (v. également les questions concernant : la clause de conscience s^s n° 50.12; les clientèles dominantes; l'avocat en entreprise).

Les structures juridiques au sein desquelles s'exerce la profession d'avocat, qu'elles soient d'exercice ou de moyens, doivent permettre de respecter les règles déontologiques et notamment le principe d'indépendance (v. s^s n°s 51.00 s. structures de moyens; v. s^s n°s 52.00 s. structures d'exercice).

En raison de sa nature et notamment du principe d'indépendance qui la caractérise, la profession d'avocat est, par principe, incompatible avec toutes les fonctions ou professions qui exigent le sacrifice même partiel de cette indépendance. Ce principe comprend cependant un certain nombre d'exceptions (v. s[s] n°s 13.121 s.).

30.25 Probité. La probité consiste à respecter les devoirs imposés par la justice et l'honnêteté. C'est la probité intellectuelle qui est visée ici, c'est-à-dire une honnêteté scrupuleuse dans le comportement.

Comme l'honneur, la probité est un principe « à part », dans la mesure où les faits contraires à la probité sont considérés comme particulièrement graves. Cela explique pourquoi une personne condamnée pénalement pour des agissements contraires à la probité ne peut être admise dans la profession d'avocat[1] (v. s[s] n°s 13.61 s.). C'est également la raison pour laquelle les lois d'amnistie qui suivent les élections présidentielles excluent de leur bénéfice les fautes qui constituent des manquements à la probité, à l'honneur et aux bonnes mœurs.

Certains des faits contraires à la probité sont identifiables avec certitude, dans la mesure où ils sont décrits dans le Code pénal au livre IV, titre III, chapitre II, section III : « Des manquements au devoir de probité ». Il s'agit notamment de la concussion, de la corruption passive, du trafic d'influence, de la prise illégale d'intérêts, de l'atteinte à la liberté d'accès et à l'égalité des candidats dans les marchés publics et les délégations de service public, de la soustraction et du détournement de biens.

Mais cette liste est loin d'être exhaustive et la notion de probité, comme celle d'honneur, est assez élastique et extensive et se laisse par conséquent difficilement caractériser en dehors des circonstances concrètes. En réalité, le recours au concept de probité est surtout utilisé négativement, pour caractériser un manquement à ce principe essentiel. Seule l'analyse de la jurisprudence peut donner une certaine idée de ce qu'il faut entendre par faits contraires à la probité.

• Pour un avocat, sont attentatoire à la probité : la tentative de corruption d'un juge[2], la corruption d'employés et la complicité de tentative de faux en écriture privée[3], la non-représentation des fonds destinés à un client[4], le fait de procurer à son client des moyens d'évasion[5], le fait, pour un avocat commis d'office, d'avoir exigé d'un inculpé la signature d'un engagement de versement d'honoraires, et de ne pas s'être présenté à l'audience sous prétexte que la somme convenue n'avait pas été réglée en totalité[6], d'être l'amant de la femme dont il défend les intérêts, ainsi que ceux du mari, dans un divorce sur requête conjointe[7], d'usurper à l'occasion d'une consultation juridique le titre de professeur agrégé[8], de faire état, pour un avocat à la retraite, du titre d'avocat pour rendre visite à un détenu[9], ou encore de ne pas payer la taxe professionnelle[10].

30.26 Humanité. L'humanité est un principe lui aussi essentiel, car la profession d'avocat ne peut être exercée sans humanité. Ce devoir, cette vertu cardinale, concerne essentiellement les relations entre l'avocat et son client. C'est l'humanité qui place l'avocat aux côtés d'hommes ou de femmes (victimes ou coupables) qui souffrent et qui traversent des épreuves humaines difficiles et souvent angoissantes. L'avocat doit faire preuve de compassion et de bienveillance envers les personnes qui viennent le trouver. Mais il doit également faire preuve d'humanité à l'égard de son adversaire.

• Si le bénévolat n'est plus à l'ordre du jour de la profession d'avocat, l'aide aux plus démunis et la possibilité pour ceux-ci d'obtenir gratuitement un défenseur en justice, qui a toujours été un élément essentiel de la profession, est toujours effective grâce au système de l'aide juridictionnelle (v. s[s] n°s 48.00 s.).

L'avocat possède des prérogatives qui lui permettent de faire respecter les droits de la défense, la liberté et le respect des personnes (sur les droits de la défense v. s[s] n°s 40.11 à 40.17). La présence de l'avocat est ainsi admise dès le début de la garde à vue, même si son rôle est limité (v. s[s] n° 40.24). Cette présence des avocats fonctionne grâce au système de la commission d'office (v. s[s] n° 40.28).

Le principe d'humanité est particulièrement important lorsque l'avocat assiste des personnes fragiles. Il prend, par exemple, un rôle essentiel auprès des mineurs; c'est pourquoi, devant le tribunal pour enfant, tout mineur doit être assisté d'un avocat[11].

Le principe d'humanité peut également conduire l'avocat à défendre des personnes ayant commis des actes qu'il juge moralement condamnable.

30.27 Honneur. L'avocat doit « respecter le principe » d'honneur. Ce principe, qui est inscrit dans la tradition de la profession d'avocat depuis

1. L. 31 déc. 1971, art. 11, 4° et 54, 2°.
2. Civ. 1re, 1er mars 1983, n° 82-10.830, *Bull. civ.* I, n° 80.
3. CA Paris, 22 janv. 1992, *D.* 1994. 135.
4. Civ. 1re, 4 mai 1982, NP, *Gaz. Pal.* 1982, 2, pan. 291.
5. CA Aix-en-Provence, 15 mars 1982, *D.* 1984, IR 120.
6. Civ. 1re, 14 mai 1985, n° 84-13.610, *Bull. civ.* I, n° 149; *D.* 1987, somm. 106, note Brunois; *Gaz. Pal.* 1985, pan. 294.
7. Civ. 1re, 17 juill. 1996, n° 94-11.450, *Bull. civ.* I, n° 324; *Gaz. Pal.* 1997, pan. 99; *RTD civ.* 1997, 403, obs. Hauser – ÉGAL[T] : dans une affaire similaire : Civ. 1re, 20 janv. 1993, n° 91-15.548, *Bull. civ.* I, n° 22; *RTD civ.* 1993, 331.
8. CA Paris, 23 nov. 1993, *D.* 1995, somm. 164, obs. Brunois.
9. Civ. 1re, 10 déc. 2002, n° 99-12.842, *Bull. civ.* I, n° 302; *JCP* 2003, 140, n° 21, obs. Martin.
10. Civ. 1re, 23 nov. 1999, n° 96-19.466, NPT, *JCP* 2000, 1, 231, n° 30, obs. Martin.
11. Ord. n° 45.174, 2 févr. 1945, art. 4-1.

les origines, n'est pas sans lien avec les principes de dignité et de respect. D'une manière générale, l'honneur est un état d'esprit, une marque de considération morale que l'on se porte à soi-même ou que les autres vous portent.

Des juges ont donné une définition de la notion d'honneur appliquée à la profession d'avocat qui est intéressante, à défaut d'être très éclairante. Intéressante dans la mesure où elle donne une définition là où la jurisprudence habituelle est assez réticente à le faire. Mais peu éclairante, dans la mesure où l'on y retrouve le mélange habituel d'un certain nombre de principes (délicatesse, dignité, modération, honneur), qui donne à penser que tous ces principes sont imbriqués et que le contour de chacun de ces principes est délicat à dessiner.

L'honneur d'un avocat est néanmoins défini comme « le vif sentiment de sa propre dignité qui anime un individu et qui le pousse à agir de manière à conserver l'estime des autres ainsi que les principes moraux qui sont à la base de ce sentiment. S'agissant d'un comportement reproché à un avocat dans l'exercice de sa profession, la dignité que celui-ci se devait de conserver doit nécessairement s'apprécier en fonction des règles déontologiques de cette profession et des principes généraux qui la sous-tendent.

La nature des propos tenus par un avocat à l'issue d'un verdict d'une Cour d'assises et le caractère véhément, voire vindicatif de son comportement à la fin de l'audience [... il s'est notamment exclamé : "Après un tel verdict, je me fous de ma profession, je déchire ma robe"...] démontrent que celui-ci a manqué à la dignité, la délicatesse et la modération qu'un avocat soucieux de ses devoirs envers les juridictions et sa propre profession doit observer en toutes circonstances.

En se rangeant aux côtés de manifestants dont le comportement a été décrit comme haineux, et en les encourageant par ses propos, cet avocat avait, ce faisant, manifestement renoncé à agir de manière à conserver l'estime d'autrui et à préserver l'image que doit offrir un auxiliaire de justice et, au contraire, préféré participer à une scène de désordre directement tournée contre des magistrats et des jurés. Il a par là manqué à l'honneur d'un membre de la profession d'avocat »[1].

Le principe d'honneur, comme celui de probité revêt une importance particulière. En effet, il est de tradition que les lois d'amnistie excluent de leur bénéfice les fautes disciplinaires qui constituent des manquements à l'honneur, à la probité et aux bonnes mœurs (par ex. loi d'amnistie du 6 août 2002, art. 11). C'est donc souvent à l'occasion d'une amnistie que les faits doivent être caractérisés. Il faut rappeler, en outre, que le candidat à la profession d'avocat ne doit pas avoir été condamné pénalement pour des agissements contraires à l'honneur, à la probité et aux bonnes mœurs[2].

S'agissant des lois d'amnistie, la faute contraire à l'honneur vise essentiellement les faits à caractère frauduleux, c'est-à-dire les faits qui mettent en cause l'honnêteté, la probité; les faits dans lesquels le goût du lucre a été le moteur de la mauvaise action commise par le délinquant.

En ce qui concerne plus généralement l'activité de l'avocat, il s'agit plus spécifiquement de l'honneur de sa profession, un honneur qui exige des devoirs et des règles. L'honneur de l'avocat le porte par exemple défendre les plus démunis (« la veuve et l'orphelin » dit-on couramment), à faire preuve à l'égard de ses clients de compréhension, de tolérance et de charité, sans pour autant que cela ne devienne de la complaisance. L'honneur peut également conduire l'avocat à défendre une cause qui semble perdue d'avance.

• Tout manquement délibéré au serment prêté est nécessairement contraire à l'honneur[3].

Constitue un manquement à l'honneur le fait pour un avocat d'embaucher comme juriste salarié un ancien bâtonnier condamné pénalement pour des fautes graves dans l'exercice de ses fonctions et malgré l'avis défavorable du conseil de l'Ordre[4].

Refuser d'exécuter une décision de justice définitive prononcée à son encontre, notamment en s'opposant à toute saisie en déclarant que le bureau et le matériel de son cabinet d'avocat lui étaient loués par un confrère et qu'il habitait chez une amie, constitue à lui seul un manquement caractérisé à l'honneur et à la profession d'avocat[5].

Constituent également des atteintes à l'honneur : le détournement de clientèle (v. ss nos 32.31, 30.28); le mensonge (dans quelle mesure un avocat peut-il mentir ? v. ss nos 31.41, 32.41); la corruption, complicité de tentative de faux en écriture privée; l'aide à l'évasion d'un client[6], l'usurpation d'un titre[7].

Certaines attitudes dans la vie privée peuvent aussi entacher l'honneur de la profession : dettes, consommation de drogues et fréquentation d'un milieu délinquant, acte de mendicité... (v. ss n° 31.44).

1. CA Aix-en-Provence, 24 nov. 1989, *Gaz. Pal.* 1990, 1, jur. 240, note Damien.

2. L. 31 déc. 1971, art. 11, 4° et 54, 2°.
3. CA Limoges, 14 janv. 2004, *BICC* 2004, n° 446.
4. Civ. 1re, 26 janv. 1999, n° 96-12.406, NPT, *JCP* 1999, I, 126, n° 24, obs. Martin.
5. CA Paris, 22 sept. 1993, *D.* 1995, somm. 165, obs. Brunois.
6. CA Aix-en-Provence, 15 mars 1982, *D.* 1984, IR 120.
7. CA Paris, 23 nov. 1993, *D.* 1995, somm. 164, obs. Brunois.

La violation du secret professionnel par un avocat est un manquement grave à l'honneur mais elle est également sanctionnée pénalement (sur le délit de divulgation d'information v. ss nos 36.33 s.).

30.28 Loyauté. L'avocat doit respecter le principe de loyauté, ce qui signifie être fidèle à son engagement et à son serment, obéir aux règles de l'honneur et de la probité. La loyauté va donc au-delà de ce que la loi exige, au-delà du respect du contradictoire (même si elle l'inclut).

• Dans chaque affaire, l'avocat doit agir avec loyauté et diligence vis-à-vis de son contradicteur (v. ss nos 32.41 s.). Il ne doit pas déconsidérer son adversaire ou un témoin par des allégations gratuites (v. ss no 86.82). Il doit répondre au courrier, ne pas profiter des erreurs purement matérielles de son confrère (v. ss nos 32.41 s.).

Lorsqu'il entre en contact avec la partie adverse, il doit prendre un certain nombre de mesures et doit surtout éviter toute présentation déloyale de la situation s'abstenir de toute menace (v. ss nos 43.01 s.).

Succession d'avocats dans un dossier : restituer les pièces, s'assurer que son confrère est désintéressé (v. ss nos 44.00 s.).

Le principe de loyauté implique aussi le respect du contradictoire (v. ss nos 39.11 s.). La communication des pièces en temps utile à la partie adverse est un élément fondamental de la procédure (v. ss nos 39.21 s.).

Le non-respect de la confidentialité des correspondances constitue également un manquement au principe de loyauté.

L'avocat doit prendre garde, lors de la transmission des pièces, notamment lorsqu'il s'agit d'originaux ou de pièces mettant en cause des tiers, de ne pas s'en dessaisir au profit du client... (v. ss nos 39.23, 39.24). Restituer les pièces transmises par son confrère dans les délais permettant à son confrère de préparer son dossier (v. ss no 39.26).

L'avocat ne doit pas exercer de rétention sur les pièces de son client pour obtenir le paiement des honoraires (v. ss no 46.56).

Le détournement de clientèle est une entorse à l'obligation de loyauté : manque à son obligation de loyauté et de délicatesse l'avocat salarié adressant aux clients de son ancien employeur ses nouvelles coordonnées (v. ss no 32.31).

La loyauté implique aussi la correction à l'audience (sur le respect dû aux magistrats v. ss no 33.11; sur les délits d'audience v. ss nos 86.00 s., spéc. 86.82).

30.29 Désintéressement. L'avocat doit être capable d'agir avec désintéressement (v. également le principe d'humanité) Il doit faire preuve d'humanité et de conscience professionnelle.

Si le principe de désintéressement s'est modifié avec l'évolution de la profession, il n'a pas disparu pour autant. L'honoraire n'est certes plus le « don spontané de la reconnaissance du client ». Il est devenu une exigence impérieuse imposée par les charges importantes que supportent les cabinets. Il n'en demeure pas moins que l'avocat doit faire preuve, si ce n'est de désintéressement total dans toutes les circonstances, au moins de modération dans la fixation de ses honoraires et exercer sa profession avec diligence et conscience professionnelle. C'est parce que ce principe de désintéressement n'est pas toujours suffisamment respecté que les honoraires font l'objet d'un important contentieux.

• Les consultations gratuites données par les avocats sont une illustration du principe de désintéressement (v. ss no 41.13).

Ce principe de désintéressement s'illustre également dans l'aide juridique, qu'elle soit sous la forme de l'aide juridictionnelle (aide financière) ou de l'aide à l'accès au droit (consultations gratuites). La finalité de l'aide juridictionnelle est de venir en aide aux personnes les plus démunies en leur permettant d'obtenir gratuitement un défenseur en justice (v. ss no 48.09). Elle est donc réservée aux personnes dont les ressources sont insuffisantes (v. ss nos 48.00 s., spéc. nos 48.11 s.; sur le recouvrement des honoraires en matière d'aide juridictionnelle v. ss nos 46.102 s).

Le principe de la rémunération, des avocats est celui de la liberté de fixation des honoraires. C'est pourquoi les barèmes indicatifs d'honoraires demeurent interdits.

Le pacte de *quota litis* est également prohibé; ce qui signifie que toute fixation d'honoraires uniquement en fonction du résultat judiciaire est interdite (v. ss nos 46.27 s.).

En revanche, les conventions d'honoraires et les forfaits sont autorisés (v. ss nos 46.11 s.).

En l'absence de convention d'honoraires, la situation de fortune du client reste un des éléments de leur détermination (v. ss no 46.31).

Le contentieux des honoraires, qu'il s'agisse de la contestation par le client ou du recouvrement par l'avocat, fait l'objet d'une procédure spéciale (v. ss nos 46.11 s.; sur les honoraires v. ss nos 46.00 s.).

Le principe de désintéressement rend la profession d'avocat incompatible, par principe, avec toute activité commerciale et avec certaines fonctions au sein de sociétés. Ce principe comprend cependant un certain nombre d'exceptions (v. ss nos 13.121 s.).

30.30 Confraternité. La confraternité est un principe essentiel qui est au fondement de la profession d'avocat. L'avocat appartient à un ordre et il ne doit pas oublier les liens qui l'unissent à ses confrères, le serment identique qu'ils ont prêté et les valeurs communes sur lesquelles repose leur profession. Il doit donc s'efforcer d'entretenir de bonnes relations avec ses confrères et ne pas oublier la solidarité qui les unit (v. ss nos 32.11 s.).

• L'avocat a des devoirs envers l'ordre et le bâtonnier; visite d'usage ou de courtoisie; considération des plus jeunes envers les anciens et bienveillance des anciens envers les plus jeunes (v. ss n° 32.11).

Il doit s'abstenir de toute démarche visant à détourner la clientèle d'un confrère (v. ss n° 32.31).

Les correspondances entre avocats sont couvertes par le secret professionnel (sur la confidentialité des correspondances v. ss nos 37.11 s.). Elles ne peuvent par conséquent en aucun cas être produites en justice. Le fait pour un avocat de s'en affranchir constituera un manquement grave à la confraternité, ainsi qu'à l'honneur, à la probité et à la délicatesse (v. ss nos 37.57 s.). Font exception à ce principe les lettres portant la « mention officielle » (v. ss nos 37.62 s.).

30.31 Délicatesse. L'avocat doit faire preuve de délicatesse dans ses rapports avec ses clients (v. ss n° 31.61) et avec ses confrères.

• Par délicatesse, l'avocat doit accomplir personnellement la mission de défense qui lui est confiée; il doit donc plaider en personne. S'il doit se faire remplacer à l'audience, il le fera en respectant certaines règles et avec l'accord du client. Ces règles s'appliquent différemment dans les cas de SCP ou d'association (v. ss n° 31.22).

L'avocat doit éviter les conflits d'intérêts : plaider contre un ancien client, un ancien employeur... (v. ss n° 31.61; sur les conflits d'intérêts v. ss nos 38.00 s.). La question des conflits d'intérêts se pose dans les structures juridiques, notamment dans les structures d'exercice (v. ss nos 52.91 s.), mais également dans les structures de moyens (v. ss n° 53.21).

Il ne doit pas transgresser le mandat confié par le client : question du mandat *ad litem* (représentation) et de son dépassement (v. ss nos 31.61; 40.123 s.; sur les conflits d'intérêts, v. aussi ss nos 38.01 s.).

Il doit aussi faire preuve de délicatesse dans ses rapports avec ses confrères (v. également sur ce point la confraternité) : dossier mettant en cause le fils d'un confrère (v. ss n° 32.02); abus d'ancienneté et de confiance (v. ss n° 32.02).

En cas de succession d'avocats dans un dossier, le principe de délicatesse impose à l'avocat qui reçoit le client d'un confrère une procédure particulière (s'enquérir des honoraires restants dûs...) : v. ss nos 44.00 s. L'avocat dessaisi se voit également imposer un certain nombre d'obligations (restituer le dossier sans exercer de droit de rétention... – v. ss nos 44.21 s.).

30.32 Modération. L'avocat doit montrer de la modération dans son attitude générale et dans ses propos, notamment à l'audience.

• L'avocat doit faire preuve de modération et de correction à l'audience (v. ss n° 32.22). Si l'avocat jouit, en principe, d'une grande liberté d'expression et même d'une certaine immunité, il peut néanmoins, en cas de manquement aux obligations que lui impose son serment, faire l'objet de sanctions disciplinaires (v. ss nos 86.71 s.) et même être sanctionné dans le cadre d'un délit d'audience dans le cas de déclarations injurieuses ou diffamatoires (v. ss nos 86.81 s.; sur les délits d'audience v. ss nos 86.00 s.).

30.33 Courtoisie. La courtoisie peut être définie comme « une attitude de politesse raffinée conforme à la tradition et à la bonne éducation, aux usages mondains » (Littré). L'avocat doit faire preuve plus que de politesse et de civilité, de courtoisie. Il doit respecter non seulement les « usages mondains », mais également ceux en vigueur dans sa profession, notamment dans ses relations avec ses confrères et avec les magistrats.

• La courtoisie veut que lorsque l'avocat plaide devant un tribunal extérieur il rende une visite dite de courtoisie ou d'usage au bâtonnier et au confrère plaidant pour la partie adverse, ainsi qu'au président du tribunal et au représentant du ministère public (v. ss n° 32.23).

Respect dû aux magistrats : même si ce principe a disparu du serment depuis la loi du 15 juin 1982, l'avocat doit observer vis-à-vis des magistrats les égards auxquels ils ont droit (v. ss nos 33.11 s.; 86.72 s.). S'il a droit à la critique, il peut être poursuivi disciplinairement et pénalement en cas d'injures ou de diffamations contre des magistrats (sur les troubles à l'audience, injures et diffamations à l'audience, outrage à magistrat... v. ss nos 86.00 s.).

Il a également, vis-à-vis du tribunal, des obligations d'exactitude et diligence dans la procédure (v. ss nos 33.21 s.). À l'audience, il doit faire preuve de correction à l'égard de ses confrères (v. ss n° 21.12) et de respect à l'égard des magistrats (même si le respect a disparu du serment : v. ss n° 33.11).

La courtoisie impose le respect d'un certain nombre de règles de comportement : l'avocat en tenue de ville cède le pas à celui qui est en robe : « honneur à la robe »; déférence à l'égard du bâtonnier, respect à l'égard des confrères plus âgés, des femmes, des magistrats... Par exemple, les rendez-vous ont lieu au cabinet du confrère le plus ancien dans l'ordre du tableau...

30.34 Compétence. L'avocat doit faire preuve, à l'égard de ses clients, de compétence professionnelle.

• L'abstention peut constituer une erreur professionnelle (v. s^s n° 31.11).

L'avocat, en tant que professionnel du droit, est tenu d'un devoir de conseil à l'égard de son client, tant sur le plan strictement juridique (interprétation de la loi, incertitudes de la jurisprudence, rédaction d'un acte juridique, obligation d'assurer l'efficacité de cet acte, accomplissement des formalités accessoires...) que sur le plan judiciaire (information quant aux voies de droit nécessaires, aux voies de recours, aux délais de procédure...).

Il peut engager sa responsabilité civile pour manquement à son obligation de conseil et d'information (v. s^s n°s 91.31 s.). Cette responsabilité est renforcée du fait qu'il appartient à l'avocat d'apporter la preuve qu'il a bien exécuté son obligation de conseil (v. s^s n° 91.22).

30.35 Dévouement. L'avocat doit se montrer dévoué à l'égard de son client. C'est-à-dire qu'il doit se mettre à son service avec sérieux, bienveillance et disponibilité. (v. aussi les principes de diligence, désintéressement et humanité).

• Le dévouement de l'avocat implique l'accomplissement personnel de la mission de défense qui lui a été confiée et sa présence à la barre. C'est pourquoi les remplacements d'audience obéissent à certaines règles impératives (v. s^s n°s 31.22; 91.72).

L'avocat doit faire preuve de sérieux et de disponibilité; ce qui implique par exemple de donner un avis d'opportunité sur une procédure ou de signifier un jugement dans les délais (v. s^s n° 31.21).

30.36 Diligence. L'avocat doit faire preuve de diligence à l'égard de son client. Il doit montrer une grande disponibilité et apporter un soin appliqué et attentif à sa défense. Il ne doit tout particulièrement pas, pour quelque motif que ce soit, négliger un dossier. Il est préférable de s'en dessaisir.

• L'avocat doit accomplir complètement le mandat qu'il a accepté et veiller à toutes les formalités requises. En vertu du mandat *ad litem*, il peut et doit faire tout ce qui est nécessaire ou utile au succès du procès (sur l'étendue du mandat v. s^s n°s 40.123 s.; sur la postulation v. s^s n°s 40.111 s.). Il peut engager sa responsabilité pour négligence, manquement de diligence ou désinvolture (v. s^s n°s 91.71 s.).

Il est responsable de la procédure et de son déroulement et doit informer le client. Il doit surveiller les délais de recours, en indiquer les modalités au client et lui donner un avis motivé sur ce point (v. s^s n°s 91.71 s.).

D'une manière générale l'avocat doit être présent aux côtés de son client (v. s^s n°s 31.22; 91.72).

Il engage sa responsabilité pour manquement à son devoir de conseil, pour avoir laissé s'écouler un délai d'appel, pour avoir perdu des pièces..., pour n'avoir pas accompli toutes les formalités nécessaires à la réalisation d'un acte... (v. s^s n°s 91.21 s.).

30.37 Prudence. L'avocat doit faire preuve de prudence, c'est-à-dire agir avec précaution, en prêtant attention aux conséquences de ses actes. Il doit prendre toutes les dispositions nécessaires pour éviter les erreurs et ne pas inconsidérément engager son client dans des procédures hasardeuses.

• En vertu de ce principe de prudence, l'avocat doit savoir refuser une cause qu'il ne se sent pas en mesure de défendre (v. s^s n° 31.31).

Il doit également avoir la prudence de refuser certains dossiers pour lesquels il manque de compétence ou qui sont d'une spécialité qui lui est étrangère (v. s^s n°s 31.31). Il peut en effet engager sa responsabilité pour manque de compétence juridique ou manquement à son devoir de conseil (v. s^s n°s 91.31 s.). Le principe de prudence croise ici le devoir de compétence.

L'avocat doit donner à son client un avis de prudence et de modération; il doit l'éclairer sur les risques d'un procès, éventuellement lui déconseiller un procès ou une cause indéfendable (v. s^s n° 31.12).

Il lui est conseillé de donner une interprétation prudente des textes et de la jurisprudence (sur la responsabilité de l'avocat en cas d'incertitudes jurisprudentielles v. s^s n° 91.32).

L'avocat peut engager sa responsabilité pour manquement à son devoir de prudence (v. s^s n°s 91.51 s.).

30.38 Principe du contradictoire et secret professionnel. À ces seize principes énumérés par le décret du 12 juillet et le RIN, il faut ajouter deux autres principes tout aussi essentiels qui sont le principe du contradictoire[1] (v. s^s n°s 39.00 s. le chap. 39 consacré au respect du contradictoire, spéc. n°s 39.11 s.) et le secret professionnel[2] (v. s^s n°s 36.00 s. le chap. 36 consacré au secret professionnel). L'avocat est également tenu au secret de l'enquête et de l'instruction[3].

30.39 Libre choix de l'avocat par le client. Ce principe fondamental doit être respecté dans tous les États et particulièrement ceux où sont constitués des barreaux ou autres organisations d'avocats.

1. Décr. 12 juill. 2005, art. 16 – RIN, art 5 : « respect du principe du contradictoire ».
2. C. pr. pén., art. 11 – L. 31 déc. 1971, art. 66-5 – décr. 12 juill. 2005, art. 4 et art. 7, al. 2 – RIN, art. 2 : « le secret professionnel » – RIN, art. 12-2 : avocat stagiaire et RIN, art. 55, al. 3 : consultation en matière juridique et rédaction d'acte.
3. RIN, art. 2 *bis* : « le secret de l'enquête et de l'instruction » – Décr. 12 juill. 2005, art. 5.

30.40 Source des principes essentiels de la profession d'avocat

Principes essentiels	L. 31 déc. 1971 (Serment)	Décr. 27 nov. 1991	Décr. 12 juill. 2005	RIN
• Dignité	• serment : art. 3		• art. 3	• art. 1.3 • art. 10.1 • art. 10.11
• Conscience	• serment : art. 3		• art. 3	• art. 1.3
• Indépendance	• serment : art. 3		• art. 3 • art. 7	• art. 1.3 • art. 4.1 • art. 16.2
• Probité	• serment : art. 3 • art. 17, 3° • art. 11, 5° • art. 54, 2°	• art. 183 • art. 63	• art. 3	• art. 1.3
• Humanité	• serment : art. 3		• art. 3	• art. 1.3
• Honneur	• art. 17, 3° • art. 11, 5° • art. 54, 2°	• art. 183 • art. 63	• art. 3	• art. 1.3 • art. 10.11
• Loyauté			• art. 3	• art. 1.3 • art. 5.1 • art. 5.4 • art. 18.2
• Désintéressement	• art. 17, 3°		• art. 3	• art. 1.3
• Confraternité	• art. 17, 3°		• art. 3	• art. 1.3 • art. 5.4 • art. 18.2
• Délicatesse		• art. 183	• art. 3	• art. 1.3 • art. 10.1
• Modération	• art. 17, 3°		• art. 3	• art. 1.3
• Courtoisie			• art. 3	• art. 1.3 • art. 1 *bis* • art. 5.4 • art. 18.2
• Compétence			• art. 3	• art. 1.3
• Dévouement			• art. 3	• art. 1.3
• Diligence			• art. 3	• art. 1.3
• Prudence			• art. 3	• art. 1.3

CHAPITRE

31. Principes essentiels de la profession d'avocat envers les clients

SECTION 0
ORIENTEUR

31.00 Plan du chapitre.

31.01 Textes applicables.
V. s[s] n° 30.01

31.02 Jurisprudence de référence.

> Sur la prudence

> Obligation de prudence : devoir de conseil

• **Civ. 1re, 27 févr. 2001, n° 98-10.756,** NP, *JCP* 2001, I, 348, n° 26, note Martin.

* V. s[s] n° 31.31.

> Sur la diligence et la délicatesse

> Délicatesse : transgression du mandat donné par le client – Violation du principe selon lequel les honoraires sont librement convenus entre les parties – Défaut d'information du client quant à la teneur du jugement rendu

• **Civ. 1re, 11 juill. 1983, n° 83-11.590,** *Bull. civ.* I, n° 201; *JCP* 1983, IV, 355; *Gaz. Pal.* 1984, 1, 152, note Damien.

* V. s[s] n° 31.61.

« Mais attendu que la cour d'appel a retenu que M. B... savait que le but essentiel de M. S..., en se constituant partie civile, était d'obtenir la condamnation pénale de M. L..., et que, néanmoins, sans instruction de son client, il avait pris l'initiative d'une négociation avec l'avocat de l'inculpé dans le double dessein d'éloigner M. S... et son fils des débats, et d'obtenir une rémunération; que sans violer les textes visés aux deux premières branches du moyen qui réputent le mandataire *ad litem* avoir reçu pouvoir de transiger à l'égard du juge et de la partie adverse, mais non à l'égard de son client, et sans dénaturer les procès-verbaux d'audition des témoins, la cour d'appel, qui a également constaté que la transaction ne satisfaisait pas les intérêts du client, et qu'une persuasion avait été exercée sur celui-ci avec une telle force qu'en raison de son caractère plutôt simple, il n'avait pas pu faire autrement que d'accepter le dédommagement qui lui était proposé, a pu en déduire que M. B..., en procédant dans de telles conditions à cette négociation, avait transgressé le mandat qu'il avait pris en charge et manqué ainsi aux règles professionnelles et à la délicatesse;

– que, sans se contredire, les juges d'appel ont encore constaté que, si M. B... avait indiqué à M. S... et à son fils qu'ils pouvaient, s'ils le désiraient, assister aux débats, il leur avait également affirmé que le jeune Th... n'aurait aucun ennui s'ils rentraient [...] immédiatement chez eux, et que, eu égard à l'inquiétude manifestée par le mineur à l'idée d'avoir à témoigner devant le tribunal, M. B... savait qu'en s'exprimant ainsi, il provoquerait leur départ immédiat;

– que, sans avoir à prendre en considération l'appréciation de l'avocat quant à l'utilité ou à l'opportunité du témoignage du jeune Th..., la cour d'appel a justement estimé que M. B... avait outrepassé ses droits en écartant des débats un témoin régulièrement cité et avait ainsi manqué aux règles professionnelles; que la juridiction du second degré, qui n'a pas reproché à M. B... d'avoir réclamé ou retenu des honoraires, mais qui a constaté, sans dénaturer le procès-verbal d'audition de M. S..., que, sans avoir recueilli l'accord préalable de celui-ci sur leur montant, M. B... avait retenu de sa propre autorité une somme de 800 francs sur l'indemnité qu'il avait reçue pour le compte de son client, a justement estimé que cette manière de procéder, contraire au principe selon lequel les honoraires sont librement convenus entre les parties, constituait un manquement à la délicatesse;

– qu'enfin, ayant relevé que M. S… avait fait connaître à son avocat que le but essentiel de sa démarche était d'obtenir la condamnation pénale de M. L…, et ayant retenu que la transaction réalisée par l'avocat ne répondait pas aux intérêts du client, la cour d'appel a pu estimer que, mandaté pour se constituer partie civile à l'occasion d'une poursuite pénale, M. B… avait l'obligation de tenir M. S… informé du jugement rendu sur cette poursuite, et qu'en omettant de satisfaire à ce devoir envers son client il avait manqué à la délicatesse à son égard;

– qu'ainsi la cour d'appel a légalement justifié sa décision et que le moyen n'est fondé en aucune de ses branches. »

> **Diligence et délicatesse : défense personnelle du client**

• **Civ. 1re, 11 juill. 1983, n° 83-11.591,** *Bull. civ.* I, n° 201; *JCP* 1983, IV, 355; *Gaz. Pal.* 1984, 1, 152, note Damien.

* V. ss n° 31.22.

« Mais attendu que la cour d'appel, qui n'était pas tenue de suivre les parties dans le détail de leur argumentation, a souverainement estimé que M. R… savait, lorsqu'il a reçu M. P. S… et qu'il a accepté de prendre en charge sa constitution de partie civile, qu'il ne pourrait pas se rendre au palais de justice;

– que, sans dénaturer le procès-verbal d'audition de M. L…, elle a relevé que M. R… avait néanmoins promis à son client d'être présent à l'audience correctionnelle;

– qu'elle a pu en déduire que, même dans le cadre d'une société civile professionnelle, qui ne supprime pas la relation personnelle entre l'avocat associé et son client, M. R…, en se faisant remplacer par son associé, M. B…, sans l'agrément préalable de M. P. S…, avait trompé la confiance de celui-ci et manqué à la délicatesse à son égard;

– qu'ayant relevé que M. R… avait été mandaté pour se constituer partie civile à l'audience correctionnelle et qu'il avait accepté ce mandat, les juges d'appel ont pu également estimer qu'en ne se souciant pas des suites de l'affaire, et en ne priant pas son confrère M. B… de tenir informé M. S… du jugement, M. R…, qui avait ainsi manifesté l'indifférence la plus complète à l'égard de son client avait encore manqué à la délicatesse due à celui-ci;

– que la juridiction du second degré, qui a également relevé que M. R… savait, lorsqu'il a reçu son client, que le dossier qu'il prenait en charge mettait en cause le fils d'un confrère, et qui a constaté qu'il avait confié ce dossier au dernier moment à M. B… le plaçant ainsi dans une situation très difficile qui devait être à l'origine des complications survenues et des poursuites disciplinaires engagées contre ce confrère, a pu en déduire que ce comportement constituait un manque de délicatesse à l'égard de celui-ci;

– qu'enfin, si la cour d'appel a énoncé que M. R… aurait pu éviter ces difficultés en informant M. P. S… de son refus de prendre en charge un dossier mettant en cause le parent d'un confrère, elle n'a pas tiré de conséquence juridique de cette énonciation et n'a pas tenu pour une faute le fait par M. R…, d'avoir accepté le dossier;

– qu'ainsi le moyen, qui manque en fait en sa sixième branche, n'est pas fondé en ses autres branches. »

31.03 Bibliographie indicative.

Ouvrages. Loisel, *Dialogue des avocats*, 1602 – Mollot, 1866 – Cresson, 1907 – Damien, *Le barreau quotidien*, 1971; *Les avocats du temps passé*, 1973; *Être avocat aujourd'hui*, 1981 – Avril, 2008 – Beignier, Blanchard, Villacèque, 2008 – Martin, 2008 – Royer, *La société judiciaire depuis le XIXe siècle*, Paris, 1979 – Sauvel, *Les immunités judiciaires*, Paris, 1956 – Soulez-Larivière, *Lettre à un jeune avocat*, Balland, 1999 – Woog, 2001.

Thèses. Moret-Bailly, *Les déontologies*, Puam, 2001.

Articles. Damien, « La déontologie de l'avocat hors du prétoire », dans *Mélanges Hébraud*, 1981, p. 253; « L'avocat et la vérité », *Gaz. Pal.* 1984, 2, 543; « Éléments de civilité puérile et honnête à l'usage des avocats », *Gaz. Pal.* 1985, doctr. 222 – Martin, « L'avocat et la délicatesse », *Gaz. Pal.* 30 juill.-1er août 2000, p. 2; « Déontologie de la profession libérale », *RJB* 2000, n° 59/70, p. 176 – Michaud, « Les avocats sont-ils des canards de foire ? », *Gaz. Pal.* 29 avr. 1997, p. 3 – Woog, « L'activité de l'avocat, globale, spécialisée ou dominante, et son image auprès du public », *JCP* 1989, I, 3413.

31.09 Vis-à-vis de la clientèle, l'avocat a essentiellement un devoir de compétence, une obligation de dévouement et de diligence. Il doit également exercer ses fonctions avec prudence, dignité, indépendance et délicatesse, aussi bien dans le conseil que dans la représentation ou dans l'assistance[1].

SECTION 1
COMPÉTENCE

31.11 Erreurs de droit, erreurs professionnelles caractérisées. L'abstention peut constituer une « erreur professionnelle caractérisée » entraînant des sanctions tant civiles que disciplinaires.

• **Abstentions fautives et variées.** Omissions de prendre une hypothèque provisoire[2] ou de renouveler une inscription[3], de ne pas engager une action dans le délai de prescription[4], de ne pas exploiter en moyen de défense la situation que lui expose le client[5].

31.12 Devoir de conseil. L'avocat doit conseiller ses clients au mieux de leurs intérêts. Parfois certains conseils suivis ne produisent pas le résultat escompté. La responsabilité de l'avocat peut alors être retenue (v. ss nos 91.31 s.).

1. Avril, 2008, nos 21.70 s.
2. CA Rennes, 12 oct. 1974, cité par Avril, n° 33.12 – rappr. : CA Aix-en-Provence, 10 mars 1980, *Gaz. Pal.* 1980, 1, 269 – rappr. : CA Lyon, 9 déc. 1981, *JCP* 1983, IV, 352.
3. Civ. 1re, 13 juill. 1982, n° 81-14.425, *Bull. civ.* I, n° 261; *JCP* 1982, IV, 337.
4. Civ. 1re, 15 oct. 1985, n° 84-12.309, *Bull. civ.* I, n° 257; *JCP* 1986, IV, 1.
5. CA Lyon, 12 janv. 1932, *S.* 1933, 2, 46.

• **Exemples.** Le fait de retarder une demande d'indemnité d'occupation en matière d'expropriation pour obtenir une indemnité supérieure, le terrain étant alors considéré comme nu et libre et ensuite d'encourir une déchéance quadriennale, entraîne la responsabilité de l'avocat qui a fait courir à ses clients un risque inéluctable sans contrepartie positive [1].

Un tribunal paritaire des baux ruraux ayant prononcé la résiliation du bail des époux demandeurs, ceux-ci, sans relever appel, avaient assigné leur avocat en réparation de leur préjudice, en lui reprochant de les avoir mal conseillés au cours d'une procédure de nullité de la vente du domaine rural dont ils étaient locataires, qu'ils estimaient faite en fraude de leurs droits, notamment en préconisant le dépôt à la Carpa du montant des fermages.

La cour d'appel qui les déboute de cette demande a énoncé que le défenseur pouvait raisonnablement conseiller à ses clients, sans risque normalement prévisible pour eux, de différer le paiement des fermages jusqu'à l'issue de la procédure de nullité de la vente, alors surtout qu'il avait pris soin d'aviser les créanciers qu'il conservait provisoirement les fonds à son compte à la Carpa, a pu en déduire qu'il n'avait pas commis de faute et que la résiliation du bail trouvait sa cause dans l'attitude fautive des époux qui, après le rejet de leur action en nullité de la vente, et malgré les conseils alors prodigués par leur avocat, avaient refusé pendant encore un an, de s'acquitter des fermages [2].

• **Opportunité de l'appel.** L'avocat est également tenu d'une obligation de conseil quant à l'opportunité d'interjeter appel. L'intervention d'un avoué ne le décharge par de cette obligation [3].

Cette obligation du conseil doit être interprétée compte tenu d'aléas d'interprétation de la loi et de la jurisprudence.

• **Interprétation de la loi.** On ne peut reprocher à un avocat d'avoir commis une erreur d'appréciation en interprétant différemment de la jurisprudence à venir, une loi récente, en l'absence au moment de sa consultation, de toute jurisprudence certaine [4].

SECTION 2
DÉVOUEMENT ET DILIGENCE

31.21 **Sérieux et disponibilité.** L'avocat, lorsqu'il a accepté de se charger d'une cause, doit étudier le dossier du client, suivre les audiences, défendre ses intérêts et diligenter la procédure en tenant informé son client des résultats. Il doit en outre lui donner son avis sur l'opportunité de l'usage d'une voie de recours. Il doit dissuader son client d'introduire avec légèreté ou malice une action [5].

• **Attention à l'excès de zèle !** Toutefois, une diligence excessive pourrait être, à l'égard des adversaires, jugée abusive. L'exemple typique est celui de la procédure abusive, notamment en matière de voies d'exécution. Ainsi l'avocat qui pratique des saisies immobilières, alors qu'une saisie mobilière eut amplement suffi, encourt une responsabilité de ce fait [6].

• **Obligation de vérification.** C'est également le cas de la procédure de saisie immobilière à laquelle un avocat procède, sans vérifier avec précision l'adresse de l'immeuble à exproprier, ce qui l'amènera par suite d'une erreur fautive, à poursuivre une procédure de saisie qui ne peut prospérer [7].

• **Omission de la constitution.** De même l'absence de constitution en matière de postulation entraîne la responsabilité de l'avocat [8].

• **Signification des jugements.** Un avocat ne peut, dans l'accomplissement de son mandat, être tenu de prévoir l'évolution de la jurisprudence. Mais tel n'est pas le cas lorsqu'un avocat invoque l'incertitude la jurisprudence, exposant que certaines décisions ont considéré que l'appel interjeté par le demandeur fait obstacle à la péremption pour défaut de signification, et soutient qu'il ne pouvait anticiper la position de la Cour de cassation qui, par un arrêt du 27 mars 1996, a décidé que la signification d'un jugement réputé contradictoire dans le délai de six mois s'impose à peine de péremption et qu'en l'absence de signification, le jugement, même frappé d'appel par le demandeur initial, doit être déclaré non avenu. En effet, les termes mêmes des articles 478 et 503 du [N]CPC auraient dû l'inciter, comme tout avocat normalement diligent, à procéder à la signification. Si la Cour de cassation a fixé sa jurisprudence sur l'application de l'article 478 par l'arrêt du 27 mars 1996, la doctrine recommandait aux praticiens, eu égard aux hésitations de la jurisprudence, la prudence en matière de péremption. Eu égard à l'incertitude qui pouvait exister quant à l'application de l'article 478, l'avocat devait éclairer son client pour lui présenter exactement les risques encourus en cas de non-signification du jugement dans le délai de six mois. En s'abstenant de lui-même de procéder à cette formalité qu'imposait la précaution, cet avocat a commis un manquement à son devoir de conseil et à son obligation de diligence dans la défense des intérêts de son client. Par sa faute, l'avocat a fait perdre à son client la chance de faire exécuter la décision assortie de l'exécution provisoire [9].

1. CA Paris, 10 janv. 1977, Cts Jozon c/x, inédit, cité par AVRIL, 1981 n° 19.
2. Civ., 28 juin 1983, *JCP* 1983, IV, 285.
3. Civ. 1re, 29 avr. 1997, n° 94-21.217, *Bull. civ.* I, n° 132 R., p. 294; *JCP* 1997, II, 22948, note Martin; *CCC* 1997, n° 111, note Leveneur; *LPA* 15 août 1997, note M. H. et V. Maleville RCA 1997, Comm. 231 et Chron. 19, par Groutel.
4. T. civ. Strasbourg, 9 juill. 1958, *Gaz. Pal.* 1958, 2, 365.
5. Civ. 1re, 28 mars 2008, n° 07-10.807, NP – Civ. 1re, 7 févr. 2006, n° 05-13.804, NP – Civ. 1re, 17 juin 1997, n° 95-17.876, n° 95-17.878, NP, *Gaz. Pal.* 1997, pan. jur. 277 – Civ. 1re, 29 avr. 1997, *Gaz. Pal.* 1997, 2, pan. 180, 13.
6. Civ., 3 nov. 1931, *Gaz. Pal.* 1931, 2, 852 – RAPPR. : CA Pau, 11 juin 1981, *Gaz. Pal.* 1981, 2, 641.
7. CA Pontoise, 8 janv. 1975, Lampe c/x, inédit.
8. CA Vienne, 16 janv. 1964, *JCP* A 1964, V, 4455.
9. CA Paris, 29 mars 1999, *D.* 1999, IR 120.

31.22 L'avocat doit personnellement accomplir la mission de défense qui lui a été confiée[1]. S'il est amené à se faire remplacer à l'audience, il doit en informer à l'avance son client et obtenir son agrément. Cette obligation n'est pas totalement incompatible avec l'existence de services de remplacement professionnel mais à condition qu'ils soient réservés aux audiences de fixation ou de procédure. L'essentiel est que le client soit informé par son avocat du recours qui sera fait à ces services ou à un collaborateur et que l'avocat ne se décharge pas sur un confrère d'une tâche, notamment celle de plaider, qui lui a été personnellement confiée.

Il en est toutefois différemment au cas de société civile professionnelle ou d'association car le client sait à l'avance, en s'adressant à ce genre de cabinet, qu'il s'expose à voir l'avocat avec lequel il a primitivement discuté de son affaire, remplacé par l'un de ses associés. On peut de même admettre ce raisonnement, en matière de collaboration établie par un contrat régulier. Le remplacement de l'avocat par son collaborateur, admis explicitement par l'article 155 du décret du 27 novembre 1991.

Dès lors, ni associés, ni collaborateurs, ni avocats salariés ne peuvent assister dans un même procès des parties ayant des intérêts opposés ou même différents[2] (v. s^{s} n°s 38.01 s.).

L'avocat demeure personnellement responsable de ses négligences et de ses fautes et également de celles de ses collaborateurs et salariés[3].

• **Absence de l'avocat à la barre.** L'absence de l'avocat à la barre, lorsque son ministère se limite à cette prestation, peut entraîner sa responsabilité, à moins qu'il ne soit établi que l'avocat n'avait pas été averti du jour retenu pour les plaidoiries[4].

• **Remplacements d'audience.** Deux arrêts rendus le 11 mars 1983 par la cour de Bordeaux semblaient prohiber tout remplacement entre avocats même à l'intérieur d'une société civile professionnelle[5]. Selon la cour de Bordeaux, l'avocat avait trompé la confiance de son client en acceptant de prendre en charge la défense de ses intérêts, alors qu'il savait dès leur entrevue qu'il ne pourrait se rendre au Palais de Justice le jour où l'affaire y serait évoquée, et qu'il s'y ferait substituer par un associé. Nous avions manifesté, dès la parution de cet arrêt, des réserves sur sa formulation qui aurait obligé les avocats à plaider personnellement toutes leurs affaires rendant ainsi illusoire et sans intérêt la pratique de la collaboration avec d'autres confrères ou celle de l'association ou la constitution des sociétés civiles professionnelles.

La Cour de cassation, par un arrêt du 11 juillet 1983 a rejeté le pourvoi formé contre l'arrêt de Bordeaux précité, mais la motivation dont elle a usé réduit singulièrement la portée de la décision de Bordeaux en ce qu'elle avait d'excessif et de dangereux pour les usages légitimes de la profession d'avocat[6]. En effet, la Cour de cassation était contrainte de retenir comme appréciation souveraine du juge du fait qu'elle n'a pas le pouvoir de réformer, ce qui avait paru critiquable aux premiers juges, c'est-à-dire la constatation que l'avocat ayant promis à son client d'être présent à l'audience alors qu'il savait, dès ce moment, qu'il ne pourrait être à l'audience, avait confié à l'insu du client son dossier à un associé. Mais la Cour de cassation note avec exactitude dans ses motifs pour rejeter le pourvoi, que le fait d'exercer la profession dans le cadre d'une SCP (et on pourrait ajouter en collaboration, dans le cadre d'une association ou dans celui d'une SEL) ne supprime pas la relation personnelle existant entre l'avocat et le client; en se faisant remplacer par un associé, sans l'agrément préalable du client, l'avocat trompe la confiance que celui-ci avait en lui et de ce fait manque à la délicatesse à laquelle il est tenu à son égard.

Il est possible désormais de déduire des termes de l'arrêt de la Cour de cassation, une ligne de conduite en ce qui concerne les « remplacements d'audience ».

1° Le fait, tout d'abord, pour un avocat d'exercer en groupe - collaboration, association, SCP, SEL - ce dont le client doit être informé expose ce dernier à ce que son affaire ne soit pas seulement plaidée par l'avocat qui l'a reçu mais par un associé ou un collaborateur.

2° L'avocat, dans les affaires où rien n'a été précisé entre le client et lui à cet égard, a donc la possibilité soit de plaider lui-même le dossier qui lui est confié, soit de se faire substituer par les membres de son cabinet; il ne paraît pas nécessaire en l'état des usages de la profession qu'il informe systématiquement le client de cette faculté; elle se déduit de la nature même des choses.

3° En revanche, un avocat n'a pas le droit d'affirmer à son client qu'il sera à ses côtés dans telle ou telle circonstance et se faire remplacer à son insu, sans même l'en aviser, alors qu'il avait la certitude tout en affirmant qu'il serait présent, qu'il ne pourrait en fait être à l'audience pour laquelle il promettait son concours personnel.

4° Le lien *intuitu personae* propre à la profession d'avocat et qui en est un des fondements et qui est l'équivalent de ce qu'est en médecine le « colloque singulier » cher à Georges Duhamel, suppose le droit pour le client et le devoir pour l'avocat qui accepte cette exigence, de stipuler avant l'audience, que l'affaire serait plaidée *personnellement* par l'avocat choisi.

1. CA Nantes, 20 déc. 1977, *D.* 1978, IR 302 – CA Bordeaux, 11 mars 1983, *Gaz. Pal.* 1983, 2, 384 – Civ. 1re, 11 juill. 1983, n° 83-11.591, *Bull. civ.* I, n° 201; *JCP* 1983, IV, 955.
2. Décr. 16 juill. 2005, art. 7; sur les conflits d'intérêts.
3. Décr. 27 nov. 1991, art. 131 et 138.
4. T. civ. Bordeaux, 14 févr. 1887, *D.* 1887, 2, 96 – T. civ. Nice, 22 déc. 1959, *D.* 1960, 440, note Mimin – CA Paris, 16 mai 1963, *D.* 1963, 692 – Civ. 1re, 16 mars 1965, *Bull. civ.* I, n° 194; *D.* 1965, 425 – RAPPR. : CA Bordeaux, 11 mars 1983, *Gaz. Pal.* 1983, 2, 384.
5. CA Bordeaux, 11 mars 1983, 2 esp., *Gaz. Pal.* 1983, 2, 384.
6. Civ. 1re, 11 juill. 1983, n° 83-11.591, *Bull. civ.* I, n° 201; *JCP* 1983, IV, 355; *Gaz. Pal.* 1984, 1, 152, note Damien.

5° Dès lors, l'avocat qui a accepté cette stipulation ne peut être remplacé par quiconque. Sauf bien entendu cas de force majeure, par exemple, l'avocat est malade (cas d'école car aucun tribunal ne refuserait dans cette hypothèse une remise à l'avocat indisponible).

6° Un autre point est marqué utilement par la Cour de cassation. Un avocat qui a confié à un autre la charge d'un dossier dont il est *dominus litis* demeure responsable de l'affaire et doit prier son confrère qui l'a substitué d'aviser le client de la décision, ou le faire lui-même sinon et au cas où le client n'est avisé ni par l'avocat qu'il a choisi ni par celui qui l'a substitué, il y a de la part du premier une « indifférence coupable » qui est une atteinte à la « délicatesse ». On note également l'exigence manifestée par la Cour de cassation que les dossiers confiés à des collaborateurs ou des associés, le soient suffisamment à temps pour que l'avocat substituant ne soit pas placé dans une situation très difficile vis-à-vis de la défense qu'il assume. À défaut de procéder de cette façon, il y a atteinte à la « délicatesse » non pas vis-à-vis du client mais vis-à-vis du confrère choisi pour substituer.

7° Ainsi, tout en reconnaissant l'importance du lien *intuitu personae* qui lie l'avocat à son client et qui peut aller jusqu'à l'exigence par ce dernier d'une prestation personnelle de son avocat, la Cour de cassation admet que cette exigence doit se combiner avec l'exercice en groupe de la profession d'avocat, telle qu'elle résulte de l'article 7 de la loi du 31 décembre 1971, et admet la possibilité d'une substitution de l'avocat primitivement choisi par un de ses collaborateurs ou associés, sans qu'il soit nécessaire de requérir au préalable l'accord du client, hormis le cas où celui-ci a manifesté une exigence particulière de ce chef auquel cas aucune substitution n'est possible, sauf cas de force majeure, sans l'accord préalable du client.

8° Enfin, le fait d'affirmer à un client qui ne demandait pas une prestation personnelle de son avocat, que celui-ci assumera personnellement sa défense sans tenir toutefois cette promesse, équivaut à une tromperie qui constitue une atteinte à la délicatesse pouvant être sanctionnée par une peine disciplinaire.

31.23 Actions et voies de recours tardifs. Les délais de prescription pour engager une action ou exercer une voie de recours [1] doivent être scrupuleusement observés par l'avocat qui pourra à défaut être responsable. Par exemple, l'avocat qui, en matière d'accident du travail, intente tardivement une action en vue de la reconnaissance de la faute inexcusable de l'employeur, action qui est jugée irrecevable comme tardive, a commis une faute professionnelle qui le contraint à réparation [2]. Toutefois l'action en dommages-intérêts du client contre un avocat, en cas d'un appel tardif, peut être rejetée dès lors qu'il est établi qu'une lettre de l'avocat avait été adressée au client en temps utile et qu'on n'a pas rapporté la preuve de l'inexistence de cette lettre [3]. La question de la tardiveté des actions ou voies de recours introduites par l'avocat est à l'origine d'un contentieux important en responsabilité civile dans lequel les tribunaux utilisent la théorie de la perte de chances (v. s^s^ n° 92.12).

31.24 L'avocat doit-il communiquer le dossier de plaidoirie au client ? Il est de pratique courante qu'après la plaidoirie et en fin des débats, l'avocat remette au magistrat le dossier qu'il a préparé et utilisé pour sa plaidoirie, mais ces notes de plaidoirie ne constituent pour lui qu'une méthode de travail, un moyen de classement des pièces et l'avocat n'a de ce chef aucune obligation professionnelle, ni d'en établir, ni de les remettre, ni de justifier au client de leur établissement, encore moins de les lui confier [4].

SECTION 3
PRUDENCE

31.31 La prudence impose à l'avocat de refuser certains dossiers. L'avocat ne doit pas se charger d'une cause qu'il ne se sent pas en mesure de défendre utilement ou à laquelle il n'a pas la possibilité de consacrer le temps voulu ou qui relève d'une spécialité particulière qui lui est étrangère [5]. Il doit dès lors, dans un délai convenable, informer le client de son refus pour que celui-ci ait la possibilité d'organiser par ailleurs la défense de ses intérêts [6].

• **Instructions du client.** Le fait d'avoir reçu des instructions de son client ne le délivre pas de son devoir de donner à ce dernier un avis personnel de prudence et de modération; cette obligation pèse sur lui en fonction de son devoir de conseil [7].

• **Devoir de conseil.** Le conseil donné par l'avocat doit être inspiré par une « prudence élémentaire ». C'est ce que rappelle un arrêt rendu par la Cour de cassation le 27 février 2001 à un avocat qui n'avait pas conseillé à sa cliente en présence d'un commandement visant la clause résolutoire d'un bail de payer les loyers réclamés [8]

1. Civ. 1re, 11 mai 1964, *D.* 1964, jur. 517; *JCP* 1964, II, 13708.
2. CA Colmar, 5 juill. 1996, *Gaz. Pal.* 24 avr. 1997, p. 34, note Vray – ÉGAL^T^ : CA Paris, 7 avr. 1996, *Gaz. Pal.* 21 nov. 1996, 2, 576 – Michaud, « Les avocats sont-ils des canards de foire ? », *Gaz. Pal.* 29 avr. 1997, 3.
3. CA Aix-en-Provence, 5 juill. 1961, *D.* 1961, 593, note Crémieu.
4. Civ. 1re, 2 avr. 1963, *Bull. civ.* I, n° 199; *D.* 1963, 439.
5. RAPPR. : CA Nîmes, 23 mars 1981, *JCP* 1983, IV, 362 – Code de déontologie des avocats de l'Union européenne, RIN, art. 21.3.1.3.
6. C. pr. civ., art. 419; décr. 16 juill. 2005, art. 13 – Rép. min. QE, n° 27-100, *JOAN Q* 13 mars 1976 – Civ. 1re, 4 oct. 2000, *Bull. civ.* I, n° 232.
7. CA Pau, 11 juin 1981, *Gaz. Pal.* 1981, 2, 641.
8. Civ. 1re, 27 févr. 2001, n° 98-10.756, NP, *JCP* 2001, I, 348, n° 26, obs. Martin.

(sur le manquement de l'avocat à son devoir de conseil v. s[s] n°s 91.21 s.).

• **Incertitude de la jurisprudence.** L'avocat, en présence d'hésitations jurisprudentielles, doit, tout en s'aidant des avis de la doctrine, adopter une position prudente et conservatrice. Il doit éclairer son client sur les risques encourus[1]. Il doit savoir recommander la prudence à son client lorsque la jurisprudence est incertaine[2] (v. s[s] n° 91.32).

• **Causes indéfendables...** L'avocat doit dissuader son client de soutenir une position juridiquement indéfendable[3].

• **Faute envers les tiers.** L'avocat engage sa responsabilité pour avoir, par son imprudence, causé un préjudice à un tiers (v. s[s] n° 91.51).

SECTION 4
DIGNITÉ

31.41 L'avocat peut-il mentir dans l'intérêt de son client ? La dignité à laquelle l'avocat est tenu vis-à-vis de son client l'oblige à éviter tout ce qui pourrait affaiblir le respect qu'il doit inspirer. L'avocat, à ce titre, est-il astreint à la vérité ou peut-il mentir dans l'intérêt de son client ? La question est plus une question d'école qu'une réalité pratique; d'abord parce que l'avocat ignore le plus souvent la réalité de la culpabilité ou de l'innocence de son client, ensuite parce que l'avocat avisé par les confidences du client de la culpabilité de ce dernier et astreint à plaider l'innocence, se révélerait un piètre défenseur; il n'est pas en effet un acteur qui récite avec talent un texte auquel il demeure étranger, il est l'homme d'une conviction qu'il doit faire partager à d'autres et son enthousiasme serait bien limité s'il doutait de la thèse qu'il défend. Mais en outre l'avocat, auxiliaire de justice, ne peut user de moyens mauvais (le mensonge) même pour une fin estimée bonne (la défense). La morale de sa profession comme la morale tout court le lui interdit, et il perdrait vite le crédit qui est le sien auprès des juges, s'il devenait le complice du client[4] (v. s[s] n° 33.41; sur la question de la vérité également v. s[s] n°s 32.41 s.).

31.42 Le démarchage de clientèle est interdit. L'avocat ne doit se livrer à aucun démarchage de clientèle. C'est ainsi que le fait pour un avocat de donner des consultations dans un lieu public en présence de tiers ou de recueillir ainsi des éléments, même dans l'intérêt de son client, constitue une faute professionnelle[5]. L'article 3 *bis* de la loi du 31 décembre 1971, dans sa rédaction issue de la loi du 31 décembre 1990[6] qui autorise l'avocat à se déplacer librement pour exercer ses fonctions, ne modifie pas cette jurisprudence. Quant à la publicité, cette dernière est admise mais sous certaines conditions (v. s[s] n°s 45.01 s.).

31.43 Si l'avocat peut se déplacer librement, l'obligation de dignité peut limiter cette liberté (v. s[s] n° 41.12). De même, les autres auxiliaires de justice doivent se rendre en consultation à son cabinet lors de rendez-vous dans l'intérêt de leurs clients communs.

31.44 Sur l'appréciation de l'atteinte au principe de dignité. L'exercice de la profession d'avocat interdit à celui-ci d'effectuer une activité publique ou privée de nature à porter atteinte à sa dignité. À cet égard, la cour d'appel de Bordeaux a jugé que n'avait commis aucun manquement à la dignité, l'avocat ayant joué de l'accordéon sur la voie publique avec à ses pieds l'étui de son instrument ouvert et rempli de pièces de monnaie, dès lors que celui-ci ne portait aucun signe extérieur faisant référence à sa profession d'avocat[7].

SECTION 5
INDÉPENDANCE

31.51 L'avocat a le devoir de demeurer indépendant à l'égard de tous et notamment à l'égard de son client. « La profession d'avocat est une profession libérale et indépendante »[8]. L'avocat doit conserver son *indépendance matérielle* en ce sens que les honoraires ne doivent pas être liés de manière étroite au profit pécuniaire que le client retire du procès. Il doit de même sauvegarder son *indépendance morale et intellectuelle* et il doit pouvoir refuser ou rendre un dossier si, en conscience, il estime devoir le faire dès lors qu'il n'occasionne pas de préjudice à son client.

• **Restitution de dossier et perception d'honoraires.** Même s'il restitue volontairement un dossier à son client, il a la possibilité de percevoir des honoraires pour l'étude et la préparation du dossier. Ces honoraires qui rémunèrent la consultation sont prévus par l'article 10 de la loi du 31 décembre 1971[9].

1. CA Paris, 29 mars 1999, *D.* 1999, IR 120.
2. Civ. 1re, 9 déc. 1997, n° 95-21.407, n° 96-10.378, *Bull. civ.* I, n° 362.
3. CA Paris, 8 nov. 2000, *JCP* 2001, I, 348, n° 24, obs. Martin.
4. Damien, « L'avocat et la vérité », *Gaz. Pal.* 1984, 2, 543 – Crim. 25 janv. 1984, n° 83-90.646, *Bull. crim.*, n° 33; *Gaz. Pal.* 1984, 2, 493.
5. Civ. 1re, 10 mai 1960, *Bull. civ.* I, n° 246; *D.* 1960, 554.
6. L. n° 90-1259, 31 déc. 1990.
7. CA Bordeaux, 3 juin 2003, *JCP* 2004, II, 10027, note Martin.
8. L. 31 déc. 1971, art. 1er, I, al. 3 – RIN, art. 1.1.
9. CA Riom, 27 févr. 1974, *Gaz. Pal.* 1974, 1, 374.

31.52 Maîtrise de l'argumentation. L'avocat est maître de l'argumentation qu'il présente devant les tribunaux et peut même avoir une conception différente de celle de son client en ce qui concerne la défense de ses intérêts (sur cette liberté de l'avocat, même au cours d'une défense pénale, v. l'exorde de l'avocat Charles Lachaud dans sa plaidoirie pour l'assassin Tropmann). Il n'a pas à rendre compte à son client de la manière dont il propose son argumentation [1].

• **Défense de connivence et défense de rupture.** Les avocats doivent se souvenir que l'indépendance de leur fonction veut qu'ils puissent choisir librement, avec l'accord de leur client entre des *défenses dites de connivence* et celles *dites de rupture*, ce qui signifie, en français, des défenses dans lesquelles l'avocat accepte de reconnaître la culpabilité de son client, en accord avec celui-ci, et plaide coupable et celles dans lesquelles il s'insurge, soit sur la question de la culpabilité, soit sur les choix singuliers du Parquet qui a poursuivi tel prévenu plutôt que tel autre, soit enfin sur le fondement même de la loi qui incrimine telle ou telle infraction (v. s[s] not. législation sur l'avortement) [2].

31.53 L'exercice en groupe, la collaboration ou le salariat ne mettent-ils pas en péril l'indépendance de l'avocat ? On s'est longtemps demandé si le regroupement des avocats, soit dans une société, soit en association, soit même dans le cadre de la collaboration ou par le biais du salariat, n'était pas une atteinte à l'indépendance. Quel que soit le sentiment de la doctrine, la question est tranchée légalement : les contrats de collaboration ou de travail comme l'appartenance à une structure ne peuvent porter atteinte aux règles déontologiques et les avocats collaborateurs ou salariés bénéficient d'une clause de conscience [3]. Et d'une manière générale, le décret du 27 novembre 1991 prohibe dans les contrats de travail ou de collaboration les clauses susceptibles de porter atteinte à l'indépendance que comporte le serment d'avocat [4]. L'avocat salarié n'est soumis à un lien de subordination à l'égard de son employeur (ou de ses patrons) que pour la détermination de ses conditions de travail [5].

31.54 Clientèles dominantes. L'avocat doit, pour sauvegarder son indépendance, n'être pas dans un lien de subordination vis-à-vis de personnes physique ou morale extérieures au barreau qu'on dénomme des *clientèles dominantes*. C'est ainsi que le fait d'être le collaborateur secret ou discret d'officines de recouvrement de créances, de cabinets d'affaires, de contentieux d'expropriation ou de « correspondant » d'officiers ministériels ou de groupements sociaux ou politiques, doit être considéré comme contraire au devoir d'indépendance de l'avocat.

1. Civ. 1re, 2 avr. 1963, *Bull. civ.* I, n° 199.
2. Damien, *Être avocat aujourd'hui*, p. 119 s.
3. L. 31 déc. 1971, art. 7, al. 4 – Décr. 27 nov. 1991, art. 133, al. 2, 3° et art. 139, al. 2, 3° – RIN, art. 14.3.
4. Décr. 27 nov. 1991, art. 133, al. 2, 4° et art. 139, al. 2, 4°.
5. L. 31 déc. 1971, art. 7, al. 2 – RIN, art. 14.1.

SECTION 6 DÉLICATESSE

31.61 L'avocat doit faire preuve de délicatesse à tous les stades de ses rapports avec les clients : au moment de la consultation, lors de ses demandes d'information ou de renseignements, lors du compte rendu des débats et de la décision prononcée.

• **L'avocat a-t-il l'obligation de plaider personnellement les dossiers qui lui sont confiés ?** (v. s[s] n° 31.22).

• **Existence d'un conflit d'intérêts.** Un avocat ne peut plaider à la fois pour deux parties ayant des intérêts différents, encore moins opposés. Le décret du 12 juillet 2005 précise que les parties ayant des intérêts opposés ne doivent ni être assistées, ni représentées par un même avocat (v. s[s] n°s 38.01 s.).

• **Plaider contre un ancien client...** Au nom du principe de délicatesse, un avocat ne peut pas plaider contre son ancien client lorsque l'affaire qu'il accepterait contre lui présenterait *un caractère de connexité étroite avec les affaires dont il avait été primitivement chargé.* Ceci vise expressément l'affaire qui serait la suite de la cause plaidée et qui s'y rattacherait par un lien de connexité. Mais dès lors qu'un avocat accepte de plaider une cause qui n'est pas entièrement distincte de celle à propos de laquelle il avait été précédemment consulté, il peut porter atteinte à la délicatesse qu'il doit observer et commettre un manquement professionnel pouvant être sanctionné par la Cour.

La cour de Rennes, par un arrêt du 13 mai 1980 [6] en refusant à un avocat la possibilité de plaider contre un ancien client, non seulement dans le même procès mais dans une autre affaire où il n'avait pas été chargé de sa défense, a donné au terme « intérêts opposés » une signification extensive; il n'est pas synonyme d'identité d'affaire ni même d'affaire étroitement connexe; il suffit qu'il y ait un lien entre les affaires, si ténu soit-il, révélateur d'une opposition d'intérêts pour que l'article 155 trouve son champ d'application. L'objet de cette disposition, au-delà de l'obligation de probité est d'affranchir l'avocat du risque de restreindre sa liberté. La connaissance de la situation d'un client, acquise dans un des dossiers antérieurs contraindrait l'avocat à faire abstraction de cette connaissance dans une nouvelle affaire. Certains auteurs marquent la réserve de ne pas nuire au bon déroulement des procédures judiciaires en restreignant excessivement le nombre des avocats susceptibles d'y intervenir [7].

6. CA Rennes, 13 mai 1980, *Gaz. Pal.* 1981, 1, 11, note Damien.
7. TOUTEFOIS : Civ. 1re, 16 juill. 1987, n° 85-15.092, *Bull. civ.* I, n° 222; *D.* 1988, somm. 257, note Brunois.

• **Plaider contre un ancien employeur...** L'avocat ayant exercé des fonctions salariées dans une entreprise ne peut plaider contre celle-ci sans manquer à la délicatesse [1].

• **Transgression du mandat confié par le client.** L'avocat dont le client souhaite se constituer partie civile afin d'obtenir la condamnation pénale de l'inculpé et qui décide pourtant, sans instruction de celui-ci, de transiger avec l'avocat adverse, méconnaît le principe de délicatesse [2].

1. CA Paris, 10 févr. 1994 et CA Paris, 30 mars 1994, *Gaz. Pal.* 23 août 1994, 28, note Damien.

2. Civ. 1re, 11 juill. 1983, nº 83-11.590, *Bull. civ.* I, nº 202.

CHAPITRE

32. Principes essentiels de la profession d'avocat envers les confrères

SECTION 0 ORIENTEUR

32.00 Plan du chapitre.

Sect. 1 Confraternité
Sect. 2 Courtoisie
Sect. 3 Délicatesse
Sect. 4 Loyauté et diligence

32.01 Textes applicables.

V. s^{s} n° 30.01

32.02 Jurisprudence de référence.

> **Délicatesse**

> **Manque de délicatesse à l'égard d'un confrère**

• **Civ. 1re, 11 juill. 1983, n° 83-11.591,** *Bull. civ.* I, n° 201; *JCP* 1983, IV, 355; *Gaz. Pal.* 1984, 1, 152, note Damien.

* V. s^{s} n° 32.32.

« Que la juridiction du second degré, qui a également relevé que M. R... savait, lorsqu'il a reçu son client, que le dossier qu'il prenait en charge mettait en cause le fils d'un confrère, et qui a constaté qu'il avait confié ce dossier au dernier moment a M. B... le plaçant ainsi dans une situation très difficile qui devait être à l'origine des complications survenues et des poursuites disciplinaires engagées contre ce confrère, a pu en déduire que ce comportement constituait un manque de délicatesse à l'égard de celui-ci. »

> **Propos injurieux à l'égard du bâtonnier**

• **Civ. 1re, 9 juill. 1996, n° 95-20.875,** NPT.

* V. s^{s} n° 32.21.

« Attendu que la cour d'appel a, d'abord, relevé que Mme de V..., chargée de la défense des intérêts de M. Ch..., poursuivi du chef d'attentat à la pudeur sur sa fille mineure, avait proposé à la femme de son client de la recevoir dans son cabinet et avait, à cette occasion, sollicité de sa part un honoraire de consultation pour lui avoir donné des conseils, "s'inscrivant tous dans le sens d'une atténuation de la responsabilité de M. Ch...", et cela en contradiction d'intérêts manifeste entre son client et Mme Ch..., elle-même visée par le réquisitoire introductif; qu'elle a, ensuite, retenu que, lors d'une perquisition effectuée au cabinet de Mme X..., celle-ci avait adopté une attitude agressive et proféré des propos injurieux et outrageants à l'égard des magistrats et du greffier, ainsi que du bâtonnier de son Ordre; qu'en l'état de ces énonciations et constatations, la cour d'appel a pu décider que les fautes retenues contre Mme X... constituaient des manquements caractérisés à l'honneur et à la probité;

D'où il suit que le moyen n'est pas fondé. »

> **Abus d'ancienneté et de confiance**

• **Civ. 1re, 12 juin 1990, n° 89-11.583,** NPT.

* V. s^{s} n° 32.21.

« Mais attendu que la cour d'appel, qui relève que Mme G... a fait comprendre à Mme C... qu'elle n'avait pas à exiger une provision "eu égard à la mutuelle confiance qui existe entre les membres des barreaux", énonce qu'elle a abusé de son ancienneté, trompé la confiance de l'un de ses pairs, puis s'est "désintéressée de la situation, à plus d'un titre dommageable, dans laquelle s'est trouvée Mme C..., à défaut de mandat ou garantie préalables", violant ainsi, par manque de délicatesse, les lois de la confraternité; que par ces motifs, la cour d'appel, qui s'est livrée à la recherche qui lui est reproché de ne pas avoir faite, a légalement justifié sa décision; d'où il suit que le moyen n'est pas fondé. »

32.03 Bibliographie indicative.

V. s^{s} n° 31.03.

SECTION 1 CONFRATERNITÉ

32.11 Sentiment de confraternité. Tout avocat appartient à un barreau qui a son autonomie, sa discipline, sa hiérarchie, son histoire. Les avocats qui le constituent sont donc entre eux confrères et doivent tempérer par un sentiment d'union, de solidarité et d'attachement aux mêmes règles, au même idéal, les positions opposées qu'ils doivent avoir dans les conflits d'intérêts et les luttes judiciaires de leurs clients.

Ce sentiment est la confraternité qui s'apparente à un sentiment familial, il doit animer le comportement professionnel de chaque membre du barreau, mais cette confraternité doit inspirer aussi les rapports des membres de tous les barreaux les uns vis-à-vis des autres, elle est la source de leurs devoirs confraternels.

32.12 Confraternité entre générations. Vis-à-vis de tous ses confrères et en toutes circonstances, l'avocat doit, par son comportement, manifester qu'il n'oublie pas les liens professionnels qui l'attachent à eux, le serment identique qu'ils ont prêté et la solidarité qui les unit. Vis-à-vis de leurs aînés, les jeunes avocats doivent manifester la considération qu'on porte à des anciens et tenir compte de leur expérience, de leurs avis et de leurs conseils. Vis-à-vis des jeunes, les anciens doivent montrer de la bienveillance, de la sollicitude, se soucier de leurs difficultés et encourager leurs efforts. Un Ordre vit et survit non par l'opposition des générations, mais par la volonté de se connaître, de se comprendre et de servir le même idéal. Il n'existe aucun *numerus clausus* au barreau, les anciens doivent donc se garder de tout ostracisme contre les jeunes qui viennent s'y inscrire, même s'ils leur apparaissent comme des concurrents potentiels.

Le Conseil de l'ordre est seul juge de l'admission et les anciens ne sont pas là pour essayer de refouler de la profession ceux que le Conseil de l'ordre a admis, ils se souviendront du mot de Loisel : « Il y a place pour tous au barreau. »

32.13 Violation du principe de confraternité. L'avocat ne saurait tromper la confiance de l'un de ses confrères. Ainsi, viole les lois de la confraternité, l'avocat qui demande à l'un de ses confrères de le substituer à l'audience des ventes sur saisies immobilières et qui, invoquant la mutuelle confiance entre avocats, évite ainsi de lui verser les garanties habituellement nécessaires[1].

SECTION 2
COURTOISIE

32.21 Devoirs envers l'Ordre et le bâtonnier. L'avocat relève essentiellement de l'autorité et bénéficie de la protection du bâtonnier et du Conseil de l'ordre du barreau auquel il appartient. Il ne doit donc rien faire qui puisse nuire à leur autorité et il doit respecter leurs décisions.

• **Obligations pécuniaires.** L'avocat doit exécuter les obligations, notamment pécuniaires, mises à sa charge par son Ordre (paiement des cotisations ordinales), et par la Caisse nationale des barreaux français (CNBF – v. s^{s} n°s 26.21, 57.21 à 57.22). En s'y dérobant sans raison légitime, il manque à son devoir de confraternité et de solidarité professionnelle. Il peut être l'objet de l'omission du tableau[2] et même de sanctions disciplinaires[3].

• **Défaut de réponse aux interrogations du bâtonnier.** Le défaut de réponse à une question du chef de l'Ordre constitue un manquement au devoir de l'avocat à l'égard de son ordre et à ses obligations professionnelles[4], de même que la profération de propos injurieux à l'égard du bâtonnier[5].

32.22 Devoirs à l'audience. À l'audience, au cours du débat oral, les avocats qui s'opposent doivent, à tous égards, concilier la consciencieuse défense des intérêts qui leur sont confiés et une entière correction à l'égard de leur confrère contradicteur. Les injures ou diffamations proférées à la barre par un avocat à l'égard de son adversaire peuvent entraîner sa condamnation à des dommages-intérêts sans préjudice de sanctions pénales ou disciplinaires (v. s^{s} n°s 86.41, 86.81 à 86.83). D'une manière générale, l'avocat doit faire preuve de respect à l'égard des magistrats (v. s^{s} n°s 33.11 s.).

• La courtoisie à l'égard des juridictions, comme à l'égard de ses confrères, des autres partenaires de justice ou de ses clients, constitue pour un avocat une règle professionnelle; ainsi, un avocat qui, au cours d'un procès, pendant une suspension d'audience, abandonne la barre sans informer la cour d'assises de sa décision et des motifs de celle-ci, fait preuve à l'égard de cette juridiction d'une « insultante désinvolture » et donc manque à une règle professionnelle[6].

32.23 Plaidoirie hors barreau : visite d'usage ou de courtoisie. Lorsqu'il intervient hors de son barreau, l'avocat doit se présenter au président et au magistrat du ministère public tenant l'audience, au bâtonnier et au confrère plaidant pour la partie adverse[7].

L'obligation de courtoisie, qui était mentionnée à l'article 158 du décret du 27 novembre 1991 (repris de l'article 87 du décret du 9 juin 1972, reprenant lui-même l'article 6 du décret du 10 avril 1954, l'article 6 de la loi du 26 juin 1941 et l'article 6 du décret du 21 juin 1920), a été abrogé par le décret du 16 juill. 2005[8], sans que cette disposition ne soit reprise. Elle demeure toutefois inscrite dans l'article 1 *bis* du RIN et reste donc obligatoire pour les avocats.

1. Civ. 1re, 12 juin 1990, n° 89-11.583, NP.
2. Décr. 27 nov. 1991, art. 105, 2°.
3. Civ., 5 mai 1936, *DP* 1937, 1, 59 – CA Orléans, 6 janv. 1937, *DP* 1937, 2, 62 – CA Riom, 25 sept. 1978, *Gaz. Pal.* 1979, 1, 19.
4. CA Lyon, 6 déc. 1993, *Gaz. Pal.* 12 mai 1994, note Damien – Civ. 1re, 22 nov. 1988, n° 87-11.274, *Bull. civ.* I, n° 325; *Gaz. Pal.* 1989, 1, pan. 3.
5. Civ. 1re, 9 juill. 1996, n° 95-20.875, NPT.
6. CA Lyon, 14 juin 1993, *BICC* 15 oct. 1993, n° 1165.
7. RIN, art. 1 *bis*.
8. Décr. n° 2005-790, 12 juill. 2005, art. 22.

Si l'avocat omet cette visite d'usage au bâtonnier et que rappelé à ce devoir, il se montre avec le chef de l'Ordre insolent et désagréable, il peut encourir des sanctions professionnelles[1]. Il doit lui rendre visite ou au moins déposer sa carte au cabinet du bâtonnier, s'il est absent. Il doit en tout cas faire appel à lui en cas de difficulté ou d'incident au cours de l'exercice local de sa profession.

• **Évolution.** Il semble qu'avec le décret du 21 juin 1920 que ces dispositions sont entrées dans les textes législatifs. Aux origines l'avocat s'abstenait de plaider en dehors de son siège et la question ne pouvait donc se poser; elle n'est apparue qu'après la Révolution, lorsque « l'ambulance » a commencé à sévir au barreau et encore se rappelle-t-on que les avocats près les cours avaient seuls le droit de plaider à l'extérieur de leur siège. Cette disposition de pure courtoisie n'apparaît que très tardivement, Mollot la mentionne la première fois dans son édition de 1866 en se référant à un arrêté du barreau de Paris du 18 janvier 1859 conseillant à un avocat qui va plaider devant un tribunal de province de visiter le président, mais rappelant en même temps que le manquement à cette visite ne donne lieu à aucune peine disciplinaire.

Soixante-dix ans après, le bâtonnier Payen, dans ses *Usages de la profession,* mentionne comme unique référence à cette obligation de la « visite », l'arrêté du Conseil de l'ordre cité par Mollot ainsi que le règlement intérieur d'Aix de 1877 dans son article 4; il ignore même les dispositions de l'article 6 du décret du 20 juin 1920 et semble ne pas considérer cette obligation comme susceptible de sanction disciplinaire. Apparue tardivement elle se maintient de plus en plus difficilement, en raison de l'agitation et de la rapidité des relations modernes. Nombre de magistrats semblent surpris d'ailleurs de ce genre de visites; la plupart des confrères ne reçoivent plus la visite de leurs contradicteurs et nombre de bâtonniers attendent en vain la visite des avocats de Paris qui, si illustres soient-ils, s'en dispensent allégrement.

On cite ce mot d'un bâtonnier d'un petit barreau de province qui plaidait une affaire contre un des plus grands avocats du barreau de Paris, spécialiste des Assises et des grandes causes pénales, à l'invitation du président à venir plaider à la barre, le confrère parisien étant arrivé depuis longtemps, le bâtonnier lui fit répondre que c'était sans doute une erreur car il n'avait point reçu la visite d'usage de ce confrère dont il présumait la courtoisie sans faille et que, dans ces conditions, il continuerait à l'attendre patiemment dans son bureau. L'histoire ne dit pas ce que fit le confrère parisien illustre...

SECTION 3
DÉLICATESSE

32.31 Détournement de clientèle. L'avocat doit s'abstenir de toute démarche directe ou indirecte tendant à détourner vers lui la clientèle d'un confrère (v. s[s] n° 45.31). Tout avocat qui reçoit l'offre d'une clientèle ou d'un dossier doit s'assurer, avant d'accepter cette offre, qu'aucun confrère n'a été préalablement chargé des intérêts du client dont la défense lui est proposée dans quelque affaire que ce soit (sur la succession d'avocat dans un dossier v. s[s] n°s 44.01 s.).

32.32 Accès à la profession. Nul ne peut accéder à la profession d'avocat s'il ne remplit un certain nombre de conditions, notamment de moralité. À cet égard, il a été jugé que le barreau pouvait vérifier si l'avocat remplissait bien l'obligation de délicatesse que l'article 3 du décret du 12 juillet 2005 (à l'époque il s'agissait de l'article 183 du décret du 27 novembre 1991, aujourd'hui abrogé). Un manquement à la délicatesse lors de l'exercice d'une activité antérieure peut donc permettre à un ordre d'interdire à une personne l'accès à la profession d'avocat (v. s[s] n° 13.65).

• En différant, sous de fallacieux prétextes, l'exécution d'une transaction conclue devant la commission de conciliation, destinée à mettre un terme au conflit qui l'opposait à l'un de ses confrères, et sur la portée de laquelle il n'a pu se méprendre, un avocat manque aux devoirs de probité, de loyauté, de délicatesse, de confraternité et de tact et commet de la sorte une faute déontologique qui mérite d'être sanctionnée par un avertissement[2].

Manque aux devoirs de délicatesse et de tact l'avocat qui n'a pas avisé le confrère l'ayant accueilli dans ses locaux, de la menace qui planait sur lui d'une condamnation pénale et n'a pris aucune disposition propre à épargner à ce confrère le désagrément d'un affichage de la décision à la porte du cabinet (avocat puni d'une peine d'avertissement)[3].

SECTION 4
LOYAUTÉ ET DILIGENCE

32.41 Dans chaque affaire et tout au cours du déroulement de celle-ci, l'avocat doit agir avec correction, loyauté et diligence vis-à-vis de son contradicteur. Ce principe général doit lui dicter son comportement en dehors même de toute disposition réglementaire. Notamment, l'absence systématique de réponse aux lettres des confrères adverses, le fait de laisser évoquer par défaut des affaires malgré la constitution d'un confrère et en invo-

1. Civ. 1re, 7 juill. 1987, n° 86-10.729, *Bull. civ.* I, n° 218; *D.* 1987, IR 320.

2. CA Paris, 22 sept. 1993, *D.* 1995, somm. 195, obs. Dubois.
3. CA Paris, 24 nov. 1993, *D.* 1995, somm. 195, obs. Dubois – RAPPR. : Civ. 1re, 11 juill. 1983, n° 83-11.591, *Bull. civ.* I, n° 201; *JCP* 1983, IV, 355; *Gaz. Pal.* 1984, 1, 152, note Damien.

quant pour sa défense qu'on n'a pas classé la lettre de constitution, sont des faits contraires à la confraternité et qui peuvent entraîner des sanctions.

De même, l'avocat doit se souvenir que la chicane n'étant pas un but en soi, il n'a pas à profiter des erreurs purement matérielles qu'un confrère aurait pu commettre dans une procédure.

32.42 L'avocat ne doit pas prendre contact avec la partie adverse en dehors de son confrère. Il est toutefois admis qu'au début d'un différend susceptible de recevoir une solution amiable, et avant toute procédure, l'avocat peut, avec l'assentiment de son client, prendre contact avec la partie adverse en lui envoyant une lettre rédigée en termes objectifs, lui rappelant l'existence d'un litige et lui demandant le nom de son conseil. Les pourparlers avec l'adversaire, s'ils se poursuivent, ne peuvent avoir lieu que dans le cabinet de l'avocat et en présence de son client, mais l'avocat devra faire preuve de la plus grande prudence et la plus grande circonspection dans ce genre de contact. En dehors des lettres types autorisées par la plupart des règlements intérieurs, aucune correspondance ne doit s'engager entre l'avocat et la partie adverse et notamment, l'avocat n'a pas à esquisser une plaidoirie vis-à-vis de son adversaire pour le persuader de l'excellence de sa cause ou des dangers que l'adversaire peut courir du fait du refus de toute transaction (sur les rapports avec la partie adverse v. s^s^ n°s 43.01 s.).

32.43 Avant tout débat contradictoire [1], les avocats se doivent la communication des pièces qu'ils joindront à leurs dossiers. Cette communication doit être complète, préalable et spontanée. L'avocat du demandeur communique ses pièces le premier, tant en première instance qu'en cause d'appel, il doit les communiquer dans un délai qui permette une étude sérieuse des pièces et la préparation d'un loyal et complet débat contradictoire à la date des plaidoiries [2] (sur le respect du contradictoire v. s^s^ n° 39.01).

32.44 Confidentialité des correspondances. Les correspondances échangées entre l'avocat et ses confrères, à l'exception des lettres portant la mention « officielle » sont couvertes par le secret professionnel (v. s^s^ n°s 37.51 s.).

1. Lévy, « Oralité et contradiction en procédure écrite », *JCP* 1990, I, 3459 – RAPPR. : Civ. 2e, 25 nov. 1982, *D.* 1982, 371, note Bénabent – Com. 27 juin 1989, n° 87-19.361, *Bull. civ.* IV, n° 200 – Civ. 2e, 17 nov. 1971, n° 70-10.851, *Bull. civ.* II, n° 313 – Cass. 4 févr. 1952, *Bull. civ.* III, n° 49.
2. C. pr. civ., art. 132, 753, 763 et 815.

CHAPITRE

33. Principes essentiels de la profession d'avocat envers les magistrats et les autres auxiliaires de justice

SECTION 0
ORIENTEUR

33.00 **Plan du chapitre.**

33.01 **Textes applicables.**
V. s^s n° 30.01

33.02 **Jurisprudence de référence.**
V. s^s n° 32.02

SECTION 1
RESPECT

33.11 **Le respect dû aux magistrats n'est plus inclus de nos jours dans le serment de l'avocat.** Les avocats prêtaient serment, depuis 1810, de ne jamais s'écarter du respect dû aux tribunaux et aux autorités publiques. Cette formule reproduite par l'article 23 du décret du 9 juin 1972 a été supprimée par la loi du 15 juin 1982 et ne figure pas plus dans le texte du serment professionnel prévu par l'article 3 de la loi du 31 décembre 1971 dans sa rédaction issue de la loi du 31 décembre 1990. Si l'avocat n'est plus tenu au « respect » il est néanmoins tenu à *une conduite qui prenne en considération le caractère dont le magistrat est revêtu.* En effet, dépositaire d'une parcelle de l'autorité publique, indépendant vis-à-vis du pouvoir, même s'il a perdu le caractère sacré qui était le sien sous l'Ancien Régime, le magistrat a droit à des égards.

• **Effet de la modification de la formule du serment.** La jurisprudence semble admettre que la modification de la formule du serment est sans influence sur la notion de respect dû aux magistrats et aux autorités publiques[1].

33.12 **Conduite que l'avocat doit suivre dans ses relations avec la magistrature.** La conduite de l'avocat doit éviter deux écueils : la servilité et la familiarité. L'avocat se gardera également d'une agressivité systématique et maladroite; il lui appartient de faire respecter sa personne, son Ordre et les intérêts de ses clients; les incidents ne peuvent être qu'exceptionnels, seulement lorsqu'ils constituent le seul moyen pour faire respecter les droits de la défense[2]. De façon générale l'avocat doit, dans sa conduite, ses propos, ses écrits, se comporter avec correction vis-à-vis des magistrats.

• **Critiques et protestations de l'avocat.** La critique ne lui est pas interdite ni les protestations contre des attitu-

1. CA Paris, 27 avr. 1988, *Gaz. Pal.* 12 juill. 1988, p. 74, note Damien.
2. Damien, *Le barreau quotidien : les relations avec les magistrats,* p. 48 s.; *Être avocat aujourd'hui : l'avocat et le magistrat,* p. 160 s.; *Le juge d'instruction et l'avocat,* p. 180 s.

des contraires au respect des droits qu'incarne l'avocat; c'est une question de forme et de mesure à conserver. Sur une protestation du Conseil de l'ordre pour refus de remise sollicitée par le bâtonnier[1].

• **Outrages, injures ou diffamations contre des magistrats.** Les outrages, injures ou diffamation contre des magistrats peuvent justifier des poursuites pénales et disciplinaires (v. s[s] n°s 86.41, 86.91 à 86.94).

• **Abandon de la barre.** L'avocat qui au cours d'un procès, pendant une suspension d'audience, abandonne la barre sans en informer la cour d'assises de sa décision et des motifs de celle-ci, fait preuve à l'égard de cette juridiction d'une « insultante désinvolture »[2].

• **Articles de presse.** En dehors même de ses contacts professionnels avec les magistrats, l'avocat doit montrer à leur égard le respect que mérite leur fonction. Dans des activités extrajudiciaires, par exemple journalistiques ou autres, l'avocat ne doit pas oublier sa qualité professionnelle. Il commettrait une faute en affectant, dans un article de presse, des sentiments de mépris en général pour la magistrature ou pour une cour ou un tribunal particulier[3].

33.13 Plaidoirie et respect dû aux magistrats. Dans la discussion, l'avocat doit observer vis-à-vis des magistrats les égards auxquels ils ont légalement droit. La liberté de la défense le contraint d'exprimer tout ce qui est utile à son client avec courage, énergie et indépendance[4], mais ne le dispense pas d'éviter dans sa plaidoirie des digressions ou des développements lassants. Il est à noter toutefois qu'un bâtonnier a pu être condamné par un tribunal correctionnel pour s'être écarté du respect dû à un président d'audience, alors qu'il s'était contenté de saisir le président de la juridiction pour lui signaler ce qu'il estimait des dysfonctionnements de l'audience[5].

• **Droit du président de juridiction de faire cesser les plaidoiries.** Il semble à cet égard que le président d'une juridiction a non seulement le droit de faire cesser les plaidoiries lorsque la cause est suffisamment éclairée[6] mais après consultation de ses assesseurs[7] mais aussi d'en limiter la durée[8]; l'arrêt en cause n'est d'ailleurs pas un arrêt de principe mais plutôt un arrêt d'espèce[9].

33.14 L'avocat peut-il être protégé contre des magistrats qui sortiraient de la réserve que la loi leur impose ? Les textes législatifs et réglementaires sont peu explicites sur ce point.

L'avocat tout d'abord n'était pas protégé par l'article 224 de l'ancien Code pénal qui ne concernait, en matière d'auxiliaires de justice, que les officiers ministériels. Il est protégé toutefois contre les *outrages de ses confrères* par référence à la formule de l'ancien serment[10], dont la jurisprudence nous confirme qu'il doit toujours être considéré comme régissant dans son esprit la vie professionnelle de l'avocat et contre *ceux des parties* par l'article 41 de la loi du 29 juillet 1881. Il est également protégé contre les menaces d'atteinte à sa personne faites dans l'exercice de ses fonctions avec ordre de remplir une condition[11]. Il peut obtenir des dommages-intérêts de l'auteur des menaces sous condition et l'Ordre des avocats peut également obtenir l'allocation de dommages-intérêts[12].

Mais si l'auteur de ces agissements était un *magistrat*, celui-ci bénéficierait de l'immunité qui s'attache à ses fonctions. Elle s'applique notamment à toutes les infractions pénales qu'un magistrat peut commettre, en disant ou en écrivant ce que, dans sa conscience, il estime nécessaire à l'accomplissement de la mission dont il est chargé par la loi. Toutefois l'État a l'obligation de garantir les victimes de dommages causés par les fautes personnelles des juges et autres magistrats sauf son recours contre ces derniers[13].

• **Indemnisation.** Toutefois, dans des types d'affaires spéciales les juridictions ont pu condamner des magistrats à indemniser le préjudice qu'ils avaient causé à des plaideurs en ayant eu recours à des procédures grossièrement inadéquates à la régularité de laquelle ils ne pouvaient croire de bonne foi[14]. La responsabilité de l'État peut être aussi engagée en cas de faute lourde ou de déni de justice[15].

• **La parole du ministère public est libre.** La Cour de cassation a rappelé que la parole du ministère public à l'audience est libre, qu'il est indépendant dans l'exercice de ses fonctions et qu'il a le droit de dire tout ce qu'il croit convenable au bien de la justice, comme de donner

1. CA Aix-en-Provence, 24 juin 1988, *Gaz. Pal.* 18 oct. 1988, p. 8, note Damien.
2. CA Lyon, 14 juin 1993, *BICC* 15 oct. 1993, n° 1165.
3. CA Montpellier, 4 déc. 1912, *DP* 1913, 2, 269 – CA Montpellier 2 juin 1985, *Gaz. Pal.* 1985, 2, 555, note Damien – T. corr. Bordeaux, 14 oct. 1996, *Gaz. Pal.* 1996, 2, 626, note Damien.
4. Ergec, « Restriction à la liberté d'expression au prétoire », *RTDH* 1993, p. 171 s.
5. T. corr. Bordeaux, 14 oct. 1996, 2, 626, note Damien.
6. C. pr. civ., art. 440, al. 3.
7. Sauvel, *Les immunités judiciaires*, p. 150 – CA Toulouse, 17 janv. 1951, *D.* 1951, 146 – Soc. 30 juin 1976, *Cahiers prud'h.* 1976, p. 63 – Soc. 17 mars 1977, n° 76-40.250, *Bull. civ.* V, n° 206.
8. Crim. 18 nov. 1852, *Bull. crim.*, n° 375.
9. Sauvel, *Les immunités judiciaires*, p. 150.
10. L. 31 déc. 1971, anc. art. 25.
11. C. pén., art. 434-8.
12. CA Amiens, 2 mai 1986, *D.* 1987, somm. 68, note Brunois.
13. Ord. n° 58-1270, 22 déc. 1958 portant loi organique relative au statut de la magistrature.
14. Civ. 1re, 10 mai 1995, n° 93-17.306, *Bull. civ.* I, n° 202; *D.* 1995, IR 143; *Gaz. Pal.* 1996, somm. 427; 1995, pan. 166.
15. CA Paris, 29 janv. 1997, *Gaz. Pal.* 15 mai 1997, 8.

toutes les explications qui lui paraissent utiles sauf le droit des parties en cause de combattre les arguments qu'il a présentés[1].

SECTION 2
DILIGENCE

33.21 Exactitude et diligence dans la procédure. Pratique des remises. L'avocat a, vis-à-vis du tribunal, des obligations d'exactitude et de diligence[2]. Il doit donc mener ses procédures en suivant les injonctions qui lui sont adressées par les magistrats et plaider aux dates qui ont été fixées. Il ne devra solliciter des remises que de manière tout à fait exceptionnelle.

• **Rareté des remises grâce à l'exercice en groupe.** L'exercice en groupe de la profession permet actuellement, notamment grâce aux collaborateurs, de ne solliciter ces remises qu'à de très rares occasions. Ainsi la légende attribuant aux avocats la responsabilité des lenteurs judiciaires pourra-t-elle s'estomper. Les magistrats ont désormais seuls la responsabilité du cours de la justice, sauf à ce que l'avocat ait commis une faute disciplinaire en ne se rendant pas à l'audience et en confiant tardivement le dossier à un confrère[3].

• **Le juge doit-il attendre l'avocat en retard ? Historique.** Si les avocats, fussent-ils bâtonniers[4], ne peuvent prétendre à un droit absolu au renvoi d'une affaire lorsqu'ils le sollicitent de la part du tribunal, une autre question est c'est celle de déterminer si le tribunal est contraint, en raison du respect des droits de la défense, d'attendre, pour évoquer une affaire et pour clore les débats et la mettre en délibéré, la venue d'un avocat qui est inscrit dans le dossier pour y prendre la parole et assurer la défense d'un prévenu ou d'un défendeur; peut-il juger si l'avocat est absent ou retardé dans sa venue ?

Au-delà de la relation réciproque de courtoisie qui permet de répondre à la difficulté dans la vie quotidienne, il y a une question de droit et une question d'organisation judiciaire. En effet, si le magistrat doit manifester sa courtoisie à un avocat dont il sait qu'il plaide en plusieurs lieux à la même heure, et si l'avocat doit s'efforcer d'aviser le magistrat de l'heure de sa venue à l'audience, au-delà de ces attitudes se pose la question de conception de la justice : le droit à la défense d'une part et la nécessité, en revanche, de poursuivre une audience et d'épuiser le rôle de celle-ci. Il y eut des précédents dans l'histoire judiciaire et notamment le plus célèbre lorsqu'en 1833 le premier président Séguier voulut refuser une remise devant la première chambre de la Cour au bâtonnier Marie qui plaidait au même instant devant la cour d'assises; finalement le premier président l'accorda, à la prière de l'avocat mais en l'assortissant de propos si injurieux pour celui-ci que le Conseil de l'ordre de Paris prit un arrêté de protestation contre l'attitude du premier président Séguier; le conflit s'envenima à tel point qu'on aboutit à une comparution du bâtonnier devant la Cour et à une grève des audiences du premier président[5]. À l'époque d'ailleurs, les affaires étaient évoquées exclusivement dans l'ordre du rôle au civil comme au pénal ainsi qu'il est encore suivi dans les juridictions administratives[6].

Il n'était donc pas question naguère d'attendre un avocat à l'audience d'un tribunal, d'une part en raison de l'organisation du rôle, d'autre part en raison du fait que l'avocat n'avait qu'un rôle subsidiaire et que l'avoué qui, jusqu'à la Restauration, demeurait plaidant dans tous les cas pouvait substituer l'avocat défaillant à tout moment; et, attaché exclusivement au tribunal, il ne pouvait pas souffrir de ces retards ou de ces empêchements qui pouvaient affecter les avocats[7]. La tradition admettait que le tribunal puisse accorder une remise si l'avocat était malade, sa seule affirmation suffisant à justifier de cet empêchement[8], ou s'il plaidait au même moment devant une autre chambre[9]. Mais, hormis ces deux cas, l'avocat absent pouvait être condamné aux frais de la remise et à des dommages-intérêts envers sa partie pour le retard occasionné par son absence[10].

Ce n'est qu'au XIXe siècle qu'un assouplissement d'ordre coutumier est apparu devant les tribunaux, invitant les magistrats à attendre la présence des avocats pour évoquer une affaire, ce qui ne constituait nullement une obligation pour le juge. Ainsi donc on peut juger, hors la présence de l'avocat même si celle-ci est attendue ou réclamée par le justiciable, sauf lorsque cette présence est nécessaire à la validité de la procédure : débats devant les cours d'assises ou devant le tribunal pour enfants par exemple.

• **Le juge doit-il attendre l'avocat en retard ? Solution de la jurisprudence administrative.** La jurisprudence judiciaire n'apporte que peu de décisions en cette matière qui a suscité cependant tant de querelles, de

1. Crim. 7 déc. 1994, n° 94-81.272, NPT, *Gaz. Pal.* 27 avr. 1995, 15.
2. L. 31 déc. 1971, art. 17-4°.
3. CA Bordeaux, 11 mars 1983, *Gaz. Pal.* 1983, 2, 384, note Damien.
4. CA Aix-en-Provence, 24 juin 1988, *Gaz. Pal.* 18 oct. 1988, p. 8, note Damien; POURVOI REJETÉ PAR : Cass. Ass. plén., 24 nov. 1989, n° 88-18.188, *Bull. ass. plén.*, n° 3; *D.* 1990, 25, concl. Cabannes; *Gaz. Pal.* 1989, 2, 971, note J. G. M.; *JCP* 1990, II, 21407, note Cadiot – ÉGAL^T : CA Paris, 30 mars 1990, *D.* 1990, 429, note Julien – Civ. 2e, 6 mai 1987, *Bull. civ.* II, n° 106.
5. Fabre, *Le barreau de Paris*, p. 215 s.
6. Damien, *Les avocats du temps passé*, p. 425 s.
7. Décr. 2 juill. 1812, art. 6.
8. LIOUVILLE, p. 309.
9. Décr. 2 juill. 1812, art. 7.
10. Décr. 2 juill. 1812, art. 8.

rivalités, d'incompréhension ou de luttes sourdes et aucune décision, à notre connaissance, n'a été rendue qui annule une procédure pour atteinte aux droits de la défense, du fait que l'avocat n'a pas pu être entendu dans ses explications faute par le tribunal de n'avoir pas attendu sa venue devant la juridiction.

Paradoxalement c'est la juridiction administrative qui va nous apporter les décisions les plus intéressantes et les plus novatrices.

Elle admet tout d'abord la nécessité d'une convocation du client pour la validité de la procédure toutes les fois que, en l'absence de cette convocation, il ne pourrait mettre à même son avocat de présenter des observations orales[1]; mais si le défenseur ne se présente pas à l'audience, cette circonstance n'influe pas sur la validité de la procédure[2], toutefois, *a contrario*, deux décisions semblent admettre la nécessité d'attendre l'avocat pour le mettre à même d'exercer sa fonction. Dans la première espèce, il est indiqué qu'il n'est pas allégué que l'avocat ait demandé le report de l'affaire à une séance ultérieure[3]. Dans la seconde, la procédure n'est pas viciée par l'absence de l'avocat, celui-ci n'ayant pas fait connaître au tribunal qu'il avait cessé de défendre son client[4].

Ainsi, il semble que soit née une notion inconnue des juridictions de l'Ordre judiciaire ou insuffisamment dégagée par elles, selon laquelle l'absence de *l'avocat à l'audience serait de nature à vicier la procédure pour atteinte aux droits de la défense,* dès lors que l'avocat avait *justifié avant l'audience*, de son impossibilité d'y être présent : (maladie, accident) ou avait pu *justifier durant l'audience*, et *avant que la décision ne soit rendue*, de son impossibilité d'être présent et de prévenir avant l'audience (accident, panne...).

Un arrêt du Conseil d'État[5] a résumé d'une manière très intéressante les différents principes ci-dessus rappelés et semble constituer l'esquisse d'un droit pour l'avocat à être entendu et pour le client à être défendu et dont la violation pourrait entraîner l'annulation des procédures pour atteinte aux droits de la défense.

Notons toutefois une décision judiciaire, l'arrêt de Rennes du 16 avril 1980[6]. Lorsque les avocats des parties ne sont pas présents le jour de l'audience sans qu'il ait été donné de motifs de cette absence, il y a là une cause grave de révocation de l'ordonnance de clôture au sens de l'article 784 du Code de procédure civile et il convient de la reporter dans le but d'assurer le respect des droits de la défense[7]. Mais l'avocat a le droit de revendiquer un débat oral et contradictoire et de ne pas accepter d'être contraint à une remise du dossier sans plaidoirie[8].

1. CE 26 juill. 1978, *Lebon*, 366.
2. CE 24 févr. 1971, n° 76101, n° 76120, Sté des téléphériques français et Cne de Guillaumes, *Lebon*, 63.
3. CE 2 févr. 1973, n° 84685, Vve Jendoubi, *Lebon*, 98.
4. CE 29 janv. 1960, *Lebon*, 74.
5. CE 13 mai 1987, concl. Stirn, commissaire du gouvernement, note Damien, *RT barr.* Versailles 1987, n° 7, oct. 1987, p. 201 s.
6. CA Rennes, 16 avr. 1980, *Gaz. Pal.* 1980, 1, 338.
7. CA Versailles, 26 oct. 1988, *Gaz. Pal.* 1989, 1, 483, note Damien.

33.22 Information du magistrat et du confrère en cas d'absence. Si l'avocat est contraint, à titre exceptionnel, de solliciter une remise par suite d'une fixation d'audience inopinée ou d'obligations simultanées inconciliables ou d'un obstacle important, il devra en informer le magistrat aussitôt que possible pour permettre une réorganisation de l'audience, il devra bien entendu en informer également ses confrères.

• **Les magistrats doivent aussi faire des efforts dans l'intérêt de la justice.** De leur côté les magistrats doivent prendre conscience de la multiplicité des tâches et des obligations des avocats et se soucier de leur épargner, ainsi qu'aux justiciables, des pertes de temps en organisant leurs audiences dans l'intérêt commun de la justice qui doit d'abord collaborer avec ses auxiliaires.

Certains jeunes magistrats désirent parfois faire appeler dans les audiences correctionnelles, les prévenus sans avocat, avant ceux qui en possèdent un au motif que les premiers sont plus malheureux et plus déshérités et doivent donc bénéficier d'un traitement de faveur. Ce raisonnement qualifié de « social » est en réalité un sophisme, car il est évident que les auxiliaires que la loi a institués, pour assurer le meilleur exercice de la justice[9] doivent pouvoir assumer leur rôle à toutes les audiences et intervenir dans une même journée devant les différents prétoires où les conduit la confiance des justiciables.

• **Que faire contre la multiplication des audiences ?** La multiplication des appels de cause, conférences de président, audiences du juge unique réparties aux heures les plus variées de la semaine de travail, doivent être autant que possible proscrites. La procédure n'est pas un moyen d'affronter des citoyens à des situations pittoresques ou bizarres, elle est un moyen de rendre justice aux usagers du droit. Les magistrats qui exercent le pouvoir judiciaire assument un service public et les pouvoirs qui leur sont accordés n'ont de sens que parce qu'ils sont au service d'une finalité supérieure prévue par la loi.

Tout excès en ces matières devra être signalé au bâtonnier, de façon à lui permettre d'intervenir auprès des autorités judiciaires.

SECTION 3
INDÉPENDANCE

33.31 L'avocat peut-il publiquement critiquer la décision qui a été rendue ? À la suite de la décision rendue, l'avocat ne doit pas se départir des sentiments que, comme tout citoyen, il doit à ceux qui l'ont rendue. Bien entendu il peut immédiatement et ultérieurement, dans ses propos, sa correspondance, la procédure subséquente, critiquer la décision prononcée...

8. CA Paris, 7 janv. 1993, *Gaz. Pal.* 19 oct. 1993, p. 19.
9. L. 31 déc. 1971, art. 3.

La Cour européenne des droits de l'homme siégeant à Strasbourg dans l'arrêt Schopfer c/Suisse[1] a été saisie des faits suivants :

Un avocat suisse au cours d'une conférence de presse exprime ses doléances au sujet d'une procédure pénale; d'une manière générale et grave. Il forme ensuite un appel devant la cour nationale. Il est sanctionné disciplinairement. Il saisit la Cour européenne. Celle-ci rejette son recours. Elle lui rappelle le statut spécifique des avocats, qui placés dans une situation centrale dans l'administration de la justice, sont des intermédiaires entre les justiciables et les tribunaux. Ils disposent dès lors d'un rôle clé dans ce domaine.

La Cour européenne ajoute : « qu'on peut attendre d'eux qu'ils contribuent au bon fonctionnement de la justice et ainsi à la confiance du public en celle-ci... Il va sans dire également que la liberté d'expression vaut aussi pour les avocats qui ont, certes le droit de se prononcer publiquement sur le fonctionnement de la justice, mais dont la critique ne saurait franchir certaines limites. À cet égard, il convient de tenir compte de l'équilibre à ménager entre les divers intérêts en jeu parmi lesquels figurent le droit du public d'être informé sur les questions qui touchent au bon fonctionnement du pouvoir judiciaire, les impératifs d'une bonne administration de la justice et de la dignité de la profession d'avocat ».

Cet arrêt peut être rapproché de l'arrêt de la chambre criminelle de la Cour de cassation du 11 octobre 2005[2]. Un avocat furieux de ce qu'un magistrat avait rendu une ordonnance de radiation du rôle prend des conclusions accusant le juge de liaisons suspectes et de connivence. Le parquet saisit la juridiction répressive du chef d'outrage à magistrat. Après condamnation de l'avocat en première instance et en appel, l'affaire vient en cassation. La cour suprême casse sans renvoi par application de l'article 41 de la loi du 29 juillet 1881 et au motif que l'avocat était protégé par l'immunité décrétée par cet article car les outrances contenues dans les conclusions n'étaient pas étrangères à la cause perdante devant la juridiction saisie de ces conclusions.

• **Risque de poursuites disciplinaires.** La lettre d'un avocat à un client peut être retenue comme base d'une poursuite disciplinaire si cette correspondance contient des imputations injurieuses contre les magistrats qui ont rendu la décision et si elle est légalement parvenue aux mains de la juridiction disciplinaire[3].

33.32 L'avocat doit manifester son indépendance vis-à-vis des magistrats et des autres auxiliaires de justice. Le fait que magistrat et avocat travaillent tous deux à l'élaboration de la justice ne doit, sous aucun prétexte, permettre à l'avocat de manifester une familiarité qui pourrait faire accroire à des plaideurs novices que tel avocat jouit d'un régime particulier à l'intérieur du tribunal.

• **Indépendance lors de l'instruction.** L'avocat devra, de même, devant la juridiction d'instruction, manifester à la fois son indépendance et son souci d'être un auxiliaire de justice complet. C'est ainsi qu'il n'aura pas à se formaliser si on lui refuse, contrairement à l'usage courant, la communication du dossier, hors des délais prévus par le Code de procédure pénale mais, en revanche, il ne devra pas tolérer que la rédaction du procès-verbal d'audition d'un client s'éloigne, sous prétexte de la mettre en français, de l'interprétation littérale de ce que le client a voulu exprimer.

De même il devra poser toutes les questions qu'il estime en toute liberté, mais après les avoir suffisamment préparées pour ne pas interrompre le juge d'instruction dans la direction de l'interrogatoire qui lui appartient à lui seul. Il veillera, enfin, à ce que le juge d'instruction respecte le secret prévu par l'article 11 du Code de procédure pénale, qui pèse à titre principal sur lui et sur le greffier. Quant à l'avocat, il le respectera lui-même (v. s^s n°s 39.11 s. – sur les copies de dossier pénal v. s^s n° 40.55)[4].

• **Indépendance lors de la plaidoirie.** De même l'avocat ne se laissera pas interrompre et ne devra pas permettre, au nom de l'indépendance même garantie à son Ordre, que les magistrats parlent pendant qu'il plaide[5].

33.33 Les relations avec les auxiliaires de justice et notamment les experts. L'expert est un technicien désigné par le tribunal pour l'aider dans sa mission de justice, c'est donc un auxiliaire de justice et indépendant vis-à-vis des parties, il n'est pas moins tenu aux mêmes devoirs que tous les auxiliaires de justice, c'est-à-dire qu'il est au service de la justice et tenu à l'obligation de réserve.

L'avocat devra se garder de toute servilité vis-à-vis de ces auxiliaires de justice et s'il doit loyalement collaborer avec eux, il n'oubliera pas qu'ils travaillent, tout comme lui, sous le contrôle du magistrat qui devra être saisi de tous les incidents qui pourraient faire douter de la sérénité, de l'objectivité ou des talents de l'expert.

1. CEDH 20 mai 1998, n° 25405/94, *Rec.* n° 1998-III; cité *in La jurisprudence relative à l'article 10 de la Convention européenne des droits de l'homme*, n° 18, éd. Conseil de l'Europe, mai 2001.
2. Crim. 11 oct. 2005, n° 05-80.545, *Bull. crim.*, n° 255; *D.* 2006, 1272, note Beignier.
3. CA Toulouse, 2 mars 1933, *Gaz. Pal.* 1933, 1, 877 – CA Brive, 9 mars 1979, *Gaz. Pal.* 1979, 1, 157 – CA Limoges, 11 juill. 1979, *Gaz. Pal.* 1979, 2, 270.
4. SUR la relation avocat-juge d'instruction : Damien, *Être avocat aujourd'hui*, p. 158 s.
5. Damien, *Le barreau quotidien*, « Les relations avec les magistrats », p. 48 s.

Bien entendu, les experts doivent fixer et organiser les rendez-vous d'expertise dans l'intérêt des parties et non dans leur intérêt propre et notamment ils ne pourront tenir de rendez-vous en dehors de la circonscription judiciaire du tribunal qui les a désignés de façon à ce que les parties n'aient pas à effectuer des déplacements qui seraient contraires au fondement même de la compétence *ratione loci* dont les experts se délivreraient pour leur commodité personnelle[1].

33.34 Mise en cause de magistrats. Lorsqu'un avocat, un magistrat, un officier ministériel ou un auxiliaire de justice est personnellement en cause dans un procès, le confrère qui plaide contre lui doit en aviser le bâtonnier et ne pourra lancer l'assignation qu'après avoir laissé écouler un temps suffisant pour permettre au bâtonnier de tenter personnellement toute démarche qu'il estimerait utile ou nécessaire. L'article 31.1 du règlement intérieur du barreau de Paris précise que l'avis du bâtonnier ou son invitation à la conciliation ne constituent ni une autorisation, ni une décision, ni une approbation, mais une recommandation que l'avocat est en droit d'écarter, sauf à répondre de tous manquements aux principes essentiels.

33.35 L'avocat, un juge potentiel. L'avocat appelé à compléter la cour ou le tribunal. Lorsque le nombre des conseillers ou des juges est insuffisant ou lorsqu'il y a partage entre eux[2], l'avocat peut être appelé à compléter la juridiction. Bien entendu un avocat ne peut, dans la même affaire, remplir le rôle d'avocat et celui de juge[3].

• **Conditions.** L'avocat appelé à ce service est celui qui, parmi ceux qui sont présents à l'audience, est le plus ancien dans l'ordre du tableau. Un avocat ne peut compléter que le tribunal devant lequel il est inscrit ou la cour s'il est inscrit au barreau de la ville où siège la cour d'appel[4]. La Cour de cassation précise en effet que, « seul un avocat faisant partie du barreau institué auprès de la juridiction qui statue a qualité pour siéger »[5]. Il ne peut compléter un autre tribunal, ou une autre Cour.

• **Modalités.** L'avocat qui est appelé à compléter le tribunal ou la Cour n'est pas tenu de prêter le serment imposé aux magistrats, car il a déjà prêté un serment professionnel[6]. Pendant la période où il siège et délibère, il a les mêmes droits et les mêmes devoirs que les magistrats professionnels. Il est notamment astreint au secret des délibérés, il peut être l'objet d'une récusation comme un magistrat professionnel sur le fondement de l'article 378 du Code de procédure civile.

• **Présomption de régularité.** Les énonciations d'une décision de justice selon lesquelles un avocat a été appelé à suppléer un conseiller pour compléter la cour d'appel font présumer qu'il a été procédé à ce remplacement conformément à la loi[7].

• **Sanction.** L'avocat qui se déroberait sans raison à cette obligation commettrait une faute professionnelle[8].

SECTION 4
CONSCIENCE

33.41 L'avocat doit-il la vérité au magistrat ?[9] Les écrivains du XVIIe siècle qui ont étudié le barreau et en ont tracé les règles morales qui le régissent mettaient en garde l'avocat contre tout mensonge; ils lui interdisaient notamment d'user de fraude pour gagner un procès même juste, de suborner des témoins pour dire le faux, de taire la vérité lorsqu'ils la savaient, de briguer ou de faire des cabales pour une mauvaise cause, d'alléguer des lois fictives, de citer des auteurs contre leur intention, de produire quelques fausses pièces ou de prendre l'accessoire pour le principal. L'avocat était donc investi, en raison même de sa vocation de clerc, d'une obligation de vérité à l'égard des juges.

Actuellement, le public et souvent même des magistrats sont persuadés que l'avocat n'est jamais sincère, qu'il est selon le mot célèbre « une conscience de louage »; il a non seulement la possibilité de mentir mais il en a même le devoir. Certains lui reprochent même cette obligation de vérité qui pèse dans sa déontologie, en estimant que ce souci moral qui est le sien, est en fait le résultat d'une réserve bourgeoise, d'un désir de ne pas se salir les mains, d'une façon de prendre ses distances à l'égard du client; ils voudraient que l'avocat colle véritablement à celui-ci et le serve aveuglément à la manière d'un complice, alors que, selon eux, d'après la conception idéologique dominante du barreau, l'avocat est un auxiliaire de justice, au sens le plus complice du terme, c'est-à-dire qu'issu des mêmes groupes sociaux et ayant à peu près la même formation que les magistrats, il se sent beaucoup plus proche de ces derniers que de son client, surtout quand celui-ci est pauvre, déviant et délinquant.

1. Damien, *Le barreau quotidien*, p. 51 s.
2. COJ, art. L. 213-2 et L. 311-9.
3. Civ., 6 févr. 1934, *DH* 1934, 180.
4. Crim. 3 juin 1991, n° 89-86.573, *Bull. crim.*, n° 235; *Gaz. Pal.* 26 sept. 1991, p. 40 – ANTÉRIEUREMENT : Crim. 11 juin 1980, n° 79-93.173, *Bull. crim.*, n° 188.
5. Crim. 5 févr. 1970, n° 69-92.678, *Bull. crim.*, n° 54, p. 128 – Crim. 3 juin 1991, n° 89-86.573, *Bull. crim.*, n° 235; *Gaz. Pal.* 26 sept. 1991, 40.
6. Civ., 26 déc. 1883, *DP* 1884, 1, 169 – Cass., Req. 21 janv. 1884, *DP* 1884, 1, 472.
7. Soc. 7 juill. 1998, n° 96-41.701, n° 96-41.821, *Bull. civ.* V, n° 372.
8. CA Rennes, 17 mars 1884, S. 1885, 2, 111.
9. Damien, « L'avocat et la vérité », *Gaz. Pal.* 1984, 2, 543.

Contestataire institutionnel, l'avocat s'est intégré idéologiquement au système qu'il est censé mettre en cause quotidiennement[1].

En fait, l'ignorance dans laquelle l'avocat se trouve de vérifier les assertions, les dénégations ou les aveux partiels de son client, l'amène souvent ou du moins parfois, à passer aux yeux d'adversaires qui sont certains d'avoir raison et qui lui reprochent amèrement d'avoir accepté d'occuper pour l'adversaire, pour un menteur à gages. Il s'agit là d'une image déformée issue d'une tradition de dérision aussi ancienne que le barreau puisqu'on en trouve déjà les traces dans *La farce de Maître Pathelin*.

La question de l'obligation à la vérité se pose en réalité de plusieurs manières.

• **L'avocat a-t-il droit à la vérité de son client et peut-il l'exiger ?** Cela n'est pas évident; il est normal certes que, dans un souci de lucidité et de bonne défense, l'avocat tâche de découvrir, au-delà du dossier, ce qui s'est réellement passé et qu'il va être chargé d'exposer au juge, mais il ne peut exiger de son client, avec autorité et sous la contrainte, un aveu complet de ses délits ou de ses crimes; l'avocat n'est pas un confesseur, il doit respecter le mystère de chacun, fût-il son client. Il doit aider ce dernier à découvrir la vérité de son être; il peut déplorer que par l'endurcissement du client ou par maladresse de l'avocat le contact privilégié ne se soit pas produit, il ne peut le contraindre par une torture morale à se dévoiler entièrement devant lui. Il n'a donc pas un droit absolu à la vérité.

• **L'avocat doit la vérité à son client.** Dès lors, ne connaissant pas de manière absolue la vérité des faits, il pourra exposer une thèse même si elle lui paraît peu crédible et difficile à admettre; il peut alors exposer ses doutes et même s'il n'est pas convaincu intellectuellement, plaider ce doute car sa tâche n'est pas d'apporter la solution de l'affaire qui appartient aux seuls juges. En revanche, *l'avocat doit la vérité à son client* et ne peut lui cacher ni les charges qui pèsent sur lui, ni les pronostics défavorables ou inquiétants; au risque de passer pour un avocat « tant pis », il doit éclairer le prévenu sur les failles de son dossier, les contradictions entre ses déclarations et les difficultés que cette attitude peut produire.

• **L'avocat doit « sa » vérité au juge.** En outre, l'avocat ne peut exprimer une opinion erronée alors qu'il connaît la réalité; il ne peut sous peine de perdre son âme, sa dignité et son honneur, mentir sciemment devant le juge. Quelle crédibilité garderait-il vis-à-vis des autres et de sa propre conscience s'il se livrait au jeu qui consiste à dissimuler la vérité qu'il connaît, afin de faire triompher le mensonge ? La fin ne justifie pas les moyens et si l'avocat peut intervenir dans le cadre d'une défense de connivence ou d'une défense de rupture, s'il lui appartient d'assumer pleinement et librement une défense, ce n'est pas par n'importe quel moyen et notamment par la corruption de la vérité, seule valeur essentielle. Il doit exposer sa vérité, celle que le client lui a enseignée mais à condition qu'il l'admette pour une vérité possible; c'est à lui de faire triompher sa vérité contre la vérité de l'accusation ou des parties civiles, vérité tout aussi partielle que celle de ses adversaires mais fondée sur des éléments tous authentiques, ou du moins présumés tels puisqu'ils sont la traduction de confidences arrachées au client. Il ne peut donc mentir pour sortir un client d'un mauvais pas; on ne peut obtenir par des moyens illicites un but même considéré comme souhaitable. Le pape Paul VI précisait que, s'il est parfois licite de tolérer un moindre mal moral afin d'éviter un mal plus grand, il n'est pas permis, même pour de très graves raisons, de faire le mal afin qu'il en résulte un bien[2].

SECTION 5
COURTOISIE ET DIGNITÉ

33.51 Déplacement extérieur : obligation de courtoisie envers le président de juridiction et le parquet. Lorsqu'il intervient hors de son barreau, l'avocat doit se présenter au président et au magistrat du ministère public tenant l'audience, au bâtonnier et au confrère plaidant pour la partie adverse[3]. Cette obligation de courtoisie, qui était mentionnée à l'article 158 du décret du 27 novembre 1991, a été abrogée par le décret du 16 juill. 2005. Elle demeure toutefois inscrite dans l'article 1 *bis* du RIN et reste donc applicable.

33.52 La robe, marque de dignité de la profession d'avocat, marque de respect envers la justice. Dans ses rapports professionnels avec les magistrats, l'avocat doit à ceux-ci une déférence sans servilité alliée au souci de sa propre dignité et de son indépendance, il doit se présenter à eux en robe et avoir la préoccupation d'une constante correction de tenue et de langage; se présentant en robe, il doit être reçu non comme un solliciteur ou un importun, mais comme un auxiliaire de justice qui partage avec les magistrats et au même titre qu'eux, l'honneur de participer à l'œuvre judiciaire (v. s[s] n°s 34.01 s.).

1. *Au nom du peuple français*, note p. 158.

2. RAPPR. : CA Paris, 22 sept. 1993, *Gaz. Pal.* 28 oct. 1993, 15.
3. RIN, art. 1 *bis*.

CHAPITRE

34. Le titre d'avocat

SECTION 0 ORIENTEUR

34.00 Plan du chapitre.

34.01 Textes applicables.

>

L. n° 71-1130, 31 déc. 1971, art. 1er, I, al. 4; art. 74; art. 83; art. 85

Décr. n° 91-1197, 27 nov. 1991, art. 154

>

L. 31 déc. 1971, art. 1er [I, al. 4] [La nouvelle profession d'avocat]

I. – Une nouvelle profession dont les membres portent le titre d'avocat est substituée aux professions d'avocat et de conseil juridique. Les membres de ces professions font d'office partie, s'ils n'y renoncent, de la nouvelle profession. Les conseils juridiques, inscrits sur la liste dressée par le procureur de la République à la date d'entrée en vigueur du titre Ier de la loi n° 90-1259 du 31 décembre 1990 portant réforme de certaines professions judiciaires et juridiques, sont inscrits au tableau du barreau établi près le tribunal de grande instance auprès duquel ils sont inscrits comme conseil juridique avec effet à la date de leur entrée dans la profession, s'ils l'exerçaient avant le 16 septembre 1972, ou de leur inscription sur la liste.

Les membres de la nouvelle profession exercent l'ensemble des fonctions antérieurement dévolues aux professions d'avocat et de conseil juridique, dans les conditions prévues par le titre Ier de la présente loi.

La profession d'avocat est une profession libérale et indépendante.

Le titre d'avocat peut être suivi, le cas échéant, de la mention des titres universitaires, des distinctions professionnelles, de la profession juridique réglementée précédemment exercée, d'un titre dont le port est réglementé à l'étranger et permet l'exercice en France des fonctions d'avocat ainsi que de celle d'une ou plusieurs spécialisations.

Les avocats inscrits à un barreau et les conseils juridiques, en exercice depuis plus de quinze ans à la date d'entrée en vigueur du titre Ier de la loi n° 90-1259 du 31 décembre 1990 portant réforme de certaines professions judiciaires et juridiques et qui renoncent à faire partie de la nouvelle profession sont autorisés à solliciter l'honorariat de leur activité professionnelle. Il en va de même pour ceux qui entrent dans la nouvelle profession, lors de la cessation de leur activité si elle intervient après vingt ans au moins d'exercice de leur profession antérieure et de la nouvelle profession.

II. – [*Paragraphe supprimé*].

III. – Par dérogation aux dispositions du deuxième alinéa de l'article 5, les avocats inscrits au barreau de l'un des tribunaux de grande instance de Paris, Bobigny, Créteil et Nanterre peuvent exercer, auprès de chacune de ces juridictions, les attributions antérieurement dévolues au ministère d'avoué.

Les dispositions du deuxième alinéa de l'article 5 demeurent cependant applicables aux procédures de saisie immobilière, de partage et de licitation.

En outre, un avocat ne peut exercer les attributions antérieurement dévolues au ministère d'avoué devant un autre tribunal que celui auprès duquel est établi son barreau ni au titre de l'aide judiciaire, ni dans des instances dans lesquelles il ne serait pas maître de l'affaire chargé également d'assurer la plaidoirie.

Les avocats inscrits au 16 septembre 1972 à l'un des barreaux mentionnés au premier alinéa du présent paragraphe III peuvent, à titre personnel, conserver leur domicile professionnel dans l'un quelconque des ressorts des tribunaux de grande instance de Paris, Bobigny, Créteil et Nanterre dès lors que ce domicile avait été établi antérieurement à cette date.

L. 31 déc. 1971, art. 74 [Protection du titre d'avocat]

Quiconque aura fait usage, sans remplir les conditions exigées pour le porter, d'un titre tendant à créer, dans l'esprit du public, une confusion avec le titre et la profession réglementés par la présente loi sera puni des peines encourues pour le délit d'usurpation de titre prévu par l'article 433-17 du Code pénal. Les mêmes peines seront applicables à celui qui aura fait usage du titre de conseil juridique ou d'un titre équivalent pouvant prêter à confusion, sous réserve des dispositions du quatrième et du cinquième alinéas du paragraphe I de l'article 1er de la présente loi.

L. 31 déc. 1971, art. 83 [Utilisation du titre professionnel d'origine]

Tout ressortissant de l'un des États membres de la Communauté européenne peut exercer en France la profession d'avocat à titre permanent sous son titre professionnel d'origine, à l'exclusion de tout autre, si ce titre professionnel figure sur une liste fixée par décret.

[...]

L. 31 déc. 1971, art. 85 [Modalités d'utilisation du titre professionnel d'origine]

Le titre professionnel d'origine dont il est fait usage ne peut être mentionné que dans la ou l'une des langues officielles de l'État membre où il a été acquis.

La mention du titre professionnel d'origine est toujours suivie de l'indication de l'organisation professionnelle dont l'intéressé relève ou de la juridiction auprès de laquelle il est inscrit dans l'État membre où le titre a été acquis, ainsi que de celle du barreau auprès duquel il est inscrit en France.

Décr. 27 nov. 1991, art. 154 [Mention de l'inscription au Barreau]

[mod. par décr. n° 2004-1386, 21 déc. 2004, art. 44, *JO* 23; entrée en vigueur le 1er sept. 2007]

Ont seules droit au titre d'avocat les personnes inscrites au tableau d'un barreau français. Les avocats doivent faire suivre leur titre d'avocat de la mention de ce barreau ainsi que, le cas échéant, de celui du barreau étranger auquel ils appartiennent.

34.02 **Jurisprudence de référence.**

> Prohibition de la dénomination « avocat international »

• **T. corr. Seine, 8 mars 1950,** *D.* 1950, jur. 375.

* V. ss n° 34.22.

> Usage du titre *attorney at law*

• **CA Basse-Terre, 15 déc. 1986,** *Gaz. Pal.* 1987, 1, 124; *D.* 1989, somm. 71, note Brunois.

* V. ss n° 34.32.

> Dénomination de fantaisie pour une SEL

• **Civ. 1re, 29 avr. 1997, n° 95-15.462,** NPT.

* V. ss n° 34.32.

« Attendu que la société A... reproche encore à l'arrêt d'avoir fait une fausse application de l'article 161 précité en estimant que l'utilisation conforme à sa destination d'un papier à en-tête comportant la dénomination de la société sous forme de sigle suivi d'une devise était une information du public constituant une "publicité";

Mais attendu qu'en considérant souverainement que la devise "Les épines du droit" destinée à figurer sur le papier à lettre de la société ne procurait pas au public "une nécessaire information" au sens de l'article 161, la cour d'appel n'a pu qu'en déduire que celle-ci constituait une publicité personnelle; que le grief n'est pas mieux fondé. »

> **La liste, établie par l'arrêté du 8 juin 1993, des mentions de spécialisation dont les avocats sont autorisés à faire usage, est limitative**

• **Civ. 1re, 10 juin 1997, n° 95-15.644,** *Bull. civ.* I, n° 193; *D.* 1998, jur. 244, note Agostini.

* V. ss n° 34.42.

« Attendu que l'arrêt retient que les quinze mentions de spécialisation énumérées par l'arrêté du 8 juin 1993 recouvrent de vastes domaines du droit et que le CNB a estimé nécessaire de préciser le contenu de certaines d'entre elles; qu'il en déduit que T..., par la mention précitée, ne s'attribue pas une spécialité nouvelle, pas plus qu'il n'ajoute au texte de l'arrêté, dès lors qu'il se borne à faire connaître que, dans la spécialité du droit immobilier, sa compétence dominante se situe en matière de publicité foncière;

Attendu, cependant, que si elle peut être révisée à tout moment, la liste des mentions de spécialisation fixée par arrêté est limitative; qu'en autorisant T... à faire usage d'une mention de spécialisation qui ne figure pas dans la liste établie par l'arrêté du 8 juin 1993, la cour d'appel a violé les textes susvisés. »

34.03 **Bibliographie indicative.**

Ouvrages. Lemaire, n° 368 – Mimin, *Le style des jugements*, Librairies techniques, 1978, n° 167 – Beignier, Blanchard, Villacèque, 2008, n° 177 – Martin, 2008, nos 360 à 363.

SECTION 1
Qui peut porter le titre d'avocat ?

34.11 **Le titre de l'avocat et l'exercice de la profession étaient distincts jusqu'au décret du 20 juin 1920.** À partir de 1920, le titre d'avocat non suivi de mentions (celles-ci étant d'ailleurs totalement interdites telles qu'avocat-conseil, avocat international) a été réservé aux avocats inscrits à un barreau et les membres de la nouvelle profession issue de la fusion avec les conseils juridiques bénéficient de ce titre. Dans l'avant-projet du texte du projet de loi de 1990, le titre d'avocat-conseil avait été retenu pour bien marquer le rapprochement des deux professions. Cette proposition a été écartée, d'une part, en raison de la plus grande notoriété du titre d'avocat, même s'il paraissait difficile à porter à certains en raison de la spécificité que d'aucuns lui attribuent et, d'autre part, pour tenir compte de la directive relative à la libre prestation des services en France par les avocats des autres États membres de l'Union européenne[1].

1. L. 31 déc. 1971, art. 1er-I, § 1 et 4; réd. L. n° 90-1259, 31 déc. 1990.

34.12 Le titre d'avocat est réservé aux seuls avocats inscrits à un barreau. Les avocats doivent faire suivre leur titre de la mention du barreau où ils sont inscrits au tableau; ils peuvent le faire suivre le cas échéant de celui du barreau étranger auquel ils appartiennent[1]. Ce texte reprend les dispositions de l'article 82 du décret du 9 juin 1972, lequel reprenait les dispositions de l'article 5 du décret du 22 juin 1920 dont la rédaction était identique...

• **« Avocat à la Cour » ou « Avocat au barreau de... » ?** L'article 154 du décret de 1991 semble donc écarter les dénominations d'avocat à la Cour, apparues pour la première fois dans le décret du 2 juillet 1812, puis dans l'article 5 du décret du 20 novembre 1822, et consacrées par la tradition. Le titre d'avocat à la Cour n'est donc plus qu'un titre de courtoisie et sans fondement légal et qui ne correspond plus à une distinction entre deux classes d'avocats, comme dans l'ancienne législation. Le titre de l'avocat est donc : « avocat du barreau de... »[2].

• **« Maître ».** L'origine de ce titre est purement coutumière et n'a qu'un fondement historique. Le titre de maître n'apparaît dans aucun texte législatif. Il s'agit simplement d'un usage remontant à l'Ancien Régime où les avocats licenciés ou docteurs en droit *maîtres ès arts* portaient comme les maîtres en théologie ce titre qui leur était conféré par l'usage et que, peu à peu, on prit l'habitude de leur donner, de la même manière qu'on donne à un médecin le titre de docteur... alors qu'on ne le donne pas à un docteur en droit ou à un docteur ès sciences.

C'est là simplement un usage de courtoisie que rien ne vient fixer. On ne peut contraindre un magistrat qui s'y refuserait à donner, à l'audience ou en privé, le titre de maître à un avocat; c'est l'opinion du bâtonnier Lemaire qui se fonde avec raison sur une consultation d'un de ses prédécesseurs de 1896[3].

• **Le titre de « Maître » doit-il être employé en matière de rédaction de jugement ?** Contrairement à ce qu'on croit en général, les termes traditionnels employés dans les jugements sont déterminés par une circulaire du premier président de la Cour de cassation du 10 juin 1921 qui s'appuyait sur les décrets des 29 novembre 1790 et 6 juillet 1810, et qui prévoit qu'aucune qualification ne sera donnée aux plaideurs dans l'intitulé des jugements et qu'on n'y inscrira que leur nom patronymique et de famille et celui de leur fonction et de leur profession. Ainsi le titre de Monsieur, Madame ou Mademoiselle est irrégulier dans les jugements. Ces titres sont réservés exclusivement aux magistrats et ne peuvent être employés ni vis-à-vis d'un plaideur, ni vis-à-vis d'un mandataire quelconque qui intervient dans le jugement[4].

• De même le titre de maître ne doit pas apparaître pour un certain nombre de personnages, notamment les *officiers ministériels.* On doit écrire, enseigne M. le premier président Mimin : « Le tribunal commet X..., notaire, pour procéder aux opérations de partage et M. Y..., juge pour les surveiller ». De même il ne semble pas que le titre de « maître » ait dû être employé régulièrement dans les jugements en ce qui concerne les *avoués*, à l'époque où ceux-ci existaient. M. le président Mimin est formel dans son ouvrage, on doit dire « condamne Untel aux dépens dont distraction à X... sur ses affirmations de droit »[5].

• *Le titre de « Maître » est réservé dans les jugements aux seuls avocats* par un usage qui remonte à l'Ancien Régime et que la Cour de cassation continue à appliquer[6]. Ainsi donc seuls les avocats ont droit à ce titre de maître dans les jugements, à la différence des anciens avoués, huissiers ou notaires. Un mandataire assistant régulièrement une partie ne peut bénéficier du titre de maître; il doit être mentionné à la procédure comme « mandataire ».

• **L'usage du titre de « maître » peut être indirectement sanctionné.** En effet, même s'il n'est pas protégé comme le titre d'avocat, son emploi risque parfois de créer une confusion dans l'esprit du public entre la personne qui le porte et la profession d'avocat (v. s[s] n° 34.53).

34.13 Exercice en groupe. L'avocat qui exerce en France peut faire précéder ou suivre son nom de celui de l'association, de la société ou du groupement d'avocats auquel il appartient. Il est précisé que les sociétés ou les groupements de conseils juridiques existant au 1er janvier 1982 peuvent conserver leur dénomination sociale même si celle-ci n'est pas constituée du nom des associés ou anciens associés et l'utiliser en cas de fusion ou de scission. Pour les sociétés ou groupements de conseils juridiques affiliés à un réseau national ou international non exclusivement juridique, la mention de l'appartenance à ce réseau pourra être faite pendant cinq ans à compter de la date d'entrée en vigueur de la loi[7].

• **Dénominations de fantaisie possibles pour les SEL.** Dans le silence de la loi, les SEL d'avocats peuvent porter une dénomination de fantaisie dès lors que cette dénomination ne porte pas atteinte à la dignité de la profession. C'est ainsi que la Cour de cassation a admis qu'une Selarl pouvait s'appeler « Acaccia » (pour avocats consultants associés pour le conseil et le contentieux immobilier et administratif), mais sans être suivie de l'expression, se voulant la devise du cabinet, « les épines du droit »[8]...

1. Décr. 27 nov. 1991, art. 154 [jusqu'au 1er sept. 2004, l'article 154 concerne également les avocats inscrits sur la liste du stage d'un barreau français] – SUR la dénomination du barreau : CA Paris, 28 juin 1989, *Gaz. Pal.* 1989, 2, 616.
2. Escaich, *Vie jud.* 26 août 1974, p. 5.
3. LEMAIRE, n° 368.
4. Mimin, *Le style des jugements*, p. 26.
5. Mimin, *Le style des jugements*, p. 96.
6. Mimin, *Le style des jugements*, p. 329.
7. L. 31 déc. 1971, art. 67; réd. L. 31 déc. 1990, art. 27.
8. Civ. 1re, 29 avr. 1997, n° 95-15.462, NPT, *Gaz. Pal.* 1998, somm. 281.

34.14 **Titre d'avocat honoraire.** Ce titre est réservé à l'avocat ayant cessé son activité et ayant été admis à l'honorariat (v. s[s] n°s 17.01 s.).

SECTION 2
MENTIONS POUVANT SUIVRE LE TITRE D'AVOCAT – PRINCIPE

34.21 **Mentions autorisées.** Le titre d'avocat peut être suivi de certaines mentions, déterminées par l'article 1er, I, alinéa 4 de la loi du 31 décembre 1971, telle que modifiée par la loi du 31 décembre 1990. C'est ainsi qu'il peut être suivi de la mention :

- des titres universitaires (docteurs en droit, diplômé de l'Institut de criminologie, de l'Institut d'études politiques, d'une école de commerce, ou de titres relevant d'universités étrangères) ;
- des distinctions professionnelles (bâtonnier, ancien bâtonnier, membre du Conseil de l'ordre : MCO, ancien membre du Conseil de l'ordre : Amco, membre ou ancien membre du CNB, ancien secrétaire de la Conférence, ancien président de la chambre des avoués ou du conseil de discipline des agréés ou des conseils juridiques, membre et ancien membre du Conseil de l'ordre, de la chambre des avoués ou du conseil de discipline des agréés ou des conseils juridiques, ancien président de la Conférence des bâtonniers, ancien président du CNB) ;
- de la profession juridique réglementée précédemment exercée (les anciens avoués ou agréés ou conseils juridiques inscrits au nouvel ordre des avocats peuvent faire mention de cette spécificité) ;
- d'un titre dont le port est réglementé à l'étranger et permet l'exercice en France des fonctions d'avocat ainsi que celle d'une ou plusieurs spécialisations.

Le texte précise donc ce que la jurisprudence ancienne admettait déjà en vertu de la rédaction de l'article Ier ancien de la loi du 31 décembre 1971.

34.22 **Mentions interdites.** Les qualificatifs d'avocat-conseil[1], d'avocat-défenseur, d'avocat international[2] demeurent proscrits. Seuls les titres permettant l'exercice en France de la fonction d'avocat peuvent être utilisés, les titres de courtoisie que l'on acceptait jusqu'à présent sont proscrits.

• **Le tableau ne peut comporter la mention « avocat salarié » ou « avocat collaborateur ».** Cette interdiction est prescrite par l'article 95-1 du décret du 27 novembre 1991[3], dans sa rédaction issue du décret du 17 octobre 1995[4].

1. Crim. 11 mai 1971, n° 70-91.574, *Bull. crim.*, n° 148; *D.* 1971, 428; *RSC* 1971, 934, obs. Vitu.
2. T. corr. Seine, 8 mars 1950, *D.* 1950, 375.

SECTION 3
MENTIONS DE TITRES ÉTRANGERS

34.31 **Mentions de titres universitaires étrangers.** Le texte régissant les avocats les autorise à mentionner tous les titres universitaires français ou étrangers dont ils désirent faire usage à condition qu'ils soient sérieux et exacts. En revanche, il est à noter que dans de nombreuses professions l'usage de titres étrangers n'est autorisé que dans la mesure où ces titres sont reconnus valables par le Conseil national de l'ordre[5] et le Conseil d'État exerce le contrôle de l'appréciation ainsi faite par le Conseil de l'ordre[6].

34.32 **Mentions de titres professionnels étrangers.** Il peut être fait également usage d'un titre dont le port est réglementé à l'étranger et permet l'exercice en France des fonctions d'avocat. Par cette disposition, ce n'est pas le titre universitaire étranger qui est visé, mais les titres d'une profession étrangère, à condition qu'ils soient limités à ceux permettant l'exercice de la profession d'avocat en France.

• **Liste des titres européens correspondant au titre d'avocat français.** L'article 201 du décret du 27 novembre 1991 issu de la directive du 22 mars 1977[7] sur la libre prestation[8]. admet que sont reconnus en France comme avocats les ressortissants des États membres des Communautés européennes qui exercent dans l'un de ces États autres que la France leurs activités professionnelles sous l'une des dénominations suivantes :

- en Belgique : avocat, advocaat, rechtsanwalt;
- en République tchèque : advokait;
- au Danemark : advokat;
- en Allemagne : rechtsanwalt;
- en Estonie : vandeadvokaat;
- en Grèce : dikigoros;
- en Espagne : abogado, advocat, avogado, abokatu;
- en Irlande : barrister, solicitor;
- en Italie : avvocato;
- à Chypre : dikigoros;
- en Lettonie : zverinats advokalts;
- en Lituanie : advokatas;
- au Luxembourg : avocat;
- en Hongrie : ügyvéd;
- à Malte : avukat, prokuratur legali;
- aux Pays-Bas : advocaat;

3. CA Toulouse, 11 sept. 1995, *Gaz. Pal.* 6 févr. 1996, note Damien.
4. Décr. n° 95-1110, 17 oct. 1995.
5. C. déont. chir. dent., art. 13 – Décr. n° 94-500, 15 juin 1994, art. 9, *JO* 22 juin.
6. CE 16 mars 1988, n° 62730, Lasry, *Lebon*, 122.
7. Dir. n° 771-249, 22 mars 1977, *JOCE* L 78/17, 1977.
8. Mod. par décr. n° 2004-1123, 14 oct. 2004, art. 9, *JO* 21 oct.

- en Autriche : rechtsanwalt;
- en Pologne : adwokat, radca prawny;
- au Portugal : advogado;
- en Slovénie : odvetnik, odvetnica;
- en Slovaquie : advokait, komercpn prajvnik;
- en Finlande : asianajaja, advokat;
- en Suède : advokat;
- au Royaume-Uni : advocate, barrister, solicitor;
- en Suisse : avocat, advokat, anwalt, fürsprecher, fürsprech, avvocato, rechtsanwalt.

• **Utilisation du titre *attorney at law* ou *lawyer*.** L'usage du titre d'*attorney at law* admis par la cour de Basse-Terre le 15 décembre 1986[1] sera-t-il admis à nouveau alors que ce titre n'est pas prévu parmi ceux figurant dans la liste des titres équivalents prévus par la directive européenne ? Il en serait de même du titre de *lawyer*. Nous ne le pensons pas.

SECTION 4
MENTIONS DE SPÉCIALISATIONS

34.41 La mention des spécialisations est réglementée. Le titre d'avocat peut être suivi de la mention d'une ou plusieurs spécialisations ainsi que prévu expressément par l'article 1er, I, al. 4 de la loi du 31 décembre 1971 (sur la définition de ces spécialisations v. ss nos 42.01 s.).

34.42 La liste des spécialisations est limitative. La jurisprudence avait reconnu au règlement intérieur d'un barreau régulièrement arrêté par le Conseil de l'ordre, la possibilité de déterminer les mentions qui accompagnent le nom de l'avocat sur le tableau, sans être contraint de se limiter aux mentions prévues par la loi, d'une part celles prévues par l'article 1er alinéa 3 de la loi du 31 décembre 1990 (titres universitaires, distinctions professionnelles, profession juridique réglementée précédemment exercée, titre dont le port est réglementé à l'étranger, mention de spécialisation) et d'autre part celles prévues aux articles 94 et 95 du décret du 27 novembre 1991 (mention de spécialité, liste des avocats qui ont été autorisés à ouvrir un bureau secondaire alors qu'ils ne sont pas inscrits au tableau de ce barreau).

La jurisprudence de la 1re chambre civile de la Cour de cassation avait ainsi permis à l'usage de mentionner d'autres mentions que celles autorisées par la loi ou le décret[2]. Mais la Cour de cassation a jugé ultérieurement que la liste de spécialisation est limitative et ne peut être augmentée par une décision du Conseil de l'ordre ou par une disposition du règlement intérieur du barreau[3].

Le CNB envisage qu'après la mention de spécialisation, on puisse ajouter « champ de compétence ». La liste des champs de compétence sera fixée par le CNB.

SECTION 5
UN TITRE PROTÉGÉ

34.51 Poursuites sur le fondement de l'article 74 de la loi du 31 décembre 1971. Le titre d'avocat est protégé par l'article 74 de la loi du 31 décembre 1971, qui renvoie pour les pénalités à l'article 433-17 du Code pénal réprimant l'usurpation de titres ou fonctions et qui punit d'un emprisonnement d'un an et d'une amende de 15 000 euros celui qui, sans remplir les conditions exigées pour le porter, aura fait usage ou se sera réclamé d'un titre attaché à une profession réglementée.

Le texte de l'article 74 de la loi du 31 décembre 1971 est plus large que celui de l'article 433-17 du Code pénal; puisqu'il assimile au titre d'avocat proprement dit tout titre tendant à créer dans l'esprit du public une confusion.

• **Dénominations susceptibles de créer une confusion avec le titre d'avocat.** Une circulaire de la chancellerie du 16 octobre 1972 précise que sont susceptibles de créer une confusion avec la dénomination d'avocat les dénominations suivantes : jurisconsultes, juristes, défenseurs, cabinet de défense, contentieux, conseil de société, conseil d'entreprise, conseil fiscal, conseil social, expert ou mandataire fiscal. En revanche, l'appellation « maître » n'est pas protégée[4].

La jurisprudence est d'ailleurs assez sourcilleuse en matière de titre d'avocat.

• **Usage du titre d'avocat par un étudiant préparant l'examen d'entrée à un CRFPA.** Un étudiant préparant l'examen d'entrée au CRFPA et qui travaillait au cabinet d'un avocat est déclaré coupable du délit d'usage illégal du titre d'avocat pour s'être présenté sur l'instruction de cet avocat devant un conseil de prud'hommes et y avoir déclaré qu'il était avocat[5].

• **Délit d'usage de titre par le titulaire d'une maîtrise en droit.** Dès lors qu'il est établi par la procédure, et d'ailleurs reconnu par le prévenu, que, titulaire d'une maîtrise de droit, ce dernier animait une société dont l'activité principale était la rédaction d'actes juridiques et

1. CA Basse-Terre, 15 déc. 1986, *Gaz. Pal.* 1987, 1, 124; *D.* 1989, somm. 71, note Brunois.
2. Civ. 1re, 10 janv. 1995, no 92-18.762, no 92-44.501, *Bull. civ.* I, no 23; *D.* 1995, IR 41; *Gaz. Pal.* 13 avr. 1995, 13, note Damien; 1995, jur. 198, concl. Le Foyer de Costil; 1995, pan. 51; *JCP* 1995, II, 22434, note Martin.
3. Civ. 1re, 10 juin 1997, no 95-15.644, *Bull. civ.* I, no 193; *D.* 1997, 244, note Agostini; *D.* 1998, jur. 244, note Agostini; *Gaz. Pal.* 1997, pan. 338; *JCP* 1997, II, 22923, note Martin.
4. Rép. min. no 82, *JOAN CR* 24 mai 1973, p. 1520.
5. Crim. 11 oct. 1988, no 88-80.637, NPT, *Gaz. Pal.* 1989, I, somm. 806.

accessoirement le courtage financier, qu'il a dressé un acte de cession de parts de fonds de commerce moyennant des honoraires, qu'il n'exerçait aucune des professions réglementées prévues par l'article 56 de la loi n° 90-1259 du 31 décembre 1990, qu'il ne remplissait aucune des exigences prévues par l'article 55 et qu'il a fait l'objet d'une condamnation définitive à deux ans d'emprisonnement avec sursis pour des faits de faux et usage de faux en écriture privée, est caractérisé en tous ses éléments le délit de consultation juridique ou rédaction d'acte sous-seing privé sans respect des conditions légales.

En revanche le fait d'utiliser des papiers à en-tête « société d'études et de rédaction d'acte » ne suffit pas à lui seul à créer, dans l'esprit du public, une confusion avec le titre de la profession d'avocat, le délit d'usage de titre prêtant à confusion avec titre ou profession judiciaire n'est alors pas caractérisé à l'égard du prévenu.[1]

• **Votre avocat par Minitel – La Vocat...** Un jugement du 14 mars 1997 du tribunal de grande instance d'Angers a condamné un prévenu et sa société pour avoir fait usage, dans son papier à lettres, d'un titre en l'espèce « fiduciaire », expert, consultation juridique, rédaction d'actes, prévention, diagnostic, difficulté des entreprises; le tribunal estime que ce titre est de nature à créer, dans l'esprit du public, une confusion avec le titre et la profession réglementée par la loi du 31 décembre 1971[2]. De même, la publicité « votre avocat par minitel » est à l'origine d'une usurpation de titre[3], comme l'appellation d'un contrat de protection juridique « La Vocat »[4].

• **Usurpation du titre d'avocat de son conjoint.** De même le mari d'une femme avocat qui lui servait de clerc et qui se faisait passer pour son associé ou son collaborateur et donnait des consultations, est condamné pour usurpation de titre[5].

• ***Advocatus*** **– Avocat ecclésiastique.** Le garde des Sceaux dans une réponse à question écrite a pu admettre que le titre d'avocat ecclésiastique, régi par les dispositions du Code de droit canonique de l'Église, pouvait être toléré car il n'était pas différent de celui d'un avocat étranger établi en France. Il s'ensuit, dit-il, que sous réserve de l'appréciation souveraine des juridictions, l'*advocatus* peut utiliser le titre d'avocat dès lors que ce titre est suivi de qualificatifs propres à éviter le reproche d'usurpation d'un titre protégé par la loi[6].

• **Avocat-conseil.** La cour de Versailles, par un arrêt du 18 février 1998[7], a interdit à un avocat l'usage d'« avocat-conseil » pour la dénomination de la société d'exercice libéral qu'il avait constituée, au motif que l'incorporation dans la dénomination sociale litigieuse du vocable avocat conseil, est de nature à créer une confusion avec la profession (qui n'existe pas) d'avocat conseil et celle seule existante d'avocat, de telle sorte qu'elle se heurte tout comme le vocable avocat conseil, qui viendrait à être utilisé en tant que titre, à la prohibition résultant des dispositions combinées de l'article 1er alinéa 4 et de l'article 74 de la loi du 31 décembre 1971 et de l'article 154 du décret du 27 novembre 1991.

• **« Élisant domicile au cabinet de Maître... ».** Un arrêt de la cour d'appel de Toulouse du 17 octobre 1996, 3e chambre[8], a interdit à un prévenu de faire mention du titre de mandataire près les tribunaux de commerce, corroborée par la mention, dans les formules utilisées par ce prévenu de « élisant domicile au cabinet de M... », la cour a estimé que la réunion de ces mentions de manière habituelle, fonde l'usage abusif d'un titre tendant à créer dans l'esprit du public, une confusion avec le titre de la profession d'avocat protégé.

• **Usurpation par l'avocat du titre de professeur agrégé.** L'usage usurpé par un avocat du titre prestigieux de professeur agrégé, notamment à l'occasion de l'établissement d'une consultation juridique ayant pour effet de valoriser indûment celle-ci constitue non seulement l'usage abusif d'un titre qu'il ne possédait point mais un manquement grave à l'honneur et à la probité, entraînant une peine d'interdiction d'exercice d'une durée de deux années[9].

• **Avocat à la retraite.** Manque à la probité, principe essentiel de la profession d'avocat, l'avocat à la retraite depuis plus de deux ans qui fait état de la qualité d'avocat pour rendre visite à un ancien client détenu[10].

34.52 Poursuites sur le fondement des articles L. 121-1 s. du Code de la consommation. On peut envisager également de poursuivre celui qui porte un titre d'avocat auquel il n'a pas droit sur le fondement des articles du Code de la consommation réprimant la publicité frauduleuse.

Il faudra voir auparavant l'article 44 de la loi du 27 décembre 1973, interdisant toute publicité, sous quelque forme que ce soit, par des allégations, indications ou prétentions fausses, de nature à induire en erreur[11].

Les peines prévues sont celles de l'article L. 227-13 du même code : deux ans d'emprisonnement et 37 500 euros d'amende. Ainsi est prohibée toute publicité employée par une personne non inscrite à un barreau de nature à créer une confusion.

1. CA Paris, 6 mars 2000, *D.* 2000, IR 103.
2. TGI Angers, 14 mars 1997, cité dans *Bull. conf. bâtonniers* 30 avr. 1997, n° 12, p. 2.
3. TGI Paris, ord. prés., 28 avr. 1989, *Gaz. Pal.* 1989, 1, 384.
4. TGI Paris, 23 mars 1988, *Gaz. Pal.* 1988, 405.
5. Crim. 13 nov. 1996, n° 95-85.459, NPT, *JCP* 1997, I, 40-41, chron. Martin; *Gaz. Pal.* 18 mars 1997, chr. crim. 65.
6. Débats Sénat, 4 août 1988, *JO Sénat CR*, p. 892 et 893.
7. CA Versailles, 18 févr. 1998, NP – Crim. 14 févr. 1991, n° 90-80.460, *Bull. crim.*, n° 80; *D.* 1991, somm. 274, obs. Azibert.
8. CA Toulouse, 3e ch., 17 oct. 1996, NP.
9. CA Paris, 24 nov. 1993, *D.* 1995, somm. 164.
10. Civ. 1re, 10 déc. 2002, n° 00-11.091, *Bull. civ.* I, n° 301; *JCP* 2003, I, 140, n° 21, obs. Martin; *Gaz. Pal.* 2003, somm. 519.
11. CA Paris, 16 oct. 1974, *JCP* 1975, II, 17958, note Vivier; *D.* 1975, somm. 38; *Gaz. Pal.* 1975, 1, 159, note Fourgoux.

• C'est le cas, par exemple, d'un composteur marquant le courrier reproduisant l'effigie d'un homme de robe, bras levé et l'index tendu, suivi de la mention : « Expert fiscal près les tribunaux. »[1].

34.53 Usurpation du titre de « conseil juridique ». Les mêmes dispositions prévues en ce qui concerne le titre et la fonction d'avocat sont applicables à celui qui aura fait usage du titre de conseil juridique ou d'un titre équivalent pouvant prêter à confusion; le titre ne peut plus subsister que, soit à titre de spécialisation[2], soit avec la mention « honoraire »[3].

• **Usurpation du titre d'avocat par des conseils juridiques avant la loi du 31 décembre 1990.** La Chambre criminelle de la Cour de cassation avait condamné le président d'une association de conseils juridiques pour usage d'un titre tendant à créer la confusion avec la profession d'avocat. En effet, l'association avait inséré dans un annuaire téléphonique professionnel à la fin de la rubrique « avocats », une annonce dont le texte se terminait par les noms des membres du conseil supérieur de l'association, dont celui du président, précédés du mot « maître »[4].

1. CA Paris, 16 oct. 1974, *Gaz. Pal.* 1975, 1, 159, note Fourgoux.
2. L. 31 déc. 1971, art. 1er, I, al. 4.
3. L. 31 déc. 1971, art. 1er, I, al. 5.
4. Crim. 3 avr. 1984, *Gaz. Pal.* 1984, 500, note A. D.; *D.* 1985, IR 112, obs. Brunois.

CHAPITRE

35. Costume professionnel

SECTION 0
ORIENTEUR

35.00 Plan du chapitre.

Sect. 1 Fondements

Sect. 2 Description

Sect. 3 Port réglementé

35.01 Textes applicables.

>

L. n° 71-1130, 31 déc. 1971, art. 3

>

L. 31 déc. 1971, art. 3 [Costume professionnel]

Les avocats sont des auxiliaires de justice.

[...]

Ils revêtent dans l'exercice de leurs fonctions judiciaires, le costume de leur profession.

35.02 Jurisprudence de référence.

> L'avocat doit se présenter en robe devant la juridiction disciplinaire

• Civ. 1re, 1er juill. 1958, *D.* 1958, jur. 528, note Crémieu.

* V. s^s n° 35.31.

> Interdiction de porter la robe à l'occasion de manifestations non professionnelles

• Cons. ordre Paris, 9 avr. 1939, *Rev. Sté int. hist. profession avocat*, n° 3, p. 147.

* V. s^s n° 35.31.

> Sanction pénale en cas de port illégal du costume afin de consulter son propre dossier pénal au greffe et recevabilité de l'Ordre des avocats dans sa constitution de partie civile en réparation du préjudice causé aux intérêts collectifs de la profession, notamment par le port illégal du costume d'avocat

• Crim. 5 nov. 1997, n° 96-86.380, *Bull. crim.*, n° 377; *JCP* 1998, IV, 1634.

* V. s^s n° 35.33.

« Sur le cinquième moyen de cassation, pris de la violation des articles 4 de la déclaration des droits de l'homme et du citoyen du 26 août 1789 et 593 du Code de procédure pénale :

Sur le sixième moyen de cassation, pris de la violation des articles 593 du Code de procédure pénale, 433-14 du Code pénal, R. 812-19 du Code de l'organisation judiciaire et 2 du décret n° 79-834 du 22 septembre 1979 :

Sur le septième moyen de cassation, pris de la violation des articles 593 du Code de procédure pénale et 433-14 du Code pénal :

Les moyens étant réunis;

Attendu qu'il résulte de l'arrêt attaqué que D. Z... est poursuivi pour avoir, le 7 septembre 1994, à Paris, publiquement et sans droit, porté une robe d'avocat, costume réglementé par l'autorité publique;

Attendu que, pour retenir sa culpabilité, après avoir exposé son argumentation, les juges du second degré énoncent qu'il résulte des déclarations du greffier de la 15e chambre correctionnelle du tribunal de grande instance de Paris, que D. Z..., prévenu présent sans avocat à l'audience du 9 septembre 1994, s'était présenté aux services du greffe le 7 septembre, vêtu d'une robe d'avocat, pour consulter son propre dossier; qu'ils relèvent qu'il est constant que D. Z... n'a jamais exercé la profession d'avocat; qu'ils ajoutent que "la robe d'avocat, textuellement définie et parfaitement identifiable, était portée publiquement puisque D. Z... en était revêtu lorsqu'il s'est présenté au greffe";

Attendu que, par ces motifs exempts d'insuffisance comme de contradiction, répondant aux articulations essentielles des conclusions dont elle était saisie, la cour d'appel a caractérisé en tous ses éléments constitutifs, tant matériels qu'intentionnel, le délit reproché, et ainsi justifié sa décision sans encourir les griefs allégués;

D'où il suit que les moyens, qui reviennent à remettre en discussion l'appréciation souveraine par les juges du fond des faits et circonstances de la cause contradictoirement débattus, doivent être écartés;

Sur le deuxième et le huitième moyens de cassation réunis, pris de la violation des articles 2 et 593 du Code de procédure pénale, 32 du Code de procédure civile :

Attendu que, pour recevoir l'Ordre des avocats au barreau de P... en sa constitution de partie civile et condamner D. Z... à lui verser des dommages-intérêts, l'arrêt énonce qu'en vertu des articles 15, 17 et 21 de la loi du 31 décembre 1971, chaque barreau, doté de la personnalité civile, est administré par un Conseil de l'ordre qui a notamment pour tâche de traiter toute question intéressant l'exercice de la profession et la défense des droits des avocats; qu'il observe qu'investi d'un mandat de représentation en justice, l'avocat est généralement dispensé de justifier de ce mandat dès lors qu'il se présente en robe devant les juridictions; qu'il ajoute "qu'en trompant la confiance inspirée par le port de la robe d'avocat, D. Z... a causé un préjudice certain à l'Ordre des avocats";

Attendu qu'en l'état de ces énonciations la cour d'appel a justifié sa décision sans encourir les griefs allégués;

D'où il suit que les moyens ne sauraient être accueillis;

Et attendu que l'arrêt est régulier en la forme;

Rejette le pourvoi. »

35.03 Bibliographie indicative.

Ouvrages. Blanc, p. 42 – Bœdels, *Les habits du pouvoir, la justice*, Antébi, 1992 – Beignier, Blanchard, Villacèque, 2008, n°s 166 et 167 – Martin, 2008, n°s 364, 365.

Articles. Boccara, « De l'usage et de la garniture du chaperon herminé au barreau de Paris », *Gaz. Pal.* 2 juin 1994, p. 27 – Damien, « Éléments de civilité puérile et honnête à l'usage des avocats », *Gaz. Pal.* 1985, 1, doctr. 222 et 231.

35.05 Évolution – L'usage du port d'un costume professionnel est ancien. Sous l'Ancien Régime les avocats portaient le costume clérical classique : vêtement talaire (descendant jusqu'aux talons) noir à larges manches; ils y ajoutèrent bientôt une réduction du chaperon accroché à l'épaule à partir du jour où ils ne le portèrent plus sur la tête mais le remplacèrent par le bonnet carré des « docteurs ». Le chaperon comportait deux extrémités, l'une enveloppant le visage, l'autre le buste; elles donnèrent naissance sous la forme symbolique adoptée dès le XVe siècle, à ces deux extrémités réduites mais de dimensions différentes, l'une étroite qui se porte par-devant, l'autre large qui se porte par-derrière. Ces extrémités étaient revêtues d'hermine aux grandes cérémonies pour marquer la dignité de l'avocat; c'est pourquoi de nos jours on porte la « chausse » ou chaperon à un rang d'hermine.

35.06 Grand costume d'apparat et costume ordinaire. Le barreau de Paris, comme toutes les compagnies judiciaires de l'époque, a toujours su distinguer le grand costume d'apparat de la tenue ordinaire; or pas plus que les magistrats ne portaient la robe rouge aux audiences ordinaires mais simplement la robe noire, pas plus les avocats n'avaient le droit de porter l'hermine aux audiences ordinaires mais seulement aux audiences solennelles. Ainsi donc deux éléments du costume apparaissent dès le XVIe siècle, c'est la grande tenue avec épitoge et plus tard décorations pendantes, les avocats de l'ancien régime n'en portaient pas ou fort peu, et la petite tenue beaucoup plus simple qui ne porte pas d'hermine sur la chausse rejetée sur l'épaule mais comporte néanmoins la robe noire et le vêtement talaire.

Le barreau de Paris, fidèle à la tradition de l'Ancien Régime, ne la porte qu'aux audiences solennelles; la province a adopté comme costume quotidien le vêtement de cérémonie et les magistrats ont fait de même car s'ils ne portent pas la robe rouge aux audiences ordinaires, ils portent tous la simarre aux audiences ordinaires alors qu'ils ne la portaient naguère qu'aux audiences solennelles.

Le vrai signe des magistrats aux audiences solennelles c'est la ceinture. De même, en signe de dignité, les avocats portent une traîne qui, au Moyen Âge, symbolisait la puissance en séparant lorsqu'elle était déployée celui qui la portait du reste du cortège où il figurait mais les avocats la portaient et continuent à la porter repliée vers l'intérieur de la robe en raison du fait qu'ils n'ont pas de juridiction propre et qu'ils sont, malgré leur dignité, des auxiliaires de justice.

35.07 La robe rouge. Les avocats avaient également droit aux audiences solennelles au port de la robe rouge; ils la portèrent encore au XVIIe siècle mais ils y renoncèrent au XVIIIe lorsque les magistrats issus de la vénalité des charges furent devenus de véritables « fils à papa » couverts de pourpre et d'hermine mais sans valeur professionnelle ni morale et pour mieux s'en distinguer les avocats renoncèrent à cette similitude de costume. C'est du moins l'explication un peu surprenante de Boucher d'Argis.

35.08 Du costume au vêtement de ville... Les avocats portaient la robe jusqu'au siècle de Louis XIV en toute occasion et en public comme en privé; le vêtement de ville ne devint en usage qu'à la fin du règne, d'abord noir et austère puis, malgré des résistances passionnées, identique à celui de leurs contemporains mais jusqu'à la fin du XIXe siècle l'avocat se reconnaissait dans le monde par une allure plus grave et un habillement plus classique que celui des gens du monde. Tout ceci n'est plus que souvenir mais la robe traditionnelle rétablie par Napoléon au profit des avocats continue à être portée aux audiences et parfois aux cérémonies de l'Ordre encore que celles-ci tendent à disparaître : messe de rentrée, enterrements, procession de saint Yves...

35.09 Résumé de l'histoire du costume. Le costume d'avocat est le vêtement traditionnel des avocats instauré sous l'Ancien Régime, supprimé momentanément sous la Révolution, il a été rétabli par le décret du 2 nivôse an XII, maintenu par le décret du 2 juillet 1812 et officialisé actuellement par l'article 3 de la loi du 31 décembre 1971.

SECTION 1
FONDEMENTS

35.11 Fondements du costume professionnel. L'usage du costume professionnel vient du double souci de souligner publiquement l'autorité qui doit s'attacher à l'exercice d'un service aussi important que celui de la justice et d'assurer une certaine tenue et égalité d'apparence entre les membres d'un barreau. Ces mêmes préoccupations expliquent que les magistrats et les auxiliaires de justice autres que les avocats portent également un costume professionnel.

Le port de la robe est parfois critiqué, même par des avocats[1].

35.12 Le port de la robe serait-il périmé ? La robe est certes périmée dans ses origines historiques puisqu'elle était le costume des clercs et que les avocats se sont beaucoup éloignés de l'idéal de modération et de service qu'exigeait la cléricature. Elle n'est plus qu'un symbole, mais conserve néanmoins une utilité.

D'une part, elle sépare l'avocat de la vie quotidienne et du monde de tous les jours. Elle rappelle que la justice n'est pas seulement une affaire administrative, mais qu'elle est l'exercice d'un pouvoir mystérieux et antique qui consiste à essayer de discerner le bien du mal et à sonder les reins et les cœurs. Elle est donc un élément de cette pompe dont la justice a besoin comme tout ce qui participe au sacré.

D'autre part, elle est une protection permanente de l'avocat; en contraignant celui-ci à prendre, vis-à-vis de sa clientèle, le recul nécessaire, elle lui permet d'acquérir l'ascendant indispensable et l'autorité dont il a besoin à la barre vis-à-vis des magistrats et des clients. Elle décourage les attitudes cavalières ou les familiarités complices.

SECTION 2
DESCRIPTION

35.21 Robe noire, rabat, épitoge et toque. Ce costume se compose d'une robe noire avec rabat et épitoge à un rang d'hermine et d'une toque.

35.22 C'est l'épitoge qui différencie la robe de l'avocat des autres robes professionnelles. L'épitoge devrait, en principe, porter à son extrémité, un ou plusieurs rangs d'hermine selon les titres juridiques de celui qui porte la robe. Pratiquement, pour éviter toute discrimination apparente, elle ne comporte qu'un rang d'hermine. En cas d'intervention devant des juridictions situées hors du palais de justice de Paris, les avocats de ce barreau portent l'épitoge herminée de façon à se conformer aux usages locaux.

35.23 Le port de la toque est tombé en désuétude. Alors que le port de la robe est demeuré rigoureusement obligatoire, celui de la toque est tombé en désuétude dans la plupart des barreaux, tout en restant normal et même d'usage dans les cérémonies officielles. Il symbolisait l'indépendance des avocats qui possèdent seuls le pouvoir de plaider couverts devant toutes les juridictions[2].

• **Du bon usage de la toque.** Les avocats peuvent plaider couverts et ne se découvrent que pour lire les pièces de procédure; faisant la tâche des anciens avoués ils doivent imiter la posture qui était impartie à ceux-ci mais ils doivent se lever et se découvrir à la lecture des décisions de justice rendues sur leurs plaidoiries[3].

SECTION 3
PORT RÉGLEMENTÉ

35.31 Les avocats « revêtent, dans l'exercice de leurs fonctions judiciaires, le costume de leur profession »[4]. Officialisé par la loi du 31 décembre 1971, le port du costume est donc du domaine législatif et ne saurait être abrogé ou modifié par décret.

Il est obligatoire toutes les fois où l'avocat est dans l'exercice de ses « fonctions judiciaires »[5]; en conséquence, il ne peut pas porter la robe dans son cabinet pour la réception de ses clients.

• **L'avocat doit porter la robe toutes les fois qu'il est au Palais de justice et dans l'exercice de ses fonctions judiciaires.** L'avocat doit donc se présenter en robe aussi bien devant les juridictions que devant les magistrats chargés des conciliations, des délibérés ou des instructions et c'est de même en robe qu'ils doivent intervenir professionnellement auprès d'un magistrat ou d'un service judiciaire.

• **Dispense du port de la robe.** Il est dispensé de revêtir la robe lorsqu'il participe à des opérations d'expertise ou de constat qui sont réalisées par des personnes ayant reçu une mission d'un tribunal ou d'un magistrat.

Le port de la robe n'est pas justifié lorsque l'avocat se présente pour plaider sa propre cause ou celle d'une société dont il serait administrateur ou d'une association dont il serait président; il intervient alors comme un simple justiciable.

De même il est interdit lorsque l'avocat est frappé d'une peine de suspension.

• **Poursuites disciplinaires.** Lorsqu'il est cité devant le Conseil de l'ordre ou devant la cour d'appel statuant disciplinairement, il doit se présenter en robe.

• **Organismes juridictionnels.** Devant les organismes juridictionnels où, de droit, le principe du contradictoire s'applique, par exemple devant l'Autorité des marchés financiers, l'avocat doit porter sa robe.

• **Manifestations professionnelles officielles.** En dehors du palais de justice l'avocat ne peut revêtir sa robe que

1. BLANC, p. 42.

2. Damien, « La toque », *Gaz. Pal.* 25 nov. 1986, p. 23.
3. Civ., 18 nov. 1852, S. 1952, 1, 42.
4. L. 31 déc. 1971, art. 3, al. 3.
5. Civ., 1er juill. 1958, *D.* 1958, 526, note Crémieu.

pour des manifestations auxquelles les avocats participent à titre officiel ou traditionnel. En revanche, le port de la robe par un avocat est interdit pour toutes les manifestations autres que professionnelles et notamment pour des représentations théâtrales ou cinématographiques ou télévisées [1].

• **L'avocat peut-il fumer alors qu'il porte sa robe au palais ?** Un détail piquant plus que sérieux se posait avant la loi du 10 janvier 1991 : un avocat peut-il fumer au palais dans la salle des pas perdus ou les couloirs et escaliers du palais ? L'interdiction autrefois portée par le décret du 12 septembre 1977 de fumer dans les locaux affectés à un usage collectif n'était pas applicable aux locaux de passage, tels que couloirs ou cages d'escaliers, la notion d'occupation implique une certaine permanence qui est exclue par celle de lieu de passage; or, le qualificatif de passant et non d'occupant est seul convenable pour les personnes qui empruntent couloirs et cages d'escaliers [2].

35.32 L'avocat revêtu de sa robe a le droit de pénétrer dans toutes les salles d'audiences publiques et de s'y asseoir au banc de la défense. Ce principe, à l'heure actuelle, est parfois battu en brèche et certains magistrats, lorsqu'ils font évacuer la salle, font sortir également les avocats présents, hormis ceux de la cause.

• **Un principe battu en brèche.** La jurisprudence obtenue par le barreau de Paris depuis 1822, à l'occasion du procès *Béranger*, reconnaît aux avocats le droit, lorsqu'ils sont revêtus de leur robe, d'assister librement à toutes les audiences. Toutefois, en certaines matières formalistes, la présence d'un avocat étranger à la cause ne peut être tolérée puisqu'elle constituerait une irrégularité pouvant entraîner la nullité des débats : chambre d'accusation, commission des impôts devant le tribunal administratif, conseil de discipline [3]. Une telle prétention a été émise pour la première fois en 1820, lors des poursuites devant la cour d'assises, du chansonnier Béranger : le président Jacquinot-Godard avait cru devoir adresser au bâtonnier vingt billets d'invitation pour les avocats, précisant que seuls les avocats porteurs de ces billets pourraient pénétrer dans la salle d'audience. Le bâtonnier Billecoq a protesté avec énergie contre cette mesure qui fut rapportée.

Le 15 janvier 1828, sur le rapport de M. Tripier, le Conseil de l'ordre de Paris statuait de la manière suivante : « Considérant que le principe de la publicité des débats en matière criminelle a une exception, pour le cas où cette publicité serait dangereuse pour l'ordre et les mœurs, que cette exception autorise les tribunaux à ordonner que les discussions aient lieu à huis clos; que la loi n'a pas formellement excepté de cette mesure les avocats étrangers aux débats, que les magistrats sont investis par la loi du pouvoir d'apprécier les inconvénients que la présence du barreau pourrait avoir, soit sur les mœurs, soit pour l'instruction du procès et les explications que les témoins seront obligés de faire, que le droit absolu qui serait reconnu dans la personne d'un avocat d'être présent aux débats d'une affaire instruite à huis clos, serait d'autant plus dangereux à Paris qu'il serait impossible de vérifier si cette qualité appartient réellement à tous ceux qui se présenteraient pour jouir de cette prérogative. » Mollot pense également qu'en matière civile devant les tribunaux, lorsque l'audience est à huis clos, les avocats étrangers à la cause peuvent être invités à ne pas s'y présenter. « La morale publique, précise-t-il, ne commande-t-elle pas que le scandale ait aussi peu de témoins qu'il est possible ».

35.33 Protection du port du costume – Sanction. Le port du costume professionnel est protégé par l'article 433-15 du Code pénal. Le non-respect de ces dispositions est sanctionné d'une peine d'un an d'emprisonnement et d'une amende de 15 000 euros [4].

Si le port illicite du costume a eu pour objet de préparer ou de faciliter la commission d'un crime ou d'un délit, l'infraction est punie de trois ans d'emprisonnement et d'une amende de 45 000 euros [5].

Il y a eu naguère un contentieux important concernant le port de la robe par certains auxiliaires de justice et notamment en ce qui concerne les agréés, mais ceci n'existe plus, qu'à titre de souvenir depuis la fusion des professions judiciaires.

• **Indemnisation du Conseil de l'ordre en tant que partie civile.** Si l'Ordre a subi un préjudice du fait du port illégal du costume d'avocat, le prévenu condamné sur le fondement de l'article 433-14 du Code pénal peut être également condamné à verser des dommages-intérêts à l'Ordre [6].

1. Cons. ordre Paris, 9 avr. 1939, *Rev. Sté int. hist. profession avocat*, n° 3, p. 147.
2. T. pol. Tarascon, 1er juin 1983, *Gaz. Pal.* 1983, 2, 398, p. 9, note Doucet.
3. CE 26 févr. 1988, n° 64804, Chaminas, *Lebon*, 86; *AJDA* 1988, 414.
4. SUR C. pén., art. 259, al. 1er anc. : Civ., 29 juill. 1936, *DP* 1936, 1, 86, note Appleton; SUR RENVOI : CA Amiens, 16 févr. 1938, *DH* 1938, p. 168 – CA Alger, 16 déc. 1898, *DP* 1899, 2, 33.
5. C. pén., art. 433-16.
6. Crim. 5 nov. 1997, n° 96-86.380, *Bull. crim.*, n° 377; *D.* 1998, somm. 176, note Pradel; *JCP* 1998, IV, 1634; *Gaz. Pal.* 1998, chr. crim. 43, note Doucet.

CHAPITRE

36. Secret professionnel

SECTION 0

ORIENTEUR

36.00 **Plan du chapitre.**

36.01 **Textes applicables.**

> Respect du secret professionnel par l'avocat

L. 31 déc. 1971, art. 66-5 – RIN, art. 2 et 2 *bis*

> Violation du secret professionnel

C. pén., art. 226-13 et 226-14

> Délit de divulgation d'informations issues d'une enquête ou d'une instruction

C. pr. pén., art. 434-7-2

> Secret de l'enquête et l'instruction

C. pr. pén., art. 11, 114, 114-1 – Décr. 16 juill. 2005, art. 5 (CORRESP. : décr. 27 nov. 1991, anc[t] art. 160, al. 2 abrogé)

> Secret de la garde à vue

C. pr. pén., art. 63-4, al. 5

> Perquisitions

C. pr. pén., art. 56-1, – LPF, art. L. 16 B

> Réquisitions judiciaires

C. pr. pén., art. 60-1, 77-1-1

> Secret professionnel et administration fiscale

CGI, art. L. 98

> Dénonciation

C. pén., art. 434-1 – C. mon. fin., art. L. 562-2-1

> Protection du secret professionnel de l'avocat

Principes[1]

> Respect du secret professionnel par l'avocat

L. 31 déc. 1971, art. 66-5 [Respect du secret professionnel par l'avocat]

En toutes matières, que ce soit dans le domaine du conseil ou dans celui de la défense, les consultations adressées par un avocat à son client ou destinées à celui-ci, les correspondances échangées entre le client et son avocat, entre l'avocat et ses confrères à l'exception pour ces dernières de celles portant la mention « officielle », les notes d'entretien et, plus généralement, toutes les pièces du dossier sont couvertes par le secret professionnel.

RIN, art. 2 [Secret professionnel]

[L. 31 déc. 1971, art. 66-5, décr. 1991, art. 160, C. pén. art. 226-13]

2.1 L'avocat est le confident nécessaire du client.

Le secret professionnel de l'avocat est d'ordre public. Il est général, absolu et illimité dans le temps.

Sous réserve des strictes exigences de sa propre défense devant toute juridiction et des cas de déclaration ou de révélation prévues ou autorisées par la loi, l'avocat ne commet, en toute matière, aucune divulgation contrevenant au secret professionnel.

Étendue du secret professionnel.

2.2 Le secret professionnel couvre en toute matière, dans le domaine du conseil ou celui de la défense, et quels qu'en soient les supports, matériels ou immatériels (papier, télécopie, voie électronique...) : les consultations

1. L. 31 déc. 1971, art. 66-5; décr. 12 juill. 2005, art. 4; C. pén., art. 226-13.

adressées par un avocat à son client ou destinées à celui-ci; les correspondances échangées entre le client et son avocat, entre l'avocat et ses confrères, à l'exception pour ces dernières de celles portant la mention officielle; les notes d'entretien et plus généralement toutes les pièces du dossier, toutes les informations et confidences reçues par l'avocat dans l'exercice de la profession; le nom des clients et l'agenda de l'avocat; les règlements pécuniaires et tous maniements de fonds effectués en application de l'article 27, alinéa 2 de la loi du 31 décembre 1971; les informations demandées par les commissaires aux comptes ou tous tiers, (informations qui ne peuvent être communiquées par l'avocat qu'à son client).

Aucune consultation ou saisie de documents ne peut être pratiquée au cabinet ou au domicile de l'avocat, sauf dans les conditions de l'article 56-1 du Code de procédure pénale.

Structure professionnelle, mode d'exercice et secret professionnel.

2.3 L'avocat doit faire respecter le secret par les membres du personnel de son cabinet et par toute personne qui coopère avec lui dans son activité professionnelle. Il répond des violations du secret qui seraient ainsi commises.

Lorsque l'avocat exerce en groupe ou participe à une structure de mise en commun de moyens, le secret s'étend à tous les avocats qui exercent avec lui et à ceux avec lesquels il met en commun des moyens d'exercice de la profession.

RIN, art. 2 *bis* [Secret de l'enquête et de l'instruction]

[décr. 12 juill. 2005, art. 5; C. pénal, art. 434-7-2; C. pr. pén., art. 11]

L'avocat respecte le secret de l'enquête et de l'instruction en matière pénale, en s'abstenant de communiquer, sauf pour l'exercice des droits de la défense, des renseignements extraits du dossier, ou de publier des documents, pièces ou lettres intéressant une enquête ou une information en cours.

Il ne peut transmettre de copies de pièces ou actes du dossier de la procédure à son client ou à des tiers que dans les conditions prévues à l'article 114 du Code de procédure pénale.

> Violation du secret professionnel

C. pén., art. 226-13 [Sanctions de la violation du secret professionnel]

[ord. n° 2000-916, 19 sept. 2000, art. 3, *JO* 22; en vigueur depuis le 1er janv. 2002]

La révélation d'une information à caractère secret par une personne qui en est dépositaire soit par état ou par profession, soit en raison d'une fonction ou d'une mission temporaire, est punie d'un an d'emprisonnement et de 15 000 euros d'amende.

C. pén., art. 226-14 [Cas de révélation possible ou obligatoire du secret professionnel]

[L. n° 2002-73, 17 janv. 2002, art. 89, *JO* 18 – L. n° 2003-239, 18 mars 2003, art. 85, *JO* 19 – L. n° 2004-1, 2 janv. 2004, art 11, *JO* 3 – L. n° 2006-399, 4 avr. 2006, art. 14 II, *JO* 5]

L'article 226-13 n'est pas applicable dans les cas où la loi impose ou autorise la révélation du secret. En outre, il n'est pas applicable :

1° À celui qui informe les autorités judiciaires, médicales ou administratives de privations ou de sévices, y compris lorsqu'il s'agit d'atteintes ou mutilations sexuelles, dont il a eu connaissance et qui ont été infligées à un mineur ou à une personne qui n'est pas en mesure de se protéger en raison de son âge ou de son incapacité physique ou psychique;

2° Au médecin qui, avec l'accord de la victime, porte à la connaissance du procureur de la République les sévices ou privations qu'il a constatés, sur le plan physique ou psychique, dans l'exercice de sa profession et qui lui permettent de présumer que des violences physiques, sexuelles ou psychiques de toute nature ont été commises. Lorsque la victime est mineure, son accord n'est pas nécessaire;

3° Aux professionnels de la santé ou de l'action sociale qui informent le préfet et, à Paris, le préfet de police du caractère dangereux pour elles-mêmes ou pour autrui des personnes qui les consultent et dont ils savent qu'elles détiennent une arme ou qu'elles ont manifesté leur intention d'en acquérir une.

Le signalement aux autorités compétentes effectué dans les conditions prévues au présent article ne peut faire l'objet d'aucune sanction disciplinaire.

> Délit de divulgation

C. pén., art. 434-7-2 [Délit de divulgation]

[L. n° 2004-204, 9 mars 2004, *JO* 10; mod. par L. n° 2005-1549, 12 déc. 2005, art. 36, *JO* 13.]

Sans préjudice des droits de la défense, le fait, pour toute personne qui, du fait de ses fonctions, a connaissance, en application des dispositions du Code de procédure pénale, d'informations issues d'une enquête ou d'une instruction en cours concernant un crime ou un délit, de révéler sciemment ces informations à des personnes qu'elle sait susceptibles d'être impliquées comme auteurs, coauteurs, complices ou receleurs, dans la commission de ces infractions, lorsque cette révélation est réalisée dans le dessein d'entraver le déroulement des investigations ou la manifestation de la vérité, est puni de deux ans d'emprisonnement et de 30 000 euros d'amende.

Lorsque l'enquête ou l'instruction concerne un crime ou un délit puni de dix ans d'emprisonnement relevant des dispositions de l'article 706-73 du Code de procédure pénale, les peines sont portées à cinq ans d'emprisonnement et à 75 000 euros d'amende.

> Secret de l'instruction

C. pr. pén., art. 11 [Caractère secret de l'enquête et de l'instruction]

Sauf dans le cas où la loi en dispose autrement et sans préjudice des droits de la défense, la procédure au cours de l'enquête et de l'instruction est secrète.

Toute personne qui concourt à cette procédure est tenue au secret professionnel dans les conditions et sous les peines des articles 226-13 et 226-14 du Code pénal.

Toutefois, afin d'éviter la propagation d'informations parcellaires ou inexactes ou pour mettre fin à un trouble à l'ordre public, le procureur de la République peut, d'office et à la demande de la juridiction d'instruction ou des parties, rendre publics des éléments objectifs tirés de la procédure ne comportant aucune appréciation sur le bien-fondé des charges retenues contre les personnes mises en cause.

C. pr. pén., art. 114 **[Présence de l'avocat aux interrogatoires et auditions]**

[L. n° 2000-516, 15 juin 2000; mod. par L. n° 2007-291, 5 mars 2007]

Les parties ne peuvent être entendues, interrogées ou confrontées, à moins qu'elles n'y renoncent expressément, qu'en présence de leurs avocats ou ces derniers dûment appelés.

Les avocats sont convoqués au plus tard cinq jours ouvrables avant l'interrogatoire ou l'audition de la partie qu'ils assistent par lettre recommandée avec demande d'avis de réception, télécopie avec récépissé ou verbalement avec émargement au dossier de la procédure.

La procédure est mise à leur disposition quatre jours ouvrables au plus tard avant chaque interrogatoire de la personne mise en examen ou chaque audition de la partie civile. Après la première comparution de la personne mise en examen ou la première audition de la partie civile, la procédure est également mise à tout moment à la disposition des avocats durant les jours ouvrables, sous réserve des exigences du bon fonctionnement du cabinet d'instruction.

Après la première comparution ou la première audition, les avocats des parties peuvent se faire délivrer, à leurs frais, copie de tout ou partie des pièces et actes du dossier. Cette copie peut être adressée à l'avocat sous forme numérisée, le cas échéant par un moyen de télécommunication selon les modalités prévues à l'article 803-1. La délivrance de cette copie doit intervenir dans le mois qui suit la demande.

Les avocats peuvent transmettre une reproduction des copies ainsi obtenues à leur client. Celui-ci atteste au préalable, par écrit, avoir pris connaissance des dispositions de l'alinéa suivant et de l'article 114-1.

Seules les copies des rapports d'expertise peuvent être communiquées par les parties ou leurs avocats à des tiers pour les besoins de la défense.

L'avocat doit donner connaissance au juge d'instruction, par déclaration à son greffier ou par lettre ayant ce seul objet et adressée en recommandé avec accusé de réception, de la liste des pièces ou actes dont il souhaite remettre une reproduction à son client.

Le juge d'instruction dispose d'un délai de cinq jours ouvrables à compter de la réception de la demande pour s'opposer à la remise de tout ou partie de ces reproductions par une ordonnance spécialement motivée au regard des risques de pression sur les victimes, les personnes mises en examen, leurs avocats, les témoins, les enquêteurs, les experts ou toute autre personne concourant à la procédure.

Cette décision est notifiée par tout moyen et sans délai à l'avocat. À défaut de réponse du juge d'instruction notifiée dans le délai imparti, l'avocat peut communiquer à son client la reproduction des pièces ou actes dont il avait fourni la liste. Il peut, dans les deux jours de sa notification, déférer la décision du juge d'instruction au président de la chambre de l'instruction, qui statue dans un délai de cinq jours ouvrables par une décision écrite et motivée, non susceptible de recours. À défaut de réponse notifiée dans le délai imparti, l'avocat peut communiquer à son client la reproduction des pièces ou actes mentionnés sur la liste.

Les modalités selon lesquelles ces documents peuvent être remis par son avocat à une personne détenue et les conditions dans lesquelles cette personne peut détenir ces documents sont déterminées par décret en Conseil d'État.

Par dérogation aux dispositions des huitième et neuvième alinéas, l'avocat d'une partie civile dont la recevabilité fait l'objet d'une contestation ne peut transmettre à son client une reproduction des pièces ou actes de la procédure sans l'autorisation préalable du juge d'instruction, qui peut lui être notifiée par tout moyen. En cas de refus du juge d'instruction ou à défaut de réponse de ce dernier dans les cinq jours ouvrables, l'avocat peut saisir le président de la chambre de l'instruction, qui statue dans un délai de cinq jours ouvrables, par une décision écrite et motivée non susceptible de recours. En l'absence d'autorisation préalable du président de la chambre de l'instruction, l'avocat ne peut transmettre la reproduction de pièces ou actes de la procédure à son client.

C. pr. pén., art. 114-1 **[Sanctions de la diffusion des pièces ou actes d'une instruction]**

[ord. n° 2000-916, 19 sept. 2000, art. 3, *JO* 22; en vigueur depuis le 1er janv. 2002]

Sous réserve des dispositions du sixième alinéa de l'article 114, le fait, pour une partie à qui une reproduction des pièces ou actes d'une procédure d'instruction a été remise en application de cet article, de la diffuser auprès d'un tiers est puni de 3 750 euros d'amende.

> Garde à vue

C. pr. pén., art. 63-4 **[Interdiction de faire état d'une garde à vue]**

L'avocat ne peut faire état de cet entretien auprès de quiconque pendant la durée de la garde à vue.

> Perquisitions

C. pr. pén., art. 56-1 **[Modalités de perquisition dans le cabinet ou au domicile d'un avocat]**

[mod. par L. n° 85-1407, 30 déc. 1985; L. n° 93-2, 4 janv. 1993; L. n° 2000-516, 15 juin 2000; L. n° 2005-1549, 12 déc. 2005; L. n° 2010-1, 4 janv. 2010]

Les perquisitions dans le cabinet d'un avocat ou à son domicile ne peuvent être effectuées que par un magistrat et en présence du bâtonnier ou de son délégué, à la suite d'une décision écrite et motivée prise par ce magistrat, qui indique la nature de l'infraction ou des infractions sur lesquelles portent les investigations, les raisons justifiant la perquisition et l'objet de celle-ci. Le contenu de cette décision est porté dès le début de la perquisition à la connaissance du bâtonnier ou de son délégué par le magistrat. Celui-ci et le bâtonnier ou son délégué ont seuls le droit de consulter ou de prendre connaissance des documents ou des objets se trouvant sur les lieux préalablement à leur éventuelle saisie. Aucune saisie ne peut concerner des documents ou des objets relatifs à d'autres infractions que celles mentionnées dans la décision précitée. Les dispositions du présent alinéa sont édictées à peine de nullité.

Le magistrat qui effectue la perquisition veille à ce que les investigations conduites ne portent pas atteinte au libre exercice de la profession d'avocat.

Le bâtonnier ou son délégué peut s'opposer à la saisie d'un document ou d'un objet s'il estime que cette saisie serait irrégulière. Le document ou l'objet doit alors être placé sous scellé fermé. Ces opérations font l'objet d'un procès-verbal mentionnant les objections du bâtonnier ou de son délégué, qui n'est pas joint au dossier de la procédure. Si d'autres documents ou d'autres objets ont été saisis au cours de la perquisition sans soulever de contestation, ce procès-verbal est distinct de celui prévu par l'article 57. Ce procès-verbal ainsi que le document ou l'objet placé sous scellé fermé sont transmis sans délai au juge des libertés et de la détention, avec l'original ou une copie du dossier de la procédure.

Dans les cinq jours de la réception de ces pièces, le juge des libertés et de la détention statue sur la contestation par ordonnance motivée non susceptible de recours.

À cette fin, il entend le magistrat qui a procédé à la perquisition et, le cas échéant, le procureur de la République, ainsi que l'avocat au cabinet ou au domicile duquel elle a été effectuée et le bâtonnier ou son délégué. Il peut ouvrir le scellé en présence de ces personnes.

S'il estime qu'il n'y a pas lieu à saisir le document ou l'objet, le juge des libertés et de la détention ordonne sa restitution immédiate, ainsi que la destruction du procès-verbal des opérations et, le cas échéant, la cancellation de toute référence à ce document à son contenu ou à cet objet qui figurerait dans le dossier de la procédure.

Dans le cas contraire, il ordonne le versement du scellé et du procès-verbal au dossier de la procédure. Cette décision n'exclut pas la possibilité ultérieure pour les parties de demander la nullité de la saisie devant, selon les cas, la juridiction de jugement ou la chambre de l'instruction.

Les dispositions du présent article sont également applicables aux perquisitions effectuées dans les locaux de l'ordre des avocats ou des caisses de règlement pécuniaire des avocats. Dans ce cas, les attributions confiées au juge des libertés et de la détention sont exercées par le président du tribunal de grande instance qui doit être préalablement avisé de la perquisition. Il en est de même en cas de perquisition au cabinet ou au domicile du bâtonnier.

LPF, art. L. 16 B [Perquisitions fiscales]

[L. fin. rect. n° 2002-1576, 30 déc. 2002, art. 17, *JO* 31; en vigueur depuis le 1er juill. 2003]

I. Lorsque l'autorité judiciaire, saisie par l'administration fiscale, estime qu'il existe des présomptions qu'un contribuable se soustrait à l'établissement ou au paiement des impôts sur le revenu ou sur les bénéfices ou de la taxe sur la valeur ajoutée en se livrant à des achats ou à des ventes sans facture, en utilisant ou en délivrant des factures ou des documents ne se rapportant pas à des opérations réelles ou en omettant sciemment de passer ou de faire passer des écritures ou en passant ou en faisant passer sciemment des écritures inexactes ou fictives dans des documents comptables dont la tenue est imposée par le Code général des impôts, elle peut, dans les conditions prévues au II, autoriser les agents de l'administration des impôts, ayant au moins le grade d'inspecteur et habilités à cet effet par le directeur général des impôts, à rechercher la preuve de ces agissements, en effectuant des visites en tous lieux, même privés, où les pièces et documents s'y rapportant sont susceptibles d'être détenus et procéder à leur saisie, quel qu'en soit le support.

II. Chaque visite doit être autorisée par une ordonnance du président du tribunal de grande instance dans le ressort duquel sont situés les lieux à visiter ou d'un juge délégué par lui.

(Le président du tribunal de grande instance peut confier cette fonction au juge des libertés et de la détention).

Le juge doit vérifier de manière concrète que la demande d'autorisation qui lui est soumise est bien fondée; cette demande doit comporter tous les éléments d'information en possession de l'administration de nature à justifier la visite.

L'ordonnance comporte :

- l'adresse des lieux à visiter;
- le nom et la qualité du fonctionnaire habilité qui a sollicité et obtenu l'autorisation de procéder aux opérations de visite.

Le juge motive sa décision par l'indication des éléments de fait et de droit qu'il retient et qui laissent présumer, en l'espèce, l'existence des agissements frauduleux dont la preuve est recherchée.

Si, à l'occasion de la visite, les agents habilités découvrent l'existence d'un coffre dans un établissement de crédit dont la personne occupant les lieux visités est titulaire et où des pièces et documents se rapportant aux agissements visés au I sont susceptibles de se trouver, ils peuvent, sur autorisation délivrée par tout moyen par le juge qui a pris l'ordonnance, procéder immédiatement à la visite de ce coffre. Mention de cette autorisation est portée au procès-verbal prévu au IV.

La visite et la saisie de documents s'effectuent sous l'autorité et le contrôle du juge qui les a autorisées. À cette fin, il donne toutes instructions aux agents qui participent à ces opérations.

Il désigne un officier de police judiciaire chargé d'assister à ces opérations et de le tenir informé de leur déroulement.

Il peut, s'il l'estime utile, se rendre dans les locaux pendant l'intervention.

À tout moment, il peut décider la suspension ou l'arrêt de la visite.

L'ordonnance est notifiée verbalement et sur place au moment de la visite, à l'occupant des lieux ou à son représentant qui en reçoit copie intégrale contre récépissé ou émargement au procès-verbal prévu au IV. En l'absence de l'occupant des lieux ou de son représentant, l'ordonnance est notifiée, après la visite, par lettre recommandée avec avis de réception. La notification est réputée faite à la date de réception figurant sur l'avis.

À défaut de réception, il est procédé à la signification de l'ordonnance dans les conditions prévues par les articles 550 et suivants du Code de procédure pénale.

Les délais et modalités de la voie de recours sont mentionnés sur les actes de notification et de signification.

L'ordonnance mentionnée au premier alinéa n'est susceptible que d'un pourvoi en cassation selon les règles prévues par le Code de procédure pénale ; ce pourvoi n'est pas suspensif. Les délais de pourvoi courent à compter de la notification ou de la signification de l'ordonnance.

III. La visite, qui ne peut être commencée avant six heures ni après vingt et une heures, est effectuée en présence de l'occupant des lieux ou de son représentant ; en cas d'impossibilité, l'officier de police judiciaire requiert deux témoins choisis en dehors des personnes relevant de son autorité ou de celle de l'administration des impôts.

Les agents de l'administration des impôts mentionnés au I peuvent être assistés d'autres agents des impôts habilités dans les mêmes conditions que les inspecteurs.

Les agents des impôts habilités, l'occupant des lieux ou son représentant et l'officier de police judiciaire peuvent seuls prendre connaissance des pièces et documents avant leur saisie.

L'officier de police judiciaire veille au respect du secret professionnel et des droits de la défense conformément aux dispositions du troisième alinéa de l'article 56 du Code de procédure pénale ; l'article 58 de ce code est applicable.

IV. Un procès-verbal relatant les modalités et le déroulement de l'opération et consignant les constatations effectuées est dressé sur le champ par les agents de l'administration des impôts. Un inventaire des pièces et documents saisis lui est annexé s'il y a lieu. Le procès-verbal et l'inventaire sont signés par les agents de l'administration des impôts et par l'officier de police judiciaire ainsi que par les personnes mentionnées au premier alinéa du III ; en cas de refus de signer, mention en est faite au procès-verbal.

Si l'inventaire sur place présente des difficultés, les pièces et documents saisis sont placés sous scellés. L'occupant des lieux ou son représentant est avisé qu'il peut assister à l'ouverture des scellés qui a lieu en présence de l'officier de police judiciaire ; l'inventaire est alors établi.

V. Les originaux du procès-verbal et de l'inventaire sont, dès qu'ils ont été établis, adressés au juge qui a autorisé la visite ; une copie de ces mêmes documents est remise à l'occupant des lieux ou à son représentant.

Les pièces et documents saisis sont restitués à l'occupant des locaux dans les six mois de la visite ; toutefois, lorsque des poursuites pénales sont engagées, leur restitution est autorisée par l'autorité judiciaire compétente.

VI. L'administration des impôts ne peut opposer au contribuable les informations recueillies qu'après restitution des pièces et documents saisis ou de leur reproduction et mise en œuvre des procédures de contrôle visées aux premier et deuxième alinéas de l'article L. 47.

> Sonorisation et fixations d'images de certains lieux ou véhicules (criminalité organisée)

C. pr. pén., art. 706-96 [Procédé d'enquête interdit s'il concerne un avocat]

Lorsque les nécessités de l'information concernant un crime ou un délit entrant dans le champ d'application de l'article 706-73 l'exigent, le juge d'instruction peut, après avis du procureur de la République, autoriser par ordonnance motivée les officiers et agents de police judiciaire commis sur commission rogatoire à mettre en place un dispositif technique ayant pour objet, sans le consentement des intéressés, la captation, la fixation, la transmission et l'enregistrement de paroles prononcées par une ou plusieurs personnes à titre privé ou confidentiel, dans des lieux ou véhicules privés ou publics, ou de l'image d'une ou plusieurs personnes se trouvant dans un lieu privé [...]

La mise en place du dispositif technique mentionné au premier alinéa ne peut concerner les lieux visés aux articles 56-1, 56-2 et 56-3 ni être mise en œuvre dans le véhicule, le bureau ou le domicile des personnes visées à l'article 100-7.

> Réquisitions judiciaires

C. pr. pén., art. 60-1 [Remise de documents avec l'accord de l'avocat]

[L. n° 2004-204, 9 mars 2004, art. 80-II ; L. n° 2007-297, 5 mars 2007, art. 69, L. n° 2010-1, 4 janv. 2010]

Art. 60-1

Le procureur de la République ou l'officier de police judiciaire peut, par tout moyen, requérir de toute personne, de tout établissement ou organisme privé ou public ou de toute administration publique qui sont susceptibles de détenir des documents intéressant l'enquête, y compris ceux issus d'un système informatique ou d'un traitement de données nominatives, de lui remettre ces documents, notamment sous forme numérique, sans que puisse lui être opposée, sans motif légitime, l'obligation au secret professionnel. Lorsque les réquisitions concernent des personnes mentionnées aux articles 56-1 à 56-3, la remise des documents ne peut intervenir qu'avec leur accord.

À l'exception des personnes mentionnées aux articles 56-1 à 56-3, le fait de s'abstenir de répondre dans les meilleurs délais à cette réquisition est puni d'une amende de 3 750 euros.

À peine de nullité, ne peuvent être versés au dossier les éléments obtenus par une réquisition prise en violation de l'article 2 de la loi du 29 juillet 1881 sur la liberté de la presse.

C. pr. pén., art. 77-1-1 [Remise de documents avec l'accord de l'avocat]

[L. n° 2007-297, 5 mars 2007, art. 69]

Le procureur de la République ou, sur autorisation de celui-ci, l'officier de police judiciaire, peut, par tout moyen, requérir de toute personne, de tout établissement ou organisme privé ou public ou de toute administration publique qui sont susceptibles de détenir des documents intéressant l'enquête, y compris ceux issus d'un système informatique ou d'un traitement de données nominatives, de lui remettre ces documents, notamment sous forme numérique, sans que puisse lui être opposée, sans motif légitime, l'obligation au secret professionnel. Lorsque les réquisitions concernent des personnes mentionnées aux articles 56-1 à 56-3, la remise de ces documents ne peut intervenir qu'avec leur accord.

En cas d'absence de réponse de la personne aux réquisitions, les dispositions du second alinéa de l'article 60-1 sont applicables.

> Secret professionnel et administration fiscale

CGI, art. L. 98 [Demandes de renseignement de l'administration fiscale]

L'administration peut demander aux intéressés tous renseignements susceptibles de justifier l'exactitude des chiffres déclarés et, notamment, tous éléments permettant d'apprécier l'importance de la clientèle.

Elle peut exiger la communication du livre-journal et du document prévus à l'article 99 et de toutes pièces justificatives.

Si les renseignements et justifications fournis sont jugés insuffisants, l'administration détermine le bénéfice imposable et engage la procédure de redressement contradictoire prévue à l'article L. 55 du livre des procédures fiscales.

> Obligations relatives à la lutte contre le blanchiment des capitaux et le financement des activités terroristes

C. pén., art. 434-1 [Obligation de dénonciation]

[ord. n° 2000-916, 19 sept. 2000, art. 3, *JO* 22; en vigueur depuis le 1er janv. 2002]

Le fait, pour quiconque ayant connaissance d'un crime dont il est encore possible de prévenir ou de limiter les effets, ou dont les auteurs sont susceptibles de commettre de nouveaux crimes qui pourraient être empêchés, de ne pas en informer les autorités judiciaires ou administratives est puni de trois ans d'emprisonnement et de 45 000 euros d'amende.

Sont exceptés des dispositions qui précèdent, sauf en ce qui concerne les crimes commis sur les mineurs de quinze ans :

1° Les parents en ligne directe et leurs conjoints, ainsi que les frères et sœurs et leurs conjoints, de l'auteur ou du complice du crime;

2° Le conjoint de l'auteur ou du complice du crime, ou la personne qui vit notoirement en situation maritale avec lui.

Sont également exceptées des dispositions du premier alinéa les personnes astreintes au secret dans les conditions prévues par l'article 226-13.

C. mon. fin., art. L. 561-1

[Obligations relatives à la lutte contre le blanchiment des capitaux et le financement du terrorisme]

[Ord. n° 2009-104, 30 janv. 2009]

Les personnes autres que celles mentionnées à l'article L. 561-2 qui, dans l'exercice de leur profession, réalisent, contrôlent ou conseillent des opérations entraînant des mouvements de capitaux, sont tenues de déclarer au procureur de la République les opérations dont elles ont connaissance et qui portent sur des sommes qu'elles savent provenir de l'une des infractions mentionnées à l'article L. 561-15.

Lorsqu'elles ont fait de bonne foi une telle déclaration, ces personnes bénéficient des dispositions de l'article L. 561-22.

Les dispositions de l'article L. 574-1 leur sont applicables lorsqu'elles portent à la connaissance du propriétaire de ces sommes ou de l'auteur de ces opérations l'existence de cette déclaration ou donnent des informations sur les suites qui lui ont été réservées.

Le procureur de la République informe le service mentionné à l'article L. 561-23 qui lui fournit tous renseignements utiles.

C. mon. fin., art. L. 561-2

[réd. L. n° 2007-297, 5 mars 2007; ord. n° 2007-544, 12 avr. 2007; L. n° 2010-476, 12 mai 2010]

Les dispositions du présent chapitre sont applicables :

1. Aux organismes, institutions et services régis par les dispositions du titre Ier du présent livre;

1 *bis*. Aux établissements de paiement régis par les dispositions du chapitre II du titre II du présent livre.

2. À la Banque de France, à l'institut d'émission des départements d'outre-mer et à l'institut d'émission d'outre-mer;

3. Aux entreprises et services mentionnés à l'article L. 310-1 du Code des assurances et aux courtiers d'assurance et de réassurance;

3 *bis*. Aux institutions ou unions régies par les titres III et IV du livre IX du Code de la sécurité sociale ou relevant du II de l'article L. 727-2 du Code rural;

4. Aux organismes entrant dans le champ de l'article L. 111-1 du Code de la mutualité(1);

5. Aux entreprises d'investissement, aux membres des marchés réglementés d'instruments financiers et aux personnes morales mentionnées aux articles L. 421-17 et L. 440-2, ainsi qu'aux organismes de placement collectif e valeurs mobilières mentionnés au 1 du I de l'article L. 214-1, aux sociétés de gestion d'organismes de placements collectifs mentionnées à l'article L. 543-1, aux intermédiaires en biens divers mentionnés au titre V du présent livre, aux personnes habilitées à procéder au démarchage mentionnées aux articles L. 341-3 et L. 341-4 et aux conseillers en investissements financiers;

6. Aux changeurs manuels;

7. Aux personnes qui réalisent, contrôlent, ou conseillent des opérations portant sur l'acquisition, la vente, la cession ou la location de biens immobiliers;

8. Aux représentants légaux et aux directeurs responsables de casinos et aux groupements, cercles et sociétés

organisant des jeux de hasard, des loteries, des paris, des pronostics sportifs ou hippiques;

9. Aux représentants légaux et directeurs responsables des opérateurs de jeux ou de paris autorisés sur le fondement de l'article 5 de la loi du 2 juin 1891 ayant pour objet de réglementer l'autorisation et le fonctionnement des courses de chevaux, de l'article 1er de la loi du 15 juin 1907 relative aux casinos, de l'article 47 de la loi du 30 juin 1923 portant fixation du budget général de l'exercice 1923, de l'article 9 de la loi du 28 décembre 1931, de l'article 136 de la loi du 31 mai 1933 portant fixation du budget général de l'exercice 1933 et de l'article 42 de la loi de finances pour 1985.

9 *bis*. Aux représentants légaux et directeurs responsables des opérateurs de jeux ou de paris autorisés sur le fondement de l'article 21 de la loi n° 2010-476 du 12 mai 2010 relative à l'ouverture à la concurrence et à la régulation du secteur des jeux d'argent et de hasard en ligne.

10. Aux personnes se livrant habituellement au commerce ou organisant la vente de pierres précieuses, de matériaux précieux, d'antiquités et d'œuvres d'art.

11. Aux entreprises bénéficiant de l'exemption prévue par le II de l'article L. 511-7; et aux entreprises mentionnées au I de l'article L. 521-3.

12. Aux experts-comptables, les salariés autorisés à exercer la profession d'expert-comptable en application des articles 83 *ter* et 83 *quater* de l'ordonnance n° 45-2138 du 19 septembre 1945 portant institution de l'ordre des experts-comptables et réglementant les titres et la profession d'expert-comptable ainsi que les commissaires aux comptes.

13. Aux avocats au Conseil d'État et à la Cour de cassation, les avocats, les avoués près les cours d'appel, les notaires, les huissiers de justice, les administrateurs judiciaires, les mandataires judiciaires et les commissaires-priseurs judiciaires, dans les conditions prévues à l'article L. 561-3.

14. Aux sociétés de ventes volontaires de meubles aux enchères publiques.

15. Aux personnes exerçant l'activité de domiciliation mentionnée aux articles L. 123-11-2 et suivants du Code de commerce.

16. Aux agents sportifs.

Art. L. 561-2 [Personnes assujetties aux obligations de lutte contre le blanchiment]

[Ord. n° 2009-104, 30 janv. 2009]

Sont assujettis aux obligations prévues par les dispositions des sections II à VII du présent chapitre :

1° Les organismes, institutions et services régis par les dispositions du titre Ier du présent livre;

1° *bis* Les établissements de paiement régis par les dispositions du chapitre II du titre II du présent livre;

2° Les entreprises mentionnées à l'article L. 310-1 du Code des assurances et les intermédiaires d'assurance sauf ceux qui agissent sous l'entière responsabilité de l'entreprise d'assurance;

3° Les institutions ou unions régies par le titre III du livre IX du Code de la sécurité sociale ou relevant du II de l'article L. 727-2 du code rural et de la pêche maritime;

4° Les mutuelles et unions réalisant des opérations visées au 1° du I de l'article L. 111-1 du Code de la mutualité et les mutuelles et unions qui procèdent à la gestion des règlements mutualistes et des contrats pour le compte des premières; »

5° La Banque de France, l'institut d'émission des départements d'outre-mer mentionné à l'article L. 711-2 du présent code et l'institut d'émission d'outre-mer mentionné à l'article L. 712-4 du même code;

6° Les entreprises d'investissement autres que les sociétés de gestion de portefeuille, les personnes mentionnées à l'article L. 440-2, les entreprises de marché mentionnées à l'article L. 421-2, les dépositaires centraux et gestionnaires de systèmes de règlement et de livraison d'instruments financiers, les conseillers en investissements financiers et les intermédiaires habilités mentionnés à l'article L. 211-4, les sociétés de gestion de portefeuille au titre des services d'investissement mentionnés à l'article L. 321-1, ainsi que les sociétés de gestion de portefeuille et les sociétés de gestion au titre de la commercialisation des parts ou actions d'organismes de placement collectif dont elles assurent ou non la gestion;

7° Les changeurs manuels;

8° Les personnes exerçant les activités mentionnées aux 1°, 2°, 4°, 5° et 8° de l'article 1er de la loi n° 70-9 du 2 janvier 1970 réglementant les conditions d'exercice des activités relatives à certaines opérations portant sur les immeubles et les fonds de commerce, à l'exclusion de l'échange, de la location ou de la sous-location, saisonnière ou non, en nu ou en meublé;

9° Les représentants légaux et directeurs responsables des opérateurs de jeux ou de paris autorisés sur le fondement de l'article 5 de la loi du 2 juin 1891 ayant pour objet de réglementer l'autorisation et le fonctionnement des courses de chevaux, de l'article 1er de la loi du 15 juin 1907 relative aux casinos, de l'article 47 de la loi du 30 juin 1923 portant fixation du budget général de l'exercice 1923, de l'article 9 de la loi du 28 décembre 1931, de l'article 136 de la loi du 31 mai 1933 portant fixation du budget général de l'exercice 1933 et de l'article 42 de la loi de finances pour 1985 (n° 84-1208, 29 déc. 1984);

9° *bis* Les représentants légaux et directeurs responsables des opérateurs de jeux ou de paris autorisés sur le fondement de l'article 21 de la loi n° 2010-476 du 12 mai 2010 relative à l'ouverture à la concurrence et à la régulation du secteur des jeux d'argent et de hasard en ligne.

10° Les personnes se livrant habituellement au commerce ou organisant la vente de pierres précieuses, de matériaux précieux, d'antiquités et d'œuvres d'art;

11° Les entreprises bénéficiant de l'exemption prévue au II de l'article L. 511-7 et les entreprises mentionnées au I de l'article L. 521-3;

12° Les experts-comptables, les salariés autorisés à exercer la profession d'expert-comptable en application des articles 83 *ter* et 83 *quater* de l'ordonnance n° 45-2138 du 19 septembre 1945 portant institution de l'ordre des experts-comptables et réglementant les titres et la profession d'expert-comptable ainsi que les commissaires aux comptes;

13° Les avocats au Conseil d'État et à la Cour de cassation, les avocats, les avoués près les cours d'appel, les notaires, les huissiers de justice, les administrateurs judiciaires, les mandataires judiciaires et les commissaires-priseurs judiciaires, dans les conditions prévues à l'article L. 561-3;

14° Les sociétés de ventes volontaires de meubles aux enchères publiques; 15° Les personnes exerçant l'activité de domiciliation mentionnée aux articles L. 123-11-2 et suivants du Code de commerce;

15° Les personnes exerçant l'activité de domiciliation mentionnée aux articles L. 123-11-2 et suivants du Code de commerce;

16° Les agents sportifs.

Les personnes mentionnées à l'art. L. 561-2 C. mon. fin. appliquent à leur clientèle existante les nouvelles obligations de vigilance prévues aux art. L. 561-5 à L. 561-14 de ce code, dans les meilleurs délais appréciés en fonction des risques et au plus tard dans un délai d'un an à compter de la publication du dernier des décrets prévus pour l'application de ces articles et, pour les relations d'affaires inactives, à leur première réactivation.

Art. L. 561-2-1 [Définition de la relation d'affaires]

[Ord. n° 2009-104, 30 janv. 2009]

Pour l'application du présent chapitre, une relation d'affaires est nouée lorsqu'une personne mentionnée à l'article L. 561-2 engage une relation professionnelle ou commerciale qui est censée, au moment où le contact est établi, s'inscrire dans une certaine durée. La relation d'affaires peut être prévue par un contrat selon lequel plusieurs opérations successives seront réalisées entre les cocontractants ou qui crée à ceux-ci des obligations continues. Une relation d'affaires est également nouée lorsqu'en l'absence d'un tel contrat un client bénéficie de manière régulière de l'intervention d'une personne susmentionnée pour la réalisation de plusieurs opérations ou d'une opération présentant un caractère continu ou, s'agissant des personnes mentionnées au 12° de l'article L. 561-2, pour l'exécution d'une mission légale.

Art. L. 561-3 [Activités soumises à déclaration]

[Ord. n° 2009-104, 30 janv. 2009]

I. – Les personnes mentionnées au 13° de l'article L. 561-2 sont soumises aux dispositions du présent chapitre lorsque, dans le cadre de leur activité professionnelle :

1° Elles participent au nom et pour le compte de leur client à toute transaction financière ou immobilière ou agissent en qualité de fiduciaire;

2° Elles assistent leur client dans la préparation ou la réalisation des transactions concernant :

a) L'achat et la vente de biens immeubles ou de fonds de commerce;

b) La gestion de fonds, titres ou autres actifs appartenant au client;

c) L'ouverture de comptes bancaires, d'épargne ou de titres ou de contrats d'assurance;

d) L'organisation des apports nécessaires à la création des sociétés;

e) La constitution, la gestion ou la direction des sociétés;

f) La constitution, la gestion ou la direction de fiducies, régies par les articles 2011 à 2031 du Code civil ou de droit étranger, ou de toute autre structure similaire;

g) La constitution ou la gestion de fonds de dotation.

II. – Les avocats au Conseil d'État et à la Cour de cassation, les avocats et les avoués près les cours d'appel, dans l'exercice d'une activité relative aux transactions mentionnées au I, ne sont pas soumis aux dispositions du présent chapitre lorsque l'activité se rattache à une procédure juridictionnelle, que les informations dont ils disposent soient reçues ou obtenues avant, pendant ou après cette procédure, y compris dans le cadre de conseils relatifs à la manière d'engager ou d'éviter une telle procédure, non plus que lorsqu'ils donnent des consultations juridiques, à moins qu'elles n'aient été fournies à des fins de blanchiment de capitaux ou de financement du terrorisme ou en sachant que le client les demande aux fins de blanchiment de capitaux ou de financement du terrorisme.

III. – Les autres personnes mentionnées au 13° de l'article L. 561-2, dans l'exercice d'une activité relative aux transactions mentionnées au I, ne sont pas soumises aux dispositions de la section IV du présent chapitre lorsqu'elles donnent des consultations juridiques, à moins qu'elles n'aient été fournies à des fins de blanchiment de capitaux ou de financement du terrorisme ou en sachant que le client les demande aux fins de blanchiment de capitaux ou de financement du terrorisme.

Art. L. 561-5 [Obligation de vigilance et d'identification]

[Ord. n° 2009-104, 30 janv. 2009]

I. – Avant d'entrer en relation d'affaires avec leur client ou de l'assister dans la préparation ou la réalisation d'une transaction, les personnes mentionnées à l'article L. 561-2 identifient leur client et, le cas échéant, le bénéficiaire effectif de la relation d'affaires par des moyens adaptés et vérifient ces éléments d'identification sur présentation de tout document écrit probant.

Elles identifient dans les mêmes conditions leurs clients occasionnels et, le cas échéant, le bénéficiaire effectif de la relation d'affaires, lorsqu'elles soupçonnent que l'opération pourrait participer au blanchiment des capitaux ou au financement du terrorisme ou, dans des conditions fixées par décret en Conseil d'État, lorsque les opérations sont d'une certaine nature ou dépassent un certain montant.

II. – Par dérogation au I, lorsque le risque de blanchiment des capitaux ou de financement du terrorisme paraît faible et dans des conditions fixées par décret en Conseil d'État, il peut être procédé uniquement pendant l'établissement de la relation d'affaires à la vérification de l'identité du client et, le cas échéant, du bénéficiaire effectif.

Art. L. 561-15 [Obligations de déclaration]

[Ord. n° 2009-104, 30 janv. 2009]

I. – Les personnes mentionnées à l'article L. 561-2 sont tenues, dans les conditions fixées par le présent chapitre, de déclarer au service mentionné à l'article L. 561-23 [cellule de renseignement financier nationale] les sommes inscrites dans leurs livres ou les opérations portant sur des sommes dont elles savent, soupçonnent ou ont de bonnes raisons de soupçonner qu'elles proviennent d'une infraction passible d'une peine privative de liberté supérieure à un an ou participent au financement du terrorisme.

II. – Par dérogation au I, les personnes mentionnées à l'article L. 561-2 déclarent au service mentionné au I les sommes ou opérations dont ils [elles] savent, soupçonnent ou ont de bonnes raisons de soupçonner qu'elles proviennent d'une fraude fiscale lorsqu'il y a présence d'au moins un critère défini par décret.

III. – À l'issue de l'examen renforcé prescrit au IV de l'article L. 561-10, les personnes mentionnées à l'article L. 561-2 effectuent, le cas échéant, la déclaration prévue au I du présent article.

IV. – Les personnes mentionnées à l'article L. 561-2 sont également tenues de déclarer au service mentionné à l'article L. 561-23 toute opération pour laquelle l'identité du donneur d'ordre ou du bénéficiaire effectif ou du constituant d'un fonds fiduciaire ou de tout autre instrument de gestion d'un patrimoine d'affectation reste douteuse malgré les diligences effectuées conformément à l'article L. 561-5.

V. – Toute information de nature à infirmer, conforter ou modifier les éléments contenus dans la déclaration est portée, sans délai, à la connaissance du service mentionné à l'article L. 561-23.

VII. – Un décret en Conseil d'État précise les modalités de cette déclaration. [V. Décret n° 2009-874 du 16 juillet 2009, pris pour application de l'article L. 561-15-II du Code monétaire et financier (*JO* 18 juill.)].

Art. L. 561-17 [Communication au bâtonnier ou au président de l'ordre]

[Ord. n° 2009-104, 30 janv. 2009]

Par dérogation aux articles L. 561-15 et L. 561-16, l'avocat au Conseil d'État et à la Cour de cassation, l'avocat ou l'avoué près la cour d'appel communique la déclaration, selon le cas, au président de l'ordre des avocats au Conseil d'État et à la Cour de cassation, au bâtonnier de l'ordre auprès duquel l'avocat est inscrit ou au président de la compagnie dont relève l'avoué. Dès lors que les conditions fixées à l'article L. 561-3 sont remplies, ces autorités transmettent la déclaration au service mentionné à l'article L. 561-23, dans les délais et selon les modalités définis par décret en Conseil d'État.

Lorsqu'une déclaration a été transmise en méconnaissance de ces dispositions, le service mentionné à l'article L. 561-23 en refuse la communication et informe dans les meilleurs délais, selon le cas, le président de l'ordre des avocats au Conseil d'État et à la Cour de cassation, le bâtonnier de l'ordre auprès duquel l'avocat déclarant est inscrit ou le président de la compagnie dont relève l'avoué déclarant.

Cette dérogation ne s'applique pas à l'avocat agissant en qualité de fiduciaire.

Art. L. 561-18

[Ord. n° 2009-104, 30 janv. 2009]

La déclaration mentionnée à l'article L. 561-15 est établie par écrit. Elle peut toutefois être recueillie verbalement, sauf pour les personnes mentionnées à l'article L. 561-17, par le service prévu à l'article L. 561-23, dans des conditions permettant à ce dernier de s'assurer de sa recevabilité, selon des modalités définies par décret en Conseil d'État.

Ce service accuse réception de la déclaration, sauf si la personne mentionnée à l'article L. 561-2 a indiqué expressément ne pas vouloir en être destinataire. [...]

Art. L. 561-19

[Ord. n° 2009-104, 30 janv. 2009]

I. – La déclaration mentionnée à l'article L. 561-15 est confidentielle.

Sous réserve des dispositions de l'article 44 de la loi n° 78-17 du 6 janvier 1978 mentionnée ci-dessus, il est interdit, sous peine des sanctions prévues à l'article L. 574-1, aux dirigeants et préposés d'organismes financiers, aux personnes mentionnées à l'article L. 561-2, au président de l'ordre des avocats au Conseil d'État et à la Cour de cassation, au bâtonnier de l'ordre auprès duquel l'avocat est inscrit ou au président de la compagnie dont relève l'avoué, de porter à la connaissance du propriétaire des sommes ou de l'auteur de l'une des opérations mentionnées à l'article L. 561-15 ou à des tiers, autres que les autorités de contrôle, ordres professionnels et instances représentatives nationales visées à l'article L. 561-36, l'existence et le contenu d'une déclaration faite auprès du service mentionné à l'article L. 561-23 et de donner des informations sur les suites qui ont été réservées à cette déclaration.

Le fait, pour les personnes mentionnées au 13° de l'article L. 561-2 [avocats], de s'efforcer de dissuader leur client de prendre part à une activité illégale ne constitue pas une divulgation au sens de l'alinéa précédent.

La déclaration prévue à l'article L. 561-15 n'est accessible à l'autorité judiciaire que sur réquisition auprès du service mentionné à l'article L. 561-23 et dans les seuls cas où cette déclaration est nécessaire à la mise en œuvre de la responsabilité des personnes mentionnées à l'article L. 561-2, de leurs dirigeants et préposés ou de celle des autorités mentionnées à l'article L. 561-17 et lorsque l'enquête judiciaire fait apparaître qu'ils peuvent être impliqués dans le mécanisme de blanchiment de capitaux ou de financement du terrorisme qu'ils ont révélé.

Art. L. 561-20 [Information des avocats appartenant à la même structure]

[Ord. n° 2009-104, 30 janv. 2009]

Par dérogation à l'article L. 561-19, [...] les personnes mentionnées aux 12° et 13° [*avocats*] de l'article L. 561-2 du présent code, qui appartiennent au même réseau ou à une même structure d'exercice professionnel, s'informent de l'existence et du contenu de la déclaration prévue à l'article L. 561-15 lorsque les conditions suivantes sont réunies :

a) Les informations ne sont échangées qu'entre personnes d'un même groupe, d'un même réseau ou d'une même structure d'exercice professionnel soumises à l'obligation de déclaration prévue à l'article L. 561-15;

b) Les informations divulguées sont nécessaires à l'exercice, au sein du groupe, du réseau ou de la structure d'exercice professionnel, de la vigilance en matière de lutte contre le blanchiment des capitaux et le financement du terrorisme et seront exclusivement utilisées à cette fin;

c) Les informations sont divulguées au profit d'un établissement situé en France ou dans un pays figurant sur la liste prévue au 2° du II de l'article L. 561-9;

d) Le traitement des informations réalisé dans ce pays garantit un niveau de protection suffisant de la vie privée et des libertés et droits fondamentaux des personnes conformément aux articles 68 et 69 de la loi n° 78-17 du 6 janvier 1978 mentionnée ci-dessus.

Art. L. 561-21 **[Information des personnes intervenant à une transaction]**

[Ord. n° 2009-104, 30 janv. 2009]

Par dérogation à l'article L. 561-19, les personnes mentionnées aux 1° à 7° et aux 12° et 13° [*avocats*] de l'article L. 561-2 peuvent, lorsqu'elles interviennent pour un même client et dans une même transaction, s'informer mutuellement de l'existence et du contenu de la déclaration prévue à l'article L. 561-15. Ces échanges d'informations ne sont autorisés qu'entre les personnes mentionnées aux 1° à 6° ou entre les personnes mentionnées au 1° *bis* fournissant principalement le service mentionné au 6° du II de l'article L. 314-1 ou entre les personnes mentionnées au 7° ou enfin entre les personnes mentionnées aux 12° et 13° [*avocats*] de l'article L. 561-2, si les conditions suivantes sont réunies :

a) Les personnes mentionnées aux 1° à 7° et aux 12° et 13° de l'article L. 561-2 ont un établissement en France ou dans un pays figurant sur la liste prévue au 2° du II de l'article L. 561-9;

b) Ces personnes sont soumises à des obligations équivalentes en matière de secret professionnel;

c) Les informations échangées sont utilisées exclusivement à des fins de prévention du blanchiment des capitaux et du financement du terrorisme;

d) Le traitement des informations communiquées, lorsqu'il est réalisé dans un pays tiers, garantit un niveau de protection suffisant de la vie privée et des libertés et droits fondamentaux des personnes, conformément aux articles 68 et 69 de la loi n° 78-17 du 6 janvier 1978 mentionnée ci-dessus.

[v. L. n° 78-17, 6 janv. 1978, art. 44 (*JO* 7)]

Art. L. 561-22 **[Immunité pénale, civile et disciplinaire]**

[Ord. n° 2009-104, 30 janv. 2009]

Aucune poursuite fondée sur les articles 226-10 [dénonciation calomnieuse], 226-13 et 226-14 [atteinte au respect professionnel] du code pénal ne peut être intentée contre :

a) Les personnes mentionnées à l'article L. 561-2 ou leurs dirigeants et préposés ou les autorités mentionnées à l'article L. 561-17 lorsqu'ils ont, de bonne foi, fait la déclaration prévue à l'article L. 561-15 dans les conditions prescrites par les dispositions législatives ou réglementaires applicables ou lorsqu'ils ont communiqué des informations au service mentionné à l'article L. 561-23 en application de l'article L. 561-26; [...]

II. – Aucune action en responsabilité civile ne peut être intentée ni aucune sanction professionnelle prononcée contre :

a) Les personnes mentionnées à l'article L. 561-2 ou leurs dirigeants et préposés ou les autorités mentionnées à l'article L. 561-17, lorsqu'ils ont, de bonne foi, fait la déclaration prévue à l'article L. 561-15 dans les conditions prescrites par les dispositions législatives ou réglementaires applicables, notamment par l'article L. 561-16, ou lorsqu'ils ont communiqué des informations au service mentionné à l'article L. 561-23 en application de l'article L. 561-26 [...]

En cas de préjudice résultant directement d'une telle déclaration ou communication, l'État répond du dommage subi.

III. – Les dispositions du présent article s'appliquent même si la preuve du caractère délictueux des faits à l'origine de la déclaration mentionnée à l'article L. 561-15, de l'information transmise en application des articles L. 561-27 et L. 561-30 ou de l'exercice du droit de communication prévu à l'article L. 561-26 n'est pas rapportée ou si les poursuites engagées en raison de ces faits ont été closes par une décision de non-lieu, de relaxe ou d'acquittement.

IV. – Lorsque l'opération a été exécutée comme il est prévu aux articles L. 561-16 ou L. 561-25 et sauf concertation frauduleuse avec le propriétaire des sommes ou l'auteur de l'opération, les personnes mentionnées à l'article L. 561-2 sont dégagées de toute responsabilité et aucune poursuite pénale ne peut être engagée à leur encontre de ce chef par application des articles 222-34 à 222-41 [trafic de stupéfiant], 321-1, 321-2, 321-3 [recel], 324-1, 324-2 [blanchiment simple ou aggravé] et 421-2-2 [financement d'une entreprise terroriste] du code pénal ou de l'article 415 [blanchiment de stupéfiants par des opérations financières internationales] du Code des douanes.

Art. L. 561-26 **[Communication des pièces – Représentation par l'ordre]**

[Ord. n° 2009-104, 30 janv. 2009]

I. – Pour l'application du présent chapitre, le service mentionné à l'article L. 561-23 peut demander que les pièces conservées en application du III de l'article L. 561-10 et des articles L. 561-12 et L. 561-13 lui soient communiquées quel que soit le support utilisé pour leur conservation et dans les délais qu'il fixe. Ce droit s'exerce, sur pièces ou sur place pour les personnes mentionnées aux 1° à 7° de l'article L. 561-2 et sur pièces pour les autres personnes mentionnées à cet article, dans le but de reconstituer l'ensemble des transactions faites par une personne physique ou morale liées à une opération ayant fait l'objet d'une déclaration mentionnée à l'article L. 561-15 ou à une information reçue au titre des articles L. 561-27, L. 561-30 ou L. 561-31, ainsi que dans le but de renseigner, dans les conditions prévues à l'article L. 561-31, des cellules de renseignement financier homologues étrangères.

II. – Par dérogation au I, les demandes de communication de pièces effectuées auprès des avocats au Conseil d'État et à la Cour de cassation, des avocats et des avoués près les cours d'appel sont présentées par le service, selon le cas, au président de l'ordre des avocats au Conseil d'État et à la Cour de cassation, au bâtonnier de l'ordre auprès duquel l'avocat est inscrit ou au président de la compagnie dont relève l'avoué.

L'avocat au Conseil d'État et à la Cour de cassation, l'avocat ou l'avoué près la cour d'appel, communique à l'autorité dont il relève les pièces qu'elle lui demande. L'autorité les transmet au service selon les modalités prévues à l'article L. 561-17.

À défaut du respect de cette procédure, l'avocat au Conseil d'État et à la Cour de cassation, l'avocat ou l'avoué près la cour d'appel est en droit de s'opposer à la communication des pièces demandées par le service mentionné à l'article L. 561-23.

Cette dérogation ne s'applique pas à l'avocat agissant en qualité de fiduciaire.

III. – Il est interdit, sous peine des sanctions prévues à l'article L. 574-1, aux dirigeants et aux personnes mentionnées à l'article L. 561-2, au président de l'ordre des avocats au Conseil d'État et à la Cour de cassation, au bâtonnier de l'ordre auprès duquel l'avocat est inscrit ou au président de la compagnie dont relève l'avoué de porter à la connaissance du propriétaire des sommes ou de l'auteur de l'une des opérations mentionnées à l'article L. 561-15 ou à des tiers, autres que les autorités de contrôle, ordres professionnels et instances représentatives nationales visées à l'article L. 561-36, les informations provenant de l'exercice par le service mentionné à l'article L. 561-23 du droit de communication prévu à l'article L. 561-26.

Le fait pour les personnes mentionnées au 13° de l'article L. 561-2 de s'efforcer de dissuader leur client de prendre part à une activité illégale ne constitue pas une divulgation au sens de l'alinéa qui précède.

Art. L. 561-36 [Sanction du conseil de l'ordre]

[Ord. n° 2009-104, 30 janv. 2009]

Le contrôle des obligations prévues aux chapitres Ier et II du présent titre et, le cas échéant, le pouvoir de sanction en cas de non-respect de celles-ci sont assurés :

[...] 4° Par le conseil de l'ordre du barreau auprès duquel les avocats sont inscrits, conformément à l'article 17 de la loi n° 71-1130 du 31 décembre 1971 portant réforme de certaines professions judiciaires et juridiques. Il peut être assisté dans sa mission de contrôle par le CNB conformément à l'article 21-1 de la même loi; [...]

8° Par le conseil de l'ordre des avocats au Conseil d'État et à la Cour de cassation sur les avocats au Conseil d'État et à la Cour de cassation, conformément à l'article 13-1 de l'ordonnance du 10 septembre 1817 qui réunit, sous la dénomination d'ordre des avocats au Conseil d'État et à la Cour de cassation, l'ordre des avocats aux conseils et le collège des avocats à la Cour de cassation, fixe irrévocablement le nombre des titulaires et contient des dispositions pour la discipline intérieure de l'ordre; [...]

L. n° 71-1130, 31 déc. 1971, art. 17

[mod. par Ord. n° 2009-104, 30 janv. 2009, art. 13-1°]

Le conseil de l'Ordre a pour attribution de traiter toutes questions intéressant l'exercice de la profession et de veiller à l'observation des devoirs des avocats ainsi qu'à la protection de leurs droits. Sans préjudice des dispositions de l'article 21-1, il a pour tâches, notamment :

[...] 13° De vérifier le respect par les avocats de leurs obligations prévues par le chapitre Ier du titre VI du livre V du Code monétaire et financier en matière de lutte contre le blanchiment des capitaux et le financement du terrorisme et de se faire communiquer, dans des conditions fixées par décret en Conseil d'État, les documents relatifs au respect de ces obligations.

L. n° 71-1130, 31 déc. 1971, art. 21-1

[mod. par Ord. n° 2009-104, 30 janv. 2009, art. 13-1°]

Le Conseil national des barreaux, établissement d'utilité publique doté de la personnalité morale, est chargé de représenter la profession d'avocat notamment auprès des pouvoirs publics. Dans le respect des dispositions législatives et réglementaires en vigueur, le Conseil national des barreaux unifie par voie de dispositions générales les règles et usages de la profession d'avocat.

[...] Le Conseil national des barreaux peut, dans les conditions prévues par décret en Conseil d'État, assister le conseil de l'ordre dans l'exercice de sa mission définie au 13° de l'article 17.

Décr. 27 nov. 1991, art. 155

[créé par décr. n° 2010-9, 6 janv. 2010, art. 5]

Pour les vérifications effectuées en application du 13° de l'article 17 de la loi du 31 décembre 1971 précitée, les avocats communiquent au bâtonnier, sur simple demande, les documents dont la conservation est prévue par l'article L. 561-12 du Code monétaire et financier.

Décr. 27 nov. 1991, art. 156

[créé par décr. n° 2010-9, 6 janv. 2010, art. 5]

Le Conseil national des barreaux peut désigner soit l'un de ses membres, soit toute personne qualifiée, pour assister, à sa demande, le conseil de l'ordre dans ces opérations de vérifications.

Décr. 27 nov. 1991, art. 157

[créé par décr. n° 2010-9, 6 janv. 2010, art. 5]

Le bâtonnier informe le procureur général et le président du Conseil national des barreaux, au moins une fois par an, du résultat de ces vérifications.

> Protection conventionnelle des droits de la défense et de la correspondance

Conv. EDH, art. 6 [Droit à un procès équitable]

1. Toute personne a droit à ce que sa cause soit entendue équitablement, publiquement et dans un délai raisonnable, par un tribunal indépendant et impartial, établi par la loi, qui décidera, soit des contestations sur ses droits et obligations de caractère civil, soit du bien-fondé de toute accusation en matière pénale dirigée contre elle. [...]

3. Tout accusé a droit notamment à : [...]

c. se défendre lui-même ou avoir l'assistance d'un défenseur de son choix et, s'il n'a pas les moyens de rémunérer un défenseur, pouvoir être assisté gratuitement par un avocat d'office, lorsque les intérêts de la justice l'exigent [...]

Conv. EDH, art. 8 **[Droit au respect de la vie privée et familiale]**

1° Toute personne a droit au respect de sa vie privée et familiale, de son domicile et de sa correspondance.

2° Il ne peut y avoir ingérence d'une autorité publique dans l'exercice de ce droit que pour autant que cette ingérence est prévue par la loi et qu'elle constitue une mesure qui, dans une société démocratique, est nécessaire à la sécurité nationale, à la sûreté publique, au bien-être économique du pays, à la défense de l'ordre et à la prévention des infractions pénales, à la protection de la santé ou de la morale, ou à la protection des droits et libertés d'autrui.

36.02 Jurisprudence de référence.

• **CE 10 avr. 2008, n° 296845, n° 296907,** CNB et a. c/ Conseil des barreaux européens, *Lebon*; *D.* 2008, 1047; AJ 1150; *AJDA* 2008, 1085, note Boucher et Bourgeois-Machureau.

* V. s^s n° 36.103.

[...] En ce qui concerne l'article R. 563-3 du Code monétaire et financier :

[...] Considérant qu'en vertu de l'article R. 563-3 du Code monétaire et financier, dans sa rédaction issue du décret attaqué, il appartient aux organismes financiers et aux personnes mentionnés à l'article L. 562-1 d'adopter des procédures internes destinées à mettre en œuvre les obligations de lutte contre le blanchiment des capitaux et le financement du terrorisme, ainsi qu'un dispositif de contrôle interne destiné à assurer le respect des procédures; que si le deuxième alinéa du même article prévoit que ces procédures « sont définies le cas échéant soit par arrêté du ministre compétent, soit par des règlements professionnels homologués par le ministre compétent, soit par le règlement général de l'Autorité des marchés financiers », ces dispositions n'ont eu pour objet et ne pouvaient avoir légalement pour effet que de soumettre l'adoption des procédures en cause aux règles définies par les dispositions législatives qui déterminent l'organisation générale de la profession concernée; que, par suite, le moyen tiré de ce que l'article R. 563-3 donnerait compétence au ministre pour homologuer les procédures internes dont doivent se doter les avocats en matière de lutte contre le blanchiment des capitaux et le financement du terrorisme doit être écarté [...];

[...] En ce qui concerne l'article R. 563-4 du Code monétaire et financier :

[...] Considérant que les requérants soutiennent qu'en s'abstenant de prévoir une dérogation aux obligations fixées par le chapitre III, pour les personnes mentionnées au 12 de l'article L. 562-1, en ce qui concerne les informations qu'elles détiennent ou reçoivent dans le cadre d'une consultation juridique, et sous réserve des seuls cas où la personne concernée prend part à des activités de blanchiment de capitaux, où la consultation juridique est fournie aux fins de blanchiment de capitaux et où la personne qui y procède sait que son client souhaite obtenir des conseils à cette fin, l'article R. 563-4, introduit par le III de l'article 2 du décret attaqué, est entaché d'illégalité;

Considérant qu'ainsi qu'il a été dit précédemment, la loi n'a soumis aux obligations de vigilance définies par le chapitre III les personnes visées au 12 de l'article L. 562-1 que dans les limites posées par l'article L. 562-2-1 citées ci-dessus; qu'en se bornant à rappeler les dérogations propres aux procédures juridictionnelles, sans mentionner celles correspondant aux consultations juridiques, l'article R. 563-4 a méconnu le champ d'application de la loi; que les requérants sont fondés à en demander, dans cette mesure, l'annulation [...]

• **CJCE 26 juin 2007, n° C-305/05,** Ordre des barreaux francophones et germanophone, Ordre français des avocats du barreau de Bruxelles, Ordre des barreaux flamands, Ordre néerlandais des avocats du barreau de Bruxelles c/Conseil des ministres.

* V. s^s n° 36.103.

[...] L'avocat ne serait pas en mesure d'assurer sa mission de conseil, de défense et de représentation de son client de manière adéquate, et celui-ci serait par conséquent privé des droits qui lui sont conférés par l'article 6 de la CEDH, si l'avocat, dans le cadre d'une procédure judiciaire ou de sa préparation, était obligé de coopérer avec les pouvoirs publics en leur transmettant des informations obtenues lors des consultations juridiques ayant eu lieu dans le cadre d'une telle procédure [...].

[...] Par ces motifs, la Cour (grande chambre) dit pour droit : Les obligations d'information et de coopération avec les autorités responsables de la lutte contre le blanchiment de capitaux prévues à l'article 6, paragraphe 1, de la directive 91/308/CEE du Conseil, du 10 juin, relative à la prévention de l'utilisation du système financier aux fins du blanchiment de capitaux, telle que modifiée par la directive 2001/97/CE du Parlement européen et du Conseil, du 4 décembre 2001, et imposées aux avocats par l'article 2 *bis*, point 5, de cette directive, compte tenu de l'article 6, paragraphe 3, second alinéa, de celle-ci, ne violent pas le droit à un procès équitable, tel qu'il est garanti par les articles 6 de la CEDH et 6, paragraphe 2, UE.

• **Cour constitutionnelle Belge, n° 10/2008,** 23 janv. 2008

* V. s^s n° 36.103.

B. 5.3. La Cour examine les moyens en tenant compte de l'arrêt de la Cour de justice des Communautés européennes précité[...].

B. 7.1. L'effectivité des droits de la défense de tout justiciable suppose nécessairement qu'une relation de confiance puisse être établie entre lui et l'avocat qui le conseille et le défend. Cette nécessaire relation de confiance ne peut être établie et maintenue que si le justiciable a la garantie que ce qu'il confiera à son avocat ne sera pas divulgué par celui-ci. Il découle que la règle du secret professionnel, dont la violation est sanctionnée notamment par l'article 458 du Code pénal, est un élément fondamental des droits de la défense [...].

B. 8. La lutte contre le blanchiment de capitaux et le financement du terrorisme, qui exercent une influence évidente sur le développement du crime organisé, lequel constitue une menace particulière pour la société, est un objectif légitime d'intérêt général. Toutefois, cet objectif ne saurait justifier une levée inconditionnelle ou illimitée du secret professionnel de l'avocat, car, pour les motifs rappelés en B. 6.1 à B. 6.3, les avocats ne peuvent être confondus avec les autorités chargées de la recherche des infractions [...].

B. 9.2. Il ressort clairement de cette disposition que toutes les informations portées à la connaissance de l'avocat dans le cadre d'une procédure judiciaire dans les matières énumérées par l'article 2 *ter* de la loi du 11 janvier 1993 précitée sont et demeurent couvertes par son secret professionnel et « il importe peu que les informations aient été reçues ou obtenues avant, pendant ou après la procédure » (CJCE, arrêt du 26 juin 2007 précité, point 34) [...].

B. 9.3. Le secret professionnel de l'avocat ne saurait toutefois être limité à sa seule activité de défense et de représentation en justice. C'est pourquoi l'article 14 *bis*, § 3, précité interdit également que les informations qui sont portées à la connaissance de l'avocat « lors de l'évaluation de la situation juridique de ce client », y compris dans les matières énumérées par le même article 2 *ter*, fassent l'objet d'une communication aux autorités. La même disposition précise que les informations reçues ou obtenues « dans le cadre de conseils relatifs à la manière d'engager ou d'éviter une procédure » ne sont pas communiquées non plus aux autorités [...].

B. 9.6. Il découle de ce qui précède que les informations connues de l'avocat à l'occasion de l'exercice des activités essentielles de sa profession, y compris dans les matières énumérées à l'article 2 *ter* précité, à savoir l'assistance et la défense en justice du client, et le conseil juridique, même en dehors de toute procédure judiciaire, demeurent couvertes par le secret professionnel, et ne peuvent pas être portées à la connaissance des autorités. Ce n'est que lorsque l'avocat exerce une activité, dans les matières énumérées à l'article 2 *ter*, en dehors de sa mission spécifique de défense et de représentation en justice et de celle de conseil juridique, qu'il peut être soumis à l'obligation de communication aux autorités des informations dont il a connaissance [...].

B. 14.3. Dès lors que l'intervention du bâtonnier est considérée comme une garantie essentielle pour la sauvegarde du secret professionnel de l'avocat et des droits fondamentaux des personnes concernées par la transmission d'informations lors du premier contact entre l'avocat et les autorités, il n'est pas justifié de ne pas prévoir le même « filtre » lorsque, ce contact étant établi, de plus amples informations sont demandées à l'avocat auteur de la déclaration. Le risque d'atteinte injustifiée au secret professionnel de ce dernier n'est en effet pas moindre lors d'échanges d'informations ultérieurs au sujet des faits ou indices de blanchiment ou de financement du terrorisme que lors du premier contact [...].

[...] Par ces motifs, la Cour 1. annule les mots « et 2 *ter* », à l'article 18, alinéa 2, de la loi du 11 janvier 1993 relative à la prévention de l'utilisation du système financier aux fins du blanchiment de capitaux et du financement du terrorisme, modifié par l'article 30, 2°, de la loi du 12 janvier 2004; 2. rejette les recours pour le surplus, sous réserve :

a) que l'article 2 *ter*, inséré dans la loi précitée du 11 janvier 1993 par l'article 4 de la loi du 12 janvier 2004, soit interprété en ce sens.

– que les informations connues de l'avocat à l'occasion de l'exercice des activités essentielles de sa profession, y compris dans les matières énumérées dans cet article 2 *ter*, à savoir la défense ou la représentation en justice du client et le conseil juridique, même en dehors de toute procédure judiciaire, demeurent couvertes par le secret professionnel et ne peuvent donc pas être portées à la connaissance des autorités et

– que ce n'est que lorsque l'avocat exerce une activité, dans une des matières énumérées à l'article 2 *ter* précité, qui va au-delà de sa mission spécifique de défense ou de représentation en justice et de conseil juridique, qu'il peut être soumis à l'obligation de communication aux autorités des informations dont il a connaissance;

b) que l'article 15, § 1er, 1°, de la même loi du 11 janvier 1993, remplacé par l'article 27 de la loi du 12 janvier 2004, soit interprété en ce sens que toutes les communications d'informations à la Cellule de traitement des informations financières soient effectuées par l'intermédiaire du bâtonnier.

> Le secret professionnel couvre les confidences que l'avocat a reçues en raison de sa profession

• **Civ. 2e, 21 juin 1973,** *D.* 1974, jur. 16.

* V. ss n° 36.32.

• **Civ. 1re, 7 déc. 2004, n° 02-16.562,** *Bull. civ.* I, n° 299.

* V. ss n° 36.31.

« [...] Vu l'article 66-5 modifié de la loi du 31 décembre 1971 dans sa rédaction antérieure à la loi n° 2004-130 du 11 février 2004;

Attendu qu'il résulte de ce texte que toutes les correspondances échangées entre avocats sont couvertes par le secret professionnel;

Qu'en refusant, dès lors, d'annuler la décision du bâtonnier de l'Ordre des avocats au barreau de la Guyane ayant autorisé la production en justice de correspondances échangées entre avocats alors qu'elle avait été prise en violation du texte susvisé, la cour d'appel a violé ce texte;

Par ces motifs, et sans qu'il y ait lieu de statuer sur les deux premières branches du moyen :

Casse et annule, dans toutes ses dispositions, l'arrêt rendu le 25 janvier 2002, entre les parties, par la cour d'appel de Fort-de-France; ».

> Le secret professionnel cède pour la défense nécessaire de l'avocat

• **Crim. 29 mai 1989, n° 87-82.073,** *Bull. crim.*, n° 218; *Gaz. Pal.* 1989, 2, 884, note A. D.; *RSC* 1990, 76, obs. Levasseur.

* V. ss n° 36.23.

« Sur le deuxième moyen de cassation commun aux deux demandeurs et pris de la violation de l'article 378 du

Code pénal, violation de l'article 6 de la Convention européenne des droits de l'homme et des libertés fondamentales, de l'article 55 de la Constitution du 4 octobre 1958, des articles 485 et 593 du Code de procédure pénale :

– en ce que la décision attaquée refuse de considérer que des correspondances échangées entre des avocats et leurs clients ne peuvent être retenues comme mode de preuve;

– au motif que la Cour constate que toutes les correspondances d'avocats figurant au dossier ont été remises spontanément par B... ou par son mandataire; qu'il ne saurait, en conséquence, être valablement soutenu que ce fait est susceptible de constituer une violation du secret professionnel qui s'impose à l'avocat, mais non au client de celui-ci;

– alors, d'une part, que le secret professionnel est absolu, prescrit dans un intérêt social, qu'il n'appartient pas au client d'un avocat de le relever du secret professionnel; que, dès lors, les correspondances entre un avocat et son client étant, par nature, couvertes par le secret professionnel, elles ne peuvent être versées, à titre de preuve, au dossier d'une instruction, fût-ce par le client destinataire, celui-ci n'ayant pas le pouvoir de relever son avocat du secret professionnel;

– alors, d'autre part, que tout justiciable a droit à un traitement équitable; qu'autoriser le client d'un avocat à verser dans un dossier pénal certaines lettres que lui a adressées son avocat, cependant que ce dernier, qui continue à être lié par le secret professionnel, ne pourrait ni se prévaloir de certains éléments du dossier de nature à expliquer lesdites lettres, ni verser au dossier des éléments du dossier ou d'autres lettres de nature à préciser le sens et la portée des lettres versées aux débats par son ancien client, aboutirait à infliger à l'avocat, qu'il soit partie à un procès l'opposant à son ancien client, ou partie au procès aux côtés de son ancien client (avec un risque d'opposition d'intérêts), un désavantage à sa défense, en le privant ainsi de l'égalité dont doivent jouir tous les justiciables, rendant ainsi le procès inéquitable;

Sur la première branche du moyen;

Attendu que pour refuser d'écarter des débats des lettres que B..., défendeur à une instance civile, avait reçues de X... et de Y..., avocats, l'arrêt attaqué relève que toutes les lettres figurant au dossier de la procédure pénale suivie contre eux ont été remises spontanément par B... au juge d'instruction; que les juges énoncent que le secret professionnel de l'avocat ne s'impose pas au client;

Attendu qu'en l'état de ces constatations et énonciations, la cour d'appel n'a pas encouru les griefs allégués;

Mais sur la seconde branche du moyen;

Vu les articles précités;

Attendu que les juges sont tenus de répondre aux demandes et chefs péremptoires des conclusions dont ils sont régulièrement saisis;

Attendu qu'il appert de l'arrêt attaqué que X... et Y... ont été renvoyés devant le tribunal correctionnel pour complicité d'escroquerie;

Attendu que dans leurs conclusions tendant à leur relaxe les prévenus ont fait valoir que les lettres versées aux débats par B..., leur ancien client, ne pouvaient servir de preuve qu'à la condition expresse que fût révélée la totalité de la correspondance qu'ils avaient échangée avec lui, ce que leur interdisait "un secret professionnel intransgressible";

Attendu que pour écarter ces conclusions et déclarer les prévenus coupables des faits qui leur étaient reprochés, après avoir déclaré régulièrement produites les pièces ci-dessus, l'arrêt attaqué se borne à exposer les faits et à analyser ces pièces;

Mais attendu qu'en ne s'expliquant pas sur l'argumentation péremptoire dont elle était saisie, et alors que l'obligation au secret professionnel d'un avocat ne saurait lui interdire, pour se justifier de l'accusation dont il est l'objet et résultait de la divulgation par un client d'une correspondance échangée entre eux, de produire d'autres pièces de cette même correspondance utiles à ses intérêts, la cour d'appel n'a pas mis la Cour de Cassation en mesure d'exercer son contrôle au regard du respect des droits de la défense;

Que la cassation est encourue de ce chef;

Par ces motifs, et sans qu'il y ait lieu d'examiner les autres moyens proposés :

Casse et annule l'arrêt en date du 19 mars 1987 de la cour d'appel d'Agen, mais seulement en celles de ses dispositions tant pénales que civiles concernant les demandeurs. »

> Relations entre le secret de l'instruction et le secret professionnel

> L'avocat ne doit commettre aucune divulgation contrevenant au secret professionnel et doit notamment respecter le secret de l'instruction en matière pénale

• **Crim. 18 sept. 2001, n° 00-86.518,** *Bull. crim.*, n° 179; *D.* 2001, IR 3171; *JCP* 2001, IV, 2921.

* V. s^s n° 36.54.

« Les moyens étant réunis;

Attendu qu'il résulte de l'arrêt attaqué que X... a été choisi comme avocat par Alexis Z..., mis en examen pour l'assassinat de six personnes, dont son père; que ce dernier, rétractant ses aveux, a déclaré que les crimes avaient été commis par un membre de la "mafia russe" qui l'avait contraint à s'en accuser sous la menace de tuer sa mère et d'autres membres de sa famille; qu'à la suite du meurtre de l'oncle du jeune homme le juge d'instruction a fait placer sous écoutes téléphoniques la ligne du domicile d'Y..., amie de Raïssa Z..., mère d'Alexis, chez laquelle cette dernière résidait lorsqu'elle venait en France, et qui l'avait occasionnellement assistée comme interprète devant le juge d'instruction; que des conversations ayant été interceptées au cours desquelles X... révélait à Y... le contenu d'un procès-verbal d'interrogatoire de son client couvert par le secret de l'instruction, cet avocat est poursuivi pour violation du secret professionnel sur le fondement de l'article 226-13 du Code pénal;

Attendu que, pour le déclarer coupable de ce délit, la juridiction du second degré énonce que l'avocat, s'il ne concourt pas à la procédure au sens de l'article 11 du Code de procédure pénale, doit, en application de l'article 160 du décret du 27 novembre 1991 organisant la profession d'avocat, respecter le secret de l'instruction en s'abstenant de communiquer, sauf à son client pour les besoins de sa défense, des renseignements ou des pièces du dossier en cours; qu'après avoir relevé qu'Alexis Z... avait fait le choix de X... comme avocat alors qu'il était devenu majeur, les juges retiennent que le prévenu a, au cours des entretiens téléphoniques, livré à Y..., des passages entiers du procès-verbal d'interrogatoire qui venait d'être dressé par le juge d'instruction et a proposé l'envoi en fax du document, sa correspondante lui promettant de le détruire après lecture;

Que, pour écarter le moyen de défense du prévenu, qui faisait valoir que les appels téléphoniques étaient destinés à renseigner la mère de son client, les juges relèvent que Raïssa Z... n'était pas présente lors des appels téléphoniques et que la teneur des propos échangés révèle que X... et Y..., avec le concours d'une journaliste, mettaient en œuvre une campagne de presse pour "déstabiliser le juge d'instruction" ; qu'enfin, pour caractériser l'élément intentionnel du délit, la cour d'appel retient qu'au cours d'une conversation téléphonique, X... a évoqué le risque d'une plainte pour violation du secret de l'instruction;

Attendu qu'en l'état de ces énonciations, procédant de son appréciation souveraine, d'où il résulte que c'est sciemment qu'en méconnaissance des dispositions de l'article 160 du décret du 27 novembre 1991 l'avocat a révélé à un tiers le contenu d'un acte couvert par le secret de l'instruction, les juges ont caractérisé en tous ses éléments le délit de violation du secret professionnel, dont ils ont déclaré le prévenu coupable;

D'où il suit que les moyens, irrecevables en application de l'article 385 du Code de procédure pénale, en ce qu'ils invoquent la nullité des écoutes téléphoniques, ne sauraient être accueillis;

Et attendu que l'arrêt est régulier en la forme :

Rejette le pourvoi. »

• **Crim. 27 oct. 2004, nº 04-81.513,** *Bull. crim.*, nº 259.

* V. s^s^ nº 36.54.

« [...] Les moyens étant réunis;

Attendu que, pour déclarer Gilles X... coupable de violation du secret professionnel, l'arrêt énonce que cet avocat, qui avait, dans le cadre de l'exercice de sa profession, reçu des confidences de son client ne pouvait, sans trahir le secret professionnel, révéler à un tiers, fût-ce à la demande de son client, le contenu de leur entretien; que les juges ajoutent qu'en communiquant à un tiers des informations provenant du dossier de l'instruction auquel il avait eu accès, Gilles X... s'est encore rendu coupable de violation du secret professionnel;

Attendu qu'en l'état de ces motifs, exempts d'insuffisance et de contradiction, procédant de son appréciation souveraine des faits et circonstances de la cause, la cour d'appel a, sans excéder les limites de sa saisine, caractérisé en tous ses éléments le délit de violation du secret professionnel, dont elle a déclaré le prévenu coupable;

Qu'en effet, aux termes de l'article 160, alinéa 1er, du décret du 27 novembre 1991, l'avocat, en toute matière, ne doit commettre aucune divulgation contrevenant au secret professionnel;

D'où il suit que les moyens doivent être écartés;

Et attendu que l'arrêt est régulier en la forme;

Rejette le pourvoi; ».

> **Contrôle de la procédure de perquisition de l'article 56-1 C. pr. pén.**

• **TGI Paris, ord. 7 juill. 2000,** *D.* 2002, somm. 855, obs. Blanchard; *Gaz. Pal.* 29 août 2000, p. 18, note Damien.

* V. s^s^ nº 36.61.

• **Crim. 1er mars 2006, nº 05-87.252,** *Bull. crim.* 304; *AJ pénal* 2006, 304 obs. Remillieux.

* V. s^s^ nº 36.31.

« [...] Attendu que les juges d'instruction ont effectué, à Toulouse, les 14 et 29 avril 2005, en présence du bâtonnier, une perquisition au cabinet de France X... puis une autre à son domicile, au cours desquelles ont été saisis une cassette provenant d'un dictaphone, un téléphone portable et un message adressé à cette avocate par Georges F..., mis en examen pour blanchiment provenant du trafic de stupéfiants et incarcéré, destiné à informer sa concubine sur le moyen de communiquer avec lui par l'intermédiaire d'un autre détenu; que France X... a invoqué l'irrégularité de ces perquisitions et des saisies pratiquées, soutenant qu'en violation des articles 56-1 du Code de procédure pénale et 66-5 de la loi du 31 décembre 1971, le bâtonnier n'avait pas été préalablement avisé de l'objet de la perquisition et qu'avaient été consultés par les magistrats, en méconnaissance du secret professionnel, des documents étrangers aux faits instruits;

Attendu que, pour écarter cette argumentation, l'arrêt attaqué énonce qu'informant sur des faits de révélation d'informations issues d'une enquête ou dune instruction en cours, susceptibles d'être reprochés à France X..., les magistrats instructeurs pouvaient légalement prendre connaissance, en même temps que le bâtonnier, des documents détenus au cabinet ou au domicile, afin de ne saisir que ceux apparaissant en relation directe avec l'infraction poursuivie, susceptibles d'établir la participation éventuelle de France X... à cette infraction et étrangers à l'exercice des droits de la défense; que les juges relèvent que tel a été le cas en l'espèce, le lien entre les objets saisis et l'infraction poursuivie étant établi;

Attendu qu'en l'état de ces motifs, qui établissent que les saisies effectuées, en relation directe avec l'infraction objet de la poursuite, étaient destinées à apporter la preuve de la participation éventuelle de France X... à cette seule infraction et ont été limitées aux seuls documents nécessaires à la manifestation de la vérité et, dès lors que les textes en vigueur à l'époque des opérations critiquées n'imposaient pas au juge d'instruction l'information préalable du bâtonnier sur l'objet de la perquisition envisagée au cabinet ou au domicile d'un avocat, la chambre de l'instruction a justifié sa décision;

D'où il suit que le moyen ne saurait être accueilli;

Et attendu que l'arrêt est régulier en la forme;

Rejette le pourvoi; [...] »

36.03 Bibliographie indicative.

Ouvrages. Floriot et Combaldieu, *Le secret professionnel*, Flammarion, 1973 – Lambert, *Le secret professionnel*,

Nemesis, 1985 – Damien, *Le secret nécessaire*, Desclée de Brouwer, 1989 – Frison-Roche (dir.), *Secrets professionnels*, Éd. Autrement, 1999.

Actualisables. RÉP. PÉN., *V° Secret professionnel*, par Py; *V^is Défense pénale*, par Saint-Pierre et *Instruction préparatoire*, par Guéry.

Colloque. *Le secret professionnel*, Actes du colloque du 22 nov. 2000 Conférence des bâtonniers, dans *LPA* 30 juin 2001, n° 122.

Articles. Arché, « Les limites structurantes de la relation médecin-magistrat », *AJ pénal* 2004, 147 – Baumgartner et Mousseron, « Blanchiment, contrats et opinions juridiques », *JCP E* 2006, n° 40, p. 1671. – Lasserre Capdeville, « L'évolution des obligations du banquier », *AJ pénal* 2006. 429. – Benichou et Teitgen, « Rôle des ordres dans la lutte contre le blanchiment et la sauvegarde du secret professionnel », *Gaz. Pal.* 2000, doctr. p. 724 – Bouloc, « Le secret professionnel de l'avocat », *Mélanges Gassin*, PUAM, 2007, p. 121 – Brandeau et Barzotti, « Visite domiciliaire et saisie du fisc au cabinet de l'avocat : le service public mis à mal », *LPA* 13 mars 2003, n° 52, p. 3 – Cahen, « Secret professionnel et lutte contre la corruption », *Gaz. Pal.* 2001, doctr. 246 – Cachard, « Le secret de l'avocat en Europe », *JCP* 2006, Actu. n° 465, p. 1871 – Catalayud, « L'arrêté du 18 juin 1999 et le secret professionnel de l'avocat », *Gaz. Pal.* 7-8 janv. 2000, p. 13 – Cottereau, « Le secret professionnel de l'avocat : entre l'absolutisme et la relativité », *Dr. et patr.* nov. 2000, p. 36 – Damien, « Le secret professionnel », *Gaz. Pal.* 1982, 1, 136; « Le sacré secret », *RT barr. Versailles* n°s 5 et 6, août-sept. 1987, p. 131 s. – Decheix, « Un droit de l'homme mis à mal : le secret professionnel », *D.* 1983, chron. 136 – Delmas-Marty, « À propos du secret professionnel », *D.* 1982, chron. 136 – Delas, « Secret professionnel et avocat en entreprise », *Gaz. Pal.* 2006. 1. Doctr. 960 – de Lamaze, « Le droit au secret et à l'indépendance des avocats », *Gaz. Pal.* 2004. 2. Doctr. 3004 – Derieux, « Secret de l'instruction et droit à l'information », *LPA* 1997, n° 70, p. 6 – Desurmont, « Le secret professionnel », *RJB* 2000, n° 59/60, p. 166 – Dourneau-Josette, « La confidentialité des communications entre l'avocat et son client : un (nécessaire) état des lieux (à propos de Crim. 18 janv. 2006, n° 05-86.447) », *AJ pénal* 2006, 254 – Doyer, « Avocat et secret professionnel », *AJ pénal* 2004, 144 – Dupuy, « Un irritant problème, le secret de l'instruction », *Gaz. Pal.* 1978, doctr. 379 – Gaté, « Le secret professionnel de l'avocat », *Gaz. Pal.* 1987, 1, doctr. 199 – Guedj, « Le secret des sources des journalistes », *AJ Pénal* 2009. 163 – Gianno et Trévisani, « Secret professionnel de l'avocat et enquête pénales : aperçu du droit des États-Unis d'Amérique », *Gaz. Pal.* 7-8 juill. 1999, p. 18 s. – Giudicelli, « Le secret de l'instruction appliqué par le juge de l'instruction », *AJ pénal* 2004, 141 – Gouyet, « Le secret professionnel de l'avocat à l'épreuve du droit fiscal : l'exemple du droit de communication », *LPA* 10 juin 1999, n° 115, p. 3 – Huchet, « Du doute au soupçon dans le cadre de l'activité de Correspondent banking », *JCP E* 2008, n° 44, p. 9 – Lassaussois, « Les deux secrets de l'instruction », *Gaz. Pal.* 1994, 2, doctr. 1188 – Lasserre Capdeville, « L'évolution des obligations du banquier », *AJ pénal* 2006. 429; « Le secret bancaire en 2009 : un principe en voie de disparition ? », *AJ pénal* 2009. 165 – Lavielle et Lemonnier, « Polichinelle et son secret : pour en finir avec l'article 11 du Code de procédure pénale », *AJ pénal* 2009. 153 – Lopez, « Secret professionnel de l'avocat et pouvoirs du fisc », *LPA* 1997, n° 38 – Matsopoulou, « Obligation de déclaration : du secret à la révélation », *Gaz. Pal.* 2004. Doctr. 1825) – Mien et Luciani, « Nouvelle entaille dans les droits de la défense : la liberté de communication entre l'avocat et son client remise en cause (à propos de Crim. 1er oct. 2003, n° 03-82.909) », *AJ pénal* 2004, 133 – Penneau, « De quelques incidents du secret médical sur l'expertise judiciaire », *AJ pénal* 2009, 169 – Perrier, « Le secret professionnel de l'avocat », *Gaz. Pal.* 2009. 2848 – Porteron, « Le secret professionnel de l'avocat », *AJ pénal* 2009. 158 – Py, « Secret professionnel : le syndrome des assignats ? », *AJ pénal* 2004, 133 – Robert, « Obligation de déclaration de soupçon », *LPA* 17 juill. 2008 – Uettwiller, « Le secret professionnel de l'avocat », *Gaz. Pal.* 4-5 nov. 1998, p. 7; « Avocat et fiducie », *Dr. et patr.* mars 2009, p. 26 – Vilbert, « À propos du secret professionnel de l'avocat et du droit de communication à l'administration fiscale : la brèche », *Gaz. Pal.* 1987, 2, doctr. p. 601 – Woog, « Le secret professionnel des avocats », *Dr. et patr.* sept. 1993, p. 68.

> Sur l'ordonnance du 30 janv. 2009

Bonnard, « Ordonnance du 30 janv. 2009 : ce qui change pour le secteur bancaire et financier », *JCP E* 2009. 1273 – Cutajar, à propos de l'ordonnance du 30 janv. 2009 : « Une ordonnance nécessaire mais à parfaire », *D.* 2009. 821; « La prévention du blanchiment par l'approche fondée sur le risque après le décret du 2 sept. 2009 », *JCP* 2009. 338 »; « Mise en œuvre des obligations du dispositif de lutte contre le blanchiment », *JCP* 2010. 62 – Cutajar et Beaussier, « Les avocats et la lutte contre le blanchiment », *JCP* 2009. 474 – Defferrard, « Les métamorphoses de la législation française "anti-blanchiment" », *Gaz. Pal.* 2009. 2953; « Sur la circulaire du 12 janv. 2010 », *Gaz. Pal.* 7-9 mars 2010, p. 17 – Dossier, « La prévention du blanchiment et du financement du terrorisme », *RD banc. fin.* mai-juin 2009. 84 – Dossier, « Quelles incidences pratiques pour les professionnels ? », *Dr. et patr.* juin 2009. 59 – Feugère, « Les avocats et la lutte contre le blanchiment », *Dr. et patr.* juin 2009, p. 64; « L'avocat mandataire en transactions immobilières face au blanchiment », *Gaz. Pal.* 7-8 mai 2010, p. 33 – Humbert, « Une réglementation qui se précise, mais qui reste à parfaire », *Dr. et patr.* avr. 2009. 32 – Robert, « Les nouvelles normes de détection », *RLDA* mai 2009. 71; « Les aspects juridiques de la lutte anti-blanchiment », *Dr. et patr.* juin 2009, p. 59; « professions juridiques et prévention du blanchiment », *JCP* 2010. 202; « Les établissements de crédit et le nouveau cadre de la lutte contre le blanchiment de capitaux et le financement du terrorisme », *RD banc. fin.* 2010. Étude 6 – Michaud, « Trafic, blanchiment et fraude fiscale : les déclarations de soupçon », *JCP E* 2009, n° 42, p. 11 – Tarrade, « Rôle et responsabilité des notaires dans la lutte contre le blanchiment », *Dr. et patr.* juin 2009, p. 75.

SECTION 1
PRINCIPES GÉNÉRAUX

36.11 Le secret professionnel : condition de l'exercice de la profession d'avocat. Le secret professionnel est l'un des éléments essentiels de l'exercice même de la profession d'avocat : le RIN en fait l'un des tout premiers principes de la profession[1]. Par là même, il couvre des fonctions et puise ses fondements dans des libertés et droits fondamentaux qui parfois s'entrechoquent. Il permet, par la protection de la confidentialité, la confiance nécessaire du client dans son conseil et défenseur : sans la protection du secret de la confidence, les fonctions de défense et de conseil ne peuvent pas exister. Ce n'est pas un hasard : confiance et confidence ont la même origine étymologique (*cum* et *fier* [foi]) et étaient même synonymes jusqu'à ce que confidence prenne au XVIIe siècle le sens de « communication d'une chose sous le sceau du secret »[2]. Le secret professionnel de l'avocat est ainsi à la fois la garantie pour le client, dans quelque situation que ce soit, que son défenseur ne va pas révéler ce qui lui a été confié et la garantie pour l'avocat et son client qu'un tiers, singulièrement l'État et les autorités de poursuites, ne va pas puiser dans ce qui a été transmis sous le secret. Il est donc une obligation lourdement sanctionnée (disciplinairement et pénalement) qui pèse sur l'avocat (v. s^s n° 36.41); il est aussi un droit du client et de l'avocat de communiquer librement et de s'opposer à la révélation du secret : en ce sens il est une expression des droits de la défense qui concrètement concerne surtout le procès pénal (même si les principes défendus peuvent aussi en théorie s'appliquer au procès civil). Poser ainsi, le régime juridique de la protection du secret professionnel est un équilibre entre la protection de l'intérêt et des droits de l'individu et la protection de la société, par l'action des autorités de poursuites et judiciaires. Si historiquement, sous l'Ancien Régime, le secret professionnel de l'avocat a eu en partie un fondement *corporatiste* dans le sens où il était l'expression d'un privilège d'une profession, il est indéniablement aujourd'hui un élément clef du fonctionnement moderne de la justice dont la déclinaison et les nuances illustrent la complexité des intérêts en jeu. S'il est toujours et d'abord la garantie de la confidence entre avocat et client il est aussi une obligation de l'avocat envisagée dans l'intérêt collectif de la justice : protection de l'enquête, de l'instruction, des droits des parties adverses... C'est pourquoi, la question du secret professionnel, du point de vue de l'avocat, englobe, sans en être synonymes, celle du secret de l'enquête et de l'instruction (v. s^s n°s 36.51 et 36.61 – sur l'interdiction de faire état d'une garde à vue, v. s^s n° 36.62) et de la confidentialité des correspondances (v. s^s n° 37.11).

• **Origines du secret professionnel.** Le secret de l'avocat est historiquement un des trois grands secrets protégés par la société libérale du monde occidental avec le secret médical et le secret de la confession[3]. Le secret est né médical puisque c'est Hippocrate qui le formule en ces termes : « Les choses que dans l'exercice, ou même hors de l'exercice de mon art, je pourrais voir ou entendre sur l'existence des hommes et qui ne doivent pas être divulguées au dehors, je les tairais. » Ce fut ensuite le secret de la confession[4] à partir du moment où se multiplia la confession auriculaire; les avocats ayant le statut de clerc puisèrent dans le secret de la confession la protection de leur propre secret ou du moins sa reconnaissance par les pouvoirs publics.

Il a été étendu à d'autres professions qui doivent en bénéficier pour le bien de la société : sages-femmes, infirmières, travailleurs sociaux... Il ne se confond pas totalement ni avec le secret professionnel des magistrats[5], ni avec le secret des délibérés, ni avec le secret de l'instruction, ni avec le secret des policiers, ni avec le secret professionnel des journalistes qui n'ont pas reçu une confidence pour la conserver par-devers eux mais uniquement pour la révéler dans les colonnes de leurs journaux et qui est en fait le secret de leurs sources.

• **Le secret professionnel menacé ?** Le secret professionnel paraît menacé aujourd'hui[6], notamment en matière médicale, dans une logique privilégiant la « transparence », le « risque zéro », et ce, par les obligations nombreuses qui pèsent sur les médecins de révéler des secrets qu'ils ont appris dans l'exercice de leur art (déclaration à l'autorité sanitaire des maladies transmissibles : CSP, art. L. 3113-1; déclaration dans le cadre de la lutte contre la toxicomanie : CSP, art. L. 3412-1; déclaration au procureur de la République des sévices constatés permettant de présumer que des violences sexuelles de toute nature ont été commises : C. pén., art. 226-14, 2°). On doit considérer avec inquiétude que le nombre de maladies pour lesquelles il y a déclaration obligatoire ou facultative de la part des médecins qui les ont diagnostiquées

1. RIN, art. 2.1, al. 1er : « L'avocat est le confident nécessaire du client. »
2. Rey [dir.], *Dictionnaire historique de la langue française*, Le Robert.
3. Py, RÉP. PÉN., *V° Secret professionnel*.
4. Roca, « Secret de la confession et secret professionnel », *LPA* 2001, n° 69, p. 10 – Moutouh, « Secret professionnel et liberté de conscience : l'exemple des ministres du culte », *D.* 2000, chron. 431.
5. Saint-Carré, « La publicité des audiences et la notion du secret », *Gaz. Pal.* 4 août 1994, doctr. 2.
6. *AJ pénal* 2004, 133, dossier, « Le secret professionnel : croissance ou déclin, » not. Py, « Le secret professionnel : le syndrome des assignats ? » – Doyer, « Avocat et secret professionnel », *AJ pénal* 2004, 144.

est proche de la cinquantaine; y figurent la peste, le choléra, la fièvre jaune et la lèpre, la scarlatine, la rougeole, les toxi-infections alimentaires collectives, la coqueluche, le paludisme, la grippe épidémique, les oreillons, la rubéole, la varicelle, *etc.* L'académie de médecine avait même adopté à l'unanimité un rapport rédigé par le professeur Henrion qui se prononçait en faveur d'un assouplissement du secret professionnel pour le partenaire d'un séropositif[1].

Enfin, le secret médical ne peut plus être opposé au patient qui peut avoir accès à son dossier médical depuis la loi n° 2002-303 du 4 mars 2002 relative aux droits des malades et à la qualité du système de santé[2].

• **« Secret partagé ».** Par ailleurs, les évolutions récentes de la justice des mineurs et de la justice pénale, en forte demande de renfort du savoir médical et scientifique, depuis l'enquête jusqu'à l'exécution de la peine, confronte le corps médical non seulement à la question classique de l'opposabilité du secret médical aux autorités de police et judiciaires (prélèvements biologiques en garde à vue, expertise en cours d'instruction...), mais également à une vision nouvelle mettant en avant une possible collaboration entre magistrat et médecin autour du concept de « secret partagé »[3] : il s'agit de considérer que les magistrats pourraient partager le secret médical, non plus pour exercer les poursuites et confondre les auteurs d'infractions, mais pour participer de façon plus efficace, par leur fonction de juger, à la réinsertion et la prévention de la récidive. La question se pose ainsi plus particulièrement pour le juge de l'application des peines : peut-il partager le secret médical pour prendre des décisions d'aménagement des peines (libération conditionnelle, surveillance judiciaire, placement sous surveillance électronique, obligations de soins...) qui correspondent le mieux à l'évolution, notamment psychique, du condamné dans son intérêt et celui de la société. Le corps médical, particulièrement les psychiatres, est généralement très réservé sur cette évolution[4], voyant dans le secret médical une condition *sine qua non* de la thérapie et donc de l'exercice de la médecine.

• **Résistance du secret professionnel des avocats ?** En comparaison, le secret des avocats est un de ceux qui a le mieux résisté jusqu'à présent. Peut-être en raison des mentalités traditionnelles du barreau, mais surtout parce qu'indéniablement il participe au bon fonctionnement de la justice dans un État démocratique. Cependant, régulièrement des tentatives ont eu lieu pour le faire disparaître ou au moins pour l'amoindrir au profit de l'efficacité répressive. Il en a été ainsi par exemple en matière fiscale (v. s^s^ n° 36.81), pour permettre aux agents de la Direction générale des impôts de pouvoir dépister les fraudeurs, fût-ce par la consultation des dossiers de leurs avocats et des correspondances qu'ils échangent avec leurs clients. Plus récemment, la lutte contre criminalité a conduit le législateur, en application du droit communautaire, à étendre certaines obligations de dénonciation pesant sur l'avocat en instituant une nouvelle procédure de déclaration de soupçon de fonds suspects (v. s^s^ n°s 36.102 et 36.105 s.). De même concernant le secret professionnel dans sa dimension de droit de la défense, des décisions de la chambre criminelle de la Cour de cassation (not. concernant les écoutes téléphoniques incidentes de l'avocat v. s^s^ n° 37.41) et des interventions législatives (telle que la création du nouveau délit de divulgation d'information relative à une enquête ou une instruction v. s^s^ n° 36.61) obligent l'avocat à une grande prudence dans ses communications, tant il pèse malheureusement sur l'avocat le soupçon d'une certaine *complicité* avec le client qu'il défend.

• **Secret professionnel, média et défense.** Autre débat récurrent, la question se pose de la violation d'un secret (secret professionnel au sens strict, secret de l'enquête, de l'instruction...) notamment par l'avocat, lorsqu'est en jeu, par exemple, la défense d'un client injustement mis en cause ou face à l'inertie des autorités de poursuites. Si les règles déontologiques et légales et leurs applications jurisprudentielles sont strictes et interdisent, par principe, la justification de la violation du secret (sauf lorsque l'avocat doit se défendre lui-même – v. s^s^ n° 36.23), les pratiques le sont moins : des informations objectivement couvertes par le secret sont régulièrement diffusées par les médias, parfois par des avocats, à tel point que régulièrement le secret de l'instruction (inconnu sous cette forme par la plupart des pays démocratiques) est remis en cause au profit d'une publicité de la phase de mise en état des affaires pénales et d'un resserrement des obligations des professionnels sur le secret professionnel au sens strict. Un auteur explique que certaines affaires sont manifestement « sorties » grâce à la communication d'informations à la presse par des avocats; les violations du secret apparaissent alors comme l'exercice d'un contre-pouvoir, au bénéfice donc de la Justice[5]. La question de la divulgation dans les médias d'informations relatives à des affaires en cours peut également être abordée sous l'angle du conflit entre, d'un côté, la liberté de la presse (dont la protection des sources est un élément central) et, de l'autre, le droit à la vie privée ou la protection des intérêts de la justice.

§ 1 Fondement et caractères du secret professionnel de l'avocat

36.21 Fondement du secret professionnel de l'avocat : l'intérêt public. Par principe, il n'est éta-

1. *Le Monde* 7 avr. 1994, p. 11.
2. CSP, art. L. 1111-7.
3. Association française de criminologie, (Tournier [dir.], Blanc, *alii*), *Les soins obligés* (ou l'utopie de la triple entente), XXXIIIe Congrès français de criminologie, « Thèmes et commentaires », Dalloz, 2002 : à travers la question des obligations de soins (obligation c/adhésion aux soins), est envisagée dans l'ouvrage la question complexe des relations envisageables entre le juge, le condamné et le médecin; relations qui nécessitent une certaine « entente » largement structurée autour de la question du secret médical.
4. Archer, « Les limites structurantes de la relation médecin/magistrat », *AJ pénal* 2004, 147.
5. Jakubowicz, « La défense et le rôle des parties civiles dans les "grands" procès », *AJ pénal* 2006, 96.

bli ni dans l'intérêt des professionnels qui reçoivent des confidences, ni même dans l'intérêt de ceux qui ont livré leurs confidences (même si une partie de la doctrine, tout en reconnaissant le caractère déterminant et principal d'intérêt général du secret professionnel, considère qu'un volet de la protection du secret professionnel, le respect de la confidence, est d'intérêt privé[1] - v. s^s n° 36.31), mais pour l'intérêt général[2].

• **L'apport d'Émile Garçon.** C'est le point qu'Émile Garçon établit d'une manière absolue, faisant accomplir un pas gigantesque au droit français. Jusqu'à lui, le secret de l'ancien article 378 de l'ancien Code pénal de 1810, avait pour finalité principale de protéger la relation client-professionnel. Sous l'Ancien Régime d'ailleurs, si on reconnaissait le secret professionnel, sa révélation n'était jamais considérée comme un fait punissable. La notion de secret ne servait qu'à protéger ceux qui refusaient de témoigner en justice, en raison des confidences qu'ils avaient reçues. Émile Garçon, dans son Code pénal annoté, sous l'article 378, dépassant les notions périmées de référence au contrat de dépôt, a dégagé une notion d'ordre public auquel il a donné sa formulation définitive. Le secret professionnel a uniquement pour base un intérêt social. Sans doute sa violation peut causer un préjudice à un particulier, mais cette raison ne suffirait pas pour en justifier l'incrimination. La loi l'a punie parce que l'intérêt général l'exige. « Le bon fonctionnement de la société veut que le malade trouve un médecin, le plaideur un défenseur, le catholique un confesseur, mais ni le médecin, ni l'avocat, ni le prêtre ne pourraient accomplir leur mission si les confidences qui leur sont faites n'étaient assurées d'un secret inviolable. Il importe donc à l'Ordre social que ces confidents nécessaires soient astreints à la discrétion et que le silence leur soit imposé sans conditions ni réserves car personne n'oserait plus s'adresser à eux si l'on pouvait craindre la divulgation du secret confié ».

• **Fondements normatifs renforcés.** Phénomène somme toute assez exceptionnel, le secret professionnel de l'avocat est fondé sur une multitude de normes impératives : prescriptions légales[3], pénalement sanctionnées[4] et déontologiques - tant réglementaires[5] qu'ordinales[6] -, le secret professionnel de l'avocat connaît également un renfort de sa protection par la Cour européenne de droits de l'homme[7] et la CJCE qui l'a érigé en norme communautaire[8].

36.22 Caractères du secret professionnel de l'avocat : d'ordre public, général, absolu et illimité dans le temps. Puisque ce secret a pour fondement l'intérêt général, il est donc absolu et d'ordre public[9]. L'article 2.1 du RIN précise qu'il est également général et illimité dans le temps. Par principe, il ne saurait donc être remis en cause pour des raisons d'ordre public, telle que l'enquête de police ou de services fiscaux (cep. v. s^s n° 36.81). Des poursuites pénales fondées sur une violation du secret professionnel peuvent être déclenchées, sans plainte de la victime, par le procureur de la République.

C'est la raison pour laquelle toute tentative de dépénalisation de la divulgation du secret professionnel, ou tendant à subordonner l'action pénale à une plainte d'un particulier, serait contraire à ces principes. Le préjudice que subissent des tiers sera toujours secondaire par rapport à celui qu'a subi l'ordre social du fait de la divulgation du secret. Le secret est lié à la confidence nécessaire pour la défense ou la thérapie de l'usager. Elle est le fruit de cette relation client-professionnel que Georges Duhamel a baptisé d'un mot qui a fait fortune mais qui le mérite : « le colloque singulier. »[10]

• **Le rôle de l'avocat : conseiller et construire une défense en puisant dans les confidences.** Le secret de l'avocat, s'il est absolu dans son principe ne l'est pas dans son étendue. Le propre de l'avocat est de recevoir des confidences non pas pour les garder pour lui-même, mais pour comprendre un cas humain et pour l'exposer devant un tribunal. C'est lui qui est seul juge de décider ce qu'il est bon d'exposer pour la défense de son client. C'est en quoi on peut considérer que le secret professionnel de l'avocat conserve un caractère d'intérêt privé dans sa relation avec le client : peut être révélé uniquement ce qui est dans l'intérêt de la défense du client. Dans le récit du client, issu du *colloque singulier*, l'avocat trie les éléments qui n'ont pas d'intérêt dans l'affaire, les éléments absolument secrets et qu'il ne pourra révéler quoi qu'il arrive, et les éléments qu'il doit révéler pour faire comprendre au tribunal la complexité du cas humain qui lui est soumis, et c'est pourquoi son secret

1. EN CE SENS : Martin, *Déontologie de l'avocat*, 9e éd., Litec, 2005, n° 455; fondement d'intérêt privé du secret professionnel que l'on peut également déceler dans une certaine jurisprudence de la chambre criminelle qui accepte d'annuler, par exemple, la saisine de documents en violation du secret professionnel de l'avocat, uniquement si les droits de la défense ont été violés en application de l'article 802 du Code de procédure pénale (« pas de nullité sans grief »).
2. EN CE SENS : Crim. 19 nov. 1985, n° 83-92.813, *Bull. crim.*, n° 364 – TGI Paris, 5 juill. 1996, *D.* 1998, somm. 86, obs. Massis – CA Paris, 1er juill. 1999, *D.* 1999, IR 230.
3. L. 31 déc. 1971, art. 66-5.
4. NOT. : C. pén., art. 226-13 s.
5. Décr. 12 juill. 2005, art. 4.
6. RIN, art. 2.
7. NOT. À PROPOS de l'application de l'article 8 de la Conv. EDH à la protection du secret professionnel en cas de perquisition d'un cabinet d'avocat : CEDH 16 déc. 1992, n° 13710/88, Niemietz, *RTDH* 1993, p. 467.
8. NOT. À PROPOS d'une enquête en matière de pratiques anticoncurrentielles : CJCE 18 mai 1982, n° 155-79, AMCS Europe; *D.* 1983, IR 386, obs. Cartou.
9. Garçon, Code pénal annoté, 3 vol., 2e éd., Sirey, 1952-1959, art. 378, n° 7 – Crim. 8 mars 1947, *D.* 1948, 109 – Crim. 22 déc. 1966, n° 66-92.897, *Bull. crim.*, n° 305; *D.* 1967, 122; *JCP* 1967, II, 15126.
10. SUR le colloque singulier et l'enregistrement de ce colloque à l'insu de l'avocat : Damien, « Le sacré secret », *RT barr.* Versailles n° 506, août-sept. 1987, 131 s. – Crim. 18 nov. 1986, n° 85-93.308, *Bull. crim.*, n° 345; *Gaz. Pal.* 1987, 1, 167, note Doucet et Le Faucheur.

n'est pas absolu dans son étendue, mais subordonné au discernement de l'avocat qui, et la Cour de cassation l'affirme par son arrêt du 24 mai 1862[1], « n'a d'autre règle que sa conscience et doit s'abstenir des divulgations qu'elle lui interdit ».

36.23 L'avocat ne peut être relevé de son secret professionnel sauf pour les besoins strictement nécessaires à sa défense et dans des cas limitativement définis par la loi. Même le client ne peut relever l'avocat de son secret professionnel (l'ancien RIU, art. 2.1, le précisait expressément.). Le secret ne cesse pas non plus à la demande des héritiers de celui qui l'avait confié[2]. La jurisprudence a toujours admis que l'avocat ne peut pas témoigner sur ce qu'il sait, même s'il en est relevé par son client, *a fortiori* par ses héritiers. Enfin, l'avocat n'a même pas la possibilité, même *pour défendre son client* contre une attaque calomnieuse, de révéler ce qu'il a appris dans l'exercice de sa profession[3].

• **Le secret cède pour la défense de l'avocat.** L'article 2.1 du RIN, dont la rédaction est reprise du décret du 12 juillet 2005[4], prévoit néanmoins que l'avocat peut être relevé du secret pour les exigences strictement nécessaires à sa propre défense devant toute juridiction. Formulation plus large que l'ancien RIU qui limitait les cas de relèvement uniquement à la mise en cause de l'avocat dans une procédure pénale, à la recherche de responsabilité civile professionnelle et à la contestation d'honoraires. Cette révélation du secret professionnel pour la propre défense de l'avocat doit être *strictement nécessaire*, c'est-à-dire qu'il ne s'agit pas d'être objectivement en conflit avec un client pour être autorisé à violer le secret : même dans un cas de défense légitime de ses propres intérêts, l'avocat ne peut révéler que ce qui est doit précisément servir à sa défense, sans pouvoir aller au-delà.

Il semble admis en matière médicale qu'un médecin puisse révéler des faits couverts par le secret pour assurer *sa propre défense* contre une action en justice dont il est l'objet, mais cette possibilité doit être strictement réservée aux seuls faits précis lui portant préjudice[5]. De même, un arrêt avait admis que le secret professionnel de l'avocat devait céder devant la nécessité de se défendre, lorsque l'avocat est accusé par celui-là même qui lui a confié l'information[6] : solution qui a donc été consacrée par le décret du 12 juillet 2005. Le secret cède enfin, vis-à-vis cette fois des autorités de poursuites, si l'avocat est l'auteur ou le complice d'une infraction (v. s^s n°s 36.71 et 37.41).

§ 2
Domaine du secret professionnel de l'avocat

36.31 Principe : vaste étendue du secret professionnel de l'avocat. Le respect du secret professionnel est un droit et un devoir pour l'avocat (v. s^s n° 36.11). Il explique et justifie l'inviolabilité du cabinet de l'avocat (v. s^s n° 36.71) et du secret des correspondances (v. s^s n° 37.11). L'avocat doit, par ailleurs, respecter le secret de l'enquête et de l'instruction en matière pénale[7] (v. s^s n° 36.51). Le champ concrètement concerné par le secret professionnel de l'avocat est dès lors très vaste. On peut envisager ce champ sous différents aspects décrits par les textes :

• **Support.** C'est ainsi qu'il concerne tous les secrets quel que soit le *support* du recueil de la confidence, matériel ou immatériel (papier, télécopie, voie électronique...)[8].

• **Situations et actes.** De même le secret professionnel couvre toutes les situations et actes liés à l'activité et la fonction de l'avocat. L'article 2.2 du RIN précise ainsi que le secret concerne[9] : les consultations adressées par un avocat à son client ou destinées à celui-ci; les correspondances échangées entre le client et son avocat, entre l'avocat et ses confrères, à l'exception pour ces dernières de celles portant la mention officielle; les notes d'entretien et plus généralement toutes les pièces du dossier, toutes les informations et confidences reçues par l'avocat dans l'exercice de la profession; le nom des clients et l'agenda de l'avocat[10]; les règlements pécuniaires et tous maniements de fonds effectués en application de l'article 27, alinéa 2 de la loi du 31 décembre 1971; les informations demandées par les commissaires aux comptes ou tous tiers, (informations qui ne peuvent être communiquées par l'avocat qu'à son client).

• **Matières concernées : toutes, défense et conseil.** La loi de 1971 modifiée, le RIN et le décret de 2005[11] précisent de façon non équivoque, que le secret professionnel

1. Civ., 24 mai 1862, *DP* 1862, 1, 545.
2. CA Paris, 8 nov. 1971, *Gaz. Pal.* 1972, 1, 96.
3. Civ., 15 déc. 1885, Watelet, *D.* 1886, 1, 347; S. 1886, 1, 86, rapp. Tanon – TOUTEFOIS : Crim. 29 mai 1989, n° 87-82.073, *Bull. crim.*, n° 218; *Gaz. Pal.* 1989, 2, 884, note Damien.
4. Décr. n° 2005-790, 12 juill. 2005, art. 4.
5. CA Lyon, 17 janv. 1980, *Gaz. Pal.* 1981, 2, 491 – RAPPR. : Crim. 20 déc. 1967, n° 66-92.779, *Bull. crim.*, n° 338; *D.* 1969, 309, note Lepointe.
6. Crim. 29 mai 1989, n° 87-82.073, *Bull. crim.*, n° 218; *Gaz. Pal.* 1989, 2, 884, note Damien; *RSC* 1990, 76, obs. Levasseur.
7. Décr. 12 juill. 2005, art. 5 – CORRESP. : anc. décr. 27 nov. 1991, art. 160, al. 2.
8. RIN, art. 2.2.
9. La loi du 31 déc. 1971, art. 66-5, plus ramassée évoque : « les consultations adressées par un avocat à son client ou destinées à celui-ci, les correspondances échangées entre le client et son avocat, entre l'avocat et ses confrères à l'exception pour ces dernières de celles portant la mention "officielle", les notes d'entretien et, plus généralement, toutes les pièces du dossier sont couvertes par le secret professionnel ».
10. Civ. 1re, 7 déc. 2004, n° 02-16.562, *Bull. civ.* I, n° 299.
11. Reprenant en cela le décret du 27 nov. 1991, art. 160 abrogé.

couvre « toute matière », que ce soit dans le « domaine du conseil ou celui de la défense », et ce, dans le but de le rendre opposable aux autorités de poursuites et judiciaires. Il s'agit là de la problématique la plus controversée concernant la question du champ du secret professionnel.

• **Controverse jurisprudentielle.** Ces précisions rédactionnelles - « toute matière » et « domaine du conseil ou celui de la défense » - ont été rendues nécessaires pour contrer la jurisprudence de la chambre criminelle de la Cour de la cassation, qui d'ailleurs continue à certains égards à résister à la volonté du législateur. En effet, la chambre criminelle, pour juger de l'étendue du secret professionnel, cherche un équilibre, compréhensible, entre la protection du secret professionnel et l'efficacité répressive (protection de l'enquête et de l'instruction, donc de l'intérêt collectif - sur les intérêts en jeu, v. s[s] n° 36.11). Elle s'est ainsi fondée sur la notion relative - et d'intérêt privé -, d'atteinte aux droits de la défense (ce qui fait entrer l'intérêt privé pour juger de la protection du secret professionnel, pourtant reconnu par les textes comme d'intérêt général) et a introduit une distinction dans l'étendue du secret professionnel en fonction de la nature de l'activité de l'avocat (v. s[s] n°s 37.21 s.) : si les actes sont de nature *judiciaire* - ou de *défense* -, elle accorde la protection pleine du secret professionnel, en revanche si les actes sont de nature *juridique* - ou de *conseil* - il ne peut être opposé aux autorités judiciaires qu'un secret relatif[1]. Il s'agissait principalement pour la Cour de cassation[2] de valider le versement au dossier de pièces et d'actes de procédure pénale (audition, perquisition...) qui relevaient de l'« activité de rédacteur d'actes ou de négociateur »[3] de l'avocat et non de « l'exercice des droits de la défense »[4], distinction fondée sur l'application de l'article 802 du Code de procédure pénale (« pas de nullité sans grief »). En réaction à cette jurisprudence, le législateur est venu une première fois, en 1991, modifier la loi du 31 décembre 1971[5] pour y introduire un nouvel article 66-5 qui précisait de façon générale et sans exclusive que « les consultations adressées par un avocat à son client et les correspondances échangées entre le client et son avocat sont couvertes par le secret professionnel. » Le législateur ayant même précisé dès 1993[6] en tête de ce nouvel article 66-5 que le secret professionnel s'appliquait « en toute matière ». Pourtant la chambre criminelle a persisté dans sa jurisprudence[7] tout en prenant ostensiblement acte des interventions législatives : « *si, selon les principes rappelés par l'article 66-5 de la loi du 31 décembre 1971, les correspondances échangées entre le client et son avocat sont, en toutes matières, couvertes par le secret professionnel, il demeure que le juge d'instruction tient de l'article 97 du Code de procédure pénale le pouvoir de les saisir dès lors qu'elles ne concernent pas l'exercice des droits de la défense* ». Le législateur est alors de nouveau intervenu en 1997[8] pour contraindre la chambre criminelle à réviser sa jurisprudence en précisant très clairement : « *En toutes matières*, que ce soit *dans le domaine du conseil ou dans celui de la défense*, les consultations adressées par un avocat à son client ou destinées à celui-ci, les correspondances échangées entre le client et son avocat, entre l'avocat et ses confrères, les notes d'entretien et, plus généralement, toutes les pièces du dossier sont couvertes par le secret professionnel »[9]. Pourtant, la chambre criminelle postérieurement à 1997 a persisté, en se fondant sur la notion d'atteinte aux droits de la défense, en l'occurrence écartée, pour valider la saisine de documents objectivement couverts par le secret professionnel, et ce pour les nécessités « de la manifestation de la vérité »[10]. Certaines décisions des juges du fond paraissent plus nuancées[11] (v. aussi s[s] n° 37.21).

36.32 Le secret professionnel couvre toutes les confidences que l'avocat a pu recevoir à raison de son état ou de sa profession. Il s'agit donc non seulement des confidences du client, mais également des informations reçues de tiers dans le cadre du dossier concernant ledit client[12]. Le secret couvre non seulement les informations reçues par l'avocat, mais également les déductions qu'il a pu en faire[13]. L'avocat doit ainsi être particulièrement attentif à cette couverture large du secret professionnel lorsqu'il intervient, par exemple, comme négociateur (il peut alors recueillir des confidences des deux parties) ou, sans parler de conflit d'intérêts, lorsqu'il est l'avocat de plusieurs clients qui pourraient (ou auraient pu) se connaître ou être en

1. Martin, *op. cit.*, spéc. n°s 472 s.
2. Crim. 30 sept. 1991, n° 91-84.403, *Bull. crim.*, n° 320; *D.* 1992, 323, obs. Gavalda; *JCP* 1992, II, 21858, note Martin. En l'espèce il s'agissait du refus d'une demande de nullité d'une audition de l'avocat dans une affaire d'escroquerie et d'abus de biens sociaux : « Attendu que, pour dire n'y avoir lieu à annulation dudit procès-verbal, la chambre d'accusation relève qu'aucune des parties ne s'est prévalue d'une violation du secret professionnel de la part de M..., et constate qu'aucune atteinte n'a été portée à leurs intérêts; Attendu qu'en cet état, et dès lors que l'audition en cause concernait une activité de rédacteur d'acte ou de négociateur, et non l'exercice des droits de la défense, la chambre d'accusation a justifié sa décision sans encourir les griefs allégués ».
3. *Ibid.*
4. *Ibid.*
5. L. n° 90-1259, 31 déc. 1990, *JO* 5 janv.
6. L. n° 93-2, 4 janv. 1993, portant réforme de la procédure pénale, *JO* 5 janv.
7. Crim. 7 mars 1994, n° 93-84.931, *Bull. crim.*, n° 87; *D.* 1994, somm. 188, obs. Pradel [APPROBATEUR]; *JCP* 1994, II, 22251, note Martin [CRITIQUE] – ÉGAL[T] : *Déontologie de l'avocat*, 9e éd., Litec, 2005, spéc. n° 474.
8. L. n° 97-308, 7 avr. 1997, *JO* 8 avr.
9. L. 31 déc. 1971, art. 66-5, réd. L. 7 avr. 1997.
10. Crim. 30 juin 1999, n° 97-86.318, *Bull. crim.*, n° 172; *D.* 1999, jur. 458 et somm. 322, obs. Pradel [APPROBATEUR]; *JCP* 1999, II, 10177, note Martin [CRITIQUE]; *JCP* 2000, I, 207, n° 11, obs. Maron; *JCP* 2000, I, 231, n° 12, obs. Martin.
11. NOT. : TGI Paris, ord. 7 juill. 2000, *D.* 2002, somm. 855, obs. Blanchard; *Gaz. Pal.* 29 août 2000, obs. Damien.
12. CA Paris, 30 nov. 1994, *D.* 1996, somm. 311, obs. Castelain.
13. CA Paris, 1er juill. 1999, *D.* 1999, IR 230.

relations (sur les échanges entre confrères v. s[s] n°s 36.34 et 37.51).

Pour préserver le secret professionnel dans son essence, il est nécessaire que la déontologie le purifie en le limitant à ce qui est indispensable au maintien du primat de l'individu sur la société, donc aux *confidences nécessaires* faites par un client à son avocat dans le cadre de sa défense ou de la protection de ses intérêts. C'est en épurant le secret professionnel qu'on pourra rester intransigeant sur son maintien[1].

• **Exclusions des confidences faites à un ami par ailleurs avocat.** De même la Cour de cassation a pu juger qu'il entrait dans le pouvoir souverain des juges du fait d'estimer que les propos tenus à une avocate, amie du ménage, par une femme en instance de divorce, ne l'avaient pas été dans le cadre de la profession de cette dernière, qu'il était naturel au contraire qu'en raison du désarroi où l'avait jetée la citation en conciliation, cette femme ait cherché appui auprès d'une relation du ménage, femme qui pouvait précisément, en raison de ses connaissances et de son expérience, lui apporter utilement une aide amicale[2].

Cette solution peut être rapprochée d'une autre rendue au sujet du secret de la confession. C'est ainsi que la lettre écrite par un correspondant à un ami personnel qui au surplus était prêtre, exposant non un problème de conscience mais une question d'argent est réputée faite à l'ami et non au prêtre et n'est pas couverte par le secret professionnel[3].

36.33 Les tiers ne sont pas en principe tenus au secret professionnel. Si l'avocat est tenu au secret à l'égard de tout ce que lui ont confié ses clients, futurs clients, anciens clients ou personnes venues le consulter en qualité d'avocat, les interlocuteurs de l'avocat ne sont nullement tenus aux mêmes obligations.

• **Journaliste se faisant passer pour un client.** Ainsi, un journaliste qui s'introduit chez un avocat en simulant être un client et qui enregistre à l'insu de l'avocat leur conversation peut en faire état dans un article relatant son enquête chez des avocats[4]. Cet arrêt statuait en matière médicale mais peut trouver application en matière de défense.

• **Personnel de l'avocat et exercice en groupe.** Ce secret est partagé avec certains tiers, notamment le personnel, conformément aux usages de la profession. Le Règlement intérieur national impose à l'avocat de faire respecter le secret professionnel par les membres de son personnel et par « toute personne qui coopère avec lui dans son activité professionnelle ». L'avocat répond de ces violations du secret professionnel. En cas d'exercice en groupe, le secret s'étend à tout le groupe, même s'il met seulement en commun les moyens d'exercice de sa profession[5]. Le personnel y est d'ailleurs tenu aux termes de l'article 11 de la convention collective des avocats et de leur personnel[6]. De même l'avocat doit exiger que son personnel non avocat respecte les règles que la déontologie impose à l'avocat lui-même, notamment dans les rapports avec les magistrats, les autres avocats, les officiers ministériels, les clients et les tiers.

36.34 L'avocat ne partage le secret professionnel ni avec ses confrères ni avec le bâtonnier[7]. Le chef de l'Ordre n'est pas absolument un tiers par rapport au cabinet de son confrère. En effet, le bâtonnier et le Conseil de l'ordre chargés par l'article 17, 3° de la loi du 31 décembre 1971 d'exercer la surveillance que l'honneur et les intérêts de ses membres rendent nécessaires, se trouvent, dans la mesure de leur mission, associés au secret professionnel dont sont tenus les avocats. Un règlement intérieur d'un barreau peut donc prescrire un contrôle de la tenue de la comptabilité, aussi bien à l'égard d'avocats membres d'associations agréées de gestion comptable, qu'à l'égard d'autres avocats sans qu'on puisse opposer au bâtonnier le secret professionnel auquel l'avocat est astreint. Bien que le bâtonnier ne partage pas avec les avocats le secret professionnel auquel ils sont tenus, il a qualité pour contrôler discrétionnairement et non contradictoirement la comptabilité de ses confrères et assurer le strict respect de toutes les prescriptions légales et réglementaires relatives à la comptabilité professionnelle[8] (v. s[s] n° 24.111).

En outre, l'avocat a désormais l'obligation de procéder à la déclaration de soupçon pour les sommes ou opérations pouvant être d'origine illicite. Cette déclaration s'effectue auprès du bâtonnier de l'Ordre auquel il appartient (v. s[s] n°s 36.102 et 36.105 s.).

• **Secret professionnel et pouvoirs du bâtonnier.** De même, le bâtonnier peut désigner à la fonction d'administrateur provisoire d'une SCP un expert-comptable en lui confiant la gestion comptable des dossiers en cours, la bonne tenue des diverses écritures, l'établissement des bilans, la convocation des assemblées générales et la

1. Damien, *Le secret nécessaire*, Desclée de Brouwer, 1989.
2. Civ. 2e, 21 juin 1973, *D.* 1974, jur. 16.
3. Crim. 11 mai 1959, *D.* 1959, 312 – ÉGAL[T] : CA Toulouse, 14 mars 1928, S. 1928, 2, 130.
4. Crim. 18 nov. 1986, n° 85-93.308, *Bull. crim.*, n° 345; *Gaz. Pal.* 1987, 1, 167, note Doucet et Le Faucheur – Damien, « Le sacré secret », *RT barr.* Versailles n°s 5 et 6, août-sept. 1987, p. 131 s.
5. RIN, art. 2.3.
6. Conv. coll. 79-02-20, Brochure *JO* n° 3078.
7. Damien, « Le sacré secret », *RT barr. Versailles* n°s 5 et 6, août-sept. 1987, p. 131 s. – ÉGAL[T] : CA Paris, 27 avr. 1988, Mazurier, *Gaz. Pal.* 1988, 2, 489, note Damien.
8. CA Paris, 24 mars 1982, *Gaz. Pal.* 1982, 2, 457, note A. D. – RAPPR. : CA Lyon, 7 févr. 1977, *Gaz. Pal.* 1979, 2, somm. 476 – Civ. 1re, 3 oct. 1978, n° 77-11.772, *Bull. civ.* I, n° 283; *Gaz. Pal.* 1979, 1, 120, note A. D. – Civ. 1re, 20 oct. 1981, n° 80-15.572, *Bull. civ.* I, n° 297; *Gaz. Pal.* 1982, 1, 104.

répartition, à titre provisoire, des bénéfices entre les associés de la SCP en opposition d'intérêts, sans porter pour autant atteinte au secret professionnel auquel cet expert-comptable est au demeurant astreint en tant qu'expert, aux termes de l'article 244, alinéa 2 du Code de procédure civile[1] (sur la confidentialité des correspondances entre avocats v. s^s^ n° 37.51; et spéc. la question des correspondances portant la mention « officielle » v. s^s^ n° 37.61).

§ 3
Délit de divulgation du secret professionnel

36.41 L'article 226-13 du Code pénal protège le secret professionnel. La violation du secret professionnel constitue un délit[2] et un manquement à la règle déontologique[3].

Le secret professionnel était garanti pour les avocats par l'article 378 de l'ancien Code pénal de 1810 qui indiquait « toute personne dépositaire par état ou profession [...] de secrets qu'on leur confie et qui [...] auront révélé ces secrets, seront punis d'une peine d'emprisonnement d'un mois à six mois et d'une amende ». Ce texte dont on a toujours déploré la rédaction maladroite, fondée sur une idée de dépôt, a été remplacé par l'article 226-13 du Code pénal qui indique que « la révélation d'une information à caractère secret par une personne qui en est dépositaire soit par état ou par profession, soit en raison d'une mission ou d'une fonction temporaire, est punie d'un an d'emprisonnement et de 15 000 euros d'amende ». Pour être différente du texte du Code pénal de 1810, la rédaction n'est pas plus claire et notamment la distinction entre le *droit* au secret et l'*obligation* au secret n'est pas faite.

Néanmoins ce texte, éclairé par la jurisprudence, a fini par devenir un des principes fondamentaux de notre société.

36.42 Éléments constitutifs du délit de divulgation. Le délit de divulgation du secret professionnel suppose d'abord la qualité de *confident nécessaire* chez celui qui l'a reçu et, d'autre part, *la divulgation* qui n'est pas nécessairement une publication mais le simple fait de confier à un tiers, même dans la plus grande intimité, les faits confiés sous le sceau du secret. Il faut en effet que *le fait confié constitue un secret*, c'est-à-dire qu'il ait été confié avec la recommandation formelle de le taire, soit par la volonté de celui qui le confie, soit dans le cadre de l'exercice d'une profession qui suppose cette obligation au secret. Il faut enfin qu'il ait été reçu par un *professionnel dans le cadre de sa profession.* L'intention de nuire n'est pas une condition essentielle du délit de violation du secret professionnel.

• **La simple imprudence, le bavardage excessif** constituent la violation du secret, de même la volonté de contribuer à la vérité historique[4].

• **Confidences révélées par l'avocat à la justice ou aux services de police.** En la cause ayant constaté que l'avocat n'avait reçu les confidences de son client au sujet de remise de traites que parce qu'il était son avocat habituel et qu'il lui donnait fréquemment des conseils juridiques pour l'ensemble de son activité commerciale, la cour a pu décider qu'en révélant au juge d'instruction les confidences de son client concernant ces traites et le conseil qu'il lui avait donné à ce sujet, l'intéressé avait manqué au secret professionnel auquel il était tenu en sa qualité d'avocat[5]; un avocat qui transmet au parquet la preuve d'agissements délictueux commis par un ancien client manque manifestement au devoir de délicatesse qui s'imposait à lui à l'égard d'un autre client[6]; de même, l'avocat qui donne aux services de police des renseignements sur la partie adverse et qu'il n'a pu obtenir qu'en sa qualité d'avocat, viole le secret professionnel, même s'il n'était pas directement chargé de cette affaire au sein du cabinet où il exerçait en tant que collaborateur[7].

• **Dispense de témoignage en justice.** L'existence d'un délit de divulgation de secret professionnel entraîne comme corollaire la dispense de témoignage en justice pour les dépositaires du secret. Seuls peuvent refuser de répondre en justice ceux qui bénéficient de la confidence nécessaire[8].

Un arrêt ancien de la Chambre criminelle de la Cour de cassation[9] étudie la délicate question de fait posée à l'occasion de l'exercice de la défense par un avocat consultant, l'arrêt en cause précise les principes fondamentaux qui doivent régir l'attitude de l'avocat entendu comme témoin. L'avocat appelé en témoignage n'a, dans sa déposition, d'autres règles que sa conscience; il doit s'abstenir des réponses qu'elle lui interdit[10].

1. Civ. 1re, 25 oct. 1989, n° 87-16.804, *Bull. civ.* I, n° 332; *D.* 1989, IR 281; *JCP* 1989, IV, 412; *Gaz. Pal.* 1990, pan. 50; somm. 343, note Damien.
2. C. pén., art. 226-13 et 226-14 – Py, RÉP. PÉN., *V° Secret professionnel*.
3. RIN, art. 2 – Décr. 12 juill. 2005, art. 4.
4. Crim. 25 janv. 1968, n° 66-93.877, *Bull. crim.*, n° 25; *D.* 1968, 143.
5. Civ. 1re, 7 juin 1983, n° 82-14.469, *Bull. civ.* I, n° 169; *JCP* 1983, pan. 255; REJET du pourvoi formé contre : CA Angers, 1re ch., 4 juin 1982; *Gaz. Pal.* 1983, pan. 281.
6. CA Aix-en-Provence, 14 juin 1982, *D.* 1984, IR 119.
7. CA Paris, 30 nov. 1994, *D.* 1996, somm. 311, obs. Castelain.
8. SUR les héros du secret professionnel des avocats : Toulemon, *Gaz. Pal.* 26 janv. 1965.
9. Crim. 24 mai 1862, *DP* 1862, 1, 545.
10. Damien, *La profession d'avocat, Jurisprudence française*, Litec – Gazette du Palais, 1991, « Le secret professionnel », p. 57, et les arrêts cités et commentés – TA Paris, 8 juill. 1964, *Gaz. Pal.* 17 janv. 1965.

En 1991, la chambre criminelle a admis l'audition d'un avocat en qualité de témoin et sur des faits relevant de son activité dès lors que l'avocat ne s'est pas prévalu du droit au secret, et alors surtout que l'audition concernait une activité de rédacteur d'acte ou de négociateur et non l'exercice des droits de la défense (v. s^s n°s 36.31 s.). La solution devrait être différente en raison de l'article 66-5 de la loi du 31 décembre 1971, tel que modifié par l'article 4 de la loi du 7 avril 1997 (cep. v. s^s n°s 36.31 s. et n°s 37.21 s.)[1].

• **Secret professionnel de l'avocat et secret médical.** Le fait par un avocat d'avoir révélé publiquement des écrits couverts par le secret médical, constitue une faute disciplinaire. La défense des intérêts qui ont été confiés à cet avocat n'est pas une cause justificative du manquement qui lui est reproché. Le secret médical couvre tous les documents relatifs à l'état de santé d'un individu. Le fait par le tribunal correctionnel de ne pas avoir écarté des débats la pièce litigieuse n'a aucune conséquence sur l'action disciplinaire diligentée contre l'avocat[2].

• **Secret professionnel de l'avocat mandataire de justice.** La cour qui a prononcé la sanction disciplinaire de trois mois de suspension de ses fonctions contre un avocat et qui avait l'obligation de réserver au tribunal de commerce qui l'avait commis comme enquêteur, les informations qu'il avait recueillies sur la situation financière d'une société commerciale, qu'il n'avait pas à révéler la teneur à son client d'éléments qu'il avait recueillis au cours de sa mission d'enquête et dont il avait fait part à ce client notamment des difficultés qu'il aurait à recouvrer sa créance, puis de l'imminence du dépôt de bilan de la société débitrice alors que les nécessités de l'enquête ne justifiaient pas la divulgation de ces informations à un tiers, a pu en déduire que l'avocat avait manqué au secret professionnel auquel il est tenu en qualité de mandataire de justice[3].

• **Relations entre avocat et commissaire aux comptes d'un même client.** Le barreau de Paris a rappelé que les avocats conseils d'entreprises reçoivent, à l'occasion de la clôture des comptes sociaux, un courrier émanant de leur client les interrogeant sur l'état des procédures en cours et les risques financiers et les invitant à répondre directement au commissaire aux comptes. La commission de déontologie a estimé à juste raison que l'avocat ne peut, sans violer le secret professionnel, adresser au commissaire aux comptes ces renseignements; il ne peut les transmettre qu'au client qui en assurera lui-même la divulgation appropriée. Il en est de même des informations qui seraient sollicitées dans le cas d'un audit juridique et fiscal de l'entreprise dont les avocats seraient les conseils[4].

1. Crim. 30 sept. 1991, n° 91-84.403, *Bull. crim.*, n° 320; *D.* 1992, jur. 323, note Gavalda; *JCP* 1992, II, 21858, note Martin; *Gaz. Pal.* 18 févr. 1992, 1, 119, note Doucet; *RSC* 1992, 756; *RSC* 1993, 332, obs. Levasseur – Couturon, « Le secret professionnel ne trouve-t-il à s'exercer qu'en matière de procédure judiciaire ? », *Gaz. Pal.* 1992, 1, doctr. 295.
2. Civ. 1re, 29 mars 1978, n° 76-15.422, *Bull. civ.* I, n° 127; *Gaz. Pal.* 1978, 2, somm. 248.
3. Civ. 1re, 7 juin 1983, n° 82-14.469, *Bull. civ.* I, n° 169; *JCP* 1983, 255; REJET du pourvoi formé contre : CA Angers, 1re ch., 4 juin 1982; *Gaz. Pal.* 1983, pan. 281.

SECTION 2

SECRET DE L'ENQUÊTE ET DE L'INSTRUCTION

§ 1 Violation du secret de l'enquête et de l'instruction

36.51 Code de procédure pénale, article 11. Le secret de l'instruction pénale est inscrit dans l'article 11 du Code de procédure pénale qui rappelle que toute personne qui *concourt à la procédure* est tenue au secret professionnel dans les termes de l'article 226-13 du Code pénal[5] (sur l'interdiction de faire état d'une garde à vue v. s^s n°s 36.62 s).

• **Sanction : pas d'annulation, sauf atteinte aux intérêts d'une partie.** Si la jurisprudence sanctionne parfois des violations du secret de l'instruction, aucun texte ne prévoit l'annulation de la procédure en cas de violation du principe du secret. La jurisprudence se place sur le terrain des nullités substantielles, discrètement invoquées à l'article 171 du Code de procédure pénale. Le secret constitue-t-il une formalité substantielle dont la violation pourrait entraîner la nullité ? À première vue on pourrait en douter car l'atteinte au secret ne concerne pas la confection de l'acte mais les circonstances extérieures à cette confection, en l'espèce la publicité. Toutefois, un arrêt du 25 janvier 1996 de la chambre criminelle de la Cour de cassation semble ouvrir une piste contraire car il est indiqué dans l'attendu de principe que la violation du secret ne peut conduire à l'annulation *que s'il en est résulté une atteinte aux intérêts d'une partie* qui conduit à penser qu'*a contrario* et si ces conditions sont réalisées l'annulation deviendrait possible. En l'espèce des journalistes avaient été autorisés par les policiers à filmer des opérations diligentées sur commission rogatoire en vue d'élaborer un reportage. Ces opérations s'étaient déroulées dans le cadre d'une garde à vue mais les suspects n'avaient pas protesté contre cette intrusion, la présence du journaliste ne leur avait pas été dissimulée et les gardés à vue se sont entretenus pendant leur garde à vue avec leurs avocats, lesquels n'ont présenté aucune observation. Dès lors, c'est à bon droit que les juges du fait ont pu déduire que l'irrégularité résultant de la présence d'un journaliste n'a pas, en l'espèce, porté atteinte au droit des demandeurs même si elle est par ailleurs passible de poursuites pénales[6].

36.52 Informations couvertes par le secret de l'instruction. L'instruction générale pour l'applica-

4. *Bull. bâtonnier Paris* 5 avr. 1993, p. 99.
5. Giudicelli, « Le secret de l'instruction appliqué par le juge de l'instruction », *AJ pénal* 2004, 133.
6. Crim. 25 janv. 1996, n° 95-85.560, *Bull. crim.*, n° 51; *D.* 1996, somm. 258, obs. Pradel; *Dr. pén.* 1996, comm. n° 200, note Maron – ÉGAL^T : Crim. 3 avr. 1997, n° 95-84.343, n° 95-80.136, n° 95-81.637, NPT, *Procédures* 1997, comm. n° 243, obs. Buisson – Crim. 27 avr. 2000, n° 00-80.420, *Bull. crim.*, n° 170.

tion du Code de procédure pénale à l'article C. 23, prévoit que la notion de secret à conserver en matière d'instruction pénale, suppose qu'il s'agisse de *renseignements n'ayant reçu aucune publicité organisée ou fortuite*. Le secret de l'article 11 ne saurait donc concerner les faits publics que les témoins ont pu voir ou relater; et ces faits, dès qu'ils s'extériorisent, cessent d'être couverts par le secret.

Il en est de même pour tous faits relatifs non à l'instruction proprement dite, mais à la personne mise en examen, son attitude, son passé, sa santé.

En somme, n'est couvert par l'obligation de secret que ce qui a été dit à l'instruction et qui était inconnu jusqu'alors.

36.53 Les personnes concourant à la procédure sont tenues au secret de l'instruction. Il s'agit du magistrat (juge d'instruction)[1], de ses auxiliaires, de son greffier et des services de police[2]. La divulgation par des agents investis d'un pouvoir de police judiciaire, d'informations permettant d'identifier des personnes mises en cause à l'occasion d'une enquête est en outre constitutive d'une faute lourde[3].

En revanche, le secret de l'instruction ne s'impose pas à aux autres, et notamment pas au mis en examen[4].

• **Cas particulier du procureur de la République.** Le secret de l'information n'est pas opposable au procureur de la République qui peut utiliser dans une instruction judiciaire tous les éléments indispensables pour exercer les missions que lui attribue la loi.

En outre, la loi n° 2000-516 du 15 juin 2000 renforçant la protection de la présomption d'innocence, permet au procureur de la République, d'office ou à la demande de la juridiction d'instruction ou à la demande des parties, de rendre public des éléments objectifs tirés de la procédure ne comportant aucune appréciation sur le bien-fondé des charges retenues contre les personnes mises en cause; le procureur de la République peut ainsi remettre des communiqués à la presse concernant les faits ou la poursuite. Cette divulgation limitée est autorisée afin d'éviter la propagation d'informations parcellaires ou inexactes ou pour mettre fin à un trouble à l'ordre public[5].

• **La partie civile ne concourt pas à la procédure.** C'est ce qui résulte de la jurisprudence de la Chambre commerciale[6], Chambre criminelle[7] et de la deuxième Chambre civile de la Cour de cassation[8]. Il en va de même pour l'avocat de la partie civile.

• **Les médias ne sont pas tenus au secret de l'instruction.** Le journaliste qui ne concourt pas à la procédure au sens de l'article 11 du Code de procédure pénale n'est pas tenu au respect du secret de l'instruction[9].

36.54 L'avocat doit-il respecter le secret de l'instruction ? Bien que de toute évidence l'avocat ne « concourt » pas à l'enquête ou l'instruction, la question doit être posée, puisque ce secret risque d'être violé par des confidences imprudentes de l'avocat répandues dans le public, soit même par des confidences à la famille du prévenu sans autorisation de ce dernier. Il peut être également mis en cause lorsque le client étant l'objet d'articles de presse qui le présentent d'une manière déformée, l'avocat désire répliquer à ces articles (droit de réponse[10] – sur le mandat pour exercer le droit de réponse[11]), soit encore lorsque le représentant du ministère public, par un communiqué à la presse, dresse un bilan de l'information que l'avocat estime incomplet, inexact, voire tendancieux.

L'avocat a le devoir de respecter le secret de l'instruction dont la violation par un avocat est non seulement un délit mais également une faute professionnelle[12] vis-à-vis de son client comme de la société. Bien que le secret de l'instruction soit distinct du secret professionnel, la violation du premier peut entraîner une violation du secret professionnel[13]. Ainsi lorsque sciemment et en méconnaissance des dispositions de l'article 160 du décret du 27 novembre 1991 l'avocat a révélé à un tiers le contenu d'un acte couvert par le secret de l'instruction, les juges ont caractérisé en tous ses éléments le délit de violation du secret professionnel, dont ils ont déclaré le prévenu coupable[14].

Le règlement intérieur national énonce d'ailleurs que « sans préjudice des droits de la défense, l'avocat respecte le secret de l'enquête et de l'instruction

1. CA Rennes, 7 mai 1979, *JCP* 1980, II, 19333, note Chambon.
2. Crim. 30 août 1906, *DP* 1907, 1, 419 – Crim. 4 avr. 1924, *DP* 1925, 1, 10 – Crim. 14 mars 1962, *Bull. crim.*, n° 134 – Crim. 13 mai 1991, n° 90-83.520, *Bull. crim.*, n° 200; *RSC* 1992, 312, obs. Delmas Saint-Hilaire.
3. Civ. 1re, 9 mars 1999, n° 96-16.560, *Bull. civ.* I, n° 84; *D.* 1999, IR 104; *D.* 2000, jur. 398, note Matsopoulou; *Procédures* 1999, comm. n° 213, obs. Buisson; *Gaz. Pal.* 1999, pan. 106; 1999, somm. 182; 2001, somm. 2108, note Petit; *JCP* 1999, II, 10069, rapp. Sargos; *LPA* 2000, 11, note Schall.
4. Instr. gén., art. C. 22.
5. C. pr. pén., art. 11, al. 3.
6. Com. 7 janv. 1976, *Bull. civ.* IV, n° 6.
7. Crim. 9 oct. 1978, n° 76-92.075, *Bull. crim.*, n° 263; *D.* 1979, IR 118; *D.* 1979, jur. 185, note Chambon; *RSC* 1979, 560, obs. Levasseur; *RSC* 1979, 821, obs. Larguier.
8. Civ. 2e, 21 janv. 1981, n° 79-15.686, *Bull. civ.* II, n° 13.
9. TGI Paris, 31 août 1973, *JCP* 1974, II, 17715 – TGI Paris, 5 juill. 1990, *Gaz. Pal.* 1990, 2, 673.
10. Comm. nat. dr. réponse, 7 oct. 1980, *Gaz. Pal.* 1980, 2, 720 – Civ. 1re, 28 avr. 1993, *D.* 1994, IR 141 – Dupuy, « Un irritant problème, le secret de l'instruction », *Gaz. Pal.* 1978, doctr. 379.
11. Crim. 9 mai 1990, n° 88-83.414, *Bull. crim.*, n° 178.
12. Décr. 12 juill. 2005, art. 5.
13. Crim. 27 oct. 2004, n° 04-81.513, *Bull. crim.*, n° 259.
14. Crim. 18 sept. 2001, n° 00-86.518, *Bull. crim.*, n° 179; *D.* 2001, IR 3171; *JCP* 2001, IV, 2921; *Gaz. Pal.* 2002, jur. 1330, note Monnet.

en matière pénale, en s'abstenant de communiquer, sauf à son client pour les besoins de la défense, des renseignements extraits du dossier, ou de publier des documents, pièces ou lettres intéressant une enquête ou une information en cours »[1].

Cependant, puisque le secret de l'instruction ne s'impose pas à la personne mise en examen, *a fortiori* il ne devrait pas s'imposer à l'avocat. Il est à noter qu'une partie de la doctrine considère même, non sans quelques solides arguments, que l'article 5 du décret du 12 juillet 2005[2] est illégal[3]. En outre, le secret de l'instruction ayant pour seul fondement la protection du mis en examen, le secret de l'instruction ne devrait pas nuire aux droits de la défense (v. RIN, art. 2 *bis* : « sans préjudice des droits de la défense. ») L'avocat peut donc faire des déclarations, signer des communiqués de presse, dans la mesure seulement où il agit dans l'intérêt de son client. Ces déclarations doivent donc être non seulement mesurées, mais encore limitées au strict besoin de la défense.

36.55 Transmission du dossier d'instruction par l'avocat au client. Aux termes de l'article 114 du Code de procédure pénale, tel qu'il résulte de la loi du 30 décembre 1996[4], après la première comparution ou la première audition devant le juge d'instruction, les avocats des parties peuvent se faire délivrer à leurs frais copie de tout ou partie des pièces et actes du dossier. Les avocats peuvent alors transmettre à leur client une reproduction des copies obtenues selon certaines conditions (sur l'accès au dossier et la transmission des pièces v. s^s^ n° 40.53 s.).

36.56 L'avocat ne peut pas se charger de message pour le compte de son client détenu. Il n'accède librement auprès de lui que pour exercer sa mission de défenseur, il n'a donc la possibilité, ni de lui apporter des nouvelles de l'extérieur, ni d'être son messager vers l'extérieur; il ne peut de même transmettre des correspondances, ni lui remettre des journaux sauf s'ils constituent des pièces utiles à l'information en cours, ni lui remettre quoi que ce soit, objets, souvenirs de famille, livres, paquets de cigarettes, vêtements, nourriture ou friandises. Il ne peut lui faire signer en prison des chèques, procurations, ou tous autres documents sans passer par l'intermédiaire du juge d'instruction (sur l'interdiction de faire état d'une garde à vue v. s^s^ n°s 36.62 s.; égal^t^ à propos du délit de divulgation d'une information relative à une enquête ou une instruction en cours v. s^s^ n°s 36.61 s.).

• **Diffusion irrégulière de lettres.** Le fait, par un avocat, d'avoir reçu par la poste des lettres de son client détenu, et de les avoir adressées aux destinataires, constitue le délit de sortie irrégulière de fonds ou de lettres[5].

• **Correspondance entre l'avocat et son client détenu.** Les principes protecteurs de la libre correspondance entre l'avocat et un détenu sont rappelés par l'article D. 69 du Code de procédure pénale. Ces dispositions concernent non seulement la correspondance échangée entre l'avocat et le prévenu pour lequel il est constitué mais s'étendent même aux lettres par lesquelles un avocat indique à un prévenu qu'il a été pressenti par sa famille ou ses amis pour assurer sa défense.

• **Permis de communiquer.** Un juge d'instruction ne saurait refuser un permis de communiquer avec un détenu à un avocat, au motif que ce dernier serait l'avocat d'un autre prévenu en contradiction d'intérêts avec le premier; il ne saurait pas plus demander au bâtonnier du barreau du lieu de détention de ce prévenu, une désignation d'office d'un défenseur pour suppléer l'avocat choisi auquel le juge d'instruction refuse l'accès à son client. Une telle pratique constituerait une immixtion du juge dans le choix du défenseur et constituerait dès lors un contrôle discrétionnaire incompatible avec la liberté de la défense.

• **Fouille.** Par ailleurs, si l'avocat qui pénètre dans la prison où est détenu son client est astreint à passer sous des « portiques de détection » semblables à ceux installés dans les aéroports, il ne peut être contraint de laisser fouiller sa serviette, ni les documents relatifs à la défense de son client.

• **Communication de l'avocat avec un client détenu étranger. Nécessité d'un interprète.** S'il communique librement avec son client, au « parloir » réservé aux avocats, il ne devra pas, au cas où il est assisté par un avocat étranger permettre à ce dernier de communiquer avec son client dans une langue qu'il ne comprendrait pas. Le règlement des prisons qui est un acte de la puissance publique doit être observé par l'avocat comme un règlement émanant d'une autorité publique (sur le respect dû aux autorités publiques visé dans l'ancienne formule du serment v. décr. 9 juin 1972, art. 23). En revanche, il semble que l'avocat qui rencontre son client à la prison est fondé à obtenir la désignation d'un interprète pour pouvoir communiquer avec le prévenu détenu et ce, en vertu de l'article 116 ancien et 145-3 nouveau du Code de procédure pénale et de l'article paragraphe 3 de la Convention européenne de sauvegarde des droits de l'homme et des Libertés fondamentales. Il est en effet constant que la barrière des langues met obstacle à toute communication entre l'avocat et son client, la défense du mis en examen est de ce fait compromise et la possibilité qui lui est accordée de converser avec son conseil durant quelques minutes avant les interrogatoires dans les locaux du palais de justice ne satisfait pas aux exigences légales[6].

1. RIN, art. 2 *bis*.
2. CORRESP. : anc. art. 160 abrogé, décr. 27 nov. 1991.
3. Martin, *op. cit.*, n° 477.
4. L. n° 96-1235, 30 déc. 1996.
5. Crim. 21 nov. 1979, n° 79-92.192, *Bull. crim.*, n° 332; *Gaz. Pal.* 1980, 1, 266 – POSTÉRIEUREMENT : Crim. 12 mai 1992, n° 91-82.973, *Bull. crim.*, n° 184.
6. CA Dijon, 22 juin 1993, *Gaz. Pal.* 30 sept. 1993, 14.

36.57 La réforme du secret de l'instruction : un vœu pieux ? Les violations constantes et répétées du secret de l'instruction, par des voies mystérieuses et non encore totalement identifiées, les conférences de presse de certains magistrats instructeurs, font que, comme à l'époque du juge Pascal et de l'affaire de Bruay, l'instruction se fait actuellement sur la place publique et les médias sont prévenus avant les parties et les avocats. Ceci est grave car, comme Jean-Paul Sartre l'avait souligné dans un article des *Temps modernes*, à l'occasion de l'affaire de Bruay, cette médiatisation de l'instruction aboutira à faire désigner par la foule le coupable qu'elle attend, qu'elle réclame et non pas le vrai coupable dont plus personne ne semble se soucier [1].

En fin de compte, il est indispensable qu'une réflexion législative soit faite sur le secret de l'instruction; ou bien il est maintenu mais alors sa protection doit être sérieuse, ou bien il disparaît, sauf, si le mis en examen, le témoin assisté ou l'accusé demandent que l'instruction soit secrète.

§ 2
Délit de divulgation d'informations issues d'une enquête ou d'une instruction

36.61 La création d'un nouveau délit : le délit de divulgation d'information défini et sanctionné par l'article 434-7-2. La loi du 9 mars 2004 [2] a inscrit dans le Code pénal un nouveau délit, dans une section relative aux « Entraves à l'exercice de la justice » et tendant à renforcer la protection du secret de l'enquête et de l'instruction [3]. La rédaction initiale très large était la suivante : « *Sans préjudice des droits de la défense, le fait, pour toute personne qui, du fait de ses fonctions, a connaissance, en application des dispositions du Code de procédure pénale, d'informations issues d'une enquête ou d'une instruction en cours concernant un crime ou un délit, de révéler, directement ou indirectement, ces informations à des personnes susceptibles d'être impliquées, comme auteurs, coauteurs, complices ou receleurs, dans la commission de ces infractions, lorsque cette révélation est de nature à entraver le déroulement des investigations ou la manifestation de la vérité, est puni de cinq ans d'emprisonnement et de 75 000 euros d'amende.* » La création de cette nouvelle infraction avait suscité une forte opposition des avocats contre la loi du 9 mars 2004, dite Perben 2. Bien que rédigée en des termes généraux ne visant pas, *a priori*, spécifiquement les avocats, cette qualification avait été dénoncée comme révélatrice d'un climat de soupçon de « complicité » des avocats avec les clients dont ils assurent la défense; et surtout il avait été démontré les dangers réels qu'ils représentaient pour l'avocat dans l'exercice concret des droits de la défense, et ce, malgré les premiers termes de précaution de l'article 434-7-2 (« *Sans préjudice des droits de la défense...* »). Comment s'assurer en effet, que, en toute bonne foi, l'avocat ne communique pas « directement ou indirectement » des informations à des personnes « susceptibles d'être impliquées », par exemple en s'entretenant avec l'époux ou l'enfant de son client, dont il peut être également l'avocat, ou même en prenant contact pour les besoins de la défense, par exemple avec de futurs contre-experts ? Il était par ailleurs dénoncé la grande sévérité des peines encourues. La première affaire mettant en cause une avocate sur le fondement de cette nouvelle infraction [4], et qui a valu à l'avocate un placement en détention provisoire, a provoqué une vive émotion publique et en partie confirmé les craintes manifestées lors de l'adoption de la loi.

• **Nouvelle rédaction [5] : sanctionner uniquement les réelles entraves à la justice.** C'est pourquoi, à l'occasion du débat parlementaire sur ce qui allait devenir la loi relative au traitement de la récidive des infractions pénales [6] les avocats ont été en partie entendus : le délit reste inscrit dans la loi, mais la définition de son élément intentionnel et les peines encourues sont largement revus. Ainsi, la nouvelle rédaction [7] définit une triple exigence quant à l'intention délictuelle : tout d'abord, la personne qui révèle une information doit le faire *sciemment*, ce qui exclu une simple imprudence ou une mala-

1. SUR CE POINT : Soulez-Larivière, *Lettre à un jeune avocat*, Balland, Paris, 1999.
2. L. n° 2004-204, 9 mars 2004.
3. Le Gunehec, « Aperçu rapide de la loi n° 2004-204, 9 mars 2004 », *JCP* 2004, act., p. 657.
4. Crim. 1er mars 2006, n° 05-87.252, *Bull. crim.*, n° 60; *AJ pénal* 2006, 304.
5. L. 12 déc. 2005.
6. L. n° 2005-1549, 12 déc. 2005, art. 36, *JO* 13 déc.; *AJ pénal* 2005, act. 430.
7. C. pén., art. 434-7-2, réd. L. 12 déc. 2005 : « Sans préjudice des droits de la défense, le fait, pour toute personne qui, du fait de ses fonctions, a connaissance, en application des dispositions du Code de procédure pénale, d'informations issues d'une enquête ou d'une instruction en cours concernant un crime ou un délit, de révéler sciemment ces informations à des personnes qu'elle sait susceptibles d'être impliquées, comme auteurs, coauteurs, complices ou receleurs, dans la commission de ces infractions, lorsque cette révélation est réalisée dans le dessein d'entraver le déroulement des investigations ou la manifestation de la vérité, est puni de deux ans d'emprisonnement et de 30 000 euros d'amende.
Lorsque l'enquête ou l'instruction concerne un crime ou un délit puni de dix ans d'emprisonnement relevant des dispositions de l'article 706-73 du Code de procédure pénale, les peines sont portées à cinq ans d'emprisonnement et à 75 000 euros d'amende. »

dresse (attitude qui demeure éventuellement une faute professionnelle) ; ensuite, la révélation de l'information doit l'être à une personne dont on *sait* qu'elle est susceptible d'être impliquée dans l'affaire ; enfin et surtout, la révélation doit être *réalisée dans le dessein d'entraver* le déroulement des investigations ou la manifestation de la vérité. Bref, à la lecture de ces nouvelles conditions, le ministère public aura la charge de prouver très précisément une mauvaise foi manifeste de l'avocat poursuivi qui en définitive n'est pas loin de celle d'un complice, voir un coauteur. Par ailleurs, les peines encourues sont ramenées à deux ans d'emprisonnement et de 30 000 euros d'amende, sauf si l'enquête ou l'instruction concerne un crime ou un délit puni de dix ans d'emprisonnement et relevant de la criminalité organisée[1], situations dans lesquelles les peines sont portées à cinq ans d'emprisonnement et à 75 000 euros d'amende. La nouvelle rédaction des éléments constitutifs et les nouveaux quanta des peines encourues en font sans doute une « loi pénale plus douce » immédiatement applicable aux faits antérieurs à la loi, y compris aux affaires en cours non définitivement jugées.

36.62 Interdiction de faire état d'une garde à vue. Dans le même ordre d'idées, rappelons que l'avocat qui intervient en garde à vue ne peut faire état de l'entretien qu'il a eu avec son client auprès de quiconque pendant la durée de la garde à vue[2]. Les termes sont ici stricts et exigeants pour l'avocat : il s'agit de maintenir le placement en garde à vue totalement secret (hormis le cas où l'officier de police judiciaire ne s'oppose pas à ce que soit prévenu un membre de la famille[3]) quelle que soit la gravité de l'affaire, ce qui signifie qu'aucune révélation de la mesure n'est justifiable, pas même par maladresse, naïveté ou inexpérience de l'avocat (est passible de sanction un simple coup de téléphone à un membre de la famille pour le rassurer).

SECTION 3
PROTECTION DU CABINET ET DU DOMICILE DE L'AVOCAT : PERQUISITION, SONORISATION

36.71 La perquisition chez un avocat n'est possible que dans les cas où cette forme d'instruction est autorisée par le Code de procédure pénale. Il s'agit des formes et hypothèses prévues au cas de crime flagrant par les articles 56 et 57 du Code de procédure pénale : « Si la nature des crimes est telle que la preuve puisse en être acquise par la saisie de papiers, documents ou tous autres objets en la possession de personnes qui paraissent avoir participé au crime ou *détenu* des pièces ou objets relatifs aux faits incriminés. » La qualité des personnes ayant pouvoir de procéder à cette mesure est déterminée par les articles 56, 57 et 60 du Code de procédure pénale, aux heures et selon les formalités prévues par le chapitre Ier du titre II du Code de procédure pénale. En dehors de ces cas le juge d'instruction peut procéder à des perquisitions selon les dispositions de la section III et du chapitre Ier du titre III du Code de procédure pénale[4].

Mais dans les deux cas l'auteur de la perquisition et celui qui l'effectue, ont l'obligation de provoquer préalablement toute mesure utile pour que soit assuré le respect du secret professionnel et des droits de la défense[5]. Cette perquisition peut donc, dans les cas exceptionnels, avoir lieu au cabinet ou au domicile de l'avocat mais elle ne peut être qu'exceptionnelle dans sa pratique comme dans son déroulement[6].

Si au cours d'une perquisition faite chez un avocat sous le contrôle du bâtonnier, apparaissent des faits répréhensibles imputables à l'avocat, la connaissance de ces faits acquise de cette manière peut autoriser la mise en œuvre de l'action disciplinaire.

• **Violation de l'article 8 CEDH.** Un arrêt de la Cour européenne des droits de l'homme du 16 décembre 1992 a décidé qu'une perquisition effectuée par un juge au cabinet d'un avocat, tout en étant prévue par la loi interne, viole l'article 8 de la Convention de sauvegarde lorsqu'elle n'est pas nécessaire dans une société démocratique et n'est pas proportionnée aux objectifs recherchés[7].

36.72 Modalités de la perquisition au cabinet ou au domicile de l'avocat : C. pr. pén., art. 56-1. Introduit par une loi du 30 décembre 1985 et modifié par la loi du 15 juin 2000 sur la présomption d'innocence et les droits des victimes et la loi du 12 décembre 2005 relative au traitement de la récidive d'infraction pénale, l'article 56-1 énonce la procédure de perquisition au cabinet ou domicile d'un avocat. La modification opérée par la loi du 15 juin 2000 attribue au bâtonnier un rôle déterminant[8]. De façon générale la loi précise que « le magistrat qui effectue la perquisition veille à ce que

1. C. pr. pén., art. 706-73.
2. C. pr. pén., art. 63-4.
3. C. pr. pén., art. 63-2.
4. C. pr. pén., art. 92 s.
5. C. pr. pén., art. 57 – instr. gén., C. 105.
6. Viala [bâtonnier], « Infractions pénales en matière fiscale et perquisitions », *Gaz. Pal.* 19 janv. 1993, 11.
7. CEDH 16 déc. 1992, n° 13710/88, Niemietz, *Gaz. Pal.* 24 juin 1993 – Junolza-Zdrojewki, « Perquisition au cabinet d'un avocat », Dr. et patr. juin 1993, p. 24 ; *Bull. bâtonnier Paris* 22 févr. 1993, p. 88.
8. Circ. crim. 00-13 F1, 4 déc. 2000.

les investigations conduites ne portent pas atteinte au libre exercice de la profession d'avocat »[1].

La perquisition doit être effectuée par le juge d'instruction (ou le magistrat du parquet en cas d'enquête préliminaire) en présence du bâtonnier (ou de son délégué), qui seuls pourront prendre connaissance des documents avant leur éventuelle saisie. Il n'appartient pas au bâtonnier de procéder à la fouille des dossiers que lui désignerait le juge d'instruction. Le bâtonnier est là pour assister à cette perquisition et faire noter les réserves que lui indique le confrère perquisitionné ou celles qu'il désire émettre lui-même.

• **Obligation d'énoncer et de justifier préalablement l'objet précis de la perquisition.** Le magistrat doit déterminer d'abord les documents qu'il recherche et ne peut procéder à une fouille générale[2]. Cette obligation a été renforcée par la loi du 12 décembre 2005 pour préserver le secret professionnel et l'activité de l'avocat en évitant que les enquêteurs ne consultent des documents sans liens avec la perquisition initiale. D'autant que certaines procédures incidentes ainsi déclenchées ont pu relever parfois du détournement de procédure, consistant à entamer une perquisition sur le fondement d'une enquête dirigée contre l'avocat concernant une infraction (éventuellement de peu d'importance) autre que celle qu'avaient réellement en tête les magistrats et enquêteurs et qui concernait en fait un client de l'avocat perquisitionné. C'est pourquoi, la perquisition doit avoir lieu à la suite d'une décision écrite et motivée prise par le magistrat, « qui indique la nature de l'infraction ou des infractions sur lesquelles portent les investigations, les raisons justifiant la perquisition et l'objet de celle-ci. Le contenu de cette décision est porté dès le début de la perquisition à la connaissance du bâtonnier ou de son délégué par le magistrat. Celui-ci et le bâtonnier ou son délégué ont seuls le droit de consulter ou de prendre connaissance des documents se trouvant sur les lieux préalablement à leur éventuelle saisie. Aucune saisie ne peut concerner des documents relatifs à d'autres infractions que celles mentionnées dans la décision précitée. Les dispositions du présent alinéa sont édictées à peine de nullité. »[3].

• **Contrôle du bâtonnier.** Le bâtonnier peut s'opposer à la saisie d'un document s'il estime cette saisie irrégulière, et en particulier si cette saisie porte atteinte au secret professionnel. Le bâtonnier ou son représentant, qu'il soit saisi ou non des observations de l'avocat perquisitionné sur le respect du secret professionnel doit s'opposer aux investigations qui compromettraient ce respect et faire noter au procès-verbal sa protestation pour permettre à la juridiction d'appel de déterminer si la pièce saisie était ou non couverte par le secret professionnel. La sanction d'une saisie irrégulière est la nullité absolue de l'instruction et des actes irréguliers. Elle peut être demandée aussi bien par l'intéressé que par ses coaccusés, quel que soit leur intérêt dans la cause.

Le document saisi doit alors être placé sous scellés et l'opération doit faire l'objet d'un procès-verbal distinct du procès-verbal de la perquisition. Le procès-verbal de mise sous scellés est transmis avec le document saisi au juge des libertés et de la détention[4] qui doit statuer, dans les 5 jours de la réception, par une ordonnance motivée non susceptible de recours. À cette fin, le juge des libertés et de la détention pourra entendre le magistrat, le bâtonnier, le procureur de la République, l'avocat. Si le juge décide ne pas y avoir lieu à saisie, le document est sur le champ restitué à l'avocat et le procès-verbal détruit; dans le cas contraire, le document et le procès verbal seront versés à la procédure. Le juge des libertés ne peut refuser de statuer lorsqu'il est saisi à la suite d'une opposition formulée par le bâtonnier[5].

• **Locaux de l'Ordre des avocats ou des caisses de règlement pécuniaire des avocats et cabinet ou au domicile du bâtonnier.** Les dispositions de l'article 56-1 sont également applicables aux perquisitions effectuées dans les locaux de l'ordre des avocats ou des caisses de règlement pécuniaire des avocats. Dans ce cas, les attributions confiées au juge des libertés et de la détention sont exercées par le président du tribunal de grande instance qui doit être préalablement avisé de la perquisition. Il en est de même en cas de perquisition au cabinet ou au domicile du bâtonnier[6].

• **Comment fut initialement voté l'article 56-1 ?** Un amendement sénatorial du 10 décembre 1985 déposé à la suite de la perquisition effectuée chez Me X..., avocat à Y..., précisait : « Après que l'autorité concernée a, en présence du bâtonnier, déterminé les dossiers intéressant la poursuite, ce dernier (le bâtonnier) a pour mission d'en retirer les documents couverts par la confidence »; cette proposition tendait donc à instituer un système intermédiaire entre celui de la loi et celui désiré par le barreau de Paris qui voulait que le bâtonnier procède personnellement à l'examen des dossiers litigieux pour y découvrir, le cas échéant, les pièces désirées par le juge d'instruction. Le garde des Sceaux, M. Badinter, s'est opposé à cet amendement qui fut écarté par l'Assemblée nationale aux motifs qu'« il s'agissait là d'un témoignage de défiance extraordinaire vis-à-vis du magistrat instructeur, lui aussi tenu au secret professionnel au même titre que les avocats (argument discutable par ailleurs, le

1. C. pr. pén., art. 56-1, al. 2, réd. L. 12 déc. 2005.
2. Crim. 30 juin 1999, n° 97-86.318, *Bull. crim.*, n° 172; *D.* 1999, jur. 458, note Pradel; somm. 322, obs. Pradel; *JCP* 1999, II, 10177, note Martin; *Gaz. Pal.* 1999, jur. p. 569, note Damien.
3. C. pr. pén., art. 56-1, al. 1er, réd. L. 12 déc. 2005.
4. TGI Paris, 7 juill. 2000, *Gaz. Pal.* 29 août 2000, p. 18, note Damien; *JCP* 2001, I, 284, n° 12, obs. Martin – TGI Paris, 2 oct. 2000, *Gaz. Pal.* 13-14 oct. 2000, 7 – Iweins, « Perquisitions dans les cabinets d'avocats : le juge du secret existe », *Gaz. Pal.* 13-14 oct. 2000, p. 2.
5. POUR une illustration des rôles respectifs du JLD et du bâtonnier : Crim. 8 août 2007, n° 07-84.252, P, *D.* 2007, 2307; *D.* 2008, pan. 947, obs. Blanchard; *AJ pénal* 2007, 492, obs. Saas.
6. C. pr. pén., art. 56-1, al. 8; réd. L. 12 déc. 2005.

secret de l'instruction et le secret professionnel du magistrat n'ayant rien à voir avec le secret professionnel du défenseur). Certains ont pensé résoudre cette opposition entre les besoins de la défense et ceux de la recherche criminelle en instituant un juge du secret qui distinct du magistrat instructeur, déterminerait les pièces à ne pas saisir, sans pour autant être chargé du jugement de l'affaire; ainsi la lecture d'une pièce finalement écartée de la saisie, en raison du secret de la défense, n'influerait pas la décision finale concernant l'instruction en cours. »

Le vote de l'article 56-1 éclaire le texte *a contrario* et la circulaire du garde des Sceaux du 22 janvier 1986 est donc conforme à la loi, on ne peut mieux faire que de respecter son texte : un recours formé devant le Conseil d'État par plusieurs barreaux a été rejeté par la Haute assemblée par arrêt du 15 mai 1987[1] qui déclare la circulaire du 22 janvier 1986[2] conforme aux dispositions de l'article 56 du Code de procédure pénale introduit par la loi du 30 décembre 1985[3].

• **Le juge d'instruction et le bâtonnier ou son délégué prennent seuls connaissance des documents.** Aujourd'hui l'article 56-1 alinéa 1er est explicite : seuls le magistrat instructeur et le bâtonnier ont le droit de prendre connaissance des documents découverts.

On avait parfois tiré argument de l'article C. 105 de la circulaire générale du Code de procédure pénale pour dire que le juge d'instruction ne pouvait prendre connaissance personnellement des pièces du dossier de l'avocat.

La question a été controversée, elle a d'abord été tranchée par la jurisprudence : un arrêt de la chambre criminelle du 24 mars 1960[4] précisait que le juge d'instruction avait seul qualité pour diriger la perquisition, que le bâtonnier ne pouvait y procéder lui-même et qu'il se bornait à assurer le respect du secret professionnel et des droits de la défense; mais M. Crémieu, dans sa note, distinguait les opérations de perquisition, seules visées selon lui par l'arrêt, et le droit d'ouvrir les dossiers et de les compulser confié au bâtonnier qui avait exceptionnellement qualité pour le faire. Cet argument recevait un secours du fait de la rédaction de la circulaire d'application du Code de la procédure pénale[5] qui précise : « Les droits de la défense seraient violés si l'autorité judiciaire venait à prendre connaissance de documents confiés par des personnes mises en examen à leurs conseils. Cette considération explique la présence du bâtonnier pour éviter que l'autorité judiciaire, en recherchant des documents se rapportant à une infraction ne soit amenée à prendre connaissance de documents étrangers à l'information en cours. » Mais l'arrêt de la Cour de cassation, rendu dans l'affaire Rochenoir en 1975, récuse cette théorie en précisant « qu'il appartient au juge d'instruction seul et non au bâtonnier de l'Ordre des avocats de rechercher et de saisir les documents utiles à l'information »[6].

• **Présence du bâtonnier, de son délégué ou du président du TGI.** Dans les cas où il n'existerait pas de Conseil de l'ordre dans un barreau du fait que le nombre des avocats est inférieur à 8, il a été jugé que le rôle du bâtonnier est dévolu au président du tribunal de grande instance[7]. La solution paraît inexacte dans la mesure où, s'il n'y a pas de Conseil de l'ordre, il existe néanmoins toujours un bâtonnier, mais elle a moins d'intérêt pratique dès lors que le nombre des avocats à prendre en considération était désormais celui des électeurs (avocats inscrits et honoraires); le législateur a supprimé, en fait, les Ordres d'avocats dépourvus de Conseil de l'ordre.

36.73 Saisie des correspondances – Pouvoirs du juge d'instruction[8]. La saisie de correspondance échangée entre l'avocat et son client ne peut être ordonnée qu'à titre exceptionnel et à la condition que les documents saisis soient de nature à établir la preuve de la participation de l'avocat à une infraction. L'avocat ne peut, en tout cas, ni volontairement ni par mégarde, se faire le complice de son client. C'est le cas notamment en lui facilitant la dissimulation de pièces, de documents ou d'objets susceptibles d'être recherchés par l'accusation[9], ou en l'aidant à se concerter avec des complices en vue d'organiser des déclarations mensongères[10]. Interdiction aujourd'hui renforcée par le délit de divulgation d'une information relative à une enquête ou une instruction en cours (v. ss nos 36.61 s.).

• **Les documents saisis doivent prouver la participation de l'avocat à une activité délictueuse.** Ne justifie pas sa décision au regard du principe ci-dessus rappelé, l'arrêt qui refuse d'annuler la saisie ordonnée par le juge d'instruction, malgré les protestations du bâtonnier, d'une lettre adressée par un mis en examen à son avocat et se fonde pour dire n'y avoir lieu d'annuler cette saisie sur l'état des soupçons pesant sur l'avocat d'avoir participé aux faits litigieux, sur le fait que la perquisition et la saisie avaient pour seul but de recueillir des renseignements sur les activités de l'avocat qui ont d'ailleurs motivé sa mise en examen, motifs d'où il ne résulte pas que les documents saisis étaient

1. CE 15 mai 1987, no 76867, Ordre des avocats à Paris, *Lebon*; *D.* 1987, IR 136; *D.* 1989, somm. 72, note Brunois.
2. Circ. crim. 00-13 F1, 4 déc. 2000.
3. L. no 85-1407, 30 déc. 1985.
4. Crim. 24 mars 1960, *D.* 1960, 531, note Crémieu; *JCP* 1960, II, 11672, note Mimin.
5. Instr. gén., circ. 17 févr. 1961.
6. Crim. 5 juin 1975, no 74-92.792, *Bull. crim.*, no 146; *JCP* 1976, II, 18243, note Chambon – RAPPR. : CA Chambéry 17 mai 1996, *Gaz. Pal.* 6 janv. 1996, 35, note Vret.
7. Crim. 23 févr. 1977, no 76-91.073, *Bull. crim.*, no 74; *Gaz. Pal.* 1977, I, 300.
8. C. pr. pén., art. 97.
9. CA Paris, 9 mars 1974, *Gaz. Pal.* 1974, 1, 376.
10. Crim. 25 janv. 1984, no 83-90.646, *Bull. crim.*, no 33; *Gaz. Pal.* 1984, 2, 493.

de nature à prouver la participation de l'avocat à une activité délictueuse[1].

Dans l'affaire Rochenoir (v. s[s] n° 36.75), la Cour de cassation avait tiré pour conséquence que le secret professionnel ne pouvait couvrir des documents que le prévenu (avocat) avait été amené à recueillir dans des activités ayant motivé sa propre mise en examen[2]. De même un jugement du tribunal correctionnel de Paris du 24 avril 1984 rendu dans l'affaire dite « Paribas », admit la saisie d'une lettre adressée par un avocat à une personne mise en examen et retrouvée au cours d'une perquisition à son domicile, constatant que cet avocat n'avait jamais été le défenseur du mis en examen au cours de la procédure en cause[3]. N'est pas irrégulière la saisie de correspondance entre avocats dès lors qu'il y avait plainte pour chantage[4].

• **Saisie du « corps même » du délit.** Les perquisitions et saisies ne sont pas interdites chez un avocat mais la police et le Parquet ne peuvent y rechercher que ce qui peut constituer « le corps même » de l'acte coupable (exemple une pièce arguée de faux). Le cabinet de l'avocat doit demeurer à l'abri des recherches qui n'auraient pour objet que la découverte des indices des délits et crimes imputés aux clients[5] (v. s[s] n° 36.72 à propos des nouvelles exigences issues de la loi du 12 déc. 2005). On peut se reporter à la perquisition chez l'avocat Floquet au cours du procès des Treize[6].

36.74 Secret professionnel et saisie du matériel informatique. Les papiers ne sont pas les seuls éléments saisissables : lors d'une perquisition, le matériel (notamment le disque dur) et les données informatisées peuvent également être saisies. L'article 97 du Code de procédure pénale consacre expressément la saisie « virtuelle » des données informatiques en ouvrant la possibilité d'une saisie par simple copie des données (copie sur disquette, CD, DVD, disque externe, clef USB, *etc.*)[7].

Le matériel informatique fait partie des « documents » pouvant être saisis. Lors d'une enquête préliminaire, une perquisition est menée au cabinet et au domicile d'un avocat à l'encontre duquel il existe des indices de participation à des faits de détention d'images de mineur présentant un caractère pornographique. Le bâtonnier s'est opposé à la saisie d'un ordinateur portable et du disque dur en objectant que le matériel contenait des informations sur l'ensemble de la clientèle du cabinet et que la saisie était par conséquent impossible. Le juge des libertés et de la détention fut alors saisi par le procureur de la République pour statuer sur la contestation. Ce dernier refusa de se prononcer au motif que l'article 56-1 du Code de procédure pénale ne prévoit que la saisie de « documents » et non de « matériel informatique ». La Chambre criminelle annule l'ordonnance du juge des libertés et de la détention en décidant que le juge des libertés et de la détention doit rechercher si la saisie des données informatiques ne portait pas atteinte au libre exercice de la profession d'avocat, au respect du secret professionnel et à celui des droits de la défense[8].

36.75 Conflit entre les pouvoirs du juge d'instruction et le secret professionnel des avocats. On peut se demander si le juge d'instruction tire encore de l'article 97 du Code de procédure pénale, le droit de saisir des correspondances échangées entre le client et son avocat, dès lors qu'elles ne concernent pas l'exercice des droits de la défense, après la promulgation de la loi du 7 avril 1997 modifiant l'article 66-5 de la loi du 31 décembre 1971 (v. s[s] n°s 36.31 s. et 37.31). En effet, cette disposition protège les correspondances échangées entre l'avocat et son client par le secret professionnel. D'où un conflit entre les pouvoirs du juge d'instruction en matière de saisie et le secret professionnel. Les juges ont eu tendance à se révolter contre la loi du 7 avril 1997 en faisant prédominer les pouvoirs du juge d'instruction sur le secret professionnel (v. s[s] n° 37.21).

1. Crim. 12 mars 1992, n° 91-86.843, *Bull. crim.*, n° 112; *D.* 1992, IR 198; *D.* 1993, somm. 207, obs. Pradel, cassation de CA Aix-en-Provence, 6 nov. 1991 – Crim. 5 juill. 1993, n° 93-81.275, *Bull. crim.*, n° 236; *D.* 1993, IR 201; *JCP* 1993, IV, 299 – RAPPR. : Crim. 7 mars 1994, n° 93-84.931, *Bull. crim.*, n° 87; *D.* 1994, somm. 188, note Pradel – Crim. 27 juin 2001, n° 01-81.865, *Bull. crim.*, n° 163; *Procédures* 2001, comm. n° 220, note Buisson – Crim. 1er mars 2006, n° 05-87.252, *Bull. crim.*, n° 60; *AJ pénal* 2006, 304.
2. Crim. 5 juin 1975, n° 74-92.792, *Bull. crim.*, n° 146.
3. T. corr. Paris, 24 avr. 1984, *Paribas*, *Gaz. Pal.* 1985, I, 82, note Darrois et Tiraqueau, p. 7 – CA Versailles, 28 avr. 1982, *Gaz. Pal.* 1982, I, 310, note A. D. – Crim. 9 févr. 1988, n° 87-82.709, *Bull. crim.*, n° 63; *Gaz. Pal.* 11 août 1988, Somm. 8; *Gaz. Pal.* 22 oct. 1988, 17, note A. D.; *JCP* 1988, II, 21056, rapp. Dardel; *D.* 1988, IR 90 – CA Colmar, 17 déc. 1987, *Gaz. Pal.* 1988, 1, 261, 6, note A. D.
4. CA Caen, 25 mars 1987, *Gaz. Pal.* 1987, 2, 448, note Damien.
5. Faustin-Hélie, *Traité de l'instruction criminelle*, t. IV, n° 1818.
6. CA Paris, 7 déc. 1864, *DP* 1865, 1, 91.
7. C. pr. pén., art. 97, al. 3 et 4; réd. L. n° 2004-575, 21 juin 2004, art. 43 : « [...] Il est procédé à la saisie des données informatiques nécessaires à la manifestation de la vérité en plaçant sous main de justice soit le support physique de ces données, soit une copie réalisée en présence des personnes qui assistent à la perquisition.
Si une copie est réalisée dans le cadre de cette procédure, il peut être procédé, sur ordre du juge d'instruction, à l'effacement définitif, sur le support physique qui n'a pas été placé sous main de justice, des données informatiques dont la détention ou l'usage est illégal ou dangereux pour la sécurité des personnes ou des biens. [...] ».
8. Crim. 8 août 2007, n° 07-84.252, *Bull. crim.*, n° 188; *D.* 2007, 2307; *D.* 2008. pan. 947, obs. Blanchard; *AJ pénal* 2007. 492, obs. Saas.

• **L'arrêt Rochenoir : saisie possible de « documents non confidentiels au regard des nécessités de la défense ».** Dans une affaire qui a défrayé la chronique judiciaire la Cour de cassation, d'habitude si précise, a usé d'une expression dont l'imprécision relative pouvait susciter des interprétations laxistes dans d'autres affaires similaires. En effet, elle refusa d'annuler la perquisition pratiquée chez l'avocat en indiquant « qu'il s'est révélé qu'aucun des documents saisis n'avait un caractère confidentiel au regard des nécessités de la défense[1] »; les termes pourraient paraître ambigus et relever d'une interprétation souveraine du juge du fait, mais il est vrai que le cas de l'espèce justifiait une telle solution et que la Cour avait précisé en outre que l'avocat dont le cabinet avait été l'objet de la perquisition n'était, au moment où elle eut lieu, le conseil d'aucune des personnes déjà mises en examen; il rappelait enfin que le pouvoir d'investigation du juge d'instruction trouvait sa limite dans le principe de la liberté de la défense qui commande de respecter la communication confidentielle de l'avocat avec ses clients. Cette jurisprudence s'est clairement maintenue jusqu'à la loi du 7 avril 1997.

• **Révolte des magistrats.** Celle-ci, en raison de la promulgation de la loi du 7 avril 1997, s'est manifestée notamment par deux décisions; d'abord une ordonnance du tribunal de grande instance de Nanterre du 1er septembre 1997 qui mentionne que, dès lors qu'il ne se rattache pas au principe essentiel des droits de la défense, le secret professionnel cesse devant des impératifs qui lui sont supérieurs et que l'avocat est alors dispensé de le respecter[2]. Ensuite un arrêt rendu par la 3e chambre d'accusation de Paris le 5 novembre 1997 autorisant la saisie et l'utilisation de pièces et de correspondances découvertes au cabinet d'un avocat et nécessaires, selon l'accusation pour établir l'existence du délit et privilégiant les dispositions de l'article 81 du Code de procédure pénale par rapport à celles de l'article 66-5 de la loi du 31 décembre 1971[3] mais la chambre commerciale de la Cour de cassation par un arrêt du 5 mai 1998 a conservé le caractère absolu du secret professionnel de l'avocat en matière juridique comme judiciaire sauf l'hypothèse où l'avocat aurait participé au crime, ou au délit[4].

• **Résistance de la Chambre criminelle.** La Chambre criminelle (v. ss nos 36.31 s.) a, semble-t-il continué dans des arrêts récents de privilégier les pouvoirs du magistrat instructeur sur le secret professionnel de l'avocat en matière de conseil. Ainsi a-t-elle jugé, par exemple, le 30 juin 1999 qu'il résultait des articles 97 et 99 du Code de procédure pénale, mais aussi de l'article 8 de la CEDH que le juge d'instruction pouvait s'opposer à la restitution de documents saisis dans le cabinet d'un avocat et couverts par le secret professionnel, dès lors que leur maintien sous la main de justice en vue de déterminer l'existence d'infractions pénales était nécessaire à la manifestation de la vérité et ne portait pas atteinte aux droits de la défense[5].

36.76 Réquisitions judiciaires. La loi du 9 mars 2004[6] comporte un article 80 intéressant la communication de documents se rapportant à une enquête. Ainsi, le nouvel article 60-1 du Code de procédure pénale permet à l'officier de police judiciaire de requérir de toute personne pouvant détenir des documents relatifs à une enquête de flagrance en cours, la remise de ceux-ci sans que puisse lui être opposé le secret professionnel sans motif légitime. Dès lors que ces réquisitions sont adressées à des personnes mentionnées à l'article 56-1 et suivants, notamment à l'avocat, la remise de ces documents ne peut s'effectuer qu'avec leur accord. L'accord du procureur de la République est en outre requis en cas d'enquête préliminaire en vertu de l'article 77-1-1 du Code de procédure pénale. De même, si l'avocat s'abstient de répondre dans les meilleurs délais à cette réquisition il ne peut pas être pénalement poursuivi sur le fondement du second alinéa de l'article 60-1 (amende prévue de 3 750 euros).

36.77 Perquisitions administratives. On a étendu le bénéfice du droit à la perquisition en matière fiscale et douanière notamment par l'article L. 16 B du Livre des procédures fiscales, qui permet aux inspecteurs des services fiscaux autorisés par une ordonnance du président du tribunal de grande instance compétent (ou d'un juge délégué) et au cas où il existe des présomptions qu'un contribuable se soustrait à l'établissement ou au paiement de ses divers impôts, de perquisitionner chez le contribuable, voire chez des tiers et notamment chez l'avocat du contribuable. Le juge peut assister aux opérations et doit s'y faire représenter par un officier de police judiciaire qui le tient informé de leur déroulement. Ces perquisitions ne peuvent avoir lieu qu'aux conditions posées par l'article 56 du Code de procédure pénale pour assurer le respect du secret professionnel. Mais la procédure n'est pas celle de l'article 56-1 du même code, puisqu'en général l'opération sera effectuée sous la surveillance d'un officier de

1. Crim. 5 juin 1975, n° 74-92.792, *Bull. crim.*, n° 146.
2. TGI Nanterre, 1er sept. 1997, *Gaz. Pal.* 18 avr. 1998, p. 18, note Damien.
3. CA Paris, ch. acc., 5 nov. 1997, *Gaz. Pal.* 27 nov. 1997 – RAPPR. : CA Paris, 17 mai 1996, *D.* 1996, 353, note Fortin.
4. Com. 5 mai 1998, n° 96-30.116, *Bull. civ.* IV, n° 147; *D.* 1998, IR 146; *D.* 2000, 154, obs. Blanchard; *JCP* 1998, II, 10126, note Martin; *Gaz. Pal.* 1998, pan. 194; somm. 281 – Com. 9 mars 1999, n° 97-30.029, NPT, *JCP* 1999, I, 126, n° 12, obs. Martin.
5. Crim. 30 juin 1999, n° 97-86.318, *Bull. crim.*, n° 172; *D.* 1999, 458; *D.* 1999, somm. 322, note Pradel; *D.* 1999, IR 213; *Gaz. Pal.* 21 sept. 1999, jur. 44, note Damien; somm. 444; *JCP* 1999, II, 10177, note Martin; *Procédures* 1999, comm. n° 236, obs. Buisson; *Dr. pén.* 1999, comm. n° 155, obs. Maron – ANTÉRIEUREMENT : Crim. 9 févr. 1988, n° 87-82.709, *Bull. crim.*, n° 63.
6. L. n° 2004-204, 9 mars 2004.

police judiciaire[1] et que le bâtonnier n'est pas présent. Du moins l'intervention d'un représentant de l'Ordre doit être provoquée soit par les agents du fisc, soit par l'officier de police judiciaire[2].

En suivant la même procédure, les agents de la direction de la concurrence peuvent également procéder à des perquisitions[3], notamment au cabinet de l'avocat, puisque le juge peut autoriser une visite en tous lieux, même privés, où sont susceptibles d'être détenus les documents se rapportant aux agissements frauduleux dont la preuve est recherchée[4].

• **Fouille de porte-documents.** Ces dispositions relatives aux perquisitions à domicile jouent-elles en matière de vérification douanière portant sur le véhicule de l'avocat et sa serviette ? On peut en douter dans la mesure surtout où l'avocat, objet de la vérification n'a pas excipé du secret professionnel pour interdire la fouille de ses porte-documents.

• **Pour la négative**[5] : – sur la fouille des serviettes des avocats à l'entrée des prisons et sur les « portiques de détection »[6] – admettant que l'administration pénitentiaire puisse ordonner cette mesure par circulaire, sur le fondement de l'article D. 268 du Code de procédure pénale pris sur la base de l'article 728 du même code, que ces mesures qui ont pour objet d'assurer la sécurité ne portent pas, par elles-mêmes, atteinte ni à l'organisation des relations des détenus avec l'extérieur, ni au libre exercice des droits de la défense et qui, n'entraînant pour les personnes qui y sont soumises qu'une gêne très légère, ne sont pas hors de proportion avec le but recherché[7] (sur le secret professionnel en matière douanière)[8].

• **Les droits de la défense doivent au moins être respectés.** Le tribunal correctionnel de Nanterre a admis que si les agents de l'administration de la concurrence et de la consommation ne sont pas astreints à respecter en matière de perquisitions et saisies les formalités prescrites par le Code de procédure pénale, il n'en demeure pas moins qu'ils sont tenus de respecter les droits de la défense qui sont à la base de la procédure pénale en droit français comme dans tous les pays civilisés et constituent un principe d'ordre public à l'égard duquel aucune transgression ne saurait être admise[9].

C'est ainsi qu'est irrégulière la saisie de la photocopie de la lettre d'un avocat, au domicile d'une des sociétés vérifiées, lettre qui constituait une consultation couverte par le secret professionnel dans la mesure où elle est liée à la défense; le fait que cette lettre litigieuse soit une consultation avant déclenchement des poursuites et même de l'enquête et non une correspondance échangée dans le cadre d'une affaire déjà née et donc d'une défense en justice, ne modifie en rien son caractère. Le respect des droits de la défense s'instaure entre l'avocat et le client dès avant le procès, dès lorsqu'il est demandé conseil à l'avocat sur le caractère de l'opération envisagée et que celui-ci met en garde son client sur le caractère illicite des actions primitivement envisagées et sur les modifications nécessaires pour qu'elles entrent dans le cadre de la loi. Ce faisant, l'avocat fait un acte de défense. La saisie d'une telle lettre est donc nulle d'une nullité substantielle car il est un principe général du droit, c'est que le dialogue libre, tant écrit qu'oral, est protégé par le respect des droits de la défense et doit pouvoir s'instaurer à tout moment entre l'avocat et son client. La nullité de l'acte entraîne celle de tous les actes ultérieurs ayant avec lui un rapport de causalité, la saisine du tribunal est donc nulle et le tribunal ne peut entrer en condamnation contre les prévenus. Il est à noter que le tribunal rappelle qu'une photocopie a égale valeur de l'original... La saisie d'une photocopie équivaut donc à la saisie de l'original[10].

36.78 Interdiction de toute sonorisation et fixation d'images des cabinet et domicile de l'avocat. La loi du 9 mars 2004[11], dite Perben 2, a légalisé et encadré les techniques policières de sonorisation ainsi que les enregistrements vidéo de lieux privés[12] et ce uniquement dans le cadre de la lutte contre la criminalité organisée (défini par l'article 706-73). La loi exclut sans réserve la sonorisation des cabinet et domicile de l'avocat : « La mise en place du dispositif technique mentionné au premier alinéa ne peut concerner les lieux visés aux articles 56-1, 56-2 et 56-3 ni être mise en œuvre dans le véhicule, le bureau ou le domicile des personnes visées à l'article 100-7 ».

SECTION 4
SECRET PROFESSIONNEL DE L'AVOCAT ET L'ADMINISTRATION FISCALE

36.81 Le secret professionnel de l'avocat cède, dans une large mesure, devant l'administration fiscale. La loi fiscale prévoit, pour l'imposition des

1. Com. 7 mars 1995, n° 93-14.661, *Bull. civ.* IV, n° 71; *JCP* 1995, II, 22536, note Martin – Com. 5 mai 1998, n° 96-30.102, NP, *JCP* 1998, II, 10126, note Martin.
2. Com. 7 mars 1995, n° 93-14.661, *Bull. civ.* IV, n° 71; *D.* 1995, 16, note Valère; *D.* 1995, IR 103 – Com. 20 févr. 1996, n° 94-12.246, NP.
3. C. com., art. L. 450-1 s.
4. C. com., art. L. 450-4 – Com. 29 oct. 1991, n° 90-12.924, *Bull. civ.* IV, n° 314 – Com. 15 juill. 1992, n° 90-21.375, *Bull. civ.* IV, n° 277.
5. CA Paris, ord. réf., 15 janv. 1982, *Gaz. Pal.* 1982, 1, 143, note A. D.
6. CA Paris, 16 févr. 1983, *Gaz. Pal.* 1983, 1, 109.
7. CE 21 oct. 1988, n° 70066, Syndicat des avocats de France, *Lebon*, 373.
8. T. corr. Paris, 24 avr. 1984, Paribas, *Gaz. Pal.* 1985, I, 82, note Darrois et Tiraqueau, p. 7 – CA Colmar, 23 oct. 1984, *Gaz. Pal.* 1985, 2, 429, note Damien.
9. ÉGAL[T] : Com. 9 nov. 1993, n° 91-20.722, *Bull. civ.* IV, n° 399; *D.* 1994, 399, note Lombard; *CCC* 1997, comm. n° 10, note Vogel.
10. T. corr. Nanterre, 18 déc. 1980, *Gaz. Pal.* 1981, 1, 68, note A. D. – CA Versailles, 28 avr. 1982, *Gaz. Pal.* 1982, 1, 310.
11. L. n° 2004-204, 9 mars 2004.
12. C. pr. pén., art. 706-96.

bénéfices des professions non commerciales, deux régimes celui de l'évaluation administrative et celui de la déclaration contrôlée. Ce dernier est réservé aux contribuables qui sont en mesure de déclarer exactement le montant de leur bénéfice net et de fournir à l'appui de cette déclaration toutes les justifications nécessaires. L'administration peut demander aux intéressés tous renseignements susceptibles de justifier l'exactitude des chiffres déclarés et notamment, tous les éléments permettant d'apprécier l'importance de la clientèle[1]. Les nécessités de contrôle fiscal imposent donc que les agents du fisc puissent demander aux contribuables tous les renseignements susceptibles de justifier l'exactitude des chiffres déclarés; ils peuvent notamment exiger la communication du livre journal ainsi que les pièces justificatives[2]. Cette disposition rend bien compte de la façon dont l'Administration obtient les textes dont elle a besoin pour assurer les contrôles qu'elle exerce à l'encontre des professionnels libéraux assujettis. L'article 2 du décret du 31 décembre 1977[3] codifié par l'article 371-Y de l'annexe II du Code général des impôts fut annulé par un arrêt du Conseil d'État du 12 mars 1982 en ce qu'il imposait aux ordres et organisations professionnelles de recommander à leurs adhérents, membres de centres de gestion agréés, de mentionner le *nom de leurs clients* sur les documents comptables en violation des dispositions de l'article 378 de l'ancien Code pénal qui régissait le secret professionnel; la circonstance que les agents du fisc soient eux-mêmes astreints au secret professionnel ne permettant pas qu'il soit dérogé à leur profit aux dispositions de l'article 378 du Code pénal en l'absence de toute disposition législative expresse. L'article annulé fit donc l'objet d'une disposition législative votée par la loi de finances pour 1983[4] insérée dans l'article 73 de ladite loi puis codifiée dans le Code général des impôts sous l'article 1649 *quater* C.

• **Identification des clients : atteinte au secret professionnel.** Ces règles conduisent à exiger du contribuable qu'il indique la provenance de ses recettes par des mentions permettant l'identification des clients, ce qui constitue une atteinte indirecte au principe du secret professionnel. Les dispositions de l'article 226-13 du Code pénal s'opposent à ce que les membres de professions auxquelles elles s'appliquent fassent connaître à des tiers les noms des personnes qui ont eu recours à leurs services ou à leurs soins. En l'absence de toute disposition législative expresse, il ne saurait être dérogé en faveur des agents des services fiscaux, bien qu'ils soient eux-mêmes tenus au secret professionnel[5].

1. CGI, art. L. 98, al. 1er.
2. CGI, art. L. 98, al. 2.
3. Décr. n° 77-1520, 31 déc. 1977.
4. L. n° 82-126, 29 déc. 1982.

• **Mentions de la facture d'honoraires.** En principe, la facture des honoraires de l'avocat doit comporter la quantité, la dénomination précisée et le prix unitaire hors taxes de la prestation. Or il semble que l'expression « dénomination précise » revient à exiger l'identification du client sur la facture.

• **Violation du secret médical.** C'est effectivement en matière médicale que s'est principalement posée la question. Le Conseil d'État avait admis que si le livre journal du médecin ne comportait pas le nom de ses clients en face des sommes reçues à titre d'honoraires, cet élément ne pouvait avoir pour résultat de rendre irréguliers les documents comptables ainsi tenus ou de leur retirer leur force probante[6]. Mais ultérieurement le Conseil d'État a refusé d'admettre que des fiches auxquelles étaient annexées des indications de caractère médical perdaient leur caractère purement comptables; l'argument tiré de la violation du secret médical a été, pour cette raison, écarté alors qu'il avait été accepté par le tribunal administratif ce qui avait eu pour conséquence de prononcer la décharge des impositions litigieuses[7].

Mais cette jurisprudence a été atténuée par l'arrêt d'assemblée du 12 mars 1982 rendu aux conclusions de M. Verny où est reprise la jurisprudence classique[8].

Néanmoins, le secret médical est nettement différencié du secret de l'avocat. Le secret médical n'est opposable par le médecin qu'à l'égard des tiers, il n'y a donc pas de secret médical imposé au médecin vis-à-vis de son malade ni du malade vis-à-vis des tiers. Le juge administratif peut ordonner à un médecin de révéler à un malade la nature de la maladie constatée[9] et le malade peut communiquer ce renseignement au juge[10]. En revanche, à l'égard des tiers le secret médical est en principe absolu; un médecin ne doit pas faire connaître aux agents des contributions directes, bien que ceux-ci soient eux-mêmes soumis au secret professionnel, le nom des personnes qui ont recours à ses soins[11]. Mais le secret médical peut être collectif à l'intérieur d'un établissement hospitalier[12] ou d'un centre de soins[13]. Le secret ne joue donc qu'à l'égard de l'ensemble du personnel médical de l'établissement. En revanche, la jurisprudence judiciaire, même si elle ne qualifie plus le secret médical de

5. CE ass., 12 mars 1982, n° 11413, Conseil national de l'Ordre des médecins, *Lebon*, 109 – Vilbert, « À propos du secret professionnel de l'avocat et du droit de communication à l'administration fiscale : la brèche », *Gaz. Pal.* 1987, 2, doctr. p. 601.
6. CE 20 nov. 1959, *Lebon*, 613; *JCP* 1960, II, 11431; *D.* 1960, 157, note Savatier.
7. CE 21 juill. 1972, n° 72508, *Lebon*, 564.
8. CE ass., 12 mars 1982, n° 11413, Conseil national de l'Ordre des médecins, *Lebon*, 108.
9. CE 24 oct. 1969, n° 77089, min. Équipement c/Gougeon; *D.* 1949, 732.
10. CE 12 nov. 1969, n° 75863, *Lebon*, 495; *RDP* 1970, 394, note Waline.
11. CE 20 nov. 1959, *Lebon*, 613; *JCP* 1960, II, 11431; *D.* 1960, 157, note Savatier.
12. CE 15 mars 1946, *Lebon*, 79.
13. CE 11 févr. 1972, n° 76799, Crochette, *Lebon*, 138.

« général et absolu » reconnaît qu'il n'est pas opposable au patient[1] mais qu'il n'appartient à personne, pas même au patient, d'affranchir le médecin de ce secret[2]; mais le secret médical ne fait pas obstacle à ce que le juge d'instruction procède à la saisie d'un dossier hospitalier[3] sans pouvoir pour autant prescrire le versement au débat de ce dossier.[4]

36.82 Obligations fiscales de l'avocat. Elles peuvent être résumées de la manière suivante :

L'avocat est contraint de tenir une comptabilité qui doit comprendre le détail des recettes professionnelles journalières qu'il s'agisse d'honoraires ou de provisions. Ce registre ne doit comporter ni blancs, ni lacunes, ni reports en marge, ni ratures, ni surcharges, et l'inspecteur des contributions directes peut en demander communication.

Il n'est pas soumis à l'obligation du visa ni à celle du paraphe, et l'obligation de sa tenue ne s'étend pas aux dépenses professionnelles qui continueront à être justifiées suivant les errements anciens.

L'avocat doit cependant produire le registre des immobilisations.

En outre,

1° les dossiers d'avocats doivent rester secrets dans la mesure où ils sont des dossiers personnels et non des dossiers de postulation de procédure;

2° les fiches comptables doivent être nominatives, et ne comporter aucun renseignement sur la nature de l'affaire en cause, de même les reçus ou les accusés de réception de virements;

3° le livre des recettes dont la tenue est obligatoire doit comporter les noms des clients mais sans aucune indication de la nature de l'affaire. Toutefois un arrêt du Conseil d'État du 12 mars 1982[5] précise que les professions soumises au secret professionnel n'ont pas à mentionner les noms de leurs clients ni sur les documents comptables ni sur les documents annexes auxquels le service des impôts aurait accès (v. s[s] n°s 57.61 à 57.131).

• **Information du bâtonnier.** Le bâtonnier devra obligatoirement être tenu au courant des demandes émanant de l'administration susceptibles de mettre en cause les dispositions de l'article 226-13 du Code pénal au cours d'une vérification fiscale (sur le secret professionnel au cas de redressement fiscal[6]).

36.83 Droits et devoirs de l'administration fiscale. Ceux-ci peuvent se résumer par les principes suivants :

1° L'administration ne peut avoir communication *des dossiers de plaidoirie et des pièces qui y sont contenues*, hors le contrôle de l'administration de l'enregistrement (actuellement Direction des services fiscaux) dans les locaux du greffe du tribunal et pendant une durée de quinze jours à compter du prononcé du jugement[7]. Il est donc impossible aux agents des administrations fiscales de se faire remettre les dossiers de plaidoirie.

• **Communication par l'autorité judiciaire.** En outre, aux termes des dispositions de l'article L. 101 du Livre des procédures fiscales, l'autorité judiciaire a l'obligation de communiquer à l'administration des impôts toute indication de nature à faire présumer une fraude commise en matière fiscale, qu'il s'agisse d'une instance civile ou commerciale ou d'une information criminelle ou correctionnelle même terminée par un non-lieu.

En revanche, en ce qui concerne les dossiers de postulation, l'usage étant admis que ce contrôle qui existait dans l'ancienne profession d'avoué, ne paraît pas pouvoir être remis en question, si contraire soit-il aux règles classiques régissant le secret professionnel mais l'interprétation de cet usage doit demeurer restrictive. Il y a donc lieu de noter la distinction à opérer entre le dossier de plaidoirie proprement dit et le dossier de procédure et d'opérer également une distinction entre la correspondance concernant la bonne conduite de la procédure et qui se rapporte au dossier d'« avoué » non confidentielle au regard du fisc et celle concernant l'affaire elle-même, c'est-à-dire la plaidoirie, qui demeure strictement confidentielle.

• **Production des dossiers de procédure.** Malgré l'interprétation restrictive à laquelle il peut être procédé à l'égard des dossiers de procédure, l'avocat peut, si la production lui en est réclamée, les présenter à l'inspecteur, mais uniquement ces dossiers, à l'exclusion de toute autre cote ou de tout autre document et en rappelant que cette production n'a lieu que dans une interprétation extensive des droits de l'administration et pour faciliter autant que faire se peut les vérifications légitimes auxquelles elle entend procéder. Il est d'autant plus recommandé de produire ces dossiers de procédure qu'à la suite de l'arrêt du Conseil d'État du 12 mars 1982[8], l'administration pour en combattre les effets a fait prendre, dans la loi de finances du 31 décembre 1982, une disposition obligeant les contribuables à porter les mentions visées par l'arrêt du Conseil d'État.

1. Soc. 1er mars 1972, n° 70-13.735, n° 70-13.924, *Bull. civ.* V, n° 172; *Gaz. Pal.* 1973, 1, 22, note Doll.
2. Crim. 22 nov. 1966, *D.* 1967, 122.
3. Crim. 24 avr. 1969, n° 68-93.507, *Bull. crim.*, n° 145; *D.* 1970, 637; *JCP* 1970, II, 16306, note Savatier.
4. Odent, *Le contentieux administratif*, p. 904-905 – Crim. 17 juin 1980, n° 79-90.354, *Bull. crim.*, n° 193; *JCP* 1982, II, 19721, note Flécheux.
5. CE 12 mars 1982, n° 11413, Conseil national de l'Ordre des médecins, *JCP* 1982, II, 19857.
6. CE 22 janv. 1982, n° 26296, Administration générale de l'Assistance publique à Paris, *Lebon*; *D.* 1982, 291 – CE 12 mars 1982, n° 11413, Cons. nat. Ordre des médecins; Viala, *Gaz. Pal.* 1982, 2, doctr. 476 – ÉGAL[T] : note Viala s[s] TA Rennes, 16 janv. 1985, *Gaz. Pal.* 1985, 1, 361.
7. Viala [bâtonnier], *Gaz. Pal.* 1990, 1, doctr. 229.
8. CE 12 mars 1982, n° 11413, Conseil national de l'Ordre des médecins, *JCP* 1982, II, 19857.

2° L'administration ne peut exiger la communication de pièces relatant la nature du litige, voire même l'identité des diverses parties concernées dans cette affaire et, par là même, la communication du répertoire de l'avocat qui peut comporter ces renseignements.

3° Elle peut exiger, en revanche, que le registre des recettes mentionne en regard des sommes encaissées, l'identité du payeur à défaut de quoi la comptabilité perdrait toute valeur démonstrative. Il est bien évident que la nature de l'affaire n'a pas à être indiquée.

4° Si l'avocat se mettait volontairement hors d'état de pouvoir expliquer l'origine des fonds encaissés, en mêlant à ses documents comptables des documents couverts par le secret professionnel, ce qui lui interdirait de les produire au service des impôts en cas de contrôle, sa comptabilité perdrait toute valeur démonstrative.

SECTION 5
CONFLIT ENTRE LE SECRET PROFESSIONNEL, LA SÉCURITÉ ET L'OBLIGATION DE DÉNONCER

36.91 Le conflit résolu par le Code pénal de 1994. Alors que l'article 378 de l'ancien Code pénal imposait à l'avocat une obligation au secret, l'ancien article 62 du même code punissait la non-dénonciation d'un crime. Un avocat lié par le secret professionnel mais qui apprend d'un client l'imminence d'un acte criminel pouvait-il le révéler aux autorités de police, au parquet, au juge d'instruction ?

• **Avis des anciens déontologues.** Les auteurs anciens estimaient qu'il était exorbitant de privilégier de manière absolue le secret de l'avocat et soutenaient qu'il pourrait être tenu de déposer sur des faits confidentiels, l'intérêt public devant faire taire, selon eux, les scrupules et les fausses délicatesses de l'homme[1]. Au contraire Dupin[2] et Mollot[3], en se fondant sur les usages de l'ancien barreau, c'est-à-dire de celui de l'Ancien Régime, qui assimile le secret de l'avocat à celui dont bénéficie le confesseur, ont admis que, si choquant que parfois cela puisse paraître, le secret professionnel l'emporte sur l'obligation de dénoncer.

La solution est délicate, on ne peut permettre à l'avocat de trahir la confiance qu'il a reçue de son client. Ce n'est pas une protection ni de l'avocat ni du client mais l'application d'un principe général du droit qui veut que toute personne trouve un confident qui gardera le secret absolu sur les révélations qui lui sont confiées. Mais d'un autre côté la pression sociale tend à faire diminuer le crédit apporté à ce principe absolu et dès lors que le secret cède de plus en plus pour des raisons notamment d'ordre fiscal on voit mal comment l'avocat devenant le confident de crimes en préparation et notamment d'actes terroristes, pourrait s'abstenir d'agir.

Le Code pénal nouveau répond à cette question en faisant prévaloir le secret professionnel. L'article 434-1 qui punit toujours la non-dénonciation d'un crime, fait une exception pour « les personnes astreintes au secret dans les conditions prévues par l'article 226-13 ».

• **Jurisprudence antérieure au Code pénal actuel.** Cette question du conflit qui semblait un cas d'école posé par Émile Garçon dans son Code pénal annoté sous l'article 378[4] et par René Vigo dans son roman *Les hommes en noir* a trouvé un regain d'intérêt avec l'affaire M... survenue en 1987. Cette affaire a fait l'objet des deux arrêts de la cour de Paris des 16 décembre 1987 et 27 avril 1988[5]; à cette occasion, on a vu l'opinion publique, et même des autorités déontologiques, estimer que l'avocat avait le devoir de révéler les faits criminels qu'il avait appris et que les hésitations qu'il pouvait avoir n'étaient que des coquetteries d'intellectuels décadents.

Auparavant, la cour d'appel de Paris, dans un arrêt inédit du 30 novembre 1966 avait eu à trancher la question de la hiérarchie qui pouvait exister entre l'article 378 de l'ancien Code pénal, d'une part, et les articles 62 et 63 du même code, d'autre part. Selon l'avocat poursuivi l'obligation de dénonciation l'emportait sur celle relative au secret professionnel car le droit général qui pèse sur tous les citoyens prévaut sur le droit particulier qui régit la seule profession d'avocat. La Cour a estimé, sans trancher toutefois d'une manière nette la hiérarchie entre ces deux séries de dispositions, qu'il y avait lieu de privilégier la qualité particulière de l'avocat par rapport aux obligations générales qui pèsent sur tout citoyen, le droit professionnel constituant une dérogation au droit général.

• **Jurisprudence belge.** La jurisprudence belge apporte un cas d'espèce dans la matière[6]. La cour de Liège avait été amenée à estimer que le secret pouvait céder devant des valeurs supérieures; le droit pénal lui-même reposant sur une échelle de valeurs, en sanctionnant des atteintes à des valeurs unanimement admises telles que la vie, la propriété, la vérité et l'honneur. La Cour de cassation belge n'a pas suivi cette motivation mais a estimé que le médecin, en l'espèce, qui avait « trahi » le secret professionnel avait agi sous l'empire d'un état de nécessité constitué par les deux devoirs en conflit et qu'aux termes

1. Merlin, *Dictionnaire de droit, V° Avocats* – LE GRAVERAND, t. I, p. 235 et 237.
2. Dupin, *Encyclopédie du droit*, n° 64.
3. MOLLOT, t. I, p. 129.
4. Garçon, *Code pénal annoté*, n° 193, p. 1108, t. II, éd. 1901.
5. CA Paris, 16 déc. 1987 et CA Paris, 27 avr. 1988, *Gaz. Pal.* 1988, 2, 487, note Damien – SUR cette affaire : Damien, *Le secret nécessaire*, p. 115.
6. CA Liège, 22 janv. 1987, *Jurispr. de Liège-Mons et Bruxelles* 1987, p. 217, POURVOI REJETÉ PAR Cass. belge 2e, 13 mai 1987.

de l'article 64 du Code pénal il ne pouvait pas être poursuivi[1].

36.92 L'avocat doit suivre sa propre conscience. Privilégier le secret sur la dénonciation, telle est la position que l'on doit adopter dans la déontologie moderne, encore faut-il être conscient, d'une part, de ce qu'elle choque l'opinion (v. l'affaire M... s[s] n° 36.81) ; d'autre part, si l'on privilégie le secret professionnel jusqu'à ce point extrême qui consiste à lui faire primer l'obligation de dénoncer, faut-il encore que l'on ne le batte pas en brèche comme on a trop souvent tendance à le faire pour des raisons d'un ordre public discutable comme les obligations fiscales ou économiques pour lesquelles on a autorisé trop largement des investigations et des enquêtes chez les professionnels tenus aux obligations de l'article 226-13 du Code pénal.

L'avocat peut refuser de déclarer ce qu'il sait, il est seul juge dans sa conscience du point de savoir s'il doit et dans quelle mesure il doit déposer[2]. L'avocat appelé en témoignage n'a, dans sa déposition, d'autre règle à suivre que sa conscience et il doit s'abstenir des réponses qu'elle lui interdit[3]. Ce principe est valable aussi bien lors d'une instance judiciaire que d'un accord amiable ou transactionnel[4]. Il peut également refuser de témoigner sans que ce refus soit condamnable[5].

Mais un avocat peut, en revanche, témoigner de l'existence et de la nature d'un testament qu'il a aidé à rédiger alors que ce testament a été détruit par les héritiers, ce faisant il ne viole pas le secret professionnel[6].

SECTION 6
LUTTE CONTRE LE BLANCHIMENT : OBLIGATION DE DÉCLARATION DE SOUPÇON

36.101 Importance du blanchiment des capitaux d'origine criminelle. Le blanchiment d'argent consiste à donner un aspect légal à des capitaux afin de masquer leur origine délictueuse. Les chefs d'État ou de gouvernement européens, estimant que le blanchiment d'argent est au cœur même de la criminalité organisée, ont exprimé leur volonté de « l´éradiquer partout où il existe ». La lutte contre le blanchiment repose essentiellement sur deux directives (une troisième est en cours de transposition dans le droit interne français par voie d'ordonnance), dont la première date du 10 juin 1991. Mais depuis les attentats du 11 septembre 2001, la lutte contre le blanchiment a repris de l'importance et de la vigueur, les liens entre le blanchiment et le terrorisme étant apparus dans toute leur ampleur.

La question du blanchiment pose un véritable dilemme entre, d'une part, la nécessaire et légitime lutte contre le blanchiment des capitaux et le terrorisme et, d'autre part, la sauvegarde de l'indépendance des avocats et du secret professionnel. Il est en effet difficile de concilier les obligations contraignantes imposées par les textes communautaires (obligation de déclarer spontanément les faits pouvant être l'indice d'un blanchiment et obligation de répondre aux demandes d'information de la cellule Tracfin) et le secret professionnel qui couvre les diverses activités de conseil, de défense et de représentation en justice des avocats. Ce secret est protégé par la loi française, par les textes normatifs internes à la profession (le RIN) et par la Conv. EDH[7].

Le législateur communautaire fait preuve d'une certaine méfiance envers la profession d'avocat, considérant qu'elle est particulièrement exposée aux risques du blanchiment des capitaux d'origine illicite en raison de ses activités. Le système de blanchiment est devenu d'une telle complexité que l'avocat ou son client peuvent être impliqués involontairement, par ignorance ou imprudence. Le risque pesant sur l'Union européenne est profond. Selon le Conseil des Communautés européennes, le blanchiment du produit d'activités criminelles prend une telle importance qu'il risque de compromettre gravement la solidité et la stabilité des institutions ainsi que la fiabilité du système financier en général, qui perdrait ainsi la confiance du public[8]. Le contrôle renforcé dans le secteur financier a poussé les blanchisseurs de capitaux à rechercher de nouvelles méthodes pour dissimuler l'origine des produits du crime. C'est pourquoi les contrôles, d'abord imposés aux professions financières, ont été ensuite étendus à d'autres professions, notamment aux professions juridiques indépendantes, particulièrement susceptibles d'être utilisées à des fins de blanchiment de capitaux.

Les avocats sont conscients de ce danger et reconnaissent la nécessité de lutter contre la grande criminalité et le terrorisme, mais ils soulignent les risques corrélatifs que ces directives font peser sur les droits fondamentaux des citoyens, et en particu-

1. SUR cette affaire : Damien, *Le secret nécessaire*, p. 121.
2. Cons. ordre Paris, 8 mars 1887 – RAPPR. EN MATIÈRE médicale : Crim. 5 juin 1985, n° 85-90.322, *Bull. crim.*, n° 218 ; *D.* 1988, 106, note Fenaux – Crim. 8 mai 1947, *D.* 1948, 109, note Gulphe.
3. Civ., 24 mai 1862, *DP* 1862, 1, 545.
4. CA Paris, 17 janv. 1969, *D.* 1969, 316.
5. SUR l'existence d'un emprunt hypothécaire : CA Paris, 13 juill. 1973, *D.* 1974, 17, note de la Marnière.
6. CA Montpellier, 7 mai 1900, *D.* 1903, 1, 93.
7. SUR le respect de la vie privée art. 8 et sur le respect du procès équitable art. 6.
8. Dir. n° 91/308/CEE, Introduction, p. 1.

lier sur l'indépendance de l'avocat. Le débat prend parfois la forme d'une dialectique entre liberté et sécurité. La liberté offerte par les institutions démocratiques peut être utilisée par des personnes malveillantes qui menacent à la fois l'économie et les personnes. Mais la réaction sécuritaire a pour corollaire une surveillance accrue des citoyens et menace leur liberté.

36.102 Législation relative au blanchiment. La lutte contre le blanchiment de capitaux a fait l'objet de trois directives, dites « directives blanchiment », qui ont été transposées dans le droit français.

La première directive date du 10 juin 1991[1]. Ce texte, qui s'appliquait à la lutte contre le blanchiment dans le secteur bancaire a restreint le secret bancaire. Ces mesures n'ayant pas semblé suffisantes pour lutter contre les mouvements de fonds suspects, les ministres débattant à Bruxelles se sont convaincus qu'il fallait étendre l'obligation de dénonciation des agissements de leurs clients en cas de soupçon de blanchiment à d'autres professions juridiques et comptables.

C'est dans cette perspective que la première directive a été modifiée par la directive du 4 décembre 2001[2], qui a remis à l'ordre du jour le conflit entre le secret professionnel et l'obligation de dénoncer les faits délictueux, en l'occurrence ceux des blanchisseurs de capitaux. Cette seconde directive a été transposée en France par la loi du 11 février 2004 modifiant les articles L. 562-1 et suivants du Code monétaire et financier[3] et par le décret du 26 juin 2006[4]. Ces directives imposent aux États membres de l'Union européenne de mettre en place un dispositif de lutte contre le blanchiment imposant à certains professionnels, dont les avocats, une double obligation : d'une part une obligation de déclaration de soupçon, leur imposant de déclarer spontanément les faits pouvant être l'indice d'un blanchiment, d'autre part une obligation de répondre aux demandes d'informations adressées par la cellule Tracfin.

Une troisième directive du 26 octobre 2005[5] est venue étendre le champ d'application de la déclaration de soupçon, de manière à couvrir toutes les infractions punies d'une peine supérieure à un an d'emprisonnement. Elle a été transposée par l'ordonnance du 30 janvier 2009[6] aux articles L. 561 et suivants du Code monétaire et financier. Deux décret ont été publiés pour l'application de cette ordonnance. Le décret du 16 juillet 2009[7] a été pris pour application de l'article L. 561-15-II du Code monétaire et financier (C. mon. fin.) afin de définir les critères de la fraude fiscale pouvant conduire à faire une déclaration de soupçon. Le décret du 2 septembre 2009[8] porte application des dispositions introduites dans la partie législative du Code monétaire et financier par l'ordonnance du 30 janvier 2009. Les avocats considèrent que la transposition de cette ordonnance dans le droit français menace les droits fondamentaux des citoyens, l'indépendance de l'avocat, le secret professionnel et la confidentialité des échanges entre l'avocat et son client[9]. C'est pourquoi le CNB a décidé à l'unanimité d'engager un recours devant le Conseil d'État contre l'ordonnance du 30 janvier 2009.

36.103 Textes contestés – CJCE 26 juin 2007. Plusieurs ordres de barreaux belges francophones et germanophone[10], ont demandé à la Cour constitutionnelle de Belgique l'annulation de plusieurs articles de la loi belge de transposition de la directive 2001/91 « Blanchiment »[11] dans l'ordre juridique national. La Cour constitutionnelle a alors demandé à la Cour de justice de se prononcer sur la validité des dispositions transposées.

1. Dir. nº 91/308/CEE du 10 juin 1991 relative à la prévention de l'utilisation du système financier aux fins du blanchiment de capitaux, *JOCE* L 166, 28 juin 1991.
2. Dir. nº 2001/97/CE du Parlement et du Conseil du 4 décembre 2001, *JOCE* L 344/76, 28 déc. 2001.
3. L. nº 2004-130, 11 févr. 2004 réformant le statut de certaines professions judiciaires ou juridiques, des experts judiciaires, des conseils en propriété industrielle et des experts en vente aux enchères publiques, *JO* 12 févr. 2004 p. 2847; Mario Stasi, « La transposition en France de la directive du 4 décembre 2001 relative à la lutte contre le blanchiment de capitaux – La loi et le secret », *Gaz. Pal.* 19 mars 2004, libres propos, p. 7.
4. Décr. nº 2006-736, 26 juin 2006 relatif à la lutte contre le blanchiment de capitaux et modifiant le Code monétaire et financier (partie réglementaire), *JO* 27 juin, p. 9625.
5. Dir. nº 2005/60/CE du Parlement européen et du Conseil du 26 octobre 2005 relative à la prévention de l'utilisation du système financier aux fins du blanchiment de capitaux et du financement du terrorisme, *JOCE* L 309 du 25/11/2005 p. 15.
6. Ord. nº 2009-104, 30 janv. 2009 relative à la prévention de l'utilisation du système financier aux fins de blanchiment de capitaux et de financement du terrorisme, *JO* 31 janv., p. 1819.
7. Décr. nº 2009-874, 16 juill. 2009 pris pour application de l'article L. 561-15-II du Code monétaire et financier, *JO* 18 juill., p. 11978.
8. Décr. nº 2009-1087, 2 sept. 2009 relatif aux obligations de vigilance et de déclaration pour la prévention de l'utilisation du système financier aux fins de blanchiment de capitaux et de financement du terrorisme, *JO* 4 sept., p. 14660.
9. SUR ce sujet voir les commentaires du CNB : Ordonnance de transposition de la troisième directive anti-blanchiment, cnb.avocats.fr, Actu. 11 févr. 2009.
10. CJCE 26 juin 2007, nº C-305/05, *D.* 2007,1972; *AJDA* 2007, 2248, obs. Broussy, Donnat et Lambert. L'ordre des barreaux francophones et germanophone, l'Ordre français des avocats du barreau de Bruxelles, l'Ordre des barreaux flamands et l'Ordre néerlandais des avocats du barreau de Bruxelles.
11. Dir. nº 2001/91.

Dans un arrêt du 26 juin 2007, la CJCE a décidé que les obligations d'information et de coopération avec les autorités responsables de la lutte contre le blanchiment de capitaux, imposée aux avocats par la directive 2001/97/CE[1] ne violent pas le droit à un procès équitable.

En effet, ce droit à un procès équitable ne s'oppose pas à ces obligations lorsque les avocats agissent dans un cadre n'ayant aucun lien avec une procédure judiciaire.

La CJCE rappelle par ailleurs que la directive 91/308/CEE soumet aux obligations d'information et de coopération les avocats et autres membres de professions juridiques indépendantes, lorsqu'ils assistent leur client dans la préparation ou la réalisation de transactions concernant l'achat et la vente de biens immeubles ou d'entreprises commerciales, la gestion d'actifs appartenant au client, l'ouverture ou la gestion de comptes bancaires ou d'épargne ou de portefeuilles, l'organisation des apports nécessaires à la constitution de sociétés, la constitution, la gestion ou la direction de fiducies, de sociétés ou de structures similaires.

Concernant les professions juridiques, l'article précise qu'échappent à cette obligation les informations reçues d'un client ou obtenues sur un client lors d'une consultation ou dans l'exercice de leur mission de défense ou de représentation de ce client dans une procédure judiciaire, que ces informations soient reçues ou obtenues avant, pendant ou après cette procédure.

Les avocats soutenaient que cette obligation d'information portait une atteinte injustifiée aux principes du secret professionnel et de l'indépendance de l'avocat, éléments constitutifs du droit fondamental de tout justiciable à un procès équitable et au respect des droits de la défense. Ils considéraient, en conséquence, que leur profession ne devait pas être soumise aux obligations fixées par la directive et que la CJCE devait invalider l'article incriminé.

• **Cour constitutionnelle de Belgique.** Par une décision du 23 janvier 2008, la Cour constitutionnelle de Belgique[2] a partiellement annulé la loi belge de transposition de la directive 2001/97/CE. Elle a réduit significativement le champ d'application de l'obligation de divulgation relative au blanchiment en faisant prévaloir le secret professionnel de l'avocat.

Elle a attiré l'attention, dans sa décision, sur le fait que l'arrêt rendu par la CJCE le 26 juin 2007 avait rappelé qu'il incombait « aux États membres non seulement d'interpréter leur droit national d'une manière conforme au droit communautaire mais également de veiller à ne pas se fonder sur une interprétation d'un texte du droit dérivé qui entrerait en conflit avec les droits fondamentaux protégés par l'ordre juridique communautaire ou avec les autres principes généraux du droit communautaire ».

La Cour constitutionnelle de Belgique a également rappelé l'importance de la relation de confiance entre le client et son avocat, et qu'à cet égard le secret professionnel est un élément fondamental des droits de la défense. Par conséquent, les règles dérogeant au principe du secret doivent être d'interprétation stricte et la lutte contre le blanchiment et le financement du terrorisme ne peut en aucun cas justifier une levée inconditionnelle ou illimitée du secret professionnel.

Dès lors, si l'avocat est tenu par la loi à une obligation de dénonciation lorsqu'il assiste ou représente ses clients dans certaines transactions financières ou immobilières définies par la loi, il en est exonéré dans ses activités essentielles de défense, de représentation en justice et de conseil juridique.

Ces activités demeurent couvertes par le secret professionnel et ne peuvent être portées à la connaissance des autorités, peu important que les informations aient été reçues ou obtenues avant, pendant ou après la procédure.

Ce n'est que lorsque l'avocat exerce une activité en dehors de sa mission spécifique de défense et de représentation en justice ou de celle de conseil juridique qu'il peut être soumis à l'obligation de communication des informations dont il a connaissance. La Cour conclut qu'en conséquence, il n'a pas été porté en l'espèce une atteinte disproportionnée au principe du secret professionnel de l'avocat.

• **Conseil d'État.** Saisi par plusieurs organes représentatifs de la profession d'avocat[3], le Conseil d'État a à son tour annulé certaines dispositions du décret du 26 juin 2006 relatif à la lutte contre le blanchiment de capitaux et a interprété les obligations imposées aux avocats par le dispositif européen de lutte contre le blanchiment de capitaux dans un sens conforme au respect du secret professionnel.

Le Conseil d'État a jugé que la directive n° 2001-97 du 4 décembre 2001 devait être interprétée comme obligeant les États à exonérer les avocats des obligations de vigilance et déclaratives qu'elle prévoit

1. Dir. n° 2001/91.
2. C. const. Belgique, n° 10/2008, 23 janv. 2008, *Gaz. Pal.*, 1er févr. 2008, 4.

3. CE 10 avr. 2008, n° 296845, n° 296907, CNB *et a.* – Conseil des barreaux européens, *Lebon*; *D.* 2008, 1047; AJ 1150; *AJDA* 2008, 730; 1085, chron. Boucher et Bourgeois-Machuron : saisi par : CNB, Conférence des bâtonniers de France et d'Outre-mer, Ordre des avocats au CE et à la C. cass., Ordre des avocats de Paris.

lorsqu'ils exercent leurs missions de conseil ou de consultation juridique ainsi que de défense et de représentation en justice qui sont couvertes par le secret professionnel.

En ce qui concerne l'activité de défense et de représentation en justice, le Conseil d'État a pris acte de l'interprétation de la directive donnée par la CJCE dans l'arrêt du 26 juin 2007, qui s'imposait à lui. Celle-ci avait jugé que la directive du 4 décembre 2001 devait être lue comme imposant aux États d'exonérer les avocats des obligations qu'elle prévoit dans leur activité de défense et de représentation en justice.

• **Confirmation du filtre du bâtonnier.** En premier lieu, le Conseil d'État censure la disposition prévoyant que Tracfin pouvait directement demander à l'avocat de lui communiquer des informations sans mettre en œuvre le filtre du bâtonnier de l'ordre auprès duquel l'avocat est inscrit[1]. Le Conseil d'État conforte donc le rôle du bâtonnier et protège la relation de confiance entre l'avocat et son client. Sur le point, l'ordonnance du 30 janvier 2009 a suivi l'avis du conseil d'État, puisque le nouvel article 561-18 du Code monétaire et financier prévoit que les avocats, lorsqu'ils n'agissent pas en qualité de fiduciaire, adressent leur déclaration écrite au bâtonnier de leur ordre, qui devra vérifier que les conditions d'une telle déclaration sont remplies. Si tel est le cas, le bâtonnier transmettra la déclaration à Tracfin qui, s'il estime que la déclaration a été transmise en méconnaissance des prescriptions dérogatoires applicables à l'avocat, devra en refuser la communication et informer dans les meilleurs délais le bâtonnier de l'ordre auprès duquel l'avocat déclarant est inscrit[2]. Cette mesure vise à empêcher toute relation directe de l'avocat avec Tracfin en cas de déclaration de soupçon.

• **Cas des consultations juridiques.** En second lieu, le Conseil annule l'article R. 563 du Code monétaire et financier[3] qui compromettait le respect du secret professionnel dans le cadre d'une consultation juridique[4]. Cet article se bornait en effet à rappeler, s'agissant des activités non juridictionnelles des avocats, les obligations de vigilance qui leur étaient imposées par les dispositions législatives du code. Mais cet article avait omis de rappeler les exceptions visant à exclure des obligations de vigilance les informations détenues ou reçues dans le cadre d'une consultation juridique.

Il rappelle néanmoins que lorsque l'avocat prend lui-même part à des activités de blanchiment de capitaux et lorsque sa consultation juridique est fournie à des fins de blanchiment ou qu'il sait que son client souhaite obtenir des conseils juridiques aux fins de blanchiment, les dispositions de la directive du 4 décembre 2001 continueront à s'appliquer.

Le Conseil d'État fait donc prévaloir le secret professionnel sur les obligations liées à la lutte contre le blanchiment dans le cadre des activités de consultation juridique et de représentation en justice de l'avocat. Le législateur, lors de la transposition de la troisième directive blanchiment n° 2005-60 du 26 octobre 2005, par l'ordonnance du 30 janvier 2009, a tenu compte de ces principes, puisque le nouvel article 561-3, II du Code monétaire et financier prévoit que les avocats ne sont pas tenus à une déclaration de soupçon pour leurs activités se rattachant à une procédure juridictionnelle ou lorsqu'ils donnent des consultations juridiques, à moins qu'elles n'aient été fournies à des fins de blanchiment de capitaux ou de financement du terrorisme ou en sachant que le client les demande aux fins de blanchiment de capitaux ou de financement du terrorisme[5].

• **Réponse ministérielle sur la troisième directive.** La garde des Sceaux a été interrogée le 22 mai 2008 au sujet de la compatibilité du secret professionnel liant l'avocat et la transposition de la 3e directive « blanchiment ». Elle a indiqué que le principe de délivrance par Tracfin de certificat de conformité sur demande de l'avocat ne sera pas retenu[6].

La question consistait à savoir « si la transmission au Tracfin d'une demande de certificat de conformité ne permettrait pas de concilier les deux impératifs que sont l'éthique et l'ordre public; le contrôle par les bâtonniers permettant d'éviter au surplus des transmissions abusives ». Après avoir rappelé les conséquences dévastatrices du blanchiment de capitaux et la nécessité de la lutte menée par les États membres, elle a indiqué que le projet de loi tendant à transposer la directive du 26 octobre 2005 tiendrait compte de la spécificité des professions juridiques par rapport, entre autres, aux organismes financiers. Elle a précisé que les avocats, notamment, « se verront appliquer un dispositif compatible avec leur statut, dans le respect des droits fondamentaux garantis par les articles 6 et 8 de la Convention européenne de sauvegarde des droits de l'homme et des libertés fondamentales ». La ministre a toutefois précisé que « le principe de délivrance par Tracfin de certificat de conformité sur demande de l'avocat ne sera [...] pas retenu, n'étant conforme ni à la lettre ni à l'esprit de la directive du 26 octobre 2005, qui s'attache à la responsabilisa-

1. C. mon. fin., art. R. 562-2-2.
2. C. mon. fin., art. L. 561-17, al. 2.
3. Réd. décr. n° 2006-736, 26 juin 2006.
4. C. mon. fin., art. R. 563-4.
5. C. mon. fin., art. L. 561-3 II.
6. Rép. min. n° 3686, *JO* Sénat 22 mai 2008, p. 1017.

tion des personnes assujetties et n'envisage pas que l'appréciation d'un soupçon puisse être déléguée »[1].

36.104 Réaction du CNB. Tout en admettant l'objectif des directives européennes en ce qu'elles cherchent à lutter contre la grande criminalité et le terrorisme, le CNB ne cache pas sa méfiance et son inquiétude face à cette réglementation qui tend à faire des avocats « des agents de la police économique et financière ».

À travers le CNB qui la représente, la profession d'avocat n'admet pas que la mise en œuvre de ces textes puisse avoir pour but, en tant que tel, de donner à Tracfin un libre accès aux informations que les avocats détiennent : « Si l'objectif de lutte contre la criminalité et le terrorisme est légitime, la profession d'avocat considère que les directives anti-blanchiment, en soumettant l'avocat à une obligation de dénonciation, menacent les droits fondamentaux des citoyens, l'indépendance de l'avocat, le secret professionnel et la confidentialité des échanges entre l'avocat et son client. »[2]

Il est certain qu'obliger l'avocat, confident nécessaire de son client, à s'en faire le délateur, faisait fi du secret professionnel et de l'indépendance de l'avocat.

• **Décision à caractère normatif n° 2007-002**[3]. Le CNB a pris, en mai 2007, une décision à caractère normatif relative à l'application de la déclaration de soupçons. Cette décision porte adoption d'un règlement relatif aux procédures internes destinées à mettre en œuvre les obligations de lutte contre le blanchiment des capitaux et le financement du terrorisme. Elle impose également aux cabinets un dispositif de contrôle interne destiné à assurer le respect des procédures. Un *vade-mecum* a été publié, pour permettre aux avocats de se doter de règles afin d'appliquer cette décision, qui sera prochainement refondu.

36.105 *Vade-mecum* du CNB. Afin d'aider les avocats à ne pas être instrumentalisés par un client malhonnête et de les aider à repérer une opération douteuse ou délictueuse, le CNB a publié un *Vade-mecum*. Le document, daté de septembre 2007, est intitulé « Conseils de vigilance et de procédures internes destinés à prévenir l'utilisation de la profession d'avocat aux fins de blanchiment des capitaux d'origine illicite et de financement du terrorisme »[4]. Le CNB y livre ses conseils en matière d'obligations de vigilance et déclaratives. Ces conseils ont pour finalité de fournir un outil pratique à l'ensemble des avocats, quelles que soient leurs spécialités ou leur forme d'exercice professionnel. Ils visent à permettre aux avocats « de se doter des règles écrites mettant en œuvre les procédures internes issues de la décision à caractère normatif n° 2007-002[5] portant adoption d'un règlement relatif aux procédures internes destinées à mettre en œuvre les obligations de lutte contre le blanchiment des capitaux et le financement du terrorisme et le dispositif de contrôle interne destiné à assurer le respect des procédures ».

Ce *vade-mecum* contient un commentaire du décret d'application du 26 juin 2006[6]. Il décrit ensuite les procédures internes relatives aux obligations de vigilance, précise la procédure à suivre en cas de déclaration de soupçons et explique comment mettre en place le dispositif de contrôle interne. Pour ce faire, le *vade-mecum* du CNB propose un certain nombre de modèles dont les cabinets d'avocat pourront s'inspirer en les adaptant à leurs besoins spécifiques.

Suite à l'ordonnance du 30 janvier 2009, le CNB procède à la refonte du Cahier portant conseils de vigilance publié en 2007 afin de tenir compte des nouveaux textes. Ce Cahier, à paraître, s'intitulera *Dissuader pour ne pas dénoncer*. Il rappellera que la profession d'avocat a constamment manifesté son opposition à l'obligation de dénoncer les clients à laquelle les dispositifs communautaire et national de lutte contre le blanchiment et le financement du terrorisme la contraignent.

36.106 Déclaration de soupçon. Les articles L. 561-1 et suivants du Code monétaire et financier, issus de l'ordonnance du 30 janvier 2009[7] soumet les avocats à des obligations, d'une part de vigilance et d'identification du client et du bénéficiaire effectif de la « relation d'affaires », d'autre part de déclaration de soupçon et de communication à Tracfin pour certaines activités de la profession et lorsqu'ils agissent en qualité de fiduciaire. L'obligation de procéder à une déclaration de soupçon porte sur les opérations pouvant provenir du trafic de stupéfiants, de la fraude aux intérêts financiers des Communautés européennes, de la corruption, d'activités criminelles organisées. Cette obligation repose sur un certain nombre de professions juridiques et judiciaires, dont les avocats. Ces derniers, visés expressément par l'acticle L. 561-2, 13° du Code monétaire et financier, bénéficient néanmoins d'un régime particulier.

36.107 Vigilance et identification. L'avocat est d'abord soumis à une obligation de vigilance et

1. Rép. min. n° 3686, *JO* Sénat 22 mai 2008, p. 1017.
2. Cnb.avocat.fr, Actu. 11 févr. 2009.
3. Décis. CNB n° 2007-002, 25-26 mai 2007, *JO* 9 août.
4. Disponible sur le site du CNB.
5. Décis. CNB n° 2007-002, AG, 25-26 mai 2007, *JO* 9 août, p. 13331.
6. Décr. n° 2006-736, 26 juin 2006, *JO* 27 juin, p. 9625.
7. Ord. 30 janv. 2009.

d'identification. Avant d'entrer en relation d'affaires avec son client ou de l'assister dans la préparation ou la réalisation d'une transaction, il doit identifier son client et, le cas échéant, le bénéficiaire effectif de la relation d'affaires par des moyens adaptés. Il doit vérifier ces éléments d'identification sur présentation de tout document écrit probant.

Ils doivent identifier dans les mêmes conditions ses clients occasionnels et, le cas échéant, le bénéficiaire effectif de la relation d'affaires, lorsqu'elles soupçonnent que l'opération pourrait participer au blanchiment des capitaux ou au financement du terrorisme[1]. Deux décrets d'application sont venus compléter ce dispositif.

Le décret du 16 juillet 2009 a été pris pour application de l'article L. 561-15-II du Code monétaire et financier afin de définir les critères de la fraude fiscale pouvant conduire à faire une déclaration de soupçon. Parmi les 16 critères retenus par le décret, figurent, notamment :

– « le retrait fréquent d'espèces d'un compte professionnel ou leur dépôt sur un tel compte non justifié par le niveau ou la nature de l'activité économique »;

– « le refus du client de produire des pièces justificatives quant à la provenance des fonds reçus ou quant aux motifs avancés des paiements, ou l'impossibilité de produire ces pièces » ou encore « le transfert de fonds vers un pays étranger suivi de leur rapatriement sous la forme de prêts ».

Quant au décret du 2 septembre 2009, porte application des dispositions introduites dans la partie législative du Code monétaire et financier par l'ordonnance du 30 janvier 2009, en substance, il donne la définition de la notion de bénéficiaire effectif d'une opération[2]; il détaille les obligations liées à l'identification du client (R. 561-5 et s. et R. 561-10 pour le client occasionnel) et du bénéficiaire effectif d'une opération[3]. Enfin, prévoit concrètement quelles sont les obligations de vigilance qui doivent être mises en œuvre par les personnes assujetties au dispositif de lutte contre le blanchiment[4].

L'article R. 561-12 du Code monétaire et financier précise ainsi que les avocats (comme toutes les personnes assujetties) :

1° Avant d'entrer en relation d'affaires, recueillent et analysent les éléments d'information, parmi ceux figurant sur la liste dressée par un arrêté du ministre chargé de l'économie, nécessaires à la connaissance de leur client ainsi que de l'objet et de la nature de la relation d'affaires, pour évaluer le risque de blanchiment de capitaux et de financement du terrorisme;

2° Pendant toute la durée de la relation d'affaires, assurent une surveillance adaptée aux risques de blanchiment de capitaux et de financement du terrorisme en vue de conserver une connaissance adéquate de leur client;

3° À tout moment, sont en mesure de justifier aux autorités de contrôle l'adéquation des mesures de vigilance qu'elles ont mises en œuvre aux risques de blanchiment de capitaux et de financement du terrorisme présentés par la relation d'affaires.

36.108 Obligation de déclaration. Lorsque l'avocat a un doute sur l'origine des sommes utilisées pour financer une des opérations visées à l'article 562-2-1 du Code monétaire et financier, et à laquelle il participe en assistant son client soit dans sa préparation, soit dans sa réalisation, il est tenu de procéder à une déclaration de soupçon auprès de son bâtonnier.

Sauf exception, la déclaration doit être établie par écrit[5] et adressée au bâtonnier de l'ordre.

Le bâtonnier transmet, la déclaration qui lui a été remise par l'avocat au service institué à l'article L. 561-23 (Cellule de renseignement financier national : Tracfin).

Toutefois, lorsqu'une déclaration a été transmise en méconnaissance de ces dispositions, le service en refuse la communication et informe dans les meilleurs délais, le bâtonnier de l'ordre auprès duquel l'avocat déclarant est inscrit[6]. Cette dérogation ne s'applique pas à l'avocat agissant en qualité de fiduciaire.

Par dérogation, aux termes de l'article L. 561-26 du Code monétaire et financier les demandes de communication de pièces effectuées auprès des avocats sont présentées par le service au bâtonnier de l'ordre auprès duquel l'avocat est inscrit. L'avocat communique les pièces demandées à son bâtonnier qui les transmet à Tracfin, sauf dans l'hypothèse où il estime que cette procédure n'est pas respectée[7]. L'avocat et le bâtonnier ne peuvent pas informer le client de l'exercice par Tracfin de son droit de communication art. L. 561-26, III.

Les avocats sont tenus de procéder à cette déclaration lorsque, dans le cadre de leur activité professionnelle, ils participent au nom et pour le compte de leur client à toute transaction financière ou immobilière ou agissent en qualité de fiduciaire ou lorsqu'ils assistent leur client dans la préparation ou la réalisation des transactions concernant :

a) L'achat et la vente de biens immeubles ou de fonds de commerce;

1. C. mon. fin., art. L. 561-5.
2. C. mon. fin., art. R. 561-1 s.
3. C. mon. fin., R. 561-7 et s.
4. C. mon. fin., R. 561-12 et s.
5. C. mon. fin., art. L. 561-18.
6. C. mon. fin., L. 561-17.
7. C. mon. fin., art. L. 561-26, II.

b) La gestion de fonds, titres ou autres actifs appartenant au client;

c) L'ouverture de comptes bancaires, d'épargne ou de titres ou de contrats d'assurance;

d) L'organisation des apports nécessaires à la création des sociétés;

e) La constitution, la gestion ou la direction des sociétés;

f) La constitution, la gestion ou la direction de fiducies, régies par les articles 2011 à 2031 du Code civil ou de droit étranger, ou de toute autre structure similaire;

g) La constitution ou la gestion de fonds de dotation[1].

36.109 **Confidentialité.** La déclaration est confidentielle. Il est interdit, sous peine de sanctions au président de l'ordre des avocats au Conseil d'État et à la Cour de cassation, au bâtonnier de l'ordre auprès duquel l'avocat est inscrit de porter à la connaissance du propriétaire des sommes ou de l'auteur de l'une des opérations mentionnées à l'article L. 561-15 ou à des tiers, autres que les autorités de contrôle, ordres professionnels et instances représentatives nationales visées à l'article L. 561-36, l'existence et le contenu d'une déclaration faite auprès du service mentionné à l'article L. 561-23 et de donner des informations sur les suites qui ont été réservées à cette déclaration.

36.110 **Avocats d'une même structure ou intervenant dans une même transaction.** Deux atténuations importantes à l'obligation de confidentialité ont été prévues. Par dérogation, l'ordonnance a prévu que les avocats qui appartiennent au même réseau ou à une même structure d'exercice professionnel, peuvent s'informer de l'existence et du contenu de la déclaration lorsque certaines conditions sont réunies[2]. La même exception a été prévue pour les avocats qui interviennent pour un même client et dans une même transaction[3].

36.111 **Immunité.** Une immunité pénale, civile et disciplinaire protège l'avocat ou son préposé en cas de déclaration de soupçon faite de bonne foi : aucune poursuite fondée sur les articles 226-10 [dénonciation calomnieuse], 226-13 et 226-14 [atteinte au respect professionnel] du code pénal ne peut être intentée contre un avocat ou son préposé lorsqu'ils ont, de bonne foi, fait la déclaration prévue à l'article L. 561-15 dans les conditions prescrites par les dispositions législatives ou réglementaires applicables ou lorsqu'ils ont communiqué des informations au service mentionné à l'article L. 561-23 en application de l'article L. 561-26.

• **Dissuasion du client.** L'ordonnance rend légale le fait, pour un avocat, de s'efforcer de dissuader leur client de prendre part à une activité illégale. Cette attitude ne constitue pas une divulgation au sens de l'alinéa précédent[4].

36.112 **Activité juridictionnelle.** Néanmoins, même lorsqu'il intervient dans une de ces opérations, l'avocat n'est pas tenu d'effectuer cette déclaration de soupçon dès lors que l'activité se rattache à une procédure juridictionnelle, que les informations dont ils disposent sont reçues ou obtenues avant, pendant ou après cette procédure, y compris dans le cadre de conseils relatifs à la manière d'engager ou d'éviter une telle procédure[5].

36.113 **S'agissant de la « procédure juridictionnelle »,** quelques précisions sont également nécessaires. Le terme « juridictionnel » est plus large que le terme « judiciaire ». Selon le CNB, il doit donc être interprété comme englobant les procédures judiciaires et administratives. Cela concerne par conséquent la conciliation, la médiation, l'arbitrage national et international, les ventes à la barre du tribunal et les procédures devant certaines autorités administratives ou autres, en particulier toutes les formes de procédure disciplinaire[6].

En conclusion, la position prise tant par la CJCE que par la Cour constitutionnelle de Belgique, confirme que l'avocat ne peut être un délateur et qu'il doit donc respecter le secret professionnel dans toute son étendue. Il semble donc que pour l'instant le danger immédiat d'obliger l'avocat à être un délateur est écarté.

L'inquiétude subsiste néanmoins au jour où ces lignes sont écrites dans l'attente de l'ordonnance qui doit transposer la 3e directive en droit interne français. Faisant une interprétation stricte de la loi, le CNB recommande aux avocats de s'en tenir à cette interprétation stricte et d'agir avec la protection et sous le contrôle actifs de leurs bâtonniers.

Pour le législateur français, les informations obtenues par l'avocat à l'occasion d'une procédure juridictionnelle ou d'une consultation juridique qui lui est demandé sont protégées par le secret professionnel et ne peuvent faire l'objet d'aucune déclaration de soupçons.

36.114 **Consultation juridique.** L'ordonnance du 30 janvier 2009 a tenu compte de la spécificité des consultations juridiques des avocats, en prévoyant

1. C. mon. fin., art. L. 562-3.
2. C. mon. fin., art. L. 561-20.
3. C. mon. fin., art. L. 561-21.
4. C. mon. fin., art. L. 561-19.
5. C. mon. fin., art. L. 561-3, II.
6. *Vade-mecum du CNB*, p. 59, n° 23.2.

que ces derniers ne sont pas tenus à l'obligation de déclaration de soupçons lorsqu'ils donnent des consultations juridiques[1].

• **S'agissant de la « consultation »**, la directive du 4 décembre 2001 utilisait l'expression d'« évaluation de la situation juridique du client ». À l'occasion de la transposition de cette directive, la notion de consultation juridique lui a été substituée et est reprise par les nouveaux textes. Cette notion correspond de façon plus précise à cette mission de l'avocat.

Dans son *vade-mecum*, le CNB précise que trois éléments permettent de mieux définir la consultation. Tout d'abord, elle se définit par son contenu et par sa finalité; elle peut être écrite ou orale; elle ne nécessite ni d'être qualifiée comme telle, ni une forme de rédaction particulière. Ensuite, la consultation répond aux besoins d'un client dans un contexte juridique propre à celui-ci (c'est en ce sens qu'elle est personnalisée). Enfin, elle suppose un raisonnement juridique pour aboutir à des avis ou à des conseils.

En fonction des échanges avec un client, la consultation peut donner lieu à des rédactions successives qui sont toutes exonérées des obligations de vigilance et de déclaration.

Avant cette ordonnance du 30 janvier 2009, un article R. 563-4 du Code monétaire et financier[2], avait omis de rappeler la dispense couvrant les informations reçues dans le cadre d'une consultation. Plus tard, le décret du 26 juin 2006, qui compromettait le secret professionnel dans le cadre d'une consultation juridique, avait été annulé, sur ce point, par le Conseil d'État[3]. La dispense s'appliquait donc déjà en cas de consultation.

Une importante exception à cette dispense doit cependant être soulignée. L'avocat doit procéder à une déclaration de soupçon lorsque la consultation juridique est fournie « à des fins de blanchiment de capitaux ou de financement du terrorisme ou en sachant que le client les demande aux fins de blanchiment de capitaux ou de financement du terrorisme »[4].

36.115 Contrôle interne des cabinets. L'article L. 561-32 du Code monétaire et financier prévoit que les avocats doivent mettre en place « des systèmes d'évaluation et de gestion des risques de blanchiment des capitaux et de financement du terrorisme ». Ils doivent assurer la formation et l'information régulières de leurs personnels en vue du respect de ces obligations[5]. Un décret du 2 septembre 2009[6], pris en application de l'ordonnance du 30 janvier 2009 est venu préciser les conditions de mise en œuvre de ce contrôle interne. Les avocats doivent communiquer à la cellule Tracfin l'identité de leurs dirigeants ou préposés habilités à procéder aux déclarations de soupçon. Le décret précise la forme et le contenu de la déclaration et les conditions de sa transmission. La déclaration dûment signée, doit comporter les éléments d'identification et les coordonnées des personnes habilitées. Elle mentionne les éléments d'identification et de connaissance du client et, le cas échéant, du bénéficiaire effectif, l'objet et la nature de la relation d'affaires, le descriptif des opérations concernées ainsi que les éléments d'analyse qui ont conduit la personne mentionnée à l'article L. 561-2 à nouer cette relation. Elle est accompagnée de toutes pièces ou document justificatif utile à son exploitation par Tracfin. Lorsque la déclaration effectuée en application de l'article L. 561-15 porte sur une opération qui n'a pas encore été exécutée, elle indique le cas échéant son délai d'exécution. Lorsqu'elle porte sur une tentative de blanchiment, la déclaration comporte l'identité du client ainsi que les autres informations qui ont pu être recueillies[7]. La transmission de la déclaration doit être effectuée dans le délai maximum de huit jours francs à compter de leur réception par l'autorité destinataire, dès lors que les conditions fixées à l'article L. 561-3 sont remplies.

36.116 Contrôle par les ordres. Le contrôle des obligations de déclaration et, le cas échéant, le pouvoir de sanction en cas de non-respect de celles-ci sont assurés par le conseil de l'ordre du barreau auprès duquel les avocats sont inscrits. Il peut être assisté dans sa mission de contrôle par le CNB[8]. Les articles 17 et 21-1 de la loi du 31 décembre 1971[9] sont donc modifiés en conséquence.

36.117 Rappel des principes essentiels en matière de secret professionnel.

1° le secret professionnel des avocats est un principe absolu[10];

2° ce principe doit être invoqué en toutes circonstances[11];

3° un avocat, qui ne peut être relevé du secret, ne peut témoigner de ce qu'il connaît à ce titre (en l'espèce à propos d'un médecin, mais transposable, en tant que de raison, à l'avocat)[12];

1. C. mon. fin., art. L. 561-3, II.
2. Issu du décret du 26 juin 2006.
3. CE 10 avr. 2008, n° 296845, *Lebon*; *AJDA* 2008, 730.
4. C. mon. fin., art. L. 561-3, II.
5. C. mon. fin., art. L. 561-33.
6. Décr. n° 2009-1087, 2 sept. 2009.
7. C. mon. fin., art. R. 561-31.
8. C. mon. fin., art. L. 561-36.
9. L. 31 déc. 1971, art. 17 et 21-1.
10. Crim. 12 mars 1886, *D.* 1887, 1, 89.
11. Crim. 19 déc. 1885, *D.* 1886, 1, 947.
12. Crim. 22 déc. 1966, n° 66-92.897, *Bull. crim.*, n° 305; *D.* 1967, 122.

4° une personne tenue au secret ne peut confier au procureur de la République les choses qu'elle a reçues sous la condition du secret et doit strictement se limiter aux seuls faits précis lui portant préjudice[1];

5° l'avocat ne peut donc révéler au juge d'instruction des confidences reçues en cette qualité et violer ainsi les dispositions de l'article 226-13 du Code pénal. Tel est le cas par exemple de révélations faites par un avocat sur un entretien avec un client.

1. CA Lyon, 17 janv. 1981, *Gaz. Pal.* 1981, 2, 491.

CHAPITRE

37. Confidentialité des correspondances

SECTION 0 ORIENTEUR

37.00 **Plan du chapitre.**

Sect. 1 Secret de la correspondance entre avocat et client – Principe
Sect. 2 Secret de la correspondance entre avocat et client en matière judiciaire
Sect. 3 Secret de la correspondance entre avocat et client en matière juridique
Sect. 4 Secret de la correspondance entre avocat et client en matière d'écoutes téléphoniques
Sect. 5 Principe de la confidentialité des correspondances entre avocats
Sect. 6 Exceptions à la confidentialité des correspondances entre avocats : les hypothèses de non-confidentialité
Sect. 7 Foi du Palais

37.01 **Textes applicables.**

>

L. n° 71-1130, 31 déc. 1971, art. 66-5

C. pr. pén., art. 100 à 100-7 ; art. D. 69

RIN, art. 3 et 21.5.3

>

L. 31 déc. 1971, art. 66-5 [Domaine du secret professionnel]

[mod. L. n° 2004-130, 11 févr. 2004]

En toutes matières, que ce soit dans le domaine du conseil ou dans celui de la défense, les consultations adressées par un avocat à son client ou destinées à celui-ci, les correspondances échangées entre le client et son avocat, entre l'avocat et ses confrères à l'exception pour ces dernières de celles portant la mention « officielle », les notes d'entretien et, plus généralement, toutes les pièces du dossier sont couvertes par le secret professionnel.

C. pr. pén., art. 100 [Interception, enregistrement et transcription de correspondances]

En matière criminelle et en matière correctionnelle, si la peine encourue est égale ou supérieure à deux ans d'emprisonnement, le juge d'instruction peut, lorsque les nécessités de l'information l'exigent, prescrire l'interception, l'enregistrement et la transcription de correspondances émises par la voie des télécommunications. Ces opérations sont effectuées sous son autorité et son contrôle.

La décision d'interception est écrite. Elle n'a pas de caractère juridictionnel et n'est susceptible d'aucun recours.

C. pr. pén., art. 100-1 [Modalités de l'interception]

La décision prise en application de l'article 100 doit comporter tous les éléments d'identification de la liaison à intercepter, l'infraction qui motive le recours à l'interception ainsi que la durée de celle-ci.

C. pr. pén., art. 100-2 [Durée de l'interception]

Cette décision est prise pour une durée maximum de quatre mois. Elle ne peut être renouvelée que dans les mêmes conditions de forme et de durée.

C. pr. pén., art. 100-3 [Installation du dispositif d'interception]

Le juge d'instruction ou l'officier de police judiciaire commis par lui peut requérir tout agent qualifié d'un service ou organisme placé sous l'autorité ou la tutelle du ministre chargé des télécommunications ou tout agent qualifié d'un exploitant de réseau ou fournisseur de services de télécommunications autorisé, en vue de procéder à l'installation d'un dispositif d'interception.

C. pr. pén., art. 100-4 [Procès-verbal]

Le juge d'instruction ou l'officier de police judiciaire commis par lui dresse procès-verbal de chacune des opérations d'interception et d'enregistrement. Ce procès-verbal mentionne la date et l'heure auxquelles l'opération a commencé et celles auxquelles elle s'est terminée.

Les enregistrements sont placés sous scellés fermés.

C. pr. pén., art. 100-5 [Transcription de la correspondance]

[mod. par L. n° 2005-1549, 12 déc. 2005 ; L. n° 2010-1, 4 janv. 2010]

Le juge d'instruction ou l'officier de police judiciaire commis par lui transcrit la correspondance utile à la manifestation de la vérité. Il en est dressé procès-verbal. Cette transcription est versée au dossier.

Les correspondances en langue étrangère sont transcrites en français avec l'assistance d'un interprète requis à cette fin.

À peine de nullité, ne peuvent être transcrites les correspondances avec un avocat relevant de l'exercice des droits de la défense.

À peine de nullité, ne peuvent être transcrites les correspondances avec un journaliste permettant d'identifier une source en violation de l'article 2 de la loi du 29 juillet 1881 sur la liberté de la presse.

C. pr. pén., art. 100-6 [Destruction des enregistrements]

Les enregistrements sont détruits, à la diligence du procureur de la République ou du procureur général, à l'expiration du délai de prescription de l'action publique.

Il est dressé procès-verbal de l'opération de destruction.

C. pr. pén., art. 100-7 [Information du bâtonnier]

[mod. par L. n° 93-1013, 24 août 1993; L. n° 95-125, 8 févr. 1995; L. n° 2004-204, 9 mars 2004, art. 5, *JO* 10]

Aucune interception ne peut avoir lieu sur la ligne d'un député ou d'un sénateur sans que le président de l'assemblée à laquelle il appartient en soit informé par le juge d'instruction.

Aucune interception ne peut avoir lieu sur une ligne dépendant du cabinet d'un avocat ou de son domicile sans que le bâtonnier en soit informé par le juge d'instruction.

Aucune interception ne peut avoir lieu sur une ligne dépendant du cabinet d'un magistrat ou de son domicile sans que le premier président ou le procureur général de la juridiction où il réside en soit informé.

Les formalités prévues par le présent article sont prescrites à peine de nullité.

C. pr. pén., art. D. 69 [Lettres des prévenus]

Les lettres adressées sous pli fermé par les prévenus à leur défenseur, ainsi que celles que leur envoie ce dernier, ne sont pas soumises au contrôle visé à l'article D. 416, s'il peut être constaté sans équivoque qu'elles sont réellement destinées au défenseur ou proviennent de lui.

À cet effet, les mentions utiles doivent être portées sur leur enveloppe pour indiquer la qualité et l'adresse professionnelle de leur destinataire ou de leur expéditeur.

C. pén., art. 226-15

[Ord. n° 2000-916, 19 sept. 2000, art. 3, *JO* 22]

Le fait, commis de mauvaise foi, d'ouvrir, de supprimer, de retarder ou de détourner des correspondances arrivées ou non à destination et adressées à des tiers, ou d'en prendre frauduleusement connaissance, est puni d'un an d'emprisonnement et de 45 000 euros d'amende.

Est puni des mêmes peines le fait, commis de mauvaise foi, d'intercepter, de détourner, d'utiliser ou de divulguer des correspondances émises, transmises ou reçues par la voie des télécommunications ou de procéder à l'installation d'appareils conçus pour réaliser de telles interceptions.

RIN, art. 3 [Confidentialité – Correspondances entre avocats]

Principes.

3.1 Tous échanges entre avocats, verbaux ou écrits quel qu'en soit le support (papier, télécopie, voie électronique...), sont par nature confidentiels.

Les correspondances entre avocats, quel qu'en soit le support, ne peuvent en aucun cas être produites en justice, ni faire l'objet d'une levée de confidentialité.

Exceptions.

3.2 Peuvent porter la mention officielle et ne sont pas couverts par le secret professionnel, au sens de l'article 66.5 de la loi du 31 décembre 1971 :

• une correspondance équivalant à un acte de procédure;

• une correspondance ne faisant référence à aucun écrit, propos ou éléments antérieurs confidentiels.

Ces correspondances doivent respecter les principes essentiels de la profession définis par l'article 1 du présent règlement.

Relations avec les avocats de l'UE.

3.3 Dans ses relations avec les avocats inscrits au barreau d'un État Membre de l'Union européenne, l'avocat est tenu au respect des dispositions de l'article 5-3 du Code de déontologie des avocats de l'Union européenne, ci-après article 21.

Relations avec les avocats étrangers.

3.4 Dans ses relations avec un avocat inscrit à un barreau en dehors de l'Union européenne, l'avocat doit, avant d'échanger des informations confidentielles, s'assurer de l'existence, dans le pays où le confrère étranger exerce, de règles permettant d'assurer la confidentialité de la correspondance et, dans la négative, conclure un accord de confidentialité ou demander à son client s'il accepte le risque d'un échange d'informations non confidentielles.

RIN, art. 21.5.3 [Correspondance entre avocats de l'Union européenne]

21.5.3.1 L'avocat qui entend adresser à un confrère d'un autre État membre des communications dont il souhaite qu'elles aient un caractère confidentiel ou « without prejudice » doit clairement exprimer cette volonté avant l'envoi de la première de ces communications.

21.5.3.2 Si le futur destinataire des communications n'est pas en mesure de leur donner un caractère confidentiel ou « without prejudice », il doit en informer l'expéditeur sans délai.

37.02 Jurisprudence de référence.

> Application dans le temps de l'article 66-5 de la loi du 31 décembre 1971

• **Civ. 1re, 14 mars 2000, n° 97-17.782,** *Bull. civ.* I, n° 91; *D.* 2002, somm. 857; *JCP* 2000, I, 231, n° 15.

* V. ss n° 37.11.

« Mais attendu que la loi nouvelle a vocation à régir les effets des situations légales postérieures à son entrée en vigueur; que les dispositions d'ordre public du nouvel article 66-5 de la loi du 31 décembre 1971, dans sa rédaction issue de la loi du 7 avril 1997, suivant lesquelles les correspondances entre avocats sont couvertes par le secret professionnel, sont dès lors applicables à des correspondances antérieures à cette loi et faisant l'objet à cette dernière date d'un litige quant à leur communication non encore définitivement tranché ; qu'il s'ensuit que le moyen n'est fondé en aucune de ses branches. »

• **Civ. 1re, 3 mai 2006, no 04-17.259,** *Bull. civ.* I, no 207, www.dalloz.fr, obs. Guiomard.

* V. ss no 37.11.

« Mais attendu, que [...], la cour d'appel a décidé, à bon droit, que l'article 34 de la loi no 2004-130 du 11 février 2004 s'appliquait aux correspondances litigieuses échangées avant son entrée en vigueur, dès lors qu'elles n'avaient pas fait l'objet, à cette date, d'un litige quant à leur communication définitivement tranché ; qu'il s'en suit que la première branche est inopérante et la seconde mal fondée ;

par ces motifs : rejette le pourvoi ; »

> **Interdiction de la levée de confidentialité par le bâtonnier**

• **CA Aix-en-Provence, 21 mars 2000,** *JCP* 2000, IV, 2902.

* V. ss no 37.54.

• **Civ. 1re, 7 déc. 2004, no 02-16.562,** *Bull. civ.* I, no 299.

* V. ss no 37.54.

« [...] Vu l'article 66-5 modifié de la loi du 31 décembre 1971 dans sa rédaction antérieure à la loi no 2004-130 du 11 février 2004 ;

Attendu qu'il résulte de ce texte que toutes les correspondances échangées entre avocats sont couvertes par le secret professionnel ;

Qu'en refusant, dès lors, d'annuler la décision du bâtonnier de l'Ordre des avocats au barreau de la Guyane ayant autorisé la production en justice de correspondances échangées entre avocats alors qu'elle avait été prise en violation du texte susvisé, la cour d'appel a violé ce texte ;

Par ces motifs, et sans qu'il y ait lieu de statuer sur les deux premières branches du moyen :

Casse et annule, dans toutes ses dispositions, l'arrêt rendu le 25 janvier 2002, entre les parties, par la cour d'appel de Fort-de-France ; »

> **Production spontanée aux débats par le client d'une lettre dont il est l'auteur**

• **Com. 6 juin 2001, no 98-18.577,** *Bull. civ.* IV, no 110.

* V. ss no 37.22.

« Mais attendu qu'ayant relevé que la société C... avait spontanément produit aux débats la lettre litigieuse, dont elle était l'auteur, la cour d'appel en a exactement déduit que l'intéressée n'était pas recevable à invoquer un secret professionnel portant sur des informations qu'elle avait elle-même rendues publiques ; que le moyen n'est pas fondé. »

> **Écoutes téléphoniques d'un avocat participant à une infraction**

• **Crim. 15 janv. 1997, no 96-83.753,** *Bull. crim.*, no 14 ; *Procédures* 1997, comm. no 126, note Buisson ; *Dr. pén.* 1997, comm. no 55, note Maron ; 8 nov. 2000, *JCP* 2001, I, 348, no 10, obs. Martin.

* V. ss no 37.45.

« Vu l'ordonnance du 15 novembre 1996 par laquelle le président de la chambre criminelle a, en application des articles 570 et 571 du Code de procédure pénale, prescrit l'examen immédiat du pourvoi ;

Vu le mémoire produit ;

Sur le moyen unique de cassation, pris de la violation des articles 100, 100-7 et 593 du Code de procédure pénale, 226-13, 226-15 du Code pénal, 66-5 de la loi du 31 décembre 1971, violation des droits de la défense :

[...]

Vu lesdits articles ;

Attendu que, si le juge d'instruction est, selon l'article 100 du Code de procédure pénale, investi du pouvoir de prescrire, lorsque les nécessités de l'information l'exigent, l'interception, l'enregistrement et la transcription de correspondances émises par la voie des télécommunications, ce pouvoir trouve sa limite dans le respect des droits de la défense, qui commande notamment la confidentialité des correspondances téléphoniques de l'avocat désigné par la personne mise en examen ; qu'il ne peut être dérogé à ce principe qu'à titre exceptionnel, s'il existe contre l'avocat des indices de participation à une infraction ;

Attendu que, pour refuser d'annuler la commission rogatoire du juge d'instruction prescrivant l'écoute des lignes téléphoniques, professionnelle et personnelles, de Me R..., avocat chargé, avant la délivrance de cette commission rogatoire, de la défense de R. O..., et désigné, pendant le cours de son exécution, par A. H..., les juges, après avoir souligné que le respect des droits de la défense ne permet une telle mesure que pour des motifs particulièrement sérieux, énoncent que Me R... a participé au mois de novembre 1993, dans un restaurant de J..., à un déjeuner réunissant, avec A. H..., plusieurs fournisseurs habituels de voitures volées, parmi lesquels deux multirécidivistes qui envisageaient l'achat d'un terrain ; qu'ils ajoutent que l'une des personnes mises en examen a été trouvée en possession d'une carte de visite de cet avocat ;

Que les juges en déduisent que, "sauf si, par extraordinaire, il ignorait le passé de ses convives, le comportement de Me R... apparaît bien peu conforme aux exigences de dignité et de délicatesse de sa profession", et "qu'en tout cas, il est seul responsable par ce comportement, au moins imprudent, d'une mesure qui, si elle n'est pas prohibée, devrait rester tout à fait exceptionnelle" ;

Mais attendu qu'en l'état de ces seuls motifs, qui n'établissent pas que le juge d'instruction ait été, à la date où il a prescrit l'interception, en possession d'indices de participation de Me R... à une activité délictueuse, la chambre d'accusation n'a pas justifié sa décision au regard du principe ci-dessus rappelé ;

D'où il suit que la cassation est encourue de ce chef. »

• **Crim. 1er oct. 2003, no 03-82.909,** *Bull. crim.*, no 177 ; *D.* 2004, somm. 671, obs. Pradel ; Mien et Luciani, « Nouvelle entaille dans les droits de la défense : la liberté de communication entre l'avocat et son client remise en cause », *AJ pénal* 2003, 64.

* V. ss no 37.41.

« [...] Vu les mémoires produits ;

Attendu qu'il résulte de l'arrêt attaqué et des pièces de la procédure qu'une information a été ouverte des chefs, notamment, d'homicide involontaire et de mise en danger d'autrui, à la suite du décès de Laurence H... et d'Arnaud I..., atteints du nouveau variant de la maladie de Creutzfeldt-Jakob; que les recherches s'étant orientées vers la société Districoupe, fournisseur de la société de restauration Buffalo Grill, les officiers de police judiciaire, sur commission rogatoire, en date du 8 janvier 2001, ont effectué diverses investigations au sein de la société Districoupe; qu'un réquisitoire supplétif a été délivré le 2 décembre 2002 du chef de tromperie sur la qualité d'une marchandise dangereuse pour la santé de l'homme, mise en danger d'autrui, faux et usage de faux, complicité; que, par commission rogatoire, le juge d'instruction a prescrit l'interception des conversations échangées sur la ligne téléphonique dont Christian X..., président du conseil de surveillance de la société Buffalo Gill et ancien dirigeant de la société Districoupe, était titulaire; que Christian X..., Francis Z..., président en exercice de la société Districoupe, Daniel Y... et Nicolas A..., employés par cette société, ont été mis en examen, notamment, du chef d'homicide involontaire et de mise en danger d'autrui;

Attendu que le magistrat instructeur a saisi la chambre de l'instruction afin qu'elle statue sur la régularité de la transcription de certaines conversations téléphoniques échangées entre Christian X... et ses avocats; que Christian X..., Francis Z... et Nicolas A... ont déposé des requêtes en annulation d'actes de la procédure; que ces trois requérants, ainsi que Daniel Y..., ont présenté, devant la chambre de l'instruction, des mémoires invoquant également la nullité d'autres actes;

[...]

Attendu que le juge d'instruction, qui avait prescrit, par commission rogatoire, l'interception des correspondances émises ou reçues sur la ligne téléphonique de Christian X..., mesure prolongée après la mise en examen de ce dernier, a saisi la chambre de l'instruction afin qu'elle statue sur la régularité de la transcription, figurant au dossier, de conversations échangées avec ses avocats;

Attendu qu'ayant annulé certaines de ces transcriptions, au motif que les conversations concernaient l'exercice des droits de la défense, l'arrêt attaqué a refusé d'annuler la transcription d'autres communications en relevant que les propos tenus par l'avocat étaient, pour partie, propres à faire présumer la commission par ce dernier de violations du secret professionnel et, pour les autres, pouvaient constituer un outrage à magistrat;

Attendu qu'en prononçant ainsi, la chambre de l'instruction a justifié sa décision;

Que, d'une part, le juge d'instruction tient des articles 81 et 100 du Code de procédure pénale, le pouvoir de prescrire, lorsque les nécessités de l'information l'exigent, l'interception, l'enregistrement et la transcription des correspondances émises par la voie des télécommunications par une personne mise en examen, dès lors que n'est pas en cause l'exercice des droits de la défense;

Que, d'autre part, le principe de la confidentialité des conversations échangées entre une personne mise en examen et son avocat, ne saurait s'opposer à la transcription de certaines d'entre elles, dès lors qu'il est établi, comme en l'espèce, que leur contenu est de nature à faire présumer la participation de cet avocat à des faits constitutifs d'une infraction, fussent-ils étrangers à la saisine du juge d'instruction;

D'où il suit que le moyen ne saurait être accueilli [...] ».

• **Crim. 18 janv. 2006, n° 05-86.447,** *Bull. crim.*, n° 22; *AJ pénal* 2006, 126, obs. Girault, Dourneau-Josette; « La confidentialité des communications entre l'avocat et son client : un (nécessaire) état des lieux », *AJ pénal* 2006, 254.

* V. s[s] n° 37.46.

« [...] Vu les articles 66-5 de la loi du 31 décembre 1971, 100-5 et 206 du Code de procédure pénale, 8 de la Convention européenne des droits de l'homme;

Attendu qu'il résulte de ces textes que, même si elle est surprise à l'occasion d'une mesure d'instruction régulière, la conversation entre un avocat et l'un de ses clients ne peut être transcrite et versée au dossier de la procédure que s'il apparaît que son contenu est de nature à faire présumer la participation de cet avocat à une infraction; que la violation de ce principe doit être relevée, même d'office, par la chambre de l'instruction chargée d'examiner, en application de l'article 206 du Code de procédure pénale, la régularité de la procédure qui lui est soumise;

[...]

– qu'en statuant ainsi, sans rechercher, comme elle y était tenue, s'il avait été porté atteinte au principe de la confidentialité des conversations téléphoniques entre un avocat et un client, la chambre de l'instruction a méconnu le sens et la portée des textes susvisés et du principe énoncé ci-dessus;

D'où il suit que la cassation est encourue [...]. »

37.03 Bibliographie indicative.

Actualisables. RÉP. PÉN., *V° Secret professionnel*, par Py; *V[is] Défense pénale*, par Saint-Pierre; *Écoutes téléphoniques judiciaires*, par Dourneau-Josette et *Instruction préparatoire*, par Guéry.

Ouvrage. Saint-Pierre, *Le guide de la défense pénale*, Dalloz, 5e éd., 2011.

Articles. Albarède, « Le régime juridique des écoutes téléphoniques judiciaires », *Gaz. Pal.* 4 janv. 1997, p. 2 – Alexander, « La correspondance de l'avocat », *Gaz. Pal.* 1997, 1, doctr. 212 et *Gaz. Pal.* 1998, 2, doctr. 873 – Chevalier, « La correspondance entre avocats », *Gaz. Pal.* 1958, 1, doctr. 19 – Coulaud, « Correspondances confidentielles échangées entre un avocat et des professionnels n'ayant pas la qualité d'avocat », *Gaz. Pal.* 1998, 1, doctr. 136 – Damien, « La foi du Palais », *RT barreau Versailles* juill.-sept. 1996, p. 9 s. – Dourneau-Josette, « La confidentialité des communications entre l'avocat et son client : un (nécessaire) été des lieux » (à propos de Crim. 18 janv. 2006, n° 05-86.447), *AJ pénal* 2006, 254 – Landry, « La confidentialité des correspondances entre avocats », *Gaz. Pal.* 1998, 1, doctr. 290 – Martin, « La confidentialité des correspondances entre avocats adverses », *JCP* 1994, I, 3787 (et rectif. *JCP* 1994, I, 3792 *bis*); « La confidentialité des correspondances entre avocats – après la loi du 7 avril 1997 », *JCP* 1998, I, 108 – Mien et Luciani, « Nouvelle entaille dans les droits de la défense : la liberté de communication entre l'avocat et son client remise en cause (à propos de Crim. 1er oct. 2003, n° 03-82.909) », *AJ pénal* 2004, 133 – Pons, « Correspondances à finalité transactionnelle entre avocats et secret professionnel », *LPA* 26 févr. 2003, n° 41, p. 5 – Py, « Secret professionnel : le syndrome des assignats ? », *AJ pénal* 2004, 133 – Pradel, « Écoutes téléphoniques et Convention européenne des droits de l'homme », *D.* 1990, chron. 15 – Robinot-Lafortune et Damien, « La foi du Palais, rempart de la confiance confraternelle entre avocats », *Gaz. Pal.* 29 mars 1994, p. 2 – Varaut et Ruet, « Secret professionnel et confidentialité dans les professions juridiques et judiciaires », *Gaz. Pal.* 10-12 août 1997, p. 2.

SECTION 1
SECRET DE LA CORRESPONDANCE ENTRE AVOCAT ET CLIENT – PRINCIPE

37.11 Principe. Le secret de la correspondance est une expression de la protection du secret professionnel comme *droit* de l'avocat et son client à la confidentialité. Confidentialité envisagée alors comme un élément *nécessaire* à l'exercice même de la profession d'avocat, au bon fonctionnement d'une justice démocratique et donc à l'*intérêt général* (v. ss n° 36.11). Depuis le XIXe siècle il est reconnu qu'une lettre écrite (aujourd'hui sont évidemment concernés, télécopie, mel ou message électronique, SMS, *etc.*) à son avocat par son client est inviolable, non seulement quand elle est parvenue à destination dans le cabinet de l'avocat ou qu'elle a été déposée à son adresse par le bureau de l'administration des postes, mais alors même qu'elle est encore en possession de l'accusé ou des tiers auxquels il l'a confiée[1]. Il en va de même du courrier écrit par l'avocat à son client.

Depuis la loi du 7 avril 1997[2] ayant réécrit l'article 66-5 de la loi du 31 décembre 1971, les correspondances échangées entre le client et l'avocat sont couvertes par le secret professionnel, tant en matière de conseil qu'en matière judiciaire (v. ss n° 36.31). Les dispositions de l'article 66-5 étant d'ordre public, elles sont applicables à des correspondances antérieures à l'entrée en vigueur de la loi du 7 avril 1997, dès lors qu'elles font l'objet, à cette date, d'un litige quant à leur communication non définitivement tranché[3].

1. Crim. 12 mars 1886, S. 1887, 1, 89; *DP* 1886, 345.
2. L. n° 97-308, 7 avr. 1997.

SECTION 2
SECRET DE LA CORRESPONDANCE ENTRE AVOCAT ET CLIENT EN MATIÈRE JUDICIAIRE

37.21 Fondement : le respect des droits de la défense. Ce principe de la confidentialité de la correspondance entre client et avocat a été dégagé par la jurisprudence au nom du respect de la libre défense qui domine toute la procédure criminelle et commande de respecter les communications des accusés avec les avocats qu'ils ont choisis, qu'ils désirent choisir comme défenseurs ou qu'ils ont consultés à l'occasion d'une procédure née ou à naître. Il est aujourd'hui largement consacré par les textes[4].

Une jurisprudence constante rappelle souvent ce fondement propre à l'activité judiciaire de l'avocat[5].

37.22 Contenu du principe de confidentialité. Il s'étend à tout mode de correspondance. Ainsi des lettres missives, lettres acheminées par le service des Postes[6], lettres acheminées de manière irrégulière[7], télégrammes, télex... Il doit de même s'appliquer aux correspondances entre client et avocat par le moyen du téléphone[8] ou de la messagerie électronique. La correspondance ne peut être ni saisie, ni consultée par des tiers.

• **Même si la lettre contient des instructions coupables.** La Cour de cassation a admis que des correspon-

3. Civ. 1re, 14 mars 2000, n° 97-17.782, *Bull. civ.* I, n° 91; *D.* 2002, somm. 807, obs. Blanchard; *D.* 2000, IR 103; *JCP* 2000, I, 2131, n° 15; *Gaz. Pal.* 2000, somm. 1572 – CA Paris, 15 mars 2001, *D.* 2001, IR 1770 – ÉGALT : Civ. 1re, 27 sept. 2005, n° 03-19.801, *Bull. civ.* I, n° 344; *D.* 2005, IR 2704; *Gaz. Pal.* 2005, somm. 4233 – Civ. 1re, 3 mai 2006, n° 04-17.259, *Bull. civ.* I, n° 207; *D.* 2006, IR 1400; dalloz.fr, obs. Guiomard; *Gaz. Pal.* 2006, somm. 4033.
4. L. 31 déc. 1971, art. 66-5, mod. – Décr. 12 juill. 2005, art. 4 – RIN, art. 2 – C. pr. pén., art. 100-5 et 100-7, *etc.*
5. Crim. 12 mars 1886, *D.* 1887, 1, 89 – CA Versailles, 28 avr. 1982, *Gaz. Pal.* 1982, 1, 310, note A. D. – CA Bourges, 19 janv. 1984, *Gaz. Pal.* 1984, I, 344; *D.* 1985, IR 109 – TOUTEFOIS : T. Paris, 24 avr. 1984, *Gaz. Pal.* 1985, I, 82, note Darrois et Tiraqueau – Crim. 12 mars 1992, n° 91-86.843, *Bull. crim.*, n° 112; *D.* 1992, IR 198; *D.* 1993, somm. 207, obs. Pradel; *D.* 1994, somm. 134, note Brunois; *Gaz. Pal.* 1992, somm. 383, note Pradel – POSTÉRIEUREMENT : Crim. 13 déc. 2006, n° 06-87.169, *Bull. crim.*, n° 313.
6. Crim. 12 mars 1886, *D.* 1887, 1, 89.
7. Crim. 31 déc. 1897, S. 1898, 1, 247; S. 1898, 1, 480; *D.* 1898, 1, 146.
8. Crim. 7 mars 1994, n° 93-84.931, *Bull. crim.*, n° 87; *D.* 1994, somm. 188, note Pradel; *D.* 1994, IR 83; *D.* 1995, somm. 167, note Brunois; *Gaz. Pal.* 1994, jur. 324; jur. 325; *JCP* 1994, II, 22251, note Martin – SURTOUT : Crim. 10 mai 1994, n° 93-81.522, *Bull. crim.*, n° 180.

dances clandestines adressées de manière irrégulière par un prévenu à un avocat non encore constitué pour lui, ne peuvent être saisies même si elles contenaient des instructions coupables [1].

• **Absence de contrôle par le directeur d'un hôpital psychiatrique.** Le Conseil d'État a ainsi admis que nonobstant les dispositions des articles L. 351 et L. 355 du Code de la santé publique qui permettent au directeur d'un hôpital psychiatrique de contrôler la correspondance de ses malades internés [2], l'avocat peut correspondre avec le bénéfice du secret avec un malade interné, ancien détenu, lorsqu'il satisfait aux formalités prévues par le Code de procédure civile (dans ce cas autorisation de communiquer du procureur de la République) [3].

Tout magistrat et particulièrement le juge d'instruction, doit respecter le secret de cette correspondance.

• **La correspondance doit être écartée des débats.** Les juges saisis d'une lettre émanant d'un avocat et produite en photocopie, dans laquelle l'avocat soumet à son client les moyens qu'il entend soutenir, le montant des frais à prévoir ou le montant des honoraires, doivent l'écarter des débats; cette correspondance est confidentielle par son contenu [4]. Les correspondances entre l'avocat et son client, même si elles ne sont pas revêtues de la mention « confidentielle », sont couvertes par le secret professionnel et le client peut en demander le retrait des débats [5].

La protection de la correspondance par le secret professionnel peut toutefois être levée dans certains cas.

• **La confidentialité des correspondances ne s'impose pas au client.** La confidentialité des correspondances échangées entre l'avocat et son client ne s'imposent qu'à l'avocat et non au client. Le client peut donc utiliser une lettre adressée à lui par l'avocat et l'utiliser contre son avocat (en l'espèce, le client remet le courrier à son père, qui l'utilise contre l'avocat) [6]. La juriprudence considère en effet que « n'étant pas lui-même tenu au secret, l'auteur d'une lettre destinée à son avocat peut prendre l'initiative de produire cette correspondance en justice » [7]

• **Correspondances rendues publiques par le client.** Ainsi le client peut décider de produire en justice un courrier échangé avec son avocat. Dans ce cas, le client ne peut plus invoquer un secret professionnel portant sur les informations qu'il a lui-même rendu publiques [8].

• **Destinataire non lié par le secret professionnel.** La communication d'une lettre adressée par un avocat à son client et remise par celui-ci à son adversaire ou à un tiers, peut être autorisée dès lors que l'avocat expéditeur n'avait pas recommandé à son correspondant de la tenir pour confidentielle. L'usage qu'en fait le destinataire dans le cadre de la procédure à laquelle il est partie, ne saurait être interdit en raison du respect dû au secret professionnel auquel le destinataire n'est pas lié; il est donc libre d'en disposer à sa guise [9].

37.23 Portée du principe de confidentialité. Le caractère confidentiel survit au décès de l'expéditeur ou du destinataire. Même si elles sont devenues la propriété d'un héritier, les correspondances du défunt avec son avocat ne peuvent être produites sans l'accord de l'avocat expéditeur [10]. L'avocat d'un client demandeur en divorce et décédé durant la procédure d'appel, n'est pas tenu de remettre à la veuve ni aux héritiers les pièces de son dossier, les correspondances échangées et notamment les lettres de témoignages qu'il détient. Un arrêt de la Cour de cassation semble toutefois admettre que l'avocat d'un assuré dont il avait assumé la défense, devant le tribunal correctionnel, pouvait révéler à la compagnie d'assurances dont il était également le conseil, la teneur de ce jugement le condamnant pour conduite en état d'ivresse, au motif qu'avocat des deux clients le « secret professionnel auquel était tenu cet auxiliaire de justice n'était pas le même dans l'une et l'autre situation ».

Il est vrai, comme le souligne l'annotateur, que si l'avocat de la compagnie ne saurait révéler des circonstances qui tombent dans le champ du secret professionnel, tel n'était pas le cas en l'espèce, le passé du client souscripteur de la police figurait dans ce jugement rendu public. Toujours est-il que nous devons admettre avec l'auteur de la note que la formule utilisée par la Cour de cassation pourrait prêter à commentaire [11].

• **Étendue de la confidentialité.** Le secret professionnel couvre l'ensemble des documents faisant l'objet d'une même correspondance échangée entre avocats [12]. Un avocat avait envoyé à celui de la partie adverse un décompte des sommes dues ainsi qu'un état de ses frais et émoluments de postulation. Dans cet envoi se trouvait également une lettre (sans doute d'acquiescement), mais celle-ci était

1. Crim. 9 sept. 1897, *DP* 1898, 1, 146; *S.* 1898, 1, 480.
2. RAPPR. : CSP, art. L. 3211-3.
3. CE 12 mars 1980, n° 12572, CH spécialisé de Sarreguemines, *Lebon*, 141.
4. CA Paris, 13 nov. 1979, *Gaz. Pal.* 1980, 1, 200, note A. D.
5. Civ. 2e, 7 nov. 1994, n° 92-17.799, *Bull.*civ. II, n° 218; *D.* 1995, IR 2; *JCP* 1995, IV, 57; *Gaz. Pal.* 1995, jur. 201, note Woog; pan. 82.
6. Civ. 1re, 30 avr. 2009, n° 08-13.596, *D.* 2009. 2704, obs. Blanchard.
7. Civ. 1re, 30 sept. 2008, n° 07-17.162, *D.* 2009. 2704, obs. Blanchard – Civ. 1re, 4 avr. 2006, n° 04-20.735, *Bull. civ.* I, n° 189; *D.* 2006. IR 1184, et 2007. pan. 825, obs. Blanchard; *JCP* 2006. II. 10106, note Hocquet-Berg; *Procédures* 2006, n° 125, obs. Perrot.
8. Com. 6 juin 2001, n° 98-18.577, *Bull. civ.* IV, n° 110.
9. CA Besançon, 24 nov. 1982, *Gaz. Pal.* 1983, 1, 20, note Damien.
10. CA Paris, 8 nov. 1971, *Gaz. Pal.* 1972, 1, 96.
11. Civ. 1re, 2 avr. 1974, n° 73-10.250, *Bull. civ.* I, n° 104; *D.* 1975, 665, note Berr, Groutel.
12. Civ. 1re, 2 oct. 2007, n° 04-18.726, *Bull. civ.* I, n° 314; *JCP* 2008, I, 123, obs. Martin.

couverte par le secret professionnel. L'avocat adverse, confirmé dans son analyse par la cour d'appel, avait déduit de ces derniers documents que leur envoi à l'adversaire manifestait la volonté de celui auquel on l'oppose d'accepter la décision intervenue. La partie adverse fit alors valoir que ces documents étaient couverts par le secret professionnel s'attachant aux correspondances échangées entre avocats.

La cour d'appel, qui avait jugé que les comptes étaient des actes autonomes, non couverts par le secret, est sanctionnée par la Cour de cassation qui décide que c'est l'ensemble de l'envoi qui est couvert par le secret professionnel et qu'il n'y a pas lieu d'opérer une distinction entre la lettre elle-même et les pièces qui s'y trouvaient jointes[1].

37.24 Absence de contrôle de l'administration pénitentiaire. Le secret de la correspondance entre l'avocat et un détenu est reconnue par l'article D. 69 du Code de procédure pénale qui interdit à l'administration pénitentiaire de contrôler les plis fermés adressés par les prévenus en détention provisoire à leur défenseur ainsi que les courriers que lui envoie ce dernier. Il faut que la qualité d'avocat et l'adresse professionnelle soient inscrits sur l'enveloppe. Toutefois lorsque l'affaire est terminée, les règlements de l'administration pénitentiaire n'acceptent pas que la correspondance entre l'avocat et son ancien client soit couverte par le secret mais cette position ne semble pas pouvoir être maintenue en raison de la jurisprudence européenne.

• **Violation de l'article 8 de la CEDH.** L'arrêt Campbell c/Royaume-Uni rendu en 1992[2] par la Cour européenne des droits de l'homme concernait la question de la validité de l'ingérence des autorités administratives prévue par un règlement pénitentiaire écossais de 1952. La Cour précise que quel que soit le contenu, professionnel ou privé, de la correspondance échangée entre le client et son *sollicitor*, celle-ci doit demeurer confidentielle. Elle en conclut que l'ouverture et la lecture de cette correspondance constituaient une violation de l'article 8 de la Conv. EDH.

SECTION 3
SECRET DE LA CORRESPONDANCE ENTRE AVOCAT ET CLIENT EN MATIÈRE JURIDIQUE

37.31 La loi du 7 avril 1997 contre la jurisprudence de la Chambre criminelle. La confidentialité des correspondances entre l'avocat et son client doit également être respectée dans le cadre des activités juridiques de l'avocat. Aux termes de l'article 66-5 de la loi du 31 décembre 1971, tel que modifié par l'article 4 de la loi du 7 avril 1997[3] : « *En toutes matières, que ce soit dans le domaine du conseil ou dans celui de la défense*, les *consultations* adressées par un avocat à son client ou destinées à celui-ci, les *correspondances* échangées entre le client et son avocat » sont couvertes par le secret professionnel. La loi du 7 avril 1997 a constitué un véritable bouleversement : incité par le CNB, le législateur entendait mettre fin à la jurisprudence de la Chambre criminelle qui refusait le secret dû aux correspondances adressées dans la mission de conseil d'un avocat (v. s^s^ n° 36.31).

• **Une jurisprudence contestable.** Cette jurisprudence de la chambre criminelle refusait l'application du secret professionnel en matière juridique aux motifs que le respect des droits de la défense n'était pas en cause[4] lorsque l'avocat conseille son client en matière juridique. La chambre criminelle ne semble pas avoir totalement abandonné cette solution fondée sur une appréciation au cas par cas de la violation ou non des *droits de la défense* et détriment, comme l'exige semble-t-il la loi après trois interventions concordantes du législateur, d'une défense *objective* du secret professionnel (v. s^s^ n° 36.31).

37.32 Saisie de la correspondance : perquisitions (v. s^s^ n° 36.71). La correspondance entre avocat et client, même ne portant pas sur un acte de défense et relevant de la consultation juridique, est protégée par le secret professionnel : elle ne peut être saisie. Toutefois, dans le cadre d'une perquisition, une saisie peut être pratiquée par le juge d'instruction dans les conditions de l'article 56-1 du Code de procédure pénale (récemment renforcées par le législateur v. s^s^ n° 36.72) ou par des agents des administrations fiscales ou douanières ou par ceux de la direction de la concurrence qui ne sont pas contraints de respecter les formalités prescrites par le Code de procédure pénale[5].

• **Limite issue de la jurisprudence communautaire.** La CJCE (devenue CJUE) a encore limité ce droit de saisie dans un cas où le commissaire de la concurrence de la commission entendait utiliser une consultation donnée par un avocat à une société soupçonnée de pratiques anticoncurrentielles. Elle jugea que les communications

1. Civ. 1re, 2 oct. 2007, n° 04-18.726, *Bull. civ.* I, n° 314, préc. (v. s^s^ prés^t^ n°).
2. CEDH 25 mars 1992, n° 13590/88.
3. CONFIRMÉ en dernier lieu par : L. n° 2004-130, 11 févr. 2004, art. 34.
4. Crim. 7 mars 1994, n° 93-84.931, *Bull. crim.*, n° 87 ; *D.* 1995, somm. 167, obs. Brunois ; *JCP* 1994, II, 22251, note Martin – Crim. 7 mars 1994, n° 93-84.931, *Bull. crim.*, n° 87 ; *JCP* 1994, II, 22251, note Martin – Crim. 30 sept. 1991, n° 91-84.403, *Bull. crim.*, n° 320 ; *JCP* 1992, II, 21858, note Martin ; *D.* 1992, jur. 323, note Gavalda – ÉGAL^T^ : CA Paris, 17 mai 1996, *D.* 1996, jur. 353, note Fortin.
5. CA Versailles, 28 avr. 1982, *Gaz. Pal.* 1982, 1, 310.

écrites échangées entre l'avocat et son client ne pouvaient être produites devant la Commission, au nom du secret professionnel de l'avocat qui constitue *une norme communautaire.*[1]

• **Pouvoirs du juge d'instruction – Restitution de la correspondance saisie.** La Cour de cassation a considéré qu'il résulte des articles 97 et 98 du Code de procédure pénale et de l'article 8 de la Conv. EDH que le juge d'instruction peut s'opposer à la restitution de documents saisis dans le cabinet d'un avocat et couverts par le secret professionnel, dès lors que leur maintien sous la main de justice en vue de déterminer l'existence d'infractions pénales est nécessaire à la manifestation de la vérité et qu'il ne porte pas atteinte aux droits de la défense[2], solution manifestement contraire à la lettre et l'esprit de la loi[3] (v. s^s n° 36.32).

37.33 Saisie de la correspondance : infraction commise par l'avocat. La saisie des correspondances entre l'avocat et son client doit demeurer exceptionnelle. Une saisie peut toutefois être ordonnée ou maintenue si les documents saisis sont de nature à établir la preuve de la participation de l'avocat à une infraction[4]. Dans un tel cas, l'avocat ne peut invoquer l'atteinte portée au secret professionnel pour exiger la restitution des correspondances saisies[5].

37.34 Saisie pratiquée au cours d'une autre procédure. La chambre criminelle de la Cour de cassation a suivi une évolution favorable aux droits de la défense, comme l'illustre cet arrêt qui donne une interprétation extensive de la protection des correspondances entre l'avocat et son client (sur les écoutes téléphoniques, v. s^s n° 37.41).

En s'appuyant sur l'article 66-5 de la loi du 31 décembre 1971 et sur les articles 6 et 8 de la Conv. EDH, la Cour de cassation applique le principe des droits de la défense à des saisies pratiquées non pas au cabinet de l'avocat mais au domicile de l'un de ses clients. Elle annule la saisie de correspondances se rapportant à une procédure étrangère à celle qui était soumise à la Chambre d'accusation. Au cours d'une perquisition effectuée au domicile d'une personne mise en examen, des policiers ont saisi une correspondance que lui avait adressée son avocat ainsi qu'un brouillon manuscrit de réponse de l'intéressé. La chambre d'accusation de la cour d'appel avait refusé d'annuler cette saisie, jugeant que ces lettres, qui concernaient une condamnation du client dans une instance pénale distincte, n'intéressaient pas les droits de la défense dans l'affaire qui lui était soumise. La chambre criminelle casse cet arrêt au motif que les courriers « n'étaient pas dépourvus de tout lien avec l'exercice des droits de la défense »[6].

• **L'avocat commet-il une infraction en conservant certains documents ?** Une autre limite au secret professionnel serait le crime ou le délit commis par l'avocat complice de personnes mises en examen dont il n'assure pas le conseil, au moyen de documents dont il assurerait la conservation et la sauvegarde[7].

SECTION 4
SECRET DE LA CORRESPONDANCE ENTRE AVOCAT ET CLIENT EN MATIÈRE D'ÉCOUTES TÉLÉPHONIQUES

37.41 Loi du 10 juillet 1991 : art. 100 à 100-7 du Code de procédure pénale. L'arrêt Kruslin de la Cour européenne des droits de l'homme (CEDH) est à l'origine de la loi du 10 juillet 1991[8] organisant le régime des écoutes téléphoniques et codifiée aux articles 100 à 100-7 du Code de procédure pénale[9]. En vertu de ces dispositions, le juge d'instruction peut mettre l'avocat sur écoute pour les nécessités d'une information en matière criminelle ou correctionnelle. Cependant, en vertu de l'article 100-7, aucune interception ne peut avoir lieu sur une ligne dépendant d'un cabinet d'avocat ou de son domicile sans que le bâtonnier en soit informé par le juge d'instruction (y compris en cas de criminalité organisée[10]). Cette information est prescrite à peine de nullité des écoutes ordonnées. Le dispositif posé par l'article 100-7 s'inspire de la procédure de perquisition du cabinet ou du domicile de l'avocat telle que prévue par l'article 56-1 du Code de procédure pénale.

Le bâtonnier ainsi informé doit, nous semble-t-il, en avertir l'avocat mis sur écoute pour protéger le

1. CJCE 18 mai 1982, n° 155/79, *AM & S Europe Limited*, *Gaz. Pal.* 1982, 1, 328, note Véron; *D.* 1983, IR 386, obs. Cartou – SUR CET ARRÊT : Damien, *Gaz. Pal.* 1982, 2, doctr. 437.
2. Crim. 30 juin 1999, n° 97-86.318, *Bull. crim.*, n° 172; *D.* 1999, jur. 458; somm. 322, notes Pradel; *JCP* 1999, II, 10177, note Martin; *Procédures* 1999, comm. n° 236, note Buisson; *Dr. pén.* 1999, comm. n° 155, note Maron.
3. L. 31 déc. 1971, art. 66-5.
4. Crim. 12 mars 1992, n° 91-86.843, *Bull. crim.*, n° 112; *D.* 1993, somm. 207, obs. Pradel; *D.* 1994, somm. 134, note Brunois; *Gaz. Pal.* 1992, somm. 383, note Pradel – Crim. 20 janv. 1993, n° 92-85.548, *Bull. crim.*, n° 29 – Crim. 27 oct. 2004, n° 04-81.513, *Bull. crim.*, n° 259.
5. Crim. 1er mars 2006, n° 05-87.252, *Bull. crim.*, n° 60 – Crim. 5 oct. 1999, n° 98-80.007, *Bull. crim.*, n° 206 – Crim. 5 juin 1975, n° 74-92.792, *Bull. crim.*, n° 146.
6. Crim. 13 déc. 2006, n° 06-87.169, *Bull. crim.*, n° 313; *D.* 2007, 306, obs. Girault et Pradel.
7. T. corr. Paris, 19 mars 1974, *Gaz. Pal.* 1974, 1, 376; *RSC* 1974, 602, obs. Bouzat.
8. L. n° 91-646, 10 juill. 1991.
9. POUR UNE ÉTUDE DÉTAILLÉE : Dourneau-Josette, RÉP. PÉN., V° *Écoutes téléphoniques judiciaires* et Guéry, RÉP. PÉN., V° *Instruction préparatoire*.
10. C. pr. pén., art. 706-95, renvoyant aux art. 100-3 à art. 100-7.

secret professionnel que l'avocat doit respecter avec ses autres clients.

• **Nullité des transcriptions portant atteinte aux droits de la défense.** En dehors du cas exceptionnel et après information du bâtonnier où l'avocat peut être placé sous écoutes[1], la loi du 12 décembre 2005 est venue renforcer la protection des correspondances entre l'avocat et son client en posant de façon générale, et quelle que soit la ligne écoutée même de façon incidente, qu'« à peine de nullité, ne peuvent être transcrites les correspondances avec un avocat relevant de l'exercice des droits de la défense »[2]. Cette nouvelle nullité textuelle devrait en partie mettre fin à une certaine jurisprudence qui avait incontestablement affaibli la confidentialité des correspondances y compris en matière de défense[3]. La chambre criminelle semble, au moins partiellement, prendre acte de cette évolution[4].

La CEDH a jugé que les perquisitions, qui sont des « ingérences », au sens de l'article 8 de la CEDH, doivent être fondées sur des motifs jugés suffisants au regard de la défense de la liberté de la presse et de la confidentialité des sources pour être conformes à l'article 10 de la CEDH. La perquisition au cabinet de l'avocat, qui a pour but de déceler la source dudit journaliste, a des répercussions sur les droits garantis par l'article 10, et son caractère disproportionné par rapport au but visé, notamment au vu de la célérité avec laquelle elle fut effectuée, méconnaît l'article 8 de la Convention[5]. Par suite de cette jurisprudence de la CEDH, le bâtonnier devient le garant de la liberté de la presse[6].

37.42 Écoutes téléphoniques et activités juridiques de l'avocat. On a admis qu'en matière juridique l'avocat conservait ses privilèges des droits de la défense, même en dehors de toute intervention judiciaire (v. s^{s} n° 36.31). Il doit en être de même en matière de secret professionnel et de licéité des écoutes téléphoniques : cette solution est renforcée par la loi du 12 décembre 2005 (v. s^{s} n° 37.41).

37.43 Écoutes téléphoniques et exercice en commun de la profession. La mise sur écoute d'une ligne téléphonique d'un cabinet, lorsque l'avocat écouté exerce sa profession avec d'autres personnes, conduit à la violation répétée du secret professionnel et à la nécessité pour le bâtonnier d'en informer ses confrères dudit cabinet. Alors qu'un seul avocat est concerné, d'autres, qu'ils soient ses associés, ses collaborateurs ou ses salariés, seront par la force des choses également écoutés.

• **Annulation des écoutes effectuées sur la ligne d'une SCP d'avocats.** Déjà, avant la loi du 21 décembre 2005, c'est ce qu'avait décidé la cour d'appel de Poitiers le 24 novembre 1998 dans le cadre d'un contrôle de légalité.

37.44 Conditions de l'écoute de la ligne téléphonique de l'avocat. Outre le respect de la formalité de l'information du bâtonnier, le juge d'instruction doit veiller à ce que l'écoute téléphonique ne comporte la mise en œuvre d'aucun stratagème ni artifice et qu'elle n'ait pas pour résultat de compromettre les conditions d'exercice du droit de la défense (v. s^{s} n° 36.31)[7].

• **Respect des droits de la défense et modalités des écoutes téléphoniques.** Si le juge d'instruction peut ordonner une écoute des communications téléphoniques à l'encontre de toute personne, cette écoute cesse d'être licite si l'un des partenaires épiés est un avocat, mais cette règle ne reçoit application que si l'avocat agit *régulièrement* et dans le cadre de sa mission de défense et sans contravention aux règles de l'Ordre. En d'autres termes, le secret des communications téléphoniques entre avocat et client n'est pas un absolu en dépit de la puissance du principe du respect des droits de la défense, mais doit être relié à l'exercice de ces droits de la défense[8]. La prohibition des écoutes téléphoniques est une technique liée à une finalité qui est la liberté de la défense; dès qu'on s'écarte de cette finalité, la technique devient sans fondement et ne peut plus être respectée. Autrement dit, pas de provocation policière ou judiciaire, respect du principe du contradictoire, la défense devant pouvoir entendre les enregistrements, prendre connaissance des procès-verbaux et transcriptions et discuter le tout.

• **Respect des droits de la défense et mise en œuvre technique.** L'autre question que pose la pratique des écoutes téléphoniques est celle de sa mise en œuvre technique : la conversation écoutée sera-t-elle transcrite sous la forme d'un interrogatoire de témoin, sans même qu'il soit nécessaire de procéder à un enregistrement magnétique ou, au contraire, l'enregistrement effectué sera-t-il placé sous scellés pour n'être écouté que dans le cadre d'une procédure de levée de scellés ?[9]. Cette dernière formule est la seule garantissant le respect des droits de la défense[10]. Enfin, aux écoutes doivent être assimilés les enregistrements téléphoniques par radiocassettes[11].

• **Écoute antérieure à toute procédure : annulation de la commission rogatoire.** De même, et par application

1. C. pr. pén., art. 100-7.
2. C. pr. pén., art. 100-5, al. 3, réd. L. n° 2005-1549, 12 déc. 2005, art. 38, *JO* 13 déc.
3. Crim. 1er oct. 2003, n° 03-82.909, *Bull. crim.*, n° 177; *D.* 2004, somm. 671, obs. Pradel – Mien et Luciani, « Nouvelle entaille dans les droits de la défense : la liberté de communication entre l'avocat et son client remise en cause », *AJ pénal* 2003. 64.
4. Crim. 18 janv. 2006, n° 05-86.447, *Bull. crim.*, n° 22; *AJ pénal* 2006, 126, obs. Girault; Dourneau-Josette, « La confidentialité des communications entre l'avocat et son client : un (nécessaire) état des lieux », *AJ pénal* 2006, 254.
5. CEDH 25 févr. 2003, n° 51772-99, *D.* 2003, somm. 2271, obs. Fricéro.
6. Fricéro, obs. préc.
7. Crim. 9 oct. 1980, n° 80-93.140, *Bull. crim.*, n° 662.
8. C. pr. pén., art. 100-5 *in fine*; réd. L. 12 déc. 2005.
9. C. pr pén., art. 97.
10. Robert, « Licéité des écoutes téléphoniques pratiquées en cours d'instruction préparatoire », s^{s} CA Versailles, 7 nov. 1984, *RT barr.* Versailles avr. 1986, p. 81 s.
11. Crim. 13 juin 1989, n° 89-81.388, n° 89-81.709, *Bull. crim.*, n° 254; *Gaz. Pal.* 1989, jur. 689.

des principes ci-dessus dégagés, la commission rogatoire du juge d'instruction ayant eu pour objet la mise sur écoute téléphonique d'un avocat, doit être annulée (et par voie de conséquence, la totalité des pièces d'exécution de cette commission rogatoire) si elle a pu avoir pour effet d'écouter et de recueillir une conversation entre un avocat et un client ayant soit déjà constitué l'avocat, soit manifesté l'intention de le faire, soit encore l'ayant précédemment consulté avant toute procédure administrative ou judiciaire et cela, non seulement dans l'affaire dans le cadre de laquelle la commission rogatoire aux fins d'écoute est ordonnée, mais aussi dans toute affaire présentant un lien de connexité ou une relation même ténue avec cette affaire[1].

• **Cryptage des conversations téléphoniques.** Une conversation codée avait été interceptée. La chambre d'accusation a considéré que le cryptage rendait cette conversation suspecte et que la transcription de cette écoute totalement incompréhensible ne portait nullement atteinte aux droits de la défense et à la confidentialité des correspondances. La Cour de cassation a cassé cet arrêt; il ne résultait pas de la conversation transcrite que celle-ci puisse faire présumer la participation de l'avocat à une infraction[2].

37.45 Complicité de l'avocat ou participation de l'avocat à une infraction. Lorsque l'avocat est complice d'une personne mise en examen dont il n'assure ni la défense ni le conseil ou lorsqu'il a participé à la commission d'une infraction, les écoutes ne peuvent porter atteinte au secret professionnel. Le secret professionnel ne peut, en effet, couvrir des documents ou communications que les prévenus ont été amenés à recueillir ou à échanger dans le cadre d'activités ayant motivé leur propre mise en examen[3]. La Cour de cassation a ainsi rappelé que si le pouvoir du juge d'instruction trouvait sa limite dans le respect des droits de la défense, il ne pouvait être dérogé à ce principe qu'à titre exceptionnel s'il existe contre l'avocat des indices de participation à une infraction[4]. Toutefois cette notion a pu paraître trop large et dans un arrêt discutable, la chambre criminelle, pour refuser d'annuler des écoutes entre un avocat et son client, s'est fondée sur des indices de participation de l'avocat à une infraction sans lien direct avec les faits instruits contre son client : en l'occurrence des propos tenus par l'avocat lors précisément de la conversation écoutée et transcrite, ont été considérés comme un outrage à magistrat[5], alors même qu'il s'agissait d'une conversation par définition « non publique »[6]. Cette décision, critiquée par les avocats a, entre autres, motivé la réforme de l'article 100-5 du Code de procédure pénale par la loi du 12 décembre 2005[7].

37.46 Communications avec les proches du client. Posent également des difficultés les communications avec les proches du client (épouse, maîtresse, famille) qui, dans certains cas, pourraient être soupçonnés de complicité : la jurisprudence de la chambre criminelle, poussée par le législateur, semble légèrement évoluer, vers un plus grand respect de la confidentialité.

• **Validation des écoutes des communications entre l'avocat et la maîtresse du détenu...** La jurisprudence de la Cour de cassation a d'abord été très restrictive, et a proclamé « les règles de libre communication entre la personne mise en examen et son avocat et en déduit l'interdiction de l'interception de correspondances ou communications téléphoniques échangées entre eux, *à l'exclusion de tous autres* ». Et elle en déduit que c'est à bon droit que les juges d'appel ont refusé d'annuler la retranscription d'une conversation entre l'avocat et la maîtresse du détenu, mère de son enfant, chargé par lui d'assurer la mise en œuvre de sa défense pour laquelle elle a versé des honoraires à l'avocat[8].

• **...mais annulation des écoutes entre l'avocat et le père des personnes mises en examen.** Mais plus récemment[9], la chambre criminelle a apportée une nuance à sa jurisprudence en annulant des écoutes entre l'avocat et le père de ses deux enfants mis en examen, l'avocat

1. CA Aix-en-Provence, 16 juin 1982, *Gaz. Pal.* 1982, 2, 645, note A. D.; *Gaz. Pal.* 1983, I, 313, note Damien.
2. Crim. 8 nov. 2000, n° 00-83.570, *Bull. crim.*, n° 335; *D.* 2001, IR 427; *D.* 2002, somm. 856, obs. Blanchard; *JCP* 2001, IV, 1455; *JCP* 2001, I, 348, n° 9, obs. Martin; *Gaz. Pal.* 2001, somm. 1369, note Monnet.
3. Crim. 5 juin 1975, n° 74-92.792, Rochenoir, *Bull. crim.*, n° 146; *Gaz. Pal.* 1975, 2, 789, note Delaisi; *JCP* 1976, II, 18243, note Chambon.
4. Crim. 8 nov. 2000, n° 00-83.570, *Bull. crim.*, n° 335; *D.* 2001, IR 427; *D.* 2002, somm. 856, obs. Blanchard; *JCP* 2001, IV, 1455; *JCP* 2001, I, 348, n° 9, obs. Martin; *Gaz. Pal.* 2001, somm. 1369, note Monnet – Crim. 15 janv. 1997, n° 96-83.753, *Bull. crim.*, n° 14; *Procédures* 1997, comm. n° 126, note Buisson; *Dr. pén.* 1997, comm. n° 55, note Maron – ÉGAL^T : CA Paris, 27 juin 1984, *Gaz. Pal.* 1984, 2, 514; *D.* 1985, 93, note Pradel – Crim. 9 oct. 1980, n° 80-93.140, *Bull. crim.*, n° 662 – CA Aix-en-Provence, 2 févr. 1983 – CEDH 2 août 1984, n° 8691/79, aff. Malone c/Royaume-Uni; *Gaz. Pal.* 1er nov. 1984, somm. 10.
5. Crim. 1er oct. 2003, n° 03-82.909, *Bull. crim.*, n° 177; *D.* 2004, somm. 671, obs. Pradel; Mien et Luciani, « Nouvelle entaille dans les droits de la défense : la liberté de communication entre l'avocat et son client remise en cause », *AJ pénal* 2003, p. 64.
6. SUR l'outrage à magistrat : Delbos, RÉP. PÉN., *V° Outrages.*
7. L. n° 2005-1549, 12 déc. 2005, art. 38.
8. Crim. 10 mai 1994, n° 93-81.522, *Bull. crim.*, n° 180; *D.* 1994, IR 197; *Gaz. Pal.* 1994, somm. 553, note Doucet – Crim. 8 oct. 1997, n° 97-82.481, NP, *Procédures* 1998, comm. n° 46, obs. Buisson – Crim. 30 sept. 1998, n° 98-81.951, *Bull. crim.*, n° 243; *JCP* 1999, I, 126, obs. Martin; *Procédures* 1999, comm. n° 42, obs. Buisson – ÉGAL^T : Cass. Ass. plén., 24 nov. 1989, n° 89-84.439, Baribeau, *Bull. Ass. plén.*, n° 2; *D.* 1990, 34.
9. Crim. 18 janv. 2006, n° 05-86.447, *Bull. crim.*, n° 22; *AJ pénal* 2006, 126, obs. Girault, Dourneau-Josette, « La confidentialité des communications entre l'avocat et son client : un (nécessaire) état des lieux », *AJ pénal* 2006, 254.

étant - élément important - également celui du père. Par ailleurs, dans un attendu de principe, la Cour de cassation, dans cette même affaire, fait obligation aux juges du fond de relever d'office (sur le fondement de l'article 206 du Code de procédure pénale) une éventuelle violation du principe de confidentialité (l'arrêt, postérieur à la loi du 12 décembre 2005, s'inscrit dans sa logique).

37.47 Communications d'informations secrètes à un tiers. En fait la grosse difficulté réside dans la définition de la relation avocat-client et particulièrement du client[1]; chacun est d'accord pour admettre que l'écoute d'une conversation téléphonique entre un avocat et son client pour lequel il est constitué dans la procédure est nulle[2] et, qu'en revanche « le secret professionnel ne peut couvrir des révélations faites par un avocat à un tiers qui sont étrangères à toute défense et qui peuvent constituer à la charge de cet avocat le délit de violation de secret professionnel »[3].

Mais, outre ces deux hypothèses extrêmes, se situent les cas où l'avocat a été consulté dans le cadre de la procédure au cours de laquelle l'écoute est ordonnée, ou dans le cadre de procédure connexe et les difficultés sont grandes pour délimiter la nature du lien existant dans cette hypothèse entre l'avocat et le client.

• **Violation du secret de l'information.** Un avocat d'un mis en examen, ayant en cette qualité accès au dossier pénal en cours, a communiqué à des suspects non mis en examen des renseignements obtenus par la consultation des dossiers, renseignements secrets par nature aux termes de l'article 11 du Code de procédure pénale et qu'il ne connaissait qu'en qualité d'avocat d'autres parties mises en examen (sur la violation du secret professionnel v. s^{s} n°s 36.51 s.). Ce faisant il communiquait à des tiers, même s'ils étaient ses clients, des renseignements secrets; les écoutes téléphoniques ordonnées et qui avaient pour effet de faire apparaître cette collusion frauduleuse entre un avocat et des clients et qui la révélaient deviennent donc licites, dès lors qu'elles caractérisaient non pas des relations avocat-client mais la preuve d'une collusion entre un avocat et sa cliente contraire à la déontologie[4]. Et le professeur Pradel de conclure dans la note précitée[5] : « L'espèce ci-dessus relatée est en réalité exemplaire. » Outre ses aspects de droit pur et d'ordre pratique, elle invite à méditer sur la déontologie de l'avocat. En effet, en divulguant à un simple tiers, même s'il est son client, des éléments du dossier, l'avocat ne méconnaît pas seulement le droit et les besoins de l'instruction, il viole aussi les principes généraux de l'exercice de sa profession. Que l'avocat soit le défenseur de son client est l'évidence même : il doit le conseiller et lui dévoiler les aspects du dossier, y compris ceux qui lui sont défavorables afin qu'il puisse apporter des réponses dans son intérêt. Cependant, l'avocat ne peut remplir pleinement sa mission de défenseur que dans le respect du droit et de la morale. Spécialement il doit respecter le principe de légalité. [...] Les droits de la défense ne sauraient devenir le bouclier protégeant les avocats des illégalités et indélicatesses qu'ils peuvent commettre. Une réaction judiciaire est donc nécessaire dans l'intérêt général de la société afin que soit préservée l'image de la justice dans l'opinion[6]. On louera par conséquent les magistrats d'avoir dans leur arrêt du 27 juin 1984 validé l'écoute téléphonique et, par là même, indirectement cautionné une condamnation pénale des avocats pour violation du secret professionnel. Tout y conduisait : la loi, la pratique et la morale. Peut-être cependant, notre droit gagnerait-il - au moins dans certaines hypothèses - à imiter le droit italien qui connaît le « *favoreggiamento personale*[7]*, délit qui consiste, après commission d'une infraction, à aider l'auteur à éluder les investigations de l'autorité*[8] ».

• **Communications d'informations avec un tiers suspect : nouvel encadrement législatif.** La question est bien entendu toujours d'actualité, mais le contexte juridique a évolué depuis ces décisions. D'une part, la création, par la loi du 9 mars 2004 du délit de divulgation d'informations relatives à une enquête ou une instruction en cours (v. s^{s} n°s 36.61 s.), a clairement pénalisé certaines divulgations d'information par l'avocat à des tiers suspects ou impliqués[9], confortant en cela l'approche stricte et rigoureuse du professeur Pradel. Mais sa réécriture, dès la loi du 12 décembre 2005, pose des conditions d'intentionnalité (v. s^{s} n°s 36.61 s.) qui exigent de rapporter la preuve non d'une simple négligence de l'avocat mais une véritable collusion avec son client proche de la complicité ou de la co-action : ce texte spécial, devrait en cas de concours, être privilégié au texte général de violation du secret professionnel, sachant qu'éventuellement, la non imputation d'une infraction pénale, ne serait pas incompatible avec une sanction professionnelle fondée sur le RIN, article 2 *bis* et le décret du 12 juillet 2005, article 5 (violation sur secret de l'enquête et de l'instruction). D'autre part, le nouvel alinéa, également introduit par la loi du 12 décembre 2005, de l'article 100-5 (nullité textuelle de toute transcription de correspondances avec un avocat relevant des droits de la défense v. s^{s} n° 37.41) devrait conduire à englober dans la protection de la confidentialité des conversations téléphoniques entre un

1. SUR CE POINT : CA Basse-Terre, 14 oct. 1985, *Gaz. Pal.* 1986, 1, 12, note Damien.
2. CEP. : Crim. 1er oct. 2003, n° 03-82.909, *Bull. crim.*, n° 177.
3. CA Paris, 27 juin 1984, *Gaz. Pal.* 1984, 2, 514; *D.* 1985, 98, note Pradel.
4. CA Paris, 27 juin 1984, *Gaz. Pal.* 1984, 2, 514; *D.* 1985, 98, note Pradel.
5. CA Paris, 27 juin 1984, *D.* 1985, 98, note Pradel.
6. SUR cette image : Robert et Laffargue, *L'image de la justice criminelle dans la société. Le système pénal vu par ses clients, Service d'études pénales et criminologiques*, 1977.
7. C. pén., art. 378.
8. SUR ce délit : Vitu, obs. *RSC* 1967, 655.
9. Crim. 1er mars 2006, n° 05-87.252, *Bull. crim.*, n° 60; *AJ pénal* 2006, 304, obs. Remillieux.

avocat et un tiers lorsque cette correspondance concerne les droits de la défense.

37.48 Un avocat peut-il enregistrer un confrère ou un client et utiliser cette communication ? La réponse évidente est négative. Le cas d'espèce s'est posé devant la chambre criminelle et l'avocat en cause excipait pour légitimer l'enregistrement à l'insu d'un confrère et l'utilisation de l'enregistrement de cette conversation, qui avait pour objet de le disculper, du droit de se défendre reconnu à tout accusé par la Conv. EDH et des libertés fondamentales. Envisagé sous l'angle de la loyauté de la preuve, un tel procédé est *a priori* irrecevable. La deuxième chambre civile de la Cour de cassation considère que l'enregistrement d'une conversation téléphonique privée, effectuée et conservée à l'insu des propos invoqués, est un procédé déloyal rendant irrecevable en justice la preuve ainsi obtenue[1]. En revanche, la chambre criminelle dans une logique de plus large admissibilité de principe des preuves au pénal considère qu'un enregistrement illégalement réalisé peut constituer une preuve admissible, s'il n'est pas l'unique élément probatoire de l'affaire, s'il a été authentifié par expertise et s'il est soumis à la libre discussion des parties[2].

• **Enregistrement du confrère pour verser la conversation à la procédure.** La Cour de cassation, par son arrêt du 3 janvier 1991, a fait bonne justice de l'argumentation précédente en indiquant que les droits de la défense ne justifient pas qu'un avocat puisse, dans l'exercice de ses fonctions, enregistrer à l'insu d'un confrère, une conversation professionnelle en vue de sa divulgation, au prétexte qu'une mise en examen pouvait être prononcée contre lui[3].

• **Enregistrement du confrère pour préparer un dossier.** L'argument a été poussé plus loin par certains; il ne s'agit pas pour les avocats d'enregistrer, aux fins de verser dans les pièces de procédure une conversation téléphonique, mais de l'enregistrer pour conserver en mémoire pendant la durée du procès, les moments d'une conversation avec l'avocat adverse et pouvoir ainsi mieux préparer le dossier. Si l'argumentation peut paraître sans faille sur le plan purement juridique, les risques d'utilisation dévoyée sont trop grands pour que le procédé puisse être utilisé de manière normale. D'ailleurs, aux termes de l'article 226-1 du Code pénal, constitue un délit d'atteinte à la vie privée, le fait au moyen d'un procédé quelconque d'avoir capté, enregistré ou transmis sans le consentement de leur auteur des paroles prononcées à titre privé ou confidentiel; de toute façon l'enregistrement d'un confrère constituerait donc un délit et sur le plan déontologique une grave atteinte au principe essentiel de loyauté.

• **Conférences téléphoniques.** En résumé, aucun enregistrement téléphonique ne peut être fait à l'insu d'un client ou d'un confrère ou de toute autre personne. La seule chose qui est possible grâce au téléphone moderne est l'amplification d'une conversation à l'usage du client ou d'un confrère, permettant ainsi de tenir dans des lieux séparés une conversation à trois, à condition bien entendu que, avant que l'amplification ne soit opérée, l'interlocuteur qui n'est pas présent dans le cabinet soit informé de ce que sa conversation serait audible par des tiers autres que son correspondant direct.

SECTION 5
PRINCIPE DE LA CONFIDENTIALITÉ DES CORRESPONDANCES ENTRE AVOCATS

37.51 Évolution de la confidentialité de la correspondance entre avocats. Le principe de libre communication et de discrétion assurée entre avocats, est ancien puisqu'il existait déjà dans l'ancien barreau avant la Révolution et, lorsque les avocats, dits du Marais, dispersés pendant cette période se réunirent de manière privée et secrète pour restaurer leurs rapports professionnels, ils les caractérisèrent d'abord par la communication des pièces, c'est-à-dire par la possibilité d'envoyer à un confrère, en toute sécurité quant à sa restitution, la pièce sur laquelle le demandeur fonde son action et pour communiquer entre eux par des lettres confidentielles destinées à justifier, vis-à-vis de l'adversaire, l'action à intenter contre lui ou la transaction proposée. La question s'est modifiée à partir de l'instant où les avocats devinrent mandataires de leurs clients. En effet, jadis les avocats ne représentaient jamais les parties en raison de l'interdiction d'accepter les mandats qui leur était faite par la déontologie; les correspondances qu'ils pouvaient donc échanger étaient personnelles et strictement confidentielles.

Mais dès lors qu'il fut admis que les avocats pouvaient représenter les clients en certaines matières (tribunaux d'instance, correctionnels, tribunaux administratifs) la question devint plus complexe. La jurisprudence a donc admis la possibilité de verser aux débats des lettres échangées entre avocats et retraçant un accord définitif, à l'exception de celles confidentielles par nature et ayant trait à la recherche de cet accord. Enfin, les lettres qu'un avocat versait aux débats en violation de ses règles profes-

1. EN CE SENS : Civ. 2e, 7 oct. 2004, no 03-12.653, *Bull. civ.* II, no 447; *AJ pénal* 2005, 30, obs. Enderlin.
2. Crim. 13 oct. 2004, no 03-81.763, no 00-86.727, no 00-86.726, no 01-83.943, no 01-83.945, no 01-83.944, *Bull. crim.*, no 243; *AJ pénal* 2004, 451, obs. Enderlin – SUR la loyauté des preuves : *AJ pénal* 2005, 261, dossier « La preuve : une question de loyauté ? », avec not. Ambroise-Castérot, « Recherche et administration des preuves en procédures pénale : la quête du Graal de la vérité » et Schwendener, « L'action de la police judiciaire confrontée à l'exigence de loyauté ».
3. Civ. 1re, 3 janv. 1991, no 89-12.738, *Bull. civ.* I, no 4; *JCP* 1991, IV, 73; *D.* 1991, IR 30; *Gaz. Pal.* 1991, pan. 66 – RAPPR. : CA Paris, 4 juill. 1990, 65, 3 août 1991, p. 10.

sionnelles pouvaient toutefois être retenues par le tribunal à l'appui de sa décision[1]. Néanmoins, la cour d'appel de Paris a pour sa part rejeté du débat les lettres adressées par le client à son avocat[2].

37.52 Protection par le secret professionnel : art. 66-5 de la loi du 31 décembre 1971. Le principe de la confidentialité de la correspondance échangée entre avocats est aujourd'hui inscrit dans la loi et dans le RIN : l'article 66-5 de la loi du 31 décembre 1971 depuis la loi du 7 avril 1997[3] dispose qu'« en toutes matières, que ce soit dans le domaine du conseil ou dans celui de la défense », les correspondances échangées entre l'avocat et ses confrères sont couvertes par le secret professionnel. Quant au RIN, il dispose dans son article 3.1 que « tous échanges entre avocats, verbaux ou écrits quel qu'en soit le support (papier, télécopie, voie électronique...), sont par nature confidentiels. Les correspondances entre avocats, quel qu'en soit le support, ne peuvent en aucun cas être produites en justice ni faire l'objet d'une levée de confidentialité, à l'exception, précise l'article 2.2, de celles portant la mention officielle ».

37.53 Conséquence : les correspondances ne peuvent être ni saisies, ni versées aux débats. Avec l'article 66-5 de la loi du 31 décembre 1971, en raison de la généralité de ses termes et notamment en couvrant du secret professionnel les correspondances échangées entre les avocats, la confidentialité est passée du domaine de la déontologie dans le domaine du droit pénal; cela entraîne pour conséquence que la confidentialité de ces correspondances, quel qu'en soit le support, est désormais couverte par le secret professionnel imposé par la loi et sanctionnée pénalement. C'est là un changement radical car toutes ces correspondances ne peuvent plus être ni saisies, ni versées dans les débats judiciaires qu'ils soient civils ou pénaux[4].

37.54 Autre conséquence : le bâtonnier ne peut lever la confidentialité de correspondances entre avocats. Depuis la loi du 7 avril 1997, la pratique de la consultation du bâtonnier ou celle de la levée de confidentialité par le bâtonnier est devenue impossible. L'inutilité de ces usages antérieurs a été confirmée par la jurisprudence[5]. Selon un arrêt de la cour d'Aix-en-Provence, « l'obligation au secret professionnel s'oppose à ce que les correspondances échangées entre avocats soient produites aux débats et la levée de la confidentialité par un bâtonnier concerné est inopérante »[6].

• **Pratique antérieure.** La consultation préalable du bâtonnier avant que ne soit versée une correspondance entre avocats aux débats était souvent requise par les règlements intérieurs; pour autant elle ne tranchait pas la question, elle ne contraignait pas le tribunal ou la cour à adopter la solution décidée par le bâtonnier et ne mettait pas le confrère qui produisait la lettre à l'abri de poursuites disciplinaires ou pénales; elle n'interdisait pas non plus à l'avocat qui s'opposait à la production de faire trancher la question par la juridiction saisie. Par exemple, une exception de sursis à statuer jusqu'à ce que le bâtonnier, saisi de l'incident déontologique, ait fait connaître sa décision, ne pouvait être accueillie par la juridiction chargée de juger l'affaire au fond[7]. De plus, la consultation du bâtonnier à cet égard, qui ne constituait pas une décision juridictionnelle, était insusceptible de recours[8]. La jurisprudence consacrait ainsi le principe selon lequel c'est à la juridiction et à elle seule d'apprécier si le caractère confidentiel des lettres entre avocats mettait obstacle à leur production[9].

37.55 Effets de l'article 66-5 en matière juridique. Jusqu'à la loi du 7 avril 1997, le secret de la correspondance échangée entre les avocats avait toujours été distinct du secret professionnel. Aujourd'hui, certains se demandent si l'article 66-5 n'est pas une disposition excessive : toutes les correspondances entre avocats, et notamment celles qui constituent un accord définitif entre les parties, sont-elles également couvertes par le secret professionnel ? Une réponse positive, que semble pourtant imposer l'article 66-5, interdirait la production de pièces importantes. L'article 378 de l'ancien Code pénal et l'article 226-13 du Code pénal actuel, couvraient et couvrent en effet ce qui a été confié à l'avocat avec mission implicite ou explicite de les garder par-devers lui. Mais il n'existe pas de secret lorsque le client fait une confidence à son avocat dans le but de la révéler à l'adversaire par l'intermédiaire de son propre confrère pour tenter une transaction, une conciliation ou pour formuler des propositions de solution du litige (v. s^s^

1. CA Toulouse, 10 juin 1909, *DP* 1909, 2, 293 – T. Seine, 28 janv. 1960, *D.* 1960, 346.
2. CA Paris, 8 nov. 1971, *Gaz. Pal.* 1972, 1, 96.
3. L. n° 97-308 , 7 avr. 1997.
4. AUPARAVANT : CA Versailles, 9 nov. 1989, *Gaz. Pal.* 1990, 1, 246.
5. Civ. 1re, 7 déc. 2004.
6. CA Aix-en-Provence, 21 mars 2000, *JCP* 2000, IV, 2902.
7. CA Nanterre, 4 déc. 1975, *Gaz. Pal.* 1976, 1, 181, note Damien – TOUTEFOIS : CA Versailles, 28 avr. 1982, *Gaz. Pal.* 1982, 1, 310 – CA Caen, 25 mars 1987, *Gaz. Pal.* 1987, 2, 448, note Damien – Crim. 9 févr. 1988, n° 87-82709, *Bull. crim.*, n° 63; *D.* 1988, IR 98; *Gaz. Pal.* 1988, somm. 272; *JCP* 1988, II, 21056, rapp. conseiller Dardel.
8. CA Paris, 27 sept. 1989, *Gaz. Pal.* 1990, 1, 26, note Damien – CA Paris, 16 févr. 1989, *Gaz. Pal.* 1989, 2, 494, concl. Lafortune, note A. D.
9. Civ. 1re, 12 oct. 1982, n° 81-14.087, *Bull. civ.* I, n° 282 (PRÉCÉDEMMENT : Civ. 1re, 19 mars 1963, *Bull. civ.* I, n° 169 – Civ. 1re, 26 juin 1974, n° 72-11.524, *Bull. civ.* I, n° 210) – RAPPR. : CA Dijon, 10 févr. 1972, *JCP* 1972, II, 17156 – CA Reims, 3 juill. 1975, *D.* 1976, somm. 52 – CA Grenoble, 8 déc. 1967, *Journ. de Grenoble* 1968, 40.

n°s 36.22 s.). Le secret professionnel ne peut pas jouer dans ce genre d'hypothèse puisque la confidence du client à son avocat est faite pour être révélée mais assortie de certaines conditions de sécurité du dialogue; le secret qui va donc découler de ce genre de correspondance entre avocats, qui retrace les propositions de leurs clients et leurs intentions, est donc en fait différent du secret professionnel mais il nécessite néanmoins sa protection sinon toute transaction serait impossible et les parties seraient inexorablement amenées à plaider l'une contre l'autre jusqu'à épuisement de leurs forces, sans que jamais aucun accord puisse aboutir, alors que la procédure est le moyen de permettre aux parties, par la médiation des juges, de se rapprocher pour aboutir à une solution équitable.

• **Jurisprudence antérieure : distinction entre les accords provisoires et les accords définitifs.** Les tribunaux déterminaient si la correspondance échangée et dont ils avaient ordonné qu'elle soit versée aux débats, constituait de simples pourparlers, auquel cas elle demeurait parfaitement confidentielle ou, au contraire, représentait un accord effectif, auquel cas elle pouvait mettre fin au procès et devait être appréciée en justice[1]. Toutefois, toute utilisation d'une lettre d'un confrère qui ne tendrait pas à prouver une convention intervenue, mais seulement à servir d'argument, par exemple dans une discussion relative à une fixation de dommages et intérêts, pouvait constituer une faute professionnelle[2]. En effet, si aucun accord parfait n'avait jamais été conclu entre les parties cette correspondance devait être rejetée[3]; encore fallait-il que les avocats recherchant cet accord mettant fin au litige aient qualité pour représenter les parties et soient munis d'un mandat exprès à cette fin. Dans des matières où existe l'obligation d'une représentation par avocat postulant, les avocats plaidant et non chargés de la postulation ne pouvaient échanger de lettres retraçant une transaction, susceptibles d'être produites en justice[4]. L'inconvénient du système était que, dans tous les cas où une partie de mauvaise foi demandait et obtenait que soit versée en justice la correspondance échangée entre les avocats, cette correspondance était effectivement versée aux débats et lue par les juges même si sa production était rejetée ultérieurement avec tous les inconvénients que cela pouvait comporter pour le litige en cause. En matière de correspondance entre avocats ne recherchant pas un accord ou ne faisant pas état des positions des clients, alors qu'on aurait dû admettre la confidentialité absolue, la jurisprudence était très large; c'est ainsi qu'elle admettait la production, nonobstant les dispositions du règlement intérieur des avocats, de lettres d'instructions adressées par un avocat à son confrère et le mandatant pour diligenter une procédure. La production de cette correspondance permettant de déterminer l'existence et l'importance d'une faute de négligence de la part de l'avocat mandataire, ce faisant les tribunaux se fondaient sur le droit commun de la preuve en justice et excluaient l'application de la déontologie professionnelle estimant qu'aucun principe d'ordre public, tel que le secret professionnel, n'était réellement en cause dans ce type d'affaire[5]. En réalité, le secret des correspondances entre avocats était une véritable peau de chagrin.

• **Question délicate : recherche d'un accord dans un divorce par requête conjointe.** Dans le cadre de cette jurisprudence antérieure, une question délicate pouvait se poser, c'était celui de la correspondance émanant de l'avocat unique de deux parties ayant des intérêts distincts voire opposés. C'était le cas par exemple de l'avocat unique de deux conjoints décidés à divorcer par consentement mutuel et par requête conjointe. Si la requête n'aboutissait pas, l'avocat pouvait-il verser aux débats, et par l'intermédiaire des nouveaux avocats des parties, la correspondance échangée avec eux et retraçant la recherche de l'accord, voire même l'accord réalisé entre elles par l'intermédiaire de leur avocat mais renié ultérieurement devant le juge ? De même une des parties pouvait-elle verser aux débats les lettres à elle adressées par le conseil unique des deux conjoints et retraçant la recherche de l'accord ? Certainement pas. En effet, quelle confiance pouvaient avoir les conjoints s'adressant à un unique avocat dans l'hypothèse d'une requête conjointe en divorce, s'ils s'exposaient, en cas d'échec des pourparlers, à devenir victimes de leurs confidences à leur avocat ?[6]

37.56 Aujourd'hui les avocats doivent convenir des conditions d'utilisation des correspondances et de leur caractère confidentiel ou non. Les correspondances qui concrétisent des accords projetés ou passés entre des avocats peuvent être soumises à des conditions auxquelles ces avocats ont convenu de subordonner leur utilisation : ils doivent distinguer ce qui est confidentiel de ce qu'il ne l'est pas en particulier en s'aidant des prescriptions de l'article 3 du RIN et en prenant le soin et le temps d'en infor-

1. Soc. 24 avr. 1985, n° 84-60.826, *Bull. civ.* V, n° 253; *D.* 1987, somm. 68, note Brunois; *Gaz. Pal.* 1985, pan. 293 – Civ. 1re, 22 mars 1988, n° 86-11.917, *Bull. civ.* I, n° 90; *D.* 1988, IR 97; *Gaz. Pal.* 1988, pan. 31 – CA Douai, 15 juin 1956, *D.* 1957, 97.
2. Civ., 14 juin 1957, *D.* 1957, 557 – Civ., 19 mars 1963, *D.* 1963, 361.
3. CA Dijon, 10 févr. 1972, *JCP* 1972, II, 17256, note Lemoine – ÉGAL[T] : CA Reims, 3 juill. 1975, *D.* 1976, somm. 52 – CA Grenoble, 8 déc. 1967, *Journ. de Grenoble* 1968, 40 – TOUTEFOIS : CA Besançon, 24 nov. 1982, *Gaz. Pal.* 1983, I, 20 – CA Orléans, 4 mars 1992, *JCP N* 1992, II, 341, note Sanséau – RAPPR. : CA Aix-en-Provence, 18 déc. 1991, *D.* 1994, somm. 134.
4. CA Versailles, 23 sept. 1982, *Gaz. Pal.* 1983, 1, 174; *D.* 1984, 119, note A. D. – POUR un accord parfait : CA Caen, 6 janv. 1986, *Gaz. Pal.* 1986, 2, 534, note A. D. – CA Caen, 23 juin 1988, *Gaz. Pal.* 1988, 2, 715.
5. TGI Tulle, ord. JME, 29 sept. 1983, inédit – AVRIL, n°s 33.41 s.
6. SUR LE nouveau rôle de l'avocat depuis la loi n° 2004-439 du 26 mai 2004 relative au divorce : Piwnica, « L'avocat face au divorce : quelle déontologie ? », *AJ fam.* 2004, 344.

mer le client (v. s^{s} n° 37.71). En outre, certains documents échangés entre avocats ne pouvant pas être qualifiés de « correspondances » ne sont pas couverts par le secret professionnel.

• **Échange de documents non qualifié de « correspondance ».** Il en est ainsi des transmissions de pièces de procédure, de quittances, de chèques qui ne sauraient avoir un caractère confidentiel. Le tribunal de grande instance de Paris considère comme couvert par la confidentialité la procédure d'offre instituée par la loi du 5 juillet 1985[1] en matière d'accident de la circulation, dès lors que cette offre passe par l'intermédiaire d'un avocat[2]. Une attestation demandée par un avocat à son confrère et relatant des faits matériels survenus à une audience ou une expertise ne saurait être assimilée à une correspondance échangée entre avocats et se voir opposer à sa production le principe de confidentialité par l'avocat qui a succédé à l'auteur de l'attestation, pourvu que l'attestation soit qualifiée d'officielle par l'expéditeur.

37.57 Manquements à la confraternité. Le fait par un avocat de s'en être affranchi constituera un manquement grave à l'honneur, à la probité et à la délicatesse. L'ordre ou le fait du client ainsi que les circonstances particulières de l'affaire, une cause étrangère, même impérative, imprévisible, irrésistible ou inévitable[3], ne peuvent être invoqués comme faits justificatifs au manquement à la parole donnée par un avocat à son confrère dans le cadre d'un échange de correspondance; l'avocat a ainsi abusé de la confiance confraternelle placée en lui, confiance consubstantielle à la profession d'avocat sans laquelle sa mission ne peut s'accomplir et il soutient vainement que les circonstances de l'affaire lui auraient imposé de privilégier les intérêts de son client au détriment de cette même confiance, qu'aucune circonstance de fait ne doit permettre de trahir.

• **Comportements condamnables.** Même si la loi protège les correspondances entre avocats (et celles entre les avocats et leurs clients) par le secret professionnel, elle n'empêchera pas certains comportements condamnables. Ainsi il arrive que des avocats glissent subrepticement des pièces confidentielles dans un dossier, au mépris de l'honneur de leur condition. Le cas n'est pas imaginaire[4].

37.58 Les clients ne peuvent réclamer à leur avocat la restitution de la correspondance échangée avec son confrère adverse durant la procédure. Seules les pièces confiées par le client à l'avocat peuvent être l'objet d'une demande de restitution ainsi que les correspondances portant la mention « officielle ». Toute autre pièce, note, consultation, correspondance est la propriété exclusive de l'avocat et est couverte par le secret professionnel. Elles ne peuvent donc faire l'objet d'une demande de restitution par le client à l'avocat par lui choisi pour succéder à son premier conseil.

• **Consultation demandée à un professeur.** Les consultations demandées à des jurisconsultes et dont les honoraires ont été réglés par le client doivent être restituées à ce dernier.

1. L. n° 85-677, 5 juill. 1985.
2. TGI Paris, 24 avr. 1990, *Gaz. Pal.* 9 avr. 1991, 6.
3. Civ. 1re, 1er déc. 1993, n° 92-10.350, NPT, *D.* 1995, somm. 162, note Brunois; *Gaz. Pal.* 29 mars 1994, 6 – Robinot-Lafortune et Damien, « La foi du Palais, rempart de la confiance confraternelle entre avocats », *Gaz. Pal.* 29 mars 1994, 2.
4. CA Paris, 22 sept. 1993, *Gaz. Pal.* 28 oct. 1993, p. 14.

SECTION 6
EXCEPTIONS À LA CONFIDENTIALITÉ DES CORRESPONDANCES ENTRE AVOCATS : LES HYPOTHÈSES DE NON-CONFIDENTIALITÉ

37.61 Une question controversée avant la loi du 11 février 2004. L'article 3 du Règlement intérieur harmonisé (RIH) (remplacé ensuite par le RIU puis par le RIN) posait, à l'instar de la loi, le principe de la confidentialité des correspondances entre avocats quel qu'en soit le support : en aucun cas, ces correspondances ne peuvent être saisies, produites en justice ou faire l'objet d'une levée de confidentialité.

Cependant, l'article 3.2 du RIH admettait trois exceptions à ce principe; n'étaient pas confidentielles :

– les lettres de procédure, c'est-à-dire les correspondances ayant pour unique objet de se substituer à un acte de procédure; ces lettres ne sont pas en fait des correspondances mais bien des actes de procédure;

– les correspondances portant la mention « officielle »;

– les correspondances entre avocats portant la mention « officielle ».

Bien entendu aucune correspondance non confidentielle ne pouvait faire référence à une correspondance confidentielle.

• **Fin des divergences entre les règlements intérieurs.** L'harmonisation ainsi opérée par le RIH sur la question de la confidentialité des lettres échangées entre avocats mettait fin aux divergences entre règlements intérieurs. Certaines dispositions des règlements intérieurs conféraient aux lettres un caractère confidentiel qui en interdisait la communication au client[5]. Au cas où les règlements intérieurs de deux barreaux étaient divergents, les tribunaux étaient amenés à trancher. Certaines esqui-

5. Civ. 1re, 1er févr. 1983, n° 82-10.720, *Bull. civ.* I, n° 44; *D.* 1984, IR 118, note Brunois; *JCP* 1983, IV, 118; *Gaz. Pal.* 1983, 1, 352, note Damien, pan. 205 – CA Grenoble, 23 déc. 1987, *Gaz. Pal.* 6 déc. 1988, p. 10, note A. D.

vaient la question de la contrariété entre les règlements, jugeant que si la correspondance matérialisait un accord, elle devait être produite aux débats[1]. En outre, les tribunaux n'abandonnaient pas pour autant le pouvoir d'apprécier le caractère confidentiel ou non de la lettre, malgré l'avis du bâtonnier (v. s^s n° 37.23).

• **Rébellion de la Cour de cassation : l'arrêt du 4 février 2003.** Les exceptions à la confidentialité des correspondances entre avocat telles que posées par le RIH ont expressément été condamnées par la première chambre civile de la Cour de cassation dans un arrêt du 4 février 2003[2], qui a considéré que le versement aux débats d'une correspondance entre avocats portant la mention « officielle » exposait ces derniers à des poursuites sur le fondement de la violation du secret professionnel.

37.62 Loi du 11 février 2004 : l'exception : les lettres portant la mention « officielle ». Depuis la loi du 11 février 2004[3], l'article 66-5 de la loi du 31 décembre 1971 pose une exception au principe de confidentialité des correspondances entre avocats : « En toutes matières, que ce soit dans le domaine du conseil ou dans celui de la défense, les consultations adressées par un avocat à son client ou destinées à celui-ci, les correspondances échangées entre le client et son avocat, entre l'avocat et ses confrères à l'exception pour ces dernières de celles portant la mention "officielle", les notes d'entretien et, plus généralement, toutes les pièces du dossier sont couvertes par le secret professionnel. »

Le RIN dispose également que : « Peuvent porter la mention officielle et ne sont pas couverts par le secret professionnel, au sens de l'article 66.5 de la loi du 31 décembre 1971 : une correspondance équivalant à un acte de procédure; une correspondance ne faisant référence à aucun écrit, propos ou éléments antérieurs confidentiels. Ces correspondances doivent respecter les principes essentiels de la profession définis par l'article 1 du présent règlement. »[4]

Le commentaire du RIN[5] précise que si l'article 66.5 de la loi du 31 décembre 1971 modifiée par la loi du 11 février 2004 permet d'échanger, de manière exceptionnelle, des courriers officiels, encore faut-il que les avocats en aient manifesté la volonté dès l'origine et qu'ils aient porté sur leur correspondance la mention officielle comme le prévoit la loi. En aucune manière une correspondance ne comportant pas cette mention ne peut évoluer par la suite en lettre officielle.

Cela signifie que l'ancienne pratique de la déconfidentialisation, autrefois utilisée par certains bâtonniers, est à présent formellement proscrite.

Par ailleurs, la version précédente du RIU limitait l'usage de l'article 3.2 à quelques cas particuliers qui ont paru trop resptrictifs. C'est pourquoi il a été décidé de procéder autrement dans le RIN en permettant une utilisation générale de la mention officielle.

Toutefois, le commentaire indique que l'article 3.2 doit respecter deux conditions : le document portant la mention officielle ne doit pas faire référence « à tout écrit, propos ou éléments antérieurs confidentiels, ce qui constituerait une violation indirecte de l'article 3.1 du règlement intérieur »; il doit respecter les principes essentiels et des règles déontologiques professionnelles qui s'imposent d'autant plus dans des lettres susceptibles d'être produites en justice.

Le commentaire précise enfin qu'il a été rappelé qu'une lettre équivalente à un acte de procédure (communication de pièces, transmission de fonds) ne constituait pas un échange à caractère confidentiel, ce qui procède de l'évidence. Cette précision a été apportée pour des raisons pédagogiques et en raison de l'arrêt de la Cour de cassation du 4 février 2003[6], qui avait statué sur une lettre qui pouvait être considérée comme valant acte de procédure.

• **Application de la loi dans le temps.** Cet échelonnement de règles a des répercussions en matière d'application de la loi dans le temps. Depuis la loi du 11 février 2004, il faut envisager trois situations : les lettres échangées avant la loi du 7 avril 1997; celles postérieures à la loi du 7 avril 1997 mais antérieures à la loi du 11 février 2004; et enfin celles échangées depuis la loi du 11 février 2004.

Précisons qu'il a été décidé que la loi du 11 février 2004 ne s'applique pas aux instances pendantes devant la Cour de cassation[7]. En revanche, elle s'applique aux correspondances échangées avant son entrée en vigueur dès lors qu'elles n'ont pas fait l'objet, à cette date, d'un litige quant à leur communication définitivement tranché[8].

• Qu'en est-il des correspondances échangées avant la loi de 2004, mais produites postérieurement ? Dans le cadre d'une instance civile, un avo-

1. CA Rennes, 29 janv. 1976, *Gaz. Pal.* 1978, 1, 144 – CA Paris, 27 nov. 1991, *D.* 1994, somm. 134.
2. Civ. 1re, 4 févr. 2003, n° 00-10.057, *Bull. civ.* I, n° 33; *D.* 2003, IR 601; *JCP* 2003, n° 10, p. 400-403 – CA Angers, 20 avr. 2001, *Gaz. Pal.* 2001, jur. 747, note Damien [APPROBATEUR].
3. L. n° 2004-130, 11 févr. 2004.
4. RIN, art. 3.2.
5. DISPONIBLE SUR : www.cnb.avocat.fr
6. Civ. 1re, 4 févr. 2003, n° 00-10.057, *Bull. civ.* I, n° 33; *D.* 2003, IR 601; *JCP* 2003, n° 10, p. 400-403.
7. Civ. 1re, 27 sept. 2005, n° 03-19.801, *Bull. civ.* I, n° 344; *D.* 2005, IR 2704.
8. Civ. 1re, 14 mars 2000, n° 97-17.782, *Bull. civ.* I, n° 91; *D.* 2002, somm. 857, obs. Blanchard – Civ. 1re, 3 mai 2006, n° 04-17.259, *Bull. civ.* I, n° 207; *D.* 2006, IR 1400.

cat produit un échange de lettres concrétisant un accord, dont aucune ne portait la mention « officielle ». Cet échange est postérieur à la loi du 7 avril 1997 mais antérieur à celle du 11 févier 2004. Se pose alors la question de l'application de la loi de 2004. Le tribunal correctionnel a condamné l'avocat pour violation du secret professionnel, avant que la cour d'appel n'infirme ce jugement et relaxe le prévenu. Pour la cour d'appel, l'exception des correspondances portant la mention « officielle », n'était pas applicable à la cause puisque la correspondance litigieuse était antérieure à l'entrée en vigueur de la loi du 11 février 2004.

Elle est censurée par la Cour de cassation qui leur reproche d'avoir écarté l'application de la loi nouvelle « alors que la production de la correspondance était intervenue postérieurement à l'entrée en vigueur de la loi du 11 février 2004 ». La correspondance litigieuse était donc régie par cette loi et, dans la mesure où les lettres ne portaient pas la mention « officielle », elles ne pouvaient être produites.

En tout état de cause, la lettre équivalente à un acte de procédure évident *doit*, pour ne pas être confidentielle, porter la mention officielle.

37.63 Correspondance avec un avocat communautaire. Contrairement à l'article 3 du RIN, le Code de déontologie des avocats de l'Union européenne inséré au RIN à l'article 21 pose le principe de la non-confidentialité des correspondances entre avocats communautaires : l'avocat qui entend adresser à un confrère d'un autre État membre des communications dont il souhaite qu'elles aient un caractère confidentiel ou « without prejudice » doit clairement exprimer cette volonté avant l'envoi de la première de ces communications[1]. Le Code a pris en compte le cas où l'avocat destinataire ne serait pas en mesure de donner un caractère confidentiel à ses correspondances avec un confrère : il doit alors en informer l'expéditeur sans délai (v. s^s^ n° 72.22). Il est regrettable que le code européen n'ait pas prévu et ajouté que le confrère qui a retourné le pli, ne soit pas considéré comme couvert par le secret de cette communication.

On ne saurait trop recommander à l'avocat français qui écrit à un confrère ressortissant de l'Union européenne (un Allemand par exemple) de se limiter à lui demander si ce dernier est d'accord pour que leurs échanges futurs de correspondance soient couverts par la confidentialité, sans lui donner le nom de l'affaire - le nom d'un client étant couvert par le secret professionnel - et d'attendre sa réponse avant de lui communiquer le nom de l'affaire et celui du client.

1. RIN, art. 21.5.3.

37.64 Correspondance avec un avocat étranger non communautaire. L'article 3.4 du RIN prévient l'avocat français de s'assurer, avant de correspondre avec un confrère étranger non communautaire, de l'existence de règles déontologiques permettant d'assurer la confidentialité des correspondances. En l'absence de telles règles, les avocats devront conclure un accord de confidentialité; à défaut, l'avocat français devra demander à son client s'il accepte le risque d'un échange d'informations non confidentielles.

37.65 Correspondance avec d'autres professionnels du droit. La notion de confidentialité de la correspondance échangée entre avocats ne saurait être étendue à d'autres correspondants des avocats tels que les notaires, les avoués à la cour, les experts, *etc.*; elle ne vise en effet que les lettres entre avocats présentant un caractère professionnel en raison de leur nature propre, les autres correspondants de l'avocat ne peuvent se réclamer du principe du secret de la correspondance entre conseils. En revanche la divulgation avec légèreté d'une lettre émanant d'un de ces professionnels peut exposer l'avocat à une action disciplinaire pour manquement à la dignité et à la délicatesse.

• **Peut-on ou non produire l'attestation d'un notaire ?** La question semble avoir été tranchée par un arrêt de la première chambre civile de la Cour de cassation du 18 juin 1985[2] qui considère qu'une attestation de notaire relatant des pourparlers intervenus devant lui et constituant notamment l'aveu par une des parties de l'existence et de la portée de ces pourparlers, doit être écartée des débats à raison des dispositions de l'article 378 de l'ancien Code pénal relatif au secret professionnel, qui fait obstacle à ce qu'un notaire, même choisi comme négociateur, puisse révéler les pourparlers qui se sont déroulés devant lui.

SECTION 7
FOI DU PALAIS

37.71 Définition. La « foi du Palais »[3] concerne non pas directement le secret professionnel, mais les relations entre avocats et celles entre magistrats et avocats.

2. Civ. 1re, 18 juin 1985, n° 84-13.159, *Bull. civ.* I, n° 193; *Gaz. Pal.* 1985, 2, 687, note A. D. – RAPPR. : CA Basse-Terre, 14 oct. 1985, *D.* 1987, somm. 68, note Brunois; *Gaz. Pal.* 1986, 1, 12, note A. D.
3. Damien, « La foi du Palais », dans Frison-Roche (dir.), *Secrets professionnels* (onze études de divers auteurs sur les secrets de leur profession), Autrement, Paris, 1999 – Robinot-Lafortune et Damien, « La foi du Palais, rempart de la confiance confraternelle entre avocats », *Gaz. Pal.* 29 mars 1994, p. 2.

Une affaire judiciaire qui oppose deux clients et par là même deux avocats, n'est pas une suite de plaidoiries à grand spectacle devant des jurés attentifs ou médusés et des juges avisés. Elle comporte une base d'instruction, une préparation dans lesquelles l'avocat et le magistrat qui collaborent de la même manière à l'œuvre de justice et qu'Alain Peyrefitte dénommait avec tant de justesse « les partenaires de justice » doivent se rencontrer, s'écouter, s'entendre, se comprendre et peu à peu faire progresser le dossier par leurs observations réciproques. Cela a toujours été le cas, l'avocat vient consulter le juge d'instruction sur une éventuelle liberté provisoire dont son client pourrait bénéficier; de même la mise en examen, l'arrestation ou le renvoi devant le tribunal peuvent être l'objet d'échange de vues. Quant aux avocats opposés, ils doivent non seulement échanger leurs pièces, c'est une obligation légale, mais échanger leurs impressions sur l'affaire, sur une possible transaction, toujours préférable à un procès.

37.72 La foi du Palais ne relève pas du secret professionnel. Il y a donc dans la coulisse, et ceci n'a rien de répréhensible bien au contraire, toute une phase privée qui intervient entre les avocats et les parties. Cette phase ne relève pas du secret professionnel car l'avocat ne le trahit pas en exposant son point de vue, en éliminant certaines hypothèses, en renforçant certains doutes ou en faisant certaines offres transactionnelles : il a le droit de parler avec d'autres partenaires de justice sans craindre d'être trahi par la confiance qu'il met en eux puisque l'intérêt de ce type de conversation est justement de rendre la justice à la fois plus efficace et plus humaine.

Il importe donc bien de distinguer secret professionnel qui pèse notamment sur les correspondances entre avocats et foi du palais; il faut donc entretenir cette notion qui permet aux avocats (et magistrats) de se confier à un interlocuteur même sans le « filet de protection » que constitue l'article 66-5. Le seul moyen de faire de la confidentialité sans le savoir, à la manière dont M. Jourdain faisait de la prose dans les mêmes conditions, c'est d'avoir des avocats représentants en justice qui puissent, sous la foi du Palais, établir des actes qui ont une valeur juridique et qui retirent dès lors aux tribunaux la connaissance du dossier et des pièces versées aux débats dont ils n'auront plus à apprécier le caractère définitif ni la violation du secret par rapport à la définition excessive de l'article 66-5; les juges seront dessaisis et à moins que, comme Perrin Dandin, ils ne veuillent juger encore à tout prix, la question ne sera pas posée. C'est cette « foi du Palais » qu'a fort bien comprise M. Bruno Boccara dans une chronique où il parle d'un régime conventionnel de confidentialité[1].

37.73 La foi du Palais existe-t-elle encore ? Il faut néanmoins rester prudent car la foi du Palais s'effiloche au fur et à mesure que les avocats et les magistrats deviennent de moins en moins « partenaires de justice ».

• Ainsi, à titre de mauvais exemples, on peut citer l'avocat qui avait enregistré un confrère et utilisé cette communication[2]; le magistrat instructeur[3] ayant reçu une communication confidentielle et téléphonique d'un avocat lui faisant de soit disant révélations importantes pour la suite d'un dossier, qui avait mis son appareil téléphonique sur amplificateur et avait fait noter par son greffier par procès-verbal, la conversation entendue en notant au début « M. X... nous fait connaître cela à titre tout à fait confidentiel »; ou la chambre commerciale de la Cour de cassation, bien au fait de ce type de pourparlers qui constitue la foi du Palais, qui annule une saisie d'une pièce, entraînant l'interdiction de l'utiliser, qui était constituée par des consultations adressées par un avocat à son client ou destinées à celui-ci et les correspondances échangées entre le client et son avocat pour éclairer leur position sur l'affaire[4].

1. *Gaz. Pal.* 7 août 1997, 8.
2. Civ. 1re, 3 janv. 1991, n° 89-12.738, *Bull. civ.* I, n° 4; *D.* 1991, IR 30; *JCP* 1991, IV, 73; *Gaz. Pal.* 1991, pan. 66.
3. Cité par *Libération* 20 juin 1996, sous réserve que l'information soit exacte.
4. Com. 5 mai 1988, *Gaz. Pal.* 28 mai 1988.

CHAPITRE

38. Conflit d'intérêts

SECTION 0
ORIENTEUR

38.00 **Plan du chapitre.**

38.01 **Textes applicables.**

>

Décr. n° 2005-790, 12 juill. 2005, art. 7 et 9, *JO* 16
RIN, art. 4 et 21.3.2

>

Décr. 12 juill. 2005, art. 7 [Conflit d'intérêts]

L'avocat ne peut être ni le conseil ni le représentant ou le défenseur de plus d'un client dans une même affaire s'il y a conflit entre les intérêts de ses clients ou, sauf accord des parties, s'il existe un risque sérieux d'un tel conflit.

Sauf accord écrit des parties, il s'abstient de s'occuper des affaires de tous les clients concernés lorsque surgit un conflit d'intérêt, lorsque le secret professionnel risque d'être violé ou lorsque son indépendance risque de ne plus être entière.

Il ne peut accepter l'affaire d'un nouveau client si le secret des informations données par un ancien client risque d'être violé ou lorsque la connaissance par l'avocat des affaires de l'ancien client favoriserait le nouveau client.

Lorsque des avocats sont membres d'un groupement d'exercice, les dispositions des alinéas qui précèdent sont applicables à ce groupement dans son ensemble et à tous ses membres. Elles s'appliquent également aux avocats qui exercent leur profession en mettant en commun des moyens, dès lors qu'il existe un risque de violation du secret professionnel.

Décr. 12 juill. 2005, art. 9 [Rédaction d'actes]

L'avocat rédacteur d'un acte juridique assure la validité et la pleine efficacité de l'acte selon les prévisions des parties. Il refuse de participer à la rédaction d'un acte ou d'une convention manifestement illicite ou frauduleux. Sauf s'il en est déchargé par les parties, il est tenu de procéder aux formalités légales ou réglementaires requises par l'acte qu'il rédige et de demander le versement préalable des fonds nécessaires.

L'avocat seul rédacteur d'un acte veille à l'équilibre des intérêts des parties. Lorsqu'il a été saisi par une seule des parties, il informe l'autre partie de la possibilité qu'elle a d'être conseillée et de se faire assister par un autre avocat.

S'il est intervenu comme rédacteur unique en qualité de conseil de toutes les parties, il ne peut agir ou défendre sur la validité, l'exécution ou l'interprétation de l'acte qu'il a rédigé, sauf si la contestation émane d'un tiers.

S'il est intervenu en qualité de rédacteur unique sans être le conseil de toutes les parties, ou s'il a participé à sa rédaction sans être le rédacteur unique, il peut agir ou défendre sur l'exécution ou l'interprétation de l'acte dont il a été le rédacteur ou à la rédaction duquel il a participé. Il peut également défendre sur la validité de l'acte.

RIN, art. 4 [Conflit d'intérêts]

4.1 Principes.

L'avocat ne peut être ni le conseil ni le représentant ou le défenseur de plus d'un client dans une même affaire s'il y a conflit entre les intérêts de ses clients ou, sauf accord des parties, s'il existe un risque sérieux d'un tel conflit.

Sauf accord écrit des parties, il s'abstient de s'occuper des affaires de tous les clients concernés lorsque surgit un conflit d'intérêt, lorsque le secret professionnel risque d'être violé ou lorsque son indépendance risque de ne plus être entière.

Il ne peut accepter l'affaire d'un nouveau client si le secret des informations données par un ancien client risque d'être violé ou lorsque la connaissance par l'avocat des affaires de l'ancien client favoriserait le nouveau client.

Lorsque des avocats sont membres d'un groupement d'exercice, les dispositions des alinéas qui précèdent sont applicables à ce groupement dans son ensemble et à tous ses membres. Elles s'appliquent également aux avocats qui exercent leur profession en mettant en commun des moyens, dès lors qu'il existe un risque de violation du secret professionnel.

Les mêmes règles s'appliquent entre l'avocat collaborateur, pour ses dossiers personnels, et l'avocat ou la structure d'exercice avec lequel ou laquelle il collabore.

4.2 Définition.

Conflit d'intérêts.

Il y a conflit d'intérêts :

• dans la fonction de conseil, lorsque, au jour de sa saisine, l'avocat qui a l'obligation de donner une information complète, loyale et sans réserve à ses clients ne peut mener sa mission sans compromettre, soit par l'analyse de la situation présentée, soit par l'utilisation des moyens juridiques préconisés, soit par la concrétisation du résultat recherché, les intérêts d'une ou plusieurs parties;

• dans la fonction de représentation et de défense, lorsque, au jour de sa saisine, l'assistance de plusieurs parties conduirait l'avocat à présenter une défense différente, notamment dans son développement, son argumentation et sa finalité, de celle qu'il aurait choisie si lui avaient été confiés les intérêts d'une seule partie;

• lorsqu'une modification ou une évolution de la situation qui lui a été initialement soumise révèle à l'avocat une des difficultés visées ci-dessus.

Risque de conflit d'intérêts.

Il existe un risque sérieux de conflits d'intérêts, lorsqu'une modification ou une évolution prévisible de la situation qui lui a été initialement soumise fait craindre à l'avocat une des difficultés visées ci-dessus.

Absence de conflit d'intérêts.

Il n'y a pas conflit d'intérêts :

• lorsqu'après avoir informé ses clients et recueilli leur accord, l'avocat dans ses différentes fonctions cherche à concilier leur contrariété d'intérêts. Dans un tel cas, l'avocat ne peut être le conseil ou le défenseur d'une des parties dans la même affaire en cas d'échec de la conciliation;

• lorsqu'en plein accord avec ses clients, l'avocat leur conseille, à partir de la situation qui lui est soumise, une stratégie commune, ou si, dans le cadre d'une négociation, des avocats, membres d'une même structure interviennent séparément pour des clients différents, informés de cette commune appartenance.

4.3 Limites de l'intervention de l'avocat.

Abstentions.

L'avocat doit, sauf accord des parties, s'abstenir de s'occuper des affaires de tous les clients concernés lorsque surgit un conflit d'intérêts, lorsque le secret professionnel risque s'être violé ou lorsque son indépendance risque de ne plus être entière.

Il ne peut accepter l'affaire d'un nouveau client si le secret des informations données par un ancien client risque d'être violé; ou lorsque sa connaissance des affaires de ce dernier est susceptible de favoriser le nouveau client de façon injustifiée.

Cas particuliers.

Lorsqu'il existe un risque sérieux de conflit d'intérêts, l'avocat doit obtenir l'accord de l'ensemble des parties concernées avant d'accorder son concours à plus d'une.

Si l'avocat sollicité successivement par plusieurs parties dans une même affaire n'accorde pas à toutes son concours, il ne peut conserver la défense des intérêts d'une ou plusieurs d'entre elles qu'en respectant les règles ci-dessus énoncées.

L'avocat peut continuer à s'occuper des autres dossiers des clients concernés sans avoir à solliciter leur accord, lorsque son maintien dans ces dossiers, étrangers au conflit d'intérêts survenu dans l'affaire en cause, n'entrave pas son indépendance et n'affecte pas le respect du secret professionnel.

Structures professionnelles et modes d'exercice.

Lorsque des avocats exercent en groupe, les dispositions relatives aux conflits d'intérêts sont applicables au groupe dans son ensemble et à tous ses membres.

Elles s'appliquent également aux avocats exerçant leur profession dans une structure de mise en commun de moyens à partir du moment où à l'intérieur de cette structure, il existe un risque de violation du secret professionnel.

RIN, art. 7 [Rédaction d'actes]

(D. 12 juill. 2005, art. 9)

Définition du rédacteur.

7.1 A la qualité de rédacteur, l'avocat qui élabore, seul ou en collaboration avec un autre professionnel, un acte juridique pour le compte d'une ou plusieurs parties, assistées ou non de conseils, et qui recueille leur signature sur cet acte.

Le seul fait pour un avocat de rédiger le projet d'un acte dont la signature intervient hors de sa présence, ne fait pas présumer de sa qualité de rédacteur.

L'avocat peut faire mention de son nom et de son titre sur l'acte qu'il a rédigé, ou à la rédaction duquel il a participé, s'il estime en être l'auteur intellectuel. Cette mention emporte de plein droit application des présentes dispositions.

Obligations du rédacteur.

7.2 L'avocat rédacteur d'un acte juridique assure la validité et la pleine efficacité de l'acte selon les prévisions des parties. Il refuse de participer à la rédaction d'un acte ou d'une convention manifestement illicite ou frauduleux. Sauf s'il en est déchargé par les parties, il est tenu de procéder aux formalités légales ou réglementaires requises par l'acte qu'il rédige et de demander le versement préalable des fonds nécessaires.

L'avocat seul rédacteur d'un acte veille à l'équilibre des intérêts des parties. Lorsqu'il a été saisi par une seule des parties, il informe l'autre partie de la possibilité qu'elle a d'être conseillée et de se faire assister par un autre avocat.

Contestations.

7.3 L'avocat qui est intervenu comme rédacteur unique d'un acte n'est pas présumé avoir été le conseil de toutes les parties signataires.

Il n'est pas rédacteur unique dès lors que la partie autre que celle qu'il représente était assistée par un conseil, avocat ou non.

S'il est intervenu comme rédacteur unique en qualité de conseil de toutes les parties, il ne peut agir ou défendre sur la validité, l'exécution ou l'interprétation de l'acte qu'il a rédigé, sauf si la contestation émane d'un tiers.

S'il est intervenu en qualité de rédacteur unique sans être le conseil de toutes les parties, ou s'il a participé à sa rédaction sans être le rédacteur unique, il peut agir ou défendre sur l'exécution ou l'interprétation de l'acte dont il a été le rédacteur ou à la rédaction duquel il a participé. Il peut également défendre sur la validité de l'acte.

RIN, art. 21.3.2

21.3.2 Conflit d'intérêts (Avocats de l'Union européenne)

21.3.2.1 L'avocat ne doit être ni le conseil ni le représentant ou le défenseur de plus d'un client dans une même affaire, s'il y a conflit entre les intérêts de ces clients ou un risque sérieux d'un tel conflit.

21.3.2.2 L'avocat doit s'abstenir de s'occuper des affaires de tous les clients concernés lorsque surgit un conflit d'intérêts, lorsque le secret professionnel risque d'être violé ou lorsque son indépendance risque de ne plus être entière.

21.3.2.3 L'avocat ne peut accepter l'affaire d'un nouveau client si le secret des informations données par un ancien client risque d'être violé ou lorsque la connaissance par l'avocat des affaires de l'ancien client favoriserait le nouveau client de façon injustifiée.

21.3.2.4 Lorsque des avocats exercent en groupe, les paragraphes 3.2.1 à 3.2.3 sont applicables au groupe dans son ensemble et à tous les membres.

38.02 Jurisprudence de référence.

> Sur le conflit d'intérêts en matière judiciaire

> L'avocat ne peut assister ou représenter des parties ayant des intérêts opposés

• **Civ. 1re, 30 juin 1981, nº 80-15.557,** *Bull. civ.* I, nº 237; *D.* 1982, 165, note Brunois; *JCP* 1981, IV, 337; *Gaz. Pal.* 1982, 1, pan. jur. 38; *D.* 1981, IR 468.

* V. s^s^ nº 38.21.

« Mais attendu que la prohibition édictée par l'article 84 du décret du 9 juin 1972 n'exige pas pour son application l'identité des affaires, mais la seule existence d'intérêts opposés, que le fait, par un avocat, d'accepter d'assister ou de représenter une partie contre laquelle il exerce une poursuite pour le compte d'un tiers, compromet, par l'opposition que cette double mission rend possible entre les intérêts dont il se propose d'assurer simultanément la défense, sa propre indépendance et la confiance que les parties doivent garder entière dans leur défenseur; qu'il s'ensuit que c'est à juste titre, sans motif hypothétique, que la cour d'appel a retenu contre C..., une infraction aux dispositions de l'article 84 du décret du 9 juin 1972; que le moyen est sans fondement. »

> En cas d'inaction du Conseil de l'Ordre

> **Lors d'un conflit d'intérêts le juge de droit commun est compétent en cas d'inaction des autorités ordinales**

• **Civ. 1re, 27 mars 2001, nº 98-16.508,** *Bull. civ.* I, nº 89; *D.* 2002, somm. 848, obs. Blanchard.

* V. s^s^ nº 38.62.

Rejet.

« Attendu que l'Ordre des avocats au barreau de Pau soutient que le principe de la liberté de choix d'un défenseur est essentiel à la garantie d'un procès équitable au sens de la Convention européenne de sauvegarde des droits de l'homme et des libertés fondamentales et qu'il n'appartient à aucune juridiction de faire injonction à une partie de choisir un autre avocat ou à un avocat de se déporter de la défense d'un client; de sorte qu'en reconnaissant la compétence du juge des référés pour statuer sur une telle demande, la cour d'appel aurait violé, par fausse application, l'article 809 du Nouveau Code de procédure civile, ensemble, par refus d'application, l'article 19 du Nouveau Code de procédure civile et les articles 6.1 et 6.3 de la Convention précitée;

Mais attendu que dès lors qu'elle a relevé que le bâtonnier de l'Ordre des avocats du barreau de Pau, saisi de la difficulté soulevée par M. X..., avait rendu un avis qui n'avait pas été suivi d'effet et qu'aucune poursuite disciplinaire ne s'en était suivie, l'arrêt attaqué a exactement déduit, en l'état de cette carence, que le juge compétent pour statuer sur le conflit d'intérêts qui lui était soumis ne pouvait être que le juge des référés eu égard aux dispositions de l'article 809 du Nouveau Code de procédure civile; que le moyen n'est pas fondé. »

38.03 Bibliographie indicative.

Ouvrages. Guinchard (dir.), DALLOZ ACTION PR. CIV. 2009/2010, n°s 353.00 s. – Guinchard et Moussa (dir.), DALLOZ ACTION VOIES D'EX. 2010/2011, n°s 270.03 à 272.21.

Colloque. Arrue, « La contradiction d'intérêts », dans *Loyauté du procès et comportements professionnels,* actes de session, colloque magistrats-avocats, 26-27 sept. 2001, www.enm.justic.fr

Articles. Cahen, « L'avocat face aux conflits d'intérêts », *Dr. et patr.* févr. 1994, p. 84 – de Benalcazar, « L'avocat et le conflit d'intérêts : une notion au cœur de la déontologie et de la nouvelle économie », *LPA* 15 mai 2001, nº 96, p. 4.

SECTION 1
RÉGLEMENTATION

38.11 L'article 7 du décret du 12 juillet 2005. Le conflit d'intérêts n'est nulle part défini.

La matière est régie par l'article 7 du décret du 12 juillet 2005, qui a été repris dans l'article 4 du RIN, lequel expose en outre les circonstances dans lesquelles il y a conflit d'intérêt. L'article 7 du décret a abrogé l'article 155 du décret du 27 novembre 1991.

L'article 7 du décret du 12 juillet 2005 et l'article 4.1 du RIN imposent à l'avocat de suivre une certaine conduite en cas de contradiction d'intérêts :

1º « L'avocat ne peut être ni le conseil ni le représentant ou le défenseur de plus d'un client dans une même affaire s'il y a conflit entre les intérêts de ses clients ou, sauf accord des parties, s'il existe un risque sérieux d'un tel conflit ».

La délicate question du conflit d'intérêts se pose en effet en matière juridique comme en matière judiciaire; il semble toutefois plus fréquent dans l'activité de conseil de l'avocat que dans son activité d'assistance ou de représentation en justice. Cette disposition impose à l'avocat de refuser une mission dès lors qu'il existe des intérêts différents ou opposés entre les personnes qui s'adressent à lui.

2° La suite de l'article 7 apporte des précisions importantes sur ce qu'il faut entendre par conflit d'intérêts : « lorsque surgit un conflit d'intérêt, lorsque le secret professionnel risque d'être violé ou lorsque son indépendance risque de ne plus être entière, l'avocat doit s'abstenir de s'occuper des affaires de tous les clients concernés, sauf s'il obtient l'accord écrit des parties,

L'avocat doit alors ne s'occuper des intérêts d'un seul client, voire se démettre du dossier. La volonté des parties peut toutefois le dispenser de le faire ».

3° « Il ne peut accepter l'affaire d'un nouveau client si le secret des informations données par un ancien client risque d'être violé ou lorsque la connaissance par l'avocat des affaires de l'ancien client favoriserait le nouveau client ».

4° **Exercice en groupe.** Lorsque des avocats sont membres d'un groupement d'exercice, les dispositions des alinéas qui précèdent sont applicables à ce groupement dans son ensemble et à tous ses membres.

Cette règle doit être appliquée strictement quelles que soient la taille et l'importance du groupement au sein duquel les avocats exercent en commun et quelle que soit l'étendue géographique où se déploie ce groupement d'exercice en commun.

5° Groupements d'avocats qui se sont réunis ou rapprochés pour mettre en commun certains moyens tels qu'entre autres, standard téléphonique, photocopieuses, salle d'attente, secrétariat, bibliothèque, locaux communs...

Sous les formes suivantes, par exemple de cabinet groupé, société civile de moyens, groupement d'intérêt économique, groupe d'intérêt économique européen...Les mêmes règles s'appliquent dès qu'il y a risque que le secret professionnel soit divulgué. Elles s'appliquent à tous les avocats qui ont mis en commun divers moyens.

6° Conflit d'intérêt entre le collaborateur et le cabinet. Le rapporteur de la commission des Règles et Usages du CNB a fait observer que l'hypothèse du conflit d'intérêts qui peut opposer le collaborateur, pour ses dossiers personnels, et l'avocat ou la structure à laquelle il collabore n'était pas mentionnée. C'est pourquoi, l'article 4.1 du RIN a été complété par un dernier alinéa (non prévu par le décret) précisant que « les mêmes règles s'appliquent entre l'avocat collaborateur, pour ses dossiers personnels, et l'avocat ou la structure d'exercice avec lequel ou laquelle il collabore ».

L'article 4.1, alinéa 5, du RIN implique donc que l'avocat collaborateur à titre libéral peut et même doit – sans que, ce faisant il trahisse le secret professionnel – communiquer à l'avocat ou à la structure d'exercice avec lequel il collabore les noms de ses clients personnels.

Mais la règle des conflits d'intérêt ne saurait méconnaître le principe du libre choix de son avocat. Ainsi, la cour d'appel de Chambéry a annulé la délibération prise par le Conseil de l'ordre des avocats d'Albertville qui disposait : « L'avocat inscrit au barreau d'Albertville ne peut accepter un mandat contre un adversaire défendu par son conjoint ou concubin lui même avocat »[1].

• **La notion d'intérêts.** On doit donc distinguer, comme principe directeur de l'interprétation en cette matière, les *intérêts distincts* des parties qui peuvent être légitimement acceptés par l'avocat, soit simultanément, soit successivement à condition qu'il n'y ait pas de soupçon de violation éventuelle du secret professionnel et les *intérêts opposés*, entendu dans le sens le plus large, non pas nécessairement manifestés dans le même procès, mais existant dès lors qu'il y a un lien entre les affaires, si ténu soit-il, révélateur d'une opposition d'intérêts.

En outre, l'avocat doit définir *l'intérêt véritable* de chaque partie. À cet égard, il pourra faire une autre distinction entre l'intérêt à court terme et l'intérêt à long terme d'un client.

38.12 Présence de conflits d'intérêts. Le règlement intérieur national est allé plus loin que l'article 7 du décret du 12 juillet 2005 en ce qu'il a tenté de définir, dans son article 4, les cas de conflit d'intérêts dans la fonction de conseil d'une part, dans la fonction de représentation et de défense d'autre part.

Selon le RIN[2], il y a conflit d'intérêts en matière de conseil lorsqu'au jour de sa saisine (ou plus tard en raison d'une évolution ou d'une modification de la situation), l'avocat, qui doit délivrer une obligation complète, loyale et sans réserve, ne peut mener sa mission sans *compromettre les intérêts d'une ou de plusieurs parties*, soit par *l'analyse de la situation présentée*, soit par *l'utilisation des moyens juridiques préconisés*, soit par *la concrétisation du résultat recherché.*

Il y a conflit d'intérêts dans la fonction d'assistance et de représentation, lorsqu'au jour de sa saisine (ou plus tard en raison d'une évolution ou d'une modification de la situation), l'assistance de plusieurs parties conduirait l'avocat à présenter *une défense différente (notamment dans son développement, son argumentation, sa finalité)* de celle qu'il aurait choisie s'il avait défendu une seule partie. Ainsi, si le critère du conflit d'intérêts est, en matière juridique la mise en danger des intérêts d'une ou de plusieurs parties, en matière judiciaire,

1. CA Chambéry, 12 nov. 1991, *D.* 1994, somm. 138 – CA Montpellier, 25 mai 1990, *Gaz. Pal.* nov. 1990, 12, note Damien.
2. RIN, art. 4.2.

il s'agit de la différence dans la défense suivie par rapport à celle que l'avocat aurait dû suivre.

• **Risque de conflit.** Il existe un risque sérieux de conflit d'intérêts, lorsqu'une modification ou une évolution prévisible de la situation qui lui a été initialement soumise fait craindre à l'avocat un des difficultés ci-dessus visées.

• **Absence de conflit d'intérêts.** Selon le RIN, il n'y aura pas conflit d'intérêts dans trois cas : 1° si l'avocat cherche à concilier les différents intérêts après avoir informé les parties et recueilli leur accord; 2° si l'avocat conseille aux parties une stratégie commune, toujours après avoir recueilli leur accord; 3° enfin, si dans le cadre d'une négociation, les avocats membres d'une même structure interviennent séparément pour des clients différents, informés de cette commune appartenance.

Si par la suite, les intérêts d'une des parties sont en opposition, ne serait-ce que sur un point, avec ceux d'un autre client, l'avocat et/ou la structure d'exercice doivent se retirer sur le champ du dossier.

38.13 L'article 21.3.2 du RIN (Code de déontologie des avocats de l'Union européenne). Cette disposition reprend en substance les mêmes règles que celles précédemment exposées (v. s[s] n° 72.17).

38.14 Historique du conflit d'intérêts. En droit romain, être successivement le conseil de parties adverses constituait une prévarication. Au Moyen Âge, la règle s'applique encore et elle est même consacrée par un texte : l'ordonnance du 5 août 1530. Elle tient une large place dans les premiers traités de déontologie. Reprise par les règlements intérieurs des barreaux, elle est sanctionnée indirectement par la Cour de cassation sur le fondement de la violation du secret professionnel[1].

SECTION 2
CONFLIT D'INTÉRÊTS EN MATIÈRE JUDICIAIRE

38.21 Un avocat ne peut plaider à la fois pour deux parties ayant des intérêts différents, encore moins opposés. L'article 7 du décret du 12 juillet 2005 et l'article 4.1 du RIN précisent que les parties ayant des intérêts opposés ne doivent être ni assistées, ni représentées par un même avocat.

• **L'avocat ne peut pas assister une partie, adverse dans une autre affaire.** La Cour de cassation, par un arrêt du 30 juin 1981[2] a confirmé que le seul fait par un avocat d'accepter d'assister ou de représenter une partie contre laquelle il exerce une poursuite pour le compte d'un tiers, compromet sa propre indépendance et la confiance que les parties doivent garder entière en leur défenseur[3].

L'avocat, depuis de nombreuses années, de deux époux, les avait assignés au nom du syndic aux fins d'une procédure d'extension du règlement judiciaire de la société familiale de travaux publics dont le gérant était le fils du couple. Dans le même temps, l'avocat les avait conseillés sur la tactique à suivre dans cette procédure, puis les avait engagés à ne pas faire appel de la décision faisant droit à la demande d'extension du règlement judiciaire. La Cour de cassation a décidé que l'avocat ne pouvait être à la fois l'avocat de la société débitrice et du syndic et le conseil des époux assignés en extension de la procédure[4].

38.22 Application de la règle dans le temps : l'avocat peut-il plaider contre un ancien client ? La jurisprudence rendue sous l'empire de l'article 84 du décret du 9 juin 1972 (texte ayant été remplacé par l'article 155 du décret du 27 novembre 1991, article aujourd'hui abrogé, repris essentiellement à l'article 9 du décret du 12 juillet 2005) n'acceptait pas qu'un avocat plaide contre un client, dès lors qu'il s'agissait du même procès ou d'une autre affaire ayant un lien avec la précédente.

• La cour de Rennes, par un arrêt du 13 mai 1980[5] en refusant à un avocat la possibilité de plaider contre un ancien client, non seulement dans le même procès mais dans une autre affaire où il n'avait pas été chargé de sa défense, a donné au terme « intérêts opposés » une signification extensive; il n'est pas synonyme d'identité d'affaire ni même d'affaire étroitement connexe; il suffit qu'il y ait un lien entre les affaires, si ténu soit-il, révélateur d'une opposition d'intérêts pour que l'article 155 (en vigueur à l'époque) trouve son champ d'application. L'objet de cette disposition, au-delà de l'obligation de probité est d'affranchir l'avocat du risque de restreindre sa liberté. La connaissance de la situation d'un client, acquise dans un des dossiers antérieurs contraindrait l'avocat à faire abstraction de cette connaissance dans une nouvelle affaire[6].

• La cour d'Aix, la même année, étend cette notion de « client » contre lequel l'avocat ne doit pas plaider au « correspondant ». Cette notion ne semble pas devoir être acceptée, car c'est le client seul qui bénéficie d'un

1. Cass. Req. 19 janv. 1898, *DP* 1898, 1, 80.
2. Civ. 1re, 30 juin 1981, n° 80-15.557, *Bull. civ.* I, n° 237; *D.* 1982, 165, note Brunois; *D.* 1981, IR 468; *JCP* 1981, IV, 337; *Gaz. Pal.* 1982, 1, pan. 38.
3. SUR l'application en droit communautaire : note Brunois s[s] Civ. 1re, 30 juin 1981, n° 80-15.557, *Bull. civ.* I, n° 237; *D.* 1982, 165, note Brunois; *D.* 1981, IR 468; *JCP* 1981, IV, 337; *Gaz. Pal.* 1982, 1, pan. 38; REJET DU POURVOI formé contre : CA Besançon, 13 mars 1980, *D.* 1981, IR 468.
4. Civ. 1re, 18 mars 1997, n° 95-10.554, *Bull. civ.* I, n° 95; *D.* 1997, IR 115; *Gaz. Pal.* 13 nov. 1997, pan. 11; pan. 259, 1999, somm. 518, note du Rusquec; *JCP* 1998, I, 381, n° 6 obs. Martin.
5. CA Rennes, 13 mai 1980, *Gaz. Pal.* 1981, 1, 11, note Damien.
6. TOUTEFOIS : Civ. 1re, 16 juill. 1987, n° 85-15.092, *Bull. civ.* I, n° 222; *D.* 1988, somm. 257, note Brunois, qui marque la réserve de ne pas nuire au bon déroulement des procédures judiciaires en restreignant excessivement le nombre des avocats susceptibles d'y intervenir.

lien particulier avec l'avocat, le correspondant qui n'est qu'un intermédiaire, ne saurait se prévaloir de ce lien [1]. Lorsque des avocats exercent en groupe, ces conditions sont applicables au groupe dans son ensemble et à chacun de ses membres [2]. Un Conseil de l'ordre avait même poussé le souci de l'indépendance de l'avocat à interdire aux membres de son barreau d'accepter de plaider contre un adversaire défendu par son conjoint ou son concubin lui-même avocat. Cette disposition a été annulée au nom de la liberté de choix de l'avocat rappelé en matière civile par l'article 19 du Code de procédure civile et en matière pénale par l'article 6-3 de la Convention de sauvegarde des droits de l'homme et des libertés fondamentales et de la liberté d'action reconnues à l'avocat dans l'exercice de sa profession, libertés indissociables du respect des droits de la défense dans une société démocratique [3].

38.23 Une question délicate : la défense des deux époux dans une procédure de divorce. L'avocat qui a été conseil commun de deux époux dans une procédure de divorce par requête conjointe doit ensuite refuser d'être le conseil de la femme dans une autre procédure de divorce pour faute, puisque les intérêts pécuniaires des deux époux étaient en opposition [4].

Un avocat ne peut pas introduire une procédure de divorce sur requête conjointe en laissant croire au tribunal et au mari qu'il se présentait au nom de deux époux, alors qu'il se trouvait être l'amant de l'épouse dont il défendait les intérêts [5].

• **Des époux, tous deux avocats, peuvent-ils plaider l'un contre l'autre ?** Des époux, avocats et collaborateurs du même patron, peuvent-ils plaider l'un contre l'autre leurs affaires personnelles sans heurter pour autant le devoir de délicatesse ? La question est controversée. Leurs cabinets personnels peuvent en effet demeurer distincts. La cour d'appel de Chambéry a pris parti en énonçant qu'un règlement intérieur d'un barreau ne pouvait interdire à deux avocats mariés ou concubins de se charger de clients ayant des intérêts opposés [6]. Sur l'application de la notion de délicatesse en matière juridique [7] (v. s^{s} n°s 31.61 s.).

1. CA Aix-en-Provence, 24 oct. 1983, *Gaz. Pal.* 1984, 1, 86, note Damien – ÉGAL^{T} EN MATIÈRE d'enchères : CA Montpellier, 17 avr. 1985, *D.* 1987, somm. 66, note Brunois – Civ. 1re, 15 févr. 1983, n° 82-11.888, *Bull. civ.* I, n° 59 ; *D.* 1984, IR 117 – Civ. 1re, 20 janv. 1993, n° 91-15.548, *Bull. civ.* I, n° 22 ; *D.* 1993, IR 35 – CA Paris, 20 févr. 1994 – CA Paris, 30 mars 1994, *Gaz. Pal.* 1994, jur. p. 549, note Damien.
2. Décr. 27 nov. 1991, art. 155-4.
3. CA Chambéry, 12 nov. 1991, *D.* 1994, somm. 138.
4. Civ. 1re, 20 janv. 1993, n° 91-15.548, *Bull. civ.* I, n° 22 ; *Gaz. Pal.* 5 août 1993, 11 ; *D.* 1993, IR 35 ; *JCP* 1993, IV, 80.
5. Civ. 1re, 17 juill. 1996, n° 94-11.450, *Bull. civ.* I, n° 324 ; *D.* 1996, IR 200 ; *Gaz. Pal.* 1997, pan. 99.
6. CA Chambéry, 12 nov. 1991, *D.* 1994, somm. 138.
7. CA Versailles, 25 mars 1981, *Gaz. Pal.* 1981, 1, 369.

38.24 L'avocat peut-il être intermédiaire entre la victime et le criminel, notamment pour le versement d'une rançon ? Une criminalité particulière a surgi depuis le milieu du XXe siècle qui prend des hommes, des femmes ou des enfants en otages et menaçant leur vie, exige des rançons que des familles éplorées sont contraintes de rassembler et de payer. Certains de ces enlèvements n'ont pas les causes crapuleuses traditionnelles mais se parent d'idées politiques apparentées au terrorisme et le pratiquant. Cette criminalité est particulièrement grave et réprimée avec vigueur par les cours d'assises chaque fois qu'elles en sont saisies, mais les familles font plus confiance, parfois, dans le mécanisme de la remise de la rançon que dans l'efficacité de la police et de la justice pour retrouver sain et sauf l'otage ainsi séquestré ; d'où un désaccord fréquent entre la police et la justice. Tandis que la police et l'État conseillent aux familles de résister aux ravisseurs et de ne rien leur celer des menaces ou promesses dont ils sont l'objet, les familles préfèrent souvent s'adresser à des organes privés ou entrer en relation avec les ravisseurs pour épargner la vie de celui qui leur est cher ; les ravisseurs jouent ce jeu avec habileté et tentent de créer avec les familles des liens prudents pour ne pas être identifiés par la police, mais suffisants pour garder le contact avec les familles ; d'où l'idée, pour la remise de la rançon, pour la restitution de l'otage, de passer par des personnes astreintes au secret professionnel : avocat, médecin et surtout prêtre.

Sur le plan du secret professionnel la question juridique et morale est très simple, il n'y a pas d'application du secret professionnel dans ce cas car le ravisseur qui entre en relations avec une personne tenue au secret professionnel ne le fait ni pour se soigner, se défendre ou se faire pardonner, il le fait uniquement pour entrer paisiblement en possession de la rançon, l'intermédiaire ne peut donc, en aucun cas, être tenu au secret professionnel. En revanche, il est tenu à l'obligation de dénoncer car la personne qui s'est adressée à lui pour lui proposer cet ignoble marché, n'est évidemment pas une de celles qui sont protégées par l'article 226-13 du Code pénal et qui peuvent dès lors demander au confident qu'elles ont choisi de conserver secrètes les tractations qui ont eu lieu.

Ceci posé, la question est loin d'être résolue car il reste l'angoisse des familles, le désir légitime de récupérer intact l'otage et de verser en contrepartie une rançon qui, si illégale soit-elle dans son principe, est la garantie de survie de l'être cher qui leur a été arraché.

Ainsi les pourparlers continuent soit directement avec les familles, soit par les intermédiaires, personnes de confiance, mais il faut rappeler celles-ci à une prudence particulière : elles ne sont que des intermédiaires dans un cas d'urgence morale particulier, elles ne peuvent bénéficier ni faire bénéficier quiconque du secret professionnel, elles sont en revanche astreintes à l'obligation de dénoncer même si cette obligation leur paraît contradictoire avec la sécurité de ceux qu'ils sont chargés de récupérer.

Le médecin et l'avocat semblent peu aptes à procéder à ce genre d'échange; ils seront vite confrontés à des contradictions insolubles entre leur déontologie et l'action qui leur est demandée et à des pertes de leur dignité professionnelle qui, même si elles sont légitimées par le désir de sauver des vies humaines, sont préjudiciables à l'ensemble de la profession.

Le prêtre, en raison de son caractère particulier, de ce ministère de charité qui lui est reconnu, peut dans sa conscience accepter parfois ce genre de tractations et y jouer le rôle d'intermédiaire mais il lui faut être prudent de façon à ce qu'il ne devienne pas, inconsciemment, l'instrument recherché par les bandits pour obtenir des avantages illégaux de la part de familles éplorées.

En revanche, un médecin qui serait appelé au chevet de l'otage pour lui prodiguer les soins que nécessite son état, pourrait se prévaloir du secret professionnel car il serait consulté, même si c'est à la demande des bandits, par celui-là même qui a besoin de ses secours et qui devient dès lors son client.

SECTION 3
CONFLIT D'INTÉRÊTS EN MATIÈRE JURIDIQUE

38.31 L'avocat peut être le conseil de plusieurs personnes physiques ou morales lorsque celles-ci le sollicitent pour parvenir à la réalisation d'un projet commun.

Il ne peut demeurer conseil d'aucune des parties ou de leurs ayants droit s'il surgit un risque sérieux de conflit devant inéluctablement conduire à un contentieux.

Lorsque l'avocat est le conseil d'une ou plusieurs personnes et que l'une des autres personnes n'est pas assistée, l'avocat doit informer ces dernières de la faculté qu'elles ont de faire choix d'un conseil; dans le cas où le ou les intéressés décident de faire ce choix l'avocat est tenu de prendre contact avec son confrère.

38.32 L'avocat rédacteur d'actes[1]. L'article 7 du RIN a intégré les dispositions prévues à l'article 9 du décret du 12 juillet 2005 en matière de rédaction d'actes, mais il est allé plus au fond.

L'article 7.1 du RIN précise ce qu'il faut entendre par « rédacteur ». Le rédacteur est « l'avocat qui élabore, seul ou en collaboration avec un autre professionnel, un acte juridique pour le compte d'une ou plusieurs parties, assistées ou non de conseils, et qui recueille leur signature sur cet acte ». Le RIN ajoute néanmoins que le seul fait pour un avocat de rédiger le projet d'un acte dont la signature intervient hors de sa présence, ne fait pas présumer de sa qualité de rédacteur.

Être qualifié de rédacteur entraîne un certain nombre d'obligations. L'article 7.2 précise ainsi que l'avocat rédacteur d'un acte juridique assure la validité et la pleine efficacité de l'acte selon les prévisions des parties.

Cette disposition, reprise de l'article 9 du décret du 12 juillet 2005, confirme une abondante jurisprudence antérieure, qui met à la charge du rédacteur une rigoureuse obligation d'efficacité : l'avocat « doit prendre avec diligence toutes les dispositions utiles pour assurer l'efficacité de l'acte »[2] (v. s^{s} n°s 91.41 s.).

Il doit refuser de participer à la rédaction d'un acte ou d'une convention manifestement illicite ou frauduleux. Par ailleurs, sauf s'il en est déchargé par les parties, il est tenu de procéder aux formalités légales ou réglementaires requises par l'acte qu'il rédige et doit demander le versement préalable des fonds nécessaires.

L'avocat seul rédacteur d'un acte veille à l'équilibre des intérêts des parties. Lorsqu'il a été saisi par une seule des parties, il informe l'autre partie de la possibilité qu'elle a d'être conseillée et de se faire assister par un autre avocat (sur l'activité de rédaction d'actes v. s^{s} n°s 41.61 s.; sur la responsabilité de l'avocat rédacteur d'acte v. s^{s} n°s 91.41 s.).

38.33 Contestation de l'acte. Selon le RIN, qui reprend ici une disposition déjà présente dans le RIU, l'avocat qui est intervenu comme rédacteur unique d'un acte n'est pas présumé avoir été le conseil de toutes les parties signataires.

Cette disposition, reprise du RIH et du RIU est sage et conforme à la réalité. Le pouvoir réglementaire qui se penchait alors pour la première fois sur les droits et obligations des avocats dans leurs activités juridiques (et non judiciaires) a repris cette distinction dans les articles 9 alinéa 3 et 9 alinéa 4 du décret du 12 juillet 2005.

Suite à un amendement adopté par la Commission des Règles et Usages du CNB, il a été précisé que l'avocat « n'est pas rédacteur unique dès lors

1. Décr. 12 juill. 2005, art. 9 – RIN, art. 7.

2. Civ. 1re, 5 févr. 1991, n° 89-13.528, *Bull. civ.* I, n° 46.

que la partie autre que celle qu'il représente était assistée par un conseil, avocat ou non »[1]. Cette disposition envisage l'hypothèse dans laquelle un avocat participe à l'établissement d'un acte en concertation avec un conseil qui peut n'être pas avocat (notaire, banquier, expert comptable par exemple). Dans ces conditions, l'avocat n'est pas nécessairement considéré comme un rédacteur unique.

Il faut rapprocher cette disposition de la jurisprudence qui rappelle régulièrement que l'avocat rédacteur d'acte n'est pas dispensé de ses devoirs et plus particulièrement de son devoir de conseil du fait de la présence d'un autre professionnel du droit (v. s^s n° 93.22).

Le décret et le RIN (qui en reprend exactement les termes) précisent enfin que si l'avocat est intervenu comme rédacteur unique en qualité de conseil de toutes les parties, il ne peut agir ou défendre sur la validité, l'exécution ou l'interprétation de l'acte qu'il a rédigé, sauf si la contestation émane d'un tiers[2].

En revanche, s'il est intervenu en qualité de rédacteur unique sans être le conseil de toutes les parties, ou s'il a participé à sa rédaction sans être le rédacteur unique, il peut agir ou défendre sur l'exécution ou l'interprétation de l'acte dont il a été le rédacteur ou à la rédaction duquel il a participé. Il peut également défendre sur la validité de l'acte[3].

L'avocat rédacteur ou participant à la rédaction d'un acte à la demande d'une seule partie peut donc agir ou défendre sur les exécutions, la validité ou l'interprétation dudit acte. En revanche, si l'avocat a été le rédacteur unique en qualité de conseil de toutes les parties, il ne pourra agir ou défendre sur la validité, l'exécution ou l'interprétation de l'acte (sauf si la contestation émane d'un tiers). En outre, l'avocat qui a participé à la rédaction d'un acte ne peut pas agir en justice pour contester sa validité[4] (v. s^s n° 41.61).

Il devra refuser ou interrompre son concours dès lors qu'il apparaît :

- soit que son intervention risque de le conduire à s'ériger en témoin de l'une ou l'autre des parties;

- soit que sa responsabilité professionnelle est susceptible d'être recherchée;

- soit que son intervention est de nature à porter atteinte au secret professionnel ou à la confidence due aux pourparlers.

Toute difficulté relative à cette disposition devra être soumise sans délais à l'appréciation du bâtonnier.

1. RIN, art. 7.3, al. 2.
2. RIN, art. 7.3, al. 3.
3. RIN, art. 7.3, al. 4.
4. RIN, art. 7.3.

SECTION 4
CONSÉQUENCE : ABSTENTIONS ET DÉPORTS

38.41 L'avocat doit se déporter ou peut être récusé par son client. Lorsque l'avocat estime qu'il y a un conflit d'intérêts entre ses clients et lui-même, il doit se déporter. Si le client a le même sentiment, il doit récuser son avocat. L'avocat peut ne pas être fautif si son client ne lui révèle pas tout : l'avocat qui a découvert le mensonge de « son client » ne peut plus l'assister, il se doit de solliciter la désignation d'un nouvel avocat[5].

38.42 Une autorité ordinale ou judiciaire peut-elle déporter l'avocat ? À défaut d'intervention du client ou d'une résiliation spontanée de l'avocat, une autorité ordinale ou judiciaire peut-elle déporter un avocat dans le cas où elle estimerait qu'il compromet la dignité de l'Ordre ? La réponse est douteuse, il semble ressortir d'un arrêt de la cour de Pau du 14 janvier 1998[6] qui a débouté le demandeur, estimant que sa requête en récusation ne reposait sur aucun élément sérieux, a jugé néanmoins que cette requête était recevable. Or, il est évident qu'il n'appartient pas au juge des référés, pas plus qu'à la cour d'appel d'interdire à un avocat d'avoir comme client la personne qui l'a choisi.

• **Le bâtonnier ne peut déporter d'office un avocat.** Un arrêt de la cour de Paris du 9 juin 1998[7] tout en confirmant que le bâtonnier a le droit et même le devoir de déconseiller à un avocat de plaider ou de conclure dans un dossier, ne peut si son conseil demeure sans résultat, lui interdire de plaider; il peut manifester son opposition, il ne peut pas lui adresser une injonction susceptible d'entraîner à elle seule des poursuites disciplinaires, il ne peut surtout pas le déporter d'office.

Cette solution est à rapprocher d'un arrêt de la 1re chambre civile qui précise qu'aucune disposition de l'article 17 de la loi du 31 décembre 1971 ne confère au bâtonnier le pouvoir de donner l'injonction à un avocat de se dessaisir d'un dossier et qu'en lui infligeant une peine disciplinaire à ce seul motif la cour d'appel a violé le texte de l'article 17 de la loi[8].

Depuis un arrêt de la Cour de cassation du 27 mars 2001 (v. s^s n° 38.02), il y a carence du bâtonnier s'il n'ouvre pas de poursuites disciplinaires contre l'avocat à qui il a intimé de se déporter et qui a refusé ce déport. Ce dernier arrêt implique clairement que l'avocat qui n'a pas obtempéré à l'avis du bâtonnier lui intimant de se

5. CA Versailles, 20 sept. 1995, *Gaz. Pal.* 18 nov. 1995, 22.
6. CA Pau, 14 janv. 1998, *Gaz. Pal.* 16 avr. 1998, 9.
7. CA Paris, 9 juin 1998, *Gaz. Pal.* 17 sept. 1998, 16, note Damien.
8. Civ. 1re, 28 avr. 1998, n° 95-22.242, *Bull. civ.* I, n° 154; *D.* 1998, IR 131; *JCP* 1998, IV, 2316; *Gaz. Pal.* 1998, pan. 227.

déporter est passible de poursuites disciplinaires qui lui ouvrent la voie au double degré de juridictions.

SECTION 5
PORTÉE DE L'ACCORD DES PARTIES

38.51 Risque sérieux de conflit d'intérêts. En cas de risque sérieux de conflit d'intérêts, l'avocat peut être le conseil, le représentant ou le défenseur de parties ayant des intérêts opposés dans la même affaire si et seulement si ces parties en conviennent. Un tel accord n'aurait toutefois aucune portée si le conflit était d'ores et déjà présent. Lorsque le conflit est seulement latent, cet accord dispense l'avocat de se déporter. Mais lorsque ce risque se réalise, de nouveau, l'accord des parties permet à l'avocat de continuer à s'occuper de l'affaire[1].

38.52 Devoir de prudence. Le devoir de prudence de l'avocat, principe essentiel de l'exercice de sa profession (v. s^s^ nº 31.31), lui impose de s'abstenir en présence d'un conflit d'intérêts, alors même que l'avocat aurait reçu l'accord du client. Ainsi l'avocat qui avait été le conseil commun de deux époux dans une procédure de divorce sur requête conjointe devait refuser d'être ensuite le conseil de l'épouse dans une autre procédure de divorce pour faute, puisque les intérêts pécuniaires des époux étaient en opposition, et l'accord allégué de l'époux était sans portée sur le devoir de prudence qui s'imposait à l'avocat[2].

SECTION 6
SANCTION

38.61 Sanctions disciplinaires. Dans le cas de la représentation en justice, la sanction n'est pas la nullité de la représentation qui ne peut être prononcée sans texte en violation de l'article 114 du Code de procédure civile, mais l'avocat est exposé à des sanctions disciplinaires en application de l'article 183[3], du décret du 27 novembre 1991[4]. En effet, les contentieux relatifs aux conflits d'intérêts masquent souvent une violation des principes essentiels tels la prudence, la loyauté, l'honnêteté (v. s^s^ nºs 81.01 s.).

38.62 Inaction du Conseil de l'ordre – Compétence du juge de droit commun. Si le bâtonnier, saisi par une partie d'un conflit d'intérêts de l'avocat choisi par l'autre partie, a rendu un avis qui n'a pas été suivi d'effet et notamment qu'aucune poursuite disciplinaire ne s'en est suivie, le juge compétent pour statuer sur le conflit d'intérêts qui lui est soumis ne peut être que le juge des référés eu égard aux dispositions de l'article 809 du Code de procédure civile[5].

1. Décr. 12 juill. 2005, art. 9 – RIN, art. 7.
2. Civ. 1re, 20 janv. 1993, nº 91-15.548, *Bull. civ.* I, nº 22; *Gaz. Pal.* 5 août 1993, 11; *D.* 1993, IR 35; *JCP* 1993, IV, 80.
3. Mod. par décr. 2005-531, 24 mai 2005, art. 1, 2°.
4. TGI Pontoise, 2 avr. 1997, *JCP* 1997, II, 22907, note Martin – CA Versailles, 17 sept. 1997, *JCP* 1997, II, 22923, note Martin.
5. Civ. 1re, 27 mars 2001, nº 98-16.508, *Bull. civ.* I, nº 89; *D.* 2002, 848, obs. Blanchard; *D.* 2001, IR 1280; *Gaz. Pal.* 2001, somm. 496; somm. 878; *JCP* 2001, II, 10549, note Martin.

CHAPITRE

39. Respect du contradictoire

SECTION 0

ORIENTEUR

39.00 **Plan du chapitre.**

39.01 **Textes applicables.**

>

C. pr. civ., art. 15, 16, 56 et 132 à 137

Décr. nº 2005-790, 12 juill. 2005, art. 16, *JO* 16

RIN, art. 5, 21.4.2 et 21.5.5

>

C. pr. civ., art. 15 [Respect par les parties du principe du contradictoire]

Les parties doivent se faire connaître mutuellement en temps utile les moyens de fait sur lesquels elles fondent leurs prétentions, les éléments de preuve qu'elles produisent et les moyens de droit qu'elles invoquent, afin que chacune soit à même d'organiser sa défense.

C. pr. civ., art. 16 [Respect par le juge du principe du contradictoire]

Le juge doit, en toutes circonstances, faire observer et observer lui-même le principe de la contradiction.

Il ne peut retenir, dans sa décision, les moyens, les explications et les documents invoqués ou produits par les parties que si celles-ci ont été à même d'en débattre contradictoirement.

Il ne peut fonder sa décision sur les moyens de droit qu'il a relevés d'office sans avoir au préalable invité les parties à présenter leurs observations.

C. pr. civ., art. 56 [Mentions obligatoires de l'assignation]

L'assignation contient à peine de nullité, outre les mentions prescrites pour les actes d'huissier de justice :

1º L'indication de la juridiction devant laquelle la demande est portée;

2º L'objet de la demande avec un exposé des moyens en fait et en droit;

3º L'indication que, faute pour le défendeur de comparaître, il s'expose à ce qu'un jugement soit rendu contre lui sur les seuls éléments fournis par son adversaire;

4º Le cas échéant, les mentions relatives à la désignation des immeubles exigées pour la publication au fichier immobilier.

Elle comprend en outre l'indication des pièces sur lesquelles la demande est fondée. Ces pièces sont énumérées sur un bordereau qui lui est annexé.

Elle vaut conclusions.

C. pr. civ., art. 132 [Communication des pièces entre les parties]

La partie qui fait état d'une pièce s'oblige à la communiquer à toute autre partie à l'instance.

La communication des pièces doit être spontanée.

En cause d'appel, une nouvelle communication des pièces déjà versées aux débats de première instance n'est pas exigée. Toute partie peut néanmoins la demander.

C. pr. civ., art. 133 [Injonction de communication de pièces]

Si la communication des pièces n'est pas faite, il peut être demandé, sans forme, au juge d'enjoindre cette communication.

C. pr. civ., art. 134 [Modalités de l'injonction de communication de pièces]

Le juge fixe, au besoin à peine d'astreinte, le délai, et, s'il y a lieu, les modalités de la communication.

C. pr. civ., art. 135 [Communication des pièces en temps utile]

Le juge peut écarter du débat les pièces qui n'ont pas été communiquées en temps utile.

C. pr. civ., art. 136 [Restitution des pièces adverses]

La partie qui ne restitue pas les pièces communiquées peut y être contrainte, éventuellement sous astreinte.

C. pr. civ., art. 137 [Liquidation de l'astreinte]

L'astreinte peut être liquidée par le juge qui l'a prononcée.

RIN, art. 5 [Respect du principe du contradictoire]

[C. pr. civ. art. 15, 16, 17; décr. 12 juill. 2005, art. 16]

Principe.

5.1 L'avocat se conforme aux exigences du procès équitable. Il se comporte loyalement à l'égard de la partie adverse. Il respecte les droits de la défense et le principe du contradictoire.

La communication mutuelle et complète des moyens de fait, des éléments de preuve et des moyens de droit se fait spontanément, en temps utile et par les moyens prévus par les règles de procédure.

Un avocat correspond avec un confrère par voie électronique à l'adresse figurant sur les documents professionnels de son correspondant.

5.2 Cette règle s'impose à l'avocat :

• devant toutes les juridictions, y compris celles où le ministère de l'avocat n'est pas obligatoire et où le principe de l'oralité des débats est de règle;

• devant la Commission Bancaire;

• l'Autorité des Marchés Financiers;

• d'une manière générale, devant tous les organismes ou organes ayant un pouvoir juridictionnel de quelque nature qu'il soit.

Dispositions applicables au procès pénal.

5.3 En ce qui concerne l'action publique devant les juridictions pénales, les avocats des parties communiquent leurs moyens de droit ou de fait et leurs éléments de preuve au Ministère public et aux avocats des autres parties au plus tard à la fin de l'instruction du dossier à l'audience.

Si dans une procédure pénale, le prévenu ou l'accusé est demandeur à une exception ou fin de non-recevoir, son avocat doit communiquer ses moyens et éléments de preuve sans délai pour permettre la contradiction en temps utile par la partie défenderesse à l'exception ou à la fin de non-recevoir, sauf si cette communication compromet le moyen soulevé, auquel cas s'applique la règle générale sus-rappelée que doit respecter l'avocat du prévenu ou de l'accusé.

Relations avec la partie adverse.

5.4 L'avocat chargé d'introduire une procédure contre une partie dont il connaît le conseil, doit aviser au préalable son confrère, dans la mesure où cet avis ne nuit pas aux intérêts de son client.

En cours de procédure, les rapports de l'avocat avec son confrère défendant l'adversaire doivent s'inspirer des principes de courtoisie, de loyauté et de confraternité régissant la profession d'avocat.

L'avocat qui inscrit un appel à l'encontre d'une décision rendue par une juridiction pénale doit en informer aussitôt ses confrères concernés par la cause. Il en va de même pour les requêtes en nullité.

Il en est de même pour tout appel civil et, plus généralement, de l'exercice de toute voie de recours ou de toute procédure au fond.

Communication des pièces.

5.5 La communication de pièces se fait en original ou en photocopie.

Les pièces doivent être numérotées, porter le cachet de l'avocat et être accompagnées d'un bordereau daté et signé par l'avocat.

La communication se fait dans les conditions suivantes :

• parmi les pièces, celles qui sont en langues étrangères doivent être accompagnées d'une traduction libre; en cas de contestation, il sera recouru à un traducteur juré;

• les moyens de fait et de droit ci-dessus visés peuvent être communiqués sous forme de notice, de conclusion ou de dossier de plaidoirie;

• la jurisprudence et la doctrine sont versées aux débats si elles ne sont pas publiées; si elles sont publiées, les références complètes sont communiquées aux autres avocats.

La communication de pièces peut être faite par voie électronique, par la remise de tout support de stockage de données numériques, ou l'envoi d'un courrier électronique, s'il est justifié de sa réception effective par le destinataire.

39.02 Jurisprudence de référence.

> Sur la communication des pièces

> Présomption de communication des pièces

• **Civ. 2e, 25 nov. 1981, no 78-13.880,** *Bull. civ.* II, no 207; *D.* 1982, 371, note Bénabent; *RTD civ.* 1982, 653, obs. Perrot.

* V. ss no 39.21.

« Sur le moyen unique, pris en sa première branche : vu l'article 132 du [Nouveau] Code de procédure civile, attendu que la partie qui fait état d'une pièce s'oblige à la communiquer à toute autre partie à l'instance; attendu qu'il n'apparaît ni des mentions de l'arrêt attaqué, ni du dossier de la procédure, que la photocopie de lettre sur laquelle les juges du second degré se sont fondés pour prononcer le divorce des époux I... aux torts de la femme ait été communiquée à Dame I... ou que celle-ci ait eu connaissance de sa production; que la cour d'appel a ainsi violé le texte susvisé. »

39.03 Bibliographie indicative.

Actualisable. RÉP. PR. CIV., *Vo Communication de pièces*, Brahic-Lambrey.

Ouvrages. Ascensi, *Du principe de la contradiction,* LGDJ 2006 – Guinchard (dir.), DALLOZ ACTION PR. CIV. 2009/2010, Fricéro, nos 212.31 s., Lacroix-Andreivet, nos 341.00 s. – Travier, *Procédures orales*, « Dalloz Service », 2002, nos 12.47 s. – Miniato, *Le principe du contradictoire en droit processuel,* LGDJ, 2008.

Thèse. Frison-Roche, *Généralités sur le principe du contradictoire*, thèse, Paris II, 1988.

Articles. Carrère, « Respect du contradictoire et procédures pénales », *Bull. barreau de Paris* 14 mai 2002, no 19, p. 139; « Communication des pièces pénales dans le cadre de procédures civiles ou commerciales », *Bull. barreau de Paris* 25 juin 2002, no 25, p. 185 – Flécheux, « Le droit d'être entendu », *Mélanges Bellet*, 1991, p. 149 – Hoonakker, « L'arrêt de l'exécution provisoire de droit enfin consacré par le législateur ! », *D.* 2004, Chron. 2314 – Letellier, « La dérive du dossier de plaidoirie », *AJ fam.* 2009. 442 – Lévy, « Oralité et contradiction en procédure écrite », *JCP* 1990, I, 3459 – Magendie, « Contradiction, exigence majeure d'une justice de qualité », *Gaz. Pal.* 10-12 déc. 2006, p. 2 – Miniato, « La consécration » du principe du contradictoire par le décret du 20 août 2004 portant modification de la procédure civile », *D.* 2005. 308; « Le principe du contradictoire : nouveau principe directeur du procès (à propos du décret n° 2005-790 du 12 juillet 2005 », *D.* 2005. 2537 – Molla, « Avocat et débat contradictoire », *RJB* 2000, n° 59/60, p. 114 – Wiederkehr, « Le principe du contradictoire », *D.* 1974, chron. 95.

SECTION 1
L'AVOCAT DOIT RESPECTER LE CONTRADICTOIRE

39.11 Communication des moyens de fait, des éléments de preuve, des moyens de droit[1]. L'avocat doit communiquer à la partie adverse les écritures, les pièces (celles qui sont favorables à la thèse soutenue, contrairement aux systèmes anglo-saxons où toutes les pièces doivent être communiquées), les cotes de plaidoirie (fondamentales dans les procédures orales), la jurisprudence et la doctrine.

• **Notes en délibéré.** Après la clôture des débats, elles sont en principe interdites[2] sauf pour répondre aux arguments du ministère public ou à la demande du président[3]. En cas d'accueil d'une note en délibéré, le juge doit inviter l'autre partie à répondre[4].

Cette communication doit être mutuelle et complète.

Elle doit être effectuée spontanément, en temps utile et par écrit pour permettre un procès loyal et équitable dans le respect des droits de la défense. La communication du défendeur doit être inspirée par les mêmes considérations.

39.12 Juridictions devant lesquelles le contradictoire doit être respecté[5]. Le respect du contradictoire s'impose à l'avocat devant toute juridiction avec ou sans représentation obligatoire, devant la commission bancaire, devant l'Autorité des marchés financiers, et de manière générale devant les organismes et organes dotés d'un pouvoir juridictionnel de quelque nature que ce soit.

39.13 Procédures pénales[6]. Devant les juridictions pénales, l'avocat doit communiquer les moyens de fait, de droit et les éléments de preuve au ministère public et aux avocats des autres parties. Pendant l'instruction, les avocats doivent se communiquer toute pièce, note ou requête adressée au juge d'instruction, ainsi que les mémoires et leurs annexes déposés devant la chambre de l'instruction. Devant la juridiction de jugement, les avocats doivent communiquer dans un délai raisonnable avant l'audience, les pièces et conclusions ainsi que les noms des témoins dont l'audition est demandée.

Devant la juridiction de jugement l'avocat du prévenu ou de l'accusé peut différer la communication de ses pièces et conclusions jusqu'au moment de la clôture de l'instruction à l'audience pénale.

Si le prévenu ou l'accusé soulève une exception ou une fin de non-recevoir, son avocat doit communiquer ses moyens et ses preuves sans délai à la partie défenderesse, sauf si cette communication devait compromettre le moyen soulevé.

39.14 Relations avec la partie adverse[7]. L'avocat du demandeur lorsqu'il introduit la procédure doit aviser le conseil de la partie adverse s'il le connaît et dans la mesure où cet avis ne nuit pas aux intérêts de son client (v. s^s n°s 43.01 s.).

En cours de procédure, les rapports entre parties adverses doivent s'inspirer des principes de courtoisie, de loyauté et de confraternité.

L'avocat qui exerce une voie de recours doit en informer ses confrères.

SECTION 2
COMMUNICATION DES PIÈCES

39.21 La partie qui fait état d'une pièce doit la communiquer à la partie adverse[8]. Avant tout débat contradictoire les avocats se doivent la communication des pièces qu'ils joindront à leurs dossiers[9]; si l'effet de la communication est de rendre commune aux deux parties la pièce communiquée qui est, dès lors, acquise au procès et à laquelle chacune des parties peut puiser des arguments[10], ce principe n'est pas applicable en matière pénale à l'avocat du prévenu ou de l'accusé qui n'est tenu de communiquer ses pièces sauf en ce qui concerne les intérêts civils, ni au ministère public, ni à la partie civile. En revanche, le ministère public et la partie civile sont astreints à la communication des pièces.

1. RIN, art. 5.1.
2. C. pr. civ., art. 445.
3. C. pr. civ., art. 442 et 444 – Civ. 3e, 10 mars 1999, n° 97-17.334, *Bull. civ.* III, n° 62; *JCP* 1999, IV, 1844 – ANTÉRIEUREMENT : Civ. 2e, 21 oct. 1987, n° 86-12.396, *Bull. civ.* II, n° 205.
4. Soc. 10 mai 1994, n° 92-44.237, NP – Soc. 5 avr. 1995, *Cah. prud'h.* 1997, p. 98.
5. RIN, art. 5.2.
6. RIN, art. 5.3.
7. RIN, art. 5.4.
8. C. pr. civ., art. 132.
9. Civ. 2e, 21 oct. 1981, n° 80-14.551, *Bull. civ.* II, n° 190; *Gaz. Pal.* 1982, 1, 21, note Viatte [CRIT.] – ANTÉRIEUREMENT : Civ. 3e, 10 juin 1976, n° 74-14.417, *Bull. civ.* III, n° 252; *RTD civ.* 1977, 369, obs. Perrot; *Gaz. Pal.* 1977, 1, 117, note Viatte.
10. Civ., 27 juin 1939, DC 1941, 111, note Mimin.

La pièce doit donc être communiquée par la partie qui l'invoque : cette communication lui revient, même si la pièce en cause émane de l'autre partie[1]. La juridiction ne pourra fonder sa décision sur une pièce non communiquée[2], même si la partie à l'encontre de laquelle la pièce est invoquée en a eu connaissance ou s'il est fait référence de cette pièce dans une autre pièce communiquée[3].

• **Le juge ne peut retenir les éléments invoqués ou produits par les parties que si celles-ci ont été à même d'en débattre contradictoirement.** Viole ce principe l'avocat qui régulièrement averti de la constitution de l'avocat adverse ne justifie pas lui avoir communiqué ses pièces et fait prendre un jugement se fondant sur elles par une décision réputée contradictoire au prétexte que son adversaire avait omis de s'assurer que sa constitution était bien parvenue au greffe et négligé de suivre le développement de sa procédure[4].

Encourt la cassation l'arrêt d'une cour d'appel fondé sur une attestation datée de la veille de l'audience de plaidoirie et qui n'a été produite qu'à cette audience, sans provoquer préalablement les explications des parties[5].

Viole l'article 132 du [Nouveau] Code de procédure civile, l'arrêt qui se fonde sur une pièce produite, alors qu'il ne ressort ni de la décision elle-même, ni du dossier de la procédure qu'elle ait été communiquée à la partie adverse ou que celle-ci ait eu connaissance de sa production[6].

• **Le juge peut écarter des débats des pièces qui n'ont pas été communiquées en temps utile[7], mais il doit toutefois préciser les circonstances qui auraient empêché le respect de la contradiction.** Les juges ne peuvent cependant écarter des débats des pièces communiquées la veille du jour de l'ordonnance de clôture, sans rechercher si la communication de ces pièces était de nature à mettre en échec le principe de la contradiction[8]. Un arrêt important peut être lu comme remettant en cause le contrôle exercé par la Cour de cassation, et donc comme consacrant le pouvoir souverain des juges du fond d'écarter une pièce des débats sans référence à la contradiction[9].

Le juge qui écarte des débats une pièce produite avant la clôture doit caractériser les circonstances particulières qui auraient empêché l'intimé de répondre à la production de ce document[10].

Le juge ne peut tenir compte d'attestations déposées trois jours avant l'ordonnance de clôture sans rechercher si elles ont été régulièrement versées aux débats et soumises à la discussion contradictoire des parties[11].

39.22 Modalités de la communication de pièces. Devant le tribunal de grande instance en matière civile où les avocats postulent, la communication de pièces doit être faite par bordereau conformément aux dispositions de l'article 56-4° du Code de procédure civile. Le règlement intérieur national exige que les pièces, communiquées en original (à déconseiller) ou en photocopie, soient numérotées, portent le cachet de l'avocat et soient accompagnées du bordereau de communication de pièces daté et signé par l'avocat.

Toutefois, ce mode de communication n'a plus depuis le décret du 28 décembre 1998 une valeur indicative mais obligatoire; la communication de pièces ne peut donc pas se faire par simple lettre d'avocat à avocat dont le double conservé au dossier vaudra justification de la communication de pièces jusqu'à preuve contraire.

En résumé la communication des pièces numérotées est accompagnée d'un bordereau en trois exemplaires :

- l'un que l'avocat destinataire retourne à son confrère après l'avoir signé,
- le second destiné au tribunal,

1. Civ. 2e, 10 oct. 1990, no 89-15.723, *Bull. civ.* II, no 192; *Gaz. Pal.* 1991, somm. 356, obs. Croze et Morel.
2. Civ. 1re, 3 mars 1998, no 96-10.142, NPT, *Juris-Data* no 001108.
3. CA Versailles, 29 juill. 1998, *Gaz. Pal.* 24-26 oct. 1999, somm. 28.
4. CA Aix-en-Provence, 10 déc. 1992, *Gaz. Pal.* 19 oct. 1993, 21, note Latil – Civ. 2e, 1er mars 1995, *JCP* 1996, II, 22611, note du Rusquec.
5. Civ. 2e, 21 oct. 1981, no 80-14.551, *Bull. civ.* II, no 190; *Gaz. Pal.* 1982, 1, 21, note Viatte [CRIT.] – Civ. 2e, 23 janv. 1980, no 78-11.492, *Bull. civ.* II, no 16 – Civ. 2e, 8 oct. 1980, no 79-14.892, *Bull. civ.* II, no 202 – Com. 27 mai 1981, no 79-17.054, *Bull. civ.* IV, no 250.
6. Civ. 2e, 25 nov. 1981, no 78-13.880, *Bull. civ.* II, no 207; *D.* 1982. 371, note Bénabent; *RTD civ.* 1982, 653, obs. Perrot – Civ. 2e, 22 mars 1995, no 93-10.599, *Bull. civ.* II, no 98 – Civ. 2e, 8 avr. 2004, no 02-18.769, *Bull. civ.* II, no 169; *Gaz. Pal.* 2004, somm. 3320 – DANS LE MÊME SENS : lorsque la pièce sur laquelle le juge s'est fondé n'est pas visée dans les conclusions et qu'il n'apparaît ni de l'arrêt, ni du bordereau de communication qu'elle a été l'objet d'un débat contradictoire, Com. 5 juill. 1994, no 92-16.587, *Bull. civ.* IV, no 256.
7. C. pr. civ., art. 135 – Cass., Ch. mixte, 3 févr. 2006, no 04-30.592, *Bull. Ch. mixte,* no 2 – ANTÉRIEUREMENT : CA Paris, 6 janv. 2000, no 1999/11736.
8. Civ. 3e, 21 févr. 2001, no 99-14.641, *Bull. civ.* III, no 21; *D.* 2001, jur. 3231, note Bolze; *Gaz. Pal.* 2001, somm. 988; *Procédures* 2001, comm. no 81, obs. Perrot – Civ. 2e, 13 déc. 2001, no 00-11.364, NPT – Civ. 3e, 27 févr. 2002, no 00-19.753, NPT.
9. Cass., Ch. mixte, 3 févr. 2006, no 04-30.592, *Bull. Ch. mixte,* no 2; *D.* 2006, 1268, obs. Bolze.
10. Civ. 2e, 31 mai 2000, no 98-17.896, *Bull. civ.* II, no 93; *Gaz. Pal.* 2000, somm. 2175 – Civ. 2e, 1er janv. 2001, *Bull. civ.* II, no 5 – Civ. 3e, 2 juin 1999, no 97-16.818, NPT, *Procédures* 1999, comm. 244, obs. Perrot – CEPENDANT : Cass., Ch. mixte, 3 févr. 2006, no 04-30.592, *Bull. Ch. mixte,* no 2.
11. Civ. 2e, 30 avr. 2003, no 01-03.497, *Bull. civ.* II, no 124; *Gaz. Pal.* 8-10 févr. 2004, 25, obs. du Rusquec; 2003, somm. 2576.

– le troisième que l'avocat auteur de la communication conserve à son dossier.

• **Pièces en langue étrangère.** De telles pièces doivent être accompagnées d'une traduction libre[1].

• **Jurisprudence et doctrine.** Elles peuvent être versées au débat en tant que pièce si elles n'ont pas été publiées. Sinon, les références de publications doivent apparaître dans les écritures.

• **Pièces volumineuses.** Le caractère volumineux des pièces peut justifier une communication par leur dépôt au greffe[2].

• **Pièces originales.** Si le client demande à son avocat de ne pas se dessaisir d'un original qu'il lui a confié et si l'avocat de la partie adverse ne se contente pas d'une communication en photocopie, la communication peut se faire aussi par la voie du greffe. Il en est ainsi parfois en matière de succession où la pièce peut être un original fragile qui ne quittera pas le greffe où l'avocat de la partie adverse pourra en prendre connaissance.

39.23 Lorsque l'avocat reçoit des pièces de son client pour les communiquer il devra s'assurer de leur provenance même s'il s'agit de photocopies. La Cour de cassation a en effet par un arrêt du 8 janvier 1979, condamné pour vol un prévenu qui, ayant détenu à l'occasion de l'exercice de ses fonctions deux documents, les a photocopiés pour son usage personnel, et les a versés aux débats. « Le fait, dit la Cour de cassation, par le détenteur d'un document d'en effectuer la reproduction pour en faire usage constitue un acte d'appropriation frauduleuse de la chose d'autrui, constituant le délit de vol ». Il conviendra donc que l'avocat lorsque les photocopies de documents lui sont apportées par son client, examine le titre en vertu duquel ces documents étaient entre les mains de ce dernier. L'avocat aura donc intérêt en cas de doute à restituer les documents à son client en lui faisant connaître le danger qu'il court lui-même s'il les produit[3].

• **Possession légitime ou détention matérielle de la pièce.** Si le client avait la possession légitime des documents originaux dont il produit une photocopie cette production est légitime, si en revanche il n'avait que la simple détention matérielle du document, le fait de le photocopier suppose, pendant le temps nécessaire à la reproduction une interversion des titres de détention, un changement d'*animus* et un comportement de propriétaire à l'insu et contre le gré du véritable propriétaire, par là même une soustraction provisoire de la chose d'autrui constitutive du délit de vol, le document ne peut donc être produit en justice, les avocats devront être très prudents en vérifiant l'origine des photocopies qui leur sont apportées par des clients pour être versées aux débats[4].

39.24 L'avocat ne doit pas se dessaisir entre les mains de son client des pièces communiquées. Il a le droit et le devoir de les lui faire connaître à son cabinet, de les examiner avec lui et d'en prendre personnellement copie. Il peut lui communiquer des photocopies de ces pièces à condition qu'elles ne mettent pas en cause des tiers.

39.25 Effets de la communication de pièces. L'effet de la communication est de rendre commune aux deux parties la pièce communiquée[5]. Il en résulte que celui qui a communiqué une pièce ne peut la retirer des débats sans le consentement de son adversaire.

• **Communication en cause d'appel.** L'avocat qui a produit une pièce en première instance n'est pas obligé de la produire à nouveau en cause d'appel[6]. Mais il doit même, indépendamment de sa production elle-même, la communiquer à nouveau si la demande lui en est présentée; il est seulement dispensé de la communiquer spontanément si elle a déjà été communiquée en première instance et s'il n'est pas expressément sollicité de renouveler cette communication[7].

• **Sanction du défaut de communication.** Il peut être demandé au juge d'enjoindre la communication des pièces[8]; ce dernier peut imposer un délai, au besoin sous astreinte, pour cette communication[9].

39.26 Restitution des pièces. La restitution des pièces doit avoir lieu dans des délais normaux permettant au confrère la préparation de son dossier pour le jour de l'audience et si possible dans l'ordre de numérotation où elles ont été communiquées; il y a une désinvolture coupable à restituer à l'audience même les pièces à un confrère en les lui rendant dans le désordre le plus complet.

La partie qui ne restitue pas les pièces communiquées peut y être contrainte, éventuellement sous astreinte[10]. Une partie peut toujours exiger que la communication soit faite avec délivrance d'un récépissé[11]. Cette astreinte peut en outre être liquidée par le juge qui l'a prononcée[12].

1. RIN, art. 5.5.
2. CA Paris, 5 et 29 déc. 1978, *Bull.* avoués 1979, 2, 27.
3. Bied-Charreton, « L'utilisation par le salarié des documents à des fins probatoires constitue-t-elle un vol ? », *RT barr.* Versailles, juin 1989, p. 41 s.
4. Crim. 8 janv. 1979, n° 77-93.038, *Bull. crim.*, n° 13; *Gaz. Pal.* 1979, 2, 501.
5. Civ., 27 juin 1939, DC 1941, 111.
6. C. pr. civ., art. 132, al. 3 – Com. 26 nov. 2002, n° 99-21.525, NP – Civ. 2e, 20 déc. 2001, n° 99-16.756, *Bull. civ.* II, n° 203 – Civ. 2e, 27 sept. 2001, n° 99-16.705, NP – Civ. 2e, 24 mai 1991, n° 90-12.224, *Bull. civ.* II, n° 158.
7. Consultation du président de la Conférence des bâtonniers au barreau de Vienne, 10 août 1982.
8. C. pr. civ., art. 133.
9. C. pr. civ., art. 134.
10. C. pr. civ., art. 136.
11. CA Paris, 25 avr. 1967, *D.* 1967, 521.
12. C. pr. civ., art. 137.

SECTION 3
PREUVE DE LA COMMUNICATION DE PIÈCES

39.31 Bordereau des pièces communiquées. En fait, l'avocat qui communique des pièces doit se constituer un moyen de preuve établissant la réalité de cette communication. Cette mesure de prudence était devenue une nécessité procédurale depuis l'arrêt de la Cour de cassation du 25 novembre 1981[1]. Aujourd'hui la preuve de la communication est réalisée grâce au bordereau de communication versé aux débats et dont une copie est remise au juge. Cette formalité est obligatoire depuis le décret du 28 décembre 1998 : elle doit être annexée à l'assignation[2] et aux conclusions[3].

39.32 Présomption simple de communication. La Cour de cassation admet une présomption de régularité de communication *en l'absence de contestation* lorsque les pièces ont été *visées dans les conclusions*[4] *ou à défaut lorsque les juges se sont fondés sur les documents*[5] dont la communication n'a pas donné lieu non plus à contestation[6]. Cette présomption est simple : elle peut donc être renversée par la preuve contraire.

• **Limites à la présomption de communication de pièces.** La doctrine, comme l'écrit M. Bénabent, a justement attiré l'attention de la Cour suprême sur l'hypothèse où le conseil de l'une des parties a glissé dans son dossier de plaidoirie remis au juge certaines pièces, sans que l'attention de son confrère adverse n'ait été appelée sur leur existence et a en conséquence critiqué la présomption de régularité permettant de couvrir de tels agissements[7]. Force est en effet de constater qu'un certain nombre d'avocats se font encore du combat judiciaire une idée semblable à celle du combat militaire, dans lequel l'effet de surprise serait un atout majeur.

La 3e chambre civile de la Cour de cassation a été la première à réagir : elle a institué, à partir de 1976, une jurisprudence cassant les décisions fondées sur un document dont la production et la communication régulière ne résultaient ni de l'arrêt, ni du dossier de procédure, lorsque ces documents n'avaient pas été invoqués dans les conclusions des parties[8].

Cette initiative a reçu l'adhésion de la 2e chambre civile dans l'arrêt précité du 25 novembre 1981. Déjà, par un arrêt du 17 octobre 1979[9], cette chambre avait semblé infléchir sa position antérieure, car elle n'avait admis la présomption de régularité qu'en observant que les pièces avaient été mentionnées dans les conclusions adverses; cette observation expresse, qui eût été inutile si la présomption de régularité devait jouer en toute occurrence, laissait présumer le revirement qui vient d'être consacré. L'arrêt cité ci-dessus pose une limite avec toute la netteté souhaitable. Visant l'article 132 nouveau du Code de procédure civile (on aurait pu viser aussi bien l'article 15), il casse un arrêt fondé sur une lettre dont il « n'apparaît ni des mentions de l'arrêt, ni du dossier de la procédure (ni aujourd'hui du bordereau de communication de pièces[10]) qu'elle ait été communiquée à l'adversaire ou que celui-ci ait eu connaissance de sa production ».

L'arrêt de 1981 consacre donc bien une solution parfaitement équilibrée : si la production de la pièce a été portée à la connaissance de l'autre partie (c'est-à-dire s'il en a été fait mention dans les conclusions) ou si la communication régulière résulte des mentions de l'arrêt lui-même ou d'une preuve positivement rapportée par la production d'une pièce de procédure (en pratique un bordereau de communication de pièces), aucune violation du principe de la contradiction ne peut être invoquée. En revanche, s'il est impossible de constater l'une de ces circonstances, le risque est grand que l'une des parties ne découvre la pièce qui lui est opposée qu'à la lecture de l'arrêt et la décision qui se fonde sur cette pièce non communiquée encourt la cassation.

• **Production de pièce et communication de pièce.** Le professeur Perrot[11] a rappelé cette distinction qui devrait nuancer l'usage par les juges de la présomption. S'il s'agit de la production de pièce (c'est-à-dire lorsqu'une partie l'invoque et la verse aux débats), la présomption de communication est justifiée : l'autre partie informée devait en exiger la communication. S'il s'agit d'une pièce produite, mais dont il est certain qu'elle n'a pas été communiquée, le juge doit rejeter la pièce litigieuse.

• **Pièce non mentionnée dans le bordereau.** Si le bordereau de communication de pièces n'établit pas la preuve que telle pièce a été versée aux débats, la présomption de communication et la jurisprudence précitée prennent le relais. Ainsi dans une affaire où il résultait du bordereau que les statuts de la Caisse fédérale de Crédit Mutuel (sur lesquels la cour d'appel s'était fondée

1. Civ. 2e, 25 nov. 1981, no 78-13.880, *Bull.*civ. II, no 207; *D.* 1982, 371, note Bénabent; *RTD civ.* 1982, 653, obs. Perrot.
2. C. pr. civ., art. 56.
3. C. pr. civ., art. 753.
4. Civ. 2e, 17 oct. 1979, no 78-14.080, *Bull. civ.* II, no 240; *D.* 1981, IR 80, obs. Breton – Civ. 2e, 14 oct. 1982, no 81-14.011, *Bull. civ.* II, no 127 – Civ. 2e, 18 oct. 2001, no 00-12.600, NP – Civ. 2e, 20 déc. 2001, no 98-21.329, *Bull. civ.* II, no 204.
5. Com. 13 nov. 2001, no 99-11.816, NP – Com. 18 avr. 2000, no 98-12.765, NP.
6. Civ. 2e, 27 avr. 1974, no 73-11.533, *Bull. civ.* II, no 140 – ANTÉRIEUREMENT : Civ. 2e, 23 juin 1960, P – Com. 23 janv. 1963, P.
7. Viatte, note *Gaz. Pal.* 1977, 1, 117 – Perrot, *RTD civ.* 1977, 369 – RAPPR. : CA Aix-en-Provence, 10 déc. 1992, *Gaz. Pal.* 1993, note Latil.
8. Civ. 3e, 7 juill. 1976, no 75-13.292, no 75-14.013, *Bull. civ.* III, no 301 – Civ. 3e, 10 juin 1976, no 74-14.417, *Bull. civ.* III, no 252; *Gaz. Pal.* 1977, 1, 117, note Viatte; *RTD civ.* 1977, 369, obs. Perrot – Civ. 3e, 30 nov. 1977, no 76-11.776, *Bull. civ.* III, no 419.
9. Civ. 2e, 17 oct. 1979, no 78-14.080, *Bull. civ.* II, no 240; *D.* 1981, IR 80, obs. Breton.
10. Civ. 3e, 12 mars 2002, no 00-19.995, NPT.
11. Production et communication de pièces, *RTD civ.* 1977, 369.

pour estimer que la créance de la Caisse avait été régulièrement déclarée) n'avaient pas été communiqués à la partie adverse, débitrice de la Caisse, la Cour de cassation a considéré que la cour n'avait nullement violé le principe du contradictoire étant donné qu'après que la Caisse eut fait état de ses statuts, le débiteur n'avait pas prétendu devant la cour d'appel que ce document ne lui aurait pas été communiqué. L'existence et la régularité de la communication devaient alors être présumées [1].

• **Procédures orales.** La particularité de la matière a conduit la jurisprudence à user de la présomption du respect du contradictoire [2]. Les pièces sur lesquelles le juge s'est fondé et qui n'ont donné lieu à aucune contestation sont réputées, sauf preuve contraire, avoir été régulièrement produites et soumises à la discussion des parties [3].

Pour éviter qu'une pièce soit présumée avoir été communiquée, la prudence conseille à chaque partie de mentionner dans ses écritures les pièces qui lui ont été communiquées, en y joignant la photocopie du ou des bordereau(x) dont son adversaire a accompagné a sa ou ses communications de pièces.

1. Com. 19 mars 2002, n° 99-13.749, NP.

2. Travier, *Procédures orales,* « Dalloz Service », 2002, p. 44 s. – ÉGAL[T] : Conseil supérieur de la prud'homie, *Procédure prud'homale : oralité et contradiction*, Doc. fr., 1993.
3. En matière prud'homale : Soc. 3 juill. 2001, n° 99-421.79, NP – Soc. 13 juin 2001, n° 99-42.374, NP.

TITRE

4. Les activités professionnelles de l'avocat et leurs rémunérations

SECTION 0
ORIENTEUR

4.00 Plan du titre.

CHAPITRE

40. Activités judiciaires

SECTION 0

Orienteur

40.00 Plan du chapitre.

40.01 Textes applicables.

>

L. n° 71-1130, 31 déc. 1971, art. 3, art. 4, art. 5, art. 6, al. 1, art. 9

C. pr. civ., art. 411 à 420

Décr. n° 2005-790, 12 juill. 2005, art. 6, art. 13, *JO* 16

RIU, art. 6

>

L. 31 déc. 1971, art. 3 [Auxiliaire de justice]

Les avocats sont des auxiliaires de justice.

Ils prêtent serment en ces termes : « Je jure, comme avocat, d'exercer mes fonctions avec dignité, conscience, indépendance, probité et humanité ».

Ils revêtent, dans l'exercice de leurs fonctions judiciaires, le costume de leur profession.

L. 31 déc. 1971, art. 4 [Monopole judiciaire de l'avocat]

Nul ne peut, s'il n'est avocat, assister ou représenter les parties, postuler et plaider devant les juridictions et les organismes juridictionnels ou disciplinaires de quelque nature que ce soit, sous réserve des dispositions régissant les avocats au Conseil d'État et à la Cour de cassation et les avoués près les cours d'appel.

Les dispositions qui précèdent ne font pas obstacle à l'application des dispositions législatives ou réglementaires spéciales en vigueur à la date de publication de la présente loi et, notamment, au libre exercice des activités des organisations syndicales régies par le Code du travail ou de leurs représentants, en matière de représentation et d'assistance devant les juridictions sociales et paritaires et les organismes juridictionnels ou disciplinaires auxquels ils ont accès.

L. 31 déc. 1971, art. 5 [Postulation]

Les avocats exercent leur ministère et peuvent plaider sans limitation territoriale devant toutes les juridictions et organismes juridictionnels ou disciplinaires, sous les réserves prévues à l'article précédent.

Ils exercent exclusivement devant le tribunal de grande instance dans le ressort duquel ils ont établi leur résidence professionnelle les activités antérieurement dévolues au ministère obligatoire de l'avoué auprès de ce tribunal. Toutefois, les avocats exercent ces activités devant tous les tribunaux de grande instance près desquels leur barreau est constitué.

Par dérogation aux dispositions contenues dans les alinéas précédents, lorsque le nombre des avocats inscrits au tableau et résidant dans le ressort du tribunal de grande instance sera jugé insuffisant pour l'expédition des affaires, les avocats établis auprès d'un autre tribunal de grande instance du ressort de la même cour d'appel pourront être autorisés à diligenter les actes de procédure.

Cette autorisation sera donnée par la cour d'appel.

L. 31 déc. 1971, art. 6 [al. 1] [Assistance et représentation devant les administrations publiques]

Les avocats peuvent assister et représenter autrui devant les administrations publiques, sous réserve des dispositions législatives et réglementaires.

L. 31 déc. 1971, art. 9 [Avocat commis d'office]

L'avocat régulièrement commis d'office par le bâtonnier ou par le président de la cour d'assises ne peut refuser son ministère sans faire approuver ses motifs d'excuse ou d'empêchement par le bâtonnier ou par le président.

C. pr. civ., art. 411 [Représentation en justice]

Le mandat de représentation en justice emporte pouvoir et devoir d'accomplir au nom du mandant les actes de la procédure.

C. pr. civ., art. 412 [Assistance en justice]

La mission d'assistance en justice emporte pouvoir et devoir de conseiller la partie et de présenter sa défense sans l'obliger.

C. pr. civ., art. 413 [Étendue du mandat de représentation]

Le mandat de représentation emporte mission d'assistance, sauf disposition ou convention contraire.

C. pr. civ., art. 414 [Représentation unique]

Une partie n'est admise à se faire représenter que par une seule des personnes, physiques ou morales, habilitées par la loi.

C. pr. civ., art. 415 [Déclaration de l'identité du représentant]

Le nom du représentant et sa qualité doivent être portés à la connaissance du juge par déclaration au secrétaire de la juridiction.

C. pr. civ., art. 416 [Dispense de mandat pour l'avocat]

Quiconque entend représenter ou assister une partie doit justifier qu'il en a reçu le mandat ou la mission. L'avocat ou l'avoué est toutefois dispensé d'en justifier.

L'huissier de justice bénéficie de la même dispense dans les cas où il est habilité à représenter ou assister les parties.

C. pr. civ., art. 417 [Objet du mandat de représentation]

La personne investie d'un mandat de représentation en justice est réputée, à l'égard du juge et de la partie adverse, avoir reçu pouvoir spécial de faire ou accepter un désistement, d'acquiescer, de faire, accepter ou donner des offres, un aveu ou un consentement.

C. pr. civ., art. 418 [Révocation du représentant]

La partie qui révoque son mandataire doit immédiatement soit pourvoir à son remplacement, soit informer le juge et la partie adverse de son intention de se défendre elle-même si la loi le permet, faute de quoi son adversaire est fondé à poursuivre la procédure et à obtenir jugement en continuant à ne connaître que le représentant révoqué.

C. pr. civ., art. 419 [Retrait volontaire du représentant]

Le représentant qui entend mettre fin à son mandat n'en est déchargé qu'après avoir informé de son intention son mandant, le juge et la partie adverse.

Lorsque la représentation est obligatoire, l'avocat ou l'avoué ne peut se décharger de son mandat de représentation que du jour où il est remplacé par un nouveau représentant constitué par la partie ou, à défaut, commis par le bâtonnier ou par le président de la chambre de discipline.

C. pr. civ., art. 420 [Durée du mandat]

L'avocat ou l'avoué remplit les obligations de son mandat sans nouveau pouvoir jusqu'à l'exécution du jugement pourvu que celle-ci soit entreprise moins d'un an après que ce jugement soit passé en force de chose jugée.

Ces dispositions ne font pas obstacle au paiement direct à la partie de ce qui lui est dû.

C. pr. pén., art. 63 [Garde à vue]

[mod. par L. n° 2000-516, 15 juin 2000]

L'officier de police judiciaire peut, pour les nécessités de l'enquête, placer en garde à vue toute personne à l'encontre de laquelle il existe une ou plusieurs raisons plausibles de soupçonner qu'elle a commis ou tenté de commettre une infraction. Il en informe dès le début de la garde à vue le procureur de la République.

La personne gardée à vue ne peut être retenue plus de vingt-quatre heures. Toutefois, la garde à vue peut être prolongée pour un nouveau délai de vingt-quatre heures au plus, sur autorisation écrite du procureur de la République. Ce magistrat peut subordonner cette autorisation à la présentation préalable de la personne gardée à vue.

Sur instructions du procureur de la République, les personnes à l'encontre desquelles les éléments recueillis sont de nature à motiver l'exercice de poursuites sont, à l'issue de la garde à vue, soit remises en liberté, soit déférées devant ce magistrat.

Pour l'application du présent article, les ressorts des tribunaux de grande instance de Paris, Nanterre, Bobigny et Créteil constituent un seul et même ressort.

C. pr. pén., art. 393 [Comparution immédiate]

[mod. par L. n° 93-2, 4 janv. 1993]

En matière correctionnelle, après avoir constaté l'identité de la personne qui lui est déférée, lui avoir fait connaître les faits qui lui sont reprochés et avoir recueilli ses déclarations si elle en fait la demande, le procureur de la République peut, s'il estime qu'une information n'est pas nécessaire, procéder comme il est dit aux articles 394 à 396.

Le procureur de la République informe alors la personne déférée devant lui qu'elle a le droit à l'assistance d'un avocat de son choix ou commis d'office. L'avocat choisi ou, dans le cas d'une demande de commission d'office, le bâtonnier de l'ordre des avocats, en est avisé sans délai.

L'avocat peut consulter sur le champ le dossier et communiquer librement avec le prévenu.

Mention de ces formalités est faite au procès-verbal à peine de nullité de la procédure.

C. pr. pén., art. 395 [Comparution immédiate]

[mod. par L. n° 95-125, 8 févr. 1995]

Si le maximum de l'emprisonnement prévu par la loi est au moins égal à deux ans sans excéder sept ans, le procureur de la République, lorsqu'il lui apparaît que les charges réunies sont suffisantes et que l'affaire est en état d'être jugée, peut, s'il estime que les éléments de l'espèce justifient une comparution immédiate, traduire le prévenu sur-le-champ devant le tribunal.

En cas de délit flagrant, si le maximum de l'emprisonnement prévu par la loi est au moins égal à six mois, le procureur de la République, s'il estime que les éléments de l'espèce justifient une comparution immédiate, peut traduire le prévenu sur-le-champ devant le tribunal.

Le prévenu est retenu jusqu'à sa comparution qui doit avoir lieu le jour même; il est conduit sous escorte devant le tribunal.

C. pr. pén., art. 397 [Comparution immédiate]

[mod. par L. n° 93-2, 4 janv. 1993]

Lorsque le tribunal est saisi en application des articles 395 et 396, troisième alinéa, le président constate l'identité du prévenu, son avocat ayant été avisé. Il avertit le prévenu qu'il ne peut être jugé le jour même qu'avec son accord; toutefois, cet accord ne peut être recueilli qu'en présence de son avocat ou, si celui-ci n'est pas présent, d'un avocat désigné d'office sur sa demande par le bâtonnier. Si le prévenu consent à être jugé séance tenante, mention en est faite dans les notes d'audience.

Décr. 12 juill. 2005, art. 6 [Avocat désigné ou commis d'office, droit de suite]

La profession d'avocat concourt à l'accès à la justice et au droit.

L'avocat est tenu de déférer aux désignations et commissions d'office, sauf motif légitime d'excuse ou d'empêchement admis par l'autorité qui a procédé à la désignation ou à la commission.

Dans le cadre d'une convention conclue en application de l'article 57 de la loi du 10 juillet 1991 susvisée, l'avocat peut, à l'issue d'une consultation juridique gratuite donnée notamment dans une mairie, ou une maison de justice et du droit, accepter de prendre en charge les intérêts de la personne qu'il reçoit et qui en fait la demande.

Décr. 12 juill. 2005, art. 13 [Retrait de l'avocat]

L'avocat conduit jusqu'à son terme l'affaire dont il est chargé, sauf si son client l'en décharge ou s'il décide de ne pas poursuivre sa mission. Dans ce dernier cas, il en informe son client en temps utile pour que les intérêts de celui-ci soient sauvegardés.

Décr. 12 juill. 2005, art. 14 [Fin de la mission]

Lorsque l'affaire est terminée ou qu'il en est déchargé, l'avocat restitue sans délai les pièces dont il est dépositaire. Les contestations concernant la restitution des pièces sont réglées suivant la procédure prévue en matière de montant et de recouvrement des honoraires.

RIN, art. 6 [Champ d'activité professionnel de l'avocat]

[L. 31 déc. 1971, art. 6, 6 *bis*, 54 à 56; Décr. 12 juill. 2005, art. 8; C. pr. civ., art. 411 à 417]

Définition du champ d'activité

6.1 Auxiliaire de justice et acteur essentiel de la pratique universelle du droit, l'avocat a vocation à intervenir à titre professionnel dans tous les domaines de la vie civile, économique et sociale, et ce dans le respect des principes essentiels régissant la profession.

Il peut collaborer avec d'autres professionnels à l'occasion de l'exécution de missions nécessitant la réunion de compétences diversifiées et ce, aussi bien dans le cadre d'interventions limitées dans le temps et précisément définies que par une participation à une structure ou organisation à caractère interprofessionnel.

Missions

6.2 Il assiste et représente ses clients en justice, et à l'égard de toute administration ou personne chargée d'une délégation de service public, sans avoir à justifier d'un mandat écrit, sous réserve des exceptions prévues par les textes légaux et réglementaires.

Il fournit à ses clients toute prestation de conseil et d'assistance ayant pour objet, à titre principal ou accessoire, la mise en œuvre des règles ou principes juridiques, la rédaction d'actes, la négociation et le suivi des relations contractuelles.

Il peut recevoir des missions de justice.

Il peut exercer des missions pour le compte de personnes physiques ou morales agissant sous forme ou pour le compte de fonds fiduciaires ou de tout instrument de gestion d'un patrimoine d'affectation.

Il peut également être investi d'une mission d'arbitre, d'expert, de médiateur, de conciliateur, de séquestre, de liquidateur amiable ou d'exécuteur testamentaire.

Dans l'accomplissement de ces missions, il demeure soumis aux principes essentiels et doit s'assurer tout particulièrement de son indépendance.

6.2.1 L'activité de fiduciaire

6.2.1.1 Principes

L'avocat fiduciaire demeure, dans l'exercice de cette activité, soumis aux devoirs de son serment et aux principes essentiels de sa profession ainsi que, plus généralement, à l'ensemble des dispositions du présent règlement intérieur national.

Dans le cadre de sa mission fiduciaire, l'avocat ne peut exercer une activité incompatible avec sa profession au sens des articles 111 et suivants du décret du 27 novembre 1991.

6.2.1.2 Déclarations à l'Ordre

6.2.1.2 L'avocat qui entend exercer l'activité de fiduciaire doit souscrire à titre individuel une assurance spéciale pour garantir tant sa responsabilité civile professionnelle que la restitution des fonds, effets, titres et valeurs concernés. Il en fait alors la déclaration à l'Ordre par lettre adressée au bâtonnier en justifiant de la souscription de l'assurance spéciale.

Le bâtonnier accuse réception de cette déclaration sans délai.

L'avocat justifie chaque année au bâtonnier du maintien des garanties d'assurance.

6.2.1.3 Correspondances

6.2.1.3 Dans toute correspondance, quel qu'en soit le support, qu'il établit dans le strict cadre de sa mission de fiducie, l'avocat doit indiquer expressément sa qualité de fiduciaire. Il doit par ailleurs attirer l'attention du destinataire sur le caractère non-confidentiel, à l'égard des organes de contrôle de la fiducie, des correspondances échangées avec lui au titre de cette mission.

Une correspondance dépourvue de la mention « officielle », adressée à l'avocat fiduciaire par un confrère non avisé de cette qualité, demeure confidentielle au sens de l'article 3 du présent règlement et couverte par le secret professionnel au sens de l'article 66-5 de la loi du 31 décembre 1971.

6.2.1.4 Protection du secret professionnel

6.2.1.4 L'avocat exerçant une activité de fiducie reste soumis à son secret professionnel, mais doit prendre toutes dispositions permettant aux autorités judiciaires, administratives et ordinales d'effectuer les contrôles et vérifications prévus par la loi et les règlements en ce domaine sans qu'il soit porté atteinte au secret professionnel et à la confidentialité des correspondances attachés aux autres activités de son cabinet et à ceux qui y exercent.

Il doit notamment utiliser un papier à lettres distinct et veiller à une identification claire et spécifique des dossiers de fiducie, lesquels doivent faire l'objet d'un rangement et d'un archivage séparés des autres dossiers. De même, tous les supports informatiques utilisés dans l'exercice de l'activité de fiducie doivent être consacrés exclusivement à cette activité et identifiés distinctement.

6.2.1.5 Obligations particulières de l'avocat fiduciaire

Indentification des parties

L'avocat vérifie l'identité des parties contractantes et des bénéficiaires effectifs de l'opération. Il les informe des dispositions des articles 6.2.1.1 et suivants du RIN.

Les conflits d'intérêts s'apprécient par rapport au constituant et au(x) bénéficiaire(s). L'avocat désigné par le constituant en qualité de tiers, au sens de l'article 2017 du Code civil, ne peut appartenir à la même structure d'exercice que celle à laquelle appartient l'avocat fiduciaire.

Rémunération

Dans le contrat de fiducie, la rémunération de l'avocat doit être distinguée de celle des autres intervenants.

Comptabilité

Les activités de l'avocat fiduciaire doivent faire l'objet d'une comptabilité distincte de ses comptes professionnels et personnels et de son sous-compte Carpa. L'activité fiduciaire peut faire l'objet d'un contrôle de comptabilité conformément à l'article 17, 9° de la loi du 31 décembre 1971.

Chaque fiducie fait l'objet d'un compte identifié et clairement séparé dans la comptabilité tenue par l'avocat.

Obligation de compétence

L'avocat s'oblige à suivre une formation spécifique dans les matières liées à l'exécution de ses missions fiduciaires.

6.2.2 : l'activité de correspondant à la protection des données personnelles

6.2.2.1 Principes

Dans son activité de correspondant à la protection des données personnelles, l'avocat reste tenu de respecter les principes essentiels et les règles du conflit d'intérêt.

6.2.2.2 Devoirs

L'avocat correspondant à la protection des données personnelles doit mettre un terme à sa mission s'il estime ne pas pouvoir l'exercer, après avoir préalablement informé et effectué les démarches nécessaires auprès de la personne responsable des traitements; en aucun cas il ne peut dénoncer son client.

Mandats

6.3 Indépendamment de ces missions, il peut recevoir de ses clients un mandat dans les conditions fixées ci-après.

L'avocat doit justifier d'un mandat écrit sauf dans les cas où la loi ou le règlement en présume l'existence.

Il peut recevoir mandat de négocier, d'agir et de signer au nom et pour le compte de son client. Un tel mandat doit être spécifique et ne peut en conséquence avoir un caractère général.

Il peut être désigné comme représentant fiscal de son client.

Il peut assister ou représenter son client à l'occasion de la réunion d'une assemblée délibérative ou d'un organe collégial, à charge pour lui d'en aviser au préalable l'avocat de la personne morale ou, à défaut, son représentant légal ou l'auteur de la convocation.

Il peut accepter un dépôt ou une mission de séquestre conventionnel ou judiciaire.

Il doit refuser de recevoir en dépôt ou à titre de séquestre un acte manifestement illicite ou frauduleux.

Le mandat écrit doit déterminer la nature, l'étendue, la durée de la mission de l'avocat, les conditions et modes d'exécution de la fin de celle-ci, ainsi que les modalités de sa rémunération.

Lorsque l'avocat est dépositaire ou séquestre de fonds, effets ou valeurs, il doit les déposer sans délai à la Carpa ou sur le compte « séquestre » du bâtonnier, avec une copie de la convention de dépôt ou de séquestre.

L'avocat s'assure au préalable de la licéité de l'opération pour laquelle il lui est donné mandat. Il respecte strictement l'objet du mandat et veille à obtenir du mandant une extension de ses pouvoirs si les circonstances l'exigent. S'il se trouve dans l'impossibilité d'accomplir le mandat qui lui est confié, il doit en aviser sans délai le mandant.

Obligations et interdictions concernant les mandats

6.4 L'avocat ne peut, sans y avoir été autorisé spécialement et par écrit par le mandant, transiger en son nom et pour son compte ou l'engager irrévocablement par une proposition ou une offre de contracter.

L'avocat ne peut disposer de fonds, effets ou valeurs ou aliéner les biens du mandant que si le mandat le stipule expressément ou, à défaut, après y avoir été autorisé spécialement et par écrit par le mandant.

Il est interdit à l'avocat d'intervenir comme prête-nom et d'effectuer des opérations de courtage – toute activité à caractère commercial étant incompatible avec l'exercice de la profession. L'avocat ne peut accepter un mandat de gestion de portefeuille ou d'immeubles qu'à titre accessoire et occasionnel et après en avoir informé son bâtonnier.

Formation – enseignement

6.5 L'avocat peut organiser toute action de formation ou d'enseignement ou y participer.

6.6 Prestation juridique en ligne.

Prestations en ligne

6.6.1 La fourniture par transmission électronique de prestations juridiques par un avocat se définit comme un service personnalisé à un client habituel ou nouveau.

Elle peut être proposée dans le respect des prescriptions de l'article 161 du décret du 27 novembre 1991 (abrogé par le décret n° 2005-790 du 12 juillet 2005 et repris à l'article 15 de ce décret). Le nom de l'avocat intervenant doit être communiqué à l'usager avant la conclusion de tout contrat de fourniture de prestations juridiques.

Identification des intervenants

6.6.2 Lorsqu'un avocat est interrogé ou sollicité en ligne par une personne demandant des prestations juridiques, il lui appartient de s'assurer de l'identité et des caractéristiques de la personne à laquelle il répond, afin de respecter le secret professionnel, d'éviter le conflit d'intérêts et de fournir des informations adaptées à la situation de l'interrogateur. L'avocat qui répond doit toujours être identifiable.

Communication avec le client

6.6.3 L'avocat qui fournit des prestations juridiques en ligne doit toujours être en mesure d'entrer personnellement et directement en relation avec l'internaute, notamment si la demande qui lui est transmise lui paraît mal formulée, pour lui poser les questions nécessaires ou lui faire les suggestions conduisant à la fourniture d'un service adapté à ses besoins.

6.6.4 Paiement des prestations de l'avocat.

Avocat créateur d'un site Internet de prestations juridiques

6.6.4.1 L'avocat qui crée, exploite ou participe majoritairement, seul ou avec des confrères, à la création et à l'exploitation d'un site Internet de prestations juridiques peut librement percevoir toute rémunération des clients de ce site; il peut, le cas échéant, percevoir celle-ci par l'intermédiaire de l'un des établissements financiers assurant la sécurité des paiements en ligne, pour autant que l'identification du client reste aussi possible à cette occasion.

Avocat référencé par un site Internet de prestations juridiques en ligne

6.6.4.2 L'avocat référencé par un site Internet de prestations juridiques peut être amené à participer de façon forfaitaire aux frais de fonctionnement de ce site, à l'exclusion de toute rémunération établie en fonction des honoraires perçus par l'avocat des clients avec lesquels le site l'a mis en relation.

Avocat prestataire de service d'un site Internet

6.6.4.3 L'avocat qui fournit des prestations juridiques destinées à des clients d'une entreprise télématique doit s'assurer que celles-ci relèvent du seul domaine de l'information juridique.

S'il fournit une consultation au sens du Titre II de la loi du 31 décembre 1971 modifiée, il doit le faire dans le respect du secret professionnel et de la règle du conflit d'intérêts. Il peut donner mandat à l'entreprise télématique de percevoir pour son compte les honoraires qui lui reviennent. Les frais forfaitaires dont le paiement a été convenu avec l'entreprise précitée peuvent être, à cette occasion, déduits de ses honoraires.

En tout état de cause l'avocat qui participe au site Internet d'un tiers, y est référencé ou visé par un lien hypertexte, doit vérifier que son contenu est conforme aux principes qui régissent la profession, et en informer l'Ordre. Si tel n'est pas le cas, il doit cesser son concours.

40.02 Jurisprudence de référence.

> Réaffirmation du principe de liberté de parole de l'avocat

• Cons. Const., DC n° 2010-14/22 QPC du 30 juillet 2010.

* V. s[s] n° 40.24.

[...] 25. Considérant qu'en elles-mêmes, les évolutions rappelées ci-dessus ne méconnaissent aucune exigence constitutionnelle; que la garde à vue demeure une mesure de contrainte nécessaire à certaines opérations de police judiciaire; que, toutefois, ces évolutions doivent être accompagnées des garanties appropriées encadrant le recours à la garde à vue ainsi que son déroulement et assurant la protection des droits de la défense;

26. Considérant que l'autorité judiciaire comprend à la fois les magistrats du siège et du parquet; que l'intervention d'un magistrat du siège est requise pour la prolongation de la garde à vue au-delà de quarante-huit heures; qu'avant la fin de cette période, le déroulement de la garde à vue est placé sous le contrôle du procureur de la République qui peut décider, le cas échéant, de sa prolongation de vingt-quatre heures; qu'il résulte des articles 63 et 77 du Code de procédure pénale que le procureur de la République est informé dès le début de la garde à vue; qu'il peut ordonner à tout moment que la personne gardée à vue soit présentée devant lui ou remise en liberté; qu'il lui appartient d'apprécier si le maintien de la personne en garde à vue et, le cas échéant, la prolongation de cette mesure sont nécessaires à l'enquête et proportionnés à la gravité des faits que la personne est suspectée d'avoir commis; que, par suite, le grief tiré de la méconnaissance de l'article 66 de la Constitution doit être écarté;

27. Considérant cependant, d'une part, qu'en vertu des articles 63 et 77 du Code de procédure pénale, toute personne suspectée d'avoir commis une infraction peut être placée en garde à vue par un officier de police judiciaire pendant une durée de vingt-quatre heures quelle que soit la gravité des faits qui motivent une telle mesure; que toute garde à vue peut faire l'objet d'une prolongation de vingt-quatre heures sans que cette faculté soit réservée à des infractions présentant une certaine gravité;

28. Considérant, d'autre part, que les dispositions combinées des articles 62 et 63 du même code autorisent l'interrogatoire d'une personne gardée à vue; que son article 63-4 ne permet pas à la personne ainsi interrogée, alors qu'elle est retenue contre sa volonté, de bénéficier de l'assistance effective d'un avocat; qu'une telle restriction aux droits de la défense est imposée de façon générale, sans considération des circonstances particulières susceptibles de la justifier, pour rassembler ou conserver les preuves ou assurer la protection des personnes; qu'au

demeurant, la personne gardée à vue ne reçoit pas la notification de son droit de garder le silence;

29. Considérant que, dans ces conditions, les articles 62, 63, 63 1, 63-4, alinéas 1er à 6, et 77 du Code de procédure pénale n'instituent pas les garanties appropriées à l'utilisation qui est faite de la garde à vue compte tenu des évolutions précédemment rappelées; qu'ainsi, la conciliation entre, d'une part, la prévention des atteintes à l'ordre public et la recherche des auteurs d'infractions et, d'autre part, l'exercice des libertés constitutionnellement garanties ne peut plus être regardée comme équilibrée; que, par suite, ces dispositions méconnaissent les articles 9 et 16 de la Déclaration de 1789 et doivent être déclarées contraires à la Constitution;

– SUR LES EFFETS DE LA DÉCLARATION D'INCONSTITUTIONNALITÉ :

30. Considérant, d'une part, que le Conseil constitutionnel ne dispose pas d'un pouvoir général d'appréciation de même nature que celui du Parlement; qu'il ne lui appartient pas d'indiquer les modifications des règles de procédure pénale qui doivent être choisies pour qu'il soit remédié à l'inconstitutionnalité constatée; que, d'autre part, si, en principe, une déclaration d'inconstitutionnalité doit bénéficier à la partie qui a présenté la question prioritaire de constitutionnalité, l'abrogation immédiate des dispositions contestées méconnaîtrait les objectifs de prévention des atteintes à l'ordre public et de recherche des auteurs d'infractions et entraînerait des conséquences manifestement excessives; qu'il y a lieu, dès lors, de reporter au 1er juillet 2011 la date de cette abrogation afin de permettre au législateur de remédier à cette inconstitutionnalité; que les mesures prises avant cette date en application des dispositions déclarées contraires à la Constitution ne peuvent être contestées sur le fondement de cette inconstitutionnalité,

DÉCIDE :

Article 1er. – Les articles 62, 63, 63-1 et 77 du Code de procédure pénale et les alinéas 1er à 6 de son article 63-4 sont contraires à la Constitution.

Article 2. – La déclaration d'inconstitutionnalité de l'article 1er prend effet le 1er juillet 2011 dans les conditions fixées au considérant 30.

Article 3. – Il n'y a pas lieu, pour le Conseil constitutionnel, de statuer sur l'article 706-73 du Code de procédure pénale et le septième alinéa de son article 63-4.

Article 4. – La présente décision sera publiée au Journal officiel de la République française et notifiée dans les conditions prévues à l'article 23-11 de l'ordonnance du 7 novembre 1958 susvisée.

• **CA Paris, 1re ch. F, 27 janv. 1999,** *D.* 2000, jur. 101, note Hodebart.

* V. ss no 40.15.

• **CA Paris, 1re ch. F, 27 janv. 1999,** *D.* 2000, jur. 101, note Hodebart.

« Considérant que, dans ce contexte particulier, tels qu'ils sont rapportés dans les notes d'audiences et repris dans l'acte de saisine du conseil de l'Ordre, les propos incriminés, ne s'interprètent pas comme une attaque spécifiquement dirigée contre les membres de la chambre d'accusation de la Cour d'appel de Fort-de-France dans l'intention de les outrager mais comme une critique d'ordre général du fonctionnement de la justice dans l'affaire sus-évoquée, participant, en tant que telle, de l'exercice des droits de la défense et de la liberté de parole qui en est l'expression; d'où il suit que la preuve du manquement imputé à Me X... n'est pas apportée; »

> **Principe de territorialité de la postulation**

• **Civ. 2e, 23 oct. 2003, no 01-17.806,** *Bull. civ.* II, no 325; *Procédures* 2004, comm. 3, note Perrot.

* V. ss no 40.144.

« Mais attendu qu'après avoir relevé que l'avocat constitué par Mme X... en première instance n'avait pas la capacité de la représenter devant le tribunal de grande instance, la cour d'appel ayant retenu qu'au jour où elle statuait cette cause de nullité, fondée sur l'inobservation d'une règle de fond, n'avait pas disparu, la constitution d'un avoué en appel ne pouvait avoir pour effet de régulariser la procédure de première instance, a, par ces seuls motifs, légalement justifié sa décision de ce chef. »

40.03 Bibliographie indicative.

Ouvrage. le Tourneau (dir.), DALLOZ ACTION RESP. ET CONTRATS 2010/2011, nos 4961 à 4981.

Articles. Bouloc, « Le silence de la personne mise en examen peut-il justifier sa mise en détention », *D.* 1995, chron. 315 – Brière de l'Isle, « La représentation des parties devant les juridictions répressives », *D.* 1961, chron. 85 – Cahn, « L'arrêt de la CJCE du 10 juillet 1991 et la territorialité de la postulation devant le tribunal de grande instance », *Gaz. Pal.* 1991, doctr. p. 538 – Cayol, « Accès au droit et protection juridique », *Gaz. Pal.* oct. 2001, no 279, p. 47 – Damien, « Histoire et évolution de la plaidoirie », *Gaz. Pal.* 1982, 2, doctr. 380; « Robespierre avocat », *Gaz. Pal.* 1981, 2, doctr. 372; « saint Yves patron des avocats », *Gaz. Pal.* 1978, 1, doctr. 216; « L'avocat et la vérité », *Gaz. Pal.* 1984, 2, 543 – De Due, « Le respect des droits de la défense dans le droit administratif communautaire », *Cah. dr. eur.* 1987, p. 383 s. – Delebecque, « Les obligations des mandataires *ad litem* », *Justices* janv.-mars 1997, no 5, p. 57 – Estoup, « Le dossier de plaidoirie », *Gaz. Pal.* 1990, 1, doctr. 202; « La plaidoirie au-delà du colloque », *Gaz. Pal.* 1989, chron. 26 déc. 1989; « De la plaidoirie : la querelle des Anciens et des Modernes », *Gaz. Pal.* 1989, doctr. p. 304 – Hamelin, « L'avocat et sa plaidoirie », *Gaz. Pal.* 1956, 2, doctr. 50 – Jacobs, « Le droit de la défense dans les causes de nullité de mariage », *Revue de droit canonique* janv.-juin 1994, p. 447 s. – Laudry, « Réflexions sur le tarif de la postulation de l'avocat », *Gaz. Pal.* 1998, doctr. p. 131 – Lassaussois, « Couper la langue aux avocats », *Gaz. Pal.* 1987, doctr. p. 140 – Lefort, « Les droits de la défense », *Gaz. Pal.* 1999, doctr. p. 375 – Le Gunehec, « Loi no 2004-204 du 9 mars 2004 portant adaptation de la justice aux évolutions de la criminalité », *JCP* 2004, act. 177 et 188 – Martin, « Aperçu sur le financement de l'aide juridique », *Gaz. Pal.* 29 août 2002, no 241, p. 27; « L'avocat auxiliaire de justice », *Mélanges P. Julien*, Edilaix, 2003, p. 258; « Les avocats sevrés de plaidoirie », *JCP* 2006, 96 – Nicolas-Jacob, « Le droit de l'avocat sur sa plaidoirie », *Vie jud.* 5-10 nov. 1956 – Normand, « Le barreau et la langue française », *Vie jud.* 1994, n° 2522, p. 2 – Pélissier, « Le régime disciplinaire des détenus, un progrès inachevé », *Gaz. Pal.* 19 juin 1997, p. 2 – Royer, « Parole d'avocat... Remarques sur la plaidoirie pénale de la fin de l'Ancien Régime à la Révolution », *Droits* 1993, n° 17, p. 99 – Ruellan, « À propos de la représentation du tribunal de grande instance », *Gaz. Pal.* 15 févr. 1992, p. 2 – Varaut, « Ce que plaider veut dire », *Gaz. Pal.* 2000, doctr. p. 419 – Viatte, « Le mandat *ad litem* », *Gaz. Pal.* 1976, 1, doctr. p. 392.

> Sur l'aide juridictionnelle

Balsan, « L'aide judiciaire et le libre choix de l'avocat », *Gaz. Pal.* 1987, doctr. p. 260 – Bougrab, « L'aide juridictionnelle, un droit fondamental ? », *AJDA* 2001, 1016 – Chevalier, « L'aide juridictionnelle », *Procédures* 2001, n° 11, p. 3 – Hazan, « Aide juridictionnelle et art. 700 devant la Cour de cassation », *Rev. barreaux d'Île-de-France* 1997, n° 48-49, p. 161 – Marchesini, « Le droit à l'aide juridictionnelle : réflexions sur l'effectivité d'un droit fondamental », *RRJ droit prospectif* 1993, n° 1, p. 77 – Memin, « Réflexions critiques sur l'aide juridictionnelle », *Gaz. Pal.* 21 oct. 2000, p. 6 – Perdriau, « L'aide juridictionnelle pour se pourvoir en cassation », *Gaz. Pal.* 2002 doctr. p. 1027 – Pradel, « Vers un *aggiornamento* des réponses de la procédure pénale à la criminalité (Apports de la loi n° 2004-204 du 9 mars 2004 dite loi Perben II) », *JCP* 2004, I, 132.

> Sur la garde à vue

Astaing et Bastuck, de la « géhenne de Florence » à la privation de sommeil en garde à vue, *AJ pénal* 2009. 347 – Bouloc, « Singularité de la législation française à la lumière des textes étrangers », *Procédures* 2010, n° 81 – Cassia, « La garde à vue inconstitutionnelle ? », *D.* 2010. 590 – Defrance, « La garde à vue du conducteur en état d'ivresse », *Jurispr. auto.* 2002. 163 – Garde-Lebreton, « L'enregistrement des interrogatoires : un rééquilibrage des forces pendant la garde à vue », *AJ pénal* 2007. 462 – Girault, « Les nullités de la garde à vue », *AJ pénal* 2005. 140 – Giudicelli, « La garde à vue après la loi n° 2004-204 du 9 mars 2004 », *AJ pénal* 2004. 261; « L'étendue des nullités au cours de l'enquête pénale : quel contrôle de la police judiciaire ? », *AJ pénal* 2008. 445 – Herzog-Evans, « De l'interprétation souveraine des juges du fond à l'interprétation exclusive des OPJ », *AJ pénal* 2005. 409 – Lazerges, « Les désordres de la garde à vue », *RSC* 2010. 275 – Lennon, « Les raisons justifiant le placement en garde à vue du suspect », *D.* 2006. Chron. 887 – Renucci, « L'avocat et la garde à vue : exigences européennes et réalités nationales », *D.* 2009. 2897 – Roujou de Boubée, « Garde à vue et exigences européennes », *D.* 2010. 72 – Schwendener, « La nouvelle garde à vue "Terrorisme" issue de la loi du 23 janvier 2006 », *AJ pénal* 2006. 164; « Quelle place pour la garde à vue dans la procédure pénale ? », *AJ pénal* 2006. 344 – Vlamynck, « Le policier et la garde à vue : remarques et interrogations », *AJ pénal* 2004. 269; « Garde à vue de la personne sous l'emprise de boissons alcooliques », *AJ pénal* 2009. 121; « La garde à vue du Code d'instruction criminelle à nos jours », *AJ Pénal* 2008. 257.

40.08 L'avocat est auxiliaire de justice[1]. Les avocats ont, depuis toujours, été considérés comme ayant un rôle privilégié à jouer dans le fonctionnement de la justice, d'où les prérogatives qui leur sont accordées et les devoirs qui leur sont impartis. L'avocat, en effet, en raison de la représentation du client qu'il assume et de l'assistance qu'il lui prodigue, ne peut pas être considéré par un tribunal ni comme un indifférent encore moins comme un adversaire mais comme un allié et un partenaire dans la mission de justice que la loi a confiée au corps judiciaire tout entier. De cette qualité découlent ses devoirs et ses privilèges, le droit pour lui d'être écouté aussi longtemps qu'il en a besoin pour exprimer la défense, la possibilité d'être rétribué normalement dans le cadre de l'aide juridictionnelle, le droit de pouvoir organiser son emploi du temps, non pas comme un forçat qui court d'une chambre à une autre et d'un cabinet d'instruction à une expertise, mais avec la possibilité d'établir un emploi du temps lui permettant de se consacrer à la défense de ses clients. Il a le droit enfin de recevoir de l'État, sous une forme ou sous une autre (subventions ou intérêts des fonds Carpa), les crédits nécessaires pour former ceux qui remplaceront demain leurs aînés et pour assurer le service gratuit de la justice ainsi que celui des consultations dont les usagers ont besoin.

Ce qui était jusqu'alors implicite est devenu explicite grâce à l'article 3 de la loi du 31 décembre 1971 qui donne aux avocats le titre et la qualité d'auxiliaire de justice. On peut donc en déduire qu'à ce titre ils participent désormais officiellement et légalement à l'administration de la justice dont ils sont les partenaires en même temps que les garants.

L'article 6 du RIN dispose : « Auxiliaire de justice et acteur essentiel de la pratique universelle du droit, l'avocat a vocation à intervenir à titre professionnel dans tous les domaines de la vie civile, économique et sociale, et ce dans le respect des principes essentiels régissant la profession ». Cette définition qui a été mûrement réfléchie par la commission du CNB chargé d'harmoniser les règlements intérieurs des barreaux français a été par la suite reprise textuellement dans le règlement intérieur harmonisé, dans le RIU, puis dans le règlement intérieur national publié comme il a été dit ci-dessus dans le Journal officiel de la République française. Elle paraît en contradiction avec les articles 111 et 115 du décret du 27 novembre 1991. L'article 115 a été modifié par le décret du 4 mai 2004[2]. Tant le pouvoir réglementaire que le CNB qui envisage d'étendre le

1. L. 31 déc. 1971, art. 3.
2. Décr. n° 2004-397, 4 mai 2004.

champ des activités de l'avocat, devront tenir compte de cette contradiction.

40.09 **Monopole de l'avocat**[1]. En principe les avocats ont seuls qualité pour plaider devant les diverses juridictions ou organismes juridictionnels ou disciplinaires. Aux termes de l'article 4 de la loi du 31 décembre 1971, nul ne peut, s'il n'est avocat, assister ou représenter les parties, postuler et plaider devant les juridictions, les organismes juridictionnels ou disciplinaires de quelque nature que ce soit, sous réserve des dispositions régissant les avocats au Conseil d'État et à la Cour de cassation et les avoués près la cour d'appel. Ce monopole de l'avocat dans la plupart des matières n'est pas lié à une protection des intérêts de la profession d'avocat mais bien à une protection des citoyens. En effet, une justice civilisée veut que chaque personne susceptible d'ester en justice ou d'y comparaître puisse être assistée par un avocat et seulement par un avocat en raison des garanties de compétence, de probité et de surveillance par la puissance publique que présente cette profession. La présence de l'avocat est donc liée aux droits de la défense. Le droit pour un justiciable d'être assisté d'un défenseur, la liberté qu'il a de choisir ce défenseur, la réglementation de la profession d'avocat, les droits et obligations du défenseur découlent des principes qui sont à la base même de notre droit et de notre civilisation.

• **Monopole des avocats aux conseils.** Il résulte de l'article 4 que les avocats au Conseil d'État et à la Cour de cassation sont seuls habilités à assurer la représentation et l'assistance devant cette Cour[2].

SECTION 1
DÉFENSE

40.11 **Droits de la défense : notion.** L'avocat, en plus de ses activités judiciaires et juridiques, possède des prérogatives et des droits particuliers en ce qui concerne la liberté des personnes, droits qui sont le corollaire, inhérent à la qualité de citoyen, de celui d'être défendu en justice dans le respect de sa personne. Ce droit à la défense est consacré dans le droit positif français par de multiples textes du Code de procédure pénale[3]. Ces dispositions sont destinées à assurer à toute personne, aux différents stades de la procédure, l'organisation de sa défense et l'assistance d'un défenseur.

La notion de « défense » n'apparaît qu'en matière pénale. En matière civile, il est question de « procès équitable » : toute personne a droit à avoir l'assistance d'un défenseur de son choix (v. s[s] n°s 40.91 s.)[4]. Encore que, très souvent, il n'est fait aucune différence entre les deux notions, l'expression de « droits de la défense » étant aussi bien utilisée pour le procès civil ou administratif que pour le procès pénal.

• **Droit d'être assisté d'un défenseur.** Toute personne poursuivie devant les tribunaux répressifs a le droit de se défendre et également le droit, et parfois même l'obligation, d'être assistée d'un défenseur. On s'est parfois demandé si la présence d'un défenseur ne constitue pas un rouage supplémentaire inutile, empêchant le juge d'avoir un contact direct avec le prévenu ou l'accusé et risquant de conseiller à celui-ci des réticences contraires à la vérité. Il s'agit là d'un faux débat; l'organisation d'une société civilisée veut que chaque personne, soupçonnée ou accusée d'un crime ou d'un délit et considérée comme innocente jusqu'à ce qu'elle soit déclarée coupable, puisse être assistée d'un technicien indépendant pour organiser sa défense au moment où la société la poursuit. Il s'agit, en effet, de rétablir l'égalité entre la personne poursuivie et la société qui recherche la manifestation de la vérité pour exercer la justice vindicative.

• **Droit naturel.** Ce droit pour tout prévenu ou accusé de se défendre est l'apanage de toutes les nations civilisées; il constitue un droit naturel pour chaque citoyen. On peut le résumer en disant que le prévenu ou l'accusé et son avocat doit pouvoir dire à l'audience tout ce qui est en sa faveur ou en faveur de son client, et non pas seulement ce qui agrée aux juges[5]. Le Premier président Drai définit cette dialectique de l'avocat et du juge de manière lapidaire : « L'avocat, technicien du droit, tout comme le juge est défenseur des droits de l'homme, tout comme le juge, et empêche le juge de céder à la mécanique de l'habitude et de la routine. Il est le grain de la contestation mais aussi le bon ouvrier de l'imagination créatrice. »[6]. La Cour de cassation, dans un arrêt fort ancien du 7 mai 1828, a rappelé que, la défense étant de droit naturel, personne ne doit être condamné sans avoir été interpellé et mis en demeure de se défendre[7].

• **Droit à présenter sa défense.** En vertu des droits de la défense, une personne ne peut être déclarée civilement responsable et condamnée en cette qualité sans avoir été appelée devant la juridiction du jugement et sans avoir été invitée à présenter sa défense[8].

• **Protection légale des droits de la défense.** La loi a énoncé des règles nombreuses, souvent détaillées et minutieuses, concernant les droits de la défense tant à l'instruction qu'à l'audience. La violation ou l'omission

1. L. 31 déc. 1971, art. 4.
2. Civ. 2e, 21 févr. 2002, n° 00-01.219, *Bull. civ.* II, n° 26.
3. C. pr. pén., art. 114, 116, 274, 394, 395, 396, 397, al. 1, 411, 417, 460.
4. Conv. EDH, art. 6.
5. Pie XII au Congrès international de droit pénal, 3 oct. 1953.
6. Drai, communication à l'Académie des Sciences morales, 16 oct. 1989, « Les Droits de l'homme et la procédure civile française », *Rev. Académie des Sciences morales et politiques* 1989.
7. Civ., 7 mai 1828, *D.* 1828, 1, 93.
8. C. pr. pén., art. 460.

de ces prescriptions constituent une atteinte aux droits de la défense et, par là, une cause de nullité de la procédure ou d'irrégularité de la décision.

40.12 Stratégies de défense : défense de connivence et défense de rupture. On parle souvent de défense de connivence et de défense de rupture; c'est là un faux problème. L'avocat qui accepte une cause doit défendre jusqu'au bout celui qui lui a confié cette mission. Si les faits sont reconnus et le délit accepté dans son caractère d'atteinte à un ordre public auquel le client se réfère et que l'avocat partage les mêmes principes que son client, le procureur et le juge, c'est ce qu'on appelle faussement une défense de connivence. Si, au contraire, l'accusé récuse la notion d'ordre établi en vertu de laquelle il est poursuivi, l'avocat peut « rompre » l'unanimité morale qui régnait jusqu'alors et critiquer la loi ou le climat social de l'époque à laquelle il plaide. Il doit pour cela avoir la certitude que le client accepte bien ce type de défense, peut-être dangereux pour son sort, et l'assumer alors avec dignité, c'est-à-dire selon les règles de son Ordre mais également avec courage[1].

• **L'avocat peut-il mentir à l'audience ?** L'avocat ne peut mentir à l'audience, même pour sauver son client et affirmer le contraire de ce que celui-ci lui confie (v. s[s] n° 31.41 et n° 32.39). S'il lui appartient de souligner le doute ou les contradictions de l'instruction, voire de faire libérer un coupable pour des motifs de procédure, l'avocat étant le gardien des règles de droit, il ne peut plaider le faux lorsqu'il sait le vrai; et le secret professionnel lui interdisant de faire état de ses confidences, il aura à cœur, dans l'intérêt même du client, de l'amener à choisir un conseil qui pourra plaider pour lui avec la foi nécessaire à une vraie défense[2]. La Cour de cassation semble bien partager cette opinion sur la nécessité pour l'avocat de ne pas mentir aux juges : « Si [les prévenus] ne sont pas tenus de dire la vérité et peuvent organiser leur défense par des déclarations mensongères, les avocats ne peuvent invoquer les droits de la défense pour user de procédés prohibés par l'article 365 du Code pénal [désormais l'article 441-8] pour défendre leurs clients et les faire acquitter à tout prix. »[3]

40.13 La défense est libre vis-à-vis du client. L'avocat est maître d'accepter ou de refuser une cause. Il ne répond que devant sa conscience de son acceptation et de son refus. Toutefois, il est tenu de déférer aux désignations et commissions d'office, sauf motif légitime d'excuse ou d'empêchement admis par l'autorité qui a procédé à la désignation ou à la commission[4]. Lorsqu'il a accepté la défense du client, il ne peut abandonner cette défense qu'après en avoir informé en temps utile son client afin que les intérêts de celui-ci soient sauvegardés[5]. Et lorsque l'affaire est terminée ou qu'il en est déchargé, il doit restituer sans délai les pièces dont il est dépositaire[6]. L'avocat, n'étant pas un mandataire, a le choix des moyens de défense et de la forme sous laquelle il entend les présenter à la barre; il n'en répond que devant sa conscience[7]. Cependant il doit s'assurer préalablement qu'il n'est pas en désaccord avec son client sur les moyens de défense qu'il entend soutenir.

• **L'avocat peut-il se faire remplacer aux audiences par un confrère ?** L'avocat, surtout lorsqu'il est associé ou dispose de collaborateurs salariés ou non salariés peut se faire substituer à l'audience pour assister son client par un de ses associés ou collaborateurs sans que celui-ci puisse en tirer un grief contre lui; il n'en serait autrement que si l'avocat n'avait été choisi par le client qu'à titre personnel aux termes d'un contrat *intuitu personae* et qu'il avait expressément accepté cette situation (v. s[s] n° 31.22). Mais l'avocat qui ne se présenterait pas à une audience pour assister son client et qui ne s'y ferait pas représenter commettrait une faute à la fois civile et disciplinaire à l'encontre de ce dernier (v. s[s] n° 31.22).

L'avocat commis ne peut se substituer un confrère sans l'accord de celui qui l'a commis.

40.14 Obligation légale de se voir désigner un avocat. Les parties choisissent librement leur défenseur[8]. Le client choisit donc librement son avocat sans être contraint de lancer un appel d'offre ou une mise en concurrence. L'article 5 du décret du 27 février 1998 modifiant le Code des marchés publics[9], parce qu'il contraignait les collectivités publiques à procéder à une mise en concurrence d'avocats préalable au choix du conseil, a été annulé par le Conseil d'État par un arrêt du 9 avril 1999[10].

Par exception, la matière pénale impose parfois la désignation d'un avocat; c'est le cas des articles 274 et 317 du Code de procédure pénale pour l'accusé en cour d'assises[11] (v. s[s] n° 40.63); c'est le cas des prévenus atteints d'une infirmité de nature à compromettre leur défense et qui demandent à être assistés au moment de l'audience[12] (v. s[s]

1. Damien, *Être avocat aujourd'hui*, p. 119.
2. Damien, *op. cit.*, p. 83 – Damien, « L'avocat et la vérité », *Gaz. Pal.* 1984, 2, 543.
3. Crim. 25 janv. 1984, n° 83-90.646, *Bull. crim.*, n° 33; *Gaz. Pal.* 1984, 2, 493.
4. L. 31 déc. 1971, art. 9 – Décr. 16 juill. 2005, art. 6.
5. Décr. 12 juill. 2005, art. 13.
6. Décr. 12 juill. 2005, art. 14.
7. Crim. 14 févr. 1961, *Bull. crim.*, n° 91.
8. C. pr. civ., art. 19.
9. Décr. n° 98-111, 27 févr. 1998.
10. CE 9 avr. 1999, n° 196177, Toubol-Fischer et Bismuth, *Lebon*; *D.* 1999, jur. 399, note Terneyre.
11. Civ. 1re, 15 nov. 1989, n° 88-11.413, *Bull. civ.* I, n° 347; *D.* 1989, IR 705; *D.* 1991, somm. 300, note Brunois; *JCP* 1990, IV, 13 – Crim. 10 janv. 1990, n° 89-84.168, *Bull. crim.*, n° 17; *Gaz. Pal.* 1990, chron. dr. crim., p. 10; *Gaz. Pal.* 1990, somm. 374, note Doucet.
12. C. pr. pén., art. 417.

n° 40.71) ; c'est par ailleurs le cas des mineurs[1] - v. s[s] n° 40.71) ; c'est enfin le cas des prévenus comparaissant dans le cadre de la procédure de comparution sur reconnaissance de culpabilité[2] (v. s[s] n° 40.41).

40.15 La défense est libre vis-à-vis du magistrat. Le défenseur doit dire tout ce qu'il estime utile à la défense dont il a la charge, dans la limite des lois et des convenances. Même devant la chambre de l'instruction, il n'est plus tenu, comme par le passé, de se limiter à la présentation « d'observations sommaires »[3]. Mais si libre qu'il soit, le défenseur ne l'est pas jusque dans ses excès et ses écarts (v. s[s] n° 33.11) ; c'est aux magistrats qu'il appartient de maintenir la décence dans les débats et, le cas échéant, de faire régner l'ordre à l'audience (sur la répression du délit d'audience ou des infractions disciplinaires commises à l'audience par l'avocat v. s[s] n°s 86.01 s.). Toutefois, il a été jugé que les propos d'un avocat ne s'interprètent pas comme une attaque spécifiquement dirigée contre les membres d'une chambre d'accusation dans l'intention de les outrager mais comme une critique d'ordre général du fonctionnement de la justice, participant, en tant que telle, de l'exercice des droits de la défense et de la liberté de parole qui en est l'expression[4].

• **Limitation de la durée des plaidoiries.** Le temps de parole du défenseur à l'audience ne peut pas, en principe, être limité, mais la plaidoirie devant tendre essentiellement à la conviction du juge, elle est destinée au tribunal et non pas au public. Le tribunal, en déclarant la cause suffisamment éclairée, peut mettre fin à la discussion et notamment refuser d'entendre une nouvelle plaidoirie[5]. Il semble même que le président puisse limiter par avance la durée d'une plaidoirie[6] (v. s[s] n° 40.96).

40.16 Obligations du défenseur. Les avocats sont soumis aux règles et à la discipline qui sont énoncées dans leur législation professionnelle et au règlement intérieur de leur Ordre.

Lorsque la charge d'une défense a été acceptée, elle doit être assurée avec conscience et loyauté, tant vis-à-vis du client que vis-à-vis du tribunal : notamment l'avocat ne doit, par son attitude, ni troubler les débats, ni nuire à la bonne administration de la justice[7]. De même, au cours de l'instruction, le conseil ne peut prendre la parole qu'après y avoir été autorisé par le magistrat. Dans le cas où cette autorisation lui est refusée, mention en est faite au procès-verbal. Le juge n'a pas à prendre une ordonnance pour motiver son refus alors même qu'il serait saisi par le défenseur de la personne mise en examen de conclusions écrites tendant à ce que la parole lui soit donnée[8]. L'avocat n'a pas non plus le droit, par une intervention sans cesse renouvelée, d'enlever aux réponses de son client, des autres mis en examen ou des témoins confrontés, la spontanéité qui est le meilleur garant de leur sincérité[9].

• **Visite de courtoisie.** L'article 158 du décret du 27 novembre 1991, qui prévoyait que « l'avocat a l'obligation, lorsqu'il plaide devant une juridiction extérieure au ressort de son barreau, de se présenter au président et au magistrat du ministère public tenant l'audience, au bâtonnier et au confrère plaidant pour la partie adverse » a été abrogé par l'article 22 du décret du 12 juillet 2005. Mais le Règlement intérieur national (RIN) édicté par le CNB postérieurement (en novembre 2005) dit en son article 1er *bis* que, « en application du principe de courtoisie, l'avocat doit, lorsqu'il plaide devant une juridiction extérieure au ressort de son barreau, se présenter au président et au magistrat du ministère public tenant l'audience, au bâtonnier et au confrère plaidant pour la partie adverse ». Il reprend par conséquent le texte de l'article 158 abrogé en juillet 2005. Cette règle s'impose donc à tout avocat. Son inobservation peut entraîner une poursuite disciplinaire. Ceci est un exemple de l'autonomie laissée aux avocats en matière de courtoisie par rapport aux décisions du pouvoir réglementaire.

40.17 L'avocat exerce la défense mais n'est tenu à aucune autre activité sociale dans l'intérêt de ses clients. Il n'est pas chargé de prendre contact avec l'employeur, la famille, pas plus qu'il ne saurait jouer un rôle d'intermédiaire entre la famille d'une personne enlevée par des ravisseurs et prise comme otage et les auteurs du crime ; sa mission est de défendre les personnes attraites en justice et non de jouer un rôle d'intermédiaire avec des criminels ; il s'exposerait en conservant le secret sur ses relations avec ces derniers, qui ne sont pas ses clients et qui ne sont pas couverts par la législation régissant le secret professionnel, voire en leur transmettant une rançon, à devenir leur complice indirect pendant leur action criminelle.

§ 1
Droits de la défense dans le cadre de l'enquête

40.21 L'existence de droits de la défense dès l'enquête de police. Au stade de l'enquête policière,

1. Ord. 2 févr. 1945, art. 10 – C. pr. pén., art. 706-51-1 (infractions graves ou de nature sexuelle).
2. C. pr. pén., art. 495-8, al. 4.
3. L. n° 2007-291, 5 mars 2007.
4. CA Paris, 1re ch. F, 27 janv. 1999, *D.* 2000, jur. 101, note Hodebart.
5. CA Toulouse, 17 janv. 1951, *D.* 1951, 146 ; S. 1951, 2, 89, note Hugueney.
6. Crim. 18 nov. 1852, *Bull. crim.*, n° 375.
7. Crim. 15 avr. 1935, *Bull. crim.*, n° 49.
8. CA Douai, 20 déc. 1897, *DP* 1898, 2, 16.
9. Crim. 10 déc. 1897, *DP* 1897, 4, 129.

le citoyen n'est pas privé de tout moyen de faire appel à un défenseur ou à tout autre moyen de défense.

40.22 Vérification d'identité. Les officiers de police judiciaire et, sur l'ordre et la responsabilité de ceux-ci, les agents de police judiciaire et agents de police judiciaire adjoints peuvent inviter à justifier par tous moyens de son identité toute personne à l'égard de laquelle existe un indice faisant présumer qu'elle a commis ou tenté de commettre une infraction ou qu'elle se prépare à commettre un crime ou un délit ou qu'elle est susceptible de fournir des renseignements utiles à l'enquête en cas de crime ou de délit ou qu'elle fait l'objet de recherches ordonnées par une autorité judiciaire.

La personne qui ne justifie pas sur place de son identité peut, en cas de nécessité, être retenue sur place ou dans le local de police où elle est conduite aux fins de vérification de cette identité. Dans tous les cas elle est présentée immédiatement à un officier de police judiciaire qui la met en mesure de fournir tous les moyens permettant d'établir son identité et qui procède, s'il y a lieu, aux opérations de vérification nécessaires; elle est aussitôt informée par celui-ci de son droit de faire aviser le procureur de la République de la vérification dont elle fait l'objet et de prévenir à tout moment sa famille ou toute personne de son choix. Si les circonstances particulières l'exigent l'officier de police judiciaire prévient lui-même la famille ou la personne choisie; lorsqu'il s'agit d'un mineur de dix-huit ans, celui-ci doit être assisté de son représentant légal.

La personne qui fait l'objet d'une vérification d'identité ne peut être retenue que pendant le temps strictement exigé par l'établissement de son identité; sa rétention ne peut excéder quatre heures à compter du contrôle effectué en application de l'article 78-2 du Code de procédure pénale et le procureur de la République peut y mettre fin à tout moment. Les opérations de vérification d'identité ne peuvent donner lieu à prise d'empreintes digitales ou de photographies que si ces dernières sont impérativement nécessaires à l'établissement de l'identité de la personne interpellée[1].

40.23 Perquisitions. Au cours de l'enquête, en cas de crime ou de délit flagrant, l'officier de police judiciaire peut perquisitionner et prendre connaissance de papiers et de documents avant de procéder à leur saisie, mais il doit provoquer toutes les mesures utiles pour que soit assuré le respect du secret professionnel et des droits de la défense[2].

En matière d'enquête préliminaire, en dehors du cas de crime ou délit flagrant, les perquisitions ou visites domiciliaires avec saisie de pièces ne peuvent être effectuées sans l'assentiment exprès de la personne chez laquelle l'opération a lieu; cet assentiment doit faire l'objet d'une déclaration écrite[3].

• D'une manière générale, le pouvoir reconnu à l'OPJ ou au juge d'instruction de saisir tout document utile à la manifestation de la vérité trouve sa limite dans le principe de la libre défense qui commande de respecter la confidentialité des correspondances échangées entre un client et son avocat : un policier, lors d'une perquisition au domicile d'un prévenu, ne peut donc saisir ni un courrier de l'avocat à son client, ni le brouillon de la réponse à ce courrier, fût-ce un courrier ayant trait à l'exécution d'une condamnation pénale, comme un suivi socio-judiciaire, prononcé dans une instance distincte[4].

40.24 Garde à vue. Si, pour les nécessités de l'enquête, l'officier de police judiciaire est amené à garder à sa disposition une ou plusieurs personnes, il ne peut les retenir plus de vingt-quatre heures et avec une autorisation écrite du procureur de la République, un second délai de vingt-quatre heures peut être autorisé[5]. Des formalités particulières, destinées à préserver les droits de la défense, sont prévues par l'article 64 du Code de procédure pénale (durée des interrogatoires, examen par un médecin...).

C'est en ce domaine qu'est intervenue la réforme la plus importante : l'assistance par un avocat des personnes retenues par la police pour les nécessités de l'enquête et avant toute mise en examen.

• **Droit comparé.** Dans plusieurs droits étrangers, toute personne interrogée par la police a droit à l'assistance d'un conseil. Dans d'autres systèmes cette assistance, sans constituer un droit absolu, est une possibilité que la police peut autoriser[6]. En France, une telle possibilité a longtemps été refusée, malgré les réclamations de nombreux pénalistes.

La loi du 4 janvier 1993 modifiant le Code de procédure pénale a admis la présence de l'avocat pendant la garde à vue et les interrogatoires menés par la police mais en la limitant singulièrement[7].

• **Le contrôle du Conseil constitutionnel.** Cette disposition nouvelle du Code de procédure pénale ne figurait

1. C. pr. pén., art. 78-3.
2. C. pr. pén., art. 56.
3. C. pr. pén., art. 76.
4. Crim. 13 déc. 2006, n° 06-87.169, *Bull. crim.*, n° 313; *D.* 2007, AJ 306; *ibid.* pan. 977, obs. Pradel; *AJ pénal* 2007, 140, obs. Girault; *Dr. pénal* 2007, comm. 64, obs. Maron.
5. C. pr. pén., art. 63.
6. Ulrich Feldmann et Michael Trinborn, *Arrestation provisoire, garde à vue ou détention provisoire en RFA* – Rossel (avocat à Toulouse), *La garde à vue en Espagne* [documents communiqués par la Conférence des bâtonniers].
7. Circ. garde des Sceaux, 27 janv. 1993, *JO* 31 janv., p. 1687 s.

pas dans le projet gouvernemental mais a été ajoutée par des amendements parlementaires. Dans le projet de loi déféré au Conseil constitutionnel, cette possibilité d'entretien avec l'avocat était exclue lorsque la garde à vue était soumise à des règles particulières de prolongation, ce qui est le cas pour les infractions en matière de stupéfiants et pour les infractions terroristes. Ce dernier alinéa [1] a été déclaré contraire à la Constitution par la décision du Conseil constitutionnel du 11 août 1993 [2]. Toutefois, le Conseil constitutionnel a admis la prolongation du délai à l'expiration duquel la personne mise en garde à vue peut demander à s'entretenir avec un avocat (trente-six heures) dans certains cas précis. Cette différence de traitement et cet allongement du délai ne mettent pas en cause les principes du droit de la défense mais seulement leur modalité d'exercice et correspondent à des différences de situation liées à la nature de ces infractions, différences qui ne procédaient pas d'une discrimination injustifiée. La loi était donc promulguée le 24 août 1993 [3].

• **Décision du 30 juillet 2010 déclarant inconstitutionnel le régime de droit commun de la garde à vue.** Saisi de deux questions prioritaires de constitutionnalité, le Conseil constitutionnel, par une décision du 30 juillet 2010, a déclaré inconstitutionnel le régime de droit commun de la garde à vue (articles 62, 63, 63-1 et 63-4, al. 1er à 6 du Code de procédure pénale), tout en reportant son abrogation à compter du 1er juillet 2011 [4].

Le Conseil constitutionnel rappelle que par sa décision du 11 août 1993, il avait déclaré conforme à la Constitution les dispositions relatives au placement en garde à vue. Toutefois, il note que depuis lors, une évolution des règles et des pratiques a contribué à un recours accru à la garde à vue, y compris pour des infractions mineures. Ces modifications des circonstances de droit et de fait ont contribué à ce que plus de 790 000 gardes à vue aient été décidées en 2009.

Le Conseil considère que la garde à vue demeure « une mesure de contrainte nécessaire à certaines opérations de police judiciaire », mais il précise que les évolutions constatées « doivent être accompagnées des garanties appropriées encadrant le recours à la garde à vue et assurant la protection des droits de la défense ». Il met en cause le fait que la personne gardée à vue ne bénéficie pas de l'assistance effective d'un avocat et précise que cette restriction est imposée « sans considération des circonstances susceptibles de la justifier pour conserver les preuves ou assurer la protection des personnes ».

Il en conclut que « la conciliation entre, d'une part, la prévention des atteintes à l'ordre public et la recherche des auteurs d'infraction et, d'autre part, l'exercice des libertés constitutionnellement garanties ne peut plus être regardée comme équilibrée » et déclare en conséquence que « les articles 62, 63, 63-1, 63-4, alinéas 1er à 6, et 77 du Code de procédure pénale sont contraires à la Constitution ».

En revanche, la décision n'entraîne pas l'abrogation immédiate des dispositions jugées inconstitutionnelles. D'une part parce que cela aurait entraîné des conséquences manifestement négative en matière d'ordre public. D'autre part parce que le Conseil ne dispose pas d'un pouvoir général d'appréciation de même nature que celui du Parlement. Il a donc reporté dans le temps les effets de la déclaration d'inconstitutionnalité au 1er juillet 2011 avec, comme conséquence, que les mesures prises avant cette date ne pourront être contestées sur le fondement de cette inconstitutionnalité. Ce délai, durant lequel les règles en vigueur continuent à s'appliquer, doit permettre au Parlement de choisir les modifications de la procédure pénale de nature à remédier à l'inconstitutionnalité constatée.

Le CNB a salué favorablement cette décision [5], se félicitant notamment que le Conseil constitutionnel impose l'assistance effective d'un avocat en garde à vue, faisant ainsi prévaloir les principes constitutionnels des droits de la défense et de la présomption d'innocence, rappelés récemment par la Cour européenne des droits de l'homme [6].

Censé tirer les conclusions de cette décision d'inconstitutionnalité, un **projet de loi relatif à la garde à vue a été adopté par le Conseil des ministres le 13 octobre 2010** [7]. Le texte « vise à réduire le recours à la garde à vue et à améliorer les droits des personnes qui en font l'objet, sous le contrôle renforcé du procureur de la République ». À cette fin, il pose le principe de l'audition libre du suspect au cours de l'enquête et précise les conditions de la garde à vue qui voit notamment le droit de garder le silence réintégrer les droits notifiés, alors que sont garanties à l'avocat deux nouvelles prérogatives : celle d'accéder aux procès-verbaux d'audition et celle d'assister à toutes les auditions de la personne, dès le début de la mesure.

Mais, par trois arrêts du 19 octobre 2010 [8], la chambre criminelle, en sa formation plénière, décida que « sauf exceptions justifiées par des raisons impérieuses tenant aux circonstances particulières de l'espèce, et non à la seule nature du crime ou délit reproché, toute personne soupçonnée d'avoir commis une infraction doit,

1. L. 13 juill. 1993, art. 3, 4°.
2. Cons. const. 11 août 1993, n° 93-326, *JO* 15 août.
3. L. n° 93-1013, 24 août 1993, *JO* 25 août.
4. Cons. const. Décis. n° 2010-14/22 QPC, 30 juill. 2010 : *D.* 2010. 1928, entretien C. Charrière-Bournazel; *D.* 2010. 1949, point de vue Cassia; *D.* 2010. Pan. 2254, obs. Pradel; *RTD civ.* 2010. 517, obs. Puig; *AJ pén.* 2010. 470, note Perrier - ADD. : *Dr. pén.* nov. 2010, n° 11, Dossier spécial : La garde à vue sous contrôle judiciaire. Dossier complet sur www.conseil-constitutionnel.fr – Dossier « La question prioritaire de constitutionnalité », *Les nouveaux Cahiers du Conseil constitutionnel*, n° 29, 2010.
5. CNB, Communiqué de presse 30 juill. 2010.
6. CEDH, Salduz c/Turquie, 27 nov. 2008; CEDH Dayanan c/Turquie, 13 oct. 2009.
7. *Dalloz actu.* 15 oct. 2010, obs. Lavric.
8. Crim. 19 oct. 2010, n° 10-82.902, n° 10-82.306, n° 10-85.051, *Dalloz actu.* 21 oct. 2010, obs. Lavric; *D.* 2010. 2434, note Mayaux; *Dr. pén.* nov. 2010, n° 11, Dossier spécial : La garde à vue sous contrôle judiciaire.

dès le début de la garde à vue, être informée de son droit de se taire et bénéficier, sauf renonciation non équivoque, de l'assistance d'un défenseur ». Elle jugea ainsi contraire au droit à un procès équitable, tel que garanti par l'article 6 de la Convention européenne des droits de l'homme, plusieurs dispositions régissant la garde à vue, dont certaines n'avaient pas été touchées par la décision d'inconstitutionnalité du 30 juillet 2010 et ne sont, d'ores et déjà, pas appréhendées par le projet de loi présenté, le 13 octobre, par la chancellerie.

À la suite de ces trois décisions, le Conseil national des barreaux a, dans un communiqué du 19 octobre 2010[1], indiqué que le projet de loi relatif à la garde à vue adopté par le Conseil des ministres le 13 octobre doit être profondément modifié dans le sens d'un renforcement des droits de la défense. Il considère en effet que si le projet de loi prévoit le droit de se taire et la présence de l'avocat pendant la garde à vue, il n'assure pas à la personne gardée à vue l'assistance effective d'un avocat pendant les interrogatoires et toute la durée de cette mesure privative de liberté. Les régimes dérogatoires actuels ayant été, par ailleurs, jugés non conformes à la Convention européenne des droits de l'homme, le Conseil national des barreaux estime que le projet de loi devra également renforcer les droits de la défense pour les incriminations les plus graves pour lesquelles l'assistance effective d'un avocat est d'autant plus nécessaire. Enfin, le régime de l'audition libre, qui ne prévoit ni le droit au silence, ni l'assistance effective par un avocat, ne saurait, selon lui, subsister dans la forme proposée.

40.25 Présence de l'avocat. La loi du 9 mars 2004[2] prévoit que le droit de s'entretenir avec un avocat est offert à la personne dès le début de la garde à vue. L'alinéa 6 de l'article 63-4 du Code de procédure pénale dispose qu'en cas de prolongation de la garde à vue, la personne peut demander à s'entretenir avec un avocat dès le début de cette prolongation. Cela étant, le texte ne signifie pas que l'officier de police judiciaire doive attendre que l'entretien avec l'avocat ait eu lieu avant d'entreprendre l'interrogatoire. Car aucune disposition légale n'impose au policier de différer l'audition d'une personne gardée à vue dans l'attente de l'arrivée de l'avocat[3]. Simplement, dès le début de la garde à vue, l'intéressé doit être informé de son droit à voir un avocat, cet avocat étant lui-même aussitôt informé du fait qu'il est attendu au commissariat.

• **Régimes dérogatoires.** Par cette même loi, le législateur a cherché à adapter les règles du Code de procédure pénale aux évolutions de la criminalité. Il a ainsi instauré un titre XXV dans le livre IV consacré à la procédure applicable à la délinquance et à la criminalité organisée. Ce régime comporte des règles procédurales spécifiques notamment en ce qui concerne la garde à vue. Ainsi, l'article 706-88 du Code de procédure pénale prévoit que la garde à vue peut faire l'objet de deux prolongations supplémentaires de vingt-quatre heures ou d'une seule de quarante-huit heures. La personne gardée à vue peut demander à s'entretenir avec un avocat à l'issue de la 48e heure puis de la 72e, exception faite des infractions visées par les 3° et 11° de l'article 706-73 qui ne permettent cet entretien qu'à la 72e heure. La loi du 23 janvier 2006 relative à la lutte contre le terrorisme[4] a complété cet article 706-88 lorsqu'il existe un risque sérieux de l'imminence d'une action terroriste en France ou à l'étranger ou que les nécessités de la coopération internationale le requièrent impérativement. Une prolongation supplémentaire de vingt-quatre heures, renouvelable une fois est alors prévue. À l'expiration de la quatre-vingt-seizième heure et de la cent-vingtième heure, la personne dont la prolongation de la garde à vue est ainsi décidée peut demander à s'entretenir avec un avocat, selon les modalités prévues par l'article 63-4. La personne gardée à vue est avisée de ce droit dès la notification de la prolongation.

Par ailleurs, si la personne est gardée à vue pour une infraction mentionnée aux 4°, 6°, 7°, 8° et 15° de l'article 706-73, l'entretien avec l'avocat ne pourra se tenir qu'à l'issue d'un délai de quarante-huit heures[5].

• **Constitutionnalité de ces régimes dérogatoires.** Le Conseil constitutionnel a été appelé à se prononcer sur la conformité de ces dispositions spécifiques en matière de garde à vue à l'article 8 de la Déclaration des droits de l'homme. Il a considéré que la gravité de ces infractions exige des règles procédurales spécifiques et que celles-ci restent soumises au contrôle de l'autorité judiciaire[6]. Dans sa décision du 30 juillet 2010[7] dans laquelle il a déclaré inconstitutionnel le régime de droit commun de la garde à vue, le Conseil constitutionnel a rappelé qu'il avait jugé ces dispositions dérogatoires conformes à la Constitution à l'occasion de l'examen de la loi du 9 mars 2004. En l'absence de changement des circonstances depuis cette décision, et en application de l'article 23-2 de l'ordonnance organique du

1. www.cnb.avocat.fr.
2. L. n° 2004-204, 9 mars 2004 – Pradel, « Vers un aggiornamento des réponses de la procédure pénale à la criminalité (apports de la loi n° 2004-204 du 9 mars 2004 dite Perben II) », *JCP* 2004, I, 132 – Le Gunehec, « Loi n° 2004-204 du 9 mars 2004 portant adaptation de la justice aux évolutions de la criminalité », *JCP* 2004, act. 177 et 188.
3. Crim. 13 déc. 2006, n° 05-87.606, *Bull. crim.*, n° 312 ; *AJ pénal* 2007, 140, obs. Allain ; *Dr. pénal* 2007, comm. 45, obs. Maron ; *ibid.*, chron. 44 et 46, obs. Lesclous – Crim. 28 avr. 2004, n° 04-80.753, *Bull. crim.*, n° 102 ; *D.* 2004, IR 1772 ; *Gaz. Pal.* 2004, somm. 4006, note Monnet.
4. L. n° 2006-64, 23 janv. 2006.
5. C. pr. pén., art. 63-4.
6. Cons. const. n° 2004-492, 2 mars 2004.
7. Cons. const. Décis. n° 2010-14/22 QPC, 30 juill. 2010.

7 novembre 1958, il ne peut donc être posé de QPC sur ces dispositions « déjà déclarées conformes à la Constitution dans les motifs et le dispositif d'une décision du Conseil ». Dans sa décision n° 2010-14/22 QPC du 30 juillet 2010[1], le Conseil a donc jugé qu'il n'y avait pas lieu pour lui de procéder à un nouvel examen de ces dispositions.

• **Régime antérieur.** L'ancien article 63-4 du Code de procédure pénale prévoyait que, dès le début de la garde à vue, la personne placée sous ce régime pouvait demander à s'entretenir avec un avocat, dans les conditions prévues par ces dispositions. La personne gardée à vue pouvait en outre s'entretenir avec son conseil « lorsque vingt heures se sont écoulées depuis le début de la garde à vue ».

40.26 **Rôle limité de l'avocat.** La déontologie qui régit ce type d'entretien est parfaitement « oppressante » pour l'avocat puisqu'il ne peut pas faire état des confidences reçues, ni aux autres personnes gardées à vue et qu'il a pu rencontrer dans le cadre de la même permanence et pourraient être des coauteurs ou des complices de celui avec lequel il s'est entretenu, ni avec la famille et les proches malgré la demande pressante qu'il risque de recevoir de la personne retenue, ni aux autorités, ni aux journalistes.

Son rôle en fait est dérisoire et s'apparente à un geste humanitaire du type de ceux que font les visiteurs de prisons à l'égard de détenus; il ne peut que s'assurer de l'état de la personne retenue, lui rappeler les droits qu'elle détient aux termes des articles 63-2 et 63-3 du Code de procédure pénale (faire prévenir un membre de sa famille, solliciter un examen médical et lui rappeler la durée maxima de la garde à vue ainsi que les suites possibles).

Il devra enfin s'assurer de la bonne qualité de son accueil, des conditions garantissant la confidentialité de l'entretien; il doit réclamer la possibilité, après être éventuellement passé sous un portique de détection que la police peut mettre en œuvre, de conserver ses instruments de travail indispensables, au moins un Code pénal et un Code de procédure pénale, du papier et de quoi écrire s'il veut laisser à la personne retenue un résumé écrit de ses droits qu'elle pourrait conserver. Il incombe au barreau de mettre au préalable ces questions au point avec la police et la gendarmerie et d'assurer à l'avocat des garanties qui lui sont reconnues dans le cadre de cette mission nouvelle qui lui est confiée.

L'avocat doit faire signer par le responsable du lieu de détention une attestation de son intervention et de l'heure à laquelle il l'a effectuée[2].

1. Cons. const. Décis. n° 2010-14/22 QPC, 30 juill. 2010.
2. Décr. 4 févr. 1994.

40.27 **Modalités de l'entretien avec l'avocat.** Si la personne gardée à vue a choisi un avocat et que celui-ci ne peut être prévenu pour converser ou assister la personne, il pourra communiquer librement avec elle dans les locaux de rétention et dans des conditions qui garantissent la confidentialité de l'entretien. Si la personne gardée à vue n'est pas à même de désigner un avocat ou si l'avocat désigné ne peut être avisé, ou s'il ne peut ou ne veut assister la personne gardée à vue (car il est libre de refuser cette désignation), la personne retenue peut demander à ce qu'il lui soit commis un avocat d'office par le bâtonnier. Le bâtonnier doit être informé par tous moyens et sans délai[3]. Mais aucune disposition légale ou conventionnelle n'impose à l'OPJ, qui a tenté en vain de joindre, dès le début de la garde à vue, le bâtonnier de l'Ordre des avocats ou son délégataire, de différer l'audition de la personne qui fait l'objet de cette mesure[4]. De surcroît, aucun texte n'impose au policier de différer l'audition d'une personne gardée à vue dans l'attente de l'arrivée de l'avocat[5].

• **Consignation d'observations écrites par l'avocat.** La possibilité de présenter des observations écrites jointes à la procédure s'étend à l'avocat commis d'office qui, à l'issue de son entretien avec le gardé à vue, aurait acquis la conviction que la volonté du gardé à vue de s'entretenir avec son propre avocat n'aurait pas été comprise ou respectée[6]; mais aucune nullité ne saurait résulter de ce que la notification des droits ouverts à la personne placée en garde à vue est intervenue seulement huit heures après le début de cette mesure, dès lors que l'arrêt constate que lors de son interpellation l'intéressé se trouvait dans un état d'ébriété, circonstance insurmontable l'empêchant de comprendre la portée des droits qui auraient pu lui être notifiés et de les exercer utilement[7] (les juges qui considèrent qu'une notification des droits est tardive doivent s'expliquer sur les mentions non contestées du procès-verbal de l'officier de police judiciaire ayant constaté que la prévenue se trouvait dans un état d'imprégnation alcoolique tel « qu'elle n'avait pas assez de lucidité pour s'entendre notifier les droits

3. C. pr. pén., art. 63-4.
4. Crim. 28 avr. 2004, n° 04-80.753, *Bull. crim.*, n° 102; *D.* 2004, IR 1772; *Gaz. Pal.* 2004, somm. 4006, note Monnet.
5. Crim. 13 déc. 2006, n° 05-87.606, *Bull. crim.*, n° 312; *AJ pénal* 2007, 140, obs. Allain; *Dr. pénal* 2007, comm. 45, obs. Maron; *Dr. pénal* 2007, chron. 44 et 46, obs. Lesclous.
6. Crim. 12 mars 1997, n° 96-83.554, *Bull. crim.*, n° 100; *D.* 1997, IR 125; *Gaz. Pal.* 2 août 1997, chron. dr. crim. 26.
7. Crim. 3 avr. 1995, n° 94-81.792, *Bull. crim.*, n° 140; *D.* 1996, somm. 261, obs. Pradel; *Gaz. Pal.* 1995, somm. 361, note Doucet.

prévus aux articles 63-1 à 63-4 du Code de procédure pénale ni les exercer utilement »)[1].

L'article 63-4 du Code de la procédure pénale évoque du droit pour la personne gardée à vue de *demander* à s'entretenir avec un avocat et non pas de son droit *d'obtenir* un entretien; des circonstances insurmontables peuvent empêcher la tenue de l'entretien sans pour autant invalider la procédure.

• **Impossibilité d'organiser l'entretien avec l'avocat.** C'est le cas d'une grève du barreau[2], c'est le cas lorsque l'avocat refuse de se déplacer[3] ou lorsque la personne, après avoir refusé tout avocat, change d'avis à la vingt-deuxième heure[4], lorsque les policiers ont en vain appelé les deux numéros de téléphone communiqués par le barreau[5]. La cour de Douai, par un arrêt du 14 avril 1993[6], estime que la personne retenue n'a pas à être obligatoirement informée du refus de l'avocat désigné par elle et dûment contacté et que ce refus qu'elle ignore n'ouvre pas droit à la demande d'un avocat d'office. Cette décision, par une interprétation exégétique des textes, porte en fait atteinte aux droits mis en œuvre par le législateur.

Si une décision collective d'un barreau suspend la participation des avocats à ce service, cette circonstance est sans influence sur la validité de la garde à vue même si l'intéressé n'a pu bénéficier de l'assistance d'un avocat[7].

• **L'interprète.** L'absence d'un interprète au cours de cet entretien, lorsqu'il a été requis et qu'il paraît nécessaire compte tenu des connaissances en langue française du gardé à vue, équivaut à l'absence d'entretien et entraîne donc la nullité de l'ensemble des actes auxquels il a été procédé durant la garde à vue[8].

40.28 Position des avocats commis d'office. Cette innovation que constitue l'assistance durant la garde à vue est une charge lourde pour les barreaux; la loi impose en effet une obligation morale pour le bâtonnier d'être en mesure de répondre à la désignation d'un avocat dans le court délai qui assurera l'efficacité dans la mesure sollicitée de lui.

Cette réponse du bâtonnier suppose donc l'organisation d'un tour de rôle des avocats, équitablement réparti entre les confrères et les cabinets quelle que soit leur spécialisation, des délégations du bâtonnier à des membres du Conseil de l'ordre ou à des avocats pour désigner les avocats commis et qui, étant d'astreinte, doivent pouvoir être touchés à tout moment, même en dehors des heures ouvrables. Ce système lourd, même pour les grands barreaux, est à la limite du supportable dans les petits barreaux dont les commissariats et gendarmeries sont éloignés du lieu d'installation du cabinet des avocats.

Ce système de désignation d'office d'avocats devant aller dans les commissariats, pour assister les personnes gardées à vue, a paru insupportable à certains avocats et en tout cas disproportionné avec les résultats puisque l'avocat n'a pas accès au dossier en cours d'élaboration durant la garde à vue, ne peut pas assister aux interrogatoires par la police ni s'entretenir avec la personne retenue que durant trente minutes non sectionnables, ne peut faire état de cet entretien avec quiconque pendant la durée de la garde à vue. Il peut simplement consigner le cas échéant des observations écrites pendant la durée de la garde à vue.

Certains avocats, émus de cette situation et voyant à la fois un travail forcé, contraire à la Convention européenne des droits de l'homme et des libertés fondamentales[9], estimant que leur clause de conscience leur permettait de refuser ce type de commission, se sont opposés à remplir la tâche que leur avait confiée le bâtonnier.

• **L'avocat ne saurait refuser d'apporter son assistance.** La cour de Versailles, dans deux arrêts du 23 novembre 1994[10] a jugé que la clause de conscience reconnue à l'avocat ne peut lui permettre de se faire juge de la loi et de s'opposer à son application et qu'elle ne peut pas jouer sur des décisions du Conseil de l'ordre qui mettent en œuvre les dispositions législatives ou réglementaires. La cour constate ensuite que les mesures prises par le Conseil de l'ordre, pour mettre en œuvre les dispositions de l'article 63-4 du Code de procédure pénale, sont conformes aux dispositions de la loi et que le bâtonnier peut désigner à l'avance l'avocat qui sera appelé à intervenir à la demande de la personne gardée à vue, estime qu'en refusant la mission pour laquelle il avait été commis d'office, cet avocat avait contrevenu aux dispositions de l'article 9 de la loi du 31 décembre 1971 et 159 du décret du 27 novembre 1991 (désormais abrogé et remplacé par l'article 6 du décret du 12 juillet 2005) qui interdit, à l'avocat désigné ou commis d'office, de refuser son ministère sauf motif d'excuse ou d'empêchement admis par l'autorité ayant procédé à la désignation et à la com-

1. Crim. 4 janv. 2005, nº 04-84.876, *Bull. crim.*, nº 3; *D.* 2005, somm. 761, obs. Lennon; *AJ pénal* 2005, 160, obs. Leblois-Happe.
2. Crim. 9 mai 1994, nº 94-80.802, *Bull. crim.*, nº 174; *D.* 1995, somm. 145, obs. Pradel.
3. CA Douai, 14 avr. 1993, *Gaz. Pal.* 1993, 274, note Lévy.
4. Crim. 4 janv. 1994, nº 93-84.793, *Bull. crim.*, nº 1; *Gaz. Pal.* 1994, somm. 163.
5. Crim. 13 févr. 1996, nº 95-85.676, *Bull. crim.*, nº 73; *D.* 1996, somm. 260, obs. Pradel; *D.* 1996, IR 122; *Gaz. Pal.* 1996, chr. crim. 104.
6. *Gaz. Pal.* 12 juin 1993, 25, note Lévy.
7. Crim. 9 mai 1994, nº 94-80.802, *Bull. crim.*, nº 174; *D.* 1994, IR 172; *D.* 1995, somm. 145, note Pradel; *Gaz. Pal.* 1994, somm. 552, note Doucet; 17 sept. 1994, p. 20 – TGI Aix-en-Provence, 22 déc. 1993, *D.* 1994, 566, note Viriot-Barrial – ANTÉRIEUREMENT, sur la détention provisoire : Crim. 11 juill. 1990, nº 90-82.613, *Bull. crim.*, nº 282.
8. TGI Aix-en-Provence, 22 déc. 1993, *D.* 1994, 566, note Viriot-Barrial – CA Douai, 14 avr. 1993, *Gaz. Pal.* 12 juin 1993, 25.
9. Conv. EDH, art. 2.
10. CA Versailles, 23 nov. 1994, 2 esp., *Gaz. Pal.* 14 janv. 1995, 11, note Damien.

mission et, dès lors, l'a sanctionné d'une peine d'interdiction temporaire assortie du sursis [1].

Certains avocats, compte tenu d'une part de cette charge nouvelle qui leur était imposée, des conditions particulières dans lesquelles elle s'exerce et à l'époque de sa totale gratuité, ont adopté une position négative et refusé d'assurer ce type de commission. La cour de Douai a eu à trancher la question de la constitutionnalité de la loi en cause au regard de l'article 13 de la Déclaration des droits de l'homme et du citoyen du 26 août 1789 et de la Convention européenne de sauvegarde des droits de l'homme et des libertés fondamentales et notamment de l'argument selon lequel nul ne peut être astreint à accomplir un travail forcé et obligatoire. La cour a déclaré la décision du Conseil de l'ordre de Lille organisant la permanence conforme à la législation régissant la profession [2], estimant que le Conseil de l'ordre n'était pas compétent pour apprécier la constitutionnalité d'une loi, que s'il pouvait l'apprécier au regard de la Conv. EDH, l'assistance par un avocat d'un citoyen présumé innocent ne peut être, en l'état des conceptions démocratiques des États signataires de cette convention, assimilée à un « travail forcé ou obligatoire », que le Conseil de l'ordre avait donc le devoir d'organiser une permanence destinée à la mise en œuvre de la loi et que cette organisation était le corollaire du devoir de désignation dévolu au bâtonnier par les dispositions combinées de l'article 63-4 du Code de procédure pénale, et de l'article 9 de la loi du 31 décembre 1971 [3].

§ 2
Droits de la défense dans le cadre de la comparution immédiate

40.31 Comparution immédiate (ex-flagrant délit). La procédure de flagrant délit, qui s'est peu à peu instaurée pour permettre le jugement rapide de délits mineurs où les délinquants avaient été pris sur le fait, a été légalisée et aménagée par la loi du 2 février 1981 [4]. Cette loi a été abrogée par la loi du 10 juin 1983 [5]; la procédure de saisine directe du tribunal a été remplacée par une procédure nouvelle dite de *comparution immédiate*. Cette procédure vise deux hypothèses nettement distinctes :

1. Civ. 1re, 24 juin 1997, no 95-13.100, NPT, *JCP* 1998, II, no 10035, note Martin.
2. CA Douai, 20 sept. 1993, *Gaz. Pal.* 25 juin 1994, 21, note A. D.
3. CA Versailles, 23 nov. 1994, *Gaz. Pal.* 14 janv. 1995, 11, note Damien.
4. L. no 81-82, 2 févr. 1981, dite loi Sécurité et Liberté.
5. L. no 83-466, 10 juin 1983.

– d'une part, la comparution immédiate devant le tribunal hors le cas de flagrant délit lorsque le procureur estime que, compte tenu des preuves rassemblées, des procès-verbaux de police et de la gravité relativement modeste des faits retenus à l'encontre du prévenu, une information n'est pas nécessaire [6];

– d'autre part, le flagrant délit, mais uniquement dans le cas où la peine encourue est au moins égale à six mois et que le prévenu a été appréhendé au cours d'une enquête de flagrant délit [7].

40.32 Renforcement des droits de la défense. Dans le cadre de ces procédures nouvelles qui se substituent à la pratique antérieure du flagrant délit et à la saisine directe organisée par la loi Sécurité et Liberté, les droits de la défense ont été renforcés de façon à offrir au prévenu déféré dans ces conditions des garanties identiques à celles dont il bénéficie devant le juge d'instruction ou devant la juridiction répressive. Les articles 393 à 397 du Code de procédure pénale organisent ces droits conférés à la défense.

Lorsque le procureur de la République entend user de la procédure de comparution immédiate, estimant qu'une information n'est pas nécessaire, il doit informer la personne déférée devant lui qu'elle a le droit à l'assistance d'un *Conseil* de son choix ou commis d'office. L'avocat choisi ou, dans le cas d'une demande de commission d'office, le bâtonnier de l'Ordre, en est avisé sans délai. L'avocat peut consulter sur-le-champ le dossier et communiquer librement avec le prévenu. Mention de ces formalités est faite au procès-verbal à peine de nullité de la procédure [8].

Le procureur de la République peut inviter la personne déférée à comparaître devant le tribunal dans un délai qui ne peut être inférieur à dix jours, sauf renonciation expresse de l'intéressé *en présence de son avocat*, ni supérieur à deux mois. Si le procureur de la République décide de soumettre le prévenu jusqu'à sa comparution devant le tribunal à une ou plusieurs obligations de contrôle judiciaire, il le traduit sur-le-champ devant le président du tribunal. Ce magistrat peut, après audition du prévenu, *son Conseil ayant été avisé et entendu en ses observations*, s'il le demande, prononcer cette mesure [9].

En cas de délit flagrant si l'emprisonnement prévu par la loi est au moins égal à six mois, le procureur de la République peut traduire le prévenu sur-le-champ devant le tribunal. Si la réunion du tribunal est impossible le jour même et si les éléments de l'espèce lui paraissent exiger une mesure de détention provisoire le procureur peut traduire à

6. C. pr. pén., art. 393.
7. C. pr. pén., art. 395.
8. C. pr. pén., art. 393.
9. C. pr. pén., art. 394.

cette fin le prévenu devant le juge des libertés et de la détention qui statue après avoir recueilli les observations éventuelles du prévenu ou de *son avocat*[1].

Dans cette hypothèse[2], le président avertit le prévenu qu'il peut être jugé séance tenante mais seulement avec son accord, lequel accord ne peut être recueilli, pour être pris en considération, qu'en *présence de son avocat* ou, si celui-ci n'est pas présent, d'un avocat désigné d'office sur sa demande par le bâtonnier[3].

Si le prévenu ne consent pas à être jugé séance tenante ou si l'affaire ne paraît pas en état d'être jugée le tribunal, après avoir recueilli les observations des parties et de leurs conseils, renvoie l'affaire à une prochaine audience fixée au plus tôt à deux semaines et au plus tard à six semaines[4].

§ 3
Droits de la défense dans le cadre de la comparution sur reconnaissance préalable de culpabilité

40.41 Comparution sur reconnaissance préalable de culpabilité – Assistance obligatoire de l'avocat. La loi 9 mars 2004[5] a instauré aux articles 495-7 à 495-16 du Code de procédure pénale une nouvelle procédure permettant de prononcer une sanction sur laquelle le prévenu et le procureur sont d'accord. Le prévenu doit avoir commis un délit puni d'une peine d'amende ou d'une peine d'emprisonnement inférieure ou égale à cinq ans. Le procureur peut recourir à cette procédure d'office ou à la demande de l'intéressé ou de son avocat. Lorsque la peine proposée constitue en un emprisonnement, celui-ci ne peut être supérieur à un an, ni dépasser la moitié de la peine d'emprisonnement encourue. La proposition de la peine est faite par le procureur en présence de l'avocat choisi ou désigné. En effet, la loi prend soin de préciser qu'en cette matière la personne ne peut renoncer à son droit d'être assistée par un avocat (v. s^s^ n° 40.14).

Ce dernier doit pouvoir consulter immédiatement le dossier. La personne peut librement s'entretenir avec son avocat hors la présence du procureur avant de lui transmettre sa décision quant à la proposition qui lui est faite. Le prévenu peut en outre bénéficier d'un délai de réflexion de dix jours. L'acceptation de la proposition est donnée en présence de l'avocat. La personne est alors présentée au président du tribunal de grande instance aux fins d'homologation de la peine. Celui-ci entend la personne et son avocat et vérifie la réalité des faits et leur qualification juridique. L'ordonnance doit être motivée. Elle est exécutoire. La personne peut en faire appel.

§ 4
Droits de la défense dans le cadre de l'instruction

40.51 Exercice des droits de la défense devant la juridiction d'instruction. Lors de la première comparution[6], le collège de l'instruction doit avertir la personne mise en examen qu'elle est libre de ne faire aucune déclaration et lui donner avis de son droit de choisir un conseil parmi les avocats inscrits au tableau et, à défaut, de lui en faire désigner un d'office si le mis en examen le demande. La désignation est faite par le bâtonnier de l'Ordre des avocats s'il existe un Conseil de l'ordre et, dans le cas contraire, par le président du tribunal. La partie civile a également le droit de se faire assister d'un conseil dès sa première audition.

• **La loi n'impose pas à la personne mise en examen d'avoir un défenseur.** Si, en première comparution l'assistance de l'avocat est en principe obligatoire[7], par la suite, la loi laisse à la personne mise en examen la liberté d'apprécier souverainement quel est son intérêt sans jamais être forclos pour choisir un défenseur. À tout moment de l'information, elle peut faire connaître au juge d'instruction le nom du conseil qu'elle a choisi et en désigner plusieurs. Elle doit lui faire connaître celui d'entre eux auquel seront adressées les convocations et notifications[8]. Et lorsqu'un nouvel avocat a été désigné, sa désignation doit faire l'objet d'une déclaration auprès du greffier du juge d'instruction. À défaut, il ne pourra exercer aucun de ses droits et pouvoirs, et notamment il ne pourra faire appel[9].

40.52 Appel à un conseil. Au cours de la procédure d'instruction et avant tout interrogatoire, la personne mise en examen et la partie civile ne peuvent être entendues ou confrontées, à moins qu'ils

1. C. pr. pén., art. 396.
2. C. pr. pén., art. 395 et 396.
3. C. pr. pén., art. 397.
4. C. pr. pén., art. 397-1.
5. L. n° 2004-204, 9 mars 2004 – Pradel, « Vers un aggiornamento des réponses de la procédure pénale à la criminalité (Apports de la loi n° 2004-204 du 9 mars 2004 dite loi Perben II) », *JCP* 2004, I, 132 – Le Gunehec, « Loi n° 2004-204 du 9 mars 2004 portant adaptation de la justice aux évolutions de la criminalité », *JCP* 2004, act. 177 et 188.
6. C. pr. pén., art. 116.
7. Crim. 11 mai 2004, n° 04-81.039, *Bull. crim.*, n° 114; *D.* 2004, IR 1865; *AJ pénal* 2004, 289, obs. Leblois-Happe; *Gaz. Pal.* 2004, somm. 4006, note Monnet.
8. C. pr. pén., art. 115.
9. Crim. 9 janv. 2007, n° 06-84.738, *Bull. crim.*, n° 3; *D.* 2007, AJ 579; *AJ pénal* 2007, 136, obs. Saas; *RSC* 2007, 324, obs. Finielz; *Dr. pénal* 2007, comm. 65, obs. Maron; *LPA* 17 déc. 2007, 13, obs. Porteron.

n'y renoncent expressément, qu'en présence de leurs conseils ou ceux-ci dûment appelés [1]. Le conseil doit être convoqué par lettre recommandée adressée au plus tard « cinq jours ouvrables » avant l'interrogatoire ou l'audition de la partie qu'il assiste.

Il peut être recouru à un interprète majeur [2].

40.53 Accès des avocats au dossier de l'instruction. Lors de la première comparution, la procédure doit être mise à la disposition de l'avocat quatre jours ouvrables au plus tard avant chaque interrogatoire de la personne mise en examen ou chaque audition de la partie civile [3]. Le dossier communiqué à l'avocat doit comprendre l'intégralité du dossier. Mais lorsque la personne est déférée devant le collège de l'instruction, « l'avocat peut consulter sur-le-champ le dossier et communiquer librement avec la personne » [4].

Après la première comparution de la personne mise en examen ou la première audition de la partie civile, la procédure est mise à tout moment à la disposition des avocats, mais seulement les jours ouvrables et sous réserve des exigences du bon fonctionnement du cabinet d'instruction [5]. Le Conseil constitutionnel saisi d'un moyen tendant à voir prononcer l'inconstitutionnalité du projet de loi adoptant le nouveau Code de procédure pénale et tiré du caractère flou de la notion de « bon fonctionnement du cabinet d'instruction » qui risquait par son imprécision de limiter l'accès des avocats au dossier de la procédure, en méconnaissance des droits de la défense, a estimé par sa décision du 11 août 1993 [6] que ces mentions relatives au « bon fonctionnement du cabinet d'instruction », dès lors qu'elles étaient assorties de précisions suffisantes tenant à des délais ou des conditions objectives, n'étaient pas de nature à entraver les droits de la défense. Il a donc déclaré ces dispositions non contraires à la Constitution en précisant toutefois « sous cette réserve d'interprétation ».

On doit donc considérer que la volonté du législateur est désormais claire, telle qu'interprétée par le Conseil constitutionnel et que ces exigences de « bon fonctionnement du cabinet d'instruction » ne peuvent être opposées qu'exceptionnellement et à condition d'être justifiées objectivement. À défaut, si cette incise devenait une clause de style ayant pour effet de retarder la communication des dossiers à l'avocat, la nullité de la procédure serait encourue.

Seul l'avocat a le droit de consulter le dossier d'instruction au tribunal, et non la personne mise en examen, le témoin assisté ou la partie civile. Cette règle, justifiée par le secret de l'instruction, n'est pas incompatible avec les principes énoncés par la CEDH [7].

• **L'absence de mise à disposition entraîne la nullité de la procédure.** Si aucune mention de la mise à disposition du Conseil de la personne mise en examen avant chaque interrogatoire de la procédure ne figure au dossier, il y a lieu d'annuler l'interrogatoire et toute la procédure qui a suivi [8].

• **Modalités de mise à disposition.** La mise à disposition de la procédure avant chacun des interrogatoires ne saurait s'étendre aux actes de confrontation que si ces actes ont en réalité le caractère d'interrogatoire [9]. D'autre part, si la procédure doit être mise à la disposition du conseil du mis en examen, la veille de chacun des interrogatoires, il ne s'ensuit pas qu'il soit défendu, à peine de nullité, au juge d'instruction de procéder à la confrontation de la personne mise en examen avec un témoin aussitôt après la déposition de ce témoin. Il peut interroger le même jour plusieurs des mis en examen compris dans une même poursuite [10].

40.54 Modalités de consultation du dossier. Le juge d'instruction doit laisser à l'avocat la communication du dossier intégral qui, le cas échéant, devra relever le caractère incomplet du dossier et en formuler la remarque, par un courrier ou par une observation actée au procès-verbal d'interrogatoire; à défaut de telles réserves, la nullité de l'interrogatoire ne sera pas encourue [11]. Le juge d'instruction doit en principe lui laisser consulter le dossier dans un local à ce destiné, garantissant à la fois la sécurité des documents du dossier et la liberté de l'avocat (v. s^s n°s 39.11 s.). L'avocat ne peut pas émettre la prétention d'emporter avec lui le dossier à la bibliothèque de l'Ordre; il peut copier les pièces qu'il désire conserver dans son dossier; il peut de même confier à un appareil de reproduction sonore, type magnétophone, les indications qu'il relève sur les pièces. Le juge d'instruction ne saurait s'opposer à cette demande.

1. C. pr. pén., art. 114 – Crim. 4 déc. 2007, n° 07-86.794, P, *Bull. crim.*, n° 297; *D.* 2007, Pan. 2757, obs. Pradel; *D.* 2008, AJ 356; *AJ pénal* 2008, 95, obs. Lavric; *Dr. pénal* 2009, Chron. 1, obs. Guérin.
2. C. pr. pén., art. 102 et 121.
3. C. pr. pén., art. 114; réd. L. 4 janv. 1993; L. 9 mars 2004.
4. C. pr. pén., art. 116, al. 4.
5. C. pr. pén., art. 114, al. 3.
6. Cons. const. 11 août 1993, n° 93-326, *JO* 15 août.
7. CEDH 14 juin 2005, n° 39553/02, aff. Menet c/France.
8. Crim. 27 juill. 1906, *DP* 1907, 1, 334 – Crim. 3 août 1935, *DP* 1937, 1, 94, note Leloir – Crim. 27 févr. 1963, n° 62-92.388, *Bull. crim.*, n° 96 – Crim. 21 déc. 1944, *D.* 1945, 253 – ÉGAL^T : Crim. 29 janv. 2003, n° 02-86.774, *Bull. crim.*, n° 22; *D.* 2003, 1730, obs. Pradel.
9. Crim. 17 mars 1899, *DP* 1899, 1, 328 – Crim. 3 mars 1921, *DP* 1921, 1, 182.
10. Crim. 5 janv. 1901, *DP* 1901, 1, 113 – Crim. 3 mars 1921, *DP* 1921, 1, 182.
11. Crim. 30 oct. 2001, n° 01-84.779, *Bull. crim.*, n° 223; *Gaz. Pal.* 2002, somm. 1654.

• **Droit comparé.** Un arrêt de la CEDH du 30 mars 1989[1] condamne la pratique belge qui interdit au prévenu de prendre connaissance personnellement de son dossier ou à l'avocat, pendant les trente premiers jours de détention provisoire, cette pratique étant contraire aux dispositions de l'article 5, paragraphe 4, de la Conv. EDH et des libertés fondamentales. D'après cet arrêt, le prévenu semble se voir reconnaître le droit d'avoir une connaissance personnelle de son dossier, et son avocat, celui de prendre copie ou d'en obtenir copie.

Le projet de Code de procédure pénale devenu la loi du 4 janvier 1993 adoptait d'ailleurs ce système et reconnaissait à l'avocat le droit de se faire délivrer à tout moment et à ses frais les copies des pièces du dossier pour son usage exclusif et sans pouvoir en établir de reproductions. Cette disposition pourtant réaliste et normale a été abrogée par la réforme du Code de procédure pénale par la loi du 24 août 1993.

• **Droit de communiquer les copies du dossier au client depuis la loi du 30 décembre 1996.** L'article 114 du Code de procédure pénale, tel qu'il résulte de la loi du 30 décembre 1996, permet non seulement à l'avocat d'obtenir les copies de son dossier, éventuellement sous forme numérisée, mais de les communiquer à son client. Toutefois, en raison du secret de l'instruction auquel l'avocat reste soumis, ce dernier devra faire preuve de prudence notamment en s'abstenant de communiquer, à son client ou à des tiers, toute pièce ou acte de procédure pénale en cours, pour lequel il n'aurait pas reçu l'autorisation préalable exigée par l'article 114 du Code de procédure pénale.

• **Droit antérieur à la loi du 30 décembre 1996.** Des copies du dossier pénal pouvaient être délivrées à l'avocat par le juge d'instruction et par le greffe. Cette délivrance ne constituait jamais un droit[2]. En outre l'avocat qui recevait la copie s'engageait à la conserver secrète tant que durait l'instruction et même vis-à-vis de son client à qui il pouvait seulement donner lecture sans la lui confier et suivant les nécessités d'une défense que l'avocat appréciait en son âme et conscience. Pas plus l'avocat ne pouvait-il confier les copies de procès-verbaux à un client en liberté qui aurait pu les communiquer à d'autres personnes et permettre ainsi des mesures de rétorsion sur le témoin. On admettait simplement qu'en matière d'accident de la route et compte tenu du rôle particulier des compagnies d'assurances, l'avocat pouvait confier directement aux compagnies les procès-verbaux[3]. En matière pénale l'accusé recevait obligatoirement son dossier avant de comparaître à l'audience, il pouvait le remettre à l'avocat pour préparer sa défense mais dans ce cas il ne pouvait, une fois le procès terminé, lui demander de lui confier à nouveau les pièces d'instructions dont il lui avait communiqué la teneur. Cette situation a entraîné de nombreux inconvénients, notamment en matière d'expertise où l'interdiction faite à l'avocat de communiquer à un contre expert choisi par lui, le rapport des premiers experts, aboutissait à ce que l'avocat n'étant pas un technicien, ne pouvait utilement contester le rapport d'expertise. Il y avait donc dans ce système archaïque, une violation évidente des droits de la défense.

Par un arrêt rendu en Assemblée plénière le 30 juin 1995[4], la Cour de cassation avait considéré que l'avocat ne devait pas remettre de copies du dossier à son client, lesquelles étaient destinées à son usage exclusif. Cette décision a suscité l'intervention du législateur pour permettre la transmission au client de copies de son dossier.

40.55 Reproduction de copies du dossier. L'avocat, qui désire transmettre à son client une reproduction des copies de tout ou partie des pièces et actes du dossier, doit former une demande d'autorisation préalable, en adressant au juge la liste des pièces et actes objet de la demande d'autorisation aux fins de transmission, soit par déclaration auprès du greffier, soit par l'envoi d'une lettre recommandée avec accusé de réception et justifier d'une déclaration écrite du client aux termes de laquelle il reconnaît avoir eu connaissance des dispositions des alinéas 5 et 6 de l'article 114 et de l'article 114-1 du Code de procédure pénale (v. s^s chap. 39). L'autorisation du juge aux fins de transmission peut revêtir deux formes :

1° par ordonnance prise dans les cinq jours de la demande d'autorisation;

2° par autorisation tacite, c'est-à-dire par silence gardé pendant cinq jours; dans ce cas l'avocat est de droit autorisé à transmettre à son client les pièces visées dans la demande d'autorisation;

Le juge d'instruction peu refuser la remise d'une reproduction à une partie. Dans ce cas, l'avocat peut former un recours contre la décision de refus total ou partiel dans les deux jours de la notification de l'ordonnance spécialement motivée de refus, visant notamment les risques de pression sur les victimes, les personnes mises en examen, les avocats, témoins, enquêteurs, experts ou toute autre personne concourant à la procédure. L'avocat saisit alors le président de la chambre d'accusation qui, à son tour, doit statuer dans un délai de cinq jours par décision écrite et motivée non susceptible de recours. À défaut de réponse dans les cinq jours, l'avocat est autorisé à communiquer à son client les pièces ou actes visés expressément par la demande initiale.

1. CEDH 30 mars 1989, n° 10444/83, aff. Lamy c/Belgique, n° 16/1987/139/193.
2. CA Aix-en-Provence, 23 mai 1961, *D.* 1961, 484.
3. Circ. Chancellerie n° 59-40 *bis*, 27 nov 1959.
4. Cass. Ass. plén., 30 juin 1995, n° 94-16.982, n° 95-13.035, 2 esp., *Bull. ass. plén.*, n° 3; *D.* 1995, jur. 417, note Pradel; *D.* 1995, IR 170; *D.* 1995, somm. 319, note Pradel; *Gaz. Pal.* 1995, pan. 196, 1995; somm. 307; *JCP* 1995, II, 22479, note Chambon.

Il semble qu'en ce qui concerne l'avocat de la partie civile, il n'existe pas à son profit d'autorisation tacite prévue pour l'avocat de la défense.

40.56 Modalités de transmission au client. Si le client est libre, aucune modalité particulière n'est exigée de l'avocat pour remettre à son client la copie des pièces pour lesquelles l'autorisation a été obtenue. Il devra néanmoins agir avec prudence et s'assurer que cette remise est effectuée entre les mains du véritable destinataire, c'est-à-dire de celui pour le compte duquel l'autorisation a été obtenue. Il sera donc bon de faire signer un récépissé par le client.

Si le client est détenu, l'avocat est tenu de transmettre les pièces par l'intermédiaire du greffe de l'établissement pénitentiaire, en procédant soit par une remise directe au greffe contre récépissé, soit par un envoi par lettre recommandée avec demande d'avis de réception. Dans les trois jours ouvrables de la réception des documents, le greffe a l'obligation de les transmettre au détenu après qu'il a attesté avoir pris connaissance des dispositions de l'article 114-1 du Code de procédure pénale. La remise au détenu est de droit, sauf l'hypothèse où le juge d'instruction subordonne l'autorisation de transmission à une conservation des pièces au greffe. Dans ce cas, le prévenu n'est pas personnellement détenteur des pièces, il ne lui est accordé qu'un droit de consultation dans un local permettant à la fois la consultation et la garantie de la confidentialité.

• **Copie et communication des rapports d'expertise.** Une copie de l'intégralité du rapport d'expertise est remise ou envoyée aux avocats des parties qui en font la demande [1]. Si, contrairement aux autres pièces du dossier, leur communication à un tiers est possible [2], elle ne doit avoir lieu que pour les besoins de la défense. Les parties ou leur avocat pourront consulter un tiers, spécialiste de la matière, mais seulement à cette fin. Si la preuve venait à être rapportée que la diffusion d'un rapport d'expertise a été faite à un tiers dans un autre but que les besoins de la défense, il pourrait avoir lieu à application des sanctions de l'article 114-1 [3].

• **Consultation directe du dossier par le client lui-même.** Selon un arrêt de la chambre criminelle de la Cour de cassation du 12 juin 1996, le prévenu non assisté d'un avocat peut avoir accès à son dossier devant la juridiction de jugement [4]. Il peut obtenir la copie des pièces du dossier soumis à la juridiction devant laquelle il est appelé à comparaître.

40.57 L'avocat est tenu de conserver le secret de l'instruction édicté par l'article 11 du Code de procédure pénale. Sa violation est non seulement un délit (sur le secret de l'instruction, v. s^s n°s 36.51 s.; sur le délit de divulgation d'information, v. s^s n° 36.51) mais une faute professionnelle [5] (sur la faute disciplinaire v. s^s n°s 39.00 s. [6]). En vertu de ce secret, l'avocat ne peut pas confier les copies de procès-verbaux à un client en liberté qui pourrait les communiquer à d'autres personnes et permettre ainsi des mesures de rétorsion sur les témoins. Il existe toutefois une tolérance en matière de procès-verbaux d'accidents destinés à des compagnies d'assurances [7]. Mais l'avocat peut confier ces copies au client détenu jusqu'à sa mise en liberté, la détention assurant le secret. Il peut les lui adresser par courrier professionnel couvert par le secret.

• **Délit de divulgation d'information.** Modifié par la loi du 12 décembre 2005 [8], l'article 434-7-2 du Code pénal incrimine désormais le fait, pour une personne, de révéler « *sciemment* » des informations couvertes par le secret de l'instruction à des personnes « *qu'elle sait* » susceptibles d'être impliquées, étant précisé que la révélation doit être faite « *dans le dessein* » d'entraver le déroulement des investigations. L'article 2 *bis* du RIN de même que l'article 5 du décret du 12 juillet 2005 ont alors été modifiés pour tenir compte de cette rédaction plus clémente. Le CNB explique que « la disparition de la communication au seul client est manifestement une prise en compte de la réalité de notre exercice qui nous conduit, dans le cadre de l'exercice des droits de la défense, à communiquer à des tiers, tels qu'un membre de la famille de notre client ou un membre de la société cliente, certaines pièces ou documents. Cette dérogation au droit commun devra évidemment se trouver justifiée par l'exercice des droits de la défense. » (v. s^s n° 37.47) [9].

• **Dossier d'assises.** Le dossier d'assises, confié à l'accusé avant sa comparution devant la cour d'assises, demeure sa propriété même s'il le confie à son avocat comme un élément de travail pour assurer sa défense.

40.58 Placement en détention provisoire. Le juge des libertés et de la détention qui envisage de placer la personne mise en examen en détention provisoire l'informe, si elle n'est pas déjà assistée, qu'elle sera défendue lors du débat par un avocat de

1. C. pr. pén., art. 167.
2. C. pr. pén., art. 114, al. 6.
3. *Bull. bâtonnier Paris* mars 1997.
4. SUR : Crim. 12 juin 1996, n° 96-80.219, n° 95-82.735, 2 esp., *Bull. crim.*, n° 248 : *Gaz. Pal.* 1996, chr. crim. 185, note Doucet; 1996, jur. 397; Ferrari, chron. pén., *Dr. pénal* 1997, chron. 1 – ANTÉRIEUREMENT ET EN SENS CONTRAIRE : Crim. 9 févr. 1978, n° 76-93.687, *Bull. crim.*, n° 52.
5. NOT. : Crim. 20 juin 2006, n° 05-83.659, *Bull. crim.*, n° 183; *D.* 2007, pan. 399, obs. Roujou de Boubée; *ibid.*, pan. 825, obs. Blanchard.
6. Décr. 27 nov. 1991, art. 160 – Décr. n° 2005-790, 12 juill. 2005, art. 5 – RIN, art. 2 *bis*.
7. Circ. Chancellerie n° 59-40 *bis*, 27 nov. 1959.
8. L. n° 2005-1549, 12 déc. 2005 relative au traitement de la récidive des infractions pénales.
9. Commentaire du CNB sous l'article 2 *bis* du RIN; en ligne sur le site du CNB.

son choix ou, si elle ne choisit pas d'avocat, par un avocat commis d'office.

Dans le cadre de la loi du 5 mars 2007, le cinquième alinéa de l'article 145 a été réécrit afin de prévoir la désignation systématique d'un avocat commis d'office en l'absence de choix d'un avocat par l'intéressé. Le juge des libertés et de la détention l'avise par ailleurs de son droit de disposer d'un délai pour préparer sa défense, il statue en audience de cabinet après un débat contradictoire au cours duquel il entend les réquisitions du ministère public, puis les observations du mis en examen et, le cas échéant, de son conseil.

L'avocat choisi ou, dans le cas d'une commission d'office, le bâtonnier de l'ordre des avocats, en est avisé par tout moyen et sans délai. Si l'avocat choisi ne peut se déplacer, il est remplacé par un avocat commis d'office. Mention de ces formalités est faite au procès-verbal. Il peut alors consulter sur-le-champ le dossier et communiquer librement avec la personne mise en examen. Si le mis en examen ou son avocat sollicite un délai pour préparer sa défense, le juge des libertés et de la détention ne peut ordonner le placement en détention mais seulement l'incarcération de la personne mise en examen pendant une durée qui ne saurait excéder quatre jours. Il fait comparaître, à l'expiration de ce délai, la personne mise en examen et procède ainsi qu'il est dit ci-dessus.

Mais dans la mesure où l'article 145 ne dispose pas que le débat doive impérativement avoir lieu « en présence » d'un avocat, il faut en déduire que si le texte impose au juge, en l'absence d'avocat choisi, de solliciter la commission d'office d'un avocat en remplacement de l'avocat choisi et d'aviser ce dernier du débat, il ne semble pas lui interdire de procéder à ce débat si l'avocat commis d'office n'est pas en mesure de se déplacer[1] (la loi du 10 décembre 1985[2] avait institué un organe collégial chargé de veiller au bon déroulement de l'information; elle fut abrogée en 1987).

La prolongation de la détention au-delà d'un an en matière criminelle ne peut être prononcée – pour une durée maximale de six mois – que par une ordonnance motivée et rendue après un débat contradictoire, l'avocat ayant été convoqué conformément aux dispositions du deuxième alinéa de l'article 114 du Code de procédure pénale[3]. À défaut, l'ordonnance de prolongation sera nulle, dans la mesure où l'absence de convocation de l'avocat au débat contradictoire, qui empêche celui-ci d'assister le demandeur, porte nécessairement atteinte aux intérêts de celui-ci[4].

Après la mise en examen, l'avocat peut communiquer librement avec son client; en cas d'appel d'une des mesures du juge des libertés et de la détention, la chambre d'instruction de la cour d'appel statue après avoir convoqué le défenseur avec un délai minimum de quarante-huit heures en matière de détention provisoire et de cinq jours en toute autre matière. Pendant ce délai, le dossier doit être tenu à la disposition des conseils du mis en examen et des parties civiles au greffe de la chambre d'instruction, copie leur en est délivrée sans délai et à leurs frais sur simple requête. Avant les débats, le procureur général et les conseils des parties qui en ont fait la demande peuvent présenter des observations[5].

Depuis la loi du 5 mars 2007 qui a complété l'article 199 du Code de procédure pénale, la publicité des débats devant la chambre de l'instruction est devenue un principe en matière de détention provisoire lorsque la personne est majeure. Sauf à ce que la personne mise en examen ou la partie civile ou leurs avocats, avant l'ouverture des débats, s'opposent à la publicité. La publicité des débats peut certes être refusée par l'avocat de la partie civile, par exemple. Ce refus doit être solidement motivé et l'avocat qui l'exprime doit songer aux conséquences de l'application de la Conv. EDH.

L'avocat devra veiller à ce que la détention provisoire soit réduite au minimum conformément à la volonté du législateur en la matière. La Cour constitutionnelle espagnole a rendu un arrêt en matière de détention provisoire, plus précis que les décisions des juridictions françaises. Cet arrêt, rendu par la 2e section de la Cour du 26 juillet 1995[6], précise que la détention provisoire ne peut en aucun cas être utilisée à des fins punitives ou d'anticipation de la peine, ni pour faciliter l'obtention de déclaration des personnes mises en examen.

La détention provisoire doit être conçue comme une mesure strictement nécessaire d'application subsidiaire, provisoire et proportionnelle aux fins qui constitutionnellement la justifient et la délimitent, afin de ne porter qu'une atteinte exceptionnelle à la présomption d'innocence. En conséquence,

1. Circ. DACG n° 2007-10, 22 juin 2007 – C. pr. pén., art. 145 – Réd. L. n° 84-576, 9 juill. 1984.
2. L. n° 85-1303, 10 déc. 1985.
3. C. pr. pén., art. 145-2.
4. Crim. 4 déc. 2007, n° 07-86.794, *Bull. crim.*, n° 297; *D.* 2007, Pan. 2757, obs. Pradel; *D.* 2008, AJ 356; *AJ pénal* 2008, 95, obs. Lavric; *Dr. pénal* 2009, Chron. 1, obs. Guérin.
5. C. pr. pén., art. 197 et 199 – SUR la nécessité de mettre en temps voulu les parties et leurs avocats en mesure de prendre connaissance du dossier, de produire leurs mémoires et d'être entendus à l'audience : Crim. 27 juin 2007, n° 06-89.403, *Bull. crim.*, n° 178; *D.* 2007, *AJ* 2240; *AJ pénal* 2007, 493; *LPA* 17 déc. 2007, 8, obs. Porteron.
6. C. const. espagnole, 2e sect., 26 juill. 1995.

la motivation quasi automatique et stéréotypée de maintien en détention est ouvertement contraire au principe qui veut que la détention provisoire soit exceptionnelle, subsidiaire et provisoire. Ces principes sont conformes à l'article 9 de la Déclaration des droits de l'homme et aux articles 9 et 10 du pacte de New York du 19 décembre 1966 [1].

La notification des arrêts doit être faite aux conseils des mis en examen et des parties civiles [2]. En cas d'expertise ordonnée sur la personne du détenu et si les experts estiment qu'il y a lieu de l'interroger, il est procédé à cet interrogatoire par le juge d'instruction ou le magistrat désigné par la juridiction, en présence des experts et en observant les formes et conditions de l'article 114 du Code de procédure pénale et en présence du défenseur ou lui appelé et après que la procédure ait été mise à sa disposition.

40.59 L'avocat qui accède auprès d'un client détenu doit respecter le règlement des prisons, en tant que règlement émanant d'une autorité publique. L'avocat devra veiller à ce que, conformément aux dispositions de l'article 803 du Code de procédure pénale [3], son client ne soit pas soumis au port des menottes et entraves en dehors des cas prévus par la loi, c'est-à-dire à la condition qu'il soit considéré comme dangereux pour autrui ou pour lui-même, ou comme susceptible de prendre la fuite [4]. Chaque prévenu peut avoir plusieurs avocats auxquels il doit être délivré à chacun un permis de communiquer. Au cas de pluralité d'avocats, la notification des pièces de procédure est faite conformément aux dispositions de l'article 115 du Code de procédure pénale.

§ 5
Droits de la défense devant la cour d'assises

40.61 Exercice des droits de la défense devant la cour d'assises. Dès notification à l'accusé de l'arrêt de renvoi devant la cour d'assises, le président de cette juridiction qui l'interroge sur son identité invite l'accusé à choisir un conseil pour l'assister dans sa défense. S'il ne choisit pas son conseil le président lui en désigne un d'office. Cette désignation devient non avenue si, par la suite, l'accusé choisit un conseil [5]. L'assistance de l'accusé par un avocat est obligatoire pour la validité des débats [6] (v. s^s^ n° 40.14), l'absence de conseil pendant tout ou partie des débats entraîne la nullité de la procédure dès lors que cette absence est le fait de la cour, du président ou du ministère public [7]. Les avocats des parties peuvent poser directement des questions à l'accusé, à la partie civile, aux témoins et à toutes les personnes appelées à la barre, en demandant la parole au président. L'accusé et la partie civile peuvent poser des questions par l'intermédiaire du président [8]. L'accusé, la partie civile et leurs conseils peuvent déposer des conclusions sur lesquelles la cour est tenue de statuer [9]. L'accusé ou son conseil ont toujours la parole en dernier [10]. C'est là une règle générale et fondamentale qui domine tous les débats et ne s'applique pas exclusivement à la dernière période de l'examen de l'affaire mais à tous les incidents qui peuvent s'élever dans le cours des débats et qui peuvent intéresser la défense ou la justification de l'accusé [11].

40.62 Refus de l'avocat commis d'office. L'avocat, régulièrement commis par le président de la cour d'assises, ne peut refuser son ministère sans faire approuver par ce magistrat ses motifs d'empêchement et d'excuses [12].

40.63 Refus par l'accusé d'être assisté par un avocat. L'accusé devant la cour d'assises doit être assisté d'un avocat [13]. Mais s'il refuse l'assistance d'un avocat, il appartient à la Cour de commettre néanmoins un avocat pour assurer sa défense, ne serait-ce que pour pouvoir l'assister s'il se ravisait (v. s^s^ n° 40.14).

L'avocat ne peut en aucun cas se faire juge de l'opportunité de sa présence à la barre auprès de l'accusé, même si celui-ci refuse son concours. Il ne peut quitter la barre que s'il est autorisé par celui qui l'a commis, président de la cour d'assises ou

1. Décl. *DHC* – Pacte New York, 19 déc. 1966 – ÉGAL^T^ : Bouloc, « Le silence de la personne mise en examen peut-il justifier sa mise en détention ? », *D.* 1995, chron. 315.
2. C. pr. pén., art. 217.
3. ÉGAL^T^ C. pr. pén., art. D. 283-4.
4. Circ. Chancellerie, 1er mars 1993, non publiée au *JO* – J.-CL. PR. PÉN., art. 803 – Crim. 30 nov. 1976, n° 76-92.088, *Bull. crim.*, n° 344.
5. C. pr. pén., art. 274.
6. C. pr. pén., art. 317.
7. Crim. 21 juin 1950, *D.* 1950, 501 – POSTÉRIEUREMENT ET RAISONNANT A CONTRARIO : Crim. 14 oct. 1976, n° 76-92.137, *Bull. crim.*, n° 291.
8. C. pr. pén., art. 312.
9. C. pr. pén., art. 315.
10. C. pr. pén., art. 346.
11. Crim. 20 févr. 1913 et Crim. 21 mars 1913, *DP* 1916, 1, 181 – POSTÉRIEUREMENT : Crim. 11 mai 1983, NP – TOUTEFOIS : Crim. 3 mai 1990, *Bull. crim.*, n° 167; *D.* 1990, 435, note Mayer [CRITIQUE] (mais, en l'espèce, le procureur général, qui avait pris la parole après les [inculpés] et leurs conseils, avait requis un non-lieu en leur faveur).
12. L. 31 déc. 1971, art. 9 – Décr. 12 juill. 2005, art. 6 – Civ. 1re, 2 mars 1994, n° 92-15.363, NPT, *D.* 1995, somm. 165 – CA Lyon 14 juin 1993, *Gaz. Pal.* 31 juill. 1993, 7 – CA Lyon, 16 nov. 1993, p. 8, note Damien.
13. C. pr. pén., art. 274 et 317.

bâtonnier, et ce, même au cas où l'accusé, ayant renoncé à se défendre et ayant interdit aux avocats qu'il avait choisis de demeurer à la barre, ceux-ci ont été commis contre la volonté des accusés par le président des Assises. Dans ce cas, l'avocat ne peut plaider, il doit demeurer silencieux pour ne pas contredire la volonté de l'accusé, seul maître d'organiser sa propre défense. L'avocat doit, au moment où la parole lui est donnée, se lever, expliquer qu'il ne peut rien dire et se rasseoir sans rien ajouter. Il doit se contenter d'être présent à la barre et d'offrir son ministère par une assistance silencieuse [1].

• **Refus de l'assistance d'un avocat.** Un précédent a été constitué par l'affaire plaidée devant la Haute Cour de justice à Versailles le 13 juin 1849 [2]. Il en est d'autres : le procès de Louise Michel, après la Commune, qui refusa l'assistance de son avocat Me Haussmann, le procès Laval et également le procès des Iraniens accusés de tentative d'assassinat sur la personne d'un ancien Premier ministre les 25 février 1982 et jours suivants devant la cour d'assises des Hauts-de-Seine [3].

• **L'avocat commis d'office doit avoir le temps d'examiner le dossier.** L'intérêt de l'arrêt *Goddi*, rendu par la CEDH, est grand et nous reproduisons ci-dessous la note que lui consacre la *Vie judiciaire*. En Italie, un berger de San Venanzo avait été condamné à dix-huit mois de prison et à une forte amende pour différents délits. En appel, alors que le berger était emprisonné pour d'autres faits, la Cour le rejugea par défaut, ne lui ayant pas signifié la date de l'audience. Un avocat fut commis d'office au tout dernier moment. La Cour de Strasbourg a, pour ce fait, condamné l'État italien à verser une indemnité de 5 millions de lires au berger, au motif que les droits de la défense n'avaient pas été respectés. Son arrêt relève que le défaut de notification a contribué à priver le requérant d'une défense concrète et effective. L'absence de l'avocat de son choix constituait un fait d'autant plus préoccupant qu'elle se doublait de celle du prévenu. « L'avocat commis d'office, dans l'ignorance des motifs de la non-comparution du prévenu, ne pouvait demander un renvoi. Il existait un risque qui se réalisa, d'aggravation des peines infligées en première instance. » L'arrêt souligne également que l'avocat d'office n'a pas joui du temps et des facilités dont il aurait eu besoin pour étudier le dossier, préparer sa plaidoirie et prendre contact avec son client. La cour d'appel aurait dû, tout en respectant l'indépendance du barreau, adopter des mesures positives destinées à permettre à l'avocat de remplir sa tâche dans les meilleures conditions ». L'Italie a donc été condamnée pour cette violation des droits de la défense [4].

40.64 Libre communication de l'accusé avec son défenseur. Les accusés doivent toujours pouvoir s'entretenir librement avec leurs avocats [5]. Ils doivent être libérés de leurs menottes et entraves lors de l'audience [6].

§ 6
Droits de la défense devant le tribunal correctionnel et le tribunal de police

40.71 Exercice des droits de la défense devant le tribunal correctionnel. Le prévenu qui comparaît a la faculté de se faire assister par un défenseur [7]. S'il n'en a pas fait choix avant l'audience et qu'il en désire un, le président en commet un d'office. Tout prévenu atteint d'une infirmité de nature à compromettre sa défense ou n'ayant pu faire choix d'un défenseur, et qui demande à être assisté au moment de l'audience, doit pouvoir être assisté d'un avocat [8].

Devant le tribunal pour enfant, tout mineur justiciable de cette juridiction doit être assisté d'un avocat [9]. À ce cas doivent être assimilés, en matière civile, les défenses relatives à des litiges portant sur l'assistance éducative, la délégation, la déchéance, le retrait partiel de l'autorité parentale, la tutelle des majeurs et des mineurs (v. s^s^ n° 40.14).

Devant la juridiction correctionnelle, le prévenu et son conseil doivent avoir la parole les derniers [10]. Cette circonstance doit résulter des notes d'audience [11].

40.72 Exercice des droits de la défense devant le tribunal de police et la juridiction de proximité. Les dispositions concernant les débats et les droits de la défense devant le tribunal correctionnel sont applicables devant le tribunal de police et devant la juridiction de proximité [12]. La violation des dispositions relatives aux droits de la défense entraîne une nullité substantielle dès lors que ces violations com-

1. CA Lyon 14 juin 1993, *Gaz. Pal.* 1993, 2, 495.
2. Haute Cour de justice Versailles, 13 juin 1849.
3. Damien, Le *barreau quotidien*, p. 98 s. et 228 – En aucun cas ne doit être perdu de vue l'article 6, paragraphe 3 de la Conv. EDH même si ses dispositions semblent en contradiction avec l'article 317, paragraphe 1er du Code de procédure pénale : CA Bordeaux, 23 oct. 1987, et CA Paris, 16 déc. 1987, *Gaz. Pal.* 1988, 159; *D.* 1988, 275, note Angevin; *Gaz. Pal.* 9 juin 1988, p. II – CA Toulouse, 9 févr. 1988, *Gaz. Pal.* 9 juill. 1988, pan. jur. p. II, note Guinchard et Moussa – Crim. 5 déc. 1990, n° 90-81.761, *Bull. crim.*, n° 419; *Gaz. Pal.* 8 mai 1991, 17 – CA Lyon, 14 juin 1993, *Gaz. Pal.* 16 nov. 1993, 8, note Damien.
4. CEDH 9 avr. 1984, n° 8966/80, aff. Goddi c/Italie, *Vie jud.* 22 avr. 1984, p. 3.
5. C. pr. civ., art. 278.
6. C. pr. pén., art. 318, art. 803, art. décr. 283-4, al. 2.
7. C. pr. pén., art. 417.
8. C. pr. pén., art. 417.
9. Ord. n° 45-174 2 févr. 1945, art. 4-1.
10. C. pr. pén., art. 460.
11. Crim. 7 mai 1979, n° 78-93.553, *Bull. crim.*, n° 163 – ANTÉRIEUREMENT : Crim. 28 nov. 1978, n° 78-91.642, *Bull. crim.*, n° 334.
12. C. pr. pén., art. 535 et 536.

portent en elles-mêmes une atteinte effective aux droits de la défense [1].

§ 7
Droits de la défense après condamnation définitive du client

40.81 Liberté de communication. Les condamnés peuvent continuer à communiquer librement, en dehors de la présence d'un surveillant et dans un parloir spécial, avec le défenseur qui les a assistés au cours de la procédure [2]. Les avocats peuvent également correspondre avec les condamnés sans que leur correspondance ne soit soumise à contrôle s'il peut être constaté sans équivoque qu'elle est réellement destinée au défenseur ou provient de lui [3].

Lors des procédures d'application des peines privatives de liberté, les condamnés bénéficient de l'assistance de leur avocat [4]. Cette assistance est facultative, excepté pour les mineurs. La personne condamnée choisit librement son avocat, en indiquant son nom au juge de l'application des peines ou en lui adressant un courrier de désignation dont celui-ci remettra une copie au juge. Le condamné peut également demander la désignation d'office d'un avocat. L'avocat se fait délivrer un permis de communiquer par le juge de l'application des peines [5].

Toute personne condamnée a le droit de prendre connaissance, par l'intermédiaire de son avocat, du contenu de son dossier dans les conditions de l'article D. 49-29 du Code de procédure pénale.

SECTION 2
ASSISTANCE ET PLAIDOIRIE

§ 1
Principes généraux

40.91 Définition de l'assistance. Cette fonction de l'avocat consiste exclusivement à plaider et à aider un justiciable dans sa défense en justice en présentant des explications orales ou écrites en son nom. La plaidoirie est l'acte essentiel de l'assistance qui peut toutefois prendre d'autres formes. À une instruction ou à une expertise, par exemple, l'avocat assiste son client sans plaider.

40.92 Définition de la plaidoirie. La plaidoirie est l'exposé oral et le développement verbal des prétentions des justiciables, la discussion des moyens adverses et des objections légales, le développement des arguments justificatifs d'un plaignant ou d'un mis en examen [6]. Ce sens du mot « plaider », en tant que soutenir de vive voix devant les juges les causes des parties, est un sens récent dans la langue française. Littré lui-même donne au mot « plaider » non pas cette signification oratoire mais il définit le mot plaider comme « l'action de contester en justice et d'y faire valoir ses droits ». En fait, la plaidoirie est infiniment plus vaste que l'action oratoire d'un avocat devant une juridiction, elle est, à notre époque moderne comme à l'époque classique, l'art d'exposer devant des juges les prétentions des parties mais également l'art de résumer, de synthétiser, d'exposer des dossiers, soit devant le client lui-même, soit devant d'autres professionnels de la justice, notaires, experts, arbitres, soit encore l'art d'exposer des questions mêlées de fait et de droit devant des assemblées d'actionnaires, des assemblées de copropriétaires ou des conseils d'administration. On peut définir de manière large la plaidoirie comme l'expression orale d'une cause, confiée à un homme de l'art, que ce soit sous forme de plaidoyer proprement dit devant des juridictions ou d'exposés devant des clients, des décideurs ou des contradicteurs, de même que sous la forme de conférences ou de causeries devant un public qu'il faut convaincre ou d'émissions à la radio ou à la télévision [7]. On peut donc dire que tout ce que l'avocat expose oralement, dans le cadre de la mission qui lui est confiée par le client, constitue bien une plaidoirie et cette fonction de plaider s'exerce aussi bien au « judiciaire » qu'au « juridique ».

• **L'art de la plaidoirie à travers les siècles.** La plaidoirie a subi des modifications d'expression importantes au cours des récentes décennies qui peuvent paraître à certains comme une révolution dans l'art de l'avocat. L'art de la plaidoirie est apparu tardivement puisqu'il s'agit essentiellement d'une expression orale, alors que, chez les Grecs, le logographe confectionnait le discours au profit du client qui le prononçait lui-même. Il s'agit donc d'un art différent de celui de l'avocat puisque dans ce cas il n'y a pas d'improvisation. Ce sont les Romains qui ont inventé la plaidoirie, longue, ordonnée, pom-

1. CA Lyon, 27 janv. 1978, *D.* 1979, 390, note Strasser – SUR CES QUESTIONS : Damien, RÉP. PÉN., « Les droits de la défense », *V° Défense*.
2. C. pr. pén., art. 727, al. 4, D. 68 et D. 69.
3. C. pr. pén., art. D. 419 et D. 69.
4. C. pr. pén., art. 712-1 s.
5. C. pr. pén., art. D. 49-14.
6. Colloque Bordeaux, 22 sept. 1989, dans *Gaz. Pal.* 22 déc. 1989, p. 24 s. – Estoup, « La plaidoirie au-delà du colloque », *Gaz. Pal.* 1989, chron. 26 déc. 1989; « La plaidoirie-discussion », *Gaz. Pal.* 1991, chron. 17 sept. 1991.
7. Damien, « Histoire et évolution de la plaidoirie », *Gaz. Pal.* 1982, 2, doctr. 380 – Damien, « Robespierre avocat », *Gaz. Pal.* 1981, 2, doctr. 372.

peuse et répondant à l'art de la rhétorique. Son côté artificiel et étudié, sa composition savante et sa longueur aboutirent à l'entraîner dans une décadence rapide. C'est ce que l'on a appelé « l'éloquence asiatique » – Cicéron lui donne ce nom –, c'est-à-dire la plaidoirie sentimentale, mélange de l'éloquence latine classique et de l'éloquence grecque et que Pline le Jeune appelle l'éloquence *adipale*, c'est-à-dire obèse. L'éloquence artificielle fleurit également en Gaule où les autochtones, nos ancêtres, se révélèrent d'extraordinaires avocats, épris de rhétorique et manifestant une fougue qui correspondait bien à leur tempérament. Ils ajoutèrent, en effet, à la plaidoirie classique latine une ardeur et une vivacité mais également une concision qui n'existaient point chez les Romains et qui firent de nos ancêtres les Gaulois, ou du moins les Gallo-Romains, les premiers avocats d'Europe.

La plaidoirie qui disparut en même temps que la justice savante ne reparut qu'à la fin du Moyen Âge. Nous avons peu d'exemples de plaidoiries qui nous soient parvenus; toutefois dans le procès de canonisation de saint Yves, on trouve l'illustration d'un art de la plaidoirie, direct et moderne[1]. À la Renaissance, la plaidoirie devint à nouveau pesante et érudite. Les avocats n'osaient se lancer dans une forme nouvelle et moderne et se réfugiaient avec délice dans les autorités du passé, notamment par un abus de citations insensé. L'avocat tient avant tout à montrer sa culture et à l'étaler même s'il oublie le sujet qu'il plaide. Fléchier assistant aux grands jours d'Auvergne en 1665 écrit que les avocats tinrent plusieurs audiences mais que leurs plaidoyers étaient si embarrassés « qu'après avoir ouï leurs discours je ne fus pas plus instruit qu'auparavant du droit des parties ni même des faits de la cause et comme je me plaignais de mon peu d'intelligence devant quelques-uns des juges ils me consolèrent en me rassurant qu'ils n'avaient rien compris eux-mêmes ». Cette éloquence inadaptée, ridicule et boursouflée est d'autant plus surprenante qu'à la même époque commence à apparaître l'art de la polémique dont Pascal est un des exemples les plus remarquables. Au XVIIIe siècle naît une éloquence judiciaire proche de l'éloquence moderne qui marque une césure complète avec l'art oratoire judiciaire du siècle précédent. Elle va balayer les règles classiques de la rhétorique et manifester une grande simplicité et une liberté qui d'ailleurs tolère pour la première fois l'improvisation. La plaidoirie du XVIIIe siècle, époque où naît le préromantisme, est sensible et même souvent larmoyante. Les grands avocats de cette époque sont Normand, Cochin, plus tard Gerbier et Target. Robespierre figure aussi parmi les grands avocats de province puisqu'il exerçait essentiellement son art dans l'Artois. La plaidoirie, au début du XIXe siècle, s'inspire de l'exemple de ses devanciers du siècle précédent mais bien vite le romantisme touche le barreau et l'éloquence judiciaire de cette époque sera le sommet de l'art de plaider. Dupin, Berryer père, Bonnet, marquent la renaissance de l'éloquence judiciaire au début de l'Empire. Berryer fils sera le plus grand génie oratoire du XIXe siècle. Les avocats qui ont découvert le jury criminel à partir de la Révolution vont en effet découvrir un art oratoire nouveau qu'on appelle la plaidoirie sentimentale qui leur permet, selon le mot de Lachaud, « de jouer du jury comme Paganini jouait du violon ». Pourtant l'avocat d'affaires n'est point banni du barreau et il arrive, par ses plaidoiries, à discuter avec talent de chiffres, de questions ardues d'interprétation juridique, avec une éloquence forte et somptueuse car la plaidoirie sentimentale existe même devant les juridictions civiles.

La fin du XIXe siècle et le début du XXe verront apparaître une génération d'avocats de talent, politiques parfois, tels Jules Favre ou Gambetta, avocats complets tels Henri Robert, Rousse, Poincaré, Waldeck-Rousseau, Labori, Maurice Garçon, pénalistes de renom tel Moro-Giafferi. La province a, elle aussi, ses talents : Salvy à Riom, Albert Joly à Versailles, Michel de Bourges, Roy de Clotte ou Peyrecave à Bordeaux, Aulois à Lyon. C'est l'époque où Brunetière s'interroge dans un article de la *Revue des Deux Mondes* du 1er mai 1888 pour savoir si l'éloquence judiciaire fait partie ou non de la littérature puisqu'elle n'est qu'improvisation et qu'il n'en subsiste rien après son prononcé. Cette plaidoirie est encore un peu artificielle. Marcel Proust le constate : « la première fois, dit-il, qu'on entend un avocat ou un acteur on est surpris de leur ton tellement différent de la conversation ». Elle s'est transformée depuis la Grande Guerre pour devenir une plaidoirie brève, non sentimentale ou d'un sentimentalisme retenu avec pudeur, démonstrative et surtout directe.

C'est René Floriot qui a sans doute le mieux incarné cette éloquence moderne, éloquence qui doit s'adapter aux juridictions car l'avocat ne plaide pas exclusivement devant les cours d'assises ou à la première Chambre de la Cour. Il faut qu'il sache exposer brièvement et en quelques mots son affaire devant le juge des référés ou devant un tribunal d'instance surchargé, indiquer brièvement le point intéressant qu'elle présente à juger et justifier en quelques instants de l'excellence de sa cause et du mérite de ses clients car, même devant ces juridictions surchargées et rapides, la plaidoirie demeure une forme particulière de l'éloquence à laquelle l'avocat doit s'exercer. Elle n'est point un discours académique, elle est une éloquence ordonnée à une fin qui est la conviction du juge, elle est l'art de l'exposition et du raisonnement, elle démontre. Elle convainc le tribunal par un résumé rapide et objectif que la cause dont il vient d'entendre l'exposé est simple, bonne et juste. Elle a pour but de rendre le magistrat, jusque-là impartial, partisan de la partie que l'avocat défend avant même qu'il n'ait examiné les lourds dossiers qui lui seront confiés et qui sont l'accompagnement indispensable de toute bonne plaidoirie[2].

• **Vers la disparition de la plaidoirie devant le tribunal de grande instance.** En modifiant les articles 779 et 785 du Code de procédure civile, le décret du 28 décembre 2005[3] a considérablement modifié la pratique des avocats. Aux termes du second de ces textes, le juge de la

1. Damien, « Saint Yves patron des avocats », *Gaz. Pal.* 1978, 1, doctr. 216.

2. Estoup, « Le dossier de plaidoirie », *Gaz. Pal.* 1990, 1, doctr. 202.

3. Décr. n° 2005-1678, 28 déc. 2005.

mise en état, ou exceptionnellement le président de la chambre ou un autre juge qu'il désigne, fait un rapport oral de l'affaire à l'audience avant les plaidoiries. Rapport qui pourra éventuellement être élaboré grâce au dossier des avocats[1] et qui devra exposer l'objet de la demande et les moyens des parties, préciser les questions de fait et de droit soulevées par le litige et mentionner des éléments propres à éclairer le débat, sans faire connaître l'avis du magistrat qui en est l'auteur. Autant dire qu'il délimitera certainement l'argumentation de l'avocat, privé de la faculté d'évoquer des moyens non retenus par le rapport.

• Le troisième alinéa de l'article 779 du Code de procédure civile va encore plus loin. « Le président ou le juge de la mise en état, s'il a reçu délégation à cet effet, peut également, à la demande des avocats, et après accord, le cas échéant, du ministère public, autoriser le dépôt des dossiers au greffe de la chambre à une date qu'il fixe, quand il lui apparaît que l'affaire ne requiert pas de plaidoiries ». L'audience est tout bonnement supprimée. Le délibéré sans plaidoiries est introduit. Mais encore faudra-t-il que les avocats le demandent !

• **Le défenseur a-t-il un droit de propriété littéraire sur sa plaidoirie ?** Le tribunal civil de la Seine, le 13 févr. 1952, avait proclamé que la plaidoirie constitue pour son auteur une propriété littéraire dont nul ne peut s'emparer contre son gré. Le droit de publication admis par la loi comme un corollaire de la publicité des débats judiciaires et comme un élément de contrôle pour l'opinion publique n'existe qu'autant que cette publication a le caractère d'un compte rendu. Sa légitimité ne se conçoit qu'autant qu'elle est contemporaine du procès; audelà de l'actualité, l'avocat retrouve la pleine maîtrise de son discours dont seul il peut décider la publication[2]. La cour de Paris[3] a infirmé cette décision au motif que la législation du droit d'auteur ne s'applique pas lorsque la plaidoirie ne constitue qu'un élément des débats judiciaires et est publiée avec l'ensemble desdits débats[4].

40.93 Immunité de la plaidoirie. L'avocat plaidant est protégé contre une action en diffamation, injure ou outrage. Les discours prononcés ou les écrits produits devant les tribunaux ne donneront lieu à aucune action en diffamation, injure ou outrage, d'après les dispositions de l'article 41 de la loi du 29 juillet 1881[5]. Cela s'applique aux paroles prononcées ou aux écrits produits par un avocat au cours de sa plaidoirie[6]. Mais pour qu'ils bénéficient de cette immunité il faut que les propos et les allégations soient en liaison avec le fond même du procès et n'excèdent pas les limites des droits de la défense[7] (sur la répression par la voie de l'action disciplinaire ou par la voie pénale des diffamations et injures prononcées à la barre par les avocats, et sur l'action publique ou civile des parties pour des faits diffamatoires étrangers à la cause allégués par les avocats v. s^s n° 86.31).

40.94 Plaidoiries et conclusions. Devant les juridictions d'exception, la plaidoirie vaut conclusions. En revanche, devant les juridictions de droit commun, la procédure étant écrite, seules les écritures engagent les parties.

40.95 Usage du dossier de plaidoirie. Support matériel de l'avocat durant son exposé oral, le dossier de plaidoirie rassemble en un seul document divisé en cotes, l'ensemble des arguments de fait (exposé des faits, copies des pièces pertinentes...) et de droit (discussion...) dont se servira l'avocat. Le dossier de plaidoirie n'équivaut pas à des écritures mais à une plaidoirie. Cependant dans une procédure orale, le dossier de plaidoirie vaudrait officieusement écriture. Remis au magistrat et non au contradicteur, le dossier de plaidoirie constituerait ainsi une atteinte ouverte au principe du contradictoire. Aussi, certains règlements intérieurs prévoient que devant ces juridictions (en particulier le conseil des prud'hommes), lorsqu'un avocat n'a pas saisi la juridiction de conclusions écrites, il doit communiquer son dossier de plaidoirie à son adversaire si celui-ci le lui demande.

40.96 Durée de la plaidoirie. La durée de la plaidoirie sera éventuellement limitée par le juge dans le cadre d'une procédure civile. Selon les dispositions de l'article 440 alinéa 3 du Code de procédure civile, la juridiction, lorsqu'elle s'estime suffisamment éclairée, peut faire cesser les plaidoiries (v. s^s n° 40.15). La plaidoirie peut même totalement disparaître (v. s^s n° 40.92).

40.97 Absence de limitation territoriale ou organique de la plaidoirie. Les avocats exercent leur ministère et peuvent plaider sans limitation territoriale devant toutes les juridictions et organismes juridictionnels ou disciplinaires[8]. Le tribunal de grande instance de Boulogne-sur-Mer, par un jugement du 4 avril 1980[9], a rappelé que le texte de l'article 4 de la loi du 31 décembre 1971 a une portée générale et absolue et ne peut être mis en échec par une circulaire de l'administration, que d'ailleurs la précision « de quelque nature que ce soit », apportée aux mots « organismes juridictionnels et

1. C. pr. civ., art. 779, al. 2.
2. T. civ. Seine, 13 févr. 1952, *D.* 1952, 245.
3. CA Paris, 25 sept. 1956, *D.* 1956, 633.
4. Hamelin, « L'avocat et sa plaidoirie », *Gaz. Pal.* 1956, 2, doctr. 50 – Nicolas-Jacob, « Le droit de l'avocat sur sa plaidoirie », *Vie jud.* 5-10 nov. 1956.
5. L. 29 juill. 1881, *DP* 1881, 4, 65.
6. Req. 2 mai 1983, *DP* 1883, 1, 328.
7. Crim. 13 mai 1933, *DP* 1933, 1, 172, note Leloir – POSTÉRIEUREMENT : Crim. 11 oct. 2005, n° 05-80.545, *Bull. crim.*, n° 255.
8. L. 31 déc. 1971, art. 4 et 5.
9. TGI Boulogne-sur-Mer, 4 avr. 1980, *Gaz. Pal.* 1980, 2, 421, note A. D.

disciplinaires », indique bien que l'expression doit être entendue dans son sens le plus extensif, afin que l'assistance d'un avocat soit possible dans tous les cas, qu'il appartient aux tribunaux de l'Ordre judiciaire, gardiens des libertés fondamentales, de veiller à la stricte application de ce principe et que l'assistance d'un avocat est possible dès lors que le client l'exige, même devant des commissions disciplinaires n'émettant qu'un avis et non une décision (sur la liste non limitative des différentes juridictions et organismes devant lesquels l'usage veut que l'avocat puisse se présenter) [1].

• **Assistance devant un organisme disciplinaire.** La cour de Douai, statuant sur appel de ce jugement de Boulogne-sur-Mer, du 4 avril 1980 a rappelé qu'une commission secondaire à vocation disciplinaire, même si elle se borne à proposer à l'autorité supérieure ou à l'employeur une sanction, constitue bien un Conseil de discipline au sens où ce mot est entendu pour y voir respecter les droits de la défense. Dès lors l'assistance des parties devant une telle commission est soumise au principe général du monopole des avocats tel qu'il résulte de l'article 4 de la loi du 31 décembre 1971. Même au cas où la représentation est admise d'une manière plus large en droit commun, devant un organisme disciplinaire ou autre, la possibilité d'assistance d'une partie par d'autres que des avocats, n'interdit pas pour autant l'assistance de l'avocat [2] (pour une commission disciplinaire de la Caisse primaire de Sécurité sociale [3] et pour le conseil de discipline des agents du Sénat [4]). Le règlement interne national des barreaux, lui-même, évoque la présence de l'avocat devant la Commission bancaire ou l'Autorité des marchés financiers [5].

• **Assistance devant un organe disciplinaire d'un établissement pénitentiaire.** Pendant longtemps, il a été dénié aux avocats le droit de défendre un condamné déféré devant l'organe disciplinaire de la prison, désigné sous le nom de « prétoire », cet organe de discipline ne constituant pas une juridiction et les sanctions prononcées contre le condamné ne constituant pas des peines mais des mesures d'ordre intérieur. Mais sous l'influence de la CEDH, la loi du 12 avril 2000 [6], visant à améliorer la transparence des administrations, est venue corriger la rédaction de l'article D. 250-4 du Code de procédure pénale aux termes duquel le détenu présente en personne ses explications écrites ou orales devant la commission de discipline. À charge, pour la circulaire du 31 octobre 2000 relative à la procédure disciplinaire des détenus [7], d'en préciser les modalités de mise en œuvre. Les détenus doivent être informés de leur droit à l'assistance et à la représentation d'un avocat. Convoqués devant la commission de discipline, les détenus doivent être assurés d'un entretien avec l'avocat ou le mandataire agréé choisi, dans des conditions garantissant la confidentialité, y compris après le prononcé de la décision dans la perspective d'exercer éventuellement un recours. Signalons au demeurant un jugement du tribunal administratif de Paris du 6 décembre 1995 [8] ayant admis qu'une décision plaçant un condamné dans un établissement pénitentiaire en cellule pouvait être déférée au juge d'excès de pouvoir puisqu'elle était effectivement entachée de ce vice, dès lors que le détenu avait comparu devant le « prétoire » sans avoir connaissance de son dossier et en s'étant vu refuser l'assistance de son avocat [9].

• **Assistance devant les juridictions administratives.** Si, devant les juridictions administratives, le droit d'être assisté d'un défenseur qui doit être avisé de la date d'audience est concrétisé par l'article R. 431-2 du Code de justice administrative, cette assistance est possible devant tous les organismes qui suivent les règles des juridictions administratives et notamment devant la Commission de recours d'expulsion pour les réfugiés et la formule « les intéressés pourront présenter leurs explications à la Commission de recours et s'y faire assister d'un conseil » impose l'obligation de mettre les intéressés à même d'exercer la faculté qui leur est reconnue [10]. À cet effet, la juridiction doit, soit avertir le requérant de la date de la séance au cours de laquelle son recours sera examiné, soit l'inviter à l'avance à lui faire connaître s'il a l'intention de présenter des explications verbales à l'audience au cours de laquelle le recours sera examiné pour que, en cas de réponse affirmative de sa part, il puisse utilement être avisé de la date de la séance [11]. Mais il appartient à l'intéressé de prouver que la demande d'être avisé de la date de séance qu'il déclare avoir adressée à la Commission est parvenue effectivement au secrétariat de cette Commission. L'avocat qui n'est pas avisé de la date de la séance de jugement se trouve privé de la faculté que lui donnait l'ancien article 67 de l'ordonnance du 31 juillet 1945 de présenter des observations orales [12].

• **Assistance devant une commission parlementaire.** Interrogé sur la possibilité pour des personnes, dont des magistrats, d'être entendues par une commission d'enquête parlementaire en présence de leur avocat, l'ordre des avocats du barreau de Paris a répondu qu'il était d'avis que toute personne entendue par une telle commission « a le droit d'être assistée par un avocat » [13].

1. LEMAIRE, p. 279, 280, 281.
2. CA Douai, 9 déc. 1981, *Gaz. Pal.* 1982, 1, pan. jur. 8 – RAPPR. : Comm. nat. dr. réponse, 7 oct. 1980, *Gaz. Pal.* 1980, 2, 720.
3. CE 26 juill. 1996, n° 137858, *Lebon T.*; *Gaz. Pal.* 5 juill. 1997, p. 11.
4. CE 9 févr. 2004, n° 257746, Président du Sénat, *Lebon*; *D.* 2004, IR 607.
5. RIN, art. 5.2.
6. L. n° 2000-321, 12 avr. 2000.
7. Circ. n° AP 2000-05, 31 oct. 2000.
8. TA Paris, 6 déc. 1995, *Gaz. Pal.* 6 févr. 1996.
9. ÉGAL[T] : Pradel, « Le nouveau régime disciplinaire des détenus depuis le décret n° 96-287 du 2 avril 1996 – une révolution en droit pénitentiaire », *D.* 1996, chron. 320.
10. C. entrée et séjour des étrangers, art. L. 733-1, reprenant l'ancien art. 5, L. 25 juill. 1952.
11. CE 26 juill. 1978, *Lebon*, 336, concl. Guillaume.
12. CE 20 mars 1981, n° 21469, Duigeroglu, NP – CE 31 oct. 1990, n° 107129, Ville du Touquet Paris-Plage c/ Épx Grégoire et a., *Lebon*.
13. Cons. ordre, 10 janv. 2006, délibération.

• **Assistance devant la commission de surendettement.** L'avocat peut-il assister des débiteurs qui recourent à la procédure prévue par les articles L. 330-1 et suivants du Code de la consommation relatifs au surendettement des particuliers et se faire rémunérer pour cette assistance ? La question a été posée par le préfet de la Haute-Marne qui a adressé au bâtonnier de l'Ordre des avocats des critiques concernant l'assistance onéreuse proposée par un avocat du barreau de la Haute-Marne à une personne qui sollicitait l'ouverture d'une procédure devant la commission départementale de surendettement des particuliers et des familles, instituée par la loi du 31 décembre 1989. Il est constant que les débiteurs qui font appel à la commission administrative départementale chargée d'élaborer un plan conventionnel de règlement dont l'exécution incombe au débiteur peuvent bénéficier d'une assistance [1] qui n'exclut pas la possibilité pour la commission, d'entendre, c'est-à-dire de décider de l'audition du débiteur [2].

40.98 Nécessité de la plaidoirie ou des explications orales. La présence de l'avocat veut qu'en plus des écritures qu'il pourra déposer dans l'intérêt de son client, qui seront examinées ci-dessous, il puisse contraindre le juge à écouter des observations orales qui sont une sorte d'interpellation directe du juge, qui ne peuvent être méconnues même si celui-ci a la possibilité d'en réduire l'importance ou de les faire cesser lorsqu'elles sont inutiles, excessives ou en dehors de la question. C'est ainsi que la cour d'appel de Paris, dans un arrêt du 17 janvier 1993 [3], voit une irrégularité manifeste affectant la totalité du jugement dans le fait que cette décision ait été rendue après que l'affaire a été retenue devant le seul juge rapporteur, malgré la demande contraire d'une partie et sans que les avocats des parties aient été entendus dans le cadre d'un débat oral et aient pu remettre leurs pièces. La plaidoirie peut ne pas obligatoirement être faite devant les trois juges, à condition que les deux magistrats qui ont entendu les plaidoiries en rendent compte au troisième dans le délibéré [4].

§ 2
Limites du monopole de la défense par l'avocat

40.101 Monopole de la défense par la plaidoirie et l'assistance. Le principe de monopole de la défense par la plaidoirie et l'assistance pour les avocats est limité toutefois par des exceptions prévues par le paragraphe 2 de l'article 4 de la loi du 31 décembre 1971. Ces dispositions ne font en effet pas obstacle à l'application d'autres dispositions législatives ou réglementaires spéciales, en vigueur à la date de publication de la loi du 3 décembre 1971, et notamment au libre exercice des activités des organisations syndicales. En outre, aux termes de l'article 63 de la loi du 31 décembre 1990 [5], au cours de la 2e année de formation à l'École nationale de la magistrature, l'auditeur de justice peut, lors de son stage dans un cabinet d'avocat, substituer à l'audience son maître de stage sous le contrôle de ce dernier; la responsabilité civile encourue par l'auditeur de justice à cette occasion est garantie par l'État. Devant les cours d'appel, tribunaux de grande instance, juridiction des référés, des loyers commerciaux, chambres du Conseil, juridiction gracieuse du président, *etc.*, le monopole des avocats est absolu. Devant le tribunal de grande instance, aucun mandataire autre que les avocats ne peut se présenter, ni huissier, ni conseil juridique. Les parties peuvent seulement et en tout état de cause se présenter elles-mêmes devant les formations exceptionnelles de ce tribunal que sont le juge des référés, le juge des loyers commerciaux, le juge des expropriations...

40.102 Tribunal de commerce. Le monopole des avocats est limité par l'article 853 du C. pr. civ. qui indique que tout mandataire muni d'un pouvoir spécial peut représenter les parties.

• **Huissiers de justice.** Les huissiers de justice ne pouvaient être mandataires à cet effet; toutefois cette prohibition a été abrogée par l'article 25 de la loi du 16 juillet 1987 [6].

• **Mandataires de justice.** Le tribunal de Montluçon, par un jugement du 2 mars 1979 inédit, a estimé que, si les mandataires de justice peuvent plaider concurremment avec les avocats devant le tribunal de commerce dès lors qu'ils sont munis d'un pouvoir spécial, ils ne peuvent pour autant en faire profession habituelle à partir d'une possibilité exceptionnelle prévue par la loi. Un mandataire qui se présente à une seule audience avec dix pouvoirs spéciaux, doit donc se voir écarter de la barre, n'ayant pas qualité pour représenter sur pluralité de mandats et de façon habituelle les parties en litige devant le tribunal de commerce. Cette décision fort équitable compte tenu des usages du prétoire paraît toutefois critiquable au regard des termes généraux de la loi et de la pratique de nombre de tribunaux de commerce et notamment de celui de Paris. Notons à ce sujet les difficultés nées devant certains tribunaux de commerce quant au titre à donner aux

1. C. consom., art. L. 331-10.
2. Ferrière et Châtain, Surendettement des particuliers, 3e éd., « Dalloz Référence », 2006, n° 32.33.
3. CA Paris, 17 janv. 1993, *Gaz. Pal.* 19 oct. 1993, 19.
4. Soc. 6 juill. 1993, n° 90-40.318, *Bull. civ.* V, n° 193; *Gaz. Pal.* 31 août 1993, 18; *Gaz. Pal.* 1994, pan. 29.
5. L. 31 déc. 1990, art. 63; mod.
6. L. n° 87-550, 16 juill. 1987, art. 25.

mandataires des parties qui plaident devant ces juridictions. Il semble qu'ils ne puissent figurer que par leur nom, précédé d'aucune qualification, mais suivi de leur qualité, le titre de « Maître » étant réservé aux avocats et celui de « Monsieur » aux juges. Ce titre de « Maître » donné aux avocats résulte d'une vieille coutume remontant au Moyen Âge (maître ès arts) mais il est impossible de contraindre un magistrat à l'observer[1] (v. s^s n°s 34.01 s.).

Une jurisprudence postérieure a fait une application plus ferme des principes posés à l'ancien article 627 du Code de commerce devenu l'article 853 du Code de procédure civile. La première décision est celle du président du tribunal de grande instance de Bourgoin-Jallieu du 3 octobre 1996, confirmée par arrêt de la cour de Grenoble, 1re chambre, du 19 novembre 1996, décision qui, combinant des dispositions de l'article 853 du Code de procédure civile et de l'article 54 de la loi du 31 décembre 1971[2], estime que la représentation d'un justiciable devant un tribunal de commerce, par toute personne de son choix munie d'un pouvoir spécial, ne peut être admise dans la mesure où il existe un traitement juridique du dossier et dès lors qu'elle est habituelle et rémunérée[3]. La seconde intervention jurisprudentielle est la décision du tribunal de grande instance de Pontoise du 21 janvier 1997 rendue sous la présidence de Monsieur Daeschler[4] qui rappelle que la faculté de plaider devant le tribunal de commerce ne peut s'appliquer à un prestataire de service professionnel car, dès lors, il y a exercice professionnel à titre habituel et rémunéré de la profession de mandataire de justice; il y a donc activité de consultation juridique et de rédaction d'actes, lesquelles activités sont réglementées par les articles 54 et 59 de la loi du 31 décembre 1971 (v. s^s n°s 41.11 s. et 41.61).

• **Agents de recouvrement.** Se pose également la question de la représentation de la partie par les agents de recouvrement devant les tribunaux de commerce. La Cour de cassation refuse à ceux-ci la possibilité de représenter les parties de façon habituelle[5]. La cour d'appel de Paris leur permet néanmoins de délivrer des sommations de payer au nom de leur client[6].

40.103 Tribunal d'instance et juridiction de proximité. Les avocats y possèdent le monopole de plaidoirie sous réserve de la faculté pour les parties de se faire représenter par leur conjoint, leur concubin ou partenaire d'un Pacs[7], leurs parents ou alliés en ligne directe ou leurs parents alliés en ligne collatérale jusqu'au troisième degré inclus, ou par une personne exclusivement attachée à leur service personnel ou à celui de leur entreprise. L'État, les départements, les communes et les établissements publics peuvent être également représentés ou assistés par un fonctionnaire ou agent de l'administration, mais le tribunal n'est pas tenu de rechercher d'office si le représentant de l'État, d'une commune ou d'un établissement public, muni d'un pouvoir spécial, a la qualité de fonctionnaire ou d'agent de son administration[8]. Le représentant, s'il n'est avocat, doit justifier d'un pouvoir spécial[9].

L'huissier de justice, ne figurant pas sur cette liste, ne peut ni assister ni représenter les parties devant ce tribunal[10]. Il est cependant des exceptions en matière de requête gracieuse et de requête en injonction de payer[11]. Cependant, en cas d'opposition du débiteur, l'huissier ne pourra plus intervenir dans la procédure qui se poursuivra devant le tribunal.

40.104 Juge de l'exécution. Devant le juge de l'exécution les parties ont la faculté de se faire assister ou représenter selon les règles applicables devant le tribunal d'instance[12].

40.105 Conseil des prud'hommes. Le monopole de la plaidoirie de l'avocat y est en concours avec le droit pour les parties elles-mêmes de se présenter ou de se faire assister par leur conjoint[13], leur concubin ou partenaire pacsé[14], un membre de l'entreprise ou de l'établissement, un salarié ou un employeur dans la même branche d'activité ou un délégué d'une organisation syndicale, c'est-à-dire d'un syndicat au sens de l'article L. 2131-2[15] du Code du travail[16]. Ce ministère doit être en principe gratuit car les délégués syndicaux ne constituent pas une profession de défenseurs parallèle; de

1. LEMAIRE, n° 368.
2. L. 31 déc. 1971, art. 54; mod.
3. TGI Bourgoin-Jallieu, 3 oct. 1996; CONFIRMÉE par : CA Grenoble, 1re ch., 19 nov. 1996, inédit.
4. TGI Pontoise, 21 janv. 1997, *Gaz. Pal.* 22 avr. 1997, 26.
5. Civ. 1re, 21 janv. 2003, n° 00-13.530, NPT, *D.* 2003, somm. 1400, obs. Taormina; *JCP* 2003, I, 128, n° 16, obs. Cadiet; *JCP* 2004, I, 117, n° 5, obs. Martin; *Procédures* 2003, comm. 88, note Perrot.
6. CA Paris, 17 sept. 2003, *D.* 2003, IR 2929 – CA Paris, 12 mai 2004, *D.* 2004, IR 1769.
7. Décr. n° 2008-484, 22 mai 2008, art. 18.
8. Civ. 2e, 10 févr. 2005, n° 02-20.495, *Bull. civ.* II, n° 31.
9. C. pr. civ., art. 828.
10. Civ. 2e, 1er juill. 1981, n° 80-12.360, *Bull. civ.* II, n° 145; *RTD civ.* 1982, 477, obs. Perrot.
11. Civ. 2e, 5 nov. 1975, n° 73-14.636, *Bull. civ.* II, n° 285; *RTD civ.* 1976, 204, obs. Perrot.
12. L. 9 juill. 1991, art. 10. – ÉGAL^T : décr. 31 juill. 1992, art. 12 – Décr. n° 92-755, 31 juill. 1992.
13. L'énumération de l'art. R. 516-5 est limitative : un père, même muni d'un pouvoir, ne peut représenter son fils : Soc. 11 mai 1993, n° 88-44.230, NPT, *Gaz. Pal.* 1993, pan. 157.
14. C. trav., art. R. 1453-2.
15. Anc^t L. 411-2.
16. Il ne peut s'agir d'un membre d'une simple association professionnelle ouverte à tout salarié : Soc. 8 oct. 1996, n° 95-40.521, *Bull. civ.* V, n° 316; TPS 1997, n° 29, obs. Boubli – C. trav., art. R. 1453-2 [anc. R. 516-5].

ce fait le plaideur ne saurait formuler, du seul fait de cette assistance, une demande de remboursement des frais par lui exposés sur le fondement de l'article 700 du Code de procédure civile.

Toutes les personnes mentionnées à l'article R. 1453-2 peuvent se voir privées de leur habilitation si elles exercent la fonction de conseiller prud'homme[1].

40.106 Tribunaux paritaires des baux ruraux (TPBR). Le monopole de plaidoirie de l'avocat est en concours avec le droit pour les parties d'être assistées par un huissier ou un membre de leur famille, leur concubin ou partenaire pacsé ou encore un membre d'une organisation professionnelle agricole[2].

Si, comme pour les délégués en matière prud'homale, la jurisprudence refusait à un simple salarié de l'organisation professionnelle agricole cette possibilité d'assistance ou de représentation, l'article 83 de la loi du 23 janvier 1990 est venu anéantir cette jurisprudence en prévoyant expressément un tel salarié.

40.107 Tribunaux répressifs. Le prévenu peut être assisté seulement par un avocat[3] sauf la possibilité pour l'accusé devant la cour d'assises de prendre pour conseil un de ses parents ou amis mais avec l'autorisation du président.

40.108 Tribunaux administratifs et cours administratives d'appel[4]. Le monopole de plaidoirie des avocats est absolu. Toutefois les parties elles-mêmes peuvent présenter des observations orales[5] à l'exclusion de toutes autres personnes fussent-elles membres de leur famille[6] (le président a la faculté de leur retirer la parole si elles ne sont pas en mesure de discuter leur cause avec la modération ou la clarté requises). Si le monopole de plaidoirie est absolu, les parties peuvent introduire un recours ou y défendre sans avoir recours au ministère d'avocat dans certaines conditions précises (recours pour excès de pouvoir, recours formé et toutes défenses présentées au nom de l'État, en premier ressort, appel et cassation, *etc.*). De même devant la Cour des comptes et les chambres régionales des comptes, où les parties n'ont pas l'obligation de se faire assister ou représenter par un avocat mais seulement la faculté[7].

• **Administrations publiques.** Conformément aux termes de l'article 6 de la loi du 31 décembre 1971, les avocats peuvent assister autrui devant les administrations publiques, sous réserve des dispositions législatives et réglementaires. Ainsi peuvent-ils assister un agent du Sénat soumis à une procédure disciplinaire[8].

40.109 Tribunal du contentieux de l'incapacité, tribunal des affaires de sécurité sociale et Cour nationale de l'incapacité et de la tarification de l'assurance des accidents du travail. Le monopole de la plaidoirie de l'avocat y est en concours avec le droit pour les parties de se défendre elles-mêmes ou de se faire assister par leur conjoint ou un ascendant ou descendant en ligne directe, leur concubin ou partenaire pacsé, suivant le cas, un travailleur salarié ou un employeur ou un travailleur indépendant exerçant la même profession ou un représentant qualifié des organisations syndicales de salariés ou d'employeurs, un administrateur ou un employé de l'organisme partie à l'instance ou un employé d'un autre organisme de sécurité sociale, un délégué des associations de mutilés et invalides du travail les plus représentatives.

Devant la Cour nationale de l'incapacité et de la tarification de l'assurance des accidents du travail, les parties peuvent également se faire assister ou représenter par un avoué[9].

L'un ou l'autre de ces représentants, s'il n'est avocat ou avoué, doit justifier d'un pouvoir spécial.

40.110 Juridictions arbitrales. De même le monopole de l'avocat ne joue pas devant les juridictions arbitrales choisies par un accord entre des parties et dont les sentences n'ont pas, par elles-mêmes, la force exécutoire. Un mandataire peut donc y représenter une partie[10]. En matière d'arbitrage et même s'il s'agit d'un centre d'arbitrage, dès lors que cet organisme conserve son caractère privé, les parties conservent la faculté de comparaître elles-mêmes et de se faire assister par tout mandataire de leur choix[11]. En revanche, la requête en *exequatur* d'une sentence arbitrale relève du monopole de l'avocat[12].

1. Soc. 3 juill. 2001, n° 99-42.735, *Bull. civ.* V, n° 247; *Dr. soc.* 2001, 898, obs. Prétot; *RJS* 2001, 801, n° 1181; *Dr. ouvrier* 2002. 1, obs. Moussy.
2. C. pr. civ., art. 884 nouv.; L. 23 janv. 1990, art. 83 – L. n° 90-85, 23 janv. 1990.
3. C. pr. pén., art. 274 et 417.
4. CJA, issu de L. n° 87-1127, 31 déc. 1987.
5. Odent, *Le contentieux administratif*, p. 928.
6. CE 31 janv. 1964, *Lebon*, 74 – CE 22 déc. 1976, *Lebon T.*, 981, 1049-1050 – CJA, art. R. 732-1.
7. C. jur. fin., L. 241-12, à propos des chambres régionales des comptes.
8. CE 9 févr. 2004, n° 257746, Président du Sénat, *Lebon*; *D.* 2004, IR 607.
9. CSS, art. L. 144-3, mod. par L. n° 2007-1787, 20 déc. 2007, art. 2.
10. Civ. 1re, 19 juin 1979, n° 78-10.372, n° 78-10.673, n° 78-10.716, 3 esp., *Bull. civ.* I, n° 185.
11. CA Paris, 14 oct. 1977, *Gaz. Pal.* 1977, 2, 604 – CA Paris, 25 janv. 1979, *D.* 1979, IR 159 – Civ. 1re, 19 juin 1979, n° 78-10.372, n° 78-10.673, n° 78-10.716, 3 esp., *Bull. civ.* I, n° 185; *Gaz. Pal.* 1979, 2, 492, note Viatte.
12. Crim. 21 févr. 2006, n° 05-84.899, NP, *Gaz. Pal.* 29 avr. 2006, 18.

40.111 **En matière d'expropriation.** Les collectivités publiques expropriantes peuvent comparaître en la personne d'un de leurs agents habilité à cet effet. Cette prérogative qui déroge au monopole des avocats conserve toute sa valeur après l'entrée en vigueur de la loi du 31 décembre 1971[1].

SECTION 3
REPRÉSENTATION

§ 1
Notion

40.121 **Distinction entre assistance et représentation.** L'avocat qui plaide et donc assiste son client ne le représente pas pour autant au sens juridique que l'on donne à ce terme, il n'en est pas le mandataire même s'il en est le porte-parole et les déclarations qu'il émet, par exemple à la barre, ne sont pas susceptibles de « donner acte »; les aveux ou les reconnaissances qu'il profère n'engagent pas la partie[2], seule la partie elle-même peut s'engager ou son représentant légal qui n'est pas forcément l'avocat plaidant et qui peut être l'avoué ou l'avocat postulant ou tout autre mandataire que la partie s'est donné. La mission d'assistance est en effet distincte de la mission de représentation qui emporte non seulement assistance mais aussi mandat *ad litem*.

À la différence de l'assistance (conseiller et plaider), la représentation conduit à ce que l'avocat se substitue à son client. Non seulement il plaide et conclut dans l'intérêt de son client, mais il l'engage comme si c'était le client lui-même, présent à l'audience par son avocat, de qui émanaient les déclarations ou écrits. Cette activité pose donc des questions de mandats et de responsabilité délicates (v. s^s n°s 40.122, 91.61 s.). Elle s'exerce notamment devant toute juridiction où la présence d'un mandataire de justice territorialement compétent est requise pour la validité de la procédure (postulation).

40.122 **Cette distinction est parfois d'un maniement délicat.** L'avocat assistant, en l'absence de son client, à une expertise ordonnée par le tribunal d'instance, l'assiste-t-il, le représente-t-il, a-t-il un mandat pour le faire ? Ce sont des cas d'espèces que la jurisprudence a tenté de dégager peu à peu. Il faut noter, à ce propos, l'apparition d'une jurisprudence inconfortable pour l'avocat, le condamnant pour avoir méconnu les limites du mandat *ad litem* qui lui était confié; ici on le condamne sur le plan civil pour avoir accepté, par conclusions non désavouées par les clients, l'édification d'une clôture provisoire entre leur héritage et le fonds voisin[3] – là on lui reproche de n'avoir pas conseillé ses clients et son inaction devient fautive[4] – là encore on le condamne à sept mois d'interdiction pour avoir transformé le mandat *ad litem* en prenant l'initiative d'une transaction qui ne présentait aucun intérêt pour le client[5].

Il n'y a pas lieu de déduire de la possibilité pour l'avocat de représenter son client que ce dernier soit nécessairement et obligatoirement représenté par l'avocat qu'il a choisi pour plaider son dossier. C'est ainsi que, lorsqu'il résulte des énonciations d'un jugement qu'un avocat a plaidé devant le tribunal de commerce pour son client qui a comparu en personne, l'avocat ne l'a pas nécessairement représenté. Dès lors, l'avocat n'aura pas nécessairement qualité pour acquiescer au jugement pour le compte de son client sans un mandat exprès de celui-ci[6]. Du reste, l'avocat ne pouvant engager la partie qu'il représente que par les conclusions qu'il dépose en son nom, la reconnaissance d'un fait dans la plaidoirie ne peut constituer un aveu judiciaire[7]. En revanche, la Cour de cassation considère que l'avocat, investi d'un mandat de représentation en justice est réputé, à l'égard du juge et de la partie adverse, avoir reçu un pouvoir spécial de faire un aveu et que, dès lors qu'il s'agit d'une procédure orale, l'avocat peut engager la partie qu'il représente par un aveu fait oralement (v. s^s n° 40.133)[8].

40.123 **Mandat *ad litem* : définition.** L'avocat se voit reconnaître par la loi[9] et par la jurisprudence le mandat qui lui est « nécessaire à cet effet », c'est-à-dire le mandat *ad litem* : mandat qui lui permet d'agir au nom de son client et de l'engager par les

1. Civ. 3e, 23 mars 1977, n° 75-70.213, *Bull. civ.* III, n° 146; *Gaz. Pal.* 1977, 2, somm. 241 – RAPPR. : CE 23 janv. 1970, n° 73940, Sieur Musso et Ordre des avocats au barreau de Paris, *Lebon*, 47.
2. CA Paris, 19 janv. 1953, *Gaz. Pal.* 1953, 1, 99 – ET en cas de désaveu par le client : CA Paris, 5 mars 1969, *D.* 1970, 395, note Brunois.
3. CA Dinan, 15 juin 1982, *Gaz. Pal.* 1983, 1, 289, note Avril.
4. CA Paris, 29 sept. 1981, *Gaz. Pal.* 1982, 1, 124.
5. CA Bordeaux, 11 mars 1983, *Gaz. Pal.* 1983, 2, 384, note A. D. – Civ. 1re, 11 juill. 1983, n° 83-11.590, *Bull. civ.* I, n° 202; *JCP* 1983, IV, 335; *Gaz. Pal.* 1984, 1, pan. jur. 2.
6. CA Paris, 17 mars 1980, *D.* 1980, 464 – Civ., 2 mai 1991, *D.* 1991, IR 154; *Gaz. Pal.* 29 févr. 1992.
7. Civ. 1re, 14 mai 1991, n° 90-12.688, *Bull. civ.* I, n° 150; *D.* 1991, IR 154 – Civ. 1re, 14 janv. 1981, n° 78-15.288, *Bull. civ.* I, n° 13; *JCP* 1981, IV, 109; *RTD civ.* 1981, 446, obs. Perrot.
8. Civ. 1re, 3 févr. 1993, n° 91-12.714, *Bull. civ.* I, n° 57; *D.* 1993, IR 57; *Gaz. Pal.* 1993, pan. 123; *RTD civ.* 1993, 642, obs. Perrot – Civ. 2e, 27 févr. 1980, n° 78-15.142, *Bull. civ.* II, n° 43; *Gaz. Pal.* 1981, 5, note J. V. – Civ. 2e, 16 juill. 1993, n° 92-50.015, NPT, *JCP* 1994, II, 22235.
9. L. 31 déc. 1971, art. 4.

actes qu'il effectue en son nom et sans qu'il lui soit nécessaire de justifier d'une procuration écrite[1].

Lorsque l'avocat exerce les fonctions antérieurement dévolues aux avoués de première instance, il bénéficie du mandat *ad litem*. Ce mandat est obligatoire devant les tribunaux de grande instance et bénéficie d'une présomption de droit (dispense de justification[2]). Cette présomption joue sous réserve de révocation[3] depuis l'introduction de la demande en justice jusqu'à l'achèvement de l'exécution du jugement[4]. Enfin, ce mandat *ad litem* est général et permet donc à l'avocat d'accomplir tous les actes de procédure (v. s^s n° 40.135).

§ 2
Étendue et conditions de la représentation

40.131 Représentation et juridictions. L'ensemble des points suivants récapitule, par juridiction, les cas de représentation par un avocat.

1° L'avocat peut seul représenter les parties devant le tribunal de grande instance[5]. Ce type de représentation particulier se nomme la postulation (v. s^s n° 40.141).

2° Il les représente devant le tribunal d'instance et devant le tribunal de commerce sous les réserves mentionnées ci-dessus relatives à l'assistance et qui peuvent être étendues à la représentation. Devant le tribunal d'instance, les huissiers ne peuvent représenter les parties (v. s^s n° 40.103).

3° Il représente également devant le juge des référés[6], le juge des loyers et la chambre du Conseil, le tribunal du contentieux de l'incapacité, le tribunal des affaires de sécurité sociale et la Cour nationale de l'incapacité et de la tarification de l'assurance des accidents du travail les parties qui le lui demandent. Les parties peuvent se présenter elles-mêmes devant la juridiction des référés, aussi bien en défense (quoique sur ce point la solution reste discutée) qu'en demande[7]. Elles sont entendues par le magistrat dans leurs prétentions et explications respectives. Mais elles peuvent également se faire représenter par un tiers. En ce cas, devant le juge des référés du tribunal de grande instance, la représentation ne peut être faite que par un avocat.

4° Il peut représenter également devant le conseil de prud'hommes la partie qui justifie d'un motif légitime de non-représentation.

5° Il représente les parties civiles devant les juridictions répressives et le prévenu ou l'accusé devant les juridictions de jugement correctionnelles et les juridictions criminelles. Si la comparution du prévenu ou de l'accusé est en principe obligatoire[8], il est toutefois admis, qu'en leur absence, l'avocat puisse les représenter devant la juridiction en question dans les conditions que détermine le Code de procédure pénale. S'agissant du tribunal correctionnel, le prévenu doit en principe demander à être jugé en son absence et à être représenté par son avocat ou par un avocat commis d'office, par une lettre adressée au président du tribunal[9]. Toutefois, si un avocat se présente pour assurer la défense du prévenu, il doit être entendu s'il en fait la demande, même sans lettre de représentation[10]. Ce qui implique qu'il puisse déposer des conclusions écrites auxquelles la juridiction devra répondre, même en l'absence de pouvoir de représentation[11].

6° L'avocat peut seul représenter les parties devant le tribunal administratif et les cours administratives d'appel[12] ainsi que les avocats aux Conseils ou les avoués en exercice; en ce qui concerne ces derniers, dans le ressort de la juridiction devant laquelle ils exercent. Ce monopole de représentation comporte le droit de signer au nom des parties les requêtes et les mémoires sans avoir à justifier du mandat par lequel ils ont été saisis par leur client[13]. Un arrêt de la chambre régionale des comptes de Lorraine du 2 janvier 1990[14] admet qu'une saisine présentée par un avocat pour le compte de deux entreprises devant la chambre régionale est recevable, les avocats pouvant représenter autrui devant les administrations publiques.

Si le principe général est que la représentation par avocat est obligatoire, il est un certain nombre de dérogations. En matière fiscale, par exemple, l'article R. 200-2 du Livre des procédures fiscales, reproduit à l'article R. 431-6 du Code de justice administrative, permet la représentation devant le tribunal administratif par n'importe quelle personne munie d'un mandat spécial.

7° Enfin, les avocats peuvent assister et représenter autrui devant les administrations publiques, selon

1. Damien, note s^s CA Caen, ord. réf., 16 déc. 1983, *Gaz. Pal.* 1984, 1, 148.
2. C. pr. civ., art. 416.
3. C. pr. civ., art. 418.
4. C. pr. civ., art. 420.
5. L. 31 déc. 1971, art. 4.
6. TGI Puy-en-Velay, ord. prés., 30 janv. 1991, *Gaz. Pal.* 24 nov. 1994, 22.
7. NOT. EN SENS CONTRAIRE : CA Montpellier, 1re ch., 23 avr. 1990, inédit.
8. C. pr. pén., art. 410 et 318.
9. C. pr. pén., art. 411.
10. C. pr. pén., art. 410, dern. al.
11. Crim. 12 déc. 2006, n° 05-86.214, *Bull. crim.*, n° 310; *LPA* 17 déc. 2007, 11, obs. Porteron.
12. CJA, art. R. 431-2 et R. 811-7.
13. CE avis, 13 déc. 1991, *D.* 1992, IR 14.
14. Ch. rég. comptes Lorraine, 2 janv. 1990, *Gaz. Pal.* 1990, 1, 269, note Flécheux.

les termes de l'article 6 de la loi du 31 décembre 1971, sous réserve des dispositions législatives et réglementaires. C'est ainsi que l'avocat peut valablement saisir le président de FR 3 d'une demande de droit de réponse au nom de ses clients et saisir la Commission nationale du droit de réponse, dans le cadre de son pouvoir de représentation du client et dans le cadre des réponses aux communiqués du procureur de la République[1]. Le Conseil d'État a du reste, dans une décision du 5 juin 2002, indiqué que les avocats ont qualité pour représenter leurs clients devant les administrations publiques[2].

• **Un délégué spécial représente les caisses de Sécurité sociale.** Il a été jugé en effet qu'en ce qui concerne les instances introduites devant la commission de première instance de la Sécurité sociale et devant les juridictions de droit commun aux termes des articles 14 et 15 du décret du 12 mai 1960[3], le président peut déléguer un agent quelconque appartenant au personnel de la caisse et mandaté à cet effet par son directeur[4], par mandat spécial ou général.

40.132 Défaut de justification du mandat. L'avocat représente le client toutes les fois que la partie n'est pas présente devant la juridiction. L'avocat est donc un mandataire au titre des personnes admises en justice à assister ou représenter une partie (par ex., devant le tribunal de commerce tout mandataire bénéficiant d'une procuration régulière). Mais l'avocat est dispensé de procuration écrite, celle-ci n'étant exigée que *ad probationem* et non *ad solemnitatem*. La jurisprudence a toujours été constante pour estimer que l'avocat, qui se présente pour une partie et qui appartient à un Ordre d'avocats soumis à une discipline sérieuse, mérite d'être cru sur la seule affirmation qu'il représente son client; « l'avocat puise dans cette qualité le droit de représenter son client à l'audience sans être tenu de justifier d'un mandat spécial ».[5]

• **Évolution.** Avant que le principe ne soit de dispense générale (v. s^s n° 40.123), des lois spéciales avaient à l'origine dispensé l'avocat au fur et à mesure de l'évolution de son rôle, de la production des procurations exigées devant certaines juridictions et lui ont permis ainsi de remplir son mandat sans nécessiter d'écrits : pour les Justices de Paix[6]; les conseils de prud'hommes[7]; les tribunaux de commerce[8]; les juridictions des baux à loyer[9]; les expropriations[10]; la juridiction des dommages de guerre[11]. Ces lois spéciales ont disparu, remplacées par la formule lapidaire et générale de l'article 3 de la loi du 31 décembre 1971 : « Nul ne peut, s'il n'est avocat, assister ou représenter les parties, postuler et plaider devant les juridictions et organismes juridictionnels ou disciplinaires de quelque nature que ce soit, sous réserve... »

40.133 Exigence d'un pouvoir spécial. Pour les actes les plus graves, le mandat *ad litem* est insuffisant. Le mandataire doit avoir obtenu un pouvoir spécial. Ainsi en est-il en matière d'inscription de faux[12], de délation du serment décisoire[13] ou encore de récusation d'un juge[14]. Il en est de même pour faire ou accepter un désistement, acquiescer, faire, accepter ou donner des offres, un aveu ou un consentement. Mais en ce cas, l'acte ne sera pas nul. Seulement, cet acte restera opposable à l'adversaire et au juge conformément à l'article 417 du Code de procédure civile – si l'avocat, investi d'un mandat de représentation en justice, est réputé avoir reçu pouvoir spécial de faire un aveu[15]; en revanche, la solution est différente s'agissant d'une représentation non obligatoire lorsque la partie comparaît[16] – Cet acte pourra ouvrir droit à des dommages-intérêts en faveur du mandant (v. égal^t s^s n° 40.122).

40.134 Étendue du mandat. Si l'avocat est mandataire sans procuration, son mandat pour autant n'est pas illimité. Sa portée en était déterminée avec finesse par Appleton dans son traité : « Si l'avocat reçoit de la loi le droit de représenter les clients, il exerce cette fonction *en vue de l'instance*. Il peut donc faire tout ce qui est nécessaire ou utile au succès du procès mais son mandat ne va pas au-delà, il ne peut pas faire d'actes étrangers à l'instance »[17] (sur le mandat en matière juridique ou au-delà de la procédure judiciaire v. s^s n° 41.09). Par exemple, des avocats non postulants ne peuvent concrétiser une transaction entre leurs clients en la retraçant par une correspondance non confidentielle dans des matières où la postulation est nécessaire. Seuls les avocats postulants ont qualité et capacité pour

1. Comm. nat. dr. réponse, 7 oct. 1980, *Gaz. Pal.* 1980, 2, 720.
2. CE 5 juin 2002, n° 227373, Brandeau, *Lebon*; *Gaz. Pal.* 22/24 sept. 2002, 24 – ÉGAL^T : CE avis, 5 juin 2002, n° 242862, Touati.
3. DEVENUS : CSS, art. R. 122-3 et R. 121-2.
4. TI Paris, 19 déc. 1962, *Gaz. Pal.* 1963, 1, 217.
5. Crim. 2 juill. 1886, *DP* 1986, 1, 474 – Crim. 7 févr. 1920, *DP* 21 janv. 1968 – Civ., 2 déc. 1926, *DP* 1927, 1, 55, note Appleton – Civ., 2 juill. 1914, S. 1917, 1, 157 – CA Basse-Terre, 11 oct. 1985, *Gaz. Pal.* 7 nov. 1986, 10, note A. D. – Civ. 2e, 20 févr. 1991, n° 89-14.045, *Bull. civ.* II, n° 59; *Gaz. Pal.* 1991, pan. 164.
6. L. 12 juill. 1905, art. 26.
7. C. trav., anc. art. 69 du livre IV, issu du décret du 22 déc. 1958 et de L. 21 juin 1924.
8. L. 13 juill. 1911, art. 96.
9. L. 9 mars 1918, art. 48.
10. L. 6 nov. 1918, modifiant l'article 34 de L. 3 mai 1841.
11. L. 27 avr. 1919, art. 27.
12. C. pr. civ., art. 306.
13. C. pr. civ., art. 322.
14. C. pr. civ., art. 343.
15. Civ. 1re, 3 févr. 1993, n° 91-12.714, *Bull. civ.* I, n° 57; *Gaz. Pal.* 1993, pan. 123; *RTD civ.* 1993, 642, obs. Perrot.
16. Soc. 30 oct. 2000, n° 98-41.670, NPT, *RTD civ.* 2001, 210, obs. Perrot.
17. APPLETON, p. 331.

agir ainsi (v. s[s] n°s 40.141 à 40.149)[1]; mais de simples lettres d'avocats, même non officielles, peuvent être regardées comme une diligence faisant partie de l'instance et de nature à la faire avancer et d'éviter sa péremption[2]. De même, pour aliéner un bien immobilier, un avocat doit disposer d'un mandat exprès pour engager sa partie[3].

L'avocat engage valablement son client chaque fois qu'il pose un acte en son nom en sa qualité de mandataire[4]. L'avocat investi d'un mandat *ad litem* possède, aux termes de l'article 417 du Code de procédure civile, le droit de transiger sans nécessité de pouvoir spécial, du moins à l'égard du juge ou de la partie adverse (v. s[s] n° 40.133)[5], de négocier des conditions d'un bail[6], quitte à ce que le client lui reproche d'avoir excédé les limites de ce mandat tout en restant engagé par les actes de son avocat; cette disposition exceptionnelle ne s'entend que dans le cadre d'une finalité bien déterminée, le procès (sur le mandat *ad litem* en matière de postulation v. s[s] n° 40.147 - sur le pouvoir de formuler des offres)[7]. Telle est la limite de validité des actes d'avocat. Au demeurant, la comparution d'une partie devant une juridiction où la représentation n'est pas obligatoire exclut toute idée de représentation en justice par son avocat, si bien qu'elle ne peut être engagée que par les actes pour lesquels celui-ci a reçu un pouvoir spécial. L'avocat ne peut alors être présumé avoir reçu pouvoir spécial d'acquiescer au jugement[8].

Toutefois certains actes de représentation ne peuvent être accomplis par l'avocat seul compte tenu de leur caractère. C'est ainsi qu'il a été jugé que l'aveu de faits articulés par l'adversaire en matière de divorce ne saurait résulter exclusivement de conclusions signées par le conseil d'un époux sans qu'elles soient contresignées par ce dernier. Si l'avocat peut « avouer » des faits objectifs, il ne peut reconnaître la véracité de griefs se rapportant au comportement personnel d'un époux[9]. Cela étant, la cour de Versailles a admis qu'un avocat, qui avait signé la lettre d'acceptation du mémoire établi par l'épouse, dans le cadre d'une demande en divorce suivant la procédure de la demande acceptée et sans mandat exprès de son client, devait être déchargé de toute responsabilité, dès lors que le client avait couvert la faute commise par l'avocat en comparaissant devant le juge conciliateur et en y confirmant la déclaration d'acceptation du mémoire adverse et son propre mémoire[10]. En revanche, il peut former sans pouvoir spécial un pourvoi en cassation quand il représentait la partie devant le tribunal de police[11]. De même, dans les matières où la représentation n'est pas obligatoire, le mandat donné par une partie de la représenter devant la cour d'appel implique le pouvoir de relever appel en son nom[12].

Il ne s'ensuit pas pour autant que l'avocat, qui exercerait avec imprudence son mandat, passerait des actes nuls n'engageant pas son client, mais il s'exposerait à des peines disciplinaires[13] et à sa condamnation à des dommages-intérêts pour le préjudice qu'il aurait fait subir par sa faute à son client. Si le client peut contester l'étendue du mandat conféré à son avocat il ne semble pas que l'adversaire ou le tribunal ait qualité pour contraindre l'avocat à justifier de ce mandat ou à justifier de son étendue[14]. Le Conseil de l'ordre, auquel le tribunal de Rouen renvoyait la connaissance de cet incident, n'a aucune compétence pour statuer, tout au plus pouvait-il donner une consultation déontologique sur la question posée.

Toutefois, s'il n'est pas tenu de produire un pouvoir spécial pour acquiescer à la demande, l'avocat

1. CA Versailles, 23 sept. 1982, *Gaz. Pal.* 1983, 1, 174, note A. D. – CA Versailles, 24 sept. 1992, *Gaz. Pal.* 15 avr. 1993, p. 27.
2. Civ. 2e, 26 févr. 1992, n° 90-20.244, *Bull. civ.* II, n° 70; *Gaz. Pal.* 1992, pan. 204; *JCP* 1993, II, 22033, note du Rusquec; *JCP* 1993, II, 22033 – Civ. 2e, 16 juill. 1993, n° 92-10.256, *Bull. civ.* II, n° 261; *JCP* 1994, II, 22235, note du Rusquec; *Gaz. Pal.* 1993, pan. 269.
3. Civ. 1re, 12 mai 1993, n° 91-17.600, *Bull. civ.* I, n° 162; *D.* 1993, jur. 411, note Chartier; *Gaz. Pal.* 10 août 1993, pan. 180; *JCP* 1993, II, 22132, note Martin.
4. Civ. 2[e], 24 mai 1984, n° 83-13.253, *Bull. civ.* II, n° 92; *D.* 1985, IR 110, note Brunois; *Gaz. Pal.* 1984, somm. 289, note Guinchard – CA Lyon, 8 janv. 1986, *D.* 1987, somm. 66, note Brunois.
5. Civ. 1re, 7 juill. 1987, n° 85-18.769, *Bull. civ.* I, n[o] 220; *D.* 1987, IR 184; *D.* 1988, somm. 236, note Brunois; *Gaz. Pal.* 1987, 767, note A. D.; *Gaz. Pal.* 1987, pan. 246; *Gaz. Pal.* jur. 767.
6. Civ. 1re, 12 mai 1993, n° 91-12.445, *Bull. civ.* I, n° 163; *D.* 1993, jur. 411, note Chartier; *Gaz. Pal.* 14 sept. 1993, 10; *ibid.* pan. 194.
7. CA Rouen, 19 déc. 1990, *Gaz. Pal.* 10 nov. 1992, 14.
8. Soc. 30 oct. 2000, n° 98-41.670, NPT, *RTD civ.* 2001, 210, obs. Perrot.
9. TGI Laval, 8 janv. 1979, *Gaz. Pal.* 1979, 1, somm. 261.
10. CA Versailles, 8 nov. 1988, *Gaz. Pal.* 1989, 2, 643, note Damien.
11. Crim. 20 déc. 1983, n° 82-92.244, *Bull. crim.*, n° 348; *D.* 1985, IR 110 – Crim. 5 oct. 1992, n° 91-86.141, *Bull. crim.*, n° 302 – EN SENS CONTRAIRE en matière civile : Civ., 5 déc. 1983, *D.* 1985, IR 120 – TOUTEFOIS : Crim. 28 janv. 1988, n° 87-81.225, *Bull. crim.*, n° 43; *Gaz. Pal.* 1988, 1, 383, note Damien.
12. Civ. 1re, 26 nov. 2002, n° 00-11.934, *Bull. civ.* I, n° 282; *D.* 2003, IR 37; *Gaz. Pal.* 30 mars-1er avr. 2003, 26, obs. du Rusquec.
13. Note Tissier, *S.* 1916, 2, 89 – CA Bordeaux, 11 mars 1983, *Gaz. Pal.* 1983, 2, 384, note Damien; ET, SUR POURVOI : Civ. 1re, 11 juill. 1983, *Gaz. Pal.* 1984, 1, 152, note Damien.
14. TOUTEFOIS : TI Rouen, 16 mai 1977, *Gaz. Pal.* 1977, 2, 611, note A. D. [CRIT.]; *Jour. not.* 1978, 117, obs. de la Marnière.

doit, dans ses rapports avec son client, être en mesure de justifier que le mandat reçu lui donnait effectivement ce pouvoir[1].

40.135 Champ du mandat *ad litem* : extension. La liste de ces actes étrangers à l'instance et dans lesquels l'avocat ne représente plus son client en vertu du mandat qu'il détient dans l'exercice de ses fonctions, a varié suivant les époques; l'évolution de la profession a donné à cette liste une importance accrue. En 1928, Appleton, dans son *traité*, estime, par exemple, que l'avocat n'est pas qualifié pour recevoir le montant de condamnations, en donner quittance ou donner l'ordre de procéder à une saisie, après qu'il a obtenu devant une juridiction répressive, en tant que partie civile, une décision définitive[2].

Mais les procédures étant devenues plus complexes, les clients plus pressés et moins désireux de s'occuper directement et personnellement de leurs affaires et de leurs procédures, les avoués chargés essentiellement de cette mission ayant disparu, la coutume a étendu le champ d'application du mandat *ad litem* confié à l'avocat. Mais toujours dans le cadre de ce principe que posait Appleton, le mandat n'existe et ne peut produire des effets que s'agissant d'actes s'inscrivant dans le cadre d'une instance, nous pourrions compléter la formule à notre époque en disant « d'une instance à naître, née ou des suites naturelles de cette instance » (en ce qui concerne le mandat de l'avocat et son étendue en matière juridique et non judiciaire v. s[s] n° 41.09). En sens contraire, le Conseil d'État a jugé qu'une lettre adressée par un huissier de justice au ministre ne saurait être regardée *en l'absence de mandat exprès émanant des parties* comme une demande préalable régulièrement formée et ne peut donner lieu à décision implicite de rejet[3].

40.136 Le mandat doit exister même s'il n'a pas à être produit en justice. Si l'avocat est bien dispensé, par l'article 416 du Code de procédure civile, de produire un mandat *ad litem*, faut-il encore que le mandat existe. Il n'est pas nécessairement écrit et peut résulter de la seule remise de l'assignation adverse ou des pièces nécessaires pour la défense contre une action. Si certaines procédures solennelles nécessitent néanmoins un mandat exprès et écrit, ce sont des cas exceptionnels. Le mandat et sa production ne peuvent donc être exigés par l'adversaire ni par le ministère public, mais seulement par le client qui veut discuter avec son avocat des conséquences que ce dernier a posées et qui, selon lui, outrepasseraient le mandat accordé. En effet, la présomption de l'existence du mandat de représentation en justice peut être combattue par la preuve contraire[4].

• **L'affaire *Humbert-Crawford*.** Mais pour autant l'avocat ne peut se créer un titre à soi-même; cette prétention du mandat *ad litem* qui lui est reconnue, dès lors qu'il en excipe, doit reposer sur des faits réels ou du moins vraisemblables. On ne peut donc prétendre être le mandataire d'un client qui n'existe pas ou dont l'existence serait douteuse, qui n'aurait pas d'adresse. On pourrait ainsi aboutir à des excès qu'a manifestés la célèbre affaire *Humbert-Crawford* où Mme Humbert mandatait des avocats illustres, et parmi les plus grands avocats de Paris, pour intenter des procès au nom de clients fictifs, les Crawford, procès dont le seul but était de faire croire à l'existence d'un trésor sur lequel elle avait emprunté abondamment.

40.137 La présomption de mandat peut être combattue par la preuve contraire. Il résulte de cette contradiction apparente entre la dispense de mandat *ad litem* prévue par l'article 416 du Code de procédure civile et la nécessité de l'existence d'un mandat, que la dispense de justification dont il vient d'être question au bénéfice de l'avocat et, en ce qui concerne le mandat *ad litem*, ne fait pas obstacle à ce que la présomption d'existence même du mandat de représentation en justice puisse être combattue par la preuve contraire[5]. L'avocat est dispensé de justifier d'un mandat écrit[6].

La position jurisprudentielle est délicate et nuancée; elle admet avec largesse l'existence du mandat *ad litem* par l'avocat, sans production matérielle de l'*instrumentum*. Elle « croit » à l'avance l'avocat qui est finalement le seul qui puisse exiger la production de l'*instrumentum* et le client lui-même, à qui on oppose des actes passés par son avocat mandataire et qui voudrait les récuser, en alléguant que l'avocat a excédé le mandat dont il voudrait pouvoir vérifier la portée en se reportant aux textes même de ce mandat. On est même allé plus loin en la matière en se fondant, non plus sur l'article 416 du

1. Civ. 1re, 9 mai 1996, n° 94-14.022, *Bull. civ.* I, n° 191.
2. Crim. 29 déc. 1906, *DP* 1908, 1, 447 – Civ., 20 juin 1921, *DP* 1921, 1, 212.
3. CE 29 mai 1974, n° 90915, min. Intérieur c/Vve Chauvin, *Lebon*, 325.
4. Com. 19 oct. 1993, n° 91-15.795, *Bull. civ.* IV, n° 339; *RTD civ.* 1994, 3, 160, obs. Perrot; *Gaz. Pal.* 1993, flash 12; *Gaz. Pal.* 1993, flash 533; *Gaz. Pal.* 1994, pan. 2.
5. Com. 19 oct. 1993, n° 91-15.795, *Bull. civ.* IV, n° 339; *RTD civ.* 1994, 3, 160, obs. Perrot; *Gaz. Pal.* 1993, flash 12; *Gaz. Pal.* 1993, flash 533; *Gaz. Pal.* 1994, pan. 2.
6. Soc. 20 juin 1984, n° 81-42.212, *Bull. civ.* V, n° 255; *JCP* 1984, IV, 275; *Gaz. Pal.* 1985, pan. 13 – Civ. 2e, 20 juin 1991, *Bull. civ.* II, n° 59 – CA Colmar, 21 juin 1984, *JCP* 1985, II, 20-46, note Chambon; *D.* 1987, somm. 1987, obs. Brunois – Civ. 2e, 7 déc. 1994, n° 92-20.354, *Bull. civ.* II, n° 259; *D.* 1995, IR 33; *Gaz. Pal.* 1995, pan. 69; *JCP* 1995, II, 22517, note du Rusquec où la cour proclame par son premier attendu que l'avocat est dispensé de justifier du mandat reçu – RAPPR. : Viatte, « Le mandat *ad litem* », *Gaz. Pal.* 1976, I, doctr. 392.

Code de procédure civile, mais sur l'article 417 du même code, en admettant que l'avocat investi d'un mandat de représentation en justice est réputé, à l'égard du juge et de la partie adverse, avoir reçu pouvoir spécial de faire un aveu judiciaire et, s'agissant d'une procédure orale, qu'il peut engager sa partie par un aveu oralement (v. s[s] n°s 40.122 et 40.133)[1]. Mais en même temps ce libéralisme est freiné par la possibilité pour tous de rapporter la preuve contraire de l'existence du mandat en soutenant son inexistence ou son impossibilité; au cas par exemple de la disparition du mandataire, de décès, de manifestation de volonté contraire exprimée à une date postérieure. En somme, une présomption de mandat *ad litem* est admise au profit de l'avocat sans production d'*instrumentum* mais cette présomption n'est pas une présomption irréfragable et l'on peut, par tous moyens, tenter de rapporter la preuve contraire.

• **Preuves contraires.** Quelle est la manifestation de cette preuve ? Ce ne peut être un document niant le mandat émanant du client; ce peut être la preuve du décès du client ou sa disparition à une date antérieure au mandat allégué. Mais on peut s'en tenir, comme preuve contraire, à de simples présomptions telles que des lettres recommandées avec demande d'avis de réception revenues non délivrées ou un procès-verbal de carence dressé par un huissier. C'est à la juridiction d'apprécier la force des preuves fournies, preuves absolues, relatives, simples présomptions, indices, mais elle pourrait être conduite à déférer la preuve à l'avocat s'il existait un doute sérieux sur l'existence du client, existence dont doit découler le mandat *ad litem*. Auquel cas, sans contraindre un avocat à produire son mandat *ad litem*, on pourrait le contraindre à en établir la vraisemblance. C'est ce qu'auraient dû faire, au début du siècle, les juridictions parisiennes dans l'affaire *Humbert*. Et, sans contraindre les avocats à produire les mandats *ad litem* des Crawford (que ces avocats possédaient d'ailleurs mais qui étaient des faux établis par Thérèse Humbert), on aurait pu leur demander d'établir l'existence de ces incertains Crawford et ainsi éviter l'escroquerie et le ridicule qu'assume la justice en cette affaire de mandat *ad litem* délivré par des personnes fictives.

• **Toutefois,** dès lors qu'un mandat *ad litem* a été donné à l'avocat, il n'a plus besoin d'obtenir un nouveau mandat, spécial et renouvelé, pour accomplir les actes de sa profession et notamment pour déposer une plainte ou pour conclure. Il s'agit en effet des suites normales du procès intenté et, comme le disait Appleton, « l'avocat saisi d'un mandat *ad litem* reçoit de la loi le droit de représenter les clients et exerce cette fonction en vue de l'instance, il peut donc faire tout ce qui est nécessaire ou utile au succès du procès, il ne peut faire d'acte étranger à l'instance ».

1. Civ. 1re, 3 févr. 1993, n° 91-12.714, *Bull. civ.* I, n° 57; *D.* 1993, IR 50; *RTD civ.* 1993, 642, obs. Perrot; *Gaz. Pal.* 1993, pan. 123 – Civ. 1re, 14 mai 1991, n° 90-12.688, *Bull. civ.* I, n° 150; *D.* 1991, IR 154; *Gaz. Pal.* 1991, pan. 235; 1992, somm. 11 – COMP. : Soc. 30 oct. 2000, n° 98-41.670, NPT, *RTD civ.* 2001, 210, obs. Perrot.

SECTION 4
POSTULATION

40.141 Qu'est-ce que la postulation ? La Cour de cassation indiquait autrefois que l'avocat n'avait d'autre caractère que celui de défenseur ou de conseil, ni d'autre mission que celle d'assister ses clients ou de soutenir leur défense par sa parole et par ses écrits[2]. Il faut ajouter, depuis la réforme judiciaire de décembre 1971, de représenter les parties et de postuler dans leur intérêt dans tous les cas où cette postulation est nécessaire dans le cadre de l'ancienne législation régissant les avoués, d'assurer l'accès au droit des justiciables, de leur donner les consultations et les conseils dont ils peuvent avoir besoin et de rédiger pour eux les actes juridiques sous seing privé qu'ils désirent voir établir.

La postulation pour autrui est la représentation appliquée à des hypothèses limitées où la partie ne peut légalement être admise elle-même à faire valoir ses droits et où la loi prévoit que cette représentation obligatoire sera confiée à une personne qualifiée (avocat, avoué à la Cour)[3]. Le législateur a retiré aux parties la possibilité de se présenter elles-mêmes, seules et isolées et il les a obligées à comparaître par l'intermédiaire d'un auxiliaire de justice, dans certaines matières importantes par le montant ou la qualité des intérêts en jeu. Il n'a pas voulu laisser les plaideurs choisir entre la possibilité de se présenter eux-mêmes en justice ou celle de confier leur représentation à un auxiliaire de justice. C'est ce mode particulier de représentation obligatoire qu'on désigne sous le vocable de postulation.

• **La postulation, une nécessité technique.** Le gouvernement français, dans les conclusions qu'il a déposées devant la Cour de Luxembourg au sujet de l'affaire *Klopp* renvoyée à la Cour de justice par la Cour de cassation en application de l'article 177 du traité de Rome par arrêt du 3 mai 1982, précise que l'obligation faite aux parties, sauf dispositions contraires, de constituer avocat devant un tribunal de grande instance, est une obligation de fond nécessitée par la procédure de mise en état organisée par le Code de procédure civile, supposant un contact personnel entre le magistrat chargé de l'instruction des affaires et l'avocat et nécessitant une présence continue de ce dernier auprès de la juridiction. L'unicité de l'établissement de l'avocat et l'existence d'un ressort territorial pour exercer la fonction de postulation ne sont donc pas de simples règles procédurales mais se présentent à la fois comme une règle d'organisation judiciaire et de

2. Civ., 18 nov. 1946, *D.* 1947, 40.
3. Damien, *Être avocat aujourd'hui*, p. 80 s. et 99 s.

déontologie. La position très nettement exposée dans ces mémoires par le barreau de Paris et le gouvernement français n'a pas été contredite par la Cour de Luxembourg. Elle se borne à préciser que, valable et peut-être même nécessaire dans le cadre de l'organisation judiciaire française, cette obligation de la postulation territoriale ne saurait faire obstacle aux dispositions du Traité de Rome. Ainsi, l'avocat étranger, ressortissant d'un des pays de la Communauté européenne, qui désire exercer sa profession en France, devra-t-il n'avoir dans ce pays qu'un seul cabinet où il exercera la postulation territoriale mais pourra néanmoins conserver en outre son cabinet d'origine dans le barreau étranger auquel il est inscrit[1].

Le barreau de Paris ajoutait, dans les conclusions qu'il présentait également devant la Cour de Luxembourg, que la stabilité de l'établissement de l'avocat et notamment de l'avocat, postulant dans le ressort d'un tribunal librement choisi par lui, était nécessaire en vue de garantir l'observation des règles professionnelles. Ainsi une opinion de la profession, jointe à la doctrine gouvernementale, démontre bien que la postulation est une nécessité technique, fondamentale pour la bonne marche des tribunaux et le bon fonctionnement de la justice.

40.142 Monopole de la postulation. La postulation, réservée jadis aux seuls avoués près les tribunaux civils puis les tribunaux de grande instance, est réservée depuis la fusion des professions judiciaires aux avocats devant le tribunal de grande instance en matière civile (v. s^s^ n° 40.131), aux avoués à la Cour devant cette juridiction[2] et aux avocats aux Conseils devant la Cour de cassation, le Conseil d'État et le tribunal des conflits, sous réserve des procédures dispensées du ministère d'avocat (sur l'incapacité d'un avocat au barreau de déposer un pourvoi devant la Cour de cassation)[3].

Un monopole de représentation des avocats devant le tribunal de grande instance en matière civile est donc institué par l'article 5 de la loi du 31 décembre 1971, combiné avec les dispositions du Code de procédure civile, sauf dispositions contraires tenant à des textes particuliers. Cette représentation, confiée exclusivement à un auxiliaire de justice déterminé et qu'on nomme postulation, se manifeste par un acte, la constitution d'avocat dans l'intérêt du client (v. s^s^ n° 40.146).

En matière gracieuse comme en matière d'ordonnance sur requête, la présence de l'avocat est obligatoire (ou celle d'un officier public ou ministériel dans le cas où ce dernier est habilité par les dispositions en vigueur[4]). En matière gracieuse toutefois, il convient d'excepter la procédure d'adoption pouvant être introduite directement par l'intéressé lui-même lorsque l'enfant dont l'adoption est demandée a été recueilli au foyer du requérant avant l'âge de quinze ans[5].

40.143 Exceptions au monopole de postulation. De nombreuses exceptions sont portées au monopole des avocats devant le tribunal de grande instance :

1° La faculté pour les parties de comparaître en personne est prévue devant certaines formations exceptionnelles du tribunal de grande instance en matière civile : chambre du conseil, juge des loyers commerciaux, référé. Toutefois, sur ce point la question reste controversée : la procédure de référé, en demande, pourrait supposer le ministère d'avocat[6].

En principe, devant le juge des référés les parties sont libres de comparaître en personne. La question reste toutefois controversée et certains auteurs émettent des doutes s'agissant du référé devant le président du TGI[7]. Les ordonnances sur requêtes présentées au président du tribunal de grande instance doivent l'être par un avocat ou un officier public ou ministériel dans les cas où ce dernier y est habilité[8], ce qui exclut tout autre choix et impose peut-être doute de désigner un avocat postulant devant ce tribunal[9]. En revanche, les requêtes en injonction de payer peuvent être présentées par tout mandataire[10].

2° En matière publique, les parties peuvent comparaître en personne dans les instances intéressant les biens domaniaux de l'État[11] et dans celles relatives aux droits d'enregistrement, à la taxe de publicité foncière, aux droits de timbre et aux contributions indirectes et taxes assimilées, relevant de la compétence du tribunal de grande instance[12]. En revanche, en matière de contributions directes le contribuable est tenu de constituer avocat[13].

1. CJCE 12 juill. 1984, n° 107/83, *Klopp*, *Rec. CJCE*, p. 2971; *Gaz. Pal.* 1984, 2, 617.
2. Décr. 22 déc. 1958, art. 37.
3. Crim. 8 juill. 1987, n° 87-83.026, *Bull. crim.*, n° 289; *D.* 1988, somm. 236, note Brunois – POSTÉRIEUREMENT : Crim. 28 oct. 1992, n° 92-84.560, NP.
4. C. pr. civ., art. 797 et 813.
5. C. pr. civ., art. 1168, al. 2.
6. CA Montpellier, 1re ch., 23 avr. 1990, inédit – SUR CETTE QUESTION : C. pr. civ., art. 808 s.
7. Eymard et Doucede, « Étude sur la représentation [ou assistance] obligatoire par un avocat », *Gaz. Pal.* 1990. 1, doctr. 223 – ÉGAL^T^ SUR CETTE QUESTION : Bertin, « Vingt ans après !... Faut-il un avocat en référé ? », *Gaz. Pal.* 1992. 1, doctr. 359 – Ruellan, « À propos de la représentation des parties devant le juge des référés du tribunal de grande instance », *Gaz. Pal.* 1992. 1, doctr. 119.
8. C. pr. civ., art. 813.
9. Cholet, RÉP. PR. CIV. V° *Assistance et représentation en justice* – ÉGAL^T^ : Civ. 2e 13 nov. 1985, *Bull. civ.* II, n° 171, *RTD civ.* 1986. 421, obs. Perrot – du Rusquec, « Ordonnances sur requête et représentation », *Gaz. Pal.* 1986. 2, doctr. 643.
10. C. pr. civ., art. 1407.
11. C. dom. Ét., art. R. 162.
12. LPF, art. R. 202-2, al. 3.
13. Com. 23 avr. 1985, n° 81-16.048, *Bull. civ.* IV, n° 126.

3° En matière familiale, les articles 1161 et 1203 du Code de procédure civile dispensent les parties du ministère d'avocat dans les procédures de déclaration d'abandon et dans celles en déchéance ou en retrait partiel de l'autorité parentale. Devant le juge des affaires familiales, le ministère de l'avocat n'est pas non plus toujours obligatoire (par ex., modification des pensions alimentaires, de l'exercice de l'autorité parentale ou de la prestation compensatoire[1]).

4° En matière commerciale, comme devant le juge des loyers commerciaux, les parties peuvent se défendre elles-mêmes dans le cadre des procédures de redressement judiciaire relevant de la compétence du tribunal de grande instance[2].

5° Enfin, certaines administrations sont dispensées du ministère d'avocat devant le tribunal de grande instance et la cour d'appel pour effectuer leur postulation.

40.144 Principe de la territorialité de la postulation. La postulation est réservée aux avocats du barreau établi près du tribunal de grande instance où le procès se déroule. Un avocat d'un autre ressort ne peut postuler pour un client extérieur à son ressort, même si le texte en vertu duquel il prétend vouloir agir ne mentionne que la nécessité du ministère d'un avocat sans ajouter le mot postulant, la référence à la postulation étant implicite dès lors qu'il y a nécessité de constitution d'un avocat ou de postulation par ses soins.

La jurisprudence a récemment précisé que la nullité tirée de la méconnaissance de la règle de la territorialité de la postulation ne pouvait pas être couverte en cause d'appel par la constitution d'un avoué.[3]

40.145 Exceptions à la territorialité de la postulation. Toutefois, et par exception au principe de la territorialité de la postulation, sans compter les situations particulières des tribunaux périphériques de Paris[4], lorsque plusieurs barreaux sont regroupés, les avocats appartenant à ces barreaux peuvent postuler dans toutes les juridictions auprès desquelles le barreau est inscrit[5]; de même si le nombre d'avocats installés auprès de certaines juridictions est insuffisant, les avocats établis auprès d'un autre tribunal peuvent diligenter des actes de procédure par autorisation donnée par la cour d'appel[6].

1. C. pr. civ., art. 1084 et 1139.
2. C. com., art. L. 621-2, al. 1er.
3. Civ. 2e, 23 oct. 2003, n° 01-17.806, *Bull. civ.* II, n° 325; *D.* 2003, IR 2726; *Procédures* 2004, comm. 3, note Perrot.
4. L. 31 déc. 1971, art. 1er, III.
5. L. 31 déc. 1971, art. 5, al. 2.
6. L. 31 déc. 1971, art. 5, al. 3.

• **Territorialité de la postulation et structures.** Lorsqu'une association ou une société civile professionnelle comprend des avocats appartenant à des barreaux différents, seul l'associé inscrit au barreau d'un tribunal de grande instance peut exercer devant ce tribunal les fonctions antérieurement dévolues au ministère obligatoire de l'avoué[7]; la fonction de postulation dans des cabinets regroupant en associations ou sociétés des avocats de barreaux différents peut être exercée par un avocat collaborateur ou salarié dès lors qu'il est inscrit au barreau devant lequel il postule.

• La formule qui peut être employée pour combiner le monopole de postulation appartenant au (ou aux) membre(s) de la SCP inscrit(s) localement et le caractère de la SCP d'avocats qui exerce la profession d'avocat, dans un ressort excédant celui d'un tribunal de grande instance est : « À la requête de Me X... lequel élit domicile au cabinet de la SCP Y... Z... avocats au barreau de N... et qui constitue sur la présente assignation et ses suites Me Z..., membre de ladite société, avocat postulant du barreau de M... ».

• **Multipostulation en région parisienne.** Par dérogation aux règles de territorialité de la postulation, les avocats inscrits au barreau de l'un des tribunaux de grande instance de Paris, Bobigny, Créteil et Nanterre peuvent postuler auprès de chacune de ces juridictions[8].

La multipostulation a été créée dans la région parisienne par le démembrement du tribunal de première instance de la Seine en tribunal de grande instance de Paris et des tribunaux dits périphériques de Bobigny, Créteil et Nanterre. Avec ce système de multipostulation, les avocats du barreau de Paris peuvent postuler devant les tribunaux périphériques, sauf exceptions (saisie immobilière, licitation, partage; aide juridictionnelle; instances dans lesquelles l'avocat plaidant ne serait pas le *dominus litis*). Ainsi dans ce dernier cas, un avocat au barreau de Pau, *dominus litis,* ne peut constituer comme postulant devant le tribunal de grande instance de Nanterre qu'un avocat inscrit au barreau de Nanterre et non un avocat inscrit au barreau de Paris.

40.146 Acte de constitution d'avocat. Les parties doivent constituer avocat pour postuler devant le tribunal de grande instance, selon les termes des articles 751 et 755 du Code de procédure civile (v. s^s^ n° 40.142); cette constitution emporte élection de domicile chez l'avocat. Et lorsqu'une partie déclare avoir plusieurs avocats, l'élection de domicile faite auprès d'un seul le désigne comme étant le représentant de cette partie[9]. L'acte introductif d'instance qui contient constitution de l'avocat chargé de la postulation devant la juridiction saisit le tribunal et vaut conclusions pour le demandeur.

Le défenseur dispose d'un délai de quinzaine pour constituer avocat à compter de la délivrance

7. L. 31 déc. 1971, art. 8, al. 2.
8. L. 31 déc. 1971, art. 1er, III.
9. Civ. 2e, 10 nov. 1998, n° 96-17.360, *Bull. civ.* II, n° 267; *D.* 1999, IR 2; *Gaz. Pal.* 1999, pan. 41.

de l'assignation, cette constitution est formée par acte du palais, les conclusions des parties sont signées par l'avocat et la preuve de leur signification résulte soit de l'acte du palais qui les porte à la connaissance de l'avocat adverse, soit du visa du destinataire apposé en marge des conclusions. Le dépôt au greffe de la constitution de l'avocat-postulant du défendeur en réponse à l'assignation du demandeur contenant constitution de l'avocat-postulant de ce dernier doit, en dépit des usages pratiqués, être effectué par l'avocat postulant du défendeur[1].

Au cas où un avocat demandeur qui connaissait la constitution adverse laisse néanmoins prendre une ordonnance de clôture ou un jugement réputé contradictoire, ce jugement doit être annulé comme rendu en violation des dispositions des articles 15 et 16 du Code de procédure civile en vertu du principe du respect du contradictoire[2]. Antérieurement la même cour s'était prononcée en sens inverse[3].

• **Constitution d'avocat et structures.** La constitution doit toujours être faite par un avocat exerçant soit à titre individuel, soit sous la forme d'une société civile professionnelle (ou d'une société d'exercice libéral); les avocats associés doivent se constituer individuellement pour leur partie, ils ne peuvent se constituer collectivement au nom de l'association qui n'a pas qualité pour ester en justice[4]. Viole ce texte la cour d'appel qui, pour accueillir l'exception de nullité soulevée par le défendeur, relève que la SCP auprès de laquelle le demandeur fait élection de domicile a été constituée entre avocats relevant de barreaux différents, l'un étant inscrit au barreau de Lyon et le second à celui de Roanne et retient que seul ce dernier, à l'exclusion de la SCP en tant que telle, avait capacité pour se constituer pour postuler au nom du demandeur devant le tribunal de grande instance de Roanne, alors que la SCP d'avocats, inscrite au barreau de Roanne, pouvait elle-même postuler devant le tribunal de grande instance de Roanne, par le ministère de l'avocat également inscrit à ce barreau[5]. De même un avocat ne peut postuler pour lui-même, la dualité du représentant et du représenté est nécessaire au bon déroulement de l'instance judiciaire[6].

• Le défaut de constitution doit être distingué de la simple irrégularité. En présence d'une SEL ou SCP d'avocats, si les noms de la société et de celui de ses membres qui agit pour elle doivent être indiqués sur l'assignation, la simple omission tantôt du nom de la société[7], tantôt de celui de l'avocat[8], ne constitue qu'un vice de forme. La nullité ne sera donc encourue que si celui qui s'en prévaut justifie d'un grief et si elle est invoquée avant toute défense au fond.

• **Compatibilité de l'obligation de constituer avocat avec la Convention européenne de sauvegarde des droits de l'homme et des libertés fondamentales.** Un arrêt de la deuxième chambre civile du 26 novembre 1990[9] a précisé, certes pour une procédure suivie devant une autre juridiction, que cette obligation de constitution d'un avocat ne porte en rien atteinte aux droits définis par la Convention européenne de sauvegarde des droits de l'homme et des libertés fondamentales et même s'il s'agit d'une demande de sortie d'un établissement psychiatrique[10].

40.147 Étendue du mandat *ad litem* dans le cadre de la postulation. L'avocat se voit reconnaître par la loi[11] et par la jurisprudence, un mandat nécessaire qui est le mandat *ad litem* et qui lui permet d'agir au nom de son client et de l'engager par les actes qu'il effectue en son nom, sans qu'il lui soit nécessaire de justifier d'une procuration écrite[12]. En effet, lorsque l'avocat exerce les fonctions antérieurement dévolues aux avoués de première instance, il bénéficie du mandat *ad litem*. Ce mandat est obligatoire devant les tribunaux de grande instance et il est présumé[13]. Cette présomption joue sous réserve de révocation[14] depuis l'introduction de la demande en justice jusqu'à l'exécution du jugement[15]. Enfin ce mandat est général et permet donc à l'avocat d'accomplir tous les actes de procédure[16]. Ce mandat résulte de la simple remise par le client des pièces nécessaires pour introduire un type de procès déterminé ou de la remise de l'assignation

1. Civ. 2e, 26 oct. 2006, no 05-10.356, *Bull. civ.* II, no 297; *D.* 2006, IR 2751; *JCP* 2007, I, 139, no 15, obs. Serinet – CA Aix-en-Provence, 8 janv. 1985, *Gaz. Pal.* 1985, 2, 698.
2. CA Aix-en-Provence, 5 mai 1987, *JCP* 1988, II, 21004, note Leborgne.
3. CA Aix-en-Provence, 16 oct. 1986, *JCP* 1988, II, 21010, note Blaisse.
4. Civ. 1re, 3 févr. 1993, no 91-12.503, *Bull. civ.* I, no 58; *Gaz. Pal.* 8 juill. 1993, 8 – L. 31 déc. 1971, art. 8, al. dern.
5. Civ. 1re, 3 févr. 1993, no 91-12.503, *Bull. civ.* I, no 58; *D.* 1993, IR 50.
6. TGI Paris, 11 juill. 1984, *D.* 1985, IR 110, obs. Brunois.
7. Civ. 2e, 5 avr. 2007, no 06-14.818, *Bull. civ.* II, no 86; *D.* 2007, AJ 1208, obs. Avena-Robardet; *JCP* 2007, I, 174, no 6, obs. Martin.
8. Civ. 2e, 1er févr. 2006, no 05-17.742, *Bull. civ.* II, no 35; R. 2006, 419; *D.* 2006, IR 465; *JCP* 2006, II, 10071, note Martin; *Gaz. Pal.* 17-18 févr. 2006, 13; *Dr. et proc.* 2006, 267, obs. Douchy-Oudot; *Procédures* 2006, comm. 151, obs. Perrot.
9. Civ. 2e, 26 nov. 1990, no 90-12.812, *Bull. civ.* I, no 245; *D.* 1991, IR 1; *Gaz. Pal.* 1991, pan. 5 – ÉGALT : Civ. 1re, 10 mai 2000, no 99-15.696, *Bull. civ.* I, no 136; *D.* 2000, IR 161; *D.* 2000, jur. 649, note Fricéro; *Gaz. Pal.* 2000, somm. 1202; somm. 1595; *Gaz. Pal.* 2001, somm. 210, note Perdriau; *Gaz. Pal.* 2002, somm. 1549, note Perdriau – CEDH 24 nov. 1986, no 9063/80, Gillow c/ Royaume-Uni, série A, no 109, Berger, *Jurisprudence de la CEDH* 6e éd., 1998, Sirey, nos 997 s.; 11e éd., 2009.
10. Civ. 1re, 21 janv. 1992, no 89-21.709, *Bull. civ.* I, no 17; *D.* 1992, jur. 498, note Massip; *JCP* 1992, IV, 81; *Gaz. Pal.* 1992, pan. 133.
11. L. 31 déc. 1971, art. 4.
12. Damien, note ss CA Caen, ord. réf., 16 déc. 1983, *Gaz. Pal.* 1984, 1, 148.
13. C. pr. civ., art. 416.
14. C. pr. civ., art. 418.
15. C. pr. civ., art. 420.
16. Civ. 3e, 29 oct. 1979, no 78-13.282, *Bull. civ.* III, no 191 – Civ. 2e, 27 févr. 1980, no 78-14.761, *Bull. civ.* II, no 42; *Gaz. Pal.* 1981, 5 – CA Paris, 17 mars 1980, *D.* 1980 – Couchez, *Cours de procédure civile*, p. 90.

reçue par le client et sur laquelle il demande à l'avocat de se constituer. Le mandat de l'avocat est alors, sauf exception particulière résultant de textes spécifiques[1], suffisamment établi par cette remise de pièces et par les échanges de correspondance qui vont suivre, sans qu'il soit besoin pour l'avocat de justifier de son étendue ou de sa portée par la production d'une procuration spéciale. Aux termes de l'article 417 du Code de procédure civile, l'avocat investi du mandat de représentation en justice bénéficie, lorsqu'il fait part au juge ou à la partie adverse de l'acquiescement de son client, d'une présomption irréfragable de l'existence du pouvoir spécial d'acquiescer. Il en est de même lorsqu'il fait ou accepte un désistement, fait, accepte ou donne des offres, un aveu ou un consentement. Aucune preuve contraire n'est possible et, même s'il n'a pas reçu réellement ce pouvoir qui ne résulte pas du mandat général *ad litem*, il engage la partie qu'il représente par son mandat apparent, l'apparence résultant dans ce cas, non des circonstances mais de la loi elle-même[2]. Alors que la présomption de l'existence du mandat est simple et peut toujours être combattue par la preuve contraire (v. s^s^ n° 40.137), celle de l'étendue du mandat est irréfragable.

• **Déclaration d'appel.** Seul un avocat postulant près d'une juridiction peut formaliser un appel recevable sans produire un pouvoir à l'appui de sa déclaration d'appel[3]. L'avocat investi, aux termes des articles 4 et 5 de la loi du 31 décembre 1971, d'un droit général d'assistance et de représentation n'a pas à justifier de pouvoir spécial, il est donc habilité à formuler au nom de son client une déclaration d'appel; notamment il peut interjeter appel d'une ordonnance d'un juge d'instruction rejetant une demande de mise en liberté provisoire même si elle a été présentée par un de ses confrères choisi à l'époque comme conseil de la personne mise en examen[4]. Mais la cour d'appel de Besançon, dans un arrêt du 22 novembre 1983, précise toutefois que : « Si l'appel souscrit par un avocat non muni d'un pouvoir spécial au nom du prévenu est régulier en la forme, lorsque le déclarant exerce ses fonctions auprès de la juridiction qui a rendu la décision critiquée, il n'est valable que si le mandant ne désavoue pas le mandataire. Si les dénégations formelles du prévenu apparaissent fondées, la Cour est en droit d'estimer que l'appel contesté est nul et de nul effet. »

• **Certification des pièces de procédure.** De même l'avocat investi par la loi du 31 décembre 1971 des prérogatives des anciens avoués est donc habilité, en vertu des dispositions de l'article 287 du décret du 26 février 1807, concurremment avec les huissiers, à certifier conformes les copies des pièces en vue de leur notification. Cette habilitation confirmée par l'article 66 du décret du 2 avril 1960 relatif au tarif des avoués, qui autorise ceux-ci, et par voie de conséquence les avocats qui leur succèdent, à percevoir un remboursement pour les copies par eux établies, n'est pas en contradiction avec les dispositions de l'article 506 du Code de procédure civile qui laisse un choix pour les significations entre l'expédition, la copie certifiée conforme et même le simple extrait. De même les photocopies portées à la connaissance de l'adversaire, et utiles à la solution du litige, doivent être compensées dans les débours[5]. La Chancellerie par circulaire du 30 juillet 1981 a confirmé que, si les greffiers ont un monopole pour délivrer les copies certifiées conformes des minutes des jugements dont ils assurent la confirmation, et peuvent seuls délivrer les expéditions et copies certifiées conformes[6], les avocats et avoués peuvent délivrer eux-mêmes les extraits de jugements aux fins de publication des décisions de divorce ou de séparation de corps conformément aux dispositions de l'article 15 du décret du 5 décembre 1975[7] sur le divorce, plus restrictif sur ce point que l'article 506 du Code de procédure civile qui n'exige comme condition de publicité qu'un « extrait de la décision comportant son dispositif ». Les avocats ont donc la possibilité de délivrer eux-mêmes les extraits aux fins de transcription. Les avocats engagent leur responsabilité civile et professionnelle en délivrant ces extraits; il leur est recommandé de mentionner sur l'extrait transmis à l'officier d'État civil la mention littérale suivante : « Copie ou extrait certifié conforme par Me X... avocat de... suivi de la signature de l'intéressé ».

40.148 Fin du mandat de postulation. L'avocat qui a accepté la mission de se constituer pour une partie en demande ou en défense, doit conduire l'affaire jusqu'à son terme, sauf si le client l'en décharge ou si lui-même décide de ne pas poursuivre sa mission. Encore faut-il, dans ce dernier cas, que le client soit prévenu en temps utile[8] pour pourvoir à la défense de ses intérêts[9]. Aux termes de l'article 369 du Code de procédure civile, l'instance est interrompue par la cessation de fonctions de

1. NOT. : C. pr. civ., art. 306 ou 343.
2. Civ. 2e, 27 févr. 1980, n° 78-14.761, *Bull. civ.* II, n° 42; *Gaz. Pal.* 1981, 1, 5, note Viatte – RAPPR. : Civ. 2e, 29 mai 1979, n° 78-11.527, *Bull. civ.* II, n° 159; *Gaz. Pal.* 1979, 2, 397, note Viatte – RAPPR. : CA Lyon, 8 janv. 1986, *Gaz. Pal.* 1986, 1, 285, esp. dans laquelle l'avocat agissait en qualité de conseil – SUR la transaction en cas de référé aux fins de désignation d'un expert après un accident : CA Paris, 17e ch., 20 mai 1992, *Gaz. Pal.* 1er sept. 1994, 5.
3. CA Versailles, 6 juin 1979, *Gaz. Pal.* 1979, 2, 415, note Delamarre – Crim. 13 juin 1990, n° 89-84.710, *Bull. crim.*, n° 242; *Gaz. Pal.* 26 févr. 1991, chron. dr. crim., p. 17 – CA Versailles, 25 janv. 1991, *D.* 1991, IR 129.
4. Crim. 6 mai 1980, n° 80-90.910, *Bull. crim.*, n° 134, *JCP* 1980, IV, 266 – CA Colmar, 21 juin 1984, *D.* 1987, somm. 67, note Brunois – ÉGAL^T^ : CA Paris, 1er juin 1987, *D.* 1987, IR 163; *D.* 1988, somm. 235, note Brunois.
5. Civ., 7 juill. 1920, *DP* 1924, 1, 92 – Civ., 24 févr. 1988, *Gaz. Pal.* 10 déc. 1988, 15, note A. D.; *JCP* 1988, IV, 161 – Sillard, *Le tarif de postulation*, 1976, p. 101 s.
6. C. pr. civ., art. 506.
7. Décr. n° 75-1124, 5 déc. 1975.
8. Civ. 1re, 4 oct. 2000, n° 97-18.743, *Bull. civ.* I, n° 232; *D.* 2000, IR 259; *JCP* 2001, I, 284, n° 9, obs. Martin; *Gaz. Pal.* 14-16 avr. 2002, 14, obs. du Rusquec.
9. Décr. 12 juill. 2005, art. 13 – CA Marseille, 7 févr. 1975, *Gaz. Pal.* 1975, 297.

l'avocat lorsque la représentation est obligatoire[1]. La désignation d'un avocat suppléant en raison d'un empêchement temporaire ne peut être considérée comme une cessation de fonction au sens de l'article 369 : seule la cessation de fonctions de l'avocat ou de l'avoué ayant qualité pour représenter la partie devant la juridiction saisie emporte interruption de l'instance et, s'agissant d'une procédure avec représentation obligatoire, le mandataire chargé de représenter l'appelant devant la cour d'appel est l'avoué constitué en son nom[2].

L'avocat constitué peut vouloir renoncer à son mandat ou être révoqué par son mandataire. Qu'advient-il dans ce cas de la postulation dans le procès en cours ? L'instance n'est pas interrompue lorsque, sans cesser ses fonctions, l'avocat postulant d'une partie entend mettre fin à son mandat. En pareil cas, il n'y a pas lieu d'assigner en constitution de nouvel avocat et l'affaire demeure contradictoire. Il en est de même lorsque la partie révoque le mandat donné à son avocat[3]. Il s'ensuit que, si un avocat constitué n'a pas été remplacé, le demandeur peut, à bon droit, requérir clôture et jugement en l'état et qu'il y a lieu de statuer sur le fond par jugement rendu contradictoirement[4]. La révocation d'un avocat dans une affaire donnée ou en tant que correspondant habituel est toujours possible pour le mandant, sans exposer ce dernier à une action en dommages-intérêts de la part de l'avocat pour obtenir la réparation du préjudice qu'il subit de ce fait, dès lors qu'il n'y a pas eu de la part du client un abus de droit fautif[5].

Il y a lieu de distinguer la révocation du mandat *ad litem* et la procédure de désaveu dont les causes sont limitativement énumérées par l'article 417 du Code de procédure civile et ne peuvent avoir pour objet qu'un désistement à un acquiescement des offres, un aveu ou un consentement, à l'exclusion de tous autres actes[6].

L'article 419 du Code de procédure civile prévoit en effet que le représentant, qui entend mettre fin à son mandat, n'en est déchargé qu'après avoir informé de son intention son mandant, le juge et la partie adverse. Lorsque la représentation est obligatoire, il ne peut se décharger de son mandat de représentation qu'à compter du jour où il est remplacé par un nouveau représentant constitué par la partie ou, à défaut, commis par le bâtonnier ou par le président de la chambre de discipline s'il s'agit d'un avoué à la Cour[7]. Si bien qu'il n'est nullement déchargé si l'avocat nouvellement désigné refuse sa mission[8], pas plus qu'il ne l'est implicitement par la mise en œuvre de la procédure de contestation en matière d'honoraires[9]. Toute notification d'actes du palais est impossible à effectuer tant qu'un nouvel avocat n'a pas été régulièrement constitué; le fait par la partie poursuivante d'avoir signifié à partie seulement, sans faire procéder cet acte d'une signification à avocat entraîne la nullité de l'acte en cause qui, dès lors, n'a pu valablement faire courir le délai d'appel[10]. Il appartient donc à l'avocat postulant, dans une matière où la représentation est obligatoire et dont le mandant n'a pas constitué un nouveau représentant dans un délai raisonnable, de saisir le bâtonnier afin de faire désigner un autre avocat et pouvoir ainsi être déchargé de son mandat.

La procédure de désaveu existe également devant les juridictions administratives[11]; elle est présentée devant la juridiction qui a instruit la procédure désavouée et tend à faire déclarer nulle cette procédure[12]. Les avocats ayant qualité pour représenter les parties devant les juridictions administratives n'ont pas à justifier de leur mandat; ils peuvent donc introduire une requête ou s'en désister sans justifier du consentement de la partie intéressée. Mais à défaut d'un tel consentement, cette dernière peut exercer, devant la juridiction qui est ou a été saisie de l'instance, une action en désaveu de l'avocat qui a produit le désistement et demander, s'il y a lieu, que le jugement qui en a donné acte soit déclaré nul et non avenu[13]. Elle doit prouver que l'avocat est allé au-delà de son mandat. L'action en désaveu d'avocat ne peut être engagée qu'à raison d'un acte effectivement accompli, tel un désistement, un consentement, un aveu, un acquiescement ou une offre, mais non à raison d'une simple carence, omission ou abstention[14].

1. Civ. 2e, 8 juill. 2004, n° 02-15.374, *Bull. civ.* II, n° 378; *JCP* 2004, IV, 2898.
2. Civ. 2e, 21 févr. 1990, n° 89-10.840, *Bull. civ.* II, n° 39; *RTD civ.* 1990, 559, obs. Perrot; *Gaz. Pal.* 1990, pan. 98.
3. C. pr. civ., art. 418, qui régit cette procédure jadis connue sous le nom de « désaveu de l'avoué ».
4. TGI Paris, 11 mars 1981, *Gaz. Pal.* 1981, 1, somm. 78 – TGI Bergerac, 21 déc. 1990, *Gaz. Pal.* 11 juin 1991, note Brendel.
5. Civ. 1re, 2 mai 1984, n° 83-12.056, *Bull. civ.* I, n° 143; *Gaz. Pal.* 1984, pan. 275 – CA Paris, 9 oct. 1985, *D.* 1985, flash n° 37.
6. Civ. 3e, 19 janv. 1994, n° 91-13.335, *Bull. civ.* III, n° 9; *D.* 1994, IR 45, concernant les officiers ministériels; *Gaz. Pal.* 1994, pan. 131.
7. C. pr. civ., art. 419 – ÉGALT : min. QE, n° 27.100, *JOAN Q* 13 mars 1976.
8. Civ. 2e, 21 févr. 2008, n° 07-11.487, P.
9. Civ. 2e, 21 févr. 2008, n° 07-11.487, P – Civ. 1re, 15 févr. 2005, n° 03-10.707, *Bull. civ.* I, n° 81; *D.* 2005, IR 665; *D.* 2006, somm. 266, obs. Blanchard.
10. CA Colmar, 19 janv. 1979, *Rev. Alsace-Lorraine* 1979, 118; *Gaz. Pal.* tables 1977-1979, *v° Appels civils*, n° 78 – Civ. 2e, 15 avr. 1991, n° 90-12.068, NP, *D.* 1991, IR 154.
11. CJA, art. R. 635-1.
12. CE 15 oct. 1975, n° 95062, n° 95064, *Lebon*, 513 – CE 13 nov. 2002, n° 225232, *Gidrol*, *Lebon T.* – Odent, *Le contentieux administratif*, p. 1144.
13. CE 25 févr. 1960, *Lebon*, 755.
14. CE 6 févr. 2004, n° 255007, Frugier, *Lebon*; *AJDA* 2004, 606, concl. Séners.

40.149 Demain, une multipostulation généralisée ? De tout temps, la représentation du plaideur n'a été confiée à des mandataires officiels, auxiliaires de justice, qu'à la condition que ceux-ci exercent auprès de la juridiction devant laquelle ils représentent les justiciables. Il s'agit en effet d'une nécessité technique. Nul ne peut rendre la justice s'il n'a à sa proximité, on allait presque dire à sa disposition, les mandataires des parties pour leur demander à tout instant les renseignements nécessaires pour nourrir sa conviction, dissiper les interrogations et les doutes qu'il peut avoir et mûrir sa sentence. Par ce système, absolu sous l'Ancien Régime et à la reconstitution du barreau en 1810, le législateur essaie par tous moyens d'empêcher que la dualité des professionnels chargés de la représentation des clients qu'il institue en recréant le barreau ne favorise le désordre dans les juridictions.

C'est pourquoi, à l'époque, l'avocat est le plus souvent attaché à son territoire; les avocats près les tribunaux doivent obtenir une autorisation du grand juge pour pouvoir aller plaider dans un siège extérieur, les avocats des cours d'appels plaident certes avec plus de liberté, mais, si l'avocat est absent, appelé devant une autre chambre ou une autre juridiction, l'avoué aussitôt doit prendre la parole à sa place et le suppléer dans son activité de plaidoirie. Le système de « l'ambulance » (v. s[s] n° 05.34) ne fit qu'accentuer cette évolution. Par la suite - et il en sera ainsi jusqu'en 1971 - l'avocat plaide où il veut à l'intérieur du territoire français, tandis que l'avoué a seul qualité pour représenter les plaideurs devant le tribunal civil de première instance et devant la cour d'appel avec un ressort territorial qui constitue la limite de son ministère. La réforme de 1971, supprimant les avoués près les tribunaux et ne laissant subsister que les avoués devant les cours d'appels, posait une difficulté. Il fut résolu par la distinction entre l'avocat postulant et l'avocat plaidant. Le premier, successeur de l'avoué, exerce la représentation des plaideurs devant le tribunal dans le ressort territorial duquel il exerce sa profession, en revanche, l'avocat plaidant exerce son activité de plaidoirie sur tout le territoire français. Souvent les deux activités coïncident, l'avocat postulant est en même temps l'avocat plaidant mais lorsque le justiciable fait appel à un avocat extérieur au barreau du tribunal où se déroule son litige, il est contraint de faire appel au ministère d'un avocat postulant pour assurer sa représentation en justice devant ce tribunal.

On s'est alors interrogé pour savoir si ce système, maintenu par la loi du 31 décembre 1971, était adapté à la situation nouvelle telle qu'elle ressort de la transformation des mœurs depuis un demi-siècle. La rapidité des communications, l'avion qui permet à chacun de se déplacer avec facilité, le téléphone, le télégramme, le télex, la correspondance électronique (par courriel) ne permettent-ils pas à n'importe quel avocat et où qu'il exerce son ministère d'assurer en même temps que l'activité de plaidoirie celle de postulation devant ce qui est devenu le tribunal de grande instance ? Ainsi la postulation ne serait plus qu'une notion périmée, une survivance d'un âge où la difficulté des communications justifiait la présence d'un mandataire local. La multipostulation créée dans la région parisienne par le démembrement du tribunal de première instance de la Seine en un tribunal de grande instance de Paris et des tribunaux dits périphériques, de Bobigny, Nanterre et Créteil, permettait l'introduction de cette notion de multipostulation. La liberté d'établissement et de prestation conférée par le traité de Rome aux avocats de la Communauté européenne économique, autorisant une multiplicité d'installation de ces avocats à travers les pays du Marché commun[1], renforçait cette notion et l'on s'est demandé si l'on ne pourrait pas supprimer la postulation territoriale en l'étendant à tous les avocats quel que soit le lieu où est installé leur cabinet et celui où ils exercent leurs fonctions dans un procès déterminé.

Cette idée a rencontré néanmoins de nombreuses réticences, notamment du fait des magistrats qui souhaitent avoir auprès d'eux un corps d'avocats installés à proximité, qu'ils peuvent rassembler dans des audiences de procédure et de mise en état, interlocuteurs privilégiés du juge et à sa disposition d'une manière pratique et quotidienne. Ils ne veulent pas être contraints de chercher à accélérer les procédures en s'adressant à des avocats moins connus d'eux puisque lointains, voire inconnus, difficiles à atteindre et s'évanouissant parfois comme des fantômes chaque fois que le magistrat a des questions à leur poser au sujet de l'avancement des procédures qui leur sont confiées. C'est cette opinion qu'ont exprimée les chefs de juridictions périphériques dans le rapport de la Commission des lois de l'Assemblée nationale de 1980. De même le garde des Sceaux a précisé dans une réponse à question écrite du 30 août 1982 que la multipostulation réservée aux avocats de Paris, Bobigny, Créteil, Nanterre, n'avait ni pour objet ni pour effet de porter atteinte au principe de la territorialité de postulation qui était expressément maintenu.

1. CJCE 12 juill. 1984, n° 107/83, Klopp, *Rec. CJCE*, p. 2971, *Gaz. Pal.* 1984, 2, 617 - Brunois, chron., *Gaz. Pal.* 1985, 129 - Assant, « Les avocats aux États-Unis », *JCP* 1990, I, 3434.

CHAPITRE

41. Activités juridiques

SECTION 0
ORIENTEUR

41.00 Plan du chapitre.

41.01 Textes applicables.

>

L. n° 71-1130, 31 déc. 1971, art. 54 à 66-6 [Réglementation de la consultation juridique et de la rédaction d'actes sous seing privé]

Décr. n° 2005-790, 12 juill. 2005, art. 8 et 9, *JO* 16 [Mandat et rédaction d'actes]

RIN, art. 6 et 7 [Rédaction d'actes]

>

L. 31 déc. 1971, art. 54 [Conditions pour délivrer une consultation juridique et rédiger des actes sous seing privé]

Nul ne peut, directement ou par personne interposée, à titre habituel et rémunéré, donner des consultations juridiques ou rédiger des actes sous seing privé, pour autrui :

1° S'il n'est titulaire d'une licence en droit ou s'il ne justifie, à défaut, d'une compétence juridique appropriée à la consultation et la rédaction d'actes en matière juridique qu'il est autorisé à pratiquer conformément aux articles 56 à 66.

Les personnes mentionnées aux articles 56, 57 et 58 sont réputées posséder cette compétence juridique.

Pour les personnes exerçant une activité professionnelle réglementée mentionnées à l'article 59, elle résulte des textes les régissant.

Pour chacune des activités non réglementées visées à l'article 60, elle résulte de l'agrément donné, pour la pratique du droit à titre accessoire de celle-ci, par un arrêté, pris après avis d'une commission, qui fixe, le cas échéant, les conditions de qualification ou d'expérience juridique exigées des personnes exerçant cette activité et souhaitant pratiquer le droit à titre accessoire de celle-ci.

Pour chacune des catégories d'organismes visées aux articles 61, 63, 64 et 65, elle résulte de l'agrément donné, pour la pratique du droit à titre accessoire, par un arrêté, pris après avis de la même commission, qui fixe, le cas échéant, les conditions de qualification ou d'expérience juridique exigées des personnes pratiquant le droit sous l'autorité de ces organismes.

La commission mentionnée aux deux alinéas précédents rend son avis dans un délai de trois mois à compter de sa saisine.

Cette commission peut émettre, en outre, des recommandations sur la formation initiale et continue des catégories professionnelles concernées.

Un décret fixe la composition de la commission, les modalités de sa saisine et les règles de son fonctionnement.

L'agrément prévu au présent article ne peut être utilisé à des fins publicitaires ou de présentation de l'activité concernée;

2° S'il a été l'auteur de faits ayant donné lieu à condamnation pénale pour agissements contraires à l'honneur, à la probité ou aux bonnes mœurs;

3° S'il a été l'auteur de faits de même nature ayant donné lieu à une sanction disciplinaire ou administrative de destitution, radiation, révocation, de retrait d'agrément ou d'autorisation;

4° S'il a été frappé de faillite personnelle ou d'autre sanction en application du titre VI de la loi n° 85-98 du 25 janvier 1985 précitée ou, dans le régime antérieur à cette loi, en application du titre II de la loi n° 67-563 du 13 juillet 1967 précitée;

5° S'il ne répond en outre aux conditions prévues par les articles suivants du présent chapitre et s'il n'y est autorisé au titre desdits articles et dans les limites qu'ils prévoient.

Une personne morale dont l'un des dirigeants de droit ou de fait a fait l'objet d'une sanction visée au présent article peut être frappée de l'incapacité à exercer les activités visées au premier alinéa par décision du tribunal de grande instance de son siège social, à la requête du ministère public.

La commission mentionnée au 1° est installée au plus tard dans un délai de six mois à compter de la promulgation de la loi n° 97-308 du 7 avril 1997.

La condition de diplôme ou de compétence juridique prévue au 1° est applicable à l'expiration d'un délai d'un an à compter de la promulgation de la loi n° 97-308 du 7 avril 1997.

L. 31 déc. 1971, art. 55 [Assurance obligatoire – garantie financière – secret professionnel]

Toute personne autorisée par le présent chapitre à donner des consultations juridiques ou à rédiger des actes sous seing privé, pour autrui, de manière habituelle et rémunérée, doit être couverte par une assurance souscrite personnellement ou collectivement et garantissant les conséquences pécuniaires de la responsabilité civile professionnelle qu'elle peut encourir au titre de ces activités.

Elle doit également justifier d'une garantie financière, qui ne peut résulter que d'un engagement de caution pris par une entreprise d'assurance régie par le Code des assurances ou par un établissement de crédit habilités à cet effet, spécialement affectée au remboursement des fonds, effets ou valeurs reçus à ces occasions.

En outre, elle doit respecter le secret professionnel conformément aux dispositions des articles 226-13 et 226-14 du Code pénal et s'interdire d'intervenir si elle a un intérêt direct ou indirect à l'objet de la prestation fournie.

Les obligations prévues à l'alinéa précédent sont également applicables à toute personne qui, à titre habituel et gratuit, donne des consultations juridiques ou rédige des actes sous seing privé.

L. 31 déc. 1971, art. 56 [Personnes pouvant donner des consultations juridiques et rédiger des actes sous seing privé]

Les avocats au Conseil d'État et à la Cour de cassation, les avocats inscrits à un barreau français, les avoués près les cours d'appel, les notaires, les huissiers de justice, les commissaires-priseurs, les administrateurs judiciaires et les mandataires-liquidateurs disposent concurremment, dans le cadre des activités définies par leurs statuts respectifs, du droit de donner des consultations juridiques et de rédiger des actes sous seing privé pour autrui.

L. 31 déc. 1971, art. 57 [Autres personnes pouvant donner des consultations juridiques]

Les personnes entrant dans le champ d'application du décret du 29 octobre 1936 relatif aux cumuls de retraites, de rémunérations et de fonctions, en activité ou en retraite, et dans les conditions prévues par ledit décret, ainsi que les enseignants des disciplines juridiques des établissements privés d'enseignement supérieur reconnus par l'État délivrant des diplômes visés par le ministre chargé de l'enseignement supérieur, peuvent donner des consultations en matière juridique.

L. 31 déc. 1971, art. 58 [Juristes d'entreprise]

Les juristes d'entreprise exerçant leurs fonctions en exécution d'un contrat de travail au sein d'une entreprise ou d'un groupe d'entreprises peuvent, dans l'exercice de ces fonctions et au profit exclusif de l'entreprise qui les emploie ou de toute entreprise du groupe auquel elle appartient, donner des consultations juridiques et rédiger des actes sous seing privé relevant de l'activité desdites entreprises.

L. 31 déc. 1971, art. 59 [Personnes exerçant une activité professionnelle réglementée]

Les personnes exerçant peuvent, dans les limites autorisées par la réglementation qui leur est applicable, donner des consultations juridiques relevant de leur activité principale et rédiger des actes sous seing privé qui constituent l'accessoire direct de la prestation fournie.

L. 31 déc. 1971, art. 60 [Personnes exerçant une activité professionnelle non réglementée]

Les personnes exerçant une activité professionnelle non réglementée pour laquelle elles justifient d'une qualification reconnue par l'État ou attestée par un organisme public ou un organisme professionnel agréé peuvent, dans les limites de cette qualification, donner des consultations juridiques relevant directement de leur activité principale et rédiger des actes sous seing privé qui constituent l'accessoire nécessaire de cette activité.

L. 31 déc. 1971, art. 61 [Organismes chargés d'une mission de service public]

Les organismes chargés d'une mission de service public peuvent, dans l'exercice de cette mission, donner des consultations juridiques.

L. 31 déc. 1971, art. 62

[Abrogé par L. n° 97-308, 7 avr. 1997, art. 3, JO 8]

L. 31 déc. 1971, art. 63 [Associations reconnues d'utilité publique, les fondations reconnues d'utilité publique, certaines associations]

Les associations reconnues d'utilité publique, ou dont la mission est reconnue d'utilité publique conformément au Code civil local d'Alsace-Moselle, les fondations reconnues d'utilité publique, les associations agréées de consommateurs, les associations agréées exerçant leur activité dans les domaines de la protection de la nature et de l'environnement et de l'amélioration du cadre de vie et du logement, les associations habilitées par la loi à exercer les droits de la partie civile devant la juridiction pénale, les associations familiales et les unions d'associations familiales régies par le Code de la famille et de l'aide sociale, les groupements mutualistes régis par le Code de la mutualité peuvent donner à leurs membres des consultations juridiques relatives aux questions se rapportant directement à leur objet.

L. 31 déc. 1971, art. 64 [Syndicats et associations professionnels]

Les syndicats et associations professionnels régis par le Code du travail peuvent donner des consultations juridiques et rédiger des actes sous seing privé au profit des personnes dont la défense des intérêts est visée par leurs statuts, sur des questions se rapportant directement à leur objet.

L. 31 déc. 1971, art. 65 [Organisations professionnelles ou interprofessionnelles ainsi que les fédérations et confédérations de sociétés coopératives]

Les organismes constitués, sous quelque forme juridique que ce soit, entre ou par des organisations professionnelles ou interprofessionnelles ainsi que les fédérations et confédérations de sociétés coopératives peuvent donner des consultations juridiques et rédiger des actes sous seing privé au profit de ces organisations ou de leurs membres, sur des questions se rapportant directement à l'activité professionnelle considérée.

L. 31 déc. 1971, art. 66 [Organes de presse ou de communication audiovisuelle]

Les organes de presse ou de communication au public par voie électronique ne peuvent offrir à leurs lecteurs ou auditeurs de consultations juridiques qu'autant qu'elles ont pour auteur un membre d'une profession juridique réglementée.

L. 31 déc. 1971, art. 66-1 [Diffusion d'informations à caractère documentaire]

Le présent chapitre ne fait pas obstacle à la diffusion en matière juridique de renseignements et informations à caractère documentaire.

L. 31 déc. 1971, art. 66-2 [Sanctions]

Sera puni des peines prévues à l'article 72 quiconque aura, en violation des dispositions du présent chapitre, donné des consultations ou rédigé pour autrui des actes sous seing privé en matière juridique.

L. 31 déc. 1971, art. 66-3 [Constitution de partie civile des organismes chargés de représenter les professions visées à l'article 56 et les organisations professionnelles représentatives de ces professions]

Les organismes chargés de représenter les professions visées à l'article 56 et les organisations professionnelles représentatives de ces professions peuvent exercer les droits reconnus à la partie civile en ce qui concerne les infractions prévues à l'article 66-2.

L. 31 déc. 1971, art. 66-4 [Interdiction du démarchage]

Sera puni des peines prévues à l'article 72 quiconque se sera livré au démarchage en vue de donner des consultations ou de rédiger des actes en matière juridique. Toute publicité aux mêmes fins est subordonnée au respect de conditions fixées par le décret visé à l'article 66-6.

L. 31 déc. 1971, art. 66-5 [Secret professionnel]

En toutes matières, que ce soit dans le domaine du conseil ou dans celui de la défense, les consultations adressées par un avocat à son client ou destinées à celui-ci, les correspondances échangées entre le client et son avocat, entre l'avocat et ses confrères à l'exception pour ces dernières de celles portant la mention « officielle », les notes d'entretien et, plus généralement, toutes les pièces du dossier sont couvertes par le secret professionnel.

L. 31 déc. 1971, art. 66-6 [Modalités d'application]

Les modalités d'application du présent titre sont précisées par un décret en Conseil d'État.

Décr. 12 juill. 2005, art. 8 [Mandat]

L'avocat doit justifier d'un mandat écrit sauf dans les cas où la loi ou le règlement en présume l'existence.

L'avocat s'assure au préalable de la licéité de l'opération pour laquelle il lui est donné mandat. Il respecte strictement l'objet du mandat et veille à obtenir du mandant une extension de ses pouvoirs si les circonstances l'exigent.

L'avocat ne peut, sans y avoir été autorisé spécialement et par écrit par le mandant, transiger en son nom et pour son compte ou l'engager irrévocablement par une proposition ou une offre de contracter.

L'avocat ne peut disposer de fonds, effets ou valeurs ou aliéner les biens du mandant que si le mandat le stipule expressément ou, à défaut, après y avoir été autorisé spécialement et par écrit par le mandant.

Décr. 12 juill. 2005, art. 9 [Rédaction d'actes]

L'avocat rédacteur d'un acte juridique assure la validité et la pleine efficacité de l'acte selon les prévisions des parties. Il refuse de participer à la rédaction d'un acte ou d'une convention manifestement illicite ou frauduleux. Sauf s'il en est déchargé par les parties, il est tenu de procéder aux formalités légales ou réglementaires requises par l'acte qu'il rédige et de demander le versement préalable des fonds nécessaires.

L'avocat seul rédacteur d'un acte veille à l'équilibre des intérêts des parties. Lorsqu'il a été saisi par une seule des parties, il informe l'autre partie de la possibilité qu'elle a d'être conseillée et de se faire assister par un autre avocat.

S'il est intervenu comme rédacteur unique en qualité de conseil de toutes les parties, il ne peut agir ou défendre sur la validité, l'exécution ou l'interprétation de l'acte qu'il a rédigé, sauf si la contestation émane d'un tiers.

S'il est intervenu en qualité de rédacteur unique sans être le conseil de toutes les parties, ou s'il a participé à sa rédaction sans être le rédacteur unique, il peut agir ou défendre sur l'exécution ou l'interprétation de l'acte dont il a été le rédacteur ou à la rédaction duquel il a participé. Il peut également défendre sur la validité de l'acte.

RIN, art. 6 [Champ d'activité professionnel de l'avocat]

[L. 31 déc. 1971, art. 6, 6 *bis*, 54 à 56; décr. 12 juill. 2005, art. 8; C. pr. civ., art. 411 à 417]

Définition du champ d'activité

6.1 Auxiliaire de justice et acteur essentiel de la pratique universelle du droit, l'avocat a vocation à intervenir à titre professionnel dans tous les domaines de la vie civile, économique et sociale, et ce dans le respect des principes essentiels régissant la profession.

Il peut collaborer avec d'autres professionnels à l'occasion de l'exécution de missions nécessitant la réunion de compétences diversifiées et ce, aussi bien dans le cadre d'interventions limitées dans le temps et précisément définies que par une participation à une structure ou organisation à caractère interprofessionnel.

Missions

6.2 Il assiste et représente ses clients en justice, et à l'égard de toute administration ou personne chargée d'une délégation de service public, sans avoir à justifier d'un mandat écrit, sous réserve des exceptions prévues par les textes légaux et réglementaires.

Il fournit à ses clients toute prestation de conseil et d'assistance ayant pour objet, à titre principal ou accessoire, la mise en œuvre des règles ou principes juridiques, la rédaction d'actes, la négociation et le suivi des relations contractuelles.

Il peut recevoir des missions de justice.

Il peut exercer des missions pour le compte de personnes physiques ou morales agissant sous forme ou pour le compte de fonds fiduciaires ou de tout instrument de gestion d'un patrimoine d'affectation.

Il peut également être investi d'une mission d'arbitre, d'expert, de médiateur, de conciliateur, de séquestre, de liquidateur amiable ou d'exécuteur testamentaire.

Dans l'accomplissement de ces missions, il demeure soumis aux principes essentiels et doit s'assurer tout particulièrement de son indépendance.

Mandats

6.3 Indépendamment de ces missions, il peut recevoir de ses clients un mandat dans les conditions fixées ci-après.

L'avocat doit justifier d'un mandat écrit sauf dans les cas où la loi ou le règlement en présume l'existence.

Il peut recevoir mandat de négocier, d'agir et de signer au nom et pour le compte de son client. Un tel mandat doit être spécifique et ne peut en conséquence avoir un caractère général.

Il peut être désigné comme représentant fiscal de son client.

Il peut assister ou représenter son client à l'occasion de la réunion d'une assemblée délibérative ou d'un organe collégial, à charge pour lui d'en aviser au préalable l'avocat de la personne morale ou, à défaut, son représentant légal ou l'auteur de la convocation.

Il peut accepter un dépôt ou une mission de séquestre conventionnel ou judiciaire.

Il doit refuser de recevoir en dépôt ou à titre de séquestre un acte manifestement illicite ou frauduleux.

Le mandat écrit doit déterminer la nature, l'étendue, la durée de la mission de l'avocat, les conditions et modes d'exécution de la fin de celle-ci, ainsi que les modalités de sa rémunération.

Lorsque l'avocat est dépositaire ou séquestre de fonds, effets ou valeurs, il doit les déposer sans délai à la Carpa ou sur le compte « séquestre » du bâtonnier, avec une copie de la convention de dépôt ou de séquestre.

L'avocat s'assure au préalable de la licéité de l'opération pour laquelle il lui est donné mandat. Il respecte strictement l'objet du mandat et veille à obtenir du mandant une extension de ses pouvoirs si les circonstances l'exigent. S'il se trouve dans l'impossibilité d'accomplir le mandat qui lui est confié, il doit en aviser sans délai le mandant.

Obligations et interdictions concernant les mandats

6.4 L'avocat ne peut, sans y avoir été autorisé spécialement et par écrit par le mandant, transiger en son nom et pour son compte ou l'engager irrévocablement par une proposition ou une offre de contracter.

L'avocat ne peut disposer de fonds, effets ou valeurs ou aliéner les biens du mandant que si le mandat le stipule expressément ou, à défaut, après y avoir été autorisé spécialement et par écrit par le mandant.

Il est interdit à l'avocat d'intervenir comme prête-nom et d'effectuer des opérations de courtage – toute activité à caractère commercial étant incompatible avec l'exercice de la profession. L'avocat ne peut accepter un mandat de gestion de portefeuille ou d'immeubles qu'à titre accessoire et occasionnel et après en avoir informé son bâtonnier. [...].

Formation – enseignement

6.5 L'avocat peut organiser toute action de formation ou d'enseignement ou y participer.

6.6 Prestation juridique en ligne.

Prestations en ligne

6.6.1 La fourniture par transmission électronique de prestations juridiques par un avocat se définit comme un service personnalisé à un client habituel ou nouveau.

Elle peut être proposée dans le respect des prescriptions de l'article 161 du décret du 27 novembre 1991. Le nom de l'avocat intervenant doit être communiqué à l'usager avant la conclusion de tout contrat de fourniture de prestations juridiques.

Identification des intervenants

6.6.2 Lorsqu'un avocat est interrogé ou sollicité en ligne par une personne demandant des prestations juridiques, il lui appartient de s'assurer de l'identité et des caractéristiques de la personne à laquelle il répond, afin de respecter le secret professionnel, d'éviter le conflit d'intérêts et de fournir des informations adaptées à la situation de l'interrogateur. L'avocat qui répond doit toujours être identifiable.

Communication avec le client

6.6.3 L'avocat qui fournit des prestations juridiques en ligne doit toujours être en mesure d'entrer personnellement et directement en relation avec l'internaute, notamment si la demande qui lui est transmise lui paraît mal formulée, pour lui poser les questions nécessaires ou lui faire les suggestions conduisant à la fourniture d'un service adapté à ses besoins. [...].

6.6.4 Paiement des prestations de l'avocat.

Avocat créateur d'un site Internet de prestations juridiques

6.6.4.1 L'avocat qui crée, exploite ou participe majoritairement, seul ou avec des confrères, à la création et à l'exploitation d'un site Internet de prestations juridiques peut librement percevoir toute rémunération des clients de ce site; il peut, le cas échéant, percevoir celle-ci par l'intermédiaire de l'un des établissements financiers assurant la sécurité des paiements en ligne, pour autant que l'identification du client reste aussi possible à cette occasion.

Avocat référencé par un site Internet de prestations juridiques en ligne

6.6.4.2 L'avocat référencé par un site Internet de prestations juridiques peut être amené à participer de façon forfaitaire aux frais de fonctionnement de ce site, à l'exclusion de toute rémunération établie en fonction des honoraires perçus par l'avocat des clients avec lesquels le site l'a mis en relation.

Avocat prestataire de service d'un site Internet

6.6.4.3 L'avocat qui fournit des prestations juridiques destinées à des clients d'une entreprise télématique doit s'assurer que celles-ci relèvent du seul domaine de l'information juridique.

S'il fournit une consultation au sens du Titre II de la loi du 31 décembre 1971 modifiée, il doit le faire dans le respect du secret professionnel et de la règle du conflit d'intérêts. Il peut donner mandat à l'entreprise télématique de percevoir pour son compte les honoraires qui lui reviennent. Les frais forfaitaires dont le paiement a été convenu avec l'entreprise précitée peuvent être, à cette occasion, déduits de ses honoraires.

En tout état de cause l'avocat qui participe au site Internet d'un tiers, y est référencé ou visé par un lien hypertexte, doit vérifier que son contenu est conforme aux principes qui régissent la profession, et en informer l'Ordre. Si tel n'est pas le cas, il doit cesser son concours.

RIN, art. 7 [Rédaction d'actes]

[L. 31 déc. 1971, art. 54, 55; décr. 12 juill. 2005, art. 9]

Définition du rédacteur

7.1 À la qualité de rédacteur, l'avocat qui élabore, seul ou en collaboration avec un autre professionnel, un acte juridique pour le compte d'une ou plusieurs parties, assistées ou non de conseils, et qui recueille leur signature sur cet acte.

Le seul fait pour un avocat de rédiger le projet d'un acte dont la signature intervient hors de sa présence, ne fait pas présumer de sa qualité de rédacteur.

L'avocat peut faire mention de son nom et de son titre sur l'acte qu'il a rédigé, ou à la rédaction duquel il a participé, s'il estime en être l'auteur intellectuel. Cette mention emporte de plein droit application des présentes dispositions.

Obligations du rédacteur

7.2 L'avocat rédacteur d'un acte juridique assure la validité et la pleine efficacité de l'acte selon les prévisions des parties. Il refuse de participer à la rédaction d'un acte ou d'une convention manifestement illicite ou frauduleux. Sauf s'il en est déchargé par les parties, il est tenu de procéder aux formalités légales ou réglementaires requises par l'acte qu'il rédige et de demander le versement préalable des fonds nécessaires.

L'avocat seul rédacteur d'un acte veille à l'équilibre des intérêts des parties. Lorsqu'il a été saisi par une seule des parties, il informe l'autre partie de la possibilité qu'elle a d'être conseillée et de se faire assister par un autre avocat.

Contestations

7.3 L'avocat qui est intervenu comme rédacteur unique d'un acte n'est pas présumé avoir été le conseil de toutes les parties signataires.

Il n'est pas rédacteur unique dès lors que la partie autre que celle qu'il représente était assistée par un conseil, avocat ou non.

S'il est intervenu comme rédacteur unique en qualité de conseil de toutes les parties, il ne peut agir ou défendre sur la validité, l'exécution ou l'interprétation de l'acte qu'il a rédigé, sauf si la contestation émane d'un tiers.

S'il est intervenu en qualité de rédacteur unique sans être le conseil de toutes les parties, ou s'il a participé à sa rédaction sans être le rédacteur unique, il peut agir ou défendre sur l'exécution ou l'interprétation de l'acte dont il a été le rédacteur ou à la rédaction duquel il a participé. Il peut également défendre sur la validité de l'acte.

41.02 Jurisprudence de référence.

> Les juges doivent rechercher dans chaque espèce si les actes rédigés par les experts-comptables constituent l'accessoire de la prestation fournie à titre principal

• Crim. 11 avr. 2002, n° 00-86.519, *Bull. crim.*, n° 88; *JCP* 2003, II, 10011.

* V. s^s n° 41.31.

> La société « Class Action.fr » ne figure pas au rang des personnes morales autorisées à donner des consultations juridiques

• TGI Lille, ord. réf., 14 juin 2005, NPB.

* V. s^s n° 41.31.

« La publicité ainsi faite au travers de ce site [classaction.fr] pour des prestations juridiques par la société Class Action.fr, société commerciale distincte des membres qui l'animent et qui ne figurent pas au rang des personnes morales autorisées à donner des consultations juridiques, est manifestement illicite ».

41.03 Bibliographie indicative.

Ouvrages. le Tourneau (dir.), DALLOZ ACTION RESP. ET CONTRATS 2010/2011, n°s 4961 à 4981 – AVRIL, 2008 – Audran, *Le périmètre du droit*, thèse, Nantes, 2000.

Articles. Bénabent, « La réglementation de l'exercice du droit », *JCP* 1991, I, 3490, n°s 21 et 22 – Biguenet-Maurel, « Le devoir de conseil des rédacteurs d'actes (Quand l'utilisation du concept conduit à dénaturation) », *JCP N* 2004, I, 1254 – Boccara, « Piste sur la responsabilité des rédacteurs d'actes et conseils », *JCP* 1993, I, n° 3651 – Cerveau, « La prestation de conseil juridique effectuée par l'assureur de protection juridique », *Gaz. Pal.* 11 août 1994, p. 25 – Gruwez, *Gaz. Pal.* 9-13 nov. 2003, p. 6, « Renouveau du droit de la concurrence sur les marchés du droit et du conseil » – Jamin, « Mandat de protection future et contreseing de l'avocat : une préfiguration de l'acte sous signature juridique », *D.* 2007, 1004 – Le Cae, *Gaz. Pal.* 19 avr. 1994, doctr. (les assureurs face à la réforme des professions juridiques) – Martin, « Aperçu rapide sur la loi du 7 avril 1997 », *JCP* 1997, act. n° 18 – Nouel, Gordon-Krief et Martinet, « La spécificité de l'avocat : le périmètre du droit », *Dr. et patr.* déc. 1997, p. 20 s. – Raffray, « Les clauses destinées à écarter la responsabilité du rédacteur d'actes : formules magiques ou formules appropriées ? » *JCP N* 2003, I, 1252.

41.07 Périmètre du droit. Même après la deuxième fusion avocat/avoué/conseil juridique, les avocats n'ont pas obtenu le monopole du droit. Ils sont contraints de défendre avec vigueur leur droit à la consultation en matière juridique et à la rédaction d'actes sous seing privés, ce qu'ils nomment le « périmètre du droit ». On peut donc regretter, qu'au lieu d'instaurer le monopole du droit qui était attendu de tous les professionnels réglementés et qui aurait constitué un volet parallèle au monopole médical ou pharmaceutique, le législateur se soit attardé, sans doute sous les pressions de certains groupes, à laisser proliférer une abondance de consultants qui vont de la concierge dont la loge est largement ouverte à la voyante extralucide, en passant par les auxiliaires financiers[1], au restaurateur offrant des tickets de consultation juridique en promotion[2] et même aux huissiers qui donnent des consultations juridiques dans des matières autres que l'exécution des jugements qui leur est confiée par la loi[3]. Même si l'exercice du droit ne relève pas exclusivement de la profession d'avocat, cet exercice ne s'improvise pas. C'est ainsi que le juge des référés de Strasbourg, par une ordonnance du 22 avril 1993[4], a condamné un gérant d'une société civile immatriculée au registre du commerce et des sociétés à Paris à cesser son activité, notamment toute publicité par voie postale ou autre, concernant les réunions qu'il organisait à Strasbourg. Il s'agissait en fait de réunions organisées dans un hôtel de banlieue de la ville, par un gérant d'une société civile, destinées aux directeurs de sociétés ou d'entreprises en difficulté de la région de Strasbourg, réunions gratuites, dans lesquelles l'organisateur se proposait de répondre aux questions des participants, notamment pour réaliser des engagements financiers contractés par ces entreprises surtout si elles ont signé ou fait signer des cautions. Ces directeurs de sociétés en difficulté étaient convoqués par un mailing qui avait pour objet de capter une clientèle et lui vendre ses produits, c'est-à-dire des conseils, et de recevoir en échange une rémunération c'est-à-dire des honoraires. Il s'agissait donc, a jugé le président du tribunal de Strasbourg, de consultations juridiques n'entrant pas dans la définition donnée par les articles 54 et suivants de la loi. Ce type de consultation ne peut s'effectuer qu'après une analyse juridique de la situation de l'entreprise en difficulté et se traduit par des conseils sur des procédures à entreprendre, sur des contrats passés par des entreprises et notamment des contrats de caution, sur des questions juridiques de droit du travail et droit commercial, concernant les entreprises en difficulté qui ne sont pas de la compétence de commerçants du droit.

41.08 **Absence de monopole.** L'avocat, peut en plus de donner des conseils et des consultations en matière juridique et contentieuse, rapprocher les parties et rédiger des actes juridiques les concernant. Si ces activités ont toujours fait partie de la fonction de l'avocat et de celle du conseil juridique, il n'existe pas de monopole en la matière. Toutefois, dès 1971, une telle situation était apparue comme dangereuse pour les usagers du droit, d'où une tentative de réglementation par le Titre Ier du projet de loi qui devait aboutir à la loi du 31 décembre 1971 mais qui fut rejeté par le Parlement. L'actuelle loi est un texte de compromis qui tente de protéger les usagers et de mettre fin à des situations génératrices d'abus sans pour autant accorder un monopole à certaines professions[5].

41.09 **Mandat apparent ou écrit de l'avocat en matière juridique.** L'avocat dans son activité juridique dispose-t-il d'un mandat apparent ou nécessaire comme en matière judiciaire (sur la représentation v. s^s^ n°s 40.121 à 40.137 et sur la postulation n°s 40.141 s.) ? La question, qui n'était pas résolue par la loi, l'est désormais par l'article 8 du décret du 12 juillet 2005 reprenant en partie l'article 6.3 du règlement intérieur unifié, devenu règlement intérieur national. L'avocat doit justifier d'un mandat écrit, sauf dans les cas où la loi ou le règlement en présume l'existence (mandat *ad litem*). Évoquant les mentions d'un tel mandat, l'article 6.3 du RIN impose que soit déterminés la nature, l'étendue, la durée de la mission de l'avocat, les conditions et modes d'exécution de la fin de celle-ci, ainsi que les modalités de sa rémunération.

Le décret précise également que l'avocat ne peut, sans y avoir été autorisé spécialement et par écrit par le mandant, transiger en son nom et pour son compte ou l'engager irrévocablement par une proposition ou une offre de contracter. Ce que l'on admettait du reste déjà auparavant, considérant qu'il était nécessaire de faire établir, pour des actes précis et particuliers tels que ceux relatifs à la propriété, un mandat exprès dont l'avocat doit justifier auprès de l'autre partie contractante (promesse de vente de fonds de commerce)[6]. Et l'article 6.3 du RIN étend cette exigence du mandat spécifique au mandat de négocier, d'agir et de signer au nom et pour le compte de son client.

L'avocat ne peut non plus disposer de fonds, effets ou valeurs ou aliéner les biens du mandant que si le mandat le stipule expressément ou, à défaut, après y avoir été autorisé spécialement et par écrit par le mandant.

• **Distinction artificielle entre les activités judiciaires et les activités juridiques.** La distinction entre l'activité juridique et l'activité judiciaire est parfois artificielle. Souvent les clients viennent pour engager un procès que l'on fait précéder d'une négociation qui aboutit à un essai de transaction et même à la signature d'un document qui, n'étant pas respecté par les parties, va aboutir en justice. L'activité juridique de l'avocat se situe donc bien, dans la plupart des cas, dans un type de débat qui aurait pu, dès l'origine, avoir un sort judiciaire. On ne peut donc distinguer d'une part le juridique, d'autre part le judiciaire comme s'il s'agissait de matières limitées par un fossé infranchissable; elles sont étroitement mêlées dans la vie quotidienne.

1. CA Pontoise, 21 janv. 1997, *Gaz. Pal.* 22 avr 1997, 26, note Damien.
2. CA Auxerre 3 janv. 1995, *JCP* 1995, II, 22388, note Martin.
3. CA Paris, 25 mars 1996, *D.* 1996, IR 05.
4. TGI Strasbourg, réf., 22 avr. 1993, *Gaz. Pal.* 24 juill. 1993, 23, *D.* 1993, IR 125.
5. CA Strasbourg, ord. réf., 22 avr. 1993, *Gaz. Pal.* 24 juill. 1993, p. 23, note Damien – CA Toulouse, 8 nov. 1993, *Gaz. Pal.* 29 mars 1994, note Damien.
6. CA Poitiers, 13 janv. 1993, *Gaz. Pal.* 16 sept. 1993, p. 26.

SECTION 1
CONSEIL ET CONSULTATION JURIDIQUES

§ 1
Contenu

41.11 Définition du conseil et de la consultation juridiques. Le conseil et la consultation[1] sont des avis verbaux ou écrits donnés à un client à l'occasion d'un acte ou d'une action juridique ou judiciaire en vue d'éviter une difficulté ou un conflit à l'occasion d'un procès imminent ou en cours. Les consultations font partie des activités quotidiennes des avocats; lorsqu'elles sont délivrées par écrit elles engagent directement leur responsabilité. Elles doivent donc être données et délivrées avec sérieux, compétence et conscience. L'activité de consultation juridique doit être distinguée de l'activité, même exercée à titre professionnel, de recouvrement des créances : en procédant au recouvrement de créances, des sociétés ne se livrent pas aux activités de consultation juridique ou de rédaction d'actes sous seing privé au sens des dispositions des articles 54 et suivants de la loi du 31 décembre 1971[2]. Depuis l'entrée en vigueur du décret du 18 décembre 1996 qui réglemente l'activité de recouvrement de créances[3], ceux qui exercent cette profession (désormais réglementée) entrent dans le champ d'application de l'article 59 de la loi de 1971.

• **L'avocat consultant autrefois.** Dans l'ancien barreau, la tâche de consultation était pratiquement aussi importante que celle de procédure ou de plaidoirie. On estimait même que l'avocat consultant – il portait en effet ce titre tant il affectionnait la fonction et se retirait pratiquement du nombre des avocats plaidant – était considéré comme le seigneur de la chicane. C'est à lui que songe Montesquieu dans *Lettres persanes* lorsqu'il fait dire par un homme de robe à son Persan : « Nous avons des livres vivants, ce sont les avocats, ils travaillent pour nous et se chargent de notre culture. » Camus, dans ses lettres sur la profession, décrit le consultant comme une sorte de juge des affaires qu'on lui présente et sur la foi de l'avis duquel on se détermine à suivre une procédure ou à l'abandonner. Ce titre d'avocat consultant était réservé aux avocats ayant plus de 20 années d'exercice de la profession[4]. Sous l'empire du Code de procédure civile, la loi exigeait qu'une consultation d'avocat soit demandée et produite dans certains procès avant l'introduction de l'instance en justice. C'était le cas notamment en matière de requête civile[5]. Dans ce cas, la demande devait être assortie d'une consultation de trois avocats exerçant depuis dix ans auprès des tribunaux du ressort de la cour d'appel dans lequel le jugement avait été rendu et ces années d'exercice se décomptaient depuis la date d'inscription au tableau[6].

• **L'avocat consultant aujourd'hui.** L'avocat consultant dispose aujourd'hui de nouveau moyen de communication. La prestation peut être « fournie en ligne » et l'avocat devenir prestataire de service d'un site internet dans les conditions de l'article 6.6 du RIN. Naturellement, il ne sera en rien dispensé d'observer le secret professionnel, les règles concernant la publicité et le conflit d'intérêts et, de manière générale, toutes les règles de déontologie qui régissent sa profession.

41.12 L'avocat conseille ou consulte où bon lui semble. Tel n'a pas toujours été le cas. Aux termes de l'article 92 du décret du 9 juin 1972[7], « L'avocat donne sa consultation dans son cabinet personnel. Toutefois il peut, en déplacement, recevoir son client dans le cabinet d'un confrère ». Cette disposition avait pour objet d'empêcher que la consultation organisée par un avocat et destinée à des catégories ouvertes de personnes (personnel d'usine, immigrés, quart-monde, population d'un quartier) demeure pour lui une occasion non d'accueillir mais plutôt de « racoler » une clientèle inconnue, rassemblée autour de la consultation par des avis, annonces, encarts publicitaires, articles de journaux, émissions de radios... Le décret du 9 juin 1972 avait toutefois admis que l'avocat pouvait, sous réserve des exigences de la dignité professionnelle, se rendre au siège d'une personne morale ou d'une entreprise, soit à la résidence d'un client personne physique et, en déplacement, recevoir son client au cabinet d'un confrère. L'article 3 *bis* de la loi du 31 décembre 1971, dans sa rédaction issue de la loi du 31 décembre 1990[8], l'autorise désormais à se déplacer librement pour exercer ses fonctions, et même virtuellement. La signification de cet article est qu'il peut désormais consulter où bon lui semble, c'est-à-dire sans limitation de sa liberté d'exercice dans l'espace. Pour autant, il ne peut se livrer par le déplacement de son centre de consultation à des sollicitations de clientèle, notamment dans le cadre d'un comité d'entreprise[9], ni dans des lieux peu compatibles avec la dignité de la profession d'avocat et y faire des démarches peu honorables, l'obligation de dignité résultant du serment. Ainsi, un avocat peut être sanctionné pour avoir reçu la concubine de son client dans un hôtel où il était de

1. ÉGALᵀ SUR LA définition de la consultation : rép. min. AN, 8 juin 1992, *JCP* 1992, IV, 95.
2. CA Paris, 15 mars 1996, *D.* 1996, IR 105 – CA Paris, 21 mai 2001, *D.* 2001, IR 2084; *Gaz. Pal.* 9 juin 2001, concl. Gizardin.
3. Décr. n° 96-1112, 18 déc. 1996.
4. Damien, *Les avocats du temps passé*, p. 131 s.
5. Anc[t] C. pr. civ., art. 495.
6. Cass. Req. 5 nov. 1940, *DH* 1940, 208.
7. Abrogé par le décret du 27 novembre 1991.
8. L. n° 90-1259, 31 déc. 1990.
9. Civ. 1re, 16 juill. 1985, n° 84-14.834, *Bull. civ.* I, n° 221; *Gaz. Pal.* 1985, 2, pan. 293, note Guinchard et Moussa.

passage et pour y discuter de ses honoraires[1]. En outre, les cabinets secondaires peuvent être créés, sans autorisation préalable, sur simple déclaration grâce à l'article 8-1 de la loi du 31 décembre 1971 à l'intérieur du même barreau et après autorisation préalable du bâtonnier local, lorsque le bureau secondaire est situé dans le ressort d'un barreau différent (v. s[s] n°s 54.01 s.).

41.13 Consultations gratuites données par les avocats et pouvoirs des Ordres. Des avocats régulièrement inscrits à un barreau peuvent librement donner, en mairie ou au siège d'associations d'intérêt général, des consultations sans autorisation préalable de leur Ordre, autorisation qu'on ne saurait exiger comme conséquence d'un monopole que l'Ordre ne possède pas. Cette liberté est particulièrement étendue avec la création de radios privées qui peuvent organiser sur les ondes des consultations juridiques, avec la télévision privée grâce à la diffusion par câbles, ou avec le développement d'Internet et des sites développés par les avocats.

Les consultations doivent toutefois respecter les principes et traditions de l'Ordre et notamment la dignité, tels que définis par les principes généraux régissant la profession et éventuellement par les règlements intérieurs des Ordres (v. s[s] n°s 31.01 s.). Si le barreau n'a donc pas à autoriser de telles consultations, et s'il ne dispose pas d'un contrôle *a priori* pour envisager l'éventualité de manquements à venir, il peut néanmoins exercer un contrôle *a posteriori* si des manquements aux règles traditionnelles du barreau se produisaient[2].

Pour résumer :

– l'avocat peut créer librement un service de consultations gratuites données à l'extérieur de son cabinet personnel. Ces consultations doivent répondre à un besoin local entendu largement;

– ce besoin existe dès lors qu'une demande réelle se dessine, même dans un cadre aussi réduit qu'un comité d'entreprise. Il doit s'agir alors d'une œuvre sociale. En quelque sorte, le besoin local peut être particulier (Maison des étrangers à Marseille) et justifié par l'urgence d'une situation;

– ces consultations ne peuvent être prises en charge par un seul avocat pour respecter l'anonymat et, afin d'éviter tout risque de démarchage, l'avocat doit dépendre du barreau territorialement compétent; toutefois, il a été jugé qu'une commune peut créer un service gratuit de consultation et d'orientation juridique, le confier à un avocat extérieur au barreau local, à condition que celui-ci s'interdise d'accepter comme client toute personne qui l'aurait consulté[3];

– l'avocat devra informer préalablement le Conseil de l'ordre de son initiative. Celui-ci ne peut, dans les dispositions particulières de son règlement intérieur, prévoir la nécessité d'une autorisation préalable, il ne peut qu'aménager des conditions plus strictes dans lesquelles s'exercent les consultations;

– mais le Conseil de l'ordre a, en vertu de l'article 17 de la loi du 31 décembre 1971, la possibilité de contrôler, aussitôt informé, les conditions d'exercice des consultations au regard des principes ci-dessus dégagés. Il pourra alors sanctionner les atteintes aux règles de dignité professionnelle et essentiellement une situation éventuelle de démarchage de clientèle par irrespect de l'anonymat.

• **Évolution du droit pour un avocat de donner des consultations gratuites.** Jadis les consultations juridiques, gratuites pour la plupart, étaient réservées au seul ordre des avocats qui les exerçaient notamment par la conférence du stage dont c'était à l'origine le but essentiel[4]. Les consultations dans les mairies, organisées par l'Ordre, sont nées après la guerre de 1914; d'autres consultations furent organisées par les mairies directement avec le concours d'avocats qu'elles recrutaient sans passer par l'Ordre, soit parmi les membres du barreau local, soit parmi les membres de barreaux voisins. La légalité de cette organisation a été soumise au Conseil d'État qui a admis qu'une commune puisse créer un service municipal gratuit de consultations et d'orientation juridiques; ce service confié à un avocat qui s'interdit d'accepter comme client toute personne qui l'aurait consulté est en effet légal dès lors que le rôle de cet avocat consiste uniquement à indiquer à ceux qui lui rendront visite à quelle administration, à quel service ministériel, préfectoral ou autre, l'intéressé doit s'adresser pour les questions qui le préoccupent, lui précisant dans quelles conditions il peut bénéficier par exemple de l'aide juridictionnelle ou quels sont les frais de procédure prévisibles pour engager telle ou telle affaire, lui indiquant également devant quelle juridiction l'affaire doit être introduite et communiquant à l'usager la liste des avocats, avoués, notaires, huissiers, lorsque l'intervention de ces auxiliaires de justice ou de ces officiers ministériels s'avère nécessaire.

C'est donc à juste titre qu'une commune, compte tenu de l'existence d'un besoin de la population et donc d'un intérêt public local et sans qu'il soit nécessaire de vérifier s'il y a carence ou insuffisance de l'initiative privée, a créé un service juridique de consultation qui ne porte pas illégalement atteinte à l'activité des membres de la profession judiciaire[5]. La consultation peut d'ail-

1. Civ. 1re, 10 mars 1981, n° 80-12.724, NPT, *D.* 1982, 146, note Brunois; *Gaz. Pal.* 1981, 2, pan. 265.
2. CA Douai, 15 oct. 1982, *Gaz. Pal.* 1982, 2, 621.
3. CE 23 déc. 1970, n° 79410, préfet du Val d'Oise et min. Intérieur c/C[ne] de Montmagny, *Lebon*; *AJDA* 1971, 166 et 154; *Lebon*, 788.
4. Damien, *Les avocats du temps passé*, p. 306.
5. CE 23 déc. 1970, n° 79410, préfet du Val-d'Oise et min. Intérieur c/C[ne] de Montmagny, *Lebon*; *AJDA* 1971, jur. 166; *Lebon*, 788.

leurs être confiée à un avocat extérieur au barreau local, sans porter atteinte à l'activité des avocats territorialement compétents dès lors que l'avocat extérieur s'interdit d'accepter comme client toute personne qui l'aurait consulté à l'occasion de la permanence (même arrêt). Plus tard sont apparues des consultations gratuites dans les mairies organisées non plus par les Ordres mais par des associations ou syndicats d'avocats. La cour de Bourges par un arrêt du 21 mars 1979[1] a refusé cette nouveauté en rappelant qu'une union de jeunes avocats n'avait pas la possibilité de créer, encore moins d'annoncer par voie de presse, qu'elle tiendrait des consultations à date fixe dans une salle de mairie, sans recourir au préalable à l'autorisation du Conseil de l'ordre pour lui soumettre les conditions de sa consultation.

Certes, aucune disposition légale ou réglementaire ne prohibe la création, par les avocats inscrits à un barreau, d'un bureau de consultations gratuites, mais l'article 17 de la loi du 31 décembre 1971 qui fixe les missions du Conseil de l'ordre exige, selon la cour d'appel de Bourges, que, sous peine de vider ce texte de sa substance, le conseil soit à même d'exercer ses attributions légales et par là même soit informé de la création d'un bureau de consultations gratuites par des avocats ou une association d'avocats et ne soit pas placé devant le fait accompli. Le Conseil de l'ordre doit pouvoir prescrire les mesures de contrôle qu'il estime nécessaires pour que l'activité de ces avocats s'exerce dans le cadre de la profession, c'est-à-dire dans les conditions de modération, de décence et de publicité nécessaires même lors de l'exercice de cette fonction particulière de la consultation gratuite. Cet arrêt fut cassé par la Cour de cassation le 29 avril 1980[2] au motif que, le Conseil de l'ordre n'ayant relevé aucune infraction aux règles déontologiques, la cour n'aurait pas dû statuer comme elle l'avait fait sans énoncer des motifs propres à justifier l'interdiction proposée. Nous avons critiqué cette décision de la Cour de cassation et le bâtonnier Brunois de son côté a élevé une vigoureuse protestation dans sa note précitée rappelant que « libérer les avocats de la tutelle permanente de l'Ordre c'est le détruire » et demandant qu'au moins ces consultations organisées par les syndicats d'avocats requièrent l'approbation préalable de l'Ordre. La cour d'Orléans statuant comme cour de renvoi après la cassation de l'arrêt de Bourges a précisé les notions dégagées par la Cour de cassation en montrant que l'impossibilité d'interdire l'instauration spontanée des consultations gratuites ne devait s'entendre qu'au cas où le règlement intérieur de l'Ordre était muet sur les particularités et les règles que devaient présenter ces consultations[3].

Cependant, un pas nouveau a été franchi avec l'arrêt d'Aix du 16 décembre 1979[4] qui autorise des avocats à donner des consultations dans le cadre de la Maison des Étrangers de Marseille dont l'objet est d'accueillir les étrangers et notamment les immigrés, de les informer et de les orienter vers les services qui peuvent résoudre leurs difficultés. Les avocats n'ont pas à être désignés par l'Ordre mais peuvent être directement choisis par la Maison des Étrangers et rémunérés par elle; ce choix ne porte pas atteinte au principe du libre choix du client ni au principe de l'unicité du cabinet de l'avocat, ni au caractère libéral de la profession, dès lors que les étrangers peuvent s'adresser s'ils le désirent à tout autre avocat de leur choix. La Cour de cassation, saisie d'un pourvoi contre cet arrêt, a admis le 10 mars 1981[5] la conformité des principes dégagés par l'arrêt d'Aix avec les règles régissant le barreau. Les Conseils de l'ordre auront donc intérêt à rappeler dans leurs règlements intérieurs ces principes de façon à pouvoir exercer dans leur plénitude les attributions que leur confère la loi. La cour de Toulouse, par un arrêt du 16 janvier 1984, avait opéré un complet revirement de jurisprudence, revenant aux principes de la déontologie classique nonobstant la série d'arrêts ci-dessus mentionnés. La cour fondait son refus sur la circonstance que la consultation ne pouvait se donner qu'au cabinet de l'avocat[6]. Dès lors, pour la cour, toute consultation extérieure qui dérogeait à ce principe ne pouvait être organisée qu'avec l'accord du bâtonnier[7]. Cet arrêt a été cassé par la chambre civile le 4 juin 1985 avec toutefois des précisions complémentaires quant aux conditions de dignité que doit comporter l'exercice du droit de consulter qui peuvent être définies par le Conseil de l'ordre dans le cadre de la liberté de principe accordée à ce type de consultation[8]. Dans le même sens, la cour de Chambéry a estimé que l'instauration par un avocat d'une consultation gratuite au profit d'un comité d'entreprise de société, assurée par un seul avocat et en dehors du ressort de son barreau, pouvait être interdite par refus d'homologation de la convention intervenue entre l'avocat et le comité d'entreprise[9].

En outre la Cour de cassation, contrairement à l'arrêt précité de la cour de Toulouse, admet la recevabilité d'un recours contre la décision du bâtonnier refusant l'ouverture d'une consultation gratuite sur le seul fondement de l'article 14 du décret du 9 juin 1972, l'avocat s'estimant lésé dans ses intérêts professionnels par une déli-

1. CA Bourges, 21 mars 1979, *Gaz. Pal.* 1979, 2, 448.
2. Civ. 1re, 29 avr. 1980, n° 79-11.988, *Bull. civ.* I, n° 131; *Gaz. Pal.* 1980, 2, 567; *D.* 1981, 525, note crit. Brunois.
3. CA Orléans, 20 mai 1981, *Gaz. Pal.* 1981, 2, 625.
4. CA Aix-en-Provence, 16 déc. 1979, *D.* 1980, somm. 484.
5. Civ. 1re, 10 mars 1981, n° 80-11.405, *Bull. civ.* I, n° 83; *Gaz. Pal.* 1981, 2, 755.
6. Décr. 9 juin 1972, anc. art. 92.
7. CA Toulouse, 16 janv. 1984, *Gaz. Pal.* 1984, 1, 255, note Damien – Civ. 1re, 4 juin 1985, n° 84-11.748, *Bull. civ.* I, n° 177; *Gaz. Pal.* 1985, pan. 294, note Guinchard et Moussa; *Gaz. Pal.* 1985, jur 688 – Civ. 1re, 16 juill. 1985, n° 84-14.834, *Bull. civ.* I, n° 221; *Gaz. Pal.* 1985, somm. 293, note Guinchard et Moussa.
8. Civ. 1re, 4 juin 1985, n° 84-11.748, *Bull. civ.* I, n° 177; *D.* 1987, somm. 67, note Brunois; *Gaz. Pal.* 1985, jur. 688; *JCP* 1985, IV, 283; 1985, somm. 294, note Guinchard et Moussa.
9. CA Chambéry, 28 mai 1984, et Civ. 1re, 16 juill. 1985, n° 84-14.834, *Bull. civ.* I, n° 221; *D.* 1987, somm. 67, note Brunois; *JCP* 1985, IV, 331; *Gaz. Pal.* 1985, II, pan. 293, note Guinchard et Moussa; *Gaz. Pal.* 1985, somm. 293, note Guinchard et Moussa.

bération du Conseil de l'ordre[1]. D'après les termes de l'arrêt de la Cour de cassation du 29 avril 1980 précité, il semble que, si le règlement intérieur d'un barreau peut réglementer les consultations (lieu, gratuité ou rémunération, anonymat complet ou relatif, respect du libre choix de l'avocat, limite de la consultation : orientation, avis, consultation complète...), toute règle soumettant ces consultations à autorisation préalable du bâtonnier ou du Conseil de l'ordre, toute limitation du nombre des consultations que peut assurer un avocat, ou toute disposition limitant à une période déterminée la faculté de consulter hors du cabinet, doit être annulée et réputée non écrite si elle est indiquée dans le règlement intérieur[2].

En fait, l'erreur commise par les Ordres dans leurs règlements intérieurs et par la jurisprudence est de traiter la question de la liberté d'ouverture ou de création de consultations gratuites par les avocats, sans référence aux besoins non satisfaits par les Ordres, mais seulement à une dérogation accordée par l'Ordre au principe de l'unicité du cabinet et ce sur le seul fondement de l'ancien article 92 du décret du 9 juin 1972 qui posait en principe que l'avocat donne sa consultation dans son cabinet, alors que désormais il peut se rendre soit au siège d'un client personne morale, soit à la résidence d'un client personne physique.

§ 2
Conditions

41.21 Conditions pour donner des consultations juridiques à titre habituel et rémunéré. La réglementation de la consultation et de la rédaction d'actes sous seing privé est portée par le titre II de la loi du 31 décembre 1971[3]. En vertu de ces textes, la consultation juridique ou la rédaction d'actes sous seing privé, à titre habituel et rémunéré, est soumise à plusieurs conditions. Des consultations et rédaction d'actes supposent chez leur auteur la possession de certaines qualités ou l'absence de sanctions les en rendant incapables.

• **Consultation à titre gratuit ou non habituelle.** Les consultations à titre gratuit même habituelles sont autorisées, de même que le sont celles occasionnelles à titre onéreux. Cela étant, si une personne, à titre habituel et gratuit, donne des consultations juridiques ou rédige des actes sous seing privé, certaines obligations s'imposent à elle en vertu de l'article 55 de la loi du 31 décembre 1971 (v. s^s n° 41.24) : obligation de souscrire une assurance garantissant les conséquences pécuniaires de la responsabilité civile professionnelle qu'elle peut encourir au titre de ces activités, obligation d'être couvert par une garantie financière spécialement affectée au remboursement des fonds, effets ou valeurs reçus à cette occasion, obligation de respecter le secret professionnel. Ces obligations toutefois ne s'appliqueront pas, dès lors que l'activité n'est qu'occasionnelle.

41.22 Première condition : licence en droit ou « compétence juridique appropriée »[4]. Des parlementaires ont souhaité que le diplôme exigé soit du niveau de la maîtrise en droit. Cette exigence n'a pas été retenue dès lors que la licence en droit est seulement requise pour l'accès à certaines professions juridiques et judiciaires réglementées. Toutefois, un titre ou un diplôme pourra être reconnu comme équivalent par arrêté conjoint du ministre de la Justice et du ministre chargé des Universités. D'ailleurs, la condition de diplôme ou de titre n'est entrée en vigueur qu'à l'expiration d'un délai d'un an[5] à compter de la promulgation de la loi du 7 avril 1997[6].

• **Compétence juridique appropriée.** La loi du 31 décembre 1990 avait posé, comme conditions générales à l'exercice de la consultation juridique et de la rédaction d'actes, la possession de la licence en droit ou d'un diplôme équivalent, cette équivalence devant être fixée par un arrêté interministériel. Cette disposition devait entrer en application le 1er janvier 1996, l'échéance en fut retardée au 1er janvier 1997 et au 1er juillet 1997. La détermination des équivalences s'avéra impossible et le législateur dut intervenir pour changer les données du problème. Il l'a fait par une loi du 7 avril 1997. L'essentiel de cette loi était de substituer aux diplômes une « compétence juridique appropriée » définie de la façon suivante : les personnes appartenant à une profession judiciaire ou juridique ou même parajuridique réglementée sont réputées *a priori* avoir la compétence nécessaire pour exercer le droit, soit à titre principal, soit à titre accessoire. Les autres ne pourront exercer le droit à titre accessoire seulement si leur profession est agréée par un arrêté ministériel après avis d'une commission *ad hoc*. Ce dispositif est entré en application une année après la promulgation de la loi, soit le 8 avril 1998.

Les personnes mentionnées par les articles 56, 57 et 58 sont réputées posséder cette compétence. Pour les personnes exerçant une activité professionnelle réglementée mentionnée à l'article 59, elle résulte des textes les régissant. Pour chacune des activités non réglementées visées à l'article 60, elle résulte de l'agrément donné pour la pratique du droit, à titre accessoire de celle-ci par un arrêté pris après avis d'une commission qui fixe le cas échéant les conditions de qualification ou d'expérience juridique exigée des personnes exerçant cette activité et souhaitant pratiquer le droit et accessoire de celle-ci.

41.23 Deuxième condition : condition de moralité[7]. Il ne faut pas avoir été l'auteur de faits ayant donné lieu à condamnation pénale pour agissements contraires à l'honneur, à la probité ou aux

1. Devenu décr. 27 nov. 1991, art. 15.
2. CA Rouen, 14 mai 1985, *Gaz. Pal.* 10 oct. 1985, 9, note Damien.
3. L. 31 déc. 1971, art. 54 à 66-5.
4. L. 31 déc. 1971, art. 54-1°.
5. L. 31 déc. 1971, art. 54.
6. L. n° 97-308, 7 avr. 1997 – SUR L'ANALYSE DE CETTE LOI : Martin « Aperçu rapide sur la loi du 7 avril 1997 », *JCP* 1997, act. n° 18.
7. L. 31 déc. 1971, art. 54-2°, 3° et 4°.

bonnes mœurs, ou de faits de même nature ayant donné lieu à une sanction disciplinaire ou administrative de destitution, radiation, révocation, de retrait d'agrément ou d'autorisation (v. n°s 13.61 s.). Au titre des conditions de moralité figure celle ayant trait à l'absence de condamnation pour faillite personnelle ou autres sanctions en application du titre VI du Code de commerce[1] et des dispositions de la loi du 31 décembre 1971[2]. En outre, une personne morale, dont l'un des dirigeants de droit ou de fait a fait l'objet d'une des sanctions précédemment mentionnées, peut être frappée de l'incapacité de consulter ou de rédiger des actes sous seing privé en matière juridique par décision du tribunal de grande instance du lieu de situation de son siège social. Le tribunal est saisi à la requête du ministère public[3].

41.24 Troisième condition : assurance et garantie financière[4]. Les personnes qui entrent dans le champ d'application de la loi doivent être couvertes par une assurance souscrite personnellement ou collectivement et garantissant les conséquences pécuniaires de la responsabilité civile professionnelle qu'elles peuvent encourir au titre de leurs activités[5] (v. s^{s} n°s 94.01 s.). Les personnes tenues à une obligation d'assurance doivent également justifier d'une garantie financière, qui ne peut résulter que d'un engagement de caution pris par une entreprise d'assurances régie par le Code des assurances ou par un établissement de crédit habilité à cet effet, spécialement affectée au remboursement des fonds, effets ou valeurs reçus à l'occasion de la fourniture de prestations juridiques[6].

• **Respect du secret professionnel**[7]. Le respect du secret professionnel s'impose à toute personne qui, même à titre habituel et gratuit, donne des consultations en matière juridique ou rédige des actes sous seing privé. Le champ d'application de cette disposition est donc plus large dès lors qu'elle ne s'impose pas uniquement aux personnes qui exercent ces activités à titre habituel et rémunéré[8]. Les consultations adressées par un avocat à son client et les correspondances échangées entre le client et son avocat, qu'il s'agisse de la lettre elle-même ou des pièces qui y sont jointes[9], sont couvertes par le secret professionnel[10] (v. s^{s}. n° 37.11). Il en est de même en ce qui concerne l'interdiction d'intervenir en qualité de consultant ou de rédacteur d'actes à toutes personnes qui ont un intérêt direct ou indirect à l'objet de la prestation fournie[11].

§ 3
Professions autorisées

41.31 Professions autorisées à donner des consultations juridiques ou rédiger des actes sous seing privé. Le principe posé par la loi est que la consultation ainsi que la rédaction d'actes sont réservées à titre principal aux professions juridiques réglementées ou à des professionnels du droit compétents. À titre habituel et rémunéré sont autorisés à exercer ces activités juridiques :

– les membres des professions juridiques et judiciaires : avocats, avocats aux conseils, avocats honoraires (v. s^{s} n°s 17.01 s.), avoués, huissiers, notaires, commissaires-priseurs, administrateurs judiciaires et mandataires-liquidateurs[12]. En revanche, la société Class Action.fr, société commerciale distincte des membres qui l'animent, ne figure pas au rang des personnes morales autorisées à donner des consultations juridiques[13];

– les professions réglementées autres que juridiques et judiciaires[14] : experts-comptables, experts immobiliers, administrateurs de biens, syndics de copropriété, architectes, organismes bancaires, assureurs, centres et associations de gestion agréés, dès lors que leur réglementation professionnelle les y autorise et dans la mesure où ces activités pour les consultations, *relèvent de leur activité principale* et pour la rédaction des actes constituent *l'accessoire direct de la prestation fournie*;

• **Consultation juridique donnée par un expert-comptable.** L'ordonnance du 19 septembre 1945 et notamment son article 22 alinéa 7 autorise les experts-comptables à donner des consultations, effectuer toutes études et tous travaux d'ordre statistique, économique, administratif, *juridique* ou *fiscal* sans pouvoir en faire l'objet principal de leur activité et seulement s'il s'agit d'entreprises dans lesquelles ils assurent des missions d'ordre comptable, de caractère permanent ou habituel ou dans la mesure où lesdites consultations, études, travaux ou avis sont directement liés aux travaux comptables dont ils sont chargés.

1. C. com., art. L. 653-1 s.; mod. en dernier lieu par ord. n° 2008-1345, 18 déc. 2008; mod. L. n° 2005-845, 26 juill. 2005; issus not. de L. n° 85-98, 25 janv. 1985; et auparavant en application du titre II de L. n° 67-563, 13 juill. 1967.
2. L. 31 déc. 1971, art. 11 et 54, 4°; mod. par L. 7 avr. 1997.
3. L. 31 déc. 1971, art. 54.
4. L. 31 déc. 1971, art. 55.
5. L. 31 déc. 1971, art. 55.
6. L. 31 déc. 1971, art. 55.
7. L. 31 déc. 1971, art. 55, al. 3.
8. L. 31 déc. 1971, art. 55.
9. À PROPOS DE correspondances échangées entre avocats : Civ. 1re, 2 oct. 2007, n° 04-18.726, *Bull. civ.* I, n° 314; *D.* 2007, AJ 2678.
10. L. 31 déc. 1971, art. 66-5.
11. L. 31 déc. 1971, art. 55.
12. L. 31 déc. 1971, art. 56 – Bénabent, « La réglementation de l'exercice du droit », *JCP* 1991, I, 3490, n°s 21 et 22 – J.-CL. PR. CIV., Martin, « Avocats », fasc. 83.1, n°s 54 s. – Cerveau, « La prestation de conseil juridique effectuée par l'assureur de protection juridique », *Gaz. Pal.* 11 août 1994, 25.
13. TGI Lille, ord. réf., 14 juin 2005, inédit.
14. L. 31 déc. 1971, art. 59.

Selon la loi du 31 décembre 1971, ils ne peuvent donner des consultations juridiques (en particulier en droit fiscal, en droit comptable) qu'à titre accessoire.

• Une ordonnance de référé du président du tribunal de grande instance de Niort[1] définit le domaine d'intervention des experts-comptables en matière de consultation et rappelle que la consultation juridique ne peut être l'activité principale de l'expert-comptable qui est avant tout la tenue des comptes. La consultation en matière de droit, y compris en droit fiscal et en droit social, ne peut être qu'accessoire et ne peut s'adresser qu'aux clients de l'expert-comptable dans son activité principale. Ainsi, en organisant des consultations dont la première était gratuite, ouverte à tous, concernant les domaines comptable, social, fiscal et juridique, l'Ordre régional des experts-comptables de Poitou-Charentes-Vendée, qui le premier avait organisé cette consultation, avait excédé sa mission.

• **Acte juridique rédigé par un expert-comptable.** Si l'article 59 de la loi du 31 décembre 1971, permet aux experts-comptables, dans les limites autorisées par l'ordonnance du 19 septembre 1945, de rédiger pour autrui des actes sous seing privé *en matière juridique, c'est à la condition que ces actes constituent l'accessoire direct de la prestation fournie*. Le principal pour un expert-comptable c'est l'activité comptable, les activités annexes ne peuvent être autorisées que si elles sont, d'une part, *accessoires*, et d'autre part, *directement liées aux travaux comptables dont ils ont la charge*. Ainsi, la publication légale d'actes ne suffit pas à prouver, en l'absence d'autre circonstance, que la société d'expertise comptable les a rédigés, et ne démontre pas une activité juridique illicite[2].

• Le contentieux est assez nourri[3] à propos des actes de constitution de sociétés commerciales. À ce sujet, la chambre criminelle de la Cour de cassation a rendu deux arrêts difficilement conciliables. Si dans un premier temps, elle a précisé que l'acte devait être l'accessoire *direct* de la prestation fournie par l'expert-comptable en se fondant sur une appréciation *in abstracto* du caractère accessoire[4], dans un second temps elle a cassé l'arrêt de la cour de renvoi qui s'était conformé à cette doctrine[5]. La chambre criminelle se rangerait donc aujourd'hui derrière une analyse *in concreto*, suivie en cela par la première Chambre civile[6]. Cette position de la jurisprudence est favorable à l'avocat : en effet, tel acte juridique ne relève pas systématiquement de l'activité accessoire directe de l'expert-comptable; les juges doivent rechercher si dans les faits l'acte litigieux relève bien des travaux comptables.

• **Centres ou associations de gestion agréée.** L'imagination des intermédiaires en « conseils juridiques et autres » est plus féconde que celle du législateur. C'est ainsi qu'un centre de gestion agréé et habilité à présenter les documents comptables de ses adhérents, dans les conditions définies par l'article 1649 *quater* et II du Code général des impôts, a invoqué les dispositions de la loi du 7 avril 1997[7] pour demander à avoir le droit de consulter. Cette demande était fondée sur la loi du 7 avril 1997 qui a supprimé, dans l'article 63 de la loi du 31 décembre 1971, la mention des centres et associations de gestion agréée qui figurait dans la rédaction précédente. Une association agréée dont le siège est à Tours a déduit de ces modifications législatives qu'elle pouvait désormais procéder à des rédactions d'actes; le tribunal de Tours le lui a interdit, ainsi que de donner à titre habituel et rémunéré des consultations juridiques à des non adhérents ou de donner à ses adhérents à titre habituel et rémunéré des consultations ne se rapportant pas directement à des prestations comptables. La cour d'Orléans, par un arrêt du 26 février 1998[8], a infirmé partiellement la décision des premiers juges; il est en effet évident que le législateur de 1997 a réparé les nombreuses erreurs commises par celui de 1990, en supprimant dans l'article 63 les mots « centres et associations de gestion agréés » qui relevaient à l'évidence, et dès l'origine, des dispositions de l'article 59 de la loi du 31 décembre 1971, dans sa rédaction issue de la loi du 31 décembre 1990[9]. L'article 63 qui les visait ne les excluait pas pour autant du bénéfice des dispositions de l'article 59, il les mentionnait simplement dans ce long inventaire auquel il procédait; mais dès lors que ces associations relèvent de l'article 59, le centre de gestion agréé en cause ne pouvait se prévaloir des dispenses de la loi que pour exercer son activité juridique dans les termes de cet article : cette activité nécessairement limitée dans l'accessoire direct de la prestation fournie, qu'il s'agisse de la consultation ou de la rédaction d'actes, doit donc être directement liée aux travaux comptables ou de gestion dont le centre agréé est chargé et cette activité ne peut être que l'accessoire du principal, soit qu'elle le complète, soit qu'elle n'existe que par lui.

– les personnes exerçant une activité professionnelle non réglementée pour laquelle elles justifient

1. TGI Niort, ord. réf., 3 févr. 1993, *JCP* 1993, II, 22021, note Martin – CA Poitiers, 16 mars 1994, *Gaz. Pal.* 16 avr. 1994, p. 72 – Crim. 13 déc. 1995, n° 95-80.286, NPT, *JCP* 1996, II, 22680, note Martin – ÉGAL[T] : T. com. Lyon, 19 avr. 2004, *Gaz. Pal.* 10-13 nov. 2004, 35, obs. Meziani et Lataste.
2. Civ. 1re, 1er mars 2005, n° 02-11.743, *Bull. civ.* I, n° 99; *D.* 2006, pan. 268, obs. Blanchard; *D.* 2005, IR 912; *Bull. Joly* 2005, 937, note Barbiéri; *Gaz. Pal.* 2005, somm. 1326.
3. NOT. : Crim. 13 mars 1996, n° 94-86.022, *Bull. crim.*, n° 111; *Gaz. Pal.* 20 avr. 1996, 8 s., note Damien – TGI Bonneville, 23 avr. 1997, *Bull. soc. Joly* 1997, n° 7, p. 709, note Barbiéri – TGI Nice, 30 avr. 1997, 2 esp., *D.* 1997, jur. 390, note Terré – CA Paris, 11 déc. 1997, *D.* 1998, jur. 171, note Terré – CA Chambéry, 3 avr. 2000 et CA Versailles, 7 sept. 2000, *D.* 2001, jur. 1907, note Audran – CA Aix-en-Provence, 11 avr. 2002, *JCP* 2003, I, 140, obs. Martin.
4. Crim. 23 mars 1999, n° 98-80.271, NPT, *D.* 1999, jur. 473, note Robert; *Gaz. Pal.* 1999, somm. 133; *Bull. Joly* 1999, 755, note Barbieri; *Rev. soc.* 1999, 857, note Bouloc.
5. Crim. 11 avr. 2002, n° 00-86.519, *Bull. crim.*, n° 88; *JCP* 2003, II, 10011, note Audran.
6. Civ. 1re, 4 févr. 2003, n° 00-20.247, *Bull. civ.* I, n° 36; *JCP* 2003, I, 140, obs. Martin.
7. L. n° 97-308, 7 avr. 1997.
8. CA Orléans, 26 févr. 1998, *Gaz. Pal.* 11 juill. 1998, note Damien; *JCP* 1999, I, 126, n° 1, obs. Martin.
9. L. n° 90-1259, 31 déc. 1990.

d'une qualification reconnue par l'État ou attestée par un organisme public ou professionnel agréé, à condition que ces consultations *relèvent directement de leur activité principale* ou que la rédaction d'actes *constitue l'accessoire nécessaire de cette activité*[1];

• **Agrément.** Dans le cadre de l'article 60, la compétence juridique appropriée exigée pour donner des consultations juridiques ou rédiger des actes sous seing privé résulte de l'agrément donné pour la pratique du droit à titre accessoire par un arrêté pris après avis de la même commission qui fixe le cas échéant les conditions de qualification, d'expérience, exigées des personnes pratiquant le droit sous l'autorité de ces organismes. La commission mentionnée aux deux alinéas précédents rend son avis dans un délai de trois mois à compter de la saisine, cette commission peut émettre en outre des recommandations sur les formations initiales et continues des catégories professionnelles concernées, un décret fixe la composition de la commission, les modalités de saisine et les règles de son fonctionnement[2]. L'agrément prévu au présent article ne peut être utilisé à des fins publicitaires ou de présentation de l'activité concernée.

Certaines professions non réglementées se sont vu conférées un agrément pour consulter ou rédiger des actes juridiques sous les conditions précitées (par ex. les arrêtés du 24 juin 1999[3]). Des arrêtés ministériels en date des 19 décembre 2000[4], 27 décembre 2000[5] et 6 février 2001[6] ont conféré cet agrément aux experts immobiliers, ingénieurs en systèmes informatiques, logiciels, études de marché et sondages, aux généalogistes, aux ingénieurs-conseils en ingénierie, aux ingénieurs-conseils pour la gestion et la sélection du personnel, aux experts en assurance, aux conseils en gestion du patrimoine[7] (v. également Fédération France nature environnement[8] consultants ou ingénieurs relevant de l'Union nationale des économistes de la construction et des coordonnateurs qui exercent leur activité dans les secteurs « Métreurs-géomètres »[9]).

– les juristes d'entreprise[10] : les consultations ou les actes sous seing privé rédigés par les juristes doivent être réalisés dans le cadre de leurs fonctions, au profit exclusif de l'entreprise qui les emploie et relevant de l'activité de ladite entreprise; ils ne peuvent consulter ou rédiger en matière juridique qu'en exécution de leur contrat de travail, et non pas en vertu de mandats consentis par leurs clients[11];

– les syndicats et associations professionnels[12], à condition que leurs prestations portent sur des questions directement liées à leur objet et au profit des personnes dont la défense est visée par leurs statuts sur des questions se rapportant directement à leur objet[13];

– les organismes constitués entre ou par des organisations professionnelles ou interprofessionnelles (fédération ou confédération de sociétés coopératives) à condition que ces prestations portent sur des questions relevant directement de l'activité professionnelle considérée[14].

41.32 Professions uniquement autorisées à donner des consultations juridiques. Certaines personnes physiques sont autorisées, compte tenu des garanties de compétence qu'elles offrent, à donner des consultations en matière juridique. Il s'agit :

– des professeurs agrégés et maîtres de conférences chargés d'un enseignement juridique;

– des fonctionnaires visés par le décret du 29 octobre 1936 qui a été abrogé par la loi du 2 février 2007[15]. Le statut des avocats conférant à tous les fonctionnaires en activité ou en retraite le droit de consulter, il faut rappeler qu'un décret en Conseil d'État du 17 février 1995[16] interdit à un fonctionnaire ayant cessé ses fonctions d'exercer une activité privée (la consultation en est une) au profit d'entreprises privées dont il a été chargé de la surveillance et du contrôle au cours des cinq années qui ont précédé la cessation de ses fonctions;

– des organismes chargés d'une mission de service public[17]. La loi ne leur reconnaît pas la faculté de rédiger des actes sous seing privé sauf si ces prestations sont fournies à titre gratuit;

– des associations, groupements mutualistes[18] : la loi vise diverses catégories d'associations reconnues d'utilité publique ou dont la mission est reconnue d'utilité publique conformément au Code civil local d'Alsace-Moselle, les associations agréées de consommateurs, les associations agréées exerçant leur activité dans les domaines de la protection

1. L. 31 déc. 1971, art. 60 : NOT. les activités d'ingénierie, cabinets d'audit.
2. Décr. n° 97-875, 24 sept. 1997.
3. Arr. 24 juin 1999, *JO* 30 juin, p. 9587.
4. Arr. 19 déc. 2000, *JO* 29 déc.
5. Arr. 18 nov. 2003.
6. Arr. 27 déc. 2000, *JO* 15 févr. 2001.
7. SUR la légalité de l'arrêté du 19 déc. 2000, relatif aux conseils en gestion de patrimoine, avant sa modification par l'arrêté du 1er déc. 2003 : CE 8 mars 2002, n° 230829, n° 230833, Ordre des avocats à la Cour de Paris, *Lebon*; *D.* 2002, IR 1321; *LPA* 13 sept. 2002, p. 11, concl. Lamy – CE 3 juin 2002, n° 230817, *D.* 2002, IR 2169; *LPA* 28 août 2003, p. 7; *JCP* 2003, I, 140, n° 4, obs. Martin – Ribeyre, « Le Conseil d'État délimite à son tour le périmètre du droit », *Gaz. Pal.* 14-15 mars 2003, doctr. 3.
8. Arr. 6 févr. 2001, *JO* 15 févr. 2001.
9. Arr. 1er déc. 2003.
10. L. 31 déc. 1971, art. 58.
11. Crim. 8 juin 1995, n° 94-84.386, *Bull. crim.*, n° 211; *D.* 1995, IR 225.
12. L. 31 déc. 1971, art. 64.
13. Arr. 9 déc. 2003, *JO* 1er janv. 2004, p. 57 : syndicat professionnel « AGRI conseil ».
14. L. 31 déc. 1971, art. 65.
15. L. n° 2007-148, 2 févr. 2007.
16. Décr. n° 95-168, 17 février 1995 relatif à l'exercice d'activités privées par des fonctionnaires ou agents non titulaires ayant cessé temporairement ou définitivement leurs fonctions et aux commissions instituées par l'article 4 de la loi n° 94-530 du 28 juin 1994, *JO* 19 févr., p. 2717.
17. L. 31 déc. 1971, art. 61.
18. L. 31 déc. 1971, art. 63.

de la nature et de l'environnement et de l'amélioration du cadre de vie et du logement, les associations habilitées par la loi à exercer les droits de la partie civile devant les juridictions pénales, les associations familiales régies par le Code de l'action sociale et des familles, les fondations reconnues d'utilité publique ainsi que les groupements mutualistes régis par le Code de la mutualité. Ces organismes sont autorisés à donner des consultations juridiques à titre habituel et rémunéré, sous une double condition, qu'elles s'adressent à leurs membres et qu'elles soient relatives aux questions se rapportant directement à leur objet[1]. La loi ne reconnaît donc pas à ces associations, fondations la faculté de rédiger des actes sous seing privé, sauf à ce que ces prestations soient fournies à titre gratuit;

– des organes de presse ou de communication audiovisuelle[2] : les organes d'information ne peuvent donner de consultations juridiques à leurs lecteurs ou auditeurs que si l'auteur de ces consultations est lui-même membre d'une profession juridique réglementée[3].

• **Renseignements et informations à caractère documentaire.** La loi ne fait pas obstacle à la diffusion en matière juridique de renseignements et informations à caractère documentaire[4].

• **Il est très difficile de déterminer les personnes qui ont le droit de consulter ou de rédiger des actes pour autrui.** La législation est floue et la doctrine incertaine et les exceptions si nombreuses qu'on se demande s'il n'aurait pas été plus pratique et plus rapide de fournir dans les textes législatifs et réglementaires une liste de personnes qui ne peuvent pas consulter plutôt que de tenter de définir dans un inventaire à la « Prévert » la liste des personnes qui peuvent se faire reconnaître ce droit. Devant un tel laxisme la tâche de la jurisprudence sera rude, c'est à elle d'endiguer ce flot et de définir qui a droit, et qui ne peut prétendre à la possibilité de consulter.

§ 4
Publicité

41.41 Publicité en matière de consultation juridique ou de rédaction d'actes sous seing privé. Si la loi ne prohibe pas le recours à la publicité, elle ne pose que le principe de cette dernière (v. s^s n°s 45.01 s.). En revanche, sera puni des peines visées à l'article 72 de la loi quiconque se sera livré au démarchage en vue de donner des consultations ou de rédiger des actes en matière juridique[5]. Des experts-comptables, assistés d'un avocat, se sont ainsi rendus coupables du délit de démarchage alors qu'ils proposaient un examen approfondi du dossier de taxe professionnelle et de taxe foncière en vue d'un éventuel dégrèvement, aux motifs que le calcul de la taxe professionnelle posait une question préalable de qualification juridique[6].

§ 5
Sanctions

41.51 Sanctions pénales. Toute personne, qui, en violation des dispositions réglementant la consultation en matière juridique et la rédaction d'actes sous seing privé, fournit ces prestations, est puni d'une amende de 4 500 euros et, en cas de récidive, d'une amende de 9 000 euros et d'un emprisonnement de six mois ou de l'une de ces deux peines seulement[7]. Le décret du 25 août 1972 ayant survécu à la réforme du 31 décembre 1990 sanctionne également le démarchage en matière de consultation et de rédaction d'actes juridiques et en réglemente la publicité.

SECTION 2
RÉDACTION D'ACTES

41.61 Réglementation de la rédaction d'actes. L'avocat a la possibilité d'établir tous les actes juridiques qui lui sont demandés de quelque nature que ce soit, sous réserve des restrictions légales ou réglementaires, notamment concernant les actes réservés à des professions déterminées. À cet effet, il rédige les actes, recueille le consentement des parties et procède aux formalités subséquentes.

• **Parfois un pouvoir spécial sera nécessaire.** Pour certains actes, comme par exemple les aliénations de biens immobiliers, l'avocat, même mandataire général de son client, a besoin d'un pouvoir spécial[8].

• **Actes entrant dans le monopole de certaines professions.** Il peut de même accomplir pour autrui des actes entrant dans le monopole de certaines professions.

1. Une association d'aide aux victimes d'accidents corporels (à la suite de l'explosion de l'usine AZF à Toulouse), qui ne remplit pas les conditions posées par l'art. 63, ne peut donner de consultations juridiques relatives aux questions se rapportant directement à son objet : TGI Toulouse, réf., 5 avr. 2002, *JCP* 2002, I, 172, n° 2, obs. Martin; *Gaz. Pal.* 24-25 mai 2002, 15; CONF. PAR : CA Toulouse, 10 févr. 2003, *Comm. com. élec.* 2003, n° 72, note Grynbaum; *JCP* 2004, I, 117, n° 4, obs. Martin.
2. Art. 66.
3. TOUTEFOIS : rép. min. n° 66510, *JOAN Q* 1er mars 1993, p. 792.
4. L. 31 déc. 1971, art. 66-1.
5. L. 31 déc. 1971, art. 66-4.
6. Crim. 13 déc. 1995, n° 95-80.286, NPT, *JCP* 1996, II, 22681, note Martin.
7. L. 31 déc. 1971, art. 66-2 et 72.
8. Civ. 1re, 12 mai 1993, n° 91-12.445, *Bull. civ.* I, n° 163; *Gaz. Pal.* 10 août 1993, 180 – Décr. 12 juill. 2005, art. 8 et RIN, art. 6.3.

La chambre criminelle a en effet admis qu'un conseil juridique pouvait exercer pour autrui des travaux prévus par l'ordonnance du 19 septembre 1945, article 2, § 1, et article 8, organisant la profession d'expert-comptable, dès lors que, conformément aux dispositions des articles 47 et 60 du décret du 13 juillet 1972, relatif à la profession de conseil juridique, il accomplit ses fonctions en qualité de mandataire de son client. Ces dispositions peuvent être étendues à la nouvelle profession [1].

41.62 Définition du rédacteur d'actes sous seing privé [2]. Selon le Règlement intérieur national, a la qualité de rédacteur, l'avocat qui élabore, seul ou en collaboration avec un autre professionnel, un acte juridique pour le compte d'une ou de plusieurs parties, assistées ou non de conseils, et qui recueille leur signature sur cet acte. Le seul fait pour un avocat de rédiger le projet d'un acte dont la signature intervient hors de sa présence ne fait pas présumer de sa qualité de rédacteur.

• **Nom du rédacteur d'un acte sous seing privé.** La loi du 31 décembre 1971 prévoyait que tout acte sous seing privé devait contenir les nom, prénoms et qualité de son rédacteur si celui-ci ne justifie pas d'une assurance de responsabilité civile professionnelle [3]. Cette disposition a été abrogée en 1997. Le RIN indique que l'avocat peut faire mention de son nom et de son titre sur l'acte qu'il a rédigé, ou à la rédaction duquel il a participé, s'il estime en être l'auteur intellectuel. La mention du nom du rédacteur n'est donc plus une obligation, mais une simple faculté.

41.63 Obligation de conseil de l'avocat rédacteur. L'avocat rédacteur d'un acte juridique assure la validité et la pleine efficacité de l'acte selon les prévisions des parties [4]. Afin d'assurer l'efficacité des conventions qu'il prépare, il est tenu, à l'égard de toutes les parties, d'un devoir de conseil dont la mesure et la portée dépendent des circonstances (v. s^s^ n° 41.11). Ainsi, l'avocat doit attirer l'attention de son client sur les risques de la désignation d'un séquestre de l'acompte versé sur le prix et les risques d'un règlement judiciaire [5]. M. le professeur Viandier résume cette obligation en précisant : « Le rédacteur est plus qu'un [...] rédacteur, il ne tient pas seulement la plume, il doit également s'assurer de la validité et de l'efficacité de l'acte qu'il confectionne; il garantit aux parties, aux deux parties, au profit desquelles il est censé œuvrer, la valeur juridique de l'acte dont elles lui ont confié l'établissement. De là, l'obligation pour le rédacteur, de faire preuve d'initiative, de poser des questions, d'interroger le droit positif, voire de l'interpréter, afin de remplir correctement son office » (cet arrêt qui concernait les anciens conseils juridiques peut être transposé aux avocats dans leur activité juridique) [6]. Son obligation de conseil sur ce point est de plus en plus étendue. Aussi la jurisprudence décide-t-elle que « le rédacteur d'acte, tenu de veiller à assurer l'équilibre de l'ensemble des intérêts en présence et de prendre l'initiative de conseiller les deux parties à la convention sur la portée et les incidences, notamment fiscales, des engagements souscrits de part et d'autre, peu important que son concours ait été sollicité par l'une d'elles, doit rapporter la preuve qu'il a rempli cette obligation à leur égard, quelles que soient leurs compétences personnelles » [7]. Le manquement de l'avocat à son devoir de conseil peut constituer ne faute engageant sa responsabilité civile (sur ce sujet v. s^s^ n°s 91.41 s.).

• **Objectivité du rédacteur unique à l'égard de toutes les parties en présence.** Au titre de son obligation de conseil, l'avocat doit donc observer la plus stricte objectivité dans ses relations avec les parties contractantes, ce que la jurisprudence a récemment confirmé : « l'avocat est tenu de veiller à assurer l'équilibre de l'ensemble des intérêts en présence et de prendre l'initiative de conseiller les deux parties à la convention sur la portée des engagements souscrits de part et d'autre, peu important le fait que l'acte a été signé en son absence après avoir été établi à la demande d'un seul des contractants [8] ». Il s'efforcera à cet effet, de vérifier que le consentement qu'elles donnent à l'acte est bien libre et émis en toute connaissance de cause. Si l'avocat aperçoit la moindre réserve chez l'une des parties, sur un des points de la convention envisagée, il exigera que le cocontractant réticent se fasse assister par son propre avocat, dont la présence garantira le libre consentement. Il en sera de même dans les cas où l'avocat constaterait que les parties ont des intérêts divergents que l'accord projeté ne saurait concilier. Il devra aviser chacune des parties de l'étendue de ses droits et les mettre en garde contre les conséquences des actes auxquels il concourt. L'avocat qui se trouve en relation avec deux parties aux intérêts distincts peut être tenu d'une obligation de conseil à l'égard de l'une et

1. Crim. 10 juin 1986, *JCP* 1987, II, 20773.
2. RIN, art. 7.1.
3. Anc. art. 62.
4. Décr. 12 juill. 2005, art. 9 – RIN, art. 7.2.
5. Civ. 1re, 24 mars 1987, n° 85-11576, *Bull. civ.* I, n° 104; *D.* 1989, somm. 70, note Brunois; *JCP* 1987, IV, 189; *Gaz. Pal.* 1987, pan. 148.
6. Viandier, note s^s^ Civ. 1re, 1er oct. 1986, n° 84-13.800, *Bull. civ.* I, n° 229; *JCP* 1987, II, 20825; *Gaz. Pal.* 1986, pan. 246 – Civ. 1re, 25 nov. 1997, *Gaz. Pal.* 22 janv. 1998, 21, note Vray – CA Paris, 20 janv. 1998, *Gaz. Pal.* 21 mars 1998, 10 – Boccara, « Piste sur la responsabilité des rédacteurs d'actes et conseils », *JCP* 1993, I, n° 3651.
7. Civ. 1re, 5 févr. 2010, n° 09-11.591.
8. Civ. 1re, 27 nov. 2008 : n° 07-18.142, *Bull. civ.* I, n° 267; *D.* 2009. 706, note Jamin; *JCP* 2009. I. 120, n° 15, obs. Jamin; *RLDC* 2009/57, n° 3285, obs. Maugeri; *RTD civ.* 2009. 134, obs. Gautier – Civ. 1re, 14 janv. 1997, n° 94-16.769, *Bull. civ.* I, n° 18.

l'autre[1]. Même solution dans l'hypothèse où ce cumul des parties conseillées par un seul avocat résulterait d'un abus de l'avocat.

Comme le résume le décret du 12 juillet 2005[2] et le RIN[3], « l'avocat seul rédacteur d'un acte veille à l'équilibre des intérêts des parties. Lorsqu'il a été saisi par une seule des parties, il informe l'autre partie de la possibilité qu'elle a d'être conseillée et de se faire assister par un autre avocat ». Le barreau de Paris a précisé[4] que l'avocat doit être en mesure de prouver cette information, en d'autres termes qu'il doit l'écrire. Il prévoit également que l'avocat doit signaler toute clause dont l'insertion est demandée par une partie, en précisant à l'autre, avant qu'elle ne soit acceptée, les dangers et conséquences de l'insertion d'une telle disposition dans l'acte; naturellement, il lui appartient de se ménager la preuve du respect de ces exigences.

• **Actes illicites**[5]. L'avocat devra en outre vérifier la licéité des mobiles qui animent les parties et refusera de constater toute convention ou clause immorale ou illicite. Il ne pourra, en aucun cas, concourir à des actes illicites tendant à tourner des dispositions fiscales par l'intermédiaire de prête-noms, pas plus qu'il ne pourra exercer de pression assimilable à un chantage à l'égard de parties ou de tiers récalcitrants à assumer les obligations par elles contractées.

En outre, les activités qu'il peut exercer hors du domaine judiciaire ne le dispensent pas de respecter les dispositions protectrices prévues par le règlement intérieur du barreau auquel il appartient, spécialement à l'occasion des maniements de fonds et de s'abstenir des actes qui excèdent sa mission d'assistance juridique et compromettent en même temps la dignité de sa profession. Une cour, après avoir relevé que les irrégularités de la rédaction d'un acte de cession de bail étaient manifestement destinées à couvrir une dissimulation, a retenu à bon droit que l'intéressé s'était livré à un ensemble d'opérations incompatibles avec les qualités d'honneur et de probité exigées par la profession d'avocat[6].

• **Obligation de vérification.** L'avocat doit s'assurer de la capacité des parties à contracter, il vérifiera l'identité des parties contractantes et la matérialité de la signature de chacune d'entre elles. Il devra également s'assurer, préalablement à la signature de l'acte, de la remise des fonds nécessaires à la couverture des frais, droits d'enregistrement, honoraires, *etc.* et déterminer, dans l'acte, celle des parties à qui en incombera la charge et dans quelle proportion. Il devra réunir toutes les pièces et renseignements nécessaires pour accomplir les actes juridiques dont il s'est chargé.

1. CA Paris, 8 mars 1976, cité par Avril, n° 21.38 – TGI Paris, 20 avr. 1983, *Gaz. Pal.* 1984, 1, 135, note Avril – CA Amiens 28 févr. 1995, *Gaz. Pal.* 1995, 585, note Damien.
2. Décr. 12 juill. 2005, art. 9.
3. RIN, art. 7.2.
4. *Bull. barreau de Paris*, 2006, n° 23.
5. Décr. 12 juill. 2005, art. 8 – RIN, art. 7.2.
6. Civ. 1re, 16 juin 1981, n° 80-13.074, *Bull. civ.* I, n° 215; *Gaz. Pal.* 1982, 1, pan. 26.

• **Efficacité de l'acte.** L'avocat rédacteur doit s'assurer de la pleine efficacité de l'acte juridique qu'il confectionne[7]. Sauf s'il en est déchargé par les parties, il est tenu de procéder aux formalités légales ou réglementaires requises par l'acte qu'il rédige et de demander le versement préalable des fonds nécessaires.

De même, il devra contrôler la valeur des droits cédés par les actes transférant la propriété de façon à éviter que l'acte ne soit rescindable pour cause de lésion. De la même façon, l'avocat qui intervient dans la cession d'un fonds de commerce a une obligation de conseil qui ne peut se limiter à la transcription des conventions et prendre fin à partir du moment où les parties ont signé l'acte. Il doit donc veiller à ce que l'acte reçoive son plein effet, notamment s'assurer de la remise du prix entre les mains du séquestre et informer les vendeurs des difficultés de paiement[8]. Et lorsqu'il est chargé d'établir un protocole d'accord permettant à deux sociétés de prendre le contrôle d'une troisième, il doit informer ses clients sur le mécanisme des cessions en cause au regard de leur objectif, fût-ce au prix d'un abandon de l'opération à l'initiative de l'un ou l'autre des cédants[9]. Il a par ailleurs été jugé que l'avocat rédacteur manque à son obligation de conseil relativement à la portée de l'acte qu'il rédige, s'il rédige un acte de garantie à première demande alors que les cautions ont expressément demandé que l'acte litigieux ait pour effet d'opérer une substitution de garantie, qu'il avait connaissance de l'état d'insolvabilité du contre-garant et savait que cet acte serait dépourvu d'efficacité[10].

41.64 Exigences formelles. Dans la rédaction matérielle de l'acte, l'avocat devra veiller à l'exactitude des dates mentionnées dans les actes, à ce qu'il n'y ait ni interligne ni renvoi non approuvé, ni abréviation, ni blanc, ni rectification par grattage ou surcharge. Il veillera également à ce que les énonciations prévues par la loi soient mentionnées dans les actes qu'il établit, notamment en matière de vente de fonds de commerce et d'opération de construction. Il veillera enfin à l'observation des dispositions de l'article 1325 du Code civil concernant le nombre des originaux dans les conventions synallagmatiques[11]. L'ancien article 7.2 du RIU prévoyait expressément qu'il remettra « au conseil de chacune des parties l'ayant signé ou, à défaut à la partie elle-même, l'exemplaire original de l'acte lui revenant et les pièces justifiant l'accomplissement des formalités dont il a été chargé. En cas de pluralité de rédacteurs, ceux-ci conviennent de celui qui sera en charge des formalités ».

7. Décr. 12 juill. 2005, art. 9 – RIN, art. 7.2.
8. T. Paris, 23 nov. 1989 – Sur ces questions : Boccara, « Piste sur la responsabilité des rédacteurs d'actes et conseils », *JCP* 1993, I, 3651.
9. Civ. 1re, 5 mai 2004, n° 01-11.196, NP.
10. Civ. 1re, 21 févr. 2006, n° 04-10.314, NP.
11. CA Paris, 8 déc. 1989, *Gaz. Pal.* 1990, somm. 12.

La fourniture de modèles types (de lettres de licenciement, de contrats de travail), sans individualisation ni adaptation, ne constitue pas une activité de rédaction d'actes pour autrui [1].

41.65 L'avocat peut-il plaider au sujet de l'acte qu'il a rédigé ? L'avocat ne doit pas s'écarter des règles de dignité et de délicatesse exigées de tout avocat et, notamment, aucun rédacteur d'un acte ne peut, sauf exception et accord du bâtonnier, plaider sur la validité ou l'interprétation dudit acte (v. s[s] n°s 31.41 et 31.61). Il ne peut être l'avocat de deux parties contractantes, qu'à la condition de rester indépendant vis-à-vis de chacune d'elles. Il ne peut rédiger un acte juridique pour deux parties dont l'une est son client, s'il n'a avisé l'autre de la possibilité de se faire assister par un de ses confrères ou s'il ne lui a précisé qu'il a déjà occupé ou plaidé pour l'autre partie.

Le décret du 12 juillet 2005 [2] et le Règlement intérieur national [3] distinguent quant à eux deux situations : soit l'avocat a été le rédacteur unique et le conseil de toutes les parties, dans ce cas il ne peut agir ou défendre sur la validité, l'exécution ou l'interprétation de l'acte qu'il a rédigé sauf si la contestation émane d'un tiers; soit l'avocat a été le rédacteur unique mais le conseil de certaines ou d'une seule partie (ou s'il a participé à la rédaction sans être le rédacteur unique), il pourra alors agir ou défendre sur l'exécution de l'acte ou son interprétation et défendre sur sa validité. L'ancien article 7.4 du RIU prévoyait expressément que, dans tous les cas, il est interdit à l'avocat d'agir en justice pour contester la validité d'un acte dont il a été le rédacteur unique ou non. Ce qui tombe sous le sens.

41.66 Avocat séquestre lors de l'établissement d'actes. Il pourra être nommé séquestre de fonds à l'occasion d'établissement d'actes sous seing privé. Il peut même être nommé séquestre des actes juridiques eux-mêmes par exemple dans l'attente d'un événement non encore arrivé. Mais il doit refuser de recevoir en dépôt ou à titre de séquestre un acte manifestement illicite ou frauduleux [4].

41.67 Avocat mandataire lors de l'établissement d'actes. L'avocat accomplit les actes ci-dessus énumérés dans le cadre de sa mission professionnelle. Il peut, en outre, recevoir des mandats spéciaux et écrits de la part de ses clients, sous réserve d'être garanti quant à sa responsabilité. En revanche, il ne pourra accepter ni mandats généraux, ni mandats commerciaux.

• **Révocation du mandat de rédacteur.** Si un avocat a reçu mandat de rédiger les statuts d'une SARL et notamment la charge de publier lesdits statuts, et de procéder à toutes formalités pour rendre parfait à l'égard des tiers le contrat de société entre les parties, il ne peut poursuivre ce mandat dès lors qu'il a été révoqué par certains, et que d'autres s'opposent à ce qu'il poursuive l'accomplissement de sa tâche. Il y a lieu dès lors d'autoriser cet avocat à remettre, entre les mains d'un huissier-audiencier constitué comme séquestre, tous les documents relatifs à la constitution de ladite société [5].

41.68 Secret professionnel de l'avocat en matière de rédaction d'actes (sur le secret professionnel de l'avocat en matière juridique v. s[s] n° 36.21). Au cas où l'intervention d'un avocat lors de la rédaction d'un acte porterait atteinte au secret professionnel ou au caractère confidentiel des pourparlers, l'ancien article 7.4 du RIU lui faisait obligation de s'abstenir d'intervenir ou de se déporter.

41.69 Professions autorisées à rédiger des actes sous seing privé. Sur la publicité en matière de rédaction d'actes, sanctions v. s[s] n°s 41.31 s.

1. Civ. 1re, 15 juin 1999, n° 96-21.415, *Bull. civ.* I, n° 201.
2. Décr. 12 juill. 2005, art. 9.
3. RIN, art. 7.3.
4. RIN, art. 6.3.
5. CA Paris, ord. réf., 23 juin 1980, présidence de Drai, inédit.

CHAPITRE

42. Spécialisations de l'avocat

SECTION 0
ORIENTEUR

42.00 **Plan du chapitre.**

42.01 **Textes applicables.**

>

L. n° 71-1130, 31 déc. 1971, art. 12-1

Décr. n° 91-1197, 27 nov. 1991, art. 86 à 92-1

RIN, art. 10.4 et 10.10

>

L. 31 déc. 1971, art. 12-1 [Conditions d'obtention]

Sous réserve des dérogations prévues par voie réglementaire pour l'application de la directive CEE n° 89-48 du 21 décembre 1988 précitée et de celles concernant les personnes justifiant de certains titres ou diplômes ou ayant exercé certaines activités, la spécialisation est acquise par une pratique professionnelle continue d'une durée, fixée par décret en Conseil d'État, qui ne peut être inférieure à deux ans, sanctionnée par un contrôle de connaissances, et attestée par un certificat délivré par un centre régional de formation professionnelle.

[...]

Décr. 27 nov. 1991, art. 86 [Liste des spécialisations]

La liste des spécialisations est fixée par arrêté du garde des Sceaux, ministre de la Justice, sur proposition du Conseil national des barreaux. Elle peut être révisée à tout moment.

Décr. 27 nov. 1991, art. 87 [Information nécessaire du Conseil de l'ordre]

L'usage d'une mention de spécialisation est porté à la connaissance du Conseil de l'ordre des avocats soit lors de la demande d'inscription au tableau, soit postérieurement à cette inscription.

La déclaration faite par l'avocat doit être accompagnée du certificat de spécialisation prévu à l'article 12-1 de la loi du 31 décembre 1971 précitée.

Décr. 27 nov. 1991, art. 88 [Pratique professionnelle]

La pratique professionnelle nécessaire à l'obtention d'une mention de spécialisation est de quatre années. Elle peut être acquise en France ou à l'étranger :

1° En qualité d'avocat, collaborateur ou salarié d'un avocat autorisé à faire usage de la mention de spécialisation revendiquée; 2° En qualité d'avocat associé d'une association ou d'une société d'avocats lorsqu'un ou plusieurs des avocats qui exercent au sein de cette association ou de cette société ont été autorisés à faire usage de la mention de spécialisation revendiquée;

3° En qualité de membre, d'associé, de collaborateur ou de salarié dans une autre profession juridique ou judiciaire réglementée ou dans celle d'expert-comptable, dont les fonctions correspondent à la spécialisation revendiquée;

4° Dans un service juridique d'une entreprise, d'une organisation syndicale, d'une administration ou d'un service public, d'une organisation internationale, comportant au moins trois juristes travaillant dans la spécialité revendiquée;

5° Dans un établissement universitaire ou d'enseignement supérieur reconnu par l'État, en qualité de professeur ou maître de conférences chargé de l'enseignement de la discipline juridique considérée.

Elle peut aussi résulter, à titre individuel, d'activités, de travaux ou de publications relatifs à la spécialité.

Elle peut avoir été acquise dans une ou plusieurs des fonctions mentionnées au présent article dès lors que la durée totale de ces activités est au moins égale à quatre ans.

Décr. 27 nov. 1991, art. 90 [Conditions de la pratique professionnelle]

Pour être pris en considération, le temps de pratique professionnelle doit avoir été accompli dans les conditions suivantes :

1° Correspondre à la durée normale de travail, telle qu'elle résulte des règlements, conventions collectives, accords ou usages en vigueur pour la catégorie professionnelle considérée;

2° Avoir été rémunéré conformément aux règlements, conventions collectives, accords ou usages visés au 1°;

3° Ne pas avoir été suspendu pendant plus de trois mois.

L'exercice de la pratique professionnelle doit être justifié par une attestation mentionnant la durée du service effectué et la nature des fonctions occupées. Pour l'application du troisième alinéa de l'article 88, l'attestation est remplacée par une déclaration sur l'honneur, accompagnée de la liste des activités, travaux ou publications dont l'avocat fait état.

Décr. 27 nov. 1991, art. 91 [Obtention de la spécialisation]

L'examen de contrôle des connaissances est organisé par les centres régionaux de formation professionnelle.

Il se déroule devant un jury composé comme suit :

1° Un professeur des universités ou maître de conférences, chargé d'un enseignement juridique dans la mention de spécialisation revendiquée, président du jury, désigné dans les conditions prévues au quatrième alinéa de l'article 44; à défaut d'enseignant remplissant la qualification exigée dans le ressort du centre, le président de ce centre peut saisir le président d'une des universités situées dans le ressort d'un centre limitrophe aux fins de désignation;

2° Selon la mention de spécialisation revendiquée, un magistrat de l'ordre judiciaire ou un membre du corps des tribunaux administratifs et des cours administratives d'appel désigné dans les conditions prévues aux deuxième ou troisième alinéas de l'article 44;

3° Un avocat admis à faire usage de la mention de spécialisation revendiquée ou, à défaut, justifiant d'une qualification suffisante dans cette spécialisation, désigné par son bâtonnier sur proposition du président du centre régional de formation professionnelle d'avocats organisateur de l'examen parmi les avocats membres d'un barreau du ressort du centre; à défaut d'avocat remplissant les conditions précitées dans le ressort de ce centre, le président du centre demande au président du Conseil national des barreaux de saisir le bâtonnier d'un autre barreau aux fins de désignation.

Lorsque plusieurs centres régionaux de formation professionnelle décident d'organiser en commun les épreuves de cet examen, le jury est désigné de la façon suivante :

1° Le professeur ou maître de conférences ou maître-assistant d'université, par décision conjointe des présidents des universités concernées;

2° Le magistrat de l'Ordre judiciaire ou le membre du corps des tribunaux administratifs et des cours administratives d'appel, par décision conjointe des premiers présidents des cours d'appel concernées et des procureurs généraux près lesdites cours ou des présidents des cours administratives d'appel concernées, le cas échéant après avis des présidents des tribunaux administratifs intéressés;

3° L'avocat par les bâtonniers des ordres d'avocats concernés, sur proposition conjointe des présidents des centres régionaux de formation professionnelle d'avocats concernés et, à défaut d'accord, par le président du Conseil national des barreaux.

Un nombre égal de suppléants est désigné dans les mêmes conditions.

Aucun membre du jury ne peut siéger plus de cinq années consécutives.

Les modalités de cet examen sont fixées par arrêté du garde des Sceaux, ministre de la Justice, après avis du Conseil national des barreaux.

Décr. 27 nov. 1991, art. 92 [Dispenses]

Sont dispensés de l'examen de contrôle des connaissances prévu à l'article 91 :

1° Les membres ou anciens membres du Conseil d'État, les magistrats ou anciens magistrats de la Cour des comptes, de l'Ordre judiciaire, des tribunaux administratifs, des cours administratives d'appel et des chambres régionales des comptes justifiant de quatre années au moins d'affectation au sein d'une formation correspondant à la spécialisation demandée;

2° Les professeurs d'enseignement supérieur et maîtres de conférences ayant effectué en cette qualité quatre années au moins d'enseignement de la discipline correspondant à la spécialisation demandée;

3° Les fonctionnaires et anciens fonctionnaires de catégorie A ou les personnes assimilées aux fonctionnaires de cette catégorie, mentionnés à l'article 98 (4°), ayant accompli, en cette qualité, quatre années au moins de services effectifs dans une administration, un établissement, un service ou une organisation internationale, ayant une activité correspondant à la spécialisation demandée.

4° Les docteurs en droit dont la thèse a porté sur la spécialisation revendiquée et justifiant de quatre années de pratique professionnelle acquise dans les conditions prévues par l'article 88.

Décr. 27 nov. 1991, art. 92-1 [Modalités d'obtention du certificat pour les dispensés]

Les personnes dispensées de l'examen de contrôle des connaissances prévu à l'article 91 du présent décret adressent leur demande de délivrance d'un ou plusieurs certificats de spécialisation, accompagnée de toutes justifications utiles, au président du centre régional de formation professionnelle des avocats, par lettre recommandée avec demande d'avis de réception ou remise contre récépissé.

Le centre statue dans les trois mois de la réception de la demande.

La décision portant refus de délivrance d'un certificat est notifiée par lettre recommandée avec demande d'avis de réception dans les quinze jours de sa date à l'intéressé, qui peut la déférer à la cour d'appel.

À défaut de délivrance du certificat dans le mois qui suit l'expiration du délai imparti au centre pour statuer, l'intéressé peut considérer sa demande comme rejetée et se pourvoir devant la cour d'appel.

Les premier et deuxième alinéas de l'article 16 sont applicables aux recours formés à l'encontre de la décision du centre. L'intéressé avise de sa réclamation sans délai, par lettre recommandée avec demande d'avis de réception, le président du centre.

RIN, art. 10.4 [Spécialisation et papier à lettres]

Le papier à lettres

[…] Mentions autorisées.

Le papier à lettres peut mentionner : […]

– une ou plusieurs spécialisations régulièrement acquises, ainsi que la mention des champs de compétence pour lesquels l'avocat revendique une pratique professionnelle spécialisée dans la spécialité pour laquelle il a reçu une mention de spécialisation et qu'il a demandé à faire reconnaître dans sa demande de certificat de spécialisation ; [...].

RIN, art. 10.10 [Spécialisation et annuaires professionnels]

Tout avocat peut figurer dans la rubrique générale et, s'il y a lieu, sous chacune des rubriques de spécialités correspondant à celles qui lui ont été reconnues.

L'avocat titulaire d'un certificat de spécialisation dans un champ de compétence peut faire mention, dans la rubrique générale, du libellé de la matière sur laquelle il porte.

Un avocat, ou un cabinet d'avocat, peut figurer dans l'annuaire du département où se trouve son cabinet principal et dans celui où se trouvent son/ou ses bureaux secondaires régulièrement autorisés, ainsi que ses établissements secondaires ou filiales. Dans le cas du bureau secondaire, il a l'obligation de communiquer le texte de l'annuaire au bâtonnier du barreau où est inscrit le cabinet secondaire.

Seuls les avocats inscrits au barreau d'accueil du bureau secondaire des structures d'exercice peuvent figurer individuellement dans la rubrique générale et celle des spécialistes du lieu d'implantation de ce bureau secondaire.

Ces insertions seront communiquées au préalable à l'Ordre. Elles demeureront sous la seule responsabilité de leurs auteurs, qui devront veiller à l'intégrité des insertions et à leur conformité aux principes essentiels.

42.02 Jurisprudence de référence.

> La pratique professionnelle ne peut résulter que de travaux ou de publications postérieurs à la soutenance de thèse qui confère le titre universitaire

• Civ. 1re, 12 oct. 2004, n° 03-12.290, *Bull. civ.* I, n° 223 ; *D.* 2004, IR 2832 ; *Gaz. Pal.* 29-30 oct. 2004, p. 9, avis Lafortune.

* V. s^s n° 42.14.

« Mais attendu qu'il résulte de l'application combinée des articles 92, 4 et 88, avant-dernier alinéa, du décret du 27 novembre 1991 précité que la pratique professionnelle dont doit justifier l'avocat qui sollicite la dispense d'examen doit avoir été acquise en qualité de docteur en droit ; que la cour d'appel a exactement retenu que la pratique professionnelle au sens de ces textes ne pouvait résulter que de travaux ou de publications postérieurs à la soutenance de thèse qui confère ce titre universitaire ».

> La pratique professionnelle dans le cadre d'une SCP doit être prise en compte pour la délivrance du certificat de spécialisation

• Civ. 1re, 14 mars 2000, n° 97-17.509, *Bull. civ.* I, n° 90 ; *JCP* 2000, I, 231, n° 2, note Martin ; *D.* 2000, IR 111.

* V. s^s n° 42.12.

« Attendu qu'en décidant que M. R..., qui n'avait pas exercé au cours de sa quatrième année de pratique son activité d'avocat à titre individuel, mais dans le cadre d'une société civile professionnelle, ne pouvait se prévaloir d'une pratique professionnelle résultant, à titre individuel, d'activités, de travaux ou de publications au sens de l'article 88 du décret du 27 novembre 1991, alors que l'exercice dans le cadre d'une société civile professionnelle n'empêche pas d'apprécier l'activité individuelle d'un avocat, la cour d'appel a ajouté au texte susvisé une condition qu'il ne comportait pas et, de ce fait, l'a violé. »

> Le nombre des mentions de spécialisation est illimité

• Civ. 1re, 17 mars 1998, n° 95-18.392, *Bull. civ.* I, n° 112 ; *JCP* 1998, IV, 2049.

* V. s^s n° 42.24.

« Vu l'article 267, alinéa 2, du décret n° 91-1197 du 27 novembre 1991 ;

Attendu que ce texte ne fixe aucune limite au nombre de certificats de spécialisation qui peuvent être accordés à un avocat ;

Attendu que l'arrêt attaqué relève encore que n'est pas contestée l'aptitude de M. M... à obtenir la reconnaissance de chacune des trois spécialisations revendiquées ; qu'en se déterminant ainsi, alors que le texte ne limite pas à deux spécialités la délivrance des certificats de spécialisation, la cour d'appel n'a pas tiré les conséquences légales de cette constatation et a violé le texte susvisé. »

42.03 Bibliographie indicative.

Articles. Cayol, « Pour une véritable spécialisation des avocats », *Gaz. Pal.* 4 avr. 1999, p. 40-42 – Laguette, « À propos de la spécialisation », *Gaz. Pal.* 8 juill. 1999, p. 16-17.

42.09 Évolution. Sous l'Ancien Régime les spécialistes étaient nombreux et les spécialisations très particulières notamment les feudistes et les canonistes, dont les branches juridiques furent supprimées quant à leur utilité pratique par la Révolution de 1789. L'avocat impérial puis l'avocat du XIXe siècle était essentiellement un généraliste. Le droit, renouvelé de manière claire et simple et sans qu'il soit besoin de spécialité particulière, est à la portée de tous et ne réclame qu'une réflexion intelligente sur les faits et la loi par l'avocat mais non pas une spécialisation particulière. La spécialité renaît au milieu du XIXe siècle (droit des assurances, droit des douanes, droit industriel, législation ouvrière, droit des brevets), puis vint le droit relatif aux contrats de louage à partir du moratoire sur les loyers issu de la guerre de 1914-1918. Se constitua dès lors un corps de spécialistes éprouvés et reconnus et la doctrine accepta cette naissance. Mollot ne proclame-t-il pas « comment refuser à l'avocat, à celui-là surtout qui s'est créé une spécialité nouvelle par l'étude de l'économie politique, le droit de prêter à l'industrie et au commerce ses conseils, son patronage et son appui ? ».

Ce n'est qu'en 1990 que le législateur est intervenu par l'article 12-1 de la loi du 31 décembre 1990 modifiant la loi du 31 décembre 1971 pour réglementer la question des spécialisations de l'avocat. Déjà, sous l'empire de l'ancienne législation, en utilisant les dispositions de l'article 90 du décret du 9 juin 1972 et la notion d'information nécessaire au public, certaines décisions avaient admis sinon la spécialisation, du moins la mention d'une activité dominante [1]. La difficulté devenait urgente à résoudre sur le plan législatif et réglementaire même si l'ingéniosité de la jurisprudence utilisait l'article 90 relatif à la publicité autorisée aux avocats, pour résoudre le besoin. En effet, les conseils juridiques fusionnés avec les anciens avocats pour former l'Ordre nouveau avaient la possibilité de mentionner des spécialisations qui leur étaient reconnues, notamment en trois matières : fiscales, sociales et droit des sociétés. Il apparut donc nécessaire de retenir la notion de spécialisation et de déterminer les conditions dans lesquelles cette mention pourrait être visée par les nouveaux avocats.

• **Tout avocat doit d'abord être généraliste avant d'être spécialiste.** À l'heure actuelle, constatons-nous, d'une part, la présence de spécialistes qui connaissent des branches du droit peu connues de leurs confrères et vers lesquels ceux-ci, lorsqu'ils sont sérieux, dirigent la clientèle et, d'autre part, un besoin pour les clients désirant former un litige ou y défendre dans une matière spécialisée, d'avoir recours et de connaître les avocats qui pratiquent cette matière et d'avoir recours à leurs conseils. Il ne faut pas pour autant séparer en deux mondes rivaux et distincts le généraliste et le spécialiste. Tout avocat doit être généraliste et ce généraliste peut avoir une spécialité; en revanche celui qui ne connaît qu'une spécialité et qui serait ignorant du droit général serait un piètre avocat. En tout cas on ne peut pas parler, comme le font beaucoup de publications journalistiques relatives aux avocats, de spécialistes des divorces ou du droit pénal; tout avocat doit connaître les rudiments du droit de la famille et du droit pénal, on ne peut pas être spécialiste des matières générales. Le spécialiste n'est donc pas celui qui ne connaît qu'une branche de droit à l'exclusion des autres, c'est l'avocat qui pratique et connaît de manière habituelle une branche particulière et relativement hermétique de la science juridique, celle que ne pratiquent pas la plupart de ses confrères. On peut donc reconnaître des spécialités fines et précises requérant chez l'avocat une étude particulière et une pratique habituelle, les spécialités telles que mariages, filiations, divorces, propriétés ne sont que des faux-semblants.

SECTION 1
CONDITIONS D'OBTENTION

42.11 Comment devenir « avocat spécialiste » ? Une pratique professionnelle continue de quatre années et un contrôle des connaissances. Dans le cadre de la publicité fonctionnelle (v. s[s] n° 45.41), nombre d'avocats désiraient faire mention de leur spécialité ou de ce qu'on appelle d'un barbarisme, leur spécialisation. En effet les avocats ne sont pas tous que des généralistes; certains sont spécialisés dans des matières délicates du droit, pratiquées par peu d'entre eux. Aux termes de l'article 12-1 alinéa 1er de la loi du 31 décembre 1971, la spécialisation est acquise par une pratique professionnelle continue d'une durée, fixée par décret en Conseil d'État, qui ne peut être inférieure à deux ans, sanctionnée par un contrôle des connaissances, et enfin, attestée par un certificat délivré par un centre régional de formation professionnelle. Cette disposition étant adoptée sous réserve des dérogations prévues par voie réglementaire pour l'application de la directive du 21 décembre 1988 [2] relative à l'équivalence des diplômes dans le Marché commun, et de celles concernant les personnes justifiant de certains titres ou diplômes ou ayant exercé certaines activités.

42.12 Conditions de pratique professionnelle [3]. Aux termes de l'article 88 du décret du 27 novembre 1991, la pratique professionnelle nécessaire à l'obtention d'une mention de spécialisation est de quatre années. Elle peut être acquise en France ou à l'étranger :

- en qualité d'avocat, collaborateur ou salarié d'un avocat autorisé à faire usage de la mention de spécialisation revendiquée;
- en qualité d'avocat associé d'une association ou d'une société d'avocats lorsqu'un ou plusieurs des avocats qui exercent au sein de cette association ou de cette société ont été autorisés à faire usage de la mention de spécialisation revendiquée;
- en qualité de membre, d'associé, de collaborateur ou de salarié dans une autre profession juridique ou judiciaire réglementée ou dans celle d'expert-comptable, dont les fonctions correspondent à la spécialisation revendiquée;
- dans un service juridique d'une entreprise, d'une organisation syndicale, d'une administration ou d'un service public, d'une organisation internationale, comportant au moins trois juristes travaillant dans la spécialité revendiquée;
- dans un établissement universitaire ou d'enseignement supérieur reconnu par l'État, en qualité de professeur ou maître de conférences chargé de l'enseignement de la discipline juridique considérée.

Elle peut aussi résulter, à titre individuel, d'activités, de travaux ou de publications relatifs à la spécialité. Elle peut avoir été acquise dans une ou plusieurs des fonctions mentionnées au présent article dès lors que la durée totale de ces activités est au

1. CA Paris, 22 mars 1989, *Gaz. Pal.* 30 mai 1989, 20, note A. D. – Civ. 1re, 17 juill. 1990, n° 88-16.659, *Bull. civ.* I, n° 199; *Gaz. Pal.* 1990, 2, 52, note Damien; *JCP* 1990, IV, 353 – Civ. 1re, 25 mars 1991, n° 89-14.366, *Bull. civ.* I, n° 107; *JCP* 1991, IV, 201 – V. chron. Woog, « L'activité de l'avocat, globale, spécialisée ou dominante, et son image auprès du public », *JCP* 1989, I, 3413.
2. Dir. CEE n° 89-48, 21 déc. 1988.
3. Décr. 27 nov. 1991, art. 88 à 90.

moins égale à quatre ans. La pratique professionnelle pouvait être acquise pendant la durée du stage prévu par les articles 72 et suivants du décret du 27 novembre 1991[1] avant la réforme du 11 février 2004 ayant supprimé le stage.

Pour être pris en considération, le temps de pratique professionnelle doit avoir été accompli dans les conditions suivantes[2] :

1° correspondre à la durée normale de travail, telle qu'elle résulte des règlements, conventions collectives, accords ou usages en vigueur pour la catégorie professionnelle considérée;

2° avoir été rémunéré conformément aux règlements, conventions collectives, accords ou usages visés au 1°;

3° ne pas avoir été suspendu pendant plus de trois mois.

La pratique professionnelle peut concerner plusieurs expériences professionnelles durant quatre ans. Ainsi, l'avocat justifiant de trois années de stage au sein d'une société d'avocats dont les membres étaient tous titulaires de la mention de spécialité demandée, et pouvant se prévaloir pour la quatrième année de pratique professionnelle, d'activités ou de travaux relatifs à la spécialité effectués dans le cadre d'une SCP répond à l'exigence d'une pratique professionnelle continue de quatre années, la Cour de cassation ayant jugé que « la pratique professionnelle pouvait être acquise dans une ou plusieurs des fonctions mentionnées à l'article 88 dès lors que la durée totale de ces activités était au moins égale à quatre ans ». Surtout, la Cour de cassation a admis dans cet arrêt que l'exercice dans le cadre d'une société civile professionnelle n'empêchait pas d'apprécier la pratique professionnelle résultant de l'activité individuelle de l'avocat[3].

L'exercice de la pratique professionnelle doit être justifié par une attestation mentionnant la durée du service effectué et la nature des fonctions occupées. Pour l'application du troisième alinéa de l'article 88, l'attestation est remplacée par une déclaration sur l'honneur, accompagnée de la liste des activités, travaux ou publications dont l'avocat fait état[4].

42.13 Examen de contrôle des connaissances[5]. La pratique n'est pas uniquement suffisante, faut-il encore que les connaissances acquises soient l'objet d'un contrôle organisé par les centres de formation professionnelle d'avocats.

L'examen de contrôle des connaissances est organisé par les centres régionaux de formation professionnelle.

Il se déroule devant un jury dont la composition est déterminée par l'article 91 du décret du 27 novembre 1991 :

- un professeur ou maître de conférences, chargé de l'enseignement juridique dans la mention en spécialisation revendiquée, président;

- un magistrat de l'ordre judiciaire selon la mention de spécialisation revendiquée ou un membre du corps du tribunal administratif et des cours administratives d'appel;

- un avocat admis à faire usage de la mention de spécialisation revendiquée ou justifiant d'une qualification suffisante dans cette spécialisation, désigné par le bâtonnier sur proposition du président du centre de formation professionnelle des avocats organisateur de l'examen.

• Lorsque plusieurs centres régionaux de formation professionnelle décident d'organiser en commun les épreuves de cet examen, le jury est désigné de la façon suivante :

- 1° le professeur ou maître de conférences ou maître-assistant d'université, par décision conjointe des présidents des universités concernées;

- 2° le magistrat de l'ordre judiciaire ou le membre du corps des tribunaux administratifs et des cours administratives d'appel, par décision conjointe des premiers présidents des cours d'appel concernées et des procureurs généraux près lesdites cours ou des présidents des cours administratives d'appel concernées, le cas échéant après avis des présidents des tribunaux administratifs intéressés;

- 3° l'avocat, par les bâtonniers des Ordres d'avocats concernés, sur proposition conjointe des présidents des centres régionaux de formation professionnelle d'avocats concernés et, à défaut d'accord, par le président du CNB.

• Un nombre égal de suppléants est désigné dans les mêmes conditions.

• Aucun membre du jury ne peut siéger plus de cinq années consécutives.

Les modalités de cet examen sont fixées par arrêté du garde des Sceaux, ministre de la Justice, après avis du CNB[6].

42.14 Sont dispensés de l'examen de contrôle des connaissances prévu à l'article 91 du décret du 27 novembre 1991 :

1° les membres ou anciens membres du Conseil d'État, les magistrats ou anciens magistrats de la Cour des comptes, de l'ordre judiciaire, des tribunaux administratifs, des cours administratives d'appel

1. Décr. 27 nov. 1991, art. 89.
2. Décr. 27 nov. 1991, art. 90.
3. Civ. 1re, 14 mars 2000, n° 97-17.509, *Bull. civ.* I, n° 90.
4. Décr. 27 nov. 1991, art. 90.
5. Décr. 27 nov. 1991, art. 91 et 92.
6. Décr. 27 nov. 1991, art. 91.

et des chambres régionales des comptes justifiant de quatre années au moins d'affectation au sein d'une formation correspondant à la spécialisation demandée;

2° les professeurs d'enseignement supérieur et maîtres de conférences ayant effectué en cette qualité quatre années au moins d'enseignement de la discipline correspondant à la spécialisation demandée;

3° les fonctionnaires et anciens fonctionnaires de catégorie A ou les personnes assimilées aux fonctionnaires de cette catégorie, mentionnés à l'article 98 (4°), ayant accompli, en cette qualité, quatre années au moins de services effectifs dans une administration, un établissement, un service ou une organisation internationale, ayant une activité correspondant à la spécialisation demandée;

4° les docteurs en droit dont la thèse a porté sur la spécialisation revendiquée et justifiant de quatre années de pratique professionnelle acquise dans les conditions prévues par l'article 88[1]. Et selon un arrêt de la cour d'appel de Chambéry du 4 février 2000[2], la thèse (même effectuée pendant plus de quatre ans) n'équivaut pas à la pratique professionnelle continue exigée par la loi. En conséquence, le docteur en droit est astreint à deux conditions cumulatives : la thèse et la pratique professionnelle. Néanmoins celle-ci pourra résulter, conformément à l'article 88, alinéa 2, du décret, « d'activités, de travaux ou de publications relatifs à cette spécialité », autres que la thèse. À condition toutefois, précise la Cour de cassation dans un arrêt du 12 octobre 2004, que ces travaux ou publications soient postérieurs à la soutenance de thèse[3].

• **Régime transitoire.** Le régime décrit ci-dessus est le régime de droit commun, mais un régime transitoire[4] existait au profit :

1° des avocats inscrits au tableau depuis au moins cinq ans au 1er janvier 1992 qui pourront solliciter la délivrance d'un certificat de spécialisation s'ils justifient avoir acquis la compétence nécessaire. Ces demandes devaient être formulées avant le 31 décembre 1993;

2° l'article 267 du décret du 27 novembre 1991 précise que, si l'avocat justifie au 1er janvier 1992 de cinq années au moins d'exercice d'une activité juridique dominante en qualité d'avocat ou de conseil juridique, il est dispensé d'examen de contrôle des connaissances prévu à l'article 12-1 de la loi du 31 décembre 1971. Mais cette activité dominante ne suffit pas à établir la compétence nécessaire à la reconnaissance de la spécialisation et ne suffit pas à elle seule à dispenser du contrôle de connaissances[5]. La Cour de cassation a précisé qu'en exigeant que les cinq années d'activité juridique dominante soient continues et ininterrompues, la cour d'appel avait violé les dispositions de l'ex-article 50-IX° de la loi du 31 décembre 1971[6].

SECTION 2
LISTE DES SPÉCIALISATIONS

42.21 Comment connaître les spécialistes ? La mention de spécialisation. Lorsque le barreau était petit, la renommée suffisait; mais ce procédé semblait archaïque à la veille de la réforme des professions juridiques et judiciaires. Aujourd'hui, c'est la mention de spécialisation qui permet de reconnaître les spécialistes. Toutefois, la mention de spécialisation est autorisée à condition que la spécialité figure sur une liste limitative fixée par arrêté du garde des Sceaux sur proposition du CNB et qui peut être révisée à tout moment[7].

Un arrêté du 8 juin 1993[8] a été pris par le garde des Sceaux qui, après proposition du CNB en date du 17 février 1993, arrête que les avocats titulaires du ou des certificats de spécialisation correspondants sont autorisés à faire usage d'une ou plusieurs des mentions des quinze spécialisations suivantes :

- avocat spécialiste en droit des personnes;
- avocat spécialiste en droit pénal;
- avocat spécialiste en droit immobilier;
- avocat spécialiste en droit rural;
- avocat spécialiste en droit de l'environnement;
- avocat spécialiste en droit public;
- avocat spécialiste en droit de la propriété intellectuelle;
- avocat spécialiste en droit commercial;
- avocat spécialiste en droit des sociétés;
- avocat spécialiste en droit fiscal;
- avocat spécialiste en droit social;
- avocat spécialiste en droit économique;
- avocat spécialiste en droit des mesures d'exécution;
- avocat spécialiste en droit communautaire;
- avocat spécialiste en droit des relations internationales[9].

1. ÉGAL[T] : Décr. 27 nov. 1991, art. 92.
2. CA Chambéry, 4 févr. 2000, *JCP* 2000, I, 231, n° 2, obs. Martin.
3. Civ. 1re, 12 oct. 2004, n° 03-12.290, *Bull. civ.* I, n° 223; *D.* 2004, IR 2832; *D.* 2004, IR 2833; *Gaz. Pal.* 29-30 oct. 2004, 9, avis Lafortune; *Gaz. Pal.* 2004, jur. 3301, obs. Sainte-Rose; *Gaz. Pal.* 2004, somm. 3908.
4. L. 1971, art. 50-IX, abrogé par L. n° 2004-130, 11 févr. 2004.
5. CA Bordeaux, 14 déc. 1992, *D.* 1994, somm. 137.
6. Civ. 1re, 6 janv. 1998, n° 95-20.054, *Bull. civ.* I, n° 1; *D.* 1998, IR 35; *Gaz. Pal.* 12 mai 1998, pan. 9; *JCP* 1998, IV, 1368 – Civ. 1re, 29 juin 1999, n° 96-21.338, NPT.
7. Décr. 27 nov. 1991, art. 86 s.
8. Arr. 8 juin 1993, *JO* 12 juin, p. 8407.
9. Arr. 8 juin 1993, art. Ier.

La Cour de cassation par un arrêt de la 1re chambre civile du 10 juin 1997[1] a précisé que la liste des mentions de spécialisation dont les avocats sont autorisés à faire usage, et fixée par arrêté du 8 juin 1993, est limitative. Cet arrêt censure un arrêt de la cour d'appel d'Aix-en-Provence qui avait permis à un ancien conservateur des hypothèques devenu avocat de revendiquer une spécialité plus affinée que le panel offert par l'article 1er de l'arrêté du 8 juin 1993.

42.22 Vers une réforme du régime des spécialisations ? Le système actuel, mais en place en 1994 de spécialisation fait l'objet de nombreuses critiques depuis plusieurs années. Les statistiques d'obtention des spécialisations montrent que, dans nombre de domaines d'activités essentiels des avocats, le nombre de spécialistes stagne ou même diminue, pour des raisons diverses[2]. Ce constat a conduit la Commission Formation du CNB à proposer une réforme de ce régime destiné à assurer la promotion du régime de spécialisations. L'objectif est double : d'une part informer de manière utile le public, d'autre part tenir compte des préoccupations des avocats[3]. Le CNB a adopté lors de son assemblée générale des 12 et 13 mars 2010 le rapport de la Commission Formation sur la refonte du régime des spécialisations des avocats.

Cette réforme devrait permettre d'améliorer l'accès des avocats aux certificats de spécialisation par un contrôle des connaissances portant sur leur pratique professionnelle. Elle devrait également favoriser l'affichage par les avocats de leur compétence en leur permettant notamment d'afficher un logo distinctif et la spécialisation obtenue figurera sur une liste nationale accessible au public.

Il a par ailleurs été souligné qu'il est essentiel de maintenir un niveau élevé d'exigence. Le nouvel examen porterait sur le contrôle de l'existence d'une pratique professionnelle régulière, sérieuse et transversale sur l'ensemble du champ de la spécialisation. Elle remplacerait l'actuel contrôle de connaissances, jugé trop théorique et plus subjectif.

1. Civ. 1re, 10 juin 1997, n° 95-15.644, *Bull. civ.* I, n° 193; *D.* 1998, 244, note Agostini; *JCP* 1997, II, 22923, note Martin; *Gaz. Pal.* 25 déc. 1997, pan. 34.
2. Refonte du régime des spécialisations : pour une meilleure visibilité auprès du public et une plus grande attractivité pour les avocats CNB.avocat.fr, Actu. 23 mars 2010; Dossier spécial Réforme des spécialisations, *Avocats et droits,* n° 33, Juin 2010, p. 26 s. – Une refonte du régime des spécialisations des avocats proposée à la concertation de la profession – Assemblée générale du 11 décembre 2009, CNB.avocat.fr, Actu. 17 déc. 2009.
3. Roumier, *Avocats et droits,* n° 33, juin 2010, p. 27.

Par ailleurs, une obligation de formation continue portée à dix heures par an et par spécialisation serait obligatoire.

Enfin, une réactualisation de la liste de mentions de spécialisations a été proposée, comprenant 29 spécialisations.

Néanmoins, cette réforme des spécialisations nécessite l'adoption d'un dispositif législatif et réglementaire et notamment la modification de l'arrêté du 8 juin 1993 fixant la liste des mentions de spécialisation en usage dans la profession d'avocat.

- **Proposition de liste**

1. Droit de la famille, des personnes et de leur patrimoine
2. Droit des étrangers et de la nationalité
3. Droit du crédit et de la consommation
4. Droit du logement
5. Droit de la santé
6. Droit pénal
7. Droit des garanties, des sûretés et des mesures d'exécution
8. Droit de la propriété intellectuelle
9. Droit des nouvelles technologies, de l'informatique et de la communication
10. Droit des assurances
11. Droit bancaire
12. Droit commercial et des affaires
13. Droit des sociétés
14. Droit des associations et des fondations
15. Droit fiscal
16. Droit douanier
17. Droit immobilier
18. Droit des transports
19. Droit de la concurrence
20. Droit du travail
21. Droit de la sécurité sociale et de la protection sociale
22. Droit public
23. Droit de l'arbitrage
24. Droit de l'Union européenne
25. Droit international
26. Droit de l'environnement
27. Droit rural
28. Droit du sport
29. Droit de la fiducie

42.23 Qui délivre les certificats de spécialisation ? Le centre régional de formation professionnelle est seul habilité à délivrer le certificat.

42.24 Nombre des certificats de spécialisation par avocat. Le CNB avait proposé une limitation à deux certificats maximum par avocat; la Chancellerie n'a pas cru devoir suivre cette proposition, le nombre des spécialisations par titulaire de certificat est illimité[1]. La Cour de cassation a estimé que, si le conseil national des barreaux est chargé de déterminer les conditions générales d'obtention des mentions de spécialisations[2], il n'a pas pour autant le pouvoir de préconiser la reconnaissance de deux spécialisations et l'attribution exceptionnelle d'un troisième certificat[3].

42.25 Utilisation des mentions de spécialisation. Comme il s'agit d'un moyen d'information de la clientèle, aucune obligation n'est imposée d'utiliser le titre de spécialisation qui a été reconnu; le cas échéant, l'article 10.4 du RIN indique que le papier à lettres doit porter la mention « spécialiste en... ». Chacun a la possibilité d'en user ou non pour tout ou partie selon qu'il s'adresse à telle ou telle clientèle; la notion d'activité dominante disparaît en l'état puisqu'elle est remplacée par les certificats de spécialisation. Mais, aux termes de l'article 10.4 du RIN, celui qui est bénéficiaire d'un certificat de spécialisation dans un champ de compétence se limite à la mention du libellé de la matière sur laquelle il porte. L'avocat ne pourra donc pas faire usage de la mention globale de spécialisation, mais uniquement des champs de compétence pour lesquels la mention de spécialisation lui aura été accordée (v. s[s] n° 42.25).

De même, conformément à l'article 10.10 du RIN relatif aux annuaires professionnels, tout avocat peut figurer dans la rubrique générale, et s'il y a lieu, sous chacune des rubriques de spécialités correspondant à celles qui lui ont été reconnues. Et l'avocat titulaire d'un certificat de spécialisation dans un champ de compétence peut faire mention, dans la rubrique générale, du libellé de la matière sur laquelle il porte.

La spécialisation n'est pas subordonnée à une autorisation du Conseil de l'ordre ni même à une demande mais à une simple déclaration d'usage d'une spécialité. L'usage d'une mention de spécialisation est porté à la connaissance du Conseil de l'ordre des avocats soit lors de la demande d'inscription au tableau, soit postérieurement à cette inscription. La déclaration faite par l'avocat doit être accompagnée du certificat de spécialisation prévu à l'article 12-1 de la loi du 31 décembre 1971 précitée[4]. Toutefois, cette déclaration est subordonnée à une double justification et explicitée par le décret du 27 novembre 1991[5].

La mention de spécialisation est inscrite sur le tableau du barreau[6]. Elle peut bien entendu être utilisée également dans tous les modes légitimes de publicité fonctionnelle (v. s[s] n°s 45.41 à 45.43).

42.26 Champs de compétence. L'avocat qui bénéficie d'une spécialisation peut faire figurer sur son papier à lettres son champ de compétence. Ainsi, l'avocat spécialisé en droit de la propriété intellectuelle devrait pouvoir préciser son champ de compétence, comme par exemple le droit des dessins et modèles[7]. Le cas échéant, il ne pourra mentionner, sur ses papiers à lettre et cartes de visite, que ce champ de compétence à l'exclusion de la mention globale de spécialisation « Droit de la propriété intellectuelle » (v. s[s] n° 42.24).

Le CNB, dans son rapport du 7 septembre 2002, a décidé de classer les champs d'activité dans les spécialisations, de la manière suivante :

SPÉCIALISATION DES AVOCATS :
CHAMPS D'ACTIVITÉ PAR SPÉCIALISATION
(CLASSEMENT CNB, *RAPPORT 7 SEPT. 2002*)

Droit des personnes
• Droit de la famille
• Réparation du préjudice corporel
• Droit des étrangers en France
• Droit des successions et donations
• Droit du patrimoine
• Droit du surendettement
• Responsabilité civile
• Assurances des particuliers
• Droit des mineurs
Droit pénal
• Droit pénal général
• Droit pénal des affaires
• Droit de la presse
Droit immobilier
• Construction
• Urbanisme
• Copropriété
• Baux d'habitation
• Baux commerciaux et professionnels
• Expropriation
• Droit des mines

1. Civ. 1re, 10 juin 1997, n° 95-15.644, *Bull. civ.* I, n° 193; *D.* 1998, 241; *D.* 1998, 244, note Agostini; *JCP* 1997, II, 22923, note Martin; *Gaz. Pal.* 25 déc. 1997, pan. 34.
2. L. 31 déc. 1971, art. 21-1.
3. Civ. 1re, 17 mars 1998, n° 95-18.392, *Bull. civ.* I, n° 112; *D.* 1998, IR 97; *D. Affaires* 1998, 670, obs. V. A.-R – Civ. 1[re,] 10 juin 1997, n° 95-15.644, *Bull. civ.* I, n° 193; *D.* 1998, 244, note Agostini; *JCP* 1997, II, 22923, note Martin; *Gaz. Pal.* 25 déc. 1997, pan. 34.
4. Décr. 27 nov. 1991, art. 87.
5. Décr. 27 nov. 1991, art. 88 s.
6. Décr. 27 nov. 1991, art. 94.
7. Rapport d'orientation à l'assemblée générale sur les mentions de spécialisation, décis. CNB, 7 sept. 2002.

Droit rural

- Baux ruraux et entreprise agricole
- Droit des produits alimentaires
- Droit de la coopération agricole

Droit de l'environnement

Droit public

- Droit électoral
- Collectivités locales
- Fonction publique
- Droit public économique

Droit de la propriété intellectuelle

- Droit des brevets
- Droit des marques
- Droit des dessins et modèles
- Propriété littéraire et artistique
- Droit de l'informatique et des télécommunications

Droit commercial

- Droit bancaire et financier
- Procédures collectives et entreprises en difficulté
- Ventes de fonds de commerce
- Droit boursier
- Transport aérien
- Transport maritime
- Transports terrestres
- Droit de la publicité

Droit des sociétés

- Droit des sociétés commerciales et professionnelles
- Fusions et acquisitions
- Droit des associations et fondations
- Droit fiscal
- Fiscalité des particuliers
- Fiscalité de l'activité professionnelle
- Fiscalité internationale
- Fiscalité du patrimoine
- TVA
- Fiscalité immobilière

Droit social

- Droit du travail
- Droit de la sécurité sociale
- Droit de la protection sociale

Droit économique

- Droit des réglementations professionnelles
- Droit de la concurrence
- Droit de la consommation
- Droit de la distribution

Droit des mesures d'exécution

- Mesures d'exécution forcée
- Mesures conservatoires

Droit communautaire

- Droit public européen et communautaire
- Contentieux devant les juridictions européennes
- Droit européen de la concurrence

Droit des relations internationales

- Droits étrangers

[Il existe autant de champs de compétence que d'États indépendants]

- Contentieux internationaux
- Contrats internationaux

Cette liste a vocation à être complétée à tout moment. Les demandes devront être adressées à la Commission Formation du CNB qui instruira les suggestions présentées et les soumettra à l'assemblée générale pour décision.

CHAPITRE

43. Rapports avec la partie adverse

SECTION 0 ORIENTEUR

43.00 **Plan du chapitre.**

43.01 **Textes applicables.**

>

Décr. n° 2005-790, 12 juill. 2005, art. 17 et 18

RIN, art. 5.4, art. 8

RIN, art. 21.5.5

Code pénal, art. 312-10 s.

>

Décr. 12 juill. 2005, art. 17 [Relations avec la partie adverse]

Si un différend est susceptible de recevoir une solution amiable, avant toute procédure ou lorsqu'une action est déjà pendante devant une juridiction, l'avocat ne peut prendre contact ou recevoir la partie adverse qu'avec l'assentiment de son client. À cette occasion, il rappelle à la partie adverse la faculté de consulter un avocat et l'invite à lui en faire connaître le nom. Il s'interdit à son égard toute présentation déloyale de la situation et toute menace. Il peut néanmoins mentionner l'éventualité d'une procédure.

L'avocat, mandataire de son client, peut adresser toute injonction ou mise en demeure à l'adversaire de ce dernier.

Décr. 12 juill. 2005, art. 18 [Pourparlers]

L'avocat chargé d'assister un client dans une négociation ne peut conduire de pourparlers qu'en présence de son client ou avec l'accord de ce dernier.

À l'occasion de pourparlers avec un interlocuteur assisté d'un avocat, il ne peut le recevoir seul, sauf accord préalable de son confrère.

RIN, art. 5.4 [Relations avec la partie adverse]

Relations avec la partie adverse

5.4 L'avocat chargé d'introduire une procédure contre une partie dont il connaît le conseil, doit aviser au préalable son confrère, dans la mesure où cet avis ne nuit pas aux intérêts de son client.

En cours de procédure, les rapports de l'avocat avec son confrère défendant l'adversaire doivent s'inspirer des principes de courtoisie, de loyauté et de confraternité régissant la profession d'avocat.

L'avocat qui inscrit un appel à l'encontre d'une décision rendue par une juridiction pénale doit en informer aussitôt ses confrères concernés par la cause. Il en va de même pour les requêtes en nullité.

Il en est de même pour tout appel civil et, plus généralement, de l'exercice de toute voie de recours ou de toute procédure au fond.

RIN, art. 8 [Rapports avec la partie adverse]

[CEDH, art. 6; décr. 12 juill. 2005, art. 17 et 18]

Principe

8.1 Chacun a le droit d'être conseillé et défendu par un avocat.

Règlement amiable

8.2 Si un différend est susceptible de recevoir une solution amiable, avant toute procédure ou lorsqu'une action est déjà pendante devant une juridiction, l'avocat ne peut prendre contact ou recevoir la partie adverse qu'avec l'assentiment de son client. À cette occasion, il rappelle à la partie adverse la faculté de consulter un avocat et l'invite à lui en faire connaître le nom. Il s'interdit à son égard toute présentation déloyale de la situation et toute menace. Il peut néanmoins mentionner l'éventualité d'une procédure.

L'avocat, mandataire de son client, peut adresser toute injonction ou mise en demeure à l'adversaire de ce dernier.

La prise de contact avec la partie adverse ne peut avoir lieu qu'en adressant à cette partie une lettre, qui peut être transmise par voie électronique, en s'assurant préalablement de l'adresse électronique de son destinataire, rappelant la faculté pour le destinataire de consulter un avocat et l'invitant à lui faire connaître le nom de son conseil.

Ces règles s'appliquent également à l'occasion de toute relation téléphonique, dont l'avocat ne peut prendre l'initiative.

Procédure

8.3 Lorsqu'une procédure est envisagée ou en cours, l'avocat ne peut recevoir la partie adverse qu'après avoir avisé celle-ci de l'intérêt d'être conseillée par un avocat.

Si la partie adverse a fait connaître son intention de faire appel à un avocat, celui-ci devra être invité à participer à tout entretien.

Dans le cadre d'une procédure où aucun avocat ne s'est constitué pour la partie adverse, ou d'un litige à propos duquel aucun avocat ne s'est manifesté, l'avocat peut, en tant que mandataire de son client, adresser à la partie adverse toute injonction ou mise en demeure ou y répondre.

Lorsqu'un avocat est constitué pour la partie adverse, ou lors d'un litige à propos duquel l'avocat adverse s'est manifesté, l'avocat doit correspondre uniquement avec son confrère.

Néanmoins, dans le cas où elles sont prévues par des textes ou procédures spécifiques, l'avocat peut adresser des lettres valant acte de procédure à la partie adverse, à la condition d'en rendre destinataire simultanément l'avocat de celle-ci.

Pourparlers

8.4 L'avocat chargé d'assister un client dans une négociation ne peut conduire de pourparlers qu'en présence de son client ou avec l'accord de ce dernier.

À l'occasion de pourparlers avec un interlocuteur assisté d'un avocat, il ne peut le recevoir seul, sauf accord préalable de son confrère.

RIN, art. 21.5.5 [Communication avec la partie adverse]

L'avocat ne peut pas se mettre en rapport au sujet d'une affaire particulière directement avec une personne dont il sait qu'elle est représentée ou assistée par un autre avocat, à moins que ce confrère ne lui ait donné son accord et à charge de le tenir informé.

Code pénal, art. 312-10 [Chantage]

[ord. n° 2000-916, 19 sept. 2000, art. 3, *JO* 22; en vigueur depuis le 1er janv. 2002]

Le chantage est le fait d'obtenir, en menaçant de révéler ou d'imputer des faits de nature à porter atteinte à l'honneur ou à la considération, soit une signature, un engagement ou une renonciation, soit la révélation d'un secret, soit la remise de fonds, de valeurs ou d'un bien quelconque.

Le chantage est puni de cinq ans d'emprisonnement et de 75 000 euros d'amende.

43.02 Jurisprudence de référence.

> L'exposé de la demande ne saurait prendre la forme d'une menace

• CA Paris, 1re ch., 26 févr. 2003, n° 2002/15134.

* V. ss n° 43.11.

« Considérant que c'est à juste titre que le Conseil de l'ordre a retenu, à l'exception du dossier n° 21-2060, que les faits reprochés à Mme X... étaient établis et constituaient par leur répétition, bien qu'ils soient "d'une inégale gravité", des manquements aux principes essentiels de délicatesse, de courtoisie, de confraternité, de modération et de prudence énoncés à l'article 1.3 des règlements intérieurs ancien et actuel du Barreau de Paris ainsi qu'aux dispositions des articles 3.2.11 du règlement intérieur du Barreau de Paris ancien et 156 du décret du 27 novembre 1991 en ce qui concerne le dossier n° 21.2513;

Qu'en effet, la requérante ne saurait, tout d'abord, dénier aux faits qui lui sont reprochés, dont elle ne conteste pas la matérialité, le caractère de fautes, alors que la relation qui en est faite dans la citation montre suffisamment son défaut de diligence ou son imprudence (dossiers nos 21-1533 et 21-2513), son manque de courtoisie et de modération allant jusqu'à la menace (dossiers nos 21-2241, 20-5022, 20-4510 et 20-0202), le dossier n° 20-4510 faisant, contrairement à ce qu'elle soutient, ressortir avec précision le grief reproché, qui consiste en un manque de modération résultant d'"un chantage à la plainte pénale", ou encore le non-respect de la règle selon laquelle toute plainte dirigée contre un avocat doit obtenir le visa préalable du bâtonnier, agissements dont elle n'établit pas que la dénonciation qui en a été faite provient d'une violation du secret professionnel ou de l'instruction (dossier 20-2868);

[...]. »

43.03 Bibliographie indicative.

Ouvrage. Woog, 2001, nos 4.5.3, 4.5.4.

43.05 Exemples de lettres à adresser à la partie adverse proposées par le règlement intérieur du barreau de Paris.

L'avocat doit se garder, à l'occasion de l'exposé de la demande, de toute présentation déloyale ou de toute menace afin de respecter en toutes circonstances la règle de la délicatesse. Cet exposé doit être succinct.

A) RECOUVREMENT DE CRÉANCES

La lettre est unique et adressée en envoi recommandé avec A.R. :

La société (ou Monsieur ou Madame X) dont je suis l'avocat me remet un dossier qui laisse apparaître que vous restez lui devoir la somme en principal de...

À défaut de règlement de votre part de ladite somme sous huitaine à compter de la réception de la présente, il (elle) m'a donné instruction de porter cette affaire sur le plan judiciaire et prendre à votre encontre toutes mesures propres à assurer la sauvegarde de ses droits.

Vous devez de ce fait considérer cette lettre comme une mise en demeure de nature à faire courir tous délais, intérêts et autres conséquences que la loi – particulièrement l'article 1153 du Code civil – et les tribunaux attachent aux mises en demeure.

Je suis à la disposition de votre avocat pour tout entretien qu'il pourrait souhaiter.

Je vous prie de croire, Monsieur (ou Madame), à l'expression de mes salutations distinguées.

B) DIVORCE

Deux hypothèses sont à examiner :

1° Le cas général où la forme de procédure à utiliser n'est pas encore connue. Il vous est proposé le texte suivant :

Monsieur (ou Madame),

Monsieur (ou Madame) X, dont je suis le conseil, m'a confié la défense de ses intérêts en raison du différend conjugal qui vous oppose.

Auriez-vous l'obligeance de me faire connaître par retour du courrier le nom de votre avocat de telle sorte que je prenne tout contact utile avec lui ?

Je vous remercie par avance de votre réponse.

En l'absence de celle-ci dans un délai d'une semaine, je reprendrai mon entière liberté d'action.

Je vous prie de croire, Monsieur (ou Madame), à l'expression de mes salutations distinguées.

2° Le cas où il paraît possible, dès l'origine, d'envisager le dépôt d'une requête conjointe.

Monsieur (ou Madame),

Monsieur (ou Madame) X, dont je suis le conseil, m'indique que vous envisagez le dépôt d'une requête conjointe aux fins de divorce.

Voulez-vous m'indiquer le nom de celui de mes confrères que vous souhaiteriez voir intervenir à mes côtés pour défendre vos intérêts ?

Je vous remercie de votre réponse et vous prie de croire, Monsieur (ou Madame), à l'expression de mes salutations distinguées.

C) AUTRES LITIGES

La société (ou Monsieur ou Madame X) m'a chargé de la défense de ses intérêts à l'occasion du différend qui l'oppose à vous. (Exposé succinct de la demande).

Je vous écris cette lettre afin de vous permettre, si vous le souhaitez, de me faire connaître le nom de votre avocat ou de votre conseil habituel et de prier celui-ci de prendre contact avec moi sans tarder.

Faute d'un tel contact dans un délai d'une semaine, je reprendrai mon entière liberté d'action.

Je vous prie de croire, Monsieur (ou Madame), à l'expression de mes salutations distinguées.

SECTION 1
PRISE DE CONTACT AVEC LA PARTIE ADVERSE

43.11 Modalités de la prise de contact. Avec l'assentiment de son client, l'avocat peut prendre contact avec la partie adverse pour éviter toute procédure[1]. Cette « prise de contact » s'effectue par écrit (une lettre) qui rappellera au destinataire la faculté dont il dispose de consulter un avocat et qui l'invitera à lui faire connaître le nom de son conseil. La lettre de prise de contact doit comporter un exposé succinct de l'objet de la demande, et devra bien se garder d'être une présentation déloyale, voire de prendre la forme d'une menace[2]. Le Barreau de Paris en propose des exemples dans différentes matières (v. s^{s} n° 43.05).

Les règles sont identiques pour les communications téléphoniques, dont l'avocat ne peut non plus prendre l'initiative.

43.12 Chantage. Toute forme de pression que tenterait d'exercer l'avocat auprès de la partie adverse dépourvue d'avocat est constitutive de chantage en application de l'article 312-10 du Code pénal.

SECTION 2
CORRESPONDANCE AVEC L'AVOCAT DE LA PARTIE ADVERSE

43.21 L'avocat ne doit correspondre qu'avec son confrère. Sauf l'hypothèse de la prise de contact ou les procédures spécifiques dans lesquelles l'avocat peut adresser des lettres valant actes de procédure à la partie adverse (son avocat étant simultanément le destinataire), l'avocat correspondra uniquement avec son confrère. Une lettre à la partie adverse n'est possible qu'avec l'assentiment du client : a ainsi été condamné l'avocat qui a écrit une lettre à une partie adverse sans l'inviter à se rapprocher de son conseil, lui demandant, au contraire, de prendre directement contact avec lui à son cabinet[3]; il a également été jugé que caractérise un défaut de loyauté dans la relation avec un confrère, en contravention avec les articles 8.2 et 8.4, le fait, pour un avocat, de prendre directement contact avec la partie adverse, en connaissance de ce que celle-ci était assistée d'un avocat, dans le dessein de tenter de la dissuader de diligenter une procédure, puis, ultérieurement, d'obtenir d'elle et de son conseil qu'ils renoncent à une réclamation déontologique à son encontre[4].

Ce principe est destiné à sauvegarder la confraternité entre avocats et à prévenir toute tentative de prendre un avantage injustifié sur le client d'un autre avocat.

Il faut rappeler que la lettre adressée à la partie adverse n'est pas confidentielle, ce qui comporte un risque indéniable pour l'avocat qui en est l'auteur ainsi que pour son client, alors que les correspondances entre avocats sont confidentielles (sauf si elles portent la mention « officielle » depuis la réforme du 11 février 2004), ce qui est en soi une garantie (v. s^{s} n°s 37.11 s.).

43.22 Information du confrère avant l'introduction d'un contentieux. En application de l'arti-

1. Décr. 12 juill. 2005, art. 17; RIN, art. 8.2.
2. CA Paris, 1re ch., 26 févr. 2003, n° 2002/15134.
3. Cons. ordre Paris, arrêté disciplinaire, 15 nov. 2005, n° 23.32771.
4. Cons. ordre Paris, arrêté disciplinaire, 19 juill. 2005, n° 23.7349.

cle 5.4 du RIN, l'avocat chargé d'engager une instance contre une partie dont il connaît le conseil, doit informer au préalable ce conseil. Cette information doit être donnée avec beaucoup de précaution car elle peut nuire aux intérêts du client de l'avocat.

43.23 **Pourparlers.** Ces derniers ne peuvent être conduits que par l'avocat en présence de son client ou avec son accord (car, la règle mentionnée au premier alinéa de l'article 18 du décret du 12 juillet 2005, selon laquelle « l'avocat chargé d'assister un client dans une négociation ne peut conduire de pourparlers qu'en présence de son client ou avec l'accord de ce dernier », ne méconnaît pas le principe de l'indépendance de l'avocat[1]). Le client peut demander à son avocat de le représenter dans ces pourparlers sans être présent lui-même.

L'avocat peut recevoir seul la partie adverse, avec l'accord de son confrère. Il devra user de cette faculté avec beaucoup de précaution car la partie adverse peut, par la suite, lui prêter des propos qu'il aurait tenus au cours de l'entretien contrairement à la vérité.

En tout état de cause, il est conseillé d'avoir un accord écrit préalable de son confrère pour recevoir seul la partie adverse.

1. CE 6e et 1re ss-sect. réun., 15 nov. 2006, no 283475, no 284964, no 285065, *JCP* 2007, II, 10001, note Martin; *JCP* 2007, I, 151, no 2, obs. Bortoluzzi.

CHAPITRE

44. Succession d'avocats dans un dossier

SECTION 0
ORIENTEUR

44.00 **Plan du chapitre.**

44.01 **Textes applicables.**

>

Décr. n° 2005-790, 12 juill. 2005, art. 14 et 19

RIN, art. 9

>

Décr. 12 juill. 2005, art. 14 [Restitution de pièces]

Lorsque l'affaire est terminée ou qu'il en est déchargé, l'avocat restitue sans délai les pièces dont il est dépositaire. Les contestations concernant la restitution des pièces sont réglées suivant la procédure prévue en matière de montant et de recouvrement des honoraires.

Décr. 12 juill. 2005, art. 19 [Succession d'avocats dans un dossier]

Sauf accord préalable du bâtonnier, l'avocat qui accepte de succéder à un confrère ne peut défendre les intérêts du client contre son prédécesseur.

Le nouvel avocat s'efforce d'obtenir de son client qu'il règle les sommes restant éventuellement dues à un confrère précédemment saisi du dossier. S'il reçoit du client un paiement alors que des sommes restent dues à son prédécesseur, il en informe le bâtonnier.

L'avocat qui succède à un confrère intervenant au titre de l'aide juridictionnelle ne peut réclamer des honoraires que si son client a expressément renoncé au bénéfice de celle-ci. Il informe auparavant son client des conséquences de cette renonciation. En outre, il informe de son intervention son confrère précédemment mandaté, le bureau d'aide juridictionnelle et le bâtonnier.

Les difficultés relatives à la rémunération de l'avocat initialement saisi ou à la restitution par ce dernier des pièces du dossier sont soumises au bâtonnier.

RIN, art. 9 [Succession d'avocats dans un dossier]

Nouvel avocat

9.1 L'avocat qui reçoit l'offre d'un dossier doit vérifier si un ou plusieurs confrères ont été préalablement chargés de ce dossier comme défenseur ou conseil du client.

L'avocat qui accepte de succéder à un confrère doit, avant toute diligence, le prévenir par écrit et s'enquérir des sommes pouvant lui rester dues.

En aucun cas le nouvel avocat ne peut défendre les intérêts du client contre son/ou ses prédécesseur(s) sauf accord préalable du bâtonnier.

Avocat dessaisi

9.2 L'avocat dessaisi, ne disposant d'aucun droit de rétention, doit transmettre sans délai tous les éléments nécessaires à l'entière connaissance du dossier.

Honoraires dus

9.3 Sauf accord préalable du bâtonnier, l'avocat qui accepte de succéder à un confrère ne peut défendre les intérêts du client contre son prédécesseur.

Le nouvel avocat s'efforce d'obtenir de son client qu'il règle les sommes restant éventuellement dues à un confrère précédemment saisi du dossier. S'il reçoit du client un paiement alors que des sommes restent dues à son prédécesseur, il en informe le bâtonnier.

L'avocat qui succède à un confrère intervenant au titre de l'aide juridictionnelle ne peut réclamer des honoraires que si son client a expressément renoncé au bénéfice de celle-ci. Il informe auparavant son client des conséquences de cette renonciation. En outre, il informe de son intervention son confrère précédemment mandaté, le bureau d'aide juridictionnelle et le bâtonnier.

Les difficultés relatives à la rémunération de l'avocat initialement saisi ou à la restitution par ce dernier des pièces du dossier sont soumises au bâtonnier.

44.02 **Jurisprudence de référence.**

> Le Conseil de l'ordre ne peut empêcher le nouvel avocat d'assurer la défense des intérêts de son client, ni mettre à sa charge les honoraires de l'avocat dessaisi

• **Civ. 1re, 16 déc. 2003, n° 01-10.210,** *Bull. civ.* I, n° 257.

* V. ss n° 44.13.

« Vu l'article 34 de la Constitution, ensemble l'article 17 de la loi du 31 décembre 1971 ;

Attendu qu'il n'entre pas dans les pouvoirs réglementaires du Conseil de l'ordre des avocats d'investir le bâtonnier d'un pouvoir de décision de nature à paralyser, même sous certaines conditions, l'usage par une partie de voies de droit qui lui sont légalement ouvertes;

Attendu qu'en refusant d'annuler la disposition figurant à l'article 9-3 du règlement intérieur du barreau de Nice selon laquelle "si des sommes restent dues à un avocat précédemment saisi du dossier, le nouvel avocat ne peut, sauf autorisation du bâtonnier, accomplir de diligences tant que ces sommes ne seront pas réglées", la cour d'appel a violé les textes susvisés;

Et sur la troisième branche du même moyen :

Vu l'article 34 de la Constitution, ensemble l'article 17 de la loi du 31 décembre 1971 ;

Attendu qu'il n'entre pas dans les pouvoirs réglementaires du Conseil de l'ordre des avocats d'imposer à ses membres une obligation civile les constituant débiteurs de la dette d'un tiers, dès lors qu'elle est étrangère au fonctionnement des institutions dont l'Ordre a la charge;

Attendu que pour refuser d'annuler la disposition prévoyant qu'en cas d'inobservation par le nouvel avocat des dispositions des deux précédents alinéas de l'article 9-3 du règlement intérieur, il s'expose à être déclaré personnellement débiteur des sommes dues à son ou ses prédécesseurs, l'arrêt attaqué considère que le pouvoir essentiellement incitatif du bâtonnier ne fait qu'exposer le nouvel avocat à être déclaré personnellement débiteur des sommes dues à son prédécesseur et que cette formule vague n'est pas de nature à créer une nouvelle obligation civile dont le fondement comme la mise en œuvre ne sont au demeurant pas spécifiés;

Attendu qu'en statuant ainsi, alors que la disposition critiquée pose le principe d'une nouvelle obligation civile à la charge des membres du barreau de Nice et que la circonstance que ni son fondement ni sa mise en œuvre ne soient spécifiés n'est pas de nature à la justifier, la cour d'appel a violé les textes susvisés. »

44.03 Bibliographie indicative.

Ouvrage. MARTIN, 2008, n° 53.

Article. Peyrelongue, « L'exercice du droit de rétention de pièces pour l'avocat », *Bull. conf. bâtonniers* n°s 3 et 4, p. 8.

SECTION 1
OBLIGATIONS DU NOUVEL AVOCAT

44.11 À partir de quand change-t-on d'avocats ? S'il est interdit à un avocat de recevoir un client ayant confié ses intérêts à un autre avocat et ainsi de tenter de le « racoler », il faut bien reconnaître que l'application stricte et à la lettre de ce principe aboutirait à interdire de jamais changer d'avocat puisqu'on n'en pourrait rencontrer aucun en dehors de celui à qui le client a confié la défense de ses intérêts et en qui, par hypothèse, il n'a plus confiance. Ce serait une atteinte au libre choix du conseil[1]. L'avocat peut donc recevoir une première fois le client d'un autre avocat; mais s'il accepte de plaider désormais pour lui, il doit aussitôt en aviser son confrère et ne peut continuer à recevoir clandestinement le client d'autrui.

44.12 Procédure. Aux termes de l'article 19 du décret du 12 juillet 2005 et de l'article 9 du RIN, l'avocat qui succède à son confrère doit observer la procédure suivante :

- prévenir son confrère dessaisi par écrit;
- s'enquérir dans cet écrit des sommes lui restant dues. Il doit s'efforcer d'en obtenir le règlement.

Il ne pourra défendre le client contre l'avocat dessaisi, sauf accord préalable du bâtonnier.

L'avocat qui succède à un confrère intervenant au titre de l'aide juridictionnelle doit informer de son intervention son confrère précédemment mandaté, le bureau d'aide juridictionnelle et le bâtonnier.

44.13 Règlement des honoraires dus à l'avocat dessaisi. Les articles 19 du décret du 12 juillet 2005[2] et 9.3 du RIN relatif aux honoraires disposent que le nouvel avocat doit s'efforcer d'obtenir règlement des sommes restant dues à l'avocat dessaisi (v. s^{s} n° 46.44) [il a ainsi été jugé que l'article 9.3 du RIN est en tous points conforme aux dispositions du décret du 12 juillet 2005, et qu'il se borne à imposer au successeur de s'efforcer d'obtenir de son client qu'il règle les sommes dues à son prédécesseur[3]]. Le successeur qui reçoit du client un paiement, alors que des sommes restent dues à son prédécesseur, doit informer le bâtonnier. Celui-ci ne pourra qu'user de son influence sans pouvoir interdire à l'avocat de faire tel ou tel acte[4]. Dans un souci de confraternité, le barreau de Paris invite le nouvel avocat à inciter le client qui conteste le montant des honoraires demandés par le prédécesseur à consigner la somme au compte bâtonnier séquestre, et ce, d'autant plus qu'il percevrait des honoraires[5].

Le RIH contenait trois alinéas suivants qui ont suscité un contentieux soumis à la Cour de cassation.

L'article 9.3 alinéas 2, 3 et 4 disposait que : « Il (le nouvel avocat) ne peut, sauf accord ou autorisation de son bâtonnier, accomplir de diligences ou recevoir un paiement tant que ces sommes ne seront pas réglées.

1. CA Rennes, 18 déc. 1979, *Gaz. Pal.* 1980, 271, note Damien.
2. Décr. n° 2005-790, 12 juill. 2005.
3. CA Paris, 29 juin 2006, RG n° 2005/24131.
4. EN CE SENS : Martin, n° 53.
5. *Bull. Barreau de Paris*, 2007, n° 1, p. 10.

L'autorisation du bâtonnier peut être conditionnée à la consignation d'une somme dont il fixe le montant.

En cas d'inobservation par le nouvel avocat des dispositions des deux précédents alinéas, il s'expose à être déclaré personnellement débiteur des sommes dues à son ou ses prédécesseurs. »

Ces dispositions interdisaient à l'avocat successeur toute diligence tant que son confrère dessaisi n'avait pas été réglé de ses honoraires. Une exception était néanmoins prévue, le bâtonnier saisi pouvant autoriser l'avocat à exercer sa mission. Ces dispositions furent critiquées par Martin qui relevait une contradiction entre l'article 9.2 imposant la transmission immédiate du dossier au nouvel avocat et les termes de l'article 9.3. Il considérait en outre qu'il n'appartient pas au bâtonnier de se prononcer sur la possibilité pour l'avocat successeur d'accomplir sa mission, mais à ce dernier chargé par le client de la défense de ses intérêts [1].

Certains avocats ont d'ailleurs entendu contester ces dispositions. Ainsi, la Cour de cassation a été amenée à se prononcer sur leur validité. Dans un arrêt du 16 décembre 2003 [2], elle a considéré que le Conseil de l'ordre ne pouvait empêcher le nouvel avocat d'assurer la défense des intérêts de son client, ni mettre à sa charge les honoraires de l'avocat dessaisi.

Le RIU, de même que le RIN, n'ont pas repris ces dispositions.

SECTION 2

OBLIGATIONS DE L'AVOCAT DESSAISI

44.21 Restitution du dossier. L'avocat dessaisi doit restituer sans délai le dossier [3], il ne peut exercer aucun droit de rétention sur celui-ci [4]. Il doit également remettre, sans délai, au bâtonnier une réclamation d'honoraires détaillée avec justificatifs. Le client ne saurait réclamer la restitution de la correspondance échangée avec le confrère adverse en raison de la confidentialité qui s'y attache (v. s[s] n° 37.58).

44.22 Contentieux. En cas de conflit sur le montant des honoraires restant dus à l'avocat dessaisi, si le client veut s'assurer le concours d'un avocat, il ne devrait pouvoir prendre pour conseil l'avocat successeur (v. s[s] n°s 24.102 et 24.103, 46.61 à 46.68).

La Cour de cassation a toutefois admis, dans le cadre d'un recours porté devant le premier président, que le client puisse être assisté par l'avocat ayant succédé à celui dont les honoraires sont contestés [5].

Comme les difficultés relatives à la rémunération de l'avocat évincé, la non-restitution des pièces par celui-ci est tranchée par le bâtonnier aux termes de l'article 19 du décret du 12 juillet 2005 et de l'article 9.3 du RIN suivant les articles 174 et suivants du décret de 1991 [6]. Mais tout avocat succédant à un avocat précédemment choisi ou même commis doit s'efforcer d'en obtenir le règlement.

1. MARTIN, 2008, n°s 2 s.
2. Civ. 1re, 16 déc. 2003, n° 01-10.210, *Bull. civ.* I, n° 257 : *D.* 2004, IR 394; *Gaz. Pal.* 2004, somm. 586.
3. Décr. 12 juill. 2005, art. 14.
4. CA Reims, 18 déc. 1979, *Gaz. Pal.* 1980, 1, 275, note Damien.
5. Civ. 2e, 27 mars 2003, n° 01-15.410, *Bull. civ.* II, n° 78; *D.* 2003, IR 1076.
6. V. s[s] l'empire de l'ancien art. 157 du décret de 1991, CA Toulouse, 29 août 2002, *Gaz. Pal.* 27-29 oct. 2002, 35, notes J.-G. M. et Delsol.

CHAPITRE

45. Publicité

SECTION 0

ORIENTEUR

45.00 **Plan du chapitre.**

Sect. 1 Publicité personnelle

§ 1 Publicité autorisée

§ 2 Publicité interdite

Sect. 2 Publicité fonctionnelle

45.01 **Textes applicables.**

>

L n° 71-1130, 31 déc. 1971, art. 66-4

Décr. n° 91-1197, 27 nov. 1991, art. 162

Décr. n° 2005-790, 12 juill. 2005, art. 15

RIN, art. 10 et 21.2.6

>

L. 31 déc. 1971, art. 66-4 [Démarchage]

[créé par L. n° 90-1259, 31 déc. 1990, art. 26 et art. 67, *JO* 5 janv. 1991; en vigueur depuis le 1er janv. 1992]

Sera puni des peines prévues à l'article 72 *[amende de 4500 euros, et en cas de récidive, de 9000 euros et emprisonnement de 6 mois ou l'une de ces deux peines seulement]* quiconque se sera livré au démarchage en vue de donner des consultations ou de rédiger des actes en matière juridique. Toute publicité aux mêmes fins est subordonnée au respect de conditions fixées par le décret visé à l'article 66-6 [décr. n° 72-785, 25 août 1972].

Décr. 12 juill. 2005, art. 15 [Publicité personnelle]

La publicité est permise à l'avocat si elle procure une information au public et si sa mise en œuvre respecte les principes essentiels de la profession.

La publicité inclut la diffusion d'informations sur la nature des prestations de services proposées, dès lors qu'elle est exclusive de toute forme de démarchage.

Toute offre de service personnalisée adressée à un client potentiel est interdite à l'avocat.

Décr. 27 nov. 1991, art. 162 [Publicité fonctionnelle]

Le règlement intérieur du Conseil de l'ordre fixe les dispositions nécessaires pour assurer l'information du public quant aux modalités d'exercice de la profession par les membres de son barreau.

RIN, art. 10 [La publicité]

[Décr. 12 juill. 2005, art. 15. L. 31 déc. 1971, art. 66-4; Décr. 25 août 1972]

Principes généraux

10.1 La publicité fonctionnelle destinée à faire connaître la profession d'avocat et les Ordres relève de la compétence des institutions représentatives de la profession.

La publicité est permise à l'avocat si elle procure une information au public et si sa mise en œuvre respecte les principes essentiels de la profession.

La publicité inclut la diffusion d'informations sur la nature des prestations de services proposées, dès lors qu'elle est exclusive de toute forme de démarchage.

Interdictions

10.2 Tout acte de démarchage, tel qu'il est défini à l'article 1er du décret n° 72-785 du 25 août 1972, est interdit à l'avocat en quelque domaine que ce soit.

Toute offre de service personnalisée adressée à un client potentiel est interdite à l'avocat.

La publicité personnelle de l'avocat ne peut être faite par voie de tracts, affiches, films cinématographiques, émissions radiophoniques ou télévisées.

Quelle que soit la forme de publicité utilisée, sont prohibées :

- toute publicité mensongère ou contenant des renseignements inexacts ou fallacieux;
- toutes mentions laudatives ou comparatives;
- toutes mentions susceptibles de créer l'apparence d'une qualification professionnelle non reconnue;
- toutes mentions susceptibles de créer dans l'esprit du public l'apparence d'une structure d'exercice inexistante;
- toutes références à des fonctions ou activités sans lien avec l'exercice de la profession d'avocat;
- toutes mentions susceptibles de porter atteinte au secret professionnel;
- toutes indications contraires à la loi.

Les formes de la publicité

10.3 L'avocat peut recourir à tous moyens légaux permettant d'assurer sa publicité personnelle, dès lors que sont respectées en outre les dispositions du présent article.

Sont notamment autorisés :

– l'envoi, par voie postale ou électronique, de lettres d'informations générales sur le cabinet, les activités de celui-ci, le droit et la jurisprudence ;

– la publication de faire-part ou annonces, destinés à la diffusion d'informations ponctuelles et techniques, telles que l'installation de l'avocat dans de nouveaux locaux, la venue d'un nouvel associé, la participation à un groupement autorisé, l'ouverture d'un bureau secondaire ;

– la publication, dans les annuaires ou dans la presse, d'encarts publicitaires, sous réserve que leur présentation, leur emplacement ou leur contenu ne soit pas de nature à induire le public en erreur ou à constituer un acte de concurrence déloyale ;

– la diffusion de plaquettes de présentation du cabinet ;

– l'apposition d'une plaque ou autre support, de dimensions raisonnables, signalant, à l'entrée de l'immeuble, l'implantation du cabinet.

Les projets d'encarts publicitaires ou de plaquettes doivent être, avant toute publication ou diffusion, communiqués au conseil de l'Ordre.

Le contenu de la publicité

10.4.1 Tout document, quel qu'en soit le support, destiné à la correspondance ou à la publicité personnelle de l'avocat, doit mentionner, de façon immédiatement visible ou accessible, les éléments permettant de l'identifier, de le contacter, de localiser son cabinet et de connaître le barreau auquel il est inscrit ainsi que, le cas échéant, la structure d'exercice à laquelle il appartient et le réseau dont il est membre.

Documents destinés à la correspondance

10.4.2 Tout document destiné à la seule correspondance de l'avocat peut également faire mention :

– des nom et prénom des autres avocats qui exercent au sein du cabinet, ou, de façon distinctive, de ceux qui y ont exercé ;

– sous réserve de leur accord, du nom et de la fonction des professionnels non avocats collaborant de manière régulière et significative au sein du cabinet ;

– des titres universitaires et des diplômes et fonctions d'enseignement supérieur français et étrangers ;

– des langues étrangères pratiquées ;

– des mandats ordinaux ou professionnels actuellement ou anciennement exercés ;

– de la profession juridique réglementée précédemment exercée ;

– du titre dont le port est réglementé à l'étranger et permet l'exercice, en France, de la profession d'avocat ;

– du ou des domaine(s) du droit dans lesquels l'avocat est titulaire d'un certificat de spécialisation régulièrement obtenu et non invalidé ;

– en ce cas, de tout logo ou signe distinctif qui serait instauré par le Conseil national des barreaux pour symboliser la qualité d'avocat spécialiste ;

– de l'indication du ou des bureaux ou établissements secondaires ou des filiales ;

– de la participation à des structures de mise en commun de moyens, à un groupement (GIE, GEIE), à des correspondances organiques, à la condition toutefois que ces mentions correspondent à des réalités professionnelles et à des conventions déposées à l'Ordre ;

– de l'organisation et des structures internes du cabinet ;

– du logo du cabinet, de celui de la profession et, sous réserve de l'accord du bâtonnier, de celui du barreau d'appartenance ;

– de la certification « Management de la qualité », comportant exclusivement la référence à la norme ISO et au modèle adoptés, le logo et le nom de l'organisme certificateur et le numéro d'enregistrement auprès de cet organisme.

Documents destinés à la publicité

10.4.3 Tout document destiné à la publicité personnelle de l'avocat peut, outre les mentions autorisées pour la correspondance, faire mention :

– de l'ancienneté dans la profession de chacun des avocats exerçant au sein du cabinet ;

– des domaines d'activité, juridiques ou judiciaires, réellement pratiqués, l'emploi, à cette occasion, des mots « spécialiste », « spécialisé », « spécialité » ou « spécialisation », ainsi que de tout symbole associé à ces mots dans les conditions ci-dessus prévues, étant exclusivement réservé aux domaines d'activité pour lesquels l'avocat est titulaire d'un certificat de spécialisation régulièrement obtenu et non invalidé ;

– du mode de fixation des honoraires ;

– de la participation des avocats à des activités d'enseignement juridique ou en lien avec la profession ;

– de la liste des bureaux et établissements secondaires et de celle des correspondants à l'étranger sous réserve, pour ces derniers, qu'il existe avec chacun d'eux une convention déposée à l'Ordre.

Dispositions complémentaires relatives aux annuaires professionnels

10.5 Tout avocat peut figurer dans la rubrique générale des annuaires professionnels commerciaux et, s'il y a lieu, dans chacune des rubriques de spécialités pour lesquelles il est titulaire d'un certificat régulièrement obtenu et non invalidé.

Un avocat, ou un cabinet d'avocats, peut figurer dans l'annuaire du département où se trouve son cabinet principal et, le cas échéant, dans celui du département où se trouve son bureau secondaire.

L'avocat appartenant à une société inter-barreaux ne peut figurer individuellement que dans les rubriques correspondant au barreau auquel il est inscrit à titre personnel.

Dispositions complémentaires relatives à la publicité par Internet

10.6 L'avocat qui ouvre ou modifie un site internet doit en informer le conseil de l'Ordre sans délai et lui communiquer les noms de domaine qui permettent d'y accéder.

Le nom de domaine doit comporter le nom de l'avocat ou la dénomination exacte du cabinet, qui peut être suivi ou précédé du mot « avocat ».

L'utilisation de noms de domaine évoquant de façon générique le titre d'avocat ou un titre pouvant prêter à confusion, un domaine du droit ou une activité relevant de celles de l'avocat, est interdite.

Le contenu du site doit être conforme aux dispositions du point 10.4 du présent article.

Le site de l'avocat ne peut comporter aucun encart ou bannière publicitaire, autres que ceux de la profession, pour quelque produit ou service que ce soit.

Il ne peut comporter de lien hypertexte permettant d'accéder directement ou indirectement à des sites ou à des pages de sites dont le contenu serait contraire aux principes essentiels de la profession d'avocat. Il appartient à l'avocat de s'en assurer en visitant régulièrement les sites et les pages auxquelles permettent d'accéder les liens hypertexte que comporte son site, et de prendre sans délai toutes dispositions pour les supprimer si ce site devait se révéler contraire aux principes essentiels de la profession.

Il appartient à l'avocat de faire une déclaration préalable au conseil de l'Ordre de tout lien hypertexte qu'il envisagerait de créer.

L'avocat participant à un blog ou à un réseau social en ligne doit respecter les principes essentiels de la profession ainsi que l'ensemble des dispositions du présent article.

RIN, art. 21.2.6 [Publicité personnelle]

21.2.6.1 L'avocat est autorisé à informer le public des services qu'il offre à condition que l'information soit fidèle, véridique et respectueuse du secret professionnel et d'autres principes essentiels de la profession.

21.2.6.2 La publicité personnelle par un avocat quel que soit le média utilisé tel que la presse, la radio, la télévision, par communication commerciale électronique ou autre est autorisée dans la mesure où elle respecte les conditions de l'article 21.2.6.1.

45.02 Jurisprudence de référence.

> Un conseil de l'Ordre ne peut réglementer les formes de publicité que si les restrictions qu'il édicte sont nécessaires à la sauvegarde des principes essentiels de la profession

• **Civ. 1re, 5 févr. 2009, n° 07-21.644,** *D.* 2009. Pan. 2704, obs. Blanchard; *JCP* 2009. 295, n° 3, obs. G'Sell-Macrez.

* V. ss n° 45.11.

« Vu les articles 15 du décret du 12 juillet 2005 relatif aux règles de déontologie de la profession d'avocat et 10-1 du Règlement intérieur national;

Attendu qu'aux termes de ces textes, la publicité est permise à l'avocat si elle procure une information au public et si sa mise en œuvre respecte les principes essentiels de la profession; que cette publicité inclut la diffusion d'informations sur la nature des prestations de services proposées, dès lors qu'elle est exclusive de toute forme de démarchage;

Attendu que pour rejeter le recours, l'arrêt attaqué retient que le caractère illicite des restrictions adoptées par le conseil de l'ordre n'était pas établi, dès lors que s'il était loisible aux avocats de faire mention des matières concernées par les prestations offertes et les activités dominantes du cabinet, il pouvait ne pas en être de même des informations dont le conseil de l'ordre avait interdit la diffusion, relatives à la nature des services proposés, de défense ou de conseil, selon le cas;

Qu'en statuant ainsi, la cour d'appel a violé les textes susvisés;

[...]

Vu l'article 15 du même décret;

Attendu que pour statuer comme elle l'a fait, la cour d'appel énonce encore qu'aucune disposition législative ou réglementaire ne faisait interdiction au conseil de l'ordre de fixer la couleur et la taille des encarts publicitaires autorisés;

Qu'en statuant ainsi alors que le conseil de l'ordre ne peut réglementer les formes de publicité que si les restrictions qu'il édicte sont nécessaires à la sauvegarde des principes essentiels de la profession, la cour d'appel a violé le texte susvisé. »

> La publicité doit procurer au public une nécessaire information

• **Civ. 1re, 29 avr. 1997, n° 95-15.462,** NPT.

* V. ss n° 45.23.

« Attendu que la société A... reproche encore à l'arrêt d'avoir fait une fausse application de l'article 161 précité en estimant que l'utilisation conforme à sa destination d'un papier à en-tête comportant la dénomination de la société sous forme de sigle suivi d'une devise était une information du public constituant une "publicité";

Mais attendu qu'en considérant souverainement que la devise "Les épines du droit" destinée à figurer sur le papier à lettres de la société ne procurait pas au public "une nécessaire information" au sens de l'article 161, la cour d'appel n'a pu qu'en déduire que celle-ci constituait une publicité personnelle; que le grief n'est pas mieux fondé. »

> Un avocat peut figurer dans l'annuaire électronique des Pages jaunes

• **Civ. 1re, 6 déc. 2007, n° 06-16.072,** NP, *JCP* 2008, I, 123, n° 15, obs. Martin; *JCP* 2008, I, 140, n° 5, obs. Bortoluzzi.

* V. ss n° 45.22.

« Vu l'article 161 du décret du 27 novembre 1991 applicable à la date des faits;

Attendu que l'arrêt attaqué retient encore que le dispositif d'affichage prioritaire offert sur l'annuaire électronique permettait à l'avocat ayant souscrit ce service payant de "se mettre en avant" en méconnaissance de ses obligations de confraternité, de délicatesse et de dignité;

Qu'en se déterminant ainsi, alors que le choix de ce mode de consultation de l'annuaire ne porte pas en lui-même atteinte aux obligations de discrétion et de dignité qui pèsent sur l'avocat, la cour d'appel a violé le texte susvisé ».

> Les dispositions des articles L. 121-21 et suivants du Code de la consommation ne sont pas applicables aux avocats

• **Crim, 23 juin 2001, n° 00-80.600,** *Bull. crim.*, n° 20; *JCP* 2001, I, 346, note J.-H. Robert; *Dr. pénal* 2001, Comm. 62, obs. Robert.

* V. ss n° 45.31.

« Attendu que, pour écarter l'argumentation du prévenu et confirmer le jugement entrepris, la cour d'appel énonce que le fait pour le prévenu de s'être déplacé, même à la demande de l'intéressée, à l'hôpital pour proposer une prestation de services, sous forme d'un contrat de mandat, est constitutif d'une opération de démarchage prohibé par un avocat, au sens de l'article L. 121-21 du Code de la consommation;

Mais attendu qu'en prononçant ainsi sans constater que le prévenu avait accepté de comparaître volontairement sous la nouvelle prévention de démarchage illicite prévue et réprimée par les articles L. 121-21 et suivants du Code de la consommation et alors, au demeurant, que ces dispositions ne sont pas applicables au démarchage de l'avocat prévu et réprimé par l'article 66-4 de la loi du 31 décembre 1971 modifiée, la cour d'appel a méconnu le texte susvisé et le principe ci-dessus rappelé ».

> Publicité et démarchage interdits

• **Civ. 1re, 12 juill. 2007, n° 04-14.924,** *Bull. civ.* I, n° 263; *D.* 2008, 944, obs. Blanchard; *LPA* 18 déc. 2007, p. 13, note Morelli.

* V. ss n° 45.31.

« Attendu qu'ayant constaté, outre un fait de démarchage interdit, que les articles parus dans des revues hebdomadaires gratuites d'annonces et de publicités, sous la forme de brèves informations juridiques accompagnées de la photographie, du nom et de l'adresse internet de l'auteur, étaient essentiellement destinés à assurer sa promotion personnelle et révélaient une recherche agressive de clientèle, la cour d'appel a ainsi, sans se fonder sur l'absence d'autorisation du bâtonnier et abstraction faite du motif surabondant tiré de l'absence de spécialisation des dites revues, exactement retenu que la publicité personnelle incriminée, effectuée sous le prétexte artificiel d'une information juridique succincte et insérée dans des publications à finalité exclusivement publicitaire et commerciale, ne répondait pas aux exigences de dignité et de délicatesse de la profession d'avocat, et, partant, ayant procédé à la recherche prétendument omise quant au caractère informatif des articles litigieux pour les lecteurs de telles publications, a légalement justifié sa décision ».

> L'identité des clients ne peut être révélée

• **CA Lyon, 14 mars 1994,** *Gaz. Pal.* 12 mai 1994, p. 19, note Cremades.

* V. ss n° 45.32.

> Publicité et démarchage illicites sur internet

• **CA Paris, 17 oct. 2006, n° 2005/23835,** 23835, *CCE* 2007, Comm. 27, note Stoffel-Munck – **TGI Paris, 6 déc. 2005,** *D.* 2006, AJ 141, obs. Avena-Robardet; *JCP* 2006, II, 10019, note Martin (site classaction.fr).

* V. ss n° 45.22.

• **CA Toulouse, 15 févr. 2001,** *D.* 2001, AJ 3345, obs. Manara; *JCP* 2002, I, 136, n° 17, obs. Martin (site avocats-Toulouse.com).

* V. ss n° 45.22.

• **Civ. 1re, 21 juin 2005, n° 03-13.633,** NP (site de l'Association d'aide aux victimes d'accidents corporels).

* V. ss n° 45.22.

45.03 Bibliographie indicative.

Articles. Adeline-Delvolvé, « L'avocat soumis aux règles de l'achat public – Des contraintes à assimiler, des libertés à conquérir », *Gaz. Pal.* 2006, n° 40, 6 – Barbièri, « Mon droit@moi.com. Regards sur le démarchage déontologiquement correct », *D.* 2003, chron. 983 – Bortoluzzi, « Nouvelles règles en matière de publicité personnelle », *JCP* 2010. 717 – Cadiot-Feidt, « Publicité personnelle des avocats », *Gaz. Pal.* 7-8 janv. 2000, 2 – Chambert, « Le marketing dans la profession d'avocat », *Gaz. Pal.* 1992, 1, doctr. 355 – Collin, « La publicité de l'avocat en droit européen », *Gaz. Pal.* 15 oct. 1993, 19 – Commission des Règles et Usages, « Commentaire de la Décision à caractère normatif n° 2010-002 du 20 mai 2010 », cnb.avocat.fr – Dotézac de Rosnay, « La publicité de l'avocat et l'accès au droit », *Vie jud.* 2 févr. 1997, p. 2 – Dupeux, Le Foyer de Costil, Ribadeau-Dumas, « La publicité de l'avocat et la concurrence », *Gaz. Pal.* 29-30 déc. 2000, p. 71 – Lambert, « La publicité personnelle de l'avocat en marge de l'arrêt *Casado Coca* rendu par la CEDH », *Gaz. Pal.* 1994, 1, doctr. 818 – Lesueur, www.avocat.fr – Avocat et publicité sur internet : une relation à définir, *JCP* 2010. 175 – Malaurie-Vignal, « Liberté de l'avocat, démarchage et concurrence », *CCC* 2007. Repère 10 – de Vareilles-Sommières et Geoffroy, « La certification ISO 9001 ou 9002 et son application aux cabinets d'avocats », *JCP* 2000, I, 230.

45.08 Distinction entre la publicité personnelle et la publicité fonctionnelle. Traditionnellement la publicité professionnelle de l'avocat se présente sous un double aspect : d'une part la publicité que peut effectuer l'avocat seul (publicité personnelle – v. nos 45.11 s.), d'autre part la publicité réalisée et assumée collectivement par les ordres, les associations et syndicats d'avocats (publicité fonctionnelle – v. n° 45.41).

45.09 Une publicité collective est non seulement normale mais indispensable. Les ordres d'avocats ont le devoir de faire connaître la profession et ses possibilités et de favoriser les informations du public par tous moyens (presse, communiqué, radio, TV...). Une publicité personnelle de l'avocat est également admissible dans la mesure où elle procure au public une information et respecte les principes essentiels de la profession, sous le contrôle du Conseil de l'ordre (v. n° 45.11).

• **Évolution de la publicité de l'avocat en France et à l'étranger.** La publicité était jadis rigoureusement interdite aux avocats; ils ne pouvaient distribuer des cartes portant leur nom et leur adresse[1]; les avocats ne pouvaient pas plus signaler l'existence de leur cabinet par une plaque à l'extérieur de l'immeuble ou user d'un papier de type commercial. L'avocat pouvait se faire connaître par la presse, par des articles qu'il suscitait, voire qu'il écrivait lui-même à sa gloire. En témoignage la

1. Damien, *Les avocats du temps passé*, p. 332 et 350.

planche XVIII des « Gens de Justice » de Daumier qui paraît avec la légende : « Maître Chapotard, lisant dans un journal judiciaire l'éloge de lui-même par lui-même ». Il n'y a pas si longtemps que cela, nombre d'avocats de Paris n'usaient que d'un papier à lettres privé portant uniquement leur adresse et faisaient suivre leur signature de leur seul nom[1].

Il en était de même dans les barreaux étrangers mais les choses ont évolué. Si en 1936 la *Law Society* interdisait en Angleterre, à ses membres, toute forme de publicité de façon à maintenir le caractère digne de la profession par eux exercée, dès 1974 et surtout 1976, cette interdiction était dénoncée comme élevant un mur inopportun entre la profession et le justiciable et elle préconisait une publicité adéquate destinée à procurer une assistance légale à ceux qui en avaient besoin mais qui ignoraient les modalités pour l'obtenir, seule demeurant interdite la publicité mensongère. En 1984, une commission de la *Law Society* envisageait la possibilité d'une publicité libre.

La *Law Society*, lorsqu'elle a autorisé la publicité libre, a précisé qu'elle devait se faire avec « *decency* » que l'on peut traduire par « bienséance ».

Aux États-Unis, en 1908, l'*American Bar Association*, dans les règles de la profession, réduisait la publicité à la seule diffusion de la carte professionnelle mais la situation évolua vite d'une façon favorable à cette publicité. La tradition anglaise, adoptée par les Américains, l'avait prohibée pendant des siècles, en droit plus qu'en fait d'ailleurs (il est en effet piquant de constater que l'on trouve dans un numéro de la *Gazette de Sangamon* - Illinois - de 1838 une publicité de type commercial pour un avocat local promis à un bel avenir, Abraham Lincoln) ; mais la Cour suprême des États-Unis, saisie d'un recours contre cette interdiction, déclara en 1977 qu'elle était contraire au premier amendement de la Constitution qui proclame comme libertés fondamentales les libertés d'expression, d'associations, de religion et la liberté de la presse[2].

En France, l'article 90 du décret du 9 juin 1972 admit pour la première fois le principe d'une publicité fonctionnelle des avocats, pour permettre aux usagers de prendre contact avec des avocats, de connaître leur possibilité d'action, leur technicité, leur méthode et les coûts qu'entraîne le recours à leur ministère. Jusqu'à une période récente, ce sont les articles 161 et 162 du décret du 27 novembre 1991 qui réglementaient la question.

Lorsque le 27 novembre 1991 le pouvoir réglementaire en France modifia la règle, qui jusqu'alors interdisait la publicité personnelle à l'avocat et décida dans l'article 161 du décret de ce jour que la publicité personnelle était permise, il jugea nécessaire d'ajouter que les moyens auxquels il est recouru devaient être mis en œuvre « avec discrétion », ce qui est semble-t-il, antinomique de la conception de publicité.

1. CA Paris, 28 juin 1989, *Gaz. Pal.* 1989, 2, 616.
2. Arrêt Beates et Steen 1977 ; arrêt Obralik et Primus 1978, tolérant même la sollicitation dès lors qu'elle n'a pas pour objet principal la rémunération mais l'expression d'un engagement idéologique ou politique.

L'article 161 du décret du 27 nov. 1991, désormais abrogé, ne permettait la publicité personnelle de l'avocat que dans la mesure où elle se bornait à procurer au public une « nécessaire » information. La rédaction de l'article 15 du décret du 12 juillet 2005 est désormais un peu plus libérale, quoique encore bien encadrée. Le terme « nécessaire » a disparu. « La publicité est permise à l'avocat si elle procure une information au public et si sa mise en œuvre respecte les principes essentiels de la profession. La publicité inclut la diffusion d'informations sur la nature des prestations de services proposées, dès lors qu'elle est exclusive de toute forme de démarchage. Toute offre de service personnalisée adressée à un client potentiel est interdite à l'avocat. »

La réglementation de la publicité de l'avocat pourrait encore très prochainement évoluer si le projet de *class-action* à la française venait finalement à aboutir[3]. Le principe du recours collectif semble acquis au niveau européen[4] et l'instauration de l'action de groupe est régulièrement recommandée[5] ou envisagée[6]. Reste que, depuis 2005, toutes les tentatives ont avorté.

SECTION 1
PUBLICITÉ PERSONNELLE

45.11 Principes généraux. L'article 15 alinéa 1er du décret du 12 juillet 2005 fixe le cadre déontologique général de la publicité, plus libéral qu'auparavant, mais toujours limité par le nécessaire respect des principes essentiels. Il exige ainsi que la publicité permise à l'avocat procure une information au public et que sa mise en œuvre respecte les principes essentiels de la profession[7], auxquels chaque avocat est soumis[8]. Il n'est plus question de discrétion mais de respect, non plus seulement de la dignité de la profession, mais, entre autres, de l'indépendance de l'avocat, de sa probité, de sa conscience, de son honneur ainsi que de la modération de la courtoisie et de la confraternité qui sont exigées de lui.

3. V. le rapport de Jean-Guy Lévy, « La *class-action* à la française », disponible sur le site du CNB – ÉGALT : Guinchard, « Une *class-action* à la française ? », *D.* 2005, 2180.
4. NOT. Livre vert de la Commission sur les recours collectifs pour les consommateurs, COM (2008) 794 final, 27 nov. 2008.
5. V. le rapport Attali (La Documentation française, janvier 2008), ou le Rapport Coulon, concernant la dépénalisation du droit des affaires (La Documentation française, janvier 2008).
6. Elle a ainsi fait l'objet d'un amendement présenté par le député J.-P. Charié lors de la discussion du projet de loi de modernisation de l'économie, finalement non retenu par le gouvernement (Ass. nat., amendement nº 351, 26 mai 2008). Très récemment encore, le Sénat a décidé de constituer un groupe de travail relatif à l'action de groupe en droit français.
7. RIN, art. 10.1.
8. Civ. 1re, 5 févr. 2009, nº 07-21.644, *D.* 2009. Pan. 2704, obs. Blanchard ; *JCP* 2009. 295, nº 3, obs. G'Sell-Macrez.

La jurisprudence qui va appliquer l'article 15 du décret du 12 juillet 2005 nous dira si ce texte assure mieux que le précédent[1] les exigences fondamentales de l'état d'avocat et évitera les regrettables excès qui ont suivi aux États-Unis l'arrêt de la cour suprême de 1977, excès que déplore l'*American Bar Association*.

Souhaitant permettre aux avocats de pouvoir répondre aux appels d'offres de façon détaillée (v. aussi s^s n° 45.32), l'article 15 du décret de 2005 prévoit que « la publicité inclut la diffusion d'informations sur la nature des prestations de services proposées »[2]; ce qui n'autorise pas pour autant le démarchage qui demeure interdit, comme toute offre de service personnalisée adressée à un client potentiel (v. s^s n° 45.31).

Le CNB a adopté une décision à caractère normatif n° 2010-002 portant réforme des dispositions de l'article 10 du RIN sur les règles de publicité personnelle des avocats[3]. La réforme repose sur une conception modernisée alliant information du public et respect des principes essentiels de la profession, au travers d'une formulation simplifiée qui distingue la publicité autorisée et ses conditions de mise en œuvre des cas d'interdiction qui, valables pour tous supports, sont désormais regroupés dans une rubrique unique.

§ 1
Publicité autorisée

45.21 **Moyens publicitaires autorisés.** À la suite de l'article 10 du RIN dans sa nouvelle rédaction issue de la décision à caractère normatif n° 2010-002, on peut regrouper les différentes hypothèses selon les formes de publicité admises et le contenu de la publicité. Cette nouvelle dichotomie qui abandonne une réglementation par support, tend ainsi à éviter les répétitions et permettra de prendre en compte plus facilement les nouveaux supports qui ne manqueront pas d'apparaître à plus ou moins long terme[4].

45.22 **Formes de publicité autorisées.** Le nouvel article 10.3 du RIN pose tout d'abord le principe selon lequel l'avocat peut recourir à tous moyens légaux permettant d'assurer sa publicité personnelle.

Il propose ensuite de s'en tenir, de façon non exhaustive et sous réserve que soient par ailleurs respectées les dispositions de l'article 10 du RIN, à ce qui relève directement de la publicité au sens large. Il n'est paru en effet ni possible, ni souhaitable de réglementer toute action susceptible de produire indirectement, intentionnellement ou non, un effet « publicitaire » au profit de l'avocat, dont le comportement reste par ailleurs soumis au respect des principes essentiels[5].

• **Lettres d'information générale.** Est tout d'abord autorisé l'envoi, par voie postale ou électronique, de lettres d'information générale sur le cabinet, les activités de celui-ci, le droit et la jurisprudence. Cette autorisation est encadrée par la prohibition du démarchage et de l'offre personnalisée adressée à un client potentiel (v. s^s n° 45.31).

• **Faire-part et annonces diverses à la clientèle.** Simple reprise de l'ancien 10.7 du RIN, le nouvel article 10.3 évoque ensuite la publication de faire-part ou annonces, destinés à la diffusion d'informations ponctuelles et techniques, telles que l'installation de l'avocat dans de nouveaux locaux, la venue d'un nouvel associé, la participation à un groupement autorisé, ou l'ouverture d'un bureau secondaire. La pratique des vœux du nouvel an – pourtant répandue –, n'est pas mentionnée, mais elle n'est pas interdite pour autant.

• **Plaquettes de présentation du cabinet.** La diffusion de plaquettes de présentation du cabinet est également autorisée, sous réserve d'une communication préalable au Conseil de l'ordre (v. s^s n° 45.24) et du respect des règles relatives au contenu de la publicité (v. s^s n° 45.23), comme des interdictions (v. s^s n°s 45.31 s.). Ainsi, notamment la plaquette d'information ne peut mentionner le nom des clients (v. s^s n° 45.32) ainsi que des activités sans lien avec l'exercice professionnel. Les comparaisons entre cabinets, les mentions qualitatives sont de façon générale expressément interdites par l'article 15 du décret de 2005 comme par le RIN (v. s^s n° 45.32). La plaquette est imprimée et diffusée sous la seule responsabilité de son ou ses auteurs nommément désignés. En raison de la prohibition du démarchage, la diffusion de telles plaquettes ne peut s'effectuer qu'à partir du cabinet. Il est admis également qu'à son cabinet un avocat puisse remettre à un client un stylo ou crayon portant le nom du cabinet.

• **Plaques extérieures.** Il en va de même de l'apposition d'une plaque ou autre support, de dimensions raisonnables, signalant, à l'entrée de l'immeuble, l'implantation du cabinet[6]. Sont ainsi

1. Décr. 27 nov. 1991, anc^t art. 161.
2. RIN, art. 10.1.
3. Décis. CNB 2010-002.
4. Commission des Règles et Usages, commentaire de la décision à caractère normatif n° 2010-002 du 20 mai 2010, disponible sur le site du CNB.
5. Commission des Règles et Usages, commentaire de la décision à caractère normatif n° 2010-002 du 20 mai 2010, préc.
6. Civ. 1re, 18 mai 1989, n° 87-12.163, *Bull. civ.* I, n° 197, CASSE CA Fort-de-France, 16 janv. 1987, *D.* 1989, somm. 71; *Gaz. Pal.* 1987, 1, 278, note Brunois : la plaque portant la mention « cabinet d'avocats » avec une flèche est, eu égard aux difficultés d'accès au cabinet, de nature à procurer au public une nécessaire information.

autorisés d'autres supports que la « plaque » proprement dite pour tenir compte de la configuration des lieux, l'important étant de respecter la finalité du support, à savoir la signalisation du cabinet et l'observation d'une taille raisonnable par rapport à cet objet. La femme mariée appose généralement son nom propre suivi de celui de son mari sur sa plaque; mais il ne s'agit là que d'un usage, le nom légal de la femme mariée demeurant son nom de jeune fille.

• **Encarts publicitaires.** La publication d'encarts publicitaires dans les annuaires ou dans la presse, sous réserve que leur présentation, leur emplacement ou leur contenu ne soit pas de nature à induire le public en erreur ou à constituer un acte de concurrence déloyale, est aujourd'hui expressément autorisée par l'article 10.3 du RIN. La mention de ces encarts dans le RIN est une nouveauté.

• L'insertion d'un encart publicitaire à titre de publicité du cabinet dans la presse avait été admise par un arrêté du Conseil de l'Ordre de Paris du 5 janvier 1999[1]. Elle ne constitue pas une publicité condamnable dès lors qu'elle correspond à l'information du public au sens retenu par la jurisprudence de la Cour européenne des droits de l'homme et par l'article 15 du décret de 2005. La publicité par voie de presse est licite pour autant qu'elle prenne en compte : la nature du support, le plan média dans son ensemble, la forme du message publicitaire, et les mentions de ce message. En l'espèce, la publicité en cause avait été diffusée dans un quotidien national et était très sobre.

En revanche, sous l'empire du texte ancien, la diffusion chaque semaine d'encarts publicitaires dans deux journaux d'annonces gratuits a été considérée en raison de son caractère répétitif, systématique et habituel comme ne répondant pas aux exigences de discrétion et de dignité[2].

• **Pratique actuelle de grands cabinets d'affaires souvent étrangers.** Des encarts publicitaires insérés dans des publications professionnelles vantent les équipes et le savoir-faire de la structure intégrée pour attirer... de nouveaux collaborateurs.

• **Annuaires professionnels.** Il convient de distinguer les encarts publicitaires des insertions non publicitaires dans les annuaires professionnels. Ces dernières concernent uniquement les informations de base selon le schéma mis en place par la société éditrice de l'annuaire.

S'il n'est évidemment pas interdit à un avocat de figurer dans un annuaire professionnel[3] tel que les Pages jaunes, notamment au moyen d'un encart, l'on a pu se demander si l'autorisation ne se muait pas en interdiction dès lors qu'il s'agissait de l'annuaire électronique des Pages jaunes (Internet). Dans ce cas, les avocats ayant souscrit un tel abonnement échappent au système dit du « tri alpha tournant », en d'autres termes au tri aléatoire réservé à tous les avocats, leur annonce devenant alors prioritaire. Un tel tri ne peut alors s'opérer, éventuellement, qu'entre les abonnés payants. Par un arrêt du 13 avril 2006[4], dans une affaire où il n'existait qu'un seul inscrit pour le ressort du barreau de Nevers, la cour d'appel de Bourges s'était montrée particulièrement sévère et avait approuvé le Conseil de l'Ordre d'avoir estimé « que l'effet attaché à la souscription d'un encart publicitaire consistant à "se mettre en avant", même si c'est le cas échéant en concours avec d'autres confrères, et d'apparaître ainsi en priorité sur internet à la vue d'une personne qui recherche un avocat, n'est pas acceptable au regard de la confraternité, de la délicatesse et même de la dignité ». Cette solution fut censurée par la Cour de cassation[5]. Le choix de ce mode de consultation de l'annuaire ne porte pas en lui-même atteinte aux obligations de discrétion et de dignité qui pèsent sur l'avocat. Une solution qui n'aurait sans doute pas été différente dans le cadre du décret du 12 juillet 2005 inapplicable en l'espèce[6].

Le nouvel article 10.5 rappelle ainsi, de manière simplifiée, que tout avocat peut figurer dans la rubrique générale des annuaires professionnels commerciaux et, s'il y a lieu, dans chacune des rubriques de spécialités pour lesquelles il est titulaire d'un certificat régulièrement obtenu et non invalidé. En cas d'erreur sur un annuaire, en l'espèce l'annuaire des téléphones des départements, par l'insertion de mentions erronées relatives notamment aux spécialisations de certains avocats, le Conseil de l'ordre peut demander la rectification des erreurs commises[7]. De même un avocat ou un cabinet d'avocats, peut figurer dans l'annuaire du département où se trouve son cabinet principal et, le cas échéant, dans celui du département où se trouve son bureau secondaire. Cependant, l'avocat appartenant à une société inter-barreaux ne peut figurer individuellement que dans les rubriques correspondant au barreau auquel il est inscrit à titre personnel.

• **Objets publicitaires.** Rien n'empêche à un cabinet, sous réserve de respecter les exigences de l'article 15 du décret de 2005, d'avoir recours à des objets publicitaires : stylos, crayons et autres gadgets au nom du cabinet.

• **Internet**[8]. Au-delà des obligations de déclarations préalables au Conseil de l'Ordre (v. s^s n°s 45.11 s.), un avocat peut ouvrir un site Internet, vitrine de son cabinet.

Afin notamment de pouvoir immédiatement identifier l'avocat ou le cabinet concerné et d'éviter toute con-

1. Cons. ordre Paris, 5 janv. 1999, *D.* 2000, somm. 149, obs. Blanchard; *JCP* 1999, II, 10080, note Martin; *Gaz. Pal.* 3-7 sept 1999, 43, note Damien.
2. CA Paris, 31 mai 1995, *BICC* 15 sept. 1995, n° 907.
3. RIN, art. 10.5.
4. CA Bourges, 13 avril 2006, *Ordre des avocats au Barreau de Nevers*, *LPA* 29 janv. 2007, 10.
5. Civ. 1re, 6 déc. 2007, n° 06-16.072, NP, *JCP* 2008, I, 123, n° 15, obs. Martin; *JCP* 2008 I, 140, n° 5, obs. Bortoluzzi.
6. Lesueur, www.avocat.fr « Avocat et publicité sur Internet : une relation à définir », *JCP* 2010. 175, p. 331.
7. Civ. 2e, 12 mars 1997, n° 95-10.426, NPT, *Gaz. Pal.* 16 juin 1997, p. 15, note Damien; *Gaz. Pal.* 16 juin 1997, jur. 356; *Gaz. Pal.* 1997, p. 136.
8. Lesueur, www.avocat.fr « Avocat et publicité sur Internet : une relation à définir », *JCP* 2010. 175.

fusion avec le site d'un barreau ou d'un organisme professionnel, l'article 10.6 du RIN indique que le nom de domaine doit comporter le nom de l'avocat ou la dénomination exacte du cabinet, qui peut être suivi ou précédé du mot « avocat ». Un arrêt de la cour d'appel de Toulouse avait déjà estimé qu'un auxiliaire de justice ne pouvait s'approprier, même indirectement, le terme générique de sa profession sur son site Internet et laisser ainsi entendre aux tiers non avertis qu'il représente l'intégralité de cette profession. Pour la cour, il est difficilement concevable que le site professionnel d'un avocat ne comporte pas en premier lieu son nom ou celui de sa structure professionnelle (à propos d'un site appelé « avocat-Toulouse.com »)[1].

De même, l'utilisation de noms de domaine évoquant de façon générique le titre d'avocat ou un titre pouvant prêter à confusion, ou encore un domaine du droit ou une activité relevant de celles de l'avocat, est proscrite. Il s'agit d'interdire les noms tels que « avocat divorce », « retrait de permis » ou autres.

Par ailleurs, comme tous les autres types de publicité, la publicité par Internet doit se conformer aux exigences de l'article 10.4 du RIN relatif au contenu de la publicité comme aux exigences de l'article 15 du décret de 2005. En particulier, il doit se garder de tout démarchage; ce qu'une récente décision a récemment rappelé à propos du site *classaction.fr* : « l'offre faite à un internaute de s'inscrire à une action collective sur le site *classaction.fr* constitue un acte de démarchage juridique prohibé »[2].

Le site de l'avocat ne peut comporter aucun encart ou bannière publicitaire, autres que ceux de la profession, pour quelque produit ou service que ce soit. Il ne peut également comporter de lien hypertexte permettant d'accéder directement ou indirectement à des sites ou à des pages de sites dont le contenu serait contraire aux principes essentiels de la profession d'avocat. Il appartient à l'avocat de s'en assurer en visitant régulièrement les sites et les pages auxquelles permettent d'accéder les liens hypertexte que comporte son site, et de prendre sans délai toutes dispositions pour les supprimer si ce site devait se révéler contraire aux principes essentiels de la profession. L'avocat participant à un blog ou à un réseau social en ligne (Facebook ou autres), doit, enfin, respecter les principes essentiels de la profession ainsi que l'ensemble des dispositions du présent article[3].

45.23 Contenu de la publicité. Reprenant et simplifiant les dispositions de l'ancien article 10.4 relatif aux mentions obligatoires du papier à lettres (nom, adresse, n° de téléphone, *etc.*), l'article 10.4.1 nouveau exige que tout document, quel qu'en soit le support, destiné à la correspondance ou à la publicité personnelle de l'avocat, doit mentionner, de façon immédiatement visible ou accessible (termes visant les supports électroniques), les éléments permettant de l'identifier, de le contacter, de localiser son cabinet et de connaître le barreau auquel il est inscrit ainsi que, le cas échéant, la structure d'exercice à laquelle il appartient et le réseau dont il est membre. Rappelons d'ailleurs que la mention du barreau d'appartenance[4], comme l'éventuelle appartenance à un réseau[5] sont des obligations.

• **Documents destinés à la correspondance.** Le RIN apporte également des précisions quant au contenu des documents destinés à la seule correspondance de l'avocat. Le terme de correspondance remplace ainsi le terme « papier à lettres » ne permettant pas de tenir compte des modes modernes de correspondance (mail notamment) et des traitements de texte permettant de moduler le document en fonction notamment du destinataire ou de l'auteur de la correspondance.

Pour autant, reste maintenue une certaine distinction avec les documents plus ouvertement publicitaires afin de respecter l'objet spécifique de la correspondance qui est d'informer un destinataire déterminé dans le cadre du dossier d'un client, de la gestion du cabinet, de l'activité ordinale, *etc.*

Tout document destiné à la seule correspondance de l'avocat peut ainsi faire mention des nom et prénom des autres avocats qui exercent au sein du cabinet, ou de façon distinctive, de ceux qui y ont exercé, ces derniers contribuant parfois à l'identification voire à la notoriété du cabinet, mais sous réserve de ne pas laisser croire qu'ils y exercent encore.

Il en va de même, sous réserve de leur accord, du nom et de la fonction des professionnels non avocats collaborant de manière régulière et significative au sein du cabinet. Cette possibilité jusqu'alors réservée aux plaquettes et aux sites Internet vise à assurer une meilleure information du destinataire sur la composition du cabinet et sur l'identité et la qualité de ses éventuels interlocuteurs.

Peuvent également être mentionnés des titres universitaires et des diplômes et fonctions d'enseignement supérieur français et étrangers[6], comme des langues étrangères, des « mandats ordinaux ou professionnels » actuellement ou anciennement exercés, c'est-à-dire les « distinctions professionnelles » visées par la loi de 1971, de la profession juridique réglementée précédemment exercée, du titre dont le port est réglementé à l'étranger et permet l'exercice

1. CA Toulouse, 15 févr. 2001, *D.* 2001, AJ 3345, obs. Manara; *JCP G* 2002, I, 136, n° 17, obs. Martin.
2. TGI Paris, 6 déc. 2005, *D.* 2006, AJ 141, obs. Avena-Robardet; *JCP G* 2006, II, 10019, note Martin; CONF. PAR : CA Paris, 17 oct. 2006, n° 2005/23835, 23835; *CCE* 2007, comm. 27, note Stoffel-Munck – ÉGAL^T à propos du site de l'Association d'aide aux victimes d'accidents corporels : Civ. 1re, 21 juin 2005, n° 03-13.633, NP.
3. SUR les prestations juridiques en ligne : RIN, art. 6.6.
4. Décr. 27 nov. 1991, art. 54.
5. L. 31 juill. 1971, art. 67.
6. SUR la mention des titres universitaires comme complément au titre d'avocat : L. 31 déc. 1971, art. 1er.

en France de la profession d'avocat, de l'indication du ou des bureaux ou établissements secondaires ou des filiales, de la participation à des structures de mise en commun de moyens, à un groupement (GIE, GEIE), à des correspondances organiques, à la condition toutefois que ces mentions correspondent à des réalités professionnelles et à des conventions déposées à l'Ordre, ou bien encore de l'organisation et des structures internes du cabinet, le tout, toujours dans l'esprit d'une meilleure information du correspondant.

Par ailleurs, dans l'idée de renforcer la protection de la qualité de spécialiste, s'ajoute à la possibilité d'une mention du ou des domaine(s) du droit dans lesquels l'avocat est titulaire d'un certificat de spécialisation régulièrement obtenu et non invalidé, celle de tout logo ou signe distinctif qui serait instauré par le CNB pour symboliser la qualité d'avocat spécialiste. Le Conseil national envisage également la possibilité de réserver un logo ou une marque distinctive pour les avocats titulaires de mentions de spécialisation et d'intégrer dans sa communication institutionnelle l'explication de la distinction entre mention de spécialisation et domaine d'activité. La possibilité nouvelle d'un tel logo s'ajoute à celle du logo du cabinet, de celui de la profession, et sous réserve de l'accord du bâtonnier, de celui du barreau d'appartenance. En toute occurrence, le logo doit satisfaire aux exigences de l'article 15 du décret du 12 juillet 2005. Tel n'était pas le cas d'un logo représentant les « épines du droit » sur un papier à lettres qui a été considéré par la Cour de cassation comme ne constituant pas une « nécessaire » information du public conformément à l'ancien article 161 du décret du 27 novembre 1991[1]. La disparition du terme « nécessaire » dans le nouvel article 15 ne devrait pas modifier cette solution.

Enfin, peut être mentionnée la certification « management de la qualité », comportant exclusivement la référence à la norme ISO et au modèle adoptés, le logo et le nom de l'organisme certificateur et le numéro d'enregistrement auprès de cet organisme. La certification d'un cabinet d'avocat (cabinet individuel ou structure d'exercice) s'obtient après un audit - réussi - de certification qui peut être réalisé par tout organisme accrédité dans un pays de l'Union européenne (Cofrac, Afaq...).

45.24 Communication préalable au Conseil de l'Ordre. Si l'article 15 du décret de 2005 n'a pas repris l'obligation posée à l'ancien article 161 du décret de 1991 de communiquer la publicité au Conseil de l'ordre, l'article 10.1 du RIN avait maintenu cette obligation : la publicité « est communiquée préalablement à l'Ordre ». À la suite de la décision n° 2010-002 du 20 mai 2010[2], le RIN maintient également le principe de la communication au Conseil de l'ordre des projets d'encarts publicitaires ou de plaquettes, avant toute publication ou diffusion[3].

De même, l'avocat qui ouvre ou modifie un site Internet doit en informer le Conseil de l'ordre sans délai et lui communiquer les noms de domaine qui permettent d'y accéder[4], comme il lui appartient de faire une déclaration préalable au Conseil de l'ordre de tout lien hypertexte qu'il envisagerait de créer.

Il s'agit de permettre au Conseil de l'ordre, non pas de rendre une décision autorisant ou non la publicité, mais de donner éventuellement son avis avant diffusion ou mise en ligne[5]. Et il appartiendra en tout état de cause au bâtonnier d'engager des poursuites disciplinaires, s'il le juge utile, en cas de non respect de cet avis et/ou de manquement aux dispositions du RIN.

Cela étant, certains barreaux peuvent renoncer à se prévaloir de ces dispositions du RIN, comme l'avait fait celui de Nevers[6] par exemple, s'agissant de l'ancien article 10.1 du RIN.

• Dans le même sens, la CEDH a reconnu, dans l'arrêt *Casado Coca*[7], que la publicité personnelle devait prendre en compte les impératifs d'une bonne administration de la justice comme la dignité de la profession.

Le même arrêt reconnaît que, grâce à leurs contacts directs et constants avec leurs membres, les autorités ordinales ou les cours et tribunaux du pays se trouvent mieux placés que le juge international pour préciser où se situe, à un moment donné, le juste équilibre à ménager entre ces intérêts et le droit de toute personne à recevoir une information sur l'assistance juridique et la possibilité pour un avocat de faire de la publicité pour son cabinet.

§ 2
Publicité interdite

45.31 Formes prohibées de publicité - Actes de démarchage ou d'offre de service spécialisée. Tout acte de démarchage ou d'offre de service personnalisée est interdit à l'avocat. La prohibition, générale, est posée à l'article 15 du décret de 2005 et reprise à l'article 10.2 du RIN.

1. Civ. 1re, 29 avr. 1997, n° 95-15.462, NPT, *Gaz. Pal.* 1998, 1, pan. 281 ; 1998, somm. 281.
2. Décis. CNB n° 2010-002, 20 mai 2010.
3. RIN, art. 10.3.
4. RIN, art. 10.6.
5. Commission des Règles et Usages, commentaire de la décision à caractère normatif n° 2010-002 du 20 mai 2010, disponible sur le site du CNB.
6. CA Bourges, ch., 13 avr. 2006, *Ordre des avocats au Barreau de Nevers*.
7. CEDH 24 févr. 1994, n° 15450/89, Casado Coca c/Espagne.

Dans sa nouvelle rédaction issue de la décision nº 2010-002 du 20 mai 2010[1], ce dernier renvoie expressément à la définition de l'acte de démarchage donnée par l'article 1er du décret nº 72-785 du 25 août 1972[2] qui dispose que « constitue un acte de démarchage le fait d'offrir ses services, en vue de donner des consultations ou de rédiger des actes en matière juridique ou de provoquer à la souscription d'un contrat aux mêmes fins, notamment en se rendant personnellement ou en envoyant un mandataire soit au domicile ou à la résidence d'une personne, soit sur les lieux de travail, de repos, de traitement ou dans un lieu public ». Ce décret, pris pour l'application de l'article 66-4 de la loi du 31 décembre 1971 qui sanctionne pénalement le démarchage en vue de donner des consultations et de rédiger des actes en matière juridique (v. ss nos 41.01 s.)[3], doit également être appliqué, par souci de cohérence, pour le démarchage dans le domaine judiciaire[4]. Effectivement, ce dernier doit lui aussi demeurer déontologiquement interdit, même s'il n'est pas pénalement réprimé[5]. La jurisprudence privilégie la méthode du faisceau d'indices pour caractériser ainsi le démarchage[6].

L'offre de service personnalisée, qui n'est pas un délit en soi, ne se confond pas nécessairement avec le démarchage[7], en raison de sa définition plus large quant au domaine opératoire, le moyen utilisé important peu, et plus étroite quant au but poursuivi, l'offre devant être personnalisée, c'est-à-dire adressée à une personne déterminée, non encore cliente et censée répondre à son besoin précis, réel ou supposé.

La publicité personnelle de l'avocat ne peut ainsi être faite par voie de tracts, affiches, films cinématographiques, émissions radiophoniques ou télévisées[8]. Une plaquette distribuée à la clientèle sans avoir été, au préalable, soumise à l'Ordre, faisant mention d'une spécialité dont les membres de ce cabinet ne sont pas titulaires et proposant des offres de service ont pu être considérées comme constitutives de la sollicitation et du démarchage prohibés[9]. Internet ne peut en aucun cas servir à contourner cette interdiction. Notamment, l'offre de services émise par la SARL *Class action.fr*, derrière laquelle opéraient des avocats, destinée à proposer au public de se joindre par une inscription en ligne à une action en justice déjà entamée, constitue un acte de démarchage juridique illicite[10]. De même, il a été jugé que le fait, pour un avocat, de publier des articles dans des revues hebdomadaires gratuites d'annonces et de publicités, sous la forme de brèves informations juridiques accompagnées de la photographie, du nom et de l'adresse internet de l'auteur, était essentiellement destiné à assurer sa promotion personnelle et révélait une recherche agressive de clientèle. Cette démarche ne répondait pas aux exigences de dignité et de délicatesse de la profession d'avocat, et caractérisait des faits de démarchage et de publicité contraires aux dispositions de l'ancien article 161 du décret du 27 novembre 1991[11]. Enfin, le fait par un avocat de donner des interviews à la presse en qualité d'avocat des consommateurs ne saurait constituer une publicité blâmable dès lors qu'il n'est pas établi une intention de « racolage » de la clientèle par ce moyen[12].

Dans ce cadre, il convient de distinguer le démarchage interdit de la publicité par lettre qui n'est plus interdite depuis la modification de l'article 2 du décret de 1972 par l'article 23 du décret de 2005 (v. nº 45.22).

45.32 Autres interdictions, quelle que soit la forme de publicité. Au-delà de ce que les indications ne sauraient être contraires à la loi, d'autres interdictions doivent également être signalées, quelle que soit la forme de publicité utilisée.

• **Publicité comparative.** La publicité comparative est bien entendu interdite[13]. Un arrêté du Conseil de l'Ordre de Paris du 29 juin 1993 a sanctionné un avocat qui se présentait dans la plaquette

1. Décis. CNB nº 2010-002, 20 mai 2010.
2. Décr. nº 72-785, 25 août 1972.
3. Dès lors, les dispositions des articles L. 121-21et suivants du Code de la consommation ne sont pas applicables aux avocats : Crim, 23 juin 2001, nº 00-80.600, *Bull. crim.* nº 20; *JCP* 2001, I, 346, note Robert; *Dr. pénal* 2001, Comm. 62, obs. Robert.
4. En ce sens not. : Civ. 1re, 30 sept. 2008, nº 06-21.400, *D.* 2009. Pan. 2704, obs. Blanchard; *JCP* 2009. I. 120, nº 3, obs. Bortoluzzi; *CCC* 2008. Comm. 284, obs. Raymond; *Bull. Joly* 2009. 18, note Daigre.
5. Commission des Règles et Usages, commentaire de la décision à caractère normatif nº 2010-002 du 20 mai 2010, disponible sur le site du CNB.
6. Not. : Civ. 1re, 30 sept. 2008, nº 06-21.400, préc. – Civ. 1re, 12 juill. 2007, nº 04-14.924, NP.
7. Commission des Règles et Usages, commentaire de la décision à caractère normatif nº 2010-002 du 20 mai 2010, disponible sur le site du CNB.
8. Décr. nº 72-785, 25 août 1972, art. 2; mod., repris par RIN, art. 10.2, dans sa rédaction issue de la décision à caractère normatif nº 2010-002 du 20 mai 2010.
9. *Bull. bâtonnier Paris*, 24 mai 1993, p. 157.
10. S'agissant du site *classaction.fr* : CA Paris, 17 oct. 2006, RG nº 05/23835; *CCE* 2007, comm. 27, note Stoffel-Munck; TGI Paris, 6 déc. 2005, *D.* 2006, AJ 141, obs. Avena-Robardet; *JCP* 2006, II, 10019, note Martin – S'agissant du site de l'Association d'aide aux victimes d'accidents corporels : Civ. 1re, 21 juin 2005, nº 03-13.633, NP (v. nº 45.22).
11. Civ. 1re, 12 juill. 2007, nº 04-14.924, *Bull. civ.* I, nº 263; *D.* 2008, 944, obs. Blanchard; *LPA* 18 déc. 2007, 13, note Morelli.
12. CA Rennes, 2 juin 1981, *Gaz. Pal.* 1981, 2, 546.
13. Décr. 12 juill. 2005, art. 15 – RIN, art. 10.2.

du cabinet de la façon suivante : « Avocat d'affaires européen, l'homme qui monte, avocat certes, mais avocat d'affaires avant tout, Me X... n'est pas un homme comme les autres. Avec foi et loi, il exerce sa profession avec talent. Tel un magicien, son cabinet se transforme en carrefour d'idées, de projets, de rencontres. Il passe son habit de lumière et devient le chef d'orchestre, le maître d'œuvre ».

• **Propos laudatifs.** Il en va de même des propos laudatifs. Aussi l'avocat doit se méfier des articles trop élogieux de lui-même qu'il laisse publier dans la presse ou sur Internet. C'est ainsi qu'un avocat a pu être jugé coupable d'avoir toléré la publication d'un article trop louangeur sur ses relations avec les magistrats, ce qui était incompatible avec les devoirs de dignité, de délicatesse et de discrétion de l'avocat[1]. Cela étant, si les termes élogieux sont imputables au journaliste lui-même, aucune faute ne pourra lui être reprochée[2]. En revanche, il est tout à fait normal qu'un avocat soit, à l'occasion d'événements professionnels ou relatifs à sa vie publique, l'objet d'articles consacrés à sa personne, de laquelle l'activité d'avocat est inséparable. De même, un avocat peut utiliser son titre dans tous ses écrits même non juridiques[3].

• **Publicité mensongère.** Est également interdite toute publicité mensongère ou contenant des renseignements inexacts ou fallacieux[4]. La prohibition ne vise pas seulement la publicité intentionnellement trompeuse et marque l'exigence du caractère véridique de toutes mentions figurant dans les divers supports de communication[5].

• **Spécialisation non certifiée ou inexistante.** Il en va de même de toutes mentions susceptibles de créer l'apparence d'une qualification professionnelle non reconnue. Sont ainsi prohibées toutes mentions laissant croire à une spécialisation non certifiée ou inexistante, faisant état d'une « expertise » dans tel ou tel domaine ou autres expressions pouvant prêter à confusion, comme « avocat aux affaires familiales » par exemple[6]. Rappelons dans ce cadre, qu'un projet de réforme du régime des spécialisations est à l'étude et dans son prolongement un projet de nouvelle liste des mentions de spécialisation en usage dans la profession d'avocat (v. not. ss nos 42.11 s.). Par ailleurs, en l'état actuel, aucune règle, soit dans le décret, soit dans le RIN, ne concerne le professionnel qualifié au sens des articles 255, 9° du Code civil[7].

• **Structure d'exercice inexistante.** L'article 10.2 du RIN dans sa nouvelle rédaction, pose l'interdiction sur un plan général, alors qu'elle était jusqu'alors limitée aux papiers à lettres, de toutes mentions susceptibles de créer dans l'esprit du public l'apparence d'une structure d'exercice inexistante.

• **Fonctions ou activités sans lien avec la profession d'avocat.** La prohibition, jusqu'alors limitée aux plaquettes, est également affirmée s'agissant de toutes références à des fonctions ou activités sans lien avec l'exercice de la profession d'avocat.

• **Atteinte au secret professionnel.** D'après l'article 4 alinéa 1er du décret du 25 août 1972 que reprend de façon simplifiée l'article 10.2 du RIN, sont interdites toutes mentions susceptibles de porter atteinte au secret professionnel[8], ce qui inclut notamment l'interdiction d'indiquer le nom des clients sur les plaquettes[9]. Il existe toutefois des exceptions : la plaquette peut en effet indiquer l'identité des clients du cabinet qui ont donné leur accord pour sa diffusion à l'étranger et uniquement dans les pays autorisant une telle divulgation. Ensuite, les cabinets d'affaires peuvent faire mentionner des opérations publiques en recensant dans leur plaquette une sorte de liste des opérations réalisées par le cabinet ou *track record.*

Dans le cadre des marchés publics, les avocats candidats peuvent présenter des références professionnelles[10]. Une possibilité qui a du reste été consacrée par l'article 2.2 du RIN complété en ce sens : « Dans les procédures d'appels d'offres publics ou privés et d'attribution de marchés publics, l'avocat peut faire mention des références nominatives d'un ou plusieurs de ses clients avec leur accord exprès et préalable. »[11]

SECTION 2
PUBLICITÉ FONCTIONNELLE

45.41 Une charge en principe assumée par le Conseil de l'Ordre. Si la publicité individuelle pré-

1. CA Toulouse, 27 févr. 1997, RG n° 5460/96.
2. CA Nancy, 27 janv. 2005, RG n° 04/00072.
3. Civ. 1re, 28 avr. 1993, n° 90-20.949, *Bull. civ.* I, n° 151; *Gaz. Pal.* 10 août 1993, 180; *JCP* 1993, II, 22114, note Martin.
4. Décr. 25 août 1972, art. 4, al. 2 – RIN, art. 10.2.
5. Commission des Règles et Usages, commentaire de la décision à caractère normatif n° 2010-002 du 20 mai 2010, disponible sur le site du CNB.
6. Commission des Règles et Usages, commentaire de la décision à caractère normatif n° 2010-002 du 20 mai 2010, disponible sur le site du CNB.
7. SUR la notion de « professionnel qualifié » : Cl. Lienhard, « L'avocat spécialiste en droit des personnes : professionnel qualifié au titre de l'article 255, 9°, du Code civil », *AJ fam.* 2006, n° 1, 24.
8. RIN, art. 2.
9. CA Lyon, 14 mars 1994, *Gaz. Pal.* 12 mai 1994, 28, note Crémades.
10. CE 7 mars 2005, n° 274286, *AJDA* 2005, 1128, obs. Markus et Givord; *Contrats et marchés publics* 2005, comm. 148, Pietri; *JCP* 2005, I, 175, obs. Moreau.
11. Décis. CNB, 28 avr. 2007.

vue par l'article 15 du décret du 12 juillet 2005 est confiée aux avocats individuellement et ne concerne pas l'Ordre qui n'intervient que pour l'interdire ou la sanctionner lorsqu'elle dépasse les normes déterminées par le décret, la publicité collective prévue par l'article 162 du décret confie au Conseil de l'ordre, par le biais du règlement intérieur, le soin de « fixer les dispositions nécessaires pour assurer l'information du public quant aux modalités d'exercice de la profession par les membres de son barreau »[1].

45.42 Tableau de l'Ordre. La première publicité fonctionnelle organisée par la loi[2] est le tableau; tableau imprimé depuis les origines de l'Ordre, en tout cas depuis sa constitution sous l'Empire et qui figure, non seulement dans les locaux judiciaires mais partout où des personnes cherchent des renseignements et des indications (mairies, bureaux d'aide sociale, locaux de l'ANPE [devenu Pôle emploi]). Le tableau n'est pas seulement une énumération de noms dans l'ordre d'ancienneté avec l'adresse et le numéro de téléphone, il est également par les mentions qu'il comporte, une véritable publicité (v. n°s 14.13 à 14.16).

• **Un avocat suspendu ou omis peut-il figurer au tableau et bénéficier ainsi, pendant la durée de sa peine ou de la mesure qui lui est appliquée, d'une publicité fonctionnelle ?** Certes des avocats qui exercent peu ou qui n'exercent pas tels que les avocats honoraires peuvent figurer au tableau. Toutefois, dans la mesure où le tableau est un mode de publicité fonctionnelle destiné à renseigner la clientèle, il pourrait paraître évident qu'un avocat qui doit s'abstenir de tous les actes de la profession et ne peut postuler, ni plaider, ni conseiller, ni revêtir la robe, ni recevoir des clients, ni voter aux élections de l'Ordre, ne puisse figurer au tableau. Certes, il demeure avocat, mais ne pouvant effectuer aucun acte de la profession, il ne devrait pouvoir bénéficier d'aucune publicité fonctionnelle. C'est d'ailleurs l'esprit de l'article 186 du décret du 27 novembre 1991 qui indique que l'avocat interdit doit s'abstenir de tout acte professionnel ni en toute circonstance faire état de sa qualité d'avocat. Pas plus que la mention d'administrateur désigné pour liquider ou continuer pendant la durée de la suspension, l'activité du cabinet de l'avocat ne devrait pouvoir figurer sur ce tableau. Ce serait en outre une publicité de la sentence dont a été frappé l'avocat qui n'a pas été prévue par le texte et qui doit être expressément édictée par le conseil de discipline. Bien entendu, si la peine est inférieure à la durée du tableau, il ne serait pas question de publier un tableau rectificatif supprimant le nom de cet avocat; le tableau serait établi pour une année; mais dès que la peine ou la mesure dépasse la durée d'un tableau, l'avocat en cause devrait disparaître de ce tableau pendant la durée de la peine ou de la mesure d'omission.

Un arrêt de la Cour de cassation du 15 juin 1999 et, avant lui, un arrêt de la cour d'appel de Bourges du 29 mai 1987, inédit, ont toutefois statué en sens contraire. Ils ont précisé qu'un avocat suspendu possède toujours la qualité d'avocat même s'il subit nombre d'interdictions professionnelles, que son cabinet a toujours une existence légale et continue à fonctionner tant dans la poursuite de dossiers anciens que le traitement d'affaires nouvelles sous l'administration provisoire d'un de ses confrères[3]. Dès lors, il ne saurait être reproché au conseil de l'Ordre d'ordonner l'établissement d'un tableau mentionnant l'avocat au rang qui est le sien, au prétendu motif qu'interdit temporairement pendant toute la durée du tableau, il ne pourrait en application de l'article 186 accomplir les actes de sa profession ni faire état de sa qualité d'avocat. La cour d'appel de Bourges a même relevé que la non-inscription au tableau constituerait de ce fait une sanction s'ajoutant à celle de la suspension temporaire.

Nous ne partageons pas cette analyse de la première chambre civile de la Cour de cassation, ni celle de la cour de Bourges. L'avocat suspendu[4], l'avocat interdit temporairement, enfin l'avocat omis, ne doivent plus figurer sur le tableau, si les mots français ont un sens. L'article 104 du décret du 27 novembre 1991 (qui vient après l'article 103 qui traite de l'inscription au tableau) parle clairement de l'omission du tableau. Ce serait de la part de l'Ordre une publicité mensongère que de maintenir sur le tableau des avocats qui n'ont plus le droit d'exercer.

45.43 Autres formes traditionnelles de publicité fonctionnelle. La publicité organique confiée à l'Ordre se manifeste aussi par l'inspiration d'articles concernant l'Ordre des avocats en général ou le barreau en particulier, l'organisation des fêtes et cérémonies de l'Ordre, la rentrée du stage, par la publication de plaquettes, la création d'un site internet destiné à faciliter le recours à un avocat[5], l'organisation de campagnes de communication[6]...

1. ÉGAL^T^ : RIN, art. 10.1.
2. L. 31 déc. 1971, art. 20 – Décr. 27 nov. 1991, art. 95.
3. Civ. 1re, 15 juin 1999, n° 96-19.641, *Bull. civ.* I, n° 200; *D.* 2000, somm. 151, obs. Blanchard – CA Bourges, 29 mai 1987, inédit.
4. L. 1971, art. 24 – Mesure de sûreté.
5. NOT. : le site *avocats.fr.*
6. NOT. : la campagne TV : « *Les avocats. C'est votre droit* » ! : cnb.avocat.fr.

CHAPITRE

46. Honoraires – Émoluments – Débours – Mode de paiement

SECTION 0
ORIENTEUR

46.00 **Plan du chapitre.**

46.01 **Textes applicables.**

>

L. n° 71-1130, 31 déc. 1971, art. 10

L. n° 91-647, 10 juill. 1991, art. 27 à 29

Décr. n° 91-1197, 27 nov. 1991, art. 174 à 179

Décr. n° 2005-790, 12 juill. 2005, art. 10 à 12 et 19

RIN, art. 9.3; 11; 21.3 à 21.3.7 et 21.5.7

>

L. 31 déc. 1971, art. 10 [Honoraires et frais de l'avocat]

La tarification de la postulation et des actes de procédure est régie par les dispositions sur la procédure civile. Les honoraires de consultation, d'assistance, de conseil, de rédaction d'actes juridiques sous seing privé et de plaidoirie sont fixés en accord avec le client.

À défaut de convention entre l'avocat et son client, l'honoraire est fixé selon les usages, en fonction de la situation de fortune du client, de la difficulté de l'affaire, des frais exposés par l'avocat, de sa notoriété et des diligences de celui-ci.

Toute fixation d'honoraires, qui ne le serait qu'en fonction du résultat judiciaire, est interdite. Est licite la convention qui, outre la rémunération des prestations effectuées, prévoit la fixation d'un honoraire complémentaire en fonction du résultat obtenu ou du service rendu.

L. 10 juill. 1991, art. 27 [Rétribution au titre de l'aide juridictionnelle]

L'avocat qui prête son concours au bénéficiaire de l'aide juridictionnelle perçoit une rétribution.

L'État affecte annuellement à chaque barreau une dotation représentant sa part contributive aux missions d'aide juridictionnelle accomplies par les avocats du barreau. Le montant de cette dotation résulte, d'une part, du nombre de missions d'aide juridictionnelle accomplies par les avocats du barreau et, d'autre part, du produit d'un coefficient par type de procédure et d'une unité de valeur de référence.

Pour les aides juridictionnelles totales, l'unité de valeur de référence est majorée en fonction du volume des missions effectuées au titre de l'aide juridictionnelle au cours de l'année précédente au regard du nombre d'avocats inscrits au barreau.

La loi de finances détermine annuellement l'unité de valeur mentionnée au troisième alinéa du présent article.

L. 10 juill. 1991, art. 28 [Aide juridictionnelle : dotation]

La dotation due au titre de chaque année donne lieu au versement d'une provision initiale versée en début d'année et ajustée en fonction de l'évolution du nombre des admissions à l'aide juridictionnelle. Elle est liquidée en fin d'année sur la base du nombre des missions achevées.

L. 10 juill. 1991, art. 29 [Versement de la dotation]

La dotation est versée sur un compte spécial de la caisse des règlements pécuniaires prévue au 9° de l'article 53 de la loi n° 71-1130 du 31 décembre 1971 portant réforme de certaines professions judiciaires et juridiques. Elle est intégralement affectée au paiement des avocats effectuant des missions d'aide juridictionnelle.

Les modalités et le montant de ce paiement et, le cas échéant, le versement de provisions sont déterminés dans chaque barreau par le règlement intérieur.

Toutefois, pour l'aide juridictionnelle partielle, la part contributive de l'État revenant à l'avocat est calculée selon les modalités qui servent à déterminer la dotation du barreau.

Le règlement intérieur peut prévoir que les avocats prêtent, à temps partiel, leur concours à l'aide juridictionnelle selon des modalités fixées par convention avec l'ordre.

En ce qui concerne les règles de gestion financière et comptable des fonds, le règlement intérieur doit être conforme à un règlement type établi par décret en Conseil d'État.

Les dispositions du règlement intérieur relatives à l'aide juridictionnelle sont communiquées pour information au conseil départemental de l'accès au droit prévu à l'article 54.

Décr. 12 juill. 2005, art. 10 [Fixation de l'honoraire]

[Comp. avec RIN art. 11.1, 11.2 et 11.3]

[mod. par décr. n° 2007-932, 15 mai 2007, art. 25]

À défaut de convention entre l'avocat et son client, les honoraires sont fixés selon les usages, en fonction de la situation de fortune du client, de la difficulté de l'affaire, des frais exposés par l'avocat, de la notoriété et des diligences de celui-ci. L'avocat chargé d'un dossier peut demander des honoraires à son client même si ce dossier lui est retiré avant sa conclusion, dans la mesure du travail accompli.

L'avocat informe son client, dès sa saisine, puis de manière régulière, des modalités de détermination des honoraires et de l'évolution prévisible de leur montant. Le cas échéant, ces informations figurent dans la convention d'honoraires. Sauf si l'avocat intervient en urgence devant une juridiction, une telle convention est obligatoire lorsque l'avocat est rémunéré, en tout ou partie, au titre d'un contrat d'assurance de protection juridique.

Des honoraires forfaitaires peuvent être convenus. L'avocat peut recevoir d'un client des honoraires de manière périodique, y compris sous forme forfaitaire.

La rémunération d'apports d'affaires est interdite.

Décr. 12 juill. 2005, art. 11 [Provision]

[Comp. avec RIN art. 11.4]

L'avocat qui accepte la charge d'un dossier peut demander à son client le versement préalable d'une provision à valoir sur ses frais et honoraires.

Cette provision ne peut aller au-delà d'une estimation raisonnable des honoraires et des débours probables entraînés par le dossier.

À défaut de paiement de la provision demandée, l'avocat peut renoncer à s'occuper de l'affaire ou s'en retirer dans les conditions prévues à l'article 13. Il fournit à son client toute information nécessaire à cet effet.

Décr. 12 juill. 2005, art. 12 [Compte détaillé]

[Comp. avec RIN art. 11.7]

L'avocat détient à tout moment, par dossier, une comptabilité précise et distincte des honoraires et de toute somme qu'il a pu recevoir et de l'affectation qui leur a été donnée, sauf en cas de forfait global.

Avant tout règlement définitif, l'avocat remet à son client un compte détaillé. Ce compte fait ressortir distinctement les frais et déboursés, les émoluments tarifiés et les honoraires. Il porte mention des sommes précédemment reçues à titre de provision ou à tout autre titre.

Un compte établi selon les modalités prévues à l'alinéa précédent est également délivré par l'avocat à la demande de son client ou du bâtonnier, ou lorsqu'il en est requis par le président du tribunal de grande instance ou le premier président de la cour d'appel, saisis d'une contestation en matière d'honoraires ou débours ou en matière de taxe.

Décr. 12 juill. 2005, art. 19 [Succession d'avocats dans un dossier]

[Comp. avec RIN art. 9.3]

Sauf accord préalable du bâtonnier, l'avocat qui accepte de succéder à un confrère ne peut défendre les intérêts du client contre son prédécesseur.

Le nouvel avocat s'efforce d'obtenir de son client qu'il règle les sommes restant éventuellement dues à un confrère précédemment saisi du dossier. S'il reçoit du client un paiement alors que des sommes restent dues à son prédécesseur, il en informe le bâtonnier.

L'avocat qui succède à un confrère intervenant au titre de l'aide juridictionnelle ne peut réclamer des honoraires que si son client a expressément renoncé au bénéfice de celle-ci. Il informe auparavant son client des conséquences de cette renonciation. En outre, il informe de son intervention son confrère précédemment mandaté, le bureau d'aide juridictionnelle et le bâtonnier.

Les difficultés relatives à la rémunération de l'avocat initialement saisi ou à la restitution par ce dernier des pièces du dossier sont soumises au bâtonnier.

Décr. 27 nov. 1991, art. 174 [Procédure relative au recouvrement des honoraires]

Les contestations concernant le montant et le recouvrement des honoraires des avocats ne peuvent être réglées qu'en recourant à la procédure prévue aux articles suivants.

Décr. 27 nov. 1991, art. 175 [Compétence du bâtonnier]

[mod. par décr. n° 95-1110, 17 oct. 1995, art. 15, *JO* 19 – décr. n° 2007-932, 15 mai 2007, art. 15]

Les réclamations sont soumises au bâtonnier par toutes parties par lettre recommandée avec demande d'avis de réception ou remise contre récépissé. Le bâtonnier accuse réception de la réclamation et informe l'intéressé que, faute de décision dans le délai de quatre mois, il lui appartiendra de saisir le premier président de la cour d'appel dans le délai d'un mois.

L'avocat peut de même saisir le bâtonnier de toute difficulté. Le bâtonnier, ou le rapporteur qu'il désigne, recueille préalablement les observations de l'avocat et de la partie. Il prend sa décision dans les quatre mois. Cette décision est notifiée, dans les quinze jours de sa date, à l'avocat et à la partie, par le secrétaire de l'Ordre, par lettre recommandée avec demande d'avis de réception. La lettre de notification mentionne, à peine de nullité, le délai et les modalités du recours.

Le délai de quatre mois prévu au troisième alinéa peut être prorogé dans la limite de quatre mois par décision motivée du bâtonnier. Cette décision est notifiée aux parties, par lettre recommandée avec demande d'avis de réception, dans les conditions prévues au premier alinéa.

Décr. 27 nov. 1991, art. 176 [Appel de la décision du bâtonnier]

La décision du bâtonnier est susceptible de recours devant le premier président de la cour d'appel, qui est saisi par l'avocat ou la partie, par lettre recommandée avec demande d'avis de réception. Le délai de recours est d'un mois.

Lorsque le bâtonnier n'a pas pris de décision dans les délais prévus à l'article 175, le premier président doit être saisi dans le mois qui suit.

Décr. 27 nov. 1991, art. 177 [Procédure devant le premier président de la cour d'appel]

L'avocat et la partie sont convoqués, au moins huit jours à l'avance, par le greffier en chef, par lettre recommandée avec demande d'avis de réception.

Le premier président les entend contradictoirement. Il peut, à tout moment, renvoyer l'affaire à la cour, qui procède dans les mêmes formes.

L'ordonnance ou l'arrêt est notifié par le greffier en chef par lettre recommandée avec demande d'avis de réception.

Décr. 27 nov. 1991, art. 178 [Caractère exécutoire de la décision du bâtonnier]

Lorsque la décision prise par le bâtonnier n'a pas été déférée au premier président de la cour d'appel, elle peut être rendue exécutoire par ordonnance du président du tribunal de grande instance à la requête, soit de l'avocat, soit de la partie.

Décr. 27 nov. 1991, art. 179 [Dérogation procédurale en matière de contestation des honoraires du bâtonnier]

Lorsque la contestation est relative aux honoraires du bâtonnier, celle-ci est portée devant le président du tribunal de grande instance.

Le président est saisi et statue dans les conditions prévues aux articles 175 et 176.

RIN art. 9.3 [Succession d'avocats dans un même dossier]

[Décr. 12 juill. 2005, art. 19]

Sauf accord préalable du bâtonnier, l'avocat qui accepte de succéder à un confrère ne peut défendre les intérêts du client contre son prédécesseur.

Le nouvel avocat s'efforce d'obtenir de son client qu'il règle les sommes restant éventuellement dues à un confrère précédemment saisi du dossier. S'il reçoit du client un paiement alors que des sommes restent dues à son prédécesseur, il en informe le bâtonnier.

L'avocat qui succède à un confrère intervenant au titre de l'aide juridictionnelle ne peut réclamer des honoraires que si son client a expressément renoncé au bénéfice de celle-ci. Il informe auparavant son client des conséquences de cette renonciation. En outre, il informe de son intervention son confrère précédemment mandaté, le bureau d'aide juridictionnelle et le bâtonnier.

Les difficultés relatives à la rémunération de l'avocat initialement saisi ou à la restitution par ce dernier des pièces du dossier sont soumises au bâtonnier.

RIN art. 11 [Honoraires – émoluments – débours – mode de paiement des honoraires

[L. 31 déc. 1971, art. 10; décr. 12 juill. 2005, art. 10, 11 et 12; décr. 27 nov. 1991, art. 174 s.]

Détermination des honoraires

11.1 À défaut de convention entre l'avocat et son client, les honoraires sont fixés selon les usages, en fonction de la situation de fortune du client, de la difficulté de l'affaire, des frais exposés par l'avocat, de la notoriété et des diligences de celui-ci. L'avocat chargé d'un dossier peut demander des honoraires à son client même si ce dossier lui est retiré avant sa conclusion, dans la mesure du travail accompli.

Information du client

11.2 L'avocat informe son client, dès sa saisine, puis de manière régulière, des modalités de détermination des honoraires et de l'évolution prévisible de leur montant. Le cas échéant, ces informations figurent dans la convention d'honoraires.

Éléments de la rémunération

La détermination de la rémunération de l'avocat est fonction, notamment, de chacun des éléments suivants, conformément aux usages :

- le temps consacré à l'affaire,
- le travail de recherche,
- la nature et la difficulté de l'affaire,
- l'importance des intérêts en cause,
- l'incidence des frais et charges du cabinet auquel il appartient,
- sa notoriété, ses titres, son ancienneté, son expérience et la spécialisation dont il est titulaire,
- les avantages et le résultat obtenus au profit du client par son travail, ainsi que le service rendu à celui-ci,
- la situation de fortune du client.

11.3 Modes de détermination des honoraires.

Modes autorisés

Des honoraires forfaitaires peuvent être convenus. L'avocat peut recevoir d'un client des honoraires de manière périodique, y compris sous forme forfaitaire.

Modes prohibés

Il est interdit à l'avocat de fixer ses honoraires par un pacte de *quota litis*.

Le pacte de *quota litis* est une convention passée entre l'avocat et son client avant décision judiciaire définitive, qui fixe exclusivement l'intégralité de ses honoraires en fonction du résultat judiciaire de l'affaire, que ces honoraires consistent en une somme d'argent ou en tout autre bien ou valeur.

L'avocat ne peut percevoir d'honoraires que de son client ou d'un mandataire de celui-ci.

La rémunération d'apports d'affaires est interdite.

Provision sur frais et honoraires

11.4 L'avocat qui accepte la charge d'un dossier peut demander à son client le versement préalable d'une provision à valoir sur ses frais et honoraires.

Cette provision ne peut aller au-delà d'une estimation raisonnable des honoraires et des débours probables entraînés par le dossier.

À défaut de paiement de la provision demandée, l'avocat peut renoncer à s'occuper de l'affaire ou s'en retirer dans les conditions prévues à l'article 13 du décret du 12 juillet 2005. Il fournit à son client toute information nécessaire à cet effet.

11.5 Partage d'honoraires.

Avocat correspondant

L'avocat qui, ne se bornant pas à mettre en relation un client avec un autre avocat, confie un dossier à un confrère ou le consulte, est personnellement tenu au paiement des honoraires, frais et débours dus à ce confrère correspondant, au titre des prestations accomplies à sa demande par celui-ci. Les avocats concernés peuvent néanmoins, dès l'origine et par écrit, convenir du contraire. En outre, le premier avocat peut, à tout instant, limiter, par écrit, son engagement au montant des sommes dues, au jour où il exclut sa responsabilité pour l'avenir.

Sauf stipulation contraire, les dispositions de l'alinéa ci-dessus s'appliquent dans les rapports entre un avocat et tout autre correspondant qui est consulté ou auquel est confiée une mission.

Rédaction conjointe d'actes

En matière de rédaction d'actes et lorsqu'un acte est établi conjointement par plusieurs avocats, la prestation de conseil et d'assistance de chaque intervenant ne peut être rétribuée que par le client ou par un tiers agissant d'ordre ou pour le compte de celui-ci.

Dans le cas où il est d'usage que les honoraires de rédaction soient à la charge exclusive de l'une des parties et à la condition que l'acte le stipule expressément, les honoraires doivent être, à défaut de convention contraire, partagés par parts égales entre les avocats ayant participé conjointement à la rédaction.

Partage d'honoraires prohibé

Il est interdit à l'avocat de partager un honoraire ou un résultat, notamment sous l'apparence de répartition de charges, avec des personnes physiques ou morales qui ne sont pas avocats.

Modalités de règlement des honoraires

11.6 Les honoraires sont payés dans les conditions prévues par la loi et les règlements, notamment en espèces, par chèque, par virement, par billet à ordre et par carte bancaire.

L'avocat peut recevoir un paiement par lettre de change dès lors que celle-ci est acceptée par le tiré, client de l'avocat.

L'endossement ne peut être fait qu'au profit de la banque de l'avocat, aux seules fins d'encaissement.

L'avocat porteur d'une lettre de change impayée peut agir devant le Tribunal de Commerce. Toutefois, en cas de contestation de la créance d'honoraires, il devra saisir son bâtonnier aux fins de taxation et solliciter le sursis à statuer devant la juridiction commerciale.

Compte détaillé définitif

11.7 L'avocat détient à tout moment, par dossier, une comptabilité précise et distincte des honoraires et de toute somme qu'il a pu recevoir et de l'affectation qui leur a été donnée, sauf en cas de forfait global.

Avant tout règlement définitif, l'avocat remet à son client un compte détaillé. Ce compte fait ressortir distinctement les frais et déboursés, les émoluments tarifés et les honoraires. Il porte mention des sommes précédemment reçues à titre de provision ou à tout autre titre.

Un compte établi selon les modalités prévues à l'alinéa précédent est également délivré par l'avocat à la demande de son client ou du bâtonnier, ou lorsqu'il en est requis par le président du tribunal de grande instance ou le premier président de la cour d'appel, saisis d'une contestation en matière d'honoraires ou débours ou en matière de taxe.

RIN art. 21.3.3 à 21.3.7.2

21.3.3 Pacte de *quota litis*

21.3.3.1 L'avocat ne peut pas fixer ses honoraires sur la base d'un pacte « de *quota litis* ».

21.3.3.2 Le pacte « de *quota litis* » est une convention passée entre l'avocat et son client, avant la conclusion définitive d'une affaire intéressant ce client, par laquelle le client s'engage à verser à l'avocat une part du résultat de l'affaire, que celle-ci consiste en une somme d'argent ou en tout autre bien ou valeur.

21.3.3.3 Ne constitue pas un tel pacte la convention qui prévoit la détermination de l'honoraire en fonction de la valeur du litige dont est chargé l'avocat si celle-ci est conforme à un tarif officiel ou si elle est autorisée par l'autorité compétente dont dépend l'avocat.

21.3.4 Détermination des honoraires

L'avocat doit informer son client de tout ce qu'il demande à titre d'honoraires et le montant de ceux-ci doit être équitable et justifié, conforme à la loi et aux règles déontologiques auxquelles l'avocat est soumis.

21.3.5 Provisions sur honoraires et frais

Lorsque l'avocat demande le versement d'une provision à valoir sur frais ou honoraires, celle-ci ne doit pas aller au-delà d'une estimation raisonnable des honoraires et frais et des débours probables entraînés par l'affaire.

À défaut de paiement de la provision demandée, l'avocat peut renoncer à s'occuper d'une affaire ou s'en retirer, sous réserve de respecter le prescrit de l'article 21.3.1.4.

21.3.6 Partage d'honoraires avec une personne qui n'est pas avocat

21.3.6.1 Il est interdit à l'avocat de partager ses honoraires avec une personne qui n'est pas avocat, sauf lorsqu'une association entre l'avocat et cette autre personne est autorisée par les lois et les règles déontologiques auxquels l'avocat est soumis.

21.3.6.2 La règle de l'article 21.3.6.1. ne s'applique pas aux sommes ou compensations versées par l'avocat aux héritiers d'un confrère décédé ou à un confrère démissionnaire au titre de sa présentation comme successeur à la clientèle de ce confrère.

21.3.7 Coût du litige et aide légale

21.3.7.1 L'avocat doit essayer à tout moment de trouver une solution au litige du client qui soit appropriée au coût de l'affaire et il doit lui donner, au moment opportun, les conseils quant à l'opportunité de rechercher un accord ou de recourir à des modes alternatifs pour mettre fin au litige.

21.3.7.2 Lorsque le client est susceptible de bénéficier de l'aide légale, l'avocat est tenu de l'en informer.

RIN art. 21.5.7 [Responsabilité pécuniaire]

Dans les relations professionnelles entre avocats de barreaux de différents États membres, l'avocat qui, ne se bornant pas à recommander un confrère ou à l'introduire auprès d'un client, confie une affaire à un correspondant ou le consulte, est personnellement tenu, même en cas de défaillance du client, au paiement des honoraires, frais et débours dus au conseil étranger. Cependant, les avocats concernés peuvent, au début de leurs relations, convenir de dispositions particulières à ce sujet. En outre, l'avocat peut, à tout instant, limiter son engagement personnel au montant des honoraires, frais et débours engagés avant la notification à son confrère étranger de sa décision de décliner sa responsabilité pour l'avenir.

46.02 Jurisprudence de référence.

> Sur les honoraires

> Les tribunaux peuvent réduire les honoraires convenus initialement entre l'avocat et son client dès lors qu'ils sont excessifs

• **Civ. 1re, 3 mars 1998, no 95-15.799,** *Bull. civ.* I, no 85; *JCP* 1998, II, 10115, note Sainte-Rose.

* V. ss no 46.68.

« Vu l'article 1134 du Code civil et l'article 10 de la loi du 31 décembre 1971;

Attendu que le second de ces textes ne saurait faire obstacle au pouvoir des tribunaux de réduire les honoraires convenus initialement entre l'avocat et son client lorsque ceux-ci apparaissent exagérés au regard du service rendu. »

> Les tribunaux ne peuvent réduire le montant de l'honoraire dû dès lors que le principe et le montant de l'honoraire ont été acceptés par le client après service rendu

• **Civ. 2e, 5 juin 2003, no 01-15.411,** *Bull. civ.* II, no 169; *D.* 2003, IR 2409; *JCP* 2004, I, 117, no 21, obs. Martin.

* V. ss no 46.27.

« Vu l'article 1134 du Code civil, ensemble l'article 10 de la loi du 31 décembre 1971;

Attendu que selon le premier de ces textes, les conventions légalement formées tiennent lieu de loi à ceux qui les ont faites; que selon le second, si les juges du fond apprécient souverainement d'après les conventions des parties et les circonstances de la cause le montant de l'honoraire dû à l'avocat, il ne leur appartient pas de le réduire dès lors que le principe et le montant de l'honoraire ont été acceptés par le client après service rendu, que celui-ci ait été ou non précédé d'une convention. »

> La rémunération des prestations doit être prévue à la convention stipulant un honoraire complémentaire de résultat

• **Civ. 1re, 27 mai 2003, no 01-00.306,** *Bull. civ.* I, no 126; *D.* 2004, somm. 2828, obs. Blanchard; *JCP* 2003, II, 10125, note Martin.

* V. ss no 46.27.

« Mais attendu qu'après avoir constaté qu'avait été établie une convention prévoyant un honoraire de résultat sans la mention des frais et honoraires rémunérés pour la même instance, le premier président a exactement décidé que cet acte n'était pas conforme aux prescriptions de l'article 10, alinéa 3, de la loi du 31 décembre 1971 qui exige que la rémunération des prestations soit prévue à la convention stipulant un honoraire complémentaire de résultat; que c'est donc à bon droit qu'il l'a annulée; que la circonstance que les prestations ont été rémunérées, en dehors de la convention, est sans effet sur sa validité. »

> L'exigence de la convention préalable disparaît lorsque, après service rendu, le client offre librement de payer à l'avocat un honoraire supplémentaire

• **Civ. 2e, 7 mai 2003, no 01-17.495,** *Bull. civ.* II, no 130; *D.* 2004, somm. 2828, obs. Blanchard; *Gaz. Pal.* 15-19 août 2003, p. 12.

* V. ss no 46.27.

« Mais attendu que, si en application de l'article 10 de la loi du 31 décembre 1971, l'honoraire de résultat n'est licite que dans la mesure où il a été prévu, en sus de la rémunération des prestations effectuées, dans une convention préalable, le client qui, après service rendu, offre de payer librement à l'avocat un honoraire complémentaire ne peut se prévaloir, pour contester cet engagement, de l'absence de convention préalable à la prestation ainsi rémunérée;

Et attendu que l'ordonnance retient que la société avait adressé à M. X... le 30 juin 1999 une lettre énonçant que "compte tenu de cette première étape pour laquelle je vous félicite, je vous propose de vous verser à titre d'honoraire de résultat la somme de 600 000 francs, somme versée en dehors de vos honoraires normaux pour lesquels nous sommes à jour"; qu'ainsi, l'avocat était réglé par des honoraires payant ses diligences et un honoraire forfaitaire sur le résultat; que cette convention est donc valable, étant passée sur proposition du client, professionnel averti dans son domaine et connaissant la valeur de l'argent et des rémunérations; qu'elle doit recevoir application puisqu'elle est intervenue après service rendu;

Que de ces constatations et énonciations, desquelles il résulte que la société, ayant payé l'honoraire de diligences, avait spontanément accepté de verser à M. X..., après service rendu, un honoraire de résultat du montant qu'elle avait elle-même déterminé, le premier président a exactement déduit que cet engagement, qui faisait la loi des parties, devait être exécuté. »

> **Honoraire de l'avocat dessaisi**

• **Civ. 2e, 4 juill. 2007, no 06-14.555,** *Bull. civ.* II, no 186; *D.* 2007, AJ 2110, obs. Avena-Robardet; *LPA* 18 déc. 2007, p. 7, note Morelli; *Gaz. Pal.* 6-8 janv. 2008, p. 5, note J.-G. M.

* V. ss no 46.11.

« Mais attendu que la dénonciation unilatérale anticipée d'un mandat de représentation et d'assistance conclu avec un avocat et rémunéré par l'effet d'une convention préalable d'honoraires distincte incluant des honoraires forfaitaires identifiés et calculés en fonction des instances et procédures envisagées, n'ayant pas d'effet rétroactif, les honoraires rémunérant les diligences accomplies par l'avocat jusqu'au terme du mandat demeurent régis par cette convention. »

> **Réduction de l'honoraire de l'avocat lorsqu'un règlement est déjà intervenu**

• **Civ. 2e, 4 juill. 2007, no 05-18.774,** *Bull. civ.* II, no 184; *D.* 2007, AJ 2111; *ibid.* AJ 2169, obs. Avena-Robardet; *LPA* 18 déc. 2007, p. 11, note Morelli; *Gaz. Pal.* 6-8 janv. 2008, p. 5, note J.-G. M.

* V. ss no 46.53.

« Mais attendu qu'en l'absence de convention d'honoraires ou de paiement après service rendu, le simple règlement des sommes réclamées par l'avocat ne fait pas obstacle à la fixation des honoraires exigibles conformément aux dispositions de l'article 10 de la loi du 31 décembre 1971 et, le cas échéant, à la restitution des sommes excédant le montant ainsi déterminé. »

> **L'honoraire complémentaire de résultat ne peut être versé à l'avocat qu'en cas de décision irrévocable**

• **Civ. 2e, 10 mars 2004, no 01-16.910,** *Bull. civ.* II, no 102; *D.* 2004, IR 921; *JCP* 2004, II, 10114, note Martin; *Gaz. Pal.* 6-8 juin 2004, p. 9, note Maisonnas.

* V. ss no 46.27.

« Attendu que l'honoraire de résultat prévu par convention préalable n'est dû par le client à son avocat que lorsqu'il a été mis fin à l'instance par un acte ou une décision juridictionnelle irrévocable;

Attendu, selon l'ordonnance confirmative attaquée rendue par le premier président d'une cour d'appel, que M. X... a chargé Mme Z... Y..., avocate au barreau de Paris, d'une action en justice contre une société; qu'il a préalablement conclu avec son conseil une convention d'honoraires, modifiée par des avenants, prévoyant un honoraire de résultat; qu'un arrêt de la cour d'appel de Versailles du 7 octobre 1999, rectifié le 17 février 2000, ayant accueilli la demande de M. X... et lui ayant accordé des dommages-intérêts, Mme Z... Y... a présenté à son client une "situation au 31 décembre 1999" fixant notamment l'honoraire de résultat en considération des sommes allouées par la juridiction; qu'après avoir reconnu devoir la somme mentionnée dans cette "situation", M. X... a saisi le bâtonnier de l'Ordre des avocats au barreau de Paris en contestation d'honoraires; que l'arrêt de la cour d'appel de Versailles a fait l'objet d'un pourvoi en cassation;

Attendu que pour fixer à 898 522 francs HT le montant des honoraires dus à Mme Z... Y... et à 410 545 francs le solde restant dû compte tenu des provisions déjà versées, l'ordonnance retient que le pourvoi en cassation est un recours spécifique sur lequel l'avocate n'a aucune maîtrise et que, l'arrêt de la cour d'appel de Versailles étant exécutoire, Mme Z... Y... est en droit d'obtenir le paiement de l'honoraire de résultat prévu dans la convention et ses avenants;

Qu'en statuant ainsi, alors que la décision rendue par la cour d'appel de Versailles n'était pas irrévocable, le premier président a violé le texte susvisé. »

> **L'honoraire complémentaire de résultat n'est dû qu'après résultat définitif**

• **Civ. 2e, 5 févr. 2004, no 01-15.609,** *Bull. civ.* II, no 41; *D.* 2004, IR 922.

* V. ss no 46.27.

« Mais attendu que l'ordonnance retient, par motifs propres et adoptés, que l'honoraire de résultat ne se comprend qu'après résultat définitif, que la décision ayant servi de base au calcul de l'honoraire avait été frappée d'appel, que M. X... s'étant dessaisi volontairement du dossier avant la fin de la procédure, l'affaire n'avait pas été menée à bonne fin par l'avocat pour le compte de son client et que l'accord, s'il existait, était devenu caduc;

Que par ces constatations et énonciations, dont il résulte que l'accord sur l'honoraire de résultat n'avait pas été conclu après service rendu, ce qui permettait au juge d'apprécier le montant de l'honoraire, le premier président a pu décider que M. Y... n'était pas tenu de régler l'honoraire de résultat réclamé. »

> **Le recours en matière de contestation d'honoraire dus à une société professionnelle d'avocat peut être exercé par la SCP elle-même ou l'un de ses avocats membres**

• **Civ. 2e, 15 févr. 2007, no 05-11.056,** *Bull. civ.* I, no 37; *D.* 2007, AJ 735; *JCP* 2007, I, 174, no 27, obs. Martin.

* V. ss no 46.67.

« Attendu qu'aux termes de l'article 44 susvisé chaque associé membre d'une société civile professionnelle d'avocats exerce les fonctions d'avocat au nom de la société; qu'il s'ensuit que le recours, en matière de contestation des honoraires dus à une telle société, peut être exercé par l'avocat membre de la société dont les honoraires sont en litige. »

> **L'action en réclamation des dépens taxables se prescrit par deux ans**

• **Cass., Ass. plén., 12 janv. 2007, no 05-11.816,** *Bull. ass. plén.*, no 1; *Dr. et proc.* 2007, 161, note Fricéro; *JCP* 2007, II, 10075, note Taisne; *JCP* 2007 I, 174, no 18, obs. Martin; *Gaz. Pal.* 1er-2 févr. 2008, p. 23, note du Rusquec.

* V. ss no 46.84.

« Attendu que l'action des avoués en recouvrement des dépens se prescrit par deux ans [ancien art. 2273 C. civ.] à compter du jugement des procès sans qu'il y ait lieu de distinguer selon qu'elle est exercée par l'avoué à l'encontre de son mandant ou de l'adversaire condamné aux dépens ».

> Sur la tarification de la postulation

> Légalité de la tarification de la postulation

• **CE 23 nov. 2005, n° 263284,** *D.* 2006, IR 11 ; *JCP* 2006, II, 10038, note Aguila.

* V. s[s] n° 46.81.

« Le principe, posé à l'alinéa 1er de l'article L. 410-2 C. com., de libre détermination des prix, n'est pas applicable à la postulation devant les tribunaux de grande instance en matière civile, réservée par l'art. 4 de la loi du 31 décembre 1971 au monopole des avocats. Dès lors, rien ne faisait obstacle à ce que le Gouvernement en réglemente la tarification. »

46.03 Bibliographie indicative.

> Sur les honoraires

Ouvrages. Guinchard (dir.), DALLOZ ACTION PR. CIV. 2009/2010, titres 61 et 62, not. n°s 611.36 et 611.62 ; n°s 621.170 à 621.201 ; n°s 621.281 à 621.293 ; n°s 622.81 à 622.94 – Laurent Atthalin, « La fixation et le recouvrement des honoraires des avocats », *in Rapport de la Cour de cassation* 1995, p. 147 – Boccara, *L'honoraire de l'avocat,* Paris, 1981 – Sillard, *Tarifs et honoraires des avocats et des professions judiciaires*, 11e éd., Pottier 2009 – Steff, « Les contestations en matière d'honoraires d'avocats », *in Rapport de la Cour de cassation 1999,* p. 235 – *Dictonnaire permanent (broché) Honoraires de l'avocat,* Éd. Législatives/Ordre des avocats de Paris, 2009 – Jensen, *Cabinet d'avocats, Création et Stratégie – Organisation et gestion*, « Dalloz référence », 2010, n°s 342.00 s.

Articles. Dossier honoraires, *Gaz. Pal.* 12-13 mars 2008 (questions d'actualité : calcul des honoraires, convention d'honoraires, licéité de l'honoraire de résultat, contestation de l'honoraire, procédure de fixation des honoraires) – Les dossiers du Barreau de Paris « Les honoraires des avocats » – Ader, « Les honoraires de l'avocat », *Dr. et patr.* 1993, p. 82 – Beauchard, *Mélanges R. Martin*, Univ. Nice-Sophia-Antipolis, Bruylant, LGDJ, 2004, p. 217 (nature du pouvoir du bâtonnier en matière de contestation d'honoraires) – Bernaud, « Les relations économiques entre les avocats et leurs clients », *Contrats., conc., consom.* 1993, chron. n° 71 – Blanchard, « Les honoraires », *Gaz. Pal.* 29 nov. 1998, n° 324, p. 3 – Boccara, « L'honoraire de l'avocat et la législation du pacte de succès », *Gaz. Pal.* 1991, 2, doctr. 639 ; La condamnation aux honoraires, *JCP* 1976, I, 2828 ; « De l'application de l'honoraire au temps passé dans les cabinets spécialisés », *Gaz. Pal.* 7-8 juill. 1999, p. 8 – D. et B. Boccara, « Du pouvoir judiciaire de réduction de l'honoraire de l'avocat », *Gaz. Pal.* 16-17 sept. 1998, p. 5 – Camous, « Le régime juridique de l'honoraire de résultat dans les relations entre les avocats et leurs clients », *Gaz. Pal.* 9 et 11 sept. 2001, p. 3 – Fossier et Fresnel, « Les honoraires d'avocat pour la défense d'un incapable », *Gaz. Pal.* 14 avr. 2002, p. 3 – Jamin, « Deux questions préalables à l'instruction du procès de la prohibition des pactes de *quota litis* » *Mélanges G. Viney*, LGDJ-Lextenso 2008, p. 517 – Labordes, « Libres propos sur la fixation des honoraires de l'avocat : de l'utilité de la convention préalable d'honoraires », *D.* 2001, chron. 1893 – Ladouce, « La convention d'honoraire de résultat conclue après service rendu », *Gaz. Pal.* 19-20 mars 2004, p. 2 – Lafarge, « De la facturation », *Gaz. Pal.* 10 oct. 1993, p. 18 – Landry, « Réflexions sur le tarif de la postulation de l'avocat », *Gaz. Pal.* 22 janv. 1998, p. 3 – Lempereur et Scodellaro, « Conflit d'intérêts économiques entre avocats et clients : la question des honoraires », *D.* 2003. 1380 – Martin, « Fixation des honoraires de l'avocat », *JCP* 1992, I, 3620 et *Ann. loyers* 1997, p. 129 ; « Interdiction des barèmes indicatifs d'honoraires », *Ann. loyers* 1998, p. 325 ; « La réduction des honoraires de l'avocat par le pouvoir judiciaire » – Recherche archéologique, *JCP* 1999, I, 110 ; « L'avocat et la TVA », *JCP* 2000, n° 5, act. p. 183 ; « Le contentieux des honoraires d'avocats », *Ann. loyers* 2001, p. 461 – Taormina, « La charge des frais et dépens de l'exécution forcée », *JCP* 2002, I, 1025 – Vatier, « L'incidence de la TVA sur les honoraires d'avocat », *Gaz. Pal.* 24 déc. 1999, p. 12 – Viala, « De quelques aspects socio-économiques de la profession d'avocat », *Gaz. Pal.* 1984, 1, 258, p. 2.

> Sur les frais

Articles. Arbellot, « Procédure de vérification des dépens en matière de rémunération des avoués », *BICC* n° 625, 15 sept. 2005, « Procédure de vérification des dépens », *BICC* n° 608, 15 nov. 2004 et « Éléments de calcul des dépens tarifaires », *BICC* n° 608, 15 nov. 2004.

> Sur l'article 700

Articles. Rembauville-Nicolle, « Du bon usage des dispositions de l'article 700 du NCPC », *Gaz. Pal.* 8-12 avr. 2007, 2.

46.08 Évolution. Sous l'Ancien Régime[1] les honoraires, calculés à l'année ou à l'affaire et qui ne pouvaient être le fruit d'un marché, en vertu du chapitre XIV des Établissements de Saint Louis, étaient tarifés et ne pouvaient excéder une certaine somme. Toutefois les avocats pouvaient faire arbitrer en justice leurs honoraires à des sommes plus fortes, eu égard au mérite de leur travail. En 1602 on exigea d'eux qu'ils mentionnent, dans les dossiers qu'ils remettraient aux tribunaux, un état retraçant le montant des honoraires par eux perçus. Ils s'y opposèrent, ce fut l'origine de la célèbre grève de 1602. Les avocats possédaient donc une action pour le paiement de leurs honoraires et ceux-ci étaient considérés comme la rémunération tarifée et conventionnelle de l'activité déployée par l'avocat dans l'intérêt de son client. Toutefois, à la fin du XVIIIe siècle, la discipline du barreau ne souffrit plus qu'un avocat intentât une telle action, pas plus qu'il ne pouvait retenir les pièces de ses clients faute de paiement des honoraires ni retarder l'affaire.

Mais de tous les déontologues de l'Ancien Régime, Camus[2] est le seul qui affirme la doctrine de l'honoraire conçu comme « un don spontané de la reconnaissance du client », conception qui régira toute la déontologie du siècle suivant. En effet, au XIXe siècle, les avocats, pour échapper à tout contrôle et à toute censure même indirecte des juridictions devant lesquelles ils plaidaient, décidèrent de s'abstenir désormais de tout recouvrement

1. Damien, *Les avocats du temps passé*, p. 135.
2. *Lettres sur la profession d'avocat*, Paris, 1787.

en justice de leurs honoraires. Si l'action demeurait recevable sur le plan judiciaire, elle excluait de l'Ordre l'avocat assez imprudent pour l'intenter. La doctrine fut donc dorénavant que l'honoraire était l'expression spontanée de la reconnaissance du client, principe tempéré d'ailleurs par l'usage de la provision qui aboutit à prémunir d'avance l'avocat contre l'ingratitude de son client[1]. Les avocats néanmoins avaient des situations fort enviables, infiniment supérieures à celles dont ils peuvent bénéficier à l'époque moderne[2]. Il fallut attendre la loi du 31 décembre 1957[3] pour voir donner à nouveau aux avocats le droit de réclamer leurs honoraires en justice qu'ils possédaient naguère et auquel ils avaient renoncé[4]. Le décret du 27 novembre 1991, dans ses articles 174 et suivants, a réglementé avec précision et minutie le recouvrement des honoraires en justice et contraint donc d'élaborer une véritable doctrine de la rémunération de l'avocat, tant dans son principe que dans les critères permettant de la déterminer.

46.09 Éléments composant la rémunération. La rémunération de l'avocat se compose essentiellement de trois éléments distincts qu'il faut étudier séparément et qui donnent lieu, tous trois, à un contentieux de recouvrement différent[5] :

1° **l'honoraire proprement** dit qui rémunère la plaidoirie, la consultation, la rédaction d'actes et qui est libre;

2° **les frais** qui, dans les matières autres que celles où le ministère de l'avocat est obligatoire, font l'objet d'un compte distinct des honoraires et peuvent être recouvrés séparément;

3° **la rémunération de la postulation**, c'est-à-dire du ministère obligatoire de l'avocat représentant le plaideur en matière civile devant le tribunal de grande instance, ministère qui peut s'ajouter à celui de la plaidoirie ou, au contraire, en demeurer distinct. La rémunération de la postulation est tarifée proportionnellement à l'intérêt du litige et donne lieu à un contentieux de recouvrement distinct.

SECTION 1
HONORAIRES

§ 1
Droit aux honoraires

46.11 L'avocat a droit au règlement des honoraires en rémunération du travail fourni. L'honoraire est la légitime rémunération du travail demandé à l'avocat, il couvre ses consultations, ses plaidoiries, ses conseils et les actes juridiques qu'il peut établir dans l'intérêt des clients.

• **Lorsque le client est un ami... l'honoraire est quand même dû.** La relation d'amitié (l'avocat et le client étaient membres du même club) existant entre l'avocat et son client ne fait pas obstacle à une juste rémunération de l'activité de l'avocat dès lors que son travail a dépassé le stade de la simple consultation donnée gracieusement et a constitué un véritable travail de défense (en l'espèce, il s'agissait d'un procès d'expropriation qui avait duré sept années)[6].

• **L'avocat a droit au règlement des honoraires antérieurs à l'aide juridictionnelle.** L'avocat a pareillement droit à la rémunération des diligences qu'il a accomplies bien avant la date de la demande d'aide juridictionnelle, peu important que celles-ci se rapportent à l'instance pour laquelle l'aide juridictionnelle totale a été ensuite accordée et que la provision ait été versée le jour de cette demande[7].

• Sort de l'honoraire en cas de procédure collective du client. Naturellement l'ouverture d'une procédure collective à l'encontre du client ne s'oppose pas au droit à l'honoraire. Simplement, l'avocat devra, le cas échéant, déclarer sa créance (v. s[s] n° 46.57).

• **Honoraires et retrait ou dessaisissement du dossier**[8]. Des honoraires sont acquis à l'avocat chargé par un client d'un dossier, même si ce dernier lui est retiré avant sa conclusion, dans la mesure du travail déjà accompli. Par exemple, l'avocat chargé de l'étude d'une affaire a droit à un honoraire même si le dossier lui est retiré avant la plaidoirie; cet honoraire peut être fixé en fonction du travail fourni et du service rendu. Mais si l'avocat qui a reçu des honoraires se trouve empêché de remplir ou d'achever sa tâche, il doit proposer la restitution de la part d'honoraires devenue injustifiée.

Le fait par le client de ne pas donner suite à une procédure envisagée, notamment en ne venant pas avec son épouse signer une requête conjointe en divorce, ne constitue pas pour ce dernier une faute engageant sa responsabilité[9]. De même un client peut parfaitement retirer tous ses dossiers à un avocat. Il ne fait qu'exercer le droit absolu de retrait dont tout client dispose à l'égard de ses conseils. Aucune indemnisation n'est donc due de ce chef dès lors que la preuve n'est pas rapportée que le client avait promis un volume d'affaires déterminé ou

1. Damien, *Les avocats du temps passé*, p. 372 s.
2. Damien, « Un avocat fastueux au XIXe siècle, Chaix d'Est-Ange », *Gaz. Pal.* 1976, 2, doctr. 632.
3. L. n° 57-1420, 31 déc. 1957.
4. Viala [bâtonnier], « De quelques aspects socio-économiques de la profession d'avocat », *Gaz. Pal.* 1984, 1, 258, p. 2.
5. L. 31 déc. 1971, art. 10.
6. TGI Paris, ord. prés., 7 sept. 1987, *Gaz. Pal.* 1987, 2, 641.
7. Civ. 2e, 27 mars 2003, n° 02-10.592, *Bull. civ.* II, n° 77; *D.* 2003, IR 1075; *JCP* 2003, I, 140, n° 8, obs. Martin; *JCP* II, 10188, note Lievremont; *Gaz. Pal.* 2003, somm. 1841; *Gaz. Pal.* 2004, somm. 576, note du Rusquec – Civ. 1re, 22 mai 2001, n° 98-14.738, *Bull. civ.* I, n° 144; *D.* 2002, somm. 852, obs. Blanchard; *D.* 2001, IR 1994; *Gaz. Pal.* 2001, somm. 1226 – Civ. 1re, 22 sept. 2005, n° 04-16.117, NP.
8. Décr. 12 juill. 2005, art. 10 et RIN, art. 11.1.
9. Civ. 1re, 7 mars 1984, *D.* 1985, IR 112, note Brunois.

qu'il avait exigé de son avocat des investissements spécifiques [1].

Mais si les honoraires sont dus à l'avocat, reste à savoir comment la rémunération doit être déterminée. En principe, en cas de retrait, et lorsqu'un contrat d'abonnement fixant une rémunération pour un ensemble de prestations avait été établi, les prestations effectuées avant cette résiliation demeurent régies par ladite convention, sans qu'il y ait lieu de calculer les honoraires dus à la société selon les critères de l'article 10 de la loi de 1971 [2]. Il est conseillé de prévoir, dans la convention d'honoraire, les conséquences financières d'une rupture anticipé. La résiliation unilatérale d'une convention d'honoraires ne vaut que pour l'avenir selon la deuxième Chambre civile de la Cour de cassation, qui exprime un avis différent de celui de la première Chambre civile qui estime, au contraire, que la résiliation anticipée d'un tel contrat a nécessairement un effet rétroactif et que l'honoraire doit être fixer par le juge de l'honoraire selon les diligences réellement accomplies [3] (sur l'honoraire de résultat v. s^s^ n° 46.27).

De la même façon, l'avocat a droit à des honoraires lorsqu'il s'est lui-même dessaisi du dossier. Il est même en droit de réclamer à son client la rémunération du temps passé à la restitution du dossier du client [4].

• **Prohibition de la rémunération des apports d'affaires** [5]. La circonstance que les avocats aient accès au « juridique » et puissent rapprocher des parties, élaborer des contrats, constituer des sociétés ou effectuer des démarches auprès des autorités administratives, ne modifie pas le mécanisme de leur droit aux honoraires ni de leur recouvrement, et ne remet nullement en cause les principes dégagés en matière judiciaire. Toutefois ce droit à rémunération en matière juridique ne saurait aboutir à rémunérer directement ou indirectement des trafics d'influence prohibés et qui, dans certaines hypothèses, relèvent même de la loi pénale. La distinction pratique est parfois délicate à opérer; c'est plus une question d'atmosphère que de nature des relations juridiques. L'avocat peut en effet effectuer des démarches pour faire aboutir les dossiers juridiques qui lui sont confiés; le résultat de son action sera d'autant plus efficace qu'existent entre l'autorité administrative et lui des relations de confiance fondées sur ses qualités humaines et professionnelles, mais pour autant l'avocat ne saurait faire rémunérer, au même titre que ses démarches techniques, l'influence extra-professionnelle dont il pourrait disposer. Ces relations personnelles, même parfaitement licites, ne sauraient justifier une rémunération en dehors du service rendu qui consiste à préparer juridiquement et techniquement un dossier.

D'ailleurs, dans les critères admis pour calculer cette rémunération, figure la notoriété de l'avocat qui est le seul élément licite permettant d'apprécier la réputation d'un avocat et l'influence qu'il en tire. Un travail de négociation où l'avocat sert d'intermédiaire, tel le travail d'un avocat qui, à la demande de personnes âgées titulaires de droits dans une SARL, a mis en place les structures juridiques et fiscales les plus intéressantes pour préparer leur succession, mérite un honoraire qui peut être reconnu dans les termes du droit commun [6]. De même, un travail de négociation, vente d'appartements et de fonds de commerce, renouvellement et révision de baux commerciaux, est également justiciable de la procédure de recouvrement des honoraires dès lors qu'il ne s'agit pas d'une activité de commerce ou d'une activité incompatible avec la tradition du barreau [7].

• **L'avocat qui n'est pas totalement payé peut se considérer comme délié de sa mission.** Le 13 avril 2007, l'Assemblée plénière de la Cour de cassation a admis que l'avocat qui ne reçoit pas de son client la totalité des honoraires qu'il avait préalablement fixés, puisse, lorsqu'il l'a informé suffisamment à l'avance des conséquences du non-paiement de l'intégralité du montant, se considérer comme délié de sa mission [8]. Par suite, il ne pouvait être tenu pour responsable de la déchéance du recours.

46.12 Principe de liberté de la fixation des honoraires. Aux termes de l'article 10 alinéa 1er de la loi du 31 décembre 1971, les « honoraires de consultation, d'assistance, de conseil, de rédaction d'actes juridiques sous seing privé et de plaidoirie sont fixés en accord avec le client ». L'honoraire est fixé librement avec le client dans le cadre d'une convention d'honoraires ou, à défaut de convention, à partir de certains critères [9]. Ce qui n'est pas le cas de la postulation (v. s^s^ n° 46.81).

• **Cas des honoraires dans le cadre d'un contrat d'assurance de protection juridique.** Depuis la loi du 19 février 2007 [10], non seulement l'assureur ne peut proposer le nom d'un avocat à l'assuré sans demande écrite de sa part [11], mais les honoraires de l'avocat sont déterminés entre ce dernier et son client, sans pouvoir faire l'objet d'un accord avec l'assureur de protection juridique [12]. Mais si les barèmes des assureurs négociés avec les membres de leurs réseaux d'avocats doivent disparaître, l'assuré,

1. TGI Paris, 2 mai 1984, *D.* 1985, IR 113, note Brunois – CA Paris, 9 oct. 1985, *D.* 1987, somm. 67, note Brunois.
2. Civ. 2e, 2 juin 2005, n° 04-12.046, *Bull. civ.* II, n° 144; *D.* 2006, pan. 271, obs. Blanchard – Civ. 2e, 4 juill. 2007, n° 06-14.555, *Bull. civ.* II, n° 186; *D.* 2007, 2110, obs. Avena-Robardet; *LPA* 18 déc. 2007, p. 7, note Morelli; *Gaz. Pal.* 6-8 janv. 2008, 5, note J.-G. M.
3. Civ. 1re, 19 mai 1999, n° 96-10.754, *Bull. civ.* I, n° 162; *D.* 2000, somm. 150, obs. Blanchard.
4. Civ. 2e, 16 nov. 2006, n° 05-19.064, *Bull. civ.* II, n° 321; *JCP* 2007, I, 174, n° 23, obs. Martin.
5. Décr. 12 juill. 2005, art. 10 – RIN, art. 11.3 et 21.5.4.
6. CA Douai, ord. 1er prés., 4 avr. 1986, *Gaz. Pal.* 1986, 2, 351.
7. CA Limoges, 16 juin 1987, *Gaz. Pal.* 1987, 2, 712.
8. Cass. Ass. plén., 13 avr. 2007, n° 06-19.613, NP, *D.* 2007, 1433, obs. Avena-Robardet.
9. L. 31 déc. 1971, art. 10, al. 2.
10. L. n° 2007-210, 19 févr. 2007.
11. C. assur., art. L. 127-3.
12. C. assur., art. L. 127-5-1.

qui aura pris son avocat, n'en sera pas moins limité par le plafond de garantie des honoraires prévus par la police (v. s^s n°s 49.131 s.).

46.13 Information préalable de l'honoraire. Comme le rappelle l'art. 10 du décret du 12 juillet 2005 ainsi que l'art. 11.2 du RIN, l'avocat est tenu d'informer préalablement son client sur les conditions de sa rémunération[1]. Dès sa saisine, puis de manière régulière, l'avocat doit informer son client des modalités de détermination des honoraires et de l'évolution prévisible de leur montant, obligation qui ne porte nullement atteinte à l'indépendance et au caractère libéral de la profession[2]. Le Conseil national de la concurrence[3] préconise l'affichage dans le cabinet de l'avocat ou la remise à la clientèle d'un document comportant notamment les tarifs les plus couramment appliqués dans le cabinet, le coût de la consultation ou du tarif horaire.

46.14 Effet anticoncurrentiel des barèmes indicatifs d'honoraires. Certains ordres d'avocats avaient pris l'habitude d'arrêter, en Conseil de l'ordre, un barème d'honoraires indicatif et non obligatoire. Ces barèmes s'appliquaient à toutes les procédures engagées dans le ressort du tribunal et n'avaient que valeur indicative. Ils ne retiraient donc pas au bâtonnier le droit qui lui est conféré par la loi d'apprécier, sous contrôle du premier président, le bien-fondé des demandes d'honoraires réclamés par un avocat ou des demandes de restitution formulées par le client. De même, ils ne pouvaient pas lier les juridictions saisies du recours; toutefois celles-ci pouvaient s'y référer en tant qu'élément de fait pouvant contribuer à la détermination du montant de l'honoraire alloué à l'avocat[4].

La commission de la concurrence et des prix, par deux décisions en date du 5 août 1982[5], a déclaré contraire aux règles de la concurrence la diffusion de barèmes d'honoraires établis et diffusés par l'Ordre des avocats à la cour de Paris et par des associations de conseils juridiques. La motivation de ces deux décisions ne semble pas pouvoir être critiquée. D'ailleurs l'Ordre des avocats de Paris avait rappelé dans son bulletin intérieur le principe de la liberté de l'honoraire et invité les avocats à ne plus tenir compte de ces « recommandations » en la matière dont il avait lui-même reconnu l'insuffisance de motivation. Puis le Conseil de la concurrence[6] a continué à condamner, après l'entrée en vigueur de l'ordonnance du 1er décembre 1986, la pratique de barèmes indicatifs. En effet, un barème, même indicatif, peut constituer une incitation à respecter un tarif minimum et ainsi aboutir à une hausse des tarifs dont le client pourrait être victime.

• La cour d'appel de Paris le 9 décembre 1997[7], reconnaissant l'effet potentiellement anticoncurrentiel de la « Charte des avocats du barreau de Tarascon en matière d'honoraires », a rappelé plus solennellement que la recherche nécessaire de transparence et de prévisibilité du coût d'accès au droit ne saurait conduire à des pratiques faisant obstacle à la fixation des prix par le libre jeu du marché en favorisant artificiellement leur hausse ou leur baisse; que le barème indicatif ne peut se borner à constater l'usage d'un barreau en matière d'honoraires; qu'il doit se fonder sur des documents justifiant ce barème, être préparé par des études sérieuses et objectives sur les prestations et les charges des cabinets d'avocats ainsi que des éléments relatifs aux pratiques tarifaires habituels propres à établir la réalité des usages invoqués. Dans cette espèce, la cour de Paris avait enjoint le barreau de Quimper, ayant enfreint les dispositions de l'article 7 de l'ordonnance du 1er décembre 1986[8], de ne plus élaborer, ni diffuser de barèmes d'honoraires, et infligé une sanction pécuniaire. Cet arrêt a été confirmé par la Cour de cassation[9].

• **Bons et mauvais barèmes...** Il y a en réalité deux difficultés différentes, d'une part le vrai « bon » barème indicatif, celui qui renseigne les clients sur le coût éventuel d'une défense en justice et le « mauvais » barème indicatif, celui qui s'efforce de planifier les honoraires en indiquant des *minima* et qui devient donc anticoncurrentiel. La distinction entre les deux provient soit de l'examen de la situation de fait posée dans chaque cas, soit des termes employés dans les règlements intérieurs qui prescrivent un barème indicatif.

Le « bon » barème indicatif n'a pour but que d'aider les clients à connaître l'inconnu redoutable qu'est le montant des honoraires de leur conseil, il ne peut pas intéresser le Conseil de la concurrence. C'est d'ailleurs dans cet esprit qu'ayant étudié attentivement le barème indicatif du barreau de Versailles de 1975, l'ancienne

1. Civ. 1re, 18 juill. 2000, n° 97-14.713, *Bull. civ.* I, n° 214; *D.* 2002, somm. 854, obs. Blanchard; *JCP* 2000, II, 10417, note Martin; *RTD civ.* 2000, 828, obs. Mestre et Fages; *JCP* 2001, I, 284, n° 15, obs. Martin – Civ. 2e, 10 mars 2004, n°s 02-18.241, *Bull. civ.* II, n° 103; Civ. 2e, 10 mars 2004, n° 02-21.348, n° 02-21.318, 2 esp., *Bull. civ.* II, n° 104; *D.* 2004, IR 921; IR 994; *D.* 2004, somm. 2827, obs. Blanchard.
2. CE 15 nov. 2006, n° 283475, *Lebon T.*; *JCP* 2007, II, 10001, note Martin; *JCP* 2007, I, 151, n° 2, obs. Bortoluzzi.
3. Cons. conc., avis, 20 déc. 2000, *BOCCRF* 23 janv. 2001.
4. CA Rennes, 29 nov. 1978, *Gaz. Pal.* 1979, 1, 134 – CA Rennes, 13 févr. 1979, *Gaz. Pal.* 1980, 1, 38 – CA Rennes, ord. 1er prés., 1er mars 1983, *Gaz. Pal.* 1983, 2, 476 – CA Bonneville, 28 juin 1978, *Gaz. Pal.* 1978, 2, 517.
5. *Gaz. Pal.* 1982, 2, 445 – pour les textes des décisions : *Bull. légis.*, *Gaz. Pal.* 1982, 2, lég. 525-526.
6. Cons. conc., 12 nov. 1996, décis. n° 96-D-69 – Cons. conc., 3 déc. 1996, décis. n° 96-D-78; *BOCC* 11 févr. 1997; *Gaz. Pal.* 1997, 1, 310, note Damien – Cons. conc., 14 janv. 1998, déc. n° 98-D-07.
7. CA Paris, 1re ch. éco., 9 déc. 1997, *Gaz. Pal.* 1998, 1, 150, note Damien; *D.* 1998, IR 25; *JCP* 1998, II, 10078, note Martin; *Bull. Joly* 1998, 378, note Saintourens.
8. DEVENU : C. com., art. L. 420-1.
9. Com. 21 mars 2000, n° 98-10.183, NPT – ÉGAL^T : Com. 13 févr. 2001, n° 98-22.698, NPT, *BOSP* 31 mars 2001, p. 211; *Gaz. Pal.* 2001, somm. 880.

commission de la concurrence et des prix l'a implicitement approuvé. Le barème n'avait, en effet, qu'une valeur d'usage, était fondé sur l'expérience quotidienne des avocats et des clients et justifié par des considérations techniques tenant au coût des procédures. Ce barème puise ses racines dans la plus pure déontologie puisque le premier inventeur d'un barème d'honoraires d'avocat est Saint-Charles Boromée qui l'instaura dans le Concile de Milan de 1573.

En revanche, le « mauvais » barème indicatif est celui qui, bien que portant le même nom que le bon, n'a d'objet que d'instituer des *minima*.

• **Tarifs imposés par l'État : la jurisprudence communautaire.** La Cour de justice des Communautés européennes[1] a estimé que les articles 5 et 85 du Traité CE[2] ne s'opposaient pas à ce qu'un État membre adopte une mesure législative ou réglementaire qui approuve, sur la base d'un projet établi par un ordre professionnel d'avocats, un tarif fixant des minimums et des maximums pour les honoraires des membres de la profession, lorsque la mesure étatique intervient dans le cadre d'une procédure qui ne fait pas intervenir l'État directement. En l'occurrence, le décret-royal italien n° 1578 du 27 novembre 1933 converti dans la loi n° 36 du 22 janvier 1934 prescrit à l'Ordre des avocats italiens, le Consilio nazionale forense, l'élaboration tous les deux ans d'un projet de tarif des honoraires et indemnités dus aux avocats et *procuratori* en matière civile, pénale et extrajudiciaire. Le texte prévoit les critères de fixation (valeur des litiges et degré de l'autorité saisie, ainsi que la durée des procédures pénales) et la liquidation des honoraires par l'autorité judiciaire. Dans de telles conditions, la CJCE a considéré que l'État italien n'avait pas ainsi favorisé la conclusion d'ententes contraires à l'article 85 du traité[3] ou renforcer les effets de telles ententes.

Dans le prolongement de cet arrêt, toujours à propos de la réglementation tarifaire italienne, la Cour s'est à nouveau prononcée sur la question de la compatibilité du tarif minimal des honoraires d'avocat en matière extrajudiciaire et de l'interdiction faite aux avocats d'y déroger avec les règles de concurrence et de libre prestation de services[4]. Elle a jugé que les règles de concurrence des articles 10 CE 81 CE et 82 CE ne s'opposent pas à l'adoption par un État membre d'une mesure normative qui approuve, sur la base d'un projet établi par le Conseil national de l'ordre des avocats italiens, un tarif fixant une limite minimale pour les honoraires des membres de la profession d'avocat, tarif auquel il ne peut, en principe, être dérogé s'agissant tant de prestations réservées à ces membres que de celles, telles les prestations de services extrajudiciaires, qui peuvent être effectuées également par tout autre opérateur économique non soumis audit tarif.

Mais la Cour est beaucoup moins permissive sur le terrain de la libre prestation de services. Elle considère qu'une réglementation interdisant de manière absolue de déroger, par convention, aux honoraires minimaux fixés par un tarif des honoraires d'avocat, pour des prestations qui sont, d'une part, de nature juridique et, d'autre part, réservées aux avocats constitue une restriction à la libre prestation de services prévue à l'article 49 CE. Cela étant, les objectifs de protection des consommateurs et de bonne administration de la justice sont susceptibles de justifier une telle restriction. Et c'est à la juridiction nationale de renvoi qu'il appartiendra de vérifier si une telle réglementation, au regard de ses modalités concrètes d'application, répond véritablement à ce double objectif.

• **Barèmes limités à certaines matières.** Dans une délibération relative à la question de la prévisibilité des honoraires, le CNB, réuni en Assemblée générale les 13 et 14 juin 2008, a demandé que soit reconnue aux barreaux la possibilité de publier des barèmes indicatifs d'honoraires, mais en certaines matières uniquement et notamment dans le cadre du divorce par consentement mutuel.

§ 2
Convention d'honoraires

46.21 Caractère facultatif de la convention d'honoraires. En règle générale, la convention d'honoraires, qui n'est réellement obligatoire qu'en matière d'aide juridictionnelle partielle[5] ou dans le cadre d'un contrat d'assurance de protection juridique[6], doit être préalable à toute intervention de l'avocat. En dehors de ces cas limitativement énumérés, les textes ne l'imposent pas. De cette convention, l'une et l'autre partie devront apporter la preuve au moment de la liquidation finale des honoraires, ce qui doit les amener à la consigner par écrit, sans qu'aucune forme particulière ne soit imposée. L'avocat doit simplement avertir le client *préalablement* des *conditions de fixation* de sa rémunération[7]. Il est vrai que, si on ne peut que s'accommoder en ce domaine d'approximations à la manière d'un mécanicien penché sur un moteur récalcitrant, on peut toutefois cerner avec certitude ces approximations.

• **Non-conclusion d'une convention d'honoraires : risques encourus.** Le premier président de la cour d'appel d'Angers a jugé que l'avocat, consulté dans son

1. CJCE 19 févr. 2002, n° C-35/99, [http://curia.eu.int], *D.* 2002, IR 1114; *RTD com.* 2002, 746, note Poillot-Peruzzetto; *JCP* 2002, I, 172, n° 17, obs. Martin.
2. DEVENUS : art. 10 et 81 CE.
3. DEVENU : art. 81 CE.
4. CJCE 5 déc. 2006, n° C-94/04, n° C-202/04, 2 esp., Cipolla et Macrino, *D.* 2007, 232; *RSC* 2007, 641, obs. Idot.
5. L. n° 91-647, 10 juill. 1991, art. 35.
6. C. assur., art. L. 127-5-1 – Décr. n° 2005-790, 12 juill. 2005; mod. par décr. n° 2007-932, 15 mai 2007.
7. Civ. 1re, 18 juill. 2000, n° 97-14.713, *Bull. civ.* I, n° 214; *JCP* 2000, II, 10417, note Martin; *RTD civ.* 2000, 828, obs. Mestre et Fages (v. s[s] n° 46.11).

cabinet et qui n'a pas fait connaître immédiatement au client le montant de ses honoraires de consultation, ne peut les réclamer ultérieurement car, aucune convention d'honoraires n'ayant été passée à cette occasion et le client ayant confié son dossier à un autre avocat, il a pu légitimement croire qu'il s'agissait d'une consultation gratuite. L'avocat doit donc, quand il reçoit un client pour la première consultation, lui expliquer aussitôt quel est le montant de ses honoraires et les réclamer[1].

46.22 Conditions de validité de la convention d'honoraires : Consentement – Capacité. Il s'agit des conditions de validité des conventions telles qu'énumérées à l'article 1108 du Code civil. Ainsi, le consentement du client à la fixation des honoraires doit être sans faille[2]. L'avocat ne doit pas abuser de l'état de faiblesse de son client[3]. En tout état de cause, le fait par un client d'avoir versé des honoraires en dehors de toute convention ne constitue pas la reconnaissance implicite du bien-fondé de leur montant. Nonobstant le règlement d'honoraires de manière plus ou moins spontanée par le client, les tribunaux restent compétents pour ordonner la restitution notamment dans le cas où la liberté du client est altérée, même s'il existe une convention d'honoraires acceptés par le client.

Lorsque le client est un incapable majeur, la plus grande prudence est requise. En présence d'une personne mise sous tutelle, la convention d'honoraires doit être signée par le tuteur[4]. Et même lorsqu'elle a été signée à un moment où l'incapable n'était pas encore mis sous un régime de protection, la convention est toujours susceptible d'être annulée sur le fondement de l'article 503 du Code civil, dès lors qu'il est notoire que le client ne disposait pas de toutes ses facultés au moment de la signature[5], Dans le cas d'une personne mise sous curatelle, l'assistance du curateur est requise pour conclure une convention d'honoraires portant sur une transaction ou une action judiciaire extrapatrimoniale[6]. En présence d'un mineur, si la convention ne s'analyse normalement pas en une renonciation à un droit au nom du mineur exigeant l'autorisation du juge des tutelles, elle n'en requiert pas moins l'accord de l'un des administrateurs légaux[7]. La solution est identique dans le cadre de l'administration légale sous contrôle judiciaire : le consentement de l'administrateur légal sous contrôle judiciaire est exigé.

46.23 Convention d'honoraires conclue avec un mandataire. La convention d'honoraire doit être conclue avec le client ou avec son mandataire, à la condition que ce dernier contracte une obligation personnelle de payer les honoraires dus par son mandant en sa qualité de *dominus litis*; à défaut de convention expresse, le fait d'avoir agi comme mandataire du client n'est pas à lui seul suffisant pour créer une solidarité au regard du règlement des honoraires entre le client et son mandataire et l'avocat créancier des honoraires[8].

46.24 Forme de la convention d'honoraires. L'accord sur les honoraires n'exige aucune forme particulière et peut résulter d'un échange de correspondances entre l'avocat et son client[9]. La prudence recommande toutefois de prévoir systématiquement une convention écrite qui énonce le mode de rémunération convenu, la périodicité de la facturation, les modalités de paiement, l'échéance et les intérêts de retard, sans oublier le cas de la succession d'avocat, la suspension des diligences, la loi applicable et les modes de règlement des litiges[10].

46.25 Preuve de la convention d'honoraires. La Cour de cassation rappelle que le problème est d'arriver à prouver la réalité de la convention d'honoraires; si sa validité n'est pas subordonnée au fait qu'elle soit préalable à tout versement, encore faut-il que sa preuve soit rapportée par la partie qui s'en prévaut et cette preuve ne peut, en l'absence de tout autre élément, résulter du seul versement d'une ou plusieurs provisions[11]. Mais elle peut résulter d'un échange de lettres entre l'avocat et son client[12], de l'encaissement par l'avocat d'un chèque

1. CA Angers, ord. 1er prés., 5 mars 1987, *JCP* 1988, IV, 37 – RAPPR. : Civ. 1re, 18 juill. 2000, n° 97-14.713, *Bull. civ.* I, n° 214; *JCP* 2000, II, 10417, note Martin; *RTD civ.* 2000, 828, obs. Mestre et Fages.
2. NOT. : Civ. 2e, 18 déc. 2003, n° 02-16.426, NP, *D.* 2004, somm. 2829, obs. Blanchard; *JCP* 2004, I, 117 n° 22, obs. Martin – Civ. 1re, 29 juin 1999, n° 96-20.647, *Bull. civ.* I, n° 219; *JCP* 1999, II, 10187, note Martin : Annulation d'une convention pour contrainte morale; *Gaz. Pal.* 1999, pan. 258 – ÉGALT A CONTRARIO : Civ. 2e, 8 sept. 2005, n° 04-12.041, *Bull. civ.* II, n° 213; *JCP* 2006, I, 105, spéc. n° 24, obs. Martin; *Rev. Lamy dr. civ.* 2005, 899, obs. Le Gallou; *RTD civ.* 2006, 108, obs. Mestre et Fages.
3. Civ. 2e, 5 oct. 2006, n° 04-11.179, NP, *D.* 2007. 2215, note Raoul-Cormei.
4. Civ. 1re, 27 mai 2003, n° 00-18.136, *Bull. civ.* I, n° 127; *D.* 2004, somm. 1859, obs. Lemouland.
5. Civ. 1re, 6 déc. 2005, n° 03-19.188, NP, *RJPF* 2006, 3/19, note Pansier.
6. EN CE SENS : Fossier et Fresnel, « Les honoraires d'avocat pour la défense d'un incapable », *Gaz. Pal.* 14-16 avr. 2002, 8.
7. Civ. 1re, 3 juill. 2001, n° 98-16.854, *Bull. civ.* I, n° 195; *RTD civ.* 2002, 73, obs. Hauser; *RJPF* 2001, 12/11, obs. Garé.
8. CA Aix-en-Provence, ord. 1er prés., 26 avr. 1984, inédit.
9. Civ. 1re, 19 mai 1999, n° 97-13.984, *Bull. civ.* I, n° 163; *D.* 1999, IR 167; *Gaz. Pal.* 1999, pan. 210.
10. EN CE SENS : Tandeau de Marsac, La convention d'honoraires, Les dossiers du Barreau de Paris « Les honoraires des avocats ».
11. Civ. 1re, 7 mars 1995, n° 93-12.559, *Bull. civ.* I, n° 114; *D.* 1995, IR 78; *Gaz. Pal.* 1995, pan. 100 – Civ. 1re, 29 juin 1999, n° 96-21.305, NPT.
12. Civ. 1re, 18 févr. 1997, n° 95-10.606, NP – Civ. 1re, 19 mai 1999, n° 97-13.984, *Bull. civ.* I, n° 163; *D.* 1999, IR 167 – Civ. 1re, 29 févr. 2000, n° 97-17.913, NPT, *JCP* 2000, I, 231, n° 20, obs. Martin.

remis par son client à titre de solde de tout compte[1], de l'aveu fait à l'audience du bâtonnier[2], d'une mention manuscrite en marge d'un courrier[3] ou encore d'une reconnaissance de dettes[4]. La convention d'honoraires, pour éviter tout souci à venir de preuve, devra être conclue par écrit.

46.26 Montant des honoraires. L'avocat, plutôt que de fixer un chiffre brut qui ne tiendrait pas compte des aléas de la procédure, peut plus aisément fixer une fourchette d'honoraires à l'intérieur de laquelle se situera l'honoraire qu'il réclame.

L'avocat, s'il a le droit de recevoir des honoraires de son client, ne peut le faire que dans l'esprit de dignité et de modération qui régit la profession[5]. Le juge peut toujours réduire le montant de l'honoraire s'il apparaît excessif au regard du service rendu (v. s[s] n° 46.68)[6]. À l'inverse, des honoraires ridiculement bas peuvent porter atteinte à la dignité de l'avocat dès lors qu'il ne s'agit pas d'une fixation modeste en raison de la situation particulière du client, mais au contraire d'un moyen de *dumping* vis-à-vis des confrères ou d'un signe de servilité vis-à-vis de correspondants ou de compagnies d'assurances.

La convention d'honoraire peut prévoir un honoraire de base pour des prestations dues à l'affaire, un prix horaire et un honoraire complémentaire de résultat (v. s[s] n° 46.27). En ce qui concerne l'honoraire de base, il ne présente aucune difficulté dès lors qu'il est prouvé et établi; en ce qui concerne le prix horaire qui peut être retenu comme base, l'élément inconnu qui le rend suspect est que nul ne peut prévoir le nombre d'heures qui seront employées pour assurer la défense du client dans telle affaire. Si ce nombre d'heures est prévu et que, par exemple, un divorce vaut cent heures et une expulsion d'un locataire cinquante, ce n'est plus un honoraire à l'heure, c'est un honoraire forfaitaire.

• **Information préalable.** L'article 11.2 du RIN rappelle l'obligation d'information de l'avocat en matière d'honoraires. Cette information préalable sur le montant préisible des honoraires est essentielle, car elle est la principales cause du contentieux des honoraires. L'article 11.2 prévoit donc que l'avocat doit informer son client, dès sa saisine, puis de manière régulière, des modalités de détermination des honoraires et de l'évolution prévisible de leur montant. Le cas échéant, ces informations figurent dans la convention d'honoraires.

• **Éléments de la rémunération.** L'article 11.2 du RIN indique un certain nombre d'éléments de référence permettant de déterminer le montant des honoraires. Il s'inspire des critères consacrés par la jurisprudence. On peut observer que ces éléments de référence ne sont pas exactement les mêmes que ceux qui sont donnés dans l'hypothèse d'une fixation des honoraires en l'absence de convention (v. s[s] n° 46.31).

La détermination de la rémunération de l'avocat est fonction, notamment, de chacun des éléments suivants, conformément aux usages : le temps consacré à l'affaire; le travail de recherche; la nature et la difficulté de l'affaire; l'importance des intérêts en cause; l'incidence des frais et charges du cabinet auquel il appartient; sa notoriété, ses titres, son ancienneté, son expérience et la spécialisation dont il est titulaire; les avantages et le résultat obtenus au profit du client par son travail, ainsi que le service rendu à celui-ci; la situation de fortune du client.

• **Forfaits.** Un honoraire doit être fixé pour chaque affaire dont l'avocat est chargé mais, dans certaines conditions, l'avocat peut accepter des honoraires annuels d'un client versés par mensualités et destinés à assurer en quelque sorte le service juridique dont il a besoin et qui peut comprendre éventuellement un certain nombre d'affaires à plaider[7]. Mais cette rémunération ne peut s'appliquer qu'à des travaux d'ordre purement professionnel.

• **Rémunération au temps passé.** Étonnamment, mais de façon très discrète puisque l'arrêt n'a pas été publié, la Cour de cassation a reconnu que le juge puisse fixer le montant des honoraires sur la base des critères énumérés à l'article 10 de la loi de 1971 alors que la convention était passée sur la base d'un taux horaire[8].

46.27 Honoraire complémentaire de résultat. La loi du 10 juillet 1991 sur l'aide juridique[9] a modifié l'article 10 de la loi du 31 décembre 1971 en y ajoutant deux alinéas[10] : « À défaut de convention entre l'avocat et son client, l'honoraire est fixé selon les usages, en fonction de la situation de fortune du client, de la difficulté de l'affaire, des frais exposés par l'avocat, de sa notoriété et des diligences de celui-ci. Toute fixation d'honoraires qui ne le serait qu'en fonction du résultat judiciaire est interdite; est licite la convention qui, outre la rémunération des prestations effectuées, prévoit la fixation d'un honoraire complémentaire en fonction du résultat obtenu ou du service rendu ». L'alinéa 3 de l'article 10 distingue deux grandes masses dans la fixation de convention des honoraires, d'une part la rémunération des prestations

1. Civ. 1re, 21 janv. 1997, NP.
2. Civ. 2e, 29 avr. 2004, n° 02-20.249, *Bull. civ.* II, n° 196; *D.* 2004, IR 1639.
3. CA Paris, 6 mars 2007, *Bull.* barreau de Paris 25 sept. 2007, 256.
4. CA Paris, ord. 1er prés., 21 févr. 2001, *Juris-Data* n° 140226 – CA Aix-en-Provence, ord. 1er prés., 6 nov. 2002, *Juris-Data* n° 223697.
5. RÉP. PR. CIV., *V° Avocat.*
6. Civ. 1re, 3 mars 1998, n° 95-15.799, *Bull. civ.* I, n° 85; *JCP* 1998, II, 10115, note Sainte-Rose.
7. RIN, art. 11.3; décr. 12 juill. 2005, art. 10.
8. Civ. 2e, 13 juill. 2006, n° 04-18.206, NP.
9. L. n° 91-647, 10 juill. 1991.
10. L. 10 juill. 1991, art. 72.

effectuées, d'autre part le résultat obtenu ou le service rendu.

• **Prohibition du pacte de *quota litis*.** Le pacte de *quota litis* à l'état pur, qui a fixé à l'avance les honoraires en fonction du seul résultat à intervenir, est interdit en France : l'honoraire de résultat ne peut être qu'un honoraire complémentaire [1]. Toute convention qui ne fixerait l'honoraire qu'en fonction du résultat est nulle. Ce qui ne dispense pas, cependant, le juge qui relève d'office la prohibition d'un tel pacte d'inviter, au préalable, les parties à présenter leurs observations [2].

Le pacte de *quota litis* est interdit quelle que soit l'activité de l'avocat : qu'il intervienne en matière juridique ou judiciaire [3]. Cette jurisprudence fait fi de la langue latine. Quand il n'y a pas de *lis* (procès), comment y aurait-il un *quota litis ?*

La prohibition du pacte de *quota litis* pourrait toutefois sinon disparaître, du moins être assouplie si le projet de *class-action* à la française venait à aboutir [4].

• **Limites de l'interdiction du pacte de *quota litis*.** La nullité absolue du pacte de *quota litis* ne dispense pas celui qui l'invoque de la faire constater par le juge [5]. Surtout, les dispositions de la loi du 31 décembre 1971, qui interdisent aux avocats d'être rémunérés par un pacte de *quota litis*, ne sauraient concerner un avocat étranger, cette loi ne lui étant pas applicable [6]. Le pacte de *quota litis*, bien que prohibé, ne paraît pas en effet contraire à l'ordre public international [7]. Les conventions d'honoraires se rattachant par exemple à un arbitrage international doivent recevoir exécution, car la dérogation qu'il représente dans la loi française au profit d'un avocat qui reste soumis au statut du barreau auprès duquel il est inscrit n'est pas contraire à la conception française de l'ordre public international, dès lors que les pactes n'ont pas eu pour effet d'imposer au client une rémunération manifestement abusive [8]. La rémunération du premier avocat correspondant en espèce à l'indemnité qu'il aurait perçue au titre de l'aide juridictionnelle s'il avait mené l'affaire à son terme [9]. Dans le cadre de contrats internationaux, le pacte de *quota litis* doit recevoir exécution même si l'avocat, demandeur et partie à la convention d'honoraires, relève du statut du barreau français [10].

• **Licéité du *palmarium*.** L'honoraire étant à la fois la rémunération du travail fourni et du service rendu, un supplément de rémunération peut être convenu au cas où le procès assure au client un résultat particulièrement satisfaisant. Cette pratique, connue sous le nom de *palmarium*, est différente de celle du pacte de *quota litis* condamné par la loi [11] et qui consiste à associer directement et exclusivement l'avocat aux chances du procès [12]. Une telle convention – complémentaire – peut être dénommée pacte de succès [13] ou *palmarium*. Elle a pour avantage, du point de vue du client, d'éviter le paiement de provisions successives au temps passé et d'impliquer plus étroitement l'avocat à la défense de ses intérêts.

• **L'honoraire de résultat doit faire l'objet d'une convention écrite et préalable.** La Cour de cassation le 9 mai 1996 avait admis qu'un honoraire de résultat, c'est-à-dire un honoraire complémentaire de celui qui rémunère les diligences accomplies par un avocat, pouvait être accordé en *l'absence de convention entre les parties* lorsque le résultat obtenu en raison de son ampleur dépassait ce qu'un pronostic mesuré laissait attendre [14]. Par deux arrêts du 3 mars 1998 [15], la Cour de cassation énonce qu'aucun honoraire de résultat n'est dû s'il n'a été *expressément* stipulé dans une convention *préalablement conclue* entre l'avocat et son client. Ainsi, le consentement préalable du client à une convention d'honoraires de résultat ne peut se déduire de son silence, ni d'une mention apposée au bas des factures d'honoraires, libellée « honoraire de résultat CF convention » [16]; le consentement n'est pas non plus établi par l'existence d'une longue conversation téléphonique avec l'avocat, ni par les attestations de témoins [17].

Il est difficile d'exciper de conventions implicites, de conventions tacites matérialisées par des versements de provisions avec des lettres d'accompagnement plus ou moins précises, les distinctions à opérer entre la convention de principe et la convention de *quantum*. La conven-

1. RIN, art. 11.3 et 21.3.3 – L. 31 déc. 1971, art. 10.
2. Civ. 2e, 5 juin 2003, n° 02-12.731, NPT.
3. Civ. 1re, 7 déc. 1999, n° 97-16.971, n° 97-20.427, 2 esp., *Bull. civ.* I, n° 333; *JCP* 2000, II, 10246, concl. Sainte-Rose.
4. Rapport de Jean-Guy Lévy, « La *class-action* à la française », disponible sur le site du CNB – ÉGALᵀ : Guinchard, « Une *class-action* à la française ? », *D.* 2005, 2180 (v. sˢ n° 01.114).
5. CA Versailles, 14 janv. 1980, *D.* 1980, 422, note Brunois – CONTRA : CA Bordeaux, 11 mars 1983, *Gaz. Pal.* 1983, 2, 384.
6. CA Paris, 25 juin 1981, Gaz. Pal 1982, 1, somm. 9 – EN SENS CONTRAIRE : CA Douai, 7 oct. 1982, *D.* 1984, IR 114, note Brunois; *Gaz. Pal.* 1983, 1, 309, note Damien.
7. Civ. 1re, 28 févr. 1984, n° 83-10.041, *Bull. civ.* I, n° 74; *Gaz. Pal.* 7 juin 1984, 159, note Mauro; *Gaz. Pal.* 7 juin 1984, jur. 350; *Gaz. Pal.* 7 juin 1984, pan. 222; *Rev. crit. DIP* 1985, 131, note Mezger.
8. CA Paris, 10 juill. 1992, *D.* 1992, 459, note Jarrosson.
9. CA Bordeaux, 13 juill. 1995, *Gaz. Pal.* 6 janv. 1996, 33.
10. CA Paris, 10 juill. 1992, *D.* 1992, 459, note Jarrosson.
11. L. 31 déc. 1971, art. 10, al. 3.
12. CA Paris, 23 mars 1989, Gaz. Pal, 22 févr. 1990 – CA Paris, 19 oct. 1989, *Gaz. Pal.* 6 janv. 1990 – CA Paris, 23 oct. 1990, *D.* 1990, IR 271 – TGI Paris, 18 oct. 1990, *Gaz. Pal.* 20 nov. 1990, note Damien – TGI Paris, 25 oct. 1990, *Gaz. Pal.* 1er févr. 1991, 2 – CA Paris, 26 mars 1991, *Gaz. Pal.* 29 juin 1991, 6 – Civ. 1re, 22 nov. 1994, n° 93-10.150, *Bull. civ.* I, n° 338; *D.* 1995, IR 9; *JCP* 1995, IV, 180 – CONTRA : Civ. 1re, 28 avr. 1986, *D.* 1987, IR 108, note Brunois – CA Paris, 23 mars 1989, *D.* 1989, IR 118.
13. Boccara, *L'honoraire de l'avocat*, p. 97.
14. Civ. 1re, 9 mai 1996, n° 94-13.139, NPT, *Gaz. Pal.* 19 sept. 1996, 476, note Damien; *Gaz. Pal.* 1996, pan. 227.
15. Civ. 1re, 3 mars 1998, n° 95-21.387, n° 95-21.053, 2 esp., *Bull. civ.* I, nos 86 et 87; Gaz. Pal, 11 juill. 1998, 19, note Damien; *JCP* 8 avr. 1998, 697, note Martin.
16. Civ. 2e, 13 juill. 2006, n° 04-10.046, NP.
17. Civ. 2e, 13 juill. 2006, n° 03-21.013, *Bull. civ.* II, n° 206; *D.* 2006, IR 2207; *Gaz. Pal.* 29 janv. 2007, 9, obs. Morelli et Porteron.

tion exigée par la Cour de cassation doit être expresse et préalable. L'annexe VIII du règlement intérieur du barreau de Paris recommande expressément qu'il soit indiqué une définition précise du résultat, le pourcentage à appliquer ou la somme forfaitaire qui sera due et le moment où le résultat sera considéré atteint.

• **Nécessité d'une convention mixte.** Toute convention stipulant un honoraire complémentaire de résultat doit prévoir la rémunération des prestations effectuées. Par un arrêt rendu le 27 mai 2003 [1], la Cour de cassation a approuvé la cour d'appel d'avoir annulé la convention d'honoraires prévoyant un honoraire de résultat sans la mention des frais et honoraires rémunérés pour la même instance. Honoraire de résultat et honoraire de prestation doivent tous deux figurer dans la convention. Pourtant, les prestations avaient été par ailleurs rémunérées. Cela étant, selon la jurisprudence de la Cour de cassation, il n'est pas exigé que la convention fixe les modalités d'évaluation de la rémunération des prestations effectuées [2]. Pas plus d'ailleurs qu'il n'est exigé que soient déterminées dans la convention des parties les modalités de la fixation du complément d'honoraires [3].

Dans une convention mixte, l'honoraire fixe reste dû quel que soit le résultat obtenu et même en l'absence de résultat. La Cour de cassation a décidé que « la convention liant les parties prévoyait d'abord le paiement par la cliente d'un honoraire fixe en fonction des diligences accomplies, ensuite un honoraire de résultat, duquel devait être déduit l'honoraire de diligences une fois le résultat atteint, de sorte que l'honoraire fixe restait dû même en l'absence de résultat, n'était pas contraire à la loi du 31 décembre 1971 » [4].

• **L'honoraire de résultat peut excéder l'honoraire principal.** L'honoraire de résultat prévu par la convention préalable peut excéder l'honoraire principal convenu entre les parties et représenter en fait l'élément principal de la rémunération [5], sans pour autant être excessif. Et s'il est vrai que le juge peut toujours réviser le montant de l'honoraire en dépit de l'article 1134 du Code civil (v. s^s^ n° 46.68), il ne peut le faire dès lors que le principe et le montant de l'honoraire ont été acceptés par le client après service rendu, que celui-ci, du reste ait été ou non précédé d'une convention [6]. Mais attention toutefois à ne pas fixer un honoraire principal purement symbolique, la convention risquant alors, du fait de l'extrême faiblesse de la somme fixe réclamée, d'être qualifiée de pacte de *quota litis* [7].

• **Limites de l'exigence de la convention préalable.** L'exigence de la convention préalable disparaît lorsque, après service rendu ou encore après la fin du litige, le client offre librement de payer à l'avocat un honoraire supplémentaire [8]. Encore faut-il naturellement rapporter la preuve de cet accord [9]. Preuve qui ne saurait être rapportée lorsque le client règle une somme inférieure à celle demandée. Mais l'honoraire de résultat ne se comprenant qu'après résultat définitif, l'accord sur l'honoraire de résultat ne sera pas considéré comme conclu après service rendu, si l'avocat se dessaisit volontairement du dossier avant la fin de la procédure ou s'il n'a pas été mis fin à l'instance [10].

• **L'honoraire de résultat prévu par la convention ne se comprend qu'après résultat définitif.** L'honoraire de résultat prévu par la convention n'est dû que lorsqu'il a été mis fin à l'instance. Même prévu par une convention préalable parfaite au regard des exigences prétoriennes, l'honoraire de résultat n'est dû par le client à son avocat que lorsqu'il a été mis fin à l'instance par un acte ou une décision juridictionnelle irrévocable [11]. Tel n'est pas le cas d'une condamnation provisionnelle ou d'un jugement assorti de l'exécution provisoire [12].

• **Cas du dessaisissement.** La convention préalable d'honoraires conclue entre l'avocat et son client cesse

1. Civ. 1re, 27 mai 2003, n° 01-00.306, *Bull. civ.* I, n° 126; *D.* 2004, somm. 2828, obs. Blanchard; *D.* 2003, IR 1664; *D.* 2003 IR 1664; *JCP* 2003, II, 10125, note Martin; *Gaz. Pal.* 2003, jur. 2400; 2003, somm. 2473.
2. Civ. 1re, 18 mars 2003, n° 00-11.863, *Bull. civ.* I, n° 79; *D.* 2004, somm. 2829, obs. Blanchard.
3. Civ. 1re, 6 juin 2000, n° 97-18.188, *Bull. civ.* I, n° 172; *D.* 2000, IR 181; *JCP* 2000, II, 10416, note Martin; *Gaz. Pal.* 9 nov. 2000, note Damien.
4. Civ. 2^e^, 21 janv. 2010, n° 07-10.791.
5. Civ. 1re, 10 juill. 1995, n° 93-20.290, *Bull. civ.* I, n° 311; *JCP* 1995, II, 22557, note Martin – SUR CETTE QUESTION : *JCP* 1998, p. 637, note Martin; *Gaz. Pal.* 11 juill. 1998.
6. Civ. 2^e^, 5 juin 2003, n° 01-15.411, *Bull. civ.* II, n° 169; *D.* 2003, IR 2409; *JCP* 2004, I, 117, n° 21, obs. Martin; *Gaz. Pal.* 2003, somm. 2473 – Civ. 2^e^, 18 sept. 2003, n° 01-16.013, *Bull. civ.* II, n° 279; *D.* 2004, somm. 2830, obs. Blanchard; *D.* 2003, IR 2409; *JCP* 2004, I, 117, n° 21, obs. Martin; *Gaz. Pal.* 2003, somm. 3168; *RTD. civ.* 2004, 114, chron. Gautier – Civ. 1re, 18 oct. 2000, n° 97-21.824, NPT, *D.* 2002, somm. 855, obs. Blanchard – Civ. 2e, 17 févr. 2005, n° 02-14.167, NP.
7. Cons. ordre Paris, arrêté disciplinaire 24 avr. 2001, n° 20.2741.
8. Civ. 2e, 7 mai 2003, n° 01-17.495, *Bull. civ.* II, n° 130; *D.* 2004, somm. 2828, obs. Blanchard; *Gaz. Pal.* 15-19 août 2003, 12 – ÉGAL^T^ : Civ. 2e, 5 juin 2003, n° 01-15.411, *Bull. civ.* II, n° 169; *D.* 2003, IR 2409; *JCP* 2004, I, 117, n° 21, obs. Martin; *Gaz. Pal.* 2003, somm. 2473 – Civ. 2e, 18 sept. 2003, n° 01-16.013, *Bull. civ.* II, n° 279; *D.* 2004, somm. 2830, obs. Blanchard; *D.* 2003, IR 2409; *JCP* 2004, I, 117, n° 21, obs. Martin; *Gaz. Pal.* 2003, somm. 3168; *RTD civ.* 2004, 114, chron. Gautier.
9. Civ. 2e, 13 juill. 2006, n° 03-21.013, *Bull. civ.* II, n° 206; *D.* 2006, IR 2207; *Gaz. Pal.* 29 janv. 2007. 9, obs. Morelli et Porteron – ÉGAL^T^ À PROPOS d'une convention d'honoraires signée après service rendu : Civ. 2e, 14 juin 2006, n° 03-18.718, NP, *LPA* 29 janv. 2007, 18, obs. Morelli et Porteron.
10. Civ. 2e, 5 févr. 2004, n° 01-15.609, *Bull. civ.* II, n° 41; *D.* 2004, IR 922.
11. À PROPOS d'une sentence arbitrale ayant fait l'objet d'une tierce opposition : Civ. 2e, 28 juin 2007, n° 06-11.171, *Bull. civ.* II, n° 173; *D.* 2007. 2040; *LPA* 26 sept. 2007, 15, note Degos; *LPA* 17 déc. 2007, 12, note Porteron – Civ. 2e, 10 juill. 2008, n° 07-16.173.
12. Civ. 2e, 3 avr. 2008, n° 07-13.142, *Bull. civ.* II, n° 78, *D.* 2008. 1213.

d'être applicable quand ce dernier l'a déchargé du suivi de la procédure en cours. Dans cette situation, en l'absence de décision irrévocable, aucun honoraire complémentaire de résultat n'est exigible[1]. L'avocat ne peut percevoir aucun honoraire de résultat avant la fin du litige, avant que le résultat contractuellement prévu ne soit définitivement atteint. En d'autres termes, une décision, même revêtue de l'exécution provisoire ne peut fonder le règlement d'un honoraire complémentaire de résultat s'il est interjeté appel[2]. De la même façon, si l'arrêt d'une cour d'appel donnant satisfaction au client fait l'objet d'un pourvoi en cassation, l'honoraire de résultat n'est pas exigible alors même que la décision est exécutoire.

Plus récemment, la Cour de cassation a rendu une décision particulièrement sévère, en refusant d'appliquer l'ensemble de la convention, y compris l'honoraire de diligence qui avait été convenu dans la convention. Alors qu'auparavant, elle acceptait l'idée que le dessaisissement de l'avocat n'avait d'effet que sur l'honoraire de résultat mais qu'il était sans incidence sur l'honoraire de base, elle refuse cette fois d'opérer la distinction. Elle constate « qu'à la date du dessaisissement de l'avocat, il n'avait pas été mis fin à l'instance introduite [...] par une décision juridictionnelle ou une transaction, de sorte que, compte tenu des termes de la convention préalable d'honoraires, cette dernière n'est pas applicable »[3]. La convention d'honoraire, une fois dénoncée par le client n'ayant plus d'effet, les seuls critères définis par l'article 10 alinéa 2 de la loi du 31 décembre 1971 permettent de calculer la rémunération de l'avocat.

• **L'honoraire n'est calculé que si les sommes sont définitivement versées au client.** Non seulement la perception d'un honoraire complémentaire de résultat ne peut se faire que sur la base des sommes définitivement allouées au client par l'effet d'une sentence arbitrale irrévocable[4]. Mais la jurisprudence a en outre précisé, à l'occasion d'une transaction, que l'honoraire de résultat devait être versé sur la somme effectivement et définitivement versée au client à la suite de la transaction[5]. En l'espèce, l'honoraire de résultat avait été calculé sur la somme allouée par la transaction. Mais le débiteur ayant fait par la suite l'objet d'une procédure collective, la somme effectivement réglée était beaucoup plus faible. C'est la somme effectivement versée qui doit être prise en compte pour le calcul des honoraires.

Le client qui aurait malencontreusement payé devrait pouvoir exercer une action en répétition de l'indu[6]. Aussi, lorsqu'un honoraire de résultat est versé avant la fin du litige est-il recommandé à l'avocat d'agir « en bon père de famille », par exemple en consignant ou en provisionnant tout ou partie de la somme reçue à ce titre[7]. De même, lorsque l'avocat est dessaisi par le client au profit d'un autre avant le résultat définitif, l'application de la convention est normalement rendue impossible. Dès lors que le résultat final est obtenu par le second avocat, la fixation de l'honoraire dû au premier ne peut être fixée que selon les critères de l'article 10, alinéa 2, de la loi du 31 décembre 1971[8]. À moins que la convention d'honoraires ne soit particulièrement précise et envisage expressément le cas du dessaisissement[9] (sur l'application de la convention au-delà de la question de l'honoraire de résultat, v. s[s] n° 46.11). Parce que le sort de l'avocat dessaisi reste particulièrement incertain, la Commission des règles et usages du CNB[10] a proposé de modifier l'article 10 du décret Déontologie du 12 juillet 2005 de la façon suivante : « Les dispositions de l'article 10 de la loi du 31 décembre 1971 demeurent applicables lorsque la mission confiée à l'avocat est interrompue avant son terme. Il est tenu compte, le cas échéant, de la contribution de l'avocat dessaisi au résultat obtenu ou au service rendu au client. » De cette façon, qu'il y ait ou non convention d'honoraires, le travail accompli et la contribution au résultat seraient pris en compte.

§ 3
Fixation des honoraires en l'absence de convention

46.31 **Principe.** À défaut de convention préalable et en général dans le cadre d'un contentieux lorsque le juge de l'honoraire devra établir son montant réel, l'article 10 alinéa 2 de la loi du 31 décembre 1971, l'article 10 du décret du 12 juillet de 2005 et l'article 11.1 du RIN prévoient que l'honoraire est fixé selon les usages, en fonction de la situation de fortune du client, de la difficulté de l'affaire, des frais exposés par l'avocat, de sa notoriété, des diligences effectuées dans le dossier. Les trois textes reprennent les mêmes termes.

1. Civ. 2e, 9 avr. 2009, n° 07-20.853, *D.* 2009. 2704, obs. Blanchard.
2. Civ. 2e, 3 avr. 2008, n° 07-13.142, *Bull. civ.* II, n° 78, *D.* 2008.1213 – ÉGAL[T] : Civ. 2e, 5 févr. 2004, n° 01-15.609, *Bull. civ.* II, n° 41 ; *D.* 2004. IR 922.
3. Civ. 2e, 5 févr. 2009, n° 06-17.806, *D.* 2009. 2704, obs.Blanchard.
4. Civ. 2e, 28 juin 2007, n° 06-11.171, préc.
5. Civ. 2e, 15 janv. 2009, n° 08-10.240, *D.* 2009. 2704, obs. Blanchard.
6. Civ. 2e, 10 mars 2004, n° 01-16.910, *Bull. civ.* II, n° 102 ; *D.* 2004, IR 921 ; *JCP* 2004, II, 10114, note Martin ; *Gaz. Pal.* 6-8 juin 2004, 9, note Maisonnas.
7. Halperin Katz, *Le Bulletin de Paris*, 30 oct. 2007, 312.
8. Civ. 2e, 10 nov. 2005, n° 04-15.661, *Bull. civ.* II, n° 285 ; *D.* 2005, IR 2896, note Avena-Robardet ; *JCP* 2006, I, 105, spéc. n° 25, obs. Martin ; *Gaz. Pal.* 2006, somm. 515.
9. Civ. 2e, 4 juill. 2007, n° 06-14.633, *Bull. civ.* II, n° 185 ; *D.* 2007, AJ 2111, obs. Avena-Robardet ; *LPA* 18 déc. 2007, 9, note Morelli ; *Gaz. Pal.* 6-8 janv. 2008. 5, note J.-G. M. – Civ. 2e, 10 janv. 2008, n° 06-21.566 à n° 06-21.614, NP, *D.* 2008, pan. 951, obs. Blanchard ; *JCP* 2008, I, 123, obs. Martin : versement d'un honoraire complémentaire de résultat, au prorata des démarches accomplies par rapport à la mission.
10. CNB, AG 11 et 12 avr. 2008.

La loi ne semble avoir donné qu'une formule générale qui n'interdit pas d'avoir des critères d'appréciation spécifiques. Un certain nombre de décisions avaient d'ailleurs permis de les préciser avec exactitude[1]. Plus tard cependant, la Cour de cassation s'était montrée beaucoup moins libérale, affirmant que l'énumération des critères de l'article 10 alinéa 2 est limitative[2]. Toutefois, les Hauts magistrats semblent être revenus à leur première conception, estimant que le juge doit fonder sa décision sur des critères objectifs tenant, *notamment*, à la situation de fortune du client, à la difficulté de l'affaire, aux frais exposés par l'avocat, à sa notoriété et aux diligences par lui accomplies[3]. Tenu de faire état des critères d'évaluation déterminant de son estimation il peut, en outre, prendre en considération la durée des procédures et leur résultat pour le client[4]. Mais il ne pourra valablement justifier sa décision que s'il a pris en considération l'un des critères légaux, sans toutefois être obligé de s'appuyer sur l'ensemble de ceux-ci[5].

L'appréciation de ces éléments relève du pouvoir souverain du premier président. La Cour de cassation ne peut donc exercer aucun contrôle sur les éléments l'ayant déterminé. Elle s'assure toutefois qu'il s'est bien fondé sur les critères légaux.

• **Des critères qui pourraient être modifiés.** Estimant que les critères légaux devaient être modernisés, la Commission des règles et usages du CNB a proposé leur modification[6]. D'une part en substituant au critère des « diligences » celui du « temps consacré à l'affaire » qui paraît être plus objectif et donc plus juste. D'autre part, en ajoutant à la difficulté de l'affaire le critère plus large de la « nature ». Ensuite, en substituant l'expression « frais et charges supportés » par l'avocat à celle de « frais exposés » qui suppose des dépenses effectives pour le dossier considéré, alors qu'il s'agit essentiellement de récupérer l'incidence de l'affaire sur les charges générales du cabinet. Enfin, en ajoutant le critère de la « spécialisation » de l'avocat pour récompenser les avocats qui ont fait l'effort d'acquérir une mention de spécialisation et de la conserver en suivant des sessions de formation professionnelle continue.

Ces propositions de modifications terminologiques ont été prises en compte dans l'article 11.2 du RIN, qui présente les éléments à prendre en compte pour la détermination de la rémunération de l'avocat, mais dans le cadre d'une convention d'honoraire. Ont ainsi été retenues les formulations « temps consacré à l'affaire », plutôt que « diligences »; « nature et difficulté de l'affaire » « les avantages et le résultat obtenus au profit du client par son travail, ainsi que le service rendu à celui-ci ». Le critère de spécialisation a également été ajouté : « sa notoriété, ses titres, son ancienneté, son expérience et la spécialisation dont il est titulaire », ce qui va dans le sens de la réforme des spécialisations qui est en cours (v. s^s n° 42.09).

46.32 Situation de fortune du client. La fortune du client peut être un des éléments de la détermination des honoraires. Les tribunaux constatent parfois que les parties ont une aisance certaine, que telle société est puissante par sa réputation, ses activités et son capital et constitue une firme dont la situation est fort importante. En revanche, si la situation des parties paraît modeste, elle justifie la fixation d'un honoraire peu élevé[7]. Comme le note R. Martin, il est assez surprenant que les honoraires puissent varier avec la situation de fortune du client[8]. Que dirait-on si le prix du billet de chemin de fer dépendait de la déclaration de revenus du voyageur ?

Il faut y voir une survivance du temps où la profession libérale, en l'absence d'une aide sociale organisée, venait spontanément en aide aux défavorisés, en faisant payer les riches pour les pauvres; c'était une sorte de service social qu'elle rendait ainsi. Dans la médecine, la sécurité sociale généralisée a fait disparaître cette pratique; il risque bien d'en être de même chez les gens de justice, encore que l'aide juridictionnelle, sans parler de l'aide à la consultation, n'ait pas atteint le degré d'uniformisation de la sécurité médicale; il reste encore, pour un temps, place à la péréquation pragmatique, à la

1. CA Bordeaux, 23 févr. 1979, *Gaz. Pal.* 1979, 1, 242 – CA Rennes, 13 févr. 1979, *Gaz. Pal.* 1980, 1, 48, note A. D. – T. Montpellier, 6 oct. 1981, *Gaz. Pal.* 1982, 1, 88, note Damien – CA Bonneville, 10 mai 1983, *Gaz. Pal.* 1983, 2, 420, note Damien – CA Aix-en-Provence, 5 nov. 1985, *Gaz. Pal.* 1986, 2, 520, note A. D. – Civ. 1re, 20 mars 1989, n° 87-14.926, *Bull. civ.* I, n° 125; *JCP* 1989, IV, 192; *Gaz. Pal.* somm. 79; *D.* 1990, IR 140 – TGI Bonneville, 6 juill. 1989 et 28 avr. 1989, *Gaz. Pal.* 1990, 1, rec. somm. 87 – CA Paris, 23 mars 1989, *Gaz. Pal.* 22 févr 1990, 9, note Damien – T. Pontoise, 9 mai 1989, *Gaz. Pal.* 10 juill. 1990, Somm. 27.
2. Civ. 1re, 3 mars 1998, n° 95-21.387, n° 95-21.053, 2 esp., *Bull. civ.* I, n°s 86 et 87; *JCP* 1998, II, 10115, note Sainte-Rose; *JCP* 1998, I, 59, obs. Martin; *Gaz. Pal.* 10-11 juill. 1998, obs. Damien.
3. Civ. 2e, 22 janv. 2004, n° 01-17.346, NP.
4. Civ. 1re, 10 déc. 2002, n° 99-12.842, *Bull. civ.* I, n° 302; *D.* 2003, IR 104; *Gaz. Pal.* 2003, somm. 520 – ÉGAL^T : Civ. 2e, 5 févr. 2004, n° 02-15.977, *Bull. civ.* II, n° 42.
5. Civ. 2e, 5 juin 2003, n° 01-15.411, *Bull. civ.* II, n° 169; *D.* 2003, IR 2409; *JCP* 2004, I, 117, n° 21, obs. Martin; *Gaz. Pal.* 2003, somm. 2473.
6. CNB, AG 11 et 12 avr. 2008.
7. CA Rennes, ord. 1er prés., 1er mars 1983, *Gaz. Pal.* 1983, 2, 476.
8. Martin, *JCP* 1992, I, 3620.

pratique d'une solidarité approximative, les cabinets qui en ont la charge sont ceux qui n'opèrent pas dans le monde des affaires où la part du conseil et du contentieux dans les frais généraux de l'entreprise ne pèse pas lourd. Par ailleurs, l'estimation de la fortune du client ne peut être qu'aventureuse et impressionniste, à moins d'obliger le client à produire son imposition sur le revenu et sur la fortune, à supposer qu'elle ne soit pas affectée de fraude, car les avocats ne défendent pas que d'honnêtes contribuables.

46.33 Difficulté de l'affaire. Les tribunaux apprécient ce point en fonction des critères de droit et de fait. Parfois, dans certaines décisions statuant en matière d'honoraires, on trouvera une critique du travail de l'avocat et des conseils par lui donnés montrant qu'il n'a pas saisi totalement la nature et la complexité du dossier qui lui a été confié[1].

On ne saurait toutefois prétendre dans la détermination des honoraires qu'en matière de divorce par consentement mutuel, l'avocat, se bornant à recueillir le consentement des époux, aidé par l'intervention du notaire chargé de préparer la convention homologuée par le juge aux affaires matrimoniales, n'a pas droit de ce fait à un honoraire. La cour de Rennes estime en revanche que, du seul fait que l'avocat a consacré du temps à recevoir ses clients, à étudier et mettre en forme une requête pour l'ancien juge des affaires matrimoniales, projet préparé par les clients, à préparer la requête réitérée, correspondre avec les époux et assister aux audiences du juge aux affaires matrimoniales, il a droit, en rémunération de ses diligences, de sa notoriété et de la situation des époux, à un honoraire normal[2].

46.34 Notoriété. La notoriété est appréciée *in concreto*, le tribunal prend en compte l'ancienneté de l'avocat au tableau, la considération dont il jouit et le talent dont il fait preuve. On remarquera que la notoriété a pu conduire une juridiction à diminuer les honoraires d'un avocat, tant était grande sa notoriété, donc la facilité pour lui à traiter un tel dossier[3]. Il a également déjà été jugé que le critère de la notoriété devait être associé avec la nature de l'affaire qui a déterminé le choix de l'avocat; à défaut si l'affaire est « simple » et les revenus du client modestes, ce critère ne sera pas retenu[4].

1. Civ. 1re, 26 mai 1993, nº 91-15.650, NPT, *D.* 1994, somm. 138.
2. CA Rennes, 13 févr. 1979, *Gaz. Pal.* 1980, 1, 48, note Damien.
3. CNB, AG, 11 et 12 avr. 2008.
4. PPCA Paris, 15 nov. 1994 nº H94/45256.

46.35 Diligences. Il ne suffit pas que l'avocat ait travaillé, encore faut-il que le travail ait été utile pour le client; c'est en quelque sorte le travail efficace fourni par l'avocat qui est rémunéré. Ainsi, il ne suffit pas d'être un avocat notable, de travailler et d'obtenir un bon résultat, faut-il encore que ce résultat soit le fruit du tour de main, de l'habileté, de la connaissance, de l'aptitude à faire des recherches qu'un avocat a mises en œuvre. C'est donc le travail intellectuel spécifique de l'avocat qui compte d'abord, l'aspect matériel du temps passé à la préparation de l'affaire, aux déplacements et aux plaidoiries n'étant qu'un aspect second. Il est à noter un arrêt de la Cour de cassation du 28 avril 1986 qui admet une réduction des honoraires d'un avocat par les premiers juges dès lors que celui-ci a réclamé des honoraires tenant compte de sa compétence, de sa notoriété, *des résultats obtenus* qui pour partie se rapportent à des travaux accomplis dans l'intérêt des clients, mais qui avaient également été accomplis sur des dossiers pour le compte d'autres clients[5]. Ce même arrêt condamne également la référence au temps passé ainsi que le recours à une méthode de gestion informatisée, sans avoir sollicité au préalable l'avis ou l'accord des clients, ce qui la rendait inopposable.

Le premier président de la cour d'appel de Paris, par une ordonnance du 31 janvier 1996, a rappelé que la convention d'honoraire ne dispense pas l'avocat *d'établir la preuve de la quantité des diligences accomplies* et que c'est à lui qu'il appartient d'apprécier le temps réel qui a été consacré au dossier[6].

46.36 Frais. Si le cabinet de l'avocat peut être considéré comme une entreprise comportant des prises de risques et ayant pour but de dégager un profit, il y a lieu de considérer que les honoraires versés à l'avocat doivent lui permettre d'assurer sa contribution indispensable au service de la justice[7]. Un arrêt de la cour de Rouen[8], reprenant les critères classiques dégagés par le jugement de Montpellier[9], y ajoute un autre élément proche de ceux dégagés ci-dessus : « L'incidence des frais et charges du cabinet d'avocat »[10]. Il est intéressant de voir ce critère admis en présence de la montée inquiétante des charges des avocats sans rapport avec les indices

5. Civ. 1re, 28 avr. 1986, *D.* 1987, somm. 108.
6. CA Paris, ord. 1er prés., 31 janv. 1996, *JCP* 1997, I, 3993, note Martin, nº 10.
7. TGI Bonneville, ord. prés., 10 mai 1983, *Gaz. Pal.* 1983, 2, 420, note Damien – RAPPR. : CA Rennes, ord. 1er prés., 13 févr. 1979, *Gaz. Pal.* 1980, 1, 48 – CA rennes, 11 mars 1980, *Gaz. Pal.* 1980, 2, 466.
8. CA Rouen, ord. 1er prés., 13 mars 1984.
9. CA Montpellier, 6 oct. 1981, inédit.
10. CA Rouen, ord. 1er prés., 13 mars 1984, préc.

officiels[1]. Le client ne saurait toutefois exiger la fourniture jour par jour d'un décompte détaillé, sous peine de ruiner l'indépendance et la liberté d'action de l'avocat. Pas plus il ne saurait être procédé à une réduction des honoraires de l'avocat au titre de prétendues négligences ou de fautes professionnelles dès lors qu'elles n'ont conduit à aucune recherche de responsabilité[2]. De même, on ne saurait retenir le grief adressé à l'avocat de s'être fait substituer par un collaborateur ou d'avoir surévalué les frais de secrétariat[3].

• Sans prétendre à l'exhaustivité, l'ordre des avocats du barreau de Marseille énumère les frais qui peuvent être pris en considération : location ou acquisition de locaux professionnels, entretien des locaux, équipement des locaux, agencement, matériel et mobilier de bureau, secrétariat, collaborateur, charges sociales personnelles, outillage informatique, fournitures de bureau, affranchissement, téléphone, télécopie, documentation et formation, véhicule automobile, cotisation ordinale, tous impôts et taxes inhérents à l'exercice de cette profession (taxe professionnelle, taxes sur les salaires...), *etc.*

• **Ce que couvrent les honoraires de plaidoirie...** C'est à tort selon nous que le premier président de la cour d'appel d'Angers estime que les honoraires de plaidoirie ne sauraient rémunérer la partie du travail de l'avocat consacrée à la réception du client, à la collation des pièces, à l'étude des faits et du droit, ces activités étant rémunérées par le tarif de postulation lorsque l'avocat plaidant est en même temps l'avocat postulant[4]. Cette décision assez isolée a été sévèrement commentée par la doctrine, les deux activités de l'avocat sont distinctes et l'on ne saurait tirer du fait que la rédaction de conclusions suppose l'étude du dossier la suppression des honoraires. Des critères de détermination distincts ont été depuis longtemps dégagés par la jurisprudence.

1. CA Rouen, ord., 13 mars 1984, *Gaz. Pal.* 1984, 1, 181 – RAPPR. : CA Chambéry, ord., 4 nov. 1986, qui fait allusion en outre à la rémunération de certains de ces postes par les honoraires de postulation, et ord. Paris, 23 juin 1986 fixant la rémunération horaire combinée avec la notoriété et l'intérêt du litige (CA Paris, 29 oct. 1987, *Gaz. Pal.* 9 janv. 1988, 13) qui admet 70 heures de travail pour un litige où l'intérêt est estimé à 4 millions et l'honoraire est fixé, dans cette hypothèse à 150 000 francs – ÉGAL[T] SUR la méthode horaire : Civ. 1re, 8 déc. 1987, n° 85-18.597, *Bull. civ.* I, n° 332; *JCP* 1988, IV, 64; *Gaz. Pal.* 1988, pan. 52 – T. Paris, 9 juill. 1987, *Gaz. Pal.* 1989, somm. 9, 12 janv. 1989 – CONTRA : TGI Bonneville, 6 juill. 1989, *Gaz. Pal.* 1990, 1, somm. 87 – CA Pontoise, 8 mai 1989, *Gaz. Pal.* 1990, 2, somm. 419.
2. CA Paris, 15 avr. 1988, *D.* 1988, IR 130 – Civ. 1re, 29 févr. 2000, n° 97-17.487, *Bull. civ.* I, n° 67; *D.* 2000, IR 80; *Gaz. Pal.* 2000, somm. 1575; *Gaz. Pal.* 2001, somm. 497 – CEP. : Civ. 1re, 18 juill. 2000 (v. s[s] n° 46.13).
3. CA Paris, 22 avr. 1988, *D.* 1988, IR 145.
4. CA Angers, 10 janv. 1980, *Gaz. Pal.* 1980, 1, 109, note A. D.

§ 4
Honoraires en cas de pluralité d'avocats

46.41 Partage d'honoraires en cas de concours d'un confrère. Des articles 21.5.7[5] et 11.5 du RIN il résulte que, sauf convention écrite contraire, l'avocat qui, ne se bornant pas à mettre en relation un client avec un autre avocat, confie un dossier à un confrère ou le consulte, est personnellement tenu au paiement des honoraires, frais et débours dus à ce confrère correspondant, au titre des prestations accomplies à sa demande par celui-ci. Mais le premier avocat peut, à tout instant, limiter, par écrit, son engagement au montant des sommes dues, au jour où il exclut sa responsabilité pour l'avenir.

• L'article 11.5 du RIN ajoute que, sauf stipulation contraire, ces dispositions s'appliquent dans les rapports entre un avocat et tout autre correspondant qui est consulté ou auquel est confiée une mission. Le tribunal de grande instance de Versailles a eu l'occasion de statuer sur cette question dans un litige opposant un professeur de droit consulté, d'une part, et l'avocat et son client, d'autre part[6]. Il a considéré que l'article 11.5 du RIN s'analysait en une clause « ducroire » qui constitue une espèce d'engagement de garantie pour le tiers consulté et qui aboutit à lui donner deux débiteurs tenus *in solidum* à son égard. L'avocat et son client furent alors condamnés au paiement des honoraires.

• Prudence en cas de concours de confrères étrangers. Lorsque le concours de confrères étrangers est requis, l'avocat français sera d'autant plus prudent que l'avocat étranger pourra prétendre au bénéfice des dispositions de la loi applicable dans son barreau d'origine devant le juge français de l'honoraire. De surcroît, l'article 5.7 du Code de déontologie européen[7] prévoit expressément que, « même en cas de défaillance de son client », l'avocat qui confie une affaire à un correspondant ou le consulte est personnellement tenu au paiement des honoraires, frais et débours dus au conseil étranger. À lui, par la suite, de se retourner contre son client (il a ainsi été jugé que les montants au paiement desquels un avocat français a été condamné par une juridiction étrangère pour le compte de son client et au profit du cabinet d'avocats anglais ainsi que les sommes qu'elle a dû exposer au titre de sa défense devant cette juridiction sont assimilables à des frais et débours au sens du décret du 27 novembre 1991 et doivent être supportés par le client[8]).

46.42 Interdiction du partage d'honoraire avec des non-avocats. L'article 11.5 du RIN tout comme l'article 3.6 du Code de déontologie européen[9]

5. Code de déontologie des avocats de l'Union européenne, art. 5.7.
6. TGI Versaillles, 28 mars 2006, RG n° 2005-06300; *RTD civ.* 2006, 576, obs. Gautier; *D.* 2007, pan. 825, obs. Blanchard; *JCP* 2006, I, 188, obs. Martin.
7. RIN, art. 21.5.7.
8. Civ. 2e, 24 mai 2006, n° 04-13.450, *Bull. civ.* II, n° 131.
9. RIN, art. 21.3.6.1.

interdisent à l'avocat de partager un honoraire ou un résultat avec des personnes physiques ou morales qui ne sont pas avocats, notamment sous l'apparence de répartition de charges. L'article 3.6.2 du Code de déontologie européen précise toutefois que la règle ne vaut pas pour les sommes ou compensations versées par l'avocat aux héritiers d'un confrère décédé ou à un confrère démissionnaire au titre de sa présentation comme successeur à la clientèle de ce confrère.

46.43 **Intervention conjointe d'avocats.** L'article 11.5 du RIN envisage le cas de la rédaction conjointe d'un acte par plusieurs avocats. En ce cas, la prestation de conseil et d'assistance de chaque intervenant ne peut être rétribuée que par le client ou par un tiers agissant d'ordre ou pour le compte de celui-ci. Le texte ajoute que, dans le cas où il est d'usage que les honoraires de rédaction soient à la charge exclusive de l'une des parties et à la condition que l'acte le stipule expressément, les honoraires doivent être, à défaut de convention contraire, partagés par parts égales entre les avocats ayant participé conjointement à la rédaction.

46.44 **Succession d'avocats dans un même dossier.** Il est impossible d'interdire à un avocat toute diligence tant que son prédécesseur n'est pas désintéressé, de même qu'il ne peut être mis à la charge du nouvel avocat les honoraires de l'avocat dessaisi (v. s[s] n° 44.13 – et sur la rémunération du premier avocat en fonction de la convention ou non, v. s[s] n°s 46.11 et 46.27). L'ancien article 9-3 du RIH prévoyait pourtant, non seulement que le nouvel avocat ne pouvait, sauf accord ou autorisation de son bâtonnier, accomplir de diligences ou recevoir un paiement tant que ces sommes ne seraient pas réglées, mais encore qu'en cas d'inobservation de cette interdiction il s'exposait à être déclaré personnellement débiteur des sommes dues à son ou ses prédécesseurs. L'autorisation du bâtonnier pouvait être subordonnée à la consignation d'une somme fixée par ce dernier. Le 16 décembre 2003[1] cependant, la Cour de cassation, déclarant indirectement l'illégalité de l'article 9-3 du RIH, a affirmé qu'il n'entrait pas dans les pouvoirs réglementaires du Conseil de l'ordre des avocats d'investir le bâtonnier d'un pouvoir de décision de nature à paralyser, même sous certaines conditions, l'usage par une partie de voies de droit qui lui sont légalement ouvertes ni d'imposer à ses membres une obligation civile les constituant débiteurs de la dette d'un tiers (depuis, l'article 21-1 de la loi du 31 décembre 1971 dispose que « Le CNB, établissement d'utilité publique doté de la personnalité morale, est chargé de représenter la profession d'avocat notamment auprès des pouvoirs publics. Dans le respect des dispositions législatives et réglementaires en vigueur, le CNB unifie par voie de dispositions générales les règles et usages de la profession d'avocat »).

Désormais, les articles 19 du décret du 12 juillet 2005 et 9.3 du RIN prévoient seulement que le nouvel avocat doit s'efforcer d'obtenir de son client qu'il règle les sommes restant éventuellement dues à un confrère précédemment saisi du dossier. S'il reçoit du client un paiement alors que des sommes restent dues à son prédécesseur, il en informe le bâtonnier. L'avocat qui succède à un confrère intervenant au titre de l'aide juridictionnelle ne peut réclamer des honoraires que si son client a expressément renoncé au bénéfice de celle-ci. Il informe auparavant son client des conséquences de cette renonciation. De surcroît, il avertit de son intervention son confrère précédemment mandaté, le bureau d'aide juridictionnelle et le bâtonnier. Même dessaisi, le premier avocat n'est pas privé de son droit à rétribution en fonction des diligences qu'il a accomplies jusqu'au jour de son dessaisissement[2]. Les difficultés relatives à la rémunération de l'avocat initialement saisi ou à la restitution par ce dernier des pièces du dossier sont soumises au bâtonnier.

L'avocat ne peut ni demander ni accepter d'un autre avocat ou d'un tiers un honoraire, une commission ou quelque autre compensation pour l'avoir recommandé à un client ou lui avoir envoyé un client. À l'inverse, il ne peut verser un honoraire, une commission ou quelqu'autre compensation en contrepartie de la présentation d'un client[3]. D'une façon générale, la rémunération des apports d'affaires est interdite[4] (v. s[s] n° 46.11).

§ 5
Règlement des honoraires

46.51 **Auteur du règlement.** L'avocat ne peut percevoir des honoraires que de son client ou de son mandataire[5]. Explicitant le principe, l'article 11.6.0.1 du règlement intérieur du barreau de Paris prévoit qu'il doit refuser le paiement de ses honoraires par un tiers dans deux cas : quand il sait que le tiers n'est pas éclairé sur les circonstances du règlement ou si, à l'occasion de ce règlement, ce tiers se plaçait

1. Civ. 1re, 16 déc. 2003, n° 01-10.210, *Bull. civ.* I, n° 257; *D.* 2004. IR 394.

2. Civ. 2e, 21 déc. 2006, n° 04-19.789, NP, *JCP* 2007, I, 174, obs. Martin.
3. Code de déontologie des avocats européens, art. 5.4, intégré au RIN sous l'article 21.5.4.
4. Décr. 12 juill. 2005, art. 10; RIN, art. 11.3.
5. RIN, art. 11.3 – ÉGAL[T] : RIN, art. 7.3 et 11.5 en matière de rédaction d'actes.

en contravention avec la loi, les règlements ou, le cas échéant, ses statuts.

En matière de rédaction d'actes et lorsqu'un acte est établi conjointement par plusieurs avocats, l'article 11.5 du RIN prévoit que « la prestation de conseil et d'assistance de chaque intervenant ne peut être rétribuée que par le client ou par un tiers agissant d'ordre ou pour le compte de celui-ci. » (v. s[s] n° 46.43).

46.52 Règlement en une seule fois ou par provision. Le règlement de l'honoraire peut être le résultat d'un paiement unique mais peut également s'effectuer en plusieurs versements constituant chacun une provision. L'avocat qui accepte la charge d'un dossier est d'ailleurs incité à demander une telle provision à valoir sur ses frais et honoraires même s'il ne s'agit pas d'une obligation comme nous l'indique la nouvelle rédaction de l'article 11.4 du RIN qui a substitué au mot « doit » de l'ancien RIU le mot « peut ». Substitution réalisée afin d'être en parfaite harmonie avec l'article 11 du décret du 12 juillet 2005.

Il semble que l'on puisse étendre aux honoraires d'avocats, la solution qu'adopte, dans une matière voisine, le Conseil d'État qui proscrit la demande de versement d'honoraires à un membre d'une profession libérale avant que celui-ci ait effectué les actes qu'il se propose de réaliser. En effet il n'est pas possible, tant que les prestations ne seront pas effectuées, d'en déterminer avec précision les conditions d'exécution qui sont fonction d'éléments encore inconnus (difficultés, résultat); en revanche, l'exigence d'une provision est tout à fait traditionnelle et licite, du moins en ce qui concerne les activités d'avocat.

Cette provision ne peut aller au-delà d'une estimation raisonnable des honoraires et des débours probables entraînés par le dossier[1]. Afin de ne pas tromper le client sur la prévisibilité de l'honoraire, il n'est pas non plus souhaitable que cette provision soit trop modeste eu égard au montant global de l'honoraire réclamé. À défaut de paiement de la provision demandée, l'avocat peut renoncer à s'occuper de l'affaire ou s'en retirer, à condition d'en informer son client en temps utile pour que les intérêts de celui-ci soient sauvegardés. Il fournit à son client toute information nécessaire à cet effet[2].

La distinction entre les provisions et les honoraires définitifs résulte de l'examen des conventions intervenues entre l'avocat et la partie et notamment de la correspondance échangée; c'est une question de fait que tranchent souverainement les juges du fond[3]. L'avocat a d'ailleurs le droit, même lorsqu'il restitue le dossier au client, soit parce qu'il ne veut pas continuer une cause injuste, soit pour toute autre cause légitime, de conserver les honoraires qu'il a reçus dès lors qu'ils ne sont pas excessifs[4]. Il peut même les prélever sur des sommes qu'il a reçues à cet effet. Mais il ne saurait retenir de sa propre autorité, à titre d'honoraires, une somme qui lui a été remise par son client au profit d'un tiers, sans avoir reçu l'accord de son client[5] (v. égal[t] s[s] n°s 46.56 et 61.14).

46.53 Compte détaillé et facture. Indépendamment de la convention d'honoraire déterminant celui-ci sur la base d'un tarif horaire, le client peut demander mensuellement des « notes d'honoraires », de frais et « débours » avec un détail précis jour par jour des prestations accomplies, chaque intervention étant ainsi comptabilisée et notamment les entretiens téléphoniques, rendez-vous avec le client, réception de télécopies, examen de pièces adverses, audience et sa préparation, correspondances avec les avoués. Du reste, l'article 10 du décret du 12 juillet 2005 oblige l'avocat à informer son client de l'évolution du montant de l'honoraire. Dès lors que le client a réglé spontanément les sommes ainsi demandées, il est censé avoir accepté ces honoraires qui n'étaient pas des provisions mais des factures pour prestations fournies[6]. La deuxième chambre civile de la Cour de cassation, le 4 juillet 2007, a décidé que : « Les juges du fond apprécient souverainement d'après les conventions des parties et les circonstances de la cause, le montant de l'honoraire dû à l'avocat, ils ne leur appartient pas de le réduire dès lors que le montant et le principe de l'honoraire ont été acceptés après service rendu, que celui-ci ait été ou non précédé d'une convention... » Dans ce même arrêt qui rejette le pourvoi formé par la cliente, la Cour de cassation cependant dit : « qu'en l'absence de convention d'honoraires et de paiement après service rendu, le simple règlement de sommes réclamées par l'avocat ne fait pas obstacle à la fixation d'honoraires exigibles conformément aux dispositions de l'article 10 de la loi du 31 décembre 1971 et le cas échéant à la restitution des sommes excédant le montant ainsi déterminé. »[7]

L'avocat détient à tout moment, par dossier, une comptabilité précise et distincte des honoraires et de toute somme qu'il a pu recevoir et de l'affecta-

1. RIN, art. 11.4 – Décr. 12 juill. 2005, art. 11.
2. RIN, art. 11.4 – Décr. 12 juill. 2005, art. 11.
3. Civ. 1re, 12 févr. 1974, n° 72-13.419, *Bull. civ.* I, n° 43.
4. CA Riom, 27 févr. 1974, *Gaz. Pal.* 1974, 1, 1374.
5. Civ. 1re, 25 avr. 1989, n° 86-11.372, *Bull. civ.* I, n° 162; *Gaz. Pal.* 1989, pan. 111.
6. CA Paris, 15 janv. 1998, *Gaz. Pal.* 13 juin 1998, 14.
7. Civ. 2e, 4 juill. 2007, n° 05-18.774, *Bull. civ.* II, n° 184; *D.* 2007. 2111; *D.* 2007. 2169, obs. Avena-Robardet; *LPA* 18 déc. 2007, 11, note Morelli; *Gaz. Pal.* 6-8 janv. 2008, 5, note J.-G. M.

tion qui leur a été donnée, sauf en cas de forfait global, aux termes de l'article 12 du décret du 12 juillet 2005 (qui a abrogé l'article 245 du décret du 27 novembre 1991) et de l'article 11.7 du RIN. Avant tout règlement définitif, l'avocat doit remettre à son client « un compte détaillé » qui fera ressortir distinctement les frais et déboursés, les émoluments tarifés et les honoraires et, devons-nous ajouter, un relevé exact et complet des prestations réalisées pour le compte du client. Il devra porter mention des sommes précédemment reçues à titre de provision ou autre. Ce compte devra également être délivré, à la demande du client, du bâtonnier, du président du tribunal de grande instance, ou du premier président de la cour d'appel, saisi d'une contestation en matière d'honoraires ou débours ou en matière de taxe[1]. La non-présentation d'un « compte détaillé » pourra être sanctionnée par le premier président de la cour d'appel par un rejet ou une réduction des demandes d'honoraires.

Une fois les prestations effectuées, l'avocat établira une facture, dont un double devra être conservé, portant certaines mentions[2] : identification de l'avocat (dont son numéro de TVA intracommunautaire et numéro SIRET) et du client, date et numéro de la facture, détermination de la prestation effectuée (date, dénomination des services accomplis), prix (unitaire HT, global HT et TVA correspondante), remises éventuelles, date à laquelle le règlement doit intervenir, l'adhésion à un centre de gestion agréé. Lorsque la mention de la TVA fait défaut, la somme est considérée comme fixée en valeur TTC. Les avocats non assujettis à la TVA doivent obligatoirement faire figurer sur leurs factures la mention « TVA non applicable, article 293 B du Code général des impôts ». Le compte détaillé remis par l'avocat ne dispense nullement d'une telle facturation[3].

La facture établie en double exemplaire, l'un pour le client, l'autre pour la comptabilité de l'avocat, ne pourra être consultée que dans le cadre d'une procédure de vérification, par un membre de l'administration fiscale, lui-même astreint à une obligation de secret professionnel[4].

46.54 Modes de règlement. L'honoraire doit être réglé dans les conditions prévues par la loi et les règlements, notamment en espèces, par chèque, par virement, par billet à ordre et par carte bancaire[5]. Les remises d'objets mobiliers ou de marchandises ne peuvent être acceptées, sauf à titre de don spontané du client[6]. Si le client veut régler les honoraires qu'il doit à son avocat par le transfert de la propriété d'un objet mobilier dont il est propriétaire, il doit estimer la valeur de cet objet (tableaux, sculptures...). L'avocat doit régler le montant de la TVA sur l'objet ainsi estimé ou demander à son client de payer cette taxe sur la valeur ajoutée. L'avocat, bien entendu, doit déclarer dans ses revenus le montant de la valeur dudit objet. Si ces remises ne sont pas faites à titre de don spontané du client mais en règlement des honoraires qu'il reconnaît devoir à l'avocat, l'objet mobilier doit être évalué pour permettre le calcul de la TVA tout d'abord, et ensuite pour permettre le calcul des revenus de l'avocat. Les versements de fonds ou remises d'effets ou de valeurs à un avocat doivent donner lieu à la délivrance ou à l'envoi d'un accusé de réception s'il n'a pas été donné quittance et ils doivent être retracés dans des documents comptables[7].

• **Paiement par lettre de change.** L'avocat peut recevoir un paiement par lettre de change dès lors que celle-ci est acceptée par le tiré, client de l'avocat. L'endossement ne peut être fait qu'au profit de la banque de l'avocat, aux seules fins d'encaissement. L'avocat porteur d'une lettre de change impayée peut agir devant le tribunal de commerce. Toutefois, en cas de contestation de la créance d'honoraires, il devra saisir son bâtonnier aux fins de taxation et solliciter le sursis à statuer devant la juridiction commerciale[8]. Naturellement, le tireur doit être capable d'accomplir un tel acte.

• **Paiement en espèces.** Les paiements en espèces ne sont autorisés que dans une certaine limite. Le montant ne doit pas dépasser trois mille euros pour le règlement effectué par un particulier, excepté pour les particuliers qui n'ont pas leur domicile fiscal en France[9] et mille cent euros pour un commerçant[10].

• **Paiement par cautionnement.** Citons, pour mémoire, un procédé qui paraît irrégulier et contraire à la délicatesse et en tout cas aux dispositions des articles 174 et suivants du décret du 27 novembre 1991, qui est constitué par le fait, pour un avocat, afin d'obtenir le règle-

1. SUR la légalité de l'article 12 du décret : CE 15 nov. 2006, n° 283475, *JCP* 2007, II, 10001, note Martin; *JCP* 2007, I, 151, n° 2, obs. Bortoluzzi : « Si le décret impose à l'avocat de délivrer le compte détaillé au président du tribunal de grande instance ou au premier président de la cour d'appel lorsqu'il en est requis, il n'édicte, par lui-même, aucune règle relative à la procédure qui doit être suivie dans le cadre de la contestation en matière d'honoraires, débours ou taxes; que, par suite, le moyen tiré de ce qu'il méconnaîtrait le principe général de la procédure civile selon lequel les parties introduisent et conduisent l'instance ne peut, en tout état de cause, qu'être écarté. »
2. CGI, ann. II, art. 242 *nonies* A et C. com., art. L. 441-3 et L. 441-6.
3. Civ. 2e, 19 oct. 2006, n° 05-10.428, NP, *JCP* 2007, I, 174, n° 20, obs. Martin.
4. Rép. min. n° 61842, *JOAN Q* 31 janv. 2006, p. 1055.
5. RIN, art. 11.6.
6. EN SENS CONTRAIRE : Mécary, « Le règlement des honoraires », Les dossiers du Bareau de Paris « Les honoraires des avocats », p. 36.
7. Décr. 27 nov. 1991, art. 233.
8. RIN, art. 11.6.
9. C. mon. fin., art. L. 112-8.
10. C. mon. fin., art. L. 112-6.

ment de ses honoraires par un client impécunieux, de contracter un prêt dans une banque du montant de ses honoraires et de le faire cautionner par le client qui, après refus de l'avocat de rembourser le prêt, y est tenu en qualité de caution[1].

46.55 Honoraires versés par des détenus à leur avocat. Des difficultés se produisent parfois en matière d'honoraires ou de provision versés par des détenus à leur avocat. Certains juges d'instruction, se fondant sur les termes de l'article D. 330 du Code de procédure pénale qui prévoit que tout versement effectué à l'extérieur de l'établissement pénitentiaire à l'aide du pécule disponible d'un détenu doit avoir été autorisé expressément par le magistrat saisi du dossier de l'information, en ont déduit à tort qu'ils avaient le droit de fixer le montant des provisions versées à l'avocat.

Ce raisonnement est erroné, le magistrat instructeur a seulement la possibilité de bloquer tout ou partie du pécule dont dispose un détenu. Il peut donc viser la lettre par laquelle le détenu veut régler des honoraires à son conseil en précisant que le pécule est ou n'est pas bloqué. C'est là que s'arrête son contrôle et il ne peut en aucune façon taxer, même indirectement, les honoraires de l'avocat.

46.56 Pas de garantie de règlement postérieure à l'exécution de la prestation. S'il existe une garantie préalable qui consiste dans la pratique de la provision (v. s^s n° 46.52), il n'existe pas au profit de l'avocat de garantie postérieure à l'exécution de sa prestation. La rétention de pièces lui est en effet refusée, de même que l'*embargo* qui consiste à interdire à tout avocat de s'occuper d'un dossier jusqu'au complet paiement des honoraires de l'avocat évincé (v. s^s 46.44).

• **L'avocat ne peut exercer de rétention de pièces pour obtenir le règlement de ses honoraires.** Il est en effet prévu que l'avocat déchargé d'une affaire ou qu'il a menée à son terme doit restituer sans délai les pièces dont il est dépositaire[2] (v. s^s n° 44.21)[3]. En cas de difficultés le bâtonnier statue suivant la même procédure que celle prévue pour les recouvrements d'honoraires (v. s^s n°s 46.61 s.).

• **L'avocat peut-il exercer une rétention sur les sommes qu'il détient pour le compte de son client ?** Une ordonnance du président du tribunal de grande instance de Coutances du 25 octobre 1984[4] l'avait admis en indiquant que la prohibition de la rétention ne vise que les pièces. Mais l'on pouvait légitimement s'interroger sur la licéité de la pratique de rétention des sommes, l'avocat ne détenant les fonds, sur lesquels il entend exercer son droit de rétention, qu'à titre de mandataire du client. C'est du reste la position de la Cour de cassation pour laquelle l'avocat ne peut retenir de sa propre autorité, à titre d'honoraires, une somme qui lui a été remise par son client au profit d'un tiers, sans avoir reçu l'accord de son client[5]. L'article 8 du décret du 12 juillet 2005 prévoit du reste que l'avocat ne peut disposer de fonds, effets ou valeurs ou aliéner les biens du mandant que si le mandat le stipule expressément ou, à défaut, après y avoir été autorisé spécialement et par écrit par le mandant. Une condamnation pour abus de confiance est même à craindre (v. égal^t s^s n° 61.14).

Si le client refuse de verser une provision qui couvre une partie des travaux déjà fait par l'avocat, celui-ci saisit le bâtonnier d'une demande de fixation de ses honoraires.

• **Aucun privilège.** Le privilège général pour frais de justice prévu par l'ancien article 2101 du Code civil (devenu 2332) ne concerne pas les honoraires qui ne font pas partie des frais de justice proprement dits[6] et celui institué par l'ancien article 2102 du même code (devenu 2331), pour conservation de la chose, a été refusé aux avocats[7]. Enfin la constitution de sûretés réelles pour assurer le règlement des honoraires a été refusée par les usages de l'Ordre des avocats en vertu du principe de délicatesse auquel ils sont tenus.

46.57 Règlement en cas de procédure collective. En cas d'ouverture d'une procédure collective à l'encontre d'un client, l'avocat devra déclarer sa créance si son origine est antérieure au jugement d'ouverture. Dans le cas contraire, la créance n'aura pas à être déclarée et l'avocat pourra notamment bénéficier des dispositions de l'article L. 622-17 du Code de commerce : « Les créances nées régulièrement après le jugement d'ouverture pour les besoins du déroulement de la procédure ou de la période d'observation, ou en contrepartie d'une prestation fournie au débiteur, pour son activité professionnelle, pendant cette période, sont payées à leur échéance. »[8] Le juge de l'honoraire restera seul compétent pour évaluer le montant des honoraires dus à l'avocat, mais ne pourra ni se prononcer sur la date du fait générateur de la créance, ni prendre en compte la suspension des poursuites individuelles contre le client récalcitrant[9].

1. CA Nouméa, 24 déc. 1987, *JCP* 1988, II, 21080, note Vivier.
2. Décr. 12 juill. 2005, art. 14.
3. Peyrelongue, « L'exercice du droit de rétention de pièces pour l'avocat », *Bull. conf. bâtonniers* n°s 3 et 4, p. 8.
4. TGI Coutances, 25 oct. 1984, *Gaz. Pal.* 11 juill. 1987, somm. 19, note Brendel.
5. Civ. 1re, 25 avr. 1989, n° 86-11.372, *Bull. civ.* I, n° 162; *Gaz. Pal.* 1989, pan. 111.
6. CA Montpellier, ch. corr., 13 déc. 1935, *DH* 1936, p. 138.
7. Com. 18 juill. 1974, n° 73-10.679, *Bull. civ.* IV, n° 235; R. 1973-1974, p. 38; *D.* 1975, 182 – CA Rennes, 28 mars 1979, *JCP N* 1980, II, 200.
8. Com. 19 juin 2007, n° 05-17.074, *Bull. civ.* IV, n° 168; *D.* 2007, 1878, obs. Lienhard; *Gaz. Pal.* 26-27 oct. 2007, 39, obs. Henry; *Procédures* 2007, n° 254, obs. Croze; *RTD com.* 2007, 837, obs. Martin-Serf.
9. Com. 24 janv. 2006, n° 02-20.095, *Bull. civ.* IV, n° 13; *D.* 2006, 499, obs. Lienhard; *Gaz. Pal.* 2006, doctr. 1478, note Roussel-Galle; somm. 1262; *Gaz. Pal.* 2006, somm. 515.

§ 6
Contentieux des honoraires : recouvrement et contestations

46.61 Procédure spéciale en matière de recouvrement ou de contestation des honoraires[1] : champ d'application. Pendant longtemps les avocats, notamment sous l'Ancien Régime, recouvraient normalement leurs honoraires en justice contre leurs clients ingrats. À partir du XVIIIe siècle, l'usage s'instaura au barreau du Parlement de Paris, et à la différence des autres barreaux, de prohiber ce recouvrement judiciaire et cet usage se maintint et se généralisa au cours du XIXe siècle. On admettait la recevabilité juridique d'une action en recouvrement judiciaire d'honoraires[2], mais on indiquait que l'avocat qui avait introduit une telle action se retranchait lui-même du barreau. La loi du 31 décembre 1957 a créé une procédure spéciale de recouvrement des honoraires de justice[3], cette loi était applicable aussi bien aux demandes en fixation d'honoraires par l'avocat qu'en réduction ou en restitution des honoraires par le client à son avocat[4].

La matière est actuellement régie par l'article 10 de la loi du 31 décembre 1971 et par les articles 174 à 179 du décret du 27 novembre 1991. Les contestations concernant le montant et le recouvrement des honoraires des avocats ne peuvent être réglées qu'en recourant à la procédure prévue à ces articles[5]. Le juge de l'honoraire est alors compétent pour connaître des contestations relatives aux honoraires et aux frais exposés par l'avocat[6]. Le référé-provision est exclu[7], de même que le recours à l'arbitrage[8].

• **Contredit.** Les articles 174 et suivants du décret du 27 novembre 1991 n'opérant aucune distinction selon qu'il a été statué sur la compétence ou sur le fond du litige, c'est à bon droit qu'une cour d'appel décide que les recours institués par cette procédure spéciale sont exclusifs du contredit prévu aux articles 80 et suivants du Code de procédure civile[9].

• **Compétence du bâtonnier.** Les contestations concernant le montant et le recouvrement des honoraires d'avocat doivent être soumises successivement au bâtonnier de l'Ordre des avocats auquel appartient l'avocat concerné[10], puis au premier président de la cour d'appel dans le ressort de laquelle l'Ordre est établi. Si bien que les dispositions générales du Code de procédure civile relatives à la compétence territoriale sont inapplicables. Par conséquent, les dispositions de l'article 47 du Code de procédure civile, qui permettent de choisir une juridiction limitrophe dans les litiges intéressant un avocat, sont inapplicables en matière de procédure de recouvrement d'honoraires[11]. De même que celles de l'article 46 du même code[12]. Peu importe le lieu où les prestations de l'avocat ont été effectuées. Seul compte le barreau dans lequel l'avocat est inscrit.

Le premier président, comme le bâtonnier, saisis d'une demande en fixation d'honoraires d'un avocat, sont compétents pour statuer sur les exceptions relatives à la validité de la convention d'honoraires[13].

Les honoraires dont s'agit sont afférents à chacune des affaires plaidées par l'avocat pour le compte du client; il n'est pas possible de les globaliser en vue d'un règlement d'ensemble. À cet effet, une affaire devant le juge de première instance, puis la même affaire devant la cour d'appel à la suite de l'exercice de cette voie de recours par une des parties constituent deux litiges d'honoraires distincts. On ne peut donc remettre en cause les provisions versées pour le premier dossier à l'occasion du règlement des honoraires dus pour l'affaire plaidée devant la cour[14]. Toutefois la cour de Paris semble admettre, pour un client qui confie de multiples affaires à un avocat, la possibilité d'établir un contrat fixant les modalités de règlement des honoraires[15].

• **Exceptions.** Cette procédure de recouvrement spéciale ne s'applique pas toutefois en matière d'aide juridictionnelle (v. s^s n° 46.101). Il en va toutefois diffé-

1. Décr. 27 nov. 1991, art. 174 s.
2. CA Alger, 27 févr. 1921, *DH* 1924, 378 – CA Montpellier, 27 oct. 1932, *DP* 1933, 2, 17.
3. L. n° 57-1420, 31 déc. 1957, sur le recouvrement des honoraires des avocats, *JO* 5 janv. 1958, p. 194, dont les dispositions relatives aux avocats ont été abrogées par L. 31 déc. 1970, art. 76.
4. CA Nice, 14 déc. 1960, *D.* 1961, 399.
5. Décr. 27 nov. 1991, art. 174.
6. Civ. 2e, 21 déc. 2006, n° 04-20.153, NP, *JCP* 2007, I, 174, n° 25, obs. Martin.
7. Civ. 1re, 10 févr. 2004, n° 00-19.198, *Bull. civ.* I, n° 43; *D.* 2004, IR 853; *JCP* 2004, II, 10059, note Martin; *RTD civ.* 2004, 347, obs. Perrot; *Procédures* 2004, comm. 76, note Perrot; *Gaz. Pal.* 2004, somm. 1244 – Civ. 2e, 7 mai 2003, n° 01-17.016, *Bull. civ.* II, n° 131; *D.* 2003, IR 1545; *JCP* 2004, I, 117, n° 24, obs. Martin.
8. CA Paris, 20 nov. 2000, *BICC* 15 avr. 2001, n° 430.
9. Civ. 2e, 18 janv. 1995, n° 93-11.095, *Bull. civ.* II, n° 24; *D.* 1995, IR 45; *Gaz. Pal.* 1995, pan. 69; somm. 305.
10. SUR la non-incompétence du bâtonnier du bureau secondaire : Civ. 2e, 12 mai 2005, n° 04-13.432, *Bull. civ.* II, n° 119; *D.* 2005, IR 1448; *Gaz. Pal.* 2005, somm. 2042.
11. Civ. 1re, 9 oct. 2001, n° 99-11.897, *Bull. civ.* I, n° 247; *D.* 2001, IR 3089; *JCP* 2002, I, 136, n° 23, obs. Martin; *Gaz. Pal.* 2001, somm. 1925 – Civ. 1re, 14 mai 1991, n° 89-15.175, *Bull. civ.* I, n° 149, *D.* 1991, IR 147; *JCP* 1991, IV, 264; *Gaz. Pal.* 1991, pan. 14; *Gaz. Pal.* 1991, pan. 228.
12. Civ. 1re, 13 mai 2003, n° 00-18.184, *Bull. civ.* I, n° 113; *D.* 2003, IR 1545; *JCP* 2004, I, 117, n° 25, obs. Martin *Gaz. Pal.* 2003, somm. 1858.
13. Civ. 1re, 29 juin 1999, n° 96-20.647, *Bull. civ.* I, n° 219; *Gaz. Pal.* 1999, pan. 258; *JCP* 1999, II, 10187, note Martin.
14. CA Fort-de-France, 18 févr. 1981, *Gaz. Pal.* 1981, 2, 459 – Civ. 1re, 12 juill. 1989, n° 87-16.982, *Bull. civ.* I, n° 291; *JCP* 1989, IV, 346.
15. CA Paris, 15 avr. 1988, *D.* 1988, IR 130.

remment pour les honoraires que peut demander l'avocat lorsque la condamnation prononcée au profit du bénéficiaire de l'aide lui procure des ressources telles que, si elles avaient existé au jour de la demande, l'aide n'aurait pas été accordée[1] (v. s^s^ n°s 46.103 et 48.31). Si le client refuse de les payer, l'avocat pourra les recouvrer suivant la procédure des articles 174 et suivants du décret du 27 novembre 1991[2]. De la même façon, l'avocat commis d'office peut saisir le bâtonnier d'une demande de taxation conformément à l'article 174 du décret du 27 novembre 1991 lorsque l'aide juridictionnelle n'a finalement pas été accordée[3] (v. s^s^ n° 46.81). Mais cette procédure spéciale ne s'applique pas lorsque les honoraires concernent un avocat étranger et que le client a accepté la compétence étrangère en cas de contestation des honoraires[4]. Elle ne s'applique pas davantage à des honoraires dus à des conseils juridiques ou fiscaux, fussent-ils devenus membres de la profession d'avocat, pour les prestations antérieures à la date d'entrée en vigueur de la loi du 31 décembre 1990[5]. Enfin la procédure spéciale ne peut pas être suivie par une compagnie de protection juridique dans le cadre de contrats de représentation et de défense : la compétence relève dans ce cas des tribunaux de droit commun[6].

• **Litiges opposant les avocats entre eux.** Les dispositions des articles 174 et suivants du décret du 27 novembre 1991 ne sont applicables qu'aux litiges opposant les avocats et leurs clients et non les avocats entre eux[7].

Elles ne peuvent s'appliquer notamment à la rémunération concernant les avocats choisis par un testateur comme exécuteur testamentaire[8], ni à une réclamation d'un avocat envers le confrère qui lui a succédé dans la défense du client et qui ne lui avait pas payé le solde de ses honoraires[9]. De même, le tribunal de grande instance est incompétent pour connaître d'une demande formée par un avocat honoraire sur le fondement de l'article 176, tendant à voir condamner des confrères à lui payer une somme représentant sa part d'honoraires dans des affaires qu'il avait traitées[10]. Le litige qui porte sur l'exécution d'une transaction entre un avocat et son ancien employeur, prévoyant le paiement d'un montant forfaitaire d'honoraires en contrepartie de missions juridiques, n'entre pas davantage dans le champ d'application des articles 174 et suivants du décret[11]. Mais les dispositions des articles 174 et suivants du décret du 27 novembre 1991 sont applicables aux relations entre un ancien avocat et ses clients relativement à des honoraires dus ou réclamés en répétition par le client à son avocat[12]. Le même arrêt précise qu'au cas où un avocat cesse d'exercer il peut continuer à recouvrer directement ses honoraires contre son ancien client suivant la procédure[13], et possède une action directe. Il ne peut faire effectuer ce recouvrement par le confrère qui lui a succédé, lequel possède une action directe mais ne concernant que les honoraires afférents à la partie du dossier qu'il a traitée. Pareillement, un avocat honoraire peut tout à fait mettre en œuvre la procédure spéciale des articles 174 et suivants du décret du 27 novembre 1991[14]. Désormais, cependant, il ne sera probablement admis à agir devant le juge de l'honoraire qu'à la condition d'avoir été autorisé par son bâtonnier à consulter ou à rédiger des actes dans les conditions des articles 13-3 du RIN et 21 du décret du 12 juillet 2005.

• La procédure spéciale prévue par les articles 174 et suivants ne s'applique qu'aux contestations relatives à la fixation et au recouvrement des honoraires des avocats[15], dont l'objet n'est notamment pas de déterminer le débiteur de ces honoraires[16]. Il doit simplement constater que la personne concernée a sollicité le concours de l'avocat. Mais il n'a pas à surseoir à statuer si une contestation est élevée sur l'identification du débiteur[17]. Si bien que rien n'interdit au bâtonnier de statuer sur les

1. L. n° 91-647, 10 juill. 1991, art. 36.
2. CA Pau, ord. 1er prés., 30 juill. 1997, *Gaz. Pal.* 1998, 2, 595.
3. Civ. 1re, 30 janv. 1996, n° 94-11.021, *Bull. civ.* I, n° 49; *D.* 1996, IR 57; *Gaz. Pal.* 1996, pan. 132.
4. CA Paris, 27 avr. 1987, *D.* 1988, somm. 232, note Brunois – CA Paris, 2 avr. 1993, *Gaz. Pal.* 6 sept. 1993, 5, note Damien.
5. Civ. 1re, 16 mai 1995, n° 93-15.199, *Bull. civ.* I, n° 211; *D.* 1995, IR 158; *Gaz. Pal.* 1996, pan. 6.
6. CA Rennes, 9 sept. 1993, *D.* 1995, somm. 169.
7. Civ. 2e, 22 mai 2008, n° 07-16.042, P.
8. CA Paris, 11 juill. 1989, *Gaz. Pal.* 1990, 1, 13; POURVOI REJETÉ PAR : Civ. 1re, 5 nov. 1991, n° 89-19.319, *Bull. civ.* I, n° 290; *D.* 1991, IR 290; *JCP* 1992, IV, 65; *Gaz. Pal.* 1992, pan. 44.
9. Civ. 1re, 22 nov. 2005, n° 04-12.655, *Bull. civ.* I, n° 423; *D.* 2006, jur. 277, note Le Bars et Callé; *D.* 2005, IR 3032, note Avena-Robardet; *Rev. arbitrage* 2005, 1011, obs. Bureau (rétrocession d'honoraires dans le cadre d'un contrat de collaboration entre avocats); *Gaz. Pal.* 2005, jur. 4128; *Gaz. Pal.* 2005, somm. 4228; *Gaz. Pal.* 2006, jur. 463; *Gaz. Pal. 2006* somm. 1262; *JCP E* 2006, 239, note Croze; *JCP* 2006, II, 10015, note Cornut; *Defrénois*, 2006, 590, chron. Libchaber – CA Paris, 29 juin 1990, *D.* 1990, IR 223, *Gaz. Pal.* 11 avr. 1992, 12 – ÉGAL^T^ : CA Lyon, 14 mars 2000, *BICC* 1er nov. 2000, n° 1244 : à propos d'un litige opposant deux avocats ayant conclu un accord d'association, au sujet des comptes de cette association, notamment des rétrocessions d'honoraires.
10. TGI Paris, 1er juin 1981, *Gaz. Pal.* 1982, 1, somm. 76.
11. CA Paris, 15 janv. 2002, *BICC* 2002, n° 582.
12. CA Versailles, 30 juin 1981, *La semaine d'Île-de-France* n° 14 mai 1982, p. 27 – CA Aix-en-Provence, 5 nov. 1985, *Gaz. Pal.* 1986, 520, note A. D.
13. Prévue par décr. 27 nov. 1991, art. 174 s.
14. Civ. 2e, 5 juill. 2006, n° 04-17.421, *Bull. civ.* II, n° 185; *D.* 2007, pan. 832, obs. Blanchard; *JCP* 2006, I, 188, obs. Martin.
15. Civ. 2e, 10 mars 2004, n° 02-21.318 et n° 02-21.348, 2 esp., *Bull. civ.* II, n° 104; *D.* 2004, somm. 2827, obs. Blanchard; *D.* 2004, IR 994; *RTD civ.* 2004, 522, obs. Gautier; *Gaz. Pal.* 2004, somm. 1244 – ÉGAL^T^ : Civ. 2e, 3 avr. 2008, n° 07-11.997, NP, *Gaz. Pal.* 13-15 avr. 2008, 12.
16. Com. 24 janv. 2006, n° 02-20.095, *Bull. civ.* IV, n° 13; *D.* 2006, 499, obs. Lienhard; *Gaz. Pal.* 2006, doctr. 1478, note Roussel-Galle; *ibid.* somm. 1262; *ibid.* 2006, somm. 515.
17. Civ. 2e, 5 mars 2009, n° 06-13.427, *D.* 2009. 2704, obs. Blanchard.

contestations émises en ce qui concerne les montants des honoraires alors que le client fait l'objet d'une procédure de redressement judiciaire. Il n'a pas à se prononcer sur la date du fait générateur de la créance ni à prendre en compte la suspension des poursuites individuelles contre le débiteur. Il ne peut se prononcer sur l'éventuel litige opposant une copropriété à son syndic sur la capacité de celui-ci à signer une convention d'honoraires de résultat[1]. Mais la procédure ne peut s'appliquer lorsqu'il existe un doute sérieux sur l'identification du débiteur d'honoraires d'avocats[2] ou lorsque le litige porte sur l'existence d'un mandat justifiant ou non le paiement d'honoraires[3].

De même, il ne saurait être question, pour le bâtonnier ou le premier président, de connaître, même à titre incident, d'une demande de dommages-intérêts tendant à voir réparer une faute professionnelle d'un avocat par voie d'allocation de dommages-intérêts ou de réduction du montant des honoraires[4] (v. égal^t s^s n° 46.67). Le juge de l'honoraire n'est pas le juge de la responsabilité. Il s'ensuit, selon la deuxième Chambre civile, en désaccord sur ce point semble-t-il avec la première Chambre[5], qu'il ne peut connaître de la responsabilité de l'avocat au titre d'un défaut d'information préalable sur le montant des honoraires[6]. La cour de cassation rappelle régulièrement cette règle selon laquelle le juge de l'honoraire ne peut statuer que sur « les seules contestations relatives au montant et au recouvrement des honoraires ». Il ne peut accueillir en conséquence le moyen tiré d'un éventuel conflit d'intérêts pour rejeter la demande de fixation dont il est saisi, sauf à excéder ses pouvoirs[7]. Enfin, il n'est pas non plus de son pouvoir de se prononcer sur la question de savoir si la TVA s'appliquait ou non aux prestations fournies en exécution d'un mandat donné avant le 1er août 1991[8].

46.62 Contentieux des honoraires : introduction de la procédure. L'article 175 alinéa 1er du décret précise que la saisine du bâtonnier est ouverte à « toutes parties » par « lettre recommandée avec demande d'avis de réception ou remise contre récépissé ». Une lettre simple est en revanche irrecevable[9]. Cette forme est également imposée en cas de nouvelle saisine du bâtonnier, dont une ordonnance précédente aurait été annulée[10].

• **Délai.** L'article 175 du décret du 27 novembre 1991 prévoit que le bâtonnier doit accuser réception de la réclamation et informer l'intéressé que, faute de décision dans un délai de quatre mois (et non plus de trois mois depuis le décret du 15 mai 2007[11]), qui court à compter du jour de la réception de la lettre recommandée (avec accusé de réception) ou de la remise du récépissé[12], il lui appartiendra de saisir le premier président de la cour d'appel dans le délai d'un mois (v. s^s n° 46.65). Telles sont les seules conditions à l'introduction de la procédure de recouvrement ou de contestation des honoraires. Ainsi le Conseil de l'ordre ne peut subordonner l'examen par le bâtonnier de toute contestation relative au recouvrement des honoraires au paiement d'une somme forfaitaire destinée à participer au coût de la procédure contentieuse ouverte devant le bâtonnier[13]. Ayant constaté que le recours direct en contestation des honoraires d'un avocat, formé dans les formes et délai fixés par l'article 176 du décret du 27 novembre 1991, dans le mois ayant suivi le délai de trois mois (désormais quatre mois) imparti au bâtonnier par l'article 175, alinéa 1er, pour rendre sa décision, était recevable, un premier président n'a pas à rechercher si le recours formé à titre subsidiaire contre la décision rendue par le bâtonnier au-delà du délai de trois mois était régulier[14].

• **Système de gestion automatisée des dossiers de contestation des honoraires.** Un arrêté du 10 mars 1994 du ministre de la Justice[15] a organisé la gestion automatisée des dossiers des particuliers contestant les honoraires de leurs avocats dans les cours d'appel, sous réserve pour celles-ci d'une déclaration à la Cnil. Le traitement a pour objectif le suivi des procédures, le contrôle des délais,

1. Civ. 2e, 3 avr. 2008, n° 07-11.997.
2. Civ. 1re, 15 déc. 1999, n° 97-22.424, *D.* 2000, IR 17; *JCP* 2000, I, 231, n° 22, obs. Martin; *Gaz. Pal.* 2000, somm. 709 – ÉGAL^T : CA Chambéry, 21 févr. 1995, *BICC* 1er juill. 1995, n° 710.
3. Civ. 2e, 8 sept. 2005, n° 04-10.553, *Bull. civ.* II, n° 214; *D.* 2005, IR 2408; *D.* 2006, pan. 271, obs. Blanchard; *Gaz. Pal.* 2005, jur. 3433 et somm. 3515 – ÉGAL^T : Civ. 2e, 13 sept. 2007, n° 06-17.464, NP.
4. Civ. 1re, 29 févr. 2000, n° 97-17.487, *Bull. civ.* I, n° 67; *D.* 2000, IR 80; *Gaz. Pal.* 2000, somm. 1575; 2001, somm. 497, note du Rusquec – Civ. 1re, 7 déc. 2006, n° 05-17.023.
5. Civ. 1re, 18 juill. 2000, n° 97-14.713, *Bull. civ.* I, n° 214; *D.* 2002, somm. 854, obs. Blanchard; *JCP* 2000, II, 10417, note Martin; *RTD civ.* 2000, 828, obs. Mestre et Fages; *JCP* 2001, I, 284, n° 15, obs. Martin; *Gaz. Pal.* 2000, somm. 2030 : le juge de l'honoraire doit fixer le montant de l'honoraire en prenant en considération le manquement de l'avocat à son obligation d'informer au préalable le client sur les conditions de fixation de sa rémunération.
6. Civ. 2e, 10 mars 2004, n° 02-21.318, n° 02-21.348, 2 esp., *Bull. civ.* II, n° 104; *D.* 2004, somm. 2827, obs. Blanchard; *D.* 2004, IR 994; *RTD civ.* 2004, 522, obs. Gautier; *Gaz. Pal.* 2004, somm. 1244 – Civ. 2e, 10 mars 2004, n° 02-18.241, *Bull. civ.* II, n° 103; *D.* 2004, somm. 2829, obs. Blanchard – Civ. 2e, 13 juill. 2005, n° 04-12.645, NP.
7. Civ. 2e, 19 févr. 2009, n° 08-10.790, *D.* 2009. 2704, obs. Blanchard.
8. Civ. 1re, 10 déc. 2002, n° 99-12.842, *Bull. civ.* I, n° 302.
9. Civ. 2e, 17 mars 2005, n° 02-16.427, *Bull. civ.* II, n° 70; *Gaz. Pal.* 2005, somm. 2042 – Civ. 2e, 22 févr. 2007, n° 04-14.886, NP.
10. Civ. 1re, 9 févr. 1999, n° 96-11.412, *Bull. civ.* I, n° 47; *JCP* 1999, IV, 1604; *Gaz. Pal.* 1999, pan. 131; *ibid.* 2000, somm. 2029, note du Rusquec.
11. Décr. n° 2007-932, 15 mai 2007.
12. Civ. 1re, 13 oct. 1999, n° 96-19.426, *Bull. civ.* I, n° 269; *JCP* 2000, I, 231, n° 17, obs. Martin.
13. CA Paris, 25 sept. 1996, *Gaz. Pal.* 11 févr. 1997, 23, note Damien.
14. Civ. 2e, 5 juin 2003, n° 02-12.004, *Bull. civ.* II, n° 170; *Gaz. Pal.* 2003, somm. 2472.
15. Arr. min. Justice, 10 mars 1994, *JO* 29 mars, p. 4693.

l'audiencement, l'édition des pièces de procédure, des décisions judiciaires ainsi que la production de statistiques.

• **Prescription de l'action en recouvrement ou en contestation d'honoraires.** L'action en recouvrement d'honoraires ne se prescrivait ni par deux ans ni par cinq ans, les dispositions de l'article 2273 du Code civil relatifs aux anciens avoués ne concernant que la partie tarifée de la rémunération de l'avocat; en revanche, l'action en paiement des honoraires librement fixés se prescrivait normalement par trente ans[1]. Désormais, l'action en recouvrement sera soumise au délai de droit commun de cinq ans résultant du nouvel article 2224 du Code civil issu de la réforme de la prescription civile[2]. La prescription décennale de l'article L. 110-4 du Code de commerce s'appliquera toutefois à la dette d'honoraires d'une société commerciale découlant des prestations d'un avocat exécutées pour son compte[3].

46.63 Contentieux des honoraires : détermination des demandeurs. La procédure peut être introduite soit par l'avocat devant un refus de payer ses honoraires, soit par le client qui conteste le montant des honoraires.

L'avocat qui demande des honoraires doit être l'avocat de celui à qui il les demande, c'est-à-dire son mandataire et son conseil[4]. La question peut toutefois se révéler plus délicate, tel pour un mineur[5], pour un avocat étranger que l'avocat français a dû s'adjoindre dans l'intérêt du client[6], pour une demande d'honoraires formée par l'avocat de l'épouse à son ex-mari[7], pour un ancien conseil juridique devenu avocat mais ayant formé une réclamation concernant des honoraires relatifs à des actes accomplis dans cette ancienne profession[8].

Un avocat qui plaide pour un confrère peut demander et obtenir d'être défrayé de ses frais et recevoir un honoraire modéré de principe correspondant au coût d'ouverture d'un dossier[9]. De même les clients qui contestent la demande de leur avocat ont la faculté de soumettre au bâtonnier de l'Ordre auquel appartient l'avocat, et ce quel que soit le lieu du litige, leurs réclamations en matière d'honoraires.

46.64 Contentieux des honoraires : compétence du bâtonnier (v. s[s] n°s 24.102 s.). Les réclamations sont portées d'abord devant le bâtonnier du barreau de l'avocat concerné[10]. Selon le Conseil d'État, le bâtonnier n'est alors ni une autorité juridictionnelle ni un tribunal au sens de l'article 6 de la Convention EDH. Si bien que la validité des articles 174 à 179 du décret de 1991 ne peut être appréciée au regard de l'article 6 de la Convention EDH. Le bâtonnier saisi doit être, bien entendu, celui qui est en exercice au moment de la contestation et de la décision, le bâtonnier saisi d'une contestation ne pouvant continuer à trancher alors qu'il n'est plus en fonction, peu importe qu'il ait connu précédemment de l'affaire[11]. Le bâtonnier peut déléguer ses pouvoirs de taxation à un confrère, en vertu des dispositions de l'article 7 du décret du 27 novembre 1991[12]. Il agit comme autorité judiciaire mais également comme conciliateur; il peut en cette qualité accorder à un justiciable des délais de règlement excédant une année.

• **Exception : honoraires du bâtonnier.** Lorsque la contestation porte sur les honoraires du bâtonnier, elle est portée devant le président du tribunal de grande instance qui est saisi et statue, aux termes de l'article 179 du décret du 27 novembre 1991, dans les conditions prévues aux articles 177 et 178 du même décret[13]. Ces dispositions ne sont pas applicables au cas où la contestation porte sur les honoraires du collaborateur du bâtonnier ayant un rapport de clientèle personnel avec un client[14]. Mais elles le sont lorsque les honoraires sont dus à une société civile professionnelle d'avocats dont le bâtonnier fait partie, le président du tribunal est valablement saisi directement de la fixation de ces honoraires par application de l'article 179 du décret du 27 novembre 1991. Cette solution est la même que celle appliquée à l'avocat qui exerce des fonctions judiciaires, la doctrine et la jurisprudence estimant qu'il doit s'abstenir de représenter les parties, tant par lui-même que par ses collaborateurs, aux audiences ou séances de juridictions

1. Civ. 2e, 22 mai 2003, n° 01-17.961, *Bull. civ.* II, n° 149; *D.* 2003, IR 1601; *Gaz. Pal.* 2003, somm. 2472 – CA Limoges, 16 juin 1987, *Gaz. Pal.* 1987, 712 – CA Toulouse, 14 nov. 1991, *Gaz. Pal.* 11 avr. 1992, note Damien – Civ. 1re, 2 févr. 1994, n° 91-21.811, *Bull. civ.* I, n° 43; *D.* 1994, IR 55; *Gaz. Pal.* 1994, pan. 131 – Civ. 1re, 30 janv. 1996, n° 94-12.455, *Bull. civ.* I, n° 50; *D.* 1996, IR 61.
2. L. n° 2008-561, 17 juin 2008, *JO* 18 juin, p. 9856.
3. Civ. 2e, 4 janv. 2006, n° 04-20.136, *Bull. civ.* II, n° 6; *D.* 2006, AJ 303, obs. Chevrier; *Gaz. Pal.* 2006, somm. 1262.
4. Civ. 1re, 3 juill. 1990, n° 88-19.052, *Bull. civ.* I, n° 187; *JCP* 1990, IV, 331; *Gaz. Pal.* 1990, pan. 211 – CA Paris, 13 nov. 1989, *D.* 1989, IR 311.
5. CA Chambéry, 20 avr. 1992, *Gaz. Pal.* 16 nov. 1992, 16.
6. CA Paris, 2 avr. 1993, *Gaz. Pal.* 19 sept. 1993, 5, note A. D.
7. CA Paris, 8 nov. 1993, *Gaz. Pal.* 8 mars 1994, 5, note A. D. – CA Paris, 25 mars 1994, *Gaz. Pal.* 26 nov. 1994, 20.
8. CA Versailles, ord., 23 févr. 1994, *Gaz. Pal.* 15 sept. 1994, 12.
9. CA Paris, 17 janv. 1995, *Gaz. Pal.* 10 juin 1995, 17.
10. Civ. 1re, 13 mai 2003, n° 00-18.184, *Bull. civ.* I, n° 113; *D.* 2003, IR 1545; *JCP* 2004, I, 117, n° 25, obs. Martin; *Gaz. Pal.* 2003, somm. 1858.
11. T. Lyon, 8 déc. 1971, *D.* 1972, jur. 241, note Brunois.
12. Civ. 2e, 19 févr. 2004, n° 01-14.504, *Bull. civ.* II, n° 68; *Gaz. Pal.* 2004, somm. 1244.
13. TGI Coutances, 25 oct. 1984, *Gaz. Pal.* 1987, somm. 298, note Brendel.
14. TGI Dijon, 26 févr. 1991, *Gaz. Pal.* 1991, somm. 10 oct. 1991, 4.

ou commissions auxquelles il participe[1]. Il est à noter qu'une ordonnance du président du tribunal de Bonneville du 29 octobre 1980[2] limite cette abstention du bâtonnier au cas où il a personnellement accompli les diligences justifiant les honoraires; mais cette solution paraît contraire aux principes généraux du droit et à la délicatesse requise des avocats.

46.65 Contentieux des honoraires : décision du bâtonnier. Le bâtonnier prend sa décision dans les quatre mois[3], après avoir entendu préalablement et obligatoirement l'avocat et la partie. L'invitation du bâtonnier adressée au contestant vaut convocation à se présenter[4]. Se trouve donc condamnée au nom du principe du contradictoire la pratique consistant pour certains bâtonniers à trancher le litige sans convoquer ni aviser les parties. De telles décisions doivent être annulées[5]. Le bâtonnier doit notamment apprécier à cette occasion si la volonté du client était véritablement libre et s'il n'a pas été influencé par la supériorité de l'avocat ou par l'importance des sommes qu'il allait percevoir à titre d'indemnité ou enfin par le désir de pouvoir percevoir immédiatement et sans litige les sommes auxquelles il avait droit[6].

• **Procédure orale.** La procédure est orale et la déclaration faite par une partie à l'audience du bâtonnier ou devant le rapporteur désigné par celui-ci constitue un aveu judiciaire au sens de l'article 1356 du Code civil[7].

• **Prorogation du délai de quatre mois.** Le délai de quatre mois, qui commence à partir du jour où le bâtonnier a reçu la réclamation (réception de la lettre recommandée avec accusé de réception, ou remise du récépissé), peut être prorogé dans la limite de quatre mois par décision motivée du bâtonnier, et qui sera notifiée aux parties par lettre recommandée avec demande d'avis de réception.

• **Notification.** La décision du bâtonnier est notifiée, dans les quinze jours de sa date à l'avocat et à la partie, par le secrétaire de l'Ordre, par lettre recommandée avec accusé de réception. La lettre de notification doit mentionner, à peine de nullité, le délai et les modalités de recours.

• **Dépassement du délai.** S'il n'a pas pris de décision dans le délai de quatre mois, il est dessaisi et l'affaire est directement portée devant le premier président[8]. La décision rendue après l'expiration de ce délai serait nulle[9].La sanction de l'absence de réponse dans les quatre mois par le bâtonnier à une réclamation en matière d'honoraires n'est donc pas la nullité de la procédure mais la possibilité pour la partie intéressée de saisir, dans le mois qui suit l'expiration des délais prévus par l'article 175, le premier président de la cour d'appel[10]. La saisine du premier président doit se faire par lettre recommandée avec demande d'avis de réception[11], mais l'omission de cette formalité n'entraîne pas l'irrecevabilité du recours dès lors qu'il est constant que la lettre a été expédiée avant l'expiration du délai prévu par la loi et qu'elle est effectivement parvenue au magistrat[12]. En résumé, au cas de silence gardé par le bâtonnier pendant quatre mois, le requérant dispose d'un délai d'un mois pour saisir le premier président de sa contestation d'honoraires. Et s'il s'abstient de le faire, il lui sera toujours possible de réitérer sa requête auprès du bâtonnier[13].

Il a en outre été précisé, que lorsque les parties n'avaient pas été avisées de la faculté de saisir le premier président dans le délai d'un mois, l'irrecevabilité pour tardiveté de la saisine du premier président n'est pas encourue. En l'espèce, le premier président avait été saisi neuf ans après le bâtonnier, lequel n'avait rendu aucune décision. Le premier président avait déclaré leur recours tardif, mais sa décision est cassée au motif que « les parties n'avaient pas été avisées de la faculté de saisir le premier président dans le délai d'un mois »[14].

46.66 Contentieux des honoraires : la décision du bâtonnier peut être « rendue exécutoire ». L'intervention du bâtonnier est essentiellement une conciliation; elle constitue l'établissement *a posteriori* d'une convention d'honoraires qui demeure toujours soumise en cas de contestation à la procédure spéciale relative au recouvrement des honoraires[15]; elle ne saurait constituer un premier degré de juri-

1. CA Poitiers, 13 mai 1980, *Gaz. Pal.* 1980, 465.
2. Bonneville, ord. prés., 29 oct. 1980, *Gaz. Pal.* 1981, somm. 78.
3. Décr. 27 nov. 1991, art. 175.
4. CA Versailles, 8 juill. 1992, *Gaz. Pal.* 12 janv. 1992, 12.
5. CA Douai, 10 déc. 1996, *Gaz. Pal.* 24 juill. 1997, 14.
6. Civ. 1re, 3 nov. 1976, n° 75-12.992, *Bull. civ.* I, n° 319; *Gaz. Pal.* 1977, 67, note Damien.
7. Civ. 1re, 29 avr. 2004, n° 02-20.249, *Bull. civ.* II, n° 198; *D.* 2004, IR 1639; *Gaz. Pal.* 2004, somm. 3910.
8. Décr. 27 nov. 1991, art. 176, al. 2.
9. Civ. 1re, 13 oct. 1999, n° 06-16.847, *Bull. civ.* I, n° 270, *D.* 1999. IR 253.
10. Civ. 1re, 17 juill. 1996, n° 94-18.528, *Bull. civ.* I, n° 322; *D.* 1996, IR 206; *Gaz. Pal.* 8 mai 1997, pan. 13; *ibid.* 1997, pan. 101 – Civ. 1re, 16 juill. 1991, n° 88-19.730, *Bull. civ.* I, n° 244; *D.* 1991, IR 203; *Gaz. Pal.* 1991, pan. 291.
11. Décr. 27 nov. 1991, art. 176, al. 1er.
12. Civ. 1re, 11 juin 1991, n° 89-19.266, *Bull. civ.* I, n° 188; *D.* 1991, IR 184; *Gaz. Pal.* 1991, pan. 259.
13. Civ. 2e, 22 mai 2003, n° 01-17.961, *Bull. civ.* II, n° 149; *D.* 2003, IR 1601; *Gaz. Pal.* 2003, somm. 2472 – ÉGALT : CA Chambéry, 25 avr. 1995, *Gaz. Pal.* 6 janv. 1996, somm., obs. Vray.
14. Civ. 2e, 9 oct. 2008, n° 06-16.847, *Bull. civ.* II, n° 206, *D.* 2009. 2704, obs. Blanchard.
15. Civ. 1re, 11 févr. 1992, n° 90-18.027, *Bull. civ.* I, n° 45; *D.* 1994, somm. 140; *D.* 1994, somm. 138, note Brunois; *Gaz. Pal.* 12 mai 1992, 8; *Gaz. Pal.* 1992, pan. 114.

diction. La décision du bâtonnier n'est pas exécutoire de plein droit comme une décision judiciaire [1] (selon la 1re chambre le bâtonnier ne peut assortir de l'exécution provisoire la décision qu'il prend en matière de contestation d'honoraires; la deuxième chambre civile a fait sienne cette jurisprudence dans une espèce où l'avocat avait obtenu l'exécutoire du président du tribunal de grande instance nonobstant l'appel relevé par le client, en raison de ce que le bâtonnier avait assorti sa décision de l'exécution provisoire [2]). La décision du bâtonnier peut seulement *être rendue exécutoire* par ordonnance du président du tribunal de grande instance [3], lorsque la décision a été déférée au premier président. Le bâtonnier ne peut accorder de provision à l'avocat sans porter atteinte à la compétence des juridictions d'appel, l'exécution provisoire n'étant pas prévue par les textes en vigueur (sur la définition de la provision [4]).

Les décisions du bâtonnier ou du président du tribunal de grande instance, dans l'hypothèse de l'article 179, dès lors qu'elles ont été déclarées définitives et exécutoires en France, peuvent être exécutées dans les pays parties à la Convention de Bruxelles [5].

46.67 Contentieux des honoraires : recours devant le premier président de la cour d'appel. La décision du bâtonnier est susceptible de recours devant le premier président de la cour d'appel du ressort dans lequel exerce le bâtonnier. Il est alors compétent pour connaître des contestations relatives aux honoraires et aux frais exposés par l'avocat, comme les frais de timbres ou de copies [6].

• **Forme.** Le premier président est saisi par l'avocat ou la partie, par lettre recommandée avec demande d'avis de réception. Le premier président peut parfaitement être saisi d'un appel incident, selon le droit commun de la procédure, en l'état d'aucune disposition contraire du décret du 27 nov. 1991. Cet appel incident peut être formé par l'avocat après un appel principal du client concernant la décision du bâtonnier [7].

Les discussions relatives à la saisine par la voie du greffier du tribunal ou de la cour [8] semblent désormais sans objet. Le recours doit notamment comporter les moyens d'identification, notamment la signature de celui qui le forme. À défaut la déclaration est inexistante et le recours irrecevable [9].

• **Délai de recours et appel incident.** Le délai de recours est d'un mois [10]. Il en est de même pour l'appel incident qui ne peut être valablement formé plus d'un mois après la décision du bâtonnier [11]. La deuxième chambre civile semble s'écarter des dispositions de l'article 277 du décret du 27 novembre 1991 selon lesquelles il doit être procédé « comme en matière civile pour tout ce qui n'est pas réglé par le présent décret », si bien que l'intimé est soumis au même délai que l'appelant pour relever appel incident de la décision du premier juge [12]. La première chambre civile a adopté une position contraire en décidant que l'appel incident peut être formé en tout état de cause par l'intimé [13]. La Chambre mixte a récemment semblé remettre en cause la juriprudence de la deuxième chambre civile en affirme que « lorsque dans une procédure orale une demande incidente a été formulée par un écrit déposé au greffe antérieurement au désistement d'appel, l'égalité des armes et l'exigence du procès équitable impose qu'il soit statué sur la demande incidente soutenue à l'audience » [14]. Elle emploie dans cette décision la même formulation que celle utilisée antérieurement par la chambre sociale en matière prud'homale [15].

La date du recours est celle de l'expédition de la lettre figurant sur le cachet du bureau d'émission [16].

1. Civ. 1re, 9 avr. 2002, no 99-19.761, *Bull. civ.* I, no 113; *D.* 2002, jur. 1787, note Beignier; *D.* 2002, IR 1465; *Gaz. Pal.* 2002, somm. 770; *JCP* 2002, II, 10086, note Martin.
2. Civ. 2e, 18 juin 2009, no 08-14.219, *Bull. civ.* II, no 08-14.219, no 08-14.856, *D.* 2009. 2704, obs. Blanchard.
3. Décr. 27 nov. 1991, art. 178.
4. Civ. 2e, 20 nov. 1991, no 90-16.537, *Bull. civ.* II, no 313; *D.* 1992, IR 5.
5. TGI Bruxelles, 17 sept. 1980, *Gaz. Pal.* 1981, somm. 78 – Laborde : « *Exequatur* d'une décision du bâtonnier en matière de recouvrement d'honoraires en RFA », *Gaz. Pal.* 6 juin 1991, chron.
6. Civ. 2e, 21 déc. 2006, no 04-20.153, NP, *JCP* 2007, I, 174, obs. Martin.
7. Civ. 1re, 13 nov. 2002, no 00-17.789, NPT, *JCP* 2003, I, 140, no 18, obs. Martin.
8. Civ. 2e, 6 nov. 1991, no 90-15.863, *Bull. civ.* II, no 291; *Gaz. Pal.* 10 mars 1992, pan. 10; *Gaz. Pal.* 1992, pan. 50.
9. CA Rennes, 13 févr. 1979, *Gaz. Pal.* 1980, 60, note du Rusquec.
10. Décr. 27 nov. 1991, art. 176, al. 1er.
11. Civ. 2e, 14 juin 2007, no 06-16.131, *Bull. civ.* II, no 156; *D.* 2008, 952, obs. Blanchard; *JCP* 2007, I, 174, no 29, obs. Martin.
12. Civ. 2e, 3 juill. 2003, no 02-12.510, *Bull. civ.* II, no 224; *JCP* 2003, IV, 2516; *Gaz. Pal.* 27-29 juill. 2003, 32.
13. Civ. 1re, 13 nov. 2002, no 00-17.789, NPT.
14. Cass. Ch. Mixte, 13 mars 2009, no 07-17.670, *Bull. mixte*, no 1; *BICC* 1er juin 2009, p. 28, Pronier, concl. Maynial; R. 2009, p. 314 et 421; *D.* 2009. 880; *JCP* 2009. Actu. 166, obs. Salati; *JCP* 2009. I. 142, no 11, note Serinet; *JCP* 2009. II. 10085, note Travier; *Gaz. Pal.* 4 avr. 2009, Jur. p. 27; *Procédures* 2009. Comm. 137, note Perrot; *Dr. et proc.* 2009. 219, note Salati; *Ann. Loyers* 2009. 1011, obs. Salati.
15. Soc. 14 mars 2007, no 05-43.351, *D.* 2007, 1007, obs. Guiomard, et pan. 2427, obs. Fricéro; *RDT* 2007. 335, obs. Boulmier; *RTD civ.* 2007. 642, obs. Perrot.
16. Civ. 2e, 12 juill. 2007, no 04-13.300, NP.

L'avocat et la partie sont convoqués, au moins huit jours à l'avance, par le greffier en chef, par lettre recommandée avec demande d'avis de réception[1]. Le premier président les entend contradictoirement en chambre du conseil; il peut à tout moment renvoyer l'affaire devant la cour qui procède dans les mêmes formes[2]. La convocation de l'adversaire étant le seul fait du greffe, la direction de la procédure échappe à la maîtrise des parties qui ne peuvent l'accélérer. La péremption d'instance ne peut donc être encourue[3]. Cette position de la deuxième Chambre civile que nous approuvons ne fait cependant pas l'unanimité. En 2004, la première Chambre affirmait que la péremption d'instance pour défaut d'accomplissement des diligences par les parties durant deux ans[4] n'est pas exclue en matière de contestation d'honoraires d'avocat, et qu'elle peut être interrompue par tout acte manifestant la volonté de voir aboutir la procédure[5].

Le recours en contestation d'honoraires à la suite de la décision du bâtonnier ne peut être porté que devant le premier président et non pas directement devant la cour[6], ou de nouveau devant le bâtonnier[7]. L'ordonnance du premier président ou l'arrêt de la cour est notifié par le greffier en chef par lettre recommandée avec demande d'avis de réception[8]. Cette ordonnance est susceptible de recours devant la Cour de cassation, étant entendu qu'en matière de contestation d'honoraires d'avocat, les parties ne sont pas dispensées par la loi de constituer un avocat aux Conseils[9].

• **Auteur du recours.** Le recours peut émaner soit de la partie elle-même, soit d'un mandataire librement choisi par elle[10]. Le mandataire, lorsqu'il s'agit du représentant d'une personne morale, doit être muni, conformément aux dispositions de l'article 117 du Code de procédure civile, d'un pouvoir *ad hoc*. À défaut la procédure est viciée et l'acte introductif de l'instance étant atteint d'une irrégularité de fond, celle-ci peut être proposée en tout état de cause et sans justification nécessaire d'un grief par celui qui l'invoque. Tel est le cas d'un mandataire de société possédant une procuration générale pour la défense des intérêts de cette société. Ce pouvoir à lui conféré est inopérant comme ne comportant pas, de façon spéciale et expresse, celui d'agir en justice et d'assurer la représentation de cette société devant la juridiction, tant en demande qu'en défense. Peu importe que le mandataire ait reçu un pouvoir spécial d'interjeter appel du jugement en cause, daté d'un jour antérieur à sa déclaration d'appel, dès lors que ce pouvoir n'a pas été porté à la connaissance de la cour et de l'intimé avant l'expiration du délai d'appel[11]. Cette opinion paraît contestable dans la mesure où elle semble ajouter à la loi, celle-ci[12] n'exigeant pas que le pouvoir du mandataire soit joint à l'acte d'appel à peine d'irrecevabilité de ce dernier.

Le recours en matière de contestation des honoraires dus à une société civile professionnelle d'avocats peut être exercé par la SCP elle-même mais également par l'un des avocats membre de la société dont les honoraires sont en litige[13].

Pour former son recours devant le premier président, le client peut très bien être assisté par l'avocat ayant succédé à celui dont les honoraires sont contestés dans la suite de la procédure de divorce sans que l'exigence du procès équitable puisse être considérée comme bafouée[14]. Néanmoins, l'avocat qui plaiderait pour son nouveau client dans la procédure de fixation des honoraires dus par l'avocat, dessaisi par le client à son profit, commettrait une faute déontologique en infraction aux principes essentiels rappelés par les articles 1, 2 et 3 du décret du 12 juillet 2005[15].

• **Oralité de la procédure.** Devant le premier président statuant en matière de contestation du montant et du recouvrement des honoraires d'avocat, la procédure, qui est sans représentation obligatoire, est orale. Les conclusions écrites qui peuvent être déposées ne saisissent le premier président que pour autant que leur auteur est personnellement présent ou régulièrement représenté à l'audience[16].

• **Respect du contradictoire.** Le premier président de la cour d'appel statuant sur une contestation d'honoraires doit entendre contradictoirement l'avocat et son client lequel, lorsque la lettre recommandée le convoquant à l'audience n'a pu lui être remise, doit être convoqué par voie de signification en application de l'article 670-1 du Code de procédure civile[17]. Mais le principe de la contra-

1. Décr. 27 nov. 1991, art. 177, al. 1er.
2. Décr. 27 nov. 1991, art. 177, al. 2.
3. Civ. 2e, 16 oct. 2003, n° 00-19.339, *Bull. civ.* II, n° 310; *D.* 2003, IR 2730; *RTD civ.* 2004, 347, obs. Perrot – Civ. 2e, 12 juill. 2007, n° 05-14.655, *Bull. civ.* II, n° 210; *D.* 2007, 2243, obs. Pokora; *D.* 2008, pan. 952, obs. Blanchard; *Procédures* 2007, comm., 240, obs. Perrot.
4. C. pr. civ., art. 386.
5. Civ. 1re, 10 févr. 2004, n° 00-19.198, *Bull. civ.* I, n° 43; *D.* 2004, IR 853; *JCP* 2004, II, 10059, note Martin; *RTD civ.* 2004, 347, obs. Perrot; *Procédures* 2004, comm. 76, note Perrot.
6. RAPPR. : Civ. 1re, 25 mai 1981, n° 80-11.164, *Bull. civ.* I, n° 180; *D.* 1981, IR 64; *JCP* 1981, IV, 285; *Gaz. Pal.* 1981, pan. 379.
7. Civ. 1re, 23 nov. 1999, n° 97-16.464, *Bull. civ.* I, n° 317; *D.* 2000, IR 2; *Gaz. Pal.* 2000, somm. 195.
8. Décr. 27 nov. 1991, art. 177.
9. Civ. 2e, 28 juin 1995, n° 93-10.160, *Bull. civ.* II, n° 204; *D.* 1995, IR 173; *Gaz. Pal.* 1996, pan. 100.
10. Civ. 1re, 24 févr. 1987, n° 85-10.774, *Bull. civ.* I, n° 63; *Gaz. Pal.* 1987, pan. 99; *D.* 1989, somm. 95, obs. Brunois; *JCP* 1987, IV, 149.
11. CA Paris, 26 févr. 1988, *Gaz. Pal.* 12 mai 1988, 10.
12. C. pr. civ., art. 933.
13. Civ. 2e, 15 févr. 2007, n° 05-11.056, *Bull. civ.* II, n° 37; *D.* 2007, 735; *JCP* 2007, I, 174, n° 27, obs. Martin.
14. Civ. 2e, 27 mars 2003, n° 01-15.410, *Bull. civ.* II, n° 78; *D.* 2003, IR 1076; *Gaz. Pal.* 2003, somm. 1858.
15. Décr. n° 2005-790, 12 juill. 2005.
16. Civ. 2e, 16 déc. 2004, n° 03-15.614, *Bull. civ.* II, n° 528; *D.* 2005, IR 241; *JCP* 2005, IV, 1231.
17. Civ. 1re, 11 oct. 1994, n° 92-21.662, *Bull. civ.* I, n° 283; *D.* 1994, IR 239; *Gaz. Pal.* 1995, pan. 18.

diction est respecté, dès lors que les parties ont été en mesure de développer oralement leurs moyens et arguments devant les juges [1]. De surcroît, il n'implique pas que les parties en cause doivent être présentes aux débats; elles peuvent comparaître par un mandataire désigné par elles et notamment être représentées par un avocat [2]. Une partie qui ne se présente pas devant le premier président, mais qui sollicite par écrit le renvoi de l'affaire en présentant dans sa lettre des explications sur la nature de sa contestation, peut se voir juger au fond par le premier président qui, en estimant qu'il disposait des éléments lui permettant de statuer et en refusant le renvoi, n'a fait qu'user de son pouvoir discrétionnaire et n'a pas méconnu le principe du contradictoire [3]. Mais il va de soi que le premier président ne peut relever un moyen d'office sans le soumettre au débat contradictoire [4].

• **Preuve.** Il semble pouvoir être déduit d'une décision du 10 mai 2007 que c'est toujours sur l'avocat que pèse la charge de la preuve du montant des honoraires réclamés, quand bien même il ne serait pas à l'origine de la contestation d'honoraires. C'est à lui de produire ses factures. Et le juge n'a pas à l'inviter d'office à s'expliquer sur leur absence du bordereau de communication joint aux conclusions [5].

• **Appel incident.** Le client ne peut, à l'occasion d'une procédure de recouvrement d'honoraires diligentée contre lui par un avocat, former une demande reconventionnelle contre ce dernier fondée sur une faute professionnelle [6], ni former une demande de compensation incidente [7]. Mais le magistrat, saisi d'une demande en fixation des honoraires, est compétent pour statuer sur les exceptions soulevées par les parties à l'occasion du litige [8]. En revanche l'avocat demandeur et qui a obtenu de la décision du bâtonnier le plein de sa demande devrait pouvoir, en cas d'appel des clients, même si la Cour de cassation y semble hostile [9], former un appel incident et même une demande additionnelle excédant sa demande initiale; cette nouvelle demande pouvant être formée directement devant la cour d'appel sans être soumise à la conciliation obligatoire du bâtonnier qui a rendu sa première décision; on ne peut d'ailleurs assimiler en tout point le recours formé contre la décision du bâtonnier auprès du premier président à un véritable appel, cette décision s'apparente en effet à une tentative de conciliation, la connaissance du fond du litige demeurant réservée au premier président de la cour d'appel [10].

• **Délais de grâce.** Le décret du 27 novembre 1991 ne contenant aucune disposition dérogatoire au droit commun en matière de délai de grâce, il entre dans les pouvoirs du premier président, statuant sur le montant en recouvrement d'honoraires d'avocats, de faire application le cas échéant des dispositions de l'article 1244-1 du Code civil [11].

• **Domaine de compétence du premier président.** L'article 176 du décret du 27 novembre 1991 limite normalement le pouvoir du premier président d'une cour d'appel aux contestations relatives aux honoraires et aux frais. Il convient cependant de faire application des dispositions de l'article 41, alinéa 4, de la loi du 29 juillet 1881, selon lesquelles tout juge saisi d'une cause et statuant au fond peut ordonner la suppression des propos outrageants contenus dans les écritures produites devant lui et condamner leur auteur à des dommages-intérêts [12].

46.68 Réduction des honoraires : jurisprudence *Credimo*. L'honoraire, une fois fixé par l'avocat en accord avec son client, est intangible et ne peut être modifié sauf nouvel accord [13]. Une jurisprudence classique, se fondant sur les dispositions de l'article 1134 du Code civil, décidait que les conventions d'honoraires étaient intangibles et que le juge de l'honoraire ne pourrait ni le modérer, ni le réviser lorsque la rémunération avait été stipulée après service fait [14] : « *Si les juges du fond apprécient souverainement d'après les conventions des parties et les circonstances de la cause, le montant des honoraires dus à l'avocat, il ne saurait leur appartenir d'ordonner*

1. Civ. 1re, 16 juill. 1991, no 88-19.730, *Bull. civ.* I, no 244; *Gaz. Pal.* 1991, pan. 291.
2. Civ. 1re, 20 mars 1989, no 87-14.926, *Bull. civ.* I, no 125; *JCP* 1989, IV, 192; *Gaz. Pal.* 1989, pan. 89 et 90.
3. Civ. 1re, 18 mai 1989, no 88-12.024, *Bull. civ.* I, no 200; *Gaz. Pal.* 1989, pan. 144.
4. Civ. 2e, 7 déc. 2006, no 05-20.161, NP.
5. Civ. 2e, 10 mai 2007, no 05-13.035, NP, *JCP* 2007, I, 174, no 28, obs. Martin.
6. Civ. 1re, 29 janv. 1976, no 74-11.982, NPT, *D.* 1976, somm. 20 – CA Paris, 13 mars 1989, *D.* 1989, IR 141 – CA Paris, 14 sept. 1992, *Gaz. Pal.* 12 janv. 1993, 11 – Civ. 1re, 20 oct. 1993, no 91-18.548, *Bull. civ.* I, no 291; *D.* 1993, IR 237; *JCP* 1993, IV, 9251; *Gaz. Pal.* 24 févr. 1994, 12; 1994, pan. 21.
7. Civ. 1re, 12 déc. 1979, no 78-14.316, *Bull. civ.* I, no 319; *JCP* 1980, IV, 78 – Civ. 1re, 20 oct. 1993, no 91-18.548, *Bull. civ.* I, no 291; *D.* 1993, IR 237; *JCP* 1993, IV, 2651; *Gaz. Pal.* 1994, pan. 21.
8. Civ. 1re, 16 janv. 1979, no 77-12.660, *Bull. civ.* I, no 21; *D.* 1981, IR 330, note Viatte.
9. Civ. 2e, 11 juill. 1990, no 87-16.836, *Bull. civ.* II, no 170; *Gaz. Pal.* 12 janv. 1991, 10; 1991, pan. 2; *RTD civ.* 1999, 204 – ÉGALT : CA Toulouse, 14 nov. 1991, *Gaz. Pal.* 11 avr. 1992, 4, note Damien.
10. CA Limoges, 16 juin 1987, *Gaz. Pal.* 1987, 712.
11. Civ. 1re, 13 févr. 1996, no 94-10.541, *Bull. civ.* I, no 77; *Gaz. Pal.* 1996, pan. 276.
12. Civ. 2e, 21 déc. 2006, no 04-18.174, *Bull. civ.* II, no 361; *JCP* 2007, I, 174, no 24, obs. Martin.
13. CA Versailles, ord. 1er prés., 21 janv. 1988, *Gaz. Pal.* 23 avr. 1988, 1, note Damien – CA Toulouse, 14 nov. 1991, *Gaz. Pal.* 11 avr. 1991, 4, note Damien.
14. Civ. 1re, 17 juin 1970, no 68-12.785, *Bull. civ.* I, no 203; *D.* 1970, 180, chron. 177 [doyen Sebag] – Civ. 1re, 24 févr. 1981, no 79-19.822, *Bull. civ.* I, no 63; *D.* 1982, 173, note Brunois; *JCP* 1981, IV, 164 – Civ. 1re, 2 avr. 1997, no 95-17.606, *Bull. civ.* I, no 113; *JCP* 1997, IV, 1120, note Martin; *JCP* 1997, I, 4041, no 16; *Gaz. Pal.* 1997, pan. 259; 1999, somm. 523, note du Rusquec; Defrénois 1997, 1433, note Bénabent – CA Paris, ord., 28 juin 1992, *Gaz. Pal.* 16 sept. 1993, p. 20 – V. chron. Martin, *JCP* 1992, I, 3620.

le remboursement de la portion jugée excessive dès lors qu'après service rendu, il a été librement versé par le client à l'avocat ». Lorsque le principe de cette immutabilité des conventions d'honoraires paraissait trop injuste, les tribunaux et même la Cour de cassation recouraient à des moyens détournés pour retrouver l'équité. C'est ainsi qu'on déclarait qu'il n'y avait pas eu de convention d'honoraire ou que l'acceptation par le client du montant de l'honoraire demandé n'en était pas une preuve irréfragable[1].

La supériorité de l'avocat et le besoin d'obtenir immédiatement les sommes qui lui ont été allouées par le jugement pouvaient amener le client à la signature d'une convention d'honoraire au mépris de sa liberté[2]. L'inexpérience du client pouvait également vicier son consentement; et toutes les fois que sa liberté était altérée la convention était considérée comme nulle et le client pouvait prétendre à la restitution de ses honoraires[3]. En outre, une exagération manifeste dans le montant de l'honoraire convenu pouvait toujours déclencher une action disciplinaire contre l'avocat sur le fondement de l'article 17, 3°, de la loi du 31 décembre 1971.

Mais l'arrêt *Credimo* de la Cour de cassation du 3 mars 1998[4] était venu bouleverser l'ordre ainsi établi. Visant l'article 1134 du Code civil et l'article 10 de la loi du 31 décembre 1971, l'arrêt de la première Chambre civile énonce clairement que le second de ces textes ne saurait faire obstacle au pouvoir des tribunaux de réduire les honoraires convenus initialement entre l'avocat et son client dès lors que ceux-ci apparaissent exagérés au regard du service rendu. L'émotion au sein de la profession d'avocat fut grande. Et le visa de l'article 1134 du Code civil ne fit qu'aviver les critiques, un tel texte affirmant au contraire que la convention fait la loi des parties (sous réserve de l'exigence de bonne foi). Sans doute ce revirement avait-il pour but de moraliser la profession d'avocat et de permettre ainsi une plus grande transparence dans les relations entre avocat et client. Il ne résista pas cependant à l'élan de désapprobation qui le suivit. Les limites au pouvoir de révision du juge réapparurent. « Si les juges du fond apprécient souverainement d'après les conventions des parties et les circonstances de la cause le montant de l'honoraire dû à l'avocat, il ne leur appartient pas de le réduire dès lors que le principe et le montant de l'honoraire ont été acceptés par le client après service rendu, que celui-ci ait été ou non précédé d'une convention »[5] Qu'il y ait convention ou non et même excessif, l'honoraire réglé librement après service rendu, ne pourra être réduit, sauf à démontrer l'erreur, le dol ou la contrainte. Ainsi dès lors que l'honoraire de résultat est fixé par une convention postérieure à une décision de justice devenue irrévocable mettant un terme au litige, le juge ne peut plus modifier l'honoraire convenu[6]. Encore faut-il naturellement qu'il y ait service rendu et donc que le paiement n'intervienne pas avant la fin du litige (sur la notion de service rendu, v. s[s] n° 46.27). Encore faut-il également que la preuve d'un versement éclairé après service rendu soit rapportée. Ce qui n'est pas le cas lorsque le paiement intervient à la suite de factures non détaillées[7]. Quoi qu'il en soit, si l'honoraire complémentaire de résultat doit être réduit, ce n'est que parce qu'il est exagéré au regard du service rendu.

• Dans une affaire où il y avait eu une succession d'avocats, il a été jugé que l'honoraire complémentaire de résultat convenu ne peut être réduit que s'il apparaît exagéré au regard du service rendu, et que le Premier président de la cour d'appel ne pouvait se contenter de relever que le premier avocat était étranger à la négociation de la transaction[8].

1. Civ. 1re, 14 mai 1991, n° 89-15.175, *Bull. civ.* I, n° 149; *JCP* 1991, IV, 264; *Gaz. Pal.* 1991, pan. 228 – CA Grenoble, 10 avr. 1989, *Gaz. Pal.* 11 avr. 1992, 13.
2. Civ. 1re, 3 nov. 1976, n° 75-12.992, *Bull. civ.* I, n° 319; *Gaz. Pal.* 1977, 67, note Damien.
3. CA Paris, 23 avr. 1968, *Gaz. Pal.* 1968, 136 – RAPPR. : Civ. 1re, 13 oct. 1976, NPT, *Gaz. Pal.* 1976, somm. 274 – Civ. 1re, 19 avr. 1977, n° 75-15.449, *Bull. civ.* I, n° 167; *Gaz. Pal.* 1977, 2, somm. 224; *D.* 1977, IR 322 – Civ. 1re, 18 juill. 1977, n° 77-11.915, *Bull. civ.* I, n° 336; *Gaz. Pal.* 1977, 2, somm. 358 – Civ. 1re, 16 janv. 1979, n° 77-12.660, *Bull. civ.* I, n° 21; *D.* 1981, IR 330, note Brunois; *Gaz. Pal.* 1979, 538, note Viatte – Civ. 1re, 12 juill. 1989, n° 87-16.982, *Bull. civ.* I, n° 291; *JCP* 1989, IV, 346.
4. Civ. 1re, 3 mars 1998, n° 95-15.799, *Bull. civ.* I, n° 85; D. Affaires 2 avr. 1998, 576; *JCP* 8 avr. 1998, 637, note Damien; *Gaz. Pal.* 11 juill. 1998, 18 – ÉGAL[T] : Civ. 1re, 7 juill. 1998, n° 96-10.387, *Bull. civ.* I, n° 237; *D.* 1998, IR 211; *Gaz. Pal.* 1998, pan. 323; *CCC* 1998, n° 159, obs. Leveneur; *JCP* 1999, I, 126, n° 18, obs. Martin – Civ. 1re, 12 janv. 1999, n° 96-13.563, NPT, *Rev. huissiers* 2000, 28, note Bourdillat – Civ. 1re, 3 juill. 2001, n° 98-20.970, NPT, *JCP* 2002, I, 136, n° 22, obs. Martin – Civ. 2e, 13 mars 2003, n° 01-15.933, *Bull. civ.* II, n° 59; *Gaz. Pal.* 30 mars-1er avr. 2003, 1029; 2003, somm. 1125; *JCP* 2003, I, 140, n° 14, obs. Martin.
5. Civ. 2e, 5 juin 2003, n° 01-15.411, *Bull. civ.* II, n° 169; *D.* 2003, IR 2409; *Gaz. Pal.* 2003, somm. 2473; *JCP* 2004, I, 117, n° 21, obs. Martin – Civ. 2e, 18 sept. 2003, n° 01-16.013, *Bull. civ.* II, n° 279; *D.* 2004, somm. 2830, obs. Blanchard; *D.* 2003, IR 2409; *JCP* 2004, I, 117, n° 21, obs. Martin; *Gaz. Pal.* 2003, somm. 3168; *RTD civ.* 2004, 114, obs. Gautier – Civ. 1re, 18 oct. 2000, n° 97-21.824, NPT, *D.* 2002, somm. 855, obs. Blanchard.
6. Civ. 2e, 14 juin 2006, n° 03-18.718, NP.
7. Civ. 2e, 21 déc. 2006, n° 04-20.176, n° 04-20.177, n° 04-20.178, n° 04-20.179, 4 esp., NP.
8. Civ. 2e, 4 juill. 2007, n° 06-14.633, *Bull. civ.* II, n° 185; *D.* 2007, AJ 2111, obs. Avena-Robardet; *LPA* 18 déc. 2007, 9, note Morelli; *Gaz. Pal.* 6-8 janv. 2008, 5, note J.-G. M.

SECTION 2
FRAIS

46.71 Frais compris dans les dépens de l'article 695 du Code de procédure civile. Les frais et débours de l'avocat et notamment les sommes qu'il a pu régler aux différents auxiliaires de justice qui préparent la procédure à ses côtés (signification, placement, grosse...) en dehors des matières relevant du tribunal de grande instance, dans les cas où la postulation est réservée aux avocats, sont recouvrés conformément aux dispositions des articles 704 et suivants du Code de procédure civile. L'auxiliaire de justice qui entend recouvrer les dépens en fait la demande au greffe de la juridiction compétente en application de l'article 52 du Code de procédure civile, accompagnée d'un compte détaillé qui mentionne les provisions reçues. Le secrétaire de la juridiction vérifie le montant des dépens et remet un certificat de vérification. Bien que l'article 704 dispose que les parties *peuvent* demander au secrétaire de la juridiction de vérifier le montant des frais, la jurisprudence estime que ce préalable est obligatoire[1]. Ce certificat de vérification est notifié par l'avocat à l'adversaire qui dispose d'un délai d'un mois pour le contester. En l'absence de contestation, il demande au secrétaire vérificateur de le mentionner sur le certificat de vérification et cette mention vaut titre exécutoire.

Celui qui conteste la vérification peut présenter une demande d'ordonnance de taxe au secrétaire de la juridiction qui a vérifié le compte, accompagnée du certificat de vérification. Le président de la juridiction statue par ordonnance au vu du compte vérifié. Il peut également renvoyer le dossier devant le tribunal et l'ordonnance de taxe qu'il rend peut être frappée d'appel pendant un délai d'un mois qui est suspensif d'exécution. L'affaire est alors évoquée devant le premier président après convocation au moins quinze jours à l'avance par le greffier de la cour. Le premier président a la faculté de renvoyer à une audience de la cour pour statuer sur cette demande.

• **Juridiction compétente.** Aux termes de l'article 704 du Code de procédure civile, la demande de vérification est adressée au secrétaire de la juridiction compétente en application de l'article 52. Il convient donc de distinguer « les demandes relatives aux frais, émoluments et débours qui, afférents à une instance, ont été exposés devant une juridiction par les auxiliaires de justice et les officiers publics ou ministériels » et qui sont portés devant la juridiction qui a rendu la décision, des « demandes relatives aux frais, émoluments et débours qui n'ont pas été exposés devant une juridiction » et qui sont portées devant le tribunal de grande instance dans le ressort duquel l'officier public ou ministériel ou l'auxiliaire de justice exerce ses fonctions s'ils sont supérieurs à dix mille euros ou, s'ils sont d'un montant inférieur, devant le tribunal d'instance. Ainsi, dès lors que les dépens objet de la contestation ont été exposés devant une cour d'appel, la demande d'ordonnance de taxe doit être formée devant le premier président de cette même juridiction[2]. S'agissant des frais d'exécution d'un jugement, la Cour de cassation ne les considère pas comme afférents à une instance. Par suite, les demandes relatives à la vérification et au recouvrement de tels frais ne peuvent être portées, selon le montant des frais, que devant le tribunal d'instance ou le tribunal de grande instance[3].

46.72 Frais non compris dans les dépens de l'article 695 du Code de procédure civile. Pour ce qui est des rémunérations tarifées, les demandes ou contestations relatives aux frais, émoluments et débours qui ne sont pas compris dans les dépens mentionnés à l'article 695 du Code de procédure civile, formés par ou contre les auxiliaires de justice, sont soumises aux règles prévues par les articles 704 à 718 du Code de procédure civile[4].

En revanche, les contestations relatives aux honoraires des auxiliaires de justice ou des officiers publics ou ministériels dont le mode de calcul n'est pas déterminé par une disposition réglementaire demeurent soumises aux règles qui leur sont propres[5]. Pour les huissiers de justice, il s'agit de celle prévue à l'article 24 du décret du 12 décembre 1996[6], les avoués l'article 3 du décret du 30 juillet 1980[7] et les avocats les articles 174 à 179 du décret du 27 novembre 1991[8]. Dans le cas de l'article 720, le juge statue suivant la nature et l'importance des activités de l'auxiliaire de justice ou de l'officier public ou ministériel, les difficultés qu'elles ont présentées et la responsabilité qu'elles peuvent entraîner. Il mentionne, s'il y a lieu, les sommes déjà perçues soit à titre de provision, soit à titre de frais ou d'honoraires[9].

Mais la rémunération des avocats, lorsque leur ministère n'est pas obligatoire, n'est pas comprise dans les dépens même si elle est réglementée[10].

1. Civ. 2e, 10 févr. 1982, no 80-16.872, *Bull. civ.* II, no 19; *Gaz. Pal.* 5 oct. 1982, jur. 488, no 276 à 278, note Padovani; *JCP* 1982, II, 9904, note Bailly.
2. Civ. 2e, 5 déc. 2002, no 01-02.299, *Bull. civ.* II, no 276; *Gaz. Pal.* 6-7 août 2003, somm. 2555, obs. du Rusquec; *Gaz. Pal.* 2003, somm. 1219.
3. Avis, 17 mai 2004, *BICC* 15 déc. 2004, p. 16, rapp. Vigneau, obs. Benmakhlouf.
4. C. pr. civ., art. 719.
5. C. pr. civ., art. 720.
6. Décr. no 96-1080, 12 déc. 1996.
7. Décr. no 80-608, 30 juill. 1980.
8. Décr. no 91-1197, 27 nov. 1991.
9. C. pr. civ., art. 721; réd. décr. no 84-618, 13 juill. 1984.
10. Civ. 2e, 2 déc. 1987, no 86-12.784, *Bull. civ.* II, no 258; *D.* 1987, IR 255; *D.* 1989, somm. 98, note Brunois; *Gaz. Pal.* 1988, pan. 25 – Civ. 2e, 7 janv. 1999, no 96-22.223, NPT.

• La procédure de modification après divorce du droit de visite est dispensée de ministère d'avocat[1]. Doit donc être cassée, pour violation des articles 695 et 1084 du Code de procédure civile, l'ordonnance du premier président d'une cour d'appel confirmant une ordonnance de taxe incluant dans les dépens la rémunération de l'avocat[2].

SECTION 3
RÉMUNÉRATION DE LA POSTULATION

46.81 Tarification de la postulation des avocats devant le tribunal de grande instance. La loi du 31 décembre 1971, modifiée par la loi du 31 décembre 1990, précise en son article 10 que : « La tarification de la postulation et des actes de procédures est régie par les dispositions sur la procédure civile. »[3]

Dès lors, malgré de nombreuses abrogations des textes, l'ancien tarif des avoués, issu du décret du 2 avril 1960, et dont les taux ont été modifiés plusieurs fois et qui a été étendu aux avocats postulants, subsiste. Et cet encadrement des tarifs de l'activité de postulation n'est nullement contraire au principe de la liberté des prix posé à l'alinéa 1er de l'article L. 410-2 du Code de commerce[4].

Le montant des émoluments est fixé par le décret du 21 août 1975. Les dépens dus à l'avocat postulant comprennent un droit fixe, des droits proportionnels et des déboursés.

• **Droit fixe.** Il est de 6,59 euros mais pourra être réduit dans un certain nombre de cas[5]. Le principe est celui de l'unicité du droit fixe, si bien que l'avocat ne percevra qu'un seul droit fixe dans une même cause, aurait-il accompli des actes procéduraux pour plusieurs parties ayant ou non des intérêts distincts[6].

• **Calcul des droits proportionnels.** le calcul des droit proportionnels diffère selon que le litige est ou non évaluable en argent[7]. Si le litige est évaluable en argent, le droit proportionnel est calculé par tranches dégressives, en fonction de l'intérêt du litige, selon le barème suivant : 3,60 % de 0 à 1 068 euros; 2,20 % de 1 068,01 à 2 135 euros; 1,20 % de 2 135,01 à 3 964 euros; 0,6 % de 3 964,01 à 9 147 euros; 0,30 % au-dessus de 9 147 euros. Dans le cas contraire, le droit proportionnel sera remplacé par un multiple du droit fixe, appelé droit variable, qui est calculé en application des articles 13 et 14 du décret du 2 avril 1960. Aussi faut-il en conclure que, dès lors que l'intérêt du litige ne porte ni sur le bien-fondé de la créance ni sur son montant, il doit être substitué au droit proportionnel un droit variable, multiple du droit fixe[8]. C'est ainsi qu'il a été jugé que l'instance dont il s'agissait de taxer les frais n'ayant pas pour objet de fixer la créance du Trésor public mais de contester les inscriptions hypothécaires prises pour le recouvrement de cette créance, le droit variable devait être substitué au droit proportionnel[9]. Le droit variable devra également être appliqué s'agissant d'une action engagée sur le fondement de l'article L. 267 LPF, qui permet de faire déclarer le dirigeant d'une société solidairement responsable du paiement des impositions et pénalités dues par la société, le litige ne portant ni sur le bien-fondé de la créance, ni sur son montant[10]. En revanche, dès lors que la demande porte non seulement sur la nullité de l'avis à tiers détenteur (demande indéterminée), mais également sur la prescription frappant la créance du Trésor public dont le montant était parfaitement déterminé, le droit proportionnel s'impose, l'intérêt du litige étant évaluable en argent[11]. De même, la demande en délivrance d'un legs constitue une demande évaluable en argent, dès lors que le legs a fait l'objet d'une estimation dans la déclaration de succession pour les besoins des droits d'enregistrement. Un droit proportionnel est donc dû à l'avocat pour cette demande[12].

• **Les déboursés.** Seules les copies de l'acte de procédure rédigées et établies par l'avocat postulant sont comprises dans la rémunération forfaitaire fixe ou proportionnelle. Les autres copies, comme celles des mémoires, des expertises ou documents comptables versés aux débats par l'autre partie, donnent lieu à remboursement au titre des déboursés c'est-à-dire aux frais de papeterie, d'impression et de correspondance[13].

Les frais de postulation sont compris dans les dépens de l'article 695 du Code de procédure civile. La procédure de recouvrement est celle instituée par

1. Civ. 2e, 2 déc. 1987, no 86-12.784, *Bull. civ.* II, no 258; *D.* 1987, IR 255; *D.* 1989, somm. 98, note Brunois; *Gaz. Pal.* 1988, pan. 25.
2. Civ. 2e, 10 mai 1995, no 93-15.374, *Bull. civ.* II, no 134; *Gaz. Pal.* 21 déc. 1995, pan. 226.
3. Landry, « Réflexions sur le tarif de la postulation de l'avocat », *Gaz. Pal.* 22 janv. 1998, p. 3.
4. CE 23 nov. 2005, no 263284, Sté des travaux électriques de Normandie, *Lebon T.*; *D.* 2006, IR 11; *JCP* 2006, II, 10038, note Aguila.
5. Décr. no 60-323, 2 avr. 1960, art. 2, 15, 16, 17 et 18.
6. SUR LA QUESTION : Arbellot, « Éléments de calcul des dépens tarifaires », *BICC* no 608, 15 nov. 2004.
7. SUR LA QUESTION : Arbellot, « Éléments de calcul des dépens tarifaires », *BICC* no 608, 15 nov. 2004.
8. Civ. 2e, 7 déc. 1994, no 93-11.282, *Bull. civ.* II, no 254.
9. Civ. 2e, 3 mai 2007, no 06-13.257, *Bull. civ.* II, no 115; *JCP* 2007. IV. 2137 – ÉGALT À PROPOS D'UNE contestation portant exclusivement sur la saisissabilité ou l'insaisissabilité des sommes détenues par une banque pour le compte du débiteur, dont le montant n'était ni indiqué ni discuté : Civ. 2e, 7 déc. 1994, no 93-11.282, *Bull. civ.* II, no 254.
10. Civ. 2e, 30 avr. 2003, no 01-03.635, *Bull. civ.* II, no 119; *JCP* 2004, I, 117, no 20, obs. Martin; *Gaz. Pal.* 8-10 févr. 2004, 23, obs. du Rusquec.
11. CA Rennes, ord. taxe, 2 sept. 2003, *JCP* 2004, II, 10101.
12. Civ. 2e, 18 janv. 2007, no 05-21.415, no 05-21.513, *Bull. civ.* II, no 12; *JCP* 2007, I, 174, no 19, obs. Martin.
13. Décr. 2 avr. 1960, art. 65 (4o); décr. 21 août 1975, art. 2 – Cass. Ass. plén., 11 mai 1990, no 89-12.062, *Bull. ass. plén.*, no 7; *JCP* 1990, IV, 255; *Gaz. Pal.* 1990, 1, pan. 138 – Civ. 2e, 3 juin 1998, no 96-16.628, NP.

le décret du 13 juillet 1984[1], qui modifie les articles 704 à 721 du Code de procédure civile. Le bâtonnier, s'il est compétent pour statuer sur les honoraires, ne saurait se prononcer sur les émoluments de la postulation[2]. À l'inverse, dans une décision du 7 mai 2008, la Cour de cassation a précisé qu'en matière de contestation d'honoraires de postulation et dans le domaine des ventes judiciaires d'immeubles, il convenait de s'assurer que les émoluments de postulation concernaient bien des frais relatifs à la procédure d'adjudication et non des honoraires rémunérant des actes de consultation, d'assistance, de conseil, de rédaction d'actes juridiques sous seing privé et de plaidoirie étrangers aux actes de procédure ouvrant droit aux seuls émoluments[3].

La vérification des émoluments de postulation relève désormais du secrétaire de la juridiction (greffier en chef ou greffier), avec possibilité de contestation dans le délai d'un mois[4]. La vérification est alors soumise au président de la juridiction, avec faculté de renvoi à une audience du tribunal. Sa décision notifiée est susceptible d'un recours devant le premier Président de la cour d'appel dans le délai d'un mois, avec faculté pour ce magistrat de renvoyer l'affaire à une audience de la cour d'appel avec débat contradictoire et convocation des parties au moins quinze jours avant l'audience.

L'ordonnance de taxe définitive, après expiration des délais de recours suspensifs d'exécution, est revêtue de la formule exécutoire sur minute par le secrétariat-greffe.

Enfin, tout partage des émoluments est nul de plein droit, l'article 85 du décret du 2 avril 1960 n'ayant été abrogé expressément qu'en tant qu'il s'appliquait aux avoués près les cours d'appel, par l'art. 32 du décret du 30 juillet 1980, qui reprend pour eux la même interdiction en son article 7. Se trouve notamment censuré le partage entre avocat plaidant et avocat postulant. Si bien que l'engagement pris par un avocat postulant dans une procédure de saisie immobilière de rétrocéder à l'avocat ayant engagé la procédure la moitié de ses droits et émoluments est nul[5]. Du reste, cette interdiction doit subsister en tant que principe déontologique de la profession d'avocat qui prohibe la dichotomie[6]. La dichotomie demeure en effet prohibée par la déontologie de l'Ordre des avocats et interdit tout partage avec un avoué à la cour, un avocat plaidant ou postulant, et bien entendu toutes les autres professions d'auxiliaires de justice[7].

46.82 Recouvrement des dépens contre l'adversaire. Les articles 704 et suivants du Code de procédure civile ont réglé de manière différente le recouvrement des dépens contre l'adversaire. Il est prévu que l'auxiliaire de justice qui entend recouvrer les dépens doit présenter un compte détaillé qu'il est tenu de remettre aux parties et que le secrétaire de la juridiction vérifie, procédant s'il y a lieu aux redressements nécessaires, afin de le rendre conforme au tarif.

46.83 Postulation des avocats des parties civiles. En matière pénale, les avocats des parties civiles dont la présence a pourtant été jugée effective et nécessaire en la cause ne peuvent bénéficier du tarif de postulation, les dispositions de l'article 63 du décret du 2 avril 1960 ne s'appliquant pas à la nouvelle profession[8].

46.84 Prescription. Lorsque l'affaire est terminée, l'action en réclamation des dépens taxables par l'avocat qui peut être engagée dès le prononcé du jugement sur le fond[9] se prescrivait jusqu'à la réforme de la prescription civile opérée par la loi du 17 juin 2008[10] par deux ans[11]. Jusqu'à une date assez récente on considérait que cette courte prescription ne concernait que les rapports de l'avocat avec son client[12]. À l'encontre de l'adversaire, seule la prescription trentenaire pouvait être invoquée[13]. Mais parce que l'ancien article 2273 du Code civil ne distingue pas, la Cour de cassation, en 2001, a

1. Décr. n° 84-918, 13 juill. 1984.
2. Civ. 2e, 28 juin 2007, n° 05-16.013, *Bull. civ.* II, n° 174; *JCP* 2007, IV, 2598; *LPA* 17 déc. 2007, 10, note Porteron; *Procédures* 2007, comm. 241, obs. Perrot.
3. Civ. 2e, 7 mai 2008, n° 07-13.060, P.
4. Arbellot, « Procédure de vérification des dépens en matière de rémunération des avoués », *BICC* n° 625, 15 sept. 2005 – Arbellot, « Procédure de vérification des dépens », *BICC* n° 608, 15 nov. 2004.
5. Civ. 1re, 19 avr. 1988, n° 86-13.049, *Bull. civ.* I, n° 102; *D.* 1988, IR 121; *Gaz. Pal.* 1988, pan. 164; *JCP* 1988, IV, 217 – POUR UNE AUTRE APPLICATION DU PRINCIPE : Civ. 2e, 7 mai 2008, n° 07-13.060, P.
6. LEMAIRE, p. 408, n° 471 – PAYEN, p. 427, n° 458 – CRESSON, p. 149 et 153 – CRÉMIEU, p. 241, n° 252.
7. CA Amiens, 8 janv. 1986, *Gaz. Pal.* 1986, 2, 590; *D.* 1987, somm. note Brunois – Civ. 1re, 19 avr. 1988, n° 86-13.049, *Bull. civ.* I, n° 102; *D.* 1988, IR 121; *Gaz. Pal.* 1988, pan. 164; *JCP* 1988, IV, 217.
8. Cass. Ass. plén., 20 févr. 1976, n° 75-90.455, *Bull. ass. plén.*, n° 4; *Gaz. Pal.* 1976, 1, 316.
9. Civ. 2e, 19 oct. 2006, n° 05-16.736, *Bull. civ.* II, n° 280; *D.* 2006, IR 2751.
10. L. n° 2008-561, 17 juin 2008 portant réforme de la prescription en matière civile, *JO* 18 juin, p. 9856.
11. C. civ., art. 2273, anc.
12. Civ., 16 juill. 1890, *DP* 1891, 1, 32 – CA Grenoble, 22 juill. 1824, Jur. gén., *V° Prescription civile*, n° 1026 – CA Agen, 7 juin 1890, *DP* 1892, 2, 10 – CA Aix-en-Provence, 12 juin 2001, *Juris-Data* n° 147612.
13. CA Paris, ord. 1er prés., 22 mars 1982, inédit – CA Aix-en-Provence, ord. 1er prés., 20 mai 1997, *Juris-Data* n° 044823 – CA Angers, ord. 1er prés., 18 févr. 1999, *Juris-Data* n° 040951.

mis fin à cette distinction[1]. Finalement, l'action en recouvrement des dépens se prescrivait par deux ans à compter du jugement, sans qu'il y ait lieu de distinguer selon que l'action est exercée à l'encontre du mandant ou, en application de l'article 699 du Code de procédure civile, à l'encontre de l'adversaire de celui-ci. Pour beaucoup, cette solution n'était pas satisfaisante[2]. Parce que la cour de renvoi, sensible aux remarques de la doctrine, avait refusé de suivre les Hauts magistrats, l'Assemblée plénière de la Cour de cassation alors saisie a réaffirmé la solution dégagée en 2001 : « l'action des avoués en recouvrement des dépens se prescrit par deux ans à compter du jugement des procès sans qu'il y ait lieu de distinguer selon qu'elle est exercée par l'avoué à l'encontre de son mandant ou de l'adversaire condamné aux dépens »[3]. Lorsque l'affaire n'était pas terminée, la prescription est de cinq ans[4].

Cette prescription abrégée de deux ans était exclue quant aux créances non tarifées, générées par des opérations hors ministère, relevant du domaine des honoraires libres (v. s[s] n° 46.35)[5]. Elle ne s'appliquait donc ni aux honoraires de consultation et de plaidoirie ni au solde d'honoraire dû.

L'action en répétition des frais taxables payés irrégulièrement par le client à son avocat, qui se prescrivait également par deux ans[6], s'est ensuite prescrite par trente ans, la loi du 24 décembre 1897 ayant été abrogée par l'article 76 de la loi du 31 décembre 1971.

• **Réforme de 2008**[7]. En vigueur depuis le 19 juin 2008, l'action en recouvrement est soumise au délai de droit commun de cinq ans résultant de l'article 2224 du Code civil issu de la réforme de la prescription civile[8].

1. Civ. 2e, 17 mai 2001, n° 98-12.637, *Bull. civ.* II, n° 97; *D.* 2002, jur. 128, note Chatteleyn et Loyer [CRITIQUE]; *D.* 2001, IR 1849; *Gaz. Pal.* 2001, somm. 1355; somm. 953 – ÉGAL[T] : Civ. 2e, 13 juill. 2005, n° 03-18.110, NP.
2. Chatteleyn et Loyer, préc.; RÉP. PR. CIV., *V° Avocat*, n° 525.
3. Cass., Ass. plén., 12 janv. 2007, n° 05-11.816, *Bull. ass. plén.*, n° 1; *BICC* 15 mars 2007, rapp. Gillet, avis de Gouttes; *D.* 2007, 367, obs. Guiomard; *D. 2007* pan. 833, obs. Blanchard; *JCP* 2007, II, 10075, note Taisne; *Gaz. Pal.* 2007, 450, avis de Gouttes, et 476, note Clavier; *LPA* 23 mai 2007, note Dagorne-Labbe; *Dr. et proc.* 2007, 160, note Fricéro.
4. C. civ., art. 2273, anc.
5. Civ. 1re, 2 févr. 1994, n° 91-21.811, *Bull. civ.* I, n° 43; *D.* 1994, IR 55; *Gaz. Pal.* 1994, pan. 131– Civ. 1re, 30 janv. 1996, n° 94-12.455, *Bull. civ.* I, n° 50; *D.* 1996, IR 61 – Civ. 2e, 27 mars 2003, n° 02-10.684, *Bull. civ.* II, n° 79.
6. L. 24 déc. 1897 relative au recouvrement des frais dus aux notaires, avoués et huissiers, *JO* 27 déc., p. 7271, art. 2.
7. L. n° 2008-561, 17 juin 2008.
8. L. n° 2008-561, 17 juin 2008.

• Il existe peu de cas d'espèce en matière de frais et dépenses taxables, notons toutefois une décision de la Cour de cassation qui rappelle que le paiement d'une indemnité de transport ne concerne pas les déplacements effectués par l'avocat pour se rendre de son cabinet au palais de justice[9].

SECTION 4
ARTICLE 700 DU CODE DE PROCÉDURE CIVILE

46.91 **Principe.** La partie perdante est classiquement condamnée à payer au vainqueur les frais de justice et les frais de postulation auxquels son avocat peut prétendre en vertu de l'ancien tarif des avoués toujours applicable en la matière; mais pour autant la partie qui a triomphé, totalement ou partiellement, se voit exposée à une perte financière importante en raison, d'une part, des honoraires qu'elle a versés à son avocat ou à des experts ou des consultants et, d'autre part, à des frais relatifs aux dépenses qu'elle a pu exposer par ailleurs : photocopies, frais de déplacement, journées « perdues » pour préparer son dossier, conférer avec ses conseils ou assister aux audiences. D'où l'idée d'une indemnité accordée par les juges, destinée à pallier ces dépenses.

C'est l'article 700 du Code de procédure civile dans sa rédaction issue du décret du 29 juillet 1976[10] qui prévoit, pour la première fois, que lorsqu'il paraît inéquitable de laisser à la charge d'une partie les sommes exposées par elle et non comprises dans les dépens, le juge peut condamner l'autre partie à lui payer le montant qu'il détermine.

Cette disposition ne s'appliquait que devant la juridiction civile. C'était une possibilité pour le juge et non une obligation et les honoraires de l'avocat pouvaient difficilement être déterminés avec certitude; il pouvait se référer à un barème indicatif si celui-ci existait en pensant que, pour le montant prévu au barème, le plaideur aurait pu trouver un avocat acceptant de le défendre[11]. La troisième chambre civile de la Cour de cassation avait posé en principe par son arrêt du 4 avril 1978 que les condamnations sur le fondement de l'article 700 devaient être motivées[12]. Cette obligation fut interprétée par la cour de Rennes comme permettant le renvoi au barème indicatif[13]. La cour de Versailles

9. Civ. 2e, 14 juin 1989, n° 88-13.466, *Bull. civ.* II, n° 126; *JCP* 1989, IV, 301; *Gaz. Pal.* 1989, pan. 151.
10. Décr. n° 76-714, 29 juill. 1976.
11. Delamarre *Gaz. Pal.* 1976, 2, 502, s[s] CA Paris, 14 juin 1976 – Boccara, « La condamnation aux honoraires », *JCP* 1976, I, 2828.
12. Civ. 3e, 4 avr. 1978, n° 76-15.498, *Bull. civ.* III, n° 149.
13. CA Rennes, 29 nov. 1978, *Gaz. Pal.* 1979, 1, 34.

au contraire admit que l'évaluation de ces frais, comprenant notamment la rémunération de l'avocat, pouvait être faite *ex aequo et bono* sans référence directe à des pièces justificatives. La cour d'Aix par deux arrêts du 26 mars 1980 et du 13 mai 1980 admettait que la condamnation de l'article 700 devait englober le remboursement d'honoraires appréciés par la juridiction[1]. La jurisprudence a évolué. La première chambre civile de la Cour de cassation, se fondant sur les travaux de la commission de réforme du Code de procédure civile, a admis qu'il soit statué souverainement en cette matière par les juges du fond, sans motivation nécessaire[2].

Mais le législateur fut amené à intervenir par la loi du 10 juillet 1991[3] relative à l'aide juridictionnelle et qui, posant le principe de l'universalité de l'article 700, transformait la possibilité accordée au juge en une véritable obligation, soumise simplement à la réserve de l'équité[4]. Le juge condamne donc la partie tenue aux dépens à payer à l'autre partie la somme qu'il détermine; il peut même d'office dire qu'il n'y a pas lieu à cette condamnation pour des raisons économiques et d'équité.

46.92 Champ d'application. Cette possibilité ne s'appliquait pas devant la juridiction administrative qui résistait à l'extension de l'article 700 en son domaine propre[5]. Le décret du 2 septembre 1988[6] admit dans des termes rigoureusement identiques à ceux de l'article 700 du Code de procédure civile la possibilité pour les juridictions administratives de condamner l'une des parties à payer à l'autre les sommes exposées par son adversaire, non comprises dans les dépens et qu'il serait inéquitable de laisser à sa charge. La disposition figure dans l'article L. 761-1 du Code de justice administrative, transformant en obligation la possibilité. Le même système fut étendu au pénal par l'article 475-1 du Code de procédure pénale.

46.93 Modalités. Il semble qu'en vertu du principe du contradictoire ce remboursement de frais doit avoir été demandé par la partie à laquelle on l'accorde. Le principe de la répétibilité absolue des honoraires versés à l'avocat n'a pas été retenu, il se conjugue avec le principe de l'équité et de la situation économique de la partie condamnée.

Les juridictions qui accordent le remboursement des frais répétibles sont toutes les juridictions présentant un caractère juridictionnel par rapport aux commissions à caractère non juridictionnel.

Comment calculer l'honoraire qui servira de base à la décision sur le fondement de l'article 700 ou des textes similaires devant d'autres types de juridictions ? Le juge s'inspirera équitablement des modes de fixation des honoraires admis par la jurisprudence en tenant compte des critères classiques développés ci-dessus (v. s^{s} n° 46.22), des barèmes indicatifs, des conventions d'honoraires prévues par l'article 10 de la loi du 31 décembre 1971, sans être rigoureusement liés ni aux critères d'honoraires dans les procédures de recouvrement, ni aux barèmes, ni même à la convention d'honoraires convenue entre le client et son avocat[7].

46.94 Cas particulier – Aide juridictionnelle. Si la partie tenue aux dépens ou qui a perdu le procès n'est pas elle-même bénéficiaire de l'aide juridictionnelle, l'avocat peut demander, au nom de son client, une somme au titre des honoraires, identique à celle qu'il aurait pu demander à un plaideur ordinaire. Si l'avocat obtient la condamnation de l'adversaire de son client, soit il prend la somme que lui attribue l'État, soit il opte pour la somme allouée par le juge; il ne peut cumuler les deux sommes[8]; lorsque le plaideur ne bénéficie que de l'aide juridictionnelle partielle l'article 35 de la loi du 10 juillet 1991 dispose que l'avocat a droit à un honoraire complémentaire, l'article 37 peut donc jouer dans ce cas.

46.95 Cas particulier – Assurance de protection juridique. Lorsque le plaideur bénéficie d'une assurance de protection juridique, l'avocat n'en est pas moins autorisé à demander un honoraire supérieur à celui prévu par le contrat d'assurance. Le client pourra alors se prévaloir du nouvel article L. 127-8 du Code des assurances créé par la loi du 19 février 2007[9] : « *toute somme obtenues en remboursement des frais et des honoraires exposés pour le règlement du litige bénéficie par priorité à l'assuré pour la dépense restée à sa charge* (le surplus des honoraires de l'avocat notamment) *et subsidiairement à l'assureur dans la limite des sommes engagées* ». Disposition que doit rappeler le contrat (sur l'assurance de protection juridique v. s^{s} n°s 49.00 s.).

1. CA Aix-en-Provence, 26 mars 1980 et CA Aix-en-Provence, 13 mai 1980, *Gaz. Pal.* 80, 2, doctr. 472.
2. Civ. 1re, 23 mai 1978, n° 76-15.627, *Bull. civ.* I, n° 202; *JCP* 1978, II, 18917 – Civ. 3e, 16 oct. 1979, n° 77-15.657, *Bull. civ.* III, n° 177; *JCP* 1980, II, 19289 – Soc. 5 janv. 1983, NP, *Gaz. Pal.* 83, 1, pan. 137.
3. L. 10 juill. 1991, art. 37 et 75.
4. Décr. 19 déc. 1991, art. 163, portant application de la loi du 10 juillet 1991 relative à l'aide juridique.
5. CE 26 févr. 1982, n° 21317, Chaventre, *Lebon*, 719 – CE 7 mars 1980, *Lebon*, 128.
6. Décr. n° 88-907, 2 sept. 1988.
7. C. pr. civ., art. 700 – « Évolution et perspectives » publiées par la Convention nationale des avocats, 1993.
8. L. 10 juill. 1991, art. 37.
9. L. n° 2007-210, 19 févr. 2007 portant réforme de l'assurance de protection juridique, *JO* 21 févr., p. 3051.

SECTION 5
RECOUVREMENT DES HONORAIRES EN MATIÈRE D'AIDE JURIDICTIONNELLE

46.101 L'aide juridictionnelle, une aide subsidiaire par rapport à l'assurance de protection juridique. La loi du 19 février 2007 crée une subsidiarité de l'aide juridictionnelle. L'aide juridictionnelle n'est pas accordée lorsque les frais couverts par cette aide sont pris en charge au titre d'un contrat d'assurance de protection juridique ou d'un système de protection[1].

46.102 L'octroi de l'aide juridictionnelle donne à son bénéficiaire le droit au concours des auxiliaires de justice et à l'exonération des honoraires et frais qu'il aurait eu à supporter normalement. L'article 25 de la loi du 10 juillet 1991 prévoit la liberté de choix de l'avocat par le client et ce n'est qu'à défaut de choix ou en cas de refus de l'avocat que celui-ci est désigné par le bâtonnier. L'avocat qui prêtait son concours au bénéficiaire de l'aide juridictionnelle avant que celle-ci ait été accordée doit continuer de le lui prêter et ne peut en être déchargé qu'à titre exceptionnel par le bâtonnier (v. s^s n° 48.21).

L'article 27 prévoit une rétribution par l'État qui affecte annuellement à chaque barreau une dotation représentant sa part contributive aux missions d'aide juridictionnelle accomplies par les avocats du barreau, dotation qui résulte du nombre de missions accomplies par les avocats de ce barreau et du produit d'un coefficient par type de procédure et d'unité de valeur de référence. La loi de finances détermine annuellement l'unité de valeur en cause et cette dotation accordée au barreau donne lieu au versement de provisions accordées au barreau que celui-ci verse à la Carpa et qui lui permettent d'assurer la rétribution des avocats (v. s^s n° 48.24).

L'article 29 paragraphe 2 précise que les modalités et le montant de ce paiement et, le cas échéant, le versement de provisions, sont déterminés dans chaque barreau par le règlement intérieur; le barreau peut même créer des « avocats d'aide judiciaire », à temps partiel, qui ont donc pour obligation de prêter leur concours à cette assistance gratuite des clients, selon des modalités fixées par des conventions avec l'Ordre.

• **Une véritable rémunération ?** La rétribution de l'avocat, telle qu'elle vient d'être définie, ne constitue pas une rémunération mais une contribution aux frais résultant du concours fourni. Comme le souligne à juste titre M. du Rusquec, si le législateur a employé les termes de rétribution dans l'article 27 de la loi de 1991 et dans les articles 91, 92, 93 et 94 du décret du 19 décembre 1991, il s'agit d'une erreur de rédaction : c'est d'une simple « contribution » qu'il s'agit et non d'une rétribution complète ou d'une rémunération[2].

• **TVA.** En matière d'aide juridictionnelle totale ou partielle, le taux de TVA est de 5,5 %; taux qui est à l'origine d'un recours en manquement contre la France devant les instances européennes[3]. En cas de retrait de l'aide, il passe à 19,6 %.

46.103 Contribution due au titre de l'aide juridictionnelle totale. La contribution due au titre de l'aide juridictionnelle totale à l'auxiliaire de justice est exclusive de toute autre rémunération. Toute stipulation contraire est réputée non écrite[4]. L'avocat ne peut en aucun cas réclamer des honoraires à son client. Les honoraires versés avant l'admission viennent en déduction de la contribution de l'État[5].

• **Exceptions :**

• L'avocat désigné peut réclamer au bénéficiaire de l'aide la rémunération des diligences qu'il a accomplies avant la date de la demande d'aide et il importe peu que celles-ci se rapportent à l'instance pour laquelle l'aide a été accordée et que la provision ait été versée le jour de cette demande[6]. *A contrario*, si des honoraires ont été versés après la date de la demande d'aide juridictionnelle, l'avocat en doit restitution au client.

• Lorsque la condamnation principale et les intérêts prononcés au profit du bénéficiaire de l'aide juridictionnelle lui procurent des ressources telles que si elles avaient existé au jour de la demande, celle-ci ne lui aurait pas été accordée, même partiellement, l'avocat peut demander des honoraires à son client mais après que la condamnation soit passée en force de chose jugée et après que le bureau d'aide juridictionnelle a prononcé le retrait de l'aide juridictionnelle.[7].

• Si l'avocat du bénéficiaire de l'aide juridictionnelle a obtenu, dans les conditions prévues à l'article 75 de la

1. L. 10 juill. 1991, art. 2.

2. J.-CL. PR. CIV., du Rusquec, V° *Aide juridique*, fasc. 122, n° 240.
3. Dossier de la Commission européenne n° 2005/2277 : Comm. CE 6 juill. 2007, n° IP/07/1031. La Commission a au demeurant traduit la Finlande devant la Cour de justice pour avoir exclu du champ d'application de la TVA les services rémunérés fournis par les bureaux publics d'assistance juridique (Comm. CE 31 janv. 2008, n° IP/08/139).
4. L. 10 juill. 1991, art. 32.
5. L. 10 juill. 1991, art. 33.
6. Civ. 1re, 22 mai 2001, n° 98-14.738, *Bull. civ.* I, n° 144; *D.* 2002, somm. 852, obs. Blanchard – Civ. 2e, 27 mars 2003, n° 02-10.592, *Bull. civ.* II, n° 77; *D.* 2003, IR 1075; *JCP* 2003, I, 140, n° 17, obs. Martin; *JCP* 2003, II, 10188, note Lievremont; *Gaz. Pal.* 8-10 févr. 2004, somm. 576, obs. du Rusquec; 2003, somm. 1841 – Civ. 2e, 22 sept. 2005, n° 04-16-117, NP – Civ. 2e, 24 mai 2006, n° 04-15.129, NP, *LPA* 29 janv. 2007, 16, obs. Morelli et Porteron.
7. L. 10 juill. 1991, art. 36.

loi du 10 juillet 1991, une somme au titre des frais irrépétibles, il peut renoncer à recevoir la somme correspondante à la part contributive de l'État et poursuivre le recouvrement à son profit de la somme allouée par le juge[1]. Mais il ne le pourra s'il n'a pas renoncé à percevoir la somme correspondant à la part contributive de l'État[2].

• En toute matière, et même en cas d'aide totale, l'avocat du bénéficiaire peut demander au juge de condamner la partie tenue aux dépens ou qui perd son procès, et non bénéficiaire de l'aide juridictionnelle, à lui payer une somme au titre des honoraires et frais, non compris dans les dépens, que le bénéficiaire de l'aide aurait exposés s'il n'avait pas eu cette aide[3]. Le cas échéant, il dispose d'un délai de douze mois à compter du jour où la décision est passée en force de chose jugée pour recouvrer la somme qui lui a été allouée. Passé ce délai, il est censé avoir renoncé à l'indemnité de l'État. Il lui appartient donc de notifier au greffe de la juridiction qui a reçu la décision son choix et d'en adresser copie à la Carpa[4].

Les conclusions doivent viser l'article 37 de la loi du 10 juillet 1991, la demande devant correspondre aux honoraires, justifiés par le détail des diligences, que l'avocat aurait sollicités si son client n'avait pas bénéficié de l'aide juridictionnelle.

Pour toute affaire terminée par une transaction conclue avec le concours d'avocat, il lui est accordé la totalité des émoluments auxquels il pouvait prétendre[5].

46.104 La contribution due au titre de l'aide juridictionnelle partielle. En cas d'aide juridictionnelle partielle, la part contributive de l'État varie en fonction des ressources du bénéficiaire (v. s^{s} n° 48.11). L'avocat détermine avec son client l'honoraire complémentaire par une convention écrite communiquée dans les quinze jours de sa signature au bâtonnier, qui, après en avoir contrôlé la régularité et le montant du complément d'honoraires, fait connaître son avis à l'avocat et au bénéficiaire dans un délai fixé par le règlement intérieur du barreau[6].

Cette convention écrite et préalable, tient compte de la complexité du dossier, des diligences et des frais imposés par la nature de l'affaire, dans des conditions compatibles avec les ressources et le patrimoine du bénéficiaire. Elle rappelle le montant de la part contributive de l'État et détermine les modalités de paiement qui peuvent constituer en des versements échelonnés, précise, le cas échéant, le montant de la provision qui a pu être versée à l'avocat par le bénéficiaire de l'aide avant son admission au bénéfice de l'aide juridictionnelle partielle et indique les voies de recours ouvertes en cas de contestation[7].

Les contestations entre l'avocat et son client, relatives à la convention d'honoraires approuvée par le bâtonnier, sont réglées dans les conditions et les formes prévues pour la contestation des honoraires d'avocat[8].

S'il y a un barème indicatif dans le barreau en cause, les honoraires seront calculés compte tenu des critères fixés par ce barème[9]. L'avocat désigné au titre de l'aide juridictionnelle partielle ne peut, en cas de paiements fractionnés, subordonner son intervention au paiement préalable de l'intégralité de la somme[10]. Les sommes sont réglées sur justification de la désignation au titre de l'aide juridictionnelle et production d'une attestation de mission délivrée par le greffier en chef ou le secrétaire de la juridiction saisie[11]. La somme revenant à l'avocat, en vertu des dispositions du règlement intérieur du barreau, lui est versée par la caisse des règlements pécuniaires dont il relève sous réserve, le cas échéant, des provisions réglées par cette caisse[12]. La part contributive versée par l'État à l'avocat choisi ou désigné pour assister plusieurs personnes dans un litige reposant sur les mêmes faits et comportant des prétentions ayant un objet similaire est, sur décision du juge, réduite dans une proportion minimum de 30 % pour la deuxième affaire, de 40 % pour la troisième, de 50 % pour la quatrième et de 60 % pour la cinquième et s'il y a lieu pour les affaires supplémentaires[13].

En résumé, l'avocat en matière juridictionnelle, choisi librement par le client, est réglé de ses honoraires soit directement par l'Ordre et selon les modalités prévues par le règlement intérieur du barreau, soit en tout ou partie par le client, si l'avocat a droit à un honoraire librement négocié.

Lorsqu'un enfant doit intervenir dans une procédure d'adoption, aux termes de l'article 12 de la Convention de New York du 26 janvier 1990, il doit être assisté d'un avocat et l'avocat est fondé à réclamer et à percevoir de justes émoluments qui sont à la charge du père et de la mère de l'enfant, quels que soient les conflits qui aient pu éclater entre eux[14].

En sera-t-il de même dans le cas d'une intervention dans le cadre de la Convention de La Haye sur les enlèvements internationaux d'enfants[15] ?

1. L. 10 juill. 1991, art. 37.
2. Civ. 2e, 19 mai 2005, n° 03-14.709, *Bull. civ.* II, n° 123; *D.* 2005, IR 1447; *Procédures* 2005, n° 180; *Gaz. Pal.* 2005, somm. 2027.
3. L. 10 juill. 1991, art. 37.
4. L'aide juridictionnelle, *in* « Les honoraires de l'avocat », *Les dossiers du barreau de Paris*, p. 41.
5. L. 10 juill. 1991, art. 39.
6. Décr. 19 déc. 1991, art. 99.
7. L. 10 juill. 1991, art. 35 – Décr. 19 déc. 1991, art. 99.
8. Décr. 19 déc. 1991, art. 99.
9. L. 10 juill. 1991, art. 35, § 4.
10. Décr. 19 déc. 1991, art. 101.
11. Décr. 19 déc. 1991, art. 104.
12. Décr. 19 déc. 1991, art. 105.
13. Décr. 19 déc. 1991, art. 109.
14. CA Chambéry, 20 avr. 1992, *Gaz. Pal.* 16 nov. 1993, 16.
15. Conv. La Haye sur les enlèvements internationaux d'enfants, art. 42.

46.105 Aide juridique. Le législateur de 1991, en plus de l'aide juridictionnelle, a institué une aide juridique sous la forme de l'aide à la consultation et à l'assistance au cours des procédures non juridictionnelles; le financement de cette aide repose sur les contributions des Carpa, sur la participation des professionnels du droit, sur les subventions des collectivités territoriales, des établissements publics, des organismes de sécurité sociale; l'État peut, par convention, participer à la prise en charge d'actions mises en œuvre à ce titre [1].

46.106 Changement d'avocat. Lorsque le nouvel avocat intervient également au titre de l'aide juridictionnelle, il n'est dû en tout qu'une seule contribution de l'État versée au second avocat, à charge pour lui de la partager avec le premier dans une proportion qui, à défaut d'accord, est fixée par le bâtonnier [2]. Dans le cas où les avocats n'appartiennent pas au même barreau, la décision est prise conjointement par les bâtonniers des barreaux intéressés. Les mêmes règles sont applicables lorsque le remplacement a lieu au cours de pourparlers transactionnels.

Lorsque le nouvel avocat n'intervient pas au titre de l'aide juridictionnelle il semble impossible à l'avocat initialement saisi de percevoir d'autre rémunération que la contribution due au titre de l'aide juridictionnelle [3]. De son côté, le second avocat ne peut réclamer des honoraires que si son client a expressément renoncé au bénéfice de l'aide juridictionnelle [4].

SECTION 6
RECOUVREMENT EN MATIÈRE PÉNALE OU DE COMMISSION D'OFFICE

46.111 Recouvrement identique à la matière civile. La loi du 10 juillet 1991 ne distinguant plus la désignation au civil de la commission au pénal, distinction classique pendant des décennies et notamment à partir de la loi du 22 janvier 1851 relative à l'assistance judiciaire [5], le système de recouvrement en matière pénale est identique à celui prévu dans la matière civile.

La demande de l'avocat commis ou désigné d'office est prévue comme devant être faite sur un imprimé spécial comportant des indications sur la personne bénéficiaire de l'assistance de l'avocat, ainsi que sur la nature de l'affaire et la juridiction saisie. L'avocat, qui devra fournir, dans la mesure du possible, toutes les indications et pièces sur les ressources de son client que celui-ci lui a remises à l'appui de sa demande, pourra bénéficier d'une rémunération rapide, dans ce cas où l'urgence ne permet pas l'examen habituel par les bureaux d'aide juridictionnelle. En l'absence de disposition légale particulière, la commission d'office d'un avocat n'exclut pas le droit pour celui-ci d'obtenir la rémunération de ses services.

• Doit donc être cassée la décision d'un premier président qui, pour rejeter une demande de taxation d'honoraires présentée par un avocat, a énoncé que l'aide juridictionnelle n'ayant pas été obtenue et le mineur n'ayant pas fait choix d'un avocat, le mineur poursuivi devait être assisté d'un avocat commis d'office, lequel ne pouvait réclamer des honoraires pour cette intervention, alors que le premier président dans son ordonnance avait relevé que les ressources de la cliente ne lui permettaient pas d'obtenir l'aide juridictionnelle et d'autre part constaté que l'avocat avait accompli sa mission [6].

46.112 Rétribution de l'avocat. Elle résulte de l'article 64-1 de la loi du 10 juillet 1991 dans sa rédaction issue de la loi du 24 août 1993 [7].

L'avocat a droit à une rétribution et, à cet effet, l'État affecte annuellement à chaque barreau une dotation représentant sa part contributive aux missions ainsi assurées par les avocats, dotation versée sur le compte spécial prévu par l'article 29 de la loi du 10 juillet 1991 et calculée selon les modalités fixées par décret en Conseil d'État, en fonction du nombre des missions effectuées par les avocats désignés d'office.

1. SUR L'ENSEMBLE DE CES DISPOSITIONS : J.-CL. PR. CIV., du Rusquec, *V° Aide juridique*, fasc. 122.
2. Décr. 19 déc. 1991, art. 103.
3. Civ. 1re, 1er juin 1999, n° 96-20.406, *Bull. civ.* I, n° 179; *D.* 1999, IR 19 – Civ. 2e, 16 nov. 2006, n° 04-20.662, NP – Civ. 2e, 15 févr. 2007, n° 05-16.244, NP.
4. Décr. 12 juill. 2005, art. 19 – RIN, art. 9.
5. Loi du 22 janvier 1851 créant l'assistance judiciaire pour les personnes dépourvues de ressources.
6. Civ. 1re, 30 janv. 1996, n° 94-11.021, *Bull. civ.* I, n° 49; *D.* 1996, IR 57; *Gaz. Pal.* 18 juin 1996, pan. 12; 1996, pan. 132.
7. L. n° 93-1013, 24 août 1993 modifiant la loi n° 93-2 du 4 janvier 1993 portant réforme de la procédure pénale, *JO* 25 août, p. 11991, art. 47-II.

CHAPITRE

47. Modalités d'enchères dans les ventes à la barre du tribunal

SECTION 0 ORIENTEUR

47.00 **Plan du chapitre.**

Sect. 1 Monopole de l'avocat
Sect. 2 Cahier des charges type
Sect. 3 Ventes à la barre et conflit d'intérêts
Sect. 4 Constitutions de garanties par le client
Sect. 5 Pouvoir spécial

47.01 **Textes applicables.**

>

Décr. n° 2006-936, 27 juill. 2006, art. 44, 73, 74, 82 et 95

RIN art. 12

>

Décr. 27 juill. 2006, art. 73 [Ministère de l'avocat obligatoire]

Les enchères doivent être portées par le ministère d'un avocat.

L'avocat doit être inscrit au barreau du tribunal de grande instance devant lequel la vente est poursuivie.

Il ne peut être porteur que d'un seul mandat.

Décr. 27 juill. 2006, art. 74 [Exigence de garanties]

[mod. par décr. n° 2009-160, 12 févr. 2009, art. 133, *JO* 13]

Avant de porter les enchères, l'avocat se fait remettre par son mandant et contre récépissé une caution bancaire irrévocable ou un chèque de banque rédigé à l'ordre du séquestre ou du consignataire désigné dans le cahier des conditions de vente, représentant 10 % du montant de la mise à prix, sans que le montant de cette garantie puisse être inférieur à 3 000 euros.

Le récépissé reproduit les dispositions des troisième et quatrième alinéas du présent article.

La somme encaissée par le séquestre ou le consignataire est restituée dès l'issue de l'audience d'adjudication à l'enchérisseur qui n'a pas été déclaré adjudicataire.

Lorsque l'adjudicataire est défaillant, la somme versée ou la caution apportée est acquise aux créanciers participant à la distribution et, le cas échéant, au débiteur pour leur être distribuée avec le prix de l'immeuble.

Décr. 27 juill. 2006, art. 82 [Contestation par ministère d'avocat]

Les contestations relatives à la validité des enchères sont formées verbalement à l'audience, par ministère d'avocat. Le juge statue sur le champ et, le cas échéant, reprend immédiatement les enchères dans les conditions prévues à l'article 76.

Décr. 27 juill. 2006, art. 95 [Surenchère par acte d'avocat]

À peine d'irrecevabilité, la surenchère est formée par acte d'avocat et déposée au greffe du juge de l'exécution dans les dix jours suivant l'adjudication. Elle vaut demande de fixation d'une audience de surenchère.

L'avocat doit attester s'être fait remettre de son mandant une caution bancaire irrévocable ou un chèque de banque du dixième du prix principal de la vente.

La déclaration de surenchère ne peut être rétractée.

RIN, art. 12 [Déontologie de l'avocat en matière de ventes judiciaires]

Dispositions communes

12.1 L'avocat amené à rédiger un cahier des conditions de vente (saisie immobilière) ou un cahier des charges et conditions de vente (licitation), ou en matière de liquidation judiciaire, en vue de son dépôt au greffe, doit utiliser les clauses type ci-après annexées portant dispositions générales pour ces actes, sous réserve d'une modification qui serait nécessitée par une particularité tenant à la nature de l'affaire, le statut des parties, ou la situation des biens.

Enchères

12.2 L'avocat doit s'assurer de l'identité de son client, de sa situation juridique, et s'il s'agit d'une personne morale, de la réalité de son existence, de l'étendue de son objet social et des pouvoirs de son représentant.

L'avocat ne peut porter d'enchères pour des personnes qui sont en conflit d'intérêts.

L'avocat ne peut notamment porter d'enchères pour un même bien pour le compte de plusieurs mandants.

Lorsqu'un avocat s'est rendu adjudicataire pour le compte d'une personne, il ne peut accepter de former une surenchère au nom d'une autre personne sur cette adjudication, à défaut d'accord écrit de l'adjudicataire initial.

En cas d'adjudication d'un lot en copropriété, il appartient à l'avocat poursuivant de la notifier au syndic de copropriété.

47.02 Jurisprudence de référence.

> Un règlement intérieur ne saurait imposer un cahier des charges type

• **Civ. 1re, 16 déc. 2003, n° 01-10.210,** *Bull. civ.* I, n° 257; *JCP* 2004, I, 117, n° 9, *Gaz. Pal.* 2004, somm. 586.

* V. s^{s} n° 47.22.

« Vu les articles 34 et 37 de la Constitution, ensemble l'article 17 de la loi du 31 décembre 1971;

Attendu que pour refuser d'annuler les dispositions 12-1 et 12-3 du règlement intérieur imposant aux avocats du barreau de Nice l'emploi d'un cahier des charges type en matière de vente aux enchères et soumettant toute modification éventuelle au visa du bâtonnier, l'arrêt estime que le bâtonnier ayant pour mission, au sein du Conseil de l'ordre, de traiter toutes questions intéressant l'exercice de la profession, il n'est pas établi que le contenu du cahier des charges contienne des mentions illicites, ni sérieux de soutenir que le visa du bâtonnier soit destiné à censurer systématiquement et d'avance, par un véritable détournement de pouvoir, toute modification éventuelle du cahier des charges plutôt qu'à contribuer à assurer l'égalité des enchérisseurs par une clarification des procédures dans le souci de protection des intérêts des justiciables;

Attendu qu'en se déterminant par de tels motifs, cependant qu'il appartient au seul pouvoir législatif ou réglementaire d'édicter les mesures propres à assurer l'égalité des enchérisseurs et de clarifier les procédures dans l'intérêt des justiciables, la cour d'appel, en conférant au Conseil de l'ordre des avocats au barreau de Nice et à son bâtonnier des pouvoirs qu'ils ne possèdent pas, a violé les textes susvisés. »

> Un règlement intérieur peut interdire à l'avocat d'avoir plusieurs mandats pour le même bien

• **Civ. 1re, 26 nov. 2002, n° 00-18.971,** *Bull. civ.* I, n° 283; *D.* 2003, IR 42.

* V. s^{s} n° 47.32.

« Attendu que l'arrêt retient que les dispositions litigieuses résultant, d'une part, du paragraphe 2 de l'article 12-2, aux termes duquel l'avocat ne peut porter l'enchère pour un même bien pour le compte de plusieurs mandants, et, d'autre part, du paragraphe 7 du même article aux termes duquel lorsqu'un avocat s'est rendu adjudicataire pour le compte d'une personne, il ne peut accepter de former une surenchère au nom d'une autre personne sur cette adjudication, à défaut d'accord écrit de l'adjudicataire initial, étaient complétées par la disposition, explicitant et justifiant l'interdiction de principe, selon laquelle l'avocat ne peut notamment pas porter d'enchères pour des personnes qui sont en conflit d'intérêts; qu'il relève ensuite qu'en restreignant le nombre de mandats au cas où existe par nature un risque de conflit d'intérêts, le Conseil de l'ordre n'a pas appliqué de manière erronée un principe général contenu dans l'article 155 du décret du 27 novembre 1991, et qu'il n'a pas été commis d'erreur sur l'exactitude matérielle des faits ou de leur qualification juridique, les droits des enchérisseurs étant en eux mêmes concurrents, tandis que le cas de l'avocat poursuivant demeure réservé par le règlement intérieur compte tenu de la rédaction de l'article 12-2 pris dans son ensemble, dès lors que celui-ci ne peut être assimilé au "porteur d'enchères" après l'ouverture de celle-ci et n'a précisément le bénéfice de l'adjudication qu'en l'absence d'enchère; que la cour d'appel en ayant déduit à bon droit que les dispositions critiquées ne recelaient pas d'abus de pouvoir ni d'illégalité, le moyen n'est fondé en aucune de ses branches. »

• **Civ. 1re, 23 sept. 2003, n° 00-18.972,** NP.

* V. s^{s} n° 47.32.

« Attendu que l'arrêt retient que les dispositions litigieuses résultant du paragraphe 2 de l'article 12-2 du règlement intérieur, aux termes duquel l'avocat ne peut porter l'enchère pour un même bien pour le compte de plusieurs mandants, étaient complétées par la disposition selon laquelle l'avocat ne peut notamment porter d'enchères pour des personnes qui sont en conflit d'intérêts; qu'il relève ensuite qu'en restreignant le nombre de mandats au cas où il existe par nature un conflit d'intérêts, le Conseil de l'ordre n'a pas appliqué de manière erronée un principe général contenu dans l'article 155 du décret du 27 novembre 1991 et qu'il n'a pas commis d'erreur sur l'exactitude matérielle des faits ou de leur qualification juridique, les droits des enchérisseurs étant eux-mêmes concurrents, tandis que le cas de l'avocat poursuivant demeure réservé par le règlement intérieur compte tenu de la rédaction de l'article 12-2 pris dans son ensemble, dès lors que celui-ci ne peut être assimilé au "porteur d'enchères" après ouverture de celle-ci et n'a précisément le bénéfice de l'adjudication qu'en l'absence d'enchère; que la cour d'appel, en ayant déduit à bon droit que les dispositions critiquées ne recelaient pas d'abus de pouvoir ni d'illégalité, le moyen n'est fondé en aucune de ses branches. »

> Un règlement intérieur ne saurait exiger du client la constitution de garanties, dès lors que cela relève des pouvoirs législatif ou réglementaire

• **Civ. 1re, 27 janv. 2004, n° 01-12.391,** *Bull. civ.* I, n° 24; *D.* 2004, somm. 1483, obs. Julien.

* V. s^{s} n° 47.42.

« Mais attendu que l'arrêt retient à bon droit que, sauf à risquer de porter atteinte à la liberté des enchères, les personnes désireuses de porter des enchères ne peuvent en être empêchées en dehors des cas où une disposition législative ou réglementaire y fait obstacle; qu'il relève ensuite qu'à cet effet l'article 711 du Code de procédure civile fait interdiction aux avocats d'enchérir pour les personnes notoirement insolvables, de sorte que les dispositions du règlement intérieur du barreau dont l'objet ne peut être de réglementer la procédure civile ne pouvait de ce chef créer une obligation civile à la charge de l'avocat; qu'il constate, enfin, qu'était, au contraire, établie l'apparente solvabilité de la société Masteram qui, préalablement aux enchères, avait remis à son avocate un chèque de 250 000 francs et payé les frais et émoluments; que le moyen, inopérant en sa troisième branche qui critique un motif surabondant, n'est pas fondé en ses deux premières. »

• **Civ. 1re, 26 nov. 2002, no 00-18.971,** *Bull. civ.* I, no 283; *D.* 2003, IR 42.

* V. ss no 47.42.

« Vu les articles 13 et 21 de la Constitution du 4 octobre 1958, ensemble les articles 17 et 19 de la loi du 31 décembre 1971;

Attendu que pour rejeter le recours, en ce qu'il portait sur le paragraphe 5 de l'article 12-2 disposant qu'à moins qu'il soit chargé d'enchérir pour une personne publique ou un organisme public, l'avocat doit se faire remettre préalablement, par chèque de banque ou caution bancaire spéciale, une consignation tenant compte des frais préalables, des droits de mutation, des frais de publicité foncière et des émoluments, l'arrêt retient que cette disposition a été prévue pour protéger les avocats contre les conséquences d'une défaillance du mandant et que les articles 702 à 711 du Code de procédure civile n'ayant pas réglementé la matière sauf à interdire l'enchérissement pour des personnes notoirement insolvables, la mesure contestée ne contient aucune illégalité pour violation de la loi ni d'erreur quant à ses motifs, puisque la liberté des enchères ne se trouve pas entravée par une telle modalité limitée à des frais que l'enchérisseur doit par définition être en mesure de payer, outre le prix de vente et qu'il n'existe pas non plus de détournement de pouvoir, puisque l'intérêt général suppose la solvabilité des personnes publiques et justifie d'autre part la garantie de solvabilité exigée de tout autre enchérisseur;

Attendu cependant qu'en statuant ainsi, alors qu'il appartient aux pouvoirs législatif ou réglementaire de décider de la nature des garanties dont l'enchérisseur doit justifier pour participer à l'adjudication en vue de garantir les intérêts des parties, la cour d'appel qui a conféré à l'Ordre professionnel une compétence qu'il n'avait pas, a violé les textes susvisés. »

• **Civ. 1re, 23 sept. 2003, no 00-18.972,** NP.

* V. ss no 47.42.

« Vu les articles 34 et 37 de la Constitution, ensemble les articles 17 et 19 de la loi du 31 décembre 1971;

Attendu que pour rejeter le recours, en ce qu'il portait sur le paragraphe 5 de l'article 12-2 du règlement intérieur disposant qu'à moins qu'il soit chargé d'enchérir pour une personne publique ou un organisme public, l'avocat doit se faire remettre préalablement, par chèque de banque ou caution bancaire spéciale, une consignation tenant compte des frais préalables, des droits de mutation, des frais de publicité foncière et des émoluments, l'arrêt retient que cette disposition a été prévue pour protéger les avocats contre les conséquences d'une défaillance du mandant et que les articles 702 à 711 du Code de procédure civile n'ayant pas réglementé la matière, sauf à interdire l'enchérissement pour des personnes notoirement insolvables, la mesure contestée ne contient aucune illégalité pour violation de la loi, ni d'erreur quant à ses motifs, puisque la liberté des enchères ne se trouve pas entravée par une telle modalité limitée à des frais que l'enchérisseur doit par définition être en mesure de payer, outre le prix de vente, et qu'il n'existe pas non plus de détournement de pouvoir, puisque l'intérêt général suppose la solvabilité des personnes publiques et justifie d'autre part la garantie de solvabilité exigée de tout autre enchérisseur;

Attendu cependant qu'en statuant ainsi, quel que soit le mérite de la disposition critiquée, alors qu'il appartient aux pouvoirs législatif ou réglementaire de décider de la nature des garanties dont l'enchérisseur doit justifier pour participer à l'adjudication en vue de garantir les intérêts des parties, la cour d'appel, qui a conféré à l'Ordre professionnel une compétence qu'il n'avait pas, a violé les textes susvisés. »

> **Un règlement intérieur ne saurait imposer des conditions complémentaires aux dispositions législatives en exigeant du client un pouvoir spécial même en sa présence**

• **Civ. 1re, 26 nov. 2002, no 00-18.971,** *Bull. civ.* I, no 283; *D.* 2003, IR 42.

* V. ss no 47.42.

« Vu l'article 707 du Code de procédure civile, ensemble les articles 17 et 19 de la loi du 31 décembre 1971 et 155 du décret du 27 novembre 1991;

Attendu qu'aux termes du premier de ces textes, l'avocat dernier enchérisseur est tenu, dans les trois jours de l'adjudication, de déclarer l'adjudicataire et, soit de fournir son acceptation, soit de représenter son pouvoir;

Attendu que pour rejeter le recours, en ce qu'il portait sur le paragraphe 4 de l'article 12-2 disposant que même en présence de son client à l'audience, l'avocat doit être muni d'un pouvoir spécial de ce dernier pour enchérir et d'instructions écrites précisant le montant maximum en lettres et en chiffres de l'enchère autorisée, l'arrêt retient que cette disposition ne fait que reprendre l'obligation qui est faite à l'avocat par l'article 707 du Code de procédure civile, d'être en possession d'un pouvoir de porter les enchères et qu'elle ne saurait donc porter atteinte à la liberté des enchères et à l'honneur de l'avocat;

Attendu qu'en statuant ainsi, la cour d'appel a, en ajoutant à l'article 707 du Code de procédure civile des exigences qu'il ne comportait pas, porté atteinte au principe de la liberté des enchères et violé les textes susvisés. »

> **Le règlement intérieur des barreaux peut prévenir les conflits d'intérêt dans le cadre de vente aux enchères**

• **CE 5 oct. 2007, no 282321,** *D.* 2007, AJ 2739; *LPA* 17 avr. 2008, 11, concl. Aguila.

* V. ss no 47.42.

« Les al. 2, 3, 7 et 8 de l'art. 12-2 du règlement intérieur du Conseil national des barreaux résultant de l'acte à caractère normatif du Conseil national des barreaux n° 2004-0001 du 24 avril 2004 et qui sont repris dans les même termes aux al. 2 à 5 de l'art. 12.1 du RIN du 12 juill. 2007 se bornant à prévenir les conflits d'intérêts susceptibles de se produire à l'occasion de ventes aux enchères et à organiser le cas échéant l'information du syndic de copropriété, ne mettent en cause ni la liberté d'exercice de la profession d'avocat ni les règles essentielles qui la régissent. Le Conseil national des barreaux n'a donc pas excédé les limites de son pouvoir réglementaire en édictant ces dispositions. »

47.03 Bibliographie indicative.
Ouvrage. DALLOZ ACTION VOIES D'EX. 2010-2011.

47.09 Rôle central de l'avocat. L'avocat occupe un rôle essentiel dans le cadre de la procédure de ventes aux enchères à la barre du tribunal. Et l'ordonnance du 21 avril 2006 réformant la saisie immobilière[1] entrée en vigueur le 1er janvier 2007 a maintenu pour la saisie immobilière le principe de la représentation obligatoire par avocat. Et ce, même si l'ordonnance donne connaissance au juge de l'exécution pour connaître de cette procédure et non plus au tribunal de grande instance.

Le Conseil national des barreaux (CNB) a consacré l'article 12 du Règlement intérieur national (RIN) à cette matière. Cet article diffère des dispositions figurant à l'ancien article 12 du Règlement intérieur harmonisé (RIH). En effet, certaines de ces dispositions ont suscité un important contentieux.

SECTION 1
MONOPOLE DE L'AVOCAT

47.11 Ministère de l'avocat obligatoire. Aux termes de l'article 73 du décret du 27 juillet 2006, les enchères doivent être portées par le ministère d'un avocat. Cet avocat devra être inscrit au barreau du tribunal de grande instance devant lequel la vente est poursuivie. À moins naturellement que l'article 5 de la loi du 31 décembre 1971 puisse s'appliquer en cas d'insuffisance d'avocats pour représenter l'ensemble des enchérisseurs. Auquel cas un avocat établi auprès d'un autre tribunal de grande instance du ressort de la même cour d'appel pourra être autorisé à représenter un enchérisseur.

47.12 Sanction. La violation de la règle selon laquelle les enchères sont portées par le ministère d'avocat n'est sanctionnée par la nullité que si l'irrégularité a eu pour effet de causer un préjudice aux intérêts des parties en cause[2]. En règle générale, la sanction sera plutôt l'inexistence, étant précisé qu'une enchère qui n'existe pas ne couvre pas l'enchère précédente[3].

47.13 La surenchère ne peut se passer de l'avocat. Aux termes de l'article 95 du décret du 27 juillet 2006, à peine d'irrecevabilité, la surenchère est formée par acte d'avocat et déposée au greffe du juge de l'exécution dans les « dix jours » suivant l'adjudication.

SECTION 2
CAHIER DES CHARGES TYPE

47.21 Unification des cahiers-types relatifs aux ventes judiciaires. Le CNB a adopté, lors de son assemblée générale des 12-13 décembre 2008 une décision n° 2008-002[4] portant réforme de l'article 12 du RIN sur la déontologie et la pratique de l'avocat en matière de ventes judiciaires d'un immeuble à la barre du tribunal. Cette décision a eu notamment pour objet d'unifier les clauses types des cahiers des conditions de vente (saisie immobilière) et cahiers des charges et conditions de vente (licitation) ou en matière de liquidation judiciaire, qui sont annexés RIN.

L'objectif poursuivi était d'unifier les clauses en vigueur, qui la plupart du temps signifiaient la même chose, mais se présentaient de manière différente. Il est donc appru utile d'effacer disparités constatées dans les pratiques en vigueur dans les barreaux et ainsi d'apporter une meilleure lisibilité, et donc une meilleure sécurité, aux ventes immobilières réalisées par les avocats.

L'article 12.1, prévoit ainsi que « l'avocat amené à rédiger un cahier des conditions de vente (saisie immobilière) ou un cahier des charges et conditions de vente (licitation), ou en matière de liquidation judiciaire, en vue de son dépôt au greffe, doit utiliser les clauses type ci-après annexées portant dispositions générales pour ces actes, sous réserve d'une modification qui serait nécessitée par une particularité tenant à la nature de l'affaire, le statut des parties, ou la situation des biens ».

Ont d'abord été adoptés, en avril 2009, les cahiers type applicables en matière de saisie immobilière et de licitation.

• **Liquidation judiciaire.** Le cahier des conditions de vente applicable en matière de liquidation judi-

1. Ord. n° 2006-461, 21 avr. 2006.

2. Civ. 2e, 16 déc. 2004, n° 03-10.895, *Bull. civ.* II, n° 538; *Gaz. Pal.* 2005, somm. 592; *RTD civ.* 2005, 630, chron. Théry.
3. EN CE SENS : DALLOZ ACTION VOIES D'EX. 2010/2011, n° 1368.45.
4. Décis. CNB n° 2008-002.

ciaire avait dû être reporté, en attendant la réforme des procédures collectives. L'adaptation a finalement été réalisée au moyen du décret du 12 février 2009 [1]. À la suite de la publication de ce décret, le CNB a pu proposer, en avril 2010 le cahier des conditions de vente applicable à la liquidation judiciaire. Ce nouveau cahier est, comme les deux autres, désormais annexé au RIN en application de l'article 12.

L'article 12 du RIN comprend donc trois annexes correspondant aux trois types de ventes judiciaires :

- Règlement intérieur national (RIN), Annexe n° 1 – Cahier des conditions de vente en matière de saisie immobilière, avril 2009.

Ce cahier s'applique à la vente de biens immobiliers régie par les articles 2190 à 2216 du Code civil et le décret du 27 juillet 2006 [2].

- Règlement intérieur national (RIN), Annexe n° 2 – Cahier des charges et conditions de vente en matière de licitation, avril 2009.

Ce cahier s'applique à une vente sur adjudication ordonnée par le tribunal dans le cadre général des dispositions des articles 1271 à 1281 du Code de procédure civile et, pour partie, du décret du 27 juillet 2006.

- Règlement intérieur national (RIN), Annexe n° 3 – Cahier des conditions de vente – Vente par suite de liquidation judiciaire, avril 2010.

Ce cahier s'applique à la vente de biens immobiliers régie par les articles L. 642-18 et suivants et les articles R. 642-22 et suivants du Code de commerce.

47.22 Évolution de la jurisprudence. La Cour de cassation a tout d'abord admis la pratique du cahier des charges types. Dans son arrêt du 15 février 1983, elle affirme que l'obligation, imposée par un règlement intérieur d'un barreau, d'utiliser, en matière de vente judiciaire, un cahier des charges type approuvé par le Conseil de l'ordre, obligation qui est destinée à prévenir les risques d'irrégularités formelles, n'est contraire ni aux dispositions du Code de procédure civile, ni aux prérogatives conférées aux avocats par les lois et règlements [3]. Dans ce même arrêt, elle précise également que des mesures prises par le Conseil de l'ordre concernant les procédures de vente notamment, n'étant pas de nature à nuire au bon déroulement des procédures et inspirées par un souci de loyauté et de confraternité, doivent être approuvées.

En revanche, le Conseil de l'ordre ne peut, sans excéder ses pouvoirs, soumettre à autorisation du bâtonnier l'opportunité d'une poursuite de saisie immobilière même au cas où les frais prévisibles seraient supérieurs au montant de la créance [4].

Et le 16 décembre 2003 [5], la Cour de cassation considérant toujours qu'il appartient au seul pouvoir législatif ou réglementaire d'édicter les mesures propres à assurer l'égalité des enchérisseurs et de clarifier les procédures dans l'intérêt des justiciables, censurait une cour d'appel qui avait refusé d'annuler les dispositions d'un règlement intérieur reprenant celles du RIH et imposant aux avocats l'emploi d'un cahier des charges type et soumettant toute modification éventuelle au visa du bâtonnier. Depuis, la loi du 11 février 2004, modifiant l'article 21-1 de la loi du 31 décembre 1971, est expressément venue conférer un pouvoir normatif au CNB. C'est en vertu de ne nouveau pouvoir et dans le cadre de sa mission d'unification des règles et usages de la profession que le CNB a pu, par décision normative proposer ces trois cahiers uniques.

47.23 Position du RIN. Alors que le RIU avait maintenu l'obligation faite aux avocats d'avoir recours aux clauses et conditions générales des cahiers des charges types établis par l'Ordre et celle de soumettre les modifications éventuelles au visa du bâtonnier (ou de son délégataire), le RIN les avait abandonnés. Simplement, il rappelait que l'avocat ne peut porter d'enchères pour des personnes qui sont en conflit d'intérêts et qu'il ne peut notamment porter d'enchères pour un même bien pour le compte de plusieurs mandants (v. s^{s} n° 47.33). Ces deux dispositions sont reprises dans l'article 12.2 nouveau du RIN.

SECTION 3
VENTES À LA BARRE ET CONFLIT D'INTÉRÊTS

47.31 Un avocat peut-il représenter plusieurs clients ? Il y a incontestablement risque de conflit d'intérêts, dès lors que l'avocat intervient pour différentes personnes (v. s^{s} n°s 38.01 s.). Néanmoins, la jurisprudence a, dans un premier temps, admis qu'un avocat puisse représenter plusieurs clients. Cette solution pouvait notamment se comprendre

1. Décr. n° 2009-160, 12 févr. 2009.
2. Décr. n° 2006-936, 27 juill. 2006.
3. Civ. 1re, 15 févr. 1983, n° 82-11.888, *Bull. civ.* I, n° 59; *Gaz. Pal.* 1983, 1, 271; *D.* 1984, IR 117; *D.* 1984, IR 117 – Civ. 1re, 16 juill. 1987, n° 85-15.092, *Bull. civ.* I, n° 222; *D.* 1987, IR 79; *D.* 1988, somm. 237, note Brunois; *Gaz. Pal.* 1988, somm. 35, note Guinchard et Moussa – CA Aix-en-Provence, 5 févr. 1982, *Gaz. Pal.* 1982, 1, 305 – CA Montpellier, 26 avr. 1985, *Gaz. Pal.* 1985, 2, 452 – CA Aix-en-Provence, 24 oct. 1983, *Gaz. Pal.* 1984, 1, 86, note Damien; *JCP* 1985, 20, 324, note Larroque et Charrier – CA Bordeaux, 2 oct. 1990, *Gaz. Pal.* 1991, 1, 268, note Robert Gardera.
4. Civ. 1re, 8 déc. 1987, n° 85-14.813, *Bull. civ.* I, n° 329; *Gaz. Pal.* 1988, pan. 35; *JCP* 1988, IV, 64.
5. Civ. 1re, 16 déc. 2003, n° 01-10.210, *Bull. civ.* I, n° 257; *D.* 2004, IR 394; *Gaz. Pal.* 2004, somm. 586.

compte tenu des difficultés pratiques auxquelles sont confrontés les petits barreaux.

Mais cette possibilité pouvait placer l'avocat dans une situation délicate, de sorte que certains règlements intérieurs ont condamné cette pratique.

47.32 Évolution de la jurisprudence. La position de la Cour de cassation a évolué sur ce point. Elle a, dans un premier temps, accepté cette restriction imposée par les règlements intérieurs [1]. Puis, se fondant sur la liberté des enchères, elle a finalement approuvé une cour d'appel d'avoir estimé illégales les dispositions d'un règlement intérieur prévoyant qu'un même avocat ne pouvait être chargé par plusieurs clients distincts de porter les enchères sur la même adjudication et que l'avocat poursuivant la vente ne pouvait porter d'enchères pour une personne autre que son client personnel. La demande de l'avocat qui estimait que ces dispositions du règlement intérieur lésaient ses intérêts professionnels fut donc accueillie [2].

Par deux arrêts récents cependant [3], la position de la Cour de cassation, qui eut à se prononcer sur la validité de délibérations de Conseils de l'ordre ayant repris les dispositions de l'article 12-2, alinéa 2 et 3, du RIH, se fit plus nuancée. Aussi, les 26 novembre 2002 et 23 septembre 2003 la Cour a-t-elle relevé, pour refuser l'illégalité des dispositions critiquées, que la disposition interdisant à l'avocat de porter l'enchère pour un même bien pour le compte de plusieurs mandants était complétée par celle, explicitant et justifiant l'interdiction de principe, selon laquelle l'avocat ne peut notamment porter d'enchères pour des personnes en conflit d'intérêts. Poursuivant, elle a considéré que la restriction apportée au nombre de mandats de l'avocat était justifiée au regard de l'article 155 du décret du 27 novembre 1991 régissant les conflits d'intérêts, désormais abrogé par le décret du 12 juillet 2005. Le 5 octobre 2007, le Conseil d'État décidait que les dispositions de l'article 12-2 qui se bornent à prévenir les conflits d'intérêts susceptibles de se produire à l'occasion de ventes aux enchères et à organiser le cas échéant l'information du syndic de copropriété de la vente d'un lot en copropriété, ne mettent en cause ni la liberté d'exercice de la profession d'avocat ni les règles essentielles qui la régissent [4].

1. Dalloz action Voies d'ex. 2010/2011 n° 1325.56.
2. Civ. 1re, 16 juill. 1987, n° 85-15.092, *Bull. civ.* I, n° 222; *D.* 1988, somm. 237, note Brunois; *D.* 1987, IR 79; *Gaz. Pal.* 1987, pan. 259; *Gaz. Pal.* 1988, 1, pan. 16, note Guinchard et Moussa; *Gaz. Pal.* 1988, somm. 35, note Guinchard et Moussa.
3. Civ. 1re, 26 nov. 2002, n° 00-18.971, *Bull. civ.* I, n° 283; *D.* 2003, IR 42; *Gaz. Pal.* 2003, somm. 519 – Civ. 1re, 23 sept. 2003, n° 00-18.972, NP.
4. CE 5 oct. 2007, n° 282321, *D.* 2007, AJ 2739; *LPA* 17 avr. 2008, 11, concl. Aguila.

47.33 Position actuelle du RIN. Quant au RIN, à l'instar du Règlement intérieur unifié (RIU), qui avait corrigé la rédaction de l'article 12-2 alinéas 2 et 3 du RIH, quelque peu confuse comme l'avait démontré l'arrêt du 26 novembre 2002 (préc.), il interdit tout d'abord à l'avocat de porter des enchères pour des personnes qui sont en conflit d'intérêts. Illustrant cette règle, il ajoute que l'avocat ne peut « notamment » porter d'enchères pour un même bien pour le compte de plusieurs mandants. Il ne peut pas davantage, lorsqu'il s'est rendu adjudicataire pour le compte d'une personne surenchérir pour un tiers contre elle, sauf accord écrit de cette dernière [5].

47.34 Le décret du 27 juillet 2006 exclut la pluralité des pouvoirs. Selon l'article 73 du décret de 2006, l'avocat ne peut être porteur que d'un seul mandat. Le doute n'est donc plus permis. La pluralité des pouvoirs est bien source de conflit d'intérêts. L'avocat ne peut être porteur de plusieurs mandats d'enchérir. La sanction est du reste efficace : la nullité des enchères.

47.35 Copropriété. En cas d'adjudication d'un lot en copropriété, le nouvel article 12.2 prévoit que l'avocat poursuivant doit la notifier au syndic de copropriété [6].

SECTION 4 CONSTITUTIONS DE GARANTIES PAR LE CLIENT

47.41 Un avocat peut-il exiger de son client la constitution de garanties ? Si les avocats ne sont pas tenus de vérifier la solvabilité de leurs clients, il leur était néanmoins fait interdiction d'enchérir pour des personnes notoirement insolvables [7]. Ils avaient par conséquent une obligation de vérification.

Le CNB avait alors prévu, à l'article 12-2 du RIH, des alinéas 5 et 6 disposant : « À moins qu'il soit chargé d'enchérir pour une personne publique ou un organisme public, l'avocat doit se faire remettre préalablement à la vente, par chèque de banque ou caution bancaire spéciale, une consignation tenant compte des frais préalables, des droits de mutation, des frais de publicité foncière et des émoluments. » L'alinéa suivant prévoyait : « En cas de déclaration de surenchère, la provision doit couvrir, outre la consignation prévue à l'alinéa précédent, les frais taxés de la première vente et les frais et émoluments prévisibles de la deuxième vente. »

5. RIN, art. 12.2.
6. Givord, Giverdon, Capoulade, *La copropriété*, 7e éd., « Dalloz action », 2009, n° 237.
7. C. pr. civ., art. 711; abrogé par l'ordonnance du 21 avril 2006 réformant la saisie immobilière – Ord. n° 2006-461, 21 avr. 2006.

47.42 Position de la jurisprudence. La Cour de cassation a été saisie de la validité de l'article 12-2 alinéa 5 et l'a annulé à plusieurs reprises, considérant qu'il appartient aux pouvoirs législatif ou réglementaire de décider de la nature des garanties dont l'enchérisseur doit justifier pour participer à la vente[1]. Seule une disposition légale ou réglementaire peut porter atteinte à la liberté des enchères. Tel était le cas de l'article 711 du Code de procédure civile qui faisait interdiction aux avocats d'enchérir pour les personnes notoirement insolvables. En revanche, un règlement intérieur ne saurait obliger l'avocat à demander à son client une provision égale à un dixième de l'enchère envisagée. Les dispositions d'un tel règlement dont l'objet ne peut être de réglementer la procédure civile, ne peuvent créer une obligation civile à la charge de l'avocat[2].

La Cour ne conteste pas forcément le mérite des dispositions qu'elle annule. Simplement elles sont de la seule compétence réglementaire ou législative.

47.43 Position du RIN. Comme le RIU, le RIN n'a pas repris ces deux alinéas en 2005. Il se contentait d'affirmer que l'avocat doit s'assurer de la solvabilité de son client.

Cette précision a disparu du nouvel article 12.2, dans sa version d'avril 2010. Il prévoit simplement que : « L'avocat doit s'assurer de l'identité de son client, de sa situation juridique, et s'il s'agit d'une personne morale, de la réalité de son existence, de l'étendue de son objet social et des pouvoirs de son représentant. »

47.44 Le décret du 27 juillet 2006 impose une caution bancaire ou un chèque de banque. Désormais, avant de porter les enchères, l'avocat doit se faire remettre par son mandant une caution bancaire irrévocable ou un chèque de banque rédigé à l'ordre du séquestre ou du consignataire désigné dans le cahier des conditions de vente, représentant 10 % du montant de la mise à prix, sans que le montant de cette garantie puisse être inférieur à 3 000 euros[3]. Ce pourcentage pouvant finalement apparaître assez faible et non révélateur de la solvabilité de l'enchérisseur.

L'avocat remet alors à l'enchérisseur un récépissé qui reproduit les dispositions des troisième et quatrième alinéas de l'article 74 du décret. Si ce dernier n'est pas déclaré adjudicataire, la somme ainsi encaissée par le séquestre ou le consignataire lui sera restituée dès l'issue de l'audience d'adjudication. Mais s'il est défaillant, la somme versée ou la caution apportée est acquise aux créanciers participant à la distribution et, le cas échéant, au débiteur pour leur être distribuée avec le prix de l'immeuble.

SECTION 5
POUVOIR SPÉCIAL

47.51 Un avocat doit-il être muni d'un pouvoir spécial de son client pour enchérir ? L'article 12-2 alinéa 4 du RIH disposait : « Même en présence de son client à l'audience, il doit être muni d'un pouvoir spécial de ce dernier pour enchérir et d'instructions écrites précisant le montant maximum en lettres et en chiffres de l'enchère autorisée. Il est interdit à un avocat de porter des enchères pour une personne qui se présenterait à lui pour la première fois à l'audience, s'il n'est pas en situation de respecter les obligations qui lui sont imposées par la loi, les usages et le présent texte. »

47.52 Position de la jurisprudence. Cette disposition a été condamnée par la Cour de cassation qui a considéré que, ce faisant, étaient ajoutées à l'article 707 de l'ancien Code de procédure civile aujourd'hui abrogé par l'ordonnance du 21 avril 2006 réformant la saisie immobilière[4], des exigences nouvelles qu'il ne comportait pas, ce qui portait atteinte au principe de la liberté des enchères[5].

47.53 Position du RIN. Tout comme le RIU, le RIN n'a pas repris cet alinéa. Il n'a pas été modifié sur ce point par la décision normative n° 2008-002[6].

47.54 Interdiction des dispositions contraires à la loi. En conclusion, si le règlement intérieur peut réglementer les ventes judiciaires par des dispositions qui ne sont pas de nature à nuire au bon déroulement des procédures ou par des motifs inspirés par la protection des principes de déontologie et le respect des principes qui constituent la charte de l'Ordre, il ne saurait cependant réglementer au lieu et place de la loi et/ou du décret.

47.55 Dispositions du RIN. Un certain nombre des exigences auxquelles devait se soumettre l'avocat qui se chargeait de porter des enchères en matière de ventes judiciaires à la barre du tribunal et que contenait le RIH ont donc disparu de la rédaction du RIU et du RIN. L'article 12 du RIN ne devrait donc pas susciter beaucoup de contentieux; d'autant que le décret du 27 juillet 2006 est venu clarifier un certain nombre de points.

1. Civ. 1re, 26 nov. 2002, n° 00-18.971, *Bull. civ.* I, n° 283; *D.* 2003, IR 42; *Gaz. Pal.* 2003, somm. 519 – Civ. 1re, 23 sept. 2003, n° 00-18.972, NPT.
2. Civ. 1re, 27 janv. 2004, n° 01-12.391, *Bull. civ.* I, n° 24; *D.* 2004, somm. 1483, obs. Julien.
3. Décr. 27 juill. 2006, art. 74; mod. par décr. n° 2009-160, 12 févr. 2009.
4. Ord. n° 2006-461, 21 avr. 2006.
5. Civ. 1re, 26 nov. 2002, n° 00-18.971, *Bull. civ.* I, n° 283; *D.* 2003, IR 42; *Gaz. Pal.* 2003, somm. 519.
6. Décis. CNB n° 2008-002.

CHAPITRE

48. Aide juridictionnelle

SECTION 0 ORIENTEUR

48.00 Plan du chapitre.

48.01 Textes applicables.

>

L. n° 91-647, 10 juill. 1991

Décr. n° 91-1266, 19 déc. 1991

>

48.03 Bibliographie indicative.

Ouvrage. Guinchard (dir.), DALLOZ ACTION PR. CIV. 2009/2010, Gerphagnon, n°s 181.00 et 183.00, Ferrand, n°s 182.00 s.

Articles. Bougrab, « L'aide juridictionnelle, un droit fondamental », *AJDA* 2001. 1016 – Coignac, « Réforme de l'aide juridictionnelle : quelles perspectives ? », *JCP* 2010. 594 – Collectif, « Contentieux de l'aide juridictionnelle porté devant la Cour de cassation : 1980-2009 », Rapport de la Cour de cassation 2009, p. 149 – d'Ambra, « Réformer l'aide juridictionnelle », *Mélanges S. Guinchard,* Dalloz, 2010, p. 85 – Defossez-Perard, « Évolutions des dispositions réglementaires en matière d'aide juridique », *Gaz. Pal.* 14-15 mai 2004, p. 15 – Dumas, « L'aide juridictionnelle et le pourvoi en cassation », *JCP* 2009. 296 – Fricéro, « L'aide juridictionnelle », *AJ fam.* 2008. 423 – Frison-Roche, « Principes et intendance dans l'accès au droit et l'accès à la justice », *JCP* 1997. I. 4051 – Gabet, « De l'avenir de la profession d'avocat aux angoisses du quotidien : l'incontournable question de l'accès au droit », *Gaz. Pal.* 29-31 oct. 2006, p. 2 – Krebs, « Interprofessionnalité et monopole de l'aide juridictionnelle », *Gaz. Pal.* 1er-3 févr. 2009, p. 2 – du Luart, « L'aide juridictionnelle : réformer un système à bout de souffle », Rapport d'information n° 23, Sénat 2007 – Nourrissat, « Directive 2003/8/CE du 27 janv. 2003 visant à améliorer l'accès à la justice dans les affaires transfrontalières en matière civile et commerciale », *Procédures* 2003. Chron. 11 – Potier de La Varde, « Les pauvres et les juridictions suprêmes », *Just. et cass.* 2007. 196 – ROLIN, « Crise de l'aide juridictionnelle ou crise des professions judiciaires », *D.* 2001. 6; « Considérations inactuelles sur le projet de loi relatif à la réforme de l'accès au droit et à la justice », *D.* 2002. Chron. 2890 – SAF, « L'aide juridique, un enjeu décisif pour l'accès au droit », *Gaz. Pal.* 27 janv. 1999, p. 6 – Waquet, « L'office du juge en matière d'aide juridictionnelle », *Gaz. Pal.* 19-20 oct. 2007, p. 36; « L'aide juridictionnelle et l'instance », *D.* 2009. 2178 – Wienhofer, « Aide juridictionnelle : avis de tempête », *Gaz. Pal.* 6-8 nov. 2005, p. 2.

48.07 Origines de l'aide juridictionnelle. La possibilité pour les personnes les plus démunies d'obtenir gratuitement un défenseur en justice a toujours été admise et déjà, dans les Établissements de Saint-Louis, l'auteur prévoit que l'avocat sera, au besoin, commis d'office pour la défense des indigents, des veuves et des orphelins. Il faut attendre 1851 pour que ce principe, qui constituait seulement une coutume de l'Ordre des avocats, soit organisé législativement. L'origine du principe est simple, le métier d'avocat n'est primitivement qu'un aspect de la condition du clerc, seuls les clercs ont une connaissance suffisante des lois et notamment du droit romain, pour aider les ignorants dans la conduite d'un procès. Or le clerc, par sa vocation même, est lié à un idéal de modération. Il vit de l'autel ou il vit de la barre mais, n'étant point intéressé, il leur demande uniquement de quoi subsister raisonnablement, il est donc naturel qu'il soit le conseil gratuit des indigents.

Bien que l'Ordre fût rapidement laïcisé, les avocats continuèrent à appliquer ce principe qui n'a de justification que dans leur origine. En effet, dans le monde médical, les pauvres et les indigents étaient soignés gratuitement, mais les soins dont ils bénéficiaient étaient rémunérés par les paroisses auxquelles un patrimoine important permettait d'assurer cette charge. L'Ordre des avocats, traditionnellement, prenait en charge non seulement la désignation de l'avocat pour conseiller les clients et pour plaider gratuitement pour eux, mais même assumait la charge totale d'un procès lorsque les personnes étaient indigentes et que l'affaire paraissait susceptible d'un succès; c'est l'origine de la conférence du stage, organisme qui rassemblait des avocats chevronnés et des jeunes avocats qui, après avoir entendu l'exposé des clients, discutaient des chances en droit de l'affaire et adoptaient l'affirmative ou la négative, ce qui incitait l'Ordre à accepter les frais du procès ou, au contraire, à rejeter la demande, la désignation d'avocat pour la plaidoirie restant toujours obligatoire par les traditions de l'Ordre.

48.08 Loi du 22 janvier 1851. L'institution privée et purement philanthropique, qui était l'assistance judiciaire des pauvres, fut réglementée par la loi du 22 janvier 1851, effort social dû à la Seconde République. Il fut donc reconnu que les indigents possédaient le droit d'avoir accès gratuitement à la justice et par indigents, comme le précise le rapporteur de la loi, « il faut non seulement entendre l'indigent absolu mais mieux l'indigent relatif, c'est-à-dire qu'il est nécessaire de rendre possible une réclamation en justice à laquelle le défaut de moyens pécuniaires de l'homme qui a le droit de la former, mettrait un obstacle insurmontable [...] Les frais de justice varient suivant le genre et les circonstances du procès; tel individu, qui peut faire face aux dépenses qu'entraîne une cause sommaire, est hors d'état de subvenir à celles auxquelles donne lieu une cause extraordinaire; on doit donc le considérer comme indigent relativement à celle-ci, tandis qu'il ne l'est pas relativement à celle-là. L'indigence judiciaire n'est autre chose que l'impossibilité de faire valoir son droit devant les tribunaux et, par conséquent, elle est relative. » Toutefois le législateur de 1851 avait bien prévu, dans son article 14, « que l'assisté n'était dispensé que provisoirement du paiement des sommes dues notamment aux avocats pour leurs honoraires et que, lorsque le procès était terminé, il était normal que ceux qui l'avaient dirigé soient rémunérés, surtout si le succès avait couronné leurs efforts ».

C'est le barreau, nous enseigne le bâtonnier Liouville, qui a renoncé aux honoraires en matière d'assistance judiciaire[1]. Mais l'usage en province était différent et le bâtonnier Henri Simon de Versailles[2], précise qu'il n'existe aucun motif pour que l'avocat commis d'office ne reçoive pas les honoraires qui lui sont alloués par la loi; c'est ce que reconnaissent, dit-il, les barreaux de province. Ces honoraires n'étaient pas exactement les sommes habituellement données à l'avocat, puisque, l'honoraire étant conçu comme le don spontané de la reconnaissance du client, il était, par là même, difficile à calculer, mais les honoraires admis en taxe au titre des dépens qui sont devenus, au fil du temps, les droits de plaidoirie purement symboliques et qui servent aujourd'hui à alimenter la retraite des avocats.

48.09 Lois du 3 janvier 1972 et du 10 juillet 1991. L'idéal, assumé spontanément par les avocats puis repris par le législateur de 1851, aboutit à des effets pervers; d'une part, il ne pouvait assumer tous les « indigents », d'autre part, l'absence de l'État dans la rémunération des auxiliaires de justice était considérée comme injuste; une réforme s'imposait qui devait être réalisée par la loi du 3 janvier 1972[3]. Cette loi était elle-même insuffisante, dès lors que l'on en avait extrait notamment tout ce qui avait rapport à l'aide juridique. C'est pourquoi la loi du 10 juillet 1991[4] relative à l'aide juridique a mis en œuvre un système moderne qui a pour but d'assurer l'accès de tous à la justice et au droit. Elle a deux aspects, l'aide en justice et l'aide dans le conseil juridique (décret d'application du 19 décembre 1991[5]). Mais le système mis en place coûte cher[6]. Sollicitée depuis plus de dix ans, la réforme du financement de l'*aide juridictionnelle* est devenue urgente[7]. Un projet de réforme devrait être présenté prochainement par la Chancellerie, dont les dernières orientations seraient de privilégier l'extension des contrats de protection juridique (v. s^{s} n°s 49.00 s.)[8]. Dans ce cadre, le Conseil national des barreaux (CNB)[9] en appelle à une refonte

1. Liouville [bâtonnier], *La profession d'avocat*, 1883, p. 148.

2. Simon de Versailles, *Traité de l'assistance judiciaire*, Paris, 1900.
3. L. n° 72-11, 3 janv. 1972, *JO* 5 janv.
4. L. n° 91-647, 10 juill. 1991, *JO* 13 juill.
5. Décr. n° 91-1266, 19 déc. 1991, *JO* 20 déc.
6. NOT. : du Luart, « L'aide juridictionnelle : réformer un système à bout de souffle », Rapport d'information n° 23, Sénat 2007 – SUR le coût de l'aide juridictionnelle par ressort de cour d'appel : rép. min. n° 76504 et n° 99697, *JOAN Q* 19 sept. 2005.
7. SUR les inégalités existant entre les avocats dans le fonctionnement du dispositif de l'aide juridictionnelle : rép. min. n° 10392, *JOAN Q* 27 janv. 2009.
8. Coignac, « Réforme de l'aide juridictionnelle : quelles perspectives ? », *JCP* 2010. 594. – *Adde* sur les conséquences économiques pour l'État du principe de subsidiarité de l'aide juridictionnelle au regard de l'assurance de protection juridique : Cerveau, « Aide juridictionnelle et assurance de protection juridique : la mise en œuvre du principe de subsidiarité », *Gaz. Pal.* 2009. Doctr. 1070.
9. Résolution CNB sur le thème de « l'aide juridictionnelle et les avocats », adoptée par l'Assemblée générale du CNB du 19 juin 2010 : cnb.avocat.fr

complète du système de l'aide juridictionnelle dont la pérennité induit une architecture nouvelle qui repose sur une distinction novatrice entre l'aide juridictionnelle pénale et l'aide juridictionnelle civile et assimilée. Si la matière pénale resterait de la seule responsabilité de l'État, la matière civile pourrait en revanche donner lieu à la création d'un dispositif incluant financement étatique et financement complémentaire, sous réserve du maintien prioritaire de l'engagement de l'État.

Au-delà, l'un des axes prioritaires de la réforme demeure, pour les avocats, la mise en place d'une rémunération de leurs interventions au titre de l'*aide juridictionnelle* et non plus d'une simple indemnisation comme prévue par la loi du 10 juillet 1991, alors que vient d'être remis en cause le taux réduit de TVA de 5,5 % appliqué aux services fournis par les avocats dans le cadre de l'aide juridictionnelle (v. s^s n° 57.114)[1].

SECTION 1

CONDITIONS D'OBTENTION DE L'AIDE JURIDICTIONNELLE

48.11 Conditions de ressources[2]. Les personnes physiques, dont les ressources sont insuffisantes pour faire valoir leurs droits en justice, peuvent bénéficier d'une aide juridictionnelle totale ou partielle, d'après les dispositions de l'article 2 de la loi du 10 juillet 1991.

Le demandeur à l'aide juridictionnelle doit prouver l'insuffisance de ses ressources. Naguère le bureau d'aide judiciaire l'appréciait *ex aequo et bono.* L'article 4 de la loi du 10 juillet 1991 fixe des plafonds de ressources. Il faut en 2010[3], pour bénéficier de la loi, avoir des ressources mensuelles perçues en 2009 inférieures ou égales à 915 euros pour avoir l'aide juridictionnelle totale ou comprises entre 916 et 1 372 euros pour bénéficier de l'aide partielle. Les tranches de ressources pour l'aide partielle évoluent de la façon suivante :

Tranches de ressources pour l'aide juridictionnelle partielle et contribution de l'État

Ressources (en euros)	Part contributive de l'État (en %)
• 916 à 957	85 %
• 958 à 1 009	70 %
• 1 010 à 1 082	55 %
• 1 083 à 1 165	40 %
• 1 166 à 1 269	25 %
• 1 270 à 1 372	15 %

Ces plafonds sont majorés de 165 euros mensuels pour chacune des deux premières personnes à charge et de 104 euros pour la troisième personne à charge et les suivantes.

Ces plafonds sont revalorisés chaque année par la loi de finances (0,4 % pour 2010), en référence à l'évolution de la tranche la plus basse du barème de l'impôt sur le revenu, il est tenu compte également des charges familiales.

• Par exception le mineur entendu dans les conditions mentionnées à l'article 388-1 du Code civil[4], de même que les personnes formulant une demande devant les juridictions des pensions militaires[5] en bénéficient de droit.

Les personnes bénéficiaires du RMI sont dispensées de justifier de leurs ressources pour l'obtention de l'aide juridictionnelle. Et si la loi du 1er décembre 2008[6] généralisant le RSA n'a pas étendu à ses bénéficiaires ce mécanisme de dispense, rejetant en ce domaine un alignement sur le RMI, la proposition de loi de simplification et d'amélioration de la qualité du droit, adoptée en première lecture par l'Assemblée nationale le 2 décembre 2009, prévoit d'appliquer le mécanisme de dispense aux personnes pour lesquelles le RSA s'est substitué au RMI ou à l'API et constitue la totalité ou l'essentiel des revenus[7].

48.12 Bénéficiaires de l'aide juridictionnelle. Cette aide est accordée aux Français et aux ressortissants des États membres de l'Union européenne et aux personnes de nationalité étrangère résidant habituellement et régulièrement en France ou dignes d'intérêt s'ils ne remplissent pas les premières conditions posées par le texte[8]. Mais elle n'est pas accordée lorsque les frais couverts par cette aide sont pris en charge au titre d'un contrat d'assurance de protection juridique ou d'un système de protection[9].

1. CJCE 17 juin 2010, C-492/08, Commission européenne c/République Française, *D.* 2010. 1632; *Dalloz actu.*, 24 juin 2010, obs. Dargent.
2. Balsan, « L'aide judiciaire et la notion de ressources », *Gaz. Pal. 1987. Doctr. 766* – Carli, « Les voies de recours en matière d'*aide juridictionnelle* », *LPA* 19 janv. 1996, p. 21.
3. Circ. SG-09-044/SADJAV/BAJ du 31 décembre 2009, relative au montant des plafonds de ressources, des correctifs pour charges familiales et des tranches de ressources pour l'admission à l'aide juridictionnelle en 2010, *BOMJ* 2010/1 du 28 févr.
4. L. 10 juill. 1991, art. 9-1.
5. C. pensions militaires d'invalidité et des victimes de la guerre, art. L. 104-1.
6. L. n° 2008-1249, 1er déc. 2008, *JO* 3 déc.
7. Rép. min., n° 63772, *JOAN Q* 19 janv. 2010, p. 631 – Rép. min. n° 62735, *JOAN Q* 2 févr. 2010, p. 1173.
8. L. 10 juill. 1991, art. 3.
9. L. 10 juill. 1991, art. 2.

L'aide juridictionnelle est accordée en matière pénale sans condition de résidence à tous les étrangers mineurs, témoins assistés, mis en examen, prévenus, accusés, condamnés ou parties civiles, lorsqu'ils bénéficient d'une ordonnance de protection en vertu de l'article 515-9 du Code civil[1] ou lorsqu'ils font l'objet de la procédure de comparution sur reconnaissance préalable de culpabilité, ainsi qu'aux étrangers faisant l'objet de procédures particulières (prolongation du maintien en zone d'attente, refus d'un titre de séjour...). Et la France ne saurait conditionner l'attribution de l'aide juridictionnelle à l'absence de récidive sans remettre en cause le droit à l'assistance gratuite garanti en matière pénale par la Convention européenne des droits de l'homme[2].

Devant la Cour nationale du droit d'asile, elle est accordée aux étrangers qui résident habituellement en France. Les personnes morales peuvent également en bénéficier sous certaines conditions fixées par l'article 2 de la loi du 10 juillet 1991 : il doit s'agir de personnes morales n´ayant pas de but lucratif, ayant leur siège en France et ne disposant pas de ressources suffisantes; il a donc été jugé qu'une société commerciale ne peut être considérée comme étant au nombre des personnes morales pouvant bénéficier de l'aide judiciaire[3].

L'aide peut également être accordée aux syndicats de copropriétaires en difficulté, lorsque l'immeuble fait l'objet d'un plan de sauvegarde en application de l'article L. 615-1 du Code de la construction et de l'habitation ou lorsqu'un administrateur provisoire est désigné en application de l'article 29-1 de la loi du 10 juillet 1965[4]. Cette aide est limitée à l'exercice des actions de recouvrement des créances tant en demande qu'en défense.

48.13 Subsidiarité – Assurance de protection juridique. L'aide juridictionnelle n'est pas accordée lorsque les frais couverts par cette aide sont pris en charge au titre d'un contrat d'assurance de protection juridique ou d'un autre système de protection (v. s^s^ n°s 49.00 s.).

48.14 Caractères de l'action[5]**.** L'aide juridictionnelle est accordée à la personne dont l´action n'apparaît pas, manifestement, irrecevable ou dénuée de fondement[6], sauf en matière pénale ou lorsque l'intéressé est défendeur à l'action ou encore civilement responsable[7]. Une réponse ministérielle explique que « L'existence d'un contrôle préalable, confié aux bureaux d'aide juridictionnelle présidés par des magistrats, permet normalement de n'accorder le bénéfice de l'aide que pour les actions n'apparaissant pas manifestement irrecevables ou dénuées de fondement au sens de l'article 7 de la loi susvisée. Les cas où l'aide a été accordée, alors que l'action s'avérait "inenvisageable", ne peuvent donc qu'être rares : le contrôle exercé par le bureau d'aide juridictionnelle constitue ainsi une garantie en vue de la rétribution des avocats, comme du reste des autres auxiliaires de justice dont le concours est requis, puisqu'il vise à leur désignation dans les seules procédures recevables et fondées »[8]. En outre, en matière de cassation, l'aide juridictionnelle est refusée au demandeur si aucun moyen de cassation sérieux ne peut être relevé.

48.15 Domaines d'application. L'aide juridictionnelle s'applique à toutes les juridictions françaises, en matière gracieuse ou contentieuse, en demande ou en défense, au civil, au pénal et au social et en matière de contentieux administratif[9]. Elle peut également être accordée à l'occasion de l'exécution, sur le territoire français, d'une décision de justice ou de tout autre titre exécutoire, y compris s'ils émanent d'un autre État membre de l'Union européenne à l'exception du Danemark[10].

48.16 Continuité de l'aide juridictionnelle. L'aide juridictionnelle demeure acquise à son bénéficiaire en cas d'application par la juridiction saisie de la procédure de saisine pour avis du Conseil d'État ou de la Cour de cassation et en cas d'examen par le Conseil d'État, la Cour de cassation ou le Conseil

1. L. n° 2010-769, 9 juill. 2010, art. 15, en vigueur le 1er oct. 2010, *JO* 10 juill.
2. Rép. min. n° 48106, *JOAN Q* 30 juin 2009, p. 6670.
3. CA Riom, 23 janv. 1991, *Gaz. Pal.* 10 nov. 1992, 14.
4. L. n° 65-557, 10 juill. 1965, *JO* 11 juill.
5. Boré, « L'aide juridictionnelle », *Just. et cass.* 2008. 38.
6. Art. 7 – Rép. min. n° 49501, *JOAN Q* 1er août 2006, p. 8173.
7. EN FAVEUR de l'applicabilité de l'article 7 s'agissant des demandes d'aide juridictionnelle formées par des personnes engageant une action devant les juridictions des pensions sur le fondement du Code des pensions militaires d'invalidité et des victimes de la guerre : CE 14 mars 2003, *D.* 2003. IR 1263 – CONTRA : CE 31 oct. 2008, *JCP* 2008. IV 2895.
8. SUR LE non-respect du droit d'accès à un tribunal en matière civile : CEDH 30 juill. 1998, n° 61/1997/845/1051, Aerts c/Belgique, *D.* 1999, somm. 270, obs. Fricéro; *D.* 1998, act. 35e cahier, obs. Rolin – CEDH 13 févr. 2003, n° 36378/97, Bertuzzi c/France, *BICC* 2003, n° 310 – AU CONTRAIRE, estimant que le requérant n'avait pas été privé de son droit d'accès à un tribunal : CEDH 19 sept. 2000, n° 40031/98, Gnahoré c/France, *Journal des droits de l'homme*, supplément n° 66 aux *Annonces de la Seine*, 16 oct. 2000, p. 7; *D.* 2001, jur. 725, note Rolin; *JDI* 2001, 207, obs. Leclercq-Delapierre, Restencourt; *D.* 2001, somm. 1063, obs. Fricéro; *RDP* 2001, 682, obs. Gonzalès; *JCP* 2001, I, 291, n° 19, obs. Sudre – ÉGAL^T^ : CEDH 26 févr. 2002, n° 46800/99, aff. del Sol c/France, *BICC* 2002, n° 471; *Gaz. Pal.* 4-5 oct. 2002, 38, note Puéchary.
9. CJA, art. R 441-1.
10. L. 10 juill. 1991, art. 10.

constitutionnel d'une question prioritaire de constitutionnalité[1].

48.17 Bureaux d'aide juridictionnelle. L'aide juridictionnelle est accordée par des bureaux composés paritairement et qui ont pour objet d'examiner les ressources et les justifications apportées et la nature du litige pour lequel l'aide judiciaire est demandée[2].

48.18 Caducité de la décision d'admission à l'aide juridictionnelle. Aux termes de l'article 54 du décret du 19 décembre 1991, la décision d'admission à l'aide juridictionnelle est caduque si, dans l'année de sa notification, la juridiction n'a pas été saisie de l'instance en vue de laquelle l'admission a été prononcée. Mais cette caducité n'a d'effet qu'en ce qui concerne le bénéfice de l'aide juridictionnelle et n'a pas d'incidence sur l'interruption des délais résultant de l'aide juridictionnelle[3].

SECTION 2
EFFETS DE L'AIDE JURIDICTIONNELLE

48.21 Choix de l'avocat. L'aide juridictionnelle emporte le concours des auxiliaires de justice et particulièrement de l'avocat[4]. Par ailleurs, c'est dans le même sens d'une reconnaissance d'un véritable droit à l'assistance d'un avocat que s'inscrit la jurisprudence aux termes de laquelle la rémunération de l'avocat est comprise dans les dépens, même dans les procédures sans représentation obligatoire[5].

Jadis désignés obligatoirement par le bâtonnier et choisis le plus souvent parmi les plus jeunes qui avaient intérêt à se former et qui n'avaient pas encore de cabinets importants pour être surchargés par l'aide judiciaire – la charge était moindre à l'époque puisqu'elle ne comportait que la plaidoirie et non pas la procédure –, l'auxiliaire de justice est choisi désormais par le plaideur.

Ce n'est qu'à défaut de choix, parce que le plaideur ne connaît aucun avocat ou bien parce que l'avocat précédemment choisi a refusé d'assumer la charge de l'aide judiciaire et à la condition qu'il ait été autorisé à le faire par le bâtonnier, que ce dernier intervient pour désigner l'avocat commis. Le plus souvent ce sera le représentant des avocats au bureau d'aide judiciaire, mandaté à cet effet par le bâtonnier, qui désignera l'auxiliaire de justice au cas où le plaideur n'en a pas encore choisi ou s'est vu opposer un refus par l'avocat précédemment choisi.

• Un règlement intérieur de barreau qui énonce que le bénéficiaire de l'aide juridictionnelle conserve le droit de substituer ou d'associer un autre avocat non désigné ou non commis d'office à sa défense et que, le cas échéant, il renonce au bénéfice de l'aide juridictionnelle avec effet rétroactif au jour de la désignation ou de la commission d'office, doit être annulé, le Conseil de l'ordre ne pouvant imposer au plaideur une renonciation rétroactive à cette aide, laquelle n'est prévue par aucun texte[6].

• **Avocat désigné d'office.** L'avocat désigné par le bâtonnier est tenu d'effectuer cette mission qui ne saurait être assimilée à un travail forcé obligatoire prohibé par la Déclaration universelle des droits de l'homme[7]. Un arrêt de l'Assemblée plénière rappelle que la défense constitue pour toute personne un droit fondamental à caractère constitutionnel; son exercice effectif[8] exige que soit assuré l'accès de chacun, avec l'assistance d'un défenseur, au juge chargé de statuer sur sa prétention, même si la procédure qu'il désire engager est irrégulière[9]. L'avocat com-

1. Circ. SG/SADJPV du 1er mars 2010, relative à la présentation du principe de continuité de l'aide juridictionnelle en cas d'examen de la question prioritaire de constitutionnalité par le Conseil d'État, la Cour de cassation et le Conseil constitutionnel (*BOMJL* n° 2010-02, 30 avr.) – Décr. 19 déc. 1991, art. 53 et 53-1.
2. L. 10 juill. 1991, art. 12 s.
3. Civ. 2e, 7 mai 2003, n° 01-17.693, *Bull. civ.* II, n° 128; *D.* 2003, IR 1476; *Gaz. Pal.* 7-8 avr. 2004, somm. 1227, obs. du Rusquec; *Gaz. Pal.* 2003, somm. 2466 – CA Toulouse, 13 déc. 2001, *D.* 2002, somm. 2651, obs. Julien.
4. SUR LE droit à l'assistance d'un avocat NOT. : Civ. 2e, 12 mars 1997, n° 95-10.727; *D.* 1997. IR 89; *JCP* 1997. II. 22884, note du Rusquec; *RG proc.* 1998. 91, obs. Héron – Civ. 3e, 7 mai 2003, n° 01-16.936, *Bull. civ.* III, n° 98; *D.* 2003. IR 1476; *JCP* 2003. IV. 2159; *Gaz. Pal.* mars-avr. 2004, p. 1227, obs. du Rusquec – Civ. 2e, 17 nov. 2005, n° 03-04.186, *Bull. civ.* II, n° 292; *D.* 2005, IR 2967; *Gaz. Pal.* 2005, jur. 4128; *Gaz. Pal.* 2006, somm. 511 – Civ. 1re, 20 févr. 2008, n° 07-12.650; *Bull. civ.* I, n° 53; *D.* 2008, 791; *D.* 2009. Pan. 54, obs. Douchy-Oudot; *JCP* 2008, 140, n° 17, obs. G'sell-Macrez; *Gaz. Pal.* 13 janv. 2008, p. 27, note du Rusquec – CE 28 nov. 2008, req. n° 292772, *LPA* 28 janv. 2009, p. 11, concl. Thiellay – Civ. 1re, 30 sept. *2009,* n° 08-15174, *Bull. civ.* I, n° 188; *Dalloz actu.* 13 oct. 2009, obs. Dargent; *AJ fam.* 2009. 457, note Pécaut-Rivolier; *RTD civ.* 2009. 713, obs. Hauser.
5. Civ. 2e, 2 juill. 2009, n° 08-14.586, *JCP* 2009. 295, obs. Bortoluzzi – CONTRA AUPARAVANT : Civ. 2e, 2 juill. 1987, n° 86-12.784, *Bull. civ.* II, n° 258 – Civ. 2e, 7 janv. 1999, n° 96-22.223, NP – COMP. : Soc. 17 juill. 2007, (cité ss n° 48.22).
6. Civ. 1re, 4 avr. 1995, n° 93-10.818, *Bull. civ.* I, n° 156; *D.* 1995, IR 125; *Gaz. Pal.* 7 sept. 1995, pan. 13; *Gaz. Pal.* 1995, pan. 131.
7. CAA Douai, 20 sept. 1993, *Gaz. Pal.* 25 juin 1994, 11, note Damien – CA Versailles, 23 nov. 1994, *Gaz. Pal.* 1995, 1, 28, note Damien – Civ. 1re, 24 juin 1997, n° 95-13.100, NPT, *JCP* 1998, II, 10035, note Martin – Civ. 1re, 9 juill. 1996, n° 94-19.008, *Bull. civ.* I, n° 301; *D.* 1996, IR 190; *Gaz. Pal.* 8 mai 1997, pan. 12; *Gaz. Pal.* 1997, pan. 100.
8. NOT. SUR le caractère concret et effectif du droit à l'assistance d'un avocat : Civ. 1re, 20 févr. 2008, préc.
9. Cass. Ass. plén., 30 juin 1995, n° 94-20.302, *Bull. ass. plén.*, n° 4; *D.* 1995, 513, note Drago; *D.* 1995, IR 166; *JCP* 1995, II, 22478, note Perdriau; *JCP*, II, 22478, concl. Jéol; *Gaz. Pal.* 1995, pan. 196; *Gaz. Pal.* somm. 307; *Gaz. Pal.* 1996, somm. 430.

mis ne peut refuser son ministère sans faire approuver des motifs d'excuse par celui qui l'a désigné (v. s^s n° 40.62)[1].

• **Avocat désigné dès l'octroi de l'aide juridictionnelle.** L'avocat doit être désigné dès l'octroi de l'aide juridictionnelle[2]. La Cour de cassation va même parfois jusqu'à exiger que le juge s'assure que le bénéficiaire est effectivement assisté d'un avocat[3]. La Cour de cassation juge que la demande de désignation d'un avocat peut être formulée jusqu'au jour de l'audience[4]. Et en amont, dans la mesure où le juge doit lui-même respecter le droit à l'assistance d'un avocat et permettre l'accès effectif à l'aide juridictionnelle il doit surseoir à statuer dans l'attente de la décision du bureau de l'aide juridictionnelle[5]. Cependant, il a été jugé qu'il n'y a pas violation de l'article 6, § 1er dès lors que la demande d'aide juridictionnelle a finalement été rejetée par le bureau d'aide juridictionnelle[6].

Mais, c'est sans méconnaître les règles régissant l'aide juridictionnelle et les exigences du procès équitable qu'une cour d'appel statue, en procédure orale, sur l'appel dont elle est saisie, dès lors que l'appelant, régulièrement convoqué, ne s'est pas présenté à l'audience et que n'ayant sollicité le bénéfice de l'aide juridictionnelle que pendant le cours du délibéré, il ne l'a obtenue qu'après le prononcé de la décision[7].

48.22 Avocat inscrit au barreau compétent. L'avocat désigné par le bâtonnier, dans les cas où cette désignation subsiste, ne peut être qu'un avocat inscrit au barreau compétent *ratione loci* pour postuler devant le tribunal. Si le ministère d'un avocat postulant n'est pas obligatoire, le bénéficiaire de l'aide juridictionnelle peut être assisté par un avocat inscrit à un autre barreau, dès lors qu'il l'a choisi et que celui-ci a accepté de prêter son concours; la désignation sera alors effectuée par le barreau auquel appartient l'avocat dans les conditions de droit commun. Le choix d'un avocat extérieur n'entraîne donc plus le retrait de l'aide judiciaire, considéré comme une renonciation tacite à son bénéfice[8].

48.23 Rémunération de l'avocat (v. s^s n°s 46.102 s.). L'avocat choisi ou désigné va être rémunéré, soit par l'État et par l'intermédiaire de son barreau qui perçoit des indemnités à cet effet de l'État, gérées par la Carpa (v. s^s n°s 62.01 s.), soit par l'État et le plaideur en cas d'admission à l'aide judiciaire partielle.

Si le montant des prestations de l'avocat est calculé par l'État, en ce qui concerne le versement que celui-ci doit effectuer auprès du barreau, la détermination de l'honoraire effectivement perçu par l'avocat et arbitré par le bâtonnier demeure libre et souple et n'est pas nécessairement égale à l'indemnité que l'Ordre a reçue pour la prestation de l'avocat.

Lorsqu'un avocat désigné ou choisi au titre de l'aide juridictionnelle est, en cours de procédure, remplacé au même titre pour raison légitime par un autre avocat, la contribution de l'État est partagée entre eux par le second avocat ou, à défaut d'accord dans une proportion fixée par le bâtonnier. Dans le cas où les avocats n'appartiennent pas au même barreau, la décision est prise conjointement par les bâtonniers des barreaux intéressés[9].

Les mêmes règles sont applicables lorsque le remplacement a lieu au cours de pourparlers transactionnels.

48.24 Unité de valeur. Après de longues discussions entre le barreau et les pouvoirs publics, spécialement le ministre des Finances, pour le calcul de la rétribution des avocats au titre de l'aide juridictionnelle, il a été adopté un système fondé sur l'unité de valeur (UV) prévu par la loi de finances et des coefficients précisés par type d'affaires et par juridiction dans le tableau qui suit l'article 90 du décret du 19 décembre 1991.

• **Montant de la rétribution des avocats.** La contribution de l'État à la rétribution des avocats est déterminée en fonction de *l'unité de valeur* fixée à 22,50 euros hors taxes par la loi de finances pour l'année 2007 pour les missions d'aide partielle[10] et non réévaluée depuis[11] d'un certain

1. Civ. 1re, 28 nov. 1995, n° 93-16.564, n° 93-18.766, 2 esp., *Bull. civ.* I, n° 433; *D.* 1996, IR 2 et 4; *Gaz. Pal.* 1996, pan. 131.
2. CEDH 10 mai 2007, n° 38208/03, n° 2810/05, *JCP* 2007, I, 2006, obs. Sell-Macrez.
3. Soc. 17 juill. 2007, n° 06-40.390, NP, *JCP* 2007, I, 2006, obs. Sell-Macrez.
4. Civ. 2e, 10 déc. 2009, n° 08-20.507; *Bull. civ.* II, n° 282; *JCP* S 2010. 1021, note Tauran; *Dr. et proc.* 2010. 88, note Lauvergnat.
5. Civ. 2e, 18 janv. 2007, n° 06-10.294, *Bull. civ.* II, n° 9; *D.* 2007, 380, obs. Avena-Robardet; *D.* 2007, Pan. 2336, obs. Vigneau; *Procédures* 2007, comm. 54, obs. Perrot; *JCP* 2007, Actu. 56, obs. Bougrab; *JCP* 2007, I, 139, n° 1, obs. Cadiet; *JCP* 2007, I, 151, n° 7, I, obs. Sell-Macrez; *Dr. et proc.* 2007. 210, note Lefort.
6. Crim. 15 janv. 2008, n° 07-86.624. *JCP* 2008. I. 140, n° 17, obs. crit. Fl. G'sell Macrez – CE 6 mai 2009, req. n° 322713; *JCP* 2009. 272, obs. Rouault; *JCP* 601, obs. Mathieu et Verpeaux; *Gaz. Pal.* 2010. Jurisp. 3853 et la note.
7. Civ. 2e, 5 mars 2009, n° 08-13-749; *Bull. civ.* II, n° 63; *JCP* 2009. I. 142, n° 1, note Jeuland.
8. CA Reims, 25 avr. 1979, *Gaz. Pal.* 1980, 30, note Laroche de Roussane – EN SENS CONTRAIRE : CA Versailles, 17 janv. 1991, *Gaz. Pal.* 11 avr. 1992, 12.
9. Décr. 19 déc. 1991, art. 103 (v. égal^t s^s n° 46.106).
10. Pour les missions d'aide totale, l'article 27, alinéa 4, de la loi n° 91-647 du 10 juillet 1991 relative à l'aide juridique, complété par l'article 116 du décret du 19 décembre 1991 prévoit que le montant de l'unité de valeur de référence, tel qu'il est fixé par la loi de finances, est majoré selon un barème comportant dix tranches égales permettant de classer chaque barreau à l'intérieur de l'une de ces dix tranches en fonction du volume des missions effectuées au titre de l'aide juridictionnelle au cours de l'année précédente au regard du nombre d'avocats inscrits au barreau.
11. Circ. 29 déc. 2006, JUSJ0690020C.

nombre de majorations[1] et des *coefficients* fixés par le décret du 19 décembre 1991 selon le tableau (v. s[s] n° 48.26)[2].

S'agissant de l'aide juridictionnelle totale, l'unité de valeur peut être majorée en fonction du volume des missions effectuées au cours de l'année précédente au regard du nombre d'avocats inscrits au barreau dans la limite de 30 % du montant fixé par la loi de finances. L'ensemble des majorations possibles donne lieu à l'établissement de dix tranches égales dont le montant est fixé annuellement par le ministre chargé du budget et au sein desquelles sont classé chacun des barreaux en fonction du rapport du volume des missions d'aide juridictionnelle effectuées l'année précédente et du nombre d'avocats inscrits au barreau[3].

Les rétributions allouées pour les missions d'aide juridictionnelle en matière pénale visées à la rubrique VII.I du barème prévu à l'article 90 peuvent être majorées dans une proportion maximum de 20 % au bénéfice des barreaux ayant souscrit des engagements d'objectifs assortis de procédures d'évaluation visant à assurer une meilleure organisation de la défense pénale[4]. Il peut en être de même en matière d'assistance éducative et pour les procédures prévues par l'ordonnance du 2 novembre 1945 relative aux conditions d'entrée et de séjour des étrangers en France[5].

Enfin, nonobstant toute disposition contraire, la rétribution allouée aux avocats selon les barèmes applicables aux différentes missions d'aide juridictionnelle est majorée d'un coefficient de seize unités de valeur en cas d'intervention devant le Conseil constitutionnel saisi d'une question prioritaire de constitutionnalité[6].

48.25 Rémunération complémentaire en cas d'aide juridictionnelle partielle. En cas d'aide judiciaire partielle, l'avocat est invité comme d'ailleurs en toute matière, mais là il s'agit d'une obligation et non d'une possibilité, à établir une convention d'honoraires avec le client, soumise à l'appréciation du bâtonnier (v. s[s] n° 46.104).

48.26 Barème de la contribution de l'État à la rétribution des missions d'aide juridictionnelle totale au 4 novembre 2008[7, 8]

PROCÉDURES CIVILES								
Procédures	Coefficient de base	Majorations possibles cumulables dans la limite de 16 UV [à 20,84 € HT, l'unité, montant fixé par L. fin. 2004, puis 2005, non réévalué depuis (circ. 31 déc. 2005, JUS J 05 90 022C), des diverses majorations et des coefficients fixés par le décret du 19 déc. 1991]						
		Incidents (1) (dans la limite de 3 majorations)	Mesures de médiation ordonnées par le juge	Expertises		Vérifications personnelles du juge	Autres mesures d'instruction dont enquêtes sociales
				Sans déplacement	Avec déplacement		
I. – Droits des personnes							
I.1. Divorce par consentement mutuel (*)	30 (2)	3	2	4	9	5	2
I.2. Autres cas de divorce (*)	34 (8)	3	2	4	9	5	2
I.3. Procédure après divorce devant le juge aux affaires familiales (JAF)	14		2	4	9	5	2
I.4. Autres instances devant le JAF	16		2	4	9	5	2
I.5. Incapacités	10			4	9	5	2
I.6. Assistance éducative	16						
I.7. Autres demandes (*Cf.* IV)							
II. – Droit social							
II.1. Prud'hommes	30			4	9	5	2
II.2. Prud'hommes avec départage	36			4	9	5	2
II.3. Référé prud'homal	16			4	9	5	2
II.4. Référé prud'homal avec départage	24			4	9	5	2
II.5. Contentieux général de la sécurité sociale	14			4	9	5	2
II.6. Autres demandes (*Cf.* IV)							

1. Dalloz action Pr. civ. 2009/2010, n° 181.312 et 181.313.
2. Dalloz action Pr. civ. 2009/2010, n° 181.245.
3. Arr. 28 déc. 2006, *JO* 30 déc., p. 20088.
4. Décr. 19 déc. 1991, art. 91.
5. Ord. n° 45-2658, 2 nov. 1945 relative aux conditions d'entrée et de séjour des étrangers en France.
6. Décr. 19 déc. 1991, art. 90-1.
7. Décr. 19 déc. 1991, art. 90 et 153 et décr. mod. n° 91-647, 19 déc. 1991, art. 5 et 10, décr. mod. n° 91-1369, 30 déc. 1991.
8. Décr. n° 2008-1129, 4 nov. 2008.

III. – Baux d'habitation							
III.1. Instance au fond	21			4	9	5	2
III.2. Référé	16			4	9	5	2
IV. – Autres matières civiles							
IV.1. Tribunal de grande instance et tribunal de commerce, instance au fond (3)	26 (4)	3		4	9	5	2
IV.2. Autres juridictions, instance au fond (5)	16			4	9	5	2
IV.3. Référés	8			4	9	5	2
IV.4. Matière gracieuse	8						
IV.5. Requête	4						
IV.6. Difficultés d'exécution devant le juge de l'exécution (JE)	4						
IV.7. Demande de réparation d'une détention provisoire	6 (6)						
V. – Appel							
V.1. Appel et contredit	14 (7)	3		4	9	5	2
V.2. Appel avec référé	18 (7)	3		4	9	5	2

(1). Ces incidents sont ceux qui donnent lieu, après discussion contradictoire, à une décision du magistrat chargé de l'instruction de l'affaire, dans les cas prévus aux 1° à 4° de l'article 771 NCPC [devenu Code de procédure civil] et aux articles 911, 912 et 944 du même code.
(2). Porté à 50 UV quand le même avocat représente deux époux et que ceux-ci ont tous deux l'aide juridictionnelle.
(3). Ainsi qu'en cas de renvoi à la formation collégiale (COJ, art. L. 311-12-2 [devenu L. 213-7]).
(4). Le nombre d'UV est de 26 pour les missions d'aide juridictionnelle achevées à compter du 1er janvier 2004 ; il est de 24 pour les missions achevées entre la date de publication du décret no 2003-853 du 5 septembre 2003 et le 31 décembre 2003.
(5). Y compris le juge de l'exécution et le juge de proximité.
(6). Ce coefficient est porté à 8 lorsque l'avocat intervenant au cours de la procédure de demande de réparation n'est pas l'avocat qui est intervenu au cours de la procédure pénale clôturée par la décision de non-lieu, de relaxe ou d'acquittement.
(7). Ces coefficients sont portés respectivement à 20 et à 24 en cas de procédure d'appel sans représentation obligatoire.
(8). Ce coefficient est porté à 36 UV en cas de projet d'acte notarié de liquidation du régime matrimonial homologué par le Jaf lors du prononcé du divorce.
(9). Y compris l'ouverture d'une mesure judiciaire d'aide à la gestion du budget familial sur requête ou saisine d'office du juge.

PROCÉDURES PÉNALES

Procédures	Coefficient de base	Majorations possibles cumulables dans la limite de 16 UV [à 20,84 € HT, l'unité, montant fixé par L. fin. 2004, puis 2005, non réévalué depuis (circ. 31 déc. 2005, JUS J 05 90 022C), des diverses majorations et des coefficients fixés par le décret du 19 déc. 1991]					
		Incidents (1) (dans la limite de 3 majorations)	Mesures de médiation ordonnées par le juge	Expertises		Vérifications personnelles du juge	Autres mesures d'instruction dont enquêtes sociales
				Sans déplacement	Avec déplacement		
VI. – Partie civile							
VI.1. Assistance d'une partie civile ou d'un civilement responsable devant une juridiction de jugement de premier degré, à l'exception des procédures mentionnées aux VI. 2 et VI. 4.	8 (10)						
VI.2. Assistance d'une partie civile ou d'un civilement responsable devant le tribunal de police ou le juge de proximité (contraventions de police de la 1re à la 4e classe)	2						
VI.3. Assistance d'une partie civile ou d'un civilement responsable devant la chambre des appels correctionnels	13						
VI.4. Assistance d'une partie civile ou d'un civilement responsable devant la cour d'assises, la cour d'assises des mineurs, ou le tribunal pour enfants statuant au criminel	35 (1) (11)						
VI.5. Assistance d'une partie civile pour une instruction correctionnelle (2)	8 (12)						
VI.6. Assistance d'une partie civile pour une instruction criminelle (2)	18 (12)						
En cas de pluralité d'avocats commis ou désignés d'office pour assister une personne à l'occasion des procédures pénales prévues dans la présente rubrique, une seule contribution est due							

VII. – Procédures criminelles							
VII.1. Instruction criminelle	50 [12]						
VII.2. Assistance d'un accusé devant la cour d'assises, la cour d'assises des mineurs, ou le tribunal pour enfants statuant au criminel	50 [1] [11]						
VIII. – Procédures correctionnelles							
VIII.1. Première comparution devant le juge d'instruction ou le juge des enfants ou présentation du mineur devant le Procureur de la République dans le cadre d'un jugement à délai rapproché	3 [13]						
VIII.2. Débat contradictoire relatif au placement en détention provisoire	2 [13]						
VIII.3. Première comparution devant le juge d'instruction ou le juge des enfants ou présentation du mineur devant le Procureur de la République dans le cadre d'un jugement à délai rapproché et débat contradictoire relatif à la détention provisoire lorsqu'ils sont assurés par le même avocat	4 [13]						
VIII.4. Instruction correctionnelle avec détention provisoire : juge d'instruction (JI) ou JE	20 [12]						
VIII.5. Instruction correctionnelle sans détention provisoire (JI)	12 [12]						
VIII.6. Instruction correctionnelle sans détention provisoire (JE) avec renvoi devant le tribunal pour enfants	12						
VIII.7. Assistance d'un prévenu devant le juge des enfants (audience de cabinet y compris la phase d'instruction)	6 [3]						
VIII.8. Assistance d'un prévenu devant le tribunal correctionnel ou le tribunal pour enfants	8 [3] [4] [10]						
VIII.9. Assistance d'une personne faisant l'objet de la procédure de comparution sur reconnaissance préalable de culpabilité	5 [3]						
IX. – Procédures contraventionnelles							
IX.1. Assistance d'un prévenu devant le tribunal de police ou le juge de proximité (contraventions de police de la 5e classe)	2 [3]						
IX.2. Assistance d'un prévenu mineur devant le tribunal de police ou le juge de proximité (contraventions de police de la 1re à la 5e classe)	2 [3]						
IX.3. Assistance d'un prévenu, majeur protégé, devant le tribunal de police ou le juge de proximité (contraventions de police de la 1re à la 5e classe)	2 [3]						
X. – Procédures d'appel et procédures devant la chambre de l'instruction							
X.1. Assistance d'un prévenu devant la chambre des appels correctionnels	8 [3] [4]						
X.2. Assistance d'un prévenu pour les appels des ordonnances du juge d'instruction et du juge des libertés et de la détention [5] et autres procédures devant la chambre de l'instruction (y compris extradition et procédures de remise résultant de l'exécution d'un mandat d'arrêt européen)	5						
Les missions d'assistance pour les phases d'instruction et de jugement devant les tribunaux des forces armées sont rétribuées selon les coefficients applicables aux juridictions de droit commun.							
Les prestations devant la chambre de l'instruction et les tribunaux des forces armées sont rétribuées de la même façon que pour la phase procédurale à l'occasion de laquelle ils sont amenés à statuer.							

XI. – Procédures d'application des peines							
XI.1. Assistance d'un condamné devant le juge de l'application des peines ou le juge des enfants statuant en matière d'application des peines, le tribunal de l'application des peines, ou le tribunal pour enfants statuant en matière d'application des peines	4 (6)						
XI.2. Représentation d'un condamné devant la chambre de l'application des peines de la cour d'appel, son président ou la chambre spéciale des mineurs	4 (6)						
XI.3. Assistance d'un condamné lors du recueil de son consentement pour le placement sous surveillance électronique	2						
XII. – Procédure applicable en matière de surveillance de sûreté et de rétention de sûreté							
XII.1. Assistance d'une personne devant la juridiction régionale ou la juridiction nationale de la rétention de sûreté ou devant la Cour de cassation	4						
XII.2. Assistance d'une personne devant le juge de l'application des peines	4						
XIII. – Procédures devant le juge des libertés et de la détention relatives à l'entrée et au séjour des étrangers							
XIII.1. Prolongation de la rétention dans des locaux ne relevant pas de l'administration pénitentiaire	4						
XIII.2. Prolongation du maintien en zone d'attente	4 (7)						
XIV. – Tribunal administratif et cour administrative d'appel							
XIV.1. Affaires au fond	20 (8)						
XIV.2. Référé fiscal	6						
XIV.3. Référé suspension, référé liberté, référé conservatoire	8						
XIV.4. Autres référés et procédures spéciales de suspension	4						
XIV.5. Difficulté d'exécution d'une décision	6						
XIV.6. Reconduite d'étrangers à la frontière	6						
XIV.7. Contentieux du titre de séjour assorti d'une obligation de quitter le territoire français	20						
XV. – Commission des recours des réfugiés	8						
XVI. – Assistance d'un requérant devant le tribunal départemental des pensions ou la cour régionale des pensions et les autres juridictions administratives, sauf le Conseil d'État							
XVI.1. Assistance d'un requérant devant le tribunal départemental des pensions ou la cour régionale des pensions	20						
XVI.2. Autres juridictions administratives	14						
XVII. – Commissions administratives							
XVII.1. Commissions d'expulsion des étrangers	6						
XVII.2. Commission de séjour des étrangers	6						
XVIII. – Audition de l'enfant en justice	3 (9)						
XIX. – Procédure de révision							
XIX.1. Assistance ou représentation du requérant devant la commission de révision	7						
XIX.2. Assistance ou représentation du requérant devant la cour de révision	10						

XIX.3. Assistance ou représentation de la partie civile devant la cour	7
XX. – Réexamen d'une décision pénale consécutif au prononcé d'un arrêt de la Cour européenne des droits de l'homme (CEDH) – Assistance ou représentation d'un condamné devant la commission de la Cour de cassation	17

1. Majoration possible : 16 UV par jour supplémentaire.
2. Une seule contribution est due pour l'assistance de la partie lors de l'ensemble de la phase procédurale visée, que la chambre de l'instruction ait été ou non saisie.
3. Majoration en cas de présence d'une partie civile assistée ou représentée par un avocat : 3 UV.
4. Majoration par jour supplémentaire d'audience : 6 UV.
5. L'ensemble des appels portés au cours de l'instruction devant la chambre de l'instruction donne lieu à une rétribution forfaitaire de 5 UV.
6. Majoration lorsque le débat contradictoire ou une audition préalable du condamné en présence de son avocat a lieu au sein de l'établissement pénitentiaire : 1 UV.
7. Majoration en cas d'audience dans l'emprise portuaire et aéroportuaire : 1 UV.
8. Majorations possibles cumulables dans la limite de 16 UV. en cas :
   – d'expertise avec ou sans déplacement : 4 UV ou 9 UV ;
   – visite des lieux ou enquêtes : 5 UV.
9. Majoration possible : 1 UV. par audition supplémentaire décidée par le juge dans la limite de trois majorations.
10. Majoration de 2 UV lorsque l'avocat ayant assisté la partie civile ou le prévenu au cours de l'information devant le pôle de l'instruction appartient au barreau établi près le tribunal de grande instance au sein duquel est établi le pôle et que l'audience a lieu en dehors du ressort de compétence territoriale de ce tribunal.
11. Majoration de 2 UV, dans la limite de 4 UV, lorsque l'avocat ayant assisté la partie civile ou l'accusé au cours de l'information devant le pôle de l'instruction appartient au barreau établi près le tribunal de grande instance au sein duquel est établi le pôle et que l'audience a lieu en dehors du ressort de compétence territoriale de ce tribunal.
12. Majoration de 2 UV pour chaque acte d'instruction nécessitant l'assistance de l'avocat devant le pôle de l'instruction lorsque cet avocat appartient au barreau établi près le tribunal de grande instance initialement compétent.
13. Majoration de 2 UV lorsque l'interrogatoire de première comparution et le débat contradictoire ont lieu au pôle de l'instruction et que l'avocat appartient au barreau établi près le tribunal de grande instance initialement compétent.

Dotation versée aux barreaux au titre de l'aide juridictionnelle en 2006[1]

Cour d'Appel	Barreau	Versement 2006 (en millions d'euros)	Cour d'Appel	Barreau	Versement 2006 (en milliers d'euros)
AGEN	AGEN	1 500	LYON	SAINT ÉTIENNE	2 084
AGEN	CAHORS (LOT)	578	LYON	VILLEFRANCHE SUR SAÔNE	633
AGEN	GERS (AUCH)	731	METZ	METZ	2 552
AGEN	MARMANDE	440	METZ	SARREGUEMINES	1 222
AIX EN PROVENCE	AIX EN PROVENCE	2 748	METZ	THIONVILLE	632
AIX EN PROVENCE	ALPES HTE PROVENCE (DIGNE)	589	MONTPELLIER	BÉZIERS	2 133
AIX EN PROVENCE	DRAGUIGNAN	1 244	MONTPELLIER	CARCASSONNE	816
AIX EN PROVENCE	GRASSE	1 486	MONTPELLIER	MILLAU	269
AIX EN PROVENCE	MARSEILLE	4 065	MONTPELLIER	MONTPELLIER	4 124
AIX EN PROVENCE	NICE	1 590	MONTPELLIER	NARBONNE	831
AIX EN PROVENCE	TARASCON	733	MONTPELLIER	PERPIGNAN	2 127
AIX EN PROVENCE	TOULON	2 073	MONTPELLIER	RODEZ	514
AMIENS	ABBEVILLE	501	NANCY	BRIEY	557
AMIENS	AMIENS	2 974	NANCY	ÉPINAL	651
AMIENS	BEAUVAIS	960	NANCY	MEUSE (BAR LE DUC)	641
AMIENS	COMPIÈGNE	482	NANCY	NANCY	2 687
AMIENS	LAON	1 226	NANCY	SAINT DIE	329
AMIENS	PERONNE	303	NÎMES	ALES	612
AMIENS	SAINT QUENTIN	673	NÎMES	AVIGNON	1 554

1. Rap Sénat n° 23 (2007/2008), ann. n° 4.

AMIENS	SENLIS	449
AMIENS	SOISSONS	611
ANGERS	ANGERS	1 916
ANGERS	LAVAL	922
ANGERS	Le MANS	2 101
ANGERS	SAUMUR	762
BASTIA	AJACCIO	695
BASTIA	BASTIA	1 118
BESANÇON	BELFORT	887
BESANÇON	BESAN,ON	1 029
BESANÇON	DOLE	412
BESANÇON	LONS LE SAULNIER	452
BESANÇON	LURE	468
BESANÇON	MONTBÉLIARD	745
BESANÇON	VESOUL	633
BORDEAUX	BERGERAC	623
BORDEAUX	BORDEAUX	5 440
BORDEAUX	CHARENTE (ANGOULÊME)	1 531
BORDEAUX	LIBOURNE	696
BORDEAUX	PÉRIGUEUX	1 658
BOURGES	BOURGES	1 155
BOURGES	CHÂTEAUROUX	1 269
BOURGES	NEVERS	851
CAEN	ALENÇON	868
CAEN	ARGENTAN	696
CAEN	AVRANCHES	266
CAEN	CAEN	2 133
CAEN	CHERBOURG	567
CAEN	COUTANCES	588
CAEN	LISIEUX	557
CHAMBERY	ALBERTVILLE	364
CHAMBERY	ANNECY	664
CHAMBERY	BONNEVILLE	384
CHAMBERY	CHAMBERY	946
CHAMBERY	THONON LES BAINS	341
COLMAR	COLMAR	1 868
COLMAR	MULHOUSE	1 314
COLMAR	SAVERNE	496
COLMAR	STRASBOURG	2 725
DIJON	CHALON SUR SAÔNE	1 089
DIJON	CHAUMONT (HTE MARNE)	1 157
DIJON	DIJON	2 188
DIJON	MACON	504
DOUAI	ARRAS	1 023
DOUAI	AVESNES SUR HELPE	2 090
DOUAI	BÉTHUNE	4 228
NÎMES	CARPENTRAS	797
NÎMES	MENDE	231
NÎMES	NÎMES	2 784
NÎMES	PRIVAS (ARDÈCHE)	577
ORLÉANS	BLOIS	1 197
ORLÉANS	MONTARGIS	343
ORLÉANS	ORLÉANS	1 645
ORLÉANS	TOURS	1 885
PARIS	AUXERRE	794
PARIS	ÉVRY (ESSONNE)	3 152
PARIS	FONTAINEBLEAU	478
PARIS	MEAUX	2 102
PARIS	MELUN	1 197
PARIS	PARIS	8 321
PARIS	SEINE ST DENIS (BOBIGNY)	4 143
PARIS	SENS	316
PARIS	VAL DE MARNE (CRÉTELLE)	2 321
PAU	BAYONNE	949
PAU	DAX	708
PAU	MONT DE MARSAN	975
PAU	PAU	1 851
PAU	TARBES	1 296
POITIERS	BRESSUIRE	544
POITIERS	LA ROCHE SUR YON	928
POITIERS	La ROCHELLE	662
POITIERS	LES SABLES D'OLONNE	456
POITIERS	NIORT	926
POITIERS	POITIERS	2 313
POITIERS	ROCHEFORT SUR MER	609
POITIERS	SAINTES	931
REIMS	CHALONS EN CHAMPAGNE	830
REIMS	CHARLEVILLE MEZ (ARDENNES)	1 275
REIMS	REIMS	1 021
REIMS	TROYES	1 212
RENNES	BREST	1 006
RENNES	DINAN	151
RENNES	GUINGAMP	511
RENNES	LORIENT	707
RENNES	MORLAIX	267
RENNES	NANTES	2 884
RENNES	QUIMPER	750
RENNES	RENNES	2 497
RENNES	SAINT BRIEUC	951
RENNES	SAINT MALO	275
RENNES	SAINT NAZAIRE	760
RENNES	VANNES	618

DOUAI	BOULOGNE SUR MER	2 282	RIOM	AURILLAC (CANTAL)	448
DOUAI	CAMBRAI	1 021	RIOM	CLERMONT FERRAND	1 874
DOUAI	DOUAI	2 024	RIOM	CUSSET	813
DOUAI	DUNKERQUE	1 837	RIOM	LE PUY (HTE LOIRE)	637
DOUAI	HAZEBROUCK	512	RIOM	MONTLUCON	543
DOUAI	LILLE	5 233	RIOM	MOULINS	635
DOUAI	SAINT OMER	850	RIOM	RIOM	625
DOUAI	VALENCIENNES	2 286	ROUEN	BERNAY	439
FORT DE FRANCE	GUYANE	535	ROUEN	DIEPPE	870
FORT DE FRANCE	MARTINIQUE	1 593	ROUEN	EVREUX	1 457
GRENOBLE	BOURGOIN JALLIEU	703	ROUEN	Le HAVRE	2 244
GRENOBLE	GAP (HTES ALPES)	531	ROUEN	ROUEN	4 515
GRENOBLE	GRENOBLE	2 370	SAINT DENIS DE LA RÉUNION	SAINT DENIS DE LA RÉUNION	1 910
GRENOBLE	VALENCE	1 585	SAINT DENIS DE LA RÉUNION	SAINT PIERRE	1 369
GRENOBLE	VIENNE	485	TOULOUSE	ALBI	876
GUADELOUPE	GUADELOUPE	1 007	TOULOUSE	CASTRES	835
LIMOGES	BRIVE	706	TOULOUSE	FOIX (ARIÈGE)	751
LIMOGES	GUÉRET (CREUSE)	450	TOULOUSE	SAINT GAUDENS	196
LIMOGES	LIMOGES	1 856	TOULOUSE	TARN & GARONNE (MONTAUBAN)	1 210
LIMOGES	TULLE	462	TOULOUSE	TOULOUSE	4 831
LYON	BELLEY	226	VERSAILLES	CHARTRES	1 356
LYON	BOURG EN BRESSE	1 556	VERSAILLES	NANTERRE (HAUTS DE SEINE)	2 300
LYON	LYON	7 386	VERSAILLES	VAL D'OISE (PONTOISE)	2 521
LYON	MONTBRISON	347	VERSAILLES	VERSAILLES	2 946
LYON	ROANNE	611			
Total					239 144

Barreau de Paris : la dotation versée représente 3,48 % de la dotation globale.

48.27 Désignation d'office sans aide juridictionnelle. Dans les cas où il y a obligation pour le barreau de désigner un avocat sans octroi corrélatif de l'aide juridictionnelle, la désignation d'office d'un avocat à un client non bénéficiaire de l'aide juridique, est effectuée par le bâtonnier et les honoraires pourraient être fixés par ce dernier, soit sous forme de provisions, soit sous forme d'une rémunération globale[1]. En cas de refus du client, ou de son avocat, de voir fixés les honoraires par le bâtonnier, on reviendra à la procédure de l'article 174 du décret de 1991. La tradition parisienne admettait que la commission d'office au pénal était obligatoirement gratuite, la province n'a jamais admis cette manière de raisonner, elle estimait au contraire que le bâtonnier pouvait fixer des honoraires, en fonction des ressources du client sans pour autant subordonner l'intervention de l'avocat au paiement de ces honoraires[2] (sur le recouvrement des honoraires en matière d'aide juridictionnelle v. s^s n°s 46.102 à 46.112).

48.28 Spécificité du concours de l'avocat pour les pensions militaires. Il n'y a pas si longtemps encore subsistait un cas unique du vieux système de la gratuité du concours de l'avocat : celui des pensions militaires où l'avocat commis ne pouvait recevoir aucun honoraire (le principe était le droit à l'assistance gratuite d'un auxiliaire de justice

1. CA Colmar, 7 déc. 1964, *Gaz. Pal.* 1965, 1, 330 – CA Marseille, 5 juill. 1978, *Gaz. Pal.* 1978, 2, 470.

2. Civ. 1re, 14 mai 1985, no 84-13.610, *Bull. civ.* I, no 149; *JCP* 1985, IV, 257.

devant les tribunaux départementaux et les cours régionales des pensions, sans concours financier de l'État[1]), même dans l'hypothèse où il avait été évincé au profit d'un avocat choisi[2]. Les pensions militaires n'étaient pas prises en charge dans le cadre de l'aide juridictionnelle, l'avocat ne pouvait demander ni recevoir aucun honoraire. Il s'agissait là d'une anomalie, une sorte de bloc erratique d'un système périmé où l'État, voulant marquer sa reconnaissance pour les anciens combattants, leur a fait un cadeau sur le dos des avocats qui étaient d'ailleurs parmi ceux qui avaient le plus souffert des conséquences économiques de la Grande Guerre, conséquences non seulement économiques, mais dans leurs rangs décimés par les combats. Depuis la loi du 18 décembre 1998[3], qui à inséré un article L. 104-1 au Code des pensions militaires, si l'aide juridictionnelle est de plein droit accordée au demandeur sans condition de ressources, l'avocat a droit à une rétribution dont le coefficient est de 20[4]. Il demeure cependant quelques spécificités. Le demandeur est dispensé d'avoir à joindre à sa demande un certain nombre de documents[5] et l'article 119 du décret du 19 décembre 1991, relatif à l'avance et au recouvrement des frais par l'État ne s'applique pas, dès lors que l'article D. 31 du Code des pensions militaires prévoit que les frais de procédure « sont acquittés sur simple taxe du président du tribunal ou du président de la cour régionale, apposée sur les réquisitions, copies de convocations ou de citations, états ou mémoires des parties »[6].

48.29 **Dépenses concernées.** L'aide juridictionnelle, lorsqu'elle est accordée pour une procédure, couvre l'ensemble des dépenses qui incomberaient au bénéficiaire de l'aide juridictionnelle s'il n'avait pas eu cette aide[7]. Ce principe, posé par l'article 24 de la loi du 10 juillet 1991 relative à l'aide juridique, permet donc d'assurer la désignation d'un avocat pour assister le bénéficiaire de l'aide et la prise en charge par l'État de tous les frais afférents à l'instance[8]. Aucune nouvelle demande n'a à être déposée pour obtenir la désignation d'un interprète, d'un traducteur ou, de manière générale, d'un expert dès lors qu'elle intervient dans le cadre de la procédure pour laquelle l'aide a été accordée. Il a notamment été jugé que le bénéficiaire de l'aide juridictionnelle est dispensé, à compter de la demande, du paiement, de l'avance et de la consignation de tous les frais afférents aux instances, procédures ou actes pour lesquels elle a été accordée.[9].

Naturellement, l'aide juridictionnelle partielle laisse à son bénéficiaire la charge d'un honoraire fixé par convention avec l'avocat conformément à l'article 35 ou d'un émolument au profit des officiers publics et ministériels qui prêtent leur concours.

En définitive, si le bénéficiaire de l'aide perd son procès ou est condamné au dépens, il ne supportera au pire que les dépens effectivement exposés par son adversaire[10].

SECTION 3
RETRAIT DE L'AIDE JURIDICTIONNELLE

48.31 **Conditions**[11]. Sans préjudice des sanctions pénales éventuellement encourues, le bénéfice de l'aide juridictionnelle est retiré, même après l'instance ou l'accomplissement des actes pour lesquels il a été accordé, si ce bénéfice a été obtenu à la suite de déclarations ou au vu de pièces inexactes.

À ce cas de retrait obligatoire, s'ajoutent trois autres hypothèses de retrait facultatif, partiel ou total :

1° S'il survient au bénéficiaire, pendant cette instance ou l'accomplissement de ces actes, des ressources telles que si elles avaient existé au jour de la demande d'aide juridictionnelle, celle-ci n'aurait pas été accordée;

2° Lorsque la décision passée en force de chose jugée a procuré au bénéficiaire des ressources telles que si elles avaient existé au jour de la demande d'aide juridictionnelle, celle-ci ne lui aurait pas été accordée;

3° Lorsque la procédure engagée par le demandeur bénéficiant de l'aide juridictionnelle a été jugée dilatoire ou abusive[12].

Le retrait est prononcé, d'office ou la demande de tout intéressé, par décision motivée et notifiée du bureau qui a accordé l'aide juridictionnelle[13].

1. CE 28 janv. 1994, n° 139929.
2. TGI Lyon, 7 févr. 1981, *Gaz. Pal.* 1981, 1, 280, note Damien – CA Nice, 19 mai 1982, *D.* 1982, 142 – CA Paris, 12 juin 1990, *D.* 1991, 185, note Laroche de Roussane – T. pensions militaires Paris, 27 avr. 1989, *Gaz. Pal.* 10 nov. 1992, 14 – EN SENS CONTRAIRE : T. pensions militaires Aude, 4 juin 1987, *Gaz. Pal.* 1989, 1, 34.
3. L. n° 98-1163, 18 déc. 1998.
4. Décr. 19 déc. 1991.
5. Décr. 19 déc. 1991, art. 34-1.
6. CA Poitiers, 31 oct. 1995, *Gaz. Pal.* 11 févr. 1997, 27, note Vray.
7. Civ. 2e, 8 juill. 2004, n° 02-19.801, *Bull. civ.* II, n° 369; *JCP* 2004, IV, 2870.
8. L. 10 juill. 1991, art. 40 s.
9. Rép. min. n° 70142, *JOAN Q* 6 sept. 2005.
10. L. 10 juill. 1991, art. 42.
11. V. affirmant la légitimité du dispositif de retrait de l'aide juridictionnelle et de ses conditions de mise en œuvre au regard de l'accès à la justice : rép. min. n° 45008, *JOAN Q* 30 juin 2009, p. 6661.
12. POUR une application : Civ. 2e, 21 nov. 2002, n° 01-03.435, *Bull. civ.* II, n° 261.
13. L. 10 juill. 1991, art. 51.

Les droits, redevances et honoraires et émoluments de toute nature dont le bénéficiaire avait été dispensé, deviennent alors immédiatement exigibles[1]. En cas de retrait partiel, la décision indique la proportion du retrait et, s'il y a lieu, le moment de l'instance à compter duquel il s'applique[2].

Tant qu'il n'est pas remplacé par un nouveau représentant constitué par l'intéressé, l'avocat désigné au titre de l'aide juridictionnelle ne peut, lorsque la représentation est obligatoire, se décharger de son mandat de représentation[3].

SECTION 4
AIDE À L'ACCÈS AU DROIT

48.41 **Domaine.** La loi du 10 juillet 1991 organise une aide à la consultation destinée à informer les citoyens du contenu des diverses législations, des voies à suivre pour leur permettre de faire valoir leurs droits et les faire bénéficier d'une assistance dans la rédaction d'un acte juridique ainsi qu'au cours des procédures non juridictionnelles devant certaines personnes ou organismes dont la finalité est d'offrir les garanties d'une défense organisée. Devant l'Assemblée nationale, les objectifs de la loi ont été expliqués comme suit : « indépendamment de l'aide juridictionnelle, le dispositif d'aide à l'accès au droit prévu par les articles 53 et 69-1 de la loi du 10 juillet 1991 permet de fournir une consultation en matière juridique afin d'informer les personnes sur l'étendue de leurs droits et notamment sur la possibilité d'engager une procédure juridictionnelle. Ces consultations, dont les conditions sont déterminées par le conseil départemental de l'accès au droit, sont habituellement dispensées par les avocats dont la rétribution horaire est financée dans la limite de trois fois l'unité de valeur de référence en matière d'aide juridictionnelle. Ainsi, la combinaison des dispositifs d'aide juridictionnelle et d'aide à l'accès au droit garantit à l'avocat une rétribution quand bien même les éléments du dossier ne permettent pas d'envisager une procédure à l'issue de la consultation »[4].

Ces obligations sont déjà remplies pour partie par les consultations gratuites organisées par les barreaux. Le financement de cette aide repose sur les contributions des Caisses de règlements pécuniaires des avocats (v. s[s] n°s 62.00 s.), sur la participation des professionnels du droit, sur les subventions des collectivités territoriales, des établissements publics, des organismes de sécurité sociale, l'État pouvant participer par convention à la prise en charge d'actions mises en œuvre à ce titre. Il appartient au conseil départemental de l'aide juridique instituée par la loi, de prendre en charge une partie des frais de consultation, selon un barème établi en fonction des ressources de l'intéressé et de la nature de la consultation.

1. L. 10 juill. 1991, art. 52.
2. Décr. 19 déc. 1991, art. 74.
3. Civ. 2e, 16 févr. 1984, nº 82-13.572, *Bull. civ.* II, nº 31; *Gaz. Pal.* 21 mars 1985, nº 79-80, note du Rusquec.
4. Rép. min. nº 49501, *JOAN Q* 1er août 2006, p. 8173.

CHAPITRE

49. Assurance de protection juridique

SECTION 0 ORIENTEUR

49.00 **Plan du chapitre.**

49.01 **Textes applicables.**

> Code des assurances

C. assur., art. L. 127-1 [Opération d'assurance de protection juridique]

[créé par L. n° 89-1014 du 31 déc. 1989, art. 5, *JO* 3 janv. 1990; entrée en vigueur le 1er juill. 1990]

Est une opération d'assurance de protection juridique toute opération consistant, moyennant le paiement d'une prime ou d'une cotisation préalablement convenue, à prendre en charge des frais de procédure ou à fournir des services découlant de la couverture d'assurance, en cas de différend ou de litige opposant l'assuré à un tiers, en vue notamment de défendre ou représenter en demande l'assuré dans une procédure civile, pénale, administrative ou autre ou contre une réclamation dont il est l'objet ou d'obtenir réparation à l'amiable du dommage subi.

C. assur. art. L. 127-2 [Formalisme]

[créé par L. n° 89-1014, 31 déc. 1989, art. 5, *JO* 3 janv. 1990; en vigueur le 1er juill. 1990]

L'assurance de protection juridique fait l'objet d'un contrat distinct de celui qui est établi pour les autres branches ou d'un chapitre distinct d'une police unique avec indication du contenu de l'assurance de protection juridique et de la prime correspondante.

C. assur., art. L. 127-2-1 [Sinistre]

[créé par L. n° 2007-210, 19 févr. 2007, art. 1er, *JO* 21]

Est considéré comme sinistre, au sens du présent chapitre, le refus qui est opposé à une réclamation dont l'assuré est l'auteur ou le destinataire.

C. assur., art. L. 127-2-2 [Consultations et actes de procédure avant déclaration du sinistre]

[créé par L. n° 2007-210, 19 févr. 2007, art. 1er, *JO* 21]

Les consultations ou les actes de procédure réalisés avant la déclaration du sinistre ne peuvent justifier la déchéance de la garantie. Toute clause contraire est réputée non écrite.

Cependant, ces consultations et ces actes ne sont pas pris en charge par l'assureur, sauf si l'assuré peut justifier d'une urgence à les avoir demandés.

C. assur., art. L. 127-2-3 [Assistance et représentation]

[créé par L. n° 2007-210, 19 févr. 2007, art. 1er, *JO* 21]

L'assuré doit être assisté ou représenté par un avocat lorsque son assureur ou lui-même est informé de ce que la partie adverse est défendue dans les mêmes conditions.

C. assur., art. L. 127-3 [Liberté de choix de l'avocat]

[créé par L. n° 89-1014, 31 déc. 1989, art. 5, *JO* 3 janv. 1990; entrée en vigueur le 1er juill. 1990; mod. par L. n° 2007-210, 19 févr. 2007, art. 2, *JO* 21]

Tout contrat d'assurance de protection juridique stipule explicitement que, lorsqu'il est fait appel à un avocat ou à toute autre personne qualifiée par la législation ou la réglementation en vigueur pour défendre, représenter ou servir les intérêts de l'assuré, dans les circonstances prévues à l'article L. 127-1, l'assuré a la liberté de le choisir.

Le contrat stipule également que l'assuré a la liberté de choisir un avocat ou, s'il le préfère, une personne qualifiée pour l'assister, chaque fois que survient un conflit d'intérêt entre lui-même et l'assureur.

Aucune clause du contrat ne doit porter atteinte, dans les limites de la garantie, au libre choix ouvert à l'assuré par les deux alinéas précédents.

L'assureur ne peut proposer le nom d'un avocat à l'assuré sans demande écrite de sa part.

C. assur., art. L. 127-4 [Désaccord entre assureur et assuré]

[créé par L. n° 89-1014, 31 déc. 1989, art. 5, *JO* 3 janv. 1990; entrée en vigueur le 1er juill. 1990]

Le contrat stipule qu'en cas de désaccord entre l'assureur et l'assuré au sujet de mesures à prendre pour régler un différend, cette difficulté peut être soumise à l'appréciation d'une tierce personne désignée d'un commun accord par les parties ou, à défaut, par le président du tribunal de grande instance statuant en la forme des référés. Les frais exposés pour la mise en œuvre de cette faculté sont à la charge de l'assureur. Toutefois, le président du tribunal de grande instance, statuant en la forme des référés, peut en décider autrement lorsque l'assuré a mis en œuvre cette faculté dans des conditions abusives.

Si l'assuré a engagé à ses frais une procédure contentieuse et obtient une solution plus favorable que celle qui lui avait été proposée par l'assureur ou par la tierce personne mentionnée à l'alinéa précédent, l'assureur l'indemnise des frais exposés pour l'exercice de cette action, dans la limite du montant de la garantie.

Lorsque la procédure visée au premier alinéa de cet article est mise en œuvre, le délai de recours contentieux est suspendu pour toutes les instances juridictionnelles qui sont couvertes par la garantie d'assurance et que l'assuré est susceptible d'engager en demande, jusqu'à ce que la tierce personne chargée de proposer une solution en ait fait connaître la teneur.

C. assur., art. L. 127-5 [Information par l'assureur en cas de désaccord]

[créé par L. n° 89-1014, 31 déc. 1989, art. 5, *JO* 3 janv. 1990; entrée en vigueur le 1er juill. 1990]

En cas de conflit d'intérêt entre l'assureur et l'assuré ou de désaccord quant au règlement du litige, l'assureur de protection juridique informe l'assuré du droit mentionné à l'article L. 127-3 et de la possibilité de recourir à la procédure mentionnée à l'article L. 127-4.

C. assur., art. L. 127-5-1 [Honoraires]

[créé par L. n° 2007-210, 19 févr. 2007, art. 3, *JO* 21]

Les honoraires de l'avocat sont déterminés entre ce dernier et son client, sans pouvoir faire l'objet d'un accord avec l'assureur de protection juridique.

C. assur., art. L. 127-6 [Domaine]

[créé par L. n° 89-1014, 31 déc. 1989, art. 5, *JO* 3 janv. 1990; entrée en vigueur le 1er juill. 1990]

Les dispositions du présent chapitre ne s'appliquent pas :

1° À l'assurance de protection juridique lorsque celle-ci concerne des litiges ou des risques qui résultent de l'utilisation de navires de mer ou sont en rapport avec cette utilisation;

2° À l'activité de l'assureur de responsabilité civile pour la défense ou la représentation de son assuré dans toute procédure judiciaire ou administrative, lorsqu'elle s'exerce en même temps dans l'intérêt de l'assureur.

C. assur., art. L. 127-7 [Secret professionnel]

[créé par L. n° 89-1014, 31 déc. 1989, art. 5, *JO* 3 janv. 1990; entrée en vigueur le 1er juill. 1990; mod. par L. n° 92-1336, 16 déc. 1992, art. 333, *JO* 23]

Les personnes qui ont à connaître des informations données par l'assuré pour les besoins de sa cause, dans le cadre d'un contrat d'assurance de protection juridique, sont tenues au secret professionnel, dans les conditions et sous les peines fixées par l'article 226-13 du code pénal.

C. assur., art. L. 127-8 [Répartition des sommes obtenues]

[créé par L. n° 2007-210, 19 févr. 2007, art. 4, *JO* 21]

Le contrat d'assurance de protection juridique stipule que toute somme obtenue en remboursement des frais et des honoraires exposés pour le règlement du litige bénéficie par priorité à l'assuré pour les dépenses restées à sa charge et, subsidiairement, à l'assureur, dans la limite des sommes qu'il a engagées.

L. n° 91-647, 10 juill. 1991, art. 2, al. 4 [principe de subsidiarité]

[mod. par L. n° 2007-210, 19 févr. 2007, art. 5, 1°, *JO* 21]

L'aide juridictionnelle n'est pas accordée lorsque les frais couverts par cette aide sont pris en charge au titre d'un contrat d'assurance de protection juridique ou d'un système de protection.

Décr. n° 91-1266, 19 déc. 1991, art. 5-1 [principe de subsidiarité]

[créé par décr. n° 2008-1324, 15 déc. 2008, art. 3, en vigueur le 1er mars 2009; *JO* 17]

L'aide juridictionnelle ne prend pas en charge les frais couverts par un contrat d'assurance de protection juridique ou un autre système de protection mentionnés à l'article 2 de la loi du 10 juillet 1991.

Le cas échéant, la part des frais ainsi couverts vient en déduction des sommes avancées par l'État au titre de l'aide juridictionnelle.

Décr. n° 2005-790, 12 juill. 2005, art. 10 [Modalités de fixation des honoraires]

[mod. par décr. n° 2007-932, 15 mai 2007, *JO* 16].

À défaut de convention entre l'avocat et son client, les honoraires sont fixés selon les usages, en fonction de la situation de fortune du client, de la difficulté de l'affaire, des frais exposés par l'avocat, de la notoriété et des diligences de celui-ci. L'avocat chargé d'un dossier peut demander des honoraires à son client même si ce dossier lui est retiré avant sa conclusion, dans la mesure du travail accompli.

L'avocat informe son client, dès sa saisine, puis de manière régulière, des modalités de détermination des honoraires et de l'évolution prévisible de leur montant. Le cas échéant, ces informations figurent dans la convention d'honoraires. Sauf si l'avocat intervient en urgence devant une juridiction, une telle convention est obligatoire lorsque l'avocat est rémunéré, en tout ou partie, au titre d'un contrat d'assurance de protection juridique.

Des honoraires forfaitaires peuvent être convenus. L'avocat peut recevoir d'un client des honoraires de manière périodique, y compris sous forme forfaitaire.

La rémunération d'apports d'affaires est interdite.

49.03 Bibliographie indicative.

Actualisables. RÉP. CIV., Cerveau, *V° Assurance de protection juridique*.

Ouvrages. Colle et Fagnard (dir.), *Aspects particuliers de l'assurance de protection juridique,* Bruylant 1999 – Cerveau, *L'assurance de protection juridique : marchés, garanties et perspectives,* L'Argus de l'assurance, 2006 – Collectif, *Dictionnaire permanent, Honoraires de l'Avocat*, Ordre des avocats de Paris/Éd. Législatives 2009, spéc. p. 30 s.

Articles. Bonnard, « L'assurance de protection juridique et la portée du principe du libre choix de l'avocat par l'assuré », *D.* 2000, 343 – Bocquillon, Cayol et Cerveau, « La protection juridique : une avancée démocratique », *Gaz. Pal.* 17-19 janv. 2010, p. 13 – Cayol, « Accès au droit et protection juridique », *Gaz. Pal.* 6 oct. 2001, p. 47 – Cerveau, « L'assurance au secours de l'État », *Gaz. Pal.* 1992. Doctr. 622; « L'assurance de protection juridique : une contribution importante à l'accès au droit et à la justice », *Experts,* juin 2002, n° 55, p. 5; « Commentaire de la loi n° 2007-210 du 19 février 2007 portant réforme de l'assurance de protection juridique », *RGDA* 2007. 547 et *Gaz. Pal.* 2007, Doctr. 1400 – Charrière-Bournazel, « L'avocat et la protection juridique », *Gaz. Pal.* 2006. Doctr. 3578 – Colloque *AIDA* Lyon 1984, *RGAT* 1984. 535 – Collectif, « L'assurance dans le marché du droit », *Gaz. Pal.* 19-21 mars 2006 – Conférence des bâtonniers, « État des relations entre la profession d'avocat et les compagnies d'assurance de protection juridique », *Gaz. Pal.* 18-20 févr. 2001, n° spécial, p. 45; « Propositions pour l'amélioration de, la pratique de la protection juridique en France », *Gaz. Pal.* 2001. Doctr. 1916 – CNB : Aide juridique – Protection juridique : état des lieux, état des vœux, AG 9 et 10 sept. 2005 – Courrouy, « Réflexions sur quelques aspects de l'assurance de protection juridique », *D.* 1992. Chron. 169; *Gaz. Pal.*, 1993, Doctr., 46 – Dupoiron, « Réflexions sur la garantie "défense et recours" des contrats d'assurances », *Gaz. Pal.* 1989. 1. 18; Dusseau et Vuillon, « Protection juridique : une réforme "tous gagnant" », *Gaz. Pal.* 7-8 févr. 2007, p. 3 – Groutel, « La réforme de l'assurance protection juridique : une affaire (trop) rondement menée ! », *RCA* févr. 2007, 3 – Grynbaum, « La réforme de l'assurance de protection juridique », *RDI* 2007. 122 – Iweins, « L'accès au droit », *D.* 2002, 6 – Jamin, « La réforme de l'assurance de protection juridique, l'aide juridictionnelle des classes moyennes et des petites entreprises », *D.* 2007, 565 – Henri, « Protection Juridique : Un marché chahuté devenu mature », Dossier, *L'Argus de l'assurance*, n° 6951, 11 nov. 2005 – Letu, « Une réforme tous perdants », *Gaz. Pal.* 2007. Doctr. 83 – Montigny, « À propos de la protection juridique de la famille et des accidents de la vie : de l'utilité de l'avocat », *AJ fam.* 2004, 317 – Nicolas, « L'accès à la justice perturbé par le droit des assurances ? », *Mélanges Héron,* LGDJ-Lextenso 2008, p. 391 – Nior, « Non à une défense en haillons », *Gaz. Pal.* 30 mars 2007, p. 2 – Repiquet et Bocquillon, « L'assurance de protection juridique : un défi pour la profession d'avocat », *Gaz. Pal.* 2004. Doctr. 3467 – Roux, « Rôle de l'assurance de protection juridique dans l'accès au droit et à la justice », *Gaz. Pal.* 26-27 juill. 2002, p. 28.

49.05 Exemples d'actes.

Pour une convention d'honoraires v. l'exemple proposé par le CNB s[s] n° 49.152.

SECTION 1
PRÉSENTATION GÉNÉRALE

49.11 Législation. Les règles relatives au contrat d'assurance de protection juridique ont été mises en place par la loi du 31 décembre 1989[1], qui a transposé en droit français la directive communautaire n° 87-344 du Conseil du 22 juin 1987[2]. Ces règles ont été codifiées dans les articles L. 127-1 à L. 127-8 du Code des assurances[3]. Les règles concernant les modalités de gestion des sinistres et les entreprises de protection juridique se trouvent quant à elles aux articles L. 322-2-3, R. 322-1, R. 322-1-2 et R. 127-1[4].

49.12 Réforme du 19 février 2007. La réglementation de l'assurance de protection juridique a été réformée par une loi du 19 février 2007[5]. L'enjeu économique de cette réforme est important, l'assurance de protection juridique représentant plus d'un milliard d'euros par an pour les compagnies d'assurance. Déjà en forte croissance auparavant, le développement de cette assurance a pris un élan nouveau après la loi du 19 février 2007.

• **Accès au droit et à la justice.** Mais l'enjeu est surtout essentiel en matière d'accès au droit et à la justice. Et c'est d'ailleurs pour cette raison que les avocats ont joué un rôle important dans cette réforme. Ainsi que l'a observé un auteur[6], on ne peut qu'être frappé par l'articulation qu'opère la loi de 2007 entre l'aide juridictionnelle et l'assurance de protection juridique. La loi du 19 février 2007 a par

1. L. n° 89-1014, 31 déc. 1989, *JO* 3 janv. 1990.
2. *JOCE* L 185, 4 juill. – NOT. : Cerveau et Margeat, « Commentaire de la directive du Conseil des Communautés européennes portant coordination des dispositions législatives, réglementaires et administratives concernant l'assurance protection juridique », *Gaz. Pal.* 1987. Doctr. 580.
3. ÉGAL[T] : C. mut., art. L. 224-1 à L. 224-7-1.
4. ÉGAL[T] : C. mut., art. R. 211-19 et R. * 211-20.
5. L. n° 2007-210, 19 févr. 2007, *JO* 21 févr.
6. Jamin, « La réforme de l'assurance de protection juridique, l'aide juridictionnelle des classes moyennes et des petites entreprises », *D.* 2007, 565.

exemple ajouté à l'article 2 de la loi du 10 juillet 1991[1], relative à l'aide juridique, la disposition selon laquelle « l'aide juridictionnelle n'est pas accordée lorsque les frais couverts par cette aide sont pris en charge au titre d'un contrat d'assurance de protection juridique ou d'un système de protection ». Cet articulation entre ces deux systèmes de protection juridique permet à cet auteur de parler à propos de l'assurance de protection juridique d'« aide juridictionnelle des classes moyennes et des petites entreprises ».

• **Aide juridictionnelle et protection juridique.** En effet, alors que l'aide juridictionnelle s'adresse aux personnes les plus démunies, l'assurance de protection juridique est destinée aux personnes dont les revenus dépassent les conditions de ressources donnant droit à l'aide juridictionnelle. Cette assurance se développe également au profit des professionnels (artisans, commerçants, entreprises, professions libérales), avec des garanties spécifiques adaptées à leurs besoins (contentieux du travail, fiscal, recouvrement de créances...). L'assurance de protection juridique peut donc jouer un rôle important dans l'accès au droit pour les catégories de personnes qui ne relèvent pas de l'aide juridictionnelle (sur le cumul de l'aide juridictionnelle et de l'assurance de protection juridique v. s^s^ n° 49.141).

49.13 Objectifs de la réforme : clarification des contrats d'assurance et des relations assureurs-avocat. La loi du 19 février 2007 a eu pour objet de clarifier la forme et le contenu des contrats d'assurance de protection juridique, notamment afin de répondre aux nombreuses recommandations de la Commission des clauses abusives[2], qui réclamaient l'élimination de clauses jugées trop favorables à l'assureur dans certains contrats d'assurance de protection juridique proposés à des particuliers. Elle visait également à rendre plus effective la liberté de choix de l'avocat par l'assuré et la libre détermination des honoraires en définissant plus clairement les relations entre assureurs et avocats[3].

49.14 Enjeux pour l'avocat. En 2007, plus de 50 % des ménages étaient couverts par une assurance de protection juridique et le chiffre est en pleine croissance. Le nombre de professionnels souscrivant une telle assurance est également en pleine expansion. L'avocat sera par conséquent de plus en plus confronté à cette forme de protection juridique. Or, il existe une grande diversité de contrats d'assurance de protection juridique. Certains sont des contrats spécifiques, mais la plupart du temps, la protection juridique est intégrée dans une autre prestation, telle que contrat multirisque habitation, carte bancaire... L'avocat qui reçoit un client devra donc s'attacher rapidement à vérifier si celui-ci possède une telle garantie, à obtenir le contrat pour savoir quels sont les risques couverts. Il devra ensuite se renseigner sur les prestations offertes, notamment la prise en charge de ses honoraires, et veiller au respect des délais de déclaration des sinistres. Il lui faudra enfin vérifier que les libertés de choix de l'avocat et de fixation des honoraires sont respectées.

SECTION 2

LES CONTRATS DE PROTECTION JURIDIQUE

§ 1

Différents types d'assurance et de contrat

49.21 Définition de l'assurance de protection juridique. L'article L. 127-1 du Code des assurances définit l'assurance de protection juridique comme « toute opération consistant [...] à prendre en charge des frais de procédure ou à fournir des services [...], en cas de différend ou de litige opposant l'assuré à un tiers, en vue notamment de défendre ou représenter en demande l'assuré dans une procédure civile, pénale, administrative ou autre ou contre une réclamation dont il est l'objet ou d'obtenir réparation à l'amiable du dommage subi ».

En suivant un ordre chronologique, il s'agit donc pour l'assureur, tout d'abord, de fournir à l'assuré des informations ou des conseils juridiques, ensuite d'intervenir (lui-même ou par l'intermédiaire d'un avocat) à l'amiable auprès de tiers pour régler un litige, et enfin, le cas échéant, d'assurer la défense ou la représentation de l'assuré dans une procédure, en prenant en charge les frais y afférents.

49.22 Différents types de contrats. Selon l'article L. 127-2 du Code des assurances, l'assurance de protection juridique doit faire l'objet d'un contrat distinct ou « d'un chapitre distinct d'une police unique avec indication du contenu de l'assurance de protection juridique et de la prime correspondante »[4]. La garantie peut donc se trouver en annexe à un autre contrat d'assurance ou dans un contrat spécifique.

• **En annexe à un autre contrat d'assurance**, par exemple contrat d'assurance habitation ou assurance automobile, l'assurance ne couvrira que les litiges directement liés aux biens assuré et garantis dans le contrat : litiges liés à l'habitation (incendie,

1. L. n° 91-647, 10 juill. 1991.
2. Recomm. n° 2002-3, *BOCCRF* 30 mai 2002.
3. V. le rapport du CNB du 27 juin 2003 sur la protection juridique, qui proposait une charte Avocats-assureurs.
4. CA Bordeaux, 10 janv. 2001, RG n° 00/00019.

dégât des eaux...) ou à un accident de la circulation. Il s'agit de garanties dites « défense-recours ». Ces « contrats support » doivent distinguer dans l'avis d'échéance la prime correspondant aux garanties de protection juridique. Cette obligation est en effet imposée aux assureurs par l'article L. 127-2.

• **Dans un contrat spécifique**, la protection juridique peut être soit précisément définie, soit générale.

Dans la première hypothèse, le contrat est dit « énumératif » ou « segmenté » : la garantie couvre des événements ou conflits se situant dans un domaine précis (protection juridique automobile, accident corporel, habitation, consommation, travail, sport, famille, santé, fiscalité). La garantie est définie de façon positive. Il existe également des contrats de protection juridique des entreprises ainsi spécifiés en fonction de leurs activités.

Dans la seconde hypothèse, la protection juridique générale couvre plusieurs domaines d'intervention, son contenu est défini négativement, par ses exclusions. On parle alors de contrats « tous risques sauf... ».

§ 2
Distinction avec d'autres types de garantie

49.31 Garantie défense pénale et recours suite à accident. Une garantie « défense-recours » est incluse dans la plupart des contrats d'assurance de responsabilité civile. Elle constitue un accessoire de ces contrats, ce qui limite son champs d'intervention de manière assez importante. D'une part, elle ne couvre que les événements couverts au titre du contrat principal et les franchises du contrat principal s'appliquent. D'autre part, selon le principe de « réciprocité », l'assureur n'intervient que si les conséquences du dommage auraient été prises en charge au titre de la garantie principale, si ce dommage avait réciproquement engagé la responsabilité de l'assuré.

• **Garantie en défense.** Au titre de la garantie en défense l'assureur prend en charge les frais de l'assuré poursuivi pénalement ou, plus rarement, civilement. La garantie couvre la dette de responsabilité, les dépens et les honoraires d'avocat[1].

• **Garantie recours.** Au titre de la garantie recours, lorsque l'assuré subit un dommage, l'assureur s'engage à intervenir à l'amiable ou en justice, pour réclamer l'indemnisation du préjudice subi par son assuré. Cette garantie couvre également les honoraires d'avocats et d'experts et les autres frais de justice. Elle s'applique en cas d'atteinte accidentelle à l'intégrité corporelle de l'assuré ou en cas d'atteinte à ses biens mobiliers ou immobiliers.

1. Civ. 1re, 10 mars 1977, *RGAT* 1977, 513.

49.32 Contrat responsabilité civile.

• **Assurance responsabilité civile et assurance protection juridique.** L'article L. 127-6 du Code des assurances exclut de son domaine d'application l'assureur de responsabilité civile, en ce qui concerne la défense ou la représentation de son assuré dans toute procédure judiciaire ou administrative, lorsqu'elle s'exerce en même temps dans l'intérêt de l'assureur.

C'est là la différence essentielle entre ces deux types d'assurances : en assurance de responsabilité civile, l'assureur doit supporter les conséquences pécuniaires du procès intenté par la victime contre son assuré. L'assureur est donc directement concerné par la défense de son assuré dans le procès, dans la mesure où, en cas de perte du procès, sa garantie sera mise en jeu par l'assuré. Il est donc normal qu'il reste maître du procès et qu'il choisisse son avocat.

Dans l'assurance de protection juridique, en revanche, l'assureur n'est pas directement intéressé par les résultats du procès et ne plaide pas personnellement. En cas de perte du procès, ce n'est pas lui qui sera condamné. C'est donc à l'assuré de diriger le procès et de choisir son avocat.

• **Clause de direction de procès.** Dans la plupart des contrats de responsabilité civile, figure une clause de direction de procès. Par cette clause, l'assureur se réserve le droit, en cas d'action en responsabilité exercée contre son assuré, d'intervenir seul dans le procès pour organiser la défense de leurs intérêts communs. Une telle clause est bien entendu interdite dans les assurances de protection juridique.

SECTION 3
GARANTIES

§ 1
Risques garantis

49.41 Définition du risque. L'assurance de protection juridique a pour objet de garantir les assurés contre les risques juridiques auxquels ils peuvent être confrontés. Mais à quoi correspond précisément ce « risque » ? L'article L. 127-1 du Code des assurances, qui donne une définition de l'assurance de protection juridique (v. s[s] n° 49.21), définit le risque assuré comme le différend ou le litige opposant l'assuré à un tiers[2].

2. Cerveau, « Le risque juridique : affaire de spécialistes ou de gestionnaires de risque », *Gaz. Pal.* 2001, doctr. 277.

49.42 Définition du sinistre. En droit des assurances, le litige constitue l'événement générateur du sinistre, lequel conditionne l'application de la garantie de l'assureur. Or cet événement peut être soumis à interprétation : l'événement à prendre en compte correspond-il à l'assignation, à la réclamation, ou au fait générateur du litige ? C'est pourquoi le législateur de 2007 a jugé utile de donner un définition précise du sinistre à l'article L. 127-2-1 du Code des assurances : « est considéré comme sinistre, au sens du présent chapitre, le refus qui est opposé à une réclamation dont l'assuré est l'auteur ou le destinataire ».

• **Date du sinistre.** Le législateur a, dans le même temps fixé la date du sinistre : c'est le moment du refus opposé par l'assuré à une réclamation dont il est l'objet[1].

• **Le sinistre doit être né après la souscription du contrat.** Tout contrat d'assurance doit comporter un aléa, c'est-à-dire dépendre d'un événement dont la réalisation est incertaine. À défaut, le contrat est nul. En assurance de protection juridique, cela suppose que le risque garanti résulte d'un fait générateur qui n'était pas connu par l'assuré à la date de la prise d'effet du contrat. Il faut donc éviter qu'un assuré ne souscrive un contrat dans le seul but d'agir en justice, alors que l'événement générateur a déjà eu lieu (un assuré entend agir contre un voisin en trouble de voisinage, un commerçant pour recouvrir des créances...). En tout état de cause, les assureurs restent maîtres d'apprécier l'opportunité de l'action en justice. Ils ont également la possibilité, largement utilisée, de prévoir un certain nombre d'exclusions de risques potentiellement potestatifs (v. s^{s} n° 49.51).

49.43 Délai de carence. Afin de lutter contre les tentatives de faire prendre en charge un litige né avant la souscription du contrat, les assureurs prévoient généralement un délai de carence. Les litiges nés pendant ce délai de carence ne sont pas couverts. En revanche, pour ceux nés après ce délai, on présume que l'assuré ignorait l'existence d'un litige antérieur. L'assureur devra apporter la preuve contraire s'il conteste cette présomption.

§ 2
Exclusions et limitations de garantie

49.51 Sinistres antérieurs à la souscription. Ainsi qu'il a été dit plus haut, les sinistres dont l'origine est antérieure à la souscription du contrat ne sont pas couverts par celui-ci (v. s^{s} n° 49.42).

49.52 Litiges relatifs au droit de la famille. En raison de l'aléa que comporte nécessairement tout contrat d'assurance, les litiges issus de la seule volonté de l'assuré sont nécessairement exclus des assurances de protection juridique. C'est pourquoi les litiges relatifs au droit de la famille (droit des personnes, régimes matrimoniaux, successions) sont souvent exclus des contrats. Ainsi en est-il par exemple du divorce, d'une part parce que les motivations de la demande sont souvent subjectives, d'autre part parce que l'assuré et sont conjoint sont la plupart du temps tous deux parties au contrat d'assurance.

49.53 Clauses d'exclusion. L'assurance de protection juridique ne couvre pas tous les litiges. Toutes les clauses d'exclusion, de déchéances, de limitation de garantie (plafond, franchise) ou de délai de carence, doivent figurer en caractères très apparents dans le contrat.

49.54 Limitations de la garantie. L'assureur peut également limiter son champ d'intervention. On parle alors de limitation de la garantie.

Les contrats d'assurance de protection juridique prévoient généralement des limites de garantie (environ 15 000 euros), soit par sinistre, soit par année. Les contrats prévoient aussi un plafond de remboursement des honoraires d'avocats (sur les frais pris en charge par l'assureur v. s^{s} n° 49.121).

• **Seuil d'intervention.** Certains contrats prévoient également un seuil d'intervention (entre 200 et 500 euros). L'assurance ne prend pas en compte les litiges inférieurs à ce seuil.

• **Limitation géographique.** La garantie peut également être limitée dans l'espace : France métropolitaine, Union européenne...

SECTION 4
PRESTATIONS DE L'ASSUREUR ET DE L'AVOCAT

§ 1
Déclaration du sinistre

49.61 Déclaration à l'assureur par le client. La première chose à faire est de demander au client de déclarer au plus vite son sinistre s'il ne l'a pas déjà fait. Il faut conseiller au client de ne pas agir avant d'avoir déclaré son sinistre à l'assureur et d'avoir obtenu son accord. Tout acte accompli sans son accord risquerait en effet d'entraîner la déchéance de la garantie.

• **Délai.** Le Code des assurances impose au client de donner avis à l'assureur, dès qu'il en a eu connaissance et au plus tard dans le délai fixé par le contrat, de tout sinistre de nature à entraîner la

1. C. assur., art. L. 127-2-1.

garantie de l'assureur[1]. Ce délai ne peut être inférieur à cinq jours ouvrés.

49.62 Déchéance pour déclaration tardive. Les assureurs sanctionnent la déclaration hors délai par la déchéance de la garantie. Mais le Code des assurances est venu encadrer les conditions de cette sanction, en prévoyant que la déchéance pour déclaration tardive ne peut être opposée à l'assuré que si l'assureur établit que le retard dans la déclaration lui a causé un préjudice[2]. Elle ne peut également être opposée dans tous les cas où le retard est dû à un cas fortuit ou de force majeure.

Rappelons que le délai court à compter de la date du refus opposé par l'assuré à une réclamation dont il est l'auteur ou le destinataire[3].

49.63 Déchéance pour consultation d'un avocat avant la déclaration de sinistre. L'avocat sera sage de n'accomplir aucun acte avant la déclaration de sinistre de son client. En effet, les contrats d'assurance de protection juridique interdisent à l'assuré d'engager des mesures avant la déclaration de sinistre. Parmi ces mesures figure la consultation d'un avocat.

Les contrats contiennent généralement des clauses de déchéance de garantie au cas où l'assuré confierait la défense de ses intérêts à un avocat avant d'avoir déclaré le litige à son assureur. Les assureurs considèrent en effet que leur client ne doit pas leur imposer une procédure qui pourrait être abusive ou dénuée de fondement juridique. Ils veulent donner leur accord préalable.

Cependant, suite à certaines recommandations de la Commission des clauses abusives, la loi du 19 février 2007 a introduit un article L. 127-2-2 dans le Code des assurances plus protecteur des intérêts du client. Cet article prévoit que « les consultations ou les actes de procédures réalisés avant la déclaration du sinistre ne peuvent justifier la déchéance de garantie. Toute clause contraire est réputée non écrite ». Cet article précise toutefois que ces consultations et ces actes ne sont pris en charge par l'assureur que si l'assuré peut justifier d'une urgence à les avoir demandés.

§ 2
Libre choix de l'avocat

Articles. Bonnard, « L'assurance de protection juridique et la portée du principe du libre choix de l'avocat par l'assuré », *D.* 2000. 343 – Cerveau, « Protection juridique : libre choix de l'avocat », *Gaz. Pal.* 2000. Doctr. 1686; « Relations entre les assureurs protection juridique et les avocats » *Gaz. Pal.* 1988. Doctr. 680 – Ribeyre, « De la question du libre choix de l'avocat au débat sur les honoraires », *Dr. et patr.* mai 2002, p. 6 – Stuyck, « Assurance de protection juridique, action de groupe et libre choix de l'avocat », *D.* 2010. 100.

49.71 Le principe du libre choix. L'article L. 127-3 dispose que lorsqu'il est fait appel à un avocat ou à toute autre personne qualifiée par la législation ou la réglementation en vigueur pour défendre, représenter ou servir les intérêts de l'assuré, celui-ci a la « liberté de le choisir ». Cela signifie que l'assureur donne son accord sur le principe de la saisine d'un avocat, mais que, une fois cet accord obtenu, l'assuré est libre de choisir son avocat.

• **Renforcement par la loi du 19 février 2007.** La loi du 19 février 2007 a imposé le libre choix de l'avocat dans trois circonstances : en cas de procédure judiciaire ou administrative[4], en cas de conflit d'intérêt entre l'assureur et l'assuré[5] et lorsque l'adversaire de l'assuré est lui-même conseillé par un avocat[6]. Deux de ces circonstances pouvant intervenir en dehors de toute procédure contentieuse, on peut en déduire que la liberté de choix de l'avocat s'exerce dès la phase amiable et pas uniquement en cas de contentieux. En toute occurrence, le droit de choisir librement son avocat dans les procédures judiciaires et administratives est un droit général et autonome conféré à un assuré titulaire d'un contrat de protection juridique indépendamment de l'apparition d'un conflit d'intérêts. C'est ce que rappelle un arrêt de la CJUE du 10 septembre 2009[7] qui précise par ailleurs, qu'il ne saurait être dérogé à ce principe en cas de recours collectif, à l'occasion d'un litige opposant un ressortissant autrichien, souscripteur d'une assurance de protection juridique à son assureur. L'assuré avait investi de l'argent auprès de plusieurs entreprises d'investissement devenues, par la suite, insolvables. Ayant chargé un avocat de le représenter dans plusieurs procédures, dont celle relative à la faillite de ces sociétés, sa compagnie d'assurance refusa de prendre en charge les honoraires de l'avocat qu'il avait choisi en se fondant sur une clause du contrat qui l'habilitait, dans le cas où les actions de plusieurs preneurs d'assurance étaient dirigées contre les mêmes opposants et fondées sur une cause identique ou similaire, à limiter sa prestation à la con-

1. C. assur., art. L. 113-2, 4°.
2. C. assur., art. L. 113-2, 4°.
3. C. assur., art. L. 127-2-1.
4. C. assur., art. L. 127-3, al. 1er.
5. C. assur., art. L. 127-3, al. 2.
6. C. assur., art. L. 127-2-3.
7. CJCE 10 sept. 2009, n° C-199/08; *D.* 2009, AJ 2344; *JCP* 2010. 546, n° 1, obs. Clay; *RCA* 2009. Focus 19, obs. Rajot. *Gaz. Pal.* 2010. Somm. 3859, note Cerveau – Stuyck, « Assurance de protection juridique, action de groupe et libre choix de l'avocat », *D.* 2010. 100.

duite du procès « pilote » ou, le cas échéant, à des recours collectifs ou autres formes collectives de défense par des représentants légaux choisis par lui. Interprétant l'article 4, § 1er, sous a), de la directive du 22 juin 1987[1], la CJUE précise ainsi que l'assureur de protection juridique ne peut pas se réserver le droit, lorsqu'un grand nombre de preneurs d'assurance sont lésés par un même événement, de choisir lui-même le représentant légal de tous les assurés concernés. Elle juge en effet que l'on ne peut déduire de l'article 5 de la directive 87/344/CEE[2] la possibilité de restreindre le libre choix d'un avocat en cas de sinistre collectif. Si cet article autorise les États membres à exempter de l'application de l'article 4, paragraphe 1er, de cette directive certaines affaires résultant de l'utilisation des véhicules routiers, cette exemption au droit de choisir librement son représentant doit être interprétée de manière restrictive et ne saurait dès lors servir de fondement à un raisonnement par analogie. Si l'action de groupe n'est pas, pour l'heure, inscrite dans notre droit, son adoption paraît probable à plus ou moins long terme et l'arrêt conduit utilement à s'interroger sur l'évolution éventuelle des garanties de protection juridique en cas d'adoption de l'action de groupe en France[3].

49.72 Conflit d'intérêt entre l'assuré et l'assureur. En tout état de cause, l'article L. 127-3 du Code des assurances prévoit que l'assuré a la liberté de choisir un avocat ou, s'il le préfère, une personne qualifiée pour l'assister, chaque fois que survient un conflit d'intérêt entre lui-même et l'assureur. L'avocat étant indépendant par rapport à l'assureur, il sera plus à même de résoudre ce conflit d'intérêt.

• **Partie adverse défendue par un avocat.** L'article L. 127-2-3 prévoit également que l'assuré doit être assisté ou représenté par un avocat lorsque son assureur ou lui-même est informé de ce que la partie adverse est défendue dans les mêmes conditions. Cette disposition confirme par ailleurs que le client peut bénéficier des conseils d'un avocat dès le stade du pré-contentieux.

49.73 Impossibilité de limiter conventionnellement le libre choix de l'avocat. La loi de 2007 a renforcé la liberté de choix de l'avocat par l'assureur. Aucune clause du contrat ne doit y porter atteinte. Les seules limites que peuvent contenir les contrats concernent le remboursement des honoraires, les franchises et seuils d'intervention.

1. Dir. (CE) n° 87-344 du Conseil du 22 juin 1987 portant coordination des dispositions législatives, réglementaires et administratives concernant l'assurance de protection juridique.
2. Dir. 87/344/CEE.
3. NOT. : Cerveau, obs. préc.

49.74 Désignation exceptionnelle de l'avocat par l'assureur. En principe, l'assureur ne peut proposer le nom d'un avocat à l'assuré sans demande écrite de sa part. Dans la pratique, cela se passe souvent différemment, mais la loi est venue protéger le libre choix. L'avocat peut toutefois être désigné par l'assureur, qui peut proposer le nom d'un avocat à l'assuré, après une demande écrite de sa part[4].

§ 3 Modalités de gestion des sinistres par l'assureur

49.81 Choix entre trois systèmes de gestion. La directive du 22 juin 1987 a mis en place un système applicable dans tous les États membre de l'Union européenne, qui leur propose le choix entre trois systèmes de gestion des sinistres. Ces modalités sont reprises, pour la France, à l'article 322-2-3 du Code des assurances. Les sociétés proposant une assurance de protection juridique doivent opter pour un système de gestion parmi les trois prévus.

• **Gestion par un avocat.** Lorsque l'assureur a opté pour ce système de gestion, l'assuré peut s'adresser à un avocat dès qu'il a effectué sa déclaration de sinistre et que l'assureur lui a donné son accord. La gestion du sinistre est alors « externalisée » et confiée à un avocat indépendant de la société d'assurance. Le Code des assurances prévoit dans ce cas « le droit pour l'assuré de confier la défense de ses intérêts, dès qu'il est en droit de réclamer l'intervention de l'assureur au titre de la police, à un avocat ou à une personne qualifiée de son choix »[5]. Dans le cadre de cette modalité de gestion, comme dans les autres cas, l'assureur ne peut proposer à son client le nom d'un avocat (sauf demande écrite de sa part) et le client doit négocier ses honoraires directement avec son avocat (honoraires dont le remboursement pourra toutefois être limité par un plafond de garantie stipulé dans le contrat).

• **Gestion par une entreprise juridiquement distincte** : il s'agit ici de sous-traitance des sinistres relatifs à la protection juridique à une autre société (société anonyme ou société d'assurance mutuelle[6]).

• **Gestion par du personnel distinct** : le personnel « chargé de la gestion des sinistres de la branche protection juridique ou de conseils juridiques relatifs à cette gestion » doit être distinct de celui qui travaille pour les autres branches d'assurances[7]).

4. C. assur., art. L. 127-3, al. 4.
5. C. assur., art. L. 322-2-3, al. 1er, 3°.
6. C. assur., art. R. 322-1.
7. C. assur., art. R. 322-1, al. 3.

§ 4
Règlement amiable des litiges (phase pré-contentieuse)

49.91 Choix de l'avocat dès la phase amiable. L'article L. 127-3 du Code des assurances garantit le libre choix de l'avocat par l'assuré. Il prévoit que « lorsqu'il est fait appel à un avocat ou à toute autre personne qualifiée par la législation ou la réglementation en vigueur pour défendre, représenter ou servir les intérêts de l'assuré [...], l'assuré a la liberté de le choisir ». Cet article ne faisant référence à aucune procédure judiciaire ou administrative, le libre choix de l'avocat par l'assuré peut intervenir dès la phase amiable. Par conséquent, dès qu'un assureur envisage de demander les conseils d'un avocat au profit de son assuré, il doit laisser à celui-ci la liberté de choisir son avocat. L'assureur peut donner son accord sur le principe du recours à un avocat, mais non sur le choix de cet avocat.

49.92 Prestation de conseil de l'assureur. Il ne faut pas oublier que si l'avocat bénéficie du monopole de la représentation et de l'assistance en justice (v. s[s] n°s 40.09 s.), l'assureur a quant à lui le droit de fournir des conseils juridiques et de défendre à l'amiable les droits de son assuré[1]. Cette prestation de conseil peut prendre la forme d'une assistance téléphonique, souvent par un service spécialisé et dédié à cette tâche, ou d'une consultation juridique écrite ou orale fournie par le service juridique[2] (sur les professions autorisées à donner des conseils juridiques, v. s[s] n° 41.31).

• **Assistance amiable de l'assureur et intervention de l'avocat.** L'assureur peut aussi intervenir pour tenter de régler à l'amiable le litige opposant son assuré à un tiers. Cela passe le plus souvent par une transaction. Sur ce point, l'article L. 127-2-3 [nouveau] du Code des assurances, introduit par la loi du 19 février 2007, oblige l'assureur à transmettre le dossier à un avocat choisi par son client dès que « son assureur ou lui-même est informé de ce que la partie adverse est défendue dans les mêmes conditions ». Dès que la partie adverse est défendue par un avocat, le client de l'assureur doit l'être également.

Cette solution est conforme à l'article 17 du décret du 12 juillet 2005[3], qui dispose que : « si un différend est susceptible de recevoir une solution amiable, avant toute procédure ou lorsqu'une action est déjà pendante devant une juridiction, l'avocat ne peut prendre contact ou recevoir la partie adverse qu'avec l'assentiment de son client. À cette occasion, il rappelle à la partie adverse la faculté de consulter un avocat et l'invite à lui en faire connaître le nom » (sur les rapports de l'avocat avec la partie adverse v. s[s] n°s 43.11 s.).

1. C. assur., art. L. 127-1.
2. Cerveau, « La prestation de conseil juridique effectuée par l'assureur de protection juridique », *Gaz. Pal.* 1994, doctr. 956; NOT. : L. 1971, art. 54 s., spéc. art. 59.
3. Décr. n° 2005-790, 12 juill. 2005.

§ 5
Phase contentieuse

49.101 Liberté de choix de l'avocat. Dans la phase contentieuse, c'est-à-dire de représentation et d'assistance en justice, l'assureur n'a plus le choix : il doit confier le dossier à un avocat. Rappelons par ailleurs que l'assuré a la liberté de le choisir et qu'aucune clause du contrat ne doit porter atteinte à ce libre choix[4] (v. s[s] n°s 49.71 s.).

• **Clauses limitatives.** Les assureurs conservent toutefois la possibilité d'insérer à leurs contrats des clauses limitant indirectement le libre choix, notamment par des franchises ou des plafonds de remboursement[5]. Cette pratique a été admise par la jurisprudence, à condition que la liberté de choix soit respectée[6].

L'assureur ne peut proposer le nom d'un avocat à l'assuré que sur demande écrite de la part de ce dernier[7], c'est-à-dire que la demande du client doit être nécessairement préalable à toute suggestion de la désignation d'un avocat par la compagnie ou la mutuelle (pour un exemple de convention voir celui établi par le CNB s[s] n° 49.152).

§ 6
Procédure de règlement

49.111 Opportunité des mesures à prendre pour régler un différend. En cas de désaccord entre l'assureur et l'assuré au sujet de mesures à prendre pour régler un différend opposant l'assuré à un tiers (et non un différend qui oppose l'assuré à son assureur portant sur des refus de garantie[8]), cette difficulté peut être soumise à l'appréciation d'une tierce personne désignée d'un commun accord par les parties ou, à défaut, par le président du tribunal de grande instance statuant en la forme des référés. Cette procédure de règlement est rappelée dans le

4. C. assur., art. L. 127-3.
5. Bonnard, « L'assurance de protection juridique et la portée du principe du libre choix de l'avocat par l'assuré », *D.* 2000, 343 – Krajeski, « Limitation de garantie et choix de l'avocat », *D.* 2001, 1057.
6. Civ. 1re, 15 juill. 1999, n° 97-10.725, *Bull. civ.* I, n° 233; *Gaz. Pal.* 2000, jur. p. 1000.
7. C. assur., art. L. 127-3.
8. Civ. 2e, 10 nov. 2009, n° 09-10.233; *RCA* 2010, n° 25.

contrat d'assurance de protection juridique. Les frais exposés pour la mise en œuvre de cette faculté sont à la charge de l'assureur. Toutefois, le président du tribunal de grande instance, statuant en la forme des référés, peut en décider autrement lorsque l'assuré a mis en œuvre cette faculté dans des conditions abusives[1].

Si l'assuré a engagé à ses frais une procédure contentieuse et obtient une solution plus favorable que celle qui lui avait été proposée par l'assureur ou par la tierce personne, l'assureur l'indemnise des frais exposés pour l'exercice de cette action, dans la limite du montant de la garantie.

Lorsque la procédure de règlement est ainsi mise en œuvre, le délai de recours contentieux est suspendu pour toutes les instances juridictionnelles qui sont couvertes par la garantie d'assurance et que l'assuré est susceptible d'engager en demande, jusqu'à ce que la tierce personne chargée de proposer une solution en ait fait connaître la teneur. L'avocat devra ainsi veiller notamment à ce que l'instance envisagée s'inscrit bien dans le cadre des garanties du contrat. À défaut, l'effet suspensif ne pourrait jouer et la responsabilité de l'avocat pourrait être recherchée si l'instance ne pouvait plus être intentée pour cette raison.

§ 7 Frais pris en charge par l'assureur

49.121 Frais correspondant à la phase amiable. Les frais exposés par l'assureur dans la défense de l'assuré lors de la phase non contentieuse sont bien entendu pris en charge par l'assureur. Il s'agit notamment des conseils juridiques apportés, même par un prestataire externe, des consultations de spécialistes, des enquêtes diverses, des frais de constitution de dossiers, des frais d'expertise amiable, des démarches effectuées en vue d'une transaction.

• **Frais de procédure.** Les frais pris en charge par l'assureur comprennent également les frais de procédure, les émoluments des avoués et avocats, les frais de consultation, d'enquêtes, d'expertises, les frais de justice, les frais d'huissier, les enquêtes... Certaines assurances garantissent également les dépens de l'article 696 du Code de procédure civile (droits de plaidoirie, experts...). L'avocat dont le client bénéficie d'une assurance devra donc lire avec attention le contrat afin de déterminer précisément quels sont les frais couverts par la police et le cas échéant quels sont les plafonds et les exclusions.

49.122 Frais exclus de la prise en charge. Le paiement des amendes et des dettes de l'assuré ne peut être garanti par l'assurance de protection juridique.

• **Plafonds, franchises, seuils.** L'assuré ne sera donc pas indemnisé de l'ensemble des sommes déboursées. La plupart des contrats d'assurance comprennent des plafonds et des franchises limitant le remboursement par l'assureur.

• **La franchise** est une somme, prévue dans le contrat, qui restera à la charge de l'assuré lors de l'indemnisation.

• **Le plafond** de garantie est une somme, fixée dans le contrat au-delà de laquelle l'assureur n'indemnisera pas l'assuré. Le plafond peut être fixé pour chaque affaire, pour une durée déterminée ou par litige et par année (la limite moyenne des contrats est généralement autour de 15 000 euros TTC par litige et par année d'assurance).

Des plafonds plus précis sont souvent prévus : plafonds du budget amiable; plafonds du budget judiciaire; budget d'expertise...

Le plus souvent, le contrat fixe le montant maximum des honoraires de l'avocat pris en charge par la garantie. Différents plafonds sont indiqués en fonction de l'intervention de l'avocat (assistance, rédaction d'un acte, recours gracieux, référé, recours devant le TI ou le TGI, appel...).

Les contrats prévoient enfin des **seuils d'intervention.** Si le montant des intérêts en jeu est inférieur à une certaine somme (environ 150 euros TTC), l'intervention de l'assureur se limitera à la recherche d'une solution amiable.

§ 8 Liberté de fixation des honoraires

49.131 Interdiction des accords d'honoraires entre les assureurs et les avocats. Le Code des assurances et le Code de la mutualité interdisent les accords d'honoraires entre l'assureur et les avocats. L'article L. 127-5-1 du Code des assurances[2] prévoit ainsi que « les honoraires de l'avocat sont déterminés entre ce dernier et son client, sans pouvoir faire l'objet d'un accord avec l'assureur de protection juridique », tandis que l'article L. 224-5-1 du Code de la mutualité dispose que « les honoraires de l'avocat sont déterminés entre ce dernier et son client, sans pouvoir faire l'objet d'un accord avec la mutuelle ou l'union ». Cette modification, apportée par la loi du 19 février 2007, vise à interdire certaines pratiques antérieures reposant sur des accords entre assureurs et avocats proposant des conventions d'honoraires communes. Non seulement cette pratique ne respectait pas le principe de

1. Civ. 2e, 10 nov. 2009, n° 09-10.233; *RCA* 2010, n° 2.

2. Créé par L. n° 2007-210, 19 févr. 2007.

la liberté de l'honoraire, mais elle excluait le client de la négociation et créait une inégalité de traitement entre les assurés.

Ce texte ne fait d'ailleurs que rappeler le principe selon lequel « les honoraires de consultation, d'assistance, de conseil, de rédaction d'actes juridiques sous seing privé et de plaidoirie sont fixés d'un commun accord avec le client »[1] (sur les honoraires v. s[s] n°s 46.00 s.).

49.132 Convention d'honoraire obligatoire. Depuis la loi du 15 mai 2007[2], laquelle a modifié l'article 10 alinéa 2 du décret du 12 juillet 2005, une convention d'honoraire est obligatoire dès que le client de l'avocat bénéficie d'un contrat d'assurance de protection juridique, sauf si l'avocat intervient en urgence devant une juridiction. « L'avocat informe son client, dès sa saisine, puis de manière régulière, des modalités de détermination des honoraires et de l'évolution prévisible de leur montant. Le cas échéant, ces informations figurent dans la convention d'honoraires. Sauf si l'avocat intervient en urgence devant une juridiction, une telle convention est obligatoire lorsque l'avocat est rémunéré, en tout ou partie, au titre d'un contrat d'assurance de protection juridique. »

L'imprécision de ce texte a été remarquée par Bernard Cerveau[3], qui observe que cette rédaction est curieuse dans la mesure où tout accord entre l'assureur et l'avocat quant à la fixation de l'honoraire est interdit par la loi du 19 février 2007[4]. L'utilisation du verbe « rémunérer » est donc ici maladroit et l'autorité réglementaire eût été plus précise si elle avait visé « l'avocat dont le client est titulaire d'un contrat d'assurance de protection juridique ». Car c'est l'assuré qui est bénéficiaire de l'indemnité de l'assureur en remboursement des honoraires et non l'avocat.

49.133 Contenu de la convention d'honoraires. Sur le fonctionnement général de la convention d'honoraires, il est renvoyé aux développements relatifs à cette question (v. s[s] n°s 46.01 s.). S'agissant de la convention conclue avec un client bénéficiant d'une assurance de protection juridique, il faudra en outre prendre quelques précautions particulières. D'une manière générale, ainsi que le rappelle le *Vade mecum* du CNB, il faut faire attention, en matière de protection juridique, de ne pas oublier que le client de l'avocat est toujours l'assuré et non la compagnie d'assurance.

Cela signifie que l'assureur n'a pas à intervenir sur le contenu de cette convention d'honoraires et que celle-ci n'a pas à lui être communiquée par l'avocat. Il s'agit en effet d'un document couvert par le secret professionnel.

49.134 Information du client. Par ailleurs, il est indispensable, avant de rédiger la convention d'honoraires, de prendre connaissance du contenu de la police d'assurance de son client afin de vérifier l'étendue de la garantie. Si la garantie risque de ne pas couvrir la somme convenue dans la convention d'honoraires (compte tenu notamment du plafond), il faut impérativement informer immédiatement le client qu'il devra payer un complément d'honoraires à son avocat.

Il faudra également instruire le client sur le mécanisme de la convention d'honoraires en général et dans le cadre d'un contrat d'assurance de protection juridique en particulier.

49.135 Fixation de l'honoraire. L'honoraire doit être fixé selon les normes habituelles et selon les usages, notamment en fonction du coût horaire du cabinet. Il peut être soit forfaitaire, soit au temps passé. Il est également possible de convenir d'un honoraire complémentaire de résultat qui sera réglé par le client et qui pourra être remboursé en tout ou partie par la compagnie de protection juridique. L'éthique commande que l'avocat ne réclame cet honoraire de résultat que lorsque le client a effectivement recouvré les sommes qui lui ont été allouées et une réponse ministérielle est venue préciser qu'un avocat ne peut solliciter le versement de ses honoraires auprès de l'assureur sans l'accord de son client et sans l'en informer[5].

Le CNB propose par ailleurs un **exemple de convention** d'honoraire (v. s[s] n° 49.152).

§ 9
Cumul de garanties

49.141 Cumul des garanties. Dans l'hypothèse où le client possède plusieurs contrats d'assurance de protection juridique, l'avocat devra vérifier s'ils peuvent tous être mis en œuvre. Ils sont en principes cumulables, mais il ne faut pas oublier de faire une déclaration de sinistre pour chacun d'eux. Les garanties de ces différents contrats pourront ainsi être cumulées pour indemniser l'assuré.

Si l'indemnisation prévue par un contrat ne couvre pas l'intégralité des honoraires, le remboursement pourra être complété par un autre contrat d'assurance[6].

1. L. 31 déc. 1971, art. 10.
2. L. n° 2007-932, 15 mai 2007.
3. RÉP. CIV., *V° Assurance de protection juridique*, n° 120.
4. C. assur. art. L. 127-5-1.
5. Rép. min. n° 5628, *JO Sénat Q* 5 févr. 2009, p. 2.
6. C. assur., art. L. 121-4, al. 4.

49.142 Cumul avec l'aide juridictionnelle : principe de subsidiarité. La loi du 19 février 2007 a modifié l'article 2 de la loi du 10 juillet 1991[1] de manière à mettre en œuvre un principe de subsidiarité entre l'aide juridictionnelle et l'assurance de protection juridique[2], dont les modalités de fonctionnement ont été précisées par un décret du 15 décembre 2008, entré en vigueur le 1er mars 2009[3] et dont la prochaine étape pourrait être l'instauration de mesures incitant ou obligeant à souscrire une assurance de protection juridique. Désormais, l'aide juridictionnelle n'est pas accordée lorsque les frais couverts par cette aide sont pris en charge au titre d'un contrat d'assurance de protection juridique ou d'un autre système de protection[4].

Cela signifie qu'une personne qui aurait droit à l'aide juridictionnelle compte tenu de ses revenus n'en bénéficiera pas si elle est par ailleurs titulaire d'un contrat de protection juridique, voire d'un autre système de protection, accordé par exemple par l'employeur au titre des frais de procès pénaux dans lesquels sont impliqués ses salariés à raison d'actes accomplis dans le cadre de leur contrat de travail (sur les conditions de prise en charge par l'aide juridictionnelle v. ss nos 48.11 s.). Les articles 5-1 et 119 alinéa 2 du décret du 19 décembre 1991 précisent ainsi que la part des frais ainsi couverts vient en déduction des sommes avancées par l'État au titre de l'aide juridictionnelle.

Le demandeur à l'aide juridictionnelle doit ainsi mentionner s'il « dispose d'un ou plusieurs contrats d'assurances de protection juridique ou d'un autre système de protection couvrant la rémunération des auxiliaires de justice et les frais afférents au différend pour lequel le bénéfice de l'aide juridictionnelle est demandé ». Cette information devra, selon l'article 34 du décret du 19 décembre 1991[5], être justifiée par la production de documents émanant de l'assureur, qui devra attester de la prise en charge ou du refus de garantir le sinistre déclaré, avec la mention du montant des plafonds de garanties et de remboursement des frais. Un arrêté du 27 février 2009 fixe le modèle de la décision de prise en charge ou de non prise en charge de l'assureur de protection juridique[6].

Si l'assurance ne couvre pas tous les frais habituellement pris en charge par l'aide juridictionnelle, celle-ci pourra toutefois être sollicitée pour compléter la prise en charge de l'assureur[7]. L'article 48, 7° du décret du 19 décembre 1991[8] dispose ainsi que la décision du bureau d'aide juridictionnelle doit mentionner le plafond de remboursement des frais couverts par un contrat de protection juridique, dans le cas où ce dernier est inférieur à la contribution de l'État. L'article 108-1 du décret du 19 décembre 1991[9] précise que lorsque le plafond de remboursement des honoraires et émoluments couverts par un contrat d'assurance de protection juridique ou par un autre système de protection est inférieur à la contribution de l'État, l'avocat ou l'officier public ou ministériel ayant prêté son concours demande au greffe ou au secrétaire de la juridiction la délivrance d'une attestation de mission. À cet effet, il produit tout justificatif des honoraires et émoluments dus. L'attestation de mission mentionne leur montant. Avant de solliciter l'aide juridictionnelle, l'avocat a donc intérêt à vérifier si son client possède un contrat d'assurance de protection juridique et si ce contrat couvre le litige pour lequel le client est venu le consulter.

Enfin, les Caisses de règlements pécuniaires des avocats (Carpa) recevant les dotations annuelles correspondant à la contribution de l'État pour la rétribution des avocats inscrits au barreau[10], l'article 11 du décret du 15 décembre 2008 a complété l'article 17 du règlement type annexé au décret du 10 octobre 1996[11] qui traite des déductions à apporter à la rétribution de l'avocat, en ajoutant à l'énumération existante un 4° mentionnant « les sommes versées au titre d'un contrat d'assurance de protection juridique ». Une telle modification pourrait ainsi avoir des répercussions sur le système de gestion existant[12].

§ 10
Subrogation de l'assureur

49.151 Mécanisme de subrogation de l'assureur. L'assureur prendra en charge les différents frais couverts par la garantie dans les limites prévues dans le contrat. Il bénéficiera ensuite du principe de subrogation prévu à l'article L. 121-12 du

1. L. n° 91-647, 10 juill. 1991.
2. Cerveau, « Aide juridictionnelle et assurance de protection juridique : la mise en œuvre du principe de subsidiarité », *Gaz. Pal.* 2009. Doctr. 1070.
3. Décr. n° 2008-1324, 15 déc. 2008, *JO* 17 déc.
4. L. 10 juill. 1991, art. 2 – Décr. n° 91-1266, 19 déc. 1991, art. 5-1.
5. Décr. 19 déc. 1991, art. 34; mod. par décr. n° 2008-1324, 15 déc. 2008, art. 5.
6. Arr. 27 févr. 2009 fixant le modèle de la décision de prise en charge ou de non prise en charge de l'assureur de protection juridique, *JO* 10 avr.
7. NOT. : Décr. 19 déc. 1991, art. 108-1.
8. Décr. 19 déc. 1991, art. 48-7°; mod. par décr. 15 déc. 2008, art. 6.
9. Décr. 19 déc. 1991, art. 108-1; mod. par décr. 15 déc. 2008, art. 9.
10. L. 10 juill. 1991, art. 27 et 64-1.
11. Décr. n° 96-887, 10 oct. 1996.
12. Cerveau, préc.

Code des assurances, dans la limite de ce qu'il a dépensé.

Les sommes obtenues en remboursement des frais et honoraires doivent bénéficier en priorité à l'assuré à concurrence des dépenses qu'il a engagées : « le contrat d'assurance de protection juridique stipule que toute somme obtenue en remboursement des frais et des honoraires exposés pour le règlement du litige bénéficie par priorité à l'assuré pour les dépenses restées à sa charge et, subsidiairement, à l'assureur dans la limite des sommes qu'il a engagées »[1]. Mais l'assuré ne pourra en aucun cas obtenir plus que ce qu'il a déboursé.

49.152 Annexe

Exemple de convention du CNB

CONVENTION D'HONORAIRES.

(L. n° 2007-210, 19 févr. 2007)

Entre les soussignés :

Maître...

Ci-après dénommé **l'avocat d'une part.**

Et

M. ou Mme..............................

Ci-après dénommé **le client d'autre part.**

DISPOSITION SPÉCIFIQUE : CONTRAT DE PROTECTION JURIDIQUE.

Il est ici précisé que le client bénéficie d'un contrat de protection juridique souscrit auprès de la ou des Compagnie d'assurance......

Police n°......

Courtier......

Éventuellement 2° Police n°... *etc.*

Cette convention entre donc dans le champ d'application des articles L. 127-1 et suivants du Code des assurances et de l'article 10, alinéa 2 du décret n° 2005-790 du 12 juillet 2005 relatif aux règles de déontologie de la profession d'avocat modifié par le décret n° 2007-932 du 15 mai 2007.

IL A DONC ÉTÉ CONVENU CE QUI SUIT

L'avocat accepte d'intervenir pour défendre les intérêts du client dans les conditions suivantes :

Définition de la mission : Ex. : assignation – défense, *etc.* (dans telle ou telle matière)

Devant telle juridiction : *à préciser (TA, TI, TGI, TC, PRUD'HOMMES, JEX, Cour d'Appel etc.)*

I – LA MISSION DE L'AVOCAT.

Il s'agira d'une mission de conseil, d'assistance et de représentation.

L'avocat s'engage à procéder à toutes les diligences, à mettre en œuvre tous les moyens de droit et de procédure pour garantir les intérêts du client et lui assurer les meilleures chances de succès.

II – LA DÉTERMINATION DE L'HONORAIRE.

En contrepartie de son intervention, l'avocat percevra des honoraires qui seront fixés selon la présente convention :

BASE INDICATIVE.

TAUX HORAIRE DE L'AVOCAT (HORS TAXE)

Maître facture ses diligences à ...... euros HT de l'heure.

(taux déterminé selon le type d'affaires et la complexité du dossier et en fonction de l'ancienneté, de la notoriété et des spécialisations de l'avocat)

(il prend en compte le taux de charge du cabinet de l'avocat et la prestation intellectuelle de ce dernier)

HONORAIRE PRINCIPAL (HORS TAXES)

OPTION 1 :

Rémunération au taux horaire de...

(recommandation : établissement d'un devis – Art. 10 décr. 12 juillet 2005)

OPTION 2 :

Honoraire forfaitaire sur la base de .... heures.

(Voir annexe 2 – références indicatives en temps passé)

Si dans le dossier concerné il s'avère que le temps passé sera finalement supérieur aux heures fixées à l'origine dans le forfait, la présente convention devra alors faire l'objet d'un avenant entre le cabinet et le client.

L'honoraire s'entend hors taxes dont le taux applicable au jour de la facturation sera perçu en sus des honoraires.

HONORAIRE DE RÉSULTAT (HORS TAXES) (FACULTATIF)

L'honoraire de résultat sera déterminé par le résultat obtenu ou le montant de la condamnation évitée (prévoir le mode de calcul qui peut être, par exemple, un pourcentage global ou par tranche).

FRAIS ET DÉBOURS SUPPLÉMENTAIRES.

¤ **Frais supplémentaires dans les procédures.**

* Frais d'huissiers (sommation, commandement, citation, assignation, signification).

* Frais de greffe.

* Actes du palais.

* Droit de plaidoirie.

* Droit d'enregistrement.

* Frais de photocopies.

* Affranchissement.

¤ **Frais de déplacement.**

Si le cabinet est amené pour les besoins de la défense à effectuer des déplacements en dehors de la ville où est situé le cabinet, il percevra :

* Un forfait de ...... euros par déplacement si c'est dans ...... tel périmètre.

* Sinon une indemnité kilométrique selon barème fiscal.

* En cas de déplacement avion ou train : il sera remboursé de ses frais sur justificatifs (avion, train, hôtel, restaurant), ainsi qu'un honoraire spécifique au temps passé pour le déplacement.

1. C. assur., art. L. 127-8.

¤ **Frais d'intervention d'un autre avocat.**

* Postulation selon le tarif.

* Honoraires de l'avocat correspondant.

III – MODALITÉS DE RÈGLEMENT.

L'honoraire principal et les frais seront réglés, au fur et à mesure, dans les 15 jours de la réception de la facture.

L'honoraire de résultat ne sera réglé qu'en présence d'une décision ou d'une transaction à caractère définitif.

À l'issue de la procédure, le client recevra une facture récapitulative détaillée.

Tout règlement des honoraires et des frais par prélèvements sur des sommes consignées à la Caisse des Règlements Pécuniaires des Avocats (CARPA) ne pourra s'effectuer qu'après obtention d'une autorisation écrite préalable du client, conformément aux dispositions prévues aux articles 236 et suivants du décret du 27 novembre 1991.

S'agissant d'une convention d'honoraires rentrant dans le champ d'application de la loi du 19 février 2007 portant réforme de l'assurance de protection juridique, l'avocat pourra :

– soit adresser sa facture directement à son client qui se fera rembourser par la compagnie d'assurance dans la limite de la garantie de celle-ci ;

– soit adresser avec l'accord de son client ses notes d'honoraires à la compagnie d'assurance dans la limite de la garantie de celle-ci.

Dans tous les cas, si les honoraires dépassent le plafond garanti par la police, l'avocat sera réglé directement par son client.

IMPORTANT

Lorsque la mission de l'avocat aboutira à une décision de justice, toute somme obtenue en remboursement des frais et des honoraires exposés pour le règlement du litige bénéficiera par priorité à l'assuré pour les dépenses restées à sa charge, et subsidiairement à l'assureur dans la limite des sommes qu'il a engagées conformément aux dispositions impératives du Code des assurances (article L. 127-8).

IV – RUPTURE DE LA CONVENTION.

En cas de rupture de la présente convention, pour quelque cause que ce soit, les parties conviennent d'ores et déjà de renoncer au caractère forfaitaire des honoraires qui seront calculés exclusivement sur la base horaire au taux figurant ci-dessus.

Les litiges éventuels seront réglés selon les dispositions des articles 174 et suivants du décret du 27 novembre 1991 figurant en annexe.

FAIT À

LE

LE CABINET D'AVOCAT LE CLIENT

TITRE

5. L'exercice et les structures

SECTION 0

ORIENTEUR

5.00 Plan du titre.

CHAPITRE

50. Statut de l'avocat collaborateur ou salarié

SECTION 0 ORIENTEUR

50.00 Plan du chapitre.

50.01 Textes applicables.

L. n° 71-1130, 31 déc. 1971, art. 7

Décr. n° 91-1197, 27 nov. 1991, art. 129 à 153

RIN, art. 14

> Dispositions communes

L. 31 déc. 1971, art. 7

[mod. par L. n° 2005-882, 2 août 2005, L. n° 2009-526, 12 mai 2009]

L'avocat peut exercer sa profession soit à titre individuel, soit au sein d'une association, d'une société civile professionnelle, d'une société d'exercice libéral ou d'une société en participation prévues par la loi n° 90-1258 du 31 décembre 1990 relative à l'exercice sous forme de sociétés des professions libérales soumises à un statut législatif ou réglementaire ou dont le titre est protégé, soit en qualité de salarié ou de collaborateur libéral d'un avocat ou d'une association ou société d'avocats. Il peut également être membre d'un groupement d'intérêt économique ou d'un groupement européen d'intérêt économique.

Sans préjudice des dispositions du présent article, l'avocat peut exercer sa profession en qualité de collaborateur libéral d'un avocat selon les modalités prévues par l'article 18 de la loi n° 2005-882 du 2 août 2005 en faveur des petites et moyennes entreprises.

Le contrat de travail doit être établi par écrit. Il doit préciser les modalités de la rémunération.

L'avocat salarié ne peut avoir de clientèle personnelle. Dans l'exercice des missions qui lui sont confiées, il bénéficie de l'indépendance que comporte son serment et n'est soumis à un lien de subordination à l'égard de son employeur que pour la détermination de ses conditions de travail.

Le contrat de collaboration ou le contrat de travail ne doit pas comporter de stipulation limitant la liberté d'établissement ultérieure du collaborateur ou du salarié.

En aucun cas, les contrats ou l'appartenance à une société, une association ou un groupement ne peuvent porter atteinte aux règles déontologiques de la profession d'avocat, et notamment au respect des obligations en matière d'aide judiciaire et de commission d'office, et à la faculté pour l'avocat collaborateur ou salarié de demander à être déchargé d'une mission qu'il estime contraire à sa conscience ou susceptible de porter atteinte à son indépendance.

Les litiges nés à l'occasion d'un contrat de travail ou de la convention de rupture, de l'homologation ou du refus d'homologation de cette convention ainsi que ceux nés à l'occasion d'un contrat de collaboration libérale sont soumis à l'arbitrage du bâtonnier, à charge d'appel devant la cour d'appel.

L. 31 déc. 1971, art. 7

[mod. par L. n° 2009-526, 12 mai 2009]

Chaque barreau est doté de la personnalité civile.

Le bâtonnier représente le barreau dans tous les actes de la vie civile. Il prévient ou concilie les différends d'ordre professionnel entre les membres du barreau et instruit toute réclamation formulée par les tiers.

Tout différend entre avocats à l'occasion de leur exercice professionnel est, en l'absence de conciliation, soumis à l'arbitrage du bâtonnier.

La décision du bâtonnier peut être déférée à la cour d'appel par l'une des parties.

Les modalités de la procédure d'arbitrage sont déterminées par décret en Conseil d'État pris après avis du Conseil national des barreaux.

L. 2 août 2005, art. 18

I. Les membres des professions libérales soumises à statut législatif ou réglementaire ou dont le titre est protégé, à l'exception des professions d'officiers publics ou ministériels, des commissaires aux comptes et des administrateurs judiciaires et mandataires judiciaires au redressement et à la liquidation des entreprises, peuvent exercer leur activité en qualité de collaborateur libéral.

II. À la qualité de collaborateur libéral le membre non salarié d'une profession mentionnée au I qui, dans le cadre d'un contrat de collaboration libérale, exerce auprès d'un autre professionnel, personne physique ou personne morale, la même profession. Le collaborateur libéral exerce son activité professionnelle en toute indépendance, sans lien de subordination. Il peut compléter sa formation et peut se constituer une clientèle personnelle.

III. Le contrat de collaboration libérale doit être conclu dans le respect des règles régissant la profession.

Ce contrat doit, à peine de nullité, être établi par écrit et préciser :

1° Sa durée, indéterminée ou déterminée, en mentionnant dans ce cas son terme et, le cas échéant, les conditions de son renouvellement;

2° Les modalités de la rémunération;

3° Les conditions d'exercice de l'activité, et notamment les conditions dans lesquelles le collaborateur libéral peut satisfaire les besoins de sa clientèle personnelle;

4° Les conditions et les modalités de sa rupture, dont un délai de préavis.

IV. Le collaborateur libéral est responsable de ses actes professionnels dans les conditions prévues par les textes régissant chacune des professions mentionnées au I.

V. Le collaborateur libéral relève du statut social et fiscal du professionnel libéral qui exerce en qualité de professionnel indépendant.

> Dispositions propres au collaborateur

Décr. 27 nov. 1991, art. 129 [Statut de l'avocat collaborateur]

Les conditions de la collaboration sont convenues par les parties dans le cadre qui est déterminé par le règlement intérieur du barreau en ce qui concerne notamment la durée de la collaboration, les périodes d'activité ou de congé, les modalités de la rétrocession d'honoraires et celles dans lesquelles l'avocat collaborateur peut satisfaire à sa clientèle personnelle ainsi que les modalités de la cessation de la collaboration. Le règlement intérieur peut comporter un barème des rétrocessions d'honoraires minimales.

Décr. 27 nov. 1991, art. 130 [Maîtrise de l'argumentation]

L'avocat collaborateur d'un autre avocat demeure maître de l'argumentation qu'il développe. Lorsque cette argumentation est contraire à celle que développerait l'avocat auquel il est lié, il est tenu, avant d'agir, d'en informer ce dernier.

Décr. 27 nov. 1991, art. 131 [Responsabilité]

L'avocat est civilement responsable des actes professionnels accomplis pour son compte par son ou ses collaborateurs.

Décr. 27 nov. 1991, art. 132 [Indication du nom du collaborateur et de l'avocat pour le compte duquel il agit]

Lorsqu'il exerce ses activités professionnelles en qualité de collaborateur, l'avocat indique, outre son propre nom, le nom de l'avocat pour le compte duquel il agit.

Décr. 27 nov. 1991, art. 133 [Le contrôle opéré par le Conseil de l'ordre]

Dans la quinzaine de la conclusion du contrat ou de l'acte modificatif, un exemplaire en est remis contre récépissé ou expédié par lettre recommandée avec demande d'avis de réception au Conseil de l'ordre du barreau auprès duquel l'avocat collaborateur est inscrit. Ce Conseil de l'ordre peut, dans un délai d'un mois, mettre en demeure, par lettre recommandée avec demande d'avis de réception, les avocats de modifier la convention de telle façon qu'elle soit en conformité avec les règles professionnelles.

Le Conseil de l'ordre contrôle notamment :

1° L'absence de clause limitant la liberté d'établissement ultérieure;

2° L'absence de toutes dispositions limitant les obligations professionnelles en matière d'aide juridictionnelle et de commission d'office;

3° L'existence d'une clause prévoyant la faculté de demander à être déchargé d'une mission contraire à la conscience de l'avocat collaborateur;

4° L'absence de clause susceptible de porter atteinte à l'indépendance que comporte le serment d'avocat.

Décr. 27 nov. 1991, art. 134 [Communication du contrat de collaboration au procureur général]

Le procureur général peut demander communication du contrat de collaboration.

Décr. 27 nov. 1991, art. 135 [Recours des décisions du Conseil de l'ordre]

Les décisions du Conseil de l'ordre sont susceptibles de recours, dans les conditions prévues à l'article 16.

> Dispositions propres au salarié

Décr. 27 nov. 1991, art. 136 [Indication du nom du salarié et de l'avocat pour le compte duquel il agit]

Lorsqu'il exerce ses activités professionnelles en qualité de salarié, l'avocat indique, outre son propre nom, le nom de l'avocat pour le compte duquel il agit.

Décr. 27 nov. 1991, art. 137 [Respect du principe d'égalité entre avocats]

L'avocat salarié est lié par un contrat de travail écrit qui ne peut porter atteinte au principe déontologique d'égalité entre avocats, nonobstant les obligations liées au respect des clauses relatives aux conditions de travail.

Décr. 27 nov. 1991, art. 138 [Responsabilité de l'avocat employeur]

L'avocat employeur est civilement responsable des actes professionnels accomplis pour son compte par son ou ses salariés.

Il est tenu, pour le compte de l'avocat salarié, au paiement des cotisations dues, par cet avocat, pour le fonctionnement de l'Ordre et celui du Conseil national des barreaux.

Décr. 27 nov. 1991, art. 139 [Le contrôle opéré par le Conseil de l'ordre]

[mod. par décr. n° 95-1110, 17 oct. 1995, art. 13, *JO* 19]

Dans la quinzaine de la conclusion du contrat de travail ou de la modification de l'un de ses éléments substantiels, un exemplaire en est remis contre récépissé ou expédié par lettre recommandée avec demande d'avis de réception au Conseil de l'ordre du barreau auprès duquel l'avocat salarié est inscrit. Ce Conseil de l'ordre peut, dans un délai d'un mois, mettre en demeure, par lettre recommandée avec demande d'avis de réception, les avocats de modifier le contrat de travail pour le mettre en conformité avec les règles professionnelles.

Le Conseil de l'ordre contrôle notamment, à l'exclusion des clauses relatives aux conditions de travail :

1° L'absence de clause limitant la liberté d'établissement ultérieure;

2° L'absence de toutes dispositions limitant les obligations professionnelles en matière d'aide juridictionnelle et de commission d'office;

3° L'existence d'une clause prévoyant la faculté de demander à être déchargé d'une mission contraire à la conscience de l'avocat salarié;

4° L'absence de clause susceptible de porter atteinte à l'indépendance que comporte le serment d'avocat.

Décr. 27 nov. 1991, art. 140 [Communication au procureur général]

Le procureur général peut demander communication du contrat de travail.

Décr. 27 nov. 1991, art. 141 [Recours contre les décisions du Conseil de l'ordre]

Les décisions du Conseil de l'ordre en cette matière sont susceptibles de recours, dans les conditions prévues à l'article 16.

> Le règlement des litiges nés à l'occasion d'un contrat de collaboration ou d'un contrat de travail

Décr. 27 nov. 1991, art. 142 [Soumission des litiges au bâtonnier]

[mod. par décr. n° 95-1110, 17 oct. 1995, décr. n° 2009-1544, 11 déc. 2009]

Pour tout litige né à l'occasion d'un contrat de collaboration ou d'un contrat de travail, le bâtonnier du barreau auprès duquel l'avocat collaborateur ou salarié est inscrit est saisi par l'une ou l'autre des parties soit par requête déposée contre récépissé au secrétariat de l'Ordre des avocats, soit par lettre recommandée avec demande d'avis de réception.

L'acte de saisine précise, à peine d'irrecevabilité, l'objet du litige, l'identité des parties et les prétentions du saisissant.

Décr. 27 nov. 1991, art. 143 [Récusation du bâtonnier]

[mod. par décr. n° 2009-1544, 11 déc. 2009]

Le bâtonnier peut s'abstenir. Il ne peut être récusé que pour une des causes prévues à l'article 341 du Code de procédure civile.

La demande de récusation du bâtonnier est déposée au secrétariat de l'Ordre des avocats. Elle est instruite et jugée dans les formes prévues aux articles 344 à 354 du Code de procédure civile. En cas d'abstention ou de récusation du bâtonnier en exercice, il est remplacé par le plus ancien bâtonnier dans l'ordre du tableau, membre du Conseil de l'ordre ou, à défaut, par le membre du conseil de l'ordre le plus ancien dans l'ordre d'inscription au tableau.

Décr. 27 nov. 1991, art. 144 [Procédure]

[mod. par décr. n° 2009-1544, 11 déc. 2009]

Dès l'enregistrement de la requête, le bâtonnier saisi fixe les délais dans lesquels les parties seront tenues de produire leurs observations ainsi que toute pièce utile à l'instruction du litige. Il arrête la date à laquelle il entendra leurs observations orales. Les parties peuvent, à tous les stades de la procédure, être assistées par un confrère. Les avocats des parties sont rendus destinataires de la copie de toute correspondance adressée aux parties par le bâtonnier dans le cadre de la procédure.

Le bâtonnier convoque les parties par lettre recommandée avec demande d'avis de réception adressée au moins huit jours avant la date de l'audience. La lettre de convocation mentionne que les intéressés peuvent être assistés par un avocat. Copie de la lettre de saisine est jointe à la convocation du défendeur.

Décr. 27 nov. 1991, art. 145 [Signature des procès-verbaux et des transactions]

[mod. par décr. n° 2009-1544, 11 déc. 2009]

Les procès-verbaux de l'instance et les transactions sont signés par le bâtonnier et les parties.

Décr. 27 nov. 1991, art. 146 [Pouvoir du bâtonnier]

Le bâtonnier statue sur les contestations relatives à l'étendue de sa saisine.

Décr. 27 nov. 1991, art. 147 [Compétence du bâtonnier]

Le bâtonnier a le pouvoir de trancher l'incident de vérification d'écriture ou de faux conformément aux dispositions des articles 287 à 294 et 299 du Code de procédure civile.

En cas d'inscription de faux incidente, l'article 313 du Code de procédure civile est applicable devant le bâtonnier. Le délai de l'instance continue à courir du jour où il est statué sur l'incident.

Décr. 27 nov. 1991, art. 148 [Mesure d'urgence]

En cas de mesure d'urgence sollicitée par l'une des parties, le bâtonnier peut être saisi à bref délai.

Dans tous les cas d'urgence, le bâtonnier peut, sur la demande qui lui en est faite par une partie, ordonner toutes les mesures qui ne se heurtent à aucune contestation sérieuse ou que justifie l'existence d'un différend.

Le bâtonnier peut toujours, même en présence d'une contestation sérieuse, ordonner les mesures conservatoires ou de remise en état qui s'imposent soit pour prévenir un dommage imminent, soit pour faire cesser un trouble manifestement illicite.

Dans le cas où l'existence de l'obligation n'est pas sérieusement contestable, il peut accorder une provision.

Décr. 27 nov. 1991, art. 149 [Décision du bâtonnier]

Sauf cas de récusation et sous réserve du cas d'interruption de l'instance, le bâtonnier est tenu de rendre sa décision dans les six mois de sa saisine à peine de dessaisissement au profit de la cour d'appel.

En cas d'urgence, il est tenu de rendre sa décision dans le mois de sa saisine, à peine de dessaisissement au profit du premier président de la cour d'appel.

Décr. 27 nov. 1991, art. 150 [Défaut de publicité des débats]

Les débats devant le bâtonnier ont lieu hors la présence du public.

Décr. 27 nov. 1991, art. 151 [Mise en délibéré]

Si la décision ne peut être prononcée sur-le-champ, le prononcé en est renvoyé, pour plus ample délibéré, à une date que le bâtonnier indique. Dès la mise en délibéré de l'affaire, aucune demande ne peut être formée ni aucun moyen soulevé. De même, aucune observation ne peut être présentée ni aucune pièce produite si ce n'est à la demande du bâtonnier.

Décr. 27 nov. 1991, art. 152 [Recours]

[mod. par décr. n° 2009-1544, 11 déc. 2009]

La décision du bâtonnier est notifiée par le secrétariat du Conseil de l'ordre, par lettre recommandée avec demande d'avis de réception, aux parties qui peuvent en interjeter appel dans les conditions prévues aux premier, deuxième et sixième alinéas de l'article 16. Copie de la décision du bâtonnier est adressée au procureur général par le secrétariat de l'Ordre.

La décision de la cour d'appel est notifiée aux parties par le secrétariat-greffe par lettre recommandée avec demande d'avis de réception. Copie est adressée par le secrétariat-greffe au bâtonnier et au procureur général.

Décr. 27 nov. 1991, art. 153 [Caractère exécutoire des décisions]

[mod. par décr. n° 2009-1544, 11 déc. 2009]

Sont de droit exécutoires à titre provisoire les décisions du bâtonnier qui ordonnent le paiement de sommes au titre des rémunérations dans la limite maximale de neuf mois rétrocession d'honoraires ou de salaires calculés sur la moyenne des trois derniers mois.

Les autres décisions peuvent être rendues exécutoires par le président du tribunal de grande instance lorsqu'elles ne sont pas déférées à la cour d'appel.

RIN, art. 14 [Statut de l'avocat collaborateur ou salarié (L. art. 7, décr. art. 129 et 130)]

Définitions de la collaboration et du salariat

14.1 La collaboration est un mode d'exercice professionnel exclusif de tout lien de subordination, par lequel un avocat consacre une partie de son activité au cabinet d'un autre avocat et peut développer sa clientèle personnelle.

Le salariat est un mode d'exercice professionnel dans lequel il n'existe de lien de subordination que pour la détermination des conditions de travail.

L'avocat salarié ne peut avoir de clientèle personnelle, à l'exception de celle des missions de l'aide juridictionnelle et de commissions d'office.

Le contrat de travail de l'avocat salarié est régi par le droit du travail et par la convention collective signée le 17 février 1995, pour toutes les dispositions autres que celles instaurées par la loi du 31 décembre 1990 et le décret du 27 novembre 1991.

Principes directeurs

14.2 Conditions d'établissement du contrat de collaboration libérale ou salariée.

Dans les quinze jours de sa signature, tout accord de collaboration libérale ou salariée entre avocats doit faire l'objet d'un écrit déposé pour contrôle à l'Ordre du barreau auprès duquel l'avocat collaborateur libéral ou salarié est inscrit.

Il en est de même, à l'occasion de tout avenant contenant novation ou modification du contrat.

Le conseil de l'Ordre peut, dans un délai d'un mois, mettre en demeure les avocats de modifier la convention afin de la rendre conforme aux règles professionnelles.

Structure du contrat

L'avocat collaborateur libéral ou salarié doit pouvoir exercer dans des conditions garantissant :

– le droit à la formation au titre de la formation permanente et de l'acquisition d'une spécialisation notamment;

– le secret professionnel et l'indépendance qu'implique le serment d'avocat;

– la faculté de demander à être déchargé d'une mission contraire à sa conscience;

– la possibilité pour l'avocat collaborateur libéral de constituer et développer une clientèle personnelle, sans contrepartie financière.

Le contrat doit prévoir également :

– la durée et les modalités d'exercice : durée de la période d'essai, délai de prévenance en cas de rupture fixé ci-après à l'article 14.4. pour l'avocat collaborateur libéral, durée des congés définis par la convention collective pour l'avocat collaborateur salarié et durée des périodes de repos rémunérées pour le collaborateur libéral (un mois de date à date, sauf meilleur accord);

– les modalités de rémunération et de remboursement des frais professionnels engagés pour le cabinet;

– les modalités de prise en charge des absences de l'avocat collaborateur libéral ou salarié pour cause de maladie ou de maternité.

Le contrat ne peut comporter de clauses :

– de renonciation par avance aux clauses obligatoires;

– de limitation de liberté d'établissement ultérieure;

– de limitation des obligations professionnelles en matière d'aide juridictionnelle ou de commissions d'office;

– de participation de l'avocat collaborateur libéral aux frais entraînés par le développement de sa clientèle personnelle pendant les cinq premières années de la collaboration;

– susceptibles de porter atteinte à l'indépendance que comporte le serment d'avocat.

Le bâtonnier pourra autoriser le cumul de contrats de collaboration libérale après avoir recueilli toutes garanties sur les conditions d'exercice, d'indépendance et de confidentialité.

Le contrat de collaboration libérale doit obligatoirement comporter une clause de recours au bâtonnier, comme conciliateur.

Quelle que soit la durée du contrat retenu, les parties se rencontreront, à la demande de l'une d'entre elles, au moins une fois par an pour examiner l'éventuelle évolution de la relation entre le cabinet et le collaborateur libéral.

14.3 Le contrat

Indépendance

Le cabinet et le collaborateur libéral déterminent les conditions de l'organisation matérielle du travail du collaborateur. Ces conditions doivent tenir compte du temps et des moyens effectifs nécessaires au traitement de la clientèle personnelle du collaborateur libéral.

Ils fixent dans les mêmes conditions l'approche juridique des dossiers confiés au collaborateur.

L'avocat collaborateur libéral ou salarié reste maître de l'argumentation qu'il développe et des conseils qu'il donne.

Si l'argumentation est contraire à celle que développerait l'avocat avec lequel il collabore, il est tenu, avant d'agir, de l'en informer.

En cas de persistance du désaccord, par respect des principes de confiance, loyauté et délicatesse, l'avocat collaborateur libéral ou salarié devra restituer le dossier.

Il peut être convenu que la double signature ou le visa soient apposés sur tous actes, correspondances, études ou consultations.

Retrait au titre de la conscience

L'avocat collaborateur libéral ou salarié peut demander à celui avec lequel il collabore ou à son employeur d'être déchargé d'une mission qu'il estime contraire à sa conscience ou susceptible de porter atteinte à son indépendance.

La demande de retrait doit être exprimée suffisamment tôt pour ne pas perturber l'avancement du dossier.

L'abus de droit caractérisé par un refus systématique non lié à un changement significatif dans l'orientation du cabinet doit être soumis à l'appréciation du bâtonnier.

Clientèle personnelle

Le collaborateur libéral peut constituer et développer une clientèle personnelle.

Il ne peut assister ou représenter une partie ayant des intérêts contraires à ceux d'un client du cabinet avec lequel il collabore.

L'avocat avec lequel il collabore doit mettre à sa disposition, dans des conditions normales d'utilisation, les moyens matériels nécessaires aux besoins de sa collaboration et au développement de sa clientèle personnelle.

Pendant les cinq premières années d'exercice professionnel, l'avocat collaborateur libéral ne peut se voir demander de contribution financière en raison du coût généré par le traitement de sa clientèle personnelle.

L'avocat collaborateur salarié ne peut constituer ni développer de clientèle personnelle; il doit se consacrer exclusivement au traitement des dossiers qui lui sont confiés pendant l'exécution de son contrat de travail ainsi qu'aux missions d'aide juridictionnelle et de commission d'office pour lesquelles il a été désigné.

Formation

La formation déontologique et professionnelle est un droit et une obligation de l'avocat collaborateur ou salarié, à laquelle le cabinet doit se conformer.

Au titre de l'obligation de formation continue du collaborateur libéral par le cabinet, le collaborateur doit disposer du temps nécessaire pour suivre les formations de son choix, et en particulier remplir son obligation de formation continue en choisissant les activités de son choix parmi celles prévues à l'article 85 du décret n° 91-1197 du 27 novembre 1991 modifié.

Le collaborateur libéral ou salarié peut recevoir, notamment pendant ses premières années d'exercice à compter de la prestation de serment, de la part du cabinet une formation adaptée aux dossiers qui lui sont confiés par le dit cabinet.

Cette formation, si elle s'accomplit selon les modalités fixées par les décisions du Conseil national des barreaux prises en application de l'article 85 du décret du 27 novembre 1991 précité, est susceptible d'être validée au titre de l'obligation de formation continue obligatoire.

L'avocat collaborateur libéral doit prévenir le cabinet dans lequel il exerce, des sessions de formation externe qu'il souhaite suivre, au plus tard un mois avant leur début.

Spécialisation

L'avocat collaborateur libéral ou salarié doit pouvoir bénéficier du temps suffisant pour suivre toute session de formation nécessaire à l'acquisition d'une spécialisation.

Le cabinet doit s'efforcer de lui confier, dans des conditions contractuellement définies, des travaux relevant de la ou des spécialisations recherchées, si l'avocat collaborateur libéral ou salarié souhaite les acquérir dans le cadre des dispositions de l'article 88 du décret du 27 novembre 1991.

Dédit-formation

L'avocat collaborateur libéral ou salarié qui décide de mettre fin à son contrat après avoir bénéficié d'une formation dispensée à l'extérieur du cabinet et financée par le cabinet ne peut, en principe, se voir demander d'indemnité à ce titre.

Toutefois, une telle indemnité pourrait être contractuellement prévue si la formation reçue revêtait un caractère exceptionnel révélé par sa durée et son coût. Dans ce cas, l'avocat collaborateur libéral ou salarié pourrait demander une réduction de cette indemnité si elle était excessive ou sa suppression totale si elle était de nature à mettre obstacle à sa liberté d'établissement ultérieure.

L'indemnité pourra être demandée pendant un délai maximum de deux ans après que la formation aura été reçue.

Rétrocession d'honoraires, rémunération et indemnisation des missions d'aide juridictionnelle et de commissions d'office.

- **Avocat collaborateur libéral**

– Rétrocession.

La rétrocession d'honoraires versée par le cabinet au collaborateur libéral peut être fixe ou pour partie fixe et pour partie variable.

Pendant ses deux premières années d'exercice professionnel, l'avocat collaborateur libéral doit recevoir une rétrocession d'honoraires qui ne peut être inférieure au minimum fixé par le Conseil de l'Ordre du barreau dont il dépend.

– **Rémunération aide juridictionnelle et commissions d'office.**

L'avocat collaborateur libéral conserve les indemnités qui lui sont versées pour les missions d'aide juridictionnelle et de commissions d'office.

– **Maladie.**

En cas d'indisponibilité pour raison de santé au cours d'une même année civile, l'avocat collaborateur libéral reçoit pendant deux mois maximum sa rétrocession d'honoraires habituelle, sous déduction des indemnités journalières éventuellement perçues au titre des régimes de prévoyance collective du barreau ou individuelle obligatoire.

– **Maternité.**

La collaboratrice libérale enceinte est en droit de suspendre sa collaboration pendant au moins douze semaines à l'occasion de l'accouchement, réparties selon son choix avant et après accouchement avec un minimum de six semaines après l'accouchement.

La collaboratrice libérale reçoit pendant la période de suspension de douze semaines, sa rétrocession d'honoraires habituelle, sous la seule déduction des indemnités versées dans le cadre des régimes de prévoyance collective du barreau ou individuelle obligatoire.

• **Avocat collaborateur salarié**

La convention collective fixe les minima de salaire et les conditions de prise en charge des absences pour maladie ou maternité.

Le contrat de travail peut prévoir que les indemnités d'aide juridictionnelle et de commissions d'office seront versées sur le salaire en sus du minima de la convention collective.

Il peut être également convenu que les indemnités de garde à vue effectuées en dehors du temps de travail seront conservées à titre de défraiement.

À défaut de stipulation dans le contrat de travail, l'avocat collaborateur salarié cumule la rémunération convenue entre les parties et les indemnisations perçues directement au titre des missions d'intérêt public.

• **Liberté d'établissement ultérieure**

Toute stipulation limitant la liberté d'établissement ultérieure est prohibée.

Dans les deux ans suivant la rupture du contrat, l'avocat collaborateur libéral ou salarié devra aviser le cabinet dans lequel il exerçait, avant de prêter son concours à un client de celui-ci.

Le client s'entend comme celui avec lequel l'ancien collaborateur libéral ou salarié aura été mis en relation pendant l'exécution du contrat.

L'ancien collaborateur libéral ou salarié doit s'interdire toute pratique de concurrence déloyale.

14.4 Rupture du contrat

[mod. par déc. à caractère normatif Conseil national des barreaux n° 2010.001]

Avocat collaborateur libéral

Sauf meilleur accord des parties, chaque partie peut mettre fin au contrat de collaboration en avisant l'autre au moins trois mois à l'avance.

Ce délai est augmenté d'un mois par année au-delà de trois ans de présence révolus, sans qu'il puisse excéder six mois.

Ces délais n'ont pas à être observés en cas de manquement grave flagrant aux règles professionnelles.

Le délai de prévenance est de huit jours en cas de rupture pendant la période d'essai.

Les périodes de repos rémunérées, qui n'auront pu être prises avant la notification de la rupture, pourront être prises pendant le délai de prévenance.

À dater de la déclaration de grossesse et jusqu'à l'expiration de la période de suspension du contrat à l'occasion de l'accouchement, le contrat de collaboration libérale ne peut être rompu sauf manquement grave aux règles professionnelles non lié à l'état de grossesse.

Avocat collaborateur salarié

Le droit du licenciement s'applique à l'avocat collaborateur salarié dans la forme et sur le fond.

La convention collective réglemente les conditions de rupture du contrat de travail quant au préavis et à l'indemnité de licenciement.

Domiciliation après la rupture du contrat

Quelle que soit la cause de la cessation de la relation contractuelle, l'avocat collaborateur libéral ou salarié peut demeurer domicilié au cabinet qu'il a quitté jusqu'à ce qu'il ait fait connaître à l'Ordre ses nouvelles conditions d'exercice et ce, pendant un délai maximum de trois mois.

Même après ce délai, son courrier lui est normalement acheminé et ses nouvelles coordonnées postales et téléphoniques transmises à ceux qui en font la demande.

14.5 Règlements des litiges

Le bâtonnier du lieu d'inscription de l'avocat collaborateur libéral ou salarié connaît des litiges nés à l'occasion de l'exécution ou de la rupture du contrat de collaboration salariée ou non.

Avocat collaborateur libéral

Le bâtonnier lorsqu'il intervient dans le cadre de la clause de conciliation obligatoire, entend les parties, éventuellement assistées de leur conseil.

Il rend son avis dans les trois mois de sa saisine.

Si le litige persiste, le bâtonnier recommande aux parties le recours à l'arbitrage.

Avocat collaborateur salarié

Les articles 142 et suivants du décret du 27 novembre 1991 prévoient le règlement des litiges pour le contrat de travail.

Ces litiges sont de la compétence du bâtonnier, saisi par l'une ou l'autre des parties.

Les décisions du bâtonnier sont susceptibles d'appel devant la cour d'appel statuant comme il est dit aux articles 15, 2 et 16 du décret du 27 novembre 1991.

Le bâtonnier doit rendre ses décisions dans les six mois de sa saisine à peine de dessaisissement au profit de la cour d'appel.

Les décisions du bâtonnier qui ordonnent le paiement de sommes au titre des rémunérations sont de droit exécutoires à titre de provision, dans la limite maximale de neuf mois de salaire calculés sur la moyenne des trois derniers mois.

Les autres décisions peuvent être rendues exécutoires par le président du tribunal de grande instance lorsqu'elles ne sont pas déférées à la cour.

Dans tous les cas d'urgence, le bâtonnier peut, sur la demande qui lui est faite par une partie, ordonner toutes mesures qui ne se heurtent à aucune contestation sérieuse ou que justifie l'existence d'un différend.

Il peut toujours, même en présence d'une contestation sérieuse, ordonner les mesures conservatoires ou de remise en l'état qui s'imposent pour prévenir un dommage imminent ou faire cesser un trouble manifestement illicite.

En cas d'urgence, il est tenu de rendre sa décision dans le mois de sa saisine, à peine de dessaisissement au profit du premier président de la cour d'appel.

50.02 Jurisprudence de référence.

> Un avocat salarié ne peut être inscrit à un barreau différent de celui de l'employeur pour le compte duquel il agit

• **Civ. 1re, 21 mars 1995, n° 93-13.634,** *Bull. civ.* I, n° 136; *JCP* 1995, IV, 1233; *JCP*, II, 22434, note Martin.

* V. s[s] n° 50.26.

« Vu les articles 5, 7, 8 de la loi n° 71-1130 du 31 décembre 1971 modifiée par la loi n° 90-1259 du 31 décembre 1990 et l'article 136 du décret n° 91-1197 du 27 novembre 1991;

Attendu qu'il résulte de la combinaison de ces textes qu'un avocat salarié, qui ne peut avoir de clientèle personnelle, ne peut être inscrit à un barreau différent de celui de l'employeur pour le compte duquel il agit, sauf le cas des groupements, sociétés ou associations d'avocats appartenant à plusieurs barreaux;

Attendu que Mme O..., avocat inscrit au barreau de N... en qualité d'avocat salarié de la société d'avocats U..., inscrite auprès du même barreau, a demandé son inscription au barreau de G... après avoir démissionné de son barreau d'origine; que cette demande a été rejetée par le Conseil de l'ordre; que Mme O... a formé un recours contre cette décision;

Attendu que, pour accueillir ce recours, la cour d'appel a retenu que les dispositions des articles 1er et 7 de la loi du 31 décembre 1971, modifiée par la loi du 31 décembre 1990, n'instituent aucune discrimination entre les membres de la nouvelle profession d'avocat et que les articles 137 et suivants du décret du 27 novembre 1991 définissant les modalités particulières d'exercice de cette profession en qualité de salarié n'édictent pas de restrictions en ce qui concerne la liberté d'établissement et n'imposent pas le rattachement de l'avocat salarié au barreau dont dépend l'employeur;

Attendu qu'en se prononçant ainsi la cour d'appel a violé les textes susvisés. »

> Aucune clause contractuelle ne peut limiter la liberté d'établissement du collaborateur salarié à l'issue de son contrat de travail

• **Civ. 1re, 14 oct. 1997, n° 95-13.532,** *Bull. civ.* I, n° 274; *D.* 1997, IR 233.

* V. s[s] n° 50.37.

« Attendu que, le 6 décembre 1993, le Conseil de l'ordre des avocats du barreau de M... a adopté les deux articles suivants du règlement intérieur : article 29, le contrat de collaboration "peut également prévoir des dispositions aux termes desquelles chacune des parties s'interdit d'accomplir directement ou indirectement ou par personnes interposées dans un délai ne pouvant excéder deux ans à compter de la cessation de la collaboration, quelle qu'en soit la cause, sauf accord préalable et écrit de l'autre partie, aucun acte professionnel au profit d'un client avec lequel il a été mis en relation par cette autre partie", et article 30, "le contrat de travail peut prévoir une clause selon laquelle l'avocat salarié s'interdit d'accepter directement ou indirectement ou par personnes interposées pendant un délai ne pouvant excéder trois ans à compter de la cessation du contrat de travail, quelle qu'en soit la cause, sauf accord préalable et écrit du cabinet, aucun acte professionnel au profit du client avec lequel il a été mis en relation";

Attendu que pour rejeter le recours exercé contre ces dispositions, l'arrêt attaqué énonce qu'elles ne sont pas incompatibles avec les textes en vigueur;

Attendu, cependant, que les dispositions critiquées, qui instituent au profit du patron ou de l'employeur un droit de contrôle préalable sur le choix des clients de son ancien collaborateur ou salarié, restreignent sa liberté d'établissement ultérieure et sont donc contraires au texte précité qui a été ainsi violé. »

> Doit être requalifié en contrat de travail le contrat de collaboration dès lors que l'avocat ne peut développer sa clientèle personnelle au sein du cabinet

• **Cass., Ch. mixte, 12 févr. 1999, n° 96-17.468,** *Bull. Ch. mixte*, n° 1; *Gaz. Pal.* 9-11 mai 1999, n° 131, p. 5.

* V. s[s] n° 50.24.

« Mais attendu que, selon l'article 7 de la loi du 31 décembre 1971 modifié par la loi du 31 décembre 1990, l'avocat peut exercer sa profession, soit en qualité de salarié, soit en qualité de collaborateur non salarié; que l'avocat salarié est celui qui est lié par un contrat de travail à un autre avocat et dont le lien de subordination est caractérisé notamment pour lui par l'impossibilité d'avoir et de développer une clientèle dans les conditions prévues pour l'avocat collaborateur par l'article 129 du décret du 27 novembre 1991;

Et attendu que la cour d'appel, qui statuait en raison du silence du bâtonnier, ayant relevé que, nonobstant les mentions du contrat de collaboration, l'avocat avait été mis dans l'impossibilité d'avoir une clientèle, a exactement décidé, hors toute dénaturation, que les parties étaient liées par un contrat de travail; que par ces seuls motifs, elle a légalement justifié sa décision. »

50.03 Bibliographie indicative.

Actualisables. Berra et Robineau, RÉP. CIV., *V° Avocat (modes d'exercice de la profession)* – Taisne, RÉP. PR. CIV., *V° Avocat*.

Articles. Avril, *Gaz. Pal.* avr. 1991, p. 3 – Barthélemy, « Contrats de travail et activité libérale », *Gaz. Pal.* 29 mai 1990, doctr. p. 4 s.; « Le collaborateur libéral », *JCP S* 2006, 1131 – Barthélemy, Idrac, Magnier et Vieille,

« Réflexions et propositions à propos d'un statut de l'avocat collaborateur », *JCP* 2008. I. 182 – Bénabent, « Avocat, premières vues sur la "nouvelle profession" », *JCP* 1991, I, 3499, n°s 55 s. – Berra, « L'avocat salarié a-t-il un avenir ? », *Mélanges J. Foyer,* Economica 2008, p. 71 – Boccara, « Le besoin et la nécessité de l'indépendance du barreau », *JCP* 1990, I, 3464 – Damien, *Gaz. Pal.* 1991, 1, doctr. 47; « Une procédure originale des règlements de conflits de travail entre avocats : l'arbitrage du bâtonnier » – Chron. bâtonnier Villacèque, *D.* 1997, IR 305 Lyon-Caen, « À propos de l'avocat salarié », *Gaz. Pal.* 27 févr. 1994, p. 43 s.; *Mélanges Perrot*, Dalloz, 1996, p. 363 s. – Martin, « Les modification du statut de l'avocat par la loi n° 2004-130 du 11 février 2004 », *JCP* 2004, act. n° 437 – Moore, « À propos du collaborateur salarié », *Gaz. Pal.* 1977, 2, doctr. 599 – Paillusseau et Peyramaure, *Gaz. Pal*, 11 juill. 1995, doctr. p. 9 – Paquet, « La clause de conscience chez l'avocat salarié », *JCP* 1994, I, 3797 – Puigelier, « Vers la disparition de la collaboration libérale ? », *JCP S* 2009, act. n° 322 – DICT. PERM. DROIT DES AFFAIRES, *bull.* 292, 6 janv. 1991, consacré à la réforme des professions juridiques et judiciaires, n° 22 – Serra, « La prohibition des clauses de non-concurrence dans la nouvelle profession d'avocat », *D.* 1992, chron. 11

50.05 Exemples de contrat de collaboration et de contrat de travail conclu entre avocats. Le règlement intérieur du Barreau de Paris comprend en annexe deux exemples de contrat de collaboration et de travail.

SECTION 1
COLLABORATION

50.11 Statut de collaborateur libéral non salarié. L'article 18 de la loi du 2 août 2005 [1] a réformé le statut de la collaboration pour l'ensemble des professions libérales soumises à un statut législatif ou réglementaire ou dont le titre est protégé, à l'exception des professions d'officiers publics ou ministériels, des commissaires aux comptes et des administrateurs judiciaires et mandataires judiciaires au redressement et à la liquidation des entreprises.

L'article 7 alinéa 2 de la loi de 1971 renvoie désormais à ce texte, en indiquant que : « L'avocat peut exercer sa profession en qualité de collaborateur libéral d'un avocat selon les modalités prévues par l'article 18 de la loi n° 2005-882 du 2 août 2005. »

Selon l'article 18 de la loi du 2 août 2005, à la qualité de collaborateur libéral le membre non salarié d'une profession libérale (sauf les exceptions mentionnées ci-dessus) qui, dans le cadre d'un contrat de collaboration libérale, exerce auprès d'un autre professionnel, personne physique ou personne morale, la même profession.

1. L. n° 2005-882, 2 août 2005 en faveur des petites et moyennes entreprises.

• **Clientèle personnelle.** Le collaborateur libéral exerce son activité professionnelle en toute indépendance, sans lien de subordination. Il peut compléter sa formation et peut se constituer une clientèle personnelle [2].

50.12 Forme et contenu du contrat de collaboration. Le contrat de collaboration doit être obligatoirement constaté par écrit, à peine de nullité [3].

D'une manière générale, la loi du 2 août 2005 prévoit que le contrat de collaboration libérale doit être conclu dans le respect des règles régissant la profession d'avocat [4]. L'avocat collaborateur libéral ou salarié doit pouvoir exercer dans des conditions garantissant notamment : le droit à la formation à l'acquisition d'une spécialisation; le secret professionnel et l'indépendance qu'implique le serment d'avocat; la faculté de demander à être déchargé d'une mission contraire à sa conscience; la possibilité pour l'avocat collaborateur libéral de constituer et développer une clientèle personnelle, sans contrepartie financière [5].

La loi du 2 août 2005 prévoit également que le contrat de collaboration doit préciser, à peine de nullité :

1° La durée du contrat, indéterminée ou déterminée, en mentionnant dans ce cas son terme et, le cas échéant, les conditions de son renouvellement [6]. Il doit également prévoir, le cas échéant, la durée de la période d'essai [7].

2° Les modalités de la rémunération [8]. Le règlement intérieur peut comporter un barème de rétrocessions d'honoraires minimales [9]. Un montant minimum est imposé par le RIN pendant les deux premières années [10]. L'avocat collaborateur libéral conserve les indemnités qui lui sont versées pour les missions d'aide juridictionnelle et de commissions d'office [11].

• **Frais professionnels.** Le contrat doit prévoir les modalités de rémunération et de remboursement des frais professionnels engagés pour le cabinet [12].

2. L. 2 août 2005, art. 18, II.
3. L. 2 août 2005, art. 18, II – L. 31 déc. 1971, art. 7, al. 3; mod. par L. 2 août 2005 – Décr. 27 nov. 1991, art. 133 – Civ. 1re, 21 mai 1996, n° 94-13.760, *Bull. civ.* I, n° 218; *JCP* 1995, IV, 1536.
4. L. 2 août 2005, art. 18, III.
5. RIN, art. 14.2.
6. L. 2 août 2005, art. 18, II – Décr. 27 nov. 1991, art. 129 – RIN, art. 14.2.
7. RIN, art. 14.2.
8. L. 2 août 2005, art. 18, II – Décr. 27 nov. 1991, art. 129 – RIN, art. 14.3.
9. Décr. 27 nov. 1991, art. 129.
10. RIN, art. 14.3.
11. RIN, art. 14.3.
12. RIN, art. 14.2.

• **Maladie.** En cas d'indisponibilité pour raison de santé au cours d'une même année civile, l'avocat collaborateur libéral reçoit pendant deux mois maximum sa rétrocession d'honoraires habituelle, sous déduction des indemnités journalières éventuellement perçues au titre des régimes de prévoyance collective du barreau ou individuelle obligatoire[1].

• **Maternité.** La collaboratrice libérale enceinte est en droit de suspendre sa collaboration pendant au moins douze semaines à l'occasion de l'accouchement, réparties selon son choix avant et après accouchement avec un minimum de six semaines après l'accouchement. Elle reçoit pendant la période de suspension de douze semaines, sa rétrocession d'honoraires habituelle, sous la seule déduction des indemnités versées dans le cadre des régimes de prévoyance collective du barreau ou individuelle obligatoire[2].

3° Les conditions d'exercice de l'activité, et notamment les conditions dans lesquelles le collaborateur libéral peut satisfaire les besoins de sa clientèle personnelle[3].

• **Clientèle personnelle.** Sur ce point, le RIN apporte des précisions utiles. L'avocat avec lequel il collabore doit mettre à sa disposition, dans des conditions normales d'utilisation, les moyens matériels nécessaires aux besoins de sa collaboration et au développement de sa clientèle personnelle. En outre, pendant les cinq premières années d'exercice professionnel, l'avocat collaborateur libéral ne peut se voir demander de contribution financière en raison du coût généré par le traitement de sa clientèle personnelle[4].

• **Congés.** Le contrat doit prévoir également la durée des périodes de repos rémunérées pour le collaborateur libéral. Le RIN fixe cette durée à un mois de date à date minimum, sauf meilleur accord[5].

• **Maternité – Absences maladies.** Les modalités de prise en charge des absences de l'avocat collaborateur libéral pour cause de maladie ou de maternité doivent être prévues au contrat.

4° Les conditions et les modalités de la rupture du contrat, dont un délai de préavis[6].

Le *délai de prévenance* en cas de rupture doit est précisé à l'article 14.4. du RIN, modifié par une décision à caractère normatif du CNB n° 2010-001 du 10 avril 2010[7].

Sauf meilleur accord des parties, chaque partie peut mettre fin au contrat de collaboration en avisant l'autre au moins trois mois à l'avance.

Ce délai est augmenté d'un mois par année au-delà de trois ans de présence révolus, sans qu'il puisse excéder six mois.

En pratique, cela signifie qu'en cas de rupture du contrat de collaboration, la durée du préavis sera fixée, sauf meilleur accord des parties de la manière suivante : durant la période d'essai : 8 jours; jusqu'à 3 ans de présence révolus : 3 mois; 4 ans de présence révolus : 4 mois; 5 ans de présence révolus : 5 mois; 6 ans de présence révolus et au-delà : 6 mois[8].

Il est toutefois précisé que ces délais n'ont pas à être observés en cas de manquement grave flagrant aux règles professionnelles.

Le délai de prévenance est de huit jours en cas de rupture pendant la période d'essai.

Les périodes de repos rémunérées, qui n'auront pu être prises avant la notification de la rupture, pourront être prises pendant le délai de prévenance.

• **Rupture du contrat pendant la grossesse.** À dater de la déclaration de grossesse et jusqu'à l'expiration de la période de suspension du contrat à l'occasion de l'accouchement, le contrat de collaboration libérale ne peut être rompu sauf manquement grave aux règles professionnelles non lié à l'état de grossesse.

50.13 Clauses interdites. L'article 14.2 du RIN précise que le contrat de collaboration libérale ne peut comporter les clauses suivantes :

- clause de renonciation par avance aux clauses obligatoires;
- clause de limitation de liberté d'établissement ultérieure;
- clause de limitation des obligations professionnelles en matière d'aide juridictionnelle ou de commissions d'office;
- clause de participation de l'avocat collaborateur libéral aux frais entraînés par le développement de sa clientèle personnelle pendant les cinq premières années de la collaboration;
- clause susceptible de porter atteinte à l'indépendance que comporte le serment d'avocat.

50.14 Contrôle par le Conseil de l'ordre. Le contrat de collaboration établi par écrit est remis au Conseil de l'ordre du barreau auquel est inscrit le collaborateur ou le salarié[9]. Le Conseil de l'ordre est celui du barreau auprès duquel est inscrit l'avocat collaborateur[10].

Dans la quinzaine de la conclusion du contrat ou de l'acte modificatif, un exemplaire en est remis contre récépissé ou expédié par lettre recommandée avec demande d'avis de réception au Conseil de l'ordre qui peut, dans le délai d'un mois, mettre en

1. RIN, art. 14.3.
2. RIN, art. 14.3.
3. L. 2 août 2005, art. 18, II.
4. RIN, art. 14.3.
5. RIN, art. 14.2.
6. L. 2 août 2005, art. 18, II.
7. Décis. CNB n° 2010-001, 10 avr. 2010.
8. Allongement du délai de prévenance en cas de rupture du contrat de collaboration libérale : réforme des dispositions de l'art. 14.4 du RIN, cnbavocat.fr, Actu. 15 avr. 2010.
9. Décr. 27 nov. 1991, art. 133 à 135; réd. décr. n° 95-1110, 17 oct. 1995, art. 12 et 13.
10. Décr. 27 nov. 1991, art. 133.

demeure par lettre recommandée avec demande d'avis de réception, les avocats de modifier la convention de telle façon qu'elle soit en conformité avec les règles professionnelles (v. s[s] n° 23.92). Le Conseil de l'ordre contrôle notamment :

- l'absence de clause limitant la liberté d'établissement ultérieur;

- l'absence de toute disposition limitant les obligations professionnelles en matière d'aide juridictionnelle et de commission d'office;

- l'existence d'une clause prévoyant la faculté de demander à être déchargé d'une mission contraire à la conscience de l'avocat collaborateur;

- l'absence de clause susceptible de porter atteinte à l'indépendance que comporte le serment d'avocat [1].

Le procureur général peut demander communication du contrat de collaboration [2].

Les décisions du Conseil de l'ordre sont susceptibles de recours dans les conditions de l'article 16 du décret du 27 novembre 1991.

50.15 Contrats de collaboration aux fins de formation. Dans le régime antérieur à la réforme du 11 février 2004 ayant supprimé le stage de deux ans, les contrats de collaboration destinés principalement à former le collaborateur pouvait être simplifié puisque ce contrat était essentiellement provisoire et qu'il était important que le conseil d'administration du Centre puisse munir chacun de ses stagiaires d'un maître de stage; les conditions de collaboration pouvaient ne pas être trop lourdes pour chacune des parties, sans quoi cette source irremplaçable de formation risquait de se tarir.

• **Faut-il un cabinet commun entre le collaborateur et l'avocat ?** À notre sens, et malgré les termes de l'article 165 du décret du 29 novembre 1991, la collaboration entre l'avocat stagiaire et le patron peut ne pas comporter de cabinet commun, le stagiaire passant chaque jour chez son patron pour recevoir de lui les conseils dont il a besoin; l'exiguïté de trop grand nombre de cabinets d'avocats ne permettrait pas en effet d'absorber tous les stagiaires si les conditions de l'article 165 étaient appliquées de manière draconienne dans la formation de l'avocat stagiaire [3]. Ajoutons que, selon un arrêt de la cour d'appel d'Amiens du 4 juillet 1983 [4], il ne résulte pas des dispositions de l'article 77 du décret du 27 novembre 1991 que le maître de stage doive obligatoirement appartenir au barreau auquel est inscrit le stagiaire.

50.16 La collaboration à temps partiel constitue la vraie collaboration. Il s'agit d'un travail guidé par un ancien, malgré l'égalité de statut juridique et sans qu'aucune notion de salariat, ni qu'aucun lien de préposition ne s'insinue dans ce contrat.

L'avocat n'est plus un apprenti qui se forme sous la direction d'un patron, mais un assistant efficace qui doit donc être rémunéré convenablement. Cette collaboration prend fin le plus souvent au moment où l'avocat, ayant acquis la technique de son métier, s'installe à son propre compte; d'ailleurs l'article 7 de la loi du 31 décembre 1971 prévoit que le contrat de collaboration ne doit pas comporter de stipulation limitant la liberté d'établissement ultérieur du collaborateur. Cette collaboration est possible également dans le cadre des dispositions de l'article 77 du décret du 27 novembre 1991 [5]. Elle peut également se muer en association ou en participation à une société civile professionnelle et permettre ainsi à l'avocat collaborateur de s'intégrer dans le cabinet de l'ancien avec lequel il travaille.

Une collaboration à temps partiel est légalement possible même dans le cadre des dispositions de l'article 77 du décret du 27 novembre 1991 [6].

• C'est ce que rappelle un arrêt de la cour d'appel de Saint-Denis-de-la-Réunion du 23 février 1977 : « Si l'article 37 du décret du 9 juin 1972 fait l'obligation à l'avocat stagiaire d'assurer un travail effectif qui peut avoir lieu notamment en qualité de collaborateur ou d'associé d'un avocat personne physique ou morale, il ne s'ensuit pas nécessairement que ce travail doit être exclusif. Il conserve donc sa pleine et entière liberté d'exercice professionnel et peut donc à la fois exercer dans l'étude d'un confrère et à la tête d'un cabinet particulier. Les stagiaires peuvent donc constituer une clientèle dans le même temps qu'ils parachèvent leur formation professionnelle et en prévision du jour où ils accéderont au grand tableau. » [7] Mais s'il est libre de se constituer une clientèle, le collaborateur ne peut ni plaider ni postuler contre son patron ni contre les autres collaborateurs du cabinet.

Il est donc normal que dans ce contrat figure un certain nombre de clauses plus élaborées, notamment : les horaires de travail, la rémunération, le domaine de travail qui est confié au collaborateur.

50.17 La collaboration à plein temps constitue une situation définitive et stable. Elle n'est pas souhaitable, de manière permanente et durable car elle est en contradiction avec l'esprit même de l'article 7 de la loi du 31 décembre 1971 qui a expressément prévu, pour ce type spécifique de relations entre deux avocats, le contrat de salariat. En effet, quel est le statut réel de ce collaborateur à plein

1. Décr. 27 nov. 1991, art. 133.
2. Décr. 27 nov. 1991, art. 134.
3. CA Rennes, 2 avr. 1976, *Gaz. Pal.* 1976, 1, 442, note A. D. et J. G. M.
4. CA Amiens, 4 juill. 1983, *Gaz. Pal.* 1983, 2, 612, note A. D.
5. Décr. 9 juin 1972, anc. art. 37.
6. Décr. 9 juin 1972, anc. art. 37.
7. CA Saint-Denis-de-la-Réunion, 23 févr. 1977, *JCP* 1978, II, 18982.

temps, de manière durable, qui ne serait ni totalement libéral, ni salarié, qui doit pouvoir créer ou conserver sa clientèle propre[1] et ne sera rémunéré que par des rétrocessions d'honoraires dont la détermination est moins aisée que dans le cadre d'un salaire; on peut donc dire que ce type de collaboration, qui avait été essentiellement maintenu au profit des clercs ou principaux d'avoués ou d'agréés intégrés au barreau en vertu des dispositions de l'article 50 de la loi du 31 décembre 1971, aurait dû avoir peu d'application dès lors que le législateur a institué le salariat à l'intérieur du barreau. Mais tel n'est pas le cas.

Un contrat extrêmement précis doit être passé dans cette hypothèse puisqu'il importe de permettre au Conseil de l'ordre de surveiller attentivement l'esprit dans lequel il a été élaboré. Bien entendu, ce contrat ne peut interdire au collaborateur d'avoir une clientèle propre qui sera constituée, non seulement par les clients qui lui sont confiés dans le cadre de l'aide juridictionnelle et des commissions d'office, clientèle qu'il ne peut refuser[2], mais également, par les clients qui choisissent le collaborateur et au profit desquels il exerce son activité en dehors des heures prévues au contrat.

Interdire à un collaborateur toute clientèle, notamment au motif que la totalité des heures ouvrables de travail est consacrée à son travail de collaboration, serait contraire aux dispositions de l'article 7 de la loi du 31 décembre 1971 qui souligne et rappelle le caractère libéral et indépendant de la profession d'avocat précisant, en outre, que l'avocat collaborateur ou membre d'une société ou d'une association d'avocats n'a pas la qualité de salarié (sur la requalification des contrats de collaboration en contrats de travail v. s^s n° 50.24).

50.18 Règlement des litiges. La fonction juridictionnelle du bâtonnier a été étendue et renforcée par le décret 11 décembre 2009[3], pris en application de la loi du 12 mai 2009[4]. Le décret du 11 décembre 2009 a élargi les compétences du bâtonnier en matière d'arbitrage aux contrats de collaboration libérale et non plus seulement aux contrats de travail. L'article 7 de la loi du 31 décembre 1971 ainsi que les articles 142 à 153 du décret du 27 novembre 1991 ont été modifiés afin de prendre en compte les contrats de collaboration. Le règlement des litiges nés d'un contrat de collaboration relève donc du même régime que ceux relevant d'un contrat de travail. Ils sont soumis à l'arbitrage du bâtonnier, dont la procédure est décrite plus loin (v. s^s n°s 50.41 s).

1. L. n° 2005-882, 2 août 2005, art. 18, II.
2. Décr. 27 nov. 1991, art. 159.
3. Décr. n° 2009-1544, 11 déc. 2009 relatif à la composition du CNB et à l'arbitrage du bâtonnier, *JO* 13 déc.
4. RIN, art. 71, 72 et 73 de cette loi – L. n° 2009-526, 12 mai 2009 de simplification et de clarification du droit et d'allégement des procédures.

La modification de l'article 2061 du Code civil par la loi du 15 mai 2001[5] avait rendu licite la clause compromissoire entre professionnels (et non plus, comme auparavant, uniquement entre commerçant). Le contrat de collaboration libéral pouvait donc déjà contenir une clause de conciliation et d'arbitrage désignant le bâtonnier comme conciliateur et arbitre.

La clause de conciliation est même rendue obligatoire par le RIN[6], qui n'a pas été modifié à la suite de la réforme de 2009, puisqu'il n'est pas incompatible avec les nouvelles dispositions.

Il est y est précisé que « le bâtonnier lorsqu'il intervient dans le cadre de la clause de conciliation obligatoire, entend les parties, éventuellement assistées de leur conseil »[7].

Il a été jugé que la clause compromissoire stipulée dans un contrat de collaboration libérale avant la loi du 15 mai 2001 peut être invoquée à l'occasion d'un litige portant sur l'exécution de ce contrat, peu important, à cet égard, qu'ils aient ou non pris fin avant l'entrée en vigueur de la loi nouvelle[8].

Le bâtonnier doit rendre son avis dans les trois mois de sa saisine en conciliation. Si le litige persiste, il recommande aux parties le recours à l'arbitrage[9].

SECTION 2
SALARIAT

§ 1
Contrat de travail

50.21 Introduction du salariat. L'article 7 de la loi du 31 décembre 1971, dans sa rédaction issue de la loi du 31 décembre 1990[10], a institué en effet le salariat. Il est certainement celui qui a donné lieu aux débats les plus passionnés car beaucoup pensaient que le salariat était incompatible avec la

5. L. n° 2001-420, 15 mai 2001 relative aux nouvelles régulations économiques, dite loi NRE.
6. RIN, art. 14.2.
7. RIN, art. 14.5.
8. Civ. 1re, 22 nov. 2005, n° 04-12.655, *Bull. civ.* I, n° 423; *Rev. arbitrage* 2005, 1011, obs. Bureau; *D.* 2006, 277, note Le Bars et Callé [CRITIQUE]; *D.* 2005, IR 3032, note Avena-Robardet; *JCP* 2006, II, 10015, note Cornut; *JCP E* 2006, 239, note Croze; *Gaz. Pal.* 2005, jur. 4128; somm. 4228; 2006, jur. 463; 2006, somm. 1249; *Defrénois* 2006, 590, obs. Libchaber.
9. RIN, art. 14.5.
10. L. 31 déc. 1990, art. 6 et 7; mod par L. n° 2009-526, 12 mai 2009, art. 71.

nature même de la profession d'avocat et qu'il était grave de rayer sept siècles de traditions pour permettre aux conseils juridiques, fusionnés désormais avec les avocats, de continuer à bénéficier du statut qu'ils avaient conféré à certains de leurs collaborateurs, en en faisant de simples salariés[1]. Mais à y regarder de plus près, la réforme est moins révolutionnaire qu'il n'y paraît. Le législateur admet certes que l'avocat peut exercer sa profession à titre individuel au sein d'associations ou de sociétés, en qualité de salarié ou de collaborateur non salarié de l'avocat, d'une association ou d'une société d'avocats, mais la pratique avait déjà admis cette situation et nombre d'anciens clercs d'avoués devenus avocats n'étaient que des salariés déguisés.

• **Régime antérieur à la loi du 31 décembre 1990.** Lorsque fut voté l'article 3 de la loi du 30 juin 1977 modifiant l'article 7 de la loi du 31 décembre 1971, qui précisait que l'avocat qui exerce sa profession en qualité de collaborateur n'a pas la qualité de salarié et que ladite loi était interprétative et d'ordre public, il apparut à beaucoup que le législateur voulait se persuader de la permanence d'une situation qui déjà n'existait plus et dont il savait qu'elle échappait à tout contrôle. D'ailleurs, la jurisprudence avait admis dans certains cas que, malgré les dispositions légales et notamment l'article 7 nouveau de la loi du 31 décembre 1971, un contrat de collaboration pouvait être dénaturé par les parties au contrat de travail, requalifié par le juge, et relevait dès lors du statut de salarié et du droit du travail[2].

50.22 Forme du contrat de travail. Désormais, le collaborateur pourra être salarié ou ne pas l'être, la situation sera au moins claire. Le contrat de travail devra être établi par écrit comme le contrat de collaboration[3] et préciser les modalités de la rémunération[4]. Il pourra être à durée déterminée ou indéterminée.

En cas d'absence de contrat écrit ou de dénaturation des termes du contrat par les avocats et particulièrement par l'avocat-patron, des sanctions disciplinaires peuvent être exercées contre les avocats, employeurs ou salariés, par le Conseil de l'ordre agissant soit *proprio motu*, soit à la demande du procureur général sur une plainte d'une des parties[5].

• **Qui peut être employeur ?** Si l'employeur peut être un avocat individuel ou une association ou société d'avocats, il ne peut être un GIE[6]. Une particularité est encore à noter, la loi semble reconnaître à l'association entre avocats, la personnalité morale pour lui permettre de devenir employeur[7]. Rien n'impose que l'avocat salarié soit inscrit au même barreau que son employeur. Enfin, l'avocat salarié d'une société d'avocats bénéficie des dispositions de l'article L. 122-12 du Code du travail au cas de modification ou de fusion de la société à laquelle il appartient avec une autre société.

C'est à l'occasion de cette rédaction qu'on pourra éviter de nombreux litiges.

• **Contrôle du contrat par le Conseil de l'ordre.** Comme le contrat de collaboration ordinaire, le contrat de collaboration salariée devra donc être écrit et soumis au Conseil de l'ordre contre récépissé ou expédié en lettre recommandée avec demande d'avis de réception[8] Le Conseil de l'ordre peut, dans le délai d'un mois, mettre en demeure de la même manière l'avocat de modifier la convention de telle façon qu'elle soit en conformité avec les règles professionnelles et cette mise en demeure sera notifiée au procureur général[9] (v. s^{s} n° 23.92).

Le procureur général devra être informé de la conclusion de chaque contrat de travail et peut en demander communication[10].

Les décisions du Conseil de l'ordre en cette matière sont soumises au contentieux classique selon les modalités prévues à l'article 16 du décret du 27 novembre 1991.

50.23 Contenu du contrat de travail – Clientèle personnelle. À la différence du collaborateur ordinaire, l'avocat salarié ne peut avoir de clientèle personnelle à l'exception de celle des missions de l'aide juridictionnelle et de commissions d'office[11]. Il doit se consacrer exclusivement au traitement des dossiers qui lui sont confiés pendant l'exécution de son contrat de travail ainsi qu'aux missions d'aide juridictionnelle et de commission d'office pour lesquelles il a été désigné[12]. Cette solution avait déjà été admise sous l'empire de l'ancienne législation[13].

• **Principe d'indépendance.** Mais, dans l'exercice des missions qui lui sont confiées, il bénéficie de l'indépendance que comporte son serment et n'est soumis à un lien de subordination à l'égard de son employeur que pour la détermination de ses conditions de travail. Tou-

1. Barthélemy, « Contrats de travail et activité libérale », *Gaz. Pal.* 29 mai 1990, doctr. 4 s.
2. Civ. 1re, 26 janv. 1982, n° 78-11.212, *Bull. civ.* I, n° 40; *D.* 1982, 528, note Godé; *Gaz. Pal.* 1982, jur. 154 – Hamelin et Damien, *Traité*, 6e éd., p. 96, 97.
3. L. 31 déc. 1971, art. 7, § 2 – RIN, art. 14.2.
4. Bénabent, « Avocat, premières vues sur la "nouvelle profession" », *JCP* 1991, I, 3499, nos 55 s. – Barthélémy, « Contrat de travail et activité libérale », *JCP* 1990, I, 3450 – Boccara, « Le besoin et la nécessité de l'indépendance du barreau », *JCP* 1990, I, 3464.
5. CA Rennes, 2 avr. 1976, *Gaz. Pal.* 1976, 1, 442, note A. D. et J. G. M.
6. Bénabent, *op. cit.*, n° 81.
7. Bénabent, *op. cit.*, n° 82.
8. RIN, art. 14.2 – Décr. 27 nov. 1991, art. 139, qui précise qu'il s'agit du Conseil de l'ordre du barreau auprès duquel l'avocat salarié est inscrit.
9. Décr. 27 nov. 1991, art. 139.
10. Décr. 27 nov. 1991, art. 140.
11. L. 31 déc. 1971, art. 7, al. 4 – RIN, art. 14.1.
12. RIN, art. 14.3.
13. Civ. 1re, 26 janv. 1982, n° 78-11.212, *Bull. civ.* I, n° 40; *D.* 1982, 528, note Godé; *Gaz. Pal.* 1982, jur. 154.

tefois, il peut être salarié à temps partiel de plusieurs avocats[1] (sur la mention de la qualité de salarié sur le tableau de l'Ordre v. s[s] n° 50.26).

• **Convention collective.** Le contrat de travail de l'avocat collaborateur salarié est régi par le droit du travail et par la convention collective signée le 17 février 1995, pour toutes les dispositions autres que celles instaurées par la loi du 31 décembre 1990 et le décret du 27 novembre 1991[2].

Sous le titre « structure du contrat », le RIN précise que l'avocat collaborateur salarié doit pouvoir exercer dans des conditions garantissant : le droit à la formation; le secret professionnel et l'indépendance qu'implique le serment d'avocat; la faculté de demander à être déchargé d'une mission contraire à sa conscience, ce qui suppose que ces conditions doivent être prévues par le contrat[3].

• **Durée du contrat et modalités d'exercice.** Le contrat doit prévoir également la durée de la période d'essai, la durée des congés définis par la convention collective, les modalités de rémunération et de remboursement des frais professionnels engagés pour le cabinet, les modalités de prise en charge des absences pour cause de maladie ou de maternité[4].

• **Clauses interdites.** L'article 14.2 du RIN précise que le contrat de collaboration salarié ne peut comporter les clauses suivantes :

- clause de renonciation par avance aux clauses obligatoires;
- clause de limitation de liberté d'établissement ultérieure;
- clause de limitation des obligations professionnelles en matière d'aide juridictionnelle ou de commissions d'office;
- clause de participation de l'avocat collaborateur libéral aux frais entraînés par le développement de sa clientèle personnelle pendant les cinq premières années de la collaboration;
- clause susceptible de porter atteinte à l'indépendance que comporte le serment d'avocat.

• **Clause dite de double signature.** L'avocat stagiaire collaborateur peut être notamment soumis à une clause dite de double signature qui ne permet à l'avocat salarié de signifier des conclusions ou d'envoyer des lettres qu'à la condition qu'elles portent la signature du patron[5].

• **Respect du principe de la liberté d'établissement.** Le contrat de travail ne doit pas comporter de stipulation limitant la liberté d'établissement ultérieur du salarié[6].

• **Retrait au titre de la conscience.** L'avocat collaborateur libéral ou salarié peut demander à celui avec lequel il collabore ou à son employeur d'être déchargé d'une mission qu'il estime contraire à sa conscience ou susceptible de porter atteinte à son indépendance[7]. La liberté de conscience est tellement essentielle qu'elle est visée par deux dispositions du RIN, puisque l'article 14.2 prévoit également que l'avocat collaborateur salarié doit pouvoir exercer dans des conditions garantissant, notamment « la faculté de demander à être déchargé d'une mission contraire à sa conscience ».

La demande de retrait au titre de la conscience doit toutefois respecter un certain délai et ne doit pas être abusive. Elle doit être exprimée suffisamment tôt pour ne pas perturber l'avancement du dossier.

L'abus de droit caractérisé par un refus systématique non lié à un changement significatif dans l'orientation du cabinet doit être soumis à l'appréciation du bâtonnier.

• **Salaire.** La convention collective fixe les minima de salaire et les conditions de prise en charge des absences pour maladie ou maternité.

Le contrat de travail peut prévoir que les indemnités d'aide juridictionnelle et de commissions d'office seront versées sur le salaire en sus du minima de la convention collective.

Il peut être également convenu que les indemnités de garde à vue effectuées en dehors du temps de travail seront conservées à titre de défraiement. À défaut de stipulation dans le contrat de travail, l'avocat collaborateur salarié cumule la rémunération convenue entre les parties et les indemnisations perçues directement au titre des missions d'intérêt public[8].

50.24 Distinction entre contrat de collaboration libérale et contrat de travail. La distinction entre collaborateur occasionnel, collaborateur à plein temps non salarié et collaborateur salarié est donc nettement marquée par le législateur avec des conséquences diverses et un contentieux s'est élevé pour déterminer non seulement en fonction du contrat, mais des modalités d'exercice du travail de l'avocat, la distinction entre ces catégories. Rien n'empêche en effet les parties de dénaturer les clauses du contrat par la mise en œuvre des modalités prévues par celui-ci et de passer d'un contrat de collaboration à un pur et simple salariat. Les solutions qui avaient été admises ultérieurement par la jurisprudence, sous l'empire de l'ancienne législation demeurent donc en vigueur[9].

1. Bénabent, *op. cit.*, n° 92.
2. RIN, art. 14.1.
3. RIN, art. 14.2.
4. RIN, art. 14.2.
5. CA Orléans, 9 févr. 1995, *D.* 1996, somm. 316 – Paillusseau et Peyramaure, Gaz. Pal, 11 juill. 1995, doctr. 9.
6. L. 31 déc. 1971, art. 7 – Décr. 27 nov. 1991, art. 133 et 139 – RIN, art. 14.3.
7. RIN, art. 14.3.
8. RIN, art. 14.3.
9. À CE SUJET : Damien, Traité, 6e éd., n°s 52 s. – TI Paris, 8 avr. 1977, *D.* 1977, 589, note Denis; *JCP* 1977, II, 18676, note Chaput – CA Paris, 7 nov. 1977, *D.* 1977, 652, note Jestaz; *JCP* 1977, II, 18748, note Chaput; *Gaz. Pal.* 1977, 631, doctr. Damien – Moore, « À propos du collaborateur salarié », *Gaz. Pal.* 1977, doctr. 599 – CA Paris, 7 nov. 1977, *Gaz. Pal.* 1977, 2, 601 – Civ. 1re, 26 janv. 1982, n° 78-11.212, *Bull. civ.* I, n° 40; *D.* 1982, 528, note Gode; *Gaz. Pal.* 1982, 1, 124, note Damien; *Gaz. Pal.* 1982, pan. 194 – RAPP. : Rép. min., garde des Sceaux à Me Michel, *JOAN Q* 1er nov. 1982, sur les collaborateurs de conseils juridiques.

• **Requalification des contrats.** Les contrats de collaboration salariés peuvent toujours être requalifiés par le juge du fait en contrats de travail[1]. Cette requalification peut être demandée alors même que le contrat en cours est antérieur au 1er janvier 1992, date d'application de la réforme de 1990[2]. Les juges ont eu à se prononcer sur la différence entre salariat et collaborateur à plein temps[3].

• **L'existence d'une clientèle personnelle est exclusive d'un contrat de travail salarié.** Les juges ont en effet relevé que pendant deux ans, l'avocat collaborateur avait développé une clientèle personnelle et ont considéré que la modicité des honoraires perçus à ce titre était sans incidence sur la qualification du contrat, ceux-ci étant librement fixés par l'avocat[4].

• **L'impossibilité de développer une clientèle personnelle entraîne la requalification du contrat de collaboration en contrat de travail.** Les juges ont en l'espèce relevé que l'emploi du temps du collaborateur était en réalité entièrement consacré aux clients du cabinet[5].

50.25 Respect des obligations professionnelles en matière d'aide juridictionnelle et de commissions d'office. Ces contrats, et particulièrement le contrat de travail, ne peuvent porter atteinte aux règles déontologiques de la profession d'avocat et notamment au respect des obligations en matière d'aide juridictionnelle ou de commissions d'office; il aurait été en effet trop facile, sous prétexte des particularités de statut de l'avocat salarié, pour certains avocats patrons de décliner la charge des affaires gratuites qui doit peser sur les salariés comme sur tous les avocats. Comme par le passé, tout avocat collaborateur ou salarié dispose d'une clause de conscience; l'avocat en effet peut refuser une mission qu'il estime contraire à sa conscience ou susceptible de porter atteinte à son indépendance. De même, il jouit de tous les autres droits reconnus aux avocats[6].

1. CA Montpellier, 6 mai 1996, *JCP* 1996, II, 25585, note Martin – RAPPR. : Civ. 1re, 26 janv. 1982, no 78-11.212, *Bull. civ.* I, no 40; *D.* 1982, 528, note Godé; *Gaz. Pal.* 1982, jur. 154.
2. Soc. 8 mars 2000, no 98-14.222, *Bull. civ.* V, no 91; *D.* 2000, IR 88; *Dr. soc.* 2000, 548, note Barthélémy; *Gaz. Pal.* 2000, somm. 1184; somm. 708; *CSBP* 2000, no 120 S. 209, obs. Pansier.
3. Cass., Ch. mixte, 12 févr. 1999, no 96-17.468, *Bull. Ch. mixte,* no 1; *D.* 2000, somm. 146, obs. Blanchard; *D.* 1999, IR 65; *Gaz. Pal.* 1999, 6, note Damien; *Gaz. Pal.* 1999, jur. 309, note Damien; pan. 67; somm. 5; *CSBP* 1999, no 110 S. 231, obs. Pansier – Soc. 8 mars 2000, no 98-14.222, *Bull. civ.* V, no 91; *Dr. soc.* 2000, 548, note Barthélémy; *D.* 2000, IR 88; *Gaz. Pal.* 2000, somm. 1184; somm. 708; *CSBP* 2000, no 120 S. 209, obs. Pansier.
4. CA Paris, 1re ch., 8 déc. 2003, *Gaz. Pal.* 16-17 janv. 2004, somm. 17.
5. CA Paris, 1re ch., 25 févr. 2003, *Gaz. Pal.* 27-29 juill. 2003, 13.
6. L. 31 déc. 1971, art. 6 et 6 *bis* not.

50.26 Inscription du salarié et du patron au même barreau. Il résulte de la combinaison des articles 5, 7 et 8 de la loi du 31 décembre 1971 modifiée par la loi du 31 décembre 1990 et de l'article 136 du décret du 27 novembre 1991, qu'un avocat salarié ne peut être inscrit à un barreau différent de celui de l'employeur pour le compte duquel il agit, sauf le cas de groupements, sociétés ou associations d'avocats appartenant à plusieurs barreaux (v. ss nos 54.18 et 54.41).

• A donc violé ces textes la cour d'appel qui, pour faire droit à la demande d'un avocat salarié tendant à être inscrit à un autre barreau, après démission de son barreau d'origine, a retenu que les dispositions des articles 1 et 7 de la loi du 31 décembre 1971 modifiée par celle du 31 décembre 1990, n'instituaient aucune discrimination entre les membres de la nouvelle profession d'avocat et qui a retenu également que les articles 137 et suivants du décret du 27 novembre 1991 n'édictaient pas de restriction en ce qui concerne la liberté d'établissement et n'imposent pas le rattachement de l'avocat salarié au barreau dont dépend l'employeur[7]; *a contrario* on peut donc admettre que les avocats collaborateurs peuvent être inscrits à un barreau différent de celui avec lequel ils collaborent.

50.27 Tableau de l'Ordre. La qualité de salarié ne peut figurer sur le tableau de l'Ordre (v. ss no 14.15).

• Un arrêt de la première chambre civile de la cour de cassation au 10 janvier 1995[8] précise d'une part, que le Conseil de l'ordre a qualité pour déterminer les mentions qui doivent suivre le nom de l'avocat, sans être contraint de se limiter aux mentions prévues par la loi d'une part[9] et de celles prévues aux articles 94 et 95 du décret du 29 novembre 1991. Il souligne que bien que l'avocat salarié soit un véritable avocat, son indépendance est préservée par le législateur et qu'il n'est soumis à son employeur que pour la détermination de ses conditions de travail. Enfin l'arrêt précise que l'avocat salarié ne pouvant avoir de clientèle personnelle, il en résulte des rapports particuliers qui s'instaurent de ce fait entre le client potentiel et cet avocat salarié et que c'est donc à bon droit et sans aggraver les différences de situation établies par la loi entre les avocats, qu'un Conseil de l'ordre peut décider de porter au tableau la mention de salarié après le nom des avocats exerçant en cette qualité, car elle est de nature à assurer une complète information du public et à favoriser un choix éclairé de son conseil par le client.

Toutefois, aux termes de l'article 8 du décret no 95-1110 du 17 octobre 1995 modifiant l'article 95-1 du

7. Civ. 1re, 21 mars 1995, no 93-13.634, *Bull.*civ. I, no 136; *D.* 1995, IR 101; *JCP* 1995, IV, 1233; *JCP* 1995, II, 22434, note Martin; *Gaz. Pal.* 1995, pan. 149.
8. Civ. 1re, 10 janv. 1995, no 92-18.762, *Bull. civ.* I, no 23; *D.* 1995, IR 41; *Gaz. Pal.* 13 avr. 1995, 13, note Damien; *Gaz. Pal.* 1995, jur. 198, concl. Le Foyer de Costil; 1995, pan. 51; *JCP* 1995, II, 22434, note Martin.
9. L. 31 déc. 1990, art. 1er, al. 3.

décret du 27 novembre 1991, il a été décidé que « le tableau ne peut comporter la mention avocat salarié ou avocat collaborateur ». La question est donc tranchée par la négative.

§ 2
Liberté d'établissement du salarié

50.31 **Respect du principe de la liberté d'établissement.** Les clauses de non-établissement ont peu à peu pénétré dans la pratique à l'occasion des cessions de clientèles qui ont fini par être admises sous l'influence de pratiques licites régissant deux des professions de la nouvelle profession d'avocat lors de la fusion de 1971 (v. s[s] n°s 58.11 s.).

Mais les articles 7 de la loi du 31 décembre 1990 et 139 du décret du 27 novembre 1991 précisent que le contrat de travail unissant un avocat senior et un collaborateur salarié ne doit pas comporter de stipulation limitant la liberté d'établissement ultérieur du salarié.

Cependant, nombre de contrats actuellement établis, et particulièrement ceux régissant les relations entre les avocats anciens conseillers juridiques et leurs collaborateurs salariés, comportent des clauses de non-concurrence et certains règlements intérieurs de barreaux les ont avalisées en limitant toutefois leur effet dans le temps.

La jurisprudence a eu à statuer sur la validité et l'effet de ces clauses et a statué de manière diverse. Il y a lieu de tenter de résumer ces effets de la jurisprudence.

50.32 **Liberté de choix du conseil.** En fait, la concurrence entre avocats est aussi ancienne que la profession et que l'existence des clients; chacun d'entre eux demeure libre en effet du droit de choisir son conseil, le client n'est pas une propriété de l'avocat, cessible et transmissible et protégée en tant que tel mais les procédés illicites de captation de clientèle sont censurés par la déontologie la plus ancienne et la plus traditionnelle[1].

Sont ainsi réprimés la publicité abusive, le démarchage[2] (v. s[s] n° 45.31). Si un avocat ne peut succéder à un confrère qu'après que celui-ci a été désintéressé, aucun embargo ne peut être exercé par le premier avocat, limitant le droit pour le client de lui préférer un autre défenseur.

• Un règlement intérieur de barreau, soumettant à une autorisation discrétionnaire du bâtonnier, la possibilité pour l'avocat d'accepter un client ayant précédemment fait choix d'un autre avocat, doit être annulé comme portant atteinte au droit essentiel de chaque client de demeurer libre du choix de son conseil[3].

1. Mollot, t. I, p. 138.
2. Hamelin et Damien, *Traité de la profession*, n° 359-1.

50.33 **Apparition de clauses contractuelles limitant cette liberté d'établissement.** Mais, si le principe de la non-concurrence est ancien, le contentieux relatif à des clauses contractuelles qui le mettent en application est récent. La déontologie traditionnelle limitée à un rappel de la probité et de la délicatesse suffisait à sanctionner les captations de clientèle, sans qu'il y ait lieu de les concrétiser par des obligations contractuelles. Les clauses de non-concurrence ne sont en effet apparues qu'à l'occasion de conventions de cession de cabinet qui condamnées à l'origine comme irrégulières, ont fini par prendre droit de cité avec l'apparition des cabinets de groupe, des associations, des sociétés civiles professionnelles et les retraits d'avocats membres de telles sociétés.

50.34 **Cessions de cabinet ou de parts de sociétés d'avocat.** L'avocat qui quitte un cabinet de groupe conserve en effet le droit d'exercer sa profession malgré les clauses de non-rétablissement corrélatives à une cession de cabinet ou de parts de cabinet[4].

• **Réinscription au barreau.** Un avocat peut toujours se réinscrire à son barreau même après cession de parts de SCP et donc de clientèle, dès lors que cette inscription n'a pas pour effet de constituer une fraude[5].

50.35 **Utilisation de plus en plus fréquente de clauses contractuelles de non-concurrence.** Mais l'apparition des cabinets de groupe, l'existence de types de collaboration divers et la reconnaissance de la licéité du salariat des avocats, l'existence enfin de cabinets à succursales multiples notamment après la fusion avec les conseils juridiques, ont consacré l'usage plus fréquent que par le passé de clauses contractuelles de non-concurrence sur lesquelles la jurisprudence a eu à statuer.

• **Régime antérieur.** La législation des conseils juridiques prévoyait que le patron ne pouvait faire obstacle à l'établissement de son collaborateur lors de la cessation de la collaboration, qu'à la condition que cet établissement ne constitue pas un acte de concurrence déloyale[6]. De son côté, la législation régissant la profession des avocats prévoyait que le contrat de collaboration ne devait pas comporter de stipulations tendant à limiter la liberté d'établissement du collaborateur à l'expiration de son contrat[7].

La loi du 3 décembre 1971, dans sa rédaction issue de la loi du 31 décembre 1990, dispose dans

3. CA Rennes, 18 déc. 1979, *Gaz. Pal.* 1980, 271, note Damien.
4. Hamelin et Damien, *Traité de la profession*, n° 424.
5. Civ. 1re, 12 nov. 1985, n° 84-15.925, *Bull. civ.* I, n° 294; *D.* 1987, somm. 64, note Brunois; *Gaz. Pal.* 1986, pan. 37; *JCP* 1986, IV, 37.
6. Décr. 13 juill. 1972, art. 66.
7. Décr. 13 juill. 1972, art. 79.

son article 7 que le contrat de collaboration ou le contrat de travail ne doit pas comporter de stipulations limitant la liberté d'établissement ultérieur du collaborateur et du salarié et, tirant les conséquences de ce texte, l'article 139 du décret du 27 novembre 1991 prévoit que le Conseil de l'ordre doit vérifier dans les contrats de travail qui lui sont obligatoirement soumis l'absence de clause limitant la liberté d'établissement ultérieur du salarié.

• **Limite la liberté d'établissement le fait d'imposer à un avocat salarié l'accord de l'employeur pour apporter sa collaboration à l'un des clients de ce dernier.** La première décision de jurisprudence qui a eu à statuer sur ces clauses de non-concurrence est l'arrêt de la cour d'appel d'Angers du 2 octobre 1992[1]. La société de conseils juridiques en cause dans cet arrêt soutenait notamment, en se fondant sur la jurisprudence de la Cour de cassation, que les textes antérieurs interdisaient les clauses de non établissement mais non les clauses de non concurrence[2] et que la législation ultérieure n'avait pas modifié cette distinction opérée naguère par la Cour de cassation. L'arrêt d'Angers précise que, dès lorsqu'un avocat salarié n'a pas le droit d'avoir une clientèle personnelle, le fait de lui imposer l'accord de l'employeur pour apporter sa collaboration à un des clients de celui-ci, limite nécessairement sa liberté d'établissement à expiration du contrat en lui rendant difficile de s'installer dans le même secteur géographique mais, pour autant, l'avocat ex-salarié ne doit pas user de moyens déloyaux à l'égard de son ancien employeur, lequel en cette hypothèse est en droit, par application des règles générales, de le poursuivre devant la juridiction disciplinaire.

• **Sont nulles les clauses de non concurrence restreignant la liberté d'établissement.** Le bâtonnier du barreau de Rouen, par une ordonnance du 10 août 1992, confirmée par la cour d'appel de Rouen le 4 décembre 1992[3] a précisé tout d'abord que le silence gardé par le Conseil de l'ordre à l'encontre d'un contrat de salariat n'interdit pas ultérieurement de censurer ce contrat bien qu'il n'y ait pas été fait d'observation; l'Ordonnance estimait qu'une telle clause contrevient au principe posé par l'article 7 de la loi du 31 décembre 1971 qui interdit les stipulations contractuelles limitant la liberté d'établissement. L'ordonnance puis l'arrêt assimilent aux restrictions illicites à la liberté d'établissement les clauses de non concurrence abusives dont les termes imprécis et vagues ne permettent pas la délimitation exacte; en outre, la qualification de concurrence déloyale de toute infraction à une clause dont le salarié ne peut manifestement mesurer avec précision l'étendue est abusive. Si le principe de la liberté de rétablissement et l'interdiction posée par le législateur d'en limiter l'application ne doivent pas conduire à rejeter toute clause de respect de clientèle conforme aux usages professionnels, à l'équité, ou à la délicatesse, la stipulation figurant au contrat de travail critiqué limite le rétablissement, en plaçant le salarié licencié dans la méconnaissance de l'étendue de ses droits et la clause doit être dès lors jugée nulle et inopposable à l'avocat ex-salarié.

• **Manque à l'obligation de délicatesse et de loyauté l'avocat salarié adressant aux clients de son ancien employeur ses nouvelles coordonnées.** Le 7 janvier 1993, une ordonnance du bâtonnier Ricour, bâtonnier de l'Ordre des avocats des Hauts-de-Seine, censure le fait pour un avocat salarié d'adresser à l'insu et sans l'accord de son ancien employeur, à des clients de celui-ci, un document transmettant ses nouvelles coordonnées professionnelles et estime que cette pratique constitue un manquement caractérisé à l'obligation de délicatesse et de loyauté[4].

• **La clause dite de respect de la clientèle est en fait une clause de non-concurrence interdite.** La cour de Nîmes ensuite, par deux arrêts du 10 août 1993[5] estime que la clause dite de respect de la clientèle est en fait une clause de non-concurrence prohibée légalement aux termes de l'article 7 de la loi du 31 décembre 1971. La cour abolit la distinction naguère admise par la cour de non-rétablissement et la clause de non-concurrence. L'interprétation de la cour de Nîmes, fondée sur les dispositions combinées des articles 7 et 1er de la loi du 31 décembre 1971, rejoint d'ailleurs un courant important de la jurisprudence récente de la chambre sociale de la Cour de cassation qui n'interprète désormais que de la manière la plus restrictive la portée des clauses de non concurrence. Il faut désormais, exige la chambre sociale, pour qu'une clause de non concurrence soit licite, qu'elle soit indispensable à la protection des intérêts légitimes de l'entreprise en raison des fonctions exercées par le salarié au sein de cette entreprise et de la nature et du niveau de responsabilité des salariés[6]. Pour autant, la jurisprudence de Nîmes pas plus que celle de la cour d'Angers, ne fait litière de l'obligation de loyauté et de délicatesse qui pèse sur tous les avocats aux termes de leur déontologie[7] (ainsi par exemple, impossibilité de contraindre un client de retourner chez son ancien conseil[8]).

1. CA Angers, 2 oct. 1992, *D.* 1992, 522, note Serra – Serra, « La prohibition des clauses de non-concurrence dans la nouvelle profession d'avocat », *D.* 1992, chron. 11 – ÉGALT : CA Nîmes, 10 août 1993, *D.* 1994, somm. 218, obs. Serra; *JCP* 1994, II, 22209, note Martin.
2. Soc. 25 avr. 1985, n° 82-42.579, *D.* 1986, IR 478; Rev. jur. Ouest 1986, 1, 25 – Civ. 1re, 29 oct. 1985, n° 83-17.366, *Bull. civ.* I, n° 275; *D.* 1986, IR 340; *D.* 1986, 282, note Diener; *D.* 1984, 247; Amiel-Donat, *D.* 1983, chron. 235 – Soc. 12 juin 1986, n° 82-43.594, *Bull. civ.* V, n° 298; *D.* 1987, somm. 264.
3. CA Rouen, 10 août 1992, *Gaz. Pal.* 8 avr. 1993, 15.
4. Ord. 7 janv. 1993, *Gaz. Pal.* 16 sept. 1993, 21.
5. CA Nîmes, 10 août 1993, 2 arrêts, *D.* 1993, IR 209; *Gaz. Pal.* 30 nov. 1993, 16; *JCP* 1994, II, 22209, note Martin.
6. Soc. 14 mai 1992, n° 89-45.300, *Bull. civ.* V, n° 309; *D.* 1992, 350, note Serra.
7. Hamelin et Damien, *op. cit.*, n° 295.
8. CA Rennes, 13 mai 1980, *Gaz. Pal.* 1981, 111 – Civ. 1re, 30 juin 1981, *D.* 1982, 165, note Brunois – CA Aix-en-Provence, 24 oct. 1983, *Gaz. Pal.* 1984, 1, 66 – CA Montpellier, 25 mai 1990, *Gaz. Pal.* 1990, 12 – CA Versailles, 5 mai 1981, *Gaz. Pal.* 1981, 1, 369 – Civ., 20 janv. 1993, *Gaz. Pal.* 5 août 1993, somm. 13.

• **Sont nulles les dispositions visant à interdire à l'avocat d'apporter son concours aux clients de son ancien employeur, dès lors que les principes essentiels de la profession suffisent à prévenir les comportements déloyaux.** La cour de Versailles, par un arrêt du 16 février 1994[1] rendu sous la présidence du Premier président M. Boulard, donne une formulation qui, pour être dans la ligne des arrêts précédents, a une portée générale qui semble devoir régler définitivement la question. En effet, elle annule l'article 54 du règlement intérieur du barreau des Hauts-de-Seine qui permettait d'insérer dans les contrats de collaboration entre avocats, des dispositions aux termes desquelles chacune des parties s'interdisait d'accomplir directement, indirectement ou par personne interposée, pendant un délai ne pouvant excéder trois ans à compter de la cessation de la collaboration, quelle qu'en soit la cause, sauf accord préalable et écrit de l'autre partie, aucun acte professionnel au profit d'un client avec lequel il a été mis en relation par cette autre partie; les mêmes dispositions étant insérées dans le même règlement intérieur pour le contrat de travail[2]. Cet arrêt précise en effet, qu'en vertu de l'article 3 de la loi du 31 décembre 1991, l'avocat prête serment d'exercer ces fonctions avec dignité, conscience, indépendance, probité et humanité; que l'énoncé de ces vertus qui dicte à l'avocat l'étendue de ses devoirs implique qu'il dispose symétriquement des possibilités concrètes de les accomplir; que si la probité impose à l'évidence à l'avocat ancien collaborateur ou salarié de ne commettre aucun acte équivalant à un détournement de la clientèle de son ancien cabinet de rattachement, il est attentatoire à sa dignité de lui interdire *a priori* et par principe, fût-ce pendant une durée limitée, tout contact avec un ancien client rencontré dans le cadre de ses anciennes fonctions. L'indépendance de l'avocat ne peut s'accommoder d'un pouvoir discrétionnaire dévolu à l'un de ses confrères, fût-il son ancien employeur ou l'ancien bénéficiaire de sa collaboration, de lui permettre ou de lui interdire de prêter son ministère à des justiciables déterminés.

50.36 Le respect des règles déontologiques doit être assuré. En d'autres termes, et c'est l'aboutissement de toute la jurisprudence que consacre l'arrêt de Versailles, il n'y a pas de contrôle *a priori* de l'obligation de non-concurrence; son respect se rattache exclusivement aux règles déontologiques générales de la profession d'avocat et non à des stipulations particulières dont auraient pu convenir des avocats patrons et des avocats salariés.

50.37 Arbitrage ou poursuite disciplinaire en cas d'inobservation des règles déontologiques générales de non-concurrence. Dès lors qu'il y a captation de clientèle, manquement à la dignité ou à la probité, il appartient à l'instance ordinale de dresser un arbitrage entre les parties qu'opposait un différend sur ce point, voire de poursuivre sur le plan disciplinaire l'avocat qui a manqué aux obligations de sa profession (v. s[s] n°s 81.01 s.).

• La Cour se réfère en tant que de besoin, et il faut le noter avec satisfaction puisqu'elle donne ainsi toute sa valeur à l'œuvre accomplie par le CNB, à la décision de ce conseil de juillet 1993 rappelant que l'avocat collaborateur ou salarié doit, avant d'accepter de prêter ses services à un ancien client de son employeur ou patron et pendant la durée de deux ans à compter de la cessation du contrat de collaboration ou de travail, en aviser celui-ci par lettre recommandée avec avis de réception, de manière à lui permettre d'en contester éventuellement les conditions; le client ainsi désigné étant celui avec lequel l'avocat collaborateur ou salarié a été mis en relation pendant l'exécution du contrat de collaboration ou de travail.

La Conférence des bâtonniers, dans une décision du 19 septembre 1992, rappelait les mêmes principes, les clauses de non-concurrence ne doivent pas être contraires aux trois principes du libre choix du client, de l'égalité entre avocats et de la liberté d'établissement ultérieur à la rupture de contrat. De telles clauses limitées dans le temps pourraient stipuler l'interdiction pour l'ancien salarié de consulter, postuler ou plaider pour un client qu'il aura connu chez son ancien patron, son obligation étant par définition de toujours agir avec délicatesse et loyauté par rapport à la clientèle de celui-ci.

Ainsi donc peut-on estimer que désormais la question est réglée, les clauses de non concurrence ne peuvent avoir de valeur juridique, seul le contrôle *a posteriori* de l'Ordre et éventuellement de la cour d'appel peut censurer les comportements illicites d'un ancien collaborateur ou salarié vis-à-vis de son patron, les clauses figurant dans les contrats ne peuvent être qu'un rappel de la déontologie, elles n'ont pas de valeur légale.

Par un arrêt de la première chambre civile du 14 octobre 1997[3], la Cour de cassation a décidé qu'aucune clause du contrat, aucune disposition d'un règlement intérieur, ne peuvent limiter la liberté d'établissement ultérieur du collaborateur du salarié à l'expiration de son contrat; celui-ci n'est tenu par le droit commun et ses règles professionnelles que de s'abstenir de détourner la clientèle de son ancien patron ou employeur.

Dans une autre affaire similaire, le Conseil de l'ordre, auquel le contrat de travail avait été communiqué, avait censuré une clause concernant le « respect de la clientèle », estimant qu'elle portait atteinte à la liberté d'établissement de l'avocat. Cette clause stipulait que « l'avocat ne peut, sans accord écrit de [son ancien employeur], succéder à celle-ci dans des dossiers ou des travaux en cours ». La cour

1. CA Versailles, 16 févr. 1994, *Gaz. Pal.* 12 mai 1994, 14, note Damien.
2. Décr. 13 juill. 1972, art. 62.
3. Civ. 1re, 14 oct. 1997, n° 95-13.532, *Bull. civ.* I, n° 274; *D.* 1997, IR 233; *Gaz. Pal.* 1997, pan. 322; *JCP* 1998, II, 10011, note Martin – DANS LE MÊME SENS : Civ. 1re, 21 mai 1996, n° 94-13.760, *Bull. civ.* I, n° 218.

d'appel ayant estimé que cette devait être interprétée comme « engendrant une simple obligation d'information de l'ancien employeur pour lui permettre de s'assurer qu'il n'est pas victime d'agissements déloyaux », elle est censurée pour dénaturation d'une clause claire et précise [1].

Toutefois il a été jugé que la clause de l'ancienne convention collective des conseils juridiques reste valable pour les contrats antérieurs au 1er janvier 1992, si bien qu'elle s'impose à l'ancien conseil juridique devenu avocat, la loi en vigueur au moment de la formation du contrat étant appliquée [2]. Cette solution met fin à aux décisions divergentes rendues par les juges du fond.

• **Jurisprudence antérieure – Positions divergentes de cours d'appel.** Depuis l'arrêt rendu par la cour de Versailles le 16 février 1994, est intervenu un arrêt de la cour d'appel de Nîmes qui a confirmé sa jurisprudence antérieure le 21 juin 1994 [3].

En revanche, la cour d'appel de Versailles (autrement composée), par un arrêt du 28 juin 1994 [4] semble admettre la validité des clauses de respect de clientèle, dès lors qu'elles ne sont pas illimitées dans le temps et sont conformes aux principes de loyauté et de délicatesse, fondement de la déontologie de la profession d'avocat. Ainsi cet arrêt de la cour d'appel de Versailles semble admettre, contrairement à la jurisprudence classique en la matière, que le fait de ne pouvoir traiter pendant une durée de trois années avec d'anciens clients de la société pour laquelle d'anciens collaborateurs avaient travaillé ne constitue pas une entrave à la liberté d'établissement d'un avocat.

50.38 Information de l'ancien employeur. Si la liberté d'établissement doit être respectée, il faut aussi rappeler que l'ancien collaborateur libéral ou salarié doit s'interdire toute pratique de concurrence déloyale [5]. C'est pourquoi le RIN autorise l'employeur à stipuler dans le contrat une « clause d'information », imposant à l'ancien salarié une obligation d'information avant de reprendre un client qu'il avait pratiqué en sa qualité d'employé. Celle-ci est d'ailleurs expressément prévue par l'article 14.3 du RIN : « Dans les deux ans suivant la rupture du contrat, l'avocat collaborateur libéral ou salarié devra aviser le cabinet dans lequel il exerçait, avant de prêter son concours à un client de celui-ci. » Cette information de l'ancien employeur est en outre conforme à l'usage de la profession et au devoir de courtoisie. Le RIN précise que le client s'entend comme celui avec lequel l'ancien collaborateur libéral ou salarié aura été mis en relation pendant l'exécution du contrat [6].

§ 3
Litiges relatifs au contrat de travail et au contrat de collaboration

50.41 Arbitrage du bâtonnier.

La fonction juridictionnelle du bâtonnier a été étendue et renforcée par le décret du 11 décembre 2009 [7], pris en application de la loi du 12 mai 2009 [8]. La procédure décrite à l'article 7 de la loi du 31 décembre 1971 et aux articles 142 à 153 du décret du 27 novembre 1991 s'applique donc aussi bien aux contrats de collaboration libérale qu'aux contrats de travail. Les litiges nés à l'occasion d'un contrat de travail ou d'un contrat de collaboration libérale sont soumis à l'arbitrage du bâtonnier [9]. L'appel est porté devant la cour d'appel siégeant en chambre du conseil [10] (v. ss no 24.104) [11]. Ainsi donc, par une innovation importante, le législateur a dérogé au principe de la compétence des conseils de prud'hommes dans la matière des conflits du travail entre avocats et a confié au bâtonnier des pouvoirs exorbitants du droit commun, qualifiés d'arbitrage, par lesquels il statue sous le contrôle de la chambre du conseil de la cour d'appel dans toutes les matières ayant un lien avec le contrat de travail ou le contrat de collaboration libérale qui unit un employé et son employeur. C'est là une innovation considérable puisque, à la fois, le salariat, qui existait en fait depuis 1954, entre dans le domaine législatif et qu'un contentieux précis est déterminé pour la solution des conflits du travail.

• **Présentation des principales critiques à l'encontre de cette disposition.** Ce texte, apparemment clair, a déjà suscité dans la doctrine des divergences notables. Pour les uns, il constitue une exception sans précédent à la législation du travail en retirant définitivement à la juridiction prud'homale la connaissance de tous les litiges entre avocat-patron et avocat-salarié, confiés à l'arbitrage obligatoire du bâtonnier en premier ressort érigé en juridiction du premier degré, à charge d'appel devant la cour d'appel siégeant en chambre du conseil [12].

1. Civ. 1re, 17 nov. 1998, no 96-17.749, NPT, *JCP* 1999, II, 10006, note Martin.
2. Civ. 1re, 26 mars 1996, no 93-18.657, *Bull. civ.* I, no 150; *JCP* 1998, p. 189, note Martin; Civ. 1re, 26 mars 1996, no 93-19.059, *Bull. civ.* I, no 151; *D.* 1996, IR 107.
3. CA Nîmes, 21 juin 1994, *Gaz. Pal.* 1er sept. 1994, 6.
4. CA Versailles, 28 juin 1994, *Gaz. Pal.* 15 sept. 1994, 11.
5. RIN, art. 14.3.
6. RIN, art. 14.3.
7. Décr. no 2009-1544, 11 déc. 2009, *JO* 13 déc.
8. L. no 2009-526, 12 mai 2009, art. 71, 72 et 73.
9. L. 31 déc. 1971, art. 7 – RIN, art. 14.5.
10. L. 31 déc. 1971, art. 7, dernier paragraphe; mod. par L. no 91-746, 10 juill. 1991, art. 71.
11. Paquet, « La clause de conscience chez l'avocat salarié », *JCP* 1994, I, 3797.
12. DICT. PERM. DR. AFF., *bull.* 292, 6 janv. 1991, consacré à la réforme des professions juridiques et judiciaires, no 22 – Damien, *Gaz. Pal.* 1991, 1, doctr. 47 – Bénabent, *JCP* 1990, I, 3499, nos 55 s.

La Conférence des bâtonniers parle d'une médiation avant jugement par les juridictions de droit commun, suivie d'une seconde médiation par la cour d'appel statuant en chambre du conseil[1].

• Le bâtonnier Avril pour sa part pense également à une médiation, c'est-à-dire à une tentative de solution amiable; le bâtonnier comme la cour n'auront qu'un rôle de proposition, si l'une des parties ne s'incline pas, il ne restera qu'à saisir le conseil des prud'hommes et la juridiction de droit commun reprendra ses droits, le litige suivant son cours[2].

La jurisprudence peu nombreuse, il est vrai, a clarifié dans une certaine mesure les ambiguïtés du législateur en créant une juridiction spécifique et nouvelle compétente à l'exclusion de toute autre juridiction pour les litiges du travail en matière d'avocat salarié.

Le texte législatif[3] est, en effet, d'origine parlementaire et, de ce fait, n'a pu être clarifié par le Conseil d'État; texte de transaction voté après avis de la commission mixte paritaire du 20 décembre 1990, il fut modifié une fois encore par l'article 71 de la loi du 10 juillet 1991 relatif à l'aide judiciaire, qui a supprimé les mots « de l'exécution » qui précédaient les mots « d'un contrat de travail » étendant ainsi la compétence de la juridiction nouvelle instituée en matière d'avocats salariés. Il s'agit bien en effet d'une juridiction nouvelle dont le fonctionnement est éclairé par trois décisions de jurisprudence, une ordonnance du bâtonnier de Rouen du 4 décembre 1992, un arrêt de la chambre sociale de la cour de Rouen du 12 octobre 1993 et une ordonnance du bâtonnier des Hauts-de-Seine du 7 janvier 1993.

50.42 Domaine de compétence de cette juridiction. La première question de procédure est celle du domaine de la compétence de cette juridiction exceptionnelle constituée par le bâtonnier et la cour d'appel. Limitée d'abord à l'exécution du contrat de travail, l'expression apparaissait comme une restriction par rapport à la compétence prud'homale; finalement, c'est un retour au droit commun, tel qu'il est défini dans l'article L. 511-1 du Code du travail, aux termes duquel la compétence prud'homale s'applique aux différends qui peuvent s'élever à l'occasion de tout contrat de travail; la compétence du bâtonnier portera également sur la validité du contrat de travail, de certaines de ses clauses et sur sa qualification hors de tout litige déjà né sur son exécution. La compétence est donc la plus vaste qui puisse être envisagée et les deux décisions connues en matière prud'homale sont formelles sur ce point. Elle a encore été élargie par le décret du 11 décembre 2009, qui a englobé dans cette procédure d'arbitrage les contrats de collaboration libérale.

• Une ordonnance du bâtonnier de Rouen et un arrêt de la cour d'appel de Rouen ont jugé un détournement de clientèle allégué par l'employeur à l'encontre de ses anciens employés et formé après que ceux-ci avaient quitté leur employeur; particularité de l'affaire, la clause de non-concurrence invoquée n'était pas contenue dans un contrat entre avocats mais dans un contrat entre conseils juridiques employeur et employés; l'ordonnance du bâtonnier des Hauts-de-Seine note que la loi du 31 décembre 1990 n'a pas pour effet d'éteindre les obligations contractuelles contenues dans les contrats antérieurs, dès lors qu'elles ne sont pas contraires aux règles posées par la loi nouvelle[4].

Il semble donc qu'on doive décider que le bâtonnier est saisi non seulement des litiges proprement contractuels mais également de tous les litiges post-contractuels dans le bloc de compétence défini à l'article 7[5]. On s'est interrogé sur la nature du pouvoir confié par la loi au bâtonnier; il semble qu'il s'agisse de la création d'une juridiction nouvelle instituée par le législateur qui détermine la procédure par les articles 136 et suivants du décret du 27 novembre 1991 et dont les décisions sont susceptibles de recours devant la cour d'appel[6].

50.43 Rôle du bâtonnier. La deuxième question est celle de déterminer le rôle exact du bâtonnier tel qu'il lui a été conféré par la loi (v. s^s^ n° 24.104). On parle d'arbitrage alors que, comme le souligne justement M. Bénabent[7], ce terme est ordinairement réservé à l'institution d'une justice privée. En l'espèce, il s'agirait de la mission d'un premier degré de juridiction désigné par la loi et qualifié d'arbitrage. Mais, dans les débats du Sénat, le terme est ambigu. Il est utilisé en effet comme synonyme d'arbitrage et de médiation.

Si le rapporteur M. Dejoie distingue nettement les deux notions en indiquant que la médiation est une sorte de conciliation permettant d'aboutir à un résultat mais qu'elle n'est pas un degré de juridiction, alors que l'arbitrage qui oblige le bâtonnier à prendre une sentence arbitrale constitue un degré de juridiction[8], les autres intervenants au débat prennent aisément un des mots pour l'autre. En

1. Conférence des bâtonniers, « Vers une nouvelle profession d'avocat », janv. 1991, p. 4.
2. Avril, *Gaz. Pal.* avr. 1991, 3.
3. L. 31 déc. 1971, art. 7; mod.
4. Ord. bâtonnier, Rouen, 4 déc. 1992, *Gaz. Pal.* 9 avr. 1993, 15, note Damien – CA Rouen, 12 oct. 1993, *Gaz. Pal.* 20 nov. 1993, 20 – Ord. bâtonnier, Hauts-de-Seine, 7 janv., *Gaz. Pal.* 19 sept. 1993, 21.
5. EN CE SENS : Bénabent, *JCP* 1991, I, 3499, n° 60.
6. Lyon-Caen, « À propos de l'avocat salarié », *Gaz. Pal.* 27 févr. 1994, 43 s. – *Mélanges Perrot,* Dalloz, 1996, 363 s. – Damien, « Une procédure originale des règlements de conflits de travail entre avocats : l'arbitrage du bâtonnier » – SUR LE RÔLE JURIDICTIONNEL du bâtonnier et la création d'une vraie juridiction : chron. Villacèque [bâtonnier], *D.* 1997, IR 305.
7. Bénabent, *op. cit.*, n° 61.
8. Dejoie, débats Sénat, *JO Sénat CR* 8 nov. 1990, p. 3241.

effet, il s'agit d'un arbitrage décidé par la loi, différent de l'arbitrage classique, le mot recouvrant en fait un premier degré de juridiction pour lequel l'arbitre (le bâtonnier) est désigné par la loi et intervient ès qualité dans un rôle institutionnel[1].

50.44 Cet arbitrage légal suppose-t-il une *exequatur* ? La question est tranchée par les articles 148 et 153 du décret du 27 novembre 1991 qui prévoient que la décision du bâtonnier devenue définitive est rendue exécutoire par le président du tribunal de grande instance et que, en cas d'urgence, les mesures conservatoires ou de remise en état qui s'imposent pour prévenir un dommage imminent ou pour faire cesser un trouble manifestement illicite décidés par le bâtonnier et notamment l'octroi d'une provision, sont exécutoires de droit à titre provisoire. Le fait que la sentence soit exécutoire de droit ne donne pas un titre suffisant à l'huissier chargé de l'exécuter si elle n'est revêtue de la formule exécutoire par le président du tribunal.

Il n'y a donc pas d'*exequatur* mais il y a besoin de recourir dans tous les cas au président du tribunal pour délivrer la formule exécutoire dont les bâtonniers n'ont, dans le cadre d'une procédure civile, aucune possibilité de revêtir leur sentence.

50.45 Quel bâtonnier est compétent pour connaître de ces litiges ? Ce bâtonnier arbitre est celui du barreau où sont inscrites les parties[2] mais si les deux avocats n'appartiennent pas au même barreau, ce qui est tout à fait possible car un salarié peut être inscrit à un barreau différent de celui de son employeur, qui sera compétent *ratione loci* ? La Conférence des bâtonniers, dans une décision du 19 septembre 1992, a indiqué (§ 7) que le bâtonnier compétent pour régler les litiges est celui du barreau où l'avocat salarié est inscrit et, à défaut d'autre indication des textes législatifs ou réglementaires, l'autorité de la Conférence des bâtonniers permet de considérer cette solution comme la meilleure.

50.46 Procédure. La procédure en la matière est amplement décrite par la section 3 du chapitre II du titre III du décret du 27 novembre 1991[3]. Le RIN en rappelle les éléments essentiels et y renvoie expressément[4]. Ces dispositions précisent la saisine du bâtonnier, la procédure en cas d'abstention ou de récusation du bâtonnier, le pouvoir qui lui est accordé de trancher les incidents de vérification d'écritures ou de faux, conformément aux dispositions des articles 287 à 299-299 et 313 du Code de procédure civile ainsi que le délai dans lequel la décision doit être rendue et les modes de notification.

• **Le bâtonnier ne peut être saisi d'une mission d'amiable composition.** Le bâtonnier, arbitre légal, ne peut être saisi d'une mission d'amiable composition qui le dispenserait de l'application des règles du Code de procédure civile ou du Code du travail qui présentent un caractère d'ordre public pour ces dernières[5]. Le bâtonnier aura qualité pour statuer sur la qualification du contrat et pour distinguer le contrat de collaboration et le contrat de travail.

• Pour tout litige né à l'occasion d'un contrat de travail, le bâtonnier est saisi par l'une ou l'autre des parties soit par requête déposée contre récépissé au secrétariat de l'Ordre des avocats, soit par lettre recommandée avec demande de réception.

L'acte de saisine précise, à peine d'irrecevabilité, l'objet du litige, l'identité des parties et les prétentions du saisissant[6].

• **Conditions de validité.** Une ambiguïté du texte résulte de l'application de l'article 142 du décret du 27 novembre qui prévoit que l'acte de saisine du bâtonnier doit préciser, à peine d'irrecevabilité, l'objet du litige, l'identité des parties et les prétentions du saisissant; mais le texte n'indique pas si l'acte de saisine doit être motivé. Il ne le semble pas, les prétentions du saisissant doivent être indiquées, c'est-à-dire sa demande, les motifs à l'appui de cette demande ne sont pas nécessaires à la validité de l'acte[7].

• Le bâtonnier peut s'abstenir. Il ne peut être récusé que pour une des causes prévues à l'article 341 du Code de procédure civile.

La demande de récusation du bâtonnier est déposée au secrétariat de l'Ordre des avocats. Elle est instruite et jugée dans les formes prévues aux articles 344 à 354 du Code de procédure civile.

En cas d'abstention ou de récusation du bâtonnier en exercice, il est remplacé par le plus ancien bâtonnier dans l'ordre du tableau, membre du Conseil de l'ordre ou, à défaut, par le membre du conseil de l'ordre le plus ancien dans l'ordre d'inscription au tableau[8].

• Dès l'enregistrement de la requête, le bâtonnier saisi fixe les délais dans lesquels les parties seront tenues de produire leurs observations ainsi que toute pièce utile à l'instruction du litige. Il arrête la date à laquelle il entendra leurs observations orales. Les parties peuvent, à tous les stades de la procédure, être assistées par un confrère. Les avocats des parties sont rendus destinataires de la copie de toute correspondance adressée aux parties par le bâtonnier dans le cadre de la procédure.

1. Bénabent, *op. cit.*, n° 61.
2. Bénabent, *op. cit.*, n° 63.
3. Décr. 27 nov. 1991, art. 142 à 153; mod. par décr. n° 2009-1544, 11 déc. 2009.
4. RIN, art. 14.5.
5. C. trav., art. L. 1411-4; anc[t] L. 511-1.
6. Décr. 27 nov. 1991, art. 142.
7. J.-Cl. pr. civ., Martin, fasc. 83-2, n° 18.
8. Décr. 27 nov. 1991, art. 143; mod. par décr. n° 2009-1544, 11 déc. 2009.

Le bâtonnier convoque les parties par lettre recommandée avec demande d'avis de réception adressée au moins huit jours avant la date de l'audience. La lettre de convocation mentionne que les intéressés peuvent être assistés par un avocat. Copie de la lettre de saisine est jointe à la convocation du défendeur[1].

• Les procès-verbaux de l'instance et les transactions sont signés par le bâtonnier et les parties[2].

• Le bâtonnier statue sur les contestations relatives à l'étendue de sa saisine[3].

• Le bâtonnier a le pouvoir de trancher l'incident de vérification d'écriture ou de faux conformément aux dispositions des articles 287 à 294 et 299 du Code de procédure civile.

En cas d'inscription de faux incidente, l'article 313 du Code de procédure civile est applicable devant le bâtonnier. Le délai de l'instance continue à courir du jour où il est statué sur l'incident[4].

• En cas de mesure d'urgence sollicitée par l'une des parties, le bâtonnier peut être saisi à bref délai.

Dans tous les cas d'urgence, le bâtonnier peut, sur la demande qui lui en est faite par une partie, ordonner toutes les mesures qui ne se heurtent à aucune contestation sérieuse ou que justifie l'existence d'un différend.

Le bâtonnier peut toujours, même en présence d'une contestation sérieuse, ordonner les mesures conservatoires ou de remise en état qui s'imposent soit pour prévenir un dommage imminent, soit pour faire cesser un trouble manifestement illicite.

Dans le cas où l'existence de l'obligation n'est pas sérieusement contestable, il peut accorder une provision[5].

• Sauf cas de récusation et sous réserve du cas d'interruption de l'instance, le bâtonnier est tenu de rendre sa décision dans les six mois de sa saisine à peine de dessaisissement au profit de la cour d'appel.

En cas d'urgence, il est tenu de rendre sa décision dans le mois de sa saisine, à peine de dessaisissement au profit du premier président de la cour d'appel[6].

Les débats devant le bâtonnier ont lieu hors la présence du public[7].

• Si la décision ne peut être prononcée sur-le-champ, le prononcé en est renvoyé, pour plus ample délibéré, à une date que le bâtonnier indique. Dès la mise en délibéré, de l'affaire, aucune demande ne peut être formée ni aucun moyen soulevé. De même, aucune observation ne peut être présentée ni aucune pièce produite si ce n'est à la demande du bâtonnier[8].

• La décision du bâtonnier est notifiée par le secrétariat du Conseil de l'ordre, par lettre recommandée avec demande d'avis de réception, à l'intéressé qui peut en interjeter appel dans les conditions prévues aux premier, deuxième et sixième alinéas de l'article 16. Copie de la décision du bâtonnier est adressée au procureur général par le secrétariat de l'Ordre.

La décision de la cour d'appel est notifiée aux parties par le secrétariat-greffe par lettre recommandée avec demande d'avis de réception. Copie est adressée par le secrétariat-greffe au bâtonnier et au procureur général[9].

• Sont de droit exécutoires à titre provisoire les décisions du bâtonnier qui ordonnent le paiement de sommes au titre des rémunérations dans la limite maximale de neuf mois de salaires calculés sur la moyenne des trois derniers mois.

Les autres décisions peuvent être rendues exécutoires par le président du tribunal de grande instance lorsqu'elles ne sont pas déférées à la cour d'appel[10].

L'avocat salarié doit préciser sa qualité de salarié ainsi que le nom de l'avocat qui l'emploie, dans tous les actes où il figure[11], et que son employeur est civilement responsable des actes professionnels accomplis pour son compte par son ou ses salariés[12].

50.47 Publicité des débats. Le principe est que les débats sont publics. Toutefois, l'article 150 du décret du 27 novembre 1991 prévoit que « le bâtonnier peut décider que les débats auront lieu ou se poursuivront hors la présence du public à la demande de l'une des parties ou s'il doit résulter de leur publicité une atteinte à l'intimité de la vie privée ». Pourtant, jusqu'en 2009, l'article 7 de la loi du 31 décembre 1971 prévoyait dans son dernier alinéa, que la cour d'appel devait statuer statue en chambre du conseil[13]. Ce mode de débat n'était pas conforme à l'article 6 de la Convention européenne des droits de l'homme qui impose la publicité des débats[14]. C'est pourquoi il a été modifié par la loi

1. Décr. 27 nov. 1991, art. 144; mod. par décr. n° 2009-1544, 11 déc. 2009, art. 5.
2. Décr. 27 nov. 1991, art. 145.
3. Décr. 27 nov. 1991, art. 146.
4. Décr. 27 nov. 1991, art. 147, mod.
5. Décr. 27 nov. 1991, art. 148.
6. Décr. 27 nov. 1991, art. 149.
7. Décr. 27 nov. 1991, art. 150.
8. Décr. 27 nov. 1991, art. 151.
9. Décr. 27 nov. 1991, art. 152; mod. par décr. 11 déc. 2009, art. 5.
10. Décr. 27 nov. 1991, art. 153; mod. par décr. 11 déc. 2009, art. 5.
11. Décr. 27 nov. 1991, art. 140.
12. Décr. 27 nov. 1991, art. 141.
13. L. 31 déc. 1971, art. 7, dernier §.
14. Civ. 1re, 15 nov. 1989, n° 87-20.045, *Bull. civ.* I, n° 346; *JDI* 1990, 611, note Julien-Laferrière – Civ. 1re, 25 avr. 1989, n° 87-14.964, *Bull. civ.* I, n° 165; *Gaz. Pal.* 18 janv. 1990, 17, note Guinchard et Moussa.

du 12 mai 2009[1], qui a supprimé la référence à la chambre du conseil. La Commission des règles et usages du CNB avait souhaité ajouter une nouvelle exception liée au risque d'atteinte au secret professionnel pour la publicité des débats. Mais cette exception n'a pas été retenue par le texte final.

50.48 Comment concilier les différentes fonctions du bâtonnier ? Une difficulté subsiste, celle de la contradiction qui peut exister entre le rôle du bâtonnier arbitre désigné par la loi pour trancher en premier ressort les litiges du travail entre avocats et le rôle du bâtonnier en tant que président du Conseil de l'ordre. Il est possible en effet que l'on aboutisse à des contrariétés de décisions; le bâtonnier estime que tel comportement d'un avocat n'est pas fautif et entraîne l'allocation de dommages-intérêts de la part du patron à son salarié avocat, alors que le conseil de discipline sanctionnera peut-être sur plainte de l'avocat patron, du procureur général ou sur saisine du Conseil de l'ordre, le comportement de l'avocat en le jugeant contraire aux règles de la profession. L'interprétation du contrat à laquelle sera amené à se livrer le bâtonnier, peut donc être contraire à l'appréciation que lui a donnée le Conseil de l'ordre, de même que le silence conservé par le procureur général qui aurait obtenu la communication du contrat de collaboration[2].

La réponse semble être aisée, il s'agit en l'espèce de deux juridictions différentes, l'une constituée par le bâtonnier investi par l'article 17 de la loi d'une mission de juge du travail en matière d'avocat, les autres décisions avec lesquelles sa propre décision pourrait être en contradiction sont différentes de lui, et peuvent aboutir à des solutions contradictoires qui n'auront pas pour effet de remettre en cause sa décision.

• L'ordonnance du bâtonnier de Rouen du 4 décembre 1992 retient implicitement cette solution en décidant « que l'absence de mise en demeure du Conseil de l'ordre d'avoir à modifier les clauses du contrat conformément aux dispositions de l'article 159 du décret du 27 novembre 1991 ne saurait avoir pour effet de purger le contrat d'une éventuelle non-conformité avec les règles professionnelles »[3].

Il ne semble pas enfin que les pouvoirs que le bâtonnier tient de l'article 7 de la loi, et qui sont exorbitants du droit commun, puissent l'autoriser, conformément à la clause de délégation qui lui est accordée par l'article 7 du décret du 27 novembre 1991, à déléguer la fonction de juge du travail car elle lui est confiée dans un tout autre contexte que les pouvoirs généraux qu'il tient de la loi.

50.49 Un faible nombre de conflits. Ces conflits sont en fait moins nombreux qu'on aurait pu s'y attendre si l'on en juge par les décisions de bâtonniers publiées jusqu'à présent; mais l'étude de ces décisions amène à une constatation curieuse, les conflits du travail entre avocats sont rarement des conflits concernant les cabinets moyens; ce sont principalement des conflits entre des firmes à succursales multiples exerçant dans différents lieux la profession d'avocat par des collaborateurs salariés, ouvrant dans les différents tribunaux de France, un cabinet secondaire fils de la firme et ses collaborateurs.

• Les conflits évoqués semblent manifester le caractère « relâché » des liens existant entre la firme et ses avocats salariés. On voit en effet que ce ne sont pas sur des faits précis que les conflits éclatent mais sur un examen des résultats de la succursale effectué depuis la maison mère.

Ce n'est qu'au bout de six mois dans un cas précis – celui qui a amené le bâtonnier de Rouen à rendre son ordonnance du 4 décembre 1992 précitée – que la firme s'aperçoit que le collaborateur salarié, titulaire d'une des succursales multiples de la firme, est ignorant du droit élémentaire, que son aspect est peu rassurant pour la clientèle, qu'il ne sait pas s'exprimer, qu'il est atteint de difficultés d'élocution et qu'il néglige les dossiers qu'il doit gérer en ne rendant même pas compte aux clients de leur évolution.

Il semble donc que ces conflits du travail soient localisés dans un type d'activités peu habituelles au barreau et que dans le cours normal de la collaboration les ruptures semblent se faire sans larmes et sans drame, en tout cas sans recours à la procédure délicate prévue par la loi et le décret régissant la profession d'avocat[4].

1. L. n° 2009-526 du 12 mai 2009, art. 71.
2. Décr. 27 nov. 1991, art. 133 et 134.
3. Ord. bâtonnier, Rouen, *Gaz. Pal.* 8 nov. 1993, 15.
4. CA Paris, 5 avr. 1994, *Gaz. Pal.* 25 juin 1994, 12.

CHAPITRE

51. Structures de mise en commun de moyens

SECTION 0 ORIENTEUR

51.00 **Plan du chapitre.**

Sect. 1 Cabinets groupés

Sect. 2 Sociétés de moyens

51.01 **Textes applicables.**

> Cabinets groupés

L. n° 71-1130, 31 déc. 1971, art. 67

> Sociétés de moyens

L. n° 66-879, 29 nov. 1966, art. 36

> Cabinets groupés

L. n° 71-1130, 31 déc. 1971, art. 67 [Indication du nom du groupement]

[mod. par L. n° 2004-130, 11 févr. 2004, art. 35, *JO* 12]

L'avocat qui exerce ses activités en France peut faire précéder ou suivre son nom de celui de l'association, de la société ou du groupement d'avocats auquel il appartient.

Les sociétés ou les groupements de conseils existant à la date d'entrée en vigueur du titre Ier de la loi n° 90-1259 du 31 décembre 1990 portant réforme de certaines professions judiciaires et juridiques pourront conserver leur dénomination sociale, même si celle-ci n'est pas constituée du nom des associés ou anciens associés, et l'utiliser en cas de fusion ou scission.

Les avocats, les associations d'avocats ou les sociétés d'avocats qui sont affiliés à un réseau pluridisciplinaire, national ou international, mentionnent leur appartenance à ce réseau.

> Sociétés de moyens

L. n° 66-879, 29 nov. 1966, art. 36 [Objet]

Nonobstant toutes dispositions législatives ou réglementaires contraires, les personnes physiques ou morales exerçant des professions libérales et notamment les officiers publics et ministériels, peuvent constituer entre elles des sociétés civiles ayant pour objet exclusif de faciliter à chacun de leurs membres l'exercice de son activité.

À cet effet, les associés mettent en commun les moyens utiles à l'exercice de leurs professions, sans que la société puisse elle-même exercer celle-ci.

51.02 **Jurisprudence de référence.**

> Sociétés de moyens

> Est licite la constitution de sociétés de moyens interprofessionnelles

• **CA Colmar, 19 mars 1990,** *Gaz. Pal.* 1990, 2, 715, note Damien.

* V. ss n° 51.22.

51.03 **Bibliographie indicative.**

Ouvrage. Martin, 2008, nos 120 à 123.

51.08 **Modalités d'exercice de la profession d'avocat.** La profession d'avocat peut être exercée soit individuellement, soit en groupe[1]. Lorsque la profession d'avocat est exercée en groupe, elle peut l'être, soit dans le cadre d'une association, d'une société civile professionnelle, voire d'un groupement d'intérêt économique, soit en qualité de collaborateur d'un avocat ou d'un groupe d'avocats[2]. Il y a lieu de distinguer parmi les différentes structures d'exercice en groupe de la profession d'avocat, les structures de moyens (v. ss nos 51.11 s.) et les structures d'exercice (v. ss nos 52.11 s.).

51.09 **Présentation des structures de moyens.** Comme le définit excellemment le règlement intérieur du barreau de Paris (RI, art. 16-11), les structures de moyens ont « pour objet ou finalité exclusive de faciliter ou développer l'activité professionnelle de leurs membres, leur activité doit se rattacher à l'activité économique de leurs membres et ne peut avoir qu'un caractère auxiliaire par rapport à cette activité ». La structure de moyens ne peut exercer elle-même la profession d'avocat et la participation

1. L. 31 déc. 1971, art. 7 et 8.
2. L. 31 déc. 1971, art. 7.

d'avocats à une structure de moyens doit se faire dans le respect de la déontologie des avocats.

• Les structures de moyens sont essentiellement :

- la convention de cabinets groupés (v. s[s] n°s 51.11 à 51.15);

- la société civile de moyens (SCM - v. s[s] n°s 51.21 à 51.22);

- le groupement d'intérêt économique (GIE - v. s[s] n° 51.24);

- le groupement européen d'intérêt économique (GEIE - v. s[s] n° 51.24);

- la convention de correspondance organique (v. s[s] n°s 54.41 et 54.61).

SECTION 1
CABINETS GROUPÉS

51.11 Finalité des cabinets groupés. Sans s'associer, des avocats peuvent décider d'avoir leur cabinet dans le même local. Les règlements intérieurs des barreaux admettent que ce groupement est licite pour deux ou plusieurs avocats inscrits au tableau. La constitution de ces cabinets groupés est soumise à une autorisation préalable du Conseil de l'ordre pour agréer les locaux (v. s[s] n° 23.92). Ce regroupement d'avocats dans le même cabinet ne constitue pas un véritable exercice de la profession en groupe, il demeure individuel. Chaque cabinet conserve une existence juridique propre[1]. Les locaux, où chacun exerce individuellement la profession, sont seulement regroupés. L'avocat qui exerce ses activités au sein d'un groupement d'avocats peut faire procéder ou suivre son nom de celui du groupement auquel il appartient[2].

• **Éléments caractéristiques.** Le fait, par plusieurs avocats, d'exercer la profession en groupe au cabinet, dont l'un d'entre eux est locataire, ne saurait être assimilé à une sous-location de ce local par l'avocat titulaire du bail; en effet la répartition des frais généraux entre les membres du cabinet groupé ne saurait être assimilée au paiement d'un loyer ni démontrer l'existence d'une sous-location déguisée[3].

51.12 Silence de la loi. La loi qui ignore ce mode d'activité ne l'interdit pas. Certains règlements intérieurs le reconnaissent expressément mais tous les barreaux le reconnaissent implicitement. Ce système exclut toute idée d'association. Chaque avocat doit avoir un cabinet propre. Tout partage des honoraires, tout remplacement habituel entre les avocats regroupés est interdit. Il n'est pas nécessaire de faire constater par écrit l'existence de ce cabinet groupé puisqu'il n'existe pas en droit en dehors des cabinets individuels qui le composent. Mais le Conseil de l'ordre aura à en connaître à l'occasion de l'examen des locaux professionnels de chaque avocat.

51.13 La « tradition du barreau français ». Celle-ci prévoit que la création de cabinets groupés doit être constatée par une convention écrite qui détermine les dépenses communes et fixe la part contributive des intéressés dans ces dépenses. Un exemplaire de la convention doit être remis au Conseil de l'ordre; elle entre en vigueur si, dans le mois de cette remise, les signataires n'ont pas été avisés que leur convention était considérée comme ne respectant pas les dispositions réglementaires en la matière.

51.14 Règlements des litiges. Toute difficulté et tout différend survenant entre confrères membres d'un cabinet groupé est soumis à une tentative de conciliation obligatoire du bâtonnier et préalable à tout litige arbitral ou judiciaire (v. s[s] n°s 24.81 et 24.82).

51.15 Local commun. En cas de cabinet groupé dans le même local, chaque avocat doit disposer d'un cabinet personnel mais le salon d'attente et le secrétariat peuvent être communs.

L'avocat peut-il ouvrir un cabinet commun avec d'autres professions libérales et notamment avec un avoué à la Cour, un médecin ou un architecte ? Il semble qu'on puisse répondre affirmativement à cette question dès lors que cette possibilité est admise à l'égard des sociétés de moyens et des sociétés civiles interprofessionnelles (v. s[s] n° 51.22). Mais le local ainsi assigné à l'exercice de deux professions différentes doit correspondre aux exigences requises par l'usage pour la profession d'avocat et notamment pour protéger sa dignité et les exigences du secret professionnel. Il y aura donc nécessité de locaux distincts et de salles d'attente séparées. Toutefois certaines professions présentent des modalités d'exercice qui peuvent poser des questions quasi insolubles de soupçon de captation de clientèle et de racolage qui pourraient amener des Conseils de l'ordre à interdire la création de cabinets communs, par exemple avec un agent immobilier ou un huissier de justice.

• Si une société d'avocats locataire d'un local professionnel conclut avec d'autres avocats des conventions de « contrats groupés » par lesquelles elle leur consent la jouissance d'une partie des locaux en contrepartie d'une participation aux dépenses communes, cette convention ne constitue pas une sous-location de nature à justifier une demande de résiliation du bail et de faire valider un

1. CA Basse-Terre, 19 janv. 2000, *BICC* 1er août 2000, n° 994.
2. L. 31 déc. 1971, art. 67.
3. CA Paris, 13 févr. 1987, *Gaz. Pal.* 1987, 2, somm. 415, note Brault et Kerdaniel; *D.* 1989, somm. 99, note Brunois.

commandement visant la clause résolutoire pour infraction à la clause d'interdiction de sous-louer[1].

51.16 **Secret professionnel.** La mise en commun de moyens dans un cabinet groupé d'avocats comme dans une société de mise en commun de moyens (v. ci-après n°s 51.21 s.) peut avoir un effet direct sur le respect du secret professionnel et créer des conflits d'intérêts pouvant et même devant aboutir au déport de certains des avocats ayant mis en commun des moyens tels que par exemple (et sans que la liste en soit limitative) standard et standardiste communs, télécopie et/ou photocopieuses communes, salle d'attente commune, service du Palais commun... La sagesse est d'éviter, pour les avocats ayant mis en commun certains de ces moyens, à l'avance toute possibilité d'un conflit d'intérêts envers les clients respectifs de leur cabinet, en s'en entretenant avec leurs confrères groupés Cette atteinte au secret professionnel est inévitable. Ils devront en effet donner à leurs confrères du groupe la liste des clients de leur cabinet.

SECTION 2
SOCIÉTÉS DE MOYENS

51.21 **Finalité des sociétés de moyens.** Elles sont prévues par la loi du 29 novembre 1966[2] et permettent d'ailleurs de posséder à plusieurs, des cabinets groupés ou de mettre en commun des éléments utilisables pour la profession d'avocat. Ce peut être aussi bien une machine à photocopier ou une ronéo, qu'un appartement converti en cabinet de groupe. Les associés ne mettent en commun que les moyens utiles à l'exercice de la profession, sans que la société qu'ils constituent puisse elle-même exercer celle-ci.

La question s'est posée de savoir si des avocats ayant formé une société de moyens pouvaient plaider ou postuler l'un contre l'autre.

En réalité c'est une question de pur fait, si l'association ne porte que sur des moyens, tels l'achat d'un télex, d'une machine à photocopier ou d'un ordinateur, rien n'interdit aux membres de la société de moyens de plaider l'un contre l'autre car leurs cabinets restent séparés; il n'y a pas de confusion de clientèle, aucun risque n'est dès lors encouru pour la préservation du secret professionnel ni pour le secret des dossiers[3].

En revanche, si la société de moyens s'apparente à une véritable association, il est impossible aux confrères de plaider ou de postuler les uns contre les autres.

Comme l'indique M. Yves Guyon[4], la ligne de partage n'apparaît pas toujours nettement entre les sociétés de moyens et les sociétés professionnelles car une mise en commun de tous les moyens y compris les services d'un personnel spécialisé, risque d'aboutir à une confusion des clientèles.

La société de moyens peut grouper non seulement des membres de professions identiques mais encore des personnes appartenant à des professions libérales différentes. L'article 36 de la loi du 29 novembre 1966 utilise l'expression « profession libérale » sans l'assortir d'aucune restriction. On en déduit que les membres des professions réglementées peuvent constituer une société de moyens avec des personnes exerçant des activités libérales non réglementées, cela risque néanmoins d'entraîner, dans la pratique, de nombreuses difficultés.

Ces sociétés n'exerçant pas la profession d'avocat ne peuvent donc faire l'objet, en tant que telles, de poursuites disciplinaires. Si elles contreviennent aux règles et usages de la profession, la sanction atteint alors directement les associés.

• **Dénomination d'une société de moyens.** La cour de Pau a jugé que si la constitution d'une société civile de moyens est prévue par l'article 36 de la loi du 29 novembre 1966 dont les modalités d'application n'ont pas été précisées par décret, ce texte qui permet à défaut de prohibition expresse, l'utilisation d'une dénomination sociale dite « de fantaisie » n'est pas sans limites dans la mesure où les associés exercent une profession réglementée et ont un titre protégé. Il importe donc de mettre le public à même de savoir qui exerce véritablement dans la société et, dès lors, la dénomination d'une telle société ne peut comporter d'autres noms patronymiques que celui de ses membres ou, à la rigueur, de ses anciens membres. Dans le cas d'espèce soumis à la cour de Pau, l'avocat dont le nom était inscrit dans le titre de la société n'en avait jamais été membre à titre personnel ni en tant que porteur et parts et, dès lors, son nom ne pouvait pas figurer dans la dénomination de la société civile de moyens en cause. En effet, les dénominations en matière de cabinet d'avocats ne sont pas liées à la fantaisie de ceux qui la composent mais sont un moyen d'information du public et ne peut être ni inexact ni mensonger; il importe de déterminer, dans chaque cas d'espèce, la portée de la société de moyens dont le titre peut recouvrir diverses formes d'associations qui peuvent aller du cabinet groupé jusqu'à une véritable SCP dissimulée sous le titre de société de moyens. Il ne serait pas admissible que ces simples sociétés de moyens soient mieux traitées que ne le sont les sociétés civiles professionnelles d'exercice et les sociétés d'exercice libéral dont les dénominations sociales ne peuvent comprendre que le nom des associés, même s'ils sont anciens associés,

1. CA Paris, 6e ch. B, 16 déc. 1994, *Gaz. Pal.* 13 mai 1995, 32.
2. L. 29 nov. 1966, art. 36.
3. CA Montpellier, 25 mai 1990, *Gaz. Pal.* 1990, 2, 474, note Damien.
4. RÉP. CIV., Guyon, *V^o^ Sociétés civiles professionnelles*, n° 149.

précédés alors du mot anciennement, faculté qui cesse lorsqu'il n'existe plus au nombre des associés une personne au moins qui ait exercé la profession au sein de la société avec l'ancien associé dont le nom serait maintenu. Si pour les SCP et les SEL on a banni toute appellation de fantaisie, ce n'est pas pour les retrouver dans des sociétés moins structurées sur le plan professionnel que ne le sont celles que nous venons de citer[1]. La cour a précisé à l'occasion de cet arrêt qu'en matière de dénomination, le Conseil de l'ordre statuant en matière administrative et réglementaire et non en matière disciplinaire et qu'il n'est donc pas tenu d'observer les prescriptions des articles 187 et suivants du décret du 27 novembre 1991, c'est-à-dire la comparution et l'audition de l'avocat devant le Conseil de l'ordre et qu'en se bornant à demander une note en réponse aux interrogations posées par le conseil, ce dernier ne porte pas atteinte au principe du contradictoire.

51.22 Sociétés civiles interprofessionnelles. Ces sociétés ont pour objet de permettre à des personnes physiques (des personnes morales ne pouvant pas, semble-t-il, pas constituer entre elles, voire avec des personnes physiques, une société civile de moyens[2]), pratiquant des professions libérales différentes, de se grouper soit pour exercer en commun des professions différentes, soit pour rassembler des moyens propres à faciliter à chacun l'exercice de son activité. Elles présentent donc l'avantage, pour les associés, de leur permettre de réaliser des économies, mais ne sont toutefois pas sans danger au regard de leur liberté d'exercice, dès lors qu'il a été jugé que les statuts d'une telle société peuvent valablement interdire d'exercer leur profession en dehors de la société (l'arrêt, rendu à propos de la profession de masseur-kinésithérapeute, est sans doute transposable à l'avocat[3]). La clause statutaire d'exclusivité semble donc licite.

L'article 2 de la loi du 29 novembre 1966 prévoit deux catégories de sociétés civiles interprofessionnelles, les unes constituées entre personnes pratiquant une activité libérale réglementée ou dont le titre est protégé (leur création ne sera possible qu'après la publication des arrêtés fixant les conditions de leur constitution), les autres permettent à des membres de professions réglementées et de professions non réglementées de s'unir. Il semble que la constitution des sociétés interprofessionnelles de moyens soit licite, même lorsqu'elle n'a pas été prévue par des règlements particuliers; elle ne nécessiterait donc aucune autorisation et échapperait au contrôle des organes corporatifs et disciplinaires.

• **Admission de la constitution de sociétés de moyens interprofessionnelles par la jurisprudence.** La cour de Colmar, dans un arrêt du 19 mars 1990[4], a admis la licéité de la constitution de sociétés de moyens interprofessionnelles créées entre personnes physiques et morales, même si ces dernières revêtent une forme commerciale et même s'il s'agit de sociétés de fait, dès lors que la constitution de cette société ne camoufle pas une société d'exercice et que les règles déontologiques de la profession d'avocat sont respectées[5].

Il semble que la constitution de sociétés de moyens soit possible entre avocats inscrits, non seulement à des barreaux différents, ce qui va de soi, dès lors que l'association entre avocats de barreaux différents est autorisée par l'article 8 de la loi du 31 décembre 1971[6], mais entre avocats français et entre avocats étrangers; leurs noms pourront même figurer sur le papier à lettre dès lors qu'une société de fait ou une société de moyens a été constituée.

Cependant, et malgré le libéralisme de l'article 36 de la loi du 29 novembre 1966, un contentieux risque de s'élever lorsque des constitutions de sociétés interprofessionnelles de moyens bouleverseront des traditions bien ancrées (ex. : société de moyens entre un avocat et un assureur ou un gérant d'immeubles...). Cependant, le vœu du législateur paraît bien être de faciliter au maximum la constitution de sociétés de moyens. Il y aura donc dans ce domaine un équilibre difficile à trouver[7].

Les conseils de l'Ordre, en accordant la mise en commun de moyens avec d'autres que des avocats, devront veiller au strict respect de la déontologie : secret professionnel, conflits d'intérêt, non-partage d'honoraires, champ d'activité professionnelle de l'avocat...

51.23 Règles applicables. La société civile de moyens obéit aux règles régissant les sociétés civiles[8]. Il en résulte, en particulier, que les associés sont indéfiniment et conjointement responsables, à l'égard des tiers, des dettes sociales[9].

51.24 Concurrence du groupement d'intérêt économique. La constitution d'un groupement d'intérêt économique (GIE) ou d'un groupement européen d'intérêt économique (GEIE) devrait également être possible entre différents professionnels y compris un avocat, dès lors que le GIE ou le GEIE bénéficie d'un statut proche de celui de la société civile interprofessionnelle puisque le but est de : « Mettre en

1. MARTIN, n°s 124 et 219 – *Gaz. Pal.* 4 juill. 1996, 26.
2. CA Paris, 3 nov. 1998, *Bull. Joly* 1999, 359, note Couret; *JCP* 1999, II, 10179, note Daigre.
3. Civ. 1re, 4 janv. 1995, n° 92-20.005, *Bull. civ.* I, n° 12; *D.* 1995, IR 28; *Rev. sociétés* 1995, 525, note Jeantin; *Dr. sociétés* 1995, n° 70, note Bonneau.
4. CA Colmar, 19 mars 1990, *Gaz. Pal.* 1990, 2, jur. 715, note Damien.
5. ÉGAL^T : rép. min. QE n° 8298, *JOAN Q* 12 avr. 1982, p. 1506.
6. L. 31 déc. 1971, art. 8.
7. Guyon, *op. cit.*, n°s 153-154.
8. C. civ., art. 1845 s.
9. C. civ., art. 1857.

œuvre entre personnes physiques ou morales tous les moyens propres à faciliter ou à développer l'activité économique de ses membres et améliorer ou accroître les résultats de cette activité. »[1]

Cette structure juridique a pour objet de permettre ce regroupement souhaité tout en conservant à chacun de ses membres son individualité et son autonomie (rapport au président de la République relatif à l'ordonnance du 23 sept. 1967[2] instituant les GIE), ce qui paraît conforme à l'esprit du barreau, mais l'avocat saurait-il entrer dans ce monde juridique commercial, la question n'a pas encore été tranchée. Le GIE présente l'avantage d'obéir largement à la liberté contractuelle. Dès lors, ses membres auront tout intérêt à profiter de la liberté que leur offre le législateur pour insérer dans le contrat des clauses relatives aux événements qui peuvent affecter la vie du groupement. En particulier, il conviendra de préciser les conditions d'entrée et de retrait des membres du GIE, les conséquences des sanctions disciplinaires frappant ses membres, ou encore les causes et les modalités de la dissolution du groupement. Notons également que si le GIE doit être immatriculé au registre du commerce et des sociétés, cette inscription ou immatriculation n'emporte pas présomption de commercialité du groupement. On notera que, en pratique, la formule du GIE ne connaît pas grand succès.

1. C. com., art. L. 251-1.
2. Ord. n° 67-821, 23 sept. 1967, codifiée dans C. com., art. L. 251-1 s.

CHAPITRE

52. Structures d'exercice individuelles et en commun

SECTION 0

ORIENTEUR

52.00 Plan du chapitre.

52.01 Textes applicables.

> Association

L. n° 71-1130, 31 déc. 1971, art. 7 et 8

Décr. n° 91-1197, 27 nov. 1991, art. 124 à 128

> Société civile professionnelle (SCP)

L. n° 71-1130, 31 déc. 1971, art. 7, 8 et 67

L. n° 66-879, 29 nov. 1966 (notamment art. 1)

Décr. n° 92-680, 20 juill. 1992 (notamment art. 1)

> Société d'exercice libéral (SEL)

L. n° 90-1258, 31 déc. 1990 (notamment art. 1)

> Société en participation (SEP)

L. n° 90-1258, 31 déc. 1990, art. 22 et 23

Décr. n° 93-492, 25 mars 1993, art. 44 à 48

> Association

L. 31 déc. 1971, art. 7 [Exercice de la profession dans le cadre d'une association]

[mod par L. n° 2005-882, 2 août 2005]

L'avocat peut exercer sa profession soit à titre individuel, soit au sein d'une association, d'une société civile professionnelle, d'une société d'exercice libéral ou d'une société en participation prévues par la loi n° 90-1258 du 31 décembre 1990 relative à l'exercice sous forme de sociétés des professions libérales soumises à un statut législatif ou réglementaire ou dont le titre est protégé, soit en qualité de salarié ou de collaborateur libéral d'un avocat ou d'une association ou société d'avocats. Il peut également être membre d'un groupement d'intérêt économique ou d'un groupement européen d'intérêt économique.

Sans préjudice des dispositions du présent article, l'avocat peut exercer sa profession en qualité de collaborateur libéral d'un avocat selon les modalités prévues par l'article 18 de la loi n° 2005-882 du 2 août 2005 en faveur des petites et moyennes entreprises.

31 décembre [...]

En aucun cas, les contrats ou l'appartenance à une société, une association ou un groupement ne peuvent porter atteinte aux règles déontologiques de la profession d'avocat, et notamment au respect des obligations en matière d'aide judiciaire et de commission d'office, et à la faculté pour l'avocat collaborateur ou salarié de demander à être déchargé d'une mission qu'il estime contraire à sa conscience ou susceptible de porter atteinte à son indépendance.

L. 31 déc. 1971, art. 8 [Membres de l'association]

Tout groupement, société ou association prévu à l'article 7 peut être constitué entre avocats, personnes physiques, groupements, sociétés ou associations d'avocats appartenant ou non à des barreaux différents.

L'association ou la société peut postuler auprès de chaque tribunal par le ministère d'un avocat inscrit au barreau établi près ce tribunal.

Décr. 27 nov. 1991, art. 124 [Droits et devoirs de l'associé]

[mod. par décr. n° 2007-932, 15 mai 2007, *JO* 16]

Une association d'avocats peut comprendre des avocats personnes physiques et des personnes morales exerçant la profession d'avocat.

Chacun des membres de l'association est tenu des actes accomplis par l'un d'entre eux, au nom de l'association, à proportion de ses droits dans l'association.

Chacun des membres de l'association répond, en outre, sur l'ensemble de son patrimoine, des actes professionnels qu'il accomplit à l'égard de ses clients.

La dénomination de l'association est immédiatement précédée ou suivie de la mention « association d'avocats ».

Le contrat d'association, sur décision unanime des associés, peut prévoir que la mise en cause de la. responsabilité professionnelle de l'un de ses membres n'engagera pas celle des autres associés.

Cette clause est opposable aux tiers, dès lors qu'elle a fait l'objet des formalités prévues aux articles 124-1 à 126.

Dans ce cas, la dénomination de l'association est immédiatement précédée ou suivie de la mention « association d'avocats à responsabilité professionnelle individuelle » ou des initiales « AARPI ».

Les droits dans l'association de chacun des avocats associés lui sont personnels et ne peuvent être cédés.

Décr. 27 nov. 1991, art. 124-1 [Documents professionnels et correspondance]

[créé par décr. n° 2007-932, 15 mai 2007]

L'appartenance à l'association avec la dénomination de celle-ci doit être indiquée dans les actes professionnels et les correspondances de chaque associé.

Décr. 27 nov. 1991, art. 125 [Forme]

[mod. par décr. n° 2007-932, 15 mai 2007]

Les contrats d'association doivent faire l'objet d'une convention écrite.

Dans la quinzaine de la conclusion du contrat, un exemplaire de la convention qui fonde l'association est remis contre récépissé ou expédié par lettre recommandée avec demande d'avis de réception à chaque bâtonnier concerné.

Dans la quinzaine de la modification du contrat d'association, un exemplaire de l'acte modificatif est remis contre récépissé ou expédié par lettre recommandée avec demande d'avis de réception à chaque bâtonnier concerné.

Le bâtonnier saisit le conseil de l'ordre, qui dispose d'un délai d'un mois à compter de la remise du récépissé ou de la réception de la lettre, pour mettre en demeure les associés, par lettre recommandée avec demande d'avis de réception, de modifier la convention de façon qu'elle soit en conformité avec les règles applicables à la profession.

Décr. 27 nov. 1991, art. 126 [Formalités]

[mod. par décr. n° 2007-932, 15 mai 2007]

Après accomplissement des formalités prévues à l'article 125, la constitution de l'association fait l'objet :

– de l'insertion d'un avis dans un journal habilité à recevoir les annonces légales dans le département;

– du lieu d'inscription au tableau de l'ordre de chacun des associés.

L'avis contient la dénomination, la liste des associés, le nom du barreau auquel ils appartiennent et, s'il y a lieu, la mention indiquant que l'association s'est placée sous le régime de la responsabilité professionnelle de chacun des associés.

Décr. 27 nov. 1991, art. 127 [Communication au procureur général]

[mod. par décr. n° 2007-932, 15 mai 2007]

Le procureur général peut demander communication du contrat d'association.

Tout intéressé peut demander communication de la liste des associés et de la proportion de leurs droits dans l'association ainsi que, le cas échéant, des clauses du contrat d'association relatives à la responsabilité professionnelle individuelle de ses membres.

Ce droit de communication peut être exercé à chaque lieu d'établissement de l'association.

Décr. 27 nov. 1991, art. 128 [Recours]

Les décisions du conseil de l'ordre en cette matière sont susceptibles de recours, dans les conditions prévues à l'article 16.

Décr. 27 nov. 1991, art. 128-1 [Nouvel associé : publication]

[créé par décr. n° 2007-932, 15 mai 2007]

Le retrait ou l'admission d'un associé donne lieu à la publication mentionnée à l'article 126 et, en cas d'adhésion d'un nouvel associé, les dispositions des troisième et quatrième alinéas de l'article 125 et de l'article 128 sont applicables.

> Société civile professionnelle (SCP)

L. 31 déc. 1971, art. 7 [Exercice de la profession dans le cadre d'une SCP]

L'avocat peut exercer sa profession soit à titre individuel, soit au sein d'une association, d'une société civile professionnelle, d'une société d'exercice libéral ou d'une société en participation prévues par la loi n° 90-1258 du 31 décembre 1990 relative à l'exercice sous forme de sociétés des professions libérales soumises à un statut législatif ou réglementaire ou dont le titre est protégé, soit en qualité de salarié ou de collaborateur non salarié d'un avocat ou d'une association ou société d'avocats. Il peut également être membre d'un groupement d'intérêt économique ou d'un groupement européen d'intérêt économique.

[...]

En aucun cas, les contrats ou l'appartenance à une société, une association ou un groupement ne peuvent porter atteinte aux règles déontologiques de la profession d'avocat, et notamment au respect des obligations en matière d'aide judiciaire et de commission d'office, et à la faculté pour l'avocat collaborateur ou salarié de demander à être déchargé d'une mission qu'il estime contraire à sa conscience ou susceptible de porter atteinte à son indépendance.

[...]

L. 31 déc. 1971, art. 8 [Membres de la société]

Tout groupement, société ou association prévu à l'article 7 peut être constitué entre avocats, personnes physiques, groupements, sociétés ou associations d'avocats appartenant ou non à des barreaux différents.

L'association ou la société peut postuler auprès de chaque tribunal par le ministère d'un avocat inscrit au barreau établi près ce tribunal.

L. 29 nov. 1966, art. 1 [Constitution de SCP]

Il peut être constitué, entre personnes physiques exerçant une même profession libérale soumise à un statut législatif ou réglementaire ou dont le titre est protégé, et notamment entre officiers publics et ministériels, des sociétés civiles professionnelles qui jouissent de la personnalité morale et sont soumises aux dispositions de la présente loi.

Ces sociétés civiles professionnelles ont pour objet l'exercice en commun de la profession de leurs membres, nonobstant toute disposition législative ou réglementaire réservant aux personnes physiques l'exercice de cette profession.

L'immatriculation de la société ne peut intervenir qu'après l'agrément de celle-ci par l'autorité compétente ou son inscription sur la liste ou au tableau de l'Ordre professionnel.

Les conditions d'application des articles 1er à 32 de la présente loi à chaque profession seront déterminées par un décret en Conseil d'État pris après avis des organismes chargés de représenter la profession auprès des pouvoirs publics ou, à défaut, des organisations les plus représentatives de la profession considérée.

Décr. du 20 juillet 1992

Décr. n° 92-680 20 juill. 1992 pris pour l'application à la profession d'avocat de la loi n° 66-879 du 29 novembre 1966 relative aux sociétés civiles professionnelles, art. 1 [Objet de la SCP]

Les sociétés régies par le présent décret ont pour objet l'exercice en commun de la profession d'avocat, définie par la loi n° 71-1130 du 31 décembre 1971.

Ces sociétés reçoivent l'appellation de sociétés civiles professionnelles d'avocats.

Décr. 20 juill. 1992, art. 4 [Demande d'inscription – Dossier]

La demande d'inscription d'une société civile professionnelle d'avocats est présentée collectivement par les associés et adressée au bâtonnier de l'ordre des avocats du siège de la société par lettre recommandée avec demande d'avis de réception ou remise contre récépissé.

Elle est accompagnée d'un dossier qui doit comprendre, sous peine d'irrecevabilité de la demande :

1. Un exemplaire des statuts de la société et, le cas échéant, une expédition ou une copie de l'acte constitutif;

2. Un certificat d'inscription au tableau ou au stage délivré par le bâtonnier en ce qui concerne chaque associé;

3. Une demande de chaque associé sollicitant du conseil de l'ordre l'inscription de la société;

4. Les pièces justifiant de l'accomplissement, le cas échéant, des formalités prévues au premier alinéa de l'article 5.

Décr. 20 juill. 1992, art. 57-1 [Fusion]

[créé par décr. n° 2007-932, 15 mai 2007]

Des sociétés civiles professionnelles d'avocats peuvent constituer par voie de fusion, entre elles ou avec des sociétés d'exercice libéral d'avocats, une nouvelle société civile professionnelle d'avocats.

Chacune des sociétés participant à l'opération est dissoute de plein droit à compter de la réalisation définitive de la fusion et de l'inscription de la nouvelle société.

Décr. 20 juill. 1992, art. 57-2 [Absorption]

[créé par décr. n° 2007-932, 15 mai 2007]

Une société civile professionnelle d'avocats peut absorber une ou plusieurs sociétés civiles professionnelles ou sociétés d'exercice libéral d'avocats.

Chacune des sociétés absorbées est dissoute de plein droit à compter de la réalisation définitive de la fusion.

La fusion est réalisée à la date de la dernière assemblée générale ayant approuvé l'opération sauf si le contrat prévoit que celle-ci prend effet à une autre date, laquelle ne doit être ni postérieure à la date de clôture de l'exercice en cours de la société bénéficiaire ni antérieure à la date de clôture du dernier exercice clos de la ou des sociétés qui transmettent leur patrimoine.

Décr. 20 juill. 1992, art. 57-3 [Scission au profit de sociétés nouvelles]

[créé par décr. n° 2007-932, 15 mai 2007]

Une société civile professionnelle d'avocats peut, par voie de scission, transmettre son patrimoine à des sociétés civiles professionnelles d'avocats ou à des sociétés d'exercice libéral d'avocats nouvelles.

La société scindée est dissoute de plein droit à compter de la réalisation définitive de scission et de l'inscription des sociétés nouvelles issues de la scission.

Décr. 20 juill. 1992, art. 57-4 [Scission au profit de sociétés existantes]

[créé par décr. n° 2007-932, 15 mai 2007]

Une société civile professionnelle d'avocats peut, par voie de scission, transmettre son patrimoine à des sociétés civiles professionnelles d'avocats ou à des sociétés d'exercice libéral d'avocats existantes.

La société scindée est dissoute de plein droit à compter de la réalisation définitive de la scission.

La scission est réalisée à la date de la dernière assemblée générale ayant approuvé l'opération sauf si le contrat prévoit que celle-ci prend effet à une autre date, laquelle ne doit être ni postérieure à la date de clôture de l'exercice en cours des sociétés bénéficiaires ni antérieure à la date de clôture du dernier exercice clos de la société qui transmet son patrimoine.

Décr. 20 juill. 1992, art. 57-5 [Modalités de décision]

[créé par décr. n° 2007-932, 15 mai 2007]

Dans les sociétés civiles professionnelles d'avocats les opérations de fusion et de scission sont décidées par les trois quarts au moins des associés disposant des trois quarts des voix.

En l'absence de dispositions statutaires et à défaut de désignation, aux conditions de majorité requises pour une fusion ou une scission, d'un représentant spécial par les associés des sociétés civiles professionnelles et, le cas échéant, des sociétés d'exercice libéral d'avocats ayant décidé l'une de ces opérations, les représentants légaux des sociétés intéressées agissent en leur nom pour tous les actes tendant à sa réalisation.

> Société d'exercice libéral (SEL)

L. 31 déc. 1990, art. 1 [Formes de la SEL]

Il peut être constitué, pour l'exercice d'une profession libérale soumise à un statut législatif ou réglementaire ou dont le titre est protégé, des sociétés à responsabilité limitée, des sociétés anonymes, des sociétés par actions simplifiées ou des sociétés en commandite par actions régies par les dispositions du livre II du Code de commerce, sous réserve des dispositions du titre Ier de la présente loi.

Ces sociétés peuvent également, dans des conditions fixées par décret en Conseil d'État, avoir pour objet l'exercice en commun de plusieurs des professions libérales définies au premier alinéa.

Elles ne peuvent accomplir les actes d'une profession déterminée que par l'intermédiaire d'un de leurs membres ayant qualité pour exercer cette profession.

Décr. n° 92-704, 23 juill. 1992 [Comptes d'associés]

[mod. par décr. n° 2007-932, 15 mai 2007]

L'associé exerçant sa profession au sein d'une société d'exercice libéral constituée pour l'exercice en commun de ladite profession ainsi que ses ayants droit devenus associés en application du 3° du deuxième alinéa de l'article 5 de la loi n° 90-1258 du 31 décembre 1990 susvisée peuvent mettre à la disposition de la société, au titre de comptes d'associés, des sommes dont le montant, fixé par les statuts, ne peut excéder trois fois celui de leur participation au capital. Tout autre associé peut mettre au même titre à la disposition de cette société des sommes dont le montant, fixé par les statuts, ne peut excéder celui de sa participation au capital.

Ces sommes ne peuvent être retirées, en tout ou partie, qu'après notification à la société, par lettre recommandée avec demande d'avis de réception, avec un préavis dont la durée, fixée par les statuts, ne peut être inférieure, pour l'associé exerçant au sein de la société d'exercice libéral et, le cas échéant, pour ses ayants droit mentionnés à l'alinéa précédent, à six mois et, pour tout autre associé, à un an.

> Société en participation (SEP)

L. 31 déc. 1990, art. 22 [Constitution de SEL]

Nonobstant toute disposition législative ou réglementaire déterminant limitativement les modes d'exercice en commun de la profession, il peut être constitué entre personnes physiques exerçant une profession libérale soumise à un statut législatif ou réglementaire ou dont le titre est protégé une société en participation, régie par les dispositions ci-après et celles non contraires des articles 1871 à 1872-1 du Code civil.

Une société en participation peut également être constituée, dans des conditions fixées par décret en Conseil d'État, entre personnes physiques exerçant plusieurs des professions libérales définies au premier alinéa.

Ces sociétés, qui doivent avoir une dénomination, sont soumises à publicité dans des conditions fixées par décret.

Leur durée peut être illimitée.

L. 31 déc. 1990, art. 23 [Fonctionnement de la SEL]

Les associés sont tenus solidairement et indéfiniment à l'égard des tiers des engagements pris par chacun d'eux en qualité d'associé.

Si la convention qui fonde la société en participation ne prévoit pas les modalités de l'admission et de la révocation d'un associé, la décision est prise à l'unanimité des associés non concernés.

Cette convention peut prévoir le versement d'une prestation compensatrice en cas de retrait de l'un des associés.

Les bénéfices réalisés par les sociétés en participation constituées entre personnes physiques exerçant une ou des professions libérales soumises à un statut législatif ou réglementaire ou dont le titre est protégé sont imposés selon les règles prévues par le Code général des impôts pour les sociétés en participation.

Décr. 25 mars 1993, art. 44 [Formalités]

Les sociétés en participation prévues par l'article 22 de la loi du 31 décembre 1990 précitée reçoivent l'appellation de sociétés en participation d'avocats.

Leur constitution fait l'objet de l'insertion d'un avis dans un journal habilité à recevoir les annonces légales dans le département du lieu d'inscription au tableau de l'Ordre ou sur la liste du stage de chacun des associés.

L'avis contient la dénomination, la liste des associés et le nom du barreau auquel ils appartiennent.

Décr. 25 mars 1993, art. 45 [Mention de l'appartenance à une SEL]

L'appartenance à la société avec la dénomination de celle-ci doit être indiquée dans les actes professionnels et les correspondances de chaque associé.

Décr. 25 mars 1993, art. 46 [Transmission au bâtonnier]

Dans la quinzaine de la publication, une copie de cet avis et un exemplaire de la convention qui fonde la société en participation sont remis contre récépissé ou expédiés par lettre recommandée avec demande d'avis de réception à chaque bâtonnier concerné qui peut, dans un délai d'un mois, mettre en demeure les associés, par lettre recommandée avec demande d'avis de réception, de modifier la convention pour la mettre en conformité avec les règles applicables à la profession.

Décr. 25 mars 1993, art. 47 [Règlement des litiges]

Le Conseil de l'ordre est saisi de toute difficulté. Ses décisions sont susceptibles de recours dans les conditions prévues à l'article 16 du décret du 27 novembre 1991 précité.

Décr. 25 mars 1993, art. 48 [Retrait ou admission d'associé]

Le retrait ou l'admission d'un associé donne lieu à la publication mentionnée aux deuxième et troisième alinéas de l'article 44 et, pour le nouvel associé, les dispositions des articles 46 et 47 sont applicables.

> Entrepreneur individuel à responsabilité limitée (EIRL)

Art. L. 526-6 [Patrimoine d'affectation]

[créé par L. n° 2010-658, 15 juin 2010]

Tout entrepreneur individuel peut affecter à son activité professionnelle un patrimoine séparé de son patrimoine personnel, sans création d'une personne morale.

Ce patrimoine est composé de l'ensemble des biens, droits, obligations ou sûretés dont l'entrepreneur individuel est titulaire, nécessaires à l'exercice de son activité professionnelle. Il peut comprendre également les biens, droits, obligations ou sûretés dont l'entrepreneur individuel est titulaire, utilisés pour l'exercice de son activité professionnelle et qu'il décide d'y affecter. Un même bien, droit, obligation ou sûreté ne peut entrer dans la composition que d'un seul patrimoine affecté.

Pour l'exercice de l'activité professionnelle à laquelle le patrimoine est affecté, l'entrepreneur individuel utilise une dénomination incorporant son nom, précédé ou suivi immédiatement des mots : « Entrepreneur individuel à responsabilité limitée » ou des initiales : « EIRL ».

Art. L. 526-7 [Déclaration du patrimoine au greffe]

[créé par L. n° 2010-658, 15 juin 2010]

La constitution du patrimoine affecté résulte du dépôt d'une déclaration effectué :

1° Soit au registre de publicité légale auquel l'entrepreneur individuel est tenu de s'immatriculer;

2° Soit au registre de publicité légale choisi par l'entrepreneur individuel en cas de double immatriculation; dans ce cas, mention en est portée à l'autre registre;

3° Soit, pour les personnes physiques qui ne sont pas tenues de s'immatriculer à un registre de publicité légale ou pour les exploitants agricoles, à un registre tenu au greffe du tribunal statuant en matière commerciale du lieu de leur établissement principal.

Art. L. 526-8 [Contenu de la déclaration]

[créé par L. n° 2010-658, 15 juin 2010]

Les organismes chargés de la tenue des registres mentionnés à l'article L. 526-7 n'acceptent le dépôt de la déclaration visée au même article qu'après avoir vérifié qu'elle comporte :

1° Un état descriptif des biens, droits, obligations ou sûretés affectés à l'activité professionnelle, en nature, qualité, quantité et valeur;

2° La mention de l'objet de l'activité professionnelle à laquelle le patrimoine est affecté. La modification de l'objet donne lieu à mention au registre auquel a été effectué le dépôt de la déclaration prévue à l'article L. 527-7;

3° Le cas échéant, les documents attestant de l'accomplissement des formalités visées aux articles L. 526-9 à L. 526-11.

Art. L. 526-9 [Affectation d'un bien immobilier]

[créé par L. n° 2010-658, 15 juin 2010]

L'affectation d'un bien immobilier ou d'une partie d'un tel bien est reçue par acte notarié et publiée au bureau des hypothèques ou, dans les départements du Bas-Rhin, du Haut-Rhin et de la Moselle, au livre foncier de la situation du bien. L'entrepreneur individuel qui n'affecte qu'une partie d'un ou de plusieurs biens immobiliers désigne celle-ci dans un état descriptif de division.

L'établissement de l'acte notarié et l'accomplissement des formalités de publicité donnent lieu au versement d'émoluments fixes dans le cadre d'un plafond déterminé par décret.

Lorsque l'affectation d'un bien immobilier ou d'une partie d'un tel bien est postérieure à la constitution du patrimoine affecté, elle donne lieu au dépôt d'une déclaration complémentaire au registre auquel a été effectué le dépôt de la déclaration prévue à l'article L. 526-7. L'article L. 526-8 est applicable, à l'exception des 1° et 2°.

Le non-respect des règles prévues au présent article entraîne l'inopposabilité de l'affectation.

Art. L. 526-10 [Rapport d'évaluation]

[créé par L. n° 2010-658, 15 juin 2010]

Tout élément d'actif du patrimoine affecté, autre que des liquidités, d'une valeur déclarée supérieure à un montant fixé par décret fait l'objet d'une évaluation au vu d'un rapport annexé à la déclaration et établi sous sa responsabilité par un commissaire aux comptes, un expert-comptable, une association de gestion et de comptabilité ou un notaire désigné par l'entrepreneur individuel. L'évaluation par un notaire ne peut concerner qu'un bien immobilier.

Lorsque l'affectation d'un bien visé au premier alinéa est postérieure à la constitution du patrimoine affecté, elle fait l'objet d'une évaluation dans les mêmes formes et donne lieu au dépôt d'une déclaration complémentaire au registre auquel a été effectué le dépôt de la déclaration prévue à l'article L. 526-7. L'article L. 526-8 est applicable, à l'exception des 1° et 2°.

Lorsque la valeur déclarée est supérieure à celle proposée par le commissaire aux comptes, l'expert-comptable, l'association de gestion et de comptabilité ou le notaire, l'entrepreneur individuel est responsable, pendant une durée de cinq ans, à l'égard des tiers sur la totalité de son patrimoine, affecté et non affecté, à hauteur de la différence entre la valeur proposée par le commissaire aux comptes, l'expert-comptable, l'association de gestion et de comptabilité ou le notaire et la valeur déclarée.

En l'absence de recours à un commissaire aux comptes, à un expert-comptable, à une association de gestion et de comptabilité ou à un notaire, l'entrepreneur individuel est responsable, pendant une durée de cinq ans, à l'égard des tiers sur la totalité de son patrimoine, affecté et non affecté, à hauteur de la différence entre la valeur réelle du bien au moment de l'affectation et la valeur déclarée.

Art. L. 526-11 [biens communs ou indivis]

[créé par L. n° 2010-658, 15 juin 2010]

Lorsque tout ou partie des biens affectés sont des biens communs ou indivis, l'entrepreneur individuel justifie de l'accord exprès de son conjoint ou de ses coïndivisaires et de leur information préalable sur les droits des créanciers mentionnés au 1° de l'article L. 526-12 sur le patrimoine affecté. Un même bien commun ou indivis ou une même partie d'un bien immobilier commun ou indivis ne peut entrer dans la composition que d'un seul patrimoine affecté.

Lorsque l'affectation d'un bien commun ou indivis est postérieure à la constitution du patrimoine affecté, elle donne lieu au dépôt d'une déclaration complémentaire au registre auquel a été effectué le dépôt de la déclaration prévue à l'article L. 526-7. L'article L. 526-8 est applicable, à l'exception des 1° et 2°.

Le non-respect des règles prévues au présent article entraîne l'inopposabilité de l'affectation.

Art. L. 526-12 [opposabilité aux tiers]

[créé par L. n° 2010-658, 15 juin 2010]

La déclaration d'affectation mentionnée à l'article L. 526-7 est opposable de plein droit aux créanciers dont les droits sont nés postérieurement à son dépôt.

Elle est opposable aux créanciers dont les droits sont nés antérieurement à son dépôt à la condition que l'entrepreneur individuel à responsabilité limitée le mentionne dans la déclaration d'affectation et en informe les créanciers dans des conditions fixées par voie réglementaire.

Dans ce cas, les créanciers concernés peuvent former opposition à ce que la déclaration leur soit opposable dans un délai fixé par voie réglementaire. Une décision de justice rejette l'opposition ou ordonne soit le remboursement des créances, soit la constitution de garanties, si l'entrepreneur individuel en offre et si elles sont jugées suffisantes.

À défaut de remboursement des créances ou de constitution des garanties ordonnées, la déclaration est inopposable aux créanciers dont l'opposition a été admise.

L'opposition formée par un créancier n'a pas pour effet d'interdire la constitution du patrimoine affecté.

Par dérogation aux articles 2284 et 2285 du Code civil :

1° Les créanciers auxquels la déclaration d'affectation est opposable et dont les droits sont nés à l'occasion de l'exercice de l'activité professionnelle à laquelle le patrimoine est affecté ont pour seul gage général le patrimoine affecté;

2° Les autres créanciers auxquels la déclaration est opposable ont pour seul gage général le patrimoine non affecté.

Toutefois, l'entrepreneur individuel à responsabilité limitée est responsable sur la totalité de ses biens et droits en cas de fraude ou en cas de manquement grave aux règles prévues au deuxième alinéa de l'article L. 526-6 ou aux obligations prévues à l'article L. 526-13.

En cas d'insuffisance du patrimoine non affecté, le droit de gage général des créanciers mentionnés au 2° du présent article peut s'exercer sur le bénéfice réalisé par l'entrepreneur individuel à responsabilité limitée lors du dernier exercice clos.

Art. L. 526-17 [Cession ou apport en société de l'EIRL]

[créé par L. n° 2010-658, 15 juin 2010]

I. – L'entrepreneur individuel à responsabilité limitée peut céder à titre onéreux, transmettre à titre gratuit entre vifs ou apporter en société l'intégralité de son patrimoine affecté et en transférer la propriété dans les conditions prévues aux II et III du présent article sans procéder à sa liquidation.

II. – La cession à titre onéreux ou la transmission à titre gratuit entre vifs du patrimoine affecté à une personne physique entraîne sa reprise avec maintien de l'affectation dans le patrimoine du cessionnaire ou du donataire. Elle donne lieu au dépôt par le cédant ou le donateur d'une déclaration de transfert au registre auquel a été effectué le dépôt de la déclaration visée à l'article L. 526-7 et fait l'objet d'une publicité. La reprise n'est opposable aux tiers qu'après l'accomplissement de ces formalités.

La cession du patrimoine affecté à une personne morale ou son apport en société entraîne transfert de propriété dans le patrimoine du cessionnaire ou de la société, sans maintien de l'affectation. Elle donne lieu à publication d'un avis. Le transfert de propriété n'est opposable aux tiers qu'après l'accomplissement de cette formalité.

III. – La déclaration ou l'avis mentionnés au II sont accompagnés d'un état descriptif des biens, droits, obligations ou sûretés composant le patrimoine affecté.

Les articles L. 141-1 à L. 141-22 ne sont pas applicables à la cession ou à l'apport en société d'un fonds de commerce intervenant par suite de la cession ou de l'apport en société d'un patrimoine affecté.

Le cessionnaire, le donataire ou le bénéficiaire de l'apport est débiteur des créanciers de l'entrepreneur individuel à responsabilité limitée mentionnés au 1° de l'article L. 526-12 en lieu et place de celui-ci, sans que cette substitution emporte novation à leur égard.

Les créanciers de l'entrepreneur individuel à responsabilité limitée mentionnés au 1° de l'article L. 526-12 dont la créance est antérieure à la date de la publicité mentionnée au II du présent article, ainsi que les créanciers auxquels la déclaration n'est pas opposable et dont les droits sont nés antérieurement au dépôt de la déclaration visée à l'article L. 526-7 lorsque le patrimoine affecté fait l'objet d'une donation entre vifs, peuvent former opposition à la transmission du patrimoine affecté dans un délai fixé par voie réglementaire. Une décision de justice rejette l'opposition ou ordonne soit le remboursement des créances, soit la constitution de garanties, si le cessionnaire ou le donataire en offre et si elles sont jugées suffisantes.

À défaut de remboursement des créances ou de constitution des garanties ordonnées, la transmission du patrimoine affecté est inopposable aux créanciers dont l'opposition a été admise.

L'opposition formée par un créancier n'a pas pour effet d'interdire la transmission du patrimoine affecté.

52.02 **Jurisprudence de référence.**

> **Associations**

> **Le nombre d'avocats associés ne saurait être limité par une délibération du Conseil de l'ordre**

• **CA Dijon, 9 mai 1974,** *Gaz. Pal.* 1974, 2, 659.

* V. s[s] n° 52.19.

> **Un seul avocat membre de l'association peut être constitué pour chaque partie**

• **CA Rennes, 18 juin 1973,** *JCP* 1974, II, 17610.

* V. s[s] n° 52.19.

• **CA Paris, 17 nov. 1975,** *Gaz. Pal.* 1976, 2, 779.

* V. s[s] n° 52.19.

> **Société civile professionnelle (SCP)**

> **La valeur des parts ne saurait dépendre de la qualité du cessionnaire**

• **Civ. 1re, 3 mars 1993, n° 91-16.157,** *Bull. civ.* I, n° 97; *Gaz. Pal.* 26 juin 1993, p. 130.

* V. s[s] n° 52.42.

« Vu les articles 1er, 18 et suivants de la loi n° 66-879 du 29 novembre 1966, ensemble l'article 1832 du Code civil;

Attendu que, porteur de quatre-vingt-dix parts de 100 francs d'une société civile professionnelle constituée en 1978 pour l'exercice de la profession de conseil juridique et fiscal et en droit des sociétés, dont l'objet social a été modifié en 1985 pour l'exercice de la profession d'avocat, M. T... a exercé la faculté de retrait prévue à l'article 26 des statuts et demandé le rachat de ses parts, qui, selon lui, compte tenu des résultats des deux derniers exercices, avaient une valeur vénale de 1 000 000 de francs; que, le prix de rachat ne convenant pas aux autres associés, le bâtonnier de l'Ordre des avocats, saisi conformément à l'article 27 des mêmes statuts, a arbitré la valeur des parts à la somme de 600 000 francs à la date du 1er octobre 1990; que les associés B..., B..., D..., C... et R..., agissant tant en leur nom personnel qu'en qualité de co-gérants de la SCPA, ont exercé le recours prévu devant la cour d'appel en prétendant que la valeur des parts de M. T... ne pouvait correspondre qu'à leur valeur nominale, dès lors que les apports en industrie, s'ils ouvraient droit à une quote-part dans les bénéfices, ne donnaient lieu à aucune attribution de parts d'intérêts, que la SCPA ne possédait ni réserve financière ni actif mais au contraire un passif, qu'une clientèle est hors du commerce et que M. T... ne pouvait se prévaloir du droit de présentation de sa clientèle puisqu'il s'était réinstallé dans la même localité;

Attendu que pour accueillir ce recours et fixer à 9 000 francs la valeur globale des parts, la cour d'appel, après avoir justement relevé qu'un avocat, membre d'une SCPA, ne pouvait faire état d'une clientèle personnelle susceptible d'être présentée à son successeur, a énoncé que, pour l'associé qui se retire, le droit de présentation de la clientèle de la SCPA est envisageable si le successeur, non encore associé, le devient, mais qu'il est sans objet si un ou plusieurs associés ou la SCPA elle-même rachètent les parts;

Attendu qu'en se déterminant ainsi, alors qu'est attaché aux parts sociales le droit pour l'associé de partager les bénéfices ou de profiter de l'économie qui résulte de l'exploitation en société, indépendamment de la personne du cessionnaire, la cour d'appel a violé les textes susvisés. »

52.03 **Bibliographie indicative.**

> **Sur l'Eirl**

Martin-Serf, *RJ com.* 2004. 75, spéc. 80 (l'entreprise individuelle à risques limités – « EIRL ») – Williatte-Pellitteri, *LPA* 9 août 2004 (boîte de Pandore du monde des affaires ?) – Fages, *Dr. et patr.* janv. 2005. 73 (théorie du patrimoine et droit des affaires) – Lucas, *Bull. Joly* 2008. 839 (l'entrepreneur à patrimoine affecté, est-ce une si bonne idée ?) – de Roux, *Dr. et patr.* déc. 2008. 20 (l'entrepreneur à patrimoine affecté) – Roussel, *JCP N* 2009, n° 52, p. 40 (combinaison fiducie et entreprise à patrimoine affecté) – Projet de loi : Pierre, *JCP E* 2009, n° 51-52, p. 10 (l'entreprise à patrimoine affecté : la résurgence d'un serpent de mer) – Pando, *LPA* 28 janv. 2010 (l'entrepreneur individuel à responsabilité limitée : les contours du projet de loi) – Vallansan, *JCP E* 2010, n° 4, p. 36 (le sort de l'éventuelle entreprise à patrimoine affecté soumise à une procédure collective) – Notté, *JCP E* 2010, n° 5, p. 3 (projet de loi relatif à l'EIRL) – Lienhard, *D.* 2010. 252 (naissance du patrimoine d'affectation) – Roussel, *Dr. et patr.* févr. 2010. 17 (un statut juridique et fiscal pour l'entrepreneur individuel : enfin !) – Note de la rédaction, *BRDA* 2010, n° 4, p. 11 (projet de loi adopté par l'Assemblée nationale) – Perruchot-Triboulet, *RLDC* mars 2010. 61 (projet de loi relatif à l'EIRL) – Dubuisson, *JCP N* 2010, n° 1115 (projet de loi EIRL : comprendre la technique et les enjeux) – Dauriac et Grare-Didier, *Defrénois* 2010. 819 (projet d'EIRL : l'enjeu pour la famille). Loi n° 2010-658, 15 juin 2010 : Dossier, *Dr. et patr.* avr. 2010. 54 (le patrimoine professionnel d'affectation : premières analyses de l'EIRL) – Dubuisson, *JCP N* 2010, Actu. 423 (l'EIRL est adoptée !).

> **Sur les SCP et SEL**

Actualisables. RÉP. CIV., Guyon, *V° Sociétés civiles professionnelles*, n°s 139 s.

Ouvrage. Laurent et Vallée, *Société d'exercice libéral*, 5e éd., Delmas, 2007.

Articles. Bénabent, *JCP* 1991, I, 3499, n° 100 – Champaud, « Les sociétés d'exercice libéral », *Vie jud.* 10 févr. 1991, p. 1.

52.04 **Structures d'exercice :** ces structures ont pour objet l'exercice de la profession d'avocat. Le barreau de Paris s'est intéressé à la question et a rédigé une brochure intitulée « L'exercice en groupe de la profession d'avocat » qui précise le régime fiscal de ces différentes structures ainsi qu'un modèle de statuts ou de convention[1]. Ces structures sont :

– l'association (v. s[s] n°s 52.11 s.);

1. ÉGAL[T] : les modifications du règlement intérieur du barreau de Paris en ce domaine, *Bull. bâtonnier Paris* juill. 1994.

- la société civile professionnelle (SCP - v. s[s] n°s 52.31 s.);
- la société d'exercice libéral (SEL) qui peut revêtir la forme de Selarl, de Selafa ou de Selca (v. s[s] n°s 52.121 s.);
- la société en participation (SEP - v. s[s] n°s 52.171 s.);
- les groupements constitués sous l'empire d'une loi étrangère.

52.05 Utilité des structures d'exercice. Les SEL, ou SEP, ces sociétés d'exercice en groupe de la profession d'avocat, ont été très critiquées par une partie de la doctrine, à la différence des structures de moyens qui paraissent, au contraire, opportunes pour diminuer les coûts des cabinets et rendre un service plus performant à la clientèle.

C'est ainsi que le président Jacques Boré, membre de l'Institut, président de l'Ordre des avocats aux Conseils, lors de la rentrée du 3 décembre 1992, indiquait que son ordre repoussait les formes d'exercice professionnel en groupe qui lui paraissaient menaçantes : « La création de trop grandes unités de travail qui feraient disparaître le caractère libéral de la profession et la création de sociétés interprofessionnelles dans lesquelles l'avocat aux conseils dépendrait plus de ses co-associés et des impératifs de clientèle d'une grande société, que de lui-même ou de son ordre, lui paraissaient dangereuses. »[1]

Néanmoins, on peut estimer que les SEL peuvent se révéler des instruments de gestion adaptés à tous les cabinets d'avocats, quelle qu'en soit la taille, y compris pour les petits ou moyens cabinets pour lesquels, d'ailleurs, le sous-produit de la SEL qu'est la Selarl est la structure de prédilection, particulièrement la Selarl unipersonnelle qui, discutée dans ses débuts en raison de l'objet de la SEL qui est l'exercice en commun de la profession d'avocat, a été reconnue par le barreau de Paris et la doctrine dominante, ainsi que les débats parlementaires ayant précédé le vote de la loi du 31 décembre 1990 sur les SEL. Pour les plus grands, en revanche, la Selas (Société d'exercice libéral par actions simplifiées), instituée par la loi sur les nouvelles régulations économiques n° 2001-420 du 15 mai 2001[2], apparaît particulièrement séduisante, dans la mesure où, comme la SAS de droit commun, elle laisse aux associés une large place à la liberté contractuelle. Au surplus, comme pour la Selarl, la Selas peut être unipersonnelle.

Nombreux sont ceux qui ont été confrontés à la difficulté d'associer un collaborateur ou un salarié du cabinet. La Selarl (ou la Selas) unipersonnelle peut régler la question par la faculté de céder librement les parts sociales à un autre professionnel, sans autre coût que l'enregistrement de l'acte et le paiement du droit proportionnel de 5 %[3] assis sur le prix de cession (ce droit s'élève à 1,10 %, avec un plafond de 4 000 euros en ce qui concerne les actions). L'opération est même aujourd'hui, pour les petits cabinets, fiscalement indolore, puisque l'assiette de ce droit bénéficie désormais d'un abattement de 23 000 euros En conséquence, les droits d'enregistrement sont calculés sur la fraction du prix excédant ce montant.

Cette forme d'exercice permet d'envisager plus sereinement un départ en retraite permettant une cession progressive des parts sociales à un ou plusieurs confrères, dans des conditions bien meilleures que pour un professionnel libéral.

La Selarl peut être une première étape avant la société d'exercice libéral à forme anonyme (Selafa) si la croissance du cabinet le justifie et si un contrôle des opérations de gestion par les principaux associés devient nécessaire pour assurer la gestion collégiale du cabinet[4].

La SEP, pour sa part, constitue une structure d'exercice particulièrement souple, la plus grande liberté étant laissée aux associés pour déterminer les modalités d'organisation et de fonctionnement de cette société; elle permet aux avocats d'exercer en groupe leur profession sans créer nécessairement une personne morale nouvelle. Le recours à la SEP permet en outre d'opter pour son assujettissement à l'impôt sur les sociétés qui présente notamment l'avantage de considérer comme une charge fiscalement déductible les rémunérations versées aux dirigeants de la SEP. Le régime applicable aux SEP permet enfin de prévoir le versement d'une prestation compensatrice en numéraire à l'associé qui se retire[5].

52.06 Renouvellement de l'intérêt du recours à un groupement. Les raisons qui peuvent conduire des avocats à privilégier l'exercice de leur activité au sein d'un groupement, et spécialement d'une société, plutôt que dans un cadre individuel se sont renouvelées au fil des réformes législatives. Il va de soi que c'est d'abord une raison de fait et la recherche d'un effet de taille, grâce auquel le cabinet sera en mesure d'offrir à sa clientèle, spécialement celle des entreprises, une large gamme de prestations en mobilisant un nombre important de collaborateurs, qui va motiver la constitution d'une société. Le besoin de

1. Boré, *Vie jud.* 13 juill. 1992, p. 1.
2. *JO* 16 mai 2001, p. 7776.
3. Ce taux est applicable pour les cessions réalisées à compter du 1er janvier 2006 [auparavant, ce taux s'élevait à 4, 80 %].
4. *Bull. bâtonnier Paris*, juill. 1993, p. 6.
5. *Bull. bâtonnier Paris*, juill. 1993, p. 5.

financer le développement du cabinet passe nécessairement par le choix de la forme sociale, spécialement commerciale, et de la transformation de celui-ci en SEL, l'étape suivante pouvant même être la constitution d'une société de participations financières de professions libérales (SPFPL) d'avocats, créée par la loi du 11 décembre 2001 portant mesures urgentes à caractère économique et financier[1] (v. s^s n°s 55.01 s.). Par ailleurs, le choix de la SEL offre – du moins en théorie – un atout considérable à ses associés, dont ne bénéficient ni les associés d'une société civile, ni les avocats qui exercent à titre individuel : la responsabilité limitée. Les associés d'une telle société ne peuvent, en effet, être poursuivis par les créanciers sociaux sur leur propre patrimoine en cas de défaillance de la société.

Toutefois, certains critères de choix ont perdu de leur pertinence. Il en est d'abord ainsi du fait de l'extension du domaine de la clause compromissoire par la loi précitée du 15 mai 2001, qui a réécrit l'article 2061 du Code civil. Cette clause était naguère cantonnée à la sphère de la commercialité et ne pouvait, en conséquence, être stipulée, dans les statuts ou dans un acte extra-statutaire, pour trancher les différends éventuels entre avocats collaborant dans une même structure (par ex. à propos de partages d'honoraires), que si les intéressés exerçaient leur activité au sein d'une SEL, qui est une société commerciale par la forme. Désormais, le principe est que « sous réserve des dispositions législatives particulières, la clause compromissoire est valable dans les contrats conclus à raison d'une activité professionnelle ». Une telle clause peut donc aujourd'hui être stipulée dans les statuts ou l'acte fondateur d'un groupement à caractère civil, SCP, association ou GIE ou encore dans un contrat de collaboration liant deux avocats. La SEL perd donc là l'un de ses principaux arguments.

C'est ensuite la dernière réforme du droit des entreprises en difficulté, issue de la loi du 26 juillet 2005 de sauvegarde des entreprises[2], qui a étendu le domaine de cette branche du droit aux « personnes physiques exerçant une activité professionnelle indépendante, y compris une profession libérale soumise à un statut législatif ou réglementaire ou dont le titre est protégé », même si elle en a adapté le contenu aux spécificités des professions libérales. Désormais, par conséquent, les avocats exerçant leur activité à titre individuel peuvent déposer le bilan. Seuls y étaient, jusqu'alors, soumis les professionnels libéraux exerçant dans le cadre d'une personne morale (v. s^s n°s 59.01 s.). À partir du moment où l'application du droit des entreprises en difficulté est présentée comme une faveur (dans la mesure où il permet à un débiteur d'obtenir un répit face à ses créanciers), c'est la constitution même d'un groupement doté de la personnalité juridique qui perd l'une de ses raisons d'être.

52.07 Vers une simplification des structures d'exercice ? Une réflexion, initiée par les pouvoirs publics et menée par la profession, notamment dans le cadre du CNB, vise à une réforme profonde de l'exercice de la profession d'avocat dans le cadre d'un groupement[3]. Le constat est celui d'une trop grande diversité des structures d'exercice, qui est elle-même est une source de confusion tant pour le public que pour la profession elle-même. On peut s'interroger, en particulier, sur le maintien à la fois de l'association et de la société en participation, tant ces groupements se ressemblent. De même, il paraît peu opportun de conserver dans notre législation autant de formes différentes de sociétés d'exercice libéral (SEL). En particulier, depuis qu'a été introduite, par la loi du 15 mai 2001, la Selas (société d'exercice libéral par actions simplifiée ou SEL constituée sous forme de SAS), le maintien de la Selafa (société d'exercice libéral à forme anonyme) et surtout de la Selca (société d'exercice libéral à commandite par actions) se pose. De même, le régime applicable aux groupements qui seraient maintenus mériterait d'être amélioré et certaines disparités gommées. Qu'est ce qui justifie, par exemple, que le choix de la dénomination sociale soit libre dans la SEL alors que dans la SCP, la raison sociale est nécessairement constituée par les noms, qualifications et titres professionnels de tous les associés ou de ceux de l'un ou plusieurs d'entre eux suivis des mots « et autres »[4] ?

SECTION 1 ASSOCIATIONS

52.11 Limitation de la responsabilité professionnelle : la réforme du 15 mai 2007. Le décret du 15 mai 2007 relatif à la profession d'avocat[5] a introduit certaines dispositions concernant les associations d'avocats[6]. Cette réforme, qui répond à une demande de la profession, a été rendue possible grâce à une modification de la loi du 31 décembre

1. L. n° 2001-1168, 11 déc. 2001, *JO* 12 déc. 2001, p. 19703.
2. L. n° 2005-845, 26 juill. 2005, *JO* 27 juill. 2005, p. 12187 ; rect. *JO* 22 oct., p. 16750.
3. Caussain, *Rapport d'étape, Pour une amélioration des structures d'exercice de la profession en matières juridique, fiscale et sociales*, CNB, Assemblée générale, 19 sept. 2003.
4. L. 29 nov. 1966, art. 8, al. 1er.
5. Décr. n° 2007-932, 15 mai 2007.
6. NOT. : Caussain, « La nouvelle donne des associations d'avocats », *JCP* 2007, I, 177.

1990[1] par la loi du 30 décembre 2006[2], qui a notamment autorisé l'insertion dans les statuts d'une association d'une clause de limitation de la responsabilité professionnelle. Les associations choisissant d'introduire cette clause dans leurs statuts seront dénommées AARPI.

• **Une LLP à la française.** Cette réforme a ainsi permis d'introduire dans le droit français ce qu'on appelle en droit anglais la *Limited Liability Partnership (LLP)*, organisée par la loi *The Limited Liability Partnerships Act 2000* applicable depuis le 6 avril 2001. La LLP est une société à responsabilité limitée dans laquelle la responsabilité des associés est limitée au montant de l'apport qu'ils ont investi dans l'entreprise et à toute garanties personnelles qu'ils ont apporté. Cette forme sociale procure donc à ses membres une certaine protection lorsque l'association rencontre des difficultés. Ce statut, qui concerne essentiellement les professions libérales (avocats, experts-comptables), intéresse surtout les cabinets d'une certaine importance.

52.12 Finalité des associations. C'est un mode d'exercice en commun de l'activité professionnelle qui n'efface pas la personnalité juridique de ses membres (les associations d'avocats sont le fruit d'un contrat, pour autant sont-elles des personnes morales ?[3] Il était permis d'en douter, traditionnellement, mais une partie de la doctrine considère que la loi du 31 décembre 1990 les a dotées de la personnalité morale[4]).

52.13 Responsabilité. Le décret du 15 mai 2007 est venu préciser l'étendue de la responsabilité des membres de l'association. Ces derniers sont soumis à une responsabilité conjointe, à proportion de leurs droits dans l'association : l'article 124 alinéa 2 prévoit en effet que « chacun des membres de l'association est tenu des actes accomplis par l'un d'entre eux, au nom de l'association, à proportion de ses droits dans l'association ». À cette responsabilité conjointe, s'ajoute une responsabilité professionnelle individuelle, prévue à l'alinéa 3, qui précise que « chacun des membres de l'association répond, en outre, sur l'ensemble de son patrimoine, des actes professionnels qu'il accomplit à l'égard de ses clients ». Cette disposition nouvelle rapproche les avocats membres d'une associations des membres d'une SCP ou d'une SEL.

Rappelons que le décret prévoyait, avant la réforme du 15 mai 2007, que chaque avocat associé demeurait personnellement responsable de son activité à l'égard de ses clients propres (ce à quoi s'ajoutait une responsabilité solidaire et indéfinie de tous les associés envers les tiers pour les dettes contractées par l'association[5]).

• **Nullité de la clause compromissoire.** Quoique la solution manquât d'une parfaite unanimité[6], était traditionnellement considérée comme nulle la clause compromissoire inscrite dans un contrat d'association entre avocats et la sentence arbitrale rendue par le Conseil de l'ordre auquel appartiennent les membres de l'association ainsi que l'ordonnance d'*exequatur* qui a suivi[7]. En effet, les clauses compromissoires étant, jusqu'à la loi sur les nouvelles régulations économiques du 15 mai 2001, interdites entre les personnes non commerçantes, le bâtonnier ne pouvait donc pas bénéficier d'un rôle d'arbitrage mais seulement d'un rôle de conciliation qu'il pouvait imposer de manière normale et même obligatoire, compte tenu des relations existant entre avocats[8]. Toutefois, la cour de Paris dans un arrêt inédit du 7 février 1994[9] avait validé les clauses compromissoires en matière d'associations en vertu de l'article 81-1 du règlement intérieur du barreau de Paris (devenu RI, art. 15-2 et 15-3) qui prévoit que les litiges nés de l'exercice en groupe de la profession d'avocat, relèvent exclusivement en premier ressort de l'arbitrage du bâtonnier. Cette jurisprudence est aujourd'hui consacrée par la loi.

• **Réintégration de l'association.** Une association peut être conclue pour une durée déterminée, l'associé qui quitte l'association et le barreau peut s'y réinscrire ultérieurement malgré l'opposition de son ancien associé; s'il profitait de cette situation pour commettre des faits contraires à l'honneur et à la délicatesse, sa conduite serait fautive et pourrait entraîner des peines disciplinaires à son encontre, mais le Conseil de l'ordre et la Cour ne disposent pas, en cette matière, d'un contrôle *a priori* mais seulement *a posteriori*[10].

52.14 Association d'avocats à responsabilité professionnelle individuelle (AARPI). La loi de finances pour 2006[11] a ouvert la possibilité de créer des associations d'avocats à responsabilité professionnelle individuelle, dénommées AARPI. L'article 7 [nouveau] de la loi du 31 décembre 1971 dispose que « l'avocat peut exercer sa profession soit à titre individuel, soit au sein d'une association dont la responsabilité des membres peut être, dans les con-

1. L. 31 déc. 1990, art. 7, al. 1.
2. L. n° 2006-1771, 30 déc. 2006, art. 64, II.
3. L. 31 déc. 1971, art. 8 – Décr. 27 nov. 1991, art. 124 s.
4. Bénabent, « Avocats : premières vues sur la "nouvelle profession" (lois du 31 décembre 1990) », *JCP* 1991, I, 3499, n° 100.
5. Monéger et Demeester, p. 155.
6. TGI Paris, 14 mars 1984, *D.* 1985, IR 109; *JCP* 1985, IV, 91.
7. CA Angers, 2 juill. 1975, *Gaz. Pal.* 1975, 2, 276.
8. CA Caen, 15 oct. 1982, *Gaz. Pal.* 1982, 2, 664 – pourvoi rejeté par : Civ. 1re, 21 févr. 1984, n° 82-16.580, *Bull. civ.* I, n° 67; *D.* 1985, IR 109; *D.* 1985, IR 108, note Brunois; *JCP* 1984, IV, 133; *Gaz. Pal.* 1984, 2, pan. 226 – CA Paris, 18 déc. 1985, *D.* 1987, somm. 66.
9. CA Paris, 7 févr. 1994, inédit.
10. Civ. 1re, 12 nov. 1985, n° 84-15.925, *Bull. civ.* I, n° 294; *D.* 1987, somm. 64, note Brunois; *JCP* 1986, IV, 37; *Gaz. Pal.* 1986, pan. 37.
11. L. n° 2006-1771, 30 déc. 2006, art. 64, II.

ditions définies par décret, limitée aux seuls membres de l'association ayant accompli l'acte professionnel en cause [...]. »

À la suite de ce texte, le décret du 15 mai 2007 est venu ajouter un alinéa 5 à l'article 124 du décret du 27 novembre 1991, qui prévoit que « le contrat d'association, sur décision unanime des associés, peut prévoir que la mise en cause de la responsabilité professionnelle de l'un de ses membres n'engagera pas celle des autres associés ».

Cette clause de limitation suppose tout d'abord l'unanimité des associés. Elle sera opposable aux tiers, dès lors qu'elle aura fait l'objet des mesures de publicité prévues aux articles 124-1 à 126 (v. s^s^ n° 52.16).

Elle doit être insérée dans le contrat d'association. Elle peut y figurer dès la constitution de l'association où être incluse ultérieurement. Dans les deux cas les mesures de publicité doivent être respectées.

Par ailleurs, dès lors qu'une clause limitative est insérée au contrat d'association, la dénomination de l'association doit être immédiatement précédée ou suivie de la mention « association d'avocats à responsabilité professionnelle individuelle » ou des initiales « ARPI ».

• **Étendue de la responsabilité.** Lorsqu'elle est adoptée, la clause limite la responsabilité professionnelle à l'auteur ou aux auteurs de l'acte fautif. La responsabilité de ceux qui n'en sont pas les auteurs ou qui n'y ont pas concouru ne pourra donc pas être recherchée. Il est important de préciser que ce cantonnement de responsabilité ne concerne que les actes professionnels et non les dettes de l'associations. Les membres de l'association restent, par ailleurs, indéfiniment responsables des dettes de l'association et dans ce cas leur responsabilité n'est pas limitée au montant de leur mise.

52.15 L'association peut être constituée de personnes physiques et de personnes morales. L'article 124 alinéa 1er du décret du 27 novembre 1991, modifié par le décret du 15 mai 2007, prévoit qu'**une association d'avocats peut comprendre des avocats personnes physiques et des personnes morales exerçant la profession d'avocat.** Depuis le décret du 10 avril 1954[1], puis sous le régime de la loi du 31 décembre 1971, on considérait que seuls des avocats personnes physiques pouvaient constituer une association. D'ailleurs la loi du 29 novembre 1966 relative aux sociétés professionnelles[2] n'autorisant la constitution de sociétés civiles professionnelles qu'entre personnes physiques l'excluait nécessairement entre groupements[3].

Pourtant, un article 8 avait été introduit dans la loi du 31 décembre 1971 par la loi du 31 décembre 1990[4], qui prévoyait que « tout groupement, société ou association [...] peut être constitué entre avocats personnes physiques, groupements, sociétés ou associations d'avocats appartenant ou non à des barreaux différents ». En dépit de ce texte, les commentateurs ainsi que les Ordres des avocats continuaient à considérer qu'une association ne pouvait être créée qu'entre avocats personnes physiques, exerçant en son sein, interdisant donc l'accès des personnes morales. À la suite d'une décision du Conseil de l'ordre des avocats du Barreau de Paris du 4 juillet 2006[5] autorisant une société d'exercice libéral à entrer dans une association, la Commission des Règles et Usages du CNB s'est également prononcer dans le sens de la libéralisation[6], en admettant que les associations d'avocats pouvaient être constituées entre avocats personnes physiques, groupements, sociétés ou associations d'avocats. L'article 6 du décret du 15 mai 2007 est donc venu concrétiser cette solution.

52.16 Contrat d'association. Les contrats d'association doivent faire l'objet d'une convention écrite. Dans la quinzaine de la conclusion du contrat, un exemplaire de la convention qui fonde l'association est remis contre récépissé ou expédié par lettre recommandée avec demande d'avis de réception à chaque bâtonnier concerné[7].

En cas de modification du contrat, dans la quinzaine de la modification d'association, un exemplaire de l'acte modificatif doit être remis contre récépissé ou expédié par lettre recommandée avec demande d'avis de réception à chaque bâtonnier concerné.

Le bâtonnier saisit le conseil de l'ordre, qui dispose d'un délai d'un mois à compter de la remise du récépissé ou de la réception de la lettre, pour mettre en demeure les associés, par lettre recommandée avec demande d'avis de réception, de modifier la convention de façon qu'elle soit en conformité avec les règles applicables à la profession[8].

Les décisions du conseil de l'ordre en cette matière sont susceptibles de recours, dans les conditions prévues à l'article 16 du décret[9].

1. Décr. n° 54-406, 10 avr. 1954, 10 avr. 1954 portant règlement d'administration publique sur l'exercice de la profession d'avocat et la discipline du barreau, *JO* 11 avr., p. 3494.
2. L. n° 66-789, 29 nov. 1966, art. 1.
3. Rép. min. QE, Justice à Labarrère, *JOAN* 1er janv. 1977.
4. L. n° 90-1258, 31 déc. 1990, art. 67 et 7.
5. Décis. Conseil de l'ordre du barreau de Paris, 4 juill. 2006.
6. Rapport Caussain, *Pour une amélioration des structures d'exercice de la profession d'avocat.*
7. Décr. 27 nov. 1991, art. 125.
8. Décr. 27 nov. 1991, art. 125, al. 3.
9. Décr. 27 nov. 1991, art. 128; l'art. 16 organise les modalités de ce recours.

• **Droit de communication du contrat.** Le procureur général peut demander communication du contrat d'association[1].

Ce droit de communication a également été étendu aux tiers par le décret du 15 mai 2007, afin de permettre à toute personne ayant un intérêt en lien avec l'association d'obtenir un certain nombre d'informations utiles : identification des membres de l'association dont la responsabilité peut être mise en cause, étendue de la responsabilité de chacun, *etc.* Le nouveau texte prévoit à cet effet que « tout intéressé peut demander communication de la liste des associés et de la proportion de leurs droits dans l'association ainsi que, le cas échéant, des clauses du contrat d'association relatives à la responsabilité professionnelle individuelle de ses membres ». Il précise que ce droit de communication peut être exercé à chaque lieu d'établissement de l'association[2].

52.17 **Mesures de publicité.** Des mesures de publicité sont indispensables afin de rendre opposable aux tiers cette limitation de responsabilité. C'est pourquoi l'article 124-1 du décret du 27 novembre 1991 prévoit que l'appartenance à l'association avec la dénomination de celle-ci doit être indiquée dans les actes professionnels et les correspondances de chaque associé.

L'article 126 [nouveau] du décret prévoit par ailleurs qu'après accomplissement des formalités prévues à l'article 125, la constitution de l'association fait l'objet de l'insertion d'un avis dans un journal habilité à recevoir les annonces légales dans le département du lieu d'inscription au tableau de l'ordre de chacun des associés.

L'avis devra contenir la dénomination, la liste des associés, le nom du barreau auquel ils appartiennent et, s'il y a lieu, la mention indiquant que l'association s'est placée sous le régime de la responsabilité professionnelle de chacun des associés.

La dénomination de l'association doit être immédiatement précédée ou suivie de la mention « association d'avocats »[3].

• **Retrait ou adhésion d'un nouvel associé.** Le retrait ou l'admission d'un associé donne lieu à la même publication. Par ailleurs, en cas d'adhésion d'un nouvel associé, les modifications du contrat d'association doivent êtres communiquées au bâtonnier selon les dispositions prévues par l'article 125 du décret du 27 novembre 1991.

• **Les avocats associés peuvent appartenir à des barreaux différents.** L'article 8 de la loi du 31 décembre 1971 prévoit expressément que les associations peuvent être constituées entre des avocats appartenant ou non à des barreaux différents et l'association peut postuler auprès de chaque tribunal par le ministère d'un avocat inscrit au barreau établi près de ce tribunal.

52.18 **Fiscalité.** Sur le plan fiscal, les associations d'avocats, qu'elles soient ou non à responsabilité limitée, pourront continuer à être soumises au régime des sociétés de personnes avec la possibilité d'opter pour l'impôt sur les sociétés. Une instruction fiscale du 2 mai 2007[4] est venue préciser les conditions d'application du régime fiscal des sociétés en participation aux associations d'avocats.

L'article 238 *bis* LA du Code général des impôts soumet au régime fiscal applicable aux sociétés en participation, les associations d'avocats mentionnées à l'article 7 de la loi du 31 décembre 1971. Ainsi, les bénéfices réalisés par les associations d'avocats dont la responsabilité des membres peut être, dans les conditions définies par décret, limitée aux seuls membres de l'association ayant accompli l'acte professionnel en cause, sont imposés selon les règles prévues pour les sociétés en participation.

Après avoir précisé que les bénéfices réalisés par les associations s'entendent du résultat de ces associations, qu'il s'agisse de profits ou de pertes, l'instruction fiscale opère une distinction, entre les membres indéfiniment responsables et ceux qui ne sont pas indéfiniment responsables (c'est-à-dire ceux dont la responsabilité est limitée entre eux au montant de leur mise, c'est-à-dire au montant de leur apport dans l'association).

S'agissant des premiers (les membres indéfiniment responsables), ils sont personnellement imposés, pour la part des bénéfices correspondant aux droits de chacun dans les résultats de l'association, à l'impôt sur le revenu, s'agissant de personnes physiques ou à l'impôt sur les sociétés s'agissant de personnes morales passibles de cet impôt. En effet, le cantonnement de la responsabilité professionnelle des membres de l'association d'avocats selon lequel chaque avocat est indéfiniment responsable de ses propres fautes n'empêche pas que, par ailleurs, les membres de l'association restent, par ailleurs, indéfiniment responsables des dettes de l'association et leur responsabilité n'est pas limitée au montant de leur mise.

S'agissant des autres (ou dont les noms et adresses n'ont pas été indiqués à l'administration), la part des bénéfices correspondant aux à leurs droits est imposée selon les règles prévues l'article 206, 4 du CGI pour les sociétés en participation. Ainsi, la part des bénéfices est imposée à l'IS au nom de l'association ou au nom du dirigeant connu des tiers.

52.19 **Réglementation des associations par les barreaux.** Les associations d'avocats ne sont pas

1. Décr. 27 nov. 1991, art. 127.
2. Décr. 27 nov. 1991, art. 127, al. 2 et 3.
3. Décr. 27 nov. 1991, art. 124.
4. Instr. n° 5 G-4-07, 2 mai 2007.

seulement régies par la loi *lato sensu* ou par la liberté contractuelle, telle qu'exprimée dans les statuts. Certains barreaux, par leur règlement intérieur, prévoient, en effet, parfois une réglementation plus stricte de ces associations notamment en précisant :

1° qu'aucune association ne peut comprendre plus d'un certain nombre d'associés;

• **Nullité de la délibération créant un nombre limité d'associés.** Toutefois il a été jugé que l'article 7 de la loi du 31 décembre 1971, n'établissant aucune limitation du nombre des avocats associés, toute délibération du Conseil de l'ordre créant un numerus clausus à l'intérieur de l'association doit être annulée[1].

2° qu'aucun avocat ne peut appartenir à plus d'une association;

3° que les avocats stagiaires ne peuvent faire partie d'associations qu'à la condition que le règlement intérieur de l'Ordre l'admette et que l'association doit, dans ce cas, comporter un ou plusieurs avocats inscrits au tableau;

• **Une restriction contestable au regard de la loi.** Cette clause qui paraît plus restrictive que la loi est de ce fait fort contestable quant à sa validité[2].

4° que l'avocat qui cesse de pouvoir exercer sa profession, au regard des règles et traditions de l'Ordre, ne peut demeurer membre d'une association (sur la validité des clauses de non-rétablissement v. s^s n°s 50.31 s.);

5° que chaque associé doit pouvoir, à tout moment, quitter l'association;

• L'existence d'un contrat d'association rompu avant son terme ne fait pas obstacle à ce que l'avocat puisse se réinscrire à son barreau d'origine dès lors que son comportement ne constitue pas un manquement aux principes posés par l'article 17 paragraphe 3 de la loi du 31 décembre 1971[3].

6° que l'associé frappé d'une peine d'interdiction supérieure à deux mois, cesse de faire partie de droit de l'association et ne peut y être réadmis qu'avec l'autorisation du Conseil de l'ordre;

7° que le tableau et la liste du stage doivent mentionner à côté du nom de chaque avocat membre d'une association, celui de ses confrères avec lequel il est associé;

L'avocat qui exerce ses fonctions en association peut, en effet, faire précéder ou suivre son nom de celui de cette association[4].

• **Toute constitution pour une même partie, de plusieurs avocats associés doit être considérée comme nulle.** Chaque cabinet conservant son autonomie, un seul avocat doit être constitué pour chaque partie[5] (sur les conséquences de l'état d'avocat associé sur l'éligibilité d'un avocat du Conseil de l'ordre v. s^s n° 23.31). Toutefois, par des maladresses de rédaction législative on pourrait avoir l'impression que l'association peut postuler par elle-même[6]. Mais le texte, bien que confondant deux situations différentes dans un seul article, ne contredit pas la nécessité pour l'association de postuler par un avocat et non en son nom propre. Un auteur n'a d'ailleurs pas manqué de relever l'ambiguïté quant à la nature de l'association[7]. Les avocats associés ne peuvent ni plaider ni postuler les uns contre les autres.

8° il ne semble pas que la constitution d'association entre avocats français et avocats étrangers soit possible pour l'instant, hors le cas des sociétés de moyens ou des GIE (groupement d'intérêt économique) ou d'un GEIE (groupement européen d'intérêt économique)[8].

• L'intégration d'un nouvel avocat dans une association d'avocats ne peut être assimilée à une cession de droits sociaux ni à une cession de clientèle[9].

52.20 Compte Carpa. Les avocats exerçant en groupe dans une association ne peuvent être titulaires à la Carpa que d'un compte, ouvert au nom de l'association. Ils ne peuvent ouvrir de compte à la Carpa en leur nom personnel.

SECTION 2
SOCIÉTÉS CIVILES PROFESSIONNELLES (SCP)

§ 1
Constitution

52.31 Finalité des sociétés civiles professionnelles. Ces sociétés constituent un mode d'exercice collectif différent de l'activité professionnelle classique. En effet, dans ce type de société, le client n'a plus affaire à un avocat qui exerce sa profession seul ou en commun avec un ou plusieurs autres, mais il a affaire à une société qui est son avocat et qui se compose de plusieurs membres dont la personnalité propre est absorbée par celle de la société qui seule subsiste légalement, et ce même si l'assignation introductive d'instance portant le nom de la société doit mentionner le nom de l'avocat cons-

1. CA Dijon, 9 mai 1974, *Gaz. Pal.* 1974, 2, 659.
2. CA Versailles, 27 avr. 1994, *Gaz. Pal.* 15 sept. 1994, 11.
3. Civ. 1re, 12 nov. 1985, n° 84-15.925, *Bull. civ.* I, n° 294; *JCP* 1988, IV, 37; *D.* 1987, somm. 64, note Brunois; *Gaz. Pal.* 1986, pan. 37.
4. L. 31 déc. 1971, art. 67.
5. CA Rennes, 18 juin 1973, *JCP* 1974, II, 17610 – CA Paris, 17 nov. 1975, *Gaz. Pal.* 1976, 2, 779.
6. L. 31 déc. 1971, art. 8, l'association ou la société peut postuler auprès de chaque tribunal par le ministère d'un avocat inscrit au barreau établi près ce tribunal.
7. Bénabent, *JCP* 1991, I, 3499, n° 100.
8. Lemeunier, GIE, Delmas.
9. TGI Paris 23 nov. 1993, *JCP* 1995, 2, 22453, note Daigre – Décis. CNB, 14 mars 1998, *Gaz. Pal.* 28 mars 1998, 31.

titué, sauf à être irrégulière en la forme [1]. De ce fait les constitutions, pour être valides, doivent être faites au nom de la société civile professionnelle et non de ses membres pris individuellement ou collectivement.

L'avocat qui exerce ses fonctions en société peut faire précéder ou suivre son nom de celui de la société à laquelle il appartient [2].

Le but de la société est la mise en commun et le partage des bénéfices. L'objet de la société est l'exercice en commun de la profession d'avocat. Comme dans toute société de personnes, les associés répondent indéfiniment et solidairement des dettes sociales à l'égard des tiers, ce qui constitue d'ailleurs un inconvénient majeur par rapport à la société d'exercice libéral (SEL), qui est une société à responsabilité limitée. Il s'ensuit qu'une action en responsabilité peut indifféremment être dirigée contre la société ou l'associé en cause, ou encore contre les deux [3].

La dénomination de la société civile professionnelle est constituée par les noms, qualifications et titres professionnels de tous les associés ou de ceux de l'un ou plusieurs d'entre eux suivis des mots « et autres » [4]. La société peut même conserver le nom d'un ou de plusieurs anciens associés dans sa raison sociale, à condition d'être précédée du mot « anciennement » [5], sous réserve, toutefois d'obtenir leur accord ou celui de leurs héritiers [6].

• **Réforme par le décret du 15 mai 2007.** Le décret du 15 mai 2007 [7] a apporté un certain nombre de modifications au régime des SCP d'avocats, dans le but de dynamiser cette structure. Il vise essentiellement à encourager les regroupements par le biais de scissions (par constitution ou par absorption) et fusions, dont il précise les règles.

52.32 Qui peut être membre ? Ces sociétés peuvent être constituées entre avocats inscrits ou stagiaires appartenant soit à un même barreau, soit à des barreaux différents [8]. Toutefois les avocats inscrits sur les listes du stage ne pourront être membres d'une société qu'à la condition que celle-ci comprenne au moins un avocat inscrit au tableau [9].

Les associés d'une société civile professionnelle ne peuvent pas être des personnes morales, à la différence de ceux d'une société d'exercice libéral.

La société peut postuler dans chacun des barreaux où un de ses membres est inscrit et par celui ou ceux de ses membres inscrits à ce barreau [10].

52.33 Modalités d'inscription. La demande d'inscription d'une société civile professionnelle d'avocats est présentée collectivement par les associés; elle est adressée au bâtonnier de l'Ordre des avocats du siège de la société par lettre recommandée avec demande d'avis de réception ou par déclaration remise contre récépissé. Elle est accompagnée d'un dossier qui doit comprendre [11] :

– un exemplaire des statuts de la société et, le cas échéant, une expédition ou une copie de l'acte constitutif;

– un certificat d'inscription au tableau ou au stage délivré par le bâtonnier en ce qui concerne chaque associé;

– une demande de chaque associé sollicitant du Conseil de l'ordre l'inscription de la société.

En cas de constitution d'une société entre avocats relevant de barreaux différents, chaque associé appartenant à un barreau autre que celui de la société doit adresser par lettre recommandée avec demande d'avis de réception au bâtonnier du barreau auquel il appartient, ou par déclaration remise contre récépissé, le projet des statuts de la société. Ce bâtonnier saisit alors le Conseil de l'ordre qui dispose d'un délai d'un mois à compter de la réception de la lettre recommandée contenant notification de la demande, ou de la déclaration remise contre récépissé, pour faire connaître au bâtonnier saisi de la demande d'inscription de la société, son avis sur la conformité des statuts avec les dispositions législatives et réglementaires. Le silence gardé par le conseil pendant un mois équivaut à un acquiescement [12].

52.34 Contrôle du Conseil de l'ordre. L'inscription de la société ne peut être refusée par le Conseil de l'ordre que si les statuts déposés ne sont pas conformes aux dispositions législatives et réglementaires (v. s^s n° 23.92). Le Conseil de l'ordre statue sur la demande d'inscription dans les conditions prévues aux articles 101 et suivants du décret du 27 novembre 1991 [13]. Le délai est augmenté d'un

1. Civ. 2e, 1er févr. 2006, n° 05-17.742, *Bull. civ.* I, n° 35; *D.* 2006, AJ 465, obs. Avena-Robardet; *JCP* 2006, II, 10071, note Martin.
2. L. 31 déc. 1971, art. 67.
3. Civ. 1re, 1er mars 2005, n° 03-19.396, NP, *Bull. Joly* 2005, 989, note Daigre.
4. L. 29 nov. 1966, art. 8, al. 1er.
5. L. 31 déc. 1971, art. 8.
6. Civ. 1re, 1er juill. 1997, n° 95-18.928, *Bull. civ.* I, n° 227; *D.* 1997, IR 178; *Dr. sociétés* 1997, n° 153, note Bonneau; *JCP E* 1997, II, 1017, note Daigre; *JCP* 1998, II, 1001, note Loiseau; *Rev. sociétés* 1997, 810, note Parléani; *Gaz. Pal.* 1997, pan. 274; *Bull. Joly*, 1997, 988.
7. Décr. n° 2007-932, 15 mai 2007.
8. L. 31 déc. 1971, art. 8 – Décr. n° 92-680, 20 juill. 1992, art. 2.
9. Décr. 20 juill. 1992, art. 2.
10. L. 31 déc. 1971, art. 8.
11. Décr. 20 juill. 1992, art. 4.
12. Décr. 20 juill. 1992, art. 5.
13. Décr. 20 juill. 1992, art. 6.

mois en cas de société entre avocats relevant de barreaux différents. La décision de refus doit être motivée et les motifs fondés sur des bases légales. C'est ainsi que l'article 5 de la loi du 31 décembre 1971 qui exige que l'avocat établisse sa résidence professionnelle dans le ressort du tribunal de grande instance auprès duquel il exerce l'activité de postulant, n'implique pas qu'il ait également sa résidence effective dans ce ressort et il résulte des articles 5 et 8 de la même loi que le législateur a entendu permettre qu'une société civile professionnelle puisse librement regrouper des avocats associés appartenant à des barreaux différents et puisse ainsi postuler, par le ministère de ses associés, auprès de plusieurs tribunaux de grande instance.

• Aucun texte ne restreint cette liberté d'association et n'exige en particulier que lors de la formation d'une SCP inter-barreaux, les associés aient été préalablement inscrits au tableau du barreau étranger au siège de cette société[1] (v. s^s^ n° 53.12).

52.35 Recours. La décision de rejet peut être déférée à la cour d'appel selon les modalités prévues à l'article 16 du décret du 27 novembre 1991[2] c'est-à-dire dans le délai d'un mois à compter de la notification. L'appel se forme par lettre recommandée avec demande d'avis de réception adressée au secrétaire-greffier en chef de la cour ou remise contre récépissé au greffier en chef.

Le bâtonnier et le procureur général sont avisés dans la même forme. Le procureur général peut, dans tous les cas, interjeter appel de la décision du conseil, à compter soit de la décision explicite d'inscription ou de refus, soit de la décision implicite d'inscription résultant du silence conservé par le Conseil de l'ordre.

52.36 Création d'un bureau secondaire (v. s^s^ n°s 54.01 s.). Une société civile professionnelle peut établir un bureau secondaire dans les mêmes conditions qu'un avocat personne physique[3]. Tous les associés peuvent exercer dans un bureau secondaire mais seul la société peut postuler devant le tribunal.

• **Unicité du cabinet.** Malgré l'existence éventuelle de bureaux secondaires, la SCP conserve une unité nécessaire au regard de la loi, en vertu du principe fondamental de l'organisation de la profession d'avocat, qui est celui de l'unicité du cabinet.

52.37 Tenue de la comptabilité. La comptabilité de la SCP doit donc être unique et ne peut être fractionnée en autant de comptabilités différentes qu'il existe de bureaux où s'exerce la profession[4] (sur les bureaux secondaires v. s^s^ n°s 54.01 s.).

§ 2
Statuts, capital social, parts sociales et parts d'industrie

52.41 Statuts. La société peut être constatée, soit par acte sous seing privé, soit par écrit authentique. Si les statuts sont établis sous seing privé, il est établi autant d'originaux qu'il est nécessaire pour la remise d'un exemplaire à chaque associé et pour satisfaire aux dispositions des articles 4 et 15 du décret du 20 juillet 1992[5]. De toute façon cet écrit doit mentionner, aux termes du décret[6] :

- les noms, prénoms et domiciles des associés;
- l'adresse du siège social;
- la durée pour laquelle la société est constituée, sans pouvoir toutefois excéder quatre-vingt-dix-neuf ans[7];
- la nature et l'évaluation distincte de chacun des apports effectués par les associés;
- le montant du capital social (aucun montant minimum n'étant exigé par la loi), le nombre, le montant nominal et la répartition des parts sociales représentatives de ce capital;
- le cas échéant le nombre des parts d'intérêts attribuées à chaque apporteur en industrie;
- l'affirmation de la libération totale ou partielle, suivant le cas, des apports concourant à la formation du capital social.

52.42 Apports. Peuvent faire l'objet d'apports à une société civile professionnelle en propriété ou en jouissance :

- tous droits incorporels, mobiliers ou immobiliers, notamment le droit pour un associé de présenter la société comme successeur à sa clientèle;
- tous documents et archives et d'une manière générale tous objets mobiliers à usage professionnel;
- les immeubles ou locaux utiles à l'exercice de la profession;
- toutes sommes en numéraires.

Les apports en industrie sont possibles (contrairement à la SEL, à l'exception de la Selarl). Ils ne concourent pas à la formation du capital mais peuvent donner lieu à l'attribution de parts d'intérêts;

1. Civ. 1re, 22 janv. 1985, n° 83-15.927, *Bull. civ.* I, n° 30; *JCP* 1985, IV, 126; *Gaz. Pal.* 1985, pan. 180.
2. Décr. 20 juill. 1992, art. 8.
3. L. 31 déc. 1971, art. 8-1 et 8-2; mod. par L. n° 89-906, 19 déc. 1989.
4. Civ. 1re, 7 janv. 1982, n° 81-11.017, *Bull. civ.* I n° 1; *Gaz. Pal.* 1982, I, pan. 177.
5. Décr. 20 juill. 1992, art. 10.
6. Décr. 20 juill. 1992, art. 11.
7. C. civ., art. 1838.

ils confèrent à leur auteur la qualité d'associé[1]. Toutefois la valeur des parts sociales doit être calculée comme comprenant le droit pour l'associé de partager les bénéfices ou de profiter de l'économie qui résulte de l'exploitation en société[2].

À côté des apports à proprement parler, il est courant que les SCP bénéficient de financements de la part des associés, qui peuvent revêtir un caractère permanent, sous forme d'apport en compte courant d'associé. Il s'agit juridiquement d'un crédit consenti à la société – qui peut d'ailleurs donner droit à rémunération sous forme d'intérêt – sans que la loi ne le limite dans son montant. C'est d'ailleurs là un facteur de souplesse de la SCP par rapport à la SEL, dans lesquelles les avances en compte d'associé sont strictement encadrées (v. s^s^ n° 52.138).

52.43 **Les parts sociales ne peuvent être données en nantissement ni vendues aux enchères publiques.** Leur montant nominal ne peut être inférieur à 15,24 euros. Les parts d'intérêts correspondant aux apports en industrie sont incessibles et doivent être annulées lorsque leurs titulaires se retirent de la société pour quelque cause que ce soit, y compris la dissolution de celle-ci[3].

Les parts sociales représentant un apport en numéraire doivent être libérées lors de leur souscription, de la moitié au moins de leur valeur nominale[4]. La libération du surplus doit intervenir en une ou plusieurs fois, soit aux dates prévues par les statuts soit sur décision de l'assemblée des associés, au plus tard dans le délai de deux ans à compter de l'inscription de la société.

Dans les huit jours de la réception, les fonds provenant de la libération des apports en numéraires, sont déposés pour le compte de la société à la Caisse des dépôts et consignations (CDC), chez un notaire, dans une banque ou dans une Caisse de règlements pécuniaires des avocats (Carpa), le retrait des fonds provenant des souscriptions en numéraires est effectué par un mandataire de la société sur la seule justification de l'inscription de celle-ci[5].

52.44 **Immatriculation et formalités de publicité.** L'immatriculation de la société, les formalités de publicité au registre de commerce et des sociétés, sont régies par les articles L. 123-1 à L. 123-9 du Code de commerce, sous réserve des dispositions suivantes :

– une ampliation de la décision d'inscription de la société est adressée par les associés au greffe du tribunal où a été déposée la demande d'immatriculation au registre du commerce et des sociétés, au reçu de l'ampliation, le greffier procède à l'immatriculation de la société, il en informe le bâtonnier de l'Ordre qui a procédé à l'inscription de la société; en d'autres termes, La SCP d'avocats est immatriculée sous la condition suspensive de son inscription au barreau;

– tout intéressé peut se faire délivrer à ses frais, par le greffe qui a reçu l'inscription de la société, un extrait des statuts contenant à l'exclusion de toute autre indication, l'identité des associés, l'adresse du siège de la société, la raison sociale, la durée pour laquelle la société a été constituée, les clauses relatives aux pouvoirs des associés, à la responsabilité pécuniaire de ceux-ci, à la dissolution de la société[6].

§ 3
Fonctionnement de la société

52.51 **Gérance.** Par application de l'article 11 de la loi du 29 novembre 1966 les statuts organisent la gérance et déterminent les pouvoirs du ou des gérants, les conditions de désignation et de révocation de ceux-ci, ainsi que la durée de leur mandat. Les gérants sont nécessairement choisis parmi les associés; dans le silence des statuts, tous les associés sont gérants[7].

Les décisions qui excèdent les pouvoirs des gérants sont prises par les associés réunis en assemblée[8]. Par ailleurs, les pouvoirs des gérants ne peuvent en aucun cas avoir pour effet de créer une subordination des associés à la société pour l'accomplissement de leurs actes professionnels[9].

Les gérants sont responsables, individuellement ou solidairement selon les cas, envers la société ou envers les tiers, soit des infractions aux lois et règlements, soit de la violation des statuts, soit des fautes commises dans leur gestion. Si plusieurs gérants ont coopéré aux mêmes faits, le tribunal détermine la part contributive de chacun dans la réparation du dommage[10].

52.52 **Assemblées.** Les associés tiennent au moins une assemblée annuelle mais d'autres assemblées

1. Civ. 1re, 30 mars 2004, n° 01-15.575, *Bull. civ.* I, n° 102; *D.* 2004, AJ 1088; *Bull. Joly* 2004, 1001, note Baillod; *Rev. sociétés* 2004, 855, note Poracchia; *Gaz. Pal.* 2004, somm. 2705, à propos d'une SCP d'huissiers de justice.
2. Décr. 20 juill. 1992, art. 12 – Civ. 1re, 3 mars 1993, n° 91-16.157, *Bull. civ.* I, n° 97; *Gaz. Pal.* 26 juin 1993, 10; *Gaz. Pal.* 1993, pan. 130; *Defrénois* 1994, 120, note Forgeard.
3. Décr. 20 juill. 1992, art. 13.
4. Décr. 20 juill. 1992, art. 19.
5. Décr. 20 juill. 1992, art. 14.
6. Décr. 20 juill. 1992, art. 15.
7. Décr. 20 juill. 1992, art. 16.
8. Décr. 20 juill. 1992, art. 17.
9. L. 29 nov. 1966, art. 11, al. 2.
10. L. 29 nov. 1966, art. 12.

peuvent avoir lieu à la demande de l'un ou plusieurs associés représentant au moins la moitié en nombre de ceux-ci et en indiquant l'Ordre du jour.

Les statuts déterminent les modalités de convocation de l'assemblée[1].

Toute délibération fait l'objet d'un procès-verbal signé par les associés présents et contenant notamment la date et le lieu de la réunion, son ordre du jour détaillé, l'identité des associés présents ou représentés, un résumé des débats, le texte des résolutions mises aux voix et le résultat des votes. Les procès-verbaux sont établis sur un registre spécial qui doit être conservé au siège de la société et qui est préalablement coté et paraphé par le bâtonnier du barreau du lieu de situation du siège de la société[2].

Chaque associé dispose d'autant de voix qu'il possède de parts sociales ou de parts d'intérêts représentatives d'apport en industrie, sans que, s'il possède plus de la moitié des parts, il puisse avoir un nombre de voix supérieur à la moitié du nombre total des voix.

Un associé peut donner mandat écrit à un autre associé de le représenter à l'assemblée (et non à un tiers qui n'aurait pas la qualité d'associé).

L'assemblée ne peut délibérer valablement que si les trois quarts au moins des associés sont présents ou représentés; si ce *quorum* n'est pas atteint les associés peuvent être convoqués une seconde fois et l'assemblée délibère si le nombre d'associés présents ou représentés est au moins de deux[3].

En dehors des cas prévus par l'article 19 de la loi du 29 novembre 1966 - disposition relative à la cession des parts sociales qui exige une majorité renforcée d'au moins les trois quarts des voix (v. s^s n° 52.61) - ou par le décret du 20 juillet 1992 imposant des conditions spéciales de majorité, les décisions sociales sont prises à la majorité des voix dont disposent les associés présents ou représentés. Toutefois les statuts peuvent prévoir une majorité plus forte ou même l'unanimité des associés pour toutes les décisions ou seulement pour celles qu'ils énumèrent[4].

La modification des statuts est décidée à la majorité des trois quarts des voix de l'ensemble des associés.

Toutefois l'augmentation des engagements des associés ne peut être décidée qu'à l'unanimité.

Un exemplaire de tout acte modifiant les statuts est déposé dans le délai de 15 jours à compter de sa date au greffe chargé de la tenue du registre de commerce et des sociétés, dans les conditions et sous les effets prévus au décret du 30 mai 1984 relatifs au registre du commerce et des sociétés[5].

52.53 Comptes annuels. Après la clôture de chaque exercice, un ou plusieurs gérants établissent dans les conditions fixées par les statuts les comptes annuels de la société et un rapport sur les états de celle-ci; dans les trois mois qui suivent la clôture de l'exercice, les documents mentionnés au premier alinéa sont soumis à l'approbation de l'assemblée des associés.

À cette fin, ces documents sont adressés à chaque associé avec le texte des résolutions proposées, quinze jours au moins avant la réunion de l'assemblée, au plus tard avec la convocation à cette assemblée[6].

Chaque associé peut, à toute époque, prendre connaissance par lui-même des documents prévus à l'article 22 du décret du 20 juillet 1992, de tout registre ou document comptable dont la tenue est prescrite par les dispositions législatives ou réglementaires relatives à la profession et, plus généralement, de tout document détenu par la société.

§ 4
Cession et transmission de parts sociales

52.61 Modalités de la cession. La SCP d'avocats, bien qu'il s'agisse d'une société de personnes, n'est pas une société totalement fermée. Contrairement, par exemple, aux droits des membres d'une association d'avocats, qui sont strictement personnels (v. s^s n° 52.12), les parts sociales (et non les parts d'industrie) de SCP sont susceptibles d'être transmises ou cédées (Elles ne peuvent, en revanche, être louées, à la différence des parts et actions émises par les SEL - v. s^s n° 52.154). Il faut, pour cela, en cas de cession à un tiers, l'accord des associés représentant au moins les trois quarts des parts sociales, les statuts pouvant imposer une majorité plus forte, voire même l'unanimité[7], alors que la cession au profit des coassociés est libre, sauf clause contraire des statuts.

Toutefois, toute convention par laquelle l'un des associés cède, sous réserve des dispositions concernant les apports en industrie[8], la totalité ou une fraction de ses parts sociales à un tiers à la société, est passée sous la condition suspensive de l'inscription sur la liste prévue à l'article 46 du décret du 20 juillet 1992 (c'est-à-dire le tableau de l'Ordre des

1. Décr. 20 juill. 1992, art. 17.
2. Décr. 20 juill. 1992, art. 18.
3. Décr. 20 juill. 1992, art. 19.
4. Décr. 20 juill. 1992, art. 20.
5. Décr. 20 juill. 1992, art. 21.
6. Décr. 20 juill. 1992, art. 22.
7. L. 29 nov. 1966, art. 19, al. 1er.
8. Décr. 20 juill. 1992, art. 13.

avocats) du cessionnaire parmi les associés de la société.

Le projet de cession de parts sociales est notifié à la société et à chacun des associés par lettre recommandée avec demande d'avis de réception. Si la société a, dans la même forme, notifié son consentement exprès à la cession ou si elle n'a pas fait connaître sa décision dans le délai de deux mois à compter de la notification prévue ci-dessus le cessionnaire adresse au bâtonnier de l'Ordre des avocats du siège de la société, une demande en vue de figurer au nombre des associés de la société, sur la liste prévue à cet effet sur le tableau de l'Ordre.

La demande est accompagnée, sous peine d'irrecevabilité, de l'expédition de la copie certifiée conforme de l'acte de cession de parts sociales, ainsi que de toutes pièces justificatives, notamment celles qui sont exigées des personnes demandant leur admission au stage ou leur admission au tableau, ainsi que, lorsque le cessionnaire appartient à un barreau autre que celui de la société, de l'avis du Conseil de l'ordre du barreau dont il relève[1].

52.62 Refus de la société. Dans le cas où la société refuse de consentir à la cession, elle dispose d'un délai de six mois, à compter de la notification de son refus, pour notifier par lettre recommandée avec demande d'avis de réception, à la société qui persiste dans son intention de céder ses parts sociales, un projet de cession ou de rachat de ses parts, conformément aux dispositions du 3e alinéa de l'article 19 de la loi du 29 novembre 1966 qui constitue engagement du cessionnaire ou de la société qui se porte acquéreur.

52.63 L'acquéreur est un tiers à la société. Les dispositions de l'article 24 du décret de 1992 sont applicables, à l'exception de celles concernant la notification à la société elle-même; la demande d'inscription du cessionnaire est adressée par lettre recommandée avec demande d'avis de réception ou remise contre récépissé.

Le cessionnaire prend par écrit l'engagement de payer le prix fixé; son engagement est joint à la demande d'inscription et une copie du projet d'acte de cession tient lieu de l'expédition ou de la copie certifiée conforme prévue à l'article 24 paragraphe 4 du décret du 20 juillet 1992.

52.64 Les parts sociales sont acquises par la société, par les associés ou l'un ou plusieurs d'entre eux. Il est procédé conformément à l'article 26 du décret du 20 juillet 1992; en ce cas l'expédition de la copie certifiée conforme de l'acte de cession est adressée ou remise au bâtonnier.

1. Décr. 20 juill. 1992, art. 24.

Lorsque l'associé au cédant refuse de signer l'acte de cession de ses parts à un tiers, à la société ou à ses associés, il est passé outre à son refus, deux mois après la notification qui lui est faite par lettre recommandée avec demande d'avis de réception par la société et demeurée infructueuse. Son retrait de la société est prononcé par le Conseil de l'ordre et le prix de cession des parts est consigné à la diligence du cessionnaire[2].

Toute convention par laquelle l'un des associés cède, dans les conditions déterminées par les statuts, tout ou partie de ses parts sociales à la société ou aux autres associés, ou à l'un ou plusieurs d'entre eux, est portée à la connaissance du bâtonnier par le ou les cessionnaires.

Elle est accompagnée de toutes pièces justificatives comprenant le cas échéant, la délibération de l'assemblée des associés ayant décidé la réduction du capital social[3].

Les dispositions qui précèdent concernant les cessions de parts, à titre onéreux, sont également applicables aux cessions à titre gratuit de tout ou partie de ses parts sociales consenties par l'un de ses associés[4].

52.65 Retrait d'un associé. Un associé peut se retirer de la société à tout moment, dans la limite de l'abus de droit[5], soit en cédant ses parts sociales (à condition d'obtenir la majorité prévue par l'article 19, alinéa 1er, de la loi du 29 novembre 1966 v. s^{s} n° 52.61), soit en exigeant de la société qu'elle lui rembourse la valeur de ses parts[6].

Dans cette seconde hypothèse, la société est tenue, en application de l'article 21 de la loi du 29 novembre 1966, soit de faire acquérir ses parts par d'autres associés ou des tiers, soit de les acquérir elle-même, afin de les annuler (la société est alors tenue de réduire son capital du montant de la valeur nominale de ces parts). Lorsqu'un associé demande son retrait en application de cet article 21, il notifie cette demande à la société par lettre recommandée avec demande d'avis de réception; la société dispose de six mois, à compter de cette notification, pour notifier elle-même à l'associé, dans la même forme, le projet de cession ou de rachat de ses parts, qui constitue engagement du cessionnaire ou de la société qui se porte acquéreur. Le silence de la SCP permet seulement au retrayant d'agir en exécution forcée[7].

2. Décr. 20 juill. 1992, art. 25.
3. Décr. 20 juill. 1992, art. 26.
4. Décr. 20 juill. 1992, art. 27.
5. CA Versailles, 14 juin 2002, RJDA 2002, 1290.
6. L. 29 nov. 1966, art. 18, al. 1er.
7. Civ. 1re, 7 févr. 2006, n° 03-10.850, *Bull. civ.* I, n° 62; *D.* 2006, AJ 721 obs. Lienhard; *Gaz. Pal.* 2006, somm. 1420; *Bull. Joly* 2006, 822, note Barbieri.

Toutefois, les statuts peuvent fixer une durée plus longue qui ne peut excéder dix mois[1].

Si la cession est consentie par un tiers, il est procédé conformément aux dispositions des 2e, 3e et 4e alinéas de l'article 25 du décret du 20 juillet 1992.

Si les parts sociales sont acquises par la société, par les associés ou par l'un ou plusieurs d'entre eux, les dispositions du 5e alinéa de l'article 26 du décret du 20 juillet 1992 reçoivent application[2]. L'évaluation des parts ne saurait dépendre de la qualité du cessionnaire (associé ou tiers à la société)[3]. L'associé qui exerce la faculté de retrait a droit, en tout état de cause, à la valeur de ses parts et peut prétendre à l'ensemble des droits patrimoniaux qu'il détient dans la société au jour de son retrait, ce qui inclut sa quote-part de la valeur du droit de présentation de clientèle[4].

52.66 Associé démissionnaire ou radié. L'associé démissionnaire ou radié, ou dont le certificat de stage a été définitivement refusé, dispose d'un délai de six mois à compter du jour soit de l'acceptation de sa démission, soit de celui où sa radiation est devenue définitive, pour céder ses parts sociales à un tiers dans les conditions prévues à l'article 24. Si à l'expiration de ce délai aucune cession n'est intervenue, il est procédé conformément aux dispositions de l'article 25, dans la mesure où celles-ci sont de nature à recevoir application.

Cet associé peut également, avant l'expiration du délai mentionné au premier alinéa, céder ses parts sociales à la société ou à d'autres associés, dans les conditions prévues à l'article 26[5].

Sous réserve des règles de protection et de représentation des incapables, les dispositions de l'article 29 sont applicables à la cession des parts sociales de l'associé frappé d'interdiction légale ou placé sous le régime de la tutelle des majeurs. Dans ces cas, le délai de six mois est porté à un an.

Elles sont également applicables à la cession des parts sociales de l'associé dont l'exclusion de la société est décidée dans le cas mentionné à l'article 52, à savoir l'interdiction du droit d'exercer pendant une période égale ou supérieure à trois mois (v. ss no 52.102).

Le délai imparti à l'associé exclu pour céder ses parts court à compter du jour où la décision des autres associés prononçant son exclusion lui a été notifiée la lettre recommandée avec demande d'avis de réception[6].

52.67 Modalités de cession après décès d'un associé. En cas de décès d'un associé, ses héritiers disposent d'un délai de six mois pour céder ses parts. Ce délai peut être renouvelé par le bâtonnier, à la demande des ayants droit de la société cédée, avec le consentement de la société. Si les ayants droit décident de les céder à un tiers étranger, il est procédé comme prévu précédemment dans le cas de cession. S'il est décidé, au contraire, de faire acheter ces parts par les associés qui subsistent, il est procédé comme prévu, en cas de rachat de parts par les associés[7].

Toute demande d'ayants droit d'un associé tendant à l'attribution préférentielle à leur profit des parts sociales de leur auteur est notifiée à la société, dans les formes prévues à l'article 26, c'est-à-dire par lettre recommandée avec demande d'avis de réception, ou dans les formes prévues par l'article 1690 du Code civil (signification par exploit d'huissier ou acceptation par acte authentique) Lorsque, à l'expiration du délai prévu, les ayants droit n'ont pas exercé leur faculté de céder, si aucun consentement à l'attribution préférentielle n'a été donné par la société, celle-ci dispose d'une année pour acquérir ou faire acquérir les parts sociales de la société cédée et il est procédé, selon que les parts sont cédées à un tiers ou acquises par la société comme prévu précédemment[8].

§ 5
Fusion et scission

52.71 Réforme du 15 mai 2007. Le décret du 15 mai 2007[9] est venu profondément modifier le régime des sociétés civiles professionnelles d'avocats en facilitant les regroupements par le biais de scission et fusion. Un chapitre II *bis* a été intégré au décret du 20 juillet 1992[10] afin d'en organiser le régime.

52.72 Fusion. Le décret du 15 mai 2007 prévoit tout d'abord que les sociétés civiles professionnelles d'avocats peuvent constituer par voie de fusion, entre elles ou avec des sociétés d'exercice libéral d'avocats, une nouvelle société civile profession-

1. Décr. 20 juill. 1992, art. 28; al. ajouté par décr. no 2007-932, 15 mai 2007, *JO* 16 mai, p. 9230, art. 19.
2. Décr. 20 juill. 1992, art. 28.
3. Civ. 1re, 3 mars 1993, no 91-16.157, *Bull. civ.* I, no 97; Defrénois 1994, 120, note Forgeard; *Gaz. Pal.* 26 juin 1993, 130; 1993, 10.
4. Civ. 1re, 18 juin 1996, no 94-16.159, *Bull. civ.* I, no 264; *D.* 1996, IR 173; *D.* 1996, IR 180; *Rev. sociétés* 1997, 104, note Randoux; *JCP E* 1997, II, 910, note Daigre; *Dr. sociétés* 1996, no 164, note Bonneau; *Gaz. Pal.* 1997, pan. 59; *Defrénois* 1997, 104.
5. Décr. 20 juill. 1992, art. 29.
6. Décr. 20 juill. 1992, art. 30.
7. Décr. 20 juill. 1992, art. 31-32.
8. Décr. 20 juill. 1992, art. 33-34.
9. Décr. no 2007-932, 15 mai 2007, *JO* 16.
10. Décr. no 92-680, 20 juill. 1992, *JO* 22.

nelle d'avocats[1]. Si les statuts ne s'y opposent pas, les représentants légaux de la société peuvent procéder collectivement à la constitution de la nouvelle SCP. Ainsi que le prévoit l'article 4 du décret de 1992, la demande d'inscription, présentée collectivement par les associés, est adressée au bâtonnier de l'ordre des avocats du siège de la société par lettre recommandée avec demande d'avis de réception ou remise contre récépissé, accompagnée d'un dossier complet (dont le contenu est décrit à l'article 4, v. s[s] n° 52.01).

Il est précisé que chacune des sociétés participant à l'opération est dissoute de plein droit à compter de la réalisation définitive de la fusion et de l'inscription de la nouvelle société.

52.73 **Absorption.** La fusion peut également être réalisée par absorption par la SCP d'une ou plusieurs sociétés civiles professionnelles ou sociétés d'exercice libéral d'avocats[2]. En l'absence de dispositions statutaires et à défaut de désignation, aux conditions de majorité requises pour une fusion ou une scission, d'un représentant spécial par les associés des sociétés civiles professionnelles et, le cas échéant, des sociétés d'exercice libéral d'avocats ayant décidé l'une de ces opérations, les représentants légaux des sociétés intéressées agissent en leur nom pour tous les actes tendant à sa réalisation[3].

Chacune des sociétés absorbées est dissoute de plein droit à compter de la réalisation définitive de la fusion. La fusion est donc réalisée à la date de la dernière assemblée générale ayant approuvé l'opération, sauf si le contrat prévoit que celle-ci prend effet à une autre date.

52.74 **Scission.** Une société civile professionnelle d'avocats peut également transmettre son patrimoine par voie de scission à des sociétés civiles professionnelles d'avocats ou à des sociétés d'exercice libéral d'avocats nouvelles[4]. Les règles sont les mêmes que pour la fusion, notamment en ce qui concerne les demandes d'inscription[5]. L'opération est décidée par les trois quarts au moins des associés disposant des trois quarts des voix. Sauf dispositions contraires prévues par les statuts et à défaut de désignation d'un représentant spécial, les représentants légaux des sociétés intéressées agissent en leur nom pour tous les actes tendant à sa réalisation[6].

La société scindée est dissoute de plein droit à compter de la réalisation définitive de la scission, c'est-à-dire à compter de l'inscription des sociétés nouvelles[7].

Par ailleurs, il est prévu qu'une SCP d'avocats peut, par voie de scission, transmettre son patrimoine à des sociétés civiles professionnelles d'avocats ou à des sociétés d'exercice libéral d'avocats existantes[8]. La société scindée est dissoute de plein droit dès la réalisation définitive de la scission, c'est-à-dire à la date de la dernière assemblée générale ayant approuvé l'opération sauf si le contrat prévoit que celle-ci prend effet à une autre date, laquelle ne doit être ni postérieure à la date de clôture de l'exercice en cours des sociétés bénéficiaires, ni antérieure à la date de clôture du dernier exercice clos de la société qui transmet son patrimoine.

§ 6
Publicité

52.81 **Publicité de la cession de parts.** Si l'acte portant cession des parts sociales est établi sous seing privé, il est dressé autant d'originaux qu'il est nécessaire pour la remise d'un exemplaire à chaque partie. Un des originaux de l'acte ou une expédition de l'acte, s'il est établi en forme authentique, est déposé au secrétariat-greffe pour être versé au dossier ouvert au nom de la société. Jusqu'à ce dépôt, la cession de parts est inopposable aux tiers qui peuvent, toutefois, s'en prévaloir. Dans le cas où il y a réduction du capital social, un des originaux ou une expédition de l'acte modifiant les statuts, est déposé au greffe pour être versé au dossier. Une copie de toutes les pièces est déposée au secrétariat du barreau du siège de la société et, le cas échéant, des barreaux autres que celui auquel la société est inscrite mais dont relèvent certains associés[9].

52.82 **Augmentation du nombre d'associés.** La société peut s'adjoindre pendant le cours de son existence un ou plusieurs nouveaux associés, la loi ne prévoyant d'ailleurs aucun plafond quant au nombre d'associés que peut comprendre une SCP d'avocats. Cette entrée d'un nouvel associé s'opérera à la suite d'une cession de parts sociales ou par le biais d'une augmentation de capital. L'intéressé doit produire un certificat d'inscription au tableau ou au stage ou l'avis du Conseil de l'ordre dont il relève s'il appartient à un barreau étranger. Il peut entrer dans la société, soit en acquérant des parts sociales, soit par augmentation du capital social[10]. Les formalités dans ce cas, sont prévues par les articles 36 à 40 du décret du 20 juillet 1992.

1. Décr. 20 juill. 1992, art. 57-1; créé par L. 15 mai 2007.
2. Décr. 20 juill. 1992, art. 57-2; créé par L. 15 mai 2007.
3. Décr. 20 juill. 1992, art. 57-5; créé par L. 15 mai 2007.
4. Décr. 20 juill. 1992, art. 57-3; créé par L. 15 mai 2007.
5. Décr. 20 juill. 1992, art. 4 s.
6. Décr. 20 juill. 1992, art. 57-5; créé par L. 15 mai 2007.
7. Décr. 20 juill. 1992, art. 57-3; créé par L. 15 mai 2007.
8. Décr. 20 juill. 1992, art. 57-4; créé par L. 15 mai 2007.
9. Décr. 20 juill. 1992, art. 35.
10. Décr. 20 juill. 1992, art. 36 s.

Si la constitution de réserves au moyen de bénéfices non distribués ou de dégagement de plus-values d'actif dues à l'industrie des associés le permet, il est procédé périodiquement à l'augmentation du capital social et les parts sociales ainsi créées doivent être attribuées à tous les associés y compris à ceux qui n'ont apporté que leur industrie. Les statuts fixent les conditions d'application de ces dispositions [1].

La décision de proroger la société doit être immédiatement portée à la connaissance du bâtonnier du barreau du siège de la société par un gérant. À la diligence de celui-ci, la copie de l'expédition de l'acte autorisant la prorogation doit être déposée au greffe chargé de la tenue du registre du commerce et des sociétés pour être versée au dossier; jusqu'à l'accomplissement de cette formalité, la prorogation est inopposable aux tiers qui peuvent toutefois s'en prévaloir [2].

§ 7 Exercice de la profession : obligations, interdiction, incompatibilités

52.91 Mention de la raison sociale. La raison sociale d'une société civile professionnelle d'avocats doit figurer dans tout document et correspondance émanant de la société accompagnée de l'appellation société civile professionnelle d'avocats. Dans les actes professionnels, chaque associé indique la raison sociale de la société d'avocats dont il fait partie [3].

Tout associé ne peut être membre que d'une seule société civile professionnelle d'avocats et ne peut exercer ses fonctions ni à titre individuel, ni en qualité de membre d'une société d'exercice libéral [4]. Bien entendu, la dissolution de la SCP fait recouvrer aux associés le droit d'exercer leur activité à titre individuel ou dans le cadre d'un groupement [5].

Chaque associé exerce les fonctions d'avocat au nom de la société [6].

52.92 La société ne peut conseiller, assister ou représenter des parties ayant des intérêts opposés. Le second alinéa de l'article 47 du décret du 13 juillet 1972, dont le 1er paragraphe est intégralement repris dans l'article 45 du décret du 20 juillet 1992, indiquait « la société ne peut conseiller, assister ou représenter des parties ayant des intérêts opposés » mais il ne faut pas tirer conséquence de cette suppression qui n'a pas pour effet d'autoriser les avocats membres des SCP à accepter dans leur clientèle des parties ayant des intérêts opposés; il s'agit là d'un principe général de la déontologie qui va sans dire et qu'il était inutile de répéter. De toute façon, les dispositions de l'article 155 du décret du 27 novembre 1991 règlent la question et rendent sans objet celles prévues par l'ancien article 47 paragraphe 2 du décret du 13 juillet 1972.

L'article 155, abrogé par le décret du 12 juillet 2005, voit reprendre ces dispositions dans l'article 7 dernier alinéa de ce décret du 12 juillet 2005.

En revanche, l'interdiction générale d'accepter dans la clientèle d'une SCP des clients ayant des intérêts opposés ne va pas jusqu'à empêcher les membres de la SCP d'assister ou de rédiger des actes pour des parties ayant des intérêts différents mais non opposés.

52.93 Mention de l'appartenance à la SCP. Le nom de chacun des associés sur le tableau ou la liste du stage est suivi de la mention de la raison sociale de la société dont il fait partie.

Le tableau comporte en annexe la liste des sociétés civiles professionnelles d'avocats avec les indications suivantes :

- raison sociale;
- lieu du siège social;
- nom de tous les associés;
- barreau auquel appartient chaque associé [7].

L'article 8 de la loi du 29 novembre 1966 [8] dans sa rédaction issue de la loi du 23 décembre 1972 [9] et l'article 67 de la loi du 31 décembre 1990 prévoient que le nom d'un ou de plusieurs anciens associés peut être conservé dans la raison sociale à condition d'être précédé du mot « anciennement ». Toutefois cette faculté cesse lorsqu'il n'existe plus au nombre des associés une personne au moins qui ait exercé la profession au sein de la société avec l'ancien associé dont le nom serait maintenu.

Il semble en découler que ces dispositions, bien que ne figurant pas expressément dans le décret du 20 juillet 1992, seraient applicables aux SCP d'avocats, les modifications d'une loi entraînant la caducité des dispositions du décret d'application de cette loi dans une rédaction antérieure. On ne peut donc tirer argument de l'article 1845 du Code civil, ni des articles 7 et 30 de la loi du 29 novembre 1966, ni de l'article 1er de la loi du 23 décembre 1972 modifiant l'article 2 de la loi du 29 novembre 1966 soumettant à certaines conditions l'autorisation pour

1. Décr. 20 juill. 1992, art. 39.
2. Décr. 20 juill. 1992, art. 40.
3. Décr. 20 juill. 1992, art. 42.
4. Décr. 20 juill. 1992, art. 43.
5. CA Bordeaux, 8 juin 1995, *JCP* 1996, II, 22652, note Martin.
6. Décr. 20 juill. 1992, art. 44.
7. Décr. 20 juill. 1992, art. 46.
8. L. n° 66-879, 29 nov. 1966 relative aux sociétés civiles professionnelles, *JO* 30 nov., p. 10451.
9. L. n° 72-1151, 23 déc. 1972, art. 5.

une personne physique exerçant une profession libérale de constituer des SCP, ni de l'article 11 de la loi du 29 novembre 1966, pour en déduire que ces dispositions ne sont pas applicables à la profession d'avocat en raison de son statut légal particulier.

52.94 Prérogatives propres à chaque associé. Chacun des associés conserve son rang personnel à l'intérieur du barreau auquel il appartient, participe à l'assemblée générale avec un droit de vote personnel, peut faire partie à titre personnel du Conseil de l'ordre, à condition que ce Conseil de l'ordre ne comprenne pas en même temps, dans une proportion supérieure à 2/5e, des avocats associés d'une même société[1]. Enfin les cotisations professionnelles sont établies au nom de chacun des associés et acquittées par eux personnellement[2].

52.95 Comptabilité-assurance. Les registres et documents sont ouverts et établis au nom de la société et c'est la société qui doit justifier de l'assurance de responsabilité professionnelle[3] (v. ss no 94.21).

§ 8
Discipline

52.101 La société ne peut faire l'objet de poursuites disciplinaires, indépendamment de celles qui peuvent être exercées contre les associés. La société est poursuivie devant le conseil de discipline auprès duquel est établi son siège; lorsque les associés poursuivis sont inscrits à des barreaux autres que celui auprès duquel la société est inscrite, le conseil de discipline ne peut se prononcer qu'après avoir recueilli l'avis des conseils de discipline des barreaux dont les associés relèvent. Les associés sont poursuivis devant les conseils de discipline dont ils relèvent respectivement[4] (v. ss no 27.01).

52.102 Retrait imposé à un associé sanctionné disciplinairement. Tout associé qui a fait l'objet d'une condamnation définitive, à une peine égale ou supérieure à trois mois d'interdiction temporaire, peut être contraint de se retirer de la société, par décision prise à l'unanimité des autres associés à l'exclusion de ceux ayant fait l'objet d'une sanction pour les mêmes faits ou pour des faits connexes. Les parts sociales de l'associé contraint de se retirer de la société seront cédées dans les conditions prévues par les articles 30 du décret du 20 juillet 1992, paragraphes 2 et 3[5].

1. Décr. 20 juill. 1992, art. 46 et 47.
2. Décr. 20 juill. 1992, art. 48.
3. Décr. 20 juill. 1992, art. 49 et 50.
4. Décr. 20 juill. 1992, art. 51.
5. Décr. 20 juill. 1992, art. 52.

52.103 Cas de l'interdiction d'un ou plusieurs associés. L'associé interdit de ses fonctions, ou omis du tableau de la liste du stage, ne peut exercer aucune activité professionnelle pendant la durée de sa peine ou de son omission; il conserve pendant le même temps sa qualité d'associé avec tous les droits et obligations qui en découlent, à l'exclusion de sa vocation au bénéfice professionnel (v. ss nos 84.41 à 84.46).

La décision qui prononce l'interdiction d'un ou plusieurs associés, mais non de la totalité d'entre eux ou de la société, ne commet pas d'administrateur. La décision qui prononce l'interdiction soit de la société soit de tous les associés commet un ou plusieurs administrateurs pour accomplir tous les actes professionnels relevant des fonctions relevant de la société et d'associés interdits. Au cas où la société et l'un ou plusieurs associés sont interdits, les associés non interdits sont eux-mêmes administrateurs; ces derniers ont la faculté de demander la désignation d'un administrateur lorsque l'associé interdit est seul inscrit au tableau ou sur la liste du stage d'un barreau.

La décision qui prononce l'interdiction d'un associé qui n'appartient pas au barreau auprès duquel la société a son siège doit être portée à la connaissance du bâtonnier du barreau auprès duquel la société est inscrite.

Dès lors qu'il apparaît que la société et tous les associés sont interdits, on procède à la nomination d'un ou plusieurs administrateurs en vue d'accomplir les actes professionnels relevant des fonctions de la société et des associés interdits. Cette décision est notifiée aux bâtonniers de chacun des barreaux auprès desquels sont inscrits les associés afin qu'ils puissent, à leur tour, désigner un administrateur[6].

52.104 Radiation d'un associé. L'associé radié cesse l'exercice de son activité professionnelle à compter du jour où la décision prononçant sa radiation est passée en force de chose jugée; ses parts sociales sont cédées dans les conditions fixées à l'article 29 du décret du 20 juillet 1992[7] (v. ss nos 84.51 et 84.52).

52.105 Suspension provisoire. Les dispositions de l'article 53 sont applicables au cas où serait prononcée la suspension provisoire d'exercer prévue par la loi (v. ss nos 84.21 et 84.25).

L'associé provisoirement suspendu conserve pendant la durée de sa suspension sa qualité d'associé avec tous les droits et obligations qui en découlent. Toutefois, sa participation dans les bénéfices est réduite de moitié, l'autre moitié est attribuée par

6. Décr. 20 juill. 1992, art. 53.
7. Décr. 20 juill. 1992, art. 54.

parts égales aux administrateurs associés ou non; s'il n'est pas commis d'administrateur, à ceux des associés qui n'ont pas fait l'objet d'une suspension provisoire de leurs fonctions [1].

52.106 **Suppléance.** Si l'un des associés est temporairement empêché d'exercer ses fonctions par cas de force majeure, sa suppléance est assurée par les autres associés appartenant au même barreau [2].

En cas de société constituée entre avocats appartenant à des barreaux différents, si tous les avocats associés appartenant au même barreau sont simultanément empêchés d'exercer leurs fonctions, la gestion de la SCP est assurée conformément aux dispositions des articles 170 à 172 du décret du 27 novembre 1991.

Au cas où les associés sont dans l'impossibilité de manifester leur volonté, le bâtonnier du barreau auquel appartient la société désigne un ou plusieurs avocats pour assurer la gestion de la société, assurer la suppléance des associés appartenant au même barreau; les suppléants des associés appartenant à d'autres barreaux sont désignés par les bâtonniers des barreaux auxquels appartiennent respectivement les associés [3].

52.107 **Honorariat.** Les fonctions d'avocat associé sont assimilées à celles d'avocat pour la collation du titre d'avocat honoraire [4] (v. s^s n°s 17.01 s.).

§ 9 Dissolution – Liquidation

52.111 **Modalités de dissolution.** Lorsqu'une société est en liquidation, sa personnalité morale subsiste pour les besoins de la liquidation jusqu'à la clôture de celle-ci; la raison sociale est obligatoirement suivie de la mention « société en liquidation » [5].

Des dispositions particulières sont précisées par le décret du 20 juillet 1992 en cas de nullité ou de dissolution de la société [6].

Le liquidateur est désigné conformément aux statuts sauf le cas de nullité ou de dissolution par suite de la radiation de la société. À défaut de désignation, il est nommé, soit après avis du bâtonnier du barreau auquel appartient la société par la décision judiciaire qui constate la nullité ou la dissolution de la société, soit par la délibération des associés qui constatent ou décident cette dissolution. Le liquidateur est choisi parmi les avocats ou les associés eux-mêmes. Toutefois, les associés radiés ne peuvent être choisis comme liquidateurs [7].

Le liquidateur peut être remplacé pour cause d'empêchement ou pour tout autre motif grave par le bâtonnier. Il représente la société pendant la durée de sa liquidation, il dispose des pouvoirs les plus étendus pour procéder à la liquidation de la société; il est chargé notamment de gérer celle-ci pendant sa liquidation, de réaliser son actif, d'apurer son passif et, après remboursement du capital social aux associés ou à leurs ayants droit, de répartir entre ceux-ci, conformément aux dispositions des statuts, l'actif net provenant de la liquidation. Il doit convoquer les associés ou leurs ayants droit dans les trois mois suivant la clôture de chaque exercice pour leur rendre compte de sa gestion des affaires sociales, il doit les convoquer également en fin de liquidation pour statuer sur le compte définitif, se faire délivrer *quitus* et constater la clôture de la liquidation [8].

• L'assemblée de clôture statue dans les conditions de *quorum* et de majorité prévues pour l'approbation des comptes annuels de la société.

Si elle ne peut délibérer ou si elle refuse d'approuver les comptes du liquidateur, le tribunal de grande instance dans le ressort duquel la société a son siège statue à la demande du liquidateur ou de tout intéressé [9].

• La décision judiciaire ou la décision de l'assemblée des associés qui nomme le liquidateur fixe sa rémunération.

Celle-ci peut être constituée par une quote-part ou la totalité des bénéfices nets de la société [10].

• Le liquidateur informe le bâtonnier du barreau auprès duquel est inscrite la société de la clôture de la liquidation [11].

Sur la valeur des parts de la SCP en cas de dissolution par retrait d'un associé, voir un arrêt de la cour d'appel de Toulouse [12].

• **Dispositions particulières en cas de nullité de la société.** À la diligence du bâtonnier du lieu du siège de la société, toute décision judiciaire passée en force de chose jugée prononçant la nullité de la société fait l'objet d'un dépôt d'une de ses expéditions au dossier ouvert au nom de la société au greffe chargé de la tenue du registre du commerce et des sociétés.

1. Décr. 20 juill. 1992, art. 55.
2. Décr. 20 juill. 1992, art. 56.
3. Décr. 20 juill. 1992, art. 56.
4. Décr. 20 juill. 1992, art. 57.
5. Décr. 20 juill. 1992, art. 59.
6. Décr. 20 juill. 1992, art. 68 et 69.
7. Décr. 20 juill. 1992, art. 59, 60 et 61.
8. Décr. 20 juill. 1992, art. 62, 63 et 64.
9. Décr. 20 juill. 1992, art. 65.
10. Décr. 20 juill. 1992, art. 66.
11. Décr. 20 juill. 1992, art. 67.
12. CA Toulouse, 11 janv. 1995, *Gaz. Pal.* 13 avr. 1995, 17, note Daigre – Civ. 1re, 3 mars 1993, n° 91-16.157, *Bull. civ.* I, n° 97; *Gaz. Pal.* 26 juin 1993, somm. 10; 1993, 130; *Defrénois* 1994, 120, note Forgeard; *Defrénois* 1993, 10.

Une autre expédition est adressée, le cas échéant, au secrétariat des autres barreaux dont relèvent les associés [1].

La nullité de la société ne porte pas atteinte à la validité des actes professionnels accomplis par les avocats associés avant la date où cette nullité est devenue définitive [2].

52.112 Dissolution par survenance du terme, dissolution anticipée. La société prend fin par l'expiration du temps pour lequel elle a été constituée, sauf prorogation effectuée conformément à l'article 1844-6 du Code civil, c'est-à-dire décidée à l'unanimité des associés, ou, si les statuts le prévoient, à la majorité prévue pour la modification de ceux-ci, un an au moins avant la date d'expiration de la société.

Toutefois, la dissolution anticipée volontaire, prévue au 4° de l'article 1844-7 du Code civil, est décidée par les trois quarts au moins des associés disposant ensemble des trois quarts des voix.

Le liquidateur est désigné à la majorité en nombre des associés détenant la moitié au moins des parts sociales et la moitié au moins des parts d'industrie. À défaut, il est désigné par ordonnance du président du tribunal de grande instance, statuant en référé, à la demande d'un associé [3].

Le liquidateur informe le bâtonnier de sa désignation en lui faisant parvenir copie ou expédition de la délibération des associés ou de la décision de justice qui l'a nommé dans ses fonctions.

Le liquidateur dépose au greffe chargé de la tenue du registre du commerce et des sociétés où la société est inscrite, pour être versée au dossier ouvert au nom de la société, la copie de l'expédition mentionnée au premier alinéa dont tout intéressé pourra obtenir communication.

Il ne peut entrer en fonctions avant l'accomplissement des formalités précitées [4].

52.113 Dissolution pour cause de radiation de la société. La radiation de tous les associés ou de la société entraîne de plein droit la dissolution de celle-ci. La décision qui prononce ces radiations constate la dissolution de la société et ordonne sa liquidation.

Le liquidateur désigné remplit les fonctions d'administrateur. Les associés radiés ne peuvent être choisis comme liquidateur [5].

À la diligence du bâtonnier du lieu du siège de la société, une expédition de la décision passée en force de chose jugée prononçant la radiation de la société est versée au dossier ouvert au nom de la société au greffe chargé de la tenue du registre du commerce et des sociétés. Une autre expédition est adressée, le cas échéant, au secrétariat des autres barreaux dont relèvent les associés [6].

52.114 Dissolution par suite du décès des associés. La société est dissoute de plein droit par le décès simultané de tous les associés ou par le décès du dernier survivant, si tous sont décédés successivement sans qu'à la date du décès du dernier d'entre eux les parts sociales des autres aient été cédées à des tiers [7].

Par dérogation aux dispositions de l'article 61 (v. s^{s} n° 52.111), le liquidateur est désigné conformément aux dispositions de l'article 173 du décret du 27 novembre 1991 précité, c'est-à-dire par le bâtonnier, et remplit les fonctions attribuées à l'administrateur provisoire par ce texte [8].

Une expédition de la décision nommant le liquidateur est déposée au greffe chargé de la tenue du registre du commerce et des sociétés où la société est inscrite pour être versée au dossier ouvert au nom de la société; le dépôt est effectué à la diligence du bâtonnier si celui-ci a provoqué la nomination du liquidateur et à la diligence de ce dernier dans le cas contraire [9].

52.115 Dissolution par suite du retrait de la société demandé par tous les associés. La société est dissoute de plein droit si tous les associés demandent simultanément leur retrait dans les conditions prévues à l'article 21 de la loi du 29 novembre 1966 précitée (v. s^{s} n° 52.65), ou s'ils ont demandé successivement ce retrait, sans qu'à la date de la dernière demande les parts sociales des autres associés aient été cédées à des tiers.

La dissolution a lieu à la date de la notification à la société des demandes simultanées de retrait ou de la dernière de ces demandes. Les dispositions des articles 70 et 71 reçoivent application [10].

52.116 Dissolution de la société dans le cas où il ne subsiste qu'un associé. Dans le délai d'un an prévu à l'article 1844-5 du Code civil, l'associé unique peut céder, conformément aux dispositions de l'article 24, une partie de ses parts sociales à un tiers.

L'associé unique peut encore participer, par voie de fusion, à la constitution d'une nouvelle société civile professionnelle. La société se trouve dissoute de plein droit à compter de la date d'inscription de la nouvelle société civile professionnelle.

1. Décr. 20 juill. 1992, art. 68.
2. Décr. 20 juill. 1992, art. 69.
3. Décr. 20 juill. 1992, art. 70.
4. Décr. 20 juill. 1992, art. 71.
5. Décr. 20 juill. 1992, art. 72.
6. Décr. 20 juill. 1992, art. 73.
7. Décr. 20 juill. 1992, art. 74.
8. Décr. 20 juill. 1992, art. 75.
9. Décr. 20 juill. 1992, art. 76.
10. Décr. 20 juill. 1992, art. 77.

À défaut, la société est dissoute dans les conditions prévues à l'article 1844-5 du Code civil à l'expiration du délai d'un an prévu par ce texte. La SCP unipersonnelle n'est, en effet pas concevable (contrairement à la SEL, lorsqu'elle adopte la forme d'une SARL ou d'une SAS), ce qui constitue incontestablement un facteur de rigidité. Il est alors procédé à la liquidation de la société conformément aux articles 62 et 63 (v. s[s] n° 52.111). L'associé unique est de plein droit liquidateur de la société et, en cas de refus ou d'empêchement, un avocat est désigné par le bâtonnier du barreau auquel appartient la société[1].

On précisera, par ailleurs, que ne peut être dissoute en application de l'art. 1844-5 du Code civil une SCP comprenant deux associés, l'un d'eux fût-il uniquement titulaire de parts d'industrie, l'autre ayant réalisé un apport en numéraires. L'auteur d'un apport en industrie ayant effectivement la qualité d'associé (v. s[s] n° 52.42), une telle société ne peut être considérée comme unipersonnelle[2].

52.117 Dissolution de la société pour cause de fusion. En cas de fusion de sociétés civiles professionnelles, chacune de ces sociétés est dissoute de plein droit. La dissolution a lieu sous la condition suspensive de la réalisation définitive de la fusion et de l'inscription de la nouvelle société.

La fusion est décidée, dans chaque société, par les trois quarts au moins des associés disposant des trois quarts des voix.

En l'absence de dispositions statutaires, et à défaut de désignation d'un représentant spécial aux mêmes conditions de majorité par les assemblées décidant la fusion, les gérants procèdent collectivement à la constitution de la nouvelle société civile professionnelle.

Ils présentent, au nom des associés, au bâtonnier de l'Ordre des avocats du siège de la société la demande d'inscription de la nouvelle société selon les modalités prévues aux articles 4 à 8.

La dissolution des sociétés participant à cette fusion prend effet à la date de l'inscription de la nouvelle société[3].

52.118 Dissolution de la société pour cause de scission. La scission d'une société civile professionnelle emporte de plein droit sa dissolution. Celle-ci a lieu sous la condition suspensive de la réalisation définitive de la scission et de l'inscription des sociétés nouvelles issues de la scission. La scission est décidée par les trois quarts au moins des associés disposant des trois quarts des voix.

En l'absence de dispositions statutaires, et à défaut de désignation d'un représentant spécial aux mêmes conditions de majorité par l'assemblée décidant la scission, le ou les gérants agissent en son nom dans toutes les opérations tendant à cette scission.

Les demandes d'inscription des nouvelles sociétés issues de cette scission sont présentées par les associés selon les modalités prévues aux articles 4 à 8.

La dissolution de la société scindée prend effet à la date de l'inscription des nouvelles sociétés[4].

52.119 Adoption du statut de sociétés coopératives. Les sociétés civiles professionnelles peuvent adopter le statut de sociétés coopératives régies par la loi du 10 septembre 1947[5].

SECTION 3
SOCIÉTÉ D'EXERCICE LIBÉRAL (SEL)

52.121 Utilité des sociétés d'exercice libéral[6]. Les formes d'exercice en groupe de la profession d'avocat sont apparues insuffisantes au législateur de 1990, qu'il s'agisse de l'association dont le régime de transparence fiscale est peu attractif ou de la SCP dont le caractère justement civil, comme son nom l'indique, peut n'être pas attractif pour tous.

La réforme, sans affecter les associations d'avocats et les SCP, a voulu d'abord ouvrir à la profession le droit des sociétés commerciales, grâce auquel le groupement d'avocats peut obtenir des financements beaucoup plus importants que par le passé et les associés, le bénéfice de la responsabilité limitée. Elle a souhaité, d'autre part, fournir aux conseils juridiques qui entraient dans la profession en raison de la fusion un cadre adapté à leurs besoins ou du moins à leurs traditions, puisque nombre de conseils juridiques existaient sous la forme de sociétés commerciales. Mais cette ouverture du droit commercial aux cabinets d'avocats s'est accompagnée de limitations importantes au droit commun de ces sociétés.

La loi du 31 décembre 1990[7] a eu pour effet de créer des sociétés de type commercial dont le régime est compatible avec l'exercice libéral d'une profes-

1. Décr. 20 juill. 1992, art. 78.
2. Civ. 1re, 30 mars 2004, n° 01-15.575, *Bull. civ.* I, n° 102; *Bull. Joly* 2004, 1001, note Baillod; *Rev. sociétés* 2004, 855, note Poracchia; *Gaz. Pal.* 2004, somm. 2705, à propos d'une SCP d'huissiers de justice.
3. Décr. 20 juill. 1992, art. 79.
4. Décr. 20 juill. 1992, art. 80.
5. L. 29 nov. 1966, art. 37 – RÉP. CIV., Guyon, *V° Sociétés civiles professionnelles*, n°s 139 s.
6. Champaud, « Les sociétés d'exercice libéral », *Vie jud.* 10 févr. 1991, p. 1.
7. L. n° 90-1258, 31 déc.1990.

sion (les SEL)[1]. Les SEL sont donc des sociétés commerciales par la forme mais civiles par leur objet. Il résulte de cet objet civil que, selon l'article L. 411-6 du Code de l'organisation judiciaire, une action en justice dans laquelle une SEL est partie relève de la compétence des seuls tribunaux civils[2].

La SEL peut être une SARL, une SA, ou une société en commandite par actions, ou encore, depuis la loi du 15 mai 2001[3], dite NRE, une société par actions simplifiée (SAS), constituée pour l'exercice d'une profession libérale, dès lors que cette profession est soumise à un statut législatif ou réglementaire ou dont le titre est protégé[4]. Le recours à la SARL ou à la SAS permet de constituer une société unipersonnelle ou au groupement de ne pas être dissous s'il ne comprend plus qu'un seul associé (à la suite, par ex. du décès de l'un d'entre eux), souplesse qui n'existe pas dans le cadre de la société civile professionnelle (v. s^s^ n° 52.116). On parle alors de société d'exercice libéral à responsabilité limitée unipersonnelle (Selarlu) ou de société d'exercice libéral par actions simplifiée unipersonnelle (Selasu).

Le décret du 25 mars 1993[5] précise les modalités d'application de la loi du 31 décembre 1990 spécifiquement pour la profession d'avocat.

Ces sociétés ont pour objet l'exercice en commun de la profession nonobstant toute disposition législative ou réglementaire contraire. Elles peuvent même, dans des conditions fixées par décret en Conseil d'État, avoir pour objet l'exercice en commun de plusieurs professions libérales. Mais, à ce jour, aucun décret n'instituant une SEL pluriprofessionnelle n'a été édicté.

Ces sociétés ne peuvent accomplir aucun acte de la profession si ce n'est par l'intermédiaire d'un de leurs membres ayant qualité pour l'exercer[6].

52.122 Limites de la société d'exercice libéral. La SEL n'a en réalité pas rencontré le succès escompté par ses promoteurs. Malgré les atouts qu'elle présente, les associés d'une SEL sont pénalisés par rapport à ceux d'une SCP dans deux domaines particuliers[7]. D'abord, dans le but de préserver l'indépendance des avocats qui exercent leur activité au sein d'une SEL, les avances d'associés à la société de sommes d'argent sont sévèrement encadrées, rigueur qui contraste singulièrement avec le libéralisme dont fait preuve le législateur à propos des SCP (v. s^s^ n° 52.42). Ensuite, lorsqu'un associé s'endette pour acquérir des droits sociaux, l'emprunt contracté n'ouvre pas droit, selon l'Administration, à déduction fiscale des intérêts lorsqu'il s'agit de parts sociales ou d'actions de SEL[8], alors que la solution est inverse en ce qui concerne les parts de SCP[9]. Par ailleurs, il existe une grande incertitude quant au régime fiscal et social des revenus versés aux associés d'une SEL tirés de l'exercice de leur profession au sein d'une telle structure. L'administration fiscale semble, en effet, considérer que ces rémunérations sont soumises au régime applicable aux traitements et salaires, tandis que la sécurité sociale estime que ces avocats, ne pouvant être liés à la société par un contrat de travail, relèvent du régime des non salariés[10].

Toutefois, plusieurs lois récentes, qui ne visent généralement pas les SEL en tant que telles, mais les formes sociales qu'elles peuvent adopter, pourraient contribuer à favoriser davantage l'attractivité des SEL. Ainsi, en ce qui concerne la SARL – et par ricochet la société d'exercice libéral à responsabilité limitée – il est possible, depuis la loi du 15 mai 2001 sur les nouvelles régulations économiques, d'y réaliser des apports en industrie (ce qui constituait, jusqu'alors, un atout considérable de la SCP par rapport à la société d'exercice libéral), et l'exigence d'un capital social minimum de 7 500 euros a été supprimée par la loi du 1er août 2003 pour l'initiative économique[11]; désormais, le montant du capital social est librement fixé par les associés dans les statuts[12], ce qui est un incontestable facteur de souplesse. Par ailleurs, les parts sociales ou actions de SEL, quelle que soit la forme juridique choisie, pourront être louées dans les conditions prévues par la loi du 2 août 2005 en faveur des petites et moyennes entreprises[13]. Il s'agit là d'une innovation sans doute riche de potentialités pour

1. CA Paris, 29 juin 1994, *Gaz. Pal.* 1er sept. 1994, 8 – T. com. Paris, 22 mars 1994, *D.* 1994, 288, note Derrida – CA Paris, 1re ch., 6 juill. 1994, *D.* 1994, IR 200.
2. Civ. 2e, 6 mai 1997, n° 95-11.857, *Bull. civ.* II, n° 128; *D.* 1997, IR 143; *D.* 1998, somm. 186, note Hallouin; *D. Affaires* 1997, 739; *JCP E* 1998, 983, note Bonneau – Daigre, « Objet passe forme : de la nature civile des SEL », *JCP E* 1998, 213; *Gaz. Pal.* 1997, pan. 195; *Bull. Joly* 1997, 989.
3. L. n° 2001-420, 15 mai 2001.
4. L. 31 déc. 1990, art. 1er.
5. Décr. n° 93-492, 25 mars 1993, *JO* 27 mars, p. 4930, mod.
6. L. 31 déc. 1990, art. 1er, al. 4.
7. Caussain, *Rapport d'étape, Pour une amélioration des structures d'exercice de la profession en matières juridique, fiscale et sociales*, CNB, Assemblée générale, 19 sept. 2003.
8. Rép. min. Cornu, *JOAN* 11 oct. 1993, p. 3445.
9. CGI, art. 151 *nonies*.
10. Caussain, *Rapport d'étape, Pour une amélioration des structures d'exercice de la profession en matières juridique, fiscale et sociales*, CNB, Assemblée générale, 19 sept. 2003.
11. L. n° 2003-721, 1er août 2003, *JO* 5 août, p. 13449, rect. *JO* 20 sept., p. 16127.
12. C. com., art. L. 223-2, réd. nouv.
13. L. n° 2005-882, 2 août 2005, *JO* 3 août, p. 12639.

les cabinets d'avocats qui exercent dans le cadre d'une SEL.

§ 1
Constitution

52.131 Dénomination sociale. Elle doit être précédée ou suivie d'une mention « Société d'exercice libéral » selon le cas « à responsabilité limitée » (Selarl), « à forme anonyme » (Selafa) « en commandite » (Selca) et de l'énonciation de son capital social; mais le nom d'un ou plusieurs associés peut être inclus dans la dénomination sociale ainsi que celui d'associés ayant jadis exercé leur profession au sein de la société et qui ne l'exercent plus, à condition que le nom de l'ancien associé soit précédé du mot « anciennement »; cette faculté cesse lorsqu'une personne au moins qui a exercé la profession au sein de la société avec l'ancien associé dont le nom est maintenu, cesse d'exercer ses fonctions dans la société[1].

Cette disposition applicable uniquement aux formes d'exercice commercial va certainement intéresser toutes les formes d'exercice de groupe, soit qu'elles utilisent la possibilité de l'article 2 auquel elles n'ont pas accès pour une publicité supplémentaire, soit qu'elles demandent une réforme réglementaire ou législative pour obtenir l'extension des bénéfices prévus par l'article 2, paragraphes 2 et 3, de la loi du 31 décembre 1990[2].

En outre, la société peut faire suivre ou précéder sa dénomination sociale du nom et du sigle de l'association, du groupement ou réseau professionnel national ou international dont elle est membre[3].

Enfin, la dénomination sociale d'une société d'exercice libéral d'avocats doit figurer dans tous documents et correspondances émanant de la société. Dans les actes professionnels, chaque associé exerçant au sein de la société doit indiquer la dénomination sociale de la société d'avocats dont il fait partie[4].

52.132 Composition du capital social – Nombre et statut des associés. La SEL d'avocats doit comprendre le nombre d'associés ou d'actionnaires prévu par les dispositions propres à chaque forme de groupement qu'elle peut adopter. Ainsi, si elle est constituée sous forme de SARL ou de SAS, un seul associé suffit, ces sociétés pouvant aujourd'hui revêtir un caractère unipersonnel. La SEL en commandite par actions doit comprendre au minimum un commandité et un commanditaire. Enfin, la société d'exercice libéral à forme anonyme, par dérogation au droit commun qui exige la présence minimale de sept actionnaires, peut n'en comporter que **trois**[5]. Il n'existe, en revanche, aucun maximum, sauf dans la Selarl, où il est de cent associés (cinquante avant l'ordonnance du 25 mars 2004[6]).

La responsabilité des associés est limitée au montant de leurs apports (sauf dans les sociétés en commandite, pour les seuls commandités, qui répondent indéfiniment et solidairement des dettes sociales, bien qu'ils n'aient pas, contrairement au droit commun, la qualité de commerçant[7], mais le recours à la Selca est de toute façon très rare, spécialement dans la profession d'avocats). Les associés ne peuvent donc être poursuivis sur leur propre patrimoine par des créanciers sociaux, ce qui constitue là une protection très avantageuse que n'offre pas la SCP, le GIE, la société en participation ou encore l'association. Cette règle, issue du droit commun des sociétés, connaît toutefois un tempérament. En effet, chaque associé répond sur l'ensemble de son patrimoine des actes professionnels qu'il accomplit personnellement (et non des actes des autres associés), la société étant solidairement responsable avec lui[8].

52.133 Composition du capital social – Règles de détention de la première moitié du capital. Plus de la moitié du capital social et des droits de vote doit être détenue directement par les professionnels en exercice au sein de la société[9]. Pour éviter toute remise en cause de cette obligation de majorité :

– aucun droit de vote double ne peut être attribué aux actions détenues par des actionnaires autres que les professionnels en exercice[10];

– en cas de création d'actions à droit à vote double, celles-ci ne peuvent être attribuées qu'entre tous les professionnels en exercice[11];

– en cas de transfert à des non professionnels en exercice, elles perdent leur droit de vote double[12];

– s'il est créé des actions à dividendes prioritaires sans droit de vote ou des actions de préférence, elles ne peuvent être détenues par des professionnels en exercice[13].

52.134 Composition du capital – Règles de détention de la seconde moitié du capital. La moi-

1. L. 31 déc. 1990, art. 2.
2. L. n° 90-1259, 31 déc. 1990, § 2 et 3.
3. L. 31 déc. 1990, art. 2, *in fine*.
4. Décr. 25 mars 1993, art. 19.
5. L. 31 déc. 1990, art. 3.
6. Ord. n° 2004-274, 25 mars 2004 de simplification du droit, *JO* 27 mars, p. 5871.
7. L. 31 déc. 1990, art. 13, al. 1er et 2.
8. L. 31 déc. 1990, art. 16.
9. L. 31 déc. 1990, art. 5, al. 1.
10. L. 31 déc. 1990, art. 8, al. 2.
11. L. 31 déc. 1990, art. 8-3.
12. L. 31 déc. 1990, art. 8-4.
13. L. 31 déc. 1990, art. 9.

tié du capital étant obligatoirement détenue par des professionnels, l'autre moitié peut être détenue :

– par des personnes physiques ou morales exerçant la profession constitutive de l'objet social de la société, c'est-à-dire à titre individuel[1];

– pendant un délai de dix ans par des personnes physiques qui ont exercé la profession au sein de la société et qui ont cessé toute activité professionnelle, ce qui exclut ceux qui la continueraient dans un autre cadre;

– par les ayants droit des personnes physiques mentionnées au 1 et 2 pendant un délai de cinq ans suivant leur décès;

– par une société constituée par les salariés de la société en vue de son rachat[2] à la condition qu'ils exercent leur profession au sein de la société d'exercice libéral;

– par les personnes physiques ou morales qui exercent une quelconque profession libérale réglementée de la même famille de santé ou judiciaire ou juridique, selon que l'exercice d'une de ces professions constitue l'objet social. L'article 3 alinéa 3 prévoit que des décrets en Conseil d'État pourront limiter par profession le nombre des sociétés d'exercice libéral dans lesquelles une même personne, physique ou morale, figurant parmi celles mentionnées au 1° et au 5° de l'article 5, sera autorisée à détenir des participations.

52.135 Composition du capital – Une fraction du complément du capital peut être détenue par des personnes extérieures. S'il s'agit de capitaux purement extérieurs l'article 6 de la loi prévoit que des décrets en Conseil d'État pourront prévoir cette faculté[3]; mais cette fraction est limitée au quart au plus du capital dans les Selafa et les Selarl et, dans les Selca, la fraction sera de toute façon inférieure à la moitié du capital[4].

Mais cette faculté n'est pas ouverte aux professions judiciaires ou juridiques[5]; l'entrée de capitaux totalement extérieurs ne concerne donc pas la déontologie de la profession d'avocat. L'article 5 paragraphes 4 et 5 prévoit les sanctions qui peuvent être prononcées au cas d'infractions aux dispositions qui viennent d'être exposées.

52.136 Dispositions transitoires. La société dispose d'un an pour se mettre en conformité avec les dispositions de la loi du 31 décembre 1996; à défaut tout intéressé peut demander en justice sa dissolution; le tribunal peut accorder un délai de six mois pour régulariser. Si la régularisation n'a pas eu lieu, la dissolution peut être prononcée.

Lorsqu'à l'expiration d'un délai de cinq ans prévu pour les ayants droit des personnes physiques qui ont composé la société avant leur décès, les parts possédées naguère par les associés n'ont pas été cédées, la société peut décider de réduire son capital du montant de la valeur nominale de leurs parts ou actions et de les racheter à un prix fixé dans les conditions prévues à l'article 643 paragraphe 4 du Code civil.

Il est même prévu une mesure de sûreté supplémentaire par l'article 7 alinéa 1er de la loi du 31 décembre 1990 au cas où il apparaîtrait que la détention directe ou indirecte de parts ou d'actions dans le capital serait de nature à mettre en péril l'indépendance des membres de la société et leurs règles déontologiques propres; des décrets en Conseil d'État pourront, dans chaque profession, interdire cette détention à des catégories de personnes physiques ou morales autres que les professionnels.

52.137 Modalités d'inscription. Les SEL d'avocats ne peuvent exercer la profession qu'après leur inscription sur le tableau de l'Ordre des avocats[6].

Les modalités d'inscription de la société au barreau, aux différents barreaux pour les sociétés inter barreaux, ainsi que les pièces justificatives à fournir, sont précisées par les articles 2 à 9 du décret du 25 mars 1993. Elles prévoient que des avocats appartenant ou non à des barreaux différents peuvent constituer entre eux une SEL ainsi que des avocats stagiaires, mais à la condition que la société comprenne au moins un avocat exerçant en son sein et inscrit au tableau[7]. La SEL est constituée sous la condition suspensive de son inscription au barreau dans le ressort duquel est fixé le siège de la société, ou au tableau duquel est inscrit l'un au moins des associés[8].

La demande d'inscription est présentée par lettre recommandée avec demande d'avis de réception ou remise contre récépissé au bâtonnier des avocats; elle doit comporter :

– un exemplaire des statuts de la société;

– un certificat d'inscription au tableau et sur la liste du stage délivré par le bâtonnier en ce qui concerne chaque associé exerçant en son sein;

– une attestation du greffier du tribunal de commerce ou du tribunal de grande instance statuant commercialement du lieu du siège social constatant le dépôt au greffe de la demande et des pièces nécessaires à l'immatriculation ultérieure de la société au registre du commerce et des sociétés;

1. L. 31 déc. 1990, art. 5, al. 2.
2. CGI, art. 220 *quater*.
3. L. 31 déc. 1990, art. 6-1.
4. L. 31 déc. 1990, art. 6-2.
5. L. 31 déc. 1990, art. 6-3.
6. L. 31 déc. 1990, art. 3.
7. Décr. 25 mars 1993, art. 2.
8. Décr. 25 mars 1993, art. 3.

– les pièces justifiant de l'accomplissement, le cas échéant, des formalités prévues à l'alinéa 1er de l'article 5 (constitution d'une société entre avocats relevant de barreaux différents) ;

– la liste des associés exerçant la profession d'avocat au sein de la société : nom, prénoms, domicile et celle des associés exerçant dans un barreau différent[1].

Lorsque la société comprend des avocats relevant de barreaux différents, les formalités prévues par l'article 5 sont identiques à celles prévues pour les SCP d'avocats (v. ss no 52.33).

52.138 Ressources de la SEL d'avocats – Apports et comptes courants d'associés. Le capital minimal d'une SEL est de 37 000 euros, sauf en ce qui concerne la Selarl, pour laquelle la loi n'impose plus de minimum depuis la loi du 1er août 2003 pour l'initiative économique (v. ss no 52.122). Les actionnaires ou associés peuvent effectuer des apports en numéraires ou en nature (il peut s'agir de la clientèle d'un avocat exerçant à titre individuel qui décide de se mettre en société), ainsi que, désormais, dans les seules Selarl (en réalité également, mais pour les commandités, dans les Selca), des apports en industrie. Cette opportunité peut être intéressante pour les jeunes avocats qui n'ont pas nécessairement les ressources financières nécessaires pour s'associer. Les actions et parts sociales émises par les SEL en contrepartie des apports doivent nécessairement revêtir la forme nominative[2], exigence qui permet de s'assurer que les règles strictes relatives à la composition du capital social sont respectées en permanence par la société.

52.139 Comptes d'associés. Le régime des comptes d'associés est organisé par le décret du 23 juillet 1992[3]. Il a été modifié par le décret du 15 mai 2007[4].

Les associés peuvent consentir à la société des avances inscrites en compte d'associé, mais celles-ci sont soumises à un régime juridique restrictif, qui pénalise ce mode de financement pourtant d'une grande souplesse (en ce qu'il permet notamment à la société de faire face à des difficultés momentanées de trésorerie ou de faire l'économie d'une augmentation de capital).

En effet, les avocats associés en exercice (ainsi que leurs ayants droit) peuvent mettre à la disposition de la société, au titre de comptes d'associés, des sommes dont le montant, fixé par les statuts, ne peut excéder trois fois celui de leur participation au capital (et non plus deux fois comme prévu auparavant).Tout autre associé peut mettre au même titre à la disposition de cette société des sommes dont le montant, fixé par les statuts, ne peut excéder celui de sa participation au capital.

Ces avances ne peuvent être retirées, en tout ou partie, qu'après notification à la société, par lettre recommandée avec demande d'avis de réception, avec un préavis dont la durée, fixée par les statuts, ne peut être inférieure, pour l'associé exerçant au sein de la société d'exercice libéral et, le cas échéant, pour ses ayants droit mentionnés à l'alinéa précédent, à six mois et, pour tout autre associé, à un an[5].

Enfin, les SEL peuvent, par ailleurs, émettre des obligations, y compris, dans les Selarl, depuis que l'ordonnance du 25 mars 2004[6] a admis cette possibilité, mais l'entrée en vigueur effective de cette mesure est liée à la publication d'un décret d'application, non encore intervenue à ce jour.

§ 2
Publicité

52.141 Formalités. L'immatriculation de la société est régie par le décret du 30 mai 1984 et la société est dispensée de procéder aux formalités de publicité prévues aux articles 280 et suivants du décret du 27 mars 1967 sur les sociétés commerciales, à savoir l'insertion d'un avis dans un journal d'annonces légales et d'une publicité au Bulletin officiel des annonces civiles et commerciales[7].

§ 3
Fonctionnement

52.151 Gérance. Les dirigeants de la SEL d'avocats, gérants (pour la Selarl ou la Selca), président et dirigeants (pour la Selas), président du conseil d'administration, les membres du directoire, le président du conseil de surveillance et les directeurs généraux ainsi que les deux tiers au moins des membres du conseil d'administration ou du conseil de surveillance (pour la Selafa) doivent être des associés exerçant leur profession au sein de la société. Ces dirigeants sont nécessairement des per-

1. Décr. 25 mars 1993, art. 4.
2. L. 31 déc. 1990, art. 8, al. 1er.
3. Décr. no 92-704, 23 juill. 1992 pris pour l'application de l'article 14 de la loi no 90-1258 du 31 décembre 1990 relative à l'exercice sous forme de sociétés des professions libérales soumises à un statut législatif ou réglementaire ou dont le titre est protégé.
4. Décr. no 2007-932, 15 mai 2007.
5. Décr. no 92-704, 23 juill. 1992, art. 1er ; mod. par décr. no 2007-932, 15 mai 2007, art. 24.
6. Ord. 25 mars 2004, art. 12 – C. com., art. L. 223-11, nouv. réd.
7. Décr. 25 mars 1993, art. 10.

sonnes physiques et peuvent être liés à la société par un contrat de travail[1]. C'est là une source de sécurité qui n'existe pas dans les SCP, au sein desquelles les dirigeants ne peuvent être avocats salariés.

Les dirigeants de SEL ont tout pouvoir pour agir en toutes circonstances au nom de la société, sous réserve de ceux que la loi attribue expressément aux autres organes sociaux, en particulier à l'assemblée des associés ou des actionnaires.

52.152 Décisions des associés. Les règles de *quorum* et de majorité applicables dans les assemblées d'associés ou d'actionnaires de SEL sont, à titre de principe, celles propres à la forme de société adoptée. Par exemple, dans la Selafa, la règle est, comme dans la société anonyme de droit commun, que, dans les assemblées générales ordinaires, compétentes pour prendre les décisions autres que les modifications des statuts, le *quorum* est, sur première présentation, du cinquième des actions ayant le droit de vote (les statuts pouvant prévoir un *quorum* plus élevé dans les sociétés ne faisant pas appel public à l'épargne), tandis qu'aucun *quorum* n'est requis sur seconde convocation. Les décisions sont adoptées à la majorité des voix dont disposent les actionnaires présents ou représentés[2].

Il existe toutefois deux séries de règles spécifiques à la SEL qui gouvernent le droit de vote des associés afin de permettre aux avocats associés qui exercent leur activité dans le cadre de la société de conserver la maîtrise des affaires sociales.

D'abord, en ce qui concerne les conventions dites réglementées, c'est-à-dire les conventions intervenant directement ou indirectement entre la société et ses gérants ou associés (quelle que soit la fraction du capital détenue dans les SARL, pour ceux disposant d'une fraction des droits de vote supérieure à 10 % dans les SA, SCA et SAS), seuls les professionnels exerçant au sein de la société prennent part aux délibérations relatives à l'approbation desdites conventions lorsque celles-ci portent sur les conditions dans lesquelles ils y exercent leur profession[3].

Ensuite, en ce qui concerne les Selafa, les Selas et les Selca, la loi soumet à un régime dérogatoire les actions qui confèrent à leur titulaire des prérogatives particulière (par opposition aux actions dites ordinaires).

1° Pour ce qui est des actions à droit de vote double, elles ne peuvent être détenues par des actionnaires autres que des professionnels en exercice au sein de la société et lorsque les statuts prévoient la création de telles actions, elles sont attribuées à tous les professionnels actionnaires exerçant au sein de la société, sans discrimination. Il peut également être prévu que cette attribution est suspendue à la condition d'une ancienneté dans l'actionnariat qui ne pourra dépasser deux années. Enfin, lorsque les actions à droit de vote double sont transférées, pour quelque cause que ce soit (par ex. à la suite du décès de l'associé), à un bénéficiaire qui n'est pas un professionnel en exercice au sein de la société, elles perdent leur droit de vote double[4].

2° S'il existe des actions à dividende prioritaire sans droit de vote, ou s'il est créé des actions de préférence – catégorie instituée par l'ordonnance du 24 juin 2004 sur les valeurs mobilières[5] et qui a vocation, entre autres, à remplacer les actions à dividende prioritaire sans doit de vote –, celles-ci ne peuvent être détenues par des professionnels exerçant au sein de la société. En tout état de cause, les droits particuliers attachés aux actions de préférence ne peuvent remettre en cause les règles relatives à la détention du pouvoir et du capital au sein de la SEL[6].

52.153 Cessions et transmissions des parts sociales ou actions. Les cessions de parts sociales dans les Selarl nécessitent le consentement des trois quarts des porteurs de parts exerçant la profession au sein de la société; dans les Selafa, les deux tiers des actionnaires ou les deux tiers des membres du conseil d'administration, du conseil de surveillance, exerçant au sein de la société[7]; dans les Selca, les deux tiers des commandités; dans les Selas les deux tiers des associés[8]. Les associés ou actionnaires qui n'exercent pas au sein de la société n'ont donc pas leur mot à dire, même si la cession les concerne. Par ailleurs, la procédure d'agrément doit être suivie, même en cas de cession à un avocat coassocié qui exerce la profession au sein de la SEL.

Les articles 11 à 15 du décret du décret du 25 mars 1993 ont prévu les modalités d'introduction d'un associé nouveau dans une SEL d'avocats. Ainsi, lorsque le cessionnaire souhaite exercer la profession d'avocat au sein de la société, la vente est passée sous la condition suspensive de son inscription sur la liste des sociétés d'avocats[9]. Il en est de même en cas de transmission à titre gratuit de droits sociaux à un tiers extérieur à la société[10]. Par ailleurs, l'associé démissionnaire ou radié soit du tableau soit de la liste du stage, ou dont le certificat de stage a été définitivement refusé, dispose d'un

1. L. 31 déc. 1990, art. 12, al. 2.
2. C. com., art. L. 225-98.
3. L. 31 déc. 1990, art. 12, al. 3.
4. L. 31 déc. 1990, art. 8, al. 2 à 4.
5. Ord. n° 2004-604, 24 juin 2004, *JO* 26 juin, art. 31 (C. com., art. L. 228-11).
6. L. 31 déc. 1990, art. 9.
7. L. 31 déc. 1990, art. 10, al. 2.
8. L. 31 déc. 1990, art. 10, al. 1er à 3.
9. Décr. 25 mars 1993, art. 11.
10. Décr. 25 mars 1993, art. 13.

délai de six mois à compter du jour soit de l'acceptation de sa démission, soit de celui où sa radiation est devenue définitive, pour céder ses actions ou parts sociales à un tiers en vue de l'exercice de la profession au sein de la société, à la société ou à d'autres associés. L'associé mis sous tutelle, frappé d'interdiction légale ou exclu de la société pour raisons disciplinaires doit faire de même[1].

Par ailleurs, tout nouvel associé qui entend exercer au sein de la société doit produire le certificat d'inscription au tableau ou sur la liste du stage, et, s'il appartient à un barreau autre que celui auprès duquel la société est inscrite, l'avis du Conseil de l'ordre dont il relève[2].

52.154 Location des parts sociales ou actions. La location de droits sociaux a été expressément consacrée par la loi du 2 août 2005 en faveur des petites et moyennes entreprises[3], qui l'a assortie d'un régime fiscal attractif. Le dispositif légal est restrictif. En particulier, le locataire est nécessairement une personne physique. Les statuts de la société concernée doivent nécessairement prévoir la location. Le contrat, qui contient, à peine de nullité, certaines mentions obligatoires (identité du cessionnaire, nombre de titres concernés, durée du bail, montant du loyer, *etc.*), qui devront être précisées par un décret en Conseil d'État dont la publication n'est pas encore intervenue à ce jour, doit faire l'objet d'un écrit soumis à enregistrement. Les droits sociaux, qui donnent lieu à délivrance sous la forme d'une inscription dans le registre des titres nominatifs de la société, doivent être évalués à la fois en début et fin de contrat.

Cette même loi du 2 août 2005 a expressément prévu que les parts ou actions de SEL puissent faire l'objet d'un contrat de bail prévu aux articles L. 239-1 à L. 239-5 du Code de commerce, mais uniquement au profit de professionnels salariés ou de collaborateurs libéraux exerçant au sein de la société ayant émis les droits sociaux[4]. Il faut dire que cette formule, conçue par le législateur essentiellement comme un instrument de transmission d'entreprise, peut être tout à fait adaptée aux cabinets d'avocats. Les avocats locataires pourraient, en louant les droits sociaux, s'initier à la vie et à la gestion de la société, tandis que les dividendes des parts ou actions louées qu'ils percevront (en contrepartie d'un loyer) pourront constituer une mise de départ dans la perspective d'une acquisition ultérieure des droits sociaux. En ce qui concerne les avocats *seniors*, cette figure juridique pourrait leur offrir un moyen de se désengager progressivement de la société, au profit de collaborateurs ou de salariés du cabinet, en louant d'abord, en cédant ensuite, de manière étalée ou non, les droits sociaux qu'ils détiennent[5].

52.155 Exercice de la profession. L'exercice de la profession au sein d'une SEL est source de contraintes pour l'avocat associé. En effet, il ne peut exercer sa profession à titre individuel, en qualité de membre d'une autre société, quelle qu'en soit la forme, ou en qualité d'avocat salarié. Il exerce nécessairement les fonctions d'avocat au nom de la société, à laquelle il doit consacrer toute son activité professionnelle[6]. Le nom de chaque associé sur le tableau ou la liste du stage est suivi de la mention de la dénomination sociale de la société au sein de laquelle il exercc[7]. Toutefois, il participe personnellement, avec droit de vote, à l'assemblée générale des avocats du barreau auquel il appartient, mais le Conseil de l'ordre ne peut comprendre en même temps une proportion supérieure à deux cinquièmes des avocats associés d'une même société[8].

La société doit tenir les registres et documents prévus au nom de la société[9] et justifier de l'assurance prévue pour la responsabilité civile professionnelle des avocats par l'article 27 de la loi du 31 décembre 1971[10].

Toutes les autres dispositions du décret du 27 novembre 1991 relatives à la profession d'avocat sont applicables aux SEL[11]. Toutefois, les questions concernant la situation des associés ayant fait l'objet d'une condamnation disciplinaire ou d'une interdiction, ou d'une radiation ou encore d'une suspension provisoire, ou enfin de l'associé temporairement empêché d'exercer ses fonctions, sont réglées par les articles 28 à 32 du décret du 25 mars 1993. Ces dispositions prévoient en particulier que l'associé exerçant au sein d'une SEL d'avocats qui a fait l'objet d'une condamnation disciplinaire passée en force de chose jugée à une peine égale ou supérieure à trois mois d'interdiction d'exercice de sa profession ou d'une condamnation pénale définitive à une peine d'emprisonnement égale ou supérieure à trois mois peut être contraint, à l'unanimité des autres associés exerçant au sein de la société, de se retirer de celle-ci et, donc, de céder actions ou parts sociales. Il en est de même de l'associé radié. En revanche, l'associé qui est seule-

1. Décr. 25 mars 1993, art. 14 et 15.
2. Décr. 25 mars 1993, art. 16.
3. L. n° 2005-882, 2 août 2005 – C. com., art. L. 239-1 s.
4. L. n° 90-1258, 31 déc. 1990, art. 8, al. 5 [nouv.].
5. RÉP. CIV., Berra et Robineau, *V° Avocat (mode d'exercice de la profession)*, n°s 229 s.
6. Décr. 25 mars 1993, art. 20 à 22.
7. Décr. 25 mars 1993, art. 23.
8. Décr. 25 mars 1993, art. 24.
9. Décr. 25 mars 1993, art. 25.
10. Décr. 25 mars 1993, art. 26.
11. Décr. 25 mars 1993, art. 27.

ment interdit d'exercer ses fonctions par décision des associés ou qui fait l'objet d'une suspension provisoire n'est pas privé de sa qualité d'associé, mais conserve les droits et obligations qui en découlent, en particulier le droit aux dividendes.

§ 4
Dissolution

52.161 **Cause de dissolution.** La SEL obéit aux causes de dissolution de droit commun prévues par l'article 1844-7 du Code civil, par exemple l'arrivée du terme. Cette cause de dissolution peut toutefois être neutralisée par une décision de prorogation, qui doit être prise par les associés un an au moins avant la date d'expiration de la société[1], ladite décision devant être immédiatement portée à la connaissance du bâtonnier du barreau auprès duquel la société est inscrite par le représentant légal de la société[2].

La société prend également fin par l'annulation du contrat de société. À la diligence du bâtonnier du barreau auprès duquel la société est inscrite, toute décision judiciaire passée en force de chose jugée prononçant la nullité de la société fait l'objet d'un dépôt d'une de ses expéditions au dossier ouvert au nom de la société au greffe chargé de la tenue du registre du commerce et des sociétés. Une autre expédition est adressée le cas échéant au secrétariat des autres barreaux dont relèvent les associés en exercice. La nullité de la société ne porte pas atteinte à la validité des actes professionnels accomplis par les avocats associés avant la date où cette nullité est devenue définitive[3]. Par ailleurs, la nullité de la société, comme sa dissolution, n'est opposable aux tiers qu'à compter de l'accomplissement des formalités de publicité[4].

En outre, la radiation de tous les associés exerçant au sein de la société ou de la société entraîne de plein droit la dissolution de celle-ci par extinction de son objet. À la diligence du bâtonnier du barreau auprès duquel la société est inscrite, une expédition de la décision passée en force de chose jugée prononçant la radiation de la société ou de tous les associés exerçant en son sein est versée au dossier ouvert au nom de la société au greffe chargé de la tenue du registre du commerce et des sociétés[5].

52.162 **Liquidation.** Conformément au droit commun des sociétés, la dissolution de sa société entraîne nécessairement sa liquidation[6]. Toutefois, lorsque la dissolution intervient à la suite de la radiation de la société ou de tous ses associés, la liquidation va être ordonnée judiciairement (c'est d'ailleurs la même décision que celle qui prononce la radiation et constate la dissolution[7]).

Un ou plusieurs liquidateurs vont alors être désignés, dont la mission consistera, classiquement, à réaliser l'actif et à désintéresser les créanciers sociaux. Le liquidateur peut être choisi, sauf en cas de radiation de la société, soit parmi les associés exerçant au sein de la société, soit parmi les avocats membres de la société inscrits au tableau d'un barreau. En aucun cas, les fonctions de liquidateur ne peuvent être confiées à un avocat ayant fait l'objet d'une peine disciplinaire. Le liquidateur peut être remplacé pour cause d'empêchement, ou pour tout autre motif grave, par le président du tribunal de grande instance du lieu du siège social de la société, statuant en référé à la demande soit du liquidateur lui-même, soit des associés ou de leurs ayants droit, soit du bâtonnier. Une fois la liquidation clôturée, il en informe le bâtonnier du barreau auprès duquel est inscrite la société[8].

1. C. civ., art. 1844-6.
2. Décr. 25 mars 1993, art. 17.
3. Décr. 25 mars 1993, art. 40 et 41.
4. Décr. 25 mars 1993, art. 35.
5. Décr. 25 mars 1993, art. 42, al. 1er et 43.
6. C. civ., art. 1844-8, al. 1er.
7. Décr. 25 mars 1993, art. 42, al. 2.
8. Décr. 25 mars 1993, art. 36 et 39.

SECTION 4
SOCIÉTÉ EN PARTICIPATION

52.171 **Avantages de la société en participation.** La SEP constitue une structure d'exercice particulièrement souple, la plus grande liberté étant laissée aux associés pour déterminer les modalités d'organisation et de fonctionnement de cette société. La SEP d'avocats est régie par les articles 22 et 23 de la loi du 31 décembre 1990, par les articles 1871 à 1872-1 du Code civil relatifs à la SEP de droit commun, en tant qu'ils ne sont pas contraires aux dispositions précédentes, enfin, par les articles 44 à 48 du décret du 25 mars 1993.

La SEP permet par ailleurs aux avocats d'exercer en groupe leur profession sans créer nécessairement une personne morale nouvelle. Si ce résultat pouvait déjà être atteint par l'intermédiaire de l'association d'avocats, le recours à une SEP permet en outre d'opter pour son assujettissement à l'impôt sur les sociétés. Cet assujettissement présente notamment l'avantage de considérer comme une charge fiscalement déductible les rémunérations versées aux dirigeants de la SEP. Le régime applicable aux SEP permet enfin de prévoir le versement d'une prestation compensatrice en numéraire à l'associé qui se retire.

Elle ne peut être constituée qu'en personnes physiques exerçant la même profession. La loi envisage, certes, l'éventualité de SEP pluriprofessionnelles, mais elle subordonne cette possibilité à la publication de décrets d'application qui ne sont jamais parus. Par ailleurs, elle comporte nécessairement une dénomination et peut être constituée pour une durée illimitée[1].

La SEP comporte des conséquences sur la responsabilité civile des associés, qui sont tenus solidairement et indéfiniment à l'égard des tiers des engagements pris par chacun d'eux en qualité d'associé[2], de telle sorte que l'adoption de cette forme de société doit être sérieusement étudiée.

52.172 Règles applicables. Seuls cinq articles du décret du 25 mars 1993 sont consacrés aux SEP qui prévoient principalement les règles de publicité applicables dans la constitution de la société du retrait ou de l'admission d'un associé. La constitution d'une SEP, le retrait ou l'admission d'un associé font ainsi l'objet de l'insertion d'un avis dans un journal d'annonces légales, qui doit contenir un certain nombre d'informations relatives à la dénomination de la SEP, la liste des associés qui la composent et le nom du barreau auquel ils appartiennent[3].

• **Société non occulte.** La SEP de profession libérale n'est donc pas une société occulte, contrairement à celle de droit commun.

Le décret prévoit également les modalités d'information de chaque bâtonnier concerné par la constitution de la SEP; il est également prévu que l'appartenance à la société avec la dénomination de celle-ci doit être indiquée dans les actes professionnels et les correspondances de chaque associé[4].

Mais la SEP étant avant tout une structure d'exercice de nature contractuelle - d'ailleurs bâtie sur le modèle du *partnership* anglo-saxon - c'est la convention (terme que la loi préfère logiquement à celui de statut, la société n'étant pas dotée de la personnalité morale), qui régit les relations entre associés. Elle doit être rédigée le plus minutieusement possible, les parties ayant, en particulier, tout à intérêt à y insérer des clauses relatives aux événements qui peuvent affecter la vie du groupement (conditions d'admission d'un associé, conséquences de son décès, *etc.*), afin de prévenir tout risque de conflit ultérieur. Toutefois, l'article 23 de la loi du 31 décembre 1990 prévoit que si la convention qui fonde la société en participation ne prévoit pas les modalités de l'admission et de la révocation d'un associé, la décision est prise à l'unanimité des associés non concernés. Cette convention peut prévoir le versement d'une prestation compensatrice en cas de retrait de l'un des associés; lequel retrait est donc envisageable, dans les limites de l'abus de droit. Il conviendra surtout de prévoir le mode de calcul de cette prestation.

1. L. 31 déc. 1990, art. 22.
2. L. 31 déc. 1990, art. 23, al. 2.
3. Décr. 25 mars 1993, art. 44.
4. Décr. 25 mars 1993, art. 45 à 48.

SECTION 5
ENTREPRENEUR INDIVIDUEL À RESPONSABILITÉ LIMITÉE (EIRL)

52.181 Loi du 15 juin 2010[5]. La loi du 15 juin 2010 a créé le statut d'entrepreneur individuel à responsabilité limitée (EIRL), qui peut bénéficier à l'avocat sous certaines conditions.

L'EIRL permet aux entrepreneurs individuels d'affecter un patrimoine à leur activité professionnelle. Jusqu'à présent, contrairement aux entrepreneurs exerçant sous forme sociale, les entrepreneurs individuels devaient répondre de leurs dettes professionnelles sur la totalité de leur patrimoine. L'objectif de cette loi est de permettre aux entrepreneurs individuels, y compris libéraux de protéger leurs biens personnels en cas de faillite.

La loi du 15 juin 2010 offre à l'entrepreneur la possibilité de séparer son patrimoine professionnel de son patrimoine personnel, sans avoir besoin de créer une personne morale distincte. Pour cela, il déclare au registre du commerce et des sociétés (pour les commerçants), ou au répertoire des métiers (pour les artisans) ou au greffe du tribunal de commerce du lieu de leur principal établissement (pour les professionnels libéraux), la liste des biens qu'il affecte à son activité professionnelle. L'entrepreneur reste propriétaire des deux patrimoines. Mais son patrimoine personnel sera le gage de ses créanciers personnels, tandis que seul son patrimoine professionnel constituera le gage de ses créanciers professionnels. En cas de difficultés financières dans le domaine professionnel, le patrimoine personnel de l'entrepreneur est donc protégé de manière efficace.

52.182 Avocat-EIRL. Les avocats, profession libérale réglementée, sont éligibles au statut d'entrepreneur EIRL. Précisons toutefois que cette possibilité n'est envisageable que pour les avocats exerçant individuellement ou au travers de structures sans personnalité morale (associations et SEP), à l'exclusion des structures d'exercice (SCP ou SEL.) dont les associés ne peuvent opter pour un exercice à titre individuel.

52.183 Exclusion du statut d'auto-entrepreneur. D'une certaine manière, l'EIRL vient compléter le statut d'auto-entrepreneur créé par la loi du 4 août

5. L. n° 2010-658, 15 juin 2010, *JO* 16 juin.

2008[1], dite LME. Il est *a priori* exclu, en l'état actuel des textes, que l'avocat puisse exercer son activité sous le régime de l'auto-entrepreneur[2]. Plusieurs obstacles s'y opposent. En particulier, sauf exception, les avocats inscrits à un barreau français sont obligatoirement affiliés à la Caisse nationale des barreaux français (CNBF), caisse de retraite spécifique aux avocats. Or, le régime de l'auto-entrepreneur impose à celui-ci d'acquitter auprès de l'Urssaf l'ensemble de ses cotisations et contributions de sécurité sociale. L'application à la profession d'avocat du dispositif nécessite donc des adaptations sur ce point. Par ailleurs, le seuil maximal de chiffre d'affaire (32 100 euros en 2010) pour les prestations de services est trop bas pour s'appliquer à une activité d'avocat.

52.184 Recommandations du CNB relatives à l'EIRL. Le CNB a examiné, lors d'une assemblée générale des 18 et 19 juin 2010, les conditions dans lesquelles les avocats pourraient bénéficier de ce statut et sous quelles conditions[3].

Une déclaration préalable auprès de l'ordre est nécessaire, avec mentions sur les documents destinés à la correspondance, remise de la copie de la déclaration d'affectation de patrimoine. Le CNB recommande ainsi que les règlements intérieurs des Ordres intègrent ces modalités d'information. Il précise qu'avant d'enregistrer la déclaration d'affectation le greffe du tribunal de commerce devra exiger la justification préalable du numéro ordinal du professionnel concerné.

52.185 Déclaration au greffe du patrimoine d'affectation. Lors de la déclaration de son patrimoine d'affectation au greffe du tribunal de commerce, l'avocat devra préciser l'objet de l'activité professionnelle concernée. La déclaration devra comporter[4] :

- un état descriptif des biens, droits, obligations ou sûretés affectés à l'entreprise, en nature, qualité, quantité et valeur;

- le rapport d'évaluation par un Commissaire aux apports en cas d'affectation de biens d'une valeur unitaire supérieure à 30 000 euros;

- le document justifiant que l'entrepreneur a obtenu l'accord de son conjoint ou de ses coïndivisaires et les a informés lorsque des biens affectés sont des biens communs ou indivis;

- l'acte notarié en cas d'affectation d'un bien immobilier. L'affectation d'un bien immobilier devra, en effet, être faite par acte notarié et publiée au bureau des hypothèques[5].

52.186 Limitation du gage des créanciers. La liste des biens déclarés nécessaires à l'entreprise ou utilisés dans le cadre de l'activité professionnelle, constitue le patrimoine d'affectation, qui délimite le gage des créanciers de l'entreprise.

Les créanciers professionnels ne peuvent venir se faire payer que sur ce « patrimoine d'affectation ». Dès lors, la responsabilité de l'entrepreneur vis-à-vis de ses créanciers professionnels est limitée en pratique à la valeur des biens ayant fait l'objet de cette déclarations.

L'affectation pourra être opposable aux créanciers dont les droits seront nés avant le dépôt de la déclaration d'affectation à la double condition que l'entrepreneur mentionne cette opposabilité dans la déclaration d'affectation et qu'il en informe les créanciers.

52.187 Fraude aux droits des créanciers. Bien entendu, en cas de fraude de sa part le patrimoine personnel de l'entrepreneur ne serait plus protégé[6]. Serait ainsi sanctionné un entrepreneur qui constitué un patrimoine affecté dans le seul but de le soustraire aux poursuites de créanciers privés. En cas de fraude, l'entrepreneur redeviendrait alors responsable sur la totalité de ses biens.

52.188 Dénomination. Pour l'exercice de l'activité professionnelle à laquelle le patrimoine est affecté, l'entrepreneur individuel doit utiliser une dénomination incorporant son nom, précédé ou suivi immédiatement des mots : « Entrepreneur individuel à responsabilité limitée » ou des initiales : « EIRL »[7].

52.189 Compte bancaire. L'avocat entrepreneur EIRL est tenu d'ouvrir un compte bancaire exclusivement dédié à l'activité pour laquelle un patrimoine est affecté[8].

Règles comptables. Toutes les EIRL doivent tenir une comptabilité commerciale[9], quelle que soit la nature de leur activité.

1. L. n° 2008-776, 4 août 2008 de modernisation de l'économie.
2. À CE SUJET : Auto-entrepreneur : un statut qui nécessite des adaptations pour être applicable à la profession d'avocat, CNB.avocats.fr, Actu. 17 mai 2010; Rapport sur le régime de l'auto-entrepreneur et son application éventuelle à l'avocat – Commission SFSF – (AG du CNB du 7 mai 2010); L'avocat auto-entrepreneur : l'habit ne colle pas à la robe ! (ou la non miscibilité des deux statuts) – Travaux de réflexion de la Commission Statut fiscal social et financier (SFSF) préalables au rapport de la Commission, CNB.avocats.fr, Actu. 27 avr. 2009 – Delpech, *L'auto-entrepreneur*, « Delmas express », 2010, n°s 1301 s.
3. *L'entrepreneur individuel à responsabilité limitée en 50 questions* : une publication du Conseil national proposée sur infoeirl.fr, 23 juill. 2010.
4. C. com., art. L. 526-8.
5. C. com., art. L. 526-9.
6. C. com., art. L. 526-12, al. 9.
7. C. com., art. L. 526-6, al. 3.
8. C. com., art. L. 526-12.
9. C. com., art. L. 526-13.

Les entrepreneurs relevant d'un régime réel d'imposition sont tenus à l'ensemble des obligations auxquelles le Code de commerce astreint les commerçants : journal, bilan, compte de résultat et annexe.

Les entrepreneurs relevant d'un régime réel simplifié d'imposition bénéficient d'un allégement de leurs obligations comptables : enregistrement des créances et des dettes à la clôture de l'exercice seulement; dispense d'annexe; inscription au compte de résultat à la date d'encaissement des charges courantes autres que les achats; évaluation simplifiée des stocks.

Les entrepreneurs bénéficiant d'un régime de micro-imposition (micro-BIC ou micro-BNC) ou relevant du forfait agricole, seront eux soumis à des règles comptables simplifiées, qu'un décret viendra préciser.

52.190 Régime fiscal. D'un point de vue fiscal, l'entrepreneur individuel à responsabilité limitée peut opter soit pour l'impôt sur le revenu, soit pour l'impôt sur les sociétés.

52.191 Transmission de l'EIRL. La transmission de l'intégralité du patrimoine affecté à l'EIRL peut se faire à titre gratuit ou onéreux (vente, donation ou apport en société) [1].

La vente ou la donation à une personne physique de la totalité du patrimoine affecté entraîne reprise de ce patrimoine avec maintien de l'affectation dans le patrimoine de l'acquéreur ou du donataire.

La cession ou l'apport à une personne morale entraîne transfert de propriété dans le patrimoine de la personne morale, sans maintien de l'affectation.

Le cessionnaire, le donataire ou le bénéficiaire de l'apport devient débiteur des créanciers de l'entrepreneur EIRL en lieu et place de celui-ci, sans que cette substitution emporte novation à leur égard [2].

52.192 Formalités de cession. En cas de cession ou transmission à titre gratuit à une personne physique le cédant ou le donateur doit déposer une déclaration de transfert au registre de dépôt de la déclaration constitutive;

Pour être opposables aux tiers, la cession ou la transmission devra faire l'objet d'une mesure de publicité dans des conditions fixées par décret.

De même, en cas de cession ou apport à une personne morale [3], un avis devra être publié dans des conditions fixées par décret.

La déclaration ou l'avis sont simplement accompagnés d'un état descriptif des biens, droits, obligations ou sûretés composant le patrimoine affecté [4].

La cession ou l'apport en société d'un fonds de commerce intervenant par suite de la cession ou de l'apport en société d'un patrimoine affecté ne sont pas soumis aux exigences de forme, aux garanties et conditions des articles L. 141-1 à L. 141-22 du Code de commerce [5].

1. C. com., art. L. 526-17.

2. C. com., art. L. 526-17.
3. C. com., art. L. 526-17, II, §2.
4. C. com., art. L. 526-17, III, §1.
5. C. com., art. L. 526-17, III, §2.

CHAPITRE

53. Structures d'exercice en commun inter-barreaux

SECTION 0

ORIENTEUR

53.00 **Plan du chapitre.**

53.01 **Textes applicables.**

>

L. n° 71-1130, 31 déc. 1971, art. 8

RIN, art. 17

>

L. 31 déc. 1971, art. 8 [Structures inter-barreaux]

Tout groupement, société ou association prévu à l'article 7 peut être constitué entre avocats, personnes physiques, groupements, sociétés ou associations d'avocats appartenant ou non à des barreaux différents.

L'association ou la société peut postuler auprès de chaque tribunal par le ministère d'un avocat inscrit au barreau établi près ce tribunal.

RIN art. 17 [Structures d'exercice inter-barreaux]

Formes

17.1 Les structures d'exercice inter-barreaux peuvent prendre la forme d'association ou de société constituées entre avocats appartenant à des barreaux différents.

Postulation

17.2 La structure inter-barreaux postule auprès de chaque tribunal par le ministère d'un de ses membres inscrit au barreau établi près de ce tribunal.

Inscription

17.3 Les structures d'exercice inter-barreaux sont inscrites au tableau de l'Ordre de leur siège social et à l'annexe au tableau de chacun des barreaux auprès desquels peuvent postuler les avocats de ladite structure.

Contrat de travail

17.4 Les contrats de travail des avocats salariés sont remis contre récépissé ou expédié par lettre recommandée avec demande d'avis de réception au Conseil de l'ordre auprès duquel l'avocat salarié est inscrit, ainsi qu'auprès du Conseil de l'ordre du siège de la structure.

Conflit

17.5 En cas de conflit, le Conseil de l'ordre du barreau auquel appartient l'avocat salarié ne peut se prononcer qu'après avoir recueilli l'avis du Conseil de l'ordre du siège de la structure.

Contrôle de comptabilité

17.6 Les contrôles de comptabilité sont effectués au siège de la structure inter-barreaux.

53.02 **Jurisprudence de référence.**

> La société inter-barreaux, étant inscrite à l'annexe au tableau de chacun des barreaux auprès desquels ses membres peuvent postuler, est soumise aux dispositions de ces règlements intérieurs

• **CA Paris, 9 déc. 2003,** *Gaz. Pal.* 14-16 mars 2004, jur. p. 8.

* V. s^{s} n° 53.23.

« Considérant qu'aux termes des articles 23 du décret n° 93-492 du 25 mars 1993 et 17-3 du Règlement intérieur harmonisé, les sociétés inter-barreaux sont inscrites au tableau de l'Ordre de leur siège social et à l'annexe au tableau de chacun des barreaux auprès desquels peuvent postuler les avocats exerçant leur profession au sein de ces sociétés; que l'annexe susmentionnée étant partie intégrante du tableau, ces sociétés sont assujetties, pour l'exercice de leur activité au sein desdits Barreaux, aux règles de ceux-ci. »

SECTION 1

CONSTITUTION

53.11 **La structure inter-barreaux peut être constituée sous forme d'association ou de société.** L'article 8 de la loi du 31 décembre 1971 réserve expressément la possibilité de créer une structure inter-barreaux. Ainsi, l'article 17-1 du RIN indique que les structures d'exercice inter-barreaux peuvent prendre la forme d'association ou de société appartenant à des barreaux différents. Ces structures sont inscrites au tableau de l'Ordre de leur siège social ainsi qu'à l'annexe au tableau de chaque barreau auprès desquels les avocats membres peuvent postuler.

53.12 Avocats membres de cette structure. Aucun texte n'exige que lors de la formation de la SCP inter-barreaux, les associés aient été préalablement inscrits au tableau des barreaux extérieurs où siège la SCP[1]. La société est constituée sous la condition suspensive de son inscription au barreau établi auprès du tribunal de grande instance dans le ressort duquel est fixé son siège et au tableau duquel est inscrit l'un ou moins des associés[2].

53.13 Différence avec le bureau secondaire. L'article 15.1, al. 2 du RIN précise que l'établissement créé par une société inter-barreaux hors de son siège social et au lieu d'inscription de l'un de ses associés ne constitue pas un bureau secondaire au sens de l'article 8-I de la loi du 31 décembre 1971 (v. s[s] n°s 52.01 s.).

SECTION 2
FONCTIONNEMENT

53.21 Postulation. La structure ainsi constituée peut postuler auprès de chaque tribunal par le biais de l'avocat qui y est inscrit.

53.22 Situation de l'avocat salarié. Les contrats de travail des avocats salariés sont transmis au Conseil de l'ordre auprès duquel celui-ci est inscrit et au Conseil de l'ordre du siège de la structure. En cas de litige, c'est au Conseil de l'ordre dont relève l'avocat salarié qui se prononce après consultation du Conseil de l'ordre du siège de la structure.

53.23 Règlement des litiges. Quel est le bâtonnier compétent pour connaître d'un litige opposant la société inter-barreaux à l'un de ses membres avocats exerçant dans un barreau différent de celui de son siège social ? La cour d'appel de Paris a tranché cette question dans un arrêt du 9 décembre 2003. Cette affaire opposait une société inter-barreaux des Hauts-de-Seine à l'avocat travaillant dans l'établissement ouvert à Paris. Ce dernier avait saisi le bâtonnier de Paris de ce litige. La société en contestait la compétence. La cour a considéré que le règlement intérieur du barreau de Paris était opposable à cette dernière, laquelle était inscrite à l'annexe du tableau de l'Ordre des avocats du barreau de Paris en raison de l'ouverture de cet établissement[3].

53.24 Risque pour l'avenir des structures inter-barreaux. Le danger réel que constituent ces sociétés pour l'avenir de la profession d'avocat est visible. Les sociétés inter-barreaux créent tout d'abord une multiplication de points d'exercice de la profession, dont tous, sauf un, celui du siège social, échappent, en fait, à tout contrôle. On se dirige donc avec rapidité vers la constitution, aux lieu et place du cabinet d'avocat traditionnel, d'un « supermarché » à succursales multiples, alimenté par des capitaux extérieurs à la profession d'avocat - capitaux qui pourraient, en fait, émaner de groupes qui se serviront d'avocats pour attirer une clientèle dont ils conserveront le monopole. Les mêmes remarques s'appliquent aux cabinets secondaires depuis la loi du 19 décembre 1989[4] (v. s[s] n° 52.12).

La société civile professionnelle inter-barreaux pourrait donc constituer une menace pour la profession et l'on ne peut s'étonner du luxe de soins que le pouvoir réglementaire lui a consacré. La société civile professionnelle pourrait être le « cheval de Troie » par lequel s'introduiront dans la profession nouvelle d'avocat les capitaux extérieurs qui faciliteront la mainmise sur les cabinets d'avocats d'organes juridiques étrangers au barreau et, finalement, le salariat généralisé dont le principe est consacré par la loi du 31 décembre 1990[5]. Elle peut néanmoins, dans certaines hypothèses, constituer une formule juridique plus souple que l'association, pour réaliser des groupements professionnels. Le législateur n'a pas prévu que chaque avocat faisant partie d'une société professionnelle inter barreaux continuerait à dépendre disciplinairement de son propre barreau et demeurerait soumis à toutes les dispositions du règlement intérieur de ce dernier, la règle subsiste bien entendu qu'un avocat est soumis au règlement intérieur de son barreau dans toutes ses activités professionnelles.

1. Civ. 1re, 22 janv. 1985, n° 83-15.927, *Bull. civ.* I, n° 30; *JCP* 1985, IV, 126; *Gaz. Pal.* 1985, 424; 1985, pan. 180.
2. Décr. 20 juill. 1992, art. 3 – CA Amiens, 4 juill. 1983, *Gaz. Pal.* 1983, 2, 612 – Civ. 1re, 22 janv. 1985, n° 83-15.927, *Bull. civ.* I, n° 30; *Gaz. Pal.* 1985, 2, 424; 1985, pan. 180; *JCP* 1985, IV, 126 – CA Douai, 17 avr. 1986, *D.* 1987, somm. 63, note Brunois.
3. CA Paris, 9 déc. 2003, *Gaz. Pal.* 14-16 mars 2004, jur. 8.
4. L. n° 89-906, 19 déc. 1989.
5. L. 31 déc. 1990, art. 7.

CHAPITRE

54. Bureaux secondaires – Réseaux et autres conventions

SECTION 0 ORIENTEUR

54.00 Plan du chapitre.

54.01 Textes applicables.

> Bureaux secondaires

L. 31 déc. 1971, art. 8-1 et 8-2

RIN art. 15

> Réseau pluridisciplinaire

RIN, art 16

> Convention de correspondance organique nationale

RIB de Paris, art. 16.14.5 P

> Réseaux entre avocats

RIB de Paris, art. 16.14.6 P

> Convention de correspondance organique internationale et réseaux internationaux

RIB de Paris, art. 16.15.3.P

> Groupements transnationaux entre avocats de plusieurs barreaux de l'UE

RIB de Paris, art. 16.15.4.P

> Bureaux secondaires

L. 31 déc. 1971, art. 8-1 [Principe]

[créé par L. n° 89-906, 19 déc. 1989, art. 1, *JO* 20]

Sans préjudice des dispositions de l'article 5, l'avocat peut établir un ou plusieurs bureaux secondaires, après déclaration au Conseil de l'ordre du barreau auquel il appartient.

Lorsque le bureau secondaire est situé dans le ressort d'un barreau différent de celui où est établie sa résidence professionnelle, l'avocat doit en outre demander l'autorisation du Conseil de l'ordre du barreau dans le ressort duquel il envisage d'établir un bureau secondaire. Le Conseil de l'ordre statue dans les trois mois à compter de la réception de la demande. À défaut, l'autorisation est réputée accordée.

L'autorisation ne peut être refusée que pour des motifs tirés des conditions d'exercice de la profession dans le bureau secondaire. Sans préjudice des sanctions disciplinaires pouvant être prononcées par le Conseil de l'ordre du barreau auquel appartient l'avocat, elle ne peut être retirée que pour les mêmes motifs.

Dans tous les cas, l'avocat disposant d'un bureau secondaire doit y exercer une activité professionnelle effective sous peine de fermeture sur décision du Conseil de l'ordre du barreau dans lequel il est situé.

L. 31 déc. 1971, art. 8-2 [Exceptions]

[créé par L. n° 89-906, 19 déc. 1989, art. 1, *JO* 20]

Par dérogation aux dispositions de l'article 8-1, les avocats inscrits au barreau de l'un des tribunaux de grande instance de Paris, Bobigny, Créteil et Nanterre ne peuvent ouvrir un bureau secondaire dans le ressort de l'un de ces tribunaux de grande instance autre que celui du barreau auquel ils appartiennent.

RIN, art. 15 [Bureaux secondaires]

Définition

15.1 Le bureau secondaire est une installation professionnelle permanente distincte du cabinet principal.

L'établissement créé par une société inter-barreaux hors de son siège social et au lieu d'inscription au tableau de l'un de ses associés n'est pas un bureau secondaire au sens de l'article 8-I de la loi du 31 décembre 1971.

Principes

15.2 L'ouverture d'un ou plusieurs bureaux secondaires est licite en France et à l'étranger, sous réserves des dispositions de l'article 8.II de la loi du 31 décembre 1971 modifiée.

Le bureau secondaire doit répondre aux conditions générales du domicile professionnel et correspondre à un exercice effectif.

Ouverture d'un bureau secondaire

15.3 L'avocat désirant ouvrir un bureau secondaire doit en informer son Conseil de l'ordre. Il doit également l'informer de la fermeture du bureau secondaire.

Bureau situé en France

L'avocat doit solliciter l'autorisation du Conseil de l'ordre du barreau dans le ressort duquel il envisage de s'établir.

La demande d'autorisation doit comporter tous les éléments de nature à permettre au Conseil de l'ordre du barreau d'accueil de vérifier les conditions d'exercice de l'activité professionnelle et notamment le nom des avocats exerçant dans le bureau secondaire.

La demande d'autorisation doit comprendre la copie des contrats de travail des avocats salariés et des contrats de collaboration des avocats collaborateurs qui exerceront dans le bureau secondaire. Elle est remise avec récépissé ou expédiée par lettre recommandée avec demande d'avis de réception au Conseil de l'ordre du barreau d'accueil et à son propre Conseil de l'ordre.

Le Conseil de l'ordre du barreau d'accueil statue dans les trois mois de la réception de la demande. À défaut, l'autorisation est réputée accordée. Dans ce cas, l'avocat est tenu d'informer le Conseil de l'ordre du barreau d'accueil et celui de son propre barreau de l'ouverture effective de son bureau secondaire.

De même, il est tenu d'informer le Conseil de l'ordre de son barreau de toute modification de son exercice professionnel dans son bureau secondaire, y compris de sa fermeture et de toute difficulté survenant avec le barreau d'accueil.

Bureau situé à l'étranger

• Ouverture d'un bureau secondaire dans l'Union européenne (dir. n° 98/5/CE 16 févr. 1998)

L'avocat qui établit un bureau secondaire dans un autre État membre de l'Union européenne le déclare au Conseil de l'ordre de son barreau d'origine.

• Ouverture d'un bureau secondaire en dehors de l'Union européenne

L'avocat qui veut établir un bureau secondaire dans un pays en dehors de l'Union européenne doit solliciter l'autorisation préalable du Conseil de l'ordre de son barreau d'origine, qui doit statuer dans les trois mois de la réception de la demande. À défaut, l'autorisation est réputée accordée.

Il fournit à son Conseil de l'ordre toutes pièces justifiant de sa demande dans l'État d'accueil et de l'autorisation de l'autorité compétente de cet État, ainsi que de l'existence d'une assurance de responsabilité civile couvrant ses activités à l'étranger.

Publicité

15.4 L'avocat autorisé à ouvrir un bureau secondaire où il exerce effectivement peut faire mention de celui-ci sur son papier à lettre et tous les supports de publicité autorisés.

Cotisations

15.5 L'avocat autorisé à ouvrir un bureau secondaire en France, en dehors du ressort de son barreau, pourra être redevable à l'égard du barreau d'accueil d'une cotisation annuellement fixée par le Conseil de l'ordre du barreau d'accueil.

Charges de services ordinales

15.6 nouveau (en cours d'élaboration)

Litiges relatifs aux honoraires

15.7 Les litiges relatifs aux honoraires relèvent de la compétence du bâtonnier du barreau auquel appartient l'avocat.

Discipline

15.8 L'avocat reste soumis à la discipline de son Ordre pour son activité professionnelle au sein de son bureau secondaire.

Il doit se conformer, pour son activité dans le bureau secondaire, au règlement intérieur du barreau d'accueil, qui peut lui retirer l'autorisation d'ouverture, par une décision susceptible d'appel conformément aux dispositions de l'article 16 du décret du 27 novembre 1991.

L'avocat inscrit à un barreau français établi dans un autre État membre de l'Union européenne reste soumis à la discipline de son barreau d'accueil.

> Réseau pluridisciplinaire

RIN art. 16 [Réseaux et autres conventions pluridisciplinaires]

Définition d'un réseau pluridisciplinaire

16.1 L'avocat peut être membre ou correspondant d'un réseau pluridisciplinaire dans les conditions énoncées au présent article.

Il ne peut participer à une structure ou entité qui aurait pour objet ou pour activité effective l'exercice en commun de plusieurs professions libérales, la loi française en vigueur excluant toute participation d'un avocat à une telle structure ou entité.

Pour l'application du présent texte, constitue un réseau pluridisciplinaire toute organisation, structurée ou non, formelle ou informelle, constituée de manière durable entre un ou plusieurs avocats et un ou plusieurs membres d'une autre profession libérale, réglementée ou non, ou une entreprise, en vue de favoriser la fourniture de prestations complémentaires à une clientèle développée en commun.

L'existence d'un tel réseau pluridisciplinaire au regard des règles françaises d'exercice de la profession d'avocat suppose un intérêt économique commun entre ses membres ou correspondants, lequel est réputé établi lorsque l'un au moins des critères suivants est constaté :

• usage commun d'une dénomination ou de tout autre signe distinctif tel que logo ou charte graphique;

• édition et/ou usage de documents destinés au public présentant le groupe ou, chacun de ses membres et faisant mention de compétences pluridisciplinaires ;

• usage de moyens d'exploitation communs ou en commun dès lors que cet usage est susceptible d'avoir une influence significative sur l'exercice professionnel ;

• existence d'une clientèle commune significative liée à des prescriptions réciproques ;

• convention de coopération technique, financière ou de marketing.

Le terme « avocat » englobe les avocats d'un barreau étranger ou ayant un titre reconnu comme équivalent dans leur pays d'origine.

Principes

16.2 L'avocat ou la structure d'avocats membre d'un réseau pluridisciplinaire doit s'assurer que le fonctionnement du réseau ne porte pas atteinte aux principes essentiels de la profession d'avocat et aux textes légaux et réglementaires qui lui sont applicables. À défaut, il doit se retirer du réseau.

En aucun cas, le fonctionnement du réseau ne peut notamment porter atteinte à l'indépendance de l'avocat et il appartient à celui-ci de veiller à l'application effective de ce principe.

Constitue notamment une atteinte à l'indépendance le fait, directement ou indirectement :

• d'accepter d'être partie à un mécanisme conduisant à une répartition ou à un partage des résultats ou à un rééquilibrage des rémunérations en France ou à l'étranger avec des professionnels non avocats ;

• d'accepter une relation de subordination de l'avocat ou un contrôle hiérarchique de l'exécution de ses missions par d'autres professionnels non avocats.

L'avocat membre d'un réseau pluridisciplinaire doit veiller en toutes matières à ce que la facturation fasse apparaître spécifiquement la valeur de sa propre prestation.

Secret professionnel

16.3 Les avocats membres d'un réseau pluridisciplinaire doivent pouvoir justifier à toute demande du bâtonnier de l'Ordre auprès duquel ils exercent que l'organisation de l'ensemble du réseau ne met pas en cause l'application des règles du secret professionnel.

Conflits d'intérêts

16.4 L'avocat participant à un réseau pluridisciplinaire doit veiller à ce que les procédures adéquates d'identification et de gestion des conflits d'intérêts soient appliquées. Le respect des règles relatives aux conflits d'intérêts est apprécié non pas au niveau du seul cabinet d'avocats mais de l'ensemble du réseau.

D'une façon générale, un avocat membre d'un réseau pluridisciplinaire est tenu d'observer l'ensemble des dispositions de l'article 4 du présent règlement qui sont relatives au conflit d'intérêts.

Dénomination

16.5 L'avocat membre d'un réseau pluridisciplinaire doit veiller à ne pas créer de confusion dans l'esprit du public entre sa pratique professionnelle et celle des autres professionnels intervenant dans le réseau.

L'avocat membre d'un groupement d'exercice qui participe à un réseau reste soumis aux dispositions législatives et réglementaires relatives à l'usage de la dénomination ou la raison sociale de ce groupement.

Afin d'assurer une parfaite information du public, sa dénomination ou raison sociale sera différente du nom de son réseau et il devra distinctement faire mention de son appartenance à celui-ci.

Périmètre

16.6 Un avocat peut participer à un réseau pluridisciplinaire exclusivement constitué entre membres de professions libérales réglementées sous la seule condition de se conformer aux dispositions du présent article.

Un avocat ne peut participer à un réseau pluridisciplinaire non exclusivement constitué de membres de professions libérales réglementées qu'à la condition d'en avoir fait préalablement la déclaration à l'Ordre auprès duquel il est inscrit, cette déclaration devant être assortie des informations et documents visés à l'article 16.8.

L'Ordre devra faire part de ses observations éventuelles dans les deux mois de réception de la déclaration.

Dans l'intérêt du public, la nécessaire indépendance de l'avocat interdit qu'il participe à un réseau comprenant un membre d'une profession ayant une activité de caractère commercial.

Incompatibilités avec les principes essentiels

16.7 Un avocat membre d'un réseau ne peut entrer en contravention avec les dispositions de l'article 111 (a) du décret n° 91-197 du 27 novembre 1991 relatif au principe d'incompatibilité de l'exercice de la profession d'avocat, avec toutes activités de caractère commercial ; directement ou par personne interposée.

Lorsqu'un avocat est affilié à un réseau national ou international, répondant à la définition de l'article 16.1 ci-dessus, et qui n'a pas pour activité exclusive la prestation de conseil, il ne peut faire une telle prestation pour le compte d'une personne dont les comptes sont légalement contrôlés ou certifiés par un autre membre du réseau en qualité de commissaire aux comptes ou dans une qualité similaire.

Plus généralement, un avocat membre d'un réseau ne peut recevoir des honoraires qui seraient versés par des personnes physiques ou morales dont les comptes sont contrôlés ou certifiés par un autre membre du réseau.

Transparence

16.8 Les avocats ou cabinets d'avocats membres d'un réseau pluridisciplinaire doivent déposer auprès de leur Ordre l'ensemble des accords ou documents sociaux permettant à celui-ci de disposer, au cas par cas, d'une information nécessaire et adéquate sur l'ensemble de la structure juridique, économique et financière du réseau, quels que soient la loi applicable à celui-ci et le ou les pays où il intervient :

• organigramme général du réseau faisant apparaître les différentes entités mais aussi les accords de partenariat entre les membres du réseau ;

• exposé sommaire permettant de comprendre le rôle joué par les différentes entités et accords visés ci-dessus ;

• description sommaire des professions et métiers auxquels appartiennent les membres du réseau;

• liste des membres;

• description des organes de décision du réseau :

– organigramme des organes de décision distinguant le cas échéant l'organisation par pays (comment les différentes professions participant au réseau sont organisées pour la France), l'organisation internationale par métier (comment les avocats des différents pays sont organisés) et l'organisation internationale;

– pour les différents organes de décision : mode d'élection, mandat et pouvoirs réels.

• description des modes de participation aux frais et aux résultats :

– comment les différentes composantes du réseau participent (directement ou indirectement) au financement du cabinet d'avocats français (ex : fonds propres, prêts, redevances pour services, prise en charge d'une partie du financement de charges incombant au cabinet d'avocats) et, réciproquement, comment le cabinet d'avocats français participe au financement d'autres composantes du réseau;

– comment les associés du cabinet d'avocats français sont intéressés directement ou indirectement aux résultats d'autres entités du réseau (ex : quote-part dans les résultats au travers de sociétés de services, valorisation de participations, systèmes de retraites, notamment sous forme de contrats de consultant).

• description des informations introduites dans les bases de données et procédures relatives à l'accès;

• description des mesures mises en place afin d'assurer le contrôle interne du respect des règles déontologiques (ex : conflits d'intérêt, risques d'atteinte à l'indépendance, moyens d'éviter de profiter passivement du démarchage effectué par d'autres membres);

• justification de l'existence pour tous les membres du réseau de garanties individuelles ou collectives d'assurance de responsabilité civile professionnelle excluant toute solidarité de principe entre membres de professions différentes.

> Convention de correspondance organique nationale

16.14.5.P [Conventions de correspondance organique nationales]

Chaque fois qu'un avocat au Barreau souhaite officialiser des relations professionnelles régulières avec un avocat inscrit au tableau d'un autre barreau français, ils doivent établir une convention dite de « correspondance organique nationale », soumise à l'autorisation préalable du bâtonnier. Une telle convention peut envisager une coopération impliquant un référencement mutuel de clientèle, nécessairement gratuit, l'indication du nom et de l'adresse du correspondant sur le papier à lettre du cocontractant, le mot « correspondant » devant précéder ou suivre immédiatement le nom de l'intéressé.

Une telle convention ne peut comporter des dispositions qui permettraient de l'assimiler à une Structure d'exercice ou à la mise en place d'un bureau secondaire.

> Réseaux entre avocats

16.14.6.P [Réseaux entre avocats]

Les avocats ou Structures d'Exercice inscrits au Barreau peuvent constituer des réseaux avec des avocats ou des Structures d'Exercice appartenant à d'autres barreaux ou devenir membres de tels réseaux selon les modalités ci-après.

Le réseau d'avocats est une Structure de Moyens constituée exclusivement de personnes morales ou physiques exerçant la profession d'avocat.

L'acte constitutif du réseau, qui peut prendre la forme soit d'une convention multilatérale, soit de statuts d'une Association régie par la loi du 1er juillet 1901, est soumis à la procédure d'approbation prévue à l'article 16.12.1P.

L'objet du réseau d'avocats ne peut comprendre que les activités suivantes :

• la mise en commun de moyens nécessaires à l'exercice de la profession,

• une formation commune et un contrôle de qualité de cette formation,

• une documentation commune,

• un logo commun éventuellement assorti d'une dénomination identifiant le réseau : lorsqu'il est utilisé sur papier à lettres, il doit figurer de façon discrète et sans que cela puisse créer, dans l'esprit des tiers, une confusion avec la dénomination ou la raison sociale de l'avocat ou de la Structure d'Exercice qui utilise le logo, par dérogation expresse aux principes régissant les Structures de Moyens, une publicité commune, sous réserve du respect des Principes Essentiels et des principes fixés par l'article 10 ci-avant.

L'acte fondateur du réseau d'avocats ou la publicité qu'il fait ne peuvent comporter aucune disposition ou aucune allégation permettant d'assimiler le réseau à une Structure d'Exercice.

> Convention de correspondance organique internationale et réseaux internationaux

16.15.3.P [Convention de correspondance organique internationale et réseaux internationaux]

Convention de correspondance organique internationale

Chaque fois qu'un avocat du Barreau souhaite officialiser des relations professionnelles régulières avec un avocat inscrit dans un barreau étranger, appartenant ou non à l'UE, il établit une convention dite de « correspondance organique internationale », soumise à l'autorisation préalable du bâtonnier.

Les correspondances organiques internationales suivent le régime des correspondances organiques nationales visées à l'article 16.14.5.P ci-dessus.

Réseaux internationaux d'avocats

Avocats ou Structures d'Exercice inscrits au Barreau peuvent constituer des réseaux avec des avocats ou des Structures d'Exercice inscrits à des barreaux étrangers, appartenant ou non à l'UE, ou devenir membres de tels réseaux.

Les réseaux internationaux suivent le régime des réseaux nationaux fixé à l'article 16.14.6.P ci-dessus.

Exercice des avocats au barreau avec des avocats étrangers dans le cadre d'une structure

Les avocats au Barreau ne peuvent exercer dans le cadre d'une Structure en France, sous quelque forme que ce soit, avec des avocats étrangers installés en France, si ceux-ci n'ont pas obtenu leur inscription au Barreau; ceci sous réserve d'une part de la faculté d'employer tout juriste étranger en qualité de salarié non-avocat, d'autre part des possibilités offertes par l'article 84 du Décret aux avocats étrangers pour assurer leur formation.

> Groupements transnationaux entre avocats de plusieurs barreaux de l'Union européenne

16.15.4.P [Groupements transnationaux entre avocats de plusieurs barreaux de l'UE]

Les avocats au Barreau, exerçant individuellement ou en Structure d'Exercice, peuvent conclure avec des avocats établis dans un État membre de l'UE des conventions de groupements transnationaux pouvant éventuellement comporter la mise en commun des résultats. La validité de ces conventions est subordonnée à l'approbation préalable du Conseil de l'ordre.

Ces conventions ne peuvent cependant être conclues avec des avocats qui se trouvent sous la dépendance d'une personne physique ou morale de quelque pays que ce soit, n'ayant pas la qualité d'avocat au sens de l'article 201 du Décret.

Tous les avocats établis à Paris, membres d'un tel groupement transnational, doivent être inscrits au tableau de l'Ordre. Ceux qui ne sont pas établis à Paris doivent, pour toutes leurs prestations de service utilisées en France, respecter la déontologie du Barreau.

Les avocats qui sollicitent l'approbation d'une convention de groupement transnational prennent de ce fait l'engagement de fournir spontanément au Conseil de l'ordre toute information sur les modifications qui pourraient être apportées tant à la convention de groupement transnational elle-même qu'aux statuts des cabinets d'avocats membres de cette convention.

Sous réserve de dispositions légales ou réglementaires spécifiques, et, notamment, du droit communautaire, la participation de capitaux extérieurs à la profession est prohibée, de même que tout contrôle direct ou indirect de l'exercice professionnel par des personnes physiques ou morales n'appartenant pas à la profession.

54.02 Jurisprudence de référence.

> Un Conseil de l'ordre peut refuser l'ouverture d'un cabinet secondaire compte tenu des irrégularités affectant la comptabilité de l'avocat

• **Civ. 1re, 3 mars 1987, n° 85-11.999,** NPT, *D.* 1987, IR 51.

* V. ss n° 54.18.

« Mais attendu, d'abord, que la cour d'appel énonce que la décision du Conseil de l'ordre, qui se réfère au rapport de comptabilité établi par deux de ses membres, mentionne que les explications fournies par M. C... ne font que confirmer les conclusions de ceux-ci, ce qui implique que le rapport en cause a fait l'objet d'un débat contradictoire et qu'à supposer que M. C... ne l'ait pas connu en temps utile, il lui était loisible de solliciter un renvoi, ce qu'il n'a pas fait; Attendu, ensuite, que les juges d'appel approuvent le Conseil de l'ordre d'avoir estimé qu'en raison des irrégularités qui entachaient la comptabilité professionnelle de M. C..., l'ouverture d'un cabinet secondaire présentait des risques indéniables et énoncent que la bonne gestion du cabinet principal est effectivement la condition nécessaire à l'ouverture d'un cabinet secondaire; que par ces motifs, ils ont légalement justifié leur décision; d'où il suit que le moyen, n'est fondé en aucune de ses branches. »

> Le Conseil de l'ordre ne peut refuser l'ouverture d'un bureau secondaire au motif que l'avocat n'a pas respecté ses devoirs au sein de son barreau d'origine

• **Civ. 1re, 3 févr. 1993, n° 90-19.278,** *Bull. civ.* I, n° 56; *D.*1994, pan. 137; *D.* 1994, somm. 137, note Brunois; *JCP* 1993, IV, 838.

* V. ss nos 54.12, 54.18.

« Mais attendu que, selon l'article 8-1 de la loi du 31 décembre 1971 dans la rédaction issue de la loi n° 89-906 du 19 décembre 1989, l'autorisation d'ouvrir un cabinet secondaire ne peut être refusée "que pour des motifs tirés des conditions d'exercice de la profession dans le bureau secondaire", c'est-à-dire des modalités selon lesquelles l'avocat exercera sa profession; qu'il s'ensuit que c'est par une exacte application de l'article précité et sans violer les autres textes invoqués que la cour d'appel a retenu que devait être écartée la prise en considération de l'inobservation antérieure par M. X... de ses devoirs professionnels en raison de l'exercice prétendument irrégulier de sa profession à Saint-Martin d'Abbat, situation relevant du pouvoir disciplinaire du seul bâtonnier de l'Ordre des avocats au barreau de Paris; d'où il suit qu'en aucune de ses deux branches, le moyen n'est fondé. »

> Réseau pluridisciplinaire : jurisprudence antérieure à la loi du 11 février 2004

• **Civ. 1re, 21 janv. 2003, n° 00-22.553,** *Bull. civ.* I, n° 16.

* V. ss n° 54.31.

« Vu les articles 17.1°, 5° et 10°, et 19, alinéa 1er, de la loi, modifiée, du 31 décembre 1971, ensemble l'article 53 de la même loi;

Attendu que la fixation des règles de déontologie revêtant un caractère impératif pour la profession d'avocat, relève de la compétence du gouvernement agissant dans le respect des principes posés par l'article 53 de la loi susvisée;

Attendu que pour rejeter le recours tendant à l'annulation de l'article 16-4 du règlement intérieur du barreau de Toulon prévoyant qu'un avocat ne peut participer à un réseau que si celui-ci comprend exclusivement des professionnels relevant de professions libérales réglementées ayant une déontologie déclinant une éthique commune à celle des avocats et dont le respect est contrôlé par une institution ordinale ou autre, l'arrêt retient que ce texte rappelle que la profession d'avocat est une profession libérale et indépendante, incompatible avec toutes les activités commerciales et qui se doit de respecter les principes essentiels de dignité, conscience, indépendance, probité et humanité, ce qui justifie pleinement que soit interdit à un avocat d'exercer son activité professionnelle au sein d'un réseau à l'intérieur duquel auraient cours des pratiques et des règles de fonctionnement non conformes à ces principes déontologiques;

Attendu qu'en statuant ainsi alors que les dispositions de l'article 16-4 du règlement intérieur, quel qu'en soit le mérite, créent une restriction générale et absolue excédant les pouvoirs du Conseil de l'ordre, la cour d'appel a violé les textes susvisés;

Et sur le quatrième moyen, pris en sa première branche :

Vu les articles 17.1°, 5° et 10°, et 19, alinéa 1er, de la loi modifiée du 31 décembre 1971, ensemble l'article 53 de la même loi;

Attendu que la fixation des règles de déontologie revêtant un caractère impératif pour la profession d'avocat, relève de la compétence du gouvernement agissant dans le respect des principes posés par l'article 53 de la loi susvisée;

Attendu que pour rejeter la demande tendant à l'annulation de l'article 16-5 du règlement intérieur, l'arrêt retient que ce texte, qui est justifié par le fait que deux membres d'un réseau ne peuvent concilier d'assister le même client, l'un avocat, tenu de façon absolue au secret professionnel et l'autre, commissaire aux comptes, tenu de révéler des faits délictueux, ne crée, aucune incompatibilité, ce terme étant entendu par référence à un statut, une fonction, mais permet à l'avocat, dans la situation visée par le texte litigieux, d'avoir une attitude conforme au principe déontologique de l'article 155 du décret du 27 novembre 1991 qui s'impose à lui lorsque surgit un conflit d'intérêts, lorsque le secret professionnel risque d'être violé ou lorsque son indépendance risque de ne plus être entière;

Attendu qu'en statuant ainsi alors que les dispositions de l'article 16-5 du règlement intérieur, quel qu'en soit le mérite, font interdiction à un avocat membre d'un réseau de prêter son concours à son client, même avec l'accord de celui-ci, si un autre membre du réseau contrôle ou certifie les comptes dudit client, notamment en qualité de commissaire aux comptes, la cour d'appel, qui a ainsi reconnu à un Conseil de l'ordre le pouvoir de créer une incompatibilité non prévue par une disposition légale ou réglementaire, a violé les textes susvisés. »

54.03 Bibliographie indicative.

Ouvrages. Monéger et Demeester, 2001, n° 6.12 – Nallet, *Les réseaux pluridisciplinaires et les professions du droit*, Rapport au Premier ministre, 1999, La Documentation française, coll. « Rapports officiels »

Articles. Ader, « Les enjeux de la déontologie des réseaux », *Rev. jur. d'Île-de-France*, juill.-sept. 1997 – Meunier, « Bureaux secondaires et postulation », *JCP* 4 mars 1998, act. p. 369.

Section 1
Bureaux secondaires

§ 1
Création de bureaux secondaires

54.11 La création de bureaux ou cabinets secondaires est licite. La loi du 19 décembre 1989[1] l'a expressément prévu par l'article 1er insérant deux articles 8-1 et 8-2 dans la loi du 31 décembre 1971, où il y est établi que, sans que cela porte atteinte au principe de la territorialité de la postulation, l'avocat peut établir un ou plusieurs bureaux secondaires après déclaration au Conseil de l'ordre du barreau auquel il appartient (sur la SCP v. ss n° 54.24). Lorsque le bureau secondaire est situé dans le ressort d'un barreau différent de celui où est établie sa résidence professionnelle et même en dehors du ressort de la même cour d'appel, l'avocat doit en outre demander l'autorisation du Conseil de l'ordre du barreau dans le ressort duquel il envisage d'établir le bureau secondaire.

• **La création de cabinets secondaires – Une question controversée.** La création des cabinets secondaires a suscité de graves débats de doctrine et de jurisprudence depuis les années 50 et pendant près de quarante ans. Le premier arrêt qui s'est attachée à cette question est un arrêt de Grenoble du 29 juin 1954[2]; le dernier est un arrêt de Bordeaux du 24 octobre 1989[3] rendu à la veille de la promulgation de la loi du 19 décembre 1989 qui autorisait sous certaines conditions l'ouverture de bureaux secondaires, reprises par la loi du 31 décembre 1990 réformant la loi du 31 décembre 1971 (sur l'ouverture d'un cabinet secondaire dissimulant en fait une inscription à un autre barreau, voir un arrêt de la première chambre civile de la Cour de cassation[4]). Sur les discussions relatives à l'ancienne législation et la jurisprudence qui s'y rapporte en matière de bureaux secondaires...[5]

54.12 Décision du Conseil de l'ordre. Le Conseil de l'ordre statue dans les trois mois à compter de la réception de la demande; à défaut, l'autorisation est réputée accordée. L'autorisation ne peut être refusée que pour des motifs tirés des conditions d'exercice de la profession dans le bureau secondaire, sans préjudice des sanctions disciplinaires pouvant être prononcées par le Conseil de l'ordre du barreau auquel appartient l'avocat; elle ne peut être retirée que pour les mêmes motifs.

Dès lors le Conseil de l'ordre du barreau d'accueil ne peut rechercher si, antérieurement à la création du cabinet secondaire, des fautes auraient été commises par l'avocat dans le cadre de son barreau d'origine, lequel est seul compétent[6].

Dans tous les cas, l'avocat disposant d'un bureau secondaire doit y exercer une activité profession-

1. L. n° 89-906, 19 déc. 1989.
2. CA Grenoble, 29 juin 1954, *D.* 1954, 526.
3. CA Bordeaux, 24 oct. 1989, *Gaz. Pal.* 1990, 1, 170.
4. Civ. 1re, 26 mai 1994, n° 92-17.522, *Bull. civ.* I, n° 186; *JCP* 1994, IV, 1870; *Gaz. Pal.* 1994, pan. 212.
5. Hamelin, 6e éd., nos 86 s.
6. Civ. 1re, 3 févr. 1993, n° 90-19.278, *Bull. civ.* I, n° 56; *D.* 1993, IR 50; *D.* 1994, pan. 137; *D.* 1994, somm. 137, note Brunois; JCP 1993, IV, 838; *Gaz. Pal.* 1993, pan. 115.

nelle effective sous peine de fermeture sur décision du Conseil de l'ordre du barreau dans lequel il est situé[1].

54.13 Décision du barreau d'accueil. Lorsque le bureau secondaire est dans le ressort d'un autre barreau que celui où l'avocat est inscrit, l'autorisation doit être demandée au Conseil de l'ordre de ce barreau. Elle ne peut être refusée que pour des motifs tirés des conditions d'exercice de la profession dans le bureau secondaire, autrement dit ce refus ne peut être fondé que sur des modalités selon lesquelles l'avocat exercera sa profession dans le bureau secondaire, le Conseil de l'ordre du barreau d'accueil n'est pas juge de l'opportunité de l'ouverture du bureau, il ne peut pas non plus faire état d'opinions défavorables tenant à la personne du demandeur.

Les Conseils de l'ordre ont tendance, quand ils sont saisis d'une demande d'autorisation d'un avocat hors de leur ressort, à aller au-delà des vérifications qui leur sont permises par la loi, d'où un contentieux relativement fourni.

• Il a été jugé par exemple que le Conseil de l'ordre ne peut justifier un refus sur l'inobservation par le postulant de ses devoirs professionnels dans son barreau d'origine qui est seul compétent pour en connaître[2], le refus d'ouverture ne peut se fonder sur une appréciation de la rentabilité économique du bureau[3]. De même un avocat peut installer son bureau secondaire dans les locaux d'une société d'expertise comptable[4] mais l'ouverture peut être refusée en raison d'acte de publicité interdite dans le ressort du barreau d'accueil et que le requérant a commis antérieurement à sa demande[5].

De façon analogue, l'autorisation d'ouvrir un bureau secondaire ne peut être retirée que pour des motifs tirés des conditions d'exercice de la profession dans ce bureau secondaire[6].

54.14 Recours. Les décisions du Conseil de l'ordre autorisant l'ouverture du bureau secondaire ou retirant cette autorisation, ainsi que les recours exercés contre ces décisions, sont soumis aux règles prévues par les articles 101 et suivants du décret du 27 novembre 1991, elles sont identiques aux recours contre les décisions concernant l'inscription d'un avocat au barreau et nécessitent un débat préalable contradictoire[7].

Ces décisions autorisant l'ouverture d'un bureau secondaire prises par le Conseil de l'ordre d'un barreau dont ne relève pas l'avocat sont portées par ce conseil à la connaissance du bâtonnier de l'Ordre auquel appartient l'avocat qui en informe le procureur général compétent (v. s^s n°s 24.01 s.). Il en est de même des décisions retirant l'autorisation aux fins, le cas échéant, de poursuites disciplinaires devant le Conseil de l'ordre auquel appartient l'avocat[8].

Lorsque le Conseil de l'ordre n'a pas statué dans le délai imparti par l'article 8-1 de la loi et que l'autorisation d'ouverture du bureau secondaire est réputée accordée par silence gardé[9], l'ouverture de ce bureau est portée par l'avocat à la connaissance du bâtonnier de l'Ordre auquel il appartient qui en informe le procureur général compétent, et du bâtonnier de l'Ordre dans le ressort duquel le bureau est ouvert. En outre, l'avocat doit en informer, par lettre recommandée avec demande d'avis de réception, le procureur général de la cour d'appel dans le ressort de laquelle est ouvert le bureau secondaire qui peut saisir la cour d'appel dans le délai de deux mois à compter de la réception de la lettre[10].

54.15 Modalités de fermeture des bureaux secondaires. Toute fermeture d'un bureau secondaire par l'avocat doit être portée par celui-ci à la connaissance du bâtonnier de l'Ordre auquel il appartient et, le cas échéant, de celui dans le ressort duquel le bureau avait été ouvert qui en informe le procureur général compétent.

54.16 Paiement d'une cotisation auprès du barreau d'accueil. L'avocat qui ouvre un cabinet secondaire dans un barreau autre que celui où il est inscrit peut se voir réclamer une cotisation par le barreau d'accueil[11] qui doit tenir compte et des avantages accordés au titulaire du bureau secondaire et des charges supportées par le barreau d'origine (assurances par exemple) qui justifient une

1. CA Versailles, 3 févr. 1993, *Gaz. Pal.* 8 avr. 1993, 101 – CA Limoges, 9 nov. 1992, *Gaz. Pal.* 8 avr. 1993, 24 – CA Limoges, 3 nov. 1992, *D.* 1994, somm. 137 – Civ. 1re, 1er déc. 1993, n° 91-13.887, *Bull. civ.* I, n° 351, *JCP* 1994, IV, 334; *D.* 1994, IR 9 – CA Paris, 28 mars 1994, *Gaz. Pal.* 24 nov. 1994, note Brendel.
2. Civ. 1re, 3 févr. 1993, n° 90-19.278, *Bull. civ.* I, n° 56; *D.* 1994, pan. 137; *D.* 1994, somm. 137, note Brunois; *Gaz. Pal.* 1993, pan. 115. *JCP* 1993, IV, 838.
3. Civ. 1re, 16 mai 1995, n° 93-15.271, *Bull. civ.* I, n° 210; *D.* 1995, IR 149; *JCP* 1995, IV, 1656; *Gaz. Pal.* 1996, pan. 3 – RAPPR. : Civ. 1re, 9 janv. 1994, *D.* 1995, somm. 168.
4. Civ. 1re, 27 déc. 1995, *JCP* 1997, I, 3993 – RAPPR. : Civ. 1re, 26 mai 1994, n° 92-17.522, *Bull. civ.* I, n° 186; *JCP* 1994, IV, 1870.
5. CA Poitiers, 29 janv. 1994, *JCP* 1996, I, 3948, n° 12.
6. Civ. 1re, 23 mars 2004, n° 02-13.823, *Bull. civ.* I, n° 93; *D.* 2004, IR 1066; *Gaz. Pal.* 2004, somm. 1243.
7. Décr. 27 nov. 1991, art. 166, qui renvoie aux art. 102 et 103.
8. Décr. 17 nov. 1991, art. 167.
9. CA Aix-en-Provence, 28 juin 1990, *Gaz. Pal.* 1990, 1, 179, note Avril – CA Versailles, 6 mars 1991, *Gaz. Pal.* 11 avr. 1991, 12.
10. Décr. 27 nov. 1991, art. 168.
11. L. 31 déc. 1971, art. 17-6°.

réduction de cotisation par rapport aux avocats du barreau d'accueil[1].

• **Respect du principe d'égalité entre avocats.** Le Conseil de l'ordre doit toutefois respecter scrupuleusement le principe d'égalité entre les avocats cotisants, sauf à établir que la contribution au moyen de la rémunération des comptes de clients des avocats inscrits dans des barreaux extérieurs mais disposant dans le ressort du barreau de l'inscription du bureau secondaire, est moindre que celle de leurs confrères inscrits à ce barreau[2].

54.17 **Assurance et garantie financière.** L'article 228 du décret du 27 novembre 1991 prévoit qu'en cas d'ouverture d'un bureau secondaire dans le ressort d'un barreau dont ne relève pas l'avocat, l'assurance et la garantie financière prévues à l'article 27 de la loi du 31 décembre 1971, souscrites dans le cadre de l'établissement principal, doivent être étendues aux actes accomplis dans le bureau secondaire. Il en est de même pour les associations et pour les sociétés constituées entre avocats appartenant à des barreaux différents. L'article 228 n'envisage donc qu'une seule assurance et une seule garantie financière souscrite par l'établissement principal mais qui devront couvrir l'intégralité de l'activité professionnelle exercée même dans le bureau secondaire.

Il appartient donc aux Conseils de l'ordre qui ont souscrit des polices d'assurance de groupe de s'adapter à cette nouvelle législation conformément aux dispositions de l'article L. 121-4 du Code des assurances, afin que l'assurance ainsi souscrite ne s'applique pas aux avocats déjà couverts par une police contractée par l'établissement principal ou celui du lieu social rattaché à un autre barreau[3].

54.18 **Certaines inquiétudes demeurent.** Cette extension des cabinets secondaires par l'article 8-1 de la loi du 31 décembre 1971 dans sa rédaction issue de la loi du 19 décembre 1989[4] a soulevé une longue discussion devant l'Assemblée nationale lors de la discussion du projet de loi qui devait devenir la loi du 31 décembre 1990[5] car le garde des Sceaux avait mis en garde les membres de l'Assemblée contre le danger que pouvait constituer la combinaison de la liberté d'établissement des bureaux secondaires avec l'instauration du salariat, instauré par l'article 6 de la loi du 31 décembre 1990 modifiant l'article 7 de la loi du 31 décembre 1971.

• **Le risque d'un « barreau à deux vitesses ».** En effet, indiquait le garde des Sceaux, si l'on admet qu'un avocat salarié installé dans un bureau secondaire puisse postuler pour le compte de son employeur devant le tribunal de grande instance dans le ressort duquel se trouve ce bureau secondaire, dès lors qu'il est inscrit au barreau territorialement compétent, on pourrait « par l'intermédiaire de plusieurs bureaux secondaires dans lesquels seraient installés des avocats salariés ou des collaborateurs, postuler devant plusieurs tribunaux de grande instance et une telle mesure risque d'entraîner un déséquilibre entre les barreaux au détriment des barreaux de province ». Pour éviter cette création d'« un barreau à deux vitesses » comportant à côté d'avocats de plein exercice (non salariés), des avocats salariés qui n'auraient pas le droit de postuler en dehors du ressort du barreau où est installé leur patron, le texte de la loi du 31 décembre 1971, dans sa rédaction issue de la loi du 19 décembre 1989[6] reste frappé d'un certain flou qui pourrait permettre plusieurs interprétations, notamment à n'importe quelle catégorie d'avocat, collaborateurs, salariés ou non salariés, de postuler dans le barreau où est installé le bureau principal, aussi bien que dans le barreau où est installé le bureau secondaire.

• **La position de la cour de cassation.** Ces inquiétudes manifestées avec vigueur par le garde des Sceaux subsistent mais la jurisprudence a un peu simplifié la question notamment le dernier arrêt de la première chambre civile du 21 mars 1995[7]. L'avocat salarié doit être inscrit dans le même barreau que son employeur (v. s^s^ n°s 50.26 et 54.21).

• Pour autant, toutes les difficultés ne seront pas réglées dans la mesure où les cours d'appel seront amenées à vérifier les motifs invoqués par les Conseils de l'ordre pour autoriser ou refuser les ouvertures de cabinets secondaires. À ce propos, il y a lieu de rappeler que la Cour de cassation a précisé qu'un Conseil de l'ordre peut refuser à un avocat l'autorisation d'ouvrir un cabinet secondaire au motif que, en raison des irrégularités qui entachent sa comptabilité professionnelle, l'ouverture de ce cabinet secondaire présente des risques indéniables et que la bonne gestion d'un cabinet principal est la condition nécessaire à l'ouverture d'un cabinet secondaire[8].

Les articles 166 et suivants du décret du 27 novembre 1991 n'ont pas prévu un mode de fonctionne-

1. CA Poitiers, 14 juin 1990, *Gaz. Pal.* 1991, 1, 173 – CA Douai, 15 févr. 1990, *Gaz. Pal.* 10 nov. 1992, 12 – CA Amiens, 14 mai 1990, *Gaz. Pal.* 1991, 1, 75 – CA Aix-en-Provence, 19 juin 1991, *Gaz. Pal.* 1991, 1, 204 – CA Douai, 23 sept. 1991, *Gaz. Pal.* 17 oct. 1991, 16 – Civ. 1re, 3 févr. 1993, nº 91-15.132, *Bull. civ.* I, nº 55; *D.* 1995, somm. 169; *Gaz. Pal.* 20 mars 1993, 32; 15 mai 1993, 98 – Civ. 1re, 16 mars 1994, nº 91-20.698, NPT, *Gaz. Pal.* 1er oct. 1994, pan. p. 180.
2. Civ. 1re, 3 févr. 1993, nº 91-15.132, *Bull. civ.* I, nº 55 – Civ. 1re, 16 mars 1994, nº 91-20.698, NPT, *Gaz. Pal.* 1er oct. 1994, pan. p. 180 – CA Paris, 1re ch., 28 oct. 1998, *Gaz. Pal.* 15 déc. 1998, somm. 18.
3. Rép. min. QE nº 62993, garde des Sceaux à Philibert, *JOAN Q.*
4. L. nº 89-906, 19 déc. 1989.
5. Débats AN, *JOAN CR*, p. 6623.
6. L. 31 déc. 1971, art. 7 et art. 8-1; réd. issue de L. nº 89-906, 19 déc. 1989.
7. Civ. 1re, 21 mars 1995, nº 93-13.634, *Bull. civ.* I, nº 136; *D.* 1995, IR 101; *Gaz. Pal.* 1995, pan. 149; *JCP* 1999, II, 22434, note Martin.
8. Civ. 1re, 3 mars 1987, nº 85-11.999, NPT, *D.* 1987, IR 57 – RAPPR. : Civ. 1re, 7 févr. 1989, nº 86-17.163, *Bull. civ.* I, nº 61; *D.* 1989, IR 62 – Civ. 1re, 3 févr. 1993, nº 90-19.278, *Bull. civ.* I, nº 56; *JCP* 1993, IV, 838, *D.* 1993, IR 50.

ment légal du bureau secondaire. Les textes réglementaires n'imposent aucune obligation ni d'une permanence de ce cabinet ni d'une résidence personnelle de l'avocat[1]. Il ne semble pas qu'on puisse imposer à un avocat de recevoir uniquement à son cabinet secondaire la seule clientèle locale ou celle d'une circonscription territoriale limitée[2].

§ 2
Postulation et bureaux secondaires

54.21 Présentation des solutions. La question de la postulation des avocats dans les bureaux secondaires peut être résumée dans les développements qui suivent.

54.22 Avocat individuel possédant un bureau secondaire dans un autre barreau que celui où il est inscrit. Cet avocat peut y recevoir sa clientèle, plaider librement, en revanche, il ne peut postuler que devant le tribunal de grande instance dans le ressort duquel il a sa résidence professionnelle et au tableau duquel il est inscrit. Un avocat exerçant dans un bureau secondaire implanté hors du ressort de son barreau n'étant pas inscrit au tableau du barreau d'accueil, ne peut postuler dans ce ressort.

54.23 Société d'avocats inscrits au même barreau. Si la société possède des bureaux secondaires à l'intérieur du ressort de son tribunal de rattachement, elle peut postuler dans ce ressort; en revanche, si elle loue des bureaux secondaires hors du ressort du tribunal auprès duquel elle est inscrite, aucun avocat ne peut puiser dans l'ouverture d'un bureau secondaire à l'extérieur du ressort, un droit quelconque à postuler auprès du tribunal de grande instance d'accueil du bureau secondaire.

54.24 Société d'avocats inter-barreaux. La société postule devant les tribunaux du ressort des barreaux où sont inscrits ses associés; elle le fait par l'intermédiaire de l'avocat inscrit à ce barreau. Si elle ouvre un bureau secondaire dans le ressort de l'un des tribunaux où certains des associés sont inscrits, cela ne modifie en rien les prérogatives de postulation de cette société d'avocats. Si la société inter barreaux crée un bureau secondaire dans le ressort d'un tribunal auprès duquel aucun de ses associés n'est inscrit, elle ne peut postuler dans ce ressort (v. s[s] n°s 53.01 s.).

54.25 Bureau secondaire tenu par un avocat collaborateur salarié inscrit dans le même ressort que son employeur. L'avocat se conduit, sous réserve de ses rapports avec son patron, de la même manière qu'un avocat indépendant étant précisé qu'il ne peut pas avoir de clientèle personnelle. Il peut donc, si son patron le lui demande, postuler dans le ressort du tribunal où il est inscrit.

54.26 Avocat salarié inscrit dans un autre barreau que son patron. Nous avions admis dans une précédente édition que cet avocat installé dans le bureau secondaire pouvait postuler pour le compte de son employeur devant le tribunal de grande instance dans le ressort duquel se trouve ce bureau secondaire, dès lors qu'il est inscrit au barreau territorialement compétent et donc différent de celui auquel appartient son patron. C'était la crainte exprimée par le garde des Sceaux dans son intervention devant l'Assemblée nationale[3]. Nous supposions par principe qu'un avocat salarié pouvait être inscrit à un autre barreau que son patron; cet avis était partagé avec la cour d'appel de Poitiers par interprétation de l'article 8-8/1 et 7 de la loi du 31 décembre 1971[4]. Mais la Cour de cassation ayant posé en principe qu'un avocat salarié qui ne peut avoir de clientèle personnelle, ne peut être inscrit à un barreau différent de celui de l'employeur pour le compte duquel il agit, sauf les cas de groupement, sociétés ou associations d'avocats appartenant à plusieurs barreaux, le cas d'un avocat salarié, inscrit à un barreau différent de son employeur, est sans objet désormais (v. s[s] n°s 50.25 et 54.18)[5].

54.27 Avocat salarié employé d'une société inter-barreaux. Il est donc inscrit à l'un ou l'autre des barreaux auxquels appartiennent ses patrons. Il peut postuler dans le ressort du lieu où est installé son cabinet à condition qu'un de ses patrons y soit lui-même inscrit et puisse y postuler. Il ne peut être, en effet, inscrit que là où un de ses patrons a son établissement professionnel principal[6] (v. s[s] n°s 53.01 s.).

1. CA Aix-en-Provence, 29 juin 1990, *Gaz. Pal.* 25 juin 1991, somm. 54, 10 – CA Limoges, 3 nov. 1992, *D.* 1994, somm., 136.
2. SUR le cabinet secondaire dans d'autres professions libérales : CE 25 nov. 1987, n° 73300, SCP Collignon, Visseaux et Ostre, *Lebon*, 379 – SUR un cabinet secondaire avec sollicitation de clientèle (mailing) : CA Versailles, 9 févr. 1993, *Gaz. Pal.* 8 avr. 1993, 10.
3. Débats AN, interv. min. Justice, *JOAN CR*, p. 6623.
4. CA Poitiers, 20 janv. 1993, *D.* 1995, somm. 168.
5. Civ. 1re, 21 mars 1995, n° 93-13.634, *Bull. civ.* I, n° 136; *D.* 1995, IR 101; *Gaz. Pal.* 1995, pan. 149; *JCP* 1995, II, 22434, note Martin.
6. SUR CES QUESTIONS et sur ceux des avocats salariés ayant acquis des parts sociales dans une société inter barreaux de leur employeur : Meunier [bâtonnier], « Bureaux secondaires et postulation », *JCP* 4 mars 1998, act. p. 369.

SECTION 2

RÉSEAU PLURIDISCIPLINAIRE

54.31 Reconnaissance de l'existence de réseaux. L'article 67 alinéa 2 de la loi du 31 décembre 1971, ainsi que l'article 2 alinéa 4 de la loi du 31 décembre 1990 ont reconnu l'existence de réseaux. Mais la question de l'appartenance de l'avocat à un tel réseau restait discutée [1]. Par une décision du 26 mars 1999, le CNB, instituant le Règlement intérieur harmonisé (RIH), a réglementé les réseaux pluridisciplinaires comprenant des avocats [2].

Or, certaines de ces dispositions, considérées par certains avocats comme trop restrictives, ont été attaquées. La Cour de cassation a, par un arrêt du 21 janvier 2003 [3] réformant l'arrêt rendu par la cour d'appel d'Aix-en-Provence du 2 octobre 2000, prononcé l'annulation des article 16-4 et 16-5 du RIH, considérant que « la fixation des règles de déontologie revêtant un caractère impératif pour la profession d'avocat, relève de la compétence du gouvernement agissant dans le respect des principes posés par l'article 53 de la loi [31 déc. 1971] » (v. s^s n°s 22.51 à 22.53). La Cour de cassation avait précédemment cassé un arrêt rendu par la cour d'appel de Versailles le 20 juin 2001 enjoignant au Conseil de l'ordre des avocats du barreau des Hauts-de-Seine d'intégrer dans son règlement intérieur l'article 16 du RIH [4]. L'article 16 du RIU, adopté par le CNB en suite de la loi du 11 février 2004, donne une définition moins restrictive du réseau ouvert à l'avocat.

L'article 16 du RIU a fait l'objet d'un recours devant le Conseil d'État qui a ordonné la suspension de l'article 16 dans son arrêt du 22 juin 2004 [5] (v. s^s n° 22.54), avant de l'annuler quelques mois plus tard [6]. La question n'ayant pas été abordée par le décret d'application du 12 juillet 2005, elle reste en suspens.

54.32 Définition du réseau pluridisciplinaire. L'article 16.1 du RIN reconnaît à l'avocat la possibilité d'être membre ou correspondant d'un réseau pluridisciplinaire. Constitue un tel réseau « *toute organisation, structurée ou non, formelle ou informelle, constituée de manière durable entre un ou plusieurs membres d'une autre profession libérale, réglementée ou non, ou une entreprise, en vue de favoriser la fourniture de prestations complémentaires à une clientèle développée en commun.* »

Cette définition du réseau est plus large que celle qui était inscrite initialement dans le RIH, puisque celui-ci devait comprendre « *exclusivement des professionnels relevant de professions libérales réglementées ayant une déontologie déclinant une éthique commune à celle des avocats, et dont le respect est contrôlé par une institution ordinale ou autre.* »

Désormais, le réseau peut regrouper des membres d'une profession non réglementée. Il est toutefois prévu par l'article 16.6 que dans un tel cas, l'avocat doit en faire la déclaration au préalable auprès de l'Ordre et lui remettre les documents énumérés par l'article 16.8.

Par ailleurs, il est interdit à l'avocat de participer à un réseau au sein duquel exerce un membre d'une profession ayant une activité de caractère commercial [7].

L'existence d'un réseau implique un intérêt économique commun entre ses membres lequel résulte d'un des critères énumérés par le RIN.

54.33 Respect des principes essentiels de la profession d'avocat et des textes légaux et réglementaires. L'avocat doit veiller à ce que le réseau auquel il appartient ne méconnaît pas les principes essentiels de sa profession (v. s^s n°s 31.11 s.). Si tel est le cas, il doit s'en retirer. Le RIN insiste à cet égard sur la préservation de l'indépendance de l'avocat.

54.34 Respect du secret professionnel. Le bâtonnier peut demander à l'avocat membre d'un réseau de lui démontrer que le secret professionnel est assuré [8] (v. s^s n°s 36.11 s.).

54.35 Défaut de conflits d'intérêts. L'avocat membre d'un réseau doit veiller au respect des règles inscrites à l'article 4 du RIN régissant les conflits d'intérêts (v. s^s n°s 38.11 s.).

54.36 Incompatibilités. Le RIN prend soin d'indiquer qu'un avocat membre d'un réseau ne peut méconnaître les dispositions de l'article 111 (a) du décret du 2 novembre 1991 concernant le principe

1. Ader, « Les enjeux de la déontologie des réseaux », *Rev. jur. d'Île-de-France* juill.-sept. 1997 – MONÉGER ET DEMEESTER, Dalloz, 2001, n° 6.12.
2. RIH, art. 16.
3. Civ. 1re, 21 janv. 2003, n° 00-22.553, *Bull. civ.* I, n° 16; *D.* 2003, IR 396; *D.* 2003, jur. 855, note Blanchard; *Gaz. Pal.* 2003, jur. 442; 2003, somm. 1124; *JCP* 2003, II, 10030, note Martin.
4. Civ. 1re, 18 févr. 2003, n° 01-13.163, *Bull. civ.* I, n° 47; *D.* 2003, IR 805; *Gaz. Pal.* 2003, somm. 1123; 2003, somm. 1124.
5. CE 22 juin 2004, ord. réf., n° 268076, NP, Sté Landwell et associés; *D.* 2004, 2740, note Blanchard; *JCP* 2004, II, 10137, note Bandrac et act. 439 par Martin.
6. CE 17 nov. 2004, n° 268.075, n° 268.501, *Lebon*, Sté Landwell et Sté d'avocats EY Law; *D.* 2005, IR 11 – Martin, « Heurs et malheurs du règlement intérieur unifié », *JCP* 2005, act. 501 – Pontier, « Les limites du pouvoir réglementaire du Conseil national des barreaux », *AJDA* 2005, 319; concl. du commissaire du gouvernement Aguila, *JCP E* 2005, II, 528.
7. RIN, art. 16.6.
8. RIN, art. 16.3.

d'incompatibilité de l'exercice de la profession d'avocat avec les activités de caractère commercial (v. s[s] n°s 13.131 à 13.132). Il lui est en outre interdit de réaliser une prestation de conseil pour une personne dont les comptes sont contrôlés ou certifiés par un autre membre du réseau en tant que commissaire aux comptes notamment.

54.37 **Transparence.** L'article 16.8 du RIN impose à l'avocat de déposer auprès de l'Ordre différents documents sociaux et accords lui permettant d'être informé du fonctionnement du réseau.

SECTION 3
CONVENTION DE CORRESPONDANCE ORGANIQUE NATIONALE

54.41 **Définition et modalités.** Le règlement intérieur du barreau de Paris consacre l'article 16.14.5.P aux conventions de correspondance organique nationales. Dès lors qu'un avocat souhaite officialiser les relations professionnelles qu'il entretient avec un avocat d'un autre barreau français, ces derniers doivent rédiger une convention de correspondance organique nationale, afin de recueillir l'autorisation préalable du bâtonnier. Il peut s'agir d'instaurer une coopération en procédant à un référencement mutuel de clientèle, en portant sur le papier à lettre le nom et les coordonnées du confrère avec indication de sa qualité de correspondant.

SECTION 4
RÉSEAUX ENTRE AVOCATS

54.51 **Définition et modalités.** Conformément à l'article 16.14.6.P du règlement intérieur du barreau de Paris, le réseau est une structure de moyens regroupant des avocats ou des structures d'exercice inscrits auprès de différents barreaux. Ce réseau peut être constitué soit par l'établissement d'une convention multilatérale, soit par la création d'une association régie par la loi du 1er juillet 1901, soumis au Conseil de l'ordre.

SECTION 5
CONVENTION DE CORRESPONDANCE ORGANIQUE INTERNATIONALE ET RÉSEAUX INTERNATIONAUX

54.61 **Définition et modalités de la convention organique internationale.** La convention de correspondance organique internationale est régie par l'article 16.15.3.P du règlement intérieur du barreau de Paris. Elle est conclue entre un avocat de ce barreau et un avocat étranger et suit le même régime que la convention organique nationale (v. s[s] n° 54.41).

54.62 **Définition et modalités des réseaux internationaux.** En application de l'article 16.15.3.P, ceux-ci regroupent des avocats ou structures d'exercice du barreau de Paris et de barreaux étrangers (de l'Union européenne ou non). Le régime applicable est identique à celui des réseaux nationaux (v. s[s] n° 54.51).

SECTION 6
GROUPEMENTS TRANSNATIONAUX ENTRE AVOCATS DE PLUSIEURS BARREAUX DE L'UNION EUROPÉENNE

54.71 **Définition et modalités.** Le règlement intérieur du barreau de Paris prévoit la possibilité pour les avocats inscrits (personnes physiques ou structures d'exercice) de participer à un groupement transnational lequel peut comporter le partage de résultats. Ces conventions requièrent l'autorisation préalable du Conseil de l'ordre.

CHAPITRE

55. Structure de financement : la société de participations financières de profession libérale (SPFPL)

SECTION 0 ORIENTEUR

55.00 Plan du chapitre.

55.01 Textes applicables.

>

L. n° 90-1258, 31 déc. 1990, art. 31-1 (règles générales)

Décr. n° 93-492, 25 mars 1993, art. 48-1 à 48-14 (SPFPL d'avocats)

Décr. n° 2009-1142, 22 sept. 2009 [*JO* 24] [ouverture du capital des SPFPL]

>

L. 31 déc. 1990, art. 31-1

[mod. par L. n° 2004-130, 11 févr. 2004, art. 72, JO 12]

Il peut être constitué entre personnes physiques ou morales exerçant une ou plusieurs professions libérales soumises à un statut législatif ou réglementaire ou dont le titre est protégé des sociétés de participations financières ayant pour objet la détention des parts ou d'actions de sociétés mentionnées au premier alinéa de l'article 1er ayant pour objet l'exercice d'une même profession ainsi que la participation à tout groupement de droit étranger ayant pour objet l'exercice de la même profession. Ces sociétés peuvent avoir des activités accessoires en relation directe avec leur objet et destinées exclusivement aux sociétés ou aux groupements dont elles détiennent des participations.

Ces sociétés peuvent être constituées sous la forme de sociétés à responsabilité limitée, de sociétés anonymes, de sociétés par actions simplifiées ou de sociétés en commandite par actions régies par le livre II du Code de commerce, sous réserve des dispositions contraires du présent titre.

Plus de la moitié du capital et des droits de vote doit être détenue par des personnes exerçant la même profession que celle exercée par les sociétés faisant l'objet de la détention des parts ou actions.

Le complément peut être détenu par les personnes mentionnées aux 2°, 3° et 5° de l'article 5. Toutefois, des décrets en Conseil d'État, propres à chaque profession, pourront interdire la détention, directe ou indirecte, de parts ou d'actions représentant tout ou partie du capital social non détenu par des personnes visées à l'alinéa précédent, à des catégories de personnes physiques ou morales déterminées, lorsqu'il apparaîtrait que cette détention serait de nature à mettre en péril l'exercice de la ou des professions concernées dans le respect de l'indépendance de ses membres et de leurs règles déontologiques propres.

La dénomination sociale de ces sociétés doit, outre les mentions obligatoires liées à la forme de la société, être précédée ou suivie de la mention « Société de participations financières de profession libérale » suivie de l'indication de la profession exercée par les associés majoritaires.

Les gérants, le président et les dirigeants de la société par actions simplifiée, le président du conseil d'administration, les membres du directoire, le président du conseil de surveillance et les directeurs généraux, ainsi que les deux tiers au moins des membres du conseil d'administration ou du conseil de surveillance doivent être choisis parmi les personnes mentionnées au troisième alinéa.

Les actions de sociétés de prises de participations à forme anonyme, en commandite par actions ou par actions simplifiées, revêtent obligatoirement la forme nominative.

Les sociétés de participations financières doivent être inscrites sur la liste ou au tableau de l'ordre ou des ordres professionnels concernés.

Le présent titre n'est pas applicable à la profession de greffier des tribunaux de commerce.

Un décret en Conseil d'État précise, pour chaque profession, les conditions d'application du présent titre, et notamment les modalités d'agrément des sociétés de participations financières de professions libérales ayant pour objet la détention de parts ou d'actions de sociétés titulaires d'offices publics ou ministériels.

55.03 Bibliographie indicative.
Articles. Bertrel, « Holding et montages de rapprochement interprofessionnel pour les avocats et les notaires », *Dr. et patr.* oct. 2009, n° 185, p. 42; « Ingénierie juridique : les *holdings* de sociétés d'avocats ou de notaires », *Dr. et patr.* n° 103, avr. 2002, p. 22; « Les *holdings* de sociétés d'avocats et de notaires après la publication des décrets Murcef », *Dr. et patr.* n° 130, oct. 2004, p. 26 – Daigre, « Les sociétés de participations financières de professions libérales », *Bull. Joly* 2002, p. 565; « Les sociétés en participations financières de professions libérales s'ouvrent aux activités accessoires et s'étendent à l'étranger. Commentaire de l'article 72 de la loi du 11 février 2004 », *Bull. Joly* 2004, p. 455 – Maury, « Lois NRE et Murcef. L'influence réciproque du droit des sociétés et du statut de la profession libérale. À propos des Selas et des SPFPL », *JCP* 2002, I, 131; « La consécration pratique des sociétés *holdings* dans le domaine juridique et judiciaire (décrets n°s 2004-852 à 856 du 23 août 2004 relatifs aux SPFPL d'avocats, avoués, commissaires-priseurs judiciaires, huissiers et notaires) », *D.* 2005, chron. 645.

55.04 Genèse de la SPFPL. Les professions libérales, au premier rang desquelles les avocats, ont souhaité, pour pouvoir se développer et faire face à une concurrence croissante, en particulier, dans le domaine du droit des affaires, des grands cabinets anglo-saxons, bénéficier de structures juridiques mieux adaptées. Il s'agit, en effet, pour mener à bien ces nouveaux défis auxquelles elles ont à faire face, de trouver de nouvelles sources de financement que seules les sociétés commerciales, et plus précisément les sociétés de capitaux, peuvent leur offrir. La première réponse du législateur à ces exigences a été l'institution de la société d'exercice libéral (SEL) par la loi du 31 décembre 1990[1] (v. s^s^ n°s 52.121 s.).

Il fallait cependant franchir une étape supplémentaire et offrir aux professionnels les outils juridiques leur permettant de mettre sur pied de véritables groupes de sociétés, afin de mieux organiser juridiquement leurs activités, qu'il s'agisse de filialiser certaines d'entre elles, ou d'acquérir de nouvelles structures, en particulier des cabinets locaux, qui ne sont plus à même de poursuivre leur activité en conservant leur indépendance financière. Il convenait également d'offrir aux cabinets isolés une structure juridique permettant de se fédérer à l'échelle nationale, par la constitution d'une société *holding* regroupant toutes ces activités locales et dont les membres se répartissent le capital. En résumé, l'enjeu était de mettre à la disposition des professions libérales des outils puisés dans l'ingénierie juridique et plus exactement l'ingénierie sociétaire, permettant de mettre fin à l'émiettement qui les caractérise traditionnellement et d'atteindre la taille critique pour rester compétitif.

Tel est l'objet de la société de participations financières de profession libérale (SPFPL), instituée par la loi Murcef[2] du 11 décembre 2001, qui a ajouté un article 31-1 à la loi du 31 décembre 1990, et dont certaines imperfections ont été gommées par la loi du 11 février 2004[3].

55.05 Définition. La SPFPL, dite encore *holding* de professions libérales, est la société constituée entre personnes physiques ou morales exerçant une ou plusieurs professions libérales soumises à un statut législatif ou réglementaire ou dont le titre est protégé, dont l'objet principal est la détention de parts ou d'actions de SEL qui exercent toutes une même profession. Elle peut également détenir une participation dans un groupement de droit étranger ayant pour objet l'exercice d'une même profession. Il est donc possible de créer une SPFPL d'avocats ou encore d'huissiers, de médecins ou de pharmaciens, à partir du moment où un décret d'application relatif à chaque profession a été publié. En ce qui concerne les avocats, il s'agit du décret du 23 août 2004[4], qui a ajouté un titre III[5] au décret du 25 mars 1993 relatif aux SEL d'avocats[6].

55.06 Utilité de la SPFPL d'avocats. L'utilité, pour la profession d'avocat, de cette nouvelle structure, qui présente l'avantage de reposer sur une figure juridique connue et éprouvée, celle de la SEL, est multiple : créer de grands réseaux aux moyens financiers importants et compétitifs à l'échelle nationale, voire internationale, et, ce qui corres-

1. L. n° 90-1258, 31 déc. 1990, *JO* 5 janv. 1991, p. 216.
2. L. n° 2001-1168, 11 déc. 2001, mesures urgentes à caractère économique et financier, *JO* 12 déc., p. 19703.
3. L. n° 2004-130, 11 févr. 2004, *JO* 12 févr., p. 2847.
4. Décr. n° 2004-852, 23 août 2004, *JO* 25 août, p. 15229.
5. Décr. 25 mars 2004, art. 48-1 à art. 48-14.
6. Décr. n° 93-492, 25 mars 1993, *JO* 27 mars, p. 4930.

pond plus spécifiquement aux exigences des avocats, ouvrir la voie à une structure d'exercice interbarreaux, ainsi qu'à l'interprofessionnalité.

SECTION 1
CONSTITUTION

55.11 Forme juridique et règles applicables. Une SPFPL est une société commerciale, et plus précisément une société de capitaux (ce qui se conçoit dès lors que sa finalité première est de pouvoir mobiliser des ressources importantes afin de développer un réseau), qui peut indifféremment prendre la forme d'une société à responsabilité limitée (SARL), société anonyme (SA), société en commandite par actions (SCA) ou encore société par actions simplifiées (SAS). Cette dernière présente l'avantage de ne pouvoir comporter qu'un seul associé (tandis que la SPFPL constituée sous forme de SA doit comporter, conformément au droit commun, au minimum 7 actionnaires, et non 3, nombre minimal d'actionnaires prévu pour les Selafa). Les SPFPL doivent donc obéir, outre au droit commun des sociétés et des sociétés commerciales, aux conditions de constitution propres à l'un ou l'autre de ces groupements. Le capital social minimal est donc, sauf pour la SARL, pour laquelle il n'y a plus de minimum légal, de 37 000 euros.

Elles doivent ensuite se soumettre à la réglementation propre à la SPFPL, mais celle-ci étant lacunaire, c'est celle relative à la SEL ordinaire qui s'applique dans le silence de la loi (bien que la SPFPL ne soit pas une SEL). Enfin, elles sont tenues de se conforter au décret d'application propre à chaque profession libérale, dont la publication conditionne la possibilité de créer une SPFPL, à savoir les articles 48-1 et suivants du décret du 25 mars 1993 modifié en ce qui concerne les avocats.

55.12 Objet monoprofessionnel. Comme les SEL, les SPFPL sont des sociétés commerciales par la forme et civiles par l'objet. Cet objet est nécessairement monoprofessionnel. La SPFPL ne constitue donc pas, qu'on l'approuve ou qu'on le regrette, la structure juridique qui va consacrer l'interprofessionnalité, ce que serait la société au sein de laquelle, par exemple, avocats et experts-comptables exercent leur activité, le cas échéant sur les mêmes dossiers. Seule est concevable une interprofessionnalité « financière » dite encore « par le haut »[1], selon laquelle, comme en matière de SEL, des associés exerçant des professions libérales différentes peuvent détenir des parts sociales ou des actions d'une même SPFPL. L'idée, sans doute illusoire, est que la participation des professionnels d'horizons différents au sein des organes sociaux, au premier chef l'assemblée générale des associés ou actionnaires de la SPFPL, est susceptible de créer une véritable communauté d'intérêts et, à terme, une structure d'exercice commune. Cette interprofessionnalité est, de toute manière limitée, car ouverte aux seuls professionnels libéraux des professions juridiques et judiciaires. On peut donc concevoir qu'un notaire ou un huissier de justice soit associé d'une SPFPL d'avocats, mais pas un expert-comptable. De plus, parmi les professions juridiques et judiciaires, seule la profession d'avocat autorise la participation au capital d'une SPFPL de « professionnels voisins ». En effet, les décrets relatifs à toutes les autres professions juridiques ou judiciaires, avoués, commissaires-priseurs judiciaires, huissiers et notaires ont écarté cette possibilité, ainsi que la loi le leur permet, d'ailleurs[2]. Un avoué peut donc, par exemple, être associé d'une SPFPL d'avocats, mais la réciproque n'est pas vraie.

L'activité libérale n'est pas exercée par la *holding* elle-même, mais par ses filiales, c'est-à-dire des SEL qui exercent toutes la même profession libérale, ou, depuis la loi du 11 février 2004 dont le souci est de favoriser l'internationalisation des SPFPL, des groupements étrangers qui exercent la même profession. Sont donc exclues les participations dans des SCP, des SEL exerçant des activités différentes ou encore des SPFPL (les « chaînes de SPFPL » sont donc prohibées). Par ailleurs, toujours depuis la loi de 2004, une SPFPL peut exercer une activité économique propre, à condition qu'elle soit l'accessoire de l'activité libérale exercée par ses filiales. On peut imaginer, par exemple, que la *holding* loue à ses filiales les locaux dans lesquelles ces dernières exercent leur activité.

55.13 Ouverture limitée du capital social. Comme pour les SEL, la loi prévoit une ouverture limitée du capital social de la SPFPL afin de préserver l'indépendance des professionnels libéraux. En ce qui concerne spécifiquement les SPFPL d'avocats[3], plus de la moitié du capital social et des droits de vote doit être détenu par des avocats personnes physiques ou personnes morales (par ex. une SCP, mais pas un GIE ou une société civile de moyens qui n'exerce pas elle-même la profession, de même que la société en participation, non dotée de la personnalité morale). Il n'est pas nécessaire que ces avocats appartiennent au même barreau, ce en quoi l'on peut considérer que la SPFPL constitue

1. Bertrel, « *Holdings* de sociétés d'avocats et de notaires après la publication des décrets "Murcef" », *Dr. et patr.* oct. 2004, p. 26, spéc. p. 32.
2. L. 31 déc. 1990, art. 31-1, al. 4.
3. Décr. 25 mars 1993, art. 48-2.

une structure inter-barreaux (d'autant que les SEL filiales peuvent appartenir à des barreaux différents, et, vraisemblablement, ce sera l'hypothèse la plus fréquente). Le complément peut être détenu par : 1) d'anciens avocats personnes physiques, pendant un délai de dix ans, ainsi que leurs ayants droit, pendant un délai de cinq ans suivant leur décès; 2) des membres des autres professions juridiques ou judiciaires, comme cela a été dit (v. s[s] n° 55.12). Ces conditions doivent être réunies lors de la constitution de la société, mais également tout le long de son existence. Le contrôle du respect de celles-ci est assuré par le fait que les actions émises par les SPFPL, lorsqu'elles sont constituées sous forme de SA, de SCA ou de SAS, doivent obligatoirement revêtir la forme nominative[1]. C'est également toujours le cas, en application du droit commun, des parts sociales émises par les SARL.

Quant aux tiers, qui sont, dans l'esprit du législateur, essentiellement des bailleurs de fonds qui financeront le développement du groupe libéral, s'ils ne peuvent prendre une quelconque participation dans le capital d'une SPFPL, ils sont, en revanche, en droit de détenir une participation minoritaire dans le capital des SEL filiales[2].

55.14 Formalités. Comme pour toute société dotée de la personnalité morale, certaines formalités de constitution doivent être accomplies, en particulier l'immatriculation au registre du commerce et des sociétés. Mais celle-ci est précédée d'une inscription sur une liste spéciale du tableau de l'ordre établi auprès du tribunal de grande instance dans le ressort duquel est fixé le siège social de la SPFPL d'avocats, cette dernière étant constituée sous la condition suspensive de cette inscription[3].

La demande d'inscription est présentée collectivement par les associés, qui désignent un mandataire commun à cet effet auprès du bâtonnier, et doit comporter, à peine d'irrecevabilité, les pièces suivantes :

- un exemplaire des statuts de la société;
- une attestation du greffier chargé de la tenue du registre du commerce et des sociétés du lieu du siège social constatant le dépôt au greffe de la demande et des pièces nécessaires à l'immatriculation ultérieure de la société;
- la liste des associés avec indication, selon le cas, de leur profession ou de leur qualité suivie, pour chacun, de la mention de la part du capital qu'il détient dans la société;
- le cas échéant, une note d'information désignant les SEL d'avocats dont les parts sociales ou actions seront détenues, à sa constitution, par la SPFPL et précisant la répartition du capital qui résulte de ces participations pour chacune d'entre elles[4].

C'est le Conseil de l'ordre qui statue sur les demandes d'inscription. Il a compétence liée, en ce sens que l'inscription ne peut pas être refusée si la demande est conforme aux dispositions législatives et réglementaires en vigueur[5].

L'inscription est suivie de l'immatriculation, de la SPFPL, à laquelle le mandataire commun va procéder conformément au droit commun, tel qu'il résulte notamment du décret du 30 mai 1984 relatif au registre du commerce et des sociétés. La SPFPL est toutefois dispensée de procéder aux formalités de publicité prévues aux articles 281 et suivants du décret du 23 mars 1967 sur les sociétés commerciales, à savoir de l'insertion d'un avis dans un journal d'annonces légales et d'une publicité au *Bulletin officiel des annonces civiles et commerciales*[6].

Toutes ces dispositions sont également applicables en cas de constitution d'une SPFPL par voie de fusion ou de scission[7].

55.15 Dénomination sociale. La dénomination sociale de la SPFPL d'avocats doit, outre les mentions obligatoires liées à la forme de la société, être précédée ou suivie de la mention « Société de participations financière de profession libérale d'avocats »[8].

SECTION 2
FONCTIONNEMENT

55.21 Direction. La direction de la SPFPL est réservée, de manière plus ou moins exclusive selon la forme du groupement, aux associés ou actionnaires détenteurs de plus de la moitié du capital et des droits de vote, c'est-à-dire, dans les SPFPL d'avocats[9], par des avocats personnes physiques ou personnes morales. En effet, les gérants (dans la SARL et la SCA), le président et les dirigeants (dans la SAS), le président du conseil d'administration, les directeurs généraux et les membres du conseil d'administration (dans la SA à conseil d'administration), enfin le président du conseil de surveillance et les membres du directoire (dans la SA à conseil de surveillance et à directoire) doivent obligatoirement être choisis parmi ces personnes.

1. L. 31 déc. 1990, art. 31-1, al. 6.
2. L. 31 déc. 1990, art. 5-1.
3. Décr. 25 mars 1993, art. 48-3.
4. Décr. 25 mars 1993, art. 48-4.
5. Décr. 25 mars 1993, art. 48-5.
6. Décr. 25 mars 1993, art. 48-6.
7. Décr. 25 mars 1993, art. 48-7.
8. L. 31 déc. 1990, art. 31-1, al. 5.
9. Décr. 25 mars 1993, art. 48-2.

55.22 Contrôle du fonctionnement de la SPFPL. Le contrôle du fonctionnement de la SPFPL est d'abord exercé par les associés ou actionnaires, dans les conditions propres à chaque groupement. Ainsi, par exemple, dans une SPFPL d'avocats constituée sous forme de SARL, un ou plusieurs associés représentant au moins un dixième du capital social, qu'ils soient ou non avocats, peuvent solliciter une expertise de gestion, si un acte effectué par le gérant leur semble suspect[1]. Il l'est aussi, le cas échéant, par le commissaire aux comptes, mais également par les instances ordinales propres à chaque profession. En particulier, en ce qui concerne la SPFPL d'avocats, tout changement par rapport à la situation déclarée dans la demande d'inscription, par exemple le décès d'un avocat associé, doit être porté à la connaissance du bâtonnier du barreau du siège de la société dans les trente jours à compter de la date à laquelle il se produit[2]. Si, du fait de ce changement, la SPFPL cesse de se conformer aux dispositions législatives et réglementaires en vigueur, la société est mise en demeure par le bâtonnier de régulariser la situation dans le délai indiqué par la mise en demeure. Si, à l'expiration de ce délai, la société n'a pas régularisé la situation, le Conseil de l'ordre prononce la radiation par une décision motivée qui est notifiée à la société ainsi qu'au procureur général par lettre recommandée avec demande d'avis de réception. Comme pour toute décision à caractère sanctionnateur, le principe du contradictoire est préservé. En effet, une mesure de radiation ne peut être prise qu'après que les associés ou leur mandataire ont été mis à même de présenter leurs observations[3]. Une fois la décision définitive de radiation prononcée, une expédition de celle-ci est versée au dossier ouvert au nom de la société au greffe chargé de la tenue du registre du commerce et des sociétés[4].

55.23 Contrôle de la composition du capital social. Quant au contrôle de la composition du capital social, il est essentiellement assuré par le fait que les droits d'associés doivent revêtir la forme nominative (v. s^{s} n° 55.13). Il ne se manifeste toutefois pas particulièrement en cas de cession de droits sociaux. Dans le silence de l'article 31-1 de la loi du 31 décembre 1990 et du décret d'application du 25 mars 1993, il faut admettre que ce sont les règles propres à la forme choisie pour la SPFPL qui vont s'appliquer. Ainsi, par exemple, s'il s'agit d'une SA, dès lors que la cession des actions s'opère au profit d'un avocat ou d'une autre personne habilitée à l'être (ancien avocat, *etc.* v. s^{s} n° 55.13), laquelle doit être notifiée au bâtonnier, conformément à l'article 48-4 du décret de 1993, elle est en principe libre, sous réserve, le cas échéant, des clauses statutaires ou extra-statutaires (clauses d'agrément ou de préemption, notamment) qui restreignent cette faculté, pour l'actionnaire, de céder ses droits d'associés. De telles clauses sont également fréquentes dans les statuts de SAS. Dans les SARL, il conviendra de respecter les règles de majorité applicables en cas de cession de parts sociales prévues à l'article L. 223-14 du Code de commerce, qui exigent le consentement de la majorité des associés représentant au moins la moitié des parts sociales, les statuts pouvant prévoir une majorité plus forte. Ces règles s'appliquent en principe seulement en cas de cession des droits d'associé à un tiers étranger à la société, mais leur application peut être étendue conventionnellement à l'hypothèse de la cession à une personne ayant déjà la qualité d'associé ou d'actionnaire.

55.24 Ouverture du capital et création de sociétés de participations financières pluridisciplinaires. Un décret du 22 septembre 2009[5] autorise l'ouverture du capital des sociétés de participations financières de professions libérales d'huissiers de justice, de commissaires-priseurs judiciaires et de notaires aux membres des professions judiciaires ou juridiques soumises à un statut législatif ou réglementaire ou dont le titre est protégé (c'est-à dire les avocats). Il est désormais possible de créer des sociétés de participations financières pluridisciplinaires. La liste limitative des associés admis dans cette société[6] est donc élargie aux avocats. Le décret autorise également l'ouverture du capital des SPFPL d'huissiers de justice et de commissaires-priseurs judiciaires aux membres des « professions judiciaires ou juridiques soumises à un statut législatif ou réglementaire ou dont le titre est protégé ». Jusqu'à présent, seuls les textes sur la profession d'avocat permettaient d'associer également à la SPFPL d'avocats des membres de professions judiciaires ou juridiques[7]. Ce décret unifie donc le régime des SPFPL pour l'ensemble des professionnels de la famille juridique.

SECTION 3
DISSOLUTION

55.31 Conséquence de la radiation. La dissolution d'une SPFPL d'avocats obéit d'abord aux causes

1. C. com., art. L. 223-37.
2. Décr. 25 mars 1993, art. 48-8.
3. Décr. 25 mars 1993, art. 48-9.
4. Décr. 25 mars 1993, art. 48-10, al. 2.
5. Décr. n° 2009-1142, 22 sept. 2009, *JO* 24 sept., *JCP* 2009, act. 3 – Bertrel, « Holding et montages de rapprochement interprofessionnel pour les avocats et les notaires », *Dr. et patr.* oct. 2009, n° 185, p. 42.
6. Prévue par l'article 79-2 du décret n° 93-78 du 13 janvier 1993, pris pour l'application à la profession de notaire de la loi n° 90-1258 du 31 décembre 1990.
7. Décr. n° 2004-852, 23 août 2004; mod. décr. n° 93-492, 25 mars 1993.

de dissolution communes à toutes les sociétés, telles qu'elles résultent de l'article 1844-7 du Code civil, par exemple en cas de mésentente entre associés entraînant la paralysie de la société. Dans cette hypothèse, l'intervention du bâtonnier peut se révéler bienvenue afin d'éviter une solution aussi extrême qu'est la dissolution. La dissolution peut également résulter des causes de dissolution particulière à la forme juridique choisie pour une SPFPL considérée, par exemple, dans les SA, si la société ne comporte plus le nombre minimal de sept actionnaires. La dissolution est alors portée à la connaissance du bâtonnier, par le liquidateur, dès qu'il sera désigné[1]. La SPFPL peut également, comme toute entreprise, faire l'objet d'une liquidation judiciaire si elle est en cessation des paiements et si son redressement est manifestement impossible[2] (v. s[s] n° 59.42).

Il existe par ailleurs, une cause de dissolution spécifique aux SPFPL d'avocats, la radiation de la société, prononcée par le Conseil de l'ordre si la société ne remplit plus les conditions de son inscription[3].

55.32 Liquidation. Conformément au droit commun des sociétés, la dissolution débouche nécessairement sur la liquidation de la SPFPL. Le liquidateur (ou les liquidateurs, plusieurs, dans les SPFPL de grande taille, pouvant être désignés), est choisi parmi les associés, à condition qu'il n'ait fait l'objet d'aucune peine disciplinaire. Il peut être remplacé pour cause d'empêchement, ou pour tout autre motif grave, par le président du tribunal de grande instance du lieu du siège social de la société statuant sur requête à la demande du liquidateur lui-même, des associés ou de leurs ayants droit, ou du bâtonnier[4]. Bien entendu, en cas de liquidation judiciaire, un mandataire-liquidataire va également être désigné par le tribunal.

Le liquidateur procède à la cession des parts ou actions que la SPFPL détient dans la ou les SEL dans les conditions prévues par les dispositions de l'article 14 du décret du 22 mars 1993, c'est-à-dire à un avocat, à la SPFPL (en vue de leur annulation), à d'autres associés de cette dernière, voire, sans doute, à une SPFPL d'avocats[5]. Le décret est, en revanche, muet quant au sort des autres éléments d'actifs de la SPFPL, qui doivent certainement être réalisés dans les conditions prévues par le droit commun, notamment des procédures collectives.

Une fois la liquidation achevée, le liquidateur informe le bâtonnier ainsi que le greffier chargé de la tenue du registre du commerce et des sociétés où est immatriculée la société de la clôture des opérations de liquidation en vue de sa radiation[6].

1. Décr. 25 mars 1993, art. 48-11.
2. C. com., art. L. 640-1, al. 1er.
3. Décr. 25 mars 1993, art. 48-10, al. 1er.
4. Décr. 25 mars 1993, art. 48-12.
5. Décr. 25 mars 1993, art. 48-13.
6. Décr. 25 mars 1993, art. 48-14.

CHAPITRE

56. Collaboration interprofessionnelle

SECTION 0 ORIENTEUR

56.00 **Plan du chapitre.**

Sect. 1 Domaine d'application

Sect. 2 Régime

Sect. 3 Examen des difficultés

56.01 **Textes applicables.**

>

RIN, art. 18

Charte de la collaboration interprofessionnelle

>

RIN, art. 18 [Collaboration interprofessionnelle]

Principe général

18.1 L'avocat qui participe de manière ponctuelle à l'exécution d'une mission faisant appel à des compétences diversifiées en collaborant avec des professionnels n'ayant pas la qualité d'avocat peut à cet effet conclure avec ceux-ci et le client commun une convention tendant à organiser les modalités de cette collaboration.

Au sens des dispositions figurant sous le présent titre, les termes « autre professionnel » sont utilisés pour désigner toute personne physique ou toute structure d'exercice exerçant une autre profession libérale, que celle-ci soit ou non réglementée par la loi.

Déontologie interprofessionnelle

18.2 Sous réserve de réciprocité résultant de l'adoption par les professionnels concernés des principes ci-après énoncés, l'avocat est tenu de faire application, dans ses relations avec un autre professionnel, des règles de confraternité, de loyauté et de courtoisie en usage au sein de sa profession.

Il s'interdit notamment de critiquer auprès du client commun ou de tiers le contenu ou la qualité des prestations fournies par l'autre professionnel sans avoir préalablement recueilli les observations de celui-ci.

Sous la même réserve, l'avocat qui collabore avec un ou plusieurs autres professionnels doit s'efforcer de ne pas, par ses actes ou son comportement, mettre en défaut ou rendre plus difficile le respect, par les professionnels avec lesquels il collabore, des règles déontologiques dont relèvent ceux-ci.

L'avocat ne peut intervenir dans un domaine pour lequel un autre professionnel détient une compétence exclusive en application des textes qui régissent sa profession. Il peut néanmoins assurer la coordination de la mission en veillant à répartir les interventions conformément à l'intérêt du client de telle manière que chaque question soit traitée par le professionnel le plus compétent pour y répondre.

Indépendance et incompatibilités

18.3 La collaboration entre membres de professions différentes ne pouvant s'effectuer que dans le strict respect des règles d'indépendance applicables à chacun des professionnels concernés, l'avocat ne peut accepter ni une relation de contrôle hiérarchique de ses prestations par un autre professionnel ni une quelconque immixtion dans l'organisation et le fonctionnement de son cabinet de la part des professionnels avec lesquels il collabore.

Avant d'accepter d'intervenir dans une mission à caractère pluridisciplinaire, l'avocat doit s'assurer que les conditions dans lesquelles son intervention est envisagée ne sont pas susceptibles de porter atteinte aux règles d'indépendance formulées par sa réglementation professionnelle, et ce tant vis-à-vis des autres intervenants que du client prescripteur de la mission commune.

Il doit veiller à ne participer directement ou indirectement à aucune démarche tendant à préconiser la fourniture au client de prestations, services ou produits à caractère commercial proposés par des tiers.

Il doit respecter tant les règles d'incompatibilités spécifiques à sa profession que celles qui sont applicables aux autres professionnels.

Confidentialité des correspondances

18.4 Avant de correspondre à titre confidentiel avec un autre professionnel, l'avocat doit veiller à obtenir de celui-ci un engagement garantissant le respect du caractère confidentiel des correspondances ayant cette qualité.

L'avocat doit en tout état de cause respecter le caractère confidentiel des correspondances reçues d'un autre professionnel dès lors qu'il y est fait expressément mention d'un tel caractère par l'apposition de la mention « confidentielle ».

Il ne peut en conséquence remettre à quiconque de copie d'une correspondance émanant de l'un des professionnels agissant dans le cadre d'une mission commune dès lors que cette correspondance a été qualifiée de confidentielle par son auteur. Il ne peut davantage faire mention d'une correspondance confidentielle dans un document n'ayant pas ce caractère.

Cette règle s'applique tant à la correspondance elle-même qu'aux documents qui peuvent y être joints, sauf mention contraire expresse. Elle n'a cependant pas en elle-même pour effet d'interdire de faire état verbalement des informations ou indications non confidentielles contenues dans les correspondances et documents communiqués.

Secret professionnel

18.5 Le fait pour un avocat de collaborer avec d'autres professionnels pour l'exécution d'une mission commune ne peut conduire à ce qu'il soit d'une quelconque manière porté atteinte au secret professionnel.

En particulier, le fait qu'une information ayant un caractère confidentiel soit connue de plusieurs personnes tenues au secret professionnel n'est pas de nature à libérer les professionnels concernés de leur obligation au secret à l'égard des tiers.

Dès lors, ne peuvent être échangées entre les professionnels participant à la mission commune, et seulement entre ceux-ci, que les informations communiquées ou recueillies dans le cadre de la mission commune et nécessaires à son exécution.

Si l'avocat estime que le fait pour le client de conférer un caractère confidentiel à certaines informations est de nature à entraver le bon déroulement de la mission commune, il lui appartient d'apprécier en conscience si son intervention peut dans ces conditions se poursuivre à charge pour lui d'en informer le client.

Responsabilité civile professionnelle

18.6 L'avocat doit veiller à ce que les prestations effectuées par lui au titre de la mission commune soient effectivement couvertes par son contrat d'assurance de responsabilité civile professionnelle.

Il ne peut participer à un contrat de mission commune comportant une clause de responsabilité solidaire des intervenants, chaque professionnel participant à une mission commune devant être personnellement seul responsable de ses interventions et diligences.

Il doit préalablement à l'acceptation de la mission commune se faire communiquer par chacun des autres professionnels le montant de sa garantie d'assurance responsabilité professionnelle ainsi que les coordonnées de sa compagnie d'assurance.

Transparence des rémunérations

18.7 L'avocat ne peut recevoir que la juste rémunération des prestations qu'il fournit à l'exclusion de toute rétribution prélevée sur le travail d'un autre intervenant.

À l'effet d'assurer la transparence de la facturation des prestations accomplies par les divers intervenants, la rémunération de chacun d'eux doit être individualisée et portée à la connaissance du client.

L'avocat ne peut ni se porter garant du paiement à l'égard des autres intervenants ni procéder à un recouvrement pour compte.

Charte de la collaboration interprofessionnelle [Collaboration interprofessionnelle]

Art. 1 Principe général

Le professionnel qui participe de manière ponctuelle à l'exécution d'une mission faisant appel à des compétences diversifiées en collaborant avec d'autres professionnels appartenant à l'une des deux autres professions signataires peut à cet effet conclure avec ceux-ci une convention tendant à organiser les modalités de cette collaboration.

Au sens des dispositions figurant dans la présente charte, les termes « autre professionnel » sont utilisés pour désigner toute personne physique ou toute structure d'exercice exerçant une des trois professions réglementées visées par la présente charte.

Art. 2 Déontologie interprofessionnelle

Sous réserve de réciprocité résultant de l'adoption par les professionnels concernés des principes ci-après énoncés, le professionnel est tenu de faire application, dans ses relations avec un autre professionnel, des règles de loyauté et de courtoisie en usage au sein de sa profession.

Il s'interdit notamment de critiquer auprès du client commun ou de tiers le contenu ou la qualité des prestations fournies par l'autre professionnel sans avoir préalablement recueilli les observations de celui-ci.

Sous la même réserve, le professionnel qui collabore avec un ou plusieurs autres professionnels doit s'efforcer de ne pas, par ses actes ou son comportement, mettre en défaut ou rendre plus difficile le respect, par les professionnels avec lesquels il collabore, des règles déontologiques dont relèvent ceux-ci.

Le professionnel ne peut intervenir dans un domaine pour lequel un autre professionnel détient une compétence exclusive en application des textes qui régissent sa profession. Il peut néanmoins assurer la coordination de la mission en veillant à répartir les interventions conformément à l'intérêt du client de telle manière que chaque question soit traitée par le professionnel le plus compétent pour y répondre.

Art. 3 Indépendance et incompatibilités

La collaboration entre membres de professions différentes ne pouvant s'effectuer que dans le strict respect des règles d'indépendance applicables à chacun des professionnels concernés, le professionnel ne peut accepter ni une relation de contrôle hiérarchique de ses prestations par un autre professionnel ni une quelconque immixtion dans l'organisation et le fonctionnement de son cabinet de la part des professionnels avec lesquels il collabore.

Avant d'accepter d'intervenir dans une mission à caractère pluridisciplinaire, le professionnel doit s'assurer que les conditions dans lesquelles son intervention est envisagée ne sont pas susceptibles de porter atteinte aux règles d'indépendance formulées par sa réglementation professionnelle, et ce tant vis-à-vis des autres intervenants que du client prescripteur de la mission commune.

Il doit respecter tant les règles d'incompatibilités spécifiques à sa profession que celles qui sont applicables aux autres professionnels.

Art. 4 Secret professionnel

Le fait pour un professionnel de collaborer avec d'autres professionnels pour l'exécution d'une mission commune ne peut conduire à ce qu'il soit d'une quelconque manière porté atteinte au secret professionnel.

En particulier, le fait qu'une information ayant un caractère confidentiel soit connue de plusieurs personnes tenues au secret professionnel n'est pas de nature à libérer les professionnels concernés de leur obligation au secret à l'égard des tiers.

Dès lors, ne peuvent être échangées entre les professionnels participant à la mission commune, et seulement entre ceux-ci, que les informations communiquées ou recueillies dans le cadre de la mission commune et nécessaires à son exécution.

Si le professionnel estime que le fait pour le client de conférer un caractère confidentiel à certaines informations est de nature à entraver le bon déroulement de la mission commune, il lui appartient d'apprécier en conscience si son intervention peut dans ces conditions se poursuivre à charge pour lui d'en informer le client.

Art. 5 Confidentialité des correspondances

Le professionnel doit respecter le caractère confidentiel des correspondances reçues d'un autre professionnel dès lors qu'il y est fait expressément mention d'un tel caractère par l'apposition de la mention « confidentielle ».

Il ne peut en conséquence remettre à quiconque de copie d'une correspondance émanant de l'un des professionnels agissant dans le cadre d'une mission commune dès lors que cette correspondance a été qualifiée de confidentielle par son auteur. Il ne peut davantage faire mention d'une correspondance confidentielle dans un document n'ayant pas ce caractère.

Cette règle s'applique tant à la correspondance elle-même qu'aux documents qui peuvent y être joints, sauf mention contraire expresse. Elle n'a cependant pas en elle-même pour effet d'interdire de faire état verbalement des informations ou indications contenues dans les correspondances et documents communiqués.

Art. 6 Responsabilité civile professionnelle

Le professionnel doit veiller à ce que les prestations effectuées par lui au titre de la mission commune soient effectivement couvertes par son contrat d'assurance de responsabilité civile professionnelle.

Il ne peut participer à un contrat de mission commune comportant une clause de responsabilité solidaire des intervenants, chaque professionnel participant à une mission commune devant être personnellement seul responsable de ses interventions et diligences.

Art. 7 Transparence des rémunérations

Le professionnel ne peut recevoir que la juste rémunération des prestations qu'il fournit à l'exclusion de toute rétribution prélevée sur le travail d'un autre intervenant.

À l'effet d'assurer la transparence de la facturation des prestations accomplies par les divers intervenants, la rémunération de chacun d'eux doit être individualisée et portée à la connaissance du client.

Le professionnel ne peut ni se porter garant du paiement à l'égard des autres intervenants ni procéder à un recouvrement pour compte.

Art. 8 Commission d'examen des difficultés

Il est institué conjointement par le Conseil national des barreaux, le Conseil supérieur du notariat et le Conseil supérieur de l'ordre des experts-comptables une commission d'examen des difficultés chargée de donner son avis sur toute question relative à la pratique de la collaboration interprofessionnelle entre les membres des trois professions.

Cette commission est composée de six membres permanents et de six membres suppléants, chacune des institutions désignant deux membres titulaires et deux membres suppléants. Le remplacement d'un membre peut intervenir à tout moment mais ne prend effet qu'après sa notification aux autres institutions.

La présidence de la commission est assurée par l'un de ses membres titulaires, chaque institution désignant le président à tour de rôle pour une année civile.

Toute question ou demande d'avis doit être adressée au président qui décide de l'opportunité d'une réunion et peut toujours estimer qu'une simple consultation des membres titulaires est suffisante. Le président doit toutefois réunir la commission si deux membres titulaires le demandent.

Le secrétariat de la commission est assuré par l'institution dont le président est le représentant.

La commission ne peut être saisie que par le président de l'une des institutions. Elle est amenée à donner des avis dont elle peut décider la publication et statue à l'unanimité de ses membres; à défaut d'accord unanime de ses membres, le président établit un rapport qui est adressé pour avis à chacune des institutions et soumet à nouveau la question à la commission dans un délai de deux mois.

SECTION 1
DOMAINE D'APPLICATION

56.11 **Établissement d'une convention.** Dès 1999, le Conseil national des barreaux (CNB) s'est saisi de la question de la collaboration interprofessionnelle après la promulgation du RIH et sur le rapport de l'un de ses membres, M. Chiffaut-Moliard. Il a adopté un article 18 inséré au RIN (et auparavant dans le RIU) posant un certain nombre de règles visant à régir la convention que peut conclure un avocat avec un autre professionnel afin d'organiser les modalités de leur collaboration. Le RIN précise dans son commentaire que ces règles sont susceptibles d'être sanctionnées en cas de non-respect.

56.12 Charte de la collaboration interprofessionnelle : CSOECH - CSN - CNB. Le 15 juin 2006, le Conseil supérieur de l'Ordre des experts-comptables (CSOEC), le Conseil supérieur du notariat (CSN) et le CNB ont établi un cadre devant servir de référence commune à l'exercice de l'interprofessionnalité contractuelle et ont adopté à cet effet une Charte de collaboration interprofessionnelle. Ils sont partis du constat :

- que la collaboration entre les trois professions signataires de la Charte est de fait une pratique courante à l'occasion de l'exécution de missions faisant appel à leurs compétences complémentaires;

- que les trois professions concernées, toutes trois réglementées, et assujetties à une éthique exigeante entendent faciliter la complémentarité naturelle de leurs expertises respectives dans le respect de leur indépendance pour créer une véritable synergie au service des clients.

• **Avocats et experts-comptables : communiqué commun du 26 mai 2010.** Le 26 mai 2010, le CNB et le Conseil supérieur de l'Ordre des experts-comptables (CSOEC) ont adopté un communiqué commun pour rapprocher leur position, notamment dans la perspective du projet de loi de modernisation des professions judiciaires et juridiques réglementées.

Ce communiqué était l'occasion d'affirmer quelques principes :

1. Les deux professions examineront ensemble les conditions de mise en œuvre d'une interprofessionnalité capitalistique, telle que prévue dans le cadre du projet de loi, qui permettrait d'associer leurs compétences respectives pour proposer aux particuliers et aux entreprises la palette la plus complète de services.

2. Elles s'accordent sur l'utilité de l'introduction du contreseing de l'avocat.

3. Elles rappellent que l'article 22 de l'ordonnance du 19 septembre 1945 [1] dispose que les experts-comptables « peuvent également donner des consultations, effectuer toutes études et tous travaux d'ordre statistique, économique, administratif, juridique, social ou fiscal et apporter leur avis devant toute autorité ou organisme public ou privé qui les y autorise mais sans pouvoir en faire l'objet principal de leur activité et seulement s'il s'agit d'entreprises dans lesquelles ils assurent des missions d'ordre comptable de caractère permanent ou habituel ou dans la mesure où lesdites consultations, études, travaux ou avis sont directement liés aux travaux comptables dont ils sont chargés ».

• **Loi du 23 juillet 2010 relative aux réseaux consulaires** [2]. Le quatrième point du communiqué du 26 mai 2010 communiqué concernait le projet de loi relatif aux réseaux consulaires, qui a été adopté depuis (loi du 23 juillet 2010).

L'article 13 *quater* de ce projet avait déclenché une vive polémique. Il prévoyait de déroger à l'ordonnance du 19 septembre 1945, qui limite le conseil des professionnels du chiffre à des prestations à titre accessoire, directement liées aux travaux comptables dont ils sont chargés. Le projet prévoyait en effet que par exception à la condition de l'accessoire « les membres de l'ordre et les associations de gestion et de comptabilité peuvent conseiller les entrepreneurs relevant du régime des micro-entreprises ou du forfait agricole dans toutes démarches à finalité administrative, sociale et fiscale ». Le syndicat des avocats conseils d'entreprise (ACE), a réagit fermement estimant que l'exception introduite par le texte serait utilisée dans le sens de l'extension vers la libre activité juridique de l'expert-comptable à l'ensemble des entreprises.

Le CNB a réagit à son tour en adoptant une motion (Assemblée générale du 8 mai 2010) [3], déclarant que ce projet de loi, tel qu'adopté par l'Assemblée nationale portait atteinte au principe de l'accessoire tel que défini par les textes en vigueur. Il a réaffirmé « que les avocats sont des professionnels du droit qui conseillent, assistent, défendent et représentent leurs clients et que les experts-comptables sont des professionnels du chiffre, dont l'activité de conseil aux entrepreneurs doit rester l'accessoire direct de leur activité comptable ».

Pour assurer l'équilibre de ce texte, les deux professions se sont finalement accordées le 26 mai 2010, pour soutenir une disposition confirmant à l'article 2 de l'ordonnance du 19 septembre 1945, selon lequel les experts-comptables peuvent assister, *dans leurs démarches déclaratives à finalité administrative, fiscale et sociale,* les personnes physiques qui leur ont confié les éléments justificatifs et comptables nécessaires aux dites démarches.

Diverses associations, dont la Confédération nationale des avocats (CNA) se sont élevées contre cet accord, qui accentue selon elles le déséquilibre économique au détriment des avocats. En conséquence, le Sénat a réduit champ de l'article 13 *quater* en ouvrant seulement ouvrira aux experts-comptables la possibilité d'assister leurs clients « *dans la réalisation matérielle de leurs déclarations fiscale* » [4]. Ce texte réduit donc la portée de l'accord conclu entre le CNB et le CSOEC. En définitive,

1. Ord. n° 45-2138, 19 sept. 1945.

2. L. n° 2010-853, 23 juill. 1945 relative aux réseaux consulaires, au commerce, à l'artisanat et aux services (*JO* 24 juill., rect. *JO* 28 juill.).
3. Motion CNB, AG, 3 mai 2010.
4. Projet n° 127, adopté le 10 juin 2010; transmis à l'Assemblée nationale le 11 juin 2010 sous le n° 2624.

cette disposition se trouve à l'article 25 de la loi du 23 juillet 2010 qui prévoit que l'ordonnance du 19 septembre 1945 précitée est complété par un alinéa ainsi rédigé : « Les membres de l'ordre et les associations de gestion et de comptabilité peuvent assister, dans la réalisation matérielle de leurs déclarations fiscales, les personnes physiques qui leur ont confié les éléments justificatifs et comptables nécessaires auxdites démarches ».

56.13 Collaboration ponctuelle. Le CNB estime possible la collaboration ponctuelle entre un avocat et un autre professionnel.

L'article 18.1 du RIN précise que ce terme désigne une personne physique ou une structure d'exercice exerçant une autre profession libérale que celle-ci soit ou non réglementée. Il peut s'agir par exemple d'un architecte.

Dans la charte **de la collaboration interprofessionnelle**, les termes « autre professionnel » sont utilisés pour désigner toute personne physique ou toute structure d'exercice exerçant une des trois professions réglementées.

56.14 Principe général de la collaboration interprofessionnelle. La charte précise que le professionnel qui participe de manière ponctuelle à l'exécution d'une mission faisant appel à des compétences diversifiées en collaborant avec d'autres professionnels appartenant à l'une des deux autres professions signataires peut à cet effet conclure avec ceux-ci une convention tendant à organiser les modalités de cette collaboration[1].

SECTION 2
RÉGIME

56.21 Respect des principes essentiels régissant la profession d'avocat. L'article 18-1 du RIN rappelle le principe général permettant à un avocat de conclure avec un professionnel n'ayant pas la qualité d'avocat une convention régissant les modalités de leur collaboration. Il précise que ces relations interprofessionnelles sont soumises aux règles déontologiques applicables aux avocats. De cette manière, les avocats qui interviennent dans des missions communes avec d'autres intervenants sont assurés que les principes essentiels de la profession seront respectés.

Le RIN souligne le fait que l'avocat doit respecter les règles de confraternité, loyauté et courtoisie dans ses rapports avec l'autre professionnel[2] (sur ces principes essentiels, v. s^{s} n°s 32.11 s.). Quant à l'article 18 du RIN, il revient en détail sur les trois principes essentiels que sont l'indépendance, la confidentialité des correspondances et le secret professionnel.

La charte de la collaboration interprofessionnelle précise quant à elle que sous réserve de réciprocité résultant de l'adoption par les professionnels concernés des principes ci-après énoncés, le professionnel est tenu de faire application, dans ses relations avec un autre professionnel, des règles de loyauté et de courtoisie en usage au sein de sa profession.

Il s'interdit notamment de critiquer auprès du client commun ou de tiers le contenu ou la qualité des prestations fournies par l'autre professionnel sans avoir préalablement recueilli les observations de celui-ci.

Sous la même réserve, le professionnel qui collabore avec un ou plusieurs autres professionnels doit s'efforcer de ne pas, par ses actes ou son comportement, mettre en défaut ou rendre plus difficile le respect, par les professionnels avec lesquels il collabore, des règles déontologiques dont relèvent ceux-ci.

Le professionnel ne peut intervenir dans un domaine pour lequel un autre professionnel détient une compétence exclusive en application des textes qui régissent sa profession. Il peut néanmoins assurer la coordination de la mission en veillant à répartir les interventions conformément à l'intérêt du client de telle manière que chaque question soit traitée par le professionnel le plus compétent pour y répondre[3].

56.22 Devoir de compétence. Il est rappelé à l'avocat qu'il ne saurait intervenir dans un domaine où l'autre professionnel possède une compétence exclusive. L'avocat ne doit, de façon générale, accepter de réaliser des prestations qu'en des matières où il détient la compétence nécessaire (v. s^{s} n°s 31.11 et 31.12).

56.23 Indépendance et incompatibilités. L'avocat, qui doit dans tous les cas, exercer sa profession avec indépendance, doit veiller à ne pas se placer dans une situation de subordination à l'égard de l'autre professionnel. Celui-ci ne peut contrôler son travail, ni s'immiscer dans l'organisation de son cabinet[4] (v. s^{s} n°s 31.51 à 31.54).

La charte précise que la collaboration entre membres de professions différentes ne pouvant s'effectuer que dans le strict respect des règles d'indépendance applicables à chacun des professionnels concernés, le professionnel ne peut accepter ni une relation de contrôle hiérarchique de ses prestations par un autre professionnel ni une quelconque immix-

1. Charte, art. 1.
2. RIN, art. 18.2.
3. Charte, art. 2.
4. RIN, art. 18.3.

tion dans l'organisation et le fonctionnement de son cabinet de la part des professionnels avec lesquels il collabore.

Avant d'accepter d'intervenir dans une mission à caractère pluridisciplinaire, le professionnel doit s'assurer que les conditions dans lesquelles son intervention est envisagée ne sont pas susceptibles de porter atteinte aux règles d'indépendance formulées par sa réglementation professionnelle, et ce tant vis-à-vis des autres intervenants que du client prescripteur de la mission commune.

Il doit respecter tant les règles d'incompatibilités spécifiques à sa profession que celles qui sont applicables aux autres professionnels [1].

56.24 Confidentialité des correspondances. La difficulté tient au fait que l'autre professionnel peut ne pas être soumis à une règle analogue à celle des avocats qui protège leurs correspondances (v. s[s] n°s 37.01 s.). Aussi, le RIN prévoit que l'avocat doit s'efforcer d'obtenir un engagement de la part de l'autre professionnel « garantissant le respect du caractère confidentiel des correspondances ayant cette qualité ». De façon réciproque, l'avocat doit préserver la confidentialité des correspondances reçues de ce dernier si elles en sont revêtues [2].

La charte précise que le professionnel doit respecter le caractère confidentiel des correspondances reçues d'un autre professionnel dès lors qu'il y est fait expressément mention d'un tel caractère par l'apposition de la mention « confidentielle ».

Il ne peut en conséquence remettre à quiconque de copie d'une correspondance émanant de l'un des professionnels agissant dans le cadre d'une mission commune dès lors que cette correspondance a été qualifiée de confidentielle par son auteur. Il ne peut davantage faire mention d'une correspondance confidentielle dans un document n'ayant pas ce caractère.

Cette règle s'applique tant à la correspondance elle-même qu'aux documents qui peuvent y être joints, sauf mention contraire expresse. Elle n'a cependant pas en elle-même pour effet d'interdire de faire état verbalement des informations ou indications contenues dans les correspondances et documents communiqués [3].

56.25 Secret professionnel. La collaboration qui s'instaure avec un autre professionnel ne doit pas porter atteinte au secret professionnel. Si tel devait être le cas, l'avocat doit éventuellement y mettre un terme [4].

La charte précise que le fait pour un professionnel de collaborer avec d'autres professionnels pour l'exécution d'une mission commune ne peut conduire à ce qu'il soit d'une quelconque manière porté atteinte au secret professionnel.

En particulier, le fait qu'une information ayant un caractère confidentiel soit connue de plusieurs personnes tenues au secret professionnel n'est pas de nature à libérer les professionnels concernés de leur obligation au secret à l'égard des tiers.

Dès lors, ne peuvent être échangées entre les professionnels participant à la mission commune, et seulement entre ceux-ci, que les informations communiquées ou recueillies dans le cadre de la mission commune et nécessaires à son exécution.

Si le professionnel estime que le fait pour le client de conférer un caractère confidentiel à certaines informations est de nature à entraver le bon déroulement de la mission commune, il lui appartient d'apprécier en conscience si son intervention peut dans ces conditions se poursuivre à charge pour lui d'en informer le client [5].

56.26 Responsabilité civile professionnelle et assurance. Chacune des parties à cette convention de collaboration professionnelle est responsable de ses propres prestations. En conséquence, l'avocat doit vérifier bénéficier d'une couverture d'assurance au titre des prestations réalisées dans le cadre de cette collaboration. Aucune clause de responsabilité solidaire ne peut être insérée [6].

La charte précise que le professionnel doit veiller à ce que les prestations effectuées par lui au titre de la mission commune soient effectivement couvertes par son contrat d'assurance de responsabilité civile professionnelle.

Il ne peut participer à un contrat de mission commune comportant une clause de responsabilité solidaire des intervenants, chaque professionnel participant à une mission commune devant être personnellement seul responsable de ses interventions et diligences [7].

56.27 Transparence des rémunérations. L'avocat ne peut percevoir de rémunération que pour la mission qu'il a effectivement réalisée, à l'exclusion de toute rétribution prélevée sur le travail d'un autre intervenant à la convention de collaboration. La rémunération de chacun des divers intervenants doit non seulement être individualisée mais également portée à la connaissance du client [8].

1. Charte, art. 3.
2. RIN, art. 18.4.
3. Charte, art. 5.
4. RIN, art. 18.5.
5. Charte, art. 4.
6. RIN, art. 18.6.
7. Charte, art. 6.
8. RIN, art. 18.7.

La charte précise que le professionnel ne peut recevoir que la juste rémunération des prestations qu'il fournit à l'exclusion de toute rétribution prélevée sur le travail d'un autre intervenant.

À l'effet d'assurer la transparence de la facturation des prestations accomplies par les divers intervenants, la rémunération de chacun d'eux doit être individualisée et portée à la connaissance du client[1].

56.28 Garanties et recouvrement. L'avocat ne peut ni se porter garant du paiement à l'égard des autres intervenants, ni procéder à un recouvrement pour leur compte[2].

56.29 Communication préalable de la convention. Il est souhaitable que la convention écrite visée à l'article 18.1 du RIN et l'article 1 de la charte soit communiquée préalablement à sa mise en application au Conseil de l'ordre dont fait partie l'avocat.

SECTION 3
EXAMEN DES DIFFICULTÉS

56.31 Création d'une commission d'examen des difficultés. Le CNB, le Conseil supérieur du notariat et le Conseil supérieur de l'ordre des experts-comptables ont institué une commission d'examen des difficultés. Celle-ci est chargée de donner son avis sur toute question relative à la pratique de la collaboration interprofessionnelle entre les membres des trois professions[3].

56.32 Composition de la commission. Cette commission est composée de six membres permanents et de six membres suppléants, chacune des institutions désignant deux membres titulaires et deux membres suppléants. Le remplacement d'un membre peut intervenir à tout moment mais ne prend effet qu'après sa notification aux autres institutions.

La présidence de la commission est assurée par l'un de ses membres titulaires, chaque institution désignant le président à tour de rôle pour une année civile.

Le secrétariat de la commission est assuré par l'institution dont le président est le représentant[4].

56.33 Fonctionnement et saisine de la commission. Toute question ou demande d'avis doit être adressée au président qui décide de l'opportunité d'une réunion et peut toujours estimer qu'une simple consultation des membres titulaires est suffisante. Le président doit toutefois réunir la commission si deux membres titulaires le demandent.

La commission ne peut être saisie que par le président de l'une des institutions. Elle est amenée à donner des avis dont elle peut décider la publication et statue à l'unanimité de ses membres; à défaut d'accord unanime de ses membres, le président établit un rapport qui est adressé pour avis à chacune des institutions et soumet à nouveau la question à la commission dans un délai de deux mois[5].

1. Charte, art. 7.
2. RIN, art. 18.7 – Charte, art. 7.
3. Charte, art. 8.
4. Charte, art. 8.
5. Charte, art. 8.

CHAPITRE

57. Obligations comptables, fiscales et sociales de l'avocat

SECTION 0

ORIENTEUR

57.00 **Plan du chapitre.**

57.01 **Textes applicables.**

> Sur la comptabilité

Décr. nº 91-1197, 27 nov. 1991, art. 231 à 235

> Sur les obligations sociales

L. nº 71-1130, 31 déc. 1971, art. 42

Code de la sécurité sociale, art. L. 723-1 à L. 723-25 (notamment L. 723-1 et L. 723-3)

Convention collective du personnel non avocat du 20 février 1979

Convention collective de l'avocat salarié du 17 février 1995

> Sur les obligations fiscales

CGI, art. 96 à 100 *bis*, 102 *ter* (notamment art. 96 et 102 *ter*)

> Sur les obligations comptables

Décr. 27 nov. 1991, art. 231 [Règles et documents comptables]

Les opérations de chaque avocat sont retracées dans des documents comptables destinés, notamment, à constater les versements de fonds et remises d'effets ou valeurs qui lui sont faits au titre de ses opérations professionnelles ainsi que les opérations portant sur ces versements ou remises.

Cette comptabilité est tenue dans les conditions prévues à l'article 235.

Décr. 27 nov. 1991, art. 232 [Présentation de la comptabilité par l'avocat]

L'avocat est tenu de présenter cette comptabilité à toute demande du bâtonnier.

Il est tenu de présenter tous extraits nécessaires de cette comptabilité lorsqu'il en est requis par le président du tribunal de grande instance ou le premier président de la cour d'appel, saisi d'une contestation en matière d'honoraires ou débours ou en matière de taxe.

Décr. 27 nov. 1991, art. 233 [Accusé de réception des versements et remises]

Tous les versements de fonds ou remises d'effets et valeurs à un avocat donnent lieu à la délivrance ou à l'envoi d'un accusé de réception s'il n'en a pas été donné quittance.

Décr. 27 nov. 1991, art. 234 [Défaut de dérogation]

Les dispositions du présent chapitre ne dérogent pas aux règles applicables aux règlements pécuniaires et à la comptabilité directement liés à l'exercice des fonctions accessoires dans les conditions prévues à l'article 11 et au deuxième alinéa de l'article 38 de la loi nº 85-99 du 25 janvier 1985.

Décr. 27 nov. 1991, art. 235 [Vérification du Conseil de l'ordre]

[mod. par décr. n° 95-1110, 17 oct. 1995, art. 18, *JO* 19]

Le règlement intérieur du barreau fixe les mesures propres à assurer les vérifications prévues par l'article 17 (9°) de la loi du 31 décembre 1971 précitée.

Le bâtonnier informe le procureur général, au moins une fois l'an, du résultat de ces vérifications.

La comptabilité des sociétés constituées entre avocats appartenant à des barreaux différents et des cabinets ayant ouvert un bureau secondaire dans le ressort d'un barreau distinct est vérifiée par le Conseil de l'ordre des avocats du lieu du siège social ou de l'établissement principal, qui peut se faire communiquer les documents comptables correspondant à l'activité accomplie dans les autres barreaux.

Le bâtonnier de ce Conseil de l'ordre informe les bâtonniers des barreaux dont les membres font l'objet d'une vérification de leur comptabilité du déroulement de cette opération ainsi que de son résultat.

Le Conseil de l'ordre vérificateur peut déléguer aux Conseils de l'ordre locaux certaines opérations de vérifications s'appliquant aux membres de leurs barreaux.

> Sur les obligations sociales

L. 31 déc. 1971, art. 42 [Affiliation obligatoire à la CNBF]

[mod. par L. n° 90-1259, 31 déc. 1990, art. 19, art. 67, *JO* 5 janv. 1991 ; en vigueur le 1er janv. 1992]

Les membres de la nouvelle profession d'avocat, à l'exception des avocats salariés qui, avant la date d'entrée en vigueur du titre Ier de la loi n° 90-1259 du 31 décembre 1990 portant réforme de certaines professions judiciaires et juridiques, exerçaient en tant que salariés la profession de conseil juridique, et des mandataires sociaux qui relevaient du régime des salariés, sont affiliés d'office à la Caisse nationale des barreaux français prévue à l'article L. 723-1 du Code de la sécurité sociale.

Un décret en Conseil d'État prévoit les conditions dans lesquelles, après consultation des caisses de retraite complémentaire, pourront être compensées entre elles les conséquences financières contractuelles des dispositions de l'alinéa précédent.

CSS, art. L. 723-1 [Affiliation de plein droit à la CNBF]

Sont affiliés de plein droit à une caisse privée, dite caisse nationale des barreaux français, dotée de la personnalité civile, les avocats au Conseil d'État et à la Cour de cassation et tous les avocats et avocats stagiaires en activité dans les barreaux de la métropole et des départements mentionnés à l'article L. 751-1.

Les statuts de cette caisse ne peuvent entrer en vigueur qu'après avoir été approuvés par arrêté interministériel.

* NB L. n° 90-1259, 31 déc. 1990, art. 38 : non-application aux avocats salariés ou aux mandataires sociaux.

CSS, art. L. 723-3 [Droits de plaidoirie]

Dans la métropole et dans les départements mentionnés à l'article L. 751-1, les droits alloués aux avocats pour la plaidoirie et perçus par eux, au titre de leur activité propre comme de celle des avocats salariés qu'ils emploient, sont affectés au financement du régime d'assurance vieillesse de base de la Caisse nationale des barreaux français. Ils sont recouvrés auprès de chaque avocat non salarié ou société d'avocats par l'Ordre des avocats au Conseil d'État et à la Cour de cassation et par chaque barreau et sont versés à la Caisse nationale des barreaux français, sans préjudice de la faculté, pour chaque avocat ou société d'avocats, de les verser directement à ladite caisse.

Lorsque leur activité principale n'est pas la plaidoirie, les avocats non salariés et les sociétés d'avocats dont au moins un associé ou un salarié est affilié à la Caisse nationale des barreaux français versent une contribution équivalente aux droits de plaidoirie.

Parmi ces derniers, sont réputés ne pas avoir pour activité principale la plaidoirie ceux dont l'activité, déterminée en fonction de leurs revenus professionnels d'avocats complétés des rémunérations nettes versées aux avocats salariés affiliés à la Caisse nationale des barreaux français, donne lieu à un nombre de droits de plaidoirie inférieur à un minimum fixé par ladite caisse. Les revenus professionnels non salariés et les rémunérations pris en compte pour le calcul de la contribution équivalente sont appréciés dans la limite d'un plafond fixé dans les conditions prévues au dernier alinéa du présent article.

Les sommes recouvrées par application du présent article et des dispositions de l'article L. 723-4 couvrent le tiers des charges du régime d'assurance vieillesse de base de l'année courante.

Un décret en Conseil d'État fixe les modalités d'application du présent article.

> Sur les obligations fiscales

CGI, art. 96 [Régime de la déclaration contrôlée]

[ord. n° 2000-916, 19 sept. 2000, art. 6, *JO* 22 ; en vigueur le 1er janv. 2002]

I – Les contribuables qui réalisent ou perçoivent des bénéfices ou revenus visés à l'article 92 sont obligatoirement soumis au régime de la déclaration contrôlée lorsque le montant annuel de leurs recettes excède 27 000 euros.

Peuvent également se placer sous ce régime, les contribuables, dont les recettes annuelles ne sont pas supérieures à 27 000 euros, lorsqu'ils sont en mesure de déclarer exactement le montant de leur bénéfice net et de fournir à l'appui de cette déclaration toutes les justifications nécessaires.

II – Pour l'appréciation de la limite visée au I, il est fait abstraction des opérations portant sur les éléments d'actif affectés à l'exercice de la profession ou des indemnités reçues à l'occasion de la cessation de l'exercice de la profession ou du transfert d'une clientèle et des honoraires rétrocédés à des confrères selon les usages de la profession.

En revanche, il est tenu compte des recettes réalisées par les sociétés et groupements non soumis à l'impôt sur les sociétés dont le contribuable est membre, à proportion de ses droits dans les bénéfices de ces sociétés et groupements.

Toutefois, le régime fiscal de ces sociétés et groupements demeure déterminé uniquement par le montant global de leurs recettes.

CGI, art. 102 *ter* [Régime déclaratif spécial]

[L. fin. n° 2002-1575, 30 déc. 2002, art. 22, *JO* 31]

1. Le bénéfice imposable des contribuables qui perçoivent des revenus non commerciaux d'un montant annuel, ajusté s'il y a lieu au prorata du temps d'activité au cours de l'année civile, n'excédant pas 27 000 euros hors taxes est égal au montant brut des recettes annuelles diminué d'une réfaction forfaitaire de 37 % avec un minimum de 305 euros.

Les plus ou moins-values provenant de la cession des biens affectés à l'exploitation sont prises en compte distinctement pour l'assiette de l'impôt sur le revenu dans les conditions prévues à l'article 93 *quater*, sous réserve des dispositions de l'article 151 *septies*. Pour l'application de la phrase précédente, la réfaction mentionnée au premier alinéa est réputée tenir compte des amortissements pratiqués selon le mode linéaire.

2. Les contribuables visés au 1 portent directement sur la déclaration prévue à l'article 170 le montant des recettes annuelles et des plus ou moins-values réalisées ou subies au cours de cette même année. Ils joignent à cette déclaration un état conforme au modèle fourni par l'administration. Un décret en Conseil d'État précise le contenu de cet état.

3. Sous réserve des dispositions du 6, les dispositions prévues aux 1 et 2 demeurent applicables pour l'établissement de l'imposition due au titre de la première année au cours de laquelle la limite définie au 1 est dépassée. En ce cas, le montant des recettes excédant cette limite ne fait l'objet d'aucun abattement.

Les dispositions du premier alinéa ne sont pas applicables en cas de changement d'activité.

4. Les contribuables visés au 1 doivent tenir et, sur demande du service des impôts, présenter un document donnant le détail journalier de leurs recettes professionnelles.

Lorsqu'il est tenu par un contribuable non adhérent d'une association de gestion agréée, ce document comporte, quelle que soit la profession exercée, l'identité déclarée par le client ainsi que le montant, la date et la forme du versement des honoraires.

5. Les contribuables qui souhaitent renoncer au bénéfice du présent article peuvent opter pour le régime visé à l'article 97.

Cette option doit être exercée dans les délais prévus pour le dépôt de la déclaration visée à l'article 97. Elle est valable deux ans[1] tant que le contribuable reste de manière continue dans le champ d'application du présent article. Elle est reconduite tacitement par période de deux ans[1]. Les contribuables qui désirent renoncer à leur option pour le régime visé à l'article 97 doivent notifier leur choix à l'administration avant le 1er février de l'année suivant la période pour laquelle l'option a été exercée ou reconduite tacitement.

6. Sont exclus de ce régime :

a. Les contribuables qui exercent plusieurs activités dont le total des revenus, abstraction faite des recettes des offices publics ou ministériels, excède la limite mentionnée au 1 ;

b. Les contribuables qui ne bénéficient pas des dispositions des I et II de l'article 293 B. Cette exclusion prend effet à compter du 1er janvier de l'année de leur assujettissement à la taxe sur la valeur ajoutée.

57.03 Bibliographie indicative.

Encyclopédie. J.-Cl. pr. civ., Plagnet, fasc. 83-4 et 83-5.

Ouvrage. Reygrobellet, Dalloz Action Fonds com., n° 06.12.

Articles. Algazi, « Avocat individuel, associé, dirigeant de société d'exercice libéral », *Gaz. Pal.* 10 oct. 1992, p. 2 – Barthélemy, « Conséquences sociales de la création de la nouvelle profession d'avocat », *JCP* 1992, I, 3549 – Cremades Sanz-Pastor, *Gaz. Pal.* 5 mai 1992, p. 37 – Lalande, « Avocats salariés, anciens conseils juridiques salariés et la CNBF », *Gaz. Pal.* 26 juin 1992, p. 4 – Martin « La Caisse nationale du barreau et le principe de compensation nationale du régime de retraite », *JCP* 15 oct. 1997, n° 42, act. p. 1 – Tillie, *Gaz. Pal.* 23 oct. 1999, p. 25 s. – Viala, « Place et perspectives du régime de protection sociale de l'avocat et des professions libérales dans les évolutions de la Sécurité sociale sous le signe de la solidarité nationale », *Gaz. Pal.* 1983, 2, doctr. 386.

Rapports. Noel, *Rapport sur l'évolution des régimes de prévoyance bénéficiant aux avocats libéraux, Une nouvelle donne en matière de couverture sociale*, 2005, CNB – Voituriez, *Le statut fiscal et social de l'avocat, professionnel libéral : réflexions et propositions en faveur de son évolution*, 2004, CNB.

SECTION 1
COMPTABILITÉ

57.11 Obligation légale. Aux termes de l'article 231 du décret du 27 novembre 1991, les opérations de chaque avocat sont retracées dans des documents comptables destinés notamment à constater les versements de fonds et remises d'effets ou valeurs qui leur sont faites au titre de leurs opérations professionnelles ainsi que les opérations portant sur ces versements ou remises.

57.12 Tenue de la comptabilité. Cette comptabilité est tenue dans les conditions prévues à l'article 235[2]. Elle peut être tenue sur un livre journal, c'est-à-dire, selon la définition donnée par l'article 3 du décret du 29 novembre 1983[3] relatif aux obliga-

1. Ces dispositions s'appliquent aux options exercées à compter du 1er janvier 2002 et aux options en cours à cette date.

2. Décr. 27 nov. 1991, art. 231.
3. Décr. n° 83-1020, 29 nov. 1983, *JO* 1er déc.

tions comptables des commerçants et de certaines sociétés, le document sur lequel les mouvements affectant le patrimoine de l'entreprise sont enregistrés, sans autre condition que de mentionner les opérations dans l'ordre chronologique. Un texte fiscal, l'article 99 du Code général des impôts précise, de son côté, que le livre-journal doit être servi au jour le jour et présenter le détail des recettes et des dépenses professionnelles du contribuable ainsi que, si celui-ci n'est pas membre d'une association de gestion agréée (v. s[s] n° 57.71), en ce qui concerne les recettes, l'identité déclarée par le client ainsi que le montant, la date et la forme du versement des honoraires.

Ces règles sont applicables à tous les avocats, quelle que soit la structure juridique dans laquelle ils exercent leur activité. Toutefois, les sociétés d'exercice libéral, de manière générale, dont celles d'avocats, sociétés commerciales par la forme, sont tenues de se soumettre aux obligations comptables des sociétés commerciales[1] et d'appliquer le Plan comptable général[2].

57.13 Délivrance d'un accusé réception. Tous les versements de fonds ou remises d'effets et valeurs à un avocat donnent lieu à la délivrance ou à l'envoi d'un accusé de réception s'il n'en a pas été donné quittance[3].

Ces dispositions ne dérogent pas aux règles applicables aux règlements pécuniaires et à la comptabilité directement liés à l'exercice des fonctions accessoires dans les conditions prévues à l'article L. 811-10 du Code de commerce[4], texte qui autorise l'administrateur judiciaire, mandataire de justice chargé d'administrer, d'assister ou de surveiller les biens d'un débiteur frappé par une procédure collective, à cumuler son activité avec celle d'avocat[5].

57.14 Présentation de la comptabilité au bâtonnier. L'avocat est tenu de présenter cette comptabilité à toute demande du bâtonnier (v. s[s] n° 24.111)[6].

Il est tenu de présenter tous extraits nécessaires de cette comptabilité lorsqu'il en est requis par le président du tribunal de grande instance ou le premier président de la cour d'appel, saisi d'une contestation en matière d'honoraires ou débours ou en matière de taxe[7].

57.15 Vérifications de l'article 17-9° de la loi du 31 décembre 1971. L'article 17-9° de la loi du 31 décembre 171 donne pour mission au Conseil de l'ordre « de vérifier la tenue de la comptabilité des avocats, personnes physiques ou morales ». Le règlement intérieur du barreau fixe les mesures propres à assurer les vérifications prévues par ce texte. Ainsi, par exemple, le règlement intérieur du barreau de Paris[8] énonce que l'avocat est tenu de présenter sa comptabilité à toute demande du bâtonnier; l'avocat doit satisfaire aux demandes qui lui sont faites dans le cadre de vérifications et communiquer au représentant du bâtonnier les pièces comptables et documents justificatifs se rapportant aux opérations effectuées. Au surplus, l'adhésion par l'avocat à une association agréée emporte de plein droit autorisation pour celle-ci de fournir au bâtonnier toutes les informations nécessaires à l'exercice de sa mission.

Le fait de se dérober à une vérification de comptabilité par le Conseil de l'ordre ou par le bâtonnier constitue une atteinte indirecte au principe d'honneur et de probité qu'exige la profession d'avocat (v. s[s] n°s 23.86, 81.81 s.)[9].

On ne peut récuser, au nom du secret professionnel, l'intervention d'un expert-comptable délégué par l'Ordre, pour effectuer une enquête ou administrer provisoirement un cabinet d'avocat[10].

La mission de surveillance confiée au Conseil de l'ordre par l'article 17 de la loi du 31 décembre 1971 s'étend non seulement au comportement des avocats dans l'exercice de leur activité professionnelle, mais à tous manquements de nature à porter une atteinte directe ou indirecte aux principes d'honneur et de probité qu'exige la profession.

• Spécialement la vérification de la comptabilité que les Conseils de l'ordre exercent, en exécution des dispositions du même article, ne peut avoir d'autre limite et en imposant, conformément aux termes de l'article 48 du décret du 25 août 1972, la tenue des documents destinés à lui permettre d'effectuer cette vérification, un Conseil de l'ordre n'excède pas ses pouvoirs réglementaires[11].

Le bâtonnier informe le procureur général, au moins une fois l'an, du résultat de ces vérifications[12].

57.16 Vérification de la comptabilité des sociétés interbarreaux et des cabinets secondaires. L'article 235 du décret du 27 novembre 1991 précise que la comptabilité des sociétés inter-barreaux (v. s[s]

1. C. com., art. L. 123-12 s.; rép. min., *JOAN Q* 27 juin 1994, p. 3303.
2. Rép. min. Kerguéris, *JOAN Q* 12 févr. 2001, p. 855.
3. Décr. 27 nov. 1991, art. 233.
4. L. n° 58-99, 25 janv. 1958, art. 11, anc.
5. Décr. 27 nov. 1991, art. 234.
6. CA Lyon, 7 févr. 1977, *Gaz. Pal.* 1979, 2, 120, somm. 14 – Civ. 1re, 3 oct. 1978, n° 77-11.772, *Bull. civ.* I, n° 283; *Gaz. Pal.* 1979, 1, 12.
7. Décr. 27 nov. 1991, art. 232.
8. Art. 33.3.
9. Civ. 1re, 20 oct. 1981, n° 80-15.572, *Bull. civ.* I, n° 297; *Gaz. Pal.* 1982, 1, 104, note Damien; *JCP* 1982, IV, 11.
10. Civ. 1re, 25 oct. 1989, n° 87-16.804, *Bull. civ.* I, n° 332; *D.* 1989, IR 281; *JCP* 1989, IV, 412.
11. Civ. 1re, 20 oct. 1981, n° 80-15.572, *Bull. civ.* I, n° 297; *Gaz. Pal.* 1982, 1, 104, note Damien; *JCP* 1982, IV, 11.
12. Décr. 27 nov. 1991, art. 235.

n° 53.01) et des cabinets ayant ouvert un bureau secondaire dans le ressort d'un barreau distinct est vérifiée par le Conseil de l'ordre des avocats du lieu du siège social ou de l'établissement principal (v. s[s] n° 54.01). Celui-ci peut se faire communiquer les documents comptables correspondant à l'activité accomplie dans les autres barreaux.

Le bâtonnier de ce Conseil de l'ordre informe les bâtonniers des autres barreaux concernés du déroulement de la vérification comptable, ainsi que de son résultat.

Le Conseil de l'ordre vérificateur peut déléguer aux Conseils de l'ordre locaux certaines opérations de vérification s'appliquant aux membres de leurs barreaux.

SECTION 2 Obligations sociales

§ 1 Retraite

57.21 Adhésion obligatoire à la Caisse nationale des barreaux français. L'avocat libéral est obligatoirement adhérent à la Caisse nationale des barreaux français (CNBF) créée par la loi du 12 janvier 1948[1] qu'il soit inscrit au barreau (ou stagiaire avant la réforme du 11 février 2004[2] – v. s[s] n° 26.21).

• **Avocats membres d'une SEL.** Les avocats gérants non majoritaires qui ont constitué une société d'exercice libéral à responsabilité, exercent chacun les fonctions d'avocat au nom de la société, sont comme tels assujettis individuellement à la CNBF[3].

Ce texte fut l'un des plus discutés de l'ensemble de la loi portant réforme des professions juridiques et judiciaires car il s'agissait en fait de la survie du régime de retraite des avocats, la Caisse nationale des barreaux français, dont les parlementaires et le ministre firent d'ailleurs l'éloge, notamment de sa saine gestion.

• **Exception.** L'article 42 de la loi du 31 décembre 1971, dans sa rédaction issue de l'article 19 de la loi du 31 décembre 1990, est modifié et prévoit désormais une exception à l'affiliation de tous les avocats à la CNBF mais cette exception est limitée dans le temps. Elle concerne exclusivement les avocats salariés qui, avant la date d'entrée en vigueur de la loi du 31 décembre 1990, exerçaient en tant que salariés la profession de conseil juridique et les mandataires sociaux qui relevaient du régime des salariés.

1. L. 31 déc. 1971, art. 42.
2. CE 27 sept. 1985, n° 34775, n° 35888, n° 37045, Bernard; *JCP* 1986, IV, 83.
3. CA Grasse, 13 août 1997, 2, jur. *Gaz. Pal.* 18 avr. 1998, 23.

La retraite est servie également aux anciens avoués et anciens agréés intégrés dans le nouvel Ordre des avocats. La loi du 31 décembre 1971 ayant eu pour effet d'affilier d'office à la CNBF tous les membres de la nouvelle profession en les soumettant aux statuts de la Caisse.

• L'article 43 de la loi du 31 décembre 1971 prévoit, toutefois, que les obligations de la Caisse d'allocations vieillesse des officiers ministériels et assimilés seront prises en charge par la CNBF en ce qui concerne les personnes ayant exercé des professions absorbées par le nouveau barreau, ainsi que leurs ayants droit, les droits acquis par les anciens membres de ces professions près de leurs Caisses respectives leur étant expressément maintenus. À la suite de la fusion réalisée par la loi du 31 décembre 1971, il n'existe plus rétroactivement qu'une seule profession dans laquelle l'ancienneté de chaque membre remonte à la date de son admission dans la profession antérieure[4].

Il en découle que la totalité du temps d'exercice de la profession d'avoué doit être ajoutée à la durée de l'exercice de la nouvelle profession d'avocat, pour donner droit soit à une retraite proportionnelle au bout de 20 années, sans qu'il soit besoin que ces 20 années aient été exercées uniquement dans la nouvelle profession, soit au maximum de la retraite versée par la caisse qui, en vertu des statuts, est acquise lorsque les ayants droit remplissent la double condition d'âge et de durée d'exercice de la profession, le maximum ne pouvant, en aucun cas, être dépassé sauf attribution d'une majoration fixe sous réserve de droits acquis par certains membres de la nouvelle profession, antérieurement au 16 septembre 1972[5].

Les rapports des affiliés de la CNBF et de cet organisme relèvent exclusivement du droit privé. Le Conseil d'État est donc incompétent pour annuler une décision du Conseil d'administration de la Caisse refusant à un avocat le bénéfice de la retraite accordée sans cessation d'activité après 60 années d'exercice de la profession[6].

57.22 Nature juridique de la CNBF. La CNBF est prévue à l'article L. 723-1 du Code de la sécurité sociale (v. s[s] n° 26.21). Cet organisme, bien que disposant de certaines prérogatives de la puissance publique dans la mesure où l'affiliation et le paiement des cotisations sont obligatoires pour tous les avocats, n'en demeure pas moins une personne morale de droit privé – malgré le contrôle étroit de l'administration sur son activité[7] – qui exerce une activité sociale étrangère à une mission de service

4. Civ. 1re, 22 avr. 1981, n° 80-12.208, *Bull. civ.* I, n° 120; *Gaz. Pal.* 1981, 2, 674, note Damien; *JCP* 1981, II, 19666, note Guérin.
5. CA Paris, 24 févr. 1978, *Gaz. Pal.* 1978, 1, 182 – ÉGAL[T] SUR le mode de computation des annuités : Soc. 21 mars 1979, n° 77-12.850, *Bull. civ.* V, n° 257; *Gaz. Pal.* 1979, 2, somm. 305.
6. CE 11 oct. 1978, n° 11167, Chevalier, *Lebon T.*; *Gaz. Pal.* 1979, 1, somm. 69; *D.* 1978, IR 482.
7. CSS, art. L. 723-7 et R. 723-1.

public. Il s'ensuit que les rapports existant entre cette caisse qui sert des prestations sociales à ses affiliés, même si ceux-ci sont inscrits d'office, sont des rapports de droit privé et relèvent en conséquence des tribunaux de l'Ordre judiciaire[1].

La CNBF est alimentée par les cotisations de ses membres et la perception des droits de plaidoirie.

57.23 Droits de plaidoirie. Ils sont dus aux avocats pour chaque plaidoirie faite aux audiences de jugements, y compris aux audiences de référés[2] et devant les magistrats conciliateurs en matière de divorce. En effet le droit de plaidoirie doit être perçu à l'occasion de toute décision juridictionnelle rendue après plaidoirie ou explications fournies par l'avocat[3]. En fait la perception s'effectue à l'occasion de chaque jugement, une ordonnance de non-conciliation rendue dans le cas d'une procédure de divorce doit être assimilée à un jugement[4].

Un décret du 15 février 1995[5] a précisé le domaine du droit de plaidoirie, les conditions de son recouvrement, son montant et la contribution équivalente au droit de plaidoirie prévue au paragraphe 2 de l'article L. 723-3 du Code de la sécurité sociale; il a été complété par deux arrêtés du 15 février 1995[6]. L'article 1er du décret précise que le droit de plaidoirie est exigible devant les juridictions administratives de droit commun et les juridictions de l'ordre judiciaire, sauf devant les conseils de prud'hommes, les tribunaux d'instance statuant en matière prud'homale, les tribunaux de police statuant en matière de contraventions des quatre premières classes et les juridictions statuant en matière de contentieux de la sécurité sociale ou de contentieux électoral, et devant le Conseil d'État et la Cour de cassation pour les affaires dispensées du ministère d'avocat.

• **« Pillage. »** La Caisse nationale des barreaux français a été l'objet d'un véritable « pillage » au nom de la compensation nationale[7].

Les tarifs de frais judiciaires accordent traditionnellement à l'avocat une allocation minime qui naguère était passée en taxe et recouvrée par l'avoué avec son état de frais, il s'agit du droit de plaidoirie dû par la partie perdante à chacun des avocats dans la cause qui avait plaidé l'affaire.

• **Évolution.** Il s'agissait primitivement de l'honoraire répétible dû à la partie gagnante en remboursement forfaitaire des honoraires versés à son avocat, celui-ci restant libre de demander un honoraire supérieur à celui qualifié de droit de plaidoirie. L'érosion monétaire et le non-réajustement du montant de ce droit en firent peu à peu une contribution symbolique et dérisoire, un véritable pourboire que les avocats au milieu du XIXe siècle abandonnèrent à l'avoué qui le récupéra avec l'état des frais qu'il mettait en recouvrement. Mais lorsqu'on voulut instituer un système de prévoyance et de retraite pour les avocats, on songea à utiliser cette somme au profit de la retraite des avocats. Ce système a parfois été critiqué, on estime qu'il met à la charge des justiciables le poids financier de la retraite des avocats. C'est inexact dans la mesure où ceux-ci affectent, en plus des cotisations qu'ils versent pour la constitution de cette retraite, des sommes que la loi leur accorde traditionnellement et qu'ils ne perçoivent pas à titre individuel comme ils en auraient le droit mais affectent collectivement à leur retraite.

La loi du 31 décembre 1921[8] a autorisé l'attribution collective à chaque barreau des droits de plaidoirie dus à l'ensemble des avocats de ce barreau avec affectation aux œuvres de prévoyance. Dès lors, la réclamation individuelle de ce droit devenait interdite et les barreaux percevaient globalement ces sommes dont le montant avait peu à peu été revalorisé.

La loi du 12 janvier 1948 qui crée la Caisse nationale des barreaux français, unifiant pour la première fois le régime de retraite des avocats qui avait débuté en 1938 avec la fondation de la Caisse centrale de retraite des barreaux français, attribua désormais à cet organisme la totalité des droits de plaidoirie encaissés sous déduction d'un pourcentage de 10 % conservé par chaque barreau pour ses œuvres particulières d'assistance professionnelle. Cette loi a fait l'objet de plusieurs décrets d'application notamment les décrets du 22 décembre 1954 relatif à la CNBF[9], du 2 avril 1955[10], du 19 mai 1965[11] et du 3 octobre 1983[12].

Le décret du 19 mai 1965 prévoit que les droits de plaidoirie sont versés directement à la CNBF par les trésoriers-payeurs généraux de chaque département et que cet organisme reverse aux barreaux 5 % des droits de plaidoirie recouvrés à l'occasion des décisions rendues par les juridictions siégeant dans le ressort du tribunal où est fixé le barreau[13].

Depuis l'intervention de la loi du 12 janvier 1948, qui a créé la Caisse nationale des barreaux français (Cnbf), le montant des droits de plaidoirie est en effet versé par les avocats à la caisse précitée,

1. Soc. 6 févr. 2003, n° 99-12.655, *Bull. civ.* V, n° 44; *RJS* 2003, n° 538, 1re esp.
2. CSS, art. L. 723-3.
3. Civ. 2e, 5 janv. 1983, n° 81-14.398, *Bull. civ.* II, n° 1; *D.* 1983, 168; *D.* 1984, IR 120, note Brunois; *Gaz. Pal.* 1983, pan. 122; *JCP* 1983, IV, 85.
4. Civ. 2e, 5 janv. 1983, n° 81-14.398, *Bull. civ.* II, n° 1; *D.* 1984, IR 120, note Brunois; *D.* 1983, jur. 168; *Gaz. Pal.* 1983, somm. 122; *JCP* 1983, IV, 85.
5. Décr. n° 95-161, 15 févr. 1995.
6. Arr. 15 févr. 1995, *JO* 19 févr. 1995.
7. Martin « La Caisse nationale du barreau et le principe de compensation nationale du régime de retraite », *JCP* 15 oct. 1997, n° 42, act. 1.
8. L. 31 déc. 1921, art. 96.
9. Décr. n° 54-1253, 22 déc. 1954.
10. Décr. n° 55-413, 2 avr. 1955.
11. Décr. n° 65-379, 19 mai 1965.
12. Décr. n° 83-882, 3 oct. 1983.
13. Lemaire, p. 17 s.

dont il constitue l'un des moyens de financement de la retraite de base versée aux anciens avocats. Il s'agit d'un système original de financement de la retraite qui est propre à la profession.

À l'occasion de la loi du 30 décembre 1977 instaurant la gratuité des actes de justice devant les juridictions civiles et administratives et qui a supprimé les droits d'enregistrement afférents aux décisions judiciaires, la question du recouvrement du droit de plaidoirie, effectué jusqu'alors par l'État comme en matière de droits d'enregistrement, s'est posée. La solution adoptée par la loi précitée a été de transférer aux barreaux la responsabilité du recouvrement de ce droit, l'État prenant à sa charge les droits de plaidoirie lorsque l'avocat est désigné au titre de l'aide judiciaire ou commis d'office[1].

Le décret du 20 janvier 1978[2] prévoit que le droit de plaidoirie est acquitté par l'avocat à l'aide d'un timbre délivré par la Caisse nationale des barreaux français et précise toutefois que le règlement intérieur de chaque barreau peut prévoir tout autre moyen approprié pour l'acquittement par l'avocat des droits de plaidoirie. Sans aucun doute la mise en application du système du timbre de plaidoirie a soulevé quelques difficultés. Pour sa part la Chancellerie, en accord avec la CNBF, a mis en œuvre diverses mesures pour l'amélioration du recouvrement du droit de plaidoirie et l'unification de ses moyens de perception. De son côté le barreau de Paris a pris des initiatives récentes et a mis en expérimentation un nouveau système de perception du droit devant le tribunal de grande instance, afin d'améliorer le recouvrement de ce droit et de rendre moins incommode l'apposition du timbre sur la feuille d'audience. Au cas où la perception du timbre de plaidoirie entraînerait des difficultés persistantes, la Chancellerie se propose d'étudier en concertation avec les barreaux et la caisse précitée, tout autre moyen approprié de perception de ces ressources[3].

La loi du 30 décembre 1977 ayant institué la gratuité des actes de justice devant les juridictions civiles et administratives, un décret du 20 janvier 1978 appliquait ces nouvelles dispositions au droit de plaidoirie, prenant acte de ce que le régime de perception par l'État des droits de plaidoirie pour le compte des barreaux avait pris fin. Ce décret fut frappé d'un recours au motif qu'il portait atteinte au principe de l'égalité des justiciables et à celui du respect des droits de la défense. Ce recours a été rejeté par l'arrêt du Conseil d'État du 31 octobre 1980[4]. Il faut dire que depuis que l'État ne perçoit plus directement les droits de plaidoirie ce recouvrement est assez aléatoire et la CNBF se trouve dans une situation relativement difficile de ce fait.

57.24 Cotisations des avocats. Outre par les droits de plaidoirie, la caisse est alimentée par les cotisations de ses membres dues au titre de leur profession[5]; le non-règlement de la cotisation est une faute professionnelle pouvant entraîner l'omission du tableau et l'article 105-2 du décret du 27 novembre 1991 consacre cette disposition, en tant que cause d'omission facultative (v. s[s] n° 15.14).

La cotisation annuelle est due par tous les avocats inscrits au tableau; elle peut être graduée suivant l'âge lors de la prestation de serment et l'ancienneté d'exercice depuis cette prestation de serment. Une exonération du quart de cette cotisation est accordée à la femme ayant accouché dans l'année considérée.

La CNBF perçoit également une cotisation assise sur les revenus professionnels de l'avant-dernière année.

57.25 Contentieux du recouvrement des cotisations. Le contentieux du recouvrement des cotisations et notamment de la connaissance des oppositions formées par des avocats à des états exécutoires est dévolu aux juridictions de l'ordre judiciaire du lieu où la caisse a son siège, c'est-à-dire à Paris[6].

57.26 Droit à pension. Il convient d'opérer une distinction entre des droits liquidés avant et après le 31 décembre 2003.

Dans la première hypothèse, le droit à pension complète est acquis à tout avocat lorsqu'au moment où il cesse son activité professionnelle (démission requise) il exerçait sa profession depuis quarante ans, stage compris, et qu'il a atteint l'âge de soixante-cinq ans.

Toutefois les avocats qui justifient avoir exercé pendant soixante ans peuvent bénéficier de la retraite sans avoir donné leur démission.

La qualité de grand mutilé ou de grand invalide, au sens des articles L. 36 et L. 37 du Code des pensions militaires, ouvre droit à retraite complète si, au jour de leur démission, les avocats ont soixante ans d'âge et trente-cinq ans d'exercice.

Les combattants peuvent ajouter à leur âge et à leur temps d'inscription le temps passé au cours des guerres 1914-1918, 1939-1945, d'Indochine et d'Algérie (dans une unité combattante). Ils peuvent le faire pour le temps de captivité à condition d'être titulaires de la carte de déporté ou d'interné résis-

1. CSS, art. L. 723-4.
2. Décr. n° 78-62, 20 janv. 1978.
3. Rép. min. QE [garde des Sceaux] n° 11007, *JO* 9 août 1982.
4. CE 31 oct. 1980, n° 12806, Dulermo, *Lebon*, 395; *D.* 1981, IR 178; *JCP* 1983, II, 20053, note Auby.
5. CSS, art. L. 723-5.
6. CSS, art. L. 723-6-1, al. 3 – Civ. 2e, 1er juill. 1981, n° 80-13.836, *Bull. civ.* II, n° 143; *Gaz. Pal.* 1982, 1, pan. 38.

tant ou politique. Ces avantages sont accordés aux avocats dont l'inscription dans un barreau est postérieure à leur mobilisation, leur déportation ou leur internement mais à la condition qu'ils n'aient exercé antérieurement aucune activité professionnelle quelle qu'elle soit[1].

Le droit à pension proportionnelle est acquis aux avocats et anciens avocats âgés de soixante-cinq ans qui, lors de la cessation de leur activité professionnelle (démission requise), survenue postérieurement au 1er janvier 1959, comptaient un minimum de quinze ans d'exercice de la profession d'avocat. Elle peut être également accordée à partir de soixante ans après quinze ans d'exercice en cas d'inaptitude permanente de l'exercice de la profession d'avocat par suite de blessure ou de maladie et après cessation de l'activité professionnelle; sans condition d'âge après trente-cinq ans d'exercice pour les avocats omis du tableau entre 1940 et 1944 en application de la législation du gouvernement de fait se disant gouvernement de l'État français. Le calcul de la pension est proportionnel à la durée des services.

Depuis le 1er janvier 2004, le régime des avocats est aligné sur celui des salariés en application de l'article L. 723-10-1. Il en résulte que l'avocat pourra demander sa retraite à partir de soixante ans dès lors qu'il justifie de la durée d'assurance nécessaire. À défaut, la pension de retraite sera réduite. Ce [nouveau] régime résulte de la loi du 21 août 2003[2] et de son décret d'application du 23 décembre 2004[3].

57.27 **Pension de réversion.** La pension de réversion du conjoint est égale à la moitié de la pension du décédé ou de la décédée si le mariage a été contracté cinq ans au moins avant la date où le conjoint a cessé d'exercer sa profession sauf si un ou plusieurs enfants sont issus du mariage antérieurement à cette cessation. Le conjoint divorcé non remarié est assimilé au conjoint survivant au regard des règles d'éligibilité à cette pension.

Une pension de réversion au profit des enfants est admise, à défaut de conjoint survivant ou d'ex-époux normalement bénéficiaire d'une telle pension, jusqu'à ce qu'ils aient atteint l'âge de vingt-et-un ans. Cette pension est du même montant que celle à laquelle peut prétendre le conjoint survivant ou l'ex-époux[4].

57.28 **Retraite complémentaire.** Une retraite complémentaire a été instituée par la loi n° 79-7 du 2 janvier 1979 et organisée par délibération de l'assemblée générale des délégués de la CNBF en date du 13 décembre 1980 approuvée par décret du 12 août 1981[5]. Ce régime complémentaire a aujourd'hui pour siège les articles L. 723-14 et suivants et R. 763-62 et suivants du Code de la sécurité sociale.

Ce régime complémentaire est financé exclusivement par les cotisations des assurés, assises sur le revenu professionnel, dans la limite d'un plafond. Les taux des cotisations sont modulés selon l'importance des revenus. Elles sont recouvrées dans les mêmes conditions que les cotisations du régime de base. Elles sont déductibles du revenu professionnel imposable.

La loi du 30 juillet 1987[6] a autorisé la CNBF à gérer un régime facultatif d'assurance vieillesse au profit des conjoints des avocats, visés à l'article 723-1 du même code qui collaboraient à l'exercice de leur activité professionnelle et ne bénéficiant pas d'un régime obligatoire d'assurance vieillesse. Il s'agit même, depuis la loi du 2 août 2005 en faveur des petites et moyennes entreprises[7], d'une affiliation obligatoire, qui profite au conjoint associé et au conjoint collaborateur de l'avocat libéral, qui s'applique à condition que le conjoint ait expressément opté en faveur de l'un ou l'autre de ses statuts. En ce qui concerne le statut du conjoint collaborateur, il est désormais ouvert au conjoint, outre de l'avocat qui exerce à titre individuel, du gérant associé majoritaire d'une Selarl répondant à des conditions de seuils fixées par un décret en Conseil d'État[8]. Il s'agit des seules formes sociales dans lesquelles le conjoint (terme qui paraît viser le seul époux, quel que soit le régime matrimonial applicable, et non pas le « pacsé ») du chef d'entreprise bénéficie de ce statut.

§ 2
Assurance invalidité-décès

57.31 **Capital-décès.** Il est versé au conjoint survivant ou, à défaut, aux enfants de moins de vingt-et-un ans ou aux enfants quel que soit leur âge, han-

1. Décr. n° 83-882, 3 oct. 1983, art. 1; mod. décr. n° 55-413, 2 avr. 1955, art. 29, al. 5 et 6; *D.* 1983, doctr. 489.
2. L. n° 2003-775, 21 août 2003, *JO* 22 août.
3. Décr. n° 2004-1457, 23 déc. 2004, *JO* 24 déc. – CSS, art. L. 723-10 s., R. 723-36 s. et D. 723-3 s..
4. CSS, art. R. 723-46 et R. 723-47.
5. Décr. n° 81-785, 12 août 1981 – AUSSI : décr. n° 89-23, 11 janv. 1989 – L. n° 95-116, 4 févr. 1995 portant diverses dispositions d'ordre social, art. 50, sur le régime complémentaire facultatif des avocats – Civ. 1re, 6 déc. 1988, n° 86-19.447, *Bull. civ.* I, n° 344; *JCP* 1989, IV, 47; *Gaz. Pal.* 1989, pan. 35.
6. L. n° 87-588, 30 juill. 1987.
7. L. n° 2005-882, 2 août 2005, *JO* 3 août, p. 12639, art. 12, II et art. 15, VIII; C. com., art. L. 121-4, II [nouv.].
8. Décr. n° 2006-966 du 1er août 2006 relatif au conjoint collaborateur – ÉGALT : décr. n° 2007-582, 19 avr. 2007 sur les modalités de calcul de l'assurance vieillesse et la retraite complémentaire des conjoints collaborateurs des professionnels libéraux.

dicapés physiques ou mentaux à la charge totale effective du défunt. Il s'élève à 34 302 euros (68 603 euros en cas de décès accidentel).

57.32 Invalidité temporaire ou permanente. Une allocation temporaire d'un montant forfaitaire de 61 euros par jour peut être affectée à l'avocat inscrit à un barreau s'il est dans l'impossibilité d'exercer sa profession à partir du 91e jour et jusqu'au 1 095e jour suivant la cessation de toute activité. Mais cette cessation doit avoir pour cause une maladie contractée ou un accident survenu après l'inscription au barreau. La cessation partielle ne donne lieu, quant à elle, à aucune allocation.

En cas d'invalidité permanente totale après le 1 095e jour d'interruption d'activité, l'avocat libéral percevra une rente qui s'est élevée en 2005 à 14 539 euros.

Par ailleurs, en cas d'invalidité seulement partielle, situation dans laquelle l'avocat peut continuer à exercer son activité mais sur une base réduite liée à son état de santé, celui-ci peut prétendre à une allocation pour invalidité versée par l'Association de prévoyance du barreau français (APBF). Il s'agit toutefois ici d'un régime facultatif.

§ 3
Assurance maladie et maternité

57.41 Affiliation obligatoire. Les avocats sont obligatoirement affiliés au régime d'assurance maladie et d'assurance maternité des travailleurs non salariés des professions non agricoles institué par la loi du 12 juillet 1966 [1]. Les prestations offertes dans le cadre de ce régime sont décrites aux articles L. 613-14 et suivants et D. 615-1 et suivants du Code de la sécurité sociale.

• **Paiement des cotisations par l'avocat retraité.** À la différence du régime général des salariés où aucun retraité ne paie de cotisations quelles que soient ses ressources, l'avocat retraité continue à payer une cotisation.

Les travailleurs non salariés et non agricoles qui sont en réalité les artisans et les petits commerçants (ceux qui ne sont pas en société) et les professions libérales sont soumis à un régime d'assurance maladie obligatoire, indépendant de la Sécurité sociale depuis la promulgation de la loi du 12 juillet 1966 qui impose à ces professions et particulièrement aux avocats l'adhésion à un régime indépendant d'assurance maladie.

• Un citoyen français, exerçant la profession d'avocat en France mais domicilié en Suisse est tenu des obligations envers la Sécurité sociale et peut donc se rendre coupable de non-paiement de cotisations d'assurance maladie [2].

Or, les lois des 6 janvier 1970 et 27 décembre 1973, par la suppression de l'autonomie financière des trois groupes socioprofessionnels ci-dessus mentionnés, ont contribué à l'instauration d'un régime qui pèse essentiellement aujourd'hui sur les professions libérales. Le régime social actuel est constitué désormais de vingt-neuf Caisses mutuelles régionales (CMR) et la disproportion entre les professions libérales et les autres groupes apparaît aussitôt puisque vingt-sept caisses regroupent commerçants et artisans et deux seulement les professionnels libéraux (CMR d'Île-de-France et Caisse mutuelle provinciale des professions libérales). Le rôle de ces caisses est l'affiliation et l'immatriculation des professionnels qui les composent ainsi que l'émission d'appels de cotisations et l'examen des réclamations, tandis que l'encaissement des cotisations est confié à des organismes conventionnés qui assurent également le règlement des prestations. Les 29 caisses sont sous le contrôle de la Caisse nationale d'assurance maladie (Canam).

La couverture dont bénéficient les avocats est donc nettement inférieure à leurs cotisations en raison de la composition même des caisses; les caisses des professions libérales ont pour rôle de tenter de combler le déficit de la Canam dû au fait que les artisans et commerçants consomment davantage de prestations qu'ils ne paient de cotisations alors qu'en ce qui concerne les professions libérales c'est exactement le contraire qui est réalisé. Les deux caisses de professions libérales ont, depuis 1969, des exercices largement excédentaires alors que le manque de trésorerie de la Canam est permanent et la cotisation qui pèse sur les avocats est le double de ce qu'elle devrait être sans le jeu de l'amalgame qui a été dénoncé à plusieurs reprises et sans résultat législatif aucun. L'argument qu'on oppose en général à une refonte du système est celui de la solidarité entre les assurés sociaux. Si le principe est absolu et n'est pas mis en cause, il ne saurait jouer en l'espèce où la solidarité invoquée est d'autant plus vaine que le groupe au sein duquel on demande qu'elle soit assurée a été composé arbitrairement par l'autorité gouvernementale et sans aucune unité sociologique profonde. La solidarité pourrait alors s'étendre à toute la nation en inscrivant les avocats au régime général de Sécurité sociale [3].

1. CSS, art. L. 613-1, 1°, c.
2. Crim. 31 mai 1994, n° 93-81.502, *Bull. crim.*, n° 215; *D.* 1994, IR 218; *Gaz. Pal.* 17 sept. 1994, somm. 549.
3. Viala, « Place et perspectives du régime de protection sociale de l'avocat et des professions libérales dans les évolutions de la Sécurité sociale sous le signe de la solidarité nationale », *Gaz. Pal.* 1983, 2, doctr. 386.

§ 4
Personnel de l'avocat

57.51 Convention collective. La convention collective qui liait les avoués et leur personnel a été étendue par l'article 46 de la loi du 31 décembre 1971[1], dans sa rédaction issue de la loi du 31 décembre 1990, à la nouvelle profession d'avocat et ce jusqu'à la conclusion d'une nouvelle convention collective. Le ministère du Travail semblait considérer, malgré les protestations des ordres, qu'aux termes de l'article 20 de la loi du 31 décembre 1990 la convention collective s'appliquait de plein droit aux avocats salariés.

La convention collective nationale de travail, réglant les rapports des avocats et de leur personnel, a été signée entre les représentants de la profession et les représentants du personnel le 20 février 1979. Elle prévoit notamment la classification du personnel[2], la discipline et le respect du secret professionnel[3], le minimum de rémunération[4], les primes d'ancienneté[5], l'embauchage et le licenciement[6]; les congés payés, les incapacités de travail, les congés de maternité et le service militaire[7].

Elle prévoit également la durée du travail hebdomadaire, se répartissant sur cinq jours de la semaine, avec droit pour le personnel à deux jours de repos consécutifs par semaine[8].

Elle prévoit enfin l'institution de délégués du personnel et de comité d'entreprise, la formation professionnelle et le règlement des conflits individuels et collectifs de travail[9].

Elle a été étendue par arrêté du 13 novembre 1979, à tous les employeurs et à tous les salariés de la profession d'avocat, sous les réserves précisées par ce texte[10].

En outre, une assurance est prévue auprès de certaines compagnies d'assurances pour garantir le risque maladie ou maternité qui pèse sur l'employeur du fait de cette convention collective.

On précisera, en dernier lieu, que cette convention collective est distincte de celle qui s'applique aux avocats salariés, signée le 17 février 1995 (v. s[s] n° 50.23), laquelle fixe, notamment, les minima de salaire et les conditions de prise en charge des absences pour maladie ou maternité[11].

57.52 Régime complémentaire de retraite. L'avocat est obligé de verser à la Crepa pour le régime complémentaire de retraite des salariés, aux termes de cette convention collective. Chaque employé doit y être affilié par l'employeur[12].

57.53 Affiliation aux Assedic et à la CAF. L'avocat est assujetti au régime des travailleurs indépendants[13]. Il est astreint à être affilié aux Assedic (Assurance contre le chômage) ainsi qu'à la Caisse d'allocations familiales même s'il n'a à son service aucun salarié[14].

Ils sont donc, de ce fait, selon la Commission de 1re instance du contentieux de la Sécurité sociale, dispensés de cotiser aux allocations familiales[15]. La commission relève que la circulaire de 1948, même si elle ne s'impose pas aux tribunaux a créé une situation de fait qui, remontant à plus de trente années, ne peut plus être supprimée unilatéralement[16].

57.54 Obligations de l'avocat employeur. L'avocat qui emploie du personnel salarié : secrétaire, dactylographe, femme de ménage, doit tenir un livre de paie coté et paraphé par le juge d'instance et qui peut être constitué par le carnet de paie lui-même.

Le paiement de tout salaire doit être accompagné de la délivrance d'un bulletin de paie et doit mentionner :

1° la référence de l'organisme auquel l'employeur verse les cotisations à la Sécurité sociale ainsi que le numéro d'immatriculation;

2° le nom et l'adresse, l'emploi et le numéro d'immatriculation du salarié;

3° la période de paie, le nombre d'heures de travail[17], les heures supplémentaires, la prime de transport, le montant du salaire net après déduction des retenues pour les cotisations ouvrières à la Sécurité sociale et à la Crepa.

1. L. 31 déc. 1971, art. 46; mod. par L. 31 déc. 1990, art. 20 et 67.
2. Conv. coll. nat., art. 8.
3. Conv. coll. nat., art. 11.
4. Conv. coll. nat., art. 12.
5. Conv. coll. nat., art. 13.
6. Conv. coll. nat., art. 15 à 21.
7. Conv. coll. nat., art. 21 à 30.
8. Conv. coll. nat., art. 31.
9. Conv. coll. nat., *Gaz. Pal.* 1979, 1, lég. 156.
10. AUSSI : arr. 13 oct. 1981 et arr. 27 juin 1985.
11. RIN, art. 14.3.
12. CA Chambéry, 26 févr. 1973, sur renvoi après Civ., 9 nov. 1971, *Bull. féd. nat. trav. prof. jud.* mai 1973, p. 9.
13. L. 12 juin 19, art. 1.
14. Décr. n° 46-1378, 8 juin 1946; mod. par décr. n° 74-313, 29 mars 1974, art. 153-5°.
15. Comm. 1re inst. S[S], CA Paris, 19 févr. 1983, *Vie jud.* 16-22 mai 1983, p. 3.
16. EN SENS CONTRAIRE : Soc. 23 nov. 1983, n° 82-12.998, n° 82-14.285, 2e esp., *Bull. civ.* V, n° 574; *Gaz. Pal.* 1984, 1, 260, note Stasi – SUR LA fiscalité de l'avocat dans le Marché commun : Cremades Sanz-Pastor, *Gaz. Pal.* 5 mai 1992, 37.
17. SUR L'APPLICATION des 35 heures au personnel des cabinets d'avocats : Tillie, *Gaz. Pal.* 23 oct. 1999, 25 s.

Une déclaration doit être souscrite au début de chaque année et être adressée à la direction des services fiscaux relative à la taxe sur les salaires.

Le montant de cette taxe doit être adressé en janvier de chaque année au percepteur sur un bulletin délivré par la perception.

SECTION 3 OBLIGATIONS FISCALES[1]

§ 1 Comptabilité

57.61 **Tenue de comptabilité.** L'avocat est tenu, aux termes de l'article 99 du Code général des impôts[2] de tenir une comptabilité[3] qui doit comprendre le détail des recettes professionnelles journalières, qu'il s'agisse d'honoraires ou de provisions. Ce registre ne doit comporter ni blancs, ni lacunes, ni reports en marge, ni ratures, ni surcharges et l'inspecteur des contributions directes peut en demander la communication. Doit également être tenu et présenté à l'administration lorsqu'elle le requiert un registre d'immobilisation et amortissements.

Ces documents doivent être conservés pendant un délai de six ans à compter de la dernière opération mentionnée pour permettre l'exercice du droit de communication à l'administration[4].

Ce registre n'est pas soumis à l'obligation du visa, ni à celle du paraphe et l'obligation de sa tenue ne s'étend pas aux dépenses professionnelles qui continueront à être justifiées suivant les errements anciens.

En ce qui concerne les provisions reçues par l'avocat dans l'exercice de sa profession, elles doivent être comptabilisées avec les revenus, car le système dit « du dossier terminé » par lequel les recettes entrent en comptabilité une fois le dossier clos, a pour conséquence de différer indûment l'imposition d'une fraction non négligeable de revenus taxables et ne peut plus trouver application en ce qui concerne les contribuables exerçant la nouvelle profession d'avocat[5] (toutefois, pour les années passées, v. instr. min. Finances, 4 mars 1977, admettant la pratique dite du « dossier terminé » à charge par le contribuable de souscrire une déclaration rectificative).

Les provisions sur frais, distinctes des provisions sur honoraires, si elles sont individualisées dans un sous-compte ouvert à la Caisse de règlements pécuniaires, ne constituent pas une recette et corrélativement les paiements effectués à des auxiliaires de justice par prélèvement sur ces dépôts ne constituent pas des dépenses professionnelles déductibles du revenu.

En ce qui concerne les professions soumises au secret professionnel et c'est le cas de la profession d'avocat, l'Administration a admis que l'identité des clients peut ne pas être mentionnée sur le livre-journal, mais sur un document annexe auquel elle aura accès en cas de contrôle fiscal[6]. Les professions libérales ne peuvent, en effet, lui opposer le secret professionnel à ses demandes d'éclaircissements, de justification ou de communication de documents concernant les indications de leur livre-journal ou de leur comptabilité[7].

Le délai de reprise de l'administration des impôts s'exerce en principe jusqu'à la fin de la 3e année qui suit celle au titre de laquelle l'imposition est due[8].

§ 2 Centres de gestion agréés pour les professions libérales

57.71 **Objet.** Les associations agréées, instituées par l'article 64[9] de la loi de finances pour 1977[10], sont chargées de développer l'usage de la comptabilité et de faciliter aux membres des professions libérales et aux titulaires de charges et d'offices, l'accomplissement de leurs obligations administratives. L'article 9 de la loi du 2 août 2005[11] en faveur des petites et moyennes entreprises a complété leurs missions : le législateur les a, en effet, chargées « de fournir une analyse des informations économiques, comptables et financières en matière de prévention des difficultés économiques et financières » des membres de professions libérales.

Ces associations agréées jouent dans le domaine des professions non commerciales un rôle analogue à celui des centres de gestion agréés créés en faveur des commerçants, industriels, artisans et agriculteurs. Seules y sont admis, les personnes qui exercent une activité professionnelle dont les résultats sont soumis à l'impôt sur le revenu, ce qui exclut

1. SUR LE RÉGIME fiscal des avocats : J.-CL. PR. CIV., Plagnet, fasc. 83-4 et 83-5.
2. Anc. CGI, art. 101 *bis*.
3. Algazi, « Avocat individuel, associé, dirigeant de société d'exercice libéral », *Gaz. Pal.* 10 oct. 1992, 2.
4. LPF, art. L. 81.
5. Instr. DGI, 8 avr. 1974.
6. Instr. 23 mars 2000, *BOI* 13 L-3-00.
7. CGI, art. 100, al. 2.
8. LPF, art. L. 169 – SUR l'interruption de la prescription : LPF, art. L. 189.
9. CODIFIÉ : CGI, art. 1649 *quater* F à *quater* H – ÉGAL^T^ : CGI, art. 158, 4.
10. L. n° 76-1232, 29 déc. 1977, *JO* 30 déc.
11. L. n° 2005-882, 2 août 2005, *JO* 3 août, p. 12639.

les sociétés d'exercice libéral, normalement soumises à l'impôt sur les sociétés. Ces dernières peuvent en revanche, comme tout commerçant, adhérer à un centre de gestion agréé.

La profession d'avocat est expressément comprise dans la liste des professions ayant accès à ces centres. Elle a même créé une association de gestion agréée : l'Anaafa (v. s[s] n° 26.31). Les documents tenus par les adhérents en application de l'article 99 du Code général des impôts peuvent être établis conformément à l'un des plans comptables agréés par le ministère chargé de l'Économie et des Finances.

Comme l'indique un commentateur de cette disposition[1] ce texte est de nature à procurer aux membres des professions libérales une sécurité accrue sur le plan fiscal d'autant que les associations en cause, c'est-à-dire les associations agréées, bénéficient de l'assistance technique de l'administration mais surtout l'adhésion à une association agréée comporte des avantages sur le plan fiscal.

Cette adhésion confère un abattement de 20 % dans la limite de 120 100 euros pour les revenus de l'année 2005 (cet abattement a toutefois été supprimé par la loi de finances pour 2005 à compter de l'imposition des revenus de l'année 2006, cette suppression ayant pour contrepartie une forte diminution du barème de l'impôt sur le revenu) et une réduction d'impôt au titre des frais d'adhésion dans la limite de 915 euros sous réserve d'avoir des recettes inférieures à 27 000 euros et d'avoir opté pour la déclaration contrôlée.

Les conditions d'agrément et les obligations des associations de gestion agréées sont précisées par les articles 371 M à Z de l'annexe II du Code général des impôts.

• La cour d'appel de Paris a rappelé qu'un règlement intérieur d'un barreau peut assortir l'adhésion par un avocat à une association agréée de l'obligation de fournir au bâtonnier toutes les informations nécessaires à l'exercice de son contrôle sans qu'on puisse lui opposer le secret professionnel auquel sont tenus les avocats[2] (v. s[s] n°s 36.01 s.).

§ 3
Impôt sur les bénéfices

57.81 **Régime des bénéfices non commerciaux (BNC).** Les bénéfices professionnels des avocats sont normalement imposés dans la catégorie des bénéfices non commerciaux (BNC). Sont, en effet, en application de l'article 92 du Code général des impôts, imposables dans cette catégorie les revenus réalisés par les membres des professions libérales. Encore faut-il qu'ils exercent leur activité à titre individuel (le collaborateur libéral, catégorie instituée par l'article 18 de la loi du 2 août 2005, qui exerce, dans le cadre d'un contrat de collaboration libérale, auprès d'un autre professionnel, personne physique ou personne morale, la même profession, est assimilé à un professionnel qui exerce à titre individuel) ou dans le cadre d'une société de personnes ou assimilée (société civile professionnelle, association, société en participation, GIE ou GEIE), en qualité d'associé. Le bénéfice réalisé par la société est calculé au niveau de celle-ci, pour être ensuite réparti entre les associés pour la part des bénéfices sociaux qui leur est attribuée[3], soit en principe au prorata de leur participation au capital social, et soumis à l'impôt sur le revenu en leur nom propre.

Quant aux bénéfices réalisés dans le cadre d'une société soumise à l'impôt sur les sociétés, c'est-à-dire les sociétés d'exercice libéral (sauf les sociétés d'exercice libéral à responsabilité unipersonnelle dont l'associé unique est une personne physique) ou les sociétés civiles professionnelles qui ont opté pour l'impôt sur les sociétés, leurs bénéfices sont taxés dans la catégorie des bénéfices industriels et commerciaux (BIC).

Enfin, les revenus des avocats liés au cabinet par un contrat de travail sont, en revanche, des salaires et imposés comme tels.

57.82 **Dualité de régime.** L'avocat libéral doit faire une déclaration de revenus concernant ses bénéfices professionnels. En matière de BNC, deux régimes principaux existent :

- le régime du micro-BNC;
- le régime de la déclaration contrôlée.

A.
Régime du micro-BNC

57.91 **Conditions et régime.** Ce régime n'est possible que pour les avocats dont les recettes annuelles brutes (bénéfices d'exploitation) sont inférieures à 27 000 euros hors taxe[4]. Ne sont prises en compte dans ce montant que les recettes d'exploitation, provenant de l'exercice par les professionnels libéraux, de leur activité (honoraires), à l'exception des plus-values ou des moins-values provenant de la cession des biens affectés à l'exploitation. Ces dernières sont prises en compte de manière distincte pour l'assiette de l'impôt sur le revenu.

1. *Rev. Francis Lefebvre* n° 28, déc. 1976, p. 14.
2. CA Paris, 24 mars 1982, *Gaz. Pal.* 1982, 2, 457, note A. D.
3. CGI, art. 8 *ter*.
4. CGI, art. 102 *ter*.

Le bénéfice d'exploitation imposable est diminué d'un abattement forfaitaire de 37 % pour les revenus de l'année de 2005 – ramené à 25 % pour ceux de l'année 2006 -, avec un minimum de 305 euros.

La déclaration de revenus (n° 2042) doit parvenir aux services des impôts du lieu de résidence de l'avocat en principe avant le 1er mars de chaque année.

L'administration fiscale peut se faire communiquer le livre comptable prévu par l'article 99 du Code général des impôts, puis elle évalue le bénéfice imposable qu'elle se propose de retenir et le notifie à l'intéressé qui dispose d'un délai de 30 jours pour l'accepter ou pour formuler des observations.

Si le désaccord persiste il est soumis obligatoirement à la commission départementale des impôts qui fixe le montant du bénéfice imposable.

Les obligations comptables se bornent dans ce cas à la tenue du livre-journal servi au jour le jour et présentant le détail des recettes professionnelles. Au surplus, l'Administration tolère que les contribuables comptabilisent globalement, en fin de journée, l'ensemble des recettes d'un montant inférieur à 76 euros, à condition qu'elles aient fait l'objet d'un paiement comptant et que les justificatifs du détail de ces opérations soient conservés; quant aux honoraires payés par chèque, peuvent n'être comptabilisés que les seuls bordereaux de remise en banque, à condition qu'ils soient conservés à titre de pièces justificatives [1].

B.
Déclaration contrôlée

57.101 Conditions et régime. Au-dessus de 27 000 euros, de manière obligatoire, et dans tous les cas où l'avocat préfère adopter ce système (déclaration contrôlée sur option), il va souscrire auprès de l'administration fiscale une déclaration contrôlée comportant la totalité de ses recettes et la totalité de ses dépenses [2]. En cas d'option pour la déclaration contrôlée, la demande doit être adressée au plus tard le 30 avril de l'année de la déclaration. L'option est valable deux ans; elle est renouvelable tacitement, également pour une durée de deux ans.

L'avocat doit déclarer le montant exact des bénéfices qu'il a réalisés, déterminés à partir de sa comptabilité. La comptabilité peut être justifiée par la production du livre-journal prévu par l'article 99 du Code général des impôts, ainsi que par la production de toute facture justifiant les dépenses. L'avocat doit, en outre, « tenir les documents avec les pièces justificatives retraçant la date d'acquisition ou de création et le prix de revient des éléments d'actif affectés à l'exercice de la profession ».

Le chiffre d'affaires correspond aux sommes encaissées par l'avocat à divers titres et on ne doit pas en soustraire les frais généraux par lui exposés.

En revanche, les sommes versées au greffe et aux huissiers pour frais de procédure diligentée dans l'intérêt des clients, n'ont pas à entrer en considération dans la détermination du chiffre d'affaires.

Les rétrocessions d'honoraires à des confrères selon les usages de la profession et à l'exception des sommes versées aux collaborateurs du cabinet, bien qu'elles doivent figurer aux dépenses, n'ont pas à être portées en diminution de recette.

§ 4
Taxe sur la valeur ajoutée (TVA)

57.111 Assujettissement. Selon l'article 256 A du Code général des impôts, sont assujetties à la TVA les personnes qui effectuent de manière indépendantes une des activités économiques visées par ce texte, quels que soient leur statut juridique, leur situation au regard des autres impôts et la forme ou la nature de leur intervention. L'article susvisé inclut expressément les professions libérales dans le champ des activités économiques. Les activités des avocats sont donc obligatoirement imposables à la TVA (en réalité seulement depuis le 1er avril 1991), aussi bien leur activité de postulation que de plaidoirie, que de consultation et de conseil ou de rédaction d'actes juridiques, particulièrement sont imposables à la TVA la rédaction de statuts, contrats, baux, déclarations administratives, mémoires, documents divers, adressés aux administrations et organismes publics ou privés pour le compte d'un client, ainsi que les consultations orales ou écrites.

L'avocat qui exerce à titre individuel ou en cabinet de groupe est personnellement redevable de la TVA pour les opérations qu'il réalise. Il en est de même pour les associés sauf au cas où les membres de l'association se comportent comme de véritables associés qui participent aux apports, à la gestion et aux résultats, auquel cas c'est l'association qui est considérée comme assujettie.

Les sociétés exerçant la profession d'avocat ont également la qualité d'assujetties.

Le collaborateur non salarié (c'est-à-dire le « collaborateur libéral » selon la nouvelle terminologie issue de l'article 7 de la loi du 2 août 2005 [3] en faveur des petites et moyennes entreprises) est soumis à la TVA sur sa rémunération; en revanche le collaborateur salarié n'y est pas soumis et c'est

1. Instr. 23 mars 2000, *BOI* 13 L-3-00.
2. CGI, art. 96 à 100 *bis*.
3. L. n° 2005-882, 2 août 2005, *JO* 3 août, p. 12639.

l'employeur qui doit soumettre à la TVA la totalité de ses recettes, y compris celles résultant des prestations de l'avocat salarié.

Toutefois, les petits cabinets d'avocats, dont la clientèle est essentiellement composée de particuliers, sont dispensés du paiement de cette taxe si leur chiffre d'affaires n'excède pas 37 400 euros. La revalorisation de ce seuil de 37 400 euros constitue une revendication de la profession depuis plusieurs années, mais elle n'a pas obtenu gain de cause[1].

De plus, afin d'alléger le coût de la justice pour les justiciables les plus modestes, les prestations que l'État prend en charge totalement ou partiellement, dans le cadre de l'aide juridictionnelle ou d'une procédure de commission ou de désignation d'office, sont soumises à la TVA à un taux minoré à 5,5 %.

57.112 Modes d'imposition. La base d'imposition à la TVA des prestataires de service est constituée par toutes les sommes, valeurs, biens ou services, reçus ou à recevoir en contrepartie de services rendus au client, ce qui comprend toutes les rémunérations de quelque nature qu'elles soient, y compris celles versées dans le cadre de l'aide juridictionnelle ou d'une procédure de commission ou de désignation d'office, ou encore les honoraires rétrocédés; les frais mis à la charge des clients, frais de déplacement, *etc.*, ainsi que les remboursements forfaitaires de frais.

En revanche, les tarifs des actes de postulation et de procédure sont considérés comme hors taxe et doivent donc être facturés au client TVA en sus, ainsi que les frais de procédure, droits de plaidoirie, frais de publicité légale, frais de greffe, honoraires d'expert...

Les dépôts de fonds reçus dans le cadre des instances en cours par la Carpa ne sont pas à comprendre dans la base d'imposition à la TVA.

57.113 Exigibilité. La TVA exigible pour les prestations de services est due à compter de l'encaissement des acomptes, du prix ou de la rémunération; les provisions sont considérées comme des acomptes. L'encaissement correspond la remise des espèces ou en cas de règlement par chèque, virement ou effet de commerce, l'inscription de la somme en cause au crédit du compte de l'avocat.

57.114 Taux. Les prestations réalisées par les avocats sont passibles du taux ordinaire de 19,6 %. Toutefois, les prestations fournies dans le cadre de l'aide judiciaire ou d'une procédure de commission ou de désignation d'office sont soumises au taux de 5,5 %.

Les avocats doivent se conformer à l'ensemble des obligations incombant aux redevables de la TVA, notamment celles prévues par les articles 286 et suivants du Code général des impôts. Ils souscrivent une déclaration d'existence dans les quinze jours du commencement de l'activité, sauf pour les avocats déjà établis au 1er janvier 1991; ils tiennent une comptabilité leur permettant de justifier du détail de l'opération qu'ils réalisent ou, à défaut, un livre spécial et distinct de leurs recettes taxables selon les différents taux d'imposition : aide judiciaire, recettes non taxables...[2]. Les notes d'honoraires ou les documents en tenant lieu doivent faire apparaître le prix hors TVA des services rendus, le taux de la TVA applicable, le montant de la TVA.

Les avocats doivent se conformer, pour la déclaration des opérations réalisées et pour le paiement de l'impôt, aux obligations prévues aux articles 287, 1692, 1693 et 1694 *bis* du Code général des impôts[3].

§ 5
Taxe professionnelle

57.121 Assujettissement obligatoire des avocats. Selon l'article 1447 du Code général des impôts, la taxe professionnelle est due chaque année par les personnes physiques ou morales qui exercent à titre habituel une activité professionnelle non salariée, ce qui inclut les membres des professions libérales, donc les avocats, à l'exception des avocats salariés.

La taxe est établie au nom des personnes qui exercent l'activité imposable. Pour les sociétés civiles professionnelles (sauf si elles sont soumises à l'IS), les sociétés civiles de moyen et les groupements réunissant des membres de professions libérales, notion qui paraît viser les entités non dotées de la personnalité juridique telles que les sociétés en participation, l'imposition est établie au nom de chacun des membres[4]. En revanche, en ce qui concerne les sociétés d'exercice libéral et les SCP soumises sur option à l'IS, et ce, à compter de l'année suivant celle où elles sont, pour la première fois soumises à cet impôt, elles sont imposables à la taxe professionnelle en leur nom propre.

La taxe professionnelle est calculée à partir des recettes TTC réalisées. La profession d'avocat considère que les règles qui fixent la base d'imposition de la taxe professionnelle est pénalisante au regard de la situation de nombre de prestataires de services

1. Voituriez, *Le statut fiscal et social de l'avocat, professionnel libéral : réflexions et propositions en faveur de son évolution*, 2004, CNB.

2. CGI, art. 286, 3°.
3. Instr. n° MA 7-91, 26 mars 1991 relative à l'application de la TVA aux avocats, avoués, à compter du 1er avr. 1991, *Gaz. Pal.* 16 avr. 1991, 11.
4. CGI, art. 1476.

qui, contrairement aux avocats, sont soumis au taux réduit de TVA de 5,5 %[1].

Par ailleurs, la loi du 11 février 2004 ayant supprimé la période de stage de deux ans, le dégrèvement de taxe professionnelle dont bénéficiaient les avocats stagiaires est de ce fait supprimé.

§ 6
Impôt de solidarité sur la fortune (ISF)

57.131 Valeur patrimoniale des cabinets. La difficulté posée par l'impôt de solidarité sur la fortune (Isf) est important sur le plan doctrinal en ce qu'il est subordonné à celui de la valeur patrimoniale des cabinets. L'outil de travail du contribuable est soumis à déclaration et à imposition dans le cadre de l'Isf dans tous les cas où sa valeur excède le seuil déterminé pour être assujetti à l'impôt de solidarité. Le seuil d'application de l'Isf est de 750 000 euros en 2006.

Une controverse est née sur le point de savoir si le cabinet de l'avocat pourrait être compris dans l'assiette de l'Isf. Il était traditionnellement admis qu'il ne pouvait pas l'être, le cabinet de l'avocat n'ayant aucun caractère patrimonial du fait de sa clientèle liée à l'avocat par une relation *intuitu personae* et donc non cessible. Cette approche est aujourd'hui dépassée du fait de la jurisprudence de la Cour de cassation qui reconnaît aujourd'hui la patrimonialité des clientèles civiles et a consacré la notion de « fonds libéral »[2]. Le cabinet de l'avocat est donc désormais un bien à part entière, donc une valeur, mais c'est aussi un bien professionnel, dès lors que son que son propriétaire y exerce son activité principale[3], et c'est à ce titre qu'il peut prétendre échapper à l'assiette de l'Isf.

La « patrimonialité » du cabinet d'avocat n'a en revanche jamais fait de doute lorsque la profession est exercée dans un cadre sociétaire. La valeur du cabinet, c'est alors la valeur des parts sociales émises par la société dont il est l'élément d'actif essentiel et la cession du cabinet se confond alors avec la cession desdites parts. Là encore, ces parts sociales (ou actions) peuvent être considérées comme des biens professionnels et échapper à l'Isf. La loi apporte de ce point de vue, une distinction. En ce qui concerne les parts des sociétés de personnes soumises à l'impôt sur le revenu (parts de SCP essentiellement), ce sont des biens professionnels lorsque l'associé exerce au sein de la société son activité principale, quelle que soit l'importance de sa participation au capital[4]. Pour ce qui est des parts et actions des sociétés soumises à l'IS, de plein droit ou sur option, c'est-à-dire essentiellement les droits sociaux des SEL (v. s[s] n° 57.81), il faut, pour qu'il en soit également ainsi, que leur titulaire exerce au sein de la société une fonction dirigeante, que ces fonctions donnent lieu à une rémunération « normale », c'est-à-dire en rapport avec les services rendus, enfin, qu'il détienne au minimum 25 % du capital de la société[5].

1. Voituriez, *Le statut fiscal et social de l'avocat, professionnel libéral : réflexions et propositions en faveur de son évolution, 2004*, CNB.
2. DALLOZ ACTION FONDS COM. n° 06.12.
3. CGI, art. 885 N.
4. CGI, art. 885 O.
5. CGI, art. 885 O *bis*.

CHAPITRE

58. Cession de cabinet

SECTION 0 ORIENTEUR

58.00 **Plan du chapitre.**

Sect. 1 Droit de présentation

Sect. 2 Régime des conventions de présentation

58.02 **Jurisprudence de référence.**

> Illicéité des dispositions conférant une valeur patrimoniale à une clientèle déterminée, insusceptible de faire l'objet d'opérations juridiques

• **Civ. 1re, 31 mai 1988, n° 85-17.155,** *Bull. civ.* I, n° 160; *Gaz. Pal.* 1er oct. 1988, p. 12, note Flécheux.

* V. ss n° 58.14.

« Mais attendu qu'après avoir relevé que les paragraphes a) et b) de l'article 32 des statuts tendent à la détermination du prix des parts sociales cédées, évalué par référence à la "valeur du cabinet", la cour d'appel, appréciant souverainement le sens et la portée du paragraphe b), énonce que l'opération prévue par celui-ci ne constitue pas à soustraire purement et simplement de la valeur due au cédant par la société celle qu'il retire de l'actif social, mais a pour objet la détermination du "prix de la clientèle" qu'il va devoir "acheter" à la société par référence à "un certain nombre de personnes individualisées", susceptibles de "prendre le parti de quitter la société pour suivre l'avocat qui s'en retire"; que, de ces constatations et énonciations, la cour d'appel a déduit à bon droit que les dispositions litigieuses, en conférant une valeur patrimoniale à une clientèle déterminée, insusceptible de faire l'objet d'opérations juridiques, sont illicites et que leur nullité doit être prononcée; que, par ces seuls motifs, abstraction faite de ceux critiqués par le deuxième moyen qui peuvent être tenus pour surabondants, les juges du second degré ont légalement justifié leur décision; d'où il suit qu'en aucune de leurs branches, les premier et deuxième moyens ne sont fondés. »

> Licéité de la cession de la clientèle médicale sous réserve de la préservation de la liberté de choix du patient

• **Civ. 1re, 7 nov. 2000, n° 98-17.731,** *Bull. civ.* I, n° 283; *JCP* 2001, II, 10452, note Vialla.

* V. ss n° 58.14.

« Mais attendu que si la cession de la clientèle médicale, à l'occasion de la constitution ou de la cession d'un fonds libéral d'exercice de la profession, n'est pas illicite, c'est à la condition que soit sauvegardée la liberté de choix du patient; qu'à cet égard, la cour d'appel ayant souverainement retenu, en l'espèce, cette liberté de choix n'était pas respectée, a légalement justifié sa décision; d'où il suit que le moyen, mal fondé en sa première branche, est inopérant en sa seconde. »

58.03 **Bibliographie indicative.**

Encyclopédie. J.-CL. FISC. « Impôt sur la fortune ».

Ouvrages. Reygrobellet, DALLOZ ACTION FONDS COM., nos 23.41 à 23.48 – Savatier, *La profession libérale*, thèse, Poitiers, 1947 – Jensen, *Cabinet d'avocats, Création et Stratégie – Organisation et gestion*, nos 362.00 s. « Dalloz référence », 2010.

Articles. Attal, « Présentation ou clientèle d'avocat et modèle de convention », *Gaz. Pal.* 4 nov. 1997, p. 2; « Nouvelles réflexions sur l'évaluation du droit de présentation par un avocat d'un successeur à sa clientèle », *Gaz. Pal.* 11 juill. 1995, p. 5; « Étude sur la valeur du droit de présentation d'un avocat à son successeur et les apports de ce droit à une société », *Gaz. Pal.* 24 juill. 1993, p. 2 s. – Catala, « La transformation du patrimoine et le droit civil moderne », *RTD civ.* 1966, 1, 85 – Chaplet, « Ce qu'il faut entendre par patrimonialité du cabinet », *D.* 1957, 1, 185 – Esmein, « Une clientèle de profession libérale est-elle un bien patrimonial ? », *Gaz. Pal.* 1952, 1, doctr. 14 – Maquet, « Profession libérale et patrimonialité », *JCP* 1956, I, 1333 – Raffray, « Tontines et sociétés », *JCP* 1988, 1, 3327 – Viala, *Bull. conf. bâtonniers* n° 11, 1981, p. 7, 2/11 – Vion, *Defrénois* 1982, 1re partie, p. 372, n° 57.

SECTION 1
DROIT DE PRÉSENTATION

58.11 Évolution. Le cabinet d'avocat était incessible, traditionnellement, non seulement parce qu'il n'avait aucune valeur et que la clientèle ne se transmettait en aucune manière à un successeur mais parce que de telles conventions étaient considérées comme illicites par la jurisprudence ordinale. Mais ces notions traditionnelles ont été affectées par les modifications intervenues dans la structure même des cabinets d'avocats.

Une question se pose en effet en ce qui concerne la cession totale, l'obstacle constitué par l'article 1128 du Code civil qui précise que seules les choses qui sont dans le commerce peuvent être l'objet de conventions et interdit toute cession de clientèle puisque la clientèle n'est pas dans le commerce; mais on tourne en pratique cette objection en transformant la cession de clientèle en une présentation de successeur.

La « tradition du barreau » établie sous l'autorité de la Conférence des bâtonniers, admet le principe de cette forme atténuée de cession de cabinet. Elle prévoit en effet que les avocats peuvent conclure avec un confrère ou plusieurs confrères une convention en vertu de laquelle ils s'engagent, moyennant une contrepartie fixée contractuellement, à les présenter à leurs clients comme leurs successeurs et à ne pas se rétablir dans le ressort ou les ressorts voisins. Ces conventions peuvent comprendre également des accords relatifs à la cession du local professionnel, du mobilier ou de la bibliothèque de l'avocat. La convention comporte l'engagement par l'avocat qui présente un successeur de ne pas s'établir dans le ressort du barreau ni dans les ressorts limitrophes pendant une durée fixée contractuellement et qui ne saurait excéder dix années.

• Les héritiers d'un avocat décédé peuvent, moyennant une contrepartie fixée contractuellement, céder à un avocat le local professionnel, le mobilier, la bibliothèque de leur auteur et lui présenter la clientèle suivant des modalités qui seront, dans chaque cas, soumises à l'agrément du Conseil de l'ordre ou du bâtonnier[1].

Le projet de convention devra être soumis au Conseil de l'ordre qui veillera à ce que les conditions prévues soient conformes aux règles d'indépendance et de probité du barreau.

58.12 Caractère *intuitu personae* de la mission de l'avocat. Un avocat a une notoriété par l'action qu'on prête à son talent auprès des juges ou par l'étude des dossiers (sur ces éléments définis à propos de la détermination des honoraires v. s[s] n° 46.31); il s'agit là d'un contrat *intuitu personae* avec sa clientèle, dès lors non cessible. Les clients dont les dossiers sont au cabinet au moment de la cession n'ont aucune raison d'avoir d'autres litiges et leur cession constituerait donc une illusion, la vente de vent. En effet, à la différence du médecin qui dispose d'une clientèle de malades potentiels attachés à son cabinet pour y faire soigner leurs maladies accidentelles, périodiques ou chroniques, la majorité des clients de l'avocat n'a en général qu'un litige dans sa vie (divorce, succession).

Quant aux clientèles de personnes morales (compagnies d'assurances, administrations, grandes et puissantes sociétés possédant des contentieux étoffés gérant de nombreuses affaires avec le concours des avocats, qu'on peut dénommer sous le vocable de clientèle dominante mais qui constituent, en province du moins, des exceptions), elles ont une répugnance compréhensible à se laisser céder contre rémunération à un avocat successeur de celui dont elles utilisaient le concours, avocat nouveau qu'elles ne connaissent pas et en qui elles ne peuvent dès l'origine avoir confiance. Aussi ces soi-disant cessions de clientèles sont-elles le plus souvent un marché de dupes qui dissimule une manœuvre contraire à la délicatesse de la part du cédant qui fait miroiter au successeur le maintien de cette clientèle au moins pendant les débuts du marché. La lourdeur administrative de certains contentieux fait qu'il faut plus de deux ans parfois pour que tous les rouages d'une compagnie aient pris bonne note d'une démission de l'avocat et cessent de lui adresser des dossiers.

58.13 Distinction entre cession de clientèle et rétrocession d'honoraires. En revanche, le fait par un avocat démissionnaire de recevoir de ses collaborateurs ou suppléants, liquidateurs de son cabinet, tout ou partie des honoraires reçus par eux en cette qualité, sous déduction de leurs frais de gestion du cabinet, ne saurait constituer une cession déguisée de clientèle mais seulement la rémunération du travail de l'avocat effectué avant sa démission ou son décès et non rémunéré en raison du retard de perception des honoraires définitifs, insuffisamment compensés par la perception des provisions.

Ces honoraires doivent faire l'objet d'une déclaration rectificative, au plus tard à la fin de l'exercice suivant celui où l'avocat a cessé son activité; l'avocat démissionnaire a, en effet, avisé l'administration dans les dix jours de sa cessation d'activité de cet événement et a procédé à une estimation sommaire et révisable des honoraires qu'il estime devoir lui revenir du fait de ses activités passées. À la fin de l'année il pourra faire une déclaration rectificative de cette première évaluation sur le montant de laquelle l'impôt est établi.

1. Cons. soc., 14 mai 1992, *D.* 1992, 950, note Serra.

58.14 **Position de la jurisprudence quant à la cession de clientèle.** La Cour de cassation annule en principe les conventions qui ne sont pas strictement des conventions de présentation de successeur[1].

La doctrine semble admettre la légitimité d'une évolution des cessions de clientèles et une certaine jurisprudence semble la suivre[2].

La Cour de cassation, par son arrêt du 31 mai 1988[3] rappelle le refus de voir traiter la clientèle d'avocat comme un objet susceptible de vente et déclare illicite la stipulation par laquelle le cessionnaire s'oblige à l'achat d'une clientèle représentée par un certain nombre de personnes physiques ou morales individualisées, au motif qu'elle donnerait ainsi une valeur patrimoniale à une clientèle déterminée insusceptible de faire l'objet d'opérations juridiques.

En revanche, on peut estimer avec M. Flécheux que l'émergence de la notion de firme est liée à la pérennité de la clientèle et que le droit de présentation à la clientèle, dans une société professionnelle, ne peut pas avoir la même évaluation qu'un droit de présentation à la clientèle dans un exercice individuel. On ne peut confondre valeur vénale du droit de présentation et prix d'une clientèle, ce sont deux opérations juridiques différentes[4].

• **Clientèle de médecin ou de chirurgien-dentiste.** La clientèle d'un médecin ou d'un chirurgien-dentiste n'est pas dans le commerce, le droit pour ce médecin ou chirurgien-dentiste de présenter un confrère à la clientèle constitue un droit patrimonial qui peut faire l'objet d'une convention de droit privé[5].

La Cour de cassation a rendu un arrêt le 7 novembre 2000[6] à propos de la clientèle d'un médecin qui en admet la cession de clientèle à la condition que soit sauvegardée la liberté de choix du patient. Cette solution peut être transposée aux avocats[7].

• **Régime antérieur – Cession des études d'avoués.** En revanche, si les cabinets d'avocats étaient incessibles avant la loi du 31 décembre 1971, et le sont demeurés en principe, les études d'avoués et les cabinets d'agréés, fusionnés dans la nouvelle profession d'avocat, étaient cessibles soit par la loi, soit par l'usage. Lorsqu'un avoué démissionnait et présentait un successeur à l'agrément du garde des Sceaux, pour le nommer à sa place, il percevait le prix de son étude, c'est-à-dire de son monopole de postulation territoriale qui était évalué généralement à 5 fois le produit demi-net de l'étude, c'est-à-dire correspondant au produit global annuel de l'étude après déduction des charges salariales, des charges sociales et de la taxe professionnelle.

En ce qui concerne les agréés qui ne jouissaient d'aucun monopole, un usage identique avait été institué. Après la fusion certains avoués et agréés ont conservé peu ou prou, et malgré l'indemnisation dont ils avaient bénéficié, les usages antérieurs, tandis que les avocats persistaient à appliquer le principe de la non-cessibilité de leur cabinet.

Mais plus de trente ans après la fusion la différence qui existait entre les études d'avoués ou d'agréés et les cabinets d'avocats, tend à disparaître et à faire admettre, d'une manière plus générale et dans la conception de certains avocats, heureusement encore minoritaires, le principe d'une certaine cessibilité de leur cabinet[8].

En outre, nombre de cabinets d'avocats sont organisés en sociétés civiles professionnelles; or, dans ce type de société la plupart du temps, le cabinet survit au départ d'un des associés, fût-il le *senior partner* et la cession devient licite et se révèle assez souvent fructueuse pour les associés subsistant grâce au jeu des cessions de parts (v. s[s] n°s 54.51 à 54.61)[9].

SECTION 2
RÉGIME DES CONVENTIONS DE PRÉSENTATION

58.21 **Clauses de non-rétablissement.** Les cessions de cabinets sous cette forme atténuée semblent donc sinon se généraliser du moins être moins rares que naguère. La jurisprudence admet ce mode de transmission de la clientèle, sous forme de clauses de non-rétablissement. Les avocats ont en effet le droit de conclure avec un confrère des con-

1. Civ. 1re, 27 nov. 1984, n° 83-11.265, *Bull. civ.* I, n° 319; *Gaz. Pal.* 1984, 2, 638, note Chabas – TOUTEFOIS : Civ. 1re, 9 mai 1961, *Bull. civ.* I, n° 232 – Civ. 1re, 17 mai 1961, *Bull. civ.* I, n° 257.
2. Civ. 1re, 27 nov. 1984, n° 83-11.265, *Bull. civ.* I, n° 319; *Gaz. Pal.* 1984, 2, 638, note Chabas – TOUTEFOIS : Civ. 1re, 9 mai 1961, *Bull. civ.* I, n° 232 – Civ. 1re, 17 mai 1961, *Bull. civ.* I, n° 257 – SUR la valeur du cabinet aux yeux du fisc et notamment pour l'impôt de solidarité : Com. 17 oct. 1951, *JCP* 1953, II, 6584.
3. Civ. 1re, 31 mai 1988, n° 85-17.155, *Bull. civ.* I, n° 160; *Gaz. Pal.* 1er oct. 1988, 12, note Flécheux.
4. RAPPR. : Civ. 1re, 7 juin 1995, n° 93-17.099, *Bull. civ.* I, n° 243; *D.* 1995, 560; *D.* 1995, IR 159; *Gaz. Pal.* 1996, pan. 39; *Defrénois*, 1995, 1132, note Vermelle.
5. Note Beignier – Civ. 1re, 3 déc. 1996, n° 95-10.913, *Bull. civ.* I, n° 436; *Gaz. Pal.* 5 mars 1998, note Youego – Attal, « Présentation ou clientèle d'avocat et modèle de convention », *Gaz. Pal.* 4 nov. 1997, 2.
6. Civ. 1re, 7 nov. 2000, n° 98-17.731, *Bull. civ.* I, n° 283; *D.* 2001, 2400; *D.* 2001, somm. 3081, obs. Penneau; *D.* 2002, somm. 930, obs. Tournafond; *RTD civ.* 2001, 130, obs. Mestre et Fages; *RTD civ.* 2001, 167, obs. Revet; *JCP* 2001, II, 10452, note Vialla – SUR la notion de fonds libéral : DALLOZ ACTION FONDS COM., n°s 23.44 s.
7. BEIGNIER, BLANCHARD, VILLACÈQUE, 2008, n° 123 – MONÉGER ET DEMEESTER, 2001, n° 6.29.
8. CONTRA : CA Aix-en-Provence, 5 nov. 1985, *Gaz. Pal.* 1986, 2, 520.
9. Attal, « Étude sur la valeur du droit de présentation d'un avocat à son successeur et les apports de ce droit à une société », *Gaz. Pal.* 24 juill. 1993, p. 2 s.

ventions en vertu desquelles ils s'engagent, moyennant une contrepartie fixée contractuellement, à les présenter à leurs clients comme leurs successeurs. La convention doit comporter l'engagement par l'avocat qui présente un successeur de ne pas se rétablir dans le ressort de la cour d'appel pendant une certaine durée.

• Sur la validité des clauses de non-rétablissement consenties par un membre de l'ancienne profession de conseil juridique devenu avocat... [1]

Sur la clause de non-concurrence et la transmission aux sous acquéreurs [2].

Sur la réinscription d'un avocat à un barreau dont il a démissionné après avoir cédé sa clientèle nonobstant une clause de non rétablissement [3].

En matière de SCP la possibilité de cession assortie de clause de non rétablissement doit être réglée par la convention ordinaire, le décret du 20 juillet 1992 [4] a d'ailleurs dégagé les principes en la matière.

En matière d'association entre avocats, la convention peut prévoir le cas. Dans le silence de la convention, on est renvoyé au droit général étant précisé que les clauses compromissoires souvent insérées dans ces types de convention sont réputées non écrites (v. s^s n°s 54.11 s.).

Si les conventions de non-rétablissement entre avocats seniors et avocats collaborateurs ou salariés peuvent être licites sous certaines conditions (limitation dans le temps et dans l'espace) en cas de cession de cabinet pour cause de cessation d'activité, la clause de non-concurrence doit être soumise à de telles limitations... [5]

58.22 Organisation par le règlement intérieur et contrôle du Conseil de l'ordre. Une telle convention peut même être organisée par le règlement intérieur du barreau et le projet de convention sera alors soumis au Conseil de l'ordre qui veillera à ce que les conditions prévues soient respectées et qu'elles soient conformes aux règles d'indépendance et de probité.

La Cour de cassation estime qu'une cour d'appel peut, dans l'exercice de son pouvoir souverain et pour fixer la valeur du droit de présentation à la clientèle pour récompense à la communauté, évaluer le cabinet d'avocat par référence à la pratique du barreau de Paris, qualifiée « d'usage », dont l'existence résulte des pièces produites qui échappent au contrôle de la Cour de cassation [6].

Il ne s'agit donc pas à proprement parler, dans ce cas, d'une cession de clientèle car la « valeur » transmise n'est pas la clientèle mais « l'engagement » pris en considération de ce qu'elle est [7].

Bien qu'organisée par le règlement intérieur, une telle convention constitue certes une atteinte à la liberté contractuelle, mais le Conseil de l'ordre a reçu de la loi une délégation de pouvoir réglementaire qui lui permet, à notre sens, de l'organiser. La clause de non rétablissement à la suite d'une présentation n'est ni immorale, ni illicite, dès lors qu'elle est limitée dans le temps et dans l'espace. Les avocats ont toute liberté pour l'insérer dans une convention et le Conseil de l'ordre peut en prescrire l'emploi.

Mais l'avocat qui, au mépris de la clause de non-rétablissement, explicite ou implicite, demande sa réinscription au barreau est-il recevable ? [8].

58.23 Obligations de garantie du cédant. En l'absence de toute clause de non-rétablissement dans un contrat dit de présentation de successeur, l'avocat cédant se trouve, par l'effet même de la loi, tenu à une obligation de garantie à l'égard de son successeur. Les contours de cette obligation demeurent mal définis et une telle imprécision est de nature à susciter des difficultés, voire des litiges entre avocats, pouvant nuire au bon renom de la profession.

Il est donc normal que le règlement intérieur délimite les conditions des conventions de cession de clientèle, sous la forme de présentation de successeur et de clause corrélative de non rétablissement [9].

58.24 Publicité. La mention « successeur de... » n'est pas en soi contraire à la publicité fonctionnelle (le maintien du nom des anciens associés est prévu jusqu'à ce qu'il n'existe plus au nombre des associés une personne au moins qui ait exercé sa profession avec l'ancien associé dont le nom a été maintenu [10]) mais un règlement intérieur pourrait

1. Ord. bâtonnier, Hauts-de-Seine, 7 janv. 1993, *Gaz. Pal.* 16 sept. 1993, 21, note Damien.
2. Civ. 1re, 3 déc. 1996, n° 95-10.913, *Bull. civ.* I, n° 436; *JCP* 1997, II, 22799, note Daigre.
3. Civ. 1re, 12 nov. 1985, n° 84-15.925, *Bull. civ.* I, n° 294; *D.* 1987, somm. 64, note Brunois; *JCP* 1986, V, 37.
4. Décr. n° 92-680, 20 juill. 1992.
5. Attal, « Nouvelles réflexions sur l'évaluation du droit de présentation par un avocat d'un successeur à sa clientèle », *Gaz. Pal.* 11 juill. 1995, 5.
6. Civ. 1re, 24 mars 1993, n° 91-13.290, NPT, *D.* 1994, somm. 137, note Brunois.
7. RAPPR. : Civ., 29 avr. 1954, *D.* 1956, 523.
8. Civ. 1re, 12 nov. 1985, n° 84-15.925, *Bull. civ.* I, n° 294; *D.* 1987, somm. 64, note Brunois; *JCP* 1986, IV, 37.
9. CA Dijon, 9 mai 1974, *Gaz. Pal.* 1974, 2, 659 – CONTRA : CA Bordeaux, 12 juill. 1984, *Gaz. Pal.* 1984, 2, 662 – RAPPR. : CA Bordeaux, 20 déc. 1985, *Gaz. Pal.* 1986, 1, 174; *D.* 1987, IR 106, note Brunois – SUR les cessions partielles de cabinet CONTRA : rép. min. [à Commenay], *JOAN* 14 août 1976 – CNB, *Les clauses de respect de clientèle. Les clauses relatives à l'établissement*, juill. 1993.
10. NOT. : L. n° 90-1258, 31 déc. 1990 relative à l'exercice sous forme de société des professions libérales, art. 2.

sans doute l'interdire comme contraire aux usages du barreau et au caractère libéral de la profession et dans la mesure où cette mention excéderait la légitime information des clients (v. s^s^ n°s 45.11 à 45.32).

58.25 Contentieux. En cas de litige, à l'occasion de l'exécution des conventions prévoyant une cession de clientèle, la compétence est exclusivement celle du tribunal de grande instance ou du tribunal d'instance suivant l'importance de la demande; on ne saurait se réclamer des dispositions des articles 174 et suivants du décret du 27 novembre 1991 concernant exclusivement la procédure de fixation des honoraires.

Un avocat honoraire, réclamant à des confrères qui lui ont succédé dans des dossiers abandonnés par lui du fait de sa démission, des sommes qu'il estime lui être dues, ne peut porter sa demande devant le bâtonnier puis le premier président suivant la procédure spéciale des articles 174 et suivants du décret du 27 novembre 1991, cette procédure ne concernant que des litiges opposant l'avocat et ses clients. Il doit dès lors attraire ses confrères devant le tribunal d'instance ou de grande instance dans les termes de droit commun et selon le taux du litige[1].

En revanche un avocat honoraire demeure soumis aux dispositions des articles 174 et suivants du décret du 27 novembre 1991 pour le recouvrement des honoraires réclamés à ses anciens clients[2].

58.26 Valeur patrimoniale. À l'occasion de l'impôt sur les grandes fortune (v. s^s^ n° 57.131) la question de la valeur patrimoniale des cabinets d'avocats, en fonction notamment de leur cessibilité, s'est posée. Certains avocats et organismes professionnels ont accepté d'évaluer leur cabinet et de comprendre cette valeur dans leur déclaration en vue de l'imposition sur les grandes fortunes; ils l'ont en général évalué par référence à la moyenne des recettes des trois dernières années ou des deux dernières en cas d'évolution importante de ces recettes, affectée d'un coefficient multiplicateur, en général I.

Cette pratique se fondait sur l'opinion d'une partie de la doctrine[3], notamment du bâtonnier Viala, ancien président de la Conférence des bâtonniers, parue dans le bulletin de cet organisme[4].

En réalité l'opinion du bâtonnier Viala n'a jamais signifié ce que l'on tente de lui faire dire. Il assure simplement que la présentation d'un successeur à la clientèle, au cas de décès d'un avocat, peut donner lieu à l'inclusion dans l'actif du montant des sommes devant être versées aux héritiers par le successeur, ainsi qu'à une imposition éventuelle des plus-values imposables au cas de cession avec présentation de successeur moyennant une somme fixée définitivement, payable comptant ou en plusieurs échéances (à rapprocher de la solution retenue en matière médicale)[5].

Il est exact qu'en cas de cession de clientèle contre rémunération, ces impositions sont dues; ces cessions ne peuvent avoir lieu que dans le cadre étroit que nous avons évoqué :

1° cessions de parts de SCP et autres cabinets de groupe en forme de société exerçant la profession d'avocat. La nature collective du cabinet fait que la clientèle demeure attachée au cabinet au cas de départ d'un des associés, il peut donc percevoir le prix de son retrait, c'est-à-dire de ses parts; (à rapprocher, de la solution admise en matière médicale[6]).

2° cession d'éléments corporels : locaux où fonctionne le cabinet, installations matérielles, *etc.*, continuation des contrats liant le personnel au cabinet, engagement de non concurrence de l'avocat démissionnaire. Cet acte équivalant à des renonciations à des droits peuvent être assortis d'une rémunération soumise à l'impôt comme constituant une équivalence de ce qu'est, dans d'autres professions, la cession de clientèle.

Mais à part ces deux hypothèses les cabinets d'avocats ne sont pas directement cessibles à l'instar d'un fonds de commerce ou d'une étude d'avoué à la Cour, de notaire ou d'huissier. Cette interdiction d'une cession directe trouve sa source dans une référence à la tradition et à l'honnêteté car ces cessions directes ne peuvent être qu'illusoires[7].

58.27 Conditions de la cessation d'activité. En cas de cessation d'activité l'avocat doit, depuis la loi du 31 décembre 1971 qui lui a confié des missions de postulation en même temps que les missions de plaidoirie, de consultation et de rédaction d'actes et qui a organisé un cabinet s'apparentant à celui des anciens avoués, se faire suppléer pour liquider son cabinet par des suppléants désignés par l'avocat

1. TGI Paris, 1er juin 1981, *Gaz. Pal.* 1982, 1, somm. 1976 – CA Aix-en-Provence, 5 nov. 1985, *Gaz. Pal.* 2 août 1986, note Damien.
2. CA Versailles, 30 juin 1981, *La Semaine de l'Île-de-France* 14 mai 1982, p. 27.
3. J.-CL. FISC, fasc. Impôt sur la fortune, p. 14, § 7.
4. Viala, *Bull. conf. bâtonniers* n° 11, 1981, p. 7, 2/11.
5. Civ. 1re, 17 mai 1961, *Bull. civ.* I, n° 257.
6. Civ. 1re, 27 nov. 1984, n° 83-11.265, *Bull. civ.* I, n° 319; *Gaz. Pal.* 1985, 2, 638, note Chabas.
7. SUR les questions fiscales soulevées par ces cessions : CGI, art. 719 et 720 – Com. 13 juin 1984, *JCP E* 1985, II, 14466, note David.

démissionnaire dont le choix est avalisé par le bâtonnier (v. s^s n° 24.112).

Le suppléant doit verser à l'avocat dont il liquide le cabinet les produits de celui-ci, c'est-à-dire les honoraires perçus pour chaque affaire pour la partie du travail effectué par l'avocat démissionnaire. En effet le système des provisions n'est pas universellement pratiqué dans nombre d'affaires et notamment avec les correspondants, personnes morales, les honoraires ne sont perçus qu'en fin de procédure; de toute façon, les états de frais afférents à la postulation ne sont perçus qu'après que le jugement soit devenu définitif; l'avocat démissionnaire a donc droit, selon les cas, à la totalité ou à une partie de ces rémunérations perçues en fin d'affaire par le suppléant pour rémunérer le travail effectué en partie par l'avocat démissionnaire. Il y a donc des comptes à faire lors de la liquidation d'un cabinet qui ne peuvent pas s'assimiler à une cession de cabinet.

58.28 Caractère exceptionnel de la cession de cabinet. La cession de cabinet doit demeurer exceptionnelle pour les motifs ci-dessus indiqués; sous la forme directe à la manière de la cession d'une étude de notaire ou d'huissier, elle doit demeurer sévèrement prohibée; en l'absence de *numerus clausus* des avocats, une telle cession se révèle illusoire.

En revanche, une certaine forme de cession atténuée peut être tolérée; elle se traduit exclusivement, et en dehors de toute cession directe de clientèle, par une cession de parts de société d'avocat, par des clauses de non rétablissement parfaitement licites, par des cessions d'éléments corporels tels que locaux, machines à écrire, bibliothèque (sur l'évaluation des parts de SCP correspondant à la clientèle v. s^s n° 52.65) [1].

• C'est uniquement sous cette forme atténuée que la déontologie pourra tolérer les cessions de cabinets [2].

Il convient en effet de poser en principe directeur que la clientèle d'avocat, par la nature spéciale du lien qui la lie à ce professionnel et par son caractère libre territorialement parlant (il n'existe pas d'avocat de quartier comme il existe des médecins de quartiers) est incessible; la cession directe, à l'instar de celle existant chez les officiers ministériels, est donc audacieuse dans les garanties que le cédant fournit à son cocontractant, voire sa victime, et aventureuse pour le bénéficiaire de la cession. Il convient donc de la limiter étroitement par le règlement intérieur et l'usage aux règles strictes et restrictives définies ci-dessus et de poser en principe qu'un élément sans valeur patrimoniale (la clientèle d'avocat) ne peut être l'objet d'une cession, seuls les éléments d'ordre patrimonial qui sont les accessoires du cabinet de l'avocat peuvent être cédés.

Les tribunaux ont eu à se prononcer sur des difficultés de dissolution ou de cessions de parts en matière de sociétés d'avocats; à notre connaissance ils n'ont guère eu à intervenir en matière de cession de cabinet d'avocat, tant ces cessions sont encore relativement rares. Il faut souhaiter qu'ils abordent ce contentieux éventuel dans l'esprit de protection de l'Ordre des avocats, de ses traditions et de sa mission qui est traditionnel dans la jurisprudence. Un laxisme en cette matière aboutirait à la reconstitution d'« études » comme il en existait avant la réforme de 1971 chez les avoués et donc à éloigner, par voie de conséquence, les jeunes du barreau, sans compter qu'il serait étrange de ressusciter les études indemnisées par les justiciables sous le contrôle de l'État. Ce laxisme pousserait les avocats vers une « industrialisation » rapide de leur profession par recours à des capitaux extérieurs, tandis qu'une partie de ceux qui piétineraient à l'entrée de la profession demanderait et obtiendrait, pour faciliter leur accès, le recours à un statut d'avocat fonctionnaire, instaurant ainsi une fonctionnarisation au moins partielle de la profession.

Ce qui a fait la richesse du barreau et sa liberté, c'est le libre accès à la profession, tandis que les corporations et les compagnies d'officiers publics ou ministériels se hâtaient vers la fonctionnarisation, seul le barreau a su demeurer ouvert et libre en raison même de sa liberté de recrutement.

Jadis, tout jeune licencié en droit qui désirait accéder au barreau y entrait sans capital et sans revenu. Il lui suffisait de deux pièces, souvent prêtées par sa famille, et d'une robe pour commencer à exercer sa mission d'avocat. La suppression des avoués, la fusion des professions judiciaires a alourdi gravement ces conditions sans les rendre totalement soumises encore au recours à des capitaux extérieurs. Un postulant qui veut débuter au barreau librement, sans association, ni achat de parts de sociétés d'avocats ni collaboration de longue durée, doit désormais disposer d'un local, d'un secrétariat, de machines à écrire devenues nécessaire pour l'exercice de la postulation... Mais ceci n'est pas encore la création d'une véritable « entreprise comportant des prises de risques et ayant pour but de dégager un profit » [3].

Le barreau se doit de rester ouvert à tous et à ne pas se transformer en « entreprise » sinon il risquerait d'y perdre son âme et, par voie de conséquence, son utilité sociale. Il serait alors vite remplacé soit

1. Civ. 1re, 31 mai 1988, n° 85-17.155, *Bull. civ.* I, n° 160; *D.* 1988, IR 169.
2. CA Paris, 4 mars 1988, *D.* 1988, IR 108.
3. Bonneville, ord. prés., 10 mai 1983, *Gaz. Pal.* 1983, 2, 420, note Damien.

par des « usines de défense », soit par des « administrations publiques de défense ».

58.29 Cession de la dénomination du cabinet. Compte tenu des observations ci-dessus, il faut résoudre la question qui se pose lorsque les membres d'un cabinet exerçant en groupe veulent, après le décès ou le départ des associés fondateurs dont les noms de famille constituent le nom du cabinet, c'est-à-dire son enseigne, alors qu'aucun avocat portant l'un de ces patronymes ne fait plus partie du cabinet.

Sur le plan déontologique, rien ne s'oppose à cette pérennité (souhaitable) de la dénomination du cabinet. Les associés doivent bien entendu s'assurer du consentement des membres de la famille qui portent le même nom.

CHAPITRE

59. Traitement des difficultés financières des cabinets d'avocats

SECTION 0
ORIENTEUR

59.00 Plan du chapitre.

59.01 Textes applicables.

C. com., art. L. 611-1 s.

C. com., art. R. 601 s.

59.03 Bibliographie indicative.

Ouvrage. Le Corre, DALLOZ ACTION PR. COLL. 2010/2011 – Lienhard, *Procédures collectives*, Delmas.

Articles. Favario, « L'avocat en difficulté (application de la loi de sauvegarde à l'avocat exerçant en nom) », *Bull. Joly* 2006, p. 691 – Habauzit-Detilleux et Michaud, « La procédure de conciliation applicable à l'avocat en difficulté dans la loi de sauvegarde du 26 juillet 2005 », *Gaz. Pal.* 27-28 janv. 2006, p. 2 – Martin et Neveu, « L'application à la profession d'avocat de la loi du 26 juillet 2005 sur la sauvegarde des entreprises », *JCP* 2006, I, 125 – Pérochon, « Le privilège des notables indélicats : un nouveau privilège ? », *D.* 2005, chron. 1146 – Reigné, « L'application aux professions libérales des procédures de prévention et de traitement des difficultés des entreprises », colloque du Crajefe, Nice, 27 mars 2004, *LPA* 10 juin 2004, n° 16, p. 10.

SECTION 1
ADAPTATION DU DROIT DES PROCÉDURES COLLECTIVES AUX SPÉCIFICITÉS DES PROFESSIONS LIBÉRALES

59.11 Innovation de la loi de sauvegarde des entreprises du 26 juillet 2005. Le droit des entreprises en difficulté a toujours exclu de son champ d'application les professions libérales exerçant leur activité à titre individuel. Les avocats ont, en revanche, toujours été des acteurs essentiels du droit des entreprises en difficulté, même s'ils n'en ont pas été les sujets. Ainsi, il est fréquent qu'un avocat soit désigné comme conciliateur dans le cadre d'un règlement amiable.

De même, nul n'ignore le contentieux récurrent lié à la déclaration de créance et, de ce point de vue, la présence d'un avocat pour représenter le créancier dont le débiteur est sous le coup d'une procédure collective a quelque chose de rassurant. La déclaration de créance équivaut, en effet, selon la jurisprudence, à une demande en justice. Et si cette déclaration peut être faite par un mandataire du choix du créancier, c'est à condition de lui avoir donné par écrit un pouvoir spécial (mandat *ad litem*). Toutefois, les articles 377 du décret du 28 décembre 2005 et 853 du [N]C. pr. civ. dispensent l'avocat de justifier d'un tel pouvoir[1], disposi-

1. Cass. Ass. plén., 26 janv. 2001, n° 99-15.153, *Bull. ass. plén.*, n° 1; *D.* 2001, AJ 631; *Gaz. Pal.* 2001, somm. 303; 2001, 52; *JCP E* 2001, 617, note Béhar-Touchais; *JCP* 2001, II, 10552, note Lochouarn; *Bull. Joly* 2001, 843; *RTD com.* 2001, 508; 2001, 746; 2002, 805, chron. Mestre et Fages.

tions qui ne bénéficient pas, en revanche, à l'avoué[1] ou à l'huissier de justice[2].

Seuls étaient soumis au droit des entreprises en difficulté les professionnels libéraux exerçant dans le cadre d'une personne morale, société civile professionnelle (SCP), société d'exercice libéral (SEL), voire groupement d'intérêt économique ou association (et non pas société en participation, ce type de groupement n'étant pas doté de la personnalité juridique). C'était, en ce qui concerne ces derniers, le droit commun des procédures collectives qui, parfois non sans artifice, s'appliquait dans son intégralité. Cette différence de traitement pouvait ressembler à une faveur pour les professionnels libéraux personnes physiques à une époque où le droit de la « faillite » avait une coloration nettement répressive. Elle est en réalité devenue une discrimination, dès lors que le droit des entreprises en difficulté a reçu pour vocation le redressement et qu'il offre la possibilité au débiteur d'échapper aux poursuites de ses créanciers, à tout le moins de lui offrir un répit. Au surplus, les professions libérales ne bénéficient pas non plus des procédures de surendettement des ménages[3] réservées au traitement des dettes non professionnelles[4].

L'innovation essentielle de la loi de sauvegarde des entreprises du 26 juillet 2005[5], applicable aux procédures ouvertes à compter du 1er janvier 2006, est de viser expressément « les personnes physiques exerçant une activité professionnelle indépendante, y compris une profession libérale soumise à un statut législatif ou réglementaire ou dont le titre est protégé »[6], ce qui inclut les avocats, les huissiers de justice ou encore les notaires exerçant à titre individuel. C'est par là même reconnaître le caractère d'entrepreneur des membres des professions libérales. En même temps, la loi du 26 juillet 2005 a adapté le nouveau droit des procédures collectives aux spécificités des professions libérales.

1° Elle prévoit une participation active à la procédure de l'ordre professionnel ou l'autorité compétente dont relève l'intéressé, en ce qui nous concerne l'ordre des avocats, afin de préserver la déontologie et le secret professionnel de l'avocat, dispositions qui visent expressément les personnes physiques, mais qui semblent, malgré l'ambiguïté de la loi, également devoir s'appliquer aux personnes morales. L'article R. 662-II du Code de commerce[7] prévoit que l'ordre doit faire connaître au greffe du tribunal et aux organes de la procédure la personne habilitée à le représenter; en l'absence d'une telle déclaration, son représentant légal, c'est-à-dire le bâtonnier, exerce cette fonction. Les barreaux les plus importants auront sans doute tout intérêt à désigner, en leur sein, un avocat chargé de représenter le Conseil de l'ordre dans les procédures susceptibles de frapper les avocats de leur barreau.

2° Elle exclut, en cas de cession du cabinet appartenant à une personne physique dans le cadre d'une procédure collective, la cession des éléments incorporels, ce qui est la manifestation de la réticence du législateur à consacrer la patrimonialité de la clientèle civile.

3° Enfin, elle écarte le volet répressif du droit commun des procédures collectives, en particulier la faillite personnelle, au profit des sanctions disciplinaires, prononcées par l'ordre professionnel.

En revanche, toutes les procédures offertes par la loi du 26 juillet 2005, qu'elles soient préventives ou curatives, ont vocation à s'appliquer aux professions libérales : mandat *ad hoc*, conciliation, sauvegarde, redressement et liquidation judiciaire. De manière générale, l'esprit de la loi nouvelle est de privilégier les dispositifs de négociation entre le débiteur et ses créanciers, au détriment de l'intervention du juge. Nul doute que cette philosophie conviendra parfaitement aux professions libérales. À son passif, la loi nouvelle laisse en suspens certaines questions essentielles, que les juges devront être amenées à trancher. Il en est ainsi, par exemple, des modalités de gestion du cabinet pendant la phase de redressement judiciaire.

59.12 Activité professionnelle indépendante. Dans trois espèces, la cour de cassation a été amenée à préciser la notion d'« activité professionnelle indépendante ». Se posait notamment la question de savoir si le professionnel libéral, et particulièrement l'avocat, qui exerce son activité professionnelle au sein d'une société peut être soumis à une procédure collective comme exerçant une « activité professionnelle indépendante » au sens du Code de commerce. La réforme de 2005 a-t-elle pour objectif d'appliquer les procédures collectives à tous les professionnels libéraux quel que soit le mode d'exercice de leur activité ou bien doit-elle uniquement prendre en compte les professionnels libéraux exerçant à titre individuel ?

La chambre commerciale de la cour de cassation a répondu clairement à cette question en excluant les avocats exerçant au sein d'une société. Pour elle, l'avocat qui a cessé d'exercer son activité à titre individuel pour devenir associé d'une société civile

1. Com. 13 nov. 2002, *Bull. civ.* IV, n° 163; *D.* 2003, AJ 204.
2. Com. 29 nov. 2005, *D.* 2006, AJ 65, obs. Lienhard. Com. 29 nov. 2005, *D.* 2006, AJ 65, obs. Lienhard.
3. Ferrière, Châtain, *Surendettement des particuliers*, 3e éd., « Dalloz référence ».
4. C. consom., art. L. 330-1, al. 1er.
5. L. n° 2005-845, 26 juill. 2005, *JO* 27 juill., p. 12187; rect. *JO* 22 oct., p. 16750.
6. C. com, art. L. 611-5 nouv.
7. Créé par décr. du 28 déc. 2005.

professionnelle (ou d'une société d'exercice libéral) n'agit plus en son nom propre mais exerce ses fonctions au nom de la société; il cesse dès lors d'exercer une activité professionnelle indépendante au sens de l'article L. 631-2[1].

Un des arguments forts plaidant dans le sens d'un élargissement de la procédure à l'ensemble des avocats, quel que soit leur mode d'exercice, se fondait sur l'article 1.1 du RIN (reprenant l'article 2 du décret du 12 juillet 2005), selon lequel « la profession d'avocat est une profession libérale et indépendante quel que soit son mode d'exercice ». Certaines juridictions du fond avaient d'ailleurs ouvert la procédure à des avocats exerçant en société[2], tandis que d'autres les en excluaient[3]. L'arbitrage de la cour suprême éclaircit donc la situation. Cette solution ne remet cependant pas en cause l'indépendance de la profession d'avocat, mais elle se comprend à partir de la distinction entre l'indépendance intellectuelle et technique et l'indépendance économique : « cette indépendance, qui caractérise les professions libérales en général, est l'indépendance technique et intellectuelle dont bénéficie le professionnel libéral dans l'exercice de son art, même dans le cadre de la subordination juridique d'un contrat de travail. Le professionnel indépendant, éligible aux procédures collectives, est celui qui exerce, en son nom propre, une activité de nature économique, qui exploite une entreprise dont le sauvetage est l'enjeu du droit des entreprises en difficulté »[4].

SECTION 2
COMPÉTENCE JURIDICTIONNELLE

59.21 Compétence du tribunal de grande instance. Quelle que soit la procédure applicable, que le débiteur soit une personne physique ou une personne morale, c'est toujours le tribunal de grande instance (ou son président) qui doit en connaître[5]. Cela est vrai même si le débiteur est une SEL d'avocats, bien qu'il s'agisse d'une société commerciale par la forme[6].

Le tribunal territorialement compétent est celui dans le ressort duquel se trouve le siège de l'activité du débiteur[7], en ce qui concerne l'avocat, le tribunal dont dépend son barreau. Cette compétence n'est pas remise en cause si l'avocat possède un bureau secondaire dans le ressort d'un autre tribunal. Par ailleurs, il est douteux et serait regrettable qu'un avocat puisse se prévaloir de l'article 47 du Code de procédure civile grâce auquel les gens de justice peuvent obtenir un dépaysement de l'instance et, ainsi, par exemple, qu'il puisse déposer le bilan auprès d'un tribunal limitrophe. Il en est ainsi parce que ce texte suppose que l'avocat soit confronté à un litige, ce que n'est pas, à proprement parler, une procédure collective[8].

Enfin, tous les tribunaux de grande instance ne sont pas compétents pour connaître des procédures de traitement des difficultés des entreprises mais uniquement ceux qui figurent sur la liste établie par les annexes 6-2 et 6-4 du livre VI du Code de commerce, en général un par département.

SECTION 3
PROCÉDURES DE TRAITEMENT DES DIFFICULTÉS

§ 1
Procédures antérieures ou concomitantes à la cessation des paiements

59.31 Mandat *ad hoc*. Bien que le nouvel article L. 611-3 du Code de commerce issu de la loi du 26 juillet 2005 ne précise pas expressément que cette institution leur est applicable, il est peu douteux que les professionnels libéraux, personnes physiques comme personnes morales, puissent s'en prévaloir, d'autant plus que le mandat *ad hoc*, qui est né essentiellement de la pratique des tribunaux consulaires, n'a pas besoin véritablement de fondement textuel pour prospérer. Certes, la loi de 2005 l'a doté d'un « mini-statut », mais elle n'a pas pour autant voulu enfermer le mandat *ad hoc* dans un

1. Com. 9 févr. 2010, *D.* 2010. Chron. C. cass. 1113, obs. Orsini; *D.* 2010, AJ 434, obs. Lienhard; *JCP E* 2010. 1267, note Cerati-Gauthier; *JCP E* 2010, 1296, n° 1, obs. Pétel; *JCP* 2010. 220, obs. Barbièri; LEDEN mars 2010, p. 1, obs. Lucas; *Act. proc. coll.* 2010, n° 70, obs. Vallansan; *Dr. sociétés* 2010, n° 76, note Legros; *Gaz. Pal.* 14-16 mars 2010, p. 8, note Dumont-Lefrand; RJDA 2010, n° 538; *Bull. Joly* 2010. 489, note Daigre.
2. CA Paris, 3e ch. B, 18 sept. 2008 : *D.* 2008, AJ 2666; *Rev. sociétés* 2008. 911, obs. Urbain-Parléani; CA Montpellier, 20 mai 2008, Dr. sociétés 2009, n° 59, note Legros.
3. CA Paris, 3e ch. A, 20 nov. 2007, *D.* 2007, AJ 3074, obs. Lienhard; *JCP E* 2008. 1045, note Lebel; *RJDA* 2008, n° 170; *LPA* 28 mars 2008, note Chabot; *Bull. Joly* 2008. 210, note Tagliarino-Vignal; *Dr. sociétés* 2008, n° 76, note Legros (1re esp.); *Dr. et patr.* juill.-août 2008. 110, obs. Monsèrié-Bon; *Defrénois* 2008. 1229, obs. Gibirila; *Rev. proc. coll.* 2008, n° 110, obs. Saintourens.
4. Orsini, obs. préc., *D.* 2010.113.
5. C. com., art. L. 611-5, al. 1er et L. 621-2, al. 1er.
6. COJ, art. L. 411-6, al. 1er – CA Paris, 6 juill. 1994, *JCP E* 1994, II, 598, note Daigre; *Bull. Joly* 1994, 1006, note Jeantin.
7. C. com., art. R. 601; anc. décr. 28 déc. 2005, art. 1er.
8. Martin et Neveu, « L'application à la profession d'avocat de la loi du 26 juillet 2005 sur la sauvegarde des entreprises », *JCP* 2006, I, 125, spéc. nos 14 s.

cadre juridique immuable. Au surplus, cette procédure, du fait de sa souplesse et de sa confidentialité, paraît particulièrement adaptée pour prévenir les difficultés des membres des professions libérales.

La loi ne prévoit aucun critère de désignation d'un mandataire *ad hoc*. Celui-ci est désigné par le président du tribunal de grande instance, sur la demande exclusive du chef d'entreprise, qui détermine sa mission au cas par cas, d'où sa souplesse. Cette mission peut consister, par exemple, en la recherche d'un rééchelonnement de dette avec les principaux créanciers. Le débiteur n'est pas dessaisi de l'administration de son entreprise. Le caractère confidentiel de la procédure est assuré : en effet, cette procédure ne donne lieu à aucune publicité et la loi prévoit expressément que, comme en matière de conciliation, toute personne appelée à un mandat *ad hoc* ou qui, par ses fonctions, en a connaissance est tenue à confidentialité[1]. Un manquement à cette obligation de confidentialité n'est cependant sanctionné, en principe, que civilement.

59.32 Conciliation. Il s'agit de l'ancienne appellation du règlement amiable et sa physionomie a été remaniée de manière significative par la loi du 26 juillet 2005. Cette procédure à finalité préventive - son objectif est d'éviter l'ouverture d'une procédure de redressement ou de liquidation judiciaire - est applicable à toute entreprise qui, sans être en état de cessation des paiements ou en l'étant depuis peu (moins de quarante-cinq jours) éprouve une difficulté pouvant la conduire au dépôt de bilan[2]. Il s'agit donc d'un mécanisme destiné à favoriser le redressement d'une entreprise viable économiquement et donnant à cette dernière un cadre juridique pour négocier avec ses créanciers principaux sous l'égide d'un conciliateur nommé par le président du tribunal - de grande instance en ce qui concerne les professionnels libéraux[3] -, pour une durée n'excédant pas quatre mois (qui peut être prorogée d'un mois à la demande du débiteur), dont la mission est de rechercher la conclusion d'un accord avec ces créanciers. La loi ne précise pas qui peut être conciliateur, ce choix étant laissé à l'appréciation du président du tribunal. Cela pourrait toutefois avantageusement être un avocat, personne physique, appartenant à un autre barreau que celui du débiteur[4].

L'accord que va chercher à obtenir le conciliateur entre le débiteur et ses créanciers vise généralement à obtenir des délais de paiement, voire des remises de dettes (y compris, ce qui est possible depuis la loi de 2005, de la part du Trésor public et des organismes sociaux, qui sont d'ailleurs, en général, à l'origine de la part la plus importante du passif de l'entreprise). Lorsque les négociations aboutissent à un accord, avec tous les créanciers ou certains d'entre eux, cet accord pourra donner lieu à une simple constatation de la part du président du tribunal, ou encore à homologation[5]. Dans la première hypothèse, l'accord amiable présente l'avantage de demeurer confidentiel à tous les stades de la procédure (alors que le jugement d'homologation est déposé au greffe du tribunal, où tout intéressé peut en prendre connaissance, et fait l'objet d'une publicité obligatoire[6]), mais il produit des effets juridiques moins énergiques, notamment à l'encontre des créanciers, que l'accord homologué : en particulier, l'homologation de l'accord suspend pendant la durée d'exécution de celui-ci toute action en justice et toute poursuite en vue d'obtenir le paiement des créances qui en font l'objet[7]. Par ailleurs, comme en matière de mandat *ad hoc*, toute personne appelée à une procédure de conciliation ou qui, par ses fonctions, en a connaissance est tenue à confidentialité[8].

L'ordre des avocats est associé aux négociations en vue de l'accord. Il reçoit d'abord communication sans délai de la décision du président du tribunal ouvrant la procédure de conciliation[9]. Puis il est entendu par le tribunal lorsque celui-ci statue, le cas échéant sur l'homologation[10]. Il peut, avant de prendre position, prendre connaissance de l'accord de conciliation au greffe du tribunal[11]. Ces dispositions n'interdisent sans doute pas une participation informelle de l'ordre à la procédure, surtout si l'accord n'est pas homologué mais seulement constaté; il doit également pouvoir ici faire valoir son point de vue. Il est en revanche douteux que la loi lui reconnaisse un pouvoir autre que consultatif (voire un droit de veto au moment de l'homologation). On a du mal à imaginer, en particulier, que, malgré son magistère moral, le bâtonnier se substitue au conciliateur et cherche à négocier directement avec les créanciers en vue d'obtenir des sacrifices de leur part.

59.33 Sauvegarde des entreprises. L'institution d'une procédure de sauvegarde constitue certainement l'innovation la plus marquante de la loi du 26 juillet 2005. Il s'agit, en quelque sorte, d'un redressement judiciaire anticipé, offrant au débiteur (seul celui-ci en a l'initiative) au bord de la cessation des paiements la possibilité de se mettre sous la

1. C. com., art. L. 611-15.
2. C. com., art. L. 611-4.
3. C. com., art. L. 611-5, al. 2.
4. Martin et Neveu, article préc., n° 7.
5. C. com., art. L. 611-8.
6. C. com., art. L. 611-10, al. 2.
7. C. com., art. L. 611-10, al. 3.
8. C. com., art. L. 611-15.
9. C. com., art. L. 611-6, al. 4 et R. 611-25.
10. C. com., art. L. 611-9.
11. C. com., art. R. 611-40.

protection du tribunal le temps de réorganiser son entreprise et de restructurer son passif au moyen d'un plan de sauvegarde (il s'agit, en réalité d'un plan de continuation, la sauvegarde ne pouvant pas déboucher sur la cession de l'entreprise), à condition que ce plan soit accepté par les créanciers. Le débiteur va ainsi pouvoir tirer profit des conséquences traditionnellement attachées à une procédure collective, en particulier l'arrêt des poursuites individuelles et la prohibition du paiement des dettes antérieures au jugement d'ouverture. Par ailleurs, et ce qui n'est en revanche pas systématique dans la procédure de redressement judiciaire traditionnelle, le débiteur restera à la tête de son entreprise; l'administrateur judiciaire voit donc sa mission limitée à la surveillance ou à l'assistance du débiteur dans sa gestion[1]. En pratique, il n'y aura sans doute jamais d'administrateur judiciaire dans les petits cabinets, puisque le tribunal n'est pas tenu d'en désigner lorsque la procédure est ouverte au bénéfice d'un débiteur dont le nombre de salariés est inférieur à vingt (il faut très certainement inclure les éventuels avocats salariés du cabinet dans ce décompte).

Le plan de sauvegarde – qui obéit au même régime que le plan de redressement – est arrêté par le tribunal à l'issue de la période d'observation s'il existe une possibilité sérieuse pour l'entreprise d'être sauvegardée. Si son contenu va être fixé au cas par cas, il est fort à parier que celui-ci ne va guère différer de ce que la pratique a expérimenté en matière de plan de redressement : délais de paiement imposés aux créanciers, tandis que les remises (qui peuvent là également, désormais porter sur les créances fiscales et sociales) devront être acceptées par eux[2]. Le débiteur devra, quant à lui, en contrepartie, accepter des sacrifices en termes de réorganisation de son entreprise. On ne voit toutefois pas comment cette importante innovation de la loi de 2005 selon laquelle le plan peut être accompagné de l'arrêt, de l'adjonction ou de la cession d'une ou plusieurs activités puisse s'appliquer au cabinet d'avocat[3], mono-activité par excellence.

La procédure de sauvegarde est susceptible de présenter un intérêt pour l'avocat en difficulté, qui va donc pouvoir bénéficier d'un répit, alors même qu'il n'est pas encore en état de cessation des paiements, c'est-à-dire à un stade où la pérennité de son cabinet n'est pas véritablement menacée et que les perspectives de redressement demeurent non négligeables. Le caractère négocié de cette procédure – le plan est, en principe, arrêté en accord avec les créanciers réunis, en ce qui concerne les plus importants d'entre eux, au sein de comités catégoriels – devrait parfaitement leur convenir. En revanche, la procédure de sauvegarde étant une procédure judiciaire, elle perd le caractère confidentiel dont bénéficient les procédures de prévention. L'ouverture de la procédure de sauvegarde, tout comme l'adoption du plan, doivent, en effet, être publiées[4], ne serait-ce que pour les créanciers soient informés de la situation de leur débiteur et qu'ils puissent déclarer leur créance, ainsi qu'ils sont tenus de le faire, à peine de forclusion.

L'intervention de l'Ordre au cours de la procédure de sauvegarde est significative. Ainsi, lorsque le tribunal statue sur l'opportunité d'ouvrir ou non une procédure de sauvegarde – ou de redressement ou de liquidation judiciaire –, il ne peut le faire qu'après avoir entendu ou dûment appelé celui-ci[5]. S'il décide d'ouvrir une procédure, le tribunal va immédiatement désigner un représentant de l'Ordre dont relève le débiteur aux fins d'exercer les actes de la profession[6]. Ce représentant peut déléguer cette mission à l'un des membres de la profession, en activité ou retraité. La procédure débute par un inventaire et une prisée du patrimoine du débiteur, afin, dans la perspective du redressement de ce dernier, d'en connaître la consistance exacte.

L'inventaire est dressé en présence d'un représentant de l'Ordre et ne peut porter atteinte au secret professionnel[7]. L'Ordre (et plus précisément son bâtonnier) est, en quelque sorte, garant du respect du secret professionnel de l'avocat, en faisant exclure de l'inventaire tous les documents couverts par ce secret, tels les consultations ou les correspondances échangées avec les clients. Il doit s'assurer que l'inventaire, s'il peut sans doute indiquer le nombre de dossiers en cours ainsi que le montant des honoraires futurs prévisibles de l'avocat, ne comporte aucune information nominative sur les clients[8]. Il est, par ailleurs, habilité à saisir le ministère public aux fins de remplacement d'un mandataire de justice (administrateur judiciaire, liquidateur, *etc.*)[9]. Préalablement à l'adoption du plan, l'Ordre reçoit notification des offres de cession éventuelles du cabinet[10].

Enfin, bien que l'Ordre n'ait pas – en principe – la qualité de créancier, il est désigné d'office au rôle de contrôleur par le tribunal[11]; dans le cadre de

1. C. com., art. L. 622-1.
2. C. com, art. L. 626-18.
3. C. com., art. L. 626-1, al. 2.
4. Décr. 28 déc. 2005, art. 61, 63 et 133 à 138.
5. C. com., art. L. 621-1, L. 623-3, L. 631-7 et L. 641-1, I.
6. Décr. 28 déc. 2005, art. 347.
7. C. com., art. L. 622-6.
8. Martin et Neveu, « L'application à la profession d'avocat de la loi du 26 juillet 2005 sur la sauvegarde des entreprises », *JCP* 2006, I, 125, spéc. nº 20.
9. C. com., art. L. 621-7 et L. 641-1, III.
10. C. com., art. L. 642-2, IV, al. 2.
11. C. com., art. L. 621-10, al. 2.

cette mission, il assiste le mandataire judiciaire dans ses fonctions et le juge-commissaire dans sa mission de surveillance[1], ... tout en prenant en compte les intérêts de la profession. Il exerce cette fonction à titre gratuit. Il peut prendre connaissance de tous les documents transmis aux mandataires de justice (mais doit certainement s'assurer que ces documents, également transmis aux autres créanciers, ne sont pas couverts par le secret professionnel). La responsabilité de l'Ordre, comme celle de tout contrôleur, n'est engagée qu'en cas de faute lourde[2].

§ 2
Procédures postérieures à la cessation des paiements

59.41 **Redressement judiciaire.** Les développements précédents relatifs à la procédure de sauvegarde s'appliquent, pour l'essentiel, au redressement judiciaire. Le débiteur auquel cette seconde procédure est susceptible de s'appliquer est en principe dans une situation financière plus critique que s'il sollicitait une procédure de sauvegarde : il doit, en effet, être en état de cessation des paiements à la nuance près, introduite par la loi du 26 juillet 2005, que si le débiteur est en état de cessation des paiements depuis moins de quarante-cinq jours, il peut toujours demander le bénéfice d'une procédure de conciliation[3] (v. s[s] n° 59.32). Par ailleurs, le redressement judiciaire est une procédure qui, contrairement à la sauvegarde, peut être imposée au débiteur. Le tribunal peut, en effet, être saisie par différentes voies aux fins d'ouverture d'une telle procédure : outre par le débiteur lui-même, par un créancier, par le ministère public ou encore par le tribunal lui-même se saisissant d'office[4].

Au cours de la période d'observation, qui suit le jugement d'ouverture, un administrateur pourra être désigné, mais sa mission, dont le contenu est décidé par le tribunal, est susceptible d'être beaucoup plus étendue que dans l'hypothèse d'une procédure de sauvegarde. En effet, cette mission peut varier de la simple assistance du débiteur à l'administration, seul, de toute ou partie de l'entreprise, en lieu et place du débiteur[5]. Cette dernière perspective est, bien entendu, inacceptable lorsque le débiteur est un avocat; en particulier, le secret professionnel risque d'être bafoué. Il faut donc s'en remettre à la sagesse des magistrats et également constater que, comme dans le cadre d'une procédure de sauvegarde, la désignation d'un administrateur judiciaire n'est de toute façon concevable que dans les grands cabinets. Nul doute que si l'hypothèse évoquée devenait réalité, le bâtonnier veillerait scrupuleusement à ce que des informations nominatives figurant dans les dossiers de l'avocat en difficulté ne soient pas transmises à l'administrateur.

Le plan de redressement, dans son contenu, ne varie guère de celui du plan de sauvegarde. Ce sont tous les deux des plans de continuation, à l'issue desquels le débiteur demeure à la tête de son entreprise. Toutefois, l'article L. 631-22 du Code de commerce envisage la possibilité d'une cession partielle de l'entreprise dans le cadre du redressement judiciaire si le débiteur est dans l'impossibilité d'en assurer lui-même le redressement. Mais cette cession obéit alors aux règles qui régissent la liquidation (v. s[s] n° 59.42). Enfin, l'Ordre intervient, dans le cadre du redressement judiciaire, de la même manière que dans le cadre de la procédure de sauvegarde.

59.42 **Liquidation judiciaire.** La procédure de liquidation judiciaire s'applique au débiteur en état de cessation des paiements et dont le redressement est manifestement impossible, le cas échéant, à la suite de l'échec d'une procédure de conciliation[6], de sauvegarde, ou de redressement[7]. Elle est également ouverte en cas de cessation d'activité ou, en ce qui concerne les personnes physiques, de décès[8]. Le tribunal est saisi aux fins d'ouverture d'une telle procédure dans les mêmes conditions que pour l'ouverture d'un redressement judiciaire.

Cette procédure de liquidation est destinée à mettre fin à l'activité de l'entreprise ou à réaliser le patrimoine du débiteur par une cession globale ou séparée de ses droits et de ses biens[9]. Lorsque le débiteur est un avocat ou tout membre d'une profession libérale personne physique, la cession du cabinet n'est pas totale : elle ne peut porter que sur des éléments corporels, ce qui exclut au premier chef la clientèle[10].

Cette prohibition de la cession des éléments incorporels ne visant expressément que les personnes physiques, il n'y a aucune raison d'en étendre l'application aux personnes morales. D'ailleurs, lorsqu'une activité d'avocat est exercée dans le cadre d'une société, la cession du cabinet ne saurait porter sur les divers éléments qui le composent, mais sur des

1. C. com., art. L. 621-11.
2. C. com., art. L. 621-10, al. 4.
3. C. com., art. L. 631-4, al. 1er.
4. C. com., art. L. 631-4 et L. 631-5.
5. C. com., art. L. 631-12.
6. C. com., art. L. 640-1, al. 1er et C. com., art. L. 622-10.
7. C. com., art. L. 626-27, I, al. 2.
8. C. com., art. L. 640-3.
9. C. com., art. L. 640-1, al. 2.
10. C. com., art. L. 642-1, al. 4.

parts sociales (dont le prix de cession prend d'ailleurs en compte la valeur de la clientèle), qui sont juridiquement des meubles incorporels (si l'activité d'avocat est exercée dans le cadre d'une association, il ne saurait, en revanche, être question d'une cession par les associés de leurs droits, car ils leur sont personnels[1]).

S'il fallait donc appliquer ici la prohibition légale, cela rendrait donc impossible toute cession de parts de société d'avocat en cas de liquidation, mais également, le cas échéant, à l'issue de la période de redressement dans les conditions prévues par l'article L. 631-22 du Code de commerce (v. s[s] n° 59.41), voire de sauvegarde[2], ce qui paraît absurde.

L'abrogation de cette mesure discriminatoire est cependant annoncée par les pouvoirs publics[3]. Elle devrait être effective avec l'adoption, prévue pour l'automne 2008, de l'ordonnance portant diverses dispositions en faveur des entreprises en difficulté. Pour les procédures ouvertes à compter du 1er janvier 2009, date prévisible d'entrée en vigueur de ladite ordonnance, tous les professionnels libéraux sans distinction, personnes physiques comme personnes morales, devraient par conséquent pouvoir céder leur clientèle dans le cadre d'un plan de cession.

La loi du 26 juillet 2005 a institué une procédure simplifiée de liquidation qui s'applique si l'actif du débiteur ne comprend pas de biens immobiliers, si le chiffre d'affaires annuel hors taxe est inférieur ou égal à 750 000 euros, enfin, si le nombre de salariés ne dépasse pas cinq, les avocats salariés, devant, le cas échéant, être inclus dans ce décompte[4].

Par ailleurs, le prononcé de la liquidation interdit au débiteur, personne physique ou personne morale, d'exercer son activité. Cette règle de droit commun est évidemment mal adaptée au cas particulier de l'avocat personne physique. Car s'il ne peut continuer l'exercice de sa profession, outre que cela aurait des conséquences désastreuses du point de vue de sa situation personnelle (alors que l'associé d'une société d'avocat interdite d'exercice peut prétendre se mettre à son compte ou intégrer une autre structure), la défense de ses clients risquerait fort d'être mise à mal. On a suggéré qu'il entre alors dans les missions de l'Ordre de désigner un avocat administrateur provisoire chargé de traiter les dossiers en cours[5]. Mais, en aucun cas, si le dossier n'est pas terminé à la date de la clôture de la liquidation, il ne saurait être cédé si le cabinet liquidé est tenu par une personne physique, en application de l'article L. 642-1 alinéa 4 du Code de commerce (en revanche si le cabinet liquidé est exploité sous forme sociale, le dossier sera cédé à la société cessionnaire des parts). Là encore, il appartiendra à l'Ordre d'intervenir, non pas, pour diriger le client vers un nouvel avocat, car il manquerait alors de son obligation d'impartialité, mais pour informer celui-ci qu'il est tenu de rechercher un nouvel avocat (il pourra seulement l'aider en lui transmettant la liste du tableau). La distinction du sort des personnes physiques et des personnes morales en cas de liquidation montre ici ses limites.

En outre, un liquidateur est désigné, qui va se substituer au chef d'entreprise, lequel est dessaisi de l'administration et de la disposition de ses biens tant que la liquidation n'est pas clôturée[6]. Les risques d'atteinte au secret professionnel, déjà évoqués à propos du redressement judiciaire, sont alors considérables. La loi prévoit, pour les prévenir, que la protection du secret professionnel écarte les dispositions de droit commun selon lesquelles le liquidateur est normalement le destinataire du courrier adressé au débiteur[7]. Au surplus, l'Ordre a toujours la possibilité de solliciter du ministère public le remplacement du liquidateur, en particulier en cas de contravention avérée au secret professionnel de l'avocat[8]. Enfin, la destination des archives du cabinet liquidé est déterminée par le liquidateur, mais en accord avec l'Ordre[9]. Cette disposition est susceptible de s'appliquer aux dossiers terminés à la date de la clôture de la liquidation d'un cabinet exploité par une personne physique et garantit qu'ils continueront à être protégés par le secret professionnel.

SECTION 4
SANCTIONS ET STATUT DE L'AVOCAT DURANT LA PROCÉDURE

59.51 Sanctions disciplinaires. Les dispositions relatives à la faillite personnelle (ainsi que celles relatives à l'interdiction de diriger ou de contrôler une entreprise) s'appliquent normalement à tout chef d'une entreprise qui s'est rendu coupable de certains faits limitativement énumérés par la loi[10] : avoir poursuivi abusivement une exploitation déficitaire qui ne pouvait conduire qu'à la cessation des

1. Décr. n° 91-1197, 27 nov. 1991, art. 124, al. 2.
2. C. com., art. L. 626-4.
3. Rép. min. n° 2060, *JOAN Q* 4 déc. 2007, p. 7705; Lambert-Garrel, « Brèves réflexions sur l'ouverture ministérielle en faveur de la cession des actifs incorporels des professions libérales en redressement ou en liquidation judiciaire », *JCP E* 2008, 1547.
4. C. com., art. L. 641-2 et D. 28 déc. 2005, art. 223.
5. Martin et Neveu, « L'application à la profession d'avocat de la loi du 26 juillet 2005 sur la sauvegarde des entreprises », *JCP* 2006, I, 125, n° 25.
6. C. com., art. L. 641-9, al. 1er.
7. C. com., art. L. 641-15.
8. C. com., art. L. 641-1, III, al. 3.
9. C. com., art. L. 642-23.
10. C. com., art. L. 653-2 s.

paiements, avoir commis certaines irrégularités comptables, *etc*. Elles sont toutefois écartées s'agissant des personnes physiques ou dirigeants d'une personne morale exerçant une activité professionnelle indépendante qui sont soumises à des règles disciplinaires particulières, prononcées, en ce qui concerne les avocats, non plus par le Conseil de l'ordre, mais, depuis la loi du 11 février 2004, par le conseil de discipline institué auprès de chaque cour d'appel (v. s^s n°s 27.11 s.). L'idée est que les sanctions disciplinaires doivent normalement se substituer aux mesures d'interdiction prévues par le droit des procédures collectives et prononcées par le juge, mesures auxquelles les professions libérales échappent pour garantir leur indépendance.

Certains voient là une rupture d'égalité devant la loi [1]; il est vrai qu'un organe disciplinaire est sans doute plus soucieux de sanctionner les manquements à la déontologie de la profession plutôt que les inobservations à une législation qui lui est étrangère, n'ayant jamais eu pour mission de la faire respecter. Le risque d'impunité n'est donc peut-être pas loin. Qu'ils se rassurent, cependant, car les professionnels libéraux ne bénéficient d'aucune exemption en matière de banqueroute et, en ce qui concerne les dirigeants des personnes morales, pour ce qui est de la responsabilité pour insuffisance d'actif (action également connue sous le nom d'action en comblement de passif).

59.52 Statut de l'avocat pendant ces différentes périodes. Pendant la période de conciliation comme pendant la période de sauvegarde, l'avocat, personne physique, exerçant individuellement reste certainement inscrit au tableau.

La question est plus délicate pendant la période de redressement judiciaire. Si un administrateur est désigné, il conviendra alors que le président du tribunal demande au bâtonnier le nom d'un avocat qui administrera le cabinet tandis que le bâtonnier par application de l'article 104 ou 105 alinéa 3 du décret du 27 novembre 1991 pourrait demander au Conseil de l'ordre de l'omettre du tableau pendant le suivi de la période de redressement judiciaire.

Enfin, dès le début de la période de liquidation judiciaire, l'avocat doit être nécessairement omis du tableau par le Conseil de l'ordre. Il serait bon, pour les questions de déontologie et en particulier de respect du secret professionnel évoquées ci-dessus, que le liquidateur soit, sur proposition du bâtonnier, désigné parmi les avocats en exercice.

Mais il serait bon auparavant que le pouvoir réglementaire, modifiant le décret du 27 novembre 1991, ait fixé un autre cas d'omission que ceux traités par les actuels articles 104 et 105.

1. Pérochon, « Le privilège des notables indélicats : un nouveau privilège ? », *D.* 2005, chron. 1146.

TITRE

6. Les maniements de fonds

SECTION 0

ORIENTEUR

6.00 Plan du titre.

CHAPITRE

61. Définition du maniement de fonds

SECTION 0 ORIENTEUR

61.00 Plan du chapitre.

Sect. 1 Critères

Sect. 2 Modalités

61.01 Textes applicables.

>

L. nº 71-1130, 31 déc. 1971, art. 27 et 53º-9

Décr. nº 91-1197, 27 nov. 1991, art. 229 à 235-2

RIN, art. 21.3.8

>

L. 31 déc. 1971, art. 27 [Assurance obligatoire]

[mod. par L. nº 90-1259, 31 déc. 1990, art. 18, art. 67, *JO* 5 janv. 1991; en vigueur le 1er janv. 1992]

Il doit être justifié, soit par le barreau, soit collectivement ou personnellement par les avocats, soit à la fois par le barreau et par les avocats, d'une assurance garantissant la responsabilité civile professionnelle de chaque avocat membre du barreau, en raison des négligences et fautes commises dans l'exercice de leurs fonctions.

Il doit également être justifié d'une assurance au profit de qui il appartiendra, contractée par le barreau ou d'une garantie affectée au remboursement des fonds, effets ou valeurs reçus.

Le bâtonnier informe le procureur général des garanties constituées.

Les responsabilités inhérentes aux activités visées au deuxième alinéa de l'article 6 et à l'article 6 *bis* sont supportées exclusivement par les avocats qui les exercent; elles doivent faire l'objet d'assurances spéciales qui sont contractées à titre individuel ou collectif, dans les conditions fixées par la loi du 13 juillet 1930 relative au contrat d'assurance.

L. 31 déc. 1971, art. 53 [Conditions d'application de l'article 27]

[mod. par L. nº 2004-130, 11 févr. 2004, art. 26, *JO* 12]

Dans le respect de l'indépendance de l'avocat, de l'autonomie des Conseils de l'ordre et du caractère libéral de la profession, des décrets en Conseil d'État fixent les conditions d'application du présent titre.

Ils présentent notamment :

[...]

9º Les conditions d'application de l'article 27 et, notamment, les conditions des garanties, les modalités du contrôle et les conditions dans lesquelles les avocats reçoivent des fonds, effets ou valeurs pour le compte de leurs clients, les déposent dans une caisse créée obligatoirement à cette fin par chaque barreau ou en commun par plusieurs barreaux et en effectuent le règlement;

Décr. 27 nov. 1991, art. 229 [Régime des règlements pécuniaires]

[mod. par décr. nº 96-610, 5 juill. 1996, art. 2, *JO* 9]

Sous réserve de justifier d'un mandat spécial dans les cas où il est exigé, l'avocat procède aux règlements pécuniaires liés à son activité professionnelle, en observant les règles fixées par le présent décret et par le règlement intérieur du barreau. Ces règlements pécuniaires ne peuvent être que l'accessoire des actes juridiques ou judiciaires accomplis dans le cadre de son exercice professionnel.

Décr. 27 nov. 1991, art. 230 [Formes des règlements]

[mod. par décr. nº 2001-373, 27 avr. 2001, art. 3 XV, *JO* 29; en vigueur le 1er janv. 2002]

Sauf lorsqu'ils n'excèdent pas 150 euros, somme à concurrence de laquelle ils peuvent être exécutés en espèces contre quittance, les règlements pécuniaires mentionnés à l'article 229 ne peuvent avoir lieu que par chèques ou virements bancaires ou postaux.

Décr. 27 nov. 1991, art. 231 [Règles et documents comptables]

Les opérations de chaque avocat sont retracées dans des documents comptables destinés, notamment, à constater les versements de fonds et remises d'effets ou valeurs qui lui sont faits au titre de ses opérations professionnelles ainsi que les opérations portant sur ces versements ou remises.

Cette comptabilité est tenue dans les conditions prévues à l'article 235.

Décr. 27 nov. 1991, art. 232 [Présentation de la comptabilité par l'avocat]

L'avocat est tenu de présenter cette comptabilité à toute demande du bâtonnier.

Il est tenu de présenter tous extraits nécessaires de cette comptabilité lorsqu'il en est requis par le président du tribunal de grande instance ou le premier président de la cour d'appel, saisi d'une contestation en matière d'honoraires ou débours ou en matière de taxe.

Décr. 27 nov. 1991, art. 233 [Accusé de réception des versements et remises]

Tous les versements de fonds ou remises d'effets et valeurs à un avocat donnent lieu à la délivrance ou à l'envoi d'un accusé de réception s'il n'en a pas été donné quittance.

Décr. 27 nov. 1991, art. 234 [Défaut de dérogation]

Les dispositions du présent chapitre ne dérogent pas aux règles applicables aux règlements pécuniaires et à la comptabilité directement liés à l'exercice des fonctions accessoires dans les conditions prévues à l'article 11 et au deuxième alinéa de l'article 38 de la loi n° 85-99 du 25 janvier 1985.

Décr. 27 nov. 1991, art. 235 [Vérification du Conseil de l'ordre]

[mod. par décr. n° 95-1110, 17 oct. 1995, art. 18, *JO* 19]

Le règlement intérieur du barreau fixe les mesures propres à assurer les vérifications prévues par l'article 17 (9°) de la loi du 31 décembre 1971 précitée.

Le bâtonnier informe le procureur général, au moins une fois l'an, du résultat de ces vérifications.

La comptabilité des sociétés constituées entre avocats appartenant à des barreaux différents et des cabinets ayant ouvert un bureau secondaire dans le ressort d'un barreau distinct est vérifiée par le Conseil de l'ordre des avocats du lieu du siège social ou de l'établissement principal, qui peut se faire communiquer les documents comptables correspondant à l'activité accomplie dans les autres barreaux.

Le bâtonnier de ce Conseil de l'ordre informe les bâtonniers des barreaux dont les membres font l'objet d'une vérification de leur comptabilité du déroulement de cette opération ainsi que de son résultat.

Le Conseil de l'ordre vérificateur peut déléguer aux Conseils de l'ordre locaux certaines opérations de vérifications s'appliquant aux membres de leurs barreaux.

Décr. 27 nov. 1991, art. 235-1 [Affectation des produits financiers]

[créé par décr. n° 96-610, 5 juill. 1996, art. 3, *JO* 9]

Les produits financiers des fonds, effets ou valeurs mentionnés au 9° de l'article 53 de la loi du 31 décembre 1971 précitée sont affectés exclusivement :

1° Au financement des services d'intérêt collectif de la profession, et notamment des actions de formation, d'information et de prévoyance, ainsi qu'aux œuvres sociales des barreaux;

2° À la couverture des dépenses de fonctionnement du service de l'aide juridictionnelle et au financement de l'aide à l'accès au droit.

Décr. 27 nov. 1991, art. 235-2 [Recours obligatoire à la Caisse]

[créé par décr. n° 96-610, 5 juill. 1996, art. 3, *JO* 9]

Les avocats ne peuvent procéder aux règlements pécuniaires mentionnés au 9° de l'article 53 de la loi du 31 décembre 1971 précitée que par l'intermédiaire de la caisse prévue au même article.

Il est interdit aux avocats de recevoir une procuration ayant pour objet de leur permettre de disposer de fonds déposés sur un compte ouvert au nom de leur client ou d'un tiers, autre que l'un des sous-comptes mentionnés à l'article 240-1.

RIN, art. 21.3.8 [Fonds des clients]

21.3.8.1 Lorsqu'à un moment quelconque l'avocat détient des fonds pour le compte de ses clients ou de tiers (ci-après dénommés « Fonds-Clients »), il est tenu d'observer les règles suivantes :

21.3.8.1.1 Les Fonds-Clients seront toujours maintenus dans un compte ouvert dans une banque ou une institution similaire agréée par l'autorité publique. Tous les Fonds-Clients reçus par un avocat doivent être versés à un tel compte, sauf en cas d'autorisation expresse ou implicite du client pour une affectation différente.

21.3.8.1.2 Tout compte ouvert au nom de l'avocat contenant des Fonds-Clients mentionne dans sa dénomination que les fonds y déposés sont détenus pour le compte de(s) client(s) de l'avocat.

21.3.8.1.3 Les comptes de l'avocat sur lesquels des Fonds-Clients sont versés, doivent constamment être provisionnés au moins à hauteur du total des Fonds-Clients détenu par l'avocat.

21.3.8.1.4 Les Fonds-Clients doivent immédiatement être versés aux clients ou dans des conditions autorisées par le client.

21.3.8.1.5 Sauf règles de droit contraires ou ordre de la cour et accord exprès ou implicite du client pour qui le paiement est fait, sont interdits tous paiements effectués au moyen de Fonds-Clients pour compte d'un client à une tierce personne, y compris :

(a) les paiements faits à un client ou pour un client avec des fonds appartenant à un autre client;

(b) le prélèvement des honoraires de l'avocat.

21.3.8.1.6 L'avocat tient des relevés complets et précis de toutes les opérations effectuées avec les Fonds-Clients, en distinguant les Fonds-Clients des autres sommes détenues par l'avocat et il les remet au client qui en fait la demande.

23.3.8.1.7 Les autorités compétentes des États membres sont autorisées à vérifier et examiner, en préservant le secret professionnel, les documents relatifs aux Fonds-Clients, pour s'assurer que les règles qu'elles ont fixées sont bien respectées ainsi que pour sanctionner les manquements à ces règles.

23.3.8.2 Sous réserve de ce qui suit et sans préjudice des règles de l'art. 3.8.1. ci-dessus, l'avocat détenant des Fonds-Clients dans le cadre d'une activité professionnelle exercée dans un autre État membre doit observer les règles sur le dépôt et la comptabilité des Fonds-Clients appliquées par le barreau de l'État membre d'origine dont il dépend.

23.3.8.3 L'avocat qui exerce son activité dans un État membre d'accueil peut, avec l'accord des autorités compétentes de l'État membre de provenance et de l'État membre d'accueil, se conformer exclusivement aux règles de l'État membre d'accueil sans être tenu d'observer les règles de l'État membre de provenance. Dans ce cas, l'avocat est tenu de prendre les mesures nécessaires pour informer ses clients qu'il observe les règles applicables dans l'État membre d'accueil.

61.02 Jurisprudence de référence.

> Définition des maniements de fonds : il y a maniement de fonds lorsque la somme reçue par l'avocat transite par son compte

• **CA Aix-en-Provence, 17 déc. 1973,** *Gaz. Pal.* 1974, I, 271, note Dubois.

* V. s[s] n°s 61.11 et 61.14.

> Le compte Carpa ne peut pas servir à l'avocat pour lui permettre d'effectuer des opérations financières que ses clients ne veulent pas réaliser eux-mêmes et qui ne sont pas en relation avec l'activité professionnelle de leur conseil, notamment des opérations de prêt

• **CA Aix-en-Provence, 10 mars 1980,** *Gaz. Pal.* 1980, 1, 269, note A. D.

* V. s[s] n° 61.22.

> Un Conseil de l'ordre peut imposer à l'avocat de joindre, pour toute opération de crédit ou de débit sur le compte Carpa, le justificatif de la cause et de l'objet de ce dépôt ou retrait

• **Civ. 1re, 21 oct. 2003, n° 01-11.169,** *Bull. civ.* I, n° 205.

* V. s[s] n° 61.23.

« Mais attendu que l'article 17 de la loi du 31 décembre 1971 donne mission au Conseil de l'ordre de traiter toutes questions intéressant l'exercice de la profession et de veiller à l'observation des devoirs des avocats ainsi qu'à la protection de leurs droits, de maintenir les principes de probité, de désintéressement, de modération et de confraternité sur lesquels repose la profession et d'exercer la surveillance que l'honneur et l'intérêt de ses membres rendent nécessaire; que l'article 53 du même texte renvoie à des décrets en Conseil d'État la précision des modalités de contrôle des conditions dans lesquelles les avocats reçoivent des fonds, effets ou valeurs pour le compte de leurs clients, les déposent dans une caisse créée obligatoirement et en effectuent le règlement; que l'article 229 du décret d'application édicte que l'avocat procède aux règlements pécuniaires liés à son activité professionnelle en observant les règles fixées par ce texte et par le règlement intérieur du barreau; que les articles 241 et 241-1 du même texte, relatifs, le premier aux opérations de retrait, le second aux dépôts et maniements de ces fonds, effets ou valeurs, renvoient à un arrêté ministériel, lequel prescrit que la caisse des règlements pécuniaires des avocats doit être en mesure de contrôler, notamment lors des opérations de retrait de fonds, la provenance de ceux-ci et la justification du lien entre les règlements pécuniaires des avocats et les actes juridiques ou judiciaires accomplis par ceux-ci dans le cadre de leur exercice professionnel; que, dès lors, la cour d'appel, qui n'avait pas à surseoir à statuer sur l'exception d'illégalité de l'article 8 de l'arrêté ministériel du 5 juillet 1996, dépourvue de tout caractère sérieux au regard des textes donnant compétence au Conseil de l'ordre pour fixer les règles applicables aux règlements pécuniaires liés à l'activité professionnelle des avocats, a exactement jugé que le Conseil de l'ordre du barreau de Nice, ainsi investi, par ces dispositions législatives et réglementaires, du pouvoir d'apporter au secret professionnel les dérogations strictement nécessaires à l'organisation du contrôle relatif aussi bien aux dépôts qu'aux retraits opérés sur les comptes ouverts par les avocats auprès de la caisse des règlements pécuniaires, pouvait, sans excéder les limites de son pouvoir réglementaire, obliger les membres de ce barreau à produire un justificatif de la cause et de l'objet de toute opération en débit ou crédit sur le compte "maniements de fonds" ouvert auprès de la caisse des règlements pécuniaires des avocats; qu'ainsi, le moyen ne peut être accueilli. »

61.09 Évolution de la réglementation du maniement de fonds. La possibilité pour l'avocat de manier les fonds a été reconnue par le décret du 10 avril 1954[1]. La matière était auparavant laissée à l'appréciation des règlements intérieurs qui interdisaient à l'avocat d'effectuer ce type d'opérations. La loi du 31 décembre 1971 a confirmé cette autorisation en ses articles 27 et 53-9°. Les modalités en sont définies aux articles 207 à 245 du décret du 27 novembre 1991, lesquels ont été modifiés par le décret du 15 juillet 1996[2] et par un arrêté de la même date[3]. Lors de l'adoption du Règlement intérieur harmonisé, la Commission d'harmonisation du CNB a décidé de « lui proposer de ne pas inclure dans ses travaux les règles et usages concernant le maniement des fonds. L'harmonisation indispensable en cette matière est acquise depuis les textes législatifs et réglementaires de 1996 et les textes établis par l'Union nationale des caisses d'avocats (Unca). »[4] Le RIN, remplaçant le RIU, ne contient pas plus de dispositions concernant le maniement de fonds. En revanche, le Code de déontologie européenne traite de cette question à l'article 21.3.8 du RIN.

SECTION 1
CRITÈRES

61.11 Les fonds doivent transiter par le compte de l'avocat. Les maniements de fonds constituent

1. Décr. n° 54-406, 10 avr. 1954 portant règlement d'administration publique sur l'exercice de la profession d'avocat et la discipline du barreau, *JO* 11 avr., p. 3494, mod.
2. Décr. n° 96-610, 5 juill. 1996 modifiant le décret n° 91-1197 du 27 novembre 1991 organisant la profession d'avocat, *JO* 9 juill., p. 10335, mod.
3. Arr. 5 juill. 1996 fixant les règles applicables aux dépôts et maniements des fonds, effets ou valeurs reçus par les avocats pour le compte de leurs clients, *JO* 9 juill., p. 10337; mod. par arr. 19 août 1997, *JO* 22 août 1997.
4. Décis. CNB n° 1999-001.

des opérations distinctes des versements d'honoraires. Ce sont des opérations par lesquelles l'avocat verse à son client ou à son adversaire des fonds qui leur sont dus en vertu de décision de justice ou de transaction.

Si le client reçoit ou paie directement en un chèque à l'ordre de l'adversaire, il n'y a pas maniement de fonds au sens de la loi mais dès lors que la somme transite par le compte de l'avocat et y demeure le temps nécessaire pour faire signer une quittance ou obtenir une mainlevée, il y a maniement de fonds [1].

61.12 Personnes habilitées à procéder à ces maniements de fonds. Tout avocat qui représente ou assiste autrui, c'est-à-dire même l'avocat non postulant, est habilité à procéder aux règlements pécuniaires liés à son activité professionnelle, en observant les règles fixées par le chapitre 3 du décret du 27 novembre 1991, dans sa rédaction issue du décret du 5 juillet 1996 [2], par l'arrêté du 5 juillet 1996 [3] et du 25 décembre 1996 [4], ainsi que celui du 19 août 1997 [5], et enfin du règlement intérieur du barreau [6].

61.13 Caractère accessoire de ces règlements. Ces règlements pécuniaires ne peuvent être que l'accessoire des actes juridiques ou judiciaires accomplis dans le cadre de son exercice professionnel [7].

61.14 Définition extensive. Doivent être exclusivement considérés comme maniement de fonds, les règlements pécuniaires, c'est-à-dire le fait de détenir temporairement, en vue de transmettre à son client ou au Conseil de l'adversaire, les fonds destinés aux justiciables en exécution d'une décision judiciaire ou d'une transaction.

Selon un arrêt d'Aix du 17 décembre 1973 [8], le maniement de fonds comprend également les fonds reçus par les avocats à l'occasion de l'exercice de leur activité professionnelle, quelle qu'en soit leur destination et même les sommes reçues du client pour couvrir les frais et émoluments de postulation, l'avocat devant déposer ces sommes au compte régi à l'époque de l'arrêt par les dispositions du décret du 25 août 1972 [9] et régler tous les droits et versements nécessaires au déroulement de procédures à partir de ce compte.

La cour d'Aix, dans un arrêt postérieur, avait encore étendu la notion de maniement de fonds. Ainsi, le fait par l'avocat de créanciers, d'avoir rapproché ceux-ci du débiteur pour faire accepter aux deux parties la conversion de la procédure de saisie en cours, en vente volontaire, entre bien dans le cadre de l'activité professionnelle de l'avocat et, dès lors, en versant ces fonds à des comptes ouverts spécialement par lui, l'avocat a contrevenu aux prescriptions légales [10].

L'avocat qui, à la requête des parties qui l'avaient constitué, a engagé une procédure de saisie immobilière contre un adversaire débiteur de ses clients, puis accepte ce dernier dans sa clientèle et fait accepter aux parties la conversion de la procédure de saisie en cours en vente volontaire et reçoit des fonds en exécution de cet accord, effectue un maniement de fonds. En effet, les fonds qu'il détient, à charge de les distribuer aux créanciers, le sont bien dans le cadre d'une transaction intervenue entre des clients. Les fonds séquestrés doivent donc être soumis aux dispositions du décret du 25 août 1972 (même arrêt).

Les fonds destinés aux clients doivent être déposés en Carpa, même si l'avocat prétend retenir sur ces fonds, ses honoraires, et même pendant la période où il attend l'arbitrage du bâtonnier sur le sort de cette somme [11]. La Cour de cassation, dans l'arrêt qui rejette le pourvoi contre l'arrêt de Lyon, retient en outre, la faute, pour l'avocat, le fait de n'avoir pas comptabilisé au compte Carpa la somme revenant au client, même s'il devait exercer sur cette somme un droit de rétention [12]. L'arrêt de Lyon avait, en outre, enjoint à l'avocat de faire tenir au client, dans un délai d'un mois, une somme de 552 francs, la Cour de cassation a rejeté le moyen relevé contre ce chef de condamnation, non pour des raisons de fond mais parce que le moyen n'avait pas été soulevé dans les conclusions d'appel et ne pouvait l'être pour la première fois devant la Cour de cassation.

En revanche, le fait par un avocat d'avoir déposé une somme reçue du client, en vue de transiger avec un créancier, non à son compte Carpa mais à un autre compte au nom de l'avocat et de n'en avoir pu obtenir la restitution qu'après l'intervention d'un second avocat et ce quatorze mois plus tard,

1. CA Aix-en-Provence, 17 déc. 1973, *Gaz. Pal.* 1974, 1, 271, note Dubois.
2. Décr. n° 96-110, 5 juill. 1996.
3. Arr. 5 juill. 1996, *JO* 9 juill.
4. Arr. 25 déc. 1996.
5. Arr. 19 août 1997, *JO* 22 août [en vigueur depuis le 22 août 1997].
6. Décr. 27 nov. 1991, art. 229.
7. Décr. 27 nov. 1991, art. 229; réd. décr. 5 juill. 1996.
8. CA Aix-en-Provence, 17 déc. 1973, *Gaz. Pal.* 1974, 1, 271.
9. Décr. n° 72-785, 25 août 1972, mod. par décr. n° 2005-790, 12 juill. 2005.
10. CA Aix-en-Provence, 17 mai 1976, inédit – RAPPR. : Civ. 1re, 1er déc. 1993, *Gaz. Pal.* 29 mars 1994, 6 et note Robinot-Lafortune et Damien, p. 2.
11. CA Lyon, 7 févr. 1977, *Gaz. Pal.* 1979, 2, somm. 436 – CA Paris, 23 févr. 1994, *D.* 1995, somm. 154.
12. Civ. 1re, 3 oct. 1978, n° 77-11.772, *Bull. civ.* I, n° 283; *Gaz. Pal.* 1979, 1, 120, note A. D.

alors que durant cette période le prévenu n'était pas en mesure de représenter cette somme à tout moment, constitue un abus de confiance[1]. De même, la jurisprudence a précisé que les règles propres à la profession d'avocat prohibent toute opération de compensation et d'une manière générale tout maniement de fonds sur un compte Carpa sans l'accord du client[2].

SECTION 2
MODALITÉS

61.21 Modes de règlements. Les règlements pécuniaires ne peuvent avoir lieu que par chèques ou virements bancaires ou postaux dès lors qu'ils excèdent 150 euros[3]. L'avocat ne peut recevoir en espèces une somme supérieure à 150 euros. Si le client lui apporte un montant en espèces supérieur, il doit le prier de lui remettre ces fonds par un chèque de banque.

61.22 Documents comptables. Toutes les opérations de maniements de fonds sont retracées dans des documents comptables destinés à constater les versements de fonds et remises d'effets ou valeurs qui sont faits au titre des opérations professionnelles ainsi que les opérations portant sur ces versements ou remises[4]. Cette comptabilité est tenue dans les conditions prévues à l'article 235 du décret du 27 novembre 1991[5], c'est-à-dire selon le règlement fixé par le Conseil de l'ordre qui y détermine les mesures propres à assurer les vérifications prévues par l'article 17-9° de la loi du 31 décembre 1971 et qui informe le procureur général, au moins une fois par an, du résultat de ses vérifications[6].

La cour d'Aix a été amenée à préciser les règles en matière de maniement de fonds par l'intermédiaire des Caisses de règlements pécuniaires d'avocats. L'avocat doit tenir un livre de comptes sur le modèle qui lui est fourni par la Carpa ou sur un modèle similaire. Les fiches clients ne sont pas susceptibles de remplacer ce livre de comptes exigé par les articles 38 à 47 du décret du 25 août 1972.

Le compte Carpa ne peut contenir que des fonds litigieux ou en relation avec une affaire confiée à un avocat. Le compte Carpa ne peut pas servir à l'avocat pour lui permettre d'effectuer des opérations financières que ses clients ne veulent pas réaliser eux-mêmes et qui ne sont pas en relation avec l'activité professionnelle de leur conseil, notamment des opérations de prêt[7].

Tous les versements de fonds et remises de valeurs à un avocat donnent lieu à délivrance ou à l'envoi d'un accusé de réception s'il n'en a pas été donné quittance[8].

61.23 Recours obligatoire à la Caisse de règlements pécuniaires. L'article 235-2 du décret du 27 novembre 1991, dans sa rédaction issue du décret du 5 juillet 1996, précise que les avocats ne peuvent procéder aux règlements pécuniaires mentionnés au 9° de l'article 53 de la loi du 31 décembre 1971, que par l'intermédiaire de la Caisse de règlements pécuniaires (v. s^s^ n°s 62.01 s.) et qu'il est interdit aux avocats de recevoir une procuration ayant pour objet de leur permettre de disposer des fonds déposés sur un compte ouvert au nom de leur client ou d'un tiers autre que l'un des sous comptes mentionnés à l'article 240-1 du décret du 27 novembre 1991.

Les écritures référentes à l'activité de chaque avocat sont retracées dans un compte individuel ouvert à son nom :

– chaque compte individuel est lui-même divisé en autant de sous comptes qu'il y a d'affaires traitées par l'avocat;

– tout mouvement de fonds entre sous comptes est interdit, sauf autorisation spéciale préalable et motivée du président de la caisse;

– aucun sous compte ne doit présenter de solde débiteur[9].

Un Conseil de l'ordre peut imposer à l'avocat de joindre, pour toute opération de crédit ou de débit sur le compte Carpa, le justificatif de la cause et de l'objet de ce dépôt ou retrait[10].

61.24 Présentation de la comptabilité au bâtonnier. L'avocat est tenu de présenter sa comptabilité à toute demande du bâtonnier (v. s^s^ n° 24.11). Son refus constitue une faute l'exposant à une sanction disciplinaire (v. s^s^ n° 81.61), il est tenu de présenter tous extraits nécessaires de cette comptabilité lorsqu'il en est requis par le président du tribunal de grande instance ou le premier président de la cour d'appel saisi d'une contestation en matière d'honoraires et de débours ou en matière de taxes[11].

• Pour un exemple de refus de présenter sa comptabilité exposant l'avocat à une sanction disciplinaire...[12]

1. Crim. 27 avr. 1994, n° 93-82.976, *Bull. crim.*, n° 152; *Gaz. Pal.* 21 juill. 1994, somm. 414.
2. Crim. 11 févr. 2004, n° 03-83.904, NP.
3. Décr. 27 nov. 1991, art. 230.
4. Décr. 27 nov. 1991, art. 230.
5. Décr. 27 nov. 1991, art. 235; mod. par décr. n° 95-1110, 17 oct. 1995.
6. Décr. 27 nov. 1991, art. 234, 235.
7. CA Aix-en-Provence, 10 mars 1980, *Gaz. Pal.* 1980, 1, 269, note A. D.
8. Décr. 27 nov. 1991, art. 233.
9. Décr. 27 nov. 1991, art. 240-1; réd. décr. 5 juill. 1996.
10. Civ. 1re, 21 oct. 2003, n° 01-11.169, *Bull. civ.* I, n° 205.
11. Décr. 27 nov. 1991, art. 232.
12. CA Paris, 1re ch. A, 27 avr. 1994, NP.

CHAPITRE

62. Caisse de règlements pécuniaires des avocats (Carpa)

SECTION 0
ORIENTEUR

62.00 **Plan du chapitre.**

62.01 **Textes applicables.**

>

L. n° 71-1130, 31 déc. 1971, art. 53-9°

Décr. n° 91-1197, 27 nov. 1991, art. 236 à 244

Arr. 5 juill. 1996

>

L. 31 déc. 1971, art. 53 [Conditions d'application de l'article 27]

[mod. par L. n° 2004-130, 11 févr. 2004, art. 26, *JO* 12]

Dans le respect de l'indépendance de l'avocat, de l'autonomie des Conseils de l'ordre et du caractère libéral de la profession, des décrets en Conseil d'État fixent les conditions d'application du présent titre.

Ils présentent notamment :

[...]

9° Les conditions d'application de l'article 27 et, notamment, les conditions des garanties, les modalités du contrôle et les conditions dans lesquelles les avocats reçoivent des fonds, effets ou valeurs pour le compte de leurs clients, les déposent dans une caisse créée obligatoirement à cette fin par chaque barreau ou en commun par plusieurs barreaux et en effectuent le règlement.

Décr. 27 nov. 1991, art. 236 [Création des Caisses des règlements pécuniaires des avocats]

La caisse des règlements pécuniaires prévue par le 9° de l'article 53 de la loi du 31 décembre 1971 précitée est créée par une délibération du Conseil de l'ordre ou, lorsque la caisse est commune à plusieurs barreaux, par une délibération conjointe des Conseils de l'ordre des barreaux intéressés.

Décr. 27 nov. 1991, art. 237 [Responsabilité des barreaux]

[mod. par décr. 5 juill. 1996, art. 4, *JO* 9; en vigueur le 1er oct.]

La caisse des règlements pécuniaires des avocats est constituée sous forme d'association déclarée régie par la loi du 1er juillet 1901 susvisée ou, dans les départements du Bas-Rhin, du Haut-Rhin et de la Moselle, sous forme d'association de droit local. Elle est placée sous la responsabilité du ou des barreaux qui l'ont instituée.

Décr. 27 nov. 1991, art. 237-1 [Justifications de moyens en matériel et en personnel]

[créé par décr. 5 juill. 1996, art. 5, *JO* 9]

La caisse des règlements pécuniaires des avocats doit justifier auprès de la commission prévue à l'article 241-3 de moyens en matériel et en personnel nécessaires à son fonctionnement.

À défaut, la caisse doit, après délibération des Conseils de l'ordre concernés, se regrouper avec une ou plusieurs autres caisses en une caisse commune satisfaisant à cette obligation.

Décr. 27 nov. 1991, art. 238 [Statuts et règlement intérieur]

[mod. par décr. 5 juill. 1996, art. 6, *JO* 9]

Le ou les Conseils de l'ordre, en exécution de la délibération prévue à l'article 236, dressent les statuts de la caisse et en arrêtent le règlement intérieur.

Décr. 27 nov. 1991, art. 239 [Notification au procureur général]

[mod. par décr. 5 juill. 1996, art. 7, *JO* 9]

La délibération prévue à l'article 236 et les décisions prévues à l'article 238 sont notifiées par lettre recommandée avec demande d'avis de réception au procureur général près la cour d'appel dans le ressort de laquelle est établi le siège de la caisse et à la commission prévue à l'article 241-3.

Le procureur général peut déférer ces délibérations et décisions à la cour d'appel dans les conditions prévues à l'article 16.

Décr. 27 nov. 1991, art. 240 [Ouverture du compte de la Caisse]

[mod. par décr. 5 juill. 1996, art. 8, *JO* 9]

Les fonds, effets ou valeurs mentionnés à l'article 53-9° de la loi du 31 décembre 1971 précitée, reçus par les avocats, sont déposés à un compte ouvert au nom de la caisse des règlements pécuniaires des avocats dans les écritures d'une banque ou de la caisse des dépôts et consignations.

Décr. 27 nov. 1991, art. 240-1 [Régime des comptes des avocats]

[créé par décr. 5 juill. 1996, art. 9, *JO* 9]

Les écritures afférentes à l'activité de chaque avocat sont retracées dans un compte individuel ouvert à son nom.

Chaque compte individuel est lui-même divisé en autant de sous-comptes qu'il y a d'affaires traitées par l'avocat.

Tout mouvement de fonds entre sous-comptes est interdit, sauf autorisation spéciale, préalable et motivée du président de la caisse.

Aucun sous-compte ne doit présenter de solde débiteur.

Décr. 27 nov. 1991, art. 241 [Autorisation du prélèvement d'honoraires]

[mod. par décr. 5 juill. 1996, art. 10, *JO* 9]

Aucun retrait de fonds du compte mentionné à l'article 240-1 ne peut intervenir sans un contrôle préalable de la caisse des règlements pécuniaires des avocats effectué selon des modalités définies par l'arrêté mentionné à l'article 241-1.

Aucun prélèvement d'honoraires au profit de l'avocat ne peut intervenir sans l'autorisation écrite préalable du client.

Décr. 27 nov. 1991, art. 241-1 [Arrêté]

[créé par décr. 5 juill. 1996, art. 11, *JO* 9]

Un arrêté du garde des Sceaux, ministre de la Justice, pris après avis du Conseil national des barreaux, fixe les règles applicables aux dépôts et maniements des fonds, effets ou valeurs mentionnés au 9° de l'article 53 de la loi du 31 décembre 1971 précitée.

Décr. 27 nov. 1991, art. 241-2 [Désignation d'un commissaire aux comptes]

[créé par décr. 5 juill. 1996, art. 11, *JO* 9]

Le ou les Conseils de l'ordre auprès desquels est instituée la caisse désignent, pour une durée de six ans, un commissaire aux comptes choisi sur la liste mentionnée à l'article 219 de la loi n° 66-537 du 24 juillet 1966 sur les sociétés commerciales et répondant aux conditions de choix prescrites par l'article 30 de la loi du 10 juillet 1991 susvisée.

Le contrôle du commissaire aux comptes ainsi désigné porte sur le respect par la caisse de l'ensemble des règles et obligations fixées par le présent décret et par l'arrêté mentionné à l'article 241-1.

Le commissaire aux comptes peut se faire communiquer tous documents et renseignements utiles à sa mission.

Il établit chaque année un rapport.

La commission prévue à l'article 241-3, le procureur général près la cour d'appel dans le ressort de laquelle est établi le siège de la caisse, le ou les bâtonniers de l'Ordre des avocats auprès desquels est instituée la caisse en sont destinataires.

Décr. 27 nov. 1991, art. 241-3 [Commission de contrôle]

[créé par décr. 5 juill. 1996, art. 11, *JO* 9]

Il est institué une commission de contrôle chargée de veiller au respect par les caisses des règlements pécuniaires des avocats de l'ensemble des règles et obligations prévues par le présent décret et par l'arrêté mentionné à l'article 241-1.

Cette commission est composée du président du Conseil national des barreaux, du bâtonnier de l'Ordre des avocats de Paris, du président de la Conférence des bâtonniers, du président de l'Union nationale des caisses d'avocats. Chacun d'eux désigne un suppléant choisi au sein de l'organisation qu'il représente.

La commission élit son président ainsi que celui de ses membres appelé à remplacer le président si celui-ci est absent ou empêché.

La commission peut bénéficier, sur sa demande, d'une assistance technique procurée par toute personne désignée par un arrêté du garde des Sceaux, ministre de la Justice.

La commission établit son règlement intérieur.

En cas de partage des voix, celle du président est prépondérante.

Décr. 27 nov. 1991, art. 241-4 [Avis et recommandations de la Commission]

[créé par décr. 5 juill. 1996, art. 11, *JO* 9]

La commission peut, à tout moment, au vu notamment des rapports établis par les commissaires aux comptes, émettre des avis ou recommandations à l'attention des caisses.

Elle peut également, à tout moment, soit d'office, soit sur demande du bâtonnier ou du procureur général près la cour d'appel dans le ressort de laquelle est établi le siège d'une caisse, procéder ou faire procéder, par l'intermédiaire d'un ou de plusieurs avocats qu'elle désigne à cet effet, au contrôle des caisses.

Les avocats ainsi désignés ne peuvent être membres du ou des ordres auprès desquels est instituée la caisse.

Ils peuvent se faire assister, avec l'accord de la commission, d'une ou de plusieurs personnes de leur choix.

Les caisses sont tenues de leur remettre l'ensemble des documents qu'ils estiment nécessaires à l'exercice de leur mission.

À l'issue de leurs investigations, ils dressent un rapport.

La commission prévue à l'article 241-3, le procureur général près la cour d'appel dans le ressort de laquelle est établi le siège de la caisse, le ou les bâtonniers de l'Ordre des avocats auprès desquels est instituée la caisse en sont destinataires.

Décr. 27 nov. 1991, art. 241-5 [Pouvoirs de la Commission]

[créé par décr. 5 juill. 1996, art. 11, *JO* 9]

Lorsque le rapport révèle des manquements aux règles et obligations prévues par le présent décret, ou par l'arrêté mentionné à l'article 241-1, la commission, soit d'office, soit sur saisine du procureur général près la cour d'appel dans le ressort de laquelle est établi le siège de la caisse, peut prendre l'une des mesures prévues à l'article 241-6.

Le ou les bâtonniers et le président de la caisse sont invités par lettre recommandée avec demande d'avis de réception à fournir leurs observations. Ils disposent pour le faire d'un délai d'un mois.

Décr. 27 nov. 1991, art. 241-6 [Mesures de la Commission]

[créé par décr. 5 juill. 1996, art. 11, *JO* 9]

La commission de contrôle peut émettre des avis et recommandations. Elle peut également enjoindre aux caisses de mettre fin aux manquements mentionnés à l'article 241-5. Elle veille à l'exécution de l'obligation prévue à l'article 237-1, alinéa 2.

En cas de carence des organes de gestion de la caisse, de risque de non-représentation des fonds, effets et valeurs déposés ou de manquement aux règles d'affectation des produits financiers prévues à l'article 235-2, la commission de contrôle peut désigner, pour une durée maximale d'un an renouvelable une fois, un avocat aux fins d'assister le président de la caisse.

L'avocat ainsi désigné ne peut être membre du ou des ordres auprès desquels est instituée la caisse.

Il peut donner au président de la caisse tous avis, conseils et mises en garde. Il tient régulièrement informé le procureur général ainsi que la commission de contrôle.

Si l'urgence le requiert, la commission de contrôle peut suspendre le fonctionnement de la caisse et en organiser l'administration provisoire.

Décr. 27 nov. 1991, art. 241-7 [Procédure devant la Commission]

[créé par décr. 5 juill. 1996, art. 11, *JO* 9]

La commission rend ses décisions après avoir entendu le président de la caisse et, le cas échéant, le ou les bâtonniers et toute personne dont l'audition lui paraît nécessaire.

Le président de la caisse peut se faire assister par le conseil de son choix.

Les décisions de la commission sont motivées et exécutoires par provision. Elles sont notifiées au président de la caisse par lettre recommandée avec demande d'avis de réception. Elles peuvent faire l'objet d'un recours devant la cour d'appel de Paris dans un délai d'un mois à compter de leur notification. Le sursis à exécution peut être prononcé.

Décr. 27 nov. 1991, art. 242 [Bureaux secondaires]

[mod. par décr. 5 juill. 1996, art. 12, *JO* 9]

L'avocat qui a été autorisé à ouvrir un ou plusieurs bureaux secondaires hors du ressort du barreau auquel il appartient procède aux règlements pécuniaires mentionnés à l'article 53-9° de la loi du 31 décembre 1971 précitée par l'intermédiaire de la caisse de règlements pécuniaires instituée par le Conseil de l'ordre de son barreau.

Arr. 5 juill. 1996, art. 1er

Chaque caisse des règlements pécuniaires des avocats ouvre un compte unique pour les dépôts et règlements de fonds dans un établissement de crédit de son choix.

Arr. 5 juill. 1996, art. 2

Le compte mentionné à l'article 1er est divisé en autant de comptes individuels qu'il y a d'avocats membres de la caisse.

En cas d'exercice en commun, un seul compte est ouvert au nom de la structure d'exercice.

Arr. 5 juill. 1996, art. 3

La caisse des règlements pécuniaires des avocats ne peut déléguer à un tiers la surveillance et le contrôle des mouvements de fonds transitant par les comptes individuels ouverts au nom des avocats.

Arr. 5 juill. 1996, art. 4

[mod. arr. 19 août 1997, art. 1]

Les placements effectués par chaque caisse des règlements pécuniaires des avocats doivent garantir la représentation des fonds placés, laquelle devra être effectivement assurée aux échéances respectives des instruments financiers choisis comme supports de placement. Ces placements doivent répondre aux exigences de liquidité suffisante au regard des flux constatés et des échéances prévisibles.

Arr. 5 juill. 1996, art. 5

La caisse des règlements pécuniaires des avocats doit tenir un fichier recensant l'ensemble des informations utiles relatives à la situation des avocats membres de la caisse.

Le (ou les) Conseil(s) de l'ordre auprès desquels est instituée la caisse doivent informer immédiatement cette dernière des inscriptions, omissions, démissions, suspensions, radiations, changements dans les modalités d'exercice professionnel, ainsi que de tous éléments qu'ils estiment utiles à l'accomplissement de la mission de la caisse.

Arr. 5 juill. 1996, art. 6

La caisse des règlements pécuniaires des avocats doit ouvrir un dossier pour chaque titulaire d'un compte individuel. Ce dossier comprend obligatoirement :

1° Pour tous les avocats : les pièces justificatives de l'inscription au barreau ;

2° Pour les structures d'exercice, les statuts, l'extrait K *bis* du registre du commerce et des sociétés, la liste des associés, la liste des avocats exerçant dans la structure, la liste des personnes régulièrement habilitées à signer des chèques, la liste des établissements secondaires du groupement et les références des comptes des caisses des règlements pécuniaires des avocats correspondants.

Arr. 5 juill. 1996, art. 7

La caisse des règlements pécuniaires des avocats est équipée d'un logiciel répondant aux normes édictées par la commission de contrôle.

Arr. 5 juill. 1996, art. 8

La caisse des règlements pécuniaires des avocats doit être en mesure de contrôler, notamment lors des opérations mentionnées à l'article 241 du décret du 27 novembre 1991 susvisé, les éléments suivants :

1° La position bancaire et comptable des sous-comptes – affaires;

2° L'intitulé et la nature des affaires;

3° La provenance des fonds crédités sur les sous-comptes – affaires;

4° L'identité des bénéficiaires des règlements;

5° Les affaires dont le montant des crédits est supérieur au plafond des assurances garantissant la représentation des fonds;

6° La justification du lien entre les règlements pécuniaires des avocats et les actes juridiques ou judiciaires accomplis par ceux-ci dans le cadre de leur exercice professionnel;

7° L'absence de mouvement sur un sous-compte – affaires.

Arr. 5 juill. 1996, art. 9

[abrogé par CE 17 mai 1999]

Arr. 5 juill. 1996, art. 10

La caisse des règlements pécuniaires des avocats établit un compte de résultat, présenté par année civile sur le modèle établi par l'Union nationale des caisses d'avocats.

Arr. 5 juill. 1996, art. 11

Chaque avocat membre de la caisse des règlements pécuniaires des avocats ne dispose de la signature sur son compte individuel qu'en qualité de mandataire du président de la caisse.

Arr. 5 juill. 1996, art. 12

Les fonds reçus par les avocats doivent être déposés à la caisse des règlements pécuniaires des avocats dès réception.

Arr. 5 juill. 1996, art. 13

Les fonds doivent être reversés au bénéficiaire dès la justification de l'encaissement définitif et dans le respect des conventions de délais de bonne fin conclues entre la caisse et l'établissement de crédit dépositaire des fonds.

Arr. 5 juill. 1996, art. 14

Chaque avocat appelé à recevoir des fonds, effets ou valeurs d'un montant supérieur à la limite de garantie de la police d'assurance souscrite par le barreau doit avertir immédiatement le président de la caisse des règlements pécuniaires des avocats, afin qu'une garantie complémentaire soit souscrite avant la réception des fonds, effets ou valeurs.

Arr. 5 juill. 1996, art. 15

Lorsqu'un avocat constate qu'un chèque émis n'est pas présenté au débit par son bénéficiaire dans un délai normal d'encaissement, il doit s'enquérir auprès du bénéficiaire des raisons de ce retard.

En cas de perte ou vol du chèque, la caisse des règlements pécuniaires des avocats doit notifier à l'établissement de crédit une opposition au paiement. Si les fonds déposés au titre d'une affaire ne peuvent être remis au bénéficiaire, l'avocat en informe la caisse des règlements pécuniaires des avocats.

La caisse doit enregistrer ces fonds sur un compte spécial.

Les fonds restent à la disposition de l'intéressé ou de tout ayant droit jusqu'à prescription.

Arr. 5 juill. 1996, art. 16

Les articles 7 et 8 du présent arrêté entreront en vigueur le premier jour du troisième mois suivant la date de sa publication.

Arr. 5 juill. 1996, art. 17

Le directeur des affaires civiles et du sceau est chargé de l'exécution du présent arrêté, qui sera publié au *Journal officiel* de la République française.

62.02 Jurisprudence de référence.

> En cas de signification d'une saisie portant sur les fonds déposés par un avocat au nom de son client, la Carpa a seule la qualité de tiers saisi pour l'application des articles 44 de la loi du 9 juillet 1991 et 59 du décret du 31 juillet 1992

• **Civ. 2e, 9 janv. 2003, n° 00-13.887,** *Bull. civ.* II, n° 4.

* V. s^s n° 62.28.

« Mais attendu qu'il résulte des articles 237 et suivants du décret du 27 novembre 1991, 8 et 11 de l'arrêté du 5 juillet 1996 que la caisse des règlements pécuniaires des avocats (Carpa) est titulaire d'un compte, ouvert auprès d'une banque, sur lequel les avocats ont l'obligation légale de déposer les fonds remis par leurs clients; que si chaque avocat est titulaire, auprès de la Carpa, d'un compte individuel et de sous-comptes-affaires, il ne dispose de la signature sur son compte individuel qu'en qualité de mandataire du président de la Carpa; qu'en cas de signification d'une saisie portant sur les fonds déposés par un avocat au nom de son client, la Carpa a seule la qualité de tiers saisi pour l'application des articles 44 de la loi du 9 juillet 1991 et 59 du décret du 31 juillet 1992; que la nécessité d'interroger l'avocat titulaire du compte individuel peut constituer un motif légitime au sens de l'article 60 du même décret;

Et attendu que l'arrêt retient à bon droit que seule la caisse avait la qualité de tiers saisi et que la saisie n'avait pas à être dénoncée à l'avocat. »

> L'avocat titulaire d'un compte à la Carpa de son barreau doit être en mesure de présenter à tout moment les fonds au versement desquels ses clients peuvent prétendre

• **Civ. 1re, 4 mai 1982,** NP, *Gaz. Pal.* 1982, 2, pan. jur. 291.

* V. s^s n° 62.27.

« Mais attendu que l'avocat titulaire d'un compte à la caisse des règlements pécuniaires de son barreau, compte alimenté par les fonds, effets ou valeurs reçus par l'avocat à l'occasion de l'exercice de sa profession, doit être en mesure de représenter à tout moment les fonds au versement desquels ses clients peuvent prétendre et qu'il ne peut prélever sur ce compte que les honoraires qui lui sont dus, avec l'accord de ses clients;

Que la cour d'appel a relevé que la situation débitrice du compte de Me R... provenait de ce que, pendant plusieurs années et de façon continue, celui-ci avait utilisé les fonds de ses clients pour ses besoins personnels, notamment en prélevant partie d'une indemnité d'accident de 265 000 francs destinée à un de ses clients et en faisant domicilier à ce compte les échéances mensuelles d'une dette qu'il avait contractée pour l'achat d'un appartement ainsi que ses factures d'électricité et de téléphone et autres dettes personnelles dont la cause n'a pu être précisée;

Qu'elle ajoute que, malgré l'engagement pris le 9 janvier 1980 de combler sous huitaine le déficit de son compte qui s'élevait à 183 608,70 francs, Me R… n'a versé le 17 janvier 1980 qu'une somme de 115 000 francs et a attendu le 11 juin 1980, soit quelques jours avant sa comparution devant la cour d'appel, pour verser le solde;

Que les juges du second degré ont pu déduire de ces énonciations que Me R… avait manqué aux règles professionnelles ainsi qu'à ses obligations d'honneur, de probité et de délicatesse;

Qu'elle a, ainsi, légalement justifié sa décision et que le moyen n'est fondé en aucune de ses branches;

Sur le troisième moyen : attendu que Me R… reproche encore à la cour d'appel d'avoir retenu contre lui un manquement disciplinaire au motif que, malgré son engagement prit le 9 janvier 1980 de combler sous huitaine le déficit de son compte à la Carsab, s'élevant à 183 608,70 francs, il n'avait versé la totalité de cette somme que le 11 juin 1980, alors qu'un relevé des opérations de son compte fait apparaître l'existence d'un virement de 183 608,70 francs porté à son crédit le 15 janvier 1980;

Qu'ainsi la cour d'appel aurait dénaturé par omission ce document;

Mais attendu que le relevé de compte invoqué par le moyen n'a pas été produit devant la cour d'appel qui n'a pas pu, dès lors, le dénaturer. »

62.03 Bibliographie indicative.

Ouvrages. Guinchard (dir.), DALLOZ ACTION PR. CIV. 2009/2010 – Guinchard et Moussa (dir.), DALLOZ ACTION VOIES D'EX. 2010/2011 – Woog, Sari, Woog, *Stratégie contentieuse du créancier*, 2e éd., « Dalloz Référence », 2006, spéc. nos 721.13 s.

Article. Cohen, « Les problèmes soulevés par la saisie-arrêt entre les mains de l'avocat », *Gaz. Pal.* 1983, 1, doctr. 32 – Krebs, « Saisies et comptes Carpa », *Gaz. Pal.* 9-13 nov. 2003, act. p. 23.

62.09 Évolution des dotations versées aux Carpa et leurs reports. La gestion des crédits de l'aide juridictionnelle est pris en charge par le Service de l'accès au droit et à la justice et de la politique de la ville (SADJPV) du ministère de la Justice, créé en février 2002 et rattaché au secrétariat général du ministère. Ce service est l'ordonnateur des dotations des aides juridictionnelles destinées à chaque barreau et versées à chaque Carpa. Dans le cadre de la préparation de la loi de finances initiale, le SADJPV établit la dotation globale de l'aide juridictionnelle pour la loi de finances de l'année *n* au cours de l'exercice *n*-1. Le tableau ci-dessous fait apparaître l'évolution des dotations globales et initiales ainsi que les reports entre 2003 et 2007. Il fait ressortir que les reports enregistrent une légère croissance en 2007 après une forte augmentation entre 2003 et 2005 : ils passent de près de 30 % en 2004 à moins de 20 % en 2006 et 2007. Les reports de 2007 sur 2008 enregistrent ainsi 21,5 % de la dotation globale 2007, soit 54 millions d'euros[1].

La communication de la Cour des comptes est ainsi conclue : « Les observations techniques formulées par la Cour au cours et à l'issue de l'instruction, ont globalement recueilli, lors de la phase de contradiction l'assentiment, de la profession et de la chancellerie. […]. Pour autant, il n'est pas assuré que l'ensemble des engagements pris suffise à régler la totalité des dysfonctionnements relevés, ni à résoudre les interrogations qui subsistent quant aux principes même de fonctionnement du dispositif actuel de gestion de l'aide juridictionnelle. »

ÉVOLUTION DES DOTATIONS VERSÉES AUX CARPA ET DES REPORTS AU NIVEAU NATIONAL DE 2003 À 2007 (EN EUROS ET EN % DE CROISSANCE)

Euros	2003		2004		2005		2006		2007	
Dotation totale versée aux Carpa en année *n*	227 695 300	nd	225 844 500	– 0,81 %	252 105 050	11,63 %	256 627 600	1,79 %	277 543 617	8,15 %
– dont % provision initiale versée en début d'année *n*	65 %		72 %		77 %		74 %		75 %	
Dotation totale de n-1 non consommée et reportée en *n*	45 171 877	nd	67 202 304	+ 48,77 %	53 787 098	– 19,96 %	47 079 544	– 12,47 %	48 424 797	+ 2,86 %
Taux de report sur dotation *n*-1	nd		29,5 %		24 %		18,7 %		19 %	

Source : ministère de la justice, Service de l'accès au droit et a la justice et de la politique de la ville (SADJPV).

1. Cour des comptes, *La gestion et l'efficacité des Carpa,* Communication à la Commission des finances, du contrôle budgétaire et des comptes économiques de la nation du sénat, sur une saisine d'octobre 2007.

SECTION 1
CRÉATION

62.11 Création par le Conseil de l'ordre. La caisse de règlements pécuniaires des avocats (Carpa) est prévue par le 9° de l'article 53 de la loi du 31 décembre 1971 et par le décret du 27 novembre 1991[1], modifié par le décret du 5 juillet 1996[2] et par les arrêtés du 5 juillet 1996[3], 19 août 1997[4].

La Carpa est créée par une délibération du Conseil de l'ordre ou par une délibération conjointe des Conseils de l'ordre lorsqu'elle est commune à plusieurs barreaux[5].

Malgré les précautions prises par les barreaux pour les maniements de fonds, des sinistres importants se sont produits, notamment à Rodez en 1994, qui ont amené le pouvoir réglementaire à durcir l'encadrement en cette matière. Le décret du 5 juillet 1996 et les deux arrêtés successifs[6] reprennent une bonne part, en les rendant obligatoires, des règles qui avaient été adoptées volontairement par un bon nombre de Carpa et instituent une réglementation nouvelle des Carpa.

62.12 La caisse relève de la responsabilité des barreaux. La caisse des règlements pécuniaires, qu'elle soit gérée directement par le barreau ou sous toute forme juridique, demeure sous la responsabilité du ou des barreaux qui l'ont instituée[7].

62.13 Règlement de la Caisse. Ce sont les barreaux qui fixent le statut, en rédigeant, s'il y a lieu, l'acte constitutif, en arrêtent le règlement et les règles de fonctionnement de la Caisse de règlements pécuniaires. Ils fixent les droits et obligations des avocats adhérents et notamment celles qui sont relatives à la tenue de la comptabilité ainsi que les modalités du contrôle[8].

• Le Conseil de l'ordre peut substituer une gestion informatisée des sous-comptes des avocats à la place des carnets de chèques Carpa[9].

• Le règlement de la Carpa à Paris a été publié en 1994 dans le *Bulletin du bâtonnier de Paris*[10].

62.14 Notification au procureur général. La délibération prévue à l'article 236 et les décisions prévues à l'article 238 sont notifiées par lettre recommandée avec demande d'avis de réception au procureur général près la cour d'appel dans le ressort de laquelle est établi le siège de la caisse.

Le procureur général peut déférer ces délibérations et décisions à la cour d'appel dans les conditions prévues à l'article 16[11].

62.15 Union nationale des caisses d'avocats (Unca). L'Union nationale des caisses d'avocats regroupe les 173 Carpa représentant les 181 barreaux français (v. s[s] n° 26.11). Elle apporte une assistance aux Carpa en leur proposant des documents-types, en aidant à établir leur règlement intérieur, en mettant à leur disposition des logiciels informatiques ou en se chargeant des relations avec les banques. Elle assure également une formation et une information des responsables élus et administratifs des Carpa. Elle coopère avec la Chancellerie, les Carpa et les barreaux pour l'administration du maniement des fonds affectés à l'aide juridictionnelle.

SECTION 2
FONCTIONNEMENT

62.21 Compte, sous-comptes et sous-sous-comptes. Un compte général est ouvert au nom de la Carpa dans une banque ou à la Caisse des dépôts; ce compte est divisé en autant de sous-comptes que d'avocats ou groupements d'avocats et chacun de ces sous-comptes est subdivisé par affaire.

Aucun sous-compte ne peut être déficitaire, cette présentation permettant à l'avocat et au bâtonnier d'avoir une vue claire et immédiate de la situation pécuniaire.

Un sous-compte (ou compte individuel) déficitaire pourrait être considéré comme constitutif d'un délit[12].

Les fonds, valeurs ou effets perçus par les avocats sont déposés à un compte ouvert au nom de la caisse dans les écritures d'une banque ou de la caisse des dépôts et consignations. Les écritures afférentes à l'activité de chaque avocat sont retracées dans un sous-compte individuel et les avocats ne peuvent procéder aux règlements pécuniaires que par l'intermédiaire de cette caisse[13]. La Carpa est désormais obligatoire, l'avocat ne pouvant procéder aux règlements pécuniaires mentionnés à l'article 53-9 de la loi du 31 décembre 1971 que par l'intermédiaire de cette caisse.

1. Décr. n° 91-1197, 27 nov. 1991, art. 236 à 244.
2. Décr. n° 96-110, 5 juill. 1996.
3. Arr. 5 juill. 1996, *JO* 9 juill.
4. Arr. 19 août. 1997, *JO* 22 août.
5. Décr. 27 nov. 1991, art. 236.
6. Décr. 27 nov. 1991, chap. 3.
7. Décr. 27 nov. 1991, art. 237.
8. Décr. 27 nov. 1991, art. 238.
9. Civ. 1re, 26 mai 1994, n° 92-17.294, *Bull. civ.* I, n° 185; *D.* 1994, IR 159; *JCP* 1994, IV, 1871.
10. Règl. Carpa, *Bull. bâtonnier Paris* 4 oct. 1994, n° 32, p. 262 s.
11. Décr. 27 nov. 1991, art. 239.
12. C. pén., art. 314-1.
13. Décr. 27 nov. 1991, art. 240, 241.

Aucun retrait de fonds par l'avocat ne peut intervenir sans un contrôle préalable de la caisse[1]. L'avocat doit présenter à la Caisse une demande de retrait avec les justifications de ce retrait (arr. 5 juill. 1996, art. 8). En pratique le chèque est établi par la Caisse elle-même, aucun prélèvement d'honoraires ne peut intervenir sans la présentation d'une autorisation écrite préalable du client[2].

62.22 Modalités de règlement par l'avocat des sommes figurant sur un des sous-comptes de son cabinet. Après avoir longtemps remis à l'avocat un carnet de chèques sur lequel il tirait des chèques à l'ordre du bénéficiaire, les Carpa ont remplacé progressivement ce mode de paiement en ne remettant plus de carnet de chèques aux avocats. Elles leur demandent, pour chaque règlement, l'indication du nom du bénéficiaire et après avoir établi le chèque elles-mêmes, l'envoient à l'avocat qui y appose sa signature. Ce mode de fonctionnement, qui n'entraîne pas de délais particuliers en raison du procédé électronique utilisé, a permis aux Carpa d'exercer un contrôle beaucoup plus efficace sur les maniements de fonds par l'avocat.

62.23 Représentation des fonds. L'arrêté du 19 août 1997, modifiant l'article 4 de l'arrêté du 5 juillet 1996, précise les mesures nécessaires pour que les placements effectués par les Carpa garantissent la représentation des fonds placés afin que cette garantie soit effectivement assurée aux échéances respectives des instruments financiers choisis comme supports de placements et dispose que ces placements doivent répondre aux exigences de liquidité suffisante au regard des flux constatés et des échéances prévisibles.

62.24 Comptabilité de l'avocat. La comptabilité et les livres comptables que doit tenir un avocat pour manier des fonds par l'intermédiaire de la Carpa, ne sont pas définis par la loi. Néanmoins on peut s'inspirer de ce qui avait été établi sur les comptes dits « article 42 », ces comptes tiraient leur nom de l'article 42 du décret du 25 août 1972 organisant le maniement de fonds au profit d'avocats qui ne désiraient pas user de la possibilité d'adhérer à la Carpa. Ce compte a été supprimé par le décret du 13 mars 1986[3].

On peut dès lors penser que la comptabilité des avocats doit comprendre au moins les documents suivants :

- un livre journal;
- une comptabilité clients des fonds reçus;
- une comptabilité clients des valeurs et effets reçus.

Le livre journal mentionnera par ordre chronologique sans blancs, ni ratures ni reports en marge, toutes les opérations, qu'elles soient effectuées en espèces, chèques, virements ou autrement.

Ce livre est relié et coté sans discontinuité, il peut être paraphé par le bâtonnier, si le règlement intérieur du barreau le prévoit, il indique notamment pour chaque opération la date, le nom de la partie pour laquelle l'opération est effectuée, le libellé clair et succinct de l'opération ainsi que son montant et le mode de règlement.

La comptabilité clients des fonds reçus est retracée dans un livre de comptes-clients qui reprend les écritures du livre journal.

Ce livre contient le compte de chaque client par le relevé de toutes les recettes et dépenses effectuées pour lui.

Les balances sont faites au moins semestriellement au 30 juin et au 31 décembre.

Le livre des comptes-clients peut être tenu sur un feuillet mobile.

Un relevé est établi pour chaque client pour toutes les entrées et sorties de valeurs et effets.

Les quittances délivrées aux clients doivent comporter la date, le nom de l'avocat, le nom et l'adresse de la partie versante, le montant, la cause du versement ou la remise, ainsi que pour les fonds le mode de versement.

62.25 Bureau secondaire. L'avocat qui est autorisé à ouvrir un ou plusieurs bureaux secondaires hors du ressort du barreau auquel il appartient, procède aux règlements pécuniaires par l'intermédiaire de la Caisse de règlements pécuniaires de son barreau[4] (v. s^s^ n°s 54.01 s.). Un règlement pris pour l'application de l'article 29 de la loi du 10 juillet 1991 relatif à l'aide juridique notamment en ce qui concerne les comptes Carpa destinés à régler les honoraires des avocats, a été adopté[5].

Seuls les fonds, effets ou valeurs reçus à l'occasion des activités exercées dans le bureau secondaire sont déposés à la caisse des règlements pécuniaires.

62.26 Dispositions particulières tenant à la rémunération de l'avocat. Avant tout règlement définitif, l'avocat remet à son client un compte détaillé. Ce compte doit faire ressortir distinctement les frais et débours, les émoluments tarifés et les honoraires.

Il doit porter mention des sommes précédemment reçues à titre de provision ou autre.

1. Décr. 27 nov. 1991, art. 241.
2. Décr. 27 nov. 1991, art. 241.
3. Décr. n° 86-454, 13 mars 1986.
4. Décr. 27 nov. 1991, art. 242; réd. décr. 5 juill. 1996, art. 12.
5. Règl. pris pour l'application de L. 10 juill. 1991, art. 29, *Gaz. Pal.* 24 oct. 1996, 719.

Un compte établi selon les modalités prévues aux premier et deuxième alinéas doit également être délivré par l'avocat à la demande de son client ou du bâtonnier ou lorsqu'il en est requis par le président du tribunal de grande instance ou le premier président de la cour d'appel, saisi d'une contestation en matière d'honoraires ou débours ou en matière de taxe[1].

62.27 Conditions du prélèvement d'honoraires. L'avocat titulaire d'un compte à la caisse de règlements pécuniaires de son barreau, compte alimenté par les fonds, effets ou valeurs reçus par l'avocat à l'occasion de l'exercice de sa profession, doit être en mesure de présenter à tout moment les fonds au versement desquels ses clients peuvent prétendre et il ne peut prélever sur ce compte que les honoraires qui lui sont dus et avec l'accord préalable de ses clients.

• Ayant relevé que la situation débitrice du compte d'un avocat provenait de ce que, pendant plusieurs années, il avait utilisé les fonds de ses clients pour ses besoins personnels, la cour a pu en déduire qu'il avait manqué aux règles professionnelles ainsi qu'à ses obligations d'honneur, de probité et de délicatesse et a également justifié sa décision le radiant du tableau de l'Ordre[2].

62.28 Saisie-attribution des sommes en compte. Avant l'existence de la Carpa, rien ne s'opposait à ce que les deniers ou effets mobiliers détenus par un avocat au nom de son client, dans les conditions prévues par le décret du 27 novembre 1991, fassent l'objet d'une saisie-attribution dès lors que l'avocat s'abstient de révéler quelle est l'origine des fonds qu'il détient. Cette solution qui existait *mutatis mutandis* en ce qui concerne les anciens avoués est toujours valable à l'égard de l'avocat qui exerce les activités antérieurement dévolues au ministère obligatoire de l'avoué[3] mandataire *ad litem* du client, il est donc bien un tiers aux termes de l'article 557 ancien du Code de procédure civile.

Un arrêt de la Cour de cassation du 20 juillet 1965[4] avait bien affirmé que l'avoué était un tiers par rapport à son client dont il détient les fonds : « Attendu que le créancier d'un plaideur peut faire saisir entre les mains de l'avoué de son débiteur comme entre celles de tout mandataire ou dépositaire... »

L'existence de la Carpa et de son statut spécial ne change rien à la chose : on ne saurait soutenir que les fonds Carpa sont insaisissables ou que les sommes perçues à ce compte ne font qu'y transiter comme si le client les recevait lui-même. On ne saurait pas plus opposer le secret professionnel de l'avocat qui n'est pas un secret absolu, comme nous l'avons rappelé (v. s^{s} n°s 36.01 s.) et qui ne couvre certainement pas un refus de divulgation de renseignements qui aurait uniquement pour but de protéger le client contre les actions justifiées de ses créanciers et ce, alors que les fonds que l'avocat a reçus sur son compte Carpa l'ont été en exécution d'un jugement ou d'une opération juridique[5]. Il a ainsi été jugé, s'agissant à l'époque d'une saisie-arrêt sur un compte Carpa, que le secret professionnel ne pouvait être opposé lorsqu'un avocat, détenteur de fonds appartenant à un tiers, se trouvait interpellé en qualité de « tiers saisi »[6].

L'article 42 de la loi du 9 juillet 1991 prévoit la possibilité de « saisir entre les mains d'un tiers les créances de son débiteur portant sur une somme d'argent ». Deux conditions doivent être réunies : le tiers saisi doit réunir les qualités de tiers et de débiteur par rapport au premier débiteur saisi. La question s'est posée de savoir si un avocat peut devenir « tiers saisi ». En effet, dès lors que les fonds ne sont plus entre les mains de l'avocat, mais doivent être déposés dans une Carpa, on peut se demander à qui la saisie-attribution doit être signifiée. Sur ce point, il a été jugé, à l'occasion de la signification d'une saisie portant sur les fonds déposés par un avocat au nom de son client, que la Carpa a seule la qualité de « tiers saisi » pour l'application de l'article 44 de la loi du 9 juillet 1991[7]. Dès lors que la Carpa a reçu de l'avocat les renseignements concernant les sommes détenues, elle doit avertir l'huissier et transférer les fonds sur un compte séquestre, ce qui a pour effet de rendre la somme indisponible. Il a même été jugé, par le même arrêt, que la nécessité d'interroger l'avocat titulaire d'un compte individuel constitue un motif légitime au sens de l'article 60 du décret du 31 juillet 1992 (même arrêt). L'avocat quant à lui est tenu de faire réponse « sans délai » à la Carpa (même arrêt).

62.29 Sur le plan fiscal. La Direction générale des impôts a admis, par une lettre du 18 mai 1981 adressée au bâtonnier Lussan, fondateur de la Carpa, puis de l'Unca, les Carpa au bénéfice du

1. Décr. 12 juill. 2005, art. 12, al. 2.
2. Civ. 1re, 4 mai 1982, NP, *Gaz. Pal.* 1982, 2, pan. 291.
3. L. 31 déc. 1971, art. 5.
4. Civ. 1re, 20 juill. 1965, *Bull. civ.* I, n° 491 ; *D.* 1965, 642, note A. B. ; *JCP* 1965, II, 14831, note J. A.
5. Cohen, « Les problèmes soulevés par la saisie-arrêt entre les mains de l'avocat », *Gaz. Pal.* 1983, 1, doctr. 32 – TGI Rouen, ord. réf., 23 avr. 1987, *Gaz. Pal.* 1987, 2, 520, note Damien ; *D.* 1988, 47, note Prévault.
6. TGI Rouen, 23 avr. 1987, *D.* 1988, 2, 47, note Prévault ; *Gaz. Pal.* 1987, 2, 520, note Damien.
7. Civ. 2e, 9 janv. 2003, n° 00-13.887, *Bull. civ.* II, n° 4 ; *D.* 2004, somm. 2825, obs. Blanchard ; *Bull. civ.* II, n° 4 ; *Gaz. Pal.* 2003, 1, 467, note Bonnet ; *JCP* 2004, I, 117, obs. Martin.

régime d'imposition atténuée prévu aux articles 28-5 et 219 du Code général des impôts, dès lors que les ressources des Carpa sont constituées dans leur quasi-totalité des produits des sommes qui y sont déposées, que les cotisations des avocats à la Carpa sont symboliques et que les Carpa s'abstiennent de procurer à leurs membres, sauf de manière accessoire, des services rémunérés, consacrant au contraire leurs fonds à la formation des avocats et futurs avocats et à l'information des justiciables.

De même les Carpa ne sont pas assujetties à la TVA celle-ci n'étant assise que sur des sommes réellement encaissées, alors que les Carpa se caractérisent par l'absence de recettes.

• **Contestation de l'attribution des intérêts.** L'attribution à chaque Ordre d'avocats des intérêts du compte Carpa de l'Ordre est contestée par certains sur le plan doctrinal, la question étant toutefois tranchée par le décret du 13 mars 1986. Ces intérêts ne sauraient, selon cette opinion, être attribués aux Ordres qui n'ont aucun droit sur ces sommes, ni d'ailleurs aux clients dont les fonds, sans l'existence d'un compte bloqué rassemblant en une masse unique tous les fonds dont les avocats sont dépositaires, ne pourraient bénéficier de l'allocation d'intérêts. Ces sommes devraient donc être déposées à la Caisse des dépôts et consignations et les intérêts attribués à l'État. Un tel système serait imaginable s'il s'agissait uniquement de fonds séquestrés, ce qui n'est pas le cas; il s'agit en effet d'une multitude de règlements transitant chez les avocats pendant le laps de temps nécessaire pour faire signer une quittance au client créancier; d'autre part, grâce à ces intérêts, les Ordres d'avocats organisent la formation professionnelle de leurs membres, les consultations gratuites, la défense de certains clients non pris en charge par l'indemnisation des affaires d'aide judiciaire ou de commissions d'office, charges que les Ordres accomplissent en tant que service public dont le poids insupportable pour les Ordres nécessiterait l'octroi de subventions par l'État au cas de suppression des bénéfices des fonds Carpa. Le système actuel donne donc aux Ordres les moyens de les assumer gratuitement pour le public en utilisant leurs fonds propres et sans recours à l'État.

SECTION 3
CONTRÔLE

62.31 Contrôle des Caisses de règlements pécuniaires. Un contrôle des Caisses de règlements pécuniaires est institué, confié à un commissaire aux comptes attaché à chaque Caisse et par une commission nationale de contrôle.

Le commissaire aux comptes a pour mission de contrôler le respect par les caisses de l'ensemble des règles et obligations du décret du 27 novembre 1991 et des arrêtés subséquents. Ce contrôle est confié à un commissaire aux comptes indépendant, dont le rapport sur les comptes qui lui sont soumis risque parfois d'entrer en conflit avec le contrôle exercé par le Conseil de l'ordre. Le rapport annuel du commissaire aux comptes est transmis au bâtonnier, au procureur général, à la commission nationale de contrôle.

La commission est chargée de veiller au respect par les caisses de l'ensemble des règles et obligations prévues par le décret et les arrêtés; elle est composée du président du CNB, du bâtonnier de Paris, du président de la Conférence des bâtonniers, du président de l'Union nationale des caisses d'avocats; elle dispose d'un pouvoir d'injonction à l'égard des Caisses, elle peut suspendre le fonctionnement d'une Caisse et désigner un administrateur provisoire; ses décisions sont susceptibles d'un recours devant la cour d'appel de Paris. La commission sera alertée principalement par les rapports des commissaires aux comptes. Par ailleurs chaque Caisse doit justifier auprès de la commission de moyens matériels, notamment informatiques, et en personnel nécessaire à son bon fonctionnement; à défaut, la Caisse doit, après délibération des Conseils de l'ordre concernés se regrouper avec plusieurs autres caisses dans une caisse commune satisfaisant à ces obligations[1].

1. Décr. 27 nov. 1991, art. 237-1.

CHAPITRE

63. Assurance au profit de qui il appartiendra et garantie financière

SECTION 0

ORIENTEUR

63.00 **Plan du chapitre.**

63.01 **Textes applicables.**

>

L. n° 71-1130, 31 déc. 1971, art. 27

Décr. n° 91-1197, 27 nov. 1991, art. 207 à 228

>

L. 31 déc. 1971, art. 27 [Assurance obligatoire]

[mod. par L. n° 90-1259, 31 déc. 1990, art. 18, art. 67, *JO* 5 janv.; en vigueur le 1er janv. 1992]

Il doit être justifié, soit par le barreau, soit collectivement ou personnellement par les avocats, soit à la fois par le barreau et par les avocats, d'une assurance garantissant la responsabilité civile professionnelle de chaque avocat membre du barreau, en raison des négligences et fautes commises dans l'exercice de leurs fonctions.

Il doit également être justifié d'une assurance au profit de qui il appartiendra, contractée par le barreau ou d'une garantie affectée au remboursement des fonds, effets ou valeurs reçus.

Le bâtonnier informe le procureur général des garanties constituées.

Les responsabilités inhérentes aux activités visées au deuxième alinéa de l'article 6 et à l'article 6 *bis* sont supportées exclusivement par les avocats qui les exercent; elles doivent faire l'objet d'assurances spéciales qui sont contractées à titre individuel ou collectif, dans les conditions fixées par la loi du 13 juillet 1930 relative au contrat d'assurance.

> L'assurance au profit de qui il appartiendra

Décr. 27 nov. 1991, art. 207 [Finalité]

L'assurance prévue au deuxième alinéa de l'article 27 de la loi du 31 décembre 1971 précitée est contractée par le barreau auprès d'une entreprise d'assurances régie par le Code des assurances.

Elle garantit, au profit de qui il appartiendra, le remboursement des fonds, effets ou valeurs reçus à l'occasion de l'exercice de leur activité professionnelle par les avocats membres du barreau souscripteur.

Décr. 27 nov. 1991, art. 208 [Modalités de mise en œuvre]

La garantie d'assurance prévue à l'article 207 s'applique en cas d'insolvabilité de l'avocat membre du barreau souscripteur du contrat, sur la seule justification que la créance soit certaine, liquide et exigible.

Pour l'assureur, l'insolvabilité de l'avocat résulte d'une sommation de payer ou de restituer suivie de refus ou demeurée sans effet pendant un délai d'un mois à compter de sa signification.

L'auteur de la sommation et l'avocat avisent sans délai le bâtonnier de la sommation.

Décr. 27 nov. 1991, art. 209 [Fonds ne pouvant dépasser le montant de la garantie]

L'avocat, membre du barreau qui a contracté l'assurance prévue à l'article 207, ne peut, sous réserve des dispositions de l'article 226, recevoir des fonds, effets ou valeurs pour un montant excédant celui de la garantie accordée par l'assureur.

Ne sont pas pris en compte, dans le calcul des sommes visées au premier alinéa, les titres nominatifs ainsi que les chèques et les effets payables à l'ordre d'une personne dénommée autre que l'avocat ou la caisse des règlements pécuniaires prévue à l'article 53 (9°) de la loi du 31 décembre 1971 précitée.

> La garantie financière

Décr. 27 nov. 1991, art. 210 [Finalité]

Tout avocat, s'il n'est membre d'un barreau qui a souscrit l'assurance prévue à l'article 207 et sans préjudice des dispositions de l'article 226, doit justifier de la garantie mentionnée par le deuxième alinéa de l'article 27 de la loi du 31 décembre 1971 précitée.

Les obligations de garantie financière prévues au présent chapitre incombent aux sociétés civiles professionnelles et aux sociétés d'exercice libéral d'avocats, aux avocats exerçant la profession à titre individuel ou dans le cadre d'une association ou d'une société en participation ainsi qu'aux avocats exerçant la profession en qualité de collaborateur dans la mesure où ils exercent en même temps la profession pour leur propre compte.

Décr. 27 nov. 1991, art. 211 [Modalités]

La garantie prévue à l'article 210 ne peut valablement résulter que d'un engagement de caution pris par une banque, un établissement de crédit, une entreprise d'assurances ou une société de caution mutuelle, habilités à donner caution.

La caution résulte d'une convention écrite qui en fixe les conditions générales et précise, notamment, le montant de la garantie accordée, les conditions de rémunération, les modalités de contrôle comptable ainsi que les contre-garanties éventuellement exigées par le garant.

Décr. 27 nov. 1991, art. 212 [Objet de la garantie]

La garantie prévue à l'article 210 est affectée au remboursement des fonds, effets ou valeurs reçus pour le compte de qui il appartiendra par l'avocat à l'occasion de l'exercice de son activité professionnelle.

Décr. 27 nov. 1991, art. 213 [Montant de la garantie]

Sous réserve des dispositions de l'article 226, l'avocat doit solliciter une garantie financière d'un montant au moins égal au montant maximal des fonds qu'il envisage de détenir.

Décr. 27 nov. 1991, art. 214 [Détermination du montant de la garantie]

Sauf circonstances particulières dûment justifiées et sous réserve des dispositions de l'article 226, le montant de la garantie accordée à un avocat ayant au moins un an d'activité à ce titre ne peut être inférieur au montant maximal des sommes dont cet avocat est demeuré redevable, à un moment quelconque au cours des douze mois précédents, sur les versements de fonds et remises d'effets et valeurs reçus à l'occasion des opérations mentionnées à l'article 212.

Ne sont pas pris en compte, dans le calcul des sommes visées au premier alinéa, les titres nominatifs ainsi que les chèques et les effets payables à l'ordre d'une personne dénommée autre que l'avocat ou la caisse des règlements pécuniaires.

Lorsque l'avocat exerce son activité depuis moins d'une année, il est tenu compte, pour la détermination du montant de la garantie, d'une déclaration sur l'honneur souscrite par l'intéressé et indiquant le montant maximal des sommes qu'il envisage de détenir pendant la période de garantie fixée par la convention.

Si l'intéressé a déclaré son intention de ne pas recevoir habituellement de fonds et si, en outre, exerçant son activité depuis une année au moins, il n'a pas reçu de fonds au cours de la précédente période de garantie, les cotisations et participations qui peuvent lui être réclamées par le garant sont fixées au taux minimal pratiqué par la banque, l'établissement de crédit, l'entreprise d'assurances ou la société de caution mutuelle.

Décr. 27 nov. 1991, art. 215 [Révision du montant de la garantie]

Le montant de la garantie est révisé à la fin de chaque période annuelle ou lors de circonstances particulières survenant en cours d'année.

Il peut également être élevé à la demande de l'avocat pour une période de temps limitée.

Décr. 27 nov. 1991, art. 216 [Limite]

L'avocat ne peut, sous réserve des dispositions de l'article 226, recevoir de fonds, effets et valeurs, à l'exception de ceux qui sont mentionnés au deuxième alinéa de l'article 214, que dans la limite du montant des garanties accordées.

Décr. 27 nov. 1991, art. 217 [Attestation de garantie]

La banque, l'établissement de crédit, l'entreprise d'assurances ou la société de caution mutuelle délivre à l'avocat une attestation de garantie conforme au modèle fixé par arrêté conjoint du garde des Sceaux, ministre de la Justice, et du ministre chargé de l'économie et des finances.

Décr. 27 nov. 1991, art. 218 [Justificatifs]

Le garant peut demander à consulter tous registres et documents comptables ainsi que le relevé intégral, pour l'année écoulée, du compte affecté à la réception des fonds de la clientèle.

Il peut également demander à l'avocat de produire la justification de l'assurance prévue à l'article 205.

Ces demandes sont adressées à l'avocat par l'intermédiaire du bâtonnier.

Décr. 27 nov. 1991, art. 219 [Mise en œuvre de la garantie financière]

La garantie financière s'étend à toute créance ayant pour origine un versement de fonds ou une remise d'effets ou de valeurs effectués à l'occasion des actes ou des opérations mentionnés à l'article 212. Elle s'applique sur les seules justifications que la créance soit certaine, liquide et exigible et que la personne garantie soit défaillante, sans que le garant puisse opposer au créancier le bénéfice de discussion. Dans le cas où la créance fait l'objet d'une contestation en justice, le demandeur à l'instance doit aviser le garant par lettre recommandée avec demande d'avis de réception.

Pour le garant, la défaillance de l'avocat garanti résulte d'une sommation de payer ou de restituer suivie de refus ou demeurée sans effet pendant un délai d'un mois à compter de la signification de la sommation faite à celui-ci. L'avocat garanti avise sans délai le bâtonnier de cette sommation.

Si le garant conteste les conditions d'ouverture du droit au paiement ou le montant de la créance, le créancier peut assigner directement le garant devant la juridiction compétente.

Décr. 27 nov. 1991, art. 220 [Information du bâtonnier]

Le garant informe immédiatement le bâtonnier des demandes en paiement dont il est saisi.

Le bâtonnier indique à toute personne intéressée le nom et l'adresse de l'établissement qui assure la garantie de l'avocat ainsi que le montant des garanties constituées.

Décr. 27 nov. 1991, art. 221 [Modalités de paiement]

Le paiement est effectué par le garant à l'expiration d'un délai de trois mois à compter de la présentation d'une demande écrite, sous réserve, le cas échéant, d'une contestation portée devant le juge. En cas de cessation de la garantie avant l'expiration du délai prévu au premier alinéa, il est fait application des dispositions de l'article 225.

En cas de pluralité de demandes présentées dans les délais prescrits, le paiement a lieu au marc le franc dans le cas où le montant total de ces demandes excéderait le montant de la garantie.

Décr. 27 nov. 1991, art. 222 [Cessation de la garantie]

[mod. par décr. n° 2004-1386, 21 déc. 2004, art. 47, *JO* 23; en vigueur le 1er sept. 2007]

La garantie cesse à la suite soit de l'expiration du contrat de caution conclu avec une banque, un établissement de crédit, une entreprise d'assurances ou une société de caution mutuelle soit de la dénonciation de ce contrat par l'avocat, ou par la banque, l'établissement de crédit, l'entreprise d'assurances ou la société de caution mutuelle.

Elle cesse également par le décès de la personne garantie ou, s'il s'agit d'une société, par la clôture de sa liquidation ainsi que par la suspension provisoire, l'interdiction temporaire, l'omission, la radiation de l'avocat de la liste du stage ou du tableau.

Toutefois, sauf en cas de radiation, la garantie peut être prorogée avec l'autorisation du bâtonnier. Cette prorogation, si elle n'a pas été expressément prévue dans la convention initiale, doit faire l'objet d'un accord entre le garant, l'avocat ou ses ayants droit et l'avocat assumant la suppléance ou l'administration provisoire.

Décr. 27 nov. 1991, art. 223 [Information du bâtonnier et de l'établissement teneur du compte]

En cas de cessation de garantie pour quelque cause que ce soit, le garant est tenu d'en informer immédiatement, par lettre recommandée avec demande d'avis de réception ou par remise d'avis contre récépissé, le bâtonnier et l'établissement dans lequel est ouvert le compte affecté à la réception des fonds.

Le bâtonnier avise sans délai, dans les mêmes formes, les personnes dont les noms et adresses figurent dans les documents comptables et qui sont soit les auteurs de versements ou de remises, soit les destinataires éventuels de ces versements ou remises.

Décr. 27 nov. 1991, art. 224 [Effets à l'égard des tiers]

La garantie continue de produire ses effets à l'égard des tiers jusqu'à l'expiration d'un délai de trois jours suivant l'avis de cessation de garantie donné par le garant au bâtonnier dans les conditions prévues à l'article 223.

Décr. 27 nov. 1991, art. 225 [Production de créances]

Les créances mentionnées à l'article 219 qui ont pour origine un versement ou une remise fait antérieurement à la date de la cessation de garantie restent couvertes par le garant si elles sont produites par le créancier dans le délai de trois mois à compter de la date de réception de la lettre recommandée ou de l'avis prévu au second alinéa de l'article 223 pour les personnes qu'elle concerne ou de l'expiration du délai fixé à l'article 224 pour les autres personnes.

Ce délai ne court à l'égard des créanciers mentionnés au second alinéa de l'article 223 que si l'avis qui leur a été donné mentionne le temps qui leur est imparti pour produire.

> Cumuls d'assurances et garanties

Décr. 27 nov. 1991, art. 226 [Finalité]

Par dérogation aux dispositions de l'article 209, l'avocat membre d'un barreau qui a contracté l'assurance prévue à l'article 207 peut recevoir des fonds, effets ou valeurs pour un montant excédant le montant maximum de la garantie accordée par l'assureur, s'il justifie, à concurrence des sommes excédentaires, d'une garantie financière accordée dans les conditions prévues à la section II.

Décr. 27 nov. 1991, art. 227 [Conditions]

Un avocat n'est autorisé à conclure des conventions de garantie avec plusieurs garants pour l'ensemble des activités prévues à l'article 212 que dans le cas où le montant des sommes qu'il envisage de recevoir est supérieur au montant de la garantie que chacun des garants peut lui accorder.

En ce cas, chaque garant doit avoir été avisé de toutes les conventions passées avec les autres garants et doit être avisé, le cas échéant, de toute modification qui aurait pour effet de réduire, de suspendre ou de supprimer tout ou partie des garanties initialement accordées par les autres garants.

L'ordre dans lequel interviendront les garants en cas de mise en œuvre de la garantie et le montant maximal de chaque garantie, indiqués dans un document distinct, portent la signature de tous les garants.

Les dispositions du deuxième alinéa sont applicables lorsqu'une garantie complémentaire portant sur une opération déterminée a été consentie par une banque, un établissement de crédit, une entreprise d'assurances ou une société de caution mutuelle autre que celui qui garantit l'ensemble des activités de l'avocat.

Dans tous les cas, l'intéressé et le garant doivent informer le bâtonnier par lettre recommandée avec demande d'avis de réception des garanties complémentaires qui ont été consenties et des modalités de leur mise en œuvre.

Décr. 27 nov. 1991, art. 228 [Bureaux secondaires]

[mod. par décr. n° 96-610, 5 juill. 1996, art. 1er, *JO* 9 juill.]

En cas d'ouverture d'un bureau secondaire dans le ressort d'un barreau dont ne relève pas l'avocat, l'assurance et la garantie financière prévues à l'article 27 de la loi du 31 décembre 1971 précitée, souscrites dans le cadre de l'établissement principal, doivent être étendues aux actes accomplis dans le bureau secondaire.

Pour ce qui concerne les avocats membres d'associations ou de sociétés constituées entre avocats appartenant à des barreaux différents, l'assurance prévue au deuxième alinéa de l'article 27 de la loi du 31 décembre

63.02 Jurisprudence de référence.

> La sommation de payer n'est pas nécessaire si l'insolvabilité de l'avocat est par ailleurs démontrée

• **Civ. 1re, 27 mai 1998, n° 96-19.200,** *Bull. civ.* I, n° 183; *RGDA*, p. 843, note Mayaux.

* V. ss n° 62.12.

« Sur le premier moyen :

Attendu que la compagnie X... fait grief à l'arrêt de s'être ainsi prononcé, alors que, en déclarant, bien qu'elle eût constaté qu'aucune sommation de restituer n'avait été faite à M. C..., la compagnie X tenue à garantie au prétexte que cet assureur, dans une lettre du 15 novembre 1991 demandant que cette sommation fût faite, avait ajouté qu'une telle sommation "resterait sans effet", la cour d'appel n'aurait pas tiré les conséquences légales de ses propres constatations au regard de l'article 4 du décret du 25 août 1972 et du contrat conclu entre la X et le barreau de Versailles ainsi que de l'article 1134 du Code civil;

Mais attendu qu'ayant estimé, par une appréciation souveraine, qu'en énonçant dans la lettre du 15 novembre 1991 que la mise en demeure évoquée resterait sans effet, l'assureur avait admis que la réalisation du sinistre était alors tenue pour acquise, ce qui était normal pour une compagnie qui avait déjà eu à indemniser d'autres sinistres résultant de l'activité du même avocat, la cour d'appel en a déduit, sans encourir le grief du moyen, que la sommation requise par le texte visé par le moyen n'avait plus lieu d'être. »

SECTION 1
ASSURANCE AU PROFIT DE QUI IL APPARTIENDRA

63.11 Finalité. Elle est contractée par le barreau auprès d'une entreprise d'assurance régie par le Code des assurances. Elle garantit, au profit de qui il appartiendra, le remboursement des fonds et la restitution des effets et valeurs reçus à l'occasion de l'exercice de leur activité professionnelle par les avocats membres du barreau souscripteur [1].

63.12 Mise en œuvre de la garantie. Cette garantie s'applique en cas d'insolvabilité de l'avocat membre du barreau souscripteur du contrat, sur la seule justification que la créance soit certaine, liquide et exigible [2].

Pour l'assureur, l'insolvabilité de l'avocat résulte d'une sommation de payer ou de restituer suivie de refus ou demeurée sans effet pendant un délai d'un mois à compter de sa signification [3].

La jurisprudence considère que cette sommation n'est pas indispensable dès lors que cette insolvabilité est par ailleurs établie [4].

L'auteur de la sommation et l'avocat avisent sans délai le bâtonnier de la sommation [5].

L'avocat membre du barreau qui a contracté l'assurance prévue à l'article 207 du décret du 27 novembre 1991, ne peut, sous réserve des dispositions de l'article 226, recevoir des fonds, effets ou valeurs pour un montant excédant celui de la garantie accordée par l'assureur.

Ne sont pas pris en compte, dans le calcul des sommes en question, les titres nominatifs ainsi que les chèques et les effets payables à l'ordre d'une personne dénommée autre que l'avocat ou la Carpa [6].

SECTION 2
GARANTIE FINANCIÈRE

63.21 Finalité. À côté de ce système simple et dont tous les avocats de France se servent, le législateur a prévu un système d'une grande complexité, sans utilité particulière et qui paraît en fait inutilisé par les avocats, c'est la garantie financière.

Les avocats qui n'appartiennent pas à un barreau garantissant les maniements de fonds par l'assurance qui est prévue à l'article 210 du décret du 27 novembre 1991, doivent organiser pour eux-mêmes leur propre garantie financière et surtout en justifier [7].

63.22 Champ d'application. L'obligation de garantie financière incombe aux SCP et aux sociétés d'exercice libéral d'avocats, aux avocats exerçant la profession à titre individuel ou dans le cadre d'une association ou d'une société en participation ainsi qu'aux avocats exerçant la profession en qualité de collaborateur dans la mesure où ils exercent en même temps la profession pour leur propre compte [8].

Les articles 210 à 227 du décret du 27 novembre 1991 contiennent les dispositions particulières relatives aux sociétés de caution mutuelle habilitées. La caution résulte d'une convention écrite qui en fixe les conditions générales et précise, notamment, le montant de la garantie accordée, les conditions de rémunération, les modalités du contrôle comptable

1. Décr. n° 91-1197, 27 nov. 1991, art. 207.
2. Décr. 27 nov. 1991, art. 208.
3. Décr. 27 nov. 1991, art. 208.
4. Civ. 1re, 27 mai 1998, n° 96-19.200, *Bull. civ.* I, n° 183; RGDA 1998, p. 843, note Mayaux; *Gaz. Pal.* 1998, pan. 291; *JCP* 1999, I, 137, chron. Mayaux; *RGA* 1998, 843, note Mayaux.
5. Décr. 27 nov. 1991, art. 208.
6. Décr. 27 nov. 1991, art. 209.
7. L. 31 déc. 1971, art. 27, § 2 – Décr. 27 nov. 1991, art. 210.
8. Décr. 27 nov. 1991, art. 210.

ainsi que les contre-garanties éventuellement exigées par le garant[1].

La garantie est affectée au remboursement des fonds et à la restitution des effets et valeurs reçus par l'avocat à l'occasion de l'exercice de son activité professionnelle[2].

63.23 Montant de la garantie. Son montant doit être au moins égal au montant maximal des fonds que l'avocat envisage de détenir[3]. Les articles 214 et 215 du décret du 27 novembre 1991 précisent le mode de détermination de ce montant qui est révisé à la fin de chaque période annuelle ou lors de circonstances particulières survenant en cours d'année, il peut également être relevé à la demande de l'avocat pour une période de temps limité[4].

L'avocat ne peut, sous réserve des dispositions de l'article 226 du décret du 27 novembre 1991, recevoir de fonds, effets et valeurs, à l'exception de ceux qui sont mentionnés au deuxième alinéa de l'article 214, que dans la limite du montant des garanties accordées[5].

63.24 Délivrance d'une attestation de garantie. Par application de l'article 217, la banque ou l'établissement financier délivre à l'avocat une attestation de garantie conforme au modèle fixé par arrêté conjoint du garde des Sceaux, ministre de la Justice, et du ministre chargé de l'Économie et des Finances.

63.25 Contrôle du garant. Le garant peut procéder à des vérifications, consultations de registres, documents comptables, ainsi que le relevé intégral des comptes affecté à la réception des fonds de la clientèle, par l'intermédiaire du bâtonnier[6].

63.26 Mise en œuvre de la garantie. La mise en œuvre de la garantie financière s'effectue de la même manière que la mise en œuvre de l'assurance maniement de fonds[7].

63.27 Expiration de la garantie. La garantie cesse à la suite soit de l'expiration du contrat de caution conclu avec une banque, un établissement de crédit, une entreprise d'assurances ou une société de caution mutuelle, soit de la dénonciation de ce contrat par l'avocat, ou par la banque, l'établissement de crédit, l'entreprise d'assurances ou la société de caution mutuelle.

Elle cesse également par le décès de la personne garantie ou, s'il s'agit d'une société, par la clôture de sa liquidation ainsi que par la suspension provisoire, l'interdiction temporaire, l'omission, la radiation de l'avocat de la liste du stage ou du tableau.

Toutefois, sauf en cas de radiation, la garantie peut être prorogée avec l'autorisation du bâtonnier. Cette prorogation, si elle n'a pas été expressément prévue dans la convention initiale, doit faire l'objet d'un accord entre le garant, l'avocat ou ses ayants droit et l'avocat assumant la suppléance ou l'administration provisoire[8].

63.28 Information de la cessation de la garantie. En cas de cessation de garantie pour quelque cause que ce soit, le garant est tenu d'en informer immédiatement, par lettre recommandée avec demande d'avis de réception ou par remise d'avis contre récépissé, le bâtonnier et l'établissement dans lequel est ouvert le compte affecté à la réception des fonds.

Le bâtonnier avise sans délai, dans les mêmes formes, les personnes dont les noms et adresses figurent dans les documents comptables et qui sont soit les auteurs de versements ou de remises, soit les destinataires éventuels de ces versements ou remises[9].

63.29 Effets de la cessation de la garantie à l'égard des tiers. La garantie continue de produire ses effets à l'égard des tiers jusqu'à l'expiration d'un délai de trois jours suivant l'avis de cessation de garantie donné par le garant au bâtonnier dans les conditions prévues à l'article 223[10] du décret du 27 novembre 1991.

Les créances mentionnées à l'article 219 qui ont pour origine un versement ou une remise faits antérieurement à la date de la cessation de garantie restent couvertes par le garant si elles sont produites par le créancier dans le délai de trois mois à compter de la date de réception de la lettre recommandée ou de l'avis prévu au second alinéa de l'article 223 pour les personnes qu'elle concerne ou de l'expiration du délai fixé à l'article 224 pour les autres personnes.

Ce délai ne court à l'égard des créanciers mentionnés au second alinéa de l'article 223 que si l'avis qui leur a été donné mentionne le temps qui leur est imparti pour produire[11].

SECTION 3
CUMUL DE L'ASSURANCE ET DE LA GARANTIE

63.31 Champ d'application. Par dérogation aux dispositions de l'article 209, l'avocat membre d'un

1. Décr. 27 nov. 1991, art. 211.
2. Décr. 27 nov. 1991, art. 212.
3. Décr. 27 nov. 1991, art. 213.
4. Décr. 27 nov. 1991, art. 215.
5. Décr. 27 nov. 1991, art. 216.
6. Décr. 27 nov. 1991, art. 218.
7. Décr. 27 nov. 1991, art. 219 à 225.
8. Décr. 27 nov. 1991, art. 221.
9. Décr. 27 nov. 1991, art. 223.
10. Décr. 27 nov. 1991, art. 224.
11. Décr. 27 nov. 1991, art. 225.

barreau qui a contracté l'assurance prévue à l'article 207 peut recevoir des fonds, effets ou valeurs pour un montant excédant le montant maximal de la garantie accordée par l'assureur, s'il justifie, à concurrence des sommes excédentaires, d'une garantie financière accordée dans les conditions prévues à la section II[1].

63.32 Conditions. Un avocat n'est autorisé à conclure des conventions de garantie avec plusieurs garants pour l'ensemble des activités prévues à l'article 212 du décret du 27 novembre 1991 que dans le cas où le montant des sommes qu'il envisage de recevoir est supérieur au montant de la garantie que chacun des garants peut lui accorder.

En ce cas, chaque garant doit avoir été avisé de toutes les conventions passées avec les autres garants et doit être avisé, le cas échéant, de toute modification qui aurait pour effet de réduire, de suspendre ou de supprimer tout ou partie des garanties initialement accordées par les autres garants.

L'ordre dans lequel interviendront les garants en cas de mise en œuvre de la garantie et le montant maximal de chaque garantie sont indiqués dans un document distinct, portent la signature de tous les garants.

Les dispositions de l'article 227 alinéa 2 du décret du 27 novembre 1991 sont applicables lorsqu'une garantie complémentaire portant sur une opération déterminée a été consentie par une banque, un établissement de crédit, une entreprise d'assurances ou une société de caution mutuelle autres que ceux qui garantissent l'ensemble des activités de l'avocat.

Dans tous les cas, l'intéressé et le garant doivent informer le bâtonnier par lettre recommandée avec demande d'avis de réception des garanties complémentaires qui ont été consenties et des modalités de leur mise en œuvre[2].

63.33 Bureaux secondaires. En cas d'ouverture d'un bureau secondaire dans le ressort d'un barreau dont ne relève pas l'avocat, l'assurance et la garantie financière prévues à l'article 27 de la loi du 31 décembre 1971, souscrites dans le cadre de l'établissement principal, doivent être étendues aux actes accomplis dans le bureau secondaire (v. ss nos 54.01 s.).

63.34 Structures inter-barreaux. Il en est de même pour les associations ou les sociétés constituées entre avocats appartenant à des barreaux différents[3, 4] (v. ss nos 54.01 s.).

63.35 Poursuites disciplinaires. La mise en cause de l'assureur ou de la garantie en raison de l'impossibilité d'un avocat de rembourser les fonds reçus par lui à titre de mandataire ne fait pas obstacle à des poursuites disciplinaires ou pénales, les conditions d'assurance et de garantie doivent être justifiées auprès du bâtonnier qui en rend compte au Conseil de l'ordre et en avise le procureur général[5].

1. Décr. 27 nov. 1991, art. 226.
2. Décr. 27 nov. 1991, art. 227.
3. Décr. 27 nov. 1991, art. 228.
4. SUR LE cumul d'assurances en ce cas : rép. min., garde des Sceaux à Philibert, question n° 62.993, *JOAN*.
5. L. 31 déc. 1971, art. 17, § 9.

TITRE

7. Les rapports entre avocats appartenant à des barreaux différents

SECTION 0
ORIENTEUR

7.00 Plan du titre.

CHAPITRE

71. Règlement des conflits inter-barreaux

SECTION 0

Orienteur

71.00 **Plan du chapitre.**

Sect. 1 De la nécessité de régler les conflits inter-barreaux

Sect. 2 Procédure

71.01 **Textes applicables.**

RIN art. 20 [Règlement des conflits inter-barreaux]

[anc[t] RIU, art. 19]

Si une difficulté survenue entre avocats de barreaux différents n'a pu être réglée par l'accord de leurs bâtonniers respectifs, ceux-ci choisissent un troisième bâtonnier.

Le différend sera résolu par l'avis conjoint des trois bâtonniers ou de leurs délégataires respectifs siégeant collégialement.

Les bâtonniers intéressés veilleront à l'application de l'avis rendu.

71.02 **Jurisprudence de référence.**

> Le non-respect par un avocat de l'avis donné par un bâtonnier doit être suivi de sanctions disciplinaires

• Civ. 1re, 27 mars 2001, n° 98-16.508, *Bull. civ.* I, n° 89; *D.* 2001, IR 1280; *D.* 2002, somm. 848, obs. Blanchard; *Gaz. Pal.* 2001, somm. 496; somm. 878; *JCP* 2001, II, 10549, note Martin

* V. s[s] n° 71.23.

SECTION 1

De la nécessité de régler les conflits inter-barreaux

71.11 **Diversité des conflits inter-barreaux.** Au cours de leur exercice professionnel, des avocats de barreaux différents peuvent être confrontés à certaines difficultés tenant à des disparités, voire des contradictions entre les règlements intérieurs ou à une interprétation divergente des règles régissant la profession d'avocat.

Ainsi, à titre d'exemple, un avocat qui veut produire en justice un courrier que son contradicteur estime confidentiel (v. s[s] n°s 37.51 à 37.58). Ou encore, un avocat qui considère que son confrère ne devrait pas défendre les intérêts de tel client en raison de l'existence d'un conflit d'intérêts (v. s[s] n°s 38.01 s.).

71.12 **Recours au bâtonnier.** Chacun de ces deux avocats en réfère alors à son propre bâtonnier afin qu'il fasse part de sa position sur le différend. Qu'en est-il si ces derniers retiennent des solutions opposées ? Comment mettre un terme au litige opposant ces avocats ?

71.13 **Différents modes de règlement de ces conflits ont été envisagés.** Cette question a été longuement discutée au sein de la Commission d'harmonisation du CNB lors de la préparation du RIH. Plusieurs possibilités ont été envisagées pour trancher les litiges opposant des avocats de barreaux différents.

Certains membres ont proposé de confier au CNB le pouvoir de trancher ces difficultés.

D'autres membres ont souhaité qu'un troisième bâtonnier soit désigné.

C'est finalement cette dernière solution qui a été retenue par le RIH et reprise par le RIU puis par le RIN en son article 19.

SECTION 2

Procédure

71.21 **Désignation d'un troisième bâtonnier.** Le RIN prévoit que si la difficulté opposant les avocats n'a pu être réglée par l'accord de leurs bâtonniers respectifs, ces derniers choisissent un troisième bâtonnier.

Il appartient aux bâtonniers de se mettre d'accord sur le choix de ce troisième bâtonnier, ce qui en pratique ne pose guère de difficulté.

Cependant, il peut arriver que les deux bâtonniers ne se mettent pas d'accord sur le choix du troisième bâtonnier. L'usage admis par la Conférence des bâtonniers et le barreau de Paris est alors de s'en remettre au président en exercice de la Conférence des bâtonniers pour la désignation du troisième bâtonnier.

71.22 Avis conjoint des bâtonniers. Le différend sera résolu par l'avis conjoint des trois bâtonniers ou de leurs délégataires respectifs.

Le RIN prévoit que les trois bâtonniers siégeront collégialement. En réalité, les bâtonniers correspondront le plus souvent entre eux pour trouver une solution au différend, mais ne se réuniront pas compte tenu des difficultés pratiques qu'engendre une telle rencontre. C'est donc le troisième bâtonnier qui fera connaître de façon définitive la position des trois bâtonniers.

71.23 Mise en œuvre de l'avis rendu. Les bâtonniers intéressés devront veiller à l'application de l'avis rendu par les avocats concernés. Il est bon de rappeler ici que l'avis donné par un bâtonnier n'est qu'un avis. Mais la Cour de cassation a rappelé au bâtonnier de Pau que le non-respect de l'avis donné par un bâtonnier doit être suivi de sanctions disciplinaires [1].

1. Civ. 1re, 27 mars 2001, nº 98-16.508, *Bull. civ.* I, nº 89; *D.* 2001, IR 1280; *D.* 2002, somm. 848, obs. Blanchard; *Gaz. Pal.* 2001, somm. 496; somm. 878; *JCP* 2001, II, 10549, note Martin.

CHAPITRE

72. Code de déontologie des avocats de l'Union européenne

SECTION 0 ORIENTEUR

72.00 Plan du chapitre.

72.01 Textes applicables.

>

RIN, art. 21 à 21.5

>

RIN art. 21 [Code de déontologie des avocats de l'Union européenne]

Le **Code de déontologie des avocats de l'Union européenne** a été adopté par le Conseil des barreaux européens a adopté à Strasbourg le 28 octobre 1998 et révisé à Lyon le 28 novembre 1998, Dublin le 6 décembre 2002 et Porto le 19 mai 2006.

Ses règles concernent les avocats de l'Union européenne, tels que définis par la directive n° 77/249 du 22 mars 1977.

Les avocats français doivent en appliquer les dispositions dans leurs activités judiciaires et juridiques dans l'Union européenne hors le territoire de la République Française et dans leurs relations avec les autres avocats de l'Union européenne, qu'elles aient lieu à l'intérieur des frontières de l'Union européenne ou hors celles-ci, sous réserve que lesdits avocats appartiennent à un Barreau qui a formellement accepté d'être lié par ce code.

Dans ces relations, les règles fixées par l'article 21.5.3 du Code européen de déontologie ci-après, et relatives à la correspondance entre confrères ne ressortissant pas de barreaux du même État membre de l'Union européenne, s'appliquent à l'exclusion de toutes autres.

Il en est ainsi si la correspondance est échangée entre deux avocats de nationalité française appartenant, l'un à un barreau français, l'autre, exclusivement, à un autre barreau non français de l'Union européenne.

72.03 Bibliographie indicative.

Ouvrage. Martin, n° 516.

72.08 Champ d'application. Le Code de déontologie des avocats de l'Union européenne a été adopté par le Conseil des barreaux de l'Union européenne en 1998 puis modifié à plusieurs reprises, à Lyon le 28 novembre 1998, à Dublin le 6 décembre 2002 et à Porto le 19 mai 2006. Ce texte a été intégralement repris par le Règlement intérieur harmonisé (RIH), puis par le Règlement intérieur unifié (RIU) et enfin par le Règlement intérieur national (RIN) à l'article 21.

Les dispositions de ce code doivent être respectées par les avocats français dans le cadre de leurs activités réalisées dans l'Union européenne et dans leurs relations avec les autres avocats de l'Union européenne.

72.09 Présentation générale. Le Code de déontologie européenne présente les principes généraux de la profession puis décrit les rapports qu'entretient l'avocat avec ses clients, les magistrats et ses confrères. De nombreuses matières présentent des solutions analogues à la déontologie française. Mais certains points diffèrent radicalement et méritent à ce titre d'être mentionnés compte tenu des difficultés pratiques que ces divergences peuvent entraîner (la confidentialité de la correspondance entre avocats et les honoraires).

SECTION 1
PRINCIPES FONDAMENTAUX

72.11 Indépendance. Le Code de déontologie rappelle le principe fondamental selon lequel l'avocat doit disposer d'une « indépendance absolue exempte de toute pression » pour l'exercice de sa profession que ce soit dans le cadre des activités juridiques que judiciaires. Ce principe est également un des principes essentiels des règles régissant la profession d'avocat en France (v. s[s] n°s 31.51 s.).

21.2.1.1 « La multiplicité des devoirs incombant à l'avocat lui impose une indépendance absolue, exempte de toute pression, notamment de celle résultant de ses propres intérêts ou d'influences extérieures. Cette indépendance est aussi nécessaire pour la confiance en la justice que l'impartialité du juge. L'avocat doit donc éviter toute atteinte à son indépendance et veiller à ne pas négliger le respect de la déontologie pour plaire à son client, au juge ou à des tiers ».

21.2.1.2 « Cette indépendance est nécessaire pour l'activité juridique comme judiciaire. Le conseil donné au client par l'avocat n'a aucune valeur, s'il n'a été donné que par complaisance, par intérêt personnel ou sous l'effet d'une pression extérieure ».

72.12 Confiance et intégrité morale. Ce code insiste sur l'honnêteté, la probité, la rectitude et la sincérité dont l'avocat doit faire preuve. Cela rappelle bien évidemment le principe de dignité s'imposant également à l'avocat français (v. s[s] n°s 31.41 s.).

21.2.2 « Les relations de confiance ne peuvent exister que s'il n'y a aucun doute sur l'honneur personnel, la probité et l'intégrité de l'avocat. Pour l'avocat, ces vertus traditionnelles sont des obligations professionnelles ».

72.13 Secret professionnel. L'avocat est astreint au secret professionnel et doit veiller à ce que son personnel le respecte également. Ces dispositions figurent également dans les règles applicables aux avocats français (v. s[s] n°s 36.11 s.).

21.2.3.1 « Il est de la nature même de la mission de l'avocat qu'il soit dépositaire des secrets de son client et destinataire de communications confidentielles. Sans la garantie de confidentialité, il ne peut y avoir de confiance. Le secret professionnel est donc reconnu comme droit et devoir fondamental et primordial de l'avocat. L'obligation de l'avocat relative au secret professionnel sert les intérêts de l'administration de la justice comme ceux du client. Elle doit par conséquent bénéficier d'une protection spéciale de l'État ».

« L'obligation de l'avocat relative au secret professionnel sert les intérêts de l'administration judiciaire comme ceux du client. Elle doit bénéficier par conséquent d'une protection de l'État ».

21.2.3.2 « L'avocat doit respecter le secret de toute information confidentielle dont il a connaissance dans le cadre de son activité professionnelle ».

21.2.3.3 « Cette obligation au secret n'est pas limitée dans le temps ».

21.2.3.4 « L'avocat fait respecter le secret professionnel par les membres de son personnel et par toute personne qui coopère avec lui dans son activité professionnelle ».

72.14 Incompatibilités. Le Code de déontologie européenne renvoie aux règles nationales régissant la matière en invitant l'avocat à se conformer à celles de l'État membre d'accueil (v. s[s] n°s 13.121 s.).

21.2.5.1 « Pour permettre à l'avocat d'exercer ses fonctions avec l'indépendance requise et d'une manière conforme à son devoir de participer à l'administration de la justice, l'exercice de certaines professions ou fonctions peut lui être interdit ».

21.2.5.2 « L'avocat qui assure la représentation ou la défense d'un client devant la justice ou les autorités publiques d'un État membre d'accueil y observe les règles d'incompatibilité applicables aux avocats dans cet État ».

21.2.5.3 « L'avocat établi dans un État membre d'accueil qui souhaite y exercer directement une activité commerciale ou une autre activité différente de sa profession d'avocat est tenu de respecter les règles d'incompatibilité telles qu'elles sont appliquées aux avocats de cet État membre ».

72.15 Publicité personnelle. L'avocat peut effectuer une publicité de ses prestations, sous réserve que l'information soit « fidèle, véridique et respectueuse du secret professionnel et d'autres principes essentiels de la profession. » Tout média est autorisé. Les règles en la matière sont plus strictes en droit français (v. s[s] n°s 46.11 s.).

21.2.6.1 « L'avocat est autorisé à informer le public des services qu'il offre à condition que l'information soit fidèle, véridique et respectueuse du secret professionnel et des autres principes essentiels de la profession ».

21.2.6.2 « La publicité personnelle par un avocat quel que soit le média utilisé tel que la presse, la radio, la télévision, par communication commerciale électronique ou autre, est autorisée dans la mesure où elle est conforme au prescrit de l'article 21.2.6.1 ».

72.16 Compétence et diligence. Dans ses rapports avec ses clients, l'avocat remplit sa mission « promptement, consciencieusement et avec diligence ». Il ne peut accepter de prendre en charge une affaire pour laquelle il ne dispose pas des compétences nécessaires. Ces dispositions figurent également parmi les principes fondamentaux en France (compétence, diligence, dévouement) (v. s[s] n°s 31.11 s. et 31.21 s.). Il doit par ailleurs souscrire une assurance responsabilité professionnelle, ce qui constitue également une obligation pour l'avocat français en application de l'article 27 de la loi du 31 décembre 1971 (v. s[s] n° 94.01).

21.3.1.2 « L'avocat conseille et défend son client promptement, consciencieusement et avec diligence. Il assume personnellement la responsabilité de la mission qui lui a été confiée. Il informe son client de l'évolution de l'affaire dont il a été chargé ».

21.3.1.3 « L'avocat n'accepte pas de se charger d'une affaire s'il sait ou devrait savoir qu'il n'a pas la compétence nécessaire pour la traiter, à moins de coopérer avec un avocat ayant cette compétence ».

L'avocat ne peut accepter une affaire s'il est dans l'incapacité de s'en occuper promptement, compte tenu de ses autres obligations.

21.3.1.4 « L'avocat ne peut exercer son droit de ne plus s'occuper d'une affaire à contretemps de manière telle que le client ne soit pas en mesure de trouver une autre assistance judiciaire en temps utile ».

72.17 Conflit d'intérêts. L'avocat ne saurait accepter de défendre plusieurs clients s'il y a conflit d'intérêts ou même risque sérieux d'un tel conflit. Cette règle est applicable également à l'exercice en groupe (v. s[s] n°s 38.11 s.).

21.3.2.1 « L'avocat ne doit être ni le conseil ni le représentant ou le défenseur de plus d'un client dans une même affaire, s'il y a conflit entre les intérêts de ces clients ou un risque sérieux d'un tel conflit ».

21.3.2.2 « L'avocat doit s'abstenir de s'occuper des affaires de deux ou de tous les clients concernés lorsque surgit entre eux un conflit d'intérêts, lorsque le secret professionnel risque d'être violé ou lorsque son indépendance risque de ne plus être entière ».

21.3.2.3 « L'avocat ne peut accepter l'affaire d'un nouveau client si le secret des informations données par un ancien client risque d'être violé ou lorsque la connaissance par l'avocat des affaires de l'ancien client favoriserait le nouveau client de façon injustifiée ».

72.18 Pacte de *quota litis*. Celui-ci est interdit par le Code de déontologie européenne. La législation française condamne également cette forme de rémunération. Elle admet l'honoraire de résultat en complément de la rémunération des services rendus (v. s[s] n° 46.27).

21.3.3.1 « L'avocat ne peut pas fixer ses honoraires sur la base d'un pacte "de quota litis" ».

21.3.3.2 « Le pacte "de quota litis" est une convention passée entre l'avocat et son client, avant la conclusion définitive d'une affaire intéressant ce client, par laquelle le client s'engage à verser à l'avocat une part du résultat de l'affaire, que celle-ci consiste en une somme d'argent ou en tout autre bien ou valeur ».

21.3.3.3 « Ne constitue pas un tel pacte la convention qui prévoit la détermination de l'honoraire en fonction de la valeur du litige dont est chargé l'avocat si celle-ci est conforme à un tarif officiel ou si elle est autorisée par l'autorité compétente dont dépend l'avocat ».

SECTION 2
PRINCIPES ESSENTIELS ENVERS LES CONFRÈRES ET LES MAGISTRATS

72.21 Confraternité. Les avocats doivent exercer leur profession dans un climat de confiance en adoptant un comportement « confraternel et loyal » (v. s[s] n°s 32.11 s.).

21.5.1.1 « La confraternité exige des relations de confiance entre avocats, dans l'intérêt du client et pour éviter des procès inutiles ainsi que tout autre comportement susceptible de nuire à la réputation de la profession. Elle ne doit cependant jamais mettre en opposition les intérêts de l'avocat et ceux du client ».

21.5.1.2 « L'avocat reconnaît comme confrère tout avocat d'un autre État membre et a à son égard un comportement confraternel et loyal ».

72.22 Correspondance entre avocats. L'avocat qui souhaite adresser à un confrère européen un courrier confidentiel doit le mentionner explicitement. En vertu du Code de déontologie européenne, les correspondances sont en effet présumées officielles. En outre, si le destinataire de ce courrier ne veut ou ne peut lui conférer de caractère confidentiel, il doit le renvoyer à l'expéditeur et conserver secret son contenu. La règle ainsi posée par ce code est inverse à celle retenue par la législation française, puisque les correspondances sont présumées confidentielles à l'exception de celles portant la mention officielle en application de l'article 66-5 de la loi du 31 décembre 1971 (v. s[s] n°s 37.11 s.).

L'attention des avocats français, plus généralement des avocats inscrits à un barreau français, est appelée sur cette différence essentielle entre la règle française et la règle européenne.

• **Accord écrit du confrère européen.** Il est conseillé de demander verbalement au confrère européen s'il est d'accord pour que la correspondance et les pourparlers qui seront engagés soient couverts par le secret professionnel. Si celui-ci est d'accord, il faut lui demander de confirmer son accord par écrit et ensuite seulement engager les pourparlers et correspondre.

21.5.3.1 « **L'avocat qui entend adresser à un confrère d'un autre État membre des communications dont il souhaite qu'elles aient un caractère confidentiel ou "without prejudice" doit clairement exprimer cette volonté avant l'envoi de la première de ces communications** ».

21.5.3.2 « **Si le futur destinataire des communications n'est pas en mesure de leur donner un caractère confidentiel ou *without prejudice*, il doit en informer l'expéditeur sans délai** ».

72.23 Rapports avec les magistrats. L'avocat doit respecter les règles déontologiques de la juridiction devant laquelle il se trouve (v. s[s] n°s 32.31 s.). Il doit également veiller au respect du principe du contradictoire (v. s[s] n°s 39.11 s.).

21.4.1 « L'avocat qui comparaît devant les cours et tribunaux ou participe à une procédure doit observer les règles déontologiques applicables devant cette juridiction ».

21.4.2 « L'avocat doit en toute circonstance observer le caractère contradictoire des débats ».

21.4.3 « Tout en faisant preuve de respect et de loyauté envers l'office du juge, l'avocat défendra son client avec conscience et sans crainte, sans tenir compte de ses propres intérêts ni de quelque conséquence que ce soit pour lui-même ou toute autre personne ».

21.4.4 « À aucun moment, l'avocat ne doit sciemment donner au juge une information fausse ou de nature à l'induire en erreur ».

CHAPITRE

73. Établissement de l'avocat dans l'Union européenne et la Confédération suisse

SECTION 0 ORIENTEUR

73.00 **Plan du chapitre.**

Sect. 1 Exercice sous le titre professionnel d'origine

Sect. 2 Accès à la profession

73.01 **Textes applicables.**

>

L. n° 71-1130, 31 déc. 1971, art. 83 à 92

Décr. 27 nov. 1991, art. 200, 201, 203 et 203-1

>

L. 31 déc. 1971, art. 83 [Exercice permanent sous le titre professionnel d'origine]

[créé par L. n° 2004-130, 11 févr. 2004, art. 1, art. 2, art. 3, *JO* 12]

Tout ressortissant de l'un des États membres de la Communauté européenne peut exercer en France la profession d'avocat à titre permanent sous son titre professionnel d'origine, à l'exclusion de tout autre, si ce titre professionnel figure sur une liste fixée par décret.

Dans ce cas, il est soumis aux dispositions de la présente loi, sous réserve des dispositions du présent chapitre.

L. 31 déc. 1971, art. 84 [Régime]

[créé par L. 11 févr. 2004, art. 1, art. 2, art. 4, *JO* 12]

L'avocat souhaitant exercer à titre permanent sous son titre professionnel d'origine est inscrit sur une liste spéciale du tableau du barreau de son choix. Cette inscription est de droit sur production d'une attestation délivrée par l'autorité compétente de l'État membre de la Communauté européenne auprès de laquelle il est inscrit, établissant que ladite autorité lui reconnaît le titre.

L'avocat exerçant à titre permanent sous son titre professionnel d'origine fait partie du barreau auprès duquel il est inscrit dans les conditions prévues à l'article 15. Il participe à l'élection des membres du Conseil national des barreaux.

La privation temporaire ou définitive du droit d'exercer la profession dans l'État où le titre a été acquis entraîne le retrait temporaire ou définitif du droit d'exercer. Le Conseil de l'ordre est compétent pour prendre la décision tirant les conséquences de celle prononcée dans l'État d'origine.

L. 31 déc. 1971, art. 85 [Mention du titre]

[créé par L. 11 févr. 2004, art. 1, art. 2, art. 5, *JO* 12]

Le titre professionnel d'origine dont il est fait usage ne peut être mentionné que dans la ou l'une des langues officielles de l'État membre où il a été acquis.

La mention du titre professionnel d'origine est toujours suivie de l'indication de l'organisation professionnelle dont l'intéressé relève ou de la juridiction auprès de laquelle il est inscrit dans l'État membre où le titre a été acquis, ainsi que de celle du barreau auprès duquel il est inscrit en France.

L. 31 déc. 1971, art. 86 [Assurance]

[créé par L. 11 févr. 2004, art. 1, art. 2, art. 6, *JO* 12]

L'avocat exerçant à titre permanent sous son titre professionnel d'origine est tenu de s'assurer pour les risques et selon les règles prévus à l'article 27.

Il est réputé satisfaire à l'obligation prévue au premier alinéa s'il justifie avoir souscrit, selon les règles de l'État membre où le titre a été acquis, des assurances et garanties équivalentes. À défaut d'équivalence dûment constatée par le Conseil de l'ordre, l'intéressé est tenu de souscrire une assurance ou une garantie complémentaire.

L. 31 déc. 1971, art. 87 [Modalités d'exercice de la profession]

[créé par L. 11 févr. 2004; mod. par L. n° 2005-882, 2 août 2005, art. 73, *JO* 3]

L'avocat inscrit sous son titre professionnel d'origine peut exercer selon les modalités prévues aux articles 7 et 8.

Il peut également, après en avoir informé le Conseil de l'ordre qui a procédé à son inscription, exercer au sein ou au nom d'un groupement d'exercice régi par le droit de l'État membre où le titre a été acquis, à condition :

1° Que plus de la moitié du capital et des droits de vote soit détenue par des personnes exerçant au sein ou au nom du groupement d'exercice sous le titre d'avocat ou sous l'un des titres figurant sur la liste prévue à l'article 83;

2° Que le complément du capital et des droits de vote soit détenu par des personnes exerçant la profession d'avocat, sous le titre d'avocat ou sous l'un des titres figurant sur la liste prévue à l'article 83, ou par des personnes exerçant l'une des autres professions libérales juridiques ou judiciaires soumises à un statut législatif ou réglementaire ou dont le titre est protégé;

3° Que les titulaires des pouvoirs de direction, d'administration et de contrôle exercent leur profession au sein ou au nom du groupement;

4° Que l'usage de la dénomination du groupement soit réservé aux seuls membres des professions mentionnées au 1°.

Lorsque les conditions prévues aux 1° à 4° ne sont pas remplies, l'intéressé ne peut exercer que selon les modalités prévues au premier alinéa. Il peut toutefois faire mention de la dénomination du groupement au sein ou au nom duquel il exerce dans l'État d'origine.

L'avocat inscrit sous son titre professionnel d'origine peut, dans des conditions fixées par décret en Conseil d'État, exercer en France au sein ou au nom d'une société régie par le droit de l'État membre où le titre a été acquis et ayant pour objet l'exercice en commun de plusieurs professions libérales soumises à un statut législatif ou réglementaire ou dont le titre est protégé.

L. 31 déc. 1971, art. 88 [Poursuites disciplinaires]

[créé par L. 11 févr. 2004, art. 1, art. 2, art. 8, *JO* 12]

Avant l'engagement de poursuites disciplinaires à l'encontre d'un avocat exerçant sous son titre professionnel d'origine, le bâtonnier en informe l'autorité compétente de l'État membre où l'intéressé est inscrit, qui doit être mise en mesure de formuler ses observations écrites à ce stade et lors du déroulement, le cas échéant, de la procédure disciplinaire, selon des modalités fixées par décret en Conseil d'État.

Lorsque la poursuite disciplinaire est engagée sur le fondement de l'article 25, le délai prévu au deuxième alinéa dudit article est augmenté d'un mois.

L. 31 déc. 1971, art. 89 [Accès à la profession d'avocat]

[créé par L. 11 févr. 2004, art. 1, art. 9, art. 10, *JO* 12]

L'avocat exerçant sous son titre professionnel d'origine, qui justifie d'une activité effective et régulière sur le territoire national d'une durée au moins égale à trois ans en droit français, est, pour accéder à la profession d'avocat, dispensé des conditions résultant des dispositions prises pour l'application de la directive 89/48/CEE du Conseil des Communautés européennes du 21 décembre 1988 précitée. Il justifie de cette activité auprès du Conseil de l'ordre du barreau au sein duquel il entend exercer sous le titre d'avocat.

Lorsque l'avocat exerçant sous son titre professionnel d'origine justifie d'une activité effective et régulière sur le territoire national d'une durée au moins égale à trois ans, mais d'une durée moindre en droit français, le Conseil de l'ordre apprécie le caractère effectif et régulier de l'activité exercée ainsi que la capacité de l'intéressé à poursuivre celle-ci.

L. 31 déc. 1971, art. 90 [Inscription au tableau de l'Ordre]

[créé par L. 11 févr. 2004, art. 1, art. 9, art. 11, *JO* 12]

Lors de l'examen de la demande de l'intéressé, le Conseil de l'ordre assure le secret des informations le concernant.

Lorsque l'intéressé satisfait aux conditions de l'article 89, le Conseil de l'ordre ne peut refuser son inscription que sur le fondement des dispositions des 4°, 5° et 6° de l'article 11, en cas d'incompatibilité ou pour un autre motif tiré d'une atteinte à l'ordre public.

Il est procédé à son inscription au tableau après que l'intéressé a prêté le serment prévu à l'article 3.

L'avocat inscrit au tableau de l'Ordre en application des dispositions du présent chapitre peut faire suivre son titre d'avocat de son titre professionnel d'origine, dans les conditions prévues au premier alinéa de l'article 85.

L. 31 déc. 1971, art. 91 [Incompatibilité avec les fonctions au sein de juridiction]

[créé par L. 11 févr. 2004, art. 1, art. 12, art. 13, *JO* 12]

L'exercice de la profession d'avocat par un avocat ressortissant d'un État membre de la Communauté européenne autre que la France est exclusif de toute participation, même à titre occasionnel, à l'exercice de fonctions au sein d'une juridiction.

L. 31 déc. 1971, art. 92 [Coopération]

[créé par L. 11 févr. 2004, art. 1, art. 12, art. 14, *JO* 12]

Les barreaux, chacun pour ce qui le concerne, collaborent avec les autorités compétentes des États membres de la Communauté européenne et leur apportent l'assistance nécessaire pour faciliter l'exercice permanent de la profession d'avocat dans un État membre autre que celui où la qualification a été acquise.

Décr. 27 nov. 1991, art. 200 [Champ d'application]

[mod. par décr. n° 2004-1123, 14 oct. 2004 et décr. n° 2009-199, 18 févr. 2009]

Le titre V du décret du 27 novembre 1991 : « L'exercice de la profession d'avocat par les ressortissants des États membres de la communauté européenne et de la Confédération suisse » est applicable aux avocats ressortissants de l'un des États membres de la Communauté européenne, d'un autre État partie à l'accord sur l'Espace économique européen ou de la Confédération suisse ayant acquis leur qualification dans l'un de ces États membres ou parties autres que la France ou dans la Confédération suisse, venant accomplir à titre permanent ou occasionnel, sous leur titre professionnel d'origine, leur activité professionnelle en France.

Décr. 27 nov. 1991, art. 201 [Liste des dénominations reconnues]

[mod. par décr. 14 oct. 2004 et décr. n° 2009-199, 18 févr. 2009]

Pour l'application du présent titre, sont reconnus en France comme avocats les ressortissants des États membres de la Communauté européenne, des autres États parties à l'accord sur l'Espace économique européen ou de la Confédération suisse qui exercent leurs activités professionnelles dans l'un de ces États membres ou parties autres que la France ou dans la Confédération suisse sous l'un des titres professionnels suivants :

– en Belgique : avocat, advocaat, rechtsanwalt;
– en République tchèque : advokait;
– au Danemark : advokat;
– en Allemagne : rechtsanwalt;
– en Estonie : vandeadvokaat;
– en Grèce : dikigoros;
– en Espagne : abogado, advocat, avogado, abokatu;
– en Irlande : barrister, solicitor;
– en Italie : avvocato;
– à Chypre : dikigoros;
– en Lettonie : zverinats advokaits;
– en Lituanie : advokatas;
– au Luxembourg : avocat;
– en Hongrie : ügyvéd;
– à Malte : avukat, prokuratur legali;
– aux Pays-Bas : advocaat;
– en Autriche : rechtsanwalt;
– en Pologne : adwokat, radca prawny;
– au Portugal : advogado;
– en Roumanie : avocat;
– en Slovénie : odvetnik, odvetnica;
– en Slovaquie : advokait, komercpn prajvnik;
– en Finlande : asianajaja, advokat;
– en Suède : advokat;
– au Royaume-Uni : advocate, barrister, solicitor;
– en Suisse : avocat, advokat, anwalt, fürsprecher, fürsprech, avvocato, rechtsanwalt;
– au Liechtenstein : rechtsanwalt;
– en Norvège : advokat.

Décr. 27 nov. 1991, art. 203 [Exercice permanent de la profession d'avocat]

[mod. par décr. 14 oct. 2004 et décr. n° 2009-199, 18 févr. 2009]

L'avocat ressortissant d'un État membre de la Communauté européenne, d'un autre État partie à l'accord sur l'Espace économique européen ou de la Confédération suisse ayant acquis sa qualification dans l'un de ces États membres ou parties autres que la France ou en Confédération suisse, qui exerce en France son activité professionnelle à titre permanent sous son titre professionnel d'origine par application des dispositions du titre IV de la loi du 31 décembre 1971 précitée, est soumis aux dispositions du présent décret, sous réserve des dispositions du présent chapitre.

Décr. 27 nov. 1991, art. 203-1

[mod. par décr. 14 oct. 2004]

En cas de manquement, en France, aux règles professionnelles par l'avocat mentionné à l'article 203, le bâtonnier adresse à l'autorité compétente de l'État dans lequel le titre professionnel a été acquis les informations utiles sur la procédure disciplinaire envisagée.

Ces informations portent notamment sur les faits reprochés, les règles professionnelles en cause, la procédure disciplinaire applicable et les sanctions encourues. Les dispositions de l'article 88 de la loi du 31 décembre 1971 précitée ainsi que celles du présent article sont également portées à la connaissance de l'autorité compétente.

L'instance disciplinaire prévue à l'article 22 de la loi du 31 décembre 1971 précitée est saisie dans un délai qui ne peut être inférieur à un mois à compter de l'accomplissement de cette formalité.

Après la saisine de l'instance disciplinaire, l'autorité compétente peut présenter à tout moment ses observations écrites.

73.02 Jurisprudence de référence.

> L'avocat qui produit une attestation de son barreau d'origine doit pouvoir être inscrit au barreau français de son choix

• **CA Pau, 21 mai 2001,** *D.* 2001, IR 1847.

* V. s^{s} n° 73.09.

• **CA Toulouse, 5 juill. 2001,** *D.* 2002, 1011.

* V. s^{s} n° 73.09.

73.03 Bibliographie indicative.

Articles. Nourrissat, « De l'exercice permanent en France de l'Abokatu, du Barrister, du Rechtsanwalt, du Dikigoros ? », *Procédures* avr. 2004, chron. 6, p. 7; « Les modifications au statut de l'avocat par la loi n° 2004-130 du 11 février 2004 », *JCP* 2004, act. 123.

73.09 Transposition de la directive européenne 98/5/CE du 16 février 1998. La loi du 11 février 2004[1] a intégré au sein de la loi du 31 décembre 1971 les dispositions de la directive européenne du 16 février 1998 relative au droit d'établissement[2]. Cette loi a ainsi créé un titre IV intitulé « Dispositions relatives à l'exercice permanent de la profession d'avocat en France par les ressortissants des États membres de la Communauté européenne ayant acquis leur qualification dans un autre État membre », comprenant deux chapitres, l'un consacré aux « Dispositions relatives à l'exercice permanent sous le titre professionnel d'origine » (v. s^{s} n° 73.11), le second relatif aux « Dispositions rela-

1. L. n° 2004-130, 11 févr. 2004.
2. Nourrissat, « De l'exercice permanent en France de l'Abokatu, du Barrister, du Rechtsanwalt, du Dikigoros », *Procédures* avr. 2004, chron. 6, p. 7; « Les modifications au statut de l'avocat par la loi n° 2004-130, 11 févr. 2004 », *JCP* 2004, act., 123.

tives à l'accès des ressortissants communautaires à la profession d'avocat » (v. s^{s} n° 73.21).

C'est avec retard que cette transposition est intervenue. Néanmoins, la jurisprudence avait devancé cette transposition [1].

SECTION 1
EXERCICE SOUS LE TITRE PROFESSIONNEL D'ORIGINE

73.11 Principe. L'article 83 de la loi du 31 décembre 1971 dispose que tout ressortissant de l'un des États membres de la Communauté européenne peut exercer la profession d'avocat à titre permanent sous son titre professionnel d'origine, à la condition que ce titre figure sur une liste fixée par décret.

Depuis un décret du 18 février 2009 [2], l'exercice occasionnel et permanent de la profession d'avocat sous leur titre d'origine est ouvert aux avocats bulgares et roumains ainsi qu'à ceux des États parties à l'accord sur l'Espace économique européen, à savoir l'Islande, le Liechtenstein et la Norvège.

73.12 Inscription sur une liste spéciale. L'avocat est inscrit sur une liste spéciale du tableau du barreau auquel il aura choisi d'appartenir. Il doit produire une attestation délivrée par l'autorité compétente de l'État membre d'origine, démontrant qu'il possède ledit titre. La loi précise que cette inscription est alors de droit.

73.13 Prérogatives de l'avocat inscrit. L'article 84 nouveau de la loi du 31 décembre 1971, tel que créé par la loi du 11 février 2004, précise que l'avocat exerçant à titre permanent sous son titre professionnel d'origine participe à l'élection des membres du CNB (v. s^{s} n°s 22.22 à 22.29). Il indique aussi qu'il fait partie du barreau auprès duquel il est inscrit sans préciser s'il participe également aux élections du bâtonnier et des membres du Conseil de l'ordre. Nous pensons qu'il pourra y participer puisqu'il fait partie du barreau (v. s^{s} n°s 23.31 à 23.37).

73.14 Privation temporaire ou définitive du droit d'exercer la profession d'avocat. L'avocat qui se voit privé temporairement ou définitivement du droit d'exercer sa profession dans son État d'origine perd le droit d'exercer en France. Cette décision relève de la compétence du Conseil de l'ordre.

Le bâtonnier, président du Conseil de l'ordre, devra régulièrement s'informer auprès du président ou du bâtonnier étrangers, où est inscrit l'avocat, de sa situation dans le pays d'origine.

73.15 Utilisation du titre professionnel d'origine. Ce titre ne peut être utilisé que dans la langue officielle de l'État dans lequel il a été acquis. Il doit être également indiqué le barreau français d'appartenance et l'organisation dont il relève dans le pays d'origine (v. s^{s} n° 34.32).

73.16 Souscription d'une assurance. L'avocat inscrit à un barreau français doit se conformer aux dispositions applicables en matière d'assurance professionnelle [3] (v. s^{s} n° 94.01).

73.17 Modalités d'exercice de la profession. L'article 87 de la loi du 31 décembre 1971 [4] offre à l'avocat de l'Union européenne la possibilité d'exercer sa profession soit de façon individuelle, soit en groupe, en qualité de collaborateur ou de salarié conformément aux articles 7 et 8 de la loi précitée.

L'article 87 précise en outre qu'il peut exercer sa profession dans le cadre d'une structure régie par le droit de l'État d'origine. Mais certaines conditions doivent alors être remplies :

« 1° Que plus de la moitié du capital et des droits de vote soit détenue par des personnes exerçant au sein ou au nom du groupement d'exercice sous le titre d'avocat ou sous l'un des titres figurant sur la liste prévue à l'article 83;

2° Que le complément du capital et des droits de vote soit détenu par des personnes exerçant la profession d'avocat, sous le titre d'avocat ou sous l'un des titres figurant sur la liste prévue à l'article 83, ou par des personnes exerçant l'une des autres professions libérales juridiques ou judiciaires soumises à un statut législatif ou réglementaire ou dont le titre est protégé;

3° Que les titulaires des pouvoirs de direction, d'administration et de contrôle exercent leur profession au sein ou au nom du groupement;

4° Que l'usage de la dénomination du groupement soit réservé aux seuls membres des professions mentionnées au 1°.

Lorsque les conditions prévues aux 1° à 4° ne sont pas remplies, l'intéressé ne peut exercer que selon les modalités prévues au premier alinéa. Il peut toutefois faire mention de la dénomination du groupement au sein ou au nom duquel il exerce dans l'État d'origine.

L'avocat inscrit sous son titre professionnel d'origine peut, dans des conditions fixées par décret

1. CA Pau, 21 mai 2001, *D.* 2001, IR 1847 – CA Toulouse, 5 juill. 2001, *D.* 2002, 1011 – Civ. 1re civ. 23 nov. 2004, n° 03-10.636, *Bull. civ.* I, n° 280.
2. Décr. n° 2009-199, 18 févr. 2009 modifiant la réglementation de la profession d'avocat et portant, pour cette profession, transposition de directives communautaires, *JO* 20 févr., p. 2965.
3. L. 31 déc. 1971, art. 27.
4. L. 31 déc. 1971, art. 87; mod. par L. n° 2005-882, 2 août 2005.

en Conseil d'État, exercer en France au sein ou au nom d'une société régie par le droit de l'État membre où le titre a été acquis et ayant pour objet l'exercice en commun de plusieurs professions libérales soumises à un statut législatif ou réglementaire ou dont le titre est protégé. »

Ce décret est attendu.

73.18 Poursuites disciplinaires. Le bâtonnier du barreau auprès duquel l'avocat est inscrit doit, préalablement à toute procédure disciplinaire, en aviser l'autorité compétente de l'État d'origine (par exemple le président du collège d'avocats espagnol). Celui-ci doit pouvoir présenter ses observations en réponse au bâtonnier français et ensuite les présenter au cours de la procédure française.

SECTION 2

ACCÈS À LA PROFESSION

73.21 Exercice de la profession régulier et effectif depuis trois ans. L'avocat, qui exerce sa profession sous son titre d'origine en justifiant d'une activité régulière et effective en droit français depuis au moins trois ans, est dispensé des conditions résultant des dispositions d'application de la directive du 21 décembre 1998 inscrites à l'article 99 de la loi du 31 décembre 1971 (v. s^s n°s 13.31 à 13.34).

Si l'avocat justifie d'une activité en France d'au moins trois ans, mais que celle-ci est inférieure à cette durée en droit français, le Conseil de l'ordre examine le caractère effectif et régulier de ladite activité.

73.22 Refus d'inscription. Le Conseil de l'ordre peut refuser l'inscription de l'avocat sur le fondement de l'article 11 (4°, 5°, 6°), en cas d'incompatibilité ou d'atteinte à l'ordre public (v. s^s n°s 13.121 à 13.187).

73.23 Inscription. L'avocat devra prêter serment[1] avant son inscription.

73.24 Fonctions au sein d'une juridiction. L'article 91 de la loi du 31 décembre 1971 prend soin d'interdire à l'avocat ressortissant d'un État membre de la Communauté européenne de participer, même à titre occasionnel, à l'exercice de fonctions au sein d'une juridiction.

1. L. 31 déc. 1971, art. 3.

CHAPITRE

74. Libre prestation de services des avocats inscrits à un barreau européen ou suisse

SECTION 0 ORIENTEUR

74.00 Plan du chapitre.

Sect. 1 Modalités d'exercice

Sect. 2 Poursuites disciplinaires

74.01 Textes applicables.

>

Décr. n° 91-1197, 27 nov. 1991, art. 200 à 204, mod. par décr. n° 2004-1123, 14 oct. 2004, art. 9 (*JO* 21)

>

Décr. 27 nov. 1991, art. 200 [Champ d'application]

[mod. par décr. n° 2004-1123, 14 oct. 2004 et décr. n° 2009-199, 18 févr. 2009]

Le titre V du décret du 27 novembre 1991 : « L'exercice de la profession d'avocat par les ressortissants des États membres de la communauté européenne et de la Confédération suisse » est applicable aux avocats ressortissants de l'un des États membres de la Communauté européenne, d'un autre État partie à l'accord sur l'Espace économique européen ou de la Confédération suisse ayant acquis leur qualification dans l'un de ces États membres ou parties autres que la France ou dans la Confédération suisse, venant accomplir à titre permanent ou occasionnel, sous leur titre professionnel d'origine, leur activité professionnelle en France.

Décr. 27 nov. 1991, art. 201 [Liste des dénominations]

Pour l'application du présent titre, sont reconnus en France comme avocats les ressortissants des États membres de la Communauté européenne, des autres États parties à l'accord sur l'Espace économique européen ou de la Confédération suisse qui exercent leurs activités professionnelles dans l'un de ces États membres ou parties autres que la France ou dans la Confédération suisse sous l'un des titres professionnels prévus à l'article 201 du décret du 27 nov. 191.

* V. s[s] n° 73.01.

Décr. 27 nov. 1991, art. 202 [Conditions d'exercice – Usage du titre]

[mod. par décr. n° 2004-1123, 14 oct. 2004]

L'activité professionnelle des avocats ressortissants des États membres de la Communauté européenne des autres États parties à l'accord sur l'Espace économique européen ou de la Confédération suisse établis à titre permanent dans l'un de ces États membres ou parties autre que la France ou en Confédération suisse est exercée dans les conditions ci-après définies. Elle ne peut toutefois s'étendre aux domaines qui relèvent de la compétence exclusive des officiers publics ou ministériels.

Ces avocats font usage, en France, de l'un des titres mentionnés à l'article 201, exprimé dans la ou l'une des langues de l'État où ils sont établis, accompagné du nom de l'organisme professionnel dont ils relèvent ou de celui de la juridiction auprès de laquelle ils sont habilités à exercer en application de la législation de cet État.

Le procureur général près la cour d'appel dans le ressort de laquelle est assurée la prestation de services, le bâtonnier de l'ordre des avocats territorialement compétent, le président et les membres de la juridiction ou de l'organisme juridictionnel ou disciplinaire ou le représentant qualifié de l'autorité publique devant lequel se présente l'avocat peuvent lui demander de justifier de sa qualité.

Décr. 27 nov. 1991, art. 202-1 [Respect des règles professionnelles françaises]

[mod. par décr. n° 2004-1123, 14 oct. 2004]

Lorsqu'un avocat mentionné à l'article 202 assure la représentation ou la défense d'un client en justice ou devant les autorités publiques, il exerce ses fonctions dans les mêmes conditions qu'un avocat inscrit à un barreau français.

Il respecte les règles professionnelles françaises, sans préjudice des obligations non contraires qui lui incombent dans l'État dans lequel il est établi.

Il doit notamment se soumettre aux prescriptions de l'article 158 (article abrogé : visite de courtoisie).

En matière civile, lorsque la représentation est obligatoire devant le tribunal de grande instance, il ne peut se constituer qu'après avoir élu domicile auprès d'un avocat établi près le tribunal saisi et auquel les actes de la procédure sont valablement notifiés. Il joint à l'acte introductif d'instance ou à la constitution en défense, selon le cas, un document, signé par cet avocat, attestant l'existence d'une convention qui autorise l'élection de domicile pour l'instance considérée. Devant la cour d'appel, il doit agir de concert avec un avoué près cette cour d'appel ou un avocat habilité à représenter les parties devant elles.

À tout moment, l'un ou l'autre des avocats signataires de la convention mentionnée à l'alinéa précédent peut y mettre fin par dénonciation notifiée à son confrère ainsi qu'aux avocats représentant les autres parties, sous réserve qu'un autre avocat ait été désigné par l'avocat prestataire de service mentionné à l'article 201. La partie la plus diligente en avise la juridiction en lui communiquant le nom de l'avocat chez qui il a temporairement élu domicile.

Décr. 27 nov. 1991, art. 202-2 [Discipline]

[mod. par décr. n° 2004-1123, 14 oct. 2004]

Pour l'exercice, en France, des activités autres que celles prévues à l'article 202-1, les avocats mentionnés à l'article 202 restent soumis aux conditions d'exercice et aux règles professionnelles applicables à leur profession dans l'État dans lequel ils sont établis.

Ils sont aussi tenus au respect des règles qui s'imposent, pour l'exercice de ces activités, aux avocats inscrits à un barreau français, notamment celles concernant l'incompatibilité entre l'exercice, en France, des activités d'avocat et celui d'autres activités, le secret professionnel, les rapports confraternels, l'interdiction d'assistance par un même avocat de parties ayant des intérêts opposés et la publicité. Ces règles ne leur sont applicables que si elles peuvent être observées alors qu'ils ne disposent pas d'un établissement en France et dans la mesure où leur observation se justifie objectivement pour assurer, en France, l'exercice correct des activités d'avocat, la dignité de la profession et le respect des incompatibilités.

Décr. 27 nov. 1991, art. 202-3 [Discipline]

[mod. par décr. n° 2004-1123, 14 oct. 2004]

En cas de manquement par les avocats mentionnés à l'article 202 aux dispositions du présent décret, ceux-ci sont soumis aux dispositions des articles 180 et suivants relatifs à la discipline des avocats inscrits à un barreau français. Toutefois, pour l'application de l'article 184, les peines disciplinaires de l'interdiction temporaire et de la radiation du tableau ou de la liste du stage sont remplacées par la peine de l'interdiction provisoire ou définitive d'exercer, en France, des activités professionnelles. L'autorité disciplinaire française peut demander à l'autorité compétente de l'État d'origine communication des renseignements professionnels concernant les avocats intéressés. Elle informe cette dernière autorité de toute décision prise. Ces communications ne portent pas atteinte au caractère confidentiel des renseignements fournis.

74.02 Jurisprudence de référence.

> L'avocat membre de la Communauté doit pouvoir agir librement en France

• **CJCE, plén., 10 juill. 1991, n° C-294/89,** *JCP E* 1991, pan. n° 908.

* V. s[s] n° 74.13.

74.03 Bibliographie indicative.

Articles. Martin, « L'avocat de la communauté européenne devant le parlement français », *JCP* 1993, I, 3669 – Flécheux et Guinchard, « Commentaire des arrêtés du 16 janvier 1993 fixant le programme et les modalités d'examen d'accès à la profession d'avocat prévus pour les ressortissants de la CEE et les personnes ayant acquis leur qualité d'avocat dans un État n'appartenant pas à la CEE », *Gaz. Pal.* 2 mars 1993, p. 2 s.

SECTION 1
MODALITÉS D'EXERCICE

74.11 Exercice de la profession d'avocat en France par l'avocat étranger de manière occasionnelle. Parallèlement à la possibilité pour l'étranger de s'inscrire à un barreau français, nonobstant la condition de nationalité posée en principe par l'article 11 de la loi du 31 décembre 1971 dans sa rédaction issue de la loi du 31 décembre 1990[1], l'avocat étranger non inscrit à un barreau français peut néanmoins exercer en France les attributions réservées par la loi à ce type de mandataire de justice, à la seule condition qu'il soit bien un avocat ressortissant de l'un des États membres de l'Union européenne, de l'Espace économique européen ou de la Confédération suisse, même s'il n'a pas la nationalité de l'un des États membres, établi à titre permanent dans l'un de ces États autre que la France et venant accomplir en France une activité professionnelle occasionnelle[2].

Depuis un décret du 18 février 2009[3], l'exercice occasionnel et permanent de la profession d'avocat sous leur titre d'origine est ouvert aux avocats bulgares et roumains ainsi qu'à ceux des États parties à l'accord sur l'Espace économique européen, à savoir l'Islande, le Liechtenstein et la Norvège.

Cette activité est librement exercée mais elle ne peut s'étendre au domaine qui relève de la compé-

1. L. n° 90-1259, 31 déc. 1990.
2. Décr. 27 nov. 1991, art. 200; mod. par décr. n° 2009-199, 18 févr. 2009.
3. Décr. n° 2009-199, 18 févr. 2009.

tence exclusive des officiers publics ou ministériels (notaires, huissiers, commissaires-priseurs...).

74.12 Liste limitative des avocats ressortissants concernés. Ces avocats ressortissants d'un des États membres de l'Union européenne des autres États parties à l'accord sur l'Espace économique européen ou de la Confédération suisse sont définis par l'article 201 du décret du 27 novembre 1991[1] sous la forme d'une liste limitative. Ils doivent exercer dans un État autre que la France, sous des dénominations précises :

- en Belgique : avocat, advocaat, rechtsanwalt;
- en République tchèque : advokajt;
- au Danemark : advokat;
- en Allemagne : rechtsanwalt;
- en Estonie : vandeadvokaat;
- en Grèce : dikigoros;
- en Espagne : abogado, advocat, avogado, abokatu;
- en Irlande : barrister, solicitor;
- en Italie : avvocato.

Il existe une forte pression exercée dans le cadre communautaire par les juristes italiens, notamment sur les autorités françaises pour faire admettre que le *procuratore legale* est lui aussi équivalent à l'avocat français au même titre que *l'avvocato*. La cour d'appel de Paris a admis l'équivalence[2];

- à Chypre : dikigoros;
- en Lettonie : zverinats advokalts;
- en Lituanie : advokatas;
- au Luxembourg : avocat;
- en Hongrie : ügyvéd;
- à Malte : avukat, prokuratur legali;
- aux Pays-Bas : advocaat;
- en Autriche : rechtsanwalt;
- en Pologne : adwokat, radca prawny;
- au Portugal : advogado;
- en Roumanie : avocat;
- en Slovénie : odvetnik, odvetnica;
- en Slovaquie : advokajt, komercpn prajvnik;
- en Finlande : asianajaja, advokat;
- en Suède : advokat[3];
- au Royaume-Uni : advocate, barrister, solicitor;
- en Suisse : avocat, advokat, anwalt, fürsprecher, fürsprech, avvocato, rechtsanwalt;
- au Liechtenstein : rechtsanwalt;
- en Norvège : advokat.

Ces avocats doivent faire usage en France de leur titre national exprimé dans la langue de l'État où ils sont établis, accompagné du nom de l'organisme professionnel dont ils relèvent ou de celui de la juridiction auprès de laquelle ils exercent.

74.13 Conditions d'exercice identiques aux avocats français. Ces avocats, lorsqu'ils assurent la représentation ou la défense d'un client en justice ou devant les autorités publiques, exercent leurs fonctions dans les mêmes conditions qu'un avocat inscrit à un barreau français[4]. Ils doivent notamment employer la langue française et respecter les règles professionnelles françaises, sans préjudice des obligations non contraires qui leur incombent dans l'État dans lequel ils sont établis (v. s[s] n° 74.21).

• **Évolution.** Naguère, pour assumer le bon fonctionnement des juridictions françaises devant lesquelles la représentation était liée à la présence d'un avocat, on imposait à l'avocat étranger qui désirait postuler, représenter ou diligenter des actes de procédure d'avoir recours, lorsque son ministère est obligatoire devant le tribunal de grande instance, à un avocat inscrit au barreau de ce tribunal ou habilité à postuler devant lui, devant la cour d'appel à un avoué près cette Cour ou, à défaut, à un avocat habilité à postuler devant elle[5].

D'autre part, devant les autres juridictions et organismes juridictionnels ou disciplinaires ou les autorités publiques, on imposait à l'avocat étranger d'agir de concert avec un avocat inscrit à un barreau français qui sera, s'il y a lieu, responsable devant cette juridiction, organisme ou autorité[6].

En résumé, en toute matière, l'avocat étranger devait être assisté d'un avocat français pour agir de concert avec lui; en matière où la représentation par avocat est obligatoire, il devait agir avec l'assistance d'un avocat postulant ou d'un avoué.

Mais la jurisprudence communautaire a évolué, notamment par deux arrêts, l'un rendu contre le gouvernement allemand[7], l'autre contre la France[8], prescrivant que l'avocat membre de la Communauté doit pouvoir agir librement en France sans que les fragiles assistances dont notre législation interne l'avait muni pour satisfaire à notre organisation judiciaire interne puissent être maintenues.

Alors que le projet de décret, qui devait devenir le décret du 27 novembre 1991, prévoyait dans son article 202 « l'avocat de concert », l'article 202 actuel ne le prévoit pas.

1. Mod. par décr. n° 2004-1123, 14 oct. 2004 et décr. n° 2009-199, 18 févr. 2009.
2. CA Paris, 1re ch. A, 25 janv. 1995, Nicolella, n° 1994/9940, inédit.
3. Flécheux et Guinchard, « Commentaire des arrêtés du 16 janvier 1993 fixant le programme et les modalités d'examen d'accès à la profession d'avocat prévus pour les ressortissants de la CEE et les personnes ayant acquis leur qualité d'avocat dans un État n'appartenant pas à la CEE », *Gaz. Pal.* 2 mars 1993, p. 2 s.
4. Décr. 27 nov. 1991, art. 202-1.
5. Décr. n° 72-468, 9 juin 1972, art. 126-3, § 3; réd. décr. 2 mars 1979, aujourd'hui abrogé.
6. Décr. 9 juin 1972, art. 126-3, § 4.
7. CJCE 25 févr. 1988, n° 427/85, *JCP* 1988, II, 21142.
8. CJCE plén., 10 juill. 1991, n° C-294/89, *JCP E* 1991, pan. n° 908.

74.14 Assistance et représentation. En matière civile, lorsque la représentation est obligatoire devant le tribunal de grande instance, il ne peut se constituer qu'après avoir élu domicile auprès d'un avocat établi près le tribunal saisi et auquel les actes de la procédure sont valablement notifiés. Il joint à l'acte introductif d'instance ou à la constitution en défense, selon le cas, un document, signé par cet avocat, attestant l'existence d'une convention qui autorise l'élection de domicile pour l'instance considérée. Devant la cour d'appel, il doit agir de concert avec un avoué près cette cour d'appel ou un avocat habilité à représenter les parties devant elles [1].

À tout moment, l'un ou l'autre des avocats signataires de la convention mentionnée à l'alinéa précédent peut y mettre fin par dénonciation notifiée à son confrère ainsi qu'aux avocats représentant les autres parties, sous réserve qu'un autre avocat ait été désigné par l'avocat prestataire de service mentionné à l'article 201. La partie la plus diligente en avise la juridiction en lui communiquant le nom de l'avocat chez qui il a temporairement élu domicile [2].

Dès lors, l'avocat étranger mais faisant partie de la Communauté est soumis à ses propres règles internes en tout domaine sauf en matière civile où il devra élire domicile chez un avocat établi près le tribunal compétent, mais il pourra postuler seul et sera, de ce fait, plus libre que l'avocat français qui, pour postuler hors de son ressort, doit avoir recours à la constitution, au profit de son client, d'un avocat postulant et non d'une simple élection de domicile. L'avocat de concert ne subsiste qu'au niveau de la cour d'appel.

74.15 Visite de courtoisie. L'article 202-1 du décret du 27 novembre 1991 prévoit que l'avocat assure doit notamment se soumettre aux prescriptions de l'article 158 (qui concerne la visite de courtoisie : v. s^s^ n° 32.11), mais cet article a été abrogé par le décret du 12 juillet 2005 [3], qui ne l'a pas repris. Cette obligation est toutefois toujours prévue par l'article 1 *bis* du RIN et s'impose donc à tout avocat.

74.16 En matière juridique. En matière juridique (c'est-à-dire pour les autres activités que celles prévues à l'article 202-1), les avocats ressortissants d'un des États membres des Communautés européennes ou de la Confédération suisse restent soumis aux conditions d'exercice et aux règles professionnelles applicables à leur profession dans l'État dans lequel ils sont établis.

Ils sont aussi tenus au respect des règles disciplinaires françaises, notamment celles concernant l'incompatibilité entre l'exercice, en France, des activités d'avocat et celui d'autres activités, le secret professionnel, les rapports confraternels, l'interdiction d'assistance par un même avocat de parties ayant des intérêts opposés et la publicité. Ces règles ne leur sont applicables que si elles peuvent être observées alors qu'ils ne disposent pas d'un établissement en France et dans la mesure où leur observation se justifie objectivement pour assurer, en France, l'exercice correct des activités d'avocat, la dignité de la profession et le respect des incompatibilités [4].

74.17 Contrôle des qualités professionnelles de l'avocat étranger. Le procureur général près la cour d'appel dans le ressort de laquelle est assurée la prestation de services, le bâtonnier de l'ordre des avocats territorialement compétent, le président et les membres de la juridiction ou de l'organisme juridictionnel ou disciplinaire ou le représentant qualifié de l'autorité publique devant lequel se présente l'avocat peuvent lui demander de justifier de sa qualité [5].

74.18 Rôle du bâtonnier. Il appartient à chaque bâtonnier recevant la visite de présentation d'un avocat étranger appartenant à un des pays de vérifier :

1° sa qualité d'avocat soit par la production de sa carte d'avocat européen, soit par ses pièces d'accréditation nationale;

2° qu'il est assisté d'un confrère français dans le cas où cela est nécessaire;

3° qu'il respecte la déontologie française ainsi que sa déontologie nationale en ce qu'elle n'est pas contraire à la déontologie française.

SECTION 2
POURSUITES DISCIPLINAIRES

74.21 Sanctions. En cas de manquement aux règles disciplinaires, les avocats étrangers sont en principe soumis aux mêmes sanctions que les avocats inscrits à un barreau français. Il existe toutefois quelques exceptions.

Les peines disciplinaires de l'interdiction temporaire et de la radiation du tableau ou de la liste du stage sont remplacées par la peine de l'interdiction

1. Décr. 27 nov. 1991, art. 202-1; mod. par décr. n° 2004-1123, 14 oct. 2004.
2. Décr. 27 nov. 1991, art. 202-1.
3. Décr n° 2005-790, 12 juill. 2005.
4. Décr. 27 nov. 1991, art. 202-2; mod. par décr. n° 2004-1123, 14 oct. 2004.
5. Décr. 27 nov. 1991, art. 202; al. 3; mod. par décr. n° 2004-1123, 14 oct. 2004.

provisoire ou définitive d'exercer, en France, des activités professionnelles.

Par ailleurs, l'autorité disciplinaire française peut demander à l'autorité compétente de l'État d'origine communication des renseignements professionnels concernant les avocats intéressés. Elle informe cette dernière autorité de toute décision prise.

Ces communications ne doivent toutefois pas porter atteinte au caractère confidentiel des renseignements fournis [1].

1. Décr. 27 nov. 1991, art. 202-3.

TITRE

8. La discipline des avocats

SECTION 0

ORIENTEUR

8.00 **Plan du titre.**

CHAPITRE

81. Infractions disciplinaires

SECTION 0

ORIENTEUR

81.00 **Plan du chapitre.**

81.01 **Textes applicables.**

>

L. n° 71-1130, 31 déc. 1971, art. 22, 25 et 25-1

Décr. n° 91-1197, 27 nov. 1991, art. 183

RIN, art. 1-3 et 1-4

>

L. 31 déc. 1971, art. 22 [Institution d'un conseil de discipline]

[mod. par L. n° 2004-130, 11 févr. 2004, art. 28, *JO* 12]

Un conseil de discipline institué dans le ressort de chaque cour d'appel connaît des infractions et fautes commises par les avocats relevant des barreaux qui s'y trouvent établis.

Toutefois, le Conseil de l'ordre du barreau de Paris siégeant comme conseil de discipline connaît des infractions et fautes commises par les avocats qui y sont inscrits.

L'instance disciplinaire compétente en application des alinéas qui précèdent connaît également des infractions et fautes commises par un ancien avocat, dès lors qu'à l'époque des faits il était inscrit au tableau ou sur la liste des avocats honoraires de l'un des barreaux établis dans le ressort de l'instance disciplinaire.

L. 31 déc. 1971, art. 25 [Délits d'audience]

[mod. par L. n° 2004-130, 11 févr. 2004, art. 33, *JO* 12]

Toute juridiction qui estime qu'un avocat a commis à l'audience un manquement aux obligations que lui impose son serment, peut saisir le procureur général en vue de poursuivre cet avocat devant l'instance disciplinaire dont il relève.

Le procureur général peut saisir l'instance disciplinaire qui doit statuer dans le délai de quinze jours à compter de la saisine. Faute d'avoir statué dans ce délai, l'instance disciplinaire est réputée avoir rejeté la demande et le procureur général peut interjeter appel. La cour d'appel ne peut prononcer de sanction disciplinaire qu'après avoir invité le bâtonnier ou son représentant à formuler ses observations.

Lorsque le manquement a été commis devant une juridiction de France métropolitaine et qu'il y a lieu de saisir une instance disciplinaire située dans un département ou un territoire d'outre-mer ou à Mayotte, le délai prévu à l'alinéa précédent est augmenté d'un mois.

Il en est de même lorsque le manquement a été commis devant une juridiction située dans un département ou un territoire d'outre-mer, ou à Mayotte, et qu'il y a lieu de saisir une instance disciplinaire située en France métropolitaine.

L. 31 déc. 1971, art. 25-1 [Violation des règles de procédure]

[créé par L. n° 82-506, 15 juin 1982, art. 3, *JO* 16]

En cas de manquement aux obligations ou de contravention aux règles découlant des dispositions sur la procédure, les avocats encourent les sanctions édictées par lesdites dispositions.

Décr. 27 nov. 1991, art. 183 [Énumération d'infractions]

Toute contravention aux lois et règlements, toute infraction aux règles professionnelles, tout manquement à la probité, à l'honneur ou à la délicatesse, même se rapportant à des faits extraprofessionnels, expose l'avocat qui en est l'auteur aux sanctions disciplinaires énumérées à l'article 184.

RIN art. 1-3 [Respect et interprétation des règles]

Les principes essentiels de la profession guident le comportement de l'avocat en toutes circonstances.

L'avocat exerce ses fonctions avec dignité, conscience, indépendance, probité et humanité dans le respect des termes de son serment.

Il respecte en outre, dans cet exercice, les principes d'honneur, de loyauté, de désintéressement, de confraternité, de délicatesse, de modération et de courtoisie.

Il fait preuve, à l'égard de ses clients, de compétence, de dévouement, de diligence et de prudence.

RIN art. 1.4. [Discipline]

La méconnaissance d'un seul de ces principes, règles et devoirs, constitue en application de l'article 183 du décret du 27 novembre 1991 une faute pouvant entraîner une sanction disciplinaire.

81.02 Jurisprudence de référence.

> Le défaut de réponse aux demandes successives du bâtonnier constitue une faute disciplinaire

• **Civ. 1re, 24 févr. 2004, n° 01-12.473,** NP.

* V. s[s] n° 81.101.

« Attendu que l'arrêt retient que s'il était vrai que M. B... ne pouvait être sanctionné pour une mauvaise organisation ou un dysfonctionnement de son cabinet, il était établi qu'il n'avait pas répondu aux demandes successives de celui-ci ce qui constituait bien un manquement à l'article 12-5 du règlement intérieur de l'Ordre pour lequel il a été poursuivi et sanctionné. »

> Le versement d'honoraires à l'avocat par des clients relevant de l'aide juridictionnelle sans l'accord du bâtonnier constitue une faute disciplinaire

• **Civ. 1re, 24 févr. 2004, n° 03-14.530,** NP.

* V. s[s] n° 81.121.

« Mais, attendu, d'abord, qu'il résulte des constatations de l'arrêt et qu'il n'est pas contesté, que, lors de la perception des honoraires litigieux, l'article 36 de la loi du 10 juillet 1991, qui était applicable dans sa rédaction initiale, exigeait l'accord préalable du bâtonnier pour permettre à l'avocat de demander des honoraires à son client bénéficiaire de l'aide juridictionnelle; que la modification opérée par la loi du 18 décembre 1998 n'a pas supprimé purement et simplement cette exigence mais lui a substitué celle d'une décision préalable du bureau d'aide juridictionnelle prononçant le retrait de l'aide juridictionnelle; qu'il en résulte, contrairement à l'affirmation du moyen, que la modification apportée au texte initial ne peut être considérée comme plus favorable à l'avocat; qu'ensuite, la cour d'appel a exactement considéré que la faute disciplinaire était constituée par le versement d'honoraires à l'avocat par des clientes bénéficiant de l'aide juridictionnelle, sans l'accord du bâtonnier, en dehors de toute recherche sur la justification des honoraires illicitement perçus; qu'enfin, la charge de la preuve n'incombant pas aux clientes de M. Z... qui ne sont pas parties à la procédure disciplinaire, c'est dans l'exercice de son pouvoir souverain d'appréciation que la cour d'appel a déduit des éléments qui lui étaient soumis que la preuve d'un consentement éclairé de ces dernières, serveuses de bar sans fortune personnelle, à se dessaisir de sommes importantes n'était pas rapportée; que le moyen, non fondé en ses deux premières branches, ne peut être accueilli en sa troisième. »

81.03 Bibliographie indicative.

Ouvrage. Avril, 2008.

Articles. Commaret, « À propos de la loi du 3 août 1995 ou réflexion sur l'honneur du magistrat », *D.* 1996, chron. 197 s. – Damien, « La publicité par colloque ouvert aux clients », *Gaz. Pal.* 1990, 2, 525.

81.07 Nature de l'action disciplinaire.

Ce n'est ni une action pénale ni une action civile. Son caractère familial doit être souligné. La juridiction ordinale et la cour d'appel doivent redresser les erreurs commises par les avocats.

Elles le font avec l'esprit paternel de la juridiction ordinale. Toute erreur que peut commettre un avocat n'est pas susceptible de constituer par là même une faute disciplinaire.

• Une violation du tarif, quelque blâmable qu'elle soit, ne saurait, à elle seule, appeler des sanctions disciplinaires[1] (la possibilité d'une médiation portant sur les circonstances de la réparation du dommage causé par la faute disciplinaire a été envisagée[2]; de même le sursis au prononcé de la peine en attendant la preuve de l'absence de préjudice causé par la faute disciplinaire)[3].

La jurisprudence a exclu des dispositions du règlement intérieur celles tendant à établir des infractions contraventionnelles entraînant l'infliction d'une sanction, sans qu'il soit pour autant nécessaire de caractériser l'intention coupable de l'avocat contrevenant; c'est ainsi que l'omission de se faire couvrir des frais de vente avant de porter des enchères dans l'intérêt d'un client n'autorise pas le conseil de discipline à tirer de cette omission de respecter telles formalités, même légalement édictées, une présomption de faute disciplinaire, l'appréciation *in concreto* s'impose dans tous les cas[4].

1. CA Rennes, 11 mars 1980, *Gaz. Pal.* 1980, 2, 466 – DANS LE MÊME SENS : CA Pau, 19 mars 1981, *Gaz. Pal.* 1981, 2, 446, note A. D.
2. CA Paris, 24 févr. 1988, *Gaz. Pal.* 23 avr. 1988, 11, note Damien.
3. CA Paris, 23 mars 1988, *Gaz. Pal.* 2 juin 1988, 12, note Damien.
4. CA Pau, 24 févr. 1982, *Gaz. Pal.* 1982, 1, 155.

Cette action peut être mise en œuvre même à la suite d'un acquittement pénal et pour des faits qui ne sont ni prévus ni qualifiés par une loi mais qui ne relèvent que d'une appréciation morale ou déontologique et sans que la prescription ou l'amnistie ou l'irresponsabilité [1] puisse être prise en considération de manière absolue.

• **Régime antérieur.** Sous l'Ancien Régime et en particulier dans le ressort du parlement de Paris, les avocats étaient maîtres de leur action disciplinaire et le parlement s'interdisait d'en connaître même en cause d'appel. Le seul organe d'appel des décisions du conseil de discipline était l'assemblée générale des avocats.

Sous l'Empire le pouvoir disciplinaire fut maintenu au conseil de discipline qui recevait de l'article 23 du décret du 14 décembre 1810, la mission de veiller à la conservation de l'honneur de l'Ordre des avocats et de maintenir les principes de probité et de délicatesse qui font la base de leur profession mais sous le contrôle du pouvoir judiciaire. Le Conseil de l'ordre avait donc le droit de réprimer ou de faire punir par voie disciplinaire les infractions et les fautes commises par des avocats, sans préjudice de l'action des tribunaux s'il y avait lieu; les sanctions qu'il portait à l'encontre des avocats poursuivis pouvaient être déférées devant la Cour impériale par voie d'appel et, à défaut d'avoir été soumises à la Cour, ne devenaient définitives que lorsque la délibération avait été approuvée par le Premier président et le procureur général [2].

En outre, le grand juge ministre de la Justice pouvait, *proprio motu*, de sa seule autorité et concurremment avec le conseil de discipline, infliger à un avocat l'une des peines portées par l'article 25 du décret du 14 décembre 1810 [3].

Ces dispositions furent maintenues sauf celles de l'article 40 par l'ordonnance du 20 novembre 1822 [4]. Si le barreau s'était vu reconnaître la maîtrise du tableau, sans appel possible de la part des avocats évincés, en revanche il statuait en matière disciplinaire sous le contrôle de la Cour royale et la surveillance de l'Ordre sur la personne de ses membres était renforcée puisque les conseils de discipline se voyaient chargés de maintenir les sentiments de fidélité à la monarchie et aux institutions constitutionnelles et les principes de modération, de désintéressement et de probité sur lesquels repose l'honneur de l'Ordre des avocats, ainsi que de surveiller les mœurs et la conduite des avocats stagiaires [5]. Le Conseil de l'ordre tout entier avec son bâtonnier était soumis directement à la possibilité d'une action devant la Cour, chambres assemblées [6].

Le système actuel qui remonte à l'ordonnance du 27 août 1830, largement maintenu par les textes subséquents, a néanmoins été modifié par la loi du 11 février 2004.

81.08 L'absence de nomenclature des infractions disciplinaires. La législation ne précise pas les faits donnant ouverture à l'action disciplinaire, à la façon dont le Code pénal décrit, qualifie et prévoit la répression des délits et des crimes. Mais l'article 22 de la loi du 31 décembre 1971 mentionne les infractions et fautes, commises par les avocats et l'article 25 les fautes et manquements au serment professionnel commis à l'audience qui relèvent d'un contentieux distinct qui sera étudié plus loin.

• **Tout fait quelconque de l'avocat, même non professionnel.** L'article 183 du décret du 27 novembre 1991 tente toutefois de donner une définition générale des infractions disciplinaires. « Toute contravention aux lois et règlements, toute infraction aux règles professionnelles, tout manquement à la probité, à l'honneur ou à la délicatesse, même se rapportant à des faits extraprofessionnels exposent l'avocat qui en est l'auteur à des sanctions disciplinaires. » Ce texte, unique dans les professions libérales en France est la *conséquence de la spécificité de la profession d'avocat*. Avocat n'est pas seulement une profession, ou un métier, *c'est un état*.

Avec une définition aussi large de l'infraction disciplinaire, on peut dire que l'avocat est soumis au régime de l'infraction indéterminée. Tout fait quelconque même non professionnel, commis à n'importe quel moment, n'importe où, dès lors que l'auteur est avocat, peut être justiciable de sanctions disciplinaires. Le nombre d'infractions qui peuvent ainsi être poursuivies étant pratiquement illimité, « il se dégage, comme l'indique Emmanuel Blanc [7] l'idée d'une compétence très générale et très vaste englobant toute la vie professionnelle et extra professionnelle de l'avocat s'étendant à tous les faits bien antérieurs à la prestation de serment et se prolongeant pendant tout le cours de l'honorariat jusqu'à la mort ». Les avocats sont justiciables du conseil de discipline non seulement en raison de leurs activités juridiques ou judiciaires d'avocat et du fait de leur vie privée, mais également en raison de leurs activités annexes autorisées par la loi [8].

Le jurisconsulte Antoine Loisel, l'un des fondateurs de l'Académie Française, écrivait au début du XVIIe siècle « La profession d'avocat veut son homme tout entier. »

81.09 Présentation d'une nomenclature des cas jugés. Une nomenclature des infractions professionnelles sanctionnées par le conseil de discipline et en appel par les cours, serait fastidieuse. Mollot écrit dans son traité « il est impossible de spécifier en fait les infractions et les fautes dont le Conseil

1. Anc^{t} C. pén., art. 64; DEVENU : C. pén., art. 122-1.
2. Décr. 14 déc. 1810, art. 29.
3. Décr. 14 déc. 1810, art. 40.
4. Ord. 20 nov. 1822, art. 12.
5. Ord. 20 nov. 1822, art. 14.
6. MOLLOT, t. I, 363.
7. BLANC, p. 220.
8. Civ. 1re, 7 juin 1983, n° 82-14.469, *Bull. civ.* I, n° 169; *Gaz. Pal.* 1983, 283, pan. 281.

de l'ordre est appelé à connaître parce qu'elles se présentent avec des nuances infinies, il suffit de rappeler qu'elles résultent de tous les actes qui sont contraires à nos règles sur l'exercice légal de la profession »[1].

La seule méthode semble consister à établir une nomenclature des cas jugés par la jurisprudence dont la diversité permettra d'apprécier si les faits commis par un avocat et soumis au conseil de discipline sont susceptibles d'entrer dans la nomenclature des fautes disciplinaires entraînant une sanction. Nous nous bornons dans ce chapitre à renvoyer aux arrêts déjà cités, n'ajoutant ici que des espèces récentes ou typiques et qui n'avaient pas trouvé place dans l'examen des obligations déontologiques des avocats (v. s^s n°s 31.11 s. et 32.11 s.).

SECTION 1 FAITS CONSTITUANT DES FAUTES ENVERS LES CLIENTS

§ 1 Manquement à l'obligation de dévouement

81.11 Tout manquement à l'obligation de dévouement expose l'avocat à une sanction disciplinaire. L'avocat doit remplir la mission qui lui a été confiée avec sérieux (v. s^s n° 31.21). Ainsi, il se doit de respecter le secret professionnel (v. s^s n°s 36.01 s.).

• **Violation du secret médical.** Le fait par un avocat d'avoir révélé publiquement des écrits couverts par le secret médical, constitue une faute disciplinaire. La défense des intérêts qui ont été confiés à cet avocat n'est pas une cause justificative du manquement qui lui est reproché. Le secret médical couvre tous les documents relatifs à l'état de santé d'un individu. Le fait par le tribunal correctionnel de ne pas avoir écarté des débats la pièce litigieuse, n'a aucune conséquence sur l'action disciplinaire diligentée contre l'avocat[2].

§ 2 Manquement au principe de dignité

81.21 Tout fait portant atteinte au respect que l'avocat doit inspirer constitue une faute disciplinaire (v. s^s n° 31.41). Tout démarchage de clientèle est ainsi interdit (v. s^s n° 31.42).

• **Absence de démarchage lors d'une interview.** Le fait par un avocat de donner une interview à la presse en qualité d'avocat des consommateurs et d'y commenter la jurisprudence locale et les usages du parquet, ne saurait constituer une publicité blâmable tombant sous le coup des dispositions du règlement intérieur du barreau ou les règles légales régissant la profession d'avocat, dès lors qu'il n'est pas relevé l'intention par l'avocat de constituer par ce moyen une publicité ayant pour but principal et essentiel d'attirer la clientèle vers son cabinet et de « racoler » ainsi cette dernière[3].

• **Absence de démarchage lors de conférences publiques.** De même un avocat peut prononcer des conférences publiques sur sa profession ou sur des questions juridiques, dans son ressort ou hors de son ressort, écrire des articles de journaux et de revues, participer à des émissions radiophoniques ou télévisées, dès lors que la finalité de sa prestation ne tombe pas sous le coup de la prohibition de la publicité et du racolage rappelée par l'arrêt précité de la cour de Rennes[4].

• **Illustration par analogie – Fautes commises par des médecins.** Le Conseil d'État a jugé, pour un médecin mais le cas peut être rapproché, que le fait d'écrire un article médical dans une revue à grand tirage, signé d'initiales mais permettant au correspondant d'écrire au journal qui ferait suivre les correspondances, constitue une manœuvre publicitaire condamnable[5]. De même, en matière médicale, mais qui peut aisément être transposé en matière de déontologie d'avocat, le Conseil d'État a jugé que le fait par la juridiction disciplinaire d'avoir dit dans sa décision qu'un médecin avait laissé paraître dans la presse locale des articles relatant sa participation à un congrès international, équivaut à indiquer que les articles incriminés avaient paru avec son accord, ce qui est contraire à la déontologie médicale selon laquelle sont prohibés tous les procédés directs ou indirects de publicité ou de réclame et les manifestations spectaculaires même touchant à leur art mais n'ayant pas exclusivement un but scientifique ou éducatif[6]. Le Conseil d'État a estimé que constituaient des agissements de nature à déconsidérer la profession médicale et susceptible dès lors d'être sanctionnés, le fait par un médecin d'avoir participé à la rédaction d'un tract prônant la liberté sexuelle et assurant qu'il n'existait aucune distinction entre le normal et l'anormal[7].

1. MOLLOT, t. I, 361.
2. Civ. 1re, 29 mars 1978, n° 76-15.422, *Bull. civ.* I, n° 127; *Gaz. Pal.* 1978, 2, somm. 248.
3. CA Rennes, 2 juin 1981, *Gaz. Pal.* 1981, 2, 596, note A. D.
4. RAPPR. : Civ. 1re, 28 avr. 1993, n° 90-20.949, *Bull. civ.* I, n° 151; *Gaz. Pal.* 10 août 1993, 180.
5. CE 2 oct. 1974, n° 90298, Chung-Seh-Tung, *Lebon*, 463.
6. CE 28 juin 1959, *Lebon*, 81 – RAPPR. : CE 16 mai 1989, *Lebon*, 254 – CE 17 déc. 1971, n° 79295, Virapin-Apou, *Lebon*, 779 – CE 19 févr. 1992, n° 117950, *Lebon T.*
7. CE 13 mai 1974, n° 89704, Carpentier, *Lebon*, 284 – CA Riom, 7 juin 1990, *Gaz. Pal.* 1990, 2, 525, note Damien, « La publicité par colloque ouvert aux clients ».

• **Illustration par analogie – Participation à une émission scientifique.** La participation d'un médecin à une émission de télévision de valeur scientifique est tolérée[1].

Le Conseil de l'ordre qui a reçu mission de l'article 17-5 de la loi du 31 décembre 1971 de traiter toute question intéressant l'exercice de la profession, la défense des droits des avocats et la stricte observation de leurs devoirs, a pu sans excéder les limites de son pouvoir réglementaire, soumettre l'usage de certaines formes d'expression (notamment en l'espèce des émissions radiophoniques ou télévisées) pour les avocats à l'occasion de leur activité professionnelle à des conditions dont il a librement apprécié l'opportunité et arrêté les modalités[2].

§ 3
Manquement au principe d'indépendance

81.31 L'avocat doit préserver son indépendance. Toute violation de cette obligation peut entraîner le prononcé de sanction extrême (v. s[s] n°s 31.51 s.)

• Cas de l'avocat qui, travaillant pour la police et rémunéré par elle, transmet à celle-ci les confidences de son client[3]. Pour ces faits, le bénéfice de l'amnistie a par la suite été refusé[4].

§ 4
Manquement au principe de délicatesse

81.41 L'avocat ne saurait commettre d'actes indélicats à l'égard de son client (v. s[s] n° 31.61). Ainsi à titre d'exemples, il ne peut accepter de défendre des intérêts opposés, fixer des honoraires excessifs ou obtenus par des procédés indignes, convenir d'un pacte de *quota litis* (v. s[s] n° 46.27), ou encore refuser de plaider en matière de commission d'office avant d'avoir reçu la totalité de la somme convenue.

§ 5
Manquement au principe de compétence

81.51 L'avocat a un devoir de compétence envers son client (v. s[s] n° 31.11). Dans ce cadre lui est imposée une obligation de formation continue (v. s[s] n°s 12.11 s.) qui assure la mise à jour et le perfectionnement des connaissances nécessaires à l'exercice de la profession. Aussi a-t-il pu être jugé que le non-respect de cette obligation de formation continue expose l'avocat à des poursuites disciplinaires[5].

§ 6
Faits engageant la responsabilité de l'avocat vis-à-vis de son client

81.61 L'avocat est tenu à un devoir de conseil envers ses clients (v. s[s] n°s 31.11 et 31.21). Il doit à ce titre faire preuve de prudence et de diligence dans le traitement des dossiers.

• **Introduction d'une procédure risquée.** Le fait par un avocat d'avoir diligenté une procédure d'exécution particulièrement rigoureuse, grave de conséquence, pour des sommes au début presque dérisoires, manifeste une absence de modération et de délicatesse et permet d'entrer en condamnation contre lui[6].

• **Défaut de diligence dans le maniement de fonds.** Des retards dans la restitution d'honoraires au client dans l'exécution d'une décision de justice ou dans le règlement de sommes revenant au client et ayant fait en effet l'objet d'un prélèvement au compte Carpa sont susceptibles de constituer des fautes disciplinaires[7] (solution pouvant être rapprochée de celle de l'avocat ayant obtenu le paiement de l'indemnité d'aide judiciaire sans annuler de lui-même la demande pour le règlement des frais antérieurs à l'octroi de cette mesure[8]). Des précautions doivent être pris dans le maniement de la Carpa et éviter notamment l'autorisation donnée avec légèreté de déconsigner les fonds précédemment consignés[9].

SECTION 2
FAITS CONSTITUANT DES INFRACTIONS AUX RÈGLES DE L'ORDRE ET AUX RÈGLES RELATIVES À LA TENUE DE LA COMPTABILITÉ, AUX MANIEMENTS DE FONDS, AUX ASSURANCES ET GARANTIES

81.71 Respect du règlement intérieur et des règles régissant la profession. Si le rôle de l'avocat n'est pas limité à l'assistance de ses clients devant une juridiction, les activités qu'il peut exercer hors du domaine judiciaire ne le dispensent pas de respecter les dispositions protectrices prévues par le

1. CE 12 janv. 1987, n° 80638, Tabau c/Conseil national de l'Ordre des médecins, *Lebon*, 3.
2. Civ. 1re, 24 mars 1981, n° 79-14.765, *Bull. civ.* I, n° 97; *JCP* 1981, IV, 206; *Gaz. Pal.* 1981, 2, pan. 290.
3. CA Paris, 27 avr. 1988, *Gaz. Pal.* 12 juill. 1988, 14, note Damien.
4. CA Paris, 22 févr. 1989, *Gaz. Pal.* 1989, 616.
5. CA Bordeaux, 14 oct. 2008, *JCP* 2009, I, 120, n° 12, obs. Bortoluzzi.
6. CA Pau, 11 juin 1981, *Gaz. Pal.* 1981, 2, 641.
7. Civ. 1re, 23 oct. 1984, n° 83-14.806, *Bull. civ.* I, n° 273; *Gaz. Pal.* 1985, 1, pan. 98.
8. Civ. 1re, 21 mai 1990, n° 88-19.218, *Bull. civ.* I, n° 115; *JCP* 1990, IV, 275.
9. Civ. 1re, 12 juill. 1989, *JCP* 1989, IV, 346.

règlement intérieur du barreau auquel il appartient, spécialement à l'occasion des maniements de fonds (v. ss nos 61.01 s.) ; il doit s'abstenir des actes qui excèdent sa mission d'assistance juridique et compromettent en même temps la dignité de la profession.

• C'est à bon droit qu'une cour d'appel prononce la radiation d'un avocat, après avoir relevé que les irrégularités de la rédaction d'un acte de cession de bail à laquelle il avait participé, étaient manifestement destinées à couvrir une dissimulation et a relevé qu'il s'était livré à un ensemble d'opérations incompatibles avec les qualités d'honneur et de probité exigées par la profession d'avocat [1]. Toutefois, le caractère non fautif d'un remboursement d'un prêt d'honneur consenti par l'Ordre à un avocat dans une situation financière difficile a été envisagé [2].

SECTION 3
FAITS CONSTITUANT DES MANQUEMENTS AUX OBLIGATIONS SOCIALES ET FISCALES DES AVOCATS

81.81 La violation des obligations fiscales et sociales pesant sur l'avocat l'expose à une sanction disciplinaire (v. ss nos 57.11 à 57.16 et 57.61 à 57.111). L'avocat pénalement condamné pour fraude fiscale est justiciable de sanctions disciplinaires [3].

SECTION 4
FAITS CONSTITUANT DES MANQUEMENTS AUX DEVOIRS ENVERS LES CONFRÈRES

81.91 Le manquement aux règles déontologiques n'affecte pas la validité des actes effectués par l'avocat. Les règles de déontologie dont l'objet est de fixer les devoirs des membres de la profession ne sont assorties que de sanctions disciplinaires et n'entraînent pas à elles seules l'annulation des actes accomplis en infraction à leurs dispositions [4] (à propos d'une convention intervenue entre deux médecins) [5].

• Un Conseil de l'ordre rappelle dans son règlement intérieur que, dans les devoirs qui s'imposent aux avocats, il existe l'obligation d'éviter même en conversation particulière et serait-ce sur le ton de la plaisanterie, tout propos ou insinuation de nature à porter atteinte à la réputation d'un confrère ou de sa famille. Un jeune confrère ne dit pas à un avocat plus ancien « on ne peut pas être et avoir été ». La cour de Pau, le 6 février 1935, sanctionne ce stagiaire par deux mois de suspension, le Conseil de l'ordre l'avait condamné à six mois [6]. Un avocat qui fait intervenir dans le cabinet commun avec un de ses confrères, des agents de police au motif qu'un inconnu changeait les serrures de la porte du bureau d'un des confrères appartenant au cabinet groupé, sans indiquer que c'était en présence de celui-ci et sur la demande du confrère, commet une faute disciplinaire [7].

SECTION 5
FAITS CONSTITUANT DES FAUTES ENVERS LES AUTORITÉS DE L'ORDRE

81.101 L'avocat doit faire preuve de respect envers les autorités de l'Ordre et notamment envers le bâtonnier (v. ss no 32.11).

• **Propos tenus à l'égard du bâtonnier.** Le fait par un avocat d'écrire à son bâtonnier pour lui présenter « avec la déférence qu'il doit à son titre, les remarques suivantes » constitue une faute disciplinaire car il laisse entendre que le signataire vise aussi bien l'homme que la fonction, ce qui démontre un manque de tact, de scrupules et de finesse [8] (pouvant être rapproché du cas d'outrages envers le bâtonnier par voie téléphonique) [9] ; de même le fait de ne pas répondre ou de répondre de manière incomplète à une demande d'information du bâtonnier peut entraîner pour l'avocat la peine disciplinaire d'un mois d'interdiction [10]. L'emploi de termes désobligeants à l'égard du bâtonnier constitue une atteinte à la délicatesse [11]. En revanche, c'est à tort qu'un conseil de discipline retient comme fautive la formule, cependant bien proche de celle employée dans l'exemple précédent (c'est très exactement la même), employée par un avocat à l'égard de son bâtonnier : « Avec la déférence que je dois à votre titre. » Cette expression ne constitue ni une impertinence inadmissible, ni une insolence vis-à-vis du bâtonnier, la déférence de cet avocat se limitant au seul titre de bâtonnier [12].

1. Civ. 1re, 16 juin 1981, no 80-13.074 *Bull. civ.* I, no 215 ; *JCP* 1981, IV, 314 – CA Bourges, 27 mars 1984, *Gaz. Pal.* 1984, 1, 976, note Damien – Civ. 1re, 13 déc. 1988, no 86-17.735, *Bull. civ.* I, no 351 ; *Gaz. Pal.* 1989, pan. 35.
2. CA Paris, 26 févr. 1992, *D.* 1994 somm. 134.
3. Cons. ordre Paris, 25 mars 1986, *D.* 1987, IR 107, note Brunois – Cons. ordre Paris, 16 juill. 1987, *D.* 1989, somm. 71 – Civ. 1re, 16 avr. 1991, no 89-19.869, NP.
4. Crim. 22 avr. 1977, no 75-93.306, *Bull. crim.*, no 127 ; *D.* 1977, IR 322.
5. Civ. 1re, 18 avr. 1961, *Bull. civ.* I, no 210.
6. Gazzaniga, *L'histoire des avocats de Bigorre et des Hautes-Pyrénées*, p. 188.
7. CA Paris, 29 juin 1994, *Gaz. Pal.* 1er sept. 1994, 25.
8. Civ., 11 janv. 1977, *Gaz. Pal.* 1977, 1, somm. 72.
9. CA Orléans, 25 sept. 1985, *D.* 1987, IR 106, note Brunois.
10. Civ. 1re, 22 nov. 1988, no 87-11.274, *Bull. civ.* I, no 325 ; *D.* 1988, IR 296 ; *Gaz. Pal.* 1989, pan. 3.
11. Civ. 1re, 15 mai 1995, *JCP* 1996, I, 3948, no 15.
12. CA Agen, 11 août 1977, *Gaz. Pal.* 1977, 2, 554, note A. D.

• **Défaut de réponse aux demandes présentées par le bâtonnier.** Le fait par un avocat interrogé par le bâtonnier à plusieurs reprises sur des interrogations ou des plaintes de clients de garder le silence, ou d'y répondre d'une manière incomplète, constitue une infraction disciplinaire[1] (de même le retard dans l'exécution d'une transaction acceptée sous la médiation du bâtonnier[2]). L'absence de réponse par un avocat aux lettres de son bâtonnier constitue une faute disciplinaire[3]. La cour de Lyon s'est montrée particulièrement ferme en la matière en indiquant que le fait par un avocat de laisser sans réponse un grand nombre de demandes d'explications qui lui ont été adressées par son bâtonnier, ce que ne peuvent expliquer les difficultés de secrétariat alléguées, constitue un manquement au devoir de l'avocat à l'égard de son ordre et à ses obligations professionnelles qui présente un caractère de gravité certain puisqu'il met l'Ordre dans l'impossibilité de régler les litiges et les réclamations qui lui sont soumis, nuisant ainsi à l'image et à la crédibilité du barreau. C'est à juste titre qu'une période d'interdiction temporaire est prononcée contre l'avocat[4].

• **Absence de faute disciplinaire.** En revanche, un avocat peut continuer à prêter son concours à un journal même si cette publication a mis en cause des confrères et son Ordre. Il faudrait, pour admettre l'existence d'une faute de l'avocat, relever en quoi il avait dépassé, par ses relations avec le journal, le cadre professionnel et « cautionné » les articles parus[5]. Cette affaire fut d'ailleurs fertile en rebondissements : tandis que la Cour de cassation cassait l'arrêt de la cour de Toulouse du 4 juillet 1977[6] par les motifs ci-dessus rapportés, le conseil de discipline poursuivait une deuxième fois l'avocat pour avoir :

1° publié dans la presse l'arrêté du conseil le sanctionnant, soumis à la censure de la Cour et finalement annulé par la Cour de cassation;

2° adressé une lettre à la direction du journal dont il était l'avocat lui indiquant qu'il ne pouvait plus être son conseil parce qu'il avait dû se justifier devant le conseil de discipline du « crime d'être votre avocat »;

3° contesté devant la cour d'appel des propos qu'il avait tenus devant le conseil de discipline.

La Cour de cassation a cassé l'arrêt du 17 mai 1978[7] rendu par la cour d'appel de Toulouse par lequel cette cour l'avait condamné à la peine d'une année de suspension. Elle a estimé :

– qu'un avocat sanctionné peut publier la décision du Conseil de l'ordre le sanctionnant;

– que les critiques relevées dans la presse contre cette décision et ceux qui l'ont rendue ne peuvent être reprochées à l'avocat dès lors qu'il n'est pas démontré qu'il les a suscitées;

– que tout prévenu et partant même un avocat devant le conseil de discipline a le droit d'user de tous les moyens accordés aux justiciables pour se défendre.

Mais en revanche un avocat n'a pas le droit d'adresser à la presse une lettre destinée à être publiée, affirmant que le Conseil de l'ordre portait atteinte au libre choix d'un avocat par un justiciable. Un tel agissement peut constituer un manquement à la probité intellectuelle ou à la délicatesse. Comme l'écrit le bâtonnier Brunois : « Imputer à autrui une intention immorale c'est manquer de rigueur intellectuelle, en publiant l'imputation on entend porter tort. »[8]

SECTION 6
FAITS CONSTITUANT DES OUTRAGES ENVERS DES MAGISTRATS

81.111 L'avocat ne saurait manquer de respect aux magistrats même s'il doit préserver son indépendance (v. s[s] n°s 33.11 et n°s 86.01 s.).

• **Manquements constitutifs de faute disciplinaires.** Le fait par un avocat de dire au juge des référés qui l'avait interrompu pour mettre la cause en délibéré, qu'il n'y avait pas de justice, que c'était toujours pareil, que les avocats ne pouvaient plaider et d'accompagner ses propos d'un geste vif pour poser sur le bureau du magistrat deux galets provenant d'un terrain sur les malfaçons desquelles les avocats plaidaient, constitue un comportement contraire aux obligations qu'impose son serment et justifie une sanction disciplinaire[9].

De même le fait d'avoir accusé le juge des enfants de « mauvaise foi », puis d'avoir mis en cause l'impartialité du Conseil de l'ordre à son égard[10].

Si des paroles prononcées à l'audience peuvent être excusées comme étant l'expression incontrôlée d'une certaine nervosité, une lettre adressée 6 jours après et qui reprend les termes prononcés à l'audience peut justifier

1. Civ. 1re, 22 nov. 1988, n° 87-11.274, *Bull. civ.* I, n° 325; *D.* 1988, IR 296; *Gaz. Pal.* 1989, pan. 3 – CA Paris, 26 mai 1993, *Gaz. Pal.* 16 sept. 1993, 26 – CA Lyon, 6 déc. 1993, *Gaz. Pal.* 12 mai 1994, 21, note A. D.
2. CA Paris, 22 sept. 1993, *Gaz. Pal.* 28 oct. 1993, 16 – Civ. 1re, 24 févr. 2004, n° 01-12.473, NP.
3. Civ. 1re, 22 nov. 1988, n° 87-11.274, *Bull. civ.* I, n° 325; *D.* 1988, IR 296; *Gaz. Pal.* 1989, I, pan. 3 – RAPPR. : CA Paris, 26 mai 1993, *Gaz. Pal.* 16 sept. 1996, 26.
4. CA Lyon, 6 déc. 1993, *Gaz. Pal.* 12 mai 1994, 21, note Damien – CA Paris, 9 juin 1998, *Gaz. Pal.* 17 sept. 1998, 15, note Damien.
5. Civ. 1re, 14 févr. 1979, n° 77-14.564, *Bull. civ.* I, n° 61; *Gaz. Pal.* 1979, 1, somm. 204.
6. CA Toulouse, 4 juill. 1977, inédit.
7. Civ. 1re, 4 déc. 1979, n° 78-13.967, *Bull. civ.* I, n° 301; *D.* 1981, 328, note Brunois; CASSANT : CA Toulouse, 17 mai 1978, NP.
8. Civ. 1re, 4 déc. 1979, n° 78-13.967, *Bull. civ.* I, n° 301; *D.* 1981, 328, note Brunois – RAPPR. : CE 22 nov. 1989, *Lebon*, 235.
9. Civ. 1re, 11 mai 1976, n° 75-10.168, *Bull. civ.* I, n° 164; *Gaz. Pal.* 1976, 2, somm. 186.
10. Civ. 1re, 3 mars 1987, n° 85-12.000, NPT, *D.* 1987, IR 57.

une sanction disciplinaire en estimant que l'avocat a ainsi manifesté un manque de modération condamnable[1].

Le fait par un avocat de participer à une manifestation sur la voie publique, au cours de laquelle furent conspués les magistrats, peut être considéré comme une faute disciplinaire[2] (de même la dénonciation calomnieuse à l'encontre d'un magistrat)[3]; l'avocat qui, entendu comme témoin par un juge d'instruction, refuse de faire sa déposition encourt une peine disciplinaire[4]. De même l'avocat qui révèle à l'audience des conversations privées avec le juge d'instruction ou le substitut, relatives à la cause évoquée[5].

Le fait par un bâtonnier de se plaindre auprès du président du tribunal de grande instance de l'organisation de certaines chambres de sa juridiction constitue, aux yeux du tribunal correctionnel de Bordeaux, un outrage à magistrat[6].

• **Absence de fautes disciplinaires.** En revanche, le fait par un avocat à la lecture au greffe d'un jugement rendu par le juge d'instance, d'avoir dit à la greffière, seule avec lui dans le bureau, que ce jugement était stupide et le juge qui l'avait rendu également, ne constitue pas un outrage à magistrat[7] (sur le manquement à la dignité v. s[s] n°s 31.41 s. et à la délicatesse v. s[s] n°s 31.61 s.).

SECTION 7
FAITS PORTANT ATTEINTE À LA DIGNITÉ, L'HONNEUR, LA PROBITÉ ET LA DÉLICATESSE

81.121 **Le respect du serment de l'avocat.** Sous cette incrimination relativement vague, la jurisprudence disciplinaire réprime toute atteinte à « l'esprit » de la profession dont le fondement juridique est le respect dû au serment prêté par les avocats au moment de l'inscription.

La jurisprudence considère que la modification de la formule du serment n'en diminue pas pour autant le respect dû par les avocats aux magistrats, aux autorités publiques ou à la loi[8]. Certaines décisions sont cependant d'une grande incertitude de termes; un arrêt de Bordeaux[9] incrimine « *l'indifférence* » qu'il croit relever dans l'attitude d'un avocat à l'égard de son client comme motif de sanction disciplinaire[10].

• **L'avocat doit faire preuve de modération.** Si l'avocat *non dominus litis* ne peut se voir reprocher des négligences qui ne lui sont pas personnellement imputables, il se rend coupable d'une faute disciplinaire en intervenant directement auprès de banquiers pour les inciter à octroyer des prêts à son client; cette démarche outrepassant le cadre des démarches qu'un avocat peut normalement entreprendre dans l'intérêt de son client. Mais la faute essentielle consiste pour l'avocat à avoir assuré la banque de l'existence d'une créance au profit de son client alors qu'il ignorait si l'assureur allait ou non indemniser le sinistre. Il a manqué ainsi à son devoir de *loyauté*[11].

• **Poursuites diligentées à l'encontre du client.** Le devoir de délicatesse impose à l'avocat créancier de son client (en l'espèce il avait reçu de celui-ci un chèque sans provision) de limiter les poursuites qu'il exerce à l'encontre de son client, au strict nécessaire pour la sauvegarde de ses intérêts; ces poursuites doivent être abandonnées dès que le client a donné des gages sérieux pour garantir l'exécution de ses obligations.

L'avocat doit donc se limiter aux poursuites autorisées par le bâtonnier et n'agir qu'avec la plus grande réserve[12]. Notons en revanche que la Cour de cassation estime que le Conseil de l'ordre excède ses pouvoirs en soumettant à une autorisation préalable du bâtonnier une poursuite par voie de saisie immobilière dès lors que les frais prévisibles de cette procédure seraient supérieurs à la créance à recouvrer[13].

• **Rétention fautive de somme sur l'indemnité destinée à la cliente.** De même le fait pour un avocat de retenir une certaine somme sur une indemnité d'accident revenant à sa cliente, sans lui adresser le décompte des frais, ni faire état de la provision qu'elle a versée, sans avoir obtenu son accord sur la fixation des honoraires, contrevient aux règles professionnelles de *désintéressement*, de *probité* et de *modération* et constitue donc une faute disciplinaire[14].

1. Civ. 1re, 22 janv. 1985, n° 84-10.160, *Bull. civ.* I, n° 29; *Gaz. Pal.* 1985, somm. 179; *Gaz. Pal.* 1985, pan. 244, note Guinchard et Moussa – Civ. 1re, 20 oct. 1992, n° 90-17.957, NPT, *D.* 1994, somm. 135.
2. CA Basse-Terre, 12 déc. 1983, *Gaz. Pal.* 1984, 1, 76, note Damien [CRIT.] – Civ. 1re, 19 juin 1985, n° 84-10.104, *Bull. civ.* I, n° 194; *D.* 1987, IR 107, note Brunois; *Gaz. Pal.* 1985, 2, 623, note Damien; *JCP* 1985, IV, 299 – CEDH 26 avr. 1991, n° 11800/85, Ezelin c/France; *Gaz. Pal.* 1991, 1, pan. 28; somm. 202.
3. Civ. 1[re], 20 oct. 1992, n° 90-17.957, NPT, *D.* 1992, somm. 135 – CA Paris, 1[re] ch. 27 janv. 1999, *Gaz. Pal.* 8 avr. 1999, somm. 23.
4. Civ. 1[re], 19 juin 1985, n° 84-10.104, *Bull. civ.* I, n° 194; *D.* 1987, IR 107, note Brunois; *Gaz. Pal.* 1985, 623, note Damien; *JCP* 1985, IV, 299.
5. CA Nancy, 3 juill. 1987, *Gaz. Pal.* 1987, 2,556, note A. D.
6. T. corr. Bordeaux, 14 oct. 1996, *Gaz. Pal.* 1996, 2, 626, note Damien.
7. CA Brive, 9 mars 1979, *Gaz. Pal.* 1979, 1, 157 – CA Limoges, 11 juill. 1979, *Gaz. Pal.* 1979, 2, 471 – CA Montpellier, 20 juin 1985, *Gaz. Pal.* 19 sept. 1985, 12, note A. D.
8. CA Paris, 27 avr. 1988, *Gaz. Pal.* 12 juill. 1988, note Damien où le mot « serment » est évoqué.
9. CA Bordeaux, 11 mars 1983, *Gaz. Pal.* 1983, 2, 384.
10. POURVOI rejeté par : Civ. 1re, 11 juill. 1983, n° 83-11.591, *Bull. civ.* I, n° 201; *JCP* 1983, IV, 305; *Gaz. Pal.* 1984, 1, pan. 2; *Gaz. Pal.* 1984, 1, 52.
11. CA Rennes, 16 févr. 1982, *Gaz. Pal.* 1982, 1,167.
12. CA Aix-en-Provence, 27 juin 1983, *Gaz. Pal.* 1983, 2, 664.
13. Civ. 1re, 8 déc. 1987, n° 85-14.813, *Bull. civ.* I, n° 329; *D.* 1988, somm. 19; *Gaz. Pal.* pan. 35.
14. Civ. 1re, 14 janv. 1976, n° 74-11.401, *Bull. civ.* I, n° 15; *D.* 1976, somm. 33.

• **Utilisation fautive des fonds à des fins personnelles.** Le fait pour un avocat de ne pas pouvoir représenter à tout moment les fonds destinés à ses clients et dont il est dépositaire et qu'il utilise à des fins personnelles, est une faute contre l'*honneur,* la *probité* et la *délicatesse,* entraînant sa radiation[1] (v. s[s] n°s 61.11 s.).

• **Utilisation de la qualité d'avocat.** Le fait par un avocat d'écrire sur du papier à en-tête professionnel à un prêtre desservant une paroisse pour lui demander de reconsidérer le refus par lui apporté à la demande de célébration d'une messe de caractère public pour une association dont l'avocat se présente comme mandataire et d'y insérer une menace à peine voilée d'occupation du lieu du culte, constitue un manquement à la *délicatesse*[2].

Mais le fait qu'un avocat chargé d'une mission d'exécuteur testamentaire écrive au légataire, dans le cadre de cette mission, sur son papier à en-tête d'avocat et non pas sur un papier privé, est considéré par la Cour comme inopérant, cette circonstance banale étant dépourvue de toute signification[3].

En revanche, le fait d'avoir écrit à un adversaire des « lettres de sommation » assorties de menaces en vue de recouvrer une créance douteuse constitue un procédé qui s'assimile à une forme larvée de chantage[4].

• **Propagande exhibitionniste.** Le fait par un avocat, candidat à une élection politique et dont le but peut-être respectable et les mobiles sincères, d'avoir utilisé des moyens de propagande et notamment un exhibitionnisme provocateur et indécent qui n'était ni nécessaire ni même utile à la défense de ses idées et qui étaient étroitement liés à sa qualité affichée d'avocat, constitue un manquement à la *délicatesse,* à la *dignité,* à *l'honneur,* même s'agissant de faits commis en dehors de la profession, car ces faits entachent la dignité et l'honneur du barreau.

En l'espèce, l'avocat en cause avait publié une brochure de 81 pages intitulée « N, candidat pour pouvoir s'expliquer à l'occasion de l'élection présidentielle »; il se domiciliait dans cette brochure à son cabinet d'avocat et, à la page 3, figurait une photo de lui entièrement nu avec un écriteau au-dessus des fesses portant la mention « la justice, mon c... », à la page 61 une autre photographie le représentait vêtu de sa toge, un pistolet à la main avec la légende « Ah, si mon avocat pouvait plaider comme cela, ils comprendraient peut-être ». À l'occasion des législatives de 1981 il avait fait confectionner, distribuer et apposer, une affiche notamment sur les murs du Palais de justice et de la maison d'arrêt, qui le représentait entièrement nu avec un plumeau fiché dans l'anus et ce commentaire : « N... le seul candidat sérieux qui ne se prend pas au sérieux. » À la même époque il donna une conférence de presse à son cabinet d'avocat en se présentant aux journalistes, tantôt entièrement nu, tantôt avec pour tout appareil une écharpe tricolore nouée autour du sexe[5].

• **Tentative de corruption.** Le fait par un avocat de se faire remettre une importante somme d'argent par un plaideur en lui offrant de corrompre un magistrat constitue un manquement à l'*honneur* et à la *probité* justifiant de prononcer contre l'avocat la peine de la radiation[6].

• **Actes frauduleux.** Le fait par un avocat d'exercer des pressions sur une SCP notariale pour obtenir le paiement de la soulte du prix de cession dissimulé lors du contrat de présentation, est contraire à la *dignité*; de même le fait de prêter son concours à une cession de fonds de commerce permettant à une partie inhabile à exercer le commerce, de trouver un homme de paille destiné à assurer le maintien du fonds dans son patrimoine et de présenter le précédent propriétaire lors d'un rendez-vous d'expertise judiciaire comme étant le titulaire apparent dudit commerce, constitue une faute disciplinaire contre *l'honneur* et la *probité* en même temps qu'une faute pénale (espèces inédites).

• **Exercice fautif d'une procédure.** De même le fait d'avoir diligenté une action disciplinaire contre un syndic alors qu'il possédait d'autres voies de droit pour parvenir au résultat recherché, mettant ainsi en mouvement une procédure disproportionnée avec les faits reprochés au syndic, est constitutif d'une faute[7].

• **Prêt fautif de l'argent du client.** Le fait par un avocat de prêter à un tiers de l'argent revenant à un client, sans établir la preuve d'un mandat que lui aurait donné ce client à l'effet de négocier un prêt, constitue une faute contre la *dignité*[8].

• **Utilisation d'une fausse qualité.** L'utilisation indue de la qualité de professeur agrégé des facultés de droit dans une consultation constitue une faute disciplinaire qui est sanctionnée par deux années d'interdiction d'exercice de la profession[9].

• **Conflit d'intérêts.** Avocat présentant une requête en divorce notamment au nom du mari, alors qu'à l'insu du mari il était l'amant de l'épouse[10].

• **Consommation de cocaïne.** Commet une faute l'avocat s'adonnant à la cocaïne, cette attitude constitue un manquement à l'honneur[11].

• **Conservation de fonds provenant de trafic de stupéfiants.** Le fait par un avocat d'avoir conservé des fonds provenant d'un trafic de stupéfiants commis par un de ses clients, constitue une faute contre la dignité et étant

1. Civ. 1re, 4 mai 1982, NP, *Gaz. Pal.* 1982, 2, pan. 291 – Civ. 1re, 10 mars 1992, n° 90-20.360, *Bull. civ.* I, n° 76; *JCP* 1992, IV, 153.
2. Civ. 1re, 16 févr. 1982, NP, *Gaz. Pal.* 1982, 2, pan. 229.
3. CA Paris, 11 juill. 1989, *Gaz. Pal.* 1990, 1, 13.
4. Civ. 1re, 10 janv. 1984, n° 82-16.968, *Bull. civ.* I, n° 8; *D.* 1985, IR 111.
5. Civ. 1re, 1er févr. 1983, *Gaz. Pal.* 1983, 1, pan. 172.
6. Civ. 1re, 1er mars 1983, n° 82-10.830, *Bull. civ.* I, n° 80; *Gaz. Pal.* 1983, 2, pan. 182.
7. Civ. 1re, 24 avr. 1985, n° 84-10.235, *Bull. civ.* I, n° 129; *Gaz. Pal.* 1985, 1, pan. 295, note Guinchard et Moussa.
8. Civ. 1re, 4 déc. 1973, n° 72-13.833, *Bull. civ.* I, n° 334.
9. CA Paris, 24 nov. 1993; *D.* 1995, IR 164 – Civ. 1re, 16 mai 1995, n° 93-13.149, NPT, *JCP* 1996, I, 3948, n° 15.
10. Civ. 1re, 17 juill. 1996, n° 94-11.450, *Bull. civ.* I, n° 324; *D.* 1996, IR 206; *Gaz. Pal.* 1997, pan. 99.
11. Civ. 1re, 1er déc. 1993, n° 91-20.777, NPT, *D.* 1995, IR 164.

incompatible avec la continuation de ses fonctions, légitime le recours à la mesure d'exclusion immédiate qu'est l'interdiction provisoire [1].

• **L'avocat ne peut jouer le rôle de banquier envers ses clients.** Le fait par un avocat d'avoir joué le rôle de banquier au profit de ses clients en liquidation de biens et d'avoir conservé pendant plusieurs années une somme due à un client, caractérise le manquement à la probité et justifie la sanction de la radiation [2].

• **L'avocat intermédiaire.** Le fait par un avocat d'avoir reçu par la poste des lettres de son client détenu et de les avoir adressées aux destinataires constitue le délit de sortie de fonds ou de lettres [3]. De même le fait d'avoir servi d'intermédiaire entre son client, prévenu de proxénétisme, et une prostituée l'incitant, par l'intermédiaire de l'avocat, à intensifier son activité peu recommandable [4]; de même le fait d'avoir procuré à son client des moyens d'évasion, constituent des fautes contre *l'honneur*; enfin, l'avocat qui révèle à la police des crimes en préparation dont son client lui a révélé l'existence [5].

• **Perception d'honoraires excessifs.** Le fait par un avocat d'avoir obtenu d'un de ses clients, par des moyens d'intimidation, des honoraires excessifs, entraîne sa responsabilité disciplinaire et légitime une peine de suspension, même si la perception des honoraires n'a pas été fixée selon la procédure des articles 174 et suivants du décret du 27 novembre 1991. Cette procédure de taxation n'est pas un préalable légal à la procédure disciplinaire qui peut être fondée sur un manquement à la *probité*, à l'*honneur*, à la *délicatesse* (sur cette notion v. s[s] n°s 31.61 s.) et non pas seulement sur le caractère abusif des honoraires perçus [6]. On peut se référer à cet égard à la jurisprudence du Conseil d'État qui estime que le fait par un médecin d'avoir fixé ses honoraires en manquant de tact et de mesure et demandé au client de lui signer un chèque sans indication du nom du bénéficiaire, est non seulement une faute légitimant des mesures disciplinaires mais un fait contraire à l'honneur et à la probité interdisant à ce médecin de bénéficier des effets de la loi d'amnistie [7].

L'avocat qui abuse du désarroi moral de la mère d'un enfant mineur pour se faire verser par celle-ci, dans une affaire d'infraction à la législation sur les changes, une somme de 390 000 francs à titre d'honoraires, commet une faute disciplinaire non seulement par l'importance de ses honoraires, contraires à la délicatesse et à la modération, mais de plus par la façon déloyale dont ils ont été obtenus, entachant la *probité* [8].

L'accord écrit obtenu d'un des clients sur le montant des honoraires ne constitue pas une fin de non-recevoir à l'action disciplinaire, dès lors qu'il est établi que l'avocat s'est livré vis-à-vis de ces clients qui étaient aux abois et atteints d'une évidente fragilité mentale, à une pression qui s'apparente à un chantage, et qu'il a usé de manœuvres pour que les chiffres réels soient ignorés de son bâtonnier saisi de l'affaire [9].

Le fait par un avocat d'avoir demandé des honoraires élevés à différents clients, sous des prétextes fallacieux, ou en faisant des promesses non moins fallacieuses, et de s'être livré à des manœuvres pour se constituer une clientèle, en entretenant des intelligences dans une prison avec promesse de réduction et de restitution d'honoraires à certains détenus, contre engagement par eux de lui procurer d'autres clients détournés frauduleusement d'un de ses confrères, constitue une faute disciplinaire [10]. Ces règles s'appliquent avec une plus grande sévérité encore lorsqu'il s'agit de commissions d'office [11].

De même le fait par un avocat commis d'office d'avoir refusé de plaider au motif du non-paiement du solde de ses honoraires d'ailleurs réclamés dans des conditions très spéciales, constitue une faute professionnelle [12].

Les agissements d'un avocat qui a servi de banquier et d'intermédiaire, qui a passé un acte destiné à couvrir une dissimulation, démontrent qu'il se soumet sous le couvert de la profession, d'une manière courante, à des activités absolument incompatibles avec la *dignité*, l'*honneur* et la *probité* qui s'imposent. La radiation est la seule sanction qui correspond à la gravité des manquements commis [13].

Si le fait de comptabiliser à son seul profit des honoraires dus à l'association dont il est membre constitue pour l'avocat une faute disciplinaire, il semble que le fait d'avoir des dettes et d'être l'objet de poursuites de ce fait ne saurait être retenu à la charge de l'avocat comme un manquement à la probité, à l'honneur ou à la délicatesse, dès lors que l'avocat poursuivi agit sans fraude et sans manœuvre dilatoire pour échapper à l'obligation de payer [14].

Le fait de percevoir de clients relevant de l'aide juridictionnelle des honoraires sans l'accord du bâtonnier constitue une faute disciplinaire [15].

1. Civ. 1re, 28 janv. 1976, n° 74-11.766, *Bull. civ.* I, n° 34; *Gaz. Pal.* 1976, 1, somm. 68 – RAPPR. : Civ. 1re, 10 mars 1992, n° 90-20.360, *Bull. civ.* I, n° 76; *Gaz. Pal.* 8 sept. 1992, 210.
2. Civ., 13 mars 1987, *D.* 1987, IR 66 – RAPPR. : CA Paris, comm. achat, 8 déc. 1987, *D.* 1984, somm. 79.
3. Crim. 21 nov. 1979, n° 79-92.192, *Bull. crim.*, n° 332; *Gaz. Pal.* 1980, 1, 266.
4. CA Aix-en-Provence, 15 mars 1982, *Gaz. Pal.* 1983, 1, somm. 186; *D.* 1984, IR 120, note Brunois.
5. CA Paris, 27 avr. 1988, *Gaz. Pal.* 12 juill. 1988, 14, note Damien.
6. Civ. 1re, 26 avr. 1977, n° 76-12.024, *Bull. civ.* I, n° 183; *Gaz. Pal.* 1977, 2, somm. 224.
7. CE 7 déc. 1984, n° 41743, Dr Subrini, *Lebon*, 711.
8. Civ. 1re, 18 juill. 1977, n° 77-11.915, *Bull. civ.* I, n° 336; *Gaz. Pal.* 1977, 2, somm. 358.
9. Civ. 1re, 1er mars 1977, n° 76-13.060, *Bull. civ.* I, n° 108.
10. Civ. 1re, 15 nov. 1977, n° 77-10.481, *Bull. civ.* I, n° 414; *Gaz. Pal.* 1978, 1, somm. 3.
11. Civ. 1[re], 14 mai 1985, n° 84-13.610, *Bull. civ.* I, n° 149; *Gaz. Pal.* 1985, 1, pan. 294.
12. Civ. 1re, 14 mai 1985, n° 84-13.610, *Bull. civ.* I, n° 149; *D.* 1987, somm. 106, note Brunois.
13. CA Aix-en-Provence, 10 mars 1980, *Gaz. Pal.* 1980, 1, 269, note A. D.
14. CA Rennes, 12 juill. 1985, *Gaz. Pal.* 10 déc. 1985, 12, note Avril.
15. Civ. 1re, 24 févr. 2004, n° 03-14.530, NP.

Le fait de prélever des honoraires du compte Carpa sans autorisation du client constitue de graves manquements à la probité justifiant à eux seuls que l'avocat soit définitivement exclu de la profession[1].

• **Critique d'un confrère.** Le fait par un avocat d'écrire à un ancien client qui l'a abandonné en critiquant l'avocat choisi pour lui succéder constitue un grave manquement à la délicatesse[2].

• **Ajout d'un moyen dans des conclusions d'appel.** Le fait de procéder à l'ajout apocryphe d'un moyen dans des conclusions d'appel, en vue de soutenir un moyen non argumenté en cassation, constitue une atteinte à la probité, aux bonnes mœurs et à l'honneur[3].

• **Présentation erronée du cabinet.** Le fait d'adresser un tract à ses clients potentiels faisant état d'affirmations inexactes, notamment que l'avocat en cause était associé et qu'il possédait des spécialités dont certaines ne figuraient pas dans les listes limitatives des spécialités et que son cabinet comprenait plusieurs « départements » qui en fait n'existaient pas au moment de l'envoi du mailing, constitue une faute professionnelle[4].

• **Participation à une entreprise délictueuse.** Le fait pour un avocat de participer en connaissance de cause à une entreprise délictueuse constitue un délit disciplinaire justifiant une peine d'interdiction d'exercer la profession pendant six mois sans sursis[5].

• **Dissimulation de sanction disciplinaire antérieure à la demande d'inscription au barreau.** Doit être radié l'avocat qui, lors de sa demande d'inscription au barreau de Paris, a dissimulé sa situation disciplinaire et pénale en Belgique[6].

81.122 L'avocat qui tient des propos déplacés peut se voir sanctionné disciplinairement. L'avocat peut également commettre des fautes disciplinaires à l'audience ou autour de l'audience dans les interviews qu'il est amené à donner à la presse ou les déclarations qu'il peut être amené à faire en employant des mots incompatibles avec sa dignité.

• C'est ainsi qu'est retenu comme faute le fait pour un avocat en plaidant d'avoir taxé une personne de « gauchiste ». La cour estime qu'en tombant dans le plus vulgaire du commérage pamphlétaire, l'avocat a violé son devoir de dignité[7].

De même l'expression de « voyou » utilisée par un avocat pour désigner un adversaire paraît incompatible avec la dignité et la délicatesse requises de lui[8].

Il en est également ainsi du fait pour un avocat d'affirmer expressément que deux juges d'instruction ont délibérément laissé torturer son client et qu'ils se sont ainsi rendus complices actifs de ces mauvais traitements[9].

En revanche, n'est pas fondée une sanction disciplinaire pour manquement à la probité, à l'honneur ou à la délicatesse à l'encontre d'un avocat qui a contracté un prêt d'honneur auprès de l'Ordre et qu'il n'a pas pu rembourser[10].

Pas plus un avocat tombé en « déconfiture » par une imprudence dans la gestion de son patrimoine privé n'a commis de faute disciplinaire[11].

SECTION 8
FAITS RELATIFS À LA VIE PRIVÉE DE L'AVOCAT

81.131 Protection de la vie privée de l'avocat. Si l'avocat exerce une activité professionnelle relevant de la vie publique, il bénéficie néanmoins de la protection de l'article 9 du Code civil et on ne peut, dès lors, malgré ce côté public de son existence pénétrer dans l'intimité de sa vie privée et notamment du secret de ses croyances[12].

81.132 Faible nombre d'illustrations jurisprudentielles. Cette rubrique était naguère riche en jurisprudence disciplinaire, actuellement peu de cas se réfèrent à cette notion dans la jurisprudence moderne, tout au plus pourrait-on noter des sanctions à la suite de condamnations pénales pour des faits de droit commun même extérieurs à la profession et entachant l'honneur.

• Tel l'avocat volant des bouteilles de spiritueux dans un supermarché[13] (à rapprocher de celui tentant de tirer parti de l'erreur d'étiquetage d'un joaillier)[14]; avocat ayant entretenu des relations sexuelles avec une mineure placée dans un foyer d'assistance éducative à la suite de la condamnation de son père adoptif dont l'avocat avait assuré la défense, manquement aux obligations auxquelles l'avocat est tenu en tant que tel et plus spécialement à la délicatesse[15]; avocat ayant des dettes nombreuses qu'il a omis d'apurer malgré ses engagements et selon les

1. CA Paris, 23 févr. 1994, *D.* 1995, 164.
2. CA Paris, 22 sept. 1993, *Gaz. Pal.* 28 oct. 1993, 15.
3. CA Paris, 22 sept. 1993, *Gaz. Pal.* 28 oct. 1993, 15.
4. CA Versailles, 3 févr. 1993, *Gaz. Pal.* 8 avr. 1993, 12.
5. CA Paris, 22 janv. 1997, *Gaz. Pal.* 6 mars 1997, 29.
6. CA Paris 1re ch., 29 mai 2002, no 2002/03850, inédit.
7. Civ. 1re, 11 juill. 1972, no 71-10.782, *Bull. civ.* I, no 181; *Gaz. Pal.* 1973, I, 80 – RAPPR. : Civ. 1re, 4 déc. 1979, no 78-13.967, *Bull. civ.* I, no 301; *D.* 1981, 328, note Brunois.
8. AVRIL, nos 72.70 s. – Damien, *Les grands arrêts de la profession d'avocat*, Litec, p. 128 s.
9. CA Paris, 25 juin 2009, *Gaz. Pal.* 2009, Jur. 3059, note Lambling.
10. CA Paris, 26 févr. 1992, *D.* 1994, somm. 134.
11. CA Dijon, 7 mai 1998, inédit – Commaret, « À propos de la loi du 3 août 1995 ou réflexion sur l'honneur du magistrat », *D.* 1996, chron. 197 s.
12. CA Basse-Terre, 14 oct. 1985, *Gaz. Pal.* 1986, 1, 12, p. 10, note A. D.
13. Civ. 1re, 12 avr. 1983, no 82-12.517, *Bull. civ.* I, no 114; *Gaz. Pal.* 1983, 2, 436, note Damien – RAPPR. : CA Aix-en-Provence, 12 août 1985, *D.* 1987, somm. 106, note Brunois.
14. Civ. 1re, 10 mars 1987, no 85-17.562, *Bull. civ.* I, no 88; *D.* 1987, IR 65; *Gaz. Pal.* 1987, pan. 116.
15. Civ. 1re, 7 févr. 1990, no 88-20.129, NP, *D.* 1990, IR 49; *Gaz. Pal.* 1990, 1, pan. 98.

modalités convenues [1]. La cour de Lyon, dans un arrêt du 6 février 1993 [2] sanctionne l'attitude d'un avocat devenu l'amant de sa cliente dans le cadre d'une procédure de divorce; la cour parle à ce sujet d'une attitude ambiguë durant la procédure qui constitue un manquement à la délicatesse et mérite d'être sanctionnée; de même, ajoute-t-elle, que son attitude devant la juridiction disciplinaire devant laquelle « il a choisi de tricher avec la vérité en déniant faussement ses relations intimes avec X... avant le prononcé du divorce ».

Des infractions de corruption d'employés et de complicité de tentative de faux, peuvent être sanctionnées disciplinairement même après l'intervention d'une loi d'amnistie qui met fin à la poursuite pénale [3]; de même l'avocat poursuivi pour outrages à agent et s'étant prévalu de sa qualité d'auxiliaire de justice [4].

81.133 La position du Conseil d'État en ce qui concerne le comportement privé de fonctionnaires. Le Conseil d'État, lorsqu'il doit apprécier les conséquences, sur le plan disciplinaire, d'un acte de la vie privée du fonctionnaire, admet que ce dernier, même en dehors du service, continue à incarner une partie de l'*imperium* et que l'autorité responsable peut donc tenir compte de son comportement privé :

- s'il porte une déconsidération sur le corps auquel appartient l'agent;

• Conduite en état d'ivresse d'un officier de police [5].

- si elles sont incompatibles avec l'honneur professionnel;

• Inspecteur des impôts ayant entretenu avec des trafiquants d'alcool des relations étroites [6].

- ou si elles compromettent la dignité et l'autorité de la fonction.

• Président d'université ayant avec une de ses élèves des relations constituant un manquement aux bonnes mœurs [7].

De même sont jugées légales par la Haute assemblée, les sanctions infligées à un instituteur pour intempérance en dehors des locaux de service et sans influence sur celui-ci [8], à un agent qui se livrait en dehors du service au proxénétisme [9], à un douanier participant à un débarquement clandestin de marchandises [10], à un policier conduisant en état d'ivresse [11], à un secrétaire de police dont la vie privée causait du scandale [12], à un fonctionnaire de police ayant hébergé chez lui, hors service, un jeune adolescent en fugue, ayant l'habitude d'entretenir des relations privées avec des individus défavorablement connus de la justice, comportement qui porte atteinte au bon renom de la police [13]; au sacristain, licencié par une association, dont l'homosexualité n'était pas une expérience passagère et isolée mais une habitude invétérée [14]. Certes, le Conseil d'État tient compte de l'évolution des mœurs et de la séparation croissante de la vie publique et de la vie privée mais il estime qu'un agent ne peut être maintenu en fonction là où la rumeur publique s'alimente des travers de sa vie privée. Les juridictions ordinales peuvent s'inspirer de ces principes.

81.134 Position jurisprudentielle. Parfois la juridiction, sans qualifier davantage les faits et sans les incriminer comme une atteinte à la dignité ou à l'indépendance ou au respect dû aux magistrats, emploie une formule plus générale. La Cour de cassation précise même que les manquements à la probité qui constituent des infractions disciplinaires ne requièrent pas la constatation de l'intention frauduleuse, élément constitutif d'une infraction pénale [15].

• L'avocat a méconnu les principes régissant sa profession et les devoirs résultant de son serment [16].

81.135 Portée volontairement large de l'article 183 du décret du 27 novembre 1991. Les contraventions aux lois et règlements, les manquements à la probité, à l'honneur et à la délicatesse, exposent l'avocat aux sanctions disciplinaires même s'ils se sont produits en dehors de la vie professionnelle de l'avocat.

1. Civ. 1re, 26 mai 1993, n° 91-16.918, *Bull. civ.* I, n° 187; *JCP* 1993, IV, 222.
2. CA Lyon, 6 févr. 1993, n° 93.04.975, appel de Cons. ordre Lyon, 19 juill. 1993, inédit.
3. CA Paris, 22 janv. 1992, *D.* 1994, somm. 135.
4. Civ. 1re, 20 oct. 1992, n° 91-10.966, NPT, *D.* 1994, somm. 134.
5. CE 11 mai 1979, n° 2449, Dupouy, *Lebon T.*, 781.
6. CE 13 déc. 1968, n° 72443, Ministre des finances c/ Gomard, *Lebon*, 652.
7. CE 20 juin 1958, *Lebon*, 368.
8. CE 22 déc. 1965, n° 65397, Vialle, *Lebon*, 705.
9. CE 19 déc. 1970, *Lebon*, 1087.
10. CE 24 mars 1971, n° 78427, Uhart, *Lebon*, 1091.
11. CE 5 déc. 1980, n° 13800, Bluteau, *Lebon*, 777.
12. CE 22 juin 1940, *Lebon*, 298.
13. CE 13 juin 1990, n° 112997, min. Intérieur c/Occelli, *Lebon T.*; *Gaz. Pal.* 1990, 7, concl. Stirn.
14. CA Paris, 21e ch., 30 mars 1990, *D.* 1990, 546, note Villauque – CASSÉ par : Soc. 17 avr. 1991, n° 90-42.636, *Bull. civ.* V, n° 201; *JCP* 1991, II, 21724, note Sériaux.
15. Civ. 1re, 10 mars 1992, n° 90-20.360, *Bull. civ.* I, n° 76; *D.* 1992, IR 121; *Gaz. Pal.* 1992, pan. 210.
16. CA Paris, 27 avr. 1988, *Gaz. Pal.* 12 juill. 1988, 14, note Damien.

CHAPITRE

82. Compétence

SECTION 0
ORIENTEUR

82.00 **Plan du chapitre.**

Sect. 1 Critères de compétence

Sect. 2 Action disciplinaire et action pénale

82.01 **Textes applicables.**

>

L. n° 71-1130, 31 déc. 1971, art. 22

Décr. n° 2005-531, 24 mai 2005

Décr. n° 2005-790, 12 juill. 2005; mod. par décr. n° 2007-932, 15 mai 2007, art. 25 et Décr. n° 2009-1544, 11 déc. 2009, art. 7

>

L. 31 déc. 1971, art. 22 [Institution d'un conseil de discipline]

[mod. par L. n° 2004-130, 11 févr. 2004, art. 28, *JO* 12]

Un conseil de discipline institué dans le ressort de chaque cour d'appel connaît des infractions et fautes commises par les avocats relevant des barreaux qui s'y trouvent établis.

Toutefois, le Conseil de l'ordre du barreau de Paris siégeant comme conseil de discipline connaît des infractions et fautes commises par les avocats qui y sont inscrits.

L'instance disciplinaire compétente en application des alinéas qui précèdent connaît également des infractions et fautes commises par un ancien avocat, dès lors qu'à l'époque des faits il était inscrit au tableau ou sur la liste des avocats honoraires de l'un des barreaux établis dans le ressort de l'instance disciplinaire.

82.02 **Jurisprudence de référence.**

> L'instance disciplinaire est compétente pour sanctionner un avocat ayant dissimulé des sanctions disciplinaires et pénales antérieures à sa demande d'inscription au barreau

• **CA Paris, 1re ch., 29 mai 2002, n° 2002/03850.**

* V. ss n° 82.15.

« Considérant que M. X..., bien que radié au barreau de Bruxelles par une décision définitive du 26 mars 1990 pour des faits dont la gravité a été justement relevée dans la décision déférée, a malgré cela, postérieurement à cette sanction, demandé – et obtenu –, son inscription au Barreau de Paris en dissimulant tant sa situation disciplinaire que sa situation pénale en Belgique;

Qu'un tel comportement constitue un abus qui, de la part d'un avocat, relève de la sanction disciplinaire la plus sévère;

Considérant que c'est par une exacte appréciation des faits et du droit que le Conseil de l'ordre des Avocats à la cour de Paris a dit que M. X... a ainsi gravement manqué à l'honneur et à la probité qui constituent des Principes essentiels de la profession d'avocat et a, en conséquence, prononcé sa radiation de l'Ordre. »

82.03 **Bibliographie indicative.**

Ouvrage. AVRIL, 2008.

Articles. Mercadal, « L'amnistie des interdictions professionnelles », *D.* 1993, chron. 141 – Savoye, « La notion de manquement à l'honneur, à la probité et aux bonnes mœurs », *D.* 1968, chron. 103 – Tuot, « La notion de manquement à l'honneur faisant obstacle à l'amnistie en matière de licenciement disciplinaire des salariés protégés », *RFDA* 1989, 871 s.

SECTION 1
CRITÈRES DE COMPÉTENCE

82.11 **Compétence du conseil de discipline à raison des infractions et fautes commises par les avocats relevant des barreaux se trouvant établis dans le ressort de la cour d'appel.** La loi du 11 février 2004 a institué un conseil de discipline dans le ressort de chaque cour d'appel (v. ss nos 27.00 s.). Celui-ci connaît, en application de l'article 22 de la loi du 31 décembre 1971, des infractions et fautes commises par les avocats appartenant aux barreaux qui y sont établis.

Dans le ressort de la cour d'appel de Paris, il y a deux conseils de discipline. Le conseil de l'ordre du barreau de Paris est compétent à l'égard des avocats appartenant à ce barreau. Le second conseil de discipline connaît des fautes commises par les avocats appartenant aux autres barreaux du ressort de la cour de Paris.

Si des fautes sont commises dans son ressort par des avocats appartenant à un autre barreau, le bâtonnier doit saisir de sa plainte le procureur général afin que celui-ci la fasse parvenir au conseil de discipline compétent. Il peut préalablement ou simultanément saisir le bâtonnier du barreau auquel appartient l'avocat en cause. Cette procédure était certes suffisante pour assurer la discipline à l'époque où les avocats plaidaient principalement devant le tribunal où ils étaient inscrits et ne profitaient que de manière exceptionnelle de la liberté qui leur était accordée depuis 1830 de plaider devant toutes les juridictions françaises, elle se révélera désormais singulièrement inefficace si l'on songe qu'en vertu des règles régissant les sociétés civiles professionnelles, un avocat inscrit à un barreau déterminé peut être membre d'une société professionnelle composée d'avocats appartenant à d'autres barreaux et exercer simultanément et librement la consultation, la plaidoirie, en un mot exercer réellement sa profession dans un barreau où il n'est pas inscrit. On arrivera donc, si cet avocat s'écarte des bons principes, à un singulier paradoxe : son bâtonnier ne le voyant jamais n'aura aucun reproche particulier à lui adresser et le bâtonnier du barreau où il exerce en fait n'ayant aucun pouvoir sur lui, devra impérativement porter les faits reprochés à cet avocat, à la connaissance du bâtonnier du barreau où est inscrit ledit avocat (sur les cabinets secondaires v. s^s^ n°s 54.00 s.).

82.12 Caractère déterminant de la date de perpétration de la faute. C'est la date de perpétration de la faute et non celle de la poursuite qui donne compétence au conseil de discipline. Dès lors que la faute a été commise alors que l'avocat appartenait encore à un barreau, le conseil de discipline de ce barreau est seul compétent[1].

82.13 Caractère déterminant de la qualité de l'auteur de l'infraction au moment de l'acte. La compétence de la juridiction disciplinaire est déterminée par la qualité de l'auteur de l'infraction au moment où l'acte a été commis et non par sa qualité au moment où la poursuite est engagée[2]. Un avocat, même après avoir donné sa démission, peut faire l'objet d'une sanction disciplinaire pour des faits commis alors qu'il était avocat[3]. D'ailleurs un avocat ne peut se soustraire à une procédure disciplinaire en donnant sa démission du barreau (v. s^s^ n°s 16.00 s.).

L'action disciplinaire n'est soumise à aucune extinction pour cause de prescription, quelle que soit la durée; les juges disciplinaires n'ont donc pas à examiner si la poursuite est recevable à cet égard[4].

Lorsque les poursuites sont engagées contre un avocat et que celui-ci offre sa démission, celle-ci peut ne pas être acceptée et notamment lorsque le procureur général a interjeté appel *a minima* d'une décision prononcée par le Conseil de l'ordre, celui-ci ne saurait accepter la démission de l'avocat en cause avant que l'appel ne soit vidé[5].

82.14 Poursuite de l'avocat frappé d'une peine de suspension. L'avocat, objet de la mesure de sûreté que constitue la suspension prévue par l'article 24 nouveau de la loi du 31 décembre 1971, peut être l'objet de nouvelles plaintes pendant cette suspension. Si à la suite de ces plaintes, l'avocat est cité devant le conseil de discipline, celui-ci devra examiner si ces plaintes concernent des actes faits par l'avocat suspendu qui relèvent de l'application du Titre II de la loi du 31 décembre 1971, auquel cas le conseil de discipline n'est pas compétent. La juridiction compétente est la juridiction de droit commun.

82.15 Dissimulation de faits antérieurs à l'inscription au barreau. La dissimulation par un candidat au barreau de faits antérieurs à l'admission au barreau, et cela malgré les demandes réitérées de précisions sur son passé formées par le Conseil de l'ordre ou par son rapporteur, constitue une faute justiciable du conseil de discipline[6].

Les faits antérieurs à l'inscription au tableau peuvent également être retenus pour prononcer la radiation de l'avocat dès lors que le Conseil de l'ordre n'en avait pas connaissance avant son admission et, qu'en raison de leur caractère, ils sont contraires aux principes de probité et de loyauté qui s'imposent aux avocats[7]. Compte tenu des termes de l'article 180 du décret du 27 novembre 1991 qui n'incriminent que les faits commis par un avocat postérieurement à son inscription dans un barreau, on retiendra que ce ne sont pas les faits antérieurs à l'admission au barreau ou au tableau qui sont retenus comme fondement de l'action disciplinaire,

1. CA Nancy, 10 janv. 1875, *DP* 1876, 5, 60.
2. CA Paris, 29 janv. 1947, *S.* 1947, 2, 122.
3. CA Paris, 28 avr. 1948, *D.* 1949, somm. 23.
4. AVRIL, titre 7, La responsabilité pénale de l'avocat.
5. Civ., 29 juill. 1884, S. 1887, 1, 11 – TOUTEFOIS : CA Paris, 12 juill. 1978, *D.* 1979, 191.
6. Cass. Req. 22 nov. 1938, *DP* 1939, 1, 52 – Civ., 22 mars 1966, *D.* 1966, 376.
7. Cass. Req. 19 nov. 1945, *D.* 1946, 134 – Cass. Req. 2 août 1943, DA 1943, 81 – CA Paris 1re ch., 29 mai 2002, n° 2002/03850.

mais leur dissimulation fautive (en sens contraire : Avril[1]; avec nuances : Lemaire)[2].

• **Fondement.** Un arrêt de la Cour de cassation du 22 mars 1983[3] résout la question en indiquant que si la décision du Conseil de l'ordre qui inscrit un avocat constitue un acte administratif individuel, créateur de droits et qui, comme tel, ne peut être rapporté par l'autorité qui l'a prise après l'expiration du délai de recours contentieux, il en va autrement lorsqu'elle est obtenue en violation d'une condition légale, à la suite de procédés frauduleux, un acte obtenu par fraude n'ayant pu créer un droit au profit de l'auteur de cette fraude.

82.16 Poursuite disciplinaire et omission obligatoire. Un fait justiciable de la sanction disciplinaire de l'omission obligatoire n'échappe pas pour autant à une action disciplinaire distincte sur le fondement de l'article 180 du décret du 27 novembre 1991 (v. s^s^ n° 15.13). Ainsi le refus de régler ses cotisations de l'Ordre par un avocat, malgré plusieurs réclamations et sans aucun motif de nature à lui faire mériter l'obtention de délais, doit être considéré comme contraire à la délicatesse qu'un avocat doit observer dans ses rapports avec l'Ordre et justifie dès lors la mise en mouvement de l'action disciplinaire[4].

• Le seul fait de contester la régularité de la création d'une caisse d'assistance dans un barreau et de refuser pour ce seul motif de régler les cotisations s'y rapportant, ne constitue pas un motif valable de non-règlement des cotisations[5].

82.17 Avocats soumis au droit disciplinaire. Seuls les avocats inscrits ou honoraires sont soumis au droit disciplinaire de l'Ordre, tel qu'établi par la loi du 31 décembre 1971 et le décret du 27 novembre 1991. Les élèves du Centre de formation professionnelle des avocats qui préparent le certificat d'aptitude à cette profession sont soumis aux dispositions particulières des articles 63 à 67 du décret du 27 novembre 1991 qui prévoient à leur égard une juridiction spéciale, le conseil de discipline du Centre de formation des avocats, et des sanctions disciplinaires particulières sont prévues par l'article 67 du même décret (v. ss nos 11.36 à 11.39).

SECTION 2
ACTION DISCIPLINAIRE ET ACTION PÉNALE

82.21 Indépendance des actions disciplinaires et pénales. Des faits de droit commun peuvent faire l'objet d'une action disciplinaire contre un avocat. Toutefois, lorsque cette action est basée sur des faits qui font l'objet d'une information pénale, le conseil de discipline aimera le plus souvent attendre l'issue du procès avant de statuer disciplinairement, de façon à éviter une contrariété possible de décisions, notamment en ce qui concerne l'appréciation de la matérialité des faits servant de base à l'une et à l'autre action[6].

Il s'agit là d'un usage considéré comme judicieux mais non de l'application de la règle selon laquelle le criminel tient le civil en état, règle qui n'est pas applicable en matière disciplinaire[7]. En effet, la Cour de cassation rappelle avec netteté qu'il n'est pas nécessaire que la poursuite pénale soit définitivement jugée pour permettre à la juridiction disciplinaire d'évoquer l'action disciplinaire. Les deux actions ont, en effet, un fondement distinct si elles ont pour objet la répression d'un fait unique, l'une tend à la poursuite et à la répression des faits constituant un délit ou un crime, l'autre à juger des faits qui, à supposer qu'ils soient reconnus ou constants, sont susceptibles de constituer des manquements aux règles professionnelles, à la déontologie et notamment à la probité, à l'honneur et à la délicatesse, faits susceptibles de constituer des fautes disciplinaires[8] (sur la communication du dossier pénal v. ss n° 83.38).

La Cour de cassation a enfin jugé qu'il faut une identité totale entre l'action disciplinaire et l'action pénale pour qu'existe une obligation de surseoir au jugement de l'action disciplinaire jusqu'à la solution de l'action pénale. Tel n'est pas le cas lorsque la poursuite disciplinaire, bien que comportant des faits soumis à la juridiction pénale, a une portée plus large que cette dernière[9].

Le Conseil d'État, pour sa part, en matière disciplinaire rappelle que s'il appartient à la juridiction disciplinaire d'ordonner le cas échéant, toute mesure d'instruction en vue de compléter son information, elle ne peut, sans méconnaître sa compétence, subordonner sa décision sur l'action disciplinaire à l'intervention d'une décision définitive du juge pénal[10]. La distinction des poursuites pénales et des

1. Avril, 2008, n° 61.64.
2. Lemaire, n° 494.
3. Civ. 1re, 22 mars 1983, n° 82-11.758, *Bull. civ.* I, n° 103; *Gaz. Pal.* 1984, 1, 175, note Avril.
4. Civ., 5 mai 1936, *DP* 1937, 1, 59.
5. Civ. 1re, 7 oct. 1968, *Bull. civ.* I, n° 169.
6. CA Colmar, 27 juill. 1945, *Gaz. Pal.* 1945, 2, 116.
7. Civ. 1re, 12 avr. 1983, n° 82-12.517, *Bull. civ.* I, n° 114; *Gaz. Pal.* 1983, 2, 476 – CE 9 avr. 1975, *Lebon*, 223 – Civ., 14 juin 1988, *JCP* 1988, IV, 294.
8. Civ. 1re, 12 avr. 1983, n° 82-12.517, *Bull. civ.* I, n° 114; *Gaz. Pal.* 1983, 2, 476.
9. Civ. 1re, 15 mai 1984, n° 83-12.721, *Bull. civ.* I, n° 161; *Gaz. Pal.* 1984, 2, pan. 275; *D.* 1985, IR 106, note Brunois – Rappr. : Civ. 1re, 18 mai 1989, n° 87-15.084, *Bull. civ.* I, n° 201; *D.* 1989, IR 180; *JCP* 1989, IV, 263; *Gaz. Pal.* 1989, pan. 128 – Civ. 1re, 31 oct. 1989, n° 88-14.042, *Bull. civ.* I, n° 334; *Gaz. Pal.* 1990, 1, pan. 12; *JCP* 1991, II, 21693, note Memeteau.
10. CE 28 janv. 1994, n° 126512, Conseil départemental de l'Ordre des médecins de Meurthe-et-Moselle, *Lebon*, 44.

poursuites disciplinaires n'est en rien contraire ni à l'article 4 du protocole n° 7 à la Convention européenne des droits de l'homme, ni aux articles 14 et 7 du Pacte des Nations unies relatif aux droits civils et politiques [1].

• **Poursuites disciplinaires et pénales parallèles.** Les circonstances que les mêmes faits puissent être poursuivis simultanément par la juridiction pénale et par la juridiction disciplinaire et être sanctionnés par chacune de ces juridictions ne violent pas le principe « *non bis in idem* » et ne sont en rien contraire à la Conv. EDH, et au Pacte des Nations unies relatif au droit civil [2].

Le conseil de discipline peut être saisi immédiatement sur le plan purement disciplinaire de faits qui sont nettement distincts et détachables de ceux qui sont l'objet de la poursuite de droit commun. Il peut y avoir possibilité et intérêt pour l'Ordre des avocats à ce qu'une personne mise en examen ne soit pas appelée à comparaître à l'audience publique d'une juridiction répressive en se prévalant encore de son titre d'avocat inscrit à un barreau.

82.22 Défaut d'incidence de la relaxe sur la poursuite disciplinaire. Une décision de relaxe de la juridiction de droit commun n'empêche pas une sanction disciplinaire si les faits, bien que ne souffrant pas une qualification pénale, constituent un manquement grave à la dignité [3]. Les mêmes faits peuvent d'ailleurs être l'objet de poursuites pénales et de poursuites disciplinaires. Si la juridiction pénale les sanctionne par une interdiction temporaire d'exercer la profession et que le conseil de discipline les sanctionne par une peine de suspension, ces deux peines doivent s'accomplir l'une après l'autre sans pouvoir se cumuler [4].

82.23 Amnistie. De même, l'amnistie n'interdit pas nécessairement la poursuite disciplinaire [5]. En effet, si l'article 13 de la loi du 4 août 1981 déclare amnistier les faits commis antérieurement au 22 mai 1981 en ce qu'ils constitueraient des fautes passibles de sanctions disciplinaires ou professionnelles, ce texte qui s'oppose à des poursuites en répression de ces faits amnistiés et abolit les sanctions prononcées sur ce fondement, exclut les faits constituant des manquements à la probité, aux bonnes mœurs et à l'honneur [6].

De la même manière, l'article 14 de la loi du 20 juillet 1988 déclare amnistiés les faits commis avant le 22 mai 1988 en ce qu'ils constituent des fautes passibles de sanctions disciplinaires ou professionnelles, mais la loi exclut de l'amnistie, sauf mesure individuelle accordée par le président de la République, les faits constituant des manquements à la probité, aux bonnes mœurs et à l'honneur. L'appréciation de la nature du manquement reproché à un avocat nécessitant des constatations de fait est irrecevable devant la Cour de cassation [7].

• **Faits contraires à l'honneur.** C'est ainsi que le fait par un avocat de servir d'intermédiaire pour la transmission de correspondance clandestine entre son client détenu pour proxénétisme et une prostituée, de tenir au prévenu des propos l'incitant à admonester sa protégée afin qu'elle intensifie le rythme de son activité peu recommandable, constitue un fait contraire à l'honneur puisque, par serment, l'avocat s'est engagé à respecter les règles de son Ordre ainsi que les règlements et notamment ceux qui interdisent et répriment la transmission clandestine de correspondance [8] (sur l'influence d'une maladie et d'un non-lieu sur le fondement de l'ancien article 64 du Code pénal [9] sur l'instance disciplinaire) [10].

De même, le fait pour une cour d'appel d'avoir infirmé une décision d'un Conseil de l'ordre, en tenant compte des mobiles de l'avocat poursuivi, ne suffit pas à le faire bénéficier de la loi d'amnistie, cette motivation ayant seulement pour but d'expliquer la réduction de peine et non de justifier le prévenu; les faits demeurant contraires à l'honneur, la loi d'amnistie du 20 juillet 1988 [11] ne peut bénéficier au condamné [12] (sur la notion d'honneur et notamment sur la détermination de savoir si des outrages tenus par un avocat à l'issue d'un verdict d'une cour d'assises à l'encontre des magistrats et des jurés sont contraires ou non à l'honneur [13]).

1. Civ. 1re, 2 avr. 1997, n° 95-13.599, *Bull. civ.* I, n° 115; *D.* 1997, IR 108; *JCP* 1997, IV, 1119; *Gaz. Pal.* 1997, pan. 259; *Gaz. Pal.* 1999, somm. 519, note du Rusquec.
2. Civ. 1re, 2 avr. 1997, n° 95-13.599, *Bull. civ.* I, n° 115; *D.* 1997, IR 108; *Gaz. Pal.* 13 nov. 1997, 11; *Gaz. Pal.* 1997, pan. 259; *Gaz. Pal.* 1999, somm. 519, note du Rusquec.; *JCP* 1997, IV, 1119.
3. Cass. Req. 16 juill. 1946, *D.* 1946, 375.
4. Civ. 1re, 17 mai 1988, n° 86-15.067, *Bull. civ.* I, n° 145; *D.* 1991, somm. 302, note Brunois; *Gaz. Pal.* 1988, pan. 164.
5. Mercadal, « L'amnistie des interdictions professionnelles », *D.* 1993, chron. 141.
6. CA Aix-en-Provence, 8 déc. 1980, *Gaz. Pal.* 1981, 2, 738, note A. D.
7. Civ. 1re, 22 nov. 1988, n° 87-11.274, *Bull. civ.* I, n° 325; *D.* 1988, IR 290.
8. CA Aix-en-Provence, 15 mars 1982, *Gaz. Pal.* 1983, 1, somm. 186; *D.* 1984, IR 120.
9. DEVENU : C. pén., art. 122-1.
10. Mercadal, « L'amnistie des interdictions professionnelles », *D.* 1993, chron. 141.
11. L. 20. juill. 1998, art. 14.
12. CA Paris, 22 févr. 1989, *Gaz. Pal.* 22 août 1989, 3.
13. CA Aix-en-Provence, 24 nov. 1989, *Gaz. Pal.* 1990, 11, note Damien – RAPPR. : Tuot, « La notion de manquement à l'honneur faisant obstacle à l'amnistie en matière de licenciement disciplinaire des salariés protégés »; concl. ss CE sect., 6 janv. 1989, *RFDA* 1989, 871 s. – CE 6 janv. 1989, *RFDA* 1989, 877 – Savoye, « La notion de manquement à l'honneur, à la probité et aux bonnes mœurs », *D.* 1968, chron. 103 – RAPPR. EN MATIÈRE notariale : Crim. 4 janv. 1990, n° 89-84-199, *Bull. crim.*, n° 3; *JCP* 1990, II, 21453, note Salvage.

L'avocat qui a bénéficié d'une réhabilitation légale ne peut se réinscrire au barreau conformément aux dispositions de l'article 779 du Code de procédure pénale, encore aurait-il fallu qu'il apportât la preuve de son amendement depuis sa radiation, permettant d'apprécier s'il présentait les qualités exigées de tout candidat à la profession d'avocat[1].

En revanche, lorsque l'amnistie est accordée par mesure individuelle du président de la République, elle fait perdre aux faits antérieurement sanctionnés toute qualification disciplinaire et ceux-ci ne peuvent être opposés au candidat pour mettre obstacle à son inscription au barreau, seul pouvant être pris en considération pour apprécier s'il remplissait les conditions d'accès à la profession d'avocat son comportement postérieur à la cessation de son activité d'avocat[2]. Cette disposition bienveillante est toutefois contraire aux dispositions de l'article 185 du décret du 27 novembre 1991.

Les lois d'amnistie qui ont été promulguées à la suite des élections présidentielles de 1995 et 2002 ont, comme les précédentes, exclu du bénéfice de l'amnistie les condamnations disciplinaires prononcées pour sanctionner des faits constituant des manquements à l'honneur et/ou à la probité et/ou aux bonnes mœurs.

82.24 Appréciation de faits contraires à l'honneur, à la probité et aux bonnes mœurs. Le bâtonnier qui n'a pas le pouvoir d'apprécier si les faits ayant donné lieu aux sanctions disciplinaires prononcées constituent ou non des manquements à la probité, aux bonnes mœurs ou à l'honneur, ne peut pas prendre l'initiative de reconnaître de sa propre autorité le bénéfice de l'amnistie[3].

La Cour de cassation ne peut connaître de la demande d'application de la loi d'amnistie formée par un avocat condamné à une peine disciplinaire. En effet, l'appréciation du caractère des manquements reprochés (manquements à la probité, aux bonnes mœurs ou à l'honneur) nécessite des constatations de faits auxquels seuls les juges du fond peuvent procéder[4].

82.25 Effets de l'amnistie. L'amnistie efface seulement les conséquences juridiques de la mesure disciplinaire prononcée contre un avocat – en l'espèce une radiation – et non pas ses conséquences matérielles.

• Ainsi elle ne saurait permettre à l'avocat réinscrit au barreau après radiation et amnistie de percevoir rétroactivement des avantages auxquels il ne pouvait prétendre au moment où ils auraient dû être perçus[5].

1. Civ. 1re, 25 oct. 1989, no 87-11.618, *Bull. civ.* I, no 327; *Gaz. Pal.* 1990, 1, pan. 12; *Gaz. Pal.* 1990, pan. 4.
2. Civ. 1re, 25 oct. 1989, no 87-11.618, *Bull. civ.* I, no 327; *D.* 1989, IR 281; *Gaz. Pal.* 1990, 1, pan. 11; *Gaz. Pal.* 1990, pan. 4.
3. CA Nancy, 16 nov. 1989, *Gaz. Pal.* 28 avr. 1990, 16 – SUR LES EFFETS de l'article 775-I du Code de procédure pénale : CE 25 juill. 1980, no 15363, Tusseau, *Lebon*; *D.* 1981, 8, concl. Galabert.
4. Civ. 1re, 22 nov. 1988, no 87-11.274, *Bull. civ.* I, no 325; *D.* 1988, IR 290.
5. CA Paris, 7 déc. 1989, *D.* 1990, IR 22 – Mercadal, « L'amnistie des interdictions professionnelles », *D.* 1993, chron. 141.

CHAPITRE

83. Procédure disciplinaire

SECTION 0
ORIENTEUR

83.00 Plan du chapitre.

83.01 Textes applicables.

>

L. n° 71-1130, 31 déc. 1971, art. 22 à 23

Décr. n° 91-1197, 27 nov. 1991, art. 180 à 199 not. art. 180 à 182 et 187 à 199

>

L. 31 déc. 1971, art. 22 [Institution d'un conseil de discipline]

[mod. par L. n° 2004-130, 11 févr. 2004, art. 28, *JO* 12]

Un conseil de discipline institué dans le ressort de chaque cour d'appel connaît des infractions et fautes commises par les avocats relevant des barreaux qui s'y trouvent établis.

Toutefois, le Conseil de l'ordre du barreau de Paris siégeant comme conseil de discipline connaît des infractions et fautes commises par les avocats qui y sont inscrits.

L'instance disciplinaire compétente en application des alinéas qui précèdent connaît également des infractions et fautes commises par un ancien avocat, dès lors qu'à l'époque des faits il était inscrit au tableau ou sur la liste des avocats honoraires de l'un des barreaux établis dans le ressort de l'instance disciplinaire.

L. 31 déc. 1971, art. 22-1 [Composition du conseil de discipline]

[créé par L. n° 2004-130, 11 févr. 2004, art. 29, *JO* 12]

Le conseil de discipline mentionné au premier alinéa de l'article 22 est composé de représentants des Conseils de l'ordre du ressort de la cour d'appel. Aucun Conseil de l'ordre ne peut désigner plus de la moitié des membres du conseil de discipline et chaque Conseil de l'ordre désigne au moins un représentant. Des membres suppléants sont nommés dans les mêmes conditions.

Peuvent être désignés les anciens bâtonniers, les membres des Conseils de l'ordre autres que le bâtonnier en exercice et les anciens membres des Conseils de l'ordre ayant quitté leur fonction depuis moins de huit ans.

Le conseil de discipline élit son président.

Les délibérations des Conseils de l'ordre prises en application du premier alinéa et l'élection du président du conseil de discipline peuvent être déférées à la cour d'appel.

Le conseil de discipline siège en formation d'au moins cinq membres délibérant en nombre impair. Il peut constituer plusieurs formations, lorsque le nombre des avocats dans le ressort de la cour d'appel excède cinq cents.

La formation restreinte peut renvoyer l'examen de l'affaire à la formation plénière.

Un décret en Conseil d'État fixe les conditions d'application du présent article.

L. 31 déc. 1971, art. 22-2 [Conseil de l'ordre de Paris]

[créé par L. n° 2004-130, 11 févr. 2004, art. 30, *JO* 12]

Le Conseil de l'ordre du barreau de Paris siégeant comme conseil de discipline peut constituer plusieurs formations d'au moins cinq membres, délibérant en nombre impair et présidées par un ancien bâtonnier ou à défaut par le membre le plus ancien dans l'ordre du tableau. Les membres qui composent ces formations disciplinaires peuvent être des membres du Conseil de l'ordre autres que le bâtonnier en exercice ou des anciens membres du Conseil de l'ordre ayant quitté leur fonction depuis moins de huit ans. Le président et les membres de chaque formation, ainsi que leurs suppléants, sont désignés par délibération du Conseil de l'ordre.

La formation restreinte peut renvoyer l'examen de l'affaire à la formation plénière.

L. 31 déc. 1971, art. 23 [Procédure]

[mod. par L. n° 2004-130, 11 févr. 2004, art. 31, *JO* 12]

L'instance disciplinaire compétente en application de l'article 22 est saisie par le procureur général près la cour d'appel dans le ressort de laquelle elle est instituée ou le bâtonnier dont relève l'avocat mis en cause.

Ne peut siéger au sein de la formation de jugement l'ancien bâtonnier qui, au titre de ses fonctions antérieures, a engagé la poursuite disciplinaire.

L'instance disciplinaire statue par décision motivée, après instruction contradictoire. Le Conseil de l'ordre dont relève l'avocat poursuivi désigne l'un de ses membres pour procéder à l'instruction contradictoire de l'affaire. Ce dernier, s'il est membre titulaire ou suppléant de l'instance disciplinaire, ne peut siéger au sein de la formation de jugement réunie pour la même affaire.

Sa décision peut être déférée à la cour d'appel par l'avocat intéressé, le bâtonnier dont il relève ou le procureur général.

Décr. 27 nov. 1991, art. 180 [Conseil de discipline]

[mod. par décr. n° 2005-531, 24 mai 2005, art. 1 1°, *JO* 26]

Sauf à Paris, le conseil de discipline est constitué dans les conditions fixées ci-après.

Après chaque renouvellement prévu à l'article 5, le conseil de l'ordre désigne pour siéger au conseil de discipline :

Un membre titulaire et un membre suppléant dans les barreaux où le nombre des avocats disposant du droit de vote est de huit à quarante-neuf ;

Deux membres titulaires et deux membres suppléants dans les barreaux où le nombre des avocats disposant du droit de vote est de cinquante à quatre-vingt-dix-neuf ;

Trois membres titulaires et trois membres suppléants dans les barreaux où le nombre des avocats disposant du droit de vote est de cent à deux cents.

Toutefois, lorsqu'il existe seulement deux barreaux dans le ressort de la cour d'appel, chaque conseil de l'ordre désigne au moins trois membres titulaires et trois membres suppléants du conseil de discipline.

Dans les barreaux où le nombre d'avocats est inférieur à huit, l'assemblée générale désigne un membre titulaire et un membre suppléant. La désignation a lieu au cours du dernier trimestre de l'année civile.

Chaque barreau réunissant plus de deux cents avocats disposant du droit de vote désigne un représentant supplémentaire et son suppléant par tranche de deux cents, sous réserve que les membres de ce barreau ne composent pas plus de la moitié du conseil de discipline de la cour d'appel.

Les avocats disposant du droit de vote sont ceux qui sont inscrits au barreau au 1er septembre précédant le renouvellement du conseil de l'ordre.

Les désignations ont lieu avant le 1er janvier qui suit le renouvellement annuel du conseil de l'ordre.

Décr. 27 nov. 1991, art. 181 [Composition]

[mod. par décr. n° 2005-531, 24 mai 2005, art. 1 1°, *JO* 26]

Lorsque, dans le ressort de la cour d'appel, le nombre des avocats disposant du droit de vote excède cinq cents, le conseil de discipline peut constituer une formation supplémentaire par tranche de cinq cents avocats.

Le président du conseil de discipline, et, à Paris, le doyen des présidents des formations disciplinaires du Conseil de l'ordre, répartit les affaires entre les formations.

Décr. 27 nov. 1991, art. 182 [Fonctionnement]

[mod. par décr. n° 2005-531, 24 mai 2005, art. 1 1°, *JO* 26]

Le conseil de discipline établit le règlement intérieur, fixe le nombre et la composition des formations et en élit le président. Il en informe le procureur général dans un délai de huit jours.

Décr. 27 nov. 1991, art. 187 [Enquête déontologique]

[mod. par décr. n° 2005-531, 24 mai 2005, art. 1 4°, *JO* 26]

Le bâtonnier peut, soit de sa propre initiative, soit à la demande du procureur général, soit sur la plainte de toute personne intéressée, procéder à une enquête sur le comportement d'un avocat de son barreau. Il peut désigner à cette fin un délégué, parmi les membres ou anciens membres du Conseil de l'ordre. Lorsqu'il décide de ne pas procéder à une enquête, il en avise l'auteur de la demande ou de la plainte.

Au vu des éléments recueillis au cours de l'enquête déontologique, il établit un rapport et décide s'il y a lieu d'exercer l'action disciplinaire. Il avise de sa décision le procureur général et, le cas échéant, le plaignant.

Lorsque l'enquête a été demandée par le procureur général, le bâtonnier lui communique le rapport.

Le bâtonnier le plus ancien dans l'ordre du tableau, membre du Conseil de l'ordre, met en œuvre les dispositions du présent article lorsque des informations portées à sa connaissance mettent en cause le bâtonnier en exercice.

Décr. 27 nov. 1991, art. 188 [Saisine de l'instance disciplinaire]

[mod. par décr. n° 2005-531, 24 mai 2005, art. 1 4°, *JO* 26]

Dans les cas prévus à l'article 183, directement ou après enquête déontologique, le bâtonnier dont relève l'avocat mis en cause ou le procureur général saisit l'instance disciplinaire par un acte motivé. Il en informe au préalable l'autorité qui n'est pas à l'initiative de l'action disciplinaire.

L'acte de saisine est notifié à l'avocat poursuivi par l'autorité qui a pris l'initiative de l'action disciplinaire, par lettre recommandée avec demande d'avis de réception.

Copie en est communiquée au Conseil de l'ordre dont relève l'avocat poursuivi aux fins de désignation d'un rapporteur.

Dans les quinze jours de la notification, le Conseil de l'ordre dont relève l'avocat poursuivi désigne l'un de ses membres pour procéder à l'instruction de l'affaire.

À défaut de désignation d'un rapporteur par le Conseil de l'ordre, l'autorité qui a engagé l'action disciplinaire saisit le premier président de la cour d'appel qui procède alors à cette désignation parmi les membres du Conseil de l'ordre.

Décr. 27 nov. 1991, art. 189 [Instruction]

[mod. par décr. n° 2005-531, 24 mai 2005, art. 1 4°, *JO* 26]

Le rapporteur procède à toute mesure d'instruction nécessaire.

Toute personne susceptible d'éclairer l'instruction peut être entendue contradictoirement. L'avocat poursuivi peut demander à être entendu. Il peut se faire assister d'un confrère.

Il est dressé procès-verbal de toute audition. Les procès-verbaux sont signés par la personne entendue.

Toute convocation est adressée à l'avocat poursuivi par lettre recommandée avec demande d'avis de réception.

Décr. 27 nov. 1991, art. 190 [Accès au dossier disciplinaire]

[mod. par décr. n° 2005-531, 24 mai 2005, art. 1 4°, *JO* 26]

Toutes les pièces constitutives du dossier disciplinaire, et notamment les rapports d'enquête et d'instruction, sont cotées et paraphées. Copie en est délivrée à l'avocat poursuivi sur sa demande.

Décr. 27 nov. 1991, art. 191 [Rapport d'instruction]

[mod. par décr. n° 2005-531, 24 mai 2005, art. 1 4°, *JO* 26 et par décr. n° 2007-932, 15 mai 2007, art. 16, *JO* 16]

Le rapporteur transmet le rapport d'instruction au président du conseil de discipline et, à Paris, au doyen des présidents des formations disciplinaires du conseil de l'ordre au plus tard dans les quatre mois de sa désignation. Ce délai peut, à la demande du rapporteur, être prorogé dans la limite de deux mois par décision motivée du président du conseil de discipline ou, à Paris, du doyen des présidents des formations disciplinaires du conseil de l'ordre. Cette décision est notifiée aux parties par lettre recommandée avec demande d'avis de réception.

Copie en est adressée au bâtonnier et au procureur général si ce dernier a pris l'initiative de l'action disciplinaire.

La date de l'audience est fixée par le président du conseil de discipline et, à Paris, par le doyen des présidents des formations disciplinaires du conseil de l'ordre.

Décr. 27 nov. 1991, art. 192 [Convocation ou citation]

[mod. par décr. n° 2005-531, 24 mai 2005, art. 1 4°, *JO* 26]

Aucune peine disciplinaire ne peut être prononcée sans que l'avocat mis en cause ait été entendu ou appelé au moins huit jours à l'avance.

L'avocat est convoqué par lettre recommandée avec demande d'avis de réception ou par citation d'huissier de justice.

La convocation ou la citation comporte, à peine de nullité, l'indication précise des faits à l'origine des poursuites ainsi que la référence aux dispositions législatives ou réglementaires précisant les obligations auxquelles il est reproché à l'avocat poursuivi d'avoir contrevenu, et, le cas échéant, une mention relative à la révocation du sursis.

Décr. 27 nov. 1991, art. 193 [Audience]

[mod. par décr. n° 2005-531, 24 mai 2005, art. 1 4°, *JO* 26]

L'audience se tient dans la commune où siège la cour d'appel. L'avocat poursuivi comparaît en personne. Il peut se faire assister par un avocat.

La formation restreinte ne peut renvoyer l'examen de l'affaire à la formation plénière de l'instance disciplinaire qu'après audition de l'avocat qui comparaît.

Le président donne la parole au bâtonnier et au procureur général si ce dernier a pris l'initiative d'engager l'action disciplinaire.

Décr. 27 nov. 1991, art. 194 [Publicité des débats]

[mod. par décr. n° 2005-531, 24 mai 2005, art. 1 4°, *JO* 26]

Les débats sont publics. Toutefois, l'instance disciplinaire peut décider que les débats auront lieu ou se poursuivront en chambre du conseil à la demande de l'une des parties ou s'il doit résulter de leur publicité une atteinte à l'intimité de la vie privée.

Décr. 27 nov. 1991, art. 195 [Délais de six mois pour statuer]

[mod. par décr. n° 2005-531, 24 mai 2005, art. 1 4°, *JO* 26 et par décr. n° 2007-932, 15 mai 2007, art. 17, *JO* 16]

Si dans les huit mois de la saisine de l'instance disciplinaire celle-ci n'a pas statué au fond ou par décision avant dire droit, la demande est réputée rejetée et l'autorité qui a engagé l'action disciplinaire peut saisir la cour d'appel.

Lorsque l'affaire n'est pas en état d'être jugée ou lorsqu'elle prononce un renvoi à la demande de l'une des parties, l'instance disciplinaire peut décider de proroger ce délai dans la limite de quatre mois. La demande de renvoi, écrite, motivée et accompagnée de tout justificatif, est adressée au président de l'instance disciplinaire ou, à Paris, au président de la formation disciplinaire du conseil de l'ordre.

Dans les cas prévus aux alinéas précédents, la cour d'appel est saisie et statue, le procureur général entendu, dans les conditions prévues à l'article 197.

Décr. 27 nov. 1991, art. 196 [Notification de la décision]

[mod. par décr. n° 2005-531, 24 mai 2005, art. 1 4°, *JO* 26]

Toute décision prise en matière disciplinaire est notifiée à l'avocat poursuivi, au procureur général et au bâtonnier dans les huit jours de son prononcé par lettre recommandée avec demande d'avis de réception.

Le plaignant est informé du dispositif de la décision lorsque celle-ci est passée en force de chose jugée.

Décr. 27 nov. 1991, art. 197 [Recours]

[mod. par décr. n° 2005-531, 24 mai 2005, art. 1 4°, *JO* 26]

L'avocat qui fait l'objet d'une décision en matière disciplinaire, le procureur général et le bâtonnier peuvent former un recours contre la décision. La cour d'appel est saisie et statue dans les conditions prévues à l'article 16, le procureur général entendu. La publicité des débats est assurée conformément aux dispositions de l'article 194.

Le greffier en chef de la cour d'appel notifie l'appel à toutes les parties, par lettre recommandée avec demande d'avis de réception, en indiquant la date à laquelle l'affaire sera appelée.

Le délai du recours incident est de quinze jours à compter de la notification du recours principal.

Le procureur général assure et surveille l'exécution des peines disciplinaires.

Décr. 27 nov. 1991, art. 198 [Suspension provisoire] [mod. par décr. n° 2005-531, 24 mai 2005, art. 1 4°, *JO* 26] La mesure de suspension provisoire prévue par l'article 24 de la loi du 31 décembre 1971 susvisée ne peut être prononcée sans que l'avocat mis en cause ait été entendu ou appelé au moins huit jours à l'avance.

L'avocat est convoqué ou cité dans les conditions prévues à l'article 192. L'audience se déroule dans les conditions fixées aux articles 193 et 194.

Si, dans le mois d'une demande de suspension provisoire, le Conseil de l'ordre n'a pas statué, la demande est réputée rejetée et, selon le cas, le procureur général ou le bâtonnier peut saisir la cour d'appel.

Toute décision prise en matière de suspension provisoire est notifiée dans les conditions fixées à l'article 196.

L'avocat qui fait l'objet d'une décision en matière de suspension provisoire, le procureur général et le bâtonnier peuvent former un recours contre la décision. La cour d'appel est saisie et statue dans les conditions prévues à l'article 197.

Décr. 27 nov. 1991, art. 199 [Suspension provisoire] [mod. par décr. n° 2005-531, 24 mai 2005, art. 1 4°, *JO* 26] La décision suspendant provisoirement de ses fonctions l'avocat qui fait l'objet d'une poursuite pénale ou disciplinaire est exécutoire nonobstant appel.

Le procureur général assure et surveille l'exécution de la mesure de suspension provisoire.

83.02 Jurisprudence de référence.

> L'avocat poursuivi doit être entendu ou appelé devant le conseil de discipline

• **Civ. 1re, 25 mai 1992, n° 90-16.461,** *Bull. civ.* I, n° 152.

* V. s^s^ n° 83.52.

« Mais attendu que la procédure contradictoire instituée devant le Conseil de l'ordre, statuant disciplinairement par les articles 111 et suivants du décret n° 72-468 du 9 juin 1972, impose que l'avocat soit appelé ou entendu devant ledit conseil, quelle que soit la décision de celui-ci, et ce même après audition de l'avocat au cours de l'instruction préparatoire; que, dès lors, c'est à bon droit que la cour d'appel a estimé qu'eu égard au vice substantiel affectant la décision du Conseil de l'ordre, il y avait lieu de constater la nullité de toute la procédure subséquente, sans qu'il lui soit possible de statuer au fond; d'où il suit qu'en aucune de ses deux branches, le moyen n'est fondé. »

> Le procureur général peut demander communication du dossier pénal

• **Civ. 1re, 10 juin 1992, n° 91-17.028,** *Bull. civ.* I, n° 176.

* V. s^s^ n° 83.38.

« Vu l'article 11 du Code de procédure pénale;

Attendu que pour rejeter la proposition de communication intégrale du dossier d'instruction faite par le ministère public, la cour d'appel énonce que "l'article 11 du Code de procédure pénale exclut une telle communication, le ministère public concourant à la procédure pénale";

Attendu qu'en se prononçant par de tels motifs, alors que le secret de l'instruction n'est pas opposable au ministère public qui, dans l'exercice des missions que la loi lui attribue – notamment en matière de discipline des avocats – a qualité pour apprécier l'opportunité de communiquer au juge une procédure judiciaire de nature à l'éclairer, et que la cour d'appel ne pouvait, dès lors, rejeter la proposition du ministère public, les juges du second degré ont, par fausse application, violé le texte susvisé. »

> L'exigence d'impartialité s'impose aux rapporteurs.

• **Civ. 1re, 2 avr. 2009, n° 08-12.246,** *Bull. civ.* I, n° 71; *D.* 2009. 1135, obs. Avena-Robardet; *D.* 2009. 2011, note Roux; *D.* 2009. Pan. 2704, obs. Blanchard; *JCP* 2009. Actu. 212, obs. Salati; *JCP* 2009. II. 10090, note Putman; *Gaz. Pal.* 17-18 juin 2009, note Douville et Rachel.

* V. s^s^ n° 83.35.

« Vu les articles 188 et 189 du décret du 27 novembre 1991 modifié par le décret du 14 mai 2005, ensemble l'article 6, § 1 de la Convention européenne des droits de l'homme;

Attendu que pour rejeter la requête en récusation que Mme D.-L. avait formée à l'encontre MM. E. et B., le premier arrêt attaqué retient que le principe d'impartialité n'était pas applicable aux rapporteurs désignés par le conseil de l'ordre qui, chargés de la seule instruction de l'affaire, ne participent pas à la formation de jugement;

Qu'en statuant ainsi, alors que l'exigence d'impartialité s'impose aux rapporteurs qui ont pour mission de procéder à une instruction objective et contradictoire de l'affaire et dont le rapport, obligatoire, est déterminant du sort ultérieurement réservé aux poursuites par la formation de jugement, la cour d'appel a violé les textes susvisés, par fausse application des premiers et refus d'application du dernier. »

> La personne poursuivie ou son avocat doit, à l'audience, avoir la parole en dernier

• **Civ. 1re, 25 févr. 2010, n° 09-11.180,** *Dalloz actu.*, 5 mars 2010, obs. Dargent; *D.* 2010. AJ 658, obs. Dargent; *JCP* 2010. 546, n° 13, obs. Cadiet; *Defrénois* 2010. 663; *LPA* 29 avr. 2010, p. 11, note Lebel.

* V. s^s^ n° 83.97.

« Vu l'article 6 de la convention européenne des droits de l'homme;

Attendu que l'exigence d'un procès équitable implique qu'en matière disciplinaire la personne poursuivie ou son avocat soit entendu à l'audience et puisse avoir la parole en dernier;

Attendu que l'arrêt attaqué prononce à l'encontre de Mme X... la peine de l'interdiction temporaire pendant trois ans;

Qu'en statuant ainsi, sans constater que cette dernière ou son conseil avait été invité à prendre la parole en dernier, la cour d'appel a violé le texte susvisé. »

83.03 Bibliographie indicative.

Encyclopédies. RÉP. PR. CIV., Hamelin, *V° Avocat,* n° 285 – RÉP. PÉN., Monteil, *V° Grâce,* n°s 24 et 25.

Ouvrages. AVRIL, 2008 – MARTIN, 2008, n°s 510 à 540.

Articles. Avril, « La procédure de l'interdiction provisoire dans la profession d'avocat », *D.* 1983, 43 – Brunois, « Le barreau et la jurisprudence », *D.* 1984, IR 113 s. – Buer « Poursuites disciplinaires et publicité des débats »,

Gaz. Pal. 1984, doctr. 456 – Landry, « la procédure disciplinaire applicable aux avocats », *JCP* 2010. 521 – Mauro, « La réinscription d'un avocat après radiation », *Gaz. Pal.* 1988, doctr. 3 sept. 1988, p. 6 – Pralus Dupuy, « Cumul et non-cumul des sanctions en droit disciplinaire », *D.* 1993, chron. 135.

SECTION 1 PROCÉDURE DEVANT LE CONSEIL DE DISCIPLINE

§ 1 Nature de la procédure suivie

83.11 Création du conseil de discipline. Un conseil de discipline dans le ressort de chaque cour d'appel a été institué pat la loi du 11 février 2004[1]. Ce conseil connaît des infractions et fautes commises par les avocats appartenant aux barreaux qui y sont établis (sur la création et la composition des conseils de discipline v. s^s^ n°s 27.01 s.).

Par dérogation, le Conseil de l'ordre du barreau de Paris reste compétent à l'égard des avocats appartenant à ce barreau.

Les dispositions de l'article 47 du Code de procédure civile permettant d'assigner au civil un avocat devant une juridiction limitrophe ne sont pas applicables en matière disciplinaire[2].

Le conseil de discipline agit :

- soit à la demande du procureur général, et ce procureur est le seul à pouvoir saisir juridiquement le conseil de discipline c'est-à-dire à le contraindre à ouvrir une information. Le procureur de la République n'a pas cette possibilité (toutefois en ce qui concerne le collège de l'instruction)[3];

- soit à l'initiative du bâtonnier[4].

• **Impossibilité de saisir d'office.** Avant la réforme du 11 février 2004, le Conseil de l'ordre pouvait se saisir d'office. Cette possibilité a été supprimée par cette loi, aussi bien pour le Conseil de l'ordre de Paris maintenu en tant que conseil de discipline pour les avocats appartenant au barreau de Paris, que pour le conseil de discipline créé par la loi pour les avocats appartenant aux autres barreaux du ressort de la cour d'appel de Paris.

83.12 Nature de la procédure suivie devant le conseil de discipline. La procédure suivie est la procédure civile[5], sauf dans les cas où les règles de procédure pénale seraient plus protectrices des droits de l'avocat poursuivi. Contrairement à ce que dit le bâtonnier Avril dans son ouvrage[6], qui fait, lui aussi autorité, si un avocat poursuivi devant le conseil de discipline invoque une règle de procédure pénale plus favorable, le Conseil de discipline la lui appliquera dans le respect des principes affirmés par la Convention EDH.

• **Jurisprudence divergente isolée.** Il faut citer un arrêt isolé et non commenté qui, bouleversant les principes dégagés par la jurisprudence antérieure et la doctrine, les contredit en apparence sans que d'ailleurs des arrêts ultérieurs aient confirmé la forme ambiguë utilisée par cet arrêt : « La juridiction disciplinaire est libre en l'absence de toute disposition légale lui imposant de recourir à des formes déterminées d'instruction, de faire usage du mode de procédure qui lui paraît le plus propre à lui permettre de prendre sa décision. »[7] Il est vrai qu'il s'agissait seulement d'une hypothèse où la cour, statuant sur appel d'une décision de conseil de discipline, avait eu recours avant de statuer à la formalité du rapport, mesure d'instruction prescrite par la loi dans la procédure des appels correctionnels. La Cour de cassation, dans cet arrêt de rejet, estime que la cour d'appel ne peut être considérée, en ayant eu recours à la procédure pénale en ce cas d'espèce, comme ayant porté atteinte aux droits de la défense d'un avocat poursuivi disciplinairement.

• **Illustration par analogie.** Dans une matière parallèle, le Conseil d'État a jugé que les dispositions du Code de procédure pénale sont inapplicables à la procédure disciplinaire (arr. *Mazoul*)[8].

83.13 Défaut de prescription. L'action disciplinaire n'est soumise ni à la prescription civile, ni à la prescription pénale et échappe à toute prescription en raison des qualités exigées d'un avocat.

83.14 Nature de la procédure suivie au stade de l'enquête. En matière d'enquête le rapporteur n'est pas tenu de suivre les règles du Code de procédure civile pour l'audition des témoins, d'autant qu'il ne peut leur faire prêter serment[9].

83.15 Règles protectrices des droits de la défense. Les règles édictées par le règlement intérieur de l'Ordre quant aux formalités tendant à protéger les droits de l'avocat déféré doivent être respectées même si elles ne sont pas prévues ni exigées par la loi[10].

1. L. 31 déc. 1971, art. 22; mod. par L. 11 févr. 2004.
2. Civ. 1re, 12 févr. 1991, n° 89-16.142, *Bull. civ.* I, n° 60; *Gaz. Pal.* 1991, somm. 12 – CE ass., 14 févr. 1996, n° 132369, Maubleu, *Lebon*; *JCP* 1996, IV, 902 – CA Amiens, 29 mars 1995, *JCP* 1996, I, 3948, Martin, n° 14.
3. C. pr. pén., art. 138, al. 3, 12° (v. s^s^ n°s 85.11 s.).
4. L. 31 déc. 1971, art. 23 – Décr. 27 nov. 1991, art. 180 s.
5. Cass. Req. 7 mars 1949, *D.* 1949, 457, note Crémieu.
6. Avril, *Responsabilité des avocats*, « Dalloz référence », 2008.
7. Civ., 7 mars 1951, *D.* 1951, 291 – ÉGAL^T^ : CA Aix-en-Provence, 24 oct. 1983, *Gaz. Pal.* 1984, 1, 86, note Damien.
8. CE 20 juin 1980, n° 4397, Mazouz, *Lebon T.*, 863.
9. Cass. Req. 25 avr. 1932, *DH* 1932, 298 – Cass. Req. 6 juin 1932, *S.* 1932, 1, 368.
10. Cons. ordre Paris, 26 mai 1987 – RAPPR. : s^s^ CA Paris, 27 avr. 1988, *Gaz. Pal.* 12 juill. 1988, 14.

Le décret du 27 novembre 1991 précise :

- durant l'enquête disciplinaire ou lors de l'instruction à l'audience, toute personne susceptible d'éclairer l'instruction peut être entendue contradictoirement. Il est dressé procès-verbal de toute audition; le procès-verbal est signé par la personne entendue[1];

- toutes les pièces constitutives du dossier disciplinaire et qui accompagnent le rapport d'instruction doivent être cotées et paraphées. Copie en est délivrée à l'avocat ou à son conseil, sur sa demande[2] (v. s^s^ n° 83.51).

§ 2
Enquête déontologique

83.21 Objet de l'enquête déontologique. Le bâtonnier procède à une enquête sur le comportement de l'avocat mis en cause, soit de sa propre initiative, soit à la demande du procureur général ou sur plainte de toute personne intéressée[3].

Cette enquête, qui a pour but de permettre au bâtonnier de se rendre compte personnellement du comportement de l'avocat mis en cause et de prendre en connaissance de cause la décision de classer ou de poursuivre, n'est soumise à aucune forme obligatoire et peut même n'être pas contradictoire[4].

Le bâtonnier peut, soit de sa propre initiative, soit à la demande du procureur général, soit sur la plainte de toute personne intéressée, procéder à une enquête sur le comportement d'un avocat de son barreau. Il peut désigner à cette fin un délégué, parmi les membres ou anciens membres du Conseil de l'ordre. Lorsqu'il décide de ne pas procéder à une enquête, il en avise l'auteur de la demande ou de la plainte.

Au vu des éléments recueillis au cours de l'enquête déontologique, il établit un rapport et décide s'il y a lieu d'exercer l'action disciplinaire. Il avise de sa décision le procureur général et, le cas échéant, le plaignant. Lorsque l'enquête a été demandée par le procureur général, le bâtonnier lui communique le rapport.

Le bâtonnier le plus ancien dans l'ordre du tableau, membre du Conseil de l'ordre, met en œuvre les dispositions du présent article lorsque des informations portées à sa connaissance mettent en cause le bâtonnier en exercice.

1. Décr. 27 nov. 1991, art. 193.
2. Décr. 27 nov. 1991, art. 194.
3. Décr. 27 nov. 1991, art. 187.
4. CA Aix-en-Provence, 27 juin 1983, *Gaz. Pal.* 1983, 2, 664.

83.22 Issue de l'enquête. Le bâtonnier saisi par le procureur général ou sur plainte de toute personne intéressée peut décider de ne pas procéder une enquête. Il en avise l'auteur de la demande (le procureur général) ou de la plainte.

S'il procède à l'enquête il en charge un délégué choisi parmi les membres ou les anciens membres du Conseil de l'ordre.

Au vu du rapport écrit, établi par ce délégué ou par le bâtonnier s'il a procédé lui-même à l'enquête, ce dernier peut décider de ne pas donner une suite disciplinaire. Il en informe le plaignant et le procureur général en lui communiquant le rapport si le procureur général avait demandé l'enquête.

Il peut assortir le classement sans suite soit d'une admonestation paternelle (v. s^s^ n° 81.07). Cette admonestation paternelle n'est pas une peine mais une mesure pratique. Le bâtonnier décide si elle sera inscrite au dossier de l'avocat et l'en informe.

83.23 Saisie de l'instance disciplinaire. Si le bâtonnier décide qu'il y a lieu d'exercer l'action disciplinaire, il en informe le procureur général et/ou le plaignant.

Il saisit l'instance disciplinaire (conseil de discipline) en motivant sa saisine.

83.24 Empêchement du bâtonnier. Lorsque le bâtonnier est empêché ou mis en cause, l'instruction de la plainte le concernant est confiée au plus ancien bâtonnier membre du Conseil de l'ordre qui procède à l'enquête dans les formes prévues par l'article 187 du décret du 27 novembre 1991. Le doyen du conseil reçoit la plainte et l'instruit conformément aux règles et usages du barreau et, à défaut, selon le droit commun disciplinaire; l'instruction terminée, il statue par un classement ou un renvoi devant le conseil de discipline conformément aux dispositions de l'article 187 précité.

§ 3
Instruction

83.31 Compétence du Conseil de l'ordre. Le Conseil de l'ordre a seul qualité pour procéder à l'instruction; le bâtonnier ne pouvant procéder qu'à une enquête préliminaire. En effet, l'instance disciplinaire statue par décision motivée, après instruction contradictoire, aux termes de l'article 23 alinéa 3 de la loi du 31 décembre 1971[5]. Il appartient au Conseil de l'ordre dont relève l'avocat de

5. L. 31 déc. 1971, art. 23, al. 3; mod. par L. 11 févr. 2004, art. 31.

désigner l'un de ses membres pour effectuer cette instruction.

L'instruction n'est donc pas menée par le conseil de discipline institué dans le ressort de chaque cour d'appel.

83.32 Caractère obligatoire de l'instruction. L'ouverture d'une instruction est obligatoire selon l'article 23 alinéa 3 de la loi du 31 décembre 1971. Mais se pose la question du maintien de cette disposition en cas d'infraction disciplinaire manifeste. En effet, faut-il conserver cette disposition alors que l'avocat peut être cité dans cette hypothèse, après enquête éventuelle, l'instruction se faisant alors à l'audience ? En l'état actuel du texte, l'instruction reste obligatoire.

Le caractère obligatoire de l'instruction en tout état est confirmé par le décret du 24 mai 2005.

83.33 Notification à l'avocat poursuivi. L'acte de saisine de l'instance disciplinaire (conseil de discipline) est notifié à l'avocat poursuivi par lettre recommandée avec demande d'avis de réception.

Copie de cet acte est communiqué au Conseil de l'ordre aux fins de désignation d'un rapporteur.

Dans les quinze jours de cette notification le Conseil de l'ordre dont relève l'avocat poursuivi désigne l'un de ses membres pour procéder à l'instruction. À la différence de l'enquête déontologique, le Conseil de l'ordre ne peut pas désigner un ancien membre du Conseil de l'ordre.

83.34 Caractère contradictoire de l'instruction. L'instruction est contradictoire[1], l'avocat poursuivi peut être assisté d'un conseil. Le secrétaire ou le rapporteur doit procéder à la rédaction d'un procès-verbal d'audition à la manière dont le greffier du juge d'instruction ou du tribunal correctionnel le fait par la prise sous la dictée du juge d'un procès-verbal ou par la rédaction de notes d'audience. Il doit rapporter textuellement les déclarations de l'avocat poursuivi lorsqu'elles sont essentielles à l'affaire jugée par le conseil ainsi que celles des témoins entendus. Ces témoins peuvent spontanément prêter serment mais doivent être avertis qu'ils peuvent ne point le faire. Ils ne peuvent y être contraints et en cas de fausses déclarations ne peuvent être poursuivis pour faux témoignage[2].

Le rapporteur doit en outre les interroger pour éclairer le conseil sur la signification exacte des termes employés par un témoin ou le prévenu[3].

Pratiquement le Conseil de l'ordre procède à une véritable information. Le membre désigné par le conseil et qui peut être le bâtonnier, doit entendre le plaignant, l'avocat incriminé, les témoins utiles en vue de la manifestation de la vérité, procéder à des confrontations.

83.35 Exigence d'impartialité du rapporteur. La Cour de cassation a jugé dans un arrêt du 2 février 2009 que l'exigence d'impartialité s'impose aux rapporteurs qui ont pour mission de procéder à une instruction objective et contradictoire de l'affaire et dont, le rapport, obligatoire, est déterminant du sort ultérieurement réservé aux poursuites par la formation de jugement[4]. Il importe peu à cet égard que les rapporteurs désignés par le Conseil de l'ordre, chargés de la seule instruction de l'affaire, ne participent pas à la formation de jugement. La même exigence d'impartialité doit prévaloir qu'il participe au délibéré[5] (v. n° 83.57), ou qu'il soit simplement désigné pour mener l'instruction alors qu'il a précédemment pris part à la délibération du conseil de l'ordre ayant demandé au bâtonnier de saisir l'instance disciplinaire.

En l'espèce, le bâtonnier sortant était soupçonné d'avoir orchestré une importante fraude en sa propre faveur et le conseil de l'ordre, limité à quatre membres, avait pris une délibération, qui présentait les faits comme « flagrants », en informait le ministère public et chargeait le nouveau bâtonnier d'y donner les suites disciplinaires qui allaient aboutir à la radiation de son prédécesseur. Or, celui-ci avait, en cours de procédure, vainement tenté de récuser les deux rapporteurs, qui avaient participé à la délibération du conseil de l'ordre dénonçant la fraude. L'avocat poursuivi avait donc le droit de les récuser et, cette récusation lui ayant été refusée à tort, la procédure disciplinaire est entachée de nullité.

Reste une difficulté pratique. Lorsque le conseil de l'ordre est peu nombreux et que tous ses membres ont participé à la délibération ayant présenté l'avocat concerné comme coupable des faits poursuivis, la procédure risque d'être systématiquement annulée puisque le rapporteur doit obligatoirement être désigné parmi les membres du conseil[6]. Dans un tel cas, le conseil de l'ordre devrait donc, selon

1. L. 31 déc. 1971, art. 23, al. 3 – CA Aix-en-Provence, 24 oct. 1983, *Gaz. Pal.* 1984, I, 86.
2. CA Aix-en-Provence, 5 févr. 1985, *Gaz. Pal.* 1985, I, 350.
3. CA Bordeaux, 12 août 1984, *Gaz. Pal.* 1984, 2, 662.
4. Civ. 1re, 2 avr. 2009, n° 08-12.246, *Bull. civ.* I, n° 71; *D.* 2009. 1135, obs. Avena-Robardet; *D.* 2009. 2011, note Roux; *D.* 2009. Pan. 2704, obs. Blanchard; *JCP* 2009. Actu. 212, obs. Salati; *JCP* 2009. II. 10090, note Putman; *Gaz. Pal.* 17-18 juin 2009, note Douville et Rachel.
5. Civ. 1re, 5 oct. 1999, n° 97-15.277 et n° 96-19.291, *JCP* 1999, II, 10203, concl. Sainte-Rose; *D.* 1999, 312, note Blanchard; *Gaz. Pal.* 2000, p. 59, concl. Sainte-Rose et note Damien – Civ. 1re, 23 mai 2000, n° 97-19.169, *JCP* 2000, II, 10400, note Martin; *RTD civ.* 2000, 622, obs. Normand.
6. Décr. 27 nov. 1991, art. 188.

certains auteurs[1], s'abstenir de prendre la délibération susceptible de vicier toute la procédure subséquente. Cette délibération n'est nullement nécessaire d'après les textes puisque l'article 187 du décret du 27 novembre 1991 permet au bâtonnier de procéder « de sa propre initiative » à une enquête déontologique.

83.36 Rapport d'instruction. Le rapporteur transmet le rapport d'instruction au président du conseil de discipline et, à Paris, au doyen des présidents des formations disciplinaires du conseil de l'ordre au plus tard dans les quatre mois de sa désignation. Ce délai peut, à la demande du rapporteur, être prorogé dans la limite de deux mois par décision motivée du président du conseil de discipline ou, à Paris, du doyen des présidents des formations disciplinaires du conseil de l'ordre. Cette décision est notifiée aux parties par lettre recommandée avec demande d'avis de réception[2].

Copie en est adressée au bâtonnier et au procureur général si ce dernier a pris l'initiative de l'action disciplinaire.

La date de l'audience est fixée par le président du conseil de discipline et, à Paris, par le doyen des présidents des formations disciplinaires du conseil de l'ordre.

83.37 Intervention du premier président de la cour d'appel. Désignation d'un rapporteur. À défaut de désignation d'un rapporteur par le Conseil de l'ordre dans la quinzaine de jours où lui a été communiquée la copie de l'acte de saisine par le bâtonnier ou par le procureur général le premier président de la cour d'appel saisi par le bâtonnier ou le procureur général désigne un rapporteur parmi les membres du Conseil de l'ordre.

83.38 Communication du dossier de l'instruction pénale. Le membre désigné par le conseil doit obtenir communication par le parquet ou par les juges d'instruction des dossiers dont l'examen lui paraît nécessaire, au cas où la procédure disciplinaire est en liaison avec une instance pénale en cours ou une affaire de droit commun déjà jugée, mais sous réserve des dispositions de l'article 11 du Code de procédure pénale auxquelles il n'est nullement dérogé du fait de l'ouverture d'une instance disciplinaire[3].

L'avocat poursuivi ne peut se retrancher derrière le secret de l'instruction pour refus de fournir au Conseil de l'ordre les éléments nécessaires pour statuer sur une éventuelle suspension provisoire[4].

Une procédure pénale concernant un avocat poursuivi peut être communiquée à la juridiction de jugement[5].

Le Conseil d'État dans un domaine voisin a estimé qu'en l'absence de disposition le prévoyant expressément, l'article 11 du Code de procédure pénale ne peut faire obstacle au pouvoir et au devoir qu'a la juridiction disciplinaire de joindre au dossier les éléments d'information recueillis dans le cadre d'une procédure pénale et de statuer au vu de l'ensemble de ces pièces après en avoir ordonné la communication pour permettre la discussion contradictoire[6].

83.39 Conséquence du défaut de communication du dossier pénal. Au cas d'information judiciaire le conseil de discipline, faute de communication du dossier, peut être amené à surseoir à statuer au cas de déni par l'avocat déféré. Toutefois il ne résulte d'aucun texte de loi ou de règlement ni des principes généraux applicables en matière disciplinaire qu'il en ait l'obligation[7]. Dans ce cas, il reviendrait au Conseil de l'ordre de recourir à la suspension provisoire d'exercer prévue par l'article 24 de la loi du 31 décembre 1971 (v. s[s] n°s 84.21 à 84.26).

83.40 Statut de l'avocat poursuivi. Il est à noter que durant l'instance disciplinaire, l'avocat poursuivi n'est plus seulement un avocat soumis aux contraintes attachées à l'exercice de la profession et aux devoirs qu'elle lui impose, notamment de probité, mais un prévenu. Il a donc légalement le droit de déguiser la vérité dans sa réponse sans que ceci puisse lui être imputé à faute.

• **Fondement.** En effet, un accusé en droit français n'est jamais tenu à la vérité, n'étant pas, à la différence du droit anglo-saxon, témoin dans sa propre affaire et astreint, de ce fait, au devoir de vérité sous peine de se rendre coupable d'un *contempt of court*[8].

§ 4 Citation

83.41 Citation de l'avocat. L'avocat mis en cause est convoqué devant le conseil de discipline avec la précision exacte de l'adresse de celui-ci et

1. NOT. : Putman, obs. s[s] Civ. 1re, 2 avr. 2009, préc.
2. Décr. 27 nov. 1991, art. 191 ; mod. par décr. n° 2005-531, 24 mai 2005.
3. Civ. 1re, 10 juin 1992, n° 91-17.028, *Bull. civ.* I, n° 176 ; *JCP* 1992, IV, 251 ; *D.* 1994, somm. 140, note Brunois ; *Gaz. Pal.* 1992, pan. 226.
4. Cons. ordre Paris, 21 juill. 1993, *Bull. bâtonnier Paris* 16 juill. 1993, p. 219.
5. Civ. 1re, 10 juin 1992, n° 91-17.028, *Bull. civ.* I, n° 176 (préc.) – CA Bordeaux, 18 juin 1991, *D.* 1994, somm. 140.
6. CE 9 avr. 1975, n° 92676, Sieurs Krivine, Rousset et Werber, *Lebon*, 223.
7. CE 9 juill. 1948, *Lebon*, 323.
8. Civ., 4 déc. 1979, *D.* 1981, 328, note Brunois.

l'heure de la convocation. Il est convoqué par lettre recommandée avec demande d'avis de réception.

La date de l'audience est fixée par le président du conseil de discipline et à Paris par le doyen des présidents des formations disciplinaires du Conseil de l'ordre.

83.42 Délai de convocation. Le délai entre la délivrance de la citation et la séance du conseil doit être d'au moins huit jours[1].

Mais l'avocat poursuivi peut, soit par lui-même, soit par son défenseur le représentant, renoncer à ce délai; de même avec l'accord de l'avocat prévenu et sa renonciation à se prévaloir des délais de l'article 187 du décret du 27 novembre 1991, on peut en cours de séance se saisir d'une demande de suspension provisoire dès lors que l'avocat poursuivi est entendu en ses explications sur cette mesure[2].

83.43 Contenu de la convocation. L'article 192 alinéa 3 nouveau du décret du 27 novembre 1991 modifié par le décret du 24 mai 2005 exige que la citation ou convocation comporte, à peine de nullité, l'indication précise des faits à l'origine des poursuites. Cette indication doit être complétée et détaillée. La juridiction disciplinaire ne peut statuer sur des faits qui ne sont pas précisés dans la citation. Une cour d'appel, qui avait condamné un avocat à la peine du blâme, pour un problème de conflit d'intérêts, a été sanctionnée pour n'avoir pas précisé les faits dans la citation[3].

La citation ou convocation doit également, à peine de nullité, donner la référence aux dispositions législatives ou réglementaires précisant les obligations auxquelles il est reproché à l'avocat d'avoir contrevenu. Ici aussi les précisions doivent être minutieuses avec les numéros des articles de la loi, et du décret ou du RIN ou du règlement intérieur des barreaux auquel appartient l'avocat « prévenu » fixant les obligations auxquelles l'avocat poursuivi est accusé d'avoir manqué.

Enfin, si l'avocat poursuivi a déjà fait l'objet de condamnation assortie du sursis dans un délai de cinq ans précédant la citation, celle-ci doit préciser que la peine encourue entraînera l'exécution de la première peine sans confusion avec la seconde, à moins que le conseil de discipline par décision motivée ne décide que le sursis précédent ne sera pas révoqué.

Le rédacteur de la citation doit veiller à bien préciser tous les faits poursuivis avec la mention de celles des dispositions légales qui sanctionnent chacun d'entre eux. La juridiction de jugement est en effet saisie uniquement desdits faits.

• **Cause de nullité.** Une convocation mentionnant seulement que l'avocat aurait à s'expliquer sur les faits qui lui étaient reprochés, en vertu de l'article 39 du règlement intérieur et des articles 106 et 107 du décret du 9 juin 1972, remplacés par les articles 183 et 184 du décret du 27 novembre 1991, est nulle pour atteinte au principe du respect des droits de la défense, les textes visés par la citation se bornant à prévoir d'une façon générale les divers manquements professionnels susceptibles d'être relevés contre un avocat, sans les préciser ni les qualifier de manière spécifique[4].

§ 5 Procédure

83.51 Droit de communication du dossier. L'avocat mis en cause à la possibilité de prendre connaissance de son dossier qui doit comprendre non seulement le dossier spécial établi à l'occasion de l'infraction poursuivie et qui comprend la plainte, les procès-verbaux d'audition de témoins, le rapport du rapporteur mais également son dossier personnel administratif comportant les plaintes qui ont pu être déposées dans le passé contre lui ou les sanctions disciplinaires dont il a été l'objet. Ce dossier peut avoir en effet une influence sur la décision du conseil et doit donc être communiqué.

De même, le droit à communication du dossier entraîne celui d'en effectuer des copies; dans une matière voisine le Conseil d'État avait refusé ce droit dans le cadre d'une procédure disciplinaire relevant de sa juridiction[5] mais par un revirement de jurisprudence, il a admis que le droit de prendre communication de son dossier dans le cadre d'une procédure disciplinaire comporte celui d'en prendre copie[6].

En résumé, et à peine de nullité de la procédure, le conseil de discipline doit communiquer à l'avocat

1. CA Aix-en-Provence, 27 juin 1983, *Gaz. Pal.* 1983, 2, 664 – CA Aix-en-Provence, 24 oct. 1983, *Gaz. Pal.* 1984, 1, 86, note Damien – Civ. 1re, 24 avr. 1985, n° 84-10.235, *Bull. civ.* I, n° 129; *Gaz. Pal.* 1985, pan. 295, note Guinchard et Moussa – Civ. 1re, 20 oct. 1992, n° 90-21.956, *Bull. civ.* I, n° 255; *D.* 1994, somm. 139, note Brunois; *D.* 1994, somm. 134, note Brunois; *Gaz. Pal.* 18 févr. 1993, 18; *JCP* 1992, IV, 3078.
2. Civ., 9 févr. 1982, *D.* 1982, 43, note Avril – Civ. 1re, 12 avr. 1983, n° 82-12.517, *Bull. civ.* I, n° 114; *D.* 1984, IR 115, note Brunois; *Gaz. Pal.* 1983, 2, 436, note Damien; 1983, pan. 244.
3. Civ. 1re, 14 juin 2007, n° 05-15.160, NP.
4. Civ. 1re, 3 mai 1979, n° 78-10.751, *Bull. civ.* I, n° 127; *Gaz. Pal.* 1979, 2, somm. 390 – CA Nîmes, 16 févr. 1988, *Gaz. Pal.* 2 juin 1988, 16, note A. D.
5. CE 13 févr. 1958, *Lebon*, 69 – CE 14 mars 1956, Dame Daudot, *Lebon*, 691 – CE 27 nov. 1968, n° 71908, Dame Reynaud, *Lebon*, 593.
6. SOL. IMPLICITE : CE 27 janv. 1982, n° 29738, Pelletier, *Lebon*, 36.

en temps utile, pour que soit respecté le principe du contradictoire, tout le dossier disciplinaire.

Le nouvel article 190 du décret du 27 novembre 1991 tel que modifié par le décret du 24 mai 2005 exige que toutes les pièces constitutives du dossier disciplinaire et notamment les rapports d'enquête et d'instruction soient cotées et paraphées.

De ces pièces, précise cet article, copie doit être délivrée à l'avocat poursuivi. On ne laisse pas seulement l'avocat poursuivi en prendre copies, on les lui délivre donc aux frais du conseil de discipline.

• Dans une matière voisine le Conseil d'État a annulé pour violation des droits de la défense, une procédure disciplinaire dans laquelle le professionnel sanctionné n'avait pas eu connaissance de témoignages recueillis par le rapporteur, dont le rapport ne permettait d'ailleurs pas de connaître l'identité des témoins entendus ni la teneur de leur témoignage[1]. En revanche, la Haute assemblée a jugé que le refus d'entendre des témoins dont l'audition est réclamée par le comparant, n'entache pas la procédure de nullité; de même le fait par le rapporteur de répondre après l'audition du comparant aux arguments avancés par ces derniers ou de répondre à des questions posées par les membres du conseil de discipline, n'entraîne pas une violation des droits de la défense, dès lors que le comparant a été en mesure avant de se retirer, de s'expliquer sur les éléments nouveaux qui auraient pu être formulés à son encontre[2].

83.52 Avocat appelé ou entendu. L'avocat doit être appelé ou entendu devant le conseil quelle que soit la décision de celui-ci et ce, même après audition de l'avocat au cours de l'instruction préparatoire, à peine de nullité[3]. Une cour d'appel qui a relevé que l'avocat poursuivi a été appelé devant le Conseil de l'ordre siégeant en matière disciplinaire, par lettre recommandée avec demande d'avis de réception; qu'il a été entendu en ses moyens de défense après avoir pu consulter son entier dossier, a retenu à bon droit que la procédure était régulière et les droits de la défense respectés[4].

• Il ne peut être fait grief à une cour d'appel d'avoir rejeté une exception de nullité invoquée par un avocat radié par la juridiction ordinale et d'avoir prononcé contre lui une peine de trois ans d'interdiction, dès lors que la cour d'appel a relevé que l'intéressé qui s'est expliqué en détail sur chacun des griefs qui lui étaient faits avait été mis en mesure de prendre connaissance des dossiers donnant lieu aux poursuites et que c'était de son seul fait que sa consultation n'avait pas eu lieu; alors qu'il n'a pas été porté atteinte aux principes de la contradiction et aux droits de la défense, le Conseil de l'ordre a pu, dans l'exercice de son pouvoir souverain et l'appréciation de la gravité des fautes professionnelles retenues à l'encontre de cet avocat et des circonstances dans lesquelles elles avaient été commises par lui, fixer la sanction disciplinaire qu'il y avait lieu dans ces circonstances de prononcer contre lui dans les limites fixées par la loi[5].

Un moyen tiré de l'irrégularité de l'élection d'un des membres du conseil de discipline, non contesté cependant devant le juge de l'élection, ne peut être utilisé contre la sanction[6].

Si l'avocat déféré refuse de fournir au rapporteur ses observations écrites sur les documents du dossier, il ne peut se plaindre de ce que l'instruction contradictoire n'ait lieu que lors de la séance disciplinaire[7].

83.53 Comparution de l'avocat. L'avocat comparaît en robe devant le conseil de discipline qui siège dans la commune où siège la cour d'appel[8]. Le nouveau décret exclut donc les audiences foraines du conseil de discipline (solution envisagée à l'origine par le conseil national des barreaux, auteur de la réforme de la procédure disciplinaire)[9].

Si l'avocat est détenu et s'il n'a pu être personnellement entendu comme il en avait formulé la demande, cette circonstance étant imputable à la détention préventive et l'avocat ayant pu faire valoir ses observations par écrit et se faire représenter par un défenseur de son choix, le prévenu n'est pas fondé à soutenir que les droits de la défense ont été méconnus à son égard[10].

En effet, l'avocat peut-il, en cas d'empêchement prévu par la loi en matière pénale, être représenté par son conseil conformément aux dispositions de l'article 411 du Code de procédure pénale ? Un arrêt de la cour de Caen semble admettre la possibilité de représentation de l'avocat devant le conseil de discipline dans tous les cas et malgré les termes de l'article 192 paragraphe 2 du décret du 27 novembre 1991 identique à l'ancien article 116 du décret du 9 juin 1972[11]. La Cour de cassation, par un arrêt du 12 avril 1983[12] admet la représentation de l'avocat cité devant le conseil de discipline par un défenseur

1. CE 23 avr. 1975, n° 89897, Dupont, *Lebon*, 1235.
2. CE 30 août 1984, *Lebon*, 394.
3. Civ. 1re, 25 mai 1992, n° 90-16.461, *Bull. civ.* I, n° 152; *D.* 1994, somm. 139; *Gaz. Pal.* 15 déc. 1992, 11; *JCP* 1992, IV, 232.
4. Civ. 1re, 20 oct. 1992, n° 90-21.956, *Bull. civ.* I, n° 255; *JCP* 1992, IV, 337; *D.* 1994, somm. 134, note Brunois; *D.* 1994, somm. 139, note Brunois; *Gaz. Pal.* 1993, pan. 18.
5. Civ. 1re, 7 juill. 1993, n° 91-18.242, *Bull. civ.* I, n° 249; *D.* 1995, somm. 168, obs. Brunois; *Gaz. Pal.* 18 nov. 1993, pan. 243.
6. CE 28 juin 1995, n° 136759, Messegue, *Lebon T.*; *Gaz. Pal.* 30 déc. 1995, 17.
7. Civ. 1re, 24 avr. 1985, n° 84-10.235, *Bull. civ.* I, n° 129; *Gaz. Pal.* 1985, pan. 295, note Guinchard et Moussa.
8. Décr. 27 nov. 1991, art. 193 [nouveau].
9. Civ., 1er juill. 1958, *D.* 1958, 526, note Crémieu.
10. CE 9 juill. 1948, *Lebon*, 323.
11. CA Caen, 9 févr. 1982, *D.* 1982, 43, note Avril – RAPPR. : CA Colmar, 29 mars 1982, inédit.
12. Civ. 1re, 12 avr. 1983, n° 82-12.517, *Bull. civ.* I, n° 114; *D.* 1984, IR 116; *Gaz. Pal.* 1983, 2, 436; *JCP* 1983, IV, 189.

qui a qualité pour acquiescer en son nom à des renonciations de se prévaloir des nullités de procédure ou à des inculpations nouvelles. La jurisprudence n'admettra probablement plus que l'avocat puisse être représenté. L'article 193 [nouveau] alinéa 1er[1], qui remplace l'article 192 paragraphe 2 ancien, dit clairement que l'avocat poursuivi peut se faire « assister » par un avocat mais non pas représenter par un avocat.

L'avocat qui ne comparaît pas est jugé contradictoirement en son absence[2] et son conseil ne peut être entendu par la juridiction de jugement.

• **Régime antérieur à la loi du 11 février 2004.** Le Conseil de l'ordre ne siégeait valablement que si plus de la moitié de ses membres étaient présents. Il statuait à la majorité des voix[3].

Mais si postérieurement à la séance du Conseil de l'ordre au cours de laquelle l'avocat poursuivi a été entendu, un des membres du conseil décède, il n'était pas besoin de recommencer l'instruction et de compléter le conseil dès lors que le *quorum* demeure atteint.

Il n'y avait pas non plus, lieu de reprendre les débats devant les autres membres qui ont tous assisté à l'audience disciplinaire[4].

83.54 Déroulement de l'audience. Lors de sa comparution devant le conseil il a été procédé à la lecture du rapport. L'avocat est interrogé par le président du conseil de discipline. Il peut être l'objet de questions de la part des membres du conseil de discipline. Il fournit ses explications. Le conseil de discipline peut entendre des témoins ou ordonne la lecture des déclarations qui ont été reçues ou recueillies par le rapporteur et qui ont dû au préalable figurer dans le dossier que l'avocat poursuivi a pu consulter avec l'indication de leur identité et la teneur de leur témoignage.

L'avocat poursuivi peut être assisté et défendu par un confrère. Le défenseur et l'avocat poursuivi doivent avoir la parole les derniers. Le Conseil d'État rappelle ce principe dans une matière voisine mais estime qu'il n'est pas requis à peine de nullité que figure dans la décision prononçant une sanction, la mention que la faculté a été offerte à celui qui est l'objet de la poursuite, de pouvoir prendre la parole le dernier ni que ce rappel ait fait l'objet d'une mention expresse[5].

L'avocat cité devant le conseil qui n'a pas invoqué devant ce conseil et avant toute défense au fond, les moyens de nullité qui auraient, selon lui, affecté l'instruction préparatoire, est irrecevable à s'en prévaloir pour la première fois devant la cour d'appel.

Il en est de même du moyen tiré d'une éventuelle nullité de la citation pour inobservation des dispositions de l'article 192 nouveau du décret du 27 novembre 1991, lesquelles contrairement à ce qu'affirme l'avocat poursuivi ne font nullement obligation à l'autorité de poursuite de mentionner dans la citation qu'il sera statué sur l'application éventuelle de la loi d'amnistie[6].

L'ancien bâtonnier, qui au titre de ses fonctions antérieures a engagé la poursuite disciplinaire, ne peut siéger dans la formation du jugement, aux termes de l'article 23 alinéa 2 de la loi du 31 décembre 1971.

De même, l'avocat qui est membre titulaire ou suppléant de l'instance disciplinaire (conseil de discipline), selon l'article 23 alinéa 3 [nouveau] de la loi du 31 décembre 1971, ne peut siéger au sein de celle-ci dans l'affaire où précédemment sur désignation du Conseil de l'ordre il a comme rapporteur procédé à l'instruction de l'affaire.

83.55 Publicité des débats. Depuis la réforme du 24 mai 2005 ayant modifié l'article 194 nouveau du décret du 27 novembre 1991, les débats sont, de droit, publics. Cependant l'instance disciplinaire peut, au début de l'audience ou en cours d'audience, décider que les débats auront lieu ou se poursuivront en chambre du conseil :

- si l'une des parties le demande,
- ou s'il doit résulter de leur publicité une atteinte à la vie privée.

Changement fondamental, le président de l'instance disciplinaire ne doit plus questionner l'avocat poursuivi et lui demander s'il souhaite que l'audience soit publique ou non. Elle est, de droit, publique. Si pour l'une ou l'autre raison mentionnée ci-dessus, l'instance disciplinaire décide que les débats auront lieu en chambre du conseil, elle doit motiver sa décision.

Nous ne pensons pas que si l'avocat poursuivi demande que les débats aient lieu en chambre du conseil, l'instance disciplinaire puisse le lui refuser.

83.56 Délibération du conseil de discipline. Lorsque les débats sont terminés, le conseil délibère hors la présence de l'avocat incriminé et de son défenseur qui aura eu la parole le dernier avant son client et hors la présence du représentant de l'autorité de poursuite. Aucun rapport ou résumé ne peut intervenir après la clôture des débats et après que l'avocat poursuivi ait eu la parole le dernier. S'il était établi qu'une telle irrégularité s'était produite,

1. D. 27 nov. 1991, art. 193; mod. par D. n° 2005-531, 24 mai 2005, art. 1.
2. Civ. 1re, 12 avr. 1983, n° 82-12.517, *Bull. civ.* I, n° 114, préc.; *D.* 1984, IR 116; *Gaz. Pal.* 1983, 2, 436; *JCP* 1983, IV, 189.
3. Décr. 27 nov. 1991, art. 4.
4. Civ. 1re, 12 avr. 1983, n° 82-12.517, *Bull. civ.* I, n° 114, préc. (v. ss prést n°).
5. CE 19 mars 1975, n° 93566, Sieur Henry, *Lebon*, 212.
6. CA Paris, 22 sept. 1993, *Gaz. Pal.* 28 oct. 1993, 15.

elle entraînerait l'annulation de la sentence disciplinaire qui aurait ainsi porté atteinte aux droits de la défense.

• **Régime antérieur.** Les délibérations du Conseil de l'ordre n'étaient soumises à aucun formalisme particulier. Toutefois si le règlement intérieur prévoyait des formalités particulières telles qu'un rapport préalable du bâtonnier ou du rapporteur, cette formalité bien que non exigée par la loi devait être respectée dès lors qu'elle était prévue par le règlement intérieur dont chaque avocat est en droit de se prévaloir puisqu'elle constitue une formalité protectrice du droit de l'avocat poursuivi[1]. Il suffisait que le Conseil soit régulièrement composé et réuni et que la délibération soit approuvée à la majorité des membres présents.

• **Valeur probatoire du procès-verbal.** Le procès-verbal établi par le secrétaire du conseil de discipline ou de la formation restreinte de jugement suffit à prouver la régularité de la délibération qu'aucun des membres n'a contestée, même s'il ne donne aucune précision sur le nombre de voix par lesquelles elle a été acquise[2].

Si le procès-verbal et la délibération du Conseil de l'ordre sont des pièces qui font partie de la décision elle-même, les notes prises durant la délibération du conseil sont couvertes par le secret du délibéré. Lorsque le conseil de discipline fait appel à une sténotypiste qui enregistre toute l'audience, en cas d'appel l'intéressé et la cour ont connaissance de la sténotypie.

Il est à noter que l'action disciplinaire étant une des formes de l'action publique qui tend à mettre en œuvre une sanction au nom de l'intérêt collectif, elle exclut dès lors, en l'absence de dispositions spéciales l'autorisant, toute intervention des tiers aussi bien devant le conseil de discipline que devant la Cour qui n'aurait pour objet que la réparation d'un préjudice causé par une infraction[3] (v. s^s n° 83.81); on peut également justifier cette exclusion des tiers par le caractère familial de la juridiction disciplinaire[4].

83.57 Impartialité du conseil de discipline. Cette question concerne la composition de la formation de jugement du conseil de discipline (v. s^s n°s 27.21 à 27.24). En vertu de l'article 22-1 créé par la loi du 11 février 2004, le conseil de discipline ne peut comprendre de bâtonnier en exercice. De même, ne peut siéger au sein de la formation de jugement l'ancien bâtonnier qui, au titre de ses fonctions antérieures, a engagé la poursuite disciplinaire[5].

De façon analogue, le membre du Conseil de l'ordre qui a mené l'instruction contradictoire de l'affaire, ne peut siéger au sein de la formation de jugement pour cette affaire s'il est membre titulaire ou suppléant du conseil de discipline[6].

§ 6 Décision

83.61 Le conseil de discipline statue par arrêté motivé[7]. L'arrêté doit notamment préciser les faits reprochés et éventuellement retenus à l'encontre de l'avocat, leur qualification juridique et disciplinaire, et il peut le cas échéant rappeler la personnalité et le passé de l'avocat déféré.

Dans le cas d'une poursuite qui aboutit à la saisine du conseil de discipline, celui-ci a la possibilité d'ordonner un supplément d'information ou de surseoir à statuer. Dans le cas d'une demande de suspension provisoire dont est saisi le Conseil de l'ordre par application de l'article 24 nouveau de la loi du 31 décembre 1971, le Conseil de l'ordre doit statuer dans les quinze jours, faute de quoi la demande est considérée comme rejetée et le procureur général peut interjeter appel de ce rejet implicite. Dans le cas d'une poursuite à la demande du procureur général, le conseil de discipline doit statuer dans les deux mois de la demande, sinon celle-ci est considérée comme rejetée et le procureur général peut former un appel.

Le fait par le Conseil de l'ordre en matière de suspension provisoire et par le conseil de discipline en toute autre matière d'avoir prononcé une décision avant-dire droit est suffisant pour interrompre les délais respectifs des articles 195 alinéa 1 [nouveau][8] et 198 alinéa 3 [nouveau][9] du décret du 17 novembre 1991, que cette décision soit le recours à un supplément d'information, à une expertise, ou seulement la désignation d'un rapporteur de l'affaire destiné à l'instruire dans le cadre des dispositions de l'article 191 du décret, dès lors que cette décision, de nature juridictionnelle manifeste clai-

1. Cons. ordre Paris, 27 avr. 1988, *Gaz. Pal.* 12 juill. 1988, 14, note Damien.
2. CA Caen, 15 oct. 1982, *D.* 1984, IR 115 – RAPPR. : CA Pau, 3 févr. 1982, *Gaz. Pal.* 1982, 1, 94, note A. D. – SUR LA NÉCESSITÉ de la mention du nom et du nombre des avocats composant le conseil de discipline : CA Riom, 29 mars 1994, *Gaz. Pal.* 25 juin 1994, 14 note A. D.
3. CA Rouen, 16 avr. 1984, inédit.
4. CA Rouen, 16 avr. 1984, inédit.
5. Décr. 27 nov. 1991, art. 23.
6. Civ. 1re, 5 oct. 1999, 2 arrêts, n° 97-15.277 et n° 96-19.291, *JCP* 1999, II, 10203, concl. Sainte-Rose; *D.* 1999, 312, note Blanchard; *Gaz. Pal.* 2000, p. 59, concl. Sainte-Rose et note Damien – Civ. 1re, 23 mai 2000, n° 97-19.169, *JCP* 2000, II, 10400, note Martin; *RTD civ.* 2000, 622, obs. Normand.
7. L. 31 déc. 1971, art. 22 – Civ. 1re, 18 oct. 1988, n° 87-15.406, *Bull. civ.* I, n° 289; *D.* 1988, IR 249.
8. Décr. 27 nov. 1991, art. 195; mod. par décr. 24 mai 2005, art. 17.
9. Décr. 27 nov. 1991, art. 198; mod. par décr. 24 mai 2005, art. 1, 4°.

rement la volonté de l'instance disciplinaire de ne pas demeurer inactif à la poursuite du parquet général. Une telle décision équivaut bien au fait de *statuer* au sens de l'article 197 du décret du 27 novembre 1991. L'effet de cette décision est d'interrompre le délai de quinze jours ou de deux mois selon l'hypothèse et de le faire recommencer à courir à compter de la date du prononcé.

La réforme de mai 2005 imposait donc au conseil de discipline ou à la formation restreinte de jugement de statuer par arrêté définitif ou par arrêté avant dire droit dans les six mois de sa saisine. Ce délai a été porté à huit mois par le décret du 15 mai 2007, qui a également précisé que lorsque l'affaire n'est pas en état d'être jugée ou lorsqu'elle prononce un renvoi à la demande de l'une des parties, l'instance disciplinaire peut décider de proroger ce délai dans la limite de quatre mois. La demande de renvoi, écrite, motivée et accompagnée de tout justificatif, est adressée au président de l'instance disciplinaire ou, à Paris, au président de la formation disciplinaire du conseil de l'ordre.

Si ce délai de huit mois n'est pas respecté la demande est réputée rejetée et l'autorité qui a engagé l'action disciplinaire, le bâtonnier ou le procureur général peut saisir la cour d'appel[1].

Inversement il ressort de l'article 198 alinéa 3 nouveau qui concerne la suspension provisoire que si le Conseil de l'ordre (qui demeure compétent pour statuer sur une demande de suspension provisoire) n'a pas statué dans le mois de la saisine, la demande est aussi réputée rejetée et le bâtonnier ou le procureur général peut saisir la cour d'appel.

Mais dans ce cas, à l'inverse du cas précédent, une décision avant-faire droit du Conseil de l'ordre n'interromprait pas le délai d'un mois qui lui est imparti pour statuer (v. s^s n°s 84.21 s.).

Au cas d'appel du parquet général contre la décision avant dire droit, le délai est suspendu jusqu'à la signification de l'arrêt à intervenir[2].

83.62 Déclarations des personnes entendues. Ces déclarations et notamment les réponses de l'avocat comparaissant devant le conseil de discipline sont notées par l'un de ses membres qui remplit les fonctions de secrétaire du conseil de discipline. Il prend les notes qu'il juge nécessaires, lecture peut lui en être demandée soit par les membres du conseil, soit par l'avocat poursuivi. Il rédige ensuite un procès-verbal de comparution à partir des notes qu'il a établies pendant la séance. Ces notes ont valeur probante mais ne valent pas jusqu'à inscription de faux. En revanche, la décision du conseil elle-même, qui reproduit dans ses motifs et à l'appui d'une sanction des éléments de fait relevés lors de la séance disciplinaire, vaut jusqu'à inscription de faux.

• **Contenu de l'arrêté.** L'arrêté disciplinaire du Conseil de discipline doit mentionner, à peine de nullité, le nom des membres du conseil qui ont siégé.

83.63 Régime des nullités de procédure. Toute nullité de procédure qui ne nuit pas aux intérêts de la défense se trouve couverte si elle n'est pas proposée avant la décision au fond.

83.64 Motivation de l'arrêté. Le conseil de discipline doit rédiger la décision sous forme de délibération motivée, caractérisant les faits, reconnaissant la culpabilité et prononçant la sanction.

Le fait de se prononcer dans le dispositif à la fois sur la culpabilité et la sanction ne vicie par la décision disciplinaire[3] à condition que les motifs contiennent l'indication précise des faits retenus à l'encontre de l'avocat et constituant la faute disciplinaire invoquée contre lui.

83.65 Notification de la décision. Le conseil notifie sa décision au procureur général, à l'avocat concerné et au plaignant le cas échéant, dans les 8 jours du prononcé de la décision par lettre recommandée avec accusé de réception[4] et ce, même au cas de classement sans suite, de non-lieu ou de relaxe. La seule décision qui ne soit pas soumise à notification est la décision prise par le bâtonnier lorsqu'il se saisit d'office d'une affaire et qu'après examen et/ou enquête, il prononce un classement sans suite.

• **Régime antérieur au décret du 27 novembre 1991.** Seules les décisions rendues sur plainte du procureur général ou comportant contre un avocat la peine de l'interdiction ou de la radiation étaient notifiées à ce magistrat[5]. En aucun cas elles n'étaient notifiées au plaignant. Il doit désormais en être informé en vertu des dispositions de l'article 196 du décret du 27 novembre 1991.

Cette notification doit rappeler les formes et les délais de recours contre l'arrêté du conseil et ce à peine de nullité. À défaut, la signification ne fait pas courir le délai d'appel et l'appel hors délai demeure recevable[6].

Toutefois, la Cour de cassation a jugé que si l'absence de mention du délai d'appel et des moda-

1. Décr. 27 nov. 1991, art. 195.
2. CA Paris, 12 juill. 1983, *Gaz. Pal.* 1983, 2, 475 – CA Nancy, 3 juill. 1987, *Gaz. Pal.* 1987, 2, 556.
3. CA Aix-en-Provence, 27 juin 1983, *Gaz. Pal.* 1983, 2, 664.
4. Décr. 27 nov. 1991, art. 196.
5. Décr. 10 avr. 1954, art. 35.
6. CA Rennes, 24 mai 1977, *Gaz. Pal.* 1977, 2, 437, note Damien – CA Colmar, 8 mars 1982, *Gaz. Pal.* 1982, 2, 495 – CA Lyon, 8 juill. 1987, *Gaz. Pal.* 1987, 2, 590, note Damien.

lités de celui-ci n'avait causé aucun grief à l'intéressé, l'avocat sanctionné était irrecevable à soulever ce moyen et que son appel tardif devait être déclaré irrecevable [1].

• Il semblerait donc prudent que les arrêts qui veulent déclarer recevable un recours contre une décision du Conseil de l'ordre formé tardivement mais considéré comme régulier pour non-respect des dispositions de l'article 680 du Code de procédure pénale, ne se bornent pas à énoncer cette seule circonstance mais disent en quoi cette omission a pu causer un préjudice à l'appelant.

Si un avocat mis en cause par une décision disciplinaire ou administrative reçoit la notification de cette décision à l'étranger, même s'il dispose d'un domicile ou d'une résidence en France, le délai d'appel dont il dispose pour déférer cette décision à la censure de la cour d'appel est celui de l'article 643 du Code de procédure civile (délai supplémentaire de 2 mois) [2].

83.66 Exécution de la sanction disciplinaire. Une peine disciplinaire commence à produire ses effets à partir du jour où expire le délai d'appel susceptible d'être formé contre la décision qui a été prononcée, sauf dans le cas de suspension provisoire [3] (v. s^s^ n° 84.23).

Dans tous les cas, le procureur général assure et surveille l'exécution des peines disciplinaires et de la suspension provisoire [4].

83.67 Récusation et renvoi pour cause de suspicion légitime. La récusation et le renvoi pour cause de suspicion légitime sont possibles devant le conseil de discipline comme en matière judiciaire et pour les mêmes causes [5] et notamment lorsque des parents siègent simultanément au Conseil de l'ordre.

• Pour père et fils, il convient de se reporter à un arrêt de la Cour de cassation dont l'annotateur conteste cependant la solution adoptée par la Cour suprême faute de fondement légal pour la justifier [6].

Si les causes de renvoi sont plus souples qu'en matière de récusation, la question que pose la demande de renvoi est celui de la détermination de la juridiction compétente pour connaître de l'instance disciplinaire, une fois admise la demande de renvoi pour suspicion légitime.

• **Position doctrinale.** Certains auteurs confèrent à la Cour cette compétence, omettant ainsi un degré de juridiction [7], d'autres auteurs estiment que c'est au Conseil récusé de statuer une fois complété conformément aux dispositions du décret du 27 novembre 1991 [8].

Dans le régime antérieur à la loi du 11 février 2004, la récusation de membres du Conseil de l'ordre devait être formée par l'avocat poursuivi, à peine d'irrecevabilité, dès que celui qui entendait la formuler a connaissance de la cause sur laquelle il entend la fonder; elle était effectuée par un acte remis au secrétaire de la juridiction à laquelle appartient la personne concernée ou par une déclaration reçue par le secrétaire de l'Ordre par procès-verbal et communiquée au membre du conseil récusé afin de lui permettre soit d'acquiescer, soit de présenter des observations.

• **Irrecevabilité de la demande.** Une cour d'appel peut, à bon droit, décider que le mémoire présenté par l'avocat poursuivi et tendant à récuser des membres du conseil de discipline au moment de sa comparution devant le conseil, alors qu'il aurait dû le faire au moment où il avait reçu la convocation en vue de cette comparution, était irrecevable pour tardiveté [9].

Un Conseil de l'ordre ne constituant pas une juridiction échevinale, le bâtonnier est incompétent pour se prononcer sur la récusation formée contre un membre de ce conseil par un avocat faisant l'objet de poursuites disciplinaires [10]. Il en sera de même pour le président du conseil de discipline.

En revanche il a été jugé que si un avocat cité à l'audience disciplinaire du conseil récuse ses juges, il leur appartient de procéder conformément aux dispositions des articles 341 et suivants du Code de procédure civile [devenus 356 à 363 du (Nouveau) Code de procédure civile], l'article 361 précise que l'instance n'est pas suspendue devant la juridiction dont le dessaisissement est demandé. S'ils estiment devoir se déporter, il sera procédé conformément aux dispositions de l'article 181 paragraphe 2 du décret du 27 novembre 1991. C'est-à-dire qu'une assemblée générale de l'Ordre sera réunie qui désignera, jusqu'à concurrence du *quorum* nécessaire, les remplaçants pour la durée de l'instance ou de l'empêchement. En fait, il ne s'agissait pas dans le cas d'espèce d'une véritable récusation au sens juridique du

1. Civ. 1re, 26 janv. 1982, n° 80-17.109, *Bull. civ.* I, n° 39; *JCP* 1983, IV, 130.
2. CA Colmar, 17 mai 1982, *Gaz. Pal.* 1982, 2, 495 – CA Bordeaux, 2 juill. 1982, *Gaz. Pal.* 1982, 2, 491.
3. RAPPR. : CA Nancy, 26 avr. 1979, *JCP* 1980, IV, 229 – Civ. 1re, 26 mai 1993, n° 91-16.918, *Bull. civ.* I, n° 187; *Gaz. Pal.* 7 déc. 1993, 10; *Gaz. Pal.* 1993, pan. 258.
4. Décr. 27 nov. 1991, art. 99 – CA Nancy, 4 avr. 1979, *Gaz. Pal.* 1979, 2, 289, note Damien.
5. C. pr. civ., art. 378 – CA Poitiers, 19 mai 1933, *S.* 1934, 2, 99 – Cass. Req. 3 janv. 1938, *Gaz. Pal.* 1938, 1, 363.
6. Civ., 22 juill. 1895, *DP* 1896, 1, 373 – CA Douai, 15 juin 1957, *D.* 1957, 656, note Crémieu.
7. CA Douai, 15 juin 1957, *D.* 1957, 656, note Crémieu – CA Bordeaux, 29 oct. 1987, *Gaz. Pal.* 1987, 2, 751, note Damien [CRIT.].
8. Damien, note s^s^ CA Bordeaux, 29 oct. 1987, préc. – CA Nancy, 13 mai 1977, *Gaz. Pal.* 1978, 2, 592 – Civ. 1re, 19 janv. 1988, n° 86-15.956, *Bull. civ.* I, n° 11; *Gaz. Pal.* 1988, pan. 83.
9. Civ., 4 nov. 1980, *Gaz. Pal.* 1981, 1, pan. 50.
10. Civ. 1re, 17 juill. 1979, n° 78-13.296, *Bull. civ.* I, n° 213; *Gaz. Pal.* 1979, 2, somm. 478 – SUR LA NATURE JURIDIQUE de la juridiction disciplinaire : CA Aix-en-Provence, 5 févr. 1985, *Gaz. Pal.* 1985, 1, 360.

terme mais d'une suspicion de l'avocat à l'égard du Conseil de l'ordre; ce dernier s'était alors récusé collectivement, la cour estime que ce faisant le conseil prive l'avocat du bénéfice du double degré de juridiction. L'arrêt de Nancy n'est donc pas en contradiction avec les décisions précédentes[1]. Lorsque le bâtonnier est empêché ou mis en cause, il est procédé dans les conditions prévues par les articles 7 et 181 du décret du 27 novembre 1991.

Mais la Cour de cassation a décidé qu'en cas de récusation des membres du Conseil de l'ordre ou de requête pour cause de suspicion légitime, le bâtonnier est tenu de transmettre la requête à la Cour. La question s'est posée de savoir si la cour devait statuer dans sa composition ordinaire pour juger les requêtes de suspicion légitime ou bien dans sa composition spéciale prévue par la loi en matière disciplinaire, c'est-à-dire chambres réunies.

La question n'a pas été tranchée avant les arrêts de la Cour de cassation du 17 juillet 1979[2] et du 4 novembre 1980[3]. La Cour de cassation y posait le principe qu'au cas de récusation de membres du conseil, il appartient au bâtonnier de transmettre cette récusation à la cour d'appel, sans statuer sur son bien-fondé; le Conseil de l'ordre n'étant pas une juridiction échevinale et ne pouvant, dès lors, se prévaloir des dispositions concernant ce type de juridiction[4]. De même, la cour saisie d'une demande de renvoi pour cause de suspicion légitime doit statuer comme en matière de récusation. L'article 356 du Code de procédure civile renvoie expressément aux dispositions du chapitre II, titre X du Code de procédure civile, c'est-à-dire à la procédure prévue par les articles 341 à 355 de ce code et notamment l'article 351, sous la seule réserve que pose la Cour de cassation en estimant que les Conseils de l'ordre ne constituent pas une juridiction échevinale. Il appartient donc à la cour d'appel de juger sans délai la demande de récusation dans les termes de l'article 349, sans qu'il soit nécessaire d'appeler les parties ni le membre du conseil récusé[5] et l'instance statuant sur la requête pour cause de suspicion légitime ou pour renvoi, se situe dans le cadre de la procédure générale qui permet à tout plaideur de récuser son juge ou ses juges dans les conditions prévues et déterminées par la loi. La Cour statue dans la composition habituelle et non pas dans la composition spéciale prévue en matière disciplinaire, l'incident formé devant elle n'étant pas propre à la juridiction disciplinaire[6].

1. CA Nancy, 13 mai 1977, *Gaz. Pal.* 1978, 2, 592.
2. Civ. 1re, 17 juill. 1979, n° 78-13.296, *Bull. civ.* I, n° 213; *Gaz. Pal.* 1979, 2, somm. 478.
3. Civ., 4 nov. 1980, *Gaz. Pal.* 1981, pan. 50.
4. Civ. 1re, 17 juill. 1979, n° 78-13.296, *Bull. civ.* I, n° 213; *Gaz. Pal.* 1979, 2, somm. 478.
5. C. pr. civ., art. 351.

• Un arrêt de la 1re chambre civile de la Cour de cassation du 31 mars 1998 casse en violation des articles 356 du [Nouveau] Code de procédure civile et de l'article 6 de la Conv. EDH, l'arrêt d'une cour d'appel qui saisie à la fois d'une demande de récusation et d'une demande de renvoi pour suspicion légitime à l'encontre des membres du Conseil de l'ordre d'un barreau réunis en formation disciplinaire, limite l'examen des motifs développés au soutien de ses demandes au regard des dispositions de l'article 341 du Code de procédure civile, qui ne visent que les causes de récusation, sans rechercher s'il existait, compte tenu des circonstances, une cause permettant objectivement de douter de l'impartialité du Conseil de l'ordre[7].

• Un arrêt rendu par la cour d'appel d'Amiens [sous la présidence de M. Parodi] le 28 février 1995[8] étudie avec soin les diverses causes de nullité que l'imagination procédurale d'un avocat poursuivi, peut lui inspirer. C'est un véritable résumé de la procédure disciplinaire en action puisqu'y sont abordés, l'incompétence de la juridiction, la récusation des membres de celle-ci, le sursis à statuer, la nullité de la décision du conseil de discipline, le renvoi pour suspicion légitime, la récusation, la demande de désignation d'une juridiction limitrophe pour juger le litige[9], la nullité des poursuites disciplinaires; la nullité des convocations, la nullité de l'instruction, la nullité de la procédure de première instance, la violation du principe du contradictoire, l'assistance de la plaignante par son avocat et la circonstance qu'elle a été entendue sans prestation de serment préalable.

En revanche, la récusation n'est pas possible lorsque le Conseil de l'ordre a statué en matière administrative. Ce qui est par exemple le cas lorsqu'il prononce une mesure d'omission du tableau à l'encontre d'un avocat[10] : le cas d'une requête en suspicion légitime[11] s'est présenté.

83.68 Prise à partie. L'article 505 ancien du Code de procédure civile continue à recevoir application jusqu'à l'intervention d'une loi spéciale régissant la responsabilité en raison de leurs fonctions personnelles des juges composant les juridictions de l'article 781 alinéa 2 du Code d'organisation judiciaire.

6. Civ. 1re, 26 nov. 1985, n° 84-15.202, *Bull. civ.* I, n° 319; *JCP* 1986, IV, 54; *Gaz. Pal.* 1986, pan. 52 – CA Montpellier, 15 juill. 1993, *Gaz. Pal.* 16 sept. 1993, 15, note Damien.
7. Civ. 1re, 31 mars 1998, n° 95-17.430, *Bull. civ.* I, n° 133; *D.* 1998, IR 115; *JCP* 1998, IV, 2194 – Civ. 1re, 28 avr. 1998, n° 96-11.637, *Bull. civ.* I, n° 155; *D.* 1998, IR 131; *Gaz. Pal.* 1998, jur. 586; *Gaz. Pal.* jur. 868, note Flécheux; *Gaz. Pal.* 1998, pan. 227; *JCP* 1999, II, 10102, note Pralus-Dupuy; *RTD civ.* 1999, 191.
8. CA Amiens, 28 févr. 1995, *D.* 18 nov. 1995, 14, note Damien.
9. C. pr. civ., art. 47.
10. CA Bordeaux, 5 mars 1987, *Gaz. Pal.* 1987, 2, 406, note Damien.
11. CA Bordeaux, 29 oct. 1987, *Gaz. Pal.* 1987, 2, 751, note Damien – CA Bordeaux, 5 mars 1987, précité.

SECTION 2
APPEL

83.71 L'appel : seul recours possible depuis la disparition de l'opposition. L'opposition a disparu des voies de recours ouvertes contre les décisions disciplinaires. L'avocat défaillant est donc obligé de saisir la cour par la voie de l'appel s'il désire être jugé contradictoirement.

• **Régime antérieur.** Si la décision prononçant une peine disciplinaire ou une mesure d'interdiction provisoire est rendue par défaut, l'avocat, pouvait former opposition dans le délai de huit jours à dater de la notification à personne de la décision ou, si la notification n'avait pas été faite à personne, dans le mois de ladite notification. L'opposition était formée par simple déclaration au secrétariat de l'Ordre qui en délivrait récépissé ou par lettre recommandée avec demande d'avis de réception adressée au bâtonnier.

Les dispositions de l'article 118 du décret du 9 juin 1972 ont été supprimées par le décret du 25 juin 1974[1].

Mais l'avocat peut faire toujours défaut devant la cour d'appel et l'arrêt à intervenir semblerait être susceptible d'opposition si l'avocat prévenu n'a pas été touché régulièrement par la citation. Si le défenseur de l'avocat défaillant se présente devant l'instance disciplinaire il est entendu dans ses observations mais ne représente pas l'accusé, la procédure demeure par défaut[2]. Mais cette solution reste discutée[3].

§ 1
Modalités

83.81 Qui peut faire appel ? L'article 23 de la loi du 31 décembre 1971, tel que modifié par la loi du 11 février 2004, précise que la décision du conseil de discipline peut être déférée à la cour d'appel par l'avocat poursuivi, le bâtonnier dont il relève ou le procureur général, à l'exception du plaignant qui n'est pas partie à l'instance disciplinaire.

Cette exclusion du plaignant de l'action disciplinaire se retrouve dans d'autres droits disciplinaires professionnels; c'est ainsi que pour les médecins, l'article 22 du décret du 26 avril 1948[4] exclut les plaignants du droit d'interjeter appel de la décision du conseil régional de l'Ordre des médecins rendue sur leur plainte.

Cette disposition ne méconnaît cependant pas le principe du double degré de juridiction dont le Conseil d'État reconnaît qu'il s'agit « d'une règle à laquelle seule la loi peut porter atteinte[5] car si la personne dont la plainte a provoqué la saisine du conseil régional peut être entendue par ledit conseil et est informée par écrit de la décision prise par celui-ci elle n'a pas la qualité de partie devant le juge du fond et n'est, en conséquence, pas recevable à faire appel de la décision[6] ».

• **Régime antérieur.** Le droit d'appeler des décisions rendues par le conseil de discipline appartenait dans tous les cas à l'avocat frappé d'une peine ou d'une mesure d'interdiction provisoire et au procureur général[7]. Nulle autre personne ne pouvait être appelante de la sentence disciplinaire[8]. Il résultait en effet des énonciations d'interprétation stricte de l'article 24 de la loi du 31 décembre 1971, que seuls pouvaient relever appel d'une décision d'un Conseil de l'ordre en matière disciplinaire, l'avocat intéressé et le procureur général, lequel représente l'intérêt général en même temps que celui du plaignant à qui donc est fermée la voie de l'appel, sauf à lui de demander audit procureur général de vouloir bien faire usage de son droit d'appeler pour faire réformer une décision dont ce magistrat aurait estimé qu'elle portait atteinte au droit du plaignant et qu'il convenait de la soumettre à un nouvel examen[9]. Le Conseil de l'ordre n'est pas partie en cause d'appel, il ne peut intervenir aux débats mais pas plus il ne peut être mis en cause[10].

Si l'appel émane du seul prévenu, la cour ne peut aggraver le sort de l'appelant.

• Dès lors encourt la cassation un arrêt qui, statuant sur l'appel d'une décision du Conseil de l'ordre prononçant la radiation, a confirmé la sentence du Conseil de l'ordre et prononcé en outre la peine accessoire de l'affichage de la décision[11]. De même en l'absence d'appel du parquet sur certains chefs de la prévention dont a été saisi le Conseil de discipline, la peine est nécessairement limitée aux seules dispositions de l'arrêté du conseil qui font grief au prévenu[12].

1. Décr. nº 74-608, 25 juin 1974.
2. CA Colmar, 29 mars 1982, inédit.
3. CA Caen, 9 févr. 1982, *D.* 1982, 43, note Avril – Civ. 1re, 12 avr. 1983, nº 82-12.517, *Bull. civ.* I, nº 114; *Gaz. Pal.* 1983, 2, 476.
4. Décr. 26 avr. 1948, art. 22; réd. 28 avr. 1981, art. 12.
5. CE 4 févr. 1944, *Lebon*, 46.
6. CE 19 oct. 1979, nº 12176, Giaconia, *Lebon*, 383.
7. Décr. 27 nov. 1991, art. 196.
8. Cass., Ass. plén., 18 nov. 1988, nº 87-11.605, *Bull. ass. plén.*, nº 8; *D.* 1988, IR 290; *Gaz. Pal.* 7 mars 1988, note Damien – ARRÊT RENVERSANT LA JURISPRUDENCE RAPPELÉE, DANS LA MÊME AFFAIRE, PAR : Civ. 1re, 25 juin 1985, nº 84-13.478, *Bull. civ.* I, nº 202.
9. CA Orléans, 29 juin 1983, *Gaz. Pal.* 1983, 2, 512.
10. Civ. 1re, 10 janv. 1984, nº 82-16.968, *Bull. civ.* I, nº 8; *Gaz. Pal.* 1984, 2, 702; *JCP* 1984, IV, 847 – Civ. 1re, 1er févr. 1983, nº 82-10.720, *Bull. civ.* I, nº 44; *D.* 1984, IR 116 – Civ. 1re, 16 déc. 1980, nº 79-14.907, *Bull. civ.* I, nº 329.
11. Civ. 1re, 10 mars 1987, nº 84-17.458, *Bull. civ.* I, nº 87; *D.* 1989, somm. 72, note Brunois; *Gaz. Pal.* 1987, pan. 117.
12. CA Paris, 16 déc. 1987, *Gaz. Pal.* 12 juill. 1988, 13, note Damien.

83.82 Appel incident. En cas d'appel de l'avocat ou du procureur général, l'appel incident de la partie à laquelle cet appel a été notifié ne paraît plus possible, les dispositions de l'article 121 du décret du 9 juin 1972 n'ayant pas été reprises par le décret du 27 novembre 1991.

Si dans les quinze jours d'une demande de suspension provisoire de la part du procureur général ou dans les deux mois d'une demande de poursuite du procureur général, le Conseil de l'ordre ou le conseil de discipline selon le cas n'a pas statué, la demande peut être regardée comme rejetée et le procureur général peut interjeter appel[1]. L'appel est suspensif.

Sauf appel du parquet, il ne peut y avoir de réformation *in pejus*[2].

83.83 Délai d'appel. L'appel doit être formé dans le mois de la notification dans la mesure du moins où cette notification comporte l'indication de délais de recours[3].

83.84 Formes de l'appel. L'appel de l'avocat est formé par lettre recommandée avec demande d'avis de réception adressée au secrétaire-greffier en chef. L'avocat avise sans délai, dans les mêmes formes, le procureur général et le bâtonnier.

L'appel du procureur général est enregistré au secrétariat-greffe. Le secrétaire-greffier en chef notifie l'appel à l'avocat mis en cause par lettre recommandée avec demande d'avis de réception. Il avise en outre le bâtonnier.

83.85 Effet suspensif de l'appel. Le délai d'appel suspend l'exécution de la décision du conseil de discipline, l'appel exercé dans ce délai est également suspensif[4].

• A donc violé ce texte une cour d'appel qui prononce à l'encontre d'un avocat coupable d'une faute disciplinaire, une peine de suspension « à compter de la notification de l'arrêt »[5].

Toutefois, lorsque le Conseil de l'ordre décide de frapper l'avocat poursuivi d'une mesure de suspension provisoire, la décision est exécutoire nonobstant appel[6].

On estime en effet que la juridiction disciplinaire, ayant désormais la possibilité de décider de la suspension provisoire au cas où il paraît nécessaire d'écarter l'avocat du barreau, la législation antérieure n'était plus souhaitable.

1. Décr. 27 nov. 1991, art. 197.
2. CA Paris, 16 déc. 1987, *Gaz. Pal.* 12 juill. 1988, 13.
3. CA Rennes, 24 mai 1977, *Gaz. Pal.* 1977, 2, 437, note Damien.
4. Décr. 27 nov. 1991, art. 16 et 198 [A CONTRARIO].
5. Civ. 1re, 26 mai 1993, n° 91-16.918, *Bull. civ.* I, n° 187; *Gaz. Pal.* 7 déc. 1993, pan. 10; *Gaz. Pal.* 1993, pan. 258.
6. Décr. 27 nov. 1991, art. 198.

§ 2
Déroulement de l'audience

83.91 Effet dévolutif de l'appel. La cour d'appel, après avoir constaté qu'un avocat sollicitait l'infirmation au fond de la décision du Conseil de l'ordre, a justement énoncé que quels que soient les griefs invoqués par lui pour contester la régularité de la procédure d'instruction suivie devant le Conseil de l'ordre, ceux-ci ne pouvaient avoir aucune incidence sur la décision des juges du second degré, dès lors que, saisis de l'entier litige par l'effet dévolutif de l'appel et ayant procédé à nouveau à une instruction complète et contradictoire, il leur était demandé de statuer au fond.

• C'est dans l'exercice souverain d'appréciation de la valeur probante des éléments qui lui étaient soumis, que la cour a estimé qu'il était établi que l'avocat avait tenté de se faire remettre une importante somme d'argent par un plaideur en lui offrant de corrompre un magistrat et elle en a justement déduit que ce fait constituait un manquement à l'honneur et à la probité et a légalement justifié sa décision confirmant celle du Conseil de l'ordre qui avait prononcé la peine de la radiation contre l'intéressé[7].

83.92 La cour statue en audience solennelle. La cour statue conformément aux dispositions de l'article 16 du décret du 27 novembre 1991, c'est-à-dire dans les conditions prévues à l'article R. 212-5 du Code de l'organisation judiciaire. En cas d'absence du premier président, l'assemblée des chambres de la Cour ne peut être présidée que par un président de chambre[8] mais les contestations relatives à la régularité de la composition de ces juridictions doivent être présentées dès l'ouverture des débats, à peine d'irrecevabilité[9].

Ce moyen ne peut donc être soulevé la première fois devant la Cour de cassation[10].

La chambre de la cour d'appel qui a eu à connaître des faits reprochés à un avocat sur le plan pénal ne peut statuer disciplinairement sur ces mêmes faits à l'occasion de la poursuite disciplinaire dans la même formation. La Cour de cassation relève même qu'est irrégulier le fait que la juridiction disciplinaire ait compris deux magistrats ayant déjà porté l'appréciation sur les faits reprochés à l'avocat, même si celui-ci n'était pas partie dans la procédure précédente; elle fonde sa décision sur l'article 6 de la Conv. EDH qui veut que toute personne

7. POURVOI CONTRE : CA Paris, 27 janv. 1982 – Civ. 1re, 1er mars 1983; n° 82-10.830, *Bull. civ.* I, n° 80; *D.* 1984. IR 116; *D.* 1984, IR 120, note Brunois; *JCP* 1983, IV, 154; *Gaz. Pal.* 1983, pan. 182.
8. COJ, art. R. 213-3 et R. 213-6.
9. C. pr. civ., art. 430.
10. Civ., 15 mars 1984, *Gaz. Pal.* 1984, pan. 275.

ait droit à ce que sa cause soit entendue par un tribunal impartial et que l'exigence d'impartialité soit appréciée objectivement[1].

83.93 Publicité des audiences disciplinaires devant la cour. L'article 194 nouveau du décret du 27 novembre 1991[2] ne fait pas de distinction entre la première instance et l'instance d'appel.

Dans l'un et l'autre cas, les débats sont publics sauf décision motivée de la cour qui peut décider à la demande d'une des parties que les débats auront lieu ou se poursuivront en chambre du conseil. Elle le décidera aussi s'il doit résulter de la publicité des débats une atteinte à l'intimité de la vie privée.

• **Régime antérieur.** Dans la législation antérieure à la loi du 31 décembre 1990, les débats avaient lieu à huis clos aux termes de l'article 15 du décret du 9 juin 1972; mais la Cour européenne des droits de l'homme avait admis, par un arrêt du 23 juin 1981[3], qu'un texte réglementaire excluant toute publicité en matière disciplinaire était contraire à l'article 6 paragraphe 1er de la Conv. EDH et des libertés fondamentales et qu'on ne pouvait hésiter, sinon sur l'applicabilité de ce texte au droit interne, du moins sur la nécessité au stade de la cour d'appel d'introduire la publicité ou de ne réserver qu'à la Cour de cassation. La Cour de cassation s'était prononcée en faveur de la publicité des débats dès lors que l'avocat poursuivi en fait la demande[4].

83.94 Comparution de l'avocat poursuivi. Il comparaît en personne, à moins qu'il ne préfère faire défaut. Il peut être assisté d'un confrère qui assurera sa défense.

83.95 Intervention du bâtonnier. Le bâtonnier doit avoir la possibilité d'intervenir pour donner ses explications orales devant la cour sans pourtant être partie à la cause[5]. Les dispositions de l'article 15 du décret du 9 juin 1972 dans sa rédaction primitive avaient été modifiées par le décret du 25 juin 1974 qui faisait de cette invitation une simple faculté, le droit d'intervention est désormais restitué au bâtonnier.

La Cour de cassation a jugé que cette disposition, destinée à ce qu'il fasse connaître son opinion sur la sanction qu'il y a lieu de prononcer contre un avocat poursuivi, n'est pas inéquitable au sens de l'article 6 de la Conv. EDH[6].

• **Défaut de conséquence d'une erreur de terminologie.** Si l'arrêt, par suite d'une erreur de terminologie, a énoncé que le représentant du Conseil de l'ordre a été entendu en ses observations au lieu de mentionner le représentant du bâtonnier, cette erreur de terminologie ne constitue pas une violation des dispositions légales, le Conseil de l'ordre n'a pour autant pas présenté des observations en qualité de partie et, dès lors, il n'a pas lieu d'annuler la procédure disciplinaire en cause[7]. Le fait d'avoir noté que le bâtonnier avait été entendu en sa plaidoirie en matière disciplinaire, au lieu de mentionner qu'il a été entendu en ses observations, entraîne la nullité de la décision rendue par la Cour car elle le considérait alors comme une partie au litige, ce qui est contraire à la loi[8].

Mais dès lors qu'il ressort des pièces du dossier de la procédure que l'Ordre des avocats n'a pas été appelé en intervention et n'est pas intervenu volontairement devant la cour d'appel, statuant en matière disciplinaire, qu'il n'a pas déposé de conclusions et que c'est par suite d'une erreur de terminologie qui peut être réparée selon la procédure prévue par l'article 462 du Code de procédure civile, que la Cour a énoncé que le bâtonnier en exercice avait été entendu comme représentant de l'Ordre en sa plaidoirie, au lieu de constater qu'il avait été entendu en qualité de bâtonnier de l'Ordre en ses observations, la prescription de l'article 16 du décret du 27 novembre 1991 a été, en fait, observée[9].

Le bâtonnier ne représente pas le Conseil de l'Ordre pour peu qu'il se borne a présenter ses observations[10]. Il n'en va pas différemment lorsque le bâtonnier dépose des conclusions tendant à la confirmation de la décision de radiation en qualité d'intimé, qualité qui ne peut lui être refusée dès lors qu'il dispose des mêmes voies de recours que l'avocat poursuivi, la régularité de la procédure n'en étant par ailleurs pas affectée dans la mesure où le batonnier n'a pas participé au jugement de la procédure disciplinaire, ce qui est aujourd'hui la règle[11].

Les observations que la Cour sollicite du bâtonnier ne sont pas nécessairement formulées en pré-

1. Civ. 1re, 18 mai 1989, n° 87-11.426, *Bull. civ.* I, n° 198; *D.* 1990, jur. 113, note Bailly; *JCP* 1989, IV, 264; *Gaz. Pal.* 1989, pan. 130.
2. Mod. par décr. 24 mai 2005.
3. CEDH 23 juin 1981, n° 6878/75, n° 7238/75, *Gaz. Pal.* 1981, 2, 775, note Delamarre.
4. Civ. 1re, 6 nov. 2001, n° 99-13.659, *Bull. civ.* I, n° 262; *D.* 2001, IR 3394 – Civ. 1re, 6 avr. 2004, n° 00-19.245, NP, *Gaz. Pal.* 30 mai 2004, 6.
5. Décr. 27 nov. 1991, art. 16.
6. Civ. 1re, 12 févr. 1991, n° 89-16.142, *Bull. civ.* I, n° 60; *D.* 1991, IR 57 – SUR LES LIMITES DE cette intervention : Civ. 1re, 20 oct. 1987, n° 86-10.485, *Bull. civ.* I, n° 268; *D.* 1987, IR 217; *JCP* 1987, IV, 398 – Civ. 1re, 22 mars 1988, n° 85-15.496, *Bull. civ.* I, n° 86; *D.* 1988, IR 97; *Gaz. Pal.* 1988, pan. 131.
7. Civ. 1re, 4 avr. 1995, n° 91-12.037, NP, *JCP* 1995, IV, 1379.
8. Civ. 1re, 2 mai 1974, n° 72-14.747, *Bull. civ.* I, n° 122; *Gaz. Pal.* 1974, 1, somm. 165.
9. Civ. 1re, 7 juin 1983, n° 82-14.469, *Bull. civ.* I, n° 169; *JCP* 1983, pan. 257; *Gaz. Pal.* 1983, pan. 282 – Civ. 1re, 13 déc. 1988, n° 86-17.735, *Bull. civ.* I, n° 351; *D.* 1989, IR 2; *Gaz. Pal.* 1989, pan. 35 – Civ. 1re, 29 nov. 1989, n° 88-15.706, *Bull. civ.* I, n° 364; *Gaz. Pal.* 1990, 1, somm. 12.
10. Civ. 1re, 30 mars 2005, n° 03-17.907, *Bull. civ.* I, n° 156 – Civ. 1re, 18 mai 2004, n° 02-12.672, *Bull. civ.* I, n° 139.
11. Décr. 27 nov. 1991, art. 188 et 196 – Civ. 1re, 22 oct. 2009, n° 08-18.369, NP.

sence de la partie adverse[1]; en revanche la prétention d'un avocat de voir exclure le bâtonnier de l'audience disciplinaire aussitôt après ses observations émises, au motif que la procédure se déroule en chambre du conseil, est sans fondement. Le bâtonnier peut assister à la totalité de l'audience disciplinaire[2]. Le bâtonnier empêché peut se faire substituer par un confrère[3] (sur la publicité de l'audience disciplinaire v. s[s] n° 83.55).

Le conseil de discipline n'est pas partie à l'instance au cours de laquelle est soumise à l'examen de la cour d'appel une décision juridictionnelle rendue par lui en matière disciplinaire[4]. En matière non juridictionnelle, le Conseil de l'ordre est recevable à intervenir dans la procédure concernant le recours formé contre une de ses décisions[5], un Ordre d'avocats ayant déposé un mémoire pour intervenir au pourvoi formé par un de ses membres sanctionné doit être déclaré irrecevable[6].

• Dès lors que le Conseil de l'ordre des avocats d'un barreau a statué en tant que juridiction disciplinaire, cet Ordre n'a pu être partie à la procédure devant les juges du fond[7]; le pourvoi formé par la demanderesse contre un arrêt rendu par l'assemblée des chambres de la cour d'appel, sur l'appel d'une décision du Conseil de l'ordre et dirigé à la fois contre le procureur général et contre l'Ordre, est donc irrecevable en ce qu'il est dirigé contre ce dernier[8]. La Cour de cassation précise que le rôle imparti au bâtonnier dans la procédure disciplinaire n'exclut pas que celui-ci puisse, dans ses observations, faire connaître son opinion sur la sanction qu'il y a lieu de prononcer contre l'avocat poursuivi disciplinairement[9].

83.96 Procédure civile ou procédure pénale ? En l'absence de dispositions légales lui imposant des formes de procédure déterminées, la juridiction disciplinaire est libre de faire usage du mode de la procédure civile ou criminelle qui lui paraît le plus propre à lui permettre de prendre sa décision[10].

La Cour peut ordonner des mesures d'instruction quand elle est saisie d'une décision statuant sur un incident; elle peut évoquer si elle infirme la décision entreprise et si l'affaire est en état d'être jugée au fond.

Aucune disposition du décret du 27 novembre 1991 n'exige que la mention de la peine disciplinaire requise par le procureur général à l'encontre d'un avocat poursuivi disciplinairement, figure dans l'arrêt de la cour d'appel. Au demeurant, la juridiction de second degré, saisie par l'effet dévolutif de l'appel du ministère public, n'est pas liée par les conclusions de ce dernier et peut prononcer n'importe quelle peine prévue par l'article 184 du décret du 27 novembre 1991[11].

83.97 Ordre d'audition. Aucune disposition spéciale ne régit la matière[12]. Il est simplement indiqué à l'article 193, alinéa 3 du décret de 1991 que le président donne la parole au bâtonnier et au procureur général si ce dernier a pris l'initiative d'engager les poursuites disciplinaires. Le fait d'entendre le ministère public avant le représentant du bâtonnier à l'audience d'appel de la Cour statuant en matière disciplinaire ne saurait affecter la validité de cette décision. En effet cet ordre des auditions ne peut avoir nui aux intérêts de la défense de l'intéressé et, par application de l'article 114 du [Nouveau] Code de procédure civile, ce moyen ne peut être accueilli[13].

S'agissant de savoir à quel moment la défense droit prendre la parole, un arrêt de la Cour de cassation du 25 février 2010[14], rendu dans le cadre d'une procédure de destitution d'un greffier de tribunal de commerce au visa de l'article 6, §1er de la Conv. EDH, semble cependant, au regard de sa généralité et de la solennité de sa publication, poser le principe de l'ordre d'intervention des parties à toute audience disciplinaire. La Cour de cassation y censure une juridiction d'appel pour avoir prononcé à l'encontre du greffier poursuivi une peine

1. Civ. 1re, 2 oct. 1975, n° 73-13.764, *Bull. civ.* I, n° 250; *Gaz. Pal.* 1975, 2, somm. 260.
2. CA Rennes, 18 déc. 1979, *Gaz. Pal.* 1980, 1, 129, note Damien.
3. Civ. 1re, 10 mars 1987, n° 84-17.458, *Bull. civ.* I, n° 87; *D.* 1989, somm. 72, note Brunois; *Gaz. Pal.* 1987, 1, pan. 117.
4. Civ. 1re, 1er mars 1983, n° 82-10.830, *Bull. civ.* I, n° 80; *JCP* 1983, IV, 154.
5. Civ. 1re, 16 déc. 1980, n° 79-14.907, *Bull. civ.* I, n° 329; *JCP* 1981, IV, 84; *Gaz. Pal.* 1981, pan. 138.
6. Civ. 1re, 1er févr. 1983, n° 82-10.720, *Bull. civ.* I, n° 44; *JCP* 1983, IV, 118 – Civ. 1re, 29 nov. 1989, n° 88-15.706, *Bull. civ.* I, n° 364; *Gaz. Pal.* 1990, 1, somm. 12.
7. Civ. 1re, 8 déc. 1987, n° 86-15.417, *Bull. civ.* I, n° 331; *D.* 1988, somm. 2.
8. Civ., 20 oct. 1987, *D.* 1989, somm. 97 – Civ. 1re, 13 déc. 1988, n° 86-17.735, *Bull. civ.* I, n° 351; *D.* 1989, IR 2; *Gaz. Pal.* 1989, pan. 35 – Civ. 1re, 12 févr. 1991, n° 89-16.142, *Bull.* civ I, n° 60; *D.* 1991, IR 57 – Civ. 1re, 27 avr. 1994, n° 92-17.342, *Bull. civ.* I, n° 154; *D.* 1994, IR 128; *Gaz. Pal.* 1994, pan. 212; *JCP* 1994, IV, 670.
9. Civ. 1re, 26 janv. 1988, n° 86-13.456, *Bull. civ.* I, n° 22; *Gaz. Pal.* 1988, 1,131.
10. Civ., 7 mars 1951, *D.* 1951, 291.
11. Civ. 1re, 25 mai 1988, n° 86-17.541, *Bull. civ.* I, n° 152; *Gaz. Pal.* 1988, 180; *JCP* 1988, IV, 266 – Civ. 1re, 13 déc. 1988, n° 86-17.735, *Bull. civ.* I, n° 351; *D.* 1989, IR 2; *Gaz. Pal.* 1989, pan. 35.
12. CEPENDANT : décr. n° 2002-76 du 11 janv. 2002 relatif à la discipline des avocats au Conseil d'État et à la Cour de cassation, art. 11, al. 3.
13. Civ. 1re, 16 juin 1981, n° 80-12.764, *Bull. civ.* I, n° 214; *JCP* 1981, IV, 314.
14. Civ. 1re, 25 févr. 2010, n° 09-11.180, *Bull. civ.* I, n° 46, *Dalloz actu.* 5 mars 2010, obs. Dargent; *D.* 2010, 658, obs. Dargent; *JCP* 2010. 546, n° 13, obs. Cadiet; *Defrénois* 2010. 663; *LPA* 29 avr. 2010, p. 11, note Lebel.

d'interdiction temporaire pendant trois ans, sans constater que ce dernier ou son conseil avait été invité à prendre la parole en dernier.

Jusqu'alors, la première chambre civile jugeait, qu'en l'absence de disposition spéciale, il y a lieu, en application de l'article 277 du décret du 27 novembre 1991, de procéder comme en matière civile. Il en résultait, selon la haute juridiction, que dès lors que l'avocat poursuivi est appelant, son conseil est à juste titre entendu avant le ministère public, partie principale intimée dans la poursuite disciplinaire, sans que soit aucunement portée atteinte aux droits de la défense [1]. De même, avait-il été jugé qu'il n'est pas nécessaire que l'arrêt mentionne que l'avocat ou son défenseur a eu la parole le dernier [2]. Et les hauts magistrats d'ajouter que si l'exigence d'un procès équitable posée par l'article 6 § 1er, de la Conv. EDH implique qu'en matière disciplinaire l'avocat poursuivi soit admis à prendre la parole en dernier, c'est à la condition que ce droit ait été revendiqué devant la haute juridiction [3]. Or, pas plus que la procédure applicable à la discipline des avocats, celle relative aux greffiers des tribunaux de commerce ne contient de disposition spéciale, l'article R. 743-5 du Code de commerce, renvoyant expressément, à défaut, aux « dispositions du Code de procédure civile ».

Pourtant, à l'inverse de cette jurisprudence qui modulait l'ordre d'audition des parties selon l'existence ou non de dispositions spéciales, la position procédurale ou les sollicitations particulières de la personne poursuivie, l'arrêt commenté se détache clairement de ces contingences et exige par principe que la personne poursuivie soit entendue en dernier, à charge pour les juges du fond, de s'assurer, sous peine de violation de l'article 6, § 1er, du respect de cette exigence.

SECTION 3
VOIES DE RECOURS EXTRAORDINAIRES

§ 1
Pourvoi en cassation

83.101 Cas d'ouverture. Les décisions intervenues en matières disciplinaire sont susceptibles d'un recours en cassation pour les causes légales de pourvoi : excès de pouvoir, vice de forme, violation ou fausse interprétation de la loi, contrariété de jugements, violation des droits de la défense [4].

Pour rechercher s'il y a eu excès de pouvoir et si les faits retenus étaient ou non étrangers à la profession, la Cour de cassation est amenée à examiner ces faits et elle apprécie souverainement s'ils constituent ou non des fautes professionnelles [5].

83.102 Règles procédurales. Les règles de forme et des effets du pourvoi en matière disciplinaire sont celles du pourvoi en matière civile.

Le délai de pourvoi en cassation et le pourvoi ne sont plus suspensifs [6].

• **Régime antérieur.** Le délai de pourvoi et le pourvoi n'étaient pas considérés comme suspensifs [7] mais le décret du 20 octobre 1985 modifiant l'article 124 du décret du 9 juin 1972 a précisé que les délais d'appel et le pourvoi en cassation suspendaient l'exécution des décisions du Conseil de l'ordre ou de l'arrêt de la cour d'appel en matière disciplinaire. Si ce système demeure pour l'appel (*a contrario* l'article 198 du décret du 27 novembre 1991, qui précise le caractère non suspensif de l'appel en matière de suspension provisoire), le délai de pourvoi en cassation et le pourvoi ne sont plus suspensifs [8] (le caractère non suspensif du pourvoi en cassation et du délai pour former pourvoi ne s'applique qu'aux décisions rendues par la cour d'appel à compter du 1er janvier 1992) et ce même si le conseil de discipline et le parquet général ont la possibilité de demander, soit au conseil de discipline, soit à la cour, de prononcer la suspension provisoire contre un avocat, objet d'une poursuite disciplinaire ou pénale.

83.103 Contre qui diriger le pourvoi ? L'avocat qui forme un pourvoi contre un arrêt rendu en matière disciplinaire doit le diriger contre le procureur général et non contre l'Ordre des avocats puisque le conseil de celui-ci, ayant statué en tant que juridiction, l'Ordre ne peut être partie à la procédure devant le juge du fond [9].

1. Civ. 1re, 7 mars 1995, n° 92-21.519, *Bull. civ.* I, n° 113.
2. Civ., 2 févr. 1948, *D.* 1948, 226.
3. NOT. : Civ. 1re, 9 juill. 1996, n° 94-19.008, *Bull. civ.* I, n° 301 – Civ. 1re, 26 janv. 1999, n° 96-16.696, NP – Civ. 1re, 13 mai 2003, n° 01-02.085, *Bull. civ. I*, n° 112 – Civ., 3 juill. 1962, D. somm. 4.
4. Civ., 1er déc. 1952, *D.* 1953, 89.
5. Req. 19 janv. 1898, *DP* 1898, 1, 80 – Civ., 13 juill. 1908, *DP* 1910, 1, 145.
6. Décr. 27 nov. 1991, art. 270.
7. T. corr. Seine, 15 mai 1922, *DP* 1922, 5, 1.
8. Décr. 27 nov. 1991, art. 270.
9. Civ. 1re, 24 avr. 1985, n° 84-10.235, *Bull. civ.* I, n° 129; *Gaz. Pal.* 1985, pan. 295, note Guinchard et Moussa – Civ. 1re, 13 déc. 1988, n° 86-17.735, *Bull. civ.* I, n° 351; *Gaz. Pal.* 1989, pan. 35; *D.* 1989, IR 2 – Civ. 1re, 14 juin 1988, n° 86-19.184, *Bull. civ.* I, n° 187; *Gaz. Pal.* 1989, 1, somm. 159, note Guinchard et Moussa, qui précisent que le pourvoi, irrecevable en ce qui concerne le Conseil de l'ordre, demeure régulier en ce qui concerne le parquet général même si ce magistrat n'est pas cité dans la déclaration de pourvoi dès lors que le mémoire en demande lui a été régulièrement notifié – Civ. 1re, 26 janv. 1988, n° 86-13.456, *Bull. civ.* I, n° 22; *D.* 1989, IR 2; *Gaz. Pal.* 1988, jur. 287, note Chabanol; *Gaz. Pal.* 1988, pan. 83.

• Le pourvoi formé par un avocat contre l'arrêt de la cour d'appel qui lui a infligé une sanction disciplinaire est irrecevable en ce qu'il est dirigé contre le bâtonnier de l'Ordre. En effet, ce dernier qui préside le Conseil de l'ordre, juridiction disciplinaire du premier degré, ne peut pas être partie à la procédure disciplinaire [1].

§ 2
Révision et tierce opposition

83.111 Voies de recours théoriques ? Les voies de recours extraordinaires que sont le recours en révision et la tierce opposition sont théoriquement ouvertes contre les décisions disciplinaires. Elles paraissent n'avoir été guère utilisées en pratique.

83.112 La tierce opposition est-elle tout d'abord recevable ? Les déontologues du passé l'ignorent superbement; ni Mollot, ni Cresson, ni Payen, ni même Appleton, n'évoquent cette possibilité d'user de cette voie de recours extraordinaire contre les décisions du conseil. Il semble qu'ils raisonnent dans l'esprit d'une législation où on avait eu assez de mal à faire pénétrer le droit d'appel de l'avocat mis en cause pour ne pas compliquer encore un contentieux conquis de haute lutte; d'autre part, ils excluent toute influence extérieure à l'Ordre au cours de l'instance, il n'est pas question de communication aux tiers des actes administratifs, ni encore moins de notifications aux plaignants des résultats de leur plainte, l'intervention d'une partie civile est hautement impensable (elle l'est encore heureusement) pour le motif souligné par Payen qu'une partie civile n'intervient que pour demander réparation d'un préjudice alors que le conseil n'a aucune qualité pour l'accorder, l'affaire restant devant lui d'ordre purement disciplinaire [2].

C'est Crémieu le premier qui pose la question et la résout par l'affirmative [3] : « Si un arrêté du conseil de discipline qui est un véritable jugement, contient des dispositions qui sont de nature à porter atteinte aux droits d'une personne qui n'a pas été partie à l'instance, il peut être attaqué par la voie du recours prévue et qui a pour effet de ramener l'affaire devant le même conseil. Il est généralement admis qu'un préjudice simplement moral suffit à légitimer la tierce opposition. »

Hamelin, dans son *Traité* pose avec prudence une opinion identique : « Les voies de recours extraordinaires que sont la requête civile et la tierce opposition sont théoriquement ouvertes contre les décisions disciplinaires. Elles paraissent n'avoir guère été utilisées en pratique. » [4] Lemaire, se référant expressément à l'opinion de J. Hamelin, reprend la même solution [5] et, dans les éditions où nous avons refondu et mis à jour l'ouvrage de J. Hamelin, nous avons reproduit la même opinion [6].

83.113 Qu'est exactement la tierce opposition ? C'est une voie de recours ouverte à une personne qui n'était pas partie dans une instance contre un jugement ou un arrêt qui lui porte préjudice. Or, cette voie de recours a toujours surpris les processualistes dans la mesure même où les jugements n'ayant qu'une autorité relative et n'ayant point effet contre ceux qui n'y ont point été parties, on en discerne mal les cas d'application [7].

Si on excepte son domaine d'élection, c'est-à-dire le cas de fraude au jugement, sa recevabilité demeure délicate à établir, elle doit être accordée à tous ceux qui non parties à un jugement éprouvent du fait de ce jugement un préjudice actuel ou même simplement éventuel, matériel ou moral. Il faut donc être tiers dans l'instance et d'autre part éprouver un préjudice du fait du jugement tel que celui par exemple de craindre qu'il puisse résulter de ce jugement dans l'avenir une action en dommages-intérêts.

83.114 Est-il fait application des règles de procédures civiles à l'action disciplinaire ? Sommes-nous en matière de procédure civile, cas où la tierce opposition est recevable, ou en matière de procédure pénale où elle ne l'est pas ?

En principe ce sont les règles de procédure civile qui régissent l'action disciplinaire [8] sauf dans les cas où les règles de la procédure pénale seraient plus protectrices des droits de l'avocat poursuivi [9] mais il faut cependant citer un arrêt, certes isolé et d'espèce, par lequel la Cour de cassation affirme que la juridiction disciplinaire est libre en l'absence de toute disposition légale lui imposant de recourir à des formes déterminées d'instruction, de faire usage du mode de procédure qui lui paraît le plus propre à lui permettre de prendre sa décision [10]. Dans ce cas il faudrait que les juges du fond déterminent avant de statuer sur la recevabilité d'une tierce

1. Civ. 1re, 7 juin 1983, n° 82-14.469, *Bull. civ.* I, n° 169; *Gaz. Pal.* 1983, pan. 282 – Civ. 1re, 26 janv. 1988, n° 86-13.456, *Bull. civ.* I, n° 22; *D.* 1989, IR 2; *Gaz. Pal.* 23 avr. 1988, 9, note Damien; *Gaz. Pal.* 1988, jur. 287, note Chabanol; *Gaz. Pal.* 1988, pan. 83 – Civ. 1re, 14 juin 1988, n° 86-19.184, *Bull. civ.* I, n° 187; *Gaz. Pal.* 1989, somm. 159, note Guinchard et Moussa; *Gaz. Pal.* 1988, rés. arr. cass. p. 8, n° 13, sept. 1988.
2. Payen, n° 542.
3. Crémieu, n° 185.
4. Hamelin, 1968, n° 535.
5. Lemaire, n° 558.
6. Hamelin, n° 400.
7. Morel, *Traité de procédure*, p. 523 s.
8. Cass. Req. 7 mars 1949, *D.* 1949, 57, note Crémieu.
9. Crémieu, note préc. ss Civ., 7 mars 1949 – Civ., 17 déc. 1900, *DP* 1906, I, 237.
10. Civ., 7 mars 1951, *D.* 1951, 291.

opposition la procédure à laquelle ils avaient voulu se référer. À moins que l'arrêt en cause ne signifie que la recherche des preuves et les investigations du juge disciplinaire ne sont soumises à aucune prescription qu'il s'agisse de modes de preuve tirés de la procédure civile ou de la procédure pénale.

83.115 Les arrêtés du Conseil de l'ordre et du conseil de discipline sont-ils des jugements ? En second lieu la tierce opposition est ouverte contre les jugements et décisions juridictionnelles. Est-ce le cas des arrêtés des Conseils de l'ordre ?

On peut en douter depuis l'arrêt de Douai du 18 mai 1977[1] qui a décidé que les actes des Conseils de l'ordre étaient des actes administratifs et non des actes juridictionnels et que dès lors ils ne pouvaient saisir la CJCE d'un recours en interprétation ni obtenir une décision préjudicielle en vertu de l'article 177 du traité de Rome. Mais peut-être faut-il distinguer entre les décisions des Conseils de l'ordre ayant trait à l'inscription des avocats et les décisions disciplinaires.

Le Conseil de l'ordre ou le conseil de discipline est-il d'ailleurs une juridiction ?

La Cour de cassation lui refuse le caractère de juridiction échevinale en cas de récusation, la procédure suivie en cette hypothèse n'est pas celle prévue devant les juridictions en raison précisément du fait que le conseil de discipline n'est pas une juridiction échevinale[2].

La CEDH lui reconnaît ce caractère par un arrêt qui rappelle qu'il s'agit bien d'un organisme juridictionnel[3], cette fonction étant dans le prolongement naturel de sa tâche en matière disciplinaire et les membres élus par leurs pairs ne relevant d'aucune autorité et étant soumis à leur propre conscience. La Cour de Strasbourg refusait d'admettre ce caractère et estimait que devant le conseil de discipline il n'y avait pas procès équitable, au sens que donne à ce mot la Convention EDH, l'avocat déféré n'ayant pu se faire entendre par un véritable tribunal au sens de l'article 6 paragraphe 1er de la Conv. EDH[4].

83.116 Recevabilité de la tierce opposition. Il semble toutefois qu'en raison du fait que la tierce opposition est un moyen de protection ouvert aux citoyens, il y ait lieu de la déclarer recevable même en matière disciplinaire.

On peut admettre, sans forcer les textes, que le conseil statue comme une juridiction en usant des règles de la procédure civile, et que la décision qu'il rend en matière disciplinaire est assimilable à une décision juridictionnelle; dès lors les voies de recours extraordinaires sont recevables à l'encontre des décisions rendues par le Conseil de l'ordre comme à l'égard de tout jugement. Mais pour autant, on ne doit pas oublier ni le caractère familial de la juridiction disciplinaire[5] ni l'éviction par la loi de toute partie ayant qualité pour interjeter appel à l'exception du procureur général et de l'avocat sanctionné; il ne faudrait pas que le plaignant évincé par l'ancien article 24 de la loi du 31 décembre 1971 (rédaction antérieure à la loi du 11 février 2004) du droit de contrôler l'action disciplinaire grâce à l'exercice de voies de recours, ne trouve dans la tierce opposition un moyen d'agir que le législateur a voulu expressément lui refuser.

C'est pourquoi l'usage de la tierce opposition devra être soigneusement réglementé par la jurisprudence; il ne s'agit ni d'une voie de recours utilisée sur le fondement d'un intérêt matériel tiré du préjudice subi par le plaignant du fait des agissements de l'avocat, la juridiction disciplinaire, en effet, n'a aucune qualité pour statuer sur ce type de demande, ni d'un recours tendant à faire condamner l'avocat absous, le plaignant n'ayant aucune qualité pour exercer cette démarche assimilable en tout point à un appel, c'est-à-dire à une remise en cause par une partie qui y a droit de la décision rendue sur le fond. Il s'agit uniquement pour un tiers étranger à la procédure disciplinaire, fut-il le plaignant, de remettre en question une décision disciplinaire dont il a eu connaissance et qui, dans sa motivation, le met en cause et qui est susceptible de porter atteinte à ses intérêts matériels ou moraux, à l'exclusion toutefois du cas de dénonciation calomnieuse possible qui doit être exercé selon les règles propres du droit pénal et ne peut être paré préventivement par la voie de la tierce opposition.

L'hypothèse d'un recours possible à cette voie de recours serait le cas où un tiers apprendrait que, dans les motifs d'une décision de non-lieu, on fait état de son comportement comme soutien nécessaire à la décision de relaxe. Imaginons un exemple : un avocat accuse par exemple un ancien collaborateur d'avoir emporté dossiers et clientèle : le Conseil de l'ordre saisi d'une plainte contre le collaborateur le renvoie des fins de la poursuite en se fondant sur le fait que ni les clients mis en cause, ni les dossiers n'ont quitté le cabinet du plaignant et

1. CA Douai, 18 mai 1977, *Gaz. Pal.* 1977, 2, doctr. 513.
2. Civ. 1re, 17 juill. 1979, no 78-13.296, *Bull. civ.* I, no 213; *Gaz. Pal.* 1979, 2, somm. 478.
3. CEDH 30 nov. 1987, no 8950/80, H... c/Belgique, série A, no 127-B – SUR la notion de tribunal au sens de l'article 6 § 1 de la CEDH : Guinchard (dir.), DALLOZ ACTION PR. CIV. 2009/2010, Fricéro, no 211.21.
4. Mauro, « La réinscription d'un avocat après radiation », *Gaz. Pal.* 1988, doctr. 3 sept. 1988, p. 6.
5. CA Rennes, 11 mars 1980, *Gaz. Pal.* 1980, 2, 466 – CA Pau, 19 mars 1981, *Gaz. Pal.* 1981, 2, 446, note A. D. – CA Orléans, 29 juin 1983, *Gaz. Pal.* 1983, 2, 512; *D.* 1984, IR 116, note Brunois.

que celui-ci a « monté » de toutes pièces l'affaire; dans ce cas la tierce opposition par l'avocat plaignant paraît recevable à l'encontre de la décision de non-lieu et, au cas de refus d'instruire son recours, l'appel paraît possible malgré les termes de l'ancien article 24 de la loi du 31 décembre 1971 car il ne s'agit pas en l'espèce d'une voie de recours contre la décision disciplinaire mais contre la décision qui a rejeté la tierce opposition.

Poursuivons notre exemple : le Conseil de l'ordre n'a pas statué ainsi que nous venons d'imaginer mais a rendu une décision de non-lieu fondée sur l'absence de preuves suffisantes à entraîner sa conviction; dans cette hypothèse nous estimons que le recours à la tierce opposition est impossible car l'avocat plaignant n'a plus d'intérêt à exercer un recours contre la décision disciplinaire. Certes, elle le déçoit mais ceci n'est pas suffisant pour lui conférer un intérêt moral à l'attaquer dès lors qu'il n'est pas mis expressément en cause par la décision.

L'usage de la tierce opposition, comme le prévoyait Jacques Hamelin, devra donc demeurer exceptionnel et constituer plutôt un cas d'école qu'une voie de recours fréquemment utilisée; certes des plaideurs mécontents tenteront de relancer l'instance par ce moyen, il appartient aux juridictions disciplinaires de rédiger avec prudence leurs décisions pour éviter toute mise en cause imprudente de tiers ayant accès à la décision, soit par le biais des dispositions de l'article 195 du décret du 27 novembre 1991, soit par celui de la communication obligatoire des documents administratifs, dans la mesure du moins où cette dernière s'applique aux décisions des Conseils de l'ordre.

• La jurisprudence s'est prononcée sur une décision de la commission de recours contre le refus de la communication des actes et documents administratifs contre une délibération du barreau de Pontoise le 25 octobre 1982[1] (v. s^s^ n° 23.24).

Il appartiendra à la jurisprudence de veiller au bon usage de la tierce opposition.

• La jurisprudence s'est également prononcée sur l'irrecevabilité[2].

SECTION 4 CUMUL ET NON-CUMUL DES SANCTIONS DISCIPLINAIRES

83.121 Interdiction du cumul des sanctions disciplinaires par une même autorité à propos d'un même fait. On ne peut pas sanctionner un même comportement répréhensible par deux sanctions cumulées, sauf si un texte l'autorise; l'autorité disciplinaire épuise son pouvoir disciplinaire par la sanction des faits qui lui sont soumis et, en l'absence de nouveaux griefs, ne peut statuer à nouveau.

83.122 Non-cumul de sanctions en cas de concours réel de fautes disciplinaires. Les fautes successives ou distinctes commises par la même personne peuvent faire l'objet d'une poursuite unique ou de poursuites séparées, le cumul de sanctions est exclu.

• **Position du conseil d'État.** Le Conseil d'État estime que la règle de droit pénal de confusion des peines n'ayant pas d'application en matière disciplinaire, on peut prononcer deux peines, la seconde ne prenant effet qu'à l'expiration de la première[3]. En revanche la Cour de cassation admet le principe de la confusion des peines disciplinaires en la matière[4].

83.123 Pluralité d'autorités compétentes. Le non-cumul ne joue pas lorsque les mêmes faits ressortissent de deux juridictions différentes. C'est le cas par exemple de l'avocat salarié qui pourra être amené à répondre de ses fautes professionnelles, non seulement devant les instances disciplinaires classiques, mais dans le débat « prud'homal » devant le bâtonnier. Un licenciement peut donc se combiner avec une interdiction temporaire d'exercer ou un blâme prononcé par le Conseil de l'ordre.

83.124 Cumul d'une sanction disciplinaire et d'une sanction pénale à finalité disciplinaire. La Cour de cassation se prononce pour le cumul au motif que les sanctions pénales et disciplinaires de suspension sont de nature différente et doivent être exécutées successivement[5]. La sanction pénale s'ajoute donc à la sanction disciplinaire[6].

SECTION 5 LA GRÂCE

83.131 Le recours en grâce est-il possible en matière de sanction disciplinaire ? *A priori* on pourrait le penser, le président de la République ayant tout pouvoir en cette matière et lui seul, ce

1. TA Versailles, 15 déc. 1983, *Gaz. Pal.* 1984, 2, 480, note Gaudemet; *D.* 1985, IR 107, note Brunois – CE 27 sept. 1985, n° 56543, Ordre des avocats du barreau de Lyon c/Bertin, *Lebon*.
2. CA Orléans, 29 juin 1983, *Gaz. Pal.* 1983, 2, 512; *D.* 1984, IR 116, note Brunois.
3. CE 7 déc. 1984, n° 41743, Dr Subrini, *Lebon*, 411.
4. Civ. 1re, 10 juin 1987, n° 85-14.741, *Bull. civ.* I, n° 185 – Civ. 1re, 10 juin 1987, n° 85-14.831, *Bull. civ.* I, n° 186; *Gaz. Pal.* 1987, 2, 511, note Damien.
5. Civ. 1re, 17 mai 1988, n° 86-15.067, *Bull. civ.* I, n° 145; *D.* 1991, somm. 302, note Brunois; *Gaz. Pal.* 89, 2, 491 note Flécheux; *Gaz. Pal.* 1988, pan. 164.
6. SUR CETTE QUESTION du cumul : Pralus Dupuy, « Cumul et non-cumul des sanctions en droit disciplinaire », *D.* 1993, chron. 135.

droit de grâce ne pouvant à l'évidence appartenir à l'Ordre ou au bâtonnier dessaisi de tout pouvoir une fois la sanction infligée; mais la doctrine conteste ce droit au chef de l'État. Jacques Monteil écrit[1] : « Le droit de grâce ne s'étend pas aux mesures prises par les chambres ou conseil de discipline contre ceux des membres de la corporation qui ont enfreint les règles professionnelles. Seule la juridiction corporative peut relever l'un de ses justiciables des sanctions prononcées par elle-même. Si un tribunal ou une cour de l'Ordre judiciaire statue en appel de la décision corporative, le jugement ou l'arrêt ne change pas la nature de la sanction. »

« Les sanctions prises en matière administrative, soit par les organismes de discipline, soit par le ministre, ne sont pas rémissibles par voie de grâce. »

Mais si le chef de l'État prononçait une grâce, quelle autorité pourrait s'opposer à donner efficacité à cette mesure ? Ajoutons que le droit de grâce constituant une prérogative régalienne du chef de l'État et faisant partie de la catégorie des actes de gouvernement, il échappe à tout contrôle juridictionnel.

• À cette grâce doit être assimilée, d'après la Cour de cassation, l'amnistie accordée par mesure individuelle du Président de la République. La mesure d'amnistie individuelle dont aurait bénéficié un avocat fait donc perdre toute qualification disciplinaire aux manquements aux règles de probité, d'honneur et de délicatesse qui lui avaient valu d'être radié du barreau et ces faits ne peuvent lui être opposés pour mettre obstacle à son inscription au tableau, seul pouvant être pris en considération, pour apprécier s'il remplit les conditions d'accès à la profession d'avocat, son comportement postérieur à la cessation de son activité d'avocat[2].

Mais on peut assimiler à une mesure de grâce la réinscription au barreau d'un avocat radié qui aurait donné des preuves d'amendement. Cette mesure est-elle possible, la radiation étant par nature une peine perpétuelle ? La doctrine semble l'admettre[3] mais aucune décision n'est intervenue depuis la réforme des statuts du barreau intervenue en 1954 et en 1971, 1972 et 1990 (sur l'amnistie et la réinscription v. s[s] n° 84.52)[4].

1. RÉP. PÉN., Monteil [anc. s[s]-dir. des grâces au min. Justice], *V° Grâce*, n°s 24 et 25.

2. Civ. 1re, 25 oct. 1989, n° 87-14.290, *Bull. civ.* I, n° 328; *D.* 1989, IR 281 ; *Gaz. Pal.* 1990, pan. 3 – SUR les effets : C. pr. pén., art. 775-1 – SUR les condamnations : CE 25 juill. 1980, n° 15363, Tusseau, *Lebon*; *D.* 1981, 8, concl. Galabert.
3. LEMAIRE, n° 535 – RÉP. PR. CIV., Hamelin, *V° Avocat*, n° 285.
4. CA Paris, 28 janv. 1987, *Gaz. Pal.* 1987, 1, 207 – CA Saint-Denis, 16 déc. 1991, *Gaz. Pal.* 11 avr. 1992, 6, note Damien.

CHAPITRE

84. Sanctions disciplinaires

SECTION 0
ORIENTEUR

84.00 **Plan du chapitre.**

Sect. 1 Peines disciplinaires
§ 1 Nomenclature des peines
§ 2 Suspension provisoire : mesure de sûreté
Sect. 2 Effets des peines disciplinaires
§ 1 Avertissement et blâme
§ 2 Interdiction temporaire
§ 3 Radiation
§ 4 Omission
Sect. 3 Effets des peines disciplinaires au cas d'exercice en groupe de la profession
§ 1 Avocats associés – Avocats collaborateurs – Avocats salariés
§ 2 Avocats associés dans une société professionnelle
Sect. 4 Situation de la victime

84.01 **Textes applicables.**

>

L. n° 71-1130, 31 déc. 1971, art. 24

Décr. n° 91-1197, 27 nov. 1991, art. 183 à 186

RIN, art. 1-3 et 1-4

>

L. 31 déc. 1971, art. 24 [Suspension provisoire]

[mod. par L. n° 2004-130, 11 févr. 2004, art. 32 I, *JO* 12]

Lorsque l'urgence ou la protection du public l'exigent, le Conseil de l'ordre peut, à la demande du procureur général ou du bâtonnier, suspendre provisoirement de ses fonctions l'avocat qui en relève lorsque ce dernier fait l'objet d'une poursuite pénale ou disciplinaire. Cette mesure ne peut excéder une durée de quatre mois, renouvelable.

Les membres du Conseil de l'ordre, membres titulaires ou suppléants du conseil de discipline ou de la formation disciplinaire visée à l'article 22-2, ne peuvent siéger au sein du Conseil de l'ordre ou de la formation disciplinaire susvisée lorsqu'ils se prononcent en application du présent article.

Le Conseil de l'ordre peut, dans les mêmes conditions, ou à la requête de l'intéressé, mettre fin à cette suspension, hors le cas où la mesure a été ordonnée par la cour d'appel qui demeure compétente.

La suspension provisoire cesse de plein droit dès que les actions pénale et disciplinaire sont éteintes.

Les décisions prises en application du présent article peuvent être déférées à la cour d'appel par l'avocat intéressé, le bâtonnier dont il relève ou le procureur général.

Décr. 27 nov. 1991, art. 183 [Fautes disciplinaires]

Toute contravention aux lois et règlements, toute infraction aux règles professionnelles, tout manquement à la probité, à l'honneur ou à la délicatesse, même se rapportant à des faits extraprofessionnels, expose l'avocat qui en est l'auteur aux sanctions disciplinaires énumérées à l'article 184.

Décr. 27 nov. 1991, art. 184 [Nomenclature des peines disciplinaires]

[mod. par décr. n° 95-1110, 17 oct. 1995, art. 16, *JO* 19; Décr. n° 2004-1386, 21 déc. 2004, art. 43 et 49 II, *JO* 23, en vigueur le 1er sept. 2007; Décr. n° 2005-531, 24 mai 2005, art. 1er, 2° et 3°, *JO* 26]

Les peines disciplinaires sont :

1° L'avertissement;

2° Le blâme;

3° L'interdiction temporaire, qui ne peut excéder trois années;

4° La radiation du tableau des avocats, ou le retrait de l'honorariat.

L'avertissement, le blâme et l'interdiction temporaire peuvent comporter la privation, par la décision qui prononce la peine disciplinaire, du droit de faire partie du Conseil de l'ordre, du Conseil national des barreaux, des autres organismes professionnels ainsi que des fonctions de bâtonnier pendant une durée n'excédant pas dix ans.

L'instance disciplinaire peut en outre, à titre de sanction accessoire, ordonner la publicité de toute peine disciplinaire.

La peine de l'interdiction temporaire peut être assortie du sursis. La suspension de la peine ne s'étend pas aux mesures accessoires prises en application des deuxième et troisième alinéas. Si, dans le délai de cinq ans à compter du prononcé de la peine, l'avocat a commis une infraction ou une faute ayant entraîné le prononcé d'une nouvelle peine disciplinaire, celle-ci entraîne sauf décision motivée l'exécution de la première peine sans confusion avec la seconde.

Décr. 27 nov. 1991, art. 185 [Effets de la radiation]

[mod. par décr. n° 2004-1386, 21 déc. 2004, art. 43 et 49 II, *JO* 23, en vigueur le 1er sept. 2007]

L'avocat radié ne peut être inscrit au tableau d'aucun autre barreau.

Décr. 27 nov. 1991, art. 186 [Effets de l'interdiction temporaire]

L'avocat interdit temporairement doit, dès le moment où la décision est passée en force de chose jugée, s'abstenir de tout acte professionnel. Il ne peut en aucune circonstance faire état de sa qualité d'avocat. Il ne peut participer à l'activité des organismes professionnels auxquels il appartient.

RIN 1-3 et 1-4 [Respect et interprétation des règles]

1.3 Les principes essentiels de la profession guident le comportement de l'avocat en toutes circonstances.

L'avocat exerce ses fonctions avec dignité, conscience, indépendance, probité et humanité, dans le respect des termes de son serment.

Il respecte, en outre, dans cet exercice les principes d'honneur, de loyauté, de désintéressement, de confraternité, de délicatesse, de modération et de courtoisie.

Il fait preuve, à l'égard de ses clients, de compétence, de dévouement, de diligence et de prudence.

1.4 [Discipline]

La méconnaissance d'un seul de ces principes, règles et devoirs, constitue une faute pouvant entraîner une sanction disciplinaire.

84.02 Jurisprudence de référence.

> La peine d'interdiction temporaire doit s'exécuter à partir de la date à laquelle l'exécution de la peine pénale a pris fin

• **Civ. 1re, 17 mai 1988, n° 86-15.067,** *Bull. civ.* I, n° 145; *Gaz. Pal.* 1989, 2, 491, note Fléchеux.

* V. ss n° 84.42.

« Mais attendu, d'abord, qu'une sanction pénale peut être exécutée dès que la décision de justice qui la prononce est devenue irrévocable, soit, en l'espèce, du jour de l'arrêt de rejet du pourvoi en cassation;

Attendu, ensuite, que la cour d'appel a justement retenu que les sanctions pénale et disciplinaire de suspension sont de nature différente, et doivent donc être exécutées successivement. »

> La demande de réinscription ne peut être examinée que par le barreau ayant prononcé la radiation de l'avocat

• **Civ. 1re, 7 juill. 1993, n° 92-14.859,** *Bull. civ.* I, n° 248.

* V. ss n° 84.51.

« Vu l'article 109 du décret n° 72-468 du 9 juin 1972, ensemble l'article 455 du [Nouveau] Code de procédure civile;

Attendu que pour déclarer d'abord irrecevable la demande de réinscription de M. X... au barreau du Loir-et-Cher, la cour d'appel énonce que cette demande constitue un détournement du texte interdisant la réinscription dans un autre barreau que celui qui a prononcé la radiation, dès lors qu'en vertu d'une clause de non-rétablissement, librement acceptée, M. X... ne pourrait pas exercer la profession auprès du barreau du Loir-et-Cher; que, pour juger ensuite la demande mal fondée, la cour d'appel se réfère uniquement à la gravité des faits reprochés à l'intéressé;

Attendu qu'en se déterminant ainsi, alors que, d'une part, la demande de réinscription doit être soumise au barreau qui a prononcé la radiation, seul investi du pouvoir d'apprécier l'amendement du requérant, et que la clause de non-rétablissement invoquée ne pouvait faire obstacle aux dispositions impératives de l'article 109 du décret précité, et alors que, d'autre part, il ne résulte pas des motifs de l'arrêt attaqué que les juges du second degré aient, comme ils y étaient tenus, examiné les preuves d'amendement présentées devant eux, la cour d'appel a violé les textes susvisés. »

SECTION 1
PEINES DISCIPLINAIRES

§ 1
Nomenclature des peines

84.11 Peines principales. Les peines disciplinaires prévues par la loi sont :

- l'avertissement;
- le blâme;
- l'interdiction temporaire dont la durée maximale est de trois années;
- la radiation du tableau ou le retrait de l'honorariat[1].

84.12 Sanction pouvant être incluse dans l'une ou l'autre des peines d'avertissement, de blâme et d'interdiction temporaire. Les peines peuvent comporter la privation par la décision qui prononce la peine disciplinaire du droit de faire partie du Conseil de l'ordre, du Conseil national des barreaux (CNB), des autres organismes ou conseils professionnels ainsi que des fonctions de bâtonnier pendant une durée n'excédant pas dix ans.

84.13 Sanction accessoire. La décision qui prononce la peine peut en outre ordonner la publicité de toute peine disciplinaire.

84.14 Admonestation paternelle. Cette mesure ne constituait pas véritablement une peine mais

1. Décr. 27 nov. 1991, art. 184.

une mesure de mise en garde contre les négligences. Cet avertissement était prononcé par le bâtonnier, en dehors de toute poursuite disciplinaire. La plupart des barreaux connaissaient cette mesure non prévue par la loi mais non interdite par elle, dès lors qu'il ne s'agissait pas d'une véritable peine à proprement parler mais du pouvoir général du bâtonnier à l'intérieur de son barreau de reprendre les conduites défaillantes et de conseiller ses confrères en les morigénant si besoin est, mais par laquelle le bâtonnier avertit un confrère que sa conduite n'est pas exempte de reproches. Cet avertissement pouvait être purement oral ou concrétisé par une lettre ou encore il peut être précisé que la lettre contenant cet avertissement figurerait au dossier. Le bâtonnier peut agir de son propre chef ou à la demande du Conseil de l'ordre. L'admonestation paternelle ne pouvait être prononcé que par le bâtonnier[1].

La première chambre civile de la Cour de cassation a cassé, le 7 mai 2008, sans renvoi un arrêt de la cour de Rennes, disant : « Qu'en se déterminant ainsi, alors que la bâtonnier dans le silence des textes, ne dispose pas du pouvoir d'infliger à un avocat une admonestation dès lors qu'elle est inscrite au dossier individuel, laquelle constitue alors une véritable sanction faisant grief et, partant, soumise à recours, la cour d'appel a violé les principes susvisés. »

« Et attendu que conformément à l'article 627 alinéa 2 du Code de procédure civile, la Cour est en mesure de mettre fin au litige en appliquant la règle de droit appropriée;

Par ces motifs;

Casse et annule dans toutes ses dispositions l'arrêt rendu le 10 novembre 2006, entre les parties, par la cour d'appel de Rennes;

Dit n'y avoir lieu à renvoi;

Déclare recevable le recours formé par Monsieur D. contre la décision du bâtonnier;

Annule l'admonestation adressée à M. D. le 22 mars 2006;

Condamne l'ordre des avocats au barreau de S... et son bâtonnier aux dépens de la présente instance... »

Cette décision lapidaire met fin à un usage *multiséculaire* qui dans l'ensemble du barreau français permettait au bâtonnier, constatant un écart d'un de ses confrères et l'ayant admonesté mais jugeant que cet écart ne méritait pas un renvoi devant la conseil de discipline d'informer le confrère que s'il avait mis à mal les règles en usage de la profession, c'est-à-dire quelques règles de déontologie, cette erreur pourvu qu'elle ne se renouvelle pas ne ferait pas l'objet d'une demande de sanction. Il informait son confrère que la lettre d'admonestation resterait au dossier du confrère, ce qui ne veut pas dire qu'elle serait publique. Le dossier d'un avocat n'est ouvert qu'au bâtonnier. Ainsi en cas de nouvel écart de cet avocat admonesté, les bâtonniers, ses successeurs, pourraient constater que *bis repetita non placent*. Ils en tireraient les conséquences qu'ils jugeraient justes. Jamais le législateur, ni le décret (depuis l'article 53 modifié de la loi du 31 décembre 1971) ne sont intervenus dans ce domaine d'un usage du barreau sage et licite et approuvé par tous les avocats qui avaient pris la déontologie à la légère. Le législateur en renouvelant complètement les textes sur le règlement judiciaire avait ainsi sagement suivi la même voie qui permet d'aider avant toute sanction celui qui a défailli.

Voici qu'un avocat du barreau de S... fait appel d'une admonestation que lui a infligé son bâtonnier. Les faits sont simples. L'avocat, contrairement aux indications de son bâtonnier qui le lui reproche dans la lettre d'admonestation, fait procéder à un encart dans les « pages jaunes » du Bottin qui n'est pas conforme aux indications du bâtonnier et qu'il n'a pas soumis au Conseil de l'ordre. La cour d'appel de Rennes déclare le recours de cet avocat irrecevable. L'avocat se pourvoit en cassation. La Cour suprême souligne dans son arrêt du 7 mai 2008 que la cour de Rennes a rappelé à l'avocat dans l'arrêt attaqué du 10 novembre 2006 que le « bâtonnier n'avait pas excédé ses pouvoirs en procédant à une admonestation, simple remontrance ne s'apparentant pas à une sanction disciplinaire ».

Trop de droit tue le droit. La Cour de cassation dans cet arrêt du 7 mai 2008 que nous critiquons (M. Avril, le dépeint dans sa chronique « Feu l'admonestation (paternelle) du bâtonnier » avec ironie et regrets[2]) a cru voir dans cette admonestation du bâtonnier une « véritable sanction » au motif : « qu'elle serait inscrite au dossier individuel » « faisant grief » à l'individu.

Quel chemin parcouru depuis l'époque avant Napoléon Ier, où les avocats secrétaient eux-mêmes leurs règles et usages unanimement respectés !

84.15 La peine de l'interdiction temporaire peut être assortie du sursis. La suspension de la peine ne s'étend pas à la mesure d'interdiction de faire partie du Conseil de l'ordre, du conseil national du barreau ou de tous autres organismes ou conseils professionnels. Le sursis ne s'étend pas non plus à la sanction accessoire de la publicité. Si, dans le délai de cinq ans à compter du prononcé de la peine, l'avocat a commis une infraction ou une faute ayant entraîné le prononcé d'une nouvelle

1. LEMAIRE, n° 529.

2. Avril [ancien bâtonnier], « Feu l'admonestation (paternelle) du bâtonnier », *D.* 2008, 1735.

peine disciplinaire, celle-ci entraîne l'exécution de la première peine sans confusion avec la seconde[1].

La décision prononçant la nouvelle peine disciplinaire entraîne automatiquement la révocation du sursis sauf si cette décision motivée expressément sur ce point précise qu'elle n'emporte pas révocation du sursis précédemment accordé.

• **Nouvelle poursuite dans le délai de cinq ans.** Si l'avocat poursuivi à nouveau dans le délai de cinq ans du prononcé de la première peine souhaite qu'en cas de seconde condamnation, il n'y ait pas de révocation du sursis, il doit expressément le demander au conseil de discipline.

• Une médiation est possible, en vue de vérifier la réparation des conséquences civiles des fautes disciplinaires[2]. De même, la cour peut surseoir au prononcé des peines jusqu'à ce que le préjudice subi par les clients ait été établi[3].

§ 2
Suspension provisoire : mesure de sûreté

84.21 **Présentation.** Cette mesure était initialement prévue par l'article 23 de la loi du 31 décembre 1971. Depuis la réforme du 11 février 2004, cette disposition figure à l'article 24 de la loi précitée.

84.22 **Compétence du Conseil de l'ordre.** Lorsque l'urgence ou la protection du public l'exige, le Conseil de l'ordre peut, à la demande du procureur général ou du bâtonnier, suspendre provisoirement de ses fonctions l'avocat qui en relève lorsque ce dernier fait l'objet d'une poursuite pénale ou disciplinaire. Cette mesure ne peut excéder une durée de quatre mois, renouvelable. L'ancien article 23 offrait au Conseil de l'ordre la possibilité de prononcer cette suspension d'office, sans limitation de durée.

Après que la loi du 11 février 2004 ait enlevé la compétence disciplinaire aux Conseils de l'Ordre pour la donner aux conseils de discipline (pour la cour d'appel de Paris, deux conseils de discipline, l'un pour les avocats des barreaux de la Seine-Saint-Denis [93], du Val-de-Marne [94], de l'Essonne [91] et de Meaux, Melun, Fontainebleau [77] et d'Auxerre et Sens [89], le second, le Conseil de l'ordre des avocats du barreau de Paris, pour ses avocats [75]), le décret du 24 mai 2005[4] a précisé que le Conseil de l'ordre restait compétent pour connaître de la suspension provisoire, mesure de sûreté, prévue par la loi[5].

Le Conseil de l'ordre peut, dans les mêmes conditions, ou à la requête de l'intéressé, mettre fin à cette suspension, hors le cas où la mesure a été ordonnée par la cour d'appel qui demeure compétente.

En application de l'article 24 alinéa 2 [nouveau] de la loi du 31 décembre 1971, les membres titulaires ou suppléants du conseil de discipline ne peuvent siéger même s'ils sont membres en exercice au sein du Conseil de l'ordre lorsque celui-ci se prononce par application de l'article 24. Pour Paris, les membres du Conseil de l'ordre qui siègent dans une formation disciplinaire appelée à se prononcer en application de l'article 24 de la loi du 31 décembre 1971, ne peuvent siéger ensuite dans la formation disciplinaire appelée à se prononcer au fond.

La mesure est grave puisqu'elle est absolue dans ses effets transitoires et dans son application. Avant la réforme du 11 février 2004, la loi comportait peu de renseignements sur cette peine, la jurisprudence a pallié ces incertitudes par trois décisions qui ont dégagé les normes de la suspension provisoire[6].

• **Proportionnalité.** Une ordonnance du président du tribunal de grande instance de Versailles[7] indique que cette mesure qui « porte irréversiblement atteinte à l'honneur et aux intérêts de celui qui en est l'objet, en raison de la publicité même qui s'y attache, par l'interdiction de continuer l'exercice des fonctions et l'obligation de désigner un suppléant de l'avocat suspendu, ne doit être utilisée qu'avec beaucoup de précautions et que sa nécessité doit être appréciée de manière très stricte, de façon à ce que la sanction ne se révèle pas disproportionnée avec les fautes démontrées ».

• **Préservation du principe de dignité.** La cour de Riom[8] souligne que le fondement de l'interdiction provisoire ne doit pas être recherché dans les risques que la poursuite des activités de l'avocat ferait courir à ses clients, mais dans l'amoralité que les faits qui lui sont reprochés manifestent et qui font perdre à cet avocat tout crédit, de la part des tribunaux et portent atteinte à la dignité de la justice. En outre la nécessité de faire cesser le trouble que causerait, au sein des juridictions l'auxiliaire de justice qui, faisant l'objet de poursuites pour des actes apparemment illicites, n'en continuerait pas moins à plaider, à consulter, notamment au siège de la juridiction où ces poursuites sont exercées, doit éclairer le juge sur la nécessité de prescrire une telle mesure[9].

• **Durée raisonnable.** La cour d'Orléans[10] précise que cette procédure est essentiellement temporaire, qu'elle peut certes aux termes de la loi, frapper tout avocat qui fait l'objet de poursuites pénales ou disciplinaires mais

1. Décr. 27 nov. 1991, art. 184.
2. CA Paris, 24 févr. 1988, *Gaz. Pal.* 23 avr. 1988, 11, note Damien.
3. CA Paris, 23 mars 1988, *Gaz. Pal.* 2 juin 1988, 12, note Damien.
4. Décr. n° 2005-531, 24 mai 2005.
5. L. 31 déc. 1971, art. 24.
6. TGI Paris, 10 juin 1994, *Gaz. Pal.* 25 juin 1994, 17.
7. TGI Versailles, 9 déc. 1976, *Gaz. Pal.* 1977, 1, 64.
8. CA Riom, 8 juill. 1980, *Gaz. Pal.* 1981, 1, 21.
9. Civ. 1re, 3 mars 1993, n° 91-17.380, NPT, *D.* 1994, somm. 139, note Brunois.
10. CA Orléans, 10 juin 1992, *Gaz. Pal.* 10 nov. 1992, 10, note A. D.

qu'elle cesse de plein droit dès que les actions pénales et disciplinaires sont éteintes et qu'on doit assimiler à cette extinction le dépassement du délai raisonnable qui rendrait le maintien de cette mesure de sûreté contraire à l'équité. La notion de délai raisonnable pour statuer est tirée de l'article 6, paragraphe 1er de la Convention européenne de sauvegarde des droits de l'homme et des libertés fondamentales [1].

La loi du 11 février 2004 a introduit la notion d'urgence, la limitation à quatre mois et la notion de protection du public.

Il y a donc, pour les Conseils de l'ordre saisis par le procureur général après mise en examen d'un avocat, éventuellement mis sous mandat de dépôt, l'obligation de vérifier avant d'ordonner cette mesure, d'une part de sa nécessité absolue, d'autre part, du trouble que l'amoralité des faits reprochés à l'avocat entraînerait; enfin que la procédure pénale soit menée de manière sérieuse et le Conseil de l'ordre a obligation d'examiner les pièces de la procédure dont il peut avoir communication, sans violation de l'article 11 du Code de procédure pénale, c'est-à-dire notamment du réquisitoire définitif et il lui appartient de vérifier que la juridiction statue dans un délai raisonnable.

Cette mesure a été étendue à l'avocat mis en examen par les dispositions nouvelles de l'article 138 alinéa 2, 12°, du Code de procédure pénale (v. ss nos 85.11 s.).

84.23 Voies de recours. Les décisions prises par le Conseil de l'ordre en matière de suspension provisoire, mesure de sûreté, peuvent être déférées à la cour d'appel par l'avocat intéressé, le bâtonnier dont il relève ou le procureur général. L'appel, exceptionnellement, ne suspend pas l'exécution de la décision (v. ss n° 83.85).

84.24 Durée de la suspension provisoire. Cette mesure ne peut excéder une durée de quatre mois, renouvelable, d'après le nouvel article 24. L'ancien texte ne prévoyait pas de durée.

La suspension provisoire cesse de plein droit dès que les actions pénale et disciplinaire sont éteintes.

• **Prononcé de la suspension.** Il semble que la suspension provisoire puisse être prononcée à tout moment de la procédure et pas seulement au moment où l'information disciplinaire est ouverte [2].

L'extinction de l'action pénale ne met pas fin à la suspension provisoire si les poursuites disciplinaires sont engagées après cette extinction.

• **Illustration par analogie.** Dans une matière voisine (suspension provisoire d'un notaire [3]) le juge des référés de Versailles, compétent en l'espèce, note que la suspension provisoire ne peut être remise en cause par l'effet d'un appel interjeté contre la décision pénale ou contre la décision disciplinaire qui l'ordonne [4] (sur l'interdiction provisoire v. ss nos 84.41 à 84.46).

Après avoir fait l'objet d'une suspension provisoire, un avocat condamné à la peine disciplinaire d'interdiction temporaire pour une durée de trois ans a formé un recours en interprétation à l'encontre de cette décision, tendant à voir préciser que la durée de la suspension provisoire déjà effectuée s'imputerait sur la peine d'interdiction temporaire. Il invoquait, à l'appui de sa demande, le droit d'exercer sa profession, qui constitue un bien protégé par l'article 1er du premier protocole additionnel à la Conv. EDH. La Cour de cassation répond que le droit d'exercer la profession d'avocat ne constitue pas, par lui-même, un bien protégé par l'article 1er du premier protocole additionnel à la Conv. EDH en dehors de toute atteinte à la valeur patrimoniale qui pourrait s'y trouver attachée [5]. Cette solution est sage et souligne une fois de plus que la durée de la « suspension provisoire », mesure de sûreté, ne peut s'imputer sur la durée de l'interdiction temporaire qui est une peine.

84.25 Effets de la suspension provisoire. L'avocat ne peut ni plaider, ni postuler mais il peut accomplir tous les autres actes qui ressortent de son ministère; on doit semble-t-il lui permettre de consulter puisque cette activité ne fait pas partie du monopole de la profession [6].

On ne peut toutefois assimiler la suspension provisoire à l'interdiction temporaire car, dans cette hypothèse, le législateur n'aurait pas manqué d'assimiler les dénominations et les effets précisant toutefois qu'il s'agissait de mesures temporaires.

Le bâtonnier Lemaire résume excellemment les effets de cette peine disciplinaire (qui est en droit une mesure de sûreté) : « L'avocat interdit temporairement [depuis la loi du 31 décembre 1990 lire "suspendu provisoirement"] demeure un avocat mais il ne saurait faire acte de son ministère. Il reste d'autre part un juriste. Donc avocat il demeure justiciable du conseil et soumis aux incompatibilités qui régissent la profession. Il ne peut ni plaider ni consulter [et depuis la réforme ni postuler]; mais il peut travailler chez un avoué [un avocat], accepter une mission d'arbitre, donner des consultations orales à toute personne qui lui soumet un problème juridique et recevoir des clients » [7].

1. CEDH 27 nov. 1991, n° 12325/86, n° 14992/89, 2 esp., *Kemmache*, *D.* 1992, somm. 329, obs. Renucci; *Gaz. Pal.* 1992, jur. p. 102 – Chantal Meyral, « L'arrêt Kemmache », *Gaz. Pal.* 1992, doctr. p. 236.
2. Civ. 1re, 4 juin 1991, n° 90-13.891, *Bull. civ.* I, n° 177; *Gaz. Pal.* 1991, pan. 243.
3. Ord. 28 juill. 1945, art. 32; MOD. PAR L. 25 juin 1973.
4. CA Versailles, ord., 9 déc. 1976, *Gaz. Pal.* 1977, 1, 62.
5. Civ. 1re, 22 nov. 2007, n° 06-17.048, *Bull. civ.* I, n° 365.
6. CA Riom, 8 juill. 1980, *Gaz. Pal.* 1981, 1, 21 – Civ. 1re, 4 juin 1991, n° 90-13.891, *Bull. civ.* I, n° 177; *D.* 1991, IR 167; *Gaz. Pal.* 1991, pan. 243.
7. LEMAIRE, p. 467, n° 534.

Dans le cas où, par l'effet de la mesure de sûreté de la suspension provisoire l'avocat est dans l'impossibilité d'exercer ses fonctions, le bâtonnier désigne le ou les suppléants qui le remplaceront provisoirement pour les actes de procédure[1], comme en matière d'interdiction provisoire (v. s[s] n° 84.46).

Cette mesure exceptionnelle qu'est la suspension provisoire inspirée de certains droits disciplinaires, avait fait avant son établissement par la loi, l'objet d'une timide tentative jurisprudentielle[2] mais elle avait vu le jour en matière de délit d'audience devant certaines juridictions (infractions commises en vue d'apporter une aide directe ou indirecte aux rebelles des départements algériens)[3]. Cette mesure exceptionnelle doit être maniée avec beaucoup de prudence dans la mesure où elle consiste à frapper un avocat avant même qu'une juridiction ne se soit prononcée sur sa culpabilité.

84.26 **En résumé.** Seul le bâtonnier ou le procureur général peuvent la demander. Seul le Conseil de l'ordre est compétent pour la prononcer avec possibilité d'appel.

Si dans le mois de la demande dont il est saisi le Conseil de l'ordre n'a pas statué sur cette demande elle est réputée rejetée et, selon le cas, le bâtonnier ou le procureur peut faire appel de ce refus implicite.

À la différence de la procédure au fond devant le Conseil de l'ordre, dans cette procédure le Conseil de l'ordre ne peut pas interrompre cette prescription d'un mois par une décision avant dire droit, aussi justifiée qu'elle puisse apparaître. Pour qu'elle puisse être formulée contre lui, l'avocat doit faire l'objet d'une procédure pénale ou disciplinaire.

La suspension provisoire cesse de plein droit dès la fin du quatrième mois écoulé depuis qu'elle a été prononcée, ou dès que les actions pénale et disciplinaire sont éteintes.

À la différence de la procédure au fond, l'appel comme le délai d'appel ne sont pas suspensifs. Même en cas d'appel, la suspension s'applique dès qu'elle est notifiée à l'intéressé. Mais la réforme de 2004[4] l'enserre dans des conditions strictes.

Il faut qu'il y ait urgence *ou* que la protection du public l'exige. Les nouveaux textes ne disent rien de l'hypothèse où en cas d'appel, la cour n'a pas statué dans les quatre mois du jour où la suspension provisoire a été notifiée à l'avocat. Nous pensons que, appel ou non, la suspension provisoire cesse à la fin de ces quatre mois. Sur appel, si le Conseil de l'ordre a explicitement ou implicitement (n'ayant pas statué dans le mois de la saisine) rejeté la demande de suspension provisoire et si la cour la prononce, le délai de quatre mois commence le jour où la décision de la cour est notifiée à l'avocat.

Enfin, cette validité de quatre mois peut être renouvelée, pour la même durée par le Conseil de l'ordre s'il a prononcé la suspension provisoire ou par la cour quand elle l'a prononcée. Les conditions d'urgence et/ou de protection du public devront être réexaminées et justifiées à chaque renouvellement. Ces précisions législatives et réglementaires sont les bienvenues. Elles mettent fin à des situations de fait où la suspension provisoire d'un avocat durait parfois des années, faute que le Conseil de l'ordre ait été ressaisi et parce que duraient interminablement certaines poursuites et procédures pénales.

SECTION 2
EFFETS DES PEINES DISCIPLINAIRES

§ 1
Avertissement et blâme

84.31 **L'avertissement et le blâme ne produisent aucun effet particulier.** Mais ils constituent un précédent qui, en cas de récidive, peut permettre au conseil d'envisager une peine plus importante. L'interdiction temporaire de faire partie du Conseil de l'ordre est une mesure qui ne gêne pas l'exercice de sa profession par un avocat mais qui le rend inhabile à exercer les fonctions de direction dans l'Ordre. En effet, l'incapacité de faire partie du conseil peut rendre le candidat incapable d'être élu aux fonctions de bâtonnier (v. s[s] n°s 24.11 à 24.33). Il ne semble pas nécessaire que la peine soit assortie d'une publicité, mais cette publicité peut exister dans le cas où des suffrages se porteraient sur le confrère frappé d'une telle interdiction. Au cas où le confrère sanctionné serait membre du Conseil de l'ordre, il devrait aussitôt en démissionner. L'affichage de la peine disciplinaire dans les locaux de l'Ordre est une peine complémentaire dont la portée peut être extrêmement rigoureuse et qui ne devra être maniée qu'avec infiniment de précautions, mais sans oublier la protection du public.

§ 2
Interdiction temporaire

84.41 **L'avocat interdit temporairement doit s'abstenir de tous actes professionnels.** Cette sanction prend effet à compter de la notification par le

1. Décr. 27 nov. 1991, art. 171.
2. CA Colmar, 27 juill. 1945, *D.* 1946, somm. 6.
3. Ord. n° 60-1067, 6 oct. 1960, art. 9 – Cour de Sûreté de l'État, L. 15 janv. 1963, art. 34 – Ord. 6 oct. 1960 – L. 15 janv. 1963.
4. L. 31 déc. 1971, art. 24 [nouv.].

procureur général ou par le bâtonnier de la peine prononcée contre lui. Il ne peut, en aucune circonstance, faire état de sa qualité d'avocat ni participer à l'activité des organismes professionnels auxquels il appartient[1]. Toutefois, il a été jugé que la seule notification par le bâtonnier à un avocat, sous forme d'une lettre, de la date fixée par le procureur général comme début d'exécution de la peine de suspension prononcée contre lui, ne peut avoir d'effet car cette manière de procéder ne constitue pas le mode normal de notification de la décision.

• **Signification de la peine.** Une signification régulière peut seule conférer le caractère exécutoire à la décision prononçant une sanction disciplinaire[2].

L'article 186 du décret du 27 novembre 1991 confirme la jurisprudence puisqu'il indique « l'avocat interdit temporairement doit, *dès le moment où la décision est passée en force de chose jugée,* s'abstenir de tout acte professionnel ».

84.42 Sanction disciplinaire et sanction pénale. La sanction disciplinaire s'exécute après l'exécution de la sanction pénale lorsqu'une telle pénalité a été également infligée. La sanction disciplinaire ne peut donc voir son exécution commencer qu'une fois la sanction pénale exécutée et celle-ci l'est à compter du jour où la décision pénale qui la prononce est devenue irrévocable, c'est-à-dire du jour où l'arrêt de rejet du pourvoi en cassation est intervenu.

• Une peine disciplinaire d'un an d'interdiction temporaire doit donc s'exécuter à compter de la date à laquelle l'exécution de la sanction pénale a pris fin[3].

84.43 Actes prohibés. À compter du début de sa peine et durant le temps pour lequel elle a été prononcée, l'avocat doit s'abstenir de tous les actes de sa profession, c'est-à-dire des actes bénéficiant du monopole légal; c'est ainsi qu'il ne peut revêtir le costume de sa profession, ni recevoir la clientèle, ni donner des consultations[4] ni assister ou représenter les parties devant les juridictions. Il ne peut exercer son droit de plaider après la décision d'interdiction temporaire même s'il conteste la régularité de la décision rendue à son encontre ou celle de sa signification. S'il passe outre il commet une faute pouvant entraîner de nouvelles sanctions disciplinaires[5]. On peut toutefois s'interroger sur le droit pour l'avocat interdit temporairement de consulter puisque la consultation ne dépend pas du monopole de l'avocat (v. s^s n°s 41.11 s.); cependant il est à noter que la jurisprudence admet qu'un avocat, même en donnant des consultations juridiques, accomplit un acte de défense et bénéficie des protections et privilèges de sa profession. Dans ces conditions on peut admettre que la consultation pourrait lui être interdite pendant la durée de l'interdiction temporaire (v. s^s n°s 85.11 s.).

• **Actes interdits.** L'avocat interdit temporairement doit s'abstenir de tout acte professionnel et notamment de recevoir la clientèle, de donner des instructions, d'assister ou de représenter les parties devant les juridictions[6].

En tout cas il ne peut, en aucune circonstance, faire état de sa qualité d'avocat. Il ne peut plus participer à l'activité des organismes professionnels auxquels il appartient. Il ne peut conserver les collaborateurs attachés à son cabinet, soit directement, soit indirectement. Il subsiste seulement le fait qu'il demeure avocat et que de nouveaux manquements le rendraient à nouveau justiciable du conseil de discipline.

84.44 Caractère administratif de la décision. La décision du conseil fixant la période d'interdiction est de caractère administratif et non juridictionnel et ne relève pas du contentieux de la discipline, elle ne peut donc être déférée à la cour sur le fondement de l'article 19 paragraphe 2 de la loi du 31 décembre 1971[7].

• **Possible exécution de la peine pendant les vacances judiciaires.** La peine de l'interdiction temporaire peut être exécutée pendant les vacances judiciaires (traduction en langage actuel, pendant les périodes d'allégement). Cette solution est admise par tous les auteurs[8].

• **Impossible exécution de la peine pendant le temps d'une démission.** Si l'avocat poursuivi démissionne, la peine d'interdiction temporaire prononcée contre lui n'est pas censée avoir couru pendant le temps de sa démission[9]. La raison de cette décision est expliquée par l'annotateur de cet arrêt au *Sirey* qui estime que c'est à bon droit qu'a été écartée la prétention d'un avocat stagiaire qui, frappé de suspension, avait démissionné aussitôt et qui, le temps de sa peine expiré, sollicitait sa réadmission au stage en prétendant après sa réadmission prononcée ne pas exécuter la peine de suspension qu'il avait antérieurement encourue. Cette thèse ne peut être accueillie sous peine de laisser à l'avocat frappé de sus-

1. Décr. 27 nov. 1991, art. 186.
2. Civ. 1re, 4 nov. 1980, n° 79-13.391, *Bull. civ.* I, n° 280; *Gaz. Pal.* 1981, 1, pan. 1950; *JCP* 1981, IV, 29.
3. Civ. 1re, 17 mai 1988, n° 86-15.067, *Bull. civ.* I, n° 145; *D.* 1991, somm. 302, note Brunois; *D.* 1988, IR 153; *Gaz. Pal.* 1989, 2, 491, note Flécheux; *Gaz. Pal.* 1988, pan. 164.
4. CA Nancy, 26 avr. 1979, *JCP* 1980, IV, 229.
5. CA Nancy, 4 avr. 1979, *Gaz. Pal.* 1979, 2, 289, note Damien.
6. CA Grenoble, 31 janv. 1986, *D.* 1987, somm. 105, note Brunois.
7. Civ. 1re, 19 janv. 1994, n° 91-21.821, *Bull. civ.* I, n° 26; *D.* 1994, IR 45; *D.* 1995, somm. 167; *Gaz. Pal.* 1994, pan. 99.
8. Appleton, p. 471 – Crémieu, p. 169 – Payen, p. 481 – Mollot, t. II, 322, n° 546.
9. CA Pau, 23 mai 1910, *S.* 1910, 2, 316; *D.* 1911, 2, 166.

pension un moyen d'échapper par une démission calculée à l'exécution de la peine disciplinaire.

Comme le fait observer la cour de Pau, l'avocat une fois démissionnaire, ayant perdu sa qualité d'avocat, ne peut plus exécuter la sentence qui l'avait frappé d'interdiction temporaire mais, dès que par sa réintégration il a retrouvé la qualité qu'il avait perdue, il la recouvre dans les conditions mêmes où il en était investi au moment de sa démission, c'est-à-dire avec l'obligation de se soumettre à la peine de la suspension qui l'avait frappé pour toute la durée de cette peine qui restait à courir au moment de sa démission.

84.45 Inscription de la peine sur le tableau. Lorsque la peine d'interdiction est supérieure à la durée du tableau qui est établi au début de chaque année judiciaire par le Conseil de l'ordre, l'avocat interdit temporairement ne peut figurer sur le nouveau tableau. En cas de peine complémentaire de publicité, l'avocat interdit temporairement doit disparaître du tableau dès que la peine est devenue définitive (v. s^{s} n° 84.13).

• **Jurisprudence divergente.** Toutefois, la cour d'appel de Bourges, par un arrêt du 29 mai 1996[1] a jugé qu'un avocat quoi que suspendu (interdit), possède toujours la qualité d'avocat du barreau, même s'il subit nombre d'interdictions professionnelles, que son cabinet a toujours une existence légale et continue à fonctionner tant dans la poursuite des dossiers anciens que dans le traitement d'affaires nouvelles sous l'administration provisoire d'un de ses confrères et que la non-inscription au tableau constituerait de ce fait une sanction s'ajoutant à celle de la suspension temporaire prononcée contre lui et la cour a ordonné le rétablissement sur le tableau de l'avocat suspendu[2].

84.46 Maintien de l'activité du cabinet. L'interdiction temporaire empêche effectivement toute activité de plaidoirie ou de postulation mais le suppléant désigné pour assurer l'activité de l'avocat interdit temporairement peut continuer la gestion des dossiers et même avec l'autorisation du bâtonnier, accepter des dossiers nouveaux à condition que la décision du Conseil de l'ordre qui désigne ce suppléant précise ces différents points et décide notamment que les bénéfices réalisés par les affaires nouvelles iront au suppléant et non pas au suppléé interdit temporairement, sauf à charge pour le suppléant, dans une proportion que détermine le Conseil de l'ordre, d'assumer les frais généraux du cabinet.

Le suppléant peut donc maintenir l'activité du cabinet de l'avocat interdit temporairement en mentionnant qu'il est suppléant du cabinet de Me X..., sans indiquer les motifs pour lesquels il l'administre.

• **Indication sur la plaque.** Il en est de même pour la plaque professionnelle qui n'a pas à être supprimée mais sur laquelle on pourra apposer une mention « M^{e} ... administrateur suppléant ».

Un arrêt de Reims du 19 janvier 1978[3] précise la portée du travail du suppléant en période d'interdiction temporaire d'un avocat. L'interdiction faite par le Conseil de l'ordre au suppléant d'un avocat interdit temporairement de postuler dans des procédures nouvelles, procède selon la cour, d'une interprétation restrictive de l'article 170 du décret du 27 novembre 1991, qui pourrait avoir pour conséquence d'aboutir en cas d'interdiction temporaire d'assez longue durée à l'anéantissement du cabinet de l'avocat postulant, portant ainsi gravement préjudice au personnel de ce cabinet qui risquerait de perdre un emploi.

Ainsi donc le cabinet de l'avocat interdit temporairement survit, il ne disparaît qu'en cas de radiation. Le suppléant a la possibilité, non seulement de traiter les affaires passées mais d'en recevoir de nouvelles et le règlement intérieur ou une décision du bâtonnier ou un accord intervenu entre les deux confrères, fixe le mode de rémunération du suppléant par le suppléé.

§ 3
Radiation

84.51 Conséquences de la radiation. L'avocat radié cesse d'appartenir au barreau et ne peut plus être inscrit au tableau (ni au stage) d'aucun barreau[4]. Le texte est clair mais, malgré les termes absolus de l'article 185, on peut penser que, dans certains cas, une réinscription est possible. En effet l'article 185 n'est autre chose que la reproduction littérale du dernier paragraphe de l'article 32 du décret du 10 avril 1954. Or, ce texte avait été interprété par la doctrine et par la jurisprudence des Ordres comme permettant, dans certains cas, la réinscription de l'avocat radié.

• **Cas de réinscription.** Cette réinscription est possible dans le cas où des faits nouveaux sont de nature à prouver l'innocence d'un avocat radié[5] ou si des faits nouveaux ont modifié la portée des faits antérieurement sanctionnés, ou encore si l'intéressé a donné des preuves convaincantes de son amendement[6].

• **Position de la cour d'appel de Paris.** En revanche, la cour de Paris[7] rappelle que la réhabilitation est sans effet

1. CA Bourges, 29 mai 1996, inédit.
2. RAPPR. : Civ. 1re, 15 juin 1999, n° 96-19.641, *Bull. civ.* I, n° 200; *D.* 1999, IR 197; *D.* 2000, somm. 151, obs. Blanchard; *Gaz. Pal.* 1999, pan. 244; *JCP* 1999, IV, 2480.
3. CA Reims, 19 janv. 1978, *Gaz. Pal.* 1978, 1, 142.
4. Décr. 27 nov. 1991, art. 185.
5. Cass. Req. 18 janv. 1927, *DH* 1927, 135.
6. CA Paris, 20 juill. 1949, S. 1950, 193 – Cass. Req. 3 mai 1937, *DH* 1937, 316 – Civ. 1re, 1er juill. 1986, n° 85-12.974, *Bull. civ.* I, n° 188; *D.* 1987, somm. 64, note Brunois; *JCP* 1986, IV, 265; *Gaz. Pal.* 1986, pan. 212.
7. CA paris, 28 janv. 1987, *Gaz. Pal.* 1987, 1, 207, note A. D.

sur la radiation, que cette impossibilité de réinscription doit être soulevée d'office par le Conseil de l'ordre mais cet arrêt semble admettre la possibilité de révision de la sentence pour faits nouveaux[1]. L'arrêt de la cour d'appel de Paris rappelle en outre que les seuls éléments à prendre en considération sont les faits ayant justifié la radiation et jugés contraires à l'honneur, à la probité, à la délicatesse. Ces faits ne peuvent être examinés à nouveau à l'occasion d'une demande de réinscription mais pourraient l'être, semble-t-il, dans le cadre d'une révision de la sentence.

La législation belge, en revanche, admet la possibilité d'une réinscription après radiation au terme d'un délai de dix années et s'il existe des « circonstances exceptionnelles »[2].

• **Position de la Cour européenne des droits de l'homme (CEDH).** La CEDH, saisie d'un recours contre une décision de refus de réinscription, tout en considérant que le Conseil de l'ordre est une véritable juridiction au sens de l'article 6 paragraphe 1er de la Conv. EDH, condamne la notion de « circonstances exceptionnelles » dès lors que ces « circonstances » ne sont précisées ni dans la loi ni dans la jurisprudence compte tenu du secret qui joue en matière d'instance disciplinaire et de l'absence de motivation sur ce point de la décision déférée du Conseil de l'ordre d'Anvers et en l'absence des indications de circonstances légitimant l'absence de publicité de l'audience. Elle admet donc le recours de l'avocat qui sollicitait sa réinscription après radiation[3].

Ces preuves d'amendement doivent être appréciées par le barreau qui a prononcé la peine de la radiation. Il est admis que le seul fait par celui-ci de délivrer un certificat d'inscription ne comportant aucune mention de la radiation, équivaut à permettre la réinscription de l'avocat sans qu'il soit besoin d'une délibération du Conseil de l'ordre sur ce point[4].

• **Examen de la demande de réinscription.** La Cour de cassation, par un arrêt du 7 juillet 1993[5] a précisé que la demande de réinscription au barreau d'un avocat radié, doit être soumise au barreau qui a prononcé la radiation, seul investi du pouvoir d'apprécier l'amendement du requérant et qu'une clause de non-rétablissement, librement acceptée par le requérant et stipulant que celui-ci ne pourrait exercer sa profession auprès du barreau ayant prononcé sa radiation, ne fait pas obstacle à ces dispositions impératives.

• **Refus du recours en annulation.** Un avocat radié ne peut former un recours en annulation contre une délibération du Conseil de l'ordre, interdisant aux membres du barreau de collaborer avec lui et ce pour défaut de qualité[6].

• **Examen des preuves d'amendement par les juges du fond.** La Cour de cassation a précisé que l'arrêt qui, pour juger mal fondée la demande de réinscription au barreau présentée par un avocat radié, se réfère uniquement à la gravité des faits reprochés à l'intéressé, doit être cassé car la cour d'appel était tenue d'examiner les preuves d'amendement présentées devant elle[7].

• **Rémunération des suppléants.** La Cour de cassation a précisé que les administrateurs du cabinet d'un avocat radié, ayant été désignés conformément à l'article 171 du décret du 27 novembre 1991, c'est à bon droit que le bâtonnier, en application du règlement intérieur du barreau dont dépendait l'avocat radié, a pu, à défaut d'accord entre les parties, déterminer la rémunération des suppléants. Il est vainement soutenu que l'avocat suppléé, ayant perdu sa qualité du fait de sa radiation, la reddition des comptes des administrateurs et la fixation de leurs honoraires auraient dû avoir lieu selon les règles du droit commun du mandat[8].

84.52 Effets de l'amnistie. L'amnistie accordée par certaines lois aux faits qui ont entraîné des sanctions disciplinaires contre des avocats n'entraîne pas la réinscription automatique de l'avocat. Celle-ci doit être demandée et le Conseil de l'ordre a la possibilité d'apprécier si les faits amnistiés constituent des manquements à la probité, aux bonnes mœurs ou à l'honneur et dans ce cas, il devra écarter la demande. Il en est de même en cas d'inscription au tableau d'un candidat qui a fait l'objet de condamnations amnistiées. Au cas où un avocat amnistié serait réinscrit au tableau, il ne peut prendre rang que du jour de la nouvelle décision qui l'inscrit (v. ss nos 14.41 à 14.45). Cette solution traditionnelle est-elle encore valable après que la loi du 31 décembre 1971 et le décret du 27 novembre 1991[9] ont déterminé légalement le rang des avocats au tableau ? On peut en douter.

Le conseil de discipline devra veiller, s'il prononce une mesure d'interdiction temporaire ou une radiation, mentionner si les faits qui l'ont causée sont contraires à l'honneur, à la probité et aux bonnes mœurs.

§ 4 Omission

84.61 Caractère administratif ou disciplinaire de l'omission. Cette mesure peut être soit administrative soit disciplinaire, la mesure disciplinaire prévue par les articles 105 et 106 du décret du 27 novembre

1. CA Saint-Denis, 16 déc. 1991, *Gaz. Pal.* 11 avr. 1992, 6, note Damien.
2. C. jud. Belgique, art. 471.
3. CEDH 30 nov. 1987, *D.* 1988, somm. 231, note Brunois – Mauro, « La réinscription d'un avocat radié », *Gaz. Pal.* 1988, doctr. 1988, 534.
4. Lemaire, no 536.
5. Civ. 1re, 7 juill. 1993, no 92-14.859, *Bull. civ.* I, no 248; *Gaz. Pal.* 1993, pan. 243.
6. Civ. 1re, 9 juill. 1996, 95-18507, *Bull. civ.* I, no 300; *JCP* 1996, IV, 2048.
7. Civ. 1re, 7 juill. 1993, no 92-14.859, *Bull. civ.* I, no 248; *Gaz. Pal.*, 18 nov 1993, 11; *Gaz. Pal.* 1993, pan. 243.
8. Civ. 2e, 1er avr. 1981, *Gaz. Pal.* 1981, 2, pan. 299.
9. Décr. 27 nov. 1991, art. 96.

1991 équivaut à une radiation temporaire. L'avocat omis perd tous ses droits et prérogatives, il ne peut plus plaider, ni consulter, ni conseiller. Il n'a plus le droit au titre, il ne peut plus porter la robe, il cesse provisoirement d'appartenir à l'Ordre dont il faisait partie et dont l'omission le fait sortir et ce jusqu'à la fin de cette mesure seulement[1] (v. s[s] n°s 15.00 s.).

SECTION 3
EFFETS DES PEINES DISCIPLINAIRES AU CAS D'EXERCICE EN GROUPE DE LA PROFESSION

84.71 Spécificités de l'exécution de la peine. L'avocat exerçant en groupe au sens large de cette expression, c'est-à-dire membre d'une association, d'une société civile, professionnelle ou collaborateur, est soumis, au cas de suspension, radiation, omission ou interdiction temporaire, à un régime particulier, en raison de sa situation propre.

§ 1
Avocats associés – Avocats collaborateurs – Avocats salariés

84.81 Impossibilité de poursuivre son activité dans la structure. S'ils sont frappés d'une peine disciplinaire entraînant l'impossibilité de continuer leurs fonctions, ils ne peuvent continuer à les exercer à l'intérieur du groupe où ils travaillent. Le législateur n'a rien prévu de ce chef, mais les règlements intérieurs prévoient le plus souvent les modalités de travail de l'association dont un membre est frappé d'une sanction disciplinaire.

§ 2
Avocats associés dans une société professionnelle

84.91 Retrait de la structure. Les articles 51 et suivants du décret du 20 juillet 1992 prévoient que tout associé qui a fait l'objet d'une condamnation définitive à une peine disciplinaire égale ou supérieure à trois mois d'interdiction ou qui a été omis du tableau peut être contraint de se retirer de la société par décision prise à l'unanimité des autres associés et à l'exclusion de ceux qui ont fait l'objet, pour les mêmes faits ou pour des faits connexes, d'une peine disciplinaire[2].

1. LEMAIRE, p. 232, n° 290.
2. Décr. 20 juill. 1992, art. 51 s.

• **Modalités.** Ses parts sociales sont alors cédées, comme dans le cas de cession forcée prévue par l'article 30 du décret du 20 juillet 1992. Il en est de même en cas d'omission, à l'expiration du délai d'un an de cette mesure. Si l'associé n'est pas exclu de la société, il conserve sa qualité d'associé avec tous ses droits et obligations, mais ne peut exercer aucune activité professionnelle ni avoir vocation aux bénéfices professionnels[3]. Si la société ou tous ses associés sont suspendus, le bâtonnier désigne des administrateurs. Si un associé n'est pas personnellement suspendu, il peut assurer cette administration. En cas de suspension de tous les associés appartenant au même barreau (nous sommes dans l'hypothèse d'une société civile professionnelle composée d'avocats appartenant à plusieurs barreaux), le bâtonnier de ce barreau désigne le ou les suppléants. En cas de radiation d'un associé, ses parts sont cédées comme dans le cas de cession forcée prévu à l'article 30. En cas d'interdiction provisoire d'un associé ou de plusieurs associés de la même société civile professionnelle, les mesures prévues ci-dessus reçoivent également application[4].

SECTION 4
SITUATION DE LA VICTIME

84.101 Défaut d'effets de la peine disciplinaire quant à la situation de la victime. En matière disciplinaire, la sanction n'entraîne aucune conséquence pour la victime, laquelle n'est pas partie à l'instance disciplinaire[5] (v. s[s] n° 83.81).

L'action ne peut lui apporter aucun avantage tangible car ce n'est pas l'atteinte au droit d'une personne qui est réprimée mais l'atteinte à un devoir commun de tous les avocats. La sanction disciplinaire correspond à l'atteinte au bien commun professionnel[6].

• **Irrecevabilité des demandes reconventionnelles de la victime.** Pas plus que le bâtonnier ou le premier président de la cour d'appel, saisis d'une instance en fixation d'honoraires, ne peuvent statuer sur une demande reconventionnelle tirée de fautes commises par l'avocat et mettant en cause sa responsabilité[7], pas plus le conseil de discipline ne peut statuer sur une demande de dommages-intérêts formée par le plaignant à l'occasion de la plainte qu'il a portée entre les mains de la juridiction disciplinaire contre un avocat.

• **Exception.** Toutefois un Conseil de l'ordre peut, sans déroger à ces principes, adresser à l'avocat mis en cause une injonction lui intimant l'ordre de faire tenir à son client, dans un certain délai, une somme détermi-

3. Décr. 20 juill. 1992, art. 53.
4. Décr. 20 juill. 1992, art. 53.
5. CA Orléans, 29 juin 1983, *Gaz. Pal.* 1983, 2, 512.
6. AVRIL, 1981, n° 227.
7. Civ. 1re, 29 janv. 1976, n° 74-11.982, NPT, *D.* 1976, somm. 20.

née. Il ne s'agit pas là d'une mesure de réparation civile posée dans le cadre d'une action civile mais d'une mesure d'ordre intérieure au barreau, destinée à faire cesser un trouble manifeste [1].

84.102 **Information du plaignant.** Même si la décision prononçant la mesure de sûreté de la suspension ou prononçant une des peines énumérées par l'article 184 du décret du 27 novembre 1991 n'est pas assortie de la sanction accessoire de la publicité, celle-ci devenue définitive et passée en force de chose jugée, peut être communiquée au plaignant [2].

1. CA Lyon, 7 févr. 1977, *Gaz. Pal.* 1979, 2, somm. 436.

2. Décr. 27 nov. 1991, art. 196; mod. décr. n° 2005-531, 24 mai 2005.

CHAPITRE

85. Interdiction de l'exercice de l'activité professionnelle en cas de contrôle judiciaire[1]

SECTION 0 ORIENTEUR

85.00 **Plan du chapitre.**

85.01 **Textes applicables.**

>

L. n° 71-1130, 31 déc. 1971, art. 24

C. pr. pén., art 138

Décr. n° 2005-531, 24 mai 2005

>

L. n° 71-1130, 31 déc. 1971, art. 24 [Suspension provisoire]

[mod. par L. n° 2004-130, 11 févr. 2004, art. 32 I, *JO* 12]

Lorsque l'urgence ou la protection du public l'exigent, le Conseil de l'ordre peut, à la demande du procureur général ou du bâtonnier, suspendre provisoirement de ses fonctions l'avocat qui en relève lorsque ce dernier fait l'objet d'une poursuite pénale ou disciplinaire. Cette mesure ne peut excéder une durée de quatre mois, renouvelable.

Les membres du Conseil de l'ordre, membres titulaires ou suppléants du conseil de discipline ou de la formation disciplinaire visée à l'article 22-2, ne peuvent siéger au sein du Conseil de l'ordre ou de la formation disciplinaire susvisée lorsqu'ils se prononcent en application du présent article.

Le Conseil de l'ordre peut, dans les mêmes conditions, ou à la requête de l'intéressé, mettre fin à cette suspension, hors le cas où la mesure a été ordonnée par la cour d'appel qui demeure compétente.

La suspension provisoire cesse de plein droit dès que les actions pénale et disciplinaire sont éteintes.

Les décisions prises en application du présent article peuvent être déférées à la cour d'appel par l'avocat intéressé, le bâtonnier dont il relève ou le procureur général.

C. pr. pén., art. 138, al. 2, 12°

L. n° 70-643, 17 juill. 1970, art. 1, *JO* 19; L. n° 75-701, 6 août 1975, art. 23, *JO* 7; L. n° 83-466, 10 juin 1983, art. 30, *JO* 11; L. n° 83-608, 8 juill. 1983, art. 4, *JO* 9; L. n° 85-1407, 30 déc. 1985, art. 16 et art. 94, *JO* 31 [en vigueur depuis le 1er févr. 1986]; L. n° 87-1062, 30 déc. 1987, art. 3, *JO* 31 [en vigueur le 1er sept. 1989]; L. n° 89-461, 6 juill. 1989, art. 21, *JO* 8; L. n° 93-2, 4 janv. 1993, art. 149, *JO* 5; L. n° 93-2, 4 janv. 1993, art. 179, *JO* 5 [en vigueur le 1er mars 1993]; L. n° 93-1013, 24 août 1993, art. 46, *JO* 25 [en vigueur depuis le 2 sept.]; L. n° 2000-516, 15 juin 2000, art. 45, *JO* 16; L. n° 2000-516, 15 juin 2000, art. 50, 51 et 132, *JO* 16, [en vigueur depuis le 1er janv. 2001]; L. n° 2002-1138, 9 sept. 2002, art. 49, *JO* 10; L. n° 2004-130, 11 févr. 2004, art. 32 II, *JO* 12; L. n° 2004-204, 9 mars 2004, art. 126 IV V, *JO* 10; L. n° 2007-291, 5 mars 2007, art. 2 et 30-II, *JO* 6; L. n° 2009-526, 12 mai 2009, art. 136 [en vigueur le 1er janv. 2011], *JO* 13.

Le contrôle judiciaire peut être ordonné par le collège de l'instruction ou par le juge des libertés et de la détention si la personne mise en examen encourt une peine d'emprisonnement correctionnel ou une peine plus grave.

Ce contrôle astreint la personne concernée à se soumettre, selon la décision du collège de l'instruction ou du juge des libertés et de la détention, à une ou plusieurs des obligations ci-après énumérées :

[...]

1. C. pr. pén. art. 138, al. 2, 12°.

12° Ne pas se livrer à certaines activités de nature professionnelle ou sociale, à l'exclusion de l'exercice des mandats électifs et des responsabilités syndicales, lorsque l'infraction a été commise dans l'exercice ou à l'occasion de l'exercice de ces activités et lorsqu'il est à redouter qu'une nouvelle infraction soit commise. Lorsque l'activité concernée est celle d'un avocat, le Conseil de l'ordre, saisi par le collège de l'instruction ou le juge des libertés et de la détention, a seul le pouvoir de prononcer cette mesure à charge d'appel, dans les conditions prévues à l'article 24 de la loi n° 71-1130 du 31 décembre 1971 portant réforme de certaines professions judiciaires et juridiques; le Conseil de l'ordre statue dans les quinze jours;

[...]

85.02 Jurisprudence de référence.

> Le Conseil de l'ordre est seul compétent pour prononcer et lever la suspension provisoire

• **Civ. 1re, 22 mai 2002, n° 01-13.116,** *Bull. civ.* I, n° 137; *JCP* 2002, I, 172, n° 23, obs. Martin.

* V. ss n° 85.15.

« Vu les articles 138, alinéa 2.12°, et 139 du Code de procédure pénale dans leur rédaction résultant de la loi du 15 juin 2000, ensemble l'article 23 de la loi n° 71-130 du 31 décembre 1971;

Attendu qu'il résulte de la combinaison de ces textes que le Conseil de l'ordre, saisi par le juge d'instruction, a, seul, le pouvoir de prononcer à l'encontre d'un avocat qui fait l'objet d'un placement sous contrôle judiciaire, une mesure de suspension provisoire de l'exercice de sa profession ainsi que d'y mettre fin;

Attendu que pour annuler l'arrêté du Conseil de l'ordre des avocats au barreau de Paris ayant mis fin, sur la requête de M. X..., à la mesure d'interdiction provisoire d'exercice professionnel qu'il avait précédemment prononcée à son encontre, la cour d'appel a considéré que la mise en œuvre de la mesure d'interdiction temporaire, en tant qu'elle constituait l'une des obligations du contrôle judiciaire, relevait, en principe, de la seule autorité judiciaire et que s'il était dérogé à ce principe par l'article 138, alinéa 2, 12°, du Code de procédure pénale, cette dérogation était limitée au prononcé de ladite mesure d'interdiction par le Conseil de l'ordre sur saisine du juge d'instruction; qu'ainsi, sauf à méconnaître les pouvoirs spécialement reconnus à ce magistrat par l'article 139, alinéa 2, du Code de procédure pénale, le seul renvoi aux dispositions des articles 23 et 24 de la loi du 31 décembre 1971 ne pouvait être regardé comme emportant dévolution au Conseil de l'ordre du pouvoir de supprimer l'obligation à laquelle était astreinte la personne placée sous contrôle judiciaire; de sorte que ce pouvoir appartenait exclusivement aux juridictions d'instruction;

Qu'en statuant ainsi la cour d'appel a violé les textes susvisés. »

85.03 Bibliographie indicative.

Ouvrage. Guéry, Chambon, DALLOZ ACTION INSTR. PRÉP. 2010/2011.

Article. Avril, « La procédure de l'interdiction provisoire dans la profession d'avocat », *D.* 1983, 43.

SECTION 1
COMPÉTENCE DU CONSEIL DE L'ORDRE

85.11 Présentation de l'article 138 alinéa 2, 12° du Code de procédure pénale. En vertu de cet article, le collège de l'instruction ou le juge des libertés et de la détention, qui laisse en liberté un avocat mis en examen, peut ordonner que ce dernier reste en liberté sous contrôle judiciaire. Au fil des années, les mesures dont le magistrat instructeur pouvait assortir ce contrôle judiciaire se sont multipliées, ainsi donc que les alinéas de cet article. Parmi ces mesures, le 12° de l'alinéa 2 a prévu la possibilité pour le magistrat instructeur d'interdire au mis en examen l'exercice de sa profession. La loi du 4 janvier 1993 a précisé que lorsque cette profession est celle d'avocat, le collège de l'instruction doit saisir le Conseil de l'ordre et ne doit pas assortir de lui-même le contrôle judiciaire de l'interdiction pour l'avocat d'exercer sa profession.

L'article 138 alinéa 2, 12° dispose ainsi que le Conseil de l'ordre, saisi par le collège de l'instruction ou le juge des libertés et de la détention, a seul le pouvoir de prononcer cette mesure à charge d'appel, dans les conditions prévues à l'article 24 de la loi du 31 décembre 1971. Le Conseil de l'ordre statue dans les quinze jours.

La rédaction de ce texte résulte de la loi du 11 février 2004. Mais il a été maintes fois remanié en raison notamment d'une résistance des juges à appliquer cet article.

85.12 Double finalité de l'article 138 alinéa 2, 12°. En réalité les dispositions de la loi du 4 janvier 1993 complétant l'alinéa 12 de l'article 138 du Code de procédure pénale, ont voulu être protectrices de la liberté de la défense, de la même manière que la loi du 15 juin 1982 a voulu protéger l'avocat dans le cadre des délits d'audience après le scandale causé par l'affaire *Choucq* (v. ss n° 86.51). Les deux lois sont parallèles et procèdent d'une même doctrine; d'une part il est nécessaire d'empêcher de nuire les avocats qui abusent de leur liberté pour commettre des faits graves sur le plan de leur honneur professionnel ou pour troubler les débats d'une audience d'une manière excessive notamment par l'injure, la diffamation ou l'outrage à magistrat. Mais il est également nécessaire de protéger l'avocat contre l'arbitraire du juge toujours possible dans la mesure où celui-ci n'est qu'un homme susceptible de passions qui peuvent altérer sa sérénité et son équité.

• **Préservation des droits de la défense.** On s'efforce donc à tout instant de tenir les deux bouts de la chaîne et on organise à la fois une répression nécessaire ou du moins un retrait de l'avocat objet de scandale et, en même temps, on protège l'avocat comme l'étaient d'ailleurs les élus par les dispositions de l'article 138 du Code de procédure pénale, c'est-à-dire dans l'esprit de la décision n° 81-127 des 19-20 janvier 1981 rendue par le Conseil constitutionnel qui annula les dispositions de l'article 66 de la loi Sécurité et Liberté du 2 février 1981[1] qui modifiait l'article 25 de la loi du 31 décembre 1971, en indiquant que la mesure « consistant à écarter un avocat des débats même sans caractère disciplinaire ou pénal [...] serait contraire, tant dans la personne de l'avocat que dans celle du justiciable, aux droits de la défense qui résultent des principes fondamentaux reconnus par les lois de la République »[2].

La question qui se pose donc à une juridiction, saisie soit d'outrages à magistrat nécessitant une répression immédiate et rapide, soit de la conduite d'un avocat considérée comme suffisamment scandaleuse pour le retirer provisoirement de l'exercice de sa profession, lequel est devenu le complice de son client au lieu d'en être le défenseur, est délicate car il faut combiner efficacité et rapidité.

• **Analogie avec les délits d'audience.** En matière de délit d'audience, l'efficacité à long terme a été longtemps brimée. Si à l'origine la juridiction statuait librement et immédiatement sous la seule restriction des voies de recours propres à son type de juridiction sur les outrages commis par un avocat, l'article 681 du Code de procédure pénale dans sa rédaction issue de la loi du 18 juillet 1974[3], renvoyait la procédure contre les avocats à celles des personnes énumérées à l'article 679 du Code de procédure pénale, c'est-à-dire à se pourvoir devant la chambre criminelle de la Cour de cassation statuant en matière de règlement de juges et désignant la chambre d'accusation chargée de l'instruction. Ce système était trop lourd et il lui fut substitué le système de la loi du 4 janvier 1993[4] qui renvoie les avocats au droit commun et précise toutefois l'impossibilité pour les magistrats ayant participé à l'audience où le délit a été commis, de composer la juridiction de jugement[5].

85.13 Rédaction de l'article 138 alinéa 12° issu de la loi du 4 janvier 1993. Cette loi a eu à statuer sur la possibilité pour un juge d'instruction d'interdire à un avocat de continuer l'exercice de la profession à titre provisionnel, immédiat et sous réserve des recours à introduire. Là encore on a privilégié l'efficacité immédiate à une justice plus sereine rendue au fond mais après des délais qui peuvent permettre à l'avocat de tenter de saboter l'instruction, voire de commettre des faits répréhensibles.

Mais le législateur s'est servi de termes ambigus et n'a pas suffisamment précisé ce qu'il entendait instaurer, par cet article 149 de la loi du 4 janvier 1993, complétant le 12° de l'article 138 du Code de procédure pénale. En effet, le texte indique que lorsque l'infraction a été commise dans l'exercice, ou à l'occasion d'une activité de nature professionnelle, et qu'il est à redouter que de nouvelles infractions ne soient commises, le juge d'instruction peut suspendre le mis en examen du droit d'exercer cette activité, mais le texte précise que « le juge d'instruction doit *saisir* le Conseil de l'ordre qui statue comme il est dit à l'article 23 de la loi du 31 décembre 1971 », c'est-à-dire soit d'office, soit sur les réquisitions du procureur général. Le Conseil de l'ordre peut suspendre provisoirement de ses fonctions l'avocat qui fait l'objet d'une poursuite pénale ou disciplinaire; mais le juge peut dans les mêmes conditions décider de mesures de suspension. Ces mesures cessent de plein droit dès que l'action pénale ou disciplinaire est éteinte.

• **Que signifiait ce texte ?** S'il s'était agi d'une simple information du conseil pour lui permettre le cas échéant et s'il le juge utile, de poursuivre l'avocat devant la juridiction disciplinaire, de ne pas rester muet devant un scandale qui se déroule, le législateur aurait employé le mot « informer », Or, il a employé le mot « saisir », ce mot a un sens très précis dans le contentieux disciplinaire, il veut dire que le parquet ou le juge d'instruction fait l'objet d'une « saisine » juridictionnelle, c'est-à-dire qu'on porte à sa connaissance des fautes commises par un avocat et qu'il doit statuer par décision motivée, après une instruction contradictoire dans les délais qui sont déterminés par le droit disciplinaire des avocats. Donc le terme « saisi » oblige le procureur ou le juge d'instruction à adresser un acte de saisine, c'est-à-dire un acte qui l'oblige à statuer, au bâtonnier pour permettre au Conseil de l'ordre d'apprécier.

Une idée vient aussitôt à l'esprit, le juge d'instruction ne devrait-il pas attendre que le Conseil de l'ordre ait vidé sa saisine en statuant, soit dans le même sens que lui, soit dans un sens inverse, sous réserve de l'appréciation de la chambre d'accusation ? L'idée est séduisante dans la mesure où elle organise une parfaite protection de la profession d'avocat et de son exercice, mais pas pour autant une immunité absolue puisqu'en tout état de cause, sur appel du procureur général, la cour d'appel peut être saisie de l'action disciplinaire dont le Conseil de l'ordre a d'abord été saisi et qu'il a tranchée de la manière qui lui paraissait opportune et équitable dans les délais qui lui sont impartis.

Mais une telle interprétation aboutirait à faire du Conseil de l'ordre le juge de la suspension provisoire et à dépouiller le juge d'instruction de pou-

1. L. n° 81-82, 2 févr. 1981 renforçant la sécurirté et protégeant la liberté des personnes, *JO* 3 févr.
2. Cons. const. 19-20 janv. 1981, n° 81-127, *JO* 22 janv. 1981; *Gaz. Pal.* 1981, I, 57.
3. L. n° 74-646, 18 juill. 1974.
4. L. n° 93-2, 4 janv. 1993.
5. L. 4 janv. 1993, art. 108; mod. C. pr. pén., art. 577.

voirs qui lui ont été accordés dans le cadre général de l'article 138 du Code de procédure pénale, pour les besoins de son instruction et surtout pour le bien commun, c'est-à-dire pour permettre que le délit ou le crime ne continue pas à se perpétrer en raison de l'exercice d'une profession par un inculpé.

• **Position doctrinale.** Les deux interprétations ont été discutées par la doctrine [1]. Ces émotions sont tout à fait légitimes dans la mesure où le pouvoir ainsi confié au juge d'instruction pourrait devenir abusif; on connaît des juges d'instruction qui interdisent aujourd'hui à un prévenu de conserver son avocat au motif d'un soupçon d'entente entre l'avocat et d'autres inculpés ou des parties civiles; on connaît l'augmentation importante du contentieux relatif à la « délicatesse » amenant les avocats ou les clients à demander, non seulement au bâtonnier mais même à des juridictions civiles et particulièrement des référés, d'écarter un avocat de la barre, la tentation risquerait d'être grande pour un juge d'instruction d'écarter un avocat en lui interdisant d'exercer sa profession. Il est regrettable aussi que le texte soit ambigu et qu'il n'ait pas précisé ou tout au moins rappelé, même si cela allait de soi, à quelles obligations était tenu l'Ordre et le Conseil de l'ordre en particulier, une fois *saisi* par le juge d'instruction et quelles étaient les conséquences d'une diversité d'appréciation entre le juge d'instruction et le conseil de discipline. Fallait-il organiser une sorte de règlement de juges ? Nous souhaitions [2] alors que les conditions qui ont été posées par l'article 138-12 soient respectées à la lettre dans une matière aussi délicate par les juges d'instruction, examinées avec un soin sourcilleux par les chambres d'accusation et surtout unifiées par la Cour de cassation de façon à ce que cette question irritante soit tranchée de manière définitive et sans porter atteinte à la liberté de la défense.

85.14 Position jurisprudentielle. Les juges ont considéré qu'il leur appartenait de décider de la suspension provisoire de l'avocat en procédant uniquement à une information du Conseil de l'ordre [3].

• C'est ce qu'a proclamé la chambre criminelle le 30 juin 1993 par l'arrêt *Laluc* [4]. La seule condition pour que l'article 138-12 puisse trouver application est que l'avocat ait été effectivement inculpé dans le cadre d'une affaire où l'action publique a été mise en mouvement contre lui et où il est personnellement l'objet de poursuites pénales, à la date à laquelle la mesure de suspension provisoire a été prononcée (dans un autre cas d'espèce puisque c'est dans le cadre de la loi du 31 décembre 1971, article 23, que la décision est prise et non pas de l'article 138-12 [5] du Code de procédure pénale) et d'autre part que l'infraction ait été commise dans l'exercice ou à l'occasion de l'exercice des activités professionnelles de l'avocat [6]. Dès lors que ces deux conditions sont remplies, le juge d'instruction prend sa décision sans être subordonné à une approbation ou à une décision identique de l'instance disciplinaire professionnelle mais, d'autre part, le Conseil de l'ordre doit tirer sur le plan disciplinaire et au regard des règles de la profession, toute conséquence qu'il estimera utile puisqu'il n'est pas informé mais il est saisi (un pharmacien en l'espèce) [7].

85.15 Rédaction de l'article 138 alinéa 2, 12° issu de la loi du 15 juin 2000. Le législateur est alors intervenu pour faire cesser cette jurisprudence. La loi du 15 juin 2000 indique que le Conseil de l'ordre, saisi par le juge d'instruction, a seul le pouvoir de prononcer cette mesure de suspension provisoire à charge d'appel. Cette rédaction plus précise devait faire cesser la jurisprudence précitée.

En dépit de cette nouvelle rédaction, les juges du fond décidèrent de maintenir leur position [8]. Mais la Cour de cassation, dans deux arrêts rendus à quelques jours d'intervalle par la première chambre civile et la chambre criminelle, a affirmé le principe selon lequel seul le Conseil de l'ordre peut prononcer la mesure de suspension provisoire et y mettre fin [9].

85.16 Rédaction de l'article 138 alinéa 2, 12° issu de la loi du 11 février 2004. Cette loi a modifié le régime disciplinaire des avocats. Ainsi, la suspension provisoire qui était initialement régie par l'article 23 de la loi du 31 décembre 1971, figure désormais à l'article 24. Lorsque l'urgence ou la protection du public l'exigent, le Conseil de l'ordre peut, à la demande du procureur général ou du bâtonnier, suspendre provisoirement de ses fonctions l'avocat qui en relève lorsque ce dernier fait l'objet d'une poursuite pénale ou disciplinaire. Cette mesure ne peut excéder une durée de quatre mois, renouvelable.

1. NOT. : CA Bordeaux, 14 févr. 1997, *Gaz. Pal.* 15 mai 1977, 10 – Crim. 22 oct. 1997, n° 97-84.243, *Bull. crim.*, n° 346; *Gaz. Pal.* 4 août 1998, 26, note Désurmot.
2. Hamelin, Damien, *Les règles de la profession d'avocat*, 9e éd., 2000.
3. NOT. : Cons. ordre Paris, *Gaz. Pal.* 12 juill. 1997, 39; note Desrumont [bâtonnier], s[s] Crim. 22 oct. 1997, *Gaz. Pal.* 4 août 1998, 27.
4. Crim. 30 juin 1993, n° 93-81.845, *Bull. crim.*, n° 231; *JCP* 1998, 384; *Gaz. Pal.* 1993, jur. 494; *Gaz. Pal.* 1997, doctr. 1435.
5. Civ. 1re, 17 oct. 1995, n° 94-19.400, *Bull. civ.* I, n° 364; *D.* 1995, IR 239.
6. Crim. 30 juin 1993, n° 93-81.845, *Bull. crim.*, n° 231; *JCP* 1998, 384; *Gaz. Pal.* 1993, jur. 494; *Gaz. Pal.* 1997, doctr. 1435.
7. RAPPR. : Crim. 13 janv. 1987, n° 86-92.785, *Bull. crim.*, n° 13.
8. CA Paris, 4 juill. 2001, *Gaz. Pal.* 9 sept. 2001, 20, note Damien; *JCP* 2001, II, 10627, note Martin.
9. Civ. 1re, 22 mai 2002, n° 01-13.116, *Bull. civ.* I, n° 137; *D.* 2002, IR 2580; *JCP* 2002, I, 172, n° 23, obs. Martin; *Gaz. Pal.* 2002, jur. 1072, note Lambling; *Gaz. Pal.* 2002, somm. 769; *JCP* 2002, II, 10153, note Martin – Crim. 15 mai 2002, n° 02-81.116, *Bull. crim.*, n° 113; *D.* 2002, IR 1957; *Gaz. Pal.* 2002, jur. 1072; *Gaz. Pal.* 2002, somm. 769.

Dès lors, l'article 138 alinéa 2, 12°, du Code de procédure pénale fait un renvoi à l'article 24 de la loi du 31 décembre 1971. Cette nouvelle rédaction pose d'ailleurs une question concernant la durée de la suspension provisoire ordonnée dans le cadre d'un contrôle judiciaire. La suspension provisoire est en effet d'une durée maximale de quatre mois sous réserve de renouvellement. Doit-on en conclure qu'il en sera de même lorsque cette mesure sera ordonnée en application de l'article 138 alinéa 2, 12° (v. s^s^ n° 85.25) ?

SECTION 2
PROCÉDURE

85.21 Saisine obligatoire du Conseil de l'ordre. Le Conseil de l'ordre doit être saisi obligatoirement et le défaut de saisine du Conseil de l'ordre par le collège de l'instruction entraîne la nullité de la mesure. Saisir ne veut pas dire communiquer une intention par une conversation téléphonique ou une lettre au bâtonnier, cela signifie qu'on doit lui communiquer l'intégralité des pièces du dossier (v. s^s^ n° 23.111).

• C'est ce qu'a décidé la cour de Bordeaux[1]. Le juge d'instruction [collège de l'instruction] qui a informé le Conseil de l'ordre de sa décision de mise sous contrôle judiciaire d'un avocat et de l'obligation qui lui était faite de ne pas se livrer à son activité professionnelle, sans joindre à sa demande aucune pièce du dossier et même pas l'ordonnance plaçant l'avocat sous contrôle judiciaire, ne permettant pas au Conseil de l'ordre de statuer, dès lors, le juge d'instruction [collège de l'instruction] ne pouvait pas rendre efficace la mesure qu'il avait prise. Il a l'obligation d'une saisine antérieure ou au moins simultanée à sa décision et il doit y joindre tout le dossier concernant la mesure qu'il a décidée. Le fait de déposer ultérieurement devant la chambre d'accusation, les éléments de la procédure d'information ne peut pas entrer en ligne de compte dans la mesure où, en procédant ainsi on supprime le premier degré de juridiction dans le cadre de la procédure de suspension provisoire d'un avocat.

85.22 Formes de la saisine. La saisine est manifestée par le juge non par son intention ou sa décision de placer l'avocat sous le régime de la suspension provisoire, mais par un document écrit, remis d'une manière certaine au bâtonnier et comportant à l'appui l'intégralité des pièces de la procédure.

85.23 Auteur de la saisine. Jusqu'à l'adoption de cet article, seul le procureur général avait qualité pour saisir le conseil de discipline, soit d'une action pour réprimer les infractions et fautes commises par des avocats, soit pour requérir la suspension provisoire d'un avocat. L'article 138-12 du Code de procédure pénale créé une nouvelle saisine confiée non plus au procureur général mais au collège de l'instruction qui a donc le pouvoir de saisir le conseil de discipline dans le cas bien précis de l'article 138. C'est une exception, unique il faut bien l'espérer, à l'unité de saisine du procureur général vis-à-vis des ordres d'avocats.

85.24 Délai. Le Conseil de l'ordre statue dans les quinze jours. S'il n'a pas statué, il est réputé avoir refusé la suspension provisoire et le parquet général peut saisir la cour dans le délai légal.

85.25 Durée de la mesure. Se pose la question de la durée de la suspension provisoire. Si l'on s'en tient aux termes de l'article 24 de la loi du 31 décembre 1971 auquel renvoie l'article 138 alinéa 2, 12°, cette durée devrait être de quatre mois renouvelable (v. s^s^ n° 85.16).

Le Conseil de l'ordre est seul compétent pour mettre un terme à cette mesure[2].

En tout état, la suspension provisoire ne pouvant être prononcée désormais que pour quatre mois, il appartiendra au magistrat instructeur, par le truchement du procureur général, de demander, s'il le souhaite, au Conseil de l'ordre de prolonger cette mesure de sûreté puisque la loi du 11 février 2004 dit que la durée de quatre mois est renouvelable.

85.26 Interdiction de fait de l'exercice de la profession d'avocat. En pratique, le cas s'est présenté. Le collège de l'instruction en se limitant aux autres mesures prévues par l'article 138 du Code de procédure pénale peut interdire de fait à l'avocat l'exercice de sa profession. Ainsi, il peut lui interdire de se rendre en certains lieux, s'abstenir de recevoir ou de rencontrer certaines personnes spécialement désignées par le collège de l'instruction qui fait figurer sur sa liste tous les clients de l'avocat.

1. CA Bordeaux, 14 févr. 1997, *Gaz. Pal.* 15 mai 1977, 10.

2. Civ. 1re, 22 mai 2002, n° 01-13.116, *Bull. civ.* I, n° 137; *D.* 2002, IR 2580; *JCP* 2002, I, 172, n° 23, obs. Martin; *Gaz. Pal.* 2002, jur. 1072, note Lambling; *Gaz. Pal.* 2002, somm. 769; *JCP* 2002, II, 10153, note Martin.

CHAPITRE

86. Délits d'audience

SECTION 0 ORIENTEUR

86.00 Plan du chapitre.

86.01 Textes applicables.

>

L. n° 71-1130, 31 déc. 1971, art. 3, 25 et 25-1

L. 29 juill. 1881, art. 41

C. pén., art. 434-24

C. pr. pén., art. 675 à 679

C. pr. civ., art. 439

>

L. 31 déc. 1971, art. 3 [Serment]

[mod. par L. n° 90-1259, 31 déc. 1990, art. 2, *JO* 5 janv. 1991; en vigueur le 1er janv. 1992]

Les avocats [...] prêtent serment en ces termes : « Je jure, comme avocat, d'exercer mes fonctions avec dignité, conscience, indépendance, probité et humanité ». [...]

L. 31 déc. 1971, art. 25 [Délits d'audience]

[mod. par L. n° 2004-130, 2 févr. 2004, art. 33, *JO* 12]

Toute juridiction qui estime qu'un avocat a commis à l'audience un manquement aux obligations que lui impose son serment, peut saisir le procureur général en vue de poursuivre cet avocat devant l'instance disciplinaire dont il relève.

Le procureur général peut saisir l'instance disciplinaire qui doit statuer dans le délai de quinze jours à compter de la saisine. Faute d'avoir statué dans ce délai, l'instance disciplinaire est réputée avoir rejeté la demande et le procureur général peut interjeter appel. La cour d'appel ne peut prononcer de sanction disciplinaire qu'après avoir invité le bâtonnier ou son représentant à formuler ses observations.

Lorsque le manquement a été commis devant une juridiction de France métropolitaine et qu'il y a lieu de saisir une instance disciplinaire située dans un département ou un territoire d'outre-mer ou à Mayotte, le délai prévu à l'alinéa précédent est augmenté d'un mois.

Il en est de même lorsque le manquement a été commis devant une juridiction située dans un département ou un territoire d'outre-mer, ou à Mayotte, et qu'il y a lieu de saisir une instance disciplinaire située en France métropolitaine.

L. 31 déc. 1971, art. 25-1 [Violation des règles de procédure]

[créé par L. n° 82-506, 15 juin 1982, art. 3, *JO* 16]

En cas de manquement aux obligations ou de contravention aux règles découlant des dispositions sur la procédure, les avocats encourent les sanctions édictées par lesdites dispositions.

L. 29 juill. 1881, art. 41 [Suppression des discours injurieux, outrageants ou diffamatoires]

[mod. par L. n° 82-506, 15 juin 1982, art. 5, *JO* 16]

Ne donneront ouverture à aucune action les discours tenus dans le sein de l'Assemblée nationale ou du Sénat ainsi que les rapports ou toute autre pièce imprimée par ordre de l'une de ces deux assemblées.

Ne donnera lieu à aucune action le compte rendu des séances publiques des assemblées visées à l'alinéa ci-dessus fait de bonne foi dans les journaux.

Ne donneront lieu à aucune action en diffamation, injure ou outrage, ni le compte rendu fidèle fait de bonne foi des débats judiciaires, ni les discours prononcés ou les écrits produits devant les tribunaux.

Pourront néanmoins les juges, saisis de la cause et statuant sur le fond, prononcer la suppression des discours injurieux, outrageants ou diffamatoires, et condamner qui il appartiendra à des dommages-intérêts.

Pourront toutefois les faits diffamatoires étrangers à la cause donner ouverture, soit à l'action publique, soit à l'action civile des parties, lorsque ces actions leur auront été réservées par les tribunaux, et, dans tous les cas, à l'action civile des tiers.

C. pén., art. 434-24 [Outrage à magistrat]

[ord. n° 2000-916, 19 sept. 2000, art. 3, *JO* 22; en vigueur depuis le 1er janv. 2002]

L'outrage par paroles, gestes ou menaces, par écrits ou images de toute nature non rendus publics ou par l'envoi d'objets quelconques adressé à un magistrat, un juré ou toute personne siégeant dans une formation juridictionnelle dans l'exercice de ses fonctions ou à l'occasion de cet exercice et tendant à porter atteinte à sa dignité ou au respect dû à la fonction dont il est investi est puni d'un an d'emprisonnement et de 15 000 euros d'amende.

Si l'outrage a lieu à l'audience d'une cour, d'un tribunal ou d'une formation juridictionnelle, la peine est portée à deux ans d'emprisonnement et à 30 000 euros d'amende.

C. pr. pén. art. 675 [Jugement des infractions commises à l'audience des cours et tribunaux]

[mod. par L. n° 93-2, 4 janv. 1993, art. 107, *JO* 5]

Sous réserve des dispositions des articles 342 et 457, les infractions commises à l'audience sont jugées, d'office ou sur les réquisitions du ministère public, suivant les dispositions ci-après, nonobstant toutes règles spéciales de compétence ou de procédure.

C. pr. pén. art. 676 [Jugement des infractions commises à l'audience des cours et tribunaux]

S'il se commet une contravention de police pendant la durée de l'audience, le tribunal ou la cour dresse procès-verbal du fait, entend le prévenu, les témoins, le ministère public, et, éventuellement, le défenseur, et applique sans désemparer les peines portées par la loi.

C. pr. pén. art. 677 [Jugement des infractions commises à l'audience des cours et tribunaux]

[mod. par L. n° 93-2, 4 janv. 1993, art. 108, JO 5]

Si le fait commis pendant la durée de l'audience d'un tribunal correctionnel ou d'une cour est un délit, il peut être procédé comme il est dit à l'article précédent. Dans ce cas, si la peine prononcée est supérieure à un mois d'emprisonnement, un mandat de dépôt peut être décerné.

Si le fait, qualifié délit, a été commis à l'audience d'un tribunal de police ou d'une juridiction de proximité, le président en dresse procès-verbal, qu'il transmet au procureur de la République; il peut, si la peine encourue est supérieure à six mois d'emprisonnement, ordonner l'arrestation de l'auteur, et sa conduite immédiate devant le procureur de la République.

Par dérogation aux dispositions qui précèdent, lorsqu'il a été commis pendant la durée d'une audience d'une juridiction de proximité, d'un tribunal de police, d'un tribunal correctionnel ou d'une cour le délit d'outrage prévu par l'article 434-24 du code pénal, le président en dresse procès-verbal qu'il transmet au procureur de la République. Les magistrats ayant participé à l'audience lors de la commission du délit ne peuvent composer la juridiction saisie des poursuites.

C. pr. pén. art. 678 [Jugement des infractions commises à l'audience des cours et tribunaux]

[mod. par L. n° 2005-47, 26 janv. 2005, art. 9]

Si le fait commis est un crime, la cour, le tribunal de police, le tribunal correctionnel ou la juridiction de proximité après avoir fait arrêter l'auteur, l'interroge et dresse procès-verbal des faits; cette juridiction transmet les pièces et ordonne la conduite immédiate de l'auteur devant le procureur de la République compétent qui requiert l'ouverture d'une information.

C. pr. civ., art. 439 [Trouble à l'audience]

Les personnes qui assistent à l'audience doivent observer une attitude digne et garder le respect dû à la justice. Il leur est interdit de parler sans y avoir été invitées, de donner des signes d'approbation ou de désapprobation, ou de causer du désordre de quelque nature que ce soit.

Le président peut faire expulser toute personne qui n'obtempère pas à ses injonctions, sans préjudice des poursuites pénales ou disciplinaires qui pourraient être exercées contre elle.

86.02 Jurisprudence de référence.

> Sur l'inconstitutionnalité de l'article 66 de la loi « Sécurité et liberté »

• **Cons. const. 20 janv. 1981, n° 80.127 DC,** *JO* 22 janv.

* V. ss n° 86.61.

« En ce qui concerne l'article 66 de la loi relatif à la discipline des avocats et à la police de l'audience :

48. Considérant que, selon les auteurs de l'une des saisines, l'article 66 de la loi soumise à l'examen du Conseil constitutionnel serait contraire aux droits de la défense; qu'en effet, il permettrait au président de toute juridiction de l'Ordre judiciaire d'écarter discrétionnairement de la barre, pendant deux jours, au nom de la sérénité des débats, un avocat; que, s'il est permis au bâtonnier de désigner d'office un avocat pour remplacer l'avocat écarté de l'audience, cette garantie ne saurait être regardée comme suffisante, un tel système pouvant avoir pour effet de confier la défense à un avocat ignorant tout du procès; qu'en outre et surtout, en ne précisant pas si les débats sont suspendus, en n'indiquant pas les conditions de leur poursuite, le premier alinéa de l'article 25-1 nouveau de la loi du 31 décembre 1971 portant réforme de certaines professions judiciaires et juridiques tel qu'il résulte de l'article 66 de la loi soumise à l'examen du Conseil constitutionnel permettrait que le procès se déroule au moins pendant deux jours sans que le prévenu soit assisté de son conseil, la désignation d'un remplaçant commis d'office par le bâtonnier n'intervenant qu'en cas de prorogation.

[...]

50. Considérant que l'article 66, paragraphe II, compte tenu de la suppression du pouvoir disciplinaire de la juridiction sur l'avocat, insère, d'autre part, dans la loi du 31 décembre 1971 sus-mentionnée un article 25-1 ainsi conçu : Lorsque l'attitude d'un avocat compromet la sérénité des débats, le président peut, en vertu de ses pouvoirs de police de l'audience, le bâtonnier du Conseil de l'ordre du barreau du tribunal ou son représentant

entendu, décider d'écarter cet avocat de la salle d'audience pour une durée qui ne peut excéder deux jours. Il appartient au bâtonnier du Conseil de l'ordre du barreau du tribunal ou à son représentant de décider, s'il y a lieu, de la prorogation de cette mesure jusqu'à ce que le Conseil de l'ordre compétent ait statué sur l'instance disciplinaire et de désigner d'office un autre avocat pour l'audience pendant la durée qu'il détermine;

51. Considérant qu'il résulte tant des termes que des travaux préparatoires de cette disposition qu'elle permet au président d'une juridiction d'écarter un avocat de la salle d'audience en vertu de ses pouvoirs de police de l'audience et pour préserver la sérénité des débats sans même que, pour autant, l'avocat ait nécessairement manqué aux obligations que lui impose son serment et tombe sous le coup des poursuites disciplinaires visées par l'article 25 de la loi du 31 décembre 1971 tel qu'il résulte du paragraphe 1 de l'article 66 de la loi soumise à l'examen du Conseil constitutionnel.

52. Considérant que, même si la mesure que le président, aux termes de l'article 25-1 précité, pourrait prendre à l'égard d'un avocat dont l'attitude compromettrait la sérénité des débats, avait le caractère d'une simple mesure de police de l'audience et ne revêtait pas celui d'une sanction disciplinaire, il ne demeure pas moins que cette mesure, qui pourrait intervenir alors que l'avocat n'a manqué à aucune des obligations que lui impose son serment et alors qu'il a donc rempli son rôle de défenseur, serait contraire, tant dans la personne de l'avocat que dans celle du justiciable, aux droits de la défense qui résultent des principes fondamentaux reconnus par les lois de la République; que, dès lors, le paragraphe II de l'article 66 de la loi soumise à l'examen du Conseil constitutionnel est contraire à la Constitution;

53. Considérant que les autres dispositions de l'article 66 de la loi soumise à l'examen du Conseil constitutionnel sont inséparables des dispositions du paragraphe II contraires à la Constitution; que, dans ces conditions, l'article 66 de la loi ne peut qu'être déclaré, dans sa totalité, contraire à la Constitution. »

86.03 Bibliographie indicative.

Ouvrage. AVRIL, 2008.

Encyclopédie. RÉP. PÉN., *V° Délit d'audience*, n°s 35 s.

Articles. Badinter, « L'avocat bâillonné », *Le Monde* 15 janv. 1981 – Damien, « La liberté de la défense et le délit d'audience », *Gaz. Pal.* 1982, 1, doctr. 192; « Le pavé », *Gaz. Pal.* 1982, 1, doctr. 196; « La répression des délits d'audience commis par des avocats après la loi du 15 juin 1982 », *Gaz. Pal.* 1982, 2, doctr. 514; *Le Monde* 2 avr. 1980, p. 2; *Gaz. Pal.* 1980, 1, doctr. 254 – Renaudie, « La liberté d'expression de l'avocat dans la jurisprudence de la Cour européenne des droits de l'homme », *Gaz. Pal.* 2006. Doctr. 2185.

86.07 Évolution. Il a fallu d'abord les Grecs pour nous apprendre qu'au-delà de l'ordre et du bien commun existe une réalité plus haute, une vertu plus essentielle qui s'appelle « la justice » et dont le juge doit être le serviteur passionné. Ils en donnèrent l'image éternelle par l'opposition entre Antigone et Créon, celui-ci symbolisant l'ordre, le bien commun, le pouvoir, celle-là une vertu inaccessible et obscure qui se nomme la Justice. Mais il a fallu que les Romains prêtent leur organisation exemplaire à l'inspiration grecque pour lui donner la force du droit, tandis que le message chrétien enseignant à la philosophie que l'homme est de même nature que Dieu puisque « participant à la nature divine » nous apprit et nous enseigna la personnalisation de la justice.

Cette conception du rôle du juge a eu sa meilleure expression dans la civilisation occidentale et notamment dans ses deux courants latin et anglo-saxon. Elle est en régression dans le monde entier mais subsiste toutefois dans la petite péninsule eurasiatique et dans les civilisations qu'elle a inspirées.

Le pape Pie XII, grand juriste autant que moraliste, l'a défini dans son discours au Congrès international de droit pénal du 3 octobre 1953 en ces termes : « Le juge ne doit être partie ni pour lui-même ni pour l'État. »

Telle est la conception française de la justice mais elle n'a de sens que si le juge, avant de rendre cette sentence qui naît dans son cœur en toute indépendance vis-à-vis de quiconque, peut entendre les arguments que le prévenu ou l'accusé présumé innocent veut lui soumettre. Le corollaire absolu et indispensable de cette conception indépendante de la justice est donc la liberté de la défense et le pape Pie XII, pour revenir à lui, pose un second principe tout aussi essentiel que le premier : « L'avocat doit dire tout ce qui est en faveur de son client et non pas seulement ce qui agrée au juge. » Ce texte lapidaire pose l'exigence de la liberté chez l'avocat et l'obligation pour le juge de l'entendre. Il n'y a pas de défense de connivence sinon un simulacre, l'avocat soumet au juge tout ce qui lui paraît être en faveur de son client, aussi bien les circonstances atténuantes personnelles que les considérations politiques ou les arguments économiques.

La conception occidentale de la défense veut donc que l'avocat, intégré à un Ordre indépendant et autonome, gardien de sa liberté personnelle soit présent au prétoire pour assurer aux justiciables la liberté de leur défense et pour assurer au juge la liberté dont il a besoin pour exercer sa délicate fonction.

Le barreau, en tant que corps social et instrument de la liberté de défense, devient caution de la justice de son temps aux yeux du public. C'est lui, par sa présence au prétoire, qui enseigne aux citoyens peu versés dans la pratique judiciaire et inaptes à sonder les décisions, qu'il faut distinguer entre les tribunaux indépendants par nature et ceux qui ne seraient que des simulacres. Le barreau est présent devant ceux-là, il s'abstient devant ceux-ci ou assortit sa présence des réserves nécessaires. En un mot, l'avocat cautionne la justice de son temps pour assurer l'opinion que cette justice, même faillible et perfectible, est en tension permanente vers la vraie justice, que ceux qui la composent savent placer leur honneur au-dessus de leur carrière et qu'ils essaient de sonder les reins et les cœurs avec la conscience d'accomplir une mission et non pas un métier.

Cette liberté essentielle est rappelée par l'histoire même du barreau. Les exemples ne manquent pas de phrases qui sonnent comme un coup de clairon et qui jalonnent cette indépendance du barreau.

De Berryer qui défendit le général Cambronne en rappelant aux juges de Louis XVIII qu'il ne convient pas qu'un roi aille ramasser les blessés sur le champ de bataille pour les porter à l'échafaud; à Chenu : « Qu'on arrache nos toges et qu'on apporte des livrées mais je crains qu'il ne s'en trouve pas une à ma taille »; à Gambetta rappelant la carrière brillante de tous les substituts chargés de réprimer les délits de presse; à Pierre Loewel rappelant dans l'affaire *Stavisky* que le ministère public, dans cette affaire, c'était le ministère tout court... Tous ces mots sont présents dans les mémoires, la tradition est constante.

Mais plus que des mots, des interjections ou des éclairs, il y a une attitude constante du barreau qui exprime sa liberté. On a parlé de connivence et de défense de rupture, la classification est commode mais elle est inexacte.

La défense de connivence consisterait, pour ceux qui la stigmatisent, à ce que l'avocat reconnaisse que son client a commis les faits qu'il avoue et que ces faits sont contraires à la loi et, par là même, le plus souvent à la morale et se borne à plaider des excuses personnelles. Rassurons-nous, il n'y a dans cette attitude ni connivence ni lâcheté mais simplement le plus souvent la reconnaissance d'un état de fait.

En revanche, rien n'interdit et tout réclame que l'avocat parfois, lorsqu'il le juge nécessaire, sache s'ériger en accusateur pour dénoncer les vrais coupables alors qu'il plaide l'innocence de son client ou pour critiquer la loi lorsqu'elle lui paraît contraire à une morale qu'il estime surannée ou dépassée. Les propos de l'avocat peuvent gêner, ils peuvent même être dangereux pour l'ordre public, il n'en demeure pas moins que l'avocat a été institué pour les proférer quand il l'estime utile, sans oublier jamais qu'il est également le défenseur d'une personne.

Cependant le bon sens postule que, sans limiter ou entraver la défense, il y ait une règle du jeu à respecter; ce n'est pas la conséquence d'une conception de la défense fondée sur la connivence, c'est la simple reconnaissance de la nécessité d'un débat devant avoir lieu, il y a des règles à respecter : règles de prise de parole, règles d'expression orale, il n'est pas normal que l'insulte ou l'injure fleurissent sur les lèvres de quiconque dans un prétoire.

Le débat se poursuit devant des personnes qui cherchent à découvrir la vérité; ce n'est pas dans une atmosphère de réunions publiques ni de procès de tribunaux populaires que l'on pourra y parvenir.

Toutefois, il importe que ces règles n'entravent pas non plus la défense dans ce qu'elle a d'essentiel.

On doit constater que la législation française qui existait depuis 1810 était restrictive des libertés de l'avocat au prétoire et cependant, à de rares exceptions près, la défense fut peu entravée dans l'histoire judiciaire des XIXe et XXe siècles. C'est là une des gloires de la magistrature française d'avoir été la garante des libertés de la défense, avec d'autant plus de courage que les textes en vigueur ne l'y invitaient point.

86.08 Caractéristiques des délits d'audience. Les délits d'audience ne constituent pas un aspect particulier de l'action disciplinaire que le barreau peut exercer sur ses membres en vertu de son pouvoir de contrôle et de façon à assurer qu'ils restent dignes des traditions de l'Ordre.

Au contraire, la répression du délit d'audience commis par un avocat est une incursion du pouvoir judiciaire dans la fonction de défense qui requiert essentiellement la liberté; il y a donc une antinomie de principe entre la nécessité d'une défense libre et la répression des délits commis par l'avocat à l'audience et dans l'exercice de ses fonctions. Il importe tout d'abord de poser les principes en vertu desquels la liberté de la défense est admise devant les juridictions.

86.09 Liberté du juge. La conception de la justice dans le monde occidental et dans les pays civilisés, suppose la liberté du juge, non seulement vis-à-vis de ses propres intérêts et vis-à-vis du pouvoir, mais même vis-à-vis du bien commun que l'État est censé incarner.

Cela signifie qu'il ne peut se référer à l'utilité de la sentence pour le bien public pour la déterminer en son âme et conscience. Peu importe qu'en acquittant celui-ci, en absolvant partiellement celui-là ou en condamnant lourdement cet autre, il crée des troubles publics supérieurs à l'avantage que procure à la société une sentence indépendante, le juge ne dépend que de sa conscience. Une telle conception est née lentement dans la civilisation, elle ne fut jamais celle des nations antiques qui rattachaient étroitement la sentence du juge, soit à la volonté du prince, soit dans les pays plus civilisés et nous dirions plus équitables, aux nécessités du bien commun.

SECTION 1
RESTRICTIONS LÉGALES À LA LIBERTÉ DE L'AVOCAT DANS LE SYSTÈME ANTÉRIEUR AU 15 JUIN 1982

§ 1
Violation de son serment par l'avocat[1]

86.11 Contenu du serment. Ce serment, dès l'origine, était nettement politique; celui contenu dans l'article 14 du décret du 14 décembre 1810 parle « d'obéissance aux constitutions de l'Empire, de fidélité à l'Empereur, de ne rien dire de contraire aux lois, aux règlements, aux bonnes mœurs, à la

1. L. 31 déc. 1971, art. 3 et 25.

sûreté de l'État ou à la paix publique et de ne jamais s'écarter du respect dû aux tribunaux et aux autorités publiques ».

Dans sa dernière version, antérieure à la loi du 15 juin 1982, le serment tel qu'il résulte de l'article 23 du décret du 9 juin 1972, contraignait l'avocat à s'engager à ne « rien dire de contraire aux lois, aux règlements, aux bonnes mœurs, à la sûreté de l'État et à la paix publique ». Il devenait dès lors difficile dans ce système pour un avocat de plaider par exemple qu'une loi dont on voulait faire application à son client était surannée, désuète ou injuste et ne convenait plus aux mœurs de l'époque.

Par application de ce texte, toute faute ou manquement aux obligations imposées à l'avocat par ce serment et commise à l'audience pouvait être réprimée immédiatement par la juridiction saisie de l'affaire, sur les conclusions du ministère public, s'il en existait un devant cette juridiction et après avoir entendu le bâtonnier ou son représentant.

Les sanctions applicables à l'avocat étaient celles définies par l'article 107 du décret du 9 juin 1972, c'est-à-dire les sanctions disciplinaires classiques : avertissement, blâme, suspension, radiation. La décision rendue par un tribunal en matière de délit d'audience poursuivi sur le fondement de l'article 25 de la loi du 31 décembre 1971, était exécutoire par provision et les voies de recours n'étaient exercées que conformément aux règles applicables devant la juridiction qui statuait, ce qui était particulièrement grave devant les juridictions statuant en dernier ressort (cour d'assises, tribunal permanent des forces armées).

Toutes les juridictions pouvaient user de cette procédure, y compris celles composées de magistrats occasionnels, étrangers par leur éducation professionnelle à la culture du droit et à la pratique de l'audience.

86.12 Existence de garanties. Toutefois la juridiction saisie dans les termes de l'article 25 ne pouvait réprimer, au titre des infractions disciplinaires, que les faits commis à l'audience et non pas les faits découverts à l'audience. C'est ainsi que le fait de découvrir à l'audience qu'une pièce produite par un avocat avait été falsifiée ou tronquée n'était pas susceptible de lui faire encourir les sanctions de l'article 25 mais uniquement de le faire renvoyer devant le Conseil de l'ordre pour juger des manquements ainsi constitués.

D'autre part, l'audition obligatoire du bâtonnier constituait une garantie pour l'avocat poursuivi car le chef de l'Ordre était entendu par la juridiction non comme avocat du confrère poursuivi mais comme représentant de l'Ordre et pouvait, par son autorité, ramener un incident à ses justes proportions, le confrère poursuivi pouvant choisir un avocat pour assurer sa propre défense.

• Si la parole avait été refusée à cet avocat choisi, le jugement encourait l'annulation[1].

De même si la décision condamnant l'avocat ne mentionnait pas l'invitation qui avait été faite au bâtonnier de présenter ses observations, la formalité étant d'ordre public, il y avait lieu à cassation de l'arrêt[2].

On pouvait même inférer du fait que le bâtonnier avait été entendu en tant que conseil d'un avocat poursuivi à l'audience, que cet avocat n'avait pas été poursuivi sur le fondement de l'article 25 de la loi du 31 décembre 1971 mais sur le seul fondement du droit pénal[3].

§ 2 Trouble à l'audience

86.21 L'avocat pouvait également être poursuivi en raison de son attitude à l'audience et pour les troubles qu'il pouvait occasionner. Les articles 86 et 87 du décret du 20 juin 1972, remplacés par l'article 439 du Code de procédure civile, précisent que les personnes qui assistent à l'audience doivent observer une attitude digne et garder le respect dû à la justice, ce qui leur interdit de parler sans y avoir été invitées, de donner des signes d'approbation ou de désapprobation, et de causer du désordre de quelque nature que ce soit, le président pouvant faire expulser toute personne qui n'obtempère pas à ces injonctions, sans préjudice des poursuites pénales ou disciplinaires qui pourraient être exercées contre elle.

§ 3 Injure et diffamation à l'audience

86.31 Réglementation de la liberté d'expression de l'avocat. La liberté d'expression de l'avocat à la barre était réglementée par l'article 41 de la loi du 29 juillet 1881 sur la liberté de la presse, modifié par l'article 21 de la loi du 6 janvier 1950.

• **Champ d'application.** De même ces dispositions s'étendaient aux discours et écrits tenus ou produits devant le juge d'instruction[4].

1. Civ. 18 avr. 1894, *D.* 1898, 1, 493 – CA Rennes, 14 mai 1960, *Gaz. Pal.* 1980, 1, 475.
2. Civ. 1re, 16 juin 1976, n° 75-10.926, *Bull. civ.* I, n° 219; *Gaz. Pal.* 1976, 2, somm. 186 – Civ. 1re, 2 oct. 1975, n° 73-13.764, *Bull. civ.* I, n° 250; *Gaz. Pal.* 1975, somm. 260 – Civ. 1re, 15 oct. 1975, n° 73-12.628, *Bull. civ.* I, n° 273; *Gaz. Pal.* 1976, 1, 166 – CA Montpellier, 25 juin 1979, *Gaz. Pal.* 1979, 2, 472 – CA Rennes, 18 déc. 1979, *Gaz. Pal.* 1980, 1, 129.
3. CA Rennes, 14 mai 1980, *Gaz. Pal.* 1980, 1, 475.
4. CA Paris, 27 janv. 1988, *D.* 1988, 840, note Mayer.

Libéral dans son principe, cet article qui proclamait que les discours prononcés et les écrits produits devant les tribunaux ne donnaient lieu à aucune action pour injures, diffamation ou outrages, prévoyait paradoxalement dans son paragraphe 5 que le juge pouvait néanmoins prononcer la suppression des discours injurieux, outrageants ou diffamatoires, faire des injonctions aux avocats et aux officiers ministériels et même les suspendre de leurs fonctions, la durée de cette suspension ne pouvant excéder 2 mois et pouvant être toutefois portée à 6 mois en cas de récidive. Il ne semblait pas que cette suspension puisse être assortie d'exécution provisoire.

Ce qui était particulièrement dangereux dans le cas de l'article 41 de la loi du 29 juillet 1881, c'est qu'il appartenait à la juridiction devant laquelle les discours avaient été prononcés de décider s'ils pouvaient être considérés comme servant à justifier les conclusions de la partie et avaient quelque utilité pour la solution du litige soumis au tribunal.

C'est de cette appréciation souveraine, alors que le plus souvent l'honneur ou la susceptibilité des magistrats étaient en cause, que dépendait l'admission ou le rejet de l'immunité dont le défenseur pouvait se prévaloir en vertu des dispositions du paragraphe 3 de l'article 41[1]. Les magistrats apparaissaient donc à la fois comme juges et parties en cette matière[2].

En revanche, pour protéger le droit des victimes de la liberté de parole de l'avocat à la barre qui pouvaient se trouver injuriées ou diffamées, il appartenait au tribunal de noter les propos de l'avocat, de donner acte à la partie incriminée d'une réserve éventuelle de son action et de renvoyer la connaissance des faits à la juridiction répressive.

• **Faits étrangers à la cause.** On admet en effet que le rappel, fait avec malveillance et sans utilité pour le procès, de condamnations encourues par un adversaire ou d'appréciations sur ses agissements, peut constituer des faits étrangers à la cause et entraîner l'allocation de dommages-intérêts[3]. De même on ne peut pas déconsidérer un témoin par des allégations gratuites[4].

Dans ces cas, d'ailleurs, le conseil de discipline pouvait également retenir sa propre compétence disciplinaire même si les discours en question prononcés à l'audience, n'avaient pas été portés devant la juridiction répressive dans les formes de la procédure de la loi du 29 juillet 1881.

1. Civ. 1re, 30 juin 1970, nº 68-14.013, *Bull. civ.* I, nº 226; *Gaz. Pal.* 1970, 2, 285 – CA Seine, 16 avr. 1964, *JCP* 1964, II, 13676 – CA Paris, 17 févr. 1965, *JCP* 1965, II, 14161.
2. SUR CE POINT : AVRIL, 1981, nos 240 à 249.
3. CA Aix-en-Provence, 3 déc. 1864, *DP* 1865, 1, 407.
4. Civ. 1re, 11 juill. 1972, nº 71-10.782, *Bull. civ.* I, nº 181; *Gaz. Pal.* 1973, 1, 80, note J. H.

• **Propos condamnables.** Tel est le cas, par exemple, d'une personne mise en cause dans un mémoire destiné au tribunal administratif où elle était taxée de « gauchiste » et accusée d'avoir « reçu récompense d'une spoliation en étant promue à la présidence d'une fédération départementale de chasseurs ».

Le Conseil de l'ordre a retenu dans ce cas que même si l'avocat pouvait se prévaloir de l'immunité judiciaire, il n'en restait pas moins tenu de satisfaire au devoir fondamental de dignité inscrit dans la formule de son serment et les juges disciplinaires ont retenu que l'avocat, en tombant « dans le genre le plus vulgaire du commérage pamphlétaire » avait violé son devoir de dignité et devait être frappé d'une sanction disciplinaire[5].

§ 4
Outrage à magistrat

86.41 Principe. La répression de l'outrage à magistrat, applicable à tout citoyen, l'est, par voie de conséquence, aux avocats, d'après l'article 222 du Code pénal, dans sa rédaction du 13 mai 1963, réprimant les outrages par paroles ou par écrits tendant à inculper l'honneur ou la délicatesse de magistrats de l'ordre administratif, judiciaire ou de jurés dans l'exercice de leurs fonctions ou à l'occasion de cet exercice. Dans le cas où l'outrage avait eu lieu à l'audience d'une cour ou d'un tribunal, l'emprisonnement prononcé contre le contrevenant pouvait être d'une durée de 2 à 5 années; cette procédure pouvant s'appliquer à l'avocat comme à tout justiciable.

Enfin, par le jeu de peines de substitution, un avocat poursuivi sur le fondement de l'article 222 du Code pénal pouvait se voir interdire à ce titre, l'exercice de sa profession pendant une durée déterminée[6].

SECTION 2
PRATIQUE JUDICIAIRE EN MATIÈRE DE POURSUITES DISCIPLINAIRES

86.51 Position modérée des juges. Il faut reconnaître que dans la plupart des circonstances, les tribunaux ont toujours fait preuve d'une modération certaine en matière de répression de ces faits et n'ont appliqué les textes ci-dessus rappelés qu'avec une grande prudence.

5. AVRIL, 1981, nº 247 – Civ. 1re, 11 juill. 1972, nº 71-10.782, *Bull. civ.* I, nº 181; *Gaz. Pal.* 1973, 1, 80, note J. H.
6. CA Brive, 9 mars 1979, *Gaz. Pal.* 1979, 1, 157, note Damien.

• L'avocat condamné par le tribunal de Brive pour avoir exhalé sa mauvaise humeur à la lecture d'un jugement, sera relaxé par la Cour[1].

L'avocat condamné par le tribunal de Quimper le 6 mars 1980[2] verra la poursuite annulée devant la cour de Rennes le 14 mars 1980[3] pour des motifs de procédure, la Cour ayant relevé que le tribunal saisi d'une demande de poursuite pour outrages à magistrat, avait finalement statué en matière disciplinaire, alors qu'il n'avait pas été saisi d'une telle demande et avait négligé de répondre à la demande de poursuite pénale formée par le procureur de la République.

L'opinion de la doctrine, celle de la presse, sont en la matière des régulateurs de la jurisprudence qui l'aident à préciser les principes de liberté nécessaires[4]. Il n'en demeure pas moins que certaines affaires laissent une impression de malaise, généralement lorsqu'elles sont liées à une grande passion telle que la politique sait parfois en susciter.

• **Outrage envers le ministère public.** Un arrêt de la cour de Riom laisse en effet un sentiment d'insatisfaction et de gêne : un avocat, nous est-il rappelé par les motifs de l'arrêt, s'adressant au commissaire du gouvernement qui, devant la Cour de justice, se félicitait des applaudissements qui avaient ponctué son réquisitoire, lui répond, selon le parquet « ce sont les ivrognes qui vous applaudissent », selon l'avocat « si ce sont les applaudissements de deux, trois ivrognes que vous prenez pour ceux de la salle, je vous les laisse bien volontiers ». La cour de Riom jugea que ces propos constituaient un outrage dans l'une et l'autre des versions alléguées et qu'un outrage commis à l'audience par un avocat à l'égard d'un magistrat même si celui-ci appartient au ministère public, ne peut et ne doit bénéficier d'aucune impunité surtout lorsqu'il ne prend pas sa source dans la discussion même des faits de la cause; qu'un outrage proféré au cours d'une audience n'est en principe jamais de nature à se justifier par les nécessités de la défense.

Cet arrêt nous laisse insatisfait et les motifs redondants qu'utilise la cour pour nous convaincre, notamment « l'attitude insolente de l'avocat », le « ton d'ironie outrecuidant » avec lequel ces propos furent proférés, ne nous semblent pas suffire à dénoter l'intention délictuelle.[5]

Une autre affaire plus récente, qui s'est déroulée lors d'un grand procès d'assises, amène également la même interrogation quant à la totale liberté de la défense; il s'agit d'un procès qui se termina par l'exécution capitale des deux accusés; l'avocat de l'un d'entre eux voulait invoquer un rapport d'expertise annulé pour vice de forme par la Cour de cassation, les conclusions des premiers experts étaient opposées à celles du second rapport et de nature, sinon à innocenter tout au moins à nuancer la responsabilité d'un des accusés; le président des assises s'opposa à la lecture de ce rapport en rappelant qu'annulé il ne pouvait plus être invoqué; il avait sans doute raison sur le plan de la forme mais il menaça l'avocat de poursuites disciplinaires s'il continuait à s'y référer et paralysa, du même fait, la défense, ce qui constitue une entrave déplorable à cette liberté tant recherchée.

1. CA Limoges, 11 juill. 1979, *Gaz. Pal.* 1979, 2, 471.
2. CA Quimper, 6 mars 1980, Choucq, *Gaz. Pal.* 1980, 1, 204.
3. CA Rennes, 14 mars 1980, *Gaz. Pal.* 1980, 1, 745, note A. D.
4. NOT. nos articles sur l'affaire Choucq dans *le Monde*, 2 avr. 1980, p. 2 et dans *Gaz. Pal.* 1980, 1, doctr. 254.
5. CA Riom, 20 févr. 1947, S. 1947, 2, 87 – CA Montpellier, 20 juin 1985, *Gaz. Pal.* 1985, 2, 555, note A. D.; *D.* 1987, IR 105, note Brunois.

SECTION 3
RÉFORME DE LA LOI DU 15 JUIN 1982

86.61 Nécessité d'une réforme. La question de la liberté de la défense a été brusquement posée devant l'opinion par l'affaire *Choucq* citée ci-dessus[6]. Elle s'était certes posée dans le passé mais après une période de paix à l'intérieur du barreau et malgré les condamnations dont fut victime Monsieur Jacques Isorni et qui étaient fort contestables dans leur principe[7] et leur motivation, l'opinion paraissait ne plus craindre que le serment de l'avocat ou les dispositions de l'article 41 de la loi de 1981 ou de l'article 222 du Code pénal n'entravent jamais sa liberté.

L'affaire *Choucq* souleva une émotion qui entraîna des désirs de réforme.

L'ordre étant revenu grâce à l'arrêt de Rennes, on aurait pu penser que l'émotion était apaisée et que la pratique judiciaire demeurait pleine de sagesse, mais les associations d'avocats demandèrent une réforme et celle-ci vint par l'article 66 de la loi dite « Sécurité et Liberté »; elle envisageait un remède à la délicate question de la liberté et de la répression des paroles injurieuses, diffamatoires ou outrageantes. Hélas le remède était pire que le mal.

En effet, le texte prévoyait que lorsque l'attitude d'un avocat compromettait la sérénité des débats, le président pouvait, en vertu de ses pouvoirs de police à l'audience, c'est-à-dire seul et sans consulter ses assesseurs, écarter cet avocat de la salle d'audience pour une durée qui ne pouvait excéder 2 jours. La poursuite disciplinaire échappait certes à la juridiction qui s'estimait injuriée ou diffamée au profit de la juridiction ordinale mais la mesure portait une telle atteinte au droit de la défense en permettant d'écarter sur-le-champ l'avocat de l'audience, que le Conseil constitutionnel annula les dispositions de l'article 66 qui modifiait l'article 25 de la loi du

6. CA Quimper, 6 mars 1980, Choucq, *Gaz. Pal.* 1980, 1, 204.
7. Civ. 1re, 11 juill. 1972, no 71-10.782, *Bull. civ.* I, no 181.

31 décembre 1971 portant réforme de certaines professions judiciaires, par des motifs qui nous éclairent sur les principes généraux qui doivent présider en la matière[1]. « La mesure consistant à écarter un avocat des débats, même sans caractère disciplinaire ou pénal, et alors que l'avocat n'a manqué à aucune de ses obligations, qu'il a donc rempli son rôle de défenseur, serait contraire, tant dans la personne de l'avocat que dans celle du justiciable, aux droits de la défense qui résultent des principes fondamentaux reconnus par les lois de la République et que, dès lors, le paragraphe 2 de l'article 66 de la loi soumise à l'examen du Conseil constitutionnel était contraire à la Constitution. »

Les avocats se retrouvaient donc dans la situation antérieure et les projets de fleurir de tous côtés pour tenter de trouver une conciliation entre ces deux obligations contradictoires, d'une part permettre à l'audience de se dérouler dans des conditions normales, d'autre part assurer la liberté de parole de l'avocat au prétoire.

M. Robert Badinter, à l'époque avocat du barreau de Paris, a très finement analysé les nécessités en la matière : « Si l'avocat commet à l'audience une faute telle qu'elle puisse appeler éventuellement une sanction disciplinaire il devra en répondre devant les juridictions disciplinaires et d'abord celles de son Ordre, mais la mesure ne devrait, en tout état de cause, intervenir qu'après l'audience; ce qui, en effet, porte atteinte aux droits de la défense c'est que les juges devant lesquels l'avocat plaide puissent décider aussitôt que son comportement à l'audience est fautif et lui interdire d'assumer plus avant la défense. Cette sanction judiciaire frappe sans doute l'avocat mais, au-delà de lui, c'est bien l'accusé qu'elle atteint. »[2]

L'idée se fit alors jour qui consiste à transférer à la juridiction disciplinaire la quasi-totalité du contentieux de la liberté de parole de l'avocat à la barre.

Cette réforme fut opérée par la loi du 15 juin 1982[3], M. Robert Badinter étant garde des Sceaux, qui a pour objet de réglementer les poursuites disciplinaires à l'encontre d'avocats et pour des faits commis par eux à l'audience.

§ 1 Violation du serment par l'avocat

86.71 **Valeur législative du nouveau serment.** Il importe de remarquer tout d'abord que le serment qui était traditionnellement du domaine réglementaire[4] est désormais du domaine législatif et ne peut donc plus être modifié que par une loi votée par le Parlement. C'est désormais l'article 3 de la loi du 31 décembre 1971[5] qui définit le serment jadis réglé par l'article 23 du décret du 9 juin 1972.

86.72 **Contenu du nouveau serment.** Le serment est allégé. La notion de respect envers les tribunaux, les autorités publiques, les lois, les règlements, les bonnes mœurs, la sûreté de l'État et la paix publique disparaît au profit d'une formule qui définit largement et clairement les devoirs de l'avocat qui jure « d'exercer la défense et le conseil avec dignité, conscience, indépendance, probité et humanité ». Néanmoins la modification du texte du serment et notamment de la référence à la notion de respect envers les tribunaux n'en supprime pas la nécessité. Toute argumentation *a contrario* serait inexacte[6].

86.73 **Compétence exclusive de l'instance disciplinaire.** Si un avocat commet un manquement aux obligations que lui impose son serment, en particulier en manquant à la dignité que ce serment lui impose, la juridiction disciplinaire conserve seule le droit de faire respecter la dignité du barreau et l'honneur de l'Ordre en exerçant, à l'encontre de l'avocat, l'action disciplinaire qui se déroule désormais exclusivement devant elle. Par juridiction disciplinaire, il faut entendre, depuis la loi du 11 février 2004, soit le conseil de discipline institué dans le ressort de chaque cour d'appel, soit le Conseil de l'ordre de Paris qui conserve sa compétence disciplinaire[7].

86.74 **Procédure.** La juridiction qui estime qu'un avocat a manqué devant elle aux obligations de son serment (notons que comme précédemment seuls les faits commis à l'audience peuvent entraîner l'application des dispositions de la loi du 15 juin 1982, à l'exclusion des faits découverts à l'audience – v. s[s] n° 86.12), n'a plus la possibilité de le poursuivre comme jadis ni de lui infliger les peines de l'article 184 du décret du 27 novembre 1991; elle peut simplement saisir le procureur général en vue de poursuivre l'avocat devant le conseil de discipline dont il relève. Le procureur général n'est d'ailleurs pas contraint de déférer à cette demande de la juridiction, il peut en effet classer l'affaire malgré cette saisine par le tribunal et dans ce cas la juridiction ne possède aucun moyen de contraindre

1. Cons. const. 19-20 janv. 1981, n° 80.127, *JO* 22 janv.; *Gaz. Pal.* 1981, 1, 57.
2. Badinter, « L'avocat bâillonné », *Le Monde* 15 janv. 1981.
3. L. n° 82-506, 15 juin 1982 relative a la procedure applicable en cas de faute professionnelle commise a l'audience par un avocat, *JO* 16 juin, p. 1899.
4. Décr. 9 juin 1972, art. 23.
5. L. 31 déc. 1971, art. 3; réd. 15 juin 1982.
6. CA Montpellier, 20 juin 1985, *Gaz. Pal.* 1985, 2, 555 – CA Nancy, 3 juill. 1987, *Gaz. Pal.* 1987, 2, 556.
7. Décr. 9 juin 1972, art. 25; mod. par L. n° 2004-130, 11 févr. 2004, *JO* 12 févr.

le procureur général à intenter une action disciplinaire.

• **Rôle du procureur général.** « Le rôle qui est assigné par le texte au procureur général doit lui permettre d'apaiser, chaque fois que cela est possible, les conflits qui ont pu surgir et qui, dans la pratique, sont en fait absolument et heureusement exceptionnels », déclaration du garde des Sceaux devant le Sénat le 3 juin 1982. Et le rapporteur devant le Sénat, M. Lederman, précisait : « Le procureur général saisi par la juridiction plaignante aura, comme dans le droit commun, la faculté de déférer ou non l'affaire devant le Conseil de l'ordre »[1].

En revanche, si le procureur général déférant au vœu de la juridiction saisit le conseil de discipline dont dépend l'avocat, le conseil doit alors statuer dans le délai de 15 jours à compter de cette saisine; faute de l'avoir fait dans ce délai il est réputé avoir rejeté la demande que lui a présentée le procureur général et ce dernier peut alors interjeter appel devant la cour d'appel qui statue comme en matière disciplinaire, après avoir invité le bâtonnier ou son représentant à formuler ses observations : le système selon lequel la décision avant dire droit du conseil interrompt les délais prévus par le décret du 27 novembre 1991[2], semble devoir également recevoir application dans le cas de la loi du 31 décembre 1971[3].

Lorsque le manquement a été commis devant une juridiction de France métropolitaine et qu'il y a lieu de saisir le conseil de discipline situé dans un département ou territoire d'outre-mer ou de Mayotte, le délai de 15 jours pour statuer est augmenté d'un mois. Il en est de même lorsque le manquement a été commis devant une juridiction située dans un département ou territoire d'outre-mer ou à Mayotte et qu'il y a lieu de saisir le conseil de discipline métropolitain.

• **Abrogation de l'article 214 du Code de justice militaire.** Les règles propres issues des dispositions de l'article 214 du Code de justice militaire, encore applicables dans certains cas malgré les profondes transformations apportées à cette juridiction et qui réprimaient les mêmes faits que l'article 25 de la loi du 31 décembre 1971, sont également abrogées par la loi du 15 juin 1982.

86.75 Saisine du conseil de discipline par le procureur général. Le procureur général conserve son pouvoir de déférer à la connaissance du conseil de discipline des faits commis à l'audience par un avocat et qui semblent constituer des infractions professionnelles, même si le tribunal ne les a pas ressenties comme telles et n'a pas usé de la faculté de le saisir que lui confère l'article 25 de la loi du 31 décembre 1971[4].

En effet, l'intervention de cette loi concernant les faits commis par un avocat à l'audience et substituant des dispositions nouvelles et une procédure nouvelle à la répression immédiate du délit d'audience par une juridiction, n'a pas limité pour autant le pouvoir général de saisine du conseil de discipline par l'intermédiaire du bâtonnier qui est attribué au parquet général sur le fondement de l'article 189 du décret du 31 décembre 1991 et ce, non seulement en ce qui concerne les manquements au serment d'avocat, mais également en ce qui concerne les poursuites pour injures ou diffamation (v. s^s^ n° 86.81) et outrage à magistrat (v. s^s^ n° 86.91)[5].

Mais dans cette hypothèse, le procureur général qui saisit le bâtonnier d'une plainte contre un avocat pour des faits commis à l'audience ne peut invoquer les dispositions de la loi de 1982 hors le cas de sa saisine par la juridiction, sous peine de voir sa plainte déclarée irrecevable. Il ne peut donc dans cette hypothèse requérir une décision dans le délai de quinzaine prévu par cette loi sauf l'hypothèse où il aurait requis une suspension provisoire, mais seulement dans celui de 2 mois. Ces plaintes peuvent principalement être formées sur le fondement d'infractions au serment (les incriminations en général[6], le secret professionnel ou le secret de l'instruction[7], ou encore les injures et diffamations qui, bien que non poursuivies à l'audience peuvent en dehors des actions de la loi de 1881 constituer des fautes disciplinaires[8]).

86.76 Délai dans lequel le Conseil de l'ordre doit statuer. La loi du 11 février 2004[9] réformant le statut de certaines professions judiciaires ou juridiques a consacré un titre aux dispositions relatives à la discipline des avocats. Parmi les articles de ce titre, le texte du nouvel article 24 de la loi du 31 décembre 1971 donne le statut de la mesure de sûreté qu'est la suspension provisoire.

Le décret d'application du 25 mai 2005 modifiant le décret du 27 novembre 1991 et relatif à la discipline consacre sa section 4 à cette suspension provisoire. Et il modifie l'article 198 du décret du 27 novembre 1991 précisant que, si dans le délai d'un mois le Conseil de l'ordre n'a pas statué, la demande est présumée rejetée.

1. CA Paris, 16 déc. 1987, *Gaz. Pal.* 3 mars 1988, p. 17.
2. Décr. 27 nov. 1991, art. 197.
3. L. 31 déc. 1971, art. 25; réd. L. 15 juin 1982 – CA Paris, 12 juill. 1983, *Gaz. Pal.* 1983, 2, 475 – CA Nancy, 3 juill. 1987, *Gaz. Pal.* 1987, 2, 556, note A. D. – CA Bordeaux, 23 oct. 1987, *Gaz. Pal.* 3 mars 1988, p. 17.
4. CA Paris, 16 déc. 1987, *Gaz. Pal.* 3 mars 1988, p. 17.
5. Civ. 1re, 15 nov. 1989, *JCP* 1990, IV, 13; *D.* 1989, IR 305.
6. L. 31 déc. 1971, art. 25 – Décr. 9 juin 1972, art. 106.
7. Décr. 9 juin 1972, art. 89.
8. L. 29 juill. 1881, art. 41.
9. L. n° 2004-130, 11 févr. 2004.

Cette règle générale concernant tous les cas de suspension provisoire s'applique-t-elle lorsque le Conseil de l'ordre est saisi à la suite de ce que l'usage continue à appeler « le délit d'audience » ? Il ne le semble pas car si l'article 33 de la loi du 11 février 2004 modifie certains passages de l'article 25 de la loi du 31 décembre 1971 pour y substituer les mots « instance disciplinaire » aux mots « Conseil de l'ordre », il laisse inchangé les termes « le procureur général peut saisir l'instance disciplinaire qui doit statuer dans le délai de quinze jours ».

En conclusion et sauf interprétation différente de la jurisprudence future, le Conseil de l'ordre - seul compétent pour prononcer une suspension provisoire - doit statuer dans le délai d'un mois de sa saisine. Sauf s'il est saisi par le procureur général à la suite de la commission alléguée par un avocat d'un manquement aux obligations que lui impose son serment (« délit d'audience ») auquel cas le Conseil de l'ordre doit statuer dans le délai de quinze jours.

§ 2
Injure et diffamation à l'audience

86.81 Restrictions apportées au pouvoir du juge. L'article 41 de la loi du 29 juillet 1881 est profondément modifié; alors qu'il permettait au juge, sous l'empire de la loi antérieure, d'adresser des injonctions aux avocats et même de les suspendre durant deux mois, peine portée à six mois en cas de récidive, le nouveau texte ne les autorise plus qu'à prononcer la suppression des discours injurieux, outrageants ou diffamatoires et de condamner qui il appartiendra à des dommages-intérêts. La suppression des discours est une peine purement morale, insusceptible d'ailleurs d'exécution matérielle, une sorte de blâme porté à l'audience par la juridiction et d'une portée purement théorique. Aucune injonction supplémentaire, aucune suspension contre l'avocat ne peut plus être prononcée par aucune juridiction sur le fondement de l'article 41 de la loi du 29 juillet 1881 telle que modifiée par la loi du 15 juin 1982. Cette législation nouvelle ne fait cependant pas obstacle à la poursuite disciplinaire des déclarations injurieuses ou diffamatoires relevées dans une plaidoirie et intentées devant le conseil de discipline sur plainte du procureur général ou de la partie lésée[1].

L'avocat ne peut bénéficier de l'immunité de l'article 41 de la loi du 29 juillet 1881 qu'aux strictes conditions prévues par la jurisprudence et à la condition que les paroles diffamatoires aient été prononcées dans le prétoire et au cours des débats. Les diffamations commises lors d'*interview* à la télévision ou dans le couloir du Palais ne relèvent pas de l'article 41. De même, un communiqué de presse d'un avocat protestant contre les conditions dans lesquelles se tenait un procès ne saurait être regardé comme un écrit produit devant une juridiction[2]. L'avocat ainsi poursuivi ne peut invoquer *l'exceptio veritatis* qu'à la condition que les faits allégués ne soient ni prescrits ni amnistiés.

Il ne peut exciper de sa bonne foi que dans le cadre très spécial de la jurisprudence de la loi sur la presse, qui présume tout d'abord la mauvaise foi du diffamateur, et estime que la bonne foi ne peut résulter de la seule croyance en l'exactitude des faits rapportés[3].

86.82 Allocation de dommages-intérêts. En outre des dommages-intérêts peuvent être accordés par la juridiction pénale devant laquelle les faits se sont déroulés, aux victimes des outrages et diffamations commis par l'avocat dans sa plaidoirie; ce dernier peut être également poursuivi devant les juridictions de droit commun compétentes *ratione loci* et *materiae* et autres que celles devant lesquelles les faits se sont déroulés, mais à la condition expresse que les victimes aient fait réserver leur action par le tribunal devant lequel les faits se sont produits. Cette disposition toutefois ne concerne pas les témoins. Les victimes ont le choix entre l'action civile et l'action publique lorsque les outrages, injures ou faits diffamatoires dont ils ont été victimes ont été jugés par le tribunal, étrangers à la cause et donc non couverts par l'immunité de principe reconnue par l'article 41 de la loi du 29 juillet 1881. Tous les faits servant à justifier les conclusions ou les moyens de défense des parties, les allégations ayant pour objet d'affaiblir le degré de confiance que peut mériter la déposition d'un témoin ne sont pas étrangers à la cause et sont donc couverts par l'immunité judiciaire.

La jurisprudence tend à adopter une conception restrictive des faits étrangers étrangers à la cause et ainsi une conception large de la liberté de la défense. C'est ainsi qu'a pu être annulée la sanction d'un avocat pour outrage à magistrat en raison du dépôt de conclusions par ce dernier dans une affaire civile (accident de la circulation) mettant en cause le président de la juridiction accusé « d'appar-

1. SUR l'appréciation de ce fait par la juridiction disciplinaire : AVRIL, 1981, n° 247.

2. Crim. 3 déc. 2002, n° 01-85.466, *Bull. crim.* n° 217; *D.* 2003. IR 314; *JCP* 2003. IV. 1259; *Légipresse* 2003, n° 199. III. 38.
3. Crim. 24 févr. 1966, n° 64-92.614, *Bull. crim.*, n° 72 – Crim. 3 janv. 1967, n° 66-90.822, *Bull. crim.*, n° 2 – Crim. 3 juin 1975, n° 73-93.645, *Bull. crim.*, n° 142; *D.* 1975, IR 157.

tenir à une alliance secrète entre personnes de mêmes intérêts, s'entraidant afin d'obtenir des avantages grâce à un réseau occulte ». Seul devait ainsi compter le fait que les propos, bien qu'éloignés de l'objet du litige, avaient été tenus dans le cadre d'un débat judiciaire[1].

Dans le même sens, le tribunal de grande instance de Saint-pierre devait-il juger[2], dans une affaire fortement médiatisée dans laquelle un avocat avait, au cours d'une plaidoirie en défense d'un prévenu accusé d'escroquerie, invoqué le nom de la ministre de la justice en affirmant qu'elle avait utilisé un faux diplôme, que les propos ainsi tenus ne dépassaient pas « les limites d'une défense légitime » et ne pouvaient être considérés comme étrangers à la cause défendue », tout en prenant soin de mentionner l'article 10 de la Convention européenne des droits de l'homme protégeant la liberté d'expression au bénéfice de tout avocat « exerçant les préogatives de sa mission de défense dans le cadre d'un procès pénal ».

C'est à la juridiction de jugement saisie par celui qui s'estime injurié ou diffamé, c'est-à-dire soit celle devant laquelle les faits se sont déroulés, soit la juridiction de droit commun, qu'il appartient souverainement de décider si les propos incriminés tenus par l'avocat au cours de sa plaidoirie peuvent être considérés comme servant à justifier les conclusions de son client et ont quelque utilité pour la solution du litige soumis au tribunal. De cette appréciation découle l'admission ou le rejet de l'immunité dont le défenseur peut se prévaloir en vertu de l'article 41 de la loi du 29 juillet 1981 et au cas de rejet la condamnation de l'avocat à d'éventuels dommages-intérêts[3].

86.83 Portée de la loi d'amnistie. La loi d'amnistie ne crée pas d'obstacle à ce que, dans une instance civile, il soit fait état d'antécédents judiciaires concernant l'une des parties à condition que la connaissance de ces faits soit indispensable pour éclairer en fait et en droit la situation soumise au tribunal. Les juges du fond apprécient souverainement la question de savoir si cette condition est remplie dans chaque espèce qui leur est soumise[4].

1. Crim. 11 oct. 2005, n° 05-80.545, *Bull. crim.*, n° 255. *D.* 2006. 1272, note Beignier.
2. TGI Saint-Pierre, 3 oct. 2008, n° 1312/08, *D.* 2009. 68, note Avril; *JCP* 2009. I. 120, n° 13, obs. G'sell.
3. Civ. 1re, 30 juin 1970, n° 68-14.013, *Bull. civ.* I, n° 226; *Gaz. Pal.* 1970, 2, 285 – T. Seine, 16 avr. 1962, *JCP* 1964, II, 13676 – CA Paris, 17 févr. 1965, *JCP* 1965, II, 14161.
4. Civ. 1re, 30 juin 1970, n° 68-14.013, *Bull. civ.* I, n° 226; *Gaz. Pal.* 1970, 2, 285.

§ 3
Outrage à magistrat

86.91 L'outrage à magistrat constitue un délit. Prévu et réprimé par l'article 434-24 du Code pénal, ce délit reste punissable s'il a eu lieu à l'audience d'une cour ou d'un tribunal à l'encontre de n'importe quel citoyen et l'avocat n'échappe donc pas à cette possibilité d'incrimination et peut donc être condamné de ce chef.

• **Régime antérieur.** Toutefois la procédure prévue par la loi du 18 juillet 1974[5] à l'encontre de l'avocat était différente de celle concernant les autres citoyens qui assistent à une audience. On devait user désormais vis-à-vis de l'avocat, mais dans cette matière seulement, de la procédure de l'article 681 du Code de procédure pénale[6]. En effet, l'article 681, dans sa rédaction issue de l'article 1er de la loi 18 juillet 1974 précisait que lorsqu'une des personnes énumérées à l'article 679 ou un maire, ou l'élu municipal le suppléant, ou un président de communauté urbaine, de district ou de syndicat de communes, ou le président ou le vice-président d'une délégation spéciale, étaient susceptibles d'être inculpés d'un crime ou d'un délit commis dans l'exercice de leurs fonctions, le procureur de la République saisi de l'affaire présentait sans délai requête à la chambre criminelle de la Cour de cassation qui statuait comme en matière de règlement de juges et désignait la chambre d'accusation qui pourrait être chargée de l'instruction.

S'il estimait qu'il y avait lieu à poursuite, le procureur général près la cour d'appel désignée en application des dispositions de l'alinéa précédent, pouvait requérir l'ouverture d'une information[7].

À ces catégories de l'article 679 étaient désormais assimilés les avocats dans le cadre restreint de poursuites intentées contre eux sur le fondement des articles 222 et 223 du Code pénal, c'est-à-dire les outrages à magistrat commis à l'audience[8]. Le procureur de la République transmettait donc le dossier au procureur général de la Cour de cassation pour qu'il y soit donné suite.

Rien n'interdisait au procureur général de faire procéder à une enquête préliminaire par la police sur les faits dénoncés[9].

La lourdeur de cette procédure laissait présumer que les poursuites de ce chef ne pourraient être que rarement exercées en pratique et qu'on se contenterait désormais des dispositions de l'article 25 de la loi du 31 décembre 1971 renvoyant au Conseil de l'ordre la connaissance des manquements aux obligations commis par un avocat à l'audience.

5. L. n° 74-646, 18 juill. 1974.
6. CA Montpellier, 20 juin 1985, *Gaz. Pal.* 1985, 2, 555, note A. D.
7. Cass., Ass. plén., 31 mai 1990, n° 89-86.793, *Bull. ass. plén.*, n° 9; *JCP* 1991, II, 21599, note Angevin.
8. C. pén., art. 434-24.
9. Crim. 18 déc. 1984, n° 84-91.654, *Bull. crim.*, n° 409; *D.* 1985, 401, note J.-M. R.

La procédure exposée ci-dessus et protectrice des droits de la défense issue de la loi du 18 juillet 1974, a été abrogée par la loi du 4 janvier 1993 qui renvoie les avocats au droit commun.

86.92 Régime actuel. Le Code de procédure pénale qui a abrogé l'article 681 [1] a précisé la procédure de répression de l'outrage à magistrat commis par toute personne et donc par un avocat et qui suppose :

– l'établissement d'un procès-verbal par le président et sa transmission au procureur de la République qui apprécie la suite à donner;

– l'impossibilité pour les magistrats ayant participé à l'audience où le délit a été commis de composer la juridiction de jugement [2].

Ces mesures adoptées par la loi du 4 janvier 1993 protègent un peu l'avocat contre des procédures abusives pour outrage à magistrat mais il faut déplorer la suppression des dispositions protectrices prévues naguère par l'article 681 du Code de procédure pénale et qui étaient peut-être complexes mais certainement très protectrices de la liberté de la défense. Cette suppression de ces dispositions protectrices, remplacées par des dispositions minimales et sans effet contraignant certains, est d'autant plus dommageable à l'exercice de la défense et à la liberté nécessaire au prétoire, que la sensibilité des magistrats en matière d'outrage semble s'être aiguisée au cours des âges et particulièrement ces dernières années.

• En témoigne une affaire qui a fait un bruit certain sur le plan médiatique et qui a abouti à un jugement du tribunal correctionnel de Bordeaux, condamnant un bâtonnier pour outrage à magistrat, alors que saisi en sa qualité de bâtonnier par un confrère, des difficultés que ce dernier avait rencontrées avec le président de l'audience correctionnelle de son ressort, le bâtonnier avait demandé au président de la juridiction des explications sur ce qu'il estimait constituer un dysfonctionnement exceptionnel et fortuit de l'administration de la justice, dans une des chambres du tribunal [3].

86.93 Autres infractions commises à l'audience. En revanche, les infractions autres que celles prévues et réprimées par l'article 434-24 du Code pénal (c'est-à-dire les outrages à magistrat) commises à l'audience de cours et tribunaux par un avocat, qu'il s'agisse de délit, de crime ou de contravention, demeurent justiciables des articles 675 et suivants du Code de procédure pénale. C'est-à-dire qu'un avocat qui aurait, dans l'exercice de ses fonctions frappé, blessé ou tué un adversaire ou un assistant, à l'audience où il plaide, peut être jugé par cette juridiction selon la procédure de droit commun.

En résumé un avocat ne peut donc plus être responsable sur-le-champ et devant la juridiction devant laquelle il plaide, des troubles qu'il occasionne à l'audience ou des discours qu'il y prononce.

86.94 De la survivance d'un cas d'intervention des juges ? On peut enfin se demander si un cas d'intervention immédiate de la juridiction devant laquelle plaide un avocat n'aurait pas survécu à la promulgation de cette loi dont le but était d'éliminer ce genre d'intervention.

En effet, l'article 439 du Code de procédure civile prévoit le trouble à l'audience et rappelle aux assistants à une audience qu'ils doivent observer une attitude digne et garder le respect dû à la justice; il leur interdit de parler sans y avoir été invités, de donner des signes d'approbation ou de désapprobation ou de causer du désordre de quelque nature que ce soit. Quelles sont les sanctions de la violation de ces prescriptions de l'article 439 précité ? Il semble, dans l'obscurité du Code de procédure civile dont il est parfois difficile de déterminer l'état présent, que le second paragraphe dudit article 439, confère au président de la juridiction la possibilité de faire expulser toute personne qui n'obtempère pas à ses injonctions, ce qui vise donc les avocats sans préjudice des poursuites pénales, lesquelles ne pourront s'exercer que sur le fondement de l'article 681 du Code de procédure pénale et sans préjudice non plus des poursuites disciplinaires. Dans ce cas le magistrat présidant l'audience ou le tribunal peut-il prononcer des peines de suspension à l'encontre d'un avocat et sur le fondement de l'article 439 du Code de procédure civile ?

La question est controversée mais il semble qu'il faille y répondre par la négative; les juridictions civiles ont perdu, semble-t-il, le droit de prononcer des peines ou des mesures identiques en cas de troubles à l'audience [4]. Les juridictions répressives ne conservent cette possibilité qu'à titre tout à fait exceptionnel [5], et les termes de la loi du 15 juin 1982 tendent à exclure toute intervention directe d'une juridiction à l'encontre d'un avocat qui intervient devant elle. Il semble que l'on doive interpréter le texte de l'article 439 du Code de procédure civile comme autorisant le juge qui s'estime victime d'un trouble à l'audience occasionné par un avocat participant à cette audience, à agir conformément aux dispositions des articles 675 et suivants du Code de procédure pénale. Au cas où le tribunal estimerait que l'attitude de l'avocat ne constitue

1. L. n° 93-2, 4 janv. 1993.
2. L. 4 janv. 1993, art. 108, mod. C. pr. pén., art. 677.
3. T. corr. Bordeaux, 14 oct. 1996, *Gaz. Pal.* 1996, 2, 626.
4. RÉP. PÉN., *V° Délit d'audience*, n°s 35 s.
5. RÉP. PÉN., *V° Délit d'audience*, n°s 39 s.

pas un délit d'outrage au sens de l'article 434-24 du Code pénal, il semble qu'il pourrait alors saisir le procureur général en lui demandant de faire sanctionner la violation du serment commis par l'avocat (manquement à la dignité) par le conseil de discipline dont dépend l'avocat.

• **Cas de l'avocat assistant à l'audience.** Mais *quid* au cas où l'avocat interpellé ne causait pas un trouble en tant que « défenseur » mais en tant qu'assistant attendant impatiemment son « tour » ainsi que l'évocation de son affaire ? Il semble dans ce cas qu'il devrait être traité comme un assistant et non comme un avocat par un raisonnement parallèle à celui utilisé pour la connaissance par les tribunaux des délits d'audience autres que ceux prévus et réprimés par l'article 434-24 du Code pénal.

SECTION 4
VOIES DE RECOURS

86.101 Voies de recours de droit commun. L'avocat sanctionné dans le cadre d'un délit d'audience par une juridiction peut user des voies de recours de droit commun prévues devant cette juridiction. Mais en fait la question ne se pose plus que dans l'hypothèse de poursuites sur le fondement de l'article 434-24 du Code pénal, la poursuite dans toutes les autres hypothèses aboutissant devant la juridiction disciplinaire c'est-à-dire devant le conseil de discipline en premier ressort et devant la cour d'appel - chambres réunies - sur appel.

86.102 Maintien d'un devoir de réserve de l'avocat. Ainsi donc, sans que soit altérée la liberté nécessaire à son ministère, l'avocat dans son activité de plaidoirie et de représentation des parties, notamment par ses écritures produites en justice, n'échappe pas totalement à l'obligation de réserve qui pèse sur lui. Il peut recevoir des injonctions des juges et voir ses discours supprimés, il peut faire l'objet d'un renvoi devant la juridiction disciplinaire ou devant une juridiction pénale dans le cadre de procédures destinées à protéger l'immunité de principe dont il est l'objet; il peut se voir enfin condamner à payer des dommages-intérêts envers ceux qu'il a outragés ou diffamés.

86.103 Le bâtonnier conserve un certain rôle. Le rôle du bâtonnier, prévu par l'ancien article 25 de la loi du 31 décembre 1971 (avant la réforme du 15 juin 1982) et qui prévoyait son audition avant toute action disciplinaire à l'audience a disparu du texte nouveau et c'est normal puisque l'avocat n'encourt plus de risque de condamnation à l'audience; toutefois rien n'empêche qu'avant que la juridiction, qui estime qu'un avocat a commis à l'audience un manquement aux obligations de son serment, ne saisisse le procureur général en vue de le poursuivre devant le conseil de discipline, le bâtonnier soit entendu pour apporter son appréciation sur les éléments de la cause.

L'atmosphère d'une audience peut n'être pas sereine; des expressions vives ou mal interprétées, des sensibilités à fleur de peau peuvent voir des incidents renvoyés devant le procureur général alors qu'en fait il n'existe qu'un simple malentendu. Toutefois, le bâtonnier devant la cour d'appel chargée de juger la conduite de l'avocat doit avoir été invité à formuler ses observations [1].

Il appartient, bien que la loi ne l'ait pas prévu expressément, aux avocats mis en cause et au tribunal qui s'estime témoin d'un manquement de l'avocat à son serment ou qui s'estime outragé, de faire appel au bâtonnier, ne serait-ce que pour que la rédaction du procès-verbal relatant les paroles incriminées, soit faite en toute sérénité. L'article 677 du Code de procédure pénale prévoit l'établissement du procès-verbal par le président; c'est le document essentiel du débat qui, dicté au greffier et sous son contrôle, permettra à une poursuite devant le conseil de discipline ou devant la Cour de cassation de prospérer [2].

Le bâtonnier est doté en outre, par l'article 21 de la loi du 31 décembre 1971, d'une mission de conciliation, certes limitée par ce texte aux membres du barreau mais qui, par voie d'assimilation, peut être utile en toute matière. Il lui appartient de procéder à une enquête, de demander et d'obtenir une suspension d'audience, de participer à l'élaboration du procès-verbal relatant les paroles incriminées prononcées par l'avocat poursuivi; il a le droit d'enquêter avant d'intervenir et notamment auprès des magistrats qui ont été témoins de l'incident.

86.104 La matière des délits et infractions d'audience est délicate. Les textes sont multiples, peu précis, se chevauchent dans une large mesure, les incriminations demeurent vagues et la jurisprudence en a restreint l'application au maximum. La loi du 15 juin 1982, si elle a le mérite de conférer à l'avocat une plus grande liberté et de le protéger d'actions immédiates se déroulant devant les juges irrités puisque s'estimant mis en cause personnellement et pouvant aboutir à retirer l'avocat de la barre, n'a pas pour autant le mérite d'avoir réglé toutes les difficultés.

Insuffisamment précise pour être efficace, elle règle peu la procédure de la constatation des manquements à l'audience ou des outrages à magistrat, mais il faut supposer qu'elle restera d'une application aussi rare que celles qui l'ont précédée.

Les avocats doivent exercer leur rôle de défenseur sans tomber dans l'outrage ou dans l'excès, la tradi-

1. L. 31 déc. 1971, art. 2.
2. CA Montpellier, 20 juin 1985, *Gaz. Pal.* 1985. 2. 555.

tion de la liberté de la parole au barreau sait se combiner avec celle de la courtoisie au moins apparente quels que soient les tensions, les rancœurs ou parfois même, très exceptionnellement, les mépris.

La magistrature française a toujours tenu à honneur de considérer comme exceptionnelle l'application de ces textes et à aider au maintien d'une tradition de liberté de la parole à la barre qui dépasse les dispositions légales et qui fait partie intégrante des principes généraux du droit. Cette tradition peut se résumer ainsi : l'avocat peut dire tout ce qui est dans l'intérêt de son client et qui lui permet de le défendre avec efficacité.

C'est cette tradition libérale qui différencie la pratique judiciaire française de celle de nombreux pays. La contrepartie de cette tradition est la modération naturelle dont l'avocat doit faire preuve et le respect qu'il doit manifester à la justice en raison de son caractère « sacré ». Même exercée par des hommes faillibles, la justice demeure une valeur de civilisation qui postule une démarche particulière de la part de ceux qui la rendent et de leurs partenaires.

TITRE

9. La responsabilité civile de l'avocat

SECTION 0

ORIENTEUR

9.00 Plan du titre.

CHAPITRE

91. Fautes civiles

SECTION 0 ORIENTEUR

91.00 Plan du chapitre.

91.01 Textes applicables.

>

L. n° 71-1130, 31 déc. 1971, art. 17 et 27

Décr. n° 2005-790, 12 juill. 2005, art. 13

>

L. 31 déc. 1971, art. 17 [Missions du Conseil de l'ordre]

[mod. par L. n° 2004-130, 11 févr. 2004, art. 23, *JO* 12]

Le Conseil de l'ordre a pour attribution de traiter toutes questions intéressant l'exercice de la profession et de veiller à l'observation des devoirs des avocats ainsi qu'à la protection de leurs droits. Sans préjudice des dispositions de l'article 21-1, il a pour tâches, notamment :

[...]

3° De maintenir les principes de probité, de désintéressement, de modération et de confraternité sur lesquels repose la profession et d'exercer la surveillance que l'honneur et l'intérêt de ses membres rendent nécessaire;

4° De veiller à ce que les avocats soient exacts aux audiences et se comportent en loyaux auxiliaires de la justice;

5° De traiter toute question intéressant l'exercice de la profession, la défense des droits des avocats et la stricte observation de leurs devoirs;

[...]

L. 31 déc. 1971, art. 27 [Assurance obligatoire]

[mod. par L. 31 déc. 1990, art. 18, art. 67, *JO* 5 janv. 1991; en vigueur depuis le 1er janv. 1992]

Il doit être justifié, soit par le barreau, soit collectivement ou personnellement par les avocats, soit à la fois par le barreau et par les avocats, d'une assurance garantissant la responsabilité civile professionnelle de chaque avocat membre du barreau, en raison des négligences et fautes commises dans l'exercice de leurs fonctions.

Il doit également être justifié d'une assurance au profit de qui il appartiendra, contractée par le barreau ou d'une garantie affectée au remboursement des fonds, effets ou valeurs reçus.

Le bâtonnier informe le procureur général des garanties constituées.

Les responsabilités inhérentes aux activités visées au deuxième alinéa de l'article 6 et à l'article 6 *bis* sont supportées exclusivement par les avocats qui les exercent; elles doivent faire l'objet d'assurances spéciales qui sont contractées à titre individuel ou collectif, dans les conditions fixées par la loi du 13 juillet 1930 relative au contrat d'assurance.

Décr. 12 juill. 2005, art. 13 [Accomplissement par l'avocat de la mission confiée par le client]

L'avocat doit conduire jusqu'à son terme l'affaire dont il est chargé, sauf si son client l'en décharge ou si lui-même décide de ne pas poursuivre sa mission. Dans ce dernier cas, il informe son client en temps utile pour que les intérêts de celui-ci soient sauvegardés.

91.02 Jurisprudence de référence.

> L'avocat a l'obligation de tenir compte de l'évolution jurisprudentielle à partir du moment où celle-ci est favorable aux intérêts de son client

• **Civ. 1re, 14 mai 2009, n° 08-15.899,** *Bull. civ.* I, n° 92; *JCP* 2009. 94, note Slim, *D.* 2009. 1479; *D.* 2010, pan. 49, obs. Brun; *D.* 2010. 183, note De la Asuncion Planes; *JCP* 2009, n° 28, p. 15, note Slim; *JCP* 2009. 94, note Slim; *Gaz. Pal.* 2009. 3035, obs. Avril; *LPA* 10 août 2009, note Barbièri; *RDC* 2009. 1373, obs. Carval; *RTD civ.* 2009. 493, obs. Deumier; *RTD civ.* 2009. 725, obs. Jourdain; *RTD civ.* 2009. 744, obs. Gautier; *RCA* 2009, n° 219, note Hocquet-Berg.

* V. ss n° 91.36.

« Alors que, d'une part, l'avocat a l'obligation de tenir compte de l'évolution jurisprudentielle à partir du moment où celle-ci est favorable aux intérêts de son client; qu'en érigeant en principe, pour déclarer que la faute du conseil de l'exposant n'était pas établie, que le premier n'était pas obligé de tenir compte d'une évolution jurisprudentielle, la cour d'appel a violé l'article 1147 du Code civil; »

« Alors que, d'autre part, tenu d'une obligation de moyens, l'avocat doit tout mettre en œuvre pour assurer la défense de son client, en invoquant notamment tous les moyens qui ont une chance d'être accueillis, quand bien même ceux-ci n'auraient pas encore été consacrés par la jurisprudence ».

> Il appartient à l'avocat de démontrer qu'il a rempli son devoir de conseil

• **Civ. 1re, 29 avr. 1997, no 94-21.217,** *Bull. civ.* I, no 132.

* V. ss no 91.22.

« Attendu que M. X... fait grief à l'arrêt attaqué d'avoir mis à sa charge la preuve de ce qu'il s'était acquitté de son devoir de conseil;

Attendu qu'en statuant ainsi alors que l'avocat est tenu d'une obligation particulière d'information et de conseil vis-à-vis de son client et qu'il lui importe de prouver qu'il a exécuté cette obligation, la cour d'appel n'a fait qu'appliquer l'article 1315 du Code civil. »

> La présence d'un avoué ne dispense pas l'avocat de son devoir de conseil

• **Civ. 1re, 29 avr. 1997, no 94-21.217,** *Bull. civ.* I, no 132.

* V. ss no 91.22.

« Attendu que M. X... reproche, en outre, à l'arrêt d'avoir retenu sa responsabilité alors que devant la cour d'appel, seul l'avoué est tenu d'une obligation de conseil;

Mais attendu que la présence d'un avoué dans la procédure d'appel ne dispense pas l'avocat de son devoir de conseil; qu'en décidant qu'il appartenait à M. X... d'informer sa cliente que son recours était voué à l'échec, la cour d'appel a légalement justifié sa décision. »

> Manque à son devoir de conseil l'avocat qui n'informe pas son client des voies de recours dont il dispose

• **Civ. 1re, 13 nov. 1997, no 95-14.141,** *Bull. civ.* I, no 303.

* V. ss no 91.31.

« Vu l'article 412 du Nouveau Code de procédure civile;

Attendu que la mission d'assistance en justice emporte pour l'avocat l'obligation d'informer son client sur les voies de recours existant contre les décisions rendues à l'encontre de celui-ci;

Attendu que M. M..., qui avait été blessé par M. C..., l'a assigné en réparation de son préjudice corporel et a été débouté de cette action; que Mme X..., avocat qui l'avait assisté dans cette procédure, lui a adressé copie du jugement sans lui fournir aucune information sur la possibilité de faire appel, ni sur les modalités d'exercice de ce recours; que s'étant trouvé forclos pour interjeter appel, M. M... a assigné Mme X... en dommages-intérêts, lui reprochant de lui avoir fait perdre une chance de réformation du jugement par manquement à son devoir de conseil;

Attendu que, pour rejeter cette demande, la cour d'appel, statuant sur renvoi après cassation, a considéré que l'obligation de conseil qui est celle de l'avocat n'imposait nullement à Mme X... d'assortir la transmission accompagnant la copie du jugement de l'existence d'une voie de recours et de ses modalités d'exercice, cette lettre n'étant destinée qu'à informer le plus rapidement possible son client de la teneur de la décision et à l'inciter, s'il le désirait, à prendre contact avec elle pour envisager les suites éventuelles de la procédure, ce en quoi elle a violé le texte susvisé. »

• **Civ. 1re, 23 nov. 2004, no 03-15.090, no 03-16.565,** *Bull. civ.* I, no 281; *D.* 2005. 2857, note Moret-Bailly; *D.* 2006, 266.

* V. ss no 91.37.

« L'auxiliaire de justice, s'il doit s'acquitter de son obligation d'information de manière complète et objective, a, en déontologie, pour devoir de déconseiller l'exercice d'une voie de droit vouée à l'échec ou, à plus forte raison, abusive, de sorte qu'il ne peut être tenu de délivrer une information qui aurait eu pour seule justification de permettre au client d'engager un recours abusivement à des fins purement dilatoires et alors que la perte du bénéfice espéré d'une procédure abusive ne constitue pas un préjudice indemnisable. »

91.03 Bibliographie indicative.

Ouvrages. le Tourneau (dir.), DALLOZ ACTION RESP. ET CONTRATS 2010/2011, nos 4960 à 4981 – AVRIL, 2008 – MARTIN, 2008, nos 432 à 449 – MONÉGER ET DEMEESTER 2001 – BEIGNIER, BLANCHARD, VILLACÈQUE, 2008 – de Poulpiquet, *Responsabilité des notaires*, 2e éd., « Dalloz référence », 2009.

Actualisables. J.-CL. FORMULAIRE DE PROCÉDURE, Deghilage, « Le Procès, no 102 » – RÉP. CIV., *Vis Avocat (déontologie); Avocat (responsabilité).*

Articles. Bourry d'Antin, « Devoir de conseil et responsabilité de l'avocat. L'avocat doit-il prouver qu'il est de bon conseil ? », *Gaz. Pal.* 1997, 2, doctr. 1477 – Boré « Le devoir de conseil des rédacteurs d'actes », *Gaz. Pal.* 21 nov. 1996, p. 7 s. – Cohen, « Les problèmes soulevés par la saisie-arrêt entre les mains de l'avocat », *Gaz. Pal.* 1983, 1, doctr. 32 – Croze, « Le partage de responsabilité entre les avocats et les autres auxiliaires de justice (avoués à la cour, huissiers de justice) », *Justices* 1997, no 5, p. 79 – De la Asuncion Planes, Quelle est la nature de l'obligation de compétence de l'avocat ?, *D.* 2010. 183 – Delebecque, « Les obligations des mandataires *ad litem* », *Justices* 1997, no 5, p. 57 – Estoup, « Le dossier de plaidoirie », *Gaz. Pal.* 12 avr. 1990, p. 2; *Gaz. Pal.* 24 déc. 1988, p. 2 – Flécheux et Fabiani, « La responsabilité civile de l'avocat », *JCP* 1974, I, 2673 – Guinchard, « La responsabilité des gens de justice, rapport de synthèse du 22e colloque des IEJ », *Justices* 1997, no 5, p. 109 – Jamin, « La responsabilité de l'avocat unique rédacteur d'acte juridique », *D.* 2009. 706 – Jourdain, « La responsabilité professionnelle et les ordres de responsabilité civile », *LPA* 11 juill. 2001, no 137, p. 63 – Julien, « De l'obligation de (dé)conseil de l'avocat », *RLDC*, 2005/17, nº 684 – Malleville, « La responsabilité des intermédiaires professionnels au titre du devoir de conseil », *JCP* 2000, I, nº 222 – Richard et Sage « La responsabilité civile de l'avocat », *Gaz. Pal.* 24 nov. 1994, doctr. p. 2.

91.05 **Rappel.** Ce chapitre avait été dans les années 90 largement inspiré du remarquable ouvrage de déontologie, *La responsabilité de l'avocat*, par Yves Avril, ancien bâtonnier du barreau de Saint-Brieuc, et dont la deuxième édition est parue en 2008 sous le titre de *Responsabilité des avocats*. Au traité pratique de responsabilité civile de l'avocat qu'il écrivît, le bâtonnier Avril avait ajouté une réflexion sur la déontologie et sur la procédure disciplinaire ainsi que des annexes sur la garantie des avocats qui rendaient son traité indispensable à toute étude concrète sur la responsabilité de l'avocat.[1]

SECTION 1
CADRE GÉNÉRAL

91.11 **Acceptation par l'avocat de la mission qui lui est confiée.** L'avocat qui accepte un dossier ou qui se voit attribuer un dossier par le bâtonnier, accepte la charge d'une « personne », il doit assumer à la fois le dossier dans son aspect technique et juridique et la personne du client dans sa complexité psychologique. Au-delà de l'aspect technique du litige, il doit comprendre son client, lui expliquer la difficulté qui le tourmente et diriger peu à peu sa volonté vers une solution équitable.

Le client peut être accepté librement par l'avocat ou lui être imposé par la décision du bâtonnier dans le cadre de l'aide juridictionnelle ou de la commission d'office (v. s^s^ n°s 24.116 et 48.01 s.). Dans ce cas l'avocat ne peut refuser son ministère sans faire approuver ses motifs d'excuse ou d'empêchement. Il en est de même lorsqu'il est commis par le président des assises[2] (v. s^s^ nº 40.62). L'avocat, à la différence de l'ancien avoué, n'est jamais tenu d'apporter son concours à un client, hormis le cas des désignations d'office étudié précédemment. Il accepte ou refuse librement et sans avoir à motiver sa décision.

De même, il peut décider spontanément de ne pas poursuivre sa mission, mais dans ce cas, il a une obligation qui consiste à prévenir le client en temps utile pour lui permettre de pourvoir à la défense de ses intérêts, et en matière de postulation, de se faire remplacer par un confrère dans les conditions prévues à l'article 419 du Code de procédure civile. Il a, en effet, l'obligation légale de conduire jusqu'à son terme l'affaire dont il est chargé, sauf si son client l'en décharge ou si lui-même décide de ne pas poursuivre sa mission, sous réserve dans ce dernier cas que le client soit prévenu en temps utile pour pourvoir à la défense de ses intérêts[3]. La jurisprudence interprète ce texte de manière libérale.

• C'est ainsi qu'un client ayant exprimé à son avocat une défiance injustifiée, ce dernier était en droit de lui indiquer qu'il cesserait désormais de poursuivre la procédure qu'il lui avait confiée, que cette attitude était même imposée par la défiance manifestée par le client et qu'en tenant à la disposition du nouveau conseil du client les dossiers qu'il détenait, il ne saurait voir sa responsabilité civile ou morale mise en cause[4]. Mais en contrepartie, le fait par un client de demander à son avocat la restitution de son dossier, met fin *ipso facto* au mandat *ad litem* et l'avocat est, dès lors, dispensé de toute diligence à partir de la réception de la lettre demandant la restitution du dossier[5].

91.12 **Nature juridique de la responsabilité de l'avocat.** La responsabilité de l'avocat est engagée par sa faute, même légère. Les termes de la loi du 31 décembre 1971 ne laissent à cet égard aucune incertitude : les membres du barreau sont responsables des négligences et des fautes commises dans l'exercice de leurs fonctions[6]. L'article 156 du décret du 27 novembre 1991 a été abrogé par l'article 22 du décret du 12 juillet 2005. Mais l'article 13 de ce dernier reprend l'essentiel de l'article 156 abrogé. Il prévoit en effet que « l'avocat conduit jusqu'à son terme l'affaire dont il est chargé, sauf si son client l'en décharge ou s'il décide de ne pas poursuivre sa mission. Dans ce dernier cas, il en informe son client en temps utile pour que les intérêts de celuici soient sauvegardés ».

L'appréciation de la faute de l'avocat se fait par assimilation au comportement d'un modèle présenté comme idéal, le critère du bon père de famille laisse sa place au critère du bon professionnel[7].

L'avocat peut voir également sa responsabilité engagée comme mandataire et, dans ce cas, sa responsabilité s'apprécie au regard des dispositions de l'article 1984 du Code civil, soit qu'il s'agisse en vertu d'un mandat spécial, soit qu'il bénéficie d'un mandat tacite qui lui est reconnu par la loi dans l'exercice de son activité judiciaire.

La responsabilité civile de l'avocat peut encore être recherchée sur un fondement délictuel en rai-

1. V. Bibliographie générale s^s^ n°s 03.11 s.
2. L. 31 déc. 1971, art. 9.
3. Décr. 12 juill. 2005, art. 13; anc. décr. 27 nov. 1991, art. 156.
4. CA Paris, 15 févr. 1983, *Gaz. Pal.* 1983, 1, 329, note A. D.
5. CA Bordeaux, 25 févr. 1980, *Gaz. Pal.* 1980, 1, 330, note Damien.
6. L. 31 déc. 1971, art. 17-1º et 4º.
7. AVRIL 2008, n°s 13.55 s.

son des fautes qu'il aurait commises et qui auraient causé un préjudice à des tiers.

Il peut être enfin poursuivi à l'occasion des maniements de fonds qui lui sont remis pour un usage déterminé, s'il se trouve dans la situation de ne pouvoir les représenter.

Cette variété de situation juridique rend difficile la qualification de la responsabilité de l'avocat. S'agit-il d'une responsabilité contractuelle ou délictuelle ?

La question est discutée et comporte pourtant un intérêt indéniable dans la mesure où elle détermine la prescription applicable à l'action en responsabilité dirigée à l'encontre de l'avocat. On sait en effet que celle-ci est de dix ans en cas de responsabilité délictuelle et de trente ans en cas de responsabilité contractuelle.

91.13 Prescription de l'action en responsabilité. Le régime général de la prescription en matière civile a été modifié par la loi du 17 juin 2008 [1], qui a simplifié le régime des prescriptions. Le nouvel article 2225 du Code civil prévoit que « l'action en responsabilité dirigée contre les personnes ayant représenté ou assisté les parties en justice, y compris en raison de la perte et de la destruction des pièces qui leur ont été confiées, se prescrit par cinq ans à compter de la fin de leur mission ».

Ce texte ne concerne que l'activité judiciaire de l'avocat et la conservation des pièces qui lui sont confiées. Mais il ne s'applique pas à ce qu'on appelle l'activité juridique, c'est-à-dire principalement la consultation et la rédaction d'actes. La simplification n'est donc pas complète et la prescription unique que certains appelaient de leurs vœux n'a donc pas été consacrée, car même si les deux activités sont soumises à une prescription de cinq ans, leur régime diffère quelque peu.

Il est donc nécessaire, comme avant la réforme de 2008, de distinguer l'activité judiciaire qui relève de la prescription de l'article 2225 et les activités « juridiques » relevant du droit commun de l'article 2224.

• **Régime antérieur.** Avant la réforme du 17 juin 2008, l'ancien article 2277-1 du Code civil prévoyait une responsabilité de dix ans pour les personnes habilitées à représenter et assister en justice, comme en matière de responsabilité délictuelle. L'application de cet article était limitée à l'activité judiciaire de l'avocat [2].

En revanche, pour les fonctions de conseil et de rédaction d'actes assurées par l'avocat, c'est le délai de prescription de droit commun qui s'appliquait, soit trente ans en matière contractuelle [3] et dix ans en matière extra-contractuelle [4].

En réalité, la responsabilité de l'avocat dépendait de la nature de l'activité de celui-ci. S'il peut être tenu à une obligation de résultat lorsqu'il doit assurer l'effectivité de l'acte qu'il a rédigé, il ne peut en être de même en matière judiciaire.

Martin [5] se prononce en faveur de la responsabilité délictuelle dès lors que « le contrat qui lie l'avocat à son client est fortement marqué d'ordre public ». La faute de l'avocat réside dans une violation des obligations professionnelles découlant « d'un devoir de source légale et réglementaire. » À l'appui de son raisonnement, il relève que la responsabilité des notaires, proche de celle des avocats en matière de rédaction d'actes, est délictuelle [6]. Enfin, il souligne que cette solution a le mérite d'appliquer une prescription unique de dix ans à toutes les missions de l'avocat.

Sur ce point, Monéger et Demeester [7] rejoignent Martin, puisque selon eux, « il serait en effet souhaitable que les actions en responsabilité dirigées contre les avocats par les clients et les tiers soient prescrites dans tous les cas par dix ans, ce qui laisserait encore au plaideur diligent de quoi obtenir l'indemnisation des préjudices à lui causés. » Ils privilégient néanmoins la nature contractuelle de la relation liant l'avocat à son client qu'il s'agisse du contrat de mandat ou du contrat d'entreprise [8]. Ph. le Tourneau précise que si la responsabilité de l'avocat est de nature contractuelle envers son client, celle-ci est délictuelle à l'égard des tiers [9].

91.14 Prescription de l'action concernant l'activité judiciaire. S'agissant de l'activité judiciaire, la loi du 17 juin 2008 a réduit la durée de la prescription de l'action en responsabilité contre l'avocat de dix à cinq ans [10]. Ce délai de prescription correspond au nouveau droit commun de cinq ans prévu par l'article 2224 nouveau du Code civil. Ce délai concerne l'activité judiciaire et le stockage des archives.

L'article 2225 précise que le *point de départ du délai* de prescription est, comme dans le régime antérieur, la « fin de la mission ».

Sous l'empire de la loi antérieure, il avait été jugé que la cessation définitive des fonctions de l'avocat met fin à sa mission, même sans notification préa-

1. L. n° 2008-561, 17 juin 2008 portant réforme de la prescription en matière civile, *JO* 18 juin, p. 9856.
2. Civ. 1re, 5 mai 2004, n° 01-15.925, *Bull. civ.* I, n° 126; *D.* 2005, 334, obs. Julien et Fricéro, *JCP* 2004, IV, 2290.
3. C. civ., art. 2262 anc.
4. C. civ., art. 2270-1 anc.
5. Martin, 10e éd., Litec, n° 442.
6. V. doctrine citée par de Poulpiquet, *Responsabilité des notaires*, « Dalloz Référence », 2009, n° 11.51.
7. Monéger et Demeester, 2001, n° 7.28.
8. Monéger et Demeester, 2001, n° 7.22 – Beignier, Blanchard, Villacèque, 2008, nos 335 s.
9. Dalloz action Resp. et contrats, 2010/2011, n° 4967.
10. C. civ., art. 2225 [nouv.].

lable de sa part au client[1]. Cette jurisprudence est sans aucun doute transposable au texte nouveau.

Aménagement conventionnel de la durée. Le nouvel article 2254 du Code civil prévoit que la durée de la prescription peut être abrégée ou allongée par un accord des parties. Celles-ci peuvent d'une part, d'un commun accord, abréger le délai de prescription jusqu'à un minimum d'un an ou l'allonger jusqu'à un maximum de dix ans. Elles peuvent également ajouter aux causes de suspension ou d'interruption.

La question s'est posée de savoir si l'article L. 137-1 du Code de la consommation[2], qui dispose que les aménagements conventionnels sont interdits notamment dans un contrat entre un professionnel et un consommateur, est applicable aux relations contractuelles entre l'avocat et son client. Aucune réponse claire sur ce point n'a encore été apportée et les travaux préparatoires ne fournissent aucune réponse certaine. Ainsi que l'ont relevé certains auteurs, « du point de vue purement économique, il n'y aurait rien d'anormal à assimiler les relations avocat-client à des relations professionnel-consommateur, surtout compte tenu des évolutions contemporaines de la profession[3] ». Cet auteur relève toutefois que l'activité d'avocat ne se réduit pas à une simple prestation de services offerte à des consommateurs sur le marché du droit, en tout cas pour ce qui concerne ses missions judiciaires et qu'en bonne logique l'article 137-2 ne devrait pas être applicable aux avocats dans leurs relations avec leurs clients.

Action de l'avocat contre son client – honoraires. Dans la mesure où l'article 2225 nouveau du Code civil ne vise que les actions en responsabilité dirigées contre les avocats, il est possible d'en déduire *a contrario* que les actions de l avocat contre son client relèvent du droit commun du nouvel article 2224 du Code civil. Par ailleurs, le contentieux des honoraires relève de la procédure spéciale organisée par l'article 174 du décret du 27 novembre 1991 (v. s[s] n°s 46.62 et 46.84).

91.15 Prescription de l'action concernant les activités juridiques. Les activités juridiques de l'avocat, c'est-à-dire les activités de conseil et de rédaction d'acte relèvent du droit commun de l'article 2224 nouveau du Code civil, sauf si elles relèvent d'un texte particulier. Le délai de prescription est le même que celui prévu pour les activités judiciaires, c'est-à-dire 5 ans. En revanche, le régime juridique de la prescription de l'article 2224 est différent sur deux points essentiels de celui de l'article 2225.

L'article 2224 prévoit que « les actions personnelles ou mobilières se prescrivent par cinq ans à compter du jour où le titulaire d'un droit a connu ou aurait dû connaître les faits lui permettant de l'exercer ». En ce qui concerne les activités juridiques, le point de départ du délai de cinq ans n'est donc plus la fin de la mission de l'avocat, comme pour les activités judiciaires, mais le jour où le titulaire du droit a connu ou aurait dû connaître les faits lui permettant d'agir. Si ce délai ne sera pas trop difficile à définir s'agissant de la rédaction d'un acte, il sera plus délicat de le connaître en ce qui concerne les activités de conseil ou de consultation...

Il faut également préciser que l'action en responsabilité « à raison de la perte ou de la destruction des pièces » prévue par l'article 2225 ne concerne que l'assistance ou la représentation en justice. En revanche, les pièces remise dans le cadre d'une activité juridique relèvent du droit commun de l'article 2224.

91.16 Conditions de mise en œuvre de la responsabilité de l'avocat. Sa responsabilité ne peut être mise en jeu qu'à condition d'établir une faute de la part de l'avocat, un préjudice pour le client et un lien de causalité entre la faute et le préjudice.

91.17 Assurance obligatoire. L'avocat doit être assuré pour sa responsabilité civile et les maniements de fonds qu'il peut opérer, en vertu des articles 26 et suivants de la loi du 31 décembre 1971[4] et du titre VI du décret du 27 novembre 1991, articles 205 et suivants (v. s[s] n°s 94.01 s.). L'assurance ne couvre que les sinistres causés par les fautes de l'avocat commises dans l'exercice de sa profession.

91.18 Nomenclature des devoirs de l'avocat. L'avocat, dans le cadre de son activité, est tenu d'accomplir tous les actes et formalités nécessaires à la régularité des procédures qui lui ont été confiées, aussi bien dans le fond que dans la forme. Il a donc un devoir de diligence (v. s[s] n°s 31.21 à 31.24), c'est-à-dire qu'il doit prendre l'initiative de tous les actes relatifs à l'instance, il a également un devoir de prudence (v. s[s] n° 31.31), lequel s'apprécie tant à l'égard du client lui-même qu'à l'égard des tiers; il a enfin un devoir de conseil (v. s[s] n°s 41.11 s.)[5].

SECTION 2
MANQUEMENT AU DEVOIR DE CONSEIL

91.21 Devoir constant. Ce devoir de conseil fait partie du rôle de l'avocat aussi bien au judiciaire

1. Civ. 1re, 30 janv. 2007, n° 05-18.100, *Bull. civ.* I, n° 43.
2. L. 17 juin 2008, art. 4.
3. Demeester, RÉP. CIV., *V° Avocat* [généralités], 2009, n° 142.
4. Mod. par L. n° 90-1259, 31 déc. 1990.
5. Richard et Sage « La responsabilité civile de l'avocat », *Gaz. Pal.* 24 nov. 1994, doctr. 2.

(l'article 411 du Code de procédure civile, rappelant que la mission d'assistance en justice emporte devoir et pouvoir de conseiller sa partie) qu'en matière juridique. La jurisprudence est riche d'exemples de fautes constitutives d'un manquement au devoir de conseil.

• C'est ainsi que la jurisprudence considère qu'un avocat, gardien des intérêts qui lui sont confiés, doit éviter la disparition des privilèges et hypothèques en conseillant leur renouvellement et en mettant tout en œuvre pour éviter que les intérêts de ses clients soient compromis [1].

91.22 Preuve de l'exécution du devoir de conseil. Depuis un important revirement de jurisprudence en 1997, c'est à l'avocat qu'il incombe de rapporter la preuve qu'il a bien exécuté « son obligation particulière d'information et de conseil envers son client » [2]. Cette jurisprudence rigoureuse, qui est régulièrement confirmée [3], est atténuée, dans la mesure où la preuve de cette information semble pouvoir être apportée « par tous moyens » et non seulement par la production d'un écrit - jurisprudence d'abord rendue en matière médicale [4], avant d'être logiquement appliquée aux avocats [5]. Il est néanmoins conseillé aux avocats, en pratique, de recourir dès que possible à l'écrit afin de se ménager des preuves.

§ 1
En matière judiciaire

91.31 Respect du devoir de conseil. L'avocat est tenu à un devoir de conseil tout au long de la procédure qu'il mène pour son client.

Manque à son devoir de conseil :

- l'avocat ayant laissé s'écouler le délai d'appel privant ainsi son client privé d'une chance réelle et sérieuse d'obtenir la réformation du jugement [6];

- l'avocat ne se préoccupant pas à temps d'obtenir la grosse d'un arrêt de son avoué à la cour [7];

- l'avocat dont la négligence a eu pour effet de faire perdre à son client une chance de faire triompher sa contestation, dès lors qu'il ne résulte pas des écritures qu'il avait exactement renseigné celui-ci sur la procédure qu'il était nécessaire de suivre [...] le devoir de conseil imposant de préciser les voies de procédure à suivre tout en indiquant les motifs à même de faire douter d'une issue favorable de la procédure [8];

- l'avocat ayant laissé périmer une instance [9];

- l'avocat ayant adressé à son client la copie d'un jugement sans lui fournir aucune information sur la possibilité de faire appel ni sur les modalités d'exercice de ce recours [10];

- l'avocat ayant perdu des pièces et notamment des clichés photographiques en dépôt pour les besoins d'une procédure [11];

- l'avocat remplacé par le client après avoir délivré une assignation s'abstenant d'informer son successeur, de sorte que le client qui n'a pas soutenu la demande présenté en son nom, en a été débouté [12];

- l'avocat n'ayant pas conseillé à son client de solliciter la désignation d'un nouvel avocat pour l'assister dans une procédure de référé, expulsion dont il affirmait qu'il s'occupait, et qui ne s'est pas présenté à l'audience [13];

- l'avocat n'ayant pas répondu aux demandes d'un avocat à la Cour de cassation chargé d'un pourvoi, ce qui avait mis ce dernier dans l'impossibilité de déposer un mémoire au soutien du pourvoi [14];

- l'avocat, dont le client a été incarcéré en raison de la circonstance qu'il n'avait pas souligné l'importance du règlement d'une fraction du cautionnement fixé par le juge avant une convocation de ce dernier, engage sa responsabilité [15].

91.32 L'avocat face aux incertitudes jurisprudentielles. Le devoir de conseil de l'avocat ne peut s'apprécier qu'au regard du droit positif [16]. Il n'est donc pas responsable des conséquences d'un revirement de jurisprudence et il ne commet pas de faute en se référant à la dernière jurisprudence connue du Conseil d'État [17]. On ne peut pas non plus reprocher à un avocat d'avoir commis une erreur d'apprécia-

1. Civ., 25 févr. 1891, *DP* 1891, 173 – CA Versailles, 1er juin 1989, *Gaz. Pal.* 24 avr. 1990, 16.
2. Civ. 1re, 29 avr. 1997, n° 94-21.217, *Bull. civ.* I, n° 132; *D.* 1997, IR 130; *Gaz. Pal.* 1997, pan. 180; *Gaz. Pal.* 1999, somm. 523; *JCP* 1997, II, 22948, note Martin; *LPA* 1997, p. 15, note Maleville et Maleville – Groutel, « L'opportunité du procès et le devoir de conseil de l'avocat », *RCA* 1997, chron. 19.
3. Civ. 1re 27 mai 2003, n° 01-14.517, NPT, *JCP E* 2004, 1197, n° 7 : « attendu que l'avocat, tenu à une obligation particulière d'information et de conseil vis-à-vis de son client, doit prouver qu'il a exécuté cette obligation » – Civ. 1re, 26 oct. 2004, n° 02-21.302, NP : « il incombe au professionnel débiteur d'une obligation particulière d'information et de conseil de prouver qu'il a rempli cette obligation ».
4. Civ. 1re, 14 oct. 1997, n° 95-19.609, *Bull. civ.* I, n° 278; *JCP* 1997, I, 4068, n° 6 s.
5. CA Paris, 4 avr. 2003, *Gaz. Pal.* 2003, 1, 1860.
6. CA Paris, 27 mars 1995, *Gaz. Pal.* 6 janv. 1996, 6.
7. CA Paris, 5 juill. 1994, *Gaz. Pal.* 14 janv. 1995, 21.
8. CA Paris, 29 sept. 1981, *Gaz. Pal.* 1981, 1,124, note Avril.
9. Civ. 1re, 20 janv. 1993, n° 90-18.504, *Bull. civ.* I, n° 23; *JCP* 1993, IV, 80.
10. Civ. 1re, 13 nov. 1997, n° 95-14.141, *Bull. civ.* I, n° 303; *D.* 1997, IR 259; *Gaz. Pal.* 13 déc., 461; 1997, somm. 461; *Gaz. Pal.* 1998, pan. 276.
11. CA Paris, 15 sept. 1994, *Gaz. Pal.* 14 janv. 1995, 24.
12. Civ. 1re, 1er déc. 1993, n° 91-21.740, NPT, *D.* 1995, somm. 166, note Brunois.
13. CA Versailles, 20 sept. 1995, inédit.
14. Civ. 1re, 28 juill. 1997, n° 95-14.067, *Bull. civ.* I, n° 234; *JCP* 1997, IV, 1919.
15. TGI Paris, 24 mai 1989, *Gaz. Pal.* 1989, 2, somm. 401.
16. CA Paris, 9 déc. 2002, *Gaz. Pal.* 2003, 1023.
17. Com. 29 mars 2004, n° 91-21.191, *Bull. civ.* IV, n° 135.

tion en interprétant une loi récente, dès lors qu'au moment où il a donné sa consultation aucune jurisprudence certaine n'était intervenue [1].

Toutefois, il doit connaître les règles de droit existantes, y compris d'origine jurisprudentielle [2] et doit effectuer les recherches nécessaires pour trouver la solution adéquate [3]. Il a ainsi été jugé que manque à ses obligations un avocat, rédacteur d'une lettre de licenciement, qui n'y mentionne que la disparition d'une branche d'activité de l'entreprise, sans faire état de la suppression du poste du salarié, alors pourtant que la jurisprudence avait d'ores et déjà renforcé les obligations en la matière, l'arrêt ultérieur de la Cour de cassation ne constituant ni un revirement, ni même l'expression d'une évolution imprévisible de la jurisprudence [4]. Cet arrêt du 5 février 2009 semblait imposer à l'avocat un devoir d'anticipation sur les évolutions du droit positif [5]. Il a été suivi par un autre tout aussi rigoureux du 14 mai 2009 qui décide dans des termes explicites que « l'avocat a l'obligation de tenir compte de l'évolution jurisprudentielle à partir du moment où celle-ci est favorable aux intérêts de son client ». « Il doit tout mettre en œuvre pour assurer la défense de son client, en invoquant notamment tous les moyens qui ont une chance d'être accueillis, quand bien même ceux-ci n'auraient pas encore été consacrés par la jurisprudence » [6]. Lorsque la jurisprudence est incertaine, l'avocat doit recommander la prudence et avertir son client des risques encourus (solution rendue à propos d'un notaire, mais transposable, comme bien souvent, aux avocats) [7].

Toutefois, après la lecture des arrêts de la Cour de cassation des 5 février et 5 mai 2009, on est en droit de se demander si pour celle-ci l'avocat devrait être doté d'un don de divination ?

• On ne peut imputer à un avocat le fait de n'avoir pas prévu l'évolution ultérieure du droit [8], ni un revirement de jurisprudence (à propos d'un notaire) [9].

De même l'avocat n'a pour obligation que de tenter de faire valoir, par des moyens appropriés, la défense de son client. Il n'a pas à refuser la défense s'il estime la cause insuffisamment fondée et ne contracte aucune obligation quant au résultat judiciaire à obtenir [10].

On ne saurait reprocher à un avocat qui a exposé par voie d'assignation et de conclusions écrites l'argumentation de son client et qui a remis au juge un dossier comportant toutes les pièces utiles dont son client entendait faire état, de ne pas plaider à condition que la nature du litige tant en droit qu'en fait et les éléments du dossier, ne rendent pas nécessaire une intervention orale pour expliciter ou soutenir certains points [11].

L'avocat ayant conclu, dans une assignation en divorce, à la confirmation des mesures provisoires ordonnées par l'ordonnance de non-conciliation, alors que le jugement à intervenir met fin à l'obligation de secours né entre les époux, est responsable de la perte de chance ainsi encourue par sa cliente en raison d'une faute commise au titre du devoir de conseil auquel il était tenu, quelle qu'ait pu être sa connaissance des incertitudes de l'interprétation jurisprudentielle en la matière [12].

91.33 Présence d'un autre professionnel du droit. La présence d'un avoué, d'un notaire ou d'un autre avocat dans la procédure d'appel ne dispense pas l'avocat de son devoir de conseil. Un avocat n'est donc pas dispensé de son devoir de conseil du fait de la présence d'un avoué dans la procédure et il engage sa responsabilité pour n'avoir pas déconseillé un appel qui était visiblement voué à l'échec [13]

1. CA Strasbourg, 9 juill. 1958, *Gaz. Pal.* 1958, 2, 365 – CA Aix-en-Provence, 6 févr. 1984, *Gaz. Pal.* 1986, 1, 4, note Alexandre – CONTRA : Civ. 1re, 15 oct. 1985, no 84-12.309, *Bull. civ.* I, no 257; *Gaz. Pal.* 1986, pan. 37 – TGI Laon, 26 mai 1987 – Civ., 28 juin 1983, *JCP* 1983, IV, 285 – CA Paris, 17 juin 1994, *Gaz. Pal.* 24 nov. 1994, 20.
2. Civ. 1re, 15 oct. 1985, no 84-12.309, *Bull. civ.* I, no 257; *D.* 1987, somm. 104, note Brunois; *Gaz. Pal.* 1986, pan. 37.
3. Civ. 1re, 21 mai 1996, no 94-13.760, *Bull. civ.* I, no 218; *RCA* juin 2002, comm. 128.
4. Civ. 1re, 5 févr. 2009, no 07-20.196, *Bull. civ.* I, no 21; *D.* 2010, pan. 49, obs. Brun; *RLDC* 2009, no 3382, obs. Bugnicourt; *RTD civ.* 2009. 493, obs. Deumier; *RTD civ.* 2009. 725, obs. Jourdain.
5. V. obs. Brun, préc.
6. Civ. 1re, 14 mai 2009, no 08-15.899, *Bull. civ.* I, no 92; *D.* 2009. 1479; *D.* 2010, pan. 49, obs. Brun; *D.* 2010. 183, note De la Asuncion Planes; *JCP* 2009, no 28, p. 15, note Slim; *JCP* 2009. 94, note Slim no 295, Pillet; *Gaz. Pal.* 2009. 3035, obs. Avril; *LPA* 10 août 2009, note Barbièri; *RDC* 2009. 1373, obs. Carval; *RTD civ.* 2009. 493, obs. Deumier; *RTD civ.* 2009. 725, obs. Jourdain; *RTD civ.* 2009. 744, obs. Gautier; *RCA* 2009, no 219, note Hocquet-Berg.
7. Civ. 1re, 9 déc. 1997, no 95-21.407, no 96-10.378, *Bull. civ.* I, no 362; *Defrénois* 1998, 354, note Aubert.
8. Civ. 1re, 25 nov. 1997, no 95-22.240, *Bull. civ.* I, no 328; *D. Affaires* 1998. 63, obs. J. F. (1re esp.); *Defrénois* 1998. 354, obs. Aubert; *JCP* 1998. I. 144, no 23, obs. Viney; *JCP N* 1998. 893, note Géraud; *RTD civ.* 1998. 367, obs. Mestre; *RTD. civ.* 1998. 210, obs. Molfessis; *LPA* 12 oct. 1998, note Blin-Franchomme.
9. Civ. 1re, 25 nov. 1997, no 95-22.240, *Bull. civ.* I, no 328; *Gaz. Pal.* 22 janv. 1998, jur. 64.
10. TGI Le Mans, ord. réf., 7 nov. 1983, *Gaz. Pal.* 1984, 1, somm. 111 – CONTRA : TGI Paris, 17 mai 1989, *Gaz. Pal.* 1989, 2, somm. 401.
11. CA Dijon, 7 sept. 1993, *D.* 1995, somm. 164 – SUR LA responsabilité des avocats rédacteurs d'actes : Boré « Le devoir de conseil des rédacteurs d'actes », *Gaz. Pal.* 21 nov. 1996, 7 s.
12. TGI Laon, 26 mai 1987, *Gaz. Pal.* 1987, 2, somm. 378 – CA Dijon, 27 janv. 1987, *D.* 1988, somm. 238, note Brunois – CA Paris, 24 févr. 1987, *D.* 1988, somm. 238, note Brunois.
13. Civ. 1re, 29 avr. 1997, no 95-10.629, *Bull. civ.* I, no 214; *D.* 1998, somm. 198, obs. Jourdain; *D.* 1997, IR 165; *JCP* 1997, I, 4041, Martin; *JCP* 1997, II, 22970, note du Rusquec; *Gaz. Pal.* 1998, pan. 2.

(de même pour un avocat ayant confié à un confrère localement compétent le soin d'une inscription d'une hypothèque judiciaire)[1]. Le recours à d'autres auxiliaires de justice peut néanmoins tempérer la responsabilité de l'avocat (v. s[s] n° 93.21).

91.34 Compétence du client. L'avocat n'est pas déchargé de ses obligations professionnelles, notamment de son devoir de conseil, du seul fait des compétences ou de l'expérience de son client. Cette solution, qui a été affirmée par un arrêt du 7 juillet 1998 dans des termes clairs : « les compétences personnelles du client ne dispensent pas l'avocat, rédacteur d'un acte, de son devoir de conseil »[2] est régulièrement rappelée[3]. La faute du client, en revanche, peut entraîner un partage de responsabilité[4] (v. s[s] n°s 93.11 s.).

Certains juges du fond tentent de limiter la responsabilité des avocats en considérant que l'étendue de l'information que l'avocat doit donner à son client au titre de son devoir de conseil varie selon que ce dernier est ou non un professionnel avisé[5]; mais ils sont généralement sanctionnés par la Cour de cassation[6].

• **Solutions antérieures à 1998.** Les décisions rendues avant le revirement du 7 juillet 1998 doivent être analysées avec prudence. Avant cette date, la jurisprudence considérait en effet que lorsque le client a des connaissances juridiques précises, la faute commise par l'avocat peut être atténuée ou effacée, le client ayant qualité pour donner des instructions techniques et précises à son avocat.

• C'est ainsi qu'il avait été admis que la responsabilité encourue par l'avocat peut céder au cas où le client, spécialiste des questions traitées, entend conserver la responsabilité de la procédure et sa direction exclusive[7].

Lorsqu'il est fait appel à un avocat pour rédiger un compromis de vente, le client est en droit d'attendre tous les conseils nécessaires à la sauvegarde de ses intérêts. Cela ne le dispense cependant pas de prendre lui-même des précautions, *a fortiori* s'il s'agit d'un professionnel de l'immobilier[8].

L'avocat dont il est établi qu'il n'était pas le maître du procès et qui n'a agi que sur les instructions qui lui étaient fournies par le conseil du client, ne peut se voir reprocher des négligences qui ne lui sont pas personnellement imputables[9].

La jurisprudence considérait que l'étendue de l'information que l'avocat doit donner à son client au titre de son devoir de conseil varie selon ce que ce dernier est ou non un professionnel avisé et en particulier n'a pas informé ce client de ce que celui-ci sait ou doit nécessairement savoir... Spécialement lorsque le client est marchand de biens dont l'activité est l'achat et la vente d'immeubles, professionnel de l'immobilier parfaitement au fait de l'incidence fiscale sur les mutations et les avantages des différents régimes de fiscalité susceptibles d'y être appliqués[10].

91.35 Responsabilité du fait du choix des procédures. L'avocat doit conseiller les procédures à engager en veillant à indiquer au client les risques qu'elles présentent et ses réserves quant aux chances de succès de l'action.

• Doit être retenue la responsabilité d'un avocat en raison de sa négligence ayant eu pour effet de faire perdre à son client une chance de faire triompher sa contestation, dès lors qu'il ne résulte pas des écritures, qu'il ait exactement renseigné celui-ci sur la procédure qu'il était nécessaire de suivre s'il voulait refuser le paiement de marchandises en raison de vice caché, le devoir de conseil imposant de préciser les voies de procédure à suivre tout en indiquant les motifs à même de faire douter d'une issue favorable de la procédure[11].

91.36 Information sur les voies de recours existantes. Selon les termes même de la jurisprudence, « la mission d'assistance en justice emporte pour l'avocat l'obligation d'informer son client sur les voies de recours existant contre les décisions rendues à l'encontre de celui-ci ». Ainsi, commet une faute l'avocat ayant adressé à son client la copie d'un jugement sans lui fournir aucune information sur la possibilité de faire appel ni sur les modalités d'exercice de ce recours[12].

1. CA Paris, 24 juin 2003, *Gaz. Pal.* 29 févr.-2 mars 2003, 26.
2. Civ. 1re, 7 juill. 1998, n° 96-14.192, *Bull. civ.* I, n° 238; *D.* 1998, IR 205; *Gaz. Pal.* 1998, pan. 292; *RCA* 1998, comm. 346; *RTD civ.* 1998, 911, obs. Jourdain.
3. Civ. 1re, 21 janv. 2003, n° 00-19.522, NPT, *RCA* 2003, comm. 109 – DÉJÀ AUPARAVANT : Civ. 1re, 12 janv. 1999, n° 96-18.775, *Bull. civ.* I, n° 15; *JCP* 1999, IV, 1410 – Civ. 1re, 19 mai 1999, n° 96-20.332, *Bull. civ.* I, n° 164; *D.* 2000, somm. 153, obs. Blanchard.
4. Civ. 1re, 19 mai 1999, *Bull. civ.* I, n° 166 – Civ. 1re, 15 janv. 2002, *JCP* 2002, II, 10063, note Croze.
5. CA Paris, 25 nov. 1997, *D.* 1998, IR 17.
6. NOT. : Civ. 1[re], 7 juill. 1998, n° 96-14.192, *Bull. civ.* I, n° 238; *D.* 1998, IR 205; *Gaz. Pal.* 1998, pan. 292; *RCA* 1998, comm. 346; *RTD civ.* 1998, 911, obs. Jourdain.
7. Cass. Req. 10 janv. 1939, *S.* 1939, 1, 99 – CONTRA : Civ. 1re, 7 juill. 1998, n° 96-14.192, *Bull. civ.* I, n° 238; *D.* 1998, IR 205; *Gaz. Pal.* 1998, pan. 292; *RCA* 1998, comm. 346; *RTD civ.* 1998, 911, obs. Jourdain.
8. TGI Paris, 1re ch., 20 avr. 1983, Gossin, c/X, *Vie jud.* 19 mars 1984, p. 3 – RAPPR. au cas où les parties sont assistées de conseils : CA Paris, 7 janv. 1983, *D.* 1985, IR 111, obs. Brunois.
9. CA Rennes, 16 févr. 1982, *Gaz. Pal.* 1982, 1, 167 – SUR l'exonération de responsabilité due à la personnalité et au comportement du client : AVRIL, 2008, n°s 22.10 s. – CA Dinan, 15 juin 1982, *Gaz. Pal.* 1983, 1, 289, note Avril.
10. CA Paris, 25 nov. 1997, *D.* 1998, IR 17.
11. CA Paris, 29 sept. 1981, *Gaz. Pal.* 1982, 1, 124, note Avril – TGI Paris, 1er juin 1983, *D.* 1985, IR 111, note Brunois.
12. Civ. 1re, 13 nov. 1997, n° 95-14.141, *Bull. civ.* I, n° 303; *D.* 1997, IR 259, *Gaz. Pal.* 13 déc. 1997, Somm. 461; 1998, pan. 276.

• De même, il a été jugé que manque à son devoir de conseil un avocat ayant laissé s'écouler le délai d'appel privant ainsi son client d'une chance réelle et sérieuse d'obtenir la réformation du jugement[1] ou un avocat n'informant pas en temps utile son client du prononcé de l'arrêt, le privant ainsi de la faculté de former un pourvoi[2].

91.37 Limites de l'obligation d'information. Un avocat et un avoué avaient été condamnés en appel, pour avoir manqué à leur obligation d'information en n'appelant pas l'attention de leur cliente sur l'effet exceptionnellement suspensif du pourvoi en cassation en matière de divorce, occasionnant ainsi un dommage à leur cliente qui, pleinement informée des effets d'un tel recours, aurait certainement formé un pourvoi, afin de bénéficier, pendant la durée de l'instance devant la Cour de cassation, de la pension alimentaire fixée par ordonnance de non-conciliation[3].

Cette décision surprenante a donné l'occasion à la Cour de cassation de préciser les limites de l'obligation d'information de l'avocat. Elle rappelle que si l'auxiliaire de justice doit s'acquitter de son obligation d'information de manière complète et objective, il a, en déontologie, pour devoir de déconseiller l'exercice d'une voie de droit vouée à l'échec ou, à plus forte raison, abusive, de sorte qu'il ne peut être tenu de délivrer une information qui aurait eu pour seule justification de permettre au client d'engager un recours abusivement, à des fins purement dilatoires[4].

L'information complète et objective que l'avocat doit à son client lui impose donc, le cas échéant, de dissuader son client d'intenter une procédure abusive ou vouée à l'échec.

§ 2
En matière de rédaction d'actes

91.41 Renforcement du devoir de conseil. (Sur l'avocat rédacteur d'actes v. s^s n°s 41.61 s. – sur les conflits d'intérêts en matière de rédaction d'actes v. s^s n° 38.32). Cette obligation de conseil s'étend particulièrement lorsque l'avocat est rédacteur d'actes[5], car il doit en assurer la validité mais également l'efficacité. Ainsi que cela a été rappelé précédemment (v. s^s n° 41.63), l'avocat qui se trouve être le rédacteur unique d'un acte doit observer la plus stricte objectivité dans ses relations avec les parties. Le RIN précise, en son article 7.2 qu'il doit veiller à l'équilibre des intérêts des parties, ce que la jurisprudence a récemment confirmé : « l'avocat est tenu de veiller à assurer l'équilibre de l'ensemble des intérêts en présence et de prendre l'initiative de conseiller les deux parties à la convention sur la portée des engagements souscrits de part et d'autre, peu important le fait que l'acte a été signé en son absence après avoir été établi à la demande d'un seul des contractants[6].

Cette obligation de conseil est non seulement imposée par la jurisprudence, mais aussi par l'article 9 du décret du 12 juillet 2005[7] selon lequel : « l'avocat rédacteur d'un acte juridique assure la validité et la pleine efficacité de l'acte selon les prévisions des parties. Il refuse de participer à la rédaction d'un acte ou d'une convention manifestement illicite ou frauduleux. Sauf s'il en est déchargé par les parties, il est tenu de procéder aux formalités légales ou réglementaires requises par l'acte qu'il rédige et de demander le versement préalable des fonds nécessaires ».

• **De l'obligation de moyen à l'obligation de résultat.** Dans le domaine de la rédaction d'acte, l'obligation de résultat se substitue à l'obligation de moyens.

Manque à son devoir de conseil :

– l'avocat, rédacteur d'un acte de cession de fonds de commerce s'il ne prévient pas sa cliente venderesse du fonds, de la nécessité d'obtenir l'accord du propriétaire pour obtenir la déspécialisation. L'avocat ne peut, en l'absence de stipulation formelle, concevoir sa mission de façon étroite, s'il a accepté de rédiger un acte il doit également conseiller et exécuter les « formalités subséquentes »[8] ;

– l'avocat qui n'informe pas son client des conséquences fiscales d'une cession de parts sociales[9] ;

– l'avocat, chargé de la rédaction de la lettre de licenciement qui omet d'attirer, en temps utile l'attention de sa cliente sur les conséquences financières de la rupture du contrat résultant de l'existence d'une clause de non-concurrence[10] ;

– l'avocat qui ne met pas en garde ses clients contre tout empressement, quel que soit leur nécessité de céder leur entreprise, du grand risque financier qu'ils courent, en n'attendant pas les documents concernant la solvabilité du cessionnaire[11] ;

1. CA Paris, 27 mars 1995, *Gaz. Pal.* 6 janv. 1996, 6.
2. CA Dijon, 26 mars 1996, *Gaz. Pal.* 11 févr. 1997, 29 – ÉGAL^T : CA Paris, 29 sept. 1981, *Gaz. Pal.* 1982, 124, note Avril.
3. CA Paris, 21 oct. 2002, *RTD civ.* 2003, 67, obs. Hauser.
4. Civ. 1re, 23 nov. 2004, n° 03-15.090, *Bull. civ.* I, n° 281 ; *D.* 2005, 2857, note Moret-Bailly ; *D.* 2006, 266 ; *Gaz. Pal.* 2004, somm. 3911 ; 2005, somm. 548 ; *JCP* 2005, II, 10058, note Lamarche.
5. CA Paris, 7 janv. 1983, *Gaz. Pal.* 1984, 2, somm. 431 ; *D.* 1985, IR 111, note Brunois.
6. Civ. 1re, 27 nov. 2008 : n° 07-18.142, *Bull. civ.* I, n° 267 ; *D.* 2009. 706, note Jamin ; *JCP* 2009. I. 120, n° 15, obs. Jamin ; *RLDC* 2009/57, n° 3285, obs. Maugeri ; *RTD civ.* 2009. 134, obs. Gautier.
7. Décr. n° 2005-790, 12 juill. 2005.
8. TGI Limoges, 17 mai 1975 et CA Paris, 31 oct. 1974, cités par AVRIL, 1re éd., 1981, n° 21.
9. CA Paris, 16 avr. 1996, *Gaz. Pal.* 1996, 2, 576, note J.-G. M.
10. Civ. 1re, 13 mars 1996, n° 93-20.578, *Bull. civ.* I, n° 132 ; *D.* 1996, IR 93 ; *D.* 1997, somm. 102, note Serra ; *Gaz. Pal.* 1996, 2, pan. 276.
11. CA Paris, 1re ch. A, 20 janv. 1998, *Gaz. Pal.* 1998, 1, somm. 162.

– l'avocat, qui à l'occasion d'un acte de cession de parts sociales, n'avertit pas son client (cédant) qu'en raison d'un accord préalable avec les cessionnaires, il restera tenu d'une partie du passif de la société en sa qualité de caution[1];

– l'avocat qui a établi un projet d'acte de cession de fonds de commerce et qui a commis une négligence en omettant, dans la rédaction de ce document, de prévoir l'hypothèse où une clause du bail aurait apporté des restrictions en matière de cession de fonds de commerce, ce qui avait eu pour conséquence de priver l'acte d'efficacité, les bailleurs ayant obtenu la résiliation du bail en vertu de la clause exposant que sous peine de cette sanction ils devaient être appelés à la cession pour que celle-ci leur fût opposable. L'avocat doit donc être déclaré responsable des conséquences de sa légèreté[2];

– l'avocat qui conseil un dirigeant de société à l'occasion de la cession de son fonds de commerce et auquel le client a recherché la responsabilité civile professionnelle en lui reprochant, d'une part, un manquement à son obligation de conseil sur les incidences fiscales de la cession et, d'autre part, un pareil manquement quant au coût des majorations encourues du fait du contentieux administratif et quant au délai de pourvoi en cassation devant le Conseil d'État. Débouté par la cour d'appel, au motif principal que les parties étaient en désaccord sur la mission donnée au cabinet d'avocats, il se pourvoit devant la Cour de cassation qui décide que « le rédacteur d'acte, tenu de veiller à assurer l'équilibre de l'ensemble des intérêts en présence et de prendre l'initiative de conseiller les deux parties à la convention sur la portée et les incidences, notamment fiscales, des engagements souscrits de part et d'autre, peu important que son concours ait été sollicité par l'une d'elles, doit rapporter la preuve qu'il a rempli cette obligation à leur égard, quelles que soient leurs compétences personnelles »;[3]

– l'avocat rédacteur d'un acte de cession de fonds de commerce et séquestre du prix qui, en accomplissant tardivement les formalités légales d'enregistrement et de publicité et en ayant omis de demander à l'acquéreur de lui verser la provision nécessaire à cette fin, a retardé la levée des oppositions de telle sorte que les billets à ordre séquestrés entre ses mains en paiement du prix sont demeurés bloqués jusqu'à la liquidation des biens de la société venderesse, rendant désormais impossible toute libération du prix de cession entre les mains du tiers bénéficiaire[4];

– l'avocat rédacteur d'acte n'éclairant pas les parties sur la portée de l'acte qu'elles se proposent de conclure avec son concours et s'abstenant de prendre toutes dispositions utiles pour assurer la validité et l'efficacité de l'acte conformément à la volonté poursuivie[5];

– l'avocat qui n'a pas pris la peine de vérifier la capacité des parties à l'acte ou les pouvoirs de la personne signataire de l'acte (solution sur la responsabilité d'un notaire transposable à l'avocat)[6];

– l'avocat ayant rédigé des projets d'actes et donné des consultations dans la perspective d'une cession à un tiers ou à des coassociés et n'ayant pas attiré l'attention de son client sur les conséquences juridiques et fiscales de cette opération[7];

– l'avocat ayant fait établir un contrat de prêt d'argent par le principal clerc de sa SCP d'avocats. La cour devait, eu égard aux circonstances de la cause et de l'importance de la somme prêtée, déterminer si l'absence de garantie de remboursement du contrat de prêt ne constituait pas, de la part du rédacteur de l'acte, un manquement à son devoir d'information et à son obligation de conseil[8];

– l'avocat qui omet des mentions essentielles à un acte de cession de bail[9];

– l'avocat rédacteur d'une reconnaissance de dette, ne mentionnant pas l'indication du taux contractuel des intérêts, ayant fait perdre à son client le bénéfice des intérêts conventionnels[10];

– l'avocat qui omet les mentions manuscrites indispensables de l'article 1326 du Code civil : en ne veillant pas à ce que ces actes comportent l'ensemble des mentions manuscrites indispensables à leur pleine efficacité juridique, il commet une faute de nature à engager sa responsabilité contractuelle de rédacteur d'acte[11];

– l'avocat rédacteur d'acte n'ayant pas alerté le client des risques auxquels il s'exposait faute de garantie ou de sûreté corrélative, alors qu'il ne pouvait ignorer la fragilité de la société en voie de constitution[12];

– la société de conseils juridiques (solution transposable aux avocats) qui se prête à la rédaction d'un bail et d'un acte de vente ne portant pas les indications relatives aux chiffres d'affaires et aux bénéfices commerciaux des trois dernières années, sans même avoir vérifié si la comptabilité empêchait réellement de fournir les résultats[13];

– l'avocat ayant rédigé un acte nul privant ainsi ses clients du prix qu'ils entendaient retirer de la vente de leur affaire[14];

– l'avocat intervenu pour le compte d'époux sans engagement personnel souscrit par l'épouse, au regard des dispositions de l'article 1415 du Code civil, ayant ainsi causé un préjudice à ses clients[15];

1. Civ. 1re, 16 juill. 1998, n° 96-16.111, NP.
2. CA Paris, 23 juin 1980, *Gaz. Pal.* 1981, 1, somm. 92, note A. B – Civ. 1re, 12 janv. 1982, n° 80-16.456, *Bull. civ.* I, n° 11; *Gaz. Pal.* 1982, 2, pan. 186 – CA Paris, 4 juin 1993, *Gaz. Pal.* 13 juill. 1993, 23.
3. Civ. 1re, 5 févr. 2010, n° 09-11.591, NP.
4. CA Paris, 21 avr. 1980, *Gaz. Pal.* 1981, 1, somm. 79.
5. CA Paris, 19 oct. 1995, *Gaz. Pal.* 15 juill. 1996, 12.
6. Com. 12 nov. 1969, *Bull. civ.* IV, n° 328.
7. CA Paris, 16 avr. 1996, *Gaz. Pal.* 21 nov. 1996, p. 15, note J.-G. M.
8. Civ. 1re, 14 janv. 1997, n° 94-16.769, *Bull. civ.* I, n° 18; *Gaz. Pal.* 1997, pan. 227.
9. CA Aix-en-Provence, 10 mars 1980, *Gaz. Pal.* 1980, 1, 269.
10. Civ. 1re, 24 juin 1997, n° 95-11.380, *Bull. civ.* I, n° 210; *JCP* 1997, IV, 1813; *Gaz. Pal.* 1998, pan. 2.
11. Civ. 1re, 24 juin 1997, n° 95-11.380, *Bull. civ.* I, n° 210; *JCP* 1997, II, 22914, note Martin; *Gaz. Pal.* 1998, pan. 2.
12. CA Rennes, 24 févr. 1998, *Gaz. Pal.* 13 juin 1998, somm. 19.
13. Civ. 1re, 17 déc. 1996, n° 94-19.478, *Bull. civ.* I, n° 453; *Gaz. Pal.* 1997.pan. 53.
14. CA Paris, 14 juin 1996, *Gaz. Pal.* 17 oct. 1996, 21.
15. CA Paris, 20 janv. 1998, *Gaz. Pal.* 18 avr. 1998, 28.

En outre, faut-il le rappeler, les compétences personnelles du client ne dispensent pas l'avocat, rédacteur d'un acte, de son devoir de conseil[1].

91.42 Efficacité de l'acte – Accomplissement des formalités subséquentes. En matière de rédaction d'actes, la responsabilité de l'avocat s'est progressivement rapprochée de la responsabilité notariale. L'avocat qui a rédigé un acte doit en assurer la validité et l'efficacité; ce qui signifie qu'il doit conseiller ou d'exécuter les formalités subséquentes. Outre l'obligation imposée par l'article 9 du décret du 12 juillet 2005[2] (v. s[s] n° 91.41), cette responsabilité donne lieu à une jurisprudence aussi abondante que sévère à l'encontre des avocats.

• La jurisprudence offre des exemples de responsabilité notariale qui peut être étendue à l'avocat rédacteur d'actes[3] et retient l'absence d'effet d'une clause de non-responsabilité[4].

Il faut distinguer la responsabilité de l'avocat lorsqu'il intervient pour la rédaction d'une convention dont il doit assurer l'efficacité, de celle qu'il assume lorsqu'il intervient comme conseil en fonction de situations difficiles, conjoncturelles et dans lesquelles on ne peut que recommander telle ou telle solution sans en garantir le succès[5].

La jurisprudence rappelle régulièrement, dans des termes similaires, que l'avocat ne peut, en l'absence de stipulation formelle, concevoir sa mission de façon étroite et que s'il a accepté de rédiger un acte il doit également conseiller et exécuter les « formalités subséquentes »[6]; « dans l'exécution de sa mission de rédacteur d'actes, l'avocat doit accomplir toutes les diligences nécessaires pour assurer la validité et la pleine efficacité de l'acte selon les prévisions des parties; à cet égard, il doit procéder aux formalités subséquentes imposées par la loi ou par des stipulations contractuelles »[7].

La cour de cassation relève ainsi, parmi les diverses fautes commises par un avocat à l'occasion d'un acte de prêt, « qu'en sa qualité de rédacteur de l'acte de prêt il a manqué, d'abord, à son obligation de conseil, qui lui imposait en particulier de vérifier l'état des inscriptions, la valeur de la garantie stipulée au profit du prêteur, et encore à celle de prendre avec diligence toutes dispositions utiles pour assurer l'efficacité de cet acte »[8].

• Engage ainsi sa responsabilité :

– l'avocat, chargé par une société d'effectuer les actes de transformation de sa forme juridique et de ses statuts, et qui omet de signifier au bailleur la transformation de la société locataire, alors que le bail prescrit à peine de résiliation cette notification[9];

– l'avocat qui néglige, pendant près de deux mois, sans raison légitime, de procéder aux formalités indispensables à l'exécution d'un jugement d'adjudication, exposant ses clients au risque de folle enchère[10];

– l'avocat-séquestre auquel un chèque est remis, la somme devant être versée au promettant à titre d'indemnité forfaitaire d'immobilisation en cas de non-réalisation de la cession, et qui ne prend pas toutes mesures utiles pour en assurer l'efficacité[11];

– l'avocat, rédacteur d'un acte de prêt qui ne vérifie pas l'état d'une inscription d'hypothèque ou la valeur de la garantie stipulée au profit du prêteur[12];

– l'avocat qui ne vérifie pas la solvabilité de l'acquéreur d'un fonds de commerce[13]. Toutefois, l'avocat « est seulement tenu de prendre toutes les dispositions utiles pour garantir son client contre les risques d'insolvabilité des débiteurs, mais n'a pas à être garant de la solvabilité ultérieure de ceux-ci »[14];

Un avocat était chargé par un organisme de crédit de recouvrer une créance et d'en garantir le paiement par une inscription judiciaire provisoire sur les immeubles du débiteur. L'inscription fut bien prise, mais pas renouvelée à l'expiration du délai et l'avocat fut jugé responsable : l'avocat qui a reçu mandat à l'occasion de l'inscription d'une mesure conservatoire « doit assurer la garantie non seulement du capital et des intérêts échus mais aussi des intérêts à échoir et les frais prévisibles et ce, tant lors de l'inscription que lors du renouvellement »[15].

– l'avocat, chargé de rédiger les statuts d'une société d'exercice libéral à responsabilité limitée et de procéder aux formalités de constitution, et qui n'a pas fait figurer dans les statuts le choix du régime de l'imposition sur les

1. Civ. 1re, 7 juill. 1998, n° 96-14.192, *Bull. civ.* I, n° 238; *RCA* 1998, comm. 346; *RTD civ.* 1998, 911, obs. Jourdain.
2. Décr. n° 2005-790, 12 juill. 2005.
3. Civ. 1re, 10 déc. 1985, n° 84-15.015, *Bull. civ.* I, n° 340; *JCP* 1987, II, 20749, note Pillebout – CA Aix-en-Provence, 27 juin 1984, *D.* 1987, IR 105, note Brunois – Civ. 1re, 24 mars 1987, n° 85-12.571, *Bull. civ.* I, n° 103; *Gaz. Pal.* 1987, pan. 148; *D.* 1989, somm. 70, note Brunois – CA Basse-Terre, 2 avr. 1987, *Gaz. Pal.* 1987, 2, 446 – CA Paris, 17 sept. 1993, *D.* 1993, IR 270.
4. Civ. 2e, 15 juin 1994, n° 91-20.633, *Bull. civ.* I, n° 212; *D.* 1994, IR 183; *JCP* 1994, IV, 2043.
5. Flécheux et Fabiani, « La responsabilité civile de l'avocat », *JCP* 1974, I, 2673.
6. TGI Limoges, 17 mai 1975 et CA Paris, 31 oct. 1974, cités par AVRIL, 1981, n° 21.
7. CA Paris, 17 sept. 1993, *D.* 1993, 230.
8. Civ. 1re, 5 févr. 1991, n° 89-13.528, *Bull. civ.* I, n° 46; *JCP* 1991, IV, 124.
9. CA Paris, 17 sept. 1993, *D.* 1993, 230.
10. CA Paris, 4 mars 1993, *D.* 1993, 497, note Prévault.
11. Civ. 1re, 8 juill. 1994, 92-16.217, *Bull. civ.* I, n° 238; *Dr. et patr.* oct. 1994, 83, obs. Chauvel; *Gaz. Pal.* 1994, pan. 228.
12. Civ. 1re, 5 févr. 1991, n° 89-13.528, *Bull. civ.* I, n° 46; *JCP* 1991, IV, 124.
13. Civ. 1re, 16 juill. 1987, n° 85-17.749, *Bull. civ.* I, n° 223; *Gaz. Pal.* 1987, 2, somm. 261.
14. Civ. 1re, 4 déc. 2001, n° 99-14.615, NPT, *Gaz. Pal.* 2002, somm. 157.
15. Civ. 1re, 19 mai 1999, n° 96-20.332, *Bull. civ.* I, n° 164; *D.* 2000. 153, note Blanchard.

plus-values, ce qui a valu aux associés un redressement fiscal[1];

- l'avocat qui n'informe pas le vendeur des risques encourus en vendant son fonds à crédit, qui ne s'informe pas de la solvabilité apparente et de l'endettement de l'acquéreur et ne suggère pas au vendeur de prendre des garanties[2];

- l'avocat qui n'a pas pris l'initiative d'insérer dans l'acte de cession de parts une clause d'indivisibilité ou une condition suspensive permettant au cessionnaire d'être assuré de prendre le contrôle de la société. Il incombait en effet à l'avocat de satisfaire à son obligation, découlant, indépendamment du mandat donné, de son statut d'avocat rédacteur d'acte, d'informer son client sur le mécanisme des cessions en cause au regard de son objectif, fût-ce au prix d'un abandon de l'opération à l'initiative de l'un ou l'autre des cédants[3];

- le clerc d'avocat, qui omet de prévoir une garantie de remboursement dans un contrat de prêt d'une somme importante, manquant ainsi à son devoir d'information et à son obligation de conseil[4].

La responsabilité de l'avocat dans ce domaine n'est toutefois pas systématique. Dans une décision du 17 juin 2010, la cour de cassation, étonnement clémente compte tenu de l'évolution récente de la jurisprudence, exclut la responsabilité de l'avocat en décidant qu'en l'occurrence le mandat *ad litem* ne s'étendait pas à la vérification et au renouvellement des garanties[5].

Mais le devoir de conseil et d'information, en l'espèce d'un conseil juridique, ne s'étend pas, sauf mission particulière confiée à celui-ci, à la réalisation de formalités extrinsèques à l'acte qui ne relevaient que de la seule initiative des parties[6].

91.43 Présence d'un autre professionnel du droit. Ici encore, la présence d'un autre professionnel de décharge pas l'avocat de ses obligations d'assurer l'efficacité de l'acte. Il incombe ainsi à l'avocat chargé d'assister son client dans la conclusion d'un acte de vente, de veiller à l'accomplissement par le notaire des formalités nécessaires à l'efficacité de cet acte et de s'assurer notamment de la radiation du privilège grevant le bien vendu[7]. Dans un arrêt rendu au sujet du renouvellement d'une inscription hypothécaire, la Cour de cassation semble apporter une atténuation au principe selon lequel « l'avocat n'est pas déchargé de ses obligations professionnelles du seul fait des compétences personnelles de son client », puisque dans cette affaire elle juge l'avocat non responsable[8]. La comparaison avec les arrêts cités précédemment justifie cette décision clémente, mais réaliste de la Cour suprême : en l'espèce le mandat de l'avocat ne s'étendait pas explicitement au renouvellement de l'hypothèque, laquelle avait été inscrite par un notaire dix ans auparavant. En outre, la société avait conservé le bordereau d'inscription de l'hypothèque et ne l'avait pas transmis à l'avocat avec les autres pièces; elle n'avait donc pas donné les moyens à ce dernier de procéder au renouvellement et elle n'avait surtout pas démontré sa volonté de lui confier cette mission. Enfin, la société avait consulté un notaire au sujet de la validité de sa garantie, et avait fait volontairement le choix de ne pas mandater l'avocat à ce sujet, ni pour le charger du renouvellement de l'inscription ni même pour obtenir des conseils. Pour autant, cette jurisprudence ne remet pas en cause le principe général selon lequel « l'avocat n'est pas déchargé de ses obligations professionnelles du seul fait des compétences personnelles de son client ». Elle le nuance simplement en tenant compte des circonstances précises et en montrant qu'elle ne compte pas en faire une application d'une absolue rigueur.

91.44 Responsabilité civile et disciplinaire. En matière de rédaction d'acte juridique, l'avocat est responsable, non seulement civilement, mais disciplinairement des conséquences des actes accomplis (v. s^s^ n°s 81.01 s.).

• Le fait par lui d'avoir rédigé une convention annulée ultérieurement par le tribunal, parce que passée sans l'accord préalable du bailleur dont le consentement écrit antérieur à toute cession, était exigé par le bail, le fait de n'avoir pas mentionné dans l'acte les mentions essentielles à sa validité, et d'avoir rédigé une convention destinée à couvrir une dissimulation, constitue un manquement au devoir de conseil de l'avocat, en ne révélant pas aux parties les défauts de leur convention, et un manquement à la probité et à l'honneur en facilitant une dissimulation. Il y a donc lieu de prononcer contre lui la peine de la radiation[9].

De même, le mandat confié à l'avocat pour préparer des cessions n'implique pas sa substitution à son client

1. Civ. 1re, 18 déc. 2001, n° 98-20.246, *Bull. civ.* I, n° 321; *Defrénois* 2002, 1386, note Chappert; *JCP* 2002, I, 136, n° 26, chron. Martin; POUR une erreur concernant le régime fiscal des sociétés de personnes : CA Lyon, 20 juin 2002, *JCP* 2003, IV, 1202.
2. CA Paris, 19 oct. 1995, *Gaz. Pal.* 1996, 2, 349.
3. Civ. 1re, 5 mai 2004, n° 01-11.196, NP.
4. Civ. 1re, 14 janv. 1997, n° 94-16.769, *Bull. civ.* I, n° 18; *JCP* 1997, IV, 455; RÉP. CIV., *V°* Avocat (responsabilité), n° 24; *Gaz. Pal.* 1997, pan. 227 – Civ. 1re, 13 mars 1996, n° 93-20.578, *Bull. civ.* I, n° 132 – Cass., ass. plén., 13 avr. 2007 : n° 95-10.62, *Bull. civ.* I, n° 31; *D.* 2007. 1434, obs. Avena-Robardet; *JCP* 2007. Actu. 211, obs. Slim; *AJDI* 2007. 856, obs. de La Vaissière.
5. Civ. 1re, 17 juin 2010, n° 09-15.697, *D.* actu. 29 juin 2010, obs. de La Touanne.
6. Civ. 1re, 23 mars 2004, n° 01-03.903, NP.
7. Civ. 1re, 4 mars 1997, n° 95-12.609, NPT, *JCP N* 1997, II, 1397, note Kuhn.
8. Civ. 1re, 17 juin 2010, n° 09-15.697, *D.* actu. 29 juin 2010, obs. de La Touanne.
9. CA Aix-en-Provence, 10 mars 1980, *Gaz. Pal.* 1980, 1, 269.

pour les modalités d'exécution des obligations et il lui appartient de s'assurer, conformément à l'acte qu'il a lui-même rédigé, de la persistance de la défaillance de l'acquéreur, par une sommation directement adressée à l'intéressé dans une des formes requises à l'acte et par un procès verbal de carence à la date de signature proposée. En se dispensant de ces formalités indispensables à l'application de la sanction du dédit, le rédacteur a commis une faute qui a engagé sa responsabilité civile tant envers l'acquéreur qu'envers les cédants[1].

Le fait par un avocat d'apporter sa médiation à la réalisation de la vente d'un bien sur lequel il avait précédemment concouru à la conclusion d'une promesse de vente non encore résolue, constitue un manquement à l'obligation de délicatesse et porte atteinte à la réputation de l'Ordre et à la confiance qu'inspire dans le public le ministère de l'avocat qui doit, dès lors, être sanctionné sur le fondement de l'article 106 du décret du 9 juin 1972[2].

En intervenant directement auprès d'un banquier pour l'inciter à octroyer un prêt à son client, un avocat a outrepassé le cadre des démarches qu'il peut normalement entreprendre dans l'intérêt de ce dernier mais le grief n'est retenu qu'à titre subsidiaire, le grief principal étant d'avoir assuré le banquier de l'existence d'une créance qu'il savait être douteuse; il doit donc être sanctionné pour manquement à l'obligation de délicatesse[3].

Pour aliéner un bien immobilier appartenant à sa cliente, un avocat doit disposer d'un mandat exprès pour engager celle-ci valablement[4].

91.45 Conseil insuffisant ou absence de conseil. L'avocat peut voir sa responsabilité engagée pour conseil insuffisant ou absence de conseil. Notamment en matière de rédaction de cahier des charges, l'avocat est tenu d'une obligation de moyens consistant à éclairer son client : « l'avocat rédacteur d'un cahier des charges est tenu d'une obligation de moyens consistant à éclairer le client qui devient l'adjudicataire; [...] tout comme le notaire, il a, en rédigeant ce document qui va devenir la loi des parties, le devoir d'exécuter les formalités substantielles et de rédiger un acte permettant au futur enchérisseur de fixer le montant maximum de son enchère »[5] (v. s^s n°s 47.01 s.).

• Un avocat poursuivant une vente à la barre peut voir sa responsabilité recherchée pour n'avoir pas suffisamment décrit une servitude ou une charge[6]. De même, un avocat engage sa responsabilité pour avoir enchéri dans une vente judiciaire pour une personne notoirement insolvable[7] mais la preuve de cette insolvabilité incombe au demandeur et une cour d'appel ne peut, sans inverser la charge de la preuve, se borner pour condamner un avocat au paiement de dommages-intérêts à retenir que la notion d'insolvabilité devait s'entendre de celle qui s'impose à un homme d'affaires averti et diligent[8]. Il engage de même sa responsabilité s'il s'est référé à un compromis établi par un agent immobilier ou à un acte d'huissier décrivant insuffisamment les lieux[9].

SECTION 3

MANQUEMENT AU DEVOIR DE PRUDENCE

§ 1

À l'égard des tiers

91.51 Faute de l'avocat envers les tiers. La jurisprudence retient à la charge des avocats leur responsabilité pour avoir agi imprudemment et causé par leur imprudence un préjudice à un tiers.

• Tel est le cas de l'avocat qui, pour les besoins d'une saisie immobilière, avait reçu une obligation notariée portant l'indication de l'adresse d'un immeuble à exproprier; dans le commandement et la publicité il avait repris cette indication; son activité est considérée comme fautive car, chargé de poursuivre une procédure de saisie immobilière il avait l'obligation de s'assurer du numéro exact de la rue où l'immeuble saisi était situé. Or, il avait commis une erreur dans cette procédure en suivant aveuglément les indications qu'il avait reçues; il doit dès lors indemniser la personne victime de la confusion[10].

L'avocat est en effet tenu de prendre toutes les précautions qui assurent la régularité des procédures qu'il engage au nom de ses clients, en sollicitant au besoin des instructions de ces derniers et en vérifiant les documents qui lui sont présentés[11] : engage sa responsabilité l'avocat qui n'a pas attiré

1. CA Paris, 8 déc. 1989, *Gaz. Pal.* 27 oct. 1990, 12.
2. CA Versailles, 25 mars 1981, *Gaz. Pal.* 1981, 1, 369.
3. CA Rennes, 16 févr. 1982, *Gaz. Pal.* 1982, 1, 313.
4. Civ. 1re, 12 mai 1993, n° 91-17.600, *Bull. civ.* I, n° 162; *D.* 1993, 411; *Gaz. Pal.* 1993, 10 août 1993, 180.
5. CA Aix-en-Provence, 6 févr. 1961, *D.* 1961, 306, note Savatier – CA Lyon, 10 mars 1988, *JCP* 1988, II, 21155; *Gaz. Pal.* 2 févr 1989, 18, note Renard.
6. CA Aix-en-Provence, 6 févr. 1961, *D.* 1961, 306, note Savatier – CA Rennes, 14 févr. 1972, CASSÉ PAR : Civ. 1re, 13 févr. 1974, n° 72-14.322, *Bull. civ.* I, n° 53; *Gaz. Pal.* 1974, 1, somm. 123 – RAPPR. : CA Versailles, 8 janv. 1985, *Gaz. Pal.* 1987, 2, somm. 110 – RAPPR. : T. Paris, 1er févr. 1989, *JCP* 1989, II, 21374, SUR l'omission par un notaire de la publication d'une vente immobilière.
7. C. pr. pén., art. 711.
8. Civ. 2e, 13 mai 1991, n° 90-10.331, *Bull. civ.* II, n° 144; *Gaz. Pal.* 1991, pan. 19; 24 sept. 1991, 233.
9. CA Paris, 23 janv. 1984, *Gaz. Pal.* 1984, 1, somm. 16 – ÉGAL^T : Civ. 1re, 12 janv. 1982, n° 80-16.456, *Bull. civ.* I, n° 11; *Gaz. Pal.* 1982, 2, pan. 186; *D.* 1982, IR 176 – Civ. 1re, 1er oct. 1986, n° 84-13.800, *Bull. civ.* I, n° 229; *Gaz. Pal.* 1986, pan. 246; *JCP* 1987, II, 20825, note Viandier.
10. CA Pontoise, 8 janv. 1975, cité par AVRIL, 1981, n° 31, note 36 – Civ. 1re, 29 juin 1982, n° 81-13.294, *Bull. civ.* I, n° 242; *D.* 1982, IR 423 – Civ. 1re, 13 juill. 1982, n° 81-14.425, *Bull. civ.* I, n° 261; *D.* 1982, IR 455.
11. Civ., 16 nov. 1964, *Gaz. Pal.* 1965, 1, 58 – Civ. 1re, 20 janv. 1992, *JCP* 1993, IV, 80.

l'attention de son client sur les émoluments dus à l'avoué à la cour en cas d'appel[1].

Un avocat peut, de même, engager sa responsabilité par des poursuites abusives contre des tiers. Toutefois, même s'il poursuit avec un certain acharnement un adversaire, il ne peut de ce seul fait être condamné car le mandataire, dans la mesure où il ne sort pas des limites de son mandat, n'engage que la responsabilité de son mandant, autrement il ne pourrait effacer sa responsabilité qu'en révélant les instructions reçues, ce qui serait contraire au secret professionnel[2] : l'avocat qui pratique une saisie immobilière alors qu'une saisie mobilière eût amplement suffi, encourt une responsabilité de ce fait[3].

Mais pour que l'action des tiers soit recevable il faudrait que l'avocat, de façon évidente, ait commis une faute grossière constituant une faute personnelle[4].

§ 2
À l'égard des clients

91.61 Dépassement par l'avocat de son mandat. L'avocat peut parfois dépasser le mandat *ad litem* qu'il a reçu et sans recours nécessaire à une action de désaveu, il peut être condamné à réparer les conséquences de la faute qu'il a ainsi commise (sur le mandat *ad litem* v. s^s^ n°s 40.121 s.)[5].

• Engagement pris par l'avocat au nom de son client même excédant le mandat qu'il avait reçu[6] – Lettres échangées entre avocats non postulants et retraçant un accord définitif intervenu entre les parties...[7]

91.62 Signification du jugement. La notification d'un jugement entrant dans l'exercice normal du mandat que l'avocat reçoit de son client, n'exige pas de pouvoir spécial même si cette notification fait courir les délais d'appel à l'encontre du client[8]. Mais l'avocat ne peut signifier un jugement et faire courir les délais d'appel contre son client qu'après avoir reçu de sa part des instructions écrites de préférence. En procédant à une signification sans l'avoir avisé de cette formalité, il commet une faute professionnelle qui engage sa responsabilité[9].

91.63 Acquiescement au jugement. L'avocat investi du mandat de représentation en justice peut, en vertu des dispositions de l'article 417 du Code de procédure civile, acquiescer à un jugement ou faire des offres.

• Le fait de demander le compte total des sommes dues en vertu d'un jugement, sans réserve particulière, laisse présumer une intention non équivoque et certaine d'acquiescer à la décision[10].

91.64 Mise en garde. L'avocat doit mettre en garde son client à l'égard des risques d'une procédure et il doit au besoin lui déconseiller l'exercice d'une procédure vouée à l'échec ou inutile (v. s^s^ n° 91.35). De même, lorsque la jurisprudence est incertaine, l'avocat doit recommander la prudence et avertir son client des risques encourus[11] (v. s^s^ n° 91.32). Par ailleurs, l'avocat n'est pas déchargé de ses obligations professionnelles, du seul fait des compétences de son client[12] (v. s^s^ n°s 91.34 et 93.11).

SECTION 4
MANQUEMENT AU DEVOIR DE DILIGENCE

91.71 Accomplissement par l'avocat de sa mission. L'avocat doit effectuer les tâches qui lui

1. TGI Paris, 2 juill. 1989, *Gaz. Pal.* 1989, 1, somm. 401.
2. CA Marseille, 10 déc. 1953, *Gaz. Pal.* 1954, 1, 105.
3. Civ., 3 nov. 1931, *Gaz. Pal.* 1932, 2, 852 – RAPPR. : CA Pau, 11 juin 1981, *Gaz. Pal.* 1981, 2, 641.
4. Cass. Req. 2 mars 1926, *DH* 1926, 253 – AVRIL, 1981, n° 23 – CONTRA : CA Pau, 11 juin 1981, *Gaz. Pal.* 1981, 2, 641, note Damien.
5. CA Bordeaux, 11 mars 1983, *Gaz. Pal.* 1983, 2, 384.
6. CA Dinan, 15 juin 1982, *Gaz. Pal.* 1982, 1, 289, note Avril.
7. CA Versailles, 23 août 1982, *Gaz. Pal.* 1983, 1, 174, note A. D. – CA Versailles, 8 nov. 1989, *Gaz. Pal.* 29 août 1989, 5, note A. D.
8. Civ. 2e, 27 févr. 1980, n° 78-14.761, *Bull. civ.* II, n° 42; *D.* 1980, IR 464, obs. Julien; *Gaz. Pal.* 1981, 1, 5, note Viatte – Civ. 2e, 24 mai 1984, n° 83-13.253, *Bull. civ.* II, n° 92; *D.* 1985, IR 110, obs. Brunois; *Gaz. Pal.* 1984, 1, pan. 289, obs. Guinchard – Civ. 2e, 20 févr. 1991, n° 89-14.045, *Bull. civ.* II, n° 59 – RÉP. PR. CIV., *V° Actes de procédure*, n° 197.
9. CA Poitiers, 12 nov. 1969, *Gaz. Pal.* 1970, 1, 8.
10. Civ. 2e, 29 mai 1979, n° 78-11.527, *Gaz. Pal.* 1979, 2, 397, note Viatte; *D.* 1979, IR 473, obs. Julien; *JCP* 1979, IV, 255; *RTD civ.* 1980, 171, obs. Perrot [CRITIQUE] – Civ. 2e, 24 mai 1984, n° 83-13.253, *Bull. civ.* II, n° 92; *D.* 1985, IR 110, obs. Brunois; *Gaz. Pal.* 1984, 2, pan. 289, obs. Guinchard – Civ. 2e, 20 févr. 1991, n° 89-14.045, *Bull. civ.* II, n° 59; RÉP. PR. CIV., *V° Actes de procédure*, n° 197.
11. Civ. 1re, 9 déc. 1997, n° 95-21.407, n° 96-10.378, *Bull. civ.* I, n° 362; *Defrénois* 1998, 354, note Aubert; *Bull. Joly* 1998, 159, obs. Rouzet; RÉP. CIV., *V° Office public ou ministériel*, n° 103; solution rendue à propos d'un notaire, mais transposable, comme bien souvent, aux avocats.
12. Civ. 1re, 7 juill. 1998, n° 96-14.192, *Bull. civ.* I, n° 238; *RCA* 1998, comm. 346; *D. aff.* 1998, 1392, obs. J. F.; *JCP* 1999, I, 126, n° 13, obs. Martin; *RTD civ.* 1998, 911, obs. Jourdain; RÉP. PR. CIV., *V° Assistance et représentation en justice*, n° 79 – Civ. 1re, 19 mai 1999, n° 96-20.332, *D.* 2000. somm. 153, obs. Blanchard; *JCP* 1999, IV, 2264; RÉP. CIV., *V° Avocat* (responsabilité), n° 13; Mandat, n° 162; RÉP. PR. CIV., *V° Assistance et représentation en justice*, n° 79; Saisies et mesures conservatoires, n° 243 – Delebecque, « Les obligations des mandataires *ad litem* », *Justices* 1997/5, p. 57 – Viatte, « Le mandat *ad litem* », *Gaz. Pal.* 1976, 1, doctr. 392.

incombent en vertu de la législation soit en assistant le client, soit en plaidant pour lui, soit en le représentant. Tout manquement à ce devoir entraîne sa responsabilité civile[1]. C'est le cas de l'avocat qui trompe son client en lui faisant croire à l'existence d'une procédure qu'il n'a pas diligentée[2].

L'avocat est responsable de la procédure et de son déroulement, des arguments qu'il développe, des erreurs de droit qu'il commet; il est également responsable des appels de procédure et de la représentation des parties devant le juge des mises en état, il a le devoir d'informer son client du déroulement de l'affaire et ce même en matière correctionnelle, à plus forte raison il doit lui donner un compte rendu exact du jugement et lui indiquer les modalités de recours en lui fournissant également un avis motivé sur l'éventualité d'un tel recours[3].

• Doit être rejetée, faute de preuve, l'action en responsabilité dirigée contre un avocat qui n'a pas conseillé un pourvoi en cassation alors que le demandeur ne s'explique pas sur le moyen qu'il aurait pu soulever devant cette juridiction et qu'il ne démontre pas qu'il aurait été suffisamment sérieux pour permettre d'annuler la procédure[4].

• Est responsable l'avocat qui n'a pas informé sa cliente d'un jugement du conseil des prud'hommes rejetant une exception d'incompétence et de la nécessité ou de la possibilité de former contredit[5].

• Mais la jurisprudence estime que l'avocat justifie de l'accomplissement de ces formalités par la seule production des doubles de lettres de son dossier de cabinet dont il affirme avoir adressé les originaux à son client[6].

• De même en cas d'affirmation d'une erreur de droit commise par un avocat à l'encontre d'un client et dans le cadre de sa fonction de conseil, il appartient au client, demandeur en dommages-intérêts, de démontrer qu'il n'aurait jamais signé la convention définitive de divorce préparée par l'avocat, s'il en avait connu les conséquences exactes et qu'il existe un lien de causalité entre la faute de l'avocat et le préjudice allégué par le client[7].

• L'avocat qui omet d'indiquer à ses clients victimes d'un accident aérien que leur action est enfermée dans le délai de prescription de deux ans édicté par la convention de Varsovie, encourt une responsabilité en raison de la perte de chance subie par le client[8].

• De même l'avocat chargé d'un procès pour faire indemniser une personne blessée, alors qu'elle participait bénévolement à des travaux de battage et qui a obtenu une décision d'irrecevabilité, sans qu'il envisageât de former un pourvoi, faisant ainsi perdre une chance à la victime, compte tenu d'une jurisprudence constante que le spécialiste en la matière ne pouvait ignorer, a commis des fautes qui engagent sa responsabilité[9]. L'avocat qui, saisi d'un litige mettant en cause la responsabilité décennale d'une entreprise ayant construit des HLM, se borne à diligenter une procédure de référé, omettant d'assigner au principal pour interrompre la prescription et dissimulant sa carence par de pitoyables mises en scène organisées pour camoufler son incurie, doit être déclaré entièrement responsable du préjudice qu'il occasionne à son client[10]; de même l'avocat qui n'indique pas à son client les formalités nécessaires pour mettre en cause dans les délais légaux la compagnie d'assurances susceptible de couvrir les conséquences d'un sinistre[11].

• De même l'avocat qui n'attire pas l'attention de ses clients sur les conséquences d'une prise de qualité d'héritiers sans réserve en ne sollicitant pas leurs instructions[12].

• De même l'avocat qui n'engage pas dans le délai de prescription biennale l'action en paiement de l'indemnité d'éviction après congé délivré au bénéficiaire du bail commercial (pour une action intentée tardivement et méconnaissance d'une nouvelle jurisprudence de la Cour de cassation[13]; en matière de vente sur licitation d'un immeuble indivis et d'erreur sur les origines de propriété[14]; ou en matière d'expropriation[15]) ou qui omet de dénoncer au créancier inscrit une procédure de dénonciation de bail commercial[16]; de même, l'avocat qui néglige de mettre en œuvre les mesures conservatoires propres à garantir la créance de son client durant des pourparlers transactionnels[17].

1. Décr. 9 juin 1972, art. 85.
2. CA Paris, 7 nov. 1988, *D.* 1988, IR 290.
3. CA Aix-en-Provence, 5 juill. 1961, *D.* 1961, 593 – CA Paris, 17 févr. 1986, *Gaz. Pal.* 1986, somm. 26 juill. 1986, 12 – RAPPR. : CA Paris, 25 janv. 1984, *D.* 1989, IR 62; *D.* 1987, IR 103, note Brunois – Civ. 1re, 2 févr. 1994, *D.* 1994, IR 45.
4. CA Versailles, 8 nov. 1988, *Gaz. Pal.* 1989, 2, 642, note Damien.
5. CA Paris, 9 mai 1989, *D.* 1989, IR 196 – CA Paris, 17 mai 1989, *D.* 1989, IR 187 – CA Lyon, 5 oct. 1989, *D.* 1989, IR 289.
6. CA Paris, 25 janv. 1984, *D.* 1989, IR 62; *D.* 1987, IR 103, note Brunois.
7. CA Paris, 24 févr. 1987, *D.* 1987, IR 57.
8. CA Paris, 4 juill. 1977, *JCP* 1978, II, 18975, note Flécheux – CA Paris, 7 févr. 1979, *Gaz. Pal.* 1979, 1, 272 – CA Paris, 30 mars 1987, *D.* 1987, IR 118; *D.* 1989, somm. 70, note Brunois.
9. Civ., 19 nov. 1975, *Gaz. Pal.* 1976, 2, somm. 3 – RAPPR. : CA Grenoble, 14 févr. 1984, *Gaz. Pal.* 1984, 2, 753.
10. CA Bourges, 27 mars 1984, *Gaz. Pal.* 1984, 1, 376, note Damien – Civ. 1re, 28 janv. 1992, n° 89-17.661, *Bull. civ.* I, n° 29; *JCP* 1992, IV, 98.
11. TGI Paris, 1er juin 1983, *Gaz. Pal.* 1984, II, somm. 471 – RAPPR. : Civ. 1re, 15 oct. 1985, n° 84-12.309, *Bull. civ.* I, n° 257; *JCP* 1986, IV, 1; *Gaz. Pal.* 1986, pan. 37.
12. CA Paris, 25 janv. 1989, *D.* 1989, 318.
13. Civ. 1re, 15 oct. 1985, n° 84-12.309, *Bull. civ.* I, n° 257; *D.* 1987, IR 104, note Brunois; *RTD civ.* 1986, 759, obs. Huet.
14. CA Versailles, 8 janv. 1985, *Gaz. Pal.* 1987, somm. cours et trib. 13.
15. CA Paris, 25 mai 1987, *D.* 1989, somm. 71, note Brunois.
16. CA Paris, 17 juin 1993, *Gaz. Pal.* 8 mars 1994, 17.
17. CA Versailles, 24 févr. 1994, *Gaz. Pal.* 15 sept. 1994, 12.

91.72 Présence de l'avocat auprès de son client. Il doit tout d'abord être présent aux côtés de son client et lui prêter son ministère. Le dommage subi par le plaideur, du fait de l'absence de défense dont il a été victime, en raison de l'abstention de son avocat, ouvre droit à réparation. En effet on ne peut affirmer qu'un dossier se suffirait à lui-même et que toute plaidoirie serait inutile, de toute façon la présentation d'arguments par l'avocat aurait contraint la juridiction de statuer sur ceux-ci, ne serait-ce que pour les réfuter et aurait dès lors fait perdre au plaideur ses illusions sur la valeur de ses arguments[1].

L'absence de l'avocat à la barre, même s'il s'y fait remplacer par un confrère mais sans en avoir avisé le client, lorsque son ministère se limite à cette prestation, peut entraîner sa responsabilité. Lorsqu'un avocat appartient à une structure disposant d'associés ou de collaborateurs il est admis qu'il peut se faire remplacer par l'un des membres du cabinet, sans en aviser préalablement son client. En effet, dans cette situation, on considère que le client s'est adressé à une structure, plus qu'à un avocat en particulier et qu'il est normal que l'affaire soit plaidée par l'un de ses associés ou collaborateurs de l'avocat qu'il a rencontré. Malgré tout, l'avocat sera personnellement responsable des négligences et fautes de la personne qu'il s'est substitué[2] (sur les règles régissant les remplacements d'audience, notamment dans les sociétés d'avocats v. s^s n° 31.22).

De même l'absence de constitution en matière de postulation entraîne la responsabilité de l'avocat[3].

L'avocat qui ne se présente à aucun rendez-vous d'expertise engage sa responsabilité.

• L'avocat qui n'a pas fait parvenir de dossier à un expert, et n'a assisté à aucun rendez-vous fixé par lui, engage sa responsabilité par ses négligences qui constituent de sa part des manquements à ses obligations. La négligence dont cet avocat a fait preuve lors du déroulement des opérations d'expert, et qui a d'ailleurs été soulignée par celui-ci lors du dépôt de son rapport, a causé un préjudice certain à son client. En admettant que le client n'ait pas fait parvenir à l'avocat les pièces et documents utiles à sa défense, il appartenait à ce dernier de lui réclamer ou en tout cas de le mettre en garde sur les conséquences de son inertie[4].

91.73 Révocation du mandat. L'avocat est tenu de mener le dossier jusqu'à son terme et il n'est déchargé de son mandat qu'après avoir averti son mandant, le juge et la partie adverse[5] (v. s^s n°s 40.148 s.).

La loyauté lui impose de prévenir son client en temps utile afin de lui permettre de préparer sa défense autrement. L'avocat, qui a respecté cette obligation et informé son client de sa volonté de mettre fin à son mandat, n'est plus tenu d'une obligation de conseil envers lui[6]. Toutefois, lorsque la représentation est obligatoire, l'avocat ne peut être déchargé de son mandat que du jour où il est remplacé par un confrère[7].

L'avocat impayé qui n'a pas notifié à son client la renonciation à son mandat, et qui n'a pas mis en œuvre la procédure de contestation en matière d'honoraires, reste tenu de remplir jusqu'à l'exécution du jugement les obligations professionnelles découlant du mandat de représentation que son client n'a pas révoqué de manière non équivoque; il n'est pas délié de son obligation de conseil par l'attitude passive de son client[8].

91.74 Choix des arguments par l'avocat. L'avocat n'encourt pas de responsabilité à raison du choix de ses arguments ou de la préparation du dossier.

• Notamment il ne saurait lui être fait grief de n'avoir pas demandé en plaidant une mesure d'instruction[9], encore moins est-il responsable du résultat obtenu (solution concernant les avocats aux Conseils mais extensible aux avocats à la Cour)[10]. Aucun contrôle ne peut s'exercer dans cette partie de son ministère si spéciale puisque liée aux formes diverses du talent. D'autre part, l'avocat est tenu de représenter son client et donc de l'informer du déroulement de l'affaire si celui-ci est absent[11].

• **Choix d'une stratégie.** En revanche, il doit choisir une stratégie et choisir des moyens de droit adéquat. Ainsi a-t-il été jugé qu'un avocat, en présence d'un commandement qui visait une clause résolutoire, aurait dû

1. CA Nantes, 20 déc. 1977, *D.* 1978, IR 302 – CA Versailles, 31 mai 1988; *Gaz. Pal.* 24 déc. 1988; et chron. Estoup sur le rôle de la plaidoirie et la responsabilité de l'avocat, *Gaz. Pal.* 24 déc. 1988, 2 – Estoup, « Le dossier de plaidoirie », *Gaz. Pal.* 12 avr. 1990, 2.
2. T. Bordeaux, 14 févr. 1887, *DP* 1887, 3, 96 – T. Nice, 22 déc. 1959, *D.* 1960, 440, note Mimin – CA Paris, 16 mai 1963, *D.* 1963, 692 – Civ. 1re, 16 mars 1965, *Bull. civ.* I, n° 194; *D.* 1965, 425 – CA Bordeaux, 11 mars 1983, *Gaz. Pal.* 1983, 2, 384 – Civ. 1re, 11 juill. 1983, n° 83-11.590, *Bull. civ.* I, n° 202, *JCP* 1983, IV, 355; *Gaz. Pal.* 1984, 1, 152, note Damien – CA Créteil, 16 sept. 1987, *Gaz. Pal.* 25 févr. 1989, somm. 15 – EN MATIÈRE FISCALE : CA Paris, 1re ch., 12 oct. 1998, *Gaz. Pal.* 8 avr. 1999, somm. 26.
3. TGI Vienne, 1re ch., 16 janv. 64, *JCP* A 1964, IV, 4455 – NOT. jurisprudence citée par : AVRIL, 2008, n° 21.101.
4. TGI Paris, 13 nov. 1989, *Gaz. Pal.* 30 août 1990, 6.
5. C. pr. civ., art. 419, al. 1er.
6. Civ. 1re, 4 oct. 2000, n° 97-18.743, *Bull. civ.* I, n° 232; *D.* 2000, IR 259; *JCP* 2001, I, 284, n° 9, obs. Martin, *Gaz. Pal.* 2002, 1, somm. 437, obs. du Rusquec.
7. Civ. 2e, 16 févr. 1984, n° 82-13.572, *Bull. civ.* II, n° 31; *Gaz. Pal.* 1985, 1, 209, note du Rusquec; RÉP. PR. CIV., *V° Aide juridique*, n° 105.
8. Civ. 1re, 15 févr. 2005, n° 03-10.707, *Bull. civ.* I, n° 81; *D.* 2005, IR 665; *JCP* 2005, IV, 1662; *Gaz. Pal.* 2005, somm. 1301.
9. CA Lyon, 22 juin 1989, *D.* 1989, IR 237.
10. Cass., ass. plén., 14 mai 1971, n° 70-13.971, *Bull. ass. plén.*, n° 1.
11. CA Bordeaux, 11 mars 1983, *Gaz. Pal.* 1983, 2, 384.

tout mettre en œuvre pour échapper au jeu de cette clause et qu'il aurait dû développer tous moyens de défense à l'appui de l'opposition audit commandement[1]. Des avocats ont ainsi été condamnés pour avoir développé une argumentation inappropriée à la défense des intérêts de leur client, et lui avoir ainsi fait perdre une chance sérieuse d'obtenir la condamnation des constructeurs au paiement du coût des travaux[2].

91.75 Avocat postulant. Il répond comme mandataire professionnel salarié des négligences commises par lui dans la gestion de son mandat. Il est tenu de prendre toutes précautions pour assurer la régularité des procédures qu'il engage au nom de ses clients en sollicitant au besoin les instructions de ces derniers et en vérifiant les documents qui lui sont présentés[3]. L'avocat postulant accomplit toutes les diligences utiles pour éviter la prescription de l'action civile, il lui appartient notamment de veiller à ce que les experts soient saisis dans un délai normal[4].

91.76 Accomplissement des formalités requises par la loi. L'avocat doit accomplir complètement le mandat qu'il a accepté et notamment veiller à l'accomplissement de toutes les formalités requises par la loi afin de saisir régulièrement le tribunal et d'obtenir de lui une décision sur le fond de la demande[5].

• Il a ainsi été jugé qu'a failli à ses obligations l'avocat postulant qui a omis de faire délivrer l'assignation dans le mois de l'ordonnance de non-conciliation et dont le comportement – négligence, manque de diligence ou désinvolture – a entraîné sa cliente dans un imbroglio juridique qui l'a obligée à des démarches longues et compliquées, notamment pour obtenir à nouveau l'aide judiciaire et faire prospérer sa demande en divorce, lui causant un préjudice moral et matériel important.

• L'avocat engage aussi sa responsabilité en cas de retard dans la publication du jugement d'adjudication[6] – sur la responsabilité de l'avocat qui n'a pas transmis les pièces du dossier à l'avoué[7], ou donné ses instructions à un notaire chargé de renouveler une inscription hypothécaire[8].

• Manque à son devoir de diligence l'avocat qui néglige d'assigner l'assureur en garantie[9].

• L'avocat engage sa responsabilité pour n'avoir pas accompli un acte interruptif de prescription. En l'espèce, la prescription biennale de l'action de ses clients contre leur assureur avait été acquise, faute d'acte interruptif de prescription utile, et ce manque de diligence de l'avocat avait fait perdre à ses clients leur chance d'obtenir une indemnisation de leur assureur[10].

• De même l'avocat avait l'obligation de transcrire les jugements qui modifiaient l'état des personnes et ce alors même qu'il n'avait pas perçu de provision suffisante pour exécuter le jugement, sous peine de l'amende prévue par l'article 50 du Code civil. La suppression de l'article 252 du Code civil par la réforme de 1972 a mis fin à cette obligation que l'article 15 du décret du 5 décembre 1975 ne lui impose plus.

• L'avocat doit diligenter la procédure de manière régulière, c'est-à-dire en évitant toute forclusion nuisant aux intérêts de son client[11].

• En revanche, une publicité apparaît maintenue, puisqu'édictée par l'article 30 du décret du 23 mars 1967[12], c'est la publicité des divorces par mention au registre de commerce qui prévoit que doivent être déclarés au greffe, dans le délai de deux mois, pour être mentionnés au registre de commerce, les jugements prononçant le divorce ou la séparation de corps.

• L'avocat doit également aviser les parties des délais pour procéder à certaines formalités (acceptation de communauté, renonciation à succession, surenchères). En résumé il doit conduire jusqu'à son terme l'affaire dont il a été chargé et restituer alors les pièces dont il était dépositaire[13].

Les difficultés relatives à la restitution des pièces ainsi qu'aux honoraires et provisions sont réglées conformément aux articles 174 et suivants (v. s[s] n°s 44.21, 46.11 et 46.61 s.).

91.77 Exécution des décisions obtenues. L'avocat n'est pas seulement tenu de diligenter la procédure mais également de prendre les mesures permettant d'assurer l'exécution des jugements qu'il aura obtenus.

• C'est ainsi que l'avocat qui omet de prendre une inscription de nantissement sur un fonds de commerce, commet à l'égard de son client une faute professionnelle

1. Civ. 1re, 27 févr. 2001, n° 98-10.756, NP.
2. Civ. 1re, 9 nov. 2004, n° 02-19.286, NP.
3. Civ. 1re, 16 nov. 1964, *Bull. civ.* I, n° 502 ; *Gaz. Pal.* 1965, 1, 58.
4. Civ. 1re, 28 avr. 1964, *Bull. civ.* I, n° 217 – Civ. 1re, 28 avr. 1964, *Bull. civ.* I, n° 217.
5. TGI Paris, 21 mai 1975, cité par AVRIL, 1re éd., 1981, n° 37.
6. CA Aix-en-Provence, 9 nov. 1982, *Gaz. Pal.* 1983, 1, 186.
7. CA Orléans, 21 mars 1988, *JCP* 1988, IV, 365.
8. CA Paris, 9 nov. 1988, *D.* 1988, IR 290.
9. Civ. 1re, 2 avr. 2009, n° 08-12.848 : *Bull. civ.* I, n° 72 ; *D.* 2009. 1142 ; *JCP* 2009, n° 38, p. 41, obs. Stoffel-Munck ; *RLDC* 2009/61, n° 3456, obs. Bugnicourt.
10. Civ. 1re, 4 avr. 2001, n° 98-11.364, *Bull. civ.* I, n° 101 ; *JCP* 2001, IV, 2009 ; *JCP* 2001, I, 348, chron. Martin ; *RCA* 2001, comm. 296, note Vaillier ; RÉP. CIV., *V° Avocat* (responsabilité), n° 32.
11. CA Paris, 25 mai 1987, *D.* 1987, IR 154.
12. Décr. n° 67-237, 23 mars 1967.
13. Décr. 12 juill. 2005, art. 13 et 14.

engageant sa responsabilité. Le préjudice qu'il est ainsi tenu de réparer correspond à la différence entre la somme attribuée à titre de créancier chirographaire et celle qui aurait dû être allouée à ce client en qualité de créancier privilégié. Le préjudice est actuel et certain en dépit de l'existence d'inscriptions hypothécaires sur d'autres immeubles mais au demeurant de faible valeur[1].

Un avocat est responsable du préjudice subi par son client du fait du non-renouvellement d'une inscription d'hypothèque provisoire, sans pouvoir arguer de l'absence de mandat spécial donné par ce client, « le mandat général donné à l'avocat lui permettant d'effectuer tous les actes utiles à la défense des intérêts de son client » devant suffire à lui faire procéder à cette inscription[2].

De même l'avocat qui ne donne aucun renseignement au notaire qu'il charge de procéder au renouvellement d'une inscription hypothécaire[3] ou qui, séquestre du prix, ne remet pas les fonds perçus et omet de faire enregistrer l'acte établi par ses soins[4].

91.78 Exercice des voies de recours. L'avocat est tenu également de régulariser les appels et autres voies de recours dont il a été chargé. Il est responsable de ses négligences même s'il n'est pas *dominus litis*. Il importe peu qu'il ait indiqué que l'affaire lui paraissait délicate en appel dès lors qu'il avait accepté de régulariser l'appel. Il ne saurait pas plus s'exonérer de sa responsabilité au motif que les clients n'avaient pas répondu à une lettre de sa part, alors qu'il avait attendu deux mois pour s'en inquiéter et que les clients avaient décidé d'interjeter appel d'accord avec l'avocat, sachant que celui-ci avait donné les instructions au postulant pour le faire, ils pouvaient penser que la mission qui lui était confiée serait exécutée sans qu'il soit besoin d'intervention ultérieure[5].

L'avocat est responsable civilement s'il n'engage pas un recours (en l'espèce contre l'administration fiscale) dans les délais[6] ou s'il ne régularise pas un appel, en dépit des instructions qu'il a reçues de son client[7] ou encore s'il forme appel tardivement[8]. Il commet également une faute en omettant de signer le mémoire d'appel déposé au nom de ses clients dans le délai légal[9].

1. CA Toulon, 23 janv. 1980, D., 1980, somm. 440.
2. Civ. 1re, 19 mai 1999, n° 96-20.332, *Bull. civ.* I, n° 164; *D.* 2000, somm. 153, obs. Blanchard; *JCP* 1999, IV, 2264; RÉP. CIV., *Vis Avocat* (responsabilité), n° 13; Mandat, n° 162; RÉP. PR. CIV., *Vis Assistance et représentation en justice*, n° 79; Saisies et mesures conservatoires, n° 243 – Delebecque, « Les obligations des mandataires *ad litem* », *Justices* 1997/5, p. 57 – Viatte, « Le mandat *ad litem* », *Gaz. Pal.* 1976, 1, doctr. 392.
3. CA Paris, 9 nov. 1988, *D.* 1988, IR 290.
4. CA Paris, 1er févr. 1989, *D.* 1989, IR 62.
5. CA Agen, 2 juill. 1980, *Gaz. Pal.* 1980, 2, somm. 595 – CA Besançon, 23 nov. 1993, *Gaz. Pal.* 24 nov. 1994, 21.
6. CA Paris 3 mars 2003, *Gaz. Pal.* 2003, 1859.
7. CA Paris 25 nov. 2002, *Gaz. Pal.* 2003, 1859.
8. Civ. 1re, 11 mai 1964, *Bull. civ.* I, n° 245; *D.* 1964, 517.
9. Civ. 3e, 1er déc. 2004, n° 03-14.033, *Bull. civ.* III, n° 222; *RDI* 2005, 43, obs. Morel.

CHAPITRE

92. Préjudice

SECTION 0
ORIENTEUR

92.00 **Plan du chapitre.**

Sect. 1 Réparation

Sect. 2 Évaluation

Sect. 3 Procédure d'indemnisation des clients lésés

92.01 **Textes applicables.**

>

L. n° 71-1130, 31 déc. 1971, art. 26

Décr. n° 91-1197, 27 nov. 1991, art. 131 et 138

Code de procédure civile, art. 47

Code civil, art 2276 et 2277-1

>

L. 31 déc. 1971, art. 26 [Règles procédurales des actions en responsabilité contre un avocat]

Les instances en responsabilité civile contre les avocats suivent les règles ordinaires de procédure.

Décr. 27 nov. 1991, art. 131 [Responsabilité de l'avocat pour les actes commis par le collaborateur]

L'avocat est civilement responsable des actes professionnels accomplis pour son compte par son ou ses collaborateurs.

Décr. 27 nov. 1991, art. 138 [Responsabilité de l'avocat pour les actes commis par l'avocat salarié]

L'avocat employeur est civilement responsable des actes professionnels accomplis pour son compte par son ou ses salariés.

Il est tenu, pour le compte de l'avocat salarié, au paiement des cotisations dues, par cet avocat, pour le fonctionnement de l'Ordre et celui du Conseil national des barreaux.

C. pr. civ., art. 47 [Règle dérogatoire de procédure]

Lorsqu'un magistrat ou un auxiliaire de justice est partie à un litige qui relève de la compétence d'une juridiction dans le ressort de laquelle celui-ci exerce ses fonctions, le demandeur peut saisir une juridiction située dans un ressort limitrophe.

Le défendeur ou toutes les parties en cause d'appel peuvent également demander le renvoi devant une juridiction choisie dans les mêmes conditions; il est alors procédé comme il est dit à l'article 97.

Code civil, art. 2276 [Prescription de l'action en restitution de pièces]

[L. n° 71-538, 7 juill. 1971, *JO* 8]

Les juges ainsi que les personnes qui ont représenté ou assisté les parties sont déchargés des pièces cinq ans après le jugement ou la cessation de leur concours.

Les huissiers de justice, après deux ans depuis l'exécution de la commission ou la signification des actes dont ils étaient chargés, en sont pareillement déchargés.

Code civil, art. 2277-1 [Prescription de l'action en responsabilité contre l'avocat]

[L. n° 89-906, 19 déc. 1989, art. 6, *JO* 20]

L'action dirigée contre les personnes légalement habilitées à représenter ou à assister les parties en justice à raison de la responsabilité qu'elles encourent de ce fait se prescrit par dix ans à compter de la fin de leur mission.

92.02 **Jurisprudence de référence.**

> Le juge doit, pour évaluer le préjudice pouvant résulter de la faute de l'avocat pour omission d'un appel en garantie, reconstituer fictivement la discussion qui aurait pu s'instaurer entre l'emprunteur, le prêteur et l'assureur, si ce dernier avait été appelé en garantie

• Civ. 1re, 2 avr. 2009, n° 08-12.848, *Bull. civ.* I, n° 72; *D.* 2009. 1142; *JCP* 2009, n° 38, p. 41, obs. Stoffel-Munck; *RLDC* 2009/61, n° 3456, obs. Bugnicourt.

* V. ss n° 92.12.

« Alors qu'il appartient au client, qui poursuit son avocat en responsabilité, à raison d'une faute professionnelle commise à l'occasion d'une mission judiciaire, de démontrer qu'il avait des chances sérieuses d'obtenir satisfaction en justice; qu'à tout le moins, il doit établir qu'il disposait d'une chance d'obtenir gain de cause, la seule perte du droit à un procès ne constituant pas un préjudice indemnisable en l'absence de toute perspective de la gagner; qu'au cas d'espèce, la cour d'appel a considéré que le succès des prétentions de Monsieur X... quant à une prise en charge par la société Cardif était purement hypothétique et qu'il ne démontrait pas que l'appel en garantie de la Société Cardif aurait été couronné de succès;

qu'elle en a néanmoins estimé que l'absence d'assignation de la Cardif était à l'origine d'une perte de chance de soumettre ses prétentions à un examen par la juridiction saisie de la demande de remboursement présentée par la Société Cetelem; qu'en statuant ainsi, la cour d'appel, qui n'a pas constaté que le recours que Monsieur X... envisageait d'introduire contre la société Cardif présentait des probabilités sérieuses d'aboutir, n'a pas légalement justifié sa décision de regard de l'article 1147 du Code civil ».

> La perte d'une chance qui constitue un préjudice certain dans son existence ouvre droit à indemnisation

• **Civ. 1re, 16 mars 1965,** *D.* 1965, 425, note Crémieu.

* V. ss nos 92.11, 92.22.

« Mais attendu que les juges du fond ont à bon droit considéré que la perte d'une chance, due a la négligence d'une des parties, constitue un préjudice, certain dans son existence, dont l'autre partie peut réclamer la réparation;

Que, la cour d'appel ayant à apprécier la réalité et l'étendue de ce préjudice a, sans se contredire, estime qu'il résidait dans l'impossibilité ou C... s'était trouvé de demander une mesure d'information que l'arrêt attaque ne pouvait ni ordonner lui-même, ni apprécier dans ses résultats;

Que dès lors c'est en tenant compte de toutes les circonstances de la cause et dans l'exercice de son pouvoir souverain que la cour d'appel a fixé le montant de l'indemnité réparatrice. »

92.03 Bibliographie indicative.

Ouvrages. le Tourneau (dir.), DALLOZ ACTION RESP. ET CONTRATS 2010/2011, nos 4960 à 4981 – AVRIL, 2008.

SECTION 1
RÉPARATION

92.11 Préjudice certain et direct – Lien de causalité. Le préjudice pour être réparé doit remplir les normes du droit commun c'est-à-dire qu'il doit être certain et direct et les juges du fond doivent relever expressément la relation de cause à effet entre le préjudice subi et la faute qui l'a entraîné[1].

Le préjudice certain peut être analysé soit en une privation du client de la possibilité de soumettre à une juridiction un litige dont les éléments de solution étaient connus[2], soit en une perte de chance[3].

92.12 Perte de chance. Toute décision de justice est sujette à réformation[4]. Dès lors l'avocat doit donner le conseil de former ou de ne pas former appel et, selon la volonté du client, diligenter cette formalité. À défaut par lui de l'avoir fait le préjudice auquel le client victime d'une faute de son conseil a droit s'analyse dans une perte de chance.

C'est la raison pour laquelle la perte d'une chance est principalement invoquée à l'occasion des erreurs de procédure. L'avocat qui ne relève pas l'appel demandé par le client ou ne forme pas un pourvoi dans les délais, fait perdre à ce client une chance d'obtenir la réformation du jugement ou la cassation de l'arrêt (v. ss nos 91.76 s.).

Mais comment évaluer cette perte de chance ? C'est aux juges du fond qu'il appartient d'apprécier la probabilité que le client avait de gagner son procès[5]. Le juge doit, pour évaluer le préjudice pouvant résulter de la faute de l'avocat pour omission d'un appel en garantie, reconstituer fictivement la discussion qui aurait pu s'instaurer entre l'emprunteur, le prêteur et l'assureur, si ce dernier avait été appelé en garantie[6].

Dans un cas où une affaire paraît délicate et présente des difficultés sérieuses, même si les chances d'une réformation pouvaient paraître raisonnables, on ne peut ni admettre que le préjudice soit sensiblement égal à la dépréciation subie par les clients du fait de l'omission d'appel ni qu'il soit insignifiant.

• La Cour arbitre *ex aequo et bono* à 50 000 francs le préjudice des parties s'agissant d'un préjudice de principe[7].

• De même des clients victimes de l'erreur d'un avocat qui n'a pas formé le pourvoi qu'il était chargé d'introduire, ne sauraient exiger en réparation de leur préjudice la différence entre l'indemnité d'expropriation par eux perçue et la valeur de l'immeuble exproprié au moment de l'action en responsabilité de leur avocat; ils ne rapportent en effet pas la preuve que leur préjudice soit supérieur aux frais par eux exposés dès lors que l'administration ayant construit, aussitôt l'expropriation prononcée, des bâtiments dont la destruction ne pouvait plus être obtenue en raison du principe de l'intangibilité de l'ouvrage public, la cassation de l'ordonnance ne leur aurait pas permis de récupérer le terrain exproprié[8].

En introduisant avec retard une action en indemnisation d'un préjudice contre une commune, alors que cette

1. Civ. 1re, 30 avr. 1985, no 84-10.512, *Bull. civ.* I, no 135; *JCP* 1986, II, 20653, note Dagot; *D.* 1987, IR 105, note Brunois – Civ. 1re, 6 janv. 1994, no 90-18.775, NPT, *Gaz. Pal.* 29 mars 1994, 6, note Kuhn – Civ. 2e, 18 déc. 2003, no 02-17.069, *Bull. civ.* II, no 406; *JCP* 2004, I, 117, no 19, obs. Martin – CA Paris, 4 nov. 2003, *Gaz. Pal.* 2004, 1, somm. 1245.
2. CA Paris, 13 nov. 1962, *JCP* 1963, II, 13061, note J. A.
3. TGI Paris, 23 nov. 1989, *Gaz. Pal.* 1990, 2, somm. 587.
4. CA Amiens, 1er oct. 1959, *D.* 1960, 2, 103 – TGI Aix-en-Provence, 27 nov. 1975, *Gaz. Pal.* 1976, 1, 261.
5. Civ. 1re, 2 avr. 1997, no 95-11.287, *Bull. civ.* I, no 118; *Defrénois* 1997, 1435, obs. Bénabent; *D.* 1997, IR 101; *AJDI* 1998, 365, note Talon; *JCP* 1997, IV, 1121 – CA Toulouse, 2 oct. 2000, *JCP* 2001, IV, 1513; RÉP. CIV., *Vo Avocat* (responsabilité), no 12, no 33.
6. Civ. 1re, 2 avr. 2009, no 08-12.848 : *Bull. civ.* I, no 72; *D.* 2009. 1142; *JCP* 2009, no 38, p. 41, obs. Stoffel-Munck; *RLDC* 2009/61, no 3456, obs. Bugnicourt.
7. CA Agen, 2 juill. 1980, *Gaz. Pal.* 1980, 2, somm. 595.
8. CA Paris, 27 avr. 1981, *Gaz. Pal.* 1981, 2, somm. 189 – RAPPR. : CA Grenoble, 14 mars 1984, *Gaz. Pal.* 1984, 2, 753 – RAPPR. : TGI Douai, 26 juin 1984 et TGI Caen, 19 sept. 1984, *Gaz. Pal.* 1985, 1, somm. 14 et 15.

action était prescrite, l'avocat commet une faute engageant sa responsabilité mais le préjudice de ses clients qui s'analyse comme une perte de chance ne saurait être réparé autrement que selon les règles appliquées par la juridiction administrative[1].

• À la suite d'une condamnation, une société a assigné son avocat en responsabilité professionnelle lui reprochant un manquement à son devoir de conseil pour ne pas lui avoir réclamé, en temps utile, les délibérations du conseil d'administration dont la production aurait été propre à démontrer le bien-fondé de son argumentation. Son préjudice devait s'apprécier en la perte d'une chance d'éviter la condamnation définitive prononcée à son encontre, de sorte qu'il appartenait aux juges du fond de rechercher la probabilité pour cette société d'obtenir une décision plus favorable sans la faute retenue contre son avocat, puis d'évaluer le montant du préjudice résultant de cette perte de chance[2].

En somme la perte de chance subie par le client est appréciée en fonction de la qualité du procès soumis au tribunal et dont la chance d'une réformation a été perdue par la faute de l'avocat; si le procès présentait une apparence de chance, le tribunal estime que la responsabilité de l'avocat pour perte de chance doit être retenue et dans la proportion correspondant aux chances perdues; si au contraire le procès est voué à un échec certain, la demande de dommages-intérêts doit être rejetée car la perte de chance est considérée comme équivalente à zéro ou purement morale[3].

Le demandeur doit justifier de la chance qu'il a perdue, c'est-à-dire de la chance qu'il avait d'obtenir la réformation[4], ce qui suppose d'établir un lien de causalité entre la faute reprochée à l'avocat et la perte de chance[5]. Il n'obtiendra pas réparation si « la chance d'obtenir la cassation de l'arrêt discuté n'est pas établie »[6] ou s'il « n'établit pas avoir perdu une chance de voir atténuer les condamnations qui ont été prononcées contre elle »[7].

92.13 Solidarité des avocats exerçant en groupe. Lorsque l'avocat exerce sa profession en groupe, tous les avocats sont solidaires des fautes commises par un seul d'entre eux; dès lors que le client s'est adressé au cabinet, peu importe qu'il ait traité avec un seul avocat chargé de son dossier et non avec tous ceux qui composent la société[8].

L'avocat, de même, est civilement responsable des actes professionnels accomplis par ses collaborateurs[9] et les avocats salariés qu'il emploie à son cabinet[10]. Cette règle est d'ailleurs critiquée par J. Monéger et M.-L. Demeester au regard de « l'indépendance technique de l'avocat dans l'exécution de sa mission »[11].

92.14 Papier à lettre. L'attention des avocats est attirée sur le fait que le client qui se plaint d'une faute commise à son préjudice, par un avocat qui figure sur le papier à lettres de la structure d'exercice en groupe qu'a choisie le cabinet de cet avocat, met souvent en cause tous les avocats ou juristes qui figurent sur le papier à lettres du cabinet, même s'ils ne sont pas membres de la structure d'exercice en groupe.

SECTION 2
ÉVALUATION

92.21 Calcul de l'indemnité. Il s'effectue sans lien avec la gravité de la faute puisque le préjudice constitue un élément distinct de la responsabilité. Toutefois en matière de responsabilité civile d'avocat, Yves Avril, par une analyse de la jurisprudence montre que le montant de l'indemnisation est susceptible de varier avec le degré de la gravité qui qualifie le manquement. Plus la faute paraît lourde et peut constituer même une infraction disciplinaire, plus l'indemnisation est abondante et généreuse[12].

1. TGI Paris, 25 avr. 1979, *Gaz. Pal.* 1979, 1, 279 – POUR D'AUTRES CAS D'ESPÈCES : AVRIL, n°s 21.103, 23.11 s.
2. Civ. 1re, 19 sept. 2007, n° 05-15.139, *Bull. civ.* I, n° 294.
3. CA Aix-en-Provence, 5 juill. 1961, *D.* 1961, 593 – Civ., 22 avr. 1963, *Gaz. Pal.* 1963, 2, 5 – CA Aix-en-Provence, 18 déc. 1975, 27 nov. 1975, *Gaz. Pal.* 1976, 1, 261 – Civ., 19 oct. 1976, *Gaz. Pal.* 1976, 2, somm. 274 – Civ. 1re, 18 oct. 1978, *Gaz. Pal.* 1979, 1, 119, note Damien – CA Bourges, 27 mars 1984, *Gaz. Pal.* 1984, 1, 376, note Damien; *D.* 1985, IR 112 – CA Paris, 5 mars 1985, *D.* 1987, IR 104, note Brunois – CA Dijon, 27 janv. 1987, *Gaz. Pal.* 1988, 1, somm. 14 – TGI Paris, 23 nov. 1989, *Gaz. Pal.* 1990, 2, somm. 587 – CA Paris, 4 mars 1993, *D.* 1993, 497, note Prévault – Civ. 1re, 2 avr. 1997, n° 95-11.287, *Bull. civ.* I, n° 118; *Defrénois* 1997, 1435, obs. Bénabent; *D.* 1997, IR 101; *AJDI* 1998, 365, note Talon; *JCP* 1997, IV, 1121 – CA Toulouse, 2 oct. 2000, *JCP* 2001, IV, 1513; RÉP. CIV., V° *Avocat* (responsabilité), n° 12, n° 33 – Civ. 1re, 16 juill. 1998, *JCP* 1998, II, 10143, note Martin.
4. Civ. 1re, 8 juill. 2003, n° 99-21.504, *Bull. civ.* I, n° 164; *JCP* 2004, I, 117, n° 18, obs. Martin; *Gaz. Pal.* 2003, somm. 3169.
5. Civ. 2e, 18 déc. 2003, n° 02-17.069, *Bull. civ.* II, n° 406; *JCP* 2003, IV, 1328; *JCP* 2004, I, 117, n° 19, obs. Martin; *Gaz. Pal.* 2004, somm. 1245.
6. Civ. 1re, 30 juin 2004, n° 03-13.235, *Bull. civ.* II, n° 342; *RGA* 2004, 964, note Landel.
7. CA Paris, 30 sept. 2003, *Gaz. Pal.* 2003, 2, 3801.
8. C. féd. cass. Karlsruhe, 8 juin 1971, *Gaz. Pal.* 1971, 2, 615.
9. Décr. 27 nov. 1991, art. 131.
10. Décr. 27 nov. 1991, art. 138.
11. MONÉGER ET DEMEESTER, 2001, n° 7.21.
12. Civ. 1re, 30 avr. 1985, n° 84-10.512, *Bull. civ.* I, n° 135; *Gaz. Pal.* 1985, 1, pan. 296 – SUR les particularités relatives à la preuve en matière d'action en responsabilité de l'avocat notamment la production en justice des correspondances échangées entre avocats et l'influence du secret professionnel : AVRIL, 2008, n° 33.42.

En principe, la perte de chance ne conduit jamais à une indemnisation intégrale, puisque, par définition, le gain espéré, c'est-à-dire le résultat du procès, est aléatoire. La juridiction doit donc mesurer le degré de chance perdu pour calculer la proportion de dommages et intérêts correspondants. La perte de chance ne peut donc, en principe, jamais être intégralement indemnisée[1] (tel pour l'avoué ayant omis d'enrôler une déclaration d'appel)[2].

Pourtant, il a pu être décidé que lorsque le préjudice résultant de la perte de chance est évident, le préjudice doit être intégralement réparé. Ainsi en est-il lorsque, dans le cadre d'une procédure en réparation d'un dommage corporel, un avocat a conseillé à son client de refuser une indemnité de l'Assistance publique qu'il jugeait insuffisante, alors que la juridiction administrative lui en a proposé ultérieurement une de moitié inférieure. La réparation allouée par la Cour couvrait en l'espèce le montant de l'offre refusée[3]. De même, est évident le préjudice résultant de la faute de l'avocat qui n'engage pas dans les délais une action en paiement d'une indemnité d'éviction[4].

En l'absence d'aléa, le préjudice ne doit pas être limité à la perte de chance, mais il doit être indemnisé dans son entier. Tel est le cas, lorsque l'avocat n'a pas saisi le président du tribunal de grande instance dans les conditions et délais prévus, faisant perdre à son client le bénéfice de ses droits[5].

Il y a lieu de noter que cette indemnisation plus large du préjudice ne constitue pas réellement une sanction qui atteint l'avocat puisque son assurance paiera les sommes mises à charge, à seule exception d'une franchise relativement faible.

Au cas où, malgré une faute relevée à l'encontre de l'avocat, il n'est pas établi que cette faute ait causé un préjudice au client qui n'avait aucune chance de voir sa thèse accueillie en appel, il n'y a lieu à octroi de dommages-intérêts[6].

92.22 Condamnation de l'avocat aux dépens. Sans préjudice des sanctions disciplinaires ou pénales ou des condamnations sur le fondement de la faute et de la responsabilité mises à la charge des avocats, il y a lieu de noter qu'ils peuvent être personnellement condamnés aux dépens afférents aux instances, actes de procédure d'exécution accomplis en dehors des limites de leur mandat[7]. Les dépens afférents à ces instances sont à la charge des auxiliaires de justice qui les ont exposés, sans préjudice des dommages-intérêts réclamés. Il en est de même des dépens afférents aux instances, actes de procédure d'exécution nuls par l'effet de leur faute[8].

SECTION 3
PROCÉDURE D'INDEMNISATION DES CLIENTS LÉSÉS

92.31 Procédure de droit commun. La procédure pour mettre en œuvre la responsabilité de l'avocat est la procédure du droit commun. Toutefois, lorsque la faute reprochée à l'avocat est susceptible de constituer une infraction pénale, la victime a la faculté de déposer une plainte et de profiter d'une poursuite pour se constituer partie civile.

Certaines décisions de jurisprudence avaient même admis la possibilité pour la juridiction disciplinaire ou la juridiction pénale d'enjoindre à l'avocat de faire tenir au client, dans un délai précisé, les sommes qu'il lui devait[9]. La Cour de cassation a rejeté le moyen relevé contre ce chef de condamnation au motif que, n'ayant pas été soulevé dans les conclusions d'appel, il ne pouvait l'être pour la première fois devant la Cour de cassation[10] (v. s[s] n° 84.101).

La juridiction disciplinaire ne peut et ne doit s'immiscer dans le contentieux de l'indemnisation du client. De la même façon, elle ne peut et ne doit s'immiscer dans le contentieux de la fixation et du règlement des honoraires de l'avocat.

92.32 Assignation au domicile professionnel de l'un des avocats. Il y a lieu de noter qu'en matière civile, une faculté est prévue par l'article 42 du Code de procédure civile qui permet, lorsque plusieurs avocats ont collaboré à la faute, de les attraire devant la juridiction du lieu où demeure l'un d'eux.

92.33 Faculté de déroger aux règles de compétence. D'autre part, l'article 47 du Code de procédure civile a prévu que lorsqu'un auxiliaire de justice est partie à un litige qui relève de la compétence d'une juridiction dans le ressort de laquelle il exerce

1. Civ. 1re, 9 avr. 2002, n° 00-13.314, *Bull. civ.* I, n° 116; *D.* 2002, IR 1469; *Gaz. Pal.* 2002, 771; RÉP. CIV., *V° Avocat* (responsabilité), n° 33; *Gaz. Pal.* 2002, somm. 771; 2003, somm. 1289, note Chabas.
2. Civ. 1re, 18 juill. 1998, n° 96-15.380, *Bull. civ.* I, n° 260; *D.* 1998, IR 191; *Gaz. Pal.* 1998, pan. 323; *JCP* 1998, II, 10143, note Martin.
3. CA Paris, 14 janv. 2003, *Gaz. Pal.* 2003, jur. 1766, obs. J.-G. M.
4. Civ. 1re, 15 oct. 1985, n° 84-12.309, *Bull. civ.* I, n° 257; *D.* 1987, somm. 104, note Brunois; *Gaz. Pal.* 1986, pan. 37.
5. Civ. 1re, 26 avr. 2000, n° 97-18.866, NPT, *RCA* juin 2002, comm. 105.
6. CA Lyon, 11 févr. 1981, *Gaz. Pal.* 1983, 1, somm. 186.
7. C. pr. civ., art. 697.
8. C. pr. civ., art. 698.
9. CA Lyon, 7 févr. 1977, *Gaz. Pal.* 1979, 2, somm. 436.
10. Civ. 1re, 3 oct. 1978, n° 77-11.772, *Bull. civ.* I, n° 283; *Gaz. Pal.* 1979, 1, 120, note A. D.

ses fonctions, il est possible de saisir une juridiction située dans le ressort limitrophe[1].

En fait cette possibilité accordée par l'article 47 précité constitue un droit pour celui qui l'invoque faisant naître une obligation pour la juridiction saisie d'une demande de renvoi et ce nonobstant le fait que l'avocat s'opposait à son dessaisissement[2].

92.34 Obligations de la compagnie d'assurances. La compagnie d'assurances qui garantit la responsabilité du barreau et des avocats est tenue de régler les condamnations prononcées contre ces derniers envers les clients (v. ss nos 94.11 s.).

Elle peut toutefois soulever la déchéance de la garantie, conformément aux dispositions de l'article L. 113-1 alinéa 2 du Code des assurances si elle démontre que l'avocat mis en cause a commis une faute intentionnelle ou dolosive, mais cette notion doit s'entendre comme impliquant chez leur auteur la volonté délibérée de causer le dommage ou sinistre; à défaut d'établir la volonté frauduleuse de l'avocat, la compagnie d'assurances doit sa garantie[3].

92.35 Prescription. La loi du 7 juillet 1971[4], qui a modifié l'article 2276 du Code civil, a prévu que les avocats sont déchargés des pièces cinq ans après le prononcé de jugement ou la cessation de leur concours.

En ce qui concerne l'action en responsabilité, la loi du 19 décembre 1989[5], modifiant l'article 2277 du Code civil, y insère un paragraphe 1 : « L'action dirigée contre les personnes légalement habilitées à représenter ou assister les parties en justice, en raison de la responsabilité qu'elles encourent de ce fait, se prescrit par dix ans à compter de la fin de leur mission. » Ainsi donc, à la prescription de trente ans se voit substituer une prescription de dix années[6]. On peut déplorer que la rédaction de l'article 2277-1 soit légèrement différente de celle de l'article 2276, bien que visant les mêmes personnes, mais il s'agit là d'une maladresse de rédaction du législateur qui n'a aucune influence sur le fond de la question traitée. L'article 7 de la loi du 19 décembre 1989 prévoit que cette prescription de l'article 2277-1, en cours lors de l'entrée en vigueur, sera acquise à l'expiration d'un délai de dix ans à compter de cette entrée en vigueur, à moins que la prescription, telle qu'elle était fixée antérieurement, ne soit acquise pendant ce délai.

Cette règle s'applique de façon incontestable aux missions d'assistance et de représentation. La loi est muette en ce qui concerne les activités de conseil et de rédaction d'actes. La doctrine est partagée quant à la nature de la responsabilité de l'avocat à ce titre et donc quant à la prescription applicable (v. ss nos 91.12 et 91.13).

• **Nécessité de conserver les dossiers pendant trente ans.** Dans le doute qui subsiste sur la nature (contractuelle ou quasi-délictuelle) de la responsabilité de l'avocat dans les activités de conseil et de rédaction d'actes, il est conseillé à l'avocat de conserver ses dossiers en cette matière pendant trente ans.

• **Régime antérieur.** Les avocats étaient soumis à la prescription trentenaire tant dans les instances en restitution de pièces qui leur avaient été confiées que pour les instances en responsabilité.

1. TGI Fontainebleau, 23 nov. 1993, *JCP* 1994, II, 22196, note Martin – Civ. 2e, 29 janv. 1992, no 90-17.911, *Bull. civ.* II, no 36; *D.* 1994, somm. 133.
2. Civ. 2e, 20 juill. 1987, no 86-10.318; *Bull. civ.* II, no 171; *Gaz. Pal.* 1987, 2, pan. 231, note A. D. – Civ. 2e, 29 janv. 1992, no 90-17.911, *Bull. civ.* II, no 36; *D.* 1994, somm. 133.
3. CA Bourges, 27 mars 1984, *Gaz. Pal.* 1984, 1, 376, note Damien.
4. L. no 71-538, 7 juill. 1971 relative au délai de conservation des archives des juges, des personnes ayant représenté ou assisté des parties, des huissiers de justice ainsi que des syndics au règlement judiciaire et à la liquidation des biens, *JO* 8 juill., p. 6700.
5. L. no 89-906, 19 déc. 1989 relative à l'exercice de certaines professions judiciaires et juridiques, *JO* 20 déc., p. 15785, art. 6 [en vigueur à l'expiration d'un délai de dix ans à compter de l'entrée en vigueur de la loi, à moins que la prescription telle qu'elle était fixée antérieurement ne soit acquise pendant ce délai (art. 6)].
6. DALLOZ ACTION RESP. ET CONTRATS, 2010/2011, no 2353.

CHAPITRE

93. Causes d'irresponsabilité

SECTION 0

ORIENTEUR

93.00 Plan du chapitre.

Sect. 1 Comportement du client

Sect. 2 Recours à d'autres auxiliaires de justice

93.02 Jurisprudence de référence.

> L'avocat ne saurait échapper à sa responsabilité en invoquant une clause de non-responsabilité

• **Civ. 2e, 15 juin 1994, no 92-18.048,** *Bull. civ.* II, no 155; *D.* 1994, IR 183.

* V. ss no 93.13.

« Mais attendu qu'il n'existe pas de lien contractuel entre l'avocat, rédacteur du cahier des charges, et l'adjudicataire; que cet avocat ne peut dès lors s'exonérer de ses fautes par une clause de non-responsabilité, et qu'il lui appartient, de par ses fonctions, de s'assurer de la propriété de l'immeuble qu'il vend en la personne du saisi. »

> L'avocat postulant ne saurait s'exonérer de sa responsabilité en appelant en garantie son confrère dès lors qu'il lui appartient recueillir les instructions du client

• **Civ. 1re, 20 janv. 1993, no 90-18.504,** *Bull. civ.* I, no 23; *Gaz. Pal.* 26 juin 1993, p. 10.

* V. ss no 93.25.

« Mais attendu que la cour d'appel énonce, d'abord, que M. X..., étant l'avocat postulant de la S..., devait accomplir tous les actes de procédure propres au succès de l'instance engagée par lui et ne pas laisser, par son inaction, périmer cette procédure; qu'elle énonce, ensuite, que ses demandes adressées à M. Y... étant restées vaines, il lui appartenait de s'adresser à la S... pour obtenir les instructions nécessaires ou, à tout le moins, de dégager sa responsabilité; que, de ces constatations et énonciations, la cour d'appel a pu déduire que M. X... n'était pas fondé à rechercher la garantie de M. Y...; d'où il suit que le moyen n'est pas fondé ».

93.03 Bibliographie indicative.

Ouvrages. le Tourneau (dir.), DALLOZ ACTION RESP. ET CONTRATS 2010/2011, nos 4961 à 4981 – AVRIL, 2008.

SECTION 1

COMPORTEMENT DU CLIENT

93.11 Compétence professionnelle du client. Un principe essentiel est celui selon lequel l'avocat n'est pas déchargé de ses obligations professionnelles du seul fait des compétences ou de l'expérience de son client. Cette solution est clairement établie depuis un arrêt de principe du 7 juillet 1998[1] et les solutions qui prévalaient antérieurement doivent être analysées avec précaution (v. ss no 91.34).

93.12 Faute du client. Une simple négligence du client ne suffit pas à exonérer l'avocat. Il est responsable du dossier qui lui a été confié ainsi que de la procédure et la jurisprudence admet difficilement qu'il se défende en invoquant une erreur ou négligence de son client.

• L'avocat qui a adressé copie du jugement à son client sans lui fournir aucune information sur la possibilité de faire appel, manque ainsi à son devoir de conseil et ne saurait invoquer la négligence du client qui aurait dû prendre contact avec lui pour envisager les suites éventuelles de la procédure[2].

• La même solution a été retenue à propos d'un client négligent qui, avisé par l'acte de signification du délai d'appel, n'avait pas pris contact avec son avocat, malgré les conseils qui lui avaient été donnés par une Fédération qu'il avait précédemment chargée de saisir la cour d'appel, et avait directement écrit à la cour d'appel[3].

1. Civ. 1re, 7 juill. 1998, no 96-14.192, *Bull. civ.* I, no 238; *RCA* 1998, comm. 346; *D. Affaires* 1998, 1392, obs. J. F.; *JCP* 1999, I, 126, no 13, obs. Martin; *RTD civ.* 1998, 911, obs. Jourdain; RÉP. PR. CIV., *Vo Assistance et représentation en justice*, no 79 – Civ. 1re, 21 janv. 2003, no 00-19.522, NPT, *RCA* 2003, comm. 109.
2. Civ. 1re, 13 nov. 1997, no 95-14.141, *Bull. civ.* I, no 303; *D.* 1997, IR 259; *Gaz. Pal.* 1997, somm. 461; 1998, pan. 276.
3. Civ. 1re, 2 févr. 1994, no 92-10.432, *Bull. civ.* I, no 44; *D.* 1994, IR 45; *Gaz. Pal.* 1994, pan. 131.

• **Partage de responsabilité.** En revanche, dans certaines circonstances, la faute du client, ayant contribué à son préjudice, peut entraîner un partage de responsabilité (un notaire[1] un conseil juridique[2]). Ainsi, dans une procédure de saisie immobilière, l'inertie dont ont fait preuve les clients a pu être retenue contre eux, la cour d'appel ayant pu en déduire qu'ils étaient eux-mêmes partiellement responsables du dommage dont ils sollicitaient réparation, l'avocat bénéficiant alors d'une exonération partielle[3].

93.13 Clause de non-responsabilité. La clause de non-responsabilité que l'avocat[4] aurait pu insérer dans une convention avec son client et acceptée par ce dernier n'est pas de nature à l'exonérer de ses fautes car il lui appartient par ses fonctions d'assurer les diligences qui pèsent sur tout avocat[5].

SECTION 2

RECOURS À D'AUTRES AUXILIAIRES DE JUSTICE

93.21 Intervention d'un autre auxiliaire de justice. D'une manière générale, l'avocat qui confie un dossier à un confrère ou à un autre auxiliaire de justice n'est pas pour autant autorisé à s'en désintéresser[6].

L'avocat qui sous-traite à un confrère ou à un avoué la procédure d'un dossier qui lui a été confié reste responsable de la procédure, particulièrement s'il règle sur instruction et avec les fonds du client les sommes dues à l'avocat ou à l'avoué sous-traitant.

• **Information du client et du sous-traitant.** S'il met le client directement en relation avec le confrère ou l'avoué sous-traitant, il devra, pour dégager sa responsabilité de la procédure, en informer le client d'une part et le sous-traitant d'autre part.

• Une décision, rendue à l'encontre d'un conseil juridique (pour des faits existant avant la fusion des professions), mais transposable aux avocats est assez éclairante à cet égard.

Une société de conseils assure les intérêts d'un client assigné en contrefaçon. Devant le tribunal de grande instance, la société est représentée par un avocat, mais les conclusions sont écartées des débats et le tribunal fait droit à la demande de l'adversaire. Il en va de même en appel, et la société assigne l'avocat, l'avoué et le conseil juridique en responsabilité. Ce dernier rejetant la responsabilité sur les auxiliaires de justice, seuls habilités à représenter les parties en justice, la cour de cassation répond que « la faute d'un auxiliaire de justice, fût-il titulaire d'un monopole de représentation, ne saurait dispenser un autre professionnel du droit de ses obligations envers son mandant ». Elle ajoute que la qualité initiale de conseil juridique ne pouvait l'autoriser à se désintéresser totalement du bon déroulement de la procédure et que la société de conseils, dès lors qu'elle se comportait en maître du litige devait au moins vérifier que le travail confié à l'avocat suivait un cours normal[7]. Cette solution est parfaitement transposable aux avocats.

93.22 Avoué. Un avocat est dégagé de toute responsabilité dès lors qu'il a donné un mandat d'interjeter appel à un avoué à la cour et qu'il peut légitimement penser que le nécessaire sera fait aussitôt; aucune faute ne peut être retenue à son encontre car il n'avait pas à s'immiscer dans ce qui relève de la compétence exclusive de l'avoué[8].

Un avocat n'est pas responsable de la teneur de conclusions déposées dans le cadre de la procédure d'appel avec représentation obligatoire, l'avoué ayant seul qualité pour conclure[9].

Il incombe néanmoins à l'avocat de veiller au bon déroulement de la procédure et pour ce faire de donner à l'avoué les instructions nécessaires. Rappelons en effet qu'il a été décidé qu'un avocat n'est pas dispensé de son devoir de conseil du fait de la présence d'un avoué dans la procédure[10]. Rien n'interdit d'ailleurs au client de mettre en cause l'avocat et l'avoué dans la même procédure[11].

93.23 Autre avocat. L'avocat dont il est établi qu'il n'était pas le maître du procès et qui n'a agi que sur les instructions qui lui étaient fournies par le conseil du client ne peut se voir reprocher des négligences qui ne lui seraient pas personnellement imputables[12].

Toutefois la faute d'un autre professionnel ne dégage pas totalement celle de l'avocat.

• C'est ainsi que les fautes ou négligences d'un avocat postulant ou d'un huissier qui a omis de signifier un acte ou de formuler un appel, si elles sont de nature à entraîner une responsabilité professionnelle chez leur auteur, ne font pas totalement disparaître la responsabilité de l'avocat qui peut être retenue, soit en raison de fautes professionnelles qu'il aurait pu commettre, soit par

1. Civ. 1re, 19 mai 1999, nº 96-22.892, *Bull. civ.* I, nº 166; *Gaz. Pal.* 1999, pan. 184; *LPA* 2000, 17, note Maleville; *Defrénois* 1999, 1339, note Aubert.
2. Civ. 1re, 15 janv. 2002, nº 99-21.799, *Bull. civ.* I, nº 15; *D.* 2002, IR 541; *Gaz. Pal.* 2002, somm. 183; *JCP* 2002, II, 10063, note Croze.
3. Civ. 1re, 2 avr. 1997, nº 94-19.762, NPT.
4. Civ. 1re, 9 mai 1996, nº 94-14.022, *Bull. civ.* I, nº 191; *D.* 1996, IR 169.
5. Civ. 2e, 15 juin 1994, nº 92-18.048, *Bull. civ.* II, nº 155; *D.* 1994, IR 183.
6. Croze, note sous Civ. 1re, 15 janv. 2002, nº 99-21.799, *Bull. civ.* I, nº 15; *JCP* 2002, II, 10063.
7. Civ. 1re, 15 janv. 2002, nº 99-21.799, *Bull. civ.* I, nº 15; *JCP* 2002, II, 10063, note Croze.
8. CA Agen, 2 juill. 1980, *Gaz. Pal.* 1980, 2, somm. 596.
9. CA Versailles, 8 nov. 1988, *Gaz. Pal.* p. 5, note Damien.
10. Civ. 1re, 29 avr. 1997, nº 95-10.629, *Bull. civ.* I, nº 214; *D.* 1998, somm. 198, obs. Jourdain; *JCP* 1997, I, 4041, Martin, nº 26.
11. Civ. 1re, 10 févr. 2004, nº 99-20.716, *Bull. civ.* I, nº 44.
12. CA Rennes, 16 févr. 1982, *Gaz. Pal.* 1982, 1, 167.

négligence, soit même par omission de rappeler dans les délais à ses correspondants l'obligation qui était la leur[1].

Un avocat qui, chargé de former un pourvoi en cassation contre une ordonnance d'expropriation, confie cette mission à un confrère n'ayant pas reçu mandat à cet effet, ce qui entraîne l'irrecevabilité du pourvoi, engage par cette faute sa responsabilité civile à l'égard de ses clients. En effet, en acceptant d'accomplir un acte de procédure, l'avocat assume une obligation de résultat[2].

93.24 Notaire. La présence d'un notaire ne décharge pas l'avocat de ses obligations et notamment de celle de s'assurer l'efficacité de l'acte[3].

93.25 Partage de responsabilité. La faute commise par l'avocat peut d'ailleurs être partagée avec celle commise par le professionnel qu'il a chargé de certaines formalités et aboutir devant le tribunal à un partage des responsabilités.

• C'est ainsi qu'un avocat a commis une imprudence en affirmant dans un courrier à l'avoué chargé d'interjeter appel d'un jugement, que celui-ci n'était pas signifié; l'avoué a pris un risque en ne relevant pas appel du jugement alors qu'il en avait reçu formellement l'instruction. Il convient donc de condamner l'avocat et l'avoué dont les imprudences conjuguées ont concouru à faire perdre à leur client une chance de voir le jugement litigieux réformé par la cour, de réparer les trois quarts du dommage ainsi occasionné, le client devant toutefois supporter un quart de son propre dommage résultant de la faute qu'il a commise en n'avisant pas son conseil de la signification du jugement, alors que celui-ci avait pris soin d'attirer son attention sur le délai d'appel en lui transmettant le résultat du jugement[4].

De même l'avocat postulant doit, au cas de silence de l'avocat plaidant, solliciter directement des instructions du client pour pouvoir dégager sa responsabilité[5].

C'est à l'avocat choisi par le client qu'il appartient de déterminer les procédures à introduire. Les avocats correspondants chargés par l'avocat de suivre le déroulement de ces procédures ne sont nullement responsables de ce choix[6].

De même l'avocat postulant n'est pas responsable des délais d'acheminement variables des actes du palais résultant des habitudes observées et des procédés utilisés au palais pour la transmission des pièces et écritures entre auxiliaires de justice[7].

1. Civ., 3 avr. 1973, *Gaz. Pal.* 1973, 2, 559 – Civ. 1re, 9 déc. 1974, no 73-12.790, *Bull. civ.* I, no 327; *D.* 1975, somm. 4 – CA Nîmes, 15 oct. 1956, *D.* 1957, 301 – CA Toulon, 20 nov. 1957, *D.* 1958, somm. 44.
2. CA Paris, 27 avr. 1981, *Gaz. Pal.* 1981, 2, somm. 189.
3. Civ. 1re, 4 mars 1997, no 95-12.609, NPT, *JCP N* 1997, II, 1397, note Kuhn.
4. CA Paris, 21 avr. 1982, *Gaz. Pal.* 1982, 2, somm. 237.
5. Civ. 1re, 20 janv. 1993, no 90-18.504, *Bull. civ.* I, no 23; *Gaz. Pal.* 26 juin 1993, 10; 1993, pan. 130, – RAPPR. : Civ. 1re, 2 févr. 1994, no 92-10.432, *Bull. civ.* I, no 44; *D.* 1994, IR 45; *Gaz. Pal.* 5 juill. 1994, 131; *JCP* 1994, IV, 116.
6. CA Paris, 7 févr. 1979, *Gaz. Pal.* 1979, 1, 272.
7. CA Paris, 7 mars 1983, *Gaz. Pal.* 1983, 1, somm. 106.

CHAPITRE

94. Assurance responsabilité civile

SECTION 0 ORIENTEUR

94.00 Plan du chapitre.

Sect. 1 Principe

Sect. 2 Modalités

94.01 Textes applicables.

>

L. n° 71-1130, 31 déc. 1971, art. 27

Décr. n° 91-1197, 27 nov. 1991, art. 205 à 228 (not. 205, 206)

RIN art. 21.3.9

>

L. 31 déc. 1971, art. 27 [Assurance obligatoire]

[mod. par L. n° 90-1259, 31 déc. 1990-art. 18, art. 67, *JO* 5 janv.; en vigueur le 1er janv. 1992]

Il doit être justifié, soit par le barreau, soit collectivement ou personnellement par les avocats, soit à la fois par le barreau et par les avocats, d'une assurance garantissant la responsabilité civile professionnelle de chaque avocat membre du barreau, en raison des négligences et fautes commises dans l'exercice de leurs fonctions.

Il doit également être justifié d'une assurance au profit de qui il appartiendra, contractée par le barreau ou d'une garantie affectée au remboursement des fonds, effets ou valeurs reçus.

Le bâtonnier informe le procureur général des garanties constituées.

Les responsabilités inhérentes aux activités visées au deuxième alinéa de l'article 6 et à l'article 6 *bis* sont supportées exclusivement par les avocats qui les exercent; elles doivent faire l'objet d'assurances spéciales qui sont contractées à titre individuel ou collectif, dans les conditions fixées par la loi du 13 juillet 1930 relative au contrat d'assurance.

Décr. 27 nov. 1991, art. 205 [Modalités d'assurance]

[mod. par décr. n° 2001-373, 27 avr. 2001, art. 3 XV, *JO* 29; en vigueur depuis le 1er janv. 2002]

Tout avocat doit être couvert contre les conséquences pécuniaires de la responsabilité civile professionnelle, définie au premier alinéa de l'article 27 de la loi du 31 décembre 1971 précitée, par un contrat souscrit auprès d'une entreprise d'assurances régie par le Code des assurances, soit collectivement ou personnellement par les avocats, soit à la fois par le barreau et par les avocats.

Les contrats d'assurance ne doivent pas comporter une limite de garantie inférieure à 305 000 € par année pour un même assuré. Ils ne doivent pas prévoir de franchise à la charge de l'assuré supérieure à 10 % des indemnités dues, dans la limite de 3 050 €. La franchise n'est pas opposable aux victimes.

Décr. 27 nov. 1991, art. 206 [Assurance de l'avocat membre d'une structure, du collaborateur, de l'avocat salarié]

La responsabilité civile professionnelle de l'avocat membre d'une société d'avocats ou collaborateur ou salarié d'un autre avocat est garantie par l'assurance de la société dont il est membre ou de l'avocat dont il est le collaborateur ou le salarié.

Toutefois, lorsque le collaborateur d'un avocat exerce en même temps la profession d'avocat pour son propre compte, il doit justifier d'une assurance couvrant la responsabilité civile professionnelle qu'il peut encourir du fait de cet exercice.

RIN art. 21.3.9 [Assurance responsabilité professionnelle]

21.3.9.1 L'avocat doit être constamment assuré pour sa responsabilité professionnelle dans une limite raisonnable, compte tenu de la nature et de l'étendue des risques qu'il assume du fait de son activité.

21.3.9.2 Un avocat en prestation de services dans un État membre d'accueil qui y exerce son activité professionnelle, est soumis aux dispositions suivantes :

21.3.9.2.1 L'avocat doit satisfaire aux dispositions relatives à l'obligation de s'assurer pour la responsabilité professionnelle applicables dans l'État membre de provenance.

21.3.9.2.2 Lorsque l'avocat qui est tenu de souscrire une telle assurance dans l'État membre de provenance exerce une activité professionnelle dans un État membre d'accueil, il doit s'efforcer d'obtenir l'extension de cette assurance à son activité professionnelle dans l'État membre d'accueil.

21.3.9.2.3 Lorsque les règles de l'État membre de provenance ne font pas obligation à l'avocat de souscrire une telle assurance, ou lorsque l'extension d'assurance visée à l'article 3.9.2.2 ci-dessus s'avère impossible, l'avocat doit néanmoins s'assurer pour son activité professionnelle accomplie dans un État membre d'accueil au service de clients de cet État membre d'accueil, dans une mesure au moins égale à celle applicable aux avocats de l'État membre d'accueil, sauf s'il lui est impossible d'obtenir une telle assurance.

21.3.9.2.4 Au cas où l'avocat ne pourrait obtenir une assurance conforme aux règles qui précèdent, il doit informer ceux de ses clients qui risquent de subir un préjudice par l'absence d'assurance.

21.3.9.2.5 L'avocat qui exerce son activité dans un État membre d'accueil, peut, avec l'accord des autorités compétentes de l'État membre de provenance et de l'État membre d'accueil, se conformer exclusivement aux règles applicables à l'assurance de la responsabilité professionnelle dans l'État membre d'accueil. Dans ce cas, l'avocat est tenu de prendre les mesures nécessaires pour informer ses clients que son assurance est conforme aux règles applicables dans l'État membre d'accueil.

94.02 Jurisprudence de référence.

> **Le Conseil de l'ordre peut imposer aux avocats l'assurance collective**

• **Civ. 1re, 5 oct. 1999, no 96-11.857,** *Bull. civ.* I, no 255.

* V. ss no 94.12.

« Mais attendu qu'il résulte des dispositions combinées des articles 17 et 27 de la loi du 31 décembre 1971 et 205 du décret du 27 novembre 1991 qu'un Conseil de l'ordre peut, sans excéder ses pouvoirs, d'une part, décider que l'obligation d'assurance de la responsabilité civile professionnelle devra être satisfaite par une assurance collective à laquelle chaque avocat membre du barreau sera tenu d'adhérer, d'autre part, fixer le montant de la garantie à un taux supérieur au minimum réglementaire; qu'ainsi abstraction du motif relatif à la compétence du juge administratif, erroné dès lors que l'intégralité du contentieux de l'excès de pouvoir afférent aux délibérations des Conseils de l'ordre relève de la compétence exclusive des cours d'appel, l'arrêt attaqué, qui a répondu aux conclusions, est légalement justifié. »

> **Le fait pour un barreau d'imposer aux avocats une adhésion à un contrat d'assurance responsabilité civile professionnelle n'est pas une pratique anticoncurrentielle**

• **Cons. conc. 16 janv. 2003, no 03-D-03,** *JCP* 2003, II, 10051, note Martin.

* V. ss no 94.12.

« Considérant qu'il résulte de l'ensemble de ces éléments que l'article 27 de la loi du 31 décembre 1971 ne peut être interprété que comme excluant la faculté pour les avocats, lorsqu'une assurance collective de responsabilité civile professionnelle a été contractée par le barreau, de ne pas y adhérer et de s'assurer individuellement; que dans ces conditions, la pratique incriminée, qui résulte directement et nécessairement de l'application de la loi précitée, bénéficie de l'exemption prévue au paragraphe I de l'article L. 420-4 du Code de commerce. »

94.03 Bibliographie indicative.

Ouvrage. le Tourneau (dir.), DALLOZ ACTION RESP. ET CONTRATS 2010/2011, nos 4961 à 4981.

SECTION 1
PRINCIPE

94.11 Assurance obligatoire. Tout avocat doit être couvert contre les conséquences pécuniaires de la responsabilité civile professionnelle définie au premier alinéa de l'article 27 de la loi du 31 décembre 1971, par un contrat souscrit auprès d'une entreprise d'assurance régie par le Code des assurances, soit collectivement ou personnellement par les avocats, soit à la fois par le barreau et par les avocats.

Les contrats d'assurance ne doivent pas comporter une limite de garantie inférieure à 315 000 euros par année pour un même assuré. Ils ne doivent pas prévoir de franchise à la charge de l'assuré supérieure à 10 % des indemnités dues dans la limite de 3 050 euros. Cette franchise n'est pas opposable aux victimes [1].

94.12 Possible suppression de l'option entre assurance collective et individuelle. Un règlement intérieur de barreau peut légitimement décider que tout avocat inscrit à ce barreau doit adhérer au contrat d'assurance groupe souscrit par l'Ordre, en garantie de la responsabilité civile professionnelle et supprimer ainsi l'option entre l'assurance collective et l'assurance individuelle prévue par l'article 27 de la loi du 31 décembre 1971 [2].

Cette pratique a été contestée par certains avocats et le Conseil de la concurrence a été saisi de la question. Il a considéré que le fait pour un barreau d'imposer aux avocats l'adhésion à un contrat d'assurance responsabilité civile ne constitue pas une pratique anticoncurrentielle, car bénéficiant de l'exemption du paragraphe I de l'article L. 420-4 du Code de commerce [3].

La question se pose de la répartition de la prime d'assurance entre les avocats membres du barreau. Il semble qu'il ne serait pas du pouvoir réglementaire d'un barreau de demander une participation

1. Décr. 27 nov. 1991, art. 205.
2. CA Pau, 28 janv. 1996, *Gaz. Pal.* 4 juill. 1992, 22, note Damien – Civ. 1re, 5 oct. 1999, no 96-11.857, *Bull. civ.* I, no 255; *D.* 1999, IR 239; *Gaz. Pal.* 1999, pan. 258; *JCP* 1999, II, 10197, concl. Sainte-Rose.
3. Cons. conc., no 03-D-03, 16 janv. 2003, *JCP* 2003, II, 10051, note Martin.

au paiement de la prime autrement que par répartition égale entre avocats.

94.13 Code de déontologie européenne. L'article 21.3.9 du RIN est consacré à l'assurance responsabilité professionnelle. Il affirme le caractère obligatoire de cette assurance. Il précise en outre que l'avocat qui effectue une prestation de services dans un autre État membre doit être en conformité avec les dispositions relatives à l'obligation de s'assurer du pays d'origine et doit s'efforcer d'en obtenir une extension pour ses prestations effectuées dans le pays d'accueil. Dans le cas où cela ne serait pas possible, il doit en aviser ses clients (v. s^{s} n° 72.16).

SECTION 2
MODALITÉS

94.21 Avocat membre d'une structure. La responsabilité civile professionnelle de l'avocat membre d'une société d'avocats, est garantie par l'assurance de la société.

94.22 Avocat collaborateur ou salarié. La responsabilité civile professionnelle de l'avocat collaborateur ou salarié d'un autre avocat, personne physique ou morale, est garantie par l'assurance de l'avocat dont il est le collaborateur ou le salarié.

Toutefois une société d'avocats employeur, qui est tenue de s'assurer pour la responsabilité civile de ses collaborateurs avocats ou salariés, peut soutenir que du fait de l'assurance contractée dans le cadre de l'établissement principal et qui s'étend aux bureaux secondaires, que le règlement intérieur qui astreint au paiement d'une cotisation à l'Ordre est abusif dans la mesure où il ne prend pas compte des cotisations déjà payées pour les collaborateurs salariés travaillant dans un bureau secondaire et dans un autre barreau que celui du lieu de l'établissement principal du cabinet d'avocats et qui constituent un cumul d'assurances indues[1].

94.23 Activité personnelle du collaborateur. Lorsque le collaborateur d'un avocat exerce en même temps la profession d'avocat pour son propre compte, il doit justifier d'une assurance couvrant la responsabilité civile professionnelle qu'il peut encourir du fait de cet exercice[2].

94.24 Assurance de l'activité de l'avocat que la loi du 31 décembre 1971 autorise. En vertu de l'article 6 de la loi du 31 décembre 1971, l'avocat peut remplir les fonctions de membre du conseil de surveillance d'une société commerciale ou d'administrateur de société s'il justifie de sept années d'exercice d'une profession juridique réglementée. L'article 112 du décret du 27 novembre 1991 prévoit la possibilité pour l'avocat ayant une ancienneté moindre d'obtenir une dispense. Les avocats peuvent en outre recevoir des missions de justice en application de l'article 6 *bis*. L'article 27 alinéa 4 pose le principe selon lequel ces responsabilités sont supportées exclusivement par les avocats qui les exercent. Elles doivent donc faire l'objet d'assurances spéciales. Les avocats doivent justifier au Conseil de l'Ordre qu'ils ont souscrit ces assurances spéciales.

1. CA Poitiers, 7 avr. 1993, *Gaz. Pal.* 1993, somm. 259.
2. Décr. 27 nov. 1991, art. 206.

Principales abréviations utilisées

	signifie
Arr.	arrêté
aff.	affaire
AJDA	*Actualité juridique de droit administratif*
al.	alinéa
anc. C. pr. civ.	ancien Code de procédure civile
Annonces Seine	*Les Annonces de la Seine*
art.	article(s)
ass.	assemblée
ass. plén.	assemblée plénière
Bull.	bulletin
Bull. bâtonnier Paris	*Bulletin du bâtonnier de Paris*
Bull. Ass. plén.	*Bulletin des arrêts de la Cour de cassation* (assemblée plénière)
Bull. civ. I	*Bulletin des arrêts de la Cour de cassation* (1re chambre civile)
Bull. civ. II	*Bulletin des arrêts de la Cour de cassation* (2e chambre civile)
Bull. civ. III	*Bulletin des arrêts de la Cour de cassation* (3e chambre civile)
Bull. civ. IV	*Bulletin des arrêts de la Cour de cassation* (4e chambre civile)
Bull. conf. bâtonniers	*Bulletin de la conférence des bâtonniers*
Bull. crim.	*Bulletin des arrêts de la Cour de cassation* (chambre criminelle)
Bull. ordre Paris	*Bulletin de l'Ordre des avocats à la cour de Paris*
C. civ.	Code civil
C. com.	Code de commerce
C. mon. fin.	Code monétaire et financier
C. pén.	Code pénal
C. pr. civ.	Code de procédure civile (anciennement NCPC)
C. pr. pén.	Code de procédure pénale
c/	contre (Dupont c/Durand)
CA	cour d'appel
Cah. dr. eur.	*Cahiers de droit européen*
Cass.	Cour de cassation
Civ. 1re	Cour de cassation, première chambre civile
Civ. 2^{e}	Cour de cassation, deuxième chambre civile
Civ. 3^{e}	Cour de cassation, troisième chambre civile
Ass. plén.	Cour de cassation, assemblée plénière
Ch. mixte	Cour de cassation, chambre mixte
Civ.	Cour de cassation, chambre civile (jusqu'en 1952)
Com.	Cour de cassation, chambre commerciale
Crim.	Cour de cassation, chambre criminelle
Req.	Cour de cassation, chambre des requêtes
Soc.	Cour de cassation, chambre sociale
CE	Conseil d'État
CEDH	Cour européenne des droits de l'homme
CEE	Communauté économique européenne
ch.	chambre
ch. acc.	chambre d'accusation
ch. éco.	chambre économique
Ch. rég. comptes	Chambre régionale des comptes
chap.	chapitre
chron.	chronique, aussi partie « Chronique » (dans divers recueils et revues)
chron. dr. crim.	partie « Chronique de droit criminel » (dans divers recueils et revues)
chron. dr. fiscal	partie « Chronique de droit fiscal » (dans divers recueils et revues)

Circ.	Circulaire
CJCE	Cour de justice des Communautés européennes
CNB	Conseil national des barreaux
CNBF	Caisse nationale des barreaux français
C^{ne}	commune
comm.	commission
Comm. 1re inst. SS	Commission de première instance du contentieux de la Sécurité sociale
Comm. nat. dr. réponse	Commission nationale du droit de réponse
Comm. recours réfugiés	Commission de recours des réfugiés
concl.	conclusions
Cons. conc.	Conseil de la concurrence
Cons. const.	Conseil constitutionnel
Cons. ordre (ville)	Conseil de l'ordre
contra	voir en sens contraire
crit.	critiques
Décr.	décret
D.	*Dalloz* (recueil)
D. Affaires	*Dalloz Affaires*
DA	*Dalloz analytique*
DC	*Dalloz critique*
débats AN	débats à l'Assemblée nationale
déc. à caractère normatif	décision à caractère normatif
DH	*Dalloz hebdomadaire*
Dict. perm. Droit des affaires	*Dictionnaire permanent de Droit des affaires*
Dir.	Directive communautaire
dir.	sous la direction de…
doctr.	partie « Doctrine » (dans divers recueils et revues)
DP	*Dalloz périodique*
Dr. et patr.	*Droit et patrimoine*
éd.	édition
esp.	espèce
fasc.	fascicule
Gaz. Pal.	*Gazette du Palais*
Gaz. Pal. Tables	*Gazette du Palais*, Tables de jurisprudence
Gaz. trib.	*Gazette des tribunaux*
interv. min.	intervention du ministre…
IR	partie « Informations rapides » (dans le recueil Dalloz)
J.-Cl. pr. civ.	*Juris-Classeur Procédure civile*
J.-Cl. pr. pén.	*Juris-Classeur Procédure pénale*
JCP G	*Juris-Classeur périodique* (édition générale)
JO	*Journal officiel*
JO Sénat CR	*Journal officiel* (débats parlementaires et réponses ministérielles aux questions orales au Sénat)
JO Sénat Q	*Journal officiel* (réponses ministérielles à questions écrites au Sénat)
JOAN CR	*Journal officiel* (débats parlementaires et réponses ministérielles aux questions orales à l'Assemblée nationale)
JOAN Q	*Journal officiel* (réponses ministérielles à questions écrites à l'Assemblée nationale)
Jour. not.	*Journal des notaires et des avocats* (devenu depuis janv. 1993 *Droit et patrimoine*)
Journ. de Grenoble	*Journal de Grenoble*
jur.	jurisprudence
L.	loi
L. fin.	loi de finances
Lebon	*Recueil des décisions du Conseil d'État*
lég.	partie « Législation » (dans divers recueils et revues)
LPA	*Petites affiches* (Les)
min.	Ministre/ministère
n$^{o(s)}$	numéro(s)
not.	notamment
NP	Non publié au Bulletin des arrêts de la Cour de cassation ou au Lebon
NPT	Non publié au Bulletin des arrêts de la Cour de cassation ou au Lebon, titré
op. cit.	*opere citatis* (dans l'ouvrage précité)
Ord.	ordonnance
ord. 1er prés.	ordonnance du premier président
ord. bâtonnier	ordonnance du bâtonnier
ord. JME	ordonnance du juge de la mise en état
ord. prés.	ordonnance du président
ord. réf.	ordonnance du juge des référés

P	Publié au Bulletin des arrêts de la Cour de cassation (à compter du 1er janvier 2008)
p.	page(s)
pan. dr. adm.	panorama de droit administratif (dans la *Gazette du Palais*)
pan. jur.	panorama de jurisprudence de la Cour de cassation (dans la *Gazette du Palais*)
préc.	précité
préf.	préface
proc. gén.	Procureur général
rappr.	à rapprocher de…
RCA	*Responsabilité civile et assurances*
RDP	*Revue du droit public et de la science politique en France et à l'étranger*
Rec. CJCE	*Recueil de la Cour de justice des Communautés européennes*
Règl.	Règlement communautaire
Règl. int. et RI (Ville)	Règlement intérieur du barreau de…
RÉP. CIV.	*Encyclopédie Dalloz* (Répertoire civil)
RÉP. CRIM.	*Encyclopédie Dalloz* (Répertoire criminel)
RÉP. PÉN.	*Encyclopédie Dalloz* (Répertoire droit pénal)
RÉP. PR. CIV.	*Encyclopédie Dalloz* (Répertoire procédure civile)
rép. min.	réponse ministérielle
req.	requête
Rev.	*revue*
Rev. Alsace-Lorraine	*Revue Alsace-Lorraine*
Rev. huissiers	*Revue des huissiers de justice*
Rev. jur. Île-de-France	*Revue juridique d'Île-de-France*
Rev. jur. Ouest	*Revue juridique de l'Ouest*
RFDA	*Revue française de droit administratif*
RSC	*Revue de science criminelle et de droit pénal comparé*
Rev. dr. canonique	*Revue de droit canonique*
Rev. Académie des Sciences morales	*Revue de l'Académie des Sciences morales et politiques*
Revue des Deux Mondes	*Revue des deux Mondes*
Revue française de sociologie	*Revue française de sociologie*
RG	numéro d'inscription au registre du greffe
RT barr. Versailles	*Revue trimestrielle du barreau de versailles*
RTD civ.	*Revue trimestrielle de droit civil*
RTDH	*Revue trimestrielle des droits de l'homme*
s.	et suivants
S.	*Recueil Sirey*
SCP	société civile professionnelle
sect.	section(s)
sect. réunies	sections réunies
somm.	Sommaire et partie « Sommaire » (dans divers recueils et revues) – aussi, panorama de la jurisprudence de la Cour de cassation et recueil des sommaires des cours et tribunaux (dans la *Gazette du Palais*)
Sté	société
synd.	syndicat
t.	tome
T. civ.	tribunal civil
T. com.	tribunal de commerce
T. confl.	Tribunal des conflits
T. corr.	tribunal correctionnel
T. pensions militaires	tribunal des pensions militaires
T. pol.	tribunal de police
TA	tribunal administratif
TGI	tribunal de grande instance
TI	tribunal d'instance
Trib. libre	Partie « Tribune libre »
v.	voir
Vie jud.	*Vie judiciaire* (La)
*V^is^*	*Verbis* (mots)
*V^o^*	*Verbo* (mot)

Index thématique alphabétique

• *Les chiffres renvoient aux paragraphes du corps de l'ouvrage.*

Photocomposition : **SCM**, Toulouse

708641 - (I) - (3.5) - OSB - T - 60 G - SCM - PAG
Achevé d'imprimer en décembre 2010
Dépôt legal : Janvier 2011
Imprimé en Italie par Rotolito Lombarda